中国语言资源保护工程

中国语言资源集·浙江　编委会

主任

朱鸿飞

主编

王洪钟　黄晓东　叶　晗　孙宜志

编委

（按姓氏拼音为序）

包灵灵　蔡　嵘　陈筱婤　程　朝　程永艳　丁　薇

黄晓东　黄沚青　蒋婷婷　雷艳萍　李建校　刘力坚

阮咏梅　施　俊　宋六旬　孙宜志　王洪钟　王文胜

吴　众　肖　萍　徐　波　徐　越　徐丽丽　许巧枝

叶　晗　张　薇　赵翠阳

教育部语言文字信息管理司
浙江省教育厅　　指导

中国语言资源保护研究中心　　统筹

中国语言资源集

浙江

语音卷一

王洪钟 黄晓东

叶晗 孙宜志 主编

ZHEJIANG UNIVERSITY PRESS

浙江大学出版社

·杭州·

图书在版编目（CIP）数据

中国语言资源集. 浙江. 语音卷 / 王洪钟等主编
. — 杭州：浙江大学出版社，2023.5
ISBN 978-7-308-23126-8

Ⅰ．①中… Ⅱ．①王… Ⅲ．①吴语－方言研究－浙江
②吴语－语音－方言研究－浙江 Ⅳ．①H17

中国版本图书馆CIP数据核字(2022)第185775号

审图号：浙S〔2022〕27号

中国语言资源集·浙江（语音卷）

王洪钟　黄晓东　叶　晗　孙宜志　主编

出 品 人	褚超孚
丛书策划	陈　洁　包灵灵
丛书统筹	包灵灵　陆雅娟
责任编辑	董　唯　陆雅娟
责任校对	黄静芬　包灵灵
责任印制	范洪法
封面设计	周　灵
出版发行	浙江大学出版社
	（杭州市天目山路148号　　邮政编码　310007）
	（网址：http://www.zjupress.com）
排　　版	杭州林智广告有限公司
	杭州朝曦图文设计有限公司
印　　刷	杭州宏雅印刷有限公司
开　　本	787mm×1092mm　1/16
印　　张	88.75
字　　数	1490千
版 印 次	2023年5月第1版　2023年5月第1次印刷
书　　号	ISBN 978-7-308-23126-8
定　　价	360.00元（共三册）

总　序

教育部、国家语言文字工作委员会（以下简称"国家语委"）于 2015 年 5 月发布《教育部　国家语委关于启动中国语言资源保护工程的通知》（教语信〔2015〕2 号），启动中国语言资源保护工程（以下简称"语保工程"），在全国范围内开展以语言资源调查、保存、展示和开发利用等为核心的各项工作。

在教育部、国家语委统一领导下，经各地行政主管部门、专业机构、专家学者和社会各界人士共同努力，至 2019 年年底，语保工程超额完成总体规划的调查任务。调查范围涵盖包括港澳台在内的全国所有省份、123 个语种及其主要方言。汇聚语言（含方言）原始语料文件数据 1000 多万条，其中音视频数据各 500 多万条，总物理容量达 100 TB，建成世界上最大规模的语言资源库和展示平台。

语保工程所获得的第一手语料具有原创性、抢救性、可比性和唯一性，是无价之宝，亟待开展科学系统的整理加工和开发应用，使之发挥应有的重要作用。编写《中国语言资源集（分省）》（以下简称"资源集"）是其中的一项重要工作。

早在 2016 年，教育部语言文字信息管理司（以下简称"语信司"）就委托中国语言资源保护研究中心（以下简称"语保中心"）编写了《中国语言资源集（分省）编写出版规范（试行）》。2017 年 1 月，语信司印发《关于推进中国语言资源集编写的通知》（教语信司函〔2017〕6 号），要求"各地按照工程总体要求和本地区进展情况，在资金筹措、成果设计等方面早设计、早谋划、早实施，积极推进分省资源集编写出版工作"，"努力在第一个'百年'到来之际,打造标志性的精品成果"。2018 年 5 月,又印发了《关于启动中国语言资源集(分省)编写出版试点工作的通知》(教语信司函〔2018〕27 号),部署在北京、上海、山西等地率先开展资源集编写出版试点工作,并明确"中国语言资源集(分省)编写出版工作将于 2019 年在全国范围内全面铺开"。2019年 3 月,教育部办公厅印发《关于部署中国语言资源保护工程 2019 年度汉语方言调查及中国语言资源集编制工作的通知》(教语信厅函〔2019〕2 号),要求"在试点基础上,在全国范围内开展资源集编制工作"。

为科学有效开展资源集编写工作,语信司和语保中心通过试点、工作会、研讨会等形式,广泛收集意见建议,不断完善工作方案和编写规范。语信司于 2019 年 7 月印发了修订后的《中国语言资源集(分省)实施方案》和《中国语言资源集(分省)编写出版规范》(教语信司函〔2019〕30 号)。按规定,资源集收入本地区所有调查点的全部字词句语料,并列表对照排列。该方案和规范既对全国做出统一要求,保证了一致性和可比性,也兼顾各地具体情况,保持了一定的灵活性。

各省份语言文字管理部门高度重视本地区资源集的编写出版工作,在组织领导、管理监督和经费保障等方面做了大量工作,给予大力支持。各位主编认真负责,严格要求,专家团队团结合作,协同作战,保证了资源集的高水准和高质量。我们有信心期待《中国语言资源集》将成为继《中国语言文化典藏》《中国濒危语言志》之后语保工程的又一重大标志性成果。

语保工程最重要的成果就是语言资源数据。各省份的语言资源按照国家统一规划规范汇集出版,这在我国历史上尚属首次。而资源集所收调查点数之多,材料之全面丰富,编排之统一规范,在全世界范围内亦未见出其右者。从历史的眼光来看,本系列资源集的出版无疑具有重大意义和宝贵价值。我本人作为语保工程首席专家,在此谨向多年来奋战在语保工作战线上的各位领导和专家学者致以崇高的敬意!

曹志耘

2020 年 10 月 5 日

序

　　《中国语言资源集·浙江》是"中国语言资源保护工程·浙江"项目的成果汇编,是集体工作的结晶。内容包括四部分:语音卷、词汇卷、语法卷、口头文化卷。

　　"少小离家老大回,乡音无改鬓毛衰",乡音即方言。许多人自孩提时代就用方言思考问题、交流思想、获取信息、认识世界。说哪种方言成为我们的特征之一。了解自己所说的方言,也是我们认识自身、认识世界的要求。

　　在运用方言的同时,我们创造了丰富多彩的以方言为载体的地域文化。例如浙江的越剧、婺剧、道情、山歌等都用当地方言表现,儿歌、童谣、谜语、谚语等也都用当地方言承载。方言是我们每个人拥有的宝贵的文化资源。

　　每种汉语方言的语音、词汇和语法都自成系统、各具特色,是汉语的具体呈现,在历朝历代都是学术研究的主要对象之一。孔子曾说"诗书执礼,皆雅言也",说明三千多年前我们的先辈就关注到了方言与共同语的差异问题。西汉扬雄《辀轩使者绝代语释别国方言》就调查记录了当时全国方言的词汇。今天,方言学的研究更是得到重视,我们研究各种方言现象并从中提炼理论,丰富语言学的研究。

　　方言形成的主要原因是语言的分化。地域的区隔导致交际密度降低,久而久之就会导致语言发展的速度、发展的方向不同,从而形成方言。随着社会的发展,这种由地域的阻隔导致交际困难的现象急剧减少,方言在加快消失。可以预计,在不久的将来很多方言将成为我们记忆深处温馨的回忆,对个人和学术研究都是很遗憾和可惜的事情。为了保护方言资源,在张振兴等学术前辈的呼吁和推动下,教育部在2015年启动了以曹志耘教授为首席专家的中国语言资源保护工程,运用汉语方言学传统的纸笔记录的方式并结合现代音像摄录的方式调查和保存各地汉语方言,在全国调查了约1200个汉语方言点,实现了全国34个省份全覆盖。这项工程的意义在于:

(1)准确记录各地方言;

(2)发掘方言中保存的文化信息;

(3)运用现代多媒体技术和计算机技术保存方言文化,传承后世。

这是功在当代利在千秋的大事。

浙江方言资源丰富,自然成为中国语言资源保护工程实施的重要省份。在教育部语信司的统一部署和语保中心的专业指导下,浙江省成立了以浙江省语委办为领导核心的调查研究团队。在语保中心的领导下,浙江省语委办根据省内方言专业人员的实际情况,先后组建了20多个调查团队。自2015年开始,浙江语保团队就奋战在各个县市区方言田野调查的一线,调查、摄录、整理语料,参加语保中心组织的中期检查、预验收和验收,并于2020年年初圆满完成了任务。根据语信司和语保中心的规划,我们将纸笔记录的材料整理出版,形成"中国语言资源集·浙江"系列。

浙江省位于中国东南沿海、长江三角洲地区,东临东海,南接福建,西与安徽、江西相连,北与上海、江苏接壤,总面积10.55万平方公里。截至2019年,浙江省下辖11个地级市(其中杭州、宁波为副省级城市),下分90个县级行政区,包括37个市辖区、20个县级市、32个县、1个自治县。

浙江的汉语方言种类众多。从方言种类上看,有吴语、徽语、闽语、畲话、客家方言、赣方言、官话方言。吴语为浙江的主要方言,分布在浙江的各个县市,使用人口占浙江人口的百分之九十五以上。《中国语言地图集》将浙江吴语分为五片,分别为太湖片、台州片、金衢片、上丽片、瓯江片。

徽语分布在淳安、建德。淳安、建德明清时期属严州府,与皖南徽州地区相邻,钱塘江的北源——新安江水系将严州府与徽州府相连。严州又是杭州的上游门户,从徽州走水路经过严州到杭州,是最为便捷的通道。可见,浙江的徽语区历史上与皖南的徽语区联系密切。

闽语分布在苍南、泰顺、平阳、文成、洞头、玉环、瑞安等地。浙江的闽方言主要分为两类。一类是闽南方言,学术界称为"浙南闽语",分布在苍南、平阳、洞头、玉环等地,是浙江闽方言的主要种类。"浙南闽语"是明清以来福建泉州、漳州一带闽南方言区的人民移居到浙江形成的。另一类是闽东方言,主要分布在泰顺和苍南,在泰顺称为"蛮讲",在苍南称为"蛮话"。一般认为浙江的闽东方言是唐代以来福建闽东区的人民移居到浙江形成的。

浙江的畲话是浙江畲族人使用的方言。浙江畲族人"大分散小聚居"。政府在畲族人口较多的县或乡镇设置民族自治政府。例如有景宁畲族自治县、文成周山畲族乡、武义柳城畲族镇等。浙江畲族家谱显示,浙江的畲族人主要是从福建辗转迁徙到现居地的。在与汉族人的长期接触中,浙江畲族人的畲话汉语化,目前学术界一般认为浙江的畲话属于客家方言。

赣方言、客家方言和官话方言以方言岛的形式分布。浙江的客家方言岛主要分布在金华、衢州、丽水、温州一带,大多是福建闽西汀州的移民移居到浙江形成的。浙江的赣方言岛主要分布在衢州各县市,以南丰话居多,例如常山县招贤镇的南丰话。浙江的官话方言岛比较出名的有江山廿八都官话、开化华埠的土官话以及安吉的河南话、湖北话、安庆话等。

此外,闽语和畲话有些地方也呈岛状分布。

浙江汉语方言不仅种类多,内部差异也很大。例如同属吴方言金衢片的相邻的金华和汤溪,它们的方言语音特点迥然不同,说金华话的人与说汤溪话的人也不能相互通话。基于这种特点,浙江语言资源保护工程的布点基本上为一县一点,调查地点统一选取县市区政府驻地的乡镇,有的县市区内部方言差异较大,或包含晚近撤并的旧县,则根据具体情况增加调查地点,总共有88个方言调查点,包括吴语80个点,徽语4个点,闽语3个点,畲话1个点。

接到编纂任务后,在浙江省语委领导下,浙江语保团队成立了编纂团队。先由各点调查负责人根据统一规范在原有的纸笔记录材料的基础上初校,然后主编进行汇总并二校、三校。为了与常规方言出版物习惯保持一致,主要做了如下改动:一是将原来的纸笔记录的零声母符号"Ø"去掉,二是将声调调值统一改为上标,三是进行了用字的初步统一。2020年12月底,语保中心组织专家对《中国语言资源集·浙江》初稿进行了检查和审议,提出了宝贵意见。主编根据专家意见对书稿进行了修改和加工,然后由各点负责人分别核校,如是者三,最后汇总校对,形成本丛书。

本丛书共 4 卷 11 册。

语音卷(3 册):包括各调查点的音系、1000 个单字的字音对照。

词汇卷(4 册):包括 1200 条方言词语。

语法卷(1 册):包括 50 条语法例句。

口头文化卷(3 册):包括歌谣、故事等。

运用现代语言学的理论和方法对浙江方言进行大规模的调查,主要有如下四次:20 世纪 20 年代我国现代语言学的奠基人之一赵元任先生,调查了全国 33 个地点的吴方言,其中浙江有 14 个,调查成果汇集成《现代吴语的研究》一书,该书成为现代方言学的经典之作;20 世纪 50 年代到 60 年代,以傅国通、郑张尚芳、方松熹、蔡勇飞、鲍士杰等人组成的方言调查组对浙江方言进行了调查,最终成果《浙江省语言志》于 2015 年由浙江人民出版社出版;21 世纪初,曹志耘教授主持编写《汉语方言地图集》,对全国的汉语方言进行了调查,成果由商务印书馆于 2008 年出版;本次调查是第四次。

本次的调查与以往的区别如下:

一是组织严密周到。本次调查是全国调查的浙江部分,教育部语信司司长亲自领导,并设立了教育部语信司中国语言资源保护研究中心,从技术规范、调查条目、人员培训、质量控制都有统一明确的标准。调查任务承担者大多为具有博士学位的高校方言学教师;调查材料经过了语保中心组织的专家的中检、预验收和验收三次核实检查。

二是调查项目更多。

三是采取了现代的多媒体技术和计算机信息技术。

因此,本丛书有如下特点:

一是内容丰富。本丛书收录了"中国语言资源保护工程·浙江"项目所有方言调查点的纸笔调查材料。

二是收录了大量的成篇语料。

浙江语言资源保护工程的实施以及本丛书的编纂自始就得到中国语言资源保护研究中心的指导。教育部语信司领导和语保工程首席专家多次到浙江指导工作,省语委领导有方,做了很多协调和后勤服务的工作,各县、市、区语委在帮助物色方言发音人、寻找录音摄像的合适场所等方面做了很多工作，各点方言发音合作人克服酷暑对我们的工作大力协助，来自外省的语保核心专家对调查材料、音视频以及各种形式要件再三核实。这些是我们调查材料和音视频材料符合语保要求的有力保障。值此丛书出版之际，我们心中涌起对他们的感激之情。

编委会

2023 年 3 月 31 日

调查点分布图

1：3 300 000

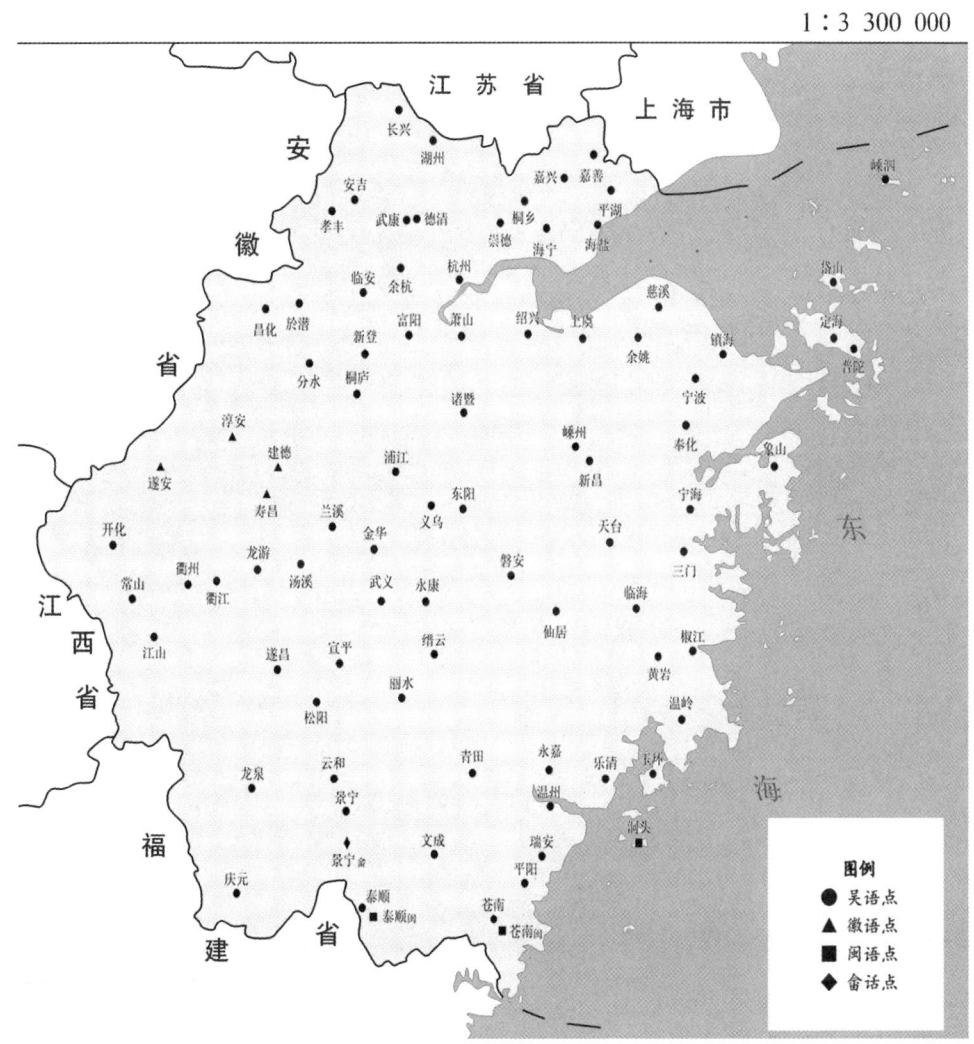

地图审核号：浙S〔2022〕27号

总 目 录

语 音 卷

词 汇 卷

语 法 卷

口头文化卷

目　录

概　述

一、方言点

本卷收入浙江省境内 88 个汉语方言点的语音材料。方言点排列顺序如下。

吴语

太湖片：杭州、嘉兴、嘉善、平湖、海盐、海宁、桐乡、崇德、湖州、德清、
　　　　武康、安吉、孝丰、长兴、余杭、临安、昌化、於潜、萧山、富阳、
　　　　新登、桐庐、分水、绍兴、上虞、嵊州、新昌、诸暨、慈溪、余姚、
　　　　宁波、镇海、奉化、宁海、象山、普陀、定海、岱山、嵊泗

台州片：临海、椒江、黄岩、温岭、仙居、天台、三门、玉环

金衢片：金华、汤溪、兰溪、浦江、义乌、东阳、永康、武义、磐安、缙云、
　　　　衢州、衢江、龙游

上丽片：江山、常山、开化、丽水、青田、云和、松阳、宣平、遂昌、龙泉、
　　　　景宁、庆元、泰顺

瓯江片：温州、永嘉、乐清、瑞安、平阳、文成、苍南

徽语：建德徽、寿昌徽、淳安徽、遂安徽

闽语：苍南闽、泰顺闽、洞头闽

畲话：景宁畲

今已撤并的旧县"崇德、武康、孝丰、昌化、於潜、新登、分水、汤溪、寿昌、遂安"等 10 个方言点，分别排在其现在所归属的县（市、区）后；旧县"宣平"大部今属武义，因两地方言归属不同，故另行排序。

二、本卷内容

本卷内容包括各调查点的音系 1000 个单字的字音对照。文后收入参考文献

及附录。

"第一章　各地音系"主要描写中国语言资源保护工程浙江省88个调查点的音系。内容包括调查点概况、方言发音人、声韵调、连读变调、异读、小称及其他音变等内容。

每个调查点为一节。各点根据"方言区—方言片—方言小片"排序；方言区按在当地重要性排列，即先列吴语调查点，再列徽语和闽语调查点，最后列畲话调查点；属于同一片（小片）的，则大致以代表方言点为基点由近及远排列。

"概况"介绍调查点和发音人。首先介绍调查点的地理人口、历史沿革、方言分布、地方曲艺等情况；再介绍提供语料的老年男性发音人（简称"方言老男"）、青年男性发音人（简称"方言青男"）以及口头文化发音人的具体情况，包括姓名、出生年月、出生地、家庭背景、文化程度、职业、个人经历、方言背景等。

"声韵调"用无线表列出方言老男的声母、韵母和声调。说明声韵调的数量，并对音值进行详细说明。

"连读变调"列表展示方言中的连调变调情况。每种连调模式都附有例词，并配有文字说明。

"异读"分为"新老异读"和"文白异读"两类。"新老异读"介绍方言老男和方言青男的读音差异；"文白异读"则介绍方言文白异读现象。需要指出的是，受语料数量所限（尤其是单字较少），目前所见的新老异读和文白异读规律有限，有的甚至不成系统。

"小称"描写方言中的小称现象，如儿缀型、儿尾型、鼻化型、变调型等；"其他音变"介绍方言中的特殊或重要的音变现象，例如合音、弱化、舒声促化、促声舒化、量词变调（婺州方言中较常见）等。小称及其他音变的内容各地多寡不同，各调查点根据实际情况进行介绍。"小称"部分的例词中，"儿"统一不写作小字。

"第二章　字音对照"主要以表格形式展示88个调查点的单字音。为便于比较，语料以表格形式排列，体例基本仿照《汉语方音字汇》（北京大学中国语言文学系语言学教研室，1989）。字目以《中国语言资源调查手册·汉语方言》（简称《调查手册》）中"单字"所列的1000个汉字为准，并标注了每个字的中古音韵地位，以便于古今比较。本章只列方言老男的单字音，包括文白异读、又读等信息，是对第一章中的声韵调、异读部分的具体展示。

字音对照表中方言点之间用单线分隔，方言小片之间用虚线分隔，方言片之间用粗线分隔，方言区之间用双线分隔。每页横排字目，竖排调查点。字目以《调查手册》之“二　单字”为序。调查点以本卷“第一章　各地音系”的先后为序。每个表格均排 8 个字目。字目列出中古音，如“多”字下列“果开一平歌端”（“果开一”和“平歌端”分行）。

本卷附录一包括发音合作人、调查点、调查人、协助调查者、调查设备、调查时间等方面的内容。附录二包括方言点及撰稿人信息等内容。

三、用字

有本字可写者一律写本字。

合音字有通用俗字形的，采用俗字，如“嘞”“甮”“僷”等；无通用俗字的，用原形加“[　]”表示，例如绍兴的“弗用”合音作 foŋ^{53}，写作“[弗用]”。

同音字在字后加上标等号“$^{=}$”表示，例如衢江“这里”义的“瞎$^{=}$ 墶 xaʔ^{5}təʔ^{0}”。

有音无字采用“□”表示，例如兰溪“柚子”义的“□p^{h}ɔ^{334} ~儿”。

个别含义特殊、方言学界习用的繁体字与异体字，参考《汉语方言词汇（第二版）》（北京大学中国语言文学系语言学教研室，1995）、《吴语婺州方言研究》（曹志耘等，2016）等书的体例予以保留，前者如“睏”“隑”等，后者如“煠”“搨”等。

方言中不说的字，字音对照表中作“（无）”。

四、标音

轻声用“^{0}”表示。

送气符号“h”及调值数字统一上标。

不在音标上加附加符号（鼻化符号、长音符号除外）。实际音值一律在各点音系说明里详细交代。

零声母符号[Ø]一律不标。

五、文白异读

在“第一章　各地音系”之“贰　声韵调”部分，为节省篇幅，文白异读统一用下画线表示，下画单线表示白读，下画双线表示文读。例如：b 肥、v 肥。

在“第一章　各地音系”之“肆　异读”部分，“/”前为白读，后为文读。例

如：肥 bi^{113} / vi^{113} | 间 kɑ̃^{534} / | 瞎 / ɕiɑ^{423}。其中，"肥"字白读、文读齐全；"间"字只有白读；"瞎"字只有文读。

在"第二章 字音对照"中，文白异读分别用小号字"白""文"表示（先列白读，后列文读）。例如"肥"字：bi^{31}白、vi^{31}文。

六、注释

释例用小号字表示，并用"～"代替被注释的内容。一字多音者，释例置于相应的音标之后。为节省篇幅，释例一律从简，一般不超过两字。个别难以理解的方言用例采用脚注形式释义。

本书约定使用以下简称：

文：文读

白：白读

又：又读

老：老派的读法

新：新派的读法

旧：过去的读法

今：现在的读法

小：小称音

名：名词

动：动词

形：形容词

量：量词

代：代词

声殊：声母特殊

韵殊：韵母特殊

调殊：声调特殊

音殊：声韵调中有二者或三者均特殊

七、其他编写说明

为呈现调查原貌，各调查点的相关数据均以调查时的情况为准，发音人信息均以发音人口述为准。

第一章 各地音系

第一节　杭州方音

壹　概况

一、调查点

1. 地理人口

杭州是浙江省省会，杭州方言以分布在上城区^①的杭州话最具代表性。上城区位于杭州市区中心偏南，东界贴沙河与江干区接壤，南沿望江路经吴山、万松岭与江干区、西湖区相连，西濒西湖，北至庆春路与下城区为邻。面积 6.87 平方公里，辖 7 个街道，分别是：清波街道、涌金街道、湖滨街道、清泰街道、小营巷街道、横河街道、城站街道。上城区所辖范围几经变动，截至 2015 年年底，全区户籍人口 32.79 万。当地居民主要为汉族；回族、满族等少数民族散居各地，人口很少。^②

2. 历史沿革

秦王政二十五年（前 222），于今杭州地置钱唐县，属会稽郡。今上城区境域属钱唐县。之后，钱唐县归属皆有所变更。隋开皇九年（589），废钱唐郡，置杭州，州治始设余杭县，次年迁至钱唐县，杭州之名始此。唐武德四年（621），改钱唐县为钱塘县。至唐末，今上城区均为杭州钱塘县辖地。

南宋建炎三年（1129），高宗避金兵自扬州南渡至杭州，以州治为行宫，升杭州为临安府。绍兴八年（1138），南宋正式定都临安，临安府治所在钱塘、仁和两县升赤县（京都），今上城区域为赤县所辖地。元至元二十一年（1284），自扬州迁江淮行省治于杭州，次年改称江浙行省，杭州为省治始此。

1949 年 5 月 3 日，杭州解放，杭州市为浙江省会。原杭州市第一至第八区依次改为上城、中城、下城、西湖、江干、艮山、笕桥、拱墅等区，上城区名由此始。1950 年 6 月，上城区撤销归市直辖。1952 年 11 月，复设上城区。之后，因

---

① 本书所涉及的上城区的地域范围以《杭州市上城区志》记录的 1992 年年末上城区的行政区划为准。

② 杭州市上城区地方志编委会. 杭州市上城区志. 北京：方志出版社，2015：1-69.

行政区划的变更，上城区所辖范围有所调整。[①]

3. 方言分布

杭州当地民众普遍认为，上城区的杭州话是最具代表性的杭州方言，也是本地普遍通用的方言。近年来大多数人也都说带有杭州腔调的普通话。日常生活中，当地杭州人在相互交谈时常常是七分杭州话夹杂着三分普通话。当地少数民族大都已不说自己民族的语言，日常交流一般说杭州话或普通话。

4. 地方曲艺

杭州主城区代表性的戏曲是越剧和小热昏。小热昏是广泛流行于江浙一带的吴语曲艺谐谑形式，又名"小锣书"，俗称"卖梨膏糖的"，是一种马路说唱艺术，始于清光绪年间，以讽刺的手法揭露社会的阴暗面。为避免当局迫害，人们把这一说唱内容和形式化成"贾雨村言""满嘴荒唐话"的说唱艺术，称为"小热昏"。2006 年 5 月，杭州小热昏被列入第一批国家级非物质文化遗产代表性项目名录。此外，它还被列入首批浙江省民族民间艺术保护名录。

二、方言发音人

1. 方言老男

周杰人，1957 年 8 月出生于杭州上城区湖滨街道，一直在本地生活和工作，保安，初中文化程度，说杭州话和不太标准的普通话。父母均为杭州上城区人，说杭州话。

2. 方言青男

谢浩宇，1984 年 3 月出生于杭州上城区小营巷街道，一直在本地生活和工作，基层干部，本科文化程度，说杭州话和不太标准的普通话。父母均为杭州上城区人，说杭州话。

3. 口头文化发音人

谢浩宇，男，1984 年 3 月出生于杭州上城区小营巷街道，一直在本地生活和

---

① 杭州市上城区地方志编委会. 杭州市上城区志. 北京：方志出版社，2015：39-40.

工作，基层干部，本科文化程度，说杭州话和不太标准的普通话。父母均为杭州上城区人，说杭州话。

贰　声韵调

一、声母（27个，包括零声母在内）

p 八兵	pʰ 派片	b 爬病肥味	m 麦明	f 飞风副蜂	v 肥饭味问
t 多东	tʰ 讨天	d 甜毒	n 脑南		l 老蓝连路
ts 早张竹纸	tsʰ 刺寸抄春	dz 字坐茶船		s 丝三山手	z 事顺十热
tɕ 酒九	tɕʰ 清轻	dʑ 全谢权	ȵ 年泥热软	ɕ 想响	
k 高	kʰ 开	g 共	ŋ 熬	x 好灰	
Ø 月安王药					

说明：

（1）[b][d][dz][dʑ][g] 等并非真浊音，而是清音浊流。

（2）零声母音节起首有较明显的同部位摩擦成分。有人将"厚"记作[ɦei¹³]，这里一律处理为零声母。

二、韵母（36个，包括自成音节的[m][n]在内）

ɿ 师丝试	i 写米戏飞	u 过苦五	y 雨油
ʮ 猪			
a 茶鞋	ia 牙写	ua 瓦	
ɔ 宝饱	iɔ 笑桥		
ɛ 开排南山	iɛ 鞋盐年	uɛ 快	
ei 赔对豆走		uei 鬼	
əu 歌坐			
		uo 半短官	yo 权
aŋ 糖硬争	iaŋ 响讲	uaŋ 床王双横	
əŋ 深根灯升争横	iŋ 心新病星	uəŋ 寸滚春	yŋ 云
oŋ 东	ioŋ 兄用		

aʔ 塔鸭十辣八出色白　　　　　　　uaʔ 热活刮骨出

ieʔ 靴鸭贴热七药锡　　　　　　yɛʔ 月橘局

oʔ 托郭壳北国谷六绿　　ioʔ 吃肉

əl 二

m 母

n 姨

说明：

（1）［a］［aŋ］行韵母的［a］实际音值为［ʌ］。

（2）［aʔ］行韵母的［a］实际音值近于［ɐ］。

（3）［ieʔ］行韵母的［ɛ］舌位略后，但不到［ə］或［ɐ］，介于两者之间。

（4）［y］拼［ts］组读作［ʮ］。

三、声调（7个）

阴平	334	东该灯风通开天春
阳平	213	门龙牛油铜皮糖红
阴上	53	懂古鬼九统苦讨草买老五有
阴去	45	冻怪半四痛快寸去
阳去	13	卖路硬乱洞地饭树动罪近后
阴入	5	谷百搭节急哭拍塔切刻
阳入	2	六麦叶月毒白盒罚

说明：

（1）阴平以平为主，尾略升。

（2）阴上高降，亦可记作［52］。

（3）阴去为高升，前略平，但以升为主。

（4）阳去为低升调。

（5）阴入［5］和阳入［2］，均为促音。

叁　连读变调

一、两字组连读变调表

杭州方言两字组的连读变调规律见下表。表中首列为前字本调，首行为后字本调。每一格的第一行是两字组的本调组合；第二行是连读变调，若连读调与单字调相同，则此行空白；第三行为例词。同一两字组若有两种以上的变调，则以横线分隔。具体如下。

杭州方言两字组连读变调表

后字 前字	阴平 334	阳平 213	阴上 53	阴去 45	阳去 13	阴入 5	阳入 2
阴平 334	334 334 33 45 星 星	334 213 33 45 灰 尘	334 53 33 开 水	334 45 33 冬 至	334 13 33 45 松 树	33 5 山 谷	334 2 33 5 公 历
	334 334 55 相 亲	334 213 55 梳 头	334 53 33 45 端 午	334 45 55 0 钞 票	334 13 55 13 天 亮		334 2 33 开 学
阳平 213	213 334 22 45 台 风	213 213 22 45 洋 油	213 53 22 45 苹 果	213 45 22 油 菜	213 13 22 45 河 岸	213 5 22 毛 竹	213 2 22 5 农 历
	213 334 22 爬 山		213 53 22 洪 水				
			213 53 13 头 颈				
阴上 53	53 334 55 0 剪 刀	53 213 55 0 眼 前	53 53 55 0 冷 水	53 45 55 0 韭 菜	53 13 55 0 水 稻	53 5 55 0 喜 鹊	53 2 55 0 小 麦
	53 334 55 养 猪	53 213 55 倒 霉	53 53 55 有 喜	53 45 55 炒 菜	53 13 55 捣 臼	53 5 55 3 享 福	53 2 55 满 月
			53 53 33 起 火				

续表

后字＼前字	阴平 334	阳平 213	阴上 53	阴去 45	阳去 13	阴入 5	阳入 2
阴去 45	45　334 / 53 菜　锅 45　334 / 55 退　休	45　213 / 53 太　阳 45　213 放　牛 45　213 / 55 化　脓	45　53 屁　股 45　53 / 33　45 懊　恼	45　45 / 53 对　照 45　45 / 55 种　菜 45　45 / 33 厌　憎	45　13 / 53 炮　仗 45　13 / 55 做　寿 45　13 / 55　0 漂　亮	45　5 教　室	45　2 / 5 副　业 45　2 / 55 放　学
阳去 13	13　334 / 53 棒　冰 13　334 定　婚	13　213 / 53 弄　堂 13　213 上　坟	13　53 露　水	13　45 / 53 地　震 13　45 断　气	13　13 旱　地	13　5 稻　谷 13　22 / 5 自　杀	13　2 / 5 大　麦 13　2 汰　浴
阴入 5	5　334 / 53 杀　猪 5　334 / 0 北　京	5　213 说　媒 53　213 / 45 出　来 5　213 / 0 客　人	53　53 粟　米 53　53 / 45 客　馆	53　45 出　殡	53　13 / 45 柏　树 5　13 割　稻	53　5 一　百	53　2 发　热 53　2 / 5 结　实
阳入 2	2　334 / 45 蜜　蜂	2　213 / 45 石　头 2　213 落　材	2　53 / 45 白　果 2　53 落　雨	2　45 白　菜	2　13 / 45 月　亮	2　5 蜡　烛	2　5 日　食

二、两字组连读变调规律

杭州方言两字组的连读变调有以下几个特点：

（1）阴平［334］作前字时一般读作［33］，部分读作［55］。

（2）阳平［213］作前字时一般读作［22］。

（3）阴上［53］作前字时一般读作［55］。

（4）阴去［45］作前字时一般不变调，或读作［55］。

（5）阳去［13］作前字时基本不变调。

（6）阴入［5］作前字时读作［3］或不变调。

（7）阳入［2］作前字时不变调。

（8）前字不变、后字变的情况，如：阳入［2］在阴平［334］、阳平［213］、阴上［53］、阳去［13］前不变调，后字都变读为［45］。

（9）前后字都变的情况，如：阴入［5］在阳平［213］、阴上［53］、阳去［13］前都读作［3］，后字都变读为［45］。

（10）前后字都不变的情况，如：阳去［13］作前字时，前后字大都不变调。

肆　异读

一、新老异读

杭州方言中，新老派方言存在一些异读情况，声母和韵母方面都有体现。下文中"／"前为老派，后为新派。

1. 音系

（1）音系中，老派的［aʔ］［uaʔ］韵母对应新派的［əʔ］［uəʔ］韵母，开口度略有差异。例如：鼻 baʔ² / bəʔ² | 搭 taʔ⁵ / təʔ⁵ | 阔 kʰuaʔ⁵ / kʰuəʔ⁵ | 滑 uaʔ² / uəʔ²。

（2）老派的［ʯ］韵母，新派读［u］韵母。例如：租 tsʯ³³⁴ / tsu³³⁴ | 猪 tsʯ³³⁴ / tsu³³⁴ | 锄 dzʯ²¹³ / dzu²¹³ | 书 sʯ³³⁴ / su³³⁴。

2. 其他

其他方面的异读在声母和韵母方面都有体现。例如：味 bi¹³ / mi¹³ | 溪 tɕʰi³³⁴ / ɕi³³⁴ | 交 kɔ³³⁴ / tɕiɔ³³⁴ | 解 ka⁵³ / tɕiɛ⁵³ | 靴 ɕiɛʔ⁵ / ɕyɛʔ⁵ | 野 i⁵³ / ia⁵³ | 鞋 a²¹³ / iɛ²¹³ | 肺 fi⁴⁵ / fei⁴⁵ | 雪 ɕiɛʔ⁵ / ɕyɛʔ⁵ | 握 oʔ⁵ / uəʔ⁵ | 铅 kʰɛ³³⁴ / tɕʰiɛ³³⁴ | 镯 dʑyɛʔ² / dzoʔ²。

二、文白异读

杭州方言的文白异读主要体现在声母和韵母方面。下文中"／"前为白读，后为文读。

1. 声母

（1）部分非组字白读为［p］组声母，文读为［f］组声母。微母个别字白读为［b］声母，文读为［v］声母或零声母。例如：防 $baŋ^{213}$ / $vaŋ^{213}$ | 肥 bi^{213} / vei^{213} | 尾 mi^{53} / uei^{53} | 味 bi^{13} / vi^{13} | 问 $məŋ^{13}$ / $vəŋ^{13}$。

（2）个别日母字白读为［ȵ］声母，文读为［z］声母，韵母也随之有所改变。例如：热 $ȵieʔ^2$ / $zuaʔ^2$ | 让 $ȵiaŋ^{13}$ / $zaŋ^{13}$ | 肉 $ȵioʔ^2$ / $zoʔ^2$。

（3）部分见组二等字白读为［k］组声母，文读为［tɕ］组声母（疑母字文读一般为零声母），韵母也随之有所改变。例如：戒 ka^{45} / $tɕie^{45}$ | 敲 $kʰɔ^{334}$ / $tɕʰiɔ^{334}$ | 蟹 xa^{53} / $ɕie^{53}$ | 外 $ŋa^{13}$ / ue^{13}。

（4）个别溪母字白读为［tɕʰ］声母，文读为［ɕ］声母。例如：溪 $tɕʰi^{334}$ / $ɕi^{334}$。

2. 韵母

（1）个别果摄开口一等字白读为［a］韵母，文读为［əu］韵母。例如：破 $pʰa^{45}$ / $pʰəu^{45}$。

（2）个别假摄开口三等字白读为［ia］韵母，文读为［i］韵母。例如：写 $ɕia^{53}$ / $ɕi^{53}$。

（3）部分咸摄开口一等字白读为［uo］韵母，文读为［ɛ］韵母。例如：贪 $tʰuo^{334}$ / $tʰɛ^{334}$ | 潭 duo^{213} / $dɛ^{213}$。

（4）个别山摄合口一、二等字白读为［uo］韵母，文读为［uɛ］韵母。例如：关 kuo^{334} / $kuɛ^{334}$。

（5）部分梗摄开口二等字白读为［aŋ］（个别为［uaŋ］）韵母，文读为［əŋ］或［oŋ］韵母。例如：猛 $maŋ^{53}$ / $moŋ^{53}$ | 生 $saŋ^{334}$ / $səŋ^{334}$ | 坑 $kʰaŋ^{334}$ / $kʰəŋ^{334}$ | 梗 $kuaŋ^{53}$ / $kəŋ^{53}$ | 争 $tsaŋ^{334}$ / $tsəŋ^{334}$。

（6）个别通摄合口三等字白读为［ioŋ］韵母，文读为［oŋ］韵母，声母也随之有所改变。例如：浓 $ȵioŋ^{213}$ / $noŋ^{213}$。

三、其他异读

杭州方言中，还存在其他异读现象。例如：雀 $tɕʰiɔ^{45}$ / $tɕʰyɛʔ^5$ | 出 $tsʰuaʔ^5$ / $tsʰaʔ^5$ | 还 $uaʔ^2$ / $aʔ^2$ | 鼻 $baʔ^2$ / $bieʔ^2$ | 别 $baʔ^2$ / $bieʔ^2$ | 哑 a^{53} / ia^{53} | 茄 $dʑia^{213}$ / $dʑiɛ^{213}$。

伍　小称

杭州方言小称主要表现为"儿"缀型和"子"缀型两类。

1. "儿"缀型

"儿"缀型小称中的"儿"读自成音节的 [əl]。

杭州方言儿化特别丰富，不仅是名词，动词也经常儿化。例如：

（1）名词

虫儿 dzoŋ²²əl⁴⁵　　　　　　蝴蝶儿 u²²diɛʔ²əl⁴⁵　　　　知鸟儿_蝉 tsʅ³³n̠iɔ⁴⁵əl⁵³

虾儿 ɕia³³əl⁴⁵　　　　　　兔儿 tʰu⁴⁵əl⁵³　　　　　　鸭儿 iɛʔ⁵əl⁰

梨儿 li²²əl⁴⁵　　　　　　黄豆儿 uaŋ²²dei⁴⁵əl⁵³　　黄瓜儿 uaŋ²²kua³³əl⁴⁵

叶□儿_{叶片} iɛʔ²pʰɛ⁴⁵əl⁵³　　花儿 xua³³əl⁴⁵　　　　　木头儿 moʔ²dei⁴⁵əl⁵³

钉头儿_{钉子} tiŋ³³dei⁴⁵əl⁵³　　棒儿 baŋ¹³əl⁵³　　　　　笛儿 diɛʔ²əl⁴⁵

帕儿_{手绢儿} pʰa⁴⁵əl⁵³　　掠儿_{梳子} liɛʔ²əl⁴⁵　　　袜儿 maʔ²əl⁴⁵

小伢儿_{小孩儿} ɕiɔ⁵⁵ia²²əl⁰　　男伢儿_{男孩儿} nɛ²²ia²²əl⁴⁵

（2）动词

搞搞儿 kɔ⁵⁵kɔ³³əl⁰　　　　跳索儿 tʰiɔ⁴⁵soʔ⁵əl⁰　　唱歌儿 tsʰaŋ⁵⁵kəu³³əl⁴⁵

打架儿 ta⁵⁵tɕia⁴⁵əl⁵³　　　吹腮儿_{吹牛} tsʰuei⁵⁵sɛ³³əl⁴⁵　涕卤儿_{丢脸} ti³³lu⁵⁵əl⁰

"儿"缀型动词一般为三音节形式。

2. "子"缀型

杭州方言中，动植物名、器具名中很多都是"子"缀词。例如：

桃子 dɔ²²tsʅ⁴⁵　　　杏子 aŋ¹³tsʅ⁵³　　　枣子 tsɔ⁵⁵tsʅ⁰　　　茄子 dʑia²²tsʅ⁵³

鸽子 kaʔ⁵tsʅ⁰　　　蚊子 vəŋ²²tsʅ⁴⁵　　虱子 saʔ³tsʅ⁴⁵　　　馅子_{馅儿} ɛ¹³tsʅ⁵³

锅子 ku³³tsʅ⁴⁵　　　梯子 tʰi³³tsʰʅ⁴⁵　　帐子_{蚊帐} tsaŋ⁴⁵tsʅ⁵³　马子_{马桶} ma⁵⁵tsʅ⁰

簿子_{本子} bu¹³tsʅ⁵³　　毽子 tɕiɛ⁴⁵tsʅ⁵³

第二节　嘉兴方音

壹　概况

一、调查点

1. 地理人口

嘉兴市位于浙江省东北部，市区包括南湖区和秀洲区。嘉兴市区周边地区分别为嘉善县、平湖市、海盐县、海宁市、桐乡市和苏州市吴江区。截至 2022 年 8 月，全市总面积 986.7 平方公里。其中秀洲区 547.7 平方公里，下辖 3 个区、5 个镇，户籍人口 39.6 万；南湖区 439 平方公里，下辖 4 个镇、9 个街道，户籍人口 50.88 万。[①]

2. 历史沿革

嘉兴历史悠久，是新石器时代马家浜文化发祥地，早在 7000 年前该地就有先民从事农牧渔猎活动。春秋时期称为长水、槜李，吴越两国在此反复争夺，战国属楚，秦置由拳县、海盐县，属会稽郡。三国属吴，赤乌五年（242）改称嘉兴。1949 年 5 月 7 日嘉兴解放，分设嘉兴县、嘉兴市，后撤并频繁。1983 年 8 月，撤销嘉兴地区行政公署，分设嘉兴市、湖州市，嘉兴市设城区和郊区，下辖嘉善、平湖、桐乡、海宁、海盐 5 县。[②]

3. 方言分布

嘉兴方言属于吴语浙北区太湖片杭嘉湖小片，全境通行。此外，有来自绍兴的移民，说绍兴话；有来自苏北的移民，说苏北话。

---

①　参见：嘉兴市秀洲区人民政府网，http://www.xiuzhou.gov.cn/col/col1677757/index.html，中共南湖区委南湖区政府网，http://www.nanhu.gov.cn/col/col1570210/index.html，2022 年 8 月 31 日获取。
②　参见：中共嘉兴市委嘉兴市人民政府网，https://www.jiaxing.gov.cn/col/col1536190/index.html，2022 年 8 月 31 日获取。

4.地方曲艺

嘉兴流行的曲艺主要为越剧。此外，杭剧、海盐摊簧、平湖钹子书也在嘉兴流行。

二、方言发音人

1.方言老男

黄永春，1951年10月出生于嘉兴南湖区建设街道。职工，初中文化程度，说嘉兴话和普通话，主要说嘉兴话。父亲、母亲和配偶都为嘉兴人，说嘉兴话。

2.方言青男

张宁宇，1986年8月出生于嘉兴南湖区新嘉街道。基层干部，本科文化程度，说嘉兴话和普通话，主要说嘉兴话。父亲、母亲和配偶都为嘉兴人，说嘉兴话。

3.口头文化发音人

许瑞芬，女，1951年7月出生于嘉兴南湖区建设街道。职工，初中文化程度，说嘉兴话和普通话，主要说嘉兴话。父亲、母亲和配偶都为嘉兴人，说嘉兴话。

史怡雯，女，1989年11月出生于嘉兴南湖区建设街道。职工，本科文化程度，说嘉兴话和普通话，主要说嘉兴话。父亲、母亲和配偶都为嘉兴人，说嘉兴话。

贰 声韵调

一、声母（27个，包括零声母在内）

p 八兵	pʰ 派片	b 病爬	m 麦明味问	f 飞风副蜂	v 饭肥温王
t 多东	tʰ 讨天	d 甜毒	n 脑南	l 老蓝连路	
ts 资早租张竹争装纸	tsʰ 刺草抽拆抄初车春			s 丝三酸山双手	z 字贼祠茶事船十愁
tɕ 鸡寄酒主九	tɕʰ 溪器清轻	dʑ 骑期全柱权	ȵ 年泥热软	ɕ 西洗想书响	ʑ 移衣谢斜

k 高官　　　　kʰ 开看　　　　g 共葵　　　　ŋ 熬颜　　　　x 好烘

ø 月活县安

　云用药

说明：

（1）浊擦音先清后浊。例如：[v]的实际发音[fv]。

（2）[f][v]在合口呼韵母前分别为[ɸ][β]。

（3）阴调类开口呼音节前有喉塞尾，阳调类有[ɦ]。

（4）来自疑母的开口呼零声母音节有时有[ŋ]，特别是在口语词中，有时无。音系表中立了[ŋ]声母。

（5）匣母读零声母，逢上声、去声、入声归阴调类。

二、韵母（42个，包括自成音节的[m][ŋ]在内）

ʮ 鼠柱			
ɿ 师丝试猪	i 戏二飞	u 婆乌	y 雨鬼
ᴀ 牙鞋排	iᴀ 写	uᴀ 快	
o 瓦茶			
ᴇ 开山	ie 盐	uᴇ 关	
ə 南短		uə 官	yə 权靴
ɔ 宝饱	iɔ 笑桥		
ou 歌坐过苦	iu 油		
ei 赔对豆走		uei 会	
ã 糖床双讲硬争	iã 响	uã 王横	
əŋ 深春灯升	iŋ 新心病星	uəŋ 滚	yəŋ 云
oŋ 东	ioŋ 用兄		
ᴀʔ 盒塔鸭法辣八白尺	iᴀʔ 贴药	uᴀʔ 刮	
oʔ 托郭壳学北谷六绿	ioʔ 局		
əʔ 十直色出	ieʔ 接急热节锡	uəʔ 活骨国	yeʔ 月橘
m 母			
ŋ 五			

说明：

（1）［ou］中的［o］较高、较短。

（2）［ye?］中的［e］偏央。

（3）［ei］中的［i］为［ɪ］。

三、声调（7个）

阴平	42	东该灯风通开天春
阳平	242	门龙牛油铜皮糖红
上声	544	懂古鬼九
阴去	224	冻怪半四痛快寸去
阳去	113	卖路硬乱洞地饭树买老五有统苦讨草动罪近后
阴入	5	谷急刻百搭节拍塔切六麦叶月
阳入	13	毒白盒罚

说明：

（1）阴平［42］有时为［44］。

（2）阳去［113］有点近［213］。

（3）阳入［13］为短调。

（4）上声［544］的起点有时不到［5］。

叁　连读变调

一、两字组连读变调表

嘉兴方言两字组的连读变调规律见下表。表中首列为前字本调，首行为后字本调。每一格的第一行是两字组的本调组合；第二行是连读变调，若连读调与单字调相同，则此行空白；第三行为例词。同一两字组若有两种以上的变调，则以横线分隔。具体如下。

嘉兴方言两字组连读变调表

后字＼前字	阴平 42	阳平 242	上声 544	阴去 224	阳去 113	阴入 5	阳入 13
阴平 42	42 33 / 42 丝 瓜 42 33 / 42 33 香 菇	42 33 / 242 42 灰 尘	42 33 / 544 21 开 水	42 33 / 224 21 香 菜	42 33 / 113 21 杉 树	42 33 / 5 阴 历	42 33 / 13 5 中 学
阳平 242	242 21 / 42 33 黄 瓜 242 21 / 42 33 台 风	242 21 / 242 33 前 年	242 21 / 544 33 田 埂 242 24 / 544 42 苹 果	242 13 / 224 42 芹 菜	242 13 / 113 42 黄 豆	242 21 / 5 前 日	424 21 / 13 5 蝴 蝶
上声 544	544 33 / 42 剪 刀	544 33 / 242 42 水 潭 544 21 / 242 彩 虹	544 33 / 544 33 枣 子	544 33 / 224 33 韭 菜	544 33 / 113 33 水 稻	544 33 / 5 小 麦	544 33 / 13 5 解 毒
阴去 224	224 33 / 42 衬 衫	224 33 / 242 42 灶 头	224 24 / 544 21 帐 子	224 24 / 224 21 再 见	224 24 / 113 21 对 面	224 33 / 5 案 桌	224 33 / 13 5 教 学
阳去 113	113 21 / 42 24 牡 丹 113 21 / 42 地 方 113 33 / 42 订 婚	113 21 / 242 242 彩 虹 113 21 / 242 33 杏 梅 113 21 / 242 42 弄 堂	113 13 / 544 21 大 水 113 21 / 544 13 冷 水 113 24 / 544 21 露 水	113 24 / 224 21 地 震 113 21 / 224 24 女 婿	113 24 / 113 21 雾 露	113 21 / 5 大 麦	113 21 / 13 5 大 雪
阴入 5	5 5 / 42 33 跌 蛛 5 21 / 42 33 肉 猪	5 21 / 242 33 木 头	5 / 544 21 八 鸟	5 5 / 224 21 福 建	5 5 / 113 21 绿 豆	5 5 / 5 搭 脉	5 21 / 13 5 日 食 5 / 13 5 竹 笛

续表

后字 前字	阴平 42		阳平 242		上声 544		阴去 224		阳去 113		阴入 5		阳入 13	
阳入 13	13 21 活	42 33 狲	13 21 石 13 21 石	242 4 头 242 33 榴	13 21 侄	544 24 子	13 21 习	224 13 惯	13 21 疾	113 13 病	13 21 昨	5 日	13 白	13 5 虱

二、两字组连读变调规律

嘉兴方言两字组的连读变调有以下几个特点：

（1）阴平作前字变［33］，阴平作后字时一般不变，仍然为［42］。前字为阴入和阳入时后字阴平变［33］。

（2）阳平作前字一般变［21］，逢后字阴去和阳去为［13］。

肆　异读

一、新老异读

嘉兴方言的新老异读主要表现在以下两点：

（1）宕摄和江摄阳声韵老派韵母主要元音鼻化，新派主要元音不鼻化。例如：疮 $tsʰ\tilde{ʌ}^{224}$/$tsʰɑŋ^{224}$。

（2）深臻曾梗老派为［ŋ］尾，新派为［n］尾。例如：

老派：身＝升＝声 $səŋ^{42}$；新派：身＝升＝声 $sən^{42}$。

二、文白异读

嘉兴方言的文白异读主要体现在声母和韵母方面。下文中"／"前为白读，后为文读。

1.声母

（1）见系开口二等字白读［k］组声母，文读［tɕ］组声母。例如：交 $kɔ^{42}$/$tɕiɔ^{42}$。

（2）从母字白读擦音，文读塞擦音。例如：层 zəŋ²⁴² / 匠 dʑiã̃¹¹³。

（3）微母字白读［m］声母，文读［v］声母。例如：尾 mi¹¹³ / vi¹¹³。

2. 韵母

（1）蟹摄合口三等和止摄合口三等字白读［y］或［ɿ］，文读［uei］。例如：吹 tsʰɿ⁴² / tsʰuei⁴² | 龟 tɕy⁴² / kuei⁴²。

（2）梗摄二等字白读［ã］类韵母，文读［əŋ］类韵母。例如：耕 kã̃⁴² / kəŋ⁴² | 拆 tsʰAʔ⁵ | 择 zəʔ¹³。

伍　其他音变

嘉兴方言有少量的合音现象。例如：［勿啊］vA²¹ |［勿要］vE³³ |［我拉］ŋA²¹。

第三节　嘉善方音

壹　概况

一、调查点

1. 地理人口

嘉善县隶属浙江省嘉兴市，位于浙江省北部，嘉兴市东北部，江浙沪两省一市交会处。东邻上海市青浦、金山两区，南连平湖市、南湖区，西接秀洲区，北靠苏州市吴江区和上海市青浦区，是浙江省接轨上海的第一站。全县面积 507.68 平方公里，辖 3 街道 6 镇，分别是：魏塘街道、罗星街道、惠民街道，西塘镇、姚庄镇、大云镇、陶庄镇、干窑镇、天凝镇。截止到 2018 年年底，全县户籍人口 39.9 万，主要为汉族。[①] 少数民族人口极少，多系因工作、婚姻迁入。

2. 历史沿革

嘉善建县于明宣德五年（1430），分嘉兴县东北境之迁善、永安、奉贤 3 个乡和胥山、思贤、麟瑞 3 乡之部分置县。因旧有迁善六乡俗尚敦庞、少犯宪辟，故曰嘉善。定治魏塘，隶嘉兴府。清循明制。1912 年废府，嘉善属钱塘道。1927 年废道，嘉善直属省辖。

1949 年 5 月，嘉善解放，隶属浙江省第一专员公署，11 月改属嘉兴专署。1951 年 3 月，嘉善枫泾镇区及姚家、夏家两村划归江苏省松江县。1958 年后变更较为频繁，曾一度并入上海市，又并入嘉兴市。1961 年恢复县置。[②] 1983 年 8 月，实行市辖县制，属嘉兴市。

3. 方言分布

嘉善境内方言属吴语太湖片苏沪嘉小片。嘉善方言内部一致性较强，即便如此，各乡镇之间仍存在一些当地人凭语感可直接感知的细微差异。

---

① 参见:《2020 年浙江统计年鉴》, http://tjj.zj.gov.cn/col/col1525563/index.html, 2022 年 8 月 31 日获取。

② 徐规，陈桥驿，潘一平，等. 浙江分县简志. 杭州：浙江人民出版社，1984：751-752.

4. 地方曲艺

嘉善有远近闻名的嘉善田歌。嘉善田歌由七种不同曲调组成，既能单曲演唱，也能以"田歌班"的形式数曲联唱。其曲调极富江南水乡特色，歌词多用吴音俚语，谐音双关，与明代冯梦龙编的吴地《山歌》有直接传承关系，与《乐府诗集》中的南朝"吴声歌曲"也有明显的血缘关系。

2008 年，嘉善田歌被列入第二批国家级非物质文化遗产代表性项目名录。

二、方言发音人

1. 方言老男

郎国帆，1964 年 9 月出生于嘉善魏塘镇，一直在当地生活和工作，职工，初中文化程度，说嘉善话和不太标准的普通话。父母均为嘉善魏塘镇人，说嘉善话。

2. 方言青男

郎佳俊，1991 年 9 月出生于嘉善魏塘镇，除上大学外，一直在当地生活和工作，职工，本科文化程度，说嘉善话、不太标准的普通话。父母均为嘉善魏塘镇人，说嘉善话。

3. 口头文化发音人

钟爱文，女，1954 年 8 月出生于嘉善魏塘镇，职工，大专文化程度，说嘉善话和不太标准的普通话。

徐越，女，1963 年 4 月出生于嘉善魏塘镇，教师，研究生文化程度，说嘉善话和不太标准的普通话。

孟雅琴，女，1969 年 4 月出生于嘉善魏塘镇，教师，本科文化程度，说嘉善话和不太标准的普通话。

贰 声韵调

一、声母（26 个，包括零声母在内）

p 八兵	pʰ 派片	b 爬病肥	m 麦明味问	f 飞副	v 肥饭味问
t 多东	tʰ 讨天	d 甜毒	n 闹南		l 老蓝连路
ts 早张竹 装纸	tsʰ 草抽初 车春			s 丝三酸山书	z 字贼坐茶床
tɕ 九酒	tɕʰ 清轻	dʑ 谢权全	ȵ 年泥软热月	ɕ 想响	
k 高	kʰ 开	g 共	ŋ 熬	x 好灰蜂风	
ø 县安王 用药					

说明：

（1）鼻边音分两套，一套出现在阴调字，一套出现在阳调字。例如"雨美猫县夜"读紧喉，"遇漫"带浊流。

（2）声母[f][v]拼[u]韵时，有变体[ɸ][β]，[β]弱化后与部分匣母字同音。例如"武雾符 = 户沪互"。[β]虽然是变体，但其双唇特征很典型。

（3）部分[dʑ]声母字，更老一派读[z]声母。例如"谢全"。

（4）[tɕ]组声母舌位稍偏前。

（5）全浊擦音声母"清音浊流"特征有时较明显。

（6）[z]类声母略带塞化色彩。

（7）零声母阳调类音节的起始处带有明显的磨擦成分，开齐合撮四呼分别对应[ɦ][j][w][ɥ]。

二、韵母（44 个，包括自成音节的[ɚ][m̩][ŋ̍]在内）

ɿ 猪师丝试	i 米戏二飞耳	u 歌坐过苦母五	y 雨鬼鱼
ʮ 柱住主			
a 牙排鞋	ia 写	ua 快	
ɛ 开赔对山	iɪ 盐年	uɛ 鬼	

ɔ 宝饱　　　　　　　　iɔ 笑桥

ə 豆走　　　　　　　　əi 油

ø 南半短官　　　　　　　　　　　　　　　　　yø 权靴

o 茶瓦　　　　　　　　io 唷肉~~，<small>小孩语</small>

ã 糖床双讲　　　　　　iã 旺<small>火~</small>　　　　　uã 王

æ 硬争　　　　　　　　iæ 响　　　　　　　uæ 横

ən 深根寸春争升灯　　　in 心新云病星　　　uən 滚

oŋ 东　　　　　　　　ioŋ 用兄

aʔ 百　　　　　　　　iaʔ 药　　　　　　　uaʔ 刮

ɜʔ 辣鸭十出直色尺白　　iɜʔ 吃　　　　　　　uɜʔ 筷

　　　　　　　　　　　ieʔ 七一节锡接急贴热

øʔ 设刷　　　　　　　　　　　　　　　　　　　yøʔ 橘学局

　　　　　　　　　　　ioʔ 月　　　　　　　uoʔ 活郭骨学壳北

　　　　　　　　　　　　　　　　　　　六绿

ɚ 儿二耳
m̩ 母姆亩
ŋ̍ 五儿鱼

说明：

（1）[i]韵与双唇音[p][pʰ][b]相拼时舌位略前，介于[i][ɿ]之间。

（2）[u]韵跟唇音以外的声母相拼时，有时是[ᵊu]。

（3）[o]韵与非零声母相拼时，有时是[ᵘo]。

（4）[ə]韵舌位略高略后。

（5）[ɔ]韵舌位略高略展。

（6）[ɜ][uɜ]两韵中的[ɜ]舌位略高，接近[ɐ]。

（7）[ua][uɜ][uæ][uã][uən][uaʔ]等韵遇零声母时，韵头实际读作[ʋ]，有的变为声母[v]。

（8）[ã][iã][uã]中的[a]舌位略后，多数情况下可分别读作[aŋ][iaŋ][uaŋ]。

（9）韵尾[n]舌位略后。

（10）[in]韵更老一派读[iᵊn]。

（11）[ioŋ]韵也可以记作[yoŋ]。

（12）［aʔ］［ɜʔ］分立是老派特征，新派倾向于合并为［ɜʔ］，本书老派仅个别字保留老派读音。例如"百 paʔ ≠ 拨 pɜʔ"。一些字存在［aʔ］［ɜʔ］两读，例如"白阿"。

（13）［ioʔ］韵是老派音，新派读作［yøʔ］韵，本文老派仅个别字保留老派读音。例如"月"。

（14）［øʔ］韵是老派音，新派读作［ɜʔ］韵。例如"设杂舌"。

（15）自成音节的［m］［ŋ］两韵是白读韵，［ɚ］韵是文读韵。

（16）［iã］韵只有"旺火~"一个字，［io］韵只有"唷""肉~~；小孩语"两个字。

三、声调（7个）

阴平	53	东该灯风通开天春猫
阳平	132	铜皮糖红门龙牛油
阴上	44	懂古鬼九美
阴去	334	冻怪半四痛快寸去统苦讨草县
阳去	113	洞地饭树卖路硬乱动罪近后买老五有
阴入	5	谷百搭节急哭拍塔切刻
阳入	2	六麦叶月毒白盒罚

说明：

（1）阳平［132］强调时调值是［31］。

（2）阴去［334］快读时调值为［35］。

（3）阳去［113］强调时调值为［213］。

（4）部分全阴上字读阴去调。例如"姐所伞整"。

（5）部分阴去字读阴上调。例如"贝制世"。

叁　连读变调

一、两字组连读变调表

嘉善方言两字组的连读变调规律见下表。表中首列为前字本调，首行为后字本调。每一格的第一行是两字组的本调组合；第二行是连读变调，若连读调与单字调相同，则此行空白；第三行为例词。同一两字组若有两种以上的变调，则以横线分隔。具体如下。

嘉善方言两字组连读变调表

前字 ＼ 后字	阴平 53	阴上 44	阴去 334	阳平 132	阳去 113	阴入 5	阳入 2
阴平 53	53 53 35 天 公	53 44 35 53 清 爽	53 334 35 53 冬 至	53 132 35 53/ 千 梨	53 113 35 53/ 冰 雹	53 5 55 4 山 谷	53 2 55 山 药
阴上 44	44 53 55 水 缸	44 44 55 0 水 果	44 334 55 0 韭 菜	44 132 55 53 水 潭	44 113 55 0 早 稻	44 5 55 喜 鹊	44 2 55 5 小 麦
阴去 334 次清上	334 53 44 起 初	334 44 44 35 巧 果	334 334 44 35 体 泰	334 132 44 53/ 口 头	334 113 44 35/ 处 理	334 5 44 起 脚	334 2 44 5 腿 肉
阴去 334 清去	334 53 55 翘 须	334 44 55 0 烫 水	334 334 55 0 记 性	334 132 55 0 灶 头	334 113 55 0 芋 艿	334 5 44 跳 虱	334 2 44 5 快 活
阳平 132	132 53 13 河 江	132 44 13 53 雷 响	132 334 13 53 芹 菜	132 132 13 53 前 年	132 113 13 53/ 咸 蛋	132 5 13 墙 脚	132 2 13 阳 历
阳去 113	113 53 22 里 厢	113 44 22 35 冷 水	113 334 22 35 上 昼	113 132 22 53 稻 柴	113 113 22 53 眼 泪	113 5 22 35/ 冷 粥	113 2 22 大 麦
阴入 5 全清	5 53 搭 蛛	5 44 0 百 响	5 334 0 角 票	5 132 53 甲 鱼	5 113 0 柏 树	5 5 4 隔 壁	5 2 积 极
阴入 5 次清	5 53 塔 尖	5 44 35 铁 板	5 334 35 缺 口	5 132 53/ 插 头	5 113 35/ 蛐 蟮	5 5 4 吃 瘪	5 2 4 泼 辣
阳入 2	2 53 落 苏	2 44 35 栗 子	2 334 35 白 菜	2 132 53/ 辣 茄	2 113 53/ 日 里	2 5 狭 窄	2 2 5/ 特 别

说明：

（1）后带斜杠"／"的，表示其调值可读相应低调。

（2）次清上字和次清入字在单字调中分别归入阴去和阴入，但在两字组连读变调中又与清去和全清入保持区别。所以两字组连读变调实际上有 81 种组合，归并后共有 26 种连调模式。

（3）连调中后字位置出现的"0"是轻声。

（4）每一种组合都只有一种主要变调模式，但都无法回避地存在一些例外。例如：头发、兔毛、次品、菜票、痛快、退票_名、次货、睏觉、手表。

（5）此两字组连读变调规律主要适用于广用式两字组，是词调，不适用于句子。

二、两字组连读变调规律

（1）就变调类型论，舒声调以前后字都变调为主，入声调以前后字都不变调为主。

（2）调类合流明显。任何一个调类作前字或后字时最多不超过三种调值变化。前字相同，整个两字组变调模式基本都相同。后字阴阳调的调值基本趋同，表现为阳调趋同于阴调。

（3）调类复原突出。次清上与清去在单字调中调值相同，都是［334］；次清入与全清入在单字调中调值也相同，都是［5］，但在连读变调中又与清去、全清入保持区别。

（4）就调值说，有两种情况：一是不超出 7 个单字调；二是出现了 7 个单字调之外的新调值。这种新调值主要有：［35］由阴平变来，出现在前字；由阴上、阴去、阳去变来，出现在后字。［13］由阳平变来，只出现在前字。［22］由阳去变来，只出现在前字。［3］和［4］由阴入和阳入变来。［0］只出现在后字。

（5）轻声只出现在前字清上、清去和全清入组合的后字。

肆　异读

一、新老异读

嘉善方言的新老异读集中体现在以下几个方面。下文中" / "前为老派，后为新派。例如：

（1）遇合三鱼韵字，老派和新派韵母不同，老派倾向于读［ʮ］韵，新派倾向于读［ɿ］韵。例如：除 zʮ¹³² / zɿ¹³² | 书 sʮ⁵³ / sɿ⁵³ | 如 zʮ¹³² / zɿ¹³²。

（2）"哑姐府喊"等阴上字，老派读阴去调，新派读阴上调。"盖世制"等阴去字，老派读阴上调，新派读阴去调。

（3）老派和新派的［dʑ］母字，更老一派分［dʑ］［z］两母，"权舅球旧"等字读［dʑ］母，"全谢徐寻"等字读［ʑ］母。

（4）老派和新派还存在以下一些零星读音差异：

例字	老派	新派	例字	老派	新派
茄	ga^{132}	ga^{31}	靴	ɕyø^{53}	ɕieʔ^5
夏~天	o^{334}	o^{113}	把量	po^{334}	bo^{113}
系联~	ɕi^{53}	ɕi^{334}	拨	pɜʔ^5	puoʔ^5
遇裕	y^{113}	y^{334}	泼	pʰɜʔ^5	pʰuoʔ^5
该	kɛ^{44}	kɛ^{53}	折	tsɜʔ^5	tsuoʔ^5

二、文白异读

嘉善方言的文白异读大致可归纳为声母异读、韵母异读、声母韵母异读、声母声调异读四种类型。下文中"／"前为白读，后为文读。

1. 声母异读

（1）部分微母字，白读［m］声母，文读［v］声母。例如：蚊 mən^{132} / vən^{132} ｜问 mən^{113} / vən^{113} ｜物 mɜʔ^2 / vɜʔ^2。

（2）部分日母字，白读［n̠ʑ］声母，文读［z］声母。例如：人 n̠ʑin^{31} / zən^{31} ｜认 n̠ʑin^{113} / zən^{113}。

（3）见系开口二等字，白读［k］组声母，文读为［tɕ］组声母。例如：交 kɔ^{53} / tɕiɔ^{53} ｜敲 kʰɔ^{53} / tɕʰiɔ^{53} ｜讲 kã^{55} / tɕiã^{55}。

（4）有的疑母字白读［n̠ʑ］声母，文读零声母。例如：遇 n̠ʑy^{113} / y^{113}。

2. 韵母异读

（1）假开二白读［o］韵，文读［a］［ia］韵。例如：爬 bo^{31} / ba^{31} ｜马 mo^{113} / ma^{113} ｜夏 o^{113} / ia^{113}。

（2）假开三一般白读［ia］韵，文读［iɪ］韵。例如：爷 ia^{132} / iɪ^{132} ｜夜 ia^{334} / iɪ^{334}。

（3）遇合三一般白读［ɥ］或［i］韵，文读［u］韵或［y］韵。例如：处 tɕʰɥ^{334} / tɕʰu^{334} ｜去 tɕʰi^{334} / tɕʰy^{334}。

（4）止合三部分字白读［y］韵，文读［uɛ］韵。例如：鬼 tɕy^{55} / kuɛ^{55} ｜贵 tɕy^{335} / kuɛ^{335} ｜跪 dʑy^{113} / guɛ^{113}。

（5）其他：学 oʔ^2 / yøʔ^2。

伍　小称

嘉善方言中的小称主要有鼻尾小称和连调小称两种。

1. 鼻尾小称

"儿[ŋ]"与前一音节发生了合音，作为前一音节的韵尾，从而得以留下些许痕迹。例如：丫头儿 o³⁵dən³¹ | 歇儿歇儿 ɕin⁵⁵ɕin⁰ | 背脊儿 pɛ⁴⁴tɕin⁵³。

2. 连调小称

嘉善方言中的小称调主要表现在连调中，单字调中仅"盖、个"等个别残迹。

（1）两字组小称连调

两字组小称连调按前字声母的清浊、韵母的舒入分为清舒、浊舒、清入、浊入 4 类。前字舒声读升调，清声母读高升调，浊声母读低升调；前字入声不变；后字一律读高平[55]。由此构成[35 55]、[13 55]、[5 55]（前字送气实际为[54 55]，前字不送气为[45 55]）、[2 55] 4 种固定的读音模式。例如：

前字	后字	小称变调	语音变调	例子
阴上	阴上		55　0	水果 sɿ ku
	阴去		55　0	小费 ɕiɔ fi
	阳去		55　0	小米 ɕiɔ mi
阴去	阴平	35　55	44　53	杏珠杏子 æ̃ tsɿ
	阴上		55　0	杏子 æ̃ tsɿ
	阳平		55　0	半条 pø diɔ
	阳去		55　0	半路 pø lu
	阴入		44　5	半桌 pø tso
	阳入		44　2	半日 pø ȵie
阳去	阴平	13　55	22　35	纽珠 ȵiɔ tsɿ
	阴上		22　35	簿子 bu tsɿ
	阳去		22　13	贰两 ȵi liæ̃

续表

前字	后字	小称变调	语音变调	例子
阴入	阴上	5　55	5　35	壳子 kʰoʔ tsʅ
	阴去		5　35	缺口 tɕʰyoʔ kʰə
	阴入		5　4	隔壁 kɜʔ pie
	阳入		3　4	泼辣 pʰɜʔ la
阳入	阴上	2　55	2　35	石板 zaʔ pɛ
	阴去		2　35	镀盖 oʔ kø
	阳去		2　13	侄女 zɜʔ ny
	阴入		2　5	木壳喻高大不灵活的人 moʔ kʰo
	阳入		2　5	特别 dɜʔ bie

前字平声无，原因不详。但极有可能原先存在以前字的平仄分，前字平声的小称已经消失，而前字仄声的小称保留至今。

（2）三字组小称连调

三字组小称连调以两字组为基础构成，从结构上可分为"简单型、综合型、叠加型"三类。

简单型：前两个字的两字组小称变调，加第三个字的本调（55调变53）。理论上应有28（4×7）种调值排列格式，实际语言中只找到7种调值排列：

小称变调	语音变调	举例
35 55 31	无	小鬼头 ɕiɔ tɕy də
35 55 5	无	蚬子壳 ɕiɪ tsʅ kʰoʔ
35 55 2	无	蚬子肉 ɕiɪ tsʅ ȵioʔ
13 55 31	33 35 31	老鬼头 lɔ tɕy də
13 55 53	无	长生果花生 zæ̃ sən ku
13 55 2	33 13 2	耳朵沫耳屎 ȵi tu mɜʔ
2 55 53	2 35 53	袜底酥一种酥饼 mɜʔ ti su

综合型：第一个字加后两个字的两字组小称变调。第一个字阴舒声变35调，阳舒声变13调。理论上应有8（2×4）种调值排列格式，实际语言中只找到4种调值排列：

小称变调	语音变调	举例
35 35 55	53 55 0	裤子带裤带 kʰu tsʅ ta

续表

小称变调	语音变调	举例
13 35 55	31 55 0	裙带豆_{豇豆} dʑin ta də
35 13 55	55 33 0	醋大蒜 tsʰu da sø
13 13 55	13 31 0	毛豆子 mɔ də tsɿ

叠加型：前两个字的两字组小称变调，加末字小称调。共4（4×1）种调值排列：

连读小称调	语音变调	举例
13 55 55	无	纽珠洞_{扣眼} ɳiə tsɿ doŋ
35 55 55	55 55 0	小狗洞 ɕiɔ kə doŋ
5 55 55	5 13 55	蛐蟮浣_{蚯蚓粪便} tɕʰioʔ zø u
2 55 55	无	肉饼子_{肉饼} ɳioʔ pin tsɿ

陆　其他音变

前字阳去、后字舒声的两字组中存在一种由小称变调泛化而来的变调，变调格式为［35 0］，少数尚存相应的语音变调。例如：

阳去＋阴平：　饭瓜_{南瓜} vɐ ko　│　蛋芳_{蛋黄} dɛ fã　│　面筋 miɛ tɕin　│　闹钟 nɔ tsoŋ　│　电珠 diɪ tsɿ　│　电灯 diɪ təŋ　│　卫生 uɛ sən　│　认真 ɳin tsən　│　寡妇 ko vu　│　上海 zaŋ hɛ　│　校长 iɔ tsæ̃　│　队长 dɛ tsæ̃　│　地板 di pɐ　│　代表 dɛ piɔ

阳去＋阳平：　地蒲_{瓠瓜} di bu　│　贰毛_{幼毛} ɳi mɔ　│　柜台 dʑy dɛ　│　路条 lu diɔ　│　露台 lu dɛ　│　电筒 diɪ doŋ　│　大人 du ɳin　│　嘉善 ka zø　│　病人 bin ɳin　│　病房 bin vã

第四节　平湖方音

壹　概况

一、调查点

1. 地理人口

平湖市位于浙江省东北部，隶属浙江省嘉兴市。平湖市南濒杭州湾，东北与上海市金山区交界，西与嘉兴市接壤，西南与海盐县为邻，西北与嘉善县相接。辖当湖街道、乍浦镇、新仓镇、独山港区（独山港镇）、新埭镇、广陈镇、林埭镇、钟埭街道、曹桥街道 9 个镇（街道）。[①] 截至 2017 年年底，平湖市共有 15.15 万户，总人口 49.63 万。[②] 平湖市少数民族均为散居，多数是近年来婚嫁迁入人口，共涉及回族、壮族、布衣族、苗族、土家族等 27 个民族。

2. 历史沿革

平湖历史悠久，据大坟塘遗址出土文物证实，早在 6000 年前已有先民在此劳动生息。春秋时为越国武原乡地。秦王政二十五年（前 222）置海盐县，今平湖市境为海盐县一部分。秦末或西汉初，县治陷为柘湖，移治武原乡地域（今平湖市当湖街道东湖一带）。东汉永建二年（127）县治陷为当湖，迁治齐景乡故邑山（今乍浦附近）。东晋咸康七年（341），县治从故邑山移治马嗥城（今海盐县武原镇东南）。明宣德五年（1430）从海盐县分出大易、武原、齐景、华亭四乡，建为平湖县，县治设当湖镇，属嘉兴府，隶浙江承宣布政使司，因其地汉时陷为当湖，"其后土脉坟起，陷者渐平，故名平湖"。以后，建置长期不变，境域基本稳定。

中华人民共和国成立后，平湖县境行政建制有三次变动。1950 年，调整区乡规模时，划骑莲乡 10 个村归海盐县、埭乘乡 4 个村归嘉善县；1958 年，建立人

---

① 参见：平湖市人民政府网，http://www.pinghu.gov.cn/col/col1229431192/index.html，2022 年 8 月 12 日获取。
② 参见：《2018 年浙江统计年鉴》，http://tjj.zj.gov.cn/col/col1525563/index.html，2022 年 8 月 12 日获取。

民公社时，海盐县西塘公社和嘉兴县钟埭、曹桥公社划入县内；1961年，西塘公社仍划归海盐县。

1991年6月，经国务院批准，撤销平湖县，设立平湖市。2000年，进行了行政村区划调整，将原来的286个行政村调整为138个。2004年，进行撤镇乡建街道和部分行政区划的调整，将原来的10个乡镇调整为3个街道、7个镇，即当湖街道、钟埭街道、曹桥街道，乍浦镇、新埭镇、新仓镇、黄姑镇、全塘镇、广陈镇和林埭镇。2009年撤销全塘镇、黄姑镇建制，合并设立独山港镇。①

3. 方言分布

平湖话属吴语太湖片苏嘉湖小片。平湖方言内部有城关音、乍浦音、新埭音、新仓音的区别。

4. 地方曲艺

主要是平湖钹子书，为国家级非物质文化遗产。

平湖钹子书以平湖方言演出，集说、唱、演于一体，而以说表见长。其演唱形式较为简单，常用一面钹子、一根竹筷、一块醒木为伴奏乐器，边敲边唱。后来增加了二胡、弦子、琵琶、扬琴等伴奏乐器，逐渐形成规模。平湖钹子书以单档方式演唱，曲调包括长调、慢调、急调、哭调等，节奏明快，富有地方特色，乡土气息浓厚，具有较高的艺术价值。唱词以七字句为主，带有吟诵风格，句末往往出现拖音，余音袅袅，别有韵味。

在漫长的岁月中，平湖民间艺人创作出了《杨家将》《八义侠》《天宝图》《五龙图》《彩妆楼》等百余部传统长篇作品，其中有不少一部就能演唱数月之久。

二、方言发音人

1. 方言老男

龚国铭，1951年12月出生于平湖城关镇，一直在本地生活和工作，教师，大专文化程度，说平湖话和不太标准的普通话。父母均为平湖城关镇人，说平湖话；配偶平湖城关镇人，说平湖话。

---

① 参见：平湖市人民政府网，http://www.pinghu.gov.cn/art/2020/11/28/art_1229438644_59017701.html，2022年8月12日获取。

2. 方言青男

于晨哲，1986 年 3 月出生于平湖城关镇。大部分时间在本地生活和工作，基层干部，本科文化程度，说平湖话和普通话。父母均是平湖城关镇人，说平湖话。

3. 口头文化发音人

龚国铭，男，1951 年 12 月出生于平湖城关镇，教师，大专文化程度。
黄萌萌，女，1997 年 5 月出生于平湖城关镇，学生，本科文化程度。
邵婷婷，女，1980 年 2 月出生于平湖城关镇，教师，本科文化程度。
马旻斐，女，1990 年 11 月出生于平湖城关镇，基层干部，本科文化程度。

贰 声韵调

一、声母（26 个，包括零声母在内）

p 八兵	pʰ 派片	b 爬病肥	m 麦明味问	f 飞风副蜂	v 肥饭味问活温
t 多东	tʰ 讨天	d 甜毒	n 脑南		l 老蓝连路
ts 早酒竹 争装纸	tsʰ 草清拆 抄春			s 三想山手书	z 坐谢茶床船十
tɕ 九	tɕʰ 轻	dʑ 权	ɲ 年泥热软月	ɕ 响	
k 高	kʰ 开	g 共	ŋ 熬	h 好灰	
Ø 县安王 云用药					

说明：

[v]声母有时摩擦较轻，近[ʋ]。

二、韵母（42 个，包括自成音节的[m][ŋ]在内）

ɿ 猪师丝试	i 米戏二飞	u 歌坐过苦	y 雨鬼
ʮ 除书鼠			
a 牙鞋	ia 写	ua 快	
ɛ 开山	iɛ 盐年	uɛ 关惯	

e 赔对		ue 灰	
o 茶瓦			yo 靴
ɔ 宝饱	iɔ 笑桥		
ø 南半短官			yø 权
əɯ 豆走	iəɯ 油		
ã 硬争横张_量伤	iã 响	uã 门_裂	
ɑ̃ 糖床双讲		uɑ̃ 王	
ən 深根寸春灯争	in 心新病星	uən 滚	yn 云
oŋ 东	ioŋ 兄用		
aʔ 盒塔鸭法辣白	iaʔ 药	uaʔ 刮	
oʔ 托郭壳北谷六			yoʔ 月橘局
əʔ 十活出直色	iəʔ 接急热七一锡	uəʔ 骨国	
m 母			
ŋ 五儿			
əl 二儿			

说明：

（1）[y]韵略带摩擦。

（2）[a]韵舌位较后。

（3）[ɛ][iɛ]二韵中的[ɛ]舌位略高，近[ɐ]，且[ɛ]前略带[i]，实际近[ⁱɐ]。

（4）[e]韵略带关的动程，实际发音为[eɪ]。

（5）[o]韵前面有不太明显的[u]，末尾唇形较展。

（6）[ø]韵末尾唇形略展。

（7）[iã]韵中的[a]舌位较高，且略有关的动程；[uã]韵拼零声母时，偶尔作[vã]。

（8）[yn]韵实际为[yᵊn]。

（9）[oŋ][ioŋ]二韵中的[ŋ]韵，舌位略前。

（10）[aʔ][iaʔ][uaʔ]三韵中的[a]实际为[ɐ]。

（11）[əʔ]韵中的[ə]舌位偏前偏高。

三、声调（7个）

阴平	53	东该灯风通开天春

阳平	31	门龙牛油铜皮糖红
阴上	44	懂古鬼九
阴去	334	冻怪半四
阳去	213	卖路硬乱洞地饭树痛快寸去统苦讨草买老五有动罪近后
阴入	5	谷百搭节急
阳入	23	六麦叶月毒白盒罚哭拍塔切刻

说明：

（1）阴平［53］在单字调中末尾略低，实际为［52］。

（2）阳平［31］实际前面略升，为［231］。

（3）阴上［44］有时略曲折，近［434］。

（4）阴去［334］有时略高，近［445］。

（5）阴入［5］和阳入［23］均为短促调。

叁　连读变调

一、两字组连读变调表

平湖方言两字组的连读变调规律见下表。表中首列为前字本调，首行为后字本调。每一格的第一行是两字组的本调组合；第二行是连读变调，若连读调与单字调相同，则此行空白；第三行为例词。同一两字组若有两种以上的变调，则以横线分隔。具体如下。

平湖方言两字组连读变调表

后字 前字	阴平 53		阳平 31		阴上 44		阴去 334		阳去 213		阴入 5		阳入 23	
阴平 53	53 44 飞	53 机	53 44 清	31 0 明	53 44 天	44 0 井	53 书	334 0 记	53 44 工	213 0 厂	53 44 钢	5 0 笔	53 44 生	23 0 日
	53 开	53 车	53 开	31 门			53 开	334 店	53 军	213 0 队				
									53 生	213 病				

续表

后字 前字	阴平 53	阳平 31	阴上 44	阴去 334	阳去 213	阴入 5	阳入 23
阳平 31	31 53 24 农 村	31 31 24 53 眉 毛	31 44 24 53 团 长	31 334 24 0 难 过	31 213 24 53 牛 奶 31 213 24 0 名 字 31 213 24 排 队	31 5 24 0 毛 笔	31 23 24 0 农 业
阴上 44	44 53 火 车	44 31 53 水 池	44 44 53 手 表	44 334 0 海 带 44 334 21 写 信	44 213 53 水 稻 44 213 21 起 码 44 213 44 0 手 艺 44 213 写 字	44 5 粉 笔	44 23 5 体 育
阴去 334	334 53 44 0 背 心	334 31 44 0 酱 油	334 44 44 0 报 纸 334 44 44 放 火	334 334 44 0 意 见 334 334 44 算 账	334 213 44 0 政 治 334 213 44 救 命	334 5 44 政 策	334 23 44 5 四 月 334 23 44 做 贼
阳去 213	213 53 21 老 师 213 53 24 0 地 方 213 53 44 0 汽 车	213 31 21 53 码 头 213 31 24 0 大 门 213 31 21 草 鞋	213 44 21 老 虎 213 44 24 0 代 表	213 334 满 意 213 334 24 0 饭 店	213 213 21 养 老 213 213 24 0 大 路 213 213 44 0 跳 舞 213 213 21 334 买 票	213 5 21 美 国 213 5 24 53 办 法	213 23 24 0 老 实 213 23 24 5 树 叶

续表

前字＼后字	阴平 53	阳平 31	阴上 44	阴去 334	阳去 213	阴入 5	阳入 23
阴入 5	国[5] 家[53]	骨[5] 头[31/53]	黑[5] 板[44]；发[5] 展[44/53]	织[5] 布[334]	谷[5] 雨[213/44]；质[5] 量[213]；发[5] 票[213/334]	节[5] 约[5]	作[5] 业[23/5]
阳入 23	立[23] 冬[53]	石[23] 头[31]	局[23] 长[44/334]	肉[23] 店[334]	月[23] 亮[213/334]	蜡[23] 烛[5]	越[23] 剧[23/5]

说明：

阳入字作前字时常读作短促的［21］调。

二、两字组连读变调规律

平湖方言两字组的连调具有如下特点：

（1）前后字均变调。

（2）连调模式存在趋同现象。例如阴平、阴上、阴去作前字常读作［44］调，阳平、阳去作前字常读作［24］调。

肆　异读

一、新老异读

根据目前调查的材料，平湖话新老派差异主要为：

1. 声母

老派分尖团，例如：酒 tsiəɯ[44] ≠ 九 tɕiəɯ[44] | 清 tsʰin[53] ≠ 轻 tɕʰin[53] | 想 siã[44] ≠ 响 ɕiã[44]。新派尖团合流，例如：酒 = 九 tɕiəɯ[44] | 清 = 轻 tɕʰin[53] | 想 = 响 ɕiã[44]。

2. 韵母

臻曾摄个别入声字老派读作[uəʔ]韵，新派则归入[oʔ]韵。例如"骨、国"老派均读[kuəʔ⁵]，新派均读[koʔ⁵]韵。

二、文白异读

根据目前调查的材料，平湖话比较重要的文白异读规律主要体现在以下几点。下文中"/"前为白读，后为文读。

1. 声母

（1）非组个别字白读[b][m]声母，文读[v]声母。例如：肥 bi³¹ / vi³¹ | 晚 mɛ²¹³ / vɛ²¹³ | 问 mən²¹³ / vən²¹³ | 尾 mi²¹³ / vi²¹³ | 味 mi²¹³ / vi²¹³ | 物 məʔ²³ / vəʔ²³。

（2）日母个别字白读[ȵ]声母或自成音节[ŋ]，文读[z]声母或零声母。例如：人 ȵin³¹ / zən³¹ | 日 ȵiəʔ²³ / zəʔ²³ | 儿 ŋ³¹ / əl³¹ | 二 ȵi²¹³ / əl⁴⁴ | 耳 ȵi²¹³ / əl²¹³。

（3）见晓组（疑母字除外）开口二等字白读多为[k]组声母，文读为[tɕ]组声母。例如：交 kɔ⁵³ / tɕiɔ⁵³ | 奸 kɛ⁵³ / tɕiɛ⁵³ | 孝 xɔ³³⁴ / ɕiɔ³³⁴。

（4）其他：谱 pu⁴⁴ / pʰu²¹³ | 鸟 tiɔ⁴⁴ / ȵiɔ²¹³ | 钱 diɛ³¹ / ziɛ³¹ | 侧 tsəʔ⁵ / tsʰəʔ²³。

2. 韵母

（1）部分止摄合口三等字白读[y]韵，文读[ue]韵。如：龟 tɕy⁵³ / kue⁵³ | 围 y³¹ / ue³¹。

（2）部分梗摄开口二等阳声韵字白读[ã]韵，文读[ən]韵。如：争 tsã⁵³ / tsən⁵³。

（3）其他，如：拖 tʰa⁵³ / tʰu⁵³ | 大 du²¹³ / da²¹³。

第五节　海盐方音

壹　概况

一、调查点

1. 地理人口

海盐县位于浙江省北部杭嘉湖平原，东濒杭州湾，西南临海宁市，北连平湖市和嘉兴市南湖区、秀洲区。全县陆地土地总面积 584.96 平方公里，海湾面积 487.67 平方公里。境内陆地海岸自澉浦镇（南北湖风景区）永乐村起至海盐经济开发区（西塘桥街道）东港村止，全长 53.48 公里，是浙北海岸线最长的县（市）。[①] 截至 2016 年年底，全县共有 12.34 万户，总人口 38.03 万。[②]

2. 历史沿革

海盐县是马家浜文化、崧泽文化、良渚文化发祥地之一，距今 6000 多年前，县境内就有先民从事农牧渔猎活动。秦王政二十五年（前 222）置县，因"海滨广斥，盐田相望"而得名。建县以来，海盐曾四徙县治，六析其境。秦末，县治陷为湖（柘湖），迁至武原乡（今平湖市东门外）。东汉永建一至六年（126—131）中，县治又陷为湖（当湖），南迁至齐景乡故邑山旁（今乍浦附近）。东汉建安五至八年（200—203），析海盐西南境、由拳南境置海昌县（今海宁市）。东晋咸康七年（341），县治迁至马嗥城（今海盐县武原街道东南）。南朝梁天监六年（507），析县东北境置前京县。南朝梁中大通六年（534）至大同元年（535），再析县东北境置胥浦县。唐开元五年（717），迁县治于今地。唐天宝十年（751），割海盐北境、嘉兴东境、昆山南境置华亭县。元元贞元年（1295），升为海盐州。明洪武二年（1369），复降为县。明宣德五年（1430），析武原、齐景、华亭、大易 4 个乡置平湖县。1949 年 5 月 7 日，海盐县解放。1950 年 5 月，狮岭乡 3 个

---

① 参见：海盐县人民政府网，http://www.haiyan.gov.cn/col/col1512877/index.html，2022 年 8 月 5 日获取。

② 参见：《2017 年浙江统计年鉴》，http://tjj.zj.gov.cn/col/col1525563/index.html，2022 年 7 月 29 日获取。

村划属海宁县，平湖县 10 个村划属海盐县。1958 年 11 月 21 日，撤销海盐县建制，区域并入海宁县，其中西塘、海塘、元通 3 个公社划归平湖县。1961 年 12 月 15 日，复置海盐县，辖 2 个镇 16 个公社，狮岭公社仍属海宁县。1983 年，撤社建乡。1985 年 8 月，澉浦、通元、西塘桥 3 个乡撤乡建镇。随着经济发展，又有欤城、百步、长川坝、石泉 4 个乡撤乡建镇，欤城、长川坝更名为于城、秦山。1999 年，调整乡镇行政区划，辖 9 个镇 3 个乡。2001 年 10 月，乡镇行政区划再次调整，辖武原、沈荡、澉浦、秦山、通元、西塘桥、于城、百步 8 个镇。2018 年，调整部分镇行政区划，全县 8 个镇调整为 4 个街道 5 个镇，即武原、西塘桥、望海、秦山 4 个街道，沈荡、百步、于城、澉浦、通元 5 个镇。[①]

3. 方言分布

海盐话属吴语太湖片苏嘉湖小片。境内方言可分为三片：（1）中部方言，包括武原、城西、欤城、沈荡等地，特点是"火""河"等读［hu］［ɦu］，"酒"等读［tse］，等等；（2）南部方言，包括通元、官堂、长川坝、六里堰、澉浦等地，特点是"火""河"等读［hu］［ɦu］，"酒"等读［tɕiɤ］，等等；（3）北部方言，包括海塘、西塘等乡镇，特点是"火""河"等读［fu］［v］，"酒"等读［tse］，等等。

4. 地方曲艺

主要有骚子歌。骚子文书是以文学本子（手抄本）为基础，用海盐方言说唱为主要表现形式来叙述故事、塑造人物、表达思想感情、反映社会生活的综合性说唱艺术。其表演主要采用站唱、拆唱，也有走唱或坐唱等形式，风格独特。骚子歌是海盐民间待佛仪式的歌谣，与我国戏曲鼻祖四大声腔之一的"海盐腔"有着一定的渊源。[②]

二、方言发音人

1. 方言老男

王国翼，1952 年 1 月出生于海盐武原镇。主要在海盐生活和工作，教师，大

---

① 参见：海盐县人民政府网，http://www.haiyan.gov.cn/col/col1512878/index.html，2022 年 8 月 5 日获取。
② 参见：海盐县人民政府网，http://www.haiyan.gov.cn/art/2019/5/20/art_1229499268_59073603.html，2022 年 8 月 12 日获取。

专文化程度，说海盐话和不太标准的普通话。

2. 方言青男

朱垸熠，1992 年 12 月出生于海盐武原镇。除上大学外，一直在海盐生活和工作，基层干部，本科文化程度，说海盐话、普通话。

3. 口头文化发音人

沈永康，男，1944 年 11 月出生于海盐武原镇，教师，中师文化程度。
徐玉英，女，1954 年 1 月出生于海盐武原镇，农民，小学文化程度。
张圣英，女，1951 年 1 月出生于海盐武原镇，职工，初中文化程度。
王国翼，男，1952 年 1 月出生于海盐武原镇，教师，大专文化程度。

贰　声韵调

一、声母（25 个，包括零声母在内）

p 八兵	pʰ 派片	b 爬病肥	m 麦明味问	f 飞风副蜂	v 肥饭味问
t 多东	tʰ 讨天	d 甜毒	n 脑南		l 老蓝连路
ts 早酒竹 　争装主	tsʰ 草拆抄 　初春			s 三山双手书	z 坐茶床船十
tɕ 主九	tɕʰ 清轻	dʑ 全谢柱权	ȵ 热软	ɕ 想响	
k 高根	kʰ 开	g 共		x 好灰	
∅ 熬月安 　王云药					

说明：

（1）［b］［d］［dʑ］［g］声母逢上声为内爆音［ɓ］［ɗ］［ʄ］［ɠ］，逢其他阳调类则为吴语中常见的清音浊流［pɦ］［tɦ］［tɕɦ］［kɦ］；［v］［z］声母逢上声为真浊擦音［v̤］［z̤］，逢其他阳调类则为吴语中常见的清音浊流［fɦ］［sɦ］。内爆音、真浊擦音只出现在单字音或首字位置上；在非首字位置上则为清音浊流。[①]

---

① 参见：陈忠敏. 论吴语海盐话古全浊上声字声母 // 复旦大学汉语言文字学科《语言研究集刊》编委会. 语言研究集刊（第八辑）. 上海：上海辞书出版社，2011：148-175.

（2）[x]声母发音部位较后。

（3）阳调类的零声母音节前面，往往带有与音节开头元音同部位的摩擦成分。

二、韵母（42个，包括自成音节的[m][n]在内）

ʅ 猪师丝试	i 米二飞耳	u 歌坐过苦	y 雨鬼
ɑ 牙瓦排鞋	iɑ 写	uɑ 快	
ɛ 开山	iɛ 盐年	uɛ 关惯还	
e 赔对豆走		ue 威罪灰	
o 茶	io 油		
ɔ 宝饱	iɔ 笑桥		
ɤ 南半短		uɤ 官	yɤ 靴权
ã 糖床双	iã 旺	uã 王讲	
ɛ̃ 硬争	iɛ̃ 响	uɛ̃ 横	
ən 深根寸春升争	in 心新病星	uən 滚	yn 云
oŋ 东	ioŋ 兄用		
aʔ 盒塔鸭法辣白	iaʔ 贴	uaʔ 刮	
ɔʔ 活骨托壳北哭			yɔʔ 月橘局
əʔ 十出直色	iəʔ 接急热七一锡	uəʔ 阔扩	
m 姆			
n 五儿			
əl 耳儿			

说明：

（1）[u][y]二韵唇形有时略展。[u]韵与[t]组声母相拼时，实际音值为[ᵊu]。

（2）[ɑ][iɑ][uɑ]三韵中的[ɑ]舌位较前。

（3）[iɛ]韵中的[ɛ]舌位较高，实际音值为[ᴇ]。

（4）[ã][iã][uã]三韵实际带不太明显的[ŋ]尾。

（5）[iɛ̃]韵中的[ɛ]舌位较低。少数[iɛ̃]韵字有[iã]的异读，应是受普通话影响，这里一律记作[iɛ̃]。

（6）[ən][in][uən][yn]四韵中的[n]与[n]韵舌位略后；[oŋ][ioŋ]儿韵中的[ŋ]舌位略前。

（7）［aʔ］［iaʔ］［uaʔ］三韵中的［a］舌位较高较后，实际音值为［ɐ］。

（8）［ɔʔ］韵中的［ɔ］有时读作［ᵘɔ］。

（9）［iəʔ］韵中的［ə］舌位较前较高。

（10）［uəʔ］韵有时读作［ɔʔ］韵，但发音人认为"阔""哭"不同音。

三、声调（7个）

阴平	53	东该灯风通开天春
阳平	31	门龙牛油铜皮糖红
上声	423	懂古鬼九统苦讨草买老五有动罪近后
阴去	334	冻怪半四痛快寸去
阳去	213	卖路硬乱洞地饭树
阴入	5	谷百搭节切
阳入	23	六麦叶月毒白盒罚哭拍塔切刻

说明：

（1）阳平［31］前头略升，末尾有时较高，实际为［231］或［232］。

（2）上声［423］升的部分不太明显；逢［b］［d］［dʑ］［g］［v］［z］声母时，调值有时略低，近［312］，但很不稳定，这里一律记作［423］。

（3）阴去［334］升的部分常常不太明显。

（4）阴入［5］和阳入［23］均为短促调；其中阴入［5］略降，实际调值为［54］。

叁　连读变调

一、两字组连读变调表

海盐方言两字组的连读变调规律见下表。表中首列为前字本调，首行为后字本调。每一格的第一行是两字组的本调组合；第二行是连读变调，若连读调与单字调相同，则此行空白；第三行为例词。同一两字组若有两种以上的变调，则以横线分隔。具体如下。

海盐方言两字组连读变调表

后字 前字	阴平 53	阳平 31	上声 423	阴去 334	阳去 213	阴入 5	阳入 23
阴平 53	53 53 开 车 53/55 53 飞 机	53 31 开 门 53/55 31/21 清 明	53 423/21 工 厂	53 334 开 店 53 334/21 书 记	53 213 生 病 53 213/21 车 站	53/55 5 钢 笔	53/55 23/5 生 日 53/55 23/21 开 学
阳平 31	31/24 53 良 心	31/24 31/53 农 民	31/24 423/53 门 口	31/24 334/53 驼 背	31/24 213/53 名 字 31/24 213 排 队	31/24 5/21 颜 色 31/24 5 留 级	31/24 23/21 农 业
上声 423	423/53 53 火 车	423/53 31 草 鞋	423/53 423/53 手 表 423/53 423/213 老 虎 423/53 423/334 水 果	423/53 334/53 水 库 423/53 334 写 信 423/53 334/213 满 意	423/53 213/334 手 艺 423/53 213 写 字 423/13 213/21 社 会	423/53 5 赌 博 423/21 5 道 德	423/53 23/5 转 业 423/21 23 技 术
阴去 334	334/55 53/21 汽 车 334/33 53 唱 歌	334/55 31/21 算 盘 334/33 31 过 年	334/55 423/21 报 纸 334/55 423 放 火	334/55 334/21 会 计 334/55 334 种 菜	334/55 213/21 政 治 334/55 213 救 命 334/55 213/334 过 夜	334/55 5/21 信 息	334/55 23/21 四 月 334/55 23 中 毒
阳去 213	213/13 53/21 地 方 213/55 53/21 用 功	213/55 31/21 大 门	213/13 423/21 代 表 213/55 423/21 糯 米	213/13 334/21 位 置 213/21 334 饭 店	213/13 213 电 话	213/13 5/21 办 法	213/21 23/5 树 叶

续表

后字／前字	阴平 53	阳平 31	上声 423	阴去 334	阳去 213	阴入 5	阳入 23
阴入 5	5 53 国家	5 31 / 5 53 骨头 5 31 发财	5 423 / 5 334 黑板 5 423 / 23 213 发展 5 423 发火	5 334 节气	5 213 / 5 334 质量	5 5 节约	5 23 / 5 5 复习
阳入 23	23 53 立冬	23 31 石头	23 423 / 213 墨水	23 334 / 213 力气	23 213 木匠	23 5 蜡烛	23 23 / 5 十六

说明：

阳入字在阴平、阳平、上声、阳去前，实际常读作短促的［21］调。

二、两字组连读变调规律

海盐方言两字组的连读变调具有如下特点：

（1）前后字均变调。

（2）连调模式存在趋同现象。阴平、上声作前字时常读作［53］调；阴平、阴去、阳去作前字时常读作［55］调；后字无论为哪个调，均可能读作［21］调。

肆　异读

一、新老异读

根据目前调查的材料，海盐话个别字存在新老差异，例如："埋"老派读［ma³¹］，新派读［ma³¹］或［ma⁵³］；"个"老派读［kəʔ⁵］，新派读［kəʔ⁵］或［kə³³⁴］。

二、文白异读

根据目前调查的材料，海盐话比较重要的文白异读规律主要有以下几点。下文中"／"前为白读，后为文读。

1. 声母

（1）非组个别字白读［b］［m］声母，文读［v］声母。例如：肥 bi³¹ / vi³¹ | 晚 mɛ⁴²³ / vɛ⁴²³ | 问 mən²¹³ / vən²¹³。

（2）日母个别字白读［ȵ］声母或自成音节［n̩］，文读［z］声母或零声母。例如：人 ȵin³¹ / zən³¹ | 日 ȵiəʔ²³ / zəʔ²³ | 儿 n̩³¹ / əl³¹。

（3）见晓组（疑母字除外）开口二等字白读多为［k］组声母，文读为［tɕ］组声母。例如：交 kɔ⁵³ / tɕiɔ⁵³ | 奸 kɛ⁵³ / tɕiɛ⁵³ | 孝 xɔ³³⁴ / ɕiɔ³³⁴。

2. 韵母

（1）部分止摄合口三等字白读为［y］韵，文读为［ue］韵。如：鬼 tɕy⁴²³ / kue⁴²³ | 贵 tɕy³³⁴ / kue³³⁴ | 围 y³¹ / ue³¹。

（2）部分梗摄开口二等阳声韵字白读为［ɛ̃］韵，文读为［ən］韵。如：争 tsɛ̃⁵³ / tsən⁵³ | 生 sɛ̃⁵³ / sən⁵³。

（3）部分梗摄开口二等入声韵字白读为［aʔ］韵，文读为［əʔ］韵。如：格 kaʔ⁵ / kəʔ⁵ | 额 aʔ²³ / əʔ²³。

第六节　海宁方音

壹　概况

一、调查点

1. 地理人口

海宁市为嘉兴市下辖县级市。地处浙江省北部，杭州湾北岸，嘉兴市南面。东邻海盐，南濒钱塘江，与绍兴上虞区、杭州钱塘区隔江相望，西接杭州临平区、钱塘区，北连桐乡、嘉兴秀洲区。南离嘉兴城区40公里，东距上海100公里。内陆面积699.92平方公里，总面积863平方公里。下辖4个街道、8个镇：硖石街道、海洲街道、海昌街道、马桥街道，许村镇、长安镇、周王庙镇、盐官镇、斜桥镇、丁桥镇、袁花镇、黄湾镇，市政府驻海洲街道海州西路226号。截止到2016年年底，全县常住人口68.16万。①民族主要为汉族，少数民族人口极少，多系因工作、婚姻迁入。

2. 历史沿革

海宁历史悠久，是良渚文化发源地之一，距今已有4000余年的历史。在春秋战国时期，海宁是越、吴、楚的属地。三国吴黄武二年（223），析海盐、由拳，置盐官县，属吴郡，为海宁建县之始。南朝陈武帝永定二年（558），置海宁郡，寓"海洪宁静"之意。隋开皇九年（589），割吴郡盐官（今海宁）等五县置杭州，盐官始属杭州。唐贞观四年（630），复置盐官县。元元贞元年（1295），升盐官州，天历二年（1329）改名海宁州，属杭州路。明洪武二年（1369），降为县，属杭州府。清乾隆三十八年（1773），复升为州。1912年，改州为县。1949年5月，海宁解放，隶属浙江省嘉兴专区。1986年11月，撤海宁县，设海宁县级市，属嘉兴市。②

---

①　参见：《2017年浙江统计年鉴》，http://tjj.zj.gov.cn/col/col1525563/index.html，2022年8月31日获取。

②　徐规，陈桥驿，潘一平，等. 浙江分县简志. 杭州：浙江人民出版社，1984：809-811；1986年11月《国务院关于同意浙江省撤销海宁县设立海宁市给浙江省人民政府的批复》。

3. 方言分布

海宁境内的方言主要为海宁方言，属吴语太湖片苏沪嘉小片，西部与杭州余杭区交界处有部分村庄说吴语太湖片苕溪小片方言。

4. 地方曲艺

境内地方曲艺主要有唱词和道白均使用海宁方言的海宁皮影戏。海宁皮影戏于南宋时传入，既保留了北方皮影戏的声腔、造型、舞美等表演样式，又融入了海宁当地民间小调、手工技艺和生活习俗等地方元素，伴以笛子、二胡等江南丝竹，节奏明快悠扬，曲调高亢、激昂，为民间婚嫁、寿庆、祈神等场合的重要节目。

2005 年 5 月 18 日，海宁皮影戏被列入浙江省第一批省级非物质文化遗产代表性项目名录；2006 年 5 月 20 日，被列入第一批国家级非物质文化遗产代表性项目名录。

二、方言发音人

1. 方言老男

徐伟平，1953 年 7 月出生于海宁硖石镇。一直在当地生活和工作，职工，初中文化程度，说海宁话和不太标准的普通话。父母均为海宁硖石镇人，说海宁话。

2. 方言青男

陈贤彪，1984 年 5 月出生于海宁硖石镇。除上大学外，一直在当地生活和工作，教师，研究生文化程度，说海宁话和不太标准的普通话。父母均为海宁硖石镇人，说海宁话和不太标准的普通话。

3. 口头文化发音人

夏忠杰，男，1959 年 10 月出生于海宁硖石镇，基层干部，中师文化程度，说海宁话和不太标准的普通话。

陈韵超，女，1961 年 10 月出生于海宁硖石镇，职工，高中文化程度，说海宁话和不太标准的普通话。

贰　声韵调

一、声母（26 个，包括零声母在内）

p 八兵	pʰ 派片	b 爬病肥	m 麦明问	f 飞风副蜂	v 肥饭味问
t 多东	tʰ 讨天	d 甜毒	n 闹南		l 老蓝连路
ts 资早酒竹纸	tsʰ 刺草抽车春	dz 祠		s 丝酸双书手	z 字贼坐茶十
tɕ 九	tɕʰ 清轻	dʑ 谢权全	ȵ 年泥软热	ɕ 想响	
k 高	kʰ 开	g 共		h 好灰	
∅ 月活安王药					

说明：

（1）鼻音、边音分两套，一套读紧喉，一套带浊流。前者出现在阴调字中，后者出现在阳调字中。

（2）[f][v]跟[u][əu]韵相拼时，有音位变体[ɸ][β]。

（3）[tɕ]组声母舌位稍偏前。

（4）零声母阳调类音节的起始处带有明显的磨擦成分，开齐合撮四呼分别对应[ɦ][j][w][ɥ]。

二、韵母（36 个，包括自成音节的[m̩][ŋ̍]在内）

ɿ 猪师丝试	i 雨米戏飞鬼二	u 伙火货五
a 牙排鞋	ia 写	ua 快
ɛ 开山	iɛ 廿念验	uɛ 关弯还惯
ɔ 宝饱	iɔ 笑桥	
	ie 靴盐年权	ue 鬼官
o 茶瓦		
əu 歌坐过苦		
ɐu 走豆二		
ei 赔对南半短	iɐu 油	

ã 糖床双硬<u>争</u>	iã 响	uã 王讲横
əŋ 深根寸春灯升<u>争</u>	iŋ 心新云病星	uəŋ 滚
oŋ 东	ioŋ 兄用	
aʔ 盒塔鸭法辣白尺八	iaʔ 贴药	uaʔ 刮
əʔ 十出直色	ieʔ 接急热节七一锡	uəʔ 活
oʔ 骨郭学北国谷六绿	ioʔ 局橘月	
ŋ <u>五</u>		
m̩ 姆		

说明:

（1）[u]韵舌位略前，唇形略展。

（2）[əu]韵中[ə]舌位略低略后。

（3）[u]韵与[əu]韵互补，拼唇音、唇齿音和零声母时是[u]韵，拼其余声母时是[əu]韵。

（4）[ɔ]韵舌位略高。

（5）[ie]韵中的[e]舌位稍低。

（6）[o]韵舌位略高，近[ɷ]，有时是[uɷ]。

（7）[ã][uã]中的[ã]舌位略前，有时读作[ɑŋ][uɑŋ]。

（8）[əʔ]舌位略低略后，实际音值近[ɜʔ]。

（9）[əʔ][aʔ]两韵有时可互读。

（10）自成音节的[m̩][ŋ]两韵是文读韵。

三、声调（7个）

阴平	55	东灯风通开天春
阴上	53	懂古鬼九统苦讨草
阳上	231	动罪近后买老五有
阴去	35	冻怪半四痛快寸去该
阳去	13	洞地饭树卖路硬乱铜皮糖红门龙牛油
阴入	5	谷百搭节急哭拍塔切刻
阳入	2	六麦叶月毒白盒罚

说明：

（1）阴平［55］实际调值有时略低，近［44］。

（2）阳去［13］缓读时实际调值近［113］，个别字调值稍高，近［224］。

（3）阴去［35］有时是［335］。

叁　连读变调

一、两字组连读变调表

海宁方言两字组的连读变调规律见下表。表中首列为前字本调，首行为后字本调。每一格的第一行是两字组的本调组合；第二行是连读变调，若连读调与单字调相同，则此行空白；第三行为例词。同一两字组若有两种以上的变调，则以横线分隔。具体如下。

海宁方言两字组连读变调表

前字 ＼ 后字	阴平 55	阴上 53	阴去 35	阳上 231	阳去13 浊平	阳去13 浊去	阴入 5	阳入 5
阴平 55	55 55 天 公	55 53 55 烧 酒	55 35 55 冬 至	55 231 55/ 冰 雹	55 13 55/ 今 年		55 5 蝙 蝠	55 2 阴 历
阴上 53	53 55 55 水 沟	53 53 55 0 滚 水	53 35 55 0 韭 菜	53 231 55 0 水 稻	53 13 55 55/ 水 潭	53 13 55 0 酒 酿	53 5 55 蚤 虱	53 2 55 省 力
阴去 35	35 55 55 菜 花	35 53 55 烫 水	35 35 55 53 对 过	35 231 55 53/ 运 道	35 13 55 53/ 救 命		35 5 55 彩 色	35 2 55 四 月
阳上 231	231 55 13 牡 丹	231 53 13 0 柿 子 — 231 53 13 55 稻 草	231 35 33 0 满 意 — 231 35 33 53 上 昼 — 231 55 13 0 里 向	231 231 13 0 道 士	231 13 13 33 稻 柴 — 231 13 33 33 稻 田	231 13 13 0 旱 地	231 5 33 美 国	231 2 13 后 日

续表

后字＼前字		阴平 55	阴上 53	阴去 35	阳上 231	阳去 13 浊平	阳去 13 浊去	阴入 5	阳入 5
阳去 13	浊平	13/33　55 河　浜	13/33　53/55 田　埂	13/33　35/55 驼　背	13/33　231/55 杨　柳	13/33 池	13　55/ 潭	13/33　5 芦　粟	13/33　2 阳　历
	浊去	13/33　55/53 地　方	13/33　53 露　水	13/33　35/53 事　故	13/33　231/53 洞　眼	13/33 旧	13　53/ 年		
阴入 5		5　55 菊　花	5　53/0 橘　子	5　35/0 一　世	5　31/0 屋　里	5　13 55/ 竹　头	5　13/0 柏　树	5　5 格　歇	5　2 搭　脉
阳入 2		2　55 活　狲	2　53/0 白　果	2　35/0 鼻　涕	2　231/0 日　里	2　13 33 木　头	2　13/0 绿　豆	2　5 墨　笔	2　2/0 昨　日
			2　53 蚀　本	2　35 白　菜		2　13 学　堂	2　13 31 月　亮		

说明：

（1）调值后带斜杠"/"的，表示该调值可读相应低调。

（2）后字位置的"0"代表轻声。

（3）前字浊上、浊去和浊入都有不止一种连读变调模式。

（4）每一种组合的变调模式都无法回避地存在一些例外。例如53和54的组合均有不变调的词语"霍险⁼""国道"。

（5）此两字组连读变调规律主要适用于广用式两字组，是词调，不完全适用于句子中。

二、两字组连读变调规律

（1）就变调类型论，不管是前字还是后字，舒声都以变调为主，入声都以不变调为主。

（2）调类合流现象明显。两字组连读有49种组合，归并后共有26种连调模式。前字相同，整个两字组变调模式基本都相同。

（3）调类复原现象突出。在单字调中，浊平和浊去调值相同，合并为阳去；在两字组连读变调中，不管是前字还是后字，浊平和浊去均存在区别。例如当前字阳去，后字除入声外，浊平和浊去变调不同。当后字阳去，前字阴上、阳上和阴入、阳入时，浊平和浊去的变调也不同。

（4）后字阴阳调合并趋势明显。从后字阴阳调调值看，后字阳调的调值有向阴调合并的趋势，导致后字阳调时常常有两种调值可读。例如前字阴平，后字阳上和阳去的组合"冰雹""今年"既可读［55 55］，也可读［55 33］。

（5）部分变调模式为前字单字调调型的扩展，如前字阴平，后字除入声外，变调模式均为［55 55］，显然是单字调［55］的扩展。

（6）轻声只出现在前字阴上、阳上和阴入、阳入的后字。

肆　异读

一、新老异读

海宁方言的新老异读集中体现在韵母和文白异读等方面。例如：

（1）老派音系中的［əɯ］［iəɯ］两韵，新派分别读［ə］［iə］两韵，例如"豆走油"。其中有的［əɯ］韵字，新派读［e］韵，例如"锯雷"，老派读［kəɯ⁵³ləɯ¹³］、新派读［ke³⁵le¹³］。

（2）老派音系中的［ei］韵，新派读［e］韵。例如"对虾赔南半短贝"。

（3）老派音系中部分［ɛ］韵字，新派读［e］韵。例如"开减"字，老派读［kʰɛ⁵⁵kɛ⁵³］，新派读［kʰe⁵⁵ke⁵³］。

（4）"二耳儿"等日母字，老派读白读音［əɯ］韵，新派读文读音［ɚ］韵。

（5）老派文白异读的字多，新派文白异读的字少。例如"姐"字，老派文读为［tɕi⁵³］、白读为［tɕia⁵³］，新派只有相当于老派文读音的一读［tɕi⁵³］。类似的还有"亏"字，老派文读为［tɕʰi⁵⁵］、白读为［kʰue⁵⁵］，新派只有［kʰue⁵⁵］一读；"味"字老派文读为［vi¹³］、白读为［mi¹³］，新派只有［vi¹³］一读。还有一种现象是老派习惯读白读音，新派习惯读文读音，例如"八"字，老派读［poʔ⁵］，新派读［paʔ⁵］。

（6）老派和新派间还存在以下一些零星的读音差异：

例字	老派	新派	例字	老派	新派
钢、江	kuã⁵⁵	kã⁵⁵	个	kəɯ³⁵	kəʔ⁵
讲	kuã⁵³	kã⁵³	泼	pʰəʔ⁵	pʰoʔ⁵
锯	kəɯ⁵³	ke³⁵	末	məʔ²	moʔ²

例字	老派	新派	例字	老派	新派
芋	i³⁵	ʅ¹³	阔	kʰuəʔ⁵	kʰoʔ⁵
溪	çi⁵⁵	çieʔ⁵	或	uəʔ²	oʔ²
瞎	həʔ⁵	haʔ⁵	撤	tsʰəʔ⁵	tsʰaʔ⁵

二、文白异读

海宁方言的文白异读大致可归纳为声母异读、韵母异读、声母韵母异读三种类型。下文中"/"前为白读，后为文读。

1. 声母异读

（1）微母"问味网尾晚"等字，一般白读[m]声母，文读[v]声母。例如：味 mi¹³ / vi¹³ | 问 məŋ¹³ / vəŋ¹³ | 尾 mi²³¹ / vi²³¹ | 网 moŋ²³¹、mã²³¹ / uã²³¹ | 晚 mε²³¹ / vε²³¹。

（2）奉母"肥"，一般白读[b]声母，文读[v]声母。例如：肥 bi¹³ / vi¹³。

（3）日母"人日"等字，一般白读[n̠]声母，文读[z]声母。例如：人 n̠iŋ³¹ / zəŋ³¹ | 日 n̠ieʔ² / zəʔ²。

（4）假开三麻韵字，姐 tçia⁵³ / tçi⁵³。

2. 韵母异读

（1）日母"耳儿"等字，一般白读是自成音节的[ŋ]，文读[əɯ]韵。例如：耳 ŋ²³¹ / əɯ²³¹ | 儿 ŋ¹³ / əɯ¹³。

（2）梗江宕通摄"争声梦棒旺"等字，一般白读鼻化韵，文读鼻尾韵。例如：争 tsã⁴⁴ / tsəŋ⁴⁴ | 声 sã⁴⁴ / səŋ⁴⁴ | 梦 mɑ¹³ / moŋ¹³ | 棒 bã²³¹ / boŋ²³¹ | 旺 iã¹³ / uã¹³。

3. 声母韵母异读

（1）效开二见组"交孝胶教敲咬"等字，一般白读[k]组声母拼[ɔ]韵，文读[tç]组声母拼[iɔ]韵。例如：交 kɔ⁵³ / tçiɔ⁵³ | 孝 çiɔ³⁵ / hɔ³⁵。

（2）止合三见组"龟鬼贵亏柜"等字，一般白读[tç]组声母拼[i]韵，文读[k]组声母拼[ue]韵。例如：鬼 tçi⁵³ / kue⁵³ | 贵 tçi³⁵ / kue³⁵。

（3）影组"喂围纬~子"等字，一般白读零声母拼［i］韵，文读零声母拼［ue］韵。例如：围 i^{13} / ue^{13}。

（4）其他如溪母字：亏 k^{h}ue^{55} / tɕ^{h}i^{55}；帮母字：八 poʔ^5 / paʔ^5。

伍　小称

海宁方言中尚存以下两种小称残迹：

（1）儿缀小称：囡儿。

（2）鼻尾小称：昨日儿 zoʔ^{2}n̠iŋ^{31} | 个日儿子$_{前天}$ kəʔ^{5}n̠iŋ^{13}tsʅ^0 | 磨儿 moŋ^{213} | 歇儿歇儿$_{歇歇}$ ɕiŋ^{55}ɕiŋ^0。

第七节　桐乡方音

壹　概况

一、调查点

1. 地理人口

桐乡市隶属浙江省嘉兴市。位于浙江省北部、杭嘉湖平原腹地，居上海、杭州、苏州"金三角"中心。总面积 727 平方公里，辖 8 个镇、3 个街道，分别为：崇福镇、大麻镇、洲泉镇、河山镇、石门镇、乌镇镇、濮院镇、屠甸镇，梧桐街道、凤鸣街道、高桥街道。截至 2018 年年底，全市共有 19.18 万户，总人口 70.13 万。[①] 绝大多数为汉族，个别少数民族人口因工作、婚嫁迁入。[②]

2. 历史沿革

市境周时名御儿，属越国。秦王政二十五年（前 222），置会稽郡，下设由拳、乌程等县，今市境属由拳县。三国吴黄龙三年（231），由拳县"野稻自生，改为禾兴"（元《至元嘉禾志》）。赤乌五年（242），改禾兴县为嘉兴县，属吴郡，今市境隶属嘉兴。后晋天福三年（938），吴越王钱元瓘析嘉兴县西南境崇德、南津、语儿等七乡置崇德县。宣德五年（1430），析崇德东境募化、梧桐等六乡置桐乡县，设县治于梧桐乡凤鸣市（今梧桐街道）。清代时，崇德、桐乡两县同隶属嘉兴府。

1949 年 5 月，桐乡、崇德先后解放。中华人民共和国成立后，崇德、桐乡两县同隶属嘉兴专区。1958 年 11 月，崇德、桐乡两县合并，称桐乡县。1993 年，桐乡撤县设市，隶属嘉兴市。[③]

3. 方言分布

桐乡市境内的方言主要为桐乡话和崇德话，均属吴语太湖片苏嘉湖小片。前

---

① 参见:《2019 年浙江统计年鉴》，http://tjj.zj.gov.cn/col/col1525563/index.html，2022 年 8 月 13 日获取。

② 参见: 桐乡市人民政府网，http://www.tx.gov.cn/col/col1631296/index.html，2022 年 8 月 13 日获取。

③ 参见: 桐乡市人民政府网，http://www.tx.gov.cn/col/col1631296/index.html，2022 年 8 月 13 日获取。

者主要分布于原桐乡县境内，后者主要分布于原崇德县境内。

4. 地方曲艺

境内流行桐乡花鼓戏和越剧。花鼓戏又名"挑香担"，属小戏。因其题材源于农村生活，剧情短小精悍，曲调流畅活泼，且以方言演唱，深受人们喜爱。[①]

二、方言发音人

1. 方言老男

姚文洲，1955 年 10 月出生于桐乡梧桐镇。一直在本地生活和工作，文艺工作者，高中文化程度，说桐乡话和普通话。父母均为桐乡人，说桐乡话；配偶出生于桐乡梧桐镇，说桐乡话和普通话。

2. 方言青男

倪一震，1984 年 7 月出生于桐乡梧桐镇，上学前一直生活于此。基层干部，本科文化程度，说桐乡话和普通话。父亲为桐乡梧桐镇人，说桐乡话和不太标准的普通话；母亲为桐乡濮院镇人，说桐乡话和濮院话；配偶桐乡梧桐镇人，说桐乡话、乌镇话和普通话。

3. 口头文化发音人

席丽萍，女，1957 年 10 月出生于桐乡梧桐镇，演员，高中文化程度。
张幸华，女，1955 年 12 月出生于桐乡梧桐镇，基层干部，初中文化程度。

贰　声韵调

一、声母（25 个，包括零声母在内）

p 八兵	pʰ 派片	b 爬病肥	m 麦明问味	f 飞风副蜂灰	v 饭肥味
t 多东	tʰ 讨天	d 甜毒	n 脑南		l 老蓝连路

---

① 桐乡市《桐乡县志》编纂委员会. 桐乡县志. 上海：上海书店出版社，1996：1172.

ts 早酒竹　　tsʰ 草清抽　　　　　　　　　　　　s 三想山手书　　z 坐茶床船顺十
　争装纸　　　　拆春
tɕ 九　　　　tɕʰ 轻　　　dʑ 权　　　ȵ 年泥热软　　ɕ 响
k 高　　　　kʰ 开　　　ɡ 共　　　　　　　　　h 好
ø 熬月温
　王云药

说明：

（1）[v]声母有时摩擦较轻，近[ʋ]。

（2）[tɕ]组声母带舌叶色彩。

（3）[h]声母发音部位略前。

（4）阳调类的零声母音节前面，带有与音节开头元音同部位的摩擦成分。

二、韵母（39个，包括自成音节的[m][ŋ]在内）

ɿ 猪师丝试	i 雨米赔二飞鬼耳	u 鹅河
a 牙排鞋	ia 写	ua 快
ɛ 开		uɛ 顽惯
ᴇ 南	iᴇ 盐	uᴇ 官宽
o 茶瓦		
ɔ 宝饱	iɔ 笑桥	
		uei 回会
əu 歌坐过苦		
ɤɯ 豆	iɤɯ 靴走油	
ã 硬争	iã 响	uã 横
ɒ̃ 糖床王双讲	iɒ̃ 旺	
ən 寸春灯深	iŋ 新云	uən 滚
oŋ 东	ioŋ 兄用	
aʔ 盒塔鸭法辣白	iaʔ 贴药	uaʔ 刮
əʔ 十出直色	iəʔ 接急热月七橘锡	uəʔ 瓦活骨国
ɔʔ 八郭壳学北谷六绿	iɔʔ 局	
m 母		

ŋ <u>五</u><u>儿</u>

əl <u>儿</u><u>耳</u>

说明：

（1）[i]韵舌位较低，接近[ɪ]；与[f][v]声母相拼时为[ᵊi]。

（2）[u]韵唇形不圆，且带明显摩擦，有时双唇颤动。

（3）[a][ia][ua][aʔ][iaʔ][uaʔ]六韵中的[a]舌位略后，实际音值为[ʌ]。

（4）[ɛ][uɛ]二韵中的[ɛ]舌位较低，末尾略有关的动程。

（5）[iɛ]韵中的[ɛ]舌位较高，接近[e]。

（6）[o]韵舌位较高，实际音值为[ʊ]。

（7）[əu]韵中的[u]唇形不圆；[ə]不太明显，实际音值为[ᵊu]。

（8）[ɤɯ][iɤɯ]二韵中的[ɯ]带圆唇色彩。

（9）[iã]韵实际音值为[iãŋ]。

（10）[ɒ̃][iɒ̃]二韵中的[ɒ]舌位略高。

（11）[iɔ][iɔŋ][iɔʔ]三韵中的[i]带圆唇色彩。

（12）[oŋ][ioŋ]二韵中的[o]舌位略高。

（13）鼻尾[ŋ]和[ŋ̍]韵舌位较前；[ioŋ]韵中的[ŋ]略近[m]。

（14）[uəʔ]韵中的[ə]舌位较后。

（15）[ɔʔ][iɔʔ]二韵中的[ɔ]舌位略高；[ɔʔ]韵实际音值为[ᵘɔʔ]，与零声母相拼时更接近[uɔʔ]。

三、声调（8个）

阴平	44	东该灯风通开天春
阳平	13	门龙牛油铜皮糖红
阴上	53	懂古鬼九统苦讨草
阳上	242	买老五有动罪近后
阴去	334	冻怪半四痛快寸去
阳去	213	卖路硬乱洞地饭树
阴入	5	谷百搭节急哭拍塔切刻
阳入	23	六麦叶月毒白盒罚

说明：

（1）阴上［53］比较短促。

（2）阴去［334］前头略降，但降幅不到一度。

（3）阳去［213］降幅不太明显。

（4）阴入［5］为短促调，且略降，实际调值为［54］。

（5）阳入［23］为短促调，末尾略降。

叁　连读变调

一、两字组连读变调表

桐乡方言两字组的连读变调规律见下表。表中首列为前字本调，首行为后字本调。每一格的第一行是两字组的本调组合；第二行是连读变调，若连读调与单字调相同，则此行空白；第三行为例词。同一两字组若有两种以上的变调，则以横线分隔。具体如下。

桐乡方言两字组连读变调表

前字＼后字	阴平 44	阳平 13	阴上 53	阳上 242	阴去 334	阳去 213	阴入 5	阳入 23
阴平 44	44　44 飞　机 44　44 33 开　车	44　13 开　门 44　13 　　44 清　明	44　53 　　44 工　厂	44　242 　　44 兄　弟	44　334 　　53 车　票 44　334 　　44 书　记 44　334 开　店	44　213 生　病 44　213 　　44 车　站 44　213 　　53 军　队	44　5 　　0 钢　笔	44　23 　　0 生　日 44　23 开　学
阳平 13	13　44 21 农　村	13　13 21　44 眉　毛	13　53 21　44 门　口 13　53 21 寻　死	13　242 21　44 朋　友	13　334 21　53 难　过 13　334 21　44 同　意 13　334 21　53 芹　菜	13　213 53 名　字 13　213 排　队	13　5 　　0 毛　笔 13　5 21 留　级	13　23 　　0 茶　叶 13　23 21 洋　袜

续表

前字＼后字	阴平 44	阳平 13	阴上 53	阳上 242	阴去 334	阳去 213	阴入 5	阳入 23
阴上 53	53 44 火车	53 13 走棋 53 13 44 草鞋	53 53 44 0 水果 53 53 44 手表	53 242 0 水稻	53 334 水库 53 334 44 海带	53 213 44 0 手艺 53 213 写字	53 5 0 赌博 53 5 33 享福	53 23 转业 53 23 33 0 伙食
阳上 242	242 44 尾巴 242 44 21 棒冰 242 44 24 0 老师	242 13 44 被头 242 13 0 柱头 242 13 受凉 242 13 21 53 上头	242 53 24 0 老虎 242 53 24 44 老板 242 53 动手	242 242 养老 242 242 24 0 道理	242 334 满意 242 334 24 0 市镇	242 213 24 0 马路	242 5 0 满足 242 5 21 犯法	242 23 0 老实 242 23 21 技术
阴去 334	334 44 33 唱歌 334 44 33 53 汽车	334 13 33 过年 334 13 33 53 酱油	334 53 33 报纸	334 242 33 送礼	334 334 33 种菜 334 334 33 53 会计	334 213 33 334 过夜 334 213 33 救命	334 5 33 正式	334 23 33 5 副业 334 23 33 53 中毒
阳去 213	213 44 21 射尿 213 44 21 53 地方	213 13 21 53 面盆 213 13 21 问题	213 53 21 大腿	213 242 21 糯米 213 242 21 53 大雨	213 334 21 路费 213 334 21 53 位置	213 213 21 大寿 213 213 21 53 路命	213 5 21 办法	213 23 21 树叶
阴入 5	5 44 3 国家	5 13 3 发财 5 13 3 44 骨头	5 53 3 黑板 5 53 3 缺点	5 242 3 黑马 5 242 3 53 谷雨 5 242 55 0 接受	5 334 3 节气	5 213 3 铁路 5 213 3 44 质量	5 5 3 节约	5 23 3 5 节日

后字 前字	阴平 44		阳平 13		阴上 53		阳上 242		阴去 334		阳去 213		阴入 5		阳入 23	
阳入 23	23 木	44 工	23 麦	13 44 田	23 墨	53 水	23 物	242 理	23 力	334 气	23 立	213 夏	23 蜡	5 烛	23 十	23 六

说明：

阳入字做前字，有时接近［21］，主要出现在阴平、阳平、阴上、阴去、阳去等调类字之前。

二、两字组连读变调规律

桐乡方言两字组的连读变调具有如下特点：

（1）前后字均变调。

（2）连调模式存在趋同现象。

一方面，同一调类的前字在不同调类的后字之前往往读为一种或两种共同的调值。例如阳平字和阳去字作前字多读作［21］调，阴上字作前字多读作［44］调，阳上字作前字多读作［24］调，阴去字作前字多读作［33］调。

另一方面，阳平、阴上、阳上、阴去、阳去等调类的字作后字时常读作［44］调。

肆　异读

一、新老异读

根据目前调查的材料，桐乡方言新老派差异主要表现在：

1. 声调

老派次浊上声读阳上调［242］，新派次浊上声读阴上调［53］。

2. 声母

（1）老派分尖团。例如：酒 tsɤɯ⁵³ ≠ 九 tɕiɤɯ⁵³ | 清 tsʰiŋ⁴⁴ ≠ 轻 tɕʰiŋ⁴⁴ | 想 siã⁵³ ≠ 响 ɕiã⁵³。新派尖团合流，例如：酒 = 九 tɕiɯ⁵³ | 清 = 轻 tɕʰiŋ⁴⁴ | 想 = 响 ɕiã⁵³。

（2）晓母字老派读［f］［h］［ɕ］三个声母，而新派只有［h］［ɕ］两个声母。

3. 韵母

（1）老派山摄字存在［ɛ］韵和［ɐ］韵、［uɛ］韵和［uɐ］韵的对立，新派则分别合并为［ɛ］韵和［uɛ］韵。

（2）老派部分梗摄字读为［ã］韵，与部分宕摄字、江摄字读作［ɒ̃］韵相对立，新派则合并为［ã］韵。

（3）老派宕摄字存在［iã］韵和［iɒ̃］韵对立，新派则合并为［iã］韵。

二、文白异读

根据目前调查的材料，桐乡方言比较重要的文白异读规律主要有以下几点。下文中"/"前为白读，后为文读。

1. 声母

（1）非组个别字白读［b］［m］声母，文读［v］声母或零声母。例如：肥 bi¹³ / vi¹³ ｜ 晚 mɛ²⁴² / vɛ²⁴² ｜ 问 mən²¹³ / vən²¹³ ｜ 尾 mi²⁴² / m²⁴² ｜ 味 mi²¹³ / vi²¹³。

（2）日母个别字白读［n̠］声母或自成音节［ŋ］，文读［z］声母或零声母。例如：儿 ŋ¹³ / əl¹³ ｜ 耳 n̠i²⁴² / əl⁵³。

（3）见晓组（疑母字除外）开口二等字白读多为［k］组声母，文读为［tɕ］组声母。例如：许 he⁴⁴ / ɕi⁵³ ｜ 解 ga²⁴² / tɕia⁵³ ｜ 孝 xɔ³³⁴ / ɕiɔ³³⁴。

（4）其他：怀 ga¹³ / ua¹³ ｜ 窗 tɕʰiɒ̃⁴⁴ / tsʰɒ̃⁴⁴ ｜ 侧 tsəʔ⁵ / tsʰəʔ⁵。

2. 韵母

（1）部分止摄合口三等字白读［i］韵，文读［uei］韵。如：费 fi³³⁴ / uei²¹³ ｜ 胃 vi²¹³ / uei²¹³ ｜ 围 i¹³ / uei¹³。

（2）其他：锄 zɻ¹³ / zəu¹³ ｜ 忙 moŋ¹³ / mɒ̃¹³ ｜ 棒 boŋ²⁴² / bɒ̃²⁴²。

伍　小称

词汇中偶有小称现象的残留，如：屋里儿 oʔ³liŋ⁴⁴。

第八节　崇德方音

壹　概况

一、调查点

1. 地理人口

崇福镇（原崇德县县府所在地）位于浙江省桐乡市西南部。地处杭嘉湖平原中部，京杭大运河穿镇而过。总面积100.1平方公里，2017年人口约10.18万，另有流动人口约3万。绝大多数为汉族，个别少数民族人口因工作、婚嫁迁入。[①]

2. 历史沿革

春秋战国时名御儿，附近为吴越战场。西汉后御儿亦称语儿。隋大业六年（610）开挖的古运河直穿语儿，来往人舟逐渐增多，人口结集而成聚落。唐乾符六年（879）正式建立义和镇，至今已有1100多年历史。后晋天福三年（938）析嘉兴县西部崇德等七乡置崇德县，义和即为县治。[②]宣德五年（1430），析崇德东境募化、梧桐等六乡置桐乡县，设县治于梧桐乡凤鸣市（今梧桐街道）。清代时，崇德、桐乡两县同隶属嘉兴府。[③]

1949年5月，桐乡、崇德先后解放。中华人民共和国成立后，崇德、桐乡两县同隶属嘉兴专区。1958年11月，崇德、桐乡两县合并，称桐乡县，但仍保留崇福镇。1993年，桐乡撤县设市，隶属嘉兴市。[④]

3. 方言分布

崇德话属吴语太湖片苏嘉湖小片。崇德境内（现崇福镇）的方言内部基本无差异。

① 桐乡市地名委员会. 桐乡市地名词典. 桐乡：桐乡市地名委员会，2017：275.
② 张冰华. 崇福镇志. 上海：上海书店出版社，1994：3.
③ 参见：桐乡市人民政府网，http://www.tx.gov.cn/col/col1631296/index.html，2022年8月13日获取。
④ 张冰华. 崇福镇志. 上海：上海书店出版社，1994：3.

4. 地方曲艺

有地方曲艺"三跳"，仅余少数民间艺人。"三跳"原系崇福镇四郊地方曲种，以三块竹片为演唱道具，乡人称其为"劝书"，寓有"劝人为善"之意。这是一种为当地人喜爱的说唱艺术。艺人大多为镇郊农民，农闲时外出演出。[①]

二、方言发音人

1. 方言老男

杜秋熊，1950 年 9 月出生于崇福镇。一直在本地生活和工作，职工，大专文化程度，说崇福话和不太标准的普通话。父亲出生于海宁，幼年来崇福，只说崇福话；母亲出生于绍兴，幼年来崇福，只说崇福话；配偶出生于崇福镇，说崇福话、不太标准的普通话。

2. 方言青男

吴昊，1981 年 3 月出生于崇福镇。基层干部，本科文化程度，说崇福话和普通话。父母均为崇福人，说崇福话和不标准的普通话；配偶出生于湖北，说普通话和襄阳话。

3. 口头文化发音人

徐建人，男，1958 年 2 月出生于崇福镇，基层干部，大专文化程度。

胡金林，男，1957 年 12 月出生于崇福镇，基层干部，现已退休，大专文化程度。

蔡淑敏，女，1961 年 6 月出生于崇福镇，职工，高中文化程度。

杜秋熊，男，1950 年 9 月出生于崇福镇，职工，大专文化程度。

贰　声韵调

一、声母（26 个，包括零声母在内）

p 八兵　　　　pʰ 派片　　　　b 爬病肥　　m 麦明味问　f 飞风副蜂　v 肥饭味问

---

① 张冰华. 崇福镇志. 上海：上海书店出版社，1994：202.

t 多东	tʰ 讨天	d 甜毒	n 脑南		l 老蓝连路
ts 早酒竹装纸	tsʰ 草拆初春			s 三双手书	z 坐茶床船顺
tɕ 鸡九	tɕʰ 清轻	dʑ 权近	ȵ 年泥热软	ɕ 想响	ʑ 全谢
k 高根	kʰ 开客	g 狂共		h 好灰	
∅ 熬月安王云					
用药					

说明：

[v]声母有时摩擦较弱，近[ʋ]。

二、韵母（35个，包括自成音节的[m][ŋ]在内）

ɿ 猪师丝试	i 雨米赔对戏二耳	u 歌过苦
ɑ 牙排鞋	iɑ 写借	uɑ 怪快
ɛ 开山		
ᴇ 南半短		uᴇ 官
	iᴇ 盐年权	ui 灰亏
o 坐茶瓦		
ɔ 宝饱	iɔ 笑桥	
ɤɯ 豆走	iɤɯ 靴油	
ã 糖床双硬争	iã 响	uã 王讲横
əŋ 深根寸春灯争	iŋ 心新云病星	uəŋ 滚
oŋ 东	ioŋ 兄用	
aʔ 盒塔鸭法辣白	iaʔ 贴药	uaʔ 刮
ɔʔ 八骨托壳北谷	iɔʔ 局	uɔʔ 活国
əʔ 十出直色	iəʔ 接急热七一锡	
m 姆		
ŋ 五儿		
əl 耳儿		

说明：

（1）[i]韵略带摩擦。

（2）[u]韵唇形很展，有时略鼓腮；与[p]组声母相拼时，双唇常颤。

（3）[ɑ]韵舌位略前，实际音值介于[ᴀ]和[ɑ]之间。

（4）[ui]韵中的[u]常不太明显。

（5）[o]韵舌位略高。

（6）[ɔ]韵舌位较低，实际音值近[ɒ]。

（7）[ɤɯ][iɤɯ]二韵中的[ɯ]唇形略圆。

（8）[iɔ][iɔŋ][iɔʔ]三韵中的[i]带圆唇色彩。

（9）[ã][iã][uã]三韵中的[a]鼻化色彩较弱。

（10）[ɔʔ]韵中的[ɔ]舌位略高，位于[ɔ]和[o]之间。

三、声调（7个）

阴平	44	东该灯风通开天春
阳平	13	门龙牛油铜皮糖红卖路硬乱洞地饭树
阴上	53	懂古鬼九统苦讨草买米老藕
阳上	242	动罪近桶
阴去	334	冻怪半四痛快寸去
阴入	5	谷百节急哭塔切刻
阳入	23	六麦叶月毒白盒罚

说明：

（1）阳平[13]有时前头略降，但降幅不到一度。

（2）阴去[334]略高，实际调值介于[334]与[445]之间。

（3）阴入[5]为短促调，略升，但升幅不到一度。

（4）阳入[23]为短促调。

（5）"□给"读[pəʔ⁵³]，[53]未列入单字调。

叁　连读变调

一、两字组连读变调表

崇德方言两字组的连读变调规律见下表。表中首列为前字本调，首行为后字本调。每一格的第一行是两字组的本调组合；第二行是连读变调，若连读调与单字调相同，则此行空白；第三行为例词。同一两字组若有两种以上的变调，则以横线分隔。具体如下。

崇德方言两字组连读变调表

前字＼后字	阴平 44	阳平 13	阴上 53	阳上 242	阴去 334	阴入 5	阳入 23
阴平 44	44　44 飞　机	44　13 　　44 清　明 44　13 开　门	44　53 　　44 工　厂	44　242 　　44 公　社	44　334 　　44 书　记 44　334 开　店	44　5 　　4 钢　笔	44　23 　　4 生　日
阳平 13	13　44 21 农　村 13　44 21　334 地　方	13　13 21　44 农　民 13　13 21 排　队 13　13 21　334 大　门 13　13 21 大　路	13　53 21　44 牙　齿 13　53 21 代　表	13　242 21　44 城　市 13　242 21　53 味　道	13　334 21　44 难　过 13　334 21 饭　店 13　334 21　53 位　置	13　5 21　4 毛　笔 13　5 留　级 13　5 21 办　法	13　23 21　4 农　业 13　23 21 树　叶
阴上 53	53　44 55　0 火　车 53　44 打　针	53　13 55　0 草　鞋 53　13 走　棋 53　13 33 扫　地	53　53 55　0 手　表 53　53 养　老	53　242 55　0 水　稻	53　334 55　0 水　库 53　334 写　信	53　5 55　0 粉　笔 53　5 享　福	53　23 55　0 体　育 53　23 转　业
阳上 242	242　44 动　工	242　13 上　坟 242　13 24　0 象　棋	242　53 动　手 242　53 24　0 市　长	242　242 犯　罪	242　334 受　气 242　334 24　0 市　镇	242　5 犯　法 242　5 24　0 道　德	242　23 24　0 动　物
阴去 334	334　44 33　334 汽　车 334　44 33 唱　歌	334　13 33　334 酱　油 334　13 33 过　年	334　53 33 报　纸	334　242 33 制　造	334　334 33 会　计	334　5 33　334 政　策	334　23 33　334 副　业 334　23 33 中　毒

续表

前字＼后字	阴平 44	阳平 13	阴上 53	阳上 242	阴去 334	阴入 5	阳入 23
阴入 5	53／44 国家	53／13 发财	53／53 黑板	53／242 接受	53／334 节气	53／5 53 节约	53／23 发热
		53／13 44 骨头			53／334 44 出去	53／5 334 出国	53／23 53 作业
阳入 23	23／44 读书	23／13 44 石头	23／53 石板	23／242 活动	23／334 力气	23／5 53 蜡烛	23／23 53 越剧
		23／13 立夏					

说明:

（1）阳入字做前字，实际调值接近［21］。

（2）阴入和阳入字仍读短促调。

二、两字组连读变调规律

崇德话两字组的语音变调有以下几个特点：

（1）前后字均变调。

（2）前字在很大程度上决定了后字的声调：前字调类相同，则后字声调也趋同。前字为阴平、阳平、阴上、阴去时，这一特点尤为明显。

（3）阳平古浊平和阳平浊去字连读变调表现有所不同。

肆　异读

一、新老异读

根据目前调查的材料，崇德话新老派差异主要为：

1. 声调

阳平老派读作［13］，有时候前面略降，但降幅不到一度；新派则为［213］。

2. 韵母

老派的[ɛ][ɐ]二韵，新派合为[ɛ]韵。

二、文白异读

根据目前调查的材料，崇德话比较重要的文白异读规律主要有以下几点。下文中"／"前为白读，后为文读。

1. 声母

（1）非组个别字白读[b][m]声母，文读[v]声母。例如：肥 bi^{13}／vi^{13}｜晚 mɛ^{53}／vɛ^{242}｜问 mən^{13}／vəŋ^{13}｜味 mi^{13}／vi^{13}。

（2）日母个别字白读[ɳ]声母或自成音节[ŋ]，文读[z]声母或零声母。例如：儿 ŋ^{13}／əl^{13}｜耳 ɳi^{53}／əl^{53}。

（3）见晓组（疑母字除外）开口二等字白读多为[k]组声母，文读为[tɕ]组声母。例如：解 gɑ^{242}／tɕiɑ^{53}｜江 kuã^{44}／tɕiã^{44}｜孝 xɔ^{334}／ɕiɔ^{334}。

（4）其他：怀 gɑ^{13}／uɑ^{13}｜窗 tɕʰiã^{44}／tsʰã^{44}｜侧 tsəʔ^{5}／tsʰəʔ^{5}。

2. 韵母

（1）部分止摄合口三等字白读[i]韵，文读[ui]韵。如：贵 tɕi^{334}／kui^{334}｜围 i^{13}／ui^{13}。

（2）其他：活 uɔʔ^{23}／uɐ^{13}｜棒 bɔŋ^{242}／bã^{242}｜学 ɔʔ^{23}／iɔʔ^{23}｜额 aʔ^{23}／əʔ^{23}｜声 sã^{44}／səŋ^{44}。

伍　小称

词汇中偶有小称现象的残留，如：屋里儿 ɔʔ^{3}liŋ^{53}。

第九节　湖州方音

壹　概况

一、调查点

1. 地理人口

湖州市是浙江省下辖地级市。地处浙江省北部，太湖南岸，浙苏皖三省交汇处。东邻嘉兴，南接杭州，西依天目山，北濒太湖，与无锡、苏州隔湖相望，是环太湖地区因湖而得名的城市。全市面积 5820.13 平方公里，辖 2 区 3 县：吴兴区、南浔区和德清县、长兴县、安吉县，市政府驻地吴兴区仁皇山新区。截止到2017 年年底，市区人口 111.70 万。[①] 主要为汉族，少数民族人口极少，多系因工作、婚姻迁入。

2. 历史沿革

楚考烈王十五年（前 248），置菰城县，此为湖州建置之始。秦王政二十五年（前 222），秦灭楚改乌程县，属会稽郡，东汉永建四年（129）后属于吴郡。三国宝鼎元年（266）分吴郡的乌程、阳羡、永安、余杭、临水五县和丹阳郡的故鄣、安吉、原乡、於潜四县置吴兴郡，治乌程。此为吴兴设置郡级政区之始，也是吴兴名称之始。晋太康三年（282），分乌程东乡置东迁。隋开皇九年（589），废吴兴郡，并东迁入乌程，属苏州。仁寿二年（602），置湖州，治乌程，此为湖州之名出现之始。宋太平兴国七年（982），析乌程县东南十五乡置归安县，和乌程并为湖州治。1912 年并乌程、归安为吴兴县，属钱塘道。[②]

1949 年 4 月 28 日湖州解放后，先后设浙江第一专区、嘉兴专区和嘉兴地区，治湖州。随后于吴兴县城区置吴兴市，1950 年改为湖州市。1958 年后变更较为频繁。1983 年，撤嘉兴地区，建湖州、嘉兴两个省辖市。[③]

---

① 参见：《2018 年浙江统计年鉴》，http://tjj.zj.gov.cn/col/col1525563/index.html，2022 年 8 月 31 日获取。

② 徐规，陈桥驿，潘一平，等. 浙江分县简志. 杭州：浙江人民出版社，1984：731–734。

③ 参见：湖州市人民政府网，http://www.huzhou.gov.cn/col/col1229213501/index.html，2022 年 8 月31 日获取。

3. 方言分布

湖州境内方言属吴语太湖片苕溪小片。长兴、安吉境内移民主要说河南话、湖北话、安庆话和苏北话。此外三县境内均有少许闽语分布。

4. 地方曲艺

湖州地方传统戏剧为用湖州话演唱的湖剧。湖剧主要流行于浙江湖州、嘉兴各地及余杭、临安等地，也流行于江苏吴江、宜兴，安徽广德等地，已有百年左右的历史。特点是带有浓郁的江南水乡情调，语言柔和，曲调清新，表演细腻，多为悲欢离合的家庭爱情戏。2011 年被列入第三批国家级非物质文化遗产名录。

二、方言发音人

1. 方言老男

冯伟民，1955 年 12 月出生于湖州吴兴区，一直在本地生活和工作，职工，高中文化程度，说湖州话和不太标准的普通话。父母均为湖州吴兴区人，说湖州话。

2. 方言青男

魏需侃，1985 年 2 月出生于湖州吴兴区，研究生文化程度，基层干部，说湖州话和普通话。父母均为湖州吴兴区人，说湖州话。

3. 口头文化发音人

崔少俊，1982 年 12 月出生于湖州吴兴区，教师，本科文化程度，说湖州话和不太标准的普通话。父母均为湖州吴兴区人，说湖州话。

贰　声韵调

一、声母（28 个，包括零声母在内）

| p 八兵 | pʰ 派片 | b 爬病肥 | m 味问麦明 | f 飞风 | | v 肥饭味问 |
| t 多东 | tʰ 讨天 | d 甜毒 | n 闹南 | | | l 老蓝连路 |

ts 资早张	tsʰ 刺草寸	dz 祠茶柱城		s 丝酸山双书	z 字贼坐事床
竹纸	车春				
tɕ 酒九	tɕʰ 清抽轻	dʑ 权	ȵ 年泥软热	ɕ 想手响	ʑ 全谢
k 高	kʰ 开	g 共	ŋ 熬	x 好灰	
∅ 活县安					
王药					

说明：

（1）鼻、边音分两套，一套读紧喉，一套带浊流。前者出现在阴调字中，后者出现在阳调字中。例如"猫"读紧喉，"毛"带浊流。

（2）［f］［v］跟［u］韵相拼时，有音位变体［ɸ］［β］。

（3）［tɕ］组声母舌位稍偏前，拼［i］时明显有舌叶色彩。

（4）全浊擦音声母"清音浊流"特征相对较明显。

（5）零声母阳调类音节的起始处带有明显的磨擦成分，开齐合撮四呼分别对应［ɦ］［j］［w］［ɥ］。

二、韵母（37个，包括自成音节的［ɚ］［m̩］［n̩］［ŋ̍］在内）

ɿ 猪师丝试	i 雨米戏二飞鬼	u 破婆坞
a 牙排鞋	ia 写	ua 快
ɛ 南山半短	ie 盐年权	uɛ 鬼官
ɔ 宝饱	iɔ 笑桥	
ou 歌坐过苦	iu 靴走油	uo 茶瓦
ei 开赔对		uei 快灰
øʉ 豆		
ã 糖床双讲硬	iã 响	uã 王横
ən 深根寸春灯升争	in 心新云病星	uən 滚
oŋ 东	ioŋ 兄用	
aʔ 盒塔鸭法辣白尺	iaʔ 药	uaʔ 刮
əʔ 十出直色	ieʔ 接急热节月七一锡	uəʔ 活骨国
	ioʔ 局	uoʔ 八学北谷六绿托郭
ɚ 耳		

n	尔芋耳
ŋ	午五
m	无

说明：

（1）[i]韵有点高顶出位，带有一点[ɿ]的音色。

（2）[u]韵与[əu]韵互补，拼唇音和零声母时是[u]韵，拼其余声母时是[əu]韵。拼零声母时有时两可。例如：单字中"雾"是[u]，词语"雾露"中的"雾"是[əu]。

（3）[ɔ]韵舌位略高。

（4）[ie]韵中的[e]舌位稍高，近[ɪ]。

（5）[uo]韵中[o]舌位略高，近[ɷ]，有时是[ᵁɷ]。

（6）[ei]韵中的[e]舌位略低，近[ɛ]。

（7）[øu]韵中的[ø]略后，实际音值接近[ɵu]。

（8）[ã][iã][uã]三韵中的鼻化有时较弱，并带一点鼻尾，有时可记作[ãŋ][iãŋ][uãŋ]或[aŋ][iaŋ][uaŋ]。

（9）[ã]韵中部分宕摄字，可读[õ]韵。例如"壮装疮霜章尝"。

（10）[in]韵中的[n]鼻音色彩较淡，接近[iⁿ]。

（11）[əʔ]舌位略低略后，实际音值近[ɜʔ]。

（12）[ieʔ]中的[e]有时舌位略低，接近[iɛʔ]。

（13）[uoʔ]拼唇音时，实际音值为[ᵁoʔ]。

（14）自成音节的[m][n][ŋ]是白读韵，[ɚ]韵是文读韵。

三、声调（8个）

阴平	44	东该灯风通开天春
阳平	112	门龙牛油铜皮糖红
阴上	523	懂古鬼九统苦讨草买老五有
阳上	231	动罪近后
阴去	35	冻怪半四痛快寸去卖路硬乱
阳去	24	洞地饭树
阴入	5	谷百搭节急哭拍塔切刻
阳入	2	六麦叶月毒白盒罚

说明：

（1）阳平［112］有时读成［13］或［113］。单字中个别次浊平字念阴平，例如"黏研"；个别次浊平字念阴去［35］调，例如"炎盐"。

（2）阴上［523］也可记为［512］，偶然也会读成［522］。例如"矮"。

（3）阳上［231］也可记为［342］，偶然也会读成［2312］。例如"近市"。

（4）阴去［35］和阳去［24］的主要区别在于起点，阴去略高，阳去略低。

（5）阳入［2］，实际音值是［23］或［21］，喉塞尾明显比阴入弱，有时实际音值是［23］。

（6）个别清入字念阳入调。例如"鸭"。个别清入字念舒声，例如"挖"。

叁　连读变调

一、两字组连读变调表

湖州方言两字组的连读变调规律见下表。表中首列为前字本调，首行为后字本调。每一格的第一行是两字组的本调组合；第二行是连读变调，若连读调与单字调相同，则此行空白；第三行为例词。同一两字组若有两种以上的变调，则以横线分隔。具体如下。

湖州方言两字组连读变调表

前字 ＼ 后字	阴平 44	阳平 112	阴上 523	阳上 231	阴去 35	阳去 24	阴入 5	阳入 2
阴平 44	44　44 中　秋	44　112 　　44 沙　泥	44　523 　　44 端　午	44　231 　　44 冰　雹	44　35 　　44 天　气	44　24 　　44 山　洞	44　5 　　4 钢　笔	44　2 　　4 阴　历
阳平 112	11　44 33　35 台　风	112　112 33　35 拳　头	112　523 33　35 田　埂	112　231 33　35 牛　奶	12　35 33　35 油　菜	112　24 33　35 蚕　豆	112　5 33　5 毛　竹	112　2 33　3 阳　历
阴上 523	523　44 53　13 剪　刀	523　112 53　13 老　爷	523　523 53　13 冷　水	523　231 53　13 早　稻	523　35 53　13 韭　菜	523　24 53　13 古　代	523　5 53　2 喜　鹊	523　2 53　2 小　麦
阳上 231	231　44 35　13 棒　冰	231　112 35　13 被　头	231　523 35　13 稻　草	231　231 35　13 道　士	231　35 35　13 上　去	231　24 35　13 社　会	231　5 13　2 稻　谷	231　2 13　2 满　月

续表

后字＼前字	阴平 44	阳平 112	阴上 523	阳上 231	阴去 35	阳去 24	阴入 5	阳入 2
阴去 35	35　44 33　35 菜　心	35　112 33　35 面　盆	35　523 33　35 露　水	35　231 33　35 汉　语	35　35 33　35 雾　露	35　24 33　35 旱　地	35　5 33 利　息	35　2 33 下　落
阳去 24	24　44 33　35 大　江	24　112 33　35 问　题	24　523 33　35 地　主	24　231 33　35 地　道	24　35 33　35 地　震	24　24 33　35 电　话	24　5 33 自　杀	24　2 33　3 大　麦
阴入 5	5　44 53 菊　花	5　112 53 骨　头	5　523 53 橘　子	5　231 13 国　道	5　35 客　栈	5　24 13 百　泰	5　5 4 隔　壁	5　2 4　5 法　律
		5　112 35 客　人	5　523 5　44 脚　爪		5　35 53 尺　寸	5　24 53 柏　树		
阳入 2	2　44 53 活　狲	2　112 11 食　堂	2　523 53 麦　秆	2　231 13 实　在	2　35 53 实　际	2　24 31 疾　病	2　5 白　虱	2　2 3 昨　日
		2　112 53 蜜　糖	2　523 35 日　早			2　24 35 绿　豆		

说明：

（1）前字阴平，后字阴平，前字调值有时是［34］或［43］。

（2）湖州方言8个单字调，两字组有64种组合，归并后有23种变调模式。

（3）前字阳平后字阳平、阳上、阳去的升势调值不太稳定，有［35］［24］［13］的变化。

（4）此两字组连读变调规律主要适用于广用式两字组，是词调，不适用于句子。

二、两字组连读变调规律

（1）就变调规律说，舒声调基本是前字调型的延伸。前字调值相同，两字组变调模式就相同。

（2）就变调类型说，舒声调以前后字都变调为主，入声调以前后字都不变调为主。

（3）就调值说，有两种情况：一是不超出8个单字调；二是出现了8个单字调之外的新调值，如［33］由阳平、阴去、阳去变来，只出现在前字，［53］由阴上变来，出现在前字，[13]主要出现在后字。

（4）就变调后的分合情况说，以合并为主，并且主要表现在后字阴阳调值的合并上，但有时后字阳调比阴调调值稍低。例如前字阴平，后字阳平、阳上、阳去的调值有时略低，实际音值接近[44 33]。此外，前字阳平，后字阳平、阳上的组合与前字阳上，后字阳平、阳上的组合完全合并。

肆　异读

一、新老异读

湖州方言的新老异读主要体现在以下几个方面。例如：

（1）老派音系分[uəʔ][uoʔ]两韵，新派[uəʔ]韵并入[uoʔ]韵，如"活骨国"等字，老派[uəʔ]韵，"六绿托郭"等字读[uoʔ]韵，新派全部都读[uoʔ]韵。

（2）老派音系中的鼻化韵[ã][iã][uã]，新派读鼻尾韵[ɑŋ][iɑŋ][uɑŋ]。

（3）老派音系中的文读韵[ɚ]，新派读[ɤ]韵。例如"如褥日"。

（4）老派和新派还存在以下一些零星读音差异：

例字	老派	新派	例字	老派	新派
锯_名	køɯ³⁵	tɕi³⁵	鼻	bəʔ²	bieʔ²
射	zei¹¹²	suo³⁵	柱	zɿ²³¹	tsəu³⁵
簿	bu²³¹	pu³⁵	递	di²⁴	ti³⁵
步	bu²⁴	pu³⁵	蚁	mi³⁵	ȵi⁵²³
输	sɿ⁴⁴	səu⁴⁴	治	dzɿ²³¹	tsɿ³⁵
杜	dəu²³¹	təu⁵²³	寺	zɿ¹¹²	sɿ³⁵

二、文白异读

湖州方言的文白异读大致可归纳为声母异读、韵母异读、声母韵母异读三种类型。下文中" / "前为白读，后为文读。

1. 声母异读

（1）微母"网肥尾味蚊闻问未"等字，白读[m]声母，文读[v]声母。例如：网 mən¹³² / vən¹³² | 肥 bi¹¹² / vi¹¹² | 味 mi³⁵ / vi²⁴。

（2）日母"人任认忍仁韧日"等字，白读[ȵ]声母，文读[z]声母。例如：人认 ȵin¹¹² / zən¹¹² | 日 ȵieʔ² / zəʔ²。

2. 韵母异读

（1）假开二帮组、照组及泥母、澄母"巴疤怕爬琶杷"等字，白读[uo]韵，文读[a]韵。例如：疤 puo⁵³ / pa⁵³ | 爬 buo³¹ / ba³¹ | 怕 pʰuo³³⁴ / pʰa³³⁴。

（2）假开二麻母的"马骂渣差沙纱晒查茶虾"等字，白读[uo]韵，文读[a] [ia]韵。例如：马 muo⁵²³ / ma⁵²³ | 虾 xuo⁴⁴ / ɕia⁴⁴。

（3）匣母字"学"，白读[uoʔ]韵，文读[ioʔ]韵。例如：学 uoʔ² / ioʔ²。

3. 声母韵母异读

（1）古见系开口二等"架嫁界江讲觉角"等字，白读[k]组声母拼[a][ã]韵，文读[tɕ]声母拼[ia][iã]韵。例如：嘉 ka⁴⁴ / tɕia⁴⁴ | 讲 kã⁵²³ / tɕiã⁵²³。

（2）效开二见组"交胶教觉酵窖敲咬"等字，白读[k]声母拼[ɔ]韵，文读[tɕ]声母拼[iɔ]韵。例如：交 kɔ⁴⁴ / tɕiɔ⁴⁴ | 敲 kʰɔ⁵³ / tɕiɔ⁴⁴ | 咬 ŋɔ⁵²³ / iɔ⁵²³。

（3）咸开二和山开二的见组"奸拣裥嵌颜眼"字，白读[k]声母拼[ɛ]韵，文读[tɕ]声母拼[iɪ]韵。例如：奸 kɛ⁵³ / tɕiɪ⁵³。

（4）止合三"龟鬼贵围跪柜"等字，白读为[tɕ]声母拼[i]韵，文读为[k]声母拼[uei]韵。例如：鬼 tɕi⁵²³ / kuei⁵²³ | 贵 tɕi³⁵ / kuei³⁵。

"围喂纬"等字，白读零声母拼[i]韵，文读零声母拼[uei]韵。例如：喂 i³⁵ / uei³⁵ | 围 i¹¹² / uei¹¹²。

（5）"快"字有时也分文白读，例如：kuei³⁵ / kua³⁵。

伍　小称

湖州方言中的小称主要有鼻尾小称和连调小称两种：

1. 鼻尾小称

"儿[ŋ]"与前一音节发生合音，作为前一音节的韵尾，从而得以留下些许痕迹。例如：
磨儿子 moŋ³³tsɿ³⁵

前个日儿子_{前天}ziɛ^{11}kə？^{5}n.in^{13}tsʅ^{33}

舒意些儿 sʅ^{55}i^{55}ɕin^{55}

弗好弄些儿 fə？^{5}xɔ^{53}noŋ^{44}ɕin^{53}

粘得牢些儿 n.iɛ^{44}də？^{2}lɔ^{44}ɕin^{44}

2. 连调小称

连调小称主要有［55 55］、［55 55 55］和［5 0］三种变调模式。例如：

（1）［55 55］式

爷爷_{父亲}ia^{55}ia^{55}	阿爷_{父亲}a^{55}ia^{55}	娘娘_{姑妈}n.iã^{55}n.iã^{55}
阿姆_{祖母}a^{55}m^{55}	姆妈 m^{55}ma^{55}	哥哥 ka^{55}ka^{55}
爹爹_{爷爷}tia^{55}tia^{55}	阿爹_{公公}a^{55}ti^{55}	媳妇 ɕi^{55}u^{55}
毛毛_{婴儿}m^{55}m^{55}	丫头_{女孩}o^{55}tei^{55}	奶奶_{乳房、乳汁}na^{55}na^{55}
阿鱼_{小孩语}a^{55}ŋ^{55}	妈妈_{零食，小孩语}ma^{55}ma^{55}	肉肉_{小孩语}n.io^{55}n.io^{55}
汤汤_{小孩语}t^{h}ã^{55}t^{h}ã^{55}		

（2）［55 55 55］式

新娘子 ɕin^{55}n.iã^{55}tsʅ^{55}　　细丫头 ɕi^{55}uo^{55}tei^{55}　　毛毛头_{婴儿}mɔ^{55}mɔ^{55}tei^{55}

（3）［5 0］式

鲫鱼 tɕie？^{5}ŋ^0

甲鱼 tɕia？^{5}ŋ^0

特价 də？^{5}ka^0

［55 55］和［55 55 55］的小称连调，主要用于亲属称谓、指人名词和小孩语，这在湖州方言中比较突出。［5 0］的小称连调与杭州、余杭等方言一致，但例子比较少。

第十节　德清方音

壹　概况

一、调查点

1. 地理人口

德清县隶属于浙江省湖州市。位于浙江省北部，湖州市南部。东邻桐乡市，南毗杭州市余杭区、临平区，西界湖州市安吉县，北与湖州市郊接壤。南距杭州城区 47 公里，北距湖州城区 42 公里。全县总面积 937.92 平方公里。辖 5 个街道、8 个镇，分别是：武康街道、舞阳街道、阜溪街道、下渚湖街道、康乾街道，乾元镇、新市镇、钟管镇、洛舍镇、雷甸镇、禹越镇、新安镇、莫干山镇。截止到2017 年年底，全县人口 62.7 万。[①] 县政府驻武康街道。人口主要为汉族，少数民族人口极少，多系因工作、婚姻迁入。

2. 历史沿革

夏代时为古防风氏国。唐天授二年（691），析武康置武源县。景云二年（711）改名临溪县。天宝元年（742），定名德清县，属吴兴郡。乾元元年（758）后属湖州。南宋宝庆元年（1225）后属安吉州。元属湖州路，明清属湖州府。民国初属钱塘道，1927 年后由省直辖。[②]

1949 年 5 月 2 日，德清解放，德清隶属嘉兴专区，武康县隶属临安专区。1953 年武康县改属嘉兴专区。1958 年武康并入德清，属嘉兴专区。县城设在城关镇（今乾元镇）。1970 年，嘉兴专区改为嘉兴地区，隶属不变。1983 年隶属湖州市。1994 年，县治从城关镇（今乾元镇）迁至武康镇（今武康街道）。[③]

---

① 参见：《2018 年浙江统计年鉴》，http://tjj.zj.gov.cn/col/col1525563/index.html，2022 年 8 月 31 日获取。

② 徐规，陈桥驿，潘一平，等. 浙江分县简志. 杭州：浙江人民出版社，1984：36-39.

③ 参见：1993 年 11 月《关于浙江省德清县人民政府驻地迁移的批复》。

3. 方言分布

德清方言属吴语太湖片苕溪小片，境内除吴语外，有少量闽语分布。

4. 地方曲艺

德清主要有用德清方言演唱的传统民间曲艺德清三跳。因艺人演出时所用的主要道具是三段毛竹板，即三跳板，故名三跳。三跳表演形式简单，可一人手敲竹板独自演唱，也可两人搭档表演。以说唱古今通俗小说为主，流传于德清、湖州、桐乡一带的农村。

此外还有极富特色的用德清方言演出的如"扫蚕花地"等表演唱。

二、方言发音人

1. 方言老男

余敏强，1961 年 10 月出生于德清乾元镇（原城关镇）。一直在当地生活和工作，职工，高中文化程度，说德清话和不太标准的普通话。父母均为德清乾元镇人，说德清话。

2. 方言青男

钱程新，1987 年 1 月出生于德清乾元镇（原城关镇），除上大学外，一直在当地生活和工作。职工，本科文化程度，说德清话和不太标准的普通话。父母均为乾元镇人，说德清话。

3. 口头文化发音人

唐小英，男，1950 年 6 月出生于德清乾元镇（原城关镇）。职工，小学文化程度，说德清话和不太标准的普通话。

贰　声韵调

一、声母（28 个，包括零声母在内）

p 八兵　　　　pʰ 派片　　b 爬病肥　m 麦明味问　f 飞风副蜂　　v 饭肥味问

t 多东	tʰ 讨天	d 甜毒	n 闹南		l 老蓝连路
ts 早张竹纸主	tsʰ 刺草初车春	dz 床城		s 丝三酸山双	z 字贼坐茶船
tɕ 酒九	tɕʰ 清抽轻	dʑ 全权	ȵ 年泥软热	ɕ 想手响	ʑ 谢
k 高	kʰ 开	g 共	ŋ 熬	x 好灰	
∅ 月县王用药					

说明：

（1）鼻、边音分两套，一套读紧喉，一套带浊流。前者出现在阴调字，后者出现在阳调字。例如"老路"读紧喉，"蓝连"带浊流。

（2）[f][v]跟[u]韵相拼时，有音位变体[ɸ][β]。

（3）[tɕ]组声母舌位稍偏前。

（4）浊音有清化现象，尤以[v]的清化最明显。例如"饭万"。

（5）[dz][z]两母有时可互读。

（6）零声母阳调类音节的起始处带有明显的磨擦成分，开齐合撮四呼分别对应[ɦ][j][w][ɥ]。

二、韵母（34 个，包括自成音节的[ɚ][m][n][ŋ]在内）

ɿ 猪师丝试	i 雨米戏飞鬼	u 破婆步
a 牙排鞋	ia 写	ua 快
ɛ 开赔对山	ie 靴盐年权	uɛ 鬼
ɔ 宝饱	iɔ 笑桥	
əu 歌坐过苦五	iʉ 走油	uo 茶瓦
øʉ 豆南半短官		
ã 糖床双讲硬	iã 响讲	uã 王横
en 根寸春灯升争	in 心深新云病星	uen 滚
oŋ 东	ioŋ 兄用	
aʔ 盒塔鸭法辣白尺	iaʔ 药	uaʔ 刮
əʔ 十出直色	ieʔ 接急热节月七一锡	
	ioʔ 局	uoʔ 八活骨郭壳学北六
ɚ 耳		
m 尾母		

n 儿二耳

ŋ 鱼

说明：

（1）［i］韵有点高顶出位，带有一点［ɿ］的音色。

（2）［u］舌位略前，唇形略展。

（3）［u］韵与［əu］韵互补，拼唇音和零声母时是［u］韵，拼其余声母时是
［əu］韵。

（4）［ɔ］韵舌位略高。

（5）［ie］韵中的［e］舌位稍高，近［ɪ］。

（6）［uo］韵中［o］舌位略高，近［ʊ］，有时是［ᵘʊ］。

（7）［øu］中的［ø］略后，实际音值接近［ɵu］。

（8）［ã］［iã］［uã］中的鼻化有时较弱，并带一点鼻尾，有［ãŋ］［iãŋ］［uãŋ］
或［aŋ］［iaŋ］［uaŋ］的变体。

（9）［en］［in］［uen］中鼻尾［n］略弱，元音略带鼻化，有［ẽ］［ĩ］［uẽ］、
［ẽn］［ĩn］［uẽn］的变体。

（10）［əʔ］舌位略低略后，实际音值近［ɜʔ］。

（11）［ɚ］为文读音韵母，［m］［n］［ŋ］为白读音韵母。

三、声调（7个）

阴平	44	东该灯风通开天春
阳平	113	门龙牛油铜皮糖红洞地饭树
阴上	52	懂古鬼九统苦讨草买老五有
阳上	143	动罪近后
阴去	334	冻怪半四痛快寸去卖路硬乱
阴入	5	谷百搭节急哭拍塔切刻
阳入	2	六麦叶月毒白盒罚

说明：

（1）阳平［113］，也可记为［114］，末尾与阴去不相上下。

（2）阴上［52］，也可记为［51］。

（3）阳上［143］，有时读成［142］或［242］。

（4）阳入实际音值为［23］。

叁　连读变调

一、两字组连读变调表

德清方言两字组的连读变调规律见下表。表中首列为前字本调，首行为后字本调。每一格的第一行是两字组的本调组合；第二行是连读变调，若连读调与单字调相同，则此行空白；第三行为例词。同一两字组若有两种以上的变调，则以横线分隔。具体如下。

德清方言两字组连读变调表

后字＼前字	阴平 44	阳平 113	阴上 52	阳上 143	阴去 334	阴入 5	阳入 2
阴平 44	44　44 天　公	44　113 44 沙　泥	44　52 44 身　体	44　143 44 冰　雹	44　334 44 车　票	44　5 4 蝙　蝠	44　2 4 生　日
阳平 113	113　44 11　35/44 毛　灰 ── 113　44 21　35 明　朝	113　113 11　35/44 眉　毛	113　52 11　35/44 蚊　子 ── 113　52 21　35 苹　果	113　143 11　13 渠　道	113　334 11　35/44 油　菜 ── 113　334 21　35 芹　菜	113　5 11 菩　萨	113　2 11 洋　袜
阴上 52	52　44 52　　0 火　烧	52　113 35　　0 火　油	52　52 35　　0 母　狗	52　143 35　　0 水　稻	52　334 35　　0 水　坝	52　5 35 手　帕	52　2 35 后　日
阳上 143	143　44 35　　0 棒　冰	143　113 35　　0 柱　头	143　52 35　　0 稻　草	143　143 35　　0 上　去	143　334 35　　0 满　意	143　5 35 稻　谷	143　2 35 上　学
阴去 334	334　44 33　35 菜　蔬	334　113 33　35 灶　头	334　52 33　35 兔　子	334　143 33　35 送　礼	334　334 33　35 会　计	334　5 33　35 会　得	334　2 33 要　么
阴入 5	5　44 53/35 一　千	5　113 53 卿　鱼	5　52 53 霍　险	5　143 53 谷　雨	5　334 35 合　算	5　5 4 一　百	5　2 4 发　热
阳入 2	2　44 53/35 蜜　蜂	2　113 53/31 日　头	2　52 53 镬　子	2　143 53 十　五	2　334 13 白　菜	2　5 5 翼　刮	2　2 3 腊　月

说明：

（1）斜杠"／"前后的是又读。

（2）后字位置的"0"代表轻声。

（3）前字阴平，后字阴平，前字调值有时是［34］或［43］。

（4）此两字组连读变调规律主要适用于广用式两字组，是词调，不适用于句子。

二、两字组连读变调规律

（1）就变调分合情况看，两字组连读变调以合并为主。7 个单字调，两字组连读变调有 49 种组合，归并后共有 23 种连调模式。

（2）舒声调的组合以前后字都变调为主，有入声的组合以前后字都不变调为主。

（3）舒声调基本是前字调型的延伸，仅前字阴上除外。

（4）轻声主要出现在前字阴上、阳上，后字舒声的组合中。

（5）除轻声外，还出现了较多个单字调之外的新调值。例如：阴平［44］后字时主要变［35］；阳平［113］前字时变［11］，后字时主要变［35］［0］；阴上［52］，阳上［143］前字时均变［35］，后字时变［35］［53］［0］。

（6）阴阳调类合并趋势明显，虽然有时阳调比阴调调值会稍低一点。例如：前字阴平，后字不管阴阳，舒声前一律变［44］，入声前一律变［4］。前字阴上和阳上，后字不管阴阳，舒声前一律变［35 0］，入声前一律变［35 5］［35 2］。

（7）前字阳平偶有调类复原现象，单字调浊去归浊平，连调中前字浊去没有［21 35］的变调，而前字浊平还有［21 35］。

肆　异读

一、新老异读

德清方言的新老异读主要表现在韵母和声调等方面。例如：

（1）老派音系分［i］［ie］两韵，新派合并为一个［i］韵。故老派"靴盐权年"等字，读［ie］韵，"雨米飞西"等字读［i］韵，新派全部都读［i］韵。

（2）咸山摄"贪谭"等字，老派读［øʉ］韵，新派读［ɛ］韵。

（3）老派音系中的鼻化韵［ã］［iã］［uã］，新派读鼻尾韵［ɑŋ］［iɑŋ］［uɑŋ］。

（4）有的字老派有新老两种读音，新派只有一种读音。例如"走"字，老派有［tɕiɤ⁵²］［tsø⁵²］两读，新派只有［tsø⁵²］一读。

（5）"讲柜贵"等字老派分文白读，新派不分文白读。只有相当于老派文读音的一读。

（6）"鸭屋握"等字，老派读阴入，新派读阳入。

（7）老派和新派间还存在以下一些零星的读音差异：

例字	老派	新派	例字	老派	新派
极	dʑieʔ²	tɕieʔ²	匠	ziã¹⁴³	tɕiɑŋ³³⁴
侧	tsəʔ⁵	tsʰəʔ⁵	闩	søɤ⁴⁴	səʔ⁵
降	iã³³⁴	dʑiɑŋ¹¹³	别	bieʔ²	bəʔ²
雀	tɕʰiaʔ⁵	tɕʰieʔ⁵	泼	pʰəʔ⁵	pʰuoʔ⁵

二、文白异读

德清方言的文白异读大致可归纳为声母异读、韵母异读、声母韵母异读、声母声调异读四种类型。下文中"/"前为白读，后为文读。

1.声母异读

奉微母"肥网蚊闻问未"等字，白读［b］声母或［m］声母，文读［v］声母。例如：肥 bi¹¹³ / vi¹¹³ | 网 moŋ⁵² / uã⁵² | 网 mã⁵² / uã⁵²。

2.韵母异读

（1）匣母字"学"，白读［uoʔ］韵，文读［ioʔ］韵。例如：学 uoʔ² / ioʔ²。

（2）止合三"围喂纬"等字，白读［i］韵，文读［uei］韵。例如：围 i¹¹³ / uɛ¹¹³ | 喂 i³³⁴ / uɛ³³⁴ | 纬 i¹¹³ ~子 / uɛ¹¹³ ~度。

3.声母韵母异读

（1）部分古见系开口二等"讲江觉角"等字，白读［k］组声母拼［ã］韵，文读［tɕ］声母拼［iã］韵。例如：讲 kã⁵² / tɕiã⁵²。

（2）效开二见组"交教敲咬"等字，白读［k］声母拼［ɔ］韵，文读［tɕ］声母拼［iɔ］韵。例如：交 kɔ⁴⁴ / tɕiɔ⁴⁴ | 敲 kʰɔ⁴⁴ / tɕiɔ⁴⁴ | 咬 ŋɔ⁵² / iɔ⁵²。

（3）止合三"龟鬼贵跪柜"等字，白读［tɕ］声母拼［i］韵，文读［k］声母拼［uɛ］韵。例如：鬼 tɕi⁵² / kuɛ⁵² | 贵 tɕi³³⁴ / kuɛ³³⁴。

（4）日母"人任认忍仁韧日"等字，白读［n̠］声母，文读［z］声母。例如：人认 n̠in¹¹³ / zen¹¹³ | 日 n̠ieʔ² / zəʔ²。

4. 声母声调异读

微母"味尾"等字，白读［m］声母阴调，文读［v］声母阳调。例如：味 mi³³⁴ / vi¹¹³ | 尾 m¹⁴³ / vi¹⁴³。

伍　小称

德清方言中的小称主要有鼻尾小称和儿缀小称两种，均属小称残迹现象。

1. 鼻尾小称

鼻尾小称只发现个别，例如：屋里儿 uoʔ²lin⁵³。

2. 儿缀小称

儿缀小称数量不多，本次调查共发现儿缀小称词 10 余个：茄儿、筷儿、筷笼儿、裙儿、姑娘儿、阿爹儿_{已婚中年男性}、阿娘儿_{已婚中年女性}、囡儿、外孙囡儿、侄儿、毛⁼儿_{女阴}、虾儿、白话儿_{故事}、谷儿、树头儿_{知了}、华⁼息⁼儿_{蚯蚓}。

第十一节　武康方音

壹　概况

一、调查点

1. 地理人口

武康现一般指浙江省湖州市德清县武康街道，位于浙江省北部，德清县西南部。南望杭州市，西接天目山，北眺湖州市区，地理位置重要。武康街道与阜溪街道、舞阳街道共为原武康镇，1958 年前武康镇为武康县县治。武康街道现为德清县政府所在地，区域面积 59 平方公里，辖居仁等 12 个社区及对河口等 2 个行政村，户籍人口 6.5 万，2017 年常住人口近 10.3 万。主要为汉族，个别少数民族人口多系因工作、婚姻迁入。[1]

2. 历史沿革

夏代时为古防风氏国。东汉初平四年（193）置永安县，属吴郡。晋太康元年（280）改永康，永康元年（300）改武康。隋开皇九年（589）并入余杭，仁寿二年（602）复置。唐乾元元年（758）后属湖州。南宋宝庆元年（1225）后属安吉州。元属湖州路，明清属湖州府。民国初属钱塘道，1927 年后由省直辖。[2]

1949 年 5 月 2 日，武康解放，隶属临安专区。1953 年改属嘉兴专区。1958 年 4 月并入德清，成为德清县武康镇，属嘉兴专区。1994 年德清县治从城关镇（今乾元镇）迁至武康镇（今武康街道）。[3]

3. 方言分布

武康方言属吴语太湖片苕溪小片，境内除吴语外，在上柏凤凰村和城山村等地有少量闽语分布。

---

① 参见：德清县人民政府网，http://www.deqing.gov.cn/art/2022/8/22/art_1229212617_56161463.html，2022 年 8 月 25 日获取。
② 参见：1993 年 11 月《关于浙江省德清县人民政府驻地迁移的批复》。
③ 参见：1993 年 11 月《关于浙江省德清县人民政府驻地迁移的批复》。

4. 地方曲艺

流行的地方曲艺主要有湖剧、德清三跳等，还有极富特色的用武康方言演唱的如"扫蚕花地""六样机"等表演唱。

二、方言发音人

1. 方言老男

凌志国，1958 年 7 月出生于德清武康镇。一直在当地生活和工作，职工，高中文化程度，说武康话和不太标准的普通话。父母均为德清武康镇人，说武康话。

2. 方言青男

李列伟，1991 年 2 月出生于德清武康镇。除上大学外，一直在当地生活和工作。工商业者，大专文化程度，说武康话和不太标准的普通话。父母均为德清武康镇人，说武康话。

3. 口头文化发音人

余洁，男，1977 年 3 月出生于德清武康镇。职工，大专文化程度，说武康话和不太标准的普通话。

王红琴，女，1965 年 3 月出生于德清武康镇。职工，初中文化程度，说武康话和不太标准的普通话。

贰　声韵调

一、声母（28 个，包括零声母在内）

p 八兵	pʰ 派片	b 爬病	m 麦明问	f 飞风副蜂	v 饭肥味问
t 多东	tʰ 讨天	d 甜毒	n 闹南		l 老蓝连路
ts 资早张竹纸	tsʰ 草寸车春抽	dz 茶城		s 三山双书手	z 字贼坐柱床
tɕ 酒九	tɕʰ 清轻	dʑ 全权	ȵ 年泥软热	ɕ 想响	ʑ 谢

k 高　　　　　kʰ 开　　　g 共　　ŋ 熬　　　　x 好灰

ø 月活县王药

说明：

（1）鼻、边音分两套，一套读紧喉，一套带浊流。前者出现在阴调字，后者出现在阳调字。例如"猫妹"读紧喉，"毛蛮"带浊流。

（2）声母［f］［v］拼［u］［ø］［oŋ］等韵时，实际读变体［ɸ］［β］，双唇擦音的发音特点比周边方言更典型。

（3）［tɕ］组声母舌位稍偏前。

（4）全浊擦音声母"清音浊流"特征有时较明显。

（5）［dz］［z］两母有时可互读。

（6）零声母阳调类音节的起始处带有明显的磨擦成分，开齐合撮四呼分别对应［ɦ］［j］［w］［ɥ］。

二、韵母（34 个，包括自成音节的［m］［n］［ŋ］在内）

ɿ 猪师丝试	i 雨米戏飞	u 歌坐过苦
a 牙鞋	ia 写	ua 快
ɛ 开排赔对山	iɪ 靴权盐年	uɛ 鬼
ɔ 宝饱	iɔ 笑桥	
ø 豆走南半短官	iø 油	
o 茶瓦		
ã 糖床双讲硬争	iã 二响	uã 王横
en 深根寸春灯升争	in 心新云病星	uen 滚
oŋ 东	ioŋ 用兄	
aʔ 百		
ɜʔ 辣鸭法十出直色白	iɜʔ 吃	uɜʔ 刮
	ieʔ 七一节锡接急热月	
	iø 缺	
	ioʔ 学局	uoʔ 活托骨学北国六绿
ɚ 儿		

m <u>尾</u>

n <u>耳儿</u>

ŋ <u>五</u>

说明:

（1）[i]韵与双唇音[p][pʰ][b]相拼时舌位略前，介于[i][ɿ]之间。

（2）[u]舌位略前，唇形略展，跟唇音以外的声母相拼时，有时是[ᵊu]。

（3）[ɔ]舌位高略展。

（4）[uɛ][uen]等韵母在零声母后读作[ʋɛ][ʋen]。

（5）老派鼻化韵分[ã][iã][uã]和[õ][iõ][uõ]两套，新派合并为[ã][iã][uã]，有时是[aŋ][iaŋ][uaŋ]，仅个别字保留老派的读音，如"望"。

（6）[en][in][uen]中鼻尾[n]较弱，舌位略后，前面的元音稍带鼻化色彩，实际有[ẽ][ĩ][uẽ]、[ə̃n][ĩn][uẽn]的变体。

（7）[in]韵中的[i]，有时舌位略低，接近[ɪ]。

（8）[ŋ]有时是[m]和[ŋ]的协同发音，单字音中"五鱼芋"发音时双唇闭口，词汇中没有发现此现象。

（9）[aʔ][ɤʔ]分立是老派特征，新派倾向于合并为[ɤʔ]，本节老男仅个别字保留老派读音。

（10）自成音节的[m][n][ŋ]是白读韵，[ɚ]是文读韵。

三、声调（7个）

阴平	44	东该灯风通开天春
阳平	113	门龙牛油铜皮糖红洞地饭树卖
阴上	53	懂古鬼九统苦讨草有
阳上	242	动罪近后买老五
阴去	224	冻怪半四痛快寸去路硬乱
阴入	5	谷百搭节急哭拍塔切刻
阳入	2	六麦叶月毒白盒罚

说明:

（1）阳平[113]，有时也可记为[114]，终点有时较高。

（2）阴上[53]是个高降调，强调时也可记为[52]。

（3）阳上［242］是个凸调，有时也读成［142］或［243］。

（4）阴去［224］，有时也可记作［24］。

（5）阳入［2］，实际音值更接近［23］。

叁　连读变调

一、两字组连读变调表

武康方言两字组的连读变调规律见下表。表中首列为前字本调，首行为后字本调。每一格的第一行是两字组的本调组合；第二行是连读变调，若连读调与单字调相同，则此行空白；第三行为例词。同一两字组若有两种以上的变调，则以横线分隔。具体如下。

武康方言两字组连读变调表

后字 前字	阴平 44	阳平 113	阴上 53	阳上 242	阴去 224	阴入 5	阳入 2
阴平 44	44　44 天　公	44　113 　　44 冰　雹	44　53 　　44 工　厂	44　242 　　44 孙　女	44　224 　　44 车　票	44　5 铅　笔	44　2 　　4 生　日
阳平 113	113　44 11　35/55 毛　灰	113　113 11　13/ 树　藤	113　53 11　35 大　水	113　242 11　13/ 味　道	113　224 11　35 芹　菜	113　5 11 菩　萨	113　2 11 阳　历
阴上 53	53　44 55/35　53 火　烧	53　113 35　0 火　油 ―――― 53　113 55/35　53 枕　头	53　53 35　0 冷　水 ―――― 53　53 55/35　53 水　果	53　242 35　0 水　稻	53　224 35　0 瓦　片 ―――― 53　224 55/35　53 韭　菜	53　5 35　0 晓　得	53　2 35 小　麦
阳上 242	242　44 13/　53 牡　丹	242　113 13/　31 老　妈	242　53 35 老　虎	242　242 13　31 马　桶	242　224 13/　53 满　意	242　5 13/ 稻　谷	242　2 13/ 上　学
阴去 224	224　44 33　35 菜　蔬	224　113 33　13/ 算　盘	224　53 33　35 兔　子	224　242 33　35 送　礼	224　224 33　35 意　见	224　5 33 会　得	224　2 33 要　么
阴入 5	5　44 53/35 结　婚	5　113 53 鲫　鱼	5　53 53 蛇　蛋	5　242 53 谷　雨	5　224 53/35 合　算	5　5 4 一　百	5　2 4　5 发　热

续表

后字 前字	阴平 44		阳平 113		阴上 53		阳上 242		阴去 224		阴入 5		阳入 2	
阳入 2	2 蜜	44 53/35 蜂	2 月	113 31/ 亮	2 热	53 水	2 十	242 53 五	2 白	224 53 菜	2 邋	5 遢	2 日	2 3 食

说明:

（1）斜杠"/"前后的是又读。后带斜杠"/"的，表示其调值可读相应高调。

（2）后字位置的"0"代表轻声。

（3）此两字组连读变调规律主要适用于广用式两字组，是词调，不适用于句子。

二、两字组连读变调规律

（1）就变调分合情况看，两字组连读变调以合并为主。7个单字调，两字组连读变调有49种组合，归并后共有30种连调模式。

（2）舒声调的组合以前后字都变调为主，有入声的组合以前后字都不变调为主。

（3）舒声调的变调基本是前字调型的延伸，仅前字阴上偶有除外。

（4）有调类分化现象。单字调中次浊上归阴上、次浊去归阴去，两字组连调中次浊上与阴上、次浊与归阴去有时保持区分。

（5）不论是前字还是后字，阴阳调都有趋同的趋势，后字更为明显。

（6）轻声主要出现在前字阴上、后字舒声的部分组合中。

（7）除轻声外，还出现了较多个单字调之外的新调值。例如:[11]由阳平变来，主要出现在后字，[13]由阳上变来，主要出现在前字，阳平变来主要出现在后字。[35]由阳上变来，出现前后字，其他调变来出现在后字。

肆　异读

一、新老异读

（1）咸山摄"完贪占"等字，老派读[ø]韵，新派读[ε]韵。例如"完"字，老派读[ø^{113}]韵，新派读[uε^{113}]韵。

（2）"灯等凳藤能层"等字，老派读［en］韵，新派读［in］韵。

（3）个别字老派有文白两种读音，新派只有相当于老派文读音的一种读音。例如"监奸"字，老派文读［tɕiɪ⁴⁴］、白读［kɛ⁴⁴］，新派只有［tɕiɪ⁴⁴］一读。

（4）有些周边方言有文白异读的"江棒更₃～梗坑耕"等字，老派读白读音，新派读文读音。例如"江"字老派读［kã⁵³］，新派读［tɕiã⁴⁴］。"棒"字老派读［boŋ²⁴²］，新派读［bã²⁴²］。

（5）"鸭屋握"等字，老派读阴入，新派读阳入。

（6）老派和新派还存在以下一些零星读音差异：

例字	老派	新派	例字	老派	新派
柱	zʅ²⁴²	dzu¹¹³	入	zɜʔ²	luoʔ²
竖	zʅ²⁴²	su²²⁴	泼	pʰɜʔ⁵	pʰuoʔ⁵
磨	mu¹¹³	mo¹¹³	祸	uo⁵³	u¹¹³
局	dʑioʔ²	dʑiøʔ²	夺	duoʔ²	dɜʔ²
曲	tɕʰioʔ⁵	tɕʰiøʔ⁵	刮	kuɜʔ⁵	kuoʔ⁵
约	iɜʔ⁵	iøʔ⁵	卒棋子	tsɜʔ⁵	tsuoʔ⁵
药	iɜʔ²	ieʔ²	律	lieʔ²	liøʔ²
脚	tɕiɜʔ⁵	tɕieʔ⁵	橘	tɕieʔ⁵	tɕiøʔ⁵
物、佛	vɜʔ²	vuoʔ²	各	kuoʔ⁵	kɜʔ⁵

二、文白异读

武康方言的文白异读大致可归纳为声母异读、韵母异读、声母韵母异读三种类型。下文中"／"前为白读，后为文读。

1. 声母异读

（1）微母"网尾问"等字，一般白读［m］声母，文读［v］声母。例如：尾 m²⁴² / vi²⁴² ｜问 men²²⁴ / ven²²⁴。

（2）日母"人日"等字，一般白读［n̠］声母，文读［z］声母。例如：人 n̠in¹¹³ / zen¹¹³ ｜日 n̠ieʔ² / zɜʔ²。

2. 韵母异读

（1）日母"耳儿"等字，一般白读［n］，文读［ɚ］。例如：耳 n²²⁴ / ɚ²²⁴ ｜儿 n¹¹³ / ɚ¹¹³。

（2）匣母"学"ioʔ² / uoʔ²。

（3）梗开二"争"tsen⁴⁴ / tsã⁴⁴。

3. 声母韵母异读

古见组字残有文白异读。例如：交 kɔ⁴⁴ / tɕiɔ⁴⁴ | 监奸 kɛ⁴⁴ / tɕir⁴⁴ | 跪 dʑi²⁴² / guɛ²⁴²。

伍　小称

武康方言中的小称主要有鼻尾小称和儿缀小称两种，均属小称残迹现象。

1. 鼻尾小称

鼻尾小称只发现个别，例如：屋里儿 uoʔ⁵lin⁵³。

2. 儿缀小称

儿缀小称数量比德清方言少。例如：茄儿、蟹儿、筷儿、褙儿、马ᵇ儿_{女阴}、阿娘儿_{已婚妇女}、小人儿、姑娘儿。

第十二节　安吉方音

壹　概况

一、调查点

1. 地理人口

安吉县隶属于浙江省湖州市，位于浙江省西北部。东靠湖州市郊及德清，南接余杭和临安，西邻安徽宁国、广德，北靠长兴[①]，距离湖州城区 70 多公里。县域面积为 1886 平方公里，下辖 8 镇 3 乡 4 街道，分别是：梅溪镇、天子湖镇、鄣吴镇、杭垓镇、孝丰镇、报福镇、章村镇、天荒坪镇，山川乡、溪龙乡、上墅乡，递铺街道、昌硕街道、灵峰街道、孝源街道。[②] 截至 2018 年年底，户籍人口为 46.4 万。[③] 当地居民主要为汉族，有极少数的畲族人口。

2. 历史沿革

安吉建县始于东汉中平二年（185），明正德元年（1506），安吉升为州，清乾隆三十九年（1774），安吉降州为县。1958 年，孝丰县撤销县制并入安吉县，安吉时属嘉兴专区（1970 年改称嘉兴地区），1983 年撤销嘉兴地区设立湖州、嘉兴两市后，安吉隶属湖州市。[④]

3. 方言分布

安吉县是个移民较多的城市，境内方言较复杂。（1）安吉话是安吉县内最主要的方言，属太湖片苕溪小片，主要分布在递铺、孝丰、梅溪、安城、报福等地。（2）官话方言岛使用人口众多，官话区从县境东北至西南，内分河南话、湖

[①] 参见：安吉县人民政府网，http://www.anji.gov.cn/col/col1229212004/index.html，2022 年 8 月 9 日获取。

[②] 参见：安吉县人民政府网，http://www.anji.gov.cn/col/col1229211450/index.html，2022 年 8 月 10 日获取。

[③] 参见：《2016 年浙江统计年鉴》，http://tjj.zj.gov.cn/col/col1525563/index.html，2022 年 8 月 9 日获取。

[④] 参见：安吉县人民政府网，http://www.anji.gov.cn/col/col1229211449/index.html，2022 年 8 月 10 日获取。

北话、安庆话和苏北话，其中河南话使用人口最多。（3）上八府话：包括台、绍、宁、温等吴语方言，使用人口分布于县境中部以南，互相交错。（4）安吉境内杭垓镇的唐舍、报福镇的中张和章村镇的郎村等地，还有千人左右使用畲话。

4. 地方曲艺

安吉无本地特色的曲艺形式，有的多为历史移民带来的外来曲艺。[①]

二、方言发音人

1. 方言老男

章云天，1948 年 4 月出生于安吉昌硕街道，一直在本地生活和工作，农民，小学文化程度，说安吉话与普通话。父母、配偶均为安吉递铺街道人。父母只说安吉话，配偶说安吉话与普通话。

2. 方言青男

吴章伟，1983 年 2 月出生于安吉递铺街道，一直在本地生活和工作，教师，本科文化程度，说安吉话与普通话。父母、配偶均为安吉递铺街道人。父母只说安吉话，配偶说安吉话与普通话。

3. 口头文化发音人

章美莉，女，1955 年 3 月出生于安吉递铺街道，一直在本地生活和工作，农民，初中文化程度，说安吉话与普通话。

张丹妮，女，1986 年 6 月出生于安吉递铺街道，一直在本地生活和工作，教师，本科文化程度，说安吉话与普通话。

---

① 参见：安吉新闻网，http://ajnews.zjol.com.cn/ajnews/system/2017/02/24/021076462.shtml，2022 年 8 月 10 日获取。

贰　声韵调

一、声母（28个，包括零声母在内）

b 八兵	pʰ 派片	b 病爬	m 麦明味问	f 飞风副蜂味	v 肥饭
t 多东	tʰ 讨天	d 甜毒	n 脑南		l 老蓝连路
ts 早租张竹争装纸主	tsʰ 刺草抽拆抄初车春	dz 祠茶柱城		s 丝三酸山双手书	z 字贼坐事床船顺十
tɕ 酒九	tɕʰ 清轻	dʑ 权	ȵ 年泥热软	ɕ 想响	ʑ 全谢
k 高	kʰ 开	g 共	ŋ 熬	h 好灰	
∅ 活安温月王云用药					

说明：

（1）浊声母只是清音浊流，与低调相连，带有浊音色彩。

（2）零声母在阳调类前有较重的摩擦。

（3）[h]有时带有唇齿或双唇摩擦，音值近[f]或[ɸ]。

二、韵母（39个，包括自成音节的[m̩][n̩][ŋ̍][əl]在内）

ɿ 猪师丝试	i 米戏二飞雨盐年权	u 苦过	y 靴
a 牙排鞋	ia 写	ua 快	
ɛ 开南山半短		uɛ 官	
ʋ 歌坐茶瓦			
	iu 油		
ɔ 宝饱	iɔ 笑桥		
e 赔对		ue 鬼	
əɪ 豆走			
ã 硬争	iã 响	uã 横	
ɔ̃ 糖床双讲	iɔ̃ 降	uɔ̃ 王	
əŋ 根寸春灯升深	iŋ 新云病星心	uəŋ 滚	yəŋ 均裙

oŋ 东　　　　　　　　ioŋ 兄用

ɐʔ 盒塔鸭法辣<u>八</u>　　iɛʔ 接急热节七一药锡　　　ueʔ 刮

əʔ 十出直色尺　　　　　　　　　　　　　　uəʔ 活骨国　　ɣəʔ 橘局月

oʔ 托郭学北谷六绿<u>八</u>

m 母尾

n 芋

ŋ 儿

əl <u>二</u>

说明：

（1）部分字的[ʊ]在语流中有时接近[u]。

（2）流摄中的[ie]，音值接近[iɐ]。

（3）[ue]的实际音值接近[ueɪ]。

（4）[əʔ]发音时，舌位有时会低一点，音值接近[ɜʔ]。

（5）[ɐʔ]发音时，音值接近[aʔ]。

（6）[oʔ]有时近[uoʔ]。

（7）[əŋ]组有前后鼻音的自由变体。

（8）[ɣəʔ]韵中的[ɣ]的舌位比[y]低，故处理为[ɣ]。

三、声调（8个）

阴平	55	东该灯风通开天春
阳平	22	门龙牛油铜皮糖红
阴上	52	懂古鬼九统苦讨草买老五有后
阳上	243	动罪近
阴去	324	冻怪半四痛快寸去
阳去	213	卖路硬乱洞地饭树
阴入	5	谷百搭节急哭拍塔切刻
阳入	23	六麦叶月毒白盒罚

说明：

（1）阴平[55]略低，近[44]。

（2）阳平[22]有时接近[21]。

（3）阳去［213］有时接近［223］。

（4）阳入［23］近［24］，是个短调。

（5）曲折调在词中通常只念前半段。

（6）匣母上声跟次浊走，归阴上［52］，而不是阳上［243］，如：后、祸、厚、项。

叁　连读变调

一、两字组连读变调表

安吉方言两字组的连读变调规律见下表。表中首列为前字本调，首行为后字本调。每一格的第一行是两字组的本调组合；第二行是连读变调，若连读调与单字调相同，则此行空白；第三行为例词。同一两字组若有两种以上的变调，则以横线分隔。具体如下。

安吉方言两字组连读变调表

前字＼后字	阴平 55	阳平 22	阴上 52	阳上 243	阴去 324	阳去 213	阴入 5	阳入 23
阴平 55	55 55 飞机	55 22 55 今年	55 52 55 工厂	55 243 55 师范	55 324 55 车票	55 213 55 山洞	55 5 猪血	55 23 5 生活
阴平 55	33 55 开车	55 22 开门	33 52 浇水	55 243 加重	55 324 开店	55 213 生病	55 5 33 拉客	55 23 消毒
阳平 22	22 55 22 农村	22 22 皮鞋	22 52 门口	22 243 22 肥皂	22 324 22 脾气	22 213 22 厨柜	22 5 毛笔	22 23 牛肉
阳平 22		24 22 抬头	22 22 桃子		22 324 还账			
阴上 52	52 55 21 火车	52 22 21 老人	52 52 21 火腿	52 243 21 改造	52 324 21 好看	52 213 21 本事	52 5 21 粉笔	52 23 体育
阴上 52	52 55 32 起风		52 52 32 保底	52 243 32 请罪	52 324 32 写信	52 213 32 写字	52 5 32 请客	

续表

前字 ＼ 后字	阴平 55	阳平 22	阴上 52	阳上 243	阴去 324	阳去 213	阴入 5	阳入 23
阳上 243	243 55 / 24 52 棒冰 ； 243 55 / 22 坐车	243 22 / 24 52 稻田 ； 243 22 / 24 受凉	243 52 / 24 稻草 ； 243 52 / 22 动手	243 243 / 22 犯罪	243 324 / 24 52 罪过 ； 243 324 / 22 受气	243 213 / 24 52 社会	243 5 / 24 道德 ； 243 5 / 22 犯法	243 23 / 24 动物
阴去 324	324 55 / 32 213 背心 ； 324 55 跳高	324 22 / 32 213 算盘 ； 324 22 拜年	324 52 / 32 213 报纸 ； 324 52 / 32 放手	324 243 / 32 213 报社	324 324 / 32 213 帐子	324 213 / 32 故事	324 5 / 32 23 计策 ； 324 5 / 32 送客	324 23 / 32 放学
阳去 213	213 55 / 21 213 地方 ； 213 55 / 21 调兵	213 22 / 21 213 地球	213 52 / 21 代表	213 243 / 21 213 味道 ； 213 243 / 21 调动	213 324 / 21 213 饭店	213 213 / 21 地洞	213 5 / 21 大雪	213 23 / 21 树叶
阴入 5	5 55 / 3 北方	5 22 铁门	5 52 黑板	5 243 213 发动	5 324 213 发票	5 213 213 一定	5 5 / 3 节约	5 23 作业
阳入 23	23 55 / 2 213 石灰 ； 23 55 / 2 读书	23 22 / 2 213 白糖 ； 23 22 入门	23 52 / 2 墨水	23 243 213 / 2 活动	23 324 213 / 2 白菜	23 213 / 2 立夏	23 5 / 2 绿色	23 23 / 2 特别

二、两字组连读变调规律

安吉方言两字组如果为一个词，则当前字为非入声时，其声调模式通常是前字调决定后字调。分为几种情况：

（1）前字调为阴平［55］时，两字组调通常为［55＋55］或［55＋5］。

（2）前字调为阳平［22］时，两字组调通常为［22＋22］或［22＋2］。

（3）前字调为阴上［52］时，两字组调通常为［52＋21］（前字调音值接近［54］）。

（4）前字调为阳上［243］时，前字调读半上［24］，两字组调通常为［24＋52］或［24＋5］。

（5）前字调为阴去［324］时，前字调读半去［32］，两字组调通常为［32＋213］或［32＋23］。

（6）前字调若为阳去［213］，当后字调为阴声韵时，前字调念［21］，两字组调通常为［21＋213］，后字调为阴入时，两字组调通常为［21＋5］，后字调为阳入时，两字组调通常为［21＋23］。当前字为入声时，其声调模式与前后字都有关系。

（7）前字调为阴入［5］，后字调为阴平或阴入时，两字组调通常为［3＋55］或［3＋5］；后字调为阳平时，两字组调通常为［5＋22］；后字调为阴上时，两字组调通常为［5＋52］；后字调为阳上、阴去、阳去，两字组调通常为［5＋213］；后字调为阳入时，两字组调通常为［5＋23］。

（8）前字调为阳入［23］，后字调为阴平时或阴入时，两字组调通常为［2＋55］或［2＋5］；后字调为阳平、阳上、阴去、阳去时，两字组调通常为［2＋213］；后字调为阴上时，两字组调通常为［2＋52］；后字调为阳入时，两字组调通常为［2＋23］。

若两字组组成动宾、主谓短语时，两字调通常为单字调的组合。不过，动宾结构中，如果前后字都是［5/55＋55/5］，则前字的调值通常变成［3/33］。前字如果是词头，后字为高调，前字通常也要读低调［3/33］。例如：阿爹 a^{33}tia^{55} | 小张 ɕio^{32}tsã^{55}。

肆　异读

一、新老异读

安吉方言的新老异读主要体现在声调与韵类方面。下文中"／"前为老派，后为新派。

（1）声调方面，老派有8个声调，新派为7个声调。新派阳上基本归阳去。例如：动 doŋ^{243} / doŋ^{213}。新派次浊去声字归阴去。例如：卖 ma^{213} / ma^{412}。阴去调都为降升调，但新派的降升幅度与老派不一样。例如：冻 toŋ^{324} / toŋ^{412}。

（2）韵类方面，老派果摄基本读［ʊ］，假摄除见组、精组主元音为［a］外，

其余主要念[ʋ]。新派果摄与假摄有部分字开始与遇摄相混，念[u]。例如：婆bʋ²² / bu²² | 把pʋ⁵² / pu⁵²。

（3）部分鱼韵字老派读为[i]，新派读为[y]。例如：吕li⁵² / ly⁵²。

（4）部分流摄字老派读为[ɪ]，新派则读为[e]，与蟹摄或止摄字相混。例如：狗kəɪ⁵² / ke⁵²。

（5）咸摄、山摄、宕摄、梗摄、曾摄入声字老派读为[əʔ]或[uəʔ]，新派读为[ɐʔ]或[uɐʔ]。例如：割kəʔ⁵ / kɐʔ⁵ | 活uəʔ²³ / uɐʔ²³。

（6）山摄见组、精组合口三四等老派读为[i]或[iɛʔ]，新派有少数读为[y]或[yɛʔ]。例如：圈tɕʰi⁵⁵ / tɕʰy⁵⁵ | 雪ɕiɛʔ⁵ / ɕyɛʔ⁵。

（7）山摄合口四等、臻摄合口三等及部分通摄合口三等入声字老派读为[ɣʔ]，新派读为[yʔ]。例如：血ɕɣʔ⁵ / ɕyʔ⁵。

（8）部分宕摄、通摄合口入声字老派读为[oʔ]，新派读为[uəʔ]。例如：绿loʔ²³ / luəʔ²³。

（9）老派通摄非入声字读为[oŋ]，新派唇音则大部分变为[əŋ]。例如：风foŋ⁵⁵ / fəŋ⁵⁵。

二、文白异读

安吉方言的文白异读主要体现在声母和韵母方面。下文中" / "前为白读，后为文读。

（1）部分日母字白读声母为[n̺]，文读为零声母或其他声母。例如：二n̺i²¹³ / əl²¹³ | 人n̺iŋ²² / zəŋ²²。

（2）个别见组字白读为[k]，文读为[tɕ]。例如：甲kɐʔ⁵⁵ / tɕiɐʔ⁵⁵。

（3）个别梗摄字白读为[ã]，文读为[əŋ]。例如：生sã⁵⁵ / səŋ⁵⁵。

伍　小称

安吉方言中儿化现象较少见。

安吉方言中有形容词性的鼻尾小称。"儿"与前面的音节"些"结合，变成[ɕiŋ⁵⁵]，语流中，其声调符合两字调的音变规律。例如：轻些儿tɕʰiŋ⁵⁵ɕiŋ⁵⁵ | 白些儿bɐʔ²ɕiŋ²¹³ | 胖些儿pʰɔ³²ɕiŋ²¹³。

声调方面，安吉方言有小称连调［55 55］，主要用于亲属称谓、指人名词和小孩语 ①。例如：姆妈 m⁵⁵ma⁵⁵ | 奶奶 nɛ⁵⁵nɛ⁵⁵ | 妹妹 me⁵⁵me⁵⁵。

陆　其他音变

一、三字调组的音变情况

三字调的声调模式通常是由前字决定的。如前字调为阴平或阴入，则后字通常是［55］，如：胖头鱼 pʰɔ⁵⁵dər⁵⁵ŋ⁵⁵ | 铅角子 kʰɛ⁵⁵koʔ⁵tsŋ⁵⁵；如前字调为阳平［22］，则后字通常也是［22］。例如：茅草棚 mɔ²²tsʰɔ²²bã²² | 棉花絮 mi²²hʊ²²ɕi²²。

如三字组为动宾词组或主谓词组，则按内部结构先确定音节段，结合紧密的两字组先变调，剩下的单个字不变调。例如：肚皮痛 du²⁴bi⁵²tʰoŋ³²⁴。

动词、名词、形容词重叠时，后一个通常读轻声。

二、特殊语流音变

安吉话中有部分晓母字在语流中会发生由 h 到 f 的音变。例如：肚里货 du²⁴li⁵²fu²¹ | 老虎 lɔ⁵²fu²¹ | 结婚 tɕiɛʔ³fən⁵⁵ | 打呼噜 tã³²fu⁵⁵lu⁵⁵。

---

① 徐越 . 浙北杭嘉湖方言中的小称音 . 杭州师范学院学报，2007（5）：83.

第十三节　孝丰方音

壹　概况

一、调查点

1. 地理人口

孝丰镇隶属于浙江省湖州市安吉县，位于安吉县中部，为原孝丰县的旧县城。东接递铺，西邻杭垓，北、东北毗邻鄣吴、皈山，南接报福。全镇总面积为191.4 平方公里，下辖 15 个行政村、6 个社区。[①] 截至 2020 年年底，总人口约 5.7万，其中外来人口 1.4 万，居民人口约 0.71 万。[②] 当地居民主要为汉族，也有极少数的畲族。

2. 历史沿革

孝丰镇历史悠久，在东汉中平二年（184）至唐开元二十六年（738），为安吉县治。明成化二十三年（1487）孝丰县建立，旧县城在今孝丰镇。1958 年，孝丰设城郊（后称丰城）、青山、报福、永太、塘浦、鄣吴 6 个人民公社。[③] 同年，孝丰撤销县制并入安吉县，现为安吉县的一个镇。

3. 方言分布

孝丰是个移民较多的城镇，人口杂居。孝丰话属吴语太湖片苕溪小片。孝丰镇内除孝丰话以外，还有绍兴话、温州话、台州话、东阳话、永康话等吴语，以及安庆话、湖北话、河南话等其他方言。

---

① 参见：安吉县人民政府网，http://www.anji.gov.cn/col/col1229211450/index.html，2022 年 8 月10 日获取。

② 参见：安吉县人民政府网，http://www.anji.gov.cn/art/2020/10/9/art_1229518645_3765645.html，2022 年 8 月 10 日获取。

③ 参见：安吉新闻网，http://ajnews.zjol.com.cn/ajnews/system/2013/11/22/017339561.shtml，2022年 8 月 10 日获取。

4. 地方曲艺

孝丰无本地特色的曲艺形式，有的多为历史移民带来的外来曲艺 ①。

二、方言发音人

1. 方言老男

刘勤，1951 年 9 月出生于孝丰镇，一直在本地生活和工作，教师，大专文化程度，说孝丰话和普通话。父母、配偶均为孝丰镇人，均说孝丰话与普通话。

2. 方言青男

查金良，1986 年 6 月出生于孝丰镇城北社区，主要在本地生活和工作，基层干部，本科文化程度，说孝丰话与普通话。父母均为孝丰镇人，均会说孝丰话。

3. 口头文化发音人

朱云，女，1983 年 8 月出生于孝丰镇北街社区，护士，本科文化程度，说孝丰话与普通话。

贰　声韵调

一、声母（28 个，包括零声母在内）

p 八兵	pʰ 派片	b 病爬肥	m 麦明味问	f 飞风副蜂味	v 肥饭
t 多东	tʰ 讨天	d 甜毒	n 脑南		l 老蓝连路
ts 早租张竹争装纸主	tsʰ 刺草抽拆抄初车春	dz 祠茶柱城		s 丝三酸山双手书	z 字贼坐事床船顺十
tɕ 酒九	tɕʰ 清轻	dʑ 权	ȵ 年泥热软	ɕ 想响	ʑ 全谢
k 高	kʰ 开	g 共	ŋ 熬	h 好灰	
Ø 活县安温月王云药					

---

① 参见：安吉新闻网，http://ajnews.zjol.com.cn/ajnews/system/2017/02/24/021076462.shtml，2022 年 8 月 10 日获取。

说明：

（1）浊声母只是清音浊流，与低调相连，带有浊音色彩。

（2）零声母在阳调类前有较重的摩擦。

（3）[z][v][ʑ]发音时带有较强的气流。

二、韵母（41 个，包括自成音节的[m][ŋ][əl]在内）

ɿ 猪师丝试	i 米戏二飞雨	u 歌坐过苦	y 靴
a 牙排鞋	ia 写	ua 快	
ɛ 山		uɛ 关惯	
ɔ 宝饱	iɔ 笑桥		
e 开赔对南半短		ue 鬼官	
	iɪ 盐年权		
ʊ 茶瓦	iu 油		
ɤɪ 豆走			
ã 硬争	iã 响	uã 横	
ɔ̃ 糖床双讲		uɔ̃ 王	
əŋ 根寸春灯升深	iŋ 新云病星心	uəŋ 滚	
oŋ 东	ioŋ 兄用		
aʔ 盒塔鸭法辣八白尺	iaʔ 药	uaʔ 刮	
	ieʔ 接贴急热节七一锡		
əʔ 十出直色		uəʔ 活骨国	yəʔ 月
oʔ 学	ioʔ 橘局	uoʔ 托郭壳北谷六绿八	
m 母			
n 芋			
ŋ 五			
əl 二			

说明：

（1）果摄有部分字读[ʊ]，还有一些字在语流中有[u][ʊ]两读；[u]部拼

[k]声母，有时接近[ɯu]。

（2）流摄中的[ɪe]，音值接近[ɪe]。

（3）[ɔ̃]发音时，舌位有时会低一点，音值接近[ʋ̃]。

（4）[ən]组有前后鼻音的自由变体。

（5）[uoʔ]音值近[ɔʔ]，[ioʔ]发音时，韵腹开口度有时要大一点，近[iɔʔ]。

（6）[yəʔ²³]在音节前或圆唇元音后念[yəʔ²³]，在非圆唇元音后念[ieʔ²³]。

三、声调（8个）

阴平	44	东该灯风通开天春
阳平	22	门龙牛油铜皮糖红
阴上	52	懂古鬼九统苦讨草买老五有后
阳上	243	动罪近
阴去	324	冻怪半四痛快寸去卖路硬乱
阳去	213	洞地饭树
阴入	5	谷百搭节急哭拍塔切刻
阳入	23	六麦叶月毒白盒罚

说明：

（1）阳平[22]有时接近[21]。

（2）阳去[213]有时接近[223]。

（3）阳入[23]近[24]，是个短调。

（4）曲折调在词中通常只念前半段。

（5）匣母上声归阴上[52]，而不是阳上[243]，如：后、祸、厚、项。

叁　连读变调

一、两字组连读变调表

孝丰方言两字组的连读变调规律见下表。表中首列为前字本调，首行为后字本调。每一格的第一行是两字组的本调组合；第二行是连读变调，若连读调与单字调相同，则此行空白；第三行为例词。同一两字组若有两种以上的变调，则以横线分隔。具体如下。

孝丰方言两字组连读变调表

后字 前字	阴平 44	阳平 22	阴上 52	阳上 243	阴去 324	阳去 213	阴入 5	阳入 23
阴平 44	44　44 飞　机	44　22 清　明 44　22 开　门	44　52 身　体 44　52 浇　水	44　243 公　社 44　243 加　重	44　324 车　票 44　324 开　店	44　213 车　站 44　213 生　病	44　5 猪　血	44　23 　　5 生　活 44　23 消　毒
阳平 22	22　44 　　22 农　村 22　22 　　24 抬　头	22　22 皮　鞋	22　52 门　口	22　243 　　22 肥　皂 22　243 徒　弟	22　324 　　22 脾　气 22　324 还　账	22　213 　　22 名　字 22　213 排　队	22　5 毛　笔	22　23 牛　肉
阴上 52	52　44 45　21 点　心 52　44 　　32 打　针	52　22 45　21 水　池	52　52 45　21 火　腿 52　52 　　32 保　底	52　243 45　21 水　稻 52　243 　　32 请　罪	52　324 45　21 海　带 52　324 　　32 写　信	52　213 45　21 古　代 52　213 　　32 写　字	52　5 45 粉　笔 52　5 32 请　客	52　23 45 体　育
阳上 243	243　44 24　52 士　兵 243　44 　　22 坐　车	243　22 24　52 市　场 243　22 　　24 坐　船	243　52 24　52 市　长 243　52 　　22 动　手	243　243 　　22 犯　罪	243　324 24 市　镇	243　213 24　52 社　会	243　5 24 道　德 243　5 22 犯　法	243　23 24 动　物
阴去 324	324　44 32　213 背　心 324　44 　　32 唱　歌	324　22 32　213 算　盘 324　22 　　32 拜　年	324　52 32 报　纸	324　243 32 报　社	324　324 32　213 会　计 324　32 算　账	324　213 32 故　事	324　5 32 计　策	324　23 32 放　学
阳去 213	213　44 21　24 地　方 213　44 21 调　兵	213　22 21　24 地　球	213　52 21 代　表	213　243 21　24 地　道 213　243 21 调　动	213　324 21　24 饭　店	213　213 21　24 地　洞	213　5 21 大　雪	213　23 21 树　叶

续表

前字＼后字	阴平 44	阳平 22	阴上 52	阳上 243	阴去 324	阳去 213	阴入 5	阳入 23
阴入 5	5　44 北　方	5　22 　　44 铁　门 5　22 发　财	5　52 黑　板	5　243 发　动	5　324 　　44 发　票 5　324 织　布	5　213 　　44 速　度 5　213 发　病	5　5 节　约 5　5 　　3 出　血	5　23 　　5 作　业 5　23 吃　药
阳入 23	23　44 2　24 石　灰 23　44 2 立　冬	23　22 2　24 白　糖 23　22 2 入　门	23　52 2 墨　水	23　243 2 活　动	23　324 2 力　气 23　324 2 读　报	23　213 2　24 立　夏	23　5 2 绿　色	23　23 2 目　录 23　23 2 入　学

二、两字组连读变调规律

孝丰方言两字组如果为一个词，且后字为非入声，则其声调模式通常是前字调决定后字调。分为几种情况：

（1）前字调为阴平［44］时，两字组调通常为［44＋44］。

（2）前字调为阳平［22］时，两字组调通常为［22＋22］或［22＋2］。

（3）前字调为阴上［52］时，两字组调通常为［45＋21］。

（4）前字调为阳上［243］时，前字调读半上［24］，两字组调通常为［24＋52］。

（5）前字调为阴去［324］时，前字调读半去［32］，两字组调通常为［32＋213］。

（6）前字调为阳去［213］时，前字调念［21］，两字组调通常为［21＋24］。

（7）前字调为阴入［5］时，两字组调通常为［5＋44］，前字如果是词头，则前字要念中低调，如阿爹 a$ʔ^3$tia^{44}。

（8）前字调为阳入［23］时，两字组调通常为［2＋24］。

若两字组组成动宾、主谓短语，则后字通常不变调。

肆　异读

一、新老异读

孝丰方言的新老异读主要体现在以下韵类中。下文中"／"前为老派，后为新派。

（1）老派咸摄、山摄三四等与止摄不混，读为[iɪ]，新派咸摄、山摄三四等与止摄相混，都读为[i]。例如：年 n̠iɪ^{22} / n̠i^{22}。

（2）果摄字老派基本都读为[u]，新派大部分读为[u]，也有一些字音发为[ɯɯ]。例如：坐 zu^{243} / zɯɯ^{243}。

（3）部分假摄字老派读为[ʊ]，与果摄字存在对立，新派则读为[u]，与果摄字无对立。例如：爬 bʊ^{22} / bu^{22}。

（4）部分蟹摄、山摄一等字老派读为[e]或[ue]，新派读为[ei]或[uei]。列如：搬 pe^{44} / pei^{44} | 官 kue^{44} / kuei^{44}。

（5）有部分臻摄合口三等字老派读为[iŋ]，新派读为[yŋ]。例如：均 tɕiŋ^{44} / tɕyŋ^{44}。

（6）老派入声存在[aʔ]与[ɤʔ]、[uaʔ]与[uɤʔ]的对立，新派则都读为[ɐʔ]与[uɐʔ]。例如：闸 zaʔ^{23} / zɐʔ^{23} | 十 zɤʔ^{23} / zɐʔ^{23} | 刮 kuaʔ^{5} / kuɐʔ^{5} | 骨 kuɤʔ^{5} / kuɐʔ^{5}。

（7）老派部分入声字读[uoʔ]，新派则都读[uɐʔ]。例如：绿 luoʔ^{23} / luɐʔ^{23}。

（8）山摄、通摄部分入声字老派读为[ioʔ]，新派常都念为[yɐʔ]。例如：缺 tɕʰioʔ^{5} / tɕʰyɐʔ^{5}。

二、文白异读

孝丰方言的文白异读主要体现在以下几个方面。下文中"／"前为白读，后为文读。

（1）部分日母字白读为[ŋ]，文读为零声母。例如：儿 ŋ^{22} / əl^{22}。

（2）个别古微母字白读为[m]，文读为[v]或[f]。例如：味 mi^{324} / fi^{324}。

（3）部分日母字白读为[n̠]，文读为[z]，韵母也相应地发生变化。例如：人 n̠iŋ^{22} / zəŋ^{22}。

（4）个别梗摄字白读为[ã]，文读为[əŋ]。例如：争 tsã^{44} / tsəŋ^{44}。

伍　小称

孝丰方言中儿化现象较少。

孝丰方言中有鼻尾小称，"儿"与前面的音节"些"结合，变成[ɕiŋ⁴⁴]，语流中，其声调符合两字调的音变规律。例如：轻些儿 tɕʰiŋ⁴⁴ɕiŋ⁴⁴ | 白些儿 baʔ²ɕiŋ²⁴。

声调方面，孝丰方言有小称连调[44 44……]，主要用于亲属称谓、指人名词和小孩语 ①。例如：丫头婆 ʋ⁴⁴dəɹ⁴⁴bu⁴⁴ | 亲姆 tɕʰiŋ⁴⁴m⁴⁴ | 娘娘 ɲiã⁴⁴ɲiã⁴⁴。

陆　其他音变

三字调的声调模式通常由前字决定。若前字调为阴平或阴入，则后字通常是[44]。例如：胖头鱼 pʰɔ⁴⁴dəɹ⁴⁴ŋ⁴⁴ | 铅角子 kʰe⁴⁴kuoʔ⁵tsɿ⁴⁴。若前字调为阳平[22]，则后字通常也是[22]。例如：茅草棚 mɔ²²tsʰɔ²²bã²² | 棉花絮 miɹ²²hʋ²²ɕi²²。

如三字组为动宾词组或主谓词组，则按内部结构先确定音节段，结合紧密的两字组先变调，剩下的单个字不变调。例如：肚皮痛 du²⁴bi⁵²tʰoŋ³²⁴。

动词、名词、形容词重叠时，后一个通常读轻声。

---

① 徐越．浙北杭嘉湖方言中的小称音．杭州师范学院学报，2007（5）：83.

第十四节　长兴方音

壹　概况

一、调查点

1.地理人口

长兴县隶属于浙江省湖州市，是浙江的北大门。地处长江三角洲杭嘉湖平原，太湖西南岸。[1] 北邻江苏宜兴，西接安徽广德，自古被称为"三省通衢"。[2] 全县总面积为1431平方公里，辖4街道9镇2乡：画溪街道、龙山街道、太湖街道、雉城街道，洪桥镇、李家巷镇、林城镇、泗安镇、虹星桥镇、小浦镇、和平镇、煤山镇、夹浦镇、水口乡、吕山乡。[3] 截至2016年年底，户籍人口63.2万。[4] 汉族占绝大多数，有31个少数民族，截至2015年3月，共有在册少数民族常住人口4421。[5]

2.历史沿革

长兴县域在春秋时期属于吴国。吴越争霸时期，吴王阖闾派弟夫概在今雉城东南两里处筑城为王邑，名为长城。秦时，属会稽郡；东汉时，属吴兴郡。五代十国时，后梁开平二年（908），吴王钱镠改长城县为长兴县。1949年，长兴县人民政府建立。[6] 1967年，长兴县革命委员会成立，属嘉兴地区革命委员会。1980年，长兴县人民政府恢复，隶属于嘉兴地区专员公署。1983年，长兴县撤专署实

① 参见：长兴县人民政府网，http://www.zjcx.gov.cn/col/col1229211248/index.html，2022年8月10日获取。

② 参见：长兴县人民政府网，http://www.zjcx.gov.cn/col/col1229211245/index.html，2022年8月10日获取。

③ 参见：长兴县人民政府网，http://www.zjcx.gov.cn/col/col1229211245/index.html，2022年8月10日获取。

④ 参见：《2017年浙江统计年鉴》，http://tjj.zj.gov.cn/col/col1525563/index.html，2022年8月10日获取。

⑤ 参见：长兴新闻网，http://cxnews.zjol.com.cn/cxnews/system/2015/04/28/019280433.shtml，2022上年8月10日获取。

⑥ 参见：长兴县人民政府网，http://www.zjcx.gov.cn/col/col1229211252/index.html，2022年8月10日获取。

行市管县，隶属于湖州市。^①

3. 方言分布

长兴方言属于吴语太湖片苕溪小片，是长兴县的主要方言，其口音大致有两种，一种是以雉城街道为代表的城镇音，另一种是以洪桥镇为代表的城东音，这两种口音总体差异不太大。长兴方言比较完整地保留着浊声母、入声等语音现象，声调有八个，中古平上去入四声依声母清浊各分阴阳。此外，县境内还有其他方言，大致有吴语（如温州话、台州话、宜兴话等）、官话（为来自河南、江苏、安徽、湖北等地的移民所使用）、闽语（平阳话）^②三大类。

4. 地方曲艺

长兴的地方曲艺为滩簧戏。滩簧原是流行于长江三角洲及苏北扬州、泰兴、南通的一种曲艺，后嬗变为地方性的戏曲剧种^③。长兴滩簧的表演形式与越剧等戏剧相似，只是唱腔不同，它以"一花一旦"的"对子戏"为主，用长兴方言演唱，角色、行当及扮相造型极为简略。行当分"旦堂""花脸"两色，伴奏乐器为二胡、鼓板、小锣等。

二、方言发音人

1. 方言老男

乔纪良，1950年3月出生于长兴雉城镇，一直在本地生活和工作，职工，大专文化程度，说长兴话和不太标准的普通话。父母、配偶均为雉城镇人，都只说长兴话。

2. 方言青男

李晟，1991年12月出生于长兴雉城镇，主要在本地生活和工作，职工，大专文化程度，说长兴话和普通话。父母均为雉城镇人，都只说长兴话。

---

① 参见：长兴县人民政府网，http://www.zjcx.gov.cn/col/col1229211247/index.html，2022年8月10日获取。
② 参见：长兴新闻网，http://cxnews.zjol.com.cn/cxnews/system/2011/05/10/013715389.shtml，2022年8月10日获取。
③ 黄向苗. "长江三角洲（江、浙、沪）滩簧戏学术研讨会"采撷. 浙江艺术职业学院学报，2004（1）：41.

3. 口头文化发音人

舒悦，女，1982 年 2 月出生于长兴雉城镇，一直在本地生活和工作，教师，本科文化程度，说长兴话和普通话。

王兵，男，1937 年 2 月出生于长兴雉城镇，一直在本地生活和工作，文艺工作者，中专文化程度，说长兴话和不太标准的普通话。

贰　声韵调

一、声母（28 个，包括零声母在内）

p 八兵	pʰ 派片	b 病爬	m 麦明问	f 飞凤副蜂	v 肥饭味
t 多东	tʰ 讨天	d 甜毒	n 脑南泥		l 老蓝连路
ts 早租张竹 　争装纸主	tsʰ 刺草抽拆 　抄初车春	dz 茶柱城		s 丝三酸山双 　手书	z 字贼事床 　船顺十祠
tʃ 酒九	tʃʰ 清轻	dʒ 权骑	ȵ 年热软	ʃ 想响	ʒ 全谢
k 高官	kʰ 开看	g 共茄	ŋ 熬眼	h 好灰	
Ø 月活县安 　温王云药					

说明：

（1）阳调类零声母音节前带有与音节开头元音同部位的轻微摩擦，过去多记作声母［ɦ］，这里统一记作［Ø］。

（2）［b］［d］［dz］［dʒ］［g］等浊音声母的浊音色彩不明显。

（3）［tʃ］［tʃʰ］［ʃ］拼读主元音为［i］或［i］介音韵母时，音色近［tɕ］［tɕʰ］［ɕ］。

二、韵母（38 个，包括自成音节的［m］［n］［ŋ］［əl］）

ɿ 猪师丝试	i 盐年权	u 茶瓦
ʮ 雨米戏飞		
a 牙排鞋	ia 写	ua 快怪
ɛ 山胆		uɛ 关惯

ɔ 宝饱　　　　　　　　　　　ciɔ 笑桥
　　　　　　　　　　　　　　　iɤ 靴油

ɯ 开南半短　　　　　　　　　　　　　　　　　uɯ 官宽
ei 赔对豆走　　　　　　　　　　　　　　　　　uei 鬼跪
əu 歌坐过苦
ã 硬争　　　　　　　　　　iã 响娘　　　　　　uã 横歪
ɔ̃ 糖双床王讲
əŋ 深根寸春灯升　　　　　iŋ 新云病星心　　　uəŋ 滚婚
oŋ 东　　　　　　　　　　ioŋ 兄用
aʔ 盒塔鸭法辣白尺　　　　iaʔ 药协　　　　　uaʔ 刮滑
　　　　　　　　　　　　iɛʔ 接急热节月七一锡
əʔ 十出直色　　　　　　　　　　　　　　　　uəʔ 活骨国
oʔ 托郭学北谷六绿八　　　ioʔ 局肉
m̩ 母
n̩ 二儿
ŋ̍ 五鱼
əl 儿

说明：

（1）[əu]的音值近[ˇu]。

（2）部分[u]韵母舌位略低，实际音值有时近[ʊ]。

（3）[ɯ]韵母在非舌根音后有动程变化，音值近[əɯ]。

（4）[iɤ]音值近[iˠ]，[ɤ]不太圆，部分流摄字与咸、山摄字相混。

（5）[əʔ]的音值近[ɐʔ]。

（6）[ã]的鼻化程度很弱。

三、声调（8个）

阴平	44	东该灯风通开天春
阳平	12	门龙牛油铜皮糖红
阴上	52	懂古鬼九统苦讨草买老五有后
阳上	243	动罪近

阴去	324	冻怪半四痛快寸去卖路硬乱
阳去	24	洞地饭树
阴入	5	谷百搭节急哭拍塔切刻
阳入	2	六麦叶月毒白盒罚

说明：

（1）阳平为低升调，听感上调值有时近［112］，这里统一记为［12］。

（2）阴去调值有时近［334］，这里统一记为［324］。

（3）阳去调听感上调值有时近［224］，这里统一记为［24］。

（4）阴入喉塞感明显，时长较短。

（5）阳入单字音喉塞感不明显，时长比阴入［5］长，实际调值为［23］，这里统一记作［2］。

叁 连读变调

一、两字组连读变调表

长兴方言两字组的连读变调规律见下表。表中首列为前字本调，首行为后字本调。每一格的第一行是两字组的本调组合；第二行是连读变调，若连读调与单字调相同，则此行空白；第三行为例词。同一两字组若有两种以上的变调，则以横线分隔。具体如下。

长兴方言两字组连读变调表

后字 前字	阴平 44		阳平 12		阴上 52		阳上 243		阴去 324		阳去 24		阴入 5		阳入 2	
阴平 44	44 医	44 生	44 44 冰	12 糖	44 工	52 44 厂	44 兄	243 44 弟	44 车	324 票	44 山	24 44 洞	44 猪	5 血	44 蜂	2 5 蜜
	44 32 搬	44 家	44 开	12 门			44 加	243 重	44 开	324 店	44 生	24 病	44 32 拉	5 客	44 消	2 毒

续表

后字 前字	阴平 44	阳平 12	阴上 52	阳上 243	阴去 324	阳去 24	阴入 5	阳入 2
阳平 12	12　44 　　33 茶　杯	12　12 　　33 皮　球	12　52 　　33 门　板 12　52 寻　死	12　243 　　33 肥　皂	12　324 　　33 棉　裤 12　324 还　账	12　24 程　度	12　5 成　绩	12　2 牛　肉
阴上 52	52　44 45　21 广　州 52　44 起　风	52　12 45　21 好　人 52　12 起　源	52　52 45　21 火　腿 52　52 保　底	52　243 45　21 改　造 52　243 小　道	52　324 45　21 小　气 52　324 写　信	52　24 45　21 本　地 52　24 写　字	52　5 45　2 粉　笔 52　5 请　客	52　2 小　麦
阳上 243	243　44 24　21 士　兵	243　12 24　21 市　场 243　12 24 上　楼	243　52 24　21 市　长 243　52 21 受　苦	243　243 21 犯　罪	243　324 24　21 武　器 243　324 24 受　气	243　24 24　21 部　队	243　5 24　2 道　德 243　5 21 负　责	243　2 24 动　物
阴去 324	324　44 32　24 战　争 324　44 32 跳　高	324　12 32　24 透　明 324　12 32 拜　年	324　52 32　24 信　纸 324　52 32 放　手	324　243 32　24 报　社 324　243 32 靠　近	324　324 32　24 照　相 324　324 32　52 放　假	324　24 32 故　事	324　5 32　2 宪　法 324　5 32 送　客	324　2 32 教　育
阳去 24	24　44 21　24 电　灯 24　44 21 漏　风	24　12 21　24 地　球	24　52 21　24 电　表 24　52 大　小	24　243 21　24 调　动	24　324 21　24 豆　浆	24　24 21 地　洞 24　24 大　树	24　5 21　2 办　法 24　5 21 会　客	24　2 21 事　业 24　2 病　毒
阴入 5	5　44 3 北　方	5　12 3　44 竹　蓝 5　12 发　扬	5　52 3　44 竹　板 5　52 吃　苦	5　243 21 接　受 5　243 接　近	5　324 21 国　庆 5　324 出　嫁	5　24 发　病	5　5 3 出　血	5　2 5 节　目 5　2 吃　药

续表

后字 前字	阴平 44	阳平 12	阴上 52	阳上 243	阴去 324	阳去 24	阴入 5	阳入 2
阳入 2	2　　44 石　灰	2　　12 　　24 白　糖	2　　52 　　44 墨　水	2　　243 　　44 杂　技	2　　324 　　21 学　费	2　　24 　　21 实　话	2　　5 绿　色	2　　2 特　别
		2　　12 入　门	2　　52 蚀　本	2　　243 　　24 活　动	2　　324 读　报	2　　24 立　夏		

二、两字组连读变调规律

长兴方言两字组连读变调的总体特点是：阳入调不论作前字还是作后字基本不变调，阴平、阳平调作前字时基本不变调，阴上、阳上、阴去、阳去、阴入五调不论作前字还是作后字均有变调，具体如下：

（1）阴平［44］作前字时，后字如果是入声字，则不变调；后字如果是非入声字，则通常变调为［44］。

（2）阳平［12］作前字时，后字如果是入声字，则不变调；后字如果是非入声字，则通常变调为单字调所无的［33］。

（3）阴上［52］作前字时，通常变调为单字调所无的［45］。后字如果是非入声字，则通常变调为单字调所无的［21］；后字如果是入声字，则都为阳入调［2］。

（4）阳上［243］作前字时，通常变调为［24］。后字如果是非入声字，则通常变调为［21］；后字如果是入声字，则都为阳入调［2］。

（5）阴去［324］作前字时，通常变调为［32］。后字如果是非入声字，则通常变调为［24］；后字如果是入声字，则都为阳入调［2］。

（6）阳去［24］作前字时，通常变调为［21］。后字如果是非入声字，则通常变调为［24］；后字如果是入声字，则都为阳入调［2］。

（7）阴入调［5］作前字时，在阳上、阴去、阳去前不变调，在其他声调前变调为［3］。

此外，长兴方言有语法变调，当两字组组成动宾或主谓结构时，两字调通常为单字调的组合。例如：走棋 tsei^{52}dʑʅ^{12} | 折本 zəʔ^{2}pən^{52}。

肆　异读

一、新老异读

长兴方言的新老异读主要体现在以下韵类中。下文中" / "前为老派，后为新派。

（1）部分止摄合口三等字老派读为[ɯ]，新派读为[ei]。例如：追 tsɯ⁴⁴ / tsei⁴⁴。

（2）部分流摄开口三等字老派读为[iɤ]，新派读为[ɤ]。例如：酒 tɕiɤ⁵² / tʃɤ⁵²。

（3）部分咸摄开口一等字老派读为[ɯ]，新派读为[ɛ]。例如：南 nɯ¹² / nɛ¹²。

（4）部分咸摄、山摄开口二等入声老派读为[aʔ]，新派读为[əʔ]。例如：插 tsʰaʔ⁵ / tsʰəʔ⁵ | 扎 tsaʔ⁵ / tsəʔ⁵。

（5）部分古章组、知组山摄开口三等字老派读为[ɯ]，新派读为[ɛ]。例如：扇 sɯ³²⁴ / sɛ³²⁴。

（6）部分宕摄开口一等、合口一等、江摄开口二等、通摄合口等入声字老派读为[oʔ]，新派读为[uəʔ]。例如：落 loʔ² / luəʔ²。部分宕摄开口三等入声字老派读为[iaʔ]，新派读为[iɛʔ]。例如：药 iaʔ² / iɛʔ²。

（7）部分通摄合口三等字老派读为[ioʔ]，新派读为[yəʔ]。例如：局 dʑioʔ² / dʑyəʔ²。

二、文白异读

长兴方言的文白异读主要体现在声母和韵母方面。下文中" / "前为白读，后为文读。

1. 声母方面

（1）部分日母字白读为[n]，文读为零声母。例如：日 n¹² / əl¹²。

（2）部分古见系开口二等白读为[k]组声母，文读为[tʃ]组声母，韵母也随之有所改变。例如：交 kɔ⁴⁴ / tʃiɔ⁴⁴。

2. 韵母方面

部分梗摄开口二等白读为 [ã]，文读为 [əŋ]。例如：生 sã⁴⁴ / səŋ⁴⁴。

伍　小称

长兴方言中很少有儿化的现象。

长兴方言中有形容词性的鼻尾小称"儿"。"儿"与前面的音节"些"结合，变成 [ʃiŋ⁴⁴]，语流中，其声调符合两字调的音变规律。例如：轻些儿 tʃʰiŋ⁴⁴ʃiŋ⁴⁴ / 好些儿 hɔ⁴⁵ʃiŋ²¹。

声调方面，长兴方言有小称连调 [44 44]，主要用于亲属称谓、指人名词和小孩语 [①]。例如：姆妈 m⁴⁴ma⁴⁴ | 爹爹 tia⁴⁴tia⁴⁴ | 猪头 tsɿ⁴⁴dei⁴⁴。

① 徐越. 浙北杭嘉湖方言中的小称音. 杭州师范学院学报，2007（5）: 83.

第十五节　余杭方音

壹　概况

一、调查点

1. 地理人口

余杭位于浙江省北部，杭嘉湖平原与浙西丘陵山地的过渡地带。余杭区从西、北两面拱卫杭州中心城区，东与德清县接壤，中与拱墅区毗连，西与安吉县、临安区、富阳区、西湖区相接。余杭区区域总面积 942 平方公里，下辖 7 街道 5 镇：余杭街道、仓前街道、闲林街道、五常街道、中泰街道、仁和街道、良渚街道，瓶窑镇、径山镇、黄湖镇、鸬鸟镇、百丈镇。[①] 截至 2015 年年底，人口为 95.09 万。[②] 民族主要为汉族，少数民族多系工作、婚姻迁入。

2. 历史沿革

余杭历史悠久，早在新石器时代就有先民在这里繁衍生息，史称"马家浜文化"和"良渚文化"。余杭之名，春秋时已见诸史籍。据记载：禹会诸侯于江南，至此舍舟登陆，因名余杭（本为禹杭）。

秦时属会稽郡，东汉永建四年（129）后属吴郡。三国吴宝鼎元年（266）后属吴兴郡。隋开皇九年（589）于余杭置杭州，为州治。大业三年（607）改属余杭郡。唐乾元元年（758）后又属杭州。南宋属临安府，元属杭州路，明清属杭州府。1912 年属钱塘道，1927 年后直属浙江省政府。

1949 年余杭解放，新中国成立后归属变化频繁，1961 年余杭县复置，治临平，属杭州市。[③] 1994 年 4 月，余杭撤县设市。[④] 2001 年，余杭并入杭州市区，

---

① 参见：杭州余杭门户网站，http://www.yuhang.gov.cn/art/2023/2/21/art_1229035868_59007438.html，2022 年 8 月 10 日获取。

② 参见：《2016 年浙江统计年鉴》，http://tjj.zj.gov.cn/col/col1525563/index.html，2022 年 8 月 10 日获取。

③ 徐规，陈桥驿，潘一平，等. 浙江分县简志. 杭州：浙江人民出版社，1984：22-25。

④ 参见：《关于要求撤销余杭县设立余杭市的请示》（浙政发〔1993〕245 号），2022 年 8 月 10 日获取。

成为杭州余杭区。[1]

3. 方言分布

余杭境内的方言主要为余杭方言，属吴语太湖片苕溪小片。境内除吴语外，西部山区如屏风、石马、白亩地、上城埭等村，有少量浙南闽语分布。

4. 地方曲艺

余杭民间有一种竞技舞蹈叫余杭滚灯，至今已有八百余年历史。其集舞蹈、技巧、体育于一体，有九套二十七个表演动作，有独特的艺术构思和典型的地域特色，对探索古代民间舞蹈具有很高的研究价值，现濒临失传。

曾有木偶戏，当地方言叫"已⁼戏儿 $i^{13}\text{ç}i^{35}n^{33}$"，现已失传。

二、方言发音人

1. 方言老男

叶天法，1952 年 8 月出生于余杭区良渚镇，一直在本地生活和工作，职工，小学文化程度，说余杭良渚话和不标准的普通话。父母均为良渚镇人，说余杭良渚话。

2. 方言青男

金良瓶，1983 年 1 月出生于余杭区良渚镇，一直在本地生活和工作，职工，高中文化程度，说余杭话和不太标准的普通话。父母均为良渚镇人，说余杭良渚话。

3. 口头文化发音人

叶天法，男，1952 年 8 月出生于余杭区良渚镇，一直在本地生活和工作，职工，小学文化程度，说余杭良渚话和不标准的普通话。

金良瓶，男，1983 年 1 月出生于余杭区良渚镇，一直在本地生活和工作，职工，高中文化程度，说余杭话和不太标准的普通话。

---

① 参见：《国务院关于同意浙江省撤销萧山市余杭市设立杭州市萧山区余杭区的批复》国函〔2001〕13 号，2022 年 8 月 10 日获取。

贰　声韵调

一、声母（26个，包括零声母在内）

p 八兵	pʰ 派片	b 爬病肥	m 麦明问	f 飞风副蜂	v 肥饭味
t 多东	tʰ 讨天	d 甜毒	n 闹南		l 老蓝连路
ts 早酒竹装纸	tsʰ 刺草清车春			s 三山双手书	z 贼坐谢茶事
tɕ 九	tɕʰ 轻	dʑ 权	ȵ 年泥软热	ɕ 响	
k 高	kʰ 开	g 共	ŋ 熬	h 好灰	
Ø 月活县王药					

说明：

（1）鼻、边音分两套，一套读紧喉，一套带浊流。前者出现在阴调字，后者出现在阳调字，分布互补，合并为一套音位。

（2）分尖团。

（3）[f][v]跟[u]韵相拼时，有音位变体[ɸ][β]。

（4）[tɕ]组声母舌位稍偏前。

（5）全浊声母清化有时很明显，如"铜动"。

（6）零声母阳调类音节的起始处带有明显的磨擦成分。

二、韵母（37个，包括自成音节的[l][m][n][ŋ]在内）

ɿ 猪师丝试	i 靴雨米戏二飞	u 歌坐过苦
a 牙排鞋	ia 写	ua 快
ɛ 开赔对		uɛ 鬼
ɔ 宝饱	iɔ 笑桥	
øɤ 豆走南短	iɤ 油	
		uo 茶瓦
ã 糖床双讲硬	iã 响	uã 王横
ẽ 山	iẽ 盐年权	

uɐ̃ 乱转断

uõ 半官

iŋ 深心春新云灯病星　　uŋ 滚

oŋ 东

ioŋ 兄用

aʔ 塔鸭法辣白

iaʔ 药学　　uaʔ 滑划挖

əʔ 十出直色尺盒

uəʔ 刮

eʔ 侄

oʔ 八活骨郭北国六绿　　ieʔ 接急热节月七一锡

ioʔ 局

l 而

m 姆尾

n 儿尔耳

ŋ 五午

说明：

（1）[u]舌位略前，唇形略展。

（2）[u]韵拼唇音、唇齿音和零声母时是[u]韵，拼其余声母时实际音值是[ᵚu]韵。

（3）[ɔ]韵舌位略高。

（4）[uo]韵中[o]舌位略高，近[ʊ]，有时是[ᵚʊ]。

（5）[øɤ]的动唇不明显，但跟周边方言的[ø]韵或[ɤ]韵相比明显不同。

（6）[ɛ][uɛ][ɛ̃]韵中的[ɛ]舌位略高，读音近[ɐ]。

（7）[ɑ̃][iɑ̃][uɑ̃]中的[ɑ]舌位略前，有时也读作[ɑŋ][iɑŋ][uɑŋ]。

（8）[iŋ]韵中的[i]舌位略低，近[ɪ]。

（9）[əʔ]中的[ə]舌位略低略后，实际音值近[ɜʔ]。

（10）[əʔ][aʔ]两韵有时可互读，如"盒"。

（11）[əʔ]韵和[eʔ]韵有时也可以自由变读，如"侄"。

（12）自成音节的[m][n][ŋ]是白读韵，[l]是文读韵。

三、声调（8个）

阴平	44	东该灯风通开天春
阳平	22	门龙铜皮糖红牛油
阴上	53	懂古鬼九统苦讨草买老五有后

阳上	243	动罪近
阴去	423	冻怪半四痛快寸去
阳去	213	卖路硬乱洞地饭树
阴入	5	谷百搭节急哭拍塔切刻
阳入	2	六麦叶月毒白盒罚

说明：

（1）阴平、阳平在听感上起始略带降势。

（2）次浊平字有时会读成阴平调，两字组中也有这种读音现象。

（3）阴去、阳去都为降升调，也可记为［434］和［212］。

（4）入声尤其是次浊入在语流中有时喉塞很弱。

叁　连读变调

一、两字组连读变调表

余杭方言两字组的连读变调规律见下表。表中首列为前字本调，首行为后字本调。每一格的第一行是两字组的本调组合；第二行是连读变调，若连读调与单字调相同，则此行空白；第三行为例词。同一两字组若有两种以上的变调，则以横线分隔。具体如下。

余杭方言两字组连读变调表

后字 前字	阴平 44		阳平 22		阴上 53		阳上 243		阴去 423		阳去 213		阴入 5		阳入 2	
阴平 44	44 55 天	44 55 公	44 55 清	22 33 明	44 55 天	53 55 井	44 55 公	243 33 社	44 55 车	423 55 票	44 55 车	213 33 站	44 55 工	5 作	44 55 生	2 活
	44 55 当	44 35 官	44 55 开	22 13 门					44 55 开	423 35 店	44 55 生	213 13 病				
阳平 22	22 31 云	44 35 嶂	22 31 田	22 13 塍	22 31 牙	53 35 齿	22 31 徒	243 13 弟	22 31 驼	423 35 背	22 31 毛	213 13 病	22 31 头	5 发	22 13 茶	2 叶
	22 33 爬	44 55 山	22 13 前	22 33 头	22 33 门	53 口	22 33 塘	243 43 里					22 33 留	5 级	22 33 同	2 学

续表

后字＼前字	阴平 44	阳平 22	阴上 53	阳上 243	阴去 423	阳去 213	阴入 5	阳入 2
阴上 53	53 44 / 35 0 水沟	53 22 / 35 0 草鞋	53 53 / 35 0 火腿	53 243 / 35 0 起码	53 423 / 35 0 比赛	53 213 / 35 0 手艺	53 5 / 35 赌博	53 2 / 35 体育
阳上 243	243 44 / 35 0 尾巴	243 22 / 35 0 码头	243 53 / 35 0 老虎	243 243 / 35 0 养老	243 423 / 35 0 满意	243 213 / 35 0 午饭	243 5 / 35 满足	243 2 / 35 礼物
	243 44 / 13 35 后边	53 22 / 55 33 以前	243 53 / 55 老板	243 243 / 33 53 道理	53 423 / 55 53 以后	243 213 / 55 53 近路	243 5 / 33 犯法	243 2 / 33 老实
		243 22 / 33 31 稻田			243 423 / 33 53 市镇			
阴去 423	423 44 / 53 35 背心	423 22 / 53 13 算盘	423 53 / 53 35 报纸	423 243 / 53 13 对待	423 423 / 53 35 意见	423 213 / 53 13 孝顺	423 5 / 53 政策	423 2 / 53 四月
阳去 213	213 44 / 33 35 地方	213 22 / 33 13 大门	213 53 / 33 35 大水	213 243 / 33 13 味道	213 423 / 33 35 饭店	213 213 / 33 13 大路	213 5 / 33 办法	213 2 / 33 树叶
	213 44 / 33 53 棒冰		213 53 / 33 县长	213 243 / 33 53 大雨	213 423 / 33 53 事故			
阴入 5	5 44 / 53 百鸟	5 22 / 骨头	5 53 / 发火	5 243 / 53 谷雨	5 423 / 35 出去	5 213 / 13 决定	5 5 / 4 节约	5 2 / 节日
阳入 2	2 44 / 35 立冬	2 22 / 13 石头	2 53 / 日子	2 243 / 53 十五	2 423 / 35 白菜	2 213 / 13 立夏	2 5 / 蜡烛	2 2 / 3 学习
		2 22 / 31 肉皮						

说明：

（1）后字位置的"0"代表轻声。

（2）余杭方言有 8 个单字调，两字组有 64 种组合，归并后有 39 种变调模式。

（3）除前字阴去、阴入外，每种调类的组合都有不止一种连读变调模式。

（4）此两字组连读变调规律主要适用于广用式两字组，是词调，不完全适用于句子中。

二、两字组连读变调表规律

（1）就变调类型论，舒声调以前后字都变调为主，入声调以前后字都不变调为主。

（2）从变调的主要规律看，前字相同，前字变调相同，后字调型走向一致，调值阴高阳低。

（3）调类合并彻底，次浊上单字调中归阴上，在两字组连读变调中，不论前字还是后字，均同清上。

（4）每一种连调组合中均有一组为主流变调，还有一些其他变调。

（5）就调值说，有两种情况：一是不超出 8 个单字调；二是出现了 8 个单字调之外的新调值。这种新调值主要有：[31]由阳平变来，出现在前字。[35][13]分别由阴舒和阳舒变来，出现在后字。[55]和[33]由阴平和阳平变来，出现在前后字中。[4]和[3]由阴入和阳入变来。[0]只出现在后字。

（6）轻声只出现在前字阴上组合的后字。

肆　异读

一、新老异读

余杭方言的新老异读主要表现在韵母上。下文中"／"前为老派，后为新派。

（1）老派部分声母分尖团，小 ≠ 晓、星 ≠ 新；新派基本不分尖团，小 = 晓、星 = 新。

（2）老派音系没有[y]，新派音系受周边吴语影响，一些次常用字读成了[y]韵。例如："区举裕遇"，老派读[i]，新派读[y]。

（3）老派[øɤ][iɤ]两韵，新派读[ɤ][iɤ]。例如："豆走南短油"。

（4）老派的[øɤ][uõ]两韵，新派合并成[ɤ]韵。例如："豆走南短半官"。

（5）老派的[iẽ]韵，新派分化成[yø][iẽ]两韵。例如："院冤圆盐年权"。

（6）老派的[ieʔ]韵，新派分化成[ieʔ][yøʔ]两韵。例如："一七节缺雀决"。

（7）老派和新派间还存在以下一些零星的读音差异：

例字	老派	新派	例字	老派	新派
个	kɤ⁴³⁵	koʔ⁵	甘	kuõ⁴⁴	kɛ⁴⁴
可	kʰoʔ⁵	kʰu⁵³	集	ʑieʔ²	dʑieʔ²
溪	tɕʰi⁴⁴	ɕi⁴⁴	岩	ŋɛ̃²¹³	iɛ̃²²
歪	ua⁴⁴	uɛ⁴⁴	泼	uõ²⁴³	uɛ²¹³

二、文白异读

余杭方言的文白异读大致可归纳为声母异读、韵母异读、声母韵母异读三种类型。下文中"/"前为白读，后为文读。

1. 声母

日母"人入日让儿"等字，一般白读[ȵ]声母，文读[z]声母或[ʑ]声母。例如：日 ȵieʔ² / zəʔ² | 入 zəʔ² / ȵieʔ² | 让 ȵiã²¹³ / zɑ̃²¹³ | 人 ȵiŋ²² / ziŋ²²。

2. 韵母

微奉端母的个别字存在韵母异读。例如：晚 mɛ⁵³ / uɛ⁵³ | 肥 bi²² / vi²² | 端 tuõ⁴⁴ / tɛ̃⁴⁴ | 儿 n²² / l²²。

3. 声母、韵母

见母"锯交"等字一般白读[k]声母拼[ɛ][ɔ]韵，文读[tɕ]声母拼[i][iɔ]韵。例如：锯 kɛ⁴²³ / tɕi⁴²³ | 交 kɔ⁴⁴ / tɕiɔ⁴⁴。

伍　小称

余杭方言中的小称主要有两字组连调小称、儿尾小称、儿缀小称三种类型。

1. 两字组连调小称

其连调模式为[55 55]，主要出现在称谓词中。例如：奶奶 nɛ⁵⁵nɛ⁵⁵ | 爹爹 ti⁵⁵ti⁵⁵ | 姐姐 tsi⁵⁵tsi⁵⁵ | 姆妈 m⁵⁵mɒ⁵⁵ | 火儿碳 fu⁵⁵n⁵⁵。

由于与前字阴平后字阴平、阴上、阴去的两字组主要变调模式相同，因此有些词语一时难以判断。例如：姑父、孙子、司工_{厨师}、亲眷。

2. 儿尾小称

儿尾小称属于消失中的残迹现象，数量很有限。例如：

闹热儿 $no^{33}nin^{35}$ 　　屋里儿 $u^{55}lin^{33}$
背脊儿 $pe^{53}t\varphi in^{35}$
好些儿 $xo^{53}\varphi in^{0}$ 　　接些儿 $t\varphi ie\mathit{?}^5\varphi in^{35}$。

3. 儿缀小称

儿缀小称较为丰富，主要分布在余杭区西部和北部，不同区域间差异明显。良渚镇两字组儿缀词语的变调基本同广用式两字组。个别例外（表中用"——"表示，"/"表示两读），可能是没调查到相应的词语。例如：

前字	变调	一般两字组	儿缀两字组
清平	55 33/55	清明	虾儿、锹儿、包儿、歌儿
浊平	13 33/35	农民	茄儿、瓶儿、牌儿、条儿
	31 13/35	——	环儿、壶儿、虫儿、钳儿
阴上	35 0/31	草鞋	鸟儿、囡儿、块儿、坂儿
	53 33	——	嘴儿
	53 31	——	子儿、梗儿、眼儿、
阳上	33 31/53	稻田	辫儿、
阴去	53 13/35	太阳	盖儿、帕儿、带儿、褂儿
	35 0	下底	屧儿、蟹儿
阳去	33 13/35	大门	袋儿
	31 33	——	画儿
阴入	5 31/53	——	掠儿、鸭儿、角儿
	5 13	——	帕儿、筷儿
阳入	2 13	石头	侄儿
	2 31	肉皮	索儿、勺儿、夹儿、肉儿

陆　其他音变

（1）次浊平在单字和两字组后字中常常读阴平。例如：捞 lɔ⁴⁴ | 今年 kiŋ⁵⁵n̠iẽ⁵⁵ |
明年 miŋ³¹n̠iẽ³⁵。

（2）舒声字和入声字在多音节词语中有时会促化和舒化。例如：吃力 tɕieʔ⁵li³¹ |
做生活 tsu³⁵sã⁵⁵u³³ | 砚瓦 n̠ieʔ²uo¹³ | 屋里_{妻子} u⁵⁵liŋ³¹。

第十六节　临安方音

壹　概况

一、调查点

1.地理人口

临安为杭州市下辖临安区，地处浙江省西北部，杭州市西部。东邻余杭区，南连富阳区和桐庐县、淳安县，西接安徽省歙县，北接湖州市安吉县及安徽省绩溪县、宁国市。总面积为3126.8平方公里，下辖5街道13镇：锦城街道、玲珑街道、青山湖街道、锦南街道、锦北街道、板桥镇、高虹镇、太湖源镇、於潜镇、天目山镇、太阳镇、潜川镇、昌化镇、龙岗镇、河桥镇、湍口镇、清凉峰镇、岛石镇，区政府驻地锦城街道。[①] 截至2016年年底，人口为53.2万。[②] 民族主要为汉族，也有部分少数民族，主要为畲族，其他如土家族、苗族、布依族、壮族等少数民族集中分布在昌化镇、岛石镇、龙岗镇、太阳镇、高虹镇、板桥镇、青山湖街道、锦城街道，多系工作、婚姻迁入。

2.历史沿革

东汉永建十六年（211），分余杭置临水县，因临猷溪水而得名，此为临安建置之始。晋武帝太康元年（280）更名临安县，属吴兴郡。（后梁）开平元年（907）三月，升为安国衣锦城，开平二年（908）正月，临安县改为安国县。（北宋）太平兴国三年（978），安国县复改为临安县。南宋绍兴八年（1138），临安等7县升为京畿县。元时属杭州路。明、清时属杭州府。1912年直属浙江省，后改属吴兴行政督察区、第九行政督察区等。[③]

1949年临安解放，属临安专区，后先后改属嘉兴专区、建德专区等。1958

---

① 参见：杭州市临安区人民政府网，http://www.linan.gov.cn/col/col1366287/index.html，2022年8月9日获取。
② 参见：《2017年浙江统计年鉴》，http://tjj.zj.gov.cn/col/col1525563/index.html，2022年8月10日获取。
③ 徐规，陈桥驿，潘一平. 浙江分县简志. 杭州：浙江人民出版社，1984：229-231。

年，於潜县并入昌化县。1960 年，昌化县并入临安县，成为杭州市辖县。[①]1996 年，临安撤县建市。[②]2017 年 8 月，设立杭州市临安区[③]，成为杭州市"第十区"。

3. 方言分布

临安境内的方言主要为临安话，属吴语太湖片临绍小片。境内除吴语外，有少量官话和畲话分布。

4. 地方曲艺

民间流传着一种由唐代寺院中的俗讲演变而来的传统说唱文学形式——宝卷。宝卷属曲艺类表演形式，以七言和十言韵文为主，语言生动形象，通俗明快，具有较强的艺术感染力。当地传唱较广的主要是劝人为善的"花名宝卷"。

二、方言发音人

1. 方言老男

王炳南，1958 年 9 月出生于临安区锦城街道，一直在本地生活和工作，职工，高中文化程度，说临安话和不太标准的普通话。父母均为锦城镇人，说临安话。

2. 方言青男

章杭，1988 年 10 月出生于临安区锦城街道，主要在本地生活和工作，工商业者，大专文化程度，说临安话和不太标准的普通话。父母均为锦城镇人，说临安话和不太标准的普通话。

3. 口头文化发音人

黄金森，男，1948 年 1 月出生于临安区锦城街道，职工，小学文化程度，说临安话和不标准的普通话。

---

① 徐规，陈桥驿，潘一平. 浙江分县简志. 杭州：浙江人民出版社，1984：231。
② 参见：《民政部关于浙江省撤销临安县设立临安市的批复》（民政批〔1996〕79 号），2022 年 8 月 10 日获取。
③ 参见：《国务院关于同意浙江省调整杭州市部分行政区划的批复》（国函〔2017〕102 号），2022 年 8 月 10 日获取。

贰　声韵调

一、声母（28个，包括零声母在内）

p 八兵	pʰ 派片	b 爬病	m 麦明问味	f 飞风副蜂	v 肥饭问味
t 多东	tʰ 讨天	d 甜毒	n 闹南		l 老蓝连路
ts 早张竹纸主	tsʰ 刺草寸抽抄	dz 茶		s 丝三酸山手	z 字贼坐事十
tɕ 酒九	tɕʰ 清轻	dʑ 城权	ȵ 年泥软热	ɕ 想响	ʑ 谢
k 高	kʰ 开	g 共	ŋ 熬	h 好灰	
∅ 县安温王药					

说明：

（1）鼻、边音分两套，一套读紧喉，一套带浊流。前者出现在阴调字，后者出现在阳调字。分布互补，合并为一套音位。

（2）[f][v]拼合口呼韵母时，有音位变体[ɸ][β]。

（3）[tɕ]组声母舌位稍偏前。

（4）[s][ɕ]有时略带舌叶色彩，如单字中的"双、戏"。

（5）[l]有时发成[dl]，如单字中的"连"。

（6）[dʑ]有时发成[ʑ]，如词语中的"前年、前头两年、前天"中的"前"，有的读[dʑ]，有的读[ʑ]。

（7）零声母阳调类音节的起始处带有明显的磨擦成分。

二、韵母（36个，包括自成音节的[m̩][ŋ̍]在内）

ʮ 竖柱			y 靴雨
ɿ 猪师丝试	i 戏飞米二	u 火货租	
a 排鞋	ia 写	ua 快	
ɛ 山			
œ 坛			yœ 油权
ɔ 宝饱	iɔ 笑桥		
ᴇ 开赔对	ie 盐年	uᴇ 鬼	

o 歌坐过茶牙瓦苦

ə 走豆南半短　　　　　　　　　　　　　　　uə 官

ã 糖讲硬　　　　　　　iã 响　　　　　　uã 床王横

eŋ 深寸春灯升争根　　　iŋ 心新病星　　　ueŋ 滚

oŋ 东　　　　　　　　　ioŋ 兄用云

əʔ 鸭十辣托直色白出　　ieʔ 一药热锡学　　　uaʔ 刮活　　　　　　yeʔ 橘月

ɔʔ 北壳　　　　　　　　　　　　　　　　　　uɔʔ 国谷六绿　　　yɔʔ 局

əʔ 个　　　　　　　　　ieʔ 七贴接急节　　　uəʔ 骨郭

ɚ 儿

ŋ 五儿

m 母尾

说明：

（1）[ɿ]有时实际音值是[ɚ]。例如单字中的"猪丝试"。

（2）[y]韵唇形略展，专家认为实际音值是[ɥə]。

（3）[u]舌位略前，唇形略展。

（4）[ɔ]韵舌位略高。

（5）[o]韵有时是[ᵘo]。

（6）[ã][uã]中的[ã]舌位略前，有时读作[ɑ̃][uɑ̃]或[ãŋ][uãŋ]。

（7）[eŋ]韵中的[e]开口度略大，接近[ɛ]。

（8）[eŋ][ieŋ][ueŋ]有时还带有鼻化，音值接近[ẽ][iẽ][uẽ]。

（9）[ɔʔ][uɔʔ][yɔʔ]韵中的[ɔ]唇形略展。

（10）[əʔ]舌位略低略后，实际音值近[ɜʔ]。

（11）[ieʔ][ieʔ]两韵有时可互读。

（12）自成音节的[m][ŋ]两韵是白读韵，[ɚ]韵是文读韵。

三、声调（4个）

阴舒	55	东该灯风通开天春懂古鬼九统苦讨草冻怪半四痛快寸去
阳舒	33	动罪近后买老五有洞地饭树卖路硬乱铜皮糖红门龙牛油
阴入	54	谷百搭节急哭拍塔切刻
阳入	12	六麦叶月毒白盒罚

说明：

（1）声调已合并为 4 个。分别为阴舒［55］、阳舒［33］、阴入［54］、阳入［12］。例如"东＝懂＝冻、通＝统＝痛、铜＝动＝洞"。但偶然会出现接近［35］［53］［13］的调值，例如单字中的"紫"收尾带降势。有的存在两读现象，例如"方、屁"纸笔调查时收尾带降势，摄录时读［55］。"剃"纸笔调查时读［55］，摄录时收尾带升势。"大"有时也带升势，但这种读音差异与古调类之间的对应规律已不明显。

（2）阴舒［55］调值有时略低，也可记为［44］。

（3）阴入、阳入喉塞均比较弱。

叁　连读变调

一、两字组连读变调表

临安方言两字组的连读变调规律见下表。表中首列为前字本调，首行为后字本调。每一格的第一行是两字组的本调组合；第二行是连读变调，若连读调与单字调相同，则此行空白；第三行为例词。同一两字组若有两种以上的变调，则以横线分隔。具体如下。

临安方言两字组连读变调表

前字 ＼ 后字		阴舒 55			阳舒 33			阴入 54	阳入 12
		清平	清上	清去	浊平	浊上	浊去	清入	浊入
阴舒 55	清平	55　55 花　生			55　33 窗　门			55　5 背　脊	55　2 省　力
		55　55 53　35 天　公			55　33 53　13 今　年			55　5 53 钢　笔	
		55　55 53 丝　瓜			55　55 53 杉　树				
	清上	55　55 枣　子			55　33 太　阳			55　5 美　国	55　2 小　麦
	清去	55　55 　　53 小　坑			55　33 　　31 水　田				

续表

前字＼后字		阴舒 55			阳舒 33			阴入 54	阳入 12
		清平	清上	清去	浊平	浊上	浊去	清入	浊入
阳舒 33	浊平	33 55　梅 花			33 33　梨 头			33 5　毛 笔	33 2　前 日
		33 55 / 35　雷 公			33 33 / 13　池 塘				
		33 55 / 31　洋 葱			33 33 / 31　雄 牛				
		33 55 / 31 35　田 鸡			33 33 / 31 13　前 年				
	浊上 浊去	33 55　老 姜			33 33　烂 泥			33 5　稻 谷	33 2　后 日
		33 55 / 53　牡 丹			33 33 / 31　里 头				33 2 / 13　满 月
阴入 54	清入	5 55　竹 箕			5 33　鲫 鱼			5 5　一 百	5 2　吃 力
		5 55 / 35　壁 虎			5 33 / 13　屋 里				
阳入 12	浊入	2 55　蜜 蜂			2 33　石 头			2 5　六 谷	2 2　昨 日
		2 55 / 35　历 书			2 33 / 13　钥 匙				

说明：

（1）临安方言 4 个单字调，两字组有 16 种组合，归并后有 36 种变调模式。

（2）每一种组合的变调模式都无法回避地存在一些例外。

（3）每一种调类组合都有不止一种连读变调模式。

（4）此两字组连读变调规律主要适用于广用式两字组，是词调，不适用于句子中。

二、两字组连读变调规律

（1）就变调类型论，不管是前字还是后字，入声都以不变调为主。舒声前后字都不变、前后字都变、前字变后字不变、前字不变后字变4种变调形式都有。

（2）前字调类复原明显，单字调中清平、清上、清去合为阴舒，浊平、浊上、浊去合为阳舒，但在两字组中，前字清平、清上、清去有区别，浊平、浊上、浊去也有区别。

（3）后字调类合流彻底，单字调中清平、清上、清去合并，浊平、浊上、浊去合并，在两字组中也合并。

（4）部分变调模式是前字单字调调型的扩展，如前字阴舒[55]，两字组[55 55]。

（5）就调值说，有两种情况：一是不超出4个单字调；二是出现了4个单字调之外的新调值。这种新调值主要有：[53]和[35]由阴舒声变来，[31]和[13]由阳舒声变来。

肆　异读

一、新老异读

临安方言的新老异读集中体现在韵母方面。下文中"/"前为老派，后为新派。

（1）老派声调已经合并为阴舒、阳舒、阴入、阳入4个调。新派尚能分出7个调，分别为阴平、阳平、阴上、阴去、阳去（浊上归去）、阴入、阳入。从调值看，老派阴平、阴去归阴上，阳上（浊上）归阳平。

（2）老派的[yœ]韵，新派分[iœ][yœ]两韵，如"油权"。

（3）老派的[ə]韵，新派分[œ][ɤ]两韵，如"半短豆走南"。

（4）老派的[uə]韵，新派读[uœ]韵，如"官"。

（5）老派的[o]韵，新派读[uo]韵，如"瓦花瓜"。

（6）老派的[ã][iã][uã]韵，新派读[aŋ][iaŋ][uaŋ]韵。

（7）老派入声分[iəʔ][ʔei]韵，新派合并为[ieʔ]韵，如"一药跌七"，老派"一药"读[iəʔ]韵，"跌七"读[ʔei]韵，新派都读[ieʔ]韵。

（8）老派入声分[uoʔ][ʔəu]韵，新派合并为[uoʔ]韵，如"国谷六绿郭骨"，老派"国谷六绿"读［uɔʔ］韵、"郭骨"读［uəʔ］韵，新派都读［uoʔ］韵。

（9）老派和新派间还存在以下一些零星的读音差异。

例字	老派	新派	例字	老排	新派
雨	y⁵⁵	ʮ⁵⁵	住	dzy³³	dzu³³
书	ɕy⁵⁵	ɕʮ⁵³³	数	ɕy⁵⁵	su⁵⁵
蓝	lɛ³³	ləɤ²¹³	树竖	zʮ³³	zu²¹³
鹅	o³³	ŋo³³	芋	y³³	ŋ²¹³
祸	o³³	əu²¹³	埋	ma³³	məɤ²¹³
靴	ɕy⁵⁵	ɕyɤʔ⁵	块	kʰua⁵⁵	kʰuɛ⁵³³
个	kəʔ⁵⁴	kyœ⁴⁴	骑	dʑi³³	dʑia³⁵

二、文白异读

临安方言的文白异读大致可归纳为声母异读、韵母异读两种类型。下文中"／"前为白读，后为文读。

1. 声母异读

（1）微母"网尾味问晚"等字，一般白读［m］声母、文读［v］声母。例如：尾 m³³／vi³³｜味 mi³³／vi³³｜晚 mɛ³³／uɛ³³｜网 mã³³／uã³³｜问 meŋ³³／veŋ³³。

（2）日母"人日"等字，一般白读［n̠］声母、文读［z］声母。例如：人 n̠ien³³／zeŋ³³｜日 n̠iɛʔ²／zəʔ²。

（3）其他，如奉母字：肥 bi³³／vi³³；端母字：鸟 tiɔ³³／n̠iɔ³³。

2. 韵母异读

（1）日母"耳儿"等字，一般白读［ŋ］、文读［ɚ］。例如：耳 ŋ³³／ɚ³³｜儿 ŋ³³／ɚ¹¹³。

（2）止合三"水围"等字，一般白读韵母［ʮ］［y］，文读韵母［ɛ］［uɛ］。例如：水 sʮ³³／sɛ³³｜围 y³³／uɛ³³。

伍　小称

临安区锦城街道方言暂时没有发现小称，过去在调查临安区玲珑街道化龙村方言时曾发现其小称调只出现在次浊平，念高升调[355]。例如：

门 mən³⁵⁵ | 娘 ȵiã³⁵⁵ | 爷 ia³⁵⁵ | 人 ȵin³⁵⁵ | 犁 li³⁵⁵ | 篮 lɛ³⁵⁵ | 零铃 lin³⁵⁵ | 龙 loŋ³⁵⁵ | 羊 ia³⁵⁵ | 熊 ioŋ³⁵⁵ | 猫 mɔ³⁵⁵ | 牛 ȵiɤ³⁵⁵ | 鹅 ŋo³⁵⁵ | 圆 yœ³⁵⁵ | 驴 lu³⁵⁵ | 狼 la³⁵⁵ | 轮 lən³⁵⁵ | 楼 lɤ³⁵⁵ | 蚊 miŋ³⁵⁵ | 芒 ₘₐ꜀~ma³⁵⁵ | 茸 ȵioŋ³⁵⁵ ₗ鹿~ | 蛾 ŋu³⁵⁵ | 兰 lɛ³⁵⁵ ~花。

这种小称调在语音形式上已无相应的非小称调，在意义上已无原来指小表爱的功能。小称调在完全丧失小称功能后，突破小称范畴，从而使原来仅用于次浊平的小称调泛化为独立的次阳平。根据《汉语方言调查字表》的收字，发音人用方言能念的次浊平字共 361 个，其中 214 个念[355]调，占总数的一半以上。

第十七节　昌化方音

壹　概况

一、调查点

1. 地理人口

昌化镇隶属于浙江省杭州市临安区，位于浙江省杭州市西部。东临太阳镇，西接龙岗镇，南连河桥镇，北接安徽省宁国市，距离临安城区 47 公里。全镇总面积为 232.63 平方公里，下辖 14 个行政村，分别是：白牛村、后葛村、东街村、西街村、后营村、九龙村、联盟村、上营村、双塔村、孙家村、朱白村、朱穴村、石铺村、九龙村。截至 2018 年年底，全镇户籍人口 2.2 万。[①]

2. 历史沿革

昌化地区历史悠久，从秦朝至隋朝末年，一直为於潜县地，后为昌化县治所在。昌化县始建于唐万岁通天元年（696），时称武隆县。自北宋以来，昌化县的建制和名称基本稳定。1949 年，昌化县属临安专区；1955 年，划属建德专区；1958 年，归属嘉兴专区。1960 年 9 月，昌化县并入临安县，1961 年更名为昌化镇。现为临安区的三大重镇之一。[②]

3. 方言分布

昌化方言属吴语太湖片临绍小片，昌化镇内除昌化方言外，武隆、白牛等地还有人说徽语淳安话。

4. 地方曲艺

昌化境内原有一种特殊的剧种——昌化道士戏，演出节目有启建、迎神、礼忏、设席等，有念、白、唱、舞、做等多种动作穿插表演，民乐伴奏。新中国成

---

① 参见：杭州临安区昌化镇政府网，http://ch.lanews.com.cn/content/2018-04/19/content_6332103.htm，2022 年 8 月 10 日获取.
② 《昌化镇志》编纂委员会. 昌化镇志. 北京：方志出版社，2010：3-59.

立后，该剧种已逐渐匿迹 [①]。

二、方言发音人

1. 方言老男

张南云，1961 年 3 月出生于临安区昌化镇，一直在本地生活和工作，基层干部，高中文化程度，说昌化话和普通话。父母、配偶均为昌化镇人。

2. 方言青男

吴陈焘，1991 年 5 月出生于临安区昌化镇，主要在本地生活和工作，基层干部，大专文化程度，说昌化话和普通话。父母均为昌化镇人。

3. 口头文化发音人

翁三芳，女，1975 年 7 月出生于清凉峰镇（原属于老昌化县），一直在本地生活和工作，农民，高中文化程度，说昌化话和普通话。

公仲木，男，1956 年 9 月出生于临安区昌化镇，一直在本地生活和工作，农民，高中文化程度，说昌化话和普通话。

姚亚平，男，1959 年 10 月出生于临安区昌化镇，一直在本地生活和工作，农民，小学文化程度，说昌化话和不太标准的普通话。

贰　声韵调

一、声母（28 个，包括零声母在内）

p 八兵	pʰ 派片	b 病爬	m 麦明问	f 飞凤副蜂	v 肥饭味
t 多东	tʰ 讨天	d 甜毒	n 脑南		l 老蓝连路
ts 资早租张 竹争装纸	tsʰ 刺草寸拆 抄初车	dz 侄择		s 丝三酸山双	z 字贼坐祠 茶事床
tɕ 酒主九	tɕʰ 清抽春轻	dʑ 茄局	n̠ 年泥热软	ɕ 想手书响	ʑ 全谢柱船 顺十城权

[①] 《昌化镇志》编纂委员会 . 昌化镇志 . 北京：方志出版社，2010：305.

k 高挂　　　　　kʰ 开看　　　　g 共狂　　ŋ 熬眼　　　　x 好灰

ø 月活县安温

　王云用药

说明：

（1）浊声母只是清音浊流，与低调相连，带有浊音色彩。

（2）零声母在阳调类前有较重的摩擦。

（3）[v][z][ʐ]及匣母字发音时带有较强的气流。

（4）[dz]声母字很少，调查材料中只有"择、侄"等字，可能是受普通话影响而产生的。

二、韵母（40个，包括自成音节的 [m][ŋ][əl] 在内）

ɿ 师丝试戏	i 米豆油	u 茶苦	y 猪雨
a 排鞋	ia 茄	ua 快	ye 靴
ɛ 开赔对	ie 写	uɛ 灰块	
ɔ 宝饱	iɔ 笑桥		
ɯ 歌坐过牙瓦			
ei 飞走		uei 鬼	
ɛ̃ 南半短寸		uɛ̃ 管	
	iĩ 盐年		yĩ 权
ũ 讲			
ɔ̃ 山糖床		uɔ̃ 官王双	
ã 硬争	iã 响讲	uã 横	
əŋ 根灯东	iəŋ 心深新升病星	uəŋ 滚	yəŋ 春云兄用
aʔ 盒塔鸭法辣八白尺	iaʔ 药	uaʔ 刮活	
	iɛʔ 接十急热一学直锡		yɛʔ 月橘局
		uəʔ 骨托郭壳国　谷六绿	
əʔ 出北色			
m 母			
ŋ 五			
əl 二			

说明：

（1）[u]拼读唇音时，音值近[uʋ]。

（2）[ɯ]发音时，实际音值近于[ɯə]。

（3）[ɛ]韵母舌位近于[ɛ]。

（4）[ɔ]发音时，唇形略展，舌位略低，音值接近[ɑ]。

（5）[ɔ̃][uɔ̃]中的[ɔ]，唇形略展，舌位略低，音值接近[ɑ]。

（6）[yəŋ]实际音值近[yoŋ]。

三、声调（7个）

阴平	334	东该灯风通开天春
阳平	112	门龙牛油铜皮糖红
阴上	453	懂古鬼九统苦讨草
阴去	544	冻怪半四痛快寸去
阳去	243	卖路硬乱洞地饭树买老五有动罪近后
阴入	5	谷百搭节急哭拍塔切刻
阳入	23	六麦叶月毒白盒罚

说明：

（1）阳平[112]，有时接近[223]。

（2）阴上[453]，有时近[353]。

（3）阴去[544]，有时近[44]。

（4）阳去[243]，结尾声带有时急剧放松，从而带有降尾。

（5）入声调有时并不短促。

（6）曲折调在词中通常只念前半段。

叁　连读变调

一、两字组连读变调表

昌化方言两字组的连读变调规律见下表。表中首列为前字本调，首行为后字本调。每一格的第一行是两字组的本调组合；第二行是连读变调，若连读调与单字调相同，则此行空白；第三行为例词。同一两字组若有两种以上的变调，则以横线分隔。具体如下。

昌化方言两字组连读变调表

前字＼后字	阴平 334	阳平 112	阴上 453	阴去 544	阳去 243	阴入 5	阳入 23
阴平 334	334 334 / 33 45 / 天公 334 334 / 33 / 开车	334 112 / 33 45 / 清明 334 112 / 33 / 开门	334 453 / 33 / 身体 334 453 / 33 / 浇水	334 544 / 33 45 / 干菜 334 544 / 33 / 开店	334 243 / 33 453 / 鸡蛋 334 243 / 33 / 生病	334 5 / 33 / 猪血 334 5 / 33 / 拉客	334 23 / 33 5 / 生活 334 23 / 33 / 消毒
阳平 112	112 334 / 11 / 农村	112 112 / 11 / 皮鞋 112 112 / 11 45 / 娘娘	112 453 / 11 / 门口	112 544 / 11 453 / 芹菜 112 544 / 11 / 还账	112 243 / 11 / 名字	112 5 / 11 / 毛笔	112 23 / 11 / 牛肉
阴上 453	453 334 / 45 53 / 点心 453 334 / 45 / 打针	453 112 / 45 53 / 草鞋 453 112 / 45 / 走棋	453 453 / 45 53 / 火腿	453 544 / 45 53 / 海带 453 544 / 45 / 写信	453 243 / 45 / 水稻	453 5 / 45 / 粉笔	453 23 / 45 5 / 体育 453 23 / 45 / 整日
阴去 544	544 334 / 54 / 背心	544 112 / 54 / 酱油 544 453 / 54 24 / 戒指	544 453 / 54 / 帐子	544 544 / 54 / 放屁	544 243 / 54 / 报社 544 243 / 54 453 / 炮仗	544 5 / 54 23 / 计策 544 5 / 54 / 爱国	544 23 / 54 / 放学
阳去 243	243 334 / 23 453 / 饭锅 243 334 / 23 / 坐车	243 112 / 23 453 / 面盘 243 112 / 24 / 坐船	243 453 / 23 53 / 户槛 243 453 / 24 / 动手	243 544 / 23 / 大蒜	243 243 / 23 453 / 道士 243 243 / 24 24 / 犯罪	243 5 / 23 453 / 道德	243 23 / 23 5 / 大麦
阴入 5	5 334 / 45 / 北方	5 112 / 45 / 铁门 5 112 / 发财	5 453 / 橘子	5 544 / 折扣	5 243 / 柏树	5 5 / 节约	5 23 / 5 / 作业 5 23 / 吃药

续表

后字 前字	阴平 334		阳平 112		阴上 453		阴去 544		阳去 243		阴入 5		阳入 23	
阳入 23	23 2 石	334 灰	23 2 白	112 糖	23 2 麦	453 粉	23 2 读	544 报	23 2 活	243 动	23 2 绿	5 色	23 2 目	23 录

二、两字组连读变调规律

昌化方言两字组组成一个词时，前字如为阴声调或阳去调，则后字的声调通常由前字决定；前字如为阳平、阳入或阴去调，则后字通常保持本调。

（1）前字调为阴平［334］时，两字组调通常为［33 45］或［33 5］（后字为入声时）。

（2）前字调为阴上［453］时，两字组调通常为［45 53］，与阳去相连时，两字组调为［45 243］，与入声字相连时，两字组调通常为［45 5］。

（3）前字调为阳去［243］，后字为阴声字时，两字组调通常为［23 453］；与入声字相连时，两字组调通常为［23 5］。

（4）前字调为阴入［5］时，后字通常要保持高调。当其与阴平、阳平相连时，两字组调为［5 45］；与阴上、阴去、阳入相连时，后字不变调；与阳入相连时，两字组调为［5 5］。

（5）前字调为阳平［112］时，后字通常保持本调；与阴去字相连时，两字组调为［11 453］。

（6）前字调为阳入［23］时，后字通常保持本调。

（7）前字为阴去［544］时，后字通常保持本调。

若两字组组成动宾、主谓短语时，后字通常也不变调。

肆　异读

一、新老异读

昌化方言的方言老派和方言新派的声母、韵母系统基本一致，都是28个声母、39个韵母；调类一致，均为7个调，但具体调值存在一些差异。老派的阴上与阳去基本都带降尾，而新派基本不带；老派的阴入调大部分较短促，而新派的入声大部分较舒缓，喉塞尾较弱。

　　昌化方言老派和新派口音总体分歧不大，新老异读主要体现在部分韵类中和少数单字中。下文中"／"前为老派，后为新派。

　　（1）山摄合口一等部分入声字，老派读为[aʔ]或[uaʔ]，新派读为[uəʔ]。例如：阔 kʰuaʔ⁵/kuəʔ⁵。

　　（2）曾摄、通摄部分唇音入声字，老派读为[əʔ]，新派读为[uəʔ]。例如：北 pəʔ⁵/puəʔ⁵| 目 məʔ²³/muəʔ²³。

　　（3）老派、新派的语音系统基本没有类的差异，只有少数单字存在不同。例如：

例字	老派	新派
马	mu⁴⁵³	ma⁴⁵
埋	ma¹¹²	mɛ¹¹²
溪	tsʰɹ³³⁴	sɹ⁴³⁴
雷	lɛ¹¹²	lei¹¹²
蚁	ȵi⁴⁵³	i⁴⁵
岩	ŋɔ̃¹¹²	iĩ¹¹²
僧	tsəŋ³³⁴	səŋ⁴³⁴
蝇	ziəŋ¹¹²	iəŋ¹¹²
织	tɕiɛʔ⁵	tsəʔ⁵
翁	əŋ³³⁴	uəŋ³³⁴

二、文白异读

　　昌化方言的文白异读主要体现在声母和韵母方面。下文中"／"前为白读，后为文读。

1. 声母

　　（1）部分古微母字白读为[m]声母，文读为[v]声母。例如：尾 mi⁴⁵³/vei²⁴³。

　　（2）部分古见系开口二等白读为[k]组声母，文读为[tɕ]组声母，韵母也随之有所改变。例如：甲 kaʔ⁵/tɕiaʔ⁵。

（3）部分日母开口三等白读为[ȵ]声母，文读为[ʑ]声母。例如：认 ȵiəŋ²⁴³ /
ʑiəŋ²⁴³。

2. 韵母

（1）部分果摄一等字白读为[a]韵母，文读为[u]韵母。例如：破 pʰa⁵⁴⁴ /
pʰu⁵⁴⁴。

（2）部分梗摄开口二等白读为[ã]韵母，文读为[əŋ]韵母。例如：棚 bã¹¹² /
bəŋ¹¹²。

三、其他

歌谣部分口头文化发音人翁三芳为清凉峰镇人，此镇原属老昌化县，其语音
与昌化话相差不大，她的第三人称代词的发音不同于昌化镇的[guɯ¹¹²]，为[əʔ²³]。

伍　其他音变

三字组的变调情况

三字组的变调模式与两字组的变调模式基本一致。即前字如为阴声调或阳去
调，则后字的声调通常由前字决定，如：杉毛树 sɔ³³mɔ⁴⁴ʑy⁴⁵³。前字如为阳平、阳
入或阴去调，则后字通常保持本调，如：半夜里 pɛ̃⁵⁴ie⁴⁴li⁴⁵³。

如三字组为动宾词组或主谓词组，则按内部结构先确定音节段，结合紧密的
两字组先变调，剩下的单个字不变调。如：挂盐水 ku⁵⁴ĩ¹¹sei⁴⁵³。

第十八节　於潜方音

壹　概况

一、调查点

1. 地理人口

於潜镇隶属于浙江省杭州市临安区，位于天目山南麓，是杭州市临安区的两大副中心城市之一。北接安徽省宁国市云梯畲族乡、仙霞镇，西接太阳镇，东南、南接潜川镇，东邻天目山镇。镇域面积261平方公里，辖30行政村1居委会，分别是：南山村、祈祥村、横山村、昔口村、观山村、后渚村、民幸村、金家村、自由村、下埠村、潜东村、田干村、光明村、绍鲁村、方元村、横鑫村、铜山村、凌口桥村、英公村、谢家村、百园村、逸逸村、堰口村、扶西村、古竺村、双坑村、泗洲村、朱湾村、千茂村、杨洪村、於潜镇居民委员会。^① 截至2019年年底，全镇户籍人口4.88万^②，主要为汉族。

2. 历史沿革

於潜镇原为於潜县城所在地，是《耕织图》的故乡，因原於潜县治所而得名。早在汉武帝元封二年（前109）就建县设治，已有2100多年的历史。1930年，建镇设治，初名潜阳镇。新中国成立后为城关镇，1956年改称於潜镇。1960年10月并入潜阳公社，1973年重建於潜镇。1984年12月，潜阳乡并入於潜镇，实行镇管村体制。1992年5月，方元乡、凌口乡并入於潜镇。2001年堰口、绍鲁乡并入於潜镇，同年千洪乡并入於潜镇。^③

---

① 参见：杭州市临安区於潜镇网，http://yq.lanews.com.cn/content/2017-04/24/content_6169306.htm，2022年8月1日获取。
② 参见：《临安统计年鉴——2020》，http://zjjcmspublic.oss-cn-hangzhou-zwynet-d01-a.internet.cloud.zj.gov.cn/jcms_files/jcms1/web2242/site/attach/0/2020%E7%BB%9F%E8%AE%A1%E5%B9%B4%E9%89%B4.pdf，2022年8月5日获取。
③ 郑明曙. 於潜镇志. 郑州：中州古籍出版社，2022.

3. 方言分布

於潜方言属吴语太湖片临绍小片。於潜镇共有 30 个行政村。其中民幸村、自由村、金家村、下埠村、横山村、后渚村（有少数人讲於潜老土话）、铜山村（有极少数畲族年纪大者用畲话交流）主要用於潜官话交流；凌口桥村、百园村、方元村、横鑫村、田干村、绍鲁村、谢家村、潜东村、光明村、祈祥村、昔口村、千茂村、泗洲村、朱湾村、观山村、南坞村（少数村民讲江山话）、杨洪村（有 200 余人讲安庆话）主要用於潜老土话交流；南山村主要讲绍兴话，堰口村、古竺村、双坑村讲宁波话，扶西村上扶西讲於潜老土话，下扶西讲宁波话；逸逸村有近 500 人畲族讲畲话，大多数村民讲宁波话，另有几十人用新昌话交流。

4. 地方曲艺

无。

二、方言发言人

1. 方言老男

潘敏，1956 年 7 月出生于临安於潜镇，一直在本地生活和工作，职工，现已退休，初中文化程度，说於潜话和普通话。父母、配偶均为於潜镇人。

2. 方言青男

叶锋，1981 年 12 月出生于临安於潜镇，主要在本地生活和工作，基层干部，中专文化程度，说於潜话和普通话。父母均为於潜镇人。

3. 口头文化发音人

应思帆，女，1994 年 1 月出生于临安於潜镇，主要在本地生活和工作，工商业者，大专文化程度，说於潜话、普通话、英语。父母均为於潜镇人。

贰　声韵调

一、声母（28个，包括零声母在内）

p 八兵	pʰ 派片	b 病爬	m 麦明	f 飞风副蜂 　肥饭	v 饭味问
t 多东	tʰ 讨天	d 甜毒	n 脑南		l 老蓝连路
ts 资早租张竹 　争装纸	tsʰ 刺草寸拆 　抄初车春	dz 字坐祠茶 　城事床		s 丝三酸山 　双	z 贼床十
tɕ 酒主九	tɕʰ 清抽轻	dʑ 全权	ȵ 年泥热 　软	ɕ 想手书响	ʑ 谢柱船顺 　十
k 高	kʰ 开	g 共	ŋ 熬	x 好灰	
Ø 月活县安温 　王云用药					

说明：

（1）浊音音色上有清化趋势，声带依然震动，浊擦音声母实际发音多先清后浊，如[z]，实际发音为[sz]。

（2）[f][v]拼合口呼韵母时偶有[ɸ][β]读音变体。

（3）[ɦ]有清化趋向，但程度不一，统一记录为[Ø]。

（4）[tɕ]组声母小部分有舌叶音色彩。

二、韵母（39个，包括自成音节的[m̩][ŋ̍][ɚ]在内）

ɿ 师丝试	i 米戏飞	u 歌坐过苦五	y 靴猪雨
a 茶牙瓦排鞋	ia 写	ua 快	
ɛ 南山半短寸		uɛ 官	yɛ 权
ɔ 宝饱	iɔ 笑桥		
	iəu 豆油走		
o 囡			
e 开赔对	ie 盐年	ue 鬼	

aŋ 糖硬争　　　　　iaŋ 响讲　　　　　uaŋ 床王双横

oŋ 东　　　　　　　ioŋ 兄用

eŋ 深根灯生<u>争</u>　　iŋ 心新病星　　　uen 寸滚春　　　　　yŋ 云

ɑʔ 盒辣白

ɐʔ 塔鸭法八尺　　　　　　　　　　　　uɐʔ 活

æʔ 十直六绿　　　iæʔ <u>十</u>热药学　　　　　　　　　　　yæʔ 月局

əʔ 北色　　　　　　　　　　　　　　　ueʔ 刮骨出托郭壳国谷

ieʔ 接贴急节七一锡　　　　　　　　　　　　　　　　　　yeʔ 橘

m̩ 姆呣

n̩ 嗯

ɚ 二耳

说明：

（1）元音［i］［u］［y］均偏低，实际音值分别为［ɪ］［ʊ］［ʏ］。

（2）［a］韵中，小部分字［a］后有轻微的滑音［i］。

（3）［e］［ue］韵中，［e］后有轻微的滑音［i］。

（4）［iəu］韵中，［ə］很轻微。

（5）［aŋ］［iaŋ］［uaŋ］稍有鼻化音感。

（6）［eŋ］［iŋ］中的［ŋ］稍微偏前，［iŋ］与双唇声母［b］［p］［m］相拼时，［iŋ］有［eŋ］的音感。

（7）［æʔ］［iæʔ］的［æ］稍微偏向央元音、偏向中低音。

三、声调（7个）

阴平	433	东该灯风通开天春
阳平	223	门龙牛油铜皮糖红
上声	51	懂古鬼九统苦讨草买老五有
阴去	35	冻怪半四痛快寸去
阳去	24	卖路硬乱洞地饭树动罪近后
阴入	53	谷百搭节急哭拍塔切刻
阳入	23	六麦叶月毒白盒罚

说明：

（1）阴平先降后平，降的时长较短，平调时长较长，记为［433］。

（2）阳平前段微降，中段微曲，前中段时长较长，末段从低往高上扬，记为［223］。

（3）上声为高降调，调值［52］或［51］均可，记为［51］。

（4）阴去调为高升调，记为［35］。

（5）阳去调为中升调，记为［24］，部分阳去调有与阳平调合流的趋势。

（6）阴入为高降短调，记为［53］，小部分阴入字有舒化倾向，如"百、节、惜"，有舒化倾向的字，读音时，表现为上声的调值，但保留入声韵尾。

（7）阳入字的调值、调型与阳平调相同，但时长比阳平短，且阳入字韵母有喉塞尾，调值记为［23］。

叁　连读变调

一、两字组连读变调表

於潜方言两字组的连读变调规律见下表。表中首列为前字本调，首行为后字本调。每一格的第一行是两字组的本调组合；第二行是连读变调，若连读调与单字调相同，则此行空白；第三行为例词。同一两字组若有两种以上的变调，则以横线分隔。具体如下。

於潜方言两字组连读变调表

前字＼后字	阴平 433		阳平 223		上声 51		阴去 35		阳去 24		阴入 53		阳入 23	
阴平 433	433 43 天	433 公	433 43 沙	223 泥	433 43 开	51 53 水	433 43 腥	35 气	433 43 天	24 223 亮	433 43 亲	53 伯	433 43 阴	23 历
	433 43 天	433 35 天	433 43 香	223 24 油					433 43 杉	223 24 树				
	433 43 干	433 31 天	433 43 梳	223 31 头					433 43 山	223 53 坞				

续表

前字＼后字	阴平 433	阳平 223	上声 51	阴去 35	阳去 24	阴入 53	阳入 23
阳平 223	223 22／433 洋 灰 223 22／433 35 台 风	223 22／223 明 年 223 22／223 24 糊 田	223 22／51 53 苹 果	223 22／35 油 菜	223 22／24 毛 路	223 22／53 菩 萨	223 22／23 阳 历
上声 51	51 53／433 老 公 51 53／433 31 水 灾	51 53／223 31 以 前	51 53／51 53 老 酒 51 53／51 31 冷 水	51 53／35 好 看 51 53／35 31 瓦 片	51 53／24 以 后 51 53／24 31 水 稻	51 53／53 指 壳 51 53／53 31 手 帕	51 53／23 眼 热 51 53／23 31 老 实
阴去 35	35 433／433 看 猪	35／223 24 过 年 35／223 31 看 牛 35／223 53 灶 头 35 53／223 24 课 堂	35／51 53 屁 股	35／35 做 戏	35／24 做 梦 35 53／24 223 绰 号 35／24 53 对 面	35 35／53 裤 脚	35 35／23 31 放 学
阳去 24	24 433／433 棒 冰 24 433／53 后 天	24／223 31 拱 脓 24／223 53 烂 泥	24／51 53 稻 草	24／51 53 35 断 气 24／35 53 地 震	24／24 缝 道 24／24 53 垫 被	24／53 柱 脚	24／23 大 麦 24／23 53 闹 热
阴入 53	53／433 发 痧 53／433 31 结 猪	53／223 谷 箩 53／223 24 客 人	53／51 53 脚 梗 53／51 35 霍 闪	53／35 出 去	53／24 柏 树 53／24 31 一 道	53／53 一 百	53／23 发 热 53／23 31 搭 脉
阳入 23	23 2／433 昨 天	23 2／223 24 石 头	23 2／51 53 落 雨	23 2／24 35 射 屁	23 2／24 月 亮	23 2／53 六 谷	23 2／23 24 六 十

二、两字组连读变调规律

（1）表中各栏的上一行是单字调，下一行是连读调。

（2）前字调在平、上、阳入调类中分化明显，前字调在去声、阴入调中与单字调基本相同。上声、阳去调对后字调影响较大，后字多需变调；前字为平声、阴去、入声调时，后字调与单字调基本相同。

（3）后字阳去调与阳平调合流趋势明显。

肆　异读

一、新老异读

於潜方言的方言老派和方言新派的声母、韵母系统基本一致，都是 28 个声母、39 个韵母；调类一致，但调值存在一些差异：老派阴平先降后平，降的时长较短，平的时长较长，新派阴平前段微降或微升，不明显，之后平调略带降感，时长很长；老派阳平前段微降，中段微曲，前中段时长较长，末段从低往高上扬，新派阳平调值不稳定，尚无规律可循，部分字为低升调，部分字与阴平调合流，但调值略低于阴平调，部分字介于底升与低平之间；老派上声为高降调，新派上声字调值不稳定，尚无规律可循，大部分前段略曲，后段高降，少数字与阴平调合流，但调值略高于阴平调值，为中高平调值。

老派和新派口音有一定的差异。声母方面，在声母清浊转化、零声母与次浊声母间的演化上，速度不一定相同：如奉母字，老派已经清化为非纽字[f]，新派依然保持浊音[v]，如"肥、饭"；部分微母、日母字，新派已经发展成零声母字，老派则或为全浊音[v]或次浊音[ȵ]，如"问、软"；部分影母字，老派读零声母，新派则读如次浊的[ŋ]，如安。韵母方面，基本没有类的差异，只有少数单字存在不同：如臻摄合口三等字"寸"，老派有两读，[ɛ]或[uen]，新派只有一读[uen]；又如梗摄开口二等字"争"，老派有两读，[aŋ]或[en]，新派只有一读[en]；果摄"靴"字，老派读为[y]，新派读为[yɛ]。

二、文白异读

於潜方言的文白异读主要体现在以下几个方面。下文中"／"前为白读，后为文读。

1. 声母

（1）部分古奉母字白读为［v］声母，文读为［f］声母。例如：饭 vɛ²⁴ / fɛ²⁴。

（2）部分古微母字白读为［m］声母，文读为零声母。例如：尾 mi⁵¹ / ue⁵¹。

（3）部分古见系开口二等白读为［k］组声母，文读为［tɕ］组声母，韵母也随之有所改变。例如：甲 kaʔ⁵³ / tɕieʔ⁵³。

（4）部分泥母开口三等白读为［n̠］声母，文读为［z］声母。例如：认 n̠iŋ²⁴ / ziŋ²⁴。

2. 韵母

（1）臻摄合口三等字白读为［ɛ］韵母，文读为［uen］韵母。例如：村 tsʰɛ⁴³³ / tsʰuen⁴³³。

（2）部分梗摄开口二等白读为［aŋ］韵母，文读为［eŋ］韵母。例如：生 saŋ⁴³³ / seŋ⁴³³。

伍　小称

於潜方言的小称调多为高曲调，记录为［454］，小部分小称调为中降调，记录为［31］。

第十九节　萧山方音

壹　概况

一、调查点

1. 地理人口

萧山是浙江省杭州市市辖区，位于浙江省北部、杭州湾南岸、钱塘江南岸，地处中国县域经济最为活跃的长三角南翼，东邻绍兴市柯桥区，南接诸暨市，西连富阳区，西北临钱塘江，与杭州主城区一江之隔，北频杭州湾，与海宁市隔江相望。2021年杭州市部分行政区划调整，设立杭州市钱塘区，以原江干区的下沙街道、白杨街道和杭州市萧山区的河庄街道、义蓬街道、新湾街道、临江街道、前进街道的行政区域为钱塘区的行政区域，调整后萧山区由12个镇、15个街道调整为12个镇、10个街道，区域面积931平方公里，政府驻地不变。[①] 截至2021年年底，萧山户籍登记总人口124.01万。[②]

2. 历史沿革

在萧山境内发掘的新石器时代文明遗址——跨湖桥遗址证实，早在8000年前，就已有人类在萧山这片沃土上繁衍生息。三皇至夏朝初年，萧山地域为扬州属地。春秋战国时期，先属越，后属楚。秦时属会稽郡。西汉元始二年（2），始建县，名余暨，属会稽郡。三国东吴黄武年间（222—229），改名永兴，属会稽郡。唐天宝元年（742），改永兴县为萧山县，属越州。南宋萧山县隶属于绍兴府。1959年，萧山县改属杭州市。2001年3月25日，经国务院批准，萧山撤县设市。[③]

---

① 参见：萧山区政府门户网站，http://www.xiaoshan.gov.cn/col/col1302841/index.html，2022年8月9日获取。

② 参见：《2022年浙江统计年鉴》，http://zjjcmspublic.oss-cn-hangzhou-zwynet-d01-a.internet.cloud.zj.gov.cn/，2022年8月10日获取。

③ 参见：萧山区政府门户网站，http://www.xiaoshan.gov.cn/art/2021/7/12/art_1229232032_59042883.html，2022年8月1日获取。

3.方言分布

萧山方言属于吴方言太湖片临绍小片,分为中片、南片和北片。中片分布在蜀山街道、新塘街道和所前街道;南片分布在临浦区;北片分布在义蓬区、瓜沥区和宁围区。

4.地方曲艺

北片有方言曲艺莲花落。

二、方言发音人

1.方言老男

吴怀德,1960年4月出生于萧山区城厢镇,一直在本地生活和工作,职工,初中文化程度,说萧山话和普通话。父母、配偶均为萧山区人,说萧山话。

2.方言青男

邱超峰,1992年1月出生于萧山区新塘街道,主要在本地生活和工作,工程师,本科文化程度,说萧山话和普通话。父母均为萧山区人,说萧山话。

3.口头文化发音人

邱超峰,男,1992年1月出生于萧山区新塘街道,主要在本地生活和工作,工程师,本科文化程度,说萧山话和普通话。父母均为萧山区人,说萧山话。

吴怀德,男,1960年4月出生于萧山区城厢镇,一直在本地生活和工作,职工,初中文化程度,说萧山话和 普通话。父母、配偶均为萧山区人,说萧山话。

贰 声韵调

一、声母（28个，包括零声母在内）

p 八兵	pʰ 派片	b 爬病	m 麦明味	f 飞风副蜂	v 饭
t 多东	tʰ 讨天	d 甜毒	n 脑南		l 老蓝 连路

ts 资早租张 竹争装纸	tsʰ 刺草抽拆 抄初车春	dz 茶柱 城祠	s 丝三酸山 书	z 字贼祠茶 事床船顺
tɕ 酒竹九	tɕʰ 清轻抽	dʑ 全权	ȵ 年泥热软	ɕ 想响手 ʑ 谢
k 高	kʰ 开	g 共	ŋ 熬	x 好灰
ø 月活县安 云用药				

说明：

（1）[v][zʑ]实际发音为[fv][sz][ɕʑ]。

（2）阴调类零声母音节前有[ʔ]阳调类有[ɦ]。

二、韵母（46个，包括自称音节的[m][ŋ][n][l][l̩]在内）

ɿ 猪师丝试	i 米二飞戏	u 过	y 雨鬼
a 鞋排	ia 写	ua 快	ya ya¹³~日：昨天
ɛ 山		uɛ 关	
ə 南半短		uə 官	yə 权
ɔ 宝饱	iɔ 笑桥		
e 开赔对	ie 盐	ue 灰	
o 歌坐	io 豆走油	uo 花	
ã 硬	iã 响	uã 横	
ɔ̃ 糖床双讲		uɔ̃ 王	yɔ̃ 壮
əŋ 争	iŋ 病星	uəŋ 滚	
oŋ 东	ioŋ 云兄用		yoŋ 俊
aʔ 辣	iaʔ 药	uaʔ 刮	
əʔ 盒十出绿六	ieʔ 接贴急热节七一		
oʔ 壳北凿叔		uoʔ 骨郭	yoʔ 月橘学局
m 母			
n 唔无			
l̩¹³~拉：他们			

ɿ 儿浆~

ŋ 鱼

说明：

（1）［iŋ］［əŋ］类韵母主要为元音鼻化，［ŋ］偏前。

（2）宕摄入声字、通摄三等入声字今读［ts］组时韵母为［oʔ］，在其余情况下为［əʔ］。

三、声调（8个）

阴平	533	东该灯风通开天春
阳平	355	门龙牛油铜皮糖红
阴上	33	懂古鬼九统苦讨草
阳上	13	买老五有近动罪后
阴去	42	冻怪半四痛快寸去
阳去	242	卖路硬乱洞地饭树
阴入	5	谷急哭刻百搭节拍塔切
阳入	13	六麦叶月毒白盒罚

说明：

（1）阴平［533］，有时为［55］。

（2）阴去［42］，有时为［342］。

（3）阴上读单字时，有时与阴平相混。

（4）阳平、阳上读单字时，有时相混为阳去。

（5）阳入为短调。

叁　连读变调

一、两字组连读变调表

萧山方言两字组的连读变调规律见下表。表中首列为前字本调，首行为后字本调。每一格的第一行是两字组的本调组合；第二行是连读变调，若连读调与单字调相同，则此行空白；第三行为例词。同一两字组若有两种以上的变调，则以横线分隔。具体如下。

萧山方言两字组连读变调表

后字 前字	阴平 533	阳平 355	阴上 33	阳上 13	阴去 42	阳去 242	阴入 5	阳入 13
阴平 533	533 533 33 33 花　苞	533 355 33 33 砖　头	533 33 33 疯　子	533 13 33 33 冬　午	533 42 53 天　气	533 242 53 42 冰　雹	533 5 33 冬　节	533 13 53 5 正　月
		533 355 53 42 今　年			533 42 33 33 甘　蔗	533 242 33 33 番　薯		533 13 33 5 阴　历
阳平 355	355 533 21 33 台　风	355 355 21 33 池　塘	355 33 21 田　埂	355 13 13 33 朋　友	355 42 13 芹　菜	355 242 13 42 毛　豆	355 5 13 21 菩　萨	355 13 33 5 阳　历
	355 533 13 33 河　边	355 355 13 33 糊　泥	355 33 13 洪　水					355 13 13 5 萝　卜
		355 355 21 42 鬓　尘						
阴上 33	33 533 21 水　沟	33 355 21 彩　虹	33 33 35 21 滚　水	33 13 水　稻	33 42 韭　菜	33 242 13 42 古　代	33 5 21 晓　得	33 13 21 小　麦
			33 33 水　果					
			33 33 21 枣　子					
阳上 13	13 533 33 33 午　朝	13 355 21 瓦　爿	13 33 42 冷　水	13 13 42 马　桶	13 42 21 上　去	13 242 42 马　路	13 5 21 下　脚	13 13 5 后　日
	13 533 13 21 牡　丹	13 355 42 后　年	13 33 21 上　顶	13 13 242 断　奶				13 13 33 满　月
		13 355 上　坟						
阴去 42	42 533 33 33 嫁　妆	42 355 33 33 太　阳	42 33 33 粽　子	42 13 33 42 介　绍	42 42 33 33 晏　昼	42 242 33 33 半　夜	42 5 33 教　室	42 13 33 5 菜　镬

续表

后字 前字	阴平 533	阳平 355	阴上 33	阳上 13	阴去 42	阳去 242	阴入 5	阳入 13
阳去 242	242 533 21 33 地 方	242 355 13 33 烂 泥 242 355 21 42 旧 年	242 33 13 露 水	242 13 13 垫 被 242 13 33 喂 奶 242 13 13 21 豆 腐	242 42 13 地 震	242 242 33 42 坏 蛋	242 5 13 认 得	242 13 33 5 大 麦 242 13 13 饭 镬
阴入 5	5 533 33 结 婚 5 533 21 杀 猪	5 355 33 出 来	5 33 42 霍 闪 5 33 橘 子	5 13 42 屋 里 5 13 33 曲 蟮	5 42 出 嫁	5 242 42 一 定	5 5 歇 息	5 13 发 热
阳入 13	13 533 21 33 历 书	13 355 21 33 石 头 13 355 21 42 历 年	13 33 21 热 水	13 13 21 落 雨 13 13 21 33 木 耳	13 42 白 菜	13 242 21 42 月 亮	13 5 21 绿 色	13 13 21 日 食

二、两字组连读变调规律

萧山方言两字组的连读变调有以下几个特点：

（1）阴平作前字时，一般变为[33]，少数变为[53]。阴平作后字时，一般变[33]，少数变[21]。

（2）阳平作前字时，一般变[13]，少数为[21]，个别为[33]。阳平为后字时，变[33][42]或[21]。

（3）阴上作前字时，后字为阴平、阳平、阴上、阳上、阴去、阴入、阳入时为[33]，后字为阳去时一般为[13]。阴上为后字时一般不变调。

（4）阳上作前字时，一般为[13]，少量为[33]。阳上为后字时，有的为[13]，有的为[42]，有的为[33]。

（5）阴去作前字时，一般为[33]。阴去作后字时，一般为[42]。

（6）阳去作前字时，一般为[13]。后字为阴平时，一般为[21]。阳去作后字时，一般为[42]。

（7）阴入作前字时，一般为[5]。作后字时，一般也为[5]。

（8）阳入作前字时，一般为[21]，后字为阴去时为[13]。阳入作后字时，有时为[5]，有时为[13]。

肆 异读

一、新老异读

萧山方言的[oʔ][əʔ]老派有别，新派合流。

二、文白异读

萧山方言的文白异读现象较少，主要体现在声母和韵母方面。下文中"/"前为白读，后为文读。

（1）日母白读[n̠]，文读[z]。例如：日 n̠ieʔ¹³ / zəʔ¹³。

（2）遇摄三等鱼韵和虞韵白读[ʅ]，文读[y]。例如：主 tsʅ³³ / tɕy³³。

（3）蟹摄开口二等白读声母为[k]组，韵母为[a]；文读声母为[tɕ]，韵母为[ia]。例如：解 ka³³ / tɕia³³。

（4）蟹摄合口三等、四等和止摄合口三等见组字白读声母为[tɕ]组，韵母为[y]；文读声母为[k]，韵母为[ue]。例如：龟 tɕy⁵³³ / kue⁵³³。

伍 其他音变

萧山方言有少量的合音。例如：

[唔有] n̠io¹³ | [弗用] foŋ⁴² | [我拉] ŋa¹³。

第二十节 富阳方音

壹 概况

一、调查点

1.地理人口

富阳为浙江省杭州市下辖区，原为富阳县，原县政府所在地位于富阳镇，今并入富春街道。截至 2018 年年底，人口约 68.3 万。[①] 人口以汉族为主，另有少数畲族、侗族、苗族、布依族、壮族、土家族、彝族、回族、满族、黎族等 34 个少数民族。这些少数民族分布的特点为大杂居、小聚居。聚居地主要为 1 个少数民族村（新登镇双江村）和 3 个少数民族聚居村（富春街道新联村、万市镇槎源坞村、白石村）。聚居的少数民族主要为畲族。

2.历史沿革

富阳于秦王政二十六年（前 221）置县，县治即今富阳区区政府所在地。初置县时辖境含桐庐、建德等地。秦汉时富阳称富春。三国吴黄武四年（225），富春部分县地置建德、新昌（后改寿昌）、桐庐 3 县。次年（226），富春部分县地又置新城（后改新登）县。富阳、新登两县建置以此而始。东晋太元十九年（394），为避简文帝生母宣太后郑阿春讳，更名富阳，富阳之名始于此。唐开皇九年（589）属杭州。南宋绍兴八年（1138），富阳升为畿县。元时属杭州路，明清时属杭州府。

新中国成立后，富阳初属临安专署，1952 年改为省直辖。1955 年，划归建德专署。1958 年 12 月，改属杭州市。1994 年 1 月，经中华人民共和国国务院批准，撤县设市，行政区域与隶属关系不变。2014 年 12 月，经国务院批准，杭州市富阳区设立，以原富阳市的行政区域为富阳区的行政区域。2015 年 2 月，富阳

---

① 参见:《2019 年浙江统计年鉴》，http://zjjcmspublic.oss-cn-hangzhou-zwynet-d01-a.internet.cloud. zj.gov.cn/jcms_files/jcms1/web3077/site/flash/tjj/Reports1/2020%E7%BB%9F%E8%AE%A1%E5%B9%B4 E9%89%B420200929/2019%E5%B9%B4%E7%BB%9F%E8%AE%A1%E5%B9%B4%E9%89%B4%E5%85%89 %E7%9B%9820200929/indexch.htm，2022 年 8 月 10 日获取。

正式撤市设区挂牌，成为杭州"第九区"。①

3. 方言分布

根据《富阳方言研究》记录，富阳县境内，以富阳方言（老富阳城关话为代表）为主，其他存在差异的方言及分布大致有:（1）西边原新登村县城说新登话;（2）北边银湖街道导岭一带的方言靠近余杭，其方言接近老余杭中泰乡一带的方言，属吴语太湖片苕溪小片;（3）东北角为新中国成立以后从原杭县（由原钱塘、仁和二县合并而成）划入富阳的部分，包括银湖街道交界岭以北地区（原杭县寿民乡）、东洲街道东洲沙官路以东的民联（原杭县周安乡浮沙、铜钱沙和东清乡小沙）、紫铜二县说老杭县话，属吴语太湖片苕溪小片;（4）东边的渔山溪流域的渔山乡（包括原属渔山、2008 年划入东洲街道的五丰村）、大源原虹赤自然村以东地区和常绿原青龙头、石盆自然村说的话接近萧山话，其中渔山乡所说方言靠近萧山中部的方言，而大源、常绿境内的则是靠近萧山南部楼塔一带的方言;（5）东南角常绿溪流域的常绿大部分地区和大源史家村等所说方言接近诸暨方言;（6）此外，富阳境内因移民因素，还形成了若干方言岛，如原受降、三桥等地有温州平阳移民，新登镇及鹿山街道等地有淳安县新安江移民，银湖街道、湖源乡等地有绍兴移民，湖源乡费家村全村对内说江淮官话等。②

4. 地方曲艺

老富阳县内一般听越剧等，地方戏仅有一种称为"鹦哥调"的曲艺，以富阳话进行说唱表演，但影响力及流行度有限。表演者表演时身穿长袍，以小锣为乐器进行伴奏。据笔者调查，该表演方式目前仅成志红先生一人掌握，属地方非物质文化遗产。据发音人成志红介绍，"鹦哥调"年代久远，以口传方式相授，他就是从其父处继承了表演。目前，"鹦哥调"只剩一出戏，名为《周阿龙卖葱》，为一则古代爱情故事，文本由成志红父亲成载山先生整理而得。

二、方言发音人

1. 方言老男

唐正元,1959 年 4 月出生于富阳城关，一直在本地生活和工作，自由职业者，小学文化程度，说富阳话和普通话。父母均为富阳城关人。

---

① 参见:杭州市富阳区人民政府网，http://www.fuyang.gov.cn，2022 年 8 月 10 日获取。
② 盛益民，李旭平. 富阳方言研究. 上海:复旦大学出版社，2018.

2. 方言青男

章捷，1984 年 11 月出生于富阳城关，主要在本地生活和工作，职工，本科文化程度，说富阳话和普通话。父母均为富阳城关人。

3. 口头文化发音人

江幽松，男，1950 年 9 月出生于富阳城关，一直在本地生活和工作，职工，高中文化程度，说富阳话和普通话。

蒋金乐，男，1962 年 6 月出生于富阳大源镇，一直在本地生活和工作，自由职业者，大专文化程度，说富阳话和普通话。

贰　声韵调

一、声母（28 个，包括零声母在内）

p 八兵	pʰ 派片	b 爬病肥味	m 麦明问	f 飞风副蜂	v 肥饭味
t 多东	tʰ 讨天	d 甜毒	n 脑南		l 老蓝路
ts 资早租张 争装纸	tsʰ 刺草寸抽 拆抄初车	dz 祠茶城		s 丝三酸山	z 字贼坐事床
tɕ 酒竹主九	tɕʰ 清春轻	dʑ 全柱权	ȵ 年泥连 热软	ɕ 想双手书 响	ʑ 谢床顺十
k 高	kʰ 开	g 共	ŋ 熬	h 好坏	
∅ 月县安温 王云用药					

说明：

（1）古全浊声母今读塞音、塞擦音时，并非真正的浊音，而是发声态上的气音，此处仍记为浊音。

（2）当［n］声母拼［in］韵母时，实际听感接近［ŋ］。

（3）当［l］声母拼有［i］介音的韵母时，有泥来相混现象。例如：连 = 莲 = 年 ȵiɛ̃¹³｜林 = 宁 nin¹³。

（4）［k］［kʰ］［g］声母拼细音时，实际发音为［c］［cʰ］［ɟ］。

（5）零声母字在单字或连读后字时都无清浊对立。例如：夜 = 亚 ia³³⁵｜暗 = 汗 ɛ̃³³⁵，一律记为零声母。

二、韵母（46个，包括自成音节的［m］［n］在内）

ɿ 猪师丝试	i 米戏二飞	u 过苦	y 雨
a 排鞋	ia 写	ua 快	
ɛ 开赔对	iɛ 也	uɛ 鬼	yɛ 水
ɔ 宝饱	iɔ 笑桥		
o 茶牙瓦		uo 花	yo 抓~牌
ʊ 坐	iʊ 油		
ɯ 歌			
ei 豆走			
ã 山硬争		uã 横	
ɛ̃ 南半短	iɛ̃ 盐年	uɛ̃ 官	yɛ̃ 权
ɔ̃ 糖床讲	iɔ̃ 响	uɔ̃ 王	yɔ̃ 双
ən 寸灯升	in 心深根新病星	uən 滚	yən 春云
oŋ 东	ioŋ 兄用		
aʔ 盒塔鸭饭辣	iaʔ 药	uaʔ 刮	
ɛʔ 出直色尺	iɛʔ 接十急热七一锡学文		
oʔ 八托壳学北六绿		uoʔ 活骨郭国谷	yoʔ 月橘局
m̩ 尾母			
l̩ 儿			
ŋ̍ 五			

说明：

（1）［i］韵母拼［tɕ］［tɕʰ］［dʑ］声母时，音值接近［ʅ］。

（2）［y］韵母和［yoŋ］韵母中的［y］唇形较展。

（3）［a］组韵母和［aʔ］组韵母中的［a］略靠央。［aʔ］组的［a］有时略高，接近［ɐ］。

（4）［iɛ］［yɛ］［iɛ̃］［yɛ̃］［iɛʔ］韵母中的［ɛ］实际音值为［ɜ］。

（5）［ɔ］［iɔ］韵母中的［ɔ］唇形很展，实际音值接近［ʌ］。

（6）［ei］韵母的实际音值为［ɪɪ］。

（7）［ã］组韵母中的［ɑ］开口度略小。

（8）鼻尾［n］发音部位略靠后。

（9）［ɛʔ］韵母的实际音值接近［ɜʔ］。

三、声调（7个）

阴平	53	东该灯风通开天春
阳平	13	门龙牛油铜皮糖红
阴上	423	懂古鬼九统苦讨草
阳上	224	买老五有动罪近后洞地饭树
去声	335	冻怪半四痛快寸去卖路硬乱
阴入	5	谷百搭节急哭拍塔切刻
阳入	2	六麦叶月毒白盒罚

说明：

（1）阴平有些字发音动程较长，接近［553］。如：拖、歌、刀、灯、开。

（2）阴入调型略降，实际调值为［54］，有时发音较长，呈现较明显的舒化趋势。

（3）阳入调型略升，实际调值为［23］，有时也略有长调色彩，但与阴入调相比，舒化色彩较不明显。

叁　连读变调

一、两字组连读变调表

富阳方言两字组的连读变调规律见下表。表中首列为前字本调，首行为后字本调。每一格的第一行是两字组的本调组合；第二行是连读变调，若连读调与单字调相同，则此行空白；第三行为例词。同一两字组若有两种以上的变调，则以横线分隔。具体如下。

富阳方言两字组连读变调表

后字 / 前字	阴平 53		阳平 13		阴上 423		阳上 224		去声 335		阴入 5		阳入 2	
阴平 53	53 55 当	53 22 心	53 55 清	13 55 明	53 55 亲	423 嘴	53 55 端	224 31 午	53 55 钞	335 票	53 55 钢	5 笔	53 55 山	2 药
	53 55 天	53 55 公			53 55 烧	423 31 酒			53 55 干	335 31 菜				

续表

后字 前字	阴平 53		阳平 13		阴上 423		阳上 224		去声 335		阴入 5		阳入 2	
阳平 13	13 黄	53 55 瓜	13 明	13 55 年	13 雄	423 55 狗	13 随	224 便	13 芹	335 55 菜	13 头	5 发	13 茶	2 叶
			13 224 何	13 335 农	13 头	423 13 颈	13 寒	224 55 豆						
					13 55 雌	423 31 狗								
阴上 423	423 躲	53 猫	423 草	13 民	423 滚	423 335 水	423 扫	224 地	423 考	335 试	423 草	5 屋	423 小	2 麦
	423 水	53 55 沟	423 走	13 55 棋										
			423 小	13 335 人										
阳上 224	224 养	53 猪	224 瓦	13 爿	224 老	423 表	224 马	224 上	224 马	335 屁	224 柱	5 脚	224 大	2 麦
	224 豆	53 335 浆	224 杏	13 335 梅	224 冷	423 335 水	224 蚂	224 55 蚁					224 13 上	2 学
	224 棒	53 55 冰	224 上	13 55 坟	224 旅	423 53 馆	224 奶	224 53 奶						
	224 老	53 13 烟	224 外	13 53 头	224 老	423 13 鼠	224 垫	224 13 被						
	224 53 五	53 55 更					224 午	224 31 罢						
	224 53 尾	53 335 巴												

续表

前字＼后字	阴平 53	阳平 13	阴上 423	阳上 224	去声 335	阴入 5	阳入 2
去声 335	335　53 唱　歌	335　13 跳　绳 335　13/53 戏　文 335　13/55 种　田	335　423/53 戒　指	33　224/53 背　后	335　335 种　菜 33　335/53 进　去	335　5 细　粟	335　2 放　学
阴入 5	5　53 结　婚	5　13 豁　拳 5　13/53 阿　娘 5　13/224 脚　箩	5　423 阿　嫂 5　335 弗　懂	5　224 割　稻 5　224/53 格　里 5　224/335 屋　里	5　335 出　去	5　5 阿　伯	5　2 搭　脉
阳入 2	2　53/335 薄　刀	2　13/224 石　榴	2　423/335 折　本	2　224 落　雨 2　224/13 学　校	2　335 鼻　涕	2　5 墨　汁	2　2 日　历 2　31/13 昨　日

二、两字组连读变调规律

富阳方言两字组的连读变调有以下几个特点：

（1）富阳方言的两字组如出现变调情况，则大体规律为前字变后字不变。阴平字作前字时略有特殊，前后字一般都变调。

（2）同一前后字组合中，动宾结构往往不变调，其他结构往往变调。

（3）有两个连读调，为［55］和［31］。［55］在前字或后字中都有出现，［31］通常出现于后字。

（4）［335］在连读调中常常实际音值为［35］。

（5）古次浊去字今归阳上，在两字组连调中与古浊上字规律一致。

更具体的规律大致有以下几点：

（1）阴平［53］作前字时一律变调为［55］，后字一般变调为［55］或［31］。

（2）阳平［13］作前字时一般不变调，后字除入声字外一般变调为［55］。

（3）阴上［423］作前字时不变调，后字如阴平、阳平和阴上时变调。

（4）阳上［224］作前字时一般不变调，后字常常要变调。

（5）去声［335］作前字时不变调，后字除入声字外一般变调为［53］。

（6）阴入和阳入为前字时不变调，后字常常变调为［224］或［335］。

肆　异读

一、新老异读

富阳方言新老派几乎没有声母上的读音差异，差异主要体现在韵母。下文中"／"前为老派，后为新派。

（1）假摄麻韵字读［o］韵，新派个别字已读为［ua］韵。例如：瓦 ŋo²²⁴ / ŋua²²³｜化 huo³³⁵ / hua⁴⁴⁵。

（2）梗摄舒声开口二等字读［ã］韵，新派一些字已读为［ən］韵。例如：争 tsã⁵³ / tsən⁵³。

（3）深臻曾梗摄舒声有［in］［ən］两韵，新派［in］韵个别字向［ən］韵合流。例如：深 sin⁵³ / sən⁵³。

（4）入声韵有［aʔ］［ɛʔ］［oʔ］三组韵母，总的来看，新派的［aʔ］组和［ɛʔ］组发生合流，逐渐变为两组韵母，［ɛʔ］韵已全部并入［aʔ］韵，［iaʔ］韵已全部并入［iɛʔ］韵，合流方向的条件应是辖字的多少。例如：出 tsʰɛʔ⁵ / tsʰaʔ⁵｜药 iaʔ² / iɛʔ²。

二、文白异读

富阳方言存在一定的文白异读现象，不过由于调查字数有限，目前发现的文白异读现象比较零碎。下文中"／"前为白读，后为文读。

1. 声母

（1）非组个别字白读［b］［m］声母，文读［v］声母或零声母。例如：肥 bi¹³ / vi¹³｜味 bi²²⁴ / vi²²⁴｜晚 mã²²⁴ / uã²²⁴。

（2）日母个别字白读［n̠］声母或自成音节［ŋ］，文读［z］声母或自成音节

［1］。例如：人 n̠in¹³ / zən¹³ ｜ 耳 ŋ²²⁴ / l²²⁴。

（3）其他：侧庄 tsɛʔ⁵ / tsʰɛʔ⁵。

2. 韵母

中古韵摄	例字	读音	中古韵摄	例字	读音
果开一歌	拖	tʰa⁵³/tʰʊ⁵³	咸开二衔	监	kã⁵³/tɕiɛ̃⁵³
咸开二狎	甲	kaʔ⁵/tɕiaʔ⁵	江开二觉	学	oʔ²/iaʔ²

伍　小称

富阳方言儿化和小称音现象并不丰富，有限材料中只发现两例：嘴儿瓣 tsɛ⁴²³ŋ²²⁴pã⁵³嘴唇 ｜ 脚骨儿 tɕiaʔ⁵kuã³³⁵腿，"儿"独立成音节或附着于前字，使前字韵母鼻化。

陆　其他音变

一、量词变调

富阳方言量词变调的现象很少，从有限的调查例词来看，仅有"梗一~鱼、一~绳子kuã⁵³"一例。

二、特殊语流音变

富阳方言中还存在一些特殊语流音变现象。值得注意的是，单字音中泥来母不混，但在词汇中有相混的现象。例如（读音特殊的字加下画线）：

农村里乡下 loŋ¹³tsʰən⁵⁵li⁵⁵(n—l)

老鼠 lɔ²²⁴tɕʰy¹³(ɕ—tɕʰ)

柱脚柱子 ʐy²²⁴tɕiaʔ⁵(dʑ—ʐ)

牙齿 ŋo¹³tsɿ⁵⁵(tsʰ—ts)

刷牙齿刷牙 ɕyoʔ⁵ŋo¹³tsɿ⁵⁵(tsʰ—ts)

有脓化脓 iʊ²²⁴loŋ¹³(n—l)

落<u>殓</u>入殓 loʔ²n̠iɛ̃²²⁴(l—n̠)

农<u>民</u> loŋ¹³min⁵⁵(n—l)

<u>镰</u>刀 n̠iɛ̃¹³tɔ⁵⁵(l—n̠)

盘<u>缠</u>路费 bɛ̃¹³yɛ⁵⁵(dʑ—∅)

<u>凉</u>快 niɑ̃¹³kʰua⁵⁵(l—n)

干<u>净</u> kiɛ̃⁵⁵nin³¹(dʑ—n)

第二十一节　新登方音

壹　概况

一、调查点

1. 地理人口

新登现为浙江省杭州市富阳区下辖镇，原为杭州市下辖县。新登镇地处富阳、桐庐、临安交界地带，辖 28 个建制村、4 个社区。面积 180 平方公里。截至 2017 年年底，户籍人口 6.85 万，常住人口 11.11 万。[①]

2. 历史沿革

新登镇历史悠久，广义的新登指原新登县所辖区域，包括万市、洞桥、胥口、永昌、新登、渌渚，狭义指新登镇。三国吴黄武五年（226），富春部分县地置新城县，此为新登建县之始。黄武七年（228）新城县并入桐庐县。西晋太康十年（289），新城县复置，后又并入富春县。东晋咸和九年（334），新城县复置。隋开皇九年（589），新城县并入钱塘县，大业十四年（618）复置；唐武德七年（624），新城县并入富阳县，永淳元年（682）复置；五代梁开平元年（907），新城县改名为新登县，北宋太平兴国四年（979）复为新城县。1914 年，新城县改名为新登县。1958 年 10 月，新登并入桐庐县；1961 年 12 月又从桐庐县析出，划归富阳县。[②]

3. 方言分布

原新登县内共有 4 种方言口音。一种为县城口音，分布于老县城；一种为北边松溪口音，松溪今为行政村，仍属新登下辖；一种为西北方向永昌口音；一种为南边渌渚口音。永昌、渌渚今为镇，属富阳区下辖。新登大部分为汉族，另有约 500—600 名畲族聚居于双江村，使用畲话及新登话两种语言，对外使用新登话，对内两种语言均有使用。

---

① 《浙江概览》编撰委员会. 浙江概览 2017 年版. 杭州：浙江人民出版社，2017：239.
② 参见：杭州市富阳区人民政府网，http://www.fuyang.gov.cn/art/2019/5/28/art_1650992_34381613. html，2022 年 8 月 2 日获取。

4. 地方曲艺

新登无专门的地方曲艺，所听戏剧主要为越剧。著名越剧演员徐玉兰出生于新登，增加了越剧在当地的影响力。

二、方言发音人

1. 方言老男

吴新人，1955 年 10 月出生于新登城关，一直在本地生活和工作，基层干部，高中文化程度，说新登话和普通话。父母均为新登城关人。

2. 方言青男

林建新，1985 年 6 月出生于新登城关，主要在本地生活和工作，基层干部，本科文化程度，说新登话和普通话。父母均为新登城关人。

3. 口头文化发音人

陈银娟，女，1955 年 1 月出生于新登城关，一直在本地生活和工作，裁缝，小学文化程度，说新登话和普通话。

罗雁，女，1989 年 4 月出生于新登城关，主要在本地生活和工作，教师，本科文化程度，说新登话和普通话。

陈堃，女，1985 年 7 月出生于新登城关，主要在本地生活和工作，教师，本科文化程度，说新登话和普通话。

许柏庭，男，1941 年 10 月出生于新登城关，一直在本地生活和工作，会计，小学文化程度，说新登话和普通话。

陈桂儿，女，1964 年 9 月出生于新登城关，一直在本地生活和工作，财务，高中文化程度，说新登话和普通话。

楼雨文，男，1955 年 1 月出生于新登城关，一直在本地生活和工作，农民，初中文化程度，说新登话和普通话。

余向雷，男，1981 年 2 月出生于新登城关，主要在本地生活和工作，职工，大专文化程度，说新登话和普通话。

吴新人，男，1955 年 10 月出生于新登城关，一直在本地生活和工作，基层干部，高中文化程度，说新登话和普通话。

贰　声韵调

一、声母（27个，包括零声母在内）

p 八兵	pʰ 派片	b 爬病	m 麦明问	f 飞风副蜂	v 肥饭味
t 多东	tʰ 讨天	d 甜毒	n 脑南		l 老蓝连路
ts 资早租张竹 　争纸主	tsʰ 刺草寸拆 　抄初车	dz 茶柱		s 丝三酸山书	z 字贼坐祠 　事床十
tɕ 酒装九	tɕʰ 清抽春轻	dʑ 城权	ȵ 年泥热软	ɕ 想双手响	ʑ 全谢床顺
k 高	kʰ 开	g 共		h 好灰	
Ø 熬月活县安 　温王云用药					

说明：

（1）浊音声母并非真正浊音，实际为清音浊流。

（2）[ts]组声母与[ɿ]韵母相拼时，发音部位略靠后。

（3）[tɕ]组声母带舌叶色彩，与[y]韵母和以[y]为介音的韵母相拼时尤其明显。

（4）部分阳调类的零声母字开头有较明显的摩擦，如：盒、鞋。但零声母字可靠声调区别对立，因此不增加音位符号。

二、韵母（44个，包括自成音节的[m][ŋ]在内）

ɿ 师丝试	i 米戏二飞	u 歌坐过苦五	y 走油
ʮ 猪雨			
a 排鞋	ia 写	ua 快	ya 抓
ɑ 茶牙瓦		uɑ 瓜	
ɛ 山硬争	iɛ 两	uɛ 官横	
e 开赔对		ue 鬼	
ɔ 宝饱	iɔ 笑桥		
ɘu 豆			

əl 儿

ɛ̃ 南半短	iɛ̃ 盐年	uɛ̃ 闪砖	yɛ̃ 权
ɑ̃ 糖床讲	iɑ̃ 响	uɑ̃ 王双	
iŋ 进村			yiŋ 春云
eŋ 恩		ueŋ 滚	
eiŋ 心深根新灯升病星			
oŋ 兄东	ioŋ 用		
aʔ 塔鸭法辣八壳白尺	iaʔ 药学	uaʔ 刮	
əʔ 十直色	iəʔ 接贴急热节七一锡	uəʔ 活骨国	yəʔ 月出橘局
oʔ 托郭北谷六绿			
m̩ 姆			
ŋ̍ 耳尾儿			

说明：

（1）[i][u]韵母较松，实际音值接近[ɪ][ʊ]。

（2）[ɿ]韵母带明显动程，实际音值接近[ɿᶿ]。

（3）[a]组和[aʔ]组韵母的[a]，[ɑ]组韵母的[ɑ]，开口度均较小。

（4）[ɛ]组和[ɛ̃]组韵母的[ɛ]，舌位略低，实际音值接近[æ]。

（5）[e]组韵母的[e]舌位略低，实际音值接近[ɛ]。

（6）[eŋ]韵母和[eiŋ]韵母只是在零声母时对立，如：恩≠英。[eiŋ]韵母听感有时主元音为[e]，有时主元音为[i]，发音不稳定，表明合流应刚完成不久。

（7）[aʔ]韵母逢阳入调且零声母时，[a]非常靠后，与阴声韵的[ɑ]韵母值接近。

（8）[ŋ]尾和自成音节的[ŋ]韵母，发音略靠前。

三、声调（7个）

阴平	53	东该灯风通开天春
阳平	233	门龙牛油铜皮糖红
上声	334	懂古鬼九统苦讨草买老五有
阴去	45	冻怪半四痛快寸去
阳去	13	卖路硬乱洞地饭树动罪近后

阴入	5	谷百搭节急哭拍塔切刻
阳入	2	六麦叶月毒白盒罚

说明：

（1）阴平［53］有时尾部略长，接近［533］。

（2）阳平［233］调头低起略升，但有时不明显，接近平调［33］。

（3）阴去［45］有时调型为高平，接近［55］。

（4）阳去［13］有时开头略降，接近［213］。

（5）阴入［5］短促调，略降，实际音值接近［54］。

（6）阳入［2］短促调，略降，实际音值接近［12］。

叁　连读变调

一、两字组连读变调表

新登方言两字组的连读变调规律见下表。表中首列为前字本调，首行为后字本调。每一格的第一行是两字组的本调组合；第二行是连读变调，若连读调与单字调相同，则此行空白；第三行为例词。同一两字组若有两种以上的变调，则以横线分隔。具体如下。

新登方言两字组连读变调表

前字 ＼ 后字	阴平 53	阳平 233	上声 334	阴去 45	阳去 13	阴入 5	阳入 2
阴平 53	53　　53 当　　心	53　　233 天　　雷	53　　334 雌　　狗	53　　45 　　　334 冬　　至	53　　13 天　　亮	53　　5 猪　　血	53　　2 正　　月
	53　　53 　　　334 天　　公			53　　45 334 钞　　票	53　　13 　　　334 新　　妇		
	53　　53 334 看　　猪						
	53　　53 334　45 刚　　刚						

续表

前字 ＼ 后字	阴平 53	阳平 233	上声 334	阴去 45	阳去 13	阴入 5	阳入 2
阳平 233	年(233)初(53)；台(233→334)风(53)	牛(233)婆(233)；灵(233→21)牌(233→13)；娘(233→45)娘(233→53)	麻(233)鸟(334)	油(233)菜(45→334)；芦(233)穄(45→53)	黄(233)豆(13→334)	毛(233)笔(5)	茶(233)叶(2)；蝴(233)蝶(2→5)
上声 334	打(334)鼾(53)；水(334→45)沟(53)	走(334)棋(233)；水(334→45)潭(233)；哪(334→21)人(233→13)	滚(334)水(334→45)；灸(334→53)火(334)；哪(334→21)里(334→13)	考(334)试(45)	扫(334)地(13)；马(334)桶(13→45)	小(334)叔(5)	洗(334)浴(2)；小(334)麦(2→5)
阴去 45	唱(45)歌(53)；灶(45)间(53→21)	酱(45)油(233)；杏(45→334)梅(233→45)	布(45)嘴(334)；背(45)颈(334→21)	种(45)菜(45)；进(45)去(45→21)；爸(45→334)爸(45)	做(45)梦(13)；半(45)夜(13→21)	裤(45)脚(5)	放(45)学(2)
阳去 13	被(13→21)单(53→45)	烂(13→21)泥(233→13)	露(13→21)水(334→13)；稻(13→21)草(334→45)；弄(13→223)屎(334→45)	大(13→21)蒜(45)；地(13)震(45→334)	垫(13→21)被(13)	第(13→21)一(5)；柱(13→21)脚(5)	闹(13→21)热(2)

续表

前字 \ 后字	阴平 53	阳平 233	上声 334	阴去 45	阳去 13	阴入 5	阳入 2
阴入 5	5　　53 发　　疹	5　　233 谷　　笋	5　　334 霍　　闪	5　　45 一　　世	5　　13 柏　　树	5　　5 阿　　叔	5　　2 搭　　脉
	5　　53 　　45 结　　蛛	5　　233 　　45 客　　人	5　　334 　　45 蛐　　蟮	5　　45 　　334 合　　算	5　　13 　　45 绰　　号		
		5　　233 　　53 阿　　姨					
阳入 2	2　　53 　　13 肉　　猪	2　　233 落　　来	2　　334 落　　雨	2　　45 肉　　痛	2　　13 月　　亮	2　　5 六　　谷	2　　2 昨　　日
	2　　53 　　45 薄　　刀		2　　334 　　13 日　　里	2　　45 　　13 鼻　　涕			
			2　　334 　　45 历　　本				

二、两字组连读变调规律

新登方言两字组的连读变调有以下几个特点：

（1）总体来说，新登两字组连读变调的规律为前字不变，后字变调。

（2）上声［334］在连读变调中接近平调［33］。

（3）连读调［21］可能是由阳去［13］产生的（阳去［13］有时开头略降，接近［213］）。

更具体的规律大致有以下几点：

（1）阴平［53］作前字时一律变调为［55］，后字一般变调为［55］或［31］。

（2）阳平［13］作前字时一般不变调，后字除入声字外一般变调为［55］。

（3）阴上［423］作前字时不变调，后字为阴平、阳平和阴上时变调。

（4）阳上［224］作前字时一般不变调，后字常常要变调。

（5）去声［335］作前字时不变调，后字除入声字外一般变调为［53］。

（6）阴入和阳入为前字时不变调，后字常常变调为［224］或［335］。

肆　异读

一、新老异读

新登方言新老派差异情况大致如下。下文中"/"前为老派，后为新派。

1. 声母

个别字有尖团差异，老派读团音，新派读尖音，但不构成系统性。例如：城 dʑiŋ²³³ / dzeiŋ²³³ | 双 ɕyã⁵³ / suã⁵³。

2. 韵母

（1）部分宕江摄和全部通摄入声字老派读独立的 [ɔʔ] 韵，该韵母新派音系已无，全部并入 [əʔ] [uəʔ] 韵。例如：托 tʰɔʔ⁵ / tʰəʔ⁵ | 握 ɔʔ⁵ / uəʔ⁵ | 谷 kɔʔ⁵ / kuəʔ⁵ | 六 lɔʔ² / ləʔ²。

（2）还存在一些不太系统的差异。例如：横 uɛ²³³ / eŋ²² | 兄 soŋ⁵³ / ioŋ⁵³³。

二、文白异读

新登方言存在一定的文白异读现象，不过由于调查字数有限，目前发现的文白异读现象比较零碎。下文中"/"前为白读，后为文读。

1. 声母

（1）非组个别字白读 [m] 声母，文读 [v] 声母。例如：问 meiŋ¹³ / veiŋ¹³。

（2）日母个别字白读 [n̠] 声母或自成音节 [ŋ]，文读 [z] 声母或自成音节 [əl]。例如：人 n̠ieiŋ²²³/zeiŋ²²³ | 日 n̠iəʔ²/zəʔ² | 耳 ŋ³³⁴/əl³³⁴。

2. 韵母

中古韵摄	例字	读音	中古韵摄	例字	读音
果开一歌	拖	tʰa⁵³ / tʰu⁵³	果开一箇	大	du¹³ / da¹³
遇合一姥	五	ŋ³³⁴ / u⁵³	止合三微	围	ɿ²³³ / ue²³³
咸开二衔	监	kɛ⁵³ / tɕiɛ⁵³			

伍　小称

新登方言几乎没有儿化和小称音现象，有限材料中只发现一例：跷拐儿_{瘸子} tɕʰiɔ⁵³kua³³⁴əl⁴⁵，"儿"独立成音节。

陆　其他音变

一、清浊音变

新登方言在语流中由于连读而产生变调，声母的清浊依附于声调的高低，因此也会产生相应的变化。清浊音变基本发生于词汇后字或中字，音变既有清声母变为浊声母。例如（读音特殊的字加下画线）：

露<u>水</u>_露 lu²¹zʮ¹³(s—z)

上<u>半</u>日_{上午} zɑ̃¹³bɛ̃²¹n̠iə̃ʔ²(p—b)

顺<u>手</u>面_{右边} ʑyiŋ²¹zy²¹miɛ̃⁴⁵(ɕ—ʑ)

洋芋<u>子</u>_{马铃薯} iɑ̃²³³ʮ³³⁴dzʮ²¹(ts—dz)

灶<u>间</u>_{厨房} tsɔ⁴⁵gɛ²¹(k—g)

也有浊声母变为清声母。例如：

水<u>潭</u>_{水坑儿} sʮ³³⁴tɛ̃⁴⁵(d—t)

后屁股<u>头</u>_{背后} əu²¹pʰi⁴⁵ku³³⁴təu⁴⁵(d—t)

荸<u>荠</u> bu²³³ɕiɛ³³⁴(ʑ—ɕ)

蝴<u>蝶</u> u²³³tiəʔ⁵(d—t)

蜻蜓尾<u>巴</u>_{蜻蜓} seiŋ⁵³teiŋ³³⁴ŋ³³⁴pa⁴⁵(d—t)

二、特殊语流音变

新登方言中还存在一些特殊语流音变现象。例如（读音特殊的字加下画线）：

牙<u>齿</u> ɑ²³³tsʮ³³⁴(tsʰ—ts)

洗牙<u>齿</u>_{刷牙} se³³⁴ɑ²³³tsʮ³³⁴(tsʰ—ts)

<u>喉</u>咙 u²³³leiŋ²³³(əu—u，oŋ—eiŋ)

第二十二节　桐庐方音

壹　概况

一、调查点

1. 地理人口

桐庐县东临绍兴市诸暨市、金华市浦江县，南交建德市，西靠淳安县、临安区，北接富阳区。全县陆域面积 1825 平方公里。截至 2021 年年底，户籍人口 41.9217 万。[①]

2. 历史沿革

三国吴黄武四年（225），桐庐县始建。隋开皇九年（589），桐庐并入钱塘县，仁寿二年（602）复置。唐武德四年（621），桐庐西北七乡置分水县，同时于桐庐置严州，后废严州及分水县。如意元年（692）分水复置，更名为武盛，神龙元年（705）复名分水县。开元二十六年（738），桐庐县移于今县治。宝应元年（762），分水西部地置昭德县，大历六年（771）废昭德还属分水。天佑三年（906），分水东北五乡划入临安。1949 年，桐庐、分水两县解放。1958 年 11 月，新登、分水两县并入桐庐。1960 年 8 月，富阳并入桐庐，并隶属于杭州市。1961年 12 月，富阳县复置，原新登县辖地及原分水县贤德公社划归富阳。今桐庐县政区，基本上为原桐庐、分水两县辖地。[②]

3. 方言分布

桐庐县方言主要有桐庐话、分水话、南乡话、船上话、淳安话。桐庐话主要分布于桐君街道、南门社区、东门社区、迎春社区等地区，标准的桐庐话使用人口大致 3 万，加上不大标准的桐庐话使用人口大致 20 万。分水话使用人口分布

---

① 参见：桐庐县人民政府网，http://www.tonglu.gov.cn/col/col1229537215/index.html，2022 年 8 月 1 日获取。

② 参见：桐庐县人民政府网，http://www.tonglu.gov.cn/col/col1229537215/index.html，2022 年 8 月 2 日获取。

在分水镇，大致 6 万。南乡话使用人口分布在江南镇、凤川街道，10 万左右。船上话使用人口分布在七里龙和东门社区的小部分地区，5 千左右。淳安话是淳安移民带来的，使用人口分布在合村乡，1 万多人。富春江镇有修建富春江水电站安置的员工及其家属，人口 2 万左右，说普通话。

4. 地方曲艺

桐庐地方曲艺有越剧，如著名的"桐庐越剧团"，该剧团有"江南戏曲舞台上的一颗明珠"之称。

二、方言发音人

1. 方言老男

林胜华，1956 年 12 月出生于桐庐，一直在本地生活和工作，职工，高中文化程度，说桐庐话和普通话。父母、配偶均为桐庐人，说桐庐话。

2. 方言青男

孙余伟，1990 年 12 月出生于桐庐，主要在本地生活和工作，基层干部，本科文化程度，说桐庐话和普通话。父母均为桐庐人，说桐庐话。

3. 口头文化发音人

林胜华，女，1956 年 12 月出生于桐庐，一直在本地生活和工作，职工，高中文化程度，说桐庐话和普通话。父母、配偶均为桐庐人，说桐庐话。

金超英，女，1959 年 8 月出生于桐庐，一直在本地生活和工作，职工，初中文化程度，说桐庐话和普通话，现在主要说桐庐话。父母、配偶均为桐庐人，说桐庐话。

贰　声韵调

一、声母（27 个，包括零声母在内）

p 八兵　　　pʰ 派片　　　b 爬病　　m 麦明问　　f 飞凤副蜂　v 肥饭味

t 多东	tʰ 讨天	d 甜毒	n 脑南年泥		l 老蓝
			热软		连路
ts 资早租张	tsʰ 刺草寸抽	dz 城		s 丝三酸山	z 字贼坐
争纸	拆抄初			手	祠事十
tɕ 酒竹装主	tɕʰ 清车春轻	dʑ 全茶		ɕ 想双书响	ʑ 谢床船
九		柱权			顺县
k 高	kʰ 开	g 共	ŋ 熬	x 好灰	
∅ 月活安温					
王云用药					

说明：

（1）浊擦音声母实际发音为先清后浊，如［z］，实际发音为［sz］。

（2）零声母音节逢阴声调前有喉塞［ʔ］，逢阳声调开口呼前有［ɦ］，逢阳声调齐齿呼前有［j］，逢阳声调撮口呼前有［ɥ］。

（3）［n］逢洪音、细音都为［n］。

二、韵母（39个，包括自成音节的［m̩］［l̩］［ŋ̍］在内）

ɿ 猪师丝试	i 米戏二飞	u 歌坐过苦	y 雨
ᴀ 排鞋	iᴀ 写	uᴀ 快	
ᴇ 开赔对		uᴇ 鬼	yᴇ 靴权
e 半短	ie 盐年		
ɔ 宝饱	iɔ 笑桥		
o 爬把		uo 牙瓦	yo 茶
ei 豆走			
	iəu 油		
ã 南山糖讲硬争	iã 响	uã 官王横	yã 床双
əŋ 深根寸灯升	iŋ 心新病星	uəŋ 滚	yŋ 春云
oŋ 东	ioŋ 兄用		
aʔ 鸭法辣八托壳白学	iaʔ 药学	uaʔ 活刮	
əʔ 盒十北直色尺六绿	iəʔ 接贴急热节七一锡	uəʔ 骨郭国谷	yəʔ 月出橘局

m 母

l̩ 耳

ŋ 五

说明：

（1）［iəʔ］中［ə］偏前。

（2）［əŋ oŋ］类韵母主要为元音鼻化，［ŋ］偏前，为舌面中音。

（3）［k］组声母与［e］拼，［e］前有轻微的滑音［i］。

（4）［ei］韵母实际音值为［ey］。

（5）［fu］中的［u］为［ʋ］。

三、声调（7个）

阴平	533	东该灯风通开天春
阳平	13	门龙牛油铜皮糖红
阴上	33	懂古鬼九统苦讨草买老五有
阴去	35	冻怪半四痛快寸去
阳去	24	卖路硬乱洞地饭树近厚动
阴入	5	谷百搭节急哭拍塔切刻
阳入	13	六麦叶月毒白盒罚

说明：

（1）阳去［24］与阳平调值［13］很接近。

（2）阳入［13］为短促调。

叁 连读变调

一、两字组连读变调表

桐庐方言两字组的连读变调规律见下表。表中首列为前字本调，首行为后字本调。每一格的第一行是两字组的本调组合；第二行是连读变调，若连读调与单字调相同，则此行空白；第三行为例词。同一两字组若有两种以上的变调，则以横线分隔。具体如下。

桐庐方言两字组连读变调表

前字 ＼ 后字	阴平 533	阳平 13	阴上 33	阴去 35	阳去 24	阴入 5	阳入 13
阴平 533	533 533 / 35 13 溪 坑	533 13 / 35 33 香 油 533 13 / 35 33 番 茄	533 33 / 35 13 痴 子 533 33 / 35 13 包 子	533 35 / 35 13 菠 菜 533 35 / 35 33 干 菜	533 24 / 35 13 鸡 蛋	533 5 / 35 5 猪 血	533 13 / 33 13 蜂 蜜 533 13 / 35 13 山 药
阳平 13	13 533 / 21 35 洋 葱	13 13 / 21 35 厨 房	13 33 / 21 35 洋 火	13 35 / 21 35 芹 菜	13 24 / 21 13 皮 蛋	13 5 / 21 5 头 发	13 13 / 21 13 茶 叶
阴上 33	33 533 / 33 35 点 心	33 13 / 33 35 嘴 唇	33 33 / 33 35 米 酒	33 35 / 33 35 小 气	33 24 / 33 33 保 佑	33 5 / 33 5 打 折	33 13 / 33 5 洗 浴
阴去 35	35 533 / 35 21 燥 烟 35 533 / 13 21 嫁 妆	35 13 / 35 21 酱 油	35 33 / 35 21 戒 指	35 35 / 35 33 瞓 觉	35 24 / 35 21 相 貌 35 24 / 33 13 做 寿	35 5 / 35 5 继 伯 35 5 / 21 5 教 室	35 13 / 35 21 放 学
阳去 24	24 533 / 13 55 豆 浆	24 13 / 13 55 面 条	24 33 / 13 55 面 孔	24 35 / 13 55 饭 店	24 24 / 13 55 庙 会	24 5 / 13 5 大 伯	24 13 / 13 13 闹 热
阴入 5	5 533 / 5 35 阁 几	5 13 / 5 33 客 人 5 13 / 5 33 发 愁	5 33 / 5 13 瞎 子	5 35 / 5 35 出 嫁 5 35 / 5 35 合 算	5 24 / 5 13 柏 树	5 5 / 5 5 叔 叔	5 13 / 5 13 歇 力
阳入 13	13 533 / 21 13 陌 生	13 13 / 21 35 舌 头	13 33 / 21 35 食 指	13 35 / 21 35 鼻 涕	13 24 / 21 13 木 匠	13 5 / 21 5 熟 悉	13 13 / 21 13 昨 日

二、两字组连读变调规律

桐庐方言两字组的连读变调有以下几个特点:

（1）既有前变调,也有后变调。

（2）阴平作前字,一般变[35],作后字时调值多样。

（3）阳平作前字变[21];阳平作后字,逢阴平、阴上、阴入变[33],逢阳平、阳入变［35］，逢阳上、阳去变［55］。

（4）阴上作前字不变调，仍然读［33］；阴上作后字时，逢阴平、阴入变［13］，逢阳平、阴上、阳入变［35］，逢阳上、阳去为［55］，逢阴去为［21］。

（5）阴去作前字，逢阴平变［21］，其余情况下一般不变调。阴去作后字，逢阴平变［13］或［33］，其余情况一般不变调。

（6）阳去作前字变［13］，作后字逢阴平、阴入、阳入变［13］，逢阳平变［35］，逢阳上、阳去变［55］，逢阴上变［33］。

（7）阴入作前字和后字不变调。

（8）阳入作前字变［21］，作后字不变。

肆　异读

一、新老异读

桐庐方言的新老异读主要体现在韵母方面。下文中"／"前为老派，后为新派。

（1）老派浊声母平声字与浊声母去声字不合流，新派合流。例如：铜 doŋ¹³ ≠ 洞 doŋ²⁴ ／ 铜 doŋ¹³ = 洞 doŋ¹³。

（2）老派中古入声韵字有喉塞尾，新派无。例如：一 iəʔ⁵ ／ iə⁵³³。

二、文白异读

桐庐方言的文白异读主要体现在声母和韵母方面。下文中"／"前为白读，后为文读。

1. 声母

（1）见系二等声母白读［k］组声母，文读［tɕ］组声母。例如：鸭 ŋaʔ⁵ ／ 甲 tɕiaʔ⁵。

（2）微母白读［m］声母，文读零声母。例如：蚊 məŋ¹³ ／ 网 uã³³。

（3）从母白读［z］［ʑ］，文读［dz］［dʑ］。例如：蚕 ze¹³ ／ 钱 dʑie¹³。

2. 韵母

梗摄二等白读［ã］［aʔ］，文读［əŋ］［ə］。例如：耕 kã⁵³³ ／ kəŋ⁵³³ ｜ 隔 kaʔ⁵ ／ kəʔ⁵。

第二十三节　分水方音

壹　概况

一、调查点

1.地理人口

桐庐县位于浙江省西北部，地处钱塘江中游，东接诸暨，南连浦江、建德，西邻淳安，东北界富阳，西北依临安。[①] 截至 2018 年年底，全县户籍人口 41.72 万。[②]

分水镇隶属于浙江省杭州市桐庐县，地处桐庐、富阳、临安、淳安四县（区）交汇腹地。下辖 26 个行政村、2 个社区，分别是：武盛村、城西村、东溪村、天英村、桥东村、新龙村、百岁坊村、保安村、富源村、砖山村、儒桥村、里湖村、怡华村、小源村、三溪村、三合村、塘源村、高联村、三槐村、外范村、太平村、盛村村、徐桥村、朝阳村、大路村、后岩村，分江社区、玉华社区。镇政府驻分江社区院士路 98 号。

2.历史沿革

桐庐县始建于三国吴黄武四年（225），曾于隋开皇九年（589）废桐庐入钱塘县，至仁寿二年（602）复置。唐武德四年（621）析桐庐西北七乡置分水县，同时于桐庐置严州。三年后废严州及分水县。如意元年（692）复置分水，更县名为武盛。神龙元年（705）复名分水县。开元二十六年（738）移桐庐县于今县治。宝应元年（762）析分水西部地置昭德县，大历六年（771）废昭德还属分水。天佑三年（906）划分水东北五乡入临安。1949 年 4 月至 5 月桐、分两县解放，1958 年 11 月废新登、分水两县入桐庐。1960 年 8 月又废富阳入桐庐，并隶属于杭州市。1961 年 12 月复置富阳县，并将原新登县辖地及原分水县贤德公社划归

---

① 参见：桐庐县人民政府网，http://www.tonglu.gov.cn/col/col1229537215/index.html，2022 年 12 月 13 日获取。

② 参见：《2019 年浙江统计年鉴》，http://tjj.zj.gov.cn/col/col1525563/index.html，2022 年 12 月 13 日获取。

富阳。今桐庐县政区，基本上为原桐庐、分水两县辖地。[①]

3. 方言分布

分水镇有三种代表性方言，分别是分水官话、分水土话、宁绍话。分水官话，使用人口约 4 万，分布于以武盛、里湖、保安、三溪、百岁坊、怡华等为代表的 20 个行政村；分水土话，使用人口约 1 万，主要分布于儒桥、东溪、桥东、三合、新龙 5 个行政村；宁绍话，使用人口约 0.3 万，主要分布于城西、富源两个行政村。

4. 地方曲艺

分水镇的地方曲艺形式为越剧，同杭州地区越剧。

二、方言发音人

1. 方言老男

邱水明，1954 年 6 月出生于桐庐分水镇武盛村，一直在本地生活和工作，农民，高中文化程度，说分水话和不太标准的普通话。父母均为桐庐分水镇武盛村人。

2. 方言青男

吴志华，1988 年 5 月出生于桐庐分水镇武盛村，一直在本地生活和工作，职工，初中文化程度，说分水话和普通话。父母均为桐庐分水镇武盛村人。

3. 口头文化发音人

何明珠，女，1964 年 2 月出生于桐庐分水镇武盛村，一直在本地生活和工作，工商业者，初中文化程度，说分水话和不太标准的普通话。父母均为桐庐分水镇武盛村人。

刘春美，女，1955 年 3 月出生于桐庐分水镇武盛村，一直在本地生活和工作，农民，文盲，说分水话。父母均为桐庐分水镇武盛村人。

[①] 参见：桐庐县人民政府网，http://www.tonglu.gov.cn/col/col1229537215/index.html，2022 年 12 月 13 日获取。

贰　声韵调

一、声母（28个，包括零声母在内）

p 八兵	pʰ 派片	b 爬病	m 麦明	f 飞风副蜂	v 饭味肥
t 多东	tʰ 讨天	d 甜毒	n 脑南		l 老蓝连路
ts 资早租张 　 竹争纸	tsʰ 刺草寸抽 　 拆抄车	dz 坐茶床城		s 丝三酸山 　 书手	z 字事十贼入
tɕ 酒装主九	tɕʰ 清春轻	dʑ 全柱权	ȵ 年泥热软	ɕ 想双响	ʑ 谢船顺
k 高	kʰ 开	g 共	ŋ 熬	x 好灰	
∅ 问月县安 　 温王用药					

说明：

（1）古泥母字今声母为[n]或[ȵ]。[n]拼开口呼、合口呼，[ȵ]拼齐齿呼、撮口呼。

（2）浊声母实为清音浊流。

二、韵母（38个，包括自成音节的[m]在内）

ɿ 师丝试	i 米戏	u 苦五	y 猪雨
a 茶牙瓦	ia 牙	ua 瓜瓦	
ɛ 开排鞋	iɛ 写	uɛ 快	
e 陪对		ue 鬼	
ɔ 宝饱	iɔ 笑桥		
o 歌坐过			
ɵ 二豆走	iɵ 油		
ã 南山糖	iã 响讲	uã 官床王	yã 双
	iɛ̃ 盐年	uɛ̃ 半短	yɛ̃ 权靴
ən 深根寸灯升争硬	in 心新病星	uən 滚	yən 春云
oŋ 东	ioŋ 兄用		

aʔ 盒塔鸭法辣八　　　iaʔ 局　　　　　　　　　uaʔ 刮挖滑活

əʔ 十郭壳北色白六绿　iəʔ 接急热七一药学锡　uəʔ 活骨国谷　　　yəʔ 月出橘

m 母

说明：

（1）果摄逢［k］组声母时，韵母记为［o］，实际音值略高。

（2）［ən］中的［n］偏后。

（3）［əʔ］和［iəʔ］中的［ə］偏前。

三、声调（7个）

阴平	44	东该灯风通开天春
阳平	22	门龙牛油铜皮糖红
上声	53	懂古鬼九统苦讨草买老五有
阴去	24	冻怪半四痛快寸去
阳去	13	卖路硬乱洞地饭树动罪近后
阴入	5	谷急哭刻百搭节拍塔切
阳入	12	六麦叶月毒白盒罚

说明：

（1）阴平调值记为［44］，实际调值略低，接近［33］。

（2）阳平调不稳定，调值介于［22］和［33］之间，记为［22］。

（3）阴去［24］阳去［13］以升为主。

叁　连读变调

　　分水方言两字组的连读变调规律见下表。表中首列为前字本调，首行为后字本调。每一格的第一行是两字组的本调组合；第二行是连读变调，若连读调与单字调相同，则此行空白；第三行为例词。同一两字组若有两种以上的变调，则以横线分隔。具体如下。

分水方言两字组连读变调表

后字 前字	阴平 44		阳平 22		上声 53		阴去 24		阳去 13		阴入 5		阳入 12	
阴平 44	44 花	44 生	44 番	22 茄	44 痴	53 55 子	44 标	24 致	44 街	13 上	44 猪	5 血	44 山	12 药
阳平 22	22 21 雷	44 公	22 21 麻	22 24 油	22 21 洋	53 55 火	22 21 芹	24 菜	22 21 床	13 铺	22 21 头	5 发	22 21 茶	12 叶
上声 53	53 44 点	44 33 心	53 44 嘴	22 21 唇	53 44 米	53 酒	53 44 瓦	24 片	53 44 扫	13 地	53 44 喜	5 鹊	53 44 小	12 麦
阴去 24	24 灶	44 间	24 灶	22 头	24 进	53 55 口	24 进	24 21 去	24 对	13 24 面	24 教	5 5 室	24 放	12 学
阳去 13	13 24 面	44 包	13 24 旧	22 21 年	13 22 夜	53 里	13 24 地	24 震	13 24 庙	13 24 会	13 24 大	5 伯	13 24 闹	12 热
阴入 5	5 结	44 婚	5 客	22 人	5 脚	53 管	5 合	24 算	5 柏	13 树	5 叔	5 叔	5 搭	12 脉
阳入 12	12 陌	44 生	12 舌	22 条	12 落	53 雨	12 鼻	24 涕	12 木	13 匠	12 熟	5 悉	12 昨	12 日

二、两字组连读变调规律

（1）二字组中，若前字为阳平，则前字调值由［22］变为［21］；阳平字在上声、阳去字后，调值由［22］变为［21］；两个阳平字相连，前字调值由［22］变为［21］，后字调值由［22］变为［24］。

（2）二字组中，若前字为上声，则前字调值由［53］变为［44］；上声字置于阴平、阳平后，调值由［53］变为［55］；上声字置于阴去字后，调值由［53］变为［44］。

（3）两个阴去字相连，后字调值由［24］变为［21］。

（4）二字组中，若前字为阳去（后字上声除外），则前字调值由［13］变为［24］；阳去字在上声字前，调值由［13］变为［22］；阳去字在阴去字、阳去字后，调值由［13］变为［24］。

（5）阴平字在上声字后，调值由［44］变为［33］。

肆　异读

一、新老异读

1. 声母

（1）古微母字"味"，老派今读声母为[v]，新派今读声母为[ø]。

（2）古章母字"主"，老派今读声母为[tɕ]，新派今读声母为[ts]。

（3）古昌母字"春"，老派今读声母为[tɕʰ]，新派今读声母为[tsʰ]。

（4）古船母字"顺"，老派今读声母为[ɕ]，新派今读声母为[s]。

2. 韵母

（1）古臻摄合口三等字"春"，老派今读韵母为[yən]，新派今读韵母为[uən]。

（2）古曾摄阳声韵字"灯""升"，老派今读韵母为[ən]，新派今读韵母为[əŋ]。

（3）古通摄合口三等字"局"，老派今读韵母为[iaʔ]，新派今读韵母为[yəʔ]。

二、文白异读

分水方言的文白异读主要体现在古假摄开口二等韵字"牙""瓦"白读韵母均为[a]，"牙"文读韵母为[ia]，"瓦"文读韵母为[ua]。

伍　其他音变

附加式合成词中的构词后缀，多读轻声，比较常见的是"子"缀读轻声。详见下表。例字所在位置排列的调值，上面为原单字调的调值，下面为变调后的调值。

阴平+子		阳平+子		上声+子		阴去+子		阳去+子		阴入+子		阳入+子		其　他	
44	53	22	53	53	53	24	53	13	53	5	53	12	53	53	44
	0	21	0	44	0		0		0		0		0	44	0
虱	子	桃	子	李	子	粽	子	稻	子	橘	子	月	子	尾	巴

第二十四节　绍兴方音

壹　概况

一、调查点

1. 地理人口

绍兴是浙江省地级市，位于浙江省中北部、杭州湾南岸，东连宁波市，南临台州市和金华市，西接杭州市，北隔钱塘江与嘉兴市相望。[①] 其中越城区是绍兴市政治、文化中心，市委市政府所在地，地处宁绍平原西部，会稽山北麓，位于浙江大湾区核心区。全区总面积498平方公里，下辖1镇15街道，分别是：富盛镇，塔山街道、府山街道、北海街道、稽山街道、城南街道、迪荡街道、东湖街道、灵芝街道、东浦街道、鉴湖街道、斗门街道、皋埠街道、陶堰街道、马山街道、孙端街道。截至2019年年底，全区户籍人口76.9万，常住人口120万。[②] 主要为汉族，少数民族人口较少，多是工作、婚姻迁入。

2. 历史沿革

绍兴从新石器时代中期的小黄山文化开始，至今已有约9000年历史，秦王政二十五年（前222），以吴越地置会稽郡，秦王政二十六年（前221），会稽郡先后辖山阴等20余县。唐武德四年（621），改会稽郡为越州。南宋建炎四年（1130），升越州为绍兴府，府治设山阴，大致为今越城区城内。

1949年5月，绍兴全境解放。6月，设为浙江省第十专区，辖绍兴、上虞、嵊县、新昌、诸暨、萧山六县。1983年7月，撤销绍兴地区，改设省辖绍兴市，置越城区，下辖越城区、绍兴县、上虞县、嵊县、新昌县、诸暨县。[③]

---

① 参见：绍兴市政府网，http://www.sx.gov.cn/col/col1461898/index.html，2022年12月13日获取。
② 参见：《2020年越城区统计年鉴》，http://www.sxyc.gov.cn/col/col1229500443/index.html，2022年12月13日获取。
③ 参见：绍兴概览·历史尚革，http://www.sx.gov.cn/col/col1461899/index.html，2022年12月13日获取。

3. 方言分布

绍兴（越城区）话属吴语太湖片临绍小片，为全区通行的主要方言。大多数人讲绍兴话，分布在越城区各乡镇，为本地普遍通用的方言，近年来受普通话影响较大。城区的语音和四郊不完全一致。大致上，东郊、北郊东浦至斗门一带和南郊平水以北地区与城区语音基本相同，西郊柯桥、安昌一带接近萧山，南郊深山区稽东、王坛一带接近嵊县，与城区语音不同。

4. 地方曲艺

绍兴是传统戏曲艺术的重镇，在中国戏曲史上具有重要地位。戏曲主要有越剧、绍剧和调腔。越剧是中国第二大剧种，有第二国剧之称，发源于绍兴嵊县（今嵊州），繁荣于全国，流传于世界。绍剧也称绍兴大班、绍兴乱弹，是一种古老的剧种，不仅为绍兴人民所喜闻乐见，也流行于沪、杭地区。新昌调腔是古老的戏曲声腔之一，被称为"中国戏曲的活化石"，被认为是明代南戏"四大声腔"之一余姚腔的唯一遗音，以新昌为中心，流布于绍兴、萧山、上虞、余姚、嵊州、宁海等地。

绍兴曲艺品种多样，流传至今的主要有绍兴莲花落、鹦歌班、宣卷、绍兴词调和绍兴平湖调，受到绍兴及其周边地区广大人民群众的喜爱。

二、方言发音人

1. 方言老男

杨永祥，1952 年 7 月出生于绍兴越城区蕺山街道，一直在本地生活和工作，职工，现已退休，初中文化程度，说越城区话和不太标准的普通话。父母均为绍兴越城区人。

2. 方言青男

魏昉昊，1989 年 9 月出生于绍兴越城区塔山街道，主要在本地生活和工作，自由职业者，大专文化程度，说越城区话和普通话。父母均为绍兴越城区人。

3. 口头文化发音人

宋小青，女，1945 年 3 月出生于绍兴越城区城南街道，一直在本地生活和工作，文艺工作者，初中文化程度，说越城区话和不太标准的普通话，提供歌谣、俗语及绍剧、鹦哥戏、莲花落等调查材料。父母均为绍兴越城区人。

　　陆纪生，男，1944 年 11 月出生于绍兴越城区城南街道，一直在本地生活和工作，医生，中专文化程度，说越城区话和普通话，提供方言故事调查材料。父母均为绍兴越城区人。

　　韦菊儿，女，1949 年 11 月出生于绍兴越城区塔山街道，一直在本地生活和工作，职工，初中文化程度，说越城区话和不太标准的普通话，提供歌谣、俗语等调查材料。父母均为绍兴越城区人。

　　郭耀灿，男，1951 年 6 月出生于绍兴越城区灵芝街道，一直在本地生活和工作，销售员，初中文化程度，说越城区话和不太标准的普通话，提供俗语调查材料。父母均为绍兴越城区人。

　　董之洁，女，1954 年 4 月出生于绍兴越城区北海街道，一直在本地生活和工作，财会人员，高中文化程度，说越城区话和不太标准的普通话，提供方言故事调查材料。父母均为绍兴越城区人。

贰　声韵调

一、声母（28 个，包括零声母在内）

p 八兵	pʰ 派片	b 爬病肥味	m 麦明问	f 飞风副蜂	v 肥饭味问
t 多东	tʰ 讨天	d 甜毒	n 脑南		l 老蓝连路
ts 资早租张竹	tsʰ 刺草寸抽拆	dz 茶城		s 丝三酸山	z 字贼坐祠事
tɕ 酒主九	tɕʰ 清轻	dʑ 全柱权	ȵ 年泥热软	ɕ 想书响	ʑ 谢
k 高	kʰ 开	g 共	ŋ 熬	h 好灰	
Ø 月活县王云用药温					

说明：

（1）[b][d][g][dz][dʑ][z][ʑ][v] 这 8 个声母实为清声母，并带有浊流，实际音值为 [pɦ][tɦ][kɦ][tsɦ][tɕɦ][sɦ][ɕɦ][fɦ]。

（2）[m][n][ȵ][ŋ][l] 这 5 个声母读阴调时，实际读音为 [ʔm][ʔn][ʔȵ][ʔŋ][ʔl]；读阳调时，实际读音为 [mɦ][nɦ][ȵɦ][ŋɦ][lɦ]，两者互补，归为一类。

（3）［v］声母与后元音相拼时摩擦很弱。

（4）阳调类的零声母音节前面，带有与音节开头元音同部位的摩擦成分，这里一并记作零声母［ø］。

二、韵母（47个，包括自成音节的［m］［n］［ŋ］）

ɿ 猪师丝试	i 米戏二飞	u 过苦	y 靴雨鬼
a 排鞋	ia 写	ua 快	
ɛ 开赔对		uɛ 鬼	
o 歌坐茶牙瓦	io 肉①口,~猪		
ɔ 宝饱	iɔ 笑桥		
ɤ 豆走	iɤ 油		
ẽ 深春	iẽ 盐年		
ɛ̃ 山	iɛ̃ 念	uẽ 顽	
õ 南短寸		uõ 半官滚	yõ 权云
əŋ 根灯升	iŋ 心新病星		
ɑŋ 糖床双讲		uɑŋ 王	
aŋ 硬争	iaŋ 响	uaŋ 横	
oŋ 东	ioŋ 兄用		
eʔ 盒十出	ieʔ 接贴急热节七一锡		
ɛʔ 塔鸭法辣八		uɛʔ 滑	
aʔ 白	iaʔ 药	uaʔ 刮	
oʔ 托壳学北六绿	ioʔ 月橘学局	uoʔ 活骨郭国谷	
əʔ 直色尺			
m 母			
n 无			
ŋ 五鱼			
əl 耳木~			

说明：

（1）［o］韵母在唇音声母后较圆，在其他声母后较开，但绝不与［ɔ］韵相混。

---

① "肉"在这里是一个象声语素，猪觅食时发出的低沉声音，因无合适同音字，暂写成"肉"。

（2）[u]韵母圆唇度不高，近[ʊ]。

（3）[ɔ]韵母开口度略大，但不到[ɒ]，伴有轻微动程。

（4）[iŋ]韵母的[i]与[ŋ]之间有轻微的过渡音[ə]。

（5）[ɛ]韵母实际读音近[eɐ]，有变化动程，与[ŋ]声母相拼时易产生轻微[i]介音。

（6）[ẽ]韵母与非唇音声母相拼时，主元音更高，近[ɪ]。

（7）[eʔ]韵母与 ts 组声母相拼时，易产生轻微[i]介音。

（8）[ŋ]韵中有的字有[əŋ]韵的变体，如："鱼"有时读[əŋ²³¹]，"五"读[əŋ²²³]。

三、声调（8个）

阴平	53	东该灯风通开天春
阳平	231	门龙牛油铜皮糖红
阴上	334	懂古鬼九统苦讨草
阳上	223	买老五有动罪后近
阴去	33	冻怪半四痛快寸去
阳去	22	卖路硬乱洞地饭树
阴入	5	谷急哭刻百搭节拍塔切
阳入	2	六麦叶月毒白盒罚

说明：

（1）阴平[53]的起点有时近[4]。

（2）阳平[231]有时终点没那么低，近[2]。

（3）阴上[334]有时近[335]，但不多。

（4）入声是短促调，调型都是上升。阴入[5]近[45]，阳入[2]近[23]。

叁　连读变调

一、两字组连读变调表

绍兴方言两字组的连读变调规律见下表。表中首列为前字本调，首行为后字本调。每一格的第一行是两字组的本调组合；第二行是连读变调，若连读调与单字调相同，则此行空白；第三行为例词。同一两字组若有两种以上的变调，则以横线分隔。具体如下。

绍兴方言两字组连读变调表

前字＼后字	阴平 53	阳平 231	阴上 334	阳上 223	阴去 33	阳去 22	阴入 5	阳入 2
阴平 53	53 53 33 医 生	53 231 33 汤 团	53 334 33 风 水	53 223 334 公 社	53 33 33 青 菜	53 22 33 33 山 洞	53 5 33 资 格	53 2 33 3 猪 肉
阳平 231	231 53 22 田 鸡	231 231 22 皮 球	231 334 22 苹 果	231 223 22 33 朋 友	231 33 22 脾 气	231 22 22 33 名 字	231 5 22 头 发	231 2 22 3 邮 局
阴上 334	334 53 44 剪 刀	334 231 44 31 水 田	334 334 44 31 水 果	334 223 44 31 水 桶	334 33 44 31 小 气	334 22 44 31 体 面	334 5 44 3 宝 塔	334 2 44 3 火 药
阳上 223	223 53 24 31 雨 衣	223 231 24 31 肚 皮	223 334 24 31 冷 水	223 223 24 31 马 桶	223 33 24 31 冷 菜	223 22 24 31 社 会	223 5 24 3 动 作	223 2 24 3 市 日
阴去 33	33 53 44 31 汽 车	33 231 33 借 条	33 334 33 汽 水	33 223 334 对 象	33 33 芥 菜	33 22 布 料 ── 33 22 44 3 庆 祝	33 5 戏 曲	33 2 3 挂 历
阳去 22	22 53 33 电 灯	22 231 22 地 球	22 334 大 小	22 223 号 码	22 33 24 31 代 替	22 22 24 31 电 话	22 5 22 利 息	22 2 22 3 闹 热
阴入 5	5 53 3 北 方	5 231 3 骨 头	5 334 3 脚 底	5 223 3 黑 米	5 33 3 客 气	5 22 3 231 脚 步 ── 5 22 国 外	5 5 铁 塔	5 2 3 出 纳
阳入 2	2 53 月 光	2 231 石 头	2 334 局 长	2 223 白 马	2 33 白 菜	2 22 立 夏 ── 2 22 2 231 月 亮	2 5 及 格	2 2 2 3 毒 药

二、两字组连读变调规律

绍兴方言两字组的连读变调有以下几个特点：

（1）前字和后字都有变调现象。前字变调规律性较强，如前字阴平除后字是阳上不变仍读［53］外；其他均变为［33］；前字阳平均变为［22］；前字阴上均变为［44］；前字阳上均变为［24］；前字阴去大部分不变仍读［33］，后字阴平变为［44］；前字阳去大部分不变仍读［22］，后字是阴去和阳去的变为［24］；前字阴入均变为［3］，前字阳入均不变。后字的变调情况没有前字规律性强，均有几种不同的变调。

（2）在后字的位置上，阳调类会串调到阴调类调值，阴调类不会串调，如前字是阴平、阳平、阴上、阳上、阴去的，后字阳上会变调阴调类调调值；后字是阳入调均会升高调值到阴调类。但前字的位置不会发生阴阳串调的现象。

肆　异读

一、新老异读

1. 声母

浊声母读音老派浊流强于新派。

2. 韵母

（1）老派［ɛ］类韵母，新派略高且无动程，读［e］类韵母。例如：配 pʰɛ³³ / pʰe³³ | 对 tɛ³³ / te³³ | 灰 huɛ⁵³ / hue⁵³。

（2）老派［yø̃］韵母，新派高化为［ỹ］韵母。例如：权 dʑyø̃²³¹ / dʑỹ²³¹ | 卷 tɕyø̃³³⁴ / tɕỹ³³⁵ | 均 tɕyø̃⁵³ / tɕỹ⁵³。

（3）老派［ɛ̃］和［ɛʔ］类韵母，新派开口度较大，分别读［æ̃］和［æʔ］类韵母。例如：胆 tɛ̃³³⁴ / tæ̃³³⁵ | 验 ȵiɛ̃²² / ȵiæ̃²² | 弯 uɛ̃⁵³ / uæ̃⁵³ | 搭 tɛʔ⁵ / tæʔ⁵ | 挖 uɛʔ⁵ / uæʔ⁵。

（4）老派［iɛ̃］和［ieʔ］韵母，新派高化并合流，分别读［ĩ］和［iʔ］韵母。例如：险 ɕiɛ̃³³⁴ / ɕiɛ̃³³⁵ | 盐 iɛ̃²³¹ / ĩ²³¹ | 接 tɕieʔ⁵ / tɕiʔ⁵ | 业 ȵieʔ² / ȵiʔ²。

（5）老派［aʔ］［iaʔ］［uaʔ］三个韵母，新派没有，归入［æʔ］［iæʔ］［uæʔ］韵母。例如：百 paʔ⁵ / pæʔ⁵ | 削 ɕiaʔ⁵ / ɕiæʔ⁵ | 刮 kuaʔ⁵ / kuæʔ⁵。

3. 声调

（1）新老派阴上和阳上调有调值上的差异，阴上老派［334］调，新派［335］调，终点略高；阳上老派［223］调，新派［213］调，前者平升，后者先降后升。

（2）极少阴平字，老派读阴去［33］调，新派读阴平［53］调。例如：知，糙；极少部分阴上字，老派读阴去［33］调，新派读阴上［335］调。例如：喊，柄。

二、文白异读

1. 声母

（1）微母部分字白读［m］，文读［v］或零声母。例如：问 mẽ²² / vẽ²² | 尾 mi²²³ / vi²²³ | 晚 mẽ²²³ / uẽ²²³。其中微母"味"白读［b］，文读［v］，算是例外。

奉母少数字白读［b］，文读［v］。例如：肥 bi²³¹ / vi²³¹。

（2）见系开口二等部分字白读为［k］组声母，文读为［tɕ］组声母，韵母也随之有所变化。例如：交 kɔ⁵³ / tɕiɔ⁵³ | 敲 kʰɔ⁵³ / tɕʰiɔ⁵³。

（3）鱼韵章组、见组部分字白读［ts］组或［k］组声母，文读［tɕ］组声母。例如：鼠 tsʰɿ⁵³ / tɕʰy³³ | 锯 kE³³ / tɕy³³。

（4）止摄合口三等见系声母部分读白读［tɕ］声母，文读［k］组声母。例如：龟 tɕy⁵³ / kuE⁵³ | 柜 dʑy²² / guE²² | 贵 tɕy³³ / kuE³³ | 围 y²³¹ / uE²³¹。

（5）日母字白读［ȵ］，文读［z］或零声母。例如：耳 ȵi²²³ / əl²²³ | 日 ȵieʔ² / zeʔ² | 认 ȵiŋ²² / zẽ²² | 让 ȵian²² / zɑŋ²²。少数白读为［z］，文读是零声母。例如：闰 zẽ²² / yø̃²²。

（6）部分邪母、澄母字白读［z］或［ʐ］，文读［dz］或［dʐ］。例如：锤 zɿ²³¹ / dzE²³¹ | 像 ʑiaŋ²²³ / dʑiaŋ²²³ | 席 ʑieʔ² / dʑieʔ²。

2. 韵母

（1）果摄部分字白读［a］韵母，文读［o］韵母。例如：拖 tʰa⁵³ / tʰo⁵³ | 破 pʰa³³ / pʰo³³。

（2）遇摄鱼韵部分字白读［i］［ɿ］［E］韵母，文读［u］［y］韵母。例如：吕 li²²³ / ly²²³ | 锄 zɿ²³¹ / zu²³¹ | 鼠 tsʰɿ⁵³ / tɕʰy³³ | 锯 kE³³ / tɕy³³。

（3）止摄三等部分字白读［i］［y］韵母，文读［əl］［uE］韵母。例如：儿

n̪i²³¹ / əl²³¹ | 耳 n̪i²²³ / əl²²³ | 龟 tɕy⁵³ / kuɛ⁵³ | 柜 dʑy²² / guɛ²² | 贵 tɕy³³ / kuɛ³³ | 围 y²³¹ / uɛ²³¹。

（4）咸摄开口一等部分字白读［ẽ］，文读［õ］韵母。例如：蚕 zẽ²³¹ / zõ²³¹。

（5）臻摄三等日母字白读［iŋ］韵母，文读［ẽ］韵母。例如：人 n̪iŋ²³¹ / zẽ²³¹ | 认 n̪iŋ²² / zẽ²² | 日 n̪ieʔ² / zeʔ²。

第二十五节　上虞方音

壹　概况

一、调查点

1. 地理人口

上虞区隶属浙江省绍兴市。位于浙江省东北部，东邻余姚市，南接嵊州，西连柯桥区，北濒钱塘江河口，隔水与海盐县相望。全境基本轮廓呈南北向长方形，南北最长 60 公里，东西最宽 46 公里，面积 1403 平方公里，其中钱塘江河口水域 212.3 平方公里。上虞地形南高北低，南部低山丘陵与北部水网平原面积参半，俗称"五山一水四分田"。上虞区现辖 7 个街道，10 个乡镇，3 个乡。2018 年全区总户数 28.49 万，户籍人口 78.04 万。[①]

2. 历史沿革

上虞历史悠久。史籍记载和出土文物证明，4000 多年前新石器时代，就有人类在这里生活。夏帝少康后属越国，战国时期楚灭越后属楚，秦王嬴政二十五年（前 222）置上虞县，属会稽郡。唐初，今上虞境仍为会稽县的一部分，属越州。五代时属吴越国东府。北宋仍属越州。南宋绍兴元年（1131）改越州为绍兴府。元至元十三年（1276）改绍兴府为绍兴路，元至正二十六年（1366）复为绍兴府，上虞皆为其属县。清承明制。民国初年改府制为道制，上虞属会稽道。

解放初属绍兴专区。1952 年 2 月起属宁波专区，1964 年 9 月起属绍兴专区。1968 年 6 月起初属绍兴地区。1983 年 8 月起属绍兴市。中华人民共和国成立后，上虞与绍兴县、余姚县相邻部分地区有几次变动。1954 年 9 月，县人民政府迁至百官镇。1992 年 10 月 18 日上虞撤县设市。[②]

---

① 参见：上虞区人民政府门户网站，http://www.shangyu.gov.cn/col/col1229704010/index.html，2019 年 8 月 1 日获取。

② 参见：上虞区人民政府门户网站，http://www.shangyu.gov.cn/col/col1229704011/index.html，2019 年 8 月 1 日获取。

3. 方言分布

上虞区方言属于吴语太湖片临绍小片。百官话是上虞区方言的代表。丰惠镇自唐长庆二年（822）至1954年曾为县城，其方言也有一定的代表性。百官话与丰惠镇话差别不大。区内方言差异大致为：西近绍兴话，尤其东关街道，口音是绍兴腔；南以章镇话为代表，因与嵊县接壤，其边沿地带多有嵊县方言成分；区内的汤浦等地，原属绍兴县，除绍兴腔较重外，嵊县话的成分也较多。东北小越镇方言较特殊，近丰惠。北面崧厦镇方言与百官话略有差异，海涂地区多绍兴话腔调。

4. 地方曲艺

清末及民国初期，民间曲艺以坐唱和吹打（俗称"打番"）为主的十番班较为流行。此外，尚有莲花落、评话、说长等曲艺形式。

二、方言发音人

1. 方言老男

俞夫根，1956年4月出生于上虞区百官街道，一直在本地生活和工作，基层干部，高中文化程度，说上虞城区话和不太标准的普通话。父母及配偶均为上虞城区人。

2. 方言青男

张辰，1988年8月出生于上虞区百官街道，主要在本地生活和工作，基层干部，本科文化程度，说上虞城区话和普通话。父母均为上虞城区人。

3. 口头文化发音人

朱丽娟，女，1959年1月出生于上虞区百官街道，一直在本地生活和工作，职工，高中文化程度，说上虞城区话和不太标准的普通话。父母均为上虞城区人。

贰　声韵调

一、声母（28个，包括零声母在内）

p 八兵	pʰ 派片	b 爬病肥味	m 麦明问	f 飞副灰	v 饭肥味问
t 多东	tʰ 讨天	d 甜毒	n 脑南		l 老蓝连路
ts 资竹争纸	tsʰ 刺抽抄春	dz 茶城		s 丝山手	z 字祠事船十
tɕ 租酒主九	tɕʰ 清初轻	dʑ 全柱权	ȵ 年泥热软	ɕ 想书响	ʑ 谢
k 高	kʰ 开	g 共	ŋ 熬	h 风蜂好	
∅ 河月活县					
安温云药					

说明：

（1）"风""蜂"也有读作［f］的，"软"也有读作［n］的。

（2）浊擦音［ʑ］清化明显，与同部位的［ɕ］差别很小，该方言中［ʑ］声母只拼阳调类，即阳平、阳去和阳入。

（3）来母齐齿呼韵母字有读零声母的现象，如：两、流、亮、凉、料。

二、韵母（51个，包括自成音节的［əl］［ŋ］在内）

ɿ 猪师丝试	i 米戏二飞	u 过苦	y 靴雨鬼
a 排鞋	ia 写	ua 快	
e 开赔对	ie 艾	ue 位	
ɔ 宝饱	iɔ 笑桥		
ɤ 豆走	iɤ 油		
o 茶牙瓦	io 雅雅座佳	uo 瓜	
ɵ 歌坐			
ã 硬争	iã 响	uã 横	
ɛ̃ 山	iɛ̃ 盐年	uɛ̃ 关	
õ 南短半		uõ 官	yõ 权
ɔ̃ 糖床双讲		uɔ̃ 王	

əŋ 深寸春灯升	iŋ 心根新云病	uəŋ 滚	yŋ 运
oŋ 东			yoŋ 云兄用
aʔ 白	iaʔ 药	uaʔ 刮_名, 刮子	
ɛʔ 盒辣直尺		uɐʔ 刮_动, 刮风	
ɛʔ 八		uɜʔ 滑挖	
əʔ 十出	iəʔ 接急热七锡	uəʔ 活骨	
oʔ 托壳北绿	ioʔ 月	uoʔ 握	yoʔ 橘局
əl 儿文			
ŋ̍ 母_{丈母}芋_{芋艿}五鱼			

说明：

（1）果摄合口一等与遇摄合口一等有合流趋势，表现在磨_{磨刀} = 模_{模范}，果 = 古，火 = 虎，过 = 固，货 = 戽，等号前后都读[u]。但是，婆≠菩，螺≠芦，课≠裤，祸≠户。不等号前读[ɯ]、不等号后读[u]。

（2）[ɛ̃]中的[ɛ]，实际在[ɛ]和[e]之间。

（3）[əŋ][iŋ][uəŋ][yŋ][oŋ][yoŋ]等韵母中的[ŋ]，实际介于[n]和[ŋ]之间。

（4）[iəʔ]听感上近似[iiʔ]。出于音位系统整体考虑，这里仍记作[iəʔ]。

三、声调（6个）

阴平	35	东该灯风通开天春懂古鬼九统苦讨
阳平	213	门龙牛油铜皮糖红买老五有动罪近后
阴去	53	冻怪半四痛快寸去
阳去	31	卖路硬乱洞地饭树
阴入	5	谷百搭节急哭拍塔切刻
阳入	2	六麦叶月毒白盒罚

说明：

（1）阳平字起始部分略降，慢读时听感上是一个曲折调，调值是[213]；快读时听感上是一个低升调，调值是[13]。这里统一记作[213]。

（2）通过比字，我们发现在上虞方言中，东 = 懂，通 = 统，灯 = 等，方 = 纺，铜 = 动，痰 = 淡，牢 = 老，麻 = 马，表明清平与清上合流，今都读作阴平[35]；浊平与浊上合流，今都读作阳平[213]。

（3）阳入［2］实际读音是一个短促的低升调，也可记作［12］。

叁　连读变调

一、两字组连读变调表

上虞方言两字组的连读变调规律见下表。表中首列为前字本调，首行为后字本调。每一格的第一行是两字组的本调组合；第二行是连读变调，若连读调与单字调相同，则此行空白；第三行为例词。同一两字组若有两种以上的变调，则以横线分隔。具体如下。

上虞方言两字组连读变调表

前字＼后字	阴平 35	阳平 213	阴去 53	阳去 31	阴入 5	浊入 2
阴平 35	35　35 33 飞　机 — 35　35 33　53 火　车	35　213 33 清　明 — 35　213 33　31 孙　女	35　53 33　35 车　票 — 35　53 33 开　店	35　31 33　35 车　站 — 35　31 33 开　会	35　5 33 工　作	35　2 33 开　学
阳平 213	213　35 21 农　村 — 213　35 21　53 老　师	213　213 21 农　民 — 213　213 21　31 象　棋	213　53 21　35 棉　裤 — 213　53 21 同　意	213　31 21　35 名　字 — 213　31 21 排　队	213　5 21 头　发	213　2 21 茶　叶
阴去 53	53　35 55　0 汽　车 — 53　35 33 唱　歌	53　213 55　0 酱　油 — 53　213 33 过　年	53　53 55　0 意　见 — 53　53 33 算　账	53　31 55　0 孝　顺 — 53　31 33 救　命	53　5 55　2 建　设	53　2 55 四　月
阳去 31	31　35 0 地　方 — 31　35 33 用　功	31　213 0 问　题	31　53 0 饭　店	31　31 0 电　话	31　5 33 办　法	31　2 33 事　实

续表

后字／前字	阴平 35		阳平 213		阴去 53		阳去 31		阴入 5		浊入 2	
阴入 5	5 北	35 53 京	5 骨	213 31 头	5 节	53 气	5 铁	31 路	5 2 节	5 约	5 复	2 习
浊入 2	2 木	35 53 工	2 石	213 31 头	2 白	53 菜	2 木	31 匠	2 及	5 格	2 学	2 习

二、两字组连读变调规律

上虞方言两字组连读变调有以下特点：

（1）阴平［35］前字变为［33］，阳平［213］前字变为［21］，阴去［53］前字一般变为［55］。

（2）清声母舒声后字，一般读作［35］或［53］；浊声母舒声后字，一般读作［213］或［31］。

（3）两个阴入字组合，前字变为［2］。

肆　异读

一、新老异读

上虞方言的新老异读主要表现在声母和韵母上。

1. 声母

（1）来母部分字，老派常脱落声母［l］，新派无此现象。例如：料，老派读［iɔ³¹］；流，老派读［iɤ²¹³］。

（2）部分疑母字，老派读［n̠］，新派脱落了鼻音声母。例如：

例字	老派	新派
遇	n̠y³¹	y³¹
严	n̠iẽ²¹³	iẽ²¹³
岸	n̠iẽ³¹	ẽ³¹

例字	老派	新派
原	$\eta y\tilde{\varnothing}^{213}$	$y\tilde{\varnothing}^{213}$
月	$\eta io\Omega^2$	$io\Omega^2$

（3）部分邪、崇、澄、从、船、禅等古全浊声母字，老派和新派有读［z］或［dz］的差别。例如：

例字	老派	新派
祠邪	$z\eta^{213}$	$dz\eta^{213}$
愁崇	$z\gamma^{213}$	$dz\gamma^{213}$
赚澄	$z\tilde{\varepsilon}^{213}$	$dz\tilde{\varepsilon}^{213}$
锤澄	ze^{213}	dze^{213}
前从	$\varpi i\tilde{\varepsilon}^{213}$	$d\varpi i\tilde{\varepsilon}^{213}$
唇船	$z\partial\eta^{213}$	$d\partial\eta^{213}$
尝禅	$z\tilde{\mathfrak{d}}^{213}$	$dz\tilde{\mathfrak{d}}^{213}$

2. 韵母

（1）果摄开口一等字，老派一般读［ʊ］，新派一般读［o］韵。例如：多，老派读［tɷ^{35}］，新派读［to^{35}］。

（2）其他不太系统的差异。例如：

例字	老派	新派
做遇合一	tsu^{53}	tso^{53}
错遇合一	ts^hu^{53}	ts^ho^{53}
杂咸开一	$z\partial\Omega^2$	$za\Omega^2$
贴咸开四	$t^h a\Omega^5$	$t^h\partial\Omega^5$
法咸合三	$f\varepsilon\Omega^5$	$fa\Omega^5$
八山开二	$p\varepsilon\Omega^5$	$pa\Omega^5$
滑山合二	$u\varepsilon\Omega^2$	$ua\Omega^2$
选山合三	$\varphi i\tilde{\varepsilon}^{35}$	$\varphi y\tilde{\varnothing}^{35}$
嫩臻合一	$n\tilde{\varnothing}^{31}$	$n\partial\eta^{31}$
卒臻合一	$ts\partial\Omega^5$	$tso\Omega^5$
握江开二	$uo\Omega^5$	$o\Omega^5$

续表

例字	老派	新派
贼_{曾开一}	zɐʔ²	zəʔ²
石_{梗开三}	zaʔ²	zəʔ²
恩_{臻开一}	ɛ̃³⁵	ẽ³⁵
顽_{山合二}	uɛ̃²¹³	uõ̃²¹³
搬_{山合一}	pəŋ³⁵	pɛ̃³⁵

3. 声母和韵母

例字	老派	新派
锄_{遇合三平鱼崇}	zʅ²¹³	dʑy²¹³
锯_{遇合三去鱼见}	kie⁵³	tɕy⁵³
柜_{止合三去脂群}	gue³¹	dʑy³¹
藕_{流开一上侯疑}	ȵiɤ²¹³	ŋɤ²¹³
脓_{通合一平冬泥}	ȵyoŋ²¹³	noŋ²¹³
浓_{通合三平钟泥}	ȵyoŋ²¹³	noŋ²¹³

二、文白异读

上虞方言的文白异读主要体现在声母和韵母方面。下文中"/"前为白读，后为文读。其中"甲"，前三个字音是三个白读音：

1. 声母

（1）非组个别字白读[b][m]声母或[h]声母，文读[v]声母或[f]声母。例如：肥 bi²¹³ / vi²¹³｜味 mi²¹³ / vi²¹³｜问 məŋ³¹ / vəŋ³¹｜风 hoŋ³⁵ / foŋ³⁵｜丰 hoŋ³⁵ / foŋ³⁵。

（2）日母个别字白读[ȵ]声母，文读[z]或零声母。例如：人 ȵiŋ²¹³ / zəŋ²¹³｜日 ȵiəʔ² / zəʔ²｜耳 ȵi²¹³ / əl²¹³｜儿 ȵi²¹³ / əl²¹³。

（3）见晓组开口二等字白读多为[k]组声母，文读为[tɕ]组声母。例如：交 ko³⁵ / tɕio³⁵｜孝 hɔ⁵³ / ɕio⁵³｜甲 kɐʔ⁵ / kʰɐʔ⁵ / kaʔ⁵ / tɕiaʔ⁵。

（4）疑母个别字白读[ȵ]声母或自成音节[ŋ]，文读零声母。例如：月 ȵioʔ² / ioʔ²｜吴 ŋ²¹³ / u²¹³。

（5）匣母个别字白读［g］声母，文读零声母。例如：怀 gua²¹³ / ua²¹³。

2. 韵母

（1）止摄合口三等字白读［y］韵母，文读［ue］韵母。例如：龟 tɕy³⁵ / kue³⁵｜鬼 tɕy³⁵ / kue³⁵｜贵 tɕy⁵³ / kue⁵³｜围 y²¹³ / ue²¹³。

（2）通摄合口三等字白读［ɔ̃］韵母，文读［oŋ］韵母。例如：梦 mɔ̃³¹ / moŋ³¹。

第二十六节 嵊州方音

壹 概况

一、调查点

1. 地理人口

嵊州市隶属浙江省绍兴市。位于浙江省东部，曹娥江上游。东与奉化、余姚市相邻，西连诸暨市，南和新昌县、东阳市交界，北接上虞区、柯桥区。全市总面积 1789.62 平方公里，辖 4 街道 11 镇 6 乡，分别是：鹿山街道、剡湖街道、三江街道、浦口街道、甘霖镇、崇仁镇、长乐镇、三界镇、黄泽镇、石璜镇、仙岩镇、金庭镇、北漳镇、谷来镇、下王镇、贵门乡、里南乡、雅璜乡、王院乡、通源乡、竹溪乡。截至 2018 年年底，总人口 72.63 万，[①] 主要为汉族，少数民族人口极少。

2. 历史沿革

嵊州建县于公元前 210 年，秦始皇东巡会稽，建县治民，曰剡县。三国吴、晋、南朝、隋时，先后属会稽郡、会稽国、郐稽国、吴州、越州。唐武德四年（621），剡县升置嵊州，析置剡城县。北宋宣和三年（1127），改剡县为嵊县，属越州。南宋绍兴元年（1131），属绍兴府。

1949 年 11 月属绍兴专区。1952 年 2 月，随绍兴专区并入宁波专区。1964 年 9 月，恢复绍兴专区，嵊县属绍兴专区。1968 年 5 月，绍兴专区改名为绍兴地区，嵊县属绍兴地区。1983 年 7 月，绍兴地区改设省辖绍兴市，嵊县属绍兴市。1995 年 12 月 6 日，嵊州市成立。[②]

3. 方言分布

嵊州境内的方言主要是嵊州话，属吴语太湖片临绍小片，为全市通行的主

[①] 参见:《2019 年嵊州年鉴》，http://www.szzj.gov.cn/art/2020/10/30/art_1529965_59015803.html，2020 年 10 月 30 日获取。

[②] 参见:《2019 年嵊州年鉴》，http://www.szzj.gov.cn/art/2020/10/30/art_1529965_59015803.html，2020 年 10 月 30 日获取。

要方言，绝大多数人讲嵊州话，分布在嵊州各个乡镇。嵊州话在省内影响较大，1964年，浙江人民广播电台开设农村节目，就是以嵊州话为广播用语。嵊州各地不同乡镇有口音差别。近年来受普通话影响逐渐增大，特别是年轻人的口语中普通话词汇增多。

4. 地方曲艺

嵊州本地流行越剧。越剧是中国第二大剧种，有第二国剧之称。发源于嵊州，发祥于上海，繁荣于全国，流传于世界，在发展中汲取昆曲、话剧、绍剧等特色剧种之大成，经历了由男子越剧到女子越剧为主的历史性演变。2006年，越剧被列入第一批国家级非物质文化遗产代表性项目名录。

二、方言发音人

1. 方言老男

钱樟明，1958年6月出生于嵊州城关镇，一直在本地生活和工作，退休前在嵊县工艺竹编厂工作，后主要在文化馆、戏迷协会唱越剧。自由职业者，现已退休，初中文化程度，说城关镇话和普通话。父母均为嵊州城关镇人。

2. 方言青男

胡科铭，1984年10月出生于嵊州城关镇，主要在本地生活和工作，基层干部，本科文化程度，说城关镇话和普通话。父母均为嵊州城关镇人。

3. 口头文化发音人

钱樟明，男，1958年6月出生于嵊州城关镇，一直在本地生活和工作，退休前在嵊县工艺竹编厂工作，后主要在文化馆、戏迷协会唱越剧。自由职业者，初中文化程度，说城关镇话和普通话。提供方言故事、越剧等调查材料。父母均为嵊州城关镇人。

沈初耀，男，1948年8月出生于嵊州城关镇，一直在本地生活和工作，职工，中专文化程度，说城关镇话和不太标准的普通话，提供方言故事调查材料。父母均为嵊州城关镇人。

贝仲林，男，1955年6月出生于嵊州城关镇，一直在本地生活和工作，统计，大专文化程度，说城关镇话和不太标准的普通话，提供俗语等调查材料。父母均为嵊州城关镇人。

丁娟兰，女，1956 年 4 月出生于嵊州三江街道，一直在本地生活和工作，自由职业者，高中文化程度，说城关镇话和不太标准的普通话，提供越剧调查材料。父母均为嵊州三江街道人。

贰　声韵调

一、声母（28 个，包括零声母在内）

p 八兵	pʰ 派片	b 爬病肥味	m 麦明问	f 飞风副蜂	v 肥味
t 多东	tʰ 讨天	d 甜毒	n 脑南软		l 老蓝连路
ts 早张装纸主	tsʰ 刺草拆车春	dz 茶柱城		s 丝山双书	z 贼床船顺十
tɕ 酒九	tɕʰ 清抽轻	dʑ 全共权	ȵ 年泥热软月	ɕ 想手响	ʑ 谢
k 高	kʰ 开	g 共	ŋ 熬	h 好灰	
Ø 饭问月活王云用药					

说明：

（1）浊塞音、浊塞擦音及浊擦音声母为清音浊流，不是语音学上的带音声母。

（2）开口呼零声母音节前有不明显的[ʔ]，其他零声母音节前有与韵母开头元音同部位的摩擦。

（3）合口阳调类声母有唇齿化倾向，但尚不足以构成唇齿音。

（4）[ts]组声母发音部位较靠前，近上齿背。

（5）[n]声母只拼洪音韵母，[ȵ]声母只拼细音韵母，两者互补，本音系分成两个声母。

（6）在方言口语中，[ts]组声母只拼洪音韵母，[tɕ]组声母只拼细音韵母，即通常我们说的尖团合流。但在越剧中，仍保留尖团对立。

二、韵母（47个，包括自成音节的[m][n][ŋ]）

ɿ 猪师丝试　　　i 米戏二飞　　　　u 苦　　　　　　y 靴雨<u>鬼</u>

a 排鞋　　　　　ia 写　　　　　　ua 快

ɛ 开赔对　　　　　　　　　　　uɛ <u>鬼</u>

o 歌坐过茶牙瓦　　　　　　　　uo 瓜华

ɔ 宝饱　　　　　iɔ 笑桥

ʏ 豆　　　　　　iʏ 走油

　　　　　　　　iẽ 盐年

ɛ̃ 山　　　　　　　　　　　　　uẽ 还

œ̃ 南短寸　　　　　　　　　　　uœ̃ 官　　　　　yœ̃ 权

eŋ 深寸春灯升<u>争</u>　iŋ 心新病星　　uəŋ 滚

aŋ 硬<u>争</u>　　　　　iaŋ 响　　　　　uaŋ 横

ɔŋ 糖床双讲　　　　　　　　　　uɔŋ 王

oŋ 东　　　　　　　　　　　　　uoŋ 公　　　　　yoŋ 云兄用

　　　　　　　　ieʔ 接贴急热节一

ɛʔ 盒塔鸭法辣八　　　　　　　　uɛʔ 活

aʔ 白　　　　　　iaʔ 药

oʔ 托壳学六绿　　　　　　　　　uoʔ 郭国谷　　yoʔ 月橘<u>学</u>局

əʔ 十出北直色尺　　　　　　　　uəʔ 滑

m 母

n 无

ŋ 五

əl 耳_{木~}

说明：

（1）[o]韵的发音部位偏央，近[ɵ]。

（2）[i]韵摩擦较强，近[iʑ]；[y][u]韵与阳调类相拼时有一定摩擦，但较[i]韵轻。

（3）[œ̃]韵中的主元音[œ]略偏央。

（4）[iẽ][ieʔ]韵的主元音[e]与[tɕ]组声母相拼时开口度略大。

（5）[eŋ]韵的主元音[e]略近央；[uəŋ]韵的主元音[ə]略靠前但不近[e]。

（6）［uaŋ］韵中的主元音［a］近［ʌ］。

（7）［ɔŋ］［uɔŋ］韵的主元音介于［ɔ］与［ɒ］之间。

三、声调（8个）

阴平	534	东该灯风通开天春
阳平	213	门龙牛油铜皮糖红
阴上	53	懂古鬼九统苦讨草
阳上	22	买老五有
阴去	334	冻怪半四痛快寸去
阳去	24	卖路硬乱洞地饭树动罪近后
阴入	5	谷急哭刻百搭节拍塔切
阳入	2	六麦叶月毒白盒罚

说明：

（1）阴上［53］有时接近［52］。

（2）阳上［22］有时结尾有上升，接近［223］。阳上部分字并入阳去。有的阳上字与阳去字对比时读音相同，分开时实际调值不同，但发音人认为相同。

（3）入声是短促调，调型都是上升。阴入［5］近［45］，阳入［2］近［23］。

叁　连读变调

一、两字组连读变调表

嵊州方言两字组的连读变调规律见下表。表中首列为前字本调，首行为后字本调。每一格的第一行是两字组的本调组合；第二行是连读变调，若连读调与单字调相同，则此行空白；第三行为例词。同一两字组若有两种以上的变调，则以横线分隔。具体如下。

嵊州方言两字组连读变调表

前字＼后字	阴平 534	阳平 213	阴上 53	阳上 22	阴去 334	阳去 24	阴入 5	阳入 2
阴平 534	534 534／53 334　飞机；534 534／53 53　烧酒	534 213／53 231　沙泥	534 53／53　抽斗	534 22／53 231　端午	534 334／53　冬至	534 24／53 213　家具	534 5／53　蝙蝠	534 2／53 3　阴历
阳平 213	213 534／22 334　台风	213 213／22 231　田塍	213 53／22　河港	213 22／22 231　棉被	213 334／22　芦穄	213 24／22　松树	213 5／22　颜色	213 2／22 3　黄历
阴上 53	53 534／33 53　水杉	53 213／33 231　狗娘	53 53／33　水果；53 53／33 334　扫帚	53 22／33 231　水桶	53 334／33 53　韭菜	53 24／33 231　捣臼	53 5／33　喜鹊	53 2／33 5　小麦
阳上 22	22 534／24 53　眼睛	22 213／24 231　肚皮	22 53／24　冷水；22 53／334　电杆	22 22／24 231　马桶	22 334／24 53　女婿	22 24／24 231　后代	22 5／24　动作	22 2／24 3　满月
阴去 334	334 534／33 334　衬衫	334 213／33 334　太阳	334 53／33 334　借手	334 22／33 334　介绍	334 334／33　世界	334 24／33 334　对面	334 5／33　戏曲	334 2／33　手镯
阳去 24	24 534／334　地方	24 213／334　外头；24 213／22 231　外婆	24 53／334　露水	24 22／22　垫被	24 334　大蒜	24 24／334　雾露；24 24／22 334　庙会	24 5　自杀	24 2　大麦
阴入 5	5 534／334　北方	5 213／3 231　鲫鱼	5 53／3　脚爪	5 22／3 231　激动	5 334　咳嗽；5 334／3 53　桌凳	5 24　柏树	5 5　脚骨	5 2／2 3　吃力

续表

后字　前字	阴平 534	阳平 213	阴上 53	阳上 22	阴去 334	阳去 24	阴入 5	阳入 2
阳入 2	2　　534 334 蜜　蜂	2　　213 231 热　头	2　　53 热　水	2　　22 231 木　耳	2　　334 力　气	2　　24 绿　豆 2　　24 231 蜜　柚	2　　5 六　谷	2　　2 3 越　剧

二、两字组连读变调规律

嵊州方言两字组的连读变调有以下几个特点：

（1）后字调值若是［334］，有时上升不明显，近［33］。

（2）嵊州话语音变调非常复杂，既有前变与后变，又有全变。前变如前字为阴平、阳平、阴上、阳上、阴去。前后均变调的相对较多。

（3）连调模式有一定简化，连调后发生一定的调类合并现象。如前字为阴去，后字为阴平、阳平、阴上、阳上、阴去等读阴去，读为［33］＋［334］。

（4）若前字本调为阳调，则变调仍为阳调，若后字本调为阳调，则变调有的为阳调，有的为阴调。可见阴阳串调多发生在后字。

（5）述宾式语法变调有与语音变调不同的地方，最突出的就是后字往往仍读本调。以下我们只列出与语音变调不同的连调组合：

前字为阴平，前字读［33］，后字一律读本调。

前字为阳平的，2＋2:［22＋213］。2＋4:［22＋22］。

前字为阴上的，3＋2:［33＋213］。3＋4:［22＋22］。3＋5:［33＋334］。3＋6:［33＋24］。

前字为阳上的，4＋1:［24＋534］。4＋2:［24＋213］。4＋4:［24＋213］。4＋5:［24＋334］。4＋6:［24＋213］。

前字为阴去的，前字读［53］（后字是阳平和阴去），其他均读33，后字均读本调。

前字为阳去的，6＋1:［24＋53］。6＋2:［22＋213］。6＋3:［22＋53］。6＋4:［24＋22］。

前字为阴入的，7＋1:［3＋53］。7＋2:［3＋213］。7＋3:［3＋334］。7＋4:［3＋24］。7＋6:［5＋24］。

前字为阳入的，8＋1:［2＋53］。8＋2:［2＋213］。

肆　异读

一、新老异读

1. 声母

（1）浊声母读音老派浊流强于新派。

（2）有的声母老派白读读浊擦音，新派读浊塞擦音。例如：锄 zɿ²¹³ / dzɿ²¹³ | 垂 zɿ²¹³ / dzɿ²¹³ | 前 ziẽ²¹³ / dʑiẽ²¹³。

（3）受普通话影响的其他区别，前者老派，后者新派。例如：箍 kʰu⁵³⁴ / ku³³⁴ | 如 zɿ²¹³ / lu²¹³ | 取 tsʰɿ⁵³ / tɕʰy⁵³。

2. 韵母

（1）老派［yœ̃］韵母，新派部分字读［yẽ］韵母。例如：权 dʑyœ̃²¹³ | 圆 yœ̃²¹³ | 院 yœ̃²⁴。

（2）老派读［ɔŋ］［uɔŋ］韵母的，新派读［ɔ̃］［uɔ̃］韵母。例如：帮 pɔŋ⁵³⁴ / pɔ̃⁵³ | 江 kɔŋ⁵³⁴ / kɔ̃⁵³⁴ | 狂 guɔŋ²¹³ / guɔ̃²¹³。

（3）老派［eŋ］韵母，新派读［əŋ］韵母。例如：沉 dzeŋ²¹³ / dzəŋ²¹³ | 门 meŋ²¹³ / məŋ²¹³ | 分 feŋ⁵³⁴ / fəŋ⁵³⁴。

（4）通摄见母有的字老派读［uoŋ］韵母，新派读［oŋ］韵母。例如：公 kuoŋ⁵³⁴ / koŋ⁵³⁴ | 恭 kuoŋ⁵³⁴ / koŋ⁵³⁴。

（5）老派［ɛʔ］韵母，新派读［əʔ］韵母。例如：塔 tʰɛʔ⁵ / tʰəʔ⁵ | 插 tsʰɛʔ⁵ / tsʰəʔ⁵ | 蜡 lɛʔ⁵ / ləʔ⁵。

（6）老派［ieʔ］韵母，新派读［iəʔ］韵母。例如：接 tɕieʔ⁵ / tɕiəʔ⁵ | 业 ȵieʔ⁵ / ȵiəʔ⁵ | 贴 tʰieʔ⁵ / tʰiəʔ⁵。

（7）老派［aʔ］［iaʔ］韵母，新派读［yoʔ］或［əʔ］韵母。例如：雀 tɕʰiaʔ⁵ / tɕʰyoʔ⁵ | 削 ɕiaʔ⁵ / ɕyoʔ⁵ | 弱 zaʔ² / zəʔ² | 药 iaʔ² / iəʔ²。

（8）此外，新派［i］韵的舌尖化倾向明显，唇音声母与舌尖塞音声母后的［i］近［ɿ］，同时伴有一定摩擦，其他声母后与［i］相拼时虽近舌尖元音，但不与［ɿ］相混，有些青年人相混。老派［i］韵的舌尖化不明显。

3. 声调

（1）新老派在阳上调值上有一定差异，老派读［22］调，新派读［223］调，前者以平调为主，后者以略升为主。

（2）老派读阳去［24］的部分字，新派读阳上［223］。例如：卖、败、跪、武、雾。

二、文白异读

1. 声母

（1）微母部分字白读［m］，文读零声母或［v］。例如：问 meŋ²⁴ / uəŋ²⁴ | 尾 mi²⁴ / vi²⁴ | 晚 mɛ̃²⁴ / uɛ̃²⁴。其中微母"味"白读［b］，文读［v］，算是例外。

奉母少数字白读［b］，文读［v］，例如肥 bi²¹³ / vi²¹³。

（2）见系开口二等部分字白读为［k］组声母，文读为［tɕ］组声母，韵母也随之有所变化。例如：嫁 ko³³⁴ / tɕia³³⁴ | 交 ko⁵³ / tɕiɔ⁵³。

（3）止摄合口三等见系声母部分读白读［tɕ］声母，文读［k］组声母。例如：龟 tɕy⁵³ / kuɛ⁵³ | 柜 dʑy²⁴ / guɛ²⁴ | 贵 tɕy³³⁴ / kuɛ³³⁴ | 围 y²¹³ / uɛ²¹³。

（4）日母字白读［ȵ］或［n］，文读［z］或零声母。例如：耳 ȵi²⁴ / əl²⁴ | 日 nəʔ² / zəʔ² | 认 ȵiŋ²⁴ / zeŋ²⁴ | 让 ȵiaŋ²⁴ / zaŋ²⁴。少数白读为零声母，文读是［z］。例如：闰 yoŋ²⁴ / zeŋ²⁴。

（5）部分邪母、澄母字白读［z］或［ʑ］，文读［dz］或［dʑ］。例如：锤 zๅ²¹³ / dzɛ²¹³ | 像 ʑiaŋ²² / dʑiaŋ²² | 前 ʑiɛ̃²¹³ / dʑiɛ̃²¹³。

2. 韵母

（1）果摄部分字白读［a］韵母，文读［o］韵母。例如：拖 tʰa⁵³⁴ / tʰo⁵³⁴ | 破 pʰa³³⁴ / pʰo³³⁴。

（2）蟹摄四等齐韵少数字白读［ɛ］韵母，文读［i］韵母。例如：梯 tʰɛ⁵³⁴ / tʰi⁵³⁴。

（3）止摄三等部分字白读［i］［y］韵母，文读［əl］［uɛ］韵母。例如：儿 ȵi²¹³ / əl²¹³ | 耳 ȵi²⁴ / əl²⁴ | 龟 tɕy⁵³ / kuɛ⁵³ | 柜 dʑy²⁴ / guɛ²⁴ | 贵 tɕy³³⁴ / kuɛ³³⁴ | 围 y²¹³ / uɛ²¹³。

（4）咸摄开口一等部分字白读［ɒ̃］，文读［ɛ̃］韵母。例如：潭 dɒ̃²¹³ / dɛ̃²¹³。

（5）臻摄部分字白读［iŋ］韵母，文读［eŋ］韵母。例如：恩 iŋ⁵³⁴ / eŋ⁵³⁴ | 人 ȵiŋ²¹³ / zeŋ²¹³ | 认 ȵiŋ²⁴ / zeŋ²⁴。

（6）臻摄合口三等部分字白读［eŋ］韵母，文读［uəŋ］韵母。例如：蚊 meŋ²¹³ / uəŋ²¹³ | 问 meŋ²⁴ / uəŋ²⁴。

（7）通摄合口三等部分字有文白异读。例如：梦 mɔŋ²⁴ / moŋ²⁴ | 浓 ȵyoŋ²¹³ / noŋ²¹³ | 共 dʑyoŋ²⁴ / guoŋ²⁴。

第二十七节　新昌方音

壹　概况

一、调查点

1.地理人口

新昌县隶属于浙江省绍兴市，位于浙江东部，绍兴市东南部。东临奉化、宁海，南接天台，西南毗连磐安、东阳，西北与嵊州接壤。全县面积 1212.7 平方公里，辖 4 街道 6 镇 2 乡，分别是：羽林街道、南明街道、七星街道、澄潭街道，回山镇、沃洲镇、小将镇、沙溪镇、镜岭镇、儒岙镇，城南乡、东茆乡。截至 2020 年 11 月，全县常住人口 41.90 万，[①] 主要为汉族，少数民族人口少。

2.历史沿革

新昌建县于西汉初，古称剡县。唐武德四年（621），以剡县置嵊州，并析置剡城县，俱属越州总管府。贞观元年（672）分国内为十道监察区，开元时又分十五道，剡县属越州，先后隶属于江南道和江南东道。五代，新昌建县，属吴越国越州东府镇东军，一直沿用至今。

1949 年新昌解放，隶属浙江省绍兴专区（初称第十专区），1952 年 1 月，撤销绍兴专区，新昌划属宁波专区。1958 年 11 月，撤销新昌县建制，并入嵊县。1961 年 12 月，恢复新昌县建制。1964 年 9 月，复设绍兴专区，新昌属之。1983 年 7 月，撤销绍兴地区，设绍兴市，新昌县划属绍兴市。[②]

3.方言分布

新昌话属吴语太湖片临绍小片，为全县通行的主要方言，分布在新昌各个乡镇，各地口音有所区别。近年来受普通话影响逐渐增大，特别是年轻人的口语中普通话词汇增多。

---

① 参见：新昌县人民政府网，http://www.zjxc.gov.cn/col/col1390338/index.html，2021 年 5 月 24 日获取。人口数据参见：《新昌县第七次全国人口普查主要数据公报》，http://www.zjxc.gov.cn/art/2021/5/24/art_1229003749_59002175.html，2021 年 5 月 24 日获取。

② 新昌县志编纂委员会. 新昌县志. 上海：上海书店，1994：41-47.

4. 地方曲艺

新昌素称戏剧之乡。戏剧种类有调腔、越剧、乱弹等。调腔，又称高腔，为中国古老剧种之一。调腔音乐，特色鲜明，声腔以调腔为主，兼及昆腔与四平。新昌为越剧发源地之一，清咸丰间，有"落地唱书"艺人活动。乱弹早期由轿夫（俗称"小百姓"）班与道士班融合组成坐唱班，主唱乱弹，旁及调腔。

二、方言发音人

1. 方言老男

俞魁忠，1955 年 9 月出生于新昌城关镇，一直在本地生活和工作，职工，现已退休，初中文化程度，说城关镇话和不太标准的普通话。父母均为新昌城关镇人。

2. 方言青男

石程超，1991 年 5 月出生于新昌城关镇，主要在本地生活和工作，职工，大专文化程度，说城关镇话和普通话。父母均为新昌城关镇人。

3. 口头文化发音人

王莺，女，1971 年 10 月出生于新昌城南乡，文艺工作者，大专文化程度，说城关镇话和普通话，提供调腔等调查材料。父母均为新昌城关镇人。

张婷芳，女，1995 年 11 月出生于新昌镜岭镇，文艺工作者，大专文化程度，说镜岭镇话和普通话，提供调腔调查材料。父母均为新昌镜岭镇人。

何玉燕，女，1953 年 8 月出生于新昌城关镇，一直在本地生活和工作，自由职业者，初中文化程度，说城关镇话和不太标准的普通话，提供歌谣、牛郎和织女、其他故事及俗语等调查材料。父母均为新昌城关镇人。

陈金妹，女，1954 年 10 月出生于新昌城关镇，一直在本地生活和工作，护士，中专文化程度，说城关镇话和普通话，提供歌谣、其他故事、俗语等调查材料。父母均为新昌城关镇人。

贰　声韵调

一、声母（28个，包括零声母在内）

p 八兵	pʰ 派片	b 爬病肥	m 麦明味问	f 飞风蜂灰	v 肥味
t 多东	tʰ 讨天	d 甜毒	n 脑南软		l 老蓝连路
ts 资张竹 争纸	tsʰ 刺拆抄 车春	dz 全茶柱城		s 丝山双书	z 字坐祠床 船顺
tɕ 酒九张	tɕʰ 清抽轻	dʑ 共权	ȵ 年泥热软月	ɕ 想手响	ʑ 谢
k 高	kʰ 开	g 共	ŋ 熬	h 好	
∅ 安饭问 县王药					

说明：

（1）浊塞音、浊塞擦音及浊擦音声母为清音浊流，不是语音学上的带音声母。

（2）阳调类零声母音节前有与韵母开头元音同部位的摩擦，具有明显浊感。

（3）合口阳调类声母有唇齿化倾向，但尚不足以构成唇齿音。

（4）[v]声母与[i]韵母相拼时，唇齿较强，与其他声母相拼时，唇齿较弱，近零声母。尽管两者互补，但我们把前者记为[v]声母，后者记为零声母。

（5）[n]声母只拼洪音韵母，[ȵ]声母只拼细音韵母，两者互补，本音系分成两个声母。

（6）[ts]组声母只拼洪音韵母，[tɕ]组声母只拼细音韵母，即通常我们说的尖团合流。

二、韵母（50个，包括自成音节的[m̩][ŋ̍]）

ɿ 猪师丝试	i 米戏二飞	u 苦	y 靴雨鬼
a 排鞋	ia 写	ua 快	
e 开赔对		ue 会	
	iɯ 豆走油		

ɤ 歌坐过

o 茶牙瓦　　　　　　　　　　　　　　uo 瓜

ɔ 宝饱　　　　　ciɔ 笑桥

ɛ̃ 山　　　　　　iɛ̃ 盐年　　　　　　uɛ̃ 关

œ̃ 南半短　　　　　　　　　　　　　uœ̃ 官　　　　　　yœ̃ 权

ɔ̃ 糖床双讲　　　　　　　　　　　　uɔ̃ 王

eŋ 深根寸春灯升争　　iŋ 心新病星　　ueŋ 滚

aŋ 硬争　　　　　　　iaŋ 响　　　　　uaŋ 横

oŋ 东　　　　　　　　　　　　　　　uoŋ 凤　　　　　yoŋ 云兄用

　　　　　　　　　　iʔ 急直锡七一　　uʔ 郭国谷　　　yʔ 橘局

eʔ 十出北直色　　　　　　　　　　　ueʔ 骨

ɛʔ 塔鸭法辣八　　　iɛʔ 接贴热节　　uɛʔ 刮

aʔ 白尺　　　　　　iaʔ 药学　　　　uaʔ 划

ɤʔ 盒六绿　　　　　　　　　　　　　uɤʔ 活　　　　　yɤʔ 月

oʔ 托壳学

m̩ 母

ŋ̍ 五

əl 耳 木~

说明：

（1）高元音韵母[ɿ][u][y]有轻微后滑音产生，可记为[ɿə][uə][yə]，在曲折调里更明显。其中，韵母[u]圆唇度不高，唇形较松。韵母[y]近[ʏ]。

（2）韵母[i]与齿音声母或零声母相拼时有较强摩擦，与塞音、鼻音、边音声母相拼时听感上接近[ɿ]，但还不到[ɿ]，可称之为舌叶元音。

（3）韵母[o]与[k]组声母相拼时有一个轻微的前滑音 -u-，近[uo]，但绝不与韵母[uo]相混。

（4）韵母[ɤ]与[k]组声母相拼时，近[ɯ]。

（5）[aŋ]组韵母有时鼻尾不明显，元音的鼻化程度较高。

（6）韵母[eŋ]中主元音略靠后，但不央。有时鼻尾不明显，近鼻化。

（7）韵母[iŋ]在主元音和韵母尾之间，有较明显的过渡音，实际调值近[iəŋ]。

（8）韵母［oŋ］与［t］组声母相拼时，主元音圆唇度不高，近［ɤ］，与［k］声母相拼时，主元音近［u］，与其他声母相拼时，主元音为［o］。

（9）韵母［iʔ］有时近［ieʔ］，特别是与［tɕ］组声母相拼时。

（10）韵母［yɤʔ］中的元音［ɤ］有时不明显，近［yɤʔ］。

（11）在实际语流中，入声韵母［iʔ］和［iɛʔ］、［ueʔ］和［uɤʔ］、［eʔ］和［ɤʔ］等几个韵母会相混。

三、声调（8个）

阴平	534	东该灯风通开天春
阳平	22	门龙牛油铜皮糖红
阴上	453	懂古鬼九统苦讨草
阳上	232	买老五有动罪近后
阴去	335	冻怪半四痛快寸去
阳去	13	卖路硬乱洞地饭树
阴入	5	谷急哭刻百搭节拍塔切
阳入	2	六麦叶月毒白盒罚

说明：

（1）阴平［534］高降升，但有时升得不明显，这时就近［53］或［533］。

（2）阳平［22］低平，有时末尾有升，近［223］。

（3）阴上［453］高升降，起点比终点高，有时升的较短，听起来像降调，但实际上还有升的。

（4）阳上［232］低升降，实际调值起点比终点略低。

（5）阴去［335］中平升，结尾处上升明显且升得较高，但有时也近［334］。有的中点略降，近［325］，这种情况相对较少。中平部分有时较短。

（6）阴入［5］是短调，调型是高降，近［53］。少数字在词中有舒化现象。

（7）阳入［2］是短调，调型低升降，与阳上同，近［232］。少数字在词中有舒化现象。

叁　连读变调

一、两字组连读变调表

新昌方言两字组的连读变调规律见下表。表中首列为前字本调，首行为后字本调。每一格的第一行是两字组的本调组合；第二行是连读变调，若连读调与单字调相同，则此行空白；第三行为例词。同一两字组若有两种以上的变调，则以横线分隔。具体如下。

新昌方言两字组连读变调表

前字 ＼ 后字	阴平 534	阳平 22	阴上 453	阳上 232	阴去 335	阳去 13	阴入 5	阳入 2
阴平 534	534 534 45 溪 滩	534 22 45 33 砖 头	534 453 53 雌 狗	534 232 45 33 番 薯 —— 534 232 33 村 荡	534 335 53 天 架	534 13 53 杉 树	534 5 53 猪 血	534 2 53 阴 历
阳平 22	22 534 335 围 巾 —— 22 534 13 黄 沙	22 22 13 33 田 塍	22 453 苹 果	22 232 13 22 肥 皂	22 335 油 菜	22 13 蚕 豆	22 5 头 发	22 2 阳 历
阴上 453	453 534 33 453 小 猪 —— 453 534 45 33 烤 烟	453 22 45 响 雷 —— 453 22 33 232 斧 头	453 453 53 水 果	453 232 33 水 桶	453 335 53 453 韭 菜	453 13 33 232 子 弹	453 5 33 宝 塔	453 2 33 小 麦
阳上 232	232 534 22 53 尾 巴	232 22 22 231 码 头	232 453 22 冷 水	232 232 22 马 桶	232 335 22 453 卵 泡	232 13 22 冷 汗	232 5 22 动 作	232 2 22 老 实
阴去 335	335 534 53 33 衬 衫	335 22 53 33 酱 油	335 453 53 33 借 手	335 232 33 33 屁 眼	335 335 53 453 世 界	335 13 53 335 对 面	335 5 53 3 戏 曲	335 2 53 3 快 活

续表

前字\后字	阴平 534	阳平 22	阴上 453	阳上 232	阴去 335	阳去 13	阴入 5	阳入 2
阳去 13	13 534 22 335 地 方	13 22 22 335 烂 泥 13 22 22 232 外 婆	13 453 22 335 露 水	13 232 22 22 芋 奶	13 335 22 大 蒜	13 13 22 庙 会	13 5 22 自 杀	13 2 22 大 麦
阴入 5	5 534 发 痧	5 22 33 鲫 鱼	5 453 脚 底	5 232 黑 米	5 335 453 桌 凳	5 13 铁 路	5 5 脚 骨	5 2 发 热
阳入 2	2 534 蜜 蜂	2 22 232 木 头	2 453 热 水	2 232 白 马	2 335 白 菜	2 13 麦 面	2 5 六 谷	22 毒 药

二、两字组连读变调规律

新昌方言两字组的连读变调有以下几个特点：

（1）后字调值若是［335］，有时上升不明显，近［33］。若后字调值若是［534］，有时终点上升不明显，近［53］或［533］。

（2）由于新昌话曲折调多，因此，变调复杂。有前变、后变、全变或不变，其中以前字变和全变居多，后字变较少。

（3）连调模式简化现象不突出，阴阳串调现象不明显。

肆 异读

一、新老异读

1. 声母

浊声母读音老派浊流强于新派。

2. 韵母

（1）假摄开口二等见系部分字老派读［o］韵母，新派读［uo］，例如：嫁 ko^{335} / kuo^{434} | 下 o^{13} / uo^{231} | 哑 o^{453} / o^{343}。

（2）假摄合口二等见系部分字老派读［uo］韵母，新派读［o］，例如：花 fuo⁵³⁴ / fo⁵³⁴ | 化 fuo³³⁵ / fo⁴³⁴。

（3）流摄老派主要读［iɯ］韵母，新派读［iɯə］韵母，例如：抖 tiɯ⁴⁵³ / tiɯə³⁴³ | 偷 tʰiɯ⁵³⁴ / tʰiɯə⁵³⁴ | 抽 tɕʰiɯ⁵³⁴ / tɕʰiɯə⁵³⁴。

（4）老派读［aŋ］类韵母，新派读鼻化［ã］类韵母，例如：亮 liaŋ¹³ / liã²¹³ | 生 saŋ⁵³⁴ / sã⁵³⁴ | 梗 kuaŋ⁴⁵³ / kuã³⁴³。

（5）通摄合口老派读［oŋ］［uoŋ］韵母，新派均读［ɤŋ］韵母，例如：粽 tsoŋ³³⁵ / tsɤŋ⁴³⁴ | 凤 uoŋ¹³ / vɤŋ²¹³ | 宫 koŋ⁵³⁴ / kɤŋ⁵³⁴。

（6）老派［ɤʔ］类韵母，新派读［əʔ］类韵母。例如：拨 pɤʔ⁵ / pəʔ⁵ | 夺 dɤʔ² / dəʔ² | 阔 kʰuɤʔ⁵ / kʰuəʔ⁵。

3. 声调

新老派在阴上、阳上、阴去、阳去四个调的调值上有所不同，这四个调老派分别读［453］［232］［335］［13］，新派读［343］［231］［434］［213］。

二、文白异读

1. 声母

（1）微母部分字白读［m］，文读零声母或［v］。例如：味 mi¹³ / vi¹³ | 问 meŋ¹³ / ueŋ¹³ | 尾 mi²³² / ue²³² | 晚 mɛ̃²³² / uɛ̃²³²。

（2）奉母少数字白读［b］，文读［v］。例如：肥 bi²² / vi²²。

（3）从、船、禅母白读擦音，文读塞擦音。例如：财 ze²² / dze²² | 罪 ze²² / dze²² | 蛇 zo²² / dzo²² | 杂 zaʔ² / dzaʔ²。也有反过来的，极少数白读塞擦音，文读擦音。例如：剩 dʑiŋ¹³ / zeŋ¹³。

（4）见系开口二等部分字白读为［k］组声母，文读为［tɕ］组声母，韵母也随之有所变化。例如：交 kɔ⁵³⁴ / tɕiɔ⁵³⁴ | 孝 hɔ³³⁵ / ɕiɔ³³⁵。

（5）止摄合口三等见系声母部分读白读［tɕ］声母，文读［k］组声母。例如：柜 dʑy¹³ / gue¹³ | 围 y¹³ / ue¹³。

（6）知、庄、章三组声母部分字白读为舌面塞擦音或擦音声母，文读为舌尖塞擦音或擦音声母。例如：世 ɕi³³⁵ / sɿ³³⁵ | 沉 dʑiŋ²² / dzeŋ²² | 针 tɕiŋ⁵³⁴ / tseŋ⁵³⁴ | 俊 tɕyoŋ³³⁵ / tseŋ³³⁵ | 上 ʑiaŋ¹³ / zaŋ¹³ | 张 tɕiaŋ⁵³⁴ / tsaŋ⁵³⁴ | 静 dʑiŋ¹³ / zeŋ¹³ | 剩 dʑiŋ¹³ / zeŋ¹³ | 直 dʑiʔ² / dzeʔ²。

（7）极少数来母字白读鼻音声母，文读边音声母。例如：烂 nɛ̃^{13} / lɛ̃^{13}。

（8）流摄一等见组声母字白读为［tɕ］组声母，文读为［k］组声母，韵母也随之有所变化。例如：钩 tɕiɯ^{534} / kiɯ^{534} | 口 tɕʰiɯ^{453} / kʰiɯ^{453} | 厚 dʑiɯ^{232} / giɯ^{232}。

（9）日母字白读［ŋ］［n］，文读［z］或零声母。例如：耳 ŋ^{232} / əl^{232} | 日 neʔ^2 / zəʔ^2 | 认 n̠iŋ^{13} / zeŋ^{13} | 让 n̠iaŋ^{13} / zaŋ^{13}。少数白读为零声母，文读是［z］。例如：闰 yoŋ^{13} / zeŋ^{13}。

2. 韵母

（1）果摄部分字白读［a］韵母，文读［ɤ］韵母。例如：拖 tʰa^{534} / tʰɤ^{534} | 破 pʰa^{335} / pʰɤ^{335}。

（2）蟹摄四等齐韵少数字白读［e］韵母，文读［i］韵母。例如：梯 tʰe^{534} / tʰi^{534} | 递 de^{13} / di^{13}。

（3）止摄三等部分字白读［ŋ］［y］［ɿ］韵母，文读［əl］［ue］韵母。例如：儿 ŋ^{22} / əl^{22} | 耳 ŋ^{232} / əl^{232} | 垂 dʐɿ^{22} / ze^{22} | 柜 dʑy^{13} / gue^{13} | 围 y^{13} / ue^{13}。

（4）深臻摄非见系声母字白读［iŋ］韵母，文读［eŋ］韵母。例如：沉 dʑiŋ^{22} / dzeŋ^{22} | 针 tɕiŋ^{534} / tseŋ^{534} | 辰 ʑiŋ^{22} / dzeŋ^{22} | 认 n̠iŋ^{13} / zeŋ^{13} | 纯 ʑiŋ^{22} / dzeŋ^{22}。

（5）臻摄部分字白读［yoŋ］韵母，文读［eŋ］韵母。例如：俊 tɕyoŋ^{335} / tseŋ^{335} | 闰 yoŋ^{13} / eŋ^{13}。

（6）臻摄合口三等部分字白读［eŋ］韵母，文读［ueŋ］韵母。例如：蚊 meŋ^{22} / ueŋ^{22} | 问 meŋ^{13} / ueŋ^{13}。

（7）宕摄部分字白读［ɔ̃］［iaŋ］韵母，文读［aŋ］韵母。例如：张 tɕiaŋ^{534} / tsaŋ^{534} | 章 tsɔ̃^{534} / tsaŋ^{534} | 上 ʑiaŋ^{13} / zaŋ^{13} | 让 n̠iaŋ^{13} / zaŋ^{13}。

（8）通摄合口三等部分字有文白异读。例如：梦 mɔ̃^{13} / moŋ^{13} | 共 dʑyoŋ^{13} / goŋ^{13}。

第二十八节　诸暨方音

壹　概况

一、调查点

1. 地理人口

诸暨市位于浙江省中部偏北，会稽山脉与龙门山脉之间、浦阳江中游。东北邻绍兴市柯桥区，东靠嵊州市，南接东阳市、义乌市，西连浦江县、桐庐县，北界萧山区、富阳区。全市总面积 2311 平方公里，现辖 5 个街道、18 个乡镇。2022 年，全市总人口 108 万。①

2. 历史沿革

诸暨是於越文化发祥地之一，远在新石器时代，境内即有古越民族聚居生息繁衍。夏朝中期，夏帝少康封庶子无余于越，诸暨属于越。春秋时期属于越国，为越国古都。越王曾先后在境内的埤中（今次坞镇、店口镇、阮市镇一带）、大部（今枫桥镇一带）、勾乘（今牌头镇一带）等地建都。秦王政（前 222）设县，新始建国年间更名疏虏，唐太和年间（827—835）更名暨阳，吴越天宝三年（910），更名诸暨。1989 年撤县设市，由绍兴市代管。

3. 方言分布

诸暨方言属于吴语浙北区太湖片临绍小片，诸暨方言标准音为城关镇、牌头镇以北的牌头区各个乡（镇）、五泄区的大部分乡镇。各镇均说汉语。其中枫桥、店口一带近绍兴口音；岭北镇近东阳口音；安华镇近义乌口音。地道的诸暨话指城区的口音。该地无少数民族语言。

4. 地方曲艺

诸暨本地的方言曲艺或地方戏种类有诸暨乱弹、越剧。

---

① 参见：诸暨市人民政府网诸暨概况，https://www.zhuji.gov.cn/，2022 年 12 月 13 日获取。

二、方言发音人

1. 方言老男

朱雷，1952年6月出生于诸暨暨阳街道，一直在本地生活和工作，职工，初中文化程度。说诸暨话和不太标准的普通话。父亲是诸暨直埠镇人，母亲是诸暨城关人，均说诸暨话。配偶是城关人，说诸暨话。

2. 方言青男

蒋咏凯，1981年9月出生于诸暨暨阳街道。主要在本地生活和工作，基层干部，本科文化程度，说诸暨话和普通话。父母均为诸暨人，说诸暨话。

3. 口头文化发音人

应红叶，女，1982年9月出生于诸暨东白湖镇，一直在本地生活和工作，职工，中专文化程度，说诸暨话和普通话，父母和配偶均为诸暨人，说诸暨话。

贰　声韵调

一、声母（32个，包括零声母在内）

p 八兵	pʰ 派片	b 病爬	m 麦明味问	f 飞风副蜂	v 饭肥温王
t 多东	tʰ 讨天	d 甜毒	n 脑南年泥 热软		l 老蓝连路
ts 资早租张 竹争装纸	tsʰ 刺草抽拆 抄初车春	dz 城愁		s 丝三酸山 双手	z 字贼祠茶床 船顺十
tʃ 鸡寄	tʃʰ 溪器	dʒ 骑期		ʃ 西洗	ʒ 移衣
tɕ 酒主九	tɕʰ 清轻	dʑ 全柱权		ɕ 想书响	ʑ 谢斜
k 高官	kʰ 开看	g 共葵	ŋ 熬颜	x 好烘	
Ø 月活县安 云用药					

说明：

（1）浊擦音声母实际发音为先清后浊，如［z］，实际发音为［sz］。

（2）零声母音节逢阴声调前有喉塞[ʔ]，逢阳声调开口呼前有[ɦ]，逢阳声调齐齿呼前有[j]，逢阳声调撮口呼前有[ɥ]。

（3）[n]逢洪音、细音都为[n]。

二、韵母（42个，包括自成音节的[m][n̩][ŋ][əl]在内）

ɿ 猪师丝试戏	u 苦姑	y 雨靴鬼
ʅ 米戏二飞		
ɛ 炭山	uɛ 关惯	
ʌ 排鞋	iʌ 写夜　　uʌ 快怪	yɑ 蛇车
o 茶牙瓦花瓜		
e 开赔对	ie 年全　　ue 桂规亏	
ɔ 宝饱	iɔ 笑桥	
ə 南半短	iə 权冤　　uə 官宽	
ei 豆走		
ɤu 歌坐过		
	iʉ 油后	
ã 硬争横	iã 响让	
ɑ̃ 糖王床双讲	uɑ̃ 光筐狂	
om 东梦	im 兄用军	
ɛn 寸春灯升深门	in 心根新病星　　uɛn 滚困	
aʔ 塔鸭法辣八白	iaʔ 药削　　uaʔ 刮	
oʔ 活骨出郭壳北六绿	ioʔ 月橘学局	
əʔ 盒十直色尺	ieʔ 接贴急热节七一锡	
əl 耳ㄦ～		
m̩ 姆		
n̩ 耳		
ŋ̍ 五		

说明：

（1）[ɿ]发音时舌头的中间部位弓起，实际为舌叶音，但是因为无相应的国际音标，今用[ɿ]表示。

（2）[in][ɛn][uɛn]主要元音鼻化。

（3）[ei]中的[e]有时有点圆唇色彩。

（4）[o][oʔ]两韵有时前有轻微的[u]。

（5）[fu]中的[u]为[ʋ]。

三、声调（7个）

阴平	544	东该灯风通开天春冻怪半四痛快寸去
阳平	13	门龙牛油铜皮糖红
阴上	42	懂古鬼九统苦讨草
阳上	242	买老五有动罪近后
阳去	33	卖路硬乱洞地饭树
阴入	5	谷急刻百搭节拍塔切
阳入	13	六麦叶月毒白盒罚

说明：

（1）阴平[544]以平为主。

（2）阳入[13]为短调。

叁　连读变调

一、两字组连读变调表

诸暨方言两字组的连读变调规律见下表。表中首列为前字本调，首行为后字本调。每一格的第一行是两字组的本调组合；第二行是连读变调，若连读调与单字调相同，则此行空白；第三行为例词。同一两字组若有两种以上的变调，则以横线分隔。具体如下。

诸暨方言两字组连读变调表

前字 ＼ 后字	阴平 544	阳平 13	阴上 42	阳上 242	阳去 33	阴入 5	阳入 13
阴平 544	544 544 / 21 42 中央 544 544 / 33 33 真朝 544 544 / 33 21 案几	544 13 / 21 242 天雷 544 13 / 33 21 今年 544 13 / 33 33 蜻蜓	544 42 / 33 33 蜂子	544 242 / 21 街道 544 242 / 33 癫佬 544 242 / 33 13 兄弟	544 33 / 33 13 天亮 544 33 / 21 33 冬夜 544 33 / 33 家具 544 33 / 21 242 番芋	544 5 / 21 猪脚	544 13 / 42 5 山药 544 13 / 33 21 正月 544 13 / 21 5 阴历 544 13 / 33 生日
阳平 13	13 544 / 21 42 辰光 13 544 / 42 明朝	13 13 / 21 242 田塍 13 13 / 21 42 洋油 13 13 / 42 明年 13 13 / 21 前年 13 13 / 33 21 娘娘	13 42 / 21 苹果 13 42 / 21 242 雄狗	13 242 / 21 42 城里 13 242 / 21 蒲荠 13 242 / 21 33 和尚	13 33 / 21 黄豆	13 5 / 21 菩萨	13 13 / 21 萝卜 13 13 / 21 5 阳历
阴上 42	42 544 / 21 42 水坑 42 544 / 33 42 小猪	42 13 / 33 242 狗娘	42 42 / 33 扫帚 42 42 / 33 21 毯子	42 242 / 33 虎蚁	42 33 / 33 13 扫地 42 33 / 33 21 姊妹	42 5 / 33 喜鹊	42 13 / 33 5 小麦 42 13 / 33 手镯

续表

后字 前字	阴平 544	阳平 13	阴上 42	阳上 242	阳去 33	阴入 5	阳入 13
阳上 242	242/13 牡 544/42 丹 242/21 养 544 猪	242/13 后 13/33 头 242/42 以 13 前 242/21 上 13 坟 242/13 丈 13/42 人	242/13 冷 42 水 242/35 李 42/21 子 242/13 辫 42/21 子 242/35 雨 42/33 伞 242/21 老 42 子	242/13 马 242 桶 242/13 道 242/42 士 242/21 老 242/42 马	242/21 后 33/242 路	242/21 美 5/242 国	242/21 满 13 月 242/13 后 13/21 日
阳去 33	33/21 定 544 婚	33/21 烂 13/33 泥 33/21 电 13/242 筒 33 外 13 头 33/21 望 13 牛 33 弄 13/33 堂	33/21 露 42 水 33/13 顺 42 手	33/13 豆 242/33 腐 33/21 面 242 桶 33 洞 242 眼	33 雾 33 露	33/21 外 5 国	33 饭 13/5 镬
阴入 5	5/5 阿 544/42 哥 5 杀 544 猪 5 发 544/33 痧	5/5 出 13/33 来	5 脚 42 爪 5 橘 42/33 子	5 屋 242/21 柱	5 柏 33/21 树	5 吸 5 铁	5 角 13/5 落 5 发 13 热

续表

后字 前字	阴平 544		阳平 13		阴上 42		阳上 242		阳去 33		阴入 5		阳入 13	
阳入 13	13 21 活	544 42 狲	13 21 学	13 33 徒	13 21 着	42 火	13 21 落	242 雨	13 21 月	33 亮	13 21 蜡	5 烛	13 21 腊	13 5 月
			13 21 掠	13 头	13 21 栗	42 33 子	13 21 木	242 42 耳						
			13 21 石	13 242 头										

二、两字组连读变调规律

诸暨方言两字组的连读变调有以下几个特点：

（1）既有前字变调，也有后字变调。

（2）阴平作前字，一般变［21］或［33］。阴平作后字，一般变［42］。

（3）阳平作前字一般变［21］，作后字时调值多样。

（4）阴上作前字变［33］，作后字时不变或变［33］。阴上作后字时不变仍读［42］或者变［21］或者［33］。

（5）阳上作前字时一般变［13］，作后字时有的不变，有的变［42］。

（6）阳去作前字时一般变［21］，作后字有的变［13］，有的不变，仍读［33］。

（7）阴入作前字和后字一般均不变调。

（8）阳入作前字时一般变［21］，作后字时有时不变［13］，仍读［13］，有时变为［5］。

肆 异读

一、新老异读

诸暨方言的新老异读主要体现在韵母方面。例如：

（1）通摄阳声韵字老男韵尾为［m］，青男为［ŋ］。例如：

老男：冻 tom^{544} | 铜 dom^{13}，青男：冻 toŋ^{55} | 铜 doŋ^{13}。

（2）老男的［oʔ］韵母逢［k］组声母和零声母青男读为［uoʔ］韵母。

老男：谷 koʔ⁵ | 国 koʔ⁵，青男：谷 kuoʔ⁵ | 国 kuoʔ⁵。

二、文白异读

诸暨方言的文白异读主要体现在声母和韵母方面。下文中"/"前为白读，后为文读：

1. 声母

（1）从母白读擦音，文读塞擦音。例如：蚕 zə¹³ / 全 dzie¹³。

（2）微母白读［m］声母，文读［v］声母。例如：尾 m̩³³ / v̩³³。

2. 韵母

（1）蟹摄合口三等字和止摄合口三等字白读［y］或［ɻ］，文读［ue］。例如：吹 tsʰɻ⁵⁴⁴ / 龟 tɕy⁵⁴⁴ / kue⁵⁴⁴。

（2）梗摄二等入声字白读［aʔ］，文读［əʔ］。例如：策 tsʰaʔ⁵ / 择 tsʰəʔ¹³。

伍　其他音变

诸暨方言有少量的合音。例如：

［我拉］ŋA²⁴² |［尔拉］niA²⁴² |［渠拉］dʑiA²⁴² |［弗用］fom⁵⁴⁴

第二十九节　慈溪方音

壹　概况

一、调查点

1. 地理人口

慈溪隶属宁波市。地处东海之滨，杭州湾南岸，东离宁波 60 公里，北距上海 148 公里，西至杭州 138 公里，是长三角地区大上海经济圈南翼重要的工商名城，也是国务院批准的沿海经济开放区之一。2008 年杭州湾跨海大桥的通车，慈溪一跃成为长三角南翼黄金节点城市。2021 年末全市行政区域面积 1361 平方公里，辖 14 个镇、5 个街道，294 个行政村、26 个居委会、70 个社区。2017 年全市总户数 18.22 万，户籍人口 105.27 万。[①]

2. 历史沿革

唐开元二十六年（738），县治设今宁波市之慈城镇。乾元元年（758），江南东道下分置浙江东道、浙江西道，慈溪县隶浙江东道。五代梁开平三年（909），设明州望海军，慈溪属明州望海军，隶吴越国。[②]

北宋建隆元年（960），改明州望海军为明州奉国军。南宋绍兴二年（1132），复分两浙路为两浙东路、两浙西路，慈溪属明州，隶两浙东路。

元世祖至元十三年（1276），于庆元府置宣慰司。大德六年（1302），慈溪县属江浙行省浙东道宣慰司。

明洪武九年（1376），改行中书省为承宣布政使司。洪武十四年，避"明"国号讳，改明州府为宁波府。

清初，慈溪县属宁波府，隶浙江省宁绍台道。

民国元年（1912），废府，慈溪直属浙江省军政府。三年，慈溪县隶属浙江

---

① 参见：慈溪市人民政府网，http://www.cixi.gov.cn/art/2020/5/13/art_1229036048_42955984.html，2019 年 8 月 1 日获取。
② 参见：慈溪市人民政府网，http://www.cixi.gov.cn/art/2020/5/13/art_1229036048_42955984.html，2019 年 8 月 1 日获取。

省会稽道。十六年，国民政府迁都南京，废道制，慈溪直属浙江省政府。二十一年，浙江省设行政督察区，慈溪县属第五行政督察区，专员公署驻鄞县。

1949 年 5 月 24 日，慈溪县治孝中镇（今宁波慈城镇）解放。

1954 年为建设商品棉基地，对县境作了调整。将以植棉为主的镇海、慈溪、余姚 3 县之北部划为慈溪县，并移治于浒山镇。

1988 年 10 月 13 日，经国务院批准，撤销慈溪县建制，改设慈溪市（县级），仍属宁波市，区、乡（镇）行政区划不变。

3. 方言分布

慈溪地处古越州和明州交汇之区，慈溪方言属吴方言太湖片。慈溪境内主要有东西两小片方言。东部（观海卫及以东）原属慈溪、镇海部分，古属明州（宁波府），口音偏向宁波市区方言，属太湖片甬江小片，约有 41.25 万人；西部（桥头及以西，含今县治所在地）原姚北部分。古属越州（会稽府），口音偏向绍兴方言，属太湖片临绍小片，约有 60.29 万人。此外，观海卫镇内卫北村卫西村有一个闽语方言岛，当地人俗称燕话、卫里话，是观海卫建卫时来自闽东的守卫之士的后裔，目前能操此话者不足百人。

4. 地方曲艺

慈溪曲艺主要是唱新闻，传承人是胡新昌；地方戏是姚北滩簧，被列入浙江省省级第四批非物质文化遗产代表性项目名录（拓展项目），有一个坎墩姚剧团，传承人是周丽君。

二、方言发音人

1. 方言老男

叶爱银，1946 年 8 月出生于慈溪古塘街道北门村，一直在本地生活和工作，基层干部，初中文化程度，说慈溪话和不太标准的普通话。父母均为慈溪古塘街道人。

2. 方言青男

蒋熠，1979 年 10 月出生于慈溪浒山街道，一直在本地生活和工作，基层干部，本科文化程度，说慈溪话和普通话。父母均为慈溪浒山街道人。

3.口头文化发音人

罗许云，女，1978年3月出生于慈溪胜西镇，一直在本地生活和工作。单证员，大专文化程度，说慈溪话和普通话。父母均为慈溪胜西镇人，说慈溪话。

贰　声韵调

一、声母（27个，包括零声母在内）

p 八兵	pʰ 派片	b 病爬肥	m 麦味	f 飞副	v 饭味
t 多东	tʰ 讨天	d 甜毒	n 脑南		l 老蓝
ts 资竹争纸	tsʰ 刺抽抄春	dz 坐祠茶城		s 丝山手	z 字事船十
tɕ 酒久	tɕʰ 清轻	dʑ 全权	ȵ 年热		ɕ 想响
k 高	kʰ 开	g 共	ŋ 熬		h 好灰
Ø 谢月活安王用					

说明：[v]声母字单念时从听感上有清化色彩，如：饭。

二、韵母（52个，包括自成音节的[m][n][ŋ][əl]在内）

ɿ 猪师丝试	i 米戏二飞	u 苦	y 靴雨鬼
ʮ 初			
a 排鞋	ia 写	ua 快	
e 开赔对	ie 艾	ue 鬼	
ɔ 宝饱	iɔ 笑桥		
ø 豆走	iø 油		
o 茶牙瓦	io 雅	uo 瓜	
əu 歌坐过			
ã 硬争	iã 响	uã 横	
ẽ 南	iẽ 盐年		
ɛ̃ 山			
ɔ̃ 糖床双讲		uɛ̃ 顽关	
		uɔ̃ 王	yɔ̃ 降_{降落伞}

ø 半短		uø 官	yø 权
əŋ 深根春灯升争	iŋ 心新星病	uəŋ 滚	yəŋ 寸云
	iuŋ 兄用	uŋ 春东	
aʔ 盒辣直白尺	iaʔ 贴药	uaʔ 刮	
oʔ 八托壳北绿		uoʔ 郭	yoʔ 月
əʔ 十出	iəʔ 接急热七锡	uəʔ 活骨	yəʔ 橘局
əl 儿			
m 姆			
n̩ 芋			
ŋ 五鱼儿			

说明：

（1）［iẽ］中的［e］有时读作［ɛ］，如：件。

（2）［aʔ］韵母中的［a］有时偏央读作［ɐ］，如：塔。

（3）［iəʔ］也可记作［iɪʔ］。

（4）［oʔ］中的［o］介于［o］与［ɔ］之间。

三、声调（5个）

阴平	35	东灯风通开天懂古鬼九统苦讨草
阳平	13	门龙牛油铜皮糖红买老有动罪近卖路硬乱洞地饭树
阴去	44	冻怪半四痛快寸去
阴入	5	谷百搭节急哭拍塔切刻
阳入	2	六麦叶月毒白盒罚

说明：

（1）阴平调值先略降后中升，实际为［325］，因为降幅不明显，这里简作［35］。

（2）阳平调值先略降后低升，实际为［213］，因为降幅不明显，这里简作［13］。

（3）次浊入声调有时读作阴入，如：摸。

叁 连读变调

一、两字组连读变调表

慈溪方言两字组的连读变调规律见下表。表中首列为前字本调，首行为后字本调。每一格的第一行是两字组的本调组合；第二行是连读变调，若连读调与单字调相同，则此行空白；第三行为例词。同一两字组若有两种以上的变调，则以横线分隔。具体如下。

慈溪方言两字组连读变调表

前字＼后字	阴平 35	阳平 13	阴去 44	阴入 5	阳入 2
阴平 35	35 35 33 飞 机 ——— 35 35 33 0 工 厂 ——— 35 35 33 53 火 车	35 13 33 清 明 ——— 35 13 33 0 草 鞋 ——— 35 13 33 53 水 稻	35 44 0 车 票 ——— 35 44 33 35 开 店 ——— 35 44 33 53 海 带 ——— 35 44 33 写 信	35 5 33 工 作	35 2 33 生 活
阳平 13	13 35 11 农 村 ——— 13 35 11 0 门 口 ——— 13 35 11 53 老 师	13 13 11 农 民 ——— 13 13 11 0 朋 友 ——— 13 13 11 53 老 婆 ——— 13 13 44 道 理	13 44 11 0 难 过 ——— 13 44 11 受 气	13 5 11 毛 笔	13 2 11 茶 叶

续表

后字 前字	阴平 35		阳平 13		阴去 44		阴入 5		阳入 2	
阴去 44	44 汽	35 44 车	44 算	13 44 盘	44 意	44 见	44 信	5 息	44 副	2 业
阴入 5	5 国	35 0 家	5 骨	13 0 头	5 发	44 0 票	5 节	5 2 约	5 作	2 业
阳入 2	2 立	35 44 冬	2 石 / 2 活	13 头 / 13 44 动	2 服	44 气	2 白	5 色	2 越	2 剧

二、两字组连读变调规律

慈溪方言两字组连读变调有以下几个特点：

（1）前轻后重型，前字音长变短。具体来说，前字若为浊平或浊上或浊去，其原调值是［13］，变调为［11］。若为清平或清上，其原调值是［35］，变调为［33］。清去原调值是［44］，阳入原调值是［2］，无变调。

（2）前重后轻型，后字多读为轻声，写作［0］。

（3）入声字为后字时，一般不变调。具体来说，后字是清入时，一般仍读作［5］；后字是浊入时，一般仍读作［2］。

（4）增加了一个单字调中没有的［53］调值，常用于两字组后字。

肆　异读

一、新老异读

慈溪方言的新老异读主要体现在声母和韵母上。

1. 声母

疑母字逢细音，老派声母多读作［ȵ］，新派多读零声母。例如：

例字	老派	新派
遇	ȵy¹³	y¹³
岩	ȵiẽ¹³	iẽ¹³
严	ȵiẽ¹³	iẽ¹³
岸	ȵiẽ¹³	ẽ⁴⁴
原	ȵyø̃¹³	yø̃¹³

部分崇、澄、从等浊声母字，老派和新派也有读［z］或［dz］的差别。例如：

例字	老派	新派
缠澄	zẽ¹³	dzẽ¹³
柴崇	za¹³	dza¹³
字从	zɿ¹³	dzɿ¹³

2. 韵母

（1）咸摄开口四等入声字老派多读［iaʔ］，新派多读［iəʔ］韵。例如：贴，老派读［tʰiaʔ⁵］，新派读［tʰiəʔ⁵］。碟，老派读［diaʔ²］，新派读［diəʔ²］。

（2）山摄合口一等或三四等入声字老派韵母主要元音多读［əʔ］，新派多读［oʔ］。例如：脱，老派读［tʰəʔ⁵］，新派读［tʰoʔ⁵］。雪，老派读［ɕiəʔ⁵］，新派读［ɕyoʔ⁵］。缺，老派读［tɕʰyəʔ⁵］，新派读［tɕʰyoʔ⁵］。

（3）其他不太系统的差异。例如：

例字	老派	新派
徐遇合三	i¹³	y¹³
捏山开四	ȵiaʔ²	ȵiəʔ²
全山合三	dʑiẽ¹³	dʑyø̃¹³
春臻合三	tsʰəŋ³⁵	tsʰuəŋ³⁵
削宕开三	ɕiaʔ⁵	ɕiəʔ⁵
剧梗开三	dʑiəʔ²	dʑyoʔ²

3. 声母和韵母

例字	老派	新派
取遇合三上虞清	tsʰʮ³⁵	tɕʰy³⁵
藕流开一上侯疑	ȵiø¹³	ŋø¹³

续表

例字	老派	新派
杂咸开一入合从	zəʔ^{2}	dzaʔ^{2}
浓通合三平钟泥	ȵiuŋ^{13}	nuŋ^{13}

二、文白异读

慈溪方言的文白异读主要体现在声母和韵母方面。下文中“ / ”前为白读，后为文读：

1. 声母

（1）非组个别字白读［b］［m］声母，文读［v］声母。例如：肥 bi^{13} / vi^{13} | 味 mi^{13} / vi^{13} | 尾 mi^{13} / vi^{13} | 问 məŋ^{13} / vəŋ^{13} | 蚊 məŋ^{13} / vəŋ^{13}。

（2）日母个别字白读［ȵ］声母或自成音节［ŋ］，文读［z］或零声母。例如：人 ȵiŋ^{13} / zəŋ^{13} | 日 ȵiəʔ^{2} / zəʔ^{2} | 耳 ŋ^{13} / əl^{13} | 儿 ŋ^{13} / əl^{13}。

（3）见晓组开口二等字白读多为［k］组声母，文读为［tɕ］组声母。例如：交 kɔ^{35} / tɕiɔ^{35} | 敲 k^{h}ɔ^{35} / tɕ^{h}iɔ^{35} | 孝 hɔ^{44} / ɕiɔ^{44} | 甲 kaʔ^{5} / tɕiaʔ^{5}。

2. 韵母

（1）止摄合口三等字白读是［i］［y］［ɿ］等高元音韵母，文读是［e］［ue］韵母。例如：嘴 tɕi^{35} / tse^{35} | 水 sɿ^{35} / se^{35} | 龟 tɕy^{35} / kue^{35} | 鬼 tɕy^{35} / kue^{35} | 贵 tɕy^{44} / kue^{44} | 跪 dʑy^{13} / gue^{13} | 围 y^{13} / ue^{13}。

（2）梗摄开口二等字白读是［ã］韵母，文读是［əŋ］韵母。例如：生 sã^{35} / səŋ^{35} | 争 tsã^{35} / tsəŋ^{35}。

伍　小称

慈溪方言的儿化是一种残存现象，主要表现为变韵。例如：鸭，本读［aʔ^{5}］，儿化读作［ɛ^{35}］。

第三十节　余姚方音

壹　概况

一、调查点

1. 地理人口

余姚隶属浙江省宁波市。坐落于宁绍平原，地处长江三角洲南翼，东与宁波市江北区、海曙区相邻，南枕四明山，与奉化、嵊州接壤，西连上虞区，北毗慈溪市，西北于钱塘江、杭州湾中心线与海盐县交界。距离宁波40公里。区域总面积1526.86平方公里。余姚市辖6个街道、14个镇、1个乡：凤山街道（原名东北街道）、阳明街道（原名西北街道）、梨洲街道（原名东南街道）、兰江街道（原名西南街道）、朗霞街道、低塘街道；临山镇、泗门镇、马渚镇、牟山镇、丈亭镇、梁弄镇、陆埠镇、大隐镇、大岚镇、河姆渡镇、四明山镇、小曹娥镇、黄家埠镇、三七市镇；鹿亭乡。2015年全市总户数30.68万，户籍人口83.65万，均为汉族。[①]

2. 历史沿革

余姚历史悠久，文化灿烂。距今7000年前余姚先民创造了辉煌的史前文化——河姆渡文化，使余姚成为中华文明的发祥地之一。从虞舜开始，先后有"舜耕历山""禹藏秘图"之说。春秋时期余姚属越国，战国中期余姚成为楚国辖地。秦时置余姚县（一说汉建），属会稽郡。唐初"余姚之境东包明州，西辖上虞，为越州巨镇"，一度升为姚州。宋为"望县""东南最名邑"。元贞元年改为余姚州。明洪武二年废州复县。1911年11月8日余姚光复。1949年5月23日余姚解放。新中国成立后，境域多次变动，最大一次是1954年，大古塘以北棉区划归慈溪县，慈溪县西部稻区、山区划归余姚县。1985年7月26日撤县设市。1995年，余姚市被国务院批准升格为二级市，隶属宁波市代管。

余姚城素为县治所在，古城由南、北两城组成，别具一格。北城始建于东汉

---

① 参见：余姚市人民政府网，http://www.yy.gov.cn/，2019年8月1日获取。

建安五年（200），南城筑于明嘉靖年间。直至今日，余姚城区内原有的里巷格局、街道尺度、河网水系仍有相当部分保存完好，并与成片的民居构成较完整的古城区风貌。

3. 方言分布

余姚方言属吴方言太湖片。余姚境内有属于甬江小片与临绍小片的方言。按口音区分，大体分东西两片。姚东的丈亭、河姆渡、三七市带有宁波口音，人口约8.2万；大隐、陆埠、鹿亭与鄞州更近，约2.89万人为鄞州口音。姚西接近绍兴上虞，带有绍腔，特别是西北杭州湾沿岸一线，带有明显绍兴腔。四明山区与毗邻县市有相似的口音。

4. 地方曲艺

姚剧是唯一土生土长的地方戏，姚剧团经常到各地演出。余姚有专门的姚剧保护传承中心，每年会排新剧目，还开姚剧小班，培养年轻的传承人。余姚曲艺还有三个项目，一是余姚莲花文书，二是宁波走书，三是恰咚咚。此外，余姚三七市、河姆渡两镇，民间还有跑马灯风俗。

二、方言发音人

1. 方言老男

周凤朝，1955年10月出生于余姚凤山街道，一直在本地生活和工作，基层干部，大专文化程度，说余姚话和不太标准的普通话。父母均为余姚城关镇人。

2. 方言青男

朱梁，1986年10月出生于余姚凤山街道，一直在本地生活和工作，基层干部，本科文化程度，说余姚话和普通话。父母均为余姚城关镇人。

3. 口头文化发音人

鲁桂花，女，1952年10月出生于余姚阳明街道，一直在本地生活和工作。职工，初中文化程度，说余姚话和不太标准的普通话。父亲出生在绍兴，童年至退休一直在余姚生活和工作，母亲为余姚城关镇人。

贰　声韵调

一、声母（28个，包括零声母在内）

p 八兵	pʰ 派片	b 爬病肥	m 麦味	f 飞副	v 肥饭味
t 多东	tʰ 讨天	d 甜毒	n 脑南		l 老蓝
ts 资竹争纸	tsʰ 刺抽抄春	dz 茶床城		s 丝山手	z 字祠茶事船十
tɕ 酒九	tɕʰ 清轻	dʑ 全权	ȵ 年热月	ɕ 想响	ʑ 月县云用
k 高	kʰ 开	g 共	ŋ 熬	h 好灰	
∅ 活安温王					

说明：

（1）[dz][z]两音素经常相混，当地人对两者的区别不敏感。按音位归纳原则，这两个音素可归纳为一个音位。此处按古音来历，仍处理为两个音位。

（2）[g][z]等浊声母有明显的清化色彩。

二、韵母（50个，包括自成音节的[m][n][ŋ][l]在内）

ɿ 猪师丝试	i 米戏二飞	u 苦	y 靴雨鬼
ʮ 初			
a 排鞋	ia 写	ua 快	
e 开赔对	ie 艾	ue 鬼	
ø 豆走	iø 油		
ɔ 宝饱	iɔ 校桥		
o 茶牙瓦	io 雅	uo 瓜话	
ou 歌坐过			
ã 山		uã 关	
ẽ 南	iẽ 盐年		
ø̃ 半短		uø̃ 官	yø̃ 权
ɤ̃ 深根灯争病	iɤ̃ 新星	uɤ̃ 滚	
aŋ 硬争	iaŋ 响	uaŋ 横	

ɔŋ 糖床	ioŋ 降	uɔŋ 王	
	iuŋ 云兄用	uŋ 东	
aʔ 盒法辣白尺	iaʔ 贴药	uaʔ 刮	
oʔ 八托壳北绿	ioʔ 月	uoʔ 活骨郭	yoʔ 橘局
əʔ 十出直色	iəʔ 接急热节七一锡		
m 母			
n 芋			
ŋ 五			
l̩ 儿			

说明：

（1）［ou］［o］两韵母当地人反应灵敏，辨别分明，调查人听感区别较小。

（2）［ɔ］［iɔ］两韵母中的［ɔ］，实际舌位偏低，接近［ɒ］。

（3）［a］［ua］两韵母中的［a］，实际舌位偏高，接近［æ］。

（4）［əʔ］［iəʔ］两韵母中的［ə］，实际舌位偏前，接近［ɪ］。

三、声调（6个）

阴平	44	东该灯风通开天春
阳平	13	门牛油铜糖红买老动罪近卖路硬乱洞饭树
阴上	34	懂古鬼九统苦讨草
阴去	53	冻怪半四痛快寸去
阴入	5	谷百节急哭拍塔切刻
阳入	2	六麦叶月毒白盒罚

说明：

（1）声调中不能单说的字，调值不稳定，或平或升或降。

（2）阳入［2］调值实际读入［23］。

（3）词汇、语法、口头文化等语料中的轻声字记作［0］。

叁 连读变调

一、两字组连读变调表

余姚方言两字组的连读变调规律见下表。表中首列为前字本调，首行为后字本调。每一格的第一行是两字组的本调组合；第二行是连读变调，若连读调与单字调相同，则此行空白；第三行为例词。同一两字组若有两种以上的变调，则以横线分隔。具体如下。

余姚方言两字组连读变调表

前字 \ 后字	阴平 44		阳平 13		阴上 34		阴去 53		阴入 5		阳入 2	
阴平 44	44	44	44	13	44	34	44	53	44	5	44	2
	中	秋	精	神	烧	酒	冬	至	工	作	汤	药
阳平 13	13 44	44	13 44	13 44	13	34	13 44	34 13	13 44	5	13 44	2
	雄	鸡	拳	头	棉	袄	迷	信	毛	竹	阳	历
阴上 34	34	44	34	13 44	34	34	34	34	34	5 2	34	2
	剪	刀	狗	娘	反	手	烧	酒	喜	鹊	火	着
阴去 53	53	44	53	13 44	53	34	53	34	53	5 2	53	2
	放	心	算	盘	政	府	变	化	四	百	记	录
阴入 5	5	44	5	13 44	5	34	5	53	5	5 2	5	2
	浙	江	出	门	黑	板	福	气	铁	塔	骨	肉
阳入 2	2	44	2	13	2	34	2	53	2	5 2	2	2
	石	灰	合	肥	历	史	日	记	白	鸽	学	术

二、两字组连读变调规律

余姚方言两字组的连读变调有以下几个特点：

按前字是否为"阳平"，余姚方言两字组连读变调大体分为两种情形。

（1）前字是阳平：后字除"阴上"不变调外，逢"阴平""阴入""阳入"，前字"阳平"读[44]；后字逢"阳平""阴去"，前后字均变调，其中"阳平"读作[44]，"阴去"读作[13]。

（2）前字非阳平（阴平字除外）：后字为"阳平"时，后字轻读变调，读作[44]；后字为"阴入"时，后字轻读，读作[2]。

肆　异读

一、新老异读

余姚方言的新老异读主要体现在声母和韵母上。

1. 声母

个别字声母有些差别。例如：遇，老派读[ȵy¹³]，新派读[ʑy¹³]。此外，部分崇、澄、从等古全浊声母字，老派、新派有的读[z]，有的读[dz]。例略。

2. 韵母

表现为一些不成系统性的差异。例如：

例字	老派	新派
徐遇合三	i¹³	y¹³
杂咸开一	zəʔ²	zaʔ²
末山合一	miəʔ²	moʔ²
刷山合二	səʔ⁵	saʔ⁵
全山合三	dʑiẽ¹³	dʑyø̃¹³
县山合四	ʑyø̃¹³	ziẽ¹³

3. 声母和韵母

例字	老派	新派
取遇合三上虞清	tsʰʮ³⁴	tɕʰy³⁴
岸山开一去寒疑	ʑiẽ¹³	ẽ⁵³
汗山开一去寒匣	ẽ¹³	ʑiẽ¹³
浓通合三平钟泥	ȵiuŋ¹³	nuŋ¹³

二、文白异读

由于调查字数有限，目前发现的文白异读现象仍比较零碎，余姚方言的文白异读主要体现在声母和韵母方面。列举如下（下文中"/"前为白读，后为文读）：

1. 声母

（1）非组个别字白读[b][m]声母，文读[v]声母。例如：肥 bi¹³ / vi¹³ | 味 mi¹³ / vi¹³ | 问 mə̃¹³ / və̃¹³。

（2）日、疑母个别字白读[ȵ]声母或自成音节[ŋ]，文读[z]或[l]声母。例如：人 ȵiə̃¹³ / zə̃¹³ | 日 ȵiəʔ² / zəʔ² | 耳 ȵi¹³ / l¹³ | 儿 ŋ¹³ / l¹³ | 午 ŋ¹³ / l¹³。

（3）见晓组开口二等字白读多为[k]组声母，文读为[tɕ]组声母。例如：交 kɔ⁴⁴ / tɕiɔ⁴⁴ | 孝 hɔ⁵³ / ɕiɔ⁵³ | 甲 kaʔ⁵ / tɕiaʔ⁵。

2. 韵母

（1）止摄合口三等字白读是[y][ɿ]等高元音韵母，文读是[e][ue]韵母。例如：柜 dʑy¹³ / gue¹³ | 水 sɿ³⁴ / se³⁴ | 龟 tɕy⁴⁴ / kue⁴⁴ | 鬼 tɕy³⁴ / kue³⁴ | 贵 tɕy⁵³ / kue⁵³ | 围 y¹³ / ue¹³。

（2）梗摄开口二等字白读是[aŋ]韵母，文读是[ə̃]韵母。例如：生 saŋ⁴⁴ / sə̃⁴⁴ | 争 tsaŋ⁴⁴ / tsə̃⁴⁴。

伍　小称

余姚方言的小称变音表现为儿化音。与北京话不同的是，余姚方言的儿化韵是一种残存现象，只出现在若干字中，表现形式有两种：一是鼻化，二是加 ŋ 尾。下面举例说明。

鲫，只有一个音。本音按规律应是[tɕiəʔ⁵]，但实际上口头并不这么念。该字不能单念，一般放在"河~鱼"这一语言环境中。这时，"鲫"读作[tɕiə̃⁴⁴]。

虾，有两个音。本音是[ho⁴⁴]，如：鱼~。也可以单念。变音是[hõ⁴⁴]，如：河~。"河虾"的"虾"也可以念本音。

雀，有两个音。本音是[tɕʰiaʔ⁵]，如：~斑。变音是[tɕiaŋ⁴⁴]，如：麻~。

鲛，只有一个音。本音按规律应是[kɔ⁴⁴]，实际不读。变音是[kɔŋ⁴⁴]，如：马~鱼。

花，有三个音。本音是［huo⁴⁴］，如：鲜～｜菊～｜棉～｜葵～｜荷～藕｜～菜。变音是［huɒ̃⁴⁴］，如：“批～”指紫云英。另外一个音是［kuo⁴⁴］，如：～生｜～生肉。声母读音特殊，跟小称变音无关。

茄，有三个音。本音是［dʑia¹³］，如：油焖～｜盐～。受其他方言影响，有一文读音［ga¹³］，如：番～｜雪～｜番～酱。［dʑiẽ¹³］是小称变音，如：辣～。

伯，有两个音。本音是［paʔ⁵］，如：“阿～”表示父之姐妹。变音是［paŋ⁴⁴］，如：“老～”或“老～～”表示老头儿，敬称｜“阿～”指夫之兄。

叔，有两个音。本音是［soʔ⁵］，如：～～。变音是［suŋ⁴⁴］，如：“阿～”指夫之弟。

哥，有两个音。本音是［kou⁴⁴］，如：鹦～。［kuɒ̃⁴⁴］是儿化韵，如：“阿～”表示哥哥。这里的“哥”也常读成［kou⁴⁴］。

弟，有两个音。本音是［di¹³］，如：～～｜～新妇。［dɒ̃¹³］是儿化韵，如：“阿～”表示弟弟。这里的“弟”也常读成［di¹³］。

姊，有两个音。本音是［tɕi⁴⁴］，如：～妹｜两～妹。［tɕiɒ̃⁴⁴］是儿化韵，如：“阿～”表示姐姐。这里的“姊”也常读成［tɕi⁴⁴］。

妹，有两个音。本音是［me¹³］，如：～～｜～夫。［mɒ̃¹³］是儿化韵，如：“阿～”表示妹妹。这里的“妹”也常读成［me¹³］。

囝，有两个音。本音是［no¹³］，如：～孙。［nɒ̃¹³］是儿化韵，如：木大～｜儿子～｜领养～｜外甥～。两音比较，读作变音较为常见。

三，有两个音。本音是［sa⁴⁴］，如：～五年。［sã⁴⁴］是儿化韵，如：一二～。

日，有三个音。本音是［ȵiəʔ²³］，如：一～两～｜～子本。受其他方言影响，有一文读音［zəʔ²³］，如：～本。［ȵiɒ̃¹³］是儿化韵，如：後半～。

鲎，只有一个音。［hɒ̃⁴⁴］是变音。余姚人管天上的彩虹叫“～”。但现在很多人不太会说了。现在“虹”的说法也很流行，是跟着普通话念的，读作［ɦiuŋ¹³］。

腻，有两个音。本音是［ȵi¹³］，如：～腥。［ȵiɒ̃¹³］是儿化韵，如：油～。这里的“腻”也常读成［ȵi¹³］。

毛，有两个音。本音是［mɔ¹³］，如：～蟹｜～蚶｜～刷。［mɒ̃¹³］是儿化韵，如：“黄头～”指黄头发的人。

脚，有两个音。本音是［tɕiaʔ⁵］，如：跷～｜～底板｜三～猫｜毛～女婿。［tɕiaŋ⁴⁴］是儿化韵，如：“拐～”指瘸腿的人｜“拣落～”指别人挑剩下的东西。

头，有两个音。本音是［dø¹³］，如：日～｜亮～｜田～。［dɒ̃¹³］是儿化韵，

如："老～"，贬称，指令人讨厌的老年男子 | "讨饭～" 指乞丐。

筷，只有一个音。[kʰuã⁴⁴]是变音。如：天竺～ | ～箸笼。

排，有两个音。本音是[ba¹³]，如：～队。[baŋ¹³]是儿化韵，如：肋～骨。

桥，有两个音。本音是[dʑiɔ¹³]，如：大黄～。[dʑiẽ¹³]是儿化韵，如：小黄～ | 矮墩～。

窠，有两个音。本音是[kʰou⁴⁴]，如：鸟～ | 黄蜂～。[kʰuə̃⁴⁴]是儿化韵，如："坐～" 指小孩坐具。

褪，有两个音。本音是[tʰe⁴⁴]，如：～颜色。[tʰø̃⁴⁴]是儿化韵，如："～顶" 指秃顶 | "～牙齿" 指掉牙齿。

咩，只有一个音。[mã⁴⁴]是变音。如："～～羊" 指羊，儿童用语。

第三十一节　宁波方音

壹　概况

一、调查点

1. 地理人口

宁波，简称"甬"，中国东南沿海重要的港口城市、长江三角洲南翼经济中心。东有舟山群岛为天然屏障，北濒杭州湾，西接绍兴市的嵊州、新昌、上虞，南临三门湾，并与台州的三门、天台相连。全市陆域总面积 9816 平方公里，其中市区面积为 3730 平方公里。辖 6 区 2 县 2 县级市，分别是：海曙区、江北区、镇海区、北仑区、鄞州区、奉化区，宁海县、象山县，慈溪市、余姚市。2016 年全市总户数 18.22 万，户籍人口 48.13 万。[①]

2. 历史沿革

宁波是国家历史文化名城。夏代，宁波的名称为"鄞"，春秋时为越国境地，秦时属会稽郡的鄞、鄮、句章三县，唐时称明州。唐长庆元年（821），明州州治迁到三江口并筑内城，标志着宁波建城之始。明洪武十四年（1381），取"海定则波宁"之义改称宁波。

宁波历史悠久。境内有始建于唐长庆元年的鼓楼，有全国重点文物保护单位、国内现存规模最大的私家藏书楼天一阁藏书楼，国家级文物保护单位、明末清初大思想家黄宗羲讲学旧址白云庄，以及始建于唐代的天封塔、咸通塔、它山堰，建于宋代的百梁桥，建于明代的宁波城隍庙等等。

3. 方言分布

本书所说的宁波方言专指通行于宁波老城区（包括海曙、江北及原江东老三区组成的宁波核心城区）的方言。宁波方言属吴语太湖片甬江小片，通行地域包括同片的镇海区、北仑区、鄞州区、奉化区、象山县以及余姚市丈亭、陆埠以东，慈溪市观城以东，宁海县岔路以北地区。

---

① 参见：宁波市人民政府网，http://www.ningbo.gov.cn/，2019 年 10 月 1 日获取。

4. 地方曲艺

宁波城区用方言说唱的曲艺有宁波走书、四明南词和唱新闻，用方言说唱的地方戏是甬剧。其中，宁波走书、四明南词和甬剧被列入国家级非物质文化遗产代表性项目名录。

二、方言发音人

1. 方言老男

方芝萍，1954 年 3 月出生于宁波海曙区鼓楼街道，一直在本地生活和工作，职工，现已退休，大专文化程度，说宁波城区话和不太标准的普通话。父母均为宁波海曙区人。

2. 方言青男

邵国强，1982 年 6 月出生于宁波海曙区柳庄巷 3 号，一直在本地生活和工作，职工，大专文化程度，说宁波城区话和普通话。父母均为宁波海曙区人。

3. 口头文化发音人

林国芳，男，1960 年 12 月出生于宁波海曙区镇明路 603 号，一直在本地生活和工作，职工，初中文化程度，说宁波城区话和不太标准的普通话。父母均为海曙区人。

张根娣，女，1951 年 11 月出生于宁波海曙区孙和巷 1 号，一直在本地生活和工作，教师，大专文化程度，说宁波城区话和不太标准的普通话。父母均为宁波海曙区人。

贰　声韵调

一、声母（28 个，包括零声母在内）

p 八兵	pʰ 派片	b 病爬肥	m 麦明味问	f 飞风副蜂	v 饭肥味问
t 多东	tʰ 讨天	d 甜毒	n 脑南		l 老蓝连路
ts 早竹争纸	tsʰ 草拆抄车	dz 全祠茶柱		s 三酸山双书	z 字事顺十

tɕ 酒张九　　tɕʰ 清抽轻　　dʑ 城权　　　n̠ʑ 年泥热软　　ɕ 想手响　　　ʑ 谢船

k 高瓜　　　kʰ 开苦　　　ɡ 共茄_{番茄}　　ŋ 熬牙　　　　h 好灰

∅ 月活安云药

说明：

（1）浊擦音声母，如［z］［ʑ］听感上与同部位的清声母［s］［ɕ］差别较小，考虑到清、浊声母字声调有别，因而在类属上加以区分。

（2）零声母逢阴调时，前头有轻微的喉塞音［ʔ］。

（3）阳调类零声母字，音节开头常常带有同部位的摩擦音及浊气流。有的送气强，如古匣母字，有的送气弱，如古云、以母字。过去一般记作［ɦ］，根据此次语保规定，统一记作［∅］。

二、韵母（40个，包括自成音节的［m̩］［n̩］［ŋ̍］［əl］在内）

ɿ 师丝试	i 米戏二飞盐年	u 苦半官	y 靴雨鬼权
ʮ 猪	iɤ 油		
a 排鞋硬争	ia 写响	ua 快横	
ɛ 山		uɛ 关	
ɔ 宝饱糖床双讲		uɔ 王	yɔ 降
e 开			
ø 短			
o 茶牙瓦	io 笑桥	ou 画	
ɐi 赔对		uɐi 鬼块	
əu 歌坐过			
œɤ 豆走			
əŋ 根寸灯		uəŋ 滚	
	iŋ 心深新升病星		
oŋ 春东			yoŋ 云兄用
aʔ 塔辣八白尺	iaʔ 雀	uaʔ 活_{干~刮骨}	
oʔ 十出托学北谷		uoʔ 活_{做生~}	yoʔ 吃
	iəʔ 接急热七药直锡		yəʔ 月橘局
əl 儿			

m 姆
n 芋
ŋ 五

说明：

（1）[ŋ]韵尾实际音值介于[n][ŋ]之间。

（2）[iəʔ]中的ə有时也接近[ɿ]。

（3）[əl]略带卷舌色彩。

三、声调（6个）

阴平	53	东该灯风通开天春
阳平	13	门铜买动卖路洞地
阴上	35	懂古鬼九统苦讨草
阴去	44	冻怪半四痛快寸去
阴入	5	谷百节急哭拍塔切
阳入	2	六麦叶月毒白盒罚

说明：

（1）就单本书来说，此处的阴上也可改称上声。宁波话的阴上字全部来自古清声母上声字，定其名为阴上，为的是便于和全国汉语方言比较。

（2）阳入调是短促的升调，实际读作[12]。

叁 连读变调

一、两字组连读变调表

宁波方言两字组的连读变调规律见下表。表中首列为前字本调，首行为后字本调。每一格的第一行是两字组的本调组合；第二行是连读变调，若连读调与单字调相同，则此行空白；第三行为例词。同一两字组若有两种以上的变调，则以横线分隔。具体如下。

宁波方言两字组连读变调表

前字＼后字	阴平 53	阳平 13	阴上 35	阴去 44	阴入 5	阳入 2
阴平 53	53 / 33 江　53 苏	53 / 33 三　13 / 53 年 53 / 33 方　13 / 53 便	53 / 33 青　35 / 53 岛	53 / 33 方　44 / 53 向	53 / 33 方　5 法	53 / 33 生　2 / 5 活
阳平 13	13 / 22 长　53 江	13 / 22 黄　13 / 53 河	13 / 22 平　35 / 53 等	13 / 22 文　44 / 53 化	13 / 22 毛　5 竹	13 / 22 红　2 / 5 木
	13 / 22 蛋　53 / 44 糕	13 老　13 / 33 婆	13 老　35 / 44 板	13 老　44 太	13 老　5 / 3 七	13 老　2 / 3 六
	13 / 33 老　53 师	13 老　13 / 44 大	13 / 22 饭　35 / 44 碗	13 / 22 饭　44 菜		13 / 22 大　2 学
		13 / 22 豆　13 / 44 腐				
阴上 35	35 / 53 广　53 / 33 东	35 / 53 沈　13 / 33 阳	35 / 53 海　35 / 33 口	35 / 53 钞　44 / 33 票	35 / 53 警　5 / 3 察	35 / 53 主　2 / 3 席
阴去 44	44 四　53 / 33 川	44 故　13 / 33 事	44 汉　35 / 33 口	44 世　44 / 33 界	44 四　5 / 3 百	44 四　2 / 3 十
阴入 5	5 一　53 / 33 千	5 一　13 / 33 年	5 一　35 / 33 起	5 百　44 / 33 货	5 一　5 尺	5 一　2 / 3 月
阳入 2	2 十　53 三	2 十　13 年	2 十　35 九	2 十　44 四	2 十　5 七	2 十　2 六

　　说明：前字或后字有时也读作舒声调，以原调为多。连读变调中，轻声字记作 [0]。表内未列。

肆　异读

一、新老异读

宁波方言的新老异读主要体现在韵母上。

（1）山摄合口四等或通摄合口三等入声字，老派读[yəʔ]，新派读[yoʔ]。例如：决，老派读[tɕyəʔ⁵]，新派读[tɕyoʔ⁵]。缺，老派读[tɕʰyəʔ⁵]，新派读[tɕʰyoʔ⁵]。血，老派读[ɕyəʔ⁵]，新派读[ɕyoʔ⁵]。局，老派读[dʑyəʔ²]，新派读[dʑyoʔ²]。

（2）宕开口一等或江摄舒声字，老派读[ɔ]，新派读[ɔ̃]。宕开口三等舒声字，逢精组、知组、见组、日母老派读[ia]，新派读[iɑ̃]；逢章组、庄组老派读[ɔ]，新派读[ɔ̃]。梗摄开口二等舒声字，老派读[a]，新派读[ã]。

（3）表现为不太系统性的差异。例如：

例字	老派	新派
画蟹合二	uo¹³	o¹³
话蟹合二	uo¹³	o¹³
肝山开一	ki⁵³	ke⁵³
看山开一	kʰi⁴⁴	kʰe⁴⁴
橘臻合三	tɕyəʔ⁵	tɕyoʔ⁵
药宕开三	iəʔ²	iaʔ²

二、文白异读

宁波方言的文白异读主要体现在声母和韵母方面。下文中"/"前为白读，后为文读：

1. 声母

（1）非组个别字白读[b][m]声母，文读[v]声母。例如：肥 bi¹³ / vi¹³ | 味 mi¹³ / vi¹³ | 问 məŋ¹³ / vəŋ¹³。

（2）日母个别字白读[n̪]声母或自成音节[ŋ]，文读[z]或零声母。例如：

人 n̠in¹³ / zoŋ¹³ | 日 n̠iəʔ² / zoʔ² | 耳 n̠i¹³ / əl¹³ | 儿 ŋ¹³ / əl¹³。

（3）见晓组开口二等字白读多为［k］组声母，文读为［tɕ］组声母。例如：交 kɔ⁵³ / tɕio⁵³ | 孝 hɔ⁴⁴ / ɕio⁴⁴ | 甲 kaʔ⁵ / tɕiəʔ⁵。

2. 韵母

（1）止摄合口三等字白读［y］韵母，文读［uɐi］韵母。例如：龟 tɕy⁵³ / kuɐi⁵³ | 柜 dʑy¹³ / guɐi¹³ | 鬼 tɕy³⁵ / kuɐi³⁵ | 贵 tɕy⁴⁴ / kuɐi⁴⁴ | 围 y¹³ / uɐi¹³。

（2）梗摄开口二等字白读［a］韵母，文读［əŋ］［iŋ］韵母。例如：争 tsa⁵³ / tsəŋ⁵³ | 行 a¹³ / iŋ¹³。

伍　小称

宁波方言中有儿化残存现象，表现为变韵。主要可分为两类：一类是"鸭"类词，一类是"伯"类词。前者韵母读作［ɛ］，如："鸭鸡鹅~"读作［ɛ³⁵］，"猫"读作［mɛ¹³］，"帕绢~"读作［pʰɛ³⁵］，"牌打~"读作［bɛ¹³］。后者带鼻韵尾或鼻化音（老男已脱落鼻化音，青男仍保留），如："叔阿~"读作［soŋ³⁵］，"伯伯~"读作［pa³⁵］，"雀麻~"读作［tɕia⁵³］老男 /［tɕiã⁵³］青男，"脚拐~"读作［tɕia³⁵］老男 /［tɕiã³⁵］青男。此外，老男称"狗黄~"读作［ki³⁵］，也是儿化残存的一种现象。

第三十二节 镇海方音

壹 概况

一、调查点

1. 地理人口

镇海，隶属于宁波市。镇海处宁绍水网平原东端，地形狭长，地势西北、东南两端高，中间平，甬江由西南流向东北入海，横贯境内中部。镇海区陆地面积 246 平方公里，包括 2 镇 5 街道，分别是：澥浦镇、九龙湖镇；招宝山街道、蛟川街道、骆驼街道、贵驷街道（委托宁波国家高新区管委会管理）、庄市街道。[①] 2019 年全区总户数 10.98 万，户籍人口 27.16 万。[②]

2. 历史沿革

镇海历史悠久，小港横山下、沙溪蛇山山麓，均已发现有新石器时代人类居住的遗迹。春秋末越国建国后，其地始有所归属。秦王嬴政二十五年（前 222）置会稽郡，立句章县，因本地处句章县治之东，故称句章东境，为时 843 年。唐武德四年（621）析古句章，分置姚、鄞两州。八年，更鄞州为鄮县，本地改称鄮县东境。唐元和四年（809），在鄮东甬江口建望海镇，为镇海建治之始。后梁开平三年（909）5 月，吴越王钱镠巡视明州，筑城于望海镇；闰八月，钱镠因望海镇地滨海口，有渔盐之利，奏置望海县（《太平寰宇记》），为建县之始。未几改为定海县。当时县境仅辖清泉、灵绪、崇邱和金塘四乡。

宋熙宁十年（1077）划鄞县灵岩、泰邱、海晏三乡归定海，元丰元年（1078）划金塘隶昌国，清泉析为东西两乡，自此县辖七乡，定为上县。元时建制袭宋制。明洪武二十年（1387），昌国废县改卫，原昌国县境（今舟山市）统隶于定海县，直至清康熙年间。康熙二十六年（1687）改原定海县为镇海县，定海建名达 778 年。次年，析出原昌国境另建定海县。至此，舟山归属镇海为时 300 年。

[①] 参见：宁波市镇海区人民政府网，http://www.zh.gov.cn/，2020 年 3 月 1 日获取。

[②] 参见：《2021 年镇海年鉴》，http://www.zh.gov.cn/art/2022/7/11/art_1229624686_59116674.html，2020 年 3 月 1 日获取。

镇海县建制相沿民国时期未变。

中华人民共和国成立后，建制更迭与县境变化甚频。1954 年年底，龙山北部 10 个乡镇划归慈溪县；慈东的河头、长石等 5 乡划属镇海；杭州湾口滩浒岛划归嵊泗。1958 年自余姚县划入汶溪乡；同年年底撤县并入宁波市，1963 年 1 月恢复镇海县建制。1985 年 7 月，再次并入宁波市，同年 10 月正式撤销县建制，建立宁波市镇海区。镇海县名共历 299 年。县自始建至撤销为时 1077 年。[①]

3. 方言分布

镇海方言属于吴方言太湖片甬江小片。使用镇海方言与宁波城区通话无障碍，但在不少地方有明显的区别。镇海方言内部，以甬江为界，江南、江北略有差异。例如：江南的柴桥、郭巨一带将"鬼"读作［ky］，江北读作［tɕy］。

4. 地方曲艺

蛟川走书是镇海当地的曲艺。蛟川走书第六代传承人江亚华目前较活跃。

二、方言发音人

1. 方言老男

竺联民，1957 年 6 月出生于镇海招宝山街道，一直在本地生活和工作，工商业者，高中文化程度，说镇海话和不太标准的普通话。父母均为镇海城里人。

2. 方言青男

俞凌，1991 年 8 月出生于镇海招宝山街道，主要在本地生活和工作。电工，大专文化程度，说镇海话和普通话。父亲是镇海城关人，母亲是镇海澥浦人。

3. 口头文化发音人

张兆进，女，1959 年 9 月出生于镇海城关后大街，一直在本地生活和工作，教师，中等师范文化程度，说镇海话和普通话。父母均为镇海城里人。

---

① 参见：宁波市镇海区人民政府网，http://www.zh.gov.cn/，2020 年 3 月 1 日获取。

贰　声韵调

一、声母（27个，包括零声母在内）

p 八兵	pʰ 派片	b 爬病肥	m 麦明味问	f 飞风副蜂	v 肥饭味问
t 多东	tʰ 讨天	d 甜毒	n 脑南		l 老蓝连路
ts 早竹争装纸主	tsʰ 草拆抄初车春	dz 全祠茶柱		s 丝三酸山双书	z 字坐事床船顺十
tɕ 酒九	tɕʰ 清抽轻	dʑ 张城权	ȵ 年泥热软	ɕ 想手响	
k 高	kʰ 开	g 共	ŋ 熬	h 好灰	
Ø 谢月活县安温云药					

说明：

（1）浊擦音不典型，有清化色彩。

（2）与［eʔ］拼读时，［ts］组舌位偏后。

二、韵母（43个，包括自成音节的［m］［n］［ŋ］在内）

ɿ 师丝试	i 米戏二飞盐年	u 苦	y 靴雨鬼权
ʮ 猪			
a 排鞋	ia 写	ua 快	
ɛ 山		uɛ 关	
e 开	ie 茄ㄡ		
ø 半短		uø 官	
ɔ 宝饱			
o 茶牙瓦	io 笑桥	uo 花	
əu 歌坐过	iu 油		
ei 赔对豆走南		uei 鬼	
ã 硬争	iã 响	uã 横	
ɔ̃ 糖床双讲		uɔ̃ 王	yɔ̃ 降

əŋ 根寸灯争　　　　　iŋ 心深新升病星　　　uəŋ 滚

oŋ 春东　　　　　　　　　　　　　　　　　　　yoŋ 云兄用

aʔ 塔鸭法辣八色白尺　　　　　　　　　　uaʔ 活刮骨

eʔ 折三折伞　　　　　ieʔ 接急热七药直锡

oʔ 十出托郭学国绿　　　　　　　　　　　　yoʔ 月橘局

m 姆

n 芊

ŋ 五

əl 儿

说明：

（1）蟹摄一二等字韵母一般读作［e］，部分字受普通话影响，有读作［ei］的倾向。例如"轮胎"的"胎"有时读作［tʰei⁵³］。

（2）［e］和［ei］［uei］的主元音开口度略大，近乎二号半。

（3）流摄部分字受普通话影响，韵母读作［əu］。例如："凑"有时也读作［tsʰəu⁵³］。

（4）后鼻音韵尾实际介于［n］［ŋ］之间。

三、声调（5个）

阴平	53	东该灯风通开天春冻怪半四痛快寸去
阳平	24	门龙牛铜糖红买老有动罪近卖路硬乱洞饭树
阴上	35	懂古鬼九统苦讨草
阴入	5	谷百搭节急哭拍塔切刻
阳入	12	六麦叶月毒白盒罚

说明：

（1）阴平部分字有读次高平现象，受普通话影响所致。

（2）阳平调值起始位置在［1］和［2］之间。

（3）阳入实际是一个低升的短促调，调值记作［12］。在连调中，阳入记作［2］。

叁　连读变调

一、两字组连读变调表

镇海方言两字组的连读变调规律见下表。表中首列为前字本调，首行为后字本调。每一格的第一行是两字组的本调组合；第二行是连读变调，若连读调与单字调相同，则此行空白；第三行为例词。同一两字组若有两种以上的变调，则以横线分隔。具体如下。

镇海方言两字组连读变调表

前字＼后字	阴平 53	阳平 24	阴上 35	阴入 5	阳入 12
阴平 53	53　53 33 飞　机	53　24 33 开　门	53　35 33　53 工　厂	53　5 33 钢　笔	53　2 33 生　活
阴平 53	53　53 33　44 汽　车	53　24 33　31 清　明	53　35 35　0 乡　长		53　2 33　5 蜂　蜜
阴平 53	53　53 33　35 退　休	53　24 0 政　治	53　35 0 报　纸		
阳平 24	24　53 22 良　心	24　24 22　31 眉　毛	24　35 22　53 门　口	24　5 22 毛　笔	24　2 22 粮　食
阳平 24	24　53 0 尾　巴	24　24 0 码　头	24　35 0 老　虎		
阳平 24	24　53 44 认　真	24　24 22 犯　罪	24　35 团　长		
阴上 35	35　53 0 火　车	35　24 0 水　池	35　35 0 手　表	35　5 33 粉　笔	35　2 33 体　育
阴上 35	35　53 33　44 打　针	35　24 33 倒　霉		35　5 33　2 喜　鹊	

续表

前字 ＼ 后字	阴平 53		阳平 24		阴上 35		阴入 5		阳入 12	
阴入 5	5 国	53 44 家	5 骨	24 头	5 黑	35 44 板	52 节	5 约	5 作	2 业
			5 谷	24 22 雨						
阳入 12	2 读	53 书	2 石	24 头	2 日	35 子	2 蜡	5 烛	2 十	2 六

说明：

（1）不送气清声母平声字前置（两字组首字），听感上声调似次高平。

（2）次浊声母舒声字后置（两字组后字），常与舒声阴调类相混，调值读作高降调［53］。

二、两字组连读变调规律

大体说来，前字变调相对简单：前字阴平、阴去（包括［53］和［35］两种调值，下同），要么不变，要么变为［33］；前字阳平（仅指［24］调值，下同），要么不变，要么变为［22］。后字变调相对复杂：后字阴平、阴去实际有［53］［35］［44］［0］四种情形。［44］是次高平调，［0］是轻声，后字［53］调值可不变也可读作［35］、后字［35］调值可不变也可读作［53］。后字阳平实际有［24］［31］［22］［0］四种情形。［22］是次低平调，［0］是轻声，［24］是单字调，［31］是中降调。阴入无论前字还是后字，一般不变调（有时后字轻读，读作［2］）。阴入与阴入组合时，前字多读作［2］。阳入在词语中无论前字还是后字，一般读作［2］（部分次浊声母后字读作［5］）。

肆　异读

一、新老异读

镇海方言的新老异读主要体现在声母、韵母和声调上。

1. 声母

个别字读音存在不太系统的新老差异，例如：

例字	老派	新派
斜邪	ʑia²⁴	ia²⁴
鼠书	tsʰʮ³⁵	sʮ³⁵
寿禅	ʑiu²⁴	iu²⁴

2. 韵母

（1）流摄开口一等字老派读 [ei] 韵，新派读 [øɤ] 韵。

（2）老派韵母有 ɛ、e 对立，例如：监 kɛ⁵³ ≠ 盖 ke⁵³。新派韵母无 ɛ、e 对立，监 = 盖，都读作 ke⁵³。

（3）其他不太系统的差异。如：

例字	老派	新派
徐遇合三	ʑi²⁴	ʑy²⁴
制蟹开三	tsʮ⁵³	tsɿ⁵³
怀蟹合二	uɛ²⁴	uei³¹
画蟹合二	uo²⁴	o²⁴
知止开三	tsʮ⁵³	tsɿ⁵³
震臻开三	tsoŋ⁵³	tɕiŋ⁵³

3. 声调

老男浊声母平、上、去合流，均读作 [24] 调值。青男浊平读作阳平 [31]，浊上和浊去合流，读作阳上 [13]。

二、文白异读

镇海方言的文白异读主要体现在声母和韵母方面。下文中"/"前为白读，后为文读：

1. 声母

（1）非组个别字白读 [b][m] 声母，文读 [v] 声母。例如：肥 bi²⁴ / vi²⁴ | 味 mi²⁴ / vi²⁴ | 尾 mi²⁴ / vi²⁴ | 问 məŋ²⁴ / vəŋ²⁴。

（2）日母个别字白读［n̠］声母或自成音节［ŋ］，文读［z］或零声母。例如：

人 n̠iŋ²⁴ / zoŋ²⁴ | 认 n̠iŋ²⁴ / zoŋ²⁴ | 日 n̠ieʔ¹² / zoʔ¹² | 耳 n̠i²⁴ / əl²⁴ | 儿 ŋ²⁴ / əl²⁴。

（3）见晓组开口二等字白读多为［k］组声母，文读为［tɕ］组声母。例如：

嫁 kɔ⁵³ / tɕia⁵³ | 交 kɔ⁵³ / tɕio⁵³。

2. 韵母

止合三白读［y］韵母，文读［uei］韵母。例如：跪 dʐy²⁴ / guei²⁴ | 龟 tɕy⁵³ / kuei⁵³ | 柜 dʐy²⁴ / guei²⁴ | 鬼 tɕy³⁵ / kuei³⁵ | 贵 tɕy⁵³ / kuei⁵³ | 围 y²⁴ / uei²⁴。

伍　小称

镇海方言的小称主要表现为变韵，是一种残存现象，表现在个别字音上。例如：猫，本读［mɔ²⁴］，小称读作［mɛ²⁴］。

第三十三节　奉化方音

壹　概况

一、调查点

1. 地理人口

奉化区，隶属于浙江省宁波市，地处长三角南翼，东海之滨，是著名的弥勒圣地、蒋氏故里。地处浙江省东部沿海，宁波市区南面。东濒象山港，隔港与象山县相望，南连宁海县，西接新昌县、嵊县和余姚市，北交海曙区、鄞州区。奉化东西长 70.5 公里，南北宽 42 公里，陆地面积 1277 平方公里，海域面积 91 平方公里，海岸线长 63 公里，岛屿 24 个。地貌构成大体为"六山一水三分田"。奉化现辖 4 镇 8 街道，分别是：溪口镇、裘村镇、大堰镇、松岙镇，锦屏街道、岳林街道、江口街道、西坞街道、萧王庙街道、莼湖街道、尚田街道、方桥街道。2018 年全区总户数 18.22 万，户籍人口 48.13 万。[①]

2. 历史沿革

宁波市奉化区在秦汉时属鄞县，晋至隋先后属句章县、鄮县。唐开元二十六年（738）析鄮县置奉化县。县名由来，有三种说法。一说，唐代明州的郡颇为奉化郡，以此县名；一说，以"民皆乐于奉承土化"而得名；一说，来源于县东奉化山。

春秋时今奉化地属越国。战国时属楚国。秦王政二十五年（前 222），属会稽郡鄞县，县治设白杜里（今奉化白杜村）。王莽始建国元年（9）改鄞为谨。东汉建武初年复改为鄞。隋开皇九年（589），并余姚、鄞、鄮三县入句章，治小溪。奉化属句章县。唐武德四年（621）析句章为鄞、姚两州，下不设县。奉化属鄞州，州治三江口（今属宁波海曙区）。唐武德八年（625）废鄞州为鄮县，治小溪，隶越州。开元二十六年（738），江南东道采访使齐浣奏请朝廷析越州鄮县地，置

[①] 参见：宁波市奉化区人民政府网，http://www.fh.gov.cn/col/col1229045101/index.html，2019 年 8 月 9 日获取。

鄞、慈溪、奉化、翁山四县；并置明州；奉化属明州，为上县，治所今市区锦屏街道，境域范围大致与今同。宋时，奉化为望县。元元贞元年（1295）升为州。明洪武二年（1369）复为县，属明州府。明洪武十四年（1381）明州府改称宁波府。清沿明制，奉化属宁波府。

1913 年属浙江省第四地方。1914 年属会稽道。1927 年废道，直属浙江省。1928 年属鄞县区。1936 年属浙江省第六行政督察区。1948 年属浙江省第二行政督察区。

中华人民共和国成立后，奉化属宁波专区。1970 年，专区改称地区。1983 年，宁波地区撤销，奉化改为宁波市属。1988 年 10 月 13 日，奉化撤县设市，2016 年，国务院批复同意撤销县级奉化市，设立宁波市奉化区，以原县级奉化市的行政区域为奉化区的行政区域，奉化区人民政府驻锦屏街道锦屏南路 1 号。①

3. 方言分布

奉化方言专指通行于原奉化老城区（今属岳林街道、锦屏街道）范围内的一种汉语方言。奉化大区内的方言有细微的语音差异，但不存在沟通障碍。奉化方言属吴语太湖片甬江小片。

4. 地方曲艺

奉化走书起源大约在清同治、光绪年间，盛于民国。走书是由农村中一些人从唱地方小曲开始，逐渐演唱有故事情节的书目，并由坐唱发展到走唱，还有自拉自唱，由单纯的敲打乐器发展到用丝弦胡琴、三弦、琵琶、中胡等乐器伴奏。到民国初年，有部分艺人已由农村流动演唱进入城镇茶楼、书场演唱。

奉化走书的主要特点有三。一是唱腔铿锵有力，韵味清晰，节奏感强。它的主要曲调有四平、赋调、码头、平湖、亚顿等，走书曲调被许多观众所接受，还能哼出常用的几种曲调。二是表演形式简单易懂。走书表演时一般使用三种道具：手帕、扇子、醒木。手帕一般是进入花旦老旦角色时用的，通俗的说法是扮女角色时用的；扇子多数用于男角色，不论是小生，花脸小生都以扇子为道具；醒木在唱书时可制造各种声音效果。三是表演不受场地限制。走书演员到了一个地方，只要有两块大门板搭起就可以演出。走书不像做戏，排场大费用多，所以还是比较适合农村演唱。四是表演艺术全方位，立体感强。一个人在舞台上要扮

① 参见：宁波市奉化区人民政府网，http://www.fh.gov.cn/，2020 年 5 月 26 日获取。

演不同角色，根据剧情发展不论男的女的，老的少的都要表演，有许多老艺人无论扮演什么角色都演得栩栩如生，功底十分扎实。虽然在舞台上只有一个人表演，给观众的感觉却是有许多演员，热闹非凡。五是语言丰富。唱走书的语言以方言为主，因为方言容易被观众所接受，有些老艺人能说好几种方言，角色是山东人，他就说山东话，是绍兴人就说绍兴话，使人物更有真实感。这也是奉化走书所独有的地方特色。

二、方言发音人

1. 方言老男

陈撷平，1955 年 3 月出生于奉化锦屏街道，一直在本地生活和工作，职工，初中文化程度，说奉化城区方言和不太标准的普通话。父母均为奉化锦屏街道人。

2. 方言青男

陆立峰，1986 年 1 月出生于奉化岳林街道。一直在本地生活和工作，销售员，大专文化程度，说奉化城区方言和普通话。母亲是奉化锦屏街道人，父亲是奉化岳林街道人。

3. 口头文化发音人

徐恩琴，女，1967 年 12 月出生于奉化锦屏街道，一直在本地生活和工作，专职人民陪审员兼调解员，大专文化程度，说奉化城区方言和普通话。父母都是奉化锦屏街道人。

贰　声韵调

一、声母（28 个，包括零声母在内）

p 八兵	pʰ 派片	b 病爬肥	m 麦明味问	f 飞凤副峰	v 饭肥味问
t 多东	tʰ 讨天	d 甜毒	n 脑南		l 老蓝连路
t 早竹装纸主	tsʰ 草拆抄车春	dz 全祠茶柱		s 三酸山双书	z 坐事床顺十

tɕ 酒张九　　tɕʰ 清抽轻　　dʑ 城权　　　n̺ 年泥热软　　ɕ 想手响　　　　ʑ 谢

k 高　　　　kʰ 开　　　　g 共　　　　ŋ 熬　　　　　h 好灰

Ø 月活安
　云药

说明：

（1）浊擦音声母清化色彩明显。比如：[v]声母一般来自奉母字，在单字中和两字组前字实际听感与[f]相同，在两字组后字还保留浊音色彩。

（2）[dz][z]的分布环境有时相混。比如："祠"有时读作[dz]，有时读作[z]。但有时区别分明。如：杂—贼，全—船。前者读[dz]，后者读[z]。此次调研根据实际读音记录。

（3）零声母字逢阳调有浊擦音色彩。

二、韵母（44个，包括自成音节的[m̩][n̩][ŋ̍][əl]在内）

ɿ 师丝试	i 米戏二飞盐年	u 苦	y 靴雨鬼权
ʮ 猪	iɤ 油		
a 排鞋	ia 写	ua 快	
ɛ 山	iɛ 贤	uɛ 关	
ʌ 宝饱			
	iɔ 笑桥		
e 开南			
ø 半短		uø 官	
o 茶牙瓦		uo 花	
æi 豆走			
ei 赔对		uei 鬼	
əu 歌坐过			
ã 硬争	iã 响	uã 横	
ɔ̃ 糖床双讲		uɔ̃ 王	yɔ̃ 降
əŋ 根寸灯争		uəŋ 滚	
	iŋ 心深新升病星		
oŋ 春东			yoŋ 云兄用

aʔ 塔法辣色白尺　　iaʔ 药　　　　　　　uaʔ 活刮骨

　　　　　　　　　　iʔ 接急热七直锡

oʔ 十出托郭学国绿　　　　　　　　　　　　　　　　　yoʔ 月橘局

əl 儿

m̩ 亩

n̩ 你

ŋ̩ 五

说明：

（1）[ʮ]韵母实际处于舌尖元音的展唇和圆唇之间。

（2）[ʌ]韵母实际位置较高，有时个别字如"老"韵母也读如[ɔ]。

（3）韵母[æi][ei]区别很小，有时相混。此处仍分别处理。

（4）韵母中的[ŋ]辅音实际发音部位略靠前。

（5）经比字，各＝角，作＝桌，韵母均读[oʔ]。

三、声调（8个）

阴平	44	东该灯风通开天春
阳平	33	门龙牛油铜皮糖红
阴上	545	懂古鬼九统苦讨草
阳上	324	买老五有动罪近后
阴去	53	冻怪半四痛快寸去
阳去	31	卖路硬乱洞地饭树
阴入	5	谷百节急哭拍塔刻
阳入	2	六麦叶月毒白盒罚

说明：

（1）阳平[33]部分字尾部略有上升。

（2）阴平字与阳平字声调非常接近，如"春-门""通-龙"等。一般来说，清声母高调，浊声母低调，前者我们记作[44]，后者我们记作[33]。

（3）阴上字与阳上字声调非常接近，如"讨-老""铲-眼"等。一般来说，清声母高调，浊声母低调，前者我们记作[545]，后者我们记作[324]。

（4）阴去字与阳去字声调非常接近，如"靠-闹""屁-二"等。一般来说，清声母高调，浊声母低调，前者我们记作［53］，后者我们记作［31］。

（5）阴上和阳上调值开头部分略降。

（6）阴入调值在［5］与［4］之间。

叁 连读变调

一、两字组连读变调表

奉化方言两字组的连读变调规律见下表。表中首列为前字本调，首行为后字本调。每一格的第一行是两字组的本调组合；第二行是连读变调，若连读调与单字调相同，则此行空白；第三行为例词。同一两字组若有两种以上的变调，则以横线分隔。具体如下。

奉化方言两字组连读变调表

前字＼后字	阴平44	阳平33	阴上545	阳上324	阴去53	阳去31	阴入5	阳入2
阴平44	44 44 开 车 44 44 53 飞 机 44 44 31 东 风	44 33 31 清 明	44 545 54 工 厂	44 324 33 公 社 44 324 31 孙 女	44 53 44 书 记 44 53 开 店	44 31 33 车 站 44 31 生 病	44 5 钢 笔	44 2 生 日
阳平33	33 44 农 村 32 35 良 心	33 33 31 眉 毛	33 545 35 牙 齿	33 324 31 牛 奶	33 53 44 难 过 33 53 驼 背	33 31 33 名 字 33 31 排 队	33 5 毛 笔	33 2 农 业
阴上545	545 44 44 53 火 车 545 32 44 32 打 针	545 33 54 水 池 545 33 44 31 草 鞋	545 545 44 53 手 表	545 324 33 31 起 码 545 324 44 31 水 稻	545 53 44 44 水 库 545 53 44 写 信	545 31 44 33 手 艺 545 31 33 写 字	545 5 44 粉 笔	545 2 44 体 育

续表

后字 前字	阴平 44	阳平 33	阴上 545	阳上 324	阴去 53	阳去 31	阴入 5	阳入 2
阳上 324	324　44 32　54 老　师 324　44 32 坐　车	324　33 32　31 码　头 324　33 32 坐　船	324　545 32　53 老　虎 324　545 32　35 老　板	324　324 32　24 养　老 324　324 32　31 道　理	324　53 32 买　票 324　53 32　44 满　意	324　31 32　33 午　饭	324　5 32　33 美　国	324　2 32 礼　物
阴去 53	53　44 44 背　心 53　44 0 汽　车 53　44 35 退　休	53　33 55　0 酱　油	53　545 55　0 报　纸 53　545 35 放　火	53　324 44　24 送　礼 53　324 44　32 制　造	53　53 44 算　账 53　53 44　44 会　计 53　0 意　见	53　31 政　治 53　31 44　53 救　命	53　5 0 政　策	53　2 44 副　业
阳去 31	31　44 地　方	31　33 31 大　门 31　33 问　题	31　545 53 代　表 31　44 字　典	31　324 31 大　雨	31　53 0 位　置	31　31 0 大　路 31　33 电　话	31　5 2 办　法	31　2 树　叶
阴入 5	5　44 国　家	5　33 31 骨　头 5　33 发　财	5　545 35 缺　点 5　53 黑　板	5　324 31 谷　雨 5　324 接　受	5　53 44 节　气 5　53 织　布	5　31 33 铁　路	5　5 3 节　约	5　2 3 作　业
阳入 2	2　44 53 木　工 2　44 立　冬	2　33 麦　田 2　33 肉　皮	2　545 35 墨　水 2　545 53 局　长	2　324 24 物　理 2　324 31 十　五	2　53 44 力　气	2　31 33 木　匠 2　31 立　夏	2　5 蜡　烛	2　2 目　录

说明：

连读变调中，轻声字记作 [0]。表内未列。

总的说来，在奉化方言中，两字组前字除阳上 [324] 变为 [32]，阴上 [545] 变为 [54] 或 [44]，阴去有时变为 [44] 外，其他阴平 [44]、阳平 [33]、阳去

[31]、阴入[5]、阳入[2]一般不变调。后字阴入[5]、阳入[2]不变，其他舒声调逢阴调读作[44][53][35]，阳调读作[33][31][24]。

肆　异读

一、新老异读

奉化方言的新老异读主要表现在声母和韵母上。

1. 声母

声母表现为不太系统性的差异。例如：

例字	老派	新派
任日	$ʑiŋ^{31}$	$iŋ^{31}$
换匣	$huø^{53}$	$uø^{53}$
侧庄	$tsaʔ^{5}$	$tsʰaʔ^{5}$
赢以	$ʑiŋ^{33}$	$iŋ^{33}$
形匣	$iŋ^{33}$	$ʑiŋ^{33}$

2. 韵母

韵母表现为不太系统性的差异。例如：

例字	老派	新派
花假合二	huo^{44}	ho^{44}
徐遇合三	$ʑi^{33}$	$ʑy^{33}$
嘴止合三	$tsʅ^{545}$	$tsʮ^{545}$
贪咸开一	$tʰæi^{44}$	$tʰε^{44}$
言山开三	$iε^{33}$	i^{33}
捏山开四	$ȵiaʔ^{2}$	$ȵieʔ^{2}$
削宕开三	$ɕiaʔ^{5}$	$ɕieʔ^{5}$
约宕开三	$iaʔ^{5}$	$yoʔ^{5}$
弱宕开三	$ʑiaʔ^{2}$	$ʑieʔ^{2}$

3. 声母和韵母

例字	老派	新派
愁_{流开三平尤崇}	zæi³³	dʑiɤ³³
协_{咸开四入帖匣}	iaʔ²	zieʔ²
辰_{臻开三平真禅}	zoŋ³³	dʑiŋ³³
俊_{臻合三去谆精}	tsoŋ⁵³	tɕyoŋ⁵³
闰_{臻合三去谆日}	yoŋ³¹	zoŋ³¹
镯_{江开二入觉崇}	dʑyoʔ²	dzoʔ²

二、文白异读

奉化方言的文白异读主要体现在声母和韵母方面。下文中"／"前为白读，后为文读：

1. 声母

（1）非组个别字白读［b］［m］声母，文读［v］声母。例如：肥 bi³³ ／ vi³³｜尾 m³³ ／ mi³³｜味 mi³¹ ／ vi³¹｜问 məŋ³¹ ／ vəŋ³¹｜晚 mɛ³¹ ／ vɛ³¹。

（2）日母个别字白读［ȵ］声母或自成音节［ŋ］，文读［z］或零声母。例如：人 ȵiŋ³³ ／ zoŋ³³｜认 ȵiŋ³¹ ／ zoŋ³¹｜日 ȵieʔ² ／ zoʔ²｜耳 ŋ³³ ／ əl³³｜儿 ŋ³³ ／ əl³³。

（3）见晓组开口二等字白读多为［k］组声母，文读为［tɕ］组声母。例如：交 kʌ⁴⁴ ／ tɕio⁴⁴｜孝 hʌ⁵³ ／ ɕio⁵³｜甲 kaʔ⁵ ／ tɕiaʔ⁵。

2. 韵母

（1）止摄合口三等字白读［y］韵母，文读［uei］韵母。例如：跪 dʑy³²⁴ ／ guei³²⁴｜龟 tɕy⁴⁴ ／ kuei⁴⁴｜鬼 tɕy⁵⁴⁵ ／ kuei⁵⁴⁵｜贵 tɕy⁵³ ／ kuei⁵³｜围 y³³ ／ uei³³。

（2）山摄合口三等个别字白读［y］韵母，文读［ø］韵母。例如：砖 tɕy⁴⁴ ／ tsø⁴⁴。

（3）梗摄开口二等个别字白读［ã］韵母，文读［əŋ］韵母。例如：争 tsã⁴⁴ ／ tsəŋ⁴⁴。

（4）通摄合口三等个别字白读［ɔ̃］韵母，文读［əŋ］韵母。例如：梦 mɔ̃³¹ ／ məŋ³¹。

伍　小称

　　奉化方言的儿化是一种残存现象，主要表现为变韵。例如：鸭，本读 $[a\Omega^5]$，小称读作 $[\varepsilon^{545}]$。猫，本读 $[m\Lambda^{33}]$，小称读作 $[m\varepsilon^{324}]$。

第三十四节　宁海方音

壹　概况

一、调查点

1. 地理人口

宁海县为计划单列市宁波市属县，国务院批准的第一批沿海对外开放地区之一。位于长江三角洲南翼，北连奉化区，东北濒象山港，东接象山县，东南临三门湾，南壤三门县，西与天台县、新昌县为界。县域总面积 1843 平方公里，海岸线 176 公里，辖 4 个街道、11 个镇、3 个乡、32 个社区、337 个行政村。[①] 据统计，2017 年全市总户数 23.26 万，户籍人口 63.25 万，均为汉族。[②]

2. 历史沿革

宁海置县始自晋武帝太康元年（280），县治设白峤。隋开皇九年（589）撤宁海县并入临海县。唐武德四年（621）于临海县设海州，复置宁海县，县治设海游（今属三门县），属海州。次年改海州为台州，宁海属台州。武德七年（624）撤宁海县并入章安县。永昌元年（689）复置宁海县，治设广度里，属台州。神龙二年（706），以县东地海岛阔远，析归新建之象山县。明清，宁海属台州府。

1912 年，宁海撤销府级建制，直隶浙江省。1914 年，宁海属会稽道。中华人民共和国成立后，宁海属台州专区。1952 年 10 月，改属宁波专区。1957 年 9 月，复划属台州专区。1961 年 10 月恢复宁海县建制，县治设城关镇，属宁波专区。1970 年，宁波专区改为宁波地区。1983 年 7 月，撤销宁波地区，改为市管县，宁海县属宁波市。[③]

---

① 参见：宁海县人民政府网，http://www.ninghai.gov.cn/col/col1229235325/index.html，2022 年 7 月 20 日获取。
② 参见：《2018 年浙江统计年鉴》，http://zjjcmspublic.oss-cn-hangzhou-zwynet-d01-a.internet.cloud.zj.gov.cn/，2022 年 8 月 10 日获取。
③ 参见：宁海县地方志编纂委员会. 宁海县志（1987—2008）. 北京：方志出版社，2019.

3. 方言分布

宁海方言属于吴方言太湖片。按口音分，可分为五种。（1）城关腔：包括现属的跃龙街道、桃源街道、黄坛镇。面积 272 平方公里。人口接近 22 万。属于吴语台州北片。（2）上路腔：包括桑洲镇、岔路镇、前童镇、一市镇、越溪乡。面积 420 平方公里。人口 12 万。位于宁海西南部，属于吴语台州北片。（3）东路腔：包括茶院乡、力洋镇、明港镇、胡陈乡、长街镇。面积 600 平方公里。人口 14 万。发音接近城关腔，但语调有所不同，尤其是语气助词较长。属于吴语台州北片。（4）东北路腔：包括梅林街道、桥头胡街道、强蛟镇、大佳何镇。面积 290 平方公里。人口 8.32 万。口音与象山话相似。属于吴语明州南片。（5）北路腔：包括西店镇、深甽镇。面积 277 平方公里。人口 8 万。口音与奉化话接近，属于吴语明州南片。

4. 地方曲艺

方言曲艺有两种：

（1）宁海走书。通常分两种：文书和武书。文书表演者坐着表演，不拍堂木。说书人自始至终语调平静，娓娓道来。武书表演者从头至尾都是站立着的，咿呀声中，将一块堂木拍得震天响。题材多为英雄好汉一类。宁海走书多用文书形式。文书就是一种叙事长诗，如《施义与娇娘》《七郎》《华姐和七岁弟》，用宁海方言表述，句句押韵，活泼俏皮。

（2）宁海平调。宁海的地方剧种约始于明盛于清，有三四百年历史。2006 年，被国家列入第一批国家级非物质文化遗产代表性项目名录；2009 年，春节平调"耍牙"《金牛报春》剧目被选上中央电视台春节联欢晚会。

二、方言发音人

1. 方言老男

丁良荣，1952 年 11 月出生于宁海跃龙街道，一直在本地生活和工作，职工，初中文化程度，说宁海话和不太标准的普通话。父母均为宁海跃龙街道人，说宁海城关话。

2. 方言青男

胡挺，1985 年 10 月出生于宁海跃龙街道，一直在本地生活和工作，驾校教练，高中文化程度，说宁海话和不太标准的普通话。父母均为宁海跃龙街道人，说宁海城关话。

3. 口头文化发音人

陈一兵，男，1962 年 12 月出生于宁海桃源街道，一直在本地生活和工作，工程师，大专文化程度，说宁海话和不太标准的普通话。父母均为宁海跃龙街道人。

贰　声韵调

一、声母（28 个，包括零声母在内）

p 八兵	pʰ 派片	b 爬病肥	m 麦明味问	f 飞风副蜂	v 肥饭味问
t 多东	tʰ 讨天	d 甜毒	n 脑南		l 老蓝连路
ts 早争装纸主	tsʰ 草拆抄车车辆	dz 祠茶柱		s 三酸山书	z 字坐事床
tɕ 酒竹九	tɕʰ 清抽春轻	dʑ 全城张量	ȵ 年泥热软月	ɕ 想双手响	ʑ 谢船顺十
k 高	kʰ 开	g 共权	ŋ 熬	h 好灰	
∅ 活县安云药					

说明：

（1）浊擦音声母实际不浊，有清化色彩。

（2）分尖团，如：雪 ≠ 血。

（3）[ȵ] 有时表现出边音色彩，如"二义"两字声母听感上同 [l]。

二、韵母（55 个，包括自成音节的 [m][ŋ][l] 在内）

ɿ 猪师丝试戏	i 米二飞	u 过苦	y 靴雨鬼
ʮ 书			

a 排鞋	ia 写	ua 快
		uɛ 关
e 开山	ie 盐年	
ø 南半短		uø 官　　　yø 权
o 茶牙瓦	io □话	
ɯ 歌		
au 宝饱		
əu 坐	iu 豆油	ui 亏胃
ei 赔对		uei 汇悔
eu 走	ieu 笑桥	
ã 硬争	iã 响	uã 横
ɔ̃ 糖床讲		uɔ̃ 王　　　yɔ̃ 双
ən 新寸		uən 滚　　　yən 春云
oŋ 东		yoŋ 兄用
	iŋ 心深根灯升病星	yiŋ □陡
aʔ 塔法辣七色白	iaʔ 药	uaʔ 刮骨
eʔ 鸽	ieʔ 接贴	yeʔ 雪
əʔ 缺决	iəʔ 急一直锡	yəʔ 出十橘局
ɔʔ 托郭壳学北学北	iɔʔ 月	uɔʔ 活
oʔ 谷六绿国	ioʔ 竹吃	
m̩ 姆		
ŋ̍ 五鱼儿白		
l̩ 儿文		

说明：

（1）"开""山"有别。"开"实际为［ɛ］，"山"实际在［ɪ］与［e］之间，但无音位区别价值。通过比字，发现：改＝杆，盖＝干干部。这里统一记作［e］。韵母［e］与见组字拼读时似［ie］。

（2）［ei］［uei］中的［e］介于 2 号舌面元音和 3 号舌面元音之间。

（3）［eu］从听感上似［əɯ］。

（4）［oŋ］［ioŋ］［oʔ］［ioʔ］等韵母中的主要元音［o］实际在［u］与［o］之间。

（5）[iã]中的[a]，实际接近[ɐ]。

（6）[ieʔ]与[ɿəʔ]存在音韵对立，如舌≠习，差别仅表现在韵母上。但有时也存在相混现象。如"笔""匹"均为臻摄开口三等字，"笔"韵母作[iəʔ]，"匹"韵母作[ieʔ]。其中，[iəʔ]中的[ə]实际听感上似[ɿ]。同样，[iəʔ]与[ioʔ]也存在音韵对立，如桌≠竹，戳≠触，差别仅表现在韵母上。

三、声调（8个）

阴平	423	东该灯风通开天春
阳平	213	门龙牛油铜皮糖红
阴上	53	懂古鬼九统苦讨草
阳上	31	买老五有动罪近后
阴去	35	冻怪半四痛快寸
阳去	24	卖路硬乱洞地饭树
阴入	5	谷百搭节急哭拍塔切刻
阳入	3	六麦叶月毒白盒罚

说明：

（1）阴平调值起始部位略降，以平为主，尾部音调上扬。存在变体，部分字读作[433]。

（2）阳平起始部分略降，降调不明显，调值也可记作[223]。阳平调值与阳去调值听感差异较小，但比字时差异较大，如球≠旧，兰≠烂。有时也会出现混读现象，如停＝定，余＝裕。

（3）阳上起始部位略升，调值也可记为[231]。

（4）阳入调值实际是一个低升的短促调，也可记作[13]。

叁　连读变调

一、两字组连读变调表

宁海方言两字组的连读变调规律见下表。表中首列为前字本调，首行为后字本调。每一格的第一行是两字组的本调组合；第二行是连读变调，若连读调与单字调相同，则此行空白；第三行为例词。同一两字组若有两种以上的变调，则以横线分隔。具体如下。

宁海方言两字组连读变调表

后字 前字	阴平 423	阳平 213	阴上 53	阳上 31	阴去 35	阳去 24	阴入 5	阳入 3
阴平 423	423 423 33 34 飞 机	423 213 34 0 清 明	423 53 34 0 工 厂	423 31 33 招 待	423 35 33 车 票	423 24 33 车 站	423 5 33 3 钢 笔	423 3 3 生 活
阳平 213	213 423 21 34 农 村	213 213 23 0 眉 毛	213 53 23 0 牙 齿	213 31 23 0 牛 奶	213 35 21 难 过	213 24 21 名 字	213 5 2 毛 笔	213 3 2 同 学
阴上 53	53 423 33 火 车	53 213 0 检 查	53 53 33 手 表	53 31 33 管 理	53 35 33 写 信	53 24 33 写 字	53 5 5 粉 笔	53 3 5 体 育
阳上 31	31 423 33 坐 车	31 213 坐 船	31 53 33 老 虎	31 31 33 道 理	31 35 买 票	31 24 马 路	31 5 3 道 德	31 3 3 技 术
阴去 35	35 423 33 34 唱 歌	35 213 33 算 盘	35 53 33 报 纸	35 31 33 对 待	35 35 33 算 账	35 24 33 救 命	35 5 3 政 策	35 3 3 中 毒
阳去 24	24 423 22 34 地 方	24 213 22 大 门	24 53 22 字 典	24 31 22 味 道	24 35 22 饭 店	24 24 22 电 话	24 5 2 办 法	24 3 2 大 学
阴入 5	5 423 3 34 国 家	5 213 3 发 财	5 53 3 黑 板	5 31 3 黑 马	5 35 3 发 票	5 24 3 铁 路	5 5 3 出 国	5 3 3 作 业
阳入 3	3 423 34 读 书	3 213 合 同	3 53 局 长	3 31 落 后	3 35 白 菜	3 24 立 夏	3 5 白 色	3 3 十 六

说明：舒声调前字往往读得轻而短，[33]快读时常读作[3]，[22]快读时常读作[2]。

二、两字组连读变调规律

宁海方言两字组连读变调有以下两个特点。

（1）入声字起头，后字音节一般读作原调。有两点值得注意：第一，后字若为阴平，以读升调为常，调值可记为[34]。第二，前字若为阴入，音高降低，调值可记为[3]。

（2）舒声字起头，后字音节或读作原调或读作轻声。有两点值得注意：第一，后字若为阴平，除了读为原调，也常读为[34]。第二，后字若为阴入，有时读为[2]。

肆　异读

一、新老异读

宁海方言的新老异读主要体现在声母和韵母上。

1. 声母

（1）疑母字，老派多保留鼻音声母，逢洪音读[ŋ]、逢细音读[n̠]，新派鼻音声母部分字脱落，读零声母。例如：

例字	老派	新派
遇	n̠y^{24}	y^{24}
外	ŋa^{24}	a^{24}
熬	ŋau^{213}	au^{213}
鹅	ŋəu^{31}	æi^{31}
原	n̠yø^{213}	yø^{213}
严	n̠ie^{213}	n̠iɛ^{213} 严格/iɛ^{213} 严老师

（2）表现为非系统性的差异。例如：

例字	老派	新派
谱帮	pu^{53}	pʰu^{53}
集从	ziəʔ^3	dʑieʔ^3
截从	ziəʔ^3	dʑieʔ^3

2. 韵母

（1）果摄字，老派多读[əu]，新派多读[æi]。例如：多，老派读[təu^{423}]，新派读[tæi^{423}]。

（2）效摄开口三四等字，老派多读[ieu]，新派多读[iau]。例如：票，老派读[pʰieu^{35}]，新派读[pʰiau^{35}]。

（3）宕摄开口三等精组、见组字，老派多读[iã]，新派多读[iẽ]。例如：亮，老派读[liã²⁴]，新派读[liẽ²⁴]。

（4）表现为不太系统性的差异。例如：

例字	老派	新派
吴遇合一	ŋ²¹³	u²¹³
锄遇合三	zɿ²¹³	zʮ²¹³
锯遇合三	kie³⁵	ky³⁵
歪蟹合二	ua⁴²³	uɛ⁴²³
知止开三	tsʮ⁴²³	tsɿ⁴²³
刷山合二	ɕyeʔ⁵	ɕiɔʔ⁵
决山合四	kəʔ⁵	kyəʔ⁵
血山合四	ɕyəʔ⁵	ɕiɔʔ⁵
骨臻合一	kuaʔ⁵	kuaʔ⁵
郭宕合一	kɔʔ⁵	kuɔʔ⁵
得曾开一	tiəʔ⁵	taʔ⁵
赢梗开三	yəŋ²¹³	iŋ²¹³

还有声母、韵母都不同的。例如：藕，老派读[ȵiu³¹]，新派读[ŋæi³¹]。

二、文白异读

宁海方言的文白异读主要体现在声母和韵母上。下文中" / "前为白读，后为文读。

1. 声母

（1）非组个别字白读[b][m]声母，文读[v]声母。例如：肥 bi²¹³ / vi²¹³ | 尾 mi³¹ / vi³¹ | 味 mi²⁴ / vi²⁴ | 问 məŋ²⁴ / vəŋ²⁴。

（2）日母个别字白读[ȵ][ŋ]声母或自成音节[ŋ]，文读[z]声母或自成音节[l]。例如：人 ȵiŋ²¹³ / zyəŋ²¹³ | 日 ȵiəʔ³ / zyəʔ³ | 耳 ŋəu²¹³ / l²¹³ | 儿 ŋ²¹³ / l²¹³。

（3）见晓组开口二等字白读多为[k]组声母，文读为[tɕ]组声母。例如：交 kau⁴²³ / tɕieu⁴²³。

2. 韵母

（1）止摄合口三等字白读［y］韵母，文读［uei］韵母。例如：鬼 ky^{53} / kuei^{53} | 贵 ky^{35} / kuei^{35} | 围 y^{213} / uei^{213}。

（2）曾摄开口一等个别字白读［ã］韵母，文读［əŋ］韵母。例如：朋 bã^{213} / bəŋ^{213}。

第三十五节　象山方音

壹　概况

一、调查点

1.地理人口

象山，隶属于宁波市。位于象山港和三门湾之间，三面环海、两港相拥。陆域面积 1382 平方公里，海域面积 6618 平方公里，海岸线长达 925 公里。全县辖 10 镇（石浦镇、西周镇、鹤浦镇、贤庠镇、墙头镇、泗洲头镇、定塘镇、涂茨镇、大徐镇、新桥镇），5 乡（东陈乡、晓塘乡、黄避岙乡、茅洋乡、高塘岛乡），3 街道（丹东街道、丹西街道、爵溪街道），1 个管委会。县政府驻后堂街 21 号。据统计，2019 年全县总户数 18.21 万，户籍人口 54.66 万。[①]

2.历史沿革

春秋时象山为越国鄞地，战国时楚灭越，一度属楚，秦时属鄞县。汉时为鄞县，回浦（后改章安）两县地。晋时分属宁海、鄞县。隋代为句章，临海两县地。唐初分属宁海及鄮县。

唐神龙元年（705），监察御史崔皎奏请朝廷析台州宁海、越州鄮县地置象山县。翌年，象山县立，属台州，设县治于彭姥村。因村西北有山"形似伏象"，故名象山。广德二年（764）改隶明州。南宋绍熙五年（1194）升明州为庆元府，元时改庆元路，明初改庆元路为明州府，象山均为属县。洪武十四年（1381）改为宁波府，象山为属县。清沿明制，象山属宁波府。宣统三年十月，武昌起义胜利，象山于同月二十一日宣布"光复"。1912 年年初，象山属会稽道。

1949 年 7 月 8 日，象山解放，属宁波专区。1952 年 4 月，南田 8 岛从三门县划归象山。1954 年 4 月，象山转隶舟山专区。1958 年 10 月，宁海撤销建制，并入象山，县改属台州专区，县治初迁沥洋，后移宁海城关镇。1959 年 1 月，台州专区撤销，象山重归宁波专区。1961 年 10 月，复置宁海县，象山还治原境，

---

① 参见：象山县地方志编纂委员会.象山年鉴（2021）.北京：方志出版社，2021.

县治迁回丹城镇，仍属宁波专区。"文革"期间，宁波一度称地区，象山隶属不变。1983 年 7 月，宁波地、市合并，实行市管县，象山为其属县。[①]

3. 方言分布

象山方言属于吴方言太湖片。按口音区分，象山方言可分为三个小片。东乡方言小片以丹城话为代表，接近宁波话。南乡方言小片以石浦话为代表，接近台州话。西乡方言小区以西周话为代表，接近东乡方言小片。另有爵溪、沙塘湾两个"方言岛"。爵溪话仅限于爵溪镇城区内，系北方方言。沙塘湾话仅限于石浦镇沙塘湾村，系闽南话。

4. 地方曲艺

象山方言曲艺或地方戏种类和使用情况如下。唱新闻、宁波走书，传统戏剧三角棣紫云乱弹、三坑班（调腔）都是用方言演唱的，其中唱新闻是国家级非物质文化遗产代表性项目名录，唱新闻《长年葱》曾获群众文艺领域政府最高奖群星奖。县文化部门通过公益书场、非遗乡愁行、曲艺进文化礼堂、送戏下乡等活动，使这些项目重新恢复演出市场，受到老百姓的欢迎和喜爱，其中三角棣紫云乱弹年演出达 250 余场，部分走书艺人年受邀演出达 300 余场，几乎全年没有空档。

二、方言发音人

1. 方言老男

蒋明杨，1963 年 10 月出生于象山丹西街道，一直在本地生活和工作，基层干部，大专文化程度，说象山城区话和不太标准的普通话。父母均为象山丹西街道人，说象山城区话。

2. 方言青男

沈欣增，1990 年 12 月出生于象山丹东街道，一直在本地生活和工作，职工，本科文化程度，说象山城区话和普通话。父母均为象山丹东街道人，说象山城区话。

---

① 象山县志编纂委员会. 象山县志. 杭州：浙江人民出版社，1988.

3. 口头文化发音人

倪赛娟，女，1946 年 6 月出生于象山丹西街道，一直在本地生活和工作，职工，小学文化程度，说象山城区话和不太标准的普通话。父母均为象山丹西街道人。

贰　声韵调

一、声母（27 个，包括零声母在内）

p 八兵	pʰ 派片	b 爬病肥	m 麦明味问	f 飞风副蜂
				v 肥饭味问
t 多东	tʰ 讨天	d 甜毒	n 脑南	l 老蓝连路
ts 早争装纸主	tsʰ 草拆抄车春	dz 字祠茶事床		s 丝三酸山书
				z 贼坐船顺十
tɕ 酒张竹九	tɕʰ 清抽轻	dʑ 城权	ȵ 年泥热软	ɕ 想双手响
k 高	kʰ 开	g 共	ŋ 熬	h 好灰
ø 谢城月活安云药				

说明：

浊擦音声母单念或在词首位置时实际发音是清音，其浊感来自后接元音的发声方式，即所谓的"清音浊流"，在音节中是真正的浊音。

二、韵母（44 个，包括自成音节的 [m] [n] [ŋ] 在内）

ɿ 师丝试	i 开米戏二飞盐年	u 歌过苦	y 靴雨鬼权
ʅ 猪			
a 排鞋	ia 写	ua 快	
ɛ 山	iɛ 炎言	uɛ 怀关	
ø 宣		uø 官	
ɔ 宝饱			
o 茶牙瓦	io 笑桥	uo 瓜	
ei 赔对南		uei 灰	

əu 坐

ɤu 豆走半短　　　　iu 油

ã 硬争　　　　　　　iã 响　　　　　　　uã 横

ɔ̃ 糖床讲　　　　　　iɔ̃ 双　　　　　　　uɔ̃ 王　　　　　yɔ̃ 桩

əŋ 根新寸灯　　　　　iŋ 心升病　　　　　uəŋ 滚

oŋ 心深春东　　　　　　　　　　　　　　　　　　　　yoŋ 云兄用

aʔ 塔法辣八色白尺　　　　　　　　　　　uaʔ 刮

eʔ 折　　　　　　　　ieʔ 接急热七药直锡

oʔ 十出托郭学国绿　　　　　　　　　　　uoʔ 活骨　　　yoʔ 月橘局

m 姆

n 芋

ŋ 五

说明：

（1）元音[ε]，实际位置略高，在 2 号元音和 3 号元音之间。

（2）经比字，牡 = 满，兜 = 端，头 = 团，奏 = 钻，表明流摄开口一等与山摄合口一等合流。

（3）后鼻音韵尾实际介于[n][ŋ]之间。

三、声调（6个）

阴平	44	东该灯风通开天春懂古鬼九统苦讨草
阳平	31	门龙牛油铜皮糖红买老五有动罪近后
阴去	53	冻怪半四痛快寸去
阳去	13	卖路硬乱洞地饭树
阴入	5	谷百搭节急哭拍塔切刻
阳入	2	六麦叶月毒白盒罚

说明：

（1）阴平调值是个平调，调值实际位置在［55］与［44］之间。

（2）阳平实际调型升降调，音值接近［231］。

（3）阳去起始部分略降，也可记作［213］。

（4）阳入实际是一个低升的短促调。

叁　连读变调

一、两字组连读变调表

象山方言两字组的连读变调规律见下表。象山方言有阴平、阳平、阴去、阳去、阴入、阳入六个单字调类，具体调值分别为：［44］［31］［53］［13］［5］［2］。参照宁波方言调查变调的通行做法，前字、后字根据中古音来历分出八类，即古平、上、去、入以清、浊为条件排列出八类，调查两者的变调规则。表中首列为前字本调，首行为后字本调。每一格的第一行是两字组的本调组合；第二行是连读变调，若连读调与单字调相同，则此行空白；第三行为例词。同一两字组若有两种以上的变调，则以横线分隔。具体如下。

象山方言两字组连读变调表

后字／前字	阴平 44	阳平 31	阴去 53	阳去 13	阴入 5	阳入 2
阴平 44	44　44 　　35 飞　机 44　44 开　车	44　31 　　13 工　人 44　31 开　门	44　53 53　0 车　票 44　53 开　店	44　13 开　会	44　5 钢　笔	44　2 生　活
阳平 31	31　44 老　虎 31　44 　　35 良　心	31　31 　　13 眉　毛 31　31 犯　罪 31　31 码　头	31　53 满　意 31　53 　　0 棉　裤 31　53 　　35 驼　背	31　13 名　字	31　5 毛　笔	31　2 粮　食
阴去 53	53　44 汽　车	53　31 酱　油	53　53 53　0 意　见	53　13 政　治	53　5 政　策	53　2 中　毒

前字＼后字	阴平 44		阳平 31		阴去 53		阳去 13		阴入 5		阳入 2	
阳去 13	13 地	44 方	13 大	31 门	13 饭	53 0 店	13 大	13 路	13 外	5 国	13 大	2 学
			13 调	31 13 查	13 位	53 44 置						
					13 事	53 35 故						
阴入 5	5 国	44 家	5 骨	31 头	5 节	53 气	5 铁	13 路	5 节	5 约	5 作	2 业
阳入 2	2 读	44 书	2 石	31 头	2 白	53 菜	2 木	13 匠	2 蜡	5 烛	2 十	2 六

二、两字组连读变调规律

象山方言两字组连读有以下几个特点。

（1）入声与入声组合，前后入声字不变调。入声字作后字时，入声字不变调。

（2）前字一般不变调。有一个例外：阴平［44］＋阴去［53］，前字有时变为［53］调，后字读作轻声。此外，前字为［31］调值，与后字组合时，前字音程短、降幅小，实际读作［32］调值。

（3）后字为舒声阴调（包括［44］［53］两个调值）时，后字若变调以［35］为常；后字为舒声阳调（包括［31］［13］两个调值）时，后字若变调以读作［13］为常。

肆　异读

一、新老异读

象山方言的新老异读主要体现在声母和韵母上。

1. 声母

"崇、船、禅、从、日"等浊声母字，老派多读[z]，新派多读[dz]。例如：

例字	老派	新派
锄崇	$z\textrm{ʅ}^{31}$	$dz\textrm{ʅ}^{31}$
如日	$z\textrm{ʅ}^{31}$	$dz\textrm{ʅ}^{31}$
船船	$z\textrm{ɤu}^{31}$	$dz\textrm{ɤu}^{31}$
罪从	zei^{31}	$dzei^{31}$
垂禅	zei^{31}	$dzei^{31}$
杂从	$za\textrm{ʔ}^{2}$	$dza\textrm{ʔ}^{2}$

个别字老派反映的是旧的读音，新派反映的是受到普通话影响后的读音。例如：鸟，老派读[tio^{44}]，新派读[$\textrm{ȵ}io^{44}$]。

2. 韵母

（1）蟹摄开口一等字老派韵母读[i]或[ɛ]，新派韵母读[ei]。例如：爱，老派读[$\textrm{ɛ}^{53}$]，新派读[ei^{53}]。改，老派读[ki^{44}]，新派读[kei^{44}]。

（2）效摄开口一二等字老派韵母读[ɔ]，新派韵母读[au]。

（3）流摄开口三等字老派韵母读[iu]，新派韵母读[y]，但逢庄组新老派都读作[ɤu]。

（4）臻摄合口三等字老派韵母读[oŋ]，新派受普通话影响，韵母有的读[uəŋ]。例如：春，老派读[$ts^{h}oŋ^{44}$]，新派读[$ts^{h}uəŋ^{44}$]。

（5）其他不太系统的差异。例如：

例字	老派	新派
吕遇合三	li^{31}	ly^{31}
眉止开三	mi^{31}	mei^{31}
占咸开三	$t\textrm{ɕ}i^{53}$	$ts\textrm{ɛ}^{53}$
参人参，深开三	$s\textrm{ə}ŋ^{44}$	$soŋ^{44}$
延山开三	$i\textrm{ɛ}^{31}$	i^{31}
阔山合一	$k^{h}ua\textrm{ʔ}^{5}$	$k^{h}uo\textrm{ʔ}^{5}$

3. 声母和韵母

例字	老派	新派
锯遇合三去鱼见	ki^{53}	tɕy^{53}
岩咸开二平衔疑	ŋɛ^{31}	n̠iɛ^{31}
炎咸开三平盐云	iɛ^{31}	n̠i^{31}
桩江开二平江知	tɕyɑ̃^{44}	tsɔ̃^{44}
颜山开二平删疑	ŋɛ^{31}	n̠iɛ^{31}
扇山开三去仙书	ɕi^{53}	sɛ^{53}

二、文白异读

象山方言的文白异读主要体现在声母和韵母上。下文中" / "前为白读，后为文读。

1. 声母

（1）非组个别字白读［b］［m］声母，文读［v］声母。例如：肥 bi^{31} / vi^{31} | 味 mi^{31} / vi^{31} | 问 məŋ^{13} / vəŋ^{13}。

（2）日母个别字白读［n̠］声母或自成音节［ŋ］，文读［z］或零声母。例如：人 n̠iŋ^{31} / zoŋ^{31} | 认 n̠iŋ^{31} / zoŋ^{31} | 日 n̠ieʔ^2 / zoʔ^2 | 染 n̠i^{31} / zø^{31} | 耳 ŋ^{31} / əl^{31} | 儿 ŋ^{31} / əl^{31}。

（3）见晓组开口二等字白读多为［k］组声母，文读为［tɕ］组声母。例如：交 kɔ^{44} / tɕio^{44} | 孝 hɔ^{53} / ɕio^{53}。

2. 韵母

（1）止摄合口三等字白读［y］韵母，文读［uei］韵母。例如：龟 tɕy^{44} / kuei^{44} | 鬼 tɕy^{44} / kuei^{44} | 贵 tɕy^{53} / kuei^{53} | 围 y^{31} / uei^{31}。

（2）臻摄开口三等个别字白读［əŋ］韵母，文读［iŋ］韵母。例如：进 tsəŋ^{53} / tɕiŋ^{53} | 亲 tsʰəŋ^{53} / tɕʰiŋ^{53}。

（3）梗摄开口二等个别字白读［ɑ̃］韵母，文读［əŋ］韵母。例如：争 tsɑ̃^{44} / tsəŋ^{44}。

第三十六节　普陀方音

壹　概况

一、调查点

1. 地理人口

普陀区隶属浙江省舟山市，位于浙江东北部，舟山群岛东南部。全区共有大小岛屿 455 个，有人居住的有 32 个。全区面积 6728 平方公里，其中海域面积 6269.4 平方公里，陆地面积 458.6 平方公里，海岸线总长 831.43 公里，是海洋大区、陆地小区，距舟山城区 20 公里。全区辖 4 街道 5 镇，分别是：沈家门街道、东港街道、朱家尖街道、展茅街道，普陀山镇、六横镇、桃花镇、虾崎镇、东极镇。截至 2015 年年底，全区户籍人口 32.19 万。当地居民以汉族为主，少数民族人口很少，多系工作、婚姻迁入，据普陀区史志办工作人员介绍，他们一般说普陀话或普通话。①

2. 历史沿革

春秋时属越，称"甬东"或"甬句东"。秦统一后，属鄞县东境，隶会稽郡。北宋时普陀属昌国县东南境。之后，普陀名称及行政归属皆有变动。至明洪武二十年（1387），归定海县（今镇海县），隶宁波府，普陀隶之。清康熙二十七年（1688），普陀属定海县东南境。1912 年，定海直隶厅复改定海县，隶浙江省会稽道，普陀属定海县地。

1953 年 4 月，析定海县为定海、普陀、岱山三县，隶舟山专区，普陀建县自此始，县治设于沈家门。1987 年，改普陀县为普陀区，区政府驻地在东港街道。今属舟山市。②

---

① 参见：舟山市普陀区人民政府网：http://www.putuo.gov.cn/col/col1416102/index.html，2022 年 7 月 22 日获取。
② 普陀县志编委会. 普陀县志. 杭州：浙江人民出版社，1991：2.

3. 方言分布

普陀话是境内通用方言，属吴语太湖片甬江小片。全县约 10% 人口讲温州话、台州话、三北（余姚、慈溪、镇海 3 县北部）话和闽语等，主要分布于庙子湖、黄兴、青浜、东福山、朱家尖、普陀山、沈家门等局部居民点。[①]

4. 地方曲艺

本地曾流行瀛洲走书。据《普陀县志》（1991），清同治末年，瀛洲走书由定海马岙传入，在六横形成地方曲种。民国时期，广为流传。现瀛洲走书仅保留曲谱，不再传唱。其他曲种有布袋木偶、唱新闻等。1979 年组织流散民间艺人 19人，成立县曲艺队。主要曲种为走书、唱新闻等，曲目为《双珠凤》《书剑恩仇录》等。此外，还有一些舟山民间小调，如"马灯调""杨柳青调""青年调"。[②]

二、方言发音人

1. 方言老男

周海儿，1958 年 11 月出生于普陀沈家门镇，一直在本地生活和工作，保安，高中文化程度，说普陀沈家门话和不太标准的普通话。父母均为普陀沈家门人，说普陀沈家门话。

2. 方言青男

李奇，1986 年 4 月出生于普陀沈家门镇，一直在本地生活和工作，职工，大专文化程度，说普陀沈家门话和不太标准的普通话。父母均为普陀沈家门人，说普陀沈家门话。

3. 口头文化发音人

徐正泰，男，1948 年 11 月出生于普陀沈家门镇，一直在本地生活和工作，教师，高中文化程度，说普陀沈家门话和不太标准的普通话。

周海儿，男，1958 年 11 月出生于普陀沈家门镇，一直在本地生活和工作，保安，高中文化程度，说沈家门话和不太标准的普通话。

---

① 普陀县志编委会. 普陀县志. 杭州：浙江人民出版社，1991：1001.
② 普陀县志编委会. 普陀县志. 杭州：浙江人民出版社，1991：916.

贰　声韵调

一、声母（27个，包括零声母在内）

p 八兵	pʰ 派片	b 爬病<u>肥</u>	m 麦明味问	f 飞风副蜂	v 肥饭
t 多东	tʰ 讨天	d 甜毒	n 脑南		l 老蓝连路
ts 早租竹争	tsʰ 草寸车春	dz 全祠茶床		s 丝三酸山	z 字坐船十
tɕ 酒张九	tɕʰ 清抽轻	dʑ 城权	ȵ 年泥热软	ɕ 想手响	
k 高	kʰ 开	g 共	ŋ 熬	x 好灰	
Ø 谢月县药					

说明：

（1）全浊声母系清音浊流而非真浊音。

（2）阳调类零声母音节起始部分有紧喉摩擦成分，这里均做零声母处理。

二、韵母（42个，包括自成音节的 [m] [n] [ŋ] 在内）

ɿ 师丝试	i 米戏二飞盐年	u 苦	y 雨鬼权
ʮ 猪			
a 排鞋	ia 写	ua 快	
ɔ 宝饱	iɔ 笑桥		
ɛ 开山鸭	iɛ 奶念廿	uɛ 关弯	
o 茶牙瓦		uo 华话	
ø 半短		uø 官	
æi 赔对南		uæi 回	
əu 歌坐过			
eu 豆走	ieu 油		
ã 硬争	iã 响	uã 横	
ɔ̃ 糖床双讲		uɔ̃ 王	
əŋ 根寸灯 ŋ̍	iŋ 心深新升病星	uəŋ 滚	
oŋ 春东	ioŋ 云兄用		

ɐʔ 塔法辣八色白尺 　　　　　　　　　　 ueʔ 活刮骨

　　　　　iɛʔ 贴急热节药直 　　　　　　　yɛʔ 靴

oʔ 十壳学北谷六绿 　　　　　　　　　　 yoʔ 月橘局

əl 耳

m̩ 母

n̩ 芋

ŋ̍ 五

说明：

（1）[a][ã]二行韵母中的[a]实际读音为[ʌ]。

（2）[eu]行韵母中的[u]实际读音为[ʉ]，且更靠前。尤其是[ieu]中的[u]，听起来像是[y]，以致"鬼"和"九"听起来很像（青男的"鬼"已读同"九"，均为[y]韵）。

（3）[iŋ]的实际读音为[ieŋ]。

（4）[iɛʔ][yɛʔ]中的[ɛ]舌位略靠后，但不到[ɐ]。

三、声调（8个）

阴平	53	东该灯风通开天春
阳平	24	门龙牛油铜皮糖红
阴上	45	懂古鬼九统苦讨草
阳上	23	买老五有动罪近后
阴去	55	冻怪半四痛快寸去
阳去	13	卖路硬乱洞地饭树
阴入	5	谷百搭节急哭拍塔切刻
阳入	23	六麦叶月毒白盒罚

说明：

（1）阴平高降，但域值差并不大。

（2）阳平[24]接近[35]。

（3）阳去[13]起始阶段有降的痕迹，接近[213]，但以升为主。

（4）阴入和阳入均为短促调。

叁 连读变调

一、两字组连读变调表

普陀方言两字组的连读变调规律见下表。表中首列为前字本调，首行为后字本调。每一格的第一行是两字组的本调组合；第二行是连读变调，若连读调与单字调相同，则此行空白；第三行为例词。同一两字组若有两种以上的变调，则以横线分隔。具体如下。

普陀方言两字组连读变调表

后字\前字	阴平 53	阳平 24	阴上 45	阳上 23	阴去 55	阳去 13	阴入 5	阳入 23
阴平 53	53 53 33 中 秋	53 34 33 53 清 明	53 45 33 开 水	53 23 33 45 师 父	53 55 55 绢 片	53 13 33 45 鸡 蛋	53 5 3 钢 笔	53 23 33 5 公 历
	53 53 33 45 溪 坑	53 24 33 45 蜻 蜓	53 45 33 53 清 爽		53 55 33 45 甘 蔗	53 13 33 烧 饭		
	53 53 55 55 星 星	53 24 0 今 年	53 45 0 烧 酒		53 55 33 生 气	53 13 天 亮		
		53 24 55 0 雌 牛			53 55 33 53 相 信	53 13 0 豇 豆		
					53 55 0 亲 眷			
阳平 24	24 53 33 45 调 羹	24 24 33 53 池 塘	24 45 33 棉 袄	24 23 33 45 肥 皂	24 55 33 45 油 菜	24 13 33 45 和 尚	24 5 33 毛 竹	24 23 33 5 农 历
	24 53 33 梅 花	24 24 33 55 裁 缝	24 45 33 53 门 槛		24 55 0 牢 靠	24 13 33 53 牌 位		24 23 横 直
	24 53 33 55 台 风	24 24 0 流 氓	24 45 0 雄 狗			24 13 0 蚕 豆		

续表

后字 前字	阴平 53	阳平 24	阴上 45	阳上 23	阴去 55	阳去 13	阴入 5	阳入 23
阴上 45	45 53 33 打 针 45 53 55 水 坑 45 53 53 0 剪 刀	45 24 55 55 小 人 53 24 33 45 打 牌 45 24 53 0 本 钿	45 45 33 畚 斗 45 45 53 水 果	45 23 55 55 拐 杖 45 23 53 0 捣 臼	45 55 55 矮 凳 45 55 53 写 信 45 55 53 0 韭 菜	45 13 33 写 字 45 13 53 0 闪 电	45 5 33 洗 脚 45 5 53 0 晓 得	45 23 33 5 把 脉 45 23 53 0 小 麦
阳上 23	23 53 33 55 晚 爹 23 53 33 舞 狮 23 53 0 棒 冰	23 24 33 上 坟 23 24 0 鲤 鱼	23 45 33 老 板 23 45 0 冷 水	23 23 33 45 犯 罪 23 23 0 马 桶	23 55 33 断 气 23 55 0 瓦 片 23 55 0 上 算	23 13 33 53 柳 树 23 13 33 55 下 饭 23 13 0 旱 地	23 5 33 稻 谷 23 5 33 犯 法	23 23 33 满 月 23 23 0 老 实
阴去 55	55 53 55 衬 衫 55 53 33 订 婚 55 53 0 嫁 妆	55 24 33 放 牛 55 24 33 45 化 脓 55 24 0 酱 油	55 45 33 放 火 55 45 55 戒 指 55 45 0 跳 蚤	55 23 33 45 送 礼 55 23 0 制 造	55 55 33 种 菜 55 55 0 再 见	55 13 33 做 寿 55 13 0 气 味	55 5 0 裤 脚	55 23 33 放 学 55 23 0 菜 镬
阳去 13	13 53 11 地 方 13 53 33 腻 心 13 53 55 卫 生 13 53 0 认 真	13 24 11 弄 堂	13 45 11 露 水	13 23 11 味 道 13 23 11 53 二 两	13 55 11 地 震 13 55 33 53 坏 过	13 13 11 寿 命 13 13 33 避 孕 13 13 0 电 话	13 5 11 第 一	13 23 11 5 大 麦

续表

后字 前字	阴平 53	阳平 24	阴上 45	阳上 23	阴去 55	阳去 13	阴入 5	阳入 23
阴入 5	5/3　53 结婚	5/3　24/45 豁拳	5/3　45 发抖	5/3　23/45 割稻	5/3　55 织布	5/3　13 一万	5/3　5 一百	5/3　23 发热
	5　53/55 结蛛	5　24/55 铁门	5　45/55 缺点	5　23/0 客栈	5　55/0 折扣	5　13/0 铁路	5　5/0 节约	5　23/0 锡铂
	5/3　53/45 杀猪	5　24/0 骨头	5/3　45/53 作古					
	5　53/0 北京		5　45/0 脚爪					
阳入 23	23/2　53/55 辣椒	23/2　24/55 舌头	23/2　45/55 麦秆	23/2　23/55 活动	23/2　55 白菜	23/2　13/45 月亮	23/2　5 蜡烛	23/2　5 日食
	23/2　53 读书	23/2　24/45 学堂	23/2　45 蚀本	23/2　23/45 落雨				
		23　24/0 别人						

二、两字组连读变调规律

普陀方言两字组的语音变调有以下几个特点。

（1）阴平［53］、阳平［24］作前字时一般读作［33］。另外，除入声调外，其他各调作前字时都有读作［33］的情况，即［33］是比较常见的前字变调。

（2）阴上［45］作前字时还有［53］［55］的变调。

（3）阳上［23］、阴去［55］作前字时经常不变调。

（4）阳去［13］作前字时常读作［11］。

（5）阴入［5］作前字时一般读作［3］或不变调。

（6）阳入［23］作前字时一般读作［2］。

（7）上述前字不变调时，后字多读轻声。轻声在普陀方言中比较常见。

（8）前字不变、后字变的情况很少。例如：阴去［55］跟阴平［53］、阴上［45］组合，前字不变，后字都读作［55］。

（9）前后字都变的情况也比较多，各调作前字时都存在。

（10）前后字都不变的情况很少。例如：阴平和阳去组合，阳平和阳入组合。

肆　异读

一、新老异读

普陀方言的新老异读主要体现在韵母上。

1. 音系

从音系看，老派方言有 42 个韵母，新派只有 32 个。它们之间在音系上的主要差异体现在以下几个方面：

（1）老派的 [ã] 组三个韵母，新派都没有鼻化而与 [a] 组合并。例如：

例字	老派	新派
硬	ŋã¹³	ŋa¹³
响	çiã⁴⁵	çia⁴⁵
横	uã²⁴	ua²⁴
写	çia⁴⁵	çia⁴⁵

（2）老派的 [ɔ̃] 组两个韵母，新派都没有鼻化而与 [o] 组合并。例如：

例字	老派	新派
糖	dɔ̃²⁴	do²⁴
王	uɔ̃²⁴	uo²⁴

（3）老派的 [ieu] 韵母，新派与 [y] 韵母合并。例如：

例字	老派	新派
油	ieu²⁴	y²⁴
余	y²⁴	y²⁴

（4）老派的 [iɔ] 韵母，新派读作 [io] 韵母。例如：

例字	老派	新派
孝	çiɔ⁵⁵	çio⁵⁵
桥	dʑiɔ²⁴	dʑio²⁴

（5）老派的［yoʔ］［yɛʔ］两个韵母，新派合并为［yɐʔ］韵母。例如：

例字	老派	新派
月	yoʔ²³	yɐʔ²³
橘	tɕyoʔ⁵	tɕyɐʔ⁵
靴	ɕyɛʔ⁵	ɕyɐʔ⁵

（6）老派的［ɐʔ］［iɛʔ］［uɐʔ］三个韵母，对应于新派的［aʔ］［iɐʔ］［uaʔ］，新派的开口度较老派明显要大。例如：

例字	老派	新派
盒	ɐʔ²³	aʔ²³
急	tɕiɛʔ⁵	tɕiɐʔ⁵
活	uɐʔ²³	uaʔ²³

2. 其他

此外，还有其他方面的异读情况，主要也表现在韵母方面。例如：

例字	老派	新派
芋	n¹³	ȵi²³
吕	li²³	ly²³
裕	y¹³	yɐʔ²³
眉	mi²⁴	mæi²⁴
瘦	seu⁵⁵	sæi⁵⁵
端端午	toŋ⁵³	tø⁵³
卒	tsɐʔ⁵	tsoʔ⁵
浓	ȵioŋ²⁴	noŋ²⁴

二、文白异读

普陀方言的文白异读主要体现在声母和韵母上。下文中"／"前为白读，后为文读。

1. 声母

（1）部分非组字白读为［p］组声母，文读为［f］组声母。例如：肥 bi²⁴ / vi²⁴。

（2）个别庄母字白读为［ts］声母，文读为［tsʰ］声母。例如：侧 tsɐʔ⁵ / tsʰɐʔ⁵。

（3）部分见组二等字白读为［k］组声母，文读为［tɕ］组声母，韵母也随之有所改变。例如：交 kɔ⁵³ / tɕiɔ⁵³ | 甲 kɐʔ⁵ / tɕiɛʔ⁵。

2. 韵母

（1）个别止摄开口三等字白读为［i］韵母，文读为［ɿ］韵母，声母也随之有所改变。例如：世 ɕi⁵⁵ / sɿ⁵⁵。

（2）个别止摄合口三等字白读为［ʮ］韵母，文读为［æi］韵母。例如：水 sʮ⁴⁵ / sæi⁴⁵。

（3）部分止摄合口三等字白读为［y］韵母，文读为［uæi］韵母，声母也随之有所改变。例如：鬼 tɕy⁴⁵ / kuæi⁴⁵ | 贵 tɕy⁵⁵ / kuæi⁵⁵。

（4）部分山摄合口一等字白读为［oŋ］韵母，文读为［ø］韵母。例如：端 toŋ⁵³ / tø⁵³。

（5）部分梗摄开口二等字白读为［ã］韵母，文读为［ɐŋ］或［iŋ］韵母。例如：生 sã⁵³ / sɐŋ⁵³ | 更 kã⁵³ / kɐŋ⁵³ | 行 ã²⁴ / iŋ²⁴ | 争 tsã⁵³ / tsɐŋ⁵³。

（6）个别通摄合口三等字白读为［ioŋ］韵母，文读为［oŋ］韵母，声母也随之有所改变。例如：浓 ɲioŋ²⁴ / noŋ²⁴。

3. 其他

普陀方言中，还存在少量其他异读现象。例如：验 ɲi¹³ / ŋɛ¹³ | 缚 bɐu²⁴ / boʔ²³ | 茄 kɐʔ⁵ / dʑiɛ²⁴。

伍　小称

普陀方言小称有"变调型""变韵型"和"'变韵 + 变调'型"三种。具体如下。

1. 变调型

一般表现为高平调［55］或高升调［45］。例如：妹 13—55 | 鸡 53—55 | 村 53—55 | 虾 53—45 | 猪 53—45

2. 变韵型

例如：猫 mɔ²⁴—mɛ²⁴

3. "变韵 + 变调"型

例如：鸭 ɐʔ⁵—ɛ⁴⁵ | 麻雀 mo³³tɕiɛʔ⁵—mo³³tɕia⁴⁵

陆　其他音变

1. 口语中［d］声母有变读为［l］声母的现象

例如：旁边头_{旁边} po³³pi⁵⁵deu⁵⁵—po³³pi⁵⁵leu⁵⁵

2. 口语中鼻化元音常变读为同部位或相近部位的非鼻化元音

例如：胖头鱼 pʰɔ̃⁵⁵deu⁵⁵ŋ⁵⁵—pʰɔ⁵⁵deu⁵⁵ŋ⁵⁵

3. 个别词中有舒声促化或促声舒化现象

例如：交关 tɕiɔ³³kuɛ⁵³—tɕyɐʔ³kuɐʔ⁵ | 番茄 fɛ³³ko⁵³—fɛ³³kɐʔ⁵ | 麻雀 mo³³tɕiɛʔ⁵—mo³³tɕia⁴⁵

第三十七节　定海方音

壹　概况

一、调查点

1. 地理人口

定海地处舟山群岛新区中西部，东临太平洋，北靠沪、杭、甬大中城市群和长三角辽阔腹地，舟山跨海大桥无缝对接宁波北仑，是中国沿海南北海运和远东国际航线的咽喉要冲，长江流域对外开放的海上门户和重要通道。定海面临浩瀚的太平洋，背靠上海、杭州、宁波等大中城市和长江三角等辽阔腹地，属我国南北海运和远东国际航线之要冲，是长江流域对外开放的海上门户和通道。[1] 2016年年末，定海全区户籍人口38.98万，全区散居的少数民族人口约4500千。[2]

2. 历史沿革

据考古，5000多年前定海已有人类繁衍生息。春秋时称甬东，属越。唐开元二十六年（738）始建翁山县。大历六年（771）废县治（一说广德元年），属鄮县。宋熙宁六年（1073）建昌国县，隶明州。元至元十五年（1278）升昌国县为州。明洪武二年（1369）降州为县，隶明州，二十年（1387）废昌国县。清康熙二十七年（1688）置定海县，隶宁波府。道光二十一年（1841）4月，定海县升为直隶厅，隶宁绍台道。宣统三年（1911）9月，定海光复，废直隶厅复定海县，直属浙江军政府。1949年8月，析定海县为定海、翁州两县。

1950年5月17日，定海解放，废翁州县，并入定海县，隶宁波专区。1952年7月，定海县升为特等县。1953年6月10日，析定海县为定海、普陀、岱山三县，划入嵊泗县，成立舟山专区，基本确定现定海区境域。1958年10月，撤舟山专区，定海、普陀、岱山、嵊泗4县合并建舟山县，复属宁波专区。1962年4月，撤舟山县，恢复舟山专区，辖定海、普陀、岱山、嵊泗、大衢5县。1967

① 定海区人民政府官网，http://www.dinghai.gov.cn/，2022年7月22日获取。
② 浙江省统计局官网，http://tjj.zj.gov.cn/col/col1525563/index.html，2022年7月22日获取。

年 3 月，舟山专区改称舟山地区。1978 年 9 月，成立舟山地区行政公署，县随属之。1987 年 1 月，舟山撤地建市，改定海县为定海区，区政府驻解放西路 106 号，2006 年迁至昌国路 61 号。

1994 年 7 月，市委、市政府决定调整市与定海区党政机关管理体制。区委办公室、区政府办公室等 44 个部门和群众团体，与市级机关对口部门和群众团体合署办公。1995 年 9 月，部署市与定海区党政管理体制完善工作，区委、区政府部分恢复实体运转。2001 年 8 月，再次调整管理体制，市、区机关、团体重新分开办公。①

3. 方言分布

定海区（定海老城区，原定海城关）方言属吴语太湖片甬江小片定海点。全县境内通话基本无碍。金塘岛、钓门岛等与定海方言有较明显差异；同处一岛的白泉、洞岙、北蝉等定海老城区周边的乡下方言与定海方言也有口音的不同。

4. 地方曲艺

定海境内流行的地方曲艺，一是瀚洲走书，又称舟山走书，约 1800 年前后产生于定海马岙。常规表演形式为一人主唱，另一人伴奏兼帮腔。定海区黄素芬为瀚洲走书"省级传承人"。二是布袋木偶戏，流传于定海已有 150 年的历史。最大特色是能一人操纵多个角色，用定海方言说唱。定海区双桥街道侯雅飞担纲的双桥侯家班布袋木偶戏最为著名。三是唱蓬蓬，又称"唱新闻"，是盲人说唱艺术，目前已经濒危。一位表演者同时手持锣、小锣、鼓和竹板等四种打击乐，自编、自唱、自说、自伴奏，可以表演传统曲目，也可以现编现唱。定海区白泉镇洪述良为"区级传承人"。

二、方言发音人

1. 方言老男

刘汉龙，1956 年 10 月出生于定海城关，一直在本地生活和工作，职工，现已退休，初中文化程度，说定海话和不太标准的普通话。父母均为定海城关人，说定海城关话。

---

① 定海区人民政府官网，http://www.dinghai.gov.cn/，2022 年 7 月 22 日获取。

2. 方言青男

林宏磊，1983 年 10 出生于定海城区，主要在本地生活和工作，工商业者，本科文化程度，说定海话和普通话。父母均为定海城关人，说定海城关话。

3. 口头文化发音人

孙瑞珍，女，1947 年 12 月出生于定海城区，一直在本地生活和工作，职工，现已退休，初中文化程度，说定海话和不标准的普通话。

赵翔，男，1973 年 6 月出生于定海城区，主要在本地生活和工作，自由职业者，大专文化程度，说定海话和普通话。

毕文，女，1968 年 11 月出生于定海城区，主要在本地生活和工作，教师，本科文化程度，说定海话和普通话。

贰　声韵调

一、声母（27 个，包括零声母在内）

p 八兵	pʰ 派片	b 病爬肥	m 麦明味问	f 飞风副蜂	v 饭肥味问
t 多东	tʰ 讨天	d 甜毒	n 脑南		l 老蓝连路
ts 资早租摘	tsʰ 刺草寸 拆抄初	dz 全祠茶柱		s 丝三酸山	z 字贼坐事
tɕ 酒九	tɕʰ 清抽轻	dʑ 张量桥近	ȵ 年泥热软	ɕ 想手响	
k 高官	kʰ 开看	ɡ 共狂	ŋ 熬眼	x 好灰吓	
∅ 月活安温王 云用药换害					

说明：

（1）古全浊声母今读清音浊流，[v][z]则为先清后浊。

（2）送气清塞音[pʰ][tʰ][kʰ]发音时破裂性强。

（3）阴调类零声母音节起始部分有轻微的喉头闭塞，这里作零声母处理。

（4）阳调类零声母音节起始部分有明显的摩擦成分，这里作零声母处理。

二、韵母（39个，包括自成音节的［m］［n］［ŋ］［əl］在内）

ɿ 师丝试	i 米戏二飞盐年	u 苦	y 靴雨鬼权
ʮ 猪	iʮ 油		
a 鞋排	ia 写	ua 快	
ɔ 宝饱			
o 茶牙瓦	io 笑桥	uo 夏	
ɛ 山开	iɛ 念		
ø 半短		uø 官	
ɐi 赔对豆走南		uɐi 灰	
ʌɯ 歌坐过			
ã 硬争	iã 响	uã 横	
õ 糖床双讲		uõ 王	
ɐŋ 根寸灯争		uɐŋ 睏混	
	iŋ 心深新升病星		
oŋ 春东			yoŋ 云兄用
ɐʔ 塔鸭法辣八色白尺		uɐʔ 活刮骨	
	ieʔ 接急热七一药直锡		
oʔ 十出郭学国北六绿			yoʔ 月橘局
m 姆			
n 芋			
ŋ 五鱼儿			
əl 儿			

说明：

（1）［ʮ］韵舌位略低；［iʮ］动程极短，在与［l］相拼和自成音节时，介音几乎消失。

（2）［uo］韵的介音［u］较微弱，实际音值是［ʷo］。

（3）［ieʔ］韵有时开口度略大，接近［iɛʔ］；有时开口度小，接近［iiʔ］。

三、声调（7个）

阴平	52	东该灯风通开天春

阳平	23	门龙牛油铜皮糖红老五有动罪近后
阴上	45	懂古鬼九统苦讨草
阴去	44	冻怪半四痛快寸去
阳去	13	卖路硬乱洞地饭树买
阴入	5	谷急刻百搭节拍塔切
阳入	2	六麦叶月毒白盒罚

说明：

（1）阴平［52］，快读时域值差不大，接近［53］。

（2）阳平低升［23］，偶尔末尾增加降势读作［231］。

（3）阴上［45］，实际调值为［445］。

（4）阳去［13］，调头低长，实际调值［113］。

（5）阴入和阳入均为短促调。阴入调记作［5］，但有时有升势或降势；阳入调记作［2］，但有时有升势或降势。

叁　连读变调

一、两字组连读变调表

定海方言两字组的连读变调规律见下表。表中首列为前字本调，首行为后字本调。每一格的第一行是两字组的本调组合；第二行是连读变调，若连读调与单字调相同，则此行空白；第三行为例词。同一两字组若有两种以上的变调，则以横线分隔。具体如下。

定海方言两字组连读变调表

前字 \ 后字	阴平 52		阳平 23		阴上 45		阴去 44		阳去 13		阴入 5		阳入 2	
阴平 52	52 33 香	52 菇	52 33 芝	23 52 麻	52 33 鸡	45 蛋	52 33 书	44 45 记	52 33 车	13 45 站	52 33 钢	5 笔	52 33 生	2 5 日
			52 33 公	23 社			52 33 开	44 店	52 33 生	13 病				

续表

前字＼后字	阴平 52	阳平 23	阴上 45	阴去 44	阳去 13	阴入 5	阳入 2
阳平 23	农 23/33　村 52/45	田 23/33　塍 23/52	牙 23/33　齿 45	同 23/33　意 44/52	名 23/33　字 13/45	颜 23/33　色 5	茶 23/33　叶 2/5
	爬 23/33　山 52/45	牛 23/33　奶 23/45	团 23/11　长 45/44	棉 23/33　裤 44/45		道 23　德 5/0	老 23　实 2/0
	老 23　师 52/0	码 23　头 23/0	老 23　虎 45/0	满 23　意 44/0	排 23/33　队 13		
	尾 23/44　巴 52	象 23/44　棋 23		受 23/33　气 44	社 23　会 13/0		
阴上 45	点 45/52　心 52/0	水 45/52　稻 23/0	手 45/52　表 45/0	水 45/52　库 44/0	手 45/52　艺 13/0	粉 45/52　笔 5/0	体 45/52　育 2/0
	打 45/33　针 52	倒 45/33　霉 23/45		写 45/33　信 44	写 45/33　字 13	享 33　福 5	转 45/33　业 2
阴去 44	汽 44　车 52/0	酱 44　油 23/0	报 44　纸 45/0	会 44　计 44/0	政 44　治 13/0	建 44　设 5/0	副 44　业 2/0
	背 44/33　心 52/44	过 44/33　年 23/45	进 44/33　口 45	种 44/33　菜 44	过 44/33　夜 13		中 44/33　毒 2/5
	唱 44/33　歌 52		政 44/33　府 45/0				
阳去 13	地 13/11　方 52/44	大 13/11　门 23/44	代 13/11　表 45/44	饭 13/11　店 44	大 13/11　路 13/44	利 13/11　息 5	大 13/11　学 2/5
	卫 13/23　生 52/44				电 13/23　话 13/0		
	认 13/23　真 52/0						
	用 13/33　功 52						

续表

后字 前字	阴平 52	阳平 23	阴上 45	阴去 44	阳去 13	阴入 5	阳入 2
阴入 5	5　52 　　0 国　家	5　23 　　0 骨　头	5　45 　　0 黑　板	5　44 　　0 节　气	5　13 　　0 铁　路	5　3　5 节　约	5　2 　　0 作　业
		5　3　23 45 发　财	5　3　45 44 缺　点	5　3　44 织　布		5　5 　　0 答　复	
	5　3　52 结　亲	5　3　23 44 黑　马	5　3　45 发　火				
阳入 2	2　52 　　44 木　工	2　23 　　44 石　头	2　45 日　子	2　44 力　气	2　13 立　夏	2　5 墨　汁	2　2　2 5 目　录
	2　52 立　冬	2　2　23 45 落　后			2　13 　　44 木　匠		

二、两字组连读变调规律

定海话单字调共 7 个，在连读变调中又出现了 4 个新的声调，它们是：[11] [33] [3] [0]。

以下分析暂不考虑语法结构的重读音节，以及个别特殊音变。

定海两字组连读变调规律，平声以前变为主，去声、入声与阴上声均以后变为主。简要分析如下：

（1）阴平、阳平在前的，前字拉平读[33]，后字阴调类读原调；阳调类分为降调（前字阴平，后字阳平）和转读阴调（前字阳平，后字阳平、阳入均读阴平、阴上、阴入的单字调，阳去读若阴上单字调[45]）。

（2）阴上、阴去、阴入这四个声调在前的，后字均为轻音[0]。前字阴上读若阴平单字调[52]；阴去、阴入读其原调[44]和[5]。

（3）阳去在前的，前字均读其原调的前半段[11]（其实际调值为[113]），后字舒声类无论阴阳均变为[44]；促声类无论阴阳调均为原调[5]。

（4）阴入在前的，除了后字为阳入的以外，前不变，后变读轻音；后字为阳入的，前变[3]，后读原调[5]。

（5）前字阳入的，均前不变[2]，后字舒声类中，除了阴上读原调[45]外，其余的读若阴去原调[44]；促声类的读若阴入原调[5]。

肆 异读

一、新老异读

定海方言的新老异读主要体现在声母和韵母上。

1. 声母

与老派相比个别声母出现了向普通话靠拢的变化，例如"床、尝、层"，老派念[z]声母，新派念[dz]声母；又如"岸"，老派念[ȵi¹³]或[ŋe²³]，新派念[ɐi⁴⁴]。

2. 韵母

（1）老派[iɣ][y]韵，新派[iɣ]韵并入[y]。
（2）新派鼻化韵弱化、消退趋势极为明显，其中[õ]与[o]、[uõ]与[uo]自由变读，其他鼻化韵的鼻音也极其微弱。
（3）老派韵母[iəʔ]韵，新派开口度增大，记为[iɛʔ]。

二、文白异读

定海方言的文白异读现象十分复杂，而且因人而异。大体上文化程度越高，年龄越大，文白异读现象就越丰富。不过由于调查字数有限，目前发现的文白异读现象仍比较零碎。下文中"/"前为白读，后为文读。

1. 声母

以下常用字声母发生文白异读，韵母有时也随之改变。
（1）部分古奉母合口三等字白读为[b]组声母，文读为[v]组声母。例如：防 bõ¹³ / võ¹³ | 肥 bi²³ / vi²³。
（2）部分古微母。白读为[m]声母，文读为[v]声母。例如：尾 mi²³ / vi²³ | 味 mi¹³ / vi¹³ | 晚 mɛ²³ / vɛ²³ | 万 mɛ¹³ / vɛ¹³ | 蚊 mɣŋ²³ / vɣŋ²³ | 问 mɣŋ¹³ / vɣŋ¹³。
（3）部分古澄组开口三等字白读为[dʑ]组声母，文读为[dz]组声母。例如：痔 dʑi²³ / dzɿ²³ | 池 dʑi²³ / dzɿ²³ | 迟 dʑi²³ / dzɿ²³。

（4）部分古照母开口三等字或白读为[tɕ]组声母，文读为[ø]组声母。例如：占 tɕi⁴⁴ / tsø⁴⁴。或白读为[ts]组声母，文读为[tsʰ]组声母。例如：侧 tsɐʔ⁵ / tsʰɐʔ⁵。

（5）部分古审书母开口三等字白读为[ɕ]组声母，文读为[s]组声母。例如：世 ɕi⁴⁴ / sʮ⁴⁴ | 身 ɕiŋ⁵² / soŋ⁵²。

（6）部分古见组开口二等字白读为[k]组声母，文读为[tɕ]组声母。例如：家 ko⁵² / tɕia⁵² | 加 ko⁵² / tɕia⁵² | 交 kɔ⁵² / tɕio⁵² | 教 kɔ⁴⁴ / tɕio⁴⁴ | 觉 kɔ⁴⁴ / tɕyoʔ⁵ | 酵 kɔ⁴⁴ / ɕio⁴⁴ | 甲 kɐʔ⁵ / tɕieʔ⁵。

（7）部分古见组合口三等字白读为[tɕ]组声母，文读为[k]组声母。例如：鬼 tɕy⁴⁵ / kuɐi⁴⁵ | 贵 tɕy⁴⁴ / kuɐi⁴⁴。

（8）部分古疑母开口一等字白读为[ɲ]组声母，文读为[ŋ]组声母。例如：岸 ɲi¹³ / ŋɛ²³（声调特殊）。

（9）部分古喻以母合口三等字白读为[ɲ]组声母，文读为零声母。例如：浴 ɲyoʔ² / yoʔ²。

（10）部分古晓母字，白读为[x]组声母，文读为[ɕ]组声母。例如：孝 xɔ⁴⁴ / ɕio⁴⁴ | 许 xɐi⁴⁵ / ɕy⁴⁵。

（11）部分古日母开口三等字，白读为[ɲ]组声母，文读为[z]组声母。例如：人 ɲiŋ²³ / zoŋ²³ | 认 ɲiŋ¹³ / zoŋ¹³ | 任 ɲiŋ²³ / zoŋ²³ | 日 ɲieʔ² / zoʔ²。另外，"耳"白读为[ɲi²³]，文读为[əl²³]；"儿"白读为[ŋ²³]，文读为[əl²³]。

2. 韵母

（1）部分古果摄开口一等字白读为[ʌu]，文读为[a]。例如：大 dʌu¹³ / da¹³。也有个别白读为[a]，文读为[ʌu]。例如：拖 tʰa⁵²拖虾、拖小车 / tʌu⁵²拖拉机

（2）部分古蟹摄开口四等字白读为[ɛ]，文读为[i]。例如：梯 tʰɛ⁵² / tʰi⁵²。

（3）部分古止摄开口三等字白读为[ʮ]，文读为[ɿ]。例如：知 tsʮ⁵² / tsɿ⁵²。

（4）部分古山摄合口一等字白读为[oŋ]，文读为[ø]。例如：端 toŋ⁵² / tø⁵²。

（5）部分古梗摄开口二等字白读为[ã]，文读为[ɐŋ]。例如：争 tsã⁵² / tsɐŋ⁵²。

3. 声调

部分古蟹摄合口二等匣母字白读为阳去[13]，文读为阴平[52]。例如：坏 ua¹³ / ua⁵²。

伍　小称

定海话的小称音变以声调变化为主，韵母变化为辅。

（1）小称变调。一般表现为读作高平调［44］或高升调［45］，如上表中的"鸡、猪、蟹、虾、妹、姨、舅、娘、公、婆"。

（2）比较特殊的变调为声调变低升调［13］，如下表中的"鹅、羊、茄、牌"（同时也变韵）。

（3）小称变韵。一般表现为开口度变小，如下表中的"狗"。

（4）小称变韵并变调。变韵一般表现为开口度变小或者读作鼻化韵，例如"鸭、猫、茄、发、雀、脚"。

定海话的小称调[①]

例字	本音[①]			小称音			备注
	声母	韵母	声调	声母	韵母	声调	
鸡	tɕ	i	52	tɕ	i	45	
鸭	∅	ɐʔ	5	∅	ɛ	45	
鹅	∅	ʌu	23	∅	ʌu	13	
羊	∅	iã	23	∅	iã	13	
猪	ts	ʮ	52	ts	ʮ	45	
猫	m	ɔ	23	m	ɛ	13	
狗	k	ɐi	45	k	i	45	小黄~
雀	tɕʰ	ieʔ	5	tɕ	iã	45	麻~
虾	x	uo	52	x	uo	45	
蟹	x	a	44	x	a	45	
茄	dʑ	ia	13	dʑ	iɛ	13	
脚	tɕ	ieʔ	5	tɕ	iã	44	拐~
发	f	ɐʔ	5	f	ɛ	44	白头~
伞	s	ɛ	45	s	ɛ	44	一顶~

[①]　本表动物名称中的"鸡、鹅、羊、猪、虾、蟹"在实际发音中只读小称音，故此本调仅为理论推导所得。

续表

例字	本音①			小称音			备注
	声母	韵母	声调	声母	韵母	声调	
娘	ȵ	iã	23	ȵ	iã	44	阿~祖母
妹	m	ɐi	13	m	ɐi	44	~~
姨	∅	i	23	∅	i	45	阿~小姨子
舅	dʑ	iɤ	23	dʑ	iɤ	45	阿~小舅子
公	k	oŋ	52	k	oŋ	44	阿~非亲属
婆	b	ʌu	23	b	ʌu	44	阿~非亲属
牌	b	a	23	b	ɛ	13	打~
瓶	b	iŋ	23	b	iŋ	13	~头酒

陆 其他音变

（1）个别词中有舒声促化或促声舒化现象。例如：天亮头清晨tʰiã³³liã⁴⁴dɐi⁴⁴—tʰieʔ⁵liã⁴⁴dɐi⁴⁴ | 渠拉他们dʑi³³la⁴⁴—dʑieʔ²lɐʔ⁵ | 麻雀mo³³tɕieʔ⁵—mo³³tɕiã⁴⁵。

（2）零声母［iã］音节有前添舌面鼻辅音［ȵ］变为［ȵiã］的。例如：当中央央tõ³³tsoŋ³³ȵiã⁴⁴ȵiã⁴⁴ | 地央di¹¹ȵiã⁴⁴ | 像大人样iã³³dʌu¹¹ȵiŋ²³ȵiã⁰。

（3）口语中鼻化元音常变读为同部位或相近部位的非鼻化元音。例如：胖头鱼pʰõ⁴⁴dɐiŋ⁴⁴—pʰɔ⁴⁴dɐiŋ⁴⁴。

第三十八节　岱山方音

壹　概况

一、调查点

1. 地理人口

岱山县位于浙江省沿海北部、舟山群岛新区中部，地处长江、钱塘江、甬江入海交汇处，杭州湾外缘，隶属于舟山市，总面积5242平方公里，其中海域面积4915.5平方公里，陆域面积326.5平方公里，岱山岛为岱山县内最大岛屿，面积104.97平方公里，为舟山群岛第二大岛。岱山县背靠沪、杭、甬大中城市，与多条国际航线连接，扼东部江海联运和长江黄金水道之要冲，有丰富的航道、深水港、岛屿资源，是长三角对外贸易的重要物流通道和海上集散基地。[①] 截至2017年年底，全县人口18.19万，当地居民主要为汉族，少数民族人口极少，多系工作、婚姻迁入。[②]

2. 历史沿革

春秋时，岱山县属越国东境甬东地，秦汉至隋皆属鄮县、句章县。唐武德四年（621），废句章县置鄞州，八年废鄞州为鄮县。开元二十六年（738），析鄮县为翁山（今舟山市）、慈溪、奉化、鄮四县，隶明州，岱山等岛为翁山县蓬莱乡。广德元年（763），废翁山县并入鄮县，岱山属鄮县境。

五代后梁开平三年（909），改鄮县为鄞县，岱山为鄞县蓬莱乡。宋熙宁六年（1073），建昌国县，蓬莱乡属之。元至元十五年（1278），昌国县升州，岱山属之。

明洪武而年（1369），降昌国州为县，十九年，明廷以倭寇侵扰为由，实行"清野之策而墟其地"，遣岛民入内地。次年蓬莱乡废。嘉靖四十年（1561），倭患匪乱基本平息后，沿海渔民陆续来岛捕鱼、避风、开荒定居。

---

① 参见：岱山县人民政府官网，http://www.daishan.gov.cn/，2022年7月25日获取。
② 参见：浙江省统计局官网，http://tjj.zj.gov.cn/col/col1525563/index.html，2022年7月25日获取。

清顺治八年（1651）清军占领舟山，十四年，清廷以"舟山不可守"为由，再次遣岛民入内陆。康熙二十七年（1688）建定海县，蓬莱乡恢复，辖岱山、黄龙、大羊等岛。明清时两次遣岛民入内陆，弃管300年。

1912年，岱山各岛仍属定海县。1949年5月，国民党浙江省政府退踞舟山各岛；8月，析定海县之岱山、衢山、长涂、秀山、大鱼山、大羊、黄龙、东极、长白岛等置瀛洲县，为岱山置县始。

1950年5月解放后，废瀛洲县并入定海县。1953年4月，析原定海县岱山、衢山两区置岱山县，隶舟山专区。1958年10月，撤岱山县，并入舟山县。1962年4月，恢复岱山县，并以原衢山区和嵊泗县羊山、滩浒等地建大衢县，均属舟山专区。1964年6月，大衢县并入岱山县[①]。

3. 方言分布

岱山方言属吴语太湖片明州小片，是一种以镇海方言为基质，且具有鲜明的鄞州、宁波方言特色，同时又含有慈溪、奉化、绍兴、萧山和余姚方言部分成分的一种混成性方言。岱山县共六镇一乡，其中高亭镇、东沙镇、岱东镇方言无明显差异，岱西镇、大衢镇方言与高亭方言相比较略有差异，秀山乡、长涂镇冷坑方言各自有比较明显的地域特色。

4. 地方曲艺

岱山境内流行的地方曲艺，一是岱山走书，又称舟山走书或文武走书，约1800年前后产生于定海马岙。主要流传于以岱山为轴心的舟山群岛，约3万平方公里的海域内。常规表演形式为一人主唱，另三人伴奏兼帮腔。徐美岳为岱山走书著名表演者。二是布袋木偶戏。布袋木偶戏，岱山俗称"下弄上""小戏文"，流传于舟山已有150年的历史。最大特色是能一人操纵多个人物角色，用岱山方言说唱。王嘉定为"省级传承人"。三是唱蓬蓬，又称"唱新闻"，盲人说唱艺术，目前已处濒危。一位表演者同时手持锣、小锣、鼓和竹板等四种打击乐，自编、自唱、自说、自伴奏，可以表演传统曲目，也可以现编现唱。岱山县的张家儿为著名表演者。

---

① 岱山县志编纂委员会. 岱山县志. 杭州：浙江人民出版社，1994.

二、方言发音人

1. 方言老男

徐国平，1956 年 8 月出生于岱山高亭镇安澜居委会，一直在本地生活和工作，教师，现已退休，中师文化程度，说岱山高亭话和不太标准的普通话。父母均为岱山高亭镇人，说岱山话。

2. 方言青男

邱梁，1988 年 12 月出生于岱山高亭镇蓬莱社区，主要在本地生活工作，基层干部，本科文化程度，说岱山高亭话和普通话。父母均为岱山高亭镇人，说岱山话。

3. 口头文化发音人

张平球，男，1949 年 3 月出生于岱山东沙镇横街社区，一直在本地生活和工作，职工，专科文化程度，说岱山话和不标准的普通话。

张亚珍，女，1953 年 11 月出生于岱山高亭镇兰亭社区，一直在本地生活和工作，职工，现已退休，初中文化程度，说岱山话和不标准的普通话。

贰　声韵调

一、声母（27 个，包括零声母在内）

p 八兵	pʰ 派片	b 病爬肥	m 麦明味问	f 飞风副蜂	v 饭肥味问
t 多东	tʰ 讨天	d 甜毒	n 脑南		l 老蓝连路
ts 资早租竹 争纸	tsʰ 刺草寸 拆初车	dz 全祠茶柱		s 丝三酸山 双数	z 字贼坐事 床船顺十
tɕ 酒九	tɕʰ 清抽轻	dʑ 桥近	ȵ 年泥热软	ɕ 想手响	
k 高官	kʰ 开看	g 共狂环	ŋ 熬眼	x 好灰哄	
Ø 月活安温王 云用药环					

说明：

（1）古全浊声母今读清音浊流。

（2）舌面音［tɕ］［tɕʰ］［ɕ］与单元音［i］相拼时有舌叶化倾向。

（3）阴调类零声母音节起始部分有轻微的喉头闭塞，阳调类零声母音节起始部分有明显的摩擦成分，这里均作零声母处理。

二、韵母（42个，包括自成音节的［m］［n］［ŋ］［əl］在内）

ɿ 师丝试	i 米戏二飞盐年	u 苦	y 靴雨鬼权
ʮ 猪	iʏ 油	uʏ 虾小	
a 排鞋	ia 写	ua 快	
ɔ 宝饱			
o 茶牙瓦	io 笑桥	uo 夏	
ɜ 山	iɛ 念		
e 开			
ø 半短		uø 官	
ɐi 赔对南		uɐi 鬼	
œʏ 豆走			
ʌu 歌坐过			
ã 硬争	iã 响	uã 横	
õ 糖床双讲		uõ 王	
ɐŋ 根寸灯争		uɐŋ 滚	
	iŋ 心深新升病星		
oŋ 春东			yoŋ 云兄用
əʔ 塔鸭法辣八色白		uəʔ 活刮骨	
	ieʔ 接急热七一药直锡		
oʔ 十出郭学国北六绿			yoʔ 月橘局
m̩ 姆			
n̩ 芋			
ŋ̍ 五鱼			
əl 耳儿			

说明：

（1）［ɤ］韵的舌位略低；［iɤ］动程极短，与［l］相拼时有时介音不明显。

（2）［ɐi］［ɐŋ］［ɐʔ］这三个韵母的主元音［ɐ］的实际发音开口度均略小。

（3）［uo］韵的介音［u］较微弱，实际音值是［ʷo］。

（4）［ie?］韵有时开口度略大，接近［iɛʔ］。

三、声调（8个）

阴平	52	东该灯风通开天春
阳平	23	门龙牛油铜皮糖红棒淡
阴上	325	懂古鬼九统苦讨草
阳上	244	买老五有动罪近后
阴去	44	冻怪半四痛快寸去
阳去	213	卖路硬乱洞地饭树
阴入	5	谷百搭节急哭拍塔切刻
阳入	2	六麦叶月毒白盒罚

说明：

（1）阳平［23］，有时调尾略高，接近［24］；偶尔末尾带降势，如"蓝、咸"。

（2）阴上［325］，快读时接近［45］；有个别字读若阴平［52］，如"统、古、典、扁、紫、指、感、显、反、纺"。

（3）阳上［244］，以升为主；部分字与阳平合流读［23］，如"匠、断、棒、重、户、右、犯、淡、赚、是"。

（4）阴入和阳入均为短促调。阴入调记作［5］，但有时有升势或降势；阳入调记作［2］，但有时有升势或降势。

叁　连读变调

一、两字组连读变调表

岱山方言两字组的连读变调规律见下表。表中首列为前字本调，首行为后字本调。每一格的第一行是两字组的本调组合；第二行是连读变调，若连读调与单字调相同，则此行空白；第三行为例词。同一两字组若有两种以上的变调，则以横线分隔。具体如下。

岱山方言两字组连读变调表

后字 前字	阴平 52	阳平 23	阴上 325	阳上 244	阴去 44	阳去 213	阴入 5	阳入 2
阴平 52	52 52 33 生 姜	52 23 33 52 芝 麻 52 45 33 开 门	52 325 52 0 身 体 52 325 33 45 香 嘴	52 244 33 52 公 里	52 44 44 52 书 记 52 44 33 52 车 票 52 44 33 开 店	52 13 33 52 车 站 52 13 33 生 病	52 5 33 钢 笔	52 2 33 5 生 日
阳平 23	23 52 33 农 村	23 23 33 52 农 民	23 325 31 0 牙 齿 23 325 11 44 团 长	23 244 31 0 牛 奶 23 244 33 31 城 市	23 44 0 棉 裤	23 13 0 名 字 23 13 33 31 长 寿 23 13 33 排 队	23 5 33 毛 笔	23 2 33 5 农 业
阴上 325	325 52 52 0 比 方 325 52 33 打 针	325 23 52 0 检 查 325 23 33 45 倒 霉	325 325 52 0 厂 长	325 244 52 0 改 造 325 244 33 31 起 码	325 44 52 0 比 赛 325 44 33 写 信	325 13 52 0 准 备 325 13 33 写 字	325 5 33 享 福 325 5 52 0 赌 博	325 2 33 5 体 育 325 2 33 转 业 325 2 52 0 伙 食
阳上 244	244 52 33 0 老 师 244 52 23 44 尾 巴 244 52 33 动 工	244 23 33 45 坐 船 244 23 23 52 码 头 244 23 23 44 象 棋	244 325 33 45 动 手 244 325 23 0 老 虎 244 325 23 52 冷 水	244 244 23 0 道 理 244 244 33 45 犯 罪	244 44 23 0 满 意 244 44 33 买 票	244 213 23 0 马 路 244 213 33 52 社 会	244 5 23 0 道 德 244 5 33 犯 法	244 2 23 0 动 物 244 2 11 技 术 244 2 23 5 后 日

续表

前字＼后字	阴平 52	阳平 23	阴上 325	阳上 244	阴去 44	阳去 213	阴入 5	阳入 2
阴去 44	44 33｜52　汽车	44｜23 0　酱油	44 0｜325　报纸	44 33｜244 45　跳舞	44 33｜44　会计	44｜13 52　孝顺	44｜5 0　建设	44｜2 0　四月
	44｜52 44　背心	44 33｜23 45　过年	44 33｜325　进口	44｜244 0　对待	44 33｜44　种菜	44 33｜13　过夜		44 33｜2 5　中毒
	44 33｜52　唱歌		44 52｜325　政府		44｜44 0　意见			
阳去 213	13 11｜52 44　地方	13 11｜23 45　大门	13 11｜325 44　代表	213 11｜244 45　大雨	13 11｜44　位置	13 11｜13 45　顺利	13 11｜5 0　办法	13 11｜2 5　树叶
	13 23｜52 0　卫生	13 33｜23 52　调查				13 23｜13 52　电话		
	13 33｜52　用功							
阴入 5	5｜52 0　北方	5｜23 0　铁门	5｜325 0　黑板	5｜244 0　谷雨	5｜44 52　节气	5｜13 0　铁路	5｜5　吸铁	5｜2 0　作业
	5 3｜52　结亲	5 3｜23 23　发财	5｜325 44　缺点		5 3｜44　织布	5｜13 52　柏树	5 3｜5　出国	5 3｜2 5　吃热
			5 3｜325　发火				5｜5 3　答复	
阳入 2	2｜52 44　石灰	2｜23 45　麦田	2｜325 44　局长	2｜244 45　物理	2｜44　肉店	2｜13　立夏	2｜13　蜡烛	2｜2 5　目录
	2｜52　立冬		2｜325 45　日子			2｜13 45　木匠		

二、两字组连读变调规律

岱山方言单字调共 8 个，在连读变调中又出现了 6 个新的声调，它们是 [11]
[33][45][13][3][0]，其中 [45] 为阴上的快读调，[13] 为阳去的快读调。

以下分析暂不考虑语法结构的重读音节，以及个别特殊音变。

岱山两字组连读变调规律为：平声以前变为主，去声、入声与阴上声均以后变为主。简要分析如下：

（1）阴平、阳平在前的，前字大都拉平，读［33］，少部分读原调（阴平［52］或阳平［23］），阳平＋上声，前字读降调，这也是岱山方言与定海方言的区别性特征。舒声类，后字主要有读原调、与阴平原调合调读降调［52］和读轻音等三种形式。平声＋阳入，阳入变读阴入调［5］。

（2）阴上、阳上、阴去、阴入这五个声调在前的，后字基本为轻音［0］。前字阴上读若阴平单字调［52］，前字阳上读若阳平调［23］或平调［33］，阴去、阴入读其原调［44］和［5］。

（3）阳去在前的，前字均读其接近原调的前半段［11］，后字舒声类阴调类读［44］，阳调类大都读［45］；促调类无论阴阳调均为原调［5］。

（4）阴入在前的，前基本不变；后大都变读轻音，其中阴入＋阴去后字读若阴平原调［52］；阴入＋阴入或前字读［3］后字原调，或后前字原调后字读［3］。

（5）前字阳入的，均前不变［2］。后字舒声类中，阴调类读若阴去原调［44］，其中阴上调分读［44］和原调［45］两种；阳调类读若阴上原调［45］，促声类的读若阴入原调［5］。

肆　异读

一、新老异读

岱山方言的新老异读主要体现在以下方面。

（1）老派上声分阴阳，新派阳上与阳平合流读23。

（2）新派古全浊声母今读塞音、塞擦音时部分接近送气清音。。

（3）老派的［ɛ］［e］分韵，新派［e］并入［ɛ］韵。

（4）新派鼻化韵已完全消失，例如：唱＝车、双＝沙、窗＝叉、床＝社、姜＝家、硬＝外、讲＝假等等。

二、文白异读

岱山方言的文白异读现象十分复杂，而且因人而异。大体上文化程度越高，年龄越大，文白异读现象就越丰富。不过由于调查字数有限，目前发现的文白异读现象仍比较零碎。下文中"/"前为白读，后为文读。

1. 声母

以下常用字声母发生文白异读，韵母有时也随之改变。

（1）部分古奉母合口三等字，白读为[b]声母，文读为[v]声母。例如：肥 bi^{23} / vi^{23}。部分古微母字白读为[m]声母，文读为[v]声母。例如：尾 mi^{23} / vi^{23} | 味 mi^{213} / vi^{213} | 晚 $mɛ^{23}$ / $vɛ^{23}$ | 万 $mɛ^{213}$ / $vɛ^{213}$ | 蚊 $mɐŋ^{23}$ / $vɐŋ^{23}$ | 问 $mɐŋ^{213}$ / $vɐŋ^{213}$。

（2）部分古澄母开口三等字白读为[dʑ]声母，文读为[dʐ]声母。例如：痔 $dʑi^{23}$ / $dʐɿ^{23}$。

（3）部分古审书母开口三等字白读为[ɕ]声母，文读为[s]声母。例如：世 $ɕi^{44}$ / $sʅ^{44}$。

（4）部分古见组开口二等字白读为[k]组声母，文读为[tɕ]组声母。例如：家 ko^{52} / $ɕia^{52}$ | 加 ko^{52} / $tɕia^{52}$ | 交 $kɔ^{52}$ / $tɕio^{52}$ | 教 $kɔ^{44}$ / $tɕio^{44}$ | 觉 $kɔ^{44}$ / $tɕyoʔ^5$ | 酵 $kɔ^{44}$ / $ɕio^{44}$ | 甲 $kɐʔ^5$ / $tɕieʔ^5$。

（5）部分古见组合口三等字白读为[tɕ]组声母，文读为[k]组声母。例如：鬼 $tɕy^{45}$ / $kuɐi^{45}$ | 贵 $tɕy^{44}$ / $kuɐi^{44}$。

（6）部分古疑母开口一等字，白读为[ȵ]声母，文读为[ŋ]声母。例如：岸 $ȵi^{213}$ / $ŋɛ^{213}$。

（7）部分古喻以母合口三等字，白读为[ȵ]声母，文读为[Ø]声母。例如：浴 $ȵyoʔ^2$ / $yoʔ^2$。

（8）部分古晓母字，白读为[x]声母，文读为[ɕ]声母。例如：孝 $xɔ^{44}$ / $ɕio^{44}$ | 许 $xɐi^{45}$ / $ɕy^{45}$。

（9）部分古日母开口三等组声母，白读为[ȵ]声母，文读为[z]声母。例如：人 $ȵiŋ^{23}$ / $zoŋ^{23}$ | 认 $ȵiŋ^{13}$ / $zoŋ^{13}$ | 日 $ȵieʔ^2$ / $zoʔ^2$。另外，"耳"白读为[$ȵi^{23}$]，文读为[$əl^{23}$]；"儿"白读为[$ŋ^{23}$]，文读为[$əl^{23}$]。

2. 韵母

（1）部分古果摄开口一等字，白读为[ʌu]韵母，文读为[a]韵母。例如：大 $dʌu^{13}$/da^{13}。也有个别白读为[a]，文读为[ʌu]。例如：拖 tha^{52}〜虾、〜小车 / $tʌu^{52}$〜拉机。

（2）部分古山摄合口一等字，白读为[oŋ]，文读为[ø]。例如：端 $toŋ^{52}$ / $tø^{52}$。

（3）部分古梗摄开口二等字，白读为［ã］，文读为［eŋ］。例如：争 tsã⁵² / tseŋ⁵²。

伍　小称

岱山方言中的小称音变属遗留残迹，大致如下：

（1）小称变调。部分读若阴去［44］或阴上［325］，如"鸡、猪、蟹、妹、姨、舅、娘、公、婆"；也有读若阳去［213］的，如表中的"鹅、羊"。

（2）小称变韵。一般表现为开口度变小，如表中的"狗"。

（3）小称变韵并变调。变韵一般表现为开口度变小或者读作鼻化韵，如"鸭、发、脚、猫、茄、雀、茄、牌、虾"。其中，"鸭、发、脚"非小称为促调，小称为舒声调。

岱山话的小称调

例字	本音①			小称音			备注②
	声母	韵母	声调	声母	韵母	声调	
鸡	tɕ	i	52	tɕ	i	325	
鸭	∅	ɐʔ	5	∅	ɛ	325	
鹅	∅	ʌu	23	∅	ʌu	213	
羊	∅	iã	23	∅	iã	213	
猪	ts	ɿ	52	ts	ɿ	325	
猫	m	ɔ	23	m	ɛ	213	
狗	k	ɐi	325	k	i	325	小黄~
雀	tɕʰ	ieʔ	5	tɕ	iã	325	麻~
虾	x	uo	52	x	uø	325	
蟹	x	a	44	x	a	325	
茄	dʑ	ia	213	dʑ	iɛ	213	
脚	tɕ	ieʔ	5	tɕ	iã	44	拐~
发	f	ɐʔ	5	f	ɛ	44	白头~、看~留海
娘	ȵ	iã	23	ȵ	iã	44	阿~祖母
妹	m	ɐi	13	m	ɐi	44	~~

续表

例字	本音①			小称音			备注②
	声母	韵母	声调	声母	韵母	声调	
姨	Ø	i	23	Ø	i	325	阿~小姨子
舅	dʑ	iɣ	23	dʑ	iɣ	325	阿~小舅子
公	k	oŋ	52	k	oŋ	44	阿~非亲属
婆	b	ʌu	23	b	ʌu	44	阿~非亲属
牌	b	a	23	b	ɛ	213	打~

　　① 本表动物名称中的"鸡、鹅、羊、猪、虾、蟹"在实际发音中只读小称音，故此本调仅为理论推导所得。
　　② 出现小称音的限制词汇。

陆　其他音变

（1）词缀"头"［dœɣ²³］有变读为［lɐi²³］的情况。例如：河边头河岸 ʌu³¹pi⁰lɐi⁰。

（2）个别词中有舒声促化或促声舒化现象。例如：天亮上午 tʰiã⁵²liã²¹³—tʰieʔ⁵liã⁰ ｜ 渠拉他们 dʑi³³la⁴⁴—dʑieʔ²lɐʔ⁵ ｜ 日里 ȵieʔ²li⁰—ȵieʔ²lɐʔ⁵ ｜ 麻雀 mo³³tɕieʔ⁵—mo³³tɕiã³²⁵。

（3）零声母［iã］音节有前添舌面鼻辅音［ȵ］变为［ȵiã］的。例如：当中央央 tõ³³tsoŋ³³ȵiã⁴⁴ȵiã⁴⁴ ｜ 地央 di¹¹ȵiã⁴⁴ ｜ 像大人样 Øiã³³dʌu¹¹ȵiŋ²³ȵiã⁰。

（4）口语中，鼻化元音常变读为同部位或相近部位的非鼻化元音。例如：胖头鱼 pʰõ⁴⁴dœɣ⁴⁴Øŋ⁴⁴—pʰɔ⁴⁴dœɣ⁴⁴Øŋ⁴⁴。

第三十九节　嵊泗方音

壹　概况

一、调查点

1. 地理人口

嵊泗县位于杭州湾以东，长江口东南，是浙江省最东部、舟山群岛最北部的海岛县，由 630 个大小岛屿组成，其中有人居住的岛屿有 16 个。县境西起滩浒黄盘山，与上海金山卫相望；东至童岛（海礁）的泰礁；北迄花鸟岛，连接佘山洋；南到浪岗的南北澎礁、马鞍山—白节山一线，与岱山县大衢岛隔水为邻。东西长 180 公里，南北距 23～91 公里，海陆总面积 8824 平方公里，其中陆域面积 86 平方公里，海域面积 8738 平方公里，分别占总面积的 0.97% 和 99.03%，故有"一分岛礁九九海"之说。[①] 截至 2018 年年底，全县户籍人口 7.52 万。当地居民主要为汉族，少数民族人口极少，多系工作、婚姻迁入。[②]

2. 历史沿革

据考证，早在南北朝时期，嵊泗列岛已有人居住，以捕鱼为生。嵊泗在唐初属鄮县。唐开元二十六年（738），舟山置翁山县，嵊泗属之。[③]

北宋熙宁六年（1073），两浙路明州昌国县蓬莱乡设北界村，此乃嵊泗有行政建置之始。元朝至元二十一至二十七年（1248—1290），属江浙等处行中收省浙东道宣慰司庆元路昌国州昌国县。洪武二十年（1387），昌国县废，嵊泗地域属浙江承宣布政使司宁波府定海县（即今镇海）。洪武二十九年（1396），于布政使司下设浙东道，管辖所属府、县。据《明史·职官志》，嵊泗县境属宁绍分巡道。康熙二十九年（1690），嵊泗地域划归江苏省（布政使司）苏松太道苏州府太仓州崇明县。1934 年 3 月，崇明县于嵊泗列岛设第五区。

---

① 嵊泗县人民政府官网，http://www.shengsi.gov.cn/col/col1363197/index.html，2022 年 7 月 28 日获取。
② 浙江省统计局官网，http://tjj.zj.gov.cn/，2022 年 7 月 28 日获取。
③ 嵊泗县地名办公室. 浙江省嵊泗县地名志. 杭州：浙江省测绘大队，1990.

1949 年 10 月，置嵊泗县，此为嵊泗建县之始。1950 年 7 月，嵊泗解放，设特区和军管会，属苏南松江专区。1951 年 3 月，特区和军管会均撤销，复置县。隶属不变。1952 年，苏南、苏北行政区合并为江苏省，嵊泗县属江苏省松江专区。1953 年 6 月，嵊泗县划归浙江省舟山专区。1958 年 10 月，舟山专员公署和嵊泗县均撤销，遂为宁波专区舟山县嵊泗人民公社。1960 年 11 月—1962 年 4 月，嵊泗人民公社划归上海市。1962 年 4 月，恢复县建制，嵊泗县仍归浙江省舟山专区。1970 年 4 月，改舟山专区为舟山地区，嵊泗县属舟山地区。1987 年 3 月，改舟山地区为舟山市，嵊泗县属舟山市。[①]

3. 方言分布

嵊泗方言（指菜园镇、青沙等地方言）属吴语明州片甬江小片，与岱山县方言较为接近。嵊泗方言与同在本岛的五龙方言有口音差异。嵊泗县壁下岛壁下社区安基村为温州方言岛，花鸟岛花鸟乡有台州话方言岛，洋山岛方言则有接近上海金山方向方言的特点。嵊泗中青年人的方言有特别明显的向普通话靠拢现象。

4. 地方曲艺

嵊泗县境内流行的地方曲艺，一是嵊泗渔歌。嵊泗渔歌是嵊泗渔民捕鱼、织网、晒网等劳动或休息时口头传唱的民歌，现为省级非物质文化遗产。嵊泗渔歌主要有"渔民号子""渔歌小调"及"新渔歌"三大类，其代表作分别为《起网号子》《五更调》和《带鱼煮冬菜》。嵊泗县文艺工作者在嵊泗原生态渔歌的基础上，通过挖掘与再创造后，使嵊泗渔歌更富有海洋特色与艺术美感。嵊泗渔歌在展演和比赛中，获得了国家级、省级和市级多个荣誉，曾两度进中央电视台一号演播大厅表演后由中央电视台 15 套音乐台播出，且曾赴日本表演。二是小热昏。小热昏又名"小锣书"，是单人方言说唱表演形式，表演者自编、自伴奏（一面小锣）、有说有唱，效果生动幽默，其代表作是《梅鱼娶亲》，但该曲艺目前面临后继乏人的境况。

---

① 参见：嵊泗县人民政府官网：http://www.shengsi.gov.cn/col/col1363197/index.html，2022 年 7 月 29 日获取。

二、方言发音人

1. 方言老男

邵金坤，1950 年 9 月出生于嵊泗菜园镇，一直在本地生活和工作，基层干部，现已退休，中专文化程度，说嵊泗话和不太标准的普通话。父母均为嵊泗菜园镇人，说嵊泗菜园话。

2. 方言青男

徐奇能，1985 年 11 月出生于嵊泗菜园镇，一直在本地生活和工作，基层干部，本科文化程度，说嵊泗菜园话和普通话。父母均为嵊泗菜园人，说嵊泗菜园话。

3. 口头文化发音人

叶亚彬，女，1954 年 11 月出生于嵊泗菜园镇，教师，现已退休，中师文化程度，说嵊泗菜园话和普通话。父母均为嵊泗菜园镇人，说嵊泗菜园话。

洪国强，男，1946 年 3 月出生于嵊泗嵊山镇，文艺工作者，现已退休，初中文化程度，说嵊泗话和不太标准的普通话。父母均为嵊泗菜园镇人，说嵊泗菜园话。

贰　声韵调

一、声母（27 个，包括零声母在内）

p 八兵	pʰ 派片	b 病爬肥	m 麦明味问	f 飞风副蜂	v 饭肥味问
t 多东	tʰ 讨天	d 甜毒	n 脑南		l 老蓝连路
ts 资早租争装	tsʰ 刺寸拆初	dz 全茶柱		s 丝三酸山双	z 字贼坐祠床
tɕ 租酒九	tɕʰ 清抽初轻	dʑ 张城权	ȵ 年泥热软	ɕ 想手响	
k 高	kʰ 开	g 共	ŋ 熬	x 好灰花	
∅ 谢月活县安王云药换					

说明：

（1）古全浊声母今读清音浊流，古全浊声母今读塞音、塞擦音时部分字接近送气清音，如"大、茶"。

（2）[tɕy][tɕʰy][ɕy]（如多音字"租、粗、酥"）；[tɕiɣ][tɕʰiɣ][ɕiɣ]（如多音字"专、穿、算"），舌面音带舌叶音色彩。

（3）阴调类零声母音节起始部分有轻微的喉头闭塞，阳调类零声母音节起始部分有明显的摩擦成分，这里均作零声母处理。

（4）声母[f][v]与[u]韵母相拼时，实际发音接近双唇擦音，如"府、浮"。

（5）声母[ȵ]与[i]相拼时接近[n]，如"耳、尾"。

（6）声母[z]有清化趋势，如"坐、造"。

二、韵母（42个，包括自成音节的[m̩][n̩][ŋ̍][əl]在内）

ɿ 师丝试	i 米戏二飞盐年	u 苦	y 靴雨鬼权
ʮ 猪			
a 排鞋	ia 写	ua 快	
ɛ 山鸭	iɛ 廿	uɛ 怀	
ɔ 宝饱			
e 开			
o 茶牙瓦	io 笑桥	uo 化	
ɣ 战	iɣ 油	uɣ 官	
ɐi 赔对南		uɐi 鬼	
œɣ 豆走			
ʌu 歌坐过			
ã 硬争	iã 响	uã 横	
õ 糖床双讲		uõ 王	
əŋ 根寸灯争		uəŋ 滚	
	iŋ 心深新升病星		
oŋ 春东			yoŋ 云兄用
əʔ 盒塔		uəʔ 活刮骨	
	iɛʔ 接贴急热		

oʔ 十出托郭壳学国　　　　　　　　　　　　　　　yoʔ 月橘局

m 母

n 无

ŋ 五鱼

əl 尔

说明：

（1）[ɣ]韵的舌位略低；[iɣ]动程极短，与[l]相拼时有时介音不明显。

（2）[œɣ]韵中[œ]的舌位偏高、略展。

（3）[õ]韵与[t][k]等相拼时，前有极短促的介音，接近[uõ]。

（4）[iɐ][ɐŋ][ɐʔ]三组韵母的主元音[ɐ]的实际发音开口度均略小。

（5）[iɛʔ]韵有时开口度略大，接近[iɛʔ]；有时开口度略小，接近[ieʔ]。

（6）[yoʔ]韵中的[o]，部分略靠前，接近[ø]。

三、声调（7个）

阴平	53	东该灯风通开天春统冻怪半四痛快寸去古苦
阳平	243	门龙牛油铜皮糖红
阴上	445	懂鬼九讨草买老五有
阳上	334	近动罪后厚淡棒
阳去	213	卖路硬乱洞地饭树程瓶
阴入	5	谷急哭刻百搭节拍塔切
阳入	2	六麦叶月毒白盒罚

说明：

（1）阳平[243]，个别阳平读阳去[213]，如"黏、顽、狂、程、瓶"。

（2）阴上[445]，有个别字读阴平[53]，如"古、苦、毯、伞、纺、统、扁"；次浊上归阴上读[445]。

（3）阳上[334]以升为主；部分字与阳平合流读[243]，如"祸、厚、妇、右、淡、犯、户、断、棒、项"。

（4）阴入和阳入均为短促调。阴入调记作[5]，但有时有升势或降势；阳入调记作[2]，但有时有升势或降势。

叁　连读变调

一、两字组连读变调表

　　嵊泗方言两字组的连读变调规律见下表。表中首列为前字本调，首行为后字本调。每一格的第一行是两字组的本调组合；第二行是连读变调，若连读调与单字调相同，则此行空白；第三行为例词。同一两字组若有两种以上的变调，则以横线分隔。具体如下。

嵊泗方言两字组连读变调表

后字 前字	阴平 53	阳平 243	阴上 445	阳上 334	阳去 213	阴入 5	阳入 2
阴平 53	53　53 33　33 东　风	53　243 33　53 清　茶	53　445 44　0 乡　长	53　334 33　53 公　里	53　213 33　53 公　事	53　5 33 钢　笔	53　2 33　5 工　业
	53　53 44　44 书　记	53　243 33 开　门	53　445 33　53 天　井	53　334 33　45 跳　舞	53　213 33 生　病	53　5 44　0 建　设	53　2 33 开　学
	53　53 44　0 汽　车	53　243 44　0 对　待	53　445 33 香　嘴	53　334 44　0 制　造	53　213 44　0 孝　顺		53　2 44　0 四　月
阳平 243	243　53 33 动　工	243　243 33　53 名　堂	243　445 24　0 牙　齿	243　334 24　0 徒　弟	243　213 24　0 长　寿	243　5 33 毛　笔	243　2 33　5 同　学
	243　53 33　45 农　村	243　243 33 抬　头	243　445 24　11 团　长	243　334 33　53 城　市	243　213 33 排　队		243　2 24　0 长　日
	243　53 24　0 棉　裤						
阴上 445	445　53 44　0 比　方	445　243 44　0 检　查	445　445 44　0 手　表	445　334 44　0 改　造	445　213 44　0 准　备	445　5 44 粉　笔	445　2 44　5 伙　食
	445　53 33 打　针	445　243 33 倒　霉	445　445 33　45 保　底	445　334 33 起　码	445　213 33 写　字		445　2 33 转　业

续表

后字 / 前字	阴平 53	阳平 243	阴上 445	阳上 334	阳去 213	阴入 5	阳入 2
阳上 334	334 34 老　53 0 师	334 34 码　243 0 头	334 34 冷　445 0 水	334 34 远　334 0 近	334 34 近　213 0 路	334 34 满　5 0 足	334 34 后　2 0 日
	334 34 尾　53 44 巴	334 34 象　243 44 棋	334 33 动　445 手	334 33 犯　334 45 罪	334 11 部　213 44 队	334 33 犯　5 法	334 33 满　2 月
	334 33 坐　53 车	334 33 坐　243 船	334 11 市　445 长		334 33 有　213 效		334 11 技　2 5 术
阳去 213	213 11 地　53 45 方	213 11 地　243 44 球	213 11 大　445 45 腿	213 11 地　334 45 道	213 11 顺　213 44 利	213 11 办　5 法	213 11 树　2 5 叶
	13 24 卫　53 44 生	213 33 调　243 53 查	213 33 贺　445 45 喜	213 33 卖　334 45 米	213 24 电　213 0 话		
	213 33 认　53 真	213 33 卖　243 44 鱼					
阴入 5	5 北　53 0 方	5 骨　243 0 头	5 黑　445 0 板	5 发　334 0 动	5 决　213 0 定	5 节　5 0 约	5 结　2 0 合
	5 3 结　53 亲	5 3 铁　243 44 门	5 3 缺　445 44 点	5 3 黑　334 44 马	5 出　213 汗	5 3 出　5 血	5 3 吃　2 5 热
		5 3 发　243 财	5 3 发　445 火				
阳入 2	2 木　53 44 工	2 合　243 44 同	2 局　445 45 长	2 物　334 44 理	2 木　213 44 匠	2 蜡　5 烛	2 目　2 5 录
	2 石　53 灰						

二、两字组连读变调规律

嵊泗话两字组的语音变调有以下几个特点：

嵊泗话单字调共 8 个，在连读变调中又出现了 7 个新的声调，它们是：[24]

［34］［11］［44］［45］［33］［3］［0］，其中［24］为阳平［243］前字时的连读调，［34］为阳上［334］在前字时的连读调，［11］为阳去［213］在前字时的连读调，［44］为阴上［445］在前字时的连读调，［45］为阴上［445］在后字时的连读调。

以下分析，一是不考虑语法结构的重读音节，以及个别特殊音变；二是次浊上字的连读变调模式同全浊上字，合为阳上调。

（1）嵊泗两字组连读变调中，前字大都变为平调（促声基本不变调），在25个发音模式中，前字为舒声调的是98个，前字为平调（［11］［33］［44］）的有78个，占80%。

（2）后字变读轻音的较多，在25个发音模式中，后字读轻音的有36个，其中前字阴上、阳上和阴去的，其主要变调模式几乎都后字读轻音。

（3）后字若非轻音或促声，则调值较高。

（4）平声在前的，前字大都拉平，读［33］或［44］，仅前字阳平后字上声和去声的，前字读原调。前字阴平，后字平声、上声均读阴平原调［53］。前字阳平、后字平声的读阴平原调［53］，后字入声的均读清入原调［5］。前字阳平、后字上声或去声的，后字读轻音［0］。

（5）上声在前的，前字阴上均读［44］，后字舒声读轻音［0］，促声均读清入原调［5］。前字浊上的，前字大都读［34］，后字无论舒促大都读轻音［0］。

（6）去声在前的，清去在前的，前字均读［44］，后字除清去读［53］外，其余无论舒促均读轻音［0］。前字浊去均读［11］，后字舒声读［45］，促声读［5］。

（7）入声在前的，前字不变调。前字为清入的，后字无论舒促均读轻音。前字为浊入的，后字舒声读［44］或［45］；后字促声的，均读［5］。

（8）动宾结构的词，后字多读原调。

肆　异读

一、新老异读

与老派音相比，嵊泗方言新派出现了向普通话靠拢并含有上海方言元素的现象。

（1）浊音清化现象，老派［dz］，新派［ts］，如"择"；老派［z］，新派［s］，如，"寺"；老派［d］，新派［tʰ］，如"踏"；老派［z］或［ø］，新派［l］，如"弱、荣"。

（2）老派读舌面音，新派读做舌尖音，如"证、升、整、正、程"。

（3）老派舌尖音［tsʰ］，新派读舌面音［tɕʰ］，如"取"。

（4）老派读鼻辅音［n］［ȵ］［ŋ］，新派读零声母［ø］［x］，如"芋、遇、业、蚁、熬、鹤"。

（5）老派韵［ʮ］，新派韵［ɿ］，如"制、世"；老派韵［ɐʔ］，新派韵［oʔ］，如"拨、泼、末"；老派韵［oʔ］，新派韵［ou］，如"或"；老派韵［oŋ］，新派韵［ɐŋ］，如"贞"；老派韵［oŋ］，新派韵［uɐŋ］，如"翁"；老派韵［oʔ］，新派韵［ɐʔ］，如"设"。

（6）老派阳去调中部分字与阳平合流，如"祸、卫、类、厚、妇、右、淡、犯、户、断、棒、项、类"。新派阳上字中有相当部分归阳平，如"买、罪、后、野、瓦、簿、五、女、吕、雨、买、弟、罪、被、尾、抱、道、造、妇、后、厚、舅、有、染、眼、猛、领、静"等；阳去调字中部分归阳平。例如："竖、画、话、卫、柿、右、淡、赚、任、限、院"。

二、文白异读

1. 声母

嵊泗方言的文白异读主要体现在声母、韵母以及声韵兼及上。以下常用字声母发生文白异读，韵母有时也随之改变。下文中"／"前为白读，后为文读。

（1）部分古奉母合口三等字，白读为［b］声母，文读为［v］声母。例如：肥。古微母白读为［m］声母，文读为［v］声母。例如：尾、味、晚、万、蚊、问。

（2）部分精母合口一等、清母合口一等、初母合口三等、生母合口三等的个别字，白读为［tɕ］声母，文读为［ts］声母。例如：租、祖、组、粗、初、数名词、算、酸、蒜、砖。

（3）部分古审书母开口三等字，白读为［ɕ］声母，文读为［s］声母。例如：世、身。

（4）部分古见组开口二等字，白读为［k］组声母，文读为［tɕ］组声母。例如：家、加、假、交、教、觉、酵、甲。

（5）部分古见组合口三等字，白读为［tɕ］声母，文读为［k］声母。例如：鬼、贵。

（6）部分古晓母字，白读为［x］声母，文读为［ɕ］声母。例如：孝、许。

（7）部分古日母开口三等声母，白读为［ȵ］声母，文读为［z］声母。例如：人、认、任、日。另外，"耳"白读为［ȵ］，文读为［əl］；"儿"白读为［ŋ］，文读为［əl］。

2. 韵母

（1）部分古果摄开口一等字白读为［ʌu］，文读为［a］。例如：拖、大。

（2）蟹摄合口三等个别字白读为［ɥ］，文读为［ɐi］。例如：岁。

（3）止摄开口三等个别字白读为［ɐʔ］，文读为［iɛʔ］。例如：鼻。

（4）流摄开口三等个别字白读为［œɣ］，文读为［u］。例如：浮。

（5）部分古梗摄开口二等字白读为［ã］，文读为［ɐŋ］。例如：争、生。

伍　小称

嵊泗方言中儿化、小称音标表（目前已调查到的）

嵊泗话的小称调[①]

例字	本音			小称音			备注
	声母	韵母	声调	声母	韵母	声调	
鸡	tɕ	i	53	tɕ	i	445	
鸭	∅	ɐʔ	5	∅	ɛ	445	
猪	ts	ɥ	53	ts	ɥ	445	
狗	k	ɐi	445	k	i	445	小黄~
雀	tɕʰ	iɛʔ	5	tɕ	iã	445 或 53	麻~
虾	x	uo	53	x	uɣ	445	
蟹	x	a	53	x	a	445	
姨	∅	i	243	∅	i	445	阿~小姨子
舅	dʑ	iɣ	243	dʑ	iɣ	445	阿~小舅子
鹅	ŋ	ʌu	243	ŋ	ʌu	213	鹅
羊	∅	iã	243	∅	iã	213	羊
猫	m	ɔ	243	m	ɛ	213	
茄	dʑ	ia	213	dʑ	ɛi	213	
牌	b	a	243	b	ɛ	213	打~
发	f	ɐʔ	5	f	ɛ	44	白头~、看~留海

---

① 本表动物名称中的"鸡、鸭、鹅、羊、猪、虾、蟹"在实际发音中只读小称音，故此本调仅为理论推导所得。

续表

例字	本音			小称音			备注
	声母	韵母	声调	声母	韵母	声调	
娘	ȵ	iã	243	ȵ	iã	44	阿~祖母
妹	m	ɐi	213	m	ɐi	44	~~
脚	tɕ	iɛʔ	5	tɕ	iã	445	拐~瘸腿

嵊泗方言中的儿化与小称音变属遗留残迹，大致如下：

（1）小称变调。部分读若阴上［445］，如"鸡、鸭、猪、狗、雀、虾、蟹、姨、舅"；也有的读若阳去［213］的，如"鹅、羊、猫、茄、牌"。

（2）小称变韵。一般表现为开口度变小，如"狗、鸭、茄"。

（3）小称变韵并变调。变韵一般表现为开口度变小或者读作鼻化韵。例如"鸭、发、脚、猫、茄、雀、茄、牌、虾"，其中"鸭、发、脚"非小称为促调，小称为舒声调。

陆　其他音变

（1）有一批常用词有自由变读现象，具体见下表（均写原调）

例词	音一	音二	音三	音四
个表示语气或结构助词"的"	goʔ^2	gʌu^{243}	ʌu^{243}	
头后缀	dœɤ^{243}	lœɤ^{243}	dɐi^{243}	lɐi^{243}
里表示方位	li^{445}	lɐi^{445}		
搭连词或介词"和、把"	tɐʔ^5	tiɛʔ^5		
没	mɐʔ^5	nɐʔ^5		
无	m^{243}	n^{243}		
拨给	pɐʔ^5	piɛʔ^5		

（2）个别词中有舒声促化或促声舒化现象。例如：天亮上午 tʰiã^{53}liã^{213}—tʰiɛʔ^{5}liã^0 | 渠拉他们 dʑi^{33}la^{44}—dʑiɛʔ^{2}lɐʔ^5 | 日里 ȵiɛʔ^{2}li^0—ȵiɛʔ^{2}lɐʔ^5 | 麻雀 mo^{33}tɕiɛʔ^5—mo^{33}tɕiã^{445}。

（3）零声母［iã］音节有前添舌面鼻辅音［ȵ］变为［ȵiã］的。例如：当中央央 tõ^{33}tsoŋ^{33}ȵiã^{44}ȵiã^{44} | 地央 di^{11}ȵiã^{44} | 像大人样 iã^{33}dʌu^{11}ȵiŋ^{23}ȵiã^0。

（4）"明"，单独或其他词句中为［miŋ^{243}］，在"明朝"中读［mi^{243}］。

第四十节　临海方音

壹　概况

一、调查点

1. 地理人口

临海位于浙江省中部，长三角经济圈南翼。[①]临海东濒东海，南邻椒江、黄岩，西接仙居，西北、北靠天台，东北毗邻三门。全市陆域面积 2203 平方公里，辖古城、大洋、江南、大田、邵家渡 5 个街道，杜桥、白水洋、东塍、桃渚、尤溪、汛桥、沿江、汇溪、小芝、上盘、涌泉、永丰、括苍、河头 14 个镇。[②]全市户籍人口 120.35 万。[③]

2. 历史沿革

汉昭帝始元二年（前 85），以回浦乡置回浦县，县治回浦（今章安），为建县之始。隋开皇十一年（591）在大固山（今城关）设立军事机构临海镇，监管临海县的行政事务，县治从章安迁到今临海城关。唐高祖武德四年（621）置台州。1949 年临海解放，建立临海县人民政府。属台州专员公署。1986 年，撤县设市，是台州地区政治、经济、文化、交通中心。1994 年，迁台州行署至椒江，设立台州市。临海市为省辖市。[④]

3. 方言分布

按口音分为两种：上乡腔，分布在大田、城关、大石、花园、城西等区镇；下乡腔，分布在涌泉、相峙、杠桥、桃渚、上盘等区镇。临海话近年来又分为新派和老派，两者差别在城关尤为显著。

---

① 参见：浙江省地理信息公共服务平台发布的最新天地图，2022 年 7 月 20 日获取。
② 参见：临海市人民政府网，http://www.linhai.gov.cn/col/col1454157/index.html，2022 年 7 月 20 日获取。
③ 参见：《临海统计年鉴 2018》，http://tjj.zj.gov.cn/col/col1525563/index.html，2022 年 8 月 20 日获取。
④ 临海县志编纂委员会. 临海县志. 杭州：浙江人民出版社，2008：37-41.

4. 地方曲艺

临海词调又称才子词调，仙鹤调，调流传于城关，杠桥，2008 年入选国家级非物质文化遗产代表性项目名录；临海道情流传于沿海杠桥、上盘、桃渚及山区大石、花园、城关及郊区；黄沙乱弹流传于白水洋镇黄沙洋地域；小芝莲花流传于小芝镇及桃渚。

二、方言发音人

1. 方言老男

沈建中，1956 年 7 月出生于临海古城街道，一直在本地生活和工作，基层干部，中专文化程度，说临海城关话和普通话。父母均为临海城关人，说临海城关话。

2. 方言青男

谢华义，1985 年 12 月出生于临海县古城街道，主要在本地生活和工作，工商业者，本科文化程度，说临海城关话和普通话。父母均为临海城关人，说临海城关话。

3. 口头文化发音人

沈建中，男，1956 年 7 月出生于临海古城街道，一直在本地生活和工作，基层干部，中专文化程度，说临海城关话和普通话。

赵宏禄，男，1956 年 4 月出生于临海古城街道，主要在本地生活和工作，律师，大专文化程度，说城关话和不太标准的普通话。

贰　声韵调

一、声母（28 个，包括零声母在内）

p 八兵	pʰ 派片	b 爬病肥	m 马尾麦明味问	f 飞风副蜂	v 肥饭问
t 多东	tʰ 讨天	d 甜毒	n 脑南泥		l 老蓝连路

ts 资早租争 纸装	tsʰ 刺草寸 拆初车	dz 茶查祠暂		s 丝三酸山	z 字贼坐事床
tɕ 酒张竹主	tɕʰ 清抽抄 春轻	dʑ 柱权镯钱	ȵ 年热软月	ɕ 想双手书 响	ʑ 谢船顺十城 全
k 高九	kʰ 开轻	g 权共	ŋ 熬	h 好灰	
∅ 安县活温 王云用药					

说明:

（1）鼻、边音声母实际发音有带浊流的［ɦm］［ɦn］［ɦȵ］［ɦŋ］［ɦl］和带紧喉的［ʔm］［ʔn］［ʔȵ］［ʔŋ］［ʔl］两套，前者配阳调，后者配阴调。现从简为一套［m］［n］［ȵ］［ŋ］［l］。

（2）［tɕ］组声母发音时，有时接近舌叶。

（3）［ts］组声母发音时有时带齿间音色彩。

二、韵母（44个，包括自成音节的［m］［n］［ŋ］在内）

ɿ 猪师丝试耳	i 米戏飞盐年	u 过苦	y 靴雨鬼
a 排鞋	ia 写	ua 快	
ɛ 潭奸山		uɛ 关	
e 赔对开			
ø 半短南潭肝		ue 官	
ə 豆走勾	iə 笑桥		yø 权
ɔ 饱宝			
o 歌坐茶牙瓦			
	iu 油		
ã 硬争	iã 响	uã 横	
ɔ̃ 糖床讲王			yɔ̃ 双
əŋ 根灯问寸	iŋ 心深新开病星	uəŋ 滚	yŋ 春云
oŋ 东轰			yoŋ 兄用
aʔ 百白	iaʔ 药弱	uaʔ 划	
ɛʔ 塔鸭法辣八	ieʔ 接贴十急热节		yeʔ 月出橘

øʔ 答突

əʔ 盒夺色　　　　　　　　　　　　　　uəʔ 活刮骨

ɔʔ 托壳学郭霍黑

oʔ 北六绿国谷　　　　　　　　　　　　yoʔ 局

m 呒

n 儿二

ŋ 五耳

说明：

（1）[e] 舌位略低，但不到 [ɛ]。

（2）[iə] 中主要元音实际偏前。其中有些字受普通话影响，发成 [iɔ]，如"桥、轿、鸟"。

（3）[iu] 中的 [u] 圆唇不明显，且舌位介于 [o] 和 [u] 之间。

三、声调（7个）

阴平	31	东该灯风通开天春
阳平	21	门龙牛油铜皮糖红动罪近淡
阴上	52	懂古鬼九统苦讨草买老五有后厚
阴去	55	冻怪半四痛快寸去
阳去	324	卖路硬乱洞地饭树
阴入	5	谷百搭节急哭拍塔切刻
阳入	23	六麦叶月毒白盒罚

说明：

（1）古浊平和全浊上大都合并，现用阳平调名。调值为 [21]，有时起点略高，终点下降后略平。

（2）阴上起点有时稍低，近 [42]。

（3）阴去有时偏低，近 [44]。

（4）阳去调值不太稳定，有时曲折不明显

叁　连读变调

临海方言两字组的连读变调规律见下表。表中首列为前字本调，首行为后字本调。每一格的第一行是两字组的本调组合；第二行是连读变调，若连读调与单字调相同，则此行空白；第三行为例词。同一两字组若有两种以上的变调，则以横线分隔。具体如下。

临海方言两字组连读变调表

前字＼后字	阴平 31	阳平 21	阴上 52	阴去 55	阳去 324	阴入 5	阳入 23
阴平 31	31 31 35 33 山 坑	31 21 35 51 清 明 — 31 21 33 仙 道	31 52 33 天 狗	31 55 33 山 吞	31 324 33 山 洞	31 5 33 山 脚	31 23 33 山 药
阳平 21	21 31 24 台 风 — 21 31 稻 花	21 21 51 洋 油 — 21 21 22 成 道 — 21 21 稻 田	21 52 22 苹 果 — 21 52 21 稻 秆	21 55 22 糖 蔗 — 21 55 21 抱 歉	21 324 22 蚕 豆 — 21 324 21 道 路	21 5 22 时 节 — 21 5 21 稻 谷	21 23 22 黄 历 — 21 23 21 稻 麦
阴上 52	52 31 42 牡 丹	52 21 42 51 下 年 — 52 21 42 改 造	52 52 42 水 果	52 55 42 早 套	52 324 42 酒 酿	52 5 42 水 窟	52 23 42 古 历
阴去 55	55 31 33 汽 车	55 21 33 太 阳 — 55 21 33 对 象	55 52 33 报 纸	55 55 33 兴 趣	55 324 33 44 做 梦	55 5 33 做 法	55 23 33 算 术

后字 前字	阴平 31		阳平 21		阴上 52		阴去 55		阳去 324		阴入 5		阳入 23	
阳去 324	324 22 地	31 方	324 22 地	21 球	324 22 露	52 水	324 22 大	55 蒜	324 22 外	324 44 地	324 22 办	5 法	324 22 大	23 麦
阴入 5	5 3 浙	31 江	5 3 足	21 球	5 3 脚	52 底	5 3 尺	55 寸	5 3 铁	324 路	5 3 一	5 世	5 3 结	23 局
阳入 23	23 2 十	31 三	23 2 辣	21 茄	23 2 落	52 雨	23 2 白	55 线	23 2 月	324 亮	23 2 熟	5 客	23 2 熟	23 食

说明：

（1）慢读时一般保持原调。读得越快，连读变调越明显。本项目老男发音人的词汇读得较慢，保留单字调较多，连调不太明显。

（2）阴上单字调中，有些字的起点并不都到［5］，作前字时，起点更没单字调高，现一律记为［42］。

（3）阳入在连调中作前字时更加短促，现一律记为［2］。

（4）在上、去、入声前的阴平和阳平，以及阴去和阳去作前字时，实际上呈现"调类中和"的现象，即在声调上可合并为平声［33］和去声［33］，这两个声调呈现合并之势而靠声母的清浊来区别音节。现在由于取消［ɦ］声母而统一为零声母，因此只能继续靠声调的不同来区别音节，即阳调类比阴调类稍低。

（5）"阴上 + 阳平"的例外变调模式如"草狗母狗"为"33＋21"，见词汇模板表。

肆　异读

一、新老异读

主要体现在声母和韵母方面。

1. 声母

老派［tɕ］组声母在齐齿呼和撮口呼韵母前发音部位略靠后，接近舌叶音［tʃ］；新派无此特点。

2. 韵母

（1）深臻曾梗摄开口三等舒声字，老派读［iəŋ］韵，新派读［iŋ］韵。

（2）咸山摄与曾梗摄开口入声韵，老派主元音不同，新派呈现中和趋势，接近为［ɐ］。

（3）江摄知组和庄组开口二等入声韵［yoʔ］和通摄章组合口三等入声韵［yoʔ］，老派区别较明显，新派有中和为［yoʔ］的趋势。

二、文白异读

主要体现在声母和韵母方面。下文中"/"前为白读，后为文读。

1. 声母

（1）部分非组字白读［b］［m］声母，文读［v］声母。例如：肥 bi^{21} / vi^{21} | 问 $məŋ^{324}$ / $vəŋ^{324}$。

（2）日母止开三个别字有若干层次，白读层为自成音节的［n̩］或［ŋ̍］，旧文读层为［n̠ʑ］，新文读层多为［z］或零声母。例如：耳 $ŋ̍^{52}$ / $zʅ^{21}$ | 二 $n̩^{324}$ / $n̠ʑi^{324}$。

（3）见系二等若干字白读为［k］，文读为［tɕ］。例如：家 ko^{31} / $tɕia^{31}$ | 驾 ko^{55} / $tɕia^{55}$。

2. 韵母

（1）假开二帮组韵母白读为［o］，文读为［a］。例如：巴 po^{31} / pa^{31} | 怕 p^ho^{55} / p^ha^{55}。

（2）遇合三鱼韵见组韵母白读为［e］，文读为［y］。例如：锯 ke^{55} / $tɕy^{55}$。

伍　小称

临海方言中存在儿化、小称性质的语言现象，称之为"变音"，这是相对于"本音"而言的。李荣先生认为，本音和变音之间是语法变化的关系。

临海方言的变音有两种，一种是单纯型变音，另一种是混合型变音。前者只改变声调，主要发生在那些非入声的、有实在意义的词根字上，如：姐 $tɕia^{52}$—$tɕia^{353}$ | 棒 $bɔ^{21}$—$bɔ^{51}$；后者涉及声调或声调和韵母的双重变化，如：橘 $kyeʔ^5$—$kyŋ^{353}$ | 鸽 $kəʔ^5$—$kø^{353}$。

从变音的规律来分，可分为两种类型，一种是［353］调，以原阴调类字居多，如"夹、刷、饼"；另一种是［51］调，以原阳调类字居多，如"爷、簿、弟、妹"。但这两者并非泾渭分明，它们有的有曲折，有的没有曲折，但最后都以高降调结尾。个别语流中的变音甚至读为升调，可能是受周边方言中升变音的影响。可见，变音之间的内部差异不在具体的调值上，而是主要表现在声母的清浊上。

临海方言中，一些字单念时最普通的读音往往是变音，而非本音，比如"姐、鸭、橘"，有的甚至不知道本音是什么。

陆　其他音变

一、合音

临海方言中的合音现象主要发生在末尾音节为零声母的音节上，涉及助词、否定副词、代词等方面。除了有些否定副词与动词组成的合音比较固定外，其他的合音基本上属于纯粹的连音音变，如："去爻"合音为［k^hɔ^{42}］，"休要"合音为［ɕio^{44}］。

二、弱化

语流中弱化的现象包括轻声、轻音、声母弱化、韵母弱化等。可以说声母和韵母的弱化是轻声和轻重音的伴随结果。代词、趋向动词、助词、副词的弱化现象比较明显。如：

"什么"：何么［kã^{42}m^0］

"晚上"：夜哒［ia^{22}də$ʔ^0$］

第四十一节　椒江方音

壹　概况

一、调查点

1.地理人口

椒江，作为浙江省台州市政府所在地，位于浙江省沿海中部台州湾入口处和浙东最大的温黄平原北部。东濒大海，南邻路桥，西接黄岩，北接临海。椒江区土地总面积 343.58 平方公里。

自 2003 年始，椒江区下辖 8 个街道、大陈镇和椒江海洋渔业总公司、椒江农场，还有 203 个行政村、57 个社区、4 个居委会。8 个街道分别是：海门街道、白云街道、葭沚街道、洪家街道、下陈街道、三甲街道、章安街道、前所街道。[①]2017 年年末，全区总户数 17.42 万，户籍总人口 54.27 万。主体民族为汉族。

2.历史沿革

椒江原名"海门"。海门地处椒江口，因江北之小圆山和江南之牛头颈山对峙，壮如大门而得名。1981 年建市。因与江苏海门县同名而改称椒江，以椒江横贯市域而得名。椒江区以椒江之隔而分为南北两片，其历史、语言和民情风俗有较为明显的差异。明洪武二十年（1387）在海门筑城设卫，以御倭寇，始称海门卫。清光绪二十年（1894）开埠通商，发展成为商埠。1928 年建临海县海门区。1934 年，浙江省第七行政督察专员公署设海门。1941 年 4 月因日军窜扰而迁临海。1949 年 6 月海门解放后，建为台州专员公署直属海门区。1956 年 3 月改为黄岩县海门区，始属黄岩。1980 年 7 月由黄岩县分出，建立海门特区，1981 年 7 月经国务院批准成立椒江市，为浙江省第一个县级市。1994 年设台州市于椒江，遂撤椒江市，为台州市椒江区。[②]

---

① 《椒江年鉴》编纂委员会. 椒江年鉴（2019）. 北京：中华书局，2019：55−60.
② 《椒江年鉴》编纂委员会. 椒江年鉴（2019）. 北京：中华书局，2019：55−60.

3. 方言分布

椒江方言属于吴语台州片。台州片内部还有北台片和南台片之分，椒江方言属于南台片。椒江方言内部以江为界，又可分为南北两片。北片以章安话为代表，与临海方言接近；南片以海门话为代表，与黄岩方言基本相同。

本文所指椒江方言以椒江区海门街道（原老海门）为调查点。

4. 地方曲艺

今椒江区域内的地方曲艺有葭沚词调、莲花、唱宝卷、打花鼓、道情、评书、挖花等，但与本次调查所涉老椒江方言直接相关的地方传统曲艺较少。

二、方言发音人

1. 方言老男

张鸣，1955 年 1 月出生于椒江北大街，一直在本地生活和工作，基层干部，现已退休，大专文化程度，说椒江话和普通话。父母均为椒江人，说椒江城关话。

2. 方言青男

王勇，1980 年 11 月出生于椒江石公庙巷，一直在本地生活和工作，工商业者，高中文化程度，说椒江话和普通话。父母均为椒江人，说椒江城关话。

3. 口头文化发音人

林锦红，女，1963 年 7 月出生于椒江万济池，一直在本地生活和工作，职工，现已退休，初中文化程度，说椒江话和普通话。

张华飞，女，1955 年 1 月出生于椒江屋基里，一直在椒江和临海两地生活和工作，文艺工作者，现已退休，高中文化程度，说椒江话和普通话。

洪文聪，女，1954 年 11 月出生于椒江高沿街，一直在本地生活和工作，职工，现已退休，大专文化程度，说椒江话和普通话。

王振华，男，1956 年 3 月出生于椒江衙门巷，一直在本地生活和工作，医生，现已退休，中专文化程度，说椒江话和普通话。

贰　声韵调

一、声母（28个，包括零声母在内）

p 八兵	pʰ 派片	b 爬病肥	m 麦明味问	f 飞风副蜂	v 饭肥问
t 多东	tʰ 讨天	d 甜毒	n 脑		l 南老蓝连路
ts 资早租争 装竹纸主	tsʰ 刺草寸拆 抄初车春	dz 祠茶柱		s 丝三酸山 双	z 字贼坐全事 床船顺
tɕ 酒张九	tɕʰ 清抽轻	dʑ 钱	ȵ 年泥热软月	ɕ 想手书响	ʑ 谢十城
k 高官	kʰ 开敲	g 共权	ŋ 熬瓦	h 好灰	
∅ 活安温县 王云用药					

说明：

（1）鼻音、边音和零声母逢阴调类带紧喉［ʔ］，阳调类带浊流［ɦ］。现统一为一套［m］［n］［ȵ］［ŋ］［l］［∅］。

（2）［k］组声母在细音前的实际发音部位偏前近舌面中音［c］组。

（3）有些全浊辅音声母发音起始处有较明显的清化现象。

二、韵母（49个，包括自成音节的［m］［n］［ŋ］）

ɿ 猪师丝试耳ₓ~	i 米戏飞	u 过苦	y 靴雨鬼
ʮ 除水			
a 排鞋	ia 写夜	ua 快怪	
ɛ 南山	iɛ 眼肝	uɛ 关弯	
ə 开赔对	ie 盐年肝	uə 官灰	
ɔ 宝饱	iɔ 笑桥		
o 歌坐茶牙瓦	io 豆走		
ø 半短			yø 权圆
ɯ 饿河			
əu 多土	iu 油手		

ã 硬争	iã 响张	uã 横梗	
ɔ̃ 糖床讲双		uɔ̃ 光王	
əŋ 问根灯	iŋ 心新病星深升	uəŋ 滚温	yŋ 云
øŋ 寸春			
oŋ 东			yoŋ 兄用
aʔ 白	iaʔ 药		
ɛʔ 盒塔鸭法辣八色	ieʔ 接十急热七一直锡		yeʔ 月橘
əʔ 黑		uəʔ 活刮骨	
oʔ 郭学北国谷六绿局		uoʔ 霍屋	yoʔ 玉
øʔ 夺			
m 母			
n 儿二			
ŋ 五耳~朵			

说明：

（1）［ø］前拼舌尖前声母时有［ʮ］的过渡音，即［ʮø］。

（2）［ə］［uə］中的［ə］实际发音偏高、偏前，近［ɘ］。

（3）［o］［io］中的［o］舌位偏低。

（4）［ɯ］舌位偏低。

（5）［əu］中的［ə］有时接近过渡音。

（6）［ie］有时发音近［i］或者［iɪ］，如"盐"。

（7）［u］［iu］中的［u］实际发音近［ʊ］。

（8）［yoŋ］发音时起始圆唇不是非常到位，有时候近［ioŋ］。

（9）［ɛʔ］的元音舌位偏后，如"插、闸、鸭、辣"。

（10）［uoʔ］中介音 u 的动程较短，有时候听起来近［oʔ］，如"屋"。

（11）古见系山摄合口三等字的声母读舌根音，韵母有时读［yø］，有时读［ø］，如"权"，老派读［gø³¹］，新派多读［gyø³¹］更明显。

（12）［m］［n］［ŋ］自成音节时，实际上也有紧喉和浊流之分，分别与阴阳调类相配。如"尔你—儿"，本可记为"［ʔn⁴²］—［ɦn³¹］"。

三、声调（6个）

阴平	42	东该灯风通开天春懂古鬼九统苦讨草买老五有后
阳平	31	门龙牛油铜皮糖红动罪近
阴去	55	冻怪半四痛快寸去
阳去	24	卖路硬乱洞地饭树
阴入	5	谷急刻百搭节拍塔切
阳入	2	六麦叶月毒白盒罚

说明：

（1）古清平和清上、次浊上合并，现以阴平调名归之。阴平实际降势稍大。

（2）古浊平和全浊上合并，现以阳平调名归之。阳平调起势时微升近［231］，有时存在调尾持平现象。

（3）有些字发音不太稳定，因快慢和时长不一导致声调略异，如"动—罪""懂—古"，前字音程比后字短，同时显得后字声调末尾下降后有持平现象。

（4）阳去调有时先平后升，或先微降后升，近［224］或［214］。

（5）阳入调实际近［23］。尤其在慢读时，音程不太短促，喉塞尾不太明显。为了便于揭示台州片内部（特别是台州南部）方言之间相对统一的特征，以及与阴入调的对比，故仍采用短调记为［2］。

叁　连读变调

椒江方言两字组的连读变调规律见下表。表中首列为前字本调，首行为后字本调。每一格的第一行是两字组的本调组合；第二行是连读变调，若连读调与单字调相同，则此行空白；第三行为例词。同一两字组若有两种以上的变调，则以横线分隔。具体如下。

椒江方言两字组连读变调表

前字＼后字	阴平 42		阳平 31		阴上 42		阳上 31		阴去 55		阳去 24		阴入 5		阳入 2	
阴平 42	42 35 椒	42 江	42 33 家	31 41 娘	42 33 山	42 水	42 33 兄	31 31 弟	42 33 花	55 菜	42 33 天	24 44 地	42 33 钢	5 笔	42 33 阴	3 2 历

续表

后字 前字	阴平 42		阳平 31		阴上 42		阳上 31		阴去 55		阳去 24		阴入 5		阳入 2	
阳平 31	31 24 梅	42 花	31 媒	31 41 婆	31 22 苹	42 果	31 22 熊	31 抱	31 情	55 况	31 黄	24 44 豆	31 22 时	5 节	31 22 黄	2 历
阴上 42	42 火	42 车	42 53 老	31 31 爷	42 火	42 腿	42 火	31 仗	42 比	55 赛	42 草	24 帽	42 粉	5 笔	42 小	2 学
阳上 31	31 棒	42 冰	31 44 肚	31 脐	31 道	42 理	31 道	31 士	31 被	55 絮	31 部	24 队	31 负	5 责	31 厚	2 薄
阴去 55	55 33 汽	42 车	55 33 算	31 盘	55 33 汽	42 水	55 33 创	31 造	55 33 布	55 帐	55 性	24 44 命	55 33 做	5 法	55 33 泡	2 沫
阳去 24	24 22 电	42 灯	24 22 地	31 球	24 22 胃	42 口	24 22 大	31 棒	24 22 大	55 蒜	24 22 豆	24 44 腐	24 22 办	5 法	24 22 大	2 麦
阴入 5	5 3 菊	42 花	5 恶	31 41 人	5 3 屋	42 顶	5 黑	31 道	5 3 客	55 气	5 3 绰	24 号	5 3 一	5 百	5 3 结	2 局
阳入 2	2 日	42 子	2 别	31 41 人	2 落	42 雨	2 浴	31 桶	2 学	55 费	2 月	24 份	2 落	5 雪	2 玉	2 镯

说明：

（1）阴平在阴平前有时候读［35］。

（2）阳去和阴去在阴平和阳平后的调型实无殊异，因取消了［ɦ］声母，现将阳去调处理为［44]，阴去调记为［5］，以便区别。

肆　异读

一、新老异读

椒江方言的新老异读主要体现在声母和韵母上。

（1）老派有些［n］和［l］不分的字，新派从分的趋势越来越明显。

（2）古见系山摄合口三等字的声母读舌根音，韵母有时读［yø］，有时读［ø］，如"权"，老派读［gø³¹］，新派读［gyø³¹］更明显。

二、文白异读

椒江方言的文白异读现象主要表现在声母、韵母以及声韵兼及上。下文中"/"前为白读，后为文读。

1. 声母

（1）非组

白读声母为双唇音［b］或［m］，文读声母为轻唇音［f］或［v］。这些字大都来源于合口三等的非组，尤以微母居多。

（2）日母

白读声母为鼻辅音［ȵ］或零声母，文读声母为浊擦音［z］或［ʑ］。有的字只有白读音，有的字只有文读音。

2. 韵母

（1）遇合三鱼韵

庄组字白读［ɿ］，文读［əu］，如"梳"，白读音为［ʂɿ⁴²］，文读音则读［səu⁴²］。遇摄部分疑母字也存在文白异读，其白读音是鼻辅音韵母［ŋ］，文读音是元音韵母，如模韵的"吴五伍午"和鱼韵的"鱼渔"的白读音都是［ŋ］，模韵的文读音为［u］，鱼韵的文读音为［y］。见组字的白读韵母是［ie］，文读韵母是［y］，如"锯""渠第三人称单数"。

蟹合三的白读韵母是［ʮ］，精组和知系字文读韵母为［e］，见系字文读韵母为［uə］。

（2）止蟹合三见系

白读韵母为［y］，文读为［uə］。有些字只有白读音，如"鬼季柜 | 桂"；有些字一般只读白读音，仅在正式场合读文读音，如"胃贵~姓 | 鳜"；有些字只有文读音，如"麾挥萎讳委 | 奎"；有些字则存在文白异读。

3. 声母和韵母

（1）假开二

假开二帮组字只有韵母的文白异读，白读韵母为［o］，文读韵母为［a］。见系字的文白异读是声韵皆及，白读声母为舌根音，白读韵母同帮组相同；文读声母为舌面前音，文读韵母为［ia］。但是，一般情况下只读白读音。

（2）止开三日母

白读为鼻辅音韵母，文读的声母和韵母差异很大，反映了文白异读的不同层次。个别字只有一个白读音，如"儿"字；也有的字虽有两个读音，但相较于旧白读层来说是文读音，而相对于新文读层来说又是白读音，比如说"二"字的两个读音就属于这种情况。

伍　小称

儿化、小称性质的语言现象在椒江方言中表现为"变音"。"变音"是相对于"本音"而言的。

从形式构成的角度来分，包括单纯变音型和混合变音型两种。前者是舒声字类，只改变声调，如：鸟 tiɔ⁴²—tiɔ̃⁵¹ | 网 mɔ̃⁴²—mɔ̃⁵¹；后者是入声字类，涉及声调和韵母的双重变化，如：橘 kyeʔ⁵—kyŋ⁵¹ | 粥 tsoʔ⁵—tsoŋ⁵¹。

从变音的规律来分，包括升变音和降变音两种。具体调值上又依声母清浊各自再分高低两类。平声字变为升变音，调值为［35］（清声母）/［24］（浊声母），如"沙箫哥 / 桃橙瓶"；仄声字变为降变音，调值为［51］（清声母）/［41］（浊声母），如"鸟菜雀 / 站佛闸"。

入声韵母与变音韵母具体对照如下：

aʔ—ã	iaʔ—iã		
øʔ—øŋ	iʔ—ie, iɛ, iŋ		yeʔ—yø, yŋ
ɛʔ—ɛ, əŋ		uəʔ—uɛ, uã, uəŋ	
əʔ—əŋ			
oʔ—ɔ̃, oŋ		uoʔ—uɔ̃, oŋ	yoʔ—yoŋ

由于变音是椒江方言的重要特征，很多字单念时最普通的读音往往是变音，而非本音，甚至不知其本音。为了便于本音和变音的比较，以及前后保持一致，因此在老男和青男的单字注音上，仍然按照"本音在前，变音在后"的顺序。个别字日常生活中一般只读变音，如"鱼、卒、姐"，则或在单字音中标注"（无）"，而在备注中补充说明，并保留相应的音视频信息。

陆　其他音变

一、合音

椒江方言中的合音现象主要发生在末尾音节为零声母音节上，涉及助词、否定副词、代词等方面。除了有些否定副词与动词组成的合音比较固定外，其他的合音基本上属于纯粹的连音音变。助词如"爻"，［起爻］合音为 $tɕ^hiɔ^{42}$，［来爻］合音为 $lɔ^{31}$。助词"勿 + 语气词"，否定副词如"勿 + 用"、"弗 + 曾"、"休 + 要"、"弗 + 晓"、"弗 + 会"、"弗 + 好"等都会发生合音现象。

二、同化

同化包括顺同化和逆同化。顺同化主要发生在"鼻音韵尾 + 零声母音节"。与前文"爻"的音变现象相同。这种语言环境中，零声母音节变成了鼻辅音声母开头的音节，如生毛病爻 $sã^{33}mɔ^{22}biŋ^{44}ŋɔ^{0}$ | 冻爻着凉 $toŋ^{55}ŋɔ^{0}$ 中，末尾的 $ŋɔ^{0}$ 是"爻"受前字"病"和"冻"鼻韵尾的顺同化所致。又如：转来年 $tsø^{42}lø^{22}n.ie^{41}$，"来"读 $lø^{22}$ 也是顺同化的结果。

逆同化正好与顺同化相反，指前一个音节或音素受后一个音节或音素的影响的导致的同化现象，如："翼膀"读 $øye?^2pã^{51}$，前字的读音应该就是"翼"字受后字"膀"的逆同化导致的。

三、弱化

语流中弱化的现象包括轻声、轻音、声母弱化、韵母弱化等。可以说声母和韵母的弱化是轻声和轻重音的伴随结果。

第四十二节　黄岩方音

壹　概况

一、调查点

1. 地理人口

黄岩，属于台州市黄岩区，地处浙江黄金海岸线中部。北连临海，南连温岭和乐清，西接永嘉和仙居，东北与椒江毗邻，东南滨海，属浙南中高山区和沿海丘陵平原区。[①] 区域总面积 988 平方公里。

黄岩现辖现辖 5 镇 6 乡 8 街道。[②] 截至 2019 年年底，黄岩区人口总户数 19.67 万，总人口数 61.61 万。主体民族为汉族。

2. 历史沿革

黄岩，因东汉末中国道教名人王远隐居之山顶有黄石而命名为黄岩山而得名。唐上元二年（675）析临海县南始置永宁县，唐武后天授元年（690）改名为黄岩县，属江南道台州。明成化五年（公元 1469），析南部太平、繁昌、方岩 3 乡置太平县（今温岭市）。

1938 年 6 月成立黄岩县人民政府。1956 年 3 月海门直属区（县级）撤销，与黄岩县合并。1980—1984 年先后将原海门、洪家、三甲划入椒江市而成为浙江省第一个县级市。1989 年，撤黄岩县设立黄岩市（县级市）。1994 年，台州地区设市驻于椒江，黄岩撤市设区，并析路桥、桐屿、螺洋等 8 镇 2 乡置路桥区，同为台州市的主体城区之一。[③]

3. 方言分布

黄岩方言属吴语台州片，内部差异很小。黄岩方言以现台州市黄岩区（原黄岩县老城关）为调查点话。

---

① 参见：黄岩区人民政府网，http://www.zjhy.gov.cn/col/col1615824/index.html，2022 年 8 月 18 日获取。
② 《黄岩志》编纂委员会．黄岩志．北京：中华书局，2002：43-44.
③ 浙江省民政厅．浙江省标准地名词典（第一卷）．杭州：浙江人民出版社，2020：355.

4. 地方曲艺

黄岩区内主要口头文化形式有台州乱弹等。台州乱弹早称黄岩乱弹，曾一度面临失传危险，现正传承中。黄岩第一职技校开设了台州乱弹专业，设立台州乱弹剧团，2015 年受邀参加了中央电视台春节联欢晚会的表演。

二、方言发音人

1. 方言老男

董济忠，1955 年 7 月出生于黄岩鼓楼街道，一直在本地生活和工作，职工，现已退休，初中文化程度，说黄岩话和不太标准的普通话。父母均为黄岩老城关人，说黄岩城关话。

2. 方言青男

陈一樨，1993 年 9 月出生于黄岩西城街道，一直在本地生活和工作，教师，本科文化程度，说黄岩话和普通话。父母均为黄岩老城关人，说黄岩城关话。

3. 口头文化发音人

陈信义，男，1954 年 11 月出生于黄岩西城街道，一直在本地生活和工作，文艺工作者，初中文化程度，说黄岩话和普通话。

徐桂妹，女，1962 年 6 月出生于黄岩西城街道，一直在本地生活和工作，职工，现已退休，大专文化程度，说黄岩话和普通话。

周姿含，女，2008 年 2 月出生于黄岩西城街道，一直在温岭生活，学生，初中文化程度，说黄岩话和普通话。

贰　声韵调

一、声母（28 个，包括零声母在内）

| p 八兵 | pʰ 派片 | b 爬病肥 | m 麦明味问 | f 飞风副蜂 | v 饭肥问 |
| t 多东 | tʰ 讨天 | d 甜毒 | n 泥 | | l 老蓝连路脑南 |

ts 资早租争	tsʰ 刺草寸拆	dz 茶		s 丝三酸山	z 字贼祠事
装纸竹	抄初车春			双	床船顺全
tɕ 酒张主九	tɕʰ 清抽轻	dʑ 钱	ȵ 年热软月	ɕ 想手书响	ʑ 谢十城
k 高改	kʰ 开敲	g 权共	ŋ 熬瓦	h 好灰	
Ø 活县安温					
王云用药					

说明：

（1）鼻音、边音和零声母逢阴调类带紧喉[ʔ]，阳调类带浊流[ɦ]。现统一为一套[m][n][ȵ][ŋ][l][Ø]。

（2）[k]组声母在细音前的实际发音部位偏前近舌面中音[c]组。

（3）有些全浊辅音声母发音起始有较明显的清音送气，如"办"字等。

二、韵母（47个，包括自成音节的[m][n][ŋ]）

ɿ 猪师丝试耳木~	i 米戏飞	u 过苦	y 靴雨鬼
ʮ 除			
a 排鞋	ia 写	ua 快	
ɛ 南山	iɛ 肝奸	uɛ 关	
e 赔对	ie 开个饿河盐年肝		
ø 半短		uø 官	yø 权
ɔ 饱宝	iɔ 笑桥		
o 歌个饿河坐茶牙瓦	io 豆走		
ou 多	iu 油		
ã 硬争	iã 响	uã 横	
ɔ̃ 糖床讲双		uɔ̃ 王	
ən 问根灯	in 心深新升病星	uən 滚	yn 云
øn 寸春			
oŋ 东轰			yoŋ 兄用
ɐʔ 百白	iɐʔ 药	uɐʔ 活刮	
eʔ 盒塔鸭法辣八色黑	ieʔ 接十急热七一直锡		yeʔ 月橘
øʔ 出			

oʔ 托郭学北国谷六绿		uoʔ 骨　　　yoʔ 玉褥局
m 呒		
n 儿二		
ŋ 五耳~朵		

说明：

（1）［a］［ia］［ua］中的［a］舌位偏后。

（2）［ie］中主要元音偏高，有时近［iɪ］。

（3）［io］中［i］受［o］的逆同化影响而常有圆唇色彩。

（4）［uø］中主要元音［ø］圆唇不太明显，有时近［ue］，如"灰、位"。

（5）［m］［n］［ŋ］自成音节时，实际上也有浊流和紧喉之分，现一律处理为零声母。

（6）［uən］中主要元音［ə］舌位偏前。

（7）［əʔ］发音时有时候元音开口度略大，介于［ə］和［ɛ］之间。

（8）［oʔ］中［o］实际上介于［o］与［ɔ］之间。

（9）前鼻音有时接近鼻化音甚至后鼻音，［in］［ən］有时尤为明显。

三、声调（7个）

阴平	32	东该灯风通开天春
阳平	121	门龙牛油铜皮糖红动罪近
阴上	42	懂古鬼九统苦讨草买老五有后
阴去	55	冻怪半四痛快寸去
阳去	24	卖路硬乱洞地饭树
阴入	5	谷百搭节急哭拍塔切刻
阳入	2	六麦叶月毒白盒罚

说明：

（1）阴平有时调尾不下降，近平调［33］。

（2）阳平一般起势微升，变体有［231］或［131］。有时调型较平近［22］。阳平调值不太稳定，变体较多。词汇部分（或语流中）多读降调。

（3）阴上有时起点稍高近［52］，有时终点较低近［41］。

（4）阴去实际调值略低。

（5）阳入调实际调值微升近［12］或［23］，音程不太短促，喉塞尾不太明显，慢读时更明显。为了便于揭示台州片内部（特别是台州南部）方言之间的相对统一的特征，以及与阴入调的对比，故仍采用短调记之，调值折中为［2］。

叁　连读变调

黄岩方言两字组的连读变调规律见下表。表中首列为前字本调，首行为后字本调。每一格的第一行是两字组的本调组合；第二行是连读变调，若连读调与单字调相同，则此行空白；第三行为例词。同一两字组若有两种以上的变调，则以横线分隔。具体如下。

黄岩方言两字组连读变调表

前字＼后字	阴平 32	阳平 121	阴上 42	阳上 121	阴去 55	阳去 24	阴入 5	阳入 2
阴平 32	32　32 35 猪　公	32　121 35　41 清　明	32　42 33 风　水	32　121 33 兄　弟	32　55 33 冬　至	32　24 33　44 杉　树	32　5 33 钢　笔	32　2 33 山　药
阳平 121	121　32 24 胡　须	121　121 13　41 洋　油	121　42 13 牙　齿	121　121 13　121 洋　皂	121　55 13 油　菜	121　24 13　44 牌　位	121　5 13 人　客	121　2 13 农　历
阴上 42	42　32 42 火　车	42　121 55　41 杏　梅	42　42 55　41 冷　水	42　121 55　41 改　造	42　55 53 韭　菜	42　24 44 草　帽	42　5 小　雪	42　2 古　历
阳上 121	121　32 44 棒　冰	121　121 44　41 肚　脐	121　42 44 动　手	121　121 44 道　士	121　55 44 被　絮	121　24 44　44 像　话	121　5 44 负　责	121　2 44 市　日
阴去 55	55　32 33 汽　车	55　55 33　121 算　盘	55　42 33　53 汽　水	55　121 55　31 壅　桶	55　55 33 布　帐	55　24 33　44 做　寿	55　5 33 裤　脚	55　2 33 泡　沫
阳去 24	24　32 13 电　灯	24　121 13 芋　头	24　42 13 大　小	24　121 13 大　稻	24　55 13 面　相	24　24 13　44 雾　露	24　5 13 大　雪	24　2 13 大　麦
阴入 5	5　32 3 国　家	5　121 41 恶　人	5　42 3 结　果	5　121 3 割　稻	5　55 3 一　世	5　24 3 柏　树	5　5 3 一　百	5　2 3 结　局
阳入 2	2　32 石　灰	2　121 41 活　人	2　42 落　雨	2　121 拔　肚	2　55 学　费	2　24 24　22 绿　豆	2　5 蜡　烛	2　2 玉　镯

说明：

（1）连读变调在快读时比慢读时更容易产生变化。快读时前字常变升调。例如：阴平在阳平前有时读升调，如"猪雄、猪栏"，但上升程度不一。

（2）阴平、阴上在上声（阴上、阳上）和去声（阴去、阳去）后有相混的趋势，确切地说，是阴平向阴上靠拢，降调更明显。

（3）阴去在平声和上声调前实际发音比单字调〔55〕时略低。

肆　异读

一、新老异读

黄岩方言新老异读现象主要表现在以下三个方面。

（1）声调。新派的阳平声调已明显读降调，记为〔31〕。老派尚能区分的阴平和阴上在新派音系中已彻底合并。

（2）声母。有些老男读舌尖前音的字，青男已经腭化，如"书住"等青男均读〔tɕ〕组声母，并且韵母同时由舌尖元音变为舌面元音〔y〕。新派读浊声母时有清化现象，如"晚"。老年读〔l〕的字，青年很多读〔n〕，如"闹脑"。

（3）韵母。新派发〔ue〕时〔e〕介于〔e〕和〔ø〕之间；〔ɔ〕前稍有时有过渡音〔u〕和动程，类似〔ᵘɔ〕或〔°ɔ〕。

二、文白异读

黄岩方言的文白异读现象主要表现在声母、韵母以及声韵兼及三个方面。下文中"／"前为白读，后为文读。

1. 声母

（1）非组

白读声母为双唇音〔b〕或〔m〕，文读声母为轻唇音〔f〕或〔v〕。这些字大都来源于合口三等的非组，特别是微母居多，如"肥味"等。

（2）日母

白读声母为鼻辅音〔n̠〕，文读声母为浊擦音〔ʑ〕。如"让"。

（3）匣母

匣母字很多字的白读声母为舌根或舌面声母，文读声母则为零声母。例如：流开一侯韵匣母的"厚"字白读音为[dʑio¹²¹]，文读音为[io⁴²]。蟹合一泰韵匣母的"绘"字白读音为[kuø⁵⁵]，文读音[uø²²]。

2. 韵母

（1）果摄

果摄的文白异读比较复杂。"大、拖"等字的白读韵母为[əu]，文读韵母为[a]。"个、饿、河"的文读韵母为[o]，白读韵母分别为[ie]（"个、饿"）或[e]（"河"）。

（2）假摄

假开二帮组字白读韵母为[o]，文读韵母为[a]，如"把、马"。

（3）遇摄鱼韵

遇摄部分疑母字也存在文白异读，它们的白读音是鼻辅音韵母[ŋ]，文读音是元音韵母，如模韵的"吴、五、伍、午"和鱼韵的"鱼、渔"的白读音都是[ŋ]，模韵的文读音为[u]，鱼韵的文读音为[y]。见组字的白读韵母是[ie]，文读韵母是[y]，如"锯、去、渠第三人称单数"。

（4）咸开一覃韵

咸开一覃韵文读韵母为[ε]，白读韵母读[əŋ]，如端系"潭"；或者读[ie]，如匣影母字"含、暗"。

（5）止蟹合三见系

白读韵母为[y]，文读为[uø]，如"规"。

3. 母和韵母

主要在假摄上。假开二见系字的白读声母为舌根音，白读韵母同帮组相同；文读声母为舌面前音，文读韵母为[ia]。但是，一般情况下只读白读音。

伍　小称

儿化、小称性质的语言现象在黄岩方言中叫"变音"。"变音"是相对于"本音"而言的。

从形式构成的角度来分，包括单纯变音型和混合变音型两种。前者涉及舒声字类，只改变声调，如：锣 lou^{22}—lou^{24} | 鸡 tɕi^{32}—tɕi^{35}；后者是入声字类，有些涉及声调和韵母的双重变化，如：橘 kyeʔ^5—kyn^{53} | 粥 tsoʔ^5—tsoŋ^{53}。

从变音的规律来分，包括升变音和降变音两种。具体调值上又依声母清浊各自再分高低两类。平声字变为升变音，调值为［35］（清声母）/［24］（浊声母），如"箫［35］/桃［24］"；仄声字变为降变音，调值为［53］（清声母）/［41］（浊声母），如"鸟/桶"等，分别与阴上和阳上同调。

入声韵母与变音韵母具体对照如下：

ɐʔ—ã	iɐʔ—iã	uɐʔ—ɜu, uã, uəŋ	
øʔ—øŋ	ieʔ—ie, iɛ, iŋ		yeʔ—yø, yŋ
əʔ—ɛ, əŋ			
oʔ—õ, oŋ		uoʔ—uõ, oŋ	yoʔ—yoŋ

由于变音是黄岩方言的重要特征，因此很多字单念时最普通的读音往往是变音，而非本音，甚至不知道本音是什么。为了便于本音和变音的比较，以及前后保持一致，在老男和青男的单字注音上，仍然按照"本音在前，变音在后"的顺序。

第四十三节　温岭方音

壹　概况

一、调查点

1. 地理人口

温岭，地处浙江东南沿海，介于宁波和温州之间。三面环海，东濒东海，南接玉环，西邻乐清，北界台州市黄岩区、路桥区。陆域面积 926 平方公里，海岸线长 317 公里[①]。

温岭市现辖 5 个街道、11 个镇、97 个社区（居委会）、830 个行政村，人口总数为台州市九个县（市、区）之最，也是全国人口密度最高的县市之一。截至 2016 年年底，温岭市人口总户数 41.19 万，总人口数 121.53 万。

2. 历史沿革

温岭，秦时属闽中郡。成化五年（公元 1469），析黄岩南方岩、太平、繁昌三乡、管都二十一置太平县，治太平乡，因境内有太平山而得名。至乾隆六十年（1795），邑境经多次更替后较前稍展。1914 年，因与山西、安徽、四川等省太平县同名，故取县西温峤岭之别称"温岭"为县名，沿用至今。[②]1994 年 2 月，经国务院批准，撤县设市。[③]

3. 方言分布

李荣先生在《温岭方言语音分析》（1966）一文中曾提及"温岭方言内部略有差别"。《温岭县志》"方言章"中也提到"温岭话内部略有差异"。《大溪镇志》中介绍大溪方言"属吴语区台州南部方言片。语音、词汇、句法均与温岭城区基本相同，少数如走、头、蕃、踝等语音略为不同"[④]。可见，已有的研究虽都提及温

---

①　参见：温岭市人民政府网，http://www.wl.gov.cn/col/col1544465/index.html，2022 年 8 月 7 日获取。
②　温岭县志编纂委员会. 温岭县志. 杭州：浙江人民出版社，1992：1
③　温岭市地方志编纂委员会. 温岭市志（1988—2007）. 北京：中华书局，2018：4.
④　大溪镇志编纂委员会. 大溪镇志. 北京：中国文史出版社，2007：721.

岭方言内部差异的存在，但都认为这种差别是很小的。温岭民间对内部差异的感性认识可能比文献记录要强烈些。特别是与黄岩、路桥接壤的泽国镇，新河镇北部的背闸、东合、城北村等，都被认为带有典型的"黄岩腔"。此外，温岭石塘存在一个闽南方言岛——箬山话。

4. 地方曲艺

温岭地方曲艺主要有：（1）温岭滩簧，流传于太平街道和温峤；（2）温岭道情，流传于箬横、新河；（3）洒尺（调），流传于新河、温峤；（4）洞房经，流传于滨海。

二、方言发音人

1. 方言老男

王根土，1946年10月出生于温岭老城关，一直在本地生活和工作，记者，现已退休，初中文化程度，说温岭话和不太标准的普通话。父母均为温岭城关人，说温岭城关话。

2. 方言青男

李靖，1978年1月出生于温岭老城关，一直在本地生活和工作，工商业者，本科文化程度，说温岭话和普通话。父母均为温岭城关人，说温岭城关话。

3. 口头文化发音人

金明才，男，1944年11月出生于温岭老城关，一直在本地生活和工作，文艺工作者，初中文化程度，说温岭话和不太标准的普通话。

阮素琴，女，1971年3月出生于温岭老城关，一直在本地生活和工作，文艺工作者，高中文化程度，说温岭话和普通话。

应光远，男，1939年2月出生于温岭滨海镇，一直在温岭生活，文艺工作者，小学文化程度，说温岭话和不太标准的普通话。

王云兵，男，1972年3月出生于温岭滨海镇，一直在温岭生活，工商业者，初中文化程度，说温岭话和不太标准的普通话。

王霞，女，1986年7月出生于温岭老城关，一直在本地生活和工作，教师，大专文化程度，说温岭话和普通话。

贰　声韵调

一、声母（28个，包括零声母在内）

p 八兵　　　　pʰ 派片　　　　b 爬病肥　　m 麦明味问　　f 飞风副蜂　　v 饭肥问
t 多东　　　　tʰ 讨天　　　　d 甜毒　　　n 脑南泥　　　　　　　　　　l 老蓝连路
ts 资早租　　　tsʰ 刺草寸拆　　dz 茶　　　　　　　　　　　s 丝三酸山　　z 字贼坐祠
　 争装纸　　　　 抄初车　　　　　　　　　　　　　　　　　　　　　　　 事床
tɕ 酒张竹　　　tɕʰ 清抽春轻　　dʑ 钱共　　ȵ 年热软月　　ɕ 想手书双响　　ʑ 谢十城船
　 主九　　　　　　　　　　　　　　　　　　　　　　　　　　　　　　　 顺全
k 高改　　　　kʰ 开敲　　　　g 权　　　　ŋ 熬瓦　　　　h 好灰
Ø 活县安温
　 王云用药

说明：

（1）鼻音、边音和零声母逢阴调类带紧喉［ʔ］，阳调类带浊流［ɦ］。现统一为一套［m］［n］［ȵ］［ŋ］［l］［Ø］。

（2）细音前的［k］组声母的实际发音部位偏前。

（3）［tɕ］组声母发音时，舌面与硬腭接触的面积比普通话中的舌面前音多一些。

二、韵母（51个，包括自成音节的［m］［n］［ŋ］在内）

ɿ 猪师丝试耳木～　　i 米戏飞　　　　　u 过苦　　　　　　y 靴雨鬼
a 排鞋　　　　　　ia 写　　　　　　　ua 快
ɛ 南山　　　　　　iɛ 肝奸　　　　　　uɛ 关
e 赔对　　　　　　ie 开盐年肝　　　　ue 官
ø 半短　　　　　　　　　　　　　　　　　　　　　　　　　yø 权
ɔ 饱宝　　　　　　iɔ 笑桥
o 坐茶牙瓦
ɤ 豆走　　　　　　iɤ 狗

ɯ 歌　　　　　　　　iu 油

ã 硬争　　　　　　　iã 响　　　　　　　uã 横

ɔ̃ 糖床讲　　　　　　iɔ̃ 双　　　　　　　uɔ̃ 王

ən 问　　　　　　　　　　　　　　　　　uən 滚

　　　　　　　　　　in 心深新升病星　　　　　　　　　　yn 春云

øn 南寸

əŋ 根灯

　　　　　　　　　　　　　　　　　　uŋ 东　　　　　　yuŋ 兄用

　　　　　　　　　　iʔ 接十急热七一直锡　　　　　　　yʔ 月出橘

aʔ 百　　　　　　　　iaʔ 药

əʔ 盒塔鸭法辣八色白　　iəʔ 甲　　　　　　　uəʔ 活刮

øʔ 夺

oʔ 托壳学北六绿　　　　　　　　　　　uoʔ 骨郭国谷　　yoʔ 局

ɤʔ 黑

m̩ 母

n̩ 儿二

ŋ̍ 五耳~朵

说明：

（1）[e]在[ɪ]和[e]之间。

（2）个别字音的韵母有时近[ɛʔ]，如"白、八"，现统一为[əʔ]。

（3）有些字音的单韵母[u]前有过渡音[ə]，甚至就读成复韵母[əu]。如词汇部分中"露水"的"露"。

（4）[iʔ]有时近[ieʔ]或[iɪʔ]。

（5）[yʔ]有时近[yeʔ]或[yɪʔ]。

（6）[iu]中的[u]介于[u]和[ɯ]之间。

（7）[iɔ̃]有时发成[yɔ̃]，特别在词汇和实际口语中。新派已变化为[yɔ̃]。

（8）前鼻韵尾在语流中有时近鼻化音。

三、声调（7个）

| 阴平 | 33 | 东该灯风通开天春 |

阳平	31	门龙牛油铜皮糖红动罪近
阴上	42	懂古鬼九统苦讨草买老五有后
阴去	55	冻怪半四痛快寸去
阳去	13	卖路硬乱洞地饭树
阴入	5	谷百搭节急哭拍塔切刻
阳入	2	六麦叶月毒白盒罚

说明：

（1）阳平和阳上合并，现用阳平调名。

（2）阳平起始处略有微升，实际调值近［231］。

（3）阴上有时起点略高。

（4）阴去的实际调值不到［55］，近［44］。

（5）阳入调有时读得并不短促，近［23］。

叁　连读变调

　　温岭方言有七个单字调和两个变音变调。古浊平和全浊上在今单字调中已合而为一，但在连续变调中却为调类复原，呈现出分立的状态。温岭方言两字组的连读变调规律见下表。表中首列为前字本调，首行为后字本调。每一格的第一行是两字组的本调组合；第二行是连读变调，若连读调与单字调相同，则此行空白；第三行为例词。同一两字组若有两种以上的变调，则以横线分隔。具体如下。

温岭方言两字组连读变调表

前字＼后字	阴平 33		阳平 31		阴上 42		阳上 31		阴去 55		阳去 13		阴入 5		阳入 2	
阴平 33	33 55 花	33 31 灯	33 35 亲	31 41 人	33 清	42 爽	33 香	31 皂	33 35 心	55 痛	33 35 新	13 44 旧	33 方	5 法	33 猪	2 肉
阳平 31	33 24 头	31 花	31 24 头	31 41 绳	31 13 糖	42 梗	31 13 洋	31 皂	31 13 长	55 线	31 13 长	13 44 命	31 13 成	5 绩	31 13 成	2 熟
阴上 42	42 滚	33 汤	42 55 纺	31 绸	42 省	42 长	42 小	31 道	42 宝	55 贝	42 保	13 佑	42 请	5 客	42 走	2 读

续表

后字 前字	阴平 33		阳平 31		阴上 42		阳上 31		阴去 55		阳去 13		阴入 5		阳入 2	
阳上 31	31 坐	33 输	31 44 坐	31 赢	31 道	42 理	31 道	31 士	31 被	55 絮	31 被	13 面	31 稻	5 谷	31 稻	2 麦
阴去 55	55 33 汽	33 车	55 33 气	31 球	55 33 汽	55 42 水	55 33 气	31 道	55 布	55 票	55 35 布	55 44 袋	55 33 气	5 血	55 33 布	2 幕
阳去 13	13 电	33 工	13 地	31 球	13 顺	42 手	13 夜	31 市	13 电	55 线	13 地	13 44 面	13 面	5 积	13 大	2 麦
阴入 5	5 3 恶	33 心	5 恶	31 41 人	5 3 黑	42 米	5 3 黑	31 市	5 3 黑	55 店	5 3 出	13 面	5 3 出	5 血	5 3 黑	2 白
阳入 2	2 月	33 光	2 日	31 41 头	2 白	42 酒	2 落	31 市	2 学	55 费	2 活	13 命	2 落	5 雨	2 毒	2 药

说明：

（1）阴平在阴平和阳平后，有时保持平调[33]，特别是在慢读的时候。

（2）阴上作后字时，有时候实际调值的起点略低，接近[31]。

肆 异读

一、新老异读

温岭方言的新老异读主要体现在以下方面：老派[n][ŋ]自成音节时形成对立，新派已无对立，基本上合并为[ŋ]。

温岭方言内部新、老派的语音差异与地域差异一样，有的属于单项型差异，有的属于地域、年龄、性别等多项型差异。新老派之间在声调上无甚区别，在声母上的差异只是出现在臻摄合口的来母字上，"论仑伦沦轮"等字，老派读音与泥母相混为[n]声母，新派则受普通话的影响读边音[l]声母。除此以外，新老派之间的的显著差异主要表现在韵母以及与韵母拼合相关的个别声母上。如：[ɯ]和[iɯ]韵母；合口呼韵母[u][uø][uo]；鼻韵母类型；入声韵的分合。

二、文白异读

温岭方言的文白异读现象主要表现在声母、韵母以及声韵兼及方面。下文中"／"前为白读，后为文读。

1. 声母

（1）非组

白读声母为双唇音［b］或［ʔm］／［m］，文读声母为轻唇音［f］或［v］。这些字大都来源于合口三等的非组，特别是微母居多。

（2）日母

白读声母为鼻辅音［ȵ］，文读声母为浊擦音［ʑ］。有的字只有白读音，有的字只有文读音。有些字的文白异读有别于一般的日母字，如"润闰"二字音韵地位完全相同，但"润"字的白读音是［yn¹³］，文读音是［ʑyn¹³］，而"闰"则只有白读音［yn¹³］。

2. 韵母

（1）遇合三鱼韵

庄组字白读［ɿ］，文读［u］，如"梳"，温岭方言的白读音为［sɿ³³］，文读音为［su³³］。遇摄部分疑母字也存在文白异读，它们的白读音是鼻辅音韵母［ŋ］，文读音是元音韵母，如模韵的"吴、五伍午"和鱼韵的"鱼渔"的白读音都是［ŋ］，模韵的文读音为［u］，鱼韵的文读音为［y］。见组字的白读韵母是［ie］，文读韵母是［y］。如：锯、渠第三人称单数。

蟹合三的白读韵母是［y］，精组和知系字文读韵母为［e］，见系字文读韵母为［ue］，如：脆，白读［tɕʰy⁵⁵］物事~爻：东西因时间久而枯朽，文读为［tsʰe⁵⁵］清~。止合三的白读韵母与蟹合三相同，文读音有差异。止合三的文读音只出现在牙音上，读音与蟹合三同为［ue］，如：蟹合三的"桂卫"、止合三的"规毁位"等。

（2）咸开一覃韵

白读韵母为［øn］，文读韵母为［ɛ］。绝大部分咸开一覃韵字都只有文读音，只有少数白读音出现在温岭地名或老派口语中。

（3）止蟹合三见系

白读韵母为［y］，文读为［uø］或［ue］。有些字只有白读音，如"鬼季柜｜桂"等；有些字一般只读白读音，仅在正式场合读书面语音，如"胃贵~姓｜鳜"；有些字只有文读音，如"麾挥萎讳委｜奎"等；有些字则存在文白异读，例如：

例字	白读	文读
辉	［hy³³］光～	［huø³³］人名；光～
毁	［hy⁴²］	［huø⁴²］
伟	［y⁴²］～大	［uø⁴²］人名
危	［y³¹］安～	［uø³¹］～险
纬	［hy³³］经～线	［uø¹³］～度
魏	［n̠y¹³］古代人名	［uø¹³］～国
卫	［y¹³］～生	［uø¹³］保～｜～生｜保家～国
惠｜慧	［y¹³］	［uø¹³］

3. 声母和韵母

（1）假开二

假开二帮组字只有韵母的文白异读，白读韵母为［o］，文读韵母为［a］。见系字的文白异读是声韵皆及，白读声母为舌根音，白读韵母同帮组相同；文读声母为舌面前音，文读韵母为［ia］。但是，一般情况下只读白读音。

（2）止开三日母

白读为鼻辅音韵母，文读的声母和韵母差异很大，反映了文白异读的不同层次。个别字只有一个白读音的，如"儿"字；也有的字虽然有两个读音，但相比于旧白读层来说是文读音，而相对于新文读层次来说又是白读音，比如说"二"字的两个读音就属于这种情况。

伍　小称

本文所谓的小称音在李荣先生《温岭方言的变音》一文中，被称为"变音"，这是相对于"本音"而言的。温岭方言小称音特征和变化规律的描写基本参照李荣先生的《温岭方言的变音》。

从形式构成的角度来分，包括单纯变音型和混合变音型两种。前者只改变声调，主要发生在那些非入声的、有实在意义的词根字上，如：猫 mɔ³³—mɔ¹⁵，鸟 tiɔ⁴²—tiɔ⁵¹；后者涉及声调或声调和韵母的双重变化，主要有"词缀 + 变音"和"鼻尾、鼻化音 + 变音"，如：橘 kyʔ⁵—kyn⁵¹。

从变音的规律来分，包括升变音和降变音两种。由于取消了［ɦ］，因此变音在具体调值上又依声母清浊各自再分高低两类。平声字变为升变音，如"梨桃箫哥"等，调值为［15］（清声母）/［24］（浊声母），如"妖［15］/瑶［24］"等；仄声字变为降变音，如"鸟菜站雀"，调值为［51］（清声母）/［41］（浊声母），如"盏［51］/站［41］"。

入声字读变音时，韵母变得和舒声字一样了。温岭话十二个入声韵母变成了十九个舒声韵，［aʔ］［øʔ］［ɤʔ］［iaʔ］［iəʔ］五个韵母，变成［ã］［øn］［əŋ］［iã］［iɛ］，［iʔ］［yʔ］［əʔ］［oʔ］［uoʔ］［yoʔ］六个韵母则一分为二，分别变成［ie in］［yø yn］［ɛ ən］［õ uŋ］［uõ uŋ］［iõ yuŋ］，而［uəʔ］有三个变音［uã］［uɛ］［uən］。这二十个韵母中，有个重复韵母［uŋ］。入声韵母与变音韵母具体对照如下。

aʔ—ã	iaʔ—iã		
øʔ—øn	iʔ—ie, in		yʔ—yø, yn
əʔ—ɛ, ən	iəʔ—iɛ	uəʔ—uɛ, uã, uən	
ɤʔ—əŋ			
oʔ—õ, uŋ		uoʔ—uõ, uŋ	yoʔ—iõ, yuŋ

由于变音是温岭方言的重要特征，因此很多字单念时最普通的读音往往是变音，而非本音，甚至不知道本音是什么。为了便于本音和变音的比较，以及前后保持一致，因此在老男和青男的单字注音上，仍然按照"本音在前，变音在后"的顺序。个别字日常生活中一般只读变音，如"鸽、夹夹子"，那就不注本音，或在单字音中标注"（无）"，而在备注中补充说明，并保留相应的音视频信息。

陆　其他音变

一、合音

温岭方言中的合音现象主要发生在末尾音节为零声母音节上，涉及助词、否定副词、代词等方面。除了有些否定副词与动词组成的合音比较固定外，其他的合音基本上属于纯粹的连音音变。助词如"爻""勿 + 语气词"；否定副词如"勿 + 用""弗 + 曾""休 + 要""弗 + 晓""弗 + 会""弗 + 好"；代词如第三人称单数前加"拨给"和"搭让；和；给"时，都会发生合音现象。

二、同化

包括顺同化和逆同化。顺同化主要发生在"鼻音韵尾 + 零声母音节"上。与前文"爻"的音变现象相同。这种语言环境中，零声母音节变成了鼻辅音声母开头的音节，如：中央［tɕyuŋ$^{33-55}$iã$^{33-31}$］，后字"央"顺同化为［n̠iã$^{33-31}$］。有时候后字读阴平并不变调。又如：同学［duŋ$^{31-13}$oʔ^{2}］，后字"学"顺同化为［ŋoʔ^{2}］。

逆同化正好与顺同化相反，指前一个音节或音素受后一个音节或音素的影响的导致的同化现象。

三、弱化

语流中弱化的现象包括轻声、轻音、声母弱化、韵母弱化等。可以说声母和韵母的弱化是轻声和轻重音的伴随结果。

温岭方言的轻声四个特点：字音的时间缩短、字调的音程变窄、失去固有调形或固有调形未详、有时候有声韵的变化。如：五斤 ≠ 五经，十斤 ≠ 席经。差别就在于量词"斤"字的音略短。除了量词"斤"字的音长略短外，还有一些伴随的音变现象，那就是"五斤"中前字"五"读成降变音［51］，后字"斤"就相对读轻音；"十斤"中后字"斤"则读降变音。

第四十四节　仙居方音

壹　概况

一、调查点

1. 地理人口

仙居县隶属浙江省台州市。地处浙江东南、台州西部，为浙江省台州地区海门港腹地。东连临海、黄岩，南接永嘉，西邻缙云，北与磐安、天台分界，东西长 63.6 公里，南北宽 57.6 公里，全县总面积为 2000 平方公里。下辖 3 街道 7 镇 10 乡，分别是：福应街道、安洲街道、南峰街道，横溪镇、白塔镇、田市镇、官路镇、下各镇、朱溪镇、埠头镇，上张乡、安岭乡、溪港乡、湫山乡、皤滩乡、淡竹乡、步路乡、广度乡、大战乡、双庙乡。[1] 截至 2019 年年底，全县共有 14.41 万户，总人口 51.96 万。[2] 绝大多数为汉族人口。

2. 历史沿革

东晋穆帝永和三年（347），仙居立县，名乐安。隋、唐间几经废置，至吴越宝正五年（930），改名永安。宋时，仙居是国内著名的宗教圣地之一。宋真宗以其"洞天名山屏蔽周卫，而多神仙之宅"，诏改今名。[3]

3. 方言分布

仙居境内的方言主要为仙居话，属吴语台州片。境内方言可分东、中、西三小片：中片以县城为为代表，分布最广；东片以下各镇为代表，带临海口音；西片以湫山乡为代表，带缙云口音。

① 仙居县人民政府网，http://www.zjxj.gov.cn/col/col1562632/index.html，2022 年 8 月 11 日获取。
② 参见：《2020 年浙江统计年鉴》，http://tjj.zj.gov.cn/col/col1525563/index.html，2022 年 8 月 11 日获取。
③ 仙居县志编纂委员会. 仙居县志. 杭州：浙江人民出版社，1987：1-2.

4. 地方曲艺

本地流行越剧。越剧为中国五大戏曲剧种（京剧、越剧、黄梅戏、评剧、豫剧）之一，发源于浙江省嵊县（今绍兴嵊州市），曾称小歌班、的笃班、绍兴戏剧、绍兴文戏等，主要流行于浙江、上海、江苏、福建、江西、安徽等广大南方地区，以及北京、天津等北方地区。[①]越剧长于抒情，以唱为主，声音优美动听，表演真切动人，唯美典雅，极具江南灵秀之气，剧目多以"才子佳人"题材为主，艺术流派纷呈。

二、方言发音人

1. 方言老男

张真弟，1956 年 9 月出生于仙居城关镇，一直在本地生活和工作，农民，初中文化程度，说仙居城关话和不太标准的普通话。父亲是仙居城关镇人，说仙居城关话，母亲是金华市磐安县维新乡人，说仙居话（与仙居城关口音基本一致）。

2. 方言青男

王均吉，1987 年 11 月出生于仙居三桥乡，主要在本地生活和工作，工商业者，大专文化程度，说仙居话和普通话。父母均为仙居石卡村人，说仙居话和不太标准的普通话。

3. 口头文化发音人

吴建设，男，1967 年 2 月出生于仙居上张乡，教师，大专文化程度，说仙居话和普通话。

王燕青，女，1955 年 10 月出生于仙居东门街，教师，中专文化程度，说仙居话和普通话。

吴云香，女，1936 年 4 月出生于仙居官路镇，农民，文盲，说仙居话。

---

① 钱宏. 中国越剧大典. 杭州：浙江文艺出版社，2006：1-2.

贰　声韵调

一、声母（32个，包括零声母在内）

ɓ 八兵	pʰ 派片	b 爬病肥	m 麦明味问	f 飞风副蜂	v 肥饭
ɗ 多东方位	tʰ 讨天春	d 甜毒	n 脑南东~西		l 老蓝连路
ts 早租争装纸	tsʰ 刺草清抽拆初	dz 茶迟择		s 丝三酸山	z 坐祠床船十
tɕ 酒张竹主九	tɕʰ 清抽轻	dʑ 桥近柱共	ȵ 年泥热软月	ɕ 想双手书响	ʑ 谢顺城
c 敢贵根	cʰ 区缺肯	ɟ 跪权群	ç 血黑		
k 高狗官	kʰ 开苦客	ɡ 厚共	ŋ 熬硬	h 好灰	
∅ 安温王云用药					

说明：

（1）[ɓ][ɗ]声母有时读作[p][t]。

（2）[f]声母摩擦较重。

（3）[tʰ]声母拼齐齿韵时，常带舌面色彩，近[ȶ]。

（4）[ts]组声母舌位一般略后，与[u]韵相拼时除外。

（5）[ȵ]声母拼撮口韵时舌位略后，近[ɲ]。

（6）[h]声母发音部位较前。

二、韵母（41个，包括自成音节的[m̩][ŋ̍]在内）

ɿ 猪师丝试	i 写米戏二飞	u 过苦	y 靴雨鬼
a 排鞋山	ia 响痒	ua 快官	ya 斜抓
æ 开赔对		uæ 灰回	
	ie 盐年		
o 歌坐茶牙瓦			
ø 南半短			yø 权远

ɐɯ 宝饱　　　　　　iɐɯ 笑桥

əɯ 豆走　　　　　　iəɯ 手油

ã 硬争　　　　　　　　　　　　　uã 梗横~竖

ɑ̃ 糖床讲　　　　　　　　　　　　uɑ̃ 光王　　　　yã 撞双

en 心深新寸　　　　in 根灯升病星　uen 滚温　　　yen 春云

oŋ 公风　　　　　　ioŋ 兄用

aʔ 盒白　　　　　　iaʔ 接贴热节

ɑʔ 塔鸭法八托壳学　　　　　　　　uɑʔ 活刮　　　yɑʔ 月药

əʔ 十七北色　　　　iəʔ 急一直尺锡　uəʔ 骨郭国谷六绿　yəʔ 橘菊

　　　　　　　　　　　　　　　　　　　　　　　yoʔ 出局

m 母老丈~

ŋ 五二

说明：

（1）［y］韵字偶尔读作［ᶴy］。

（2）［a］［ia］［ua］［ya］四韵中的［a］舌位略后，近［ᴀ］。

（3）［æ］韵多有动程，实际音值为［æɛ］。

（4）［ie］韵中的［e］舌位略低，实际音值为［ɛ］。

（5）［o］韵唇形由圆变展，舌位由高变低。

（6）［ø］韵唇形较展，舌位较低，近［œ］。

（7）［əɯ］［iəɯ］二韵中的［ə］舌位较前、较高，唇形较圆；［ɯ］舌位较前，唇形较圆。［iəɯ］韵中的［ə］不太明显。

（8）［ã］［uã］二韵带有不太明显的［ŋ］尾；［ã uã］二韵中的［a］舌位略后，近［ᴀ］。

（9）［ɑ̃］［uɑ̃］［yã］［ɑʔ］四韵中的［ɑ］舌位较高，且带有圆唇色彩。

（10）［en］［uen］［yen］三韵中的［e］舌位较高，近［ɪ］。［yen］韵中的［n］有时很不明显。

（11）［oŋ］［ioŋ］二韵中的［o］带有鼻化色彩。

（12）［aʔ］［iaʔ］二韵中的［a］舌位略高略后，近［ɐ］。

（13）［iəʔ］韵中的［ə］舌位较高、较前；［uəʔ］韵中的［ə］舌位较后，且带有圆唇色彩，［uəʔ］韵中的［u］往往不太明显（与［k］组声母或零声母相拼时除外）；［yəʔ］韵中的［ə］舌位较前，且带有圆唇色彩。

（14）［ŋ］作韵尾或自成音节时，舌位一般较前，但［oŋ］［ioŋ］二韵除外。

（15）合口韵、撮口韵唇形一般都较展。

三、声调（7个）

阴平	334	东该灯风通开天春
阳平	213	门龙牛油铜皮糖红动罪近
上声	324	懂古鬼九统苦讨草马买老有后
阴去	55	冻怪半四痛快寸去
阳去	24	卖路硬乱洞地饭树
阴入	5	谷搭节急哭拍塔切刻
阳入	23	六麦叶月毒白盒罚

说明：

（1）阴平［334］前头有时略降，但降幅不到一度。

（2）阳平［213］有时降得不太明显，有时则升得不太明显。

（3）上声［324］有时终点和起点一样高，近［323］或［434］。

（4）阳去［24］略低，近［13］。

（5）阴入［5］为短促调，较低，近［4］。

（6）阳入［23］为短促调。

叁　连读变调

一、两字组连读变调表

仙居方言两字组的连读变调规律见下表。表中首列为前字本调，首行为后字本调。每一格的第一行是两字组的本调组合；第二行是连读变调，若连读调与单字调相同，则此行空白；第三行为例词。同一两字组若有两种以上的变调，则以横线分隔。具体如下。

仙居方言两字组连读变调表

前字＼后字	阴平 334	阳平 213	上声 324	阴去 55	阳去 24	阴入 5	阳入 23
阴平 334	334 334 33 霜 冰 334 334 33　53 中 央	334 213 53　0 清 明 334 213 53 开 门 334 213 33　353 羹 瓢	334 324 33 端 午 334 324 33　53 天 井	334 55 55 冬 至	334 24 55　55 生 病 334 24 33 天 亮	334 5 33 猪 血 334 5 33　53 钗 鑲	334 23 33 今 日
阳平 213	213 334 33 台 风 213 334 33　53 梅 花 213 334 21 棒 冰 213 334 353 轮 胎	213 213 353　0 岩 头 213 213 24　0 前 年 213 213 53　0 油 麻 213 213 21 上 坟 213 213 21　353 爷 爷 213 213 24 犁 田 213 213 33　353 上 年	213 324 33 城 里 213 324 21 稻 秆 213 324 33　53 年 底	213 55 24 油 菜 213 55 21 被 絮	213 24 24　55 上 面 213 24 33 聚 队	213 5 33 时 节 213 5 33　53 毛 竹 213 5 24　0 龙 歇	213 23 33 龙 雹 213 23 21 市 日 213 23 24　0 前 日
上声 324	324 334 31 尾 巴 324 334 31　53 五 更	324 213 31 死 人 324 213 31　353 水 泥	324 324 31 冷 水	324 55 31 瓦 片 324 55 24　0 口 燥	324 24 31 后 面	324 5 31 老 屋 324 5 31　53 喜 鹊	324 23 31 后 日 324 23 24　0 眼 热

续表

前字 ＼ 后字	阴平 334	阳平 213	上声 324	阴去 55	阳去 24	阴入 5	阳入 23
阴去 55	55 334 33 嫁 资 55 334 33 53 衬 衫	55 213 53 0 酱 油 55 213 53 剃 头 55 213 33 353 对 头	55 324 33 戒 指	55 55 絮 裤	55 24 55 气 味 55 24 0 半 夜	55 5 33 裤 脚	55 23 33 放 学 55 23 0 四 月
阳去 24	24 334 33 地 方	24 213 353 0 大 门 24 213 大 旱 24 213 22 353 面 桶	24 324 代 表 24 324 21 大 水 24 324 33 顺 手	24 55 地 震	24 24 55 雾 露	24 5 33 外 国 24 5 33 53 办 法	24 23 33 树 叶
阴入 5	5 334 3 杀 猪	5 213 3 屋 柱 5 213 3 353 角 头	5 324 3 粟 米 5 324 3 53 屋 里	5 55 3 宿 店	5 24 3 铁 路	5 5 3 节 约	5 23 3 作 业
阳入 23	23 334 热 汤	23 213 日 头 23 213 353 辣 茄	23 324 落 雨	23 55 镬 灶	23 24 月 亮	23 5 落 榔 23 5 53 白 色	23 23 簟 席

说明：

（1）阳平作前字时，变调［33］实际调值往往近［232］，有时则为［22］。

（2）上声作后字且表中记作［324］的，实际调值近［334］。

（3）阴去、阳去作后字且表中记作［55］的，实际有时读作［44］。

（4）阴入仍读短促调，作前字时实际调值为［32］。

（5）阳入仍读短促调，作前字时实际调值为［21］。

二、两字组连读变调规律

仙居方言两字组的语音变调有以下几个特点：

（1）前后字均变调，以前字变调为主。

（2）古浊平和全浊上字单字调合流，但连读变调表现不同。

（3）同一调类的字作前字时，其变调往往趋同。例如，阴平字、部分阳平字（指古浊平字）和阴去字作前字，多变作［33］；部分阳平字（指古全浊上字）作前字，多变作［21］；上声字作前字，多变作［31］；阴入字作前字，多变作［3］。

肆　异读

一、新老异读

仙居方言新老异读主要体现在以下几个方面。

1. 帮端母字老派读内爆音［ɓ］［ɗ］声母，新派读［p］［t］声母。

2. 老派［iaʔ］［iəʔ］二韵分立，新派合为［iəʔ］韵；老派［uɑʔ］［uəʔ］二韵分立，新派合为［uɑʔ］韵；老派［yɑʔ］［yəʔ］［yɔʔ］三韵分立，新派合为［yɑʔ］韵。

3. 老派上声调值为［324］，新派为［313］。

二、文白异读

仙居方言文白异读规律主要体现在以下几个方面。下文中" / "前为白读，后为文读。

（1）个别非组字白读［b］［m］声母，文读［v］声母。例如：肥 bi²¹³ / vi²¹³ | 袜 mɑʔ²³ / | 问 men²⁴ / | 网 mɑ̃³²⁴ / | 晚 ma³²⁴ / va³²⁴。

（2）止摄开口三等日母字白读自成音节的［ŋ］韵，文读［i］韵。例如：儿 ŋ²¹³ / | 耳 ŋ³²⁴ / n̠i²⁴ | 二 ŋ²⁴ / n̠i²⁴。

（3）止摄合口三等部分字白读［y］韵，文读［uæ］韵。例如：规 cy³³⁴ / kuæ³³⁴ | 位 y²⁴ / uæ²⁴ | 围 y²¹³ / uæ²¹³ | 胃 y²⁴ / uæ²⁴。

伍　小称

仙居方言的小称用小称变调来表现，未见小称变韵现象。声调变化规律如下表所示。

仙居话的小称调

古音	今单字调	变调规律	例词
清平	阴平 334	53	虾、箫、窠
浊平	阳平 213	353	茄、桃、梨、橙柚子、虫、蚕、鱼、羊、鹅、瓶、钳
清上	上声 324	53	枣、蟢、笋、粉
次浊上			鸟
全浊上	＝阳平	353	簿、辫
清去	阴去 55	（未见例子）	
浊去	阳去 24	353	柜
清入	阴入 5	53 短促	鸽、竹
浊入	阳入 23	（未见例子）	

说明：

（1）"蟹"字为古全浊上字，仙居读上声，小称调为［53］。

（2）"猫"字本调不明，只有小称调［53］。

仙居方言小称的声调变化规律有：

（1）阴平、上声变［53］调。

（2）阳平、阳去变［353］调。

（3）阴入变［53］调，但仍为短促调。

（4）阴去、阳入暂未见小称变调的例子。

中国语言资源保护工程

中国语言资源集·浙江　编委会

主任

朱鸿飞

主编

王洪钟　黄晓东　叶　晗　孙宜志

编委

（按姓氏拼音为序）

包灵灵　蔡　嵘　陈筱姁　程　朝　程永艳　丁　薇

黄晓东　黄沚青　蒋婷婷　雷艳萍　李建校　刘力坚

阮咏梅　施　俊　宋六旬　孙宜志　王洪钟　王文胜

吴　众　肖　萍　徐　波　徐　越　徐丽丽　许巧枝

叶　晗　张　薇　赵翠阳

教育部语言文字信息管理司

浙 江 省 教 育 厅　指导

中国语言资源保护研究中心　统筹

中国语言资源集

王洪钟　黄晓东
叶晗　孙宜志　主编

浙江

语音卷二

ZHEJIANG UNIVERSITY PRESS

浙江大学出版社

·杭州·

第四十五节　天台方音

壹　概况

一、调查点

1. 地理人口

天台县地处浙东沿海，位于长江三角洲经济圈东南部，台州市西北部，东连三门，南邻临海，西枕磐安，北界新昌，西南毗邻仙居，东北与宁海接壤。县境东西长 54.7 公里，南北宽 33.5 公里，总面积 1432 平方公里。辖 7 镇 5 乡 3 街道，分别是：白鹤镇、石梁镇、街头镇、平桥镇、坦头镇、三合镇、洪畴镇，三州乡、龙溪乡、雷峰乡、南坪乡、泳溪乡，赤城街道、始丰街道、福溪街道。人口总数 59.85 万。[1] 当地居民主要为汉族，有极少量少数民族人口，多系因工作、婚姻迁入。

2. 历史沿革

三国吴大帝黄武元年至黄龙三年（222—231）始置县，初名始平，隶属会稽郡。晋武帝太康元年（280）改名为始丰，隶属临海郡。隋文帝开皇九年（589）更名为临海，隶属括州，并始丰入临海。唐肃宗上元二年（761）改名为唐兴，隶属于台州。后梁开平二年（908）更名为天台，继而又改为台兴，属台州管辖。自宋太祖建隆元年（960）恢复天台名，一直沿用至今。

1949 年 5 月 24 日，天台解放，成立县人民政府，属台州专区。1954 年 6 月，台州专区撤销，天台划到宁波专区。1957 年 7 月，台州专区恢复，天台划归台州。1958 年 12 月，撤台州专区，天台又划到宁波专区。1962 年 4 月，重置台州专区，天台又划归台州（1970 年改称台州地区，1994 年 9 月改称台州市）。[2]

---

①　参见：《2017 年浙江统计年鉴》，http://tjj.zj.gov.cn/col/col1525563/index.html，2022 年 8 月 22 日获取。

②　参见：天台县人民政府网，http://www.zjtt.gov.cn/col/col21/index.html，2022 年 7 月 20 日获取。

3. 方言分布

天台方言属吴方言台州片，具有吴方言的典型特征，但与其他片区的吴方言又有明显的差异。南宋建都临安，北方移民为避难，涌入周围多山、相对闭塞的天台县，与当地居民融合后，在语言上形成了颇为独特的天台话。之后，受交通和经济发展的影响，人口流动速度缓慢，因此，天台方言里保留着大量的古音和古语词。天台方言按照口音分为西乡话方言小区（包括平桥、街头、白鹤三个镇），使用人口约 19.4 万；城关话方言小区（包括城关三个街道），使用人口约 18.4 万；东乡话方言小区（包括苍山和北山地区），使用人口约 18.6 万。随着普通话的推广和外来人口的增多，城关话受到普通话的影响较大，尤其是"90 后"的年轻人多数不会说地道的天台话。

4. 地方曲艺

天台词调（台州市级非物质文化遗产）在 20 世纪 30 年代曾风靡一时，其后渐渐受到冷落。2011 年，亭头村天台词调传人张贤湖等重组剧团，向年轻村民传授曲艺，使其更好地传承下去。此外，还有天台道情（台州市级非物质文化遗产）。天台街头镇文化站重视对天台道情的传承与保护，其根据古道情曲改编的作品获市曲艺展演"最佳传承奖"。另外，天台坐唱（台州市级非物质文化遗产）发源于清末，流行于天台三州乡、白鹤镇一带，会唱的人多达几百人。

二、方言发音人

1. 方言老男

袁相爱，1951 年 12 月出生于天台赤城街道，一直在本地生活和工作，驾驶员，初中文化程度，说天台城关话和不太标准的普通话。父母均为天台城关人，说天台城关话。

2. 方言青男

余波，1992 年 4 月出生于天台赤城街道，主要在本地生活和工作，基层干部，本科文化程度。说天台城关话和普通话。父亲为天台城关人，母亲为天台坦头镇人，说天台城关话。

3. 口头文化发音人

陈美玲，女，1945 年 10 月出生于天台赤城街道，职工，初中文化程度，说天台话和不标准的普通话。

潘祖来，男，1948 年 10 月出生于天台赤城街道，农民，初中文化程度，说天台话和不太标准的普通话。

梅碧婷，女，1950 年 11 月出生于天台赤城街道，职工，初中文化程度，说天台话和不标准的普通话。

张哲炎，男，1955 年 1 月出生于天台三合镇，农民，初中文化程度，说天台话和不标准的普通话，是天台词调传承人。

贰　声韵调

一、声母（28 个，包括零声母在内）

p 八兵	pʰ 派片	b 爬病肥	m 麦明味问	f 飞风副蜂	v 肥饭味问
t 多东	tʰ 讨天	d 甜毒	n 脑南		l 老蓝连路
ts 资早租争 装纸	tsʰ 刺草寸拆 初车	dz 祠茶		s 丝三酸山	z 字贼坐事床
tɕ 酒张竹主	tɕʰ 清抽春抄	dʑ 柱	ȵ 年泥热软月	ɕ 想双手书	ʑ 全谢船顺城
k 高九	kʰ 开轻	g 共狂	ŋ 熬	h 好灰响	
∅ 活县安温 王云用药					

说明：

（1）唇齿音［f］［v］发音摩擦明显且较用力。

（2）舌面前音的发音部位略靠前。

（3）舌根音声母发音部位略靠前。

（4）浊擦音有较强的清化色彩。如奉母字"肥饭"，实际读作［f］，这里根据其阳调的属性记作［v］。其他如邪母字"谢"、船母字"顺"记作［ʑ］。崇母字"床"读作［z］。

（5）零声母逢阳调时，前头常常带有同部位的摩擦音及浊气流。

二、韵母（52个，包括自成音节的［m］［n］［ŋ］［əl］在内）

ɿ 猪师丝试	i 写米戏二飞	u 过苦	y 靴雨鬼
a 排鞋硬争	ia 茄响	ua 快横	
e 南山	ie 盐年	ue 关	
ø 半		uø 短官	yø 权
ɔ 糖床讲		uɔ 王	yɔ 双
o 歌坐茶牙瓦	io □叠	uo 挂	
ei 开赔对		uei 灰	
au 宝饱			
eu 豆走	ieu 笑桥		
ou 多	iu 油		
əŋ 根寸灯	iŋ 心深新升病星	uəŋ 滚	yŋ 春云
		uŋ 东	yuŋ 兄用
		uʔ 国谷六绿	yʔ 出橘
			yuʔ 局
aʔ 白	iaʔ 药	uaʔ 骨	
ɔʔ 托壳学		uɔʔ 郭	yɔʔ 桌
eʔ 盒塔鸭法辣八	ieʔ 接贴热节	ueʔ 刮	
əʔ 北色	iəʔ 十急七一直尺锡	uəʔ 活	yəʔ 月
m̩ 母			
n̩ 儿			
ŋ̩ 五鱼			
əl̩ 儿			

说明：

［e］韵母及带［e］元音的韵母（如［eu］），［e］实际开口度略大。

三、声调（8个）

阴平	33	东该灯风通开天春
阳平	224	门龙牛油铜皮糖红
阴上	325	懂古鬼九统苦讨草

阳上	214	买老五有动罪近后
阴去	55	冻怪半四痛快寸去
阳去	35	卖路硬乱洞地饭树
阴入	5	谷百搭节急哭拍塔切刻
阳入	2	六麦叶月毒白盒罚

说明：

（1）阴平调单字调末尾略有上扬。

（2）阳平［224］与阳上［214］，调查者从听感上感觉这两类字声调差别不大，但发音人认为有细微差别。通过比字，淡≠弹，动≠洞，厚≠猴。

（3）阴上调实际是个中折调。

（4）阳入调值有一定音程，实际也可记作［24］。

叁　连读变调

天台方言两字组的连读变调规律见下表。表中首列为前字本调，首行为后字本调。每一格的第一行是两字组的本调组合；第二行是连读变调，若连读调与单字调相同，则此行空白；第三行为例词。同一两字组若有两种以上的变调，则以横线分隔。具体如下。

天台方言两字组连读变调表

前字＼后字	阴平 33	阳平 224	阴上 325	阳上 214	阴去 55	阳去 35	阴入 5	阳入 2
阴平 33	33　33 飞　机	33　224 开　门 —— 33　224 　　0 清　明	33　325 工　厂 —— 33　325 　　31 天　井	33　214 招　待 —— 33　214 　　31 公　社	33　55 车　票	33　35 车　站	33　5 钢　笔	33　2 生　活
阳平 224	224　33 22　心 良　心 —— 224　33 22　51 骑　车	224　224 　　0 眉　毛	224　325 22 门　口	224　214 22 朋　友	224　55 22 棉　裤	224　35 22 名　字	224　5 22 毛　笔	224　2 22 粮　食

续表

后字　前字	阴平 33	阳平 224	阴上 325	阳上 214	阴去 55	阳去 35	阴入 5	阳入 2
阴上 325	325 33 / 32 火车 325 33 / 32 51 比方	325 224 / 32 水池	325 325 / 32 手表	325 214 / 32 管理	325 55 / 32 海带	325 35 / 32 写字	325 5 / 32 粉笔	325 2 / 32 体育
阳上 214	214 33 / 21 尾巴 214 33 / 21 51 老师	214 224 / 21 码头 214 224 / 21 51 象棋	214 325 / 21 老虎 214 325 / 21 31 老板	214 214 / 21 道理	214 55 / 21 买票	214 35 / 21 马路	214 5 / 21 美国	214 2 / 21 老实
阴去 55	55 33 / 33 汽车 55 33 / 33 51 背心	55 224 / 33 酱油	55 325 / 33 报纸	55 214 / 33 送礼	55 55 / 33 意见	55 35 / 33 救命	55 5 / 33 政策	55 2 / 33 中毒
阳去 35	35 33 / 33 地方	35 224 / 33 大门 35 224 / 33 51 问题	35 325 / 33 字典	35 214 / 33 味道	35 55 / 33 饭店	35 35 / 33 大路	35 5 / 33 外国	35 2 / 33 大学
阴入 5	5 33 / 1 国家	5 224 / 1 骨头	5 325 / 1 黑板	5 214 / 1 谷雨	5 55 / 1 节气	5 35 / 1 铁路	5 5 / 1 节约	5 2 / 1 作业
阳入 2	2 33 读书	2 224 石头 2 224 / 51 合同	2 325 日子 2 325 / 31 墨水	2 214 落后 2 214 / 31 活动	2 55 白菜	2 35 木匠	2 5 蜡烛	2 2 十六

（1）阳平［224］作前字时一般变读为次低平［22］：

农村 nuŋ$^{224\text{-}22}$tsʰəŋ^{33}　　　　　　　农民 nuŋ^{224}miŋ^{0}

门口 məŋ$^{224\text{-}22}$kʰeu^{325}　　　　　　　牛奶 ŋeu$^{224\text{-}22}$na^{214}

棉裤 mie$^{224\text{-}22}$k^{h}u^{55}　　　　　　排队 ba$^{224\text{-}22}$dei^{35}

头发 deu$^{224\text{-}22}$feʔ^{5}　　　　　　同学 duŋ$^{224\text{-}22}$ɔʔ^{2}

说明：

阳平 + 阳平，前字不变，仍读［224］调值，后字读作轻声。

（2）阴上［325］作前字时会变读为中降［32］：

火车 ho$^{325\text{-}32}$ts^{h}o^{33}　　　　　　草鞋 ts^{h}au$^{325\text{-}32}$a^{224}

手表 ɕiu$^{325\text{-}32}$pieu^{325}　　　　　管理 kuø$^{325\text{-}32}$li^{214}

写信 ɕi$^{325\text{-}32}$ɕiŋ^{55}　　　　　　写字 ɕi$^{325\text{-}32}$zɿ^{35}

赌博 tu$^{325\text{-}32}$poʔ^{5}　　　　　　伙食 ho$^{325\text{-}32}$ziəʔ^{2}

（3）浊上［214］作前字时会变读为低降［21］：

尾巴 mi$^{214\text{-}21}$po^{33}　　　　　　码头 mo$^{214\text{-}21}$deu^{224}

动手 duŋ$^{214\text{-}21}$ɕiu^{325}　　　　　道理 dau$^{214\text{-}21}$li^{214}

买票 ma$^{214\text{-}21}$p^{h}ieu^{55}　　　　　社会 zo$^{214\text{-}21}$uei^{35}

犯法 ve$^{214\text{-}21}$feʔ^{5}　　　　　　老实 lau$^{214\text{-}21}$ziəʔ^{2}

（4）阴去［55］、浊去［35］作前字时会变读为中平［33］：

唱歌 ts^{h}ɔ$^{55\text{-}33}$ko^{33}　　　　　　酱油 tɕia$^{55\text{-}33}$iu^{224}

报纸 pau$^{55\text{-}33}$tsɿ^{325}　　　　　跳舞 t^{h}ieu$^{55\text{-}33}$u^{214}

算账 sø$^{55\text{-}33}$tɕia^{55}　　　　　　救命 kiu$^{55\text{-}33}$miŋ^{55}

政策 tɕiŋ$^{55\text{-}33}$ts^{h}aʔ^{5}　　　　中毒 tɕyuŋ$^{55\text{-}33}$duʔ^{2}

地方 di$^{35\text{-}33}$fɔ^{33}　　　　　　大门 dou$^{35\text{-}33}$məŋ^{224}

字典 zɿ$^{35\text{-}33}$tie^{325}　　　　　　味道 mi$^{35\text{-}33}$dau^{214}

饭店 ve$^{35\text{-}33}$tie^{55}　　　　　　电话 die$^{35\text{-}33}$uo^{35}

样式 ia$^{35\text{-}33}$ɕiəʔ^{5}　　　　　　树叶 ʐy$^{35\text{-}33}$ziəʔ^{2}

（5）阴入［5］作前字时会变读为［1］：

北方 pəʔ$^{5\text{-}1}$fɔ^{33}　　　　　　铁门 t^{h}ieʔ$^{5\text{-}1}$məŋ^{224}

发火 feʔ$^{5\text{-}1}$ho^{325}　　　　　　黑马 heʔ$^{5\text{-}1}$mo^{214}

发票 feʔ$^{5\text{-}1}$p^{h}ieu^{55}　　　　　铁路 t^{h}ieʔ$^{5\text{-}1}$lu^{35}

出血 tɕ^{h}yʔ$^{5\text{-}1}$ɕyɔʔ^{5}　　　　　节日 tɕieʔ$^{5\text{-}1}$ȵiəʔ^{2}

需要说明的是，阴平［33］或浊入［2］作前字，不变调。后字变调有两种情形，一种是读作轻声，记作［0］。一种是读作变音，变音分为全降变音［51］和中降变音［31］两类。本音是平声和去声的，变音一般是全降变音［51］；本音是上声和入声的，变音是中降变音［31］。

肆　异读

一、新老异读

天台方言的新老异读，主要表现在新派部分字受到了普通话的影响，声韵调有了一些变化。

（1）声母方面：熏，老派读作［hyŋ³³］，新派读作［çyŋ³³］。

（2）韵母方面：胃，老派读作［y³⁵］，新派读作［uei³⁵］。开，老派读作［kʰei³³］，新派读作［kʰai³³］。越，新派受普通话影响，有了读撮口呼的字音［yəʔ²］。

（3）声调方面：危，新派受普通话影响，有了读阴平的字音［uei³³］。杜，定母上声字，老派读阳上［du²¹⁴］，新派受普通话影响读阳去［du³⁵］。此外，族，老派读作［ʑyuʔ²］，新派读作［zuʔ²］，声母和韵母都不相同。拖，老派有文、白两读，新派只有文读。

二、文白异读

由于调查字数有限，目前发现的天台方言的文白异读现象仍比较零碎，列举如下，下文中"／"前为白读，后为文读。

音韵地位	例字	读音	音韵地位	例字	读音
果开一平歌透	拖	tʰa³³/tʰo³³	止合三去脂云	位	y³⁵/uei³⁵
假开三去麻邪	谢	ʑi³⁵/ʑia³⁵	止合三平微奉	肥	bi²²⁴/vi²²⁴
假开三上麻以	野	i²¹⁴/ia²¹⁴	止合三上微微	尾	mi²¹⁴/vi²¹⁴
遇合三去鱼溪	去	kʰei⁵⁵/tɕʰy⁵⁵	止合三去微微	味	mi³⁵/vi³⁵
止开三平支日	儿	n²²⁴/əl²²⁴	臻合三去文微	问	məŋ³⁵/vəŋ³⁵
止开三上之日	耳	niəʔ²/zɿ²¹⁴	通合三入烛日	褥	n̠ʑyuʔ²/ʑyuʔ²

伍　小称

天台方言的变音有两个调类：全降变音和中降变音。全降变音的调值是〔51〕，中降变音的调值是〔31〕。本音是平声（包括阴平、阳平）和去声（包括阴去、阳去）的，变音是全降变音；本音是上声（包括阴上、阳上）和入声（包括阴入、阳入）的，变音是中降变音。天台方言的变音以名词为多，大都有指小、表爱或表示亲切的意味。

陆　据《调查手册》之外的语料补充的声韵调音位

天台方言有一个俗字"冇"，是"没有"的合音形式，其字调不在基本调类的调值内，记作〔334〕。

第四十六节　三门方音

壹　概况

一、调查点

1. 地理人口

三门县隶属于浙江省台州市，位于台州市东北部沿海地区。东濒三门湾，北接宁海，南界临海。全县总面积为 1510 平方公里，下辖 6 镇 1 乡 3 街道，分别是珠岙镇、亭旁镇、健跳镇、浦坝港镇、横渡镇、花桥镇、蛇蟠乡、海润街道、海游街道、沙柳街道。[①] 截止到 2019 年年底，户籍人口为 44.7 万，汉族占绝大多数。[②] 海润街道涛头村有畲族聚居，为百许人，该族群主要说三门话。

2. 历史沿革

三门春秋战国时期属越国。今三门县辖地在历史上基本上分属于临海、宁海两县。

1940 年，自宁海县析出 18 乡镇，临海县析出 5 乡镇，原南田县析出 6 乡镇，设置三门县。治建康塘，隶台州（第六）行政督察区。1949 年 2 月，三门解放，建立三门县人民政府，隶台州专区。1994 年 8 月，经国务院批准，台州撤地建市，三门县隶属台州市。2013 年 11 月，三门县辖区由原先的 10 镇 4 乡变为 6 镇 1 乡 3 街道。[③]

3. 方言分布

三门方言属于吴语台州片。各乡镇语音存在差异，但相互之间基本能听懂、

---

① 参见：三门县人民政府网，http://www.sanmen.gov.cn/col/col1519440/index.html，2020 年 8 月 10 日获取。

② 参见：《2019 年浙江统计年鉴》，http://zjjcmspublic.oss-cn-hangzhou-zwynet-d01-a.internet. cloud.zj.gov.cn/jcms_files/jcms1/web3077/site/flash/tjj/Reports1/2020-%E7%BB%9F%E8%AE%A1%E5% B9%B4%E9%89%B4/indexcn.html，2020 年 8 月 10 日获取。

③ 参见：三门县人民政府网，http://www.sanmen.gov.cn/col/col1519438/index.html，2020 年 8 月 10 日获取。

能对话。海游、海润两街道的语音差异不大。北部的沙柳街道、东部的健跳镇与宁海方言接近。西部珠岙镇与天台方言接近。南边浦坝港镇与椒江、黄岩方言接近，与海游语音差距较大。

4. 地方曲艺

本地流行道情、快板等地方曲艺。三门道情形成于清末，由一人或多人手击道情筒和竹板，边击边唱。曲调高亢豪放、激越明亮，唱腔自成一体，唱中夹白。三门道情于 2009 年入选浙江省第三批非物质文化遗产代表性项目名录。三门快板表演方式简单，表演时演员用竹板击打节拍，用三门话韵诵说理或抒情性较强的节目。

二、方言发音人

1. 方言老男

郑志青，1960 年 1 月出生于三门海游街道，一直在本地生活和工作，职工，高中文化程度，说三门话和不太标准的普通话。父母、配偶均为三门海游街道人，父母只说三门话，配偶说三门话和不太标准的普通话。

2. 方言青男

郑寒文，1990 年 7 月出生于三门海游街道，主要在本地生活和工作，教师，本科文化程度，说三门话和普通话。父母均为三门海游街道人，父母说三门话和不太标准的普通话。

3. 口头文化发音人

施甜甜，女，2010 年 6 月出生于三门海游街道，学生，说三门话和普通话。

蒋智会，女，1962 年 2 月出生于三门海游街道，一直在本地生活和工作，职工，初中文化程度，说三门话和不太标准的普通话。

章思营，男，1956 年 2 月出生于三门海游街道，一直在本地生活和工作，农民，高中文化程度，说三门话和不太标准的普通话。

章丹葳，女，1990 年 6 月出生于三门海游街道，主要在本地生活和工作，教师，本科文化程度，说三门话和普通话。

贰　声韵调

一、声母（28个，包括零声母在内）

p 八兵	pʰ 派片	b 病爬肥	m 麦明味问	f 飞风副蜂	v 肥饭味问
t 多东	tʰ 讨天	d 甜毒	n 脑南		l 老蓝连路
ts 资早租争 装纸主	tsʰ 刺草寸拆 抄初车	dz 祠茶柱		s 丝三酸租 山书	z 字贼事床
tɕ 酒张竹九	tɕʰ 清抽春轻	dʑ 茄	ȵ 年泥热软 月	ɕ 想双手响	ʑ 坐全谢船顺 十城
k 高	kʰ 开	g 共权	ŋ 熬	h 好灰	
∅ 活县安温 王云用药					

说明：

（1）浊声母只是清音浊流，与低调相连，带有浊音色彩。

（2）零声母在阳调类前有较重的摩擦。

（3）见组声母与撮口呼相拼时，声母的实际读音为舌面中音。

（4）[v][z][ʑ]发音时带有较强的气流。

（5）一部分擦音（包括浊擦音）字（如"想、谢"等字）发音时带有舌尖音色彩，而另一些字则无，所以舌尖音色彩应该属于其自由变体，语音系统中仍处理为舌面擦音[ɕ][ʑ]。

二、韵母（50个，包括自成音节的[m̩][n̩][əl]在内）

ɿ 猪师丝试 ʮ 书	i 米戏二飞	u 过苦	y 靴雨鬼
a 排鞋	ia 写	ua 快	
ɛ 山硬争		uɛ 关	
ɔ 糖床讲	iɔ 双	uɔ 王	
e 开赔对	ie 盐年	ue 规	
o 茶牙瓦			

ʊ 歌	iʊ 坐		
ø 南半短		uø 官	yø 权
au 宝饱	iau 笑桥		
ɤɯ 豆走	iu 油		
ã 猛			
	iã 响		
əŋ 根新寸灯横	iŋ 心深升病星	uəŋ 滚	yŋ 春云橘
oŋ 东	ioŋ 兄用		
aʔ 白尺	iaʔ 药	uaʔ 划	
ɐʔ 塔鸭法辣八七北色	ieʔ 接十急热节直一锡	uɐʔ 活刮骨	
ɔʔ 托郭壳学	iɔʔ 桌		
oʔ 国谷六绿	ioʔ 吃		
	əʔ 律	ueʔ 哭	yəʔ 月出局
m 母			
ŋ 五			
əl 耳			

说明：

（1）［au］的实际音值为［ɑʊ］。

（2）［ɛ］发音时，舌位略低，音值近［æ］。

（3）［əŋ］在精组后音值近［eŋ］。

（4）［ŋ］尾韵的韵尾更接近于舌面中鼻音［ɲ］。

三、声调（8个）

阴平	334	东该灯风通开天春
阳平	113	门龙牛油铜皮红
阴上	325	懂古鬼九统苦讨草买老五有
阳上	213	动罪近后
阴去	55	冻怪半四痛快寸去
阳去	243	卖路硬乱洞地饭树

阴入	5	谷百搭节急哭拍塔切刻
阳入	23	六麦叶月毒白盒罚

说明:

（1）阳平［113］前部升得较缓，结尾处升得较急。

（2）阳去［243］前部升得较缓，结尾声带有时急剧放松。

（3）阴上［325］结尾声带有时急剧放松，从而带有一个降尾。

（4）"鹅、茄、簿"等一些常见的阳平、阳上字会变为高升降调［252］，"钩、姐"等一些常见的阴平、阴上字变为高降调［52］。

叁　连读变调

一、两字组连读变调表

三门方言两字组的连读变调规律见下表。表中首列为前字本调，首行为后字本调。每一格的第一行是两字组的本调组合；第二行是连读变调，若连读调与单字调相同，则此行空白；第三行为例词。同一两字组若有两种以上的变调，则以横线分隔。具体如下。

三门方言两字组连读变调

后字／前字	阴平 344	阳平 113	阴上 325	阳上 213	阴去 55	阳去 243	阴入 5	阳入 23
阴平 334	334 334 33 飞 机	334 113 33 31 清 明	334 325 33 身 体 — 33 52 天 井	334 213 33 45 兄 弟	334 55 55 车 票	334 243 55 55 车 站	334 5 33 铅 笔	334 23 33 中 药
阳平 113	113 334 11 334 农 村 — 11 52 年 初	113 113 13 31 池 塘 — 13 252 前 头	113 325 11 笤 帚 — 11 52 年 底 — 13 31 烦 死	113 213 11 肥 皂 — 11 252 徒 弟	113 55 13 芹 菜	113 243 13 55 田 岸	113 5 11 毛 笔	113 23 11 前 日

续表

后字 前字	阴平 344	阳平 113	阴上 325	阳上 213	阴去 55	阳去 243	阴入 5	阳入 23
阴上 325	325 334 32 左　边 32　52 草　鸡	325 113 32 水　泥 32　52 保　底	325 325 32 冷　水	325 213 32 请　罪	325　55 32 米　醋	325 243 32 展　豆	325　5 32 粉　笔	325　23 32 整　日
阳上 213	213 334 21 士　兵	213 113 21 杏　梅 21 252 象　棋	213 325 21 动　手 21　52 老　板	213 213 21 道　士	213　55 21 被　絮	213 243 21 后　面	213　5 21 道　德	213　23 21 动　物
阴去 55	55　334 44　445 嫁　妆	55　113 44　445 做　媒 44 252 裤　头 55　31 细　人	55　325 44 戒　指 55　55 放　假	55　213 44　325 气　道	55　55 种　菜	55　243 55 故　事 55　31 再　会	55　5 44 裤　脚	55　23 44 菜　镬
阳去 243	243 334 23　33 事　干 23　52 面　巾	243 113 23　224 外　头	243 325 23 大　水	243 213 23　213 味　道	243　55 23 大　蒜	243 243 23　55 地　震 23　31 谢　谢	243　5 23 大　雪	243　23 23 大　麦
阴入 5	5　334 3 杀　猪 3　52 夹　沟	5　113 3 铁　门 5　31 出　来	5　325 3 脚　嘴 3　52 黑　板	5　213 竹　蟮	5　55 3 发　票 5　52 进　去	3　252 搭　袋	5　5 3 出　血	5　23 3 搭　脉
阳入 23	23　334 2 立　冬 2　52 石　灰	23　113 2 落　材 23　31 落　来	23　325 2 石　板 2　52 墨　水	23　213 2 活　动	23　55 2 力　气	23　243 2 月　亮	23　5 2 绿　色	23　23 2 目　录

二、两字组连读变调规律

三门方言两字组组成一个词时，前字如为曲折调，通常只念前半段，后字通常不变调。

不过，阳去字为后字时，在阴上、阳上、阳入后保持本调，在其他声调后通常念[55]；阴去调后的其他调字通常变为高调。阴平、阴去字后跟阴声调时，其声调通常要比后字低一点。

三门方言两字组连调中，后字还存在特殊的变音现象。在阳平、阳上后字中，部分字会变音为[252]，如"象棋、报社"等，在阴平、阴上后字中，部分字会变为[52]，如"石灰、墨水"等。

肆　异读

一、新老异读

三门方言的新老异读主要体现在以下韵类中，下文中"/"前为老派，后为新派。

（1）宕摄一等字老派除部分匣母字读为[ɔu]外，都读为[ɔ]，新派则都读为[uɔ]，如：帮 pɔ³³⁴ / puɔ³³⁴。宕摄三等字老派大都读为[ɔ]，新派大都读为[uɔ]，如：筐 kʰɔ³³⁴ / kʰuɔ³³⁴。

（2）新派咸摄、山摄一二等开口入声字通常读为[æʔ]，臻摄精组、知组、照组开口三等入声字、曾摄一等入声字通常读为[ɐʔ]，而老派基本都读为[ɐʔ]。如：八 pɐʔ⁵ / pæʔ⁵ | 夹 kɐʔ⁵ / kæʔ⁵ | 法 fɐʔ⁵ / fæʔ⁵。

（3）山摄合口一二等入声字老派通常读为[uɐʔ]，新派读为[uæʔ]或[uɔʔ]。如：阔 kʰuɐʔ⁵ / kʰuæʔ⁵ | 活 uɐʔ²³ / uɔʔ²³。

二、文白异读

三门方言的文白异读主要体现在以下两点。下文中"/"前为白读，后为文读。

（1）个别日母字白读为[ŋ]，文读为零声母，如：儿 ŋ¹¹³ / əl¹¹³。

（2）个别古並母、明母字白读为[b][m]，文读为[v]。如：肥 bi¹¹³ / vi¹¹³ | 味 mi²⁴³ / vi²¹³。

伍　小称

三门方言中有少量名词可加"儿"表"小"的意思，如：猫儿 mɑu⁵⁵ŋ⁵² | 枣儿 tsɑu³²ŋ⁵²。三门方言还存在少数名词性鼻尾小称，"儿"[ŋ]与前面的音节结合，产生合音，成为前面音节的鼻音韵尾，如：今日儿 tɕiŋ³³niŋ²⁵²，昨日儿 zoʔ²niŋ²⁵²，还有个别小称音的鼻尾已脱落为阴声韵，如：娘伯儿 ȵiã¹¹pɛ⁵²。

声调方面，三门话小称调有如下规律，前字为阴平、阳平、阴去字时通常变成[55]，同阴去调；阴上、阳上、阳去字变成[32]。

陆　其他音变

动词重叠时，后一个字通常读轻声。

口头文化发音人章思营的见组三四等字基本没有腭化，如：轻 kʰiŋ³³⁴ | 渠 gi¹¹³ | 脚 kiaʔ⁵。

第四十七节　玉环方音

壹　概况

一、调查点

1. 地理人口

玉环市位于浙江省东南沿海，台州市东南端，东濒东海，南濒洞头洋与温州市洞头县相连，西、西北隔乐清湾与温州市乐清市相望，北、东北与温岭市接壤。距离台州市区 75 公里。[1] 玉环全境由楚门—玉环半岛及鸡山、洋屿、披山、大鹿、江岩等 55 个岛屿组成，是全国 12 个海岛县之一。[2]

玉环市辖 3 街道 6 镇 2 乡，市政府驻玉城街道。辖区东西最大距离 33.6 公里，南北最大距离 33.9 公里，总面积 405.5 平方公里。其中陆地 378.5 平方公里，水域 27 平方公里，另有海域面积 1930 平方公里。2019 年年末，玉环市人口总户数 14.17 万，总人口数 43.53 万。主要民族为汉族。

2. 历史沿革

玉环在夏、商、西周及春秋时代属瓯越地。战国时期，属楚地。秦代今县境属闽中郡。五代时属吴越国，隶靖海军。后梁开平二年（908），改乐成县为乐清县。县境属乐清县。北宋时，县境为温州府乐清县玉环乡之一部分，隶属两浙路应道军。南宋时改温州府为瑞安府，县境为瑞安府乐清县玉环乡。元朝时仍为乐清县玉环乡地。明洪武二十年（1387），因倭寇扰边，徙居民于内地，今楚门港（漩门港）以南玉环本岛等地全部被迁弃。成化十二年（1476），析乐清县山门、玉环两乡 6 都地隶太平县（今温岭市），属台州府（今台州市），县境港北地区归属太平县，港南地区被游民私种。雍正六年（1728），设玉环厅，隶属温州府，政务直隶省。1912 年，改厅为县，属温处道（1914 年 6 月改为瓯海道）。1959 年

---

① 参见：玉环市人民政府网，https://www.yuhuan.gov.cn/col/col1588993/index.html，2022 年 8 月 18 日获取。

② 参见：玉环市人民政府网，《玉环市 2020 年国民经济和社会发展统计公报》，http://www.yuhuan.gov.cn/art/2021/4/8/art_1229311072_3703549.html，2022 年 8 月 18 日获取。

4 月，玉环县建制撤销，1962 年 4 月，玉环县建制恢复（不含洞头县地），属台州辖区。2017 年 4 月玉环撤县建市。

3. 方言分布

玉环市居民多系汉族，但方言复杂，代表方言主要有坎门话、鲜叠话、楚门话。

坎门话属闽话区的闽南片方言，随闽南渔民的迁徙而传入。与泉州口音相近，通称"福建话"。主要分布在坎门渔区。其语音舒缓、鼻音重。古城、陈屿、普青等地的平阳话，与坎门话同源异流，且尾音略上升，并常带拖腔。

鲜叠话属吴语区南片的温州次方言，近永嘉口音，通称"温州话"。散布在玉环岛东南和西南海边先期以网捕为业的应东、鲜叠、大麦屿等地，并作局部衍射，城关部分乡村也见散落分布。音频及语汇与吴地北片方言近。元、辅音却独具一格，语调也较之绵软、舒展。

楚门话属吴语区的台州片方言，因其直接传入地温岭旧称"太平"，故称"太平话"。玉环岛中青山麓以北的大多数山村和楚门通用这种方言，其余则散落分布在城关、环城和诸海岛。其语音较硬朗，明快且短促。

兴化话由福建兴化府传入，属古时福建莆仙之客家话，在福山乡福昌基村和沙鳝乡犁头咀村各自形成"方言岛"。两地民众对外分别使用本乡通行方言。福昌基人说平阳话，犁头咀人说太平话。

其他诸如漳州话、潮汕话等片区方言和苗族、高山族等民族语种，在境内没有形成方言群落，并且均已转为使用居地方言。

本书所称的玉环方言或玉环话，专指通行于原玉环老城区的太平话的一派，即玉环太平话。①

4. 地方曲艺

主要有玉环鼓词、玉环莲花、道士调等，其中玉环鼓词最有特色，已被列为浙江省非遗项目。

玉环鼓词别名"唱词"，自晚清从温州瑞安传入玉环，至今已有百年历史。今天的玉环鼓词大都用太平话（温岭话）表演，流行于城关、干江、清港等地。

流行于大麦屿一带的布袋木偶戏则多用苍南闽语表演。

---

① 浙江省玉环县编史修志委员会. 玉环县志. 北京：汉语大词典出版社，1994.

二、方言发音人

1. 方言老男

张崇利，1953 年 10 月出生于玉环东门社区，一直在本地生活和工作，工程管理人员，高中文化程度，说玉环太平话和普通话。父母均为玉环城关人，都说玉环太平话。

2. 方言青男

董西强，1981 年 6 月出生于玉环东门社区，一直在本地生活和工作，职工，大专文化程度，说玉环太平话和普通话。父母均为玉环城关人，都说玉环太平话和普通话。

3. 口头文化发音人

林璐，女，1987 年 6 月出生于玉环西门，一直在本地生活和工作，本科文化程度，说玉环太平话和普通话。

陆绍朗，男，1968 年 6 月出生于玉环小普竹村，一直在本地生活和工作，主持人，高中文化程度，说玉环太平话和普通话。父母均为玉环本地人。

陈帮强，男，1957 年 11 月出生于玉环环东村，一直在本地生活和工作，农民，小学文化程度，说玉环太平话和普通话。父母均为玉环本地人。

贰　声韵调

一、声母（28 个，包括零声母在内）

p 八兵	pʰ 派片	b 病爬肥	m 麦明味问	f 飞凤副蜂火	v 肥饭活
t 多东	tʰ 讨天	d 甜毒	n 脑南泥		l 老蓝连路
ts 资早租争装纸	tsʰ 刺草寸拆抄初车	dz 茶查暂		s 丝三酸山	z 字贼坐祠事床
tɕ 酒张竹主九	tɕʰ 清抽轻春	dʑ 钱柱镯共	ȵ 软年热月	ɕ 想双手书响	ʑ 全谢船顺十城
k 高	kʰ 开	g 权	ŋ 咬熬	h 好灰	

∅ 县安温王
　云用药

说明：

（1）鼻、边音和零声母实际有带浊流的［ɦm］［ɦn］［ɦn̩］［ɦŋ］［ɦl］［ɦ-］和带紧喉的［ʔm］［ʔn］［ʔn̩］［ʔŋ］［ʔl］［ʔ-］两套，前者与阳调相配，后者与阴调相配。为简化符号，现省略为一套［m］［n］［n̩］［ŋ］［l］［∅］，由声调来区分声母的清浊读音。

（2）［k］组声母在细音前的发音部位偏前，也可处理为舌面中音，是舌根音的变体。

（3）［v］的发音有弱化倾向，即上齿不用力时容易导致与部分零声母相混或两读，主要如：果、山、臻摄合口匣、影母字"河环活屋馄糊"等。确切地说，存在［ɦ］和［v］［ʔ］和清化［v］之间的两读或合并现象。读唇齿音是玉环本地特征。

（4）果、遇摄合口晓母字读［f］是玉环方言特征之一，但是现在有自由变读［h］的现象，如"火货虎"等。

二、韵母（39个，包括自成音节的［m］［n］［ŋ］）

ɿ 猪师丝试耳木~	i 米戏飞	u 歌过苦	y 靴雨鬼
a 排鞋	ia 写响	ua 快	
ɛ 南山	iɛ 敢	uɛ 关	
e 赔对	ie 开年肝盐	ue 官	
ø 半短			yø 权
ɔ 饱	ɔ 笑桥		
o 坐茶牙瓦	iɤ 豆走		
	iu 油		
əu 多			
ã 硬争		uã 横	
ɔ̃ 糖床讲王	iɔ̃ 双		
əŋ 问根寸灯	iŋ 心深新升病星	uəŋ 滚	
oŋ 东			ioŋ 春云兄用橘

ʔ 塔鸭法辣八活色白　　iɐʔ 接十急热药七直锡　　uɐʔ 刮骨

oʔ 托壳学北谷六绿　　　　　　　　　　　　uoʔ 郭国　　　　　yoʔ 月出橘局

m 呒

n 儿二

ŋ 五耳~朵

说明：

（1）［oʔ］［uoʔ］中的［o］实际开口度偏大，介于［o］和［ɔ］之间。

（2）［iɤ］中的主要元音舌位偏前，有时近［iə］，有时近［io］。如"豆"等。

（3）宕开三老派丢失鼻音，与［ia］混同，口语中有时会两读为［iã］，如"雀"的变音等；宕开一和个别江摄字有时丢失鼻音，与［ɔ］混同，如"忙芒氓=毛、莽=卯、吭=嚎"，但保留［ɔ̃］韵母，虽然鼻化音色彩不太明显。新派都保留鼻化韵。

（4）［iɐʔ］［uɐʔ］中的主要元音有时近［iɐʔ］或［ieʔ］。

（5）［yø］［yoʔ］中的 y 圆唇色彩不是很明显。

（6）后鼻音韵母的后鼻音有时不太到位，介于鼻化音和后鼻音之间。

（7）［ioŋ］有时发音时近［yoŋ］。

三、声调（8个）

阴平	42	东该灯风通开天春
阳平	31	门龙牛油铜皮糖红动罪近
阴上	53	懂古鬼九统苦讨草买老五有后
阳上	41	坐簿柱竖被柿跪造厚棒桶
阴去	55	冻怪半四痛快寸去
阳去	22	卖路硬乱洞地饭树
阴入	5	谷百搭节急哭拍塔切刻
阳入	2	六麦叶月毒白盒罚

说明：

（1）阴平［42］起点略低。

（2）阴上［53］终点有时略低，有时读［354］等变体。与阴调类字的降变音同调。

（3）阳上［41］与浊声母字的降变音同调。

（4）阴去［55］实际未到最高平。

（5）阳去有时近［33］，为了区别连读变调中阴调类和阳调类次浊声母和零声母的不同读音，现处理为［22］，阴调类的相关调值为［33］，如：奶奶$_{乳房}$na^{33}na^{15}｜□泥$_{泥土}$na^{22}ni^{24}。

（6）阳入有时不够短促，有微升近［23］。

叁　连读变调

玉环方言两字组的连读变调规律见下表。表中首列为前字本调，首行为后字本调。每一格的第一行是两字组的本调组合；第二行是连读变调，若连读调与单字调相同，则此行空白；第三行为例词。同一两字组若有两种以上的变调，则以横线分隔。具体如下。

玉环方言两字组连读变调表

前字 ＼ 后字	阴平 42	阳平 31	阴上 53	阳上 41	阴去 55	阳去 22	阴入 5	阳入 2
阴平 42	42 42 55 香　菇	42 31 33 41 清　明	42 53 33 42 风　水	42 41 33 31 兄　弟	42 55 33 冬　至	42 22 33 44 杉　树	42 5 33 钢　笔	42 2 33 山　药
阳平 31	31 42 24 胡　须	31 31 22 41 洋　油	31 53 22 42 牙　齿	31 41 22 31 洋　皂	31 55 22 油　菜	31 22 22 44 牌　位	31 5 22 人　客	31 2 22 农　历
阴上 53	53 42 火　车	53 31 55 41 杏　梅	53 53 冷　水	53 41 31 改　造	53 55 韭　菜	53 22 草　帽	53 5 小　雪	53 2 古　历
阳上 41	41 42 棒　冰	41 41 44 肚　脐	41 53 42 动　手	41 41 31 道　士	41 55 被　絮	41 22 像　话	41 5 负　责	41 2 市　日
阴去 55	55 42 汽　车	55 31 算　盘	55 53 汽　水	55 41 31 甕　桶	55 55 33 布　帐	55 22 33 44 做　寿	55 5 33 裤　脚	55 2 33 泡　沫
阳去 22	22 42 电　灯	22 31 芋　头	22 53 42 大　小	22 41 31 大　稻	22 55 面　相	22 22 44 雾　露	22 5 菩　萨	22 2 大　麦

续表

前字＼后字	阴平 42		阳平 31		阴上 53		阳上 41		阴去 55		阳去 22		阴入 5		阳入 2	
阴入 5	5 3	42 国　家	5	31 41 恶　人	5 3	53 42 结　果	5 3	41 31 割　稻	5 3	55 一　世	5 3	22 柏　树	5 3	5 一　百	5 3	2 结　局
阳入 2	2	42 石　灰	2	41 玉　环	2	53 42 落　雨	2	31 拔　肚	2	55 学　费	2	22 绿　豆	2	5 蜡　烛	2	2 玉　镯

说明:

（1）连读变调在快读时比慢读时更容易产生变化。快读时前字常变升调。如:阴平在阴平、阳平前有时读［35］;阳去在阴平、阳平前有时读［13］。

（2）阴去在平声和上声调前实际发音比单字调［55］时略低。

（3）阴上和阳上在连读变调中大都不像单字调那么高,调域缩小。甚至有时阴上与阴平同调,阳上在去声后与阳平同调。阴上在降变音前起点降低读［42］,与阴平单字调相近,如:水窟 ɕy⁴²kʰuəŋ⁵³ | 矮椅 a⁴²y⁵³ | 水舀 ɕy⁴²iɔ⁵³。

肆　异读

一、新老异读

玉环方言的新老异读主要表现在以下几个方面。

（1）新派全浊声母清化现象比老派明显。

（2）声母［v］发音上齿不用力时容易导致其与部分零声母相混或两读,主要体现在山摄合口匣母字和影母字"环活"等。确切地说,存在［ɦ］和［v］,［ʔ］和清化［v］之间的两读或合并现象。读唇齿音是玉环本地特征。但新派［v］的发音弱化倾向比老派明显。

（3）老派［n］［ŋ］自成音节时对立明显,新派读［ŋ］的多。

（4）新派发［uoʔ］时容易与［oʔ］混淆。

（5）新派发［yø］［yəʔ］时［y］的圆唇色彩不是很明显。

（6）声调上,新派在阴上、阳上字的发音上调值不太稳定。

二、文白异读

玉环方言的文白异读现象主要表现在声母、韵母以及声韵兼及三个方面。

1. 声母

（1）非组

白读声母为双唇音［b］或［m］，文读声母为轻唇音［f］或［v］。这些字大都来源于合口三等的非组，特别是微母居多，如"肥、味"等。

（2）日母

白读声母为鼻辅音［ȵ］，文读声母为浊擦音［ʑ］，如"绕"等。

2. 韵母

（1）果摄

果摄的文白异读比较复杂。"大、拖"等字的白读韵母为［əu］，文读韵母为［a］；"破"字的白读韵母为［a］，文读韵母为［u］；"磨名"的白读韵母为［u］，文读韵母为［o］。

（2）假摄

假开二帮组字白读韵母为［o］，文读韵母为［a］，如"把、马"等；假合二见组字白读韵母为［o］，文读韵母为［ua］，如"花、瓜"等。

（3）遇摄鱼韵

遇摄部分疑母字也存在文白异读，它们的白读音是鼻辅音韵母［ŋ］，文读音是元音韵母，如模韵的"吴五伍午"和鱼韵的"鱼渔"的白读音都是［ŋ］，模韵的文读音为［u］，鱼韵的文读音为［y］。见组字的白读韵母是［ie］，文读韵母是［y］。如"锯、渠第三人称单数"。

（4）咸开一覃韵

咸开一覃韵文读韵母为［ɛ］，白读韵母为［əŋ］，如端系"潭"字；或者读［ie］，如匣影母字"含暗"等。

（5）止蟹合三见系

白读韵母为［y］，文读为［ue］，如"规"等。

3. 声韵兼及

主要是假摄上。假开二见系字的白读声母为舌根音，白读韵母同帮组相同；

文读声母为舌面前音，文读韵母为［ia］。但是，一般情况下只读白读音。假开三字如"射"，白读音为［ʑia］，文读音为［zo］。

伍　小称

儿化、小称性质的语言现象在玉环方言中叫"变音"。"变音"是相对于"本音"而言的。

从形式构成的角度来分，包括单纯变音型和混合变音型两种。前者是舒声字类，只改变声调，如：锣 ləu³¹—ləu²⁴｜鸡 tɕi⁴²—tɕi³⁵；后者是入声字类，有些需要声调或声调和韵母的双重变化，如：橘 kyoʔ⁵—kioŋ⁵³｜粥 tɕyoʔ⁵—tɕioŋ⁵³。

从变音的规律来分，包括升变音和降变音两种。具体调值上又依声母清浊各自再分高低两类。平声字变为升变音，调值为［35］（清声母）/［24］（浊声母），如"箫/桃"；仄声字变为降变音，调值为［53］（清声母）/［41］（浊声母），如"鸟/桶"等，分别与阴上和阳上同调。

青男的降变音调值略有差异。

由于变音是玉环方言的重要特征，很多字单念时最普通的读音往往是变音，而非本音，甚至不知道本音是什么。

陆　其他音变

玉环方言中其他音变现象主要有合音、同化和弱化现象。其中合音现象常常发生在零声母音节跟在其他音节后面时，如助词"爻"。也有一些已经固定的合音词，如"勿用""弗曾""休要""弗晓""弗会""弗好"等。

第四十八节　金华方音

壹　概况

一、调查点

1. 地理人口

本节所说的"金华"的范围是指清代金华县，包括今金华市金东区全境和婺城区部分乡镇。金华位于浙江省中部，东面和东南面是义乌和武义，西面是旧汤溪，北面是兰溪。总面积 1292.04 平方公里，南北长 52.8 公里，东西宽 44.8 公里。地形属丘陵盆地，南北均为山地和丘陵，中部是沿江平原。东来的东阳江和南来的武义江在城区汇合为婺江，再向西北流入兰溪境内的钱塘江支流兰江。金华自古以来为浙江中部的重要交通枢纽。现有多条铁路和高速公路过境。以上旧金华县地区今共有 11 个街道、12 个镇和 6 个乡。[①] 截至 2016 年年底，金华市两个市辖区（婺城区和金东区）共有 37.75 万户，总人口 96.1 万。[②] 少数民族人口很少，主要有畲族，居住在雅畈镇等南部山区。

2. 历史沿革 [③]

金华古属越国地。东汉初平三年（192）置县，称长山县，隋开皇十八年（598）改名金华县。自三国吴宝鼎元年（266）以后，金华历为东阳郡、金华郡、婺州、婺州路、宁越府、金华府、金华地区治所，现为金华市人民政府驻地。

1958 年，汤溪县并入金华县。1985 年，析金华城区及其近郊地区成立婺城区，余为金华县。2001 年，撤金华县，原婺城区和金华县范围重新调整为婺城、金东二区。

---

① 曹志耘，秋谷裕幸. 吴语婺州方言研究. 北京：商务印书馆，2016：95-96.
② 参见：《2017 年浙江统计年鉴》，http://tjj.zj.gov.cn/col/col1525563/index.html，2022 年 7 月 29 日获取。
③ 曹志耘，秋谷裕幸. 吴语婺州方言研究. 北京：商务印书馆，2016：96.

3. 方言分布

金华境内的方言主要为金华话。此外，在南部山区还有畲话以及个别客家话方言岛。在金华话内部，存在不少地域差异，大致可以分东、中、西三片。东部的孝顺、鞋塘、曹宅等地区为东片；城区及近郊为中片；城西的白龙桥、长山、安地等乡镇为西片。其中中片和西片更加接近。

4. 地方曲艺

金华主要流行婺剧（俗称"金华戏"）、金华道情（俗称"唱新闻"）、小锣书等戏曲。越剧在当地也颇受欢迎。

二、方言发音人

1. 方言老男

汪新潮，1949 年 5 月出生于金华城里，一直在本地生活和工作，工商业者，高中文化程度，说金华城里话和普通话。父母均为金华城里人，说金华城里话。

2. 方言青男

姜谦，1984 年 7 月出生于金华城里，主要在本地生活和工作，记者，本科文化程度，说金华城里话和普通话。父亲为金华白龙桥镇人，说白龙桥话（与城里话比较接近）和不太标准的普通话；母亲为金华莘畈乡人，说金华城里话、莘畈话和不太标准的普通话。

3. 口头文化发音人

金晚生，女，1948 年 12 月出生于金华城里，财会人员，高中文化程度，说金华城里话和普通话。

叶琳，男，1948 年 2 月出生于金华城里，职工，中专文化程度，说金华城里话和不太标准的普通话。

傅海菊，女，1949 年 8 月出生于金华城里，职工，初中文化程度，说金华城里话和不太标准的普通话。

贰　声韵调

一、声母（27个，包括零声母在内）

p 八兵	pʰ 派片	b 爬病	m 麦明问	f 飞风副蜂	v 肥饭味问
t 多东	tʰ 讨天	d 甜毒	n 脑南		l 老蓝连路
ts 资早竹争纸	tsʰ 草寸拆抄初	dz 茶城		s 丝三想坐山	z 字贼祠谢事
tɕ 酒竹柱装主九	tɕʰ 清抽春轻	dʑ 全共权	ȵ 年泥热软月	ɕ 双手书响	ʑ 全床船城县
k 高根厚	kʰ 开快	g 狂共		x 好灰	
∅ 熬月县王云用					

说明：

（1）浊塞音、浊塞擦音声母为清音浊流，浊擦音声母接近清音。

（2）金华方言正处于尖团合流过程中，情况比较复杂，不同发音人的读法很不一致，甚至同一个发音人的读法也很不稳定。以方言老男汪新潮的发音为例，其特点有：①古精组和见晓组字拼［ia］［iɑo］［iɑŋ］三韵时保留尖团分别；②拼其他细音韵母时则尖团合流；③很多字的声母都有［ts］组和［tɕ］组的自由变读，其中古精组细音字以读［ts］组为常，古见晓组字则以读［tɕ］组为常，本书统作［tɕ］组。

（3）［ts］组声母与齐齿韵相拼时，实际音值介于［ts］组和［tɕ］组之间。

（4）［tɕ］组声母与［ia］［iɑo］［iɑŋ］三韵相拼时，带舌叶色彩。

（5）开口呼零声母音节前有不明显的［ʔ］，其他零声母音节前带与韵母开头元音同部位的摩擦。

二、韵母（45个，包括自成音节的［m］［ŋ］在内）

ɿ 师丝试	i 戏飞	u 布苦	y 猪雨鬼
ɤa 法八			
	ia 写年贴节		

ɑ 排鞋减山　　　　　　　　　　　　　　　 uɑ 茶牙快官鸭辣活刮　　yɑ 抓

o 波

ɤ 南半短盒　　　　ie 米盐热全接　　　uɤ 歌坐过　　　　yɤ 靴权月

ɛ 开赔对　　　　　　　　　　　　　　　3ɛ 块

ei 美　　　　　　　　　　　　　　　　　ui 鬼

ɑo 宝饱　　　　　iɑo 笑桥

eu 藕　　　　　　　iu 豆走油

ɛ̃ 感　　　　　　　iɛ̃ 减　　　　　　　uɛ̃ 惯　　　　　　yɛ̃ 全

ɑŋ 糖讲硬争　　　iɑŋ 响　　　　　　uɑŋ 王横　　　　　yɑŋ 床双

əŋ 深根寸灯升　　iŋ 心深新升病星　uəŋ 滚　　　　　　yəŋ 春云

oŋ 东　　　　　　ioŋ 兄用

əʔ 北色白盒　　　iəʔ 接十急一药直锡节　　uəʔ 骨国活　　　yəʔ 月出橘

oʔ 托郭壳学谷六绿　ioʔ 局

əl 二

m̩ 母

ŋ̍ 五儿

说明：

（1）［u］［y］二韵唇形较展。

（2）［iɑ］［ɤɑ］二韵中的［ɑ］舌位略后，实际音值近［ʌ］。

（3）［ɤɑ］［iɑ］［uɑ］［ie］［uɤ］［yɤ］六韵的介音较长。

（4）［o］韵唇形较展。

（5）［ɤ］韵舌位略高。

（6）［ɛ］组韵母中的［ɛ］略有动程，实际音值近［ɛe］。

（7）［ui］韵中的［i］舌位较低，实际音值近［e］。

（8）［ɑo］［iɑo］二韵中的［o］唇形较展。

（9）［iu］韵中的［u］舌位较低，唇形较展。

（10）［ɛ̃］组韵母实际音值接近［ɛ̃n］组。

（11）［ɑŋ］组韵母中的［ɑ］带有鼻化色彩。

（12）［əŋ］组韵母中的［ŋ］和自成音节的［ŋ］舌位较前。

（13）［yəŋ］韵中的［ə］实际音值接近［e］。

（14）［ioŋ］韵中的［i］带圆唇色彩。

（15）［oʔ］［ioʔ］二韵中的［o］舌位较低，唇形较展。［ioʔ］韵中的［i］带圆唇色彩（拼零声母除外）。

三、声调（7个）

阴平	334	东该灯风通开天春
阳平	313	门龙牛油铜皮糖红
阴上	535	懂古鬼九统苦讨草买老五有动罪近后
阴去	55	冻怪半四痛快寸去搭节塔切
阳去	14	卖路硬乱洞地饭树叶月盒罚罪
阴入	4	谷百节急哭拍刻
阳入	212	六麦月毒白盒

说明：

（1）阴上［535］上升部分有时不太明显。

（2）阴去［55］略升，实际近［45］。

（3）阳入［212］是短调，以上升部分为主。

叁　连读变调

一、两字组连读变调表

金华方言两字组的连读变调规律见下表。表中首列为前字本调，首行为后字本调。每一格的第一行是两字组的本调组合；第二行是连读变调，若连读调与单字调相同，则此行空白；第三行为例词。同一两字组若有两种以上的变调，则以横线分隔。具体如下。

在白读的单字调中，古清声母上声字和古浊声母上声字均为阴上［535］，但在连读调中二者有时有所区别，所以这里按古声母的清、浊分为阴上［535］、阳上［535］两类。咸山摄入声字在单字调中按声母的清、浊并入阴去、阳去，在连读中与去声字有时有所区别，但与入声字也不相同，所以表中不把并入去声的入声字分离出来，而是在专属于或多属于入声字使用的变调模式后注明"入"字。

金华方言两字组连读变调表

后字〔前字〕	阴平 334	阳平 313	阴上 535	阳上 535	阴去 55	阳去 14	阴入 4	阳入 212
阴平 334	334 334 / 33 / 开车 334 334 / 33 55 / 飞机	334 313 / 33 / 开门 334 313 / 33 55 / 天雷	334 535 / 33 / 天井	334 535 / 33 / 招待	334 55 / 33 / 胶菜	334 14 / 33 / 车站 334 14 / 33 55 / 豇豆	334 4 / 33 / 钢笔	334 212 / 33 / 生日
阳平 313	313 334 / 31 / 爬山 313 334 / 31 55 / 台风	313 313 / 31 14 / 洋油	313 535 / 31 / 苹果 313 535 / 33 / 洋火	313 535 / 31 / 朋友 313 535 / 33 / 徒弟	313 55 / 31 / 球菜 313 55 / 33 / 头发	313 14 / 31 / 蚕豆 313 14 / 33 / 难望	313 4 / 33 / 毛竹	313 212 / 31 / 粮食 313 212 / 33 / 同学
阴上 535	535 334 / 55 / 火车 535 334 / 53 55 / 比方	535 313 / 55 / 水田	535 535 / 53 / 水果	535 535 / 53 / 水稻	535 55 / 53 / 韭菜	535 14 / 55 / 手艺	535 4 / 53 / 喜鹊	535 212 / 55 / 草席
阳上 535	535 334 / 55 / 老师	535 313 / 55 / 后年	535 535 / 53 / 稻秆	535 535 / 53 / 项颈 535 535 / 33 / 马桶	535 55 / 53 / 瓦片	535 14 / 55 / 马路	535 4 / 53 / 造屋	535 212 / 55 / 后日
阴去 55	55 334 / 33 / 退休 55 334 / 33 55 / 汽车 55 334入 / 杀猪	55 313 / 33 / 放牛 55 313 / 33 14 / 酱油 55 313入 / 发财 55 313入 / 0入 / 铁门	55 535 / 33 / 放火 55 535 / 53 / 政府 55 535 / 53 0 / 报纸 55 535入 / 发火	55 535 / 33 / 送礼	55 55 / 33 / 布帐 55 55 / 0 / 意见 55 53入 / 发票	55 14 / 33 / 政治 55 14 / 33 / 救命 55 55 / 14 0 / 孝顺	55 4 / 53 / 正式	55 212 / 33 / 副业 55 212 / 33 / 做贼

续表

后字 前字	阴平 334	阳平 313	阴上 535	阳上 535	阴去 55	阳去 14	阴入 4	阳入 212
阳去 14	14　334 饲　猪 14　334 55 认　真 14　334 53　55 大　溪	14　313 问　题 14　313 55　14 弄　堂	14　535 代　表 14　535 53 露　水	14　535 垫　被 14　535 53 大　雨 14　535 33 糯　米	14　55 地　震 14　55 31 大　蒜 14　55 53 位　置	14　14 寿　命 14　14 55 外　面	14　　4 53 利　息 14　　4 53入 蜡　烛	14　212 55 大　栗
阴入 4	4　334 结　亲 4　334 3　55 国　家	4　313 出　名 4　313 3　55 鲫　鱼	4　535 3 虼　蚤	4　535 3 谷　雨	4　55 3 节　气	4　14 柏　树	4　　4 出　国	4　212 复　习
阳入 212	212 334 21 读　书 212 334 21　55 薄　刀	212 313 21　14 日　头	212 535 21 麦　秆	212 535 21 落　雨 212 535 3 十　五	212　55 21 镬　灶	212　14 21 佛　豆	212　　4 21 及　格	212 212 21 目　录 212 212 3 十　六

说明：

（1）［313］+［4］两字组中，前字可能有［33］和［31］两种读法。

（2）"孝顺"作形容词读作［55］+［0］，作地名时读作［33］+［55］。

（3）［4］+［4］两字组中，前字略降。

（4）阳入［212］调作后字时，有时读作［12］。

二、两字组连读变调规律

金华方言两字组连读变调有以下几个特点：

（1）以前字变调为主。但后字也有变调现象，主要见于后字为阴平［334］和阳平［313］的两字组中。

（2）无论是前字还是后字，调类合流现象都已经超出了阴调类内部或阳调类内部，因而出现了大量阳调读如阴调的现象，如阳平［313］在阴上前变为［33］，

阳去［14］在阴入前变为［53］，阳平在阴平后变为［55］。在金华话里，［33］［53］［55］都是与清声母相配的调值。因此，当阳调类字变为［33］［53］或［55］调时，原来的全浊声母也同时转换成为相应的不送气清声母，例如：寻死_{自杀}z—səŋ³¹³⁻³³sʅ⁵³⁵ | 地方 di¹⁴faŋ³³⁴—ti¹⁴⁻⁵³faŋ³³⁴⁻⁵⁵ | 蜂糖_{蜂蜜}foŋ³³⁴⁻³³d—taŋ³¹³⁻⁵⁵。

（3）在单字调里合并了的调类，在连读中还保持一定程度的区别。

（4）金华方言存在复杂的语法变调。很多述宾和数量结构都具有专门的变调规律。

不符合表中连调规律的例外词有：

阴平＋阳去：街路_{街道}kɑ³³⁴⁻³³lu¹⁴⁻⁵⁵

阴上＋阴上：起子_{改锥}tɕʰi⁵³⁵⁻³³tsʅ⁵³⁵

阴上＋阳上_{实际归阴上}：产母_{产妇}suɑ⁵³⁵⁻³³m⁵³⁵ | 底里_{下面}tie⁵³⁵⁻⁵³li⁵³⁵⁻¹⁴

阳入＋阳平：值钿_{爱惜，疼爱}dʑiə?²¹²⁻²¹die³¹³

肆　异读

一、新老异读

金华方言的新老异读主要体现在韵母方面。

（1）"马、骂、八、法"等字老派读［ɣa］韵，新派读［ia］韵。

（2）"绝、出、剧、叔"等字老派读［yə?］韵，新派读［yo?］韵。

（3）"角、壳、学"等字老派白读［o?］韵，新派白读［uo?］韵。

（4）"桌、粥、肉、玉"等字老派读［io?］韵，新派读［yo?］韵。

此外，五、儿等字老派读［ŋ］韵，新派读［n］韵；托、郭二字老派读阴入［4］，新派读阴平［334］。

二、文白异读

金华方言中文白异读现象十分丰富。下面列出金华话文白异读的主要规律，下文中"/"前为白读，后为文读。

1. 声母

（1）古全浊声母上声字白读清声母，文读浊声母。例如：犯 fɑ⁵³⁵ / vẽ¹⁴ | 造

sao^{535} / dzao^{14} | 像 sian^{535} / zian^{14}。

（2）微母部分字白读［m］声母，文读［v］声母。例如：晚 ma^{535} / uɛ̃^{535} | 问 məŋ^{14} / vəŋ^{14} | 网 maŋ^{535} / uaŋ^{535}。

（3）从、邪、船、禅母字白读［z］［ʑ］或［s］声母，文读［dz］［z］或［dʑ］声母。例如：罪 se^{535} / dzui^{14} | 随 ʑie^{313} / zui^{313} | 舌 dʑyɤ^{14} / zəʔ^{212} | 垂 dʑy^{313} / zui^{313}。

（4）见晓组开口二等字白读［k］组声母，文读［tɕ］组或零声母。例如：甲 kua^{55} / tɕiəʔ^4 | 减 ka^{535} / tɕiɛ̃^{535} | 孝 xao^{55} / ɕiao^{55} | 怀 gua^{313} / uɛ^{313}。

2. 韵母

（1）咸山摄舒声字白读［a］［ɤ］［ia］［ie］［ua］［yɤ］韵，文读［ɛ̃］［iɛ̃］［uɛ̃］［yɛ̃］韵（咸摄没有读［uɛ̃］韵的）。例如：

犯 fa^{535} / vɛ̃^{14} | 减 ka^{535} / tɕiɛ̃^{535} | 监 ka^{334} / tɕiɛ̃^{334}

安 ɤ^{334} / ɛ̃^{334} | 晚 ma^{535} / uɛ̃^{535} | 典 tia^{535} / tiɛ̃^{535} | 限 ie^{14} / ʑiɛ̃^{14} | 奸 ka^{334} / tɕiɛ̃^{334} | 全 zie^{313} / dʑyɛ̃^{313} | 县 yɤ^{14} / ʑiɛ̃^{14}

（2）咸山摄入声字白读［ɤ］［ia］［ie］［ua］［yɤ］韵，文读［əʔ］［iəʔ］［uəʔ］［yəʔ］韵（咸摄没有读［uəʔ］韵的）。例如：

鸽 kɤ^{55} / kəʔ^4 | 盒 ɤ^{14} / əʔ^{212} | 甲 kua^{55} / tɕiəʔ^4 | 接 tɕie^{55} / tɕiəʔ^4

节 tsia^{55} / tɕiəʔ^4 | 活 ua^{14} / uəʔ^{212} | 结 tɕie^{55} / tɕiəʔ^4 | 泼 pʰɤ^{55} / pʰəʔ^4 | 月 ȵyɤ^{14} / yəʔ^{212} | 舌 dʑyɤ^{14} / zəʔ^{212}

（3）深臻曾梗摄开口三等阳声韵知系字白读［iŋ］韵，文读［əŋ］韵。例如：深 ɕiŋ^{334} / səŋ^{334} | 身 ɕiŋ^{334} / səŋ^{334} | 升 ɕiŋ^{334} / səŋ^{334} | 整 tɕiŋ^{535} / tsəŋ^{535} | 城 ʑiŋ^{313} / dzəŋ^{313}。

（4）梗摄开口二等阳声韵字白读［aŋ］韵，与宕江摄字相混，文读［əŋ］韵。例如：猛 maŋ^{535} / | 生 saŋ^{334} / səŋ^{334} | 省 ~长 saŋ^{535} / səŋ^{535} | 耕 kaŋ^{334} / 。

3. 声调

（1）古全浊声母上声字白读阴上［535］调，文读阳去［14］调。例字参看上文声母第（1）条。

（2）咸山两摄入声字白读依声母清浊分归阴去［55］、阳去［14］调，文读分归阴入［4］、阳入［212］调。例字参看上文韵母第（2）条。

伍　小称

金华话的小称音变以韵母变化为主，声调变化为辅。

1. 韵母的变化

金华话"儿"字单读 $[\eta^{313}]$（阳平），义为儿子。小称音的基本韵多数变为鼻化韵，少数变鼻尾韵或开尾韵。目前已调查到的小称韵列举如下（"—"左边是基本韵，右边是小称韵）。

	i—iŋ	
ɣa—ɣɛ̃	ia—iɛ̃	
ɑ—ɛ̃, ɑŋ		uɑ—uɛ̃
ɣ—ɛ̃	ie—iɛ̃	
ɛ—ɛ̃		
	iu—iŋ	
ɑŋ—ɛ̃	iɑŋ—iɛ̃	uɑŋ—uɛ̃
		yəŋ—yɛ̃
əʔ—ɛ̃	iəʔ—iŋ, i	yəʔ—ioŋ

个别小称韵的基本韵不明，例如：掠儿梳子 liɛ̃¹⁴。

从金华市区更老派的方言和周边方言可以断定，开尾韵的小称形式是鼻化韵丢失鼻化成分的结果。

2. 声调的变化

金华话小称的声调变化规律为（古浊上字在单字调中归阴上，在小称变调中与古清上字有区别，故这里把古上声字按古声母清浊分为阴上、阳上两类）：

阴平 [334]	不变	阴上 [535]	变为 [55]
阳平 [313]	不变	阳上 [535]	变为 [14]
阴去 [55]	一般不变，少数变 [535]	阴入 [4]	变为 [55]
阳去 [14]	不变	阳入 [212]	变为 [14]

以上规律可以看成：阴平字读［334］不变，阳平字读［313］不变；上、去、入声字，古清声母字读［55］调（同单字调阴去，阴去字有少数变［535］），古浊声母字读［14］调（同单字调阳去）。从另一个角度来看，也可以说是古平、去声字读原调不变（阴去字有少数变［535］），古上、入声字变为相应的去声（清声母字读阴去调，浊声母字读阳去调）。

在金华话里，声调变化仍只是小称的一种辅助手段。在绝大多数情况下，小称时韵母必须发生变化，而声调只有部分调类有变化。只有极少数例子在又读中可以只变声调，不变韵母，例如（纯小称调的词不加"儿"）：柿 zɿ$^{535\text{-}14}$ | 李李子 li$^{535\text{-}14}$ | 语谜~ ȵy$^{535\text{-}14}$ | 蕊花~ ȵy$^{535\text{-}14}$ | 枣 tsɑo$^{535\text{-}55}$ | 鸟 tiɑo$^{535\text{-}55}$。

陆　其他音变

金华话存在复杂的量词变调现象。一方面，不同调类的量词变调规律可能不同；另一方面，同一量词与不同数词搭配时，其变调也可能不同。这里仅对"一＋量词"的变调规律进行说明。

（1）本调为阴平和阴上（来自古清上字），多变读为阴去［55］。例如：

支~~ tsɿ^{55} | 根~~ kəŋ^{55} | 双~~ ɕyaŋ^{55} | 张~~ tɕiaŋ^{55}

把~~ pɤa^{55} | 起~~ tɕʰi^{55} | 朵~~ uɤ^{55} | 股~~ ku^{55}

（2）本调为阴上（来自古浊上字），一律变读为阳去［14］。例如：

领~~ liŋ^{14} | 部~~ bu^{14} | 件~~ dzie^{14}

（3）本调为阳入，一律变读为短促的［14］（保留喉塞尾）。例如：

日~~ ȵiəʔ^{14} | 集~~ dziəʔ^{14}

（4）本调为阳平、阴去、阴入，一律不变调。例如：

年~~ ȵia^{313} | 块~~ kʰuɛ^{55} | 尺~~ tɕʰiəʔ^{5}

第四十九节　汤溪方音

壹　概况

一、调查点

1. 地理人口

本书所说的"汤溪"的范围是指清代汤溪县，大致相当于今金华市婺城区西部的汤溪、蒋堂、罗埠、洋埠、莘畈、岭上、塔石、琅琊、沙畈等乡镇，白龙桥镇的白龙桥和古方（原古方乡），长山乡的石道畈（原石道畈乡），以及兰溪市西南角的游埠、孟湖、赤溪等乡镇的部分地区（原下王、钱村乡）。汤溪位于浙江中部偏西，金华市西部。东邻旧金华县，南接武义、遂昌，西与龙游毗连，北和兰溪接壤，距金华城区26公里。旧县总面积796平方公里，于1958年撤并。1958年，汤溪县人口为12.3万。撤县后人口资料匮乏。根据各相关乡镇人口资料推算，该地区现约有20多万人。当地居民主要为汉族，少数民族主要有畲族，约200人，居住在南部山区。

2. 历史沿革

汤溪历史悠久。春秋时期，姑蔑国都即建在九峰山下，其后，秦王政二十五年（前222）始置太末县，县治亦在九峰山下。唐贞观八年（634），太末县易名为龙邱县。五代吴越宝正六年（931），钱镠改龙邱县为龙游县，县治西迁至今龙游县境内。明成化七年（1471），析婺州府的金华县和兰溪县、衢州府的龙游县、处州府的遂昌县四县交界地置汤溪县，县治在今汤溪镇。历属金华府、金华专区。1958年撤汤溪县，除衢江以北的濲北、北源两个乡以及洋埠乡的滕家圩、洋港、王家、祥里、杨湾等村（原外北区的10个庄90个村）划归兰溪县以外，其余并入金华县。今属金华市婺城区。

3. 方言分布

汤溪境内无少数民族语言，方言主要是汤溪话，此外还分布着少数客家话、畲话。汤溪话主要分布在原汤溪县境，大致相当于今婺城区西部的汤溪、蒋堂、罗埠、洋埠、莘畈、岭上、塔石、琅琊、沙畈等乡镇，白龙桥镇的白龙桥和古方，长山乡的石道畈，约有 20 万人使用。客家话分布在塔石乡珊瑚、大茗、交椅山、白岩、金牛村、坟岩 6 村。畲话分布在琅琊镇水竹蓬村和塔石乡大坑村。保留使用客家话和畲话的，对外场合也一律使用汤溪话等当地方言。塔石乡银岭、西坞、张村 3 个村说吴语兰溪话。本书的调查点是婺城区汤溪镇汤溪村，调查的方言是吴方言金衢片的汤溪话。

4. 地方曲艺

汤溪境内有用金华话说唱的婺剧和金华道情。婺剧俗称金华戏，是一种拥有高腔、昆曲、乱弹、徽调、滩簧、时调 6 种声腔的多声腔剧种，现在主要流行于金华、衢州两市所属各县及杭州、丽水市的部分县（市）。金华道情是金华民间的主要曲艺，属于单口坐式说唱艺术，曲目分滩头（短篇）和正本（中长篇）两类。现在，金华道情在宣传党的方针政策、丰富群众文化生活方面，起到了非常积极的作用。

二、方言发音人

1. 方言老男

魏雪清，1954 年 12 月出生于汤溪，一直在本地生活和工作，工商业者，现已退休，小学文化程度，说汤溪话和不太标准的普通话。父母、配偶均为汤溪人，说汤溪话。

2. 方言青男

严俊阳，1994 年 3 月出生于汤溪，一直在本地生活和工作，工商业者，高中文化程度，说汤溪话和普通话。父母均为汤溪人，说汤溪话。

3. 口头文化发音人

魏雪清，男，1954 年 12 月出生于汤溪，一直在本地生活和工作，工商业者，现已退休，小学文化程度，说汤溪话和不太标准的普通话。

　　汪素云，女，1957 年 6 月出生于汤溪，一直在本地生活和工作，职工，现已退休，小学文化程度，说汤溪话和不太标准的普通话。

　　何莉丹，女，1984 年 7 月出生于汤溪，主要在本地生活和工作，职工，本科文化程度，说汤溪话和普通话。

　　郑宗林，男，1944 年 3 月出生于罗埠，一直在本地生活和工作，职工，现已退休，初中文化程度，说汤溪话和不太标准的普通话。

贰　声韵调

一、声母（27 个，包括零声母在内）

p 布八	pʰ 派片	b 爬簿病白	m 兵明麦问	f 飞风副蜂	v 肥饭味
t 多搭	tʰ 讨天	d 甜稻大毒	n 东脑南		l 老兰连路
ts 资早租酒争纸	tsʰ 刺草寸清拆抄初车	dz 茶		s 丝三酸想山	z 字贼坐全祠谢事
tɕ 张竹装主九	tɕʰ 抽春轻	dʑ 柱共权	ȵ 年泥热软月	ɕ 双手书响	ʑ 床船顺十城
k 高	kʰ 开	g 共狂		x 好灰	
∅ 熬活县安王云用药					

说明：

（1）部分声母音色上清浊的对立不明显。

（2）中古全浊声母逢擦音几乎已全部清化，逢塞音、塞擦音像是清音浊流，但浊流不如太湖片吴语明显。

（3）鼻边音声母和零声母，在阴调类音节里没有像其他某些吴语方言那么明显的紧喉色彩，所以不与阳调类的声母分为两类。

二、韵母（44 个，包括自成音节的 [m] [ŋ] 在内）

ɿ 猪师丝试	i 戏飞	u 苦初吴	y 雨龟
ɯ 锯狗			
a 硬争白	ia 写贴节	ua 横划计~	
ɑ 排鞋	iɑ 夜越	uɑ 茶牙瓦快山官塔鸭辣活刮	yɑ 捏镯
ɔ 宝饱糖讲托壳学	iɔ 桥响药	uɔ 郭	
	ie 米盐年接热		
ə 北色		uə 骨国	
ɤ 笑南半短寸盒		uɤ 歌坐过	yɤ 靴权月出
ɛ 开赔对	iɛ 十直尺	uɛ 会鬼	
ɤa 法八			
ei 七锡	iei 急一	uei 卫桂嘴	yei 水橘
ɛ̃i 心新病星	iɛ̃i 音琴		yɛ̃i 均云赢
ao 王东	iao 床双兄用		
əɯ 豆走	iəɯ 九油		
ou 谷六绿	iou 局浴		
ã 根灯	iã 深升	uã 滚	yã 春顺
m 母			
ŋ 五二			

说明：

（1）齐齿呼、撮口呼韵母与 [tɕ] 组声母相拼时，介音比较短促和模糊。

（2）[ɿ] 韵实际音值接近 [ɿɯ]。

（3）[u] 韵与 [f] 声母相拼时，是摩擦很轻的 [ʋ]；[uɑ] 韵母中，介音 [u] 在 [ts] 组声母后不明显。

（4）[a] 组里的 [a] 为央元音 [ʌ]。

（5）[ɑ] [oɑ] 两组里的 [ɑ] 有点圆唇；[ao] 组韵母偶尔带 [ŋ] 尾。（记音时统一不记鼻尾）

（6）[ɔ] 组里的 [ɔ] 较高，接近 [o]。

（7）[ie] 韵的 [e] 较后，接近 [ə]；[ə] [əɯ] 两组里的 [ə] 较低、较后，接近 [ʌ]；[ɤ] 组里的 [ɤ] 较高，在 [ɤ] 与 [ɯ] 之间；[ai] [ei] 两组里的韵尾 [i]

较低，为［ɪ］；［ei］组里的［e］较低，为［ɛ］。

（8）［ɛ̃i］组韵母中，［ɛ］的实际音值为［ɛ］，有时舌位较高，但不与［ei］组相同；［ɛ̃i］组韵母中，［ɛ̃i］带有［ŋ］（不明显的［ŋ］尾，记音时统一不记鼻尾）。

（9）自成音节的［ŋ］是舌面与上颚接触很轻微的［ɲ］。

三、声调（7个）

阴平	24	东该灯风通开天春
阳平	11	门龙牛油铜皮糖红
阴上	535	懂古鬼九统苦讨草
阳上	113	买老五有动罪近后六麦叶月毒白盒罚
阴去	52	冻怪半四痛快寸去
阳去	341	卖路硬乱洞地饭树
阴入	55	谷百搭节急哭拍塔切刻

说明：

（1）阴平［24］的开头有较短的平或降。

（2）阳平［11］、阳上［113］的开头和阳去［341］的收尾略高。

（3）阴上［535］曲折度不一，多数字以平为主，有的曲折明显。

（4）阴上［535］、阴入［55］的"5"比阴去［52］的开头略降。

（5）阴入［55］开头略升，近［45］，有时较为短促，韵母有点紧，但没有喉塞尾［ʔ］。

（6）古清声母字在今汤溪话里只读阴调类，古浊声母字在今汤溪话里只读阳调类。

（7）平、上、去、入，阴调类都高于阳调类。

叁　连读变调

一、两字组连读变调表

汤溪方言两字组的连读变调规律见下表。古浊入字在单字调中归阳上［113］，在连读调中与古浊上字有一定区别，所以这里把古浊上字和古浊入字分为阳上

[113]、阳入[113]两类。表中首列为前字本调，首行为后字本调。每一格的第一行是两字组的本调组合；第二行是连读变调，若连读调与单字调相同，则此行空白；第三行为例词。同一两字组若有两种以上的变调，则以横线分隔。具体如下。

汤溪话两字组连调表

前字＼后字	阴平 24	阳平 11	阴上 535	阳上 113	阴去 52	阳去 341	阴入 55	阳入 113
阴平 24	24 24 0 汤溪	24 11 0 汤团	24 535 33 天井	24 113 33 端午	24 52 0 生菜	24 341 0 乌饭	24 55 33 香烛	24 113 33 24 冬日
阳平 11	11 24 52 年糕	11 11 52 牌楼	11 535 33 牛腿	11 113 33 筹码	11 52 茶罐	11 341 52 年饭	11 55 33 堂屋	11 113 33 24 茶叶
阴上 535	535 24 52 水缸	535 11 52 草鞋	535 535 52 水笕	535 113 52 水桶	535 52 52 土菜	535 341 52 手艺	535 55 52 板壁	535 113 52 草席
阳上 113	113 24 11 米缸	113 11 11 碾盘	113 535 11 老酒	113 113 11 倚桶	113 52 11 米胖	113 341 11 野帽	113 55 11 老屋	113 113 11 老佛
阴去 52	52 24 33 嫁妆	52 11 24 0 菜油	52 535 33 印馃	52 113 33 布纽	52 52 33 布帐	52 341 24 0 算命	52 55 33 货色	52 113 33 24 粪勺
阳去 341	341 24 11 52 大襟	341 11 11 52 大门	341 535 11 饿鬼	341 113 11 面桶	341 52 11 饭甑	341 341 11 52 夜饭	341 55 11 饭钵	341 113 11 婆剧
阴入 55	55 24 0 谷筛	55 11 0 竹床	55 535 52 结果	55 113 52 脚桶	55 52 52 发票	55 341 52 出路	55 55 52 铁索	55 113 52 铁勺
阳入 113	113 24 11 52 学生	113 11 11 52 日头	113 535 11 白酒	113 113 11 肉桶	113 52 11 镀盖	113 341 11 麦面	113 55 11 蜡烛	113 113 11 簟席

二、两字组连读变调规律

汤溪话两字组的语音变调有以下几个特点：

（1）以前字变调为主，后字也有一定的变调，其中以轻声居多。在63种两字组（"阳平＋阴去"不变）中，有43种只变前字不变后字，有9种只变后字不变前字，有11种前后字都变。

（2）从前字来看，前字变调大致上可以分成三大类。阴平、阳平、阴去作前字时，多变作［33］调；阳上、阳去、阳入作前字时多变作［11］调；阴上、阴入作前字时多变作［52］调，但在平声、去声前面时往往有例外。

（3）从后字来看，可以分成变调和不变调两类。后字变调最主要地出现在平声作后字时，其次出现在去声作后字时。阳入位于阴平、阳平、阳去后面时也发生变调。

（4）64种两字连调组合（含1组不变调的组合）经变调后归并为21种连调模式。

（5）无论是前字还是后字，调类合流现象都已经超出了阴调类内部或阳调类内部，而出现了大量阳调读如阴调的现象，例如阳平［11］在上声、入声前变为［33］，阳入［113］在阴平、阳平、阴去后变为［24］。在汤溪话里，［33］［24］是与清声母相配的调值，因此，当阳调类字变为［33］［24］调时，原来的全浊声母也同时转换成相应的不送气清声母。此外，阴调类和阳调类里都有不少读作轻声的字，读轻声后清浊声母失去对立，但声母究竟是清是浊难以辨识，故一律处理为只标原单字音声母；没有单字音的，则一律标作清声母。

（6）阳上和阳入在单字调里完全相同，在两字组连读时，大多数情况下也已经没有区别了，但在阴平、阳平的前面，在阴平、阳平、阴去的后面仍旧存在区别。

（7）除了轻声以外，连读中只出现了一个新的调值，即中平调［33］。这说明汤溪话变调时基本上是采用了单字调系统中的调值。轻声实际上是低降轻［31］，在［24］和［55］后面。为了简明起见，一律标作［0］。

三、语法变调

汤溪话的语法变调情况也相当复杂。

（1）述宾式

在汤溪话里，述宾式变调自成规律的字组限于后字为阴平的字组。两字组述宾式的变调规律为：前字阴平［24］、阳平［11］、阴去［52］一律变为［33］，阳上［113］、阳去［341］、阳入［113］一律变［11］，阴上［535］、阴入［55］一律变［52］，跟两字组前字的主流变调相同；后字一律不变。

需要说明的是，汤溪话述宾式与非述宾式的区别并不十分严格，一些非述宾式的字组常常也按述宾式的规律变调。

（2）数量式

当数词不是"一"的时候，汤溪话两字组的变调规律为："上声数词 + 阴调量词"，前字阴上［535］变［52］，阳上［113］变［11］，后字都变［52］。其他情况前字不变，后字变轻声。

"一 + 量词"的变调自成规律。"一"在量词前面一律读［i⁵²］，单字调不明。"一"后面的量词，阴调类均读作［52］（同阴去调值），阳调类除阳平以外均读作［341］（同阳去调值），阳平［11］一般不变，有时也变作［52］或［341］。

（3）量叠式

汤溪话量叠式的前字变调规律为：阴调类均变作［52］（同阴去调值），阳调类除阳平以外均变作［341］（同阳去调值），阳平［11］不变，跟"一 + 量词"里的量词的变调规律基本相同；后字都变作轻声。

（4）动叠式、动代式、动趋式、动量式、X 助式、方位式

这些格式的两字组变调规律是：前字是平声、去声、阴入的，前字不变，后字变轻声；前字是上声、阳入的，阴上变［52］，阳上、阳入变［11］，后字都变［52］。一些地名的变调不符合一般的语音变调规律，而跟方位式相同。一些表示处所、时间的词语的变调往往不同于方位式，无明显规律可循。

（5）动结式、主谓式、偏正式形容词

这些格式的两字组除了个别结合得很紧的词，如"分开""关住""天蓝""草绿"等按语音变调规律变化以外，都不变调。

肆　异读

一、新老异读

汤溪方言中的新老异读现象主要体现在韵母方面，其中老派韵母 44 个，新派韵母 42 个，而声母和声调没有差别。具体而言，主要有以下规律。下文中" / "前为老派，后为新派。

（1）部分老派读音为［uɑ］韵的字，新派读音为［ɔ］韵。例如：茶 dzuɑ¹¹ / dzɔ¹¹ | 山 suɑ²⁴ / sɔ²⁴ | 塔 tʰuɑ⁵⁵ / tʰɔ⁵⁵ | 辣 luɑ¹¹³ / lɔ¹¹³。

（2）部分老派读音为［ə］［uə］韵的字，新派读音为［ɛ］［uɛ］韵。例如：北 pə⁵⁵ / pɛ⁵⁵ | 色 sə⁵⁵ / sɛ⁵⁵ | 骨 kuə⁵⁵ / kuɛ⁵⁵ | 国 kuə⁵⁵ / kuɛ⁵⁵。

（3）部分老派读音为［ɤ］韵的字，新派读音为［uɤ］韵。例如：寸 tsʰɤ⁵² / tsʰuɤ⁵²。

（4）部分老派读音为［yɤ］韵的字，新派读音为［yɛ］韵。例如：出 tɕʰyɤ⁵⁵ / tɕʰyɛ⁵⁵。

（5）老派读音为［ẽi］［iẽi］［yẽi］韵的字，新派读音为［ai］［iai］［yai］韵。例如：心 sẽi²⁴ / sai²⁴ | 新 sẽi²⁴ / sai²⁴ | 病 bẽi³⁴¹ / bai³⁴¹ | 星 sẽi²⁴ / sai²⁴ | 音 iẽi²⁴ / iai²⁴ | 琴 dʑiẽi¹¹ / dʑiai¹¹ | 云 yẽi¹¹ / yai¹¹。

（6）老派读音为［ã］［iã］［uã］［yã］韵的字，新派读音为［aŋ］［iaŋ］［uaŋ］［yaŋ］韵。例如：根 kã²⁴ / kaŋ²⁴ | 灯 nã²⁴ / naŋ²⁴ | 深 ɕiã²⁴ / ɕiaŋ²⁴ | 升 ɕiã²⁴ / ɕiaŋ²⁴ | 滚 kuã⁵³⁵ / kuaŋ⁵³⁵ | 王 uã¹¹ / uaŋ¹¹ | 春 tɕʰyã²⁴ / tɕʰyaŋ²⁴。

（7）此外，新派读音中尚未发现［uɔ］韵的例字，老派读音中有［uɔ］韵的例字。如：郭 kuɔ⁵⁵。

二、文白异读

汤溪方言中的文白异读现象比较丰富。汤溪方言的文读主要是近几十年来在普通话以及金华城里话的影响下形成的。文读音大多数只出现于书面色彩浓重的词语里，用在读书、作报告、打官腔等场合。下面列出汤溪方言文白异读的主要规律。下文中" / "前为白读，后为文读。

1. 声母

（1）帮端母字白读［m］［n］声母，部分字文读［p］［t］声母。例如：版 mɤa⁵³⁵ / pã⁵³⁵ | 帮 mɑo²⁴ / pã²⁴ 四人~ | 单 nuɑ²⁴ / tã²⁴ ~干 | 党 nuɑ⁵³⁵ / tã⁵³⁵ ~员 | 东 nɑo²⁴ / tɑo²⁴。

（2）微母部分字白读［m］声母，文读［v］声母。例如：未 mi³⁴¹ / vi³⁴¹ 辰巳午~ | 万 mɤa³⁴¹ 麻将牌名 / vɤa³⁴¹ 千~ | 问 mã³⁴¹ / vã³⁴¹ ~题。

（3）从、邪母字白读［z］声母，部分字文读［dz］声母。例如：在 zɛ¹¹³ / dzɛ¹¹³ | 全 zie¹¹ / dzie¹¹ | 集 zie¹¹³ / dzie¹¹³ | 习 zie¹¹³ / dzie¹¹³。

（4）日母字白读［ȵ］声母，部分字文读［ʑ］声母。例如：人 ȵiei¹¹ 丈~ / ʑiã¹¹ 工~ | 日 ȵiei¹¹³ ~头 / ʑiɛ¹¹³ ~本 | 让 ȵiɔ³⁴¹ / ʑiɔ³⁴¹。

（5）见晓组开口二等字白读［k］组声母，部分字文读［tɕ］组声母。例如：加 kuɑ²⁴ / tɕiɑ²⁴ ~工 | 江 kɔ²⁴ / tɕiã²⁴ 姓氏 | 确 kʰɔ⁵⁵ / tɕʰiɔ⁵⁵ | 孝 xɔ⁵² ~顺 / ɕiɔ⁵² ~子。

2. 韵母

（1）蟹开三四字白读［ie］韵，部分字文读［i］韵。例如：泥 ȵie¹¹ / ȵi¹¹ ＿水～｜提 die¹¹ / di¹¹｜挤 tsie⁵³⁵ / tsi⁵³⁵｜计 tɕie⁵² ＿用～ / tɕi⁵² ＿～划。

（2）咸山摄一二等、宕江摄的舒声字白读［ɤ］［ie］［ɔ］［oo］［iɑo］等韵，文读［ã］［iã］［uã］［yã］韵。例如：干 kɤ⁵² ＿事～；事情 / kã⁵² ＿～部｜占 tɕie⁵² / tsã⁵²｜观 kuɑ²⁴ / kuã²⁴｜央 iɔ²⁴ / iã²⁴｜放 fɑo⁵² / fã⁵⁵｜王 ɑo¹¹ / uã¹¹｜装 tɕiɑo²⁴ / tɕyã²⁴。

3. 声调

（1）清上字白读阴上［535］，次浊上字白读阳上［113］，部分字文读阴去［52］。例如：产 suɑ⁵³⁵ / tsʰã⁵²｜五 ŋ¹¹³ / u⁵² ＿～一。

（2）清去字白读阴去［52］，部分字文读阴入［55］。例如：放 fɑo⁵² / fã⁵⁵｜案 ɤ⁵² / ã⁵⁵。

（3）浊去字白读阳去［341］，部分字文读阳上［113］。例如：县 yɤ³⁴¹ / zie¹¹³｜事 zɿ³⁴¹ / zɿ¹¹³。

伍　小称

汤溪话的小称音变以韵母变化为主，声调变化为辅，在个别情况下，声母也会随着声调的变化而变化。

1. 韵母的变化

汤溪话"儿"字单读［ŋ¹¹］（阳平），意思是儿子。小称时，［ŋ］附到本音韵母的末尾充当韵尾，本音韵母的元音有的要发生细微的变化。韵尾［ŋ］的实际音值接近［ŋ̍］。（记音时暂统一处理为［ŋ］）。所有开尾、元音尾韵母基本韵和小称韵之间的关系如下（"—"左边是基本韵，右边是小称韵）。

ɿ—ɿŋ	i—iŋ	u—uŋ	y—yŋ	ɯ—ɯŋ	a—aŋ	ia—iaŋ
ua—uaŋ	ɤa—ɤaŋ					
ɑ—ɑoŋ	iɑ—iɑoŋ	uɑ—uɑoŋ	yɑ—yɑoŋ	ɔ—ɔŋ	iɔ—iɔŋ	ou—ouŋ
ie—iŋ	ə—eŋ	uə—uəŋ	ɤ—ɯŋ	uɤ—uɯŋ	yɤ—yuŋ	uə—ɛ—eŋ
iɛ—iɛŋ	uɛ—uɛŋ					

ei—eŋ	iei—ieŋ	uei—ueŋ	yei—yeŋ	ɛ̃i—eŋ	iɛ̃i—ieŋ	yɛ̃i—yeŋ
ɑo—ɑoŋ	iɑo—iɑoŋ	əɯ—əŋ	iəɯ—iəŋ			

2. 声调的变化

汤溪话的小称在发生上述韵母变化的同时，还伴随着一定的声调变化。声调变化的规律如下（古浊入字在单字调中归阳上，在小称变调中与古浊上字有区别，故这里把古浊上字和古浊入字分为阳上、阳入两类）。

阴平[24]不变，阳平[11]变[113]或[24]；阴上[535]变[52]，阳上[113]变[341]；阴去[52]变[535]，阳去[341]变[113]；阴入[55]不变，阳入[113]不变或变[24]。

在汤溪话中，还存在一种纯变调型的小称，即不管本音的单字调是什么调类，小称时一律读作高平调[55]。由于阴入的单字调调值也是[55]，所以阴入调的字无法通过这种方式构成小称。值得注意的是，这种小称调既可以出现在最后一个音节，也可以出现在前面的音节。另外，变调型小称调以称谓、人名居多。如：彩云 人名 tsʰɛ$^{535\text{-}55}$iei^0 | 细素 人名 sia$^{52\text{-}33}$su$^{52\text{-}55}$ | 爷 爷爷 ia$^{52\text{-}55}$ | 哥 kɑ^{55}。

3. 声母的变化

如上所述，部分阳平字小称时要变成[24]调（同单字调阴平），在纯变调型小称中，阳调类字要变成[55]调（同单字调阴入）。当全浊声母字变成[24]或[55]调时，其浊声母要随声调的变化而转换成为不送气清声母。

第五十节　兰溪方音

壹　概况

一、调查点

1. 地理人口

兰溪市隶属浙江省金华市，位于浙江省中西部，地处钱塘江中游，金衢盆地北缘，东西 67.5 公里，南北 38.5 公里，距金华市区 20.5 公里，总面积 1313 平方公里。东南邻金华市金东区、婺城区，西南接龙游县，西北毗邻建德市，东北与浦江县、义乌市交界。兰溪市内水系属钱塘江水系，主要由三江（衢江、金华江、兰江）、五溪（梅溪、甘溪、赤溪、游埠溪、马达溪）组成。自古有"三江之汇""六水之腰""七省通衢"之称。兰溪辖 6 街道 7 镇 3 乡（包括 1 个民族乡），分别是：云山街道、兰江街道、上华街道、永昌街道、赤溪街道、女埠街道，游埠镇、诸葛镇、马涧镇、香溪镇、黄店镇、梅江镇、横溪镇，柏社乡、灵洞乡、水亭畲族乡。截至 2017 年年底，兰溪户籍总人口约 66.30 万，居民多数属汉族，次为畲族，尚有少数的苗、回、蒙、满、彝、藏、高山、布依、赫哲、达斡尔等族居民。[1]

2. 历史沿革

兰溪春秋时属越国，战国时属楚国。秦实行郡县制，兰溪地属会稽郡之乌伤县，西汉因之。东汉初平三年（192），分乌伤县西南置长山县，兰溪地属长山县。三国吴在此设三河戌，吴宝鼎元年（266），于长山设置东阳郡，兰溪属东阳郡长山县。

隋开皇十八年（598），改长山为金华县，兰溪属金华县。唐咸亨五年（674）建兰溪县，大历十三年（778）升为紧县。宋熙宁六年（1073）升为望县。元元

---

① 参见：《2018 年浙江统计年鉴》，http://zjjcmspublic.oss-cn-hangzhou-zwynet-d01-a.internet. cloud.zj.gov.cn/jcms_files/jcms1/web3077/site/flash/tjj/Reports1/2020%E7%BB%9F%E8%AE%A1%E5%B 9%B4%E9%89%B420200929/2018%E7%BB%9F%E8%AE%A1%E5%B9%B4%E9%89%B4%E5%85%89%E7 %9B%9820200929/indexch.htm，2022 年 8 月 10 日获取。

贞元年（1295）升为属州（不辖县的州），仍属婺州。明洪武三年（1370）复为县，属金华府。清因之。

1912 年兰溪定为一等县。1914 年废府设金华道，辖金、衢、严 3 府 19 县，道尹驻兰溪；1916 年移驻衢县。1933 年 9 月置兰溪实验县。1934 年 8 月设兰溪区行政督察专员公署，辖金华府 8 县及建德、桐庐、分水共 11 县。1937 年撤实验县复为普通县，兰溪区改称第四专区，驻地迁金华。

1949 年 11 月划城区置兰溪市（县级，浙江唯一一个），翌年又撤市并入县。1985 年 5 月国务院批准撤兰溪县建兰溪市（县级），兰溪是浙江省第一个县级市。[①]

3. 方言分布

兰溪方言代表为县城城关方言。四乡口音皆有所不同，如东北的横溪镇接近浦江口音；西边的诸葛镇较为特殊，与相邻的建德、龙游口音也有所差异；南边的游埠接近龙游口音。四乡均能理解县城口音，县城人有时不能理解四乡口音。具体的分类，有待进一步研究。近年来，普通话普及程度加深，年轻一代的方言表达能力有较明显的退化。兰溪人口以汉族为主，只在水亭乡有少数畲族分布。畲族老男一代尚能用畲话交流，青男一代语言同化现象明显，畲话能力逐渐退化。

4. 地方曲艺

兰溪戏曲以婺剧为主，该艺术形式所使用的语言为金华方言文读音。除此以外，还有一种戏曲形式为滩簧，使用的语言也接近金华方言文读音。这两种艺术表演大同小异，如今影响力下降，只能在乡镇或农村等地表演。近几年似乎有重新流行的趋势。

二、方言发音人

1. 方言老男

王文荣，1952 年 12 月出生于兰溪兰江镇，一直在本地生活和工作，职工，现已退休，初中文化程度，说兰溪话和普通话。父母均为兰溪城里人。

---

① 参见：兰溪市人民政府网，http://lanxi.gov.cn/col/col1229195058/index.html，2022 年 8 月 10 日获取。

2.方言青男

金树，1986年5月出生于兰溪兰江镇，主要在本地生活和工作，教师，本科文化程度，说兰溪话和普通话。父母均为兰溪城里人。

3.口头文化发音人

李关根，男，1948年4月出生于兰溪兰江镇，一直在本地生活和工作，职工，现已退休，小学文化程度，说兰溪话和普通话。父母均为兰溪城里人。

贰　声韵调

一、声母（27个，包括零声母在内）

p 八兵	pʰ 派片	b 爬病味问	m 麦明饭	f 飞风副蜂	v 肥饭味
t 多东	tʰ 讨天	d 甜毒	n 脑南年泥		l 老蓝连路
ts 资早租酒	tsʰ 刺草寸抄 初车汽~	dz 茶		s 坐丝三酸 想事山	z 字贼全祠 谢
tɕ 张量竹装主 九	tɕʰ 清抽春轻	dʑ 柱权	ȵ 热软月	ɕ 双手书响	ʑ 床船顺十 城
k 高	kʰ 开	g 共		x 好坏恨	
∅ 熬活县安温 王云用药					

说明：

（1）［tɕ］组声母发音部位略靠前，接近舌叶音。

（2）［k］组声母发音部位略靠前。

（3）［x］声母发音逢低调时，略有浊音色彩，如：恨 xæ̃²⁴。

二、韵母（46个，包括自成音节的［m］［n］在内）

ɿ 猪师丝试	i 戏飞	u 苦	y 雨
	ia 写年		
a 排鞋	ia 爷野	ua 茶牙瓦快山官	ya 帅

e 开赔对	ie 米盐	ue 鬼	
ɔ 宝饱	iɔ 笑桥		
ɤ 南半短寸		uɤ 歌坐过	yɤ 靴权
əɯ 豆走二	iəɯ 油		
ui 归			
æ 根灯硬争	iæ 深升	uæ 滚横~竖	yæ 春云
	iɛ̃ 减燕		
in 心新病星			
aŋ 糖讲	iaŋ 响	uaŋ 王	yaŋ 床双
oŋ 东	ioŋ 兄用		
aʔ 阿学	iaʔ 法八	uaʔ 盒塔鸭辣活刮	
	ieʔ 接急热七一锡		
əʔ 托北色白	iəʔ 贴十节直尺	uəʔ 骨郭国	yəʔ 出
ɔʔ 壳谷六绿	iɔʔ 药浴		
ɤʔ 拨粒鸽割			yɤʔ 月橘局
m 姆			
n 五			

说明：

（1）[ɑ]组韵母中的[ɑ]，实际开口度没有那么大。

（2）[ia]的实际音值接近[iæ]。

（3）[e]组韵母中的[e]，实际音值为[ɛ]。

（4）鼻音韵尾[ŋ]发音靠前。

三、声调（7个）

阴平	334	东该灯风通开天春
阳平	21	门龙牛油铜皮糖红
上声	55	懂古鬼九统苦讨草买老五有动罪进后
阴去	45	冻怪半四痛快寸去
阳去	24	卖路硬乱洞地饭树
阴入	34	谷百搭节急哭拍塔切刻
阳入	12	六麦叶月毒白盒罚

说明：

（1）上声［55］开头略降，实际音值接近［544］。

（2）阴入［34］实际为短促调。

（3）阳入［12］实际为短促调。

叁 连读变调

一、两字组连读变调表

兰溪方言两字组的连读变调规律见下表。表中首列为前字本调，首行为后字本调。每一格的第一行是两字组的本调组合；第二行是连读变调，若连读调与单字调相同，则此行空白；第三行为例词。同一两字组若有两种以上的变调，则以横线分隔。具体如下。

兰溪方言两字组连读变调表

前字 ＼ 后字	阴平 334	阳平 21	上声 55	阴去 45	阳去 24	阴入 34	阳入 12
阴平 334	334 334 中 央 334 334 45 天 公	334 21 45 天 雷 334 21 55 24 污 泥	334 55 烧 酒 334 55 45 村 坊	334 45 55 师 傅	334 24 烧 饭 334 24 45 天 亮 334 24 55 新 妇	334 34 铅 笔	334 12 山 药
阳平 21	21 334 年 初 21 334 45 台 风 21 334 55 轮 胎	21 21 24 洋 油 21 21 55 前 头	21 55 黄 酒	21 45 球 菜	21 24 蚕 豆	21 34 毛 竹	21 12 茶 叶 21 12 24 龙 鼋

续表

后字＼前字	阴平 334	阳平 21	上声 55	阴去 45	阳去 24	阴入 34	阳入 12
上声 55	55·334 剪刀	55·21 老人 55·21,55 里头	55·55 冷水 55·55,45 纽子 55·55,24 以后 55·55,334 傻鬼	55·45 短裤 55·45,24 上去	55·24 午饭 55,55·24,55 弟妇	55·34 喜鹊	55·12 草席 55·12,24 每日
阴去 45	45,334·334 细猪 45,55·334 衬衫	45,334·21,45 剃头 45,55·21,45 骗人	45,55·55 背后 45,334·55 听讲 45,55·55,45 戒指	45,55·45 对面 45,334·45 做戏	45·24,334 做寿 45,334·24,45 快慢 45,55·24,45 相貌	45,334·34 裤脚 45,55·34 教室	45,334·12 细麦
阳去 24	24,55·334 定婚 24,55·334 大家 24,55·334,45 外孙	24,55·21,24 大门	24,55·55 露水 24,55·55,24 电筒	24,55·45 地震 24,55·45 大蒜	24,55·24 庙会 24,55·24 望病	24,55·34,34 外国	24,55·12 树叶
阴入 34	34·334 插秧	34·21 着棋 34·21,45 出来 34·21,24 额头	34·55 粟米 34·55,45 一起	34·45 出去	34·24 发梦	34·34 节约	34·12 搭脉

续表

后字 前字	阴平 334		阳平 21		上声 55		阴去 45		阳去 24		阴入 34		阳入 12	
阳入 12	12 读	334 书	12 学	21 24 堂	12 落	55 雨	12 绝	45 对	12 月	24 亮	12 墨	34 汁	12 簟	12 席
	12 薄	334 45 刀	12 落	21 45 材	12 日	55 24 上	12 特	45 24 意						

二、两字组连读变调规律

兰溪方言两字组的连读变调有以下几个特点：

（1）前后字都可变调。

（2）没有专门的连读调，调类范围与单字调相同。

（3）单字调上声不分阴阳。原清上和浊上的单字在两字组连调中表现相同，已不能观察出合并前的情况。

肆　异读

一、新老异读

兰溪方言新老异读主要体现在声母和韵母方面，尤其是入声韵的分合，下文中"／"前为老派，后为新派。

1. 声母

只有个别字读音存在新老差异。例如：孝 $xɔ^{45}/ɕiɔ^{45}$。

2. 韵母

（1）老派入声韵今读相当复杂，总的来说，主要元音多至 5 个：[ɑ][e][ə][ɔ][ɤ]；新派入声韵合并得非常厉害，除开口呼还存在 [ə][ɔ] 的对立，齐合撮三呼都只剩下一个主要元音 [ə] 而不再有韵母的对立。因此，老派很多不同音的入声字在新派发音中都已同音。例如：学 $ɑʔ^{12} \neq$ 额 $əʔ^{12}$ | 尺 $tɕʰiəʔ^{34} \neq$ 吃 $tɕʰieʔ^{34}$ | 药

iɔʔ¹² ≠ 叶 ieʔ¹² | 杀 suaʔ³⁴ ≠ 宿 suəʔ³⁴ | 出 tɕʰyəʔ³⁴ ≠ 畜 tɕʰyɤʔ³⁴。

（2）山摄舒声合口三四等知章见组字老派读［yɤ］韵，新派读［ye］韵。例如：船 ʑyɤ²¹/ʑye²¹ | 远 yɤ⁵⁵/ye⁵⁵。

（3）另有一些不太系统的差异。例如：蚁 uɑ⁵⁵ / ni⁵⁵。

二、文白异读

兰溪方言的文白异读现象十分复杂，而且因人而异。大体上文化程度越高，年龄越大，文白异读现象就越丰富。不过由于调查字数有限，目前发现的文白异读现象仍比较零碎，列举如下，下文中"／"前为白读，后为文读。

1. 声母

（1）非组个别字白读［b］［m］声母，文读［v］声母。例如：肥 bi²¹/vi²¹ | 晚 mia⁵⁵/uæ̃⁵⁵。

（2）日母个别字白读［n］声母或自成音节［n̩］，文读［ʑ］声母或零声母。例如：人 nin²¹/ʑiæ̃²¹ | 耳 n̩⁵⁵/əl⁵⁵。

（3）其他：财 ze²¹/dze²¹ | 侧 tsəʔ³⁴/tsʰəʔ³⁴ | 城 ʑiæ̃²¹/dʑiæ̃²¹。

2. 韵母

中古韵摄	例字	读音	中古韵摄	例字	读音
果开一歌	拖	tʰa³³⁴ / tʰuɤ³³⁴	山开一翰	汉	xɤ⁴⁵ / xæ̃²⁴
止合三支	吹	tɕʰy³³⁴ / tsʰui³³⁴	山开一曷	达	duɑ²⁴ / dəʔ¹²
止合三微	围	y²¹ / ui²¹	山开二产	铲	tsʰuɑ⁵⁵ / tsʰæ̃⁵⁵
咸开一覃	贪	tʰɤ³³⁴ / tʰæ̃³³⁴	山合一缓	断	tɤ⁵⁵ / tæ̃⁵⁵
咸开一盍	蜡	ləʔ¹² / luɑ⁵⁵	山合三阮	晚	mia⁵⁵ / uæ̃⁵⁵
咸开二狎	甲	kuəʔ³⁴ / tɕiəʔ³⁴	臻开三真	人	nin²¹ / ʑiæ̃²¹
山开一寒	单	tuɑ³³⁴ / tæ̃³³⁴	梗开三映	柄	pæ̃⁴⁵ / pin⁴⁵
山开一寒	安	ɤ³³⁴ / æ̃³³⁴			

伍　小称

兰溪方言小称的主要形式是加后缀"儿"，少数词还有"AA＋儿"的形式。

"儿"字单用指儿子_{背称}时，读为[n²¹]，但作后缀时读音为[nə]，曹志耘认为，央元音[ə]应当是自成音节的[n]延长而来的，同是南部吴语的云和方言自成音节的[m]韵有时读为[mə]可以作为一个旁证。从兰溪方言自身来看，小称后缀"儿"[nə]有由自成音节的[n]音变而来的痕迹，也还保留在"蟮儿_{蚯蚓}"[sie²⁴n⁵²]这个词中。

[ə]韵母在单字音中，仍旧保留喉塞尾[ʔ]，但作为小称后缀，喉塞尾有脱落迹象，具体声调与前字有关，情况有三类：

（1）阴平[334]＋[45]、上声[55]＋[45]、阴入[34]＋[45]

（2）阳平[21]＋[24]、阳入[12]＋[24]

（3）阴去[45]＋[52]、阳去[24]＋[52]

小称调[45][24][52]相比单字调都比较短促。

因此，后缀"儿"的声调应是受前字的调值与调型制约。大致规律为前字为阴调类字、调值较高时，后缀"儿"调值为[45]；前字为阳调类字、调值较低时，后缀"儿"调值为[24]。[45]和[24]的调值与阴去、阳去的调值相同，当前字为阴去或阳去时，该规律无法统摄，后缀"儿"都变为降调调型的[52]。后缀"儿"的调类变化模式与连读变调不同，应认为是小称变调，但已不具备语法功能。

小称的原始功能或基本功能是"指小"，"指小"过程里衍生出喜爱、亲昵甚至戏谑等感情色彩。当小称形式取代原形式，成为唯一的表达，小称的语法功能及感情色彩将逐步消失。兰溪方言的小称"指小"功能已基本消失，如"梨儿、鸭儿"等词为通称，并不指示大小，如"指小"须在前面加定语"细"，说"细梨儿、细鸭儿"。

当小称的语法功能和感情色彩消失时，新的语法手段将会出现。兰溪方言的"儿"缀词固化常态后，以词根重叠的形式表小，例如"珠儿"通称珠子，但"珠珠儿"则指称体积较小的珠子，并在语感上有可爱和有趣的意味。

收集到的小称词汇大致有：

人称类：后生儿、囡儿_{姑娘}、细伢头儿_{男婴孩}

水果类：桃儿、梨儿、橘儿、李儿李子、柿儿、□[pʰɔ³³⁴]儿柚子、枣儿

动物类：羊儿、鸭儿、猫儿、鸟儿、鸽儿、蟮儿、红金鱼儿、蟋蟀儿、蜂儿

器物类：瓶儿、杯儿、夹儿、刷儿、叉儿、镯儿、珠儿、珠珠儿、铃铃儿、泡泡儿、梳儿、锹儿、箫儿、哨儿、核儿

陆　其他音变

一、清浊音变

兰溪方言在语流中由于连读而产生变调，因声母的清浊常依附于声调的高低，所以声母也会产生相应的变化。大部分情况为浊声母变为清声母，例如（读音特殊的字加下画线）：

<u>大</u>晒旱：天~ tuɤ⁵⁵suɑ⁴⁵(d—t)

山<u>头</u>山 suɑ³³⁴təɯ⁴⁵(d—t)

也有少数清声母变为浊声母的情况，例如：

上<u>去</u> ɕiaŋ⁵⁵gi²⁴(kʰ—g)

二、量词变调

兰溪方言存在量词变调的现象。从目前所调查的例词来看，某些本调上声[55]和阳去[24]的量词会变读为阴去[45]。例如：

领一~席子 lin⁴⁵

面一~镜子 mie⁴⁵ | 埭一~河、一~路 ta⁴⁵ | 件一~事情 tɕie⁴⁵

三、特殊语流音变

兰溪方言中还存在一些特殊语流音变现象，例如（读音特殊的字加下画线）：

<u>哪</u>般时候什么时候 lɑ⁵⁵pɤ³³⁴zɿ²¹əɯ²⁴(n—l)

<u>哪</u>个哪个、谁 la⁵⁵ka⁰(n—l)

<u>哪</u>里 la⁵⁵li⁰(n—l)

进<u>去</u> tɕin⁴⁵ki⁰(kʰ—k)

老<u>鼠</u> lɔ⁵⁵tsʰɿ⁵⁵(s—tsʰ)

老鼠皮翼蝙蝠lɔ⁵⁵tsʰʅ⁵⁵bi²¹ɑ²⁴(s—tsʰ，iəʔ—ɑ)

脚踏车自行车tɕiəʔ³⁴lɔʔ¹²tsʰɑ⁴⁵(d—l)

衣裳衣服i³³⁴iɑŋ⁴⁵(ʐ—∅)

保佑 pɔ⁵⁵y⁴⁵(iɯ—y)

打老 K 打扑克tæ⁵⁵nɔ²¹kʰe⁴⁵(l—n)

猜义儿猜谜语tsʰe³³⁴n̠y²⁴nəʔ⁰(i—y)

第五十一节　浦江方音

壹　概况

一、调查点

1. 地理人口

浦江县隶属浙江省金华市，位于浙江中部，金华市北部。东北邻诸暨，东南接义乌，西南与兰溪毗连，西北和建德、桐庐接壤，距金华城区46公里。全县面积920平方公里，辖7镇5乡3街道，分别是：黄宅镇、岩头镇、郑宅镇、檀溪镇、杭坪镇、白马镇、郑家坞镇、虞宅乡、大畈乡、中余乡、前吴乡、花桥乡，浦阳街道、浦南街道、仙华街道。截至2016年年底，全县共有14.09万户，总人口39.92万。[①] 当地居民主要为汉族，少数民族人口极少，多系工作、婚姻迁入。

2. 历史沿革

浦江建县于东汉兴平二年（195），古称丰安。唐天宝十三年（754）析义乌、兰溪、富阳地置浦阳县，以境内浦阳江得名，属江南东道东阳郡，县治在今浦阳镇所在地。五代吴越天宝三年（910）改浦阳为浦江，一直沿用至今。

1949年5月浦江解放，隶属浙江省金华专区（初称第八专区）。1960年1月撤销浦江县建制并入义乌县。1966年12月，国务院批准恢复浦江县，并入义乌县的原行政区域复归浦江，县城在浦阳镇，属金华地区。1985年6月金华地区改市，属金华市。[②]

3. 方言分布

浦江境内的方言主要为浦江话，属吴语金衢片。与诸暨、兰溪交界的部分村庄分别说诸暨话和兰溪话。

---

① 参见：《2017年浙江统计年鉴》，http://tjj.zj.gov.cn/col/col1525563/index.html，2022年7月29日获取。

② 参见：浦江县人民政府网，http://www.pj.gov.cn/col/col1229171577/index.html，2022年7月20日获取。

4. 地方曲艺

本地流行浦江乱弹。浦江乱弹是一个古老的戏曲种类，流行于浦江、临安、建德、桐庐一带和金华、衢州、丽水、温州、台州以及江西等地，影响遍及浙中、浙南、浙西和江西、福建的大部分地区，是浙江婺剧的主要声腔之一。因其发源于浦江，故称浦江乱弹。

二、方言发音人

1. 方言老男

应平，1955 年 10 月出生于浦江城关，一直在本地生活和工作，农民，小学文化程度，说浦江城关话和不太标准的普通话。父母均为浦江城关人，说浦江城关话。

2. 方言青男

洪建松，1980 年 10 月出生于浦江城关，一直在本地生活和工作，工商业者，高中文化程度，说浦江城关话和普通话。父母均为浦江城关人，说浦江城关话。

3. 口头文化发音人

楼桂元，女，1956 年 11 月出生于浦江浦阳镇，农民，小学文化程度，说浦江话和不标准的普通话。

方鼎晟，男，1935 年 11 月出生于浦江七里乡，教师，高中文化程度，说浦江话和不太标准的普通话。

贰　声韵调

一、声母（32 个，包括零声母在内）

p 八兵	pʰ 派片	b 爬病肥	m 麦明	f 飞风副蜂	v 肥饭味
t 多东	tʰ 讨天	d 甜毒	n 南打		l 脑老连路
ts 资酒刺争装	tsʰ 刺清抽拆初	dz 杂直城		s 丝三酸山	z 字贼坐全城

tʃ 猪纸	tʃʰ 溪气	dʒ 池骑		ʃ 西戏	
tɕ 竹装主九	tɕʰ 抄春轻	dʑ 茶柱共权	ȵ 年泥热软月	ɕ 想双手书响	ʑ 谢床船顺
k 高根	kʰ 开快	g 厚共	ŋ 熬硬	x 好灰	
∅ 安县温王云					

说明：

（1）[tʃ]组声母只拼[i]韵，实际读音接近[ts]组。

（2）[tɕ][tɕʰ][dʑ]声母拼[iɛ][yɛ]韵时，近标准的舌面前塞擦音；拼其他韵时擦音成分较弱，接近舌面前塞音[ȶ][ȶʰ][ȡ]。

（3）[x]声母发音部位略后。

（4）阳调类的零声母音节前带有轻微的与音节开头元音同部位的摩擦成分。

二、韵母（45 个，包括自成音节的[m][n]在内）

ɿ 师丝	i 猪米试戏飞桥接热	u 布苦	y 雨鬼
			yi 月血
ɑ 排鞋法白	iɑ 牙瓦鸭	uɑ 快塔辣活刮	yɑ 茶杀
a 开赔对	ia 写贴八节	ua 灰块	
ɛ 直尺		uɛ 亏危	
o 宝饱托郭壳学			yo 药学
ɤ 豆走			
ə 十七北色	iɤ 九油	uə 骨国	yə 出橘
ɯ 歌坐笑六绿	iə 急一锡		yɯ 靴局
ã 山饭	iã 年烟	uã 官关	
	iɛ̃ 连盐		yɛ̃ 权圆
ɔ̃ 南半短寸贪			
ɛ̃ 硬争战		uɛ̃ 横	
õ 糖王讲			yõ 响床双
an 棒贪	ian 战延	uan 顽完	
ən 心深根新灯东	iən 心升病星	uən 滚婚	yən 春云
on 公红			yon 兄用

m 无午

n 五二

说明：

（1）[u][y]二韵唇形较展。[u]韵与零声母之外的声母相拼时，双唇有时会颤动。

（2）[ɑ][iɑ][uɑ][yɑ]四韵中的[ɑ]舌位略高，唇形略圆，接近[ɒ]。

（3）[a][ua]二韵中的[a]舌位略后。

（4）[ɤ][iɤ]二韵中的[ɤ]舌位略前略低，介于[ɤ]与[ə]之间；[ɤ]韵实际音值为[əɤ]。

（5）[ɯ][yɯ]二韵中的[ɯ]舌位较前较低，而且常带有圆唇色彩，其中[yɯ]韵中的[ɯ]圆唇色彩更加明显。

（6）[ã][iã][uã]三韵里的[ã]鼻化色彩很弱。

（7）[ɔ̃]韵里的[ɔ]舌位较高，有时带有圆唇色彩，实际音值与本音系[ɯ][yɯ]二韵中的[ɯ]基本相同。

（8）[-n]尾韵常常接近[-l]尾韵。

三、声调（8个）

阴平	534	东该灯风通开天春
阳平	113	门龙牛油铜皮糖红
阴上	53	懂古鬼九统苦讨草
阳上	243	马买老有动罪近后
阴去	55	冻怪半四痛快寸去百
阳去	24	卖路硬乱洞地饭树
阴入	423	谷搭节急哭拍塔切刻
阳入	232	六麦叶月毒白实罚五

说明：

（1）阳平[113]开始略降，但降得不到一度。

（2）阴入[423]是个长调。

（3）阳入[232]是个长调，末尾略升，实际读音近[2323]。

叁　连读变调

一、两字组连读变调表

浦江方言两字组的连读变调规律见下表。表中首列为前字本调，首行为后字本调。每一格的第一行是两字组的本调组合；第二行是连读变调，若连读调与单字调相同，则此行空白；第三行为例词。同一两字组若有两种以上的变调，则以横线分隔。具体如下。

浦江方言两字组连读变调表

后字 / 前字	阴平 534	阳平 113	阴上 53	阳上 243	阴去 55	阳去 24	阴入 423	阳入 232
阴平 534	534 534 55 334 东 风 —— 534 534 33 334 开 车	534 113 55 334 清 明 —— 534 113 33 334 开 门	534 53 33 天 井	534 243 33 招 待	534 55 55 334 车 票 —— 534 55 33 开 店	534 24 55 334 军 队 —— 534 24 33 生 病	534 423 33 东 北	534 232 33 334 生 日
阳平 113	113 534 24 334 农 村 —— 113 534 11 334 爬 山	113 113 24 334 农 民 —— 113 113 33 334 前 年	113 53 11 牙 齿	113 243 11 徒 弟	113 55 24 334 棉 裤 —— 113 55 11 难 过	113 24 24 334 长 寿 —— 113 24 11 排 队	113 423 24 头 发	113 232 33 334 茶 叶
阴上 53	53 534 33 53 火 车	53 113 55 55 草 鞋 —— 53 113 33 243 倒 霉	53 53 33 手 表	53 243 33 水 稻	53 55 55 水 库 —— 53 55 55 0 写 信	53 24 55 0 写 字	53 423 33 53 赌 博	53 232 33 243 死 活
阳上 243	243 534 11 53 坐 车 —— 243 113 11 243 坐 船	243 113 11 24 象 棋	243 53 11 老 虎 —— 243 53 24 0 老 板	243 243 11 道 理	243 55 24 0 受 气	243 24 11 午 饭 —— 243 24 24 0 近 路	243 423 11 53 满 足	243 232 11 243 老 实

续表

后字 前字	阴平 534	阳平 113	阴上 53	阳上 243	阴去 55	阳去 24	阴入 423	阳入 232
阴去 55	55　534 33　334 汽　车	55　113 33　334 酱　油	55　53 33 放　火	55　243 33 送　礼	55　55 33 种　菜	55　24 33 过　夜	55　423 33 正　式	55　232 33　334 做　贼 　 55　232 　　55 四　月
阳去 24	24　534 11　53 地　方	24　113 11　243 大　门	24　53 11 大　腿	24　243 11 大　雨	24　55 24　0 路　费	24　24 　　0 寿　命 　 24　24 大　路	24　423 11　53 外　国	24　232 11　243 树　叶
阴入 423	423　534 33　334 国　家	423　113 33　334 骨　头	423　53 33 发　火	423　243 33 谷　雨	423　55 55 节　气 　 423　55 55　0 织　布 　 423　55 33 出　去	423　24 55　55 铁　路 　 423　24 33 决　定	423　423 33　53 出　血	423　232 33　243 作　业
阳入 232	232　534 24　334 读　书	232　113 24　334 石　头	232　53 11 石　板	232　243 11 十　五	232　55 11 力　气 　 232　55 24　0 服　气	232　24 11 立　夏 　 232　24 24　0 服　务	232　423 11　53 蜡　烛	232　232 11　243 十　六

说明：

表中的变调［334］有以下几种情况：

（1）本调为阴平时，实际读音为［434］。

（2）本调为阳平时，又分两种情况：前字若为阴平字，实际读音接近［113］；前字若为其他调类字，实际读音多为［334］，有时作［434］。

（3）本调为阴去时，实际读音接近［33］。

（4）本调为阳去或阳入时，实际读音多为［334］，有时作［434］。

二、两字组连读变调规律

浦江方言两字组的变调有以下几个特点：

（1）变调现象比较复杂，前后字都会变调，以前字变调为主。前字为阴去和阳去调时才可能不变调；后字为阴上、阳上调时基本不变调。

（2）前字的曲折调都变为平调或升调，后字则常保留曲折调。

（3）连读变调存在较多的合并现象，而且合并不限于阴调类内部或阳调类内部，即打破了阴阳调类的界限。例如前字为阴平、阳平、阴上、阴去、阴入时都可变为[33]调；后字为阴平、阳平、阴去、阳去、阳入时都可变为[334]调。而且浦江话中阴阳调类在连调中的合并，并没有使后字的声母发生浊化或清化。

肆　异读

一、新老异读

浦江方言的新老异读主要体现在韵母方面。

（1）深臻曾梗摄舒声字老派读[iən]韵，新派读[in]韵。

（2）通摄舒声字新老派都读[on][yon]韵，但新派有时接近[om][yom]，与[p]组声母相拼时尤其明显。

二、文白异读

浦江方言的文白异读主要体现在声母和韵母方面。下文中"／"前为白读，后为文读。

1. 声母

（1）非组个别字白读[b][m]声母，文读[v]或零声母。例如：肥 bi^{113}／vi^{113}｜晚 mã^{24}／uan^{53}。

（2）日母个别字白读[n̠]声母或自成音节[n]，文读[z]声母或零声母。例如：人 n̠iən^{113}／ziən^{113}｜耳 n^{113}／ɤ^{243}。

（3）见晓组（疑母字除外）开口二等字白读多为[k]组声母，文读为[tɕ]组声母。例如：间 kã^{534}／｜孝 xo^{55}／ɕyo^{55}｜瞎／ɕia^{423}。

2. 韵母

（1）效摄个别字白读［i］［ɯ］等韵母，文读［iɑ］韵母。例如：小 sɯ⁵⁵ / ɕiɑ⁵⁵ | 摇 i¹¹³ / iɑ¹¹³ | 条 dɯ¹¹³ / diɑ¹¹³。

（2）咸山摄部分字白读［ɔ̃］［ɛ̃］［ã］等韵母，文读［an］［ian］［uan］等韵母。例如：贪 tʰɔ̃⁵³⁴ / tʰan⁵³⁴ | 战 tsɛ̃⁵⁵ / tsian⁵⁵ | 晚 mã²⁴ / uan⁵³。

伍 小称

浦江方言的小称音变以韵母变化为主，声调变化为辅。

1. 韵母的变化

从韵母来看，在浦江方言的 45 个韵母中，现在已经调查到有小称例词的韵母共 31 个。

31 个韵母小称时要发生变化，每个基本韵对应一个小称韵，即共有 31 个小称韵。变化的方式只有一种，即在原韵母的末尾加上一个鼻音韵尾［n］。浦江话"儿"字读［n¹¹³］（阳平），小称音里的［n］尾显然来自"儿"字。

2. 声调的变化

浦江方言小称变调情况如下表所示，例词中的"儿"字一律省去。

浦江方言的小称变调

古音	今单字调	变调规律	例字
清平	阴平 534	不变	梯、乌、虾、杯、糕、歌
浊平	阳平 113	232	梨、梅、猫、桃、球、篮、盘、蚕、羊、蜱
清上	阴上 53	55	馃、畚、枣、鸟、狗、茧、梗
浊上	阳上 243	24	柿、语、女、辫
		不变	弟、棒
清去	阴去 55	不变	痱、记、兔、裤
		53	泡、豹
浊去	阳去 24	243	芋、刨
清入	阴入 423	不变	格、夹、鸭、塔、节、尺、塞、壳、雀、卒、橘
浊入	阳入 232	不变	匣、末、栗、鹿

浦江方言小称变调规律可以归纳为：

（1）阴平、阴入、阳入字不变调。

（2）阳平字变［232］调，同阳入调；阴上字变［55］调，同阴去调；阳去字（目前调查到的例字较少）变［243］调，同阳上调。

（3）阳上字多数变［24］调，同阳去调，少数不变调；阴去字多数不变调，少数变［53］调，同阴上调。

（4）小称调没有超出本调的范围，除阳平［113］以外，其他各本调都能在小称调中找到。

陆　其他音变

一、量词变调

浦江话存在量词变调的现象。从目前所调查的例词来看，其变调规律为：无论量词的本调是什么，都可能变读为阴去［55］。例如：

支一～毛笔tsɿ⁵⁵ | 餐一～饭tsʰɑ̃⁵⁵

把一～锁pia⁵⁵ | 朵一～花tɯ⁵⁵ | 股一～香味ku⁵⁵ | 管一～锁kuɑ̃⁵⁵

面一～镜子mɛ̃⁵⁵

帖剂:一～中药tʰia⁵⁵ | 角角:一～钱ko⁵⁵ | 些一～东西sɯ⁵⁵

粒一～珠子lɯ⁵⁵

二、特殊语流音变

浦江方言中还存在一些特殊语流音变现象，如（读音特殊的字加下画线）：

四餐午饭点心ʃi³³tsʰɑ̃³³m³³mɑ²⁴³(v—m)

脚踏车自行车tɕyo³³la³³tɕʰya⁵³(d—l)

蜻蜓tsʰiən⁵⁵liən³³⁴(d—l)

馄饨uən²⁴lən³³⁴(d—l)

埭条:一～路la⁵⁵(d—l)

本钿本钱pən⁵⁵niɛ̃⁵⁵(d—n)

手电筒çiɤ³³diɑ̃³³tən⁵³(d—t)

事干事情zɿ²⁴gɤ̃²⁴(k—g)

第五十二节　义乌方音

壹　概况

一、调查点

1. 地理人口

义乌隶属浙江省金华市。位于浙江中部，地处金衢盆地东部。东邻东阳，南界永康、武义，西连金华、兰溪，北接诸暨、浦江。南北长 58.15 公里，东西宽 44.41 公里，全市面积 1105.46 平方公里，下辖 8 街道 6 镇，分别是：稠城街道、江东街道、北苑街道、廿三里街道、福田街道、稠江街道、后宅街道、城西街道、佛堂镇、苏溪镇、上溪镇、大陈镇、义亭镇、赤岸镇。[①] 截止到 2020 年年末，全市户籍人口为 85.33 万，常住人口 185.94 万。[②] 人口以汉族为主，少数民族有苗族、布依族、土家族等共 51 个民族，人口超过 8 万，其中苗族、布依族、土家族人口超过 1 万。

2. 历史沿革

秦王政二十五年（前 222），建县乌伤，属会稽郡。唐武德四年（621），废乌伤设绸州，分置乌孝、华川两县，其中乌孝县治即今治所在地。武德七年（624），废绸州，两县合而为一，称义乌，为县名义乌之始。

1949 年 5 月义乌解放，隶属金华专区。1959 年 10 月，浦江县并入义乌，1967 年，析复浦江县。1988 年 5 月 25 日，义乌撤县建市。[③]

3. 方言分布

义乌境内的方言主要是义乌话，属吴语金衢片。各地口音差异较大，有"义

---

① 参见：义乌市人民政府网，http://www.yw.gov.cn/col/col1229137471/index.html，获取日期 2022 年 8 月 22 日。

② 参见：《浙江省义乌市人口统计数据》，http://www.eyiwu.com/k28/11788.htm，获取日期 2022 年 8 月 22 日。

③ 义乌市志编纂委员会. 义乌市志·第 1 册. 上海：上海人民出版社，2011：151-154.

乌十八腔"的说法。近年来受普通话影响逐渐增大，特别是年轻人的口语中普通话词汇增多。

4. 地方曲艺

义乌戏曲曲种、声腔、调门多样，明代中叶产生的义乌腔等对高腔的系统形成起到了一定的作用。义乌曲艺主要有道情、花鼓等，义乌道情属俗曲道情，演唱者多为男性盲艺人，遍布全县，一般为1人自打自唱。花鼓也是义乌曲艺的主要曲种之一，1人坐唱，以唱为主，以说为辅，演唱时左手持小锣，挟腰鼓，右手持锣片及软锤。

二、方言发音人

1. 方言老男

陈雄文，1962年8月出生于义乌稠城镇，一直在本地生活和工作，自由职业者，高中文化程度，说稠城镇话和不太标准的普通话。父母均为义乌稠城镇人。

2. 方言青男

孟正昂，1987年2月出生于义乌稠城镇，主要在本地生活和工作，工商业者，大专文化程度，说稠城镇话和普通话。父母均为义乌稠城镇人。

3. 口头文化发音人

楼飞，女，1963年12月出生于义乌稠城镇，一直在本地生活和工作，职工，高中文化程度，说稠城镇话和普通话。父母均为义乌稠城镇人。

陈碧瑛，女，1961年11月出生于义乌稠城镇，一直在本地生活和工作，自由职业者，初中文化程度，说稠城镇话和不太标准的普通话。父母均为义乌稠城镇人。

贾来香，女，1947年7月出生于义乌稠城街道，一直在本地生活和工作，文艺工作者，文盲，说稠城镇话和不太标准的普通话。父母均为义乌稠城镇人。

宋松芳，女，1975年1月出生于义乌佛堂镇，一直在本地生活和工作，文艺工作者，大专文化程度，说佛堂镇话和普通话。父母均为义乌佛堂镇人。

贰　声韵调

一、声母（27个，包括零声母在内）

p 八兵	pʰ 派片	b 爬病饭味	m 兵麦明	f 飞风副蜂	v 肥问味
t 多	tʰ 讨天	d 甜毒	n 东脑南		l 老蓝连路
ts 租酒争装纸	tsʰ 寸清拆抄初	dz 茶城		s 酸山想双	z 贼坐全祠城徐
tɕ 主九	tɕʰ 春轻	dʑ 柱共权	ȵ 年泥热软月	ɕ 书响	ʑ 徐
k 高	kʰ 开	g 共		h 好灰	
∅ 问船顺活县温王					

说明：

（1）[p][t]声母为内爆音，实际可分别记为[ɓ][ɗ]。

（2）浊塞音、浊塞擦音及浊擦音声母为清音浊流，不是语音学上的带音声母，浊流听感来自气声化韵母。

（3）阳调类零声母音节前有与韵母开头元音同部位的摩擦，具有明显浊感。

（4）[n]声母与洪音相拼，[ȵ]声母与细音韵母相拼，两者互补，本音系分为两个声母。但极少数可能受词汇、语法等其他因素影响下的音节，[n]声母也能与[i]相拼，如[nin³³⁵]表示"点ㄦ"。

二、韵母（53个，包括自成音节的[m][n][ŋ]）

ɿ 师丝试酸寸	i 米戏飞试尾	u 苦	y 雨鬼
e 开赔对	ie 桥绕盐接热减	ue 块	ye 靴权月
ɛ 硬争白		uɛ 横	yɛ 抓
a 排鞋街	ia 写年贴节	ua 茶猪快官活刮	
o 刀讨		uɤ 歌坐过	
ɔ 牙山塔鸭壳学	iɔ 响药		
ɯ 南半短盒			

ɯɤ 宝饱笑　　　　iuɤ 舅

ɯa 法八伤

ɐɯ 豆走　　　　　iɐɯ 油

au 谷六绿　　　　 iau 局

ai 北直色尺锡二　　iai □ "记去"的合音　　uai 怀　　　yai 追

　　　　　　　　　iei 街

ə 十七色　　　　　iə 急一　　　　　　　uə 骨郭国　　yə 出

ən 心深品新灯病　　iən 金　　　　　　　uən 滚　　　yən 春云

　　　　　　　　　ien 品

an 贪　　　　　　　ian 减　　　　　　　uan 王　　　yan 战

　　　　　　　　　iɑn 江

ɯan 伤　　　　　　　　　　　　　　　uɶ 官　　　yɶ 权

oŋ 东　　　　　　　ioŋ 兄用

m 尾

n 瓦五二王

ŋʷ 糖床双讲江

说明：

（1）［ɯɤ］韵母后的［ɤ］带有后滑音性质，有时近［ɯʌ］。

（2）［e］韵母近［ɛ］。

（3）［a］［ua］韵母中的［a］近央［ʌ］。［ia］韵母中的［a］为前［a］，与零声母相拼时［i］介音略长，其他声母后的介音较短。

（4）［ɛ］［uɛ］［yɛ］这三个韵母的主元音后有一个后滑音［a］；［ɔ］［iɔ］这两个韵母的主元音后有一个后滑音近［ɑ］。有时在字组里后滑音会消失。

（5）齿音声母与［ɯ］韵母相拼时，变成［ɿ］，因此，试＝算，钻＝资，酸＝丝。

（6）［ə］［iə］［uə］［yə］这四个韵母单念时不带喉塞尾，作多字组前字时带喉塞尾，作后字也不带喉塞尾，同时，主元音开口度略大。

（7）［ai］［uai］［iai］［yai］和［au］［iau］这几个韵母中的［a］近［ɐ］。

（8）［oŋ］［ioŋ］韵母主元音［o］开口略大，近［ɔ］；同时，这个韵母发音结束后，会有一个闭口动作，但鼻音的听感应该来自后鼻音。

（9）[ŋʷ]韵母是个声化韵，带有一定的圆唇动作，有时会有[u]作为主元音。①

（10）[iɯɤ]韵母只出现在"舅舅、舅母"一词中的"舅"音；[iai]韵母是一个合音韵母，如"忘记去"（表示忘记）一词里的"记去"。

三、声调（7个）

阴平	335	东该灯风通开天春
阳平	213	门龙牛油铜皮糖红
阴上	423	懂古鬼九统苦讨草
阳上	312	买老五有动罪近后六麦叶月毒白罚
阴去	45	冻怪半四痛快寸去
阳去	24	卖路硬乱洞地饭树盒
阴入	324	谷急哭刻百搭节拍塔切

说明：

（1）阴平[335]中平升，有时终点近[4]。

（2）阳平[213]有时中点下降不明显，近[223]。

（3）阴上[423]起点比终点高，有时中点下降不到[2]，近[3]，这时终点也是略高于[3]的。

（4）阳上[312]近双折调，起点略升，实际调值近[2312]。

（5）阴去[45]高升，结尾处伴随紧喉特征，近[45ʔ]。

（6）古入声字单念时均读长调。其中[ə][iə][uə][yə]这四个韵母作多字组前字或量词时，仍读短调，带喉塞尾，作后字时读长调，不带喉塞尾，单念时均读长调。

（7）阴入自成一调，调值为[324]，与阴上不混，有时终点升得不高。

（8）阳入与阳上合并，调值为[312]。

---

① 在本书的义乌方言中，音标中上标的 w 表示韵母发音带有圆唇动作。

叁　连读变调

一、两字组连读变调表

义乌方言两字组的连读变调规律见下表。表中首列为前字本调，首行为后字本调。每一格的第一行是两字组的本调组合；第二行是连读变调，若连读调与单字调相同，则此行空白；第三行为例词。同一两字组若有两种以上的变调，则以横线分隔。具体如下。

义乌方言两字组连读变调表

前字＼后字	阴平 335	阳平 213	阴上 423	阳上 312	阴去 45	阳去 24	阴入 324
阴平 335	335　335 33　45 生　姜	335　213 33　45 砖　头	335　423 45 雌　狗 —— 335　423 33　45 包　子	335　312 33 猪　肉 —— 335　312 33　45 今　日	335　45 33 包　菜 —— 335　45 45　31 钞　票	335　24 33　45 杉　树	335　324 33 天　色
阳平 213	213　335 22　45 台　风	213　213 22　45 油　麻 —— 213　213 22　312 男　侬 —— 213　213 22　213 明　年	213　423 22 苹　果	213　312 22 城　里	213　45 22 油　菜	213　24 22　45 松　树	213　324 22 磁　铁
阴上 423	423　335 45 水　沟	423　213 45　44 斧　头	423　423 45 扫　帚	423　312 45 处　理	423　45 45　31 韭　菜 —— 423　45 45　44 扁　担	423　24 45　44 子　弹	423　324 45 手　骨
阳上 312	312　335 24 五　更	312　213 24 后　年	312　423 24 暖　水	312　312 24 马　桶 —— 312　312 24 后　日	312　45 24 眼　镜	312　24 24　45 眼　泪	312　324 24 老　八

续表

后字 前字	阴平 335	阳平 213	阴上 423	阳上 312	阴去 45	阳去 24	阴入 324
阴去 45	45　335 33 背　心	45　213 33　335 酱　油	45　423 33 借　手	45　312 33 靠　近	45　45 33　45 布　帐 45　45 31 撬　扣	45　24 33　45 布　料 45　24 44 半　夜	45　324 33 背　脊
阳去 24	24　335 面　巾	24　213 弄　堂 24　213 45 外　头	24　423 大　水	24　312 垫　被 312 45　45 夜　里	24　45 31 运　气	24　24 31 梦　话	24　324 423 利　息
阴入 324	324　335 33　45 铁　钉	324　213 33　45 客　侬	324　423 45 黑　板 324　423 45　44 霍　闪	324　312 33 黑　米	324　45 45　44 歇　店	324　24 45　44 铁　路 324　24 33 作　用	324　324 45　423 法　国

二、两字组连读变调规律

义乌方言两字组连读变调总体特点是：阴上、阳上、阴去、阴入作后字基本不变调，而前字不变调的只有阳去，其他调类作前后字均有变调。具体如下：

（1）前字是阴平、阴去调的，不论后字何调，一律变为［33］；前字是阳平调的，一律变［22］；前字是阴上调的，一律变［45］；前字是阳上、阳去调的，基本变［24］。

（2）前字是阴入调的，后字阴平、阳平、阳上、部分阳去调的，变［33］；后字阴上、阴去、部分阳去、阴入调的，变［45］。

（3）后字是阴上、阳上、阴去、阴入调的，无论前字何调，基本读原来调值，分别为［423］［312］［45］［324］。

（4）后字是阴平调的，前字为阴平、阳平和阴入，后字变为［45］调；前字为阴上、阳上、阴去、阳去，后字仍读阴平调［335］。

（5）后字是阳平调的，前字为阴平、部分阳平、部分阳去、阴入，后字变调［45］；前字为部分阳平、阳上、部分阳去，后字仍读原调［213］；前字是阴去调的，后字读［335］；前字是阴上调的，后字读［44］。

（6）后字是阳去调的，前字是阴平、阳平、阳上、部分阴去，后字变为［45］；前字是阴上、部分阴入，后字变［44］；前字部分阴去、部分阳去，后字变［31］。

（7）［ə］［iə］［uə］［yə］这四个韵母作为前字时，不论是阴入还是阳入，都读短调，但调型与舒化前字相同，我们把它看成是前字阴入或阳上（阳入与其合并）的变体，因此，只列出这条规律。

肆　异读

一、新老异读

义乌方言的新老异读主要体现在以下三个方面。下文中"／"前为老派，后为新派。

1. 声母

（1）浊声母读音老派浊流强于新派。

（2）［p］［t］声母老派是内爆音，新派不是。

2. 韵母

（1）蟹摄一等开合口字老派读［e］或［ue］韵母，新派读［ei］或［uei］韵母。例如：来 le²¹³ / lei²¹³ | 赔 be²¹³ / bei²¹³ | 块 kʰue⁴⁵ / kʰuei⁴⁵。

（2）咸、山摄三等韵部分文读音老派读［yan］韵母，新派读［an］或［uan］韵母。例如：占 tɕya⁴⁵ / tsan⁴⁵ | 战 tɕya⁴⁵ / tsan⁴⁵ | 传~记 dʑyan²⁴ / tsuan⁴⁵。

（3）宕摄三等阳韵部分文读音老派读［ɯan］韵母，新派无此韵母，如：章 tsɯan³³⁵ | 伤 sɯan³³⁵。

3. 声调

新老派在阴平、阴上、阴入三个调的调值上有所不同，这三个调老派分别读［335］［423］［324］，新派读［324］［434］［534］。

二、文白异读

义乌方言的文白异读主要体现在声母和韵母两个方面。下文中"／"前为白读，后为文读。

1. 声母

（1）帮、端母阳声韵部分字白读［m］或［n］声母，文读［p］或［t］声母。例如：扮 ma⁴⁵ / pan⁴⁵ | 兵 mən³³⁵ / pien³³⁵ | 党 nŋ^{w423} / tan⁴²³。

（2）非、敷、奉母部分字白读［p］或［b］声母，文读［f］或［v］声母。例如：浮 bu²¹³ / vu²¹³ | 粪 puɯ⁴⁵ / fən⁴⁵ | 坟 bən²¹³ / vən²¹³。

（3）微母部分字白读［m］或［v］，文读［v］或零声母。例如：问 vəŋ²⁴ / uən²⁴ | 尾 m³¹² / vi³¹² | 晚 ma²⁴ / uan²⁴。

（4）微母极少数字白读［b］，文读［v］。例如：昧 bi³¹² / vi³¹²。

（5）从、船、禅母白读擦音，文读塞擦音。例如：财 ze²¹³ / dze²¹³ | 城 zən²¹³ / dzən²¹³ | 层 zən²¹³ / dzən²¹³。

（6）见系开口二等部分字白读为［k］组声母，文读为［tɕ］组声母，韵母也随之有所变化。例如：戒 ka⁴⁵ / tɕie⁴⁵ | 街 ka³³⁵ / tɕiei³³⁵ | 交 ko³³⁵ / tɕiau³³⁵ | 江 kŋ^{w335} / tɕian³³⁵。

（7）止摄合口三等见系声母部分白读［tɕ］组声母，文读［k］组声母，例如：龟 tɕy³³⁵ / kuai³³⁵ | 柜 dʑy²⁴ / guai²⁴ | 贵 tɕy⁴⁵ / kuai⁴⁵。

（8）日、疑母字白读鼻音声母，文读［z］或零声母。例如：耳 n³¹² / e²¹³ | 人 ȵiən²⁴ / zən²¹³ | 吴 n²¹³ / u²¹³ | 王 n²¹³ / uan²¹³。

2. 韵母

（1）果摄部分字白读［a］韵母，文读［uɤ］或［uɤ］韵母。例如：拖 tʰa³³⁵ / tʰuɤ³³⁵ | 破 pʰa⁴⁵ / pʰuɯɤ⁴⁵。

（2）遇摄三等鱼韵部分白读［a］［i］［ɯ］韵母，文读［y］韵母。例如：女 na²⁴ / ȵy³¹² | 吕 li³¹² / ly³¹² | 徐 zi²¹³ / zy²¹³ | 许 hɯ⁴²³ / ɕy⁴²³。

（3）止摄齿音声母字白读［i］韵母，文读［ɿ］韵母。例如：刺 tsʰi⁴⁵ / tsʰɿ⁴⁵ | 知 tsi³³⁵ / tsɿ³³⁵ | 试 si⁴⁵ / sɿ⁴⁵。

（4）止摄日母部字白读声化韵［n］，文读［e］或［ai］韵母。例如：儿 n²¹³ / e²¹³ | 二 n²⁴ / ai⁴⁵ | 耳 n³¹² / e²¹³。

（5）止摄合口三等部分字白读［y］韵母，文读［uai］韵母。例如：龟 tɕy³³⁵ / kuai³³⁵｜柜 dʑy²⁴ / guai²⁴｜贵 tɕy⁴⁵ / kuai⁴⁵。

（6）效摄一二等韵白读［o］或［ɯɤ］韵母，白读［au］或［iau］韵母。例如：道 do²⁴ / dau²⁴｜交 ko³³⁵ / tɕiau³³⁵｜焦 tsɯɤ³³⁵ / tɕiau³³⁵。

（7）咸、山摄一等韵白读［ɯ］韵母，文读［an］韵母，三四等韵白读［ie］或［ye］韵母，文读［ian］或［uan］韵母。例如：贪 tʰɯ³³⁵ / tʰan³³⁵｜敢 kɯ⁴²³ / kan⁴²³｜严 nie²¹³ / ian²¹³｜汉 hɯ⁴⁵ / an²⁴｜建 tɕie⁴⁵ / tɕian⁴⁵｜完 ye²¹³ / uan²¹³。

（8）深、臻摄部分字白读［ən］韵母，文读［ien］韵母。例如：品 pʰən⁴²³ / pʰien⁴²³｜贫 bən²¹³ / bien²¹³｜兵 mən³³⁵ / pien³³⁵。

（9）曾摄、梗摄三四等入声字白读［ai］韵母，文读［ə］或［iə］韵母。例如：得 tai³²⁴ / tə³²⁴｜息 sai³²⁴ / ɕiə³²⁴｜色 sai³²⁴ / sə³²⁴｜积 tsai³²⁴ / tsə³²⁴。

（10）梗摄二等白读［ɛ］韵母，文读［ən］或［ien］或［a］韵母。例如：坑 kʰɛ³³⁵ / kʰən³³⁵｜行 ɛ²¹³ / ʑien²¹³｜隔 kɛ³²⁴ / ka³²⁴。

（11）通摄合口三等部分字有文白异读，如：共 dʑioŋ²⁴ / goŋ²⁴。

伍　小称

义乌方言"儿"单念读［n²¹³］，义为"儿子"，可以直接加在一些词的末尾，也就是前音节的末尾，有的使前音节的韵母发生变化。大部分没有变化，以表示一定的语法意义，带有小称功能，具体如下：

（1）韵母为［a］［ia］［ua］，直接在后加［n］尾。例如：

小个儿_{小男孩}sɯɤ⁴³kan⁴⁵　　　姨爷儿 i²²ian³³⁵　　　小猪儿 sɯɤ⁴⁵tsuan³³⁵

（2）韵母为［ɛ］［uɛ］［yɛ］，直接在后加［n］尾。例如：

梅儿 men²¹³　　　瓢羹儿 bie²²kɛn³³⁵　　　橘儿 tɕyɛn³²⁴

秃铁梗儿_{单身汉}tau³³tʰia³³kuɛn⁴²³

（3）韵母为［e］［ie］［ue］［ye］，直接在后加［n］尾。例如：

盖儿 ken⁴⁵　　　叶儿 ien³¹²　　　尖儿 tsien³³⁵　　　船儿 yen²¹³

（4）韵母为［i］［u］［y］［ɿ］，直接在后加［n］尾。例如：

窝⁼记儿_{现在}uɤ⁴⁵tɕin⁴⁴　　　短裤儿 tɯ⁴⁵kʰun³³⁵

洋芋儿 iɔ²²yn³¹² 柿儿 zɿn²⁴

（5）韵母为［ɔ］［o］［iɔ］［ɤɯ］，直接在后加［n］尾。例如：

虾儿 hɔn³³⁵ 桃儿 don²¹³ 羊儿 iɔn²¹³ 唱歌儿 tsʰua³³kuɤn³³⁵

（6）韵母为［ɯa］，直接在后加［n］尾。例如：

尾巴儿 m²⁴puan³³⁵

（7）韵母为［ɐɯ］［iɐɯ］［ɯɤ］，先变为［ɤ］［iɤ］，然后加［n］尾；［ɯ］韵母除见系声母后仍读［ɯ］再加［n］尾，其他声母后均先变为［ɤ］再加［n］尾。例如：

后头儿 ɐɯ³³dɤn²⁴ 踏臼儿 tɔ⁴⁵dziɤn²⁴ 外婆儿 a²⁴bɤn²¹³

汤团儿 tʰŋʷ³³tɤn³³⁵ 鸽儿 kɯn³²⁴

（8）［ən］韵母加［n］尾后韵母有两个变化，一是［ɯn］，一是［en］。例如：

夜根儿傍晚 ia²⁴kɯn³³⁵ 瓶儿 ben²¹³

（9）［ai］韵母先变成［e］，然后加［n］尾。如：

前日儿前天 zia²²nen³¹²

（10）韵母为［oŋ］［au］［iau］，先变［o］，然后加［n］尾。需要注意的是，［o］读音近央元音，如：

葱儿 tsʰon³³⁵ 面桶儿 mie⁴⁵don²⁴ 竹儿 tson³²⁴ 玉儿 ȵion³¹²

从以上举例可以看出，儿尾词的调值大部分与词根调值相同。

陆 其他音变

少数古阴上、阳去字读阴去调［45］，多集中在非常用字，如：左、裕、善。

两字组连调浊声母后字因连调后调值变化而发生清浊交替，但有些擦音声母除外，如：

d—t：佛豆 bəʔ²teu⁴⁵ 坟头 bən²²tuu⁴⁵ 蜻蜓 ɕiən³³tən⁴⁵

b—p：冰雹 mən³³puɤ⁴⁵ 口唇皮儿 kʰɐɯ³³zən³³pin³³⁵ 午饭 m²⁴pɔ⁴⁵

第五十三节　东阳方音

壹　概况

一、调查点

1. 地理位置

东阳隶属浙江省金华市，地处浙江中部、金华市东部，东、东南与磐安县相邻，南、西南与永康市接壤，西、西北与义乌市相连，北与诸暨市毗邻，东北与嵊州市接壤，东阳市人民政府驻江北街道，距金华市区62.16公里。境内主要河流有东阳江、东阳南江，主流走向从东向西，经婺江、兰江流入钱塘江。境内地形以丘陵和盆地为主，占总面积69.2%。会稽山、大盘山、仙霞岭延伸入境，形成三山夹两盆、两盆涵两江的地貌。地势东高西低，中部山峦自东向西，将境域分为南乡和北乡。[①]

全市总面积1747平方公里，辖有6个街道、11个镇和1个乡，截止到2016年年底，全市户籍总人口83.95万，少数民族人口很少，多系因婚姻、工作迁入。[②]东阳为浙中交通枢纽，甬金高速、诸永高速在境内交叉而过。改革开放以来，东阳经济社会持续快速发展，是省级历史文化名城、全国县域经济百强县市、国家农产品质量安全县、国家卫生城市和国家森林城市、国家园林城市。

2. 历史沿革

东阳历史悠久，早在东汉献帝兴平二年（195），就已建县制，名吴宁，属会稽郡。三国吴宝鼎元年（266）分会稽郡西部置东阳郡，治所长山县（今金华）。吴宁县属东阳郡。取东阳名，是因其地"在金华山之阳，縠水之东"。唐垂拱二年（688），建东阳县，素有"婺之望县"的美誉。民国时期，浙江省县之间设行政督察区，前后多次划属不同行政督察区。解放后，东阳属金华地区（后为金华市）

[①] 参见：东阳市人民政府网，http://www.dongyang.gov.cn/col/col1229433085/index.html，获取日期2022年8月22日。

[②] 参见：《2017年浙江统计年鉴》，http://tjj.zj.gov.cn/col/col1525563/index.html，获取日期2022年8月22日。

管辖。1988 年 5 月 25 日，经国务院批准，东阳撤县设市。[①]

3. 方言分布

东阳话属吴语六个片区中的"金衢片"，由于境内地形的原因，又分成两个土语。东阳中部地区被大磐山北支山脉所横贯，当地习惯称山北地区为北乡，山南地区为南乡。因北、南两地讲话差异明显，所以东阳话有北乡和南乡之分，讲北乡话的地区有吴宁、上卢、巍山、佐村等，使用人口 46 万左右。讲南乡话有湖溪、南马、千祥、黄田贩等，使用人口 37 万。而南乡话与北乡话的内部土语也存在一些差异。市区内的吴宁街道位于江南城区，是东阳市经济、文化、商贸的中心，"吴宁腔"被当地人认为是市区的"标准音"。此外，东阳边界地带土话有永康音、义乌音、诸暨音、嵊县音和新昌音。历史上该地重教兴学，人才辈出，因而受官话影响较深，文白异读丰富。

4. 地方曲艺

戏曲方面东阳主要有婺剧和道情，一般用当地话来演唱。本地主要流行婺剧。婺剧是我国古老的戏曲剧种，俗称"金华戏"，至今已有 400 多年的历史。流行于金华、衢州、丽水、建德、淳安等地区。其唱腔音乐体系具有综合性的特点，包括高腔、昆曲、乱弹、徽调、滩簧和时调等多种声腔。文戏武做、武戏文做是婺剧表演的主要特色，堪称一绝。

二、方言发音人

1. 方言老男

蒋文星，1953 年 8 月出生于东阳吴宁镇，一直在本地生活和工作，农民，初中文化程度，讲地道的东阳话和不太标准的普通话。父母均为东阳人。

2. 方言青男

张丹锋，1988 年 3 月出生于东阳佐村镇，一直在本地生活和工作，教师，本科文化程度，说地道的东阳话和流利的普通话。父母均为东阳人。

[①]　参见：东阳市人民政府网，http://www.dongyang.gov.cn/col/col1229161535/index.html，2022 年 8 月 20 日获取。

3. 口头发音人

吴锡华，男，1928 年 12 月出生于东阳巍山镇，一直在本地生活和工作，职工，中专文化程度，说东阳话和普通话。父母均为东阳人。

王子平，男，1955 年 6 月出生于东阳白云街道，一直在本地生活和工作，农民，初中文化程度，说东阳话和不太标准的普通话。父母均为东阳人。

张允诊，女，1957 年 2 月出生于东阳市虎鹿镇，一直在本地生活和工作，工商业者，初中文化程度，说东阳话和不太标准的普通话。父母均为东阳人。

王荷姣，女，1963 年 7 月出生于东阳江北街道，一直在本地生活和工作，农民，初中文化程度，说东阳话和不太标准的普通话。父母均为东阳人。

贰　声韵调

一、声母（28 个，包括零声母在内）

p 八兵	pʰ 派片	b 爬病味	m 麦明问	f 飞风副蜂	v 肥饭味
t 多东	tʰ 讨天	d 甜毒	n 脑南年泥		l 老蓝连路
ts 资早租争 装纸主	tsʰ 刺草寸丝 抄初拆	dz 茶柱		s 三酸山双书	z 字贼坐事 顺十城
tɕ 酒张竹九	tɕʰ 清抽车	dʑ 权桥	ȵ 热软月	ɕ 想手响	ʑ 谢全床船
k 高个	kʰ 开轻	g 共厚	ŋ 熬鹅	h 好灰	
∅ 活县安温 王云用药					

说明：

（1）古全浊声明仍读浊音。浊塞音、塞擦音［b］［d］［g］［dz］［dʑ］与浊擦音［v］［z］［ʑ］浊音成分都比较强。

（2）声母［tɕ］［tɕʰ］［ɕ］发音部位靠前，接近舌叶音［tʃ］［tʃʰ］［ʃ］。

（3）［h］较为靠前，接近［x］。

（4）端母字"打"的声母为［n］。

（5）零声母字遇阴调时，一般前有［ʔ］。例如：衣 i³³⁴、乌 u³³⁴、碗 ɔ⁴⁴ 的实际读音为［ʔi³³⁴］［ʔu³³⁴］［ʔɔ⁴⁴］。

（6）零声母单音字遇阳调时，前面有与音节开头元音同部位的摩擦成分。例如：移 i²¹³ 前有 [j]，吴 u²¹³ 前有 [w]，而匣母字害 ɛ²¹³ 和鞋 a²¹³ 等前有 [ɦ]。

（7）个别心母和生母字读塞擦音，如：丝 tsʰʅ³³⁴、岁 tsʰʅ⁴⁵³、师 tsʰʅ³³⁴。

二、韵母（45个，包括自成音节的 [n̩][əl]）

ʅ 师丝试	i 米戏盐年	u 苦布	y 许裕
a 排鞋白介	ia 写谢蛇铁	ua 快怪活刮	
ɛ 硬生	iɛ 接急热月	uɛ 横歪	
e 开赔对倍妹		ue 灰贵	
ɔ 山糖王讲塔法	iɔ 响床双		
o 牙瓦猪茶落各	io 笑桥药条烧	uo 索搭	
			yu 雨鬼
ʊ 坐过作	iʊ 靴权船群		
ɯ 南半短寸			
ei 北直色日垂类		uei 国卫危规桂	
ɐu 宝饱例	iɐu 校		
ou 谷六绿木	iou 玉浴熟局		
əu 豆去斗	iəu 油丑流收		
an 感善	ian 良	uan 惯筐	
ɐn 灯升争病星根	iɐn 新心云林邻	uɐn 滚魂温困	
ɔn 官单			
ɔŋ 东送红翁	iɔŋ 兄用胸穷		
ɯn 安			
aʔ 客格	iaʔ 惜削		
ɛʔ 割测	iɛʔ 七协吉		
n̩ 儿五母耳			
əl 耳儿			

说明：

（1）古入声字带喉塞尾，但大多入声字的喉塞尾听起来不明显。白读字基本失去了喉塞尾，文读有些还保留喉塞尾。

（2）止摄、蟹摄和遇摄一些三等字的韵母为[ʅ]，比较特殊，如：醉 tsʅ⁴⁵³、水 sʅ⁴⁴、师 tsʰʅ³³⁴、丝 tsʰʅ³³⁴、书 sʅ³³⁴。

（3）韵母[ʊ]为半圆唇，发音部位比[o]靠前，组成[iʊ]后与[io]不好区分。

（4）韵母[y][an]一般只用于文读字。

三、声调（8个）

阴平	334	东该灯风通开天春塔搭百节
阳平	213	门龙牛油铜皮糖红罚月白六麦叶五
阴上	44	懂九统讨草
阳上	231	买老有动罪近后
阴去	453	冻怪半四痛快寸去古鬼苦
阳去	24	路硬乱洞地饭树
阴入	34	谷哭切刻
阳入	23	毒贼择窄

说明：

（1）阴平[334]尾部略升，阳声韵的字发音较短，实际调值为[34]。

（2）阳上[231]为升降调，末尾较高，接近[232]。

（3）阴去[453]，有时为[53]。

（4）阳去[24]，有时为[35]。

（5）阴入[34]为促声，但一些字的发音较舒缓，促声尾似有似无。还有一部分失掉了促声尾归入阴平。

（6）阳入为[23]为促声，一部分阳入字也失去了促音尾归入阳平。

（7）次浊上一般归阳上，少数字读阳平，如"五"。"卖"读阳上调。

叁　连读变调

一、两字组连读变调表

东阳方言两字组的连读变调规律见下表。表中首列为前字本调，首行为后字本调。每一格的第一行是两字组的本调组合；第二行是连读变调，若连读调与单字调相同，则此行空白；第三行为例词。同一两字组若有两种以上的变调，则以横线分隔。具体如下。

东阳方言两字组连读变调表

后字＼前字	阴平 334	阳平 213	阴上 44	阳上 231	阴去 453	阳去 24	阴入 34	阳入 23
阴平 334	334 334 33 53 中秋	334 213 33 53 清明	334 44 33 35 烧酒 —— 334 44 33 53 针灸	334 231 33 35 端午	334 453 33 3 天气	334 24 33 53 生病	334 34 33 猪血	334 23 33 生日
阳平 213	213 334 22 53 瓢羹 —— 213 334 22 35 梅花	213 213 22 35 农民	213 44 22 35 苹果	213 231 22 35 城里	213 453 22 53 难过	213 24 22 53 蚕豆	213 34 22 磁铁	213 23 22 35 阳历
阴上 44	44 334 33 手巾	44 213 33 起来	44 44 33 水果	44 31 45 33 产母	44 453 45 53 考试	44 24 45 53 手袖	44 34 33 喜鹊	44 23 33 死活
阳上 231	231 334 23 33 牡丹	231 213 22 53 鲤鱼	231 44 23 53 雨伞	231 231 23 33 道士	231 453 23 53 以后	231 24 23 53 午饭	231 34 23 33 稻谷	231 23 23 33 老实
阴去 453	453 334 33 35 衬衫	453 213 33 35 做媒	453 44 33 35 扫帚	453 231 33 35 背后	453 453 33 53 布帐	453 24 33 53 半夜 —— 453 24 33 35 做梦	453 34 33 55 教室	453 23 33 四月

续表

后字 前字	阴平 334		阳平 213		阴上 44		阳上 231		阴去 453		阳去 24		阴入 34		阳入 23	
阳去 24	24 地	334 33 方	24 22 大	213 53 拳	24 大	44 33 水	24 墨	231 33 瓦	24 22 大	453 53 蒜	24 望	24 病	24 净	34 33 洁	24 树	23 33 叶
阴入 34	34 4 一	334 33 千	34 4 出	213 33 来	34 4 角	44 33 子	34 4 谷	231 53 雨	34 45 镬	453 53 灶	34 33 决	24 33 定	34 4 一	34 33 百	34 33 作	23 33 业
阳入 23	23 别	334 33 家	23 学	213 53 堂	23 白	44 33 果	23 十	231 33 五	23 直	453 53 气	23 22 立	24 夏	23 蜡	34 33 烛	23 33 十	23 33 六

二、两字组连读变调规律

东阳方言两字组的连读变调有以下几个特点。

东阳方言两字组连续变调类型有三种情况：前变型、后变型和全变型。前字调型为升调或曲折调的多变为平调类型；后字调型为升调或曲折调的多变高降调和中平调。全变型指前后两字的调型均发生了与原单字调型不同的改变。此外，两字组连读变调的前后字均无曲折调型。

从调值角度看，东阳方言两字组连读变调的总体特点是：阴平、阳平、阴去作前字时发生调值改变，表现为平调［33］或［22］；阳上和阳去作前字时既有平调［22］也有升调［23］；阴上、阴入和阳入作前字时多保持原单字调值［44］［4］或为升调［45］［23］。作后字时，阳上和阳去均为［53］调，而其他作后字的则变为三种调值［53］［35］和［33］，与前字没有对应规律。

在变调表中，前字［22］有时略低为［11］，前字为［23］的有时略高为［24］。后字调值为［35］的有时也为［24］。

肆　异读

一、新老异读

东阳方言的新老异读主要表现在韵母和声调方面。声母方面，老派和新派差异不大，且对应较为齐整。下文中"／"前为老派，后为新派。

1. 韵母方面

（1）效摄开口一、二等的一些字。例如：毛 mɯ²¹³ / mau²²³ | 灶 tsɯ⁴⁵³ / tsau⁴⁴⁵ | 包 pɯ³³⁴ / pau³³⁴ | 闹 nɯ²⁴ / nau²¹⁴。

（2）效摄三、四等字。例如：票 pʰio⁴⁵³ / pʰɯ⁴⁴⁵ | 照 tɕio⁴⁵³ / tsɯ⁴⁴⁵ | 钓 tio⁴⁵³ / tɯ⁴⁴⁵。

（3）深摄开口三等字。例如：品 pʰiɛn⁴⁴ / pʰiɛn⁵⁵ | 林 liɛn²¹³ / liɛn²²³ | 金 tɕiɛn³³⁴ / tɕiən³³⁴ 等。

（4）臻摄开口三等字。例如：陈 dzɛn²¹³ / dzən²²³ | 身 sɛn³³⁴ / sɛn³³⁴ | 银 ȵiɛn²¹³ / ȵiən²²³ 等。

（5）臻摄合口一、三等字。例如：门 mɛn²¹³ / man²²³ | 婚 huɛn³³⁴ / huan³³⁴ | 笋 sɛn⁴⁴ / sən⁵⁵ | 春 tsʰɛn³³⁴ / tsʰən³³⁴ 等。

（6）曾摄开口一、三等字。例如：凳 tɛn⁴⁵³ / tɛn⁴⁴⁵ | 层 dzɛn²¹³ / dzɛn²²³ | 冰 pɛn³³⁴ / pan³³⁴ | 绳 zɛn²¹³ / zan²²³ 等。

（7）梗摄开口三、四等字。例如：井 tsɛn⁴⁴ / tsan⁵⁵ | 赢 ɛn²¹³ / an²²³ | 顶 tɛn⁴⁴ / tan⁵⁵ | 星 sɛn³³⁴ / san³³⁴ 等。

声调方面，新派的声调除阴平、阴入和阳入调值相同外，其他声调的调值与老派则有一些差异。老派和新派阴上和阳去的调型相同，但调值不同；而阳平、阳上和阴去调型、调值均不同。

二、文白异读

东阳方言的文白异读主要体现在声母和韵母方面，下文中"／"前为白读，后为文读。

1. 声母方面

（1）中古微母三等的一些字白读为［b］，文读为［v］，如：味 bi²¹³ / vi²¹³。

（2）中古见母三等的一些字白读为［tɕ］，文读为［k］，如：贵 tɕyu⁴⁵³ / kuei⁴⁵³。

（3）中古溪母三等的一些字白读为［kʰ］，文读为［tʰɕ］，如：庆 kʰɛn⁴⁵³ / tʰɕiɛn⁴⁵³。

（4）中古宕摄唐韵帮母字"帮"的白读为［mɔ³³⁴］，文读为［pɔ³³⁴］。

（5）中古日母臻摄三等质韵字"日"的白读为［nei²¹³］，文读为［ɕiɛ²¹³］，声母和韵母都发生了改变。

2. 韵母方面

（1）中古山摄开口一等寒韵和二等山韵的一些字，白读为阴声韵，文读为阳声韵，如寒韵的"兰"白读为［lɔ²¹³］，文读为［lan²¹³］。山韵的"铲"白读为［tsʰɔ⁵⁵］，文读为［tsʰan⁵⁵］。

（2）中古梗摄开口二等庚韵字有些字白读为阴声韵，文读为阳声韵，如："猛"白读为［mɛ²⁴］，文读为［mɐn²³¹］。

（3）中古梗摄开口三等庚韵字，白读没有介音［i］，文读则有，如："影"白读为［ɐn⁴⁴］，文读为［iɐn⁴⁴］。此外，梗摄四等青韵也有类似的文白异读现象，如："瓶"白读为［ban²²³］，文读为［biɘn²²³］。

伍　小称

东阳方言的小称音变主要体现在韵母上，属于鼻尾型小称音，即在语流中鼻尾［-n］（有时为［ŋ］）直接加在一些名词性语素韵母的末尾构成儿尾韵，如果本音为鼻尾韵就不再附鼻尾。鼻尾［-n］来源于"儿子"的读音［n²¹³］，附加在具有小称的词语后，会使一些具有小称词语的韵母发生变化，变调后单字声调下降，双字往往均趋于平调。没有小称变调的多为文读的韵母或自成音节的韵母以及一些入声韵。发生小称音变的主要有 27 个，举例如下（"—"左边是基本韵，右边是小称韵）：

ɿ—ɿn 丝儿	i—in 梨儿	u—un 鼓儿
ɯ—ɯn 盖儿	a—an 花儿	ia—ian 爷儿
e—en 杯儿	ɔ—ɔn 缸儿	iɔ—iɔi 鸟儿
o—on 婆儿	io—ion 瓢儿	ʊ—ʊn 歌儿
yu—yun 鱼儿	ɯɯ—ɯɯɯ 猫儿	iɐɯ—iɐɯn 石榴儿
ou—oun 红萝卜儿	ei—ein 袋儿	uei—uein 柜儿
aʔ—an 盒儿	iaʔ—ian 笔儿	ɯʔ—ɯn 鸽儿
iɐʔ—iɐn 鹊儿	ɔʔ—ɔn 鸭儿	iɔʔ—iɔi 竹儿
oʔ—on 屋儿	ioʔ—ioi 叔儿	ouʔ—ioun 手镯儿

陆　其他音变

（1）部分古清上字今读阴去［453］，如：举、拐、喜、改、厂、饼、肿。

（2）部分古全浊上字今归阳去［24］，如：柱、弟、被、造、舅、静。

（3）部分两字组后字的入声韵因连读失去原来的塞音韵尾而为阴声韵：

aʔ—a：小麦 ɕio⁴⁴ma³³　　　　　　　　iaʔ—ia：肚疾 du²³tɕia³³

ɐʔ—ɐ：老实 lɐɯ²³zɐ³³

　　　　　　　　　　　　　　　　　iɛʔ—iɛ：茶叶 dzo²²iɛ³⁵

第五十四节　永康方音

壹　概况

一、调查点

1. 地理人口

永康市隶属浙江省金华市，位于浙江中部腹地，瓯、钱两江分水岭上，是浙中内地通往浙东南地区的要冲。东南与缙云县接壤，东北与东阳市、磐安县相连，西邻武义县，北毗义乌市，距金华城区 50 公里。全市面积 1049 平方公里，辖 3 街道、11 镇、1 省级现代农业装备高新区、1 省级经济开发区和 1 新城，分别是：东城街道、西城街道、江南街道，芝英镇、石柱镇、前仓镇、舟山镇、古山镇、方岩镇、龙山镇、西溪镇、象珠镇、唐先镇、花街镇，省级现代农业装备高新区（城西新区），省级经济开发区和江南山水新城。① 截至 2017 年年底，全市户籍总人口 61 万，以汉族为主。

2. 历史沿革

新石器时期永康地域已有人类活动。上古时代永康地属古扬州。夏、商、周属越地。春秋属越国。战国（约前 306 年）为楚国地。秦王政二十五年（前 221 年），建会稽郡乌伤县，永康地域属之。汉袭秦制。三国吴赤乌八年（245），分乌伤县南界上浦乡置永康县。吴宝鼎元年（266），析会稽郡西部为东阳郡，永康属之。此后历经晋、南朝、隋、唐、五代、宋、元、明、清，永康归属变化不大，或归郡、州，或归府、路，均属今金华地，只是名称有所更改。1927 年废道制，永康直属浙江省。1932 年在金华设第六行政督察区，1935 年在兰溪设第四行政督察区，1948 年改第四行政督察区为第八行政督察区（署治在义乌），永康先后分别属之。1949 年 5 月 8 日，永康解放，辖区承旧，属第八行政督察区（后改金华专区）。1978 年后，属金华地区。1985 年 6 月，归金华市管辖。1992 年

---

① 参见：永康市人民政府网，网址：http://www.yk.gov.cn/art/2018/12/28/art_1229163317_50389917.html，2019 年 1 月 15 日获取。

8月18日，国务院批准永康撤县建市，由浙江省直辖，行政委托金华市代管。自此，永康跻身国家市级建制的行列，结束1747年县建制的历史。[①]

3. 方言分布

永康境内通行永康话。永康方言有上角腔和下角腔之分。城关话属于下角腔。上角腔主要分布于永康东北部，如方岩镇、龙山镇、西溪镇、古山镇、象珠镇、唐先镇等；下角腔主要分布于永康西南部，如花街镇、石柱镇、前仓镇、舟山镇等。城区的东城街道、西城街道、江南街道均属于下角腔。永康无明显的少数民族聚居，无少数民族语的明显分布。

4. 地方曲艺

永康最为流行的地方戏曲为婺剧和越剧。本地有一种用方言演唱的地方戏称为"醒感戏"，又名"省感戏"。"醒感戏"是流行在永康及毗邻地区的一种"劝人反省，导人归正"，直接为道教、佛教服务的戏曲剧种。演"醒感戏"的社班叫省感班，目前共有九本戏，因其演出与宗教活动密切配合，又称"省感九殇"。另外，永康还有地方说唱曲艺鼓词。演唱时右腿放着一只鼓盆，右手执一根鼓箸，左手执竹板，敲打出节奏分明的节拍。主要有《大红袍》《水红菱》《孝贤坊》等十部作品。

二、方言发音人

1. 方言老男

胡仲继，1954年4月出生于永康城关镇，一直在本地生活和工作，自由职业者，现已退休，小学文化程度，说永康话和普通话。父母均为永康城里人。

2. 方言青男

楼滔，1987年6月出生于永康城关镇，主要在本地生活和工作，职工，本科文化程度，说永康话和普通话。父母均为永康城里人。

---

① 参见：永康市人民政府网，网址：http://www.yk.gov.cn/art/2018/12/28/art_1229163317_50389920.html，2019年1月15日获取。

3. 口头文化发音人

程静，女，1960 年 4 月出生于永康城关镇。一直在本地生活和工作，基层干部，现已退休，大专文化程度，说永康话和普通话。

贰　声韵调

一、声母（28 个，包括零声母在内）

ɓ 八	pʰ 派片	b 爬病	m 兵麦明问	f 飞风副蜂	v 肥饭味
ɗ 多	tʰ 讨天	d 甜毒	n 东脑难		l 老蓝连路
ts 资早租竹争	tsʰ 草寸拆抄初	dz 茶		s 丝三酸山	z 字贼坐祠事十
tɕ 酒张装纸主九	tɕʰ 刺清抽车汽车春轻	dʑ 柱共权	ȵ 年泥热软月	ɕ 想双手书响	ʑ 全谢床船顺
k 高	kʰ 开	g 狂	ŋ 熬	x 好灰	
∅ 活县安温王云用药					

说明：

（1）[m][n][ȵ][ŋ] 逢阴调类接近 [ʔm][ʔn][ʔȵ][ʔŋ]。

（2）[ȵ] 实际音值为 [ɲ]，[n] 和 [ȵ] 在细音前构成对立，如：能 niŋ²² ≠ 银 ȵiŋ²²。

（3）[ɗ] 拼 [i] 介音的韵母如 [ia][iɑu]，逢高平调（阴平 [55]）和高降调（阴去 [52]）时，听感有明显的边音色彩。

二、韵母（38 个，包括自成音节的 [ŋ] 在内）

ɿ 师丝试	i 猪戏飞	u 苦谷六绿	y 雨
a 山	ia 写排鞋年贴节	ua 官	ya 快
		uɑ 茶牙过鸭法辣八活	
	ie 米盐接热		ye 靴权月
ə 十七北	iə 急一	uə 骨	yə 出橘
ɤ 南短寸盒			

ɯ 锯去

　　　　　　　　　　　　　uo 歌坐半郭

　　　　　　　　iu 局

ai 硬争白　　　　　　　　　　　　uai 横~竖

ɑu 宝饱托壳学　　　iɑu 笑桥药

əi 开赔对直色尺锡　　　　　　　uəi 鬼国

əu 豆走　　　　　　iəu 油

ɑŋ 糖讲　　　　　　iaŋ 响　　　　　uɑŋ 王　　　　　　yaŋ 床双

əŋ 心深根新　　　　iŋ 灯升病星　　uəŋ 滚　　　　　　yeŋ 春云兄

oŋ 东　　　　　　　ioŋ 用

ŋ 五二

说明：

（1）[ɻ]韵母实际音值接近[ɨ]。

（2）[i][u][y]韵母实际音值为[iɪ][ʊ][ʏ]，[i]韵母略带动程，[u]韵母有时甚至接近[o]。

（3）[ua]和[uɑ]仍有少数字对立，如：官 kua^{55} ≠ 瓜 kuɑ^{55}，但大部分原[ua]韵母字已并入[uɑ]韵母。

（4）[ie][ye]的[e]实际音值接近[ɛ]。

（5）[ə]组的[ə]舌位偏低，[əu][iəu]的[ə]偏低偏后。

（6）[ɤ]韵母前常带一个摩擦成分，类似[ɯɤ]。

（7）[uo]韵母的[o]唇形略展。

（8）[iŋ][yeŋ]的动程略长，实际音值接近[ieiŋ][yeiŋ]。

（9）鼻音韵尾[ŋ]和自成音节的[ŋ]发音略靠前。

三、声调（6个）

阴平	55	东该灯风通开天春
阳平	22	门龙牛油铜皮糖红
阴上	334	懂古鬼九统苦讨草谷百搭节急哭拍塔切刻
阳上	113	买老五有动罪近后六麦叶月毒白盒罚
阴去	52	冻怪半四痛快寸去哭
阳去	241	卖路硬乱洞地饭树

说明：

（1）阴去［52］相比其他调类有时发音更短促。

（2）许多单字发音人只读小称调［241］和［52］，因此与该字原本所属调类读音不一致。

叁　连读变调

一、两字组连读变调表

永康方言两字组的连读变调规律见下表。表中首列为前字本调，首行为后字本调。每一格的第一行是两字组的本调组合；第二行是连读变调，若连读调与单字调相同，则此行空白；第三行为例词。同一两字组若有两种以上的变调，则以横线分隔。具体如下。

永康方言两字组连读变调表

前字＼后字	阴平 55	阳平 22	阴上 334	阳上 113	阴去 52	阳去 241
阴平 55	55　55 33 天　公	55　22 33 清　明 ― 55　22 33　55 家　头 ― 55　22 33　52 边　沿	55　334 33 街　狗 ― 55　334 33　52 包　子	55　113 33 哥　弟 ― 55　113 33　52 三　十	55　52 33 冬　至	55　241 33 姑　丈 ― 55　241 33　52 天　亮
阳平 22	22　55 33 黄　沙 ― 22　55 31 雄　鸡	22　22 33 黄　泥 ― 22　22 33　55 前　年 ― 22　22 31　55 头　前 ― 22　22 31　52 桁　条	22　334 33 黄　酒 ― 22　334 52 麻　雀	22　113 33 徒　弟 ― 22　113 31　241 成　日	22　52 33　31 芹　菜	22　241 31　52 黄　豆

续表

后字〈br〉前字	阴平 55	阳平 22	阴上 334	阳上 113	阴去 52	阳去 241
阴上 334	334/31 土｜55 烟	334/31 本｜22/55 钿	334/31 水｜334 柸	334/31 赶｜113 市	334/31 火｜52 炮	334/31 扫｜241 地
	334/33 杀｜55 猪	334/33 水｜22/55 田	334/33 扫｜334 帚	334/33 小｜113 麦	334/33 出｜52 去	334/33 柏｜241 树
			334/31 哑｜334/52 口	334/33 识｜113/22 着		
			334/33 角｜334/52 子			
阳上 113	113/31 养｜55 猪	113/31 后｜22 年	113/31 冷｜334 水	113/31 弟｜113 妇	113/31 瓦｜52 片	113/31 眼｜241 泪
	113/33 肉｜55 猪	113/33 学｜22/55 堂	113/33 热｜334 水	113/33 落｜113 雨	113/33 镬｜52 灶	113/33 月｜241 亮
	113/33 姆｜55/52 妈	113/31 上｜22/241 头	113/31 雨｜334/52 伞	113/31 后｜113/241 日		
		113/31 鲤｜22/55 鱼	113/33 褥｜334/52 子			
		113/33 别｜22/241 侬				
		113/52 下｜22 来				
阴去 52	52/33 唱｜55 歌	52/33 剃｜22/55 头	52/33 屁｜334 股	52/33 正｜113 是	52/33 做｜52 戏	52/33 燥｜241/241 地
			52/33 戒｜334/52 指			

续表

前字＼后字	阴平 55	阳平 22	阴上 334	阳上 113	阴去 52	阳去 241
阳去 241	241　　55 31 面　　汤	241　　22 31　　55 大　　门	241　　334 31 大　　水	241　　113 31 丈　　母	241　　52 31 地　　震	241　　241 31 庙　　会
	241　　55 33 腻　　心	241　　22 31　　241 树　　头	241　　334 33 墓　　主	241　　113 31　　52 豆　　腐		
		241　　22 31 电　　筒	241　　334 31　　52 二　　婶			

二、两字组连读变调规律

永康方言两字组的连读变调有以下几个特点：

（1）永康方言的两字组连读变调规律大致为前字变后字不变。

（2）[31]调为连读变调，通常出现于前字。当前字为原浊平、清上、浊上和浊去字时，变调为[31]非常普遍。

（3）当阴平[55]作为前字时，仍为平调，但音高明显低于单字调。当阳平[22]作为前字时，若仍为平调，音高略高于单字调。事实上，这种情况下两者音高变为一致，如"经历、勤力"，实际调值为[33]。当其他各非平声调类字为前字时，变调为平调[33]的情况非常普遍。

（4）阴平[55]为后字时，通常不变调。因此，当阴平或阳平作为前后字时，会形成一种跨调类的类型：前字调值低，后字调值高，记为[33]＋[55]，如"冬瓜、侬家"。这种类型甚至偶尔也出现于前后字非阴平或阳平的组合中。

（5）当阳平作为后字时，有时发音起头有较明显的降调，实际音值接近[422]，与单字调听感不同，表中处理为[22]。其他调类组合（如阴平＋阴平）后字为[22]时，情况相同。

（6）阴上[334]作为前字时，上升趋势不明显，听感为平调，应是受永康方言两字组强势的前字[33]类型的同化影响；作为后字时，保持不变。

（7）单字调清入已归阴上、浊入已归阳上。当阴上和阳上作为后字时，除零星痕迹，清上和清入字、浊上和浊入字规律基本一致。当阴上和阳上作为前字时，清上和清入字、浊上和浊入字有着明显不同的规律，原上声字通常变调为[31]，原入声字通常变调为[33]。

肆　异读

一、新老异读

永康方言新老派音系方面的不同很少，大部分只是音值方面的差异。下文中"／"前为老派，后为新派。

1. 声母

例字中，声母上的差异只有零星几个字，例如：谱 $ɓu^{334}$ ／ p^hu^{434}。

2. 韵母

最大的差异在山摄舒声合口一等见影组字，老派读［ua］韵，与［uɑ］韵对立，如：官 kua^{55} ≠关 $kuɑ^{55}$ | 完 ua^{22} ≠还 $uɑ^{22}$，新派两个韵已完全合流。

3. 其他不太系统的差异。例如：蚁 $ȵia^{113}$ ／ i^{33}。

二、文白异读

永康方言的文白异读现象十分复杂，而且因人而异。大体上文化程度越高，年龄越大，文白异读现象就越丰富。不过由于调查字数有限，目前发现的文白异读现象仍比较零碎，列举如下。下文中"／"前为白读，后为文读。

1. 声母

（1）非组个别字白读［m］声母，文读［v］声母，例如：问 muo^{241} ／ $vəŋ^{241}$。

（2）日母个别字白读［ȵ］声母或自成音节［ŋ］，文读［z］声母或［l］声母。例如：日 $ȵiə^{113}$ ／ $zə^{113}$ | 认 $ȵiŋ^{241}$ ／ $zəŋ^{241}$ | 儿 $ŋ^{22}$ ／ ly^{22} | 耳 $ŋ^{113}$ ／ ly^{113}。

（3）其他：畜 ts^hu^{334} ／ $ɕiu^{334}$

2. 韵母

中古韵摄	例字	读音	中古韵摄	例字	读音
果开一歌	拖	thia^{55} / t^{h}uo^{55}	果合一戈	磨动	muo^{241} / mau^{22}
臻合三问	问	muo^{241} / vəŋ^{241}	梗开三映	柄	mai^{52} / miŋ^{52}

伍　小称

永康方言的小称现象非常丰富，主要特征为小称变调，主要有两种类型。

（1）小称调［241］（与阳去调调值相同），发音非常特殊，音节的前一半部分带很强烈的紧喉色彩，而且常在音节的中间出现喉塞尾［ʔ］。值得注意的是，［ʔ］特征有逐渐消失趋势，有些小称的发音并不非常明显。为简便起见，本书中一律不标出［ʔ］。该类型的词汇如下：

蕊儿花蕾 n̠y^{241} | 桃儿 dau^{241} | 梨儿 li^{241} | 麦李儿李子 mai^{33}li^{241} | 黄柿儿柿子 uaŋ^{31}z̩^{241} | 山蒲桃儿核桃 sa^{33}bu^{33}dau^{241} | 安＝蕈儿野生的蘑菇 ɣ^{33}zəŋ^{241} | 辣椒儿 lua^{33}dʑiau^{241} | 红萝卜儿 oŋ^{33}lau^{33}bu^{241} | 黄瓜儿 uaŋ^{33}gua^{241}

窠儿鸟窝 k^{h}uo^{241} | 蚕儿 zɣ^{241} | 鱼儿 n̠y^{241} | 鲫鱼儿 tsəŋ^{33}n̠y^{241} | 虾儿 xua^{241} | 街狗驴儿驴 tɕia^{33}kəu^{31}ly^{241} | 羊儿 iaŋ^{241} | 小猪儿猪崽 ɕiau^{33}dʑi^{241} | 猫儿 mau^{241} | 街狗娘儿母狗 tɕia^{33}gəu^{31}n̠iaŋ^{241}

梯儿可移动的梯子 t^{h}əi^{241} | 盒儿 ɣ^{241} | 瓶儿 biŋ^{241} | 壶儿 u^{241} | 筐儿 k^{h}uaŋ^{241} | 钩儿 gəu^{241} | 绳儿 ziŋ^{241} | 柴儿小的柴火 zia^{241} | 铁镬儿煮饭的饭锅 t^{h}ia^{33}uo^{241} | 铜镬儿炒菜的菜锅 doŋ^{33}uo^{241} | 橱儿柜子 dʑy^{241} | 马桶儿 muo^{31}doŋ^{241} | 勺儿瓢 ziau^{241} | 调羹儿汤匙 diau^{33}gai^{241} | 面巾儿毛巾 mie^{31}dʑiŋ^{241} | 细面巾儿手绢 ɕiau^{31}mie^{31}dʑiŋ^{241} | 脚踏车儿自行车 tɕiau^{33}dua^{33}tɕ^{h}ia^{241} | 独轮车儿 du^{33}ləŋ^{33}tɕ^{h}ia^{241} | 手推车儿独轮车 ziəu^{31}t^{h}əi^{33}tɕ^{h}ia^{241} | 衬衫儿 ts^{h}əŋ^{31}za^{241} | 背心儿 ɓəi^{33}zəŋ^{241} | 毛线衫儿毛衣 mau^{33}ɕie^{33}za^{241} | 鞋儿 ia^{241} | 尿衲儿尿布 ɕi^{33}nɣ^{241} | 散碎儿零钱 za^{31}zəi^{241} | 小物书儿连环画 ziau^{31}fə^{33}zy^{241} | 球儿毽子 dʑiəu^{241} | 麻将儿 mua^{33}dʑiaŋ^{241} | 卒儿象棋中的卒 dzə^{241}

口嘴咘儿嘴巴 k^{h}əu^{31}dzei^{31}bu^{241} | 辫儿辫子 bie^{241} | 细手指头儿小拇指 ɕia^{53}ɕiəu^{31}tsə^{33}dəu^{241} | 奶奶儿女性的乳房 n̠ia^{31}n̠ia^{241} | 老□儿阴茎 lau^{31}ku^{241}

病小弟儿害喜 biŋ^{31}ziau^{31}die^{241} | 双生儿双胞胎 ɕyaŋ^{33}zai^{241} | 细伢儿婴儿 ɕie^{33}ŋua^{241} | 小侬儿男孩 ziau^{31}noŋ^{241} | 老成侬儿老人 lau^{31}ziŋ^{33}noŋ^{241} | 伙头儿厨师 xuo^{31}dəu^{241} | 讨饭侬儿乞丐

t^{h}ɑu^{31}vɑ^{31}noŋ^{241} | 呆头儿傻子 ŋəi^{33}dəu^{241} | 晚爷儿继父 ma^{31}ia^{241} | 晚娘儿继母 ma^{31}ȵiɑŋ^{241} | 阿娘儿伯母 a^{33}ȵiŋ^{241} | 大娘儿伯母 duo^{31}ȵiŋ^{241} | 阿妗儿舅妈 a^{33}dʑiŋ^{241} | 阿姨儿姨 a^{33}i^{241} | 阿哥儿哥哥 a^{33}kuo^{241} | 大哥儿哥哥 duo^{31}kuo^{241} | 大小姨丈儿连襟 duo^{31}ʑiɑu^{31}i^{33}dʑiɑŋ^{241} | 孙孙儿重孙子 sɤ^{33}zəŋ^{241} | 官人儿丈夫 kuɑ^{33}ȵiŋ^{241} | 嬬人儿妻子 ʑy^{31}ȵiŋ^{241} | 乌头名儿 diɑu^{31}ɗəu^{33}miŋ^{241}

日奄$^{=}$儿白天 ȵiə^{33}la^{241} | 交儿很 gɑu^{241}

（2）小称调［52］（与阴去调调值相同），但不伴随［ʔ］特征。该类型的词汇如下：

橘儿 tɕyə^{52} | 枣儿 tsɑu^{52} | 粟儿谷子 su^{52}

鸟儿 ɗiɑu^{52} | 喜鹊儿 ʑi^{31}tɕ^{h}iɑu^{52} | 鹁鸽儿鸽子 ɓu^{33}kɤ^{52} | 蚤儿跳蚤 tsɑu^{52} | 鸭儿 uɑ^{52}

饼儿 miŋ^{52} | 伞儿 sa^{52} | 夹儿夹子 tɕia^{52} | 釁儿盖子 kəŋ^{52} | 塞儿塞子 səi^{52} | 棍儿棍子 k^{h}uəŋ^{52} | 门槛儿 məŋ^{33}k^{h}a^{52} | 后戾儿窗 əu^{31}k^{h}a^{52}

乌荫儿傍晚 u^{33}iŋ^{52} | 夜奄$^{=}$儿夜晚 ia^{241}la^{52} | 几许儿多少 tɕi^{33}xɤ^{52}

陆　其他音变

一、清浊音变

永康方言在语流中由于连读而产生变调，因声母的清浊常依附于声调的高低，所以声母也会产生相应的变化。清浊音变可能发生于词汇前字、后字或中字，并不固定。音变既有清声母变为浊声母，例如（读音特殊的字下加下画线）：

水圳水沟儿 ʑy^{31}ye^{52}(ɕ—ʑ)

反手拼$^{=}$左边 vɑ^{31}ʑiəu^{31}p^{h}iŋ^{55}(f—v，ɕ—ʑ)

正手拼$^{=}$右边 tɕiŋ^{33}ʑiəu^{31}p^{h}iŋ^{55}(ɕ—ʑ)

水果 ʑy^{31}kuo^{334}(ɕ—ʑ)

街狗娘儿母狗 tɕia^{33}gəu^{31}ȵiɑŋ^{241}(k—g)

扫地 zɑu^{31}di^{241}(s—z)

面巾儿毛巾 mie^{31}dʑiŋ^{241}(tɕ—dʑ)

手剪剪子 ʑiəu^{31}tɕia^{334}(ɕ—ʑ)

子公公公 dzɿ^{31}koŋ^{55}(ts—dz)

乌头名儿绰号 diɑu^{31}ɗəu^{33}miŋ^{241}(ɗ—d)

也有浊声母变为清声母，例如：

火<u>着</u>来_{失火} xuo³³⁴tɕiau³³ləi²²(dʑ—tɕ)

以<u>前</u> i³¹ɕia⁵⁵(z̠—ɕ)

<u>前</u>年 ɕia³³n̠ia⁵⁵(z̠—ɕ)

大<u>前</u>日 duo²⁴¹ɕiaŋ³³n̠iə⁰(z̠—ɕ)

星<u>期</u>日 ɕiŋ³³tɕi⁵⁵n̠iə¹¹³(dʑ—tɕ)

松<u>树</u> zoŋ³¹ɕy⁵²(z̠—ɕ)

石<u>榴</u> səi³³liəu⁵⁵(z—s)

<u>房</u>间_{屋子} faŋ³³kaŋ⁵⁵(v—f)

豆<u>腐</u> dəu³¹fu⁵²(v—f)

<u>值</u>钿_{疼爱} tsəi³³ɖie⁵⁵(dz—ts)

二、量词变调

永康方言存在量词变调的现象。从目前所调查的例词来看，主要变调形式为本调阴上［334］的清上和清入字变读为阴去［52］，例如：

把_{一~刀} ɓua⁵² | 朵_{一~花} ɖuo⁵² | 股_{一~香味} ku⁵²

匹_{一~马} pʰie⁵² | 只_{一~狗、鸡} tsəi⁵² | 帖_{剂：一~中药} tʰia⁵² | 角_{角：一~钱} kɑu⁵²

另外，也存在本调阴上［334］变读为阳去［241］的情况，例如：

管_{把：一~锁} guɑ²⁴¹

三、特殊语流音变

永康方言中还存在一些特殊语流音变现象，例如（读音特殊的字加下画线）：

<u>来</u>_{起来：天冷~了} əi²²(l—∅)

<u>东</u>司_{旧式的厕所} loŋ³³sɿ⁵⁵(n—l)

<u>便宜</u> biŋ³¹n̠i²²(ie—iŋ)

第五十五节　武义方音

壹　概况

一、调查点

1. 地理人口

武义县隶属浙江省金华市，位于浙江省中部，金华市南部。东与永康、缙云接壤，东北与义乌交界，南与丽水相依，西南与松阳县毗连，西与遂昌县为邻，西北与正北分别与金华市婺城区、金东区相接。距金华市城区 26.2 公里。武义县东西宽 50 公里，南北长 59 公里，县域总面积 1577 平方公里，辖 3 街道 8 镇 7 乡，分别是：白洋街道、壶山街道、熟溪街道；履坦镇、桐琴镇、泉溪镇、王宅镇、桃溪镇、柳城畲族镇、新宅镇、茭道镇；大田乡、白姆乡、坦洪乡、西联乡、三港乡、大溪口乡、俞源乡。截至 2017 年年底，武义县常住人口为 34.42 万。居民以汉族为主，少数民族则以畲族为主。[①]

2. 历史沿革

武义春秋属越，战国后期属楚，秦至东汉属乌伤县，三国至隋为永康县地。唐天授二年（691），始建武义县，属婺州。五代至宋不变。元、明、清三朝，虽曾改州为路，改路为宁越府，最后又改称为金华府，但隶属关系一直没有变化。1912 年属金华道。1927 年废道制，直属浙江省。

解放时，武义县属金华专区。1958 年 5 月，宣平县建制撤销，县级机构与 16 个乡镇并入武义县。1958 年 10 月，武义县建制撤销，并入永康县。1961 年 12 月，经国务院批准恢复武义县建制。1985 年 5 月，金华专区改为金华市，武义县属金华市。

3. 方言分布

武义县境内主要通行武义话和宣平话两种汉语方言。武义话为原武义县主要

---

① 参见：武义县人民政府网，http://zjwy.gov.cn，2022 年 8 月 10 日获取。

方言，属吴语婺州片，分布于以壶山镇为中心的北部地区，包括壶山、履堤、邵宅、白溪、寺前、菱道等乡镇，使用人口约 22.73 万。本书记录的即为武义话。宣平话为原宣平县主要方言，属吴语处衢片，分布于以柳城镇为中心的南部地区，分散于柳城、泽坦、大源、俞源等乡镇，使用人口约 9.43 万。除此之外，还有少数人口使用闽语，分布在县西境和东境边缘地带；少数人口使用淳安话（徽语严州片），分布大田、王宅、桃溪、邵宅等下辖自然村，均为 1962—1967 年水库移民；少数人口使用永康话，分布在桐琴、董村等地，这些地区原属永康县。这几种方言的使用人口均很少。武义县有少量少数民族聚居，主要为畲族，说畲话，主要分布于以柳城镇为中心的南部地区，分散在柳城、泽村、堤坦、大源、俞源、云华、桃溪、宣武等乡镇，使用人口约 0.69 万。

4. 地方曲艺

武义无以武义话说唱的地方曲艺，主要听婺剧。另外，曾流行一种盲人说唱曲艺"词筒"，但也以金华话为主进行说唱。

二、方言发音人

1. 方言老男

项琳，1959 年 10 月出生于武义壶山镇，一直在本地生活和工作，财会人员，初中文化程度，说武义话和普通话。父母均为武义城里人。

2. 方言青男

廖俊，1990 年 11 月出生于武义壶山街道，主要在本地生活和工作，基层干部，大专文化程度，说武义话和普通话。父母均为武义城里人。

3. 口头文化发音人

何淑芝，女，1953 年 9 月出生于武义熟溪街道，一直在本地生活和工作，播音员，现已退休，初中文化程度，说武义话和普通话。父母均为武义城里人。

王青，女，1954 年 11 月出生于武义壶山镇，一直在本地生活和工作，职工，现已退休，初中文化程度，说武义话和普通话。父母均为武义城里人。

贺兰仙，女，1949 年 10 月出生于武义壶山镇，一直在本地生活和工作，播音员，现已退休，高中文化程度，说武义话和普通话。父母均为武义城里人。

贰　声韵调

一、声母（28个，包括零声母在内）

p 八	pʰ 派片	b 爬病	m 兵麦明问	f 飞风副蜂	v 肥饭味
t 点_量的_文	tʰ 讨天	d 甜毒	n 东脑难蓝连		l 多老路竹
ts 资早租争	tsʰ 草寸拆抄初	dz 茶		s 丝三酸山	z 字贼坐祠事十
tɕ 酒张_量装纸主九	tɕʰ 刺清抽车_{汽~}春轻	dʑ 柱权	ȵ 年泥热软月县	ɕ 想双手书响	ʑ 全谢床船顺城
k 高	kʰ 开	g 共	ŋ 熬安	x 好灰	
∅ 活温王云用药					

说明：

（1）[p][ts][tɕ][k][f][s][ɕ][x]逢阴平[24]时，实际音值是相应的浊音声母。[b][d][dz][dʑ][g][v][z][ʑ]逢阳平[324]时，实际音值是相应的清音声母。

（2）[ȵ]和[n]在细音韵母前构成对立，例如：烟 ȵie²⁴ ≠ 癫 nie²⁴｜年 ȵie³²⁴ ≠ 连 nie³²³。

（3）零声母音节开头，细音字常带摩擦成分，洪音字常带紧喉成分这一特征，青男更为明显。

二、韵母（43个，包括自成音节的[m̩][n̩][l̩]在内）

ɿ 师丝试	i 猪戏飞	u 苦	y 雨
a 开赔对硬争白	ia 写排贴节	ua 快横_{~竖}	ya □_{~相＝：脏}
		uɑ 茶牙鸭法辣八活刮	
	ie 米笑桥盐年接热		ye 靴权月出
ɤ 男短寸盒			

		uo 歌坐过~来山半官骨郭	
ɔ 六绿	iɔ 局		
ə 十	iə 及	uə 或	yə 习
ɯ 渠去			
	ui 鬼		
au 宝饱豆托壳学	iau 节药着		
	iəu 油		
en 深根灯	in 心新升病星	uen 滚	yen 春云兄
aŋ 糖讲	iaŋ 响	uaŋ 王	yaŋ 床双
oŋ 东	ioŋ 用		
əʔ 七北直色尺	iəʔ 急一锡	uəʔ 国	yəʔ 橘
ɔʔ 谷	iɔʔ 曲		
m̩ 姆			
n̩ 五			
l̩ 而			

说明：

（1）［a］［ia］韵母中的［a］接近［æ］。

（2）［uɑ］韵母中的［u］舌位较低，整个韵母发音接近［oɑ］。

（3）［ie］［ye］韵母中的［e］实际音值接近［ɛ］。

（4）［uo］韵母中的［u］发音较弱。

（5）［ə］组和［əʔ］组韵母的［ə］发音偏前，但不到［ɜ］。

（6）［ui］韵母里的［i］舌位较低，接近［ɪ］。

（7）［en］［uen］韵母里的［e］接近［ə］。

（8）［oŋ］［ioŋ］韵母里的［o］舌位偏低，接近［ɔ］。

三、声调（8个）

阴平	24	东该灯风通开天春
阳平	324	门龙牛油铜皮糖红
阴上	445	懂古鬼九统苦讨草
阳上	13	买老五有动罪近后麦叶月白罚

阴去	53	冻怪半四痛快寸去百搭节拍塔切
阳去	231	卖路硬乱洞地饭树盒踏
阴入	5	谷急哭刻
阳入	213	六毒

说明：

（1）阴上［445］有时听感接近平调［55］。

（2）阳上［13］有时发音前段略平，接近［113］。

（3）阴去［53］有时较短，接近短调。

（4）阴入［5］为短促调，相当部分字已并入阴去［53］。

（5）阳入［213］，相当部分字已并入阳上［13］，个别字并入阳去［231］。

叁　连读变调

一、两字组连读变调表

武义方言两字组的连读变调规律见下表。表中首列为前字本调，首行为后字本调。每一格的第一行是两字组的本调组合；第二行是连读变调，若连读调与单字调相同，则此行空白；第三行为例词。同一两字组若有两种以上的变调，则以横线分隔。具体如下。

武义方言两字组连调变调表

前字＼后字	阴平 24	阳平 324	阴上 445	阳上 13	阴去 53	阳去 231	阴入 5	阳入 213
阴平 24	24 24 55 东　西	24 324 32 53 猪　油	24 445 55 烧　酒	24 13 55 新　妇	24 53 55 生　气	24 231 55 猜　义	24 5 亲　戚	24 213 55 阴　历
	24 24 32 53 天　公		24 445 32 53 包　子	24 13 32 53 姑　父	24 53 32 冬　至	24 231 32 53 天　亮	24 5 55 铅　笔	24 213 32 5 三　十
	24 24 55 53 当　中				24 53 53 55 猪　血	24 231 53 324 丢　面		

续表

后字　　前字	阴平 24	阳平 324	阴上 445	阳上 13	阴去 53	阳去 231	阴入 5	阳入 213
阳平 324	年(324/53)初(24) 雄(324/32)鸡(24/53)	牛(324/32)娘(324/231) 拢(324/32)喉(324/53)	黄(324/55)牯(445/53) 笘(324/53)帚(445)	茶(324/55)叶(13)	油(324/32)菜(53) 难(324/55)过(53)	黄(324/32)豆(231)	毛(324/55)笔(5)	阳(324/55)历(213) 明(324/32)日(213/24)
阴上 445	水(445/53)沟(24)	狗(445/53)娘(324) 本(445/55)钿(324) 小(445/55)姨(324/53)	水(445/53)牯(445) 哑(445/55)口(445) 姊(445/55)妹(445/53) 婊(445/55)子(445/53)	小(445/53)麦(13)	小(445/53)气(53) 火(445/55)炮(53) 钞(445/32)票(53)	扫(445/53)地(231)	小(445/55)叔(5)	草(445/53)席(213) 整(445/53)日(213/24)
阳上 13	五(13/53)更(24) 老(13/55)鸦(24) 棒(13/32)冰(24/53)	梦(13/53)眠(324) 划(13/53)拳(324) 下(13/55)巴(324)	冷(13/53)水(445) 翼(13/55)膀(445) 马(13/53)桶(445/24)	落(13/53)雨(13) 舅(13/32)舅(13/231)	月(13/53)半(53) 白(13/5)骗(53/5) 肚(13/32)痛(53)	月(13/53)亮(231)	老(13/53)胚(5)	篾(13/53)席(231) 每(13/32)日(231/24)
阴去 53	杀(53)猪(24) 唱(53/55)歌(24)	出(53)门(324) 放(53/55)牛(324)	正(53)手(445) 戒(53/55)指(445) 角(53/55)子(445/53)	搭(53/55)脉(13)	歇(53)店(53) 布(53/55)裤(53)	索(53)面(231) 算(53/55)命(231)	盖(53)屋(5) 教(53/55)室(5)	挂(53/55)历(231) 歇(53/53)力(231)

后字 前字	阴平 24	阳平 324	阴上 445	阳上 13	阴去 53	阳去 231	阴入 5	阳入 213
阳去 231	231　24 55 定　婚	231　324 55 大　门	231　445 55 大　腿	231　13 55 砚　瓦	231　53 55 囡　婿	231　231 55 望　病	231　5 53 第　一	231　231 55 大　栗
	231　24 32 外　公	231　324 53 外　头	231　445 53 大　水	231　13 53 大　麦	231　53 32 地　震	231　231 53 庙　会		
		231　324 32　53 大　姨				231　231 32 姅　姅		
阴入 5	5　24 53 一　千	5　324 32 格　年	5　445 蛤　宝"	5　13 屋　柱	5　53 指　甲	5　231 一　面	5　5 叔　叔	5　231 锡　箔
阳入 213	213　24 5 日　当	213　324 5 石　榴	213　445 53 着　火	213　13 5 食　奶	213　53 5 白　鸽	213　231 5 佛　豆	213　5 墨　汁	213　231 5 食　药
	213　24 5 薄　刀		213　445 32 若　讲			213　231 32 木　大		

二、两字组连读变调规律

武义方言两字组的连读变调有以下几个特点：

（1）武义方言的两字调连读变调规律大致为前字变、后字不变，但每种组合下也有多种类型。

（2）阳平［324］字为前字时，声调后升部分消失，变为比较明显干脆的低降。其他调类字作前字时也有这种低降变调，统一记为［32］。

（3）多种两字组组合类型前字都是一个高平调，记为［55］。

（4）阳入［213］字为前字时，常常发为短促的高调，韵母增加喉塞尾，音节与清入字单字相似。

肆　异读

一、新老异读

武义方言的新老派发音差异很小，只在韵母方面有所区别：

（1）蟹摄合口二等和梗摄开口二三等见影组的少量字老派保留[ua]韵，与[uɑ]韵对立，但青男已经全部合流为[uɑ]韵，例如：快 $k^h ua^{53}$ ≠ 搭 $k^h uɑ^{53}$ | 梗 kua^{445} ≠ 假 $kuɑ^{445}$ | 坏 ua^{231} ≠ 夏 $uɑ^{231}$。

（2）曾摄阳入字舒化后老男有一个辖字很少的[uə]韵，青男已并入[uo]韵，例如：或 $uə^{13}$ ≠ 祸 uo^{13}。

二、文白异读

武义方言的文白异读现象较为丰富，不过由于调查字数有限，目前发现的文白异读现象仍比较零碎，列举如下。下文中"/"前为白读，后为文读。

1.声母

（1）日母个别字白读[n]声母或自成音节[n̩]，文读[z]声母或零声母，例如：人 $nə^{213}$ / $zə^{213}$ | 耳 $n̩^{13}$ / $l̩^{13}$。

（2）其他：侧 $tsə ʔ^5$ / $ts^h ə ʔ^5$。

2.韵母

目前仅见个别例字，例如：嘴 $tɕi^{445}$ / $tɕy^{445}$ | 僧 sen^{24} / $tsen^{24}$。

3.其他

常用词"个"作量词时，读音为[$tɕia^{53}$]；作结构助词时，读轻声的[$kəʔ^0$]或[$kiəʔ^0$]。

伍　小称

武义方言的小称形式较为丰富，语音上的特点有以下几点。

（1）基本形式为"儿"尾附着于前字韵母，使其增加鼻尾，例如：

边儿沿_{旁边、边儿}min^{32}n̪ie^{53}｜溪边儿沿_{河岸}tɕ^{h}ie^{55}min^{32}n̪ie^{53}

靠夜干儿_{傍晚}k^{h}ɤ^{55}ia^{55}ken^{53}

东西儿_{东西}noŋ^{55}ɕin^{24}

麻雀儿 mua^{32}tɕin^{53}｜蟮儿_{蚯蚓}zin^{231}｜虾儿 xuaŋ^{24}｜猫儿 maŋ^{24}｜雄猫儿 ioŋ^{32}maŋ^{53}｜猫儿娘 maŋ^{32}n̪iaŋ^{53}｜兔儿 t^{h}en^{53}

箫儿_{笛子}ɕin^{24}

（2）除基本形式外，还有小称调的存在。

单字调非阴去而变调为阴去［53］，例如：枣儿 tsen^{53}｜辣虎儿_{辣椒}lua^{53}xuen^{53}｜鸟儿 lin^{53}｜八脚嬉儿嬉儿_{蜘蛛}pɔʔ^{5}tɕiau^{53}ɕyen^{55}ɕyen^{53}｜蚤儿 tsen^{53}｜细奶伢儿_{婴儿}ɕia^{55}nia^{32}uaŋ^{53}｜嫂儿嫂儿 sen^{55}sen^{53}。

当单字调为阳平［324］时，变调为阳上［13］，例如：桃儿 den^{13}｜鞋儿 in^{13}。

当单字调为阳上［13］时，变调为阳去［231］，例如：麦李儿_{李子}ma^{53}lin^{231}｜黄柿儿_{柿子}uaŋ^{53}zen^{231}。

陆　其他音变

一、量词变调

武义方言存在量词变调的现象。从目前所调查的例词来看，本调为阴平［24］和阴上［445］的量词变调为阴去［53］，例如：

根_{一～绳子}ken^{53}｜双_{一～鞋}ɕyaŋ^{53}｜支_{一～毛笔}tɕi^{53}

梗_{一～鱼：一条鱼}kua^{53}｜把_{一～刀}pua^{53}｜辆_{一～车}liaŋ^{53}｜股_{一～香味}ku^{53}

二、特殊语流音变

武义方言中还存在一些特殊语流音变现象，例如（读音特殊的字加下画线）：

<u>台</u>风 daŋ^{32}foŋ^{53}（a—aŋ）

<u>推</u>扳点点_{差点儿}t^{h}aŋ^{55}muo^{445}ti^{53}ti^0（a—aŋ）

第五十六节 磐安方音

壹 概况

一、调查点

1. 地理人口

磐安县隶属浙江省金华市，位于浙江省中部，东面与新昌、天台、仙居为邻，南面与仙居、缙云接壤，西面与永康、东阳交界，北面与东阳、新昌相接，距金华城区 126 公里。总面积为 1195.68 平方公里。[①] 辖 2 街道 7 镇 5 乡，分别是：安文街道、新渥街道、冷水镇、仁川镇、尖山镇、尚湖镇、玉山镇、大盘镇、方前镇、双峰乡、窈川乡、双溪乡、九和乡、盘峰乡。[②] 截至 2019 年年底，全县户籍人口 21.24 万。[③] 当地居民主要为汉族，少数民族人口极少，多系因工作、婚姻迁入。

2. 历史沿革

清顺治五年（1648），清廷划东阳、永康、缙云、仙居四县交界的大盘山区拟设县治，称"四平县"。康熙初年（1662）撤县。光绪十一年（1885）又因"盗贼啸聚"设永仙县丞署，还移金华协都司（亦称八堡山巡防都司）于此，1912 年撤销。1935 年 8 月，划永康、东阳、缙云、仙居、天台五县之边缘山区，设"大盘山绥靖区"，俗称"五平县"。1939 年改设县治，命名磐安县，驻地大盘。1949 年 10 月 30 日，建立磐安县人民政府，县城从大盘迁至安文镇。1958 年撤销磐安县，全境并入东阳。1983 年恢复磐安县。350 年来，磐安经历了设四平县、县丞署(协都司)、绥靖区(五平县)、磐安县，撤销磐安县、复建磐安县等历史沿革。[④]

① 磐安县志编纂委员会. 磐安县志. 杭州：浙江人民出版社，1993：3-12.

② 参见：磐安县人民政府，http://www.panan.gov.cn/col/col1229169738/index.html#，2022 年 8 月 12 日获取。

③ 参见：《2020 年浙江统计年鉴》，http://tjj.zj.gov.cn/col/col1525563/index.html，2022 年 8 月 12 日获取。

④ 参见：磐安县人民政府网，http://www.panan.gov.cn/col/col1229169738/index.html#，2022 年 8 月 12 日获取。

3. 方言分布

磐安县境内的方言主要有磐安话、东阳话、永康话、缙云话、天台话五种。此外，在与仙居、新昌交界的地区还有仙居话、新昌话。其中，磐安话是磐安县的主要方言，当地人将之称为"磐安土话"。磐安话有南北两种口音，以县治安文街道为中心，其南多为永康口音，其北为东阳口音。本次调查点安文街道，其磐安话为北部口音，该地与东阳市南部地区接壤，且曾长时间隶属东阳，所以，与通行于东阳市南乡的东阳话比较接近。

4. 地方曲艺

本地流行婺剧、越剧和道情。

道情是磐安民间一种喜闻乐见的曲艺形式。伴奏乐器极为简单，只有两片竹板和一个竹筒（一端蒙以猪皮、羊皮或油膜）。演唱时，左手臂腋间夹竹筒，左手打竹板，右手拍竹筒，筒板间用，发出"唧嘭"之声，唱一段加几句说表，配上简单的动作，是一人多角色的说唱艺术形式，即所谓的"艺人一台戏，演文演武我自己"。

二、方言发音人

1. 方言老男

陈德品，1956年9月出生于磐安安文街道，1982年9月至1984年6月，就读于衢州师范学校（今衢州学院），此外一直在本地生活和工作，教师，现已退休，中师文化程度，说磐安话和普通话。父母均为磐安县城人。

2. 方言青男

陈健汉，1990年5月出生于磐安安文街道，2008年9月至2011年6月，就读于无锡南洋职业技术学院，此外一直在本地生活和工作，职工，本科文化程度，说磐安话和普通话。父母均为磐安县城人。

3. 口头文化发音人

陈德品，男，1956年9月出生于磐安安文街道，1982年9月至1984年6月，就读于衢州师范学校，此外一直在本地生活和工作，教师，现已退休，中师文化程度，说磐安话和普通话。父母均为磐安县城人。

贰　声韵调

一、声母（28个，包括零声母在内）

p 八	pʰ 派片	b 病爬肥<u>味</u>	m 兵麦明问	f 飞风副蜂	v 肥饭味
t 多东	tʰ 讨天	d 甜毒	n 东脑南		l 老蓝连路
ts 资早租争	tsʰ 草寸清拆	dz 茶城		s 坐丝三酸山	z 字贼祠事城
tɕ 酒张竹柱	tɕʰ 刺抽车春	dʑ 全权	ȵ 年泥热软月	ɕ 想双手书响	ʑ 全谢床船顺
k 高	kʰ 开轻	g 共	ŋ 熬	x 好灰	
∅ 活县安温王					

说明：

（1）阳调类零声母音节的起始音带有同部位的摩擦色彩。

（2）浊塞音、浊塞擦音声母带有较强的浊气流。

（3）声母［p］［t］略有内爆音色彩。

（4）部分［tɕ］组声母字略有一点舌叶音色彩。

（5）声母［x］与合口韵相拼时，双唇略有摩擦。

二、韵母（43个，包括自成音节的［m］［n］［əl］在内）

ɿ 师丝试	i 米戏飞	u 苦丝	y 雨鬼
a 排鞋白	ia 写贴节	ua 快活刮	ya 削
ɒ 山官糖王讲	iɒ 响床双		
ɛ 硬争十辣	iɛ 接急热七一	uɛ 横骨	yɛ 月出
ə 法八		uə 茶牙猪塔托郭壳学	yə 药
e 开赔对	ie 盐年	ue 灰	ye 靴权
o 宝饱	io 笑桥		
ɯ 南半短寸		uɤ 歌坐过	
ɛi 北直色尺锡		uɛi 国	

ʌo 谷六绿　　　　　iʌo 局

ɐɯ 豆走　　　　　　iɐɯ 油

an 感　　　　　　　　　　　　　　uan 王

iɐn 监

ɐn 深根灯升病星兄　iɐn 心新　　　　uɐn 滚　　　　　　　　yɐn 春云

ɔom 东　　　　　　　iɔom 兄用

m̩ 尾

n̩ 五二

əl̩ 二

说明：

（1）元音[a]舌位偏后，实际音值是[ʌ]。

（2）元音[ɒ]的舌位偏高。

（3）[ie]韵不稳定，语流中动程较小，实际音值为[iɪ]。

（4）[ue]韵实际音值为[ueɪ]。

（5）[ye]韵里的[e]舌位略低，近于[yɛ]。

（6）元音[ɛ]的舌位偏低。

（7）[ye][yɛ]韵里的[y]唇形略展，圆唇度不够饱满。

（8）[o][io]韵中的[o]开口度较大，接近[ɔ]。

（9）[ɯ]韵不稳定，与[ts]组声母以及声母[n]相拼时，实际音值接近[uɣ]或[ɣ]。

（10）语流中，[uɣ]韵中的[u]舌位较低且较长，元音[ɣ]较弱。

（11）[ɐɯ][ɐn]组韵母的元音[ɐ]不稳定，有时舌位明显偏高，实际音值接近[ə]。

（12）语流中[ɔom]组韵的[m]尾鼻音较弱。

（13）[ʌo]组韵的元音[ʌ]口形略圆。

三、声调（5个）

阴平	445	东该灯风通开天春
阳平	213	门龙牛油铜皮糖红五六麦叶月毒白罚
上声	334	懂古鬼九统苦讨草买老有动罪近后谷百搭节急哭拍塔切刻

阴去	52	冻怪半四痛快寸去
阳去	14	卖路硬乱洞地饭树

说明：

（1）阴平［445］调值较高，以升为主，有时读作［45］。

（2）阳平［213］有时下降部分不明显，接近［223］或［113］。

（3）上声［334］调型与阴平［445］调型相似，两者较难区分，但升感不如阴平［445］明显，调型略平。

（4）阴去［52］为高降调。

（5）阳去［14］有时尾部略降，接近［143］，但以升为主。

叁　连读变调

一、两字组连读变调表

磐安方言两字组的连读变调规律见下表。表中首列为前字本调，首行为后字本调。每一格的第一行是两字组的本调组合；第二行是连读变调，若连读调与单字调相同，则此行空白；第三行为例词。同一两字组若有两种以上的变调，则以横线分隔。具体如下。

磐安方言两字组连读变调表

前字 ＼ 后字	阴平 445	阳平（浊平） 213	阳平（浊入） 213	上声（清上） 334	上声（浊上） 334	上声（清入） 334	阴去 52	阳去 14
阴平 445	445　45 33　52 飞　机	445　213 33　52 清　明	445　213 33　334 生　日	445　334 33 天　井	445　334 33 公　社	445　334 33 钢　笔	445　52 33 车　票	445　14 33　52 车　站
阴平 445	445　445 33 开　车	445　213 33 开　门	445　213 33 开　学		445　334 33　52 公　里			445　14 33 开　会
阳平（浊平） 213	213　445 21　52 良　心	213　213 21　52 围　裙	213　213 22 茶　叶	213　334 22 门　口	213　334 22 牛　奶	213　334 22 毛　笔	213　52 21 棉　裤	213　14 21　52 名　字
阳平（浊平） 213	213　445 21 骑　车				213　334 21　14 徒　弟			213　14 21 排　队

续表

后字 前字	阴平 445	阳平 （浊平） 213	阳平 （浊入） 213	上声 （清上） 334	上声 （浊上） 334	上声 （清入） 334	阴去 52	阳去 14
阳平 （浊入） 213	213 445 55 石 灰	213 213 14 52 石 头	213 213 33 十 六	213 334 55 石 板	213 334 55 活 动	213 334 55 蜡 烛	213 52 14 力 气	213 14 14 52 立 夏
上声 （清上） 334	33 445 55 火 车	334 213 55 0 水 池 334 213 33 倒 霉	334 213 33 伙 食	334 334 55 水 果	334 334 55 水 稻	334 334 55 洗 脚	334 52 55 0 水 库 334 52 52 写 信	334 14 55 0 手 艺 334 14 52 写 字
上声 （浊上） 334	334 445 55 老 师	334 213 14 52 码 头 334 213 33 坐 船	334 213 33 老 实	334 334 55 老 虎	334 334 55 养 老	334 334 55 满 足	334 52 52 满 意	334 14 14 52 社 会 334 14 33 近 路
上声 （清入） 334	334 445 55 北 京	334 213 55 0 骨 头 334 213 33 发 财	334 213 33 作 业	334 334 33 52 黑 板 334 334 55 发 火	334 334 55 谷 雨	334 334 55 节 约	334 52 55 0 节 气 334 52 33 出 去 334 52 52 织 布	334 14 55 0 铁 路 334 14 33 决 定
阴去 52	52 445 33 汽 车	52 213 33 445 酱 油 52 213 33 过 年	52 213 55 0 四 月 52 213 33 中 毒	52 334 33 报 纸	52 334 33 跳 舞	52 334 33 政 策	52 52 33 意 见	52 14 33 52 孝 顺 52 14 33 救 命
阳去 14	14 445 55 地 方	14 213 33 大 门	14 213 33 大 麦	14 334 55 代 表	14 334 55 大 雨	14 334 55 办 法	14 52 21 饭 店 14 52 52 地 震	14 14 52 电 话 14 14 21 大 路 14 14 14 顺 利

二、两字组连读变调规律

磐安方言两字组连读变调有以下几个特点。

（1）几乎所有的前字都要变，例外的只有"阳去 + 阳去"中的部分词，前字阳去读原调，后字阳去读[52]调。例如：寿命 $ʑieɯ^{14}$ men^{14-52} | 电话 $die^{14}ua^{14-52}$。各调类的前字变化如下。

①前字阴平、阴去多读[33]调，例外词如：四月 $ɕi^{52}ŋyɛ^{213-0}$。当后字读[52]调时，前字阴平、阴去连读调的实际调值有时为[445]。

②前字阳平（浊平字）大部分读[21]调，但在"阳平（浊平字）+ 上声"组合中，读[22]调。例如：牙子 $ŋuɤ^{213-22}tsʅ^{334}$ | 牛奶 $ȵieɯ^{213-22}na^{334}$ | 头发 $deɯ^{213-22}fə^{334}$。另在"阳平（浊平字）+ 阳平（浊入字）"组合中，因浊入后字读[334]调，所以，前字阳平（浊平字）也读[22]调。

③前字上声连读调较复杂，分析如下。

在阴平、上声前多读[55]调，"清入 + 清上"有部分词例外，读[33]调。例如，黑板 $xɛi^{334-33}men^{334-52}$，可能是后字"清上"变为[52]调的缘故。

在阳平前多读[33]调，但当后字读轻声时，前字上声就读[55]调，当后字读[52]调时，前字上声读[52]调或[14]调，当后字读[14]调时，前字上声读[52]调。例如：骨头 $kuɛ^{334-55}deɯ^{213-0}$ | 铁路 $tʰia^{334-55}lu^{14-0}$ | 码头 $mə^{334-14}deɯ^{213}—teɯ^{52}$ | 午饭 $n̩^{33-14}vɒ^{14-52}$。

④前字阳去在阴平、上声前多读[55]调，在阳平前读[33]调，在阴去前读[21]调，在阳去前多读原调，但也有读[21][33]调的现象。例如：大路 $duɤ^{14-21}lu^{14}$ | 顺利 $ʑyen^{14}—ɕyen^{33}li^{14}$。

（2）后字的连读调分析如下。

①阴平、上声、阴去，大多不变，只有个别组合例外，会发生变调。这些组合基本上都是名词，而且后字基本上都变读为[52]调。例如：飞机 $fi^{445-33}tɕi^{445-52}$ | 黑板 $xɛi^{334-33}men^{334-52}$。

②后字阳平一部分不变，一部分会变，且会变读为阴声调。虽然浊平字和浊上字的单字调相同，但在作后字时，两者的变调趋势有差异。部分浊平后字有[445]调的变读，部分浊入后字有[334]调的变读。例如：算盘 $suɯ^{52-33}puɯ^{213-445}$ | 生日 $sɛ^{445-33}nɛi^{213-334}$。

③后字阳去一部分会变，且会变读为阴声调。也有一部分不变，不变的大多是述宾结构的词。

（3）当全浊声母字变为[33][55][52]调时，声母也同时转变为相应的不送气清声母。例如：读书 dʌo²¹³—tʌo⁵⁵ɕy⁴⁴⁵ | 大门 duɣ¹⁴—tuɣ³³mɐn²¹³ | 味道 bi¹⁴—pi⁵⁵to³³⁴。

（4）在单字里合并了的调类，在连读中还会有一些区别，举例如下。

清上 + 浊平：水池 ɕy³³⁴⁻⁵⁵dʑi²¹³⁻⁰ | 草鞋 tsʰo³³⁴⁻⁵⁵a²¹³⁻⁰

浊上 + 浊平：码头 mə³³⁴⁻¹⁴dɐɯ²¹³—tɐɯ⁵² | 象棋 ɕiŋ³³⁴—ʑiŋ¹⁴dʑi²¹³—tɕi⁵²

（5）一部分词后字变调的实际调值为[21]，且时值轻短，前字多变读为[52]调，整个词是"重长 + 轻短"的节律形式。我们将此类词归入轻声，后字调值记为[0]。例如：水库 ɕy³³⁴⁻⁵⁵ku⁵²⁻⁰ | 四月 ɕi⁵⁵nyɛ²¹³⁻⁰ | 铁门 tʰia³³⁴⁻⁵⁵mɐn²¹³⁻⁰。

（6）不符合此连读规律的例外字不多，举例如下。

阴去 + 阳平（浊入）：做贼 tsuɣ⁵²⁻³³zɛi²¹³—sɛi³³⁴（述宾结构）

阳去 + 阴平：卫生 ue¹⁴⁻²¹sɛ⁴⁴⁵

阳去 + 阳平（浊平）：调查 dio¹⁴⁻²¹dzuə²¹³—tsuə⁵²

阳去 + 阴去：位置 ue¹⁴⁻⁵⁵tsʅ⁵²⁻³³⁴

肆　异读

一、新老异读

1. 音系

（1）磐安方言中，老派有43个韵母，新派有40个韵母，老派比新派多了[ie][ye][uɣ][əl] 4个韵，新派比老派多了1个韵[ian]。

老派的[əl]韵仅见于文读，新派的[ian]也仅见于文读。例如：

例字	老派	新派
二 止开三	n¹⁴ / əl¹⁴ 用于文读	n¹⁴
项（~目）江开二	ɒ²¹³	ɕian⁴⁴⁵

老派读[ie]韵的字，新派读[i]韵，和一部分蟹摄字合流；老派读[ye]韵的字，新派读[y]韵，和一部分遇摄字合流；老派读[uɣ]韵的字，新派读[u]韵，和一部分遇摄字合流。例如：

例字	老派	新派
年山开三	ȵie²¹³	ȵi²¹³
泥蟹开四	ȵi²¹³	ȵi²¹³
权山合三	dʑye²¹³	dʑy²¹³
除遇合三	dʑy²¹³	dʑy²¹³
歌果开一	kuɤ³³⁴	ku³³⁴
古遇合一	ku³³⁴	ku³³⁴

（2）老派读［ien］韵的字，新派读［iɛn］韵。例如：

例字	老派	新派
监咸开二	tɕien⁴⁴⁵	tɕiɛn⁴⁴⁵

2. 其他

新派［ɯ］韵不与［ts］组声母相拼，老派与［ts］组声母相拼的［ɯ］韵，新派都读［ɿ］韵。例如：

例字	老派	新派
算山合一	sɯ⁵²	sɿ⁵²
村臻合一	tsʰɯ⁴⁴⁵	tsʰɿ⁴⁴⁵

二、文白异读

磐安方言的文白异读主要体现在声母和韵母方面。下文中"／"前为白读，后为文读。

1. 声母

（1）部分帮组字白读为［m］声母，文读为［p］声母。例如：板 mɒ³³⁴ 石~ / pɒ³³⁴ 老~ | 本 mɐn³³⁴ 一~书 / pɐn³³⁴ ~来。

（2）部分非组字白读为［p］组声母，文读为［f］组声母。例如：肥 bi²¹³ ~肉 / vi²¹³ 减~ | 昧 bi¹⁴ ~道 / vi¹⁴ ~精。

（3）部分端组字白读为声母［n］，文读［t］组声母。例如：踏 na²¹³ ~去 / duə²¹³ 脚~车 | 店 nie⁵² 开~ / tie⁵² 饭~。

（4）个别邪母字白读为塞擦音声母，文读为擦音声母。例如：习 dziɛ²¹³ 学~ / ziɛ²¹³ 姓。

（5）个别邪母、书母字白读为舌尖前擦音声母，文读为舌面前擦音声母。例如：席 zei²¹³ 簟~ / ʑiɛ²¹³ 主~ | 叔 sʌo³³⁴ ~伯母 / ɕiʌo³³⁴ 阿~。

（6）个别从母字白读为擦音声母，文读为塞擦音声母。例如：财 ze²¹³ ~主 / dze²¹³ 发~。

（7）部分日母字白读为 [n] 声母，文读为 [ɲ] 声母；或白读为 [ɲ] 声母，文读为 [ʑ] 声母。例如：人 ɲiɐn²¹³ 丈~ / ziɐiʑ²¹³ ~民 | 日 nɛi²¹³ —~ / ɲiɛ²¹³ ~头 / ʑiɛ²¹³ ~本 | 浓 nɔom²¹³ 与"淡"相对，又读 / ɲiɔom²¹³ 与"淡"相对，又读。

（8）部分见组字白读为 [k] 组声母，文读为 [tɕ] 组声母，韵母也随之改变。例如：减 kɒ³³⁴ ~饭 / tɕie³³⁴ ~法 | 经 kɐn⁴⁴⁵ 念~ / tɕiɐn⁴⁴⁵ ~历 | 兄 xɐn⁴⁴⁵ 表~哥弟 / ɕiɔom⁴⁴⁵ 表~：称呼。

（9）个别见组三等字白读为 [ts] 组或 [tɕ] 组声母，文读为 [k] 组声母，韵母也随之有所改变。例如：贵 tɕy⁵² 指价格 / kue⁵² 用于名字。

（10）个别见母字白读为零声母，文读为 [tɕ] 声母。例如：叫 io⁵² 赖~：哭，又读 / tɕio⁵² 赖~：哭，又读。

2. 韵母

（1）个别果摄开口一等字白读为 [a] 韵母，文读为 [uɤ] 韵母；果摄合口一等字白读为 [a] 韵母，文读为 [o] 韵母。例如：拖 tʰa⁴⁴⁵ ~牢 / tʰuɤ⁴⁴⁵ ~拉机 | 破 pʰa⁵² ~碗 / pʰo⁵² ~坏。

（2）个别止摄开口字白读为 [i] 韵母或 [u] 韵母，文读为 [ɿ] 韵母，声母也会随之改变。例如：知 tɕi⁴⁴⁵ ~识，又读 / tsɿ⁴⁴⁵ ~识，又读 | 丝 su⁴⁴⁵ 螺~：刀 / sɿ⁴⁴⁵ 萝卜~。

（3）个别止摄开口字白读为 [n̩] 韵母，文读为韵腹是元音的韵母。例如：二 n̩¹⁴ 十~ / əl¹⁴ ~楼 | 耳 n̩³³⁴ ~朵 / ɛ³³⁴ 木~。

（4）个别止摄合口字白读为 [iɐu] 韵母或 [y] 韵母，文读为 [ue] 韵母，声母也会随之改变。例如：龟 tɕiɐu⁴⁴⁵ 乌~ / kue⁴⁴⁵ ~鳖丸 | 贵 tɕy⁵² 指价格 / kue⁵² 用于名字。

（5）个别咸摄山摄开口舒声字白读为 [ɒ] 韵母，文读为 [ie] 韵母，声母也随之改变。例如：减 kɒ³³⁴ ~饭 / tɕie³³⁴ ~法 | 奸 kɒ³³⁴ 虚伪，狡诈 / tɕie³³⁴ 通~。

（6）个别山摄合口一等舒声字白读为 [ye] 韵，文读为 [uan] 韵母。例如：完 ye²¹³ ~成 / uan²¹³ ~蛋。

（7）部分山摄、宕摄、江摄舒声字白读为 [ɒ] 韵母，文读为 [an] [uan] 韵母。例如：晚 mɒ³³⁴ ~稻 / man³³⁴ ~爷 | 装 tsɒ⁴⁴⁵ ~车 / tsuan⁴⁴⁵ ~病 | 王 ɒ²¹³ 姓，又读 / uan²¹³ 姓，又读 | 棒 bɒ¹⁴ —~ / ban²¹³ ~冰。

（8）个别深摄入声字白读为［yəʔ］韵，文读为［iəʔ］韵母。例如：习 zyəʔ²³ 学~ / ziəʔ²³ 姓。

（9）个别臻开三入声字、梗开三入声字白读为［iɜ］韵母，文读为［iɛ］韵母，声母也随之有所改变。例如：日 nei²¹³ —~ / n̠iɜ²¹³ ~头 / ziɜ²¹³ ~本 | 席 zɛi²¹³ 篾~ / ziɛ²¹³ 主~。

（10）个别梗合三舒声字白读为［uɜ］［yɐɣ］韵母，文读为［moɕi］韵母，声母也随之有所改变。例如：兄 xuɜ⁴⁴⁵ 表~哥 : 弟弟 / ɕiom⁴⁴⁵ 表~ : 称呼 | 永 yɐɣ³³⁴ ~康 : 地名 / ioɕi³³⁴ ~远。

（11）个别通摄合口三等字白读为开口韵，文读为齐齿韵，声母也随之有所改变。例如：浓 nɔom²¹³ 与"淡"相对，又读 / n̠iɔom²¹³ 与"淡"相对，又读 | 叔 sʌo³³⁴ ~伯 : 伯母 / ɕiʌo³³⁴ 阿~。

伍　儿化和小称音

磐安话小称音变化情况如下。

1. 韵母的变化

磐安话的 43 个韵母中，已经调查到有小称词的韵母 29 个。［ɜu］［yəʔ］［ye］［uei］［ʌo］［ioom］［an］［uan］［ien］［uɜ］［iɐi］［uɐu］［yɐɣ］［m̩］这 14 个韵母暂时没有调查出相应的小称韵。

在有小称韵的 29 个韵母中，［n̩］韵字小称时只变调，不变韵。例如：舅母 tɕiɐu³³⁴⁻³³n̩³³⁴⁻¹⁴。

其余 28 个有小称韵的韵母，其小称韵都是［n］尾韵。磐安话"儿"读［n²¹³］（阳平），小称音里的鼻尾［n］来自"儿"字。大部分非鼻尾韵，在原韵母的末尾直接加上鼻尾［n］即可成为小称韵。鼻尾韵和一部分非鼻尾韵的元音要发生变化，才能成为小称韵。例如：［iʌo］的小称韵为［ion］，与韵母［io］小称韵相同。［ɔom］的小称韵为［un］，与韵母［u］小称韵相同。

28 个有小称韵的韵母举例如下。

ʅ—ʅn：黄柿儿 ɒ²¹³⁻³³ sʅ³³⁴—zʅn¹⁴

i—in：梨儿 li²¹³—lin²¹³

u—un：箍儿 kʰu⁴⁴⁵—kʰun⁴⁴⁵

y—yn：鱼儿 n̠y²¹³—n̠yn²¹³

a—an：细沙儿 ɕi⁵²sa⁴⁴⁵—san⁴⁴⁵

ia—ian：车儿 tɕʰia⁴⁴⁵—tɕʰian⁴⁴⁵

ua—uan：瓜儿 kua⁴⁴⁵—kuan⁴⁴⁵

ya—yan：牙刷儿 ŋuə²¹³⁻²¹ɕya³³⁴—ɕyan⁵²

ɒ—ɒn：馅儿 ɒ¹⁴—ɒn¹⁴

iɒ—iɒn：姑丈儿 ku³³dʑiɒ¹⁴—dʑiɒn¹⁴

ɛ—ɛn：鸽儿 kɛ³³⁴—kɛn⁵²

iɛ—iɛn：结儿 tɕiɛ³³⁴—tɕiɛn⁵²

yɛ—yɛn：橘儿 tɕyɛ³³⁴—tɕyɛn⁵²

ie—ien：钳儿 dʑie²¹³—dʑien²¹³ | 剑儿 tɕie⁵²—dʑien¹⁴

ye—yen：圈儿 tɕʰye⁴⁴⁵—tɕʰyen⁴⁴⁵

o—on：刀儿 to⁴⁴⁵—ton⁴⁴⁵

io—ion：箫儿 ɕio⁴⁴⁵—ɕion⁴⁴⁵

ɯ—ɤn：蚕儿 zɯ²¹³—zɤn²¹³

uɤ—uɤn：歌儿 kuɤ⁴⁴⁵—kuɤn⁴⁴⁵

ə—ən：袜儿 mə²¹³—mən¹⁴

uə—uən：猪儿 tsuə⁴⁴⁵—tsuən⁴⁴⁵

e—en：袋儿 de¹⁴—ten⁴⁴⁵

ue—uen：块儿 kʰue⁵²—kʰuen⁵²

ɛi—en：今日儿 tɕiɛn⁴⁴⁵⁻³³nen²¹³⁻¹⁴

iʌo—ion：叔儿 ɕiʌo³³⁴—ɕion⁵²

ɐɯ—ɐɯn：偷儿 tʰɐɯ⁴⁴⁵—tʰɐɯn⁴⁴⁵

iɐɯ—iɐɯn：球儿 dʑiɐɯ²¹³—dʑiɐɯn¹⁴

ɔom—un：葱儿 tsʰɔom⁴⁴⁵—tsʰun⁴⁴⁵

有些小称韵的元音比较长，[n]尾结合不够紧密，像两个独立的音节。阴平、阳平、上声调的小称韵尤为明显。

2. 声调的变化

磐安话小称声调的变化规律如下表。

磐安方言小称声调的变化规律表

古音	今单字调	小称调	例词
清平	［445］	［445］	花儿 xua^{445}—xuan^{445}
浊平	［213］	［213］	蚕儿 zɯ^{213}—zɤn^{213}
		［14］	球儿 dʑiɯɯ^{213}—dʑiɐɯn^{14}
		［445］	汤圆儿 tʰɒ^{33}ye^{213}—yen^{445}
清上	［334］	［52］	毯儿 tʰɒ^{334}—tʰɒn^{52}
浊上	［334］	［14］	黄柿儿 ɒ$^{213-33}$sʅ^{334}—zʅn^{14}
清去	［52］	［52］	块儿 kʰue^{52}—kʰuen^{52}
		［14］	剑儿 tɕie^{52}—dʑien^{14}
浊去	［14］	［14］	姑丈儿 ku$^{445-33}$dʑiɒ^{14}—dʑiɒn^{14}
		［445］	袋儿 de^{14}—ten^{445}
清入	［334］	［52］	叔儿 ɕiʌo^{334}—ɕion^{52}
浊入	［213］	［14］	盒儿 ɛ^{213}—ɛn^{14}

从上表可以看出，磐安话小称声调变化的总趋势是：清声母字读阴平、阴去调，浊声母字读阳平、阳去调，且多数读阴去调、阳去调。也有个别词语例外。例如：剑儿 tɕie^{52}—dʑien^{14}，清声母字的小称声调读阳去调；汤圆儿 tʰɒ^{33}ye^{213}—yen^{445}，浊声母字的小称声调读阴平调。

陆 其他音变

一、述宾式变读调

磐安话述宾结构的连读调规律为：后字基本不变，前字阴平［445］变［33］，阳平（浊平）［213］变［21］［22］，阳平（浊入）［213］变［55］［14］，上声（清上、浊上、清入）［334］变［55］［52］［33］，阴去［52］变［33］，阳去［14］变［55］［33］。

阴平＋阴平：开车 kʰe$^{445-33}$tɕʰia^{445}

阴平＋阳平（浊平）：开门 kʰe$^{445-33}$mɐn^{213}

阴平＋阳平（浊入）：开学 kʰe$^{445-33}$uə^{213}

阴平＋阴去：开店 kʰe$^{445-33}$nie^{52}

阴平 + 阳去：开会 $k^he^{445\text{-}33}ue^{14}$

阳平（浊平）+ 阴平：骑车 $dʑi^{213\text{-}21}tɕ^hia^{445}$

阳平（浊平）+ 上声（清入）：留级 $lieɯ^{213\text{-}22}tɕiɛ^{334}$

阳平（浊平）+ 阳去：排队 $ba^{213\text{-}21}de^{14}$

上声（清上）+ 阴平：打针 $nɐ^{334\text{-}55}tsɐn^{445}$

上声（清上）+ 阳平（浊入）：转业 $tɕye^{334\text{-}33}ȵiɛ^{213}$

上声（清上）+ 上声（清入）：洗脚 $ɕi^{334\text{-}55}tɕyə^{334}$

上声（清上）+ 阴去：写信 $ɕia^{334\text{-}52}ɕien^{52}$

上声（浊上）+ 阴平：动工 $tɔom^{334\text{-}55}kɔom^{445}$

上声（浊上）+ 阳平（浊平）：坐船 $suɤ^{334\text{-}33}ʑye^{213}$

上声（浊上）+ 阴去：买票 $ma^{334\text{-}52}p^hio^{52}$

上声（清入）+ 阴平：结亲 $tɕiɛ^{334\text{-}55}tɕ^hiɐn^{445}$

上声（清入）+ 阳平（浊平）：发财 $fə^{334\text{-}33}ze^{213}$

上声（清入）+ 阴去：织布 $tɕiɛ^{334\text{-}52}pu^{52}$

阴去 + 阳平（浊平）：拜年 $pa^{52\text{-}33}ȵie^{213}$

阴去 + 阴去：种菜 $tɕiɔom^{52\text{-}33}ts^he^{52}$

阴去 + 阳去：救命 $tɕiɐɯ^{52\text{-}33}mɐn^{14}$

阳去 + 阴平：用功 $iɔom^{14\text{-}55}kɔom^{445}$

阳去 + 阳去：望病 $mɒ^{14\text{-}33}bɐn^{14}$

二、数量式的变调

磐安话数量式中的量词变化比较复杂。当数量为"一"时，阴平［445］、阳平［213］基本不变；其余量词的总体趋势是，清声母的量词多读阴去调，浊声母的量词多读阳去调。例如：

一只 $iɛ^{334\text{-}33}tsɛi^{334\text{-}52}$

一个 $iɛ^{334\text{-}33}ka^{52}$

一朵 $iɛ^{334\text{-}33}tuɤ^{334\text{-}52}$

一角 $iɛ^{334\text{-}33}kuə^{334\text{-}52}$

一把 $iɛ^{334\text{-}33}pə^{334\text{-}52}$

一粒 $iɛ^{334\text{-}33}lɛ^{334\text{-}14}$

一样 $iɛ^{334\text{-}33}iɒ^{14}$

一袋 $iɛ^{334\text{-}33}de^{14}$

量词前面的数字不同，导致量词的声调会发生不同的变化。具体见磐安方言量词的变调规律表。

磐安方言量词的变调规律表

数词	量词声调	量词变调
一、两、五、六、七、八、九、十	阴平［445］（如：张、斤）	［445］，不变
三、廿、一百、一千、一万		变［52］
四、半		变［21］
一、三、两、五、六、七、八、九、十、廿、一百、一千、一万	阴上（清上）［334］（如：本、碗） 阴去［52］（如：个、块）	变［52］（其中阴去没变）
四、半	阴上（清入）（如：节）	变［21］
一、两		［213］，不变
五、六、十		变［14］
七、八、九	阳平（浊平）［213］（如：层）	变［445］
三、四、廿、一百、一千、一万		变［52］
一、两、五、六、七、八、九、十	阳上（浊上）［334］（如：桶、两） 阳去［14］（如：袋）	变［14］（其中阳去没变）
三、四、廿、一百、一千、一万	阳平（浊入）［213］（如：日）	变［52］

三、声母的变化

（1）一部分字的连读调或小称音会出现阴阳调交叉变化的情况，单字调为阳调的字，变调读为阴调，单字调阴调的字，变调读为阳调。由于磐安话的阴调只和清声母相配，阳调只和浊声母相配，所以，这些字的声母也要跟随声调的变化出现变读。例如：宝剑儿 po$^{334\text{-}33}$tɕie^{52}—dʑien^{14} | 绿豆 lʌo$^{213\text{-}14}$dɯɯ^{14}—tɯɯ^{52} | 石头 zɛi$^{213\text{-}14}$dɯɯ^{213}—tɯɯ^{52}。

（2）一些字词在语流中声母脱落，读作零声母音节。

"去"［kʰɯɯ^{52}］作为趋向动词在语流中常丢失声母，读作［ɯɯ^{52}］。例如：拖去 tʰa$^{445\text{-}33}$kʰɯɯ^{52}—ɯɯ^{52}。

动态助词"了"［la^{0}］在语流中常丢失声母，读作［a^{0}］。例如：讲了一遍 kɒ^{33}a^{0}iɛ^{33}pie^{52}。

量词"个"［ka^{52}］、结构助词"个"［ka^0］，在语流中常丢失声母，分别读作
［a^{52}］［a^0］。

趋向动词"起来"的"起"［tɕʰi^{334}］在语流中常丢失声母，读作零声母［i^{334}］。
例如：爬起来 bə^{22}i^{33}le^0。

人称代词"渠"［gɐɯ^{213}］在宾语位置会丢失声母，读作［ɐɯ^{213}］。例如：我贴$^=$
渠讲过罢 ŋuɤ^{33}tʰia^{55}ɐɯ^{21}kɒ^{33}kuɤ^{55}ba^0。

（3）顺同化音变。例如："尔拉"有［n^{55}la^{334}］/［n^{55}na^{334}］两读，其中［n^{55}na^{334}］
是顺同化音变的结果。

4. 韵母的变化

指示代词"格"［ka^{52}］，语流中口形变小，舌位偏高，韵母发生变化，读作
［kə^{52}］。

5. 合音

例如："［弗曾］"［fen^{52}］是"弗曾"的合音。

第五十七节　缙云方音

壹　概况

一、调查点

1. 地理人口

缙云县隶属浙江省丽水市，地处浙江省南部丘陵山区，东临仙居、永嘉，南连青田，西邻莲都、武义，北接永康、磐安，离丽水市城区36公里，面积1503.52平方公里。全县设3街道7镇8乡，具体是：五云街道、新碧街道、仙都街道、壶镇镇、新建镇、舒洪镇、大洋镇、东方镇、东渡镇、大源镇、七里乡、前路乡、三溪乡、双溪口乡、溶江乡、胡源乡、方溪乡、石笕乡。截至2018年年底，全县户籍总人口为46.99万。以汉族为主。①

2. 历史沿革

缙云春秋战国时属吴越，秦代分属会稽郡、闽中郡。西汉时为会稽郡地，分属乌伤县，东汉初改回浦为章安。汉末建安四年（199），分章安县南乡置松阳县，缙云地分属乌伤和松阳两县。

三国吴赤乌八年（245），分乌伤县南境上浦乡置永康县，今缙云北部为永康县一部分。吴太平二年（257），分会稽郡东部置临海郡，松阳属之。吴宝鼎元年（266），又分会稽郡西部置东阳郡，永康县属之。缙云地分属临海郡之松阳县和东阳郡之永康县。

东晋太宁元年（323），分林海郡东部置永嘉郡，松阳县属之。隋开皇九年（589），分松阳县东部置括苍县，废永嘉郡置处州。开皇十二年（592），又改处州为括州。隋初废东阳郡置婺州，大业初复改婺州为东阳郡，括州为永嘉郡。今缙云地北部仍属东阳郡永康县，南部属永嘉郡括苍县。

唐武德四年（621），李子通改东阳郡为婺州，升永康为丽州，分置缙云县，属丽州。武德八年（625），废丽州及缙云县，仍属永康县。万岁登封元年（696），

---

① 参见：缙云县政府门户网站，http://www.jinyun.gov.cn，2018年12月30日获取。

分括州括苍县东北界及婺州永康县南界再置缙云县，因境内缙云山而名，属括州。天宝元年（742）改括州为缙云郡。乾元元年（758）复为括州。大历十四年（779）因避德宗讳（名适，音 kuò），改括州为处州，缙云县属之。

五代时，缙云县为吴越国之地，仍为处州属县。宋时亦属处州。元至元十三年（1276），蒙古军攻占处州，改处州为处州路。元至正十九年（1359），朱元璋占处州，改处州路为安南府，旋改处州府，缙云县属之。明、清时，缙云县属处州府。清宣统三年（1911）十月收复处州，处州成立军政分府，缙云县属之。

1914 年，设钱塘、会稽、金华、瓯海 4 道，缙云县属瓯海道。十六年（1927）废道制，实行省县两级制，缙云县直属浙江省。

1949 年 5 月，缙云解放。9 月，浙江省分为 7 个专区，缙云县属第七专区。10 月，第七专区改为丽水专区。1952 年 1 月撤销丽水专区，缙云县属金华专区。1963 年 5 月恢复丽水专区。1968 年 11 月丽水专区改称丽水地区，缙云县属之。2000 年 7 月，撤销丽水地区，建地级丽水市，地域不变，缙云县属之。[1]

3. 方言分布

缙云方言以城关话为代表，与其差异较大的口音主要有三种，分别是西乡话、南乡话、东乡话。四种口音的大致情况如下。（1）城关话：分布在原五云镇。（2）西乡话：分布在城北、新碧、东川、溪南、碧河、双川、新川 7 个乡镇和新建、七里 2 个乡镇大部，以新建话为代表，七里话较接近城关话。（3）南乡话：分布在舒洪、大源、大洋、南溪、方溪、胡源、榕江、双溪口 8 个乡镇和东渡、木栗、石笕 3 个乡镇大部，以舒洪话为代表，东渡话较接近城关话，石笕一带为莲都口音，原南溪乡受仙居话影响，原木栗乡部分村落带青田口音、部分村落带永嘉口音。（4）东乡话：东乡话差异较大，分布在东方、壶镇、雁岭、三溪、前路 5 个乡镇，以壶镇话为代表。据 2017 年年底人口统计，畲族人口约 500—600，主要分布在七里乡邢坑村，对内对外交流都已使用缙云话。[2]

4. 地方曲艺

缙云无地方戏，有说唱的曲艺如三句半、双簧、小品、鼓词和说唱等。鼓词和说唱等艺人会在仙都风景区、河阳古民居等景区演出。

---

① 参见：缙云县政府门户网站，http://www.jinyun.gov.cn，2018 年 12 月 30 日获取。
② 参见：缙云县政府门户网站，http://www.jinyun.gov.cn，2018 年 12 月 30 日获取。

二、方言发音人

1. 方言老男

黄国盛，1954 年 10 月出生于缙云五云镇，一直在本地生活和工作，自由职业，初中文化程度，说缙云话和普通话。父亲为缙云五云镇杜桥村人，母亲为缙云五云镇东门村人。

2. 方言青男

李凯斌，1986 年 11 月出生于缙云五云镇，2004—2007 年在义乌工商学院读大专，2007—2008 年在义乌工作一年，其他时间一直在本地生活和工作，职工，大专文化程度，说缙云话和普通话。父母均为缙云五云镇东门村人。

3. 口头文化发音人

李月华，女，1953 年 7 月出生于缙云五云镇，一直在本地生活和工作，农民，初中文化程度，说缙云话和普通话。

蔡玮华，女，1957 年 10 月出生于缙云五云镇，一直在本地生活和工作，新闻工作者，本科文化程度，说缙云话和普通话。

丁新燕，女，1979 年 4 月出生于缙云五云镇，一直在本地生活和工作，教师，本科文化程度，说缙云话和普通话。

杜志方，男，1945 年 7 月出生于缙云东渡镇，一直在本地生活和工作，基层干部，现已退休，大专文化程度，说缙云话和普通话。

贰　声韵调

一、声母（28 个，包括零声母在内）

p 八	pʰ 派片	b 爬病	m 兵麦明味问	f 飞凤副蜂	v 肥饭
t 多竹	tʰ 讨天	d 甜毒	n 东脑难		l 老蓝连路
ts 资租争装纸	tsʰ 刺寸清拆抄初	dz 茶		s 丝三酸山双	z 字贼坐祠谢城

tɕ 早酒张主九	tɕʰ 草抽车汽~	dʑ 柱共权	ȵ 年泥热	ɕ 想手书响	ʑ 全船顺
春轻			软月		
k 高	kʰ 开	g 渠他	ŋ 牙	x 好灰	
Ø 活县温王					
云用药傲					

说明：

（1）［p］［t］实际发音接近［ʔb］［ʔd］。

（2）［ts］［tsʰ］［s］拼［ʮ］时，实际音值为［tʃ］［tʃʰ］［ʃ］。

（3）［f］和［v］不只是高低调分布相区别，在同调中也构成对立，如：夫［fu⁴⁴］≠乌［vu⁴⁴］，府［fu⁵¹］≠□丢［vu⁵¹］。

（4）［s］和［z］不只是高低调分布相区别，在同调中也构成对立，如：松~树［zɔ⁴⁴］≠桑［sɔ⁴⁴］。

二、韵母（40个）

ɿ 师丝试	i 猪米二飞戏	u 歌坐过茶牙瓦苦	y 雨鬼
ʯ 书取			
a 硬争白	ia 写年贴节	ua 横	
ɑ 排鞋山塔鸭法辣八	iɑ 响	uɑ 官活刮快	yɑ 靴
ɛ 南半短根寸盒北	iɛ 盐接热	uɛ 骨国	yɛ 权月出
ɔ 饱糖双讲郭壳学绿	iɔ 王用药局		
ɤ 五			
ai 直	iai 日密		yai 习
ei 开赔对色锡	iei 急一	uei 灰回	yei 橘
ɤɤ 宝十七	iɤɤ 笑桥		
ɑu 六	iɑu 肉		
ou 谷	iou 菊		
ɔ̃ 东	iɔ̃ 雄		
aŋ 新深心		uaŋ 滚	
ɛŋ 灯升病星	iɛŋ 认金隐		yɛŋ 春云
	iuŋ 豆走油		

说明：

（1）[y]韵母较松，实际音值为[ʏ]。

（2）[ai][iai][yai]韵母中的[a]实际开口度略小，实际音值为[æ]。

（3）[ɑ]组韵母中的[ɑ]实际音值为[ʌ]。

（4）[iɛ][yɛ]中的[ɛ]舌位略高，实际音值为[ᴇ]。

（5）[ɤ]舌位较高，但不到[w]。

（6）[ɚ]组韵母的[ə]，在阳入字时舌位略低，实际音值为[ɐ]，但无对立现象，因此记为同一韵母。

（7）[ɔ̃ũ][iɔ̃ũ]韵母后常常带一个微弱闭口动作，实际音值接近[ɔ̃ũm][iɔ̃ũm]。

（8）[ɛŋ]组韵母中的[ɛ]后有不明显的[i]，实际音值为[ɛⁱŋ][iɛⁱŋ][uɛⁱŋ][yɛⁱŋ]，有时[ŋ]尾不明显，特别是在词汇中，表现为鼻化。

三、声调（8个）

阴平	44	东该灯风通开天春
阳平	243	门龙牛油铜皮糖红
阴上	51	懂古鬼九统苦讨草
阳上	31	买老五有动罪近后
阴去	453	冻怪半四痛快寸去
阳去	213	卖路硬乱洞地饭树
阴入	322	谷百搭节急哭拍塔切刻
阳入	13	六麦叶月毒白盒罚

说明：

阴去[453]有时上升部分不明显，为[53]，调型接近阴上[51]，但两调仍保持对立，并不相混。

叁　连读变调

一、两字组连读变调表

缙云方言两字组的连读变调规律见下表。表中首列为前字本调，首行为后字本调。每一格的第一行是两字组的本调组合；第二行是连读变调，若连读调与单字调相同，则此行空白；第三行为例词。同一两字组若有两种以上的变调，则以横线分隔。具体如下。

缙云方言两字组连读变调表

后字／前字	阴平 44	阳平 243	阴上 51	阳上 31	阴去 453	阳去 213	阴入 322	阳入 13
阴平 44	44　44 双　生	44　243 453 清　明 44　243 213 猜　疑	44　51 烧　酒 44　51 453 番　薯 44　51 51　243 鲲　水	44　31 新　妇 44　31 51 鸡　卵 44　31 453 乡　里 44　31 213 姑　母	44　453 心　痛 44　453 45 甘　蔗	44　213 453 天　亮	44　322 时　节	44　13 45 正　月 44　13 453 乌　日
阳平 243	243　44 44 雷　公	243　243 31 明　年 243　243 21　453 黄　泥	243　51 44 黄　酒 243　51 21 洋　伞 243　51 51 来　火	243　31 44 杨　柳 243　31 44　453 银　杏 243　31 21　453 沿　里	243　453 44 驼　背 243　453 21 棉　絮 243　453 44　44 埋　怨	243　213 51 胡　弄 243　213 44　453 洋　芋 243　213 21　453 田　岸	243　322 44 毛　笔	243　13 21 成　日 243　13 31 前　日 243　13 21　45 龙　雹 243　13 44　45 黄　历

续表

后字 前字	阴平 44	阳平 243	阴上 51	阳上 31	阴去 453	阳去 213	阴入 322	阳入 13
阴上 51	51 44 水 坑	51 243 纸 银	51 51 水 果 51 51 453 水 饺	51 31 51 古 老	51 453 梗 菜 51 453 21 扁 担	51 213 纸 鹞	51 322 指 甲 51 322 45 喜 鹊	51 13 省 力
阳上 31	31 44 51 老 鸦 31 44 21 被 单 31 44 51 243 下 巴 31 44 44 棒 冰	31 243 51 午 前 31 243 21 肚 皮	31 51 51 冷 水 31 51 21 稻 秆	31 31 51 老 臼 31 31 21 弟 妇 31 31 51 213 两 两 31 31 44 453 奶 奶	31 453 21 卯 兔 31 453 21 31 上 去 31 453 51 31 两 个	31 213 51 午 饭 31 213 51 后 面	21 322 竖 屋	31 13 51 满 月 31 13 21 眼 热
阴去 453	453 44 44 菜 干 453 44 51 衬 衫	453 243 44 酱 油 453 243 44 453 布 凉	453 51 44 正 手 453 51 44 31 个 把	453 31 44 处 里 453 31 44 213 炮 仗	453 453 44 做 戏	453 213 44 对 面 453 213 44 31 半 夜	453 322 44 课 室 453 322 44 45 背 褡	453 13 44 放 学
阳去 213	213 44 21 定 亲 213 44 21 243 大 猫 213 44 21 453 大 家	213 243 21 旧 年 213 243 21 453 便 宜	213 51 21 露 水 213 51 21 453 面 饺	213 31 21 面 桶 213 31 21 453 豆 腐	213 453 21 地 震	213 213 21 外 面 213 213 51 雾 露 213 213 21 453 谢 谢	213 322 21 第 一 213 322 21 453 便 只	213 13 21 大 麦

后字 前字	阴平 44	阳平 243	阴上 51	阳上 31	阴去 453	阳去 213	阴入 322	阳入 13
阴入 322	322　44 51 结　婚	322　243 51 鲫　鱼 322　243 44　51 出　来	322　51 51 脚　爪	322　31 51 屋　柱 322　31 44 脚　里 322　31 51　453 叔　母	322　453 51 阔　气 322　453 44 脱　气	322　213 51 刷　地 322　213 5　243 一　面	322　322 51 弗　识 322　322 51　45 一　百 322　322 21　45 伯　伯	322　13 51 扎　实
阳入 13	13　44 51 薄　刀	13　243 51 日　头 13　243 31 落　来	13　51 51 麦　秆	13　31 51 日　里 13　31 51 食　奶 13　31 51　453 麦　李	13　453 51 实　际	13　213 51 月　亮	13　322 51 墨　汁 13　322 51　45 末　脚	13　13 51 食　药 13　13 2　1 昨　日

二、两字组连读变调规律

缙云方言两字组的连读变调有以下几个特点。

（1）缙云两字组的连读变调较为复杂，大致规律为阴平和阴上为前字时，前字不变调，后字变调；其余调类为前字时，前字变调，后字不变调。

（2）有两个连读调，即［21］和［45］。［21］由［213］演变而来，当阳去调作前字时，升幅消失变为纯粹的降调，但与阳上［31］听感有明显区别。［45］一般出现在入声字作为后字时，［45］较短促，有时为［55］或［5］。

（3）阴去［453］在两组字中音值有时为［53］。

缙云方言两字组前后字具体变调规律如下。

（1）阴平［44］作前字时不变调，后字一般变调为［453］。

（2）阳平［243］作前字时情况较复杂，大致为前字变调为［44］或［21］，后字不变。

（3）阴上［51］作前字时，前后字变调情况较少。如若变调，一般为前字不变后字变。

（4）阳上［31］作前字时一般变调为［51］或［21］，后字通常不变或变调为［31］等。

（5）阴去［453］作前字时一般变调为［44］，后字一般不变调。

（6）阳去［213］作前字时一般变为纯粹的降调［21］或［51］，后字不变或变为［453］等。

（7）阴入［322］和阳入［13］作前字时一般变为［51］，后字一般不变。

（8）阴入［322］和阳入［13］作后字时，常常变调为连读调［45］。

肆　异读

一、新老异读

缙云方言新老派差异主要体现在声母和韵母方面。下文中"／"前为老派读音，后为新派读音。

1. 声母

声母主要差异在于邪船母细音字，老派读浊擦音或塞擦音，新派读零声母。例如：谢 zia²¹³ ／ ia²¹³｜蛇 zia²⁴³ ／ ia²⁴｜像 dʑia³¹ ／ ia³¹｜船 zyɛ²⁴³ ／ yɛ²⁴｜顺 ʑyɛŋ²¹³ ／ yɛŋ²¹³。

2. 韵母

（1）果假摄精庄章组洪音字，老派读［u］韵，与遇摄合流；新派读［ou］韵，与通摄入声合流。例如：坐 zu³¹ ／ zou³¹｜茶 dzu²⁴³ ／ dzou²⁴。

（2）另外存在一些其他不太系统的差异。例如：郭 kɔ³²² ／ ku⁴⁴｜曲 tɕʰiɔ³²² ／ tɕʰiou³²。

二、文白异读

缙云方言的文白异读现象十分复杂，而且因人而异。大体上文化程度越高，年龄越大，文白异读现象就越丰富。不过由于调查字数有限，目前发现的文白异读现象仍比较零碎。下文中"／"前为白读，后为文读。

1. 声母

（1）非组个别字白读［b］［m］声母，文读［v］声母或零声母。例如：肥_奉bi²⁴³/vi²⁴³｜晚_微mɑ³¹/uɑ³¹。

（2）日母个别字白读［n］声母或［ɳ］声母，文读［z］声母或［m］声母。例如：人 nɛŋ²⁴³/niɛŋ²⁴³/zaŋ²⁴³｜耳 ɳiɛŋ⁵¹/mi³¹。

（3）其他：夹_见tɕia⁴⁵³/kɑ⁴⁵³｜雀_精tsəɤ⁴⁵³/tɕʰiɔ⁴⁵³｜柄_帮pa⁴⁵³/mɛŋ⁵¹。

2. 韵母

缙云方言韵母文白异读例表

中古韵摄	例字	读音	中古韵摄	例字	读音
果开一歌	拖	tʰɑ⁴⁴/tʰu⁴⁴	止开三至	鼻	bəɤ¹³/biei¹³
止合三至	类	lɛ¹³/lei²¹³	止合三微	围	y²⁴³/uei²⁴³
山合三月	越	yɛ¹³/yɑ¹³	山开四先	莲	lia²⁴³/liɛ²⁴³
臻开三质	日	ɳyɛ¹³/ɳiei¹³	臻开三真	人	nɛŋ²⁴³/ɳiɛŋ²⁴³/zaŋ²⁴³
梗开三映	柄	pa⁴⁵³/mɛŋ⁵¹	臻合一魂	温	uɛ⁴⁴/uaŋ⁴⁴
			梗开三庚	明	məɤ²⁴³/mɛŋ²⁴³

三、"个"的异读

缙云方言的"个"［ku⁴⁵³］主要作量词，例如："一个人"［iei⁴⁴ku⁴⁵³nɛŋ²¹³］。

与周边方言情况一样，缙云方言相当于普通话中结构助词"的"的成分也用"个"，但读音既可以读为［ku］，如：乐来渠个村东边沿阿"个湖里去洗浴［ŋu⁵¹lei⁵⁵gɤ³¹ku⁰tsʰɛ⁴⁴nõũ⁴⁴mɛŋ⁴⁴iɛ⁴⁴a³¹ku⁰vu²⁴³ləɤ⁰kʰɤ⁴⁵³sɿ⁵¹iɔ¹³］要到他的村东边的那个湖里去洗澡，也可读为较特殊的［lɛ］，如：天里个金牛星［tʰia⁴⁴ləu²¹lɛ⁰tɕiɛŋ⁴⁴ɳiuŋ²⁴³sɛŋ⁴⁴］天上的金牛星，还可读为较特殊的［tiɛ］，如：王先生以"回个刀开嘞好猛［iɔ²⁴³ɕiɛ⁴⁴sa⁴⁴i²⁴³uei²⁴³tiɛ⁰təɤ⁴⁴kʰei⁴⁴lei⁰xəɤ⁵¹ma⁵¹］王先生的刀开得很好：王先生是病人（受事）。

与周边方言情况相同，缙云方言相当于普通话指示代词"这"的表示也可用"个"，但读音既可以读为［ku］，如：个牛郎便是靠一只老牛耕田为生［ku⁴⁴ɳiuŋ²¹lɔ²⁴³biɛ²¹dzɤ⁴⁴kʰɤ⁴⁴iei⁴⁴tsei⁴⁵ləɤ⁵¹ɳiuŋ²⁴³kɑ⁴⁴dia⁴⁵³uei⁴⁴sa⁴⁴］这位牛郎就是靠一头老牛耕田为生，也可以读为较特殊的［tiɛ］，如：个梦渠便觉来弗识得真啊假欤［tiɛ⁴⁴mõũ²¹³gɤ²¹³biɛ²¹³tɕiɛ⁴⁴li⁰fɛ⁵¹tsei⁴⁴tei⁴⁵tsaŋ⁵⁵a⁰ku⁵¹ei⁰］他想这个梦不知是真是假。

伍　小称

从收集获得的词语来看，缙云方言的小称除直接在词汇后加"儿"尾外，主要形式是以小称调来表示小称。

1. 直接在词汇后加"儿"尾的如下。

猪儿猪崽 ti^{44}ɳi^{453} | 面巾儿手绢 miɛ^{51}tɕiɛ^{44}ɳi^{453} | 指头儿小拇指 tsəɤ^{51}diuŋ^{44}ɳi^{453} | 人儿团$^{=}$婴儿 nɛŋ^{21}ɳi^{213}daŋ^{453} | 考$^{=}$人儿小孩 kʰɔ^{51}nɛŋ^{44}ɳi^{453} | 细格$^{=}$儿男孩 sɿ^{51}ka^{44}ɳi^{453} | 媛$^{=}$眷儿女孩 yɛ^{21}tɕyɛ^{44}ɳi^{453} | 徒弟儿 du^{21}diɛ^{31}ɳi^{453} | 叔儿排行最小的叔父 sou^{21}ɳi^{243} | 娘儿姑 ɳiɑ^{21}ɳi^{453}

2. 以小称调来表示小称共有两种类型。

（1）小称调［322］
该小称调基本为非入声字变读，与单字调阴入［322］调值相同。例如：
桃儿 dəɤ^{322} | 虾儿 xu^{322} | 羊儿 iɑ^{322}
（2）小称调［45］
该小称调基本为入声字变读，应从连读调［45］而来。例如：
角儿桌子的~ kɔ^{45} | 壳儿 kʰɔ^{45} | 橘儿 tɕyei^{45} | 粟儿谷子 sɔ^{45} | 鸭儿 ɑ^{45} | 叔儿叔父：呼称，统称 sou^{45}

辣茄儿辣椒 lɑ^{51}gɑ^{45} | 婶儿叔母 saŋ^{45} | 姊儿姐姐 tsɿ^{45} | 柄儿把儿：刀~ pa^{45}

陆　其他音变

一、量词变调

缙云方言存在量词变调的现象。从目前所调查的例词来看，其变调规律为，无论量词的本调是什么，都可能变读为量词变调［45］（与阴去［453］调值不同）。例如：

根一~绳子、毛笔、蛇 kɛ^{45}
管一~锁 kua^{45}

退—~房子 t^hei^{45} | 介⁼—~鱼 ka^{45}

粒—~米、柱子 $lε^{45}$

只—~马、牛、狗、鸡 $tsei^{45}$ | 帖—~中药 t^hia^{45} | 角—~钱 $kɔ^{45}$

二、特殊语流音变

缙云方言中还存在一些特殊语流音变现象。例如（读音特殊的字加下画线）：

老<u>鼠</u> $ləɤ^{51}ts^hl^{51}$（s—ts^h）

面<u>巾</u>儿_{手绢} $miε^{51}tɕiε^{44}n̦i^{453}$（iεŋ—iε）

衣<u>裳</u>_{衣服} $i^{44}ia^{453}$（ʐ—∅）

<u>耳</u>朵 $n̦iεŋ^{51}tu^{51}$（i—iεŋ）

<u>肩</u>胛头_{肩膀} $iε^{44}ka^{51}diɤŋ^{243}$（tɕ—∅）

<u>嫁</u>妆 $ia^{44}tsɔ^{44}$（tɕ—∅）

<u>嫁</u>老公_{出嫁} $ia^{44}ləɤ^{51}kɔ̃ũ^{44}$（tɕ—∅）

老<u>虎</u>钳_{钳子} $ləɤ^{51}fu^{51}dʑiε^{243}$（x—f）

<u>墨</u>瓦_{砚台} $miε^{21}u^{31}$（m—∅）

打<u>嚏</u>_{打喷嚏} $na^{51}ti^{453}$（t^h—t）

讲<u>弗</u>来_{可能} $kua^{51}a^0lei^{243}$（fε—a）

<u>差</u>点_{差点儿} $tsa^{44}tia^{51}$（ts^h—ts）

<u>讲</u><u>弗</u>来_{可能} $kua^{51}a^0lei^{243}$（ɔ—ua，fε—a）

第五十八节　衢州方音

壹　概况

一、调查点

1. 地理人口

衢州市位于浙江省西部，地处浙、闽、赣、皖四省交界，素有"四省通衢"之称，距杭州直线距离约190公里，现辖2区1市3县，分别是柯城区、衢江区，江山市，常山县、开化县、龙游县。衢州老城区今属柯城区，是国家级历史文化名城。柯城区北、东、南邻衢江区，西邻常山县，西南与江山市接壤。全区总面积609平方公里，截至2016年年底，辖2镇8乡8街道，分别是：航埠镇、石梁镇，九华乡、沟溪乡、华墅乡、七里乡、姜家山乡、万田乡、石室乡、黄家乡，府山街道、荷花街道、花园街道、双港街道、信安街道、新新街道、白云街道、衢化街道。[1] 截至2016年年底，全区总户数17.62万，户籍人口43.80万[2]。汉族占绝大多数，现有畲族行政村4个，分别为航埠镇北一村、北二村、殿前村，七里乡上门村。

2. 历史沿革

夏、商、西周三代属于越之地，春秋初为姑蔑国，后为越国西部姑蔑地。东汉初平三年（192）析太末置新安县，衢县自此而建。南朝陈永定三年（559）一度置信安郡，为衢地设领县建制之始。唐武德四年（621）置衢州，武德八年（625）废；垂拱二年（686）复置衢州，咸通元年（860）信安县改为西安县，境属西安县。此后直至1949年的千余年间，衢城历为州府路道区的治署所在。1949年设县级衢州市，1955年划归金华专区管辖，1985年设省辖衢州市及柯城、

① 参见：衢州市政府门户网站，http://www.qz.gov.cn/col/col1525216/index.html，2022年8月15日获取。
② 参见《2017年浙江统计年鉴》，http://tjj.zj.gov.cn/col/col1525563/index.html，2022年8月15日获取。

衢江两区。①

城内孔氏南宗家庙为全国仅有的两座孔氏家庙之一；城南烂柯山素有"道教第八洞天"之称，《晋书》所载"王质遇仙"传说即出于此；清蒲松龄《聊斋志异》中所记"衢州三怪"出没的县学塘、蛟池塘和古钟楼遗迹仍在。

3. 方言分布

这里的衢州方言专指衢州老城区范围内通行的方言，当地人称"城里腔"，属于吴语金衢片。"城里腔"跟城区周边乡村的"乡里腔"有较大差异，历史上受官话影响较深，文白异读较丰富。

4. 地方曲艺

柯城区流行的道情多带有龙游口音，流行的婺剧使用金华读书音。另有国家级非物质文化遗产"西安高腔"，为婺剧的六大声腔之一。

二、方言发音人

1. 方言老男

郑文奎，1952年6月出生于衢州柯城水亭街，一直在本地生活和工作，职工，现已退休，初中文化程度，说衢州话和普通话。父母均为衢州城里人。

2. 方言青男

龚舜，1986年3月出生于衢州柯城礼贤街，除在杭州读大学外，一直在本地生活和工作，主持人，本科文化程度，说衢州话和普通话。父母均为衢州城里人。

3. 口头文化发音人

刘慧珍，女，1955年9月出生于衢州柯城东门街，一直在本地生活和工作，当过工人，后为家庭妇女，小学文化程度，说衢州话和不太标准的普通话。父母均为衢州城里人。

---

① 参见：衢州市政府门户网站，http://www.qz.gov.cn/col/col1525216/index.html，2022年8月15日获取。

陈大槐，男，1945 年 12 月出生于衢州柯城衣锦坊，一直在本地生活和工作，自由职业者，初中文化程度，说衢州话和不太标准的普通话。父母均为衢州城里人。

杨欣，女，1970 年 5 月出生于衢州柯城北门街，一直在本地生活和工作，职工，高中文化程度，说衢州话和普通话。父母均为衢州城里人。

贰　声韵调

一、声母（33 个，包括零声母在内）

p 八兵	pʰ 派片	b 病爬肥	m 麦明味问	f 飞风副蜂	v 饭肥味问
t 多东	tʰ 讨天	d 甜毒	n 脑南		l 老蓝连路
ts 资早租	tsʰ 刺寸拆抄	dz 茶棋		s 丝三酸山	z 字贼祠事
tɕ 酒争九	tɕʰ 清抽轻	dʑ 桥	ȵ 年泥热月	ɕ 想响	ʑ 谢县
tʃ 张竹装纸	tʃʰ 车春	dʒ 全柱权城		ʃ 双书	ʒ 床船十城
k 高官	kʰ 开看	g 共狂	ŋ 熬眼	x 好灰	
∅ 月活安云药县					

说明：

（1）舌面声母［tɕ］组与舌叶声母［tʃ］组呈互补分布，［tɕ］组（除［ȵ］外）只与齐齿呼韵母相拼，［tʃ］组只与撮口呼韵母相拼，有学者将此二组声母归为一组，这里根据音感差异原则分为［tɕ］［tʃ］两组。

（2）阳调类零声母音节前带有与音节开头元音同部位的轻微摩擦，过去多记作声母［ɦ］，这里统一记作［∅］。

（3）［b］［d］［dz］［dʑ］［dʒ］等浊音声母浊音色彩明显。

二、韵母（44 个，包括自成音节的［m］［ŋ]）

ɿ 师丝试戏	i 二飞耳	u 歌坐过苦	y 猪雨
ɑ 茶牙瓦	iɑ 写夜	uɑ 花瓜	yɑ 蛇车
ɛ 开排鞋		uɛ 快怪	

e 赔对豆走　　　　　　　　　　　　ue 鬼灰

ɔ 宝饱　　　　iɔ 笑桥

ɯ 后狗　　　　iu 油酒

əl 耳

ã 山胆　　　　iã 响硬争　　　　uã 横关　　　　yã 张尝

ɑ̃ 糖讲　　　　　　　　　　　　uɑ̃ 王光　　　　yɑ̃ 床双

ə̃ 南半短　　　iẽ 盐年　　　　uə̃ 官宽　　　　yə̃ 权占

ən 根寸灯　　　in 心新病星　　　uən 滚温　　　　yən 深春云升

oŋ 东风　　　　　　　　　　　　　　　　　　　　yoŋ 兄用

aʔ 盒塔辣白　　iaʔ 药白　　　　uaʔ 活刮　　　　yaʔ 刷着

əʔ 托壳北绿　　iəʔ 接急热七锡　uəʔ 骨学国谷　　yəʔ 十月出学直尺局

m 母

ŋ 五鱼

说明：

（1）[y]组韵母跟舌叶声母相拼时，圆唇不明显，实际音值近于[ʅ]。

（2）[yẽ][yəʔ]韵母中的[ə]受韵头影响，有时音近圆唇音。

（3）[ɑ̃][əʔ]韵母中的[ə]偏后偏开，音近[ʌ]或[ɤ]。

（4）[aʔ][ã]等韵母中的[a]略闭，实际音值介于[æ]与[a]之间。

（5）[iu]韵中的[u]略开，实际音值近[ʊ]，有时发成[iəu]。

（6）[e][ue][iu][ɯ]四韵的实际音值分别近于[eɪ][ueɪ][iəu][ɤɯ]。

（7）[n]韵尾实际音值介于[n][ŋ]之间。

三、声调（7个）

阴平	32	东该灯风通开天春
阳平	21	门龙牛油铜皮糖红
上声	35	懂古鬼九统苦讨草
阴去	53	冻怪半四痛快寸去马女李雨
阳去	231	卖路硬乱洞地饭树买老五有动罪近后
阴入	5	谷百搭节急哭拍塔切刻
阳入	12	六麦叶月毒白盒罚

说明：

（1）阴平为中降调，尾段降势趋缓，有时读作降升调［323］，这里统一记作［32］。

（2）阳平为次低降调，尾段降势趋缓，有时读作降升调［212］，这里统一记作［21］。

（3）上声前段升势较缓，实际调值接近［225］，这里统一记作［35］。

（4）阴入喉塞音明显，时长较短。

（5）阳入喉塞音不明显，时长比阴入长，部分字调值近［212］，这里统一记作［12］。

叁　连读变调

一、两字组连读变调表

衢州方言两字组的连读变调规律见下表。表中首列为前字本调，首行为后字本调。每一格的第一行是两字组的本调组合；第二行是连读变调，若连读调与单字调相同，则此行空白；第三行为例词。同一两字组若有两种以上的变调，则以横线分隔。具体如下。

衢州方言两字组连读变调表

后字 前字	阴平 32		阳平 21		上声 35		阴去 53		阳去 231		阴入 5		阳入 12	
阴平 32	32 中	32 53 秋	32 天	21 53 萝	32 烧	35 酒	32 冬	53 至	32 街	231 53 路	32 裤	5 脚	32 35 汤	12 药
	32 35 相	32 争	32 35 梳	21 头			32 35 肩	53 21 担	32 35 风	231 暴				
阳平 21	21 雄	32 鸡	21 拳	21 231 头	21 棉	35 袄	21 油	53 菜	21 蚕	231 豆	21 毛	5 竹	21 阳	12 历
			21 13 年	21 头										

续表

后字 前字	阴平 32	阳平 21	上声 35	阴去 53	阳去 231	阴入 5	阳入 12
上声 35	35　32 剪　刀	35　21 狗　娘 　 35　21/53 斧　头	35　35 手　表 　 35　35/21 反　手	35　53 爽　快 　 35　53/21 韭　菜	35　231 姊　妹 　 35　231 本　地	35　5 喜　鹊	35　12 火　着
阴去 53	53　32 唱　歌	53　21 半　年	53　35 戒　指	53　53 种　菜	53　231 算　命	53　5 细　橘	53　12 放　学
阳去 231	231　32 大　溪	231　21 匠　人	231　35 项　颈	231　53 大　蒜	231　231 垫　被 　 231　231/53 豆　腐 　 231　231/21 味　道	231　5 有　法 　 13　5 大　伯①	231　12 闹　热
阴入 5	5/3　32 一　千	5/3　21 鲫　鱼	5/3　35 弗　懂	5/3　53 咳　嗽	5/3　231 吃　饭 　 5　231/53 屋　柱	5/3　5 一　百	5　12 角　落
阳入 12	12/2　32 蜜　蜂	12/2　21 石　榴 　 12/2　21/53 核　桃	12/2　35 白　果	12/2　53 服　气	12/2　231 佛　豆 　 12/2　231/53 烈　士	12/2　5 蜡　烛	12/2　12 明　日

二、两字组连读变调规律

衢州方言两字组连读变调有以下几个特点。

（1）过半数的调类组合完全不变调，近半数的调类组合有变调。

---

① “大伯”有两个读音，这里读[dɑ^{13}paʔ^{5}]，指父之兄；另读[du^{231}paʔ^{5}]，指夫之兄。

（2）变调组合中，舒声前字变调较少，后字变调居多；入声前字变调，后字不变。

（3）舒声前字主要变读为升调［35］或［13］，后字主要变读为降调［53］或［21］。

（4）阴入前字调值由［5］变读为［3］，但在平声及阳入前不变调；阳入前字由［12］变读为［2］。

肆　异读

一、新老异读

衢州方言的新老异读主要体现在个别调型及少数声母与韵母方面。下文中"／"前为老派，后为新派。

（1）老派读阴平［32］，阳平读［21］，调型只降不升；新派阴平读［323］，阳平读［212］，保留降升调型。

（2）崇母、从母个别字老派读［z］声母，新派增读［dz］声母。例如：锄 $z\mathprogram{l}^{21}$ / dzu^{212} | 杂 za$ʔ^{12}$ / dza$ʔ^{12}$。

（3）匣母个别字老派读零声母，新派增读［z］声母。例如：项 ã^{231} / ziã^{231} | 形 in^{21} / ʑin^{212}

（4）梗摄开口二等少数阳声韵字，老派读［iã］韵母，新派增读［ən］韵母。例如：争 tɕiã^{32} / tsən^{323} | 耕 tɕiã^{323} / kən^{323} | 梗 kuã^{35} / kən^{25}。

（5）梗摄开口二等少数入声字，老派读［iaʔ］韵母，新派读［aʔ］韵母。例如：百 piaʔ^{5} / paʔ^{5} | 白 biaʔ^{12} / baʔ^{12} | 麦 miaʔ^{12} / maʔ^{12}。

（6）梗摄合口三等个别字老派读［yən］韵母，新派读［yoŋ］韵母。例如：永 yən^{35} / yoŋ^{25}。

二、文白异读

衢州方言的文白异读主要体现在声母和韵母两方面。下文中"／"前为白读，后为文读。

1. 声母

（1）微母合口三等少数字白读为[m]声母，文读为[v]声母。例如：味 mi²³¹/vi²³¹ | 问 mən²³¹/vən²³¹。

（2）日母、疑母部分三等字白读为[ȵ]声母，文读为零声母或[ʒ]声母。例如：儿 ȵi²¹/əl²¹ | 耳 ȵi²³¹/əl⁵³ | 月 ȵyəʔ¹²/yəʔ¹² | 人 ȵin²¹/ʒyən²¹ | 认 ȵin²³¹/ʒyən²³¹ | 日 ȵiəʔ¹²/ʒyəʔ¹²。

（3）见晓组开口二等部分字白读为[k]组声母，文读为[tɕ]组声母。例如：交 kɔ³²/tɕiɔ³² | 监 kã³²/tɕiẽ³² | 甲 kaʔ⁵/tɕiaʔ⁵ | 奸 kã³²/tɕiẽ³² | 孝 xɔ⁵³/ɕiɔ⁵³。

（4）见母止摄合口三等个别字白读为[tʃ]声母，文读为[k]声母。例如：鬼 tʃy³⁵/kue³⁵ | 贵 tʃy⁵³/kue⁵³。

（5）匣母部分字白读为零声母，文读为[z]或[ʒ]声母。例如：夏 ɑ²³¹/ziɑ²³¹ | 限 ã²³¹/ziẽ²³¹ | 县 yõ²³¹/ziẽ²³¹ | 学 uəʔ¹²/ʒyəʔ¹²。

（6）禅母个别字白读为[ʒ]声母，文读为[dʒ]声母。例如：城 ʒyən²¹/dʒyən²¹。

2. 韵母

（1）止摄合口三等少数字白读为[y]韵母，文读为[ue]韵母。例如：鬼 tʃy³⁵/kue³⁵ | 贵 tʃy⁵³/kue⁵³ | 围 y²¹/ue²¹。

（2）效摄开口二等少数字白读为[ɔ]韵母，文读为[iɔ]韵母。例如：交 kɔ³²/tɕiɔ³² | 孝 xɔ⁵³/ɕiɔ⁵³。

（3）咸山摄开口二等少数字白读为[ã]韵母，文读为[iẽ]韵母。例如：监 kã³²/tɕiẽ³² | 甲 kaʔ⁵/tɕiaʔ⁵ | 奸 kã³²/tɕiẽ³²。

（4）深臻摄开口三等少数字白读为[in]韵母，文读为[yən]韵母。例如：沉 tin⁵³/dʒyən²¹ | 人 ȵin²¹/ʒyən²¹ | 认 ȵin²³¹/ʒyən²³¹。

（5）梗摄开口二等个别字白读韵母主元音为[a]，文读韵母主元音为[ə]。例如：生 ɕiã³²/sən³² | 梗 kuã³⁵/kən³⁵ | 争 tɕiã³²/tsən³² | 耕 tɕiã³²/kən³² | 格 kaʔ⁵/kəʔ⁵。

伍　小称

衢州方言的"儿"单字读[ȵi²¹]，义为"儿子"，在语流中读[ȵi³⁵]。"儿"可以直接加在一些名词性语素后构成儿尾词，具有小称功能。例如：

侄儿 dʒyəʔ²n̩i³⁵　　　匏儿_{南瓜} buʔ²¹n̩i³⁵　　　鸽儿 kəʔ⁵n̩i³⁵

女儿 nɑ²³¹n̩i²¹　　　鹞儿_{风筝} iɔ²³¹n̩i²¹　　　鸟儿 tiɔ³⁵n̩i²¹

陆　其他音变

（1）部分古清上字、古次浊上字今读阴去［53］。例如：小、举、董、展、马、女、李、雨。

（2）部分次浊上字今归入阳去［231］。例如：买、脑、老、五。

（3）两字组阳调类后字连读为阴调类后，原浊声母清化。具体如下（读音特殊的字加下画线）：

d—t：核桃 əʔ²tɔ⁵³　　　蜂糖 foŋ³²tã⁵³　　　砖头 tʃyã³²te⁵³

　　　　工钿 koŋ³²tiẽ⁵³　　　哥弟 ku³²ti⁵³　　　尿桶 ʃy³²toŋ⁵³

g—k：番茄 fã³²kɑ⁵³

dʒ—tʃ：屋柱 uəʔ³tʃy⁵³　　　操场 tsʰɔ³²tʃyã⁵³

ʒ—ʃ：衣裳 i³²ʃyã⁵³　　　精神 tɕin³²ʃyən⁵³

z—s：棺材 kuã³²sɛ⁵³　　　烈士 liəʔ²sʅ⁵³

ʑ—ɕ：衫袖 sã³²ɕiu⁵³　　　多谢 tu³²ɕiɑ⁵³

v—f：豆腐 de²³¹fu⁵³　　　新妇 ɕin³²fu⁵³

第五十九节　衢江方音

壹　概况

一、调查点

1. 地理人口

衢江区是浙江省衢州市的市辖区，位于浙江省西部，东临龙游县，南接丽水的遂昌县，北接杭州的建德市，西与柯城区、江山市、常山县相依。全区面积 1748 平方公里，下辖 2 街道 10 镇 8 乡，分别是：樟潭街道、浮石街道，上方镇、峡川镇、莲花镇、全旺镇、大洲镇、后溪镇、廿里镇、湖南镇、高家镇、杜泽镇，灰坪乡、太真乡、双桥乡，周家乡、云溪乡、举村乡、岭洋乡、黄坛口乡[①]。截至 2019 年年底，全区总户数 16.43 万，户籍人口 41.22 万[②]，绝大多数是汉族，少数民族以畲族为主，衢江区共有 7 个少数民族村，如洋坑村、外焦村、西坑村、破石村、黄坛口村、石便村等，大多分布在南部山区。

2. 历史沿革

衢江区前身为衢县，始建于东汉初平三年（192），由太末县析置，时称新安县。晋太康元年（280），因与弘农郡新安县重名而改为信安。唐武德四年（621）设衢州，唐咸通中（860—874），改信安为西安，仍隶衢州。宋元明清先后隶属浙江西道、浙江东道、衢州路、龙游府、衢州府和金衢严道。1912 年改西安县为衢县，1949 年 5 月解放，衢县属衢州专员公署管辖，1955 年改属金华专区，1985 年衢州升为省辖市，衢县改属衢州市。2001 年，撤销衢县，设立衢州市衢江区。[③]

---

① 参见：衢州市统计局，http://tjj.qz.gov.cn/col/col1512009/index.html，2022 年 8 月 15 日获取。
② 参见：《2020 年浙江统计年鉴》，http://tjj.zj.gov.cn/col/col1525563/index.html，2022 年 8 月 15 日获取。
③ 参见：衢州市政府门户网站,http:// www.qz.gov.cn/col/col1525216/index.html,2022 年 8 月 15 日获取。

3. 方言分布

衢江区 2001 年前称为衢县，原县治在衢州城内，城内方言"城里腔"即通常所说的衢州方言，与周围乡村的方言口音存在不少差异。2001 年撤县设衢江区后，区政府迁往城东的樟潭镇，镇上原住民多因拆迁而星散。本调查所称的衢江方言指的是衢州城北约 20 公里的杜泽镇的方言，属于吴语金衢片。杜泽是个千年古镇，口音比较特殊，与"城里腔"的差别较大，沟通有一定困难。

4. 地方曲艺

衢江区流行的道情多带有龙游口音，流行的婺剧使用金华读书音。另有国家级非物质文化遗产"西安高腔"，为婺剧的六大声腔之一。

二、方言发音人

1. 方言老男

程明洪，1963 年 1 月出生于衢州衢县杜泽镇，一直在本地生活和工作，农民，初中文化程度，说杜泽话、普通话和几句杭州话。父母均为杜泽人。

2. 方言青男

徐伟，1986 年 3 月出生于衢州衢县杜泽镇，从小在本地生活，2012—2015年就读温州科技学院，毕业后任杜泽镇派出所辅警，本科文化程度，说杜泽话和普通话。父母均为杜泽人。

3. 口头文化发音人

杜巧英，女，1962 年 11 月出生于衢州衢县杜泽镇，一直在本地生活和工作，农民，高中文化程度，说杜泽话和不太标准的普通话。父母均为杜泽人。

杜忠德，男，1966 年 6 月出生于衢州衢县杜泽镇，一直在本地生活和工作，农民，初中文化程度，说杜泽话和不太标准的普通话。父母均为杜泽人。

周炎福，男，1963 年 6 月出生于衢州衢县杜泽镇，一直在本地生活和工作，农民，初中文化程度，说杜泽话和不太标准的普通话。父母均为杜泽人。

贰　声韵调

一、声母（28个，包括零声母在内）

p 八兵	pʰ 派片	b 爬病肥	m 麦明味问	f 飞风副蜂	v 肥饭味
t 多东竹	tʰ 讨天	d 甜毒	n 脑南		l 老蓝连路
ts 资早租	tsʰ 刺寸抄初	dz 茶		s 丝三酸山	z 字贼坐祠
tɕ 酒张纸争	tɕʰ 清抽车春	dʑ 柱全城权	ȵ 年热软月	ɕ 想双手响	ʑ 全事船城
k 高九	kʰ 开	g 共	ŋ 熬	x 好灰	
∅ 活安王用					

说明：

（1）[tɕ]组声母拼撮口呼韵母时，音近舌叶声母。

（2）[b][d][g][dz][dʑ][z][ʑ][v]等全浊声母有较强浊气流感。

二、韵母（37个，包括自成音节的[ŋ]在内）

ɿ 师试戏	i 米飞	u 果	y 豆油
a 排鞋	ia 爷	ua 快	
		uo 茶牙猪过	
ɤ 丝		uɤ 苦五	
ɔ 宝饱	iɔ 笑桥		
ɛ 南短根寸硬	iɛ 权争	uɛ 滚横	
ou 歌坐瓦			
ei 开赔对		uei 鬼	
	ie 写盐年		yø 雨师
ər 耳			
ã 山	iã 响	uã 官	
ɑ̃ 糖王讲			yɑ̃ 床双
	iŋ 心新云灯星		
əŋ 东			yoŋ 深春升兄用

aʔ 盒塔辣八白　　　iaʔ 十出药学　　　uaʔ 活刮

əʔ 托壳北色绿　　　ieʔ 接急热七锡　　　uəʔ 骨郭学国谷　　　yəʔ 月橘直尺局

ŋ 二耳

说明：

（1）韵母［y］实际音值为［ʏ］，有时略有动程，接近［øʏ］。

（2）韵母［uo］［yø］收音时唇形渐展，有时有后滑音［ə］。

（3）［ie］实际音值为［i:e］，即前音更长，后音类似韵尾。

（4）［ɤ］韵与［ts］组相拼时，有较明显的过渡音，实际音值接近［ɯɤ］。

（5）［ei］主元音舌位偏央，为［ə］或［ɘ］。

（6）韵母［ɑ̃］略有动程，收音口形略闭。

三、声调（7个）

阴平	33	东该灯风通开天春
阳平	212	门龙牛油铜皮糖红买老五有动罪近后
阴上	25	懂古鬼九统苦讨草
阴去	53	冻怪半四痛快寸去
阳去	231	卖路硬乱洞地饭树
阴入	5	谷百搭节急哭拍塔切刻
阳入	2	六麦叶月毒白盒罚

说明：

（1）阴上调［25］实际发音为［225］。

（2）阳入［2］有时读［12］短调，处于尾音节时更为明显。

叁　连读变调

　　衢江方言两字组的连读变调规律见下表。表中首列为前字本调，首行为后字本调。每一格的第一行是两字组的本调组合；第二行是连读变调，若连读调与单字调相同，则此行空白；第三行为例词。同一两字组若有两种以上的变调，则以横线分隔。具体如下。

衢江方言两字组连读变调表

后字\前字	阴平 33	阳平 212	阴上 25	阳上 212	阴去 53	阳去 231	阴入 5	阳入 2
阴平 33	33 33 飞机 33 33 53 虾公	33 212 25 31 清明 33 212 开门	33 25 身体 33 25 25 31 番薯	33 212 孙女 33 212 53 公里 33 212 231 公社	33 53 25 31 冬至 33 53 开店 33 53 25 书记	33 231 25 31 杉树 33 231 生病	33 5 钢笔	33 2 开学
阳平 212	212 33 22 良心 212 33 33 莲花	212 212 22 53 眉毛	212 25 33 牙齿 212 25 22 门口	212 212 33 徒弟	212 53 22 难过	212 231 22 53 名字 212 231 22 排队	212 5 22 53 头发 212 5 22 难促"	212 2 33 茶叶 212 2 22 同学
阴上 25	25 33 33 火车	25 212 33 53 草鞋 25 212 33 倒霉 25 212 31 水泥	25 25 33 手表	25 212 33 53 起码 25 212 33 231 改造 25 212 33 以后	25 53 33 写信	25 231 33 手艺	25 5 33 粉笔 25 5 几个	25 2 33 手镯
阳上 212	212 33 22 眼睛	212 212 22 53 码头 212 212 22 上坟	212 25 22 老虎	212 212 22 道士	212 53 22 满意	212 231 22 近路	212 5 22 犯法	212 2 22 老实
阴去 53	53 33 33 唱歌	53 212 33 53 算盘 53 212 33 过年	53 25 33 报纸	53 212 33 53 跳舞 53 212 33 背后	53 53 33 种菜	53 231 33 53 孝顺 53 231 33 做寿	53 5 33 背脊	53 2 33 细麦

续表

后字 前字	阴平 33	阳平 212	阴上 25	阳上 212	阴去 53	阳去 231	阴入 5	阳入 2
阳去 231	231　33 22 地　方	231　212 22　53 大　门 231　212 22 外　婆	231　25 22 露　水	231　212 22 味　道 231　212 22　53 豆　腐	231　53 22 事　干	231　231 22　53 埠　地	231　5 22 办　法	231　2 22 树　叶
阴入 5	5　33 国　家	5　212 3　53 骨　头	5　25 3 黑　板	5　212 谷　雨	5　53 3 节　气	5　231 铁　路	5　5 3 出　国	5　2 作　业
阳入 2	2　33 木　工	2　212 53 麦　田	2　25 墨　水	2　212 十　五	2　53 力　气	2　231 立　夏	2　5 蜡　烛	2　2 学　习

说明：

（1）阳上单字调已并入阳平，但连读调与阳平不完全一致，故此处分列。

（2）连读产生［22］［3］［31］三个新的调值。

（3）后字［31］的起音有时偏高，实际调值可能为［41］。

（4）阳入［2］作后字时实际调值为［12］。

二、两字组连读变调规律

衢江方言两字组的连读变调有如下特点。

（1）前字变调为主，后字变调较少。

（2）入声基本不变，仅阴入在阳平、阴上、阴去、阴入前调值由［5］变为［3］。

（3）舒声前字多读为平调，其中阴调类舒声变读为［33］，阳调类舒声一般变读为［22］，部分阳平前字也可变读为［33］；部分阴平前字变读为［25］。

（4）后字变调后调值多变为［53］，少数变为［31］，个别变读为［231］［212］等。

三、例外的连读变调

1＋3　　　　　知了 tɕy^{55}liɔ^0

2＋2　　　　　难搪 nã^{22}dã^{212}

2＋6	皮蛋 bi²²dã²¹²
3＋3	饺子 tɕiɔ²⁵tsɿ³¹
4＋1	老师 lɔ³³sɿ⁰
4＋2	下来 xu²⁵li²¹²
4＋4	蚁蚁 ŋa⁵⁵ŋa⁰
4＋7	有法 y²¹²faʔ⁰
4＋8	后日 u²¹²nəʔ²
5＋1	衬衫 tɕʰiŋ⁵⁵sã⁰
5＋2	半暝 pɛ³³mɛ²³¹
	可能 kʰou⁵⁵nəŋ⁰
6＋1	外公 ŋa²²kəŋ⁵³
6＋4	豆腐 dy²²fɤ⁵³
6＋6	二两 ŋ²³¹liã²¹

肆　异读

一、新老异读

衢江方言的新老异读在声韵调中均有体现。下文中"／"前为老派，后为新派。

1. 声母

（1）微母、疑母个别三等字，老派读［v］或［ȵ］声母，新派读零声母。例如：物 vəʔ² ／ uəʔ² ｜ 业 ȵiəʔ² ／ iəʔ²。

（2）澄母、船母、禅母合口三等个别字，老派读［z］或［ʑ］声母，新派读［dʑ］声母。例如：锤 zei²¹² ／ dʑy²¹² ｜ 唇 ʑyoŋ²¹² ／ dʑyoŋ²¹² ｜ 垂 zei²¹² ／ dʑy²³¹。

（3）见母个别字，老派读［tɕ］或［ts］声母，新派读［k］声母。例如：奸 tɕie³³ ／ ka³³ ｜ 饥 tsɿ³³ ／ kei³³。

（4）晓母个别字，老派读［x］声母，新派读［ɕ］声母。例如：许 xɤ²⁵ ／ ɕy²⁵。

（5）匣母个别字，老派读零声母，新派读［ʑ］声母。例如：夏 uo²³¹ ／ ʑia²³¹ ｜ 形 iŋ²¹² ／ ʑiŋ²¹²。

2. 韵母

（1）止摄开口三等个别字，老派读［ɤ］韵母，新派读［ʅ］韵母。例如：紫 tsɤ²⁵ / tsʅ²⁵。

（2）止摄合口三等个别字，老派读［ei］韵母，新派读［y］韵母。例如：锤 zei²¹² / dʑy²¹² | 垂 zei²¹² / dʑy²³¹。

（3）臻摄、宕摄少数入声字，老派读［əʔ］韵母，新派读［uəʔ］韵母。例如：物 vəʔ² / uəʔ² | 恶 əʔ⁵ / uəʔ⁵ | 郭 kəʔ⁵ / kuəʔ⁵。

（4）臻摄、通摄个别合口三等字，老派读［yoŋ］韵母，新派读［iŋ］或［əŋ］韵母。例如：军 tɕyoŋ³³ / tɕiŋ³³ | 浓 yoŋ²¹² / nəŋ²¹²。

3. 声调

（1）少数中古阳平字，老派读［212］阳平调，新派读［231］阳去调。例如：垂 zei²¹² / dʑy²³¹ | 潭 dɛ²¹² / dɛ²³¹ | 园 iɛ²¹² / iɛ²³¹。

（2）少数见母阴上字，老派读［53］阴去调，新派读［25］阴上调。例如：举 tɕy⁵³ / tɕy²⁵ | 感 kã⁵³ / kã²⁵。

二、文白异读

衢江方言的文白异读主要体现在声母和韵母方面。下文中"/"前为白读，后为文读。

1. 声母

（1）非母合口三等个别字白读为［p］声母，文读为［f］声母。例如：反 pã²⁵/ fã²⁵。

（2）奉母、微母合口三等少数字白读为［b］或［m］声母，文读为［v］声母。例如：肥 bi²¹² / vi²¹² | 味 mi²³¹ / vi²³¹ | 问 mɛ²³¹ / vəŋ²³¹。

（3）心母、书母、生母少数字白读为［ɕ］声母，文读为［s］声母，韵母也随之变化。例如：岁 ɕie⁵³ / sei⁵³ | 师 ɕyø³³ / sʅ³³ | 水 ɕy²⁵ / sei²⁵ | 生 ɕiɛ³³ / səŋ³³。

（4）从母、禅母个别字白读为［ʑ］声母，文读为［dʑ］声母。例如：全 ʑie²¹² / dʑie²¹² | 城 ʑyoŋ²¹² / dʑiŋ²¹²。

（5）澄母合口三等个别字白读为［d］声母，文读为［dʑ］声母，韵母也随之变化。例如：除 die²¹² / dʑy²¹²。

（6）见母开口二等部分字白读为[k]声母，文读为[tɕ]声母，韵母也随之变化。例如：交 kɔ³³ / tɕiɔ³³ | 减 kã²⁵ / tɕie²⁵ | 监 kã³³ / tɕie³³ | 江 kã³³ / tɕiã³³。

（7）群母开口三等少数字白读为[g]声母，文读为[dʑ]声母。例如：旧 gy²³¹ / dʑy²³¹ | 近 gɛ²¹² / dʑiŋ²¹²。

（8）匣母、船母个别字白读为零声母，文读为[ʑ]声母。例如：学 uəʔ² / ʑiaʔ² | 食 iəʔ² / ʑyəʔ²。

2. 韵母

（1）果摄开口一等个别字白读为[a]韵母，文读为[ou]韵母。例如：拖 tʰa³³ / tʰou³³。

（2）止摄开口三等少数字白读为[yø]韵母，文读为[ɿ]韵母。例如：师 ɕyø³³ / sɿ³³ | 时 ʑyø²¹² / zɿ²¹²。

（3）止摄合口三等部分字白读为[y]韵母，文读为[ei]或[uei]韵母。例如：吹 tɕʰy³³ / tsʰei³³ | 水 ɕy²⁵ / sei²⁵ | 贵 tɕy⁵³ / kuei⁵³。

（4）咸摄开口二等少数字白读为[ã]韵母，文读为[ie]韵母。例如：减 kã²⁵ / tɕie²⁵ | 监 kã³³ / tɕie³³。

（5）山摄开口一等及合口三等个别字白读为[uɛ]韵母，文读为[ã]或[uã]韵母。例如：肝 kuɛ³³ / kã³³ | 晚 uɛ⁵³ / uã⁵³。

（6）臻摄、梗摄部分三等字白读为[yoŋ]或[ɛ]韵母，文读为[iŋ]韵母。例如：神 ʑyoŋ²¹² / ʑiŋ²¹² | 运 yoŋ²³¹ / iŋ²³¹ | 城 ʑyoŋ²¹² / dʑiŋ²¹² | 近 gɛ²¹² / dʑiŋ²¹² | 柄 mɛ⁵³ / piŋ⁵³。

伍　小称

有些称谓词及事物名词的舒声调后字变读为[25]，可视为小称变调。例如：

爷爷 ia²²ia²⁵	嬷嬷_{奶奶} muo²²muo²⁵	婶婶 ʑyoŋ²²ɕyoŋ²⁵
舅舅 gy²²ky²⁵	娘娘_姑 ȵiã²²ȵiã²⁵	爸爸 pa²²pa²⁵
侄儿 dʑyəʔ²ŋ²⁵	双生 ɕyã³³ɕiɛ²⁵	细女儿 ɕie³³nuo²²ŋ²⁵
细猪 ɕie³³tuo²⁵	细坑 ɕie³³kʰɛ²⁵	窟窿 kʰəʔ³ləŋ²⁵

陆　其他音变

（1）连读后字的浊声母会因连读调值的升高而变读清声母。例如：

石头 ʑiaʔ²tɣ⁵³　　　日头 nəʔ²tɣ⁵³　　　核桃 əʔ²tɔ⁵³　　　蚕豆 zɛ²²tɣ⁵³

田塍 die²²ɕyoŋ⁵³　　水田 ɕy³³tie⁵³　　　松树 zəŋ²²tɕy⁵³　　桌床 tɕyəʔ³ɕyã⁵³

腹脐 pəʔ³sɣ⁵³　　　和尚 uo²²ɕiã⁵³　　　围裙 uei²²tɕyoŋ⁵³　　豆腐 dy²²fɣ⁵³

裁缝 zei²²fəŋ⁵³　　　铁锤 tʰiəʔ³tɕy⁵³　　本钿 pe³³tie⁵³　　　胡琴 uɣ²²tɕiŋ⁵³

算盘 sɛ³³pɛ⁵³　　　蚊虫 məŋ²²təŋ⁵³　　弄堂 ləŋ²²tã⁵³　　　口唇皮 kʰy³³zyoŋ²²pi⁵³

（2）连读前字的浊声母会因连读调值的升高而变读清声母。例如：

肥皂 pi³³zɔ²¹²　　　头梳 ty³³suo³³　　　寻死 ɕiŋ³³sɣ²⁵　　　上坟 tɕiã³³vɛ²¹²

徒弟 tɣ³³die²¹²　　　茶叶 tsuo³³iəʔ　　　勤力 tɕiŋ³³liəʔ　　　甜酒酿 tie³³tɕy³³n̩iã⁵³

城里 ɕyoŋ³³li²¹²　　时景 ɕyø³³tɕiŋ²⁵　　头发 ty³³faʔ⁵　　　朋友 pəŋ³³y²¹²

（3）"子"本读［tsɣ²⁵］，作名词后缀时多变读为［tsɿ⁵³］。例如：

胡子 uɣ²²tsɿ⁵³　　　髎子ᵢₙ茎 liɔ²²tsɿ⁵³　　聋子 ləŋ²²tsɿ⁵³　　驼子 dou²²tsɿ⁵³

疯子 fəŋ³³tsɿ⁵³　　　包子 pɔ³³tsɿ⁵³　　　婊子 piɔ³³tsɿ⁵³　　傻子 suo³³tsɿ⁵³

哑子 u³³tsɿ⁵³　　　老子 lɔ³³tsɿ⁵³　　　棍子 kuɛ³³tsɿ⁵³　　瘸子 dʑyø²²tsɿ⁵³

跷子ᵢₐₙ子 tɕʰiɔ³³tsɿ⁵³　瞎子 xaʔ³tsɿ⁵³　　　新娘子 ɕiŋ³³n̩iã²²tsɿ⁵³

（4）部分常用词的舒声字促化或逆同化为入声。例如：

自家 zɿ²³¹kuo³³—ʑiəʔ²kuo³³　　　　　明日 miŋ²¹²nəʔ²—məʔ³nəʔ⁵

前日 ɕyø²¹²nəʔ²—ɕyøʔ³nəʔ⁵　　　　杜泽 dou²²dʑiaʔ²—dəʔ³dʑiaʔ²

乡里 ɕiã³³li²¹²—ɕiã³³ləʔ²　　　　　　归来 kuei³³li²¹²—kuei³³ləʔ²

鲤鱼 li²¹²ŋɣ²¹²—liəʔ²ŋɣ⁵³　　　　　老嬷 lɔ²¹²muo²¹²—lɔ²²maʔ²

（5）处于词尾或句末的助词、语气词及趋向动词等读轻声，调值记作［0］。例如：

火着罢 xuo²⁵dei²¹ba⁰　　　　　　　行罢走了，死的婉称 gɛ²²ba⁰

冻着 təŋ⁵⁵dʑiaʔ⁰　　　　　　　　　记着 tsɿ⁵⁵dʑiaʔ⁰

阿⁼个这个 aʔ⁵gəʔ⁰　　　　　　　　　艺⁼个那个 ŋ⁵⁵gəʔ⁰

瞎⁼堨这里 xaʔ⁵təʔ⁰　　　　　　　　出⁼堨哪里 tɕʰiaʔ⁵təʔ⁰

第六十节 龙游方音

壹 概况

一、调查点

1. 地理人口

龙游县隶属浙江省衢州市，地处浙江省西部，东临金华，南接遂昌，西连衢江区，北靠杭州的建德，西距衢州城区约 33 公里。全县总面积 1143 平方公里，辖 6 镇 7 乡 2 街道，分别是湖镇镇、横山镇、塔石镇、小南海镇、溪口镇、詹家镇、模环乡、石佛乡、社阳乡、罗家乡、庙下乡、沐尘畲族乡、大街乡，龙洲街道、东华街道[①]。截至 2017 年年底，全县总户数 16.44 万，户籍人口 40.50 万[②]，主要为汉族。少数民族人口为 1.07 万(截至 2017 年)，多为畲族，设有沐尘畲族乡，全县共有民族村 25 个。

2. 历史沿革

龙游历史悠久，春秋时期"姑蔑"古国建都于此，秦王嬴政二十五年（前 222）置太末县，隶会稽郡，为龙游建县之始。唐贞观八年（634）改名龙丘，五代吴越宝正六年（931）吴越王钱镠以"丘"与"墓"近义不吉，又据县邑丘陵起伏如游龙状，遂改龙丘为龙游。北宋宣和三年（1121），因有诏讳"龙"字，改名盈川县，南宋绍兴元年（1131）复称龙游。元明清隶属于衢州，民国年间曾属金华道。1949 年成立龙游县人民政府，1959 年年底撤县并入衢县，1962 年复制，1973 年撤县，1983 年恢复龙游县建制，属金华地区，1985 年改属衢州市管辖。[③]

---

① 参见：龙游县人民政府，http://www.longyou.gov.cn/col/col1242941/index.html，2022 年 8 月 15 日获取。

② 参见：《2018 年浙江统计年鉴》，http://tjj.zj.gov.cn/col/col1525563/index.html，2022 年 8 月 15 日获取。

③ 参见：龙游县人民政府，http://www.longyou.gov.cn/col/col1242941/index.html，2022 年 8 月 15 日获取。

3. 方言分布

龙游方言属于吴语金衢片，为全县通行的主要方言。境内另有温州话分布在詹家、七都等乡镇，闽语分布在溪口及上圩头，淳安话为解放后的水库移民方言，有零星分布。畲族人内部主要说畲话，但出乡与县内其他人交流都用龙游话。

4. 地方曲艺

龙游婺剧在中华人民共和国成立前后一度十分兴盛，直到"文革"前，还有许多民办婺剧团，很多地方至今还留有当时建的戏台和祠堂台。改革开放以后，随着影视的普及，龙游婺剧班基本消失，整个龙游婺剧呈现出青黄不接、后继乏人的现象。

二、方言发音人

1. 方言老男

陈玉柱，1953 年 9 月出生于龙游祝家巷，一直在本地生活和工作，财会人员，现已退休，初中文化程度，说龙游话和不太标准的普通话。父母均为龙游城里人。

2. 方言青男

游佳，1983 年 9 月出生于龙游北门村，上大学前一直在本地生活和学习，2002—2005 年就读浙江工贸职业技术学院，毕业后在温州工作 3 年，2008 年起任龙游县广播电视总台记者，大专文化程度，说龙游话和普通话。父母均为龙游城里人。

3. 口头文化发音人

林信怡，男，1941 年 9 月出生于龙游大北门外，一直在本地生活和工作，职工，现已退休，初中文化程度，说龙游话和不太标准的普通话。父母均为龙游城里人。

施维嘉，男，1994 年 10 月出生于龙游龙洲街道，除在外地上大学外，一直在本地生活和学习，主持人，大专文化程度，说龙游话和普通话。父母均为龙游人。

陈美蓉，1954 年 10 月出生于龙游文昌巷，一直在本地生活和工作，职工，现已退休，高中文化程度，说龙游话和不太标准的普通话。父母均为龙游人。

贰　声韵调

一、声母（28 个，包括零声母在内）

p 八兵	pʰ 派片	b 病爬肥	m 麦明问	f 飞风副蜂	v 饭肥味
t 多东	tʰ 讨天	d 甜毒	n 脑南		l 老蓝连路
ts 资张争纸	tsʰ 刺抽抄春	dz 全茶城权		s 丝山手	z 字祠床船城
tɕ 酒主九	tɕʰ 清轻	dʑ 柱	ȵ 年热月	ɕ 想书响	ʑ 谢县
k 高	kʰ 开	g 共	ŋ 熬眼	x 好灰	
∅ 活安王用					

说明：

（1）[ts]组声母跟合口呼韵母相拼时，略带舌叶色彩。

（2）阳调类零声母音节前带有与音节开头元音同部位的轻微摩擦。

二、韵母（35 个，包括自成音节的 [m] [n] 在内）

ɿ 师丝试	i 米戏二飞	u 歌坐靴苦	y 雨
ɑ 排鞋	iɑ 写	uɑ 茶牙瓦猪快	
ɔ 宝饱	iɔ 笑桥		
ɛ 硬争台		uɛ 横歪睏惊欢	
ei 开对南半豆		uei 鬼权寸	
ɘɯ 豆走 me	iɘɯ 油		
	ie 盐年根		ye 软
ã 山糖讲	iã 响讲	uã 官床王关	
ən 深根灯升	in 心新病星	uən 滚	yn 军
oŋ 春东	ioŋ 云兄用		
əʔ 盒十北白	iəʔ 接急节七锡	uəʔ 刮骨出国	yəʔ 月橘学局
ɔʔ 塔辣郭壳谷	iɔʔ 药	uɔʔ 鸭活学	

m 马

n 五耳

说明：

（1）[u]韵发音时唇形较闭，但口腔内部舌位接近[o]甚至[ɔ]。

（2）[ye]韵里的[e]舌位较低，接近[ɛ]。

（3）[n]韵及[ən][in][uən][yn]四韵中，韵尾[n]实际音值介于[n]与[ŋ]之间，其中[ən]韵与唇音声母[p][ph][b][f][v]相拼时韵尾更近于[ŋ]。

（4）[ã]实际音值介于[ã]与[æ]之间。

（5）[ɔ][iɔ][ɔʔ][iɔʔ][uɔ]诸韵中的[ɔ]唇形不太圆。

（6）[əʔ]韵中的元音[ə]有时舌位较低，接近[ɐ]。

三、声调（8个）

阴平	334	东该灯风通开天春
阳平	21	门龙牛油铜皮糖红
阴上	35	懂古鬼九统苦讨草
阳上	224	买老五有动罪近后
阴去	51	冻怪半四痛快寸去
阳去	231	卖路硬乱洞地饭树
阴入	4	谷百搭节急哭拍塔切刻
阳入	23	六麦叶月毒白盒罚

说明：

（1）阴平主体段为中平调，尾端微升半度，有时读成[33]，有时读得有轻微凹感，这里记作[334]。

（2）阳平为降调，起音在2度与3度之间，记作[21]。

（3）阴上为升调，起音介于3度与4度之间，记作[35]。

（4）阳上前半段读次低平调[22]，后半段由升至4度，前后两段时长相当，记作[224]。

（5）阳去为升降调，峰点接近4度，记作[231]。

（6）阴入与阳入均为短调，阴入略有升势，记作[4]；阳入升势较明显，记作[23]。

叁　连读变调

　　龙游方言两字组的连读变调规律见下表。表中首列为前字本调，首行为后字本调。每一格的第一行是两字组的本调组合；第二行是连读变调，若连读调与单字调相同，则此行空白；第三行为例词。同一两字组若有两种以上的变调，则以横线分隔。具体如下。

龙游方言两字组连读变调表

前字 ＼ 后字	阴平 334	阳平 21	阴上 35	阳上 224	阴去 51	阳去 231	阴入 4	阳入 23
阴平 334	334 334 33 生姜	334 21 35 清明	334 35 33 烧酒	334 224 33 端午	334 51 35 21 香菜	334 231 35 21 街路	334 4 33 猪血	334 23 33 山药
阴平 334	334 334 33 51 哥哥	334 21 33 334 边沿	334 35 22 钞票	334 224 33 51 仙女	334 51 33 山坳	334 231 33 家具		334 23 35 0 三十
阳平 21	21 334 33 棉花	21 21 224 231 田塍	21 35 33 年底	21 224 33 徒弟	21 51 22 邻舍	21 231 224 蚕豆	21 4 33 头发	21 23 33 茶叶
阳平 21	21 334 22 台风	21 21 224 行棋	21 35 22 头颈	21 224 22 皮厚		21 231 22 皮蛋	21 4 22 麻雀	21 23 22 蝴蝶
阳平 21		21 21 33 224 前头						
阴上 35	35 334 22 剪刀	35 21 水田	35 35 22 狗牯	35 224 22 子女	35 51 22 扁担	35 231 22 纸鹞	35 4 22 喜鹊	35 23 22 手镯
阴上 35			35 35 21 起子		35 51 几个	35 231 33 21 扫地		
阴去 51	51 334 33 背心	51 21 35 种田	51 35 33 戒指	51 224 33 背后	51 51 33 放屁	51 231 33 做梦	51 4 33 背脊	51 23 33 放学
阴去 51		51 21 33 224 去年				51 231 33 相貌		

续表

后字 前字	阴平 334	阳平 21	阴上 35	阳上 224	阴去 51	阳去 231	阴入 4	阳入 23
阳去 231	231 334 22 外　公	231 21 224 231 大　门 231 21 22 231 病　佚	231 35 22 大　水	231 224 22 味　道	231 51 22 大　蒜	231 231 21 谢　谢	231 4 22 大　雪	231 23 22 大　栗
阴入 4	4 334 结　婚 4 334 3 51 一　千	4 21 豁　拳	4 35 3 一　统	4 224 割　稻	4 51 3 出　嫁	4 231 21 柏　树 4 231 3 一　万	4 4 3 阿　伯	4 23 结　实
阳入 23	23 334 2 热　汤 23 334 4 薄　刀	23 21 2 231 学　堂 23 21 231 木　头	23 35 2 麦　秆	23 224 2 落　雨	23 51 2 鼻　涕	23 231 2 佛　豆	23 4 2 蜡　烛	23 23 2 食　药 23 23 4 篾　席

　　龙游方言两字组的连读变调总体规律是：前字变调，后字基本不变；舒声变调，入声基本不变调。不同调类的前字会变读为一个相同的连读调，如：阴平、阴去读成 [33]，阴上、阳上、阳去读成 [22]；阳平在阳调类舒声字后读 [231]。变调后产生 3 个新的调值：[33] [22] [3]。

肆　异读

一、新老异读

　　龙游方言的新老异读主要体现在声母和韵母方面。下文中"/"前为老派，后为新派。

1. 声母

　　（1）从母、船母少数字，老派读 [dz] 声母，新派读 [z] 声母。例如：造 dzɔ^{224} / zɔ^{213} | 舌 dzəʔ^{23} / zəʔ^{23}。

（2）日母、疑母少数字，老派读[n̠]或[ŋ]声母，新派读零声母。例如：儿 n̠i²¹ / ŋ²¹ | 迎 n̠in²¹ / in²¹ | 吴 ŋu²¹ / u²¹。

（3）见母开口二等少数字，老派白读[k]声母、文读[tɕ]声母，新派只读[tɕ]声母。例如：减 kã³⁵ 白，tɕie³⁵ 文 / tɕie³⁵ | 监 kã³³⁴ 白，tɕie³³⁴ 文 / tɕie⁴³⁴。

2. 韵母

（1）入声韵中老派读[ɔʔ][iɔʔ][uɔʔ]韵母，新派读[əʔ][iəʔ][uəʔ]。例如：搭 tɔʔ⁴ / təʔ⁴ | 脚 tɕiɔʔ⁴ / tɕiəʔ⁴ | 活 uɔʔ²³ / uəʔ²³。

（2）山摄合口一等个别字，老派读[ən]韵母，新派读[ei]韵母。例如：断 dən²²⁴ / dei²¹³ | 乱 lən²³¹ / lei²³¹。

（3）臻摄合口三等少数字，老派读[oŋ]或[ioŋ]韵母，新派则分文白两读，文读为[uən]或[yn]韵母。例如：春 tsʰoŋ³³⁴ / tsʰoŋ⁴³⁴ 白，tsʰuən⁴³⁴ 文 | 顺 zoŋ²³¹ / ʐyn²³¹ 白，zuən²³¹ 文 | 熏 ɕioŋ⁵¹ / koŋ⁵¹ 白，ɕyn⁵¹ 文 | 云 ioŋ²¹ / ioŋ²¹ 白，yn²¹ 文。

二、文白异读

龙游方言的文白异读主要体现在声母和韵母方面。下文中" / "前为白读，后为文读。

1. 声母

（1）微母、奉母个别字，白读为[m]或[b]声母，文读为[v]声母。例如：问 mei²³¹ / vən²³¹ | 肥 bi²¹ / vi²¹。

（2）崇母、禅母、邪母个别字，白读为[z]或[ʐ]声母，文读为[dz]或[dʐ]声母。例如：锄 zua²¹ / dzu²¹ | 城 zən²¹ / dzən²¹ | 席 ʑiəʔ²³ / dʑiəʔ²³。

（3）日母少数字，白读为[n̠]或[n]声母，文读为[z]声母。例如：认 n̠in²³¹ / zən²³¹ | 日 nəʔ²³ / zəʔ²³。

（4）见晓组部分开口二等字，白读为[k]组声母，文读为[tɕ]组声母。例如：交 kɔ³³⁴ / tɕiɔ³³⁴ | 孝 xɔ⁵¹ / ɕiɔ⁵¹。

2. 韵母

（1）遇摄少数合口三等字，白读为[ɯ][ɿ]或[ua]韵母，文读为[y]韵母。例如：锯 kɯ⁵¹ / tɕy⁵¹ | 树 dzɯ²³¹ / ʐy²²⁴ | 鼠 tsʰɿ³⁵ / tɕʰy³⁵ | 猪 tua³³⁴ / tɕy³³⁴。

（2）止摄少数合口三等字，白读为［y］韵母，文读为［uei］韵母。例如：贵 tɕy⁵¹ / kuei⁵¹ | 围 y²¹ / uei²¹。

（3）咸山摄部分见组开口二等字，白读为［ã］韵母，文读为［ie］韵母。例如：减 kã³⁵ / tɕie³⁵ | 监 kã³³⁴ / tɕie³³⁴ | 颜 ŋã²¹ / ie²¹。

（4）山摄少数开口一等字，白读为［ei］韵母，文读为［ã］韵母。例如：汉 xei⁵¹ / xã⁵¹ | 安 ei³³⁴ / ã³³⁴。

（5）梗摄少数开口二三等字，白读为［ɛ］韵母，文读为［ən］或［in］韵母。例如：生 sɛ³³⁴ / sən³³⁴ | 柄 pɛ⁵¹ / pin⁵¹。

伍　小称

龙游方言的儿尾极少，在"点儿""点点儿"中，"儿"自成音节，读［n̩i²¹］。

小称变调不太典型，有些阳平后字［21］变为阳上［224］，似可视为一种小称变调。例如：

细农 ɕia⁵¹⁻³³nən²¹⁻²²⁴　　　　　阿爷 əʔ⁴ia̍²¹⁻²²⁴

娘娘 n̩iã²¹⁻²²n̩iã²¹⁻²²⁴　　　　　别农 biəʔ²nən²¹⁻²²⁴

有些入声后字读作舒声［51］，似乎也可以视作小称变调。例如：

正月 tsən³³n̩yəʔ²—tsən³³n̩yə⁵¹　　　八月 pɔʔ³n̩yəʔ²—pɔʔ³n̩yə⁵¹

后日 əɯ²²nəʔ²—əɯ²²nei⁵¹　　　　成日 dzən²²nəʔ²—dzən²nei⁵¹

陆　其他音变

（1）龙游方言的声调一般是阴高阳低，连读变调后有些前字的声母随声调的变化而产生清浊之变。阴上字在阴平、阴去字前，调值由［35］变为［22］，其声母也随之由清变浊。例如：

扁担 pie³⁵tã⁵¹—bie²²tã⁵¹　　　　点心 tie³⁵ɕin³³⁴—die²²ɕin³³⁴

短裤 tei³⁵kʰu⁵¹—dei²²kʰu⁵¹　　　打呼 tɛ³⁵xu³³⁴—dɛ²²xu³³⁴

纸鹞 tsɿ³⁵iɔ²³¹—dzɿ²²iɔ²³¹　　　　指甲 tsɿ³⁵kɔʔ⁴—dzɿ²²kɔʔ⁴

手巾 səɯ³⁵tɕin³³⁴—zəɯ²²tɕin³³⁴　　　婶婶 sən³⁵sən³⁵—zən²²sən³⁵

剪刀 tɕie³⁵tɔ³³⁴—dʑie²²tɔ³³⁴　　　韭菜 tɕiəɯ³⁵tsʰei⁵¹—dʑiəɯ²²tsʰei⁵¹

姊妹 tɕi³⁵mei²³¹—dʑi²²mei²³¹　　　姊夫 tɕi³⁵fu³³⁴—dʑi²²fu³³⁴

小产 ɕiɔ³⁵tshã̃³⁵—ziɔ²²tsʰã̃³⁵　　　小心 ɕiɔ³⁵ɕin³³⁴—ziɔ²²ɕin³³⁴

赶会 kie³⁵uei²³¹—gie²²uei²³¹

阳平字在非去声字前，调值有可能由［21］变为［33］，其声母也随之由浊变清。例如：

瓢羹 biɔ²¹kɛ³³⁴—piɔ³³kɛ³³⁴　　　头发 dəɯ²¹fɔʔ⁴—təɯ³³fɔʔ⁴

前年 zie²¹n̠ie²¹—ɕie³³n̠ie²²⁴　　　时景 zɿ²¹tɕin³⁵—sɿ³³tɕin³⁵

长条 dzã̃²¹diɔ²²⁴—tsã̃³³diɔ²²⁴　　　茶叶 dzuɑ²¹iəʔ²³—tsuɑ³³iəʔ²³

（2）轻声主要表现为两种调值，一种是［21］，与阳平调相同；一种是［51］，与阴去调相同。考虑到"阿姊""阿娘"之类派生词中词根调值不宜标作［0］，而［51］调值既不轻又不短，故词汇部分一律按实读调值标注。例如：

阿姊 əʔ⁴tɕi²¹　　　　　　　　　　阿娘 əʔ⁴n̠iã̃²¹

爷爷 iɑ³⁵iɑ²¹　　　　　　　　　　姨娘 i³⁵n̠iã̃²¹

哑巴子 u³⁵pɑ²¹tsɿ²¹　　　　　　　老子丈夫 lɔ²²⁴tsɿ²¹

饺子 tɕiɔ³⁵tsɿ²¹　　　　　　　　　婊子 piɔ³⁵tsɿ²¹

起子 tɕʰi³⁵tsɿ²¹　　　　　　　　　下来 xuɑ³⁵lei²¹

个把 kɑ⁵¹bu²¹　　　　　　　　　　几个 ki³⁵kɑ²¹

包子 pɔ³³tsɿ⁵¹　　　　　　　　　　胡子 u²²tsɿ⁵¹

髎子阴茎 liɔ²²tsɿ⁵¹　　　　　　　　癫子疯子 tie³³tsɿ⁵¹

瞎子 xəʔ³tsɿ⁵¹　　　　　　　　　　聋子 loŋ²²tsɿ⁵¹

哥哥 kɑ³³kɑ⁵¹　　　　　　　　　　狮子 m²²sɿ³³tsɿ⁵¹

三十夜除夕 sã̃³³zəʔ²³iɑ⁵¹　　　　　老末家末尾 lɔ²²məʔ²²kɑ⁵¹

老鸦乌鸦 lɔ²²uɑ⁵¹　　　　　　　　豆腐 dəɯ²²fu⁵¹

（3）龙游方言的舒声量词在口语中多变读为阴去［51］。

（4）语流中"弗""六"等字的韵母主元音［ɔ］有时央化为［ə］；"你""儿"等字［n̠i］有时读成［n̠］；前缀"阿［əʔ］"有时读成［aʔ］。

第六十一节　江山方音

壹　概况

一、调查点

1. 地理人口

江山市隶属浙江省衢州市，位于浙江省西南部，浙闽赣三省交界处，距衢州城区约 35 公里。江山东邻衢江区及丽水的遂昌县，南连福建省的浦城县，西接江西省的玉山、广丰两县，北与常山县相交。南北长 70.75 公里，东西宽 41.75 公里，总面积 2019 平方公里，辖 11 镇 5 乡 3 街道，分别是：上余镇、四都镇、贺村镇、坛石镇、大桥镇、新塘边镇、长台镇、石门镇、凤林镇、峡口镇、廿八都镇，大陈乡、碗窑乡、张村乡、塘源口乡、保安乡，双塔街道、虎山街道、清湖街道[1]。截至 2015 年年底，全市总户数 19.78 万，户籍人口 61.09 万[2]。

距江山市区 25 公里的江郎山为中国丹霞第一奇峰，三爿巨石耸立山巅，形如天柱，堪称"雄奇冠天下，秀丽甲东南"，自唐宋以来，历代文人如白居易、陆游、辛弃疾、徐霞客等都曾在此驻足并留下诗文，今被联合国教科文组织列入世界自然遗产。三省交界处的廿八都古镇，被称作"遗落在大山里的梦"，今为国家级历史文化名镇、中国民间艺术之乡。

2. 历史沿革

唐武德四年（621）分信安县地置须江县，为江山建县之始，隶属衢州。五代吴越宝正六年（931），因境南有江郎山，吴越王钱镠改须江县为江山县。南宋咸淳三年（1267），江山县改名为礼贤县，县治徙礼贤。元至元十三年（1276），复礼贤县为江山县，迁旧治。明初一度属龙游府，后一直为衢州府属县。民国年间一度属金华道。1949 年后属衢州专区，1955 年改属金华专区，1985 年属地级

---

[1]　参见：江山市政府门户网站，http://www.jiangshan.gov.cn/col/col1206562/index.html，2022 年 8 月 15 日获取。

[2]　参见：《2016 年浙江统计年鉴》，http://tjj.zj.gov.cn/col/col1525563/index.html，2022 年 8 月 15 日获取。

衢州市。1987 年撤县设市，仍属衢州市。[①]

3. 方言分布

江山方言，俗称江山腔，属吴语上丽片上山小片，通行于江山全市。江山方言内部差异很小，南北只有少数字音略有不同。除江山方言外，市境南部的廿八都镇还通行"廿八都官话"，当地称"正字"，使用人口约 1 万。

4. 地方曲艺

本地流行婺剧，设有江山市婺剧团。

二、方言发音人

1. 方言老男

蔡秉洪，1954 年 1 月出生于江山城关镇，一直在本地生活和工作，职工，小学文化程度，说江山话和不太标准的普通话。父母均为江山城关人，说江山话。

2. 方言青男

张康，1989 年 10 月出生于江山清湖镇，一直在本地生活和工作，文艺工作者，中专文化程度，说江山话和普通话。父母均为江山清湖人，说江山话。

3. 口头文化发音人

徐珺，女，1980 年 12 月出生于江山坛石镇，除在长沙上大学外，一直在本地生活和工作，基层干部，本科文化程度，说江山话和普通话。父母均为江山坛石人，说江山话。

蔡秉洪，男，1950 年 1 月出生于江山城关镇，一直在本地生活和工作，职工，小学文化程度，说江山话和不太标准的普通话。父母均为江山城关人，说江山话。

刘青青，女，1988 年 8 月出生于江山清湖镇，除在外地上大学外，一直在本地生活和工作，基层干部，本科文化程度，说江山话和普通话。父母均为江山清湖人，说江山话。

---

① 参见：江山市政府门户网站，http://www.jiangshan.gov.cn/col/col1206562/index.html，2022 年 8 月 15 日获取。

贰　声韵调

一、声母（28个，包括零声母在内）

p 八兵	pʰ 派片	b 病爬肥	m 麦明味问	f 飞风副蜂	v 肥饭味
t 多东张竹	tʰ 讨天	d 甜毒	n 脑南		l 老蓝连路
ts 资租争	tsʰ 草抽拆初	dz 茶		s 丝三山	z 字贼祠床
tɕ 早酒装主	tɕʰ 刺清车手	dʑ 柱	ȵ 年泥热	ɕ 想双书	ʑ 坐全事床
k 高九	kʰ 开轻	g 共权	ŋ 软熬月	x 好灰响	
Ø 活安王用					

说明：

（1）[b][d][g][dz][dʑ]等浊声母遇阳平字时有较强的送气。如：排、弹、茄、财、棋。

（2）[tɕ]组声母遇[iɤ][iɤ̃][iɤʔ]韵时音值接近[tʃ]组。如：针、深、陈、使、汁、实。

（3）[k]组声母拼细音时，实际音值为[c]组。

二、韵母（53个）

	i 坐米试戏二飞短是	u 武芋豆	y 吹醉
ɒ 茶牙猪蟹		uɒ 瓦花	
a 排鞋破锤	ia 驰	ua 快饿	
o 歌马做			
ə 丝富抱	iə 写饱磨鸡	uə 图五讨	yə 过靴书雨酒
ɛ 开赔		uɛ 对鬼灰	
ɯ 师试豆走	iɯ 油		
ɵ 二记块龟	iɤ 事师		
mɯ 宝	iɤɯ 笑桥		
ə̃ 根新床	iẽ 盐年半	uẽ 寸滚	yẽ 缠官权
	ĩ 心灯升星		yĩ 春云永

ɵ̃ 金转　　　　　iɵ̃ 深震

aŋ 南山糖<u>争</u>兄　　iaŋ 响<u>讲</u>　　　　　uaŋ <u>王</u>横　　　　yaŋ 光<u>王</u>

ɒŋ 暗算方讲　　　iɒŋ 龙双床

əŋ 断裙僧肯

oŋ 东关门朋　　　ioŋ 用冲

aʔ 塔八托色白<u>六</u>　iaʔ 药弱缚<u>学</u>　　　uaʔ 活刮郭　　　yaʔ 镤

ɒʔ 盒辣壳<u>学</u>　　iɒʔ 肉

ɛʔ <u>是</u>　　　　　iɛʔ 接急热橘直尺　　　　　　　yɛʔ <u>月</u>出

əʔ 七刻贼黑

ɵʔ 骨绿　　　　　iɵʔ 十刷

oʔ <u>月</u>北谷<u>六绿</u>　ioʔ 局桌叔

说明：

（1）央半低圆唇元音［ɵ］发音时舌面下压，带卷舌色彩，也有学者记作［ɵ］或［œ］。

（2）［ɯ］韵舌位偏央，略开，与［ts］组声母相拼时音色与舌尖前元音［ɿ］颇似，［iɯ］韵实际音值接近［iəu］。

（3）元音［u］作韵头与韵腹时均较开，音值近［ʊ］。

（4）［a］［ia］［ua］［ɛ］［uɛ］［ə］［iə］［uə］诸韵的主元音［a］［ɛ］［ə］略有动程，音值近［aɛ］［ɛe］［əɐ］，其中［uə］韵跟［p］组声母相拼时，韵头［u］仅体现为嘴角略收，这里记作［ə］。

（5）［ɒŋ］韵有鼻化倾向，［ɒ］［uɒ］［ɒŋ］［iɒŋ］［ɒʔ］［iɒʔ］中［ɒ］的音值在［ɔ］［ɑ］之间。

（6）［aŋ］［aʔ］等韵母中的［a］发音偏央，实际音值为［ʌ］。

（7）［oŋ］韵拼零声母时实际音值为［uoŋ］，［oʔ］韵实际读音圆唇度较低，舌位偏央，拼［k］组和零声母时，实际音值为［uoʔ］。

（8）［iɛʔ］［yɛʔ］韵里的［ɛ］舌位稍偏后。

（9）［ə］韵与［ts］组声母相拼时带有近似［ɿ］的过渡音。

三、声调（8个）

阴平　　　44　　　　东该灯风通开天春

阳平	213	门龙牛油铜皮糖红
阴上	241	懂古鬼九统苦讨草
阳上	22	买老五有动近后卖
阴去	51	冻怪半四痛快寸去
阳去	31	路硬乱洞地饭树罪
阴入	5	谷急刻百搭节拍塔切
阳入	2	六麦叶月毒白盒罚

说明：

（1）阳平［213］实际调值为［2131］。

（2）阴上［241］实际调值为［2241］，升势较缓，降势有时不明显，也可记为［243］。部分阴上字调型趋近阳平［2131］。例如：死、子、狗。

（3）阴去［51］不强调时并不降到1度，实际调值为［453］。

（4）阳去［31］实际调值为［231］。

叁　连读变调

一、两字组连读变调表

江山方言两字组的连读变调规律见下表。表中首列为前字本调，首行为后字本调。每一格的第一行是两字组的本调组合；第二行是连读变调，若连读调与单字调相同，则此行空白；第三行为例词。同一两字组若有两种以上的变调，则以横线分隔。具体如下。

江山方言两字组连读变调表

前字＼后字	阴平 44	阳平 213	阴上 241	阳上 22	阴去 51	阳去 31	阴入 5	阳入 2
阴平 44	44 44 24 生姜	44 213 24 51 清明	44 241 烧酒	44 22 师父	44 51 24 冬至	44 31 24 51 杉树	44 5 24 猪血	44 2 蜂蜜
	44 44 24 天光	44 213 24 梳头		44 22 24 仙女	44 51 书记		44 5 中国	44 2 24 工业

后字〔前字	阴平 44	阳平 213	阴上 241	阳上 22	阴去 51	阳去 31	阴入 5	阳入 2
阳平 213	213/22　44 台　风	213/22　213 蚊　虫	213/22　241 牛　牯	213/22　22 肥　皂 213/22　22/51 徒　弟	213/22　51 油　菜	213/22　31/51 松　树	213/22　5 芦　粟	213/22　2 茶　叶 213/24　2 阳　历
阴上 241	241/44　44 手　巾	241/44　213 本　铀 241/24　213 早　时	241/44　241 狗　牯 241/24　241 几　许	241/24　22 子　女	241/44　51 散　碎 241/24　51 几　个	241/24　31 保　护 241/44　31 手　艺	241/44　5 喜　鹊	241/44　2 扁　食
阳上 22	22　44 旱　烟	22　213 老　牛 22　213/51 后　年	22　241 老　虎	22　22 弟　妇	22　51 断　气	22　31/51 马　路	22　5 椅　屋	22　2 老　佛
阴去 51	51/44　44 背　心	51/44　213 拜　堂	51/44　241 棍　子	51/44　22 跳　舞	51/44　51 种　菜	51/44　31/51 算　命 51　31 孝　顺	51/44　5 教　室	51/44　2 放　学
阳去 31	31/22　44 面　巾	31/22　213 旧　年	31/22　241 事　体	31/22　22 砚　瓦	31/22　51 大　蒜	31/22　31/51 雾　露 31　31 顺　利	31/22　5 大　腹	31/22　2 大　麦
阴入 5	5　44 结　婚	5　213 腹　脐	5　241 黑　板	5　22 割　稻	5/4　51 出　殡	5　31 柏　树	5/4　5 吸　铁	5　2 扎　实
阳入 2	2　44 目　睛	2　213 舌　头 2　213/51 日　时	2　241 麦　秆	2　22 白　马	2　51 学　费	2　31 佛　豆	2　5 蜡　烛	2　2 毒　药

二、两字组连读变调规律

江山方言两字组的连读变调有如下特点。

（1）完全不变调的组合约占全部声调组合的三分之一强。

（2）入声不论前字后字，均不变调，仅个别组合中阴入前字的实际调值在后字的起始调值为 5 度时降为 4 度。

（3）阴调类舒声前字大多变读［44］，少部分变读［24］，阳调类前字则变读［22］。

（4）阴调类舒声后字均不变调，少数阳调类后字变读［51］。

肆　异读

一、新老异读

（1）新派文读音及一字多音急剧减少。

老派都有文白两读的"绿、六、剥、讲、绑、长、忙、帮、裙、笔、神、远、园、圆、厚、狗、钩、头、豆、试、时、地、岁、戒、来、许"等字，新派不再有白读音；

老派都有两个或三个读音的"择、孔、旺、脚、娘、各、栗、震、新、缺、月、前、沉、品、监、南、舅、手、口、灶、水、亏、世、土、坐"等字，新派通常只会读一个音。

此外，新派还有"鹤、暖、截、瞎、看、敲、糙、季"等少数字不会读。

（2）新派不少字的读音在向普通话靠拢。

新派虽然并未增加新的音位，即变化仍在原有的音系框架内，但声韵调的配合与分布在一定程度上突破了原有格局。下文中" / "前为老派，后为新派：

完 $yɛ̃^{213}$ / $uaŋ^{213}$ | 搬 $bɛ̃^{213}$ / $paŋ^{44}$ | 产 $saŋ^{241}$ / $tɕʰiaŋ^{241}$ | 岩 $ŋaŋ^{213}$ / $iɛ̃^{213}$ | 甲 $kaʔ^5$ / $kiaʔ^5$ | 武 vu^{22} / u^{22} | 锤 dza^{213} / $dzuɛ^{213}$ | 转 $tɤ̃^{241}$ / $tɕyɛ̃^{241}$ | 眉 $mɤ^{213}$ / $mɛ^{213}$ | 蚁 $ŋa^{22}$ / i^{22}。

（3）古匣母字，老派读零声母，新派大多读擦音声母［ɕ］［ʑ］［x］。例如：

学 $ɒʔ^2$ / $xɒʔ^2$ | 项 $ɒŋ^{31}$ / $ɕiaŋ^{51}$ | 魂 $uɛ̃^{213}$ / $xuɛ̃^{213}$ | 害 $ɛ^{31}$ / $xɛ^{31}$ | 祸 o^{31} / $xyə^{51}$ | 降 $ɒŋ^{213}$ / $ʑiaŋ^{213}$ | 限 $aŋ^{22}$ / $xiɛ^{51}$ | 盒 $ɒʔ^2$ / $xɒʔ^2$ | 鞋 a^{213} / xa^{213} | 形 $ĩ^{213}$ / $zɿ^{213}$ | 熊 $ioŋ^{213}$ / $zioŋ^{213}$ | 咸 $aŋ^{213}$ / $xaŋ^{213}$。

（4）疑母少数字，老派读［ŋ］声母，新派读零声母。

例如：蚁 ŋa²² / i²² ｜岩 ŋaŋ²¹³ / iɛ̃²¹³ ｜原 ŋyɛ̃²¹³ / yɛ̃²¹³。

（5）见组及晓母部分字，老派读［k］组声母，新派读［tɕ］组声母。

例如：均 kyĩ⁴⁴ / tɕyĩ⁴⁴ ｜契 kʰi⁵¹ / tɕʰiɛ̃⁵ ｜牵 kʰiɛ̃⁴⁴ / tɕʰiɛ̃⁴⁴ ｜吃 kʰiɛʔ⁵ / tɕʰiɛʔ⁵ ｜休 xiɐɯ⁴⁴ / ɕiɐɯ⁴⁴ ｜歇 xiɛʔ⁵ / ɕiɛʔ⁵ ｜穷 gioŋ²¹³ / dʑioŋ²¹³。

（6）知母少数字，老派读［t］组声母，新派读［tɕ］组声母。例如：转 tɛ̃²⁴¹ / tɕyɛ̃²⁴¹ ｜桩 tioŋ⁴⁴ / tɕioŋ⁴⁴ ｜中 tioŋ⁴⁴ / tɕioŋ⁴⁴。

（7）老派读［oʔ］韵的字，新派都读［uɔʔ］或［ɔʔ］。例如：足 tsoʔ⁵ / tsuɔʔ⁵ ｜缩 soʔ⁵ / suɔʔ⁵ ｜族 zoʔ² / dzuɔʔ² ｜毒 doʔ² / duɔʔ² ｜鹿 loʔ² / luɔʔ² ｜谷 koʔ⁵ / kuɔʔ⁵ ｜哭 kʰoʔ⁵ / kʰuɔʔ⁵ ｜屋 oʔ⁵ / uɔʔ⁵ ｜鼻 boʔ² / bɔʔ² ｜木 moʔ² / mɔʔ² ｜服 voʔ² / vɔʔ²。

（8）老派读［ioʔ］韵的字，新派都读［yɛʔ］。例如：菊 kioʔ⁵ / kyɛʔ⁵ ｜曲 kʰioʔ⁵ / kʰyɛʔ⁵ ｜局 gioʔ² / gyɛʔ² ｜浴 ioʔ² / yɛʔ² ｜粥 tɕioʔ⁵ / tɕyɛʔ⁵ ｜叔 ɕioʔ⁵ / ɕyɛʔ⁵ ｜熟 dʑioʔ² / zyɛʔ²。

（9）咸山摄、曾梗摄个别字，老派读［aŋ］韵母，新派读［iɛ̃］及［ĩ］韵母。例如：岩 ŋaŋ²¹³ / iɛ̃²¹³ ｜限 aŋ²² / xiɛ̃⁵¹ ｜冰 paŋ⁴⁴ / pĩ⁴⁴ ｜柄 paŋ⁵¹ / pĩ²⁴¹。

二、文白异读

江山方言的文白异读主要体现在声母和韵母方面。下文中"／"前为白读，后为文读。

1. 声母

（1）非母奉母合口三等个别字，白读为［p］［b］［m］声母，文读为［f］［v］声母。例如：放 poŋ⁵¹ / foŋ⁵¹ ｜肥 bi²¹³ / vi²¹³ ｜味 mi³¹ / vi³¹。

（2）澄母开口二三等少数字，白读为［d］声母，文读为［dʑ］或［dz］声母。例如：长 dɛ̃²¹³ / dʑiaŋ²¹³ ｜择 daʔ² / dzaʔ²。

（3）生母、书母三等个别字，白读为［ɕ］或［tɕʰ］声母，文读为［s］声母。例如：师 ɕiɐ⁴⁴ / suɯ⁴⁴ ｜水 ɕy²⁴¹ / suɛ²⁴¹ ｜手 tɕʰyə²⁴¹ / suɯ²⁴¹。

（4）日母开口三等少数字，白读为［ȵ］声母，文读为零声母或［z］声母。例如：儿 ȵi²¹³ / ɐ²¹³ ｜二 ȵi³¹ / ɐ⁵¹ ｜人 ȵi²¹³ / zĩ²¹³。

2. 韵母

（1）果摄开口一等少数字，白读为［a］韵母，文读为［o］韵母。例如：

拖 t^ha^{44} / t^ho^{44} | 个 ka^{51} / ko^{51}。

（2）遇摄合口三等少数字，白读为［ə、iə、ɯ］韵母，文读为［yə］韵母。例如：书 $\varepsilon iə^{44}$ / $\varepsilon yə^{44}$ | 许 $xə^{241}$ / $xyə^{241}$ | 树 $dzɯ^{31}$ / $zyə^{31}$。

（3）止摄开口三等少数字，白读为［iɐ］韵母，文读为［ɯ］韵母。例如：师 $\varepsilon iɐ^{44}$ / $sɯ^{44}$ | 时 $ziɐ^{213}$ / $zɯ^{213}$。

（4）止摄合口三等少数字，白读为［y］韵母，文读为［uɛ］韵母。例如：亏 k^hy^{44} / $k^huɛ^{44}$ | 围 y^{213} / $uɛ^{213}$ | 水 εy^{241} / $suɛ^{241}$。

（5）效摄开口二等少数见晓组字，白读为［ɐɯ］韵母，文读为［iɐɯ］韵母。例如：交 $kɐɯ^{44}$ / $kiɐɯ^{44}$ | 敲 $k^hɐɯ^{44}$ / $k^hiɐɯ^{44}$ | 孝 $xɐɯ^{51}$ / $xiɐɯ^{51}$。

（6）流摄开口一等部分字，白读为［u］韵母，文读为［ɯ］韵母。例如：头 du^{213} / $dɯ^{213}$ | 豆 du^{31} / $dɯ^{31}$ | 钩 ku^{44} / $kɯ^{44}$ | 狗 ku^{241} / $kɯ^{241}$ | 口 k^hu^{241} / $k^hɯ^{241}$ | 厚 gu^{22} / $ɯ^{22}$。

（7）山摄合口云母少数字，白读为［oŋ］韵母，文读为［yɛ̃］韵母。例如：圆 $oŋ^{51}$ / $yɛ̃^{213}$ | 园 $koŋ^{51}$ / $yɛ̃^{213}$ | 远 $xoŋ^{241}$ / $yɛ̃^{44}$。

（8）臻摄开口三等个别字，白读为［iɐ̃］韵母，文读为［ĩ］韵母。例如：震 $t\varepsilon iɐ̃^{51}$ / $t\varepsilon ĩ^{51}$ | 神 $ziɐ̃^{213}$ / $zĩ^{213}$。

（9）臻摄合口三等个别字，白读为［əŋ］韵母，文读为［yĩ］韵母。例如：裙 $gəŋ^{213}$ / $gyĩ^{213}$ | 熏 $k^həŋ^{51}$ / $xyĩ^{44}$。

（10）宕江摄一二等少数字，白读为［iaŋ］韵母，文读为［ɒŋ］韵母。例如：帮 $piaŋ^{44}$ / $pɒŋ^{44}$ | 忙 $miaŋ^{213}$ / $mɒŋ^{213}$ | 绑 $piaŋ^{241}$ / $pɒŋ^{241}$。

（11）宕摄合口三等个别字，白读为［yaŋ］韵母，文读为［uaŋ］韵母。例如：王 $yaŋ^{213}$ / $uaŋ^{213}$ | 旺 $yaŋ^{31}$ / $uaŋ^{31}$。

（12）江摄开口二等个别见母字，白读为［ɒŋ］韵母，文读为［iaŋ］韵母。例如：江 $kɒŋ^{44}$ / $kiaŋ^{44}$ | 讲 $kɒŋ^{241}$ / $kiaŋ^{241}$。

伍　小称

江山方言存在少量小称音，音变方式有二。

（1）阴声韵音节读小称时韵母鼻化或加鼻尾［ŋ］，同时声调也多有变化。例如：

姑夫 $kuə^{44}fə^{44}$——姑夫儿 $kuə^{44}fɛ̃^{241}$

大姨 do³¹i⁵¹—大姨儿 do²²ĩ²²

兄嫂 xaŋ⁴⁴suə²⁴¹—兄嫂儿 xaŋ⁴⁴suɛ̃⁴⁴

外婆 ŋua²²biə²¹³—外婆儿 ŋua²²biɛ̃²²

舅 guɯ²²—舅儿 gəŋ²²

舅母 guɯ²²mu²²—舅母儿 gəʔ²moŋ²²

（2）阳声韵音节的小称音只变声调，不变韵母。例如：

玄孙 yɛ̃²¹³suɛ̃⁴⁴—玄孙儿 yɛ̃²¹³suɛ̃²⁴¹

细后生 ɕiə⁵¹u²²saŋ⁴⁴—细后生儿 ɕiə⁴⁴oʔ²saŋ²⁴¹

外公 ŋua²²koŋ⁴⁴—外公儿 ŋua²²koŋ²⁴¹

陆　其他音变

（1）语流中，有时会出现［n］［m］自成音节的情况。例如：你［n̠i²²］语流中也读［n²²］，无［mu²¹³］语流中也读［m²⁴］或［m⁴⁴］。

（2）词语中意义相对较虚的后字及句子中的动态助词、语气词等往往弱读为轻声，其调值统一标记为［0］。

（3）有些常用词中的舒声字会出现促化。例如：今日 kɒʔ⁵ləʔ² | 明日 maʔ²ləʔ² | 舅母儿 gəʔ²moŋ²² | 前头 zuɐ²²doʔ² | 后头 u²²doʔ² | 大姨夫儿 do²²iɐʔ²fɛ̃²⁴¹。

第六十二节　常山方音

壹　概况

一、调查点

1. 地理人口

常山县地处浙江省西部，钱塘江源头，浙闽赣皖四省交界处，素有"两浙首站"之称。常山县东连柯城区与衢江区，南靠江山，西南与江西省玉山县交界，西北与开化毗邻，东北部与杭州市淳安县相接，距衢州城区直线距离36公里，公路里程40公里。全县总面积1099平方公里，下辖3街道6镇5乡，分别是：天马街道、紫港街道、金川街道、白石镇、招贤镇、青石镇、球川镇、辉埠镇、芳村镇、何家乡、同弓乡、大桥头乡、新昌乡、东案乡。截至2018年年底，全县总户数为12.21万户，总人口数为34.43万[①]。人口以汉族人为主，少数民族常住人口为1277人（2019年）[②]。

2. 历史沿革

常山于东汉建安二十三年（218）建县，始称定阳县。隋大业三年（607），定阳县并入信安县，属东阳郡。唐咸亨五年（674）分原定阳县地置常山县，属衢州，以县治南有常山（今湖山）命名。广德二年（764）置县治于常山镇巡检署（今天马街道）。唐代以后，常山大致一直隶属衢州，其建置及县名稳定少变。1955年撤销衢州专区，并入金华专区。1958年，常山县并入衢县。1961年，恢复常山县。1985年，金华、衢县二市分设，实行市管县，常山县归衢州市管辖[③]。

---

① 参见：《2019年浙江统计年鉴》，http://tjj.zj.gov.cn/col/col1525563/index.html，2020年12月4日获取。

② 参见：常山县人民政府，http://www.zjcs.gov.cn/art/2020/2/27/art_1257500_37281957.html，2020年12月4日获取。

③ 常山县地方志编纂委员会. 常山县志. 杭州：西泠印社出版社，2008：27-28.

3. 方言分布

常山方言属吴语上丽片上山小片，为全县通行的主要方言。此外，常山县内还有江西南丰方言、福建方言、淳安方言、江山方言、衢县方言、安徽安庆方言、开化县华埠镇"土官话"等。本书的调查点是天马街道。天马街道是常山县县城所在地，于2013年1月成立，为原天马镇人民政府辖区，是常山县政治经济文化中心。

4. 地方曲艺

本地主要流行越剧、婺剧和睦剧，其中以越剧流行范围最广，影响最大。1935年，越剧"苏文舞台""东安舞台"到常山演出，自此越剧渐趋流行。常山越剧团演出艺术质量较高，曾被誉为"浙西小百花"。2020年常山县天马街道入选"浙江省戏剧之乡"。

二、方言发音人

1. 方言老男

王生根，1952年9月出生于常山城关镇，一直在本地生活和工作，职工，现已退休，初中文化程度，说常山话和不太标准的普通话。父母均为常山县城人。

2. 方言青男

汪建荣，1983年4月出生于常山天马镇，1998—2003年在衢州职业技术学院学习，此外一直在本地生活和工作。教师，本科文化程度，说常山话和普通话。父亲为常山县城人，母亲为常山县东鲁乡人。

3. 口头文化发音人

陈土根，男，1945年6月生于常山天马镇，一直在本地生活和工作，职工，现已退休，初中文化程度，说常山话和不太标准的普通话。父母为常山人。

曾令兵，男，1956年6月出生于常山招贤镇，一直在本地生活和工作，国家级非物质文化遗产代表性项目名录"常山喝彩歌谣"的第六代传承人，本科文化程度，母语是南丰话，说常山话和普通话。父母为常山人。

占娇兰，女，1953年10月出生于常山天马街道，一直在本地生活和工作，职工，现已退休，初中文化程度，说常山话和不太标准的普通话。父母为常山人。

贰　声韵调

一、声母（28个，包括零声母在内）

p 八兵	pʰ 派片	b 爬病肥	m 麦明味问	f 飞风副蜂	v 肥饭味问
t 多东张竹装	tʰ 讨天	d 甜毒	n 脑南		l 老蓝连路
ts 资租酒竹争主	tsʰ 刺草清拆抄初春手	dz 茶柱		s 丝三酸山双	z 字贼祠事船顺十城
tɕ 早纸主九	tɕʰ 抽初车	dʑ 全权	ȵ 年泥热软月~光，又	ɕ 想手书响	ʑ 坐谢
k 高	kʰ 开轻	g 共	ŋ 熬月正~	x 好灰	
Ø 谢月~光，又活安温王云药					

说明：

（1）浊摩擦音［v］［z］［ʑ］的浊音色彩有时不如其他浊音声母。

（2）［m］［n］［l］［ȵ］［ŋ］等浊声母一般只出现在阳调类，但也有少数与阴调类（主要是阴上）相配的字，如"李""冷"。

（3）阳调类零声母音节前有同部位摩擦音，这里一并记作零声母［Ø］。

二、韵母（49个，包括自成音节的［m］［n］在内）

ɿ 师试	i 坐米试飞短	u 豆	y 遇
ɑ 茶牙猪	iɑ 茄	uɑ 瓦	
ɛ 排鞋		uɛ 快	yɛ 过靴
ɔ 歌饱	iɔ 敲		
e 开	ie 写	ue 赔对鬼	ye 雨
ø 二			
ɤ 宝	iɤ 笑桥		
	iu 走油	ui 火	
ɿə 丝		uə 苦五	

ã	南山糖	iã	响讲		uã	王		
		iɛ̃	盐年					
		ĩ	心深灯硬争病星兄		uĩ	春云横		
ɔ̃	半短根新床双讲	iɔ̃	王		uɔ̃	官寸滚	yɔ̃	深权
oŋ	东	ioŋ	用					
aʔ	塔鸭法辣八六	iaʔ	接贴药学		uaʔ	活刮		
ɛʔ	十骨出色							
ʌʔ	七托郭壳学	iʌʔ	热节月~光，又绿		uʌʔ	盒郭	yʌʔ	雨局
eʔ	尺锡	ieʔ	急一直				yeʔ	橘
ɤʔ	月正~北国白谷							
m̩	母							
n̩	二月~光，又							

说明：

（1）[i]与[ɕ][ʑ]相拼时，韵母略圆唇，且带舌尖化色彩。

（2）[u][iu]唇形略展。

（3）[ɤ]在[ts][tsʰ][s]组声母后略开。

（4）[ĩ]的舌位略开，近[ẽ]。

（5）[uə]的实际音值接近[uɤ]。

（6）[yɛ]的实际音值接近[yə]。

（7）[ø]韵只存在二[ø²⁴]、儿[ø⁵²]的文读音中。

三、声调（8个）

阴平	44	东该灯风通开天春
阳平	341	门龙牛油铜皮糖红
阴上	52	懂古鬼九统苦讨草
阳上	24	买老五有动罪后近
阴去	324	冻怪半四痛快寸去
阳去	131	卖路硬乱洞地饭树
阴入	5	谷急哭刻百搭节拍塔切
阳入	34	六麦叶月毒白盒罚

说明：

（1）阳平［341］，是一个以降为主的凸调。

（2）阳上［24］，实际调值是［224］，部分字直接由 2 度升到 4 度，如"五"。

（3）阴去［324］，调型为降升降，实际调值为［3241］，前段降得缓，后段降得急，是一个以升为主的凹调。

（4）阳去［131］，调型为平升降，实际调值为［1131］，平段调长略长于升降段。

（5）阳入［34］为短调，升势明显。

叁　连读变调

一、两字组连读变调表

常山方言两字组的连读变调规律见下表。表中首列为前字本调，首行为后字本调。每一格的第一行是两字组的本调组合；第二行是连读变调，若连读调与单字调相同，则此行空白；第三行为例词。同一两字组若有两种以上的变调，则以横线分隔。具体如下。

常山方言两字组连调变调表

后字 / 前字	阴平 44	阳平 341	阴上 52	阳上 24	阴去 324	阳去 131	阴入 5	阳入 34
阴平 44	44　44 花　生	44　341 52　0 清　明	44　52 猪　牯	44　24 　　52 端　午	44　324 52 高　兴	44　131 扫　地	44　5 猪　血	44　34 山　药
		44　341 45　0 归　来	44　52 45　0 包　子	44　24 　　0 知　了	44　324 52　0 冬　至	44　131 52　0 豇　豆		44　34 45　0 正　月
阳平 341	341　44 22 台　风	341　341 24 牛　娘	341　52 22 苹　果	341　24 22 头　脑	341　324 22 难　过	341　131 24 迷　路	341　5 22 头　发	341　34 22 茶　叶
		341　341 22 围　裙	341　52 341　0 聋　子	341　24 22　52 淘　米	341　324 24　0 划　算	341　324 22　52 灵　位		
		341　341 24　0 农　民				341　131 24　0 黄　豆		

续表

后字 前字	阴平 44	阳平 341	阴上 52	阳上 24	阴去 324	阳去 131	阴入 5	阳入 34
阴上 52	52　44 43 剪　刀	52　341 43 枕　头	52　52 43 水　果	52　24 43 以　后	52　324 43 韭　菜	52　131 43 姊　妹	52　5 43 喜　鹊	52　34 43 手　镯
阳上 24	24　44 22 牡　丹	24　341 22 后　娘 24　341 24　0 后　年	24　52 22 老　虎	24　24 22 舅　舅	24　324 22 武　器 24　324 52 上　课	24　131 22 马　路	24　5 22 道　德	24　34 22 满　月
阴去 324	324　44 44 唱　歌	324　341 44 剃　头 324　341 45　0 灶　头	324　52 44 报　纸	324　24 44　52 跳　舞	324　324 44 做　戏 324　324 52　0 再　见	324　131 44 对　面	324　5 43 教　室	324　34 44 放　学 324　34 43 冻　着
阳去 131	131　44 22 豆　浆	131　341 24　0 弄　堂	131　52 22 面　粉	131　24 22　52 芋　芳 131　24 22 味　道 131　24 24　0 豆　腐	131　324 22 运　气 131　324 24　0 事　干	131　131 22 上　面 131　131 24　0 庙　会	131　5 22 第　一	131　34 22 闹　热
阴入 5	5　44 4 结　婚	5　341 4 铁　锤	5　52 4 发　抖	5　24 4 粟　米	5　324 4 咳　嗽	5　131 4 柏　树	5　5 4 一　百	5　34 4 吃　药
阳入 34	343　44 3 落　苏	343　341 3 木　头	343　52 3 麦　秆	343　24 3 木　耳	343　324 3 鼻　涕	343　131 3 木　匠	343　5 3 蜡　烛	343　34 3 日　历

二、两字组连读变调规律

常山方言两字组的连读变调有以下几个特点。

（1）前字和后字都会变。后字最主要的变调是读轻声。

（2）在前字的位置上，舒声阴调类之间、舒声阳调类之间分别有相混的现象。阴平、阴去都有读［44］的现象。阳平、阳上、阳去都有读［22］［24］的现象。

（3）前字的［24］比阳上的单字调短一点。

（4）名词性重叠结构，前字声调变成既轻又短的调子，调值根据实际读音记录，后字不变。例如：奶奶（乳房）nɛ²nɛ²⁴ | 舅舅 dʑiu²dʑiu²⁴ | 哥哥 kɑ³kɑ⁵² | 嫂嫂 suə⁴suə⁴⁵ | 公公 koŋ⁴koŋ⁴⁴。

（5）"几 + X"结构，前后字都不变调。例如：几个 ke⁵²gɛ³²⁴，几多 ke⁵²tɔ⁴⁴。

（6）助词"罢（了）""班⁼（了）"后缀"高（上）"等一般读作轻声。例如：走罢（死）tɕiu⁵²pɛ⁰ | 生病班⁼（了）sĩ⁴⁴bĩ²²pã⁰ | 借班⁼（了）tɕiɛ³²pã⁰ | 边高（旁边）piɛ̃⁴⁵kɤ⁰。

肆　异读

一、新老异读

常山方言的新老异读在声韵调中均有体现。下文中"／"前为老派，后为新派。

1.声母方面

（1）部分疑母字，老派读［ȵ］，新派趋向于读零声母。例如：芋 ȵyɛ¹³¹ / yɛ²¹³ | 言 ȵiɛ̃³⁴¹ / iɛ̃³⁴¹ | 严 ȵiɛ̃³⁴¹ / iɛ̃³⁴¹ | 原 ȵyɔ̃³⁴¹ / yɔ̃³⁴¹。

（2）个别禅母、邪母、船母字，老派读［ʑ］，新派趋向于读零声母。例如：尝 ʑiã³⁴¹ / iã³⁴¹ | 勺 ʑiaʔ³⁴ / iaʔ³⁴ | 斜 ʑie³⁴¹ / ie³⁴¹ | 射 ʑie¹³¹ / ie²¹³。

2.韵母方面

（1）蟹摄合口一等部分字，老派读［ue］韵，新派读［e］韵。例如：配 pʰue⁵² / pʰe⁵² | 背 bue¹³¹ / be²¹³ | 煤 mue³⁴¹ / me³⁴¹ | 妹 mue¹³¹ / me²¹³。

（2）流摄开口一等、三等部分字，老派读［iu］韵，新派读［y］韵。例如：楼 liu³⁴¹ / ly³⁴¹ | 走 tɕiu⁵² / tɕy⁵² | 凑 tɕʰiu³²⁴ / tɕʰy⁴²⁴ | 修 ɕiu⁴⁴ / ɕy⁴⁴ | 袖 iu¹³¹ / ɕy²¹³ | 抽 tɕʰiu⁴⁴ / tɕʰy⁴⁴ | 绸 dʑiu³⁴¹ / dʑy³⁴¹。

（3）臻摄合口三等部分字，老派读［uĩ］，新派读［yĩ］，同时声母腭化。例如：俊 tsuĩ⁵² / tɕyĩ⁵² | 均 tsuĩ⁵² / tɕyĩ⁴⁴ | 军 tsuĩ⁴⁴ / tɕyĩ⁴⁴。

（4）一些不常用的字，新派受普通话影响，读音与老派有差异。例如：

僧 tsĩ⁴⁴ / soŋ⁴⁴｜越 yʌʔ³⁴ / yeʔ³⁴｜吴 uə³⁴¹ / u³⁴¹。此外，新派的鼻化韵鼻化程度较轻。

3. 声调方面

（1）部分浊上字，老派读阳上［24］调，新派读阳去［213］调。例如：弟 die²⁴ / die²¹³｜罪 dzue²⁴ / dzue²¹³｜染 ȵiɛ²⁴ / ȵiɛ²¹³｜眼 ŋã²⁴ / ŋã²¹³｜凤 voŋ²⁴ / voŋ²¹³｜缝 vã²⁴ / vã²¹³。

（2）部分清去字，老派读阴去［324］调，新派读阳去［213］调或阳平［341］调。例如：制 tsɿ³²⁴ / tsɿ²¹³｜用 ioŋ³²⁴ / ioŋ²¹³｜副 fuə³²⁴ / fuə³⁴¹｜隐 ĩ³²⁴ / ĩ³⁴¹。

（3）部分浊去字，老派读白读音阳去［131］调，新派读文读音阳上［24］调，或受普通话音调影响，读阳平［341］调。例如：义 ɔ¹³¹ / ɔ²⁴｜柿 zi¹³¹ / zi²⁴｜便 biɛ¹³¹ / biɛ²⁴｜件 dʑiɛ¹³¹ / dʑiɛ²⁴｜祸 ɔ¹³¹ / ɔ³⁴¹｜校 io¹³¹ / io³⁴¹｜弄 noŋ¹³¹ / noŋ³⁴¹。

二、文白异读

常山方言的文白异读主要体现在声母、韵母和声调三方面。下文中"／"前为白读，后为文读。

1. 声母方面

（1）微母部分字白读［m］，文读［v］或零声母。例如：味 mi²⁴ / vi²⁴｜问 mɔ̃¹³¹ / vɔ̃¹³¹｜雾 mɤ¹³¹ / u²⁴。

（2）古见系开口二等字白读为［k］组声母，文读为［tɕ］组声母，韵母也随之有所变化。例如：交 ko⁴⁴ / tɕio⁴⁴｜减 kã⁵² / tɕiɛ̃⁵²｜江 kɔ̃⁴⁴ / tɕiã⁴⁴。

（3）日母字白读［n］［l］，文读［z］。例如：日 nʌʔ³⁴ / zɛʔ³⁴｜人 lĩ³⁴¹ / zĩ³⁴¹｜认 lĩ¹³¹ / zĩ¹³¹。

2. 韵母方面

（1）遇摄合口三等部分字，白读［uə iu ɤ］韵母，文读韵母［y］。例如：主 tsuə⁵² / tɕy⁵²｜输 suə⁴⁴ / ɕy⁴⁴｜树 dʑiu¹³¹ / y²⁴｜许 xɤ⁵² / ɕy⁵²。

（2）止摄开口三等日母字，白读［n］韵母，文读［ø］韵母。例如：儿 n⁵² / ø⁵²｜二 n¹³¹ / ø²⁴。

（3）止摄合口三等韵的部分字，白读［y］韵母，文读［ue］韵母。例如：吹 tɕʰy⁴⁴ / tsʰue⁴⁴｜亏 tɕʰy⁴⁴ / kʰue⁴⁴｜追 tɕy⁴⁴ / tsue⁴⁴｜围 y³⁴¹ / ue³⁴¹。

（4）效摄一等的部分字，白读［ɤuə］韵母，文读［ɔɤ］韵母。例如：毛 mɤ³⁴¹ / mɔ³⁴¹ | 道 dɤ³⁴¹ / dɔ¹³¹ | 老 lɤ²⁴ / lɔ¹³¹ | 好 xɤ⁵² / xɔ⁵² | 讨 tʰuə⁵² / tʰɔ⁵² | 草 tsʰuə⁵² / tsʰɤ³²⁴。

（5）效摄三四等的部分字，白读［iɤ］韵母，文读［iɔ］韵母。例如：焦 tɕiɤ⁴⁴ / tɕiɔ⁴ | 小 ɕiɤ³²⁴ / ɕiɔ⁵² | 鸟 tiɤ⁵² / ȵiɔ⁵² | 叫 iɔ³²⁴ / tɕiɔ⁵²。

（6）流摄开口三等的部分字，白读［uə］韵母，文读［u］韵母。例如：富 fuə³²⁴ / fu³²⁴ | 妇 uə⁵² / vu²⁴。

（7）山摄开口一等韵的部分字，白读［ɔ̃］韵母，文读［ã］韵母，例如：肝 kɔ̃⁴⁴ / kã⁴⁴ | 汉 xɔ̃⁵² / xã⁵² | 安 ɔ̃⁴⁴ / ã⁴⁴。

（8）山摄合口一等的少数字，白读［oŋ］韵母，文读［uɔ̃］韵母。例如：暖 doŋ²⁴ / nuɔ̃³⁴¹ | 乱 loŋ²⁴ / luɔ̃²⁴。

（9）山摄合口三等的少数字，白读［oŋ］韵母，文读［yɔ̃］韵母。例如：园 xoŋ⁴⁴ / yɔ̃³⁴¹ | 远 xoŋ⁵² / yɔ̃¹³¹。

3. 声调方面

（1）次浊上声字，白读阳上［24］调，文读阴上［52］调。例如：弟 die²⁴ / tie⁵² | 脑 nɔ²⁴ / nɔ⁵² | 眼 ŋã²⁴ / iɛ̃⁵²。

（2）清去字，白读阴去［324］调，文读阴上［52］调。例如：个 kɛ³²⁴ / kɔ⁵² | 屁 fɛ³²⁴ / pʰi⁵² | 试 sɿ³²⁴ / sɿ⁵² | 贵 tɕy³²⁴ / kue⁵² | 叫 iɔ³²⁴ / tɕiɔ⁵²。一些口语里不常用的字则只有文读音。例如：配 pʰue⁵² | 证 tsĩ⁵² | 统 tʰoŋ⁵² | 宋 soŋ⁵²。

（3）浊去字，白读阳去［131］调，文读阳上［24］调。例如：雾 mɤ¹³¹ / u²⁴ | 树 dʑiu¹³¹ / y²⁴ | 二 n¹³¹ / ø²⁴。

伍　儿化和小称

常山方言的小称儿尾"儿"音［n⁵²］（阴上），单用指儿子。"儿"加在名词性语素后，表示小称。主要有两种调值。

一种是［52］。例如：

猪儿 tɑ⁴³n⁵²　　　　　　　　　　　鸡儿 ie⁴⁴n⁵²

刀儿_{小刀} tɤ⁴⁴n⁵²　　　　　　　　　芋艿儿 ȵye²²nɛ²²n⁵²

一种是轻声。例如：

孙儿 su$\tilde{ʌ}^{52}$n^0

侄儿 dz$\tilde{i}^{24}$n^0

新囡儿_{新娘子} s$\tilde{ʌ}^{43}$nuə^{52}n^0

小娘儿_{女人} ɕiɤ^{43}n̠iã^{24}n^0

除了儿尾以外，常山方言中没有加鼻音、小称变调等小称现象。

第六十三节　开化方音

壹　概况

一、调查点

1. 地理人口

开化县隶属于浙江省衢州市，位于浙江省西部，东南距衢州城区约 58 公里，是浙江母亲河——钱塘江的源头所在地，东北与杭州的淳安县相邻，东南跟常山县相连，西及西北与江西省的玉山县、德兴市、婺源县接壤，北与安徽省的休宁县毗连。全县面积 2236.6 平方公里，辖 8 镇 6 乡 1 个办事处，分别是：桐村镇、杨林镇、苏庄镇、齐溪镇、村头镇、华埠镇、马金镇、池淮镇，中村乡、长虹乡、何田乡、林山乡、音坑乡、大溪边乡，芹阳办事处。[①] 截至 2018 年年底，全县总户数 12.03 万，户籍总人口 36.26 万[②]。主要为汉族，少数民族有 24 个，散居全县，人口极少。主要的少数民族是畲族，全县共有 8 个民族村，村中畲族人口的比例不高，不说畲话，说当地汉语方言。

2. 历史沿革

开化春秋属越国，战国属楚国，秦属会稽郡太末县，东汉为新安县一部分，三国、两晋及南朝属东阳郡，隋唐五代时期先后隶于信安、衢州、婺州。北宋乾德四年（968）吴越王钱俶分常山县西境七乡置开化场，北宋太平兴国六年（981）升场为县，元明清历属衢州。1912 年属金华道，1927 年废道，直属浙江省，1935 年改属衢州专署。建国初期，属衢州专区。1955 年划归建德专区。1958 年改属金华地区。1985 年金华、衢州两省辖市分置，开化属衢州市。[③]

---

① 参见：开化县人民政府，http://www.kaihua.gov.cn/col/col1229550429/index.html，2022 年 8 月 20 日获取。

② 参见《2019 年浙江统计年鉴》，http://tjj.zj.gov.cn/col/col1525563/index.html，2022 年 8 月 20 日获取。

③ 开化县地方志编纂委员会. 开化县志. 北京方志出版社，2010.

3. 方言分布

开化境内的方言主要是开化话，属吴语上丽片上山小片。北部马金镇、齐溪镇、何田乡属徽语区。桐村镇、华埠镇的部分村说闽南话；华埠话旧称"土官话"，主要分布在华埠镇、杨林镇及池淮镇的部分村。此外，属徽语的淳安话由新安江水库移民带来，散布全县。

4. 地方曲艺

开化流行道情，多用"土官话"。

二、方言发音人

1. 方言老男

凌润初，1960 年 3 月出生于开化城关镇，一直在本地生活和工作，职工，现已退休，初中文化程度，说开化话和不太标准的普通话。父母均为开化城里人。

2. 方言青男

叶校政，1983 年 12 月出生于开化城关镇，一直在本地生活和工作，职工，初中文化程度，说开化话、普通话和华埠话。父母均为开化城里人。

3. 口头文化发音人

凌润初，男，1960 年 3 月出生于开化城关镇，一直在本地生活和工作，职工，现已退休，初中文化程度，说开化话和不太标准的普通话。父母均为开化城里人。

夏启明，男，1957 年 4 月出生于开化华埠镇，一直在本地生活和工作，教师，中师文化程度，说开化话、普通话和华埠话。父母均为开化人。

贰　声韵调

一、声母（28个，包括零声母在内）

p 八兵	pʰ 派片	b 病爬肥	m 麦明味问	f 飞风副蜂	v 肥饭味问
t 多东张竹	tʰ 讨天	d 甜毒	n 脑南		l 老蓝连路
ts 资租争装	tsʰ 刺寸拆抄	dz 茶		s 三酸山手	z 字祠事床
tɕ 早酒装主九	tɕʰ 清抽春手轻	dʑ 全柱城权	ȵ 年泥热软	ɕ 想双书响	ʑ 谢船十城
k 高	kʰ 开	g 共	ŋ 熬	x 好灰	
Ø 月县安王用					

说明：

（1）［x］声母中的阳调类字有较强浊气流，实际音值为［xɣ］，例如河、祸。

（2）［tɕ］组声母跟齐撮两呼韵母相拼时带有舌叶色彩。

二、韵母（51个，包括自成音节的［m］［n］在内）

ʅ 师试	i 米戏二飞	u 豆奴	y 女嘴
a 排鞋		ua 快锤	
ɛ 开赔对	iɛ 写婆鸡纸鼠	uɛ 蛇鬼	yɛ 过靴话
ə 锯鱼			
əl 二			
ɑ 茶牙瓦猪		uɑ 瓜花	
ɔ 歌做	iɔ 要瘦		
		uo 苦五	yo 雨竖
ɯ 走	iʊ 油抽		
əɯ 宝饱	iəɯ 笑桥		
ei 杯		uei 坐师短鬼气	
ɿə 丝字			
ã 南山争病兄	iã 响	uã 王横	yã 王光
	iɛ̃ 盐年		yɛ̃ 深权

ɛn 半床银盆	in 米心新灯星	uɛn 滚	yn 春云船永
		uõ 蚕官寸滚	
ɔŋ 糖讲	iŋ 双终用		
ɤŋ 根东笋断			
aʔ 塔鸭辣北色白	iaʔ 接贴热节药	uaʔ 盒活刮骨国	yaʔ 十月出学局
ɤʔ 谷木			yoʔ 竹肉
	iɛʔ 急一直尺锡		yɛʔ 橘育
ɔʔ 八托郭壳学	iɔʔ 六绿		
m̩ 母 否定叹词			
n̩ 尔			

说明：

（1）[uo][uõ]两韵动程明显，其中的[o]唇形较展，时长较短。

（2）[ɔ]韵略有动程，开口度接近[o]，但口腔内部较开，舌位偏后而低。

（3）[ɯ]韵有动程，音值接近[ɤɯ]。

（4）[ɑ]韵唇形略圆，但不到[ɒ]。

（5）[aʔ][iaʔ][uaʔ][yaʔ]四韵中的[a]略闭，实际音值介于[a]和[æ]之间。

（6）声化韵[m]专用于是非问的否定回答，声调是特殊的曲折调[2141]。

三、声调（7个）

阴平	44	东该灯风通开天春
阳平	231	门龙牛油铜皮糖红
阴上	53	懂古鬼九统苦讨草
阴去	412	冻怪半四痛快寸去
阳去	213	卖路硬乱洞地饭树买老五有动罪近后
阴入	5	谷百搭节急哭拍塔切刻
阳入	13	六麦叶月毒白盒罚

说明：

（1）阴平主体为平调，尾段微升，调值近[445]，作连读后字时上升较明显，这里统一记作[44]。

（2）阴上调头处略呈凸拱，调值近[453]，这里统一记作[53]。

（3）阴去主体为降调，尾段微升，有时读如［422］，这里统一记作［412］。

（4）阳去为降升调，个别字读如［113］，这里统一记作［213］。

（5）阳入［13］为短促的升调。

叁 连读变调

一、两字组连读变调表

开化方言两两字组的连读变调规律见下表。表中首列为前字本调，首行为后字本调。每一格的第一行是两字组的本调组合；第二行是连读变调，若连读调与单字调相同，则此行空白；第三行为例词。同一两字组若有两种以上的变调，则以横线分隔。具体如下。

开化方言两字组连读变调表

前字 ＼ 后字	阴平 44		阳平 231		阴上 53		阴去 412		阳去 213		阴入 5		阳入 13	
阴平 44	44 天	44 光	44 金	231 鱼	44 兄	53 嫂	44 53 香	412 0 菜	44 师	213 父	44 钢	5 笔	44 生	13 日
	44 53 曾	44 孙	44 53 清	231 0 明			44 仓	412 53 库	44 53 豇	213 0 豆			44 三	13 5 月
			44 213 今	231 年			44 相	412 信	44 乡	213 53 里				
阳平 231	231 21 黄	44 昏	231 21 胡	231 53 琴	231 21 头	53 颈	231 21 划	412 53 算	231 21 徒	213 弟	231 21 头	5 发	231 21 前	13 日
			231 牛	231 娘	231 聋	53 0 子	231 21 蚊	412 帐	231 21 名	213 53 字				
			231 21 明	231 213 年					231 黄	213 豆				
			231 213 牛	231 0 郎										
			231 回	231 0 来										

续表

后字 前字	阴平 44	阳平 231	阴上 53	阴去 412	阳去 213	阴入 5	阳入 13
阴上 53	53　44 44 打　针 53　44 　　0 几　多	53　231 纸　钱 53　231 　　0 起　来	53　53 反　手 53　53 　　0 哑　子	53　412 讲　笑 53　412 44　53 考　试 53　412 　　0 几　个	53　213 44 保　佑	53　5 44 粉　笔	53　13 44 洗　浴
阴去 412	412　44 44 嫁　妆	412　231 44　53 算　盘 412　231 44 种　田 412　231 53　0 栋　梁	412　53 44 做　假	412　412 44 种　菜 412　412 53　0 渍　菜干菜	412　213 44 算　命 412　213 44　53 对　面	412　5 44 教　室 412　5 53　0 穆　粟高粱	412　13 44 放　学
阳去 213	213　44 21 老　天	213　231 21 丈　人 213　231 21　53 下　来 213　231 　　0 轿=　裙围裙	213　53 21 乱　讲	213　412 21　53 事　干 213　412 21 运　气	213　213 21 老　弟 213　213 21　53 雾　露 213　213 　　0 二　两	213　5 21 第　一	213　13 21 老　佛 213　13 21　5 后　日
阴入 5	5　44 4 结　婚 5　44 　0 雪　花	5　231 腹　脐	5　53 4 弗　懂 5　53 　0 瞎　子	5　412 出　嫁 5　412 　0 出　去	5　213 一　万	5　5 4 割　谷	5　13 扎　实
阳入 13	13　44 2 日　光月亮	13　231 2 日　头太阳 13　231 2　53 日　时白天	13　53 2 木　板	13　412 2 白　菜	13　213 2 木　匠	13　5 2 蜡　烛	13　13 2 食　药

说明：

（1）连读变调新产生［21］［2］［4］三个调值，均为前字产生的变调，其中［21］调来自阳平［231］与阳去［213］，［2］调来自阳入［13］，［4］来自阴入［5］，而轻声来自舒声调的后字，调值近［21］，标作［0］。

（2）前字［44］有时实际调值为［43］，后字［44］的实际调值多为［445］。

二、两字组连读变调规律

开化方言两字组的连读变调有以下几个特点。

（1）前字后字均有变调，但以前字变调为多。

（2）阴调类舒声前字一般变读为平调［44］，但在轻声音节前变读为［53］。

（3）阳调类舒声前字均变读为［21］。

（4）阴入前字基本不变，仅在高调（阴上、阴入）前变读为［4］。

（5）阳入前字由短促的升调［13］变读为短平调［2］。

（6）后字除了变读为轻声［0］外，大多变读为降调［53］。

肆　异读

一、新老异读

总体而言，新派跟老派的声韵调格局存在差异，但差异不算太大；老派保留较多的文白异读、一字多音，新派的文读音、又读音急剧减少。下文中"／"前为老派，后为新派。

1. 声母

（1）部分章组字，老派读［tɕ］组声母，新派读［ts］组声母。例如：震 tɕin⁵³ / tsɤŋ⁵³ | 证 tɕin⁵³ / tsɛn⁵³ | 织 tɕieʔ⁵ / tseʔ⁵ | 终 tɕioŋ⁴⁴ / tsɤŋ⁴⁴ | 秤 tɕʰin⁴¹² / tsʰɛn⁴²³ | 仓 tɕʰioŋ⁴⁴ / tsʰoŋ⁴⁴ | 程 dʑin²³¹ / dzɤŋ²³¹ | 设 ɕieʔ⁵ / seʔ⁵ | 式 ɕieʔ⁵ / seʔ⁵ | 失 ɕyaʔ⁵ / seʔ⁵ | 升 ɕin⁴⁴ / sɛn⁴⁴ | 声 ɕin⁴⁴ / sɛn⁴⁴ | 善 ʑiɛ̃²¹³ / zã²¹³ | 辰 ʑyɛ̃²³¹ / tsʰɤŋ²³¹ | 纯 ʑyn²¹³ / zuõ²³¹ | 城 ʑin²³¹ / zɛn²¹³。

（2）部分日母字，老派读［ʑ］或［ȵ］声母，新派读［l］声母。例如：如 ʑy²¹³ / lu²¹³ | 任 ʑin²¹³ / lɤŋ²¹³ | 人 ʑin²³¹ / lɤŋ²³¹ | 弱 ȵiaʔ¹³ / leʔ¹³。

（3）部分疑母字，老派读[ŋ]或[n̠]声母，新派读零声母。例如：岸 ŋɔŋ²¹³ / ɔŋ²¹³｜吴 ŋɔ²³¹ / u²³¹｜义 n̠i²¹³ / i⁵³｜严 n̠iɛ̃²³¹ / iɛ̃²³¹｜言 n̠iɛ̃²³¹ / iɛ̃²³¹｜原 n̠yɛ̃²³¹ / yɛ̃²³¹。

2. 韵母

（1）新派韵母总数比老派少了两个。其中舒声韵数量未变，入声韵减少了3个，减少的主要原因是入声韵的主元音由[a][o][ɛ][ə][ɔ]五个缩减为[ɐ][ʌ][o]三个，变化的规律性尚不明，以宕开一铎韵字为例，老派都读[ɔʔ]韵母，新派则或读[ɐʔ]，或读[ʌʔ]。例如：托 tʰɔʔ⁵ / tʰɐʔ⁵｜落 lɔʔ¹³ / lɐʔ¹³｜各 kɔʔ⁵ / kɐʔ⁵｜鹤 ŋɔʔ¹³ / ŋɐʔ¹³｜作 tsɔʔ⁵ / tsʌʔ⁵｜索 sɔʔ⁵ / sʌʔ⁵｜恶 ɔʔ⁵ / ʌʔ⁵｜郭 kɔʔ⁵ / kʌʔ⁵。

（2）蟹摄开口一等少数字老派读[a]组韵母，新派读[ɛ]组韵母，有时相反。例如：爱 a⁴¹² / xa⁵³｜改 ka⁵³ / kɛ⁵³｜海 xɛ⁵³ / xa⁵³。

（3）止摄、蟹摄三四等的少数明母、微母字老派读阳声韵[in]，新派读阴声韵[i]或[ɛ]。例如：米 min²¹³ / mi²¹³｜眉 min²³¹ / mɛ²³¹｜味 min²¹³ / mi²¹³。

（4）老派曾摄开口一三等、梗摄开口三等部分读[in]韵母的字，新派都读[ɛn]韵母。例如：灯 tin⁴⁴ / tɛn⁴⁴｜绳 ʑin²³¹ / zɛn²³¹｜正 tɕin⁴¹² / tsɛn⁴²³。

二、文白异读

开化方言的文白异读较为复杂，主要体现在声母、韵母方面。下文中"／"前为白读，后为文读。

1. 声母

（1）非组部分三等合口字白读为[p]声母，文读为[f]声母。例如：反 pã⁵³ / fã⁵³｜翻 pã⁴⁴ / fã⁴⁴｜放 pɤŋ⁴¹² / fã⁵³。

（2）微母个别常用字白读为[m]声母，文读为[v]声母。例如：味 min²¹³ / vi²¹³｜问 men²¹³ / vɛn²¹³。

（3）见母部分开口二三等字白读为[k]声母，文读为[tɕ]声母。例如：记 kuei⁴¹² / tɕi⁴¹²｜交 kəɯ⁴⁴ / tɕiɔ⁴⁴｜减 kã⁵³ / tɕiɛ̃⁵³｜监 kã⁵³ / tɕiɛ̃⁴⁴｜甲 kaʔ⁵ / tɕiaʔ⁵｜金 kɛn⁴⁴ / tɕin⁴⁴｜筋 kɛn⁴⁴ / tɕin⁴⁴｜讲 kɔŋ⁵³ / tɕiã⁵³。

（4）禅母少数字白读声母为[dʑ]，文读声母为[ʑ]。例如：树 dʑiʊ²¹³ / ʑy²¹³｜石 dʑiaʔ¹³ / ʑiaʔ¹³｜熟 dʑyoʔ¹³ / ʑyoʔ¹³。

（5）晓母少数字白读为[x]声母，文读为[ɕ]声母。例如：许 xə⁵³ / ɕy⁵³｜戏 xuei⁴¹² / ɕi⁴¹²｜孝 xəɯ⁴¹² / ɕiəɯ⁴¹²。

（6）日母个别开口三等字白读为[ȵ]声母，文读为零声母。例如：儿 ȵi⁵³ / əl²¹³ | 二 ȵi²¹³ / əl²¹³ | 耳 ȵi²¹³ / əl²¹³。

2. 韵母

（1）遇摄部分合口一三等字、流摄个别开口三等字白读为[uo]韵母，文读为[u]韵母。例如：图 duo²³¹ / du²³¹ | 古 kuo⁵³ / ku⁵³ | 府 fuo⁵³ / fu⁵³ | 付 fuo⁴¹² / fu⁵³ | 父 vuo²¹³ / vu²¹³ | 富 fuo⁴¹² / fu⁴¹² | 副 fuo⁴¹² / fu⁴¹² | 妇 vuo²¹³ / vu²¹³。

（2）遇摄个别合口三等字白读为[iɛ]韵母，文读为[y]韵母。例如：除 diɛ²³¹ / dʑy²³¹ | 书 ɕiɛ⁴⁴ / ɕy⁴。

（3）遇摄个别合口三等字白读为[yo]韵母，文读为[y]韵母。例如：主 tɕyo⁵³ / tɕy⁵³ | 输 ɕyo⁴⁴ / ɕy⁴⁴。

（4）止摄部分开口三等字白读为[uei]韵母，文读为[ɿ]韵母。例如：迟 dzuei²³¹ / dzɿ²¹³ | 师 suei⁴⁴ / sɿ⁴⁴ | 指 tsuei⁵³ / tsɿ⁵³ | 事 zuei²¹³ / zɿ²¹³ | 试 suei⁴¹² / sɿ⁴¹² | 时 zuei²³¹ / zɿ²³¹ | 市 zuei²¹³ / zɿ²¹³。

（5）止摄部分合口三等字白读为[y]韵母，文读为[uei]韵母。例如：吹 tɕʰy⁴⁴ / tsʰuei⁴⁴ | 亏 tɕʰy⁴⁴ / kʰuei⁴⁴ | 水 y⁵³ / suei⁵³ | 位 y²¹³ / uei²¹³ | 贵 tɕy⁴¹² / kuei⁴¹²。

（6）效摄少数字白读为[əɯ]韵母，文读为[ɔ][iɔ]韵母。例如：道 dəɯ²¹³ / dɔ²¹³ | 老 ləɯ²¹³ / lɔ⁵³ | 交 kəɯ⁴⁴ / tɕiɔ⁴⁴ | 焦 tsəɯ⁴⁴ / tɕiɔ⁴⁴。

（7）流摄个别一三等字白读为[u]韵母，文读为[ɯ]或[iʊ]韵母。例如：狗 ku⁵³ / kɯ⁵³ | 口 kʰu⁵³ / kʰɯ⁵³ | 厚 gu²¹³ / xɯ²¹³ | 流 lu²¹³ / liʊ²³¹。

（8）深臻摄个别开口三等字白读为[ɛn]韵母，文读为[in]韵母。例如：金 kɛn⁴⁴ / tɕin⁴⁴ | 音 ɛn⁴⁴ / in⁴⁴ | 筋 kɛn⁴⁴ / tɕin⁴⁴。

（9）山摄、宕江摄少数开口一二等字白读为[ɔŋ]韵母，文读为[ã]韵母。例如：伞 sɔŋ⁵³ / sã⁵³ | 安 ɔŋ⁴⁴ / ã⁴⁴ | 浪 lɔŋ²¹³ / lã²¹³ | 讲 kɔŋ⁵³ / tɕiã⁵³。

（10）山摄个别合三字白读为[ɤŋ]韵母，文读为[yɛ̃]韵母。例如：园 xɤŋ⁴⁴ / yɛ̃²³¹ | 远 xɤŋ⁵³ / yɛ̃⁵³。

（11）宕江摄个别帮组、非组字白读为[iã]韵母，文读为[ã]韵母。例如：帮 piã⁴⁴ / pã⁴⁴ | 方 fiã⁴⁴ / fã⁴⁴ | 防 viã²³¹ / vã²³¹ | 棒 biã²¹³ / bã²¹³。

（12）宕摄少数合口一三等字白读为[yã]韵母，文读为[uã]韵母。例如：光 tɕyã⁴⁴ / kuã⁴⁴ | 黄 yã²³¹ / uã²³¹ | 狂 dzyã²³¹ / guã²³¹ | 王 yã²³¹ / uã²³¹ | 旺 yã²¹³ / uã²¹³。

（13）深臻摄个别开口三等入声字白读为[yaʔ]韵母，文读为[iɛʔ]韵母。例如：入 zyaʔ¹³ / ziɛʔ¹³ | 实 zyaʔ¹³ / ziɛʔ¹³ | 失 ɕyaʔ⁵ / ɕiɛʔ⁵。

伍　小称

开化的"儿"单字读[ȵi⁵³]，义为"儿子"。"儿"可以直接加在名词性语素后构成儿尾词，具有小称功能。儿尾词中的"儿"有两个调值，一是[53]，一是轻声[0]，例如：

佢儿 dʑyaʔ²ȵi⁵³　　　　　　　　兔儿 tʰuo⁴⁴ȵi⁵³

小娘儿 ɕiɐu⁵³ȵiã²¹ȵi⁵³　　　　　　细农儿 sɛ⁴⁴nəŋ²¹ȵi⁵³

细猪儿 sɛ⁴⁴tɑ⁵³ȵi⁰　　　　　　　短衫儿 tuei⁴⁴sã⁵³ȵi⁰

另外，有些字的读音可能跟小称有关，如："米"多读 min²¹³，"眉"多读 min²³¹，"姨"多读 i⁵³（阴上）或 i⁴⁴（阴平）。

陆　其他音变

（1）连读后字变调会引起声母的清浊变化，主要表现为全浊后字变调为调值高的阴调类时，浊音变读为同部位的清音。例如：

拳头 dʑyɛ̃²³¹du²³¹—dʑyɛ̃²¹tu⁵³

裁缝 zɛ²³¹vəŋ²³¹—zɛ²¹fəŋ⁵³

年财 ȵiɛ̃²³¹zɛ²³¹—ȵiɛ̃²¹sɛ⁵³

胡琴 uo²³¹dʑin²³¹—uo²¹tɕin⁵³

名字 min²³¹zə²¹³—min²¹sə⁵³

和尚 yɛ²³¹ʑiã²¹³—yɛ²¹ɕiã⁵³

（2）叠字称谓词前字多变短调，后字多变轻声或不变调。例如：

公公 kɤŋ⁴⁴kɤŋ⁴⁴—kɤ⁵kɤŋ⁰

妈妈_{奶奶} ma⁴⁴ma⁴⁴—ma⁵ma⁰

娘娘 ȵiã⁴⁴ȵiã⁴⁴—ȵiã⁵ȵiã⁰

哥哥 kɑ⁴⁴kɑ⁴⁴—kə⁴kɑ⁵³

大大_{伯母} dɑ²¹³dɑ²¹³—dɑ²dɑ²¹³

妹妹 mɛ²¹³mɛ²¹³—mɛ²mɛ²¹³

妈妈_{叔母} ma²¹³ma²¹³—ma²ma²¹³

第六十四节　丽水方音

壹　概况

一、调查点

1. 地理人口

莲都区是丽水市人民政府所在地。位于浙江省西南部，瓯江中游，东与青田县毗邻，南与云和县、景宁畲族自治县接壤，西与松阳县相连，西北与武义县交界，东北与缙云县连接。总面积 1502 平方公里，辖 6 街道 4 镇 5 乡，分别是：岩泉街道、紫金街道、白云街道、万象街道、联城街道、南明山街道，碧湖镇、大港头镇、雅溪镇、老竹畲族镇，峰源乡、太平乡、仙渡乡、丽新畲族乡、黄村乡。[①] 截至 2016 年年底，全区共有户籍人口 40.56 万[②]，有汉族、畲族、蒙古族、回族、藏族、维吾尔族、苗族等 39 个民族。2016 年年底全区少数民族人口 2.69万。其中，畲族人口有 2.52 万。[③]

2. 历史沿革

隋开皇九年（589），分松阳东乡置括苍县，置处州，治设括苍。唐大历十四年（779），改括州为处州，改括苍县为丽水县。自隋建州设县以来，历来为州、郡、路、府治所。1949 年 10 月 1 日，属丽水专区。1952 年 1 月，撤丽水专区，属温州专区。1963 年 5 月，复设丽水专区，属丽水专区，仍为专署驻地。1968 年11 月专区改称地区，属丽水地区。1986 年 3 月 1 日，撤丽水县置丽水市，仍属丽水地区。2000 年 5 月，撤丽水地区设地级丽水市，撤县级丽水市设市辖莲都区。[④]

[①] 参见：莲都区人民政府门户网站，http://www.liandu.gov.cn/art/2020/8/20/art_1229360361_58832811.html，2022 年 8 月 12 日获取。

[②] 参见：《2016 年浙江统计年鉴》，http://tjj.zj.gov.cn/col/col1525563/index.html，2022 年 8 月 12 日获取。

[③] 参见：莲都区人民政府门户网站，http://www.liandu.gov.cn/art/2020/8/20/art_1229360361_58832811.html，2022 年 8 月 12 日获取。

[④] 参见：莲都区人民政府门户网站，http://www.liandu.gov.cn/art/2020/8/20/art_1229360361_58832811.html，2022 年 8 月 12 日获取。

3. 方言分布

莲都境内的方言主要为丽水话。丽水话属于吴语上丽片丽水小片。丽水话可分为市区（以紫金街道、白云街道、万象街道为中心）、碧湖（以碧湖镇为中心）、雅溪（以雅溪、老竹为中心）三种口音。此外，在老竹畲族镇、丽新畲族乡等畲族乡镇及畲族村落还有畲话方言岛，有近2万多畲族说畲话，这些畲族人同时也说丽水话。最近几十年来，随着文化教育的普及，大众传媒的影响，以及经济的发展，丽水年轻人的普通话水平都较高，很多少年儿童已成为"无方言族"。

4. 地方曲艺

本地流行婺剧、越剧和丽水鼓词。

丽水鼓词是一种一人自击鼓板并说唱的表演形式。演唱者大多为盲人，伴奏乐器为"堂鼓"和"切"（以五片梨木片或竹片以绳带连缀而成的乐器）。演唱时，演唱者采用坐姿，左手握"切"击板（强拍），右手持签敲鼓点眼。在演唱正本鼓词之前，先用鼓点静场，唱一段"汤头"，多为祝福、吉利、警世等内容的短篇，以招徕听众。

二、方言发音人

1. 方言老男

何卫军，1956年3月出生于丽水城关镇，一直在本地生活和工作，教师，现已退休，中师文化程度，说丽水话和普通话。父母均为丽水城里人。

2. 方言青男

汪剑锋，1987年9月出生于丽水城关镇，2006—2008年就读于江西先锋软件职业技术学院，此外一直在本地生活和工作，基层干部，本科文化程度，说丽水话和普通话。父母均为丽水城里人。

3. 口头文化发音人

赵丽珍，女，1970年2月出生于丽水城关镇，一直在本地生活和工作，基层干部，大专文化程度，说丽水话和普通话。父母均为丽水城里人。

周丽君，女，1947年1月出生于丽水城关镇，一直在本地生活和工作，基层干部，现已退休，高中文化程度，说丽水话和普通话。父母均为丽水城里人。

　　周佩君，女，1957 年 1 月出生于丽水城关镇，一直在本地生活和工作，基层干部，现已退休，大专文化程度，说丽水话和普通话。父母均为丽水城里人。

贰　声韵调

一、声母（28 个，包括零声母在内）

p 八兵	pʰ 派片	b 病爬肥	m 麦明味问	f 飞风副蜂	v 肥饭
t 多东张竹	tʰ 讨天	d 甜毒	n 脑南		l 老蓝连路
ts 资早租争	tsʰ 刺草寸拆	dz 茶柱		s 丝三酸山书	z 字贼坐祠事
tɕ 酒九	tɕʰ 清抽轻车	dʑ 共权	ȵ 年泥热软月	ɕ 想双手响	ʑ 全谢床船顺
k 高	kʰ 开	g 共	ŋ 熬	x 好灰	
∅ 活县安温王					

说明：

（1）阳调类零声母音节的起始部分带有同部位的摩擦成分。

（2）全浊声母实际为清音浊流，浊擦音声母接近清音。

二、韵母（51 个，包括自成音节的［m］［ŋ］［ɚ］在内）

ɿ 师丝试戏	i 猪米飞	u 歌坐苦	y 女
ʮ 雨			
a 啊			
ɛ 开半根	iɛ 盐年	uɛ 南短寸	yɛ 靴权
		uɔ 排鞋快	
ə 宝饱	iə 笑桥		
	io 写	uo 过茶牙瓦	
ɯ 狗			
ei 赔对		uei 鬼	
əɯ 豆走 me	iəɯ 油		
ã 山硬争	iã 响	uã 官王横	

en 心深根灯横　　　　in 升病星　　　　　uen 滚　　　　　　yn 春云兄

ɔŋ 糖讲东　　　　　　ioŋ 床王双用

　　　　　　　　　　　iʔ 急一直尺锡　　　uʔ 谷　　　　　　yʔ 橘

aʔ 白　　　　　　　　iaʔ 迦什么　　　　　uaʔ 划

εʔ 盒　　　　　　　　iεʔ 接贴热节　　　　uεʔ 骨国　　　　　yεʔ 十月出

ɔʔ 塔辣　　　　　　　ioʔ 药　　　　　　　uɔʔ 鸭法八活刮

əʔ 托郭壳学

eʔ 七北色　　　　　　　　　　　　　　　ueʔ 颖

　　　　　　　　　　　ioʔ 绿局　　　　　uoʔ 薄

　　　　　　　　　　　iuʔ 六

əl 二

m 磨

ŋ 五二

说明：

（1）[ε]组韵母有时略带轻微鼻化色彩。

（2）韵母[io][ioʔ][ioʔ]的韵头[i]的实际读音接近[y]，与[tɕ]组声母相拼时尤为明显。

（3）韵母[uɔ][uɔʔ]的韵头[u]较短较弱。

（4）韵母[ə][iə]中[ə]的发音部位偏后，介于[ə][ʌ]之间。

（5）韵母[ei][uei]中[i]发音部位偏低，实际音值为[ɪ]。

（6）[ã][aʔ]二组韵母中的[a]发音部位偏后，实际音值为[ʌ]。

（7）[ã]组韵母鼻化较弱，有时接近[a]。

（8）韵母[en][uen]的主元音和韵尾之间有过渡音[ε]，实际读音接近[eεn][ueεn]。

（9）韵母[in][yn]主元音略带鼻化色彩，韵尾[n]较弱。

（10）[ɔŋ]组韵母的主元音[ɔ]略带鼻化色彩。

（11）韵母[iʔ]发音不稳定，有时实际音值接近[ieʔ]，阳入调时尤为明显。

（12）韵母[u][uʔ][iuʔ]中的[u]实际舌位略低。

（13）韵母[eʔ][ueʔ]实际音值为[eɪʔ][ueɪʔ]。

（14）韵母[ioʔ][uoʔ]中的[o]实际舌位略低，唇形略展。

（15）韵母[əl]仅见于文读音。

三、声调（7个）

阴平	224	东该灯风通开天春
阳平	22	门龙牛油铜皮糖红动罪近
上声	544	懂古鬼九统苦讨草买老五有后
阴去	52	冻怪半四痛快寸去
阳去	131	卖路硬乱洞地饭树
阴入	5	谷百搭节急哭拍塔切刻
阳入	23	六麦叶月毒白盒罚

说明：

（1）阳平［22］比阴平［224］的起音稍低。

（2）上声［544］的尾音比［44］略低，但比［33］高。

（3）阳去［131］有时实际音高为［231］。

（4）阳入［23］促声有时不明显。

叁 连读变调

　　丽水方言两字组的连读变调规律见下表。表中首列为前字本调，首行为后字本调。每一格的第一行是两字组的本调组合；第二行是连读变调，若连读调与单字调相同，则此行空白；第三行为例词。同一两字组若有两种以上的变调，则以横线分隔。具体如下。

丽水方言两字组连读变调表

后字 前字	阴平 224	阳平 22	上声 544	阴去 52	阳去 131	阴入 5	阳入 23
阴平 224	224　224 44 飞　　机	224　22 开　　门 ―― 224　22 　　　52 清　　明	224　544 44 天　　井	224　52 天　　气	224　131 开　　会 ―― 224　131 　　　52 车　　站	224　5 44 钢　　笔	224　23 52 生　　日

前字＼后字	阴平 224	阳平 22	上声 544	阴去 52	阳去 131	阴入 5	阳入 23
阳平 22	22／224 农村	22／22 城市；22 21／52 眉毛	22／544 门口	22 21／52 棉裤	22 21／131 排队；22 21／131 52 名字	22 21／5 头发	22 21／23 茶叶
上声 544	544 44／224 点心	544 44／22 水池	544 44／544 水果	544 44／52 水库	544 52／131 两代	544 44／5 粉笔	544 52／23 老实
阴去 52	52 44／224 汽车	52 224／22 过年；52 224／22 52 酱油	52 44／544 报纸	52 224／52 意见	52 224／131 过夜；52 224／131 52 孝顺	52 44／5 正式	52／23 副业
阳去 131	131 22／224 地方	131 22／22 味道；131 21／22 52 大门	131 22／544 代表	131 21／52 位置	131 21／131 顺利	131 21／5 办法	131 21／23 大麦
阴入 5	5 4／224 北京	5 4／22 铁门	5 4／544 黑板	5 4／52 织布；5／52 0 发票	5／131 0 铁路	5 4／5 出血	5 4／23 作业
阳入 23	23 2／224 石灰	23 2／22 石头	23 2／544 局长	23 21／52 力气	23 21／131 立夏	23 21／5 蜡烛	23 21／23 十六

丽水方言两字组连读变调有以下几个特点。

（1）以前字变调为主。

①阴平［224］在阴平［224］、上声［544］和阴入［5］前读［44］调；在阳入［23］前读［52］调；词汇中阴平［224］在阳平［22］、阴去［52］和阳去［131］仍读原调［224］，但在话语中，前字阴平［224］的升势有时不明显，近似于［22］调，在阴去［52］前尤为如此。

②阳平［22］、阳去［131］在阴平［224］、阳平［22］和上声［544］仍读原调［22］；在阴去［52］、阳去［131］、阴入［5］和阳入［23］前读［21］调。

③上声［544］在阴平［224］、阳平［22］、上声［544］、阴去［52］和阴入［5］前读［44］调；在阳去［131］和阳入［23］前读［52］调。

④阴去［52］的连读规律同阴平［224］。在阴平［224］、上声［544］和阴入［5］前读［44］调；在阳平［22］、阴去［52］和阳去［131］读［224］调，但有时［224］调的升势不明显，近似于［22］调，在阴去［52］前尤为如此；在阳入［23］前读原调［52］。

⑤前字阴入［5］一般读［4］调，后字为轻声时读原调。

⑥阳入［23］在阴平［224］、阳平［22］、上声［544］前读入声［2］调；在阴去［52］、阳去［131］、阴入［5］和阳入［23］前读入声［21］调。

（2）后字也有变调现象，具体如下。

①主要表现为后字阳平［22］和阳去［131］在语流中常读［52］。例如：工人 kɔŋ^{224}nen$^{22\text{-}52}$ | 眉毛 mi$^{22\text{-}21}$mə$^{22\text{-}52}$。

②当后字读［52］时，前字的阳平［22］和阳去［131］常读［21］。例如：毛病 mə$^{22\text{-}21}$bin^{131}—pin^{52} | 大门 du$^{131\text{-}21}$men$^{22\text{-}52}$。当后字读［52］时，前字阴去［52］常读［224］。例如：酱油 tɕiã$^{52\text{-}224}$iɯ$^{22\text{-}52}$。

③当后字读轻声时，前字一般读原调。例如：个把 kuɔ^{52}puo$^{544\text{-}0}$ | 用着 iɔŋ^{131}dziɔʔ$^{23\text{-}0}$ | 铁路 tʰiɛʔ^{5}lu$^{131\text{-}0}$ | 伯伯 paʔ^{5}paʔ$^{5\text{-}0}$。当阴去［52］、阳去［131］处于阴入［5］之后时，常读轻声。

（3）同一栏不同语法结构的两字组会有不同的连读变调规律。例如：酱油_偏正_ tɕiã$^{52\text{-}224}$iɯ$^{22\text{-}52}$ | 拜年_动宾_ puɔ$^{52\text{-}224}$n̠iɛ^{22}。

（4）阳去［131］和阳入［23］之前的［52］调，实际调值接近［53］。

（5）阳去［131］在语流中降势不明显，实际调值接近［132］或［13］，本书中仍写作［131］。

肆　异读

一、新老异读

丽水方言新老派的语音差异主要表现在以下方面。

1. 音系

（1）蟹摄开口二等字和蟹摄合口二等字，老男读［uɔ］，青男读［uo］。另有个别果摄字也有这样的差异。例如：

例字	老派	新派
个果开一	kuɔ^{52}	kuo^{52}
破果合一	pʰuɔ^{52}	pʰuo^{52}
晒蟹开二	suɔ^{52}	suo^{52}
鞋蟹开二	uɔ^{22}	uo^{22}
坏蟹合二	uɔ^{131}	uo^{131}
快蟹合二	kʰuɔ^{52}	kʰuo^{52}

（2）止开三个别零声母字，老男读［i］，青男读［ɿ］。例如：

例字	老派	新派
意止开三	i^{52}	ɿ^{52}
衣止开三	i^{224}	ɿ^{224}

（3）个别山合一入声字，老男读［ɛʔ］，青男读［əʔ］。例如：

例字	老派	新派
拨山合一	pɛʔ^{5}	pəʔ^{5}
泼山合一	pʰɛʔ^{5}	pʰəʔ^{5}
夺山合一	dɛʔ^{23}	dəʔ^{23}

2. 其他

（1）有些字老派有白读音，新派没有。例如"龟"，老派有［tsɿ^{224}］的白读音，新派只有［kuei^{224}］的读音。

（2）个别字韵母的读音有异。例如：

例字	老派读音	新派读音
雀宕开三	tɕʰyɛʔ^{5}	tɕʰiɔʔ^{5}
郭宕合一	kəʔ^{5}	kuoʔ^{5}
霍宕合一	xuɔʔ^{5}	xuoʔ^{5}
缚宕合三	buoʔ^{23}	bəʔ^{23}

续表

例字	老派读音	新派读音
升_{曾开三}	εin^{224}	sen^{224}
剧_{梗开三}	$d\mathrm{z}y\varepsilon\mathrm{?}^{23}$	$d\mathrm{z}i\mathrm{?}^{23}$
劈_{梗开四}	$p^hi\varepsilon\mathrm{?}^5$	$p^hi\mathrm{?}^5$
曲_{通合三}	$t\varepsilon^hy\varepsilon\mathrm{?}^5$	$t\varepsilon^hiu\mathrm{?}^5$

二、文白异读

丽水方言的文白异读主要体现在声母和韵母方面。下文中"/"前为白读，后为文读。

1. 声母

（1）部分非组字白读为［p］组声母，文读为［f］组声母。例如：反 $p\tilde{a}^{544}$ _{~东西：翻找东西} / $f\tilde{a}^{544}$ _{~对} | 肥 bi^{22} _{~肉} / vi^{22} _{减~}。

（2）个别微母字白读为声母［m］，文读为零声母，韵母也随之有所改变。例如：晚 $m\tilde{a}^{544}$ _{~娘：继母} / $u\tilde{a}^{544}$ _{~会}。

（3）个别从母字白读为擦音声母，文读为塞擦音声母。例如：绝 $zy\varepsilon\mathrm{?}^{23}$ _{~代} / $d\mathrm{z}y\varepsilon\mathrm{?}^{23}$ _{~对}。

（4）少量见组字白读为［k］组声母，文读为［tɕ］组声母，韵母也随之有所改变。例如：监 $k\tilde{a}^{224}$ _{~考} / $t\varepsilon i\varepsilon^{224}$ _{~控} | 健 $g\varepsilon^{131}$ _{指老人身体硬朗} / $d\mathrm{z}i\varepsilon^{131}$ _{~康}。

（5）个别见组三等字白读为［ts］组或［tɕ］组声母，文读为［k］组声母，韵母也随之有所改变。例如：贵 $ts\mathrm{\gamma}^{52}$ _{指价格} / $kuei^{52}$ _{用于名字} | 共 $d\mathrm{z}i\mathrm{o\eta}^{131}$ _{一样：~性} / $g\mathrm{o\eta}^{131}$ _{~产党}。

（6）其他。例如：鸟_{端母} $ti\mathrm{\partial}^{544}$ _{指动物} / $\mathrm{n}i\mathrm{\partial}^{544}$ _{严~：当地地名} | 侧_{庄母} $tse\mathrm{?}^5$ _{~过来} / $ts^ha\mathrm{?}^5$ _{~面}。

2. 韵母

（1）个别果摄开口一等字白读为［ʊɔ］韵母，文读为［u］韵母。例如：拖 $t^h\mathrm{u\mathrm{o}}^{224}$ _{~牢} / t^hu^{224} _{~拉机}。

（2）个别假摄开口三等字白读为［io］韵母，文读为［iɛ］韵母。例如：爷 io^{22} _{老~} / $i\varepsilon^{22}$ _{~~}。

（3）个别遇摄字、止摄字、通摄舒声字白读为韵母［m］［ŋ］，文读为韵腹

是元音的韵母。例如：吴 ŋ²² 姓，又读 / u²² 姓，又读 | 儿 ŋ²² 指儿子 / əɭ²² 幼~园 | 尾 ŋ⁵⁴⁴ ~巴 | mi⁵⁴⁴ 收~ | 红 ŋ²² 指颜色 / ɔŋ²² 用于名字。

（4）个别蟹摄开口四等字白读为 [ei] 韵，文读为 [i] 韵母。例如：梯 tʰei²²⁴ 楼~ / tʰi²²⁴ 电~。

（5）个别止摄合口三等字白读为 [ʅ] 韵母，文读为 [uei] 韵母，声母也随之有所改变。例如：贵 tsʅ⁵² 指价格 / kuei⁵² 用于名字。

（6）个别山摄合口一等舒声字白读为 [yɛ] 韵，文读为 [uã] 韵母。例如：完 yɛ²² 做~ / uã²² ~全。

（7）个别深摄入声字白读为 [yɛʔ] 韵，文读为 [iʔ] 韵母。例如：习 ʑyɛʔ²³ 学~ / ʑiʔ²³ 姓。

（8）个别臻摄舒声字白读为 [ɛ] 韵母，文读为 [en] 韵母或 [in] 韵母；或白读为 [en] 韵母，文读为 [in] 韵母。若文读为 [in] 韵母，声母也会随之改变。例如：根 kɛ²²⁴ 树~ / ken²²⁴ ~据 | 近 gɛ²² 与 "远" 相对 / dʑin²² ~视 | 人 nen²² 一个~ / n̠in²² 丈~。

（9）个别宕摄合口三等舒声字白读为 [iɔŋ] 韵，文读为 [uã] 韵母。例如：王 iɔŋ²² 姓，又读 / uã²² 姓，又读。

（10）个别梗摄开口二等舒声字白读为 [ã] 韵母，文读为 [ɔŋ] 韵母；个别梗摄合口二等舒声字白读为 [uã] 韵母，文读为 [en] 韵母。例如：猛 mã⁵⁴⁴ 形容火很旺 / mɔŋ⁵⁴⁴ 指凶猛 | 横 uã²² ~过来 / en²² ~批。

（11）个别通摄合口三等舒声字白读为 [iɔŋ] 韵母，文读为 [ɔŋ] 韵母。例如：共 dʑiɔŋ¹³¹ 一样：~性 / gɔŋ¹³¹ ~产党。

伍　小称

1. 变调型

（1）一般情况，小称的最末音节读高降调 [52]，有时也会读高平调 [55]，本文统一写作 [52]。例如：外婆 ã¹³¹⁻²¹bu²²—pu⁵² | 外公 ã¹³¹⁻²¹kɔŋ²²⁴⁻⁵²。

（2）阳平 [22] 的小称调又常读 [131] 调。例如：姨娘 i²²⁻²¹n̠iã²²⁻¹³¹ | 娘娘 n̠iã²²⁻²¹n̠iã²²⁻¹³¹。

2. "儿" 后缀型

（1）加后缀 "儿"，"儿" 读高降调 [52]。例如：徒弟儿 du²¹di²¹ŋ⁵²。

（2）加后缀"儿［52］"，前字阴平［224］和阴去［52］需变读［44］调。例如：车儿 tɕʰio²²⁴⁻⁴⁴ŋ⁵² | 店儿 tiɛ⁵²⁻⁴⁴ŋ⁵²。

3. 综合型

加后缀"儿"，最末音节与"儿"合音后变韵，读作后鼻音，一般常读作［ɔŋ］［iɔŋ］韵，且根据上述"变调型"中的规律发生变调。例如：姨婆 i²²⁻²¹bu²²—bɔŋ¹³¹ | 姨夫 i²²⁻²¹fu²²⁴—fɔŋ⁵² | 姑夫 ku²²⁴⁻⁴⁴fu²²⁴—fɔŋ⁵² | 老爷 lə⁵⁴⁴⁻⁵²io²²—iɔŋ¹³¹。

陆　其他音变

（1）当阳调字变读阴字调后，原来的浊声母也同时转换成为相应的不送气清声母。例如：车站 tɕʰio²²⁴dzã¹³¹—tsã⁵² | 围裙 uei²²⁻²¹dʑyn²²—tɕyn⁵²。

（2）"去"［kʰɯ⁵²］作为趋向动词在语流中常读［xɯ⁰］，例如：走去 tsəɯ⁵⁴⁴xɯ⁰。

第六十五节　青田方音

壹　概况

一、调查点

1. 地理人口

青田县隶属浙江省丽水市，位于浙江南部，丽水市东南部，东北临丽水城区，西南接景宁，西北依缙云，东部接永嘉、瓯海，南濒瑞安和文成，距丽水城区 70 公里。全县总面积 2493 平方公里，辖 4 街道 10 镇 18 乡，分别是：鹤城街道、瓯南街道、油竹街道、三溪口街道，温溪镇、东源镇、高湖镇、船寮镇、海口镇、腊口镇、北山镇、山口镇、仁庄镇、祯埠镇，万山乡、黄垟乡、季宅乡、高市乡、海溪乡、章村乡、祯旺乡、舒桥乡、巨浦乡、万阜乡、方山乡、汤垟乡、贵岙乡、小舟山乡、吴坑乡、仁宫乡、章旦乡、阜山乡。截至 2018 年年底，全县户籍人口 56.49 万。当地居民主要为汉族，此外还有畲族、壮族等少数民族，人口不多。[1]

2. 历史沿革

东汉建安时，今青田境域是松阳县的一部分。东晋太宁元年（323），今青田境域属永嘉郡。隋开皇九年（589），今青田境域为括苍县的部分。唐景云二年（711），设青田县，隶属括州。青田建县以来，县境经历三次大的变迁。明景泰三年（1452），以青田地广为由，析部分地置景宁县。至 1948 年，青田面积为 2779 平方公里。[2] 中华人民共和国成立后，青田县隶属温州专区。1963 年 5 月，改属丽水专区（1968 年 11 月改属丽水地区，2000 年改属丽水市）。县城一直在鹤城街道。

---

[1]　参见：青田县人民政府，http://www.qingtian.gov.cn，2022 年 8 月 8 日获取。
[2]　青田县志编委会. 青田县志. 杭州：浙江人民出版社，1990：65−66.

3. 方言分布

青田方言是青田全境通用方言，属吴语区上丽片丽水小片。青田方言以鹤城街道为代表，县境内各地方言有明显差异：以鹤城街道为中心的方言小区，占总人口约 80%，其中内部差异较明显的是北山、张口一带的青田话"白山腔"。三塘汇以西方言小区接近丽水话和碧湖话。洲头东北方言小区，有青田话、永嘉话和瑞安话。万阜一带方言小区，接近文成南田口音，俗称"九都话"。畲族人内部一般说畲话，散居各地，一般都还说青田话。其他少数民族人口很少，一般说青田方言。①

4. 地方曲艺

地方曲艺主要有青田鼓词，多为盲人说唱。唱腔低沉，节奏缓慢自由，旋律起伏不大，属吟诵式鼓词。在两个乐句基础上，艺人可即兴发挥，以延伸和压缩手法表达喜怒哀乐。伴奏乐器鼓、拍，打击简单节奏伴和。以佛事说唱的"观音佛词""夫人词"称为大词，在城乡流动说唱的称为鼓架词，或称小词。说唱传本有《隋唐演义》《孟丽君》《飞龙剑》等。另有章村鼓词和温溪鼓词，分别流行于章村和温溪一带。②

二、方言发音人

1. 方言老男

姚观遇，1961 年 11 月出生于青田鹤城镇，一直在本地生活和工作，农民，高中文化程度，说青田鹤城话和不太标准的普通话。父母均为青田鹤城人，说青田鹤城话。

2. 方言青男

蒋顺恺，1989 年 12 月出生于青田鹤城镇，一直在本地生活和工作，基层干部，本科文化程度，说青田鹤城话和不太标准的普通话。父母均为青田鹤城人，说青田鹤城话。

---

① 青田县志编委会. 青田县志. 杭州：浙江人民出版社，1990：683-684.
② 青田县志编委会. 青田县志. 杭州：浙江人民出版社，1990：604.

3. 口头文化发音人

徐汉民，男，1958 年 7 月出生于青田鹤城镇，一直在本地生活和工作，基层干部，大专文化程度，说青田鹤城话和不太标准的普通话。父母均为青田鹤城人，说青田鹤城话。

詹爱琴，女，1963 年 8 月出生于青田鹤城镇，一直在本地生活和工作，农民，初中文化程度，说青田鹤城话和不太标准的普通话。父母均为青田鹤城人，说青田鹤城话。

李雪静，女，1971 年 12 月出生于青田鹤城镇，一直在本地生活和工作，教师，本科文化程度，说青田鹤城话和普通话。父母均为青田鹤城人，说青田鹤城话。

虞惠阳，男，1964 年 11 月出生于青田鹤城镇，一直在本地生活和工作，教师，本科文化程度，说青田鹤城话和普通话。父母均为青田鹤城人，说青田鹤城话。

吴佩艳，女，1990 年 3 月出生于青田鹤城镇，一直在本地生活和工作，教师，本科文化程度，说青田鹤城话和普通话。父母均为青田鹤城人，说青田鹤城话。

贰　声韵调

一、声母（27 个，包括零声母在内）

ɓ 八兵	pʰ 派片	b 爬病	m 麦明味问	f 飞风副蜂	v 肥饭
ɗ 多东张竹	tʰ 讨天	d 甜毒	n 脑南		l 老蓝连路
ts 早争装纸	tsʰ 草寸抄初	dz 茶柱		s 丝三酸山书	z 贼坐祠事十
tɕ 酒九	tɕʰ 清车春轻	dʑ 共权	ȵ 年泥热软月	ɕ 想双手响	
k 高	kʰ 开	ɡ 厚	ŋ 熬	x 好灰	
∅ 床城县王药					

说明：

（1）阳调类零声母有较明显的同部位摩擦成分。

（2）[ɓ][ɗ]为缩气音，实际是浊度很小的浊塞音，同时伴随紧喉。

（3）[v]的摩擦成分不强，近于无擦通音[ʋ]。

二、韵母（45 个，包括自成音节的 [m] [n] 在内）

ŋ 师丝试戏	i 猪米飞响	u 歌坐过茶牙瓦雨	
ʮ 柱			
ɑ 排鞋山	iɑ 年	uɑ 快官	
ɛ 开硬争	iɛ 盐根	uɛ 横	
œ 宝	iœ 笑桥		
ø 苦五			
o 饱糖讲	io 床王双用		
æi 赔对走		uæi 鬼	
eu 豆	ieu 油		
	iu 靴写		
		uɐ 南半短寸	yɐ 权
aŋ 心深新	iaŋ 林	uaŋ 滚	yaŋ 春云
eŋ 灯	iŋ 升病星		
oŋ 东	ioŋ 兄		
ŋʔ 直尺锡	iʔ 药	uʔ 谷	
aʔ 盒塔鸭法十辣七	iæʔ 接贴急热节一	uæʔ 活刮骨	yæʔ 月出橘
ɛʔ 北色白		uɛʔ 国	
oʔ 托郭壳学	ioʔ 绿局		
euʔ 六	iuʔ 粥		
m 磨			
n 二			

说明：

（1）[ɛ] [ɛʔ] 两组中的 [ɛ] 舌位略高，近于 [ᴇ]。

（2）[o] 组中的 [o] 舌位略低。

（3）[eu] [ieu] 中的 [u] 舌位很靠前。

（4）[uɐ] [yɐ] 中的 [ɐ] 舌位略靠后，但不到 [ʌ]。

（5）[aŋ] 组中的 [a] 实际读音为 [ʌ]。

（6）[eŋ] 中的 [e] 舌位较高，接近 [ɪ]。

（7）[iæʔ] [uæʔ] [yæʔ] 组韵母中 [æ] 的舌位靠后，有时听起来像 [ə]。

（8）[eu?]中的[u]舌位很靠前，且[eu]中的两个音素结合得很紧，很短促。

（9）[m][n]自成音节后面会伴随一个轻微的爆破成分，听起来好像是由两个音节组成，即[m…ma?][n…na?]。

三、声调（8个）

阴平	445	东该灯风通开天春
阳平	21	门龙牛油铜皮糖红
阴上	454	懂古鬼九统苦讨草买老五有
阳上	343	动罪近厚
阴去	33	冻怪半四痛快寸去
阳去	22	卖路硬乱洞地饭树
阴入	42	谷百搭节急哭拍塔切刻
阳入	31	六麦叶月毒白盒罚

说明：

（1）阴平较高，但也可记作[334]，以平为主。

（2）阳平有时尾部升，可记作[212]，以降为主。

（3）阴上后半部分 时值较长，以降为主。

（4）入声均为短促调。

叁　连读变调

一、两字组连读变调表

青田方言两字组的连读变调规律见下表。表中首列为前字本调，首行为后字本调。每一格的第一行是两字组的本调组合；第二行是连读变调，若连读调与单字调相同，则此行空白；第三行为例词。同一两字组若有两种以上的变调，则以横线分隔。具体如下。

青田方言两字组连读变调表

后字＼前字	阴平 445	阳平 21	阴上 454	阳上 343	阴去 33	阳去 22	阴入 42	阳入 31
阴平 445	445 445 / 22　天 光	445 212 / 55 53　清 明	445 454 / 33　烧 酒	445 343 / 33　哥 弟	445 33 / 55　天 气	445 22 / 55　街 路	445 42 / 33　钢 笔	445 31 / 33　山 峡
阳平 21	212 445 / 21　台 风	212 212 / 55 53　黄 泥	212 454 / 22　牙 齿	212 343 / 22　油 皂	212 33 / 55　糖 蔗	212 22 / 55　和 尚	212 42 / 22　毛 竹	212 31 / 22　农 历
阴上 454	454 445 / 22　点 心	454 212 / 55　水 田	454 454 / 33　水 果	454 343 / 33　改 善	454 33 / 33　韭 菜	454 22 / 33　扫 地	454 42 / 33　指 甲	454 31 / 33　板 栗　；454 31 / 55　瓦 页
阳上 343	343 445 / 22　棒 冰	343 212 / 55　市 容	343 454 / 33　稻 秆	343 343 / 33　道 士	343 33 / 33　重 要	343 22 / 33　部 队	343 42 / 33　道 德	343 31 / 33　技 术
阴去 33	33 445 / 22　衬 衫	33 212 / 53　算 盘	33 454　沸 水	33 343　泻 肚	33 33 / 55　放 屁	33 22　态 度	33 42　教 室	33 31　放 学
阳去 22	22 445　地 方	22 212 / 53　大 门	22 454　大 水	22 343　味 道	22 33 / 55　地 震	22 22 / 55　旱 地	22 42　认 识	22 31　大 麦
阴入 42	42 445 / 4　结 婚	42 212 / 4 53　插 田	42 454 / 4　弗 懂	42 343 / 4　割 稻	42 33 / 4　出 去	42 22 / 4　柏 树	42 42 / 4　竹 节	42 31 / 4　发 热
阳入 31	31 445 / 3　蜜 蜂	31 212 / 3 53　学 堂	31 454 / 3　落 雨	31 343 / 3　活 动	31 33 / 3　木 炭	31 22 / 3　绿 豆	31 42 / 3　白 鸽	31 31 / 3　腊 肉

二、两字组连读变调规律

青田方言两字组的变调有以下几个特点：

（1）阴平［445］作前字时常读作［33］或［55］。

（2）阳平［21］作前字时常读作［22］或［55］。

（3）阴上［454］、阳上［343］作前字时常读作［33］。

（4）阴入［42］作前字时常读作［4］，阳入［31］作前字时常读作［3］。

（5）前字不变、后字变的情况很少，只出现在去声（阴去［33］和阳去［22］）

跟阳平[21]、阴去[33]的组合；组合后，前字不变，后字的阳平、阴去分别变读为[53][55]。

（6）前后字都变的情况很少，如：阳平[21]和阳平[21]组合，分别读作[55]和[53]。

（7）前后字都不变的情况，以阴去[33]和阳去[22]作前字时最为典型。

肆　异读

一、新老异读

青田方言的新老派存在一定的语音差异，主要体现在音系方面。下文中"/"前为老派，后为新派。

1. 音系

音系中的新老异读主要表现在以下几个方面。

（1）青男的[əu]或[o]韵母，老男一般读[u]韵母。例如：多 du⁴⁴⁵ / dəu⁴⁴⁵ | 错 tsʰu³³ / tsʰəu³³ | 鹅 ŋu²¹ / ŋo²¹ | 螺 lu²¹ / lo²¹。

（2）青男的[əŋ]韵母，对应于老男的[eŋ]或[iŋ]韵母。例如：灯 dəŋ⁴⁴⁵ / dəŋ⁴⁴⁵ | 病 biŋ²² / bəŋ²²。

（3）老男的[iæʔ][uæʔ][yæʔ]韵，对应于青男的[iaʔ][uaʔ][yaʔ]韵。例如：急 tɕiæʔ⁴² / tɕiaʔ⁴² | 骨 kuæʔ⁴² / kuaʔ⁴² | 月 ȵyæʔ³¹ / ȵyaʔ³¹。

（4）青男的[uoʔ]韵母，老男读其他韵母。例如：活 uæʔ³¹ / uoʔ³¹ | 谷 kuʔ⁴² / kuoʔ⁴²。

2. 其他

其他方面的新老异读情况较少，主要表现在个别字韵母的差异上。例如：吕 leu⁴⁵⁴ / lø⁴⁵⁴ | 尾 mi²¹ / n̩⁴⁵⁴ | 草 tsʰo⁴⁵⁴ / tsʰœ⁴⁵⁴ | 母 m̩⁴⁵⁴ / mu⁴⁵⁴ | 缠 dʑɣɛ²¹ / dʑiɛ²¹。

二、文白异读

青田方言的文白异读主要体现在声母和韵母方面。下文中"/"前为白读，后为文读。

1. 声母

（1）部分非组字白读为［ɓ］组声母，文读为［f］组声母。例如：肥 bi²¹ / vi²¹ | 反 ɓɑ⁴⁵⁴ / fɑ⁴⁵⁴。

（2）部分知组字白读为［ɗ］组声母，文读为［tɕ］组或［ts］声母，韵母也随之有所改变。例如：转 ɗuɐ⁴⁵⁴ / tɕyɐ⁴⁵⁴ | 中 ɗoŋ⁴⁴⁵ / tɕioŋ⁴⁴⁵ | 桩 ɗiœ⁴⁴⁵ / tso⁴⁴⁵。

（3）个别日母字白读为［n］或［ɳ］声母，文读为［z］声母，韵母也随之有所改变。例如：人 neŋ²¹ / zaŋ²¹ | 日 ɳiæʔ³¹ / zaʔ³¹。

（4）个别精母字白读为［tɕ］声母，文读为［tɕʰ］声母，韵母也随之有所改变。例如：雀 tɕi⁴⁴⁵ / tɕʰiæʔ⁴²。

（5）个别见组三等字白读为［tɕ］组声母，文读为［k］组声母，韵母也随之有所改变。例如：宫 tɕio⁴⁴⁵ / koŋ⁴⁴⁵。

（6）个别匣母字白读为［g］声母，文读为零声母。例如：怀 guɑ²¹ / uɑ²¹。

2. 韵母

（1）个别果摄一等字白读为［ɑ］韵母，文读为［u］韵母。例如：拖 tʰɑ⁴⁴⁵ / tʰu⁴⁴⁵ | 破 pʰɑ³³ / pʰu³³。

（2）部分止摄合口三等字白读为［ʮ］韵母，文读为［uæi］韵母，声母也随之有所改变。例如：贵 tsʮ³³ / kuæi³³。

伍　小称

青田话的小称音形式主要有"儿缀"型、"鼻尾"型两种。

（1）"儿缀"型

儿缀小称，自成音节。例如：

猪儿 ɗi²²n⁵⁵

（2）"鼻尾"型

受儿尾影响，韵母鼻尾化，不自成音节，读高调。例如：

李儿 leŋ⁵⁵ | 桔儿 tɕiaŋ⁵⁵

第六十六节　云和方音

壹　概况

一、调查点

1. 地理人口

云和县隶属浙江省丽水市，位于浙江省西南部，居瓯江上游，东邻丽水市莲都区，西倚龙泉市，南连景宁畲族自治县，北接松阳县。县域总面积989.60平方公里，辖4街道3镇3乡，分别是：浮云街道、凤凰山街道、元和街道，石塘镇、紧水滩镇、崇头镇，赤石乡、安溪畲族乡、雾溪畲族乡。[①] 截至2017年年底，全县户籍人口11.40万。其中畲族0.89万，其他少数民族0.19万。[②]

2. 历史沿革

云和县始建于明景泰三年（1452），由原丽水县浮云乡和元和乡的各一半合建而成。1958年，云和并入丽水县。1962年，划出原云和、景宁两县复建云和县。1984年，云和县又分为云和、景宁两县。[③]

3. 方言分布

云和境内的方言主要为云和话，云和话属于吴语上丽片丽水小片，是全县的通用方言，与丽水市城区的丽水话、景宁畲族自治县的汉语方言景宁话都比较接近。使用云和话的人数占境内总人数的85%以上。除云和话之外，还有客家话、畲话、徽语淳安话。客家话主要分布在龙泉溪以北的石塘、紧水滩、赤石等乡镇。畲话主要分布在雾溪、安溪两个畲族乡，以及崇头镇、石塘镇、元和街道的畲族村。淳安话分布在云和镇、崇头镇、元和街道以及白龙山街道，说淳安话

① 参见：云和县政府门户网站，http://www.yunhe.gov.cn/col/col1229355358/index.html，2022年8月12日获取。
② 参见：《2018年浙江统计年鉴》，http://tjj.zj.gov.cn/col/col1525563/index.html，2022年8月12日获取。
③ 参见：云和县政府门户网站，http://www.yunhe.gov.cn/col/col1229355358/index.html，2022年8月12日获取。

的均为来自本省淳安县的移民。随着城市化进程的推进、普通话的推广，近几十年，云和话已发生较大变化，70 岁以上的老人仍保留 8 个单字调，但是，50 岁以下的云和人已只有 7 个单字调，50 岁和 70 岁之间的云和人发音不稳定，一部分人是 8 个单字调，一部分人是 7 个单字调。

4. 地方曲艺

本地流行越剧、婺剧和云和鼓词。

云和鼓词是云和民间最主要的曲艺形式之一，是一种融说、唱于一体的民间传统曲艺形式。题材大多来源于历史故事、民间传说、戏剧故事和百姓生活，以云和方言为表演语言，唱词多是七言句式，伴奏乐器是一个大鼓和一副竹板，多以坐唱的形式边击边唱。

二、方言发音人

1. 方言老男

邱裕森，1952 年 9 月出生于云和云和镇，一直在本地生活和工作，农民，初中文化程度，说云和话和普通话。父母均为云和城里人。

2. 方言青男

褚炜，1993 年 6 月出生于云和云和镇，2011—2015 年就读于广东白云学院，此外一直在本地生活和工作，造价员，本科文化程度，说云和话和普通话。父母均为云和城里人。

3. 口头文化发音人

赵美云，女，1961 年 8 月出生于云和云和镇，一直在本地生活和工作，职工，高中文化程度，说云和话和普通话。父母均为云和城里人。

宋李娟，女，1965 年 7 月出生于云和凤凰山街道，一直在本地生活和工作，农民，初中文化程度，说云和话和普通话。父母均为云和城里人。

贰　声韵调

一、声母（28个，包括零声母在内）

p 八兵	pʰ 派片	b 病爬<u>肥</u>	m 麦明味问	f 飞风副蜂	v <u>肥</u>饭
t 多东张竹	tʰ 讨天	d 甜毒	n 东脑南		l 老蓝连路
ts 资早租争	tsʰ 刺草寸拆	dz 茶柱		s 丝三酸山书	z 字贼坐祠事
tɕ 酒九	tɕʰ 清抽车春	dʑ 共权	ȵ 年泥热软月	ɕ 想双手响	ʑ 全谢床船顺
k 高	kʰ 开	ɡ 共	ŋ 熬	x 好灰	
∅ 活县安温用					

说明：

（1）阳调类零声母音节的起始部分带有同部位的摩擦成分。

（2）阳平调的浊音声母浊感不明显，实际为清音浊流。

（3）[ts]组声母与舌尖元音[ɿ]相拼时，实际读音接近舌叶音。

二、韵母（51个，包括自成音节的[m][ŋ]在内）

ɿ 师丝试戏	i 猪米二飞	u 歌坐苦	y 雨
ʅ 书			
a 胎		ua 快	
ɛ 半根灯硬争	iɛ 盐年	uɛ 南短寸横	yɜ 靴权
ɔ 排鞋			
o 过茶牙瓦	io 写		
ei 开赔对		uei 鬼	
ɑo 宝饱	iɑo 笑桥		
əɯ 豆走	iəɯ 油		
ã 山	iã 响	uã 官	
ɔ̃ 糖讲	iɔ̃ 床王双用		

əŋ 心深新	iŋ 升病星	uəŋ 滚	yŋ 春云
oŋ 东	ioŋ 云兄		
	iʔ 急一直尺锡	uʔ 弗	
aʔ 北色白	iaʔ 迦什么	uaʔ 活刮国	
ɛʔ 盒	iɛʔ 接贴热节	uɜʔ 骨	yɛʔ 月出
ɔʔ 塔鸭法辣八	iɔʔ 药		
oʔ 托郭壳学	ioʔ 绿局		
eiʔ 七		ueiʔ 颍	yeiʔ 十橘
əɯʔ 谷六	iəɯʔ 竹		
m̩ 磨			
ŋ̍ 五			

说明：

（1）韵母[ɹ̩][ɥ̩]读[41]调时会略有动程，分别读作[ɹ̩ə][ɥ̩ə]。

（2）音节[n̩i][n̩y][n̩iʔ]有时略有动程，分别读作[n̩ie][n̩ye][n̩ieʔ]。

（3）[a][ã][aʔ]三组韵母里的[a]，实际音值为[ʌ]。

（4）[ɔ][ɔ̃][ɔʔ]三组韵母里的[ɔ]，实际舌位略低。

（5）[o][oʔ]组韵母中的元音[o]舌位偏低。与[p][t][ts]组声母相拼时，韵母[o][oʔ]实际音值的分别是[ᵘo][ᵘoʔ]。零声母以及与[k]组或[tɕ]声母相拼时，韵母[o][io]分别读作[oᵛ][ioᵛ]。

（6）韵母[io][iɔ̃][ioŋ][iɔʔ][ioʔ]里的[i]，唇形略圆，实际音值接近[y]，与[tɕ]组声母相拼时，尤为明显。

（7）[ɛ][iɛ][uɜ][ɛʔ][iɛʔ][uɜʔ]组韵母里的[ɛ]，舌位略高，实际音值为[ɛ]。

（8）韵母[uɜ]与[t][ts]组声母相拼时，实际音值为[øɛ]。

（9）[ɑɔ]组韵母里的[ɔ]，舌位略高。

（10）[əɯ]组韵母里的[ɯ]，舌位略低。[iəɯ][iəɯʔ]中的元音[ə]舌位偏高。

（11）[ã][ɔ̃]两组韵母，有较弱的鼻尾音[ŋ]。

（12）韵母[yŋ]实际音值为[yɯŋ]。

（13）词语中当[əɯʔ]韵字位于前字时，动程不明显，实际音值接近[əʔ]。

（14）自成音节的韵母[m̩][ŋ̍]，常读作[m̩…mə][ŋ̍…ŋə]。

三、声调（8个）

阴平	24	东该灯风通开天春
阳平	312	门龙牛油铜皮糖红
阴上	41	懂古鬼九统苦讨草买老五有后
阳上	231	动罪近
阴去	45	冻怪半四痛快寸去
阳去	223	卖路硬乱洞地饭树
阴入	5	谷百搭节急哭拍塔切刻
阳入	23	六麦叶月毒白盒罚

说明：

（1）阴上［41］为高降调，但起音未到［5］。

（2）阴去［45］为略升的高调。

（3）阳去［223］起音低，但未到［1］。

（4）阴入［5］有时尾部略降，为［54］的短调。

（5）阳入［23］有时不够短促。

叁　连读变调

云和方言两字组的连读变调规律见下表。表中首列为前字本调，首行为后字本调。每一格的第一行是两字组的本调组合；第二行是连读变调，若连读调与单字调相同，则此行空白；第三行为例词。同一两字组若有两种以上的变调，则以横线分隔。具体如下。

云和方言两字组连读变调表

后字 前字	阴平 24	阳平 312	阴上 41	阳上 231	阴去 45	阳去 223	阴入 5	阳入 23
阴平 24	24　24 44 开　车	24　312 归　来	24　41 44 天　井	24　231 44 新　妇	24　45 天　气	24　223 车　站	24　5 44 钢　笔	24　23 正　月
		24　312 44 清　明			24　45 44 钞　票			24　23 44 生　日

续表

后字 前字	阴平 24	阳平 312	阴上 41	阳上 231	阴去 45	阳去 223	阴入 5	阳入 23
阳平 312	312 24 31 年 轻 312 24 223 棉 衣	312 312 223 洋 油	312 41 223 洋 火	312 231 31 城 市 312 231 223 棉 被	312 45 31 棉 裤	312 223 31 松 树	312 5 31 黄 色 312 5 223 毛 笔	312 23 31 前 日 312 23 223 茶 叶
阴上 41	41 24 44 火 车	41 312 后 年 41 312 44 草 鞋	41 41 两 两 41 41 44 水 果 41 41 223 雨 伞	41 231 44 改 造	41 45 44 短 裤	41 223 柳 树 41 223 44 扫 地 41 223 223 眼 泪	41 5 44 粉 笔	41 23 44 小 麦 41 23 223 满 月
阳上 231	231 24 223 被 单	231 312 223 坐 船	231 41 223 稻 秆	231 231 223 犯 罪	231 45 223 断 气	231 223 223 社 会	231 5 223 犯 法	231 23 223 技 术
阴去 45	45 24 应 该 45 24 44 汽 车	45 312 44 酱 油	45 41 44 报 纸	45 231 44 制 造	45 45 44 布 裤	45 223 半 暝 45 223 44 对 面	45 5 44 政 策	45 23 44 四 月
阳去 223	223 24 地 方	223 312 大 门	223 41 大 水	223 231 味 道	223 45 饭 店	223 223 大 路	223 5 第 一	223 23 大 麦
阴入 5	5 24 4 鲫 鱼	5 312 出 来 5 312 4 骨 头	5 41 4 脚 爪	5 231 4 接 受	5 45 乙 记 5 45 4 发 票	5 223 铁 路	5 5 4 一 百	5 23 4 扎 实
阳入 23	23 24 立 冬	23 312 舌 头	23 41 热 水	23 231 活 动	23 45 力 气	23 223 绿 豆	23 5 蜡 烛	23 23 十 六

说明：

云和方言两字组连读变调有以下几个特点。

属于典型的前变型，前字变，后字基本不变（除阳平［312］有时只降不升读
［31］、轻声以及个别特殊词语外）。

（1）舒声的阴调类常变作［44］调，但也有一些特殊情况。

①前字的连读调［44］实际读音不稳定，有时略升，接近［45］，在阳平
［312］、阳去［223］前尤为明显，或读［44］、或接近［45］，差异细微，也比较随
意，没有任何表意的区别，本调查均记为［44］。

②当后字为阳平［312］、阴去［45］、阳入［23］时，前字阴平［24］有不变调
和变调［44］两种情况，与词的语法结构无关。例如：

今年 $kɛ^{24}n̠iɛ^{312}$——天萝丝瓜 $tʰiɛ^{44}lu^{312}$

车票 $tɕʰio^{24}pʰiɑɔ^{45}$——钞票 $tsʰɑɔ^{44}pʰiɑɔ^{45}$

阴历 $iŋ^{24}liʔ^{23}$——生日 $sɛ^{44}naʔ^{23}$

③若前字是次浊上或全浊上（主要是匣母字）单字调读阴上［41］，该前字的
变调有三种情况。

第一种情况中，仍旧读阴上［41］。例如：后年 $u^{41}n̠iɛ^{312}$ | 两两二两 $la^{41}liã^{41}$。

第二种情况中，变读为［223］，变调规律同于全浊上。例如：满月 $mɛ^{223}$
$n̠yɛʔ^{23}$ | 眼泪 $ŋã^{223}li^{13}$ | 雨伞 $y^{223}sã^{41}$。

第三种情况中，有时同一个词在语流中变［44］或不变仍读［41］都可以，比
较随意，没有任何表义的区别。例如：后日后天 $u^{44}naʔ^{23}$——后日后天 $u^{41}naʔ^{23}$。

④前字阴去［45］在语流中不稳定，大部分变读［44］，也有不变调仍读
［45］。例如：半暝半夜 $pɛ^{45}mɛ^{223}$ | 气味 $tsʰ̩^{45}mi^{223}$。或有［55］变体，因为差异细微，
本调查将变体［55］记为［45］。例如：再会再见 $tsa^{45}uei^{223}$ | 应该 $iŋ^{45}ka^{24}$。

（2）舒声的阳调类常变作［223］调，但也有一些特殊情况。

①［223］调在阴平［24］、阴去［45］前，尾部上升不明显，接近［22］，本调
查仍记作［223］。

②阳平［312］在阴平［24］、阳上［231］、阴入［5］、阳入［23］前，有仍读原
调、但只降不升读［31］的情况。这些词例与词的语法结构无关。

（3）阴入［5］位于前字时，除与阳平［312］、阴去［45］、阳去［223］连调有
仍读原调的情况，其余连读调都比单字调更低，变读［4］调。

（4）阳入［23］位于前字时，有时比单字调更短，常读［2］或［3］，本调查均
记为［23］。

（5）轻声词较少，举例如下：晒去天旱 $sɔ^{45}kʰi^{0}$ | 日里白天 $naʔ^{23}li^{0}$ | 处里家里 $tsʰ̩^{45}li^{0}$ |
城里 $ziŋ^{312-31}li^{0}$ | 上去 $dʑiã^{223}kʰi^{0}$ | 儿人男人 $n̠i^{24}nɛ^{0}$ | 囡人女人 $nɛ^{24}nɛ^{0}$ | 婊子 $piɑɔ^{41-44}tsʅ^{0}$ |
底头里面 $ti^{41-44}dɯ^{0}$。

肆　异读

一、新老异读

云和方言新老派的语音差异主要表现在以下方面。

1. 音系

（1）老派有 8 个调，新派有 7 个调。古全浊上字声调今读的差异是云和方言新老派最主要的差异。老派古全浊上字今读[231]，与阳去[223]相分。例如：动[doŋ^{231}] ≠ 洞[doŋ^{223}]。新派古全浊上字今读[223]，归阳去。例如：动[doŋ^{223}] = 洞[doŋ^{223}]。

（2）老派有 51 个韵母，新派有 52 个韵母，新派比老派多了[yʔ]韵。例如：新派"律"字有[liʔ^{23}][lyʔ^{23}]两读，老派"律"字只有[liʔ^{23}]读音，且无其他字读[yʔ]韵。

2. 其他

其他方面的新老异读情况很少，主要表现在个别字韵母的差异上。例如：

例字	老派	新派
永梗合三	ioŋ^{41}	ioŋ^{41} ~远 / yŋ^{41} 用于人名

二、文白异读

云和方言的文白异读主要体现在声母和韵母方面。下文中" / "前为白读，后为文读。

1. 声母

（1）部分非组字白读为[p]组声母，文读为[f]组声母。例如：反 pã^{41} ~东西；翻找东西 / fã^{41} ~对 | 肥 bi^{312} ~肉 / vi^{312} 减~。

（2）个别微母字白读为声母[m]，文读为零声母，韵母也随之有所改变。例如：晚 mã^{41} ~娘 / uã^{41} ~会。

（3）个别端母字白读为声母[n]，文读[t]声母。例如：东 noŋ²⁴ ～西：指物 / toŋ²⁴ 指方向。

（4）个别庄母字白读为不送气擦音声母，文读为送气擦音声母。例如：侧 tsaʔ⁵ ～过来 / tsʰaʔ⁵ ～面。

（5）个别见组字白读为[k]组声母，文读为[tɕ]组声母，韵母也随之有所改变。例如：健 gɛ²²³ 指老人身体硬朗 / dʑiɛ²²³ ～康。

（6）个别见组三等字白读为[ts]组或[tɕ]组声母，文读为[k]组声母，韵母也随之有所改变。例如：贵 tsʅ⁴⁵ 指价格 / kuei⁴⁵ 用于名字 | 恭 tɕioŋ²⁴ ～迎 / koŋ²⁴ ～喜 | 共 dʑiɔ̃²²³ 一样：～性 / goŋ²²³ ～产党。

2. 韵母

（1）个别果摄一等字白读为[ɔ]韵母，文读为[u]韵母。例如：拖 tʰɔ²⁴ ～牢 / tʰu²⁴ ～拉机。

（2）个别蟹摄开口四等字白读为[ei]韵，文读为[i]韵母。例如：梯 tʰei²⁴ 楼～ / tʰi²⁴ ～田。

（3）个别止摄合口三等字白读为[ʯ]韵母或[y]韵母，文读为[uei]韵母，声母也随之有所改变。例如：贵 tsʅ⁴⁵ 指价格 / kuei⁴⁵ 用于名字 | 位 y²²³ 座～ / uei²²³ ～置。

（4）个别效摄开口一等字白读为[ɯ]韵，文读为[ɑɔ]韵母。例如：熬 ŋɯ³¹² 时间难～ / ŋɑɔ³¹² ～油。

（5）个别山摄开口二等舒声字白读为[ɛ]韵，文读为[ã]韵母。例如：眼 ŋɛ⁴¹ ～睛 / ŋã⁴¹ 一～。

（6）个别臻摄舒声字白读为[ɛ][uɛ][ioŋ]韵母，文读分别为[iŋ][ən][yŋ]韵母，入声字白读为[aʔ]韵母，文读为[iʔ]韵母，声母也随之改变。例如：人 nɛ³¹² 一个～ / n̠iŋ³¹² 丈～ | 墩 tuɛ²⁴ 用于地名 / təŋ²⁴ 桥～ | 云 ioŋ³¹² 白～，又读 / yŋ³¹² 白～，又读：～和：本地县名 | 日 naʔ²³ ～头：太阳 / n̠iʔ²³ ～本。

（7）个别梗摄开口二等舒声字白读为[ɛ][uɛ]韵母，文读分别为[əŋ][ɛ]韵母；个别梗摄开口二等入声字白读为[oʔ]韵母，文读为[aʔ]韵母。例如：猛 mɛ⁴¹ 形容火很旺 / məŋ⁴¹ 指凶猛 | 梗 kuɛ⁴¹ 番薯～ / kɛ⁴¹ 心肌～塞 | 择 doʔ²³ ～落来：摘下来 / dzaʔ²³ 选～。

（8）个别通摄合口三等舒声字白读为[ioŋ]韵或[iɔ̃]韵，文读为[oŋ]韵母。例如：宫 tɕioŋ²⁴ 五～六殿 / koŋ²⁴ 子～ | 共 dʑiɔ̃²²³ 一样：～性 / goŋ²²³ ～产党。

伍　小称

小称形式主要有以下三种类型。

1. 儿尾

"儿"［n̠i²⁴］自成音节，有时变调读［45］调。例如：

鸟儿_{小鸟}tiɑɔ⁴¹⁻⁴⁴n̠i²⁴⁻⁴⁵ | 鸡儿_{小鸡}tsʅ²⁴⁻⁴⁴n̠i²⁴⁻⁴⁵ | 猪儿_{小猪}ti²⁴⁻⁴⁴n̠i²⁴⁻⁴⁵

2. 鼻尾或鼻化

在原音节韵母后加鼻音韵尾［ŋ］，或使原音节韵母鼻化。其中一些音节的声调会发生变化，变读"儿"的［24］调，一些音节的声调不变，还有部分音节读［45］调。例如：

李儿_{李子}li⁴¹—liŋ²⁴ | 姨母儿_{阿姨}i³¹²⁻⁴⁴m⁴¹—moŋ²⁴ | 舂臼儿_{石臼}ioŋ²⁴⁻⁴⁴dʑiɯ²³¹—dʑioŋ²³¹ | 滴儿_{一～：一点儿}tiʔ⁵—tiŋ⁴⁵

3. 变调

（1）舒声调变作［45］（阴去［45］不变），个别变成升调［24］。
（2）入声调变作［5］（阴入［5］不变）。
（3）浊声母变为相应的不送气清音。

例如：

哥哥 ku²⁴⁻⁴⁴ku²⁴⁻⁴⁵ | 娘_{姑姑}n̠iã³¹²⁻⁴⁵ | 老弟_{弟弟}lɑɔ⁴¹⁻⁴⁴di²³¹—ti⁴⁵ | 阿婆_{外婆}ɔ⁴⁴bu³¹²—pu⁴⁵ | 伯爷_{伯父}paʔ⁵⁻⁴io³¹²⁻²⁴ | 大奶_{伯母}du²²³nɔ⁴¹⁻²⁴ | 嫲_{奶奶}mo³¹²⁻²⁴ | 嫂嫂 sɑɔ⁴¹⁻⁴⁴sɑɔ⁴¹⁻²⁴

小称调［45］有［55］变体，因为差异细微，本调查均记为［45］。

陆　其他音变

云和话有以下一些特殊的语流音变现象，具体如下。

（1）"前"［ʑiɛ³¹²］在"门前_{面前}"［məŋ²²³ɕiɛ²⁴］一词中变读为阴字调，原来的浊声母也同时转换成为相应的清声母。

（2）"耳"［n̠i⁴¹］在"木耳"［məɯʔ²³mi⁴¹］一词中受前字"木"顺同化影响，声母变读为［m］。

第六十七节　松阳方音

壹　概况

一、调查点

1. 地理人口[①]

松阳县隶属浙江省丽水市，位于浙江西南部，丽水市北部，东连莲都（原丽水县），南和西南邻云和、龙泉，西和西北接遂昌，东北毗宣平（今属金华武义），距丽水城区 33 公里。全县面积 1406 平方公里，辖 3 街道 5 镇 11 乡，分别是：西屏街道、水南街道、望松街道，古市镇、象溪镇、大东坝镇、玉岩镇、新兴镇，叶村乡、斋坛乡、竹源乡、三都乡、四都乡、赤寿乡、樟溪乡、裕溪乡、板桥畲族乡、枫坪乡、安民乡。截至 2017 年年底，全县户籍人口 24.14 万。当地居民主要为汉族，此外还有畲族、苗族、回族、壮族、白族、土家族等少数民族，人口不多。[②]

2. 历史沿革[③]

松阳县始建于东汉建安四年（199），是今丽水市（大致为古处州府域）境内建置最早的县，县治所在地为今古市镇（又称"旧市"）。时年分章晏县南乡置松阳县，属会稽郡。隋开皇九年（589），析松阳县东乡地置括苍县；同年，置处州，松阳属处州。之后多次更名，辖境也调整过多次。宋咸平二年（999）复名松阳县，沿用至今。明、清松阳属处州府。

1949 年后，辖境有过多次调整。1958 年撤销松阳县并入遂昌县。1982 年复置松阳县。2000 年 7 月丽水地区改市，属丽水市。县府所在地在西屏镇。

---

① 参见：松阳县人民政府网，http://www.songyang.gov.cn，2022 年 8 月 8 日获取。
② 参见：《2018 年浙江统计年鉴》，http://tjj.zj.gov.cn/col/col1525563/index.html，2022 年 8 月 8 日获取。
③ 松阳县志编委会. 松阳县志. 杭州：浙江人民出版社，1996：1.

3. 方言分布 [1]

松阳县汉语方言主要有松阳话、汀州话、淳安话和景宁话。松阳话属吴语区上丽片丽水小片，是全县通用方言，并以县城西屏话为代表。根据腔调的不同，松阳话又可分为西屏腔、古市腔和玉岩腔，以及靖居腔——具有丽水莲都碧湖话特点。汀州话属客家话，多分布在大东坝镇，使用人口不详，他们操双语，对内说汀州话，对外说松阳话。其祖先大约在明清之间由闽西迁入。淳安话属徽语，是淳安县移民使用的方言，使用人口不详，分布在赤寿、新兴、樟溪、叶村一带。他们操双语，对内说淳安话，对外说松阳话。景宁话主要分布在水南、叶村等地，系景宁滩坑电站移民所使用，使用人口不详，景宁话也属吴语区上丽片丽水小片。

4. 地方曲艺 [2]

松阳县有源于玉岩一带的"松阳高腔"，是丽水地区唯一的地方剧种，在浙江 8 大高腔中自成格局。松阳高腔起源于明代万历年间，清乾隆至道光年间颇为兴盛。演出范围曾遍及闽、赣、皖三省及浙江丽水、温州、金华、绍兴、杭州等地。清末民初渐趋衰落。松阳高腔所使用的舞台语是一种具有松阳腔的地方官话，通俗易懂，表演粗犷古朴，音乐高昂婉丽，具有浓郁的地方特色。今尚存清乾隆、道光年间剧目抄本 30 多册。2006 年，松阳高腔被列入国家级非物质文化遗产代表性项目名录。由于艺人老龄化导致年轻艺人青黄不接，松阳高腔前景堪忧。

二、方言发音人

1. 方言老男

刘志宏，1963 年 9 月出生于松阳西屏镇，一直在本地生活和工作，工商业者，大专文化程度，说松阳话和不太标准的普通话。父母均为松阳西屏人，说松阳西屏话。

---

① 松阳县志编委会. 松阳县志. 杭州：浙江人民出版社，1996：549.
② 松阳县志编委会. 松阳县志. 杭州：浙江人民出版社，1996：498.

2. 方言青男

叶啸，1985 年 9 月出生于松阳西屏镇，一直在本地生活和工作，医生，本科文化程度，说松阳话和不太标准的普通话。父母均为松阳西屏人，说松阳西屏话。

3. 口头文化发音人

刘超英，女，1960 年 8 月出生于松阳西屏镇，一直在本地生活和工作，播音员，大专文化程度，说松阳话、遂昌话和普通话。父亲为松阳西屏人，说松阳西屏话；母亲是辽宁锦州人，说不太标准的松阳西屏话。

贰　声韵调

一、声母（28 个，包括零声母在内）

p 八兵	pʰ 派片飞肥	b 爬病	m 麦明味问	f 风副蜂灰	v 饭
t 多东张竹	tʰ 讨天	d 甜毒	n 脑南		l 老蓝连路
ts 资早争纸	tsʰ 草寸拆初	dz 茶		s 丝三酸山	z 贼坐祠事
tɕ 酒装主	tɕʰ 清车春轻	dʑ 柱共权	ȵ 年泥热软月	ɕ 想双手书响	ʑ 全床船十城
k 高九	kʰ 开	g 共	ŋ 熬	x 好	
Ø 活安温王用药					

说明：

（1）[b][d][dz][dʑ][g][v][z][ʑ]等并非真浊音，而是清音浊流。

（2）零声母音节起首有较明显的同部位摩擦成分。

（3）[ts]组声母与[ɿ][ɿə]拼时有舌叶化倾向。

二、韵母（56 个，包括自成音节的[m][n][ŋ]在内）

ɿ 戏试	i 飞	u 歌坐过	y 水
a 排鞋		ua 快	

ɛ 开　　　　　　　iɛ 米　　　　　　　　　　　　　　　yɛ 雨

ʌ 宝

ɔ 饱　　　　　　　ɔi 笑桥

ɿ 师丝试　　　　　　　　　　　　　uə 茶牙瓦苦五猪　　yə 写

ɯə 锯去鱼

ei 赔对豆走短　　　　　　　　　　　uei 鬼

　　　　　　　　　iɯ 油

　　　　　　　　　iu 靴

ã 硬争　　　　　　iã 响　　　　　　　uã 横

æ̃ 南半根寸灯　　　iɛ̃ 盐深年　　　　uɛ̃ 魂　　　　　　　yɛ̃ 权

ɔ̃ 山　　　　　　　　　　　　　　　uɔ̃ 官

en 门　　　　　　　in 心新升病星　　uen 滚　　　　　　　yn 春云

əŋ 东　　　　　　　iəŋ 虫

oŋ 糖讲　　　　　　ioŋ 床王双兄用

　　　　　　　　　iʔ 急七一直尺锡

aʔ 白　　　　　　　iaʔ 药　　　　　　uaʔ 刮

ɛʔ 盒北色　　　　　iɛʔ 接贴热节　　　uɛʔ 骨国　　　　　yɛʔ 十月出

ɔʔ 塔鸭法辣八　　　　　　　　　　　uɔʔ 活

eʔ 脱

ɤʔ 谷六　　　　　　　　　　　　　　uɤʔ 有

oʔ 托郭壳学　　　　ioʔ 绿局　　　　uoʔ □～起: 起床

m 磨

n 二

ŋ 鹅

说明:

(1) [a] [ã] [aʔ] 组中的 [a] 实际读音为 [ʌ]。

(2) [uə] [yə] 的实际读音分别为 [uoə] [yoə]。

(3) [iɯ] 中的 [ɯ] 实际读音介于 [ɯ] 与 [ɤ] 之间。

(4) [oŋ] [ioŋ] 中的 [o] 实际读音介于 [u] 和 [o] 之间。

(5) [oʔ] [ioʔ] 中的 [o] 实际读音介于 [u] 和 [o] 之间。

三、声调（8个）

阴平	53	东该灯风通开天春
阳平	31	门龙牛油铜皮糖红
阴上	212	懂古鬼九统苦讨草
阳上	22	买老五懒动罪近后
阴去	24	冻怪半四痛快寸去
阳去	13	卖路硬乱洞地饭树
阴入	5	谷百搭节急哭拍塔切刻
阳入	2	六麦叶月毒白盒罚

说明：

（1）阴上［212］经常读作［21］。

（2）阴入、阳入均为短促调。

叁　连读变调

一、两字组连读变调表

松阳方言两字组的连读变调规律见下表。表中首列为前字本调，首行为后字本调。每一格的第一行是两字组的本调组合；第二行是连读变调，若连读调与单字调相同，则此行空白；第三行为例词。同一两字组若有两种以上的变调，则以横线分隔。具体如下。

松阳方言两字组连读变调表

后字 前字	阴平 53		阳平 31		阴上 212		阳上 22		阴去 24		阳去 13		阴入 5		阳入 2	
阴平 53	53 24 天	53 光	53 33 清	31 明	53 24 铰	212 剪	53 24 端	22 午	53 24 冬	24 至	53 24 溪	13 岸	53 24 猪	5 血	53 24 生	2 日
阳平 31	31 33 聊 212 21 梅	53 天 31 24 花	31 33 眉	31 毛	31 33 牙	212 齿	31 33 朋	22 友	31 33 难	24 过	31 33 名 31 田	13 字 13 岸	31 33 头 31 21 菩	5 发 5 萨	31 33 茶 31 前	2 叶 2 日

续表

前字＼后字	阴平 53	阳平 31	阴上 212	阳上 22	阴去 24	阳去 13	阴入 5	阳入 2
阴上 212	212/33 53 打 针	212/33 31 斧 头 212/33 31/13 酒 坛	212/33 212 水 果	212/33 22 起 码	212/33 24 小 气	212/33 13 扫 地 212/24 13 肯 定	212/33 5 口 渴	212/33 2 洗 浴
阳上 22	22/21 53 棒 冰	22 31 老 婆 22 31/13 后 年	22 212 旅 馆	22 22 道 理	22/21 24 倚 处	22 13 社 会	22 5 美 国	22 2 老 实
阴去 24	24/33 53 衬 衫 24/33 53 背 心	24/33 31 拜 堂	24/33 212 戒 指 24 212 政 府	24/33 22 送 礼 24 22 跳 舞	24/33 24 种 菜	24 13 气 味 24/33 13 做 梦	24 5 政 策 24/33 5 建 设	24 2 中 毒 24/33 2 放 学
阳去 13	13/21 53 定 亲 13/33 53 暝 间	13/33 31 面 庞	13/22 212 地 板	13/22 22 面 桶	13/21 24 饭 店	13/22 13 大 路 13 13 右 面	13/21 5 自 杀	13/22 2 大 栗
阴入 5	5/3 53 杀 猪	5/3 31 胂 臀	5/3 212 弗 好	5/3 22 腹 桶	5/3 24 折 扣 5 24 腹 泻	5/3 13 柏 树	5/3 5 脱 壳	5/3 2 搭 脉
阳入 2	2 53 历 书 2 53/24 日 间	2 31 舌 头	2 212 白 酒	2 22 木 耳	2 24 白 菜	2 13 绿 豆	2 5 蜡 烛	2 2 白 白

二、两字组连读变调规律

松阳方言两字组的语音变调有以下几个特点：

（1）阴平［53］作前字时读作［24］或［33］。

（2）阳平［31］、阴上［212］作前字时一般读作［33］。

（3）阳上［22］作前字时读作原调或［21］。

（4）阳去［13］作前字时读作［22］或［21］。

（5）阴入［5］作前字时一般读作［3］。

（6）阳入［2］作前字时不变调。

肆　异读

一、新老异读

松阳方言中，新老派方言的语音差异主要表现在以下方面，具体如下（下文中"／"前为老派，后为新派）。

1. 音系

（1）在音系中，老派的［uə］韵，新派都读作［uo］韵。例如：讨 tʰuə²¹² / tʰuo²¹²。

（2）在音系中，老派的［eʔ］韵，新派都读作［ɤʔ］韵；老派的［ɛʔ］韵，新派有的也读作［ɤʔ］韵；老派的［uɛʔ］韵，新派有的读作［uɤʔ］韵。例如：侧 tseʔ⁵ / tsɤʔ⁵ | 佛 veʔ² / vɤʔ² | 国 kuɛʔ⁵ / kuɤʔ⁵。

2. 其他

其他方面的新老异读情况较少，主要表现在个别字韵母的差异上。例如：眉 mi³¹ / min³¹ | 尾 mieʔ²² / mɤʔ² | 含 gɔ̃³¹ / gen³¹ | 鹤 ŋueʔ² / ŋoʔ² | 剧 dʑiʔ² / dʑioʔ² | 笛 dieʔ² / diʔ²。

二、文白异读

松阳方言的文白异读主要体现在声母和韵母方面。下文中"／"前为白读，后为文读。

1. 声母

（1）部分非组字白读为[p]组声母，文读为[f]组声母。例如：反 pɔ̃²¹² / fɔ̃²¹²。

（2）个别庄母字白读为[ts]声母，文读为[tsʰ]声母。例如：侧 tsɛʔ⁵ / tsʰɛʔ⁵。

（3）个别邪母字白读为塞擦音声母，文读为擦音声母。例如：像 dʑiã²² / ziã²²。

（4）部分知组字白读为[t]组声母，文读为[ts]组声母，韵母也随之有所改变。例如：择 doʔ² / dzaʔ²。

（5）个别日母字白读为[ʐ]声母，文读为[ɲ]声母，韵母也随之有所改变。例如：入 ʐyɛʔ² / ɲiʔ²。

（6）个别日母字白读为[ɲ]声母，文读为[n]声母，韵母也随之有所改变。例如：日 ɲiʔ² / nɛʔ²。

（7）个别见组字白读为[tɕ]组声母，文读为[k]组声母，韵母也随之有所改变。例如：烘 ɕiəŋ⁵³ / xəŋ⁵³ | 共 dʑioŋ²² / gəŋ²²。

（8）个别云以母字白读为擦音声母，文读为零声母或[ɲ]声母，韵母也随之有所改变。例如：园 fen²⁴ / yɛ̃³¹ | 远 fen²¹² / ɲyɛ̃²²。

2. 韵母

（1）个别止摄三等字白读为[ɻə]韵母，文读为[ɻ]韵母。例如：试 sɻə²⁴ / sɻ²⁴。

（2）个别效摄开口一、二等字白读为合口的[uo]韵母，文读为[ʌ]韵母（此条从青男归纳）。例如：讨 tʰuo²¹² / tʰʌ²¹²。

（3）个别咸摄开口二等字白读为[ã]韵，文读为[ɔ̃]韵。例如：眼 ŋã²² / ŋɔ̃²²。

（4）个别宕摄开口三等字白读为[æ̃]韵，文读为[iã]韵。例如：秧 æ̃⁵³ / iã⁵³。

（5）个别宕摄合口三等字白读为[əŋ]韵，文读为[uɔ̃]韵。例如：筐 kʰəŋ⁵³ / kʰuɔ̃⁵³。

（6）个别梗摄开口三等字白读为[æ̃]韵，文读为[in]韵。例如：影 æ̃²¹² / in²¹²。

伍　小称

松阳话的小称音形式主要为儿尾小称。部分动植物名词、时间方位名词有"儿"尾，读自成音节[n]。动植物名词儿化时未必指小。例如：

粟儿小米 $sγʔ^3n^{24}$ | 桃儿 $dʌ^{21}n^{24}$ | 桔儿 $tɕiʔ^3n^{24}$

鸟儿 $tiɔ^{33}n^{24}$ | 鱼儿 $ŋɯə^{21}n^{24}$ | 虾儿 $fu^{21}n^{24}$

今年儿 $kæ̃^{33}n̠iɛ̃^{21}n^{24}$ | 沿儿边儿 $iɛ̃^{21}n^{24}$

第六十八节　宣平方音

壹　概况

一、调查点

1.地理人口

本调查所指的宣平是旧宣平县，明清时属处州府（今丽水市），位于浙江省南部，东与缙云县接壤，南与丽水县毗邻，西与遂昌、松阳交界，北与武义相依，总面积为 920.35 平方公里。[①] 柳城畲族镇原为宣平县治所在地，目前隶属金华市武义县，位于瓯江支流宣平溪上游、武义县南部，与松阳、遂昌交界，距武义城区 46 公里。[②] 全镇总面积 172.3 平方公里。[③] 截至 2018 年年底，全镇总人口 30250，其中畲族人口有 3650。该镇是浙江省畲族主要聚居地之一。[④] 柳城畲族人口的迁入始于明朝末年，主要从本省的丽水、云和、景宁、松阳、遂昌、青田等地陆续迁入。

2.历史沿革[⑤]

宣平县，春秋属越，战国属楚。秦至西汉为回浦县。东汉至南北朝为章安、永宁、松阳县。隋属栝苍县。唐至明洪武属丽水县地。明景泰三年（1452），析处州府丽水县的宣慈、应和两乡及懿德北乡置宣平县，县治在鲍村（今名柳城），属处州府，清亦同。

1957 年 10 月，宣平县登云乡的沙坑、瀛头、大应 3 个村划给金华县。

1958 年 5 月，宣平县建制撤销，柳城、大源、西联、新塘、竹客、三港、溪口、水头、桃溪、坦洪、云华、德云、登云、宣武、明山、凡川 16 个乡镇划属武义县。崇义、新和、梁周、永丰、联成 5 个乡归属丽水县。

---

① 武义县志编纂委员会.武义县志.杭州：浙江人民出版社，1990：64-65.
② 柳城镇志编纂办公室.武义柳城镇志.杭州：浙江人民出版社，1989：8.
③ 参见：武义县人民政府网，http://www.zjwy.gov.cn/art/2022/2/10/art_1229450856_59256014.html，2022 年 8 月 12 日获取.
④ 人口数据为 2019 年柳城镇政府提供.
⑤ 武义县志编纂委员会.武义县志.杭州：浙江人民出版社，1990：62-65.

3. 方言分布

宣平话是旧宣平县的主要方言，分布于以今柳城畲族镇为中心的武义县南部地区。宣平话属于吴语上丽片丽水小片。受与之接壤的武义、丽水、松阳等方言的影响，根据差异，宣平话有城内话、上角腔、下乡腔和山头腔4种口音，但是彼此之间并不影响通话。因行政划归武义，所以，部分柳城人还会说武义话。武义话属于吴语金衢片，和宣平话不能通话，说宣平话和说武义话的人只能以普通话进行交流。畲话是当地畲族人的内部通行语言，当地畲族一般都会说畲话和宣平话。

4. 地方曲艺

宣平本地流行婺剧、越剧、三句半和宣平山歌。

宣平山歌具有浓郁的乡土气息和地方色彩，多在生产劳动和风俗仪式中演唱，曲调高亢。歌曲内容以描写乡民生活为主线，反映乡民对生活的认识、态度，体现日常生活的喜怒哀乐和质朴的生活面貌。

二、方言发音人

1. 方言老男

何新海，1956年9月出生于宣平柳城畲族镇县前村，一直在本地生活和工作，农民，初中文化程度，说宣平话和不太标准的普通话。父母均为旧宣平县城里人。

2. 方言青男

马骏，1984年7月出生于武义柳城畲族镇丰产村，主要在本地生活和工作，教师，本科文化程度，说宣平话和普通话。父母均为旧宣平县城里人。

3. 口头文化发音人

叶卫平，男，1960年12月出生于武义柳城畲族镇县后村，一直在本地生活和工作，教师，本科文化程度，说宣平话和普通话。父母均为旧宣平县城里人。

陈周鹤，男，1997年2月出生于武义柳城畲族镇后塘畈村，主要在本地生活和工作，学生，本科文化程度，说宣平话和普通话。父母均为旧宣平县村里人。

贰　声韵调

一、声母（28个，包括零声母在内）

p 八兵	pʰ 派片	b 病爬肥	m 麦明味问	f 飞风副蜂	v 肥饭味
t 多东张竹	tʰ 讨天	d 甜毒	n 东脑南		l 老蓝连路
ts 资早租争	tsʰ 刺草寸拆	dz 茶		s 丝三酸山	z 字贼坐祠事
tɕ 酒主九	tɕʰ 清抽车春	dʑ 柱共权	ȵ 年泥热软月	ɕ 想双手书响	ʑ 全谢床船顺
k 高	kʰ 开	g 共	ŋ 熬	x 好灰	
∅ 活县安温王					

说明：

（1）浊声母的浊感不明显，尤其是阳平和阳上的浊音声母，其浊感极不明显，与清声母几乎无异。为便于与吴语其他方言比较，本调查仍记作浊音。

（2）浊塞声母伴有强弱不等的气流。

（3）阳去、阳入零声母音节的起始音略带有同部位的摩擦。

（4）声母［f］［v］有时唇齿擦音色彩不明显，有时甚至略带双唇音色彩。

二、韵母（43个，包括自成音节的［m］［n］在内）

ɿ 师丝试戏	i 猪米二飞	u 苦	y 雨
a 排鞋	ia 写	ua 快	ya □ tɕya⁴⁴⁵ 提
ɛ 硬争	iɛ 盐年	uɛ 横	
ɔ 宝饱	iɔ 笑桥		
ə 南半短根寸		uə 安	yə 靴权
o 歌坐过茶牙瓦	io 靴		
ɯ 高	iɯ 油		
ei 开赔对		uei 鬼	
əɯ 豆走			
ã 山	iã 响	uã 官王	

ɔ 糖讲　　　　　　　　iɔ 床王双用

ən 心深新东　　　　in 新灯升病星　　　uən 滚　　　　yən 春云兄

aʔ 白　　　　　　　iaʔ 尺　　　　　　uaʔ 划

ɑʔ 塔鸭法辣八　　　　　　　　　　　uɑʔ 活刮

əʔ 盒十七托郭壳学北　iəʔ 接贴急热节一药　　ueʔ 国骨　　　yeʔ 月出橘绿局

m 姆

n 五

说明：

（1）[o]韵舌位偏低，有时有变小的动程，实际音值为[oᵘ]。

（2）[ei][uei]韵中的[i]舌位偏低，实际音值为[ɪ]。

（3）[ɔ][iɔ]韵中的[ɔ]舌位略偏低。

（4）[ɛ]组韵母中的[ɛ]舌位偏高，实际音值为[ᴇ]。

（5）[ye][ieʔ][yeʔ]韵中的[e]比[ə][uə][əʔ][ueʔ]韵中的[ə]舌位偏低偏前。

（6）[əɯ]韵中的[ɯ]舌位偏低。

（7）[ɑ̃][ɔ̃]两组韵母有时有[ŋ]尾音。

（8）鼻韵母的尾音常伴有闭唇动作，但不以[m]音收尾。

（9）[ən][in]组韵母的[n]尾有时略微偏后。

（10）[aʔ][iaʔ]韵中的[a]舌位略偏高。

（11）[ɑʔ][uɑʔ]韵中的[ɑ]舌位偏央，实际音值接近[ʌ]。

三、声调（8个）

阴平	324	东该灯风通开天春
阳平	433	门龙牛油铜皮糖红
阴上	445	懂古鬼九统苦讨草
阳上	223	买老五有动罪近后
阴去	52	冻怪半四痛快寸去
阳去	231	卖路硬乱洞地饭树
阴入	5	谷百搭节急哭拍塔切刻
阳入	23	六麦叶月毒白盒罚

说明：

（1）阴平［324］先略降后升，以升为主，有时降不明显。

（2）阳平［433］先降后平，有时尾部略升，实际调值为［434］。

（3）阴上［445］先发半高平后尾部升。

（4）阳上［223］先发半低平后尾部升。有时升幅略大，接近［224］。

（5）阴去［52］为高降调，有时前半段较平，降幅不够大。

（6）阳去［231］为先升后降的曲折调，音值整体较低，有时实际音值为［131］。

（7）阴入［5］促感不明显，略有升感，实际音值为［45］。

（8）阳入［23］促感不明显，有时升幅较大，实际音值为［24］。

叁 连读变调

一、两字组连读变调表

宣平方言两字组的连读变调规律见下表。表中首列为前字本调，首行为后字本调。每一格的第一行是两字组的本调组合；第二行是连读变调，若连读调与单字调相同，则此行空白；第三行为例词。同一两字组若有两种以上的变调，则以横线分隔。具体如下。

宣平方言两字组连读变调表

后字 前字	阴平 324	阳平 433	阴上 445	阳上 223	阴去 52	阳去 231	阴入 5	阳入 23
阴平 324	324 324 44 天　公	324 433 44 清　明	324 445 44 身　体	324 223 44 新　妇	324 52 32 车　票	324 231 32 车　站	324 5 44 钢　笔	324 23 44 生　日
阳平 433	433 324 43 黄　瓜	433 433 22 皮　鞋	433 445 22 财　主 ――――― 433 445 44 牙　齿	433 223 22 城　市 ――――― 433 223 44 朋　友	433 52 43 驼　背	433 231 43 名　字	433 5 43 成　绩 ――――― 433 5 44 头　发	433 23 43 农　历 ――――― 433 23 44 黄　历
阴上 445	445 324 44 火　车	445 433 44 草　鞋	445 445 44 水　果	445 223 44 改　造	445 52 44 韭　菜	445 231 44 肯　定	445 5 44 粉　笔	445 23 44 小　麦

续表

前字＼后字	阴平 324	阳平 433	阴上 445	阳上 223	阴去 52	阳去 231	阴入 5	阳入 23
阳上 223	223 324 43 老　师	223 433 22 象　棋	223 445 22 稻　秆	223 223 22 犯　罪	223 52 22 老　气	223 231 43 老　大	223 5 22 犯　法	223 23 22 技　术
阴去 52	52 324 44 汽　车	52 433 44 酱　油	52 445 44 报　纸	52 223 44 跳　舞	52 52 44 布　裤	52 231 44 进　步 52 231 55　0 半　路	52 5 44 正　式	52 23 44 放　学 52 23 55　0 四　月
阳去 231	231 324 43 地　方	231 433 22 大　门	231 445 22 大　水	231 223 22 味　道	231 52 22 大　蒜	231 231 43 大　路	231 5 22 第　一	231 23 43 面　食
阴入 5	5 324 4 国　家	5 433 4 骨　头 5 433 0 出　来	5 445 4 出　产	5 223 4 接　受 5 223 0 弗　是	5 52 0 节　气	5 231 4 出　现 5 231 0 铁　路	5 5 4 一　百	5 23 4 扎　实
阳入 23	23 324 42 辣　椒	23 433 2 石　头	23 445 2 麦　秆	23 223 2 活　动	23 52 2 力　气	23 231 42 绿　豆	23 5 2 蜡　烛	23 23 42 十　六

二、两字组连读变调规律

宣平方言两字组连读变调有以下几个特点：

（1）属于典型的前变型，前字变，后字基本不变（轻声词例外），而且阴调与阳调内部各自的变调调值趋向非常统一。

（2）阴调类的舒声非常整齐，基本变作[44]调，只有后字是阴去调阳去调时，前字阴平调[324]例外，变读为只降不升的[32]调。

（3）阳调类的舒声基本变作[22]调或[43]调，只有阳平在阴上和入声字前例外。

①前字阳平[433]有点复杂，有以下3种情况。

在阴平、阴去、阳去以及部分入声字前，读半阳平[43]调。

在阳平和部分阴上、阳上字前读[22]调。

在部分阴上、阳上、入声字前，其变调规律与舒声的阴调类相同，变读为

［44］调。例如：红纸 ən⁴³³⁻⁴⁴tsɿ⁴⁴⁵ | 朋友 bən⁴³³—pən⁴⁴iɯ²²³ | 黄历 ɔ⁴³³⁻⁴⁴liə ʔ²³。原来的全浊声母也同时转换为相应的不送气清声母。例如：茶籽 dzo⁴³³—tso⁴⁴tsɿ⁴⁴⁵ | 头发 dəɯ⁴³³—təɯ⁴⁴fɔʔ⁵ | 星期日 ɕin³²⁴⁻⁴⁴dzɿ⁴³³—tsɿ⁴⁴nəʔ²³。

②前字阳上和阳去的规律一致，当后字是阴平、阳去、阳入时，变作［43］调，其余的变作［22］调。

（4）阴入的变调与阴调类的舒声一致，变调规律非常整齐，基本变作半高短促调［4］。前字阴入和后字阴去组合的连读调比较特殊，前字不变调，后字读轻声。例如：笔记 piə ʔ⁵tsɿ⁵²⁻⁰ | 发票 fɔʔ⁵pʰiɔ⁵²⁻⁰。

（5）阳入的变调与阳调类的舒声一致，只有当后字是阴平、阳去、阳入时，变作短促调［42］，其余的变作次低短促调［2］。

（6）轻声词较少，连读调规则有以下 3 种情况。

①前字阳平、阳去、阴入、阳入，一般仍读本字调。例如：

阳去［231］→旋记转一下 ʑyə²³¹tsɿ⁵²⁻⁰ | 谢谢 ʑia²³¹ʑia²³¹⁻⁰ | 共总总共 gən²³¹tsən⁴⁴⁵⁻⁰

阴入［5］ →歇店 ɕiəʔ⁵tiɛ⁵²⁻⁰ | 索面 sɔʔ⁵miɛ²³¹⁻⁰ | 柏树 paʔ⁵ʑy²³¹⁻⁰ |

铁路 tʰiəʔ⁵lu²³¹⁻⁰ | 出来 tɕʰyəʔ⁵lei⁴³³⁻⁰ | 节气 tɕiəʔ⁵tsʰɿ⁵²⁻⁰

阳入［23］→日间白天 nəʔ²³kɑ̃³²⁴⁻⁰ | 落来下来 ləʔ²³lei⁴³³⁻⁰

②前字阴平、阳平、阴上、阳上分别读半阴平、半阳平、半阴上、半阳上，即：阴平［324］读只降不升的［32］调，阳平［433］读［43］，阴上［445］读不升的［44］调，阳上［223］读不升的［22］调。例如：

阴平［324］→ 归来 kuei³²⁴⁻³²lei⁴³³⁻⁰

阳平［433］→ 轮着轮到 lin⁴³³⁻⁴³dʑiəʔ²³⁻⁰ | 晴起晴起来 ʑin⁴³³⁻⁴³tɕʰiəʔ⁵⁻⁰

阴上［445］→ 火起火起来 xo⁴⁴⁵⁻⁴⁴tɕʰiəʔ⁵⁻⁰

阳上［223］→ 上去 dʑiɑ̃²²³⁻²²xə⁵²⁻⁰

③前字阴去，读［55］调。例如：半暝 pə⁵²⁻⁵⁵mɛ²³¹⁻⁰ | 四月 sɿ⁵²⁻⁵⁵ȵyəʔ²³⁻⁰ | 冻了 tən⁵²⁻⁵⁵la⁰。

（7）不符合上述连读规律的例外字不多。例如：

阴平 + 阳入（连读规律为［44 23］）→ 正月 tɕin³²⁴⁻³²ȵyəʔ²³

肆　异读

一、新老异读

宣平方言中，新老派方言的语音差异主要表现在以下方面。

1. 音系

（1）老派读［ɔ̃］［iɔ̃］韵的字，新派读［ɔŋ］［iɔŋ］韵。老派宕江通摄字读［ɔ̃］组韵母时，［ŋ］尾音较弱，新派读这些字时，［ŋ］韵尾音较明显，所以记做［ɔŋ］。

（2）老派 43 个韵母，新派 42 个韵母，老派比新派多了［io］韵。老派"靴"字有白读［ɕio³²⁴］和文读［ɕyə³²⁴］两读，新派"靴"字只有［ɕyə³²⁴］读音，且无其他字读［io］韵。

2. 其他

其他方面的新老异读情况较少，主要表现在个别字韵母的差异上。例如：

新老异读	老派读音	新派读音
婆果合一	bo⁴³³	bu⁴³³
把（量词）假开二	po⁵²	pu⁵²
爬假开二	bo⁴³³	bu⁴³³

还有个别字新老派的声韵调都不相同，新派读音是受普通话影响的结果。例如：

新老异读	老派读音	新派读音
如遇合三，日母	ʑy⁴³³	lu²²³

二、文白异读

宣平方言中，文白异读现象较多，在声母方面和韵母方面都有体现。下文中"／"前为白读，后为文读。

1. 声母

（1）个别帮母字白读为［m］声母，文读为［p］声母。例如：柄 mɛ⁵²_{锄头~} / pin⁵²_{手~}。

（2）部分非组字白读为［p］组声母，文读为［f］组声母。例如：反 pã⁴⁴⁵_{~东西：翻找东西} / fã⁴⁴⁵_{~对} | 肥 bi⁴³³_{~肉} / vi⁴³³_{减~} | 味 mi²³¹_{~道} / vi²³¹_{没~：没趣}。

（3）个别端母字白读为声母［n］，文读［t］声母。例如：东 nən³²⁴_{~西：指物} / tən³²⁴_{指方向}。

（4）个别邪母字白读为塞擦音声母，文读为擦音声母。例如：像 dʑiã²²³_{~娘} / ʑiã²²³_{好~}。

（5）个别从母字白读为擦音声母，文读为塞擦音声母。例如：集 zəʔ²³_{~体} / dʑiəʔ²³_{~中} | 绝 zʮəʔ²³_{~代} / dzʮəʔ²³_{~对}。

（6）个别庄母字白读为不送气擦音声母，文读为送气擦音声母。例如：侧 tsəʔ⁵_{~过来} / tsʰəʔ⁵_{~面}。

（7）个别日母字白读为［n］声母，文读为［n̠］声母。例如：人 nin⁴³³_{一个~} / n̠in⁴³³_{丈~}。

（8）个别见组字白读为［k］组声母，文读为［tɕ］组声母，韵母也随之有所改变。例如：近 gə²²³_{与"远"相对} / dʑin²²³_{~视}。

（9）个别见组三等字白读为［ts］组或［tɕ］组声母，文读为［k］组声母，韵母也随之有所改变。例如：贵 tɕy⁵²_{指价格} / kuei⁵²_{用于名字} | 共 dʑiɔ̃²³¹_{一样：~性} / gən²³¹_{~产党}。

（10）个别以母字白读为鼻音声母，文读为零声母。例如：营 n̠in⁴³³_{~业部} / in⁴³³_{~长}。

2. 韵母

（1）个别果摄开合口一等字白读为［a］韵母，文读为［o］韵母；个别果摄合口三等字白读为［io］韵母，文读为［yə］韵母。例如：拖 tʰa³²⁴_{~牢} / tʰo³²⁴_{~拉机} | 破 pʰa⁵²_{~碗} / pʰo⁵²_{~坏} | 靴 ɕio³²⁴_{旧时的高筒鞋} / ɕyə³²⁴_{现代的高筒鞋}。

（2）个别遇摄字、止摄字白读为［n］韵母，文读为元音韵母。例如：吴 n⁴³³_{姓，又读；前~：当地地名} / u²²_{姓，又读} | 儿 n⁴³³_{指儿子} / əɯ²²³_{幼~园} | 耳 n²²³_{~朵} / n̠i²²³_{木~}。

（3）个别蟹摄开口四等字白读为［ei］韵母，文读为［i］韵母。例如：梯 tʰei³²⁴_{楼~} / tʰi³²⁴_{~田}。

（4）个别止摄合口三等字白读为［y］韵母，文读为［uei］韵母，声母也随之有所改变。例如：贵 tçy^{52} 指价格 / kuei^{52} 用于名字。

（5）个别山摄开口二等舒声字白读为［ɛ］韵母，文读为［ã］韵母。例如：眼 ŋɛ^{223} ~睛 / ŋã^{223} 一~。

（6）个别山摄合口一等舒声字白读为［uə］韵母，文读为［uã］韵母。例如：完 uə^{433} ~成 / uã^{433} ~蛋。

（7）个别深摄入声字白读为［yəʔ］韵母，文读为［iəʔ］韵母。例如：习 ʑyəʔ^{23} 学~ / ziəʔ^{23} 姓。

（8）个别臻摄舒声字白读为［nə］韵母或［ə］韵母，文读为［in］韵母，声母也会随之改变；或白读为［ə］韵母，文读为［ən］韵母。例如：新 sən^{324} 与"旧"相对 / çin^{324} ~鲜 | 近 gə^{223} 与"远"相对 / dʑin^{223} ~视 | 粪 pə^{52} 猪栏~ / fən^{52} ~土。

（9）个别宕摄合口三等舒声字白读为［iɔ̃］韵母，文读为［uã］韵母。例如：王 iɔ̃^{433} 姓，又读 / uã^{433} 姓，又读。

（10）个别梗摄开口二等舒声字白读为［ɜu］韵母，文读为［ɛ］韵母；个别梗摄开口三等舒声字白读为［ɛ］韵母，文读为［in］韵母。例如：梗 kuɛ^{445} 番薯~ / kɛ^{445} 心肌~塞 | 柄 mɛ^{52} 锄头~ / pin^{52} 手~。

（11）个别通摄合口三等舒声字白读为［iɔ̃］韵母，文读为［ən］韵母。例如：共 dʑiɔ̃^{231} 一样：~性 / gən^{231} ~产党。

伍　小称

宣平方言的小称形式主要有以下两种类型。

1. 变调

小称变调规律基本上是舒声调变读为［52］，与阴去单字调的调值相同，同时浊声母字变为相应的不送气清音。其中亲属称谓词的最末音节常读小称调，尤其是重叠式称谓词的第二个音节，重叠式称谓词的第一个音节一般变读为［22］调或［44］调。一般来说，浊声母字重叠，第一个音节一般变读为［22］调；清声母字重叠，第一个音节一般变读为［44］调。例如：

爷爷 ia$^{433-22}$ia$^{433-52}$ | 舅舅 dʑɯɯ$^{223-22}$dʑɯɯ^{223}—tɕiɯ^{52} | 妗妗 dʑin$^{231-22}$dʑin^{231}—tɕin^{52} | 弟弟 di$^{231-22}$di^{231}—ti^{52} | 外公 a$^{223-22}$kən$^{324-52}$ | 婶婶 sən$^{445-44}$sən$^{445-52}$ | 妈妈 奶奶 ma^{44}ma^{52} | 娘娘 伯母，姑妈 ȵiã$^{433-44}$ȵiã$^{433-52}$。

但也有例外，如：哥哥 ko^{324}—go^{22}ko$^{324-52}$，重叠变读同浊声母字，第一个音节读［22］调，声母也变为相应的浊音。

还有个别称谓词的重叠不变高调，而是变读为［324］，与阴平同调。例如：爷爷$_{公公}$ia$^{433-43}$ia$^{433-324}$ ≠ 爷爷$_{外祖父}$ia$^{433-22}$ia$^{433-52}$。

2. 变 韵

变读为鼻韵母音。例如：粿儿$_{清明～}$kuã^{445}。

陆　其他音变

一、量词变调

（1）阴平［324］变读为［52］。例如：一车 iəʔ$^{5-4}$tɕʰia$^{324-52}$ | 一双 iəʔ$^{5-4}$ɕiɔ̃$^{324-52}$ | 一根 iəʔ$^{5-4}$kə$^{324-52}$。

（2）阳平［433］变读为［231］。例如：一床 iəʔ$^{5-4}$ʑiɔ̃$^{433-231}$ | 一条 iəʔ$^{5-4}$diɔ$^{433-231}$。

（3）阴上［445］变读为［52］或变读为［231］，其中变读为［231］的声母由清音变为相应的浊音。例如：一碗 iəʔ$^{5-4}$uã$^{445-52}$ | 一点$_{时间：一点钟}$iəʔ$^{5-4}$tiɛ$^{445-52}$ | 一盏 iəʔ$^{5-4}$tsã$^{445-52}$ | 一本 iəʔ$^{5-4}$pə^{445}—bə^{231}。

二、其他变调

（1）"头"［dəɯ^{433}］在方位词中或读［223］调，或读［231］调。例如：上头 dʑiã$^{223-22}$dəɯ$^{433-223}$ | 下头 ia$^{223-22}$dəɯ$^{433-223}$ | 内头 nei$^{231-22}$dəɯ$^{433-223}$ | 前头 ʑiɛ$^{433-43}$dəɯ$^{433-231}$ | 后头 əɯ$^{433-43}$dəɯ$^{433-231}$。

（2）"去"［kʰɯ^{52}］作为趋向动词在语流中常读作轻声［xə⁰］，声母由塞擦音变成擦音，韵母由［ɯ］读作［ə］。例如：拖去 tʰa$^{324-32}$kʰɯ^{52}—xə⁰。

（3）量词"个"［ka^{52}］在语流中常读入声［kəʔ^5］，韵母声调均发生变化。例如：一个包 iəʔ$^{5-4}$kəʔ^{5}pɔ^{324} | 三个猪 sã$^{324-32}$kəʔ^{5}ti^{324}。

（4）相当于"的"的助词"个"读作［kə⁰］或［kɛ⁰］。

（5）"年"［ȵiɛ^{433}］处于词末时常读［231］调。例如：明年 mã$^{433-43}$ȵiɛ$^{433-231}$ | 前年 ʑiɛ$^{433-43}$ȵiɛ$^{433-231}$ | 后年 əɯ$^{223-43}$ȵiɛ$^{433-231}$。

（6）合音。例如：我两个$_{我们}$o^{22}lɛ^{55}ka⁰→我［两个］$_{我们}$o^{22}la^{55} | 尔两个$_{你们}$n^{22}lɛ^{55}ka⁰→尔［两个］$_{你们}$n^{22}la^{55} | 渠两个$_{他们}$kɯ^{22}lɛ^{55}ka⁰→渠［两个］$_{他们}$kɯ^{22}la^{55}。

第六十九节　遂昌方音

壹　概况

一、调查点

1. 地理人口 [①]

遂昌县隶属浙江省丽水市，位于浙江西南部，丽水市西部，东倚松阳、武义，南邻龙泉，西接江山和福建浦城，北与衢县（今衢江区）、龙游、金华（今婺城区）毗连，距丽水城区 100 公里。全县面积 2539 平方公里，辖 2 街道 7 镇 11 乡，分别是：妙高街道、云峰街道，北界镇、大柘镇、石练镇、金竹镇、黄沙腰镇、新路湾镇、王村口镇，三仁畲族乡、焦滩乡、应村乡、湖山乡、濂竹乡、高坪乡、蔡源乡、龙洋乡、西畈乡、垵口乡、柘岱口乡。截至 2016 年年底，全县常住人口 23.19 万。[②] 当地居民以汉族为主，少数民族人口仅约 1.4 万，其中畲族占绝大多数。

2. 历史沿革 [③]

遂昌县地西周前属越，秦属会稽郡太末县。东汉末年建安二十三年（218）分太末南部地置遂昌县。三国孙吴时的遂昌地域较广，约含今遂昌县和龙泉市、庆元县大部、金华原汤溪县部分地。唐乾元二年（759）析遂昌、松阳地置龙泉县。明成化七年（1471）析遂昌县桃源乡八、九都地与龙游、金华、兰溪县部分地，合置汤溪县。

1958 年松阳撤县，全部并入遂昌县，是时，总面积 3946 平方公里。1982 年遂昌、松阳两县分治，至今。遂昌建县后先后属会稽郡、东阳郡、缙云郡、处州府、衢州专署、金华地区、丽水地区，现属丽水市（地级）。历代县治均在妙高镇。

---

① 参见：遂昌县人民政府网，http://www.suichang.gov.cn，2022 年 8 月 8 日获取。
② 参见：《2017 年浙江统计年鉴》，http://tjj.zj.gov.cn/col/col1525563/index.html，2022 年 8 月 8 日获取。
③ 遂昌县志编委会. 遂昌县志. 杭州：浙江人民出版社，1996：55-58.

3. 方言分布

遂昌话是遂昌全境通用方言，属吴语区上丽片丽水小片。此外，遂昌全境还分布着历代迁入遂昌的外来方言，主要有客家话、赣语、南京话、淳安话、景宁话等。其中，使用人口较多的外来方言主要是客家话和赣语。境内畲族人使用的母语是畲话，畲民一般还说遂昌话。

4. 地方曲艺

遂昌较有名的地方曲艺是"昆曲十番"。明代戏剧家汤显祖曾在遂昌任知县五年，并写出了世界闻名的传奇（剧本）《牡丹亭》。他还把昆曲传来遂昌，从而形成了"昆曲十番"的演奏（唱）形式。演奏乐曲主要是《牡丹亭》《紫钗记》《南柯记》《邯郸记》等传统名剧的昆曲曲牌。遂昌昆曲十番直接源于"正昆"，吸收了"京昆"的内容，形成自己独有的风格。新中国成立前，遂昌昆曲十番班子流布于全县城乡，主要在民间"七月会"迎神时活动，新中国成立后一度沉寂。如今，它已被列入国家级非物质文化遗产代表性项目名录被加以传承和保护。

遂昌民间影响最大的戏剧是婺剧，又称"金华戏"。遂昌曾经办过婺剧团。

二、方言发音人

1. 方言老男

郭雄飞，1961 年 1 月出生于遂昌妙高镇，一直在本地生活和工作，教师，大专文化程度，说遂昌妙高话和不太标准的普通话。父母均为遂昌妙高人，说遂昌妙高话。

2. 方言青男

江汇，1988 年 9 月出生于遂昌妙高镇，一直在本地生活和工作，职工，大专文化程度，说遂昌妙高话和不太标准的普通话。父母均为遂昌妙高人，说遂昌妙高话。

3. 口头文化发音人

郭雄飞，男，1961 年 1 月出生于遂昌妙高镇，一直在本地生活和工作，教师，大专文化程度，说遂昌妙高话和不太标准的普通话。父母均为遂昌妙高人，说遂昌妙高话。

应瑛，女，1981年11月出生于遂昌县妙高镇，一直在本地生活和工作，职工，曾在遂昌电视台主持过方言综艺节目，本科文化程度，说遂昌妙高话和普通话。父母均为遂昌妙高人，说遂昌妙高话。

贰　声韵调

一、声母（28个，包括零声母在内）

p 八兵	pʰ 派片	b 爬病	m 麦明味问	f 飞风副蜂	v 肥饭
t 多东张竹	tʰ 讨天	d 甜毒	n 脑南		l 老蓝连路
ts 资早租装	tsʰ 草寸拆初	dz 茶		s 丝三酸山	z 字贼坐祠事
tɕ 酒争纸九	tɕʰ 刺车春手	dʑ 柱共权	ȵ 年热软月	ɕ 想双书响	ʑ 全床船十城
k 高	kʰ 开	g 共	ŋ 熬	x 好灰	
∅ 活县安王					
云药					

说明：

（1）全浊声母实为清音浊流。

（2）零声母音节的起始部分有明显的紧喉摩擦成分。

二、韵母（50个）

ɿ 戏	i 米二飞	u 歌坐过饱豆走	y 醉贵吹
	iu 师试		
a 排鞋		ua 快	
ɒ 茶牙瓦猪	iɒ 靴写	uɒ 画	
ɤ 师丝	iɛ 鸡溪	uə 苦五	yɜ 雨
ei 开赔对		uei 鬼	
ɯ 宝	iɯ 笑桥		yɯɤ 瘦
ɤɯ 亩	iɯ 油		
ɛ̃ 南半短根寸	iɛ̃ 盐年	uɛ̃ 官	yɛ̃ 深权

aŋ 山	iaŋ 响硬争	uaŋ 弯	yaŋ 横
əŋ 争东	iŋ 心新灯升病星	uəŋ 滚	yŋ 春云
ɔŋ 糖讲	iɔŋ 床王双兄用		
ɯʔ 色谷六	iuʔ 叔		
	iʔ 急七一直尺锡		yʔ 橘
aʔ 塔鸭法辣八	iaʔ 药白	uaʔ 活刮	yaʔ 划
ɛʔ 盒	iɛʔ 接贴热节	uɛʔ 骨国	yɛʔ 十月出靴
ɔʔ 托郭壳学北	iɔʔ 绿局	uɔʔ 有或	

说明:

（1）[ɒ]拼[k]组声母时有时有[u]介音。

（2）[a][aŋ][aʔ]三行韵母中的[a]实际读音是[ʌ]。

（3）[iɛ][iɛ̃][iɛʔ]三行韵母中的[ɛ]接近[ɐ]。

（4）鼻尾[ŋ]的发音部位介于[n]和[ŋ]之间。

三、声调（8个）

阴平	45	东该灯风通开天春
阳平	221	门龙牛油铜皮糖红
阴上	533	懂古鬼九统苦讨草
阳上	13	买老五懒动罪近后
阴去	334	冻怪半四痛快寸去
阳去	213	卖路硬乱洞地饭树
阴入	5	谷百搭节急哭拍塔切刻
阳入	23	六麦叶月毒白盒罚

说明:

（1）阳平调[221]以平为主。

（2）阴上调[533]以降为主。

（3）阳去调[213]以降为主。

（4）阳入调[23]为短促调。

叁　连读变调

一、两字组连读变调表

遂昌方言两字组的连读变调规律见下表。表中首列为前字本调，首行为后字本调。每一格的第一行是两字组的本调组合；第二行是连读变调，若连读调与单字调相同，则此行空白；第三行为例词。同一两字组若有两种以上的变调，则以横线分隔。具体如下。

遂昌方言两字组连读变调表

前字＼后字	阴平 45	阳平 221	阴上 533	阳上 13	阴去 334	阳去 213	阴入 5	阳入 23
阴平 45	45　45 33 天　光	45　221 55　213 清　明 ――― 45　221 55 开　门	45　533 33 身　体	45　13 55 公　社 ――― 45　13 55　213 招　待	45　334 55 车　票	45　213 55 车　站	45　5 33 工　作	45　23 33 生　日
阳平 221	221　45 21 农　村 ――― 221　45 22 骑　车	221　221 22　213 眉　毛 ――― 221　221 22 农　民	221　533 13 牙　齿 ――― 221　533 22 团　长	221　13 21 朋　友	221　334 22 驼　背	221　213 22 名　字	221　5 21 头　发	221　23 21 茶　叶 ――― 221　23 22 同　学
阴上 533	533　45 53 打　针	533　221 53　221 水　池 ――― 533　221 33　221 倒　霉	533　533 33 水　果 ――― 533　533 53 手　表	533　13 53 起　码	533　334 53 水　库	533　213 55 手　艺	533　5 53 赌　博	533　23 53　5 体　育 ――― 533　23 53 死　活

续表

前字＼后字	阴平 45	阳平 221	阴上 533	阳上 13	阴去 334	阳去 213	阴入 5	阳入 23
阳上 13	13 45 / 21 老师 13 45 / 22 坐车	13 221 老婆	13 533 老板	13 13 / 22 犯罪 13 13 / 21 道理 13 13 / 53 养老 13 13 远近	13 334 / 22 买票 13 334 满意	13 213 社会	13 5 / 21 道德 13 5 满足	13 23 / 21 技术
阴去 334	334 45 / 53 汽车 334 45 / 33 唱歌	334 221 / 33 过年	334 533 / 33 报纸	334 13 / 33 送礼	334 334 / 55 种菜	334 213 / 55 孝顺	334 5 / 33 建设	334 23 / 33 中毒
阳去 213	213 45 / 22 认真 213 45 / 21 地方	213 221 / 13 大门	213 533 / 13 地板	213 13 / 22 味道 213 13 / 13 地道 213 13 / 21 大雨	213 334 / 22 饭店 213 334 / 13 位置	213 213 / 22 大路 213 213 / 13 电话	213 5 / 21 办法	213 23 / 21 树叶
阴入 5	5 45 / 3 国家	5 221 骨头	5 533 / 3 黑板	5 13 谷雨	5 334 出去	5 213 铁路	5 5 / 3 节约	5 23 节日
阳入 23	23 45 / 2 读书	23 221 肉皮	23 533 日子	23 13 / 2 十五	23 334 白菜	23 213 木匠	23 5 / 2 蜡烛	23 23 / 2 学习

二、两字组连读变调规律

遂昌方言两字组的语音变调有以下几个特点：

（1）阳平［221］作前字时常读作［22］。

（2）阴上［533］作前字时常读作［53］。

（3）阴去［334］作前字时常读作［33］。

（4）阳去［213］作后字时常读作［21］。

肆　异读

一、新老异读

遂昌方言的新老异读主要表现在以下方面。

1. 音系

音系上的差异主要表现在声调中的阳去调，老派读［213］，新派读［313］，听感差异比较明显。

2. 其他

其他方面的新老异读情况较少，主要表现在个别字韵母的差异上。例如：

例字	老派	新派
靴	$\varsigma i\mathfrak{v}^{45}$	$\varsigma y\varepsilon\mathfrak{?}^{5}$
愁	$z y\mathfrak{e} w^{221}$	$z i\mathfrak{v}^{221}$
瘦	$\varsigma y\mathfrak{e} w^{334}$	$\varsigma i\mathfrak{v}^{334}$
入	$\mathfrak{n} i\mathfrak{?}^{23}$	$l\mathfrak{o}\mathfrak{?}^{23}$
设	$\varsigma i\mathfrak{?}^{5}$	$\varsigma i\varepsilon\mathfrak{?}^{5}$
困	$k^{h}\mathfrak{o}\mathfrak{n}^{334}$	$k^{h}u\mathfrak{o}\mathfrak{n}^{334}$
藤	$d\tilde{\varepsilon}^{221}$	$d\mathfrak{o}\mathfrak{n}^{221}$

二、文白异读

遂昌方言的文白异读主要体现在声母和韵母方面。下文中“／”前为白读，后为文读。

1. 声母

（1）部分非组字白读为［p］组声母，文读为［f］组声母。例如：反 $pa\mathfrak{n}^{533}$／$fa\mathfrak{n}^{533}$。

（2）部分知组字白读为[t]组声母，文读为[tɕ]组声母。例如：转 tyɛ̃⁵³³ / tɕyɛ̃⁵³³。

（3）少量生书母字白读为塞擦音声母，文读为擦音声母，韵母也随之有所改变。例如：手 tɕʰyɛ⁵³³ / ɕiɯ⁵³³。

（4）个别章见母字白读为零声母，文读为[tɕ]声母。例如：见 iɛ̃³³⁴ / tɕiɛ̃³³⁴。

（5）少量见组三等字白读为[k]组声母，文读为[ts]组或[tɕ]组声母，韵母也随之有所改变。例如：气 kʰei⁵³³ / tsʰʅ³³⁴ | 近 gɛ̃¹³ / dziŋ¹³。

（6）个别云以母字白读为擦音声母，文读为零声母。例如：园 xəŋ³³⁴ / yɛ̃²²¹。

2. 韵母

（1）个别果摄一等字白读为[a]韵母，文读为[u]韵母。例如：拖 tʰa⁴⁵ / tʰu⁴⁵ | 破 pʰa³³⁴ / pʰu³³⁴。

（2）个别蟹摄开口四等字白读为[ei]韵母，文读为[i]韵母。例如：梯 tʰei⁴⁵ / tʰi⁴⁵。

（3）部分止摄合口三等字白读为[y]韵母，文读为[uei]韵母，声母也随之有所改变。例如：贵 tɕy³³⁴ / kuei³³⁴。

（4）部分止摄三等字白读为[iu]韵母，文读为[uə]韵母，声母也随之有所改变。例如：初 tɕʰiu⁴⁵ / tsʰuə⁴⁵。

（5）部分止摄开口三等字白读为[iɛ]韵母，文读为[ʅ]韵母，声母也随之有所改变。例如：刺 tɕʰiɛ³³⁴ / tsʰʅ³³⁴。

（6）个别效摄开口一、二等字白读为合口的[u]或[uə]韵母，文读为[ɐɯ]韵母。例如：饱 pu⁵³³ / pɐɯ⁵³³ | 讨 tʰuə⁵³³ / tʰɐɯ⁵³³。

（7）个别梗摄开口二等字白读为[iaŋ]韵母，文读为[əŋ]韵母，声母也随之有所改变。例如：争 tɕiaŋ⁴⁵ / tsəŋ⁴⁵。

伍　小称

遂昌方言的小称音形式主要为儿尾小称，"儿"自成音节，但意思上并非指小。例如：猫儿 miɐɯ²²ȵiɛ²¹³ | 兔儿 tʰuə³³ȵiɛ²²¹ | 小伱儿_{小孩儿} ɕiɐɯ³³nəŋ²²ȵiɛ²¹³。

第七十节　龙泉方音

壹　概况

一、调查点

1. 地理人口

龙泉市隶属于浙江省丽水市，位于浙江西南部，东邻云和、景宁，南连庆元，西界福建浦城，北接遂昌、松阳，全市总面积 3059 平方公里，辖 4 街 8 镇 7 乡：龙渊街道、西街街道、剑池街道、塔石街道，八都镇、上垟镇、小梅镇、查田镇、屏南镇、安仁镇、锦溪镇、住龙镇，兰巨乡、宝溪乡、龙南乡、道太乡、岩樟乡、城北乡、竹垟畲族乡。[1] 截至 2017 年年底，全市总户数 9.74 万，户籍人口 29.09 万[2]，主要为汉族，另有畲族、回族、苗族、满族、土家族、彝族、壮族、侗族等 28 个少数民族，人口 1.3 万（2021 年），其中畲族占少数民族人口的 98% 以上。

2. 历史沿革

东晋太宁元年（323）建龙渊乡，属永嘉郡松阳县。唐武德三年（620），因避高祖李渊讳，改龙渊乡为龙泉乡。唐乾元二年（759），建立龙泉县，县治地黄鹤镇（今龙渊镇）。宋徽宗宣和三年（1121），诏天下县镇凡有龙字者皆避，因改名为剑川县。宋绍兴元年（1131），复名龙泉县。宋庆元三年（1197），析龙泉之松源乡及延庆乡部分地置庆元县。明洪武三年（1370），庆元县并入，洪武十三年复置庆元县。1949 年 5 月龙泉解放，1958 年 11 月，庆元县并入。1973 年 7 月，复建庆元县。1990 年 12 月，经国务院批准，撤销龙泉县设立县级龙泉市，仍属丽水市。[3]

---

[1]　参见：龙泉市人民政府网，http://www.longquan.gov.cn/index.html，2022 年 8 月 8 日获取。
[2]　参见：《2018 年浙江统计年鉴》，http://tjj.zj.gov.cn/col/col1525563/index.html，2022 年 8 月 8 日获取。
[3]　参见：龙泉市人民政府网，http://www.longquan.gov.cn/index.html，2022 年 8 月 8 日获取。

3. 方言分布

龙泉方言属吴语上丽片中的丽水小片，市内方言除城区口音外，主要有安仁、小梅和龙南等几种口音，其中安仁、小梅等与城区方言差别仅有少数几个字音，龙南口音则与城区话相互不能通话，全浊声母已完全清化，龙南乡人口约2万。

4. 地方曲艺

本地无曲艺，有傀儡戏（木偶戏），多唱婺剧。

二、方言发音人

1. 方言老男

沈光寅，1949年4月出生于龙泉城关镇东街，一直在本地生活和工作，职工，现已退休，小学文化程度，说龙泉话和不太标准的普通话。父母均为龙泉城关人。

2. 方言青男

俞鑫，1990年7月出生于龙泉龙渊街道，主要在本地生活和工作，主持人，大专文化程度，说龙泉话和普通话。父母均为龙泉县城人。

3. 口头文化发音人

李文，男，1935年9月出生于龙泉查田镇，一直在本地生活和工作，教师，现已退休，大专文化程度，说龙泉话和普通话。父母均为龙泉查田人。

沈莉薇，女，1984年8月出生于龙泉龙渊街道，一直在本地生活和工作，职工，本科文化程度，说龙泉话和普通话。父母均为龙泉县城人。

邱有松，男，1947年11月出生于龙泉锦溪镇，一直在本地生活和工作，基层干部，现已退休，初中文化程度，说龙泉话和普通话。父母均为龙泉锦溪人。

贰 声韵调

一、声母（28个，包括零声母在内）

p 八兵	pʰ 派片	b 病爬	m 麦明味问	f 飞风副蜂	v 肥饭
t 多东张竹	tʰ 讨天	d 甜毒	n 脑南		l 老蓝连路
ts 资早争装	tsʰ 刺寸拆抄	dz 茶		s 坐丝酸山	z 贼祠事十
tɕ 酒柱纸九	tɕʰ 清抽车手	dʑ 共权	ȵ 年热软月	ɕ 想双手响	ʑ 全谢床船
k 高	kʰ 开	g 共	ŋ 熬	x 好灰	
Ø 活安王药					

说明：

（1）古全浊声母［b］［d］［g］［dz］［dʑ］［v］［z］［ʑ］在今单字音中读清音浊流，在语流中无论处于前字后字均无浊音杠，故有学者将其记作清音，考虑到龙泉方言的塞音塞擦音仍保持三分格局，且古全浊声母仍与阳调类相配，声调阴高阳低，符合吴语的一般特征，此处仍记为浊音。

（2）阴调类零声母音节前往往带有喉塞音，阳调类零声母音节前有同部位摩擦音，这里一并记作零声母［Ø］。

二、韵母（54个，包括自成音节的［ŋ］［ŋʔ］在内）

ɿ 丝戏	i 米二飞短	u 宝后厚	y 猪雨
a 排鞋		ua 快	
o 茶牙猪	io 写	uo 瓦	yo 权
ᴇ 开赔对	iᴇ 盐深年	uᴇ 鬼	
ɯə 南半短根寸			
ɑʌ 宝饱	iɑʌ 笑桥		
ou 歌坐过五	iou 靴		
ɤɯ 师试		uɤɯ 苦	
ᴇu 后厚	iəɯ 豆走油		
		uəi 灰	

ɛn 问	in 深新灯病	uən 滚	yn 春云
aŋ 山硬争	iaŋ 响讲	uaŋ 官横	
ɔŋ 糖讲	iɔŋ 床王双用		
əŋ 东	iəŋ 兄		
ɿʔ 试直色锡	ieiʔ 急七一	uʔ 谷福	yeiʔ 出橘
aʔ 盒白	iaʔ 节药	uaʔ 划	
oʔ 塔法辣学		uoʔ 活刮骨国	yoʔ 月出
ɛʔ 北刻贼	iɛʔ 接贴热		
aiʔ 十夺卒佛			
ouʔ 托壳学木	iouʔ 绿局		
ɤɯʔ 六竹	iɤɯʔ 叔粥		
ɯəʔ 盒鸽			
ŋʔ 木			
ŋ 红			

说明:

（1）元音［o］实际音值介于［ɔ］［o］之间，舌位偏后。

（2）［ɯə］［ɯəʔ］两音中［ɯ］时长比［ə］长。

（3）［uo］［yo］［uoʔ］［yoʔ］等收音时唇形由圆变展，实际音值为［uoə］［yoə］［uoəʔ］［yoəʔ］。

（4）［ɛn］实际音值接近［ɛɛn］，［in］实际音值接近［iin］，［yn］的实际音值［yɪn］。

（5）［iəu］韵中［ə］较轻短，［u］唇形略收。

（6）［ɔŋ］［iɔŋ］［əŋ］［iəŋ］等韵的韵尾［ŋ］收音时多有闭口动作。

（7）［ŋ］［ŋʔ］两韵发音时舌位较低，阻塞部位在舌根，有时闭口。

（8）［ieiʔ］［yeiʔ］有时读作［iʔ］［yʔ］。

（9）［iɤɯʔ］实际音值接近［iəuʔ］。

三、声调（7个）

阴平	434	东该灯风通开天春
阳平	21	门龙牛油铜皮糖红

上声	51	懂古鬼九统苦讨草，买老五有罪近后
阴去	45	冻怪半四痛快寸去
阳去	224	卖路硬乱洞地饭树动
阴入	5	谷急刻百搭节拍塔切
阳入	24	六麦叶月毒白盒罚

说明：

（1）阴平调先降后升，起音略低于收音，听感上类似降升调，中间有时存在较明显的嘎裂声，调值记作 [434]。

（2）阳平 [21]，起音介于 2 度与 3 度之间。

（3）阴去 [45]，少数字调型较平，实际调值接近 [44]，如：变 piɛ^{45}、骗 pʰiɛ^{45}、惯 kuaŋ^{45}。

（4）阳去 [224] 前半段平调，后半段升调，部分字实读降升调 [214]，如：饭 vaŋ^{224}、匠 ʑiaŋ^{224}。

（5）阳入 [24] 多为短调，升势明显，有时喉塞感不强。

叁　连读变调

一、两字组连读变调表

龙泉方言两字组的连读变调规律见下表。表中首列为前字本调，首行为后字本调。每一格的第一行是两字组的本调组合；第二行是连读变调，若连读调与单字调相同，则此行空白；第三行为例词。同一两字组若有两种以上的变调，则以横线分隔。具体如下。

龙泉方言两字组连读变调表

前字 ＼ 后字	阴平 434		阳平 21		上声 51		阴去 45		阳去 224		阴入 5		阳入 24	
阴平 434	434 44 天	434 星	434 45 清	21 明	434 45 猪	51 牯	434 44 亲	45 眷	434 44 杉	224 树	434 44 铅	5 笔	434 45 正	24 月

续表

后字 前字	阴平 434	阳平 21	上声 51	阴去 45	阳去 224	阴入 5	阳入 24
阳平 21	21 44 / 434 台风 21 / 434 年轻	21 45 / 21 祠堂 21 / 21 前头	21 45 / 51 徒弟 21 / 51 黄柿	21 44 / 45 邻舍	21 44 / 224 蚕豆	21 44 / 5 时节	21 45 / 24 黄历 21 / 24 明日
上声 51	51 21 / 434 老天	51 21 / 21 本钱 51 / 21 眼红	51 21 / 51 水果	51 21 / 45 老太 51 / 45 几个	51 21 / 224 旱地	51 21 / 5 手甲	51 21 / 24 小麦
阴去 45	45 44 / 434 订婚	45 21 / 21 拜堂	45 21 / 51 昼后 45 / 51 个把	45 44 / 45 做戏	45 44 / 224 算命 45 / 224 半暝	45 44 / 5 教室	45 21 / 24 放学 45 / 24 酱肉
阳去 224	224 21 / 434 地方 224 / 434 暝间	224 21 / 21 丈人 224 / 21 旧年	224 21 / 51 味道	224 21 / 45 大蒜	224 21 / 224 电话	224 21 / 5 自杀	224 21 / 24 树叶 224 / 24 二十
阴入 5	5 3 / 434 作瘆	5 3 / 21 插田	5 3 / 51 谷雨	5 3 / 45 出嫁 5 / 45 腹痛	5 3 / 224 客栈	5 3 / 5 割谷	5 3 / 24 结实 5 / 24 笔直
阳入 24	24 3 / 434 目珠 24 / 434 日间	24 3 / 21 学堂	24 3 / 51 落雨	24 3 / 45 白菜	24 3 / 224 绿豆	24 3 / 5 蜡烛	24 3 / 24 日历

说明：

两字组连读产生一个新调值 [44]。

二、两字组连读变调规律

龙泉方言两字组连读变调有以下几个特点：

（1）前字变调，后字不变。

（2）前字阴平及阳平，变调为［44］或阴去［45］。

（3）前字上声及阳去，变调为阳平［21］。

（4）前字阴去，变调为［44］或阳平［21］。

（5）前字阴入及阳入，变调为短调［3］。

（6）阴平前字必须变调，其他调类组合中有三分之一的前字存在变与不变两种类型。

肆　异读

一、新老异读

龙泉方言的新老异读主要体现在声母和韵母方面。下文中"／"前为老派读音，后为新派读音。

1. 声母

（1）明母部分一等字老派白读零声母，文读［m］声母，新派只读［m］声母。例如：毛 ŋ²¹ 白 mɑʌ²¹ 文 ／ mɑʌ²¹ | 帽 ŋ²²⁴ 白 mɑʌ²²⁴ 文 ／ mɑʌ²¹³ | 木 ŋʔ²⁴ 白 mouʔ²⁴ 文 ／ mouʔ²⁴。

（2）从母、禅母部分字老派读［ʑ］［z］等擦音声母，新派读［dʑ］［tɕ］［dz］等塞擦音声母。例如：绝 ʑyoʔ²⁴ ／ dʑyoʔ²⁴ | 匠 ʑiɑŋ²²⁴ ／ tɕiɑŋ⁴⁵ | 辰 zɛn²¹ ／ dzɛn²¹。

（3）见母合口三四等少数字老派读［tɕ］声母，新派读［k］声母。例如：桂 tɕy⁴⁵ ／ kuei⁴⁵ | 宫 tɕiəŋ⁴³⁴ ／ kəŋ⁴³⁴ | 恭 tɕiəŋ⁴³⁴ ／ kəŋ⁴³⁴。

（4）疑母个别开口三等字老派读［ȵ］声母，新派读零声母。例如：银 ȵin²¹ ／ in²¹ | 迎 ȵin²¹ ／ in²¹。

2. 韵母

（1）蟹摄开口一等部分泰韵字老派读［ua］韵母，新派读［ɛ］韵母。例如：盖 kua⁴⁵ ／ kɛ⁴⁵ | 害 ua²²⁴ ／ ɛ²¹³。

（2）梗开二、通合三等部分字老派读[ɔŋ]韵母，新派读[əŋ]韵母。例如：猛 mɔŋ⁵¹ / məŋ⁵¹ | 风 fɔŋ⁴³⁴ / fəŋ⁴³⁴ | 丰 fɔŋ⁴³⁴ / fəŋ⁴³⁴。

二、文白异读

龙泉方言的文白异读主要体现在声母和韵母方面。下文中"/"前为白读，后为文读。

1. 声母

（1）明母部分一等字白读零声母，文读[m]声母。例如：毛 ŋ²¹ / mɑʌ²¹ | 帽 ŋ²²⁴ / mɑʌ²²⁴ | 木 ŋʔ²⁴ / mouʔ²⁴ | 梦 ŋ²²⁴ / mɔŋ²²⁴。

（2）心母、书母部分三等字白读为[tɕʰ]声母，文读为[ɕ]声母。例如：笑 tɕʰiɑʌ⁴⁵ / ɕiɑʌ⁴⁵ | 手 tɕʰy⁵¹ / ɕiəu⁵¹ | 深 tɕʰiᴇ⁴³⁴ / ɕin⁴³⁴。

（3）知母少数三等字白读为[t]声母，文读为[tɕ]声母。例如：猪 to⁴³⁴ / tɕy⁴³⁴ | 着 tᴇ⁵¹ / tɕiaʔ⁵ | 中 tioŋ⁴³⁴ / tɕiəŋ⁴³⁴。

（4）澄母三等少数字白读为[d]声母，文读为[ts]或[tɕ]声母。例如：沉 dɛn²¹ / tsɛn²¹ | 长 dᴇ²¹ / tɕiaŋ²¹ | 虫 dəŋ²¹ / tɕiəŋ²¹。

（5）禅母三等少数字白读为[dʑ]声母，文读为[ʑ]声母。例如：树 dʑiəu²²⁴ / ʑy²²⁴ | 上 dʑiaŋ²²⁴ / ʑiaŋ²²⁴。

（6）日母、疑母个别三等字白读为[m]或[ŋ]声母，文读为[ɲ]声母。例如：耳 mi⁵¹ / ɲi⁵¹ | 鱼 ŋɤɯ²¹ / ɲy²¹。

（7）见组二三等部分字白读为[k]组声母，文读为[tɕ]组声母。例如：锯 kɤɯ⁴⁵ / tɕy⁴⁵ | 去 kʰɤɯ⁴⁵ / tɕʰy⁴⁵ | 鱼 ŋɤɯ²¹ / ɲy²¹ | 句 kɤɯ⁴⁵ / tɕy⁴⁵ | 几 kᴇ⁵¹ / tɕi⁵¹ | 敲 kʰɑʌ⁴³⁴ / tɕʰiɑʌ⁴³⁴ | 近 kɯə⁵¹ / tɕin⁵¹ | 讲 kɔŋ⁵¹ / tɕiaŋ⁵¹。

2. 韵母

（1）果摄一等个别字白读为[a]韵母，文读为[ou]韵母。例如：破 pʰa⁴⁵ / pʰou⁴⁵ | 拖 tʰa⁴³⁴ / tʰou⁴³⁴。

（2）止摄开口三等个别字白读为[ɿ]韵母，文读为[i]韵母。例如：姨 ɿ²¹ / i²¹ | 喜 sɿ⁵¹ / ɕi⁵¹。

（3）流摄开口一等个别字白读为[u]韵母，文读为[ᴇu]韵母。例如：后 u⁵¹ / ᴇu⁵¹ | 厚 ku⁵¹ / ᴇu⁵¹。

（4）山摄合口一等个别字白读为［i］韵母，文读为［ɯə］韵母。例如：短 ti⁵¹ / tuə⁵¹ | 酸 si⁴³⁴ / suə⁴³⁴。

（5）梗摄开口三等个别字白读为［aŋ］韵母，文读为［in］韵母。例如：柄 paŋ⁴⁵ / pin⁴⁵ | 明 maŋ²¹ / min²¹。

（6）宕摄开口三等个别字白读为［ɛ］韵母，文读为［iaŋ］韵母。例如：长 dɛ²¹ / tɕiaŋ²¹ | 秧 ɛ⁴³⁴ / iaŋ⁴³⁴。

伍　小称

龙泉方言的小称儿尾"儿"音［ȵi］，在平声、去声字后通常变调为［55］。例如：

桃儿 tɑʌ⁴⁵ȵi⁵⁵　　　　　　　瓜儿黄瓜 kuo⁴⁵ȵi⁵⁵

羹瓢儿 kaŋ⁴⁴piɑʌ⁴⁵ȵi⁵⁵　　　手巾儿 ɕiou⁴⁴kɛn⁴⁵ȵi⁵⁵

手头儿 tɕʰy²¹tiou⁴⁵ȵi⁵⁵　　　腹脐儿 pouʔ³sɤɯ⁴⁵ȵi⁵⁵

裌儿背心 ko⁴⁵ȵi⁵⁵　　　　　　练儿辫子 liɛ⁴⁵ȵi⁵⁵

猫儿 mɑʌ⁴⁵ȵi⁵⁵　　　　　　　孙儿 suə⁴⁵ȵi⁵⁵

洞儿 dəŋ²¹ȵi⁵⁵

"儿"在上声、入声后一般变调为［21］，个别变调为［45］。例如：

李儿 li²¹ȵi²¹　　　　　　　　纽儿 ȵiəu²¹ȵi²¹

白果儿 baʔ³kou⁴⁴ȵi²¹　　　　黄粟儿谷子 ɔŋ⁴⁵ɕyoʔ³ȵi²¹

棉褥儿 miɛ⁴⁵ȵiouʔ³ȵi²¹　　　金桌儿条案 tɕin⁴⁵tiouʔ⁵ȵi²¹

乞儿 kʰɯəʔ³ȵi²¹　　　　　　镰鑼儿 liɛ⁴⁵tɕiɛʔ³ȵi²¹

个把儿 ki⁴⁵bou²¹ȵi²¹　　　　叔儿最小的叔叔 ɕiɤɯʔ³ȵi⁴⁵

除小称儿尾外，龙泉方言还有一种小称变调，主要用于称谓词，调值多变为［45］，有时引起声母清浊的变化。例如：

公爷爷 kəŋ⁴³⁴—kəŋ⁴⁵　　　　外婆 a²¹bou²¹—a²¹pou⁴⁵

娘 ȵian²¹—ȵian⁴⁵　　　　　大大爸爸 da²²⁴da²²⁴—ta⁴⁴ta⁴⁵

姊姐姐 tsɿ⁵¹—tsɿ⁴⁵　　　　　娘娘姑 ȵian²¹ȵian²¹—ȵian⁴⁴ȵian⁴⁵

妹儿子 mɛ²²⁴—mɛ⁴⁵　　　　　婶婶 ɕin⁵¹ɕin⁵¹—ɕin⁴⁵ɕin⁵¹

陆　其他音变

　　龙泉方言的声调阴高阳低，因连读变调之故，有些前字的声母会随声调变化而产生清浊之变。

　　（1）阴去［45］字在阳平字及上声字前变为阳平调［21］，声母也随之由清变浊。例如：

做媒 tso⁴⁵mi²¹—dzo²¹mi²¹　　　　　　　拜堂 pa⁴⁵dɔŋ²¹—ba²¹dɔŋ²¹

昼后 tiəu⁴⁵u⁵¹—diəu²¹u⁵¹　　　　　　　戒指 ka⁴⁵tsɿ⁵¹—ga²¹tsɿ⁵¹

　　（2）阳平［21］字作前字变调为阴去［45／44］，声母也随之由浊变清。例如：

朋友 bE²¹iəu⁵¹—pE⁴⁵iəu⁵¹　　　　　　　台风 dE²¹fɔŋ⁴³⁴—tE⁴⁴fɔŋ⁴³⁴

拳头 dʑyo²¹diəu²¹—tɕyo⁴⁵diəu²¹　　　　祠堂 zɿ²¹dɔŋ²¹—sɿ⁴⁵dɔŋ²¹

　　（3）人称代词"你"［n̠i⁵¹］在语流中有时弱读为［ŋ⁵¹］。

　　（4）部分入声后字及虚词性后字读为轻声，调值记作［0］。例如：

今日 kE⁴³⁴nEʔ⁰　　　　　　　　　　　后日 u⁵¹nEʔ⁰

我拉 ŋo⁵¹la⁰　　　　　　　　　　　　　渠拉 gɤɯ²¹la⁰

搭＝个 toʔ⁵ki⁰　　　　　　　　　　　　许个 xoʔ²⁴ki⁰

晓着 ɕiɑʌ⁵¹dʑyoʔ⁰　　　　　　　　　　记着 tsɿ⁴⁵dʑyoʔ⁰

认着 n̠in²²⁴dʑyoʔ⁰　　　　　　　　　　病唠 bin²²⁴lɑʌ⁰

火着起 xuəi⁴⁴tE⁵¹tsʰɿ⁰　　　　　　　　二十 n̠i²²⁴zaiʔ⁰

第七十一节　景宁方音

壹　概况

一、调查点

1. 地理人口

景宁畲族自治县隶属浙江省丽水市，位于浙江省西南部，东邻青田县、文成县，南衔泰顺县和福建省寿宁县，西接庆元县、龙泉市，北毗云和县，东北连莲都区，距离丽水市80公里。县域面积1950平方公里，辖2个街道4个镇15个乡，分别是：红星街道、鹤溪街道、英川镇、渤海镇、东坑镇、沙湾镇、景南乡、澄照乡、毛垟乡、秋炉乡、大地乡、梅岐乡、郑坑乡、大均乡、梧桐乡、大漈乡、标溪乡、家地乡、鸬鹚乡、雁溪乡、九龙乡。[①] 截至2018年年底，全县户籍人口17.10万。[②]

2. 历史沿革

景宁在西周至春秋时属越地，三国时属临海郡，隋开皇九年（589）废永嘉、临海二郡，置处州（古丽水地区）设立括苍县（含景宁地域）。明景泰三年（1452）设立景宁县，属处州府，景宁地名取"景泰辑安"之意。1949年5月12日景宁解放，6月15日景宁县人民政府成立，属丽水专区。1952年丽水专区撤销，改属温州专区，1960年并入丽水县。1963年5月复设丽水专区，景宁归属云和县。1984年6月30日，经国务院批准，析云和县以原景宁县地域建立景宁畲族自治县。如今，景宁是全国唯一的畲族自治县，也是华东地区唯一的少数民族自治县。[③]

---

① 参见：景宁畲族自治县人民政府网，http://www.jingning.gov.cn/col/col1376092/index.html，2022年8月12日获取。
② 参见：《2018年浙江统计年鉴》，http://tjj.zj.gov.cn/col/col1525563/index.html，2022年8月12日获取。
③ 参见：景宁畲族自治县人民政府网，http://www.jingning.gov.cn/col/col1376092/index.html，2022年8月12日获取。

3. 方言分布

景宁境内的方言主要有景宁话、畲话。另有一些新安江移民说徽语淳安话，还有少部分浙闽交界处村民说上标话（属于泰顺蛮讲）。景宁话属于吴语上丽片丽水小片，是全县通用方言，当地人称之为"土话"。畲民和移民一般都会说景宁话。受与之接壤的云和、庆元、龙泉、青田、泰顺、文成等方言的影响，根据差异，景宁话可分为 5 种口音：县城（以鹤溪街道、红星街道为中心）、东部（以渤海为中心）、南部（以东坑镇为中心）、西部（以沙湾、英川、毛垟为中心）、中部（以大均、大漈、梧桐、澄照为中心）。

4. 地方曲艺

景宁地区流行婺剧、越剧和畲族民歌。景宁畲族民歌多为七字一句，四句一首，讲究押韵。曲调可分为山歌调和师公调两大类，有独唱、对唱和齐唱等形式，多唱假声，很少伴随动作和音乐。传唱内容广泛，有叙事歌、杂歌、婚丧仪式歌等。

二、方言发音人

1. 方言老男

洪卫东，1958 年 10 月出生于景宁鹤溪镇鹤溪村，一直在本地生活和工作，农民，初中文化程度，说景宁话和普通话。父母均为景宁城里人。

2. 方言青男

陈赞文，1993 年 6 月出生于景宁鹤溪镇水碓弄村，除 2012 年 9 月—2016 年 6 月期间在外就读，一直在本地生活和工作，职工，本科文化程度，说景宁话和普通话。父母均为景宁城里人。

3. 口头文化发音人

洪卫东，男，1958 年 10 月出生于景宁鹤溪镇鹤溪村，一直在本地生活和工作，农民，初中文化程度，说景宁话和普通话。父母均为景宁城里人。

任传奎，男，1951 年 6 月出生于景宁鹤溪镇仙童村，一直在本地生活和工作，教师，现已退休，本科文化程度，说景宁话和普通话。父母均为景宁城里人。

梁平英，女，1962 年 7 月出生于景宁鹤溪镇学田村，一直在本地生活和工作，农民，初中文化程度，说景宁话和普通话。父母均为景宁城里人。

贰　声韵调

一、声母（28 个，包括零声母在内）

p 八兵	pʰ 派片飞	b 病爬肥	m 麦明味问	f 飞风副蜂	v 肥饭
t 多东张竹	tʰ 讨天	d 甜毒	n 东脑南		l 老蓝连路
ts 资早租争	tsʰ 草寸拆抄	dz 茶		s 丝三酸山	z 字贼坐祠事
tɕ 酒柱纸主	tɕʰ 刺清抽车	dʑ 共权	ȵ 年泥热软月	ɕ 想双手书响	ʑ 全谢床船顺
k 高	kʰ 开	g 共	ŋ 熬	x 好灰	
∅ 活县安温王					

说明：

（1）声母［p］［t］内爆音色彩明显，实际音值为［ɓ］［ɗ］。

（2）声母［b］［d］［dz］［dʑ］［g］浊感不明显，尤其是阳平调，实际发音已经近似于清音［p］［t］［ts］［tɕ］［k］。

（3）阴上和阳上调合并后，古浊上［dʑ］［g］的字完全清化，读声母［tɕ］［k］。如：九 tɕiəɯ³³ = 舅 tɕiəɯ³³ | 狗 kəɯ³³ = 厚 kəɯ³³。

（4）［tɕ］组声母与细音相拼时略有舌叶音色彩。

二、韵母（54 个，包括自成音节的［m̩］［ŋ̩］［m̩ʔ］在内）

ɿ 师丝试	i 猪米戏二飞	u 苦	y 猪雨
ʮ 荽			
a 排鞋		ua □ xua³²⁴ 煮得很烂	
ɛ 硬争	iɛ 盐年响	uɛ 横	
œ 南半短根寸		uœ 安	yœ 权
ɔ 山		uɔ 快官	
o 歌坐过茶牙瓦			io 靴写

ai 开赔对　　　　　　　　　　　　　　　　uai 鬼

ɑu 宝饱　　　　iɑu 笑桥

əɯ 豆走　　　　iəɯ 油

aŋ 心深新灯　　　iaŋ 春云　　　　　　uaŋ 滚

ɔŋ 糖讲　　　　iɔŋ 床王双用

əŋ 东　　　　　iŋ 升病星　　　　　　　　　　　　yŋ 兄

ʅ 直尺锡　　　　iʔ 吃　　　　　　　uʔ 谷

aʔ 白　　　　　iaʔ 贴节药　　　　　uaʔ 刮

εʔ 色　　　　　iεʔ 接热北

œʔ 盒骨国　　　　　　　　　　　uœʔ 颈　　　　yœʔ 月出

ɔʔ 塔鸭法辣八　　　　　　　　　uɔʔ 活　　　　yɔʔ □ ꭗzyɔʔ²³ 倒

oʔ 托郭壳学　　　　　　　　　　　　　　　　　ioʔ 绿局

　　　　　　　iuʔ 六

əɯʔ 十七　　　iəɯʔ 急一橘　　uəɯʔ 屈

m̩ 雾

ŋ̍ 五

m̩ʔ 木

说明：

（1）韵母［ʅ］读阴平调时，实际音值为［ʅ̥］。

（2）韵母［u］舌位偏前，与［p］组声母相拼时，实际音值为［ʉ］。

（3）元音［y］的唇型较展。

（4）韵母［o］舌位偏低，且口型略有变小的动程。

（5）元音［ε］的舌位偏高，实际音值为［ɛ］。

（6）元音［œ］的舌位偏高。

（7）［ai］组韵中的［a］舌位略偏高，［i］舌位偏低。

（8）［ɑu］组韵中的［u］舌位偏低。

（9）［əɯ］［əɯʔ］韵中的［ə］舌位偏低，接近［ɐ］，［ɯ］的舌位偏低。

（10）［iəɯ］［iəɯʔ］韵中的［ə］舌位偏高，动程小，接近［iɯ］［iɯʔ］。

（11）语流中，［əɯʔ］［iəɯʔ］韵中的［ɯ］元音很弱。

（12）［iŋ］［yŋ］［ɔŋ］组韵中的主元音［i］［y］［ɔ］有较明显的鼻音色彩，

[ŋ]尾音较弱，且舌位偏前。[yŋ]韵读阴平调时，中间有过渡音[e]，实际音值为[yeŋ]。

（13）[oʔ]组韵有变小的动程，实际发音为[oᵘʔ]。

（14）韵母[m][ŋ][mʔ]，常读为[m…mə][ŋ…ŋə][m…məʔ]。

三、声调（7个）

阴平	324	东该灯风通开天春
阳平	41	门龙牛油铜皮糖红
上声	33	懂古鬼九统苦讨草，动罪近买老五有后
阴去	35	冻怪半四痛快寸去
阳去	113	卖路硬乱洞地饭树
阴入	5	谷百搭节急哭拍塔切刻
阳入	23	六麦叶月毒白盒罚

说明：

（1）阴平[324]为先降后升的曲折调。

（2）阳平[41]有时有一个略升的调头，实际调值为[341]。

（3）阴去[35]为升调，起音[3]比上声调[33]略低，但不到[2]。

（4）阳去[113]有时有一个略降的调头，实际调值为[213]。

（5）阴入[5]有时促感不明显，略升，实际调值为[45]。

（6）阳入[23]有时促感不明显。

叁　连读变调

景宁方言两字组的连读变调规律见下表。表中首列为前字本调，首行为后字本调。每一格的第一行是两字组的本调组合；第二行是连读变调，若连读调与单字调相同，则此行空白；第三行为例词。同一两字组若有两种以上的变调，则以横线分隔。具体如下。

景宁方言两字组连读变调表

前字 \ 后字	阴平 324	阳平 41	上声 33 清上	上声 33 浊上	阴去 35	阳去 113	阴入 5	阳入 23
阴平 324	324 324 / 33 香菇 324 324 / 55 东西	324 41 / 33 清明	324 33 / 32 生好 324 33 / 55 身体	324 33 / 55 端午	324 35 / 32 天气	324 113 / 33 杉树	324 5 / 55 钢笔	324 23 / 32 三十 324 23 / 55 生日
阳平 41	41 324 / 33 黄瓜	41 41 / 33 油麻	41 33 / 55 牙齿	41 33 / 55 黄柿	41 35 驼背	41 113 名字	41 5 / 55 头发	41 23 前日 41 23 / 55 龙電
上声 33 清上	33 324 / 33 左边 33 324 / 55 手巾	33 41 水田	33 33 水果 33 33 / 55 铰剪	33 33 / 55 改造	33 35 韭菜	33 113 肯定	33 5 / 55 喜鹊	33 23 / 55 小麦
上声 33 浊上	33 324 / 55 老鸦	33 41 喉咙	33 33 / 55 老鼠	33 33 / 55 犯罪	33 3 老气	33 113 老大	33 5 / 55 犯法	33 23 每日
阴去 35	35 324 / 55 衬衫	35 41 跳绳 35 41 / 33 酱油	35 33 / 55 报纸	35 33 / 55 跳舞	35 35 / 33 布裤	35 113 / 33 对面	35 5 / 55 正式	35 23 / 55 放学
阳去 113	113 324 右边 113 324 / 55 地方	113 41 上头 113 41 / 33 大门	113 33 顺手 113 33 / 55 大水	113 33 / 55 味道	113 35 / 33 地震	113 113 / 33 大树	113 5 大伯 113 5 / 55 大叔 113 5 / 33 第一	113 23 / 55 大麦
阴入 5	5 324 发烧	5 41 / 53 客人	5 33 黑板	5 33 接受	5 35 / 53 合算	5 113 柏树	5 5 节约	5 23 扎实

续表

后字 前字	阴平 324		阳平 41		上声 33				阴去 35		阳去 113		阴入 5		阳入 23	
					清上		浊上									
阳入 23	23	324	23	41	23	33	23	33	23	35	23	113	23	5	23	23
	石	灰	石	榴	麦	秆	活	动	镀	灶	木	匠	蜡	烛	十	六

说明：

景宁方言两字组连读变调有以下几个特点：

（1）属于前变型。前字变，后字基本不变，轻声词以及后字阴平调［324］有时只降不升除外。后字阴平调［324］读完整的调值还是只降不升，比较随意，即使同一词语也会有两种读法。因此，本调查词汇中的后字阴平调［324］都记完整的调值，语法、长篇语料根据录音记实际读音，或［324］，或［32］。

（2）舒声字

①阳调类的字和阴调类的字都会读［33］［55］调，在连读中出现调类趋同的特点。例如：阳平［41］前的所有舒声字都会变读为［33］调；上声［33］前的所有舒声字都会变读为［55］调。

②连读调一方面和自身的单字调有关系，另一方面也受后字调影响。例如：阳平［41］前的所有舒声字都会变读为［33］调，但前字阴去有时会读本调［35］，前字阳去有时会读本调［113］。

③同一组合会出现不同连读调，且暂时找不出规律。例如：

阴平 + 阴平 → 33＋324 香菇 $\varphi i \varepsilon^{33} ku^{324}$

　　　　　 → 55＋324 东西 $n \partial \eta^{55} \varphi i^{324}$

阴平 + 阳入 → 32＋23 正月 $t \varphi i \eta^{32} n y \alpha \mathcal{P}^{23}$

　　　　　 → 55＋23 生日 $s \varepsilon^{55} n \varepsilon \mathcal{P}^{23}$

阳去 + 阴入 → 113＋5 大伯 $do^{113} pa \mathcal{P}^{5}$

　　　　　 → 55＋5 大叔 $do^{55} \varphi iu \mathcal{P}^{5}$

　　　　　 → 33＋5 第一 $di^{33} i \partial u \mathcal{P}^{5}$

（3）入声除阴入调［5］在阳平、阴去、阴入字前读［3］外，其余的入声前字一般不变调。阳入调［23］有时会有轻微的调值变化，接近［2］或［3］，本调查仍记单字调［23］。

（4）词语和短语的连读调有差异。例如：天光天亮 $t^{h}i \varepsilon^{32} ko \eta^{324} \neq$ 天光上午 $t^{h}i \varepsilon^{33} ko \eta^{324}$。

（5）不符合上述规律的例外：个别词会出现后字变调的情况。例如：

阴平 + 阳平 → 该ᵌ年_{今年} kai³²⁴⁻³²ɲiɛ⁴¹⁻³⁵

阴去 + 阴平 → 背心 pai³⁵⁻⁵⁵saŋ³²⁴⁻³³

肆　异读

一、新老异读

景宁方言中，新老派方言的语音差异主要表现在以下方面。

1. 声母

老派 28 个声母，新派 27 个声母。新派比老派少了［g］声母。阴上和阳上调合并后，古浊上没有读［g］声母的字，只有清化了的［k］声母。所调查的 1000个单字里，老派只有"挂、含、健、共~ᵖ产党"读［g］声母，这 4 个字新派都不读［g］声母。老派新派读音对比如下：

例字	老派	新派
挂	go¹¹³	ko³²⁴
含~一口水	gɔ⁴¹	uə⁴¹
健	gœ¹¹³_{硬朗} / dʑiɛ¹¹³_{~康}	kə³²⁴_{硬朗} / tɕiɛ³²⁴_{~康}
共	dʑiɔŋ¹¹³_{一样：~性} / gəŋ¹¹³_{~产党}	tɕiɔ̃³²⁴_{一样：~性} / kəŋ³²⁴_{~产党}

2. 韵母

（1）老派 54 个韵母，新派 52 个韵母。

老派老派比新派多了［ɻ］［ua］［yɔʔ］［iəɯʔ］［uəɯʔ］5 个韵，其中［ɻ］［ua］［yɔʔ］［uəɯʔ］这 4 个韵都是从词汇中调查出来的，不见于 1000 个单字。新派比老派多了［aiʔ］［iaiʔ］［yaiʔ］3 个韵。

老派读［iəɯʔ］韵母的字，新派读［iaiʔ］［yaiʔ］韵母。新派读［aiʔ］韵母的字，老派读［əɯʔ］韵母。

（2）老派新派韵母的差异还体现以下几个韵母上。例如：

例字	老派	新派
南	œ	ə
安	uœ	uə
权	yœ	yɛ
糖	ɔŋ	ɔ̃
床	iɔŋ	iɔ̃
豆	əɯ	əu
油	iəɯ	iəu
盒	œʔ	əʔ
頞	uœʔ	uəʔ
月	yœʔ	yɛʔ
毒	əɯʔ	əuʔ

3. 声调

老派 7 个调，新派 6 个调。老派古浊去字今读［113］，与阴平［324］相分，例如：公 $kəŋ^{324}$ ≠共~产党 $gəŋ^{113}$。新派古浊去字今读［324］，和阴平同调。例如：公 $kəŋ^{324}$ = 共~产党 $kəŋ^{324}$。

二、文白异读

景宁方言中，文白异读现象较多，在声母和韵母方面都有体现。下文中“/”前为白读，后为文读。

1. 声母

（1）部分非组字白读为［p］组声母，文读为［f］组声母。例如：肺 p^hi^{35} 猪~ / fi^{35} ~结核 | 肥 bi^{41} ~肉 / vi^{41} 减~ | 反 $pɔ^{33}$ ~东西：翻找东西 / $fɔ^{33}$ ~对。

（2）个别端母字白读为声母［n］，文读［t］声母。例如：东 $nəŋ^{324}$ ~西：指物 / $təŋ^{324}$ 指方向。

（3）个别从母字白读为擦音声母，文读为塞擦音声母。例如：绝 $ʑyœʔ^{23}$ ~代 / $dʑyœʔ^{23}$ ~对。

（4）部分知组字白读为［t］组声母，文读为［tɕ］组声母，韵母也随之有所改变。例如：猪 ti^{324} 雄~ / $tɕy^{324}$ ~八戒。

（5）个别庄母字白读为不送气擦音声母，文读为送气擦音声母，韵母也随之有所改变。例如：侧 tsɛʔ⁵ ~过来 / tsʰəɯʔ⁵ ~面。

（6）部分日母字白读为[n]声母，文读为[ȵ]声母，韵母也随之有所改变。例如：人 naŋ⁴¹ 一个~ / ȵiaŋ⁴¹ 丈~ | 日 nɛʔ²³ 一~ / ȵiəɯʔ²³ ~本。

（7）个别见组三等字白读为[tɕ]组声母，文读为[k]组声母，韵母也随之有所改变。例如：贵 tɕy³⁵ 指价格 / kuai³⁵ 用于名字 | 共 dʑiɔŋ¹¹³ 一样:~性 / gəŋ¹¹³ ~产党。

2. 韵母

（1）个别果摄开合口一等字白读为[a]韵母，文读为[o]韵母。例如：拖 tʰa³²⁴ ~牢 / tʰo³²⁴ ~拉机 | 破 pʰa³⁵ ~碗 / pʰo³⁵ ~坏。

（2）个别假摄开口二等字白读为[o]韵母，文读为[a]韵母。例如：沙 so³²⁴ 指沙子 / sa³²⁴ ~湾:当地地名。

（3）个别遇摄字白读为[i]韵母，文读[y]韵母，声母也随之有所改变。例如：猪 ti³²⁴ 雄~ / tɕy³²⁴ ~八戒。

（4）个别蟹摄开口四等字白读为[ai]韵母，文读为[i]韵母。例如：梯 tʰai³²⁴ 楼~ / tʰi³²⁴ ~田。

（5）部分蟹止摄字白读为[y]韵母，文读为[uai]韵母，声母也随之有所改变。例如：桂 tɕy³⁵ 月~ / kuai³⁵ ~圆 | 贵 tɕy³⁵ 指价格 / kuai³⁵ 用于名字。

（6）个别山摄开口二等舒声字白读为[ɛ]韵母，文读为[ɔ]韵母。例如：眼 ŋɛ³³ ~睛 / ŋɔ³³ 一~。

（7）个别臻摄、梗摄舒声字白读为[aŋ]韵母，文读为[iaŋ]韵母，有时声母也会随之改变。例如：人 naŋ⁴¹ 一个~ / ȵiaŋ⁴¹ 丈~ | 影 aŋ³³ 指影子 / iaŋ³³ ~响。

（8）个别臻摄、曾摄入声字白读为[ɛʔ]韵母，文读为[iəɯʔ]韵母或[əɯʔ]韵母，声母也会随之改变。例如：日 nɛʔ²³ 一~ / ȵiəɯʔ²³ ~本 | 侧 tsɛʔ⁵ ~过来 / tsʰəɯʔ⁵ ~面。

（9）个别梗摄开口二等舒声字白读为[ɛ]韵母，文读为[əŋ]韵母；个别梗摄开口二等舒声字白读为[uɛ]韵母，文读为[ɛ]韵母；例如：猛 mɛ³³ 形容火很旺 / məŋ³³ 指凶猛 | 梗 kuɛ⁴⁴⁵ 番薯~ / kɛ³³ 心肌~塞。

（10）个别通摄合口三等舒声字白读为[yŋ]韵母或[iɔŋ]韵母，文读为[əŋ]韵母。例如：宫 tɕyŋ³²⁴ 五~六殿 / kəŋ³²⁴ 子~ | 共 dʑiɔŋ¹¹³ 一样:~性 / gəŋ¹¹³ ~产党。

伍　小称

小称形式主要有以下三种类型。

1. 儿尾

"儿" [n̠i³²⁴] 自成音节，有时变调读 [45] 调。例如：鸟儿 小鸟 tiɑu³³n̠i³²⁴⁻⁴⁵ | 鸡儿 小鸡 tsʅ³²⁴⁻³³n̠i³²⁴⁻⁴⁵ | 猪儿 小猪 ti³²⁴⁻³³n̠i³²⁴⁻⁴⁵。

2. 鼻尾或鼻化

在原音节韵母后加鼻音韵尾 [ŋ]，读 [45] 调。例如：李儿 李子 li³³—liŋ⁴⁵。

3. 变调

舒声调变作高调 [45]。浊声母变为相应的不送气清音；[p] [t] 的内爆音色彩消失；入声韵变舒声韵，喉塞尾消失。例如：公 爷爷 kəŋ³²⁴⁻⁴⁵ | 麦豆 豌豆 maʔ²³dəu¹¹³—təu⁴⁵。

个别词的小称调是 [324]（语流中有时升感不明显，读作 [32]），与阴平同调。例如：婆 bo 奶奶⁴¹—po³²⁴ | 奶 妈妈 na³³⁻³²⁴ | 刘三姊 liəu⁵⁵sɔ³³tsʅ³⁵⁻³²⁴。

另有读作 [35] 调的。例如：娘 姑姑 n̠iɛ⁴¹⁻³⁵。

陆　其他音变

（1）"一"在单念时读 [iəuʔ⁵]，语流中读 [iʔ⁵]。

（2）"帮"在单念时读 [pɔŋ³²⁴]，语流中读 [mɔŋ³²⁴]。

（3）合音。例如：[弗会] 读 [fai³⁵]，[你拉=] 你们 读 [n̠ia³³]。

（4）部分方位词、时间词的末音节变作高调 [45]，变调规律同小称。

例如：下头 io³³dəu⁴¹—təu⁴⁵ | 日日 每天 nɛʔ²³nɛʔ²³—nɛ⁴⁵ | 前面 ziɛ¹¹³miɛ¹¹³⁻⁴⁵。

第七十二节　庆元方音

壹　概况

一、调查点

1. 地理人口 [1]

庆元县隶属浙江省丽水市，位于浙江西南部，丽水市南部，北与龙泉、景宁接壤，东、西、南与福建寿宁、松溪、政和三县交界，距丽水城区 233 公里。全县面积 1898 平方公里，辖 3 街道 6 镇 10 乡，分别是：松源街道、濛洲街道、屏都街道、竹口镇、荷地镇、黄田镇、左溪镇、贤良镇、百山祖镇，安南乡、隆宫乡、五大堡乡、岭头乡、淤上乡、张村乡、江根乡、官塘乡、龙溪乡、举水乡。截至 2016 年年底，全县户籍人口 20.59 万，以汉族为主。[2] 此外还有畲族、苗族、彝族、侗族、土家族等 29 个少数民族，人口很少，以畲族为主。

2. 历史沿革 [3]

庆元地隋属括州，唐属处州龙泉县称松源乡。南宋庆元三年（1197）置县，属处州。明洪武三年（1370）撤庆元县，置庆元巡检司，治查田（今属龙泉）。洪武十三年（1380）复置，清沿之。至清康熙年间，庆元地域基本确定。

中华人民共和国成立后，庆元行政区划有所变更。1958 年，庆元并入龙泉县。1973 年复县。今属丽水市。历代县治均在松源镇。

3. 方言分布

庆元方言是庆元全境通用方言，属吴语区上丽片丽水小片。庆元话内部有地域差异，大致可分为北区（竹口一带）、城区（县城一带）、万里林区（百山祖一带）、东区（荷地一带）四种口音。县东南角的江根乡有几个村说一种接近福建

---

① 参见：庆元县人民政府网，http://www.zjqy.gov.cn，2022 年 8 月 10 日获取。
② 参见：《2017 年浙江统计年鉴》，http://tjj.zj.gov.cn/col/col1525563/index.html，2022 年 8 月 8 日获取。
③ 庆元县志编委会. 庆元县志. 杭州：浙江人民出版社，1996：29-30.

寿宁话的方言，人口不多，但他们跟庆元其他地区的人交往时也说庆元话。庆元畲族人已经不会说畲话，而是说庆元话。其他少数民族人口更少，也只说庆元话。

4. 地方曲艺 [①]

庆元地方戏曲主要有菇民戏和唱灯戏。菇民戏又叫二都戏，产生年代大约在元末明初，发源地为庆元县左溪镇黄冈村。表演者大多为菇民，用地道的庆元方言演唱。

二、方言发音人

1. 方言老男

李成山，1951年12月出生于庆元松源镇，一直在本地生活和工作，农民，小学文化程度，说庆元松源话和不太标准的普通话。父母均为庆元松源人，说庆元松源话。

2. 方言青男

杨丽坤，1989年11月出生于庆元松源镇，一直在本地生活和工作，职工，大专文化程度，说庆元松源话和不太标准的普通话。父母均为庆元松源人，说庆元松源话。

3. 口头文化发音人

李成山，男，1951年12月出生于庆元松源镇，一直在本地生活和工作，农民，小学文化程度，说庆元松源话和不太标准的普通话。父母均为庆元松源人，说庆元松源话。

杨桂芬，女，1958年4月出生于庆元松源镇，一直在本地生活和工作，教师，中师文化程度，说庆元松源话和普通话。父母均为庆元松源人，说庆元松源话。

---

① 庆元县志编委会. 庆元县志. 杭州：浙江人民出版社，1996：493.

贰　声韵调

一、声母（22个，包括零声母在内）

ɓ 八兵飞	pʰ 派片	p 爬病	m 麦明味问	f 飞风蜂肥饭
ɗ 多东张竹	tʰ 讨天	t 甜毒	n 脑南	l 老蓝连路
ts 早茶争装	tsʰ 草寸拆初			s 贼坐三事十
tɕ 酒九共权	tɕʰ 清车春手		ȵ 年泥软月	ɕ 想双船书城
k 高	kʰ 开		ŋ 熬	x 好灰
Ø 活县安王药				

说明：

（1）[ɓ][ɗ]声母为内爆音。

（2）[tɕ]组声母拼撮口呼时带有舌叶色彩。

二、韵母（56个，包括自成音节的[ŋ]在内）

ɿ 丝戏	i 飞	u 厚	y 水贵
ɑ 排鞋	iɑ 写	uɑ 快	yɑ 靴
ɒ 宝饱	iɒ 笑桥		
o 歌坐茶牙猪	io 爷		
ɤ 师试		uɤ 过苦五	
	iɛ 鸡		yɛ 雨
æi 开赔对短		uæi 鬼	
ɐɯ 走	iɯ 豆油		
	ĩ 二米		
ã 山	iã 年响	uã 官	
æ̃ 南半根寸灯硬	iɛ̃ 盐	uæ̃ 横	yɛ̃ 权
ɔ̃ 糖讲	iɔ̃ 床王双用		
əŋ 分	iəŋ 心深新	uəŋ 滚	yəŋ 春云
oŋ 东	ioŋ 兄		

	iŋ 升病星		
ɣʔ 直尺锡	iʔ 室	uʔ 谷	
ɑʔ 塔鸭法辣白	iɑʔ 贴节药	uɑʔ 活刮	yɑʔ 越
oʔ 八托郭壳学	ioʔ 绿局		
ɤʔ 盒北色	iɛʔ 接热	uɤʔ 骨国	yɛʔ 月出
əɯʔ 十	iəɯʔ 急七一	uəɯʔ 或	yəɯʔ 橘
	iɯʔ 六		
ŋ̍ 瓦			

说明：

（1）［ɑ］［ɑ̃］［ɑʔ］组中的［ɑ］靠前，接近［ᴀ］。

（2）［o］韵拼［k］组及零声母时有轻微的［u］介音。

（3）［æ̃］组韵母中的鼻化很微弱。

（4）［iŋ］中的［i］与［ŋ］之间有［ɪ］过渡，近于［iɪŋ］。

（5）［ŋ̍］韵母发完后有［m］尾色彩。

三、声调（8个）

阴平	335	东该灯风通开天春
阳平	52	门龙牛油铜皮糖红
阴上	33	懂古鬼九统苦讨草
阳上	221	买老五有动罪近后
阴去	11	冻怪半四痛快寸去
阳去	31	卖路硬乱洞地饭树
阴入	5	谷百搭节急哭拍塔切刻
阳入	34	六麦叶月毒白盒罚

说明：

（1）阴平调［335］以升为主。

（2）阳入调［34］为短促调。

叁　连读变调

一、两字组连读变调表

庆元方言两字组的连读变调规律见下表。表中首列为前字本调，首行为后字本调。每一格的第一行是两字组的本调组合；第二行是连读变调，若连读调与单字调相同，则此行空白；第三行为例词。同一两字组若有两种以上的变调，则以横线分隔。具体如下。

庆元方言两字组连读变调表

前字＼后字	阴平 335	阳平 52	阴上 33	阳上 221	阴去 11	阳去 31	阴入 5	阳入 34
阴平 335	335 335 33 开 车	335 52 52 芝 麻	335 33 33 天 井	335 221 11 端 午	335 11 33 车 票	335 31 33 车 站	335 5 33 钢 笔	335 34 33 生 日
	335 335 33 11 鸡 荒	335 52 清 明	335 33 身 体	335 221 招 待	335 11 分 配	335 31 军 队	335 5 中 国	335 34 生 活
	335 335 飞 机							
阳平 52	52 335 33 芜 菱	52 52 眉 毛	52 33 22 头 颈	52 221 朋 友	52 11 33 335 麻 将	52 31 名 字	52 5 头 发	52 34 茶 叶
	52 335 农 村		52 33 牙 齿		52 11 驼 背			
阴上 33	33 335 52 打 针	33 52 水 池	33 33 水 果	33 221 31 水 稻	33 11 水 库	33 31 手 艺	33 5 赌 博	33 34 死 活
	33 335 点 心			33 221 起 码				

续表

后字＼前字	阴平 335	阳平 52	阴上 33	阳上 221	阴去 11	阳去 31	阴入 5	阳入 34
阳上 221	221 335 / 22 老 师	221 52 / 22 坐 船	221 33 / 22 老 板	221 221 / 22 道 理	221 11 / 22 买 票 221 11 / 31 上 向	221 31 / 22 马 路	221 5 / 22 道 德	221 34 / 22 老 实
阴去 11	11 335 / 33 嫁 妆 11 335 唱 歌	11 52 / 33 嫁 侬 11 52 / 33 剃 头 11 52 过 年	11 33 报 纸	11 221 / 31 对 待 11 221 送 礼	11 11 种 菜	11 31 孝 顺	11 5 建 设	11 34 中 毒
阳去 31	31 335 / 33 面 包 31 335 地 方	31 52 / 22 大 门	31 33 县 长	31 221 / 22 味 道	31 11 / 33 饭 店 31 11 位 置	31 31 / 33 大 路 31 31 电 话	31 5 / 33 样 式 31 5 办 法	31 34 / 22 树 叶 31 34 事 实
阴入 5	5 335 国 家	5 52 骨 头	5 33 黑 板	5 221 / 33 接 受 5 221 谷 雨	5 11 节 气	5 31 铁 路	5 5 节 约	5 34 节 日
阳入 34	34 335 读 书	34 52 肉 皮	34 33 日 子	34 221 十 五	34 11 力 气	34 31 木 匠	34 5 蜡 烛	34 34 十 六

二、两字组连读变调规律

庆元方言两字组的语音变调有以下几个特点：

（1）以前字变调为主，但后字也有变调现象。

（2）出现在前字的［221］读作［22］。

（3）出现在前字的［33］和［22］有时读得十分相似，不容易分辨。

（4）出现在阳平［52］前面的［52］的实际调值接近［53］。

肆 异读

一、新老异读

庆元方言中，新老派方言存在一定的语音差异。

1. 音系

音系中的差异主要表现在以下几个方面：

（1）拼古疑母字的［o］韵母，老派读［ŋ］声母、［o］韵母，新派读零声母、［uo］韵母。例如：

例字	老派	新派
鹅	ŋo^{52}	uo^{52}
饿	ŋo^{31}	uo^{31}

（2）流摄一等字，老派读［ɯɐ］韵母，新派读［əɯ］韵母，开口度大小差异较明显。例如：

例字	老派	新派
走	tsɐɯ^{33}	tsəɯ^{33}
藕	ŋɐɯ^{221}	ŋəɯ^{221}

（3）老派的［yɛ̃］［iɛ̃］韵对应于新派的［yɛ］［iɛ］韵，新派完全没有鼻化成分。例如：

例字	老派	新派
赚	tɕyɛ̃^{221}	tɕyɛ^{221}
尖	tɕiɛ̃^{335}	tɕiɛ^{335}

（4）老派的［iəŋ］韵母，新派都读作［iŋ］韵母。例如：

例字	老派	新派
心	ɕiəŋ^{335}	ɕiŋ^{335}
新	ɕiəŋ^{335}	ɕiŋ^{335}

2. 其他

其他方面的新老异读情况较少，主要表现在个别字韵母的差异上。例如：

例字	老派	新派
坏	uɑ³¹	xuɑ³¹
递	tɤ³¹	ti³¹
眉	mĩ⁵²	mæi⁵²
危	ȵĩ⁵²	y⁵²
柜	tɕyᴇ³³	tɕy³¹
杂	sɯɯʔ³⁴	sɤʔ³⁴
岸	ŋæ̃³¹	uæ̃³¹
设	ɕiᴇʔ⁵	ɕiɯʔ⁵
发	fɯɯʔ⁵	fɤʔ⁵
律	liʔ³⁴	lyɛʔ³⁴
红	ŋ⁵²	oŋ⁵²
翁	ŋ³³⁵	uæ̃³³⁵
赎	ɕioʔ³⁴	ɕyɤʔ³⁴

二、文白异读

庆元方言的文白异读主要体现在声母和韵母方面。下文中"/"前为白读，后为文读。

1. 声母

（1）部分非组字白读为［ɓ］组声母，文读为［f］组声母，韵母也可能随之有所改变。例如：飞 ɓæi³³⁵ / fi³³⁵｜反 ɓɑ̃³³ / fɑ̃³³｜放 ɓəŋ¹¹ / fɔ¹¹。

（2）个别见母字白读为零声母，文读为［tɕ］声母，韵母也随之有所改变。例如：嫁 iɑ¹¹ / ko¹¹。

（3）个别见组三等字白读为［tɕ］组声母，文读为［k］组声母，韵母也随之有所改变。例如：宫 tɕioŋ³³⁵ / koŋ³³⁵。

（4）个别云以母字白读为擦音声母，文读为零声母。例如：园 xuəŋ¹¹ / yɛ̃⁵²｜远 xuəŋ³³ / yɛ̃²²¹。

2. 韵母

（1）个别果摄开口一等字白读为［æi］韵母，文读为［o］韵母。例如：多 dæi³³⁵ / do³³⁵。

（2）个别果摄合口一等字白读为［ɑ］韵母，文读为［o］韵母。例如：破 pʰɑ¹¹ / pʰo¹¹。

（3）个别果摄合口一等字白读为［æi］或［uæi］韵母，文读为［o］韵母。例如：磨 mæi⁵² / mo³¹ | 螺 læi⁵² / lo⁵² | 火 xuæi³³ / xo³³。

（4）个别假摄开口二等字白读为［io］韵母，文读为［iɑ］韵母。例如：爷 io⁵² / iɑ⁵²。

（5）个别止摄开口三等字白读为［ɤ］韵母，文读为［ɻ］韵母。例如：时 sɤ⁵² / sɻ⁵²。

（6）个别效摄开口一等字白读为［ɤ］韵母，文读为［ɒ］韵母。例如：讨 tʰɤ³³ / tʰɒ³³。

（7）个别山摄开口四等字阳声韵白读为［iɑ̃］韵母，入声韵白读为［iɑʔ］韵母，阳声韵文读为［iɛ̃］韵母，入声韵文读为［iɛʔ］韵母。例如：莲 liɑ̃⁵² / liɛ̃⁵² | 结 tɕiɑʔ⁵ / tɕiɛʔ⁵。

（8）个别臻摄合口三等字白读为［iɛ］韵母，文读为［əŋ］韵母。例如：蚊 miɛ̃⁵² / məŋ⁵²。

（9）个别梗摄开口三等入声字白读为［iɑʔ］韵母，文读为［ɻʔ］韵母，声母也随之有所改变。例如：惜 ɕiɑʔ⁵ / sɻʔ⁵。

伍　小称

庆元话的小称音形式主要为"变韵 + 鼻化 + 变调""儿尾 + 变调""变调"等 3 种。

1. 变韵 + 鼻化 + 变调

这其实是儿化的结果，即前字音的韵母发生变化，并以鼻化的形式附着在变化了的韵母之上，同时声调变为小称高调［55］（实际音值比阴平［335］中的［5］高得多）。例如：

鱼儿 ŋɤ—æ̃$^{11\text{-}55}$ | 虾儿 xo—ɔ̃$^{335\text{-}55}$ | 兔儿 tʰɤ—æ̃$^{11\text{-}55}$

2. 儿尾 + 变调

庆元话"儿"字单读[ȵiɛ^{11}]（阴去），本义为儿子。"儿"作儿词尾时，自身常"再度儿化"，即在"儿"上再带上一个"儿"，后一个"儿"以鼻化的形式附着在前面的"儿"上，同时声调由低平[11]变为高调[55]，读作[ȵiɛ̃^{55}]。例如：

猪儿儿 do^{33}ȵiɛ̃^{55} | 手指儿儿 tɕʰyɛ^{33}tsɤ^{33}ȵiɛ̃^{55} | 孙儿儿 sæ̃^{55}ȵiɛ̃^{55}

3. 变调

韵母不变，声调变读为小称高调[55]。这其实也是儿化所造成的变读结果。例如：

猫儿 mɒ$^{52\text{-}55}$ | 桃儿 tɒ$^{52\text{-}55}$ | 汗巾儿 xæ̃^{33}tɕiən$^{335\text{-}55}$ | 外公儿 uɑ^{33}koŋ$^{335\text{-}55}$

第七十三节　泰顺方音

壹　概况

一、调查点

1. 地理人口 ①

泰顺县隶属于浙江省温州市，位于浙江南部，温州市西南部，东毗苍南，东北临文成，东南界福建福鼎和柘荣，西南侧接福建福安和寿宁，西北接丽水景宁，距温州城区 207 公里。全县总面积 1761.5 平方公里，地势西北高东南低，东西长 62 公里，南北宽 57 公里，山区约占全县总面积的 90%。全县辖 12 镇 7 乡（其中 1 个畲族镇、1 个畲族乡），分别是：罗阳镇、司前畲族镇、百丈镇、筱村镇、泗溪镇、彭溪镇、雅阳镇、仕阳镇、三魁镇、南浦溪镇、龟湖镇、西旸镇，包垟乡、东溪乡、凤垟乡、柳峰乡、雪溪乡、大安乡、竹里畲族乡。截至 2019 年年底，全县户籍人口 37.29 万，其中以汉族为主，少数民族主要是畲族，约有 2 万余人。②

2. 历史沿革

明景泰三年（1452），朝廷派兵镇压了浙闽边境以邓茂七、叶宗留为首的农民起义队伍，遂析瑞安县五都十二里和平阳县三都六里置县，以"国泰民安，人心效顺"之意赐名"泰顺"，治罗阳，隶浙江布政使司温州府。清代，隶属未变。宣统三年（1911），辛亥革命爆发，浙江光复，泰顺属温州军政分府管辖。民国时期，一度划归第六行政督察区（今丽水）。1936 年复划归第五区（今温州）行政公署。

1949 年 8 月后，泰顺先后隶属温州专员公署、温州地区革命委员会、温州地区行政公署。1981 年 9 月至今，隶属温州市，县城在罗阳镇。③

---

① 参见：泰顺县人民政府网，http://www.ts.gov.cn，2022 年 8 月 11 日获取。
② 参见：《2020 年浙江统计年鉴》，http://tjj.zj.gov.cn/col/col1525563/index.html，2022 年 8 月 11 日获取。
③ 泰顺县志编委会. 泰顺县志. 杭州：浙江人民出版社，1998：5–6.

3.方言分布

泰顺境内的方言种类较多，包括罗阳话（吴语）、莒江话（吴语）、蛮讲（闽东话）、彭溪话（闽南话）、百丈口话（吴语）、汀州话（客家话）。

罗阳话主要分布在县城，少量分布在司前、竹里等乡镇，称"司前话"，属吴语上丽片丽水小片，使用人口约 5 万。莒江话受温州文成话影响较大，使用人口近 5 万。蛮讲主要分布在泰顺南部广大地区，使用人口约 18 万（按其内部差异可分为北蛮讲和南蛮讲：筱村、下洪、南院等乡镇及其以北地区说北蛮讲，受吴语影响较大；以南地区说南蛮讲）。彭溪话分布在东南角的彭溪、峰文、月湖等乡镇，使用人口约 3 万。百丈口话系方言岛，是文成话变体，使用人口不详。汀州话主要分布在上排、林垟、大岗背、下塔等村，使用人口约 2 千，大多为中老年人。①

畲族人内部通行畲话，与汉族人一般用泰顺吴语或蛮讲等汉语方言交流。

4.地方曲艺

提线木偶戏是泰顺地方传统戏剧，始于南宋。保存至今的木偶戏除提线木偶戏外，尚有药发木偶戏、布袋木偶戏。木偶戏表演时以木偶作为道具，再由演员操纵，加以音乐、台词等表演形式。泰顺木偶以"雕工精细简练、机巧构思巧妙、开相文静秀美、脸谱描绘简洁朴素、粉彩工艺细致讲究、木偶人物性格各异"著称。2011 年，泰顺提线木偶戏被列入国家级非物质文化遗产代表性项目名录。②

二、方言发音人

1.方言老男

卢亦挺，1948 年 12 月出生于泰顺罗阳镇，一直在本地生活和工作，教师，本科文化程度，说泰顺吴语和不太标准的普通话。父母均为泰顺罗阳人，说泰顺吴语。

2.方言青男

胡昌敏，1987 年 12 月出生于泰顺罗阳镇，一直在本地生活和工作，基层干

---

① 泰顺县志编委会．泰顺县志．杭州：浙江人民出版社，1998：675–720.
② 泰顺县志编委会．泰顺县志．杭州：浙江人民出版社，1998：613–614.

部，本科文化程度，说泰顺吴语和不太标准的普通话。父母均为泰顺罗阳人，说泰顺吴语。

3. 口头文化发音人

卢亦挺，男，1948 年 12 月出生于泰顺罗阳镇，一直在本地生活和工作，教师，本科文化程度，说泰顺吴语和不太标准的普通话。父母均为泰顺罗阳人，说泰顺吴语。

林美春，男，1973 年 5 月出生于泰顺罗阳镇，一直在本地生活和工作，教师，本科文化程度，说泰顺吴语和普通话。父母均为泰顺罗阳人，说泰顺吴语。

魏杨，女，1985 年 4 月出生于泰顺罗阳镇，一直在本地生活和工作，教师，本科文化程度，说泰顺吴语和普通话。父母均为泰顺罗阳人，说泰顺吴语。

赖晓珍，女，1953 年 4 月出生于泰顺罗阳镇，一直在本地生活和工作，职工，初中文化程度，说泰顺吴语和不太标准的普通话。父母均为泰顺罗阳人，说泰顺吴语。

贰　声韵调

一、声母（20 个，包括零声母在内）

p 八兵爬病	pʰ 派片	m 麦明味问	f 飞风副蜂肥灰
t 多东甜毒张竹	tʰ 讨天	n 脑南	l 老蓝连路
ts 早租茶争装纸	tsʰ 刺草寸拆抄		s 坐丝三祠山十
tɕ 酒柱主九共权	tɕʰ 清抽车春轻	ȵ 年泥热软月	ɕ 想床船手书城
k 高	kʰ 开	ŋ 熬	x 好
∅ 饭活县王云用药			

说明：

古全浊声母逢阳上、阳去和阳入有时读类似清音浊流的声母，但不稳定，这里统一记作清声母。

二、韵母（54 个，包括自成音节的[m]在内）

ɿ 师丝试戏	i 猪米二飞	u 武	y 雨
a 排鞋		ua 快	
œ 短寸			
ɛ 南半根灯	iɛ 盐	uɛ 肝	yɛ 权
ɔ 茶牙		uɔ 过瓦	yɔ 靴写
o 歌坐			
ø 苦五		uø 壶	
ɑɔ 宝饱	iɑɔ 笑桥		
æi 开赔对		uæi 鬼	
əu 豆走	iəu 油		
ã 山硬争	iã 年响	uã 官横	
ɔ̃ 糖讲	iɔ̃ 床王双用		
əŋ 心深新	iŋ 升病星	uəŋ 滚	
oŋ 东	ioŋ 春云兄	uoŋ 坟	
ɿʔ 直尺锡	iʔ 笔	uʔ 谷	
aʔ 白		uaʔ 刮	
ɛʔ 盒北色	iɛʔ 接热	uɛʔ 骨国	yɛʔ 月出
œʔ 掇			
ɔʔ 塔鸭法辣八	iɔʔ 贴节药	uɔʔ 活	
oʔ 托郭壳学	ioʔ 绿局		
əiʔ 十急七		uəiʔ 佛	
əuʔ 六	iəuʔ 竹		
m 母			

说明：

（1）[œ]韵母的舌位略靠后。

（2）[ɛ][ɛʔ]两组韵母中的[ɛ]舌位略高，接近[ɜ]。

（3）[o]韵母舌位略高，接近[ʊ]。

（4）[iəu]中的[ə]舌位略低，接近[ɐ]。

（5）[a][ã][aʔ]三组韵母中的[a]实际读音为[ʌ]。

（6）［iŋ］韵实际读音接近［iiŋ］。

（7）［əi］韵中的［ə］舌位略靠前。

（8）零声母音节中，合口呼韵母中的［u］通常读作［ʊ］。

（9）［u］介音在拼非圆唇元音时的实际音值是［ʊ］；［əu］的韵尾也是［ʊ］，唇形不很圆。

三、声调（8个）

阴平	213	东该灯风通开天春
阳平	53	门龙牛油铜皮糖红
阴上	55	懂古鬼九统苦讨草买老五有
阳上	21	动罪近后
阴去	35	冻怪半四痛快寸去
阳去	22	卖路硬乱洞地饭树
阴入	5	谷百搭节急哭拍塔切刻
阳入	2	六麦叶月毒白盒罚

说明：

（1）阴平降的部分幅度较小。

（2）阴上有时听起来像［455］，有时又有降尾，像［551］。

（3）入声均为短促调。

叁　连读变调

一、两字组连读变调表

泰顺方言两字组的连读变调规律见下表。表中首列为前字本调，首行为后字本调。每一格的第一行是两字组的本调组合；第二行是连读变调，若连读调与单字调相同，则此行空白；第三行为例词。同一两字组若有两种以上的变调，则以横线分隔。具体如下。

泰顺吴语两字组连读变调表

前字＼后字	阴平 213	阳平 53	阴上 55	阳上 21	阴去 35	阳去 22	阴入 5	阳入 2
阴平 213	213 213 22 天 星 213 213 天 光	213 53 22 清 明	213 55 22 烧 酒 213 55 生 好	213 21 22 兄 弟 213 21 22 欺 负	213 35 22 菠 菜 213 35 天 气	213 22 豇 豆	213 5 22 钢 笔	213 2 22 山 峡 213 2 中 药
阳平 53	53 213 21 雷 公	53 53 21 岩 头 53 53 前 年	53 55 21 牙 齿	53 21 21 徒 弟	53 35 油 菜	53 22 田 岸	53 5 21 时 节	53 2 21 勤 力 53 2 农 历
阴上 55	55 213 22 点 心	55 53 22 水 田 55 53 后 年	55 55 22 水 果 55 55 否 管	55 21 22 赶 市 55 21 火 着	55 35 22 韭 菜	55 22 22 保 佑 55 22 肯 定	55 5 22 水 窟 55 5 晓 得	55 2 22 水 栗 55 2 后 日
阳上 21	21 213 坐 车	21 53 肚 脐	21 55 稻 秆	21 21 道 士	21 35 肚 泻	21 22 部 队	21 5 道 德	21 2 动 物
阴去 35	35 213 22 衬 衫	35 53 22 菜 头 35 53 去 年	35 55 22 沸 水	35 21 22 制 造	35 35 22 种 菜	35 22 算 命	35 5 22 教 室	35 2 22 放 学
阳去 22	22 213 21 汗 巾 22 213 夜 间	22 53 21 烂 泥	22 55 21 露 水	22 21 21 味 道	22 35 21 地 震	22 22 饭 箸	22 5 21 第 一	22 2 21 大 麦 22 2 认 着

续表

后字 前字	阴平 213		阳平 53		阴上 55		阳上 21		阴去 35		阳去 22		阴入 5		阳入 2	
阴入 5	5 2 杀	213 猪	5 2 插	53 田	5 2 阿	55 姊	5 2 割	21 稻	5 2 出 5 出	35 嫁 35 去	5 2 柏 5 插	22 树 22 定	5 2 隔	5 壁	5 2 吃	2 药
阳入 2	2 蜜	213 蜂	2 日	53 头	2 麦	55 秆	2 活	21 动	2 镬	35 灶	2 月	22 亮	2 白	5 鸽	2 着	2 力

二、两字组连读变调规律

泰顺吴语两字组的语音变调有以下几个特点：

（1）阴平［213］作前字一般读作［22］调，或不变调。

（2）阳平［53］作前字时一般读作［21］。

（3）阴上［55］作前字时一般读作［22］，或不变调。

（4）阳上［21］作前字时不变调，仍读［21］。

（5）阴去［35］作前字时一般读作［22］。

（6）阳去［22］作前字时一般读作［21］。

（7）阴入［5］作前字时一般读作［2］。

（8）阳入［2］作前字时不变调，仍读［2］。

肆　异读

一、新老异读

泰顺吴语中，新老派方言的语音差异主要表现在以下方面。

1.音系

（1）阳入调，老派读［2］，促声；新派读［21］，舒声。新派阳入归阳上，韵母也相应发生变化。例如：

例字	老派	新派
叶	iɛʔ²	iɛ²¹
捏	ȵiɛʔ²	ȵiɛ²¹

（2）流摄一等和效摄一、二等，老派大都相分，分别读［ əu ］和［ ɑ ］韵，而新派则合并为［ ɑ ］韵。另外，个别效摄一等字老派读如流摄一等，读作［ əu ］韵。例如：

例字	老派	新派
好	xəu⁵⁵	xɑ⁵⁵
走	tsəu⁵⁵	tsɑ⁵⁵

（3）新派［ ɛ ］韵母逢［ k ］组读［ iɛ ］，老派不变。例如：

例字	老派	新派
该	kɛ²¹³	kiɛ²¹³

2. 其他

其他方面的新老异读情况较少，主要表现在个别字韵母的差异上。例如：

例字	老派	新派
眉	mi²¹³	mæi⁵³
讨	tʰø⁵⁵ ~饭	tʰɑ⁵⁵ ~饭
母	m⁵⁵ 丈~奶：岳~	mø⁵⁵ 丈~
蹲	təŋ²¹³	tœ²¹³
坟	uoŋ⁵³	uəŋ⁵³

二、文白异读

泰顺吴语中，文白异读现象较少。下文中" / "前为白读，后为文读。

（1）个别效摄开口一、二等字白读为［ ø ］韵母，文读为［ ɑ ］韵母。例如：讨 tʰø⁵⁵ / tʰɑ⁵⁵。

（2）个别蟹摄开口四等字白读为［ æi ］韵，文读为［ i ］韵母。例如：梯 tʰæi²¹³ / tʰi²¹³。

（3）个别通摄合口三等字白读为［ ɔ̃ ］韵，文读为［ ioŋ ］韵母，声母也随之有所改变。例如：中 tɔ̃²¹³ / tɕioŋ²¹³。

（4）其他。例如：产 sã⁵⁵ / tsʰã⁵⁵。

伍　小称

泰顺吴语小称主要包括变调型、鼻尾-变调型、鼻化-变韵（调）型等类型，意思上并不表小。

（1）变调型小称，读中平调［33］。例如：

猫 mɑɔ²¹³⁻³³ | 坑溪 kʰã²¹³⁻³³

（2）鼻尾-变调型小称。例如：

李儿李子 li⁵⁵—liŋ³³

（3）鼻化-变韵（调）型小称。例如：

泡儿柚子 pʰɑɔ²¹³—pʰã²¹³ | 粟儿谷子，子实是小米 ɕioʔ⁵—ɕiɔ̃³³

第七十四节　温州方音

壹　概况

一、调查点

1. 地理人口

温州市位于浙江省东南沿海，辖鹿城、龙湾、瓯海、洞头 4 区，瑞安、乐清 2 市（县级）和永嘉、平阳、苍南、文成、泰顺 5 县。[①]

本调查点是鹿城区，隶属温州市，是温州市人民政府所在地，位于温州市中西部，东接龙湾区，南连瓯海区，西临青田县，北濒瓯江。全区总面积 294.38 平方公里。[②] 辖 2 镇 12 街道，分别是：藤桥镇、山福镇，五马街道、七都街道、滨江街道、南汇街道、松台街道、双屿街道、仰义街道、大南街道、蒲鞋市街道、南郊街道、广化街道、丰门街道。截至 2015 年年底，鹿城区户籍人口为 74.69 万。[③] 当地居民主要为汉族，少数民族人口极少。

2. 历史沿革

鹿城旧属永嘉县地，相传东晋太宁元年（323）置永嘉郡筑城时有白鹿衔花之瑞，故名，为历代郡、州、专区、县治所在地。中华人民共和国成立后，成立温州市。1981 年地市合并，原市区改设区，名温州市城区。1984 年更名为鹿城区。[④]

3. 方言分布

鹿城区境内的方言主要是温州话，属吴语瓯江片。

---

① 方言采样时的行政区划现已有变动。
② 参见：《温州市鹿城区志》，http://daj.lucheng.gov.cn/lcfz/lcqz/2016/08/25/7756.html，2022 年 8 月 9 日获取。
③ 参见：《2016 年浙江统计年鉴》，http://tjj.zj.gov.cn/col/col1525563/index.html，2022 年 8 月 9 日获取。
④ 参见：鹿城区人民政府网，http://www.lucheng.gov.cn/col/col1506229/index.html，2022 年 8 月 9 日获取。

4. 地方曲艺

温州地方曲艺主要有温州鼓词、温州莲花、龙船儿、快板、弹词等。主要曲种为温州鼓词，用瑞安方言演绎。其他曲种几近衰微。

二、方言发音人

1. 方言老男

潘亮，1947 年 1 月出生于温州鹿城区，一直在本地生活和工作，基层干部，现已退休，中专文化程度，说温州话和不太标准的普通话。父母均为温州鹿城区人，说温州话。

2. 方言青男

郑重，1988 年 12 月出生于温州鹿城区，主要在本地生活和工作，方言调查时为温州大学在读研究生，研究生文化程度，说温州话和比较标准的普通话。父母均为温州鹿城区人，说温州话。

3. 口头文化发音人

潘亮，男，1947 年 1 月出生于温州鹿城区，基层干部，现已退休，中专文化程度，说温州话和不太标准的普通话。

陈海娅，女，1975 年 1 月出生于温州鹿城区，基层干部，中专文化程度，说温州话和不太标准的普通话。

金寿金，男，1941 年 5 月出生于温州鹿城区，职工，现已退休，初中文化程度，说温州话和不太标准的普通话。

贰　声韵调

一、声母（声母 27 个，包括零声母）

p 八兵	pʰ 派片	b 爬病肥	m 麦明味问	f 飞副灰	v 肥问饭
t 多东	tʰ 讨天	d 甜毒	n 脑南		l 老蓝连路

ts 资早租争　tsʰ 刺初草清　dz 茶柱争　　　　　　　s 丝三酸山　z 坐祠谢事
　　　　　　　　　　　　　　　　　　　　　　　　　　书　　　　十

tɕ 酒张竹九　tɕʰ 抽春轻　　dʑ 共权　　n̠ 年泥热软月　ɕ 想双手响
k 高　　　　　kʰ 开　　　　ɡ 厚　　　　ŋ 熬　　　　　h 风蜂好
ø 全床顺活

说明：

（1）全浊声母是清音浊流。

（2）零声母实际带有轻微喉塞［ʔ］，逢阳调类时前头带有同部位的摩擦。

（3）［m］［n］［n̠］［ŋ］［l］［v］六个浊声母有阴调。［v］配阴调类时实际音值是半元音［ʋ］。

二、韵母（30 个，包括自成音节的［m］［n］［ŋ］）

ɿ 师丝试戏　　　　　　　i 盐年响接贴热节　　u 歌过苦雨谷　　y 靴鬼权月出
a 排鞋快山塔鸭辣白　　　ia 药
ɛ 杏　　　　　　　　　　iɛ 笑桥硬争横
e 开色
ʒ 宝

　　　　　　　　　　　　　　　　　　　　uɔ 坐饱糖讲　　　yɔ 床王双用

o 茶牙法八活郭学绿　　　io 局
ø 南半短官根寸盒骨
ai 赔对十七北国　　　　　iai 急一橘
ei 写猪米飞直尺锡
au 走　　　　　　　　　　iau 油
ɤu 豆六　　　　　　　　　iɤu 育
aŋ 心深新滚灯　　　　　　iaŋ 英
əŋ 升病星
oŋ 东　　　　　　　　　　ioŋ 春云兄
m 无
n 唔
ŋ 五二

说明：

（1）［i］［y］介音发音短促，带有辅音性。介音［i-］只在［iɛ］中较长，为元音性。

（2）［y］实际发音唇形较展。

（3）［e］实际发音舌位稍高。

（4）单韵母［u］和韵尾［u］实际发音为唇齿性的［ʋ］。

（5）［ɤu］［iɤu］二韵中的［ɤ］舌位略前略低。

（6）［əŋ］中的［ə］实际发音舌位略高。

三、声调（8个）

阴平	33	该开春天灯东通风
阳平	31	皮牛油门糖铜红龙
阴上	25	古苦鬼讨草九懂统
阳上	14	五买罪老后有近动
阴去	51	去怪快四半寸冻痛
阳去	22	路树卖地乱饭硬洞
阴入	323	搭塔急节刻百拍谷
阳入	212	盒叶罚月白麦毒六

说明：

（1）平上去入依声母清浊区分阴阳，处理为四声八调。

（2）阳平前面有升调头，但是当地人的音感是［31］，且没有音位价值，所以记为［31］。

（3）入声念降升型曲折调，阴入［323］前面的调头和后面的调尾有时不到［3］。阳入［212］前面的调头和后面的调尾有时略低于［2］。入声读快了只降不升。

叁　连读变调

一、两字组连读变调表

温州方言两字组的连读变调规律见下表。表中首列为前字本调，首行为后字本调。每一格的第一行是两字组的本调组合；第二行是连读变调，若连读调与单字调相同，则此行空白；第三行为例词。同一两字组若有两种以上的变调，则以横线分隔。具体如下。

温州方言两字组连读变调表

前字 ＼ 后字	阴平 33	阳平 31	阴上 25	阳上 14	阴去 51	阳去 22	阴入 323	阳入 212
阴平 33	33 33 33 金 瓜	33 31 33 223 芝 麻	33 25 33 42 烧 酒 — 33 25 3 生 好	33 14 33 42 鸡 卵	33 51 33 25 香 菜 — 33 51 3 烧 配	33 22 33 街 路	33 323 33 45 天 色	33 212 33 45 生 日
阳平 31	31 33 31 22 梅 花	31 31 22 223 蚊 虫 — 31 31 31 21 排 球	31 25 苹 果 — 31 25 31 2 爬 起	31 14 朋 友	31 51 31 25 球 菜	31 22 蚕 豆	31 323 31 24 侬 客	31 212 31 24 前 日
阴上 25	25 33 25 42 手 巾 — 25 33 3 打 针	25 31 33 223 板 锄 — 25 31 42 21 枕 头 — 25 31 3 打 潮	25 25 25 42 水 果 — 25 25 3 走 转	25 14 25 42 哑 佬	25 51 25 21 韭 菜	25 22 25 42 煮 饭	25 323 25 45 喜 鹊	25 212 25 45 小 麦
阳上 14	14 33 14 31 老 公 — 14 33 14 2 坐 车	14 31 22 223 范 围 — 14 31 14 31 21 鲤 鱼 — 25 31 2 上 坟	14 25 14 31 老 鼠	14 14 14 31 道 士 — 14 14 14 2 犯 罪	14 51 14 31 断 气 — 14 51 14 2 受 气	14 22 14 31 眼 泪	14 323 14 24 稻 镙	24 212 24 24 满 月

续表

前字＼后字	阴平 33	阳平 31	阴上 25	阳上 14	阴去 51	阳去 22	阴入 323	阳入 212
阴去 51	51　33 42 睏　间 51　33 3 唱　歌	51　31 33　223 酱　油 51　31 3 拜　年	51　25 42 对　比 51　25 3 进　口	51　14 42 泻　肚	51　51 42　21 布　帐 51　51 3 做　戏	51　22 42 对　面	51　323 45 教　室	51　212 45 正　月
阳去 22	22　33 31 面　巾	22　31 223 旧　年 22　31 31　21 面　盂 22　31 2 为　人	22　25 31 外　转 22　25 电　影	22　14 31 大　旱	22　51 31　21 事　干 22　51 2 拉　屁	22　22 31 雾　露	22　323 24 自　觉	22　212 24 闹　热
阴入 323	323　33 3 结　婚	323　31 33　223 插　田 323　31 3 刷　牙	323　25 3 脚　底	323　14 3 百　五	323　51 3　51 合　算	323　22 3　22 吃　饭	323　323 3 一　百	323　212 3 吃　药
阳入 212	212　33 2 月　光	212　31 22　223 木　头 212　31 2 落　凡	212　25 2 白　纸	212　14 2 十　五	212　51 2　51 镬　灶	212　22 2　22 绿　豆	212　323 2 蜡　烛	212　212 2 白　白

说明：

（1）阴入阳入为后字时读得快会只降不升，或升不到调尾的高度。

（2）上声和去声为后字时实际调值要稍低稍短一些。

二、两字组连读变调规律

温州方言两字组的连读变调有以下几个特点：

（1）温州方言两字组连读变调前字变化明显，平上去字在入声字前面依阴阳分别变为〔45〕和〔24〕。阳平字在平声去声前由〔31〕变为〔22〕。阴上阳上字在非入声字前面由升调变为降调。阳去字在非入声字前面由［22］变为［31］。入声为前字时大部分依阴阳变为短促的［3］和［2］。

（2）阳平字为后字时有三种变体［223］［31］和［21］。

（3）存在语法变调现象，有一部分动宾结构前字变成短促的［3］或［2］。例如：打潮 tiɛ$^{25\text{-}3}$dziɛ^{31} | 拉屁 la$^{22\text{-}2}$pʰe^{51}。一部分中补结构前字也变成短促的［3］或［2］。例如：生好 siɛ$^{44\text{-}3}$hɤ^{25} | 爬起 bo$^{31\text{-}2}$tsʰ1^{25}。

肆　异读

一、新老异读

温州方言的新老异读主要体现在声母和韵母方面。

（1）东韵三等的"宫弓躬"老派读［tɕ］组声母，新派读［k］组声母。

（2）蟹摄字与舌根音相拼时老派读［e］韵，新派读音接近高元音［i］。

二、文白异读

温州方言的文白异读主要体现在声母和韵母方面。下文中"/"前为白读，后为文读。

1. 声母

（1）日母白读［ȵ］声母，文读［z］声母。例如：人 ȵian^{31} / zaŋ^{31}。

（2）非组白读［b］声母，文读［v］声母。例如：肥 bei^{31} / vei^{31}。

（3）微母白读［m］声母，文读［v］声母。例如：未 mei^{22} / vei^{22}。

（4）鱼韵见系字白读［k］组声母，文读［tɕ］组声母。例如：去 kʰei^{51} / tɕʰy^{51}。

2. 韵母

（1）覃韵部分字白读［aŋ］韵母，文读［ø］韵母。例如：含 gaŋ^{31} / ø^{31}。

（2）桓韵舌齿音字白读［aŋ］韵母，文读［ø］韵母。例如：断 daŋ^{14} / dø^{14}。桓韵入声字白读［ai］，文读［ø］。例如：夺 dai^{212} / dø^{212}。

（3）魂韵部分字白读［aŋ］韵母，文读［y］韵母。例如：温 vaŋ^{33} / y^{33}。

（4）支韵部分字白读［ei］韵母，文读［ɿ］韵母。例如：刺 tsʰei^{51} / tsʰ1^{51}。

（5）德韵部分字白读［ei］韵母，文读［e］韵母。例如：得 tei^{323} / te^{323}。

（6）真谆登韵部分字白读［ən］韵母，文读［aŋ］韵母。例如：新 sən^{33} / saŋ^{33}。

伍　小称

1. "儿"尾型

温州方言里"儿"是阳平字，读［ŋ^{31}］，本义"儿子"。

（1）［ŋ^{31}］变为［ŋ^{1}］。例如：鸟儿 tiɛ$^{25\text{-}42}$ŋ$^{31\text{-}1}$。

（2）［ŋ^{31}］变为［ŋ^{12}］。例如：孙儿 sø^{33}ŋ$^{31\text{-}12}$。

（3）［ŋ^{31}］变为［ŋ^{5}］。例如：盒儿 ø$^{212\text{-}13}$ŋ$^{31\text{-}5}$。

（4）［ŋ^{31}］变为［ŋ^{323}］，与阴入相同，是"儿儿"的合音①。例如：猪儿 tsei$^{33\text{-}45}$ŋ$^{31\text{-}323}$。

（5）［ŋ^{31}］与前字韵母合音为鼻尾韵，声调变随前字。例如：角落儿 ko^{323}lo^{212}ŋ^{31}—ko^{25}loŋ^{212}。

2. 变调型

单字声调变为阴平，多为鼻边音声母字。例如：卵 laŋ$^{14\text{-}33}$。

陆　其他音变

温州方言中还存在一些特殊语流音变现象，例如（读音特殊的字加下画线）：

<u>侬</u>儿书 小人书 niɛ^{34}ŋ^{22}sʅ^{33}(aŋ > iɛ)

用<u>着</u> 行 uo^{22}dʑia^{223}(yɔ > uo)

一些时间名词的变调不合常规。例如：每<u>日</u> mai^{14}ne^{21}（212 > 21）。

---

① 郑张尚芳. 温州方言志. 北京: 中华书局, 2008: 173-174.

第七十五节　永嘉方音

壹　概况

一、调查点

1. 地理人口

永嘉县隶属浙江省温州市，位于浙江省东南部，温州市北部，东邻乐清市，南与温州市区隔江相望，西接青田县、缙云县，北连仙居县、黄岩区，距温州城区约 25 公里。全县面积 2677.64 平方公里，辖 11 镇 4 乡 7 街道，分别是：桥头镇、桥下镇、岩头镇、沙头镇、枫林镇、岩坦镇、大若岩镇、碧莲镇、巽宅镇、鹤盛镇、金溪镇、云岭乡、茗岙乡、溪下乡、界坑乡，东城街道、南城街道、北城街道、瓯北街道、乌牛街道、黄田街道、三江街道。截至 2017 年年底，全县户籍人口为 97.84 万。[①] 当地居民主要为汉族，少数民族人口极少。

2. 历史沿革

永嘉建县于汉顺帝永和三年（138），古称永宁，县治设在贤宰乡（今瓯北罗浮一带）。隋开皇九年（589）改称永嘉县，撤安固、横阳、乐成入永嘉，属括州，治括苍，一直沿用至今。

1949 年 5 月永嘉全境解放，置双溪县，9 月双溪县复称永嘉县。1981 年 10 月，地市合并，由市管县。[②]

3. 方言分布

永嘉境内的方言主要为永嘉话，属吴语瓯江片。与台州、丽水交界的部分村庄分别说台州话和丽水话。

---

① 参见：《2018 年浙江省统计年鉴》，http://tjj.zj.gov.cn/col/col1525563/index.html，2022 年 8 月 10 日获取。

② 参见：永嘉县人民政府网，https://www.yj.gov.cn/col/col1229565909/index.html，2022 年 8 月 10 日获取。

4. 地方曲艺

永嘉昆曲是有名的地方戏曲，是昆曲的一派，但是并不用当地方言演绎。使用永嘉方言表演的曲艺主要有莲花、道情、乱弹和唱词（温州鼓词）等，其中唱词最为流行，但是由于发源地在瑞安，主要使用的方言为瑞安方言。而其他曲艺形式受唱词影响较大，演唱的方言也受到影响。

二、方言发音人

1. 方言老男

杜培飞，1953 年 12 月出生于永嘉上塘镇浦东村，一直在本地生活和工作，木工，小学文化程度，说永嘉上塘话和不太标准的普通话。父母均为当地人。

2. 方言青男

叶疆明，1990 年 4 月出生于永嘉上塘镇浦东村，主要在本地生活和工作，基层干部，本科文化程度，说永嘉上塘话和标准的普通话。父母均为当地人。

3. 口头文化发音人

孙秀姆，女，1954 年 6 月出生于永嘉上塘镇浦东村，一直在本地生活和工作，教师，中师文化程度，说永嘉上塘话和不太标准的普通话。父母均为当地人。

贰　声韵调

一、声母（27 个，包括零声母在内）

p 八兵	pʰ 派片	b 病爬肥	m 麦明味问	f 飞副灰	v 饭肥问
t 多东	tʰ 讨天	d 甜毒	n 脑南		l 老蓝连路
ts 资早租争装纸主	tsʰ 刺草寸拆抄初车	dz 茶柱		s 丝三酸山书	z 字贼坐祠谢事十
tɕ 酒张竹装九	tɕʰ 清抽春轻	dʑ 共权	ȵ 年泥热软月	ɕ 想双手响	
k 高官	kʰ 开困	g 厚衔	ŋ 熬眼	h 风蜂好	

Ø 全床船活

温王云用

　说明：

（1）浊音声母发音较低沉，带有明显的浊流。

（2）[n]声母和[ȵ]声母互补分布。

（3）舌尖音[ts]组声母和舌面音[tɕ]组声母互补分布。

（4）[tɕ]组声母拼[ien]韵母时带有明显的舌叶色彩。

（5）声母[v]配阴调类时，实际音值为半元音[ʋ]。

（6）阳调类的零声母带有较强的浊流。

二、韵母（34 个，包括自成音节的[m][ŋ]）

ɿ 写猪师试戏直尺锡	i 盐年接热节	u 歌过苦雨谷	y 官权刮月骨出
ʮ 靴鬼			
a 排鞋快山塔鸭辣白	ia 药着		
ε 硬争横	iε 响抢		
e 开色			
ø 南半短根寸盒			
ə 宝			yə 笑桥贴
ɔ 糖讲		uɔ 饱	yɔ 床王双用
o 坐茶牙法活郭学绿			yo 局
ai 赔对十七北国	iai 急橘		
ei 米飞			
au 走愁	iau 油九		
əu 豆六	iəu 酒竹		
əɯ 路			
aŋ 心深新滚灯	iaŋ 境轻		
eŋ 病	ieŋ 升星		
oŋ 东	ioŋ 春云兄		
m 磨动			
ŋ 五二			

说明：

（1）韵母［u］唇形扁，发音时唇部较松，实际音值接近［ɯ］。

（2）韵母［o］与帮组声母相拼时，前有个过渡音［u］。

（3）韵母［ə］舌位偏后，偏低。

（4）韵母［yə］［yɔ］［yo］中的［y］较低，实际为［ʏ］。

（5）韵母［uɔ］中的［u］就是介音［u］。

（6）韵母［ei］［ai］［iai］的韵尾［i］舌位较低，实际为［ɪ］。

（7）韵母［əɯ］的例字很少，且有时跟韵母［ue］相混，在青男音系中已经合并。

（8）韵母［ieŋ］中的［e］舌位较低，接近［ɛ］。

（9）韵母［ŋ］和鼻尾［ŋ］的发音不到位，舌根较放松。

三、声调（8个）

阴平	44	东该灯风通开天春
阳平	31	门龙牛油铜皮糖红
阴上	45	懂古鬼九统苦草
阳上	13	买老五有动罪近后
阴去	53	冻怪半四痛快寸去讨
阳去	22	卖路硬乱洞地饭树
阴入	423	谷百搭节急哭拍塔切刻
阳入	213	六麦叶月毒白盒罚

说明：

（1）在语图上阳平［31］有一个上升的调头，实际上为［231］，但是在听感上是一个降调，且该片区的语料基本都记做一个降调，因此我们也处理为一个降调。

（2）阴入［423］先降后升，以降为主，有时后升不明显。

（3）阳入［213］先降后升，有时调尾略低，为［2］；有时类似低平调。

叁　连读变调

　　永嘉方言两字组的连读变调规律见下表。表中首列为前字本调，首行为后字本调。每一格的第一行是两字组的本调组合；第二行是连读变调，若连读调与单字调相同，则此行空白；第三行为例词。同一两字组若有两种以上的变调，则以横线分隔。具体如下。

永嘉方言两字组连读变调表

后字＼前字	阴平 44	阳平 31	阴上 45	阳上 13	阴去 53	阳去 22	阴入 423	阳入 213
阴平 44	44 44 33 天 光 — 44 44 43 阿 哥	44 31 33 21 芝 麻 — 44 31 43 阿 爷 — 44 31 33 13 番 茄	44 45 33 高 考 — 44 45 43 阿 嫂	44 13 53 兄 弟 — 44 13 43 阿 弟	44 53 33 45 相 信	44 22 33 13 山 洞 — 44 22 43 阿 妹	44 423 45 中 国 — 44 323 43 阿 伯	44 213 45 蜂 蜜 — 44 213 43 阿 侄
阳平 31	31 44 21 床 单	31 31 22 21 塍 尘	31 45 门 口	31 13 朋 友	31 53 22 45 群 众	31 22 22 21 蚕 豆	31 423 13 头 发 — 31 423 0 红 色	31 213 13 同 学
阴上 45	45 44 53 火 车	45 31 53 21 水 平 — 45 31 43 以 前	45 45 53 保 险 — 45 45 43 走 好	45 13 53 表 演 — 45 13 0 好 像	45 53 53 43 打 算 — 45 53 43 写 信	45 22 53 姊 妹	45 423 53 改 革 — 45 423 0 晓 得	45 213 小 学
阳上 13	13 44 31 老 师 — 13 44 21 养 鸡	13 31 31 21 市 场 — 13 31 21 养 牛	13 45 31 户 口 — 13 45 21 受 苦	13 13 31 道 理 — 13 13 21 犯 罪	13 53 31 43 野 菜 — 13 53 21 买 菜	13 22 31 后 代 — 13 22 21 有 利	13 423 幸 福	13 213 满 月

续表

前字＼后字	阴平 44	阳平 31	阴上 45	阳上 13	阴去 53	阳去 22	阴入 423	阳入 213
阴去 53	53 44 汽 车	53 31 33 21 酱 油 53 31 21 证 明 53 31 43 拜 年	53 45 对 比 53 45 43 倒 水	53 13 对 象 53 13 43 送 礼	53 53 43 告 诉 53 53 43 眙 戏	53 22 态 度	53 423 45 建 设 53 423 0 退 出	53 213 45 教 学 53 213 0 汉 族
阳去 22	22 44 31 外 甥 22 44 21 电 灯	22 31 31 21 地 球 22 31 21 共 同 22 31 健 康 22 31 21 卖 鱼	22 45 31 字 典 22 45 命 苦 22 45 21 问 好	22 13 31 运 动 22 13 21 卖 米	22 53 31 43 饭 店 22 53 电 线	22 22 31 面 貌	22 423 13 外 国	22 213 13 事 业
阴入 423	423 44 43 浙 江	423 31 43 刷 牙 423 31 0 作 文	423 45 43 出 口 423 45 0 屋 底	423 13 43 博 士	423 53 43 发 票	423 22 43 法 院	423 423 43 叔 伯 423 423 0 法 国	423 213 43 角 落 423 213 0 雪 白
阳入 213	213 44 21 学 生	213 31 21 入 门 213 31 22 21 白 糖	213 45 21 白 纸	213 13 21 白 米 213 13 0 六 倍	213 53 21 白 菜	213 22 21 绿 豆 213 22 31 力 量 213 22 0 力 大	213 423 21 及 格 213 423 绿 色	213 213 21 学 习

永嘉方言两字组连读变调有以下几个特点：

（1）以前字变调为主。但后字也有不少变调现象，主要见于后字为阳平［31］和阴去［53］时。

（2）前字阴上［45］和阴去［53］除在阳平调前，连读变调模式基本一样，前字阳上［13］和阳去［22］在各调之前的连读变调模式也基本一样，呈现合流趋势。

（3）后字的变调产生新的调值［21］［43］。

（4）阴调类和阳调类的变调有趋同性，但仍以声调阴阳为区别，阴调类一组，阳调类一组，界限分明。

（5）永嘉方言存在语法变调。动宾结构具有专门的变调规律，动词读为［43］调。

肆　异读

一、新老异读

老派的音系中韵母［ɯɯ］的例字很少，且有时跟韵母［əɯ］相混，但在新派音系中两者已经合并为［əɯ］。

二、文白异读

永嘉方言的文白异读现象主要有以下几条。下文中"／"前为白读，后为文读。

1. 声母

（1）非组声母白读塞音［p］［b］［m］，文读擦音［f］［v］。例如：反 pa⁴⁵ / fa⁴⁵ | 晚 ma¹³ / va¹³ | 肥 bei³¹ / vei³¹ | 问 maŋ²² / vaŋ²²。

（2）匣母白读［g］声母，文读［v］声母或零声母。例如：怀 ga³¹ / va³¹ | 含 gaŋ³¹ / aŋ³¹。

2. 韵母

（1）果摄开口一等部分字白读［a］韵，文读［o］韵。例如：拖 tʰa⁴⁴ / tʰo⁴⁴。

（2）山摄合口一等阴声韵部分字白读［aŋ］韵，文读［ø］韵。例如：断 daŋ¹³ /

dø¹³ | 暖 naŋ¹³ / nø¹³。山摄合口一等入声韵部分字白读 [ai] 韵，文读 [ø] 韵。例如：脱 tʰai⁴²³ / tʰø⁴²³ | 夺 dai²¹³ / dø²¹³。

（3）宕摄开口三等部分字白读 [yɔ] 韵，文读 [ɔ] 韵。如：装 tɕyɔ⁴⁴ / tsɔ⁴⁴ | 壮 tɕyɔ⁵³ / tsɔ⁵³。

3. 其他

破 pʰa⁵³ / pʰu⁵³ | 去 kʰei⁵³ / tsʰʅ⁵³ | 人 ȵiaŋ³¹ / zaŋ³¹ | 日 ne²¹³ / ȵiai²¹³ / za²¹³ | 蚁 ŋa¹³ / ȵi¹³ | 侧 tsʅ⁴²³ / tsʰe⁴²³ | 鸟 tyə⁵³ / ȵia¹³。

伍 小称

永嘉方言的小称音变较为简单。永嘉方言中"儿" [ŋ³¹] 本义为儿子，加在前一词语后面构成儿尾。例如：

猫儿 muɔ⁴⁴⁻³³ŋ³¹⁻⁰	羊儿 iɛ³¹⁻²²ŋ³¹⁻⁰	李儿 lei¹³⁻³¹ŋ³¹⁻⁰	鸟儿 tyə⁴⁵⁻⁵³ŋ³¹⁻⁰
虾儿 ho⁴⁴⁻³³ŋ³¹⁻⁰	桃儿 də³¹⁻²²ŋ³¹⁻⁰	辮儿 bi²²⁻³¹ŋ³¹⁻⁰	枣儿 tsə⁴⁵⁻⁵³ŋ³¹⁻⁰
兔儿 tʰɯ⁵³⁻³³ŋ³¹⁻⁰	茄儿 tsʅ³¹⁻²²ŋ³¹⁻⁰	囡儿 na¹³⁻³¹ŋ³¹⁻⁰	橘儿 tɕiai⁴²³⁻⁵³ŋ³¹⁻⁰
细儿 sʅ⁵³⁻³³ŋ³¹⁻⁰	蚕儿 zø³¹⁻²²ŋ³¹⁻⁰		兔儿 tʰɯ⁵³ŋ³¹⁻⁰
雀儿 tɕiɛ⁴²³⁻³³ŋ³¹⁻⁰			

加上"儿"尾之后，变调规律主要有两种：

（1）前字为阴平、阴去和阴入时变调为 [33]，前字为阳平、阳上和阳入时变调为 [22]，"儿"轻声。

（2）前字为阳上、阳去时变调为 [31]，前字为阴上时变调为 [53]，前字为阴去时不变调，"儿"轻声。

上述轻声的"儿"尾表小的功能已经磨损，但仍带有亲昵的情感色彩。

永嘉方言中表小的功能由读阳入 [213] 的"儿"来承担。[ŋ²¹³] 应该是"儿"的儿化。例如：猫儿儿_{小猫} muɔ⁴⁴⁻⁴⁵ŋ²¹³ | 猪儿儿_{小猪} tsʅ⁴⁴⁻⁴⁵ŋ²¹³。

第七十六节　乐清方音

壹　概况

一、调查点

1. 地理人口

乐清市隶属浙江省温州市，位于浙江东南沿海，温州市北部，东临乐清湾，与玉环、洞头隔海相望；南以瓯江为界，与温州鹿城隔江相望；西与永嘉毗邻；北与台州黄岩接壤；东北与温岭为邻。距温州市63公里。全市陆域面积1286.90平方公里，辖14镇3乡8街道，分别是：柳市镇、北白象镇、虹桥镇、淡溪镇、清江镇、芙蓉镇、大荆镇、仙溪镇、雁荡镇、磐石镇、蒲岐镇、南岳镇、南塘镇、湖雾镇、岭底乡、智仁乡、龙西乡、乐成街道、城东街道、城南街道、盐盆街道、翁垟街道、白石街道、石帆街道、天成街道。[①] 截至2016年年底，全市人口129.59万。全市常住人口以汉族人口为主，少数民族只占极小比重。[②]

2. 历史沿革

乐清，古瓯越地。晋孝武宁康二年（374）析永嘉郡之永宁县置乐成县，乐清建县从此开始，属永嘉郡。隋文帝开皇九年（589）废永嘉郡立处州，乐成属吴州处州。开皇十二年（592）改处州为括州，乐成县并入永嘉县。此后，乐成历经并入永嘉和分出永嘉的多次变迁。五代后梁开平二年（908）为避梁太祖父朱诚之讳，改县名为乐清，属吴越国温州，乐清之名由此始。1949年5月，乐清县解放，隶属浙江省第五专区。10月，第五专区改名为温州专区，乐清县属之。此后乐清县一直归温州市管辖。1993年9月18日民政部经国务院批准同意撤消乐清县，设立乐清市（县级），由省直辖，由温州市人民政府代管。[③]

---

① 参见：乐清市人民政府网，http://www.yueqing.gov.cn/col/col1322054/index.html，2022年8月8日获取。

② 参见：《2017年浙江统计年鉴》，http://tjj.zj.gov.cn/col/col1525563/index.html，2022年8月8日获取。

③ 参见：乐清市人民政府网，http://www.yueqing.gov.cn/col/col1347835/index.html，2022年8月8日获取。

3. 方言分布

乐清境内的方言主要为乐清话，属吴语瓯江片。与台州交界的雁荡、大荆、仙溪、湖雾 4 镇和龙西、智仁 2 乡的方言属于吴语台州片。

4. 地方曲艺

乐清地方曲艺主要有莲花（道情）、快板、鼓词等。

二、方言发音人

1. 方言老男

周滇生，1949 年 9 月出生于乐清乐成街道，一直在本地生活和工作，教师，现已退休，大专文化程度，说乐清话和不太标准的普通话。父母均为乐清城里人，说乐清城关话。

2. 方言青男

李浩，1987 年 5 月出生于乐清乐成街道，主要在本地生活和工作，主持人，本科文化程度，说乐清话和比较标准的普通话。父母均为乐清城里人，说乐清城关话。

3. 口头文化发音人

周滇生，男，1949 年 9 月出生于乐清乐成街道，一直在本地生活和工作，教师，现已退休，大专文化程度，说乐清话和不太标准的普通话。父母均为乐清城里人，说乐清城关话。

孔珊珊，女，1955 年 9 月出生于乐清乐成街道，一直在本地生活和工作，播音员，现已退休，中专文化程度，说乐清话和不太标准的普通话。父母均为乐清城里人，说乐清城关话。

陈其松，男，1930 年 6 月出生于乐清乐成街道，一直在本地生活和工作，农民，文盲，说乐清话，不会说普通话。父母均为乐清城里人，说乐清城关话。

贰　声韵调

一、声母（27 个，包括零声母在内）

p 八兵	pʰ 派片	b 病爬肥	m 麦明味问	f 飞风副蜂灰	v 饭肥问活
t 多东	tʰ 讨天	d 甜毒	n 脑南		l 路老蓝连
ts 资子	tsʰ 刺	dz 迟治		s 书丝手三山	z 坐谢字祠
				酸想双	十船床城
tɕ 租主纸酒争	tɕʰ 车初草	dʑ 茶住权	ȵ 泥热年软月	ɕ 血响	
九张装竹	抄刺春	争共			
	拆清轻				
k 高官	kʰ 开看	g 厚徛	ŋ 熬眼	h 好汉	
Ø 安县温云					
药王用					

说明：

（1）全浊声母是清音浊流。

（2）零声母阴调类实际带有轻微喉塞[ʔ]，逢阳调类时前头带有同部位的摩擦。

（3）[v]摩擦不很重。

（4）[m][n][ȵ][l][ŋ]五个浊声母有阴调。

二、韵母（45 个，包括自成音节的[m][n][ŋ]在内）

ɿ 师丝试	i 写米飞尺锡	u 过苦谷六	y 靴雨鬼
a 饱塔鸭辣活硬	ia 响药争	ua 阔刮	
	iɛ 产		
ɛ 山	iɛ 盐接热年节	uɛ 关	yɛ 权月出
e 开排鞋南根白	ie 菜摘	ue 快	
ɔ 糖讲	iɔ 王用		
o 歌坐牙瓦郭壳	io 茶局		

ø 短托	iø 寸		
ɤ 宝笑十北色	iɤ 桥急七一橘	uɤ 官骨	
ɯ 半			
ai 赔对	iai 翠	uai 国	
au 狗	iau 走油		
	iu 豆		
ɯʌ 贴八	iɯʌ 张	uɯʌ 床双	yɯʌ 重
aŋ 心深新灯	iaŋ 云	uaŋ 滚	
eŋ 升病星	ieŋ 正		
oŋ 东	ioŋ 春兄		
m 磨母			
n̩ 唔⁼			
ŋ 五二			

说明：

（1）单韵母[u]和作为介音的[u-]实际发音上齿轻触下唇。

（2）[y]实际发音双唇略展。

（3）[ɤ]实际发音舌位稍低稍前，在[u]后面时受其后高舌位的影响有时发成[ɯ]。

（4）[ɯʌ]的[ʌ]较短。

（5）[i-]介音的各韵母中只有[iɛ][iu]的[i]介音是元音性的，其他都是辅音性的短[ǐ]。但有少数几个韵母为[iu]的入声字如"筑、竹、粥、祝"与[tɕ]组声母相拼时介音读短[ǐ]，不与长介音[i]构成对立，故合为同一韵母[iu]。

（6）[e]稍微有点滑向[i]的动程，但还构不成复合元音。

（7）[ø]实际发音舌位稍后。

（8）[eŋ]的[e]实际发音舌位稍高。

三、声调（8个）

阴平	44	该开春天灯东通风
阳平	31	皮牛油门糖铜红龙
阴上	35	古苦鬼讨草九懂统
阳上	24	五买罪老后有近动

阴去	41	去怪快四半寸冻痛
阳去	22	路树卖地乱饭硬洞
阴入	323	搭塔急节刻百拍谷
阳入	212	盒叶罚月白麦毒六

说明：

（1）平上去入依声母清浊区分阴阳，处理为四声八调。

（2）阳平前面有升调头，但是当地人的音感是［31］，且没有音位价值，所以记为［31］。

（3）入声念降升型曲折调，阴入［323］前面的调头和后面的调尾有时不到3。阳入［212］前面的调头和后面的调尾有时略低于［2］。入声读快了只降不升。

叁　连读变调

一、两字组连读变调表

乐清方言两字组的连读变调规律见下表。表中首列为前字本调，首行为后字本调。每一格的第一行是两字组的本调组合；第二行是连读变调，若连读调与单字调相同，则此行空白；第三行为例词。同一两字组若有两种以上的变调，则以横线分隔。具体如下。

乐清方言两字组连读变调表

前字＼后字	阴平 44	阳平 31	阴上 35	阳上 24	阴去 41	阳去 22	阴入 323	阳入 212
阴平 44	44　44 金　瓜	44　31 　　223 芝　麻	44　35 42 烧　酒 ——— 44　35 3 生　好	44　24 42 鸡　卵	44　41 35 香　菜	44　22 35　31 街　路	44　323 35 天　色	44　212 35 生　日
阳平 31	31　44 22 梅　花	31　31 22　223 蚊　虫 ——— 24　31 22 排　球	31　35 31 苹　果 ——— 31　35 2 爬　起	31　24 31 朋　友	31　41 24 球　菜	31　22 24　31 蚕　豆	31　323 24 侬　客	31　212 24 前　日

续表

后字 前字	阴平 44	阳平 31	阴上 35	阳上 24	阴去 41	阳去 22	阴入 323	阳入 212
阴上 35	35　44 42 手　巾	35　31 44　223 板　锄 35　31 44 枕　头 35　31 3 打　雷	35　35 42 水　果 35　35 3 走　转	35　24 42 哑　佬	35　41 42　21 韭　菜 35　41 3 写　信	35　22 42 煮　饭	35　323 喜　鹊	35　212 小　麦
阳上 24	24　44 31 老　公	24　31 22　223 范　围 24　31 22 鲤　鱼 24　31 2 买　牛	24　35 31 老　鼠	24　24 31 道　士 24　24 2 买　马	24　41 31　21 断　气 24　41 2 买　菜	24　22 31 眼　泪	24　323 稻　镙	24　212 满　月
阴去 41	41　44 42 睏　间	41　31 44　223 酱　油 41　31 3 拜　年	41　35 42 跳　蚤	41　24 42 泻　肚	41　41 42　21 布　帐 41　41 3 照　相	41　22 42 对　面	41　323 35 教　室	41　212 35 正　月
阳去 22	22　44 31 面　巾 22　44 电　灯	22　31 223 旧　年 22　31 面　盂	22　35 31 外　转 22　35 2 电　影	22　24 31 大　旱	22　41 31　21 事　干	22　22 31 雾　露	22　323 24 自　觉	22　212 24 闹　热
阴入 323	323　44 3 结　婚	323　31 44　223 插　田	323　35 3 脚　底	323　24 3 百　五	323　41 3 合　算	323　22 42 吃　饭	323　323 3 一　百	323　212 3 吃　药
阳入 212	212　44 2 月　光	212　31 22　223 木　头 212　31 2 入　门	212　35 2 木　耳	212　24 2 十　五	212　41 2 镀　灶	212　22 31 绿　豆	212　323 2 蜡　烛	212　212 2 白　白

说明：

（1）上声为后字时实际调值要稍短、稍低。

（2）阴入阳入为后字时保持曲折调，读得快时只降不升，或升不到调尾的高度。

二、两字组连读变调规律

乐清方言两字组的连读变调有以下几个特点：

（1）变调现象比较复杂，前后字都会变调，以前字变调为主。非入声字在入声前都变为升调，入声字为前字时大都变为短促调。上声字在非入声字前面时都变为降调。

（2）后字也有不少变调现象：阳平为后字时增加了一种变体［223］。阴去在上声和去声后面增加一种变体［21］。阳去在平声后面增加一种变体［31］。

（3）存在语法变调现象，有一部分动宾结构两字组合，主要以阳平和阴去为后字时，前字调值变为短促的［3］或［2］，后字不变。例如：打雷 $ta^{35\text{-}3}lai^{31}$ | 写信 $si^{35\text{-}3}sa\eta^{41}$。有一部分中补结构的两字组合，主要以阴上为后字时，前字调值变为短促的［3］或［2］，后字不变，如：生好 $sa^{44\text{-}3}h\gamma^{35}$ | 爬起 $b\mu\Lambda^{31\text{-}2}t\varepsilon^{h}i^{35}$。

肆　异读

一、新老异读

乐清方言的新老异读主要体现在韵母方面。

（1）山摄桓韵帮母老派读［ɯ］韵，新派读［ɣ］韵。

（2）效摄萧韵端系字老派读［iɯʌ］韵，新派读［ɯʌ］韵，丢失了［i］介音。

（3）流摄侯韵定母字老派读［iu］韵，新派有的读［u］韵。

（4）通摄东韵入声来母、知系字，老派读［u］韵或［ĭu］韵，新派读［iu］韵。

二、文白异读

乐清方言的文白异读主要体现在声母和韵母方面。下文中"／"前为白读，后为文读。

1. 声母

（1）日母个别字白读［ȵ］声母，文读［z］声母。例如：人 ȵian^{31} / zaŋ^{31}。

（2）非组个别字白读［b］声母，文读［v］声母。例如：肥 bi^{31} / vi^{31}。

（3）微母个别字白读［m］声母，文读［v］声母。例如：未 mi^{22} / vi^{22}。

2. 韵母

（1）见系鱼韵部分字白读［i］韵，文读［y］韵。例如：去 tɕʰi^{41} / tɕʰy^{41}。

（2）覃韵部分字白读［aŋ］韵，文读［ø］韵。例如：含 gaŋ^{31} / ø^{31}。

（3）桓韵舌齿音白读［aŋ］韵，文读［ø］韵。例如：断 daŋ^{24} / dø^{24}。桓韵入声白读［ɤ］韵，文读［ø］韵。例如：夺 dɤ^{212} / dø^{212}。

（4）魂韵部分字白读［aŋ］韵，文读［uɤ］韵。例如：温 uaŋ^{44} / uɤ^{44}。

（5）支韵个别字白读［i］韵，文读［ʅ］韵。例如：刺 tɕʰi^{41} / tsʰʅ^{41}。

（6）咍韵部分字白读［i］韵，文读［e］韵。例如：来 li^{31} / le^{31}。

（7）真谆登韵部分字白读［eŋ］韵，文读［aŋ］韵。例如：新 seŋ^{44} / saŋ^{44}。

伍　小称

1. "儿尾"型

乐清方言里"儿"是阳平字，读［ŋ^{31}］，本义"儿子"。

（1）［ŋ^{31}］变为阴上［ŋ^{35}］。例如：猪儿 tɕi^{42}ŋ^{35}。

（2）［ŋ^{31}］变为阴入［ŋ^{323}］，是"儿儿"的合音。^{①} 例如：刀儿 tɤ^{35}ŋ^{323}。

（3）［ŋ^{31}］与前字韵母合音为鼻尾韵，声调变随前字。例如：角落儿 ko^{323}lo^{212}ŋ^{31}—ko^{35}loŋ^{212}。

2. 变调型

（1）单字声调变为入声。例如：布头 diu$^{31\text{-}212}$。

（2）单字声调变为阴平，多为鼻边音声母字。例如：妹 mai$^{22\text{-}44}$ | 卵 laŋ$^{24\text{-}44}$。

① 郑张尚芳. 温州方言志. 北京：中华书局，2008：173-174.

3. 变调变韵型

单字声调变为阴调类，同时韵母发生变化。例如：阿娘_{奶奶} ȵiɯʌ³¹—ȵia³³。

陆　其他音变

乐清方言中还存在一些特殊语流音变现象。例如（读音特殊的字加下画线）：

走去 tɕiau³⁵dʑi⁰(tɕʰ > dʑ)

算否定 sø⁴²vu⁰deŋ²²(f > v)

包粱粟 pa³la²⁴so³²³(iɯʌ > a)

后日 au²⁴ne⁴¹(212 > 41)

第七十七节 瑞安方音

壹 概况

一、调查点

1. 地理人口

瑞安市隶属浙江省温州市，位于浙江省东南沿海，东临东海，西连文成县，南接平阳县，北邻瓯海区、龙湾区，西北界青田县，北距温州市区 34 公里。全市面积 1350 平方公里，辖 9 镇 2 乡 12 街道，分别是：塘下镇、陶山镇、桐浦镇、湖岭镇、林川镇、马屿镇、曹村镇、高楼镇、平阳坑镇，芳庄乡、北麂乡，安阳街道、玉海街道、锦湖街道、潘岱街道、东山街道、上望街道、莘塍街道、汀田街道、飞云街道、云周街道、仙降街道、南滨街道。截至 2017 年年底，全县户籍人口 123.51 万。当地居民主要为汉族，少数民族占极少比重。[①]

2. 历史沿革

三国吴赤乌二年（239），析永宁县大罗山（泉山）南境置罗阳县，属会稽郡，设县治于北湖鲁岙（西岙、河埭桥一带），为瑞安建县之始。唐天复二年（902），一作天复三年，安固县改瑞安县，一直沿用至今。

1949 年 9 月 5 日，瑞安县人民政府正式成立。1987 年 4 月 15 日撤县设市（县级），置瑞安市人民政府，管辖范围不变。2001 年仙岩镇、丽岙镇划属温州市瓯海区，塘下镇的梅头办事处划属温州市龙湾区。[②]

3. 方言分布

瑞安市境内的方言主要为瑞安话，属吴语瓯江片。

---

① 参见：《2017 年浙江省统计年鉴》，http://tjj.zj.gov.cn/col/col1525563/index.html，2022 年 8 月 10 日获取。

② 参见：瑞安人民政府网，http://www.ruian.gov.cn/art/2020/8/21/art_1229230397_54752451.html，2022 年 8 月 10 日获取。

4.地方曲艺

瑞安的曲艺主要有温州鼓词、莲花、道情等。温州鼓词历史悠久，源远流长。关于它的具体形成时代，一说始于南宋，另一说认为温州鼓词始于明代。温州鼓词用瑞安方言演唱。温州鼓词有唱有说，以唱为主，其基本曲调有慢板、流水、紧板等几十个板式。温州鼓词演唱用的主要乐器有扁鼓、三粒板、牛筋琴、小抱月等，主要曲目有《高机与吴三春》《王十朋中状元》《陈十四收妖》《九美图》《粉妆楼》《二度梅》《岳传》《七侠五义》《封神榜》等。2006年5月20日，温州鼓词经国务院批准被列入第一批国家级非物质文化遗产代表性项目名录。

二、方言发音人

1.方言老男

徐金川，1959年5月出生于瑞安锦湖街道，一直在本地生活和工作，农民，没有正式上过学，自学识字，相当于小学文化程度，说瑞安话和不太标准的普通话。父母均为瑞安城关人。

2.方言青男

许可，1985年9月出生于瑞安玉海街道，主要在本地生活和工作，教师，本科文化程度，说瑞安话和标准的普通话。父母均为瑞安城关人。

3.口头文化发音人

林爱棉，女，1957年6月出生于瑞安玉海街道，一直在本地生活和工作，职工，现已退休，小学文化程度，说瑞安话和不太标准的普通话。父母均为瑞安城关人。

夏锡桃，男，1957年8月出生于瑞安锦湖街道，一直在本地生活和工作，工商业者，文盲，说瑞安话和不太标准的普通话。父母均为瑞安城关人。

阮爱兰，女，1964年9月出生于瑞安锦湖街道，一直在本地生活和工作，文艺工作者，初中文化程度，说瑞安话和不太标准的普通话。父母均为瑞安城关人。

贰　声韵调

一、声母（27个，包括零声母在内）

p 八兵	pʰ 派片	b 病爬肥	m 麦明味问	f 飞风副蜂灰	v 饭肥问
t 多东	tʰ 讨天	d 甜毒	n 脑南		l 老蓝连路
ts 资早租酒 竹争纸主	tsʰ 刺草清抽 拆初车春	dz 茶柱		s 丝三酸山手 书	z 字贼祠谢 事顺十城
tɕ 张装九	tɕʰ 轻吃	dʑ 共权	ȵ 年泥热软月	ɕ 想双响	
k 高官	kʰ 开困	g 厚衔	ŋ 熬眼	h 好海	
∅ 全床船王 云用活温					

说明：

（1）浊音声母发音较低沉，带有明显的浊流。

（2）舌尖音［ts］组声母和舌面音［tɕ］组声母互补分布。

（3）声母［v］配阴调类时，实际音值为半元音［ʋ］。

（4）阳调类的零声母带有较强的浊流。

二、韵母（31个，包括自成音节的［ŋ］）

ɿ 师丝试	i 戏盐年接热节	u 八绿	y 笑桥官权月骨出
a 鞋快硬争横十七白	ia 急一橘		
ɛ 宝刀	iɛ 响抢		
e 开南盒一北色国			
ø 半短根寸托			
ɤ 雨鬼			
ɔ 饱山塔鸭法辣	iɔ 药着	uɔ 贴活刮	
o 坐茶牙糖讲郭壳学			yo 床王双用局
ɯ 歌过苦谷			
ai 赔对			

ei 写猪米飞直尺锡

au 走愁　　　　　　　iau 油九

əɯ 土赌岁水

ou 豆六　　　　　　　iou 靴

aŋ 心深新滚灯　　　　iaŋ 云金

əŋ 升病星　　　　　　iŋ □谁

oŋ 春东　　　　　　　ioŋ 兄雄

ŋ 五二

说明：

（1）韵母 [ɣ][ɯ][u][o][ɔ] 互相对立。例如：锯名 [kɣ⁵³] ≠ 过～来 [kɯ⁵³] ≠ 挂 [ku⁵³] ≠ 架 [ko⁵³] ≠ 教 [kɔ⁵³]。

（2）老派韵母 [ɣ] 和 [y] 在舌面音后对立。例如：贵 [tɕɣ⁵³] ≠ 照 [tɕy⁵³]，柜 [dʑɣ²²] ≠ 传～记 [dʑy²²]，新派已经合并。

（3）韵母 [a] 舌位偏后，但不到 [ʌ]。

（4）韵母 [ɣ] 带有唇齿的摩擦。

（5）韵母 [y] 与舌根音声母相拼时，前有过渡音 [ø]。

（6）韵母 [ɯ][əɯ] 中的 [ɯ] 舌位偏低，开口度较小，且发音时带有摩擦；

（7）韵母 [ei][ai] 中 [i] 舌位偏低。

（8）韵母 [ou] 中 [o] 的舌位偏低，但不到 [ɔ]。

（9）韵母 [yo] 中 [y] 的舌位偏低。

（10）韵母 [ŋ] 和鼻尾 [ŋ] 的发音不到位，舌根较放松。

（11）韵母 [iŋ] 只出现在合音中。

三、声调（8个）

阴平	44	东该灯风通开天春
阳平	31	门龙牛油铜皮糖红
阴上	35	懂古鬼九统苦草
阳上	13	买老五有动罪近后
阴去	53	冻怪半四痛快寸去讨
阳去	22	卖路硬乱洞地饭树

阴入	323	谷百搭节急哭拍塔切刻
阳入	212	六麦叶月毒白盒罚

说明：

（1）阴平［44］实际音值稍高，但不到［55］。

（2）在语图上阳平［31］有一个上升的调头，实际上为［231］，但是在听感上是一个降调，且该片区的语料基本都记做一个降调，因此我们也处理为一个降调。

叁　连读变调

瑞安方言两字组的连读变调规律见下表。表中首列为前字本调，首行为后字本调。每一格的第一行是两字组的本调组合；第二行是连读变调，若连读调与单字调相同，则此行空白；第三行为例词。同一两字组若有两种以上的变调，则以横线分隔。具体如下。

瑞安方言两字组连读变调表

后字 前字	阴平 44	阳平 31	阴上 35	阳上 13	阴去 53	阳去 22	阴入 323	阳入 212
阴平 44	44 44 33 飞 机 44 44 3 阿 哥	44 31 33 21 冰 糖 44 31 3 阿 爷	44 35 53 高 考 44 35 3 阿 嫂	44 13 53 兄 弟 44 13 3 阿 弟	44 53 33 35 相 信	44 22 33 13 山 洞 44 22 3 阿 妹	44 323 35 中 国 44 323 3 阿 伯	44 212 35 蜂 蜜 44 212 3 阿 侄 44 212 33 0 京 剧
阳平 31	31 44 22 茶 杯	31 31 22 21 平 时	31 35 存 款	31 13 牛 奶	31 53 22 35 迟 到	31 22 22 13 蚕 豆	31 323 13 颜 色 31 323 0 红 色	31 212 13 同 学

续表

后字 前字	阴平 44	阳平 31	阴上 35	阳上 13	阴去 53	阳去 22	阴入 323	阳入 212
阴上 35	35　44 53 火　车 35　44 　　0 打　开	35　31 53　21 水　平 35　31 3 以　前	35　35 53 保　险 35　35 3 走　好	35　13 53 表　演 35　13 3 以　后 35　13 　　0 可　以	35　53 53　42 打　算 35　53 3 讲　究	35　22 53 姊　妹	35　323 改　革 35　323 　　0 晓　得	35　212 小　学
阳上 13	13　44 31 老　师	13　31 31　21 市　场	13　35 31 户　口	13　13 31 道　理 13　53 受　气	13　53 31　42 野　菜	13　22 31 后　代	13　323 幸　福	13　212 满　月
阴去 53	53　44 33 汽　车	53　31 33　21 酱　油 53　31 3 拜　年	53　35 对　比	53　13 对　象	53　53 42 告　诉 53　53 3 眙　戏	53　22 态　度 53　22 3 算　命	53　323 35 建　设 53　323 0 退　出	53　212 35 教　学 53　212 0 汉　族
阳去 22	22　44 31 外　甥 22　44 3 电　灯	22　31 31　21 共　同 22　31 212 旧　年	22　35 31 字　典 22　35 3 电　表 22　35 命　苦 22　35 　　0 愿　讲	22　13 31 运　动	22　53 31　42 地　震 22　53 3 电　线	22　22 31 命　运	22　323 13 外　国	22　212 13 事　业
阴入 323	323　44 3 浙　江	323　31 3 出　门 323　31 0 作　文	323　35 3 出　口 323　35 0 屋　底	323　13 3 博　士 323　13 八　里	323　53 3 发　票	323　22 3 法　院	323　323 3 叔　伯 323　323 35 隔　壁	323　212 3 角　落 323　212 0 雪　白

续表

后字 前字	阴平 44	阳平 31	阴上 35	阳上 13	阴去 53	阳去 22	阴入 323	阳入 212
阳入 212	212　44 2 学　生	212　31 2 入　门 212　31 22　21 白　糖	212　35 2 白　纸	212　13 2 落　雨 212　13 六　倍 212　13 　　0 合　拢	212　53 2 学　费 212　53 达　到	212　22 2 绿　豆	212　323 2 及　格 212　323 　　0 绿　色	212　212 2 学　习 212　212 22 日　食

瑞安方言两字组连读变调有以下几个特点：

（1）以前字变调为主。但后字也有不少变调现象，主要见于后字为阳平［31］和阴去［53］时。

（2）前字阴上［35］和阴去［53］除在阳平调前，连读变调模式基本一样，阳上［13］和阳去［22］在各调之前的连读变调模式基本一样，呈现合流趋势。

（3）后字的变调产生新的调值［21］［42］。

（4）阴入、阳入在做前字时会变为短调［3］［2］。

（5）阴调类和阳调类的变调模式有趋同性，但仍以声调阴阳为区别，阴调类一组，阳调类一组，界限分明。

（6）瑞安话存在语法变调。例如：剃头 $t^hei^{53-3}dou^{31}$ | 做媒 $tsou^{53-3}me^{31}$ | 眙戏 $ts^h\eta^{53-3}\varphi i^{31}$。

（7）瑞安方言中部分表示时间的名词，连读变调不符合规律。例如：明年 $ma\eta^{31-22}\underset{\sim}{n}i^{31-22}$ | 后年 $au^{13}\underset{\sim}{n}i^{31-21}$ | 旧年 $dziau^{31-22}\underset{\sim}{n}i^{31-212}$ | 前年 $i^{31-22}\underset{\sim}{n}i^{31-212}$。

肆　异读

一、新老异读

（1）老派韵母［ɤ］和［y］在舌面音后对立，例如：贵 $t\varphi\gamma^{53} \ne$ 照 $t\varphi y^{53}$ | 柜 $d\varphi\gamma^{22} \ne$ 传~记 $d\varphi y^{22}$，新派已经合并为［y］。

（2）新老派在个别词的读音的选择上有所不同，如"鸟"的读音，老派惯用［ $t\iota\iota^{35}$ ］，而新派则使用［ $\underset{\sim}{n}io^{13}$ ］。

二、文白异读

瑞安方言的文白异读现象主要有以下几条。下文中"／"前为白读，后为文读。

1. 声母

（1）非组声母白读塞音[p][b][m]，文读擦音[f][v]。例如：粪 paŋ⁵³／fan⁵³｜反 pɔ³⁵／fɔ³⁵｜肥 bei³¹／vei³¹｜问 maŋ²²／vaŋ²²。

（2）匣母白读[g]声母，文读[v]声母或零声母。例如：怀 ga³¹／va³¹｜厚 gau¹³／au¹³。

2. 韵母

（1）果摄开口一等部分字白读[a]韵，文读[ou]韵。例如：拖 tʰa⁴⁴／tʰou⁴⁴｜大 da²²／dou²²。

（2）山摄合口一等阴声韵部分字白读[aŋ]韵，文读[ø]韵。例如：断 daŋ¹³／dø¹³｜暖 naŋ¹³／nø¹³｜卵 laŋ¹³／lø¹³｜遁 daŋ²²／dø²²。山摄合口一等入声韵部分字白读[a]韵，文读[ø]韵。例如：脱 tʰa³²³／tʰø³²³｜夺 da³²³／dø³²³。

（3）宕摄开口三等部分字白读[yo]韵，文读[o]韵。例如：装 tɕyo⁴⁴／tso⁴⁴｜壮 tɕyo⁵³／tso⁵³。

3. 其他

蛾 me³¹／ŋ³¹｜阿 a⁴⁴／ɯ⁴⁴｜茄 ga³¹／dzi³¹｜波 pu⁴⁴／pɯ⁴⁴｜破 pʰa⁵³／pʰɯ⁵³｜差 tsʰou⁴⁴／tsʰa⁴⁴｜车 tsʰei⁴⁴／tsʰo⁴⁴｜谱 pʏ³⁵／pʰʏ³⁵｜模 mʏ³¹／mu³¹｜素 səɯ⁵³／sou⁵³｜梳 sๅ⁴⁴／sou⁴⁴｜去 kʰe⁵³／tɕʰʏ⁵³｜戴 ta⁵³／te⁵³｜刺 tsʰ ei⁵³／tsʰๅ⁵³｜狮 sa⁴⁴／sๅ⁴⁴｜脂 tsei⁴⁴／tsๅ⁴⁴｜驶 sa³⁵／sๅ³⁵｜挥 fai⁴⁴／ɕy⁴⁴｜贪 tʰe⁴⁴／tʰø⁴⁴｜心 səŋ⁴⁴／saŋ⁴⁴｜绊 pɔ⁵³／bø¹³｜泼 pʰø³²³／pø³²³｜人 ȵiaŋ³¹／zaŋ³¹｜日 ne³²³／ȵia³²³／za³²³｜蚁 ŋa¹³／ȵi¹³｜啄 ta³²³／tɕyo³²³｜侧 tsei³²³／tsʰe³²³｜仲 zoŋ²²／dʑioŋ²²｜龙 lu³¹／loŋ³¹｜醉 tsai⁵³／tsəɯ⁵³｜鸟 tuɔ³⁵／ȵiɔ¹³。

伍　小称

瑞安方言的小称音变较为简单。瑞安方言中"儿"[ŋ³¹]本义为儿子，加在前一词语后面构成儿尾。例如：

猫儿 mɔ⁴⁴⁻³³ŋ³¹⁻⁰	刀儿 tɛ⁴⁴⁻³³ŋ³¹⁻⁰	网儿 mo¹³⁻³¹ŋ³¹⁻⁰
兔儿 tʰø⁵³⁻³³ŋ³¹⁻⁰	盆儿 bø³¹⁻²²ŋ³¹⁻⁰	兔儿 tʰø⁵³ŋ³¹⁻⁰
羊儿 iɛ³¹⁻²²ŋ³¹⁻⁰	篮儿 lɔ³¹⁻²²ŋ³¹⁻⁰	辫儿 bi²²⁻³¹ŋ³¹⁻⁰
虾儿 ho⁴⁴⁻³³ŋ³¹⁻⁰	碟儿 duɔ²¹²⁻²²ŋ³¹⁻⁰	棒儿 bɔ¹³⁻³¹ŋ³¹⁻⁰
细儿 sei—e⁵³⁻³³ŋ³¹⁻⁰	带儿 ta⁵³⁻³³ŋ³¹⁻⁰	细儿 sei—e⁵³ŋ³¹⁻⁰
奶儿 na¹³⁻²²ŋ³¹⁻⁰	男儿 ne³¹⁻²²ŋ³¹⁻⁰	奶儿 na¹³⁻³¹ŋ³¹⁻⁰

加上"儿"尾之后，变调规律主要有两种：

（1）前字变为平调。前字为阴平、阴上、阴去和阴入时变调为［33］，前字为阳平、阳上和阳入时变调为［22］，"儿"轻声。

（2）前字变为降调。前字为阴上时变调为［53］，阴去时不变，前字为阳上、阳去时变调为［31］，"儿"轻声。

若同一词有两种变调模式，有些有不同的意义。例如：奶儿 na¹³⁻²²ŋ³¹⁻⁰ 女孩 / na¹³⁻³¹ŋ³¹⁻⁰ 女儿。

少数韵母还存在变韵的现象。例如：细儿 sei—e⁵³⁻³³ŋ³¹⁻⁰ / sei—e⁵³ŋ³¹⁻⁰。

此外，还有少数"儿"尾进一步虚化，与前字形成合音。例如：瓶儿 bəŋ²¹² | 手指头儿 sou²²tsɿ³⁵doŋ²¹²。

上述"儿"尾表小的功能已经磨损，但仍带有亲昵的情感色彩。

瑞安方言中表小的功能由读阳入［212］的"儿"来承担。"儿［ŋ²¹²］"应该是"儿"的儿化。按照瑞安方言两字组连读变调的规律，变调的结果为［22-21］，如果快读类似阳入［212］。例如：猫儿儿 小猫 mɔ⁴⁴⁻³⁵ŋ²¹² | 刀儿儿 小刀 tɛ⁴⁴⁻³⁵ŋ²¹² | 厂儿儿 小厂子 tɕʰiɛ³⁵ŋ²¹² | 店儿儿 小店 tiɛ⁵³⁻³⁵ŋ²¹² | 橘儿儿 小橘子 tɕia³²³⁻³⁵ŋ²¹²。

陆　其他音变

（1）瑞安方言的趋向补语通过变调来区别意义：

意义	瑞安方言	读音	意义	瑞安方言	读音
上得去	走上	tsau³iɛ¹³	上去	走上	tsau³⁵iɛ⁰
下得来	走落	tsau³lo²¹²	下来	走落	tsau³⁵lo⁰
进得去	走底	tsau³tei³⁵	进去	走底	tsau³⁵tei⁰

意义	瑞安方言	读音	意义	瑞安方言	读音
出得来	走出	tsau^{3}tɕ^{h}y^{323}	出来	走出	tsau^{35}tɕ^{h}y^0
回得来	走来	tsau^{3}lei^{31}	来	走来	tsau^{35}lei^0
过得去	走去	tsau^{3}k^{h}e^{53}	去	走去	tsau^{35}k^{h}e^0

（2）瑞安方言叠音字的变调规律主要是前字按阴阳变为相应的短调，阴调类读［3］，阳调类读［2］。例如：兜兜$_{口袋}$tau^{3}tau^{44} | □□抖$_{发抖}$gɔ^{2}gɔ^{31}tau^{35}。

（3）三字组连读变调规律

根据词表的三字组词语粗略归纳了瑞安方言三字组连读变调规律，基本上三字组后两字按两字组连读变调规律先变，首字根据中间字的调类的不同，有不同的变化。基本上中间字若是非平调，首字则为平调，中间字若为平调，首字则为非平调。

（4）瑞安方言中有部分字的单字音除了本调之外，还会变读为高平调44，读同阴平，多为鼻音声母字。包括亲属称谓、名词、动词等。例如：

本字	意义	本调	变调
娘	姑姑	ȵiɛ^{31}	ȵiɛ^{44}
奶	母亲	na^{13}	na^{44}
妹	小孩	me^{22}	me^{44}
猫	猫	mɔ^{31}	mɔ^{44}
烤	烤制	k^{h}ɛ^{35}	k^{h}ɛ^{44}
蜷	蠕动	ȵiɔ^{13}	ȵiɔ^{44}

我们认为瑞安方言中变读高平调现象可能是一种小称变调，有待深入研究。

第七十八节　平阳方音

壹　概况

一、调查点

1. 地理人口

平阳县东临东海，南接苍南，西接文成、泰顺，北连瑞安。陆地面积 1051 平方公里，海域面积 3.7 万平方公里。辖 14 镇 2 乡，分别是昆阳镇、鳌江镇、水头镇、萧江镇、腾蛟镇、山门镇、顺溪镇、南雁镇、万全镇、海西镇、南麂镇、麻步镇、凤卧镇、怀溪镇，青街畲族乡、闹村乡。截至 2021 年年底，户籍人口 87.87 万。民族有汉族和畲族。①

2. 历史沿革

西汉时属东海国，后历属回浦县、章安县、永宁县、罗阳县、安阳县、安固县等。晋武帝太康四年（283），析安固南横屿船屯地置始阳县，这是平阳单独建县的开始。后也称罗阳县。不久，"取横屿及横江之义"，改名横阳，仍隶扬州临海郡。东晋明帝太宁元年（323）分临海郡设永嘉郡，横阳属之。

五代十国时期为吴越国辖地，改名为平阳。自宋朝起，一直延续县级建制。

1981 年开始，将平阳县的矾山镇和宜山、钱库、金乡、灵溪、桥墩、矾山、马站 7 个区析出，另建苍南县，这是平阳建县以来县境的最大一次变迁。

3. 方言分布

方言有平阳话和闽南话。平阳话以昆阳镇为代表，主要分布在昆阳镇、万全镇、鳌江镇、海西镇、萧江镇、顺溪镇，怀溪镇也有少部分讲平阳话。闽南话主要分布在水头镇、山门镇、腾蛟镇、青街乡。闹村乡、凤卧镇、麻步镇、南雁镇、南麂镇、顺溪镇、怀溪镇大部分人讲闽南话。少数民族语言主要是畲话，分布于青街畲族乡，截至 2016 年，使用人口为 1.2 万。

---

① 参见：平阳县人民政府网，http://www.zjpy.gov.cn/，2022 年 8 月 3 日获取。

4. 地方曲艺

方言曲艺有温州鼓词、平阳卖技、和剧。温州鼓词为国家级非物质文化遗产，平阳卖技（又名道情）为省级非物质文化遗产。温州鼓词还有一定市场，平阳卖技现已凋零。和剧源于平阳鳌江镇梅溪社区，用平阳话演唱，现为浙江省非物质文化遗产。

二、方言发音人

1. 方言老男

刘昌馀，1962 年 5 月出生于平阳昆阳镇，一直在本地生活和工作，职工，初中文化程度，说平阳话和普通话。父母均为平阳昆阳镇人，说平阳话。

2. 方言青男

施世俊，1987 年 7 月出生于平阳昆阳镇，一直在本地生活和工作，职工，大专文化程度，说平阳话和普通话，现在主要说平阳话。父母均为平阳昆阳镇人，说平阳话。

3. 口头文化发音人

叶来旺，男，1950 年 11 月出生于平阳昆阳镇，一直在本地生活和工作，文艺工作者，初中文化程度。

胡玉燕，女，1964 年 3 月出生于平阳昆阳镇，一直在本地生活和工作，文艺工作者，初中文化程度。

陈斌，男，1962 年 10 月出生于平阳昆阳镇，主要在本地生活和工作，基层干部，本科文化程度。

贰　声韵调

一、声母（31个，包括零声母在内）

p 八兵	pʰ 派片	b 病爬	m 麦明	f 飞凤副	v 饭肥活云
			味问	蜂灰	
t 多东	tʰ 讨天	d 甜毒	n 脑南		l 老蓝连路
ts 资	tsʰ 刺	dz 池		s 丝三酸	z 字贼坐祠
				山书手	谢顺城蛇
tʃ 早酒租张	tʃʰ 草抽拆抄	dʒ 茶共		ʃ 双	
竹争装九	初车春轻				
tɕ 租张纸主	tɕʰ 取	dʑ 柱权	ȵ 年泥	ɕ 想响	
			热软		
k 高官	kʰ 开看	g 共葵	ŋ 熬	x 好烘	
Ø 全床船县					
温云用药					

说明：

（1）开口呼零声母音节前有［ʔ］。

（2）［tʃ］类声母传统记音记为［tɕ］组，韵母为开口呼。这类音发音时舌尖不抵下齿背，舌尖中间部分拱起，更接近舌叶音。

（3）［f］在圆唇元音前为［ɸ］。

二、韵母（28个，包括自成音节的［ŋ］在内）

ɿ 师丝试	i 写猪米戏飞直尺锡	u 歌过靴苦谷菊毒	y 雨鬼
ʌ 鞋硬横十七北白百	iʌ 一		
ɛ 宝			
e 开色	ie 盐年响接热节		ye 笑官权贴
			月骨出国
ɔ 饱山塔鸭法辣活刮	iɔ 药		

o 坐茶牙糖讲八郭学　　　　　　　　　uo 双绿局　　　　yo 床王用

ɵ 南半短根盒寸

ʉ 书路

　　　　　　　　iu 肉育

ai 赔对

au 走　　　　　　　iau 油

ɛu 豆六

aŋ 心深新滚灯　　　iaŋ 印引音迎影

ɵŋ 春云

eŋ 病星升

oŋ 兄东　　　　　　ioŋ 雄荣

ŋ 五二耳儿

说明：

（1）韵母[i]有时为[ei]，为[i]的自由变体。

（2）韵母[ye]中的[e]有圆唇色彩，有时为[ø]。

三、声调（8个）

阴平	55	东该灯风通开天春
阳平	242	门龙牛油铜皮糖红
阴上	45	懂古鬼九统苦讨草买老五有
阳上	23	动近罪
阴去	53	冻怪半四痛快寸去
阳去	33	卖路硬乱洞地饭树
阴入	34	谷百搭节急哭拍塔切刻
阳入	12	六麦叶月毒白盒罚

说明：

（1）阴平[55]实际音值略低，也可以记为[44]。

（2）阳平[242]实际音值为[342]。

（3）阴入[34]实际调值[334]，阳入[12]实际调值为[112]。

叁　连读变调

一、两字组连读变调表

平阳方言两字组的连读变调规律见下表，表中首列为前字本调，首行为后字本调。每一格的第一行是两字组的本调组合；第二行是连读变调，若连读调与单字调相同，则此行空白；第三行为例词。同一两字组若有两种以上的变调，则以横线分隔。具体如下。

平阳方言两字组连读变调表

前字＼后字	阴平 55	阳平 242	阴上 45	阳上 23	阴去 53	阳去 33	阴入 34	阳入 12
阴平 55	55 55 33 天 光	55 242 33 35 该 年	55 45 33 35 开 水	55 23 33 13 新 妇	55 53 33 45 香 菜	55 33 33 35 车 站	55 34 45 13 猪 血	55 13 45 21 山 峡
阳平 242	242 55 21 台 风	242 242 21 13 池 塘	242 45 13 35 洪 水	242 23 33 13 油 皂	242 53 21 45 芹 菜	242 33 21 35 田 岸	242 34 35 13 毛 笔	242 12 13 13 茶 叶
阴上 45	45 55 33 水 沟	45 242 33 42 水 田	45 45 33 35 雨 伞	45 23 13 捣 臼	45 53 35 33 矮 凳	45 33 13 保 佑	45 34 13 喜 鹊	45 12 33 13 指 壳
阳上 23	23 55 13 13 士 兵	23 242 13 42 市 场	23 45 13 35 户 口	23 23 21 13 道 士	23 53 13 淡 菜	23 33 21 13 社 会	23 34 35 13 动 作	23 12 35 13 被 褥
阴去 53	53 55 45 13 戒 刀	53 242 33 35 太 阳	53 45 33 35 戒 指	53 23 33 13 气 道	53 53 33 42 布 帐	53 33 45 13 笑 话	53 34 35 13 教 室	53 12 35 13 快 乐
阳去 33	33 55 13 地 方 —— 33 55 33 21 电 灯	33 242 42 地 雷	33 45 35 字 典	33 23 21 13 豆 腐 —— 33 23 33 13 会 市	33 53 13 地 震	33 33 42 大 树	33 34 21 大 伯	33 12 35 闹 热

续表

后字〉前字	阴平 55	阳平 242	阴上 45	阳上 23	阴去 53	阳去 33	阴入 34	阳入 12
阴入 34	34　55 21 浙　江	34　242 33　35 鲫　鱼 34　242 45　45 窟　窿	34　45 21 屋　顶	34　23 21　13 接　受	34　53 33 百　货	34　33 45　13 柏　树	34　34 45　13 叔　叔	34　12 45　13 积　极
阳入 12	12　55 21 月　光 12　55 21　45 历　书	12　242 21　13 石　头	12　45 21 着　火	12　23 21　45 活　动	12　53 13　42 鼻　涕 12　53 33　42 镬　灶	12　33 35　55 绿　豆	12　34 35　13 白　鸽	12　12 13　13 月　食

二、两字组连读变调规律

平阳方言两字组的连读变调有以下几个特点：

（1）既有前字变调，也有后字变调。

（2）阴平作前字时，后字为阴入和阳入时变 [45]，后字为其余声调时变 [33]。阴平作后字时，逢阴平、阳平、阴上不变，逢阳上、阴去、阳去变 [13]。

（3）阳平作前字，后字为阴平、阳平、阴去、阳去时变 [21]；阳平作后字，阴上作前字，后字为阳平、阴上、阳去、阳入时变 [33]，后字为阴平、阳上、阴入时变 [45]。阴上作后字，一般变 [35]，在阴入、阳入后变 [45]。

（4）阳上作前字，后字为阴平、阳平、阴上、阴去时变 [13]，后字为阳上、阳去时变 [21]，后字为阴入、阳入时变 [35]。阳上作后字，一般变 [13]，阳入后变 [45]。

（5）阴去作前字，后字为阴平、阳去时变 [45]，后字为阳平、阴上、阳上时变 [33]，后字为阴入、阳入时变 [35]。阴去作后字，逢阴平、阳平变 [45]，逢阴上变 [33]，逢阴去、阳去、阳入变 [42]，逢阳上、阴入不变。

（6）阳去作前字，后字为阴平、阳平、阴上、阳上时一般仍读 [33]，后字为阴去时变 [13]，后字为阳去时变 [42]，后字为阴入时变 [21]，后字为阳入时变 [35]。阳去作后字，前字为阴平、阳平时变 [33]，前字为阴上、阳上、阴去、阳去、阴入变 [13]，前字为阳入变 [55]。

（7）阴入作前字，后字为阳平、阴上、阳上时变［21］，后字为阴平、阴上、阳上时变［21］。后字为阴去时变［33］，后字为阳去、阴入、阳入变［45］。阴入作后字，统一变［13］。

（8）阳入作前字，后字为阴平、阳平、阴上、阳上时变［21］，后字为阴去时变［13］，后字为阳去、阴入时变［35］，后字为阳入时［13］。阳入作后字，前字为阴平时变［21］，在其余声调后变［13］。

肆　异读

一、新老异读

平阳方言的新老异读主要体现在韵母上。下文中"/"前为老派，后为新派。

（1）深臻曾梗的阳声韵字的韵尾老男为［ŋ］尾，青男为［n］尾。例如：心新 saŋ⁵⁵ / san⁵⁵，星 seŋ⁵⁵ / sen⁵⁵。

（2）老男的［yø］青男为［ye］。例如：桥 dʑyø²⁴² / dʑye²⁴²。

二、文白异读

平阳方言的文白异读现象较少，主要体现在声母和韵母方面。下文中"/"前为白读，后为文读。

1. 声母

（1）微母白读［m］声母，文读［v］声母。例如：万 mɔ³³ / vɔ³³。

（2）从母白读擦音，文读塞擦音。例如：字 zɿ³³ / | 钱 / dzie²⁴²。

（3）崇母、船母、禅母白读擦音，文读塞擦音。例如：坐 zo²³ / | 徐 / dzi²⁴²。

2. 韵母

（1）蟹摄和止摄合口三四等韵母白读［y］［ʉ］，文读［ai］。例如：桂 tɕy⁵³ / | 岁 sʉ⁵³ / | 亏 / kʰai⁵⁵。

（2）钟韵三等与东韵三等白读有别，文读无别。例如：重 dʒuo²³ / | 拥 ioŋ⁴⁵ / | 浴 yo¹² / | 育 iu¹² /。

伍　小称

平阳方言有小称，小称在韵母后直接加"儿"［ŋ］。例如：

桃儿 dɛŋ¹³　　　　　　李儿 liŋ⁵³　　　　　　　鸟儿 tyɵŋ⁴²

舅爷儿 dʒau¹³iŋ¹³　　　蚕儿 zɵn¹³

陆　其他音变

平阳方言有少量的合音现象。例如：［去罢］kʰɔ⁵³｜［弗会］fai³³。

第七十九节　文成方音

壹　概况

一、调查点

1. 地理人口

文成县辖 12 镇 5 乡，分别是大峃镇、珊溪镇、玉壶镇、南田镇、黄坦镇、巨屿镇、百丈漈镇、峃口镇、西坑畲族镇、周壤镇、二源镇、铜铃山镇，周山畲族乡、平和乡、双桂乡、公阳乡、桂山乡。截至 2021 年年底，户籍总人口为 40.67 万。[①]

2. 历史沿革

文成县春秋战国时期属瓯越地。秦统一六国后，废封国，设郡县，文成属闽中郡。西汉惠帝三年（前 192）文成属东瓯国。

西汉始元二年（前 85）以东瓯地回浦乡建立回浦县，文成为回浦县辖地。后依次为章安县、永宁县、罗阳县、安阳县、安固县、瑞安县等的辖地。

1946 年 12 月，行政院核准以瑞安、青田、泰顺三县边区析置文成县。

中华人民共和国成立后，文成县先后隶属浙江省第五专区、浙江省温州专区、浙江省温州地区革命委员会、浙江省温州地区。1981 年 9 月，温州地、市合并，实行市管县体制，文成县归属温州市管辖。

3. 方言分布

语言方面，该县主要说汉语，方言有文成话、南田话、福建话和畲话。文成话，以县城大峃镇为中心。南田话，属吴语上丽片丽水小片，分布在西北部南田、黄寮、石垟、下垟四个乡镇。福建话，分布在东南角原峃口区平和、公阳、双桂、周山 4 乡与平阳县相邻的部分村落，以及原大峃区樟台、峃口区塔山、玉壶区大壤、珊溪区黄龙等乡的部分村落。畲话，中樟、里阳、雅梅、黄坪等地畲

民对内使用。

4. 地方曲艺

地方曲艺有畲山民歌，畲族人人会唱。

二、方言发音人

1. 方言老男

周安定，1953 年 11 月出生于文成大峃镇，一直在本地生活和工作，职工，小学文化程度，说文成话和普通话，现在主要说文成话。父母均为文成大峃镇人，说文成话。

2. 方言青男

吴朝杰，1987 年 12 月出生于文成大峃镇，主要在当地生活和工作，教师，研究生文化程度，说文成话和普通话，现在主要说文成话。父母均为文成大峃镇人，说文成话。

3. 口头文化发音人

赵凤柳，女，1960 年 8 月出生于文成大峃镇，职工，高中文化程度。
季慧聪，女，1977 年 7 月出生于文成大峃镇，基层干部，高中文化程度。
赵玲玲，女，1971 年 4 月出生于文成大峃镇，工商业者，初中文化程度。

第二部分　声韵调

一、声母（32 个，包括零声母在内）

p 八兵	p^h 派片	b 病爬	m 麦明味问	f 飞风副	v 饭肥活
			蜂灰		
t 多东	t^h 讨天	d 甜毒	n 脑南		l 老蓝
					连路

ts 资	tsʰ 刺	dz 池		s 丝三酸 山书手	z 字贼坐祠 谢顺城蛇
tʃ 早酒租张 竹争装九	tʃʰ 草抽拆抄 初车春轻	dʒ 茶<u>共</u>		ʃ 双	
tɕ 租张纸主	tɕʰ 取	dʑ 柱权	ȵ 年泥热软	ɕ 想响	ʑ 全船
k 高官	kʰ 开看	g <u>共</u>葵	ŋ 熬	x 好烘	
∅ 温云用药					

说明：

（1）端母、帮母有时为内爆音，但是不稳定。

（2）浊擦音［z］［v］［ʑ］是真浊音。

（3）［f］逢合口呼实际发音为［ɸ］。

（4）［v］声母有时摩擦不强，逢［u］韵母摩擦强。

（5）阴调类零声母音节前有［ʔ］，阳调类有［ɦ］。

二、韵母（35 个，包括自成音节的［n］在内）

ɿ 师丝试	i 猪直尺锡	u 课布	y 鬼
a 怕硬争横刮急	ia 一	ua 刮	
ɛ 宝			
ɔ 排鞋快辣塔鸭		uɔ 关	
e 开南盒北色笔	ie 盐		
ø 短半贪孙出		uø 官根骨国	yø 笑桥权月
o 茶牙饱糖郭壳学局	io 野	uo 讲双	yo 床王
ʉ 雨			
ai 赔对			
ei 写飞戏米			
au 走偷	iau 油		
ou 坐五	iou 头豆		
ɵy 书路			

øn 春裙滚		yøn 云
aŋ 新径	iaŋ 行认银	
eŋ 心深		
oŋ 东	ioŋ 兄	
n 儿		

说明：

（1）[ɔ]韵实际是[oɔ]。

（2）[ai]韵主元音比较高、央。

（3）[aŋ]韵主元音比较高、央。

（4）[eŋ]韵实际上是[əŋ]。

（5）[ø]逢[p]组声母有介音[u]。

三、声调（8个）

阴平	55	东该灯风通开天春
阳平	113	门龙牛油铜皮糖红
阴上	45	懂古鬼九统苦讨草
阳上	224	买老五有动罪后近
阴去	33	冻怪半四痛快寸去
阳去	424	卖路硬乱洞地饭树
阴入	34	谷急哭刻百搭节拍塔切
阳入	12	六麦叶月毒白盒罚

说明：

（1）阴平[55]近[544]，以平为主，记为[55]。

（2）阳平[113]有时为[11]，以平为主。

（3）阴入调值为[334]，记为[34]。

（4）阳入调值为[112]，记为[12]。

叁　连读变调

一、两字组连读变调表

文成方言两字组的连读变调规律见下表，表中首列为前字本调，首行为后字本调。每一格的第一行是两字组的本调组合；第二行是连读变调，若连读调与单字调相同，则此行空白；第三行为例词。同一两字组若有两种以上的变调，则以横线分隔。具体如下。

文成方言两字组连读变调表

后字／前字	阴平 55	阳平 113	阴上 45	阳上 224	阴去 33	阳去 424	阴入 34	阳入 12
阴平 55	55　55 33　33 飞　机	55　113 33　33 高　楼	55　45 33 高　考	55　224 33　33 兄　弟	55　33 33 菠　菜	55　424 33　21 山　洞	55　34 33　13 猪　血	55　12 33　13 山　峡 ——— 55　12 33　21 猪　肉
阳平 113	113　55 21　33 床　单	113　113 21　33 皮　球	113　45 33 存　款	113　224 21　13 朋　友	113　33 21 蒲　扇	113　424 21　21 蚕　豆	113　34 35　13 头　发	113　12 35　13 同　学
阴上 45	45　55 33　33 广　州	45　113 33　13 党　员	45　45 33 小　姐	45　224 33　13 小　米	45　33 33 打　算 ——— 45　33 33　13 韭　菜	45　424 33　21 草　帽	45　34 33　13 粉　笔	45　12 33　13 小　麦
阳上 224	224　55 242　33 后　腰	224　113 33　33 老　人	224　45 242 稻　草	224　224 242　33 道　理	224　33 242 罪　过	224　424 242　21 后　代	224　34 242　13 道　德	224　12 242　13 动　物
阴去 33	33　55 42　33 教　师	33　113 42　13 菜　园	33　45 42 信　纸	33　224 42　13 报　社	33　33 42　21 唱　片	33　424 42　21 笑　话	33　34 42　21 建　筑	33　12 42　13 泡　沫
阳去 424	424　55 42　33 路　灯	424　113 42　33 树　苗	424　45 42 字　典	424　224 42　35 大　雨	424　33 21 大　蒜	424　424 21　21 大　树	424　34 42　13 大　雪	424　12 42　13 树　叶

后字 前字	阴平 55		阳平 113		阴上 45		阳上 224		阴去 33		阳去 424		阴入 34		阳入 12	
阴入 34	34 21 浙	55 33 江	34 21 竹	113 13 篮	34 21 铁	45 45 锁	34 21 伯	224 33 父	34 21 百	33 货	34 33 革	424 21 命	34 21 法	34 13 则	34 33 骨	12 13 肉
阳入 12	12 21 辣	55 33 椒	12 21 食	113 33 堂	12 21 局	45 长	12 21 白	224 35 米	12 33 白	33 菜	12 21 绿	424 21 豆	12 21 绿	34 13 色	12 21 毒	12 13 药

二、两字组连读变调规律

文成方言两字组的连读变调有以下几个特点：

（1）既有前字变调，也有后字变调。

（2）阴平作前字和后字变［33］。

（3）阳平作前字变［21］，作后字时逢阴调类变［33］，逢阳调类变［13］。

（4）阴上作前字变［33］，作后字时不变。

（5）阳上作前字时主要变［242］，作后字时有的为［33］，有的变［13］，有的变［35］。

（6）阴去作前字时变［42］，作后字时一般不变。

（7）阳去作前字时一般变［42］，后字为阴去、阳去变［21］。

（8）阴入作前字时一般变［21］，后字为阳去变［33］。

（9）阳入作前字时一般变［21］，作后字时一般变［13］。

肆　异读

一、新老异读

文成方言中存在比较明显的新老异读现象。下文中" / "前为老派，后为新派。

（1）老派［uø］新派读为［ue］，如：官 kuø⁵⁵ / kue⁵⁵。

（2）非零声母音节老派［yø］新派为［ye］，零声母音节老派［yø］新派为［ue］。例如：桥 dʑyø¹¹³ / dʑye¹¹³ | 腰 yø⁵⁵ / ue⁵⁵。

（3）老派有舌叶音声母，韵母为洪音；新派读成舌面前音，韵母为细音，如：走 tʃau⁴⁵ / tɕiau⁴⁵。

二、文白异读

文成方言的文白异读主要体现在声母和韵母方面。下文中"/"前为白读，后为文读。

1. 声母

日母白读 [n̠]，文读 [z]。例如：热 n̠ie¹² / | 任 / zaŋ⁴²⁴ | 入 / za¹²。

2. 韵母

（1）钟韵白读 [uo]，与东韵有差别；文读 [oŋ]，与东韵合流。例如：肿 tʃuo⁴⁵ / | 冲 / tʃʰoŋ⁵⁵。对比：中 / tʃoŋ⁵⁵。

（2）深摄、臻摄三等入声韵白读与曾梗三四等有别，文读没有分别。

伍　其他音变

文成方言有少量的合音。例如：[弗会] fai³³ | [唔有] nau⁴⁵。

第八十节　苍南方音

壹　概况

一、调查点

1. 地理人口

苍南县隶属于浙江省温州市，位于浙江省最南端，东与东南濒临东海，西南毗连福建福鼎，西邻泰顺，北与平阳、文成接壤，距温州市区 81 公里。全县面积 1261.08 平方公里，辖 16 镇 2 乡，分别是灵溪镇、宜山镇、钱库镇、藻溪镇、桥墩镇、金乡镇、矾山镇、赤溪镇、马站镇、望里镇、炎亭镇、大渔镇、莒溪镇、南宋镇、霞关镇、沿浦镇、凤阳畲族乡、岱岭畲族乡。截止 2018 年年底，全县户籍人口 134.94 万。[1] 当地居民主要为汉族，有畲、回等 37 个少数民族。苍南县是浙江省少数民族人口最多的县，全县少数民族人口呈"大分散、小聚居"分布，有 2 个民族乡和 46 个民族村，人口 3.2 万，占总人口 3.2%，其中畲族人数最多。畲族使用接近汉语客家方言的语言，通用汉文。

2. 历史沿革

苍南县解放后一直属平阳县辖域，于 1981 年独立设县。因地处玉苍山之南，取县名为苍南。建县前，今苍南地，春秋时为东越瓯人地。战国时属越。秦统一六国后，属闽中郡。汉高祖五年（前 202）于闽中故地置闽越国，属闽越国。惠帝三年（前 192）立驺摇为东海王，都东瓯（今温州），世称东瓯王，为东海王辖地。武帝（前 40—前 87）时，东瓯举国内迁江淮间，国除。昭帝始元二年（前 85），今苍南地属回浦县。此后历属章安、永宁、罗阳、安阳、安固、始阳、横阳、永嘉、平阳等县。[2]

---

① 参见：《2019 年浙江统计年鉴》，http://tjj.zj.gov.cn/col/col1525563/index.html，2022 年 8 月 5 日获取。
② 参见：苍南县人民政府网，http://www.cncn.gov.cn/col/col1255437/index.html，2022 年 8 月 7 日获取。

3. 方言分布

苍南县境内主要有 5 种方言。浙南闽语，主要分布在中部、西部和南部，说浙南闽语的约有 57.4 万人，占全县总人口 54.4%。土语，通称蛮话，主要分布在东部。说蛮话的约有 27 万人，占全县总人口 25.6%。瓯语，也叫温州话。苍南的瓯语，主要分布在东北部。说"瓯语"的约有 17 万人，占全县总人口的 16.2%。金乡语，今称金乡话，使用人数 3 万左右，主要分布在金乡镇城内（不包括城外的湖里、老城、郊外 3 个办事处所辖居民）。畲话，是指畲族所使用的语言。苍南县境内的畲族人，说的都是汉语，主要分布在民族乡岱岭（属马站区）、凤阳（属赤溪区）等地。本章苍南方音主要记录苍南的温州话。

4. 地方曲艺

苍南地方戏主要有八仙戏、提线木偶戏、单档布袋戏，曲艺主要有渔鼓（类似道情、莲花）、唱卖技、道情等。八仙戏，俗称打八仙，以前在春节及办喜事时要打八仙。用温州话演绎的曲艺主要有卖技、道情等，卖技在沪山一带比较流行，正月初一至初三晚上会演出。

二、方言发音人

1. 方言老男

陈舜远，1958 年 9 月出生于苍南灵溪镇，一直在本地生活和工作，教师，大专文化程度，说沪山话、浙南闽语和不太标准的普通话。父母均为当地人。

2. 方言青男

黄康定，1991 年 5 月出生于苍南灵溪镇，读大学之前在本地生活，职工，本科文化程度，说沪山话、标准的普通话和一点浙南闽语。父母均为当地人。

3. 口头文化发音人

陈舜远，男，1958 年 9 月出生于苍南灵溪镇，一直在本地生活和工作，教师，大专文化程度，说沪山话、浙南闽语和不太标准的普通话。父母均为当地人。

周美凤，女，1955 年 7 月出生于苍南灵溪镇，一直在本地生活和工作，教师，现已退休，中专文化程度，说沪山话、不太标准的普通话和一点浙南闽语。父母均为当地人。

黄康定，男，1991 年 5 月出生于苍南灵溪镇，读大学之前在本地生活，职工，本科文化程度，说沪山话、标准的普通话和一点浙南闽语。父母均为当地人。

黄兴安，男，1964 年 6 月出生于苍南灵溪镇，一直在本地生活和工作，手艺人，初中文化程度，说沪山话、浙南闽语和不太标准的普通话。父母均为当地人。

贰　声韵调

一、声母（27 个，包括零声母在内）

p 帮兵	pʰ 派片	b 病爬肥	m 麦明问	f 飞	v 肥
t 多东	tʰ 讨天	d 甜毒	n 脑南		l 老蓝连路
ts 资早酒竹装	tsʰ 刺草清抽抄初车春	dz 城		s 丝三酸山手	z 字贼坐祠茶事顺十
tɕ 租张争纸主九	tɕʰ 拆车轻	dʑ 全谢柱床船权	ȵ 年泥热软月	ɕ 想双书响	
k 高官	kʰ 开困	g 厚衔	ŋ 熬眼	h 风副蜂好灰	
Ø 饭问活温王云用药					

说明：

（1）浊声母实际为清音浊流。

（2）声母［v］只拼韵母［i］。

（3）声母［ɕ］与韵母［i］［y］相拼时，类似复辅音［sɕ］。

（4）声母［ȵ］和声母［n］对立，如昂 nia³¹ ≠ 尧 ȵia³¹。

二、韵母（32 个，包括自成音节的［ŋ］）

ɿ 师丝试	i 写猪米戏飞直尺锡	u 歌过靴苦五谷	y 雨鬼
a 饱山塔鸭辣	ia 排鞋快硬争贴药白	ua 法活刮	ya 横
ɛ 宝十急七橘	iɛ 盐年响接热节一	uɛ 佛	yɛ 官权根月骨出国
e 开南北色			

ø 半短寸盒托

o 坐茶牙糖讲郭壳学　　　　　　　　　　　　uɔ 八　　　　　　　　yɔ 笑桥床王双
　　　　　　　　　　　　　　　　　　　　　　　　　　　　　　　　用绿局

ai 赔对　　　　　　　　　　　　　　　　　　uai 灰

au 走愁　　　　　iau 油九

əɯ 土赌岁水

ɛɯ 豆六　　　　　iou 肉

aŋ 心深新灯　　　iaŋ 根　　　　　　　　　uaŋ 滚

eŋ 升病星　　　　　　　　　　　　　　　　ueŋ 春云

oŋ 东　　　　　　ioŋ 兄雄

ŋ 二

说明：

（1）韵母［i］与声母相拼时前有过渡音［ɪ］。

（2）韵母［u］唇形较扁，较松。

（3）韵母［o］的舌位较低，高于［ɔ］。

（4）韵母［y］［ya］［yɛ］拼零声母时摩擦较强。

（5）韵母［eŋ］［ueŋ］中的［e］舌位靠后，较低。

（6）韵母［ŋ］和鼻尾［ŋ］的发音部位靠前。

三、声调（8个）

阴平	44	东该灯风通开天春
阳平	31	门龙牛油铜皮糖红
阴上	53	懂古鬼九统苦讨草买老五有后
阳上	24	动罪近
阴去	42	冻怪半四痛快寸去
阳去	11	卖路硬乱洞地饭树
阴入	223	谷百搭节急哭拍塔切刻
阳入	112	六麦叶月毒白盒罚

说明：

（1）阴平［44］略高于［33］。

（2）阳平［31］在语图上前有调头，实际为［231］，听感上为降调，与瓯江片其他点如瑞安、永嘉等地相同，我们处理为［31］。

（3）阴上［53］的起点在听感上高亮，超出［5］的范围。

（4）阳上［24］有时末尾略降。

（5）阳去［11］低沉。

（6）阴入［223］和阳入［112］同为前平后升调型，阳入较阴入低。

叁　连读变调

一、两字组连读变调表

苍南方言两字组的连读变调规律见下表，表中首列为前字本调，首行为后字本调。每一格的第一行是两字组的本调组合；第二行是连读变调，若连读调与单字调相同，则此行空白；第三行为例词。同一两字组若有两种以上的变调，则以横线分隔。具体如下。

苍南方言两字组连读变调表

前字＼后字	阴平 44	阳平 31	阴上 53	阳上 24	阴去 42	阳去 11	阴入 223	阳入 112
阴平 44	44 44 33 天 光	44 31 33 21 灰 尘	44 53 42 开 水	44 24 42 师 父	44 42 天 气	44 11 街 路	44 223 天 色	44 112 山 峡
阳平 31	31 44 11 台 风 ——— 31 44 门 先	31 31 11 24 洪 潮 ——— 31 31 门 前	31 53 洪 水	31 24 长 远	31 42 11 棉 裤	31 11 11 24 田 岸 ——— 31 11 河 岸	31 223 11 时 节 ——— 31 223 0 红 色	31 112 11 黄 历
阴上 53	53 44 42 水 沟	53 31 42 水 泥 ——— 53 31 33 21 酱 油	53 53 42 24 耳 朵 ——— 53 53 42 冷 水 ——— 53 53 33 0 可 以	53 24 42 软 柿	53 42 水 凼	53 11 42 闪 电	53 223 33 指 甲 ——— 53 223 0 晓 得	53 112 33 水 渎 ——— 53 112 33 0 普 及

续表

前字＼后字	阴平 44	阳平 31	阴上 53	阳上 24	阴去 42	阳去 11	阴入 223	阳入 112
阳上 24	24　44 31 动　车	24　31 31 稻　田	24　53 31 肚　底	24　24 31 道　士	24　42 31 罪　过 24　42 肚　痛	24　11 31 旱　地	24　223 11 道　德	24　112 11 动　物
阴去 42	42　44 33 戒　刀	42　31 33 太　阳 42　31 3 拜　年 42　31 透　明	42　53 背　后	42　24 泄　肚	42　42 布　帐 42　42 3 过　世	42　11 燥　地 42　11 3 做　寿	42　223 33 裤　脚 42　223 0 退　出	42　112 33 放　学
阳去 11	11　44 31 外　公 11　44 事　先	11　31 31 滥　泥 11　31 24 旧　年	11　53 露　水	11　24 31 会　市 11　24 病　重	11　42 31 事　干 11　42 胃　痛	11　11 31 命　运 11　11 命　大	11　223 饭　粥	11　112 大　麦
阴入 223	223　44 3 结　婚	223　31 3 出　门 223　31 33　112 缩　寻	223　53 3 角　子	223　24 3 割　稻	223　42 3 合　算 223　42 脚　痛	223　11 3 插　田	223　223 3 法　国	223　112 3 搭　脉 223　112 0 雪　白
阳入 112	112　44 11 月　光	112　31 11 入　门 112　31 11　112 石　条	112　53 11 落　雨	112　24 11 活　动	112　42 11 日　昼	112　11 31 月　亮 112　11 力　量	112　223 11 蜡　烛 112　223 0 绿　色	112　112 11 学　习 112　112 六　十

二、两字组连读变调规律

苍南吴语两字组连读变调有以下几个特点：

（1）以前字变调为主。后字变调主要见于阳平［31］。

（2）前字阴上［53］和阴去［42］在各调之前连读变调模式基本一样，阳上［24］和阳去［11］在各调之前的连读变调模式基本一样，呈现合流趋势。

（3）变调产生新的调值［33］［21］。

（4）阴调类和阳调类的变调有趋同性，但仍以声调阴阳为区别，阴调类一组，阳调类一组，界限分明。

（5）苍南吴语存在语法变调。动宾结构具有专门的变调规律，动词读为［42］调。

肆　异读

一、新老异读

苍南吴语的新老异读差异不大。

二、文白异读

苍南方言的文白异读主要表现为以下几点。下文中"／"前为白读，后为文读。

1. 声母

非组声母白读为［p］［b］［m］，文读为擦音［h］［v］或零声母，如：反 pa^{53} / hua^{53} | 肥 bi^{31} / vi^{31} | 问 $ma\eta^{11}$ / $ua\eta^{11}$。

2. 韵母

（1）果摄开口一等部分字白读［ia］韵，文读［o］韵，例如：拖 t^hia^{44} / t^ho^{44}。

（2）山摄合口一等部分字白读［aŋ］韵，文读［ø］韵，例如：断 $da\eta^{24}$ / $dø^{24}$ | 暖 $na\eta^{53}$ / $nø^{53}$。

（3）宕摄开口三等部分字白读［yɔ］韵，文读［o］韵，例如：壮 $t\varepsilon yɔ^{42}$ / tso^{42}。

3. 其他

破 p^hia^{42} / p^hu^{42} | 车 $t\varepsilon i^{44}$ / ts^ho^{44} | 脱 $t^h\varepsilon^{223}$ / $t^hø^{223}$ | 人 $ȵia\eta^{31}$ / $za\eta^{31}$ | 日 ne^{112} / $ȵi\varepsilon^{112}$ / ze^{112} | 侧 $t\varepsilon i^{223}$ / ts^he^{223} | 鸟 $tyɔ^{53}$ / $ȵia^{53}$。

伍　小称

苍南吴语的儿化主要有三种情况。

第一种情况是方言中"儿"［ŋ³¹］本义为儿子，加在前一词语后面构成儿尾，此时"儿"已无实义。例如：桃儿桃子 da³¹⁻¹¹ŋ³¹⁻⁰ | 茄儿茄子 dzɛ³¹⁻¹¹ŋ³¹⁻⁰ | 钵儿坛子 pø²²³⁻³³ŋ³¹⁻⁰ | 铁锤儿锤子 tʰi³dzu³¹⁻¹¹ŋ³¹⁻⁰。

第二种情况是"儿"尾进一步虚化，与前字形成合音。这种情况也较普遍。例如：羊儿羊 iaŋ¹¹² | 虾儿虾 feŋ²²³ | 兔儿兔子 tʰueŋ²²³ | 瓶儿瓶子 beŋ¹¹² | 指头儿手指 tsɿ⁵³⁻³³deŋ¹¹² | 妹儿婴儿 maŋ²²³。

第三种情况是"儿"的儿化，表小的功能由读阳入［112］的"儿"来承担。例如：妹儿儿小孩 maŋ²²³⁻³³ŋ¹¹² | 猪儿儿小猪 tɕi⁴⁴⁻³³ŋ¹¹² | 手巾儿手绢 sɛu³³tɕiaŋ⁴⁴ŋ¹¹²。

第一种情况中，加上"儿"尾之后，变调规律主要是前字为阴平、阴去和阴入时变调为［33］，前字为阳平、阳上和阳入时变调为［11］，"儿"轻声。此外，还有些例外情况，例如：前字为阳上、阳去时变调为［31］，前字为阴上时变调为［53］，前字为阴去时不变调。

第八十一节　建德方音

壹　概况

一、调查点 [①]

1. 地理人口

建德市隶属于浙江省杭州市，位于浙江省西部，钱塘江上游，东连杭州，南接金华、义乌，西通衢州。全市地域面积 2321 平方公里，辖 12 镇 1 乡 3 街道，分别是梅城镇、寿昌镇、大同镇、乾潭镇、三都镇、杨村桥镇、下涯镇、大慈岩镇、航头镇、李家镇、大洋镇、莲花镇，钦堂乡，新安江街道、更楼街道、洋溪街道。截至 2016 年年底，全市共有 17.13 万户，总人口 50.87 万。[②] 其中汉族占绝大多数，少数民族主要为畬族，共一两千人，散居在境内各地。

2. 历史沿革

建德市现辖原建德、寿昌两县地。建德古为百越地。秦王政二十五年（前222）于原吴国、越国地置会稽郡（郡治在今江苏苏州）。新莽时改富春为诛岁，东汉初复为富春。汉永建四年（129），分会稽郡置吴郡，富春县属吴郡。三国吴黄武四年（225），分富春置建德县，县城在今梅城，建德之名自此始。

1949 年建德、寿昌相继解放。同年 5 月设立第四专署，后改建德专署，建德、寿昌属之。1950 年撤销建德专署，建德、寿昌改属金华专署。1955 年重设建德专署，建德、寿昌回属。1958 年撤销寿昌县，并入建德县。1959 年撤销建德专署，建德县划属金华专署。1963 年建德县划属杭州市。1992 年 4 月建德撤县置市，市治新安江镇（今新安江街道）。

---

① 参见：曹志耘. 徽语严州方言研究. 北京：北京语言大学出版社，2017：100-101；建德市人民政府网，http://www.jiande.gov.cn/art/2022/6/29/art_1229535246_59116239.html，2022 年 8 月 13 日获取。
② 参见：《2016 年浙江统计年鉴》，http://tjj.zj.gov.cn/col/col1525563/index.html，2022 年 8 月 13 日获取。

3. 方言分布

建德境内的方言主要有寿昌话和建德话，寿昌话分布于旧寿昌县，建德话主要分布于原建德县境内，一般一个镇一种口音，例如梅城、三都、大洋等。市区新安江通行普通话。北部乾潭、钦堂部分地区说桐庐话（属吴语太湖片）。罗村、南峰有安庆话，罗村还有福建话（闽语或客家话未详），千鹤等地有温州话，百塘垄、后山二村有青田话，檀村一带说兰溪话。

4. 地方曲艺

当地主要流行婺剧和越剧。

二、方言发音人

1. 方言老男

胡尚武，1942 年 12 月出生于建德梅城镇，一直在本地生活和工作，职工，现已退休，小学文化程度，说梅城话、乾潭话和不太标准的普通话。父母均为梅城人，父亲说梅城话和不太标准的绍兴话，母亲说梅城话。

2. 方言青男

丁勋，1980 年 11 月出生于建德梅城镇，主要在本地生活和工作，教师，本科文化程度，说梅城话和不太标准的普通话。父母均为梅城人，父亲说梅城话，母亲说梅城话和普通话。

3. 口头文化发音人

胡蔼云，女，1948 年 9 月出生于建德梅城镇，教师，现已退休，高中文化程度，说梅城话和普通话。

贰　声韵调

一、声母（20 个，包括零声母在内）

p 八兵爬	pʰ 派片病	m 麦明问	f 飞风副蜂肥饭味
t 多东甜毒	tʰ 讨天	n 脑南蓝连	l 老路
ts 早租张量茶争 　　装纸	tsʰ 草寸抽拆抄 　　初		s 坐三酸祠床山手十
tɕ 酒竹柱主九权	tɕʰ 清春轻	ȵ 年泥热软县	ɕ 全想谢船顺书响
k 高共	kʰ 开苦	ŋ 熬安王	h 好灰
Ø 月活温云用药			

说明：

（1）不送气的清音声母逢低调（［213］［12］），音值近吴语中常见的浊音（清音浊流）。

（2）［ȵ］声母拼齐齿韵时，有时有零声母异读，如 "日" 字［ȵiəʔ¹²］［iəʔ¹²］异读。拼［y］韵时，有时读作［ȵ］，如 "女"。

（3）［ŋ］声母发音较弱，舌位略前。

二、韵母（39 个，包括自成音节的［m̩］［n̩］在内）

ɿ 猪师丝试资	i 米戏飞接热	u 歌坐过苦壳学壶	y 靴雨月
ɑ 排鞋白尺子	iɑ 夜药脚	uɑ 快外	yɑ 抓
o 茶糖塔鸭辣八活托			
ɔ 宝饱高	iɔ 笑桥		
ɛ 开南山半短硬争晚	iɛ 烟痒	uɛ 官横关	
e 赔对	ie 写盐年全响贴节	ue 灰鬼	ye 水砖权
ɤɯ 豆走	iɤɯ 酒油		
ɛ̃ 感	iɛ̃ 显全文	uɛ̃ 完晚	yɛ̃ 员
ən 深根寸灯升	in 心新病星	uen 滚温	yn 春云
ɑŋ 党	iɑŋ 像	uɑŋ 旺	

oŋ 兄东	ioŋ 浓用		
eʔ 十北直色六绿	iɐʔ 急节七一锡	ueʔ 活骨郭国谷	yɐʔ 出橘局
m̩ 母无			
n̩ 五二			

说明：

（1）[i]韵略有摩擦。

（2）[u][y]二韵唇形较展；[u]韵带[ɸ]色彩，与[ts]组、[n l]相拼时近[ᵊu]。

（3）[o]韵舌位较高，唇形从圆到展。

（4）[e]韵略有动程，近[eⁱ]。

（5）[ɔ][iɔ]二韵中的[ɔ]舌位较高。

（6）[ən]韵中的[ə]有时近[e]，与[p][t][k]组相拼时尤其明显。

（7）[-n]及自成音节的[n]舌位较前，而且音色较模糊。

（8）[ɑŋ]韵鼻尾较弱。

（9）[oŋ][ioŋ]二韵唇形较展，末尾双唇接近闭合；[ioŋ]韵鼻尾较弱。

三、声调（7个，包括文读专用调[211]）

阴平	53	东该灯风通开天春
阳平	33	门龙牛油铜皮糖红冻怪半四痛快寸去
上声	213	懂古鬼九统苦讨草买老有动罪近后麦叶月白盒罚
去声	55	路硬乱洞地饭树百搭节塔切
阴入	5	谷节急哭拍刻
阳入	12	六毒
阳平文读	211	华言完

说明：

（1）阴平[53]偶尔读作[533]或[534]。

（2）上声[213]降幅不到一度。

（3）去声[55]略升，近[45]，而且比较短促，末尾略带紧喉色彩。

（4）阴入[5]较短促。

（5）阳入[12]短促调，前头略降。

叁　连读变调

一、两字组连读变调表

建德方言两字组的连读变调规律见下表，表中首列为前字本调，首行为后字本调。每一格的第一行是两字组的本调组合；第二行是连读变调，若连读调与单字调相同，则此行空白；第三行为例词。同一两字组若有两种以上的变调，则以横线分隔。具体如下。

建德方言两字组连读变调表

前字＼后字	阴平 53		阳平 33		上声 213		去声 55		阴入 5		阳入 12	
阴平 53	53 开	53 车	53 开	33 门	53 工	213 厂	53 军	55 队	53 中	5 国	53 生	12 日
	53 55 飞	53 机	53 清	33 55 明								
阳平 33	33 农	53 村	33 农	33 民	33 牙	213 齿	33 名	55 字	33 毛	5 笔	33 粮	12 食
			33 21 酱	55 油	33 城	213 55 市						
					33 徒	55 33 弟						
上声 213	213 55 火	53 车	213 55 草	33 鞋	213 55 手	213 表	213 21 写	55 字	213 55 粉	5 笔	213 55 伙	12 食
	213 21 打	53 针	213 21 写	33 信	213 21 动	213 手			213 21 赌	5 博	213 21 老	12 实
	213 55 老	53 33 师			213 13 远	213 近						

续表

后字 前字	阴平 53		阳平 33		上声 213		去声 55		阴入 5		阳入 12	
去声 55	55 地	53 方	55 问	33 题	55 代	213 表	55 大	55 路	55 外	5 国	55 大	12 栗
			55 21 大	33 55 门								
阴入 5	5 国	53 家	5 出	33 名	5 黑	213 板	5 3 决	55 定	5 3 出	5 国	5 复	12 习
			5 3 骨	33 55 头								
阳入 12	12 立	53 冬	12 日	33 头	12 十	213 五	12 立	55 夏	12 墨	5 汁	12 十	12 六
					12 21 日	213 子						

二、两字组连读变调规律

建德方言两字组的语音变调有以下几个特点：

（1）连读变调比较简单。

（2）以前字变调为主。后字变调主要见于后字为阴平［53］和阳平［33］时。

（3）前字上声［213］、去声［55］以及阳平［33］有一定程度的合流现象。

（4）后字的变调调值只有［55］和［33］。

（5）建德方言存在语法变调现象，主要表现在述宾结构常具有专门的变调规律。

不符合表的词有：

尿片_{尿布} $\varepsilon i^{21} p^h i e^{55}$ | 棺材 $kue^{21} s e^{55}$

蹩脚 （质量）差 $pie\mathʔ^{12} t\varphi ie\mathʔ^{12}$

肆 异读

一、新老异读

建德方言中的新老异读主要体现在以下几个方面。下文中"/"前为老派，后为新派。

（1）泥来母部分字老派相混，新派不混。例如：老派中，南_泥＝蓝_来nε³³；新派中，南_泥nε³³≠蓝_来lε³³。

（2）老派读[ŋ]声母的字（主要为影疑母开口一二等字和个别匣云母字），新派读零声母。例如：安 ŋε⁵³ / ε⁵³ | 恶_{善~}ŋu⁵⁵ / u⁵⁵ | 熬 ŋɔ³³ / ɔ³³ | 眼 ŋε̃²¹³ / ε̃²¹³ | 王 ŋo³³ / uɑŋ²¹¹ | 黄 ŋo³³ / o³³。

二、文白异读

建德方言中文白异读现象比较丰富。下文中"/"前为白读，后为文读。部分例字只有白读或文读。

1. 声母

（1）微母部分字白读[m]声母，文读零声母。例如：晚 mε⁵⁵ / uε̃⁵⁵ | 万 mε⁵⁵ / | 问 mən⁵⁵ / 。

（2）从邪字白读[s][ɕ]声母，文读[ts][tɕ]声母。例如：造 sɔ²¹³ / tsɔ²¹³ | 集 ɕieʔ¹² / tɕieʔ¹² | 席 ɕieʔ¹² / tɕieʔ¹²。

（3）见晓组（疑母字除外）开口二等字白读多为[k]组声母，文读为[tɕ]组声母。例如：减 kε²¹³ / tɕie²¹³ | 奸 kε⁵³ / tɕie⁵³ | 项 ho⁵⁵ / ɕiɑŋ²¹³。

2. 韵母

（1）咸山宕江梗_{开二}摄部分古入声字，白读开尾韵，文读塞音尾韵。例如：节 tɕie⁵⁵ / tɕieʔ⁵ | 脱 tʰi⁵⁵ / tʰɐʔ⁵ | 活 o²¹³ / uɐʔ¹² | 缺 tɕʰy⁵⁵ / tɕʰyɐʔ⁵ | 削 ɕiɑ⁵⁵ / ɕieʔ⁵ | 额 ŋɑ²¹³ / ŋɐʔ¹²。

（2）咸山宕江梗_{开二}摄部分古阳声韵字，白读开尾韵，文读鼻化韵（咸山摄）或鼻尾韵（宕江梗_{开二}摄）。例如：监 kε⁵³ / tɕiε̃³³ | 全 ɕie³³ / tɕʰiε̃²¹¹ | 章 tsε⁵³ / tsɑŋ³³ |

项 ho⁵⁵ / ɕiaŋ²¹³ | 生 sɛ⁵³ / sən³³ | 省 / sən²¹³ | 硬 ŋɛ⁵⁵ / | 梗 kuɛ²¹³ / kən²¹³。

3. 声调

建德方言具有文白两套声调系统，在调类和调值上均各有异同。调类方面的不同有：

（1）古全浊上声：白读归上声，文读归去声。

（2）古清去：白读归阳平，文读归上声。

（3）古咸山宕江四摄和梗摄部分清入字：白读归去声，文读归阴入。

（4）古咸山宕江四摄和梗摄部分浊入字：白读归上声，文读归阳入。

调值方面，只有古全浊上声、除咸山宕江四摄和部分梗摄以外的入声字文白调值相同，其他字的文白调值均不相同。

（5）文读系统中的阳平［211］不见于白读系统。

伍　小称

建德方言小称形式是在原词后加上自成音节的"儿"［n］。加上后，"儿"字前一音节声韵母均不发生变化。"儿"字及前一音节的声调可能发生变化，具体如下表。

前字声调	中古调类	"儿"字声调	例词
阴平 53	清平	213	歌儿 ku⁵³n²¹³	躲猫儿捉迷藏 tu²¹mɔ⁵³n²¹³
阳平 33	浊平	暂未见例词	
	清去	55	兔儿 tʰu³³n⁵⁵	筷儿 kʰuɑ³³n⁵⁵	盖儿 kɛ³³n⁵⁵	扣儿 kʰɤɯ³³n⁵⁵
上声 213	清上、次浊上	0	鸟儿 tiɔ²¹³⁻⁵⁵n⁰	鬼儿男孩 kuɛ²¹³⁻⁵⁵n⁰	网儿 mo²¹³⁻⁵⁵n⁰、枣儿 tsɔ²¹³⁻⁵⁵n⁰	花蕊儿 ho⁵³y²¹³⁻⁵⁵n⁰	饺儿 tɕiɔ²¹³⁻⁵⁵n⁰
	全浊上	55	柿儿 sɿ²¹³⁻²¹n⁵⁵	鲝儿 pie²¹³⁻²¹n⁵⁵
	全浊入		盒儿 ho²¹³⁻²¹n⁰
去声 55	浊去	55	纸鹞儿风筝 tsɿ²¹iɔ³³n⁵⁵
	清入	0	桌儿 tsu⁵⁵n⁰

第八十二节　寿昌方音

壹　概况

一、调查点

1. 地理人口

寿昌隶属于浙江省建德市，位于浙江西部，建德市西南部，东和东南与大慈岩毗邻，南连龙游，西、西南与航头相连，西北与淳安接壤，北邻新安江。全镇行政区域面积 143 平方公里，距建德市政府驻地 14 公里，辖西湖、望江、东昌、横山 4 个社区和 23 个行政村。截至 2014 年，总人口为 4.59 万，其中汉族占绝大多数，少数民族主要为畲族，共一两千人，散居在寿昌各地。①

2. 历史沿革

原寿昌县古为越国地。秦汉时属会稽郡（后属吴郡）富春县。三国吴黄武四年（225），析富春县地置新昌县，属吴郡。晋太康元年（280），改名寿昌县，寿昌之名始此。唐至德年间（756—758），寿昌县治从白艾里迁万松镇，此后，这里一直为寿昌县治，至 1958 年并入建德县时止。1992 年 4 月，原卜家篷乡、陈家乡并入寿昌镇。2005 年 3 月，原寿昌镇和原童家乡合并，成立新寿昌镇。②

3. 方言分布

主要方言有：寿昌话，分布于旧寿昌县，属徽语严州片；建德话，主要分布于原建德县境内，一般一个镇一种口音，如梅城、三都、大洋等；北部乾潭、钦堂等地方言属于吴语太湖片；罗村、南峰有安庆话；罗村还有福建话；千鹤等地有温州话；百塘垄、后山二村有青田话；石屏、童家有南丰话；航头镇航头、溪沿二村有广丰话；檀村一带说兰溪话。

---

① 参见：寿昌镇志编纂委员会. 寿昌镇志. 杭州：西泠印社出版社，2016：1.
② 参见：寿昌镇志编纂委员会. 寿昌镇志. 杭州：西泠印社出版社，2016：1.

4. 地方曲艺

寿昌流传的剧种主要是越剧和婺剧。

二、方言发音人

1. 方言老男

邓双林，1951 年 5 月出生于建德寿昌镇，一直在本地生活和工作，职工，现已退休，小学文化程度，说寿昌话和不太标准的普通话。父母是寿昌镇人，说寿昌话。

2. 方言青男

林子傑，1992 年 10 月出生于建德寿昌镇，大部分时间在本地生活和工作，教师，本科文化程度，说寿昌话和不太标准的普通话。父母都是寿昌镇人，说寿昌话。

3. 口头文化发音人

邓双林，男，1951 年 5 月出生于建德寿昌镇，一直在本地生活和工作，职工，现已退休，小学文化程度，说寿昌话和不太标准的普通话。父母是寿昌镇人，说寿昌话。

邵素云，女，1963 年 3 月出生于建德寿昌镇，一直在本地生活和工作，职工，初中文化程度，说寿昌话和不太标准的普通话。父母是寿昌镇人，说寿昌话。

邵素娥，女，1965 年 10 月出生于建德寿昌镇，一直在本地生活，工商业者，初中文化程度，说寿昌话和不太标准的普通话。父母是寿昌镇人，说寿昌话。

贰　声韵调

一、声母（20 个，包括零声母在内）

p 八兵便	pʰ 派片爬病肥	m 麦明问	f 飞风副蜂肥饭
t 多东	tʰ 讨天甜毒特	n 脑南	l 老蓝连路任人日能

ts 资早租张争 　纸装嘴	tsʰ 刺草抽拆抄 　初垂窗		s 字贼三祠事手 　十城
tɕ 酒竹装主九 　交甲件	tɕʰ 清全茶车春 　轻权床	nʑ 年泥热软月	ɕ 酸谢床山船书 　响校
k 高共	kʰ 开	ŋ 熬	x 好灰
∅ 味活温王云 　用药眼			

说明：

（1）不送气的清音声母逢低调时，在听感上接近南部吴语古全浊声母"清音浊流"的特点。

（2）[tɕ]组声母与[i][y]相拼时有舌叶音倾向。

（3）[k]组声母拼细音韵母[iɛ]时接近[c]组。

（4）根据曹志耘《徽语严州方言研究》，寿昌方言有一个独立的声母文读系统，因语保调查字数有限，现将所调查到的声母文读音字穷尽性列举在音系中，以双下画线表示。

二、韵母（43个，包括自成音节的[m][n]在内）

ɿ 猪师丝试	i 米戏飞盐年接热	u 歌坐过苦拖个初	y 雨
ɑ 排鞋拉	iɑ 夜爷茄校要	uɑ 快化华话挖	yɑ 叫
æ 台	iæ 赔对南半短	uæ 会灰	
	iɛ 写开贴节		
		uei 鬼嘴吕水	yei 靴月
		uə 牙官盒塔鸭辣 　活刮	yə 茶山
ɤ 法八	iɤ 笑桥		
əɯ 二宝饱豆走	iəɯ 油		
ã 糖讲	iã 响	uã 王	yã 床双
æ̃ 硬争贪衫占单		uæ̃ 横善完惯传	
	iɛ̃ 延言减签验险		yɛ̃ 春云院园全
en 深根寸灯升争省	ien 心新病星行明	uen 滚	yen 俊

ɔŋ 东猛<u>棚</u>	ioŋ 兄用		
əʔ 十北直色白尺	ieʔ 急七一锡	uəʔ 骨国	yəʔ 出橘局
ɔʔ 托郭壳学谷六绿<u>粥</u>	iɔʔ 药叔	uɔʔ 物	
m̩ 母			
n̩ 儿五耳			

说明：

（1）[i]与[p][pʰ]相拼或者读零声母时带舌尖色彩。

（2）[u]实际舌位略低，但不到[o]。

（3）[iɛ]中的[ɛ]舌位略低，但不到[æ]。

（4）[ien]中的[e]实际读音为[ɪ]，这里记作[e]。

（5）来自通摄的[ɔŋ]韵母字，部分实际读音为[ɔm]，如"红""冻"。这里统一记作[ɔŋ]。

（6）根据曹志耘《徽语严州方言研究》，寿昌方言有一个独立的韵母文读系统，因语保调查字数有限，现将所调查到的韵母文读音字穷尽性列举在音系中，以双下画线表示。

三、声调（8个）

阴平	112	东该灯风通开天春螺牙祠<u>顽权园</u>
阳平	52	门龙牛油铜皮糖红
阴上	24	懂古鬼九统苦讨草<u>户父住币二寺</u>
阳上	534	买老五有动罪近后
去声	33	冻怪半四痛快寸去卖路硬乱洞地饭树<u>靴翁</u>
阴入甲	55	谷百搭节急谱<u>吕许耳感化汉</u>
阴入乙	3	哭拍塔切刻
阳入	31	六麦叶月毒白盒罚

说明：

（1）阴平[112]以平为主。

（2）阴上[24]起始部分有时先略降，即[324]，但以升为主，这里记作[24]。

（3）阳上[534]有时上升部分不明显，以降为主。

（4）阳入［31］是短促调，末尾有时略升，近于［312］，这里记作［31］。

（5）根据曹志耘《徽语严州方言研究》，寿昌方言有一个独立的声调文读系统，因语保调查字数有限，现将所调查到的声调文读音字穷尽性列举在音系中，以双下画线表示。

叁　连读变调

一、两字组连读变调表

寿昌方言两字组的连读变调规律见下表，表中首列为前字本调，首行为后字本调。每一格的第一行是两字组的本调组合；第二行是连读变调，若连读调与单字调相同，则此行空白；第三行为例词。同一两字组若有两种以上的变调，则以横线分隔。具体如下。

寿昌方言两字组连读变调表

后字 前字	阴平 112	阳平 52	阴上 24	阳上 534	去声 33	阴入甲 55	阴入乙 3	阳入 31
阴平 112	112 112 11 飞 机	112 52 11 开 门	112 24 11 工 厂	112 534 11 55 公 里	112 33 11 车 票	112 55 11 冰 雹	112 3 11 钢 笔	112 31 11 中 药
	112 112 33 东 西	112 52 11 55 清 明	112 24 11 55 身 体	112 534 11 112 家 里	112 33 11 55 书 记			112 31 11 3 生 日
		112 52 33 112 工 人			112 33 11 24 车 站			
阳平 52	52 112 11 良 心	52 52 11 33 皮 鞋	52 24 11 门 口	52 534 11 朋 友	52 33 11 难 过	52 55 11 头 发	52 3 11 毛 笔	52 31 11 农 业
	52 112 11 33 农 村	52 52 11 112 农 民	52 24 11 55 团 长	52 534 11 24 城 市	52 33 11 55 同 意			52 31 33 同 学
	52 112 骑 车			52 534 33 112 牛 奶	52 33 11 24 排 队			

续表

后字＼前字	阴平 112	阳平 52	阴上 24	阳上 534	去声 33	阴入甲 55	阴入乙 3	阳入 31
阴上 24	24 112 / 33 / 点心 24 112 / 打针	24 52 / 33 / 水池 24 52 / 55 112 / 检查	24 24 / 33 / 水果 24 24 / 55 55 / 厂长	24 534 / 33 / 水稻 24 534 / 33 24 / 改造 24 534 / 55 55 / 管理	24 33 / 33 / 海带 24 33 / 写信 24 33 / 33 24 / 准备 24 33 / 55 55 / 水库	24 55 / 33 / 指甲	24 3 / 33 / 粉笔 24 3 / 洗脚	24 31 / 33 / 死活
阳上 534	534 112 / 33 / 坐车 534 112 / 24 33 / 棒冰 534 112 / 55 33 / 老师	534 52 / 33 / 坐船 534 52 / 53 55 / 后年 534 52 / 24 112 / 象棋 534 52 / 33 112 / 后头	534 24 / 33 / 老虎 534 24 / 33 55 / 老板 534 24 / 33 33 / 雨伞 534 24 / 11 55 / 市长	534 534 / 33 / 道理 534 534 / 53 / 远近	534 33 / 33 / 买票 534 33 / 53 / 近路 534 33 / 33 24 / 马路 534 33 / 11 55 / 社会	534 55 / 33 / 犯法	534 3 / 33 / 满足	534 31 / 33 / 老实 534 31 / 53 / 每日
去声 33	33 112 / 汽车 33 112 / 24 33 / 卫生 33 112 / 55 33 / 退休	33 52 / 酱油 33 52 / 24 112 / 问题	33 24 / 报纸 33 24 / 55 / 政府 33 24 / 11 55 / 字典	33 534 / 55 / 送礼 33 534 / 24 / 制造 33 534 / 55 / 跳舞	33 33 / 55 / 饭店 33 33 / 11 55 / 电话 33 33 / 55 / 会计	33 55 / 办法	33 3 / 建设	33 31 / 大麦
阴入甲 55	55 112 / 锁车	55 52 / 33 / 发财 55 52 / 33 55 / 铁门	55 24 / 跌斗	55 534 / 割稻	55 33 / 节气 55 33 / 33 55 / 铁路	55 55 / 33 / 哥哥	55 3 / 发福	55 31 / 搭脉

后字 前字	阴平 112		阳平 52		阴上 24		阳上 534		去声 33		阴入甲 55		阴入乙 3		阳入 31	
阴入乙 3	3 结	112 婚	3 出	52 名	3 发	24 火	3 谷	534 55 雨	3 织	33 布	3 出	55 血	3 出	3 国	3 节	31 日
			3 骨	52 55 头	3 黑	24 55 板	3 发	534 24 动	3 速	33 24 度						
阳入 31	31 3 读	112 书	31 3 学	52 堂	31 3 石	24 板	31 3 十	534 五	31 3 白	33 菜	31 3 落	55 雪	31 3 蜡	3 烛	31 3 学	31 习
					31 3 墨	24 55 水	31 3 物	534 55 理	31 3 实	33 24 现						
							31 3 活	534 24 动								

二、两字组连读变调规律

寿昌方言两字组的连读变调有以下几个特点：

（1）同一调类的前字在不同调类的后字之前往往读为一种或几种共同的调值，例如阴平［112］字在各调类的后字之前均读作［11］。

（2）不同调类的前字的连读调有归并的趋势。例如，阴平［112］字、阳平［52］字在各调类的后字之前均读作［11］；上声（阴上［24］、阳上［534］）字和去声［33］字在各调类的后字之前均读作［33］；阳入［31］作前字时读作［3］，与阴入乙［3］同；等等。

（3）阴上［24］、阳上［534］作前字时，前后字都变调的情况比较多。

（4）去声［33］、阴入甲［55］、阴入乙［3］作前字时，前后字往往都不变调。

肆　异读

一、新老异读

寿昌方言中的新老异读可归纳为声母异读、韵母异读、声母和韵母都异读三种类型。

1. 声母异读

例字	老派	新派
递	t^hi^{33}	ti^{33}
肥	p^hi^{52} 洋～皂：～皂	fi^{112} ～皂
踏	$tə\mathʔ^{31}$	$t^hə\mathʔ^{31}$
业	$ȵiə\mathʔ^{31}$	$iə\mathʔ^{31}$
原	$ȵyɛ̃^{112}$	$yɛ̃^{112}$

2. 韵母异读

例字	老派	新派
靴	$ɕyei^{112}$	$ɕyɛ^{33}$
莲	li^{112}	$liɛ̃^{112}$
现	$ɕi^{33}$	$ɕiɛ̃^{24}$

3. 声母和韵母都异读

例字	老派	新派
袖	$səɯ^{55}$ 衫～：～子	$ɕiəɯ^{24}$ ～子
岩	$ŋuə^{52}$	$iɛ̃^{112}$

二、文白异读

寿昌方言中存在少量文白异读现象，声母和韵母方面都有所体现。下文中"/"前为白读，后为文读。

1. 声母方面

（1）部分非组字白读为[p]组声母，文读为[f]组声母（微母文读为零声母）。例如：肥 p^hi^{52} 洋～皂：肥皂 / fi^{52} 化～ | 晚 $mɤ^{33}$ ～娘：继母 / $uæ̃^{55}$ ～会。

（2）部分见组二等字白读为[k]组声母，文读为[tɕ]组声母，韵母也随之有所改变。例如：交 $kɤ^{112}$ ～朋友 / $tɕiɑ^{112}$ ～通 | 甲 $kuə^{55}$ 指～ / $tɕiə\mathʔ^{3}$ ～乙丙丁。

2. 韵母方面

（1）个别果摄开口一等字白读为[ɑ]韵母，文读为[u]韵母。例如：拖 tʰɑ¹¹²~：动词 / tʰu¹¹²~拉机。

（2）个别蟹摄合口二等字白读为[u]韵母，文读为[uɑ]韵母。例如：话 u³³ 笑~ / uɑ⁵⁵ 电~。

（3）个别流摄开口三等字白读为[əɯ]韵母，文读为[iəɯ]韵母。例如：袖 səɯ⁵⁵ 衫~：~子 / ɕiəɯ²⁴ 领~。

（4）个别咸摄开口二等字白读为[yə]韵母，文读为[æ̃]韵母，声母也随之有所改变。例如：衫 ɕyə¹¹²~袖：袖子 / sæ̃³³ 衬~。

（5）个别山摄开口三等字白读为[i]韵母，文读为[iɛ̃]韵母。例如：便 pʰi³³~当：方~ / piɛ̃²⁴ 方~面。

（6）个别山摄合口三等字白读为[yei]韵母，文读为[yɛ̃]韵母。例如：园 yei⁵² 菜~ / yɛ̃¹¹² 公~。

三、其他异读

在口头文化发音人邵素云所说的歇后语"冬瓜棚牵西瓜棚——牵东攀西"中，"棚"读作[pʰæ̃⁵⁵]，而老男和青男分别读作[pʰɔŋ¹¹²]和[pʰen⁵²]。

伍　小称

寿昌方言小称主要包括"鼻化 + 变调"型和"儿缀"型两种。具体如下：

1."鼻化 + 变调"型

个别动物名儿化，一般表现为"儿"音[n⁵²]与其前面的音节相融合而发生鼻化音变现象，调值很高。例如：

鸟儿：[鸟儿] tiɑ̃⁵² = 鸟 tiɤ²⁴ + 儿 n⁵²

麻雀儿：麻[雀儿] tsæ̃⁵⁵ = 麻雀 tɕiəʔ³ + 儿 n⁵²

部分亲属称谓儿化，一般表现为"儿"音[n⁵²]与其前面的音节相融合而发生鼻化或鼻尾音变现象。例如：

细叔儿叔儿排行最小的叔父 ɕiɛ³³ɕioŋ⁵⁵ɕĩoŋ⁵⁵

姑夫儿 ku¹¹fɔŋ⁵⁵

伯儿母_{妯娌} pæ̃¹¹m⁵⁵

2.“儿缀”型

个别副词儿化，儿［n⁵²］舌面化自成音节［ȵi⁵⁵］，表示程度。例如：

慢慢儿 mɤ³³mɤ³³ȵi⁵⁵

第八十三节　淳安方音

壹　概况

一、调查点

1. 地理人口

淳安县隶属于浙江省杭州市，位于浙江省西部，杭州市西南部丘陵山区，东邻桐庐、建德，南连衢江、常山，西南与开化接壤，西与安徽休宁、歙县为邻，北与临安毗连，距杭州市区 151 公里。全县面积 4417.48 平方公里，辖 11 镇 12 乡，分别是千岛湖镇、文昌镇、石林镇、临岐镇、威坪镇、姜家镇、梓桐镇、汾口镇、中洲镇、大墅镇、枫树岭镇，里商乡、金峰乡、富文乡、左口乡、屏门乡、瑶山乡、王阜乡、宋村乡、鸠坑乡、浪川乡、界首乡、安阳乡。县人民政府驻千岛湖镇。[①] 截至 2019 年年底，全县共有 14.66 万户，总人口 45.87 万。[②] 居民以汉族为主，有少数畲族人。[③]

2. 历史沿革

淳安历史悠久，早在新石器时代就有人类活动。春秋时属吴、越。战国时属楚。秦汉为歙县地，属鄣郡、丹阳郡。东汉建安十三年（208），孙权遣威武中郎将贺齐击山越，平黟、歙，分歙之东乡置始新县、歙之南乡置新定县，此为原淳安、遂安建县之始。隋开皇九年（589），始新县易名新安县。此后七易其名，宋绍兴元年（1131）定名淳安。新定县于西晋太康元年（280）易名遂安县，至1958 年撤销建制，与淳安县合并。1963 年始，淳安隶属于杭州市。[④]

---

① 参见：淳安县人民政府网，http://www.qdh.gov.cn/art/2022/2/22/art_1289581_31968830.html，2022 年 8 月 13 日获取。

② 参见：《2020 年浙江统计年鉴》，http://tjj.zj.gov.cn/col/col1525563/index.html，2022 年 8 月 13 日获取。

③ 参见：《2018 年淳安统计年鉴》，http://www.qdh.gov.cn/art/2019/3/17/art_1229117734_47412785.html，2022 年 8 月 13 日获取。

④ 淳安县志编纂委员会. 淳安县志（1986 ~ 2005）[M]. 北京：汉语大词典出版社，2014：67.

3. 方言分布

淳安的方言主要为淳安话，属徽语严州片。此外还有安庆话、歙县话等。因原淳安县县城淳城于 1959 年因建新安江水库而被淹没，遂在排岭新建淳安县城（今千岛湖镇），今千岛湖镇以普通话为本地共同语，淳城话基本只限于原淳城人在家里使用。县北部瑶山乡老庵基村说安徽安庆话，县西北部临安徽的严家乡同乐庄村及相邻一些村庄说接近歙县的方言，但一般也会说严家一带的淳安话。

4. 地方曲艺

本地流行淳安三脚戏及婺剧。淳安三脚戏是采茶戏传入浙西后，与民间歌舞竹马班结合而成的，因早期演出只有旦、生、丑三个角色而得名。婺剧，又称"金华戏"，是高腔、昆腔、乱弹、徽戏、滩簧、时调六种声腔的合班。

二、方言发音人

1. 方言老男

应陶明，1950 年 3 月出生于原淳安淳城，一直在本地生活和工作，基层干部，现已退休，初中文化程度，说淳城话和不太标准的普通话。父母均为原淳安淳城人，说淳城话。

2. 方言青男

任蔚江，1988 年 9 月出生于江西抚州市宜黄县东陂镇，为新安江水库移民后代，1999 年全家回迁至淳安县千岛湖镇，主要在本地生活和工作，基层干部，本科文化程度，说淳城话和普通话。父母均为原淳安淳城人，说淳城话。

3. 口头文化发音人

胡小马，男，1954 年 9 月出生于淳安宋家坞村，农民，高中文化程度，说淳城话和不太标准的普通话。

贰　声韵调

一、声母（19个，包括零声母在内）

p 八兵	pʰ 派片爬病肥	m 麦明问	f 飞副肥饭灰	v 味问软月县温云
t 多东	tʰ 讨天甜毒			l 脑南老蓝连路
ts 旱竹争装纸	tsʰ 草拆茶春城 共权		s 坐三祠床山 船手十	z 认
tɕ 租酒主九	tɕʰ 清柱初轻		ɕ 全想谢书响	
k 高国	kʰ 开苦共		h 风蜂好	
Ø 年熬王用药 热认				

说明：

（1）[f][h]声母与[uoʔ][on]两韵相拼时，有时可自由变读。目前所见规律为：古晓母字在[uoʔ]韵前，常[f][h]自由变读；古非组字在[on]韵前，有的读[f]声母，有的读[h]声母，个别则[f][h]自由变读。

（2）[v]声母实际接近[ʋ]。

（3）[l]声母有时为[ⁿl]。

（4）[ts]声母与[ue]韵相拼时，带舌面色彩。

（5）[tɕ][tɕʰ][ɕ]声母与[ie]韵相拼时，有时分别读作[ts][tsʰ][s]。

（6）开口呼零声母字前有较强的摩擦成分。

二、韵母（49个，包括自成音节的[n]在内）

ɿ 师丝试	i 米戏飞	u 歌坐过	y 举裕
a 师试二耳	ia 五	ua 古苦	ya 猪雨
ɑ 排鞋	iɑ 借写	uɑ 快外	
o 茶牙瓦			
		ui 鬼跪	
e 位胃	ie 陪对	ue 亏贵	ye 追最

ɤ 宝饱　　　　　　　　iɤ 桥笑

ɯ 豆走　　　　　　　　iɯ 酒油　　　　　　　　　　　　　　　　yɯ 靴局

ã 南半短寸　　　　　　iã 盐年　　　　　　uã 船权

ɑ̃ 山糖床硬争　　　　　iɑ̃ 响亮　　　　　uɑ̃ 官王横

en 深根云灯升　　　　　in 心新病星　　　　uen 滚春军　　　　yen 俊军

oŋ 双讲兄东　　　　　　ioŋ 浓用

ɿʔ 虱塞　　　　　　　　iʔ 急七一锡　　　　　　　　　　　　　　yʔ 橘

aʔ 鸭辣活学白尺六局　　iaʔ 贴药肉　　　　uɑʔ 活刮

　　　　　　　　　　　　　　　　　　　　ueʔ 骨国

əʔ 十月北直色　　　　　iəʔ 接热节　　　　uəʔ 刷出　　　　　yəʔ 血曲

oʔ 郭壳谷　　　　　　　　　　　　　　　uoʔ 握屋

n̩ 尔

əl 二耳

说明:

（1）[i]韵与[tɕ]组声母相拼时略有摩擦。

（2）[a][ua][ya][ã][iã][uã]六韵中的[a]舌位较高;[iã]韵中的[a]舌位尤高，接近[ɛ]。

（3）[ɑ][iɑ][uɑ]三韵中的[ɑ]接近[ɒ];[ɑʔ][iɑʔ][uɑʔ]三韵中的[ɑ]有时读为[ɒ]。

（4）[e][ie][ue][ye]四韵中的[e]实际音值为[ɛ];[ie]韵实际音值为[ⁱɛ]。

（5）[ɤ][iɤ]二韵中的[ɤ]位于[ə][ɤ]之间。

（6）[en]韵中的[e]舌位有时较低、较后。

（7）[oŋ][ioŋ]二韵末尾双唇基本闭合，接近[om][iom]。

（8）[iʔ]韵中的[i]实际音值为[iɪ];[yʔ]韵中的[y]实际音值为[yɪ]。

（9）[ueʔ]韵实际音值为[uieʔ]。

（10）[əʔ][uəʔ][yəʔ]三韵中的[ə]舌位有时较低;[iəʔ]韵中的[ə]舌位有时较前。

三、声调（6个）

阴平	24	东该灯风通开天春冻怪半四痛快寸去
阳平	435	门龙牛油铜皮糖红
上声	55	懂古鬼九统苦讨草马老有动罪近后
阳去	53	卖路硬乱洞地饭树买
阴入	5	谷搭节急哭拍塔切刻
阳入	13	六麦叶月毒白盒罚

说明：

（1）阴平［24］前头略降，但不到一度。

（2）阳平［435］末尾常常不到［5］。

（3）上声［55］实际较低，接近［44］。

（4）阳去［53］有时为［52］。

（5）阴入［5］为短促调。

（6）阳入［13］为半短调。

叁　连读变调

一、两字组连读变调表

淳安方言两字组的连读变调规律见下表，表中首列为前字本调，首行为后字本调。每一格的第一行是两字组的本调组合；第二行是连读变调，若连读调与单字调相同，则此行空白；第三行为例词。同一两字组若有两种以上的变调，则以横线分隔。具体如下。

淳安方言两字组连读变调表

前字 ＼ 后字	阴平 24	阳平 435	上声 55	阳去 53	阴入 5	阳入 13
阴平 24	24·21 飞　24·55 机	24 清　435·21 明	24·21 工　55 厂	24·21 军　53 队	24·21 钢　5 笔	24 生　13·21 日
	24 开　24 车	24 开　435 门	24 身　55·21 体	24·21 生　53 病		24 开　13 学
	24·53 会　24·21 计	24·21 今　435·55 年				24·21 中　13 药
阳平 435	435·43 农　24 村	435·43 眉　435·24 毛	435·43 牙　55·24 齿	435·43 名　53 字	435·43 头　5 发	435·43 农　13·53 业
		435·43 农　435·53 民	435·43 门　55 口	435·43 排　53·24 队		435·43 同　13 学
			435·43 徒　55·53 弟			
上声 55	55 火　24·55 车	55 水　435 池	55 厂　55·21 长	55 手　53·21 艺	55 粉　5 笔	55 体　13·21 育
	55 比　24·21 方	55 草　435·21 鞋	55 手　55 表	55 写　53 字		55 死　13 活
	55 坐　24 车		55·24 市　55·21 长			
			55·43 起　55 码			
			55·33 底　55 下			

续表

后字 前字	阴平 24	阳平 435	上声 55	阳去 53	阴入 5	阳入 13
阳去 53	53/55　24 地　方	53/55　435 大　门	53　55 代　表	53　53/21 寿　命	53　5 办　法	53　13 树　叶
	53　24 认　真	53　435 问　题	53　55/21 县　长	53　53 大　路		53　13/21 大　麦
	53　24/21 饭　店	53/55　435/21 调　查				
阴入 5	5　24/55 国　家	5　435/21 骨　头	5　55 黑　板	5　53/21 铁　路	5　5 节　约	5　13/21 作　业
	5　24 结　亲	5　435 铁　门	5　55 谷　雨	5　53 决　定	5/3　5 答　复	5　13 结　合
	5　24/21 节　气					
阳入 13	13　24 读　书	13　435 麦　田	13　55/53 日　子	13　53 立　夏	13　5 蜡　烛	13　13 目　录
	13　24/53 力　气	13　435/24 石　头	13　55 墨　水			13　13/5 越　剧

说明：

（1）［21＋55］中的前字［21］，降得不太明显，有时为［22］。

（2）［5＋55］［5＋5］中的前字［5］，实际调值为［54］（短促调）。

（3）［13＋24］的前字［13］，实际调值为［21］（短促调）。

二、两字组连读变调规律

淳安方言两字组的语音变调有以下几个特点：

（1）前后字均变调。

（2）连读变调模式存在趋同现象。

一方面，同一调类的前字在不同调类的后字之前往往读为一种或两种相同的调值。例如阳平字在各调类的后字之前均读作［43］调。

另一方面，不同调类的后字也往往读作相同的调值。例如"阴平 + 阴平"和"阴平 + 上声"的两字组中，后字均可读［55］；阴平字在阴平、上声、阳去、阴入字之后均可读［55］。

肆　异读

一、新老异读

主要体现在声母和韵母方面。下文中"／"前为白读，后为文读。

1. 声母

主要区别在于：部分见系字老派白读［ts］组声母，文读［tɕ］组声母；新派只读［tɕ］组声母。例如：

例字	老派	新派
军	tsuen²⁴ / tɕyen²⁴	tɕyen²⁴
圈	tsʰuã²⁴	tɕʰyã²⁴
权	tsʰuã⁴³⁵	tɕʰyã⁴³⁵
凶	son²⁴	ɕion²⁴
熊	son⁴³⁵	ɕion⁴³⁵

2. 韵母

（1）假蟹摄合口二等字以及"抓甲挖"等字老派读［o］韵，新派读［uo］韵。

（2）山摄合口三四等见系舒声字老派读［uã］韵，新派读［yã］韵。

二、文白异读

淳安方言文白异读主要体现在声母和韵母方面。① 下文中"／"前为白读，后为文读。

---

① 由于调查字数有限，目前发现的文白异读现象仍比较零碎。

1. 声母

（1）个别非组字白读［pʰ］［m］声母，文读［f］［v］［∅］声母。例如：肥 pʰi⁴³⁵ / fi⁴³⁵ | 蚊 men⁴³⁵ / | 问 men⁵³ / ven⁵³ | 网 mon⁵⁵ / uã⁵⁵。

（2）止摄开口三等日母字白读［l］声母，文读零声母。例如：儿 la⁴³⁵ / əl⁴³⁵ | 耳 la⁵⁵ / əl⁵⁵ | 二 la⁵³ / əl⁵³。

（3）见晓组（疑母字除外）开口二等字白读多为［k］组声母，文读为［tɕ］组声母。例如：减 kã⁵⁵ / tɕiã⁵⁵ | 间 kã²⁴ / | 监 / tɕiã²⁴ | 孝 hɤ²⁴ / ɕiɤ²⁴ | 限 hã⁵³ / 。

（4）部分见系字白读［ts］组声母，文读［tɕ］组声母。例见上文"一、新老异读"。

（5）其他：鸟 tiɤ⁵⁵ / iɤ⁵⁵ | 厚 kʰɯ⁵⁵ / hɯ⁵⁵ | 侧 tsəʔ⁵ / tsʰəʔ⁵ | 城 sen⁴³⁵ / tsʰen⁴³⁵ | 铅 kʰã²⁴ / tɕʰiã²⁴。

2. 韵母

（1）遇蟹止摄部分合口字、流开三部分非组字白读［a］［ya］韵，文读［u］［y］韵。例如：步 pʰa⁵³ / pʰu⁵³ | 杜 tʰa⁵³ / tʰu⁵³ | 鱼 ya⁴³⁵ / y⁴³⁵ | 许 ɕya⁵⁵ / ɕy⁵⁵ | 水 ɕya⁵⁵ / ɕy⁵⁵ | 富 fa²⁴ / fu²⁴。

（2）止摄开口三等部分字白读［a］韵，文读［ɿ］［əl］韵。例如：知 tsa²⁴ / tsɿ²⁴ | 子 tsa⁵⁵ / tsɿ⁵⁵ | 治 tsʰa⁵³ / tsʰɿ⁵³ | 儿 la⁴³⁵ / əl⁴³⁵ | 耳 la⁵⁵ / əl⁵⁵。

（3）宕江摄部分舒声字白读［on］韵，文读［ã］［uã］韵。例如：装 tson²⁴ / tsã²⁴ | 疮 tsʰon²⁴ / | 床 / sã⁴³⁵ | 棒 pʰon⁵⁵ / pʰã⁴³⁵ | 网 mon⁵⁵ / uã⁵⁵。

伍　小称

小称现象不太丰富，目前仅见数例：后日儿 hɯ⁵⁵in⁵⁵ | 大后日儿 tʰu⁵³hɯ⁵⁵in⁵⁵ | 昨日儿 saʔ¹³in⁵⁵ | 前日儿 ɕiã⁴³in²⁴ | 大前日儿 tʰu⁵³ɕiã⁴³in⁵⁵ | 奶儿奶儿 lã⁵⁵lã⁵⁵

上述几例的变化规律为："日"字读作［n］尾韵，"奶"字则读作鼻化韵。

第八十四节　遂安方音

壹　概况

一、调查点

1. 地理人口

遂安为旧县，现为淳安县的一部分。淳安县隶属于浙江省杭州市，距杭州市区 151 公里。东邻桐庐、建德，南连衢江、常山，西南与开化接壤，西与安徽休宁、歙县为邻，北与临安毗连。[①] 截至 2019 年年底，淳安县户籍人口 45.87 万。[②] 因修建新安江水库，原遂安县城狮城被淹没，原狮城人于 1959 年搬迁至现淳安县姜家镇姜家居委会，即现在的姜家镇的城镇居民户。

2. 历史沿革

东汉建安十三年（208），置新定县，故治在今淳安县汾口镇，属新都郡。西晋太康元年（280），改名遂安县，属新安郡。隋开皇九年（589），遂安县并入新安县，属婺州。仁寿三年（603），遂安县复置，属睦州（治新安县，今浙江淳安）。唐武德四年（621），遂安县治迁狮城（今淳安县姜家镇东 8 公里）。此后，遂安县治一直在狮城。1949 年，遂安县解放，属建德专区。1950 年改属金华专区，1955 年复属建德专区。1958 年 10 月，遂安并入淳安县。

3. 方言分布

遂安话指的是原遂安县城狮城的方言。据《中国语言地图集》，遂安话属于徽语严州片方言。遂安县 1958 年 10 月并入淳安县。淳安县域内现有淳安话、遂安话两种方言。淳安话分布在千岛湖、威坪、石林、梓桐、文昌、临岐、里商、屏门、王阜、瑶山、宋村、鸠坑、左口、金峰、富文 15 个乡镇，使用人口约 28 万；遂安话分布在汾口、姜家、中州、大墅、枫树岭、浪川、安阳、界首 8 个乡

---

① 参见：淳安县人民政府网，http://www.qdh.gov.cn/，2022 年 8 月 10 日获取。
② 参见：《2020 年浙江统计年鉴》，http://tjj.zj.gov.cn/col/col1525563/index.html，2022 年 8 月 10 日获取。

镇，使用人口约 18 万。

4. 地方曲艺

淳安县的地方曲艺是睦剧，用淳安话进行表演。

二、方言发音人

1. 方言老男

毛立忠，1962 年 2 月出生于淳安姜家镇，主要在当地生活和工作，职工，高中文化程度，说遂安话和不太标准的普通话。父母均为原遂安县狮城镇人，说遂安话。

2. 方言青男

刘英俊，1986 年 1 月出生于淳安姜家镇，主要在当地生活和工作，职工，高中文化程度，说遂安话和普通话。父母均为原遂安县人，说遂安话。

3. 口头文化发音人

李雯钰，女，1983 年 7 月出生于淳安姜家镇，主要在当地生活和工作，基层干部，大专文化程度，说遂安话和普通话。父母均为原遂安县人，说遂安话。

徐姣娉，女，1998 年 12 月出生于淳安汾口镇，本科在读，读大学前一直在当地生活。父母均为原遂安县人，说遂安话。

贰　声韵调

一、声母（18 个，包括零声母在内）

p 八兵	pʰ 派片爬病	m 麦明问	f 飞凤副饭	v 味软月活
			船顺灰	县温王云
t 多东	tʰ 讨天甜毒			l 脑南老蓝
				连路用

ts 资早租竹争装 纸　　　tsʰ 刺草祠拆 茶抄初车　　　s 字贼三酸 事床山双

tɕ 酒张主九　　　tɕʰ 清抽柱春 城轻权　　　ɕ 全想谢手 书十响

k 高　　　kʰ 开共　　　x 好

ø 年泥热熬安药

说明：

（1）声母［n］［l］为自由变体，记为［l］。

（2）声母［m］后有闭唇动作。

二、韵母（37个，包括自成音节的［m］［n］在内）

ɿ 师丝试戏锡　　　i 飞一　　　u 苦谷六绿局　　　y 猪雨

a 排鞋白尺　　　　　　　　ua 快

ɑ 瓦茶盒塔鸭法辣八　　　iɑ 药　　　uɑ 活刮

ɛ 来月色　　　iɛ 写雪野接十热七直

e 米　　　　　　　　　　　　　　　ye 出橘

ə 鸽

ɔ 托壳学　　　iɔ 笑桥

o 宝饱郭

ei 笔

əu 走　　　iu 豆油

əɯ 坐开赔对二北 me　　　　　　uəɯ 歌过鬼骨国 mem

ã 硬争横

ɑ̃ 南山　　　iɑ̃ 响　　　uɑ̃ 官

ɜ̃ 靴　　　iɛ̃ 盐年　　　yɛ̃ 权

in 心深新云升病星　　　yn 春

əŋ 半短根寸灯东用　　　uəŋ 滚 mem

oŋ 糖床王双讲　　　ioŋ 兄

m̩ 亩母

n̩ 五

说明：

（1）韵母[a]偏后，音值接近[ɑ]。

（2）韵母[u]有摩擦。

（3）韵母[o]舌位较低。

（4）韵母[ɔ]舌位略低，音值接近[ɒ]。

（5）韵母[iɔ]中的[ɔ]舌位略低，音值接近[ɒ]。

（6）韵母[əŋ]中的[ŋ]偏前。

三、声调（6个）

阴平	534	东该灯风通开天春
阳平	33	门龙牛油铜皮糖红
阴上	213	懂古鬼九统苦讨草六麦叶月毒白盒罚
阳上	43	老五有动罪近后冻怪半四痛快寸去
阳去	52	卖路硬乱洞地饭树买
阴入	24	谷百搭节急哭拍塔切刻

说明：

部分阴入调[24]时长略短。

叁　连读变调

一、两字组连读变调表

遂安方言两字组的连读变调规律见下表，表中首列为前字本调，首行为后字本调。每一格的第一行是两字组的本调组合；第二行是连读变调，若连读调与单字调相同，则此行空白；第三行为例词。同一两字组若有两种以上的变调，则以横线分隔。具体如下。

遂安方言两字组连读变调表

后字 ＼ 前字	阴平 534	阳平 33	阴上 213	阳上 43	阳去 52	阴入 24
阴平 534	534 / 534 55 / 213 天　星<hr>534 / 534 55 花　苞<hr>534 / 534 52 / 52 阴　天	534 / 33 55 / 55 天　晴<hr>534 / 33 灰　尘	534 / 213 55 / 21 天　狗	534 / 43 55 / 213 山　坳<hr>534 / 43 51 冬　至	534 / 52 52 松　树	534 / 24 52 猪　脚
阳平 33	33 / 534 　/ 33 台　风	33 / 33 洋　油	33 / 213 　/ 33 田　埂<hr>33 / 213 52 年　底	33 / 43 棉　絮<hr>33 / 43 52 油　菜	33 / 52 　/ 33 时　候	33 / 24 　/ 33 麻　雀
阴上 213	213 / 534 21 / 33 水　沟	213 / 33 21 / 24 日　头<hr>213 / 33 21 / 33 水　泥	213 / 213 21 / 24 雹　落<hr>213 / 213 33 / 33 昨　日<hr>213 / 213 24 白　果	213 / 43 21 落　雨	213 / 52 21 月　亮	213 / 24 21 蜡　烛
阳上 43	43 / 534 55 / 33 牡　丹	43 / 33 55 后　年	43 / 213 55 老　早<hr>44 / 213 55 / 33 后　日<hr>44 / 213 33 / 33 冷　水	43 / 43 21 以　后	43 / 52 55 对　面	43 / 24 55 裤　脚
阳去 52	52 / 534 24 / 52 夜　边	52 / 33 55 面　前	52 / 213 55 / 21 露　水	52 / 43 55 / 213 地　震	52 / 52 55 / 21 位　置	52 / 24 24 / 33 画　桌
阴入 24	24 / 534 33 结　婚	24 / 33 客　人	24 / 213 33 吸　口	24 / 43 粟　米	24 / 52 得　梦	24 / 24 33 割　谷

二、两字组连读变调规律

遂安方言两字组连读变调规律如下：

（1）两字组连读时，前字调值变得较多，后字调值变得较少。

（2）同一调类的前字在不同调类的后字之前往往读为一种或几种共同的调值。

肆 异读

新老异读

遂安方言中的新老异读主要体现在声母、韵母和声调方面。

1. 声母方面

部分古日母、疑母、匣母、影母字，老派今读［v］声母，新派今读零声母。例如：软、月、县、温，老派均读为［v］声母，新派均读为零声母。

2. 韵母方面

（1）部分古深摄入声字，老派今读［iɛ］韵母，新派今读［i］韵母，例如：十、一。

（2）部分古山摄入声字，老派今读［ɛ］韵母，新派今读［ye］韵母，例如：月。

（3）部分古臻摄入声字，老派今读［iɛ］韵母，新派今读［iei］韵母，例如：七。

（4）部分古通摄入声字，老派今读［u］韵母，新派今读［y］韵母，例如：局。

3. 声调方面

古阳去字，老派今读为高降调，调值为［52］，新派今读为升降调，调值为［341］。

第八十五节　苍南闽语方音

壹　概况

一、调查点

1. 地理人口

苍南县隶属于浙江省温州市，位于浙江省最南端，东与东南濒临东海，西南毗连福建福鼎，西邻泰顺，北与平阳、文成接壤，距温州市区 81 公里。全县面积 1261.08 平方公里，辖 16 镇 2 乡，分别是灵溪镇、宜山镇、钱库镇、藻溪镇、桥墩镇、金乡镇、矾山镇、赤溪镇、马站镇、望里镇、炎亭镇、大渔镇、莒溪镇、南宋镇、霞关镇、沿浦镇，凤阳畲族乡、岱岭畲族乡。截止 2018 年年底，全县户籍人口 134.94 万。[1] 当地居民主要为汉族，有畲、回等 37 个少数民族。苍南县是浙江省少数民族人口最多的县，全县少数民族人口呈"大分散、小聚居"分布，有 2 个民族乡和 46 个民族村，人口 3.2 万，占总人口 3.2%，其中畲族人数最多。畲族使用接近汉语客家方言的语言，通用汉文。

2. 历史沿革

苍南县解放后一直属平阳县辖域，于 1981 年独立设县。因地处玉苍山之南，取县名为苍南。建县前，今苍南地，春秋时为东越瓯人地。战国时属越。秦统一六国后，属闽中郡。汉高祖五年（前 202）于闽中故地置闽越国，属闽越国。惠帝三年（前 192）立驺摇为东海王，都东瓯（今温州），世称东瓯王，为东海王辖地。武帝（前 40—前 87）时，东瓯举国内迁江淮间，国除。昭帝始元二年（前 85），今苍南地属回浦县。此后历属章安、永宁、罗阳、安阳、安固、始阳、横阳、永嘉、平阳等县。[2]

———————

① 参见：《2019 年浙江统计年鉴》，http://tjj.zj.gov.cn/col/col1525563/index.html，2022 年 8 月 5 日获取。

② 参见：苍南县人民政府网，http://www.cncn.gov.cn/col/col1255437/index.html，2022 年 8 月 7 日获取。

3. 方言分布

该县方言有浙南闽语、温州话、蛮话、金乡话、蒲门话、畲话。浙南闽语，属闽南方言，分布于原龙港镇、灵溪镇、矾山镇、马站镇、藻溪镇、赤溪镇等；温州话，又称瓯语，属吴语瓯江片，分布于原龙港镇、宜山镇、灵溪镇；蛮话，属闽东方言，分布于钱库镇、原龙港镇、炎亭乡等；金乡话，属吴语太湖片，分布于金乡镇；蒲门话，是江淮方言岛，分布于蒲壮所城；畲话，分布于凤阳畲族乡、岱岭畲族乡。苍南县没有少数民族语言。

4. 地方曲艺

苍南地方戏主要有八仙戏、提线木偶戏、单档布袋戏，曲艺主要有渔鼓（类似道情、莲花）、唱卖技、道情等。八仙戏，俗称打八仙，以前在春节及办喜事时要打八仙。用温州话演绎的曲艺主要有卖技、道情等，卖技在沪山一带比较流行，正月初一至初三晚上会演出。

二、方言发音人

1. 方言老男

宋显炸，1960 年 10 月出生于苍南灵溪镇，一直在当地生活和工作，农民，小学文化程度，说苍南话和不标准的普通话，现在主要说苍南闽语。父亲是灵溪镇人，说苍南闽语。母亲是藻溪镇人，说苍南话闽语。

2. 方言青男

黄节安，1984 年 12 月出生于苍南灵溪镇，自由职业者，本科文化程度，主要在当地生活，说苍南闽语和普通话，现在主要说苍南闽语。父母均为灵溪镇人，说苍南闽语。

3. 口头文化发音人

赖陈香，女，1950 年 8 月出生于苍南灵溪镇，一直在当地生活和工作，农民，文盲。说苍南闽语和普通话，现在主要说苍南闽语。

周小春，女，1985 年 12 月出生于苍南灵溪镇，主要在当地生活和工作，工商业者，大专文化程度。说苍南闽语和普通话，现在主要说苍南闽语。

贰　声韵调

一、声母（22个，包括零声母在内）

p 八兵爬病飞　　pʰ 派片蜂　　b 明麦味问　　m 棉

t 东甜毒茶张竹　　tʰ 讨天抽拆　　　　　　　n 脑年泥软　　　　　　　　　l 南老蓝
　　　　　　　　　　　　　　　　　　　　　　　　　　　　　　　　　　　　　连路

ts 早租坐全纸　　tsʰ 刺草寸贼　　dz <u>热</u>　　　　　　　　　　s 三酸祠事山
　主船书　　　　　初床春　　　　　　　　　　　　　　　　顺十城

tɕ 酒争　　　　　tɕʰ 清抄车手　　dʑ <u>热</u>　　　　　　　　　ɕ 想谢城

k 高九共权县　　kʰ 开轻　　　　　ɡ 月　　　ŋ 熬　　　　　　h 风副好灰云

Ø 活温安王用药

说明：

（1）全浊声母[b][dz][dʑ][ɡ]前有较重的同部位的鼻辅音。

（2）齐齿呼零声母音节前有较重的浊擦音[j]，开口呼和合口呼零声母音节前有较重的喉塞音[ʔ]。

二、韵母（42个）

	i 米丝试戏二	u 雾柱
ɯ 猪徐书师		
a 饱盒塔鸭百	ia 靴写瓦锡	ua 歌辣活刮
ɔ 苦五雨	iɔ 局	
ɐ 壳北托谷六		
ə 飞		uə 骨出法
o 锣婆	io 笑桥药	
e 茶牙白	ie 七一直色六绿	ue 鞋八洗
		ui 对梯
ai 败		uai 怪快
au 豆走	iau 条	

	iu 油	
	ĩ 年硬争	ũĩ 横
ã 胆三	iã 兄	ũã 山半官线
ãĩ 店		
õ 脑		ũ 奴
ãũ 闹	iãũ 猫	
	ĩũ 姜样	
an 东	ian 盐	uan 权
ən 根	in 新	un 寸滚春云
ɯŋ 秧		
ɑŋ 讲动	iɑŋ 响冲	

说明：

（1）[e][ue]韵母有时为[ei][uei]；[uei]与[ui]很近，有时难以听出区别。

（2）鼻音声母[m][n][ŋ]会使得后接韵母鼻化。

（3）[ɑŋ][iɑŋ]韵母主要元音鼻化。

（4）[ie]韵母主元音偏央，也可以记为[iə]。

三、声调（5个）

阴平	55	东该灯风通开天春
阳平	24	门龙牛油铜皮糖红六麦叶月毒白盒罚
阴上	43	懂古鬼九统苦讨草买老五有谷百搭节急哭拍塔切刻
阳上	32	动罪后近
去声	21	冻怪半四痛快寸去卖路硬乱洞地饭树

说明：

（1）阴平[55]有时为[445]。

（2）阳上[32]与去声[21]十分接近，不仔细辨别会弄错。

叁 连读变调

一、两字组连读变调表

苍南闽语方言两字组的连读变调规律见下表，表中首列为前字本调，首行为后字本调。每一格的第一行是两字组的本调组合；第二行是连读变调，若连读调与单字调相同，则此行空白；第三行为例词。同一两字组若有两种以上的变调，则以横线分隔。具体如下。

苍南闽语方言两字组连读变调表

前字 ＼ 后字	阴平 55		阳平 24		阴上 43		阳上 32		去声 21	
阴平 55	55 24 中	55 央	55 33 萧	24 梨	55 33 沙	43 团	55 33 猪	32 母	55 24 天	21 气
阳平 24	24 21 台	55 风	24 21 麻	24 油	24 21 芦	43 笋	24 21 城	32 市	24 21 芹	21 菜
阴上 43	43 33 手	55 巾	43 33 枕	24 头	43 33 铰	43 剪	43 33 狗	32 母	43 24 韭	21 菜
阳上 32	32 21 项	55 规	32 21 被	24 笼	32 33 母	43 狗	32 21 老	32 母	32 21 五	21 脏
去声 21	21 24 衬	55 衣	21 33 拜	24 堂	21 翅	43 牯	21 24 契	32 母	21 妹	21 婿
	21 豆	55 浆			21 24 袖	43 䘫				

二、两字组连读变调规律

苍南闽语方言两字组的连读变调有以下几个特点：

（1）前字变调，后字一般不变调。

（2）阴平做前字时，后字为阴平或去声时，前字变[24]；后字为阳平或上声时，前字变［33］。

（3）阳平作前字时，一律变［21］。

（4）阴上声作前字时，在阴平、上声、阳平前为［33］，在去声前为［24］。

（5）去声作前字时，在阴平、上声、去声前一般为［21］，在阳平前为［33］。

肆　异读

一、新老异读

苍南闽语方言的新老异读差异不大。

二、文白异读

苍南闽语方言有丰富的文白异读。下文中"／"前为白读，后为文读。

1. 声母

（1）非敷奉母白读［p］组，文读［h］。例如：飞 pə^{55} ／｜费 ／hui^{21}。

（2）知组白读［t］组，文读［ts］组或［tɕ］组。例如：治 ti^{21} ／｜罩 ta^{21} ／｜抽 tɕʰiu^{55}。

2. 韵母

（1）蟹摄二等白读为［ue］，文读［ai］。例如：街 kue^{55} ／｜解 ／kai^{43}。

（2）咸摄和山摄开口字白读鼻化韵，文读鼻尾韵。例如：单 tũã^{55} ／｜难 ／lan^{24}。

（3）山摄合口三四等白读［ɯŋ］，文读［uan］。例如：砖 tsɯŋ^{55} ／｜转 ／tuan^{43}。

（4）宕摄一等阳声韵白读［ɯŋ］，文读［ɑŋ］。三等白读［ɯŋ］［ĩũ］［ia］，文读［iaŋ］。例如：汤 tʰɯŋ^{55} ／｜糠 kʰɯŋ^{55} ／｜党 ／taŋ^{43}｜床 tsɯŋ^{24} ／｜想 ／ɕĩũ^{43}｜长 tiũ^{24} ／｜壮 ／tsaŋ^{21}｜伤 ／ɕiaŋ^{55}。

（5）江摄白读［an］［ɐ］，文读［ɑŋ］［o］。例如：双 san^{55} ／｜讲 ／kɑŋ^{43}｜桌 ／to^{43}｜壳 kʰɐ^{43} ／。

（6）曾摄一等白读［in］［ie］，文读［ən］［ɐ］。例如：能 lin^{24} ／｜得 tie^{43} ／｜肯 ／kən^{43}｜贼 ／tsʰɐ^{24}。

（7）梗摄阳声韵白读鼻化韵母［ĩ］［ĩa］，文读鼻尾韵［in］。例如：坑 $k^hĩ^{55}$ / ｜命 $mĩa^{21}$ / ｜耕 / kin^{55} ｜轻 / $k^hin^{55.}$。

（8）通摄白读［an］［in］［ɐ］［ie］，文读［ɑŋ］［iɑŋ］［iɔ］。例如：东冬 tan^{55} / ｜穷 kin^{24} / ｜用 in^{21} / ｜木目 $bɐ^{24}$ / ｜竹 tie^{43} / ｜绿 lie^{24} / ；宋 / $sɑŋ^{21}$ ｜共 $kiɑŋ^{21}$ ｜肉 hie^{24} / ｜烛 $tɕie^{43}$ / ｜畜 / $t^hiɔ^{43}$ ｜玉 gie^{24} / $iɔ^{24}$。

伍　其他音变

苍南闽语方言有少量合音现象，如：［无会］bue^{21}。

第八十六节　泰顺闽语方音

壹　概况

一、调查点

1. 地理人口 [①]

泰顺县隶属于浙江省温州市，位于浙江南部，温州市西南部，东毗苍南，东北临文成，东南界福建福鼎和柘荣，西南侧接福建福安和寿宁，西北接丽水景宁，距温州城区 207 公里。全县总面积 1761.5 平方公里，地势西北高东南低，东西长 62 公里，南北宽 57 公里，山区约占全县总面积的 90%。全县辖 12 镇 7 乡（其中 1 个畲族镇、1 个畲族乡），分别是：罗阳镇、司前畲族镇、百丈镇、筱村镇、泗溪镇、彭溪镇、雅阳镇、仕阳镇、三魁镇、南浦溪镇、龟湖镇、西旸镇，包垟乡、东溪乡、凤垟乡、柳峰乡、雪溪乡、大安乡、竹里畲族乡。截至 2019 年年底，全县户籍人口 37.29 万，其中以汉族为主，少数民族主要是畲族，约有 2 万余人。[②]

2. 历史沿革

明景泰三年（1452），朝廷派兵镇压了浙闽边境以邓茂七、叶宗留为首的农民起义队伍，遂析瑞安县 5 都 12 里和平阳县 3 都 6 里置县，以"国泰民安，人心效顺"之意赐名"泰顺"，治罗阳，隶浙江布政使司温州府。清代，隶属未变。宣统三年（1911），辛亥革命爆发，浙江光复，泰顺属温州军政分府管辖。民国时期，一度划归第六行政督察区（今丽水）。1936 年复划归第五区（今温州）行政公署。

1949 年 8 月后，泰顺先后隶属温州专员公署、温州地区革命委员会、温州地区行政公署。1981 年 9 月至今，隶属温州市，县城在罗阳镇。[③]

---

① 参见：泰顺县人民政府网，http://www.ts.gov.cn，2022 年 8 月 11 日获取。
② 参见：《2020 年浙江统计年鉴》，http://tjj.zj.gov.cn/col/col1525563/index.html，2022 年 8 月 11 日获取。
③ 泰顺县志编委会. 泰顺县志. 浙江人民出版社，1998：5-6。

3. 方言分布

泰顺境内的方言种类较多，包括罗阳话（吴语）、莒江话（吴语）、蛮讲（闽东话）、彭溪话（闽南话）、百丈口话（吴语）、汀州话（客家话）。

罗阳话主要分布在县城，少量分布在司前、竹里等乡镇，称"司前话"，属吴语上丽片丽水小片，使用人口约5万。莒江话受温州文成话影响较大，使用人口近5万。蛮讲主要分布在泰顺南部广大地区，使用人口约18万（按其内部差异可分为北蛮讲和南蛮讲：筱村、下洪、南院等乡镇及其以北地区说北蛮讲，受吴语影响较大；以南地区说南蛮讲）。彭溪话分布在东南角的彭溪、峰文、月湖等乡镇，使用人口约3万。百丈口话系方言岛，是文成话变体，使用人口不详。汀州话主要分布在上排、林垟、大岗背、下塔等村，使用人口约2千，大多为中老年人。①

畲族人内部通行畲话，与汉族人一般用泰顺吴语或蛮讲等汉语方言交流。

4. 地方曲艺

提线木偶戏是泰顺地方传统戏剧，始于南宋。保存至今的木偶戏除提线木偶戏外，尚有药发木偶、布袋木偶戏。木偶戏表演时以木偶作为道具，再由演员操纵，加以音乐、台词等表演形式。泰顺木偶以"雕工精细简练、机巧构思巧妙、开相文静秀美、脸谱描绘简洁朴素、粉彩工艺细致讲究、木偶人物性格各异"著称。2011年，泰顺提线木偶戏被列入国家级非物质文化遗产代表性项目名录。

泰顺畲族民歌以"对歌"（俗称"盘歌"）应景为主要形式。每逢婚嫁喜庆，或有客自远方来，畲民们就要聚拢灶房或厅堂对歌，以歌对话，以歌会友，以歌传情。泰顺畲族民歌于2009年列入第三批浙江省省级非物质文化遗产代表性项目名录，2011年列入第三批国家级非物质文化遗产代表性项目名录。②

二、方言发音人

1. 方言老男

董直善，汉族，1963年12月出生于泰顺仕阳镇严山村，一直在本地生活和工作，基层干部，现已退休，本科文化程度，说泰顺蛮讲和不太标准的普通话。

---

① 参见：泰顺县志编委会．泰顺县志．浙江人民出版社，1998：675-720.
② 参见：泰顺县志编委会．泰顺县志．浙江人民出版社，1998：613-614.

父母均为泰顺仕阳镇人。

2. 方言青男

张亚风，汉族，1987年5月出生于泰顺三魁镇庵前村，一直在本地生活和工作，教师，本科文化程度，说泰顺蛮讲和不太标准的普通话。父母均为泰顺三魁镇人。

3. 口头文化发音人

赖淑楠，女，汉族，1991年1月出生于泰顺三魁镇彭家堡，一直在本地生活和工作，教师，本科文化程度，说泰顺蛮讲和不太标准的普通话。父母均为泰顺三魁镇人。

包旺旭，女，汉族，1958年9月生于泰顺东溪乡积库桥头村，一直在本地生活和工作，教师，现已退休，中专文化程度，说泰顺蛮讲和不太标准的普通话。父母均为泰顺东溪乡人。

贰　声韵调

一、声母（19个，包括零声母在内）

p 八兵爬病飞	pʰ 派片蜂	m 麦明味问	f 风灰云
t 多东甜毒竹茶	tʰ 讨天张抽拆柱	n 脑南年泥软	l 老蓝连路
ts 资早租争装主	tsʰ 刺草寸初床春		s 坐三酸事船十
tɕ 酒字全纸	tɕʰ 手车		ɕ 丝谢书响城
k 高九共权	kʰ 开轻	ŋ 熬月	
			x 好
∅ 活县安温王用药			

说明：

（1）[ts]组声母与[ieŋ][yeŋ]韵拼合时，发音部位接近舌页。

（2）[x]的发音部位靠后，近[χ]。

二、韵母（47个，包括自成音节的［n］［v］在内）

ɿ 师

i 米丝二　　　　u 苦宝　　　　y 猪

a 茶牙饱白　　ia 写　　　　ua 瓦

o 寸糖床讲　　io 像　　　　uo 王　　　　yo 响

ε 灯　　　　ie 盐年　　　　　　　　　ye 权

ai 开　　　　　　　　uai 怪

ei 排鞋快试　　　　　uei 鬼

au 闹　　　　iɐu 笑桥

øu 镯　　　　iøu 油

ou 歌过雨宝

ɔi 坐赔对飞　　　　uɔi 碗

ø 靴茄尺绿

eu 鸟条

æŋ 南山硬争病横　iæŋ 半兄　　uæŋ 官

　　　　　　ieŋ 心深新升星　　　　　yeŋ 跟春

əŋ 云双东　　iəŋ 用　　　uəŋ 滚

εʔ 甲法　　　iεʔ 热　　　uεʔ 阔　　　yεʔ 卒歇

øʔ 谷六读　　　　　　uøʔ 国

　　　　　　iiʔ 积　　　　　　　　　yɪʔ 肉

ɒʔ 各　　　iɒʔ 足

n 午牛

v 户

说明：

（1）［ai］［ɔi］韵的韵尾［i］开口度较大，近［ɪ］。

（2）［a］组韵中［a］的舌位靠后，近央元音［ʌ］。

（3）［y］韵与［k］组声母拼合时，舌位略低，近［ø］。

（4）［ieŋ］韵中的韵头［i］舌位较低，近［ɪ］。

（5）［v］韵只与［f］声母相拼，与［u］韵互补。

（6）鼻韵尾［ŋ］都较弱，闭塞不明显。

三、声调（7个）

阴平	213	东该灯风通开天春
阳平	22	门龙牛油铜皮糖红
上声	344	懂古鬼九统苦讨草
阴去	53	冻怪半四痛快寸去
阳去	31	动罪近后卖路硬乱洞地饭树
阴入	5	谷百搭节急哭拍塔切刻
阳入	3	六麦叶月毒白盒罚

说明：

（1）上声［344］，先中升后平，平的部分略短，实际调值近［34］。

（2）阴入［5］，实际调值为一个不太明显的高升调，近［45］。

（3）阳入［3］，实际调值略降，近［32］。

（4）口语中部分入声字舒化，清入读同阴去，浊入读同阳去。

叁　连读变调

一、两字组连读变调表

泰顺闽语方言两字组的连读变调规律见下表，表表中首列为前字本调，首行为后字本调。每一格的第一行是两字组的本调组合；第二行是连读变调，若连读调与单字调相同，则此行空白；第三行为例词。同一两字组若有两种以上的变调，则以横线分隔。具体如下。

泰顺闽语方言两字组连读变调表

前字 ＼ 后字	阴平 213	阳平 22	上声 344	阴去 53	阳去 31	阴入 5	阳入 3
阴平 213	213　213 21 飞　机	213　22 21 清　明	213　344 21 山　水	213　53 21 青　菜	213　31 22 公　社	213　5 21 东　北	213　3 21 工　业
阳平 22	22　213 21 农　村	22　22 21 眉　毛	22　344 21 牙　齿	22　53 21 难　过	22　31 城　市	22　5 21 头　发	22　3 21 零　食

续表

后字 前字	阴平 213	阳平 22	上声 344	阴去 53	阳去 31	阴入 5	阳入 3
上声 344	344　213 22 火　　车	344　22 21 水　　池	344　344 21 手　　表	344　53 21 水　　库	344　31 21 水　　稻	344　5 21 粉　　笔	344　3 21 体　　育
阴去 53	53　213 34 汽　　车	53　22 34/22 酱　　油	53　344 21 报　　纸	53　53 21 变　　化	53　31 21 制　　造	53　5 21 政　　策	53　3 21 副　　业
阳去 31	31　213 22 坐　　车	31　22 21 象　　棋	31　344 22/21 动　　手	31　53 21 位　　置	31　31 22/21 犯　　罪	31　5 21 办　　法	31　3 21 树　　叶
阴入 5	5　　213 插　　秧	5　　22 角　　螺	5　　344 煞　　尾	5　　53 嘆　　嗦	5　　31 乞　　食	5　　5 渴　　得	5　　3 七　　月
阳入 3	3　　213 日　　间	3　　22 石　　榴	3　　344 木　　耳	3　　53 月　　半	3　　31 日　　昼	3　　5 墨　　笔	3　　3 十　　六

说明：

部分轻声与阳入同，为表示区别，一律记为"0"调值。词汇中出现的轻声不列入上表。

二、两字组连读变调规律

泰顺闽语方言两字组的连读变调有以下几个特点：

（1）两字组连读变调比较简单，一般前字变调，后字不变调。

（2）阴平、阳平、上声、阴去、阳去两两相配，前字都变调；阴入、阳入无论前字还是后字，与其他调类的字组合，都不变调。

（3）变调会产生两个新调值，即［21］［34］。

（4）阴去做前字，后字为阴平、阳平字时，前字变［34］调；其他变调情况前字大多变［21］调，少数变［21］［22］调。

肆　异读

一、新老异读

泰顺闽语方言中，新老异读主要表现在声母和韵母方面。下文中"/"前为老派，后为新派。

1. 声母

新派[v]声母字，老派为合口呼零声母，例如：活王。

2. 韵母

（1）老派方言[ɛ]韵母与[ie][ye]两韵母，新派方言为一组韵母，且增加了[uɛ]韵母，形成[ɛ][uɛ][iɛ][yɛ]四呼俱全的一套韵母。

（2）老派方言的[ɔi]韵母，新派方言为[ø]韵母，例如：飞 pɔi²¹³ / pø²¹³。

（3）老派方言的[øi]韵母，新派方言为[oi]韵母，例如：初 pøi²¹³ / poi²¹³ | 茄 køi²² / koi²²。

（4）新派方言的"恨恩"为[eŋ]韵母，老派方言归入[əŋ]韵母，与"嫩粪棚东"等韵母相同。

（5）老派方言的[ieŋ]韵母，新派方言为[ɿeŋ]韵母。

（6）老派方言的[iɿʔ]韵，新派归入[iɛʔ]韵，例如：力、逼。

（7）老派方言的[yɿʔ]韵，新派归入[yøʔ]韵，例如：肉。

（8）老派方言多了[iɿʔ][yɿʔ]两韵母，新派多了[uɛ][eŋ]两韵母。

二、文白异读

下文中"/"前为白读，后为文读。

（1）非组部分字白读[p]组声母，文读[f]声母，例如：飞 pɔi²¹³ / fɔi²¹³。

（2）知组部分字白读[t]组声母，文读[ts]组或[tɕ]组声母，例如：柱 tʰiøu³¹ / tɕy³¹。

（3）效摄字，白读[eu]韵，文读[au][iɐu]韵，例如：鸟　/ teu³⁴⁴ | 校　/ xau³¹ | 表　/ piɐu²²。

（4）梗摄字，白读［æŋ］组韵，文读［əŋ］［ieŋ］组韵，例如：生 / sæŋ^{213} | 棚 / pəŋ^{22} | 兵 / pieŋ^{213}。

伍　小称

泰顺蛮讲小称主要用囝尾表示，在两字组末尾一般读［ki^{22}］，在三字组末尾一般读［ki^{34}］。

第八十七节　洞头方音

壹　概况

一、调查点

1. 地理人口

洞头区属温州市，其区域面积 2892 平方公里，其中陆地面积 153.3 平方公里，现辖 6 街道 1 镇 1 乡，分别是北岙街道、东屏街道、霓屿街道、元觉街道、灵昆街道、昆鹏街道，大门镇，鹿西乡。户籍人口 15.31 万。[1] 该区有汉族、畲族、黎族、藏族、回族，他们均说汉语方言。

2. 历史沿革

早在 3000 多年前，洞头列岛就有人类活动。春秋战国洞头为瓯越之地，秦属闽中郡，西汉属回浦县，东汉属永宁县。此后属地多次变更。唐高宗上元二年（675），分括州置温州，设州治于永嘉，载初元年（689），复置乐成县，隶温州，今洞头县境为乐成县地。后梁开平二年（908）改乐成为乐清，今洞头县境为乐清县地，仍属温州。清雍正六年（1728）置玉环厅，隶温州府。今洞头县境划玉环厅第二十都。

1953 年 6 月 10 日，中央人民政府批准洞头置县，隶浙江省温州地区专员公署。2015 年 7 月 23 日，国务院批准温州市洞头县撤县设区。[2]

3. 方言分布

该区的汉语方言主要有闽南方言和吴方言。洞头闽南方言分布于洞头列岛中的洞头、半屏、南策、大瞿、胜利岙、花岗、青山等岛和霓屿岛的东半部，以及状元岙岛的南北两部分，使用人口约 7.3 万。洞头吴方言主要是温州话，分布于大门岛、小门岛、鹿西、大三盘、屿仔等 5 个住人岛和霓屿岛和西半部，以及状

---

[1] 参见：洞头区人民政府网，http://www.dongtou.gov.cn/col/col1253533/index.html，2022 年 8 月 9 日获取。

[2] 参见：洞头区人民政府网，http://www.dongtou.gov.cn，2022 年 8 月 9 日获取。

元奁岛的大部，使用人口约 5.3 万。

4. 地方曲艺

方言曲艺或地方戏不详。

二、方言发音人

1. 方言老男

林忠营，1958 年 8 月出生于洞头北奁街道，基层干部，现已退休，高中文化程度，说洞头话和普通话，现在主要说洞头话。父母均为北奁街道人，说洞头话。

2. 方言青男

韩一剑，1991 年 8 月出生于洞头北奁街道，职工，本科文化程度，说洞头话和普通话，现在主要说洞头话。父母均为北奁街道人，说洞头话。

3. 口头文化发音人

林姿婷，女，1985 年 11 月出生于洞头北奁街道望海路，职工，高中文化程度，说洞头话和普通话，现在主要说洞头话。父母均为北奁街道人，说洞头话。

陈爱雪，女，1963 年 2 月出生于洞头北奁街道北奁村，农民，小学文化程度，说洞头话和普通话，现在主要说洞头话。父母均为北奁街道人，说洞头话。

贰　声韵调

一、声母（22 个，包括零声母在内）

p 八兵爬病肥	pʰ 派片蜂	b 麦明	m 命	
t 多东甜毒张竹茶	tʰ 讨天抽拆		n 脑年泥软	l 南老蓝连路
ts 早租装柱床纸书全	tsʰ 刺草寸贼抄初春	dz 热		s 酸祠山双

tɕ 酒争	tɕʰ 刺清车手	dʑ 字热		ɕ 想丝谢成
k 高九共权县	kʰ 开轻	g 月	ŋ 熬	h 好响
ø 活安温王用药				

说明：

全浊声母［b］［dz］［dʑ］［g］前有较重的同部位的鼻辅音。

二、韵母（韵母 56 个）

ɿ 资	i 米丝试戏二	u 雾
ɯ 猪		
a 盒塔鸭饱	ia 靴瓦锡	ua 歌热刮辣
ɐ 曝		
ɔ 苦五雨		
ə 坐过赔飞月短		
e 茶牙白格	ie 接贴	ue 鞋八
o 宝		
	iu 树酒	
ai 排师		uai 快
au 豆走	iau 要料	
	ieu 笑桥药石	
		ui 对梯鬼
	ĩ 年硬争病星	
	ĩũ 抢	ũĩ 煤
ã 三	ĩã 兄	ũã 山半官
ɔ̃ 奴		
õ 摸		
ãĩ 店肩		ũãĩ 横县
ãũ 闹	ĩãũ 猫	
	in 心新	un 根寸滚春云
an 南	ian 盐	uan 权
aŋ 双东	iaŋ 中	uaŋ 风

	ieŋ 升灯用	
oŋ 王讲动封	ioŋ 响冲	
ɯŋ 唐床		
ɐt 十栗		
ət 末	iet 灭节	uɐt 法骨出
ot 刷		
ɐk 壳北		
ɔk 鹿族服脱国	iɔk 局	
	iek 绿笛	

说明：

（1）元音［e］有时为［eɪ］。

（2）［oŋ］韵母主要元音偏低，也可记为［ɒŋ］。

（3）［iɐn］韵母主要元音偏高，也可记为［iɛn］。

（4）［un］为［uən］，［in］为［iən］。

（5）［ieŋ］韵母主要元音较高，也可记为［iiŋ］。

（6）塞音尾［t］［k］比较清晰，［k］尾偏前。

三、声调（7个）

阴平	33	东该灯风通开天春
阳平	113	门龙牛油铜皮糖红
上声	53	懂古鬼九统苦讨草谷百搭塔买
去声	21	老五有动罪近后冻怪半四痛快寸去卖路硬乱洞地饭树
阴入	5	哭拍切接吉刻
阳入白	241	六麦叶月
阳入文	24	毒白盒罚

说明：

（1）阴平［33］调值略高，也可以记为［44］。

（2）上声［53］调值略低。

（3）阳平［113］有时为［11］。

（4）阳入文［24］为短调。

叁　连读变调

一、两字组连读变调表

洞头方言两字组的连读变调规律见下表，表中首列为前字本调，首行为后字本调。每一格的第一行是两字组的本调组合；第二行是连读变调，若连读调与单字调相同，则此行空白；第三行为例词。同一两字组若有两种以上的变调，则以横线分隔。具体如下。

洞头方言两字组连读变调表

后字／前字	阴平 33	阳平 113	上声 53	去声 21	阴入 5	阳入白 241	阳入文 24
阴平 33	33　33 天　光 ── 33　33 24　35 金　瓜	33　113 　　24 猪　条 ── 33　113 212 梳　头 ── 33　113 24　24 番　茄	33　53 212 开　水 ── 33　53 冬　节	33　21 天　气	33　5 24 膏　笔	33　241 中　药	33　24 生　日
阳平 113	113　33 212 台　风 ── 113　33 212 年　初 ── 113　33 212 棉　花	113　113 212　24 眠　床	113　53 212 年　底	113　21 21 河　岸 ── 113　21 212　53 棉　絮 ── 113　21 24 蚊　罩	113　5 212 毛　笔	113　241 21 荣　箬	113　24 21 农　历
上声 53	53　33 33 点　心	53　113 33　24 水　泥	53　53 21 水　果	53　21 33 拍　算	53　5 33 水　笔	53　241 33　24 小　麦	53　24 212 屎　盒

续表

后字 前字	阴平 33	阳平 113	上声 53	去声 21	阴入 5	阳入_白 241	阳入_文 24
去声 21	21　　33 33　　21 右　　边 21　　33 　　　55 背　　心 21　　33 33 做　　猜	21　　113 33　　24 菜　　头	21　　53 212 露　　水 21　　53 24　　21 雨　　伞	21　　21 33 尿　　布	21　　5 33 自　　杀 21　　5 212 后　　叔	21　　241 212　24 大　　麦 21　　241 　　　21 记　　着	21　　24 闹　　热
阴入 5	5　　33 　　21 出　　丧	5　　113 　　24 卿　　鱼	5　　53 客　　鸟	5　　21 　　24 蜀　　在	5　　5 拍　　折	5　　241 乞　　食	5　　24 国　　历
阳入_白 241		241　113 212　24 月　　娘 241　113 21　　24 石　　头	241　53 21 麦　　稿	241　21 24 绿　　豆	241　5 212 蜡　　烛	241　241 21 食　　药	241　24 21 着　　力
阳入_文 24	24　　33 21 蜜　　蜂	24　　113 21　　24 学　　堂 24　　113 　　　21 日　　时	24　　53 21 木　　耳	24　　21 21 墨　　砚	24　　5 21 熟　　悉	24　　241 5 食　　月	24　　24 5 食　　日

二、两字组连读变调规律

洞头方言两字组的连读变调有以下几个特点：

（1）主要是前字变调，也有少量的后字变调。

（2）阴平作前字，一般不变调。阴平作后字，一般不变调。

（3）阳平作前字，一般变［212］。阳平作后字，一般不变调。

（4）上声作前字变［33］，作后字一般不变调。

（5）去声作前字变［33］，作后字一般不变调。

（6）阴入作前字和后字一般都不变调。

（7）阳入_白作前字一般变［21］，作后字有的不变，有的变［24］。

（8）阳入_文作前字一般变［21］，作后字不变调。

肆　异读

一、新老异读

洞头方言的新老异读现象比较突出。主要体现为如下两点：

（1）新派清声母入声与上声合并，老派不合并。

（2）老派有入声韵母，而且入声韵母类型丰富。新派无入声韵母。

二、文白异读

洞头方言有丰富的文白异读，主要体现在声母和韵母两方面。下文中" / "前为白读，后为文读。

1. 声母

（1）微母白读［b］，文读零声母。例如：晚 $bu\tilde{a}^{42}$ 太~ / 晚 $u\tilde{a}^{42}$ ~会。

（2）知组白读［t］组，文读［tɕ］组或［ts］组。例如：罩 ta^{21} / $tsau^{21}$。

2. 韵母

（1）咸摄和山摄开口字白读鼻化韵，文读鼻尾韵。例如：岸 $h\tilde{u\tilde{a}}^{21}$ / an^{21}。

（2）山摄合口三四等阳声韵白读［uɯŋ］，文读［uan］。例如：砖 $ts\tilde{u}ɯŋ^{33}$ / $tsuan^{33}$。

（3）宕摄一等和江摄白读［uɯŋ］［ɐ］，文读［oŋ］［o］。三等白读［uɯŋ］［ĩũ］，文读［ioŋ］。例如：糖 $tuɯŋ^{113}$ / ｜党 / $toŋ^{42}$｜长 $tsuɯŋ^{113}$ / ｜唱 $tɕʰĩũ^{21}$ / 。

（4）梗摄白读鼻化韵母，文读鼻尾韵。例如：生 $ɕ\tilde{i}^{33}$ / $ɕieŋ^{33}$。

（5）通摄一等白读［aŋ］［in］，文读［oŋ］［ioŋ］。例如：公 $kaŋ^{33}$ / $koŋ^{33}$。

第八十八节　景宁畲话方音

壹　概况

一、调查点

1. 地理人口

景宁畲族自治县隶属浙江省丽水市，位于浙江省西南部，东邻青田县、文成县，南衔泰顺县和福建省寿宁县，西接庆元县、龙泉市，北毗云和县，东北连莲都区，距离丽水市 80 公里。县域面积 1950 平方公里，辖 2 个街道 4 个镇 15 个乡，分别是：红星街道、鹤溪街道、英川镇、渤海镇、东坑镇、沙湾镇、景南乡、澄照乡、毛垟乡、秋炉乡、大地乡、梅岐乡、郑坑乡、大均乡、梧桐乡、大漈乡、标溪乡、家地乡、鸬鹚乡、雁溪乡、九龙乡。[①] 截至 2018 年年底，全县户籍人口 17.10 万。[②]

2. 历史沿革

景宁在西周至春秋时属越地，三国时属临海郡，隋开皇九年（589）废永嘉、临海二郡，置处州（古丽水地区）设立括苍县（含景宁地域）。明景泰三年（1452）设立景宁县，属处州府，景宁地名取"景泰辑安"之意。1949 年 5 月 12 日景宁解放，6 月 15 日景宁县人民政府成立，属丽水专区。1952 年丽水专区撤销，改属温州专区，1960 年并入丽水县。1963 年 5 月复设丽水专区，景宁归属云和县。1984 年 6 月 30 日，经国务院批准，析云和县以原景宁县地域建立景宁畲族自治县。如今，景宁是全国唯一的畲族自治县，也是华东地区唯一的少数民族自治县。[③]

---

① 参见：景宁畲族自治县人民政府网，http://www.jingning.gov.cn/col/col1376092/index.html，2022 年 8 月 12 日获取。

② 参见：景宁畲族自治县人民政府网，http://www.jingning.gov.cn/col/col1376092/index.html，2022 年 8 月 9 日获取。

③ 参见：景宁畲族自治县人民政府网，http://www.jingning.gov.cn/col/col1376092/index.html，2022 年 8 月 12 日获取。

3. 方言分布

景宁畲话分布于 11 个乡镇，绝大多数畲族同胞使用的畲话，畲族自称为"山哈话"，汉族人一般称之为"畲民话""畲话"或"畲客话"。景宁畲话内部差异不大，所调查的畲话属于景宁县城所在地鹤溪镇使用的畲话，该地畲话现已作为景宁广播电台及电视台方言类节目所使用的语言。景宁县内通行吴语，属于丽衢片的处州小片，汉族人口分布在县内 23 个乡镇街道和管理区。汉族一般都能讲程度不同的普通话。该县内吴语差别不大，可以彼此交流。畲族同胞大多也会讲当地的吴语和程度不同的普通话。

4. 地方曲艺

景宁地区流行婺剧、越剧和畲族民歌。景宁畲族民歌多为七字一句，四句一首，讲究押韵。曲调可分为山歌调和师公调两大类，有独唱、对唱和齐唱等形式，多唱假声，很少伴随动作和音乐。传唱内容广泛，有叙事歌、杂歌、婚丧仪式歌等。

二、方言发音人

1. 方言老男

雷松林，畲族，1950 年 9 月出生于景宁西乡学田吴宅岗村，教师，现已退休，一直在本地生活和工作，中专文化程度，会讲景宁畲话、当地吴方言和普通话。父母均为景宁县畲族人。

2. 方言青男

蓝旭忠，畲族，1980 年 7 月出生于景宁澄照乡金丘村，教师，本科文化程度，目前在景宁金丘小学担任教师，一直在本地生活和工作，会讲景宁畲话、当地吴方言和普通话。父母均为景宁县畲族人。

3. 口头文化发音人

蓝仙兰，女，畲族，1963 年 10 月出生于景宁鹤溪镇东弄村，文艺工作者，小学文化程度，一直在本地生活和工作，会讲景宁畲话和不太标准的普通话。父母均为景宁县畲族人。

　　蓝木昌，男，畲族，1958 年 8 月出生于景宁鹤溪镇东弄村，农民，小学文化程度，一直在本地生活和工作，会讲景宁畲话和不太标准的普通话。父母均为景宁县畲族人。

贰　声韵调

一、声母（20 个，包括零声母在内）

p 八兵飞风	pʰ 派片饭爬病	m 麦明味问	f 副灰
t 多东毒	tʰ 天甜	n 脑南年泥	l 老蓝连路
ts 资早租	tsʰ 草寸拆坐茶床		s 三酸山祠
tɕ 酒浆竹	tɕʰ 字春车除	ȵ 热日软月	ɕ 想谢船书全
k 高九共	kʰ 开柜	ŋ 牙瓦	x 好号
Ø 活温王云用药			

二、韵母（58 个，包括自成音节的［ŋ］在内）

ɿ 资紫治	i 二皮	u 师苦	y 鱼书树
a 哈	ia 写谢夜		
ɔ 茶牙马有		uɔ 华画话	
o 多歌号	io 茄靴	uo 禾	
e 嘅	ie 戏移	uei 碎块卫飞鬼	
ai 财改海	iai 街鸡斜		
ɔi 大个带		uɔi 外怪怀拐	
oi 来杯对盖			yoi 岁嘴吹
au 宝饱牛锁	iau 猫爪绕		
əu 够藕	iəu 靠表料		
	in 兵林灯明		yn 根准军运闰
an 剑山钱	ian 店尖眼		
ɔn 南暗三敢饭		uɔn 弯欢惯	
on 乱官		uon 碗岸	yon 赚全船近

ən 能　　　　ien 盐言染县　　　uən 门盆吞轮云

oŋ 东梦双红　　　　　　　　　　　　　　　　　yŋ 穷熊风龙

aŋ 朋争星硬　　iaŋ 病贫片

ɔŋ 糖翁床光网江　iɔŋ 向章秧帐　　uɔŋ 黄王旺

　　　　　　　iʔ 北直食十　　uʔ 骨佛毒　　yʔ 六竹菊出

aʔ 八插甲　　iaʔ 削尺石　　uaʔ 刮划

ɔʔ 鸽物特　　ieʔ 折叶立灭

eiʔ 黑

ɔʔ 鸭法搭盒蜡　　　　　　uɔʔ 活滑　　yɔʔ 绝月越

oʔ 读烛角学木薄　ioʔ 脚绿赎勺药曲

ŋ 吴五

说明：

有些入声字保留［t］尾，有时也发成［ʔ］，例如："一""七""橘"等，这里暂作［ʔ］。

三、声调（6个）

阴平	44	东该灯风通开天春，冻怪半四痛快寸去
阳平	22	门龙牛油铜皮糖红
上声	325	懂古鬼九统苦草，老五买
去声	51	卖路硬乱洞地饭树，动罪后
阴入	5	谷急刻百搭节塔
阳入	2	麦叶月毒白盒罚

说明：

（1）阴平［44］，部分字收尾时略降。

（2）阳平［22］有时读为［33］。

（3）阴入［5］实际音值略低于［5］。

叁　连读变调

一、两字组连读变调表

景宁畲话方言两字组的连读变调规律见下表，首表中首列为前字本调，首行为后字本调。每一格的第一行是两字组的本调组合；第二行是连读变调，若连读调与单字调相同，则此行空白；第三行为例词。同一两字组若有两种以上的变调，则以横线分隔。具体如下。

景宁畲话两字组连读变调表

后字　　前字	阴平 44		阳平 22		上声 325		去声 51		阴入 5		阳入 2	
阴平 44	44	44	44	22	44	325	44	51	44	5	44	2
	天	气	清	明	鸡	卵	松	树	猪	血	正	月
阳平 22	22	44	22	22	22	325	22	51	22	5	22	2
	毛	衣	便	宜	茶	米	肥	皂	菩	萨	阳	历
上声 325	325 55	44	325 55	22	325 55	325	325 55	51	325 55	5	325 55	2
	剪	刀	女	人	口	水	眼	泪	跛	脚	小	麦
去声 51	51	44	51	22	51	325	51	51	51	5	51	2
	地	方	大	门	尿	桶	电	筒	自	戮	面	食
阴入 5	5	44	5	22	5	325	5	51	5	5	5	2
	发	烧	铁	锤	脚	爪	柏	树	隔	壁	结	实
阳入 2	2	44	2	22	2	325	2	51	2	5	2	2
	镬	灶	学	堂	白	酒	石	磨	十	八	食	药

说明：

景宁畲话两字组连读基本不变调，唯有上声［325］作前字时会产生变读，且不论后字调类，一律变读为［55］，变调后出现一个新调值［55］。

肆　异读

一、新老异读

1. 声母

（1）个别古匣母二等字，老男为零声母，而青男为[f]。例如："华"老男读为[uɔ²²]，青男读为[fɔ²²]。

（2）个别古心母三等字，老男为[ɕ]，青男为[s]。例如："岁"老男读为[ɕyoi⁵¹]，青男读为[suoi⁵¹]。

（3）个别古疑母一等字，老男为零声母，青男为[ŋ]。例如："熬"老男读为[au²²]，青男读为[ŋɑu²²]。

2. 韵母

（1）部分古止摄合口三等，字老男为[uei]，青男为[uoi]。例如："类、醉、龟、位、飞、尾、贵、围、胃"等。

（2）部分咸摄开口三、四等入声字，老男为[aʔ]，青男为[auʔ]。例如："贴、碟、接"等。

（3）部分山摄合口三等入声，老男为[ɔʔ]，青男为[ɑʔ]。例如："发、罚、袜"等。

（4）部分通摄合口一等和三等字，老男为[oŋ]，青男为[əŋ]。例如："翁、统、脓、松、缝、松、恭"等。

3. 声调

声调方面，老男和青男差异主要表现在入声是否消失，如果某一方消失的话，则同一个字的声调两人读音不相同。例如："削（药）、力（职）、息（职）、浴（烛）"等字，老男为[ɕiaʔ⁵][liʔ²][ɕiʔ⁵][ioʔ⁵]，青男为[ɕia⁴⁴][li²²][ɕi⁴⁴][io⁴⁴]。

二、文白异读

1. 声母

（1）部分古见系开口三等字白读为 [k]，文读为 [tɕ] 组声母。例如："脚"白读为 [kioʔ⁵]，文读为 [tɕioʔ⁵]；"局"白读为 [kioʔ²]，文读为 [tɕioʔ⁵]。

（2）部分古晓母字白读为 [ŋ] 声母，文读为零声母。例如："歪"白读为 [ŋɑu³²⁵]，文读为 [uɑi³²⁵]。

（3）部分古溪母字白读为 [f]，文读为 [kʰ]。例如："苦"白读为 [fu³²⁵]，文读为 [kʰu³²⁵]；"开"白读为 [foi⁴⁴]，文读为 [kʰoi⁴⁴]。

（4）部分古定母字白读为 [t]，文读为 [tʰ]。例如："条"白读为 [tiau²²]，文读为 [tʰau⁴⁴]，韵母、声调均有变化。

2. 韵母和声调

（1）景宁畲话文白异读韵母产生差异时，往往声调也随之变化。例如：部分古"假开二平麻生"的"沙"，白读为 [sɔ⁵¹]，文读为 [sa⁴⁴]；古"遇合三上鱼生"的"所"，白读为 [so³²⁵]，文读为 [su⁴⁴]。

（2）入声类声调一般不变，例如：古"山合三入月云"的"越"，白读为 [yɔʔ²]，文读为 [iaʔ²]。

（3）个别文白异读只是声调有变化，但例字很少，例如：古"遇合一上模定"的"杜"，白读为 [tu⁵¹]，文读为 [tu⁴⁴]。

伍 小称

景宁畲话的小称音变主要体现为变调，共有 [445] [55] [325] [51] 四个小称调。具体规律如下：

（1）阴平 [44]、阳平 [22]、阴入 [5] 变为高升调 [445]，单字例如：翁、哥、孙、猫等，词语例如：衬衫、外甥、花生、菜头、角角粽子等。

（2）上声 [325] 变成高平调 [55]，单字例如：娘、姆、嫂、姊等，词语例如：洞崽窟窿、左手、手指崽、叔崽、细崽等。

（3）去声 [51]、阳入 [2] 变读为降升调 [325]，单字例如：弟、豆等，词语例如：娘舅、绿豆。

（4）部分阳平字［22］变为高降调［51］，单字例如：盐、绳、钱、鱼、蝉等，
词语例如：如：鲤鱼、姣婆、篾箩、本钱、跳绳等。

中国语言资源保护工程

中国语言资源集·浙江　编委会

主任

朱鸿飞

主编

王洪钟　黄晓东　叶　晗　孙宣志

编委

（按姓氏拼音为序）

包灵灵　蔡　嵘　陈筱姁　程　朝　程永艳　丁　薇

黄晓东　黄沚青　蒋婷婷　雷艳萍　李建校　刘力坚

阮咏梅　施　俊　宋六旬　孙宣志　王洪钟　王文胜

吴　众　肖　萍　徐　波　徐　越　徐丽丽　许巧枝

叶　晗　张　薇　赵翠阳

中国语言资源集

王洪钟 黄晓东
叶晗 孙宜志 主编

浙江

语音卷三

ZHEJIANG UNIVERSITY PRESS
浙江大学出版社
·杭州·

第二章　字音对照

方言点	0001 多	0002 拖	0003 大 ~小	0004 锣	0005 左	0006 歌	0007 个	0008 可
	果开一平歌端	果开一平歌透	果开一去箇定	果开一平歌来	果开一上哿精	果开一平歌见	果开一去箇见	果开一上哿溪
01 杭州	təu³³⁴	tʰəu³³⁴	dəu¹³	ləu²¹³	tsəu⁵³	kəu³³⁴	kəu⁴⁵	kʰəu⁵³
02 嘉兴	tou⁴²	tʰou⁴²	dou¹¹³	lou²⁴²	tsou⁵⁴⁴	kou⁴²	kᴇ²²⁴ 一~ kou²²⁴ ~别	kʰo¹¹³
03 嘉善	tu⁵³	tʰu⁵³	du¹¹³	lu¹³²	tsu³³⁴	ku³³⁴	kə⁴⁴	kʰo³³⁴
04 平湖	tu⁵³	tʰa⁵³白 tʰu⁵³文	du²¹³白 da²¹³文	lu³¹	tsu³³⁴	ku⁵³	ku³³⁴ ~体 kəʔ⁵ 一~	kʰo²¹³
05 海盐	tu⁵³	tʰu⁵³	du²¹³白 dɑ²¹³文	lu³¹	tsu⁴²³	ku⁵³	kəʔ⁵	kʰo⁴²³
06 海宁	təu⁵⁵	tʰəu⁵⁵	dəu¹³	ləu¹³	tsəu⁵³	kəu⁵⁵	kəu³⁵	kʰo⁵³
07 桐乡	təu⁴⁴	tʰəu⁴⁴	dəu²¹³	ləu¹³	tsəu⁵³	kəu⁴⁴	kɤɯ³³⁴一~ kəʔ⁵ 这~	kʰo⁵³
08 崇德	tu⁴⁴	tʰɑ⁴⁴白 tʰu⁴⁴文	du¹³白 dɑ¹³文	lu¹³	tsu⁵³	ku⁴⁴	kɤɯ³³⁴ ~人 kəʔ⁵ 一~	kʰo⁵³
09 湖州	təu⁴⁴	tʰəu⁴⁴	dəu²⁴	ləu¹¹²	tsəu⁵²³	kəu⁴⁴	kei³⁵	kʰuo⁵²³
10 德清	təu⁴⁴	tʰəu⁴⁴	dəu¹¹³	ləu¹¹³	tsəu⁵²	kəu⁴⁴	kəu³³⁴	kʰəu⁵²
11 武康	tu⁴⁴	tʰu⁴⁴	du¹¹³	lu¹¹³	tsu⁵³	ku⁴⁴	kɜʔ⁵	kʰu⁵³
12 安吉	tʊ⁵⁵	tʰʊ⁵⁵	dʊ²¹³	lʊ²²	tsʊ⁵²	kʊ⁵⁵	kəʔ⁵	kʰʊ⁵²
13 孝丰	tu⁴⁴	tʰu⁴⁴白 dɑ²¹³文	du²¹³白 dɑ²¹³文	lu²²	tsu⁵²	ku⁴⁴	kəʔ⁵	kʰu⁵²
14 长兴	təu⁴⁴	tʰəu⁴⁴	dəu²⁴	ləu¹²	tsəu⁵²	kəu⁴⁴	kei³²⁴	kʰu⁵²
15 余杭	tu⁴⁴	tʰu⁴⁴白 dɑ²⁴文	du²¹³	lu²²	tsu⁵³	ku⁴⁴	kɤ⁴³⁵韵殊	kʰoʔ⁵ 音殊
16 临安	to⁵⁵	tʰo⁵⁵	do³³	lo³³	tso⁵⁵	ko⁵⁵	kəʔ⁵⁴	kʰo⁵⁵
17 昌化	tɯ³³⁴	tʰɯ³³⁴	dɯ²⁴³白 dɑ²⁴³文	lɯ¹¹²	tsu⁴⁵³	kɯ³³⁴	kəʔ⁵ 一~ kɛ⁵⁴⁴ ~把	kʰɯ⁴⁵³
18 於潜	tu⁴³³	tʰu⁴³³	dɑ²⁴	lu²²³	tsu⁵¹	ku⁴³³	kəʔ⁵³	kʰu⁵¹
19 萧山	to⁵³³	tʰo⁵³³	do²⁴²白 da²⁴²文	lo³⁵⁵	tso³³	ko⁵³³	kəʔ⁵ 一~ ko⁴² ~别	kʰo³³
20 富阳	tʊ⁵³	tʰa⁵³白 tʰʊ⁵³文	dʊ²²⁴	lʊ¹³	tsʊ⁴²³	kɯ⁵³	kɯ³³⁵	kʰɯ⁴²³

续表

方言点	0001 多	0002 拖	0003 大 ~小	0004 锣	0005 左	0006 歌	0007 个	0008 可
	果开一 平歌端	果开一 平歌透	果开一 去箇定	果开一 平歌来	果开一 上哿精	果开一 平歌见	果开一 去箇见	果开一 上哿溪
21 新登	tu⁵³	tʰa⁵³白 tʰu⁵³文	du¹³	lu²³³	tsu³³⁴	ku⁵³	ku⁴⁵~头 kəʔ⁵一~	kʰu³³⁴
22 桐庐	tu⁵³³	tʰu⁵³³	du²⁴	lu¹³	tsu³³	ku⁵³³	kəʔ⁵一~ ku³⁵~别	kʰu³³
23 分水	to⁴⁴	tʰo⁴⁴	da¹³	lo²²	tso⁵³	ko⁴⁴	ko²⁴	kʰo⁵³
24 绍兴	to⁵³	tʰa⁵³白 tʰo⁵³文	do²²	lo²³¹	tso³³⁴	ko⁵³	ko³³	kʰo³³
25 上虞	tɔ³⁵	tʰɔ³⁵	dɔ³¹	lɔ²¹³	tsɔ³⁵	kɔ³⁵	kəʔ⁵量 kɔ⁵³~人	kʰɔ³⁵
26 嵊州	to⁵³⁴	tʰa⁵³⁴白 tʰo⁵³⁴文	do²⁴	lo²¹³	tso⁵³	ko⁵³⁴	ka³³⁴一~ ko³³⁴~别	kʰo⁵³
27 新昌	tɤ⁵³⁴	tʰa⁵³⁴白 tʰɤ⁵³⁴文	dɤ¹³	lɤ²²	tsɤ⁴⁵³	kɤ⁵³⁴	ka³³⁵一~ kɤ³³⁵~别	kʰɤ⁴⁵³许~
28 诸暨	tɤu⁵⁴⁴	tʰɤu⁵⁴⁴	dɤu³³	lɤu¹³	tsɤu⁴²	kɤu⁵⁴⁴	kʌ⁵⁴⁴	kʰɤu⁴²
29 慈溪	təu³⁵	tʰəu³⁵	dəu¹³	ləu¹³	tsəu⁴⁴	kəu³⁵	kəu⁴⁴	kʰəu³⁵
30 余姚	tou⁴⁴	tʰou⁴⁴	dou¹³	lou¹³	tsou³⁴	kou⁴⁴	kou⁵³	kʰou³⁴
31 宁波	təu⁵³	tʰa⁵³白 tʰəu⁵³文	dəu¹³	ləu¹³	tsəu⁵³	kəu⁵³	kəu⁵³	kʰəu⁴⁴
32 镇海	təu⁵³	tʰa⁵³白 tʰəu⁵³文	dəu²⁴	ləu²⁴	tsəu³⁵	kəu⁵³	kəu⁵³	kʰəu³⁵
33 奉化	təu⁴⁴	tʰa⁴⁴白 tʰəu⁴⁴文	dəu³¹	ləu³³	tsəu⁵⁴⁵	kəu⁴⁴	kəu⁵³	kʰəu⁴⁴调殊
34 宁海	təu⁴²³	tʰa⁴²³白 tʰəu⁴²³文	dəu²⁴	ləu²¹³	tsəu⁵³	kɯ⁴²³	kɯ³⁵	kʰəu⁵³
35 象山	təu⁴⁴	tʰəu⁴⁴	dəu¹³	ləu³¹	（无）	ku⁴⁴	kəu⁴⁴调殊	kʰəu⁴⁴
36 普陀	təu⁵³	tʰəu⁵³	dəu¹³	ləu²⁴	tsəu⁴⁵	kəu⁵³	kəu⁵⁵	kʰəu⁴⁵
37 定海	tʌu⁵²	tʰa⁵²白 tʰʌu⁵²文	dʌu¹³白 da¹³文	lʌu²³	tsʌu⁴⁴	kʌu⁵²	kʌu⁴⁴~别 goʔ一~	kʰʌu⁴⁵
38 岱山	tʌu⁵²	tʰa⁵²白 tʰʌu⁵²文	dʌu²¹³	lʌu²³	tsʌu⁴⁴	kʌu⁵²	goʔ²一~ kʌu⁴⁴~别	kʰʌu³²⁵
39 嵊泗	tʌu⁵³	tʰa⁵³白 tʰʌu⁵³文	dʌu²¹³	lʌu²⁴³	tsʌu⁴⁴⁵	kʌu⁵³	goʔ²一~ kʌu⁵³~别	kʰʌu⁴⁴⁵

续表

方言点	0001 多	0002 拖	0003 大 ~小	0004 锣	0005 左	0006 歌	0007 个	0008 可
	果开一平歌端	果开一平歌透	果开一去箇定	果开一平歌来	果开一上哿精	果开一平歌见	果开一去箇见	果开一上哿溪
40 临海	to³¹	tʰo³¹	do³²⁴白 da³²⁴文	lo²¹	tso⁵²	ko³¹	ke⁵⁵一~ ko⁵⁵~人	kʰo³¹
41 椒江	təu⁴²	tʰəu⁴²	dəu²⁴白 da²⁴文	ləu³¹	tsəu⁴²	ko⁴²	kɯ⁵⁵量 ko⁵⁵~人	kʰo⁴²
42 黄岩	tou³²	tʰa³²白 tʰou³²文	dou²⁴白 da²⁴文	lou¹²¹	tsou⁴²	ko³²	kie⁵⁵一~ ko⁵⁵~人 kəʔ⁵一~人	kʰo⁴²
43 温岭	tu³³	tʰa³³白 tʰu³³文	du¹³	lu³¹	tsu⁴²	kɯ³³	kɯ⁵⁵又 kie⁵⁵又	kʰo⁴²
44 仙居	ɗo³³⁴	tʰa³³⁴白 tʰo³³⁴文	do²⁴白 da²⁴文	lo²¹³	tso³²⁴	ko³³⁴	ko⁵⁵	kʰo³²⁴
45 天台	tou³³	tʰa³³~柴 tʰo³³~拉	dou³⁵	lou²²⁴	(无)	ko³³	kou⁵⁵	kʰo³²⁵
46 三门	tʊ³³⁴	tʰʊ³³⁴	dʊ²⁴³白 da²⁴³文	lʊ¹¹³	tsʊ³²⁵	kʊ³³⁴	kʊ⁵⁵	kʰʊ³²⁵
47 玉环	təu⁴²	tʰa⁴²白 tʰəu⁴²文	dəu²²白 da²²文	ləu³¹	tsəu⁵³	ko⁴²	kie⁵⁵量 ku⁵⁵~人	kʰo⁴²
48 金华	tuɤ³³⁴	tʰa³³⁴白 tʰuɤ³³⁴文	duɤ¹⁴	luɤ³¹³	tsuɤ⁵⁵	kuɤ³³⁴	ka⁵⁵~头 kəʔ⁴一~	kʰuɤ⁵³⁵
49 汤溪	tuɤ²⁴	tʰa²⁴	duɤ³⁴¹	luɤ¹¹	tsou⁵²	kuɤ²⁴	ka⁵²	kʰuɤ⁵³⁵
50 兰溪	tuɤ³³⁴	tʰa³³⁴白 tʰuɤ³³⁴文	duɤ²⁴	luɤ²¹	tsuɤ⁴⁵	kuɤ³³⁴	ka⁴⁵	kʰuɤ⁵⁵
51 浦江	tɯ⁵³⁴	tʰɯ⁵³⁴	dɯ²⁴	lɯ¹¹³	tsɯ⁵⁵	kɯ⁵³⁴	ka⁵⁵	kʰɯ⁵³
52 义乌	tuɤ³³⁵	tʰa³³⁵白 tʰuɤ³³⁵文	duɤ²⁴	luɤ²¹³	tsuɤ⁴⁵	kuɤ³³⁵	ka⁴⁵~把 kə⁴⁵一~	kʰuɤ⁴²³
53 东阳	tʊ³³⁴	tʰa³³⁴	dʊ²⁴	lʊ²¹³	tsʊ⁴⁴	kʊn³³⁴小	ka⁴⁵³	kʰʊ⁴⁴
54 永康	ɗuo⁵⁵	tʰia⁵⁵白 tʰuo⁵⁵文	duo²⁴¹	luo²²	tsuo³³⁴	kuo⁵⁵	kuo⁵²	kʰuo³³⁴
55 武义	luo²⁴	tʰuo²⁴	duo²³¹	luo³²⁴	tsuo⁵³	kuo²⁴	tɕia⁵³	kʰuo⁴⁴⁵

方言点	0001 多 果开一 平歌端	0002 拖 果开一 平歌透	0003 大 ~小 果开一 去箇定	0004 锣 果开一 平歌来	0005 左 果开一 上哿精	0006 歌 果开一 平歌见	0007 个 果开一 去箇见	0008 可 果开一 上哿溪
56 磐安	tuɤ⁴⁴⁵	tʰa⁴⁴⁵白 tʰuɤ⁴⁴⁵文	duɤ¹⁴	luɤ²¹³	tsuɤ⁵²	kuɤ³³⁴	ka⁵²	kʰuɤ³³⁴
57 缙云	tu⁴⁴	tʰɑ⁴⁴ tʰu⁴⁴	du²¹³	lu²⁴³	tsu⁵¹	ku⁴⁴	ku⁴⁵³	kʰu⁵¹
58 衢州	tu³²	tʰu³²	du²³¹	lu²¹	tsu⁵³调殊	ku³²	ku⁵³~人 kəʔ⁵两~	kʰu⁵³调殊
59 衢江	tou³³	tʰa³³白 tʰou³³文	dou²³¹	lou²¹²	tsou⁵³ 调殊	kou³³	kəʔ⁵一~ kou⁵³~体	kʰou⁵³ 调殊
60 龙游	tu³³⁴	tʰu³³⁴白 tʰa³³⁴文	du²³¹	lu²¹	tsu⁵¹调殊	ku³³⁴	ka⁵¹一~ ku⁵¹~别	kʰu⁵¹调殊
61 江山	to⁴⁴	tʰa⁴⁴~车 tʰo⁴⁴~鞋	do³¹	lo²¹³	tso⁵¹	ko⁴⁴	ka⁵¹两~ ko⁵¹~别	kʰo⁴⁴调殊
62 常山	tɔ⁴⁴	tʰɔ⁴⁴~地 tʰɛ⁴⁴~下水	dɔ¹³¹	lɔ³⁴¹	tsɔ⁵²	kɔ⁴⁴	kɛ³²⁴一~ kɔ⁵²~别	kʰɔ⁴⁴
63 开化	tɔ⁴⁴	tʰa⁴⁴白 tʰɔ⁴⁴文	dɔ²¹³	lɔ²³¹	tsɔ⁵³	kɔ⁴⁴	ka⁵³调殊	kʰɔ⁵³
64 丽水	tu²²⁴	tʰuɔ²²⁴白 tʰu²²⁴文	du¹³¹	lu²²	tsu⁵⁴⁴	ku²²⁴	kuɔ⁵²	kʰu⁵⁴⁴
65 青田	ɗu⁴⁴⁵	tʰɑ⁴⁴⁵白 tʰu⁴⁴⁵文	du²²	lu²¹	tsu⁴⁵⁴	ku⁴⁴⁵	kɑ³³	kʰu⁴⁵⁴
66 云和	tu²⁴	tʰɔ²⁴白 tʰu²⁴文	du²²³	lu³¹²	tsu⁴¹	ku²⁴	kei⁴⁵又 ki⁴⁵又	kʰu⁴¹
67 松阳	tu⁵³	tʰu⁵³	du¹³	luə³¹	tsu²¹²	ku⁵³	ki²⁴一~ ku²⁴~体	kʰu²¹²
68 宣平	to³²⁴	tʰa³²⁴白 tʰo³²⁴文	do²³¹	lo⁴³³	tso⁵²调殊	ko³²⁴	ka⁵²~数 kəʔ⁵~别	kʰo⁴⁴⁵
69 遂昌	tu⁴⁵	tʰa⁴⁵白 tʰu⁴⁵文	du²¹³	lu²²¹	tsu⁵³³	ku⁴⁵	kei³³⁴一~ ku³³⁴~体	kʰu⁵³³
70 龙泉	tou⁴³⁴	tʰa⁴³⁴白 tʰou⁴³⁴文	dou²²⁴	lou²¹	tsou⁵¹	kou⁴³⁴	ki⁴⁵一~ kou⁴⁵~农	kʰou⁵¹

续表

方言点	0001 多 果开一 平歌端	0002 拖 果开一 平歌透	0003 大 ~小 果开一 去箇定	0004 锣 果开一 平歌来	0005 左 果开一 上哿精	0006 歌 果开一 平歌见	0007 个 果开一 去箇见	0008 可 果开一 上哿溪
71 景宁	to³²⁴	tʰa³²⁴白 tʰo³²⁴文	do¹¹³	lo⁴¹	tso³³	ko³²⁴	kai³⁵~数 ki³⁵两~	kʰo³³
72 庆元	ɗo³³⁵	tʰo³³⁵	to³¹	lo⁵²	tso³³	ko³³⁵	kæi¹¹	kʰo³³
73 泰顺	to²¹³	tʰo²¹³	to²²	lo⁵³	tso⁵⁵	ko²¹³	ki³⁵	kʰo⁵⁵
74 温州	tɤu³³	tʰɤu³³	dɤu²²	lɤu³¹	tsɤu²⁵	ku³³	kai⁵¹	kʰuɔ²⁵
75 永嘉	təu⁴⁴	tʰa⁴⁴白 tʰo⁴⁴文	dəu²²	lo³¹	tso⁴⁵	ku⁴⁴	kai⁵³	kʰo⁴⁵
76 乐清	to⁴⁴	tʰo⁴⁴	du²²	lo³¹	tɕio³⁵	ko⁴⁴	kai⁴¹	kʰo³⁵
77 瑞安	tou⁴⁴	tʰa⁴⁴白 tʰou⁴⁴文	dou²²	lou³¹	tsou³⁵	kɯ⁴⁴	kai⁵³	kʰo³⁵
78 平阳	tu⁵⁵	tʰu⁵⁵	du³³	lu²⁴²	tʃu⁴⁵	ku⁵⁵	kai⁵³	kʰo⁴⁵
79 文成	tou⁵⁵	tʰou⁵⁵	dou⁴²⁴	lou¹¹³	tʃou⁴⁵	ku⁵⁵	kai³³	kʰo⁴⁵
80 苍南	tu⁴⁴	tʰia⁴⁴白 tʰo⁴⁴文	du¹¹	lu³¹	tsu⁵³	ku⁴⁴	kai⁴²	kʰo⁵³
81 建德徽	tu⁵³	tʰa⁵³白 tʰu⁵³文	tʰu⁵⁵	lu³³	tso⁵⁵	ku⁵³	kɑ³³~把 kɐʔ⁵一~	kʰo⁵⁵
82 寿昌徽	tu¹¹²	tʰɑ¹¹²白 tʰu¹¹²文	tʰu³³	lu⁵²	tsu²⁴	ku¹¹²	kɑ³³几~ ku²⁴~别	kʰu⁵⁵~以
83 淳安徽	tu²⁴	tʰɑ²⁴白 tʰu²⁴文	tʰu⁵³白 tʰɑ⁵³文	lu⁴³⁵	tsu⁵⁵	ku²⁴	kɑ²⁴	kʰu⁵⁵
84 遂安徽	təɯ⁵³⁴	tʰɑ⁵³⁴	tʰəɯ⁵²	ləɯ³³	tso²¹³	kuəɯ⁵³⁴	kɑ⁴³	kʰuəɯ²¹³
85 苍南闽	（无）	tʰua⁵⁵	tua²¹	lo²⁴	tso⁴³	kua⁵⁵	ge²⁴	kʰɔ⁴³
86 泰顺闽	tou²¹³	tʰou²¹³	ta³¹	lou²²	tsou³⁴⁴	kou²¹³	kɔi⁵³	kʰou³⁴⁴
87 洞头闽	（无）	tʰua³³	tua²¹~麦 tai²¹老~	lo¹¹³	tso⁵³	kua³³	ge¹¹³几~ ko²¹~体	kʰo⁵³
88 景宁畲	to⁴⁴	tʰo⁴⁴	tʰɔi⁵¹	lo²²	tsau³²⁵	ko⁴⁴	kɔi⁴⁴	kʰo³²⁵

方言点	0009 鹅	0010 饿	0011 河	0012 茄	0013 破	0014 婆	0015 磨 动	0016 磨 名
	果开一平歌疑	果开一去歌疑	果开一平歌匣	果开三平戈群	果合一去戈游	果合一平戈並	果合一平戈明	果合一去戈明
01 杭州	ŋəu²¹³	ŋəu¹³	əu²¹³	dʑia²¹³~子 dʑiɛ²¹³~儿	pʰəu⁴⁵白 pʰəu⁴⁵文	bəu²¹³	məu²¹³	məu¹³
02 嘉兴	vu²⁴²	vu¹¹³	vu²⁴²	gʌ²⁴²	pʰu²²⁴	bu²⁴²	mou²⁴²	mou¹¹³
03 嘉善	ŋu¹³²	ŋu¹¹³	u¹³²	ga¹³²	pʰu³³⁴	bu¹³²	mu¹³²	mu¹¹³
04 平湖	ŋu²¹³	ŋu²¹³	u³¹	ga³¹	pʰu³³⁴	bu³¹	mo⁵³	mo²¹³
05 海盐	u³¹	u²¹³	u³¹	ga³¹	pʰu³³⁴	bu³¹	mo³¹	mo²¹³
06 海宁	u¹³	u¹³	u¹³	ga¹³	pʰu³⁵	bu¹³	mo¹³	mo¹³
07 桐乡	u¹³	u²¹³	u¹³	ga¹³~子 ka⁴⁴番~	pʰu³³⁴	bu¹³	mo¹³	mo²¹³
08 崇德	u¹³	u¹³	u¹³	gɑ¹³~子 kɑ⁴⁴番~	pʰu³³⁴	bu¹³	moŋ¹³韵殊	moŋ¹³韵殊
09 湖州	ŋəu¹¹²	ŋəu³⁵	əu¹¹²	ga¹¹²	pʰu³⁵	bu¹¹²	muo¹¹²	muo¹¹²
10 德清	ŋəu¹¹³	ŋəu³³⁴	əu¹¹³	ga¹¹³	pʰu³³⁴	bu¹¹³	mu¹¹³	mu¹¹³调殊
11 武康	ŋu¹¹³	ŋu²²⁴	u¹¹³	ga¹¹³	pʰu²²⁴	bu²⁴²调殊	mu¹¹³	mu¹¹³调殊
12 安吉	ŋʊ²²	ŋʊ²¹³	ʊ²²	dʑia²²	pʰa³²⁴	bʊ²²	mʊ²¹³	mʊ²¹³
13 孝丰	ŋu²²	ŋu³²⁴	u²²	dʑia²²	pʰa³²⁴	bu²²	mʊ³²⁴	mʊ³²⁴
14 长兴	ŋəu¹²	ŋ³²⁴	vu¹²	ga¹²	pʰu³²⁴	bu¹²	mu¹²	mu³²⁴
15 余杭	ŋu²²	ŋu²¹³	u²²	ga²²	pʰu⁴²³	bu²²	mu²²	mu²¹³
16 临安	o³³	ŋo³³	o³³	ga³³	pʰa⁵⁵	bo³³	mo³³	mo³³
17 昌化	ŋɯ¹¹²	ŋɯ²⁴³	ɯ¹¹²	dʑia¹¹²	pʰa⁵⁴⁴白 pʰu⁵⁴⁴文	bu¹¹²	mu²⁴³	mu²⁴³
18 於潜	ŋu²²³	ŋu²⁴	u²²³	dʑia²²³	pʰa³⁵	bu²²³	mu²⁴	mu²⁴
19 萧山	ŋo³⁵⁵	ŋo²⁴²	o³⁵⁵	dʑia³⁵⁵	pʰa⁴²白 pʰo⁴²文	bo³⁵⁵	mo³⁵⁵	mo²⁴²
20 富阳	ŋɯ¹³	ŋɯ³³⁵	u¹³	dʑia¹³~子	pʰa³³⁵	bu¹³	mʊ¹³	mʊ³³⁵
21 新登	u²³³	u¹³	u²³³	dʑia²³³番~	pʰa⁴⁵	bu²³³	mu²³³	mu²³³
22 桐庐	ŋu¹³	ŋu²⁴	u¹³	dʑiʌ¹³	pʰʌ³⁵	bu¹³	mu¹³	mu²⁴

续表

方言点	0009 鹅	0010 饿	0011 河	0012 茄	0013 破	0014 婆	0015 磨动	0016 磨名
	果开一平歌疑	果开一去歌疑	果开一平歌匣	果开三平戈群	果合一去戈滂	果合一平戈并	果合一平戈明	果合一去戈明
23 分水	ŋo²²	ŋo¹³	xo²²	dʑia²²	pʰo²⁴	bo²²	mo¹³	mo¹³
24 绍兴	ŋo²³¹	ŋo²²	o²³¹	dʑia²³¹	pʰa³³白 pʰo³³文	bo²³¹	mo²³¹	mo²²
25 上虞	ŋɷ²¹³	ŋɷ³¹	ɷ²¹³	dʑia²¹³~子 ga¹³番~	pʰa⁵³	bɷ²¹³	mɷ²¹³	mɷ³¹
26 嵊州	ŋo²¹³	ŋo²⁴	o²¹³	dʑia²¹³	pʰa³³⁴白 pʰo³³⁴文	bo²¹³	mo²¹³	mo²⁴
27 新昌	ŋɤ²²	ŋɤ¹³	ɤ²²	dʑia²²	pʰa³³⁵白 pʰɤ³³⁵文	bɤ²²	mɤ²²	mɤ¹³
28 诸暨	ŋɤu¹³	ŋɤu³³	ɤu¹³	dʑiʌ¹³	pʰʌ⁵⁴⁴	bɤu¹³	mɤu¹³	mɤu³³
29 慈溪	ŋəu¹³	ŋəu¹³	əu¹³	dʑia¹³~子 ga¹³番~	pʰa⁴⁴	bəu¹³	məu¹³	məu¹³
30 余姚	ŋou¹³	ŋou¹³	ou¹³	dʑia¹³油焖~ ga¹³番~ dʑiẽ¹³辣~	pʰa⁵³白 pʰou⁵³文	bou¹³	mou¹³	mou¹³
31 宁波	ŋəu¹³	ŋəu¹³	əu¹³	dʑia¹³~子 ga¹³番~ dze¹³辣~	pʰəu⁴⁴	bəu¹³	məu¹³	məu¹³
32 镇海	ŋəu²⁴	ŋəu²⁴	əu²⁴	dʑia²⁴~子 ga²⁴番~ dʑie²⁴单用	pʰəu⁵³	bəu²⁴	məu²⁴	məu²⁴
33 奉化	ŋɵ³²⁴音殊	ŋəu³¹	əu³³	dʑiɛ³²⁴调殊 ga³²⁴调殊	pʰa⁵³白 pʰəu⁵³文	bəu³³	məu³³	məu³¹
34 宁海	ŋəu³¹调殊	ŋəu²⁴	həu²¹³	dʑia²¹³	pʰa⁵³ pʰu³⁵	bu²¹³	mu²¹³	mu²⁴
35 象山	ŋo³¹韵殊	ŋəu¹³	əu³¹	dʑia³¹番~	pʰəu⁵³	bəu³¹	məu³¹	məu³¹
36 普陀	ŋəu²⁴	ŋəu¹³	əu²⁴	kɐʔ⁵番~ dʑiɛ²⁴单用	pʰəu⁵⁵	bəu²⁴	məu²⁴	məu¹³
37 定海	ŋʌu¹³小	ŋʌu¹³	ʌu²³	dʑia¹³小	pʰʌu⁴⁴	bʌu²³	mʌu²³	mʌu¹³

方言点	0009 鹅	0010 饿	0011 河	0012 茄	0013 破	0014 婆	0015 磨动	0016 磨名
	果开一平歌疑	果开一去歌疑	果开一平歌匣	果开三平戈群	果合一去戈滂	果合一平戈並	果合一平戈明	果合一去戈明
38 岱山	ŋʌu²¹³小	ŋʌu²¹³	ʌu²³	dzia²³小	pʰʌu⁴⁴	bʌu²³	mʌu²³	mʌu²¹³
39 嵊泗	ŋʌu²¹³小	ŋʌu²¹³	ʌu²⁴³	ga²⁴³番～	pʰʌu⁵³	bʌu²⁴³	mʌu²⁴³	mʌu²¹³
40 临海	ŋo²¹	ŋe³²⁴	o²¹	dzia²¹	pʰo⁵⁵	bo²¹	mo²¹～刀	mo³²⁴～粉
41 椒江	ŋo²⁴小	ŋu²⁴	u³¹	dzia³¹	pʰu⁵⁵	bu³¹	mo³¹	mo²⁴
42 黄岩	ŋo¹²¹	n̠ie²⁴白 ŋo²⁴文	e¹²¹白 o¹²¹文	dzia¹²¹	pʰu⁵⁵	bu¹²¹	mu¹²¹	mu²⁴
43 温岭	ŋu²⁴小	ŋu¹³	u³¹白 o³¹文	dzia³¹	pʰu⁵⁵	bu²⁴小	mu³¹	mu¹³
44 仙居	ŋo²¹³	ŋo²⁴	o²¹³	dʑya³⁵³小	pʰa⁵⁵～柴 pʰo⁵⁵～鱼	bo²¹³	mo²¹³	mo²⁴
45 天台	ŋou²²⁴	ŋou³⁵	ou²²⁴	gia²²⁴番～	pʰou⁵⁵	bou²²⁴	mou²²⁴～粉 mo²²⁴～刀	mou³⁵
46 三门	ŋo²⁵²小	ŋo²⁴³	o¹¹³	dzia²⁵²小	pʰo⁵⁵	bo²⁵²小	mo²⁴³	mo²⁴³
47 玉环	ŋo³¹	ŋu²²	u³¹	dzia³¹	pʰa⁵⁵白 pʰu⁵⁵文	bu²⁴小	mu³¹	m²²白 mo²²文
48 金华	uɤ³¹³	uɤ¹⁴	uɤ³¹³	tɕia⁵⁵番～	pʰa⁵⁵	bɤ³¹³	mɤ³¹³～刀 mɤ¹⁴～碎	mɤ¹⁴
49 汤溪	uɤ¹¹	uɤ³⁴¹	uɤ¹¹	dzia⁰ 番～	pʰa⁵²打～ pʰa⁵²望～	bɤ¹¹	mɤ¹¹	mɤ³⁴¹
50 兰溪	uɤ²¹	uɤ²¹	uɤ²¹	（无）	pʰa⁴⁵	bɔ²¹	mɔ²¹	mɔ²⁴
51 浦江	ŋɯ¹¹³	ŋɯ²⁴	ɯ¹¹³	dzia¹¹³～菜 tɕia⁵³⁴番～	pʰa⁵⁵	buɯ¹¹³	muɯ¹¹³～刀 muɯ²⁴～麦	muɯ²⁴
52 义乌	uɤ²¹³	ɔ²⁴	uɤ²¹³	gɔn²¹³小	pʰa⁴⁵白 pʰɯ⁴⁵文	buɯɤ²¹³	muɯɤ²¹³	muɯɤ²⁴
53 东阳	ŋʋ²¹³	ŋa²⁴	ʋ²¹³	ka⁴⁴番～	pʰa⁴⁵³	bʋ²¹³	mʋ²¹³	mʋ²⁴
54 永康	ŋuo²²	ŋuo²⁴¹	uo²²	dzie²²	pʰia⁵²	buo²²	muo²⁴¹～豆腐 mɑu²²～刀	muo²⁴¹

方言点	0009 鹅	0010 饿	0011 河	0012 茄	0013 破	0014 婆	0015 磨动	0016 磨名
	果开一平歌疑	果开一去歌疑	果开一平歌匣	果开三平戈群	果合一去戈滂	果合一平戈并	果合一平戈明	果合一去戈明
55 武义	ŋuo³²⁴	ŋuo²³¹	uo³²⁴	（无）	pʰia⁵³	buo³²⁴	muo³²⁴	muo²³¹
56 磐安	ŋuɤ²¹³	ŋa¹⁴	uɤ²¹³	dʑia²¹³	pʰa⁵² 白 pʰo⁵² 文	bo²¹³	mo²¹³	mo¹⁴
57 缙云	ŋu²⁴³	ŋu²¹³	u²⁴³	gu²⁴³ 落~	pʰu⁴⁵³	bu²⁴³	mu²⁴³	mu²¹³
58 衢州	ŋu²¹	ŋu²³¹	u²¹	kɑ⁵³ 番~	pʰɛ⁵³ 形 pʰu⁵³ 动	bu²¹	mu²¹	mu²³¹
59 衢江	ŋou²¹²	ŋou²³¹	u²¹²	ka⁵³ 番~	pʰa⁵³	bu²¹²	mou²¹²	mou²³¹
60 龙游	ŋu²¹	ŋu²³¹	u²¹	kɑ³³⁴ 番~	pʰɑ⁵¹ 动 pʰɑ³⁵ 形	bu²¹	m²¹	m²³¹
61 江山	ŋo²¹³	ŋua³¹	o²¹³	go²¹³ ~饼 gɒ³¹ 番~	pʰa²⁴¹ 形 pʰa⁵¹ 动	biə²¹³ 舅~ bo²² 傻~	miə²¹³	miə³¹
62 常山	ŋɔ³⁴¹	uɛ¹³¹	ɔ³⁴¹	tɕiɑ⁵²	pʰɛ³²⁴	bie²⁴	mi³⁴¹	mie¹³¹
63 开化	ŋɔ²³¹	ua²¹³	xɔ²³¹	（无）	pʰa⁴¹²	biɛ²¹³ 外~ biɛ²³¹ 公~	ma²³¹	miɛ²¹³
64 丽水	ŋuo²²	ŋuei¹³¹	u²²	dʑio²²	pʰuɔ⁵²	bu²²	m²² ~刀 m¹³¹ ~豆	m¹³¹
65 青田	ŋu²¹	ŋuæi²²	u²¹	dʑiu²¹	pʰɑ³³ 白 pʰu³³ 文	bu²¹	m²¹	m²²
66 云和	ŋ³¹²	uei²²³	u³¹²	dʑio³¹²	pʰɔ⁴⁵	bu³¹²	m³¹² ~刀	m²²³
67 松阳	ŋ³¹	ŋa¹³	u³¹	dʑyə³¹	pʰa²⁴	bu³¹	m³¹	m¹³
68 宣平	ŋo⁴³³	ŋuei²³¹	o⁴³³	ko³²⁴ 音殊	pʰa⁵² 白 pʰo⁵² 文	bo⁴³³	mo⁴³³ ~刀 mo²³¹ ~豆	mo²³¹
69 遂昌	ŋu²²¹	ŋei²¹³	u²²¹	dʑiɒ²²¹	pʰa³³⁴ 白 pʰu³³⁴ 文	bu²²¹	mu²²¹	mu²¹³
70 龙泉	ŋou²¹	ua²²⁴ 白 ŋou²²⁴ 文	ou²¹	dʑio²¹	pʰa⁴⁵ 白 pʰou⁴⁵ 文	pou⁴⁵ 外~ bou²¹ 读字	mou²¹	mou²²⁴
71 景宁	ŋo⁴¹	ŋuai¹¹³	o⁴¹	dʑio⁴¹	pʰa³⁵ 白 pʰo³⁵ 文	bo⁴¹	mo⁴¹ ~刀 mo¹¹³ ~豆	mo¹¹³

方言点	0009 鹅	0010 饿	0011 河	0012 茄	0013 破	0014 婆	0015 磨动	0016 磨名
	果开一平歌疑	果开一去歌疑	果开一平歌匣	果开三平戈群	果合一去戈滂	果合一平戈並	果合一平戈明	果合一去戈明
72 庆元	ŋo⁵²	ŋo³¹	xo⁵²	tɕiɑ⁵²	pʰɑ¹¹白 pʰo¹¹文	po⁵²	mæi⁵²白 mo³¹文	mo³¹
73 泰顺	ŋo⁵³	ŋuæi²²	o⁵³	tɕyɔ⁵³	pʰa³⁵	po⁵³	muɔ⁵³	muɔ²²
74 温州	ŋo³¹白 ŋ³¹文	ŋai²²	vu³¹	dzɿ³¹~儿 ga³¹番~	pʰa⁵¹白 pʰø⁵¹文	bø³¹	mø³¹	mø²²
75 永嘉	ŋo³¹	vai²²	u³¹	dzɿ³¹~儿 ga³¹番~	pʰa⁵³白 pʰu⁵³文	bu³¹	m³¹	m²²
76 乐清	ŋo³¹	vai²²	o³¹	dzi³¹~花 ga³¹番~	pʰe⁴¹白 pʰu⁴¹文	bu³¹	m³¹	m²²
77 瑞安	ŋ³¹	ŋai²²	vɯ³¹	dzi³¹落~ ga³¹番~	pʰa⁵³白 pʰʏ⁵³文	bʏ³¹	mʏ³¹	mʏ²²
78 平阳	ŋ²⁴²	ŋai³³	vu²⁴²	dzi²⁴²落~ gɑ²⁴²番~	pʰʌ⁵³	bu²⁴²	mu²⁴²	mu³³
79 文成	ŋou¹¹³	ŋai⁴²⁴	vu¹¹³	dzi¹¹³落~ ga¹¹³番~	pʰɔ³³	bu¹¹³	mo¹¹³	mo⁴²⁴
80 苍南	ŋu³¹	ŋuai¹¹	u³¹	gia³¹	pʰia⁴²白 pʰu⁴²文	bu³¹	mu³¹	mo¹¹
81 建德徽	ŋu³³	ŋu⁵⁵	u³³	kɑ⁵⁵番~	pʰɑ³³	pu³³	m³³~刀 m⁵⁵~粉	m⁵⁵
82 寿昌徽	ŋu⁵²	ŋu³³	xu⁵²	tɕiɑ³³番~	pʰɑ³³	pʰəɯ⁵²	məɯ⁵²~刀	məɯ³³
83 淳安徽	u⁴³⁵	u⁵³	hu⁴³⁵又 fu⁴³⁵又	ko²⁴	pʰa²⁴	pʰu⁴³⁵	mu⁴³⁵~刀 mu⁵³~粉	mu⁵³
84 遂安徽	vəɯ³³	vəɯ⁵²	xəɯ³³	tɕiɑ³³	pʰɑ⁴³	pʰəɯ³³	məɯ³³	məɯ³³
85 苍南闽	gia²⁴	无	hɔ²⁴	kio²⁴	pʰua²¹	pʰo²⁴	bua²⁴	bo²¹
86 泰顺闽	ŋou²²	ŋou³¹	ou²²	køi²²	pʰia⁵³	pou²²	mou³¹	mou³¹
87 洞头闽	gia¹¹³	(无)	ho¹¹³	kieu¹¹³	pʰua²¹	pʰo¹¹³	bua¹¹³	bo²¹
88 景宁畲	(无)	ŋo⁵¹	xo²²	kʰio³²⁵	pʰo⁴⁴	pʰo²²	mo²²	mo⁵¹

方言点	0017 躲	0018 螺	0019 坐	0020 锁	0021 果	0022 过 ～来	0023 课	0024 火
	果合一上戈端	果合一平戈来	果合一上戈从	果合一上戈心	果合一上戈见	果合一去戈见	果合一去戈溪	果合一上戈晓
01 杭州	təu⁵³	ləu²¹³	dzəu¹³	səu⁵³	ku⁵³	ku⁴⁵	kʰəu⁴⁵	xu⁵³
02 嘉兴	to⁵⁴⁴文	lou²⁴²	zou¹¹³	sou⁵⁴⁴	kou⁵⁴⁴	kou²²⁴	kʰou²²⁴	fu⁵⁴⁴
03 嘉善	tu⁴⁴	lu¹³²	zu¹¹³	su⁴⁴	ku⁴⁴	ku³³⁴	kʰu³³⁴	fu⁴⁴声殊 ɸu⁴⁴又
04 平湖	tu⁴⁴	lu³¹	zu²¹³	su⁴⁴	ku⁴⁴	ku³³⁴	kʰu²¹³	fu⁴⁴
05 海盐	（无）	lu³¹	zu⁴²³	su⁴²³	ku⁴²³	ku³³⁴	kʰu³³⁴	fu⁴²³
06 海宁	to⁵³	ləu¹³	zəu²³¹	so⁵³	kəu⁵³	kəu³⁵	kʰəu³⁵	fu⁵³声殊 ɸu⁵³又
07 桐乡	（无）	ləu¹³	zəu²⁴²	səu⁵³	kəu⁵³	kəu³³⁴	kʰəu³³⁴	fu⁵³
08 崇德	to⁵³	lu¹³	zo²⁴²	so⁵³	ku⁵³	ku³³⁴	kʰu³³⁴	hu⁵³
09 湖州	təu⁵²³	ləu¹¹²	zəu⁵²³	səu⁵²³	kəu⁵²³	kəu³⁵	kʰəu³⁵	xəu⁵²³
10 德清	təu⁵²	ləu¹¹³	zəu¹⁴³	səu⁵²	kəu⁵²	kəu³³⁴	kʰəu³³⁴	xəu⁵²
11 武康	tu⁵³	lu¹¹³	zu²⁴²	su⁵³	ku⁵³	ku²²⁴	kʰu²²⁴	fu⁵³
12 安吉	tʊ⁵²	lʊ²²	zʊ²⁴³	su⁵²	ku⁵²	ku³²⁴	kʰʊ³²⁴	hu⁵²
13 孝丰	tʊ⁵²	lu²²	zu²⁴³	su⁵²	ku⁵²	ku³²⁴	kʰu³²⁴	hu⁵²
14 长兴	təu⁵²	ləu¹²	zəu²⁴³	səu⁵²	kəu⁵²	kəu³²⁴	kʰəu³²⁴	həu⁵²
15 余杭	tu⁵³	lu²²	zu²⁴³	su⁵³	ku⁵³	ku⁴²³	kʰu⁴²³	fu⁵³声殊 ɸu⁵³又
16 临安	to⁵⁵	lo⁵⁵	zo⁵⁵	so⁵⁵	ko⁵⁵	ko⁵⁵	kʰo⁵⁵	fu⁵⁵声殊 ɸu⁵⁵又
17 昌化	tu⁴⁵³	luɯ¹¹²	zɯ²⁴³	su⁴⁵³	kuɯ⁴⁵³	kuɯ⁵⁴⁴	kʰuɯ³³⁴	xuɯ⁴⁵³
18 於潜	tu⁵¹	lu²²³	zu²⁴	su⁵¹	ku⁵¹	ku³⁵	kʰu⁴³³	xu⁵¹
19 萧山	to³³	lo³⁵⁵	zo¹³	so³³	ku³³	ku⁴²	kʰo⁴²	xu³³
20 富阳	tʊ⁴²³	lʊ¹³	zʊ²²⁴	sʊ⁴²³	ku⁴²³	ku³³⁵	kʰu³³⁵	hu⁴²³
21 新登	tu³³⁴	lu²³³	zu¹³	su³³⁴	ku³³⁴	ku⁴⁵	kʰu⁴⁵	hu³³⁴
22 桐庐	tu³³	lu¹³	zu²⁴	su³³	ku³³	ku³⁵	kʰu³⁵	xu³³

续表

方言点	0017 躲	0018 螺	0019 坐	0020 锁	0021 果	0022 过 ~来	0023 课	0024 火
	果合一上戈端	果合一平戈来	果合一上戈从	果合一上戈心	果合一上戈见	果合一去戈见	果合一去戈溪	果合一上戈晓
23 分水	to⁵³	lo²²	dzo¹³	so⁵³	ko⁵³	ko²⁴	kʰo⁵³	xo⁵³
24 绍兴	to³³⁴	lo²³¹	zo²²³	so³³⁴	ku³³⁴	ku³³	kʰo³³	fu³³⁴
25 上虞	（无）	loɯ²¹³	zoɯ²¹³	so³⁵名 su³⁵动	ku³⁵	ku⁵³	kʰoɯ⁵³	fu³⁵
26 嵊州	to⁵³	lo²¹³	zo²²	so⁵³	ko⁵³	ko³³⁴	kʰo³³⁴	ho⁵³
27 新昌	tɤ⁴⁵³	lɤ²²	zɤ²³²	sɤ⁴⁵³	kɤ⁴⁵³	kɤ³³⁵	kʰɤ³³⁵	hɤ⁴⁵³
28 诸暨	tɤu⁴²	lɤu¹³	zɤu²⁴²	sɤu⁴²	kɤu⁴²	kɤu⁵⁴⁴	kʰɤu⁵⁴⁴	hɤu⁴²
29 慈溪	（无）	ləu¹³	dzəu¹³	səu³⁵	kəu³⁵	kəu⁴⁴	kʰəu⁴⁴	həu³⁵
30 余姚	（无）	lou¹³	zou¹³	sou³⁴	kou³⁴	kou⁵³	kʰou⁵³	hou³⁴
31 宁波	to³⁵读字	ləu¹³	zəu¹³	səu³⁵	kəu³⁵	kəu³⁵	kʰəu⁵³	həu³⁵
32 镇海	（无）	ləu²⁴	zəu²⁴	səu³⁵	kəu³⁵	kəu³⁵	kʰəu⁵³	həu³⁵
33 奉化	（无）	ləu³³	zəu³²⁴	səu⁵⁴⁵	kəu⁵⁴⁵	kəu⁵³	kʰəu⁵³	həu⁵⁴⁵
34 宁海	（无）	ləu²¹³	zəu³¹	səu⁵³	ku⁵³	ku³⁵	kʰu³⁵	hu⁵³
35 象山	təu⁴⁴读字	ləu³¹	zəu³¹	so⁴⁴	ku⁴⁴	ku⁵³	kʰəu⁵³	hu⁴⁴
36 普陀	to⁴⁵	ləu²⁴	zəu²³	səu⁴⁵	kəu⁴⁵	kəu⁵⁵	kʰəu⁵⁵	xəu⁴⁵
37 定海	to⁴⁵	lʌu²³	zʌu²³	sʌu⁴⁵	kʌu⁴⁵	kʌu⁴⁴	kʰʌu⁴⁴	xʌu⁴⁵
38 岱山	（无）	lɤ²¹³小	zʌu²⁴⁴	sʌu³²⁵	kʌu³²⁵	kʌu⁴⁴	kʰʌu⁴⁴	xʌu³²⁵
39 嵊泗	（无）	lʌu²⁴³	zʌu³³⁴	sʌu⁴⁴⁵	kʌu⁴⁴⁵	kʌu⁵³	kʰʌu⁵³	xʌu⁴⁴⁵
40 临海	to⁵²	lo²¹	zo²¹	so⁵²	ko⁵²	ku⁵⁵	kʰo⁵⁵	ho⁵²
41 椒江	tio⁴²	ləu³¹	zo³¹	so⁴²	ku⁴²	ku⁵⁵	kʰu⁵⁵	hu⁴²
42 黄岩	tou⁴²	lou¹²¹	zo¹²¹	so⁴²	ku⁴²	ku⁵⁵	kʰu⁵⁵	hu⁴²
43 温岭	tu⁴²	lu³¹	zo³¹	su⁴²	ku⁴²	ku⁵⁵	kʰu⁵⁵	hu⁴²
44 仙居	ɗo³²⁴读字	lo²¹³	zo²¹³	so³²⁴	ko³²⁴	ku⁵⁵韵殊	kʰo⁵⁵	ho³²⁴
45 天台	（无）	lou²²⁴	zo²¹⁴	so³²⁵	ku³²⁵	ku⁵⁵	kʰou⁵⁵	ho³²⁵
46 三门	tʊ³²⁵	lʊ¹¹³	ziʊ²⁴³	ɕiʊ³²⁵	kʊ³²⁵	ku⁵⁵	kʰʊ⁵⁵	hʊ³²⁵

续表

方言点	0017 躲	0018 螺	0019 坐	0020 锁	0021 果	0022 过 ~来	0023 课	0024 火
	果合一 上戈端	果合一 平戈来	果合一 上戈从	果合一 上戈心	果合一 上戈见	果合一 去戈见	果合一 去戈溪	果合一 上戈晓
47 玉环	təu⁵³	ləu²⁴小	zo⁴¹	səu⁵³	ku⁵³	ku⁵⁵	kʰu⁵⁵	fu⁵³
48 金华	tuɤ⁵³⁵	luɤ³¹³	suɤ⁵³⁵	suɤ⁵³⁵	kuɤ⁵³⁵	kuɤ⁵⁵	kʰuɤ⁵⁵	xuɤ⁵³⁵
49 汤溪	tɤ⁵²读字	luɤ¹¹	zuɤ¹¹³	suɤ⁵³⁵	kuɤ⁵³⁵	kuɤ⁵²	kʰuɤ⁵²	xuɤ⁵³⁵
50 兰溪	tuɤ⁵⁵	luɤ²¹	suɤ⁵⁵	suɤ⁵⁵	kuɤ⁵⁵	kuɤ⁴⁵	kʰuɤ⁴⁵	xuɤ⁵⁵
51 浦江	（无）	luɯ¹¹³	zuɯ²⁴³	suɯ⁵³	kuɯ⁵³	kuɯ⁵⁵	kʰuɯ⁵⁵	xuɯ⁵³
52 义乌	tuɤ⁴²³	luɤ²¹³	zuɤ³¹²	suɤ⁴²³	kuɤ⁴²³	kuɤ⁴⁵	kʰuɤ⁴⁵	huɤ⁴²³
53 东阳	tʊ⁴⁴	lʊ²¹³	zʊ²⁴	sʊ⁴⁴	kʊ⁴⁴	kʊ⁴⁵³	kʰʊ⁴⁵³	hʊ⁴⁴
54 永康	ɗuo³³⁴	luo²²	zuo¹¹³	suo³³⁴	kuo³³⁴	kuɑ⁵²	kʰuo⁵²	xuo³³⁴
55 武义	（无）	luo³²⁴	zuo¹³	suo⁴⁴⁵	kuo⁴⁴⁵	kuo⁵³	kʰuo⁵³	xuo⁴⁴⁵
56 磐安	（无）	luɤ²¹³	suɤ³³⁴	suɤ³³⁴	kuɤ³³⁴	kuɤ⁵²	kʰuɤ⁵²	xuɤ³³⁴
57 缙云	（无）	lu²⁴³	zu³¹	su⁵¹	ku⁵¹	ku⁴⁵³	kʰu⁴⁵³	xu⁵¹
58 衢州	tu³⁵	lu²¹	zu²³¹	su³⁵	ku³⁵	ku⁵³	kʰu⁵³	xu³⁵
59 衢江	tou²⁵	lou²¹²	zou²¹²	sou²⁵	ku²⁵苹~ kuo²⁵水~	kuo⁵³	kʰu⁵³	xuo²⁵
60 龙游	tu³⁵	lu²¹	zu²²⁴	su³⁵	ku³⁵	ku⁵¹	kʰu⁵¹	xu³⁵
61 江山	to²⁴¹	lo²¹³	zi²²~车 zo²²一定	so²⁴¹	kyə²⁴¹水~ ko²⁴¹结~	kyə⁵¹	kʰo⁵¹	xuɛ²⁴¹
62 常山	tɔ⁵²	lɔ³⁴¹	zi²⁴	sɔ⁵²	tɕye⁵²水~ kɔ⁵²如~	tɕye³²⁴	kʰɔ⁵²	xui⁵²发~ ɕye⁵²香~
63 开化	tɔ⁵³	lɔ²³¹	zuei²¹³	sɔ⁵³	kɔ⁵³	tɕye⁴¹²	kʰɔ⁵³调殊	xuei⁵³
64 丽水	tu⁵⁴⁴	lu²²	zu²²	su⁵⁴⁴	kuo⁵⁴⁴	kuo⁵²	kʰuo⁵²	xuo⁵⁴⁴
65 青田	ɗu⁴⁵⁴	lu²¹	zu³⁴³	su⁴⁵⁴	ku⁴⁵⁴	ku³³	kʰu³³	xu⁴⁵⁴
66 云和	（无）	lu³¹²	zu²³¹	su⁴¹	ko⁴¹	ko⁴⁵	kʰo⁴⁵	xo⁴¹
67 松阳	tu⁵³调殊	lu³¹	zu²²	su²¹²	ku²¹²	ku²⁴	kʰu²⁴	fu²¹²
68 宣平	to⁴⁴⁵	lo⁴³³	zo²²³	so⁴⁴⁵	ko⁴⁴⁵	ko⁵²	kʰo⁵²	xo⁴⁴⁵

续表

方言点	0017 躲	0018 螺	0019 坐	0020 锁	0021 果	0022 过 ~来	0023 课	0024 火
	果合一 上戈端	果合一 平戈来	果合一 上戈从	果合一 上戈心	果合一 上戈见	果合一 去戈见	果合一 去戈溪	果合一 上戈晓
69 遂昌	tiu⁴⁵调殊	lu²²¹	zu¹³	su⁵³³	ku⁵³³	ku³³⁴	kʰu³³⁴	xu⁵³³
70 龙泉	tou⁴⁵调殊	lɛ²¹田~ / lou²¹~丝	sou⁵¹	sou⁵¹	kou⁵¹	kou⁴⁵	kʰou⁴⁵	xuəi⁵¹白 / xou⁵¹文
71 景宁	（无）	lo⁴¹	zo³³	so³³	ko³³	ko³⁵	kʰo³⁵	xo³³
72 庆元	ɗo³³⁵调殊	læi⁵²田~ / lo⁵²~蛳	so²²¹	so³³	ko³³	kuɤ¹¹	kʰo¹¹	xuæi³³白 / xo³³文
73 泰顺	to⁵⁵	lo⁵³	so²¹	so⁵⁵	kuɔ⁵⁵	kuɔ³⁵	kʰuɔ³⁵	fuɔ⁵⁵
74 温州	tɤu²⁵	lɤu³¹	zuɔ¹⁴	so²⁵	ku²⁵	ku⁵¹	kʰu⁵¹	fu²⁵
75 永嘉	to⁴⁵	lo³¹	zo¹³	so⁴⁵	ku⁴⁵	ku⁵³	kʰu⁵³	fu⁴⁵
76 乐清	to³⁵	lo⁴⁴吹~ / lo³¹田~	zo²⁴	so³⁵	ku³⁵	ku⁴¹	kʰu⁴¹	fu³⁵
77 瑞安	tou³⁵	lou³¹	zo¹³	sou³⁵	kɯ³⁵	kɯ⁵³	kʰɯ⁵³	fɯ³⁵
78 平阳	tu⁴⁵	lu²⁴²	zo²³	su⁴⁵	ku⁴⁵	ku⁵³	kʰu⁵³	fu⁴⁵
79 文成	tou⁴⁵	lou¹¹³	zou²²⁴	sou⁴⁵	ku⁴⁵	ku³³	kʰu³³	fu⁴⁵
80 苍南	to²²³调殊	lu³¹	zo²⁴	su⁵³	ku⁵³	ku⁴²	kʰu⁴²	hu⁵³
81 建德徽	tu²¹³	lu³³	su²¹³	su²¹³	ku²¹³	ku³³	kʰu⁵³	hu²¹³
82 寿昌徽	tu²⁴	lu¹¹²文	su⁵³⁴	su²⁴	ku²⁴	ku³³	kʰu³³	xu²⁴
83 淳安徽	tu⁵⁵	lu⁴³⁵	su⁵⁵	su⁵⁵	ku⁵⁵	ku²⁴	kʰu²⁴	hu⁵⁵又 / fu⁵⁵又
84 遂安徽	təɰ²¹³	ləɰ³³	səɰ⁴³	səɰ²¹³	kuəɰ²¹³	kuəɰ⁴³	kʰuəɰ⁴³	fəɰ²¹³
85 苍南闽	（无）	lə²⁴	tsə³²	so⁴³	kɔ⁴³	kə²¹	kʰɔ²¹	hə⁴³
86 泰顺闽	（无）	lɔi²²	sɔi³¹	sou³⁴⁴	kou³⁴⁴	kou⁵³	kʰou⁵³	fɔi³⁴⁴
87 洞头闽	（无）	lə¹¹³	tsə²¹	so⁵³	ko⁵³	kə²¹	kʰo²¹	hə⁵³
88 景宁畲	（无）	lo²²	tsʰo⁴⁴	sau³²⁵	ko³²⁵	ku⁴⁴	kʰo⁴⁴	fu³²⁵

方言点	0025 货	0026 祸	0027 靴	0028 把量	0029 爬	0030 马	0031 骂	0032 茶
	果合一 去戈晓	果合一 上戈匣	果合三 平戈晓	假开二 上麻帮	假开二 平麻並	假开二 上麻明	假开二 去麻明	假开二 平麻澄
01 杭州	xu^{45}	ϑu^{13}	$\varphi i\varepsilon \Omega^5$	pa^{53}	ba^{213}	ma^{53}	ma^{13}	dza^{213}
02 嘉兴	fu^{224}	vu^{113}	$\varphi y\vartheta^{42}$	po^{544}	bo^{242}	mo^{113}	mo^{113}	zo^{242}
03 嘉善	fu^{334}声殊	u^{113}	$\varphi y\varnothing^{53}$音殊	po^{334}	bo^{132}	mo^{113}	mo^{113}	zo^{132}
04 平湖	fu^{334}	u^{213}	φyo^{53}	po^{44}	bo^{31}	mo^{213}	mo^{213}	zo^{31}
05 海盐	fu^{334}	u^{423}	$\varphi y\gamma^{53}$	po^{423}	（无）	mo^{423}	mo^{213}	zo^{31}
06 海宁	fu^{35}声殊	u^{231}	φie^{55}音殊	po^{53}	bo^{13}	mo^{231}	mo^{13}	zo^{13}
07 桐乡	fu^{334}	u^{242}	$\varphi i\gamma \m u^{44}$	po^{53}	bo^{13}	mo^{242}	mo^{213}	zo^{13}
08 崇德	hu^{334}	u^{53}	$\varphi i\gamma \mathrm{u}^{44}$	po^{53}	bo^{13}	mo^{53}	mo^{13}	zo^{13}
09 湖州	$x\vartheta u^{35}$	ϑu^{523}	$\varphi i\mathrm{u}^{44}$音殊	puo^{523}	buo^{112}	muo^{523}	muo^{35}	$dzuo^{112}$
10 德清	$x\vartheta u^{334}$	ϑu^{52}	φie^{44}音殊	puo^{52}	buo^{113}	muo^{52}	muo^{334}	zuo^{113}
11 武康	fu^{224}	uo^{53}	$\varphi i\mathrm{r}^{44}$音殊	puo^{53}	buo^{113}	muo^{242}	muo^{224}	$dzuo^{113}$
12 安吉	fu^{324}	$\mho^{52}$	φy^{55}	$p\mho^{52}$	$b\mho^{22}$	$m\mho^{52}$	$m\mho^{213}$	$dz\mho^{22}$
13 孝丰	hu^{324}	u^{52}	φy^{44}	$p\mho^{52}$	$b\mho^{22}$	$m\mho^{52}$	$m\mho^{324}$	$dz\mho^{22}$
14 长兴	$h\vartheta u^{324}$	vu^{52}	$\int i\gamma^{44}$	pu^{52}	bu^{12}	mu^{52}	mu^{324}	dzu^{12}
15 余杭	fu^{423}声殊	u^{53}	φi^{44}音殊	puo^{53}	buo^{22}	muo^{53}	muo^{213}	zuo^{22}
16 临安	fu^{55}声殊	o^{33}	φy^{55}音殊	po^{55}	bo^{55}	mo^{33}	mo^{33}	dzo^{33}
17 昌化	$x\mu^{544}$	μ^{243}	φye^{334}	pu^{453}	bu^{112}	mu^{453}	mu^{243}	zu^{112}
18 於潜	xu^{35}	u^{24}	φy^{433}	pa^{51}	ba^{223}	ma^{51}	ma^{24}	dza^{223}
19 萧山	xu^{42}	o^{13}	φy^{533}	po^{33}	po^{355}	mo^{13}	mo^{242}	dzo^{355}
20 富阳	hu^{335}	u^{224}	（无）	po^{423}	bo^{13}	mo^{224}	mo^{335}	dzo^{13}
21 新登	hu^{45}	u^{233}	（无）	$p\alpha^{334}$	$b\alpha^{233}$	$m\alpha^{334}$	ma^{13}	$dz\alpha^{233}$
22 桐庐	xu^{35}	u^{24}	$\varphi y\mathrm{E}^{533}$	po^{33}	bo^{13}	mo^{33}	mo^{24}	$dz\zeta o^{13}$
23 分水	xo^{24}	o^{24}	φye^{44}	pa^{53}	ba^{22}	ma^{53}	ma^{13}	dza^{22}
24 绍兴	fu^{33}	o^{223}	φy^{53}	po^{53}	bo^{231}	mo^{223}	mo^{22}	dzo^{231}
25 上虞	fu^{53}～色	o^{213}	φy^{35}	po^{35}	bo^{213}	mo^{213}	mo^{31}	dzo^{213}

方言点	0025 货	0026 祸	0027 靴	0028 把量	0029 爬	0030 马	0031 骂	0032 茶
	果合一去戈晓	果合一上戈匣	果合三平戈晓	假开二上麻帮	假开二平麻并	假开二上麻明	假开二去麻明	假开二平麻澄
26 嵊州	ho³³⁴	o²⁴	ɕy⁵³ 调殊	po³³⁴	bo²¹³	mo²²	mo²⁴	dzo²¹³
27 新昌	hɤ³³⁵	ɤ²³²	ɕy⁵³⁴	po³³⁵	bo²²	mo²³²	mo¹³	dzo²²
28 诸暨	hɤu⁵⁴⁴	ɤu²⁴²	ɕy⁵⁴⁴	po¹²	bo¹³	mo²⁴²	mo³³	dzo¹³
29 慈溪	həu⁴⁴	əu¹³	ɕy³⁵	po³⁵	bo¹³	mo¹³	mo¹³	dzo¹³
30 余姚	hou⁵³	ou¹³	ɕy⁴⁴	po³⁴	bo¹³	mo¹³	mo¹³	dzo¹³
31 宁波	həu⁴⁴	əu¹³	ɕy⁵³	po⁵³	bo¹³	mo¹³	（无）	dzo¹³
32 镇海	həu⁵³	əu²⁴	ɕy⁵³	po³⁵	bo²⁴	mo²⁴	mo²⁴	dzo²⁴
33 奉化	həu⁵³	əu³²⁴	ɕy⁴⁴	po⁵⁴⁵	bo³³	mo³²⁴	mo³¹	dzo³³
34 宁海	hu³⁵	u³¹	ɕy⁴²³	po³⁵	bo²¹³	mo³¹	mo²⁴	dzo²¹³
35 象山	həu⁵³	əu³¹	ɕy⁴⁴	po⁵³ 调殊	bo³¹	mo³¹	mo¹³	dzo³¹
36 普陀	xəu⁵⁵	əu²³	ɕyɛʔ⁵	po⁴⁵	bo²⁴	mo²³	mo¹³	dzo²⁴
37 定海	xʌu⁴⁴	ʌu²³	ɕy⁵²	po⁴⁵	bo²³	mo²³	（无）	dzo²³
38 岱山	xʌu⁴⁴	ʌu²³	ɕy³²⁵ 调殊	po⁴⁴	bo²³	mo²⁴⁴	（无）	dzo²³
39 嵊泗	xʌu⁵³	ʌu²⁴³	ɕy⁵³	po⁴⁴⁵	bo²⁴³	mo⁴⁴⁵	（无）	dzo²⁴³
40 临海	ho⁵⁵	o⁵²	ɕy³¹ 又 hy³¹ 又	po⁵²	bo²¹	mo⁵²	ma³²⁴	dzo²¹
41 椒江	hu⁵⁵	u⁴²	hy⁴²	po⁴²	bo³¹	mo⁴²	mo²⁴	dzo³¹
42 黄岩	hu⁵⁵	u⁴²	hy³²	po⁴²	bo¹²¹	mo⁴²	mo²⁴	dzo¹²¹
43 温岭	hu⁵⁵	u⁴²	hy³³	po⁴²	bo³¹	mo⁴²	mo¹³	dzo³¹
44 仙居	ho⁵⁵	o³²⁴	ɕy³³⁴	ɓo³²⁴	bo²¹³	mo³²⁴	mo²⁴	dzo²¹³
45 天台	hou⁵⁵	o²¹⁴	ɕy³³	po³²⁵	bo²²⁴	mo³²⁵	mo³⁵	dzo²²⁴
46 三门	ho⁵⁵	o²¹³	ɕy³³⁴	po³²⁵	bo¹¹³	mo³²⁵	ma²⁴³	dzo¹¹³
47 玉环	fu⁵⁵	u⁴²	ɕy⁴²	po⁵³	bo³¹	mo⁵³	mo²²	dzo³¹
48 金华	xuɤ⁵⁵	uɤ⁵³⁵	ɕyɤ³³⁴	pɣa⁵⁵ 量	bɣa³¹³	mɣa⁵³⁵	mɣa¹⁴	dzuɑ³¹³
49 汤溪	xuɤ⁵²	uɤ¹¹³	ɕyɤ²⁴	pɤ⁵² 调殊	bɣa¹¹	mɣa¹¹³	mɤ³⁴¹	dzuɑ¹¹

续表

方言点	0025 货	0026 祸	0027 靴	0028 把量	0029 爬	0030 马	0031 骂	0032 茶
	果合一去戈晓	果合一上戈匣	果合三平戈晓	假开二上麻帮	假开二平麻並	假开二上麻明	假开二去麻明	假开二平麻澄
50 兰溪	xuɤ⁴⁵	uɤ⁵⁵	ɕyɤ³³⁴	pia⁵⁵	bia²¹	mia⁵⁵	mia²⁴	dzuɑ²¹
51 浦江	xuɯ⁵⁵	uɯ²⁴³	ɕyɯ⁵³⁴	pia⁵⁵	bia¹¹³	mia²⁴³	mia²⁴	dʑyɑ¹¹³
52 义乌	huɤ⁴⁵	uɤ³¹²	ɕye³³⁵	puua⁴⁵	buua²¹³	muua³¹²	muua²⁴	dzua²¹³
53 东阳	hʊ⁴⁵³	ʊ²⁴	ɕiʊ³³⁴	po⁴⁴	bo²¹³	mo²³¹	(无)	dzo²¹³
54 永康	xuo⁵²	uo¹¹³	ɕye⁵⁵	ɓuɑ⁵²	buɑ²²	muɑ¹¹³	muɑ²⁴¹	dzuɑ²²
55 武义	xuo⁵³	uo¹³	ɕye²⁴	pua⁵³ 一~	buɑ³²⁴	muɑ¹³	muɑ²³¹	dzuɑ³²⁴
56 磐安	xuɤ⁵²	uɤ³³⁴	ɕye⁴⁴⁵	pə⁵² 调殊	bə²¹³	mə³³⁴	(无)	dzuə²¹³
57 缙云	xu⁴⁵³	u³¹	ɕya⁴⁴	pu⁵¹	bu²⁴³	mu³¹	mu²¹³	dzu²⁴³
58 衢州	xu⁵³	u²³¹	ʃyə̃³² 韵殊	pɑ³⁵	bɑ²¹	mɑ⁵³	mɑ²³¹	dzɑ²¹
59 衢江	xuo⁵³	u²³¹	(无)	puo²⁵	buo²¹²	muo²¹²	muo²³¹	dzuo²¹²
60 龙游	xu⁵¹	u²²⁴	su³³⁴	pu⁵¹ 调殊	bu²¹	m²²⁴	m²³¹	dzuɑ²¹
61 江山	xyə⁵¹	o³¹	xyə⁴⁴	po²⁴¹	bo²¹³	mo²²	mo³¹	dzɑ²¹³
62 常山	ɕyɛ³²⁴	ɔ¹³¹	ɕyɛ⁴⁴	pie⁵²	bie³⁴¹	mie²⁴ 单用 mie⁵² 灶~ mɑ⁵² 姓~	mie¹³¹	dzɑ³⁴¹
63 开化	ɕyɛ⁴¹²	xɔ²¹³	ɕyɛ⁴⁴	piɛ⁵³	biɛ²³¹	miɛ²¹³ 单用 mɑ²¹³ 地名	miɛ²¹³	dzɑ²³¹
64 丽水	xuo⁵²	uo⁵⁴⁴ 调殊	ɕyɛ²²⁴	puo⁵⁴⁴	buo²²	muo⁵⁴⁴	muo¹³¹	dzuo²²
65 青田	xu³³	u⁴⁵⁴	ɕiu⁴⁴⁵	ɓu⁴⁵⁴	bu²¹	mu⁴⁵⁴	(无)	dzu²¹
66 云和	xo⁴⁵	o⁴¹	ɕyɛ²⁴	po⁴¹	bo³¹²	mo⁴¹	(无)	dzo³¹²
67 松阳	fu²⁴	uə¹³	ɕiu⁵³	pu²⁴	buə³¹	muə²²	(无)	dzuə³¹
68 宣平	xo⁵²	o²²³	ɕio³²⁴ 白 ɕyə³²⁴ 文	po⁵² 调殊	bo¹³³	mo²²³	(无)	dzo¹³³
69 遂昌	xu³³⁴	u²¹³	ɕiɒ⁴⁵ ɕyɛʔ⁵	pu⁵³³	bɒ²²¹	mɒ¹³	mɒ¹³	dzɒ²²¹
70 龙泉	xou⁴⁵	ou²ʔ⁵ 调殊	ɕiou⁴³⁴	pou⁵¹	bou²¹	mo⁵¹	mo²²⁴	dzo²¹

续表

方言点	0025 货	0026 祸	0027 靴	0028 把量	0029 爬	0030 马	0031 骂	0032 茶
	果合一去戈晓	果合一上戈匣	果合三平戈晓	假开二上麻帮	假开二平麻並	假开二上麻明	假开二去麻明	假开二平麻澄
71 景宁	xo³⁵	o³³	ɕio³²⁴	po³³	bo⁴¹	mo³³	（无）	dzo⁴¹
72 庆元	xo¹¹	o²²¹	ɕyɑ³³⁵	ɓo³³	po⁵²	mo²²¹	（无）	tso⁵²
73 泰顺	fuɔ³⁵	uɔ⁵⁵	ɕyɔ²¹³	puɔ⁵⁵	puɔ⁵³	muɔ⁵⁵	muɔ²²	tsɔ⁵³
74 温州	fu⁵¹	vu¹⁴	ɕy³³	po²⁵	bo³¹	mo¹⁴	ma²²	dzo³¹
75 永嘉	fu⁵³	u¹³	sʮ⁴⁴	po⁴⁵	bo³¹	mo¹³	ma²²	dzo³¹
76 乐清	fu⁴¹	vu²⁴	ɕy⁴⁴	pɯʌ³⁵	bɯʌ³¹	mɯʌ²⁴	（无）	dzio³¹
77 瑞安	fɯ⁵³	vɯ¹³	ɕiou⁴⁴	pu³⁵	bu³¹	mo¹³	mɔ²²	dzo³¹
78 平阳	fu⁵³	vu²³	su⁵⁵	po⁴⁵	bo²⁴²	mo⁴⁵	（无）	dʒo²⁴²
79 文成	fu³³	o²²⁴	ɕyø⁵⁵	po⁴⁵	bo¹¹³	mo²²⁴	（无）	dʒo¹¹³
80 苍南	hu⁴²	u²⁴	su⁴⁴	puɔ⁵³	buɔ³¹	mo⁵³	（无）	zo³¹
81 建德徽	hu³³	u²¹³	ɕy⁵³	po²¹³	po³³	mo²¹³	mo⁵⁵	tso³³
82 寿昌徽	xu³³	xu⁵³⁴	ɕyei¹¹²	pəɯ²⁴	phɤ⁵²	mɤ⁵³⁴	（无）	tɕhyə⁵²
83 淳安徽	hu²⁴又 / fu²⁴又	u⁵³	（无）	pu⁵⁵	pho⁴³⁵	mo⁵⁵	mo⁵³	tsho⁴³⁵
84 遂安徽	fəɯ⁴³	fəɯ⁴³	fɛ̃⁵³⁴	pɑ²¹³	phɑ³³	mɑ⁴³	mɑ⁵²	tshɑ³³
85 苍南闽	hə²¹	ho³²	hia⁵⁵	pe⁴³	pe²⁴	be⁴³	mã²¹	te²⁴
86 泰顺闽	xou⁵³	ua²²	xøi²¹³	pa³⁴⁴	pa²²	ma³⁴⁴	teu³⁴⁴	ta²²
87 洞头闽	hə²¹	ə²¹	hia³³	pe⁵³	pe¹¹³	be⁵³	mã²¹	te¹¹³
88 景宁畲	xo⁴⁴	（无）	ɕio⁴⁴	pɔ³²⁵	phɔ²²	mɔ⁴⁴调殊	mɔ⁴⁴	tshɔ²²

方言点	0033 沙	0034 假 真~	0035 嫁	0036 牙	0037 虾	0038 下 方位	0039 夏 春~	0040 哑
	假开二平麻生	假开二上麻见	假开二去麻见	假开二平麻疑	假开二平麻晓	假开二上麻匣	假开二去麻匣	假开二上麻影
01 杭州	sa³³⁴	tɕia⁵³	tɕia⁴⁵	ia²¹³	ɕia³³⁴	ia¹³	ia¹³	ia⁵³
02 嘉兴	so⁴²	kʌ⁵⁴⁴	kʌ²²⁴	ŋʌ²⁴² 白 ʌ²⁴² 文	ho⁴²	o¹¹³	o²²⁴ 调殊	o⁵⁴⁴
03 嘉善	so⁵³	ka⁴⁴	ka³³⁴	ŋa¹³²	xø⁵³ 韵殊 ɕia⁵³ 文	o¹¹³	o³³⁴	o³³⁴
04 平湖	so⁵³	ka⁴⁴	ka³³⁴	ŋa³¹	hø⁵³ 韵殊	o²¹³	o³³⁴	o⁴⁴
05 海盐	so⁵³	kɑ⁴²³	kɑ³³⁴	ɑ³¹	xɤ⁵³ 韵殊	o⁴²³	o³³⁴	o⁴²³
06 海宁	so⁵⁵	ka³⁵	ka³⁵	a¹³	hei⁵⁵ 韵殊 ɕia⁵⁵ 文	o²³¹	o⁵³	o⁵³
07 桐乡	so⁴⁴	ka⁵³	ka³³⁴	a¹³	ɕia⁴⁴	o²⁴²	o²¹³	o⁵³ 白 a⁴⁴ 文
08 崇德	so⁴⁴	kɑ⁵³	kɑ³³⁴	ɑ¹³	ho⁴⁴	o⁵³	o¹³	o⁵³ 白 ɑ⁴⁴ 文
09 湖州	suo⁴⁴	ka⁵²³	ka³⁵	ŋa¹¹²	xuo⁴⁴ 白 ɕia⁴⁴ 文	uo⁵²³	uo³⁵	uo⁵²³
10 德清	suo⁴⁴	ka⁵²	ka³³⁴	ŋa¹¹³	xuo⁴⁴ 白 ɕia⁴⁴ 文	uo⁵²	uo³³⁴	uo⁵²
11 武康	suo⁴⁴	ka⁵³	ka²²⁴	ŋa¹¹³	xuo⁴⁴ 白 ɕia⁵³ 文	uo²⁴²	uo²²⁴	uo⁵³
12 安吉	so⁵⁵	ka⁵²	ka³²⁴	ŋa²²	ho⁵⁵	ʊ⁵²	ʊ²¹³	ʊ⁵²
13 孝丰	so⁴⁴	ka⁵²	ka³²⁴	ŋa²²	ho⁴⁴	ʊ⁵²	ʊ²¹³	ʊ⁵²
14 长兴	su⁴⁴	ka⁵²	ka³²⁴	ŋa¹²	hu⁴⁴	u⁵²	u³²⁴	u⁵²
15 余杭	suo⁴⁴	ka⁵³	ka⁴²³	ŋa²²	xuo⁴⁴	uo⁵³	uo²¹³	uo⁵³
16 临安	so³³	ka⁵⁵	ko⁵⁵	ŋo⁵⁵	ho⁵⁵	o³³	o³³	o⁵⁵
17 昌化	su³³⁴	tɕia⁴⁵³	ku⁵⁴⁴	ŋɯ¹¹²	xu³³⁴ 白 ɕia³³⁴ 文	u²⁴³	u²⁴³	u⁴⁵³
18 於潜	sa⁴³³	tɕia⁵¹	tɕia³⁵	ŋa²²³	xa⁴³³	zia²⁴	zia²⁴	ŋa⁵¹ 白
19 萧山	so⁵³³	ko³³	ko⁴²	ŋo³⁵⁵	xo⁵³³	o²⁴²	o²⁴²	o³³

续表

方言点	0033 沙 假开二 平麻生	0034 假 真~ 假开二 上麻见	0035 嫁 假开二 去麻见	0036 牙 假开二 平麻疑	0037 虾 假开二 平麻晓	0038 下 方位 假开二 上麻匣	0039 夏 春~ 假开二 去麻匣	0040 哑 假开二 上麻影
20 富阳	so⁵³	ko⁴²³	ko³³⁵	ŋo¹³	ho⁵³	o²²⁴	o³³⁵	o⁴²³
21 新登	sɑ⁵³	kɑ³³⁴	kɑ⁴⁵	ɑ²³³	hɑ⁵³	ɑ³³⁴	ɑ¹³	ɑ³³⁴
22 桐庐	ɕyo⁵³³	kuo³³	kuo³⁵	uo¹³	xuo⁵³³	uo²⁴	uo²⁴	uo³³
23 分水	sa⁴⁴	tɕia⁵³	tɕia²⁴	ŋa²²白 ia²²文	xa⁴⁴	zia¹³	zia¹³	a⁵³
24 绍兴	so⁵³	ko³³⁴	ko³³	ŋo²³¹	ho⁵³	o²²³	o²²	o³³⁴
25 上虞	so³⁵	ko³⁵	ko⁵³	ŋo²¹³	ho³⁵	o²¹³	o³¹	o³⁵
26 嵊州	so⁵³⁴	ko⁵³	ko³³⁴白 tɕia³³⁴文	ŋo²¹³	ho⁵³⁴	o²⁴	o²⁴	o⁵³
27 新昌	so⁵³⁴	ko⁴⁵³	ko³³⁵	ŋo²²	fuo⁵³⁴	o¹³	o¹³	o⁴⁵³
28 诸暨	so⁵⁴⁴	ko⁴²	ko⁵⁴⁴	ŋo¹³	ho⁵⁴⁴	o²⁴²	o³³	o⁴²
29 慈溪	so³⁵	ko³⁵	ko⁴⁴	ŋo¹³	hẽ³⁵小	o¹³	o¹³	o³⁵
30 余姚	so⁴⁴	ko³⁴	ko⁵³	ŋo¹³	ho⁴⁴	o¹³	o¹³	o³⁴
31 宁波	so⁵³	ko⁵³	ko⁵³	ŋo¹³	ho³⁵小	o¹³	o¹³	o⁵³
32 镇海	so⁵³	ko³⁵	ko⁵³白 tɕia⁵³文	ŋo²⁴	ho³⁵小	o²⁴	o²⁴	o³⁵
33 奉化	so⁴⁴	ko⁵⁴⁵	ko⁵³	ŋo³³	ho⁵⁴⁵小	o³²⁴	o³¹	o⁴⁴调殊
34 宁海	so⁴²³	ko⁵³	ko³⁵	ŋo²¹³	ho⁵³小	o³¹	o²⁴	o⁵³
35 象山	so⁵³调殊	ko⁵³调殊	ko⁵³	ŋo³¹	ho⁵³小	o¹³	o¹³	o⁴⁴
36 普陀	so⁵³	ko⁵³调殊	ko⁵⁵	ŋo²⁴	xo⁴⁵小	o²³	o¹³	o⁵³调殊
37 定海	so⁵²	ko⁵²调殊	ko⁴⁴	ŋo²³	xuo⁴⁵小	uo²³	uo¹³	uo⁵²调殊
38 岱山	so⁵²	ko⁵²调殊	ko⁴⁴	ŋo²³	xuø³²⁵小	uo²⁴⁴	uo²¹³	uo⁵²调殊
39 嵊泗	so⁵³	ko⁵³调殊	ko⁵³	ŋo²⁴³	xuɤ⁴⁴⁵小	uo²⁴³调殊	uo²¹³	uo⁵³调殊
40 临海	so³¹	ko⁵²	ko⁵⁵	ŋo²¹	ho³¹	o⁵²	o³²⁴	o⁵²
41 椒江	so⁴²	ko⁴²	ko⁵⁵	ŋo³¹	ho³⁵小	o⁴²	o²⁴	o⁴²
42 黄岩	so³²	ko⁴²	ko⁵⁵	ŋo¹²¹	ho³²	o⁴²	o²⁴	o⁴²

续表

方言点	0033 沙 假开二 平麻生	0034 假 真~ 假开二 上麻见	0035 嫁 假开二 去麻见	0036 牙 假开二 平麻疑	0037 虾 假开二 平麻晓	0038 下 方位 假开二 上麻匣	0039 夏 春~ 假开二 去麻匣	0040 哑 假开二 上麻影
43 温岭	so³³	ko⁴²	ko⁵⁵	ŋo³¹	ho¹⁵小	o⁴²	o¹³	o⁴²
44 仙居	so³³⁴	ko³²⁴	ko⁵⁵	ŋo²¹³	ho⁵³小	o³²⁴	o²⁴	o³²⁴
45 天台	so³³	ko³²⁵	ko⁵⁵	ŋo²²⁴	ho⁵¹小	o²¹⁴	o³⁵	o³²⁵
46 三门	so³³⁴	ko³²⁵	ko⁵⁵	ŋo¹¹³	ho⁵²小	o²¹³	o²⁴³	o²¹³
47 玉环	so³⁵小	ko⁵³	ko⁵⁵	ŋo³¹	ho³⁵小	o⁵³	o²²	o⁵³
48 金华	sua³³⁴	kua⁵³⁵	kua⁵⁵	ua³¹³	xua³³⁴	ua⁵³⁵	ua¹⁴	ua⁵³⁵
49 汤溪	sa²⁴	kua⁵³⁵	kua⁵²	ua¹¹	xua²⁴	ua¹¹³	ua³⁴¹	ua⁵³⁵
50 兰溪	sua³³⁴	kua⁵⁵	kua⁴⁵	ua²¹	xua³³⁴	ua⁵⁵	ua²⁴	ua⁵⁵
51 浦江	ɕya⁵³⁴	tɕia⁵³	tɕia⁵⁵	ȵia¹¹³	ɕia⁴²³	ia⁴²³	ia²⁴	ia⁵³
52 义乌	sa³³⁵	kɔ⁴²³	kɔ⁴⁵	ɔ²¹³	hɔn³³⁵小	ɔ³¹²	ɔ²⁴	ɔ⁴²³
53 东阳	sa³³⁴	ko⁴⁵³	ko⁴⁵³	ŋo²¹³	hua³³⁴韵殊	o²³¹	o²⁴	o⁴⁴
54 永康	sua⁵⁵	kua³³⁴	kua⁵²	ŋua²²	xua²⁴¹小	ua¹¹³	ua²⁴¹	ua¹¹³
55 武义	ɕia²⁴	kua⁴⁴⁵	kua⁵³	ŋua³²⁴	xuaŋ²⁴小	ua¹³	ua²³¹	ua⁵³
56 磐安	sa⁴⁴⁵	kuə³³⁴	kuə⁵²	ŋuə²¹³	xua⁴⁴⁵韵殊	uə³³⁴	uə¹⁴	uə³³⁴
57 缙云	su⁴⁴	ku⁵¹	ia⁴⁵³	ŋu²⁴³	xu³²²小	ia⁵¹	u²¹³	u⁵¹
58 衢州	sa³²	ka³⁵	ka⁵³	ŋɑ	xa³²	ɑ²³¹	ɑ²³¹白 zia²³¹文	ɑ³⁵
59 衢江	sa³³	kuo²⁵	kuo⁵³	ŋuo²¹²	xuo³³	u²³¹	uo²³¹	u²⁵
60 龙游	sa³³⁴	kua³⁵	kua⁵¹	ŋua²¹	xua³³⁴	ua²²⁴	ua²¹调殊	u³⁵
61 江山	sa⁴⁴	kɒ²⁴¹	kɒ⁵¹	ŋɒ²¹³	xɒ²⁴¹调殊	o²²	ɒ³¹	o²⁴¹
62 常山	sɛ⁴⁴粗~ sɑ⁴⁴~发	ka⁵²	ka³²⁴	ŋa³⁴¹	xa⁴⁴	ɔ²⁴	a¹³¹	a⁵²
63 开化	sa⁴⁴	ka⁵³	ka⁴¹²	ŋa²³¹	xɔ⁴⁴糠~ xa⁴⁴~皮	ɔ²¹³	a²¹³	a⁵³~巴 ɔ⁵³~了
64 丽水	suo²²⁴	kuo⁵⁴⁴	io⁵²声殊	ŋuo²²	xuo²²⁴	io⁵⁴⁴调殊	uo¹³¹	uo⁵⁴⁴
65 青田	su⁴⁴⁵	ku⁴⁵⁴	ku³³	ŋu²¹	xo⁵⁵小	u⁴⁵⁴	u²²	u⁴⁵⁴

续表

方言点	0033 沙	0034 假 真~	0035 嫁	0036 牙	0037 虾	0038 下 方位	0039 夏 春~	0040 哑
	假开二 平麻生	假开二 上麻见	假开二 去麻见	假开二 平麻疑	假开二 平麻晓	假开二 上麻匣	假开二 去麻匣	假开二 上麻影
66 云和	so²⁴	ko⁴¹	io⁴⁵声殊	ŋo³¹²	xo²⁴	io⁴¹调殊	o²²³	o⁴¹
67 松阳	sa⁵³	kuə²¹²	yə²⁴	ŋuə³¹	fu⁵³	yə²²	uə¹³	u²²~嘴
68 宣平	sa³²⁴	ko⁴⁴⁵	ia⁵²声殊	ŋo⁴³³	xo³²⁴	ia²²³	o²³¹	o⁴⁴⁵
69 遂昌	sa⁴⁵	kɒ⁵³³	iɒ³³⁴	ŋɒ²²¹	xu⁴⁵	iɒ¹³	ɒ²¹³	u⁵³³
70 龙泉	so⁴³⁴地名 sa⁴³⁴~土	ko⁵¹	io⁴⁵~囡儿 ko⁴⁵~妆	ŋo²¹	xou⁴³⁴ 韵殊	io⁵¹白 o⁵¹文	o²²⁴	ouʔ⁵白 o⁴⁵文
71 景宁	so³²⁴白 sa³²⁴文	ko³³	ko³⁵	ŋo⁴¹	xo³²⁴	io³³	o¹¹³	o³³
72 庆元	sɑ³³⁵	ko³³	iɑ¹¹白 ko¹¹文	ŋo⁵²	xɔ̃⁵⁵小	iɑ²²¹	xo³¹	o³³
73 泰顺	sɔ²¹³	kɔ⁵⁵	kɔ³⁵	ŋɔ⁵³	xɔ²¹³	yɔ⁵⁵	ɔ²²	ɔ⁵⁵
74 温州	so³³	ko²⁵	ko⁵¹	ŋo³¹	ho³³	o¹⁴	o²²	o²⁵
75 永嘉	so⁴⁴	ko⁴⁵	ko⁵³	ŋo³¹	ho⁴⁴	o¹³	o²²	o⁴⁵
76 乐清	so⁴⁴	ko³⁵	ko⁴¹	ŋo³¹	ho⁴⁴	o²⁴	o²²	o³⁵
77 瑞安	so⁴⁴	ko³⁵	ko⁵³	ŋo³¹	ho⁴⁴	o¹³	o²²	o³⁵
78 平阳	so⁵⁵	ko⁴⁵	ko⁵³	ŋo²⁴²	xoŋ⁵⁵小	o⁴⁵	o³³	o⁴⁵
79 文成	so⁵⁵	ko⁴⁵	ko³³	ŋo¹¹³	xo⁵⁵	o²²⁴	o⁴²⁴	o⁴⁵
80 苍南	so⁴⁴	ko⁵³	ko⁴²	ŋo³¹	ho⁴⁴	o⁵³	o¹¹	o⁵³
81 建德徽	so⁵³	ko²¹³	ko³³	ŋo³³	ho⁵³	ho²¹³	ho⁵⁵	o²¹³
82 寿昌徽	ɕyə¹¹²	kuə²⁴	kuə³³	ŋuə¹¹²文	xuə¹¹²	xuə⁵³⁴	xuə³³立~	uə²⁴
83 淳安徽	so²⁴	ko⁵⁵	ko²⁴	o⁴³⁵	ho²⁴	ho⁵⁵	ho⁵³	o⁵⁵
84 遂安徽	sɑ⁵³⁴	kɑ²¹³	kɑ⁴³	ɑ³³	xɑ⁵³⁴	xɑ⁴³	xɑ⁴³	ɑ²¹³
85 苍南闽	sua⁵⁵	ke⁴³	ke²¹	ge²⁴	he²⁴调殊	e²¹	he²¹	e⁴³
86 泰顺闽	sa²¹³	ka³⁴⁴	ko²¹³白 ka⁵³文	ŋa²²	xa²²调殊	a³¹	xa³¹	a³⁴⁴
87 洞头闽	sua³³	ke⁵³	ke²¹	ge¹¹³	he¹¹³调殊	e²¹	he²¹	e³³调殊
88 景宁畲	sɔ⁵¹白 sɔ⁴⁴文	kɔ³²⁵	kɔ⁴⁴	ŋɔ²²	xɔ³²⁵小	xɔ⁵¹	xɔ⁵¹	ɔ³²⁵

方言点	0041 姐	0042 借	0043 写	0044 斜	0045 谢	0046 车~辆	0047 蛇	0048 射
	假开三上麻精	假开三去麻精	假开三上麻心	假开三平麻邪	假开三去麻邪	假开三平麻昌	假开三平麻船	假开三去麻船
01 杭州	（无）	tɕia⁴⁵	ɕia⁵³白 ɕi⁵³文	dʑia²¹³	dʑia¹³	tsʰuei³³⁴	dzuei²¹³	zuei¹³
02 嘉兴	tɕiA⁵⁴⁴	tɕiA²²⁴	ɕiA⁵⁴⁴	dʑiA²⁴²	dʑiA¹¹³	tsʰo⁴²	zo²⁴²	zə¹¹³
03 嘉善	tɕia³³⁴调殊	tɕia³³⁴	ɕia⁴⁴	dʑia¹¹³	dʑia¹¹³	tsʰo⁵³	zo¹³²	zo¹¹³
04 平湖	（无）	tsia³³⁴	ɕia⁴⁴	zia³¹	zia²¹³	tsʰo⁵³	zo³¹	za²¹³~尿 zo²¹³~箭
05 海盐	（无）	tɕia³³⁴	ɕia⁴²³	dʑia³¹	dʑia²¹³	tsʰo⁵³	zo³¹	za²¹³~尿 zɤ²¹³~箭
06 海宁	tɕia⁵³	tɕia³⁵	ɕia⁵³	dʑia¹³	dʑia¹³	tsʰo⁵⁵	zo¹³	zei¹³
07 桐乡	（无）	tsia³³⁴	sia⁵³	zia²⁴²	zia²¹³	tsʰo⁴⁴	zo¹³	za²¹³白 zo²¹³文
08 崇德	（无）	tɕia³³⁴	ɕia⁵³	ziɑ²⁴²	ziɑ¹³	tsʰo⁴⁴	zo¹³	zɑ¹³白 zɛ¹³文
09 湖州	（无）	tɕia³⁵	ɕia⁵²³	zia¹¹²	zia²⁴	tsʰuo⁴⁴	zuo¹¹²	zei¹¹²
10 德清	tɕia⁵²	tɕia³³⁴	ɕia⁵²	zia¹¹³	zia¹¹³	tsʰuo⁴⁴	zuo¹¹³	zuo¹¹³
11 武康	（无）	tɕia²²⁴	ɕia⁵³	zia²⁴²	zia¹¹³	tsʰuo⁴⁴	zuo¹¹³	dzuo¹¹³
12 安吉	（无）	tɕia³²⁴	ɕia⁵²	zia²⁴³	zia²¹³	tsʰʊ⁵⁵	zʊ²²	zE²¹³
13 孝丰	（无）	tɕia³²⁴	ɕia⁵²	zia²²	zia²¹³	tsʰʊ⁴⁴	zʊ²²	ze²¹³
14 长兴	tʃia⁵²	tʃia³²⁴	ʃia⁵²	ʒia¹²	ʒia²⁴	tsʰu⁴⁴	zu¹²	zu²⁴
15 余杭	（无）	tsia⁴²³	sia⁵³	zia²⁴³	zia²¹³	tsʰuo⁴⁴	zuo²²	zuo²¹³
16 临安	（无）	tɕia⁵⁵	ɕia⁵⁵	zia³³	zia³³	tsʰo⁵⁵	zo³³	zo³³
17 昌化	（无）	tɕie⁵⁴⁴	ɕie⁴⁵³	zie¹¹²	zie²⁴³	tsʰu³³⁴	zu¹¹²	zie²⁴³
18 於潜	（无）	tɕia³⁵	ɕia⁵¹	ziɑ²²³	zia²⁴	tsʰa⁴³³	za²²³	za²⁴
19 萧山	（无）	tɕia⁴²	ɕia³³	zia³⁵⁵	zia²⁴²	tsʰo⁵³³	zo³⁵⁵	dze²⁴²
20 富阳	（无）	tɕia³³⁵	ɕia⁴²³	ʑia¹³	ʑia²²⁴	tsʰo⁵³	zo¹³	zo²²⁴
21 新登	（无）	tɕia⁴⁵	ɕia³³⁴	zia²³³	zia¹³	tsʰa⁵³	za²³³	dza¹³~尿 zaʔ²~箭
22 桐庐	（无）	tɕiA³⁵	ɕiA³³	ziA¹³	ziA²⁴	tɕʰyo⁵³³	ʑyo¹³	ʑyo²⁴
23 分水	（无）	tɕie²⁴	ɕie⁵³	zie²²	zie¹³	tsʰa⁴⁴	za²²	zɛ¹³

方言点	0041 姐	0042 借	0043 写	0044 斜	0045 谢	0046 车 ~辆	0047 蛇	0048 射
	假开三上麻精	假开三去麻精	假开三上麻心	假开三平麻邪	假开三去麻邪	假开三平麻昌	假开三平麻船	假开三去麻船
24 绍兴	（无）	tɕia³³	ɕia³³⁴	ʑia²³¹	ʑia²²	tsʰo⁵³	zo²³¹	zE²³¹
25 上虞	（无）	tɕia⁵³	ɕia³⁵	ʑia²¹³	ʑia³¹	tsʰo³⁵	zo²¹³	zo³¹ ~箭
26 嵊州	（无）	tɕia³³⁴	ɕia⁵³	ʑia²¹³	ʑia²⁴	tsʰo⁵³⁴	zo²¹³	zo²⁴
27 新昌	tɕia⁴⁵³	tɕia³³⁵	ɕia⁴⁵³	ʑia²²	ʑia¹³	tsʰo⁵³⁴	zo²² dzo²² ~豆	dʑia¹³ ~尿 zo¹³ ~箭
28 诸暨	（无）	tɕiʌ⁵⁴⁴	ɕiʌ⁴²	ʑiʌ¹³	ʑiʌ³³	tsʰo⁵⁴⁴	zo¹³	zo³³
29 慈溪	（无）	tɕia⁴⁴	ɕia³⁵	ia¹³	ia¹³	tsʰo³⁵	dzo¹³	zoʔ² ~箭
30 余姚	tɕia³⁴	tɕia⁵³	ɕia³⁴	ia¹³	ia¹³	tsʰo⁴⁴	dzo¹³	zoʔ²
31 宁波	tɕia³⁵ 阿~	tɕia⁴⁴	ɕia³⁵	ʑia¹³	ʑia¹³	tsʰo⁵³	dzo¹³	zo¹³ 老 ʑiəʔ² 新
32 镇海	tɕia³⁵ 阿~	tɕia⁵³	ɕia³⁵	ʑia²⁴	ia²⁴	tsʰo⁵³	zo²⁴	zoʔ¹² 又 ieʔ¹² 又
33 奉化	tɕia⁴⁴ 调殊	tɕia⁵³	ɕia⁵⁴⁵	ʑia³²⁴ 调殊	ʑia³¹	tsʰo⁴⁴	dzo³³	zaʔ² ~箭 zo³¹ 放~
34 宁海	tɕia⁵³	tɕia³⁵	ɕia⁵³	ʑia²¹³	ʑia²⁴	tsʰo⁴²³	zo²¹³	zo²⁴
35 象山	tɕia⁵³ 调殊	tɕia⁵³	ɕia⁴⁴	ia³¹	ia¹³	tsʰo⁴⁴	zo³¹	zo¹³
36 普陀	（无）	tɕia⁵⁵	ɕia⁴⁵	ia²⁴	ia¹³	tsʰo⁵³	dzo²⁴	iɛʔ²³ 音殊
37 定海	（无）	tɕia⁴⁴	ɕia⁴⁵	ia²³	ia¹³	tsʰo⁵²	dzo²³	ieʔ² ~击 dza¹³ ~浼
38 岱山	（无）	tɕia⁴⁴	ɕia³²⁵	ia²³	ia²¹³	tsʰo⁵²	dzo²³	ieʔ² ~击 dza²¹³ ~浼
39 嵊泗	（无）	tɕia⁵³	ɕia⁴⁴⁵	ia²⁴³	ia²¹³	tsʰo⁵³	dzo²⁴³	iɛʔ² ~击 dza²¹³ ~浼
40 临海	tɕia³⁵³ 小	tɕia⁵⁵	ɕia⁵²	ʑia²¹	ʑia³²⁴	tsʰo³¹	zo²¹	zo³²⁴
41 椒江	tɕia⁵¹ 小 tɕi⁵¹ 小	tɕia⁵⁵	ɕia⁴²	ʑia³¹	ʑia²⁴	tsʰo⁴²	zo³¹	zo²⁴
42 黄岩	tɕia⁴²	tɕia⁵⁵	ɕia⁴²	ʑia¹²¹	ʑia²⁴	tsʰo³²	zo¹²¹	ʑia²⁴
43 温岭	tɕie⁵¹ 小 tɕi⁵¹ 小	tɕia⁵⁵	ɕia⁴²	ʑia³¹	ʑia¹³	tsʰo³³	zo³¹	zo¹³

续表

方言点	0041 姐	0042 借	0043 写	0044 斜	0045 谢	0046 车 ~辆	0047 蛇	0048 射
	假开三 上麻精	假开三 去麻精	假开三 上麻心	假开三 平麻邪	假开三 去麻邪	假开三 平麻昌	假开三 平麻船	假开三 去麻船
44 仙居	tɕi³²⁴	tɕi⁵⁵	ɕi³²⁴	zya²¹³韵殊	zia²⁴	tsʰo³³⁴	zo²¹³	zo²⁴
45 天台	（无）	tɕi⁵⁵	ɕi³²⁵	zia²²⁴~纹	zia³⁵~你 zi³⁵多~	tsʰo³³	zo²²⁴	zo³⁵
46 三门	tɕia⁵²	tɕia³²⁵	ɕia³²⁵	zia¹¹³	zia²⁴³	tsʰo³³⁴	zo¹¹³	zo²⁴³
47 玉环	tɕia⁵³	tɕia⁵⁵	ɕia⁵³	zia³¹	zia²²	tsʰo⁴²	zo³¹	zia²²白 zo²²文
48 金华	（无）	tsia⁵⁵	sia⁵³⁵	zia³¹³	zia¹⁴	tsʰia³³⁴	zia³¹³	dzia¹⁴~浼 zia¹⁴~箭
49 汤溪	（无）	tsia⁵²	sia⁵³⁵	zia¹¹	zia³⁴¹	tsʰɑ²⁴	zuɑ¹¹	ʑyɑ³⁴¹
50 兰溪	（无）	tsia⁴⁵	sia⁵⁵	（无）	zia²⁴	tsʰɑ³³⁴	zuɑ²¹	zuɑ²⁴
51 浦江	tsia⁵⁵	tsia⁵⁵	ɕia⁵³	zia¹¹³	ʑia²⁴	tɕʰyɑ⁵³⁴	ʑia¹¹³	dzia²⁴~浼 ʑyɑ²⁴~箭
52 义乌	（无）	tsia⁴⁵	sia⁴²³	zia²¹³	zia²⁴	tsʰia³³⁵	zia²¹³	za²⁴~箭 dza²⁴肚~
53 东阳	（无）	tɕia⁴⁵³	ɕia⁴⁴	ʑia²¹³	zia²⁴	tɕʰia³³⁴	ʑia²¹³	za²⁴
54 永康	（无）	tɕia⁵²	ɕia³³⁴	ʑia²²	zia²⁴¹	tɕʰia⁵⁵	ʑia²²	zia²⁴¹
55 武义	（无）	tɕia⁵³	ɕia⁴⁴⁵	（无）	ʑia²³¹	tɕʰia²⁴	ʑia³²⁴	ʑia²³¹
56 磐安	tɕian⁵²小	tɕia⁵²	ɕia³³⁴	zia²¹³	zia¹⁴	tɕʰia⁴⁴⁵	zia²¹³	zia¹⁴
57 缙云	（无）	tɕia⁴⁵³	ɕia⁵¹	zia²⁴³	zia²¹³	tɕʰia⁴⁴	zia²⁴³	zia²¹³
58 衢州	（无）	tɕiɑ⁵³	ɕiɑ³⁵	ziɑ²¹	ʑiɑ²³¹	tʃʰyɑ³²	ʒyɑ²¹	ʒyɑ²³¹
59 衢江	（无）	tɕie⁵³	ɕie²⁵	zie²¹²	ʑie²³¹	tɕʰyø³³	ʑyø²¹²	ʑyø²³¹
60 龙游	（无）	tɕiɑ⁵¹	ɕiɑ³⁵	ziɑ²¹	ziɑ²³¹	tsʰɑ³³⁴	zɑ²¹	zuɑ²³¹
61 江山	tɕiə⁵¹	tɕiə⁵¹	ɕiə²⁴¹	ziə²¹³	ziə³¹	tɕʰiə⁴⁴	dzuɛ²¹³	ziə³¹
62 常山	tɕie⁵²小~	tɕie³²⁴	ɕie⁵²	zie³⁴¹	ie⁵²多~ ziɛ¹³¹姓~	tɕʰie⁴⁴	dzuɛ³⁴¹	zie¹³¹
63 开化	（无）	tɕiɛ⁴¹²	ɕiɛ⁵³	ziɛ²³¹	ziɛ²¹³	tɕʰiɛ⁴⁴	dzuɛ²³¹	ziɛ²¹³
64 丽水	（无）	tɕio⁵²	ɕio⁵⁴⁴	zio²²	zio¹³¹	tɕʰio²²⁴	zio²²	zio¹³¹
65 青田	tsɛ⁵⁵小	tɕiu³³	ɕiu⁴⁵⁴	iu²¹	iu²²	tɕʰiu⁴⁴⁵	iu²¹	iu²²

续表

方言点	0041 姐	0042 借	0043 写	0044 斜	0045 谢	0046 车 ~辆	0047 蛇	0048 射
	假开三 上麻精	假开三 去麻精	假开三 上麻心	假开三 平麻邪	假开三 去麻邪	假开三 平麻昌	假开三 平麻船	假开三 去麻船
66 云和	（无）	tɕio⁴⁵	ɕio⁴¹	zio³¹²	zio²²³	tɕʰio²⁴	zio³¹²	zio²²³
67 松阳	（无）	tɕyə²⁴	ɕyə²¹²	zyə³¹	zyə¹³	tɕʰyə⁵³	zyə³¹	zyə¹³
68 宣平	（无）	tɕia⁵²	ɕia⁴⁴⁵	zia⁴³³	zia²³¹	tɕʰia³²⁴	zia⁴³³	zia²³¹
69 遂昌	（无）	tɕiŋ³³⁴	ɕiŋ⁵³³	ziŋ²²¹	ziŋ²¹³	tɕʰiŋ⁴⁵	ziŋ²²¹	ziŋ²¹³
70 龙泉	（无）	tɕio⁴⁵	ɕio⁵¹	zio²¹	zio²²⁴	tɕʰio⁴³⁴	zio²¹	zio²²⁴
71 景宁	（无）	tɕio³⁵	ɕio³³	zio⁴¹	zio¹¹³	tɕʰio³²⁴	zio⁴¹	zio¹¹³
72 庆元	tɕiɑ³³	tɕiɑ¹¹	ɕiɑ³³	ɕiɑ⁵²	ɕiɑ³¹	tɕʰiɑ³³⁵	ɕiɑ⁵²	ɕiɑ³¹
73 泰顺	（无）	tɕyɔ³⁵	ɕyɔ⁵⁵	ɕyɔ⁵³	ɕyɔ²²	tɕʰyɔ²¹³	ɕyɔ⁵³	ɕyɔ²²
74 温州	tsei²⁵	tsei⁵¹	sei²⁵	zei³¹	zei²²	tsʰo³³	zei³¹	zei²²
75 永嘉	tsʅ⁴⁵	tsʅ⁵³	sʅ⁴⁵	zʅ³¹	zʅ²²	tsʰʅ⁴⁴水~ tsʰo⁴⁴汽~	zʅ³¹	zʅ²²
76 乐清	tɕi³⁵	tɕi⁴¹	si³⁵	zi³¹	zi²²	tɕʰio⁴⁴	zi³¹	zi²²
77 瑞安	tsei³⁵	tsei⁵³	sei³⁵	zei³¹	zei²²	tsʰei⁴⁴白 tsʰo⁴⁴文	zei³¹	zei²²
78 平阳	（无）	tɕi⁵³	si⁴⁵	zi²⁴²	zi³³	tʃʰo⁵⁵	zi²⁴²	zi³³
79 文成	（无）	tɕi³³	sei⁴⁵	zei¹¹³	zei⁴²⁴	tʃʰo⁵⁵	zei¹¹³	zei⁴²⁴
80 苍南	tɕi⁵³	tɕi⁴²	ɕi⁵³	dʑi³¹	dʑi¹¹	tɕʰi⁴⁴白 tsʰo⁴⁴文	dʑi³¹	dʑi¹¹
81 建德徽	（无）	tɕie³³	ɕie²¹³	tɕʰia²¹³读字	ɕie⁵⁵	tsʰo⁵³	so³³	tsʰɑ⁵⁵~浇 sɑ²¹³~箭
82 寿昌徽	tɕiɛ⁵⁵文	tɕie³³	ɕie²⁴	ɕie⁵²	ɕiɛ⁵⁵感~	tɕʰyə¹¹²	ɕyə⁵²	səʔ³¹音殊
83 淳安徽	tɕi⁵⁵	tɕia²⁴	ɕia⁵⁵	ɕia⁴³⁵	ɕia⁵³	tsʰo²⁴	so⁴³⁵	tsʰɑ⁵³白 ɕie⁵³文
84 遂安徽	（无）	tɕiɛ⁴³	ɕie²¹³	ɕie³³	ɕiɛ⁵²	tsʰɑ⁵³⁴	sɑ³³	ɕie⁵²
85 苍南闽	（无）	tɕio⁴³	ɕia⁴³	tɕʰia²⁴	ɕia²¹	tɕʰia⁵⁵	tsua²⁴	ɕia²¹
86 泰顺闽	（无）	tɕia⁵³	ɕia³⁴⁴	tɕʰia²²	ɕia³¹	tɕʰia²¹³	ɕia²²	ɕia³¹
87 洞头闽	tsa³³调殊	tɕieu⁵³	ɕia⁵³	tɕʰia¹¹³	ɕia²¹	tɕʰia³³	tsua¹¹³	ɕia²¹
88 景宁畲	（无）	tsa⁴⁴	ɕia³²⁵	ɕiai²²	ɕia⁵¹	tɕʰia⁴⁴	ɕia²²	ɕia⁵¹

方言点	0049 爷	0050 野	0051 夜	0052 瓜	0053 瓦名	0054 花	0055 化	0056 华 中~
	假开三平麻以	假开三上麻以	假开三去麻以	假合二平麻见	假合二上麻疑	假合二平麻晓	假合二去麻晓	假合二平麻匣
01 杭州	ia²¹³	i⁵³	ia¹³	kua³³⁴	ua⁵³	xua³³⁴	xua⁴⁵	ua²¹³
02 嘉兴	iA²⁴²	iA¹¹³	iA²²⁴调殊	ko⁴²	o¹¹³	ho⁴²	ho²²⁴	uA²⁴²
03 嘉善	ia¹³²	ia¹¹³	ia³³⁴	ko⁵³	ŋo¹¹³	xo⁵³	xo³³⁴	o¹³²
04 平湖	ia³¹	ia²¹³	ia³³⁴	ko⁵³	ŋo²¹³	ho⁵³	ho⁴⁴调殊	o³¹
05 海盐	iɑ³¹	iɑ⁴²³	iɑ³³⁴	ko⁵³	o⁴²³	xo⁵³	xo³³⁴	o³¹
06 海宁	ia¹³	ia²³¹	ia³⁵	ko⁵⁵	o²³¹	ho⁵⁵	ho³⁵	o¹³
07 桐乡	ia¹³	ia²⁴²	ia³³⁴	ko⁴⁴	o²⁴² 爿 uə?²³ 砚~	ho⁴⁴	ho³³⁴	o¹³
08 崇德	iɑ¹³	iɑ⁵³	iɑ³³⁴	ko⁴⁴	o⁵³	ho⁴⁴	ho³³⁴	o¹³
09 湖州	ia¹¹²	ia⁵²³	ia³⁵	kuo⁴⁴	ŋuo²³¹	xuo⁴⁴	xuo³⁵	uo¹¹²
10 德清	ia¹¹³	ia⁵²	ia³³⁴	kuo⁴⁴	uo⁵²	xuo⁴⁴	xuo³³⁴	uo¹¹³
11 武康	ia⁴⁴	ia²⁴²	ia²⁴²调殊	kuo⁴⁴	ŋuo²⁴²	xuo⁴⁴	xuo²²⁴	uo¹¹³
12 安吉	ia²⁴³	ia⁵²	ia²¹³	kʊ⁵⁵	ŋʊ⁵²	hʊ⁵⁵	hʊ³²⁴	ʊ²²
13 孝丰	ia²²	ia⁵²	ia³²⁴	kʊ⁴⁴	ŋʊ⁵²	hʊ⁴⁴	hʊ³²⁴变~ hua³²⁴~学	ua²²
14 长兴	ia¹²	ia⁵²	ia³²⁴	ku⁴⁴	ŋu⁵²	hu⁴⁴	hu³²⁴	u¹²
15 余杭	ia²²	ia⁵³	ia²¹³	kuo⁴⁴	uo⁵³	xuo⁴⁴	xuo⁴²³	uo²²
16 临安	ia³³	ia³³	ia³³	ko⁵⁵	ŋo³³	ho⁵⁵	ho⁵⁵	ua³³
17 昌化	ie¹¹²	ie²⁴³	ie²⁴³	ku³³⁴	ŋɯ⁴⁵³	xu³³⁴	xua⁵⁴⁴	ua¹¹²
18 於潜	ia²²³	ia⁵¹	ia²⁴	kua⁴³³	ŋa⁵¹	xua⁴³³	xua³⁵	ua²²³
19 萧山	ia³⁵⁵	ia¹³	ie²⁴²	kuo⁵³³	ŋo¹³	xuo⁵³³	xuo⁴²	uo³⁵⁵
20 富阳	（无）	ia⁴²³	ia³³⁵	kuo⁵³³	ŋo²²⁴	huo⁵³	hua³³⁵	ua¹³
21 新登	ia²³³	ia³³⁴	ia¹³	kuɑ⁵³³	ɑ³³⁴	hua⁵³	hua⁴⁵	ua²³³
22 桐庐	iA¹³	iA³³	iA²⁴	kuo⁵³³	uo³³	xuo⁵³³	xuo³⁵	uA¹³
23 分水	ie²²	ie⁵³	ie¹³	kua⁴⁴	ŋa⁵³	xua⁴⁴	ua²⁴	ua²²
24 绍兴	ia²³¹	ia²²³	ia²²	kuo⁵³	ŋo²²³	huo⁵³	huo³³	uo²³¹

续表

方言点	0049 爷	0050 野	0051 夜	0052 瓜	0053 瓦 名	0054 花	0055 化	0056 华 中~
	假开三 平麻以	假开三 上麻以	假开三 去麻以	假合二 平麻见	假合二 上麻疑	假合二 平麻晓	假合二 去麻晓	假合二 平麻匣
25 上虞	ia²¹³	ia²¹³	ia³¹	kuo³⁵	ŋo²¹³	fo³⁵	fo⁵³	uo²¹³
26 嵊州	ia²¹³	ia²⁴	ia²⁴	kuo⁵³⁴	ŋo²⁴	fo⁵³⁴	fo³³⁴	uo²¹³
27 新昌	ia²²	ia²³²	ia¹³	kuo⁵³⁴	ŋo²³²	fuo⁵³⁴	fuo³³⁵	uo²²
28 诸暨	iA¹³	iA²⁴²	iA³³	ko⁵⁴⁴	ŋo²⁴²	ho⁵⁴⁴	ho⁵⁴⁴	o¹³
29 慈溪	ia¹³	ia¹³	ia¹³	kuo³⁵	ŋo¹³	huo³⁵	huo⁴⁴	uo¹³
30 余姚	ia¹³	ia¹³	ia¹³	kuo⁴⁴	ŋo¹³	huo⁴⁴	ho⁵³	o¹³
31 宁波	ia¹³	ia¹³	ia¹³	ko⁵³	ŋo¹³	ho⁵³	ho⁵³	o¹³
32 镇海	ia²⁴	ia²⁴	ia²⁴	ko⁵³	ŋo²⁴～뇌	ho⁵³	ho⁵³	o²⁴
33 奉化	ia³³	ia³²⁴	ia³¹	kuo⁴⁴	ŋo³³ 调殊	huo⁴⁴	huo⁵³	uo³¹ 调殊
34 宁海	ia³¹ 调殊	ia⁵³ 调殊	ia²⁴	ko⁴²³	ŋo³¹	ho⁴²³	ho³⁵	o²¹³
35 象山	ia¹³ 调殊	ia³¹	ia¹³	kuo⁴⁴	ŋo³¹	huo⁴⁴	huo⁵³	uo³¹
36 普陀	ia²⁴	ia²³	ia¹³	ko⁵³	ŋo²³	xo⁵³	xo⁵⁵	uo²⁴
37 定海	ia²³	ia²³	ia¹³	ko⁵²	ŋo²³	xo⁵²	xuo⁴⁴	uo²³
38 岱山	ia²³	ia²⁴⁴	ia²¹³	ko⁵²	ŋo²⁴⁴	xuo⁵²	xuo⁴⁴	uo²³
39 嵊泗	ia²⁴³	ia⁴⁴⁵	ia²¹³	ko⁵³	ŋo⁴⁴⁵	xuo⁵³	xuo⁵³	uo²⁴³
40 临海	ia⁵¹ 小	ia⁵²	ia³²⁴	kua³¹	ŋo⁵²	hua³¹	hua⁵⁵	ua²¹
41 椒江	ia²⁴ 小	ia⁴²	ia²⁴	kua⁴²	ŋo⁴²	hua⁴²	hua⁵⁵	ua³¹
42 黄岩	ia¹²¹	ia⁴²	ia²⁴	kua³²	ŋo⁴²	hua³²	hua⁵⁵	ua¹²¹
43 温岭	ia²⁴ 小	ia⁴²	ia¹³	ko³³	ŋo⁴²	ho³³ 白 hua³³ 文	hua⁵⁵	o³¹
44 仙居	i²¹³	ia³²⁴	i²⁴	ko³³⁴	ŋo³²⁴	ho³³⁴	ho⁵⁵	ua²¹³
45 天台	ʑi²²⁴	i²¹⁴～人 ia²¹⁴ 田～	i³⁵	ko³³	ŋo²¹⁴	ho³³	ho⁵⁵	o²²⁴
46 三门	ia²⁵² 小	ia³²⁵	ia²⁴³	ko³³⁴	ŋo³²⁵	ho³³⁴	ho⁵⁵	o¹¹³
47 玉环	ia²⁴ 小	ia⁴²	ia²²	ko⁴² 白 kua⁴² 文	ŋo⁵³	ho⁴² 白 hua⁴² 文	hua⁵⁵	ua³¹

续表

方言点	0049 爷	0050 野	0051 夜	0052 瓜	0053 瓦 名	0054 花	0055 化	0056 华 中~
	假开三 平麻以	假开三 上麻以	假开三 去麻以	假合二 平麻见	假合二 上麻疑	假合二 平麻晓	假合二 去麻晓	假合二 平麻匣
48 金华	ia^{313}	ia^{535}	ia^{14}	kua^{334}	ua^{535}	xua^{334}	xua^{55}	ua^{313}
49 汤溪	ia^{11}父亲 ia^{52}祖父	ia^{113}	ia^{341}	kua^{24}	ua^{113}	xua^{24}	xua^{52}	ua^{11}
50 兰溪	ia^{21}	ia^{55}	ia^{24}	kua^{334}	ua^{55}	xua^{334}	xua^{45}	ua^{21}
51 浦江	ia^{113}	ia^{243}	ia^{24}	kua^{534}	n̩ia^{243}	xua^{534}	xua^{55}	ua^{113}
52 义乌	ia^{213}	ia^{312}	ia^{24}	kua^{335}	n^{312}	hua^{335}	hua^{45}	ua^{213}
53 东阳	ia^{213}	ia^{231}	ia^{24}	kua^{334}	ŋo^{231}	hua^{334}	hua^{453}	ua^{213}
54 永康	ia^{22}	ia^{113}	ia^{241}	kua^{55}	ŋua^{113}	xua^{55}	xua^{52}	ua^{22}
55 武义	ia^{324}	ia^{13}	ia^{231}	kua^{24}	ŋua^{13}	xua^{24}	xua^{53}	ua^{53}
56 磐安	ia^{213}	ia^{334}	ia^{14}	kua^{445}	ŋuə^{334}	xua^{445}	xua^{52}	ua^{213}
57 缙云	ia^{243}	ia^{51}	ia^{213}	ku^{44}	mu^{31}声殊	xu^{44}	xu^{453}	u^{243}
58 衢州	ia^{21}	ia^{231}	ia^{231}	kua^{32}	ŋa^{231}	xua^{32}	xua^{53}	ua^{21}
59 衢江	ia^{212}	ia^{212}	（无）	kuo^{33}	ŋou^{212}	xuo^{33}	xuo^{53}	xuo^{212}声殊
60 龙游	ia^{35}调殊	ia^{224}	ia^{231}	ku^{334}	ŋua^{224}	xu^{334}	xua^{51}	ua^{21}
61 江山	iə^{213}	iə^{22}	iə^{31}	kuɒ^{44}西~ kyə^{44}黄~	ŋuɒ^{22}	xuɒ^{44}	xuɒ^{51}	uɒ^{213}
62 常山	yɛ^{341}	ie^{24}	ie^{131}	tɕyɛ^{44}白 kuɑ^{44}文	ua^{24}	xua^{44}	xua^{324}	ua^{341}
63 开化	yo^{231}白 iɛ^{231}文	iɛ^{53}调殊	iɛ^{213}	kua^{44}	ŋa^{213}	xua^{44}	xua^{412}	xua^{213} 调殊
64 丽水	io^{22}白 iɛ^{22}文	io^{544}	io^{131}	kuo^{224}	uo^{544}	xuo^{224}	xuo^{52}	uo^{22}
65 青田	iu^{21}老~	iu^{454}	iu^{22}	ku^{445}	ŋu^{454}	xu^{445}	xu^{33}	u^{21}
66 云和	io^{312}	io^{41}	io^{223}	ko^{24}	ŋo^{41}	xo^{24}	xo^{45}	o^{312}
67 松阳	yə^{31}	yə^{22}	yə^{13}	kuə^{53}	ŋuə^{22}	fuə^{24}调殊	fuə^{24}	uə^{31}
68 宣平	ia^{433}	ia^{223}	（无）	ko^{324}	ŋo^{223}	xo^{324}	xo^{52}	o^{433}
69 遂昌	iu^{221}~娘	iɒ^{13}	iɒ^{213}	kɒ^{45}	ŋɒ^{13}	xɒ^{45}	xɒ^{334}	uɒ^{221}

方言点	0049 爷	0050 野	0051 夜	0052 瓜	0053 瓦 名	0054 花	0055 化	0056 华 中~
	假开三 平麻以	假开三 上麻以	假开三 去麻以	假合二 平麻见	假合二 上麻疑	假合二 平麻晓	假合二 去麻晓	假合二 平麻匣
70 龙泉	io²¹	io²²⁴调殊	io²²⁴	kuo⁴³⁴	uo⁵¹	xuo⁴³⁴	xuo⁴⁵	uo²¹
71 景宁	io⁴¹	io³³	（无）	ko³²⁴	ŋo³³	xo³²⁴	xo³⁵	o⁴¹
72 庆元	io⁵²白 ia⁵²文	ia²²¹	ia³¹	ko³³⁵	ŋ²²¹	xo³³⁵	xo¹¹	o⁵²
73 泰顺	yɔ⁵³	yɔ⁵⁵	yɔ²²	kuə²¹³	uɔ⁵⁵	fuə²¹³	fuə³⁵	uɔ⁵³
74 温州	i³¹	i²⁵	i²²	ko³³	ŋo¹⁴	ho³³	ho⁵¹	o³¹
75 永嘉	ʅ⁵³	ʅ⁴⁵	zʅ²²	ko⁴⁴	ŋo¹³	ho⁴⁴	ho⁵³	o³¹
76 乐清	i⁴⁴祖父 i³¹老~	i³⁵	i²²	kuɯʌ⁴⁴	ŋo²⁴	fuʌ⁴⁴	fuʌ⁴¹	vuʌ³¹
77 瑞安	i³¹	i³⁵	i²²	ku⁴⁴	ŋo¹³	hu⁴⁴	hu⁵³	u³¹
78 平阳	i²⁴²	ie⁴⁵	i³³	kuo⁵⁵	ŋo⁴⁵	xuo⁵⁵	xuo⁵³	uo²⁴²
79 文成	i¹¹³	io⁴⁵白 ie⁴⁵文	i⁴²⁴	ko⁵⁵	ŋo²²⁴	xo⁵⁵	xo³³	xo¹¹³
80 苍南	i⁴²	iɛ⁵³韵殊	i¹¹	ko⁴⁴	ŋo⁵³	huə⁴⁴	huə⁴²	uə³¹
81 建德徽	ia³³~娘	ia²¹³	ia⁵⁵	ko⁵³	o²¹³	ho⁵³	ho³³	huɑ²¹¹文
82 寿昌徽	ia⁵²老~	ia³³~菜	ia³³	kuə¹¹²	ŋuə⁵³⁴	xuə¹¹²	xuɑ⁵⁵文	xuɑ¹¹²文
83 淳安徽	ia⁴³⁵	ia⁵⁵	ia⁵³	ko²⁴	o⁵⁵	ho²⁴	ho²⁴	ho⁴³⁵
84 遂安徽	iɛ³³文	iɛ²¹³	iɛ⁵²	kuɑ⁵³⁴	ɑ⁴³	fɑ⁵³⁴	fɑ⁴³	vɑ³³
85 苍南闽	ia²⁴	ia⁴³	ia²¹	kue⁵⁵	hia³²	hue⁵⁵	hua²¹	hua²⁴
86 泰顺闽	ia²²	ia³⁴⁴	ia³¹	kua²¹³	ŋua³¹	fa²¹³	fa⁵³	fa²²
87 洞头闽	ia¹¹³	ia⁵³	ia²¹	kue³³	hia²¹	hue³³	hua²¹	hua¹¹³
88 景宁畲	ia²²	ia³²⁵	ia⁵¹	kɔ⁴⁴	ŋɔ³²⁵	fɔ⁴⁴	fɔ⁴⁴	uɔ²²

方言点	0057 谱家~	0058 布	0059 铺动	0060 簿	0061 步	0062 赌	0063 土	0064 图
	遇合一上模帮	遇合一去模帮	遇合一平模滂	遇合一上模并	遇合一去模并	遇合一上模端	遇合一上模透	遇合一平模定
01 杭州	p^hu^{53}	pu^{45}	p^hu^{334}	bu^{13}	bu^{13}	tu^{53}	t^hu^{53}	du^{213}
02 嘉兴	p^hu^{224}调殊	pu^{224}	p^hu^{42}	bu^{113}	bu^{113}	tou^{544}	t^hou^{544}	dou^{242}
03 嘉善	p^hu^{334}	pu^{334}	p^hu^{53}	bu^{113}	bu^{113}	tu^{44}	t^hu^{334}	du^{132}
04 平湖	pu^{44}白 p^hu^{213}文	pu^{334}	p^hu^{53}	bu^{213}	bu^{213}	tu^{44}	t^hu^{213}	du^{31}
05 海盐	p^hu^{53}	pu^{334}	p^hu^{53}	bu^{423}	bu^{213}	tu^{423}	t^hu^{423}	du^{31}
06 海宁	$p^h\textschwa u^{53}$	pu^{35}	p^hu^{55}	bu^{231}	bu^{13}	$t\textschwa u^{53}$	$t^h\textschwa u^{53}$	$d\textschwa u^{13}$
07 桐乡	pu^{53}	pu^{334}	p^hu^{44}	bu^{242}	bu^{213}	$t\textschwa u^{53}$	$t^h\textschwa u^{53}$	$d\textschwa u^{13}$
08 崇德	pu^{53}	pu^{334}	p^hu^{44}	bu^{242}	bu^{213}	tu^{53}	t^hu^{53}	du^{13}
09 湖州	p^hu^{523}	pu^{35}	p^hu^{44}	bu^{231}	bu^{24}	$t\textschwa u^{523}$	$t^h\textschwa u^{523}$	$d\textschwa u^{112}$
10 德清	p^hu^{52}	pu^{334}	p^hu^{44}	bu^{143}	bu^{113}	$t\textschwa u^{52}$	$t^h\textschwa u^{52}$	$d\textschwa u^{113}$
11 武康	p^hu^{224}调殊	pu^{224}	p^hu^{44}	bu^{242}	bu^{113}	tu^{53}	t^hu^{53}	du^{113}
12 安吉	p^hu^{52}	pu^{324}	p^hu^{55}	bu^{243}	bu^{243}	tu^{52}	t^hu^{52}	du^{22}
13 孝丰	p^hu^{52}	pu^{324}	p^hu^{44}	bu^{243}	bu^{243}	tu^{52}	t^hu^{52}	du^{22}
14 长兴	p^hu^{52}	pu^{324}	p^hu^{44}	bu^{243}	bu^{24}	$t\textschwa u^{52}$	$t^h\textschwa u^{52}$	$d\textschwa u^{12}$
15 余杭	p^hu^{53}	pu^{423}	p^hu^{44}	bu^{243}	bu^{213}	tu^{53}	t^hu^{53}	du^{22}
16 临安	p^ho^{55}	po^{55}	p^ho^{55}	bo^{33}	bo^{33}	to^{55}	t^ho^{55}	do^{33}
17 昌化	p^hu^{453}	pu^{544}	p^hu^{334}	bu^{243}	bu^{243}	tu^{453}	t^hu^{453}	du^{112}
18 於潜	p^hu^{51}	pu^{35}	p^hu^{433}	bu^{24}	bu^{24}	tu^{51}	t^hu^{51}	du^{223}
19 萧山	p^hu^{33}	pu^{42}	p^hu^{533}	bu^{13}	bu^{242}	tu^{33}	t^hu^{33}	du^{355}
20 富阳	pu^{423}	pu^{335}	p^hu^{53}	bu^{224}	bu^{224}	to^{423}	t^ho^{423}	do^{13}
21 新登	p^hu^{334}	pu^{45}	p^hu^{53}	bu^{13}	bu^{13}	tu^{334}	t^hu^{334}	du^{233}
22 桐庐	p^hu^{33}	pu^{35}	p^hu^{533}	bu^{24}	bu^{24}	tu^{33}	t^hu^{33}	du^{13}
23 分水	p^hu^{53}	pu^{24}	p^hu^{53}	bu^{13}	bu^{13}	tu^{53}	t^hu^{53}	du^{22}
24 绍兴	p^hu^{334}	pu^{33}	p^hu^{53}	bu^{223}	bu^{22}	tu^{334}	t^hu^{334}	du^{231}
25 上虞	p^hu^{35}	pu^{53}	p^hu^{35}	bu^{213}	bu^{31}	tu^{35}	t^hu^{35}	du^{213}

方言点	0057 谱 家~	0058 布	0059 铺 动	0060 簿	0061 步	0062 赌	0063 土	0064 图
	遇合一上模帮	遇合一去模帮	遇合一平模滂	遇合一上模並	遇合一去模並	遇合一上模端	遇合一上模透	遇合一平模定
26 嵊州	pu⁵³	pu³³⁴	pʰu⁵³⁴	bu²⁴	bu²⁴	tu⁵³	tʰu⁵³	du²¹³
27 新昌	pu⁴⁵³	pu³³⁵	pʰu⁵³⁴	bu²³²	bu¹³	tu⁴⁵³	tʰu⁴⁵³	du²²
28 诸暨	pu⁴²	pu⁵⁴⁴	pʰu⁵⁴⁴	bu²⁴²	bu³³	tu⁴²	tʰu⁴²	du¹³
29 慈溪	pʰu¹³	pu⁴⁴	pʰu³⁵	bu¹³	bu¹³	tu³⁵	tʰu³⁵	du¹³
30 余姚	pʰu³⁴	pu⁵³	pʰu⁴⁴	bu¹³	bu¹³	tu³⁴	tʰu³⁴	du¹³
31 宁波	pu³⁵老 pʰu⁵³新	pu⁴⁴	pʰu⁵³	bu¹³	bu¹³	tu³⁵	tʰu³⁵	du¹³
32 镇海	pʰu³⁵	pu⁵³	pʰu⁵³	bu²⁴	bu²⁴	tu³⁵	tʰu³⁵	du²⁴
33 奉化	bu³²⁴	pu⁵³	pʰu⁴⁴	bu³³调殊	bu³¹	tu⁵⁴⁵	tʰu⁵⁴⁵	du³³
34 宁海	pu⁵³	pu³⁵	pʰu⁴²³	bu³¹	bu²⁴	tu⁵³	tʰu⁵³	du²¹³
35 象山	pʰu⁴⁴	pu⁵³	pʰu⁴⁴	bu³¹	bu¹³	tu⁴⁴	tʰu⁴⁴	du³¹
36 普陀	pʰu⁴⁵	pu⁵⁵	pʰu⁵³	bu²³	bu¹³	tu⁴⁵	tʰu⁴⁵	du²⁴
37 定海	pʰu⁵²调殊	pu⁴⁴	pʰu⁵²	bu²³	bu¹³	tu⁴⁵	tʰu⁴⁵	du²³
38 岱山	pʰu⁵²调殊	pu⁴⁴	pʰu⁵²	bu²⁴⁴	bu²¹³	tu³²⁵	tʰu³²⁵	du²³
39 嵊泗	pʰu⁴⁴⁵	pu⁵³	pʰu⁵³	bu³³⁴	bu²¹³	tu⁴⁴⁵	tʰu⁴⁴⁵	du²⁴³
40 临海	pu⁵²	pu⁵⁵	pʰu³¹	bu⁵¹小	bu³²⁴	tu⁵²	tʰu⁵²	du²¹
41 椒江	pu⁴²	pu⁵⁵	pʰu⁴²	bu⁴¹小	bu²⁴	təu⁴²	tʰəu⁴²	dəu³¹
42 黄岩	pu⁴²	pu⁵⁵	pʰu⁵⁵	bu¹²¹	bu²⁴	tou⁴²	tʰou⁴²	dou¹²¹
43 温岭	pu⁴²	pu⁵⁵	pʰu³³	bu³¹	bu¹³	tu⁴²	tʰu⁴²	du³¹
44 仙居	bu²¹³音殊	ɓu⁵⁵	pʰu³³⁴	bu³⁵³小	bu²⁴	ɗu³²⁴	tʰu³²⁴	du²¹³
45 天台	pu³²⁵	pu⁵⁵	pʰu³³	bu³¹小	bu³⁵	tu³²⁵	tʰu³²⁵	du²²⁴
46 三门	pʰu³²⁵	pu⁵⁵	pʰu³³⁴	bu²⁵²小	bu²⁴³	tu³²⁵	tʰu³²⁵	du¹¹³
47 玉环	pʰu⁵³	pu⁵⁵	pʰu⁵⁵	bu⁴¹	bu²²	təu⁵³	tʰəu⁵³	dəu³¹
48 金华	pu⁵³⁵	pu⁵⁵	pʰu³³⁴	pu⁵³⁵	bu¹⁴	tu⁵³⁵	tʰu⁵³⁵	du³¹³
49 汤溪	pu⁵³⁵	pu⁵²	pʰu²⁴	bu¹¹³	bu³⁴¹	tu⁵³⁵	tʰu⁵³⁵	du¹¹

续表

方言点	0057 谱家~	0058 布	0059 铺动	0060 簿	0061 步	0062 赌	0063 土	0064 图
	遇合一上模帮	遇合一去模帮	遇合一平模滂	遇合一上模並	遇合一去模並	遇合一上模端	遇合一上模透	遇合一平模定
50 兰溪	pʰu⁵⁵	pu⁴⁵	pʰu³³⁴	pu⁵⁵	bu²⁴	tu⁵⁵	tʰu⁵⁵	du²¹
51 浦江	pu⁵³	pu⁵⁵	pʰu⁵³⁴	bu²⁴³	bu²⁴	tu⁵³	tʰu⁵³	du¹¹³
52 义乌	pu⁴²³	pu⁴⁵	pʰu³³⁵	bun²⁴小	bu²⁴	tu⁴²³	tʰu⁴²³	du²¹³
53 东阳	pu⁴⁴	pu⁴⁵³	pʰu⁴⁵³	bʊn²⁴小	bu²⁴	tu⁴⁴	tʰu⁴⁴	du²¹³
54 永康	ɓu³³⁴	ɓu⁵²	pʰu⁵⁵	bu¹¹³	bu²⁴¹	ɗu³³⁴	tʰu³³⁴	du²²
55 武义	pʰu⁴⁴⁵	pu⁵³	(无)	bu¹³	bu²³¹	lu⁴⁴⁵	tʰu⁴⁴⁵	du³²⁴
56 磐安	pu³³⁴	pu⁵²	pʰu⁴⁴⁵	bun¹⁴小	bu¹⁴	tu³³⁴	tʰu³³⁴	du²¹³
57 缙云	pu⁵¹	pu⁴⁵³	pʰu⁴⁴	bu³¹	bu²¹³	tu⁵¹	tʰu⁵¹	du²⁴³
58 衢州	pʰu³⁵	pu⁵³	pʰu³²	bu²³¹	bu²³¹	tu³⁵	tʰu³⁵	du²¹
59 衢江	pʰɤ²⁵	pɤ⁵³	pʰɤ³³	bɤ²¹²	bɤ²³¹	tɤ²⁵	tʰɤ²⁵	dou²¹²
60 龙游	pu³⁵	pu⁵¹	pʰu³³⁴	bu²²⁴	bu²³¹	tu³⁵	tʰu³⁵	du²¹
61 江山	pʰə²⁴¹	pə⁵¹	pʰə⁴⁴	bə²²	bə³¹	tuə²⁴¹	tʰuə⁴⁴名 / tʰuə²⁴¹形	duə²¹³
62 常山	pʰu⁵²	puə³²⁴	pʰuə⁴⁴	buə²⁴	buə¹³¹	tuə⁵²	tʰuə⁵²	du³⁴¹
63 开化	pʰuo⁵³	puo⁴¹²	pʰuo⁴⁴	buo²¹³	buo²¹³	tuo⁵³	tʰuo⁵³	duo²³¹白 / du²³¹文
64 丽水	pʰu⁵⁴⁴	pu⁵²	pʰu²²⁴	bu²²	bu¹³¹	tu⁵⁴⁴	tʰu⁵⁴⁴	du²²
65 青田	pʰø⁴⁵⁴	ɓø³³	pʰø⁴⁴⁵	bø³⁴³	bø²²	ɗeu⁴⁵⁴	tʰeu⁴⁵⁴	deu²¹
66 云和	pʰu⁴¹	pu⁴⁵	pʰu²⁴	bu²³¹	bu²²³	tu⁴¹	tʰu⁴¹	du³¹²
67 松阳	pʰuə²¹²	puə²⁴	pʰuə⁵³	buə²²	buə¹³	tuə²¹²	tʰuə²¹²	duə³¹
68 宣平	pʰu⁴⁴⁵	pu⁵²	pʰu³²⁴	bu²²³	bu²³¹	tu⁴⁴⁵	tʰu⁴⁴⁵	du⁴³³
69 遂昌	pʰuə⁵³³	puə³³⁴	pʰuə⁴⁵	buə¹³	buə²¹³	tuə⁵³³	tʰuə⁵³³	duə²²¹
70 龙泉	pʰɤɯ⁵¹	pɤɯ⁴⁵	pʰɤɯ⁴³⁴	pɤɯ⁵¹调殊	bɤɯ²²⁴	tɤɯ⁵¹	tʰɤɯ⁵¹	dɤɯ²¹
71 景宁	pʰu³³	pu³⁵	pʰu³²⁴	bu³³	bu¹¹³	ty³³	tʰy³³	dy⁴¹
72 庆元	ɓɤ³³	ɓɤ¹¹	pʰɤ³³⁵	pɤ²²¹	pɤ³¹	ɗɤ³³	tʰɤ³³	tɤ⁵²

续表

方言点	0057 谱 家~	0058 布	0059 铺 动	0060 簿	0061 步	0062 赌	0063 土	0064 图
	遇合一上模帮	遇合一去模帮	遇合一平模滂	遇合一上模並	遇合一去模並	遇合一上模端	遇合一上模透	遇合一平模定
73 泰顺	$p^h u^{55}$	$p\emptyset^{35}$	$p^h\emptyset^{213}$	$p\emptyset^{21}$	$p\emptyset^{22}$	$t\emptyset^{55}$	$t^h\emptyset^{55}$	$t\emptyset^{53}$
74 温州	$p\emptyset^{25}$	$p\emptyset^{51}$	$p^h\emptyset^{33}$	bu^{14}	$b\emptyset^{22}$	$t\emptyset^{25}$	$t^h\emptyset^{25}$	$d\emptyset^{31}$
75 永嘉	pu^{45}	pu^{53}	$p^h u^{44}$	bu^{13}	bu^{22}	$təɯ^{45}$	$t^həɯ^{45}$	$dəɯ^{31}$~画 $dəɯ^{31}$地~
76 乐清	pu^{35}	pu^{41}	$p^h u^{44}$	bu^{24}	bu^{22}	ty^{35}	$t^h y^{35}$	dy^{31}
77 瑞安	$pʏ^{35}$	$pʏ^{53}$	$p^hʏ^{44}$	bu^{13}	$bʏ^{22}$	$təɯ^{35}$	$t^həɯ^{35}$	$dəɯ^{31}$
78 平阳	$p^h u^{45}$	pu^{53}	$p^h u^{55}$	bu^{23}	bu^{33}	$tʉ^{45}$	$t^hʉ^{45}$	$dʉ^{242}$
79 文成	$p^h u^{45}$	pu^{33}	$p^h u^{55}$	bu^{224}	bu^{424}	$tθy^{45}$	$t^hθy^{45}$	$dθy^{113}$
80 苍南	$p^h u^{53}$	pu^{42}	$p^h u^{44}$	bu^{24}	bu^{11}	ty^{53}	$t^h y^{53}$	dy^{31}
81 建德徽	pu^{213}	pu^{33}	$p^h u^{53}$	pu^{213}	$p^h u^{55}$	tu^{213}	$t^h u^{213}$	tu^{33}
82 寿昌徽	$p^h u^{55}$文	pu^{33}	$p^h u^{112}$	$p^h u^{534}$	$p^h u^{33}$	tu^{24}	$t^h u^{24}$	$t^h u^{52}$
83 淳安徽	pa^{55}	pa^{24}	$p^h a^{24}$	$p^h a^{55}$	$p^h a^{53}$白 $p^h u^{53}$文	ta^{55}	$t^h a^{55}$	$t^h a^{435}$
84 遂安徽	$p^h u^{213}$	pu^{43}	$p^h u^{43}$	$p^h u^{43}$	$p^h u^{52}$	tu^{213}	$t^h u^{213}$	$t^h u^{33}$
85 苍南闽	$p^hɔ^{43}$	$pɔ^{21}$	$p^hɔ^{55}$	$pɔ^{21}$	$pɔ^{21}$	$tɔ^{43}$	$t^hɔ^{43}$	$tɔ^{24}$
86 泰顺闽	$p^h ou^{344}$	pou^{53}	$p^h ou^{213}$	pou^{31}	pou^{31}	tu^{344}	$t^h u^{344}$	tu^{22}
87 洞头闽	$p^hɔ^{53}$	$pɔ^{21}$	$p^hɔ^{33}$	$p^hɔ^{21}$	$pɔ^{21}$	$tɔ^{53}$	（无）	$tɔ^{113}$
88 景宁畲	$p^h u^{51}$	pu^{44}	$p^h u^{44}$	pu^{51}	$p^h u^{51}$	tu^{325}	$t^h u^{325}$	tu^{22}

方言点	0065 杜	0066 奴	0067 路	0068 租	0069 做	0070 错 对~	0071 箍 ~桶	0072 古
	遇合一 上模定	遇合一 平模泥	遇合一 去模来	遇合一 平模精	遇合一 去模精	遇合一 去模清	遇合一 平模见	遇合一 上模见
01 杭州	du¹³	nu²¹³	lu¹³	tsʮ³³⁴	tsəu⁴⁵	tsʰəu⁴⁵	kʰu³³⁴	ku⁵³
02 嘉兴	dou¹¹³	nou²⁴²	lou¹¹³	tsou⁴²	tsou²²⁴	(无)	kou⁴²	kou⁵⁴⁴
03 嘉善	du¹¹³	nu¹³²	lu¹¹³	tsu⁵³	tsu³³⁴	tsʰo⁵³	ku⁵³	ku⁴⁴
04 平湖	du²¹³	nu²¹³	lu²¹³	tsu⁵³	tsu³³⁴	(无)	ku⁵³	ku⁴⁴
05 海盐	du⁴²³	nu³¹	lu²¹³	tsu⁵³	tsu³³⁴	(无)	ku⁵³	ku⁴²³
06 海宁	dəu²³¹	nəu¹³	ləu¹³	tsəu⁵⁵	tsəu³⁵	tsʰo⁵⁵	kʰəu⁵⁵	kəu⁵³
07 桐乡	dəu²⁴²	nəu¹³	ləu²¹³	tsəu⁴⁴	tsəu³³⁴	tsʰəu³³⁴	kʰəu⁴⁴	kəu⁵³
08 崇德	du²⁴²	nu¹³	lu¹³	tsu⁴⁴	tsu³³⁴	tsʰu³³⁴	kʰu⁴⁴	ku⁵³
09 湖州	dəu²³¹	nəu¹¹²	ləu³⁵	tsəu⁴⁴	tsəu³⁵	tsʰəu³⁵	kəu⁴⁴	kəu⁵²³
10 德清	dəu¹⁴³	nəu¹¹³	ləu³³⁴	tsəu⁴⁴	tsəu³³⁴	tsʰəu³³⁴	kʰəu⁴⁴	kəu⁵²
11 武康	du²⁴²	nu¹¹³	lu²²⁴	tsu⁴⁴	tsu²²⁴	tsʰu²²⁴	ku⁴⁴	ku⁵³
12 安吉	du²⁴³	nʊ²²	lu²¹³	tsu⁵⁵	tsʊ³²⁴	tsʰʊ³²⁴	kʰu⁵⁵	ku⁵²
13 孝丰	du²⁴³	nu²²	lu³²⁴	tsu⁴⁴	tsu³²⁴	tsʰu³²⁴	kʰu⁴⁴	ku⁵²
14 长兴	dəu²⁴³	nəu¹²	ləu³²⁴	tsəu⁴⁴	tsəu³²⁴	tsʰəu³²⁴	kəu⁴⁴	kəu⁵²
15 余杭	du²⁴³	nu²²	lu²¹³	tsu⁴⁴	tsu⁴²³	tsʰu⁴²³	kʰu⁴⁴	ku⁵³
16 临安	do³³	no³³	lo³³	tso⁵⁵	tso⁵⁵	tsʰo⁵⁵	kʰo⁵⁵	ko⁵⁵
17 昌化	du²⁴³ 又 duɯ²⁴³ 又	nu¹¹²	lu²⁴³	tsu³³⁴	tsuɯ⁵⁴⁴	tsʰu⁵⁴⁴	kʰu³³⁴	ku⁴⁵³
18 於潜	du²⁴	nu²²³	lu²⁴	tsu⁴³³	tsu³⁵	tsʰu³⁵	kʰu⁴³³	ku⁵¹
19 萧山	du¹³	nu³⁵⁵	lu²⁴²	tsu⁵³³	tso⁴²	tsʰo⁴²	kʰu⁵³³	ku³³
20 富阳	dʊ²²⁴	nʊ¹³	lʊ³³⁵	tsʊ⁵³	tsʊ³³⁵	tsʰʊ³³⁵	kʰu⁵³	ku⁴²³
21 新登	du¹³	nu²³³	lu¹³	tsu⁵³	tsu⁴⁵	tsʰu⁴⁵	kʰu⁵³	ku³³⁴
22 桐庐	du²⁴	nu¹³	lu²⁴	tsu⁵³³	tsu³⁵	tsʰu³⁵	kʰu⁵³³	ku³³
23 分水	du¹³	nu²²	lu¹³	tsu⁴⁴	tso²⁴	tsʰo²⁴	kʰu⁴⁴	ku⁵³
24 绍兴	du²²³	nu²³¹	lu²²	tsu⁵³	tso³³	tsʰo³³	kʰu⁵³	ku³³⁴
25 上虞	du²¹³	nu²¹³	lu³¹	tɕy³⁵	tsu⁵³	tsʰu⁵³	kʰu³⁵	ku³⁵

方言点	0065 杜	0066 奴	0067 路	0068 租	0069 做	0070 错 对~	0071 箍 ~桶	0072 古
	遇合一上模定	遇合一平模泥	遇合一去模来	遇合一平模精	遇合一去模精	遇合一去模清	遇合一平模见	遇合一上模见
26 嵊州	du²⁴	nu²¹³	lu²⁴	tsu⁵³⁴	tso³³⁴	tsʰo³³⁴	kʰu⁵³⁴	ku⁵³
27 新昌	du¹³	nu²²	lu¹³	tsu⁵³⁴	tsɤ³³⁵	tsʰɤ³³⁵	kʰu⁵³⁴	ku⁴⁵³
28 诸暨	du²⁴²	lu¹³ 声殊	lu³³	tsu⁵⁴⁴	tsɤu⁵⁴⁴	tsʰɤu⁵⁴⁴	kʰu⁵⁴⁴	ku⁴²
29 慈溪	du¹³	nu¹³	vu¹³ 白 lu¹³ 文	tsʮ³⁵	tsəu⁴⁴	tsʰəu⁴⁴	（无）	ku³⁵
30 余姚	du¹³	nu¹³	lu¹³	tsʮ⁴⁴	tsou⁵³	tsʰou⁵³	kʰu⁴⁴	ku³⁴
31 宁波	du¹³	nu¹³	lu¹³	tsu⁵³	tsəu⁴⁴	tsʰəu⁴⁴	kʰu⁵³	ku³⁵
32 镇海	du²⁴	nu²⁴	lu²⁴	tsu⁵³	tsəu⁵³	tsʰəu⁵³	kʰəu⁵³	ku³⁵
33 奉化	du³¹	nu³³	lu³¹	tsu⁴⁴	tsəu⁵³	tsʰəu⁵³	kʰu⁴⁴	ku⁵⁴⁵
34 宁海	du³¹	nu²¹³	lu²⁴	tsu⁴²³	tsəu³⁵	tsʰo³⁵	（无）	ku⁵³
35 象山	du³¹	nu³¹	lu¹³	tsu⁴⁴	tsu⁵³	tsʰo⁵³	（无）	ku⁴⁴
36 普陀	du²³	nu²⁴	lu¹³	tsu⁵³	tsəu⁵⁵	tsʰəu⁵⁵	kʰu⁵³	ku⁵³
37 定海	du²³	nu²³	lu¹³	tsu⁵²	tsʌu⁴⁴	tsʰʌu⁴⁴	kʰu⁵²	ku⁴⁵
38 岱山	du²⁴⁴	nu²³	lu²¹³	tsu⁵²	tsʌu⁴⁴	tsʰʌu⁴⁴	kʰu⁴⁴ 调殊	ku⁵²
39 嵊泗	du³³⁴	nu²⁴³	lu²¹³	tɕy⁵³ 又 tsu⁵³ 又	tsʌu⁵³	tsʰʌu⁵³	kʰu⁵³	ku⁵³
40 临海	du²¹ 地名	nu³²⁴	lu³²⁴	tsu³¹	tso⁵⁵	tsʰo⁵⁵	tɕʰiu³¹	ku⁵²
41 椒江	dəu³¹	nəu³¹	ləu²⁴	tsəu⁴²	tsəu⁵⁵	tsʰo⁵⁵	tɕʰiu⁴²	ku⁴²
42 黄岩	dou¹²¹	lou¹²¹	lou²⁴	tsou⁵⁵	tsou⁵⁵	tsʰo⁵⁵	tɕʰiu³²	ku⁴²
43 温岭	du³¹	nu³¹	lu¹³	tsu³³	tsu⁵⁵	tsʰo⁵⁵	tɕʰiu³³	ku⁴²
44 仙居	du²¹³	nu²⁴ 调殊	lu²⁴	tsu³³⁴	tso⁵⁵	tsʰo⁵⁵	tɕʰiəɯ³³⁴	ku³²⁴
45 天台	du²¹⁴	nu²²⁴	lu³⁵	tsu³³	tsou⁵⁵	tsʰo⁵⁵	kʰiu³³ 音殊	ku³²⁵
46 三门	du²⁴³	nu¹¹³	lu²⁴³	sʮ⁵⁵ 白 tsu³³⁴ 文	tɕiʋ⁵⁵	tsʰo⁵⁵	ku⁵⁵	ku³²⁵
47 玉环	dəu³¹	nəu³¹	ləu²²	tsəu⁴²	tsəu⁵⁵	tsʰo⁵⁵	kʰu⁴² 又 tɕʰiu⁴² 又	ku⁵³

续表

方言点	0065 杜	0066 奴	0067 路	0068 租	0069 做	0070 错 对～	0071 箍 ～桶	0072 古
	遇合一 上模定	遇合一 平模泥	遇合一 去模来	遇合一 平模精	遇合一 去模精	遇合一 去模清	遇合一 平模见	遇合一 上模见
48 金华	du^{14}	nu^{313}	lu^{14}	tsu^{334}	$tsuɤ^{55}$	（无）	k^hu^{334}	ku^{535}
49 汤溪	du^{341} ～仲	nu^{11}	lu^{341}	tsu^{24}	$tsuɤ^{52}$	$ts^huɤ^{52}$	k^hu^{24}	ku^{535}
50 兰溪	du^{24}	nu^{21}	lu^{24}	tsu^{334}	$tsuɤ^{45}$	（无）	k^hu^{334}	ku^{55}
51 浦江	du^{243}	nu^{113}	lu^{24}	tsu^{534}	$tsɯ^{55}$	（无）	k^hu^{534}	ku^{53}
52 义乌	du^{24}	nu^{213}	lu^{24}	tsu^{335}	$tsuɤ^{45}$	（无）	k^hu^{335}	ku^{423}
53 东阳	du^{24}	nu^{213}	lu^{24}	tsu^{334}	tsu^{453}	（无）	k^hu^{334}	ku^{453}
54 永康	du^{113}	nu^{22}	lu^{241}	tsu^{55}	$tsuo^{52}$	（无）	k^hu^{55}	ku^{334}
55 武义	tu^{53}	nu^{324}	lu^{231}	tsu^{24}	$tsuo^{53}$	（无）	k^hu^{24}	ku^{445}
56 磐安	tu^{334}	nu^{213}	lu^{14}	tsu^{445}	$tsuɤ^{52}$	（无）	k^hun^{445} 小	ku^{334}
57 缙云	du^{31}	nu^{243}	lu^{213}	tsu^{44}	tsu^{453}	ts^hu^{453}	k^hu^{44}	ku^{51}
58 衢州	du^{231}	nu^{21}	lu^{231}	tsu^{32}	tsu^{53}	ts^hu^{53}	k^hu^{32}	ku^{35}
59 衢江	dou^{212} 姓～ $dəʔ^2$ 地名	nou^{212}	$lɤ^{231}$	$tsɤ^{33}$	$tsou^{53}$	ts^hou^{53}	$k^huɤ^{33}$	ku^{25}
60 龙游	du^{231} 调殊	nu^{21}	lu^{231}	tsu^{334}	tsu^{51}	ts^hu^{51}	k^hu^{334}	ku^{35}
61 江山	$duə^{31}$	$nuə^{213}$	$luə^{31}$	$tsuə^{44}$	tso^{51}	ts^ho^{51}	$k^huə^{44}$	$kuə^{241}$
62 常山	du^{131}	nu^{131}	$luə^{131}$	$tsuə^{44}$	$tsɔ^{324}$	$ts^hɔ^{324}$	$k^huə^{44}$	$kuə^{52}$
63 开化	du^{213}	nu^{213} 调殊	luo^{213}	$tsuo^{44}$	$tsɔ^{412}$	$ts^hɔ^{412}$	k^huo^{44}	kuo^{53} 白 ku^{53} 文
64 丽水	du^{22}	$nɔŋ^{22}$ 韵殊	lu^{131}	tsu^{224}	tsu^{52}	ts^hu^{52}	k^hu^{224}	ku^{544}
65 青田	deu^{343}	nu^{21}	leu^{22}	$tseu^{445}$	tsu^{33}	ts^hu^{33}	$k^hø^{445}$	$kø^{454}$
66 云和	du^{223} 调殊	nu^{312}	lu^{223}	tsu^{24}	tso^{45}	ts^hu^{45}	k^hu^{24}	ku^{41}
67 松阳	$duə^{22}$	$nuə^{31}$	$luə^{13}$	$tsɿə^{53}$	tsu^{24}	ts^hu^{24}	$k^huə^{53}$	$kuə^{212}$
68 宣平	du^{433} 调殊	$nən^{433}$ 韵殊	lu^{231}	tsu^{324}	tso^{52}	ts^ho^{52}	k^hu^{324}	ku^{445}
69 遂昌	$duə^{13}$	nu^{221}	$luə^{213}$	$tsuə^{45}$	tsu^{334}	ts^hu^{334}	$k^huə^{45}$	$kuə^{533}$
70 龙泉	$tɤɯ^{51}$	$nɤɯ^{224}$ 调殊	$lɤɯ^{224}$	$tsɤɯ^{434}$	tso^{45}	ts^hou^{45}	$k^huɤɯ^{434}$	$kuɤɯ^{51}$

方言点	0065 杜	0066 奴	0067 路	0068 租	0069 做	0070 错 对～	0071 箍 ～桶	0072 古
	遇合一上模定	遇合一平模泥	遇合一去模来	遇合一平模精	遇合一去模精	遇合一去模清	遇合一平模见	遇合一上模见
71 景宁	dy³³	nəŋ⁴¹ 韵殊	ly¹¹³	tsʅ³²⁴	tso³⁵	tsʰoʔ⁵ 音殊	kʰu³²⁴	ku³³
72 庆元	tɤ²²¹	nɤ⁵²	lɤ³¹	tsɤ³³⁵	tso¹¹	tsʰo¹¹	kʰuɤ³³⁵	kuɤ³³
73 泰顺	tø²¹	no⁵³	lø²²	tscœ²¹³	tso³⁵	tsʰoʔ⁵ 音殊	kʰø²¹³	kø⁵⁵
74 温州	dø¹⁴	nɤu³¹	lø²²	tsø³³	tsɤu⁵¹	tsʰo³²³ 音殊	ku³³	ku²⁵
75 永嘉	dəɯ¹³	no³¹	ləɯ²²	tsʅ⁴⁴	tso⁵³	tsʰo⁴²³ 音殊	tɕʰiau⁴⁴	ku⁴⁵
76 乐清	dy²² 调殊	no³¹	ly²²	tɕy⁴⁴	tɕio⁴¹	tɕʰio³²³ 音殊	ku⁴⁴	ku³⁵
77 瑞安	dəɯ¹³	nou²²	ləɯ²²	tsəɯ⁴⁴	tsou⁵³	tsʰo³²³ 音殊	kʰau⁴⁴	kɯ³⁵
78 平阳	dʉ²³	nʉ²⁴²	lʉ³³	tɕy⁵⁵	tʃu⁵³	(无)	kʰau⁵⁵	ku⁴⁵
79 文成	dəy²²⁴	nou¹¹³	ləy⁴²⁴	tɕy⁵⁵	tʃou³³	(无)	kʰau⁵⁵	ku⁴⁵
80 苍南	dy²⁴	nu³¹	ly¹¹	tɕy⁴⁴	tsu⁴²	tsʰu⁴²	kʰau⁴⁴	ku⁵³
81 建德徽	tu²¹³	nu³³	lu⁵⁵	tsu⁵³	tsu³³	tsʰu³³	kʰu⁵³	ku²¹³
82 寿昌徽	tu²⁴ 姓～	nu¹¹² 文	lu³³	tsu¹¹²	tsu³³	tsʰu³³	kʰu¹¹²	ku²⁴
83 淳安徽	tʰa⁵⁵ 白 tʰu⁵³ 文	lu⁴³⁵	la⁵³	tɕya²⁴	tsu²⁴	tsʰu²⁴	kʰua²⁴	kua⁵⁵
84 遂安徽	tʰu⁴³	lu³³	lu⁵²	tsu⁵³⁴	tsəɯ⁴³	tsʰəɯ⁴³	kʰu⁵³⁴	ku²¹³
85 苍南闽	tɔ²¹	nũ²⁴	lɔ²¹	tsɔ⁵⁵	tsue²¹	tsʰɔ²¹ 文	kʰɔ⁵⁵	kɔ⁴³
86 泰顺闽	tu³¹	nu²²	tøi³¹	tsʅ²¹³	tsou⁵³	tsʰou⁵³	kʰou²¹³	ku³⁴⁴
87 洞头闽	tɔ²¹	nɔ̃¹¹³	lɔ²¹	tsɔ³³	tsue²¹	(无)	kʰɔ³³	kɔ⁵³
88 景宁畲	tu⁵¹ 白 tu⁴⁴ 文	nu²²	lu⁵¹	tsu⁴⁴	tso⁴⁴	tsʰo⁴⁴	fu⁴⁴	ku³²⁵

方言点	0073 苦	0074 裤	0075 吴	0076 五	0077 虎	0078 壶	0079 户	0080 乌
	遇合一 上模溪	遇合一 去模溪	遇合一 平模疑	遇合一 上模疑	遇合一 上模晓	遇合一 平模匣	遇合一 上模匣	遇合一 平模影
01 杭州	k^hu^{53}	k^hu^{45}	u^{213}	u^{53}	xu^{53}	u^{213}	u^{13}	u^{334}
02 嘉兴	k^hou^{113}	k^hou^{224}	vu^{242}	η^{113}	fu^{544}	vu^{242}	vu^{113}	vu^{42}
03 嘉善	k^hu^{334}	k^hu^{334}	u^{132}	η^{113}	fu^{44}声殊	u^{132}	u^{113}	u^{53}
04 平湖	k^hu^{213}	k^hu^{213}	u^{31}	η^{213}	fu^{44}	u^{31}	u^{213}	u^{53}
05 海盐	k^hu^{423}	k^hu^{334}	u^{31}	n^{423}	fu^{423}	u^{31}	u^{213}	u^{53}
06 海宁	$k^h\partial u^{53}$	$k^h\partial u^{35}$	u^{13}	η^{231}	fu^{53}声殊	u^{13}	u^{231}	u^{55}
07 桐乡	$k^h\partial u^{53}$	$k^h\partial u^{334}$	u^{13}	η^{242}	fu^{53}	u^{13}	u^{242}	u^{44}
08 崇德	k^hu^{53}	k^hu^{334}	u^{13}	η^{53}	hu^{53}	u^{13}	u^{53}	u^{44}
09 湖州	$k^h\partial u^{523}$	$k^h\partial u^{35}$	u^{112}	η^{523}	$x\partial u^{523}$	u^{112}	u^{523}	u^{44}
10 德清	$k^h\partial u^{52}$	$k^h\partial u^{334}$	∂u^{113}	∂u^{52}	$x\partial u^{52}$	∂u^{113}	∂u^{52}	∂u^{44}
11 武康	k^hu^{53}	k^hu^{224}	u^{113}	η^{242}	fu^{53}声殊	u^{113}	u^{53}	u^{44}
12 安吉	k^hu^{52}	k^hu^{324}	u^{22}	η^{52}	fu^{52}	u^{22}	u^{52}	u^{55}
13 孝丰	k^hu^{52}	k^hu^{324}	u^{22}	η^{52}	hu^{52}	u^{22}	u^{52}	u^{44}
14 长兴	$k^h\partial u^{52}$	$k^h\partial u^{324}$	u^{12}	η^{52}	$h\partial u^{52}$	u^{12}	vu^{52}	vu^{44}
15 余杭	k^hu^{53}	k^hu^{423}	u^{22}	η^{53}	fu^{53}声殊	u^{22}	u^{53}	u^{44}
16 临安	k^ho^{55}	k^ho^{55}	u^{33}	η^{33}	fu^{55}声殊	u^{33}	u^{33}	u^{55}
17 昌化	k^hu^{453}	k^hu^{544}	u^{112}	η^{243}	xu^{453}	u^{112}	u^{243}	u^{334}
18 於潜	k^hu^{51}	k^hu^{35}	u^{223}	u^{51}	xu^{51}	u^{223}	u^{24}	u^{433}
19 萧山	k^hu^{33}	k^hu^{42}	u^{355}	η^{13}	xu^{33}	u^{355}	u^{13}	u^{533}
20 富阳	k^hu^{423}	k^hu^{335}	u^{13}	η^{224}	hu^{423}	u^{13}	u^{335}	u^{53}
21 新登	k^hu^{334}	k^hu^{45}	u^{233}	u^{53}～个 η^{334}～更	hu^{334}	u^{233}	u^{13}	u^{53}
22 桐庐	k^hu^{33}	k^hu^{35}	u^{13}	η^{33}	xu^{33}	u^{13}	u^{24}	u^{533}
23 分水	k^hu^{53}	k^hu^{24}	u^{22}	u^{53}	xu^{53}	u^{22}	u^{13}	u^{44}
24 绍兴	k^hu^{334}	k^hu^{33}	u^{231}	η^{223}	fu^{334}	u^{231}	u^{223}	u^{53}
25 上虞	k^hu^{35}	k^hu^{53}	η^{213}白 u^{213}文	η^{213}	fu^{35}	u^{213}	u^{213}	u^{35}

续表

方言点	0073 苦 遇合一 上模溪	0074 裤 遇合一 去模溪	0075 吴 遇合一 平模疑	0076 五 遇合一 上模疑	0077 虎 遇合一 上模晓	0078 壶 遇合一 平模匣	0079 户 遇合一 上模匣	0080 乌 遇合一 平模影
26 嵊州	k^hu^{53}	k^hu^{334}	u^{213}	$ŋ^{22}$	fu^{53}	u^{213}	u^{24}	u^{534}
27 新昌	k^hu^{453}	k^hu^{335}	u^{22}	$ŋ^{232}$	fu^{453}	u^{22}	u^{232}	u^{534}
28 诸暨	k^hu^{42}	k^hu^{544}	vu^{13}	$ŋ^{242}$	fu^{42}	vu^{13}	vu^{242}	vu^{544}
29 慈溪	k^hu^{35}	k^hu^{44}	$ŋ^{13}$白 vu^{13}文	$ŋ^{13}$	fu^{44}调殊	vu^{13}	vu^{13}	u^{35}
30 余姚	k^hu^{34}	k^hu^{53}	vu^{13}	$ŋ^{13}$	fu^{44}	vu^{13}	vu^{13}	u^{44}
31 宁波	k^hu^{35}	k^hu^{44}	vu^{13}	$ŋ^{13}$	fu^{35}	vu^{13}	vu^{13}	u^{53}
32 镇海	k^hu^{35}	k^hu^{53}	vu^{24}	$ŋ^{24}$	fu^{35}	u^{24}	u^{24}	u^{53}
33 奉化	k^hu^{545}	k^hu^{53}	vu^{33}	$ŋ^{324}$	fu^{545}	vu^{33}	vu^{324}	u^{44}
34 宁海	k^hu^{53}	k^hu^{35}	$ŋ^{213}$	$ŋ^{31}$	hu^{53}	u^{213}	u^{31}	u^{423}
35 象山	k^hu^{44}	k^hu^{53}	u^{31}	$ŋ^{31}$	hu^{44}	u^{31}	u^{31}	u^{44}
36 普陀	k^hu^{45}	k^hu^{55}	u^{24}	$ŋ^{23}$	fu^{45}	u^{24}	u^{23}	u^{53}
37 定海	k^hu^{45}	khu^{44}	u^{23}	$ŋ^{23}$	fu^{45}	u^{23}	u^{23}	u^{52}
38 岱山	k^hu^{325}	k^hu^{44}	u^{23}	$ŋ^{244}$	fu^{325}	vu^{23}	vu^{23}	u^{52}
39 嵊泗	k^hu^{53}	k^hu^{53}	u^{243}	$ŋ^{445}$	fu^{445}	vu^{243}	vu^{243}	u^{53}
40 临海	k^hu^{52}	k^hu^{55}	$ŋ^{21}$白 u^{21}文	$ŋ^{52}$	hu^{52}	u^{21}	u^{52}	u^{31}
41 椒江	k^hu^{42}	k^hu^{55}	u^{31}	$ŋ^{42}$	hu^{42}	u^{31}	u^{42}	u^{42}
42 黄岩	k^hu^{42}	k^hu^{55}	u^{121}	$ŋ^{42}$	hu^{42}	u^{121}	u^{42}	u^{32}
43 温岭	k^hu^{42}	k^hu^{55}	$ŋ^{31}$	$ŋ^{42}$	hu^{42}	u^{31}	u^{42}	u^{33}
44 仙居	k^hu^{324}	k^hu^{55}	$ŋ^{213}$	$ŋ^{324}$	hu^{324}	u^{213}	u^{324}	u^{334}
45 天台	k^hu^{325}	k^hu^{55}	vu^{224}	$ŋ^{325}$	hu^{325}	vu^{51}小	vu^{214}	u^{33}
46 三门	k^hu^{325}	k^hu^{55}	u^{113}	$ŋ^{325}$	hu^{325}	u^{252}小	u^{213}	u^{334}
47 玉环	k^hu^{53}	k^hu^{55}	$ŋ^{31}$白 u^{31}文	$ŋ^{53}$	fu^{53}	u^{31}	u^{53}	u^{42}
48 金华	k^hu^{535}	k^hu^{55}	u^{313}	$ŋ^{535}$	xu^{535}	u^{313}	u^{535}~口 u^{14}一~	u^{334}

续表

方言点	0073 苦	0074 裤	0075 吴	0076 五	0077 虎	0078 壶	0079 户	0080 乌
	遇合一上模溪	遇合一去模溪	遇合一平模疑	遇合一上模疑	遇合一上模晓	遇合一平模匣	遇合一上模匣	遇合一平模影
49 汤溪	kʰu⁵³⁵	kʰu⁵²	u¹¹	ŋ¹¹³	xu⁵³⁵	u¹¹	u¹¹³	u²⁴
50 兰溪	kʰu⁵⁵	kʰu⁴⁵	u²¹	n⁵⁵	xu⁵⁵	u²¹	u²⁴	u³³⁴
51 浦江	kʰu⁵³	kʰu⁵⁵	u¹¹³	n²³²	xu⁵³	u¹¹³	u²⁴³	u⁵³⁴
52 义乌	kʰu⁴²³	kʰu⁴⁵	n²¹³白 u²¹³文	n³¹²	fu⁴²³	u²¹³	u²⁴	u³³⁵
53 东阳	kʰu⁴⁵³	kʰu⁴⁵³	u²¹³	n²¹³	fu⁴⁴	u²¹³	u²⁴	u³³⁴
54 永康	kʰu³³⁴	kʰu⁵²	ŋu²²	ŋ¹¹³	xu³³⁴	u²⁴¹小	u²⁴¹	u⁵⁵
55 武义	kʰu⁴⁴⁵	kʰu⁵³	n³²⁴	n¹³	xu⁴⁴⁵	u³²⁴	u¹³	u²⁴
56 磐安	kʰu³³⁴	kʰu⁵²	u²¹³	n²¹³调殊	xu³³⁴	u²¹³	u³³⁴	u⁴⁴⁵
57 缙云	kʰu⁵¹	kʰu⁴⁵³	ŋɤ²⁴³	ŋɤ³¹	xu⁵¹	vu²⁴³	vu³¹	vu⁴⁴
58 衢州	kʰu³⁵	kʰu⁵³	u²¹	ŋ²³¹	xu³⁵	u²¹	u²³¹	u³²
59 衢江	kʰuɤ²⁵	kʰuɤ⁵³	uɤ²¹²	ŋuɤ²¹²	xuɤ²⁵	uɤ²¹²	uɤ²¹²	uɤ³³白 u³³文
60 龙游	kʰu³⁵	kʰu⁵¹	ŋu²¹	n²²⁴	xu³⁵	u²¹	u²²⁴	u³³⁴
61 江山	kʰuə²⁴¹	kʰuə⁵¹	uə²¹³	ŋuə²²	xuə²⁴¹	uə²¹³	uə²²	uə⁴⁴
62 常山	kʰuə⁵²	kʰuə³²⁴	uə³⁴¹	ŋuə²⁴	xuə⁵²	uə³⁴¹	uə¹³¹	uə⁴⁴
63 开化	kʰuo⁵³	kʰuo⁴¹²	ŋɔ²³¹韵殊	ŋuo²¹³	xuo⁵³	uo²³¹	uo²¹³	uo⁴⁴
64 丽水	kʰu⁵⁴⁴	kʰu⁵²	ŋ²²白 u²²文	ŋ⁵⁴⁴	fu⁵⁴⁴白 xu⁵⁴⁴文	u²²	u⁵⁴⁴调殊	u²²⁴
65 青田	kʰø⁴⁵⁴	kʰø³³	ŋø²¹	ŋø⁴⁵⁴	fu⁴⁵⁴	vu²¹	vu⁴⁵⁴	vu⁴⁴⁵
66 云和	kʰu⁴¹	kʰu⁴⁵	ŋ³¹²	ŋ⁴¹	xu⁴¹	u³¹²	u⁴¹	u²⁴
67 松阳	kʰuə²¹²	kʰuə²⁴	ŋuə³¹	ŋuə²²	fuə²¹²	uə³¹	uə²²	uə⁵³
68 宣平	kʰu⁴⁴⁵	kʰu⁵²	n⁴³³白 u⁴³³文	n²²³	fu⁴⁴⁵	u⁴³³	u²²³	u³²⁴
69 遂昌	kʰuə⁵³³	kʰuə³³⁴	ŋuə²²¹	ŋuə¹³	xuə⁵³³	uə²²¹	uə¹³	uə⁴⁵
70 龙泉	kʰuɤɯ⁵¹	kʰuɤɯ⁴⁵	uɤɯ²¹	ŋou⁵¹	xuɤɯ⁵¹	uɤɯ²¹	uɤɯ⁵¹	uɤɯ⁴³⁴
71 景宁	kʰu³³	kʰu³⁵	ŋ⁴¹	ŋ³³	xu³³	u⁴¹	u³³	u³²⁴

续表

方言点	0073 苦 遇合一 上模溪	0074 裤 遇合一 去模溪	0075 吴 遇合一 平模疑	0076 五 遇合一 上模疑	0077 虎 遇合一 上模晓	0078 壶 遇合一 平模匣	0079 户 遇合一 上模匣	0080 乌 遇合一 平模影
72 庆元	kʰuɤ³³	kʰuɤ¹¹	ŋuɤ⁵²	ŋuɤ²²¹	xuɤ³³	uɤ⁵²	uɤ²²¹	uɤ³³⁵
73 泰顺	kʰø⁵⁵	kʰø³⁵	ŋø⁵³	ŋø⁵⁵	fø⁵⁵	uø⁵³	uø⁵⁵	uø²¹³
74 温州	kʰu²⁵	kʰu⁵¹	ŋ³¹	ŋ¹⁴	fu²⁵	vu³¹	vu¹⁴	u³³
75 永嘉	kʰu⁴⁵	kʰu⁵³	ŋ³¹	ŋ¹³	fu⁴⁵	u³¹	u¹³	u⁴⁴
76 乐清	kʰu³⁵	kʰu⁴¹	ŋ³¹	ŋ²⁴	fu³⁵	vu³¹	vu²⁴	u⁴⁴
77 瑞安	kʰɯ³⁵	kʰɯ⁵³	ŋ³¹	ŋ¹³	fɯ³⁵	vɯ³¹	vɯ¹³	ɯ⁴⁴
78 平阳	kʰu⁴⁵	kʰu⁵³	ŋ²⁴²	ŋ⁴⁵	fu⁴⁵	vu²⁴²	vu²³	vu⁵⁵
79 文成	kʰu⁴⁵	kʰu³³	ŋou¹¹³	ŋou²²⁴	fu⁴⁵	vu¹¹³	vu²²⁴	vu⁵⁵
80 苍南	kʰu⁵³	kʰu⁴²	ŋu³¹	ŋu⁵³	hu⁵³	u³¹	u²⁴	u⁴⁴
81 建德徽	kʰu²¹³	kʰu³³	u³³	n²¹³	hu²¹³	u³³	u²¹³	u⁵³
82 寿昌徽	kʰu²⁴	kʰu³³	u⁵²文	n⁵³⁴	xu²⁴	u⁵²	u²⁴文	u¹¹²
83 淳安徽	kʰua⁵⁵	kʰua²⁴	u⁴³⁵	ia⁵⁵	fu⁵⁵	u⁴³⁵	va⁵⁵	va²⁴
84 遂安徽	kʰu²¹³	kʰu⁴³	u³³	n²¹³	fu²¹³	u³³	u⁴³	u⁵³⁴
85 苍南闽	kʰɔ⁴³	kʰɔ²¹	gɔ²⁴	gɔ³²	hɔ⁴³	kɔ⁴³调殊	hɔ³²	ɔ⁵⁵
86 泰顺闽	kʰu³⁴⁴	kʰu⁵³	n²²	n³¹	fv³⁴⁴	fv²²	fv³¹	ou²¹³
87 洞头闽	kʰɔ⁵³	kʰɔ²¹	gɔ¹¹³	gɔ²¹	hɔ⁵³	ɔ¹¹³	hɔ²¹	ɔ³³
88 景宁畲	fu³²⁵白 kʰu³²⁵文	fu⁴⁴	ŋ²²	ŋ³²⁵	fu³²⁵	fu²²	fu⁵¹	u⁴⁴

方言点	0081 女	0082 吕	0083 徐	0084 猪	0085 除	0086 初	0087 锄	0088 所
	遇合三 上鱼泥	遇合三 上鱼来	遇合三 平鱼邪	遇合三 平鱼知	遇合三 平鱼澄	遇合三 平鱼初	遇合三 平鱼崇	遇合三 上鱼生
01 杭州	ȵy⁵³	ly⁵³	dʑy²¹³又 dzʮ²¹³又	tsʮ³³⁴	dzʮ²¹³	tsʰʮ³³⁴	dzʮ²¹³	səu⁵³
02 嘉兴	ȵy¹¹³	ly¹¹³	dʑi²⁴²	tsʅ⁴²	zʮ²⁴²	tsʰou⁴²	zou²⁴²	sou⁵⁴⁴
03 嘉善	ȵy¹¹³	ly¹¹³	dʑi¹³²	tsʅ⁵³	zʮ¹³²	tsʰu⁵³	zʮ¹³²	su³³⁴调殊
04 平湖	ȵy²¹³	ly²¹³	zi³¹	tsʅ⁵³	zʮ³¹	tsʰu⁵³	zu³¹	su⁴⁴
05 海盐	ȵy⁴²³	ly⁴²³	dʑi³¹	tsʅ⁵³	dzʮ³¹	tsʰu⁵³	zʅ³¹白 zu³¹文	so⁴²³
06 海宁	ȵi²³¹	li²³¹	dʑi¹³	tsʅ⁵⁵	zʅ¹³	tsʰəu⁵⁵	zʅ¹³	so⁵³
07 桐乡	ȵi²⁴²	li²⁴²	zi¹³	tsʅ⁴⁴	zʅ¹³	tsʰəu⁴⁴	zʅ¹³白 zəu¹³文	səu⁵³
08 崇德	ȵi⁵³	li⁵³	zi¹³	tsʅ⁴⁴	zʅ¹³	tsʰu⁴⁴	zu¹³	so⁵³
09 湖州	ȵi⁵²³	li⁵²³	zi¹¹²	tsʅ⁴⁴	dzʅ¹¹²	tsʰəu⁴⁴	dzʅ¹¹²	səu⁵²³
10 德清	ȵi⁵²	li⁵²	dʑi¹¹³	tsʅ⁴⁴	dzʅ¹¹³	tsʰəu⁴⁴	dzʅ¹¹³	səu⁵²
11 武康	ȵi²⁴²	li²⁴²	zi¹¹³	tsʅ⁴⁴	dzʅ¹¹³	tsʰu⁴⁴	dzʅ¹¹³	su⁵³
12 安吉	ȵi⁵²	li⁵²	zi²²	tsʅ⁵⁵	dzʅ²²	tsʰu⁵⁵	zʅ²²	su⁵²
13 孝丰	ȵi⁵²白 ȵy⁵²文	li⁵²	zi²²	tsʅ⁴⁴	dzʅ²²	tsʰu⁴⁴	zʅ²²	sʊ⁵²
14 长兴	ŋʅ⁵²	lʅ⁵²	ʒʅ¹²	tsʅ⁴⁴	dzʅ¹²	tsʰəu⁴⁴	dzʅ¹²	su⁵²
15 余杭	ȵi⁵³	li⁵³	zi²²	tsʅ⁴⁴	zʅ²²	tsʰu⁴⁴	zʅ²²	suo⁵³韵殊
16 临安	ȵy³³	ly³³	zi³³	tsʅ⁵⁵	dʑy³³	tsʰu⁵⁵	zʅ³³	so⁵⁵
17 昌化	ȵy⁴⁵³	ly⁴⁵³	zʅ¹¹²姓~ ʑy¹¹²~州	tɕy³³⁴	ʑy¹¹²	tsʰu³³⁴	ʑy¹¹²	su⁴⁵³
18 於潜	ȵy⁵¹	li⁵¹	zi²²³	tɕy⁴³³	dʑy²²³	tsʰu⁴³³	ʑy²²³	su⁵¹
19 萧山	ȵy¹³	li¹³	zi³⁵⁵	tsʅ⁵³³	dʑy³⁵⁵	tsʰu⁵³³	zʅ³⁵⁵	so³³
20 富阳	ȵy²²⁴	li²²⁴	dʑi¹³	tsʅ⁵³	dʑy¹³	tsʰʊ⁵³	zʅ¹³	so³³⁵
21 新登	ȵy³³⁴	li³³⁴	zi²³³	tsʮ⁵³	dzʮ²³³	tsʰu⁵³	zʮ²³³	su³³⁴
22 桐庐	ȵy³³	li³³	dʑi¹³	tsʅ⁵³³	dʑy¹³	tsʰu⁵³³	zʅ¹³	su³³
23 分水	ȵy⁵³	ly⁵³	zi²²	tɕy⁴⁴	dʑy²²	tsʰu⁴⁴	dzu²²	su⁵³

续表

方言点	0081 女 遇合三 上鱼泥	0082 吕 遇合三 上鱼来	0083 徐 遇合三 平鱼邪	0084 猪 遇合三 平鱼知	0085 除 遇合三 平鱼澄	0086 初 遇合三 平鱼初	0087 锄 遇合三 平鱼崇	0088 所 遇合三 上鱼生
24 绍兴	ȵy^{223}	li^{223}白 ly^{223}文	dʑi^{231}	tsɿ^{53}	dʑy^{231}	tsʰu^{53}	zɿ^{231}白 zu^{231}文	so^{334}
25 上虞	ȵy^{213}	li^{213}	zi^{213}	tsɿ^{35}	dʑy^{213}	tɕʰy^{35}	zɿ^{213}	so^{35}
26 嵊州	ȵy^{22}	li^{22}	dʑi^{213}	tsɿ^{53}	dʑɿ^{213}	tsʰu^{534}	zɿ^{213}	so^{53}
27 新昌	ȵy^{232}	li^{232}	dʑi^{22}	tsɿ^{534}	dʑɿ^{22}	tsʰu^{534}	zɿ^{22}	su^{453}
28 诸暨	ny^{242}	lɿ^{242}	dʒɿ^{13}	tsɿ^{544}	dʑy^{13}	tsʰu^{544}	zɿ^{13}	sɣu^{42}
29 慈溪	ȵy^{13}	li^{13}	i^{13}	tsɿ^{35}	dzʮ^{13}	tsʰʮ^{35}	dzʮ^{13}	səu^{35}
30 余姚	ȵy^{13}	li^{13}又 ly^{13}又	i^{13}	tsɿ^{44}	dzʮ^{13}	tsʰʮ^{44}	dzʮ^{13}	sou^{34}
31 宁波	ȵy^{13}	li^{13}	zi^{13}	tsʮ^{35}	dzʮ^{13}	tsʰu^{53}	zʮ^{13}白 dzu^{13}文	so^{35}
32 镇海	ȵy^{24}	li^{24}	zi^{24}	tsʮ^{35}调殊	dzʮ^{24}	tsʰu^{53}	dzʮ^{24}	so^{35}
33 奉化	ȵy^{324}	li^{324}	zi^{33}	tsʮ^{545}调殊	dzʮ^{33}	tsʰu^{44}	zɿ^{33}~头	so^{545}
34 宁海	ȵy^{31}	ly^{31}	zʮ^{213}	tsɿ^{423}	dzʮ^{213}	tsʰu^{423}	zɿ^{213}~头	su^{53}
35 象山	ȵy^{31}	li^{31}	zʮ^{31}	tsʮ^{44}	dzʮ^{31}	tsʰu^{44}	zʮ^{31}	so^{44}
36 普陀	ȵy^{23}	li^{23}	i^{24}	tsʮ^{45}小	dzʮ^{24}	tsʰu^{53}	dzʮ^{24}	so^{45}
37 定海	ȵy^{23}	li^{23}	i^{23}	tsʮ^{45}小	dzʮ^{23}	tsʰu^{52}	dzʮ^{23}	so^{45}
38 岱山	ȵy^{244}	li^{244}	i^{23}	tsʮ^{325}小	dzʮ^{23}	tsʰu^{52}	zʮ^{23}	so^{325}
39 嵊泗	ȵy^{445}	li^{445}	i^{243}	tsʮ^{445}小	dzʮ^{243}	tɕʰy^{53}又 tsʰu^{53}又	dzʮ^{243}	so^{445}
40 临海	ȵy^{52}~人	ly^{52}	ʑy^{21}	tsɿ^{31}	dʑy^{21}	tsʰu^{31}	zɿ^{21}~头	su^{52}
41 椒江	ȵy^{42}	ly^{42}	zʮ^{31}	tsɿ^{42}	dzʮ^{31}	tsʰəu^{42}	zɿ^{31}	so^{42}
42 黄岩	ȵy^{42}	ly^{42}	zʮ^{121}	tsɿ^{32}	dzʮ^{121}	tsʰou^{32}	zʮ^{121}	so^{42}
43 温岭	ȵy^{42}	ly^{42}	ʑy^{31}	tsɿ^{33}	dʑy^{31}	tsʰu^{33}	zɿ^{31}	su^{42}
44 仙居	ȵy^{324}	ly^{324}	ʑy^{213}	tsɿ^{334}	dʑy^{213}	tsʰu^{334}	zɿ^{213}	su^{324}
45 天台	ȵy^{214}~人	ly^{214}	ʑy^{224}	tsɿ^{33}	dʑy^{224}	tsʰu^{33}	zɿ^{224}	su^{325}
46 三门	ȵy^{325}	ly^{325}	zʮ^{113}	tsɿ^{334}	dzʮ^{113}	tsʰu^{334}	zɿ^{113}	sʮ^{325}

续表

方言点	0081 女 遇合三 上鱼泥	0082 吕 遇合三 上鱼来	0083 徐 遇合三 平鱼邪	0084 猪 遇合三 平鱼知	0085 除 遇合三 平鱼澄	0086 初 遇合三 平鱼初	0087 锄 遇合三 平鱼崇	0088 所 遇合三 上鱼生
47 玉环	n̠y⁵³	ly⁵³	ʑy³¹	tsɿ⁴²	dʑy³¹	tsʰəu⁴²	zəu³¹	so⁵³
48 金华	n̠y⁵³⁵	ly⁵³⁵	ʑy³¹³	tɕy³³⁴	dʑy³¹³	tsʰu³³⁴	zɿ³¹³白 dʑy³¹³文	suɤ⁵³⁵
49 汤溪	n̠y¹¹³	li¹¹³	zi¹¹	tsɿ²⁴	dʑy¹¹	tsʰu²⁴	zɿ¹¹	suɤ⁵³⁵
50 兰溪	n̠y⁵⁵	li⁵⁵	zi²¹	tsɿ³³⁴	dʑy²¹	tsʰu³³⁴	zɿ²¹	suɤ⁵⁵
51 浦江	n̠y²⁴³	li²⁴³	zi¹¹³	tʃi⁵³⁴	dʑy¹¹³	tsʰu⁵³⁴	zɿ¹¹³	suɯ⁵³
52 义乌	na²⁴白 n̠y³¹²文	li³¹²白 ly³¹²文	zi²¹³白 ʑy²¹³文	tsua³³⁵	dʑy²¹³	tsʰu³³⁵	zua²¹³	suɤ⁴²³
53 东阳	n̠iʊ²³¹	li²³¹	zɿ²¹³	tso³³⁴	dzɿ²¹³	tsʰu³³⁴	zɔ²¹³	sʊ⁴⁴
54 永康	n̠y¹¹³	ly¹¹³	ʑy²²	tɕi⁵⁵	dʑy²²	tsʰu⁵⁵	zuɑ¹¹³	suo³³⁴
55 武义	n̠y¹³	ly¹³	zi³²⁴	li²⁴	dʑy³²⁴	tsʰu²⁴	zuɑ³²⁴	suo⁴⁴⁵
56 磐安	n̠y³³⁴	ly³³⁴	ʑy²¹³	tsuə⁴⁴⁵	dʑy²¹³	tsʰu⁴⁴⁵	zuə²¹³	suə³³⁴
57 缙云	n̠y³¹	ly³¹	zʮ²⁴³	ti⁴⁴	dzʮ²⁴³	tsʰu⁴⁴	zɔ²⁴³	su⁵¹
58 衢州	na²³¹白 n̠y⁵³文	li⁵³	zɿ²¹	tʃy³²	dʒy²¹	tsʰu³²	zɿ²¹白 zu²¹文	su³⁵
59 衢江	nuo²¹²白 n̠y⁵³文	li⁵³调殊	zɿ²¹²	tuo³³	die²¹²~衣裳 dʑy²¹²~法	tsʰou³³	zuo²¹²	sou²⁵
60 龙游	nuɑ²²⁴白 n̠y²²⁴文	li⁵¹调殊	ʑy²¹	tuɑ³³⁴白 tɕy³³⁴文	dʑy²¹	tsʰu³³⁴	zuɑ²¹白 dzu²¹文	su³⁵
61 江山	nɒ²²白 ŋyə²²文	lyə²²	zə²¹³	tɒ⁴⁴	dʑyə²¹³	tsʰo⁴⁴	zɒ²¹³	so⁴⁴调殊
62 常山	nɑ²⁴白 n̠y⁵³文	lui⁵²	zɿə³⁴¹	tɑ⁴⁴	die³⁴¹白 dʑy³⁴¹文	tsʰi⁴⁴~一 tsʰuə⁴⁴地名 tsʰu⁴⁴~中	zɑ³⁴¹	sɔ⁵²
63 开化	nɑ²¹³白 n̠y⁵³文	ly⁵³	zɿə²³¹老 dʑy²³¹新	tɑ⁴⁴	die²³¹白 dʑy²³¹文	tsʰuei⁴⁴白 tsʰu⁴⁴文	zɑ²³¹	sɔ⁵³
64 丽水	n̠y⁵⁴⁴	ly⁵⁴⁴	zʮ²²	ti²²⁴	dzʮ²²	tsʰu²²⁴	zuo²²	su⁵⁴⁴
65 青田	n̠ieu⁴⁵⁴	leu⁴⁵⁴	zɿ²¹	dʑi⁴⁴⁵	dzʮ²¹	tsʰu⁴⁴⁵	zʮ²¹	su⁴⁵⁴
66 云和	n̠y⁴¹	ly⁴¹	zʮ³¹²	ti²⁴	dzʮ³¹²	tsʰu²⁴	zo³¹²	su⁴¹
67 松阳	n̠yɛ²²	lyɛ²²	ʑyɛ³¹	tuə⁵³	dʑyɛ³¹	tsʰɿə⁵³	zuə³¹	suə²¹²
68 宣平	n̠y²²³	ly²²³	ʑy⁴³³	ti³²⁴	dʑy⁴³³	tsʰu³²⁴	zo⁴³³	so⁴⁴⁵

方言点	0081 女	0082 吕	0083 徐	0084 猪	0085 除	0086 初	0087 锄	0088 所
	遇合三 上鱼泥	遇合三 上鱼来	遇合三 平鱼邪	遇合三 平鱼知	遇合三 平鱼澄	遇合三 平鱼初	遇合三 平鱼崇	遇合三 上鱼生
69 遂昌	ȵyɛ^{13}	lyɛ^{13}	zyɛ^{221}	tɒ^{45}	dzyɛ^{221}	tɕʰiu^{45}白 tsʰuə^{45}文	zɒ^{221}	su^{533}
70 龙泉	na^{51}白 ȵy^{51}文	li^{51}	zy^{21}	to^{434}白 tɕy^{434}文	dzy^{21}	tsʰɣɯ^{434}	zo^{21}	sɣɯ^{51}
71 景宁	ȵy^{33}	ly^{33}	zy^{41}	ti^{324}白 tɕy^{324}文	dzy^{41}	tsʰəɯ^{324}	zo^{41}	səɯ^{33}
72 庆元	ȵyE^{221}	li^{221}	ɕyE^{52}	ɗo^{335}	tɕyE^{52}	tsʰɣ^{335}	so^{52}	so^{33}
73 泰顺	ȵy^{55}	lø^{55}	ɕy^{53}	ti^{213}	tɕy^{53}	tsʰo^{213}	so^{53}	so^{55}
74 温州	ȵy^{14}	lø^{14}	zei^{31}	tsei^{33}	dzʮ^{31}	tsʰɣu^{33}	zʮ^{31}板~ zɣu^{31}~地	so^{25}
75 永嘉	ȵy^{13}	ləɯ^{13} lənu^{13}	zʮ^{31}	tsʮ^{44}	dzɥ^{31}	tsʰo^{44}	zʮ^{31}	so^{45}
76 乐清	ȵy^{24}	ly^{24}	zi^{31}	tɕi^{44}	dzy^{31}	tɕʰio^{44}	zʮ^{31}板~ zo^{31}~地	so^{35}
77 瑞安	ȵy^{13}	ləɯ^{13}	zei^{31}	tsei^{44}	dzəɯ^{31}	tsʰou^{44}	zʮ^{31}	so^{35}
78 平阳	ȵy^{45}	lʉ^{45}	dzi^{242}	tɕi^{55}	dzy^{242}	tʃʰu^{55}	zʮ^{242}	so^{45}
79 文成	ȵy^{224}	løy^{224}	zei^{113}	tɕi^{55}	dzy^{113}	tʃʰou^{55}	zʮ^{113}	so^{45}
80 苍南	ȵyɛ^{53}	ly^{53}	dʑi^{11}又 dʑi^{31}又	tɕi^{44}	dzy^{31}	tsʰu^{44}	zʮ^{31}白 dzy^{31}文	so^{53}
81 建德徽	y^{213}白 ȵy^{213}文	li^{55}	ɕi^{33}	tsʮ^{53}	tɕy^{33}	tsʰu^{53}	sʮ^{33}	so^{55}
82 寿昌徽	ȵy^{534}	luei^{55}姓~	tɕʰy^{52}	tsʮ^{112}	tɕʰy^{52}	tsʰu^{112}	sʮ^{112}文	su^{55}~长
83 淳安徽	ya^{55}	li^{55}	tɕya^{24}白 ɕy^{24}文	tɕya^{24}白 tɕy^{24}文	tɕʰya^{435}	tɕʰya^{24}	ɕya^{435}	su^{55}
84 遂安徽	y^{213}	liu^{213}	ɕy^{33}	tɕy^{534}	tɕʰy^{33}	tsʰu^{534}	tɕʰy^{33}	so^{213}
85 苍南闽	lɯ^{43}	lɯ^{21}	sɯ^{24}	tɯ^{55}	tɯ^{24}	tsʰue^{55}	tɯ^{21}调殊	so^{43}
86 泰顺闽	ny^{344}	ly^{344}	ɕy^{22}	ty^{213}	ty^{22}	tsʰøi^{213}白 tsʰʮ^{213}文	ty^{22}	sou^{344}
87 洞头闽	lɯ^{53}	lɯ^{21}	sʮ^{113}	tɯ^{33}	tɯ^{113}	tsʰue^{33}白 tsʰɔ^{33}文	tɯ^{113}	so^{53}
88 景宁畲	ȵy^{325}	ly^{325}	ɕy^{22}	tɕy^{44}	tɕʰy^{22}	tsʰu^{44}	tɕʰy^{22}	su^{325}

方言点	0089 书	0090 鼠	0091 如	0092 举	0093 锯名	0094 去	0095 渠~道	0096 鱼
	遇合三平鱼书	遇合三上鱼书	遇合三平鱼日	遇合三上鱼见	遇合三去鱼见	遇合三去鱼溪	遇合三平鱼群	遇合三平鱼疑
01 杭州	sʮ³³⁴	tsʰu⁵³	zʮ²¹³	tɕy⁵³	tɕy⁴⁵	tɕʰi⁴⁵	dʑy²¹³	y²¹³
02 嘉兴	sʮ⁴²	tsʰʮ¹¹³	zɿ²⁴²	tɕy⁵⁴⁴	tɕy²²⁴	tɕʰy²²⁴	dʑy²⁴²	ŋ²⁴²
03 嘉善	sʮ⁵³	sʮ⁴⁴	zʮ¹³²	tɕy⁴⁴	kɛ³³⁴白 tɕy³³⁴文	tɕʰi³³⁴	dʑy¹¹³	ŋ¹³²
04 平湖	sʮ⁵³	sʮ⁴⁴	zʮ³¹	tɕy⁴⁴	kəɯ³³⁴	tɕʰi²¹³	dʑy²¹³	ŋ³¹
05 海盐	ɕy⁵³	tɕʰy³³⁴	dʑy³¹	tɕy⁴²³	ke³³⁴	tɕʰi³³⁴	dʑy³¹	n³¹
06 海宁	sɿ⁵⁵	sɿ⁵³	zɿ¹³	tɕi⁵³	kəɯ⁵³	tɕʰi³⁵	dʑi²³¹	ŋ¹³
07 桐乡	sɿ⁴⁴	sɿ⁵³	zɿ¹³	tɕi⁵³	ki³³⁴	tɕʰi³³⁴	dʑi¹³	ŋ¹³
08 崇德	sɿ⁴⁴	sɿ⁴⁴白 tsʰɿ⁴⁴文	zɿ¹³	tɕi⁵³	ki³³⁴	tɕʰi³³⁴	dʑi¹³	ŋ¹³
09 湖州	sɿ⁴⁴	tsʰɿ⁵²³	zɿ¹¹²	tɕi⁵²³	køɐ³⁵	tɕʰi³⁵	dʑi¹¹²	ŋ¹¹²
10 德清	sɿ⁴⁴	tsʰɿ⁵²	dzɿ¹¹³	tɕi⁵²	ka⁵²	tɕʰi³³⁴	dʑi¹¹³	ŋ¹¹³
11 武康	sɿ⁴⁴	tsʰɿ⁵³	zɿ¹¹³	tɕi⁵³	kɛ²²⁴	tɕʰi²²⁴	dʑi¹¹³	ŋ¹¹³
12 安吉	sɿ⁵⁵	tsʰɿ³²⁴	zi²²	dʑi²⁴³	kəɪ³²⁴	tɕʰi³²⁴	dʑy²¹³	ŋ²²
13 孝丰	sɿ⁴⁴	tsʰɿ⁵²	zi²²	tɕi⁵²	kəɪ³²⁴	tɕʰi³²⁴	dʑy²¹³	ŋ²²
14 长兴	sɿ⁴⁴	（无）	zɿ¹²	tʃʮ⁵²	kɯ³²⁴	tʃʰʮ³²⁴	dʒʮ²⁴	ŋ¹²
15 余杭	sɿ⁴⁴	tsʰɿ⁵³	zɿ²⁴³	tɕi⁴⁴	tɕi⁴²³	tɕʰi⁴²³	dʑi²¹³	ŋ²²
16 临安	ɕy⁵⁵	tsʰɿ⁵⁵	zʮ³³	tɕy⁵⁵	kᴇ⁵⁵	tɕʰi⁵⁵	dʑy³³	ŋ³³
17 昌化	ɕy³³⁴	tɕʰy⁴⁵³	ʑy¹¹²	tɕy⁵⁴⁴	tɕy⁵⁴⁴	tɕʰi⁵⁴⁴	ʑy¹¹²	y¹¹²新 ŋ¹¹²老
18 於潜	ɕy⁴³³	tɕʰy⁵¹	ʑy²²³	tɕy³⁵	kiəu³⁵	tɕʰi³⁵	dʑy²⁴	y²²³
19 萧山	sɿ⁵³³	tsʰi³³	zɿ³⁵⁵	tɕy³³	ki⁴²白 tɕy⁴²文	tɕʰi⁴²	dʑy³⁵⁵	ŋ³⁵⁵
20 富阳	ɕy⁵³	tɕʰy³³⁵	ʑy¹³	tɕy⁵³	tɕi³³⁵	tɕʰi³³⁵	dʑy¹³	y¹³
21 新登	sʮ⁵³	tsʰʮ³³⁴	zʮ²³³	tsʮ³³⁴	kəu⁴⁵	tɕʰi⁴⁵	dʑʮ²³³	ʮ²³³
22 桐庐	ɕy⁵³³	tɕʰy³³	zu¹³	tɕy³³	kᴇ³⁵白 tɕy³⁵文	kʰi³⁵	dʑy¹³	ŋ¹³
23 分水	su⁴⁴	tɕʰy⁵³	lu²²	tɕy⁵³	tɕy²⁴	tɕʰy²⁴	dʑy²²	y²²

方言点	0089 书	0090 鼠	0091 如	0092 举	0093 锯名	0094 去	0095 渠~道	0096 鱼
	遇合三平鱼书	遇合三上鱼书	遇合三平鱼日	遇合三上鱼见	遇合三去鱼见	遇合三去鱼溪	遇合三平鱼群	遇合三平鱼疑
24 绍兴	ɕy⁵³	tsʰɿ⁵³白 tɕʰy³³文	zy²³¹	tɕy³³⁴	kᴇ³³白 tɕy³³文	tɕʰi³³	dʑy²²³调殊	ŋ²³¹
25 上虞	ɕy³⁵	tsʰɿ³⁵	zy²¹³	tɕy³⁵	kie⁵³	tɕʰi⁵³	dʑy²¹³	ŋ²¹³
26 嵊州	sɿ⁵³⁴	tsʰɿ⁵³	zɿ²¹³	tɕy⁵³	kᴇ³³⁴	tɕʰi³³⁴白 tɕʰy³³⁴文	dʑy²¹³	ŋ²¹³
27 新昌	sɿ⁵³⁴	tsʰɿ⁴⁵³	zɿ²²	tɕy⁴⁵³	ke³³⁵	tɕʰi³³⁵	dʑy²²	ŋ²²
28 诸暨	ɕy⁵⁴⁴	tɕʰy⁴²白	y¹³	tɕy⁴²	kie⁵⁴⁴	kʰie⁵⁴⁴	dʑy¹³	ŋ¹³
29 慈溪	sʮ³⁵	tsʰɿ⁴⁴调殊	zʮ¹³	tɕy³⁵	kie⁴⁴	kʰe⁴⁴白 tɕʰy⁴⁴文	dʑy¹³	ŋ¹³
30 余姚	sʮ⁴⁴	tsʰɿ⁵³	zʮ¹³	tɕy³⁴	ke⁵³	kʰe⁵³	dʑy¹³	ŋ¹³
31 宁波	sʮ⁵³	tsɿ³⁵老~ tsʰʮ³⁵~疫	zʮ¹³	tɕy³⁵	ki⁵³ tɕy⁵³	tɕʰi⁴⁴	dʑy¹³	ŋ¹³
32 镇海	sʮ⁵³	tsʰʮ³⁵	zʮ²⁴	tɕy³⁵	ki⁵³	tɕʰi⁵³	dʑy²⁴	ŋ²⁴
33 奉化	sʮ⁴⁴	tsʰʮ⁵⁴⁵单用 tsɿ⁵⁴⁵老~	zʮ³³	tɕy⁵⁴⁵	kiɛ⁵³	tɕʰi⁵³	dʑy³³	ŋ³³
34 宁海	sʮ⁴²³	tsʰɿ⁵³老~	zʮ²¹³	ky⁵³	kie³⁵	tsʰɿ³⁵又 tɕʰic⁵³又	ɡy²¹³	ŋ²¹³
35 象山	sʮ⁴⁴	tsʰɿ⁴⁴	zʮ³¹	tɕy⁴⁴	ki⁵³	tɕʰiɛ⁵³	dʑy³¹	ŋ³¹
36 普陀	sʮ⁵³	tsʰɿ⁴⁵	zʮ²⁴	tɕy⁴⁵	tɕy⁵⁵	tɕʰi⁵⁵	dʑy²⁴	ŋ²⁴
37 定海	sʮ⁵²	tsʰɿ⁴⁵	zʮ²³	tɕy⁴⁵	ki⁵²	tʰɕi⁴⁴	dʑy²³	ŋ²³
38 岱山	sʮ⁵²	tsʰɿ⁵²	zʮ²³	tɕy³²⁵	ki⁵²	tɕʰi⁴⁴	dʑy²¹³调殊	ŋ²³
39 嵊泗	sʮ⁵³	tsʰɿ⁵³	zʮ²⁴³	tɕy⁴⁴⁵	ki⁵³	tɕʰi⁵³	dʑy²¹³调殊	ŋ²⁴³
40 临海	ɕy³¹	tsʰɿ⁵²	zy²¹	ky⁵²	ke⁵⁵	kʰe⁵⁵	ɡy²¹	ŋ²¹
41 椒江	sʮ⁴²	tsʰɿ⁴²	zʮ³¹	ky⁴²	kə⁵⁵	kʰə⁵⁵	ɡy³¹	ŋ²⁴小
42 黄岩	sʮ³²	tsʰɿ⁴²	zʮ¹²¹	ky⁴²	kie⁵⁵白 ky⁵⁵文	kʰie⁵⁵白 kʰy⁵⁵文	ɡy¹²¹	n¹²¹
43 温岭	ɕy³³	tsʰɿ⁴²	zy³¹	ky⁴²	kie⁵⁵	kʰie⁵⁵	ɡy³¹	ŋ²⁴小
44 仙居	ɕy³³⁴	tsʰɿ³²⁴	zy²¹³	cy³²⁴	kæ⁵⁵	kʰæ⁵⁵	ɟy²¹³	ŋ²¹³

方言点	0089 书	0090 鼠	0091 如	0092 举	0093 锯名	0094 去	0095 渠~道	0096 鱼
	遇合三平鱼书	遇合三上鱼书	遇合三平鱼日	遇合三上鱼见	遇合三去鱼见	遇合三去鱼溪	遇合三平鱼群	遇合三平鱼疑
45 天台	ɕy³³	tsʰʅ³²⁵	ʑy²²⁴ ～果	ky³²⁵	kei⁵⁵	kʰei⁵⁵	gy²²⁴	ŋ⁵¹ 小
46 三门	sʮ³³⁴	tsʰʮ³²⁵	zʮ¹¹³	ky³²⁵	ke⁵⁵	tɕʰi⁵⁵	gy¹¹³	ŋ²⁵² 小
47 玉环	ɕy⁴²	tsʰʅ⁵³	ʑy³¹	tɕy⁵³	kie⁵⁵ 白 tɕy⁵⁵ 文	kʰie⁵⁵ 白 tɕʰy⁵⁵ 文	gy²² 白 dzy²² 文	ŋ²⁴ 小
48 金华	ɕy³³⁴	tsʰʅ⁵³⁵	ʑy³¹³	tɕy⁵³⁵	kɤ⁵⁵	kʰɤ⁵⁵	dzy³¹³	ȵy³¹³
49 汤溪	ɕy²⁴	tsʰʅ⁵³⁵	ʑy¹¹	tɕy⁵³⁵	kɯ⁵²	kʰəɯ⁵²	dzy¹¹	ȵy¹¹
50 兰溪	ɕy³³⁴	tsʰʅ⁵⁵	ʑy²¹	tɕy⁵⁵	kəɯ⁴⁵	kʰi⁴⁵	dzy²¹	ȵy²¹
51 浦江	ɕy⁵³⁴	tsʅ⁵³ 声殊	ʑy¹¹³	tɕy⁵³	kə̃⁵⁵ 韵殊	tɕʰi⁵⁵	dzy¹¹³	ȵy¹¹³
52 义乌	ɕy³³⁵	tsʰi⁴²³	y²¹³	tɕy⁴²³	kɐɯ⁴⁵	kʰai⁴⁵	dzy²¹³	n²¹³
53 东阳	sʅ³³⁴	tsʰe⁴⁴	zʅ²¹³	tɕiʊ⁴⁵³	kəɯ⁴⁵³	kʰəɯ⁴⁵³	dzyu²¹³	ȵyun²¹³ 小
54 永康	ɕy⁵⁵	tɕʰi³³⁴	ʑy²²	tɕy³³⁴	kɯ⁵²	kʰɯ⁵²	dzy²²	ȵy²⁴¹ 小
55 武义	ɕy²⁴	tɕʰi⁴⁴⁵	ʑy³²⁴	tɕy⁴⁴⁵	kɯ⁵³	kʰɯ⁵³	dzy³²⁴	ȵy³²⁴
56 磐安	ɕy⁴⁴⁵	tɕʰi³³⁴	ʑy²¹³	tɕy³³⁴	kɐɯ⁵²	kʰɐɯ⁵²	dzy²¹³	ȵy²¹³
57 缙云	sʮ⁴⁴	tsʰʅ⁵¹	zʮ²⁴³	tɕy⁵¹	kɤ⁴⁵³	kʰɤ⁴⁵³	dzy³¹	ȵy²⁴³
58 衢州	ʃy³²	tʃʰy³⁵	ʒy²¹	tʃy⁵³ 调殊	kɯ⁵³	kʰi⁵³	dʒy²¹	ŋ²¹
59 衢江	ɕyø³³	tɕʰyø²⁵	ʑy²¹²	tɕy⁵³ 调殊	kɤ⁵³	kʰɤ⁵³	dzy²¹²	ŋɤ²¹²
60 龙游	ɕy³³⁴	tsʰʅ³⁵ 白 tɕʰy³⁵ 文	ʑy²¹	tɕy⁵¹ 调殊	kəɯ⁵¹ 白 tɕy⁵¹ 文	kʰə?⁴	dzy²¹	ŋəɯ²¹
61 江山	ɕiə⁴⁴ 白 ɕyə⁴⁴ 文	tɕʰiə²⁴¹	ʑyə²¹³	kyə⁴⁴	kə⁵¹	kʰə⁵¹	gyə²¹³	ŋə²¹³
62 常山	ɕie⁴⁴	tɕʰie⁵²	y³⁴¹	tɕy⁵²	kɤ³²⁴	kʰɤ³²⁴	dzy³⁴¹	ŋɤ³⁴¹
63 开化	ɕiɛ⁴⁴ 白 ɕy⁴⁴ 文	tɕʰiɛ⁵³	ʑy²¹³ 调殊	tɕy⁵³	kə⁴¹²	kʰiɛ⁴¹²	dzy²³¹	ŋə²³¹
64 丽水	sʮ²²⁴	tsʰʅ⁵⁴⁴	zʮ²²	tsʮ⁵⁴⁴	kɯ⁵²	kʰɯ⁵²	dzʮ²²	ŋəɯ²²
65 青田	sʮ⁴⁴⁵	tsʰʅ⁴⁵⁴	zʮ²¹	tsʮ⁴⁵⁴	kɛ³³	kʰi³³	dzʮ²¹	ŋɛ²¹
66 云和	sʮ²⁴	tsʰʅ⁴¹	ȵy²⁴ 调殊	tsʮ⁴¹	tsʮ⁴⁵	kʰi⁴⁵	dzʮ³¹²	ȵy²⁴ 调殊
67 松阳	ɕyɛ⁵³	tsʰʅə²¹²	ȵyɛ³¹	tɕyɛ²¹²	kɯə²⁴	kʰɯə²⁴	dzyɛ²²	ŋɯə³¹

续表

方言点	0089 书	0090 鼠	0091 如	0092 举	0093 锯名	0094 去	0095 渠~道	0096 鱼
	遇合三平鱼书	遇合三上鱼书	遇合三平鱼日	遇合三上鱼见	遇合三去鱼见	遇合三去鱼溪	遇合三平鱼群	遇合三平鱼疑
68 宣平	ɕy³²⁴	tsʰɿ⁴⁴⁵	zy⁴³³	tɕy⁴⁴⁵	kɯ⁵²	kʰɯ⁵²	dʑy⁴³³	ȵ⁴³³
69 遂昌	ɕyɛ⁴⁵	tɕʰiɛ⁵³³	ȵyɛ²²¹	tɕyɛ⁵³³	kɤ³³⁴	kʰɤ³³⁴	dʑyɛ²²¹ dʑyɛ²²¹	ŋɤ²²¹
70 龙泉	ɕy⁴³⁴	tɕʰi⁵¹	ȵy²¹	tɕy⁵¹	kɤɯ⁴⁵白 tɕy⁴⁵文	kʰɤɯ⁴⁵白 tɕʰy⁴⁵文	dʑy²¹	ŋɤɯ²¹白 ȵy²¹文
71 景宁	ɕy³²⁴	tɕʰi³³	zy⁴¹	tɕy³³	tɕy³⁵	kʰi³⁵	dʑy⁴¹	ȵy³²⁴调殊
72 庆元	ɕyE³³⁵	tɕʰiE³³	ȵyE¹¹	tɕyE³³	kæ̃⁵⁵小	kʰɤ¹¹	tɕy³¹	ŋɤ¹¹
73 泰顺	ɕy²¹³	tsʰɿ⁵⁵	ɕy⁵³	tɕy⁵⁵	ki³⁵	tsʰɿ³⁵	tɕy⁵³	ȵy²¹³
74 温州	sɿ³³	tsʰei²⁵	zɿ³¹	tɕy²⁵	ku⁵¹又 kø⁵¹又	kʰei⁵¹白 tɕʰy⁵¹文	dʑy³¹	ŋø³¹
75 永嘉	sɥ⁴⁴	tsʰɿ⁴⁵	zɥ³¹	tsɥ⁴⁵	ku⁵³	kʰei⁵³白 tsʰɥ⁵³文	dʑɥ³¹	ŋ³¹
76 乐清	sy⁴⁴	tɕʰi³⁵	zy³¹	tɕy³⁵	tɕi⁴¹	tɕʰi⁴¹白 tɕʰy⁴¹文	dʑy³¹	ȵi³¹
77 瑞安	səɯ⁴⁴	tsʰei³⁵	zəɯ³¹	tɕy³⁵	kɤ⁵³	kʰei⁵³白 tɕʰy⁵³文	dʑy²²	ȵɤ³¹
78 平阳	sʉ⁵⁵	tɕʰi⁴⁵	zʉ²⁴²	tɕy⁴⁵	ku⁵³	kʰi⁵³	dʑy²⁴²	ȵy²⁴²
79 文成	søy⁵⁵	tɕʰi⁴⁵	zøy¹¹³	tɕy⁴⁵	ku³³白 tɕy³³文	kʰei³³	dʑy¹¹³	ŋou¹¹³
80 苍南	ɕy⁴⁴	tɕʰi⁵³	dʑy³¹	tɕy⁵³	kɤ⁴²	kʰi⁴²	dʑy³¹	ȵyɛ³¹
81 建德徽	ɕy⁵³	tsʰɿ²¹³	y³³	tɕy²¹³	ki³³	kʰi³³	tɕy²¹³	n³³
82 寿昌徽	ɕy¹¹²	tɕʰy⁵⁵白老~ tsɿ²⁴老~	y¹¹²文	tɕy²⁴	kəɯ³³	kʰəɯ³³	tɕy²⁴文	ȵy⁵²
83 淳安徽	ɕya²⁴	tɕʰy⁵⁵	y⁴³⁵	tɕy²⁴	kɯ²⁴	kʰɯ²⁴	ɕy⁴³⁵	ya⁴³⁵白 y⁴³⁵文
84 遂安徽	ɕy⁵³⁴	tɕʰy²¹³	lu³³	tɕy²¹³	kəɯ⁴³	kʰəɯ⁴³	tɕʰy³³	y³³
85 苍南闽	tsɯ⁵⁵	tsʰɯ⁴³	dzɯ²⁴	kɯ⁴³	kɯ²¹	kʰɯ²¹	kɯ²⁴	hɯ²⁴
86 泰顺闽	ɕy²¹³	tɕʰy³⁴⁴	ɕy²²	kɤ³⁴⁴	kɤ⁵³	kʰøi⁵³	kɤ²²	ny²²
87 洞头闽	tsɿ³³	tsʰɿ⁵³	dzu²¹调殊	kɯ⁵³	kɯ²¹	kʰɯ²¹	kɯ¹¹³	hɯ¹¹³
88 景宁畲	ɕy⁴⁴	ɕy³²⁵	ɕy²²	tɕy³²⁵	kɤ⁴⁴	xy⁴⁴	tɕy⁴⁴	ȵy⁵¹小

方言点	0097 许	0098 余 剩~,多~	0099 府	0100 付	0101 父	0102 武	0103 雾	0104 取
	遇合三 上鱼晓	遇合三 平鱼以	遇合三 上虞非	遇合三 去虞非	遇合三 上虞奉	遇合三 上虞微	遇合三 去虞微	遇合三 上虞清
01 杭州	ɕy⁵³	y²¹³	fu⁵³	fu⁴⁵	vu¹³	u⁵³	u¹³	tɕʰy⁵³
02 嘉兴	ɕy⁵⁴⁴	y²⁴²	fu⁵⁴⁴	fu²²⁴	vu¹¹³	vu¹¹³	vu¹¹³	tɕʰy¹¹³
03 嘉善	ɕy⁴⁴	y¹³²	fu⁴⁴	fu³³⁴	u¹¹³	u¹¹³	u¹¹³	tɕʰy³³⁴
04 平湖	he⁴⁴白 ɕy⁴⁴文	y³¹	fu⁴⁴	fu³³⁴	vu²¹³	vu²¹³	vu²¹³	tɕʰy²¹³
05 海盐	ɕy⁴²³	y³¹	fu⁴²³	fu³³⁴	u²¹³	u⁴²³	u²¹³	tɕʰy⁴²³
06 海宁	ɕi⁵³	i¹³	fu⁵³	fu³⁵	vu¹³	vu²³¹	vu²³¹	tɕʰi⁵³
07 桐乡	hɛ⁴⁴白 ɕi⁵³文	i¹³	fu⁵³	fu³³⁴	u²¹³	u²⁴²	u²¹³	tɕʰi⁵³
08 崇德	hɛ⁴⁴白 ɕi⁵³文	i¹³	fu⁵³	fu³³⁴	vu¹³	vu²⁴²	u¹³	tɕʰi⁵³
09 湖州	ɕi⁵²³	i¹¹²	fu⁵²³	fu³⁵	vu²³¹	vu²³¹	u³⁵	tɕʰi⁵²³
10 德清	ɕi⁵²	i¹¹³	fu⁵²	fu³³⁴	vu¹¹³	vu¹⁴³	u³³⁴	tɕʰi³³⁴
11 武康	ɕi⁵³	i¹¹³	fu⁵³	fu²²⁴	fu²²⁴	u²⁴²	u¹¹³	tɕʰi⁵³
12 安吉	ɕy⁵²	y²²	fu³²⁴	fu³²⁴	vu²⁴³	vu²⁴³	vu²¹³	tɕʰy⁵²
13 孝丰	ɕy⁵²	y²²	fu⁵²	fu³²⁴	vu²⁴³	vu²⁴³	u³²⁴	tɕʰi⁵²
14 长兴	ʃ̍⁵²	ɿ¹²	fu³²⁴	fu³²⁴	vu²⁴	vu²⁴³	vu³²⁴	tʃʰ̍ɿ⁵²
15 余杭	ɕi⁵³	i²²	fu⁵³	fu⁴²³	vu²²	vu²²	vu²¹³	tsʰi⁵³
16 临安	ɕy⁵⁵	y³³	fu⁵⁵	fu⁵⁵	vu³³	vu³³	vu³³	tɕʰy⁵⁵
17 昌化	ɕy⁴⁵³	y¹¹²	fu⁴⁵³	fu⁵⁴⁴	vu²⁴³	vu²⁴³	u²⁴³	tɕʰy⁴⁵³
18 於潜	ɕy⁵¹	y²²³	fu⁵¹	fu³⁵	vu²⁴	u²⁴	u²⁴	tɕʰy⁵¹
19 萧山	ɕy³³	y³⁵⁵	fu³³	fu⁴²	fu²⁴²	u²⁴²	u²⁴²	tsʰɿ³³白 tɕʰy³³文
20 富阳	ɕy⁴²³	y¹³	fu³³⁵	fu³³⁵	vu²²⁴	u²²⁴	vu²²⁴	tɕʰy⁴²³
21 新登	sʮ³³⁴	ʮ²³³	fu³³⁴	fu⁴⁵	vu¹³	u¹³	vu¹³	tsʰʮ³³⁴
22 桐庐	ɕy³³	y¹³	fu³³	fu³⁵	vu²⁴	u³³	u²⁴	tɕʰy³³
23 分水	ɕy⁵³	y²²	fu⁵³	fu²⁴	vu¹³	u⁵³	u¹³	tɕʰy⁵³

续表

方言点	0097 许	0098 余 剩~,多~	0099 府	0100 付	0101 父	0102 武	0103 雾	0104 取
	遇合三 上鱼晓	遇合三 平鱼以	遇合三 上虞非	遇合三 去虞非	遇合三 上虞奉	遇合三 上虞微	遇合三 去虞微	遇合三 上虞清
24 绍兴	ɕy^{334}	y^{231}	fu^{334}	fu^{33}	u^{223}	u^{223}	u^{22}	tɕʰy^{334}
25 上虞	ɕy^{35}	y^{213}	fu^{35}	fu^{53}	vu^{213}	vu^{213}	vu^{31}	tɕʰy^{35}读字
26 嵊州	ɕy^{53}	y^{213}	fu^{334}	fu^{334}	u^{24}	u^{24}	u^{24}	tsʰɿ^{53}
27 新昌	he^{453}白 ɕy^{453}文	y^{22}	fu^{453}	fu^{335}	u^{232}	u^{232}	u^{13}	tsʰɿ^{453}
28 诸暨	ɕy^{42}	y^{13}	fu^{42}	fu^{544}	vu^{242}	vu^{242}	vu^{33}	tɕʰy^{42}
29 慈溪	ɕy^{35}	y^{13}	fu^{44}调殊	fu^{44}	vu^{13}	vu^{13}	vu^{13}	tsʰɿ^{35}
30 余姚	ɕy^{34}	y^{13}	fu^{34}	fu^{53}	vu^{13}	vu^{13}	vu^{13}	tsʰɿ^{34}
31 宁波	ɕy^{35}	y^{13}	fu^{35}	fu^{53}	vu^{13}	vu^{13}	vu^{13}	tsʰɿ^{35}
32 镇海	ɕy^{35}	y^{24}	fu^{35}	fu^{53}	vu^{24}	vu^{24}	vu^{24}	tsʰɿ^{35}
33 奉化	ɕy^{545}	y^{33}	fu^{545}	fu^{53}	vu^{33}调殊	vu^{324}	vu^{31}	tsʰɿ^{545}
34 宁海	ɕy^{53}	y^{213}	fu^{53}	fu^{35}	vu^{31}	vu^{31}	vu^{24}	tsʰɿ^{53}
35 象山	ɕy^{44}	y^{31}	fu^{44}	fu^{53}	vu^{31}	vu^{31}	vu^{13}	tsʰɿ^{44}
36 普陀	ɕy^{45}	y^{24}	fu^{45}	fu^{55}	vu^{23}	u^{23}	u^{13}	tsʰɿ^{45}
37 定海	xɐi^{44}白 ɕy^{44}文	y^{23}	fu^{45}	fu^{44}	vu^{23}	vu^{23}	vu^{13}	tsʰɿ^{45}
38 岱山	xɐi^{44}白 ɕy^{325}文	y^{23}	fu^{52}调殊	fu^{44}	vu^{23}	vu^{244}	vu^{213}	tsʰɿ^{325}
39 嵊泗	xɐi^{53}白 ɕy^{53}文	y^{243}	fu^{445}	fu^{53}	vu^{213}	vu^{445}	vu^{213}	tsʰɿ^{445}
40 临海	ɕy^{52}又 hy^{52}又	y^{21}	fu^{52}	fu^{55}	vu^{21}	vu^{21}	u^{324}	tɕʰy^{52}
41 椒江	hy^{42}	y^{31}	fu^{42}	fu^{55}	vu^{31}	vu^{31}	vu^{24}	tsʰɿ^{42}
42 黄岩	hy^{42}	y^{121}	fu^{42}	fu^{55}	vu^{121}	vu^{121}	vu^{24}	tsʰɿ^{42}
43 温岭	hy^{42}	y^{31}	fu^{42}	fu^{55}	vu^{31}	vu^{31}	vu^{13}	tɕʰy^{42}
44 仙居	ɕy^{324}	y^{213}	fu^{324}	fu^{55}	vu^{213}	vu^{213}	vu^{24}	tɕʰy^{324}
45 天台	hy^{325}	y^{224}	fu^{325}	fu^{55}	vu^{214}	vu^{214}	vu^{35}	tɕʰy^{325}

续表

方言点	0097 许	0098 余 剩~,多~	0099 府	0100 付	0101 父	0102 武	0103 雾	0104 取
	遇合三 上鱼晓	遇合三 平鱼以	遇合三 上虞非	遇合三 去虞非	遇合三 上虞奉	遇合三 上虞微	遇合三 去虞微	遇合三 上虞清
46 三门	ɕy³²⁵	y¹¹³	fu³²⁵	fu⁵⁵	vu²⁴³	vu²⁴³	u²⁴³	tsʰɿ³²⁵
47 玉环	ɕy⁵³	y³¹	fu⁵³	fu⁵⁵	u³¹	u³¹	u²²	tɕʰy⁵³
48 金华	ɕy⁵³⁵	y³¹³	fu⁵³⁵	fu⁵⁵	vu¹⁴	fu⁵³⁵	vu¹⁴	tɕʰy⁵³⁵
49 汤溪	ɕy⁵³⁵ 允~ xɤ⁵³⁵ ~配 xa⁵² 几~	y¹¹	fu⁵³⁵	fu⁵²	vu¹¹³	vu¹¹³	vu³⁴¹	tɕʰiəu⁵³⁵ 白 tɕʰy⁵³⁵ 文
50 兰溪	ɕy⁵⁵	y²¹	fu⁵⁵	fu⁴⁵	vu²⁴	fu⁵⁵	vu²⁴	tɕʰy⁵⁵
51 浦江	ɕy⁵³	y¹¹³	fu⁵³	fu⁵⁵	vu²⁴³	vu²⁴³	vu²⁴	tɕʰy⁵³
52 义乌	hɐu⁴²³ 白 ɕy⁴²³ 文	y²¹³	fu⁴²³	fu⁴⁵	bu³¹² 白 vu³¹² 文	u³¹²	u²⁴	tɕʰy⁴²³
53 东阳	ɕy⁴⁴	iʊ²¹³	fu⁴⁴	fu⁴⁵³	（无）	u²³¹	u²⁴	tsʰɿ⁴⁴
54 永康	ɕy³³⁴	y²²	fu³³⁴	fu⁵²	vu¹¹³	vu¹¹³	vu²⁴¹	tɕʰy³³⁴
55 武义	ɕy⁴⁴⁵	y³²⁴	fu⁴⁴⁵	fu⁵³	vu¹³	vu¹³	vu²³¹	tɕʰy⁴⁴⁵
56 磐安	ɕy³³⁴	y²¹³	fu³³⁴	fu⁵²	fu³³⁴	u³³⁴	u¹⁴	tɕʰy³³⁴
57 缙云	ɕy⁵¹	y²⁴³	fu⁵¹	fu⁴⁵³	vu³¹	vu³¹	mə²¹³	tsʰɿ⁵¹
58 衢州	ʃy³⁵	y²¹	fu³⁵	fu⁵³	vu²³¹	vu²³¹	vu²³¹	tʃʰy³⁵
59 衢江	xɤ²⁵ ~愿 ɕy²⁵ 姓~	y²¹²	fɤ²⁵	fɤ⁵³	vɤ²¹²	u²¹²	mɤ²³¹	tɕʰy²⁵
60 龙游	ɕy⁵¹ 调殊	y²¹	fu³⁵	fu⁵¹	vu²²⁴	vu²²⁴	vu²³¹	tɕʰy³⁵
61 江山	xə²⁴¹ ~愿 xyə²⁴¹ 姓~	yə²¹³	fə²⁴¹	fə⁵¹	və²² 调殊	vu²²	mə³¹	tsʰɯ²⁴¹
62 常山	xɤ⁵² ~愿 ɕy⁵² 姓~	y³⁴¹	fuə⁵²	fuə³²⁴	vu²⁴	u²⁴	mɤ¹³¹ 白 u²⁴ 文	tɕy⁵²
63 开化	xə⁵³ 白 ɕy⁵³ 文	y²³¹	fuo⁵³ 白 fu⁵³ 文	fuo⁴¹² 白 fu⁵³ 文	vuo²¹³ 白 vu²¹³ 文	u⁵³	mɤŋ²¹³ ~露 uo²¹³ 单用	tɕʰy⁵³
64 丽水	sʮ⁵⁴⁴	ʮ²²	fu⁵⁴⁴	fu⁵²	vu²²	m⁵⁴⁴	m¹³¹ 白 u¹³¹ 文	tsʰʮ⁵⁴⁴
65 青田	sʮ⁴⁵⁴	vu²¹	fu⁴⁵⁴	fu³³	vu⁴⁵⁴	vu⁴⁵⁴	m²²	tsʰʮ⁴⁵⁴
66 云和	sʮ⁴¹	y³¹²	fu⁴¹	fu⁴⁵	vu²³¹	m⁴¹	m²²³	tsʰʮ⁴¹

续表

方言点	0097 许	0098 余 剩~,多~	0099 府	0100 付	0101 父	0102 武	0103 雾	0104 取
	遇合三 上鱼晓	遇合三 平鱼以	遇合三 上虞非	遇合三 去虞非	遇合三 上虞奉	遇合三 上虞微	遇合三 去虞微	遇合三 上虞清
67 松阳	ɕyɛ²¹²	yɛ³¹	fuə²¹²	fuə²⁴	vuə²²	muə²²	muə¹³	tɕʰyɛ²¹²
68 宣平	ɕy⁴⁴⁵	y⁴³³	fu⁴⁴⁵	fu⁵²	vu²²³	mo²²³比~ vu²²³~义	mu²³¹	tɕʰy⁴⁴⁵
69 遂昌	ɕyɛ⁵³³	yɛ²²¹	fuə⁵³³	fuə³³⁴	vuə¹³	muə¹³	muə²¹³	tɕʰyɛ⁵³³
70 龙泉	ɕy⁵¹	y²¹	fɤɯ⁵¹	vɤɯ²²⁴	fɤɯ⁵¹	mɤɯ⁵¹	mɤɯ²²⁴	tɕʰy⁵¹
71 景宁	ɕy³³	y⁴¹	fu³³	fu³⁵	vu³³	m³³	m¹¹³	tɕʰy³³
72 庆元	ɕyE³³	yE⁵²	fɤ³³	fɤ¹¹	fɤ²²¹	mɤ²²¹	mɤ³¹	tɕʰyE³³
73 泰顺	ɕy⁵⁵	y⁵³	fø⁵⁵	fø³⁵	uø²¹	u⁵⁵	mø²²	tɕʰy⁵⁵
74 温州	hei²⁵~个 ɕy²⁵~多	vu³¹	fø²⁵	fø⁵¹	vø¹⁴	vu¹⁴	mø²²白 vø²²文	tsʰɿ²⁵
75 永嘉	sʮ⁴⁵	u³¹	fu⁴⁵	fu⁵³	u¹³	u¹³	mø²²白 u²²文	tsʰʮ⁴⁵
76 乐清	he³⁵白 ɕy³⁵文	y³¹	fu³⁵	fu⁴¹	vu²⁴	vu²⁴	m²²白 vu²²文	tɕʰy³⁵
77 瑞安	he³⁵白 ɕY³⁵文	Y³¹	fY³⁵	fY⁵³	Y¹³	vɯ¹³	mø²²	tsʰəɯ³⁵
78 平阳	sɰ⁴⁵	vɰ²⁴²	fu⁴⁵	fu⁵³	vu²³	vu²³	vu³³	tɕʰy⁴⁵
79 文成	søy⁴⁵	vɰ¹¹³	fu⁴⁵	fu³³	vu²²⁴	vu²²⁴	vu⁴²⁴	tɕʰy⁴⁵
80 苍南	ɕy⁵³	y³¹	fu⁵³	fu⁴²	u²⁴	u²⁴	mo¹¹白 u¹¹文	tɕʰy⁵³
81 建德徽	ɕy²¹³~配 ɕy⁵⁵姓~	y³³	fu²¹³	fu³³	fu²¹³	u²¹³	u⁵⁵	tɕʰy²¹³
82 寿昌徽	ɕy⁵⁵允~	y⁵²	fu⁵⁵政~	fu³³	fu²⁴~母	u³³比~	u³³	tɕʰy²⁴
83 淳安徽	ɕya⁵⁵白 ɕy⁵⁵文	y⁴³⁵	fu²⁴	fa²⁴白 fu²⁴文	fu⁵³	va⁵⁵	va⁵³	tɕʰya⁵⁵
84 遂安徽	ɕy²¹³	y³³	fu²¹³	fu⁴³	fu⁴³	u²¹³	u⁵²	tɑ̃²¹³
85 苍南闽	huɯ⁴³	uɯ²⁴	huɯ⁴³	huɯ²¹	huɯ³²	buɯ⁴³	buɯ²¹	tsʰuɯ⁴³
86 泰顺闽	ɕy³⁴⁴	y²²	fv³⁴⁴	fv⁵³	fv³¹	u³⁴⁴	mou³¹	tɕʰy³⁴⁴
87 洞头闽	huɯ⁵³	uɯ¹¹³	huɯ⁵³	huɯ²¹	huɯ²¹	buɯ⁵³	buɯ²¹	tsʰuɯ⁵³
88 景宁畲	ɕy³²⁵	y²²	fu³²⁵	fu⁴⁴	fu⁵¹	mu⁵¹	(无)	tɕʰy³²⁵

方言点	0105 柱	0106 住	0107 数动	0108 数名	0109 主	0110 输	0111 竖	0112 树
	遇合三 上虞澄	遇合三 去虞澄	遇合三 上虞生	遇合三 去虞生	遇合三 上虞章	遇合三 平虞书	遇合三 上虞禅	遇合三 去虞禅
01 杭州	dzʮ13	dzʮ13	sʮ53	sʮ45	tsʮ53	sʮ334	zʮ13	zʮ13
02 嘉兴	zʮ113	zʮ113	sou544	sou224	tsʮ544	sʮ42	zʮ113	zʮ113
03 嘉善	zʮ113	zʮ113	sʮ44	su334	tsʮ44	sʮ53	zʮ113	zʮ113
04 平湖	zʮ213	zʮ213	sʮ44	su334	tɕy44	sʮ53	zʮ213	zʮ213
05 海盐	dʑy423	dʑy213	ɕy423	su334	tɕy423	ɕy53	dʑy423	dʑy213
06 海宁	zɿ231	zɿ13	səu53	səu35	tsɿ53	sɿ55	zɿ231	zɿ13
07 桐乡	zɿ242	zɿ213	səu53	səu334	tsɿ53	sɿ44	zɿ242	zɿ213
08 崇德	zɿ242	zɿ13	su53	su334	tsɿ53	sɿ44	zɿ242	zɿ13
09 湖州	zɿ231	dzɿ24	səu523	səu35	tsɿ523	sɿ44	zɿ231	zɿ24
10 德清	zɿ143	zɿ113	suo52	suo334	tsɿ52	sɿ44	zɿ143	zɿ113
11 武康	zɿ242	dzɿ113	su53	su53调殊	tsɿ53	sɿ44	zɿ242	zɿ113
12 安吉	dzɿ243	dzɿ213	su52	su324	tsɿ52	sɿ55	zɿ243	zɿ213
13 孝丰	dzɿ243	dzɿ213	su52	su324	tsɿ52	sɿ44	zɿ243	zɿ213
14 长兴	dzɿ243	dzɿ24	səu52	səu324	tsɿ52	sɿ44	zɿ243	zɿ24
15 余杭	zɿ243	zɿ213	su243	su423	tsɿ53	sɿ44	zɿ243	zɿ213
16 临安	zɿ33	dʑy33	ɕy55	ɕy55	tsu55	ɕy55	zʮ13	zʮ33
17 昌化	ʑy243	ʑy243	ɕy453	su544	tɕy453	ɕy334	ʑy243	ʑy243
18 於潜	ʑy24	dʑy24	ɕy51	su35	tɕy51	ɕy433	ʑy24	ʑy24
19 萧山	dzɿ13	dzɿ242白 dzu242文	sɿ33	su42	tsɿ33白 tsu33文	sɿ533白 ɕy533文	zɿ242白 ʑy242文	zɿ242
20 富阳	dʑy224	dʑy224	ɕy423	sʊ335	tɕy423	ɕy53	ʑy224	ʑy224
21 新登	dzʮ13	dzʮ13	sʮ334	sʮ45	tsʮ334	sʮ53	zʮ13	zʮ13
22 桐庐	dʑy24	dʑy24	ɕy33	su35	tɕy33	ɕy533	ʑy24	ʑy24
23 分水	dʑy13	dʑy13	su53	su24	tɕy53	ɕy53	zu13	ʑy13
24 绍兴	dʑy223	dʑy22	ɕy334	su33	tɕy334	ɕy53	ʑy223	ʑy22
25 上虞	dʑy213	dʑy31	ɕy35	ɕy53	tɕy35	ɕy35	ʑy213	ʑy31

续表

方言点	0105 柱	0106 住	0107 数 动	0108 数 名	0109 主	0110 输	0111 竖	0112 树
	遇合三 上虞澄	遇合三 去虞澄	遇合三 上虞生	遇合三 去虞生	遇合三 上虞章	遇合三 平虞书	遇合三 上虞禅	遇合三 去虞禅
26 嵊州	dzɿ^{24}	dzɿ^{24}	sɿ^{53}	su^{334}	tsɿ^{53}	sɿ^{534}	zɿ^{22}	zɿ^{24}
27 新昌	dzɿ^{232}	dzɿ^{13}	sɿ^{453}	su^{335}	tsɿ^{453}	sɿ^{534}	zɿ^{232}	zɿ^{13}
28 诸暨	dʑy^{242}	dʑy^{33}	ɕy^{42}	su^{544}	tɕy^{544}	ɕy^{544}	ʑy^{242}	ʑy^{33}
29 慈溪	dzʮ^{13}	dzʮ^{13}文	sʮ^{35}	sʮ^{44}	tsʮ^{35}	sʮ^{35}	zʮ^{13}	zʮ^{13}
30 余姚	dzʮ^{13}	dzʮ^{13}	sʮ^{34}	sʮ^{53}	tsʮ^{34}	sʮ^{44}	zʮ^{13}	zʮ^{13}
31 宁波	dzʮ^{13}	dzʮ^{13}	su^{35}	su^{44}	tsʮ^{35}	sʮ^{53}	zʮ^{13}	zʮ^{13}
32 镇海	dzʮ^{24}	dzʮ^{24}	su^{35}	su^{53}	tsʮ^{35}	sʮ^{53}	zʮ^{24}	zʮ^{24}
33 奉化	dzʮ^{31}	dzʮ^{31}读字	sʮ^{545}	su^{53}	tsʮ^{545}	sʮ^{44}	zʮ^{324}	zʮ^{31}
34 宁海	dzʮ^{31}	dzʮ^{24}	sʮ^{53}	su^{35}	tsʮ^{53}	sʮ^{423}	zʮ^{31}	zʮ^{24}
35 象山	dzʮ^{31}	dzʮ^{13}	su^{44}	su^{53}	tsʮ^{44}	sʮ^{44}	zʮ^{31}	zʮ^{13}
36 普陀	dzʮ^{23}	dzʮ^{13}	sʮ^{45}	su^{55}	tsʮ^{45}	sʮ^{53}	zʮ^{23}	zʮ^{13}
37 定海	dzʮ^{23}	dzʮ^{13}	su^{45}	su^{44}	tsʮ^{45}	sʮ^{52}	zʮ^{23}	zʮ^{13}
38 岱山	dzʮ^{244}	dzʮ^{213}	sʮ^{325}	su^{44}	tsʮ^{325}	sʮ^{52}	zʮ^{23}	zʮ^{213}
39 嵊泗	dzʮ^{243}	dzʮ^{213}	ɕʮ^{445}	ɕy^{53}又 su^{53}又	tsʮ^{445}	sʮ^{53}	zʮ^{243}	zʮ^{213}
40 临海	dʑy^{21}	dʑy^{324}	sy^{52}	su^{55}~学	tɕy^{52}	ɕy^{31}	ʑy^{21}	ʑy^{324}
41 椒江	dzʮ^{31}	dzʮ^{24}	sʮ^{42}	səu^{55}	tsʮ^{42}	sʮ^{42}	zʮ^{31}	zʮ^{24}
42 黄岩	dzʮ^{121}	dzʮ^{24}	sʮ^{42}	sou^{55}	tsʮ^{42}	sʮ^{42}	zʮ^{121}	zʮ^{24}
43 温岭	dʑy^{31}	dʑy^{13}	ɕy^{42}	su^{55}	tɕy^{42}	ɕy^{33}	ʑy^{31}	ʑy^{13}
44 仙居	dʑy^{213}	dʑy^{24}	su^{324}	su^{55}	tɕy^{324}	ɕy^{334}	ʑy^{213}	ʑy^{24}
45 天台	dʑy^{214}	dʑy^{35}	ɕy^{325}	su^{55}~学	tɕy^{325}	ɕy^{33}	ʑy^{214}	ʑy^{35}
46 三门	dzʮ^{213}	dzʮ^{243}	sʮ^{325}	sʮ^{55}	tsʮ^{325}	sʮ^{334}	zʮ^{213}	zʮ^{243}
47 玉环	dʑy^{41}	dʑy^{22}	ɕy^{53}	səu^{55}	tɕy^{53}	ɕy^{42}~死 ɕy^{55}运~	ʑy^{41}	ʑy^{22}
48 金华	tɕy^{535}	dʑy^{14}	su^{535}	su^{55}	tɕy^{535}	ɕy^{334}	ɕy^{535}	ʑy^{14}

续表

方言点	0105 柱	0106 住	0107 数动	0108 数名	0109 主	0110 输	0111 竖	0112 树
	遇合三上虞澄	遇合三去虞澄	遇合三上虞生	遇合三去虞生	遇合三上虞章	遇合三平虞书	遇合三上虞禅	遇合三去虞禅
49 汤溪	dzy^{113}	dzy^{341}	ɕy^{535}	su^{52}	tɕy^{535}	ɕy^{24}	zy^{113}	zy^{341}
50 兰溪	tɕy^{55}	dʑy^{24}	ɕy^{55}	su^{45}	tɕy^{55}	ɕy^{334}	ɕy^{55}	zy^{24}
51 浦江	dʑy^{243}	dʑy^{24}	ɕy^{53}	su^{55}	tɕy^{53}	ɕy^{534}	zy^{243}	zy^{24}
52 义乌	dʑy^{312}	dʑy^{24}	ɕy^{423}	su^{45}	tɕy^{423}	ɕy^{335}	y^{312}	y^{24}
53 东阳	dzɿ^{24}	dzɿ^{213}	sɿ^{44}	su^{453}	tsɿ^{44}	sɿ^{334}	zɿ^{231}	zɿ^{213}
54 永康	dʑy^{113}	dʑy^{241}	ɕy^{334}	su^{52}	tɕy^{334}	ɕy^{55}	zy^{113}	zy^{241}
55 武义	dʑy^{13}	dʑy^{231}	ɕy^{445}	su^{53}	tɕy^{445}	ɕy^{24}	zy^{13}	zy^{231}
56 磐安	tɕy^{334}	dʑy^{14}	ɕy^{334}	su^{52}	tɕy^{334}	ɕy^{445}	ɕy^{334}	zy^{14}
57 缙云	dzʮ^{31}	dzʮ^{213}	sʮ^{51}	su^{453}	tsʮ^{51}	sʮ^{44}	zʮ^{31}	zʮ^{213}
58 衢州	dʒy^{231}	dʒy^{231}	su^{35}	su^{53}	tʃy^{35}	ʃy^{32}	ʒy^{231}	ʒy^{231}
59 衢江	dʑyø^{212}	（无）	ɕyø^{25}	sou^{53}	tɕy^{25}	ɕyø^{33}~赢 ɕy^{33}运~	zyø^{212}	dʑy^{231}
60 龙游	dʑy^{224}	dʑy^{231}	ɕy^{35}	su^{51}	tɕy^{35}	ɕy^{334}	zy^{224}	dzɯ^{231}白 zy^{224}文
61 江山	dʑyə^{22}	dʑyə^{31}	ɕyə^{241}	ɕyə^{51}	tɕyə^{241}	ɕyə^{44}	zyə^{22}	dzɯ^{31}白 zyə^{31}文
62 常山	dzuə^{24}	dzu^{24}	suə^{52}	suə^{324}	tsuə^{52}做~ tɕy^{52}~席	suə^{44}~赢 ɕy^{44}运~	zuə^{131}	dziu^{131}白 y^{24}人名
63 开化	dʑyo^{213}	dʑy^{213}	ɕyo^{53}	ɕyo^{412}	tɕyo^{53}白 tɕy^{53}文	ɕyo^{44}白 ɕy^{44}文	zyo^{213}	dziu^{213}白 zy^{213}文
64 丽水	dzʮ^{22}	dzʮ^{131}	sʮ^{544}	su^{52}	tsʮ^{544}	sʮ^{224}	zʮ^{22}	zʮ^{131}
65 青田	dzʮ^{343}	dzʮ^{22}	sʮ^{454}	seu^{33}	tsʮ^{454}	sʮ^{445}	zʮ^{343}	zʮ^{22}
66 云和	dzʮ^{231}	dzʮ^{223}	（无）	su^{45}	tsʮ^{41}	sʮ^{24}	zʮ^{231}	zʮ^{223}
67 松阳	dʑyɛ^{22}	dʑyɛ^{13}	suə^{212}	suə^{24}	tɕyɛ^{212}	ɕyɛ^{53}	zyɛ^{22}	dziɯ^{13}
68 宣平	dʑy^{223}	dʑy^{231}	ɕy^{445}	su^{52}	tɕy^{445}	ɕy^{324}	zy^{223}	zy^{231}
69 遂昌	dʑyɛ^{13}	dʑyɛ^{13}	（无）	suə^{334}	tɕyɛ^{533}	ɕyɛ^{45}	zyɛ^{13}	dziɯ^{213}

续表

方言点	0105 柱	0106 住	0107 数 动	0108 数 名	0109 主	0110 输	0111 竖	0112 树
	遇合三上虞澄	遇合三去虞澄	遇合三上虞生	遇合三去虞生	遇合三上虞章	遇合三平虞书	遇合三上虞禅	遇合三去虞禅
70 龙泉	tɕy⁵¹	dʑy²²⁴	ɕy⁵¹	sɤɯ⁴⁵	tɕy⁵¹	ɕy⁴³⁴	ʑy²²⁴调殊	dʑieɯ²²⁴白 ʑy²²⁴文
71 景宁	tɕy³³	tɕy³³调殊	ɕy³³	sɿ³⁵	tɕy³³	ɕy³²⁴	ʑy³³	ʑy¹¹³
72 庆元	tɕyE²²¹	tɕyE³¹	ɕyE³³	sɤ¹¹	tɕyE³³	ɕyE³³⁵	ɕyE³¹	tɕiɯ³¹
73 泰顺	tɕy²¹	tɕy²²	ɕy⁵⁵	sœ³⁵	tɕy⁵⁵	ɕy²¹³	ɕy²¹	ɕy²²
74 温州	dzɿ¹⁴	dzɿ²²	sɿ²⁵	sɤu⁵¹	tsɿ²⁵	sɿ³³	zɿ¹⁴	zɿ²²
75 永嘉	dzɥ¹³	dzɥ²²	sɥ⁴⁵	so⁵³	tsɥ⁴⁵	sɥ⁴⁴	zɥ¹³	zɥ²²
76 乐清	dʑy²⁴	dʑy²²	sy³⁵	so⁴¹	tɕy³⁵	sy⁴⁴	zy²⁴	zy²²
77 瑞安	dzəɯ¹³	dzəɯ²²	səɯ³⁵	sou⁵³	tsəɯ³⁵	səɯ⁴⁴	zəɯ¹³	zəɯ²²
78 平阳	dʑy²³	dʑy³³	sʉ⁴⁵	su⁵³	tɕy⁴⁵	sʉ⁵⁵	zʉ²³	zʉ³³
79 文成	dʑy²²⁴	dʑy⁴²⁴	sou⁴⁵	sou³³	tɕy⁴⁵	səy⁵⁵	zəy²²⁴	zəy⁴²⁴
80 苍南	dʑy²⁴	dʑy¹¹	ɕy⁵³	su⁴²	tɕy⁵³	ɕy⁴⁴	（无）	dʑy¹¹
81 建德徽	tɕy²¹³	tɕʰy⁵⁵	（无）	su³³	tɕy²¹³	ɕy⁵³	ɕy²¹³	ɕy⁵⁵
82 寿昌徽	tɕʰy⁵³⁴	tɕy²⁴文	ɕy²⁴	su³³	tɕy²⁴	ɕy¹¹²	ɕy⁵³⁴	ɕy³³
83 淳安徽	tɕʰya⁵⁵	tɕʰy⁵³	（无）	ɕya²⁴	tɕya⁵⁵	ɕya²⁴	ɕya⁵⁵	ɕya⁵³白 ɕy⁵³文
84 遂安徽	tɕʰy⁴³	tsu⁵²	tiɛ̃²¹³	su⁴³	tɕy²¹³	ɕy⁵³⁴	su⁴³	su⁵²
85 苍南闽	tsu³²	tsu²¹	ɕiau²¹	sɔ²¹	tsu⁴³	su⁵⁵	su³²文	tɕʰiu²¹
86 泰顺闽	tʰiøu³¹	tɕy³¹	sɿ⁵³	sɿ²¹³	tsøi³⁴⁴	søi²¹³	tiɛʔ³	tsʰa²²
87 洞头闽	tsu²¹	tsu²¹	ɕiau²¹	sɔ²¹	tsu⁵³	su³³	（无）	tɕʰiu²¹
88 景宁畲	（无）	tɕy⁵¹	su³²⁵	su⁴⁴	tɕy³²⁵	ɕy⁴⁴	ɕy⁵¹	ɕy⁵¹

方言点	0113 句	0114 区 地～	0115 遇	0116 雨	0117 芋	0118 裕	0119 胎	0120 台 戏～
	遇合三 去虞见	遇合三 平虞溪	遇合三 去虞疑	遇合三 上虞云	遇合三 去虞云	遇合三 去虞以	蟹开一 平咍透	蟹开一 平咍定
01 杭州	tɕy^{45}	tɕʰy^{334}	y^{13}	y^{53}	y^{45} 调殊	y^{13}	tʰɛ^{334}	dɛ^{213}
02 嘉兴	tɕy^{224}	tɕʰy^{224}	y^{113}	y^{544}	y^{113}	y^{113} 文	tʰɛ^{42}	dɛ^{242}
03 嘉善	tɕy^{44}	tɕʰy^{53}	y^{113}	y^{44}	y^{44}	y^{113}	tʰɛ^{53}	dɛ^{132}
04 平湖	tɕy^{334}	tɕʰy^{53}	ȵy^{213}	y^{44}	y^{334}	y^{213}	tʰɛ^{53}	dɛ^{31}
05 海盐	tɕy^{334}	tɕʰy^{53}	ȵy^{213}	y^{423}	y^{334}	y^{334}	tʰɛ^{53}	dɛ^{31}
06 海宁	tɕi^{35}	tɕʰi^{55}	ȵi^{55}	i^{231}	i^{35}	i^{13}	tʰɛ^{55}	dɛ^{13}
07 桐乡	tɕi^{334}	tɕʰi^{44}	ȵi^{213}	i^{53}	i^{334}	i^{44}	tʰɛ^{44}	dɛ^{13}
08 崇德	tɕi^{334}	tɕʰi^{44}	ȵi^{13}	i^{53}	i^{334}	i^{334}	tʰɛ^{44}	dɛ^{13}
09 湖州	tɕi^{35}	tɕʰi^{44}	ȵi^{24}	i^{523}	n^{24}	i^{35}	tʰei^{44}	dei^{112}
10 德清	tɕi^{334}	tɕʰi^{44}	ȵi^{113}	i^{52}	n^{334}	i^{334}	tʰɛ^{44}	dɛ^{113}
11 武康	tɕi^{224}	tɕʰi^{44}	i^{224}	i^{53}	ŋ^{224}	i^{224}	tʰɛ^{44}	dɛ^{113}
12 安吉	tɕy^{324}	tɕʰy^{55}	y^{213}	i^{52}	n^{213}	zoʔ^{23}	tʰɛ^{55}	dɛ^{22}
13 孝丰	tɕy^{324}	tɕʰi^{44}	i^{324}	i^{52}	n^{324} 白 y^{324} 文	y^{324}	tʰɛ^{44}	dɛ^{22}
14 长兴	tʃʅ^{324}	tʃʰʅ^{44}	ʅ^{12}	ʅ^{52}	n^{324}	ʅ^{324} 富～	tʰɯ^{44}	dɯ^{12}
15 余杭	tɕi^{423}	tɕʰi^{44}	i^{213}	i^{53}	i^{213}	i^{22}	tʰɛ^{44}	dɛ^{22}
16 临安	tɕy^{55}	tɕʰy^{55}	y^{33}	y^{33}	y^{33}	y^{33}	tʰɛ^{55}	dɛ^{33}
17 昌化	tɕy^{544}	tɕʰy^{334}	y^{243}	y^{453}	y^{453}	y^{453}	tʰɛ^{334}	dɛ^{112}
18 於潜	tɕy^{35}	tɕʰy^{433}	y^{24}	y^{51}	y^{24}	y^{24}	tʰɛ^{433}	dɛ^{223}
19 萧山	tɕy^{42}	tɕʰy^{533}	ȵy^{242}	y^{13}	y^{242}	y^{242}	tʰɛ^{533}	dɛ^{355}
20 富阳	tɕy^{335}	tɕʰy^{53}	y^{335}	y^{423}	ŋ^{335}	y^{335}	tʰɛ^{53}	dɛ^{13}
21 新登	tsʮ^{45}	tsʰʮ^{53}	ʮ^{13}	ʮ^{334}	ʮ^{13}	ʮ^{13}	tʰɛ^{53}	dɛ^{233}
22 桐庐	tɕy^{35}	tɕʰy^{533}	y^{24}	y^{33}	y^{24}	y^{24}	tʰɛ^{533}	dɛ^{13}
23 分水	tɕy^{53}	tɕʰy^{44}	y^{13}	y^{53}	y^{13}	y^{13}	tʰɛ^{44}	dɛ^{22}
24 绍兴	tɕy^{33}	tɕʰy^{33}	ȵy^{22}	y^{223}	ȵy^{22}	y^{231} 调殊	tʰɛ^{334}	dɛ^{231}

方言点	0113 句	0114 区 地~	0115 遇	0116 雨	0117 芋	0118 裕	0119 胎	0120 台 戏~
	遇合三 去虞见	遇合三 平虞溪	遇合三 去虞疑	遇合三 上虞云	遇合三 去虞云	遇合三 去虞以	蟹开一 平咍透	蟹开一 平咍定
25 上虞	tɕy⁵³	tɕʰy³⁵	n̠y³¹	y²¹³	ŋy²¹³	y²¹³	tʰe³⁵	de²¹³
26 嵊州	tɕy³³⁴	tɕʰy⁵³⁴	y²⁴	y²⁴	y²⁴	y²⁴	tʰE⁵³⁴	dE²¹³
27 新昌	tɕy⁴⁵³	tɕʰy⁵³⁴	y¹³	y²³²	y¹³	y¹³	tʰe⁵³⁴	de²²
28 诸暨	tɕy⁵⁴⁴	tɕʰy⁵⁴⁴	ny³³	y²⁴²	y³³	y³³	tʰe⁵⁴⁴	de¹³
29 慈溪	tɕy⁴⁴	tɕʰy³⁵	n̠y¹³	y¹³	n¹³~芋 y¹³	y¹³	tʰe³⁵	de¹³
30 余姚	tɕy⁵³	tɕʰy⁴⁴	n̠y¹³	y¹³	n¹³	y¹³	tʰe³⁴	de¹³
31 宁波	tɕy⁵³	tɕʰy⁵³	n̠y¹³	y¹³	n¹³	y¹³	tʰe⁵³~盘 tʰei³⁵轮~	de¹³
32 镇海	tɕy⁵³	tɕʰy³⁵调殊	y²⁴	y²⁴	n²⁴	y²⁴	tʰe⁵³~盘	de²⁴
33 奉化	tɕy⁵³	tɕʰy⁴⁴	n̠y³¹	y³²⁴	ŋ³³调殊	y³³调殊	tʰe⁴⁴	de³³
34 宁海	ky³⁵	kʰy⁴²³	n̠y²⁴	y³¹	y²⁴	y²¹³调殊	tʰei⁴²³轮~	dei²¹³
35 象山	tɕy⁵³	tɕʰy⁴⁴	n̠y³¹	y³¹	n³¹白 y³¹文	y³¹	tʰei⁴⁴	dei³¹
36 普陀	tɕy⁵⁵	tɕʰy⁵⁵调殊	y²³	y²³	n¹³	y¹³	tʰɛ⁵³	dɛ²⁴
37 定海	tɕy⁴⁴	tɕʰy⁴⁴调殊	n̠y²³调殊	y²³	n¹³	y²³	tʰɛ⁵²	dɛ²³
38 岱山	tɕy⁵²	tɕʰy⁴⁴调殊	n̠y²³调殊	y²⁴⁴	n²¹³	y²³	tʰe⁵²	de²³
39 嵊泗	tɕy⁵³	tɕʰy⁴⁴⁵调殊	n̠y²¹³	y⁴⁴⁵	ŋ²¹³	y²⁴³	tʰe⁵³	de²⁴³
40 临海	ky⁵⁵	tɕʰy³¹又 kʰy³¹又	n̠y³²⁴	y⁵²	y²¹	y³²⁴	tʰe³¹	de²¹
41 椒江	ky⁵⁵	kʰy⁴²	n̠y²⁴	y⁴²	ʏ²⁴	y²⁴	tʰə⁴²	də³¹
42 黄岩	ky⁵⁵	kʰy³²	n̠y²⁴	y⁴²	y²⁴	y²⁴	tʰe⁴²	de¹²¹
43 温岭	ky⁵⁵	kʰy³³	n̠y¹³	y⁴²	y¹³	y¹³	tʰe⁴²	de³¹
44 仙居	cy⁵⁵	cʰy³³⁴	n̠y²⁴	y³²⁴	y²⁴	y⁵⁵	tʰæ³³⁴	dæ²¹³
45 天台	ky⁵⁵	kʰy³³	n̠y³⁵	y²¹⁴	y³⁵	y³⁵	tʰei³³~毛 tʰei³²⁵车~	dei²²⁴
46 三门	ky⁵⁵	tɕʰy³³⁴	n̠y²¹³	y³²⁵	y²⁴³	yəʔ²³音殊	tʰe³³⁴	de¹¹³

续表

方言点	0113 句	0114 区 地~	0115 遇	0116 雨	0117 芋	0118 裕	0119 胎	0120 台 戏~
	遇合三去虞见	遇合三平虞溪	遇合三去虞疑	遇合三上虞云	遇合三去虞云	遇合三去虞以	蟹开一平咍透	蟹开一平咍定
47 玉环	tɕy⁵⁵	tɕʰy⁴²	n̠y²²	y⁵³	y²²	yoʔ⁵ 音殊	tʰe⁵³	de³¹
48 金华	tɕy⁵⁵	tɕʰy³³⁴	y¹⁴	y⁵³⁵	y¹⁴	y¹⁴	tʰɛ³³⁴	dɛ³¹³
49 汤溪	tɕy⁵²	tɕʰy²⁴	（无）	y¹¹³	y³⁴¹	y⁰ 宽~	tʰɛ²⁴	dɛ¹¹
50 兰溪	tɕy⁴⁵	tɕʰy³³⁴	y²⁴	y⁵⁵	y²⁴	y²⁴	tʰe³³⁴	de²¹
51 浦江	tɕy⁵⁵	tɕʰy⁵³⁴	y²⁴	y²⁴³	y²⁴	y²⁴ 读字	tʰa⁵³⁴	da¹¹³
52 义乌	tɕy⁴⁵	tɕʰy³³⁵	y²⁴	y³¹²	y³¹²	y⁴⁵ 调殊	tʰe³³⁵	de²¹³
53 东阳	tɕyu⁴⁵³	tɕʰyu³³⁴	（无）	yu²³¹	yu²⁴	y²¹³	tʰe³³⁴	de²¹³
54 永康	tɕy⁵²	tɕʰy⁵⁵	n̠y²⁴¹	y¹¹³	y²⁴¹	y²⁴¹	tʰəi⁵⁵	dəi²²
55 武义	tɕy⁵³	tɕʰy²⁴	（无）	y¹³	y²³¹	y²³¹	tʰa²⁴	da³²⁴
56 磐安	tɕy⁵²	tɕʰy⁴⁴⁵	（无）	y³³⁴	y¹⁴	y⁵² 调殊	tʰe⁴⁴⁵	de²¹³
57 缙云	tɕy⁴⁵³	tɕʰy⁴⁴	n̠y²¹³	y³¹	y²¹³	y²¹³	tʰei⁴⁴	dei²⁴³
58 衢州	tʃy⁵³	tʃʰy³²	y²³¹	y⁵³	y²³¹	y⁵³	tʰɛ³²	dɛ²¹
59 衢江	tɕyø⁵³	tɕʰy³³	y²³¹	yø²¹²	yø²³¹	y²³¹	tʰei³³	dei²¹²
60 龙游	tɕy⁵¹	tɕʰy³³⁴	y²³¹	y²²⁴	y²³¹	y⁵¹	tʰei³³⁴	dei²¹
61 江山	kyə⁵¹	kʰyə⁴⁴	yə³¹	yə²²	u³¹	yə³¹	tʰE⁴⁴	dɛ²¹³
62 常山	tɕyɛ⁵²	tɕʰy⁴⁴	y⁵²	yʌʔ³⁴ 又 / ye²⁴ 又	n̠yɛ¹³¹	y⁵²	tʰɛ⁴⁴	dɛ³⁴¹
63 开化	tɕyo⁴¹²	tɕʰy⁴⁴	y²¹³	yo²¹³	yo²¹³	yɛʔ¹³ 调殊	tʰɛ⁴⁴	dɛ²³¹
64 丽水	tsʮ⁵²	tsʰʮ²²⁴	ʮ¹³¹	ʮ⁵⁴⁴	ʮ¹³¹	ʮ¹³¹	tʰɛ²²⁴	dɛ²²
65 青田	tsʮ³³	tsʰʮ⁴⁴⁵	n̠ieu²²	vu⁴⁵⁴	vu²²	ioʔ³¹ 音殊	tʰɛ⁴⁴⁵	dɛ²¹
66 云和	tsʮ⁴⁵	tsʰʮ²⁴	y²²³	y⁴¹	y²²³	y²²³	tʰa²⁴	da³¹²
67 松阳	tɕyɛ²⁴	tɕʰyɛ⁵³	n̠yɛ¹³	yɛ²²	yɛ¹³	yɛ¹³	tʰɛ⁵³	dɛ³¹
68 宣平	tɕy⁵²	tɕʰy³²⁴	n̠y²³¹	y²²³	y²³¹	y²³¹	tʰei³²⁴	dei⁴³³
69 遂昌	kɤ³³⁴	tɕʰyɛ⁴⁵	yɛ²¹³	yɛ¹³	yɛ²¹³	yɛ²¹³	tʰei⁴⁵	dei²²¹

续表

方言点	0113 句	0114 区 地~	0115 遇	0116 雨	0117 芋	0118 裕	0119 胎	0120 台 戏~
	遇合三去虞见	遇合三平虞溪	遇合三去虞疑	遇合三上虞云	遇合三去虞云	遇合三去虞以	蟹开一平咍透	蟹开一平咍定
70 龙泉	kɣɯ⁴⁵白 tɕy⁴⁵文	tɕʰy⁴³⁴	y²²⁴	y⁵¹	u²²⁴白 y²²⁴文	y²²⁴	tʰE⁴³⁴	dE²¹
71 景宁	tɕy³⁵	tɕʰy³²⁴	y¹¹³	y³³	y¹¹³	y¹¹³	tʰai³²⁴	dai⁴¹
72 庆元	kɣ¹¹	tɕʰyE³³⁵	n̠yE³¹	yE²²¹	yE³¹	yE³¹	tʰæi³³⁵	tæi⁵²
73 泰顺	tɕy³⁵	tɕʰy²¹³	n̠y²²	y⁵⁵	y²²	y²²	tʰæi²¹³	tɛ⁵³
74 温州	tɕy⁵¹	tɕʰy³³	n̠y²²	vu¹⁴	vu²²	vu²²	tʰe³³	de³¹
75 永嘉	tsʮ⁵³	tsʰʮ⁴⁴	n̠y²²	u¹³	u²²	u¹³调殊	tʰe⁴⁴	de³¹
76 乐清	tɕy⁴¹	tɕʰy⁴⁴	n̠y²²	y²⁴	y²²	y²²	tʰe⁴⁴	de³¹
77 瑞安	tɕyɣ⁵³	tɕʰyɣ⁴⁴	n̠yɣ²²	yɣ¹³	yɣ²²	yɣ¹³调殊	tʰe⁴⁴	de³¹
78 平阳	tɕy⁵³	tɕʰy⁵⁵	n̠y³³	vʉ⁴⁵	vʉ³³	vʉ³³	tʰe⁵⁵	de²⁴²
79 文成	tɕy³³	tɕʰy⁵⁵	n̠y⁴²⁴	vʉ²²⁴	vʉ⁴²⁴	vʉ⁴²⁴	tʰe⁵⁵	de¹¹³
80 苍南	tɕy⁴²	tɕʰy⁴⁴	y⁵³	y⁵³	y¹¹	y¹¹	tʰe⁴⁴	de³¹
81 建德徽	tɕy⁵³	tɕʰy⁵³	y²¹³	y²¹³	y²¹³	y⁵⁵又 y²¹³又	tʰe⁵³	tɛ³³
82 寿昌徽	tɕy³³	tɕʰy¹¹²	y³³待~	y⁵³⁴	y³³	y³³	tʰiæ¹¹²	tʰiæ⁵²
83 淳安徽	tɕya²⁴	tɕʰya²⁴	y⁵³待~	ya⁵⁵	ya⁵³	y⁵³	tʰie²⁴	tʰie⁴³⁵
84 遂安徽	tɕy⁴³	tɕʰy⁵³⁴	（无）	y²¹³	y⁵²	y⁵²	tʰəɯ⁵³⁴	tʰəɯ³³
85 苍南闽	ku²¹	kʰu⁵⁵	gu²⁴文	hɔ³²	ɔ²¹	su²¹	tʰai⁵⁵	tai²⁴
86 泰顺闽	kou⁵³	kʰy²¹³	y³¹	xou³¹	ou³¹	y³¹	tʰɔi²¹³	tɔi²²白 tai²²文
87 洞头闽	ku²¹	kʰu³³	（无）	hɔ²¹	ɔ²¹	tsu²¹	tʰai³³	tai¹¹³
88 景宁畲	ku⁴⁴	tɕʰy⁴⁴	y⁵¹	y³²⁵谷~	fu⁵¹	y⁵¹	tʰoi⁴⁴	toi²²

方言点	0121 袋	0122 来	0123 菜	0124 财	0125 该	0126 改	0127 开	0128 海
	蟹开一 去咍定	蟹开一 平咍来	蟹开一 去咍清	蟹开一 平咍从	蟹开一 平咍见	蟹开一 上咍见	蟹开一 平咍溪	蟹开一 上咍晓
01 杭州	$dɛ^{13}$	$lɛ^{213}$	$tsʰɛ^{45}$	$dzɛ^{213}$	$kɛ^{334}$	$kɛ^{53}$	$kʰɛ^{334}$	$xɛ^{53}$
02 嘉兴	dE^{113}	lE^{242}	$tsʰE^{224}$	zE^{242}	kE^{42}	kE^{544}	$kʰE^{42}$	hE^{544}
03 嘉善	$dɛ^{113}$	$lɛ^{132}$	$tsʰɛ^{334}$	$zɛ^{132}$	$kɛ^{44}$	$kɛ^{44}$	$kʰɛ^{53}$	$xɛ^{44}$
04 平湖	$dɛ^{213}$	$lɛ^{31}$	$tsʰɛ^{213}$	$zɛ^{31}$	$kɛ^{53}$	$kɛ^{44}$	$kʰɛ^{53}$	$hɛ^{44}$
05 海盐	$dɛ^{213}$	$lɛ^{31}$	$tsʰɛ^{334}$	$zɛ^{31}$	$kɛ^{53}$	$kɛ^{423}$	$kʰɛ^{53}$	$xɛ^{423}$
06 海宁	$dɛ^{13}$	$lɛ^{13}$	$tʰɛ^{35}$	$zɛ^{13}$	$kɛ^{55}$	$kɛ^{53}$	$kʰɛ^{55}$	$hɛ^{53}$
07 桐乡	dE^{213}	lE^{13}	$tsʰE^{334}$	zE^{13}	kE^{44}	kE^{53}	$kʰE^{44}$	hE^{53}
08 崇德	dE^{13}	lE^{13}	$tsʰE^{334}$	zE^{13}	kE^{44}	kE^{53}	$kʰE^{44}$	hE^{53}
09 湖州	dei^{24}	lei^{112}	$tsʰei^{35}$	$dzei^{112}$	kei^{44}	kei^{523}	$kʰei^{44}$	xei^{523}
10 德清	$dɛ^{113}$	$lɛ^{113}$	$tsʰɛ^{334}$	$zɛ^{113}$	$kɛ^{44}$	$kɛ^{52}$	$kʰɛ^{44}$	$xɛ^{52}$
11 武康	$dɛ^{113}$	$lɛ^{113}$	$tsʰɛ^{224}$	$dzɛ^{113}$	$kɛ^{44}$	$kɛ^{53}$	$kʰɛ^{44}$	$xɛ^{53}$
12 安吉	dE^{213}	lE^{22}	$tsʰE^{324}$	dzE^{22}	kE^{55}	kE^{52}	$kʰE^{55}$	hE^{52}
13 孝丰	$dɛ^{213}$	$lɛ^{22}$	$tsʰɛ^{324}$	$dzɛ^{22}$	$kɛ^{44}$	$kɛ^{52}$	$kʰɛ^{44}$	$hɛ^{52}$
14 长兴	$dɯ^{24}$	$lɯ^{12}$	$tsʰɯ^{324}$	$zɯ^{12}$	$kɯ^{44}$	$kɯ^{52}$	$kʰɯ^{44}$	$hɯ^{52}$
15 余杭	$dɛ^{213}$	$lɛ^{22}$	$tsʰɛ^{423}$	$zɛ^{22}$	$kɛ^{44}$	$kɛ^{53}$	$kʰɛ^{44}$	$xɛ^{53}$
16 临安	dE^{33}	lE^{33}	$tsʰE^{33}$	dzE^{33}	kE^{55}	kE^{55}	$kʰE^{55}$	hE^{55}
17 昌化	$dɛ^{243}$	$lɛ^{112}$	$tsʰɛ^{544}$	$zɛ^{112}$	$kɛ^{334}$	$kɛ^{453}$	$kʰɛ^{334}$	$xɛ^{453}$
18 於潜	de^{24}	le^{223}	$tsʰe^{35}$	dze^{223}	ke^{433}	ke^{51}	$kʰe^{433}$	xe^{51}
19 萧山	de^{242}	le^{355}	$tsʰe^{42}$	dze^{355}	ke^{533}	ke^{33}	$kʰe^{533}$	xe^{33}
20 富阳	de^{224}	$lɛ^{13}$	$tsʰɛ^{335}$	$dzɛ^{13}$	$kɛ^{53}$	$kɛ^{423}$	$kʰɛ^{53}$	$hɛ^{423}$
21 新登	de^{13}	le^{233}	$tsʰe^{45}$	ze^{233}	ke^{53}	ke^{334}	$kʰe^{53}$	he^{334}
22 桐庐	dE^{24}	lE^{13}	$tsʰE^{35}$	dzE^{13}	kE^{533}	kE^{33}	$kʰE^{533}$	xE^{33}
23 分水	$dɛ^{13}$	$lɛ^{22}$	$tsʰɛ^{24}$	$dzɛ^{22}$	$kɛ^{44}$	$kɛ^{53}$	$kʰɛ^{44}$	$xɛ^{53}$
24 绍兴	dE^{22}	lE^{231}	$tsʰE^{33}$	dzE^{231}	kE^{53}	kE^{334}	$kʰE^{53}$	hE^{334}
25 上虞	de^{31}	le^{213}	$tsʰe^{53}$	ze^{213}又 dze^{213}又	ke^{35}	ke^{35}	$kʰe^{35}$	he^{35}

续表

方言点	0121 袋 蟹开一 去咍定	0122 来 蟹开一 平咍来	0123 菜 蟹开一 去咍清	0124 财 蟹开一 平咍从	0125 该 蟹开一 平咍见	0126 改 蟹开一 上咍见	0127 开 蟹开一 平咍溪	0128 海 蟹开一 上咍晓
26 嵊州	$dɛ^{24}$	$lɛ^{213}$	$tsʰɛ^{334}$	$dzɛ^{213}$	$kɛ^{534}$	$kɛ^{53}$	$kʰɛ^{534}$	$hɛ^{53}$
27 新昌	de^{13}	le^{22}	$tsʰe^{335}$	ze^{22}白 dze^{22}文	ke^{534}	ke^{453}	$kʰe^{534}$	he^{453}
28 诸暨	de^{33}	le^{13}	$tsʰe^{544}$	dze^{13}	ke^{544}	ke^{42}	$kʰe^{42}$	he^{42}
29 慈溪	de^{13}	le^{13}	$tsʰe^{44}$	dze^{13}	ke^{44}	ke^{35}	$kʰe^{35}$	he^{35}
30 余姚	de^{13}	le^{13}	$tsʰe^{53}$	dze^{13}	ke^{44}	ke^{34}	$kʰe^{44}$	he^{34}
31 宁波	de^{13}	le^{13}	$tsʰe^{44}$	dze^{13}	ke^{53}	ke^{35}	$kʰe^{53}$	he^{35}
32 镇海	de^{24}	le^{24}	$tsʰe^{53}$	dze^{24}	ke^{53}活~	ke^{35}	$kʰe^{53}$	he^{35}
33 奉化	de^{31}	le^{33}	$tsʰe^{53}$	dze^{33}	ke^{44}	ke^{545}	$kʰe^{44}$	he^{545}
34 宁海	dei^{24}	lei^{213}	$tsʰei^{35}$	$dzei^{213}$	ke^{53}应~	ke^{53}	$kʰe^{423}$	hei^{53}
35 象山	dei^{13}	lei^{31}	$tsʰei^{53}$	$dzei^{31}$	ke^{44}	ki^{44}	$kʰi^{44}$	hei^{44}
36 普陀	$dɛ^{13}$	$lɛ^{24}$	$tsʰɛ^{55}$	$dzɛ^{24}$	$kɛ^{53}$	$kɛ^{45}$	$kʰɛ^{53}$	$xɛ^{45}$
37 定海	$dɛ^{13}$	$lɛ^{23}$	$tsʰɛ^{44}$	$dzɛ^{23}$	$kɛ^{52}$	$kɛ^{45}$	$kʰɛ^{52}$	$xɛ^{45}$
38 岱山	de^{213}	le^{23}	$tsʰe^{44}$	dze^{23}	ke^{325}调殊	ke^{325}	$kʰe^{52}$	xe^{325}
39 嵊泗	de^{213}	le^{243}	$tsʰe^{53}$	dze^{243}	ke^{53}	ke^{445}	$kʰe^{53}$	xe^{445}
40 临海	de^{324}	le^{21}	$tsʰe^{55}$	ze^{21}	ke^{31}	ke^{52}	$kʰe^{31}$	he^{52}
41 椒江	$də^{24}$	$lə^{31}$	$tsʰə^{55}$	$zə^{31}$	$kə^{42}$	$kə^{42}$	$kʰə^{42}$	$hə^{42}$
42 黄岩	de^{24}	le^{121}	$tsʰe^{55}$	ze^{121}	kie^{55}	kie^{42}	$kʰie^{32}$	he^{42}
43 温岭	de^{13}	le^{31}	$tsʰe^{55}$	ze^{31}	kie^{42}	kie^{42}	$kʰie^{33}$	he^{42}
44 仙居	$dæ^{24}$	$læ^{213}$	$tsʰæ^{55}$	$zæ^{213}$	$kæ^{334}$	$kæ^{324}$	$kʰæ^{334}$	$hæ^{324}$
45 天台	dei^{214}	lei^{224}	$tsʰei^{55}$	zei^{224}	kei^{33}	ke^{325}韵殊	$kʰei^{33}$	hei^{325}
46 三门	de^{243}	le^{113}	$tsʰe^{55}$	dze^{113}	ke^{334}	ke^{325}	$kʰe^{334}$	he^{325}
47 玉环	de^{22}	le^{31}	$tsʰe^{55}$	ze^{31}	kie^{42}	kie^{53}	$kʰie^{42}$	he^{53}
48 金华	$dɛ^{14}$	$lɛ^{313}$	$tsʰɛ^{55}$	$zɛ^{313}$	$kɛ^{334}$	$kɛ^{535}$	$kʰɛ^{334}$	$xɛ^{535}$
49 汤溪	$dɛ^{341}$	$lɛ^{11}$	$tsʰɛ^{52}$	$zɛ^{11}$	$kɛ^{24}$	$kɛ^{535}$	$kʰɛ^{24}$	$xɛ^{535}$

续表

方言点	0121 袋 蟹开一 去哈定	0122 来 蟹开一 平哈来	0123 菜 蟹开一 去哈清	0124 财 蟹开一 平哈从	0125 该 蟹开一 平哈见	0126 改 蟹开一 上哈见	0127 开 蟹开一 平哈溪	0128 海 蟹开一 上哈晓
50 兰溪	de^{24}	le^{21}	ts^he^{45}	ze^{21}	ke^{334}	ke^{55}	k^he^{334}	xe^{55}
51 浦江	da^{24}	la^{113}	ts^ha^{55}	za^{113}	ka^{534}	ka^{53}	k^ha^{534}	xa^{53}
52 义乌	de^{24}	le^{213}	ts^he^{45}	ze^{213}白 dze^{213}文	ke^{335}	ke^{423}	k^he^{335}	he^{423}
53 东阳	de^{24}	le^{213}	ts^he^{453}	dze^{213}	ke^{334}	ke^{453}	k^he^{334}	he^{44}
54 永康	$də i^{241}$	$lə i^{22}$	$ts^hə i^{52}$	$zə i^{22}$	$kə i^{55}$	$kə i^{334}$	$k^hə i^{55}$	$xə i^{334}$
55 武义	da^{231}	la^{324}	ts^ha^{53}	za^{324}	ka^{24}	ka^{445}	k^ha^{24}	xa^{445}
56 磐安	de^{14}	le^{213}	ts^he^{52}	dze^{213}发~ ze^{213}~主	ke^{445}	ke^{334}	k^he^{445}	xe^{334}
57 缙云	dei^{213}	lei^{243}	ts^hei^{453}	zei^{243}	kei^{44}	kei^{51}	k^hei^{44}	xei^{51}
58 衢州	$dε^{231}$	$lε^{21}$	$ts^hε^{53}$	$dzε^{21}$	$kε^{32}$	$kε^{35}$	$k^hε^{32}$	$xε^{35}$
59 衢江	dei^{231}	li^{212}	ts^hei^{53}	dza^{212}	kei^{33}	kei^{25}	k^hei^{33}	xei^{25}
60 龙游	dei^{231}	lei^{21}	ts^hei^{51}	$dzei^{21}$	kei^{334}	kei^{35}	k^hei^{334}	xei^{35}
61 江山	dE^{31}	li^{213}白 lE^{213}文	$tɕ^hi^{51}$	dzE^{213}	kE^{44}	kE^{241}	k^hE^{44}	xE^{241}
62 常山	$dε^{131}$	li^{341}	$tɕ^hi^{324}$	$zε^{341}$	$kε^{44}$	$kε^{52}$	$kε^{44}$	$xε^{52}$
63 开化	$dε^{213}$	li^{231}	$tɕ^hi^{412}$	$zε^{231}$	ka^{44}	ka^{53}	$k^hε^{44}$	$xε^{53}$
64 丽水	$dε^{131}$	li^{22}韵殊	$ts^hε^{52}$	$zε^{22}$	$kε^{224}$	$kε^{544}$	$k^hε^{224}$	$xε^{544}$
65 青田	$dε^{22}$	li^{21}	$ts^hε^{33}$	$zε^{21}$	$kε^{445}$	$kε^{454}$	$k^hε^{445}$	$xε^{454}$
66 云和	da^{223}	li^{312}韵殊	ts^ha^{45}	za^{312}	ka^{24}	ka^{41}	k^hei^{24}	xa^{41}
67 松阳	$dε^{13}$	li^{31}	ts^hei^{24}	$zε^{31}$	$kε^{53}$	$kε^{212}$	$k^hε^{53}$	$xε^{212}$
68 宣平	dei^{231}	lei^{433}	ts^hei^{52}	zei^{433}	kei^{324}	kei^{445}	k^hei^{324}	xei^{445}
69 遂昌	dei^{213}	lei^{221}	ts^hei^{334}	zei^{221}	kei^{45}	kei^{533}	k^hei^{45}	xei^{533}
70 龙泉	dE^{224}	lE^{21}	ts^hE^{45}	zE^{21}	kE^{434}	kE^{51}	k^hE^{434}	xE^{51}
71 景宁	dai^{113}	li^{41}韵殊	ts^hai^{35}	zai^{41}	kai^{324}	kai^{33}	k^hai^{324}	xai^{33}
72 庆元	$tæi^{31}$	liE^{33}调殊	$ts^hæi^{11}$	$sæi^{52}$	$kæi^{335}$	$kæi^{33}$	$k^hæi^{335}$	$xæi^{33}$

续表

方言点	0121 袋 蟹开一去哈定	0122 来 蟹开一平哈来	0123 菜 蟹开一去哈清	0124 财 蟹开一平哈从	0125 该 蟹开一平哈见	0126 改 蟹开一上哈见	0127 开 蟹开一平哈溪	0128 海 蟹开一上哈晓
73 泰顺	tɛ²²	li⁵³	tsʰæi³⁵	sɛ⁵³	kɛ²¹³	kɛ⁵⁵	kʰæi²¹³	xɛ⁵⁵
74 温州	de²²	le³¹	tsʰe⁵¹	ze³¹	ke³³	ke²⁵	kʰe³³	he²⁵
75 永嘉	de²²	lei³¹	tsʰe⁵³	ze³¹	ke⁴⁴	ke⁴⁵	kʰe⁴⁴	he⁴⁵
76 乐清	de²²	li³¹白 le³¹文	tɕʰie⁴¹	ze³¹	ke⁴⁴	ke³⁵	kʰe⁴⁴	he³⁵
77 瑞安	de²²	lei³¹	tsʰe⁵³	ze³¹	ke⁴⁴	ke³⁵	kʰe⁴⁴	he³⁵
78 平阳	de³³	li²⁴²白 le²⁴²文	tʃʰe⁵³	ze²⁴²	ke⁵⁵	ke⁴⁵	kʰe⁵⁵	xe⁴⁵
79 文成	de⁴²⁴	lei¹¹³	tʃʰe³³	ze¹¹³	ke⁵⁵	ke⁴⁵	kʰe⁵⁵	xe⁴⁵
80 苍南	de¹¹	li³¹	tsʰe⁴²	ze³¹	ke⁴⁴	ke⁵³	kʰe⁴⁴	he⁵³
81 建德徽	tʰɛ⁵⁵	lɛ³³	tsʰɛ³³	sɛ³³	kɛ⁵³	kɛ²¹³	kʰɛ⁵³	hɛ²¹³
82 寿昌徽	tʰiæ³³	liæ⁵²	tɕʰiæ³³	ɕiæ⁵²	kiɛ¹¹²	kiɛ²⁴	kʰiɛ¹¹²	xiɛ²⁴
83 淳安徽	tʰie⁵³	lie⁴³⁵	tɕʰie²⁴	ɕie⁴³⁵	kie²⁴	kie⁵⁵	kʰie²⁴	hie⁵⁵
84 遂安徽	tʰɤɯ⁵²	lɤɯ³³	tsʰɤɯ⁴³	sɤɯ³³	kɤɯ⁵³⁴	kɤɯ²¹³	kʰɤɯ⁵³⁴	xɤɯ²¹³
85 苍南闽	tə²¹	lai²⁴	tsʰai²¹	tsai²⁴	kai⁵⁵	kue⁴³ kai⁴³土~	kʰui⁵⁵	hai⁴³
86 泰顺闽	tɔi³¹	li²²	tsʰai⁵³	tsai²²	kai²¹³	kai³⁴⁴	kʰai²¹³	xɔi³⁴⁴
87 洞头闽	tə²¹	lai¹¹³	tsʰai²¹	tsai¹¹³	kai³³	kue⁵³	kʰui³³	hai⁵³
88 景宁畲	tʰoi⁵¹	loi²²	tsʰoi⁴⁴	tsai²²	kai⁴⁴	kai³²⁵	foi⁴⁴~门 kʰoi⁴⁴~水	xai³²⁵

方言点	0129 爱	0130 贝	0131 带动	0132 盖动	0133 害	0134 拜	0135 排	0136 埋
	蟹开一去哈影	蟹开一去泰帮	蟹开一去泰端	蟹开一去泰见	蟹开一去泰匣	蟹开二去皆帮	蟹开二平皆並	蟹开二平皆明
01 杭州	ε^{45}	pei^{45}	$t\varepsilon^{45}$	$k\varepsilon^{45}$	ε^{13}	$p\varepsilon^{45}$	$b\varepsilon^{213}$	$m\varepsilon^{213}$
02 嘉兴	E^{224}	pei^{224}	tA^{224}	kE^{224}	E^{113}	pA^{224}	bA^{242}	mA^{42} 调殊
03 嘉善	ε^{334}	$p\varepsilon^{44}$ 调殊	ta^{334}	$k\varepsilon^{44}$ 小	ε^{113}	pa^{334}	ba^{132}	ma^{53}
04 平湖	ε^{334}	pe^{334}	ta^{334}	$k\varepsilon^{334}$	ε^{213}	pa^{334}	ba^{31}	ma^{53}
05 海盐	ε^{334}	pe^{334}	ta^{334}	$k\varepsilon^{334}$	ε^{213}	pa^{334}	ba^{31}	ma^{31}
06 海宁	ε^{35}	pei^{55} 调殊	ta^{35}	$k\varepsilon^{35}$	ε^{13}	pa^{35}	ba^{13}	ma^{13}
07 桐乡	E^{334}	pi^{334}	ta^{334}	kE^{334}	E^{213}	pa^{334}	ba^{13}	ma^{13}
08 崇德	E^{334}	pi^{44}	ta^{334}	kE^{334}	E^{13}	pa^{334}	ba^{13}	ma^{13}
09 湖州	ei^{35}	pei^{35}	ta^{35}	kei^{35}	ei^{35}	pa^{35}	ba^{112}	ma^{112}
10 德清	ε^{334}	pe^{334}	ta^{334}	$k\varepsilon^{334}$	ε^{334}	pa^{334}	ba^{113}	ma^{334}
11 武康	ε^{224}	pe^{53} 读字	ta^{224}	$k\varepsilon^{224}$	ε^{224}	pa^{224}	ba^{113}	ma^{224}
12 安吉	E^{324}	pe^{55}	ta^{324}	kE^{324}	E^{213}	pa^{324}	ba^{22}	ma^{22}
13 孝丰	ε^{324}	pe^{44}	ta^{324}	$k\varepsilon^{324}$	e^{213}	pa^{324}	ba^{22}	ma^{22}
14 长兴	$ɯ^{324}$	pei^{324}	ta^{324}	$kɯ^{324}$	$ɯ^{324}$	pa^{324}	ba^{12}	ma^{12}
15 余杭	ε^{53}	pe^{423}	ta^{423}	$k\varepsilon^{423}$	ε^{213}	pa^{423}	ba^{22}	ma^{22}
16 临安	E^{55}	pE^{55}	ta^{55}	kE^{55}	E^{33}	pa^{55}	ba^{33}	ma^{55}
17 昌化	ε^{544}	pe^{453}	ta^{544}	$k\varepsilon^{544}$	ε^{243}	pa^{544}	ba^{112}	ma^{112}
18 於潜	e^{24}	pe^{35}	ta^{35}	ke^{35}	e^{24}	pa^{35}	ba^{223}	ma^{223}
19 萧山	e^{42}	pe^{42}	ta^{42}	ke^{42}	e^{242}	pa^{42}	ba^{355}	ma^{355}
20 富阳	ε^{335}	pe^{335}	ta^{335}	$k\varepsilon^{335}$	ε^{224}	pa^{335}	ba^{13}	ma^{13}
21 新登	e^{45}	pe^{45}	ta^{45}	ke^{45}	e^{13}	pa^{45}	ba^{233}	ma^{233}
22 桐庐	E^{35}	pE^{35}	tA^{35}	kE^{35}	E^{24}	pA^{35}	bA^{13}	mE^{13}
23 分水	ε^{53}	pe^{53}	$t\varepsilon^{53}$	$k\varepsilon^{24}$	$x\varepsilon^{13}$	pe^{24}	$b\varepsilon^{22}$	me^{22}
24 绍兴	E^{33}	pE^{53} 宝~	ta^{33}	kE^{33}	E^{22}	pa^{33}	ba^{231}	ma^{22}
25 上虞	e^{53}	pe^{53}	ta^{53}	ke^{53}	e^{31}	pa^{53}	ba^{213}	ma^{213}

续表

方言点	0129 爱	0130 贝	0131 带动	0132 盖动	0133 害	0134 拜	0135 排	0136 埋
	蟹开一去哈影	蟹开一去泰帮	蟹开一去泰端	蟹开一去泰见	蟹开一去泰匣	蟹开二去皆帮	蟹开二平皆並	蟹开二平皆明
26 嵊州	E^{334}	pE^{53}宝~	ta^{334}	kE^{334}	E^{24}	pa^{334}	ba^{213}	ma^{213}
27 新昌	e^{335}	pe^{335}	ta^{335}	ke^{335}	e^{13}	pa^{335}	ba^{22}	me^{22}动 ma^{22}~怨
28 诸暨	e^{544}	pe^{544}	$tɑ^{544}$	ke^{544}	e^{33}	$pɑ^{544}$	$bɑ^{13}$	me^{13}
29 慈溪	e^{44}	pe^{35}	ta^{44}	ke^{44}	he^{13}	pa^{44}	ba^{13}	ma^{13}
30 余姚	e^{53}	pe^{53}	ta^{53}	ke^{53}	e^{13}	pa^{53}	ba^{13}	ma^{13}
31 宁波	e^{44}	$pɐi^{44}$	ta^{44}	ke^{44}	e^{13}	pa^{44}	ba^{13}	$mɛ^{13}$~伏 $mɔ^{13}$~怨
32 镇海	e^{53}	pei^{53}	ta^{53}	ke^{53}	e^{24}	pa^{53}	ba^{24}	$mɛ^{24}$~伏
33 奉化	e^{53}	pei^{44}调殊	ta^{53}	ke^{53}	e^{31}	pa^{53}	ba^{33}	me^{33}
34 宁海	ei^{35}	pei^{35}	ta^{35}	ke^{35}	ei^{24}	pa^{35}	ba^{213}	ma^{213}
35 象山	$ɛ^{53}$	pei^{53}	ta^{53}	ki^{53}	$ɛ^{13}$	pa^{53}	ba^{31}	$mɛ^{31}$
36 普陀	$ɛ^{55}$	$pæi^{55}$	ta^{55}	$kɛ^{55}$	$ɛ^{13}$	pa^{55}	ba^{24}	$mɛ^{24}$
37 定海	$ɛ^{44}$	$pɐi^{44}$	ta^{44}	$kɛ^{44}$	$ɛ^{13}$	pa^{44}	ba^{23}	$mø^{23}$
38 岱山	e^{44}	$pɐi^{44}$	ta^{44}	ke^{44}	e^{213}	pa^{44}	ba^{23}	me^{23}
39 嵊泗	e^{53}	$pɐi^{53}$	ta^{53}	ke^{53}	e^{213}	pa^{53}	be^{243}	me^{243}
40 临海	e^{55}	pe^{55}	ta^{55}	ke^{55}	e^{324}	pa^{55}	ba^{21}	ma^{21}
41 椒江	$ə^{55}$	$pə^{55}$	ta^{55}	$kə^{55}$	$ə^{24}$	pa^{55}	ba^{31}	ma^{31}
42 黄岩	e^{55}	pe^{55}	ta^{55}	kie^{55}	e^{24}	pa^{55}	ba^{121}	ma^{121}
43 温岭	e^{55}	pe^{55}	ta^{55}	kie^{55}	e^{13}	pa^{55}	ba^{31}	ma^{31}
44 仙居	$æ^{55}$	$ɓæ^{55}$	$ɗa^{55}$	（无）	$æ^{24}$	$ɓa^{55}$	ba^{213}	（无）
45 天台	ei^{55}	pei^{55}	ta^{55}	kei^{55}	ei^{35}	pa^{55}	ba^{224}	ma^{224}
46 三门	e^{55}	pe^{55}	ta^{55}	ke^{55}	e^{243}	pa^{55}	ba^{113}	ma^{113}
47 玉环	e^{55}	pe^{55}	ta^{55}	kie^{55}	e^{22}	pa^{55}	ba^{31}	ma^{31}
48 金华	$ɛ^{55}$	pe^{55}	ta^{55}	$kɛ^{55}$	$ɛ^{14}$	pa^{55}	$bɑ^{313}$	$mɛ^{313}$

续表

方言点	0129 爱	0130 贝	0131 带 动	0132 盖 动	0133 害	0134 拜	0135 排	0136 埋
	蟹开一去哈影	蟹开一去泰帮	蟹开一去泰端	蟹开一去泰见	蟹开一去泰匣	蟹开二去皆帮	蟹开二平皆并	蟹开二平皆明
49 汤溪	ɛ⁵²	pɛ⁵²	tɑ⁵²	ke⁵²	ɛ³⁴¹	pɑ⁵²	bɑ¹¹	(无)
50 兰溪	e⁴⁵	pe⁴⁵	tɑ⁴⁵	ke⁴⁵	e²⁴	pɑ⁴⁵	bɑ²¹	mɑ²¹
51 浦江	a⁵⁵	pa⁵⁵	tɑ⁵⁵	ka⁵⁵	a²⁴	pɑ⁵⁵	bɑ¹¹³	ma¹¹³
52 义乌	e⁴⁵	pe⁴⁵	ta⁴⁵	ke⁴⁵	e²⁴	pa⁴⁵	ba²¹³	mɛ²¹³~怨 mai²¹³~伏
53 东阳	e⁴⁵³	pe⁴⁵³	ta⁴⁵³	(无)	e²⁴	pa⁴⁵³	ba²¹³	(无)
54 永康	əi⁵²	ɓəi⁵²	ɗia⁵²	(无)	əi²⁴¹	ɓia⁵²	bia²²	mia²²
55 武义	a⁵³	pa⁵³	lia⁵³	ka⁵³	a²³¹	pia⁵³	bia³²⁴	(无)
56 磐安	e⁵²	pe⁵²	ta⁵²	(无)	e¹⁴	pa⁵²	ba²¹³	(无)
57 缙云	ei⁴⁵³	pei⁴⁵³	tɑ⁴⁵³	(无)	ei²¹³	pɑ⁴⁵³	bɑ²⁴³	mɛ²⁴³
58 衢州	ɛ⁵³	pe⁵³	te⁵³	kɛ⁵³	ɛ²³¹	pɛ⁵³	bɛ²¹	mɛ²¹
59 衢江	ei⁵³	pei⁵³	ta⁵³	kei⁵³	ei²³¹	pa⁵³	ba²¹²	mɛ²¹²
60 龙游	ei⁵¹	pei⁵¹	tɑ⁵¹	kei⁵¹	ei²³¹	pɑ⁵¹	bɑ²¹	mɛ²¹
61 江山	E⁵¹	pE⁵¹	ta⁵¹	kE⁵¹	E³¹	pa⁵¹	ba²¹³	ma²¹³
62 常山	ɛ³²⁴	pi⁵²调殊	tɛ³²⁴	kuɛ³²⁴	ɛ¹³¹	pɛ³²⁴	bɛ³⁴¹	mɛ³⁴¹
63 开化	a⁴¹²	pi⁵³调殊	ta⁴¹²	kua⁴¹²	ɛ²¹³	pa⁴¹²	ba²³¹	ma²³¹
64 丽水	ɛ⁵²	pei⁵²	tuɔ⁵²	kɛ⁵²	ɛ¹³¹	puɔ⁵²	buɔ²²	mɛ²²
65 青田	ɛ³³	ɓæi³³	ɗɑ³³	kɛ³³	ɛ²²	ɓɑ³³	bɑ²¹	mɑ²¹
66 云和	a⁴⁵	pei⁴⁵	tɔ⁴⁵	(无)	a²²³	pɔ⁴⁵	bɔ³¹²	mɔ³¹²
67 松阳	ɛ²⁴	pei²⁴	ta²⁴	kɛ²⁴	a¹³	pa²⁴	ba³¹	mã⁵³音殊
68 宣平	ei⁵²	pei⁵²	ta⁵²	(无)	ei²³¹	pa⁵²	ba⁴³³	(无)
69 遂昌	ei³³⁴	pei³³⁴	ta³³⁴	ka³³⁴~章	ei²¹³	pa³³⁴	ba²¹³	ma²²¹
70 龙泉	E⁴⁵	pE⁴⁵	ta⁴⁵	kua⁴⁵旧 kE⁴⁵今	ua²²⁴	pa⁴⁵	ba²¹	maŋ²¹ 韵殊
71 景宁	ai³⁵	pai³⁵	ta³⁵	kai³⁵	ai¹¹³	pa³⁵	ba⁴¹	ma⁴¹

续表

方言点	0129 爱 蟹开一 去哈影	0130 贝 蟹开一 去泰帮	0131 带 动 蟹开一 去泰端	0132 盖 动 蟹开一 去泰见	0133 害 蟹开一 去泰匣	0134 拜 蟹开二 去皆帮	0135 排 蟹开二 平皆並	0136 埋 蟹开二 平皆明
72 庆元	æi¹¹	ɓæi¹¹	ɗɑ¹¹	kuɑ¹¹	xuɑ³¹	ɓɑ¹¹	pɑ⁵²	mæ̃⁵²韵殊
73 泰顺	ɛ³⁵	pæi³⁵	ta³⁵	kɛ³⁵	ɛ²²	pa³⁵	pa⁵³	ma⁵³
74 温州	e⁵¹	pai⁵¹	ta⁵¹	ke⁵¹	e²²	pa⁵¹	ba³¹	ma²¹²调殊
75 永嘉	e⁵³	pai⁵³	ta⁵³	ke⁵³	e²²	pa⁵³	ba³¹	ma²¹³调殊
76 乐清	e⁴¹	pai⁴¹	te⁴¹	kuai⁴¹白 ke⁴¹文	e²²	pe⁴¹	be³¹	me²¹²调殊
77 瑞安	e⁵³	pai⁵³	ta⁵³	ke⁵³	e²²	pa⁵³	ba³¹	ma²¹²调殊
78 平阳	e⁵³	pai⁵³	tA⁵³	ke⁵³	e³³	pA⁵³	bA²⁴²	mA¹²调殊
79 文成	e³³	pai³³	tɔ³³	ke³³	e⁴²⁴	pɔ³³	bɔ¹¹³	mɔ¹¹³
80 苍南	e⁴²	pai⁴²	tia⁴²	ke⁴²	e¹¹	pia⁴²	bia³¹	mia¹¹²调殊
81 建德徽	ɛ⁵⁵	pe⁵⁵	tɑ³³	kɛ³³	hɛ⁵⁵	pɑ³³	pɑ³³	mɑ³³
82 寿昌徽	iɛ³³	piæ³³	tɑ³³	kiɛ³³	xiɛ³³	pɑ³³	pʰɑ⁵²	mɑ⁵²
83 淳安徽	e²⁴	pie²⁴	tɑ²⁴	kie²⁴	hie⁵³	pɑ²⁴	pʰɑ⁴³⁵	mɑ⁴³⁵
84 遂安徽	ɑ⁴³	pɯ⁴³	tɑ⁴³	kɯ⁴³	xɯ⁵²	pa⁴³	pʰa³³	ma³³
85 苍南闽	ai²¹	pue²¹	tua²¹	kai²¹文	hai²¹	pai²⁴	pai²⁴	bai²⁴
86 泰顺闽	ai⁵³	pɔi⁵³	tai⁵³	kai⁵³	xai³¹	pei⁵³	pei²²	mai²²
87 洞头闽	ai²¹	pue²¹	tua²¹	kua²¹	hai²¹	pai²¹	pai¹¹³	（无）
88 景宁畲	ai⁴⁴	poi⁴⁴	tɔi⁴⁴	koi⁴⁴	xai⁵¹	pai⁴⁴	pʰai²²	mai²²

方言点	0137 戒 蟹开二 去皆见	0138 摆 蟹开二 上佳帮	0139 派 蟹开二 去佳滂	0140 牌 蟹开二 平佳並	0141 买 蟹开二 上佳明	0142 卖 蟹开二 去佳明	0143 柴 蟹开二 平佳崇	0144 晒 蟹开二 去佳生
01 杭州	ka^{45}白 tɕiɛ^{45}文	pɛ^{53}	pʰɛ^{45}	bɛ^{213}	mɛ^{53}	mɛ^{13}	dzɛ^{213}	sɛ^{45}
02 嘉兴	kA^{224}	pA^{544}	pʰA^{224}	bA^{242}	mA^{113}	mA^{113}	zA^{242}	so^{224}
03 嘉善	ka^{334}	pa^{44}	pʰa^{334}	ba^{132}	ma^{113}	ma^{113}	za^{132}	so^{334}
04 平湖	ka^{334}	pa^{44}	pʰa^{213}	ba^{31}	ma^{213}	ma^{213}	za^{31}	so^{334}
05 海盐	kɑ^{334}	pɑ^{423}	pʰɑ^{334}	bɑ^{31}	mɑ^{423}	mɑ^{213}	zɑ^{31}	so^{334}
06 海宁	ka^{35}	pa^{53}	pʰa^{35}	ba^{13}	ma^{231}	ma^{13}	za^{13}	so^{35}
07 桐乡	ka^{44}	pa^{53}	pʰa^{334}	ba^{13}	ma^{242}	ma^{213}	za^{13}	so^{334}
08 崇德	kɑ^{334}	pɑ^{53}	pʰɑ^{334}	bɑ^{13}	mɑ^{53}	mɑ^{13}	zɑ^{13}	so^{334}
09 湖州	ka^{35}	pa^{523}	pʰa^{35}	ba^{112}	ma^{523}	ma^{35}	za^{112}	suo^{35}
10 德清	ka^{334}	pa^{52}	pʰa^{334}	ba^{113}	ma^{52}	ma^{334}	za^{113}	suo^{334}
11 武康	ka^{224}	pa^{53}	pʰa^{224}	ba^{113}	ma^{242}	ma^{224}	za^{113}	suo^{224}
12 安吉	ka^{324}	pa^{52}	pʰa^{324}	ba^{22}	ma^{52}	ma^{213}	za^{22}	sa^{324}
13 孝丰	ka^{324}	pa^{52}	pʰa^{324}	ba^{22}	ma^{52}	ma^{324}	za^{22}	sa^{324}
14 长兴	ka^{324}	pa^{52}	pʰa^{324}	ba^{12}	ma^{52}	ma^{324}	za^{12}	su^{324}
15 余杭	ka^{423}	pa^{53}	pʰa^{53}	ba^{22}	ma^{53}	ma^{213}	za^{22}	suo^{423}
16 临安	ka^{55}	pa^{55}	pʰa^{55}	ba^{33}	ma^{33}	ma^{33}	za^{33}	sa^{55}
17 昌化	ka^{544}	pa^{453}	pʰa^{544}	ba^{112}	ma^{243}	ma^{243}	za^{112}	su^{544}
18 於潜	ka^{35}	pa^{51}	pʰa^{35}	ba^{223}	ma^{51}	ma^{24}	za^{223}	sa^{35}
19 萧山	ka^{42}	pa^{33}	pʰa^{42}	ba^{355}	ma^{13}	ma^{33}调殊	za^{355}	so^{42}
20 富阳	ka^{335}	pa^{423}	pʰa^{335}	ba^{13}	ma^{224}	ma^{335}	za^{13}	so^{335}
21 新登	ka^{45}	pɛ^{334}	pʰa^{45}	ba^{233}	ma^{334}	ma^{13}	za^{233}	sa^{45}
22 桐庐	kA^{35}	pA^{33}	pʰA^{35}	bA^{13}	mA^{33}	mA^{24}	zA^{13}	ɕyo^{35}
23 分水	kɛ^{24}	pɛ^{53}	pʰɛ^{24}	bɛ^{22}	mɛ^{53}	mɛ^{13}	dzɛ^{22}	sɛ^{24}
24 绍兴	ka^{33}	pa^{334}	pʰa^{334}调殊	ba^{231}	ma^{223}	ma^{22}	za^{231}	sa^{33}
25 上虞	ka^{53}	pa^{35}	pʰa^{35}调殊	ba^{213}	ma^{213}	ma^{31}	za^{213}	sa^{53}

续表

方言点	0137 戒 蟹开二去皆见	0138 摆 蟹开二上佳帮	0139 派 蟹开二去佳滂	0140 牌 蟹开二平佳並	0141 买 蟹开二上佳明	0142 卖 蟹开二去佳明	0143 柴 蟹开二平佳崇	0144 晒 蟹开二去佳生
26 嵊州	ka³³⁴	pa⁵³	pʰa³³⁴	ba²¹³	ma²²	ma²⁴	za²¹³	sa³³⁴
27 新昌	ka³³⁵	pa⁴⁵³	pʰa³³⁵	ba²²	ma²³²	ma¹³	za²²	so³³⁵
28 诸暨	kʌ⁵⁴⁴	pʌ⁴²	pʰʌ⁵⁴⁴	bʌ¹³	mʌ²⁴²	mʌ³³	zʌ¹³	so⁵⁴⁴
29 慈溪	ka³⁵	pa³⁵	pʰa⁴⁴	ba¹³	ma¹³	ma¹³	za¹³	sa⁴⁴
30 余姚	ka⁵³	pa³⁴	pʰa⁵³	ba¹³	ma¹³	ma¹³	za¹³	sa⁵³
31 宁波	ka⁴⁴	pa³⁵	pʰa⁴⁴	bɛ¹³ 打~ ba¹³ 名~	ma¹³	ma¹³	za¹³	sa⁴⁴
32 镇海	ka⁵³	pa³⁵	pʰa⁵³	ba²⁴	ma²⁴	ma²⁴	za²⁴	sa⁵³
33 奉化	ka⁵³	pa⁵⁴⁵	pʰa⁵³	ba³²⁴ 调殊	ma³²⁴	ma³¹	za³³	sa⁵³
34 宁海	ka³⁵	pa⁵³	pʰa³⁵	ba²¹³	ma³¹	ma²⁴	za²¹³	so³⁵
35 象山	ka⁵³	pa⁴⁴	pʰa⁵³	ba³¹	ma³¹	ma¹³	za³¹	sa⁵³
36 普陀	ka⁵⁵	pa⁴⁵	pʰa⁵⁵	ba²⁴	ma²³	ma¹³	za²⁴	sa⁵⁵
37 定海	ka⁴⁴	pa⁴⁵	pʰa⁴⁴	ba²³	ma²³	ma¹³	za²³	sa⁴⁴
38 岱山	ka⁴⁴	pa³²⁵	pʰa⁴⁴	ba²³	ma²⁴⁴	ma²¹³	za²³	sa⁴⁴
39 嵊泗	ka⁵³	pa⁴⁴⁵	pʰa⁵³	ba²⁴³	ma⁴⁴⁵	ma²¹³	za²⁴³	sa⁵³
40 临海	ka⁵⁵	pa⁵²	pʰa⁵⁵	ba²¹	ma⁵²	ma³²⁴	za²¹	so⁵⁵
41 椒江	ka⁵⁵	pa⁴²	pʰa⁵⁵	ba²⁴ 小	ma⁴²	ma²⁴	za³¹	so⁵⁵
42 黄岩	ka⁵⁵	pa⁴²	pʰa⁵⁵	ba¹²¹	ma⁴²	ma²⁴	za¹²¹	so⁵⁵
43 温岭	ka⁵⁵	pa⁴²	pʰa⁵⁵	ba²⁴ 小	ma⁴²	ma¹³	za³¹	so⁵⁵
44 仙居	ka⁵⁵	ɓa³²⁴	pʰa⁵⁵	ba²¹³	ma³²⁴	ma²⁴	za²¹³	so⁵⁵
45 天台	ka⁵⁵	pa³²⁵	pʰa⁵⁵	ba²²⁴	ma²¹⁴	ma³⁵	za²²⁴	so⁵⁵ 韵殊
46 三门	ka⁵⁵	pa³²⁵	pʰa⁵⁵	ba¹¹³	ma³²⁵	ma²⁴³	za¹¹³	so⁵⁵
47 玉环	ka⁵⁵	pa⁵³	pʰa⁵⁵	ba²⁴ 小	ma⁵³	ma²²	za³¹	so⁵⁵
48 金华	ka⁵⁵	pɑ⁵³⁵	pʰɑ⁵⁵	bɑ³¹³	mɑ⁵³⁵	mɑ¹⁴	zɑ³¹³	sɑ⁵⁵
49 汤溪	kɑ⁵²	pɑ⁵³⁵	pʰɑ⁵²	bɑ¹¹	mɑ¹¹³	mɑ³⁴¹	zɑ¹¹	suɑ⁵²

续表

方言点	0137 戒 蟹开二 去皆见	0138 摆 蟹开二 上佳帮	0139 派 蟹开二 去佳滂	0140 牌 蟹开二 平佳並	0141 买 蟹开二 上佳明	0142 卖 蟹开二 去佳明	0143 柴 蟹开二 平佳崇	0144 晒 蟹开二 去佳生
50 兰溪	ka^{45}	pa^{55}	p^ha^{45}	ba^{21}	ma^{55}	ma^{24}	za^{21}	sua^{45}
51 浦江	ka^{55}	pa^{53}	p^ha^{55}	ba^{113}	ma^{243}	ma^{24}	za^{113}	φya^{55}
52 义乌	ka^{45}白 $t\varphi ie^{45}$文	pa^{423}	p^ha^{45}	ba^{213}	ma^{213}	ma^{24}	za^{213}	sua^{45}
53 东阳	ka^{453}	pa^{44}	p^ha^{453}	ban^{213}小	ma^{231}	ma^{231}调殊	za^{213}	so^{453}
54 永康	$t\varphi ia^{52}$	βia^{334}	p^hia^{52}	bia^{22}	mia^{113}	mia^{241}	$z ia^{22}$	sua^{52}
55 武义	$t\varphi ia^{53}$	pia^{445}	p^hia^{53}	bia^{324}	mia^{13}	mia^{231}	$z ia^{324}$	sua^{53}
56 磐安	ka^{52}	pa^{334}	p^ha^{52}	ba^{213}	ma^{334}	ma^{14}	za^{213}	$su\partial^{52}$
57 缙云	ka^{453}	pa^{51}	p^ha^{453}	ba^{243}	ma^{31}	ma^{213}	za^{243}	sa^{453}
58 衢州	$k\varepsilon^{53}$	$p\varepsilon^{35}$	$p^h\varepsilon^{53}$	$b\varepsilon^{21}$	$m\varepsilon^{231}$	$m\varepsilon^{231}$	$z\varepsilon^{21}$	$s\varepsilon^{53}$
59 衢江	ka^{53}	pa^{25}	p^ha^{53}	ba^{212}	muo^{212}	muo^{231}	za^{212}	suo^{53}
60 龙游	ka^{51}	pa^{35}	p^ha^{51}	ba^{21}	ma^{224}	ma^{231}	za^{21}	sua^{51}
61 江山	ka^{51}白 kia^{51}文	pa^{241}	p^ha^{51}	ba^{213}	$m\eta^{22}$	$m\eta^{22}$调殊	za^{213}姓~	$s\eta^{51}$
62 常山	$k\varepsilon^{324}$	$p\varepsilon^{52}$	$p^h\varepsilon^{324}$	$b\varepsilon^{341}$	ma^{24}	ma^{131}	dze^{341}	sa^{324}
63 开化	ka^{412}	pa^{53}	p^ha^{412}	ba^{231}	ma^{213}	ma^{213}	dze^{231}姓~	sa^{412}
64 丽水	$ku\mathfrak{o}^{52}$	$pu\mathfrak{o}^{544}$	$p^hu\mathfrak{o}^{52}$	$bu\mathfrak{o}^{22}$	$mu\mathfrak{o}^{544}$	$mu\mathfrak{o}^{131}$	$zu\mathfrak{o}^{22}$	$su\mathfrak{o}^{52}$
65 青田	ka^{33}	βa^{454}	p^ha^{33}	ba^{21}	ma^{454}	ma^{22}	za^{21}	sa^{33}
66 云和	$k\mathfrak{o}^{45}$	$p\mathfrak{o}^{41}$	$p^h\mathfrak{o}^{45}$	$b\mathfrak{o}^{312}$	$m\mathfrak{o}^{41}$	$m\mathfrak{o}^{223}$	$z\mathfrak{o}^{312}$	$s\mathfrak{o}^{45}$
67 松阳	ka^{24}	pa^{212}	p^ha^{24}	ba^{31}	ma^{22}	ma^{13}	za^{31}	sa^{24}
68 宣平	ka^{52}	pa^{445}	p^ha^{52}	ba^{433}	ma^{223}	ma^{231}	za^{433}	sa^{52}
69 遂昌	ka^{334}	pa^{533}	p^ha^{334}	ba^{221}	ma^{13}	ma^{213}	za^{221}	$s\eta^{334}$
70 龙泉	ka^{45}	pa^{51}	p^ha^{45}	ba^{21}	ma^{51}	ma^{224}	za^{21}	sa^{45}
71 景宁	ka^{35}	pa^{33}	p^ha^{35}	ba^{41}	ma^{33}	ma^{113}	za^{41}	sa^{35}
72 庆元	ka^{11}	βa^{33}	p^ha^{11}	pa^{52}	ma^{221}	ma^{31}	sa^{52}	sa^{11}
73 泰顺	ka^{35}	pa^{55}	p^ha^{35}	pa^{53}	ma^{55}	ma^{22}	sa^{53}	sa^{35}

方言点	0137 戒 蟹开二去皆见	0138 摆 蟹开二上佳帮	0139 派 蟹开二去佳滂	0140 牌 蟹开二平佳並	0141 买 蟹开二上佳明	0142 卖 蟹开二去佳明	0143 柴 蟹开二平佳崇	0144 晒 蟹开二去佳生
74 温州	ka⁵¹	pa²⁵	pʰa⁵¹	ba³¹	ma¹⁴	ma²²	za³¹	sa⁵¹
75 永嘉	ka⁵³	pa⁴⁵	pʰa⁵³	ba³¹	ma¹³	ma²²	za³¹	sa⁵³
76 乐清	ke⁴¹	pe³⁵	pʰe⁴¹	be³¹	me²⁴	me²²	ze³¹	se⁴¹
77 瑞安	ka⁵³	pa³⁵	pʰa⁵³	ba³¹	ma¹³	ma²²	za³¹	sa⁵³
78 平阳	kA⁵³	pA⁴⁵	pʰA⁵³	bA²⁴²	mA⁴⁵	mA³³	zA²⁴²	sA⁵³
79 文成	kɔ³³	pɔ⁴⁵	pʰɔ³³	bɔ¹¹³	mɔ²²⁴	mɔ⁴²⁴	zɔ¹¹³	sɔ³³
80 苍南	kia⁴²	pia⁵³	pʰia⁴²	bia³¹	mia⁵³	mia¹¹	dʑia³¹	ɕia⁴²
81 建德徽	kɑ³³	pɑ²¹³	pʰɑ³³	pɑ³³	mɑ²¹³	mɑ⁵⁵	sɑ³³	sɑ³³
82 寿昌徽	kɑ³³	pɑ²⁴	pʰɑ³³	pʰɑ⁵²	mɑ⁵³⁴	mɑ³³	sɑ⁵²	ɕyə³³
83 淳安徽	kɑ²⁴	pɑ⁵⁵	pʰɑ²⁴	pʰɑ⁴³⁵	mɑ⁵³调殊	mɑ⁵³	sɑ⁴³⁵	so²⁴
84 遂安徽	ka⁴³	pa²¹³	pʰa⁴³	pʰa³³	ma⁵²	ma⁵²	sa³³	sa⁴³
85 苍南闽	kai²¹	pai⁴³	pʰai²¹	pai²⁴	bue⁴³	bue²¹	tsʰa²⁴	（无）
86 泰顺闽	kai⁵³	pai³⁴⁴	pʰai⁵³	pei²²	mei³⁴⁴	mei³¹	tsʰa²²	sa⁵³
87 洞头闽	kai²¹	pai⁵³	pʰai²¹	pai¹¹³	bue⁵³	bue²¹	tsʰa¹¹³	（无）
88 景宁畲	kai⁴⁴	pai⁴⁴	pʰai⁴⁴	pʰai²²	mai³²⁵	mai⁵¹	tsʰai²²	sai⁴⁴

方言点	0145 街	0146 解 ~开	0147 鞋	0148 蟹	0149 矮	0150 败	0151 币	0152 制 ~造
	蟹开二 平佳见	蟹开二 上佳见	蟹开二 平佳匣	蟹开二 上佳匣	蟹开二 上佳影	蟹开二 去央并	蟹开三 去祭并	蟹开三 去祭章
01 杭州	tɕiɛ³³⁴	ka⁵³白 tɕiɛ⁵³文	a²¹³白 iɛ²¹³文	xa⁵³白 ɕiɛ⁵³文	a⁵³白	bɛ¹³	bi¹³	tsɿ⁴⁵
02 嘉兴	kʌ⁴²	tɕiʌ⁵⁴⁴	ʌ²⁴²	hʌ⁵⁴⁴	ʌ⁵⁴⁴	bʌ¹¹³	bi¹¹³	tsɿ²²⁴
03 嘉善	ka⁵³	ga¹¹³	a¹³²	xa⁴⁴	a⁴⁴	ba¹¹³	bi¹¹³	tsɿ⁴⁴调殊
04 平湖	ka⁵³	ga²¹³	a³¹	ha⁴⁴	a⁴⁴	ba²¹³	bi²¹³	tsɿ³³⁴
05 海盐	ka⁵³	gɑ⁴²³白 tɕiɑ⁴²³文	ɑ³¹	xɑ⁴²³	ɑ⁴²³	bɑ²¹³	bi²¹³	tsɿ³³⁴
06 海宁	ka⁵⁵	ga²³¹	a¹³	ha⁵³	a⁵³	ba¹³	bi¹³	tsɿ³⁵
07 桐乡	ka⁴⁴	ga²⁴²白 tɕiɑ⁵³文	a¹³	ha⁵³	a⁵³	ba²¹³	bi²⁴²	tsɿ³³⁴
08 崇德	kɑ⁴⁴	gɑ²⁴²白 tɕiɑ⁵³文	ɑ¹³	hɑ⁵³	ɑ⁵³	bɑ¹³	bi²⁴²	tsɿ³³⁴
09 湖州	ka⁴⁴	ga²³¹	a¹¹²	xa⁵²³	a⁵²³	ba²⁴	bi²⁴	tsɿ³⁵
10 德清	ka⁴⁴	ga¹⁴³	a¹¹³	xa⁵²	a⁵²	ba¹¹³	bi¹⁴³	tsɿ³³⁴
11 武康	ka⁴⁴	ga²⁴²	a¹¹³	xa⁵³	a⁵³	ba¹¹³	bi¹¹³	tsɿ⁵³
12 安吉	ka⁵⁵	ka⁵²	a²²	ha⁵²	a⁵²	ba²¹³	bi²²	tsɿ³²⁴
13 孝丰	ka⁴⁴	ka⁵²	a²²	ha⁵²	a⁵²	ba²¹³	bi²⁴³	tsɿ³²⁴
14 长兴	ka⁴⁴	ga²⁴³	a¹²	ha⁵²	a⁵²	ba²⁴	bɿ¹²	tsɿ³²⁴
15 余杭	ka⁴⁴	ga²⁴³	a²²	xa⁵³	a⁵³	ba²¹³	bi²²	tsɿ⁴²³
16 临安	ka⁵⁵	ka⁵⁵	a³³	ha⁵⁵	a⁵⁵	ba³³	bi³³	tsɿ⁵⁵
17 昌化	ka³³⁴	ka⁴⁵³	a¹¹²	xa⁴⁵³	ŋa⁴⁵³	ba¹¹²	bi²⁴³	tsɿ⁵⁴⁴
18 於潜	ka⁴³³	ka⁵¹	a²²³	xa⁵¹	ŋa⁵¹	ba²⁴	bi²⁴	tsɿ³⁵
19 萧山	ka⁵³³	ka³³白 tɕia³³文	ŋa³⁵⁵	xa³³	a³³	ba²⁴²	bi²⁴²	tsɿ⁴²
20 富阳	ka⁵³	ka⁴²³	a¹³	ha⁴²³	a⁴²³	ba²²⁴	bi²²⁴	tsɿ³³⁵
21 新登	ka⁵³	ka³³⁴	a²³³	ha³³⁴	a³³⁴	ba¹³	bi¹³	tsɿ⁴⁵
22 桐庐	kʌ⁵³³	kʌ³³	ʌ¹³	xʌ³³	ʌ³³	bʌ²⁴	pi³⁵	tsɿ³⁵

方言点	0145 街	0146 解 ～开	0147 鞋	0148 蟹	0149 矮	0150 败	0151 币	0152 制 ～造
	蟹开二 平佳见	蟹开二 上佳见	蟹开二 平佳匣	蟹开二 上佳匣	蟹开二 上佳影	蟹开二 去央並	蟹开三 去祭並	蟹开三 去祭章
23 分水	kɛ⁴⁴	tɕie⁵³	xɛ²²	xɛ¹³	ɛ⁵³	bɛ¹³	bi¹³	tsʅ²⁴
24 绍兴	ka⁵³	ka³³⁴	a²³¹	ha³³⁴	a³³⁴	ba²²	bi²³¹	tsʅ³³
25 上虞	ka³⁵	ka³⁵	a²¹³	ha³⁵	a³⁵	ba³¹	bi²¹³	tsʅ⁵³
26 嵊州	ka⁵³⁴	ka⁵³	a²¹³	ha⁵³	a⁵³	ba²⁴	bi²¹³	tsʅ³³⁴
27 新昌	ka⁵³⁴	ka⁴⁵³	a²²	ha⁴⁵³	a⁴⁵³	ba¹³	bi¹³	tsʅ³³⁵
28 诸暨	kᴀ⁵⁴⁴	kᴀ⁴²白 tɕiᴀ⁴²文	ᴀ¹³	hᴀ⁴²	ᴀ⁴²	bᴀ³³	bʅ³³	tsʅ⁵⁴⁴
29 慈溪	ka³⁵	ka³⁵	a¹³	ha³⁵	a³⁵	ba¹³	bi¹³	tsʅ⁴⁴
30 余姚	ka⁴⁴	ka³⁴	a¹³	ha³⁴	a³⁴	ba¹³	bi¹³	tsʅ⁵³
31 宁波	ka⁵³	ka³⁵	a¹³	ha³⁵	a³⁵	ba¹³	bi¹³	tsʮ⁴⁴
32 镇海	ka⁵³	ka³⁵	a²⁴	ha³⁵	a³⁵	ba²⁴	bi²⁴读字	tsʮ⁵³
33 奉化	ka⁴⁴	ka⁵⁴⁵	a³³	ha⁵⁴⁵	a⁵⁴⁵	ba³¹	bi³³调殊	tsʮ⁵³
34 宁海	ka⁴²³	ka⁵³	a²¹³	ha⁵³	a⁵³	ba²⁴	bi²⁴	tsʅ³⁵
35 象山	ka⁴⁴	ka⁴⁴	a³¹	ha⁴⁴	a⁴⁴	ba¹³	bi³¹	tsʅ⁵³
36 普陀	ka⁵³	ka⁴⁵	a²⁴	xa⁴⁵	a⁴⁵	ba¹³	bi²³	tsʅ⁵⁵
37 定海	ka⁵²	ka⁴⁵	a²³	xa⁴⁵小	a⁴⁵	ba¹³	bi²³	tsʅ⁴⁴
38 岱山	ka⁵²	ka³²⁵	a²³	xa³²⁵小	a³²⁵	ba²¹³	bi²³	tsʮ⁴⁴
39 嵊泗	ka⁵³	ka⁴⁴⁵	a²⁴³	xa⁴⁴⁵小	a⁴⁴⁵	ba²¹³	bi²⁴³	tsʅ⁵³
40 临海	ka³¹	ka⁵²	a²¹	ha⁵²	a⁵²	ba³²⁴	pi⁵⁵	tɕi⁵⁵
41 椒江	ka⁴²	ka⁴²	a³¹	ha⁴²	a⁴²	ba²⁴	bi²⁴	tɕi⁵⁵
42 黄岩	ka³²	ka⁴²	a¹²¹	ha⁴²	a⁴²	ba²⁴	bi²⁴	tɕi⁵⁵
43 温岭	ka³³	ka⁴²	a³¹	ha⁴²	a⁴²	ba¹³	bi¹³	tɕi⁵⁵
44 仙居	ka³³⁴	ka³²⁴	a²¹³	ha³²⁴	a³²⁴	ba²⁴	bi²⁴	tɕi⁵⁵
45 天台	ka³³	ka³²⁵	a²²⁴	ha³²⁵	a³²⁵	ba³⁵	bi³⁵	tɕi⁵⁵
46 三门	ka³³⁴	ka³²⁵	a¹¹³	ha⁵²	a³²⁵	ba²⁴³	bi²⁴³	tɕi⁵⁵

续表

方言点	0145 街 蟹开二 平佳见	0146 解 ~开 蟹开二 上佳见	0147 鞋 蟹开二 平佳匣	0148 蟹 蟹开二 上佳匣	0149 矮 蟹开二 上佳影	0150 败 蟹开二 去夬並	0151 币 蟹开三 去祭並	0152 制 ~造 蟹开三 去祭章
47 玉环	ka^{42}	ka^{53}	a^{31}	ha^{53}	a^{53}	ba^{22}	bi^{22}	tɕi^{55}
48 金华	kɑ^{334}	kɑ^{535}	ɑ^{313}	xɑ^{535}	ɑ^{55}调殊	bɑ^{14}	bi^{14}	tsɿ^{535}调殊
49 汤溪	kɑ^{24}	kɑ^{535}	ɑ^{11}	xɑ^{535}	ɑ^{535}	bɑ^{341}	bi^{113}	tsɿ^{52}
50 兰溪	kɑ^{334}	kɑ^{55}	ɑ^{21}	xɑ^{55}	ɑ^{55}	bɑ^{24}	bi^{24}	tsɿ^{55}
51 浦江	kɑ^{534}	kɑ^{53}	ɑ^{113}	xɑ^{53}毛~	ɑ^{55}	bɑ^{24}	pʰi^{55}音殊	tsi^{55}
52 义乌	ka^{335}白 tɕiei^{335}文	kɑ^{423}	a^{213}	ha^{423}	a^{423}	bɑ^{24}	bi^{24}	tsi^{45}
53 东阳	ka^{334}	ka^{44}	a^{213}	han^{453}小	a^{44}	ba^{24}	bi^{24}	tsi^{453}
54 永康	tɕia^{55}	tɕia^{334}	ia^{241}小	ɕia^{334}	ia^{334}	bia^{241}	bie^{241}	tɕie^{52}
55 武义	tɕia^{24}	tɕia^{445}	in^{13}小	ɕia^{445}	ia^{445}	bia^{231}	bie^{231}	tsɿ^{53}
56 磐安	ka^{445}	ka^{334}	a^{213}	xan^{52}小	a^{334}	ba^{14}	bi^{14}	tɕi^{52}
57 缙云	ka^{44}	ka^{51}	ɑ^{243}	xɑ^{51}	ɑ^{51}	bɑ^{213}	bi^{213}	tsɿ^{453}
58 衢州	kɛ^{32}	kɛ^{35}	ɛ^{21}	xɛ^{35}	ɛ^{35}	bɛ^{231}	bi^{231}	tʃy^{53}
59 衢江	ka^{33}	kuo^{25}	a^{212}	xa^{25}	a^{25}	ba^{231}	bi^{231}	tɕy^{53}
60 龙游	kɑ^{334}	kɑ^{35}	ɑ^{21}	xɑ^{35}	ɑ^{35}	bɑ^{231}	bi^{231}	tsɿ^{51}
61 江山	ka^{44}	kɒ^{241}	a^{213}	xɒ^{241}	a^{241}	ba^{31}	bi^{31}	tɕi^{51}
62 常山	kɛ^{44}	kɑ^{52}	ɛ^{341}	xɑ^{52}	ɛ^{52}	bɛ^{131}	bi^{341}白 pi^{52}文	tsɿ^{324}
63 开化	ka^{44}	kɑ^{53}	a^{231}	xɑ^{53}	a^{53}	ba^{213}	bi^{213}	tsɿ^{412}
64 丽水	kuɔ^{224}	kuɔ^{544}	uɔ^{22}	xuɔ^{544}	uɔ^{544}	buɔ^{131}	bi^{131}	tsɿ^{52}
65 青田	kɑ^{445}	kɑ^{454}	ɑ^{21}	xɑ^{454}	ɑ^{454}	bɑ^{22}	bi^{22}	tsɿ^{33}
66 云和	kɔ^{24}	kɔ^{41}	ɔ^{312}	xɔ^{41}	ɔ^{41}	bɔ^{223}	bi^{223}	tsɿ^{45}
67 松阳	ka^{53}	ka^{212}	a^{31}	xa^{212}	a^{212}	ba^{13}	biɛ^{13}	tsɿə^{24}
68 宣平	ka^{324}	ka^{445}	a^{433}	xa^{445}	a^{445}	ba^{231}	bi^{231}	tsɿ^{52}
69 遂昌	ka^{45}	ka^{533}	a^{221}	xa^{533}	a^{533}	ba^{213}	bi^{213}	tɕiɛ^{334}

续表

方言点	0145 街	0146 解 ～开	0147 鞋	0148 蟹	0149 矮	0150 败	0151 币	0152 制 ～造
	蟹开二 平佳见	蟹开二 上佳见	蟹开二 平佳匣	蟹开二 上佳匣	蟹开二 上佳影	蟹开二 去央并	蟹开三 去祭并	蟹开三 去祭章
70 龙泉	ka⁴³⁴	xa⁵¹旧 ka⁵¹今	a²¹	xa⁵¹	a⁵¹	ba²²⁴	bi²²⁴	tɕi⁴⁵
71 景宁	ka³²⁴	ka³³	a⁴¹	xa³³	a³³	ba¹¹³	bi¹¹³	tsɿ³⁵
72 庆元	ka³³⁵	kɑ³³	xɑ⁵²	xɑ³³	ɑ³³	pɑ³¹	pi³¹	tɕiɛ¹¹
73 泰顺	ka²¹³	ka⁵⁵	a⁵³	xa⁵⁵	a⁵⁵	pa²²	pi³⁵	tsɿ³⁵
74 温州	ka³³	ka²⁵	a³¹	ha²⁵	a²⁵	ba²²	bei²²	tsei³²³调殊
75 永嘉	ka⁴⁴	ka⁴⁵	a³¹	ha⁴⁵	a⁴⁵	ba²²	bei²²	tsɿ⁵³
76 乐清	ke⁴⁴	ke³⁵	e³¹	he³⁵	e³⁵	be²²	bi²²	tɕi⁴¹
77 瑞安	ka⁴⁴	ka³⁵	a³¹	ha³⁵	a³⁵	ba²²	bei²²	tsei⁵³
78 平阳	kʌ⁵⁵	kʌ⁴⁵	ʌ²⁴²	xʌ⁴⁵	ʌ⁴⁵	bʌ³³	bi³³	tɕi⁵³
79 文成	kɔ⁵⁵	kɔ⁴⁵	ɔ¹¹³	xɔ⁴⁵	ɔ⁴⁵	bɔ⁴²⁴	bei⁴²⁴	tɕi³³
80 苍南	kia⁴⁴	kia⁵³	ia³¹	hia⁵³	ia⁵³	bia¹¹	bi¹¹	tɕi⁴²
81 建德徽	ka⁵³	kɑ²¹³	hɑ³³	hɑ²¹³	ŋɑ²¹³	pʰɑ⁵⁵	pi²¹³	tsɿ⁵⁵
82 寿昌徽	kɑ¹¹²	kɑ²⁴	xɑ⁵²	xɑ²⁴	ɑ²⁴	pʰɑ³³	pi²⁴文	tsɿ³³文
83 淳安徽	kɑ²⁴	kɑ⁵⁵	hɑ⁴³⁵	hɑ⁵⁵	ɑ⁵⁵	pʰɑ⁵³	pi²⁴	tsɿ²⁴
84 遂安徽	ka⁵³⁴	ka²¹³	xa³³	xa⁵²	a²¹³	pʰa⁵²	pi⁵²	tsɿ⁴³
85 苍南闽	kue⁵⁵	kai⁴³	ue²⁴	hue²¹	ue⁴³	pai²¹	pe²¹	tse²¹
86 泰顺闽	kei²¹³	kai³⁴⁴	ei²²	xei³¹	ei³⁴⁴	pai³¹	pi³¹	tsei⁵³
87 洞头闽	kue³³	kai⁵³	ue¹¹³	hue²¹	ue⁵³	pai²¹	pe²¹	tse²¹
88 景宁畲	kiai⁴⁴	kai³²⁵	xai²²	xai³²⁵	ai³²⁵	pai⁵¹	pi⁵¹	tɕi⁴⁴

方言点	0153 世 蟹开三 去祭书	0154 艺 蟹开三 去祭疑	0155 米 蟹开四 上齐明	0156 低 蟹开四 平齐端	0157 梯 蟹开四 平齐透	0158 剃 蟹开四 去齐透	0159 弟 蟹开四 上齐定	0160 递 蟹开四 去齐定
01 杭州	sֱ^{45}	n̠ɪ^{13}	mi^{53}	ti^{334}	t^{h}i^{334}	t^{h}i^{45}	di^{13}	di^{13}
02 嘉兴	sֱ^{224} ～界	n̠ɪ^{113}	mi^{113}	ti^{42}	t^{h}i^{42}	t^{h}i^{224}	di^{113}	di^{113}
03 嘉善	sֱ^{44} 调殊	n̠ɪ^{113}	mi^{113}	ti^{53}	t^{h}i^{53}	t^{h}i^{334}	di^{113}	di^{113}
04 平湖	sֱ^{334}	n̠ɪ^{213}	mi^{213}	ti^{53}	t^{h}i^{53}	t^{h}i^{213}	di^{213}	di^{213}
05 海盐	sֱ^{334}	n̠ɪ^{213}	mi^{423}	ti^{53}	t^{h}i^{53}	t^{h}i^{334}	di^{423}	di^{31}
06 海宁	sֱ^{35}	n̠ɪ^{13}	mi^{231}	ti^{55}	t^{h}i^{55}	t^{h}i^{35}	di^{231}	di^{13}
07 桐乡	sֱ^{334}	n̠ɪ^{213}	mi^{242}	ti^{44}	t^{h}i^{44}	t^{h}i^{334}	di^{242}	di^{213}
08 崇德	sֱ^{334}	n̠ɪ^{13}	mi^{53}	ti^{44}	t^{h}i^{44}	t^{h}i^{334}	di^{242}	di^{13}
09 湖州	sֱ^{35}	n̠ɪ^{35}	mi^{523}	ti^{44}	t^{h}i^{44}	t^{h}i^{35}	di^{231}	di^{24}
10 德清	sֱ^{334}	i^{334}	mi^{52}	ti^{44}	t^{h}i^{44}	t^{h}i^{334}	di^{143}	di^{113}
11 武康	sֱ^{224}	i^{224}	mi^{242}	ti^{44}	t^{h}i^{44}	t^{h}i^{224}	di^{242}	di^{113}
12 安吉	sֱ^{324}	n̠ɪ^{213}	mi^{52}	ti^{55}	t^{h}i^{55}	t^{h}i^{324}	di^{243}	di^{213}
13 孝丰	sֱ^{324}	i^{324}	mi^{52}	ti^{44}	t^{h}i^{44}	t^{h}i^{324}	di^{243}	di^{213}
14 长兴	sֱ^{324}	nֱ^{324}	mֱ^{52}	tֱ^{44}	t^hֱ^{44}	t^hֱ^{324}	dֱ^{243}	dֱ^{24}
15 余杭	sֱ^{423}	n̠ɪ^{243}	mi^{53}	ti^{44}	t^{h}i^{44}	t^{h}i^{423}	di^{243}	di^{213}
16 临安	sֱ^{55}	n̠ɪ^{33}	mi^{33}	ti^{55}	t^{h}i^{55}	t^{h}i^{55}	di^{33}	di^{33}
17 昌化	sֱ^{544}	nֱ^{243}	mi^{453}	ti^{334}	t^{h}ɛ^{334}	t^{h}i^{544}	di^{243}	di^{243}
18 於潜	sֱ^{35}	n̠ɪ^{24}	mi^{51}	ti^{433}	t^{h}e^{433}	t^{h}i^{433}	di^{24}	di^{24}
19 萧山	sֱ^{42}	n̠ɪ^{242}	mi^{13}	ti^{33}	t^{h}e^{533}白 t^{h}i^{533}文	t^{h}i^{42}	di^{13}	di^{242}
20 富阳	sֱ^{335}	i^{335}	mi^{224}	ti^{53}	t^{h}ɛ^{53}	t^{h}i^{335}	di^{224}	di^{224}
21 新登	sֱ^{45}	i^{13}	mi^{334}	ti^{53}	t^{h}i^{53}～子 t^{h}iəʔ^5 步～	t^{h}i^{45}	di^{13}	di^{13}
22 桐庐	sֱ^{35}	i^{35}	mi^{33}	ti^{533}	t^{h}i^{533}	t^{h}i^{35}	di^{24}	di^{24}
23 分水	sֱ^{53}	i^{53}	mi^{53}	ti^{44}	t^{h}i^{44}	t^{h}i^{24}	di^{13}	di^{13}
24 绍兴	sֱ^{33}	n̠ɪ^{22}	mi^{223}	ti^{53}	t^{h}ɛ^{53}白 t^{h}i^{53}文	t^{h}i^{33}	di^{223}	di^{22}

续表

方言点	0153 世 蟹开三 去祭书	0154 艺 蟹开三 去祭疑	0155 米 蟹开四 上齐明	0156 低 蟹开四 平齐端	0157 梯 蟹开四 平齐透	0158 剃 蟹开四 去齐透	0159 弟 蟹开四 上齐定	0160 递 蟹开四 去齐定
25 上虞	sɿ⁵³	n̠i³¹	mi²¹³	ti³⁵	tʰe³⁵路~ tʰi³⁵~田	tʰi⁵³	di²¹³	di³¹
26 嵊州	sɿ³³⁴	n̠i²⁴	mi²²	ti⁵³⁴	tʰɛ⁵³⁴白 tʰi⁵³⁴文	tʰi³³⁴	di²⁴	di²⁴
27 新昌	ɕi³³⁵白 sɿ³³⁵文	n̠i¹³	mi²³²	ti⁵³⁴	tʰe⁵³⁴白 tʰi⁵³⁴文	tʰi³³⁵	di²³²	de¹³白 di¹³文
28 诸暨	sɿ⁵⁴⁴	nɿ³³	mɿ²⁴²	tɿ⁵⁴⁴	tʰe⁵⁴⁴	tʰɿ⁵⁴⁴	dɿ²⁴²	dɿ³³
29 慈溪	sɿ⁴⁴	n̠i¹³	mi¹³	ti³⁵	tʰe³⁵~子 tʰi³⁵楼~	tʰi⁴⁴	di¹³	di¹³
30 余姚	sɿ⁵³	n̠i¹³	mi¹³	ti⁴⁴	tʰe⁴⁴楼~ tʰi⁴⁴~田	tʰi⁵³	də̃¹³小 di¹³~~	di¹³
31 宁波	sɥ⁴⁴~面 ɕi⁵³一生~	n̠i¹³	mi¹³	ti⁵³	tʰe⁵³路~ tʰi⁵³阶~	tʰi⁴⁴	di¹³	di¹³
32 镇海	sɥ⁵³	n̠i²⁴	mi²⁴	ti⁵³	tʰi⁵³	tʰi⁵³	di²⁴	di²⁴
33 奉化	sɥ⁵³	n̠i³³调殊	mi³²⁴	ti⁴⁴	tʰe⁵⁴⁵调殊	tʰi⁵³	di³³调殊	di³¹
34 宁海	sɿ³⁵	n̠i²⁴	mi³¹	ti⁴²³	tʰi⁴²³	tʰi³⁵	di³¹	di²⁴
35 象山	ɕi⁴⁴白 sɿ⁵³文	n̠i³¹	mi³¹	ti⁴⁴	tʰi⁴⁴	tʰi⁵³	di¹³	di¹³
36 普陀	ɕi⁵⁵一~ sɿ⁵⁵~界	n̠i¹³	mi²³	ti⁵³	tʰɛ⁵³	tʰi⁵⁵	di²³	di¹³
37 定海	sɥ⁴⁴白 ɕi⁴⁴文	n̠i¹³	mi¹³	ti⁵²	tʰɛ⁵²白 tʰi⁵²文	tʰi⁴⁴	di²³	di¹³
38 岱山	ɕi⁴⁴白 sɥ⁴⁴文	n̠i²¹³	mi²⁴⁴	ti⁵²	tʰe⁵²	tʰi⁴⁴	di²⁴⁴	di²¹³
39 嵊泗	ɕi⁵³白 sɥ⁵³文	n̠i²¹³	mi⁴⁴⁵	ti⁵³	tʰe⁵³	tʰi⁵³	di²⁴³	di²¹³
40 临海	ɕi⁵⁵	ni³²⁴	mi⁵²	ti³¹	tʰi³¹楼~	tʰi⁵⁵	di⁵¹小	di³²⁴
41 椒江	ɕi⁵⁵	n̠i²⁴	mi⁴²	ti⁴²	tʰi⁴²	tʰi⁵⁵	di⁴¹小	di²⁴
42 黄岩	ɕi⁵⁵	ni²⁴	mi⁴²	ti³²	tʰi³²	tʰi⁵⁵	di⁴¹小	di²⁴
43 温岭	ɕi⁵⁵	n̠i¹³	mi⁴²	ti³³	tʰi³³	tʰi³³	di⁴¹小	di¹³
44 仙居	ɕi⁵⁵	n̠i²⁴	mi³²⁴	dʰi³³⁴	tʰi³³⁴	tʰi⁵⁵	di²¹³	di²⁴

续表

方言点	0153 世 蟹开三 去祭书	0154 艺 蟹开三 去祭疑	0155 米 蟹开四 上齐明	0156 低 蟹开四 平齐端	0157 梯 蟹开四 平齐透	0158 剃 蟹开四 去齐透	0159 弟 蟹开四 上齐定	0160 递 蟹开四 去齐定
45 天台	çi⁵⁵	ȵi³⁵	mi²¹⁴	ti³³	tʰi³³楼~	tʰi³³~头	di³¹小	di³⁵
46 三门	çi⁵⁵	ȵi²⁴³	mi³²⁵	ti³³⁴	tʰi⁵²	tʰi⁵⁵	di²⁵²小	di²⁴³
47 玉环	çi⁵⁵	ni²²	mi⁵³	ti⁴²	tʰi⁴²	tʰi⁴²	di⁴¹小	di²²
48 金华	çyɤ⁵⁵白 sɿ⁵⁵文	ȵi¹⁴	mie⁵³⁵	tie³³⁴	tʰi³³⁴	tʰie⁵⁵	tie⁵³⁵	die¹⁴
49 汤溪	çie⁵²	ȵi³⁴¹	mie¹¹³	tie²⁴	tʰɛ²⁴	tʰie⁵²	die¹¹³	die³⁴¹
50 兰溪	sie⁴⁵	ȵi²⁴	mie⁵⁵	tie³³⁴	tʰe³³⁴	tʰie⁴⁵	tie⁵⁵	die²⁴
51 浦江	ʃi⁵⁵	ȵi²⁴	mi²⁴³	ti⁵³⁴	tʰi⁵³⁴	tʰi⁵⁵	di²⁴³	di²⁴
52 义乌	si⁴⁵	ȵi²⁴白 i²⁴文	mi³¹²	ti³³⁵	tʰi³³⁵楼~	tʰi⁴⁵	di³¹²	di²⁴
53 东阳	si⁴⁵³	ȵi²⁴	mi²³¹	ti³³⁴	tʰiɛn³³⁴小	tʰi⁴⁵³	di²⁴	(无)
54 永康	çie⁵²	ȵi²⁴¹	mie¹¹³	ɗie⁵⁵	tʰəi⁵⁵	tʰie⁵²	die¹¹³	die²⁴¹
55 武义	çie⁵³	ȵi²³¹	mie¹³	lie²⁴	tʰa²⁴	tʰie⁵³	die¹³	(无)
56 磐安	çi⁵²	ȵi¹⁴	mi³³⁴	ti⁴⁴⁵	tʰe⁴⁴⁵	tʰi⁵²	ti³³⁴	di¹⁴
57 缙云	sɿ⁴⁵³	ȵi²¹³	mi³¹	ti⁴⁴	tʰei⁴⁴	tʰi⁴⁵³	diɛ³¹	di²¹³
58 衢州	ʃy⁵³	ȵi²³¹	mi⁵³	ti³²	tʰɛ³²	tʰi⁵³	di²³¹	di²³¹
59 衢江	çyø⁵³	ŋ²³¹	mi²¹²	ti³³	tʰei³³	tʰie⁵³	die²¹²	di²³¹
60 龙游	sɿ⁵¹	ȵi²³¹	mi²²⁴	ti³³⁴	tʰei³³⁴白 tʰi³³⁴文	tʰiɑ⁵¹	diɑ²²⁴	di²³¹
61 江山	se⁵¹白 çi⁵¹文	ȵi³¹	mi²²	ti⁴⁴	tʰɛ⁴⁴	tʰiə⁴⁴调殊	diə²²	dɛ³¹
62 常山	se³²⁴	n¹³¹	mi²⁴	te⁴⁴	tʰe⁴⁴	tʰie⁴⁴	die²⁴单用 de³⁴¹徒~	de¹³¹
63 开化	sɛ⁴¹²	ȵi²¹³	min²¹³白 mi⁵³文	tɛ⁴⁴	tʰɛ⁴⁴	tʰiɛ⁴⁴	diɛ²¹³	dɛ²¹³
64 丽水	sɿ⁵²	ȵi¹³¹	mi⁵⁴⁴	ti²²⁴	tʰei²²⁴白 tʰi²²⁴文	tʰi⁵²	di²²	di¹³¹
65 青田	sɿ³³	ȵi²²	mi⁴⁵⁴	ɗi⁴⁴⁵	tʰi⁴⁴⁵	tʰi³³	di³⁴³	di²²
66 云和	sɿ⁴⁵	ȵi²²³	mi⁴¹	ti²⁴	tʰei²⁴白 tʰi²⁴文	tʰi⁴⁵	di²³¹	di²²³

方言点	0153 世	0154 艺	0155 米	0156 低	0157 梯	0158 剃	0159 弟	0160 递
	蟹开三 去祭书	蟹开三 去祭疑	蟹开四 上齐明	蟹开四 平齐端	蟹开四 平齐透	蟹开四 去齐透	蟹开四 上齐定	蟹开四 去齐定
67 松阳	$sʅə^{24}$	$n̩^{13}$	$miɛ^{22}$	$tiɛ^{53}$	$tʰɛ^{53}$	$tʰiɛ^{24}$	$diɛ^{22}$	$diɛ^{13}$
68 宣平	$sʅ^{52}$	$n̩i^{231}$	mi^{223}	ti^{324}	$tʰei^{324}$白 $tʰi^{324}$文	$tʰi^{52}$	di^{223}	di^{231}
69 遂昌	$ɕiɛ^{334}$	$n̩i^{213}$	mi^{13}	$tiɛ^{45}$	$tʰei^{45}$楼~ $tʰi^{45}$电~	$tʰiɛ^{334}$	$diɛ^{13}$	$diɛ^{213}$ di^{213}
70 龙泉	$ɕi^{45}$	$n̩i^{224}$	mi^{51}	ti^{434}	$tʰE^{434}$白 $tʰi^{434}$文	$tʰi^{45}$	ti^{51}	di^{224}
71 景宁	$ɕi^{35}$	$n̩i^{113}$	mi^{33}	ti^{324}	$tʰai^{324}$白 $tʰi^{324}$文	$tʰi^{35}$	di^{33}	di^{113}
72 庆元	$ɕiE^{11}$	$n̩i^{31}$	$m̩ĩ^{221}$	$dʑiE^{335}$	$tʰæi^{335}$	$tʰiE^{335}$韵殊	tiE^{221}	$tɣ^{31}$白 ti^{31}文
73 泰顺	$sʅ^{35}$	$n̩i^{22}$	mi^{55}	ti^{213}	$tʰæi^{213}$楼~ $tʰi^{213}$电~	$tʰi^{35}$	ti^{21}	ti^{22}
74 温州	sei^{51}	$n̩i^{22}$	mei^{14}	tei^{33}	$tʰei^{33}$	$tʰei^{51}$	dei^{14}	dei^{22}
75 永嘉	$sʅ^{53}$	$n̩i^{22}$	mei^{13}	tei^{44}	$tʰei^{44}$	$tʰei^{53}$	dei^{13}	dei^{22}
76 乐清	si^{41}	$n̩i^{22}$	mi^{24}	ti^{44}	$tʰi^{44}$	$tʰi^{41}$	di^{24}	di^{22}
77 瑞安	sei^{53}	$n̩i^{22}$	mei^{13}	tei^{44}	$tʰei^{44}$	$tʰei^{53}$	dei^{13}	dei^{22}
78 平阳	si^{53}	$n̩ie^{33}$	mi^{45}	ti^{55}	$tʰi^{55}$	$tʰi^{53}$	di^{23}	di^{33}
79 文成	sei^{33}	i^{424}	mei^{224}	tei^{55}	$tʰei^{55}$	$tʰei^{33}$	dei^{224}	dei^{424}
80 苍南	$ɕi^{42}$	$n̩i^{11}$	mi^{53}	ti^{44}	$tʰi^{44}$	$tʰi^{42}$	di^{24}	di^{11}
81 建德徽	$sʅ^{33}$	$n̩i^{55}$白 $n̩i^{213}$文	mi^{213}	ti^{53}	$tʰe^{53}$白 $tʰi^{53}$文	$tʰi^{33}$	ti^{213}	$tʰi^{55}$
82 寿昌徽	$ɕi^{33}$	$n̩i^{33}$手~	mi^{534}	ti^{112}	$tʰi^{112}$	$tʰi^{33}$	$tʰi^{534}$	$tʰi^{33}$
83 淳安徽	$ɕie^{24}$白 $sʅ^{24}$文	i^{53}	mi^{55}	ti^{24}	$tʰie^{24}$	$tʰiɑ^{24}$	$tʰiɑ^{55}$	$tʰi^{53}$
84 遂安徽	$ɕie^{43}$	i^{52}	me^{213}	ti^{534}	$tʰəɯ^{534}$	$tʰi^{43}$	$tʰi^{43}$	$tʰi^{52}$
85 苍南闽	se^{21}	ge^{21}	bi^{43}	(无)	$tʰui^{55}$	$tʰi^{43}$	te^{32}	ti^{55}文
86 泰顺闽	sei^{53}	ni^{31}	mi^{344}	tei^{213}	$tʰei^{213}$	$tʰei^{53}$	tei^{31}	tei^{31}
87 洞头闽	se^{21}	ge^{21}	bi^{53}	(无)	$tʰui^{33}$	$tʰi^{21}$	te^{21}	ti^{21}文
88 景宁畲	$ɕi^{44}$	$n̩i^{51}$	mai^{325}	(无)	$tʰoi^{44}$	$tʰai^{44}$	$tʰai^{325}$	te^{22}

方言点	0161 泥	0162 犁	0163 西	0164 洗	0165 鸡	0166 溪	0167 契	0168 系 联~
	蟹开四平齐泥	蟹开四平齐来	蟹开四平齐心	蟹开四上齐心	蟹开四平齐见	蟹开四平齐溪	蟹开四去齐溪	蟹开四去齐匣
01 杭州	ȵi²¹³	li²¹³	ɕi³³⁴	ɕi⁵³	tɕi³³⁴	tɕʰi³³⁴白 ɕi³³⁴文	tɕʰi⁴⁵	ɕi⁴⁵
02 嘉兴	ȵi²⁴²	li²⁴²	ɕi⁴²	ɕi⁵⁴⁴	tɕi⁴²	tɕʰi⁴²	tɕʰi²²⁴	ɕi²²⁴
03 嘉善	ȵi¹³²	li¹³²	ɕi⁵³	ɕi⁴⁴	tɕi⁵³	tɕʰi⁵³	tɕʰi⁵³	ɕi⁵³调殊
04 平湖	ȵi³¹	li³¹	si⁵³	siɛ⁴⁴	tɕi⁵³	tɕʰi⁵³	tɕʰiəʔ⁵音殊	ɕi³³⁴
05 海盐	ȵi³¹	li³¹	ɕi⁵³	ɕi⁴²³	tɕi⁵³	tɕʰi⁵³	tɕʰi⁵³	ɕi⁵³
06 海宁	ȵi¹³	li¹³	ɕi⁵⁵	ɕi⁵³	tɕi⁵⁵	tɕʰi⁵⁵	tɕʰiɛʔ⁵音殊 tɕʰi⁵³	ɕi⁵⁵调殊
07 桐乡	ȵi¹³	li¹³	si⁴⁴	siɛ⁵³	tɕi⁴⁴	tɕʰi⁴⁴	tɕʰiəʔ⁵音殊	ɕi⁴⁴
08 崇德	ȵi¹³	li¹³	ɕi⁴⁴	ɕiɿ⁵³	tɕi⁴⁴	tɕʰi⁴⁴	tɕʰi⁵³	ɕi⁴⁴
09 湖州	ȵi¹¹²	li¹¹²	ɕi⁴⁴	ɕi⁵²³	tɕi⁴⁴	tɕʰi⁴⁴	tɕʰi³⁵	ɕi⁴⁴调殊
10 德清	ȵi¹¹³	li¹¹³	ɕi⁴⁴	ɕi⁵²	tɕi⁴⁴	tɕʰi⁴⁴	tɕʰi³³⁴	ɕi³³⁴
11 武康	ȵi¹¹³	li¹¹³	ɕi⁴⁴	ɕi⁵³	tɕi⁴⁴	tɕʰi⁴⁴	tɕʰi²²⁴	ɕi⁵³读字
12 安吉	ȵi²²	li²²	ɕi⁵⁵	ɕi⁵²	tɕi⁵⁵	tɕʰi⁵⁵	tɕʰi³²⁴	zi²¹³
13 孝丰	ȵi²²	li²²	ɕi⁴⁴	ɕi⁵²	tɕi⁴⁴	tɕʰi⁴⁴	tɕʰiɛʔ⁵音殊	ɕi⁴⁴
14 长兴	ŋɿ¹²	lɿ¹²	ʃɿ⁴⁴	ʃɿ⁵²	tʃɿ⁴⁴	tʃʰɿ⁴⁴	tʃʰiɛʔ⁵音殊	ʃɿ⁴⁴
15 余杭	ȵi²²	li²²	si⁴⁴	si⁵³	tɕi⁴⁴	tɕʰi⁴⁴	tɕʰi⁵³读字	ɕi⁴⁴
16 临安	ȵi³³	li³³	ɕi⁵³	ɕi⁵⁵	tɕi⁵³	tɕʰi⁵⁵	tɕʰi⁵⁵	ɕi⁵⁵
17 昌化	ȵi¹¹²	li¹¹²	sɿ³³⁴	sɿ⁴⁵³	tsɿ³³⁴	tsʰɿ³³⁴	tsʰɿ⁵⁴⁴	sɿ⁵⁴⁴
18 於潜	ȵi²²³	li²²³	ɕi⁴³³	ɕi⁵¹	tɕi⁴³³	tɕʰi⁴³³	tɕʰi³⁵	ɕi⁴³³
19 萧山	ȵi³⁵⁵	li³⁵⁵	ɕi⁵³³	ɕi³³	tɕi⁵³³	tɕʰi⁵³³	tɕʰi⁴²	zi²⁴²
20 富阳	ȵi¹³	li¹³	ɕi⁵³	sɛ⁴²³	tɕi⁵³	tɕʰi³³⁴	tɕʰi³³⁵	ɕi³³⁵
21 新登	ȵi²³³	li²³³	ɕi⁵³	se³³⁴	tɕi⁵³	tɕʰi⁵³	tɕʰiəʔ⁵音殊	ɕi⁴⁵
22 桐庐	ni¹³	li¹³	ɕi⁵³³	sɛ³³	tɕi⁵³³	tɕʰi⁵³³	tɕʰi³⁵	ɕi³⁵
23 分水	ȵi²²	li²²	ɕi⁴⁴	ɕi⁵³	tɕʰi⁴⁴	tɕʰi⁴⁴	tɕʰi⁵³	ɕi⁴⁴
24 绍兴	ȵi²³¹	li²³¹	ɕi⁵³	ɕi³³⁴	tɕi⁵³	tɕʰi⁵³	tɕʰi⁵³调殊	ɕi⁵³

方言点	0161 泥	0162 犁	0163 西	0164 洗	0165 鸡	0166 溪	0167 契	0168 系 联~
	蟹开四平齐泥	蟹开四平齐来	蟹开四平齐心	蟹开四上齐心	蟹开四平齐见	蟹开四平齐溪	蟹开四去齐溪	蟹开四去齐匣
25 上虞	ȵi^{213}	li^{213}	ɕi^{35}	ɕi^{35} 干~	tɕi^{35}	tɕʰi^{35}	tɕʰi^{53}	ɕi^{35}
26 嵊州	ȵi^{213}	li^{213}	ɕi^{534}	ɕi^{53}	tɕi^{534}	tɕʰi^{534}	tɕʰieʔ^{5} 音殊 tɕʰi^{334}	ɕi^{334}
27 新昌	ȵi^{22}	li^{22}	ɕi^{534}	ɕi^{453}	tɕi^{534}	tɕʰi^{534}	tɕʰi^{335}	ɕi^{335}
28 诸暨	mɻ̩^{13}	lɻ̩^{13}	ʃɻ̩^{544}	ʃɻ̩^{42}	tʃɻ̩^{544}	tʃʰɻ̩^{544}	tʃʰɻ̩^{544}	ʃɻ̩^{42} 调殊
29 慈溪	ȵi^{13}	li^{13}	ɕi^{35}	ɕi^{35}	tɕi^{35}	tɕʰi^{35}	tɕʰi^{35}	ɕi^{35}
30 余姚	ȵi^{13}	li^{13}	ɕi^{44}	ɕi^{34} 干~	tɕi^{44}	tɕʰi^{44}	tɕʰi^{53}	ɕi^{44}
31 宁波	ȵi^{13}	li^{13}	ɕi^{53}	ɕi^{35} 干~	tɕi^{35}	tɕʰi^{35}	tɕʰi^{44}	ɕi^{44}
32 镇海	ȵi^{24}	li^{24}	ɕi^{53}	ɕi^{35} 干~	tɕi^{35} 调殊	tɕʰi^{53} ~坑	tɕʰi^{53}	ɕi^{53}
33 奉化	ȵi^{33}	li^{33}	ɕi^{44}	ɕi^{545} 读字	tɕi^{44}	tɕʰi^{44}	tɕʰi^{53}	ɕi^{44} 调殊
34 宁海	ȵi^{213}	li^{213}	sʅ^{423}	sʅ^{53}	tsʅ^{423}	tsʰʅ^{423}	tsʰʅ^{35}	sʅ^{35}
35 象山	ȵi^{31}	li^{31}	ɕi^{44}	ɕi^{44}	tɕi^{44}	tɕʰi^{44}	tɕʰi^{53}	ɕi^{53}
36 普陀	ȵi^{24}	li^{24}	ɕi^{53}	ɕi^{45}	tɕi^{55} 小	tɕʰi^{53}	tɕʰi^{55}	ɕi^{55}
37 定海	ȵi^{23}	li^{23}	ɕi^{52}	ɕi^{45} ~衣机	tɕi^{45} 小	tɕʰi^{52}	tɕʰi^{44}	ɕi^{44}
38 岱山	ȵi^{23}	li^{23}	ɕi^{52}	ɕi^{325} ~衣机	tɕi^{325} 小	tɕʰi^{52}	tɕʰi^{44}	ɕi^{44}
39 嵊泗	ȵi^{243}	li^{243}	ɕi^{53}	ɕi^{445} ~衣机	tɕi^{445} 小	tɕʰi^{53}	tɕʰi^{53}	ɕi^{53}
40 临海	ȵi^{21}	li^{21}	ɕi^{31}	ɕi^{52}	tɕi^{31} 又 ki^{31} 又	tɕʰi^{31} 又 kʰi^{31} 又	kʰi^{55}	ɕi^{55} 又 ki^{55} 又
41 椒江	ȵi^{31}	li^{31}	ɕi^{42}	ɕi^{42}	tɕi^{35} 小	tɕʰi^{42}	tɕʰi^{55}	ɕi^{55}
42 黄岩	ȵi^{121}	li^{121}	ɕi^{32}	ɕi^{42}	tɕi^{35} 小	tɕʰi^{32}	tɕʰi^{55}	ɕi^{55}
43 温岭	ȵi^{31}	li^{31}	ɕi^{33}	ɕi^{42}	tɕi^{15} 小	tɕʰi^{33}	tɕʰi^{55}	ɕi^{55}
44 仙居	ȵi^{213}	li^{213}	ɕi^{334}	ɕi^{324}	tɕi^{334}	tɕʰi^{334}	tɕʰi^{55}	ɕi^{55}
45 天台	ȵi^{224}	li^{224}	ɕi^{33}	ɕi^{325}	ki^{33}	kʰi^{33}	kʰi^{55}	hi^{55}
46 三门	ȵi^{113}	li^{113}	ɕi^{334}	ɕi^{325}	tɕi^{334}	tɕʰi^{334}	tɕʰi^{334}	ɕi^{55}
47 玉环	ȵi^{31}	li^{31}	ɕi^{42}	ɕi^{53}	tɕi^{35} 小	tɕʰi^{42}	tɕʰi^{55}	ɕi^{55}

续表

方言点	0161 泥	0162 犁	0163 西	0164 洗	0165 鸡	0166 溪	0167 契	0168 系 联~
	蟹开四平齐泥	蟹开四平齐来	蟹开四平齐心	蟹开四上齐心	蟹开四平齐见	蟹开四平齐溪	蟹开四去齐溪	蟹开四去齐匣
48 金华	nie^{313}	li^{313}	ɕie^{334}	ɕie^{535}	tɕie^{334}	tɕʰie^{334}	tɕʰiəʔ^{4} 音殊	ɕi^{55}
49 汤溪	nie^{11}	lie^{11}	sie^{24}	sie^{535}	tɕie^{24}	tɕʰie^{24}	tɕʰie^{52}	zi^{113}
50 兰溪	nie^{21}	li^{21}	sie^{334}	sie^{55}	tɕie^{334}	tɕʰie^{334}	tɕʰi^{45}	zi^{24}
51 浦江	n̠i^{113}	li^{113}	ʃi^{534}	ʃi^{53}	tʃi^{534}	tʃʰi^{534}	tʃʰi^{55}	ʃi^{55}
52 义乌	n̠i^{213}	li^{213}	si^{335}	si^{423}	tɕi^{335}	tɕʰi^{335}	tɕʰi^{45}	ɕi^{335}
53 东阳	n̠i^{213}	li^{213}	si^{334}	si^{44}	tɕi^{334}	tɕʰi^{334}	tɕʰi^{453}	ɕi^{24}
54 永康	nie^{22}	lie^{22}	ɕie^{55}	ɕie^{334}	tɕie^{55}	tɕʰie^{55}	tɕʰie^{52}	ɕi^{52}
55 武义	nie^{324}	lie^{324}	ɕie^{24}	ɕie^{445}	tɕie^{24}	tɕʰie^{24}	tɕʰie^{53}	ɕi^{53}
56 磐安	n̠i^{213}	li^{213}	ɕi^{445}	ɕi^{334}	tɕi^{445}	tɕʰi^{445}	tɕʰi^{52}	ɕi^{52}
57 缙云	n̠i^{243}	li^{243}	sɿ^{44}	sɿ^{51}	tɕi^{44}	tɕʰi^{44}	tɕʰi^{453}	ɕi^{453}
58 衢州	nĩẽ^{21} 韵殊	li^{21}	sɿ^{32}	sɿ^{35}	tsɿ^{32}	tsʰɿ^{32}	tɕʰiəʔ^{5} 音殊	sɿ^{53}
59 衢江	nie^{212}	li^{212}	sɿ^{33}	ɕie^{25}	ie^{33} 声殊	tɕʰie^{33}	tɕʰiəʔ^{5} 音殊	sɿ^{53}
60 龙游	n̠iɒ^{21}	li^{21}	ɕi^{334}	ɕi^{35}	tɕi^{334}	tɕʰi^{334}	tɕʰi^{51}	zi^{224}
61 江山	n̠iə^{213}	lɛ^{213}	ɕi^{44}	ɕi^{241}	iə^{44} 声殊	tɕʰiə^{44}	kʰi^{51}	xi^{51}
62 常山	nie^{341}	lue^{341}	se^{44}	ɕi^{52}	ie^{44} 声殊	tɕʰie^{44}	tɕʰiʌʔ^{5} 音殊	ɕi^{52}
63 开化	nie^{231}	lɛ^{231}	se^{44} 东~ / ɕi^{44} ~瓜	ɕi^{53}	ie^{44} 声殊	tɕʰie^{44}	tɕʰiẽ^{412} 韵殊	ɕi^{412}
64 丽水	n̠i^{22}	li^{22}	sɿ^{224}	sɿ^{544}	tsɿ^{224}	tsʰɿ^{224}	tsʰɿ^{52}	sɿ^{52}
65 青田	n̠i^{21}	li^{21}	sɿ^{445}	sɿ^{454}	tsɿ^{445}	tsʰɿ^{445}	tsʰɿ^{33}	i^{33}
66 云和	n̠i^{312}	li^{312}	sɿ^{24}	sɿ^{41}	tsɿ^{24}	tsʰɿ^{24}	tsʰɿ^{45}	sɿ^{45}
67 松阳	n̩^{31}	lie^{31}	sɿə^{53}	sɿə^{212}	tsɿə^{53}	tsʰɿə^{53}	tsʰɿə^{24}	ie^{24}
68 宣平	n̠i^{433}	li^{433}	sɿ^{324}	sɿ^{445}	tsɿ^{324}	tsʰɿ^{324}	tsʰɿ^{52}	sɿ^{52}
69 遂昌	n̠iŋ^{221}	li^{221}	ɕiɛ^{45}	ɕiɛ^{533}	iɛ^{45} 声殊	tɕʰiɛ^{45}	tɕʰiɛ^{334}	ie^{334} / ɕiɛ^{334}
70 龙泉	n̠i^{21}	li^{21}	ɕi^{434}	ɕi^{51}	i^{434} 白 / tɕi^{434} 文	tɕʰi^{434}	tɕʰi^{45}	ɕi^{45} 音殊

续表

方言点	0161 泥	0162 犁	0163 西	0164 洗	0165 鸡	0166 溪	0167 契	0168 系 联~
	蟹开四平齐泥	蟹开四平齐来	蟹开四平齐心	蟹开四上齐心	蟹开四平齐见	蟹开四平齐溪	蟹开四去齐溪	蟹开四去齐匣
71 景宁	ȵi⁴¹	li⁴¹	ɕi³²⁴	ɕi³³	tɕi³²⁴	tɕʰi³²⁴	tɕʰi³⁵	ɕi³⁵
72 庆元	ȵie⁵²	li⁵²	ɕiɛ³³⁵	ɕiɛ³³	iɛ³³⁵声殊	tɕʰiɛ³³⁵	tɕʰiɛ¹¹	iɛ¹¹
73 泰顺	ȵi⁵³	li⁵³	sɿ²¹³	sɿ⁵⁵	tsɿ²¹³	tsʰɿ²¹³	tsʰɿ³⁵	i³⁵
74 温州	ȵi³¹	lei³¹	sei³³	sei²⁵	tsɿ³³	tsʰɿ³³	tsʰɿ⁵¹	i²²
75 永嘉	ȵiai³¹	lei³¹	sɿ⁴⁴	sɿ⁴⁵	tɕiai⁴⁴	tsʰɿ⁴⁴	tsʰɿ⁵³	zɿ²²声殊
76 乐清	ȵi³¹	li³¹	si⁴⁴	si³⁵	tɕi⁴⁴	tɕʰi⁴⁴	tɕʰi⁴¹	i²²
77 瑞安	ȵi³¹	lei³¹	sei⁴⁴	sei³⁵	tɕi⁴⁴	tɕʰi⁴⁴	tɕʰi⁵³	i²¹²调殊
78 平阳	ȵie²⁴²	li²⁴²	si⁵⁵	si⁴⁵	tɕi⁵⁵	tɕʰi⁵⁵	tɕʰi⁵³	si⁵³中文~ / tɕi⁵³~鞋带
79 文成	ȵi¹¹³	lei¹¹³	sei⁵⁵	sei⁴⁵	tɕi⁵⁵	tɕʰi⁵⁵	tɕʰi³³	ɕi³³文
80 苍南	ȵi³¹	li³¹	ɕi⁴⁴	ɕi⁵³	tɕi⁴⁴	tɕʰi⁴⁴	tɕʰi⁴²	i³¹调殊
81 建德徽	ȵi³³	li³³	ɕi⁵³	ɕi⁵⁵	tɕi⁵³	tɕʰi⁵³	tɕʰi³³	ɕi⁵⁵
82 寿昌徽	ȵi⁵²	li⁵²	ɕi¹¹²	ɕi²⁴	tɕi¹¹²	tɕʰi¹¹²	tɕʰi³³	ɕi³³
83 淳安徽	iɑ⁴³⁵	li⁴³⁵	ɕi²⁴	ɕi⁵⁵	tɕi²⁴	tɕʰi²⁴	tɕʰi⁵³	ɕiʔ⁵音殊
84 遂安徽	ie³³	li³³	ɕie⁵³⁴	ɕie²¹³	tɕiɛ⁵³⁴	tɕʰiɛ⁵³⁴	tɕʰiɛ²⁴	ɕiɛ⁴³
85 苍南闽	nĩ²⁴	lue²⁴	sai⁵⁵白 / se⁵⁵文	sue⁴³	kue⁵⁵	kʰue⁵⁵	kʰue⁴³	he²¹
86 泰顺闽	nei²²	lei²²	sei²¹³	sei³⁴⁴	kei²¹³	kʰei²¹³	kʰei⁵³	xei³¹
87 洞头闽	nĩ¹¹³	lue²⁴	sai³³白 / se³³文	sue⁵³	kue³³	kʰue³³	kʰue²¹	he²¹
88 景宁畲	nai²²	lai²²	sai⁴⁴	sai³²⁵	kiai⁴⁴	ɕi⁴⁴	kʰi⁴⁴	ɕi⁴⁴

方言点	0169 杯 蟹合一 平灰帮	0170 配 蟹合一 去灰滂	0171 赔 蟹合一 平灰並	0172 背 ~诵 蟹合一 去灰並	0173 煤 蟹合一 平灰明	0174 妹 蟹合一 去灰明	0175 对 蟹合一 去灰端	0176 雷 蟹合一 平灰来
01 杭州	pei³³⁴	pʰei⁴⁵	bei²¹³	bei¹³	mei²¹³	mei¹³	tei⁴⁵	lei²¹³
02 嘉兴	pei⁴²	pʰei²²⁴	bei²⁴²	pei²²⁴声殊	mei²⁴²	mei¹¹³	tei²²⁴	lei²⁴²
03 嘉善	pɛ⁵³	pʰɛ³³⁴	bɛ¹³²	pɛ³³⁴声殊	mɛ¹³²	me⁴⁴	te³³⁴	lɛ¹³²
04 平湖	pe⁵³	pʰe²¹³	be³¹	be²¹³	me³¹	me⁵³	te³³⁴	le³¹
05 海盐	pe⁵³	pʰe³³⁴	be³¹	be²¹³	me³¹	me²¹³	te³³⁴	le³¹
06 海宁	pei⁵⁵	pʰei³⁵	bei¹³	bei¹³	mei¹³	mei¹³	tei³⁵	ləɯ¹³
07 桐乡	pi⁴⁴	pʰi³³⁴	bi¹³	bi²¹³	mi¹³	mi²¹³	ti³³⁴	li¹³
08 崇德	pE⁴⁴	pʰi³³⁴	bi¹³	bi¹³	mi¹³	mi¹³	ti³³⁴	li¹³
09 湖州	pei⁴⁴	pʰi³⁵	bei¹¹²	bei²⁴	mei¹¹²	mei³⁵	tei³⁵	lei¹¹²
10 德清	pe⁴⁴	pʰɛ³³⁴	bɛ¹¹³	bɛ¹¹³	mɛ¹¹³	mɛ³³⁴	te³³⁴	lɛ¹¹³
11 武康	pe⁴⁴	pʰɛ²²⁴	bɛ¹¹³	bɛ¹¹³	mɛ¹¹³	mɛ²²⁴	te²²⁴	lɛ¹¹³
12 安吉	pe⁵⁵	pʰe³²⁴	be²²	be²¹³	me²²	me⁵⁵	te³²⁴	le²²
13 孝丰	pe⁴⁴	pʰe³²⁴	be²²	be²¹³	me²²	me⁴⁴	te³²⁴	le²²
14 长兴	pei⁴⁴	pʰei³²⁴	bei¹²	pei³²⁴声殊	mei¹²	mei³²⁴	tei³²⁴	lei¹²
15 余杭	pe⁴⁴	pʰɛ⁴²³	bɛ²²	bɛ²¹³	mɛ²²	mɛ²¹³	tɛ⁴²³	lɛ²²
16 临安	pE⁵⁵	pʰE⁵⁵	bE³³	bE³³	mE³³	mE⁵⁵	tE⁵⁵	lE³³
17 昌化	pe³³⁴	pʰɛ⁵⁴⁴	bɛ¹¹²	bɛ²⁴³	mɛ¹¹²	mɛ²⁴³	tɛ⁵⁴⁴	lɛ¹¹²
18 於潜	pe⁴³³	pʰe³⁵	be²²³	be²⁴	me²²³	me²⁴	te³⁵	le²²³
19 萧山	pe⁵³³	pʰe⁴²	be³⁵⁵	be²⁴²	me³⁵⁵	me²⁴²	te⁴²	le³⁵⁵
20 富阳	pe⁵³	pʰɛ³³⁵	bɛ¹³	bɛ²²⁴	mɛ¹³	mɛ³³⁵	tɛ³³⁵	lɛ¹³
21 新登	pe⁵³	pʰe⁴⁵	be²³³	be¹³	me²³³	me¹³	te⁴⁵	le²³³
22 桐庐	pE⁵³³	pʰE³⁵	bE¹³	bE²⁴	mE¹³	mE²⁴	tE³⁵	lE¹³
23 分水	pe⁴⁴	pʰe²⁴	be²²	pe²⁴声殊	me²²	me¹³	te²⁴	le²²
24 绍兴	pE⁵³	pʰE³³	bE²³¹	bE²²	mE²³¹	mE³³	tE³³	lE²³¹
25 上虞	pe³⁵	pʰe⁵³	be²¹³	be³¹	me²¹³	me³¹	te⁵³	le²¹³

续表

方言点	0169 杯	0170 配	0171 赔	0172 背 ~诵	0173 煤	0174 妹	0175 对	0176 雷
	蟹合一平灰帮	蟹合一去灰滂	蟹合一平灰並	蟹合一去灰並	蟹合一平灰明	蟹合一去灰明	蟹合一去灰端	蟹合一平灰来
26 嵊州	pE^{534}	p^hE^{334}	bE^{213}	bE^{24}	mE^{213}	mE^{22}	tE^{334}	lE^{213}
27 新昌	pe^{534}	p^he^{335}	be^{22}	be^{13}	me^{22}	me^{13}	te^{335}	le^{22}
28 诸暨	pe^{544}	p^he^{544}	be^{13}	be^{33}	me^{13}	me^{33}	te^{544}	le^{13}
29 慈溪	pe^{35}	p^he^{44}	be^{13}	be^{13}	me^{13}	me^{13}	te^{44}	le^{13}
30 余姚	pe^{44}	p^he^{53}	be^{13}	be^{13}	me^{13}	me^{13}	te^{53}	le^{13}
31 宁波	$pɐi^{53}$	$p^hɐi^{44}$	$bɐi^{13}$	$bɐi^{13}$	$mɐi^{13}$	$mɐi^{13}$	$tɐi^{44}$	$lɐi^{13}$
32 镇海	pei^{53}	p^hei^{53}	bei^{24}	bei^{24}	mei^{24}	mei^{24}	tei^{53}	lei^{24}
33 奉化	pei^{44}	p^hei^{53}	bei^{33}	bei^{31}	mei^{33}	mei^{31}	tei^{53}	lei^{33}
34 宁海	pei^{53}调殊	p^hei^{35}	bei^{213}	bei^{24}	mei^{213}	mei^{31}	tei^{35}	lei^{213}
35 象山	pei^{44}	p^hei^{53}	bei^{31}	bei^{13}	mei^{31}	mei^{44}	tei^{53}	lei^{31}
36 普陀	$pæi^{53}$	$p^hæi^{55}$	$bæi^{24}$	$bæi^{13}$	$mæi^{24}$	$mæi^{55}$小	$tæi^{55}$	$læi^{24}$
37 定海	$pɐi^{52}$	$p^hɐi^{44}$	$bɐi^{23}$	$bɐi^{13}$	$mɐi^{23}$	$mɐi^{44}$	$tɐi^{44}$	$lɐi^{23}$
38 岱山	$pɐi^{52}$	$p^hɐi^{44}$	$bɐi^{23}$	$bɐi^{213}$	$mɐi^{23}$	$mɐi^{44}$	$tɐi^{44}$	$lɐi^{23}$
39 嵊泗	$pɐi^{53}$	$p^hɐi^{53}$	$bɐi^{243}$	$bɐi^{213}$	$mɐi^{243}$	$mɐi^{53}$	$tɐi^{53}$	$lɐi^{243}$
40 临海	pe^{31}	p^he^{55}	be^{21}	be^{324}	me^{21}	me^{51}小	te^{55}	le^{21}
41 椒江	$pə^{42}$	$p^hə^{55}$	$bə^{31}$	$bə^{24}$	$mə^{31}$	$mə^{41}$小	$tə^{55}$	$lə^{31}$
42 黄岩	pe^{32}	p^he^{55}	be^{121}	be^{24}	me^{121}	me^{41}小	te^{55}	le^{121}
43 温岭	pe^{33}	p^he^{55}	be^{31}	be^{13}	me^{31}	me^{41}小	te^{55}	le^{31}
44 仙居	$ɓæ^{334}$	$p^hæ^{55}$	$bæ^{213}$	$bæ^{24}$	$mæ^{213}$	$mæ^{24}$	$ɗæ^{55}$	$læ^{213}$
45 天台	pei^{51}小	p^hei^{55}	bei^{224}	bei^{35}	mei^{224}	mei^{51}小	tei^{55}	lei^{224}
46 三门	pe^{52}	p^he^{55}	be^{113}	be^{243}	me^{113}	me^{252}小	te^{55}	le^{113}
47 玉环	pe^{42}	p^he^{55}	be^{31}	be^{22}	me^{31}	me^{41}小	te^{55}	le^{31}
48 金华	$pɛ^{334}$	$p^hɛ^{55}$	$bɛ^{313}$	$bɛ^{14}$	$mɛ^{313}$	$mɛ^{14}$	$tɛ^{55}$	$lɛ^{313}$
49 汤溪	$pɛ^{24}$	$p^hɛ^{52}$	$bɛ^{11}$	$bɛ^{341}$	$mɛ^{11}$	$mɛ^{341}$	$tɛ^{52}$	$lɛ^{11}$

续表

方言点	0169 杯	0170 配	0171 赔	0172 背~诵	0173 煤	0174 妹	0175 对	0176 雷
	蟹合一 平灰帮	蟹合一 去灰滂	蟹合一 平灰並	蟹合一 去灰並	蟹合一 平灰明	蟹合一 去灰明	蟹合一 去灰端	蟹合一 平灰来
50 兰溪	pe³³⁴	pʰe⁴⁵	be²¹	be²⁴	me²¹	me²⁴	te⁴⁵	le²¹
51 浦江	pa⁵³⁴	pʰa⁵⁵	ba¹¹³	ba²⁴	ma¹¹³	ma²⁴	ta⁵⁵	la¹¹³白 luɛ¹¹³文
52 义乌	pe³³⁵	pʰe⁴⁵	be²¹³	be²⁴	mɛ²¹³	mɛ²⁴	te⁴⁵	le²¹³
53 东阳	pen³³⁴小	pʰe⁴⁵³	be²¹³	be²⁴	me²¹³	me²⁴	te⁴⁵³	le²¹³
54 永康	ɓəi⁵⁵	pʰəi⁵²	bəi²²	bəi²⁴¹	məi²²	məi²⁴¹	ɗəi⁵²	ləi²²
55 武义	pa²⁴	pʰa⁵³	ba³²⁴	ba²³¹	ma³²⁴	ma²³¹	la⁵³	la³²⁴
56 磐安	pe⁴⁴⁵	pʰe⁵²	be²¹³	be¹⁴	me²¹³	me¹⁴	te⁵²	le²¹³
57 缙云	pei⁴⁴	pʰei⁴⁵³	bei²⁴³	bei²¹³	mei²⁴³	mei²¹³	tei⁴⁵³	lei²⁴³
58 衢州	pe³²	pʰe⁵³	be²¹	be²³¹	me²¹	me²³¹	te⁵³	le²¹
59 衢江	pei³³	pʰei⁵³	bei²¹²	bei²³¹	mei²¹²	mei²³¹	tei⁵³	lei²¹²
60 龙游	pei³³⁴	pʰei⁵¹	bei²¹	bei²³¹	mei²¹	mei²³¹	tei⁵¹	lei²¹
61 江山	pE⁴⁴	pʰE²⁴¹调殊	bE²¹³	bE³¹	mE²¹³	mE³¹	tuE⁵¹	luE²¹³
62 常山	pi⁴⁴	pʰue⁵²调殊	bue³⁴¹	bue¹³¹	mue³⁴¹	mue¹³¹	tue³²⁴	lue³⁴¹
63 开化	pei⁴⁴	pʰɛ⁵³调殊	bɛ²³¹	bɛ²¹³	mɛ²³¹	mɛ²¹³	tɛ⁴¹²	lɛ²³¹
64 丽水	pei²²⁴	pʰei⁵²	bei²²	bei¹³¹	mei²²	mei¹³¹	tei⁵²	lei²²
65 青田	ɓæi⁴⁴⁵	pʰæi³³	bæi²¹	bæi²²	mɛ²¹	mɛ²²	ɗæi³³	læi²¹
66 云和	pei²⁴	pʰei⁴⁵	bei³¹²	bei²²³	mei³¹²	ma²²³韵殊	tei⁴⁵	lei³¹²
67 松阳	pei⁵³	pʰei²⁴	bei³¹	bei¹³	mei³¹	me¹³	tei²⁴	lɛ³¹
68 宣平	pei³²⁴	pʰei⁵²	bei⁴³³	bei²³¹	mei⁴³³	mei²³¹	tei⁵²	lei⁴³³
69 遂昌	pei⁴⁵	pʰei³³⁴	bei²²¹	bei²¹³	mei²²¹	mei²¹³	tei³³⁴	lei²²¹
70 龙泉	pE⁴³⁴	pʰE⁴⁵	bE²¹	bE²²⁴	mi²¹韵殊	mE²²⁴	tE⁴⁵	lE²¹
71 景宁	pai³²⁴	pʰai³⁵	bai⁴¹	bai¹¹³	mai⁴¹	mai¹¹³	tai³⁵	lai⁴¹
72 庆元	ɓæi³³⁵	pʰæi¹¹	pæi⁵²	pæi³¹	mæi⁵²	mæi³¹	ɗæi¹¹	læi⁵²
73 泰顺	pæi²¹³	pʰæi³⁵	pæi⁵³	pæi²²	mæi⁵³	me²²	tæi³⁵	læi⁵³

续表

方言点	0169 杯	0170 配	0171 赔	0172 背 ～诵	0173 煤	0174 妹	0175 对	0176 雷
	蟹合一 平灰帮	蟹合一 去灰滂	蟹合一 平灰並	蟹合一 去灰並	蟹合一 平灰明	蟹合一 去灰明	蟹合一 去灰端	蟹合一 平灰来
74 温州	pai³³	pʰai⁵¹	bai³¹	bai²²	mai³¹	mai²²	tai⁵¹	lai³¹
75 永嘉	pai⁴⁴	pʰai⁵³	bai³¹	bai²²	mai³¹	mai²²	tai⁵³	lai³¹
76 乐清	pai⁴⁴	pʰai⁴¹	bai³¹	bai²²	mai³¹	mai²²	tai⁴¹	lai³¹
77 瑞安	pai⁴⁴	pʰai⁵³	bai³¹	bai²²	me³¹	me²²	tai⁵³	lai³¹
78 平阳	pai⁵⁵	pʰai⁵³	bai²⁴²	bai³³	mai²⁴²	mai³³	tai⁵³	lai²⁴²
79 文成	pai⁵⁵	pʰai⁵⁵	bai¹¹³	bai⁴²⁴	mai¹¹³	mai⁴²⁴	tai³³	lai¹¹³
80 苍南	pai⁴⁴	pʰai⁴²	bai³¹	bai¹¹	mai³¹	mai¹¹	tai⁴²	lai³¹
81 建德徽	pe⁵³	pʰe³³	pe³³	pʰe⁵⁵	me³³	me⁵⁵	te³³	le³³
82 寿昌徽	piæ¹¹²	pʰiæ³³	pʰiæ⁵²	pʰiæ³³	miæ⁵²	miæ³³	tiæ³³	liæ⁵⁵天～
83 淳安徽	pie²⁴	pʰie²⁴	pʰie⁴³⁵	pʰie⁵³	mie⁴³⁵	mie⁵³	tie²⁴	lie⁴³⁵
84 遂安徽	pɯ⁵³⁴	pʰəɯ⁴³	pʰəɯ³³	pəɯ⁴³	məɯ³³	məɯ⁵²	təɯ⁴³	ləɯ³³
85 苍南闽	pue⁵⁵	pʰue²¹	pə²⁴	pə²¹	mũĩ²⁴	bə²¹	tui²¹	lui²⁴
86 泰顺闽	pɔi²¹³	pʰɔi⁵³	pɔi²²	pɔi³¹	mɔi²²	mɔi⁵³	tɔi⁵³	lɔi²²
87 洞头闽	pue³³	pʰue²¹	pə¹¹³	pə²¹	mũĩ¹¹³	bə²¹	tui²¹	lui¹¹³
88 景宁畲	poi⁴⁴	pʰoi⁴⁴	pʰoi²²	poi⁵¹	moi²²	moi³²⁵小	tuoi⁴⁴	luoi²²

方言点	0177 罪 蟹合一 上灰从	0178 碎 蟹合一 去灰心	0179 灰 蟹合一 平灰晓	0180 回 蟹合一 平灰匣	0181 外 蟹合一 去泰疑	0182 会 开~ 蟹合一 去泰匣	0183 怪 蟹合二 去皆见	0184 块 蟹合一 去皆溪
01 杭州	dzuei^{13}	suei^{45}	xuei^{334}	uei^{213}	ŋa^{13}白 uɛ^{13}文	uei^{13}	kuɛ^{45}	k^{h}uei^{45}
02 嘉兴	zuei^{113}	sei^{224}	huei^{42}	uei^{242}	ŋA^{113}	uei^{113}	kuA^{224}	k^{h}uɛ^{224}
03 嘉善	zɛ^{113}	sɛ^{334}	fɛ^{53}声殊	vɛ^{132}声殊	ŋa^{113}	vɛ^{113}声殊	kua^{334}	k^{h}uɛ^{334}
04 平湖	zɛ^{213}白 zuɛ^{213}文	sɛ^{334}	hue^{53}	ue^{31}	ŋa^{213}	ue^{213}	kua^{334}	k^{h}ue^{213}
05 海盐	zue^{423}	sɛ^{334}	xue^{53}	ue^{31}	ɑ^{213}	ue^{213}	kuɑ^{334}	k^{h}uɑ^{334}
06 海宁	zei^{231}	sɛ^{35}	hue^{55}	ue^{13}	ua^{13}	ue^{13}	kua^{35}	k^{h}ue^{35}
07 桐乡	zi^{242}	sE^{334}	fi^{44}	uei^{13}	ua^{213}~头 a^{213}~公	uei^{213}	kua^{334}	k^{h}uei^{334}
08 崇德	zi^{242}	sE^{334}	hui^{44}	ui^{13}	uɑ^{13} ɑ^{13}	ui^{13}	kuɑ^{334}	k^{h}ui^{334}
09 湖州	zei^{231}	sei^{35}	xuei^{44}	uei^{112}	ua^{35}	uei^{35}	kua^{35}	k^{h}uei^{35}
10 德清	zɛ^{143}	sɛ^{334}	xuɛ^{44}	uɛ^{113}	ua^{334}	uɛ^{334}	kua^{334}	k^{h}uɛ^{334}
11 武康	dzɛ^{242}	sɛ^{224}	xuɛ^{44}	uɛ^{113}	ua^{224}	uɛ^{224}	kua^{224}	k^{h}uɛ^{224}
12 安吉	zɛ^{243}	sue^{324}	hue^{55}	ue^{22}	ŋa^{213}	ue^{213}	kua^{324}	k^{h}uE^{324}
13 孝丰	zɛ^{243}	sɛ^{324}	hue^{44}	ue^{22}	ŋa^{324}	ue^{213}	kua^{324}	k^{h}ue^{324}
14 长兴	zɯ^{243}	sɯ^{324}	huei^{44}	uei^{12}	ŋa^{324}	uei^{324}	kua^{324}	k^{h}uɯ^{324}
15 余杭	zɛ^{243}	sɛ^{423}	xuɛ^{44}	uɛ^{44}	a^{213}白 ua^{213}文	uɛ^{213}	kua^{423}	k^{h}uɛ^{423}
16 临安	tsE^{55}	sE^{55}	huE^{55}	uE^{33}	ŋa^{33}	uE^{33}	kua^{55}	k^{h}uE^{55}
17 昌化	zei^{243}	sɛ^{544}	xuɛ^{334}	uei^{112}	ŋa^{243}	uei^{243}	kua^{544}	k^{h}uɛ^{544}
18 於潜	zue^{24}白 dze^{24}文	se^{35}	xue^{433}	ue^{223}	ŋa^{24}	ue^{24}	kua^{35}	k^{h}ue^{35}
19 萧山	dze^{242}	se^{42}	xue^{533}	ue^{355}	ŋa^{242}	ue^{242}	kua^{42}	k^{h}ue^{42}
20 富阳	dzɛ^{224}	zɛ^{224}	huɛ^{53}	uɛ^{13}	ŋa^{224}	uɛ^{335}	kua^{335}	k^{h}uɛ^{335}
21 新登	ze^{13}	se^{45}	hue^{53}	ue^{233}	ŋa^{13}	ua^{13} ue^{13}	kua^{45}	k^{h}ue^{45}
22 桐庐	dzE^{24}	sE^{35}	xuE^{533}	uE^{13}	uA^{24}	uE^{24}	kuA^{35}	k^{h}uE^{35} 一~钱 k^{h}uA^{35}儿~

方言点	0177 罪 蟹合一 上灰从	0178 碎 蟹合一 去灰心	0179 灰 蟹合一 平灰晓	0180 回 蟹合一 平灰匣	0181 外 蟹合一 去泰疑	0182 会 开~ 蟹合一 去泰匣	0183 怪 蟹合二 去皆见	0184 块 蟹合一 去皆溪
23 分水	zue^{13}	sue^{24}	xue^{44}	ue^{22}	uɛ^{13}	ue^{13}	kuɛ^{24}	kʰuɛ^{24}
24 绍兴	dzE^{223}	sE^{33}	hue^{53}	uE^{231}	ŋa^{22}	uE^{22}	kua^{33}	kʰuE^{33}
25 上虞	ze^{213}	se^{53}	fe^{35}	ue^{213}	ŋa^{31}	ue^{53}	kua^{53}	kʰue^{53}
26 嵊州	zE^{24}白 dzE^{24}文	sE^{334}	huE^{534}	uE^{213}	ŋa^{24}	uE^{24}	kua^{334}	kʰuE^{334}
27 新昌	ze^{22}~过 dze^{22}犯~	se^{335}	fe^{534}	ue^{22}	ŋa^{13}	ue^{13}	kua^{335}	kʰue^{335}
28 诸暨	ze^{242}	se^{544}	fe^{544}	ve^{13}	ŋA^{33}	ve^{33}	kuA^{544}	kʰuA^{544}
29 慈溪	ze^{13}	se^{44}	hue^{35}	ue^{13}	ŋa^{13}	ue^{13}	kua^{44}	kʰue^{44}
30 余姚	ze^{13}	se^{53}	hue^{44}	ue^{13}	ŋa^{13}	ue^{13}	kua^{53}	kʰue^{53}
31 宁波	zɐi^{13}	sɐi^{44}	huɐi^{53}	uɐi^{13}	ŋa^{13}	uɐi^{13}	kua^{44}	kʰuɐi^{35}
32 镇海	zei^{24}	sei^{53}	huei^{53}	uei^{24}	ŋa^{24}	uei^{24}	kua^{53}~依 音殊	kʰuei^{35}
33 奉化	zei^{324}	sei^{53}	huei^{44}	uei^{33}	ŋa^{31}	uei^{31}	kua^{53}	kʰuei^{53}
34 宁海	zei^{31}	sei^{35}	huei^{423}	uei^{213}	ŋa^{24}	uei^{24}	kua^{35}	kʰuei^{53}
35 象山	zei^{31}	sei^{53}	huei^{44}	uei^{31}	ŋa^{13}	uei^{13}	kua^{53}	kʰuei^{53}
36 普陀	zæi^{23}	sæi^{55}	xuæi^{53}	uæi^{24}	ŋa^{23}	uæi^{13}	kua^{55}	kʰuæi^{55}
37 定海	zɐi^{23}	sɐi^{44}	xuɐi^{52}	uɐi^{23}	ŋa^{13}	uɐi^{13}	kua^{44}	kʰuɐi^{44}
38 岱山	zɐi^{244}	sɐi^{44}	xuɐi^{52}	uɐi^{23}	ŋa^{213}	uɐi^{213}	kua^{44}	kʰuɐi^{52} 调殊
39 嵊泗	zɐi^{334}	sɐi^{53}	xuɐi^{53}	uɐi^{243}	ŋa^{213}	uɐi^{213}	kua^{53}	kʰuɐi^{53}
40 临海	ze^{21}	se^{55}	hue^{31}	ue^{21}	ŋa^{324}	ue^{324}	kua^{55}	kʰue^{55}
41 椒江	zə^{31}	sə^{55}	huə^{42}	uə^{31}	ŋa^{24}	uə^{24}	kua^{55}	kʰuə^{55}
42 黄岩	ze^{121}	se^{55}	huø^{32}	uø^{121}	ŋa^{24}	uø^{24}	kua^{55}	kʰuø^{55}
43 温岭	ze^{31}	se^{55}	hue^{33}	ue^{31}	ŋa^{13}	ue^{13}	kua^{55}	kʰue^{55}
44 仙居	zæ^{213}	sæ^{55}	huæ^{334}	uæ^{213}	ŋæ^{24}	uæ^{24}	kua^{55}	kʰuæ^{55}
45 天台	zei^{214}	sei^{55}	huei^{33}	uei^{224}	ŋei^{35}	uei^{35}	kua^{55}	kʰuei^{55}

续表

方言点	0177 罪 蟹合一 上灰从	0178 碎 蟹合一 去灰心	0179 灰 蟹合一 平灰晓	0180 回 蟹合一 平灰匣	0181 外 蟹合一 去泰疑	0182 会 开~ 蟹合一 去泰匣	0183 怪 蟹合二 去皆见	0184 块 蟹合一 去皆溪
46 三门	ze²¹³	se⁵⁵	hue³³⁴	ue¹¹³	ŋa²⁴³	ue²⁴³	kua⁵⁵	kʰue⁵⁵
47 玉环	ze³¹	se⁵⁵	hue⁴²	ue³¹	ŋa²²	ue²²	kua⁵⁵	kʰue⁵⁵
48 金华	se⁵³⁵白 dzui¹⁴文	sε⁵³⁵	xui³³⁴	ui³¹³	ɑ⁵³⁵白 uε¹⁴文	ui¹⁴	kuɑ⁵⁵	kʰuε⁵⁵
49 汤溪	ze¹¹³	sε⁵³⁵	xuε²⁴	uε¹¹	ɑ³⁴¹	uε³⁴¹	kuɑ⁵²	kʰuε⁵²
50 兰溪	se⁵⁵	se⁵⁵	xui³³⁴	ue²¹	ɑ⁵⁵	ue²⁴	kuɑ⁴⁵	kʰue⁴⁵
51 浦江	za²⁴³	suε⁵³	xua⁵³⁴	ua¹¹³	ŋa¹¹³~公 ŋɑ²⁴~面	ua²⁴	kuɑ⁵⁵	kʰua⁵⁵
52 义乌	ze³¹²	se⁴²³调殊	hue³³⁵	ue²¹³	ɔ²⁴~头 a²⁴~婆 uε²⁴~国	ue²⁴	kua⁴⁵	kʰue⁴⁵
53 东阳	dze²³¹	se⁴⁴	hue³³⁴	ue²¹³	ŋa²⁴	ue²⁴	kua⁴⁵³	kʰue⁴⁵³
54 永康	zəi¹¹³	səi⁵⁵	xuəi⁵⁵	uəi²²	n̠ia²⁴¹	uəi²⁴¹	kuai⁵²	kʰuəi⁵²
55 武义	za¹³	sa⁴⁴⁵	xui²⁴	ui³²⁴	n̠ia²³¹	ui²³¹	kua⁵³	kʰua⁵³
56 磐安	se³³⁴	se⁴⁴⁵调殊	xue⁴⁴⁵	ue²¹³	ŋa¹⁴~头 ŋe¹⁴~公	ue¹⁴	kua⁵²	kʰue⁵²
57 缙云	zei³¹	sei⁴⁴	xuei⁴⁴	uei²⁴³	ŋɑ²¹³	uei²¹³	kuɑ⁴⁵³	kʰuei⁴⁵³
58 衢州	ze²³¹	se³⁵调殊	xue³²	ue²¹	ŋε²³¹	ue²³¹	kuε⁵³	kʰue⁵³
59 衢江	zei²¹²	sei²⁵调殊	xuei³³	uei²¹²	ŋa²³¹	uei²³¹	kua⁵³	kʰuei⁵³
60 龙游	zuei²²⁴	suei³⁵调殊	xuei³³⁴	uei²¹	ŋɑ²³¹	uei²³¹	kuɑ⁵¹	kʰuei⁵¹
61 江山	dzuE³¹	suE⁵¹	xuE⁴⁴	uE²¹³	ŋua³¹	uE³¹	kua⁵¹	kʰɐ²⁴¹音殊
62 常山	ze²⁴受~ dzue²⁴~犯	se⁵²调殊	xue⁴⁴	ue³⁴¹	uε²⁴	ue¹³¹	kuε³²⁴	kʰuε⁵²
63 开化	ze²¹³	sε⁵³调殊	xue⁴⁴	uε²³¹	ua²¹³	ue²¹³	kua⁴¹²	kʰua⁵³调殊
64 丽水	zei²²	sei⁵²	xuei²²⁴	uei²²	uɔ¹³¹~面 ã²²~婆	uei¹³¹	kuɔ⁵²	kʰuei⁵²
65 青田	zæi³⁴³	sæi³³	xuæi⁴⁴⁵	uæi²¹	uɑ²²	uæi²²	kuɑ³³	kʰuæi³³
66 云和	zei²³¹	sei⁴⁵	xuei²⁴	uei³¹²	ua²²³	uei²²³	kua⁴⁵	kʰuei⁴⁵

续表

方言点	0177 罪 蟹合一 上灰从	0178 碎 蟹合一 去灰心	0179 灰 蟹合一 平灰晓	0180 回 蟹合一 平灰匣	0181 外 蟹合一 去泰疑	0182 会 开~ 蟹合一 去泰匣	0183 怪 蟹合二 去皆见	0184 块 蟹合一 去皆溪
67 松阳	zɛ²²	sei²¹²	fei⁵³	uei³¹	ŋa¹³	uei¹³	kua²⁴	kʰuei²⁴
68 宣平	zei²²³	sei³²⁴	xuei³²⁴	uei⁴³³	ua²³¹~面 a²²³~公	uei²³¹	kua⁵²	kʰuei⁵²
69 遂昌	zei¹³	sei⁵³³	xuei⁴⁵	uei²²¹	ua²¹³	uei²¹³	kua³³⁴	kʰuei³³⁴
70 龙泉	sE⁵¹	sE⁵¹调殊	xuəi⁴³⁴	uE²¹	ua²²⁴	uE²²⁴	kua⁴⁵	kʰuE⁴⁵ 一~砖 kʰuəi⁴⁵ 一~钱
71 景宁	zai³³	sai³²⁴调殊	xuai³²⁴	uai⁴¹	uɔ¹¹³	uai¹¹³	kuɔ³⁵	kʰuai³⁵
72 庆元	sæi²²¹	sæi³³	xuæi³³⁵	uæi⁵²	uɑ³¹	uæi³¹	kuɑ¹¹	kʰuæi¹¹
73 泰顺	sæi²¹	sæi⁵⁵调殊	fæi²¹³	uæi⁵³	ua²²	uæi²²	kua³⁵	kʰuæi³⁵
74 温州	zai¹⁴	sai⁵¹	fai³³	vai³¹	va²²	vai²²	ka⁵¹	kʰai⁵¹
75 永嘉	zai¹³	sai⁵³	fai⁴⁴	vai³¹	va²²	vai²²	ka⁵³	kʰai⁵³
76 乐清	zai²⁴	sai⁴¹	fai⁴⁴	vai³¹	ve²²	vai²²	kue⁴¹	kʰuai⁴¹
77 瑞安	zai¹³	sai⁵³	fai⁴⁴	vai³¹	ŋa²²	vai²²	ka⁵³	kʰai⁵³
78 平阳	zai²³	sai⁴⁵调殊	fai⁵⁵	vai²⁴²	vA³³	vai³³	kA⁵³	kai⁵³白 kʰai⁵³文
79 文成	zai²²⁴	sei³³	fai⁵⁵	vai¹¹³	ŋɔ⁴²⁴	vai⁴²⁴	kɔ³³	kʰai³³白 kai³³文
80 苍南	zai²⁴	sai⁴²	huai⁴⁴	uai³¹	ya¹¹	uai¹¹	kia⁴²	kʰuai⁴²
81 建德徽	ɕye²¹³	ɕye²¹³	hue⁵³	ue³³	uɑ⁵⁵	ue⁵⁵	kuɑ³³	kʰue³³
82 寿昌徽	ɕiæ⁵³⁴	ɕiæ²⁴调殊	xuæ¹¹²	uæ⁵²	uɑ³³	uæ³³	kuɑ³³	kʰuæ³³
83 淳安徽	sue⁵⁵	ɕie⁵⁵	fie²⁴	ve⁴³⁵	uɑ⁵³	ve⁵³	kuɑ²⁴	kʰue²⁴
84 遂安徽	sɯ⁴³	ɕiɛ⁴³	fəɯ⁵³⁴	vəɯ³³	vəɯ⁵²	vəɯ⁵²	kua⁴³	kʰuəɯ⁴³
85 苍南闽	tsə³²	tsui²¹	hə⁵⁵	hue²⁴	gua²¹	hue²¹	kuai²¹	tə²¹
86 泰顺闽	tsɔi³¹	sɔi³⁴⁴	fɔi²¹³	fɔi²²	nia³¹	fɔi³¹	kuai⁵³	kʰuai⁵³
87 洞头闽	tsə²¹	tsui²¹	hə³³白 hue³³文	hue¹¹³	gua²¹	hue²¹	kuai²¹	kʰuai²¹
88 景宁畲	tsoi⁵¹	soi⁴⁴	foi⁴⁴	foi²²	uoi⁵¹	foi⁵¹	kuɔi⁴⁴	kʰuei⁴⁴

方言点	0185 怀 蟹合二 平皆匣	0186 坏 蟹合二 去皆匣	0187 拐 蟹合二 上佳见	0188 挂 蟹合二 去佳见	0189 歪 蟹合二 平佳晓	0190 画 蟹合二 去佳匣	0191 快 蟹合二 去夬溪	0192 话 蟹合二 去夬匣
01 杭州	uɛ²¹³	uɛ¹³	kuɛ⁵³	kua⁴⁵	uɛ³³⁴	ua¹³	kʰuɛ⁴⁵	ua¹³
02 嘉兴	guE²⁴²	uA¹¹³	kuA⁵⁴⁴	kou²²⁴	huA⁴²	o¹¹³	kʰuA²²⁴	o¹¹³
03 嘉善	ga¹³²白 vɛ¹³²文	ua³³⁴	kuã³³⁴白 kua³³⁴文	ko³³⁴	xua⁵³	o¹¹³	kʰua³³⁴	o³³⁴动 o¹¹³名
04 平湖	ga³¹白 uɛ³¹文	ua³³⁴	kua⁴⁴	ko³³⁴	hua⁵³	o²¹³	kʰua²¹³	o³³⁴
05 海盐	gɑ³¹	uɑ³³⁴	kuɑ⁴²³	ko³³⁴	xuɑ⁵³	o²¹³	kʰuɑ³³⁴	o²¹³
06 海宁	ua¹³	ua³⁵	kua⁵³	ko³⁵	hua⁵⁵	o¹³	kʰua³⁵	o¹³
07 桐乡	ga¹³白 ua¹³文	ua³³⁴	kua⁵³	ko³³⁴	hua⁴⁴	o²¹³	kʰua³³⁴	o²¹³
08 崇德	gɑ¹³白 uɛ¹³文	uɑ³³⁴	kuɑ⁵³	ko³³⁴	huɑ⁴⁴	o¹³	kʰuɑ³³⁴	o¹³
09 湖州	uɛ¹¹²	ua³⁵	kua⁵²³	kuo³⁵	xua⁴⁴	uo³⁵	kʰua³⁵ kʰa³⁵~活	uo³⁵
10 德清	uɛ¹¹³	ua³³⁴	kua⁵²	kuo³³⁴	uɛ⁴⁴	ua³³⁴	kʰua³³⁴	uo³³⁴
11 武康	uɛ¹¹³	ua²²⁴	guɛ¹¹³声殊	kuo²²⁴	ua⁴⁴	uo²²⁴	kʰua²²⁴	uo²²⁴
12 安吉	ua²²	ua²¹³	kua⁵²	kʊ³²⁴	uã⁵⁵	ua²¹³名 ʊ²¹³动	kʰua³²⁴	ʊ²¹³
13 孝丰	ua²²	ua²¹³	kua⁵²	kʊ³²⁴	huã⁴⁴又 ue⁴⁴又	ua²¹³国~ ʊ²¹³~图	kʰua³²⁴	ua²¹³白 ʊ²¹³文
14 长兴	uE¹²	ua²⁴	kua⁵²	ku³²⁴	huã⁴⁴	u³²⁴	kʰua³²⁴	u³²⁴
15 余杭	uɛ²²	ua²¹³	kua⁵³	kuo⁴²³	ua⁴⁴	uo²¹³	kʰua⁴²³	uo²¹³
16 临安	uE³³	ua⁵⁵	kua⁵⁵	ko⁵⁵	ua⁵⁵	ua³³	kʰua⁵⁵	o³³
17 昌化	ua¹¹²	ua²⁴³	kua⁴⁵³	ku⁵⁴⁴	ua³³⁴	ua²⁴³	kʰua⁵⁴⁴	ua²⁴³
18 於潜	ua²²³	ua²⁴	kua⁵¹	kua³⁵	ua⁴³³	ua²⁴	kʰua³⁵	ua²⁴
19 萧山	ua³⁵⁵	ua²⁴²	kua³³	kuo⁴²	ua⁵³³	uo²⁴²	kʰua⁴²	uo²⁴²
20 富阳	ua¹³	ua³³⁵	kua⁴²³	kuo³³⁵	ua⁵³	uo³³⁵	kʰua³³⁵	uo³³⁵
21 新登	ua²³³	ua¹³	kua³³⁴	kua⁴⁵	ua⁵³	uɑ¹³	kʰua⁴⁵	ua¹³
22 桐庐	uA¹³	uA²⁴	kuA³³	kuA³⁵	uA⁵³³	uo²⁴	kʰuA³⁵	uo²⁴

方言点	0185 怀	0186 坏	0187 拐	0188 挂	0189 歪	0190 画	0191 快	0192 话
	蟹合二平皆匣	蟹合二去皆匣	蟹合二上佳见	蟹合二去佳见	蟹合二平佳晓	蟹合二去佳匣	蟹合二去夬溪	蟹合二去夬匣
23 分水	$uε^{22}$	$uε^{13}$	$kuε^{53}$	kua^{24}	$uε^{44}$	ua^{13}	$k^huε^{24}$	ua^{13}
24 绍兴	ua^{231}	ua^{22}	kua^{334}	kuo^{33}	ua^{53}	uo^{22}	k^hua^{33}	uo^{22}
25 上虞	gua^{213}白 ua^{213}文	ua^{53}	kua^{35}	kuo^{53}	ua^{35}	uo^{31}	k^hua^{53}	uo^{31}
26 嵊州	ua^{213}	ua^{24}	kua^{53}	kuo^{334}	ua^{534}	uo^{24}	k^hua^{334}	uo^{24}
27 新昌	ua^{22}	ua^{13}	kua^{453}	kuo^{335}	ua^{534}	uo^{13}	k^hua^{335}	uo^{13}
28 诸暨	uA^{13}	uA^{33}	kuA^{42}	ko^{544}	uA^{544}	o^{33}	k^huA^{544}	o^{33}
29 慈溪	ua^{13}	ua^{13}～人	kua^{35}	kuo^{44}	ua^{35}读字	uo^{13}	k^hua^{44}	uo^{13}
30 余姚	ua^{13}	ua^{13}	kua^{34}	kuo^{53}	ua^{44}	uo^{13}	k^hua^{53}	uo^{13}
31 宁波	$uε^{13}$	ua^{53}～人 ua^{13}～蛋	ka^{35}	ko^{44}	ua^{53}又 hua^{53}又	uo^{13}	k^hua^{44}	uo^{13}
32 镇海	$uε^{24}$	ua^{53}～人	kua^{35}	ko^{53}	ua^{53}	o^{24}	k^hua^{53}	o^{24}
33 奉化	$uε^{33}$	ua^{44}调殊	kua^{545}	kuo^{53}	hua^{44}	uo^{31}	k^hua^{53}	uo^{31}
34 宁海	ua^{213}	ua^{24}	kua^{53}	ko^{35}	ua^{423}～理	o^{24}	k^hua^{35}	o^{24}
35 象山	$uε^{31}$	ua^{44}	kua^{44}	kuo^{53}	$uε^{44}$读字	uo^{13}	k^hua^{53}	uo^{13}
36 普陀	$uε^{24}$	ua^{13}	kua^{45}	ko^{55}	xua^{53}	uo^{13}	k^hua^{55}	uo^{13}
37 定海	$uε^{23}$	ua^{13}	kua^{45}	ko^{44}	xua^{52}	uo^{13}	k^hua^{44}	uo^{13}
38 岱山	$uε^{23}$	ua^{213}	kua^{325}	ko^{44}	xua^{52}	uo^{213}	k^hua^{44}	uo^{213}
39 嵊泗	$uε^{243}$	ua^{213}	kua^{445}	ko^{53}	xua^{53}	uo^{213}	k^hua^{53}	uo^{213}
40 临海	ua^{21}	ua^{324}	kua^{52}	kua^{55}	$uε^{31}$	ua^{324}	kua^{55}	ua^{324}
41 椒江	ua^{31}	ua^{24}	kua^{42}	kua^{55}	ua^{42}	ua^{24}	k^hua^{55}	ua^{24}
42 黄岩	ua^{121}	ua^{24}	kua^{42}	kua^{55}	ua^{32}	ua^{24}	k^hua^{55}	ua^{24}
43 温岭	ua^{31}	ua^{13}	kua^{42}	kua^{55}	ua^{33}	ua^{13}	k^hua^{55}	o^{13}白 ua^{13}文
44 仙居	gua^{213}白 ua^{213}文	ua^{24}	kua^{324}	ko^{55}	ua^{334}	o^{24}	k^hua^{55}	o^{24}
45 天台	ua^{224}～抱	ua^{35}	kua^{325}	kuo^{55}	ua^{33}	uo^{35}	k^hua^{55}	uo^{35}

续表

方言点	0185 怀	0186 坏	0187 拐	0188 挂	0189 歪	0190 画	0191 快	0192 话
	蟹合二平皆匣	蟹合二去皆匣	蟹合二上佳见	蟹合二去佳见	蟹合二平佳晓	蟹合二去佳匣	蟹合二去夬溪	蟹合二去夬匣
46 三门	ua^{113}	ua^{243}	kua^{325}	ko^{55}	$u\varepsilon^{334}$	o^{243}	k^hua^{55}	o^{243}
47 玉环	ua^{31}	ua^{22}	kua^{53}	kua^{55}	ua^{42}	ua^{22}	k^hua^{55}	ua^{22}
48 金华	$gu\alpha^{313}$白 $u\varepsilon^{313}$文	$u\alpha^{14}$	$ku\varepsilon^{535}$	$ku\alpha^{55}$	$u\alpha^{334}$	$u\alpha^{14}$	$k^hu\alpha^{55}$	$u\alpha^{14}$
49 汤溪	$gu\alpha^{11}$	$u\alpha^{341}$	$ku\alpha^{535}$	$ku\alpha^{52}$	xua^{535}	$u\alpha^{341}$	$k^hu\alpha^{52}$	$u\gamma^{341}$
50 兰溪	$gu\alpha^{21}$	$u\alpha^{24}$	$ku\alpha^{55}$	$ku\alpha^{45}$	$u\alpha^{334}$	$u\alpha^{24}$	$k^hu\alpha^{45}$	$u\alpha^{24}$
51 浦江	$gu\alpha^{113}$白 $u\alpha^{113}$文	$u\alpha^{24}$	$ku\alpha^{53}$	$ku\alpha^{55}$	(无)	$u\alpha^{24}$	$k^hu\alpha^{55}$	$u\alpha^{24}$
52 义乌	uai^{213}	$u\varepsilon^{24}$	kua^{423}	kua^{45}	$u\varepsilon^{335}$	ua^{24}	k^hua^{45}	ua^{24}
53 东阳	ua^{213}	ua^{24}	kua^{453}	kua^{453}	$u\varepsilon^{334}$	ua^{24}	k^hua^{453}	ua^{24}
54 永康	uai^{22}	uai^{241}	$kuai^{334}$	$t\varepsilon ya^{52}$	uai^{55}	$u\alpha^{241}$	$t\varepsilon^h ya^{334}$	$u\alpha^{241}$
55 武义	ua^{324}	ua^{231}	kua^{445}	$ku\alpha^{53}$	(无)	$u\alpha^{231}$	$ts^hu\alpha^{53}$	$u\alpha^{231}$
56 磐安	ua^{213}	ua^{14}	kua^{334}	kua^{52}	$u\varepsilon^{445}$	ua^{14}	k^hua^{52}	ua^{14}
57 缙云	$u\alpha^{243}$	$u\alpha^{213}$	kua^{51}	$ku\alpha^{453}$	(无)	u^{213}	$k^hu\alpha^{453}$	u^{213}
58 衢州	$u\varepsilon^{21}$	$u\varepsilon^{231}$	$ku\varepsilon^{35}$	$ku\alpha^{53}$	$u\varepsilon^{32}$	$u\alpha^{231}$	$k^hu\varepsilon^{53}$	$u\alpha^{231}$
59 衢江	$u\varepsilon^{212}$	$u\alpha^{231}$	$ku\varepsilon^{25}$	kuo^{53}	ua^{33}	uo^{231}	k^hua^{53}	uo^{231}
60 龙游	$u\varepsilon^{21}$	$u\alpha^{231}$	$ku\varepsilon^{35}$	$ku\alpha^{51}$	$u\varepsilon^{334}$	u^{231}	$k^hu\alpha^{51}$	u^{231}
61 江山	ua^{213}	(无)	kua^{241}	$ku\mathrm{ɒ}^{51}$	θ^{44}白 ua^{44}文	$u\mathrm{ɒ}^{31}$	k^hua^{51}	$y\mathrm{ə}^{31}$白 $u\mathrm{ɒ}^{31}$文
62 常山	$gu\varepsilon^{341}$单用 $u\varepsilon^{341}$胸~	$u\varepsilon^{131}$	$ku\varepsilon^{52}$	$ku\alpha^{324}$	i^{44}又 $u\varepsilon^{44}$又	$u\alpha^{131}$	$k^hu\varepsilon^{324}$	$y\varepsilon^{131}$白 $u\alpha^{131}$文
63 开化	gua^{231}~里 xua^{213}~疑	xua^{213}	kua^{53}	$ku\alpha^{412}$	ua^{44}	$u\alpha^{213}$动 $xu\alpha^{213}$名	k^hua^{412}	$y\varepsilon^{213}$单用 xua^{213}电~
64 丽水	$u\mathrm{ɔ}^{22}$	$u\mathrm{ɔ}^{131}$	$ku\mathrm{ɔ}^{544}$	guo^{131}音殊	$u\mathrm{ɔ}^{224}$	uo^{131}	$k^hu\mathrm{ɔ}^{52}$	uo^{131}
65 青田	$gu\alpha^{21}$白 $u\alpha^{21}$文	$u\alpha^{22}$	$ku\alpha^{454}$	gu^{22}	$u\alpha^{445}$	u^{22}	$k^hu\alpha^{33}$	u^{22}
66 云和	ua^{312}	ua^{223}	kua^{41}	go^{223}音殊	ua^{24}	o^{223}	k^hua^{45}	o^{223}
67 松阳	ua^{31}	ua^{13}	kua^{212}	$ku\mathrm{ə}^{24}$	ua^{53}	$u\mathrm{ə}^{13}$	k^hua^{24}	u^{13}

续表

方言点	0185 怀 蟹合二 平皆匣	0186 坏 蟹合二 去皆匣	0187 拐 蟹合二 上佳见	0188 挂 蟹合二 去佳见	0189 歪 蟹合二 平佳晓	0190 画 蟹合二 去佳匣	0191 快 蟹合二 去夬溪	0192 话 蟹合二 去夬匣
68 宣平	ua⁴³³	ua²³¹	kua⁴⁴⁵	go²³¹音殊	xuɛ⁴⁴⁵	o²³¹	kʰua⁵²	o²³¹
69 遂昌	ua²²¹	ua²¹³	kua⁵³³	kɒ³³⁴	ua⁴⁵	uɒ²¹³	kʰua³³⁴	u²¹³
70 龙泉	uaŋ²¹韵殊	ua²²⁴	kua⁵¹	kuo⁴⁵	ua⁴³⁴	uo²²⁴	kʰua⁴⁵	uo²²⁴
71 景宁	uɔ⁴¹	uɔ¹¹³	kuɔ³³	go¹¹³音殊	uɔ³²⁴	o¹¹³	kʰuɔ³⁵	o¹¹³
72 庆元	uɑ⁵²	uɑ³¹破~	kuɑ³³	ko¹¹	uɑ³³⁵	o³¹	kʰuɑ¹¹	o³¹
73 泰顺	ua⁵³	ua²²	kua⁵⁵	kuɔ²²调殊	ua²¹³	uɔ²²	kʰua³⁵	uɔ²²
74 温州	ga³¹白 va³¹文	va²²	ka⁵¹调殊	ko⁵¹	va³³	o²²	kʰa⁵¹	o²²
75 永嘉	ga³¹白 va³¹文	va²²	ka⁵³调殊	ko⁵³	va⁴⁴	o²²	kʰa⁵³	o²²
76 乐清	gue³¹白 ve³¹文	ve²²	kue³⁵	kuɯʌ⁴¹	ue⁴⁴	vɯʌ²²	kʰue⁴¹	vɯʌ²²
77 瑞安	ga³¹白 va³¹文	va²²	ka³⁵	ku⁵³	va⁴⁴	u²²	kʰa⁵³	u²²
78 平阳	vʌ²⁴²	vʌ³³	kʌ⁴⁵	kuo⁵³	vʌ⁵⁵	uo³³	kʰʌ⁵³	uo³³
79 文成	uɔ¹¹³	uɔ⁴²⁴	kɔ⁴⁵	ko³³	uɔ⁵⁵	o⁴²⁴	kʰɔ³³	o⁴²⁴
80 苍南	ya³¹	ya¹¹	kia⁵³	ko⁴²	ya⁴⁴	uɔ¹¹	kʰia⁴²	uɔ¹¹
81 建德徽	uɑ³³	uɑ⁵⁵	kuɑ²¹³	ko³³	uɑ⁵³	o⁵⁵	kʰuɑ³³	o⁵⁵
82 寿昌徽	xuæ¹¹²文	uɑ³³	kuɑ²⁴	kuə³³	（无）	uə³³	kʰuɑ³³	u³³笑~ uɑ⁵⁵电~
83 淳安徽	uɑ⁴³⁵	uɑ⁵³	kuɑ⁵⁵	ko²⁴	uɑ²⁴	o⁵³	kʰuɑ²⁴	u⁵³
84 遂安徽	vɑ³³	vɑ⁵²	kuɑ²¹³	kuɑ⁴³	vɑ⁵³⁴	vɑ⁵²	kʰuɑ⁴³	vɑ⁵²
85 苍南闽	huai²⁴	huai²¹文	kuai⁴³	kua²¹	uai⁵⁵	ue²¹	kʰuai²¹	ue²¹
86 泰顺闽	fai²²	fai³¹	kuai³⁴⁴	kua⁵³	uai²¹³	ua³¹	kʰei⁵³	ua³¹
87 洞头闽	huai¹¹³	（无）	kuai²¹调殊	kua²¹	uai³³	ue²¹	kʰuai³³	ue²¹
88 景宁畲	uɔi⁴⁴	uɔi⁵¹	kuɔi³²⁵	kɔ⁴⁴	（无）	uɔ⁴⁴	xiai⁴⁴	uɔ⁵¹

方言点	0193 岁	0194 卫	0195 肺	0196 桂	0197 碑	0198 皮	0199 被 ~子	0200 紫
	蟹合三 去祭心	蟹合三 去祭云	蟹合三 去废敷	蟹合四 去齐见	止开三 平支帮	止开三 平支並	止开三 上支並	止开三 上支精
01 杭州	suei⁴⁵	uei¹³	fi⁴⁵	kuei⁴⁵	pei³³⁴	bi²¹³	bi¹³	tsɿ⁵³
02 嘉兴	suei²²⁴	uei¹¹³	fi²²⁴	kuei²²⁴	pei⁴²	bi²⁴²	bi¹¹³	tsɿ⁵⁴⁴
03 嘉善	sɛ³³⁴	vɛ¹¹³声殊	fi³³⁴	kuɛ³³⁴	pɛ⁵³	bi¹³²	bi¹¹³	tsɿ⁴⁴
04 平湖	sue³³⁴	ue²¹³	fi³³⁴	kue³³⁴	pe⁵³	bi³¹	bi²¹³	tsɿ⁴⁴
05 海盐	sue³³⁴	ue²¹³	fi³³⁴	kue³³⁴	pe⁵³	bi³¹	bi⁴²³	tsɿ⁴²³
06 海宁	sei³⁵	ue¹³	fi³⁵	kue³⁵	pei⁵⁵	bi¹³	bi²³¹	tsɿ⁵³
07 桐乡	si³³⁴	uei²¹³	fi³³⁴	kuei³³⁴	pi⁴⁴	bi¹³	bi²⁴²	tsɿ⁵³
08 崇德	si³³⁴老 sui³³⁴新	ui¹³	fi³³⁴	kui³³⁴	pi⁴⁴	bi¹³	bi²⁴²	tsɿ⁵³
09 湖州	sei³⁵	uei³⁵	fi³⁵	kuei³⁵	pei⁴⁴	bi¹¹²	bi²³¹	tsɿ⁵²³
10 德清	sɛ³³⁴	uɛ³³⁴	fi³³⁴	kuɛ³³⁴	pɛ⁴⁴	bi¹¹³	bi¹⁴³	tsɿ⁵²
11 武康	sɛ²²⁴	uɛ²²⁴	fi²²⁴	kuɛ²²⁴	pɛ⁴⁴	bi¹¹³	bi²⁴²	tsɿ⁵³
12 安吉	sɛ³²⁴	ue²¹³	fi³²⁴	kue³²⁴	pe⁵⁵	bi²²	bi²⁴³	tsɿ⁵²
13 孝丰	sɛ³²⁴	uɛ³²⁴	fi³²⁴	kue³²⁴	pe⁴⁴	bi²²	bi²⁴³	tsɿ⁵²
14 长兴	su³²⁴	uei³²⁴	fɿ³²⁴	kuei³²⁴	pei⁴⁴	bɿ¹²	bɿ²⁴³	tsɿ⁵²
15 余杭	sɛ⁴²³	ue²¹³	fi⁴²³	kuɛ⁴²³	pɛ⁴⁴	bi²²	bi²⁴³	tsɿ⁵³
16 临安	sE⁵⁵	uE³³	fi⁵⁵	kuE⁵⁵	pE⁵⁵	bi³³	bi³³	tsɿ⁵⁵
17 昌化	sei⁵⁴⁴	uei²⁴³	fei⁵⁴⁴	kuei⁵⁴⁴	pɛ³³⁴	bi¹¹²	bi²⁴³	tsɿ⁴⁵³
18 於潜	ɕy³⁵白 sue³⁵文	ue²⁴	fi³⁵	kue³⁵	pe⁴³³	bi²²³	bi²⁴	tsɿ⁵¹
19 萧山	se⁴²	ue²⁴²	fi⁴²	kue⁴²	pe⁵³³	bi³⁵⁵	bi¹³	tsɿ³³
20 富阳	sɛ³³⁵	uɛ³³⁵	fi³³⁵	kuɛ³³⁵	pɛ⁵³	bi¹³	bi²²⁴	tsɿ⁴²³
21 新登	se⁴⁵	ue¹³	fi⁴⁵	kue⁴⁵	pe⁵³	bi²³³	bi¹³	tsɿ³³⁴
22 桐庐	sE³⁵	uE²⁴	fi³⁵	kuE³⁵	pE⁵³³	bi¹³	bi²⁴	tsɿ³³
23 分水	sue²⁴	ue¹³	fi²⁴	kue²⁴	pe⁴⁴	bi²²	bi¹³	tsɿ⁵³
24 绍兴	sE³³	uE²²³	fi³³	kuE³³	pE⁵³	bi²³¹	bi²²³	tsɿ³³⁴
25 上虞	se⁵³	ue³¹	fi⁵³	kue⁵³	pe³⁵	bi²¹³	bi²¹³	tsɿ³⁵

方言点	0193 岁	0194 卫	0195 肺	0196 桂	0197 碑	0198 皮	0199 被~子	0200 紫
	蟹合三去祭心	蟹合三去祭云	蟹合三去废敷	蟹合四去齐见	止开三平支帮	止开三平支并	止开三上支并	止开三上支精
26 嵊州	sE³³⁴	ue²⁴	fi³³⁴	kuE³³⁴	pE⁵³⁴	bi²¹³	bi²²	tsɿ⁵³
27 新昌	sɿ³³⁵	ue¹³	fi³³⁵	kue³³⁵	pe⁵³⁴	bi²²	bi²³²	tsɿ⁴⁵³
28 诸暨	se⁵⁴⁴	ve³³	fʅ⁵⁴⁴	kue⁵⁴⁴	pe⁵⁴⁴	bʅ¹³	bʅ²⁴²	tsɿ⁴²
29 慈溪	se⁴⁴	ue¹³	fi⁴⁴	kue⁴⁴	pe³⁵~文	bi¹³	bi¹³	tsɿ³⁵
30 余姚	se⁵³	ue¹³	fi⁵³	kue⁵³	pe⁴⁴	bi¹³	bi¹³	tsɿ³⁴
31 宁波	sʮ⁴⁴几~/sɐi⁵³~月	uɐi¹³	fi⁴⁴	kuɐi⁴⁴	pɐi⁵³	bi¹³	bi¹³	tsɿ³⁵
32 镇海	sʮ⁵³	uei²⁴	fi⁵³	kuei⁵³	pei⁵³	bi²⁴	bi²⁴	tsɿ³⁵
33 奉化	sʮ⁵³	uei³³调殊	fi⁵³	kuei⁵³	pei⁴⁴	bi³³	bi³²⁴	tsɿ⁵⁴⁵
34 宁海	sʮ³⁵	ui²⁴又/uei²⁴又	fi³⁵	kuei³⁵	pei⁴²³	bi²¹³	bi³¹	tsɿ⁵³
35 象山	sʮ⁵³	uei³¹	fi⁵³	kuei⁵³	pei⁴⁴	bi³¹	bi³¹	tsɿ⁴⁴
36 普陀	sʮ⁵⁵	uæi¹³	fi⁵⁵	kuæi⁵⁵	pæi⁵⁵	bi²⁴	bi²³	tsɿ⁴⁵
37 定海	sʮ⁴⁴	uɐi²³	fi⁴⁴	kuɐi⁴⁴	pɐi⁵²	bi²³	bi²³	tsɿ⁴⁵
38 岱山	sʮ⁴⁴白/sɐi⁴⁴文	uɐi²³	fi⁴⁴	kuɐi⁴⁴	pɐi⁵²	bi²³	bi²⁴⁴	tsɿ⁵²调殊
39 嵊泗	sʮ⁵³白/sɐi⁵³文	uɐi²⁴³	fi⁵³	kuɐi⁵³	pɐi⁵³	bi²⁴³	bi³³⁴	tsɿ⁴⁴⁵
40 临海	ɕy⁵⁵	ue³²⁴	fi⁵⁵	ky³¹	pe³¹	bi²¹	bi²¹	tsɿ⁵²
41 椒江	sʮ⁵⁵	uə²⁴	fi⁵⁵	ky⁵⁵	pə⁴²	bi³¹	bi³¹	tsɿ⁴²
42 黄岩	sʮ⁵⁵	uø²⁴	fi⁵⁵	ky⁵⁵	pe³²	bi¹²¹	bi¹²¹	tsɿ⁴²
43 温岭	ɕy⁵⁵	y¹³	fi⁵⁵	ky⁵⁵	pe³³	bi³¹	bi³¹	tsɿ⁴²
44 仙居	ɕy⁵⁵	uæ²⁴	fi⁵⁵	cy⁵⁵白/kʰuæ⁵⁵文	ɦæ³³⁴	bi²¹³	bi²¹³	tsɿ³²⁴
45 天台	ɕy⁵⁵	uei³⁵	fi⁵⁵	ky⁵⁵	pei³³	bi²²⁴	bi²¹⁴	tsɿ³²⁵
46 三门	sʮ⁵⁵	ue²⁴³	fi⁵⁵	kue⁵⁵	pe³³⁴	bi¹¹³	bi²¹³	tsɿ³²⁵
47 玉环	ɕy⁵⁵	y²²	fi⁵⁵	ky⁵⁵	pe⁴²	bi³¹	bi⁴¹	tsɿ⁵³

续表

方言点	0193 岁	0194 卫	0195 肺	0196 桂	0197 碑	0198 皮	0199 被 ~子	0200 紫
	蟹合三 去祭心	蟹合三 去祭云	蟹合三 去废敷	蟹合四 去齐见	止开三 平支帮	止开三 平支并	止开三 上支并	止开三 上支精
48 金华	sɛ⁵⁵	ui¹⁴	fi⁵⁵	kui⁵⁵	pɛ³³⁴	bi³¹³	pi⁵³⁵	tsɿ⁵³⁵
49 汤溪	sie⁵²	uei³⁴¹	fi⁵²	kuei⁵²	pɛ²⁴	bi¹¹	bi¹¹³	tsɿ⁵³⁵
50 兰溪	sie⁴⁵	ui²⁴	fi⁴⁵	kui⁴⁵	pe³³⁴	bi²¹	pi⁵⁵	tsɿ⁵⁵
51 浦江	ʃi⁵⁵	ue²⁴³	fi⁵⁵	kue⁵⁵	pe⁵³⁴	bi¹¹³	bi²⁴³	tsɿ⁵³
52 义乌	si⁴⁵	uai²⁴	fi⁴⁵	kuai⁴⁵	pai³³⁵	bi²¹³	bi³¹²	tsɿ⁴²³
53 东阳	sɿ⁴⁵³	uei²⁴	fi⁴⁵³	kuei⁴⁵³	pei³³⁴	bi²¹³	bi²⁴	tsɿ⁴⁴
54 永康	ɕie⁵²	uəi²⁴¹	fie⁵²	kuəi⁵²	ɓəi⁵⁵	bi²²	bi¹¹³	tsɿ³³⁴
55 武义	ɕie⁵³	ui²³¹	fie⁵³	kui⁵³	pa²⁴	bi³²⁴	bi¹³	tsɿ⁴⁴⁵
56 磐安	ɕy⁵²	ue¹⁴	fi⁵²	kue⁵²	pe⁴⁴⁵	bi²¹³	pi³³⁴	tsɿ³³⁴
57 缙云	sɥ⁴⁵³	uei²¹³	fi⁴⁵³	tɕy⁴⁵³	pei⁴⁴	bi²⁴³	bi³¹	tsɿ⁵¹
58 衢州	se⁵³	ue²³¹	fi⁵³	kue⁵³	pe³²	bi²¹	bi²³¹	tsɿ³⁵
59 衢江	ɕie⁵³ 一~ sei⁵³ 万~	uei²³¹	fi⁵³	kuei⁵³	pei³³	bi²¹²	bi²¹²	tsɤ²⁵
60 龙游	suei⁵¹	uei²³¹	fi⁵¹	kuei⁵¹	pei³³⁴	bi²¹	bi²²⁴	tsɿ³⁵
61 江山	xuɛ⁵¹ 几~ ɕy⁵¹ 太~	uɛ²¹³ 调殊	fi⁵¹	kuɛ⁵¹	pɛ⁴⁴	bɛ²¹³	bɛ²²	tsə²⁴¹
62 常山	sue³²⁴	ue³⁴¹	fi³²⁴	kui⁴⁴	pi⁴⁴	bi³⁴¹	bi²⁴	tsɿ⁵²
63 开化	sɛ⁴¹²	uei²¹³	fɛ⁴¹²	kuei⁴¹²	pei⁴⁴	bi²³¹	bi²¹³	tsɿə⁵³
64 丽水	sɥ⁵²	uei¹³¹	fi⁵²	kuei⁵²	pei²²⁴	bi²²	bi²²	tsɿ⁵⁴⁴
65 青田	sɥ³³	vu²²	fi³³	kuæi³³	ɓæi⁴⁴⁵	bi²¹	bi³⁴³	tsɿ⁴⁵⁴
66 云和	sɥ⁴⁵	uei²²³	fi⁴⁵	tsɥ⁴⁵ 白 kuei⁴⁵ 文	pei²⁴	bi³¹²	bi²³¹	tsɿ⁴¹
67 松阳	ɕyɛ²⁴	uei¹³	pʰiɛ²⁴	kuei²⁴	pei⁵³	bi³¹	bi²²	tsɿə²¹²
68 宣平	ɕy⁵²	uei²³¹	fi⁵²	kuei⁵² ~花 kʰuei⁵² ~圆,声殊	pei³²⁴	bi⁴³³	bi²²³	tsɿ⁴⁴⁵
69 遂昌	ɕyɛ³³⁴	uei²¹³	fiɛ³³⁴	kuei³³⁴	pei⁴⁵	bi²²¹	bi¹³	tsɤ⁵³³

续表

方言点	0193 岁	0194 卫	0195 肺	0196 桂	0197 碑	0198 皮	0199 被 ~子	0200 紫
	蟹合三 去祭心	蟹合三 去祭云	蟹合三 去废敷	蟹合四 去齐见	止开三 平支帮	止开三 平支並	止开三 上支並	止开三 上支精
70 龙泉	çy⁴⁵	uəi²²⁴	fi⁴⁵	tçy⁴⁵旧 kuəi⁴⁵今	pE⁴³⁴	bi²¹	pi⁵¹	tsɿ⁵¹
71 景宁	çy³⁵	uai¹¹³	pʰi³⁵白 fi³⁵文	tçy³⁵白 kuai³⁵文	pai³²⁴	bi⁴¹	bi³³	tsɿ³³
72 庆元	çyE¹¹	ȵyE³¹声殊	fi¹¹	tçy¹¹	ɓæi³³⁵	pi⁵²	pi²²¹	tsɿ³³
73 泰顺	çy³⁵	y²²	fi³⁵	tçy³⁵	pæi²¹³	pi⁵³	pi²¹	tsɿ⁵⁵
74 温州	sɿ⁵¹	vu²²	fei⁵¹	tçy⁵¹	pai³³	bei³¹	bei¹⁴	tsɿ²⁵
75 永嘉	sʯ⁵³	u²²	fei⁵³	tsʯ⁵³	pai⁴⁴	bei³¹	bei¹³	tsɿ⁴⁵
76 乐清	sy⁴¹白 sai⁴¹文	y²²	fi⁴¹	kuai⁴¹	pai⁴⁴	bi³¹	bi²⁴	tsɿ³⁵
77 瑞安	səɯ⁵³	ʏ²²	fei⁵³	tçʏ⁵³	pai⁴⁴	bei³¹	bei¹³	tsɿ³⁵
78 平阳	su⁵³	vʉ³³	fi⁵³	tçy⁵³	pai⁵⁵	bi²⁴²	bi²³	tsɿ⁴⁵
79 文成	səy³³	vʉ⁴²⁴	fei³³	tçy³³	pai⁵⁵	bei¹¹³	bei²²⁴	tsɿ⁴⁵
80 苍南	çy⁴²	y¹¹	fi⁴²	tçy⁴²	pai⁴⁴	bi³¹	bi²⁴	tsɿ⁵³
81 建德徽	çi³³	ue²¹³	fi³³	kue³³	pe⁵³	pi³³	pi²¹³	tsɿ²¹³
82 寿昌徽	çi³³	uei³³	fi³³	kuei³³	piæ¹¹²	pʰi⁵²	pʰi⁵³⁴	tsɿ²⁴
83 淳安徽	çie²⁴	ve⁵³	fi²⁴	kue²⁴	pie²⁴	pʰi⁴³⁵	pʰi⁵⁵	tsa⁵⁵
84 遂安徽	çiɛ⁴³	vəɯ⁵²	fe⁴³	kuəɯ⁴³	pəɯ⁵³⁴	pʰi³³	pʰi⁴³	tsɿ²¹³
85 苍南闽	hə²¹	ui²¹	hui²¹	kui²¹	pue⁵⁵	pʰə²⁴	pʰə³²	tçi⁴³
86 泰顺闽	sɔi⁵³	uei³¹	xei⁵³	køi⁵³	pi²¹³	pʰɔi²²	pʰɔi³¹	tsei³⁴⁴
87 洞头闽	hə²¹白 sui²¹文	ui²¹	hui²¹	kui²¹	pue³³	pʰə¹¹³	pʰə²¹	tçi⁵³
88 景宁畲	çyoi⁴⁴	uei⁵¹	pʰi⁴⁴	kuei⁴⁴	poi⁴⁴	pʰi²²	pʰi⁴⁴	tsɿ³²⁵

方言点	0201 刺 止开三 去支清	0202 知 止开三 平支知	0203 池 止开三 平支澄	0204 纸 止开三 上支章	0205 儿 止开三 平支日	0206 寄 止开三 去支见	0207 骑 止开三 平支群	0208 蚁 止开三 上支疑
01 杭州	tsʰɿ⁴⁵	tsɿ³³⁴	dzɿ²¹³	tsɿ⁵³	əl²¹³	tɕi⁴⁵	dʑi²¹³	n̠i³³⁴调殊
02 嘉兴	tsʰɿ²²⁴	tsɿ⁴²	zɿ²⁴²	tsɿ⁵⁴⁴	ŋ²⁴²	tɕi²²⁴	dʑi²⁴²	n̠i¹¹³
03 嘉善	tsʰɿ³³⁴	tsɿ⁵³	zɿ¹³²	tsɿ⁴⁴	ŋ¹³²白 ɚ¹³²文	tɕi³³⁴	dʑi¹³²	n̠i¹¹³
04 平湖	tsʰɿ²¹³	tsɿ⁵³	zɿ³¹	tsɿ⁴⁴	ŋ³¹白 əl³¹文	ke³³⁴	dʑi³¹	n̠i²¹³
05 海盐	tsʰɿ³³⁴	tsɿ⁵³	zɿ³¹	tsɿ⁴²³	n³¹白 əl³¹文	ke³³⁴	dʑy³¹	niəʔ²³音殊
06 海宁	tsʰɿ³⁵	tsɿ⁵⁵	zɿ¹³	tsɿ⁵³	ŋ¹³白 əɯ¹³文	tɕi³⁵	dʑi¹³	n̠i¹³
07 桐乡	tsʰɿ³³⁴	tsɿ⁴⁴	zɿ¹³	tsɿ⁵³	ŋ¹³白 əl¹³文	ki³³⁴	dʑi¹³	（无）
08 崇德	tsʰɿ³³⁴	tsɿ⁴⁴	zɿ¹³	tsɿ⁵³	ŋ¹³白 əl¹³文	ki³³⁴～存 tɕi³³⁴～信	dʑi¹³	n̠i¹³
09 湖州	tsʰɿ³⁵	tsɿ⁴⁴	dzɿ¹¹²	tsɿ⁵²³	n³⁵	tɕi³⁵	dʑi¹¹²	mi³⁵
10 德清	tsʰɿ³³⁴	tsɿ⁴⁴	zɿ¹¹³	tsɿ⁵²	n¹¹³	tɕi³³⁴	dʑi¹¹³	n̠i⁴⁴
11 武康	tsʰɿ²²⁴	tsɿ⁴⁴	dzɿ¹¹³	tsɿ⁵³	n¹¹³白 ɚ¹¹³文	tɕi²²⁴	dʑi¹¹³	n̠i⁴⁴
12 安吉	tsʰɿ³²⁴	tsɿ⁵⁵	dzɿ²²	tsɿ⁵²	ŋ²²	tɕi³²⁴	dʑi²²	n̠i²¹³
13 孝丰	tsʰɿ³²⁴	tsɿ⁴⁴	dzɿ²²	tsɿ⁵²	ŋ²²白 əl²²文	tɕi³²⁴	dʑi²²	n̠i³²⁴
14 长兴	tsʰɿ³²⁴	tsɿ⁴⁴	dzɿ¹²	tsɿ⁵²	n¹²白 əl¹²文	tʃɿ³²⁴	dʒɿ¹²	ŋɿ³²⁴
15 余杭	tsʰɿ⁴²³	tsɿ⁵³	zɿ²²	tsɿ⁵³	n²²	tɕi⁴²³	dʑi²²	n̠i⁴⁴
16 临安	tsʰɿ⁵⁵	tsɿ⁵⁵	dzɿ³³	tsɿ⁵⁵	ŋ³³	tɕi⁵⁵	dʑi³³	n̠i³³
17 昌化	tsʰɿ⁵⁴⁴	tsɿ³³⁴	zɿ¹¹²	tsɿ⁴⁵³	ŋ¹¹²白 əl¹¹²文	tsɿ⁵⁴⁴	zɿ¹¹²	n̠i⁴⁵³
18 於潜	tsʰɿ³⁵	tsɿ⁴³³	dzɿ²²³	tsɿ⁵¹	ɚ²²³	tɕi³⁵	dʑi²²³	n̠i²⁴
19 萧山	tsʰɿ⁴²	tsɿ⁵³³	dzɿ³⁵⁵	tsɿ³³	ŋ³⁵⁵	tɕi⁴²	dʑi³⁵⁵	n̠i³³
20 富阳	tsʰɿ³³⁵	tsɿ⁵³	dzɿ¹³	tsɿ⁴²³	ŋ¹³	tɕi³³⁵	dʑi¹³	n̠i³³⁵

续表

方言点	0201 刺	0202 知	0203 池	0204 纸	0205 儿	0206 寄	0207 骑	0208 蚁
	止开三去支清	止开三平支知	止开三平支澄	止开三上支章	止开三平支日	止开三去支见	止开三平支群	止开三上支疑
21 新登	tsʰ ɿ⁴⁵	tsɿ⁵³	dzɿ²³³	tsɿ³³⁴	ŋ²³³ 白 əl²³³ 文	tɕi⁴⁵	dʑi²³³	i⁴⁵
22 桐庐	tsʰ ɿ³⁵	tsɿ⁵³³	dzɿ¹³	tsɿ³³	ŋ¹³	tɕi³⁵	dʑi¹³	i³³
23 分水	tsʰ ɿ²⁴	tsɿ⁴⁴	dzɿ²²	tsɿ⁵³	ɤ²²	tɕi²⁴	dʑi²²	i¹³
24 绍兴	tsʰ ɿ³³	tsɿ³³	dzɿ²³¹	tsɿ³³⁴	ȵi²³¹ 白 əl²³¹ 文	tɕi³³	dʑi²³¹	mi²³¹ 白~ ȵi²³¹ 又
25 上虞	tsʰ ɿ⁵³	tsɿ³⁵	dzɿ²¹³	tsɿ³⁵	ȵi²¹³ 白 əl²¹³ 文	tɕi⁵³	dʑi²¹³	ȵi²¹³
26 嵊州	tsʰ ɿ³³⁴	tsɿ⁵³⁴	dzɿ²¹³	tsɿ⁵³	ȵi²¹³ 白 əl²¹³ 文	tɕi³³⁴	dʑi²¹³	ȵi²¹³
27 新昌	tsʰ ɿ³³⁵	tsɿ⁵³⁴	dzɿ²²	tsɿ⁴⁵³	ŋ²² 白 əl²² 文	tɕi³³⁵	dʑi²²	ŋa²² 白 ȵi²² 文
28 诸暨	tsʰ ɿ⁵⁴⁴	tsɿ⁵⁴⁴	dzɿ¹³	tsɿ⁴²	əl¹³	tʃɿ⁵⁴⁴	dʒɿ¹³	ŋɿ³³ 调殊
29 慈溪	tsʰ ɿ⁴⁴	tsɿ⁴⁴ 读字	dzɿ¹³	tsɿ³⁵	ŋ¹³ 白 əl¹³ 文	tɕi⁴⁴	dʑi¹³	ȵi¹³
30 余姚	tsʰ ɿ⁵³	tsɿ⁴⁴	dzɿ¹³	tsɿ³⁴	ŋ¹³ 白 l¹³ 文	tɕi⁵³	dʑi¹³	ȵi¹³
31 宁波	tsʰ ɿ⁴⁴	tsʅ⁴⁴	dzi¹³	tsɿ³⁵	ŋ¹³ 白 əl¹³ 文	tɕi⁴⁴	dʑi¹³	ȵi¹³ 蚂~
32 镇海	tsʰ ɿ⁵³	tsʅ⁵³ 通~	dzi²⁴	tsɿ³⁵	ŋ²⁴ 白 əl²⁴ 文	tɕi⁵³	dʑi²⁴	ȵi²⁴
33 奉化	tsʰ ɿ⁵³	tsɿ⁴⁴	dzɿ³³	tsɿ⁵⁴⁵	ŋ³³ 白 əl³³ 文	tɕi⁵³	dʑi³³	ȵi³³ 调殊
34 宁海	tsʰ ɿ³⁵	tsʰʅ⁴²³	dzɿ²¹³	tsɿ⁵³	ŋ²¹³ 白 l²¹³ 文	tsɿ³⁵	dzɿ²¹³	ŋ³¹ 白~
35 象山	tsʰ ɿ⁵³	tsʅ⁴⁴	dzɿ³¹	tsɿ⁴⁴	ŋ³¹ 白 əl³¹ 文	tɕi⁵³	dʑi³¹	ȵi³¹
36 普陀	tsʰ ɿ⁵⁵	tsɿ⁵⁵ 调殊	dzɿ²⁴	tsɿ⁴⁵	ŋ²⁴	tɕi⁵⁵	dʑi²⁴	ȵi²³
37 定海	tsʰ ɿ⁴⁴	tsʅ⁵² 调殊	dzɿ²³	tsɿ⁴⁵	ŋ²³ 白 əl²³ 文	tɕi⁴⁴	dʑi²³	ȵi²³
38 岱山	tsʰ ɿ⁴⁴	tsʅ⁴⁴ 调殊	dzʮ²³	tsɿ³²⁵	ŋ²³ 白 əl²³ 文	tɕi⁴⁴	dʑi²³	ȵi²³

续表

方言点	0201 刺	0202 知	0203 池	0204 纸	0205 儿	0206 寄	0207 骑	0208 蚁
	止开三 去支清	止开三 平支知	止开三 平支澄	止开三 上支章	止开三 平支日	止开三 去支见	止开三 平支群	止开三 上支疑
39 嵊泗	tsʰɿ⁵³	tsʮ⁵³	dzɿ²⁴³	tsɿ⁴⁴⁵	ŋ²⁴³白 əl²⁴³文	tɕi⁵³	dʑi²⁴³	n̠i²⁴³
40 临海	tsʰɿ⁵⁵	tsɿ³¹	dzɿ²¹	tsɿ⁵²	n²¹	tɕi⁵⁵又 ki⁵⁵又	dʑi²¹又 gi²¹又	ni²¹
41 椒江	tsʰɿ⁵⁵	tsɿ⁴²	dzɿ³¹	tsɿ⁴²	n³¹	tɕi⁵⁵	dʑi³¹	n̠i³¹
42 黄岩	tsʰɿ⁵⁵	tsɿ³²	dzɿ¹²¹	tsɿ⁴²	n¹²¹	tɕi⁵⁵	dʑi¹²¹	ni¹²¹
43 温岭	tsʰɿ⁵⁵	tsɿ³³	dzɿ²⁴小	tsɿ⁴²	n³¹	tɕi⁵⁵	dʑi³¹	ni³¹
44 仙居	tsʰɿ⁵⁵	tsɿ³³⁴	dzɿ²¹³	tsɿ³²⁴	ŋ²¹³	tɕi⁵⁵	dʑi²¹³	ŋ³²⁴
45 天台	tsʰɿ⁵⁵	tsɿ³³	dzɿ²²⁴	tsɿ³²⁵	n²²⁴白 əl²²⁴文	ki⁵⁵	gi²²⁴	n̠i²¹⁴
46 三门	tsʰɿ⁵⁵	tsɿ³³⁴	dzɿ¹¹³	tsɿ³²⁵	ŋ¹¹³白 əl¹¹³文	tɕi⁵⁵	dʑi¹¹³	n̠i³²⁵
47 玉环	tsʰɿ⁵⁵	tsɿ⁴²	dzɿ³¹	tsɿ⁵³	ŋ³¹	tɕi⁵⁵	dʑi³¹	ni³¹
48 金华	tsʰɿ⁵⁵	tsɿ³³⁴	dzɿ³¹³	tsɿ⁵³⁵	ŋ³¹³	tɕi⁵⁵	dʑi³¹³	ua⁵³⁵
49 汤溪	tsʰɿ⁵²	tsɿ²⁴	dzɿ¹¹	tsɿ⁵³⁵	ŋ¹¹	tɕi⁵²	dʑi¹¹	ua¹¹³
50 兰溪	tsʰɿ⁴⁵	tsɿ³³⁴	dzɿ²¹	tsɿ⁵⁵	n²¹	tɕi⁴⁵	dʑi²¹	ua⁵⁵
51 浦江	tsɿ⁵⁵白 tsʰɿ⁵⁵文	tʃi⁵³⁴	dʒi¹¹³	tʃi⁵³	n¹¹³	tʃi⁵⁵	dʒi¹¹³	n²⁴³白~
52 义乌	tsʰi⁴⁵白 tsʰɿ⁴⁵文	tsi³³⁵白 tsɿ³³⁵文	dzi²¹³	tsi¹²³	n²¹³白 e²¹³文	tɕi⁴⁵	dʑi²¹³	ɔ³¹²白~
53 东阳	tsʰi⁴⁵³	tsi³³⁴	dzi²¹³	tsi⁴⁴	n²¹³	tɕi⁴⁵³	dʑi²¹³	（无）
54 永康	tɕʰie⁵²	tɕi⁵⁵	dzi²²	tɕi³³⁴	ŋ²²白 ly²²文	tɕi⁵²	dʑi²²	n̠ia¹¹³
55 武义	tɕʰi⁵³	tsɿ²⁴	dzi³²⁴	tɕi⁴⁴⁵	n³²⁴	tɕi⁵³	dʑi³²⁴	nia¹³
56 磐安	tɕʰi⁵²	tɕi⁴⁴⁵老 tsɿ⁴⁴⁵新	dzi²¹³	tɕi³³⁴	n²¹³	tɕi⁵²	dʑi²¹³	ŋɒn¹⁴小
57 缙云	tsʰɿ⁴⁵³	tsɿ⁴⁴	dzɿ²⁴³	tsɿ⁵¹	n̠i²⁴³	tɕi⁴⁵³	dʑi²⁴³	ŋɑ³¹
58 衢州	tsʰɿ⁵³	tʃy³²	dʒy²¹	tʃy³⁵	n̠i²¹白 əl²¹文	tsɿ⁵³	dzɿ²¹	i³²蚂~

方言点	0201 刺	0202 知	0203 池	0204 纸	0205 儿	0206 寄	0207 骑	0208 蚁
	止开三去支清	止开三平支知	止开三平支澄	止开三上支章	止开三平支日	止开三去支见	止开三平支群	止开三上支疑
59 衢江	tɕʰyø⁵³	tɕy³³	dʑyø²¹²	tɕyø²⁵	ŋ²¹²	tsɿ⁵³	dʑɿ²¹²	ŋa²¹²
60 龙游	tsʰɿ⁵¹	tsɿ³³⁴	dʑɿ²¹	tsɿ³⁵	ȵi²¹	tɕi⁵¹	dʑi²¹	ŋa²²⁴
61 江山	tɕʰiə⁵¹	tsə⁴⁴白 tɕi⁴⁴文	dʑi²¹³	tɕiə²⁴¹	ȵi²⁴¹白 ɵ²¹³文	kɛ⁵¹	gɵ²¹³	ŋa²²
62 常山	tsʰɿə³²⁴	tsiə⁴⁴~得 tsi⁴⁴~了 tsɿ⁴⁴~识	dʑɿ³⁴¹	tɕie⁵²	n̩⁵²白 ø⁵²文	ke³²⁴	gue³⁴¹	ŋe⁵²白~ ŋe²⁴苍~
63 开化	tsʰɿə⁴¹²	tsɿə⁴⁴~得 tɕy⁴⁴~了 tsɿ⁴⁴通~	dʑɿ²³¹	tɕie⁵³	ȵi⁵³白 əl²¹³文	kɛ⁴¹²	gua²³¹~马 dʑɿ²³¹~兵	ŋa²¹³
64 丽水	tsʰɿ⁵²	tsɿ²²⁴	dʑɿ²²	tsɿ⁵⁴⁴	ŋ²²⁴白 əl²²文	tsɿ⁵²	dʑɿ²²	ŋuɔ²²⁴音殊
65 青田	tsʰɿ³³	tsɿ⁴⁴⁵	dʑɿ²¹	tsɿ⁴⁵⁴	n̩²¹	tsɿ³³	dʑɿ²¹	ŋa⁴⁴⁵调殊
66 云和	tsʰɿ⁴⁵	tsɿ²⁴	dʑɿ³¹²	tsɿ⁴¹	ȵi²⁴调殊	tsɿ⁴⁵	dʑɿ³¹²	ŋɔ⁴¹韵殊
67 松阳	tsʰɿə²⁴	tsɿə⁵³	dʑɿ³¹	tsɿə²¹²	ȵiɛ³¹	tsɿ²⁴	dʑɿ³¹	ŋa²²
68 宣平	tsʰɿ⁵²	tsɿ³²⁴	dʑɿ⁴³³	tsɿ⁴⁴⁵	n̩³²⁴白 əɯ²²³文	tsɿ⁵²	dʑɿ⁴³³	ŋa²²³韵殊
69 遂昌	tɕʰiɛ³³⁴白 tsʰɿ³³⁴文	tsɿ⁴⁵~识	dʑɿ²²¹	tɕiɛ⁵³³	ȵiɛ²²¹	tsɿ³³⁴	dʑɿ²²¹	ŋa¹³
70 龙泉	tsʰɿ⁴⁵白 tsʰɿ⁴⁵文	tɕi⁴³⁴	dʑɿ²¹	tɕi⁵¹	ȵi²¹	tsɿ⁴⁵	dʑɿ²¹	ȵi²²⁴调殊
71 景宁	tɕʰi³⁵	tsɿ³²⁴	dʑɿ⁴¹	tɕi³³	ȵi³²⁴调殊	tɕi³⁵	dʑi⁴¹	ŋa³³韵殊
72 庆元	tɕʰiɛ¹¹	tɕiɛ³³⁵	tsɿ⁵²	tɕiɛ³³	ȵiɛ¹¹	tsɿ¹¹	tsɿ⁵²	ŋa²²¹
73 泰顺	tsʰɿ³⁵	tsɿ²¹³	tsɿ⁵³	tsɿ⁵⁵	ȵi²¹³	tsɿ³⁵	tsɿ⁵³	ŋã⁵⁵韵殊
74 温州	tsʰei⁵¹白 tsʰɿ⁵¹文	tsɿ³³	dzei³¹	tsei²⁵	ŋ³¹	tsɿ⁵¹	dzɿ³¹	ŋa¹⁴白 ȵi¹⁴文
75 永嘉	tsʰɿ⁵³	tsɿ⁴⁴	dzɿ³¹	tsɿ⁴⁵	ŋ³¹	tsɿ⁵³	dzɿ³¹	ŋa¹³白 ȵi¹³文
76 乐清	tɕʰi⁴¹白 tsʰɿ⁴¹文	tsɿ⁴⁴	dʑi³¹	tɕi³⁵	ŋ³¹	tɕi⁴¹	dʑi³¹	ŋɛ²⁴白 ȵi²⁴文

方言点	0201 刺 止开三 去支清	0202 知 止开三 平支知	0203 池 止开三 平支澄	0204 纸 止开三 上支章	0205 儿 止开三 平支日	0206 寄 止开三 去支见	0207 骑 止开三 平支群	0208 蚁 止开三 上支疑
77 瑞安	tsʰei⁵³白 tsʰʅ⁵³文	tsʅ⁴⁴	dzei³¹	tsei³⁵	ŋ³¹	tɕi⁵³	dzi³¹	ŋa¹³
78 平阳	tɕʰi⁵³白 tsʰʅ⁵³文	tsʅ⁵⁵	dʑi²⁴²	tɕi⁴⁵	ŋ²⁴²	tɕi⁵³	dʑi²⁴²	ŋA³³调殊
79 文成	tɕʰi³³	tsʅ⁵⁵	dʑi¹¹³	tɕi⁴⁵	n¹¹³	tɕi³³	dʑi¹¹³	n̠i²²⁴
80 苍南	tɕʰi⁴²白 tsʰʅ⁴²文	tsʅ⁴⁴	dʑi³¹	tɕi⁵³	ŋ³¹	tɕi⁴²	dʑi³¹	n̠ia⁴⁴调殊
81 建德徽	tsʰʅ³³	tsʅ³³	tsʅ³³	tsʅ²¹³	n³³	tɕi³³	tɕi³³	i²¹³
82 寿昌徽	tsʰʅ³³	tsʅ¹¹²	tsʰʅ⁵²	tsʅ²⁴	n⁵²	tɕi³³	tɕʰi⁵²	ŋɑ³³白~
83 淳安徽	tsʰa²⁴	tsa²⁴白 tsʅ²⁴文	tsʰʅ⁴³⁵	tsa⁵⁵	la⁴³⁵白 əl⁴³⁵文	tɕi²⁴	tɕʰi⁴³⁵	ɑ⁵⁵
84 遂安徽	tsʰʅ⁴³	tsʅ⁵³⁴	tsʰʅ³³	tsʅ²¹³	əɯ³³	tsʅ⁴³	tsʰʅ³³	i⁴³
85 苍南闽	tɕʰi²¹	ti⁵⁵ tsai⁵⁵	ti²⁴	tsua⁴³	（无）	kia²¹	kʰia²⁴	hia³²
86 泰顺闽	tsʰei⁵³	tsei²¹³	tei²²	tɕia³⁴⁴	ni²²	kia⁵³	ki²²	nia³¹
87 洞头闽	tɕʰi²¹	tsai³³ ti³³	ti¹¹³	tsua⁵³	dzi¹¹³	kia²¹	ki¹¹³	hia²¹
88 景宁畲	（无）	（无）	tsʰʅ²²	tɕi³²⁵	（无）	ki⁴⁴	kʰi²²	n̠i³²⁵

方言点	0209 义	0210 戏	0211 移	0212 比	0213 屁	0214 鼻	0215 眉	0216 地
	止开三 去支疑	止开三 去支晓	止开三 平支以	止开三 上脂帮	止开三 去脂滂	止开三 去脂並	止开三 平脂明	止开三 去脂定
01 杭州	$ȵi^{13}$	$ɕi^{45}$	i^{213}	pi^{53}	p^hi^{45}	$baʔ^2$ 白 $bieʔ^2$ 文	mi^{213}	di^{13}
02 嘉兴	$ȵi^{113}$	$ɕi^{224}$	i^{242}	pi^{544}	p^hi^{224}	$bieʔ^{13}$	mei^{242} 文 mi^{242} 白	di^{113}
03 嘉善	$ȵi^{113}$	$ɕi^{334}$	i^{132}	pi^{44}	p^hi^{334}	$bɘʔ^2$	mi^{132}	di^{113}
04 平湖	$ȵi^{213}$	$ɕi^{334}$	i^{31}	pi^{44}	p^hi^{213}	$biəʔ^{23}$	mi^{31}	di^{213}
05 海盐	$ȵi^{213}$	$ɕi^{334}$	i^{31}	pi^{423}	p^hi^{334}	$biəʔ^{23}$	mi^{31}	di^{213}
06 海宁	$ȵi^{35}$	$ɕi^{35}$	i^{13}	pi^{53}	p^hi^{35}	$bieʔ^2$	mi^{13}	di^{13}
07 桐乡	$ȵi^{213}$	$ɕi^{334}$	i^{13}	pi^{53}	p^hi^{334}	$biəʔ^{23}$	mi^{13}	di^{213}
08 崇德	$ȵi^{13}$	$ɕi^{334}$	i^{13}	pi^{53}	p^hi^{334}	$bəʔ^{23}$	mi^{13}	di^{13}
09 湖州	$ȵi^{35}$	$ɕi^{35}$	i^{112}	pi^{523}	p^hi^{35}	$bəʔ^2$	mi^{112}	di^{112}
10 德清	$ȵi^{44}$	$ɕi^{334}$	i^{113}	pi^{52}	p^hi^{334}	$bəʔ^2$	mi^{113}	di^{113}
11 武康	$ȵi^{224}$	$ɕi^{224}$	i^{113}	pi^{53}	p^hi^{224}	$bieʔ^2$	$mɛ^{113}$	di^{113}
12 安吉	$ȵi^{213}$	$ɕi^{324}$	i^{22}	pi^{52}	p^hi^{324}	$biɛʔ^{23}$	mi^{22}	di^{213}
13 孝丰	$ȵi^{324}$	$ɕi^{324}$	i^{22}	pi^{52}	p^hi^{324}	$bieʔ^{23}$	mi^{22}	di^{213}
14 长兴	$nʅ^{324}$	$ʃʅ^{324}$	$ʅ^{12}$	$pʅ^{52}$	$p^hʅ^{324}$	$biɛʔ^2$	$mʅ^{12}$	$dʅ^{24}$
15 余杭	$ȵi^{213}$	$ɕi^{423}$	i^{22}	pi^{53}	p^hi^{44}	$bəʔ^2$	mi^{22}	di^{213}
16 临安	$ȵi^{33}$	$ɕi^{55}$	i^{33}	pi^{55}	p^hi^{55}	$bəʔ^{12}$	mi^{33}	di^{33}
17 昌化	$ȵi^{243}$	$sʅ^{544}$	i^{112}	pi^{453}	p^hi^{544}	$bieʔ^{23}$	mi^{112}	di^{243}
18 於潜	$ȵi^{24}$	$ɕi^{35}$	i^{223}	pi^{51}	p^hi^{35}	$biæʔ^{23}$	mi^{223}	di^{24}
19 萧山	$ȵi^{242}$	$ɕi^{42}$	i^{355}	pi^{33}	p^hi^{42}	$bieʔ^{13}$	mi^{355}	di^{242}
20 富阳	$ȵi^{335}$	$ɕi^{335}$	i^{13}	pi^{423}	p^hi^{335}	$bɛʔ^2$	mi^{13}	di^{224}
21 新登	$ȵi^{13}$	$ɕi^{45}$	i^{233}	pi^{334}	p^hi^{45}	$bəʔ^2$	mi^{233}	di^{13}
22 桐庐	i^{24}	$ɕi^{35}$	i^{13}	pi^{33}	p^hi^{35}	$biəʔ^{13}$	mi^{13}	di^{24}
23 分水	i^{13}	$ɕi^{24}$	i^{22}	pi^{53}	p^hi^{24}	$biəʔ^{12}$	mi^{22}	di^{13}
24 绍兴	$ȵi^{22}$	$ɕi^{33}$	i^{231}	pi^{334}	p^hi^{33}	$bieʔ^2$	mi^{231}	di^{22}
25 上虞	$ȵi^{31}$	$ɕi^{53}$	i^{213}	pi^{35}	p^hi^{53}	$biəʔ^2$	mi^{213}	di^{31}

方言点	0209 义 止开三 去支疑	0210 戏 止开三 去支晓	0211 移 止开三 平支以	0212 比 止开三 上脂帮	0213 屁 止开三 去脂滂	0214 鼻 止开三 去脂並	0215 眉 止开三 平脂明	0216 地 止开三 去脂定
26 嵊州	ȵi²⁴	ɕi³³⁴	i²¹³	pi⁵³	pʰi³³⁴	bɛʔ²	mi²¹³	di²⁴
27 新昌	ȵi¹³	ɕi³³⁵	i²²	pi⁴⁵³	pʰi³³⁵	beʔ²	mi²²	di¹³
28 诸暨	ȵɿ³³	ʃʅ⁵⁴⁴	ʒʅ¹³	pʅ⁴²	pʰʅ⁵⁴⁴	bieʔ¹³	mʅ¹³	dʅ³³
29 慈溪	ȵi¹³	ɕi⁴⁴	i¹³	pi³⁵	pʰi⁴⁴	biəʔ²	me¹³	di¹³
30 余姚	ȵi¹³	ɕi⁵³	i¹³	pi³⁴	pʰi⁵³	biəʔ²	me¹³	di¹³
31 宁波	ȵi¹³	ɕi⁵³	i¹³	pi³⁵	pʰi⁴⁴	baʔ²白 biəʔ²文	mi¹³白 mɐi¹³文	di¹³
32 镇海	ȵi²⁴	ɕi⁵³	i²⁴	pi³⁵	pʰi⁵³	baʔ¹²白 bieʔ¹²文	mi²⁴	di²⁴
33 奉化	ȵi³¹	ɕi⁵³	i³³	pi⁵⁴⁵	pʰi⁵³	biɪʔ²又 baʔ²又	mi³³	di³¹
34 宁海	ȵi²⁴	sʅ³⁵	i²¹³	pi⁵³	pʰi³⁵	biəʔ³	mi²¹³	di²⁴
35 象山	ȵi³¹	ɕi⁵³	i³¹	pi⁴⁴	pʰi⁵³	boʔ²白 bieʔ²文	mi³¹	di¹³
36 普陀	ȵi¹³	ɕi⁵⁵	i²⁴	pi⁴⁵	pʰi⁵⁵	bɐʔ²³	mi²⁴	di¹³
37 定海	ȵi¹³	ɕi⁴⁴	i²³	pi⁴⁵	pʰi⁴⁴	bɐʔ²³又 bieʔ²又	mi²³	di¹³
38 岱山	ȵi²¹³	ɕi⁴⁴	i²³	pi³²⁵	pʰi⁴⁴	bɐʔ²³又 bieʔ²又	mi²³	di²¹³
39 嵊泗	ȵi²¹³	ɕi⁵³	i²⁴³	pi⁴⁴⁵	pʰi⁵³	bɐʔ²又 biɛʔ²又	mi²⁴³	di²¹³
40 临海	ni³²⁴	ɕi⁵⁵	i²¹	pi⁵²	pʰi⁵⁵	biə³¹	mi²¹	di³²⁴
41 椒江	ȵi²⁴	ɕi⁵⁵	i³¹	pi⁴²	pʰi⁵⁵	bəʔ²	mi³¹	di²⁴
42 黄岩	ni²⁴	ɕi⁵⁵	i¹²¹	pi⁴²	pʰi⁵⁵	boʔ²	mi¹²¹	di²⁴
43 温岭	ȵi¹³	ɕi⁵⁵	i³¹	pi⁴²	pʰi⁵⁵	bəʔ²	mi³¹	di¹³
44 仙居	ȵi²⁴	ɕi⁵⁵	i²¹³	ɓi³²⁴	pʰi⁵⁵	biəʔ²³	mi²¹³	di²⁴
45 天台	ȵi³⁵	hi⁵⁵	i²²⁴	pi³²⁵	pʰi⁵⁵	biəʔ²~头 bi³⁵地名	mi²²⁴	di³⁵
46 三门	ȵi²⁴³	ɕi⁵⁵	i¹¹³	pi³²⁵	pʰi⁵⁵	bieʔ²³	mi¹¹³	di²⁴³

方言点	0209 义 止开三 去支疑	0210 戏 止开三 去支晓	0211 移 止开三 平支以	0212 比 止开三 上脂帮	0213 屁 止开三 去脂滂	0214 鼻 止开三 去脂并	0215 眉 止开三 平脂明	0216 地 止开三 去脂定
47 玉环	ȵi²²	ɕi⁵⁵	i³¹	pi⁵³	pʰi⁵⁵	bɐʔ²	mi³¹	di²²
48 金华	ȵi¹⁴	ɕi⁵⁵	i³¹³	pi⁵³⁵	pʰi⁵⁵	biə̆ʔ²¹²	mi³¹³	di¹⁴
49 汤溪	ȵi³⁴¹	ɕi⁵²	i¹¹	pi⁵³⁵	pʰi⁵²	bei¹¹³	mi¹¹	di³⁴¹
50 兰溪	ni²⁴	ɕi⁴⁵	i²¹	pi⁵⁵	pʰi⁴⁵	bieʔ¹²	mi²¹	di²⁴
51 浦江	ȵi²⁴	ʃi⁵⁵	i¹¹³	pi⁵³	pʰi⁵⁵	biə²³²	mi¹¹³	di²⁴
52 义乌	ȵi³¹²	ɕi⁴⁵	i²¹³	pi⁴²³	pʰi⁴⁵	bə³¹²	mi²¹³	di²⁴
53 东阳	ȵi²⁴	ɕi⁴⁵³	i²¹³	pi⁴⁴	pʰi⁴⁵³	biɛ²⁴	mi²¹³	di²⁴
54 永康	ȵi²⁴¹	ɕi⁵²	i²²	ɓi³³⁴	pʰi⁵²	bə¹¹³	mi²²	di²⁴¹
55 武义	ȵi²³¹	ɕi⁵³	i³²⁴	pi⁴⁴⁵	pʰi⁵³	bə²¹³	mi³²⁴	di²³¹
56 磐安	ȵi¹⁴	ɕi⁵²	i²¹³	pi³³⁴	pʰi⁵²	biɛ²¹³	mi²¹³	di¹⁴
57 缙云	ȵi²¹³	ɕi⁴⁵³	i²⁴³	pi⁵¹	pʰi⁴⁵³	bəɤ¹³白 biei¹³文	mi²⁴³	di²¹³
58 衢州	ȵi²³¹	sɿ⁵³	i²¹	pi³⁵	pʰi⁵³	bə̆ʔ¹²白 biə̆ʔ¹²文	mi²¹	di²³¹
59 衢江	ȵi²³¹	sɿ⁵³	i²¹²	pi²⁵	pʰi⁵³	bəʔ²又 biəʔ²又	mi²¹²	die²³¹
60 龙游	ȵi²³¹	ɕi⁵¹	i²¹	pi³⁵	pʰi⁵¹	biə̆ʔ²³	mi²¹	diɑ²³¹白 di²³¹文
61 江山	ȵi³¹	xi⁵¹	i²¹³	pi²⁴¹	pʰi⁵¹	boʔ²	mɵ²¹³	diə³¹白 di³¹文
62 常山	ȵi¹³¹白 i⁵²文	ɕi³²⁴	i³⁴¹	pi⁵²	fɛ³²⁴放~ pʰi⁵²~话	bʌʔ³⁴	mi²⁴	die¹³¹
63 开化	ȵi²¹³	xuei⁴¹²白 ɕi⁴¹²文	i²³¹	pi⁵³	pʰi⁴¹²	biɛ¹³~头 bi²¹³~涕	min²³¹ 韵殊	diɛ²¹³
64 丽水	ȵi¹³¹	sɿ⁵²	i²²	pi⁵⁴⁴	pʰi⁵²	bɛ̆ʔ²³	mi²²	di¹³¹
65 青田	n²²	sɿ³³	i²¹	ɓi⁴⁵⁴	pʰi³³	băʔ³¹	mi²¹~毛	di²²
66 云和	ȵi²²³	sɿ⁴⁵	i³¹²	pi⁴¹	pʰi⁴⁵	bəɯ̆ʔ²³	mi³¹²	di²²³
67 松阳	n¹³	sɿ²⁴	iɛ³¹	pi²¹²	pʰi²⁴	bɤʔ²	mi³¹	di¹³

续表

方言点	0209 义 止开三 去支疑	0210 戏 止开三 去支晓	0211 移 止开三 平支以	0212 比 止开三 上脂帮	0213 屁 止开三 去脂滂	0214 鼻 止开三 去脂並	0215 眉 止开三 平脂明	0216 地 止开三 去脂定
68 宣平	$ȵi^{231}$	$sʅ^{52}$	i^{433}	pi^{445}	p^hi^{52}	$bəʔ^{23}$	mi^{433}	di^{231}
69 遂昌	$ȵi^{213}$	$sʅ^{334}$	$iɛ^{221}$	pi^{533}	p^hi^{334}	$biʔ^{23}$	mi^{221}	di^{213}
70 龙泉	$ȵi^{224}$	$sʅ^{45}$	i^{21}	pi^{51}	p^hi^{45}	$bieiʔ^{24}$	mi^{21}	di^{224}
71 景宁	$ȵi^{113}$	$ɕi^{35}$	i^{41}	pi^{33}	p^hi^{35}	$baʔ^{23}$	mi^{41}	di^{113}
72 庆元	$ȵ\widetilde{i}^{31}$	$sʅ^{11}$	$iɛ^{52}$	$ɓi^{33}$	p^hi^{11}	$pɤʔ^{34}$	$m\widetilde{i}^{52}$	ti^{31}
73 泰顺	$ȵi^{22}$	$sʅ^{35}$	i^{53}	pi^{55}	p^hi^{35}	$piʔ^{2}$	mi^{213}	ti^{22}
74 温州	$ȵi^{22}$	$sʅ^{51}$	i^{31}	pei^{25}	p^hei^{51}	bei^{212}	mei^{31}	dei^{22}
75 永嘉	$ȵi^{22}$	$sʅ^{53}$	$zʅ^{31}$	pi^{45}	p^hei^{53}	bei^{213}	mei^{31}	dei^{22}
76 乐清	$ȵi^{22}$	$ɕi^{41}$	i^{31}	pi^{35}	p^hi^{41}	bi^{212}	mi^{31}	di^{22}
77 瑞安	$ȵi^{22}$	$ɕi^{53}$	i^{31}	pei^{35}	p^hei^{53}	bei^{212}	mei^{31}	dei^{22}
78 平阳	$ȵi^{33}$	si^{53}	i^{242}	pi^{45}	p^hi^{53}	bi^{12}	mi^{242}	di^{33}
79 文成	$ȵi^{424}$	sei^{33}	i^{113}	pei^{45}	p^hei^{33}	be^{212}	mei^{113}	dei^{424}
80 苍南	$ȵi^{11}$	$ɕi^{42}$	i^{31}	pi^{53}	p^hi^{42}	bi^{112}	$miɛ^{31}$	di^{11}
81 建德_徽	$ȵi^{55}$	$ɕi^{33}$	i^{33}	pi^{213}	p^hi^{33}	$piɐʔ^{12}$	mi^{33}	t^hi^{55}
82 寿昌_徽	$ȵi^{24}$主~	$ɕi^{33}$	i^{52}	pi^{24}	p^hi^{33}	$p^hiəʔ^{31}$	mi^{112}文	t^hi^{33}
83 淳安_徽	i^{53}	$ɕi^{24}$	i^{435}	pi^{55}	p^hi^{24}	$p^hiəʔ^{13}$	min^{435}韵殊	t^hi^{53}
84 遂安_徽	i^{52}	$sʅ^{43}$	i^{33}	pi^{213}	p^hi^{43}	p^hi^{213}	mi^{33}	t^hi^{52}
85 苍南_闽	gi^{21}	hi^{21}	i^{24}	pi^{43}	p^hui^{21}	p^hi^{21}	$m\widetilde{i}^{24}$	tue^{21}
86 泰顺_闽	ni^{31}	xei^{53}	ei^{22}	pi^{344}	p^hi^{53}	p^hi^{53}	mi^{22}	ti^{31}
87 洞头_闽	gi^{21}	hi^{21}	i^{113}	pi^{53}	p^hui^{21}	p^hi^{21}	bai^{113}	tue^{21}
88 景宁_畲	$ȵi^{51}$	xie^{44}	ie^{22}	pi^{325}	p^hi^{44}调殊	p^hi^{51}	mi^{22}	t^hi^{51}

方言点	0217 梨 止开三 平脂来	0218 资 止开三 平脂精	0219 死 止开三 上脂心	0220 四 止开三 去脂心	0221 迟 止开三 平脂澄	0222 师 止开三 平脂生	0223 指 止开三 上脂章	0224 二 止开三 去脂日
01 杭州	li^{213}	tsʅ^{334}	sʅ^{53}	sʅ^{45}	dzʅ^{213}	sʅ^{334}	tsʅ^{53}	əl^{13}
02 嘉兴	li^{242}	tsʅ^{42}	ɕi^{544}	sʅ^{224}	zʅ^{242}	sʅ^{42}	tsʅ^{544}	ȵi^{113}
03 嘉善	li^{132}	tsʅ^{53}	ɕi^{44}	sʅ^{334}	zʅ^{132}	sʅ^{53}	tsʅ^{44}	ȵi^{113}
04 平湖	li^{31}	tsʅ^{53}	si^{44}	sʅ^{334}	zʅ^{31}	sʅ^{53}	tsʅ^{44}	ȵi^{213}白 əl^{44}文
05 海盐	li^{31}	tsʅ^{53}	ɕi^{423}	sʅ^{334}	zʅ^{31}	sʅ^{53}	tsʅ^{423}	ȵi^{213}
06 海宁	li^{13}	tsʅ^{55}	ɕi^{53}	sʅ^{35}	zʅ^{13}	sʅ^{55}	tsʅ^{53}	ȵi^{13}白 əɯ^{13}文
07 桐乡	li^{13}	tsʅ^{44}	si^{53}	sʅ^{334}	zʅ^{13}	sʅ^{44}	tsʅ^{53}	ȵi^{213}
08 崇德	li^{13}	tsʅ^{44}	ɕi^{53}	sʅ^{334}	zʅ^{13}	sʅ^{44}	tsʅ^{53}	ȵi^{13}
09 湖州	li^{112}	tsʅ^{44}	sʅ^{523}	sʅ^{35}	dzʅ^{112}	sʅ^{44}	tsʅ^{523}	ȵi^{35}
10 德清	li^{113}	tsʅ^{44}	ɕi^{52}	sʅ^{334}	zʅ^{113}	sʅ^{44}	tsʅ^{52}	n^{334}
11 武康	li^{113}	tsʅ^{44}	sʅ^{53}	sʅ^{224}	dzʅ^{113}	sʅ^{44}	tsʅ^{53}	liã^{242}
12 安吉	li^{22}	tsʅ^{55}	sʅ^{52}	sʅ^{324}	dzʅ^{22}	sʅ^{55}	tsʅ^{52}	ȵi^{213}白 əl^{213}文
13 孝丰	li^{22}	tsʅ^{44}	sʅ^{52}	sʅ^{324}	dzʅ^{22}	sʅ^{44}	tsʅ^{52}	ȵi^{324}白 əl^{324}文
14 长兴	lʅ^{12}	tsʅ^{44}	sʅ^{52}	sʅ^{324}	dzʅ^{12}	sʅ^{44}	tsʅ^{52}	n^{324}
15 余杭	li^{22}	tsʅ^{44}	sʅ^{53}	sʅ^{423}	zʅ^{22}	sʅ^{44}	tsʅ^{53}	ȵi^{213}
16 临安	li^{33}	tsʅ^{55}	sʅ^{55}	sʅ^{55}	dzʅ^{33}	sʅ^{55}	tsʅ^{55}	ȵi^{33}
17 昌化	li^{112}	tsʅ^{334}	sʅ^{453}	sʅ^{544}	zʅ^{112}	sʅ^{334}	tsʅ^{453}	əl^{243}
18 於潜	li^{223}	tsʅ^{433}	sʅ^{51}	sʅ^{35}	dzʅ^{223}	sʅ^{433}	tsʅ^{51}	ɚ^{24}
19 萧山	li^{355}	tsʅ^{533}	ɕi^{33}	sʅ^{42}	dzʅ^{355}	sʅ^{533}	tsʅ^{33}	ȵi^{242}
20 富阳	li^{13}	tsʅ^{53}	sʅ^{423}	sʅ^{335}	dzʅ^{13}	sʅ^{53}	tsʅ^{423}	ȵi^{335}
21 新登	li^{233}	tsʅ^{53}	sʅ^{334}	sʅ^{45}	dzʅ^{233}	sʅ^{53}	tsʅ^{334}	ȵi^{13}
22 桐庐	li^{13}	tsʅ^{533}	ɕi^{33}	sʅ^{35}	dzʅ^{13}	sʅ^{533}	tsʅ^{33}	ni^{24}老~
23 分水	li^{22}	tsʅ^{44}	sʅ^{53}	sʅ^{24}	dzʅ^{22}	sʅ^{44}	tsʅ^{53}	ɣ^{13}
24 绍兴	li^{231}	tsʅ^{53}	ɕi^{334}	sʅ^{33}	dzʅ^{231}	sʅ^{53}	tsʅ^{334}	ȵi^{22}

方言点	0217 梨	0218 资	0219 死	0220 四	0221 迟	0222 师	0223 指	0224 二
	止开三平脂来	止开三平脂精	止开三上脂心	止开三去脂心	止开三平脂澄	止开三平脂生	止开三上脂章	止开三去脂日
25 上虞	li^{213}	$ts\gamma^{35}$	$\textctc i^{35}$	$s\gamma^{53}$	$dz\gamma^{213}$	$s\gamma^{35}$	$ts\gamma^{35}$	$ȵi^{31}$
26 嵊州	li^{213}	$ts\gamma^{534}$	$ɕi^{53}$	$s\gamma^{334}$	$dz\gamma^{213}$	$s\gamma^{534}$	$ts\gamma^{334}$	$ȵi^{24}$
27 新昌	li^{22}	$ts\gamma^{534}$	$s\gamma^{453}$	$s\gamma^{335}$	$dz\gamma^{22}$	$s\gamma^{534}$	$ts\gamma^{453}$	$ȵi^{13}$
28 诸暨	$l\gamma^{13}$	$ts\gamma^{544}$	$s\gamma^{42}$	$s\gamma^{544}$	$dz\gamma^{13}$	$s\gamma^{544}$	$ts\gamma^{42}$	$ȵ\gamma^{33}$
29 慈溪	li^{13}	$ts\gamma^{35}$	$ɕi^{35}$	$s\gamma^{44}$	$dz\gamma^{13}$	$s\gamma^{35}$	$ts\gamma^{35}$	$ȵi^{13}$
30 余姚	li^{13}	$ts\gamma^{44}$	$ɕi^{34}$	$s\gamma^{53}$	$dz\gamma^{13}$	$s\gamma^{44}$老~ so^{44}又	$ts\gamma^{34}$	$ȵi^{13}$
31 宁波	li^{13}	$ts\gamma^{53}$	$ɕi^{35}$	$s\gamma^{44}$	$dʑi^{13}$	$s\gamma^{53}$	$ts\gamma^{35}$	$ȵi^{13}$
32 镇海	li^{24}	$ts\gamma^{53}$	$ɕi^{35}$	$s\gamma^{53}$	$dʑi^{24}$白 $dz\gamma^{24}$文	$s\gamma^{53}$	$ts\gamma^{35}$	$ȵi^{24}$
33 奉化	li^{33}	$ts\gamma^{44}$	$s\gamma^{545}$	$s\gamma^{53}$	$dz\gamma^{33}$	$s\gamma^{44}$	$ts\gamma^{545}$	$ȵi^{31}$
34 宁海	li^{213}	$ts\gamma^{423}$	$s\gamma^{53}$	$s\gamma^{35}$	$dz\gamma^{213}$	$s\gamma^{423}$	$ts\gamma^{53}$	$ȵi^{24}$
35 象山	li^{31}	$ts\gamma^{44}$	$s\gamma^{44}$	$s\gamma^{53}$	$dz\gamma^{31}$	$s\gamma^{44}$	$ts\gamma^{44}$	$ȵi^{13}$
36 普陀	li^{24}	$ts\gamma^{53}$	$ɕi^{45}$	$s\gamma^{55}$	$dz\gamma^{24}$	$s\gamma^{53}$	$ts\gamma^{45}$	$ȵi^{13}$
37 定海	li^{23}	$ts\gamma^{52}$	$ɕi^{45}$	$s\gamma^{44}$	$dʑi^{23}$白 $dz\gamma^{23}$文	$s\gamma^{52}$	$ts\gamma^{45}$	$ȵi^{13}$
38 岱山	li^{23}	$ts\gamma^{52}$	$ɕi^{325}$	$s\gamma^{44}$	$dz\gamma^{23}$	$s\gamma^{52}$	$ts\gamma^{52}$	$ȵi^{213}$
39 嵊泗	li^{243}	$ts\gamma^{53}$	$ɕi^{445}$	$s\gamma^{53}$	$dz\gamma^{243}$	$s\gamma^{53}$	$ts\gamma^{445}$	$ȵi^{213}$
40 临海	li^{21}	$ts\gamma^{31}$	$s\gamma^{52}$	$s\gamma^{55}$	$dz\gamma^{21}$	$s\gamma^{31}$	$ts\gamma^{52}$	ni^{324}
41 椒江	li^{24}小	$ts\gamma^{42}$	$s\gamma^{42}$	$s\gamma^{55}$	$dz\gamma^{31}$	$s\gamma^{42}$	$ts\gamma^{42}$	$n̩^{24}$又 $ȵi^{24}$又
42 黄岩	li^{24}小	$ts\gamma^{32}$	$s\gamma^{42}$	$s\gamma^{55}$	$dz\gamma^{121}$	$s\gamma^{32}$	$ts\gamma^{42}$	$n̩^{24}$
43 温岭	li^{24}小	$ts\gamma^{33}$	$s\gamma^{42}$	$s\gamma^{55}$	$dz\gamma^{31}$	$s\gamma^{33}$	$ts\gamma^{42}$	$n̩^{13}$
44 仙居	li^{213}	$ts\gamma^{334}$	$s\gamma^{324}$	$s\gamma^{55}$	$dz\gamma^{213}$	$s\gamma^{334}$	$ts\gamma^{324}$	$ŋ^{24}$白 $ȵi^{24}$文
45 天台	li^{51}小	$ts\gamma^{33}$	$s\gamma^{325}$	$s\gamma^{55}$	$dz\gamma^{224}$	$s\gamma^{33}$	$ts\gamma^{325}$~点 $tɕiəʔ^{5}$手~	$ȵi^{35}$
46 三门	li^{252}小	$ts\gamma^{334}$	$s\gamma^{325}$	$s\gamma^{55}$	$dz\gamma^{113}$	$s\gamma^{334}$	$ts\gamma^{325}$	$ȵi^{243}$

续表

方言点	0217 梨 止开三 平脂来	0218 资 止开三 平脂精	0219 死 止开三 上脂心	0220 四 止开三 去脂心	0221 迟 止开三 平脂澄	0222 师 止开三 平脂生	0223 指 止开三 上脂章	0224 二 止开三 去脂日
47 玉环	li²⁴小	tsʅ⁴²	sʅ⁵³	sʅ⁵⁵	dzʅ³¹	sʅ⁴²	tsʅ⁵³	n²²
48 金华	li³¹³	tsʅ³³⁴	sʅ⁵³⁵	ɕi⁵⁵	dzʅ³¹³	sʅ³³⁴	tsʅ⁵³⁵	əl¹⁴
49 汤溪	li¹¹	tsʅ²⁴	sʅ⁵³⁵	si⁵²	dzʅ¹¹	sʅ²⁴	tsʅ⁵³⁵	ŋ³⁴¹
50 兰溪	li²¹	tsʅ³³⁴	sʅ⁵⁵	si⁴⁵	dzʅ²¹	sʅ³³⁴	tsʅ⁵⁵	əɯ²⁴
51 浦江	li¹¹³	tsʅ⁵³⁴	sʅ⁵³	ʃi⁵⁵	dʒi¹¹³	sʅ⁵³⁴	tsʅ⁵³	n²⁴
52 义乌	li²¹³	tsʅ³³⁵	sʅ⁴²³	si⁴⁵	dzi²¹³	sʅ³³⁵	tsʅ⁴²³动 tsə³²⁴手~	n²⁴白 ai⁴⁵文
53 东阳	lin²¹³小	tsʅ³³⁴	(无)	si⁴⁵³	dzʑi²¹³	tsʰʅ³³⁴	tsʅ⁴⁴	(无)
54 永康	li²⁴¹小	tsʅ⁵⁵	sʅ³³⁴	ɕi⁵²	dzʑi²²	sʅ⁵⁵	tɕi³³⁴	ŋ²⁴¹
55 武义	li³²⁴	tsʅ²⁴	sʅ⁴⁴⁵	ɕi⁵³	dzʅ³²⁴	sʅ²⁴	tsʅ⁴⁴⁵	n²³¹
56 磐安	li²¹³	tsʅ⁴⁴⁵	sʅ³³⁴	ɕi⁵²	dzi²¹³	sʅ⁴⁴⁵	tsʅ³³⁴	n¹⁴白 əl¹⁴文
57 缙云	li²⁴³	tsʅ⁴⁴	sʅ⁵¹	sʅ⁴⁵³	dzʅ²⁴³	sʅ⁴⁴	tsʅ⁵¹	ȵi²¹³
58 衢州	li²¹	tsʅ³²	sʅ³⁵	sʅ⁵³	dʒy²¹	sʅ³²	tsʅ³⁵	ȵi²³¹
59 衢江	li²¹²	tsʅ³³	sɤ²⁵	sʅ⁵³	dʑy²¹²	ɕyø³³~父 sʅ³³老~	tsʅ⁵³	ŋ²³¹
60 龙游	li²¹	tsʅ³³⁴	sʅ³⁵	ɕi⁵¹	dzʅ²¹	sʅ³³⁴	tsʅ³⁵	ȵi²³¹
61 江山	li²¹³	tsə⁴⁴	sə²⁴¹	ɕi⁵¹	dɛ²¹³	ɕiɐ⁴⁴白 suɐ⁴⁴文	tɕiɐ²⁴¹六~ tiɐ²⁴¹~人	ȵi³¹白 ɐ⁵¹文
62 常山	li³⁴¹	tsʅ⁴⁴	sʅ⁵²	ɕi³²⁴	de³⁴¹白 dzʅ³⁴¹文	sĩ⁴⁴~父 sʅ⁴⁴老~	tsʅ³²⁴	n¹³¹白 ø²⁴文
63 开化	li²³¹	tsʅ⁴⁴	sʅə⁵³	ɕi⁴¹²	dzuei²³¹白 dzʅ²¹³文	suei⁴⁴白 sʅ⁴⁴文	tsuei⁵³白 tsʅ⁵³文	ȵi²¹³白 əl²¹³文
64 丽水	li²²	tsʅ²²⁴	sʅ⁵⁴⁴	sʅ⁵²	dzʅ²²	sʅ²²⁴	tsʅ⁵⁴⁴	ŋ¹³¹白 əl̩¹³¹文
65 青田	li²¹	tsʅ⁴⁴⁵	sʅ⁴⁵⁴	sʅ³³	dzʅ²¹	sʅ⁴⁴⁵	tsʅ⁴⁵⁴	n²²
66 云和	li³¹²	tsʅ²⁴	sʅ⁴¹	sʅ⁴⁵	dzʅ³¹²	sʅ²⁴	tsʅ⁴¹	ȵi²²³
67 松阳	li³¹	tsʅə⁵³	sʅə²¹²	sʅ²⁴	dzʅ³¹	sʅə⁵³	tsʅ²¹²	n¹³

续表

方言点	0217 梨	0218 资	0219 死	0220 四	0221 迟	0222 师	0223 指	0224 二
	止开三平脂来	止开三平脂精	止开三上脂心	止开三去脂心	止开三平脂澄	止开三平脂生	止开三上脂章	止开三去脂日
68 宣平	li⁴³³	tsʅ³²⁴	sʅ⁴⁴⁵	sʅ⁵²	dzʅ⁴³³	sʅ³²⁴	tsʅ⁴⁴⁵	ȵi²³¹
69 遂昌	li²²¹	tsʅ⁴⁵	sɤ⁵³³	sʅ³³⁴	dzʅ²²¹	ɕiu⁴⁵~父 sɤ⁴⁵老~ sʅ⁴⁵老~	tsʅ⁵³³	ȵi²¹³
70 龙泉	li²¹	tsʅ⁴³⁴	sɤɯ⁵¹	sʅ⁴⁵	dzʅ²¹	sɤɯ⁴³⁴	tsʅ⁵¹	ȵi²²⁴
71 景宁	li⁴¹	tsʅ³²⁴	sʅ³³	sʅ³⁵	dzʅ⁴¹	sʅ³²⁴	tsʅ³³	ȵi¹¹³
72 庆元	li⁵²	tsʅ³³⁵	sɤ³³	sʅ¹¹	tsʅ⁵²	sɤ³³⁵	tsʅ³³	ȵ̃i³¹
73 泰顺	li⁵³	tsʅ²¹³	sʅ⁵⁵	sʅ³⁵	tsʅ⁵³	sʅ²¹³	tsʅ⁵⁵	ȵi²²
74 温州	lei³¹	tsʅ³³	sʅ²⁵	sʅ⁵¹	dzʅ³¹	sʅ³³	tsʅ²⁵	ŋ²²
75 永嘉	lei³¹	tsʅ⁴⁴	sʅ⁴⁵	sʅ⁵³	dzʅ³¹	sʅ⁴⁴	tsʅ⁴⁵	ŋ²²
76 乐清	li³¹	tsʅ⁴⁴	sʅ³⁵	sʅ⁴¹	dzʅ³¹	sʅ⁴⁴	tsʅ³⁵	ŋ²²
77 瑞安	lei³¹	tsʅ⁴⁴	sʅ³⁵	sʅ⁵³	dzʅ³¹	sʅ⁴⁴	tsʅ³⁵	ŋ²²
78 平阳	li²⁴²	tsʅ⁵⁵	sʅ⁴⁵	sʅ⁵³	dzʅ²⁴²	sʅ⁵⁵	tsʅ⁴⁵	ŋ³³
79 文成	lei¹¹³	tsʅ⁵⁵	sʅ⁴⁵	sʅ³³	dzʅ¹¹³	sʅ⁵⁵	tsʅ⁴⁵	n⁴²⁴
80 苍南	li³¹	tsʅ⁴⁴	sʅ⁵³	sʅ⁴²	dzʅ³¹	sʅ⁴⁴	tsʅ⁵³	ŋ¹¹
81 建德徽	li³³	tsʅ⁵³	ɕi²¹³	ɕi³³	tsʅ³³	sʅ⁵³	tsʅ²¹³	n⁵⁵
82 寿昌徽	li⁵²	tsʅ¹¹²	sʅ²⁴	sʅ³³	tsʰʅ⁵²	sʅ¹¹²	tsʅ²⁴	əɯ²⁴文
83 淳安徽	li⁴³⁵	tsʅ²⁴	sa⁵⁵	sa²⁴	tsʰa⁴³⁵	sa²⁴白 sʅ²⁴文	tsʅ⁵⁵	la⁵³白 əl⁵³文
84 遂安徽	li³³	tsʅ⁵³⁴	sʅ²¹³	sʅ⁴³	tsʰʅ³³	sʅ⁵³⁴	tsʅ²¹³	əɯ⁵²
85 苍南闽	lai²⁴	tsɯ⁵⁵	ɕi⁴³	ɕi²¹	(无)	sai⁵⁵白 sɯ⁵⁵文	tɕi⁴³	dʑi²¹
86 泰顺闽	li²²	tsʅ²¹³	ɕi³⁴⁴	ɕi⁵³	ti²²	sʅ²¹³	tɕi³⁴⁴	ni³¹
87 洞头闽	lai¹¹³	tsʅ³³	ɕi⁵³	ɕi²¹	ti²¹	sai³³白 sʅ³³文	tɕi⁵³	dʑi²¹
88 景宁畲	(无)	tsʅ⁴⁴	ɕi³²⁵	ɕi⁴⁴	(无)	su⁴⁴	tɕi³²⁵	ȵi⁵¹

方言点	0225 饥 ~饿	0226 器	0227 姨	0228 李	0229 子	0230 字	0231 丝	0232 祠
	止开三 平脂见	止开三 去脂溪	止开三 平脂以	止开三 上之来	止开三 上之精	止开三 去之从	止开三 平之心	止开三 平之邪
01 杭州	tɕi³³⁴	tɕʰi⁴⁵	i²¹³	li⁵³	tsɿ⁵³	dzɿ¹³	sɿ³³⁴	dzɿ²¹³
02 嘉兴	tɕi⁴²	tɕʰi²²⁴	i²⁴²	li¹¹³	tsɿ⁵⁴⁴	zɿ¹¹³	sɿ⁴²	zɿ²⁴²
03 嘉善	tɕi⁵³	tɕʰi³³⁴	i¹³²	li¹¹³	tsɿ⁴⁴	zɿ¹¹³	sɿ⁵³	zɿ¹³²
04 平湖	tɕi⁵³	tɕʰi²¹³	i³¹	li²¹³	tsɿ⁴⁴	zɿ²¹³	sɿ⁵³	zɿ³¹
05 海盐	tɕi⁵³	tɕʰi³³⁴	i³¹	li⁴²³	tsɿ⁴²³	zɿ²¹³	sɿ⁵³	zɿ³¹
06 海宁	tɕi⁵⁵	tɕʰi³⁵	i¹³	li²³¹	tsɿ⁵³	zɿ¹³	sɿ⁵⁵	dzɿ¹³
07 桐乡	tɕi⁴⁴	tɕʰi³³⁴	i¹³	li²⁴²	tsɿ⁵³	zɿ²¹³	sɿ⁴⁴	zɿ¹³
08 崇德	tɕi⁴⁴	tɕʰi³³⁴	i¹³	li⁵³	tsɿ⁵³	zɿ¹³	sɿ⁴⁴	zɿ¹³
09 湖州	tɕi⁴⁴	tɕʰi³⁵	i¹¹²	li⁵²³	tsɿ⁵²³	zɿ²⁴	sɿ⁴⁴	dzɿ¹¹²
10 德清	tɕi⁴⁴	tɕʰi³³⁴	i¹¹³	li⁵²	tsɿ⁵²	zɿ¹¹³	sɿ⁴⁴	zɿ¹¹³
11 武康	tɕi⁴⁴	tɕʰi⁴⁴调殊	i⁴⁴	li⁵³	tsɿ⁵³	zɿ¹¹³	sɿ⁴⁴	zɿ¹¹³
12 安吉	tɕi⁵⁵	tɕʰi³²⁴	i²²	li⁵²	tsɿ⁵²	zɿ²¹³	sɿ⁵⁵	dzɿ²²
13 孝丰	tɕi⁴⁴	tɕʰi³²⁴	i²²	li⁵²	tsɿ⁵²	zɿ²¹³	sɿ⁴⁴	dzɿ²²
14 长兴	tʃɿ⁴⁴	tʃʰɿ³²⁴	ɿ¹²	lɿ⁵²	tsɿ⁵²	zɿ²⁴	sɿ⁴⁴	zɿ¹²
15 余杭	tɕi⁴⁴	tɕʰi⁴²³	i²²	li⁵³	tsɿ⁵³	zɿ²¹³	sɿ⁴⁴	zɿ²²
16 临安	tɕi⁵⁵	tɕʰi⁵⁵	i³³	li³³	tsɿ⁵⁵	zɿ³³	sɿ⁵⁵	zɿ³³
17 昌化	tsɿ³³⁴	tsʰɿ⁵⁴⁴	i¹¹²	li⁴⁵³	tsɿ⁴⁵³	zɿ²⁴³	sɿ³³⁴	zɿ¹¹²
18 於潜	tɕi⁴³³	tɕʰi³⁵	i²²³	li⁵¹	tsɿ⁵¹	dzɿ²⁴	sɿ⁴³³	dzɿ²²³
19 萧山	tɕi⁵³³	tɕʰi⁴²	i³⁵⁵	li¹³	tsɿ³³	zɿ²⁴²	sɿ⁵³³	dzɿ³⁵⁵
20 富阳	tɕi³³⁵	tɕʰi³³⁵	i¹³	li²²⁴	tsɿ⁴²³	zɿ²²⁴	sɿ⁵³	dzɿ¹³
21 新登	tɕi⁵³	tɕʰi⁴⁵	i²³³	li³³⁴	tsɿ³³⁴	zɿ¹³	sɿ⁵³	zɿ²³³
22 桐庐	tɕi⁵³³	tɕʰi³⁵	i¹³	li³³	tsɿ³³	zɿ²⁴	sɿ⁵³³	dzɿ¹³
23 分水	tɕi⁴⁴	tɕʰi²⁴	i²²	li⁵³	tsɿ⁵³	zɿ¹³	sɿ⁴⁴	zɿ²²
24 绍兴	tɕi⁵³	tɕʰi⁵³	i²³¹	li²²³	tsɿ³³⁴	zɿ²²	sɿ⁵³	zɿ²³¹
25 上虞	tɕi³⁵	tɕʰi³⁵	i²¹³	li²¹³	tsɿ³⁵	zɿ³¹	sɿ³⁵	zɿ²¹³

续表

方言点	0225 饥 ~饿	0226 器	0227 姨	0228 李	0229 子	0230 字	0231 丝	0232 祠
	止开三平脂见	止开三去脂溪	止开三平脂以	止开三上之来	止开三上之精	止开三去之从	止开三平之心	止开三平之邪
26 嵊州	tɕi^{534}	tɕʰi^{334}	i^{213}	li^{24}	tsɿ^{53}	zɿ^{24}	sɿ^{534}	zɿ^{213}
27 新昌	tɕi^{534}	tɕʰi^{335}	i^{13}	li^{232}	tsɿ^{453}	zɿ^{13}	sɿ^{534}	zɿ^{22}
28 诸暨	tʃi^{544}	tʃʰi^{544}	ʒɿ^{13}	lɿ^{242}	tsɿ^{42}	zɿ^{33}	sɿ^{544}	zɿ^{13}
29 慈溪	tɕi^{35}	tɕʰi^{44}	i^{13}	li^{13}	tsɿ^{35}	zɿ^{13}	sɿ^{35}	zɿ^{13}
30 余姚	tɕi^{44}	tɕʰi^{53}	i^{13}	li^{13}	tsɿ^{34}	dzɿ^{13}	sɿ^{44}	dzɿ^{13}
31 宁波	tɕi^{53}	tɕʰi^{44}	i^{13}	li^{13}	tsɿ^{35}	zɿ^{13}	sɿ^{53}	dzɿ^{13}
32 镇海	tɕi^{53} 读字	tɕʰi^{53}	i^{24}	li^{24}	tsɿ^{35}	zɿ^{24}	sɿ^{53}	dzɿ^{24}
33 奉化	tɕi^{44}	tɕʰi^{53}	i^{33}	li^{324}	tsɿ^{545}	zɿ^{31}	sɿ^{44}	dzɿ^{33}
34 宁海	tsɿ^{423}	tsʰɿ^{35}	i^{213}~丈	li^{31}	tsɿ^{53}	zɿ^{24}	sɿ^{423}	dzɿ^{213}
35 象山	tɕi^{44}	tɕʰi^{53}	i^{31}	li^{31}	tsɿ^{44}	dzɿ^{13}	sɿ^{44}	dzɿ^{31}
36 普陀	tɕi^{53}	tɕʰi^{55}	i^{24}	li^{23}	tsɿ^{45}	zɿ^{13}	sɿ^{53}	dzɿ^{24}
37 定海	tɕi^{52}	tɕʰi^{44}	i^{23}	li^{23}	tsɿ^{45}	zɿ^{13}	sɿ^{52}	dzɿ^{23}
38 岱山	tɕi^{52}	tɕʰi^{44}	i^{23}	li^{244}	tsɿ^{325}	zɿ^{213}	sɿ^{52}	dzɿ^{23}
39 嵊泗	tɕi^{53}	tɕʰi^{53}	i^{243}	li^{445}	tsɿ^{445}	zɿ^{213}	sɿ^{53}	zɿ^{243}
40 临海	tɕi^{31} 又 ki^{31} 又	tɕʰi^{55} 又 kʰi^{55} 又	i^{51} 小	li^{52}	tsɿ^{52}	zɿ^{324}	sɿ^{31}	dzɿ^{21}
41 椒江	tɕi^{42}	tɕʰi^{55}	i^{24} 小	li^{42}	tsɿ^{42}	zɿ^{24}	sɿ^{42}	dzɿ^{31}
42 黄岩	tɕi^{32}	tɕʰi^{55}	i^{24} 小	li^{42}	tsɿ^{42}	zɿ^{24}	sɿ^{32}	zɿ^{121} 又 dzɿ^{121} 又
43 温岭	tɕi^{33}	tɕʰi^{55}	i^{24} 小	li^{42}	tsɿ^{42}	zɿ^{13}	sɿ^{33}	zɿ^{31}
44 仙居	tɕi^{334}	tɕʰi^{55}	i^{213}	li^{324}	tsɿ^{324}	zɿ^{24}	sɿ^{334}	zɿ^{213}
45 天台	ki^{33}	kʰi^{55}	i^{51} 小	li^{214}	tsɿ^{325}	zɿ^{35}	sɿ^{33}	dzɿ^{224}
46 三门	tɕi^{334}	tɕʰi^{55}	i^{113}	li^{325}	tsɿ^{325}	zɿ^{243}	sɿ^{334}	dzɿ^{113}
47 玉环	tɕi^{42}	tɕʰi^{55}	i^{24} 小	li^{53}	tsɿ^{53}	zɿ^{22}	sɿ^{42}	dzɿ^{31}
48 金华	tɕi^{334}	tɕʰi^{55}	i^{313}	li^{535}	tsɿ^{535}	zɿ^{14}	sɿ^{334}	zɿ^{313}

续表

方言点	0225 饥 ~饿	0226 器	0227 姨	0228 李	0229 子	0230 字	0231 丝	0232 祠
	止开三平脂见	止开三去脂溪	止开三平脂以	止开三上之来	止开三上之精	止开三去之从	止开三平之心	止开三平之邪
49 汤溪	tɕi²⁴	tɕʰi⁵²	i¹¹	li¹¹³	tsɿ⁵³⁵	zɿ³⁴¹	sɿ²⁴	zɿ¹¹
50 兰溪	tɕi³³⁴	tɕʰi⁴⁵	i²¹	li⁵⁵	tsɿ⁵⁵	zɿ²⁴	sɿ³³⁴	zɿ²¹
51 浦江	tʃi⁵³⁴	tʃʰi⁵⁵	i¹¹³	li²⁴³	tsɿ⁵³	zɿ²⁴	sɿ⁵³⁴	zɿ²⁴
52 义乌	tɕi³³⁵	tɕʰi⁴⁵	i²¹³	li³¹²	tsɿ⁴²³	zɿ²⁴	sɿ³³⁵	zɿ²¹³
53 东阳	tɕi³³⁴	tɕʰi⁴⁵³	in²¹³小	lin²¹³小	tsɿ⁴⁴	zɿ²⁴	sɿ³³⁴	zɿ²¹³
54 永康	tɕi⁵⁵	tɕʰi⁵²	i²²	li¹¹³	tsɿ³³⁴	zɿ²⁴¹	sɿ⁵⁵	zɿ²²
55 武义	tɕi²⁴	tɕʰi⁵³	i²⁴	li¹³	tsɿ⁴⁴⁵	zɿ²³¹	sɿ²⁴	zɿ³²⁴
56 磐安	tɕi⁴⁴⁵	tɕʰi⁵²	i²¹³	li³³⁴	tsɿ³³⁴	zɿ¹⁴	sɿ⁴⁴⁵	zɿ²¹³
57 缙云	tɕi⁴⁴	tɕʰi⁴⁵³	i²⁴³	li³¹	tsɿ⁵¹	zɿ²¹³	sɿ⁴⁴	zɿ²¹³
58 衢州	tsɿ³²肚~	tsʰɿ⁵³	i²¹	li⁵³	tsɿ³⁵	zɿ²³¹	sɿ³²	zɿ²¹
59 衢江	tsɿ³³	tsʰɿ⁵³	i²¹²	li²¹²水果 li⁵³姓~	tsʁ²⁵	zʁ²³¹	sʁ³³	zʁ²¹²
60 龙游	tɕi³³⁴	tɕʰi⁵¹	i²¹	li⁵¹调殊	tsɿ³⁵	zɿ²³¹	sɿ³³⁴	zɿ²¹
61 江山	kɛ⁴⁴	kʰi⁵¹	i⁵¹调殊	li²²	tsə²⁴¹	zə³¹	sə⁴⁴	zə²¹³
62 常山	ke⁴⁴	tɕʰi³²⁴	i³⁴¹	li⁵²	tsɿə⁵²儿~ tsɿ⁵²地支	zɿə¹³¹	sɿə⁴⁴	zɿə³⁴¹
63 开化	ke⁴⁴	tɕʰi⁵³调殊	i⁵³大~ i⁴⁴细~	li⁵³	tsɿə⁵³鸡~ tsɿ⁵³~时	zɿə²¹³	sɿə⁴⁴	zɿə²¹³调殊
64 丽水	tsɿ²²⁴	tsʰɿ⁵²	i²²	li⁵⁴⁴	tsɿ⁵⁴⁴	zɿ¹³¹	sɿ²²⁴	zɿ²²
65 青田	tsɿ⁴⁴⁵	tsʰɿ³³	i²¹	li⁴⁵⁴	tsɿ⁴⁵⁴	zɿ²²	sɿ⁴⁴⁵	zɿ²¹
66 云和	tsɿ²⁴	tsʰɿ⁴⁵	i³¹²	li⁴¹	tsɿ⁴¹	zɿ²²³	sɿ²⁴	zɿ³¹²
67 松阳	ke⁵³	tsʰɿ²⁴	i²⁴调殊	li²²	tsɿə²¹²	zɿə¹³	sɿə⁵³	zɿə²²~堂
68 宣平	tsɿ³²⁴	tsʰɿ⁵²	i⁵²调殊	li²²³	tsɿ⁴⁴⁵	zɿ²³¹	sɿ³²⁴	zɿ⁴³³
69 遂昌	kei⁴⁵	tsʰɿ³³⁴	i²²¹	li¹³姓~ li²²¹~儿	tsʁ⁵³³	zʁ²¹³	sʁ⁴⁵	zʁ²²¹
70 龙泉	tsɿ⁴³⁴	tsʰɿ⁴⁵	i²¹~妈娘 i²¹阿~	li⁵¹	tsɿ⁵¹	zɿ²²⁴	sɿ⁴³⁴	zɿ²²⁴调殊

方言点	0225 饥 ～饿	0226 器	0227 姨	0228 李	0229 子	0230 字	0231 丝	0232 祠
	止开三 平脂见	止开三 去脂溪	止开三 平脂以	止开三 上之来	止开三 上之精	止开三 去之从	止开三 平之心	止开三 平之邪
71 景宁	tɕi³²⁴	tɕʰi³⁵	i⁴¹	li³³	tsɿ³³	zɿ¹¹³	sɿ³²⁴	zɿ³³
72 庆元	kæi³³⁵	tsʰɿ¹¹	i³³⁵	li²²¹	tsɿ³³	sɿ³¹	sɿ³³⁵	sɿ⁵²
73 泰顺	tsɿ²¹³	tsʰɿ³⁵	i⁵³	li⁵⁵	tsɿ⁵⁵	sɿ²²	sɿ²¹³	sɿ⁵³
74 温州	tsɿ³³	tsʰɿ⁵¹	i³¹	lei¹⁴	tsɿ²⁵	zɿ²²	sɿ³³	zɿ³¹
75 永嘉	tsɿ⁴⁴	tsʰɿ⁵³	zɿ³¹	lei¹³	tsɿ⁴⁵	zɿ²²	sɿ⁴⁴	zɿ³¹
76 乐清	tɕi⁴⁴	tɕʰi⁴¹	i³¹	li²⁴	tsɿ³⁵	zɿ²²	sɿ⁴⁴	zɿ³¹
77 瑞安	tɕi⁴⁴	tɕʰi⁵³	i³¹	lei¹³	tsɿ³⁵	zɿ²²	sɿ⁴⁴	zɿ²²
78 平阳	tɕi⁵⁵	tɕʰi⁵³	i²⁴²	li⁴⁵	tsɿ⁴⁵	zɿ³³	sɿ⁵⁵	zɿ²⁴²
79 文成	tɕi⁵⁵	tɕʰi³³	i¹¹³	lei²²⁴	tsɿ⁴⁵	zɿ⁴²⁴	sɿ⁵⁵	zɿ¹¹³
80 苍南	tɕi⁴⁴	tɕʰi⁴²	i¹¹² 调殊	li⁵³	tsɿ⁵³	zɿ¹¹	sɿ⁴⁴	zɿ³¹
81 建德徽	tɕi⁵³	tɕʰi³³	i³³	li²¹³	tsɿ²¹³	sɿ⁵⁵	sɿ⁵³	sɿ³³
82 寿昌徽	tɕi¹¹²	tɕʰi³³	i⁵⁵ 小	li⁵³⁴	tsɿ²⁴	sɿ³³	sɿ¹¹²	sɿ¹¹² 文
83 淳安徽	tɕi²⁴	tɕʰi⁵³	i⁴³⁵	li⁵⁵	tsa⁵⁵ 白 tsɿ⁵⁵ 文	sa⁵³	sɿ²⁴	sa⁴³⁵
84 遂安徽	（无）	tsʰɿ⁴³	i³³	li⁴³	tsɿ⁴³	sɿ⁵²	sɿ⁵³⁴	tsʰɿ³³
85 苍南闽	ki⁵⁵	kʰi²¹	i²⁴	li³²	（无）	dʑi²¹	ɕi⁵⁵	suɯ²⁴
86 泰顺闽	ky²¹³	kʰi⁵³	i²²	li³⁴⁴	ki²²	tɕi³¹	ɕi²¹³	sɿ³¹
87 洞头闽	ki³³	kʰi²¹	i¹¹³	li⁵³	tsɿ⁵³	dʑi²¹	ɕi³³	sɿ²¹ 调殊
88 景宁畲	（无）	tɕʰi⁴⁴	i³²⁵ 小	li³²⁵	tsu³²⁵	tɕʰi⁵¹	ɕi⁴⁴	su²²

方言点	0233 寺 止开三 去之邪	0234 治 止开三 去之澄	0235 柿 止开三 上之崇	0236 事 止开三 去之崇	0237 使 止开三 上之生	0238 试 止开三 去之书	0239 时 止开三 平之禅	0240 市 止开三 上之禅
01 杭州	dzɿ^{213}	dzɿ^{13}	zɿ^{13}	zɿ^{13}	sɿ^{53}	sɿ^{45}	zɿ^{213}	zɿ^{13}
02 嘉兴	zɿ^{113}	zɿ^{113}	zɿ^{113}	zɿ^{113}	sɿ^{544}	sɿ^{224}	zɿ^{242}	zɿ^{113}
03 嘉善	zɿ^{132}调殊	zɿ^{113}	zɿ^{113}	zɿ^{113}	sɿ^{44}	sɿ^{44}	zɿ^{132}	zɿ^{113}
04 平湖	zɿ^{31}	zɿ^{213}	zɿ^{213}	zɿ^{213}	sɿ^{44}	sɿ^{44}	zɿ^{31}	zɿ^{213}
05 海盐	zɿ^{213}	zɿ^{213}	zɿ^{213}	zɿ^{213}	sɿ^{423}	sɿ^{334}	zɿ^{31}	zɿ^{423}
06 海宁	zɿ^{13}调殊	zɿ^{13}	zɿ^{231}	zɿ^{13}	sɿ^{53}	sɿ^{35}	zɿ^{13}	zɿ^{231}
07 桐乡	zɿ^{13}	zɿ^{213}	zɿ^{242}	zɿ^{213}	sɿ^{53}	sɿ^{334}	zɿ^{13}	zɿ^{242}
08 崇德	zɿ^{13}	zɿ^{13}	zɿ^{242}	zɿ^{13}	sɿ^{53}	sɿ^{334}	zɿ^{13}	zɿ^{242}
09 湖州	zɿ^{24}	dzɿ^{24}	zɿ^{231}	zɿ^{24}	sɿ^{523}	sɿ^{35}	zɿ^{112}	zɿ^{231}
10 德清	zɿ^{113}	zɿ^{143}	zɿ^{143}	zɿ^{143}	sɿ^{334}	sɿ^{334}	zɿ^{113}	zɿ^{143}
11 武康	dzɿ^{113}	dzɿ^{113}	zɿ^{242}	zɿ^{224}	sɿ^{53}	sɿ^{224}	zɿ^{113}	zɿ^{242}
12 安吉	zɿ^{22}	dzɿ^{243}	zɿ^{243}	zɿ^{213}	sɿ^{324}	sɿ^{324}	zɿ^{22}	zɿ^{243}
13 孝丰	zɿ^{243}	dzɿ^{22}	zɿ^{243}	zɿ^{213}	sɿ^{44}～馆	sɿ^{324}	zɿ^{22}	zɿ^{243}
14 长兴	zɿ^{12}	dzɿ^{12}	zɿ^{243}	zɿ^{24}	sɿ^{52}	sɿ^{324}	zɿ^{12}	zɿ^{243}
15 余杭	zɿ^{213}	zɿ^{213}	zɿ^{243}	zɿ^{213}	sɿ^{423}	sɿ^{423}	zɿ^{22}	zɿ^{243}
16 临安	zɿ^{33}	dzɿ^{33}	zɿ^{33}	zɿ^{33}	sɿ^{55}	sɿ^{55}	zɿ^{33}	zɿ^{33}
17 昌化	zɿ^{243}	zɿ^{112}	zɿ^{243}	zɿ^{243}	sɿ^{453}	sɿ^{544}	zɿ^{112}	zɿ^{243}
18 於潜	dzɿ^{223}	dzɿ^{223}	dzɿ^{24}	dzɿ^{24}	tsʰɿ^{51}	tsʰɿ^{35}	dzɿ^{223}	zɿ^{24}
19 萧山	zɿ^{242}	dzɿ^{242}	zɿ^{242}	zɿ^{242}	sɿ^{33}	sɿ^{42}	zɿ^{355}	zɿ^{13}
20 富阳	zɿ^{224}	dzɿ^{224}	zɿ^{224}	zɿ^{224}	sɿ^{423}	sɿ^{335}	zɿ^{13}	zɿ^{224}
21 新登	zɿ^{13}	dzɿ^{13}	zɿ^{13}	zɿ^{13}	sɿ^{334}	sɿ^{45}	zɿ^{233}	zɿ^{13}
22 桐庐	sɿ^{533}调殊	dzɿ^{24}	zɿ^{24}	zɿ^{24}	sɿ^{33}	sɿ^{35}	zɿ^{13}	zɿ^{24}
23 分水	zɿ^{13}	dzɿ^{13}	zɿ^{13}	zɿ^{13}	sɿ^{53}	sɿ^{24}	zɿ^{22}	zɿ^{13}
24 绍兴	zɿ^{231}调殊	dzɿ^{22}	zɿ^{223}	zɿ^{22}	sɿ^{334}	sɿ^{33}	zɿ^{231}	zɿ^{223}
25 上虞	zɿ^{31}	dzɿ^{31}	zɿ^{213}	zɿ^{213}	sɿ^{35}读字	sɿ^{53}	zɿ^{213}	zɿ^{213}
26 嵊州	zɿ^{24}	dzɿ^{24}	zɿ^{24}	zɿ^{24}	sɿ^{53}	sɿ^{334}	zɿ^{213}	zɿ^{24}

续表

方言点	0233 寺	0234 治	0235 柿	0236 事	0237 使	0238 试	0239 时	0240 市
	止开三 去之邪	止开三 去之澄	止开三 上之崇	止开三 去之崇	止开三 上之生	止开三 去之书	止开三 平之禅	止开三 上之禅
27 新昌	zɿ¹³	dzɿ²²调殊	zɿ²³²	zɿ¹³	sɿ⁴⁵³	sɿ³³⁵	zɿ²²	zɿ²³²
28 诸暨	zɿ³³	dzɿ²⁴²调殊	zɿ²⁴²	zɿ³³	sɿ⁴²	sɿ⁵⁴⁴	zɿ¹³	zɿ²⁴²
29 慈溪	zɿ¹³	dzɿ¹³	zɿ¹³	zɿ¹³	sɿ⁴⁴调殊	sɿ⁴⁴	zɿ¹³	zɿ¹³
30 余姚	dzɿ¹³	dzɿ¹³	zɿ¹³	zɿ¹³	sɿ³⁴	sɿ⁵³	zɿ¹³	zɿ¹³
31 宁波	zɿ¹³	dzʮ¹³	zɿ¹³	zɿ¹³	sɿ³⁵	sɿ⁴⁴	zɿ¹³	zɿ¹³
32 镇海	dzɿ²⁴	dzɿ²⁴	zɿ²⁴	zɿ²⁴	sɿ³⁵	sɿ⁵³	zɿ²⁴	zɿ²⁴
33 奉化	zɿ³²⁴	dzɿ³¹	zɿ³³调殊	zɿ³¹	sɿ⁵⁴⁵	sɿ⁵³	zɿ³³	zɿ³²⁴
34 宁海	zɿ²⁴	dzɿ²⁴	zɿ³¹	zɿ²⁴	sɿ⁵³	sɿ³⁵	zɿ²¹³	zɿ³¹
35 象山	zɿ³¹	dzʮ³¹	zɿ¹³	zɿ³¹	sɿ⁴⁴	sɿ⁵³	zɿ³¹	zɿ¹³
36 普陀	zɿ²³调殊	dzɿ¹³	zɿ²³	zɿ¹³	sɿ⁴⁵	sɿ⁵⁵	zɿ²⁴	zɿ²³
37 定海	zɿ¹³	dzɿ¹³	zɿ²³	zɿ¹³	sɿ⁴⁵	sɿ⁴⁴	zɿ²³	zɿ¹³
38 岱山	zɿ²¹³	dzʮ²¹³	zɿ²³	zɿ²¹³	sɿ³²⁵	sɿ⁴⁴	zɿ²³	zɿ²¹³
39 嵊泗	zɿ²¹³	dzʮ²¹³	zɿ²¹³	zɿ²¹³	sɿ⁴⁴⁵	sɿ⁵³	zɿ²⁴³	zɿ²¹³
40 临海	zɿ²¹	dzɿ³²⁴	zɿ⁵¹小	zɿ³²⁴	sɿ⁵²	sɿ⁵⁵	zɿ²¹	zɿ²¹
41 椒江	zɿ²⁴	dzɿ²⁴	zɿ⁴¹小	zɿ²⁴	sɿ⁵⁵	sɿ⁵⁵	zɿ³¹	zɿ³¹
42 黄岩	zɿ²⁴	dzɿ²⁴	zɿ⁴¹小	zɿ²⁴	sɿ⁴²	sɿ⁵⁵	zɿ¹²¹	zɿ¹²¹
43 温岭	zɿ¹³	dzɿ¹³	zɿ⁴¹小	zɿ¹³	sɿ⁵⁵	sɿ⁵⁵	zɿ³¹	zɿ³¹
44 仙居	zɿ²⁴	dzɿ²⁴	zɿ²¹³	zɿ²⁴	sɿ³²⁴	sɿ⁵⁵	zɿ²¹³	zɿ²¹³
45 天台	zɿ³⁵	dzɿ³⁵	zɿ³¹小	zɿ³⁵	sɿ³²⁵	sɿ⁵⁵	zɿ²²⁴	zɿ²¹⁴
46 三门	zɿ²⁴³	dzɿ²⁴³	zɿ²⁵²小	zɿ²⁴³	sɿ³²⁵	sɿ⁵⁵	zɿ¹¹³	zɿ²¹³
47 玉环	zɿ²²	dzɿ²²	zɿ⁴¹小	zɿ²²	sɿ⁴²	sɿ⁵⁵	zɿ³¹	zɿ⁴¹
48 金华	zɿ¹⁴	dzɿ¹⁴	zɿ¹⁴小	zɿ¹⁴	sɿ⁵³⁵	sɿ⁵⁵	zɿ³¹³	zɿ¹⁴
49 汤溪	zɿ³⁴¹	dzɿ³⁴¹	zɿ¹¹³	zɿ³⁴¹	(无)	sɿ⁵²	zɿ¹¹	zɿ¹¹³
50 兰溪	zɿ²⁴	dzɿ²⁴	zɿ²⁴	sɿ⁵⁵	sɿ⁵⁵	sɿ⁴⁵	zɿ²¹	zɿ²⁴
51 浦江	zɿ²⁴	dʒi²⁴³	zɿ²⁴	zɿ²⁴	sɿ⁵³	ʃi⁵⁵	zɿ¹¹³	zɿ²⁴³

方言点	0233 寺 止开三 去之邪	0234 治 止开三 去之澄	0235 柿 止开三 上之崇	0236 事 止开三 去之崇	0237 使 止开三 上之生	0238 试 止开三 去之书	0239 时 止开三 平之禅	0240 市 止开三 上之禅
52 义乌	zʅ²⁴	dzi³¹²调殊	zʅn²⁴小	zʅ²⁴	sʅ⁴²³	si⁴⁵白 sʅ⁴⁵文	zʅ²¹³	zʅ³¹²
53 东阳	zʅ²⁴	dzi²⁴	zʅn²⁴小	zʅ²⁴	sʅ⁴⁵³	sʅ⁴⁵³	zʅ²¹³	zʅ²⁴
54 永康	zʅ²⁴¹	dʑi²⁴¹	zʅ²⁴¹	zʅ²⁴¹	sʅ³³⁴	ɕi⁵²	zi²²	zʅ¹¹³
55 武义	zʅ²³¹	dʑi²³¹	zen²³¹小	zʅ²³¹	sʅ⁴⁴⁵	sʅ⁵³	zʅ³²⁴	zʅ¹³
56 磐安	zʅ¹⁴	dʑi¹⁴	sʅ³³⁴	zʅ¹⁴	sʅ³³⁴	sʅ⁵²	zʅ²¹³	sʅ³³⁴
57 缙云	zʅ²¹³	dzʅ²¹³	zʅ³¹	zʅ²¹³	sʅ⁵¹	sʅ⁴⁵³	zʅ²⁴³	zʅ³¹
58 衢州	zʅ²³¹	dʒy²³¹	zʅ²³¹	zʅ²³¹	sʅ³⁵	sʅ⁵³	zʅ²¹	zʅ²³¹
59 衢江	zɣ²³¹	dʑy²³¹	ʑyø²¹²	ʑyø²³¹	sʅ²⁵	sʅ⁵³	ʑyø²¹²~景 zʅ²¹²小~	zʅ²³¹
60 龙游	zʅ²³¹	dzʅ²³¹	zʅ²²⁴	zʅ²³¹	sʅ³⁵	sʅ⁵¹	zʅ²¹	zʅ²³¹调殊
61 江山	zə³¹	dʑi³¹	ʑiɤ²²	ʑiɤ³¹	ɕiɤ²⁴¹	ɕi⁵¹~用 suɯ⁵¹~~	ʑiɤ²¹³白 zɯ²¹³文	zɯ²²
62 常山	zʅ³⁴¹	dʑi¹³¹	zi¹³¹	zi¹³¹	si⁵²~用 sʅ⁵²假~	sʅ³²⁴ sʅ⁵²考~	zʅ³⁴¹	zʅ²⁴
63 开化	zʅə²¹³	dzʅ²¹³	zuei²¹³	zuei²¹³白 zʅ²¹³文	suei⁵³	suei⁴¹²白 sʅ⁴¹²文	zuei²³¹白 zʅ²³¹文	zuei²¹³白 zʅ²¹³文
64 丽水	zʅ¹³¹	dzʅ²²调殊	zʅ²²	zʅ¹³¹	sʅ⁵⁴⁴	sʅ⁵²	zʅ²²	zʅ²²
65 青田	zʅ²²	dzʅ²²	zʅ³⁴³	zʅ²²	sʅ⁴⁵⁴	sʅ³³	zʅ²¹	zʅ³⁴³
66 云和	zʅ²²³	dzʅ²²³	zʅ²³¹	zʅ²²³	sʅ⁴¹	sʅ⁴⁵	zʅ³¹²	zʅ²³¹
67 松阳	zʅə¹³	dzʅ¹³	zʅə²²	zʅə¹³	sʅə²¹²	sʅ³²⁴~~ sʅ²⁴考~	zʅ³¹	zʅə²²
68 宣平	zʅ²³¹	dzʅ²³¹	zʅ²²³	zʅ²³¹	sʅ⁴⁴⁵	sʅ⁵²	zʅ⁴³³	zʅ²²³
69 遂昌	zɣ²¹³	dzʅ²¹³	ʑiu¹³	zuə²¹³	sʅ⁵³³	ɕiu³³⁴~~ sʅ³³⁴考~	ʑiu²²¹多~ zʅ²²¹~间	zʅ¹³
70 龙泉	zʅ²²⁴	dzʅ²²⁴	sɣɯ⁵¹	zɣɯ²²⁴	sɣɯ⁵¹	sɣɯ⁴⁵白 sʅʔ⁵文	zʅ²¹	sʅ⁵¹
71 景宁	zʅ¹¹³	dzʅ¹¹³	zʅ³³	zʅ¹¹³	sʅ³³	sʅ³⁵	zʅ⁴¹	zʅ³³

续表

方言点	0233 寺 止开三 去之邪	0234 治 止开三 去之澄	0235 柿 止开三 上之崇	0236 事 止开三 去之崇	0237 使 止开三 上之生	0238 试 止开三 去之书	0239 时 止开三 平之禅	0240 市 止开三 上之禅
72 庆元	sʅ³¹	tsʅ³¹	sɤ²²¹	sɤ³¹	sʅ³³	sɤ¹¹	sɤ⁵²白 sʅ⁵²文	sʅ²²¹
73 泰顺	sʅ²¹调殊	tsʅ²²	sʅ²¹	sʅ²²	sʅ⁵⁵	sʅ³⁵	sʅ⁵³	sʅ²¹
74 温州	zʅ²²	dzʅ²²	zʅ¹⁴	zʅ²²	sʅ²⁵	sʅ⁵¹	zʅ³¹	zʅ¹⁴
75 永嘉	zʅ²²	dzʅ²²	zʅ¹³	zʅ²²	sʅ⁴⁵	sʅ⁵³	zʅ²²	zʅ¹³
76 乐清	zʅ²²	dzʅ²²	zʅ²⁴	zʅ²²	sʅ³⁵	sʅ⁴¹	zʅ³¹	zʅ²⁴
77 瑞安	zʅ²²	dzʅ²²	zʅ¹³	zʅ²²	sʅ³⁵	sʅ⁵³	zʅ²²	zʅ¹³
78 平阳	zʅ³³	dzʅ³³	zʅ²³	zʅ³³	sʅ⁴⁵	sʅ⁵³	zʅ²⁴²	zʅ²³
79 文成	zʅ⁴²⁴	dzʅ⁴²⁴	zʅ²²⁴	zʅ⁴²⁴	sʅ⁴⁵	sʅ³³	zʅ¹¹³	zʅ²²⁴
80 苍南	zʅ¹¹	zʅ¹¹	zʅ²⁴	zʅ¹¹	sʅ⁵³	sʅ⁴²	zʅ¹¹	zʅ²⁴
81 建德徽	sʅ²¹³	tsʅ²¹³白 tsʰʅ²¹¹文	sʅ²¹³	sʅ⁵⁵	sʅ²¹³	sʅ³³	sʅ³³	sʅ²¹³
82 寿昌徽	sʅ²⁴文	tsʰʅ³³	sʅ⁵³⁴	sʅ³³	sʅ²⁴	sʅ³³	sʅ¹¹²文	sʅ²⁴文
83 淳安徽	sʅ²⁴	tsʰa⁵³白 tsʰʅ⁵³文	sʅ⁵³	sa⁵³	sʅ⁵³	tsʰa²⁴白 sʅ²⁴文	sa⁴³⁵	sʅ²⁴
84 遂安徽	sʅ⁵²	tsʰʅ⁵²	sʅ⁴³	sʅ⁵²	sʅ²¹³	sʅ⁴³	sʅ³³	sʅ⁴³
85 苍南闽	ɕi²¹	ti²¹	kʰi³²	sai²¹白 suɯ²¹文	suɯ⁴³	ɕi²¹	ɕi²⁴	tɕʰi²¹
86 泰顺闽	sʅ³¹	tɕi³¹	kʰi³¹	sʅ³¹	sʅ³⁴⁴	sei⁵³	ɕi²²	tɕʰi³¹
87 洞头闽	tɕʰi²¹白 ɕi²¹文	ti²¹	kʰi²¹	sʅ²¹	sʅ⁵³	ɕi²¹	ɕi¹¹³	tɕʰi²¹
88 景宁畲	ɕi⁵¹	tsʅ⁴⁴	kʰi⁴⁴⁵小	suɯ⁵¹	soi³²⁵	suɯ⁴⁴白 ɕi⁴⁴文	ɕi²²	ɕi⁵¹

方言点	0241 耳	0242 记	0243 棋	0244 喜	0245 意	0246 几 ~个	0247 气	0248 希
	止开三 上之日	止开三 去之见	止开三 平之群	止开三 上之晓	止开三 去之影	止开三 上微见	止开三 去微溪	止开三 平微晓
01 杭州	əl⁵³	tɕi⁴⁵	dʑi²¹³	ɕi⁵³	i⁴⁵	tɕi⁵³	tɕʰi⁴⁵	ɕi³³⁴
02 嘉兴	ȵi¹¹³	tɕi²²⁴	dʑi²⁴²	ɕi⁵⁴⁴	i²²⁴	tɕi⁵⁴⁴	tɕʰi²²⁴	ɕi⁴²
03 嘉善	ȵi¹¹³白 ɚ¹¹³文	tɕi³³⁴	dʑi¹³²	ɕi⁴⁴	i³³⁴	tɕi⁴⁴	tɕʰi³³⁴	ɕi⁵³
04 平湖	ȵi²¹³白 əl²¹³文	tɕi³³⁴	dʑi³¹	ɕi⁴⁴	i³³⁴	tɕi³³⁴调殊	tɕʰi²¹³	ɕi⁵³
05 海盐	ȵi⁴²³	tɕi³³⁴	dʑi³¹	ɕi⁴²³	i³³⁴	tɕi⁴²³	tɕʰi³³⁴	ɕi⁵³
06 海宁	ȵi²³¹白 əɯ³¹文	tɕi³⁵	dʑi¹³	ɕi⁵³	i³⁵	tɕi⁵³	tɕʰi³⁵	ɕi⁵⁵
07 桐乡	ȵi²⁴²白 əl⁵³文	tɕi³³⁴	dʑi¹³	ɕi⁵³	i³³⁴	tɕi⁵³	tɕʰi³³⁴	ɕi⁴⁴
08 崇德	ȵi⁵³白 əl⁵³文	tɕi³³⁴	dʑi¹³	ɕi⁵³	i³³⁴	tɕi⁵³	tɕʰi³³⁴	ɕi⁴⁴
09 湖州	n²³¹白 ɚ²³¹文	tɕi³⁵	dʑi¹¹²	ɕi⁵²³	i³⁵	tɕi⁵²³	tɕʰi³⁵	ɕi⁴⁴
10 德清	n⁵²	tɕi³³⁴	dʑi¹¹³	ɕi⁵²	i³³⁴	tɕi⁵²	tɕʰi³³⁴	ɕi⁴⁴
11 武康	n²⁴²白 ɚ²²⁴文	tɕi²²⁴	dʑi¹¹³	ɕi⁵³	i²²⁴	tɕi⁵³	tɕʰi²²⁴	ɕi⁴⁴
12 安吉	ŋ⁵²	tɕi³²⁴	dʑi²²	ɕi⁵²	i³²⁴	tɕi⁵²	tɕʰi³²⁴	ɕi⁵⁵
13 孝丰	ŋ⁵²白 əl⁵²文	tɕi³²⁴	dʑi²²	ɕi⁵²	i³²⁴	tɕi⁵²	tɕʰi³²⁴	ɕi⁴⁴
14 长兴	n⁵²	tʃʅ³²⁴	dʒʅ¹²	ʃʅ⁵²	ʅ³²⁴	tʃʅ⁵²	tʃʰʅ³²⁴	ʃʅ⁴⁴
15 余杭	n⁵³	tɕi⁴²³	dʑi²²	ɕi⁵³	i⁵³	tɕi⁵³	tɕʰi⁴²³	ɕi⁴⁴
16 临安	ŋ³³白 ɚ³³文	tɕi⁵⁵	dʑi³³	ɕi⁵⁵	i³³	tɕi⁵⁵	tɕʰi⁵⁵	ɕi⁵⁵
17 昌化	əl²⁴³	tsʅ⁵⁴⁴	zʅ¹¹²	sʅ⁴⁵³	i⁵⁴⁴	tsʅ⁴⁵³	tsʰʅ⁵⁴⁴	sʅ³³⁴
18 於潜	ɚ⁵¹	tɕi³⁵	dʑi²²³	ɕi⁵¹	i³⁵	tɕi³⁵	tɕʰi³⁵	ɕi⁴³³
19 萧山	ȵi³³调殊	tɕi⁴²	dʑi³⁵⁵	ɕi³³	i⁴²	tɕi³³	tɕʰi⁴²	ɕi⁵³³
20 富阳	ŋ⁴²³	tɕi³³⁵	dʑi¹³	ɕi⁴²³	i³³⁵	tɕi⁴²³	tɕʰi³³⁵	ɕi⁵³
21 新登	ŋ³³⁴	tɕi⁴⁵	dʑi²³³	ɕi³³⁴	i⁴⁵	tɕi³³⁴	tɕʰi⁴⁵	ɕi⁵³

续表

方言点	0241 耳 止开三 上之日	0242 记 止开三 去之见	0243 棋 止开三 平之群	0244 喜 止开三 上之晓	0245 意 止开三 去之影	0246 几 ～个 止开三 上微见	0247 气 止开三 去微溪	0248 希 止开三 平微晓
22 桐庐	ȵi³³	tɕi³⁵	dʑi¹³	ɕi³³	i³⁵	tɕi³³	tɕʰi³⁵	ɕi⁵³³
23 分水	ɣ⁵³	tɕi²⁴	dʑi²²	ɕi⁵³	i²⁴	tɕi⁴⁴	tɕʰi²⁴	ɕi⁴⁴
24 绍兴	n̠i²²³白 əl²²³文	tɕi³³	dʑi²³¹	ɕi³³⁴	i³³	tɕi³³⁴	tɕʰi³³	ɕi³³
25 上虞	n̠i²¹³白 əl²¹³文	tɕi⁵³	dʑi²¹³	ɕi³⁵	i⁵³	tɕi³⁵	tɕʰi⁵³	ɕi³⁵
26 嵊州	n̠i²⁴白 əl²⁴文	tɕi³³⁴	dʑi²¹³	ɕi⁵³	i³³⁴	tɕi³³⁴	tɕʰi³³⁴	ɕi⁵³⁴
27 新昌	ŋ²³²白 əl²³²文	tɕi³³⁵	dʑi²²	ɕi⁴⁵³	i³³⁵	tɕi⁴⁵³	tɕʰi³³⁵	ɕi⁵³⁴
28 诸暨	n̠²⁴²白 ȵʮ²⁴²文	tʃʮ⁵⁴⁴	dʒʮ¹³	ʃʮ⁴²	ʒʮ⁵⁴⁴	tʃʮ⁴²	tʃʰʮ⁵⁴⁴	ʃʮ⁵⁴⁴
29 慈溪	n̠i¹³白 əl¹³文	tɕi⁴⁴	dʑi¹³	ɕi³⁵	i⁴⁴	tɕi³⁵	tɕʰi⁴⁴	ɕi³⁵
30 余姚	n̠i¹³白 l¹³文	tɕi⁵³	dʑi¹³	ɕi³⁴	i⁵³	tɕi³⁴	tɕʰi⁵³	ɕi⁴⁴
31 宁波	n̠i¹³白 əl¹³文	tɕi⁴⁴	dʑi¹³	ɕi³⁵	i⁴⁴	tɕi³⁵	tɕʰi⁴⁴	ɕi⁴⁴
32 镇海	n̠i²⁴白 əl²⁴文	tɕi⁵³	dʑi²⁴	ɕi³⁵	i⁵³	tɕi³⁵	tɕʰi⁵³	ɕi⁵³
33 奉化	n̠i³³白 əl³³文	tɕi⁵³	dʑi³³	ɕi⁵⁴⁵	i⁵³	tɕi⁵⁴⁵	tɕʰi⁵³	ɕi⁴⁴
34 宁海	ŋəu²¹³～朵 l²¹³木～	tsʮ³⁵	dʑʮ²¹³ ～牌	sʮ⁵³	i³⁵	tsʮ⁵³	tsʰʮ³⁵	sʮ⁴²³
35 象山	ŋ³¹白 əl³¹文	tɕi⁵⁵	dʑi³¹	ɕi⁴⁴	i⁵³	tɕi⁴⁴	tɕʰi⁵³	ɕi⁴⁴
36 普陀	n̠i²³	tɕi⁵⁵	dʑi²⁴	ɕi⁴⁵	i⁵⁵	tɕi⁴⁵	tɕʰi⁵⁵	ɕi⁵³
37 定海	n̠i²³	tɕi⁴⁴	dʑi²³	ɕi⁴⁵	i⁴⁴	tɕi⁴⁵	tɕʰi⁴⁴	ɕi⁵²
38 岱山	n̠i²³白 əl²³文	tɕi⁴⁴	dʑi²³	ɕi³²⁵	i⁴⁴	tɕi³²⁵	tɕʰi⁴⁴	ɕi⁵²
39 嵊泗	n̠i⁴⁴⁵白 əl⁴⁴⁵文	tɕi⁵³	dʑi²⁴³	ɕi⁴⁴⁵	i⁵³	tɕi⁴⁴⁵	tɕʰi⁵³	ɕi⁵³

续表

方言点	0241 耳 止开三 上之日	0242 记 止开三 去之见	0243 棋 止开三 平之群	0244 喜 止开三 上之晓	0245 意 止开三 去之影	0246 几 ~个 止开三 上微见	0247 气 止开三 去微溪	0248 希 止开三 平微晓
40 临海	ŋ^{52} ~朵 zɿ^{214} 木~	tɕi^{55} 又 ki^{55} 又	dʑi^{21} 又 gi^{21} 又	ɕi^{52} 又 hi^{52} 又	i^{55}	tɕi^{52} 又 ki^{52} 又	tɕʰi^{55} 又 hi^{55} 又	ɕi^{31} 又 hi^{31} 又
41 椒江	ŋ^{42} ~朵 zɿ^{31} 木~	tɕi^{55}	dʑi^{31}	ɕi^{42}	i^{55}	tɕi^{42}	tɕʰi^{55}	ɕi^{42}
42 黄岩	ŋ^{42} ~朵 zɿ^{121} 木~	tɕi^{55}	dʑi^{121}	ɕi^{42}	i^{55}	tɕi^{42}	tɕʰi^{55}	ɕi^{32}
43 温岭	ŋ^{42} ~朵 zɿ^{31} 木~	tɕi^{55}	dʑi^{24} 小	ɕi^{42}	i^{55}	tɕi^{42}	tɕʰi^{55}	ɕi^{33}
44 仙居	ŋ^{324} 白 zi^{213} 文	tɕi^{55}	dʑi^{213}	ɕi^{324}	i^{55}	tɕi^{324}	tɕʰi^{55}	ɕi^{334}
45 天台	n̠iəʔ^{2} ~朵 zɿ^{214} 木~	ki^{55}	gi^{224}	hi^{325}	i^{55}	ki^{325}	kʰi^{55}	hi^{33}
46 三门	əl^{325}	tɕi^{55}	dʑi^{252} 小	ɕi^{325}	i^{55}	tɕi^{325}	tɕʰi^{55}	ɕi^{334}
47 玉环	ŋ^{53} ~朵 zɿ^{31} 木~	tɕi^{55}	dʑi^{31}	ɕi^{53}	i^{55}	tɕi^{53}	tɕʰi^{55}	ɕi^{42}
48 金华	ŋ^{535} 白 əl^{535} 文	tɕie^{55} 量 tɕi^{55} ~住	dʑi^{313}	ɕi^{535}	i^{535}	tɕi^{535}	tɕʰi^{55}	ɕi^{334}
49 汤溪	ŋ^{113}	tɕi^{52}	dʑi^{11}	ɕi^{535}	i^{52}	kɛ^{535}	tɕʰi^{52}	ɕi^{24}
50 兰溪	n̩^{55}	tɕi^{45}	dʑi^{21}	ɕi^{55}	i^{45}	tɕi^{55}	tɕʰi^{45}	ɕi^{334}
51 浦江	n̩^{113} 白 ɣ^{243} 文	tʃi^{55}	dʒi^{113}	ʃi^{53}	i^{55}	tʃi^{55}	tʃʰi^{55}	ʃi^{534}
52 义乌	n̩^{312} 白 e^{213} 文	tɕi^{45}	dʑi^{213}	ɕi^{423}	i^{45}	tɕi^{423}	tɕʰi^{45}	ɕi^{335}
53 东阳	n̩^{231} 白 əl^{231} 文	tɕi^{453}	dʑi^{213}	ɕi^{453}	i^{453}	tɕi^{44}	tɕʰi^{453}	ɕi^{334}
54 永康	ŋ^{113} ~朵 ly^{113} 木~	tɕi^{52}	dʑi^{22}	ɕi^{334}	i^{52}	tɕi^{334}	tɕʰi^{52}	ɕi^{55}
55 武义	n̩^{13}	tɕi^{53}	dʑi^{324}	ɕi^{445}	i^{53}	ka^{445}	tɕʰi^{53}	ɕi^{24}
56 磐安	n̩^{334} 白 ɛ^{334} 文	tɕi^{52}	dʑi^{213}	ɕi^{334}	i^{52}	tɕi^{334}	tɕʰi^{52}	ɕi^{445}
57 缙云	n̠iɛŋ^{51} ~朵 mi^{31} 木~	tɕi^{453}	dʑi^{243}	ɕi^{51}	i^{453}	kei^{51}	tɕʰi^{453}	ɕi^{44}

续表

方言点	0241 耳	0242 记	0243 棋	0244 喜	0245 意	0246 几 ~个	0247 气	0248 希
	止开三 上之日	止开三 去之见	止开三 平之群	止开三 上之晓	止开三 去之影	止开三 上微见	止开三 去微溪	止开三 平微晓
58 衢州	ȵi²³¹白 əl⁵³文	tsʅ⁵³	dzʅ²¹	sʅ³⁵	i⁵³	tsʅ³⁵	tsʰʅ⁵³	sʅ³²
59 衢江	ŋ²¹²	tsʅ⁵³	dzʅ²¹²	sʅ²⁵	i⁵³	kei²⁵	tsʰʅ⁵³	sʅ³³
60 龙游	n²¹调殊	tɕi⁵¹	dʑi²¹	ɕi³⁵	i⁵¹	ki³⁵	kʰi⁵¹	ɕi³³⁴
61 江山	ȵi²²	kɐ⁵¹	gi²¹³	xi²⁴¹	ɐ⁵¹又 ŋɐ⁵¹又	ki²⁴¹	kʰɐ⁵¹断~ kʰi⁵¹生~	xi⁴⁴
62 常山	n²⁴	ki³²⁴	dʑi³⁴¹	ɕi⁵²	i³²⁴	ke⁵²	kʰi³²⁴	ɕi³²⁴
63 开化	ȵi²¹³白 əl²¹³文	kuei⁴¹²白 tɕi⁴¹²文	dʑi²³¹	ɕi⁵³	i⁵³调殊	kɛ⁵³	kʰuei⁴¹²	ɕi⁴⁴
64 丽水	ŋ⁵⁴⁴	tsʅ⁵²	dzʅ²²	sʅ⁵⁴⁴	i⁵²	kɛ⁵⁴⁴	tsʰʅ⁵²	sʅ²²⁴
65 青田	n²¹调殊	tsʅ³³	dzʅ²¹	sʅ⁴⁵⁴	i³³	kɛ⁴⁵⁴	tsʰʅ³³	sʅ⁴⁴⁵
66 云和	ȵi⁴¹	tsʅ⁴⁵	dzʅ³¹²	sʅ⁴¹	i⁴⁵	ki⁴¹	tsʰʅ⁴⁵	sʅ²⁴
67 松阳	n²²	tsʅ²⁴	dzʅ³¹	sʅ²¹²	i²⁴	ki²¹²	tsʰʅ²⁴	sʅ²⁴~望
68 宣平	n²²³~朵 ȵi²²³木~	tsʅ⁵²	dzʅ⁴³³	sʅ⁴⁴⁵	i⁵²	kei⁴⁴⁵	tsʰʅ⁵²	sʅ³²⁴
69 遂昌	ȵi¹³	tsʅ³³⁴	dzʅ²²¹	sʅ⁵³³	i³³⁴	kei⁵³³	kʰei⁵³³有~ tsʰʅ³³⁴空~	sʅ⁴⁵
70 龙泉	mi⁵¹白 ȵi⁵¹文	tsʅ⁴⁵	dzʅ²¹	sʅ⁵¹白 ɕi⁵¹文	ʅ⁴⁵	kᴇ⁵¹白 tɕi⁵¹文	tsʰʅ⁴⁵	sʅ⁴³⁴
71 景宁	ȵi³³	tɕi³⁵	dʑi⁴¹	ɕi³³	i³⁵	kai³³	tɕʰi³⁵	ɕi³²⁴
72 庆元	m ĩ²²¹又 ȵĩ²²¹又	tsʅ¹¹	tsʅ⁵²	ɕi³³	i¹¹	kæi³³	tsʰʅ¹¹	ɕi³³⁵
73 泰顺	ȵi⁵⁵	tsʅ³⁵	tsʅ⁵³	sʅ⁵⁵	i³⁵	kɛ⁵⁵	tsʰʅ³⁵	sʅ²¹³
74 温州	ŋ²⁵白 zʅ¹⁴文	tsʅ⁵¹	dzʅ²⁵	sʅ²⁵	i⁵¹	ke²⁵	tsʰʅ⁵¹	sʅ³³
75 永嘉	ŋ¹³	tsʅ⁵³	dzʅ³¹	sʅ⁴⁵	i⁵³	ke⁴⁵	tsʰʅ⁵³	sʅ⁴²³调殊
76 乐清	ŋ³⁵白 zʅ²⁴文	tɕi⁴¹	dʑi³¹	ɕi³⁵	i⁴¹	ke³⁵	tɕʰi⁴¹	ɕi⁴⁴
77 瑞安	ŋ³⁵	tɕi⁵³	dʑi³¹	ɕi³⁵	i⁵³	ke³⁵	tɕʰi⁵³	ɕi⁴⁴

续表

方言点	0241 耳	0242 记	0243 棋	0244 喜	0245 意	0246 几 ～个	0247 气	0248 希
	止开三 上之日	止开三 去之见	止开三 平之群	止开三 上之晓	止开三 去之影	止开三 上微见	止开三 去微溪	止开三 平微晓
78 平阳	ŋ⁴⁵	tɕi⁵³	dʑi²⁴²	si⁴⁵	i⁵³	ke⁴⁵	tɕʰi⁵³	si⁵⁵
79 文成	n²²⁴	tɕi³³	dʑi¹¹³	sei⁴⁵	i³³	ke⁴⁵	tɕʰi³³	sei⁵⁵
80 苍南	ŋ⁵³	tɕi⁴²	dʑi³¹	ɕi⁵³	i⁴²	ke⁵³白 tɕi⁵³文	tɕʰi⁴²	ɕi⁴⁴
81 建德徽	n⁵⁵白 əɯ⁵⁵文	tɕi³³	tɕi³³	ɕi²¹³	i³³	tɕi²¹³	tɕʰi³³	ɕi⁵³
82 寿昌徽	n⁵⁵～朵	tɕi³³	tɕʰi¹¹²文	ɕi²⁴	i³³	tɕi²⁴	tɕʰi³³	ɕi¹¹²
83 淳安徽	la⁵⁵白 əl⁵⁵文	tɕi²⁴	tɕʰi⁴³⁵	ɕi⁵⁵	i²⁴	tɕi⁵⁵	tɕʰi²⁴	ɕi²⁴
84 遂安徽	n⁴³	tsɿ⁴³	tsʰɿ³³	ɕi²¹³	i⁴³	tsɿ²¹³	tsʰɿ⁴³	sɿ⁵³⁴
85 苍南闽	hi³²	ki²¹	ki²⁴	hi⁴³	i²¹	kui⁴³	kʰi²¹	hi⁵⁵
86 泰顺闽	ni³⁴⁴	ki⁵³	ki²²	ɕi³⁴⁴	i⁵³	ky³⁴⁴	kʰi⁵³	ɕi²¹³
87 洞头闽	hi²¹	ki²¹	ki¹¹³	hi⁵³	i²¹	kui⁵³白 ki⁵³文	kʰui²¹白 kʰi²¹文	hi³³
88 景宁畲	nᶻi³²⁵	ki⁴⁴	ki²²	xi³²⁵	i⁴⁴	ki³²⁵	kʰi⁴⁴	ɕi⁴⁴

方言点	0249 衣	0250 嘴	0251 随	0252 吹	0253 垂	0254 规	0255 亏	0256 跪
	止开三平微影	止合三上支精	止合三平支邪	止合三平支昌	止合三平支禅	止合三平支见	止合三平支溪	止合三上支群
01 杭州	i³³⁴	tsuei⁵³	dzuei²¹³	tsʰuei³³⁴	dzuei²¹³	kuei³³⁴	kʰuei³³⁴	guei¹³
02 嘉兴	i⁴²	tsʅ⁵⁴⁴	zuei²⁴²	tsʰʅ⁴²白 tsʰuei⁴²文	zuei²⁴²	kuei⁴²	kʰuei⁴²	dʑy¹¹³ guei¹¹³
03 嘉善	i⁵³	tsʅ⁴⁴	zɛ¹³²	tsʰʅ⁵³	zʅ¹¹³白 zɛ¹¹³文	kuɛ⁵³	tɕʰy⁵³白 kʰuɛ⁵³文	dʑy¹¹³
04 平湖	i⁵³	tsʅ⁴⁴	zue³¹	tsʰʅ⁵³	zue²¹³	kue⁵³	kʰue⁵³	dʑy²¹³
05 海盐	i⁵³	tsʅ⁴²³	zue³¹	tsʰʅ⁵³	zue³¹又 zue²¹³又	kue⁵³	kʰue⁵³	dʑy⁴²³
06 海宁	i⁵⁵	tsʅ⁵³	zei¹³	tsʰʅ⁵⁵	zei¹³	kue⁵⁵	tɕʰi⁵⁵白 kʰue⁵⁵文	dʑi²³¹
07 桐乡	i⁴⁴	tsʅ⁵³	zi¹³	tsʰʅ⁴⁴	zi¹³	kuei⁴⁴	kʰuei⁴⁴	dʑi²⁴²
08 崇德	i⁴⁴	tsʅ⁵³	zui¹³	tsʰʅ⁴⁴	zui¹³	kui⁴⁴	kʰui⁴⁴	dʑi²⁴²
09 湖州	i⁴⁴	tsei⁵²³	zei¹¹²	tsʰʅ⁴⁴	dzei²⁴	kuei⁴⁴	kʰuei⁴⁴	dʑi²³¹
10 德清	i⁴⁴	tsɛ⁵²	zɛ¹¹³	tsʰʅ⁴⁴	zɛ¹¹³	kuɛ⁴⁴	kʰuɛ⁴⁴	dʑi¹⁴³
11 武康	i⁴⁴	tsɛ⁵³	zɛ¹¹³	tsʰɛ⁴⁴	zɛ¹¹³	kuɛ⁴⁴	kʰuɛ⁴⁴	dʑi²⁴²白 guɛ²⁴²文
12 安吉	i⁵⁵	tsɛ⁵²	ze²²	tsʰue⁵⁵	ze²²	kue⁵⁵	kʰue⁵⁵	gue²⁴³
13 孝丰	i⁴⁴	tsɛ⁵²	ze²²	tsʰe⁴⁴	dze²²	kue⁴⁴	kʰue⁴⁴	gue²⁴³
14 长兴	ʅ⁴⁴	tsɯ⁵²	zei¹²	tsʰʅ⁴⁴	dzei¹²	kuei⁴⁴	kʰuei⁴⁴	guei²⁴³
15 余杭	i⁴⁴	tsɛ⁵³	zɛ²²	tsʰɛ⁴⁴	zɛ²¹³	kuɛ⁴⁴	kʰuɛ⁴⁴	guɛ²⁴³
16 临安	i⁵⁵	tsʅ⁵⁵	zE³³	tsʰE⁵⁵	zE³³	kuE⁵⁵	kʰuE⁵⁵	guE³³
17 昌化	i³³⁴	tsei⁴⁵³	zei¹¹²	tsʰei³³⁴	zei¹¹²	kuei³³⁴	kʰuei³³⁴	guei²⁴³
18 於潜	i⁴³³	tsue⁵¹	zue²²³	tɕʰy¹³³白 tɕʰue⁴³³文	dzue²²³	kue⁴³³	kʰue⁴³³	gue²⁴
19 萧山	i⁵³³	tsʅ³³	ze³⁵⁵	tsʰʅ⁵³³	ze³⁵⁵	kue⁵³³	kʰue⁵³³	dʑy¹³
20 富阳	i⁵³	tsɛ⁴²³	zɛ¹³	tsʰɛ⁵³	（无）	kuɛ⁵³	kʰuɛ⁵³	guɛ²²⁴
21 新登	i⁵³	tsue³³⁴	ze²³³	tsʰʮ⁵³	zue²³³	kue⁵³	kʰue⁵³	gue¹³
22 桐庐	i⁵³³	tsE³³	zE¹³	tɕʰyE⁵³³	dʑyE¹³	kuE⁵³³	kʰuE⁵³³	guE²⁴
23 分水	i⁴⁴	tsue⁵³	zue²²	tsʰue⁴⁴	zue²²	kue⁴⁴	kʰue⁴⁴	gue¹³

方言点	0249 衣	0250 嘴	0251 随	0252 吹	0253 垂	0254 规	0255 亏	0256 跪
	止开三平微影	止合三上支精	止合三平支邪	止合三平支昌	止合三平支禅	止合三平支见	止合三平支溪	止合三上支群
24 绍兴	i⁵³	tsE³³⁴	dzE²³¹	tsʰɿ⁵³	dzE²³¹	kuE⁵³	kʰuE⁵³	dzʑy²²³
25 上虞	i³⁵	tsɿ³⁵白 tse³⁵文	ze²¹³	tsʰɿ³⁵	ze²¹³	kue³⁵	kʰue³⁵	dzʑy²¹³
26 嵊州	i⁵³⁴	tsɿ⁵³	zE²¹³	tsʰɿ⁵³⁴	zɿ²¹³白 dzE²¹³文	kuE⁵³⁴	kʰuE⁵³⁴	dzʑy²⁴
27 新昌	i⁵³⁴	tsɿ⁴⁵³	ze²²	tsʰɿ⁵³⁴	dzɿ²²白 ze²²文	kue⁵³⁴	kʰue⁵³⁴	dzʑy²³²
28 诸暨	ʒɿ⁵⁴⁴	tsɿ⁴²	dze¹³	tsʰɿ⁵⁴⁴	dze¹³	kue⁵⁴⁴	kʰue⁵⁴⁴	dzʑy²⁴²白 gue²⁴²文
29 慈溪	i³⁵﹑	tɕi³⁵白 tse³⁵文	ze¹³	tsʰɿ³⁵	dze¹³	kue³⁵	kʰue³⁵	dzʑy¹³白 gue¹³文
30 余姚	i⁴⁴	tɕi³⁴	ze¹³	tsʰɿ⁴⁴	ze¹³	kue⁴⁴	kʰue⁴⁴	dzʑy¹³白 gue¹³文
31 宁波	i⁵³	tsʮ³⁵	zɐi¹³	tsʰʮ⁵³	zɐi¹³	kuɐi⁵³	kʰuɐi⁵³	dzʑy¹³
32 镇海	i⁵³	tsʮ³⁵	zei²⁴	tsʰʮ⁵³	zei²⁴读字	kuei⁵³	kʰuei⁵³	dzʑy²⁴白 guei²⁴文
33 奉化	i⁴⁴	tsɿ⁵⁴⁵	ze³³	tsʰɿ⁴⁴	zei³³读字	kuei⁴⁴	kʰuei⁴⁴	dzʑy³²⁴白 guei³²⁴文
34 宁海	i⁴²³	tsʮ⁵³	zei²¹³	tsʰʮ⁴²³	zei²¹³	kui⁴²³	kʰui⁴²³又 kʰuei⁴²³又	gy³¹
35 象山	i⁴⁴	tsʮ⁴⁴	zei³¹	tsʰʮ⁴⁴	zei³¹	kuei⁴⁴	kʰuei⁴⁴	dzʑy³¹
36 普陀	i⁵³	tsʮ⁴⁵	zæi²⁴	tsʰʮ⁵³	zæi²⁴	kuæi⁵³	kʰuæi⁵³	dzʑy²³
37 定海	i⁵²	tsʮ⁴⁵	zɐi²³	tsʰʮ⁵²	zɐi²³	kuɐi⁵²	kʰuɐi⁵²	dzʑy²³
38 岱山	i⁵²	tsʮ³²⁵	zɐi²³	tsʰʮ⁵²	zɐi²¹³调殊	kuɐi⁵²	kʰuɐi⁵²	dzʑy²⁴⁴
39 嵊泗	i⁵³	tsʮ⁴⁴⁵	zɐi²⁴³	tsʰʮ⁵³	zɐi²⁴³	kuɐi⁵³	kʰuɐi⁵³	dzʑy³³⁴
40 临海	i³¹	tɕy⁵²	zy²¹	tɕʰy³¹	dzʑy²¹	ky⁵²又 tɕy⁵²又	kʰue³¹	gy²¹
41 椒江	i⁴²	tsʮ⁴²	zʮ³¹	tsʰʮ⁴²	dzʮ³¹	kuə⁴²	kʰuə⁴²	gy³¹
42 黄岩	i³²	tsʮ⁴²	zʮ¹²¹	tsʰʮ³²	dzʮ¹²¹	ky³²白 kuø³²文	kʰuø³²	gy¹²¹
43 温岭	i³³	tɕy⁴²	zʑy³¹	tɕʰy³³	dzʑy¹³	ky³³白 kue³³文	kʰue³³	gy³¹

方言点	0249 衣	0250 嘴	0251 随	0252 吹	0253 垂	0254 规	0255 亏	0256 跪
	止开三平微影	止合三上支精	止合三平支邪	止合三平支昌	止合三平支禅	止合三平支见	止合三平支溪	止合三上支群
44 仙居	i³³⁴	tɕy³²⁴	ʑy²¹³	tɕʰy³³⁴	dʑy²¹³	ɕy³³⁴白 kuæ³³⁴文	kʰuæ³³⁴	ɟy²¹³
45 天台	i³³	tɕy³²⁵	ʑy²²⁴	tɕʰy³³	ʑy²²⁴	kuei³³	kʰuei²¹⁴ 声殊	gy³⁵
46 三门	i³³⁴	tsɿ³²⁵	zɿ¹¹³	tsʰɿ³³⁴	dzɿ²⁴³	kue³³⁴	kʰue³³⁴	gɿ²¹³
47 玉环	i⁴²	tɕy⁵³	ʑy³¹	tɕʰy⁴²	dʑy³¹	ky⁴²白 kue⁴²文	kʰue⁴²	gy⁴¹
48 金华	i³³⁴	tsui⁵³⁵	ʑie³¹³白 zui³¹³文	tɕʰy³³⁴	dʑy³¹³白 zui³¹³文	kui³³⁴	kʰui³³⁴	tɕy⁵³⁵
49 汤溪	i²⁴	tsuei⁵³⁵	zei¹¹	tɕʰy²⁴	（无）	kuei²⁴	kʰuei²⁴	dʑy¹¹³
50 兰溪	i³³⁴	tsui⁵⁵	zui²¹	tɕʰy³³⁴白 tsʰui³³⁴文	dzui²¹	kui³³⁴	kʰui³³⁴	tɕy⁵⁵
51 浦江	i⁵³⁴	tʃi⁵³	zuɛ¹¹³	tɕʰy⁵³⁴	dʑy¹¹³	kuɛ⁵³⁴	kʰuɛ⁵³⁴	dʑy²⁴³
52 义乌	i³³⁵	tɕy⁴²³	zuai²¹³	tɕʰy³³⁵	zuai²¹³	kuai³³⁵	kʰuai³³⁵	dʑy³¹²
53 东阳	i³³⁴	tsʅ⁴⁴	（无）	tsʰʅ³³⁴	zei²¹³	kuei³³⁴	kʰuei³³⁴	dʑyu²³¹
54 永康	i⁵⁵	tsəi³³⁴	zəi²²	tɕʰy⁵⁵	zəi²²	kuəi⁵⁵	kʰuəi⁵⁵	dʑy¹¹³
55 武义	i²⁴	tɕei⁴⁴⁵口～ tɕy⁴⁴⁵壶～	ʑy³²⁴	tɕʰy²⁴	ʑy¹³	kui²⁴	kʰui²⁴	dʑy¹³
56 磐安	i⁴⁴⁵	tɕy³³⁴	ʑye²¹³	tɕʰy⁴⁴⁵	dze²¹³	kue⁴⁴⁵	kʰue⁴⁴⁵	tɕy³³⁴
57 缙云	i⁴⁴	tsɿ⁵¹	zɿ²⁴³	tsʰɿ⁴⁴	zɿ²⁴³	kuei⁴⁴	tɕʰy⁴⁴	dʑy³¹
58 衢州	i³²	tse³⁵	ze²¹	tʃʰy³²	ze²¹	kue³²	kʰue³²	gue²³¹
59 衢江	i³³	tsei²⁵	zei²¹²	tɕʰy³³白 tsʰei³³文	zei²¹²	kuei³³	kʰuei³³	tɕʰy²⁵
60 龙游	i³³⁴	tsuei³⁵	zuei²¹	tsʰuei³³⁴	dzuei²¹	kuei³³⁴	kʰuei³³⁴	tɕʰy³⁵
61 江山	i⁴⁴	tɕy²⁴¹	zuɛ²¹³	tɕʰy⁴⁴	dzuɛ²¹³	kuɛ⁴⁴	kʰy⁴⁴吃～ kʰuɛ⁴⁴～心	kʰy²⁴¹
62 常山	i⁴⁴	tɕʰy⁵²	zue²⁴	tɕʰy⁴⁴白 tsʰue⁴⁴文	dzue³⁴¹	kue⁴⁴	tɕʰy⁴⁴吃～ kʰue⁴⁴～本	tɕʰy⁵²
63 开化	a⁵³～裳 i⁴⁴大～	tɕʰy⁵³	zuei²³¹	tɕʰy⁴⁴白 tsʰuei⁴⁴文	dzuei²³¹	kuei⁴⁴	tɕʰy⁴⁴白 kʰuei⁴⁴文	tɕʰy⁵³
64 丽水	i²²⁴	tsɿ⁵⁴⁴	zɿ²²	tsʰɿ²²⁴	dzɿ²²	kuei²²⁴	kʰuei²²⁴	dzɿ²²

续表

方言点	0249 衣	0250 嘴	0251 随	0252 吹	0253 垂	0254 规	0255 亏	0256 跪
	止开三 平微影	止合三 上支精	止合三 平支邪	止合三 平支昌	止合三 平支禅	止合三 平支见	止合三 平支溪	止合三 上支群
65 青田	i⁴⁴⁵	tsʮ⁴⁵⁴	zʮ²¹	tsʰʮ⁴⁴⁵	zʮ²¹	kuæi⁴⁴⁵	kʰuæi⁴⁴⁵	dzʮ³⁴³
66 云和	i²⁴	tsʮ⁴¹	zʮ³¹²	tsʰʮ²⁴	zʮ³¹²	kuei²⁴	kʰuei²⁴	dzʮ²³¹
67 松阳	i⁵³	tsei²¹²	zy³¹	tɕʰy⁵³	zy³¹	kuei⁵³	kʰuei⁵³	dzy²²
68 宣平	i³²⁴	tɕy⁴⁴⁵	zy⁴³³	tɕʰy³²⁴	zei⁴³³	kuei³²⁴	kʰuei³²⁴	dzy²²³
69 遂昌	i⁴⁵	tɕy⁵³³	zy²²¹	tɕʰy⁴⁵	dzy²²¹	kuei⁴⁵	kʰuei⁴⁵	dzy¹³
70 龙泉	ʅ⁴³⁴	tɕʰy⁵¹白 tsuəi⁵¹文	zy²¹	tɕʰy⁴³⁴	dzy²²⁴ 调殊	kuəi⁴³⁴	kʰuəi⁴³⁴	tɕy⁵¹
71 景宁	i³²⁴	tɕy³³	zy⁴¹	tɕʰy³²⁴	dzy⁴¹	kuai³²⁴	kʰuai³²⁴	tɕy³³
72 庆元	i³³⁵	tsæi³³	ɕy⁵²	tɕʰy³³⁵	ɕy⁵²	kuæi³³⁵	kʰuæi³³⁵	tɕy²²¹
73 泰顺	i²¹³	tɕy⁵⁵	ɕy⁵³	tɕʰy²¹³	tɕy²²	kuæi²¹³	kʰuæi²¹³	tɕy²¹
74 温州	i³³	tsʅ²⁵	zʅ³¹	tsʰʅ³³	dzʅ³¹	tɕy³³	kʰai³³	dzy¹⁴
75 永嘉	ʅ⁴⁴	tsʮ⁴⁵	zʮ³¹	tsʰʮ⁴⁴	dzʮ²²	tsʮ⁴⁴白 kai⁴⁴文	kʰai⁴⁴	dzʮ¹³
76 乐清	i⁴⁴	tɕy³⁵	zy³¹	tɕʰy⁴⁴	dzy³¹	tɕy⁴⁴	kʰuai⁴⁴	dzy²⁴
77 瑞安	i⁴⁴	tsɯ³⁵	zɯ³¹	tsʰɯ⁴⁴	dzɯ²²	tɕy⁴⁴	kʰai⁴⁴	dzy¹³
78 平阳	i⁵⁵	tɕy⁴⁵	zu²⁴²	tɕʰy⁵⁵	dzy²⁴²	tɕy⁵⁵	kʰai⁵⁵	dzy²³
79 文成	i⁵⁵	tɕy⁴⁵	zɵy¹¹³	tɕʰy⁵⁵	dzy¹¹³	tɕy⁵⁵白 kai⁵⁵文	kʰai⁵⁵	dzy²²⁴
80 苍南	i⁴⁴	tɕy⁵³	dzy¹¹	tɕʰy⁴⁴	dzy³¹	tɕy⁴⁴白 kuai⁴⁴文	kʰuai⁴⁴	dzy²⁴
81 建德徽	i⁵³	tɕye²¹³	ɕye³³	tɕʰye⁵³	tɕye³³	kue⁵³	kʰue⁵³	kue²¹³
82 寿昌徽	i¹¹²	tsuei²⁴文	suei¹¹²文	tɕʰyei¹¹²	tsʰuei¹¹²文	kuei¹¹²	kʰuei¹¹²	kʰuei⁵³⁴
83 淳安徽	i²⁴	tɕy⁵⁵	ɕye¹³⁵	tɕʰya²⁴	tɕʰye⁵³	kue²⁴	kʰue²⁴	kʰui⁵⁵
84 遂安徽	i⁵³⁴	kʰɯ²¹³	sɯ³³	tɕʰy⁵³⁴	tsʰɯ³³	kuɯ⁵³⁴	kʰuɯ⁵³⁴	tɕʰy⁴³
85 苍南闽	i⁵⁵	tsʰui²¹	sui²⁴	tsʰui⁵⁵	tʰui²⁴	kui⁵⁵	kʰui⁵⁵	kui³²
86 泰顺闽	i²¹³	(无)	ɕy²²	tsʰøi²¹³	ɕy³¹	kuei²¹³	kʰuei²¹³	kuei³¹
87 洞头闽	i³³	tsʰui²¹调殊	sui¹¹³	tsʰui³³文 tsʰə³³白	sui¹¹³文	kui³³	kʰui³³	kui²¹
88 景宁畲	(无)	tɕyoi⁴⁴	suei²²	tɕʰyoi⁴⁴	tɕʰy²²	kuei⁴⁴	kʰuei⁴⁴	kuei⁵¹

方言点	0257 危 止合三 平支疑	0258 类 止合三 去脂来	0259 醉 止合三 去脂精	0260 追 止合三 平脂知	0261 锤 止合三 平脂澄	0262 水 止合三 上脂书	0263 龟 止合三 平脂见	0264 季 止合三 去脂见
01 杭州	uei^{213}	lei^{13}	$tsuei^{45}$	$tsuei^{334}$	$dzuei^{213}$	$suei^{53}$	$kuei^{334}$	$tɕi^{45}$
02 嘉兴	uei^{242}	lei^{113}	$tsuei^{224}$	$tsuei^{42}$	$zuei^{242}$	$sʅ^{544}$	$tɕy^{544}$白 $kuei^{42}$	$tɕi^{224}$
03 嘉善	$vɛ^{132}$声殊	$lɛ^{113}$	$tsɛ^{334}$	$tsɛ^{53}$	$zɛ^{132}$	$sʅ^{44}$	$tɕy^{44}$白 $kuɛ^{44}$文	$tɕi^{334}$
04 平湖	ue^{213}	le^{213}	$tsue^{334}$	$tsue^{53}$	zue^{53}	$sʅ^{44}$	$tɕy^{53}$白 kue^{53}文	$tɕi^{334}$
05 海盐	ue^{31}	le^{213}	$tsue^{334}$	$tsue^{53}$	zue^{31}	$sʅ^{423}$	$tɕy^{53}$	$tɕi^{334}$
06 海宁	ue^{13}	lei^{13}	$tsei^{35}$	$tsei^{55}$	zei^{13}	$sʅ^{53}$	$tɕi^{55}$白 kue^{55}文	$tɕi^{35}$
07 桐乡	uei^{213}	li^{213}	tsi^{334}	tsi^{44}	zi^{13}	$sʅ^{53}$	$tɕi^{44}$	$tɕi^{334}$
08 崇德	ui^{13}	li^{13}	$tsui^{334}$	$tsui^{44}$	zui^{13}	$sʅ^{53}$	$tɕi^{44}$	$tɕi^{334}$
09 湖州	uei^{112}	lei^{35}	$tsei^{35}$	$tsei^{44}$	$dzei^{112}$	sei^{523}	$tɕi^{44}$白 $kuei^{44}$文	$tɕi^{35}$
10 德清	ue^{44}	$lɛ^{334}$	$tsɛ^{334}$	$tsɛ^{44}$	$zɛ^{113}$	$sʅ^{52}$	$tsʅ^{44}$白 $kuɛ^{44}$文	$tɕi^{334}$
11 武康	ue^{44}	$lɛ^{224}$	$tsɛ^{224}$	$tsɛ^{44}$	$zɛ^{113}$	$sɛ^{53}$	$kuɛ^{44}$	$tɕi^{224}$
12 安吉	ue^{22}	le^{213}	$tsɛ^{324}$	$tsɛ^{55}$	$dzɛ^{22}$	se^{52}	$kuɛ^{55}$	$tɕi^{324}$
13 孝丰	ue^{22}	le^{324}	$tsɛ^{324}$	$tsɛ^{44}$	$dzɛ^{22}$	se^{52}	$kuɛ^{44}$	$tɕi^{324}$
14 长兴	uei^{12}	lei^{324}	$tsɯ^{324}$	$tsɯ^{44}$	$dzei^{12}$	sei^{52}	$kuei^{44}$	$tʃʅ^{324}$
15 余杭	$uɛ^{213}$	$lɛ^{53}$	$tsɛ^{423}$	$tsɛ^{44}$	$zɛ^{213}$	$sɛ^{53}$	$kuɛ^{44}$	$tɕi^{423}$
16 临安	$uᴇ^{55}$	$lᴇ^{33}$	$tsᴇ^{55}$	$tsᴇ^{55}$	$dzᴇ^{33}$	$sʅ^{55}$	$kuᴇ^{55}$	$tɕi^{55}$
17 昌化	uei^{112}	lei^{243}	$tsei^{544}$	$tsei^{334}$	zei^{112}	sei^{453}	$kuei^{334}$	$tsʅ^{544}$
18 於潜	ue^{223}	le^{24}	$tsue^{35}$	$tsue^{433}$	$dzue^{223}$文	$ɕy^{51}$	kue^{433}	$tɕi^{35}$
19 萧山	ue^{355}	le^{242}	tse^{42}	tse^{533}	dze^{355}	$sʅ^{33}$	$tɕy^{533}$白 kue^{533}文	$tɕi^{42}$
20 富阳	$uɛ^{53}$	$lɛ^{335}$	$tsɛ^{335}$	$tsɛ^{53}$	（无）	$ɕyɛ^{123}$	$kuɛ^{53}$	$tɕi^{335}$
21 新登	ue^{45}	le^{13}	tse^{45}	tse^{53}	（无）	$sɥ^{334}$	kue^{53}	$tɕi^{45}$
22 桐庐	$uᴇ^{533}$	$lᴇ^{24}$	$tsᴇ^{35}$	$tɕyᴇ^{533}$	$dzuᴇ^{13}$文	$ɕyᴇ^{33}$	$kuᴇ^{533}$	$tɕi^{35}$

方言点	0257 危	0258 类	0259 醉	0260 追	0261 锤	0262 水	0263 龟	0264 季
	止合三 平支疑	止合三 去脂来	止合三 去脂精	止合三 平脂知	止合三 平脂澄	止合三 上脂书	止合三 平脂见	止合三 去脂见
23 分水	ue²²	le¹³	tsue²⁴	tsue⁴⁴	dzue²²	sue⁵³	kue⁴⁴	tɕi⁵³
24 绍兴	uɛ²³¹	lɛ²²	tsɛ³³	tsɛ⁵³	zɿ²³¹白 dzɛ²³¹文	sɿ³³⁴	tɕy⁵³白 kuɛ³³⁴文	tɕi³³
25 上虞	ue²¹³	le³¹	tse⁵³	tse³⁵	ze²¹³	sɿ³⁵	tɕy³⁵白 kue³⁵文	tɕi⁵³
26 嵊州	uɛ²¹³	lɛ²⁴	tsɛ³³⁴	tsɛ⁵³⁴	dzɛ²¹³	sɿ⁵³白 sɛ⁵³文	tɕy⁵³白 kuɛ⁵³文	tɕi³³⁴
27 新昌	ue²²	le¹³	tse³³⁵	tse⁵³⁴	dzɿ²²	sɿ⁴⁵³	tɕy⁵³⁴	tɕi³³⁵
28 诸暨	ve¹³	le³³	tse⁵⁴⁴	tse⁵⁴⁴	dze¹³	sɿ⁴²	tɕy⁵⁴⁴白 kue⁵⁴⁴文	tʃɿ⁵⁴⁴
29 慈溪	ue¹³	le¹³	tse⁴⁴	tse³⁵	dze¹³	sɿ³⁵白 se³⁵文	tɕy³⁵白 kue³⁵文	tɕi⁴⁴
30 余姚	ue¹³	le¹³	tse⁵³	tse⁴⁴	dze¹³	sɿ³⁴	tɕy⁴⁴白 kue⁴⁴文	tɕi⁵³
31 宁波	uɐi¹³	lɐi¹³	tsɐi⁴⁴	tsɐi⁵³	zɐi¹³	sʮ³⁵白 sɐi³⁵文	tɕy⁵³白 kuɐi⁵³文	tɕi⁵³
32 镇海	uei²⁴	lei²⁴	tsei⁵³	tsei⁵³读字	zei²⁴	sʮ³⁵	tɕy⁵³白 kuei⁵³文	tɕi⁵³
33 奉化	uei³³	lei³¹	tsei⁵³	tse⁴⁴	ze³³	sʮ⁵⁴⁵	tɕy⁴⁴白 kuei⁴⁴文	tɕi⁵³
34 宁海	ui²¹³	li²⁴白 lei²⁴文	tsʮ³⁵	tsei⁴²³读字	zei²¹³读字	sʮ⁵³	ky⁴²³	tsɿ³⁵
35 象山	uei³¹	lei¹³	tsei⁵³	tsei⁴⁴	zei³¹	sʮ⁴⁴	tɕy⁴⁴白 kuei⁴⁴文	tɕi⁵³
36 普陀	uæi²⁴	læi¹³	tsæi⁵⁵	tsæi⁵³	zæi²⁴	sʮ⁴⁵白 sæi⁴⁵文	tɕy⁵³	tɕi⁵⁵
37 定海	uɐi²³	lɐi²³调殊	tsɐi⁴⁴	tsɐi⁵²	zɐi²³	sʮ⁴⁵	tɕy⁵²	tɕi⁴⁴
38 岱山	uɐi²³	lɐi²³调殊	tsɐi⁴⁴	tsɐi⁵²	dzɐi²³	sʮ³²⁵	tɕy⁵²	tɕi⁴⁴
39 嵊泗	uɐi²⁴³	lɐi²⁴³调殊	tsɐi⁵³	tsɐi⁵³	zɐi²⁴³	sʮ⁴⁴⁵	tɕy⁵³	tɕi⁵³
40 临海	ue²¹	le³²⁴	tɕy⁵⁵	tɕy³¹	dzʮ²¹	ɕy⁵²	ky³¹	ky⁵⁵
41 椒江	uə³¹	lə²⁴	tsʮ⁵⁵	tsʮ⁴²	dzʮ³¹	sʮ⁴²	ky⁴²	ky⁵⁵

续表

方言点	0257 危 止合三 平支疑	0258 类 止合三 去脂来	0259 醉 止合三 去脂精	0260 追 止合三 平脂知	0261 锤 止合三 平脂澄	0262 水 止合三 上脂书	0263 龟 止合三 平脂见	0264 季 止合三 去脂见
42 黄岩	$uø^{121}$	le^{24}	$tsʯ^{55}$	$tsʯ^{32}$	$dzʯ^{121}$	$sʯ^{42}$	ky^{32}	ky^{55}
43 温岭	$nʑy^{13}$	le^{13}	$tɕy^{55}$	$tɕy^{33}$	$dʑy^{31}$	$ɕy^{42}$	ky^{33}	ky^{55}
44 仙居	$uæ^{213}$	$læ^{24}$	$tɕy^{55}$	$tɕy^{334}$	$dʑy^{213}$	$ɕy^{324}$	cy^{334}	cy^{55}
45 天台	uei^{224}	lei^{214}	$tɕy^{55}$	$tɕy^{33}$	$dʑy^{224}$	$ɕy^{325}$	ky^{33}	ki^{55}
46 三门	ue^{113}	le^{243}	$tsʯ^{55}$	$tsʯ^{334}$	$dzʯ^{252}$小	$sʯ^{325}$	ky^{334}	ky^{55}
47 玉环	y^{22}	le^{22}	$tɕy^{55}$	$tɕy^{42}$	$dʑy^{31}$	$ɕy^{53}$	ky^{42}	ky^{55}
48 金华	ui^{334}	lui^{14}	$tsɛ^{55}$	$tsɛ^{334}$	（无）	$ɕy^{535}$	kui^{334}	$tɕi^{55}$
49 汤溪	uei^{24}	lei^{341}	tsi^{52}	（无）	$dʑy^{11}$	$ɕyei^{535}$	$tɕy^0$乌～ $kuei^{55}$文	$tɕi^{52}$
50 兰溪	ui^{334}	le^{24}	$tɕi^{45}$	$tsui^{334}$	$dzui^{21}$	$ɕy^{55}$	kui^{334}	$tɕi^{45}$
51 浦江	$uɛ^{113}$	$luɛ^{24}$	$tʃi^{55}$	（无）	$dʑy^{113}$	$ɕy^{53}$	$tɕy^{534}$	$tʃi^{55}$
52 义乌	uai^{213}	lai^{24}	tsi^{45}	$tɕyai^{335}$ 小	$dʑyn^{213}$ 小	$ɕy^{423}$	$tɕy^{335}$白 $kuai^{335}$文	$tɕi^{45}$
53 东阳	uei^{213}	lei^{24}	$tsʅ^{453}$	$tsei^{334}$	$dzʅn^{213}$小	$sʅ^{44}$	$tɕiɐɯ^{453}$	$tɕi^{453}$
54 永康	$ŋuɐi^{55}$	$lɐi^{241}$	$tsəi^{52}$	$tsəi^{55}$	$dʑy^{22}$	$ɕy^{334}$	$ɕy^{55}$	$tɕi^{52}$
55 武义	ui^{24}	ly^{231}	$tɕi^{53}$	$tɕy^{24}$	$dʑy^{213}$	$ɕy^{445}$	$tɕy^{53}$	$tɕi^{53}$
56 磐安	ue^{213}	le^{14}	$tɕy^{52}$	$tsue^{445}$	$dʑy^{213}$	$ɕy^{334}$	$tɕiɐɯ^{445}$老 kue^{445}新	$tɕi^{52}$
57 缙云	$nʑy^{44}$	le^{13}白 lei^{213}文	$tsʯ^{453}$	$tsʯ^{44}$	$dzʯ^{243}$	$sʯ^{51}$	$tɕy^{44}$	$tɕi^{453}$
58 衢州	ue^{21}	le^{231}	tse^{53}	tse^{32}	dze^{21}	$ʃy^{35}$白 se^{35}文	kue^{53} 调殊	$tsʅ^{53}$
59 衢江	uei^{33}调殊	lei^{231}	$tɕyø^{53}$	$tsei^{33}$	zei^{212}	$ɕy^{25}$食～ sei^{25}～利	$kuei^{33}$	$tsʅ^{53}$
60 龙游	uei^{334}调殊	lei^{231}	$tsuei^{51}$	$tsuei^{334}$	$dzuei^{21}$	$suei^{35}$	$kuei^{334}$	$tɕi^{51}$
61 江山	$uɛ^{213}$	$luɛ^{31}$	$tɕy^{51}$	$tsuɛ^{44}$	dza^{213} 韵殊	y^{241}～勺① $ɕy^{241}$～果 $suɛ^{241}$～淅	$kɵ^{44}$	$kyɵ^{51}$

_____

① 此音有人写作"氶"。"氶"，《集韵》旨韵之诔切："闽人谓水曰氶。"也见于常山、开化、龙泉、遂昌等方言，多脱落声母[tɕ]。

续表

方言点	0257 危	0258 类	0259 醉	0260 追	0261 锤	0262 水	0263 龟	0264 季
	止合三平支疑	止合三去脂来	止合三去脂精	止合三平脂知	止合三平脂澄	止合三上脂书	止合三平脂见	止合三去脂见
62 常山	ue³⁴¹	nue¹³¹	tsue³²⁴	tɕy⁴⁴ 单用 tsue⁴⁴〜求	dzɛ³⁴¹	y⁵²〜勺 ɕy⁵²风〜 sue⁵²〜利	ki⁴⁴	tɕi⁵²
63 开化	uei²¹³调殊	luei²¹³	tsuɛ⁴¹²	tsuei⁴⁴	dzua²³¹	y⁵³〜田 suei⁵³〜果	kuei⁴⁴	tɕi⁴¹²
64 丽水	uei²²	lei¹³¹	tsʅ⁵²	tsʅ²²⁴	dzʅ²²	sʅ⁵⁴⁴	tsʅ²²⁴白 kuei²²⁴文	tsʅ⁵²
65 青田	ŋuæi²²调殊	leu²¹	tsʅ³³	tsʅ⁴⁴⁵	dzʅ²¹	sʅ⁴⁵⁴	tsʅ⁴⁴⁵	tsʅ³³
66 云和	uei²⁴调殊	lei²²³	tsʅ⁴⁵	tsʅ²⁴	dzʅ³¹²	sʅ⁴¹	tsʅ²⁴白 kuei²⁴文	tsʅ⁴⁵
67 松阳	uei⁵³调殊	lei¹³	tsʅ²⁴	tɕy⁵³	dʑy³¹	ɕy²¹²	tɕy⁵³	tɕy²⁴
68 宣平	uei³²⁴调殊	lei²³¹	tɕy⁵²	tsei³²⁴	dʑy⁴³³	ɕy⁴⁴⁵	tɕy³²⁴白 kuei³²⁴文	tsʅ⁵²
69 遂昌	uei²²¹	lei²¹³	tɕy³³⁴	tɕy⁴⁵	dʑy²²¹	y⁵³³开〜 ɕy⁵³³〜平	tɕy⁴⁵乌〜 kuei⁴⁵〜田	tɕy³³⁴
70 龙泉	uəi⁴³⁴	li²²⁴	tɕy⁴⁵	tɕy⁴³⁴	dʑy²¹	y⁵¹露〜 ɕy⁵¹〜果	tɕy⁴³⁴	tɕy⁴⁵
71 景宁	uai³²⁴调殊	lai¹¹³	tɕy³⁵	tɕy³²⁴	dʑy⁴¹	ɕy³³	tɕy³²⁴白 kuai³²⁴文	tɕy³⁵
72 庆元	n̠ĩ⁵²音殊	læi³¹	tɕy¹¹	tɕy³³⁵	tɕy⁵²	ɕy³³	tɕy³³⁵	tɕy¹¹
73 泰顺	n̠y²²〜险	lø²²	tɕy³⁵	tɕy²¹³	tɕy²¹³	ɕy⁵⁵	tɕy²¹³	tɕy³⁵
74 温州	n̠y³¹	lø²²	tsʅ⁵¹白 tsai⁵¹文	tsʅ³³	dzʅ³¹	sʅ²⁵	tɕy³³	tɕy⁵¹
75 永嘉	n̠y³¹	ləɯ²²	tsʅ⁵³白 tsai⁵³文	tsʅ⁴⁴	dzʅ³¹	sʅ⁴⁵	tsʅ⁴⁴	tsʅ⁵³
76 乐清	n̠y³¹	ly²²	tɕy⁴¹白 tɕiai⁴¹文	tɕy⁴⁴	dʑy³¹	sy³⁵	tɕy⁴⁴	tɕy⁴¹白 tɕi⁴¹文
77 瑞安	n̠y¹³调殊	lei²²	tsəɯ⁵³白 tsai⁵³文	tsəɯ⁴⁴	dzəɯ³¹	səɯ³⁵	tɕʮ⁴⁴	tɕʮ⁵³
78 平阳	n̠y²⁴²	lɯ³³	tɕy⁵³	tɕy⁵⁵	dʑy²⁴²	sɯ⁴⁵	tɕy⁵⁵	tɕi⁵³
79 文成	n̠y¹¹³	løy⁴²⁴	tɕy³³	tɕy⁵⁵	dʑy¹¹³	søy⁴⁵	tɕy⁵⁵	tɕy³³

续表

方言点	0257 危	0258 类	0259 醉	0260 追	0261 锤	0262 水	0263 龟	0264 季
	止合三平支疑	止合三去脂来	止合三去脂精	止合三平脂知	止合三平脂澄	止合三上脂书	止合三平脂见	止合三去脂见
80 苍南	ȵyɛ³¹音殊	lai¹¹	tɕy⁴²白 tsai⁴²文	tɕy⁴⁴	dʐy³¹	ɕy⁵³	tɕy⁴⁴	tɕy⁴²
81 建德徽	ue⁵³	ne²¹³	tɕi³³	tɕye⁵³	tɕye³³	ɕye²¹³	kue⁵³	tɕi³³
82 寿昌徽	uei¹¹²文	nuei²⁴文	tɕi³³	tɕyei¹¹²	tɕʰyei⁵⁵ 铁~	ɕyei²⁴	kuei¹¹²	tɕi³³
83 淳安徽	ue⁴³⁵	lie⁵³	tsa²⁴	tɕye²⁴	tɕʰya⁴³⁵	ɕya⁵⁵白 ɕy⁵⁵文	kueʔ⁵ 音殊	tɕi²⁴
84 遂安徽	vɯ⁵³⁴	lɯ⁵²	tɕiu⁴³	tɕy⁵³⁴	tɕʰy³³	ɕy²¹³	kuɯ⁵³⁴	tsɿ⁴³
85 苍南闽	ui²⁴	lui²¹	tsui²¹	tui⁵⁵	tui²⁴	tui⁴³	kui⁵⁵	kui²¹
86 泰顺闽	ŋuei³¹	ly³¹	tɕy⁵³	tɕy²¹³	tʰy²²	tɕy³⁴⁴	kuei²¹³	kuei⁵³
87 洞头闽	lui¹¹³	lui²¹	tsui²¹	tsui³³	tʰui¹¹³	tsui⁵³	kui³³	kui²¹
88 景宁畲	uei⁴⁴	luei⁵¹	tsuei⁴⁴	tɕy⁴⁴	tɕʰy²²	ɕy³²⁵	kuei⁴⁴	tɕy⁴⁴

方言点	0265 柜	0266 位	0267 飞	0268 费	0269 肥	0270 尾	0271 味	0272 鬼
	止合三去脂群	止合三去脂云	止合三平微非	止合三去微敷	止合三平微奉	止合三上微微	止合三去微微	止合三上微见
01 杭州	guei¹³	uei¹³	fi³³⁴	fi⁴⁵	bi²¹³~皂 vei²¹³~料	mi⁵³白 uei⁵³文	bi¹³~道 vi¹³~精	kuei⁵³
02 嘉兴	guei¹¹³	uei¹¹³	fi⁴²	fi²²⁴	vi²⁴²	mi¹¹³白 vi¹¹³	mi¹¹³白 vi¹¹³	tɕy⁵⁴⁴
03 嘉善	dʐy¹¹³白 gue¹¹³文	vɛ¹¹³声殊	fi⁵³	fi³³⁴ viɛ¹¹³姓~	bi¹³²白 vi¹³²文	mi¹¹³白 n̠i¹¹³白 vi¹¹³文	mi¹¹³白 vi¹¹³文	tɕy⁴⁴白 kuɛ⁴⁴文
04 平湖	dʐy²¹³	ue²¹³	fi⁵³	vi²¹³姓~ fi³³⁴电~	bi³¹白 vi³¹文	mi²¹³白 vi²¹³文	mi²¹³白 vi²¹³文	tɕy⁴⁴
05 海盐	gue²¹³读字	ue²¹³	fi⁵³	vi²¹³姓~ fi³³⁴电~	bi³¹白 vi³¹文	mi⁴²³	mi²¹³	tɕy⁴²³白 kue⁴²³文
06 海宁	dʑi¹³白 gue¹³文	ue¹³	fi⁵⁵	fi³⁵	bi¹³白 vi¹³文	mi²³¹白 vi²³¹文	mi¹³白 vi¹³文	tɕi⁵³白 kue⁵³文
07 桐乡	dʑi²¹³	uei²¹³	fi⁴⁴	uei²¹³姓~ fi³³⁴电~	bi¹³白 vi¹³文	m²⁴²老 mi²⁴²新	mi²¹³白 vi²¹³文	tɕi⁵³
08 崇德	dʑi¹³	ui¹³	fi⁴⁴	vi¹³姓~ fi³³⁴电~	bi¹³白 vi¹³文	n̠i⁵³	mi¹³白 vi¹³文	tɕi⁵³
09 湖州	kuei³⁵	uei³⁵	fi⁴⁴	fi³⁵	bi¹¹²白 vi¹¹²文	n⁵²³白 vi²³¹文	mi³⁵白 vi²⁴文	tɕi⁵²³白 kuei⁵²³文
10 德清	dʑi¹¹³白 guɛ¹¹³文	uɛ³³⁴	fi⁴⁴	fi³³⁴	bi¹¹³白 vi¹¹³文	m¹⁴³白 vi¹⁴³文	mi³³⁴白 vi¹¹³文	tɕi⁵²白 kuɛ⁵²文
11 武康	guɛ¹¹³	uɛ²²⁴	fi⁴⁴	fi²²⁴	vi¹¹³	m²⁴²白 vi²⁴²文	vi¹¹³	kuɛ⁵³
12 安吉	gue²¹³	ue²¹³	fi⁵⁵	fi³²⁴	vi²²	m⁵²又 mi⁵²又	mi²¹³	kue⁵²
13 孝丰	gue²¹³	ue³²⁴	fi⁴⁴	fi³²⁴	bi²²白 vi²²文	mi⁵²	mi³²⁴白 vi²¹³文	kue⁵²
14 长兴	guei²⁴	uei³²⁴	fʅ⁴⁴	vʅ²⁴	vʅ¹²	n⁵²	bʅ²⁴	kuei⁵²
15 余杭	guɛ²¹³	uɛ²¹³	fi⁴⁴	vi²¹³姓~ fi⁴⁴浪~	bi²²白 vi²²文	m⁵³	vi²¹³	kuɛ⁵³
16 临安	guE³³	uE³³	fi⁵⁵	fi⁵⁵	bi³³白 vi³³文	m³³白 vi³³文	mi³³白 vi³³文	kuE⁵⁵
17 昌化	guei²⁴³	uei²⁴³	fei³³⁴	fei⁵⁴⁴	vei¹¹²	mi⁴⁵³白 vei²⁴³文	vei²⁴³	kuei⁴⁵³

续表

方言点	0265 柜	0266 位	0267 飞	0268 费	0269 肥	0270 尾	0271 味	0272 鬼
	止合三 去脂群	止合三 去脂云	止合三 平微非	止合三 去微敷	止合三 平微奉	止合三 上微微	止合三 去微微	止合三 上微见
18 於潜	gue²⁴	ue²⁴	fi⁴³³	fi³⁵	vi²²³	mi⁵¹白 ue⁵¹文	vi²⁴	kue⁵¹
19 萧山	dʑy¹³	ue²⁴²	fi⁵³³	fi⁴²	bi³⁵⁵白 vi³⁵⁵文	mi⁵³³	mi²⁴²	tɕy³³
20 富阳	guɛ²²⁴	uɛ³³⁵	fi⁵³	fi³³⁵	bi¹³白 vi¹³文	m̩⁴²³	bi²²⁴白 vi²²⁴文	kuɛ⁴²³
21 新登	gue¹³	ue¹³	fi⁵³	fi⁴⁵	vi²³³	ŋ³³⁴	vi¹³	kue³³⁴
22 桐庐	guE²⁴	uE²⁴	fi⁵³³	fi³⁵	vi¹³	mi³³	vi²⁴	kuE³³
23 分水	dʑy¹³	ue¹³	fe⁴⁴	fi²⁴	vi²²	mi⁵³	vi¹³	kue⁵³
24 绍兴	dʑy²²白 guE²²文	uE²²	fi⁵³	fi³³	bi²³¹白 vi²³¹文	mi²²³白 vi²²³文	bi²²白 vi²²文	tɕy³³⁴白 kuE³³⁴文
25 上虞	gue³¹	ue³¹	fi³⁵	fi⁵³	bi²¹³白 vi²¹³文	mi²¹³	bi²¹³白 vi²¹³文	tɕy³⁵白 kue³⁵文
26 嵊州	dʑy²⁴白 guE²⁴文	uE²⁴	fi⁵³⁴	fi³³⁴	bi²¹³白 vi²¹³文	mi²⁴白 vi²⁴文	bi²⁴~道 vi²⁴~精	tɕy⁵³白 kuE⁵³文
27 新昌	dʑy¹³白 gue¹³文	ue¹³	fi⁵³⁴	fi³³⁵	bi²²白 vi²²文	mi²³²白 ue²³²文	mi¹³白 vi¹³文	tɕy⁴⁵³
28 诸暨	dʑy³³	ve³³	fʅ⁵⁴⁴	fʅ⁵⁴⁴	bʅ¹³白 vʅ¹³文	mʅ²⁴²	mʅ³³白 vʅ³³文	tɕy⁴²
29 慈溪	dʑy¹³	ue¹³	fi³⁵	fi⁴⁴	bi¹³白 vi¹³文	mi¹³白 vi¹³文	mi¹³白 vi¹³文	tɕy³⁵白 kue³⁵文
30 余姚	dʑy¹³白 gue¹³文	ue¹³	fi⁴⁴	fi⁵³	bi¹³白 vi¹³文	mi¹³	mi¹³白 vi¹³文	tɕy³⁴白 kue³⁴文
31 宁波	dʑy¹³白 guɐi¹³文	uɐi¹³	fi⁵³	vi¹³姓~ fi⁴⁴~用	bi¹³白 vi¹³文	mi¹³白 vi¹³文	mi¹³白 vi¹³文	tɕy³⁵白 kuɐi³⁵文
32 镇海	dʑy²⁴白 guei²⁴文	uei²⁴	fi⁵³	fi⁵³	bi²⁴白 vi²⁴文	mi²⁴白 vi²⁴文	mi²⁴白 vi²⁴文	tɕy³⁵白 kuei³⁵文
33 奉化	dʑy³¹白 guei³¹文	uei³¹	fi⁴⁴	fi⁵³	bi³³白 vi³³文	m³³白 vi³³文	mi³¹白 vi³¹文	tɕy⁵⁴⁵白 kuei⁵⁴⁵文
34 宁海	gy²⁴	uei²⁴	fi⁴²³	fi³⁵	bi²¹³白 vi²¹³文	mi³¹白 vi³¹文	mi²⁴白 vi²⁴文	ky⁵³白 kuei⁵³文
35 象山	dʑy³¹	uei³¹	fi⁴⁴	fi⁵³消~ vi³¹姓~	bi³¹白 vi³¹文	ŋ³¹白 mi³¹文	mi³¹白 vi³¹文	tɕy⁴⁴白 kuei⁴⁴文

方言点	0265 柜 止合三 去脂群	0266 位 止合三 去脂云	0267 飞 止合三 平微非	0268 费 止合三 去微敷	0269 肥 止合三 平微奉	0270 尾 止合三 上微微	0271 味 止合三 去微微	0272 鬼 止合三 上微见
36 普陀	guæi²³	uæi¹³	fi⁵³	fi⁵⁵	bi²⁴~皂 vi²⁴~肉	mi²³	mi¹³	tɕy⁴⁵白 kuæi⁴⁵文
37 定海	dzʑy²³调殊	uɐi¹³	fi⁵²	fi⁴⁴	bi²³白 vi²³文	mi²³白 vi²³文	mi¹³白 vi¹³文	tɕy⁴⁵白 kuɐi⁴⁵文
38 岱山	dzʑy²¹³	uɐi²¹³	fi⁵²	fi⁴⁴浪~ vi²¹³姓~	bi²³白 vi²³文	ȵi²³白 vi²³文	mi²¹³白 vi²¹³文	tɕy³²⁵白 kuɐi³²⁵文
39 嵊泗	dzʑy²¹³	uɐi²¹³	fi⁵³	fi⁵³浪~ vi²¹³姓~	bi²⁴³白 vi²⁴³文	ȵi⁴⁴⁵白 vi⁴⁴⁵文	mi²¹³白 vi²¹³文	tɕy⁴⁴⁵白 kuɐi⁴⁴⁵文
40 临海	gy³²⁴	ue³²⁴~置 y³²⁴~牌	fi³¹	fi⁵⁵	bi²¹~肉 vi²¹~皂	mi⁵²~巴	mi³²⁴~道	ky⁵²
41 椒江	gy²⁴	uə²⁴	fi⁴²	fi⁵⁵	bi³¹白 vi³¹文	mi⁴²	mi²⁴	ky⁴²
42 黄岩	gy²⁴	uø²⁴	fi³²	fi⁵⁵	bi¹²¹白 vi¹²¹文	mi⁴²	mi²⁴	ky⁴²
43 温岭	gy¹³	y¹³	fi³³	fi⁵⁵	bi³¹白 vi³¹文	mi⁴²	mi¹³	ky⁴²
44 仙居	ɟy²⁴	y²⁴白 uæ²⁴文	fi³³⁴	fi⁵⁵	bi²¹³白 vi²¹³文	mi²¹³	mi²⁴	cy³²⁴
45 天台	gy³⁵	uei³⁵~置 y³⁵~牌	fi³³	fi⁵⁵	bi²²⁴~肉 vi²²⁴~皂	mi²¹⁴~巴 vi²¹⁴末~	mi³⁵~道 vi³⁵~精	ky³²⁵
46 三门	gy²⁴³	ue²⁴³	fi³³⁴	fi⁵⁵	bi¹¹³白 vi¹¹³文	mi³²⁵	mi²⁴³白 vi²¹³文	ky³²⁵
47 玉环	gy²²	y²²	fi⁴²	fi⁵⁵	bi³¹白 vi³¹文	mi⁵³	mi²²	ky⁵³
48 金华	dzʑy¹⁴白 gui¹⁴文	ui¹⁴	fi³³⁴	fi⁵⁵	vi³¹³	m̩⁵³⁵白 ui⁵³⁵文	vi¹⁴	tɕy⁵³⁵白 kui⁵³⁵文
49 汤溪	（无）	uei³⁴¹	fi²⁴	fi⁵²	vi¹¹	ŋ¹¹³白 vi¹¹³文	vi³⁴¹	kuɛ⁵³⁵
50 兰溪	gui²⁴	ui²⁴	fi³³⁴	fi⁴⁵	vi²¹	n̩⁵⁵	vi²⁴	kue⁵⁵
51 浦江	dzʑy²⁴	uɛ²⁴	fi⁵³⁴	fi⁵⁵路~ vi²⁴³姓~	bi¹¹³白 vi¹¹³文	m̩¹¹³~巴	vi²⁴	tɕy⁵³
52 义乌	dzʑy²⁴白 guai²⁴文	uai²⁴	fi³³⁵	fi⁴⁵	vi²¹³	m̩³¹²~巴 vi³¹²结~	bi³¹²白 vi³¹²文	tɕy⁴²³

续表

方言点	0265 柜 止合三 去脂群	0266 位 止合三 去脂云	0267 飞 止合三 平微非	0268 费 止合三 去微敷	0269 肥 止合三 平微奉	0270 尾 止合三 上微微	0271 味 止合三 去微微	0272 鬼 止合三 上微见
53 东阳	$dzʮu^{24}$	ue^{24}	fi^{334}	fi^{453}	vi^{213}	（无）	bi^{213}白 vi^{231}文	$tɕyu^{453}$
54 永康	$guəi^{241}$	$uəi^{241}$	fi^{55}	fie^{52}	vi^{22}	$ŋ^{113}$白 vi^{113}文	vi^{241}	$kuəi^{334}$
55 武义	（无）	ui^{231}	fi^{24}	fie^{53}	vi^{324}	n^{13}	vi^{231}	kui^{445}
56 磐安	$dzʮ^{14}$老 gue^{14}新	ue^{14}	fi^{445}	fi^{52}	bi^{213}~肉 vi^{213}减~	m^{334}	bi^{14}~道 vi^{14}~精	$tɕy^{334}$
57 缙云	$dzʮ^{213}$	uei^{213}	fi^{44}	fi^{453}	bi^{243}白 vi^{243}文	$ȵiɛŋ^{51}$	mi^{31}	$tɕy^{51}$
58 衢州	gue^{231}	ue^{231}	fi^{32}	fi^{53}	bi^{21}白 vi^{21}文	mi^{53}	mi^{231}白 vi^{231}文	$tʃy^{35}$白 kue^{35}文
59 衢江	$guei^{231}$	uei^{231}	fi^{33}	fi^{53}	bi^{212}~皂 vi^{212}~肉	mie^{212}	mi^{231}~道 vi^{231}~精	$kuei^{25}$
60 龙游	$guei^{231}$	uei^{231}	fi^{334}	fi^{51}	bi^{21}白 vi^{21}文	mie^{21}调殊	vi^{231}	$kuei^{35}$
61 江山	$gɵ^{31}$	$uɛ^{31}$	fi^{44}	fi^{51}	bi^{213}白 vi^{213}文	$mɛ^{22}$	mi^{31}白 vi^{31}白	$kuɛ^{241}$
62 常山	$guɛ^{131}$	y^{341}白 $uɛ^{131}$文	fi^{44}	fi^{324}	bi^{341}~皂 vi^{341}化~	mi^{24}	mi^{24}~道 vi^{24}~精	kue^{52}
63 开化	gua^{213}	y^{213}白 uei^{213}文	fi^{44}	fi^{53}调殊	bi^{231}~皂 vi^{231}化~	mi^{213}	min^{213}白 mi^{213}白 vi^{213}文	$kuɛ^{53}$见~ $kuei^{53}$ ~子
64 丽水	$dzʮ^{131}$白 $kuei^{52}$文	uei^{131}	fi^{224}	fi^{52}	bi^{22}白 vi^{22}文	$ŋ^{544}$白 mi^{544}文	mi^{131}	$kuei^{544}$
65 青田	$dzʮ^{22}$	vu^{22}	fi^{445}	fi^{33}	bi^{21}~肉 vi^{21}~料	mi^{21}调殊	mi^{22}	$kuæi^{454}$
66 云和	$dzʮ^{223}$	y^{223}白 uei^{223}文	fi^{24}	fi^{45}	bi^{312}白 vi^{312}文	mi^{41}	mi^{223}	$kuei^{41}$
67 松阳	$dzʮ^{22}$	uei^{13}	$pʰi^{53}$	$pʰiɛ^{24}$	$pʰi^{31}$声殊	$miɛ^{22}$	mi^{22}调殊	$kuei^{212}$
68 宣平	$dzʮ^{231}$	uei^{231}	fi^{324}	fi^{52}	bi^{433}白 vi^{433}文	n^{223}白 mi^{223}文	mi^{231}白 vi^{231}文	$kuei^{445}$
69 遂昌	$dzʮ^{13}$	uei^{213}	fi^{45}	fie^{334}	vi^{221}	$miʔ^{23}$韵殊	mi^{213}	$kuei^{533}$

方言点	0265 柜 止合三 去脂群	0266 位 止合三 去脂云	0267 飞 止合三 平微非	0268 费 止合三 去微敷	0269 肥 止合三 平微奉	0270 尾 止合三 上微微	0271 味 止合三 去微微	0272 鬼 止合三 上微见
70 龙泉	dʑy²¹调殊	y²²⁴白 uəi²²⁴文	fi⁴³⁴	fi⁴⁵	vi²¹	mi⁵¹	mi²²⁴	kuɛ⁵¹
71 景宁	dʑy⁴¹	y¹¹³白 uai¹¹³文	pʰi³²⁴白 fi³²⁴文	fi³⁵	bi⁴¹白 vi⁴¹文	mai³³	mi¹¹³	kuai³³
72 庆元	tɕyɛ³³调殊	y³¹	ɓæi³³⁵白 fi³³⁵文	fi¹¹	fi⁵²	m̃ɿ³³	m̃ɿ³¹	kuæi³³
73 泰顺	tɕy²²	y²²	fi²¹³	fi³⁵	fi⁵³	mæi⁵⁵	mi²²	kuæi⁵⁵
74 温州	dʑy²²	vu²²	fei³³	fei⁵¹	bei³¹白 vei³¹文	mei¹⁴	mei²²	tɕy²⁵
75 永嘉	dʑɥ²²	u²²	fei⁴⁴	fei⁵³	bei³¹白 vei³¹文	mei¹³	mei²²	tsɥ⁴⁵
76 乐清	dʑy²²	y²²	fi⁴⁴	fi⁴¹	bi³¹白 vi³¹文	ŋ³⁵白 mi²⁴文	mi²²	tɕy³⁵
77 瑞安	dʑɣ²²	ɣ²²	fei⁴⁴	fei⁵³	bei³¹白 vei³¹文	mei¹³	mei²²	tɕɣ³⁵
78 平阳	（无）	vʉ³³	fi⁵⁵	fi⁵³	vi²⁴²	mai⁴⁵	mi³³	tɕy⁴⁵
79 文成	dʑy⁴²⁴	vʉ⁴²⁴	fei⁵⁵	fei³³	vei¹¹³	mai²²⁴	mei⁴²⁴	tɕy⁴⁵
80 苍南	dʑy¹¹	y¹¹	fi⁴⁴	fi⁴²	bi³¹白 vi³¹文	mai⁵³	mi¹¹	tɕy⁵³
81 建德徽	kʰue⁵⁵	ue⁵⁵	fi⁵³	fi³³	fi³³	mi⁵⁵~巴	fi²¹³	kue²¹³
82 寿昌徽	kʰuei³³	uei³³	fi¹¹²	fi³³	pʰi⁵²白 fi⁵²文	mi⁵³⁴	uei³³	kuei²⁴
83 淳安徽	kʰue⁵³	ve⁵³	fi²⁴	fi²⁴	pʰi⁴³⁵白 fi⁴³⁵文	mi⁵⁵	vi⁵³	kui⁵⁵
84 遂安徽	tɕʰy⁴³	vɯ⁵²	fi⁵³⁴	fe⁴³	fi³³	mi⁴³	vi⁵²	kuəɯ²¹³
85 苍南闽	kui²¹	ui²¹	pə⁵⁵	hui²¹	pui²⁴	bə³²	bi²¹	kui⁴³
86 泰顺闽	kuei³¹	uei³¹	pəi²¹³	fei⁵³	pei²²	məi³⁴⁴	mi³¹	kuei³⁴⁴
87 洞头闽	kui²¹	ui²¹	pə³³	hui²¹	pui¹¹³	bə⁵³	bi²¹	kui⁵³
88 景宁畲	kʰy⁵¹	uei⁵¹	puei⁴⁴	fi⁴⁴	pʰi²²	muei⁴⁴	mi⁵¹	kuei³²⁵

方言点	0273 贵 止合三 去微见	0274 围 止合三 平微云	0275 胃 止合三 去微云	0276 宝 效开一 上豪帮	0277 抱 效开一 上豪並	0278 毛 效开一 平豪明	0279 帽 效开一 去豪明	0280 刀 效开一 平豪端
01 杭州	$kuei^{45}$	uei^{213}	uei^{13}	$pɔ^{53}$	$bɔ^{13}$	$mɔ^{213}$	$mɔ^{13}$	$tɔ^{334}$
02 嘉兴	$tɕy^{224}$	uei^{242}	uei^{113}	$pɔ^{544}$	$bɔ^{113}$	$mɔ^{242}$	$mɔ^{113}$	$tɔ^{42}$
03 嘉善	$tɕy^{334}$白 kue^{334}文	y^{132}白 $vɛ^{132}$文	$vɛ^{113}$声殊	$pɔ^{44}$	$bɔ^{113}$	$mɔ^{132}$	$mɔ^{113}$	$tɔ^{53}$
04 平湖	$tɕy^{334}$	y^{31}白 ue^{31}文	ue^{213}	$pɔ^{44}$	$bɔ^{213}$	$mɔ^{31}$	$mɔ^{213}$	$tɔ^{53}$
05 海盐	$tɕy^{334}$白 kue^{334}文	y^{31}白 ue^{31}文	ue^{213}	$pɔ^{423}$	$bɔ^{423}$	$mɔ^{31}$	$mɔ^{213}$	$tɔ^{53}$
06 海宁	$tɕi^{35}$白 kue^{35}文	i^{13}白 ue^{13}文	ue^{13}	$pɔ^{53}$	$bɔ^{231}$	$mɔ^{13}$	$mɔ^{13}$	$tɔ^{55}$
07 桐乡	$tɕi^{334}$	i^{13}白 uei^{13}文	vi^{213}白 uei^{213}文	$pɔ^{53}$	$bɔ^{242}$	$mɔ^{13}$	$mɔ^{213}$	$tɔ^{44}$
08 崇德	$tɕi^{334}$白 kui^{334}文	i^{13}白 ui^{13}文	ui^{13}	$pɔ^{53}$	$bɔ^{242}$	$mɔ^{13}$	$mɔ^{13}$	$tɔ^{44}$
09 湖州	$tɕi^{35}$白 $kuei^{35}$文	i^{112}白 uei^{112}文	uei^{35}	$pɔ^{523}$	$bɔ^{231}$	$mɔ^{112}$	$mɔ^{35}$	$tɔ^{44}$
10 德清	$tɕi^{334}$白 kue^{334}文	i^{113}白 ue^{113}文	ue^{334}	$pɔ^{52}$	$bɔ^{143}$	$mɔ^{113}$	$mɔ^{334}$	$tɔ^{44}$
11 武康	kue^{224}	$uɛ^{113}$	$uɛ^{224}$	$pɔ^{53}$	$bɔ^{242}$	$mɔ^{113}$	$mɔ^{224}$	$tɔ^{44}$
12 安吉	kue^{324}	ue^{22}	ue^{213}	$pɔ^{52}$	$bɔ^{243}$	$mɔ^{22}$	$mɔ^{213}$	$tɔ^{55}$
13 孝丰	kue^{324}	ue^{22}	ue^{324}	$pɔ^{52}$	$bɔ^{243}$	$mɔ^{22}$	$mɔ^{324}$	$tɔ^{44}$
14 长兴	$kuei^{324}$	uei^{12}	uei^{324}	$pɔ^{52}$	$bɔ^{243}$	$mɔ^{12}$	$mɔ^{324}$	$tɔ^{44}$
15 余杭	kue^{423}	$uɛ^{22}$	$uɛ^{213}$	$pɔ^{53}$	$bɔ^{243}$	$mɔ^{22}$	$mɔ^{213}$	$tɔ^{44}$
16 临安	$kuɛ^{55}$	y^{33}白 $uɛ^{33}$文	$uɛ^{33}$	$pɔ^{55}$	$bɔ^{33}$	$mɔ^{33}$	$mɔ^{33}$	$tɔ^{55}$
17 昌化	$kuei^{544}$	uei^{112}	uei^{243}	$pɔ^{453}$	$bɔ^{243}$	$mɔ^{112}$	$mɔ^{243}$	$tɔ^{334}$
18 於潜	kue^{35}	ue^{223}	ue^{24}	$pɔ^{51}$	$bɔ^{24}$	$mɔ^{223}$	$mɔ^{24}$	$tɔ^{433}$
19 萧山	$tɕy^{42}$	y^{355}白 ue^{355}文	ue^{242}	$pɔ^{33}$	$bɔ^{13}$	$mɔ^{355}$	$mɔ^{242}$	$tɔ^{533}$
20 富阳	$kuɛ^{335}$	$uɛ^{13}$	$uɛ^{335}$	$pɔ^{423}$	$bɔ^{224}$	$mɔ^{13}$	$mɔ^{335}$	$tɔ^{53}$
21 新登	kue^{45}	$ɥ^{233}$白 ue^{233}文	ue^{13}	$pɔ^{334}$	$bɔ^{13}$	$mɔ^{233}$	$mɔ^{13}$	$tɔ^{53}$

续表

方言点	0273 贵 止合三 去微见	0274 围 止合三 平微云	0275 胃 止合三 去微云	0276 宝 效开一 上豪帮	0277 抱 效开一 上豪並	0278 毛 效开一 平豪明	0279 帽 效开一 去豪明	0280 刀 效开一 平豪端
22 桐庐	kuɛ³⁵	uɛ¹³	uɛ²⁴	pɔ³³	bɔ²⁴	mɔ¹³	mɔ²⁴	tɔ⁵³³
23 分水	kue²⁴	ue²²	ue¹³	pɔ⁵³	bɔ¹³	mɔ²²	mɔ¹³	tɔ⁴⁴
24 绍兴	tɕy³³白 kuɛ³³文	y²³¹白 uɛ²³¹文	uɛ²²	pɔ³³⁴	bɔ²²³	mɔ²³¹	mɔ²²	tɔ⁵³
25 上虞	tɕy⁵³白 kue⁵³文	y²¹³白 ue²¹³文	ue⁵³	pɔ³⁵	bɔ²¹³	mɔ²¹³	mɔ³¹	tɔ³⁵
26 嵊州	tɕy³³⁴白 kuɛ³³⁴文	y²¹³白 uɛ²¹³文	uɛ²⁴	pɔ⁵³	bɔ²²	mɔ²¹³	mɔ²⁴	tɔ⁵³⁴
27 新昌	tɕy³³⁵	y²²白 ue²²文	ue¹³	pɔ⁴⁵³	bɔ²³²	mɔ²²	mɔ¹³	tɔ⁵³⁴
28 诸暨	tɕy⁵⁴⁴白 kue⁵⁴⁴文	ve¹³	ve³³	pɔ⁴²	bɔ²⁴²	mɔ¹³	mɔ³³	tɔ⁵⁴⁴
29 慈溪	tɕy⁴⁴白 kue⁴⁴文	y¹³白 ue¹³文	ue¹³	pɔ³⁵	bɔ¹³	mɔ¹³	mɔ¹³	tɔ³⁵
30 余姚	tɕy⁵³白 kue⁵³文	y¹³白 ue¹³文	ue¹³	pɔ³⁴	bɔ¹³	mɔ¹³	mɔ¹³	tɔ⁴⁴
31 宁波	tɕy⁴⁴白 kuɐi⁴⁴文	y¹³白 uɐi¹³文	uɐi¹³	pɔ³⁵	bɔ¹³	mɔ¹³	mɔ¹³	tɔ⁵³
32 镇海	tɕy⁵³白 kuei⁵³文	y²⁴白 uei²⁴文	uei²⁴	pɔ³⁵	bɔ²⁴	mɔ²⁴	mɔ²⁴	tɔ⁵³名
33 奉化	tɕy⁵³白 kuei⁵³文	y³³白 uei³³文	uei⁵³	pʌ⁵⁴⁵	bʌ³²⁴	mʌ³³	mʌ³¹	tʌ⁴⁴
34 宁海	ky³⁵白 kuei³⁵文	y²¹³白 uei²¹³文	ui²⁴	pau⁵³	bau³¹	mau²¹³	mau²⁴	tau⁴²³
35 象山	tɕy⁵³白 kuei⁵³文	y³¹白 uei³¹文	uei⁵³	pɔ⁴⁴	bɔ³¹	mɔ³¹	mɔ³¹	tɔ⁴⁴
36 普陀	tɕy⁵⁵白 kuɐi⁵⁵文	uɐi²⁴	uɐi¹³	pɔ⁴⁵	bɔ²³	mɔ²⁴	mɔ¹³	tɔ⁵³
37 定海	tɕy⁴⁴白 kuɐi⁴⁴文	uɐi²³	uɐi¹³	pɔ⁴⁵	bɔ²³	mɔ²³	mɔ¹³	tɔ⁵²
38 岱山	tɕy⁴⁴白 kuɐi⁴⁴文	uɐi²³	uɐi²¹³	pɔ³²⁵	bɔ²⁴⁴	mɔ²³	mɔ²¹³	tɔ⁵²

续表

方言点	0273 贵 止合三 去微见	0274 围 止合三 平微云	0275 胃 止合三 去微云	0276 宝 效开一 上豪帮	0277 抱 效开一 上豪並	0278 毛 效开一 平豪明	0279 帽 效开一 去豪明	0280 刀 效开一 平豪端
39 嵊泗	tɕy⁵³白 kuɐi⁵³文	uɐi²⁴³	uɐi²¹³	pɔ⁴⁴⁵	bɔ³³⁴	mɔ²⁴³	mɔ²¹³	tɔ⁵³
40 临海	ky⁵⁵	y²¹	y³²⁴	pɔ⁵²	bɔ²¹	mɔ²¹	mɔ³²⁴	tɔ³¹
41 椒江	ky⁵⁵	y³¹	y²⁴	pɔ⁴²	bɔ³¹	mɔ³¹	mɔ²⁴	tɔ⁴²
42 黄岩	ky⁵⁵	y¹²¹	y²⁴	pɔ⁴²	bɔ¹²¹	mɔ¹²¹	mɔ²⁴	tɔ³²
43 温岭	ky⁵⁵	y³¹	y¹³	pɔ⁴²	bɔ³¹	mɔ³¹	mɔ¹³	tɔ³³
44 仙居	cy⁵⁵	y²¹³白 uæ²¹³文	y²⁴白 uæ²⁴文	ɓaɯ³²⁴	（无）	maɯ²¹³	maɯ²⁴	ɗaɯ³³⁴
45 天台	ky⁵⁵	y²²⁴包~	y³⁵	pau³²⁵	bau²¹⁴	mau²²⁴	mau³⁵	tau³³
46 三门	ky⁵⁵	y¹¹³白 ue¹¹³文	ue²⁴³	pau³²⁵	bau²¹³	mau¹¹³	mau²⁴³	tɑu³³⁴
47 玉环	ky⁵⁵	y³¹	y²²	pɔ⁵³	bɔ³¹	mɔ³¹	mɔ²⁴	tɔ⁴²
48 金华	kui⁵⁵	y³¹³旧 ui³¹³今	ui¹⁴	pao⁵³⁵	pao⁵³⁵	mao³¹³	mao¹⁴	tao³³⁴
49 汤溪	tɕy⁵²白 kuei⁵²文	y¹¹白 uei¹¹文	uei³⁴¹	pɔ⁵³⁵	（无）	mɔ¹¹	mɔ³⁴¹	tɔ²⁴
50 兰溪	kui⁴⁵	y²¹白 ui²¹文	ui²⁴	pɔ⁵⁵	bɔ²⁴	mɔ²¹	mɔ²⁴	tɔ³³⁴
51 浦江	tɕy⁵⁵	y¹¹³白 uɛ¹¹³文	uɛ²⁴³	po⁵³	bu²⁴³	mo¹¹³	mo²⁴	to⁵³⁴
52 义乌	tɕy⁴⁵白 kuai⁴⁵文	y²¹³白 uai²¹³文	uai²⁴	puɤ¹²³	bu³¹²	muɤ²¹³	muɤ²⁴	to³³⁵
53 东阳	tɕyu⁴⁵³白 kuei⁴⁵³文	y²¹³白 uei²¹³文	uei²⁴	pɐɯ⁴⁴	（无）	mɐɯ²¹³	mɐɯ²⁴	tɯɯ³³⁴
54 永康	tɕy⁵²	uəi²²	uəi²⁴¹	ɓau³³⁴	bau¹¹³	mau²²	mau²⁴¹	ɗɑu⁵⁵
55 武义	tɕy⁵³	ui³²⁴	ui²³¹	pau⁴⁴⁵	（无）	muo³²⁴	muo²³¹	lɤ²⁴
56 磐安	tɕy⁵²白 kue⁵²文	y²¹³~裙 ue²¹³包~	ue¹⁴	po³³⁴	（无）	mo²¹³	mo¹⁴	to⁴⁴⁵
57 缙云	tɕy⁴⁵³	y²⁴³~巾 uei²⁴³包~	uei²¹³	pəɤ⁵¹	（无）	məɤ²⁴³	məɤ²¹³	təɤ⁴⁴

方言点	0273 贵 止合三 去微见	0274 围 止合三 平微云	0275 胃 止合三 去微云	0276 宝 效开一 上豪帮	0277 抱 效开一 上豪并	0278 毛 效开一 平豪明	0279 帽 效开一 去豪明	0280 刀 效开一 平豪端
58 衢州	tʃy⁵³白 kue⁵³文	y²¹白 ue²¹文	ue²³¹	pɔ³⁵	bɔ²³¹	mɔ²¹	mɔ²³¹	tɔ³²
59 衢江	tɕy⁵³忒~ kuei⁵³富~	uei²¹²	uei²³¹	pɔ²⁵	bɤ²¹²	mɔ²¹²	mɔ²³¹	tɔ³³
60 龙游	tɕy⁵¹白 kuei⁵¹文	y²¹白 uei²¹文	uei²³¹	pɔ³⁵	bu²²⁴	mɔ²¹	mɔ²³¹	tɔ³³⁴
61 江山	kuE⁵¹	y²¹³白 uE²¹³文	uE³¹	pɐɯ²⁴¹	bə²²	mɐɯ²¹³	mɐɯ³¹	tɐɯ⁴⁴
62 常山	tɕy³²⁴白 kue⁵²文	y³⁴¹~裙 ue³⁴¹~巾	ue³⁴¹	pɤ⁵²	buə²⁴	mɤ³⁴¹眉~ mɔ³⁴¹~姓	mɤ¹³¹	tɤ⁴⁴
63 开化	tɕy⁴¹²白 kuei⁴¹²白	uei²³¹	uei²¹³	pəɯ⁵³	buo²¹³	məɯ²³¹	məɯ²¹³	təɯ⁴⁴
64 丽水	tsʮ⁵²白 kuei⁵²文	uei²²	uei¹³¹	pə⁵⁴⁴	bu²²	mə²²	mə¹³¹	tə²²⁴
65 青田	tsʮ³³白 kuæi³³文	vu²¹	vu²²	ɓœ⁴⁵⁴	bœ³⁴³	mœ²¹	mœ²²	ɗœ⁴⁴⁵
66 云和	tsʮ⁴⁵白 kuei⁴⁵文	uei³¹²	uei²²³	pɑɤ⁴¹	(无)	mɑɤ³¹²	mɑɤ²²³	tɯ²⁴
67 松阳	tɕy²⁴	uei³¹	uei¹³	pʌ²¹²	buə²²	mʌ³¹	mʌ¹³	tʌ⁵³
68 宣平	tɕy⁵²白 kuei⁵²文	uei⁴³³	uei²³¹	pɔ⁴⁴⁵	(无)	mɔ⁴³³	mɔ²³¹	tɯ³²⁴
69 遂昌	tɕy³³⁴白 kuei³³⁴文	uei²²¹	uei²¹³	pɐɯ⁵³³	buə²²	mɐɯ²²¹	mɐɯ²¹³	tɯ⁴⁵
70 龙泉	tɕy⁴⁵	uəi²¹	uəi²²⁴	pu⁵¹旧 pɑʌ⁵¹今	pɤɯ⁵¹	ŋ²¹头~ mɑʌ²¹姓~	ŋ²²⁴白 mɑʌ²²⁴文	tɑʌ⁴³⁴
71 景宁	tɕy³⁵白 kuai³⁵文	y⁴¹白 uai⁴¹文	uai¹¹³	pɑu³³	(无)	mɑu⁴¹	mɑu¹¹³	tɯ³²⁴
72 庆元	tɕy¹¹	y⁵²	y¹¹	ɓɑɤ³³	pɤ²²¹	mɒ⁵²	mɒ³¹	ɗɐɯ³³⁵
73 泰顺	tɕy³⁵	y⁵³	y²²	pɑɔ⁵⁵	pɑɔ²¹~㦣	mɑɔ⁵³	mɑɔ²²	tɑɔ²¹³
74 温州	tɕy⁵¹	vu³¹	vu²²	pɜ²⁵	bɜ¹⁴	mɜ³¹	mɜ²²	tɜ³³
75 永嘉	tsʮ⁵³	u³¹	u²²	pə⁴⁵	bə¹³	mə³¹	mə²²	tə⁴⁴

续表

方言点	0273 贵 止合三 去微见	0274 围 止合三 平微云	0275 胃 止合三 去微云	0276 宝 效开一 上豪帮	0277 抱 效开一 上豪並	0278 毛 效开一 平豪明	0279 帽 效开一 去豪明	0280 刀 效开一 平豪端
76 乐清	tɕy⁴¹	ɣ³¹	ɣ²²	pɣ³⁵	bɣ²⁴	mɣ³¹	mɣ²²	tɣ⁴⁴
77 瑞安	tɕy⁵³	ɣ³¹	ɣ²²	pɛ³⁵	bɛ¹³	mɛ³¹	mɛ²²	tɛ⁴⁴
78 平阳	tɕy⁵³	vɐ²⁴²	vɐ³³	pɛ⁴⁵	bɛ²³	mɛ²⁴²	mɛ³³	tɛ⁵⁵
79 文成	tɕy³³	vɐ¹¹³	vɐ⁴²⁴	pɛ⁴⁵	（无）	mɛ¹¹³	mɛ⁴²⁴	tɛ⁵⁵
80 苍南	tɕy⁴²	ɣ³¹	ɣ¹¹	pɛ⁵³	bɛ²⁴	mɛ³¹	mɛ¹¹	tɛ⁴⁴
81 建德徽	kue³³	ɣ³³白 ue³³文	ue⁵⁵	pɔ²¹³	pɔ²¹³	mɔ³³	mɔ⁵⁵	tɔ⁵³
82 寿昌徽	kuei³³	uei⁵²	uei²⁴文	pəɯ²⁴	（无）	məɯ⁵²	məɯ³³	tɣ¹¹²
83 淳安徽	kue²⁴	ya⁴³⁵白 ve⁴³⁵文	ve⁵³	pɣ⁵⁵	（无）	mɣ⁴³⁵	mɣ⁵³	tɣ²⁴
84 遂安徽	tɕy⁴³	vəɯ³³	vəɯ⁵²	po²¹³	（无）	mo³³	mo⁵²	tɔ⁵³⁴
85 苍南闽	kui²¹	ui²⁴	ui²¹	po⁴³	pho³²	muŋ²⁴韵殊	bo²¹	to⁵⁵
86 泰顺闽	kuei⁵³	uei²²	uei³¹	pou³⁴⁴	phou³¹	mou²²	mou³¹	tou²¹³
87 洞头闽	kui²¹	ui¹¹³	ui²¹	po⁵³	pho²¹	mõ¹¹³	bo²¹	to³³
88 景宁畲	kuei⁴⁴	uei²²	uei⁵¹	pau³²⁵	（无）	mau²²	mau⁵¹	tau⁴⁴

方言点	0281 讨	0282 桃	0283 道	0284 脑	0285 老	0286 早	0287 灶	0288 草
	效开一 上豪透	效开一 平豪定	效开一 上豪定	效开一 上豪泥	效开一 上豪来	效开一 上豪精	效开一 去豪精	效开一 上豪清
01 杭州	tʰɔ^{53}	dɤ^{213}	dɤ^{13}	nɔ^{53}	lɔ^{53}	tsɤ^{53}	tsɤ^{45}	tsʰɔ^{53}
02 嘉兴	tʰɔ^{113}	dɤ^{242}	dɤ^{113}	nɔ^{113}	lɔ^{113}	tsɤ^{544}	tsɤ^{224}	tsʰɔ^{113}
03 嘉善	tʰɔ^{334}	dɤ^{132}	dɤ^{113}	nɔ^{113}	lɔ^{113}	tsɤ^{44}	tsɤ^{334}	tsʰɔ^{334}
04 平湖	tʰɔ^{213}	dɤ^{31}	dɤ^{213}	nɔ^{213}	lɔ^{213}	tsɤ^{44}	tsɤ^{334}	tsʰɔ^{213}
05 海盐	tʰɔ^{423}	dɤ^{31}	dɤ^{423}	nɔ^{423}	lɔ^{423}	tsɤ^{423}	tsɤ^{334}	tsʰɔ^{423}
06 海宁	tʰɔ^{53}	dɤ^{13}	dɤ^{231}	nɔ^{231}	lɔ^{231}	tsɤ^{53}	tsɤ^{35}	tsʰɔ^{53}
07 桐乡	tʰɔ^{53}	dɤ^{13}	dɤ^{242}	nɔ^{242}	lɔ^{242}	tsɤ^{53}	tsɤ^{334}	tsʰɔ^{53}
08 崇德	tʰɔ^{53}	dɤ^{13}	dɤ^{242}	nɔ^{53}	lɔ^{53}	tsɤ^{53}	tsɤ^{334}	tsʰɔ^{53}
09 湖州	tʰɔ^{523}	dɤ^{112}	dɤ^{231}	nɔ^{523}	lɔ^{523}	tsɤ^{523}	tsɤ^{35}	tsʰɔ^{523}
10 德清	tʰɔ^{52}	dɤ^{113}	dɤ^{143}	nɔ^{52}	lɔ^{52}	tsɤ^{52}	tsɤ^{334}	tsʰɔ^{52}
11 武康	tʰɔ^{53}	dɤ^{113}	dɤ^{242}	nɔ^{242}	lɔ^{242}	tsɤ^{53}	tsɤ^{224}	tsʰɔ^{53}
12 安吉	tʰɔ^{52}	dɤ^{22}	dɤ^{243}	nɔ^{52}	lɔ^{52}	tsɤ^{52}	tsɤ^{324}	tsʰɔ^{52}
13 孝丰	tʰɔ^{52}	dɤ^{22}	dɤ^{243}	nɔ^{52}	lɔ^{52}	tsɤ^{52}	tsɤ^{324}	tsʰɔ^{52}
14 长兴	tʰɔ^{52}	dɤ^{12}	dɤ^{243}	nɔ^{52}	lɔ^{52}	tsɤ^{52}	tsɤ^{324}	tsʰɔ^{52}
15 余杭	tʰɔ^{53}	dɤ^{22}	dɤ^{243}	nɔ^{53}	lɔ^{53}	tsɤ^{53}	tsɤ^{423}	tsʰɔ^{53}
16 临安	tʰɔ^{55}	dɤ^{33}	dɤ^{33}	nɔ^{33}	lɔ^{33}	tsɤ^{55}	tsɤ^{55}	tsʰɔ^{55}
17 昌化	tʰɔ^{453}	dɤ^{112}	dɤ^{243}	nɔ^{243}	lɔ^{243}	tsɤ^{453}	tsɤ^{544}	tsʰɔ^{453}
18 於潜	tʰɔ^{51}	dɤ^{223}	dɤ^{24}	nɔ^{51}	lɔ^{51}	tsɤ^{51}	tsɤ^{35}	tsʰɔ^{51}
19 萧山	tʰɔ^{33}	dɤ^{355}	dɤ^{13}	nɔ^{13}	lɔ^{13}	tsɤ^{33}	tsɤ^{42}	tsʰɔ^{33}
20 富阳	tʰɔ^{423}	dɤ^{13}	dɤ^{224}	nɔ^{224}	lɔ^{224}	tsɤ^{423}	tsɤ^{335}	tsʰɔ^{423}
21 新登	tʰɔ^{334}	dɤ^{233}	dɤ^{13}	nɔ^{334}	lɔ^{334}	tsɤ^{334}	tsɤ^{45}	tsʰɔ^{334}
22 桐庐	tʰɔ^{33}	dɤ^{13}	dɤ^{24}	nɔ^{33}	lɔ^{33}	tsɤ^{33}	tsɤ^{35}	tsʰɔ^{33}
23 分水	tʰɔ^{53}	dɤ^{22}	dɤ^{13}	nɔ^{53}	lɔ^{53}	tsɤ^{53}	tsɤ^{24}	tsʰɔ^{53}
24 绍兴	tʰɔ^{334}	dɤ^{231}	dɤ^{223}	nɔ^{223}	lɔ^{223}	tsɤ^{334}	tsɤ^{33}	tsʰɔ^{334}
25 上虞	tʰɔ^{35}	dɤ^{213}	dɤ^{213}	nɔ^{213}	lɔ^{213}	tsɤ^{35}	tsɤ^{53}	tsʰɔ^{35}
26 嵊州	tʰɔ^{53}	dɤ^{213}	dɤ^{24}	nɔ^{22}	lɔ^{22}	tsɤ^{53}	tsɤ^{334}	tsʰɔ^{53}

方言点	0281 讨	0282 桃	0283 道	0284 脑	0285 老	0286 早	0287 灶	0288 草
	效开一上豪透	效开一平豪定	效开一上豪定	效开一上豪泥	效开一上豪来	效开一上豪精	效开一去豪精	效开一上豪清
27 新昌	tʰɔ⁴⁵³	dɔ²²	dɔ²³²	nɔ²³²	lɔ²³²	tsɔ⁴⁵³	tsɔ³³⁵	tsʰɔ⁴⁵³
28 诸暨	tʰɔ⁴²	dɔ¹³	dɔ²⁴²	nɔ²⁴²	lɔ²⁴²	tsɔ⁴²	tsɔ⁵⁴⁴	tsʰɔ⁴²
29 慈溪	tʰɔ³⁵	dɔ¹³	dɔ¹³	nɔ¹³	lɔ¹³	tsɔ³⁵	tsɔ⁴⁴	tsʰɔ³⁵
30 余姚	tʰɔ³⁴	dɔ¹³	dɔ¹³	nɔ¹³	lɔ¹³	tsɔ³⁴	tsɔ⁵³	tsʰɔ³⁴
31 宁波	tʰɔ³⁵	dɔ¹³	dɔ¹³	nɔ¹³	lɔ¹³	tsɔ³⁵	tsɔ⁴⁴	tsʰɔ³⁵
32 镇海	tʰɔ³⁵	dɔ²⁴	dɔ²⁴	nɔ²⁴	lɔ²⁴	tsɔ³⁵	tsɔ⁵³	tsʰɔ³⁵
33 奉化	tʰʌ⁵⁴⁵	dʌ³³	dʌ³¹	nʌ³²⁴	lʌ³²⁴	tsʌ⁵⁴⁵	tsʌ⁵³	tsʰʌ⁵⁴⁵
34 宁海	tʰau⁵³	dau²¹³	dau³¹	nau³¹	lau³¹	tsau⁵³	tsau³⁵	tsʰau⁵³
35 象山	tʰɔ⁴⁴	dɔ³¹	dɔ³¹	nɔ³¹	lɔ³¹	tsɔ⁴⁴	tsɔ⁵³	tsʰɔ⁴⁴
36 普陀	tʰɔ⁴⁵	dɔ²⁴	dɔ¹³	nɔ²³	lɔ²³	tsɔ⁴⁵	tsɔ⁵⁵	tsʰɔ⁴⁵
37 定海	tʰɔ⁴⁵	dɔ²³	dɔ²³ 调殊	nɔ²³	lɔ²³	tsɔ⁴⁵	tsɔ⁴⁴	tsʰɔ⁴⁵
38 岱山	tʰɔ³²⁵	dɔ²³	dɔ²³ 调殊	nɔ²⁴⁴	lɔ²⁴⁴	tsɔ³²⁵	tsɔ⁴⁴	tsʰɔ³²⁵
39 嵊泗	tʰɔ⁴⁴⁵	dɔ²⁴³	dɔ³³⁴	nɔ⁴⁴⁵	lɔ⁴⁴⁵	tsɔ⁴⁴⁵	tsɔ⁵³	tsʰɔ⁴⁴⁵
40 临海	tʰɔ⁵²	dɔ²¹	dɔ²¹	nɔ⁵²	lɔ⁵²	tsɔ⁵²	tsɔ⁵⁵	tsʰɔ⁵²
41 椒江	tʰɔ⁴²	dɔ²⁴ 小	dɔ³¹	nɔ⁴²	lɔ⁴²	tsɔ⁴²	tsɔ⁵⁵	tsʰɔ⁴²
42 黄岩	tʰɔ⁴²	dɔ²⁴ 小	dɔ¹²¹	lɔ⁴²	lɔ⁴²	tsɔ⁴²	tsɔ⁵⁵	tsʰɔ⁴²
43 温岭	tʰɔ⁴²	dɔ²⁴ 小	dɔ³¹	nɔ⁴²	lɔ⁴²	tsɔ⁴²	tsɔ⁵⁵	tsʰɔ⁴²
44 仙居	tʰɐɯ³²⁴	dɯ²¹³	dɐɯ²¹³	nɐɯ³²⁴	lɐɯ³²⁴	tsɐɯ³²⁴	tsɐɯ⁵⁵	tsʰɐɯ³²⁴
45 天台	tʰau³²⁵	dau⁵¹ 小	dau²¹⁴	nau²¹⁴	lau²¹⁴	tsau³²⁵	tsau⁵⁵	tsʰau³²⁵
46 三门	tʰau³²⁵	dɑu²⁵² 小	dɑu²¹³	nɑu³²⁵	lɑu³²⁵	tsɑu³²⁵	tsɑu⁵⁵	tsʰau³²⁵
47 玉环	tʰɔ⁵³	dɔ²⁴ 小	dɔ³¹	nɔ⁵³	lɔ⁵³	tsɔ⁵³	tsɔ⁵⁵	tsʰɔ⁵³
48 金华	tʰɑo⁵³⁵	dɑo³¹³	dɑo¹⁴	nɑo⁵³⁵	lɑo⁵³⁵	tsɑo⁵³⁵	tsɑo⁵⁵	tsʰɑo⁵³⁵
49 汤溪	tʰɔ⁵³⁵	dɔ¹¹ 地名	dɔ¹¹³	nɔ¹¹³	lɔ¹¹³	tsɔ⁵³⁵	tsɔ⁵²	tsʰɔ⁵³⁵
50 兰溪	tʰɔ⁵⁵	dɔ²¹	tɔ⁵⁵	nɔ⁵⁵	lɔ⁵⁵	tsɔ⁵⁵	tsɔ⁴⁵	tsʰɔ⁵⁵
51 浦江	tʰo⁵³	do¹¹³	do²⁴³	lo²⁴³	lo²⁴³	tso⁵³	tso⁵⁵	tsʰo⁵³

续表

方言点	0281 讨 效开一上豪透	0282 桃 效开一平豪定	0283 道 效开一上豪定	0284 脑 效开一上豪泥	0285 老 效开一上豪来	0286 早 效开一上豪精	0287 灶 效开一去豪精	0288 草 效开一上豪清
52 义乌	tʰo⁴²³	don²¹³	do²⁴白 dau²⁴文	ŋŋʷ³¹²白 nau³¹²文	lo³¹²	tso⁴²³	tso⁴⁵	tsʰo⁴²³
53 东阳	tʰɐɯ⁴⁴	don²¹³小	dɐɯ²³¹	nɐɯ²³¹	lɐɯ²³¹	tsɐɯ⁴⁴	tsɐɯ⁴⁵³	tsʰɐɯ⁴⁴
54 永康	tʰɑu³³⁴	dɑu²⁴¹小	dɑu¹¹³	nɑu¹¹³	lɑu¹¹³	tsɑu³³⁴	tsɑu⁵²	tsʰɑu³³⁴
55 武义	tʰɤ⁴⁴⁵	den¹³小	dɤ¹³	nɤ¹³	lɤ¹³	tsɤ⁴⁴⁵	tsɑu⁵³	tsʰɤ⁴⁴⁵
56 磐安	tʰo³³⁴	do²¹³	to³³⁴	no³³⁴	lo³³⁴	tso³³⁴	tso⁵²	tsʰo³³⁴
57 缙云	tʰəɤ⁵¹	dəɤ³²²小	dəɤ³¹	nəɤ³¹	ləɤ³¹	tɕiəɤ⁵¹	tɕiəɤ⁴⁵³	tɕʰiəɤ⁵¹
58 衢州	tʰɔ³⁵	dɔ²¹	dɔ²³¹	nɔ²³¹	lɔ²³¹	tsɔ³⁵	tsɔ⁵³	tsʰɔ³⁵
59 衢江	tʰɤ²⁵	dɤ²¹²	dɤ²¹²	nɔ²¹²① nɔ⁵³单用	lɔ²¹²	tsɔ²⁵	tsɔ⁵³	tsʰɤ²⁵
60 龙游	tʰu³⁵	dɔ²¹	dɔ²²⁴	nɔ²²⁴	lɔ²²⁴	tsɔ³⁵	tsɔ⁵¹	tsʰu³⁵
61 江山	tʰuə²⁴¹	dɐɯ²¹³	dɐɯ³¹ 调殊	nɐɯ²²	lɐɯ²²	tɕiɐɯ²⁴¹	tsuə⁵¹~头 tɕiɔʔ⁵②	tsʰuə²⁴¹
62 常山	tʰuə⁵²~饭 tʰɔ⁵²检~	dɤ³⁴¹	dɤ³⁴¹眛~ dɔ¹³¹~路	nɔ²⁴动~ nɔ⁵²猪~	lɤ²⁴~成 lɔ¹³¹~师	tɕiɤ⁵²	tsuə³²⁴~公 tsɤ³²⁴倒~ tsɤʔ⁵~底	tsʰuə⁵² tsʰɤ³²⁴~帽
63 开化	tʰuo⁵³~饭 tʰɔ⁵³~论	dəɯ²³¹	dəɯ²¹³白 dɔ²¹³白	nəɯ²¹³	ləɯ²¹³白 lɔ⁵³白	tɕiəɯ⁵³	tɕiəɯ⁴¹²③ tsəɯ⁴¹²倒~	tsʰuo⁵³白 tsʰəɯ⁵³文
64 丽水	tʰə⁵⁴⁴	də²²	də²²	nə⁵⁴⁴	lə⁵⁴⁴	tsə⁵⁴⁴	tsə⁵²	tsʰə⁵⁴⁴
65 青田	tʰæi⁴⁵⁴	dœ²¹	dœ³⁴³	nœ⁴⁵⁴	lœ⁴⁵⁴	tsœ⁴⁵⁴	tsœ³³	tsʰo⁴⁵⁴
66 云和	tʰɑɔ⁴¹	dɑɔ³¹²	dɑɔ²³¹	nɑɔ⁴¹	lɑɔ⁴¹	tsɑɔ⁴¹	tsɑɔ⁴⁵	tsʰɑɔ⁴¹
67 松阳	tʰuə²¹²	dʌ³¹	dʌ²² 调殊	nʌ²²	lʌ²²	tsʌ²¹²	tsʌ²⁴	tsʰʌ²¹²
68 宣平	tʰɔ⁴⁴⁵	dɔ⁴³³	dɔ²²³	nɔ²²³	lɔ²²³	tsɔ⁴⁴⁵	tsɔ⁵²	tsʰɔ⁴⁴⁵
69 遂昌	tʰuə⁵³³~饭 tʰɐɯ⁵³³~论	dɐɯ²²¹	dɐɯ²¹³	nɐɯ¹³	lɐɯ¹³	tsɐɯ⁵³³	tsɐɯ³³⁴	tsʰɐɯ⁵³³

① ～爿壳:脑袋

② ～木□底:厨房

③ ～穿老佛:灶君

续表

方言点	0281 讨 效开一 上豪透	0282 桃 效开一 平豪定	0283 道 效开一 上豪定	0284 脑 效开一 上豪泥	0285 老 效开一 上豪来	0286 早 效开一 上豪精	0287 灶 效开一 去豪精	0288 草 效开一 上豪清
70 龙泉	tʰɤɯ⁵¹白 tʰɑʌ⁵¹文	dɑʌ²¹	tɑʌ⁵¹～家 dɑʌ²²⁴知～	nɑʌ⁵¹	lɑʌ⁵¹	tsɑʌ⁵¹	tsɑʌ⁴⁵	tsʰɑʌ⁵¹
71 景宁	tʰɑu³³	dɑu⁴¹	dɑu³³	nɑu³³	lɑu³³	tsɑu³³	tsɑu³⁵	tsʰɑu³³
72 庆元	tʰɤ³³	tɒ⁵²	tɒ²²¹	nɒ²²¹	lɒ²²¹	tsɒ³³	tsɒ¹¹	tsʰɒ³³
73 泰顺	tʰø⁵⁵～饭 tʰɑɔ⁵⁵～论	cɑɔ⁵³	tɑɔ²¹	nɑɔ⁵⁵	lɑɔ⁵⁵	tsɑɔ⁵⁵	tsɑɔ³⁵	tsʰɑɔ⁵⁵
74 温州	tʰɜ²⁵	dɜ³¹	dɜ¹⁴	nɜ¹⁴	lɜ¹⁴	tsɜ²⁵	tsɜ⁵¹	tsʰɜ²⁵
75 永嘉	tʰə⁵³调殊	də³¹	də¹³	nə¹³	lə¹³	tsə⁴⁵	tsə⁵³	tsʰə⁴⁵
76 乐清	tʰɤ³⁵	dɤ³¹	dɤ²⁴	nɤ²⁴	lɤ²⁴	tɕiɤ³⁵	tɕiɤ⁴¹	tɕʰiɤ³⁵
77 瑞安	tʰɛ⁵³调殊	dɛ³¹	dɛ¹³	nɛ¹³	lɛ¹³	tsɛ³⁵	tsɛ⁵³	tsʰɛ³⁵
78 平阳	tʰɛ⁴⁵	dɛ²⁴²	dɛ²³	nɛ⁴⁵	lɛ⁴⁵	tʃɛ⁴⁵	tʃɛ⁵³	tʃʰɛ⁴⁵
79 文成	tʰau⁴⁵	dɛ¹¹³	dɛ²²⁴	nɛ²²⁴	lɛ²²⁴	tʃɛ⁴⁵	tʃɛ³³	tʃʰɛ⁴⁵
80 苍南	tʰɛ⁵³	dɛ³¹	dɛ²⁴	nɛ⁵³	lɛ⁵³	tsɛ⁵³	tsɛ⁴²	tsʰɛ⁵³
81 建德徽	tʰɔ²¹³	tɔ³³	tɔ²¹³	nɔ²¹³	lɔ²¹³	tsɔ²¹³	tsɔ³³	tsʰɔ²¹³
82 寿昌徽	tʰɤ²⁴	tʰɤ⁵²	tʰɤ³³	nɤ⁵³⁴	lɤ⁵³⁴	tsɤ²⁴	tsɤ³³	tsʰɤ²⁴
83 淳安徽	tʰɤ⁵⁵	tʰɤ⁴³⁵	tʰɤ⁵⁵	lɤ⁵⁵	lɤ⁵⁵	tsɤ⁵⁵	tsɤ²⁴	tsʰɤ⁵⁵
84 遂安徽	tʰɔ²¹³	tʰɔ³³	tʰɔ⁴³	lɔ²¹³	lɔ²¹³	tsɔ²¹³	tsɔ⁴³	tsʰɔ²¹³
85 苍南闽	tʰo⁴³	tʰo²⁴	to³²	nau⁴³	lau³²	tsa⁴³	tsau²¹	tsʰau⁴³
86 泰顺闽	tʰou³⁴⁴	tʰou²²	tou³¹	nau³⁴⁴	lau³¹	tsa³⁴⁴	tsau⁵³	tsʰau³⁴⁴
87 洞头闽	tʰo⁵³	tʰo¹¹³	to²¹	nãũ⁵³	lau²¹	tsa⁵³	tsau²¹	tsʰau⁵³
88 景宁畲	tʰau³²⁵	tʰo³²⁵小	tau⁵¹	nau³²⁵	lau³²⁵	tsau³²⁵	tsau⁴⁴	tsʰau³²⁵

方言点	0289 糙	0290 造	0291 嫂	0292 高	0293 靠	0294 熬	0295 好~坏	0296 号名
	效开一去豪清	效开一上豪从	效开一上豪心	效开一平豪见	效开一去豪溪	效开一平豪疑	效开一上豪晓	效开一去豪匣
01 杭州	tsʰɔ³³⁴	dzɔ¹³	sɔ⁵³	kɔ³³⁴	kʰɔ⁴⁵	ŋɔ²¹³	xɔ⁵³	ɔ¹³
02 嘉兴	tsʰɔ⁴²	zɔ¹¹³	sɔ⁵⁴⁴	kɔ⁴²	kʰɔ²²⁴	ɔ¹¹³	hɔ⁵⁴⁴	ɔ¹¹³
03 嘉善	tsʰɔ⁵³	zɔ¹¹³	sɔ⁴⁴	kɔ⁵³	kʰɔ³³⁴	ŋɔ¹³²	xɔ⁴⁴	ɔ¹¹³
04 平湖	tsʰɔ⁵³	zɔ²¹³	sɔ⁴⁴	kɔ⁵³	kʰɔ²¹³	ŋɔ³¹	hɔ⁴⁴	ɔ²¹³
05 海盐	tsʰɔ⁵³	zɔ⁴²³	sɔ⁴²³	kɔ⁵³	kʰɔ³³⁴	ɔ³¹	xɔ⁴²³	ɔ²¹³
06 海宁	tsʰɔ⁵⁵	zɔ²³¹	sɔ⁵³	kɔ⁵⁵	kʰɔ³⁵	ɔ¹³	hɔ⁵³	ɔ¹³
07 桐乡	tsʰɔ⁴⁴	zɔ²⁴²	sɔ⁵³	kɔ⁴⁴	kʰɔ³³⁴	ɔ¹³	hɔ⁵³	ɔ²¹³
08 崇德	tsʰɔ⁴⁴	zɔ²⁴²	sɔ⁵³	kɔ⁴⁴	kʰɔ³³⁴	ɔ¹³	hɔ⁵³	ɔ¹³
09 湖州	tsʰɔ⁴⁴	zɔ²³¹	sɔ⁵²³	kɔ⁴⁴	kʰɔ³⁵	ŋɔ¹¹²	xɔ⁵²³	ɔ³⁵
10 德清	tsʰɔ⁴⁴	zɔ¹⁴³	sɔ⁵²	kɔ⁴⁴	kʰɔ³³⁴	ŋɔ¹¹³	xɔ⁵²	ɔ³³⁴
11 武康	tsʰɔ⁴⁴	zɔ¹¹³ 调殊	sɔ⁵³	kɔ⁴⁴	kʰɔ²²⁴	ŋɔ¹¹³	xɔ⁵³	ɔ¹¹³
12 安吉	tsʰɔ³²⁴	zɔ²⁴³	sɔ⁵²	kɔ⁵⁵	kʰɔ³²⁴	ŋɔ²²	hɔ⁵²	ɔ²¹³
13 孝丰	tsʰɔ³²⁴	zɔ²⁴³	sɔ⁵²	kɔ⁴⁴	kʰɔ³²⁴	ŋɔ²²	hɔ⁵²	ɔ²¹³
14 长兴	tsʰɔ³²⁴	zɔ²⁴³	sɔ⁵²	kɔ⁴⁴	kʰɔ³²⁴	ŋɔ¹²	hɔ⁵²	ɔ³²⁴
15 余杭	tsʰɔ⁴²³	zɔ²⁴³	sɔ⁵³	kɔ⁴⁴	kʰɔ⁴²³	ŋɔ²²	xɔ⁵³	ɔ²¹³
16 临安	tsʰɔ⁵⁵	dzɔ³³	sɔ⁵⁵	kɔ⁵⁵	kʰɔ⁵⁵	ŋɔ³³	hɔ⁵⁵	ɔ³³
17 昌化	tsʰɔ⁵⁴⁴	zɔ²⁴³	sɔ⁴⁵³	kɔ³³⁴	kʰɔ⁵⁴⁴	ŋɔ¹¹²	xɔ⁴⁵³	ɔ²⁴³
18 於潜	tsʰɔ³⁵	zɔ²⁴	sɔ⁵¹	kɔ⁴³³	kʰɔ³⁵	ŋɔ²²³	xɔ⁵¹	ɔ²⁴
19 萧山	tsʰɔ⁴²	zɔ¹³	sɔ³³	kɔ⁵³³	kʰɔ⁴²	ŋɔ³⁵⁵	xɔ³³	ɔ²⁴²
20 富阳	tsʰɔ⁵³	zɔ²²⁴	sɔ⁴²³	kɔ⁵³	kʰɔ³³⁵	ŋɔ¹³	hɔ⁴²³	ɔ²²⁴
21 新登	tsʰɔ⁴⁵	zɔ¹³	sɔ³³⁴	kɔ⁵³	kʰɔ⁴⁵	ɔ²³³	hɔ³³⁴	ɔ¹³
22 桐庐	tsʰɔ³⁵	zɔ²⁴	sɔ³³	kɔ⁵³³	kʰɔ³⁵	ŋɔ¹³	xɔ³³	ɔ²⁴
23 分水	tsʰɔ²⁴	zɔ¹³	sɔ⁵³	kɔ⁴⁴	kʰɔ²⁴	ŋɔ²²	ɔ⁵³	ɔ¹³
24 绍兴	tsʰɔ³³	zɔ²²³	sɔ³³⁴	kɔ⁵³	kʰɔ³³	ŋɔ²³¹	hɔ³³⁴	ɔ²²
25 上虞	tsʰɔ⁵³	zɔ²¹³	sɔ³⁵	kɔ³⁵	kʰɔ⁵³	ŋɔ²¹³	hɔ³⁵	ɔ³¹

方言点	0289 糙	0290 造	0291 嫂	0292 高	0293 靠	0294 熬	0295 好 ~坏	0296 号 名
	效开一 去豪清	效开一 上豪从	效开一 上豪心	效开一 平豪见	效开一 去豪溪	效开一 平豪疑	效开一 上豪晓	效开一 去豪匣
26 嵊州	tsʰɔ³³⁴	zɔ²²	sɔ⁵³	kɔ⁵³⁴	kʰɔ³³⁴	ŋɔ²¹³	hɔ⁵³	ɔ²⁴
27 新昌	tsʰɔ³³⁵	zɔ²³²	sɔ⁴⁵³	kɔ⁵³⁴	kʰɔ³³⁵	ŋɔ²²	hɔ⁴⁵³	ɔ¹³
28 诸暨	tsʰɔ⁵⁴⁴	zɔ²⁴²	sɔ⁴²	kɔ⁵⁴⁴	kʰɔ⁵⁴⁴	ŋɔ¹³	hɔ⁴²	ɔ³³
29 慈溪	tsʰɔ⁴⁴	zɔ¹³	sɔ³⁵	kɔ³⁵	kʰɔ⁴⁴	ŋɔ¹³	hɔ³⁵	ɔ¹³
30 余姚	tsʰɔ⁵³	zɔ¹³	sɔ³⁴	kɔ⁴⁴	kʰɔ⁵³	ŋɔ¹³	hɔ³⁴	ɔ¹³
31 宁波	tsʰɔ⁴⁴	zɔ¹³制~ dzɔ¹³~反	sɔ³⁵	kɔ⁵³	kʰɔ⁴⁴	ŋɔ¹³	hɔ³⁵	ɔ¹³
32 镇海	tsʰɔ⁵³	zɔ²⁴制~	sɔ³⁵	kɔ⁵³	kʰɔ⁵³	ŋɔ²⁴	hɔ³⁵	ɔ²⁴
33 奉化	tsʰʌ⁵³	zʌ³²⁴	sʌ⁵⁴⁵	kʌ⁴⁴	kʰʌ⁵³	ŋʌ³³	hʌ⁵⁴⁵	ʌ³¹
34 宁海	tsʰau³⁵	zau³¹	sau⁵³	kau⁴²³	kʰau³⁵	ŋau²¹³	hau⁵³	au²⁴
35 象山	tsʰɔ⁵³	zɔ³¹	sɔ⁴⁴	kɔ⁴⁴	kʰɔ⁵³	ŋɔ³¹	hɔ⁴⁴	ɔ¹³
36 普陀	tsʰɔ⁵⁵	zɔ²³	sɔ⁴⁵	kɔ⁵³	kʰɔ⁵⁵	ŋɔ²⁴	xɔ⁴⁵	ɔ¹³
37 定海	tsʰɔ⁴⁴	zɔ²³	sɔ⁴⁵	kɔ⁵²	kʰɔ⁴⁴	ŋɔ²³	xɔ⁴⁵	ɔ¹³
38 岱山	tsʰɔ⁴⁴	zɔ²⁴⁴	sɔ³²⁵	kɔ⁵²	kʰɔ⁴⁴	ŋɔ²³	xɔ³²⁵	ɔ²¹³
39 嵊泗	tsʰɔ⁵³	zɔ³³⁴	sɔ⁴⁴⁵	kɔ⁵³	kʰɔ⁵³	ŋɔ²⁴³	xɔ⁴⁴⁵	ɔ²¹³
40 临海	tsʰɔ⁵⁵	zɔ²¹	sɔ⁵²	kɔ³¹	kʰɔ⁵⁵	ŋɔ²¹	hɔ⁵²	ɔ³²⁴
41 椒江	tsʰɔ⁵⁵	zɔ³¹	sɔ⁴²	kɔ⁴²	kʰɔ⁵⁵	ŋɔ³¹	hɔ⁴²	ɔ²⁴
42 黄岩	tsʰɔ⁵⁵	zɔ¹²¹	sɔ⁴²	kɔ³²	kʰɔ⁵⁵	ŋɔ¹²¹	hɔ⁴²	ɔ²⁴
43 温岭	tsʰɔ⁵⁵	zɔ³¹	sɔ⁴²	kɔ³³	kʰɔ⁵⁵	ŋɔ³¹	hɔ⁴²	ɔ¹³
44 仙居	tsʰɐɯ⁵⁵	zɐɯ²¹³	sɐɯ³²⁴	kɐɯ³³⁴	kʰɐɯ⁵⁵	ŋɐɯ²¹³	hɐɯ³²⁴	ɐɯ²⁴
45 天台	tsʰau⁵⁵	zau²¹⁴	sau³¹小	kau³³	kʰau⁵⁵	ŋau²²⁴ ＼	hau³²⁵	au³⁵
46 三门	tsʰɑu⁵⁵	zɑu²¹³	sɑu⁵²	kɑu³³⁴	kʰɑu⁵⁵	ŋɑu¹¹³	hɑu³²⁵	ɑu²⁴³
47 玉环	tsʰɔ⁵⁵	zɔ⁴¹	sɔ⁵³	kɔ⁴²	kʰɔ⁵⁵	ŋɔ³¹	hɔ⁵³	ɔ²²
48 金华	tsʰɑo⁵⁵	sɑo⁵³⁵白 dzɑo¹⁴文	sɑo⁵³⁵	kɑo³³⁴	kʰɑo⁵⁵	ɑo³¹³	xɑo⁵³⁵	ɑo¹⁴

续表

方言点	0289 糙	0290 造	0291 嫂	0292 高	0293 靠	0294 熬	0295 好 ~坏	0296 号 名
	效开一 去豪清	效开一 上豪从	效开一 上豪心	效开一 平豪见	效开一 去豪溪	效开一 平豪疑	效开一 上豪晓	效开一 去豪匣
49 汤溪	tsʰɔ⁵²	zɔ¹¹³	sɔ⁵³⁵	kɔ²⁴	kʰɔ⁵²	ɔ¹¹	xɔ⁵³⁵	ɔ³⁴¹
50 兰溪	tsʰɔ⁴⁵	sɔ⁵⁵	sɔ⁵⁵	kɔ³³⁴	kʰɔ⁴⁵	ɔ²¹	xɔ⁵⁵	ɔ²⁴
51 浦江	tsʰo⁵⁵	zo²⁴³	so⁵⁵	ko⁵³⁴	kʰo⁵⁵	ŋo¹¹³	xo⁵³	o²⁴
52 义乌	tsʰo⁴⁵	zo³¹²	so⁴²³	ko³³⁵	kʰo⁴⁵	o²¹³	ho⁴²³	o²⁴
53 东阳	zɐɯ²³¹	zɐɯ²⁴	sɐɯ⁴⁵³ 小	kɐɯ³³⁴	kʰɐɯ⁴⁵³	ŋɐɯ²¹³	hɐɯ⁴⁴	ɐɯ²⁴
54 永康	tsʰɑu⁵²	zɑu¹¹³	sɑu³³⁴	kɑu⁵⁵	kʰɑu⁵²	ŋɑu²²	xɑu³³⁴	ɑu²⁴¹
55 武义	tsʰɑu⁵³	zɤ¹³	sɤ⁴⁴⁵	kɤ²⁴	kʰɤ⁵³	ŋɤ³²⁴	xɤ⁴⁴⁵	ɤ²³¹
56 磐安	tsʰo⁵²	so³³⁴	so³³⁴	ko⁴⁴⁵	kʰo⁵²	ŋo²¹³	xo³³⁴	o¹⁴
57 缙云	tsʰɔ⁴⁵³	ziɘɤ³¹	ɕiɘɤ⁵¹	kɤ⁴⁴	kʰɤ⁴⁵³	ɔ²⁴³	xɘɤ⁵¹	ɘɤ²¹³
58 衢州	tsʰɔ⁵³	zɔ²³¹	sɔ³⁵	kɔ³²	kʰɔ⁵³	ŋɔ²¹	xɔ³⁵	ɔ²³¹
59 衢江	tsʰɔ³³	zɔ²¹²	sɔ²⁵	kɔ³³	kʰɔ⁵³	ŋɔ²¹²	xɔ²⁵	ɔ²³¹
60 龙游	tsʰɔ⁵¹	dzɔ²²⁴	sɔ³⁵	kɔ³³⁴	kʰɔ⁵¹	ŋɔ²¹	xɔ³⁵	ɔ²³¹
61 江山	tsʰɐɯ⁵¹	dzɐɯ³¹	sɐɯ²⁴¹	kɐɯ⁴⁴	kʰɐɯ⁵¹	ŋɐɯ²¹³	xɐɯ²⁴¹	ɐɯ³¹
62 常山	tsʰɤ⁴⁴	dzɤ²⁴	suɤ⁵²	kɤ⁴⁴	kʰɤ³²⁴	ŋɤ³⁴¹	xɤ⁵²白 / xɔ⁵²文	ɤ¹³¹
63 开化	tsʰəɯ⁴¹²	dzɐɯ²¹³	suo⁵³	kɐɯ⁴⁴	kʰəɯ⁴¹²	ŋɐɯ²³¹	xɐɯ⁵³	əɯ²¹³
64 丽水	tsʰə⁵²	zə²²	sə⁵⁴⁴	kə²²⁴	kʰə⁵²	ŋə²²	xə⁵⁴⁴	ə¹³¹
65 青田	tsʰœ³³	zœ³⁴³	sœ⁴⁵⁴	kœ⁴⁴⁵	kʰœ³³	ŋœ²¹	xœ⁴⁵⁴	œ²²
66 云和	tsʰɑɔ⁴⁵	zɑɔ²³¹	sɑɔ⁴¹	kəɯ²⁴	kʰəɯ⁴⁵	ŋəɯ³¹² 难~ / ŋɑɔ³¹² ~油	xəɯ⁴¹	əɯ²²³
67 松阳	tsʰʌ²⁴	zʌ²²	sʌ²¹²	kʌ⁵³	kʰʌ²⁴	ŋɔ³¹	xei²¹²	ʌ¹³
68 宣平	tsʰɔ⁵²	zɔ²²³	sɔ⁴⁴⁵	kɔ³²⁴	kʰɯ⁵²	ŋɔ⁴³³	xəɯ⁴⁴⁵	ɔ²³¹
69 遂昌	tsʰɐɯ³³⁴	zɐɯ¹³	sɐɯ⁵³³	kɐɯ⁴⁵	kʰɐɯ³³⁴	ŋɐɯ²²¹	xɐɯ⁵³³	ɐɯ²¹³
70 龙泉	tsʰɑʌ⁴⁵	zɑʌ²²⁴	sɑʌ⁵¹	ku⁴³⁴白 / kɑʌ⁴³⁴文	kʰɑʌ⁴⁵	ŋɑʌ²¹	xɑʌ⁵¹	ɑʌ²²⁴
71 景宁	tsʰəɯ³⁵	zɐɯ³³	sɐɯ⁴⁵ 小	kəɯ³²⁴	kʰəɯ³⁵	ŋɑu⁴¹	xɐɯ³³	əɯ¹¹³

续表

方言点	0289 糙	0290 造	0291 嫂	0292 高	0293 靠	0294 熬	0295 好 ~坏	0296 号 名
	效开一去豪清	效开一上豪从	效开一上豪心	效开一平豪见	效开一去豪溪	效开一平豪疑	效开一上豪晓	效开一去豪匣
72 庆元	tsʰɒ¹¹	sɒ²²¹	sɒ³³	kɐɯ³³⁵	kʰɒ¹¹	ŋɒ⁵²	xɐɯ³³	xɒ³¹
73 泰顺	tsʰɑɔ³⁵	sɑɔ²¹	sɑɔ⁵⁵	kəɯ²¹³	kʰəɯ³⁵	ŋɑɔ⁵³	xəɯ⁵⁵	əɯ²²
74 温州	tsʰɜ⁵¹	zɜ¹⁴	sɜ²⁵	kɜ³³	kʰɜ⁵¹	ŋɜ³¹	hɜ²⁵	ɜ²²
75 永嘉	tsʰə⁴⁴	zə¹³	sə⁴⁵	kə⁴⁴	kʰə⁵³	ŋə³¹	hə⁴⁵	ə²²
76 乐清	tɕʰiɤ⁴¹	zɤ²⁴	sɤ³⁵	kɤ⁴⁴	kʰɤ⁴¹	ŋɤ³¹	hɤ³⁵	ɤ²²
77 瑞安	tsʰɛ⁴⁴	zɛ¹³	sɛ³⁵	kɛ⁴⁴	kʰɛ⁵³	ŋɛ³¹	hɛ³⁵	ɛ²²
78 平阳	tʃʰɛ⁵³	zɛ²³	sɛ⁴⁵	kɛ⁵⁵	kʰɛ⁵³	ŋɛ²⁴²	xɛ⁴⁵	ɛ³³
79 文成	tʃʰɛ³³	zɛ²²⁴	sɛ⁴⁵	kɛ⁵⁵	kʰɛ³³	ŋɛ¹¹³	xɛ⁴⁵	ɛ⁴²⁴
80 苍南	tsʰɛ⁴⁴	zɛ²⁴	sɛ⁵³	kɛ⁴⁴	kʰɛ⁴²	ŋɛ³¹	hɛ⁵³	ɛ¹¹
81 建德徽	tsʰɔ³³	sɔ²¹³白 tsɔ²¹³文	sɔ²¹³	kɔ⁵³	kʰɔ³³	ŋɔ³³	hɔ²¹³	hɔ⁵⁵
82 寿昌徽	tsʰɤ³³	sɤ⁵³⁴	sɤ²⁴	kɤ¹¹²	kʰɤ³³	ŋɤ⁵²	xɤ²⁴	xɤ³³
83 淳安徽	tsʰɤ⁵³	tsʰɤ⁵³	sɤ⁵⁵	kɤ²⁴	kʰɤ²⁴凭借 kʰɤ⁵³靠拢	ɤ⁴³⁵	hɤ⁵⁵	hɤ⁵³
84 遂安徽	tsʰɔ⁴³	tsʰɔ⁴³	sɔ²¹³	kɔ⁵³⁴	kʰɔ⁴³	ɔ³³	xɔ²¹³	xɔ⁵²
85 苍南闽	tsʰau⁵⁵	tso³²	so⁴³	ko⁵⁵	kʰo²¹	ŋõ²⁴	ho⁴³	ho²¹
86 泰顺闽	tsʰau⁵³	tsau³¹	sou³⁴⁴	kɛ²¹³	kʰou⁵³	ŋeu²²	xou³⁴⁴	xou³¹
87 洞头闽	tso³³	tso²¹	so⁵³	ko³³	kʰo²¹	au¹¹³文	ho⁵³	ho²¹
88 景宁畲	tsʰau⁴⁴	sau⁵¹	sau⁵⁵小	kau⁴⁴	kʰiəu⁵¹韵殊	au²²	xau³²⁵	xo⁵¹韵殊

方言点	0297 包	0298 饱	0299 炮	0300 猫	0301 闹	0302 罩	0303 抓 用手~牌	0304 找 ~零钱
	效开二平看帮	效开二上看帮	效开二去看游	效开二平看明	效开二去看泥	效开二去看知	效开二平看庄	效开二上看庄
01 杭州	pɔ³³⁴	pɔ⁵³	pʰɔ⁴⁵	mɔ³³⁴ 调殊	nɔ¹³	tsɔ⁴⁵	tsua³³⁴	tsɔ⁵³
02 嘉兴	pɔ⁴²	pɔ⁵⁴⁴	pʰɔ²²⁴	mɔ²⁴²	nɔ¹¹³	tsɔ²²⁴	tsʌ⁴²	tsɔ⁵⁴⁴
03 嘉善	pɔ⁵³	pɔ⁴⁴	pʰɔ³³⁴	mɔ⁵³	nɔ¹¹³	tsɔ³³⁴	tso⁵³	tsɔ⁴⁴
04 平湖	pɔ⁵³	pɔ⁴⁴	pʰɔ²¹³	mɔ³¹	nɔ²¹³	tsɔ³³⁴	tso⁵³	tsɔ⁴⁴
05 海盐	pɔ⁵³	pɔ⁴²³	pʰɔ³³⁴	mɔ³¹	nɔ²¹³	tsɔ³³⁴	tsʌ⁵³	tsɔ⁴²³
06 海宁	pɔ⁵⁵	pɔ⁵³	pʰɔ³⁵	mɔ¹³	nɔ¹³	tsɔ³⁵	tsa⁵⁵	tsɔ⁵³
07 桐乡	pɔ⁴⁴	pɔ⁵³	pʰɔ³³⁴	mɔ¹³	nɔ²¹³	tsɔ³³⁴	tso⁴⁴	tsɔ⁵³
08 崇德	pɔ⁴⁴	pɔ⁵³	pʰɔ³³⁴	mɔ¹³	nɔ¹³	tsɔ³³⁴	tso⁴⁴	tsɔ⁵³
09 湖州	pɔ⁴⁴	pɔ⁵²³	pʰɔ³³⁴	mɔ⁴⁴ 调殊	nɔ³⁵	tsɔ³⁵	tsuo⁴⁴	tsɔ⁵²³
10 德清	pɔ⁴⁴	pɔ⁵²	pʰɔ³³⁴	mɔ⁴⁴	nɔ³³⁴	tsɔ³³⁴	tsuo⁴⁴	tsɔ⁵²
11 武康	pɔ⁴⁴	pɔ⁵³	pʰɔ²²⁴	mɔ⁴⁴	nɔ²²⁴	tsɔ²²⁴	tsa⁴⁴	tsɔ⁵³
12 安吉	pɔ⁵⁵	pɔ⁵²	pʰɔ³²⁴	mɔ⁵⁵	nɔ²¹³	tsɔ³²⁴	tso⁵⁵	tsɔ⁵²
13 孝丰	pɔ⁴⁴	pɔ⁵²	pʰɔ³²⁴	mɔ⁴⁴	nɔ³²⁴	tsɔ³²⁴	tso⁴⁴	tsɔ⁵²
14 长兴	pɔ⁴⁴	pɔ⁵²	pʰɔ³²⁴	mɔ⁴⁴	nɔ³²⁴	tsɔ³²⁴	tsu⁴⁴	tsɔ⁵²
15 余杭	pɔ⁴⁴	pɔ⁵³	pʰɔ⁴²³	mɔ⁴⁴	nɔ²¹³	tsɔ⁴²³	tsa⁴⁴	tsɔ⁵³
16 临安	pɔ⁵⁵	pɔ⁵⁵	pʰɔ⁵⁵	mɔ⁵⁵	nɔ³³	tsɔ⁵⁵	tsua⁵⁵	tsɔ⁵⁵
17 昌化	pɔ³³⁴	pɔ⁴⁵³	pʰɔ⁵⁴⁴	mɔ³³⁴	nɔ²⁴³	tsɔ⁵⁴⁴	kʰu⁵⁴⁴	tsɔ⁴⁵³
18 於潜	pɔ⁴³³	pɔ⁵¹	pʰɔ³⁵	mɔ⁴³³	nɔ²⁴	tsɔ³⁵	tsua⁴³³	tsɔ⁵¹
19 萧山	pɔ⁵³³	pɔ³³	pʰɔ⁴²	mɔ⁵³³	nɔ²⁴²	tsɔ⁴²	（无）	tsɔ³³
20 富阳	pɔ⁵³	pɔ⁴²³	pʰɔ³³⁵	mɔ⁵³	nɔ³³⁵	tsɔ³³⁵	tɕyo⁵³	tsɔ⁴²³
21 新登	pɔ⁵³	pɔ³³⁴	pʰɔ⁴⁵	mɔ⁵³	nɔ¹³	tsɔ⁴⁵	tɕya⁵³	tsɔ³³⁴
22 桐庐	pɔ⁵³³	pɔ³³	pʰɔ⁵³³	mɔ⁵³³	nɔ²⁴	tsɔ³⁵	（无）	tsɔ³³
23 分水	pɔ⁴⁴	pɔ⁵³	pʰɔ²⁴	mɔ²²	nɔ¹³	tsɔ²⁴	tsua⁴⁴	tsɔ⁵³
24 绍兴	pɔ⁵³	pɔ³³⁴	pʰɔ³³	mɔ²³¹	nɔ²²	tsɔ³³	（无）	tsɔ³³⁴
25 上虞	pɔ³⁵	pɔ³⁵	pʰɔ⁵³	mɔ²¹³	nɔ³¹	tsɔ⁵³	tsɔ³⁵	tsɔ³⁵

续表

方言点	0297 包	0298 饱	0299 炮	0300 猫	0301 闹	0302 罩	0303 抓 用手~牌	0304 找 ~零钱
	效开二 平帮	效开二 上帮	效开二 去滂	效开二 平明	效开二 去泥	效开二 去知	效开二 平庄	效开二 上庄
26 嵊州	pɔ⁵³⁴	pɔ⁵³	pʰɔ³³⁴	mɔ²¹³	nɔ²⁴	tsɔ³³⁴	tsa⁵³⁴	dzɔ²² 声殊 tsɔ⁵³ 又
27 新昌	pɔ⁵³⁴	pɔ⁴⁵³	pʰɔ³³⁵	mɔ²²	nɔ¹³	tsɔ³³⁵	tsa⁵³⁴	tsɔ⁴⁵³
28 诸暨	pɔ⁵⁴⁴	pɔ⁴²	pʰɔ⁵⁴⁴	mɔ¹³	nɔ³³	tsɔ⁵⁴⁴	tso⁵⁴⁴	tsɔ⁴²
29 慈溪	pɔ³⁵	pɔ³⁵	pʰɔ⁴⁴	mɔ¹³	nɔ¹³	tsɔ⁴⁴	（无）	tsɔ³⁵
30 余姚	pɔ⁴⁴	pɔ³⁴	pʰɔ⁵³	mɔ¹³	nɔ¹³	tsɔ⁵³	（无）	tsɔ³⁴
31 宁波	pɔ⁵³	pɔ³⁵	pʰɔ⁴⁴	mɔ¹³	nɔ¹³	tsɔ⁴⁴	tso⁵³	tsɔ³⁵
32 镇海	pɔ⁵³	pɔ³⁵	pʰɔ⁵³	mɔ²⁴	nɔ²⁴	tsɔ⁵³	tso³⁵	tsɔ³⁵
33 奉化	pʌ⁴⁴	pʌ⁵⁴⁵	pʰʌ⁵³	mɛ³²⁴ 小	nʌ³¹	tsʌ⁵³	tso⁴⁴	tsʌ⁵⁴⁵
34 宁海	pau¹²³	pau⁵³	pʰau³⁵	mau²¹³	nau²⁴	tsau³⁵	tsau¹²³	tsau⁵³
35 象山	pɔ⁴⁴	pɔ⁴⁴	pʰɔ⁵³	mɔ⁴⁴	nɔ¹³	tsɔ⁵³	tso⁴⁴ 读字	tsɔ⁴⁴
36 普陀	pɔ⁵³	pɔ⁴⁵	pʰɔ⁵⁵	mɔ⁵⁵ 地名	nɔ¹³	tsɔ⁵⁵	tsa⁵³	tsɔ⁴⁵
37 定海	pɔ⁵²	pɔ⁴⁵	pʰɔ⁴⁴	mɛ¹³ 小 mɔ²³ 地名	nɔ¹³	tsɔ⁴⁴	tso⁵²	tsɔ⁴⁵
38 岱山	pɔ⁵²	pɔ³²⁵	pʰɔ⁴⁴	mɛ¹³ 小 mɔ²³ 地名	nɔ²¹³	tsɔ⁴⁴	tsa⁵²	tsɔ³²⁵
39 嵊泗	pɔ⁵³	pɔ⁴⁴⁵	pʰɔ⁵³	mɛ²¹³ 小 mɔ²⁴³ 地名	nɔ²¹³	tsɔ⁵³	tso⁵³	tsɔ⁴⁴⁵
40 临海	pɔ³¹	pɔ⁵²	pʰɔ⁵⁵	mɔ²¹	nɔ³²⁴	tsɔ⁵⁵	（无）	tsɔ⁵²
41 椒江	pɔ⁴²	pɔ⁴²	pʰɔ⁵⁵	mɔ³⁵ 小	nɔ²⁴	tsɔ⁵⁵	tsa⁴²	tsɔ⁴²
42 黄岩	pɔ³²	pɔ⁴²	pʰɔ⁵⁵	mɔ³⁵ 小	lɔ²⁴	tsɔ⁵⁵	tsa³²	tsɔ⁴²
43 温岭	pɔ³³	pɔ⁴²	pʰɔ⁵⁵	mɔ¹⁵ 小	nɔ¹³	tsɔ⁵⁵	（无）	tsɔ⁴²
44 仙居	ɓɯəɰ³³⁴	ɓɯəɰ³²⁴	pʰɯɰ⁵⁵	mɯɰ⁵³ 小	nɯɰ²⁴	tsɯɰ⁵⁵	tɕya³³⁴	tsɯɰ³²⁴
45 天台	pau³³	pau³²⁵	pʰau⁵⁵	mau⁵¹ 小	nau³⁵ ~热	tsau⁵⁵	（无）	tsau³²⁵
46 三门	pɑu³³⁴	pɑu³²⁵	pʰɑu⁵⁵	mɑu⁵²	nɑu²⁴³	tsɑu⁵⁵	kʰo³³⁴	tsɑu³²⁵
47 玉环	pɔ⁴²	pɔ⁵³	pʰɔ⁵⁵	mɔ³⁵ 小	nɔ²²	tsɔ⁵⁵	（无）	tsɔ⁵³

方言点	0297 包	0298 饱	0299 炮	0300 猫	0301 闹	0302 罩	0303 抓 用手～牌	0304 找 ～零钱
	效开二 平看帮	效开二 上看帮	效开二 去看滂	效开二 平看明	效开二 去看泥	效开二 去看知	效开二 平看庄	效开二 上看庄
48 金华	pɑo³³⁴	pɑo⁵³⁵	pʰɑo⁵⁵	mɑo³¹³	nɑo¹⁴	tsɑo⁵⁵	tɕya³³⁴	tsɑo⁵³⁵
49 汤溪	pɔ²⁴	pɔ⁵³⁵	pʰɔ⁵²	mɔ¹¹	nɔ³⁴¹	tsɔ⁵²	tɕya²⁴	tsɔ⁵³⁵
50 兰溪	pɔ³³⁴	pɔ⁵⁵	pʰɔ⁴⁵	mɔ³³⁴	nɔ²⁴	tsɔ⁴⁵	tsuɑ³³⁴	tsɔ⁵⁵
51 浦江	po⁵³⁴	po⁵³⁴	pʰo⁵⁵	mo¹¹³	lo²⁴	tso⁵⁵	tɕya⁵³⁴	tɕyo⁵³
52 义乌	pɯɤ³³⁵	pɯɤ⁴²³	pʰɯɤ⁴⁵	mɯɤn²¹³ 小	nŋ^w²⁴ 白 nau²⁴ 文	tso⁴⁵	tɕyɛ³³⁵	tso⁴²³
53 东阳	pɐɯ³³⁴	pɐɯ⁴⁴	pʰɐɯ⁴⁵³	mɐɯn²¹³ 小	nɐɯ²⁴	tsɐɯ⁴⁵³	tsa³³⁴	tsɐɯ⁴⁴
54 永康	ɓɑu⁵⁵	ɓɑu³³⁴	pʰɑu⁵²	mɑu²⁴¹ 小	nɑu²⁴¹	tsɑu⁵²	tsuɑ⁵⁵	tsɑu³³⁴
55 武义	pɐu²⁴	pɐu⁴⁴⁵	pʰɐu⁵³	mɑŋ²⁴ 小	nɑu²³¹	tsɑu⁵³	tsuɑ²⁴	tsɑu⁴⁴⁵
56 磐安	po⁴⁴⁵	po³³⁴	pʰo⁵²	mo⁴⁴⁵	no¹⁴	tso⁵²	tsuɑ⁴⁴⁵ 又 tɕya⁴⁴⁵ 又	tso³³⁴
57 缙云	pɔ⁴⁴	pɔ⁵¹	pʰɔ⁴⁵³	mɔ⁴⁴	nɔ²¹³	tsɔ⁴⁵³	tɕyɑ⁴⁴	tsɔ⁵¹
58 衢州	pɔ³²	pɔ³⁵	pʰɔ⁵³	mɔ²¹	nɔ²³¹	tsɔ⁵³	tsa³²	tsɔ³⁵
59 衢江	pɔ³³	pɔ²⁵	pʰɔ⁵³	mɔ²⁵ 调殊	nɔ²³¹	tsɔ⁵³	tsuo³³	tsɔ²⁵
60 龙游	pɔ³³⁴	pɔ³⁵	pʰɔ⁵¹	mɔ³⁵ 调殊	nɔ²³¹	tsɔ⁵¹	tsuɑ³³⁴	tsɔ³⁵
61 江山	pɐɯ⁴⁴	piə²⁴¹ 韵殊	pʰɐɯ⁵¹	mɐɯ²¹³	nɐɯ³¹	tsɐɯ⁵¹	tsɒɯ⁴⁴ 韵殊	tsɐɯ²⁴¹
62 常山	pɔ⁴⁴	pɔ⁵²	pʰɔ³²⁴	mɔ³⁴¹	nɤ¹³¹ ～事 nɔ¹³¹ 热～	tsɔ³²⁴	tsa⁴⁴	tsɔ⁵²
63 开化	pəɯ⁴⁴	pəɯ⁵³	pʰəɯ⁴¹²	məɯ²³¹	nəɯ²¹³	tsəɯ⁴¹²	tsa⁴⁴	tsəɯ⁵³
64 丽水	pə²²⁴	pə⁵⁴⁴	pʰə⁵²	muoʔ⁵ 音殊	nə¹³¹	tsə⁵²	tsuo²²⁴	tsə⁵⁴⁴
65 青田	ɓo⁴⁴⁵	ɓo⁴⁵⁴	pʰo³³	mo⁵⁵ 小	no²²	tso³³	tsɑ⁴⁴⁵	tso⁴⁵⁴
66 云和	pɑɔ²⁴	pɑɔ⁴¹	pʰɑɔ⁴⁵	mɑɔ⁴⁵ 调殊	nɑɔ²²³	tsɑɔ⁴⁵	tso²⁴ 韵殊	tsɑɔ⁴¹
67 松阳	pɔ⁵³	pɔ²¹²	pʰɔ²⁴	mɔ⁵³ 调殊	nɔ¹³	tsɔ²⁴	tsɔ⁵³	tsɔ²¹²
68 宣平	pɔ³²⁴	pɔ⁴⁴⁵	pʰɔ⁵²	mɔ³²⁴	nɔ²³¹	tsɔ⁵²	tsa³²⁴ 韵殊	tsɔ⁴⁴⁵

续表

方言点	0297 包	0298 饱	0299 炮	0300 猫	0301 闹	0302 罩	0303 抓 用手～牌	0304 找 ～零钱
	效开二 平肴帮	效开二 上肴帮	效开二 去肴滂	效开二 平肴明	效开二 去肴泥	效开二 去肴知	效开二 平肴庄	效开二 上肴庄
69 遂昌	pɐɯ⁴⁵	pu⁵³³ 又 pɐɯ⁵³³ 又	pʰɐɯ³³⁴	miɐɯ²²¹ ～儿 mɐɯ²²¹ 大～	nɐɯ²¹³	tsɐɯ³³⁴	tsɒ⁴⁵	tsɐɯ⁵³³
70 龙泉	paʌ⁴³⁴	paʌ⁵¹	pʰaʌ⁴⁵	maʌ⁴⁵ 调殊	naʌ²²⁴	tsaʌ⁴⁵	tsɔ⁴³⁴	tsaʌ⁵¹
71 景宁	pau³²⁴	pau³³	pʰau³⁵	mau⁴⁵ 小	nau¹¹³	tsau³⁵	(无)	tsau³³
72 庆元	ɓɒ³³⁵	ɓɒ³³	pʰɒ¹¹	mɒ⁵² 大～	nɒ³¹	tsɒ¹¹	tsɔ³³⁵	tsɒ³³
73 泰顺	paɔ²¹³	paɔ⁵⁵	pʰɔ³⁵	mɔ³³ 小	nɔ²²	tsaɔ³⁵	tsɔ²¹³	tsaɔ⁵⁵
74 温州	puɔ³³	puɔ²⁵	pʰuɔ⁵¹	muɔ³³ 小	nuɔ²²	tsuɔ⁵¹	tsuɔ³³	tsuɔ²⁵
75 永嘉	puɔ⁴⁴	puɔ⁴⁵	pʰuɔ⁵³	muɔ⁴⁴	nɔ²²	tsɔ⁵³	tsɔ⁴⁴	tsɔ⁴⁵
76 乐清	pa⁴⁴	pa³⁵	pʰa⁴¹	mɔ⁴⁴ 小	na²²	tɕia⁴¹	tɕia⁴⁴	tɕia³⁵
77 瑞安	pɔ⁴⁴	pɔ³⁵	pʰɔ⁵³	mɔ⁴⁴	nɔ²²	tsɔ⁵³	tsɔ⁴⁴	tsɔ³⁵
78 平阳	pɔ⁵⁵	pɔ⁴⁵	pʰɔ⁵³	mɔ⁵⁵	nɔ³³	tʃɔ⁵³	tʃɔ⁵⁵	tʃɔ⁴⁵
79 文成	po⁵⁵	po⁴⁵	pʰo³³	mo⁵⁵	no⁴²⁴	tʃo³³	tʃo⁵⁵	tʃo⁴⁵
80 苍南	pa⁴⁴	pa⁵³	pʰa⁴²	ma⁴⁴	na¹¹	tsa⁴²	tsa⁴⁴	tsa⁵³
81 建德徽	pɔ⁵³	pɔ²¹³	pʰɔ³³	mɔ⁵³	nɔ⁵⁵	tsɔ³³	tɕɣɑ⁵³	tsɔ²¹³
82 寿昌徽	pəɯ¹¹²	pəɯ²⁴	pʰəɯ³³	moŋ⁵⁵ 小	nɤ³³	tsɤ³³	tɕɣa¹¹²	tsɤ²⁴
83 淳安徽	pɤ²⁴	pɤ⁵⁵	pʰɤ²⁴	mɤ²⁴	lɤ⁵³	tsɤ²⁴	tsɔ²⁴	tsɤ⁵⁵
84 遂安徽	po⁵³⁴	po²¹³	pʰo⁴³	mo³³	lɔ⁵²	tsɔ⁴³	tsa⁵³⁴	tsɔ²¹³
85 苍南闽	pau⁵⁵	pa⁴³	pʰa²¹	ŋĩãũ⁵⁵	nau²¹	tau²¹	(无)	(无)
86 泰顺闽	pau²¹³	pa³⁴⁴	pʰau⁵³	ma²²	nau³¹	tsau⁵³	nia²¹³	tsau³⁴⁴
87 洞头闽	pau³³	pa⁵³	pʰau²¹	nĩãũ³³	nãũ²¹	ta²¹ 白 tsau²¹ 文	(无)	tsau⁵³
88 景宁畲	pau⁴⁴	pau³²⁵	pʰau⁴⁴	ȵiau⁴⁴ 调殊	nau⁵¹	tsau⁴⁴	tsɔ⁴⁴	tsau³²⁵

方言点	0305 抄	0306 交	0307 敲	0308 孝	0309 校 学～	0310 表 手～	0311 票	0312 庙
	效开二平肴初	效开二平肴见	效开二平肴溪	效开二去肴晓	效开二去肴匣	效开三上宵帮	效开三去宵滂	效开三去宵明
01 杭州	tsʰɔ³³⁴	kɔ³³⁴白 tɕiɔ³³⁴文	kʰɔ³³⁴白 tɕʰiɔ³³⁴文	ɕiɔ⁴⁵	iɔ¹³	piɔ⁵³	pʰiɔ⁴⁵	miɔ¹³
02 嘉兴	tsʰɔ⁴²	kɔ⁴²	kʰɔ⁴²	ɕiɔ²²⁴	iɔ¹¹³	piɔ⁵⁴⁴	pʰiɔ²²⁴	miɔ¹¹³
03 嘉善	tsʰɔ⁵³	kɔ⁵³白 tɕiɔ⁵³文	kʰɔ⁵³白 tɕʰiɔ⁵³文	xɔ⁴⁴白 ɕiɔ³³⁴文	iɔ¹¹³	piɔ⁵³调殊	pʰiɔ³³⁴	miɔ¹¹³
04 平湖	tsʰɔ⁵³	kɔ⁵³白 tɕiɔ⁵³文	kʰɔ⁵³	hɔ³³⁴白 ɕiɔ³³⁴文	iɔ²¹³	piɔ⁴⁴	pʰiɔ²¹³	miɔ²¹³
05 海盐	tsʰɔ⁵³	kɔ⁵³白 tɕiɔ⁵³文	kʰɔ⁵³	xɔ³³⁴白 ɕiɔ³³⁴文	iɔ²¹³	piɔ⁵³	pʰiɔ³³⁴	miɔ²¹³
06 海宁	tsʰɔ⁵⁵	kɔ⁵⁵白 tɕiɔ³⁵文	kʰɔ⁵⁵	hɔ³⁵白 ɕiɔ³⁵文	iɔ¹³	piɔ⁵³	pʰiɔ³⁵	miɔ¹³
07 桐乡	tsʰɔ⁴⁴	kɔ⁴⁴	kʰɔ⁴⁴	hɔ³³⁴白 ɕiɔ³³⁴文	iɔ²¹³	piɔ⁵³	pʰiɔ³³⁴	miɔ²¹³
08 崇德	tsʰɔ⁴⁴	kɔ⁴⁴	kʰɔ⁴⁴	hɔ³³⁴白 ɕiɔ³³⁴文	iɔ¹³	piɔ⁵³	pʰiɔ³³⁴	miɔ¹³
09 湖州	tsʰɔ⁴⁴	kɔ⁴⁴白 tɕiɔ⁴⁴文	kʰɔ⁴⁴	ɕiɔ³⁵	iɔ³⁵	piɔ⁵²³	pʰiɔ³⁵	miɔ³⁵
10 德清	tsʰɔ⁴⁴	kɔ⁴⁴白 tɕiɔ⁴⁴文	kʰɔ⁴⁴	ɕiɔ³³⁴	iɔ³³⁴	piɔ⁵²	pʰiɔ³³⁴	miɔ³³⁴
11 武康	tsʰɔ⁴⁴	kɔ⁴⁴白 tɕiɔ⁴⁴文	kʰɔ⁴⁴	ɕiɔ²²⁴	iɔ²²⁴	piɔ⁵³	pʰiɔ²²⁴	miɔ²²⁴
12 安吉	tsʰɔ⁵⁵	kɔ⁵⁵	kʰɔ⁵⁵	ɕiɔ³²⁴	iɔ²¹³	piɔ⁵²	pʰiɔ³²⁴	miɔ²¹³
13 孝丰	tsʰɔ⁴⁴	tɔ⁴⁴白 tɕiɔ⁴⁴文	kʰɔ⁴⁴	ɕiɔ³²⁴	iɔ²¹³	piɔ⁵²	pʰiɔ³²⁴	miɔ³²⁴
14 长兴	tsʰɔ⁴⁴	kɔ⁴⁴	kʰɔ⁴⁴	ʃiɔ³²⁴	iɔ³²⁴	piɔ⁵²	pʰiɔ³²⁴	miɔ³²⁴
15 余杭	tsʰɔ⁴⁴	kɔ⁴⁴白 tɕiɔ⁴⁴文	kʰɔ⁴⁴	ɕiɔ⁴²³	iɔ²¹³	piɔ⁵³	pʰiɔ⁴²³	miɔ²¹³
16 临安	tsʰɔ⁵⁵	tɕiɔ⁵⁵	kʰɔ⁵⁵	ɕiɔ⁵⁵	iɔ³³	piɔ⁵⁵	pʰiɔ⁵⁵	miɔ³³
17 昌化	tsʰɔ³³⁴	tɕiɔ³³⁴	kʰɔ³³⁴	ɕiɔ⁵⁴⁴	iɔ²⁴³	piɔ⁴⁵³	pʰiɔ⁵⁴⁴	miɔ²⁴³
18 於潜	tsʰɔ¹³³	tɕiɔ⁴³³	kʰɔ⁴³³	ɕiɔ³⁵	iɔ²⁴	piɔ⁵¹	pʰiɔ³⁵	miɔ²⁴
19 萧山	tsʰɔ⁵³³	tɕiɔ⁵³³	kʰɔ⁵³³	ɕiɔ⁴²	iɔ²⁴²	piɔ³³	pʰiɔ⁴²	miɔ²⁴²

续表

方言点	0305 抄	0306 交	0307 敲	0308 孝	0309 校 学~	0310 表 手~	0311 票	0312 庙
	效开二平肴初	效开二平肴见	效开二平肴溪	效开二去肴晓	效开二去肴匣	效开三上宵帮	效开三去宵滂	效开三去宵明
20 富阳	tsʰɔ⁵³	tɕiɔ⁵³	kʰɔ⁵³	ɕiɔ³³⁵	iɔ²²⁴	piɔ⁴²³	pʰiɔ³³⁵	miɔ³³⁵
21 新登	tsʰɔ⁵³	tɕiɔ⁵³	kʰɔ⁵³	ɕiɔ⁴⁵	iɔ¹³	piɔ³³⁴	pʰiɔ⁴⁵	miɔ¹³
22 桐庐	tsʰɔ⁵³³	tɕiɔ⁵³³	kʰɔ⁵³³	ɕiɔ³⁵	iɔ²⁴	piɔ³³	pʰiɔ³⁵	miɔ²⁴
23 分水	tsʰɔ⁴⁴	tɕiɔ⁴⁴	tɕʰiɔ⁴⁴	ɕiɔ²⁴	ziɔ¹³	piɔ⁵³	pʰiɔ²⁴	miɔ¹³
24 绍兴	tsʰɔ⁵³	kɔ⁵³白 tɕiɔ⁵³文	kʰɔ⁵³白 tɕʰiɔ⁵³文	ɕiɔ³³	iɔ²²	piɔ³³⁴	pʰiɔ³³	miɔ²²
25 上虞	tsʰɔ³⁵	kɔ³⁵白 tɕiɔ³⁵文	kʰɔ³⁵	hɔ⁵³白 ɕiɔ⁵³文	iɔ³¹	piɔ³⁵	pʰiɔ⁵³	miɔ³¹
26 嵊州	tsʰɔ⁵³⁴	kɔ⁵³⁴白 tɕiɔ⁵³⁴文	kʰɔ⁵³⁴	ɕiɔ³³⁴	iɔ²⁴	piɔ⁵³	pʰiɔ³³⁴	miɔ²⁴
27 新昌	tsʰɔ⁵³⁴	kɔ⁵³⁴白 tɕiɔ⁵³⁴文	kʰɔ⁵³⁴	hɔ³³⁵白 ɕiɔ³³⁵文	iɔ¹³	piɔ⁴⁵³	pʰiɔ³³⁵	miɔ¹³
28 诸暨	tsʰɔ⁵⁴⁴	tɕiɔ⁵⁴⁴	kʰɔ⁵⁴⁴	ɕiɔ⁵⁴⁴	iɔ³³	piɔ⁴²	pʰiɔ⁵⁴⁴	miɔ³³
29 慈溪	tsʰɔ³⁵	kɔ³⁵白 tɕiɔ³⁵文	kʰɔ³⁵白 tɕiɔ³⁵文	hɔ⁴⁴白 ɕiɔ⁴⁴文	iɔ¹³	piɔ³⁵	pʰiɔ⁴⁴	miɔ¹³
30 余姚	tsʰɔ⁴⁴	kɔ⁴⁴白 tɕiɔ⁴⁴文	kʰɔ⁴⁴	hɔ⁵³白 ɕiɔ⁵³文	iɔ¹³	piɔ³⁴	pʰiɔ⁵³	miɔ¹³
31 宁波	tsʰɔ⁵³	gɔ¹³老 kɔ⁵³~代 tɕiɔ⁵³公~	kʰɔ⁵³	hɔ⁴⁴白 ɕiɔ⁴⁴文	iɔ¹³	piɔ³⁵	pʰiɔ⁴⁴	miɔ¹³
32 镇海	tsʰɔ⁵³	kɔ⁵³白 tɕiɔ⁵³文	kʰɔ⁵³	ɕiɔ⁵³~顺	iɔ²⁴	piɔ³⁵	pʰiɔ⁵³	miɔ²⁴
33 奉化	tsʰʌ⁴⁴	kʌ⁴⁴白 tɕiɔ⁴⁴文	kʰʌ⁴⁴	hʌ⁵³白 ɕiɔ⁵³文	iɔ³¹	piɔ⁵⁴⁵	pʰiɔ⁵³	miɔ³¹
34 宁海	tsʰau⁴²³	kau⁴²³白 tɕieu⁴²³文	kʰau⁴²³	hau³⁵	ieu²⁴	pieu⁵³	pʰieu³⁵	mieu²⁴
35 象山	tsʰɔ⁵³调殊	kɔ⁴⁴白 tɕiɔ⁴⁴文	kʰɔ⁴⁴	hɔ⁵³白 ɕiɔ⁵³文	iɔ¹³	piɔ⁴⁴	pʰiɔ⁵³	miɔ¹³
36 普陀	tsʰɔ⁵³	kɔ⁵³白 tɕiɔ⁵³文	kʰɔ⁵³	ɕiɔ⁵⁵	iɔ¹³	piɔ⁴⁵	pʰiɔ⁵⁵	miɔ¹³
37 定海	tsʰɔ⁵²	kɔ⁵²白 tɕiɔ⁵²文	kʰɔ⁵²	xɔ⁴⁴白 ɕiɔ⁴⁴文	iɔ¹³	piɔ⁴⁵	pʰiɔ⁴⁴	miɔ¹³

续表

方言点	0305 抄	0306 交	0307 敲	0308 孝	0309 校 学~	0310 表 手~	0311 票	0312 庙
	效开二平肴初	效开二平肴见	效开二平肴溪	效开二去肴晓	效开二去肴匣	效开三上宵帮	效开三去宵滂	效开三去宵明
38 岱山	tsʰɔ⁴⁴调殊	kɔ⁵²白 tɕio⁵²文	kʰɔ⁵²	xɔ⁴⁴白 ɕio⁴⁴文	io²¹³	pio³²⁵	pʰio⁴⁴	mio²¹³
39 嵊泗	tsʰɔ⁵³	kɔ⁵³白 tɕio⁵³文	kʰɔ⁵³	ɕio⁵³	io²¹³	pio⁴⁴⁵	pʰio⁵³	mio²¹³
40 临海	tɕʰiə³¹	kɔ³¹	kʰɔ³¹	hɔ⁵⁵	ɔ³²⁴	piə⁵²	pʰiə⁵⁵	miə³²⁴
41 椒江	tsʰɔ⁴²	kɔ⁴²	kʰɔ⁴²	hɔ⁵⁵	ɔ²⁴	piə⁴²	pʰiɔ⁵⁵	miɔ²⁴
42 黄岩	tsʰɔ³²	kɔ³²	kʰɔ³²	hɔ⁵⁵	ɔ²⁴	piə⁴²	pʰiɔ⁵⁵	miɔ²⁴
43 温岭	tsʰɔ³³	kɔ³³	kʰɔ³³	hɔ⁵⁵	ɔ¹³	piə⁴²	pʰiɔ⁵⁵	miɔ¹³
44 仙居	tsʰɐɯ³³⁴	kɐɯ³³⁴	kʰɐɯ³³⁴	hɐɯ⁵⁵	ɐɯ²⁴	ɓiɐɯ³²⁴	pʰiɐɯ⁵⁵	miɐɯ²⁴
45 天台	tɕʰieu³³	kau³³	kʰau³³	hau⁵⁵	au³⁵	pieu³²⁵	pʰieu⁵⁵	mieu³⁵
46 三门	tsʰau³³⁴	kau³³⁴	kʰau³³⁴	hau⁵⁵	au²⁴³	piau³²⁵	pʰiau⁵⁵	miau²⁴³
47 玉环	tsʰɔ⁴²	kɔ⁴²	kʰɔ⁴²	hɔ⁵⁵	ɔ²²	piɔ⁵³	pʰiɔ⁵⁵	miɔ²²
48 金华	tsʰao³³⁴	kao³³⁴	kʰao³³⁴	xao⁵⁵白 ɕiao⁵⁵文	iao¹⁴	piao⁵³⁵	pʰiao⁵⁵	miao¹⁴
49 汤溪	tsʰɔ²⁴	kɔ²⁴白 tɕio²⁴文	kʰɔ²⁴	xɔ⁵²白 ɕio⁵²文	iɑ¹¹³	pie⁵³⁵	pʰie⁵²	（无）
50 兰溪	tsʰɔ³³⁴	kɔ³³⁴	kʰɔ³³⁴	xɔ⁴⁵	ziɔ²⁴	piɔ⁵⁵	pʰiɔ⁴⁵	miɔ²⁴
51 浦江	tɕʰyo⁵³⁴	ko⁵³⁴	kʰo⁵³⁴	xo⁵⁵白 ɕyo⁵⁵文	iɑ²⁴	piɑ⁵³	pʰi⁵⁵	miɑ²⁴
52 义乌	tsʰo³³⁵	ko³³⁵白 tɕiau³³⁵文	kʰo³³⁵	ho⁴⁵	iau²⁴	pie⁴²³	pʰie⁴⁵	miau²⁴
53 东阳	tsʰɐɯ³³⁴	kɐɯ³³⁴	kʰɐɯ³³⁴	hɐɯ⁴⁵³	iɐɯ²⁴	pio⁴⁴	pʰio⁴⁵³	mio²⁴
54 永康	tsʰɑu⁵⁵	kau⁵⁵	kʰau⁵⁵	xau⁵²	au²⁴¹	ɓiɑɯ³³⁴	pʰiɑu⁵²	miɑu²⁴¹
55 武义	tsʰau²⁴	kau²⁴	kʰau²⁴	xau⁵³	au²³¹	pie⁴⁴⁵	pʰie⁵³	miɑu²³¹
56 磐安	tsʰo⁴⁴⁵	ko⁴⁴⁵白 tɕio⁴⁴⁵文	kʰo⁴⁴⁵	xo⁵²	io¹⁴	pio³³⁴	pʰio⁵²	mio¹⁴
57 缙云	tsʰɔ⁴⁴	kɔ⁴⁴	kʰɔ⁴⁴	xɔ⁴⁵³	ɔ²¹³	pəɤ⁵¹	pʰəɤ⁴⁵³	məɤ²¹³

方言点	0305 抄	0306 交	0307 敲	0308 孝	0309 校 学~	0310 表 手~	0311 票	0312 庙
	效开二平肴初	效开二平肴见	效开二平肴溪	效开二去肴晓	效开二去肴匣	效开三上宵帮	效开三去宵滂	效开三去宵明
58 衢州	tsʰɔ³²	kɔ³²白 tɕiɔ³²文	kʰɔ³²	xɔ⁵³白 ɕiɔ⁵³文	ziɔ²³¹	piɔ³⁵	pʰiɔ³⁵ 调殊	miɔ²³¹
59 衢江	tsʰɔ³³	kɔ³³白 tɕiɔ³³文	kʰɔ³³	ɕiɔ⁵³	ziɔ²³¹	piɔ²⁵	pʰiɔ²⁵ 调殊	miɔ²³¹
60 龙游	tsʰɔ³³⁴	kɔ³³⁴	kʰɔ³³⁴	xɔ⁵¹白 ɕiɔ⁵¹文	ziɔ²³¹	piɔ³⁵	pʰiɔ³⁵调殊	miɔ²³¹
61 江山	tsʰɐɯ⁴⁴	kɐɯ⁴⁴白 kiɐɯ⁴⁴文	kʰɐɯ⁴⁴白 kʰiɐɯ⁴⁴文	xɐɯ⁵¹白 xiɐɯ⁵¹文	iɐɯ³¹	piɐɯ²⁴¹	pʰiɐɯ²⁴¹ 调殊	miɐɯ³¹
62 常山	tsʰɔ⁴⁴	kɔ⁴⁴白 tɕiɔ⁴⁴文	tɕʰiɔ⁴⁴	xɔ³²⁴	iɔ¹³¹	piɤ⁵²	pʰiɤ⁵²调殊	miɤ¹³¹
63 开化	tsʰəɯ⁴⁴	kəɯ⁴⁴白 tɕiɔ⁴⁴文	tɕʰiəɯ⁴⁴	xəɯ⁴¹²白 ɕiəɯ⁴¹²文	ziəɯ²¹³	piəɯ⁵³	pʰiəɯ⁵³ 调殊	miəɯ²¹³
64 丽水	tsʰə²²⁴	kə²²⁴	kʰə²²⁴	xə⁵²	ə¹³¹	piə⁵⁴⁴	pʰiə⁵²	miə¹³¹
65 青田	tsʰo⁴⁴⁵	ko⁴⁴⁵	kʰo⁴⁴⁵	xo³³	o²²	ɓiœ⁴⁵⁴	pʰiœ³³	miœ²²
66 云和	tsʰɑɔ²⁴	kɑɔ²⁴	kʰɑɔ²⁴	xɑɔ⁴⁵	ɑɔ²²³	piɑɔ⁴¹	pʰiɑɔ⁴⁵	miɑɔ²²³
67 松阳	tsʰɔ⁵³	kɔ⁵³	kʰɔ⁵³	xɔ²⁴	ɔ¹³	piɔ²¹²	pʰiɔ²⁴	miɔ¹³
68 宣平	tsʰɔ³²⁴	kɔ³²⁴	kʰɔ³²⁴	xɔ⁵²	ɔ²³¹	piɔ⁴⁴⁵	pʰiɔ⁵²	miɔ²³¹
69 遂昌	tsʰɐɯ⁴⁵	kɐɯ⁴⁵	kʰɐɯ⁴⁵	xɐɯ³³⁴	ɐɯ²¹³~长 ma	piɐɯ⁵³³	pʰiɐɯ³³⁴	miɐɯ²¹³
70 龙泉	tsʰɑʌ⁴³⁴	kɑʌ⁴³⁴	kʰɑʌ⁴³⁴白 tɕʰiɑʌ⁴³⁴文	xɑʌ⁴⁵	ɑʌ²²⁴	piɑʌ⁵¹	pʰiɑʌ⁴⁵	miɑʌ²²⁴
71 景宁	tsʰɑu³²⁴	kɑu³²⁴	kʰɑu³²⁴	xɑu³⁵	ɑu¹¹³	piɑu³³	pʰiɑu³⁵	miɑu¹¹³
72 庆元	tsʰɒ³³⁵	kɒ³³⁵	kʰɒ¹¹	xɒ¹¹	xɑ³¹~长	ɓiɑ³³	pʰiɒ¹¹	miɒ³¹
73 泰顺	tsʰɑɔ²¹³	kɑɔ²¹³	kʰɑɔ²¹³	xɑɔ³⁵	ɑɔ²²	piɑɔ⁵⁵	pʰiɑɔ³⁵	miɑɔ²²
74 温州	tsʰuɔ³³	kuɔ³³	kʰuɔ³³	huɔ⁵¹	uɔ²²	pie²⁵	pʰie⁵¹	mie²²
75 永嘉	tsʰɔ⁴⁴	kɔ⁴⁴	kʰɔ⁴⁴	hɔ⁵³	ɔ²²	pyə⁴⁵	pʰyə⁵³	myə²²
76 乐清	tɕʰia⁴⁴	ka⁴⁴	kʰa⁴⁴	ha⁴¹	a²²	pɣ³⁵	pʰɣ⁴¹	mɣ²²
77 瑞安	tsʰɔ⁴⁴	kɔ⁴⁴	kʰɔ⁴⁴	hɔ⁵³	ɔ²²	pi³⁵	pʰi⁵³	mi²²
78 平阳	tʃʰɔ⁵⁵	kɔ⁵⁵	kʰɔ⁵⁵	xɔ⁵³	ɔ³³	pie⁴⁵	pʰie⁵³	mie³³

方言点	0305 抄	0306 交	0307 敲	0308 孝	0309 校 学～	0310 表 手～	0311 票	0312 庙
	效开二 平肴初	效开二 平肴见	效开二 平肴溪	效开二 去肴晓	效开二 去肴匣	效开三 上宵帮	效开三 去宵滂	效开三 去宵明
79 文成	tʃʰo⁵⁵	ko⁵⁵	kʰo⁵⁵	xo³³	o⁴²⁴	pie⁴⁵	pʰie³³	mie⁴²⁴
80 苍南	tsʰa⁴⁴	ka⁴⁴	kʰa⁴⁴	ha⁴²	a¹¹	pyɛ⁵³	pʰyɛ⁴²	myɛ¹¹
81 建德徽	tsʰɔ⁵³	kɔ⁵³	kʰɔ⁵³	ɕiɔ³³	ɕiɔ²¹³	piɔ²¹³	pʰiɔ³³	miɔ⁵⁵
82 寿昌徽	tsʰɤ¹¹²	kɤ¹¹²白 tɕiɑ¹¹²文	kʰɤ¹¹²	xɤ³³	ɕiɑ²⁴文	piɤ²⁴	pʰiɤ³³	miɤ³³
83 淳安徽	tsʰɤ²⁴～写 tsʰɤ⁵⁵～家	tɕiɤ²⁴	kʰɤ²⁴	hɤ²⁴白 ɕiɤ²⁴文	ɕiɤ⁵³	piɤ⁵⁵	pʰiɤ²⁴	miɤ⁵³
84 遂安徽	tsʰɔ⁵³⁴	kɔ⁵³⁴白 tɕiɔ⁵³⁴文	kʰɔ⁵³⁴	ɕiɔ⁴³	ɕiɔ⁵²	piɔ²¹³	pʰiɔ⁴³	miɔ⁵²
85 苍南闽	tɕʰiau⁵⁵	kau⁵⁵	kʰa²¹调殊	hau²¹	hau²¹	pio⁴³	pʰio²¹	bio²¹
86 泰顺闽	tsʰau²¹³	kau²¹³	kʰau²¹³	xau⁵³	xau³¹	piɐu²²	pʰiɐu⁵³	miɐu³¹
87 洞头闽	tsʰau³³	kau³³	kʰa²¹	hau²¹	hau²¹	pieu⁵³	pʰieu²¹	bieu²¹
88 景宁畲	tsʰau⁴⁴	kau⁴⁴	kʰɔ⁴⁴	xau⁴⁴	（无）	piəu³²⁵	pʰiəu⁴⁴	miəu⁵¹

方言点	0313 焦	0314 小	0315 笑	0316 朝~代	0317 照	0318 烧	0319 绕~线	0320 桥
	效开三平宵精	效开三上宵心	效开三去宵心	效开三平宵澄	效开三去宵章	效开三平宵书	效开三去宵日	效开三平宵群
01 杭州	tɕiɔ³³⁴	ɕiɔ⁵³	ɕiɔ⁴⁵	dzɔ²¹³	tsɔ⁴⁵	sɔ³³⁴	ȵiɔ¹³	dʑiɔ²¹³
02 嘉兴	tɕiɔ⁴²	ɕiɔ⁵⁴⁴	ɕiɔ²²⁴	zɔ²⁴²	tsɔ²²⁴	sɔ⁴²	ȵiɔ¹¹³	dʑiɔ²⁴²
03 嘉善	tɕiɔ⁵³	ɕiɔ⁴⁴	ɕiɔ³³⁴	zɔ¹³²	tsɔ³³⁴	sɔ⁵³	ȵiɔ¹¹³	dʑiɔ¹³²
04 平湖	tsiɔ⁵³	siɔ⁴⁴	siɔ³³⁴	zɔ³¹	tsɔ³³⁴	sɔ⁵³	ȵiɔ²¹³	dʑiɔ³¹
05 海盐	tɕiɔ⁵³	ɕiɔ⁴²³	ɕiɔ³³⁴	zɔ³¹	tsɔ³³⁴	sɔ⁵³	ȵiɔ⁴²³	dʑiɔ³¹
06 海宁	tɕiɔ⁵⁵	ɕiɔ⁵³	ɕiɔ³⁵	zɔ¹³	tsɔ³⁵	sɔ⁵⁵	ȵiɔ¹³	dʑiɔ¹³
07 桐乡	tsiɔ⁴⁴	siɔ⁵³	siɔ³⁵	zɔ¹³	tsɔ³³⁴	sɔ⁴⁴	ȵiɔ²¹³	dʑiɔ¹³
08 崇德	tɕiɔ⁴⁴	ɕiɔ⁵³	ɕiɔ³³⁴	zɔ¹³	tsɔ³³⁴	sɔ⁴⁴	ȵiɔ¹³	dʑiɔ¹³
09 湖州	tɕiɔ⁴⁴	ɕiɔ⁵²³	ɕiɔ³⁵	dzɔ¹¹²	tsɔ³⁵	sɔ⁴⁴	ȵiɔ³⁵	dʑiɔ¹¹²
10 德清	tɕiɔ⁴⁴	ɕiɔ⁵²	ɕiɔ³³⁴	zɔ¹¹³	tsɔ³³⁴	sɔ⁴⁴	ȵiɔ³³⁴	dʑiɔ¹¹³
11 武康	tɕiɔ⁴⁴	ɕiɔ⁵³	ɕiɔ²²⁴	dzɔ¹¹³	tsɔ²²⁴	sɔ⁴⁴	ȵiɔ²²⁴	dʑiɔ¹¹³
12 安吉	tɕiɔ⁵⁵	ɕiɔ⁵²	ɕiɔ³²⁴	dzɔ²²	tsɔ³²⁴	sɔ⁵⁵	ȵiɔ²¹³	dʑiɔ²²
13 孝丰	tɕiɔ⁴⁴	ɕiɔ⁵²	ɕiɔ³²⁴	dzɔ²²	tsɔ³²⁴	sɔ⁴⁴	ȵiɔ³²⁴	dʑiɔ²²
14 长兴	tʃiɔ⁴⁴	ʃiɔ⁵²	ʃiɔ³²⁴	dzɔ¹²	tsɔ³²⁴	sɔ⁴⁴	ȵiɔ³²⁴	dʒiɔ¹²
15 余杭	tsiɔ⁴⁴	siɔ⁵³	siɔ⁴²³	zɔ²²	tsɔ⁴²³	sɔ⁴⁴	ȵiɔ²¹³	dʑiɔ²²
16 临安	tɕiɔ⁵⁵	ɕiɔ⁵⁵	ɕiɔ⁵⁵	dzɔ³³	tsɔ⁵⁵	sɔ⁵⁵	ȵiɔ³³	dʑiɔ³³
17 昌化	tɕiɔ³³⁴	ɕiɔ⁴⁵³	ɕiɔ⁵⁴⁴	zɔ¹¹²	tsɔ⁵⁴⁴	sɔ³³⁴	ȵiɔ²⁴³	ziɔ¹¹²
18 於潜	tɕiɔ⁴³³	ɕiɔ⁵¹	ɕiɔ³⁵	dzɔ²²³	tsɔ³⁵	sɔ⁴³³	ȵiɔ²⁴	dʑiɔ²²³
19 萧山	tɕiɔ⁴²	ɕiɔ³³	ɕiɔ⁴²	dzɔ³⁵⁵	tsɔ⁴²	sɔ⁵³³	ȵiɔ²⁴²	dʑiɔ³⁵⁵
20 富阳	tɕiɔ⁵³	ɕiɔ⁴²³	ɕiɔ³³⁵	dzɔ¹³	tsɔ³³⁵	sɔ⁵³	ȵiɔ³³⁵	dʑiɔ¹³
21 新登	tɕiɔ⁵³	ɕiɔ³³⁴	ɕiɔ⁴⁵	dzɔ²³³	tsɔ⁴⁵	sɔ⁵³	ȵiɔ¹³	dʑiɔ²³³
22 桐庐	tɕiɔ⁵³³	ɕiɔ³³	ɕiɔ³⁵	dzɔ¹³	tsɔ³⁵	sɔ⁵³³	niɔ²⁴	dʑiɔ¹³
23 分水	tɕiɔ⁴⁴	ɕiɔ⁵³	ɕiɔ²⁴	dzɔ²²	tsɔ²⁴	sɔ⁴⁴	ȵiɔ¹³	dʑiɔ²²
24 绍兴	tɕiɔ⁵³	ɕiɔ³³⁴	ɕiɔ³³	dzɔ²³¹	tsɔ³³	sɔ⁵³	ȵiɔ²²	dʑiɔ²³¹
25 上虞	tɕiɔ³⁵	ɕiɔ³⁵	ɕiɔ⁵³	dzɔ²¹³	tsɔ⁵³	sɔ³⁵	ȵiɔ²¹³	dʑiɔ²¹³

续表

方言点	0313 焦	0314 小	0315 笑	0316 朝~代	0317 照	0318 烧	0319 绕~线	0320 桥
	效开三平宵精	效开三上宵心	效开三去宵心	效开三平宵澄	效开三去宵章	效开三平宵书	效开三去宵日	效开三平宵群
26 嵊州	tɕiɔ534	ɕiɔ53	ɕiɔ334	dzɔ213	tsɔ334	sɔ534	n̠iɔ24	dʑiɔ213
27 新昌	tɕiɔ534	ɕiɔ453	ɕiɔ335	dzɔ22	tsɔ335	sɔ534	n̠iɔ13	dʑiɔ22
28 诸暨	tɕiɔ544	ɕiɔ42	ɕiɔ544	dzɔ13	tsɔ544	sɔ544	niɔ242	dʑiɔ13
29 慈溪	tɕiɔ35	ɕiɔ35	ɕiɔ44	dzɔ13	tsɔ44	sɔ35	n̠iɔ13	dʑiɔ13
30 余姚	tɕiɔ44	ɕiɔ34	ɕiɔ53	dzɔ13	tsɔ53	sɔ44	n̠iɔ13	dʑiɔ13
31 宁波	tɕio53	ɕio35	ɕio44	dʑio13	tɕio44	ɕio53	n̠io13	dʑio13
32 镇海	tɕio53	ɕio35	ɕio53	dʑio24	tɕio53	ɕio53	n̠io24	dʑio24
33 奉化	tɕiɔ44	ɕiɔ545	ɕiɔ53	dʑiɔ33	tɕiɔ53	ɕiɔ44	n̠iɔ324	dʑiɔ33
34 宁海	tɕieu423	ɕieu53	ɕieu35	dʑieu213	tɕieu35	ɕieu423	n̠ieu24	dʑieu213
35 象山	tɕio44	ɕio44	ɕio53	dʑio31	tɕio53	ɕio44	n̠io31	dʑio31
36 普陀	tɕiɔ53	ɕiɔ45	ɕiɔ55	dʑiɔ24	tɕiɔ55	ɕiɔ53	n̠iɔ13	dʑiɔ24
37 定海	tɕio52	ɕio45	ɕio44	dʑio23	tɕio44	ɕio52	n̠io13	dʑio23
38 岱山	tɕio52	ɕio325	ɕio44	dʑio23	tɕio44	ɕio52	n̠io213	dʑio23
39 嵊泗	tɕio53	ɕio445	ɕio53	dʑio243	tsio53	ɕio53	n̠io213	dʑio243
40 临海	tɕiə31	ɕiə52	ɕiə55	dʑiə21	tɕiə55	ɕiə31	n̠iə324白 dʑiə324文	dʑiə21又 giə21又
41 椒江	tɕiɔ42	ɕiɔ42	ɕiɔ55	dʑiɔ31	tɕiɔ55	ɕiɔ42	n̠iɔ24白 dʑiɔ24文	dʑiɔ31
42 黄岩	tɕiɔ32	ɕiɔ42	ɕiɔ55	dʑiɔ121	tɕiɔ55	ɕiɔ32	n̠iɔ24	dʑiɔ121
43 温岭	tɕiɔ33	ɕiɔ42	ɕiɔ55	dʑiɔ31	tɕiɔ55	ɕiɔ33	n̠iɔ13	dʑiɔ31
44 仙居	tɕiɐɯ334	ɕiɐɯ324	ɕiɐɯ55	dʑiɐɯ213	tɕiɐɯ55	ɕiɐɯ334	n̠iɐɯ24	dʑiɐɯ213
45 天台	tɕieu33	ɕieu325	ɕieu55	dʑieu224	tɕieu55	ɕieu33	n̠ieu35~圈	gieu224
46 三门	tɕiɑu334	ɕiɑu325	ɕiɑu55	dʑiɑu113	tɕiɑu55	ɕiɑu334	n̠iɑu243	dʑiɑu113
47 玉环	tɕiɔ42	ɕiɔ53	ɕiɔ55	dʑiɔ31	tɕiɔ55	ɕiɔ42	n̠iɔ22	dʑiɔ31
48 金华	tsiɑo334	siɑo535	siɑo55	dʑiɑo313	tɕiɑo55	ɕiɑo334	n̠iɑo14	dʑiɑo313

方言点	0313 焦 效开三 平宵精	0314 小 效开三 上宵心	0315 笑 效开三 去宵心	0316 朝 ~代 效开三 平宵澄	0317 照 效开三 去宵章	0318 烧 效开三 平宵书	0319 绕 ~线 效开三 去宵日	0320 桥 效开三 平宵群
49 汤溪	tsɤ²⁴	sɤ⁵² ~姊	sɤ⁵²	dʑiɔ¹¹	tɕiɔ⁵²	ɕiɔ²⁴	ȵiɔ³⁴¹	dʑiɔ¹¹
50 兰溪	tsiɔ³³⁴	siɔ⁵⁵	siɔ⁴⁵	dʑiɔ²¹	tɕiɔ⁴⁵	ɕiɔ³³⁴	ȵiɔ²⁴	dʑiɔ²¹
51 浦江	tsɯ⁵³⁴	sɯ⁵⁵ 白。调殊 ɕia⁵⁵ 文。调殊	sɯ⁵⁵	dzɯ¹¹³	tsɯ⁵⁵	sɯ⁵³⁴	ȵi²⁴	dzi¹¹³
52 义乌	tsɯɤ³³⁵白 tɕiau³³⁵文	sɯɤ⁴²³	sɯɤ⁴⁵	dzɯɤ²¹³	tsɯɤ⁴⁵	sɯɤ³³⁵	ȵie²⁴	dzie²¹³
53 东阳	tɕiɔ³³⁴	ɕiɔ⁴⁴	tɕʰiɔ⁴⁵³	dʑiɔ²¹³	tɕiɔ⁴⁵³	ɕiɔ³³⁴	ȵiɔ²¹³	dʑiɔ²¹³
54 永康	tɕiau⁵⁵	ɕiau³³⁴	ɕiau⁵²	dʑiau²²	tɕiau⁵²	ɕiau⁵⁵	ȵiau²⁴¹	dʑiau²²
55 武义	tɕie²⁴	ɕie⁴⁴⁵	ɕie⁵³	dʑie³²⁴	tɕie⁵³	ɕie²⁴	ȵiau²³¹	dʑie³²⁴
56 磐安	tɕiɔ⁴⁴⁵	ɕiɔ³³⁴	tɕʰiɔ⁵²	dʑiɔ²¹³	tɕiɔ⁵²	ɕiɔ⁴⁴⁵	ȵiɔ¹⁴	dʑiɔ²¹³
57 缙云	tɕiəɤ⁴⁴	ɕiəɤ⁵¹	tɕʰiəɤ⁴⁵³	dʑiəɤ²⁴³	tɕiəɤ⁴⁵³	ɕiəɤ⁴⁴	ȵiəɤ²¹³	dʑiəɤ²⁴³
58 衢州	tɕiɔ³²	ɕiɔ³⁵	ɕiɔ⁵³	dzɔ²¹	tsɔ⁵³	ɕiɔ³²	ȵiɔ²³¹	dʑiɔ²¹
59 衢江	tɕiɔ³³	ɕiɔ²⁵ ~学	tɕʰiɔ⁵³	dʑiɔ²¹²	tɕiɔ⁵³	ɕiɔ³³	ȵiɔ²³¹	dʑiɔ²¹²
60 龙游	tɕiɔ³³⁴	ɕiɔ³⁵	ɕiɔ⁵¹	dzɔ²¹	tsɔ⁵¹	sɔ³³⁴	ȵiɔ²³¹	dʑiɔ²¹
61 江山	tɕiɐɯ⁴⁴	ɕiɐɯ⁴⁴ 调殊	tɕʰiɐɯ⁵¹	dziɐɯ²¹³	tɕiɐɯ⁵¹	ɕiɐɯ⁴⁴	ȵiɐɯ²² 调殊	giɐɯ²¹³
62 常山	tɕiɣ⁴⁴烧~ tɕiɣ⁴⁴姓~	ɕiɣ³²⁴ ~心 ɕiɣ⁵² ~学	tɕʰiɣ³²⁴	dziɣ³⁴¹	tɕiɣ³²⁴	ɕiɣ⁴⁴	ȵiɣ¹³¹	dziɣ³⁴¹
63 开化	tsəɯ⁴⁴单用 tɕiəɯ⁴⁴姓~	ɕiəɯ⁴¹²单用 ɕiɔ⁵³ ~学	tɕʰiəɯ⁴¹²	dziəɯ²³¹	tɕiəɯ⁴¹²	ɕiəɯ⁴⁴	ȵiəɯ²¹³	dziəɯ²³¹
64 丽水	tɕiə²²⁴	ɕiə⁵⁴⁴	tɕʰiə⁵²	dʑiə²²	tɕiə⁵²	ɕiə²²⁴	ȵiə¹³¹	dʑiə²²
65 青田	tɕiœ⁴⁴⁵	ɕiœ⁴⁵⁴	tɕʰiœ³³	dʑiœ²¹	tɕiœ³³	ɕiœ⁴⁴⁵	ȵiœ²²	dʑiœ²¹
66 云和	tɕiɑɯ²⁴	ɕiɑɯ⁴¹	tɕʰiɑɯ⁴⁵	dʑiɑɯ³¹²	tɕiɑɯ⁴⁵	ɕiɑɯ²⁴	ȵiɑɯ²²³	dʑiɑɯ³¹²
67 松阳	tɕiə⁵³	ɕiə²¹²	tɕʰiə²⁴	dʑiə³¹	tɕiə²⁴	ɕiə⁵³	ȵiə¹³	dʑiə³¹
68 宣平	tɕiə³²⁴	ɕiə⁴⁴⁵	tɕʰiə⁵²	dʑiə⁴³³	tɕiə⁵²	ɕiə³²⁴	ȵiə²³¹	dʑiə⁴³³
69 遂昌	tɕiɐɯ⁴⁵	ɕiɐɯ⁵³³	tɕʰiɐɯ³³⁴	dʑiɐɯ²²¹	tɕiɐɯ³³⁴	ɕiɐɯ⁴⁵	ȵiɐɯ²¹³	dʑiɐɯ²²¹

续表

方言点	0313 焦	0314 小	0315 笑	0316 朝~代	0317 照	0318 烧	0319 绕~线	0320 桥
	效开三 平宵精	效开三 上宵心	效开三 去宵心	效开三 平宵澄	效开三 去宵章	效开三 平宵书	效开三 去宵日	效开三 平宵群
70 龙泉	tɕiaʌ⁴³⁴	ɕiaʌ⁵¹	tɕʰiaʌ⁴⁵白 ɕiaʌ⁴⁵文	dʑiaʌ²¹	tɕiaʌ⁴⁵	ɕiaʌ⁴³⁴	ȵiaʌ²²⁴	dʑiaʌ²¹
71 景宁	tɕiɐu³²⁴	ɕiau³³	tɕʰiau³⁵	dʑiau⁴¹	tɕiau³⁵	ɕiau³²⁴	ȵiau¹¹³	dʑiau⁴¹
72 庆元	tɕiɒ³³⁵	ɕiɒ³³	tɕʰiɒ¹¹	tɕiɒ⁵²	tɕiɒ¹¹	ɕiɒ³³⁵	ȵiɒ³¹	tɕiɒ⁵²
73 泰顺	tɕiaɔ²¹³	ɕiaɔ⁵⁵	tɕʰiaɔ³⁵	tɕiaɔ⁵³	tɕiaɔ³⁵	ɕiaɔ²¹³	ȵiaɔ²²	tɕiaɔ⁵³
74 温州	tɕiɛ³³	ɕiɛ²⁵	ɕiɛ⁵¹	dʑiɛ³¹	tɕiɛ⁵¹	ɕiɛ³³	ȵiɛ²²	dʑiɛ³¹
75 永嘉	tɕyə⁴⁴	ɕyə⁴⁵	ɕyə⁵³	dʑyə²²	tɕyə⁵³	ɕyə⁴⁴	ȵyə²²	dʑyə³¹
76 乐清	tɕiɣ⁴⁴	sɣ³⁵	sɣ⁴¹	dʑiɣ³¹	tɕiɣ⁴¹	sɣ⁴⁴	ȵiɣ²²	dʑiɣ³¹
77 瑞安	tɕy⁴⁴	ɕy³⁵	ɕy⁵³	dʑy³¹	tɕy⁵³	ɕy⁴⁴	y²²	dʑy³¹
78 平阳	tɕye⁵⁵	ɕye⁴⁵	ɕye⁵³	dʑye²⁴²	tɕye⁵³	ɕye⁵⁵	dʑye³³	dʑye²⁴²
79 文成	tɕyø⁵⁵	sai⁴⁵	ɕyø³³	dʑyø¹¹³	tɕyø³³	ɕyø⁵⁵	ȵyø⁴²⁴	dʑyø¹¹³
80 苍南	tɕyɔ⁴⁴	ɕyɔ⁵³	ɕyɔ⁴²	dʑyɔ³¹	tɕyɔ⁴²	ɕyɔ⁴⁴	ȵyɔ⁵³	dʑyɔ³¹
81 建德徽	tɕiɔ⁵³	ɕiɔ²¹³	ɕiɔ³³	tsɔ³³	tsɔ³³	sɔ⁵³	ȵiɔ⁵⁵	tɕiɔ³³
82 寿昌徽	tɕiɣ¹¹²	ɕiɣ³³	ɕiɣ³³	tsʰɣ¹¹²文	sɣ³³	sɣ¹¹²	ȵiɣ³³	tɕʰiɣ⁵²
83 淳安徽	tɕiɣ²⁴	ɕiɣ⁵⁵	ɕiɣ²⁴	tsʰɣ⁴³⁵	tsɣ²⁴	sɣ²⁴	iɣ⁵³	tɕʰiɣ⁴³⁵
84 遂安徽	tɕiɔ⁵³⁴	（无）	ɕiɔ⁴³	tɕʰiɔ³³	tɕiɔ⁴³	ɕiɔ⁵³⁴	iɔ⁵²	tɕʰiɔ³³
85 苍南闽	tɕiɐu⁵⁵	（无）	tɕʰio²¹	tiau²⁴	tɕio²¹	ɕio⁵⁵	hiau⁴³	kio²⁴
86 泰顺闽	tɕiɐu²¹³	ɕiɐu³⁴⁴	tɕʰiɐu⁵³	tiɐu²²	tɕiɐu⁵³	ɕiɐu²¹³	niøu³¹韵殊	kiɐu²²
87 洞头闽	tɕiau³³	ɕieu⁵³	tɕʰieu²¹	tiau¹¹³	tɕieu²¹	ɕieu³³	dʑiau²¹	kieu¹¹³
88 景宁畲	tsau⁴⁴白 tɕiau⁴⁴文	ɕiau³²⁵	sau⁴⁴	tɕʰiəu²²	tɕiəu⁴⁴	ɕiəu⁴⁴	ȵiau⁵¹	kʰiəu²²

方言点	0321 轿	0322 腰	0323 要 重~	0324 摇	0325 鸟	0326 钓	0327 条	0328 料
	效开三去宵群	效开三平宵影	效开三去宵影	效开三平宵以	效开四上萧端	效开四去萧端	效开四平萧定	效开四去萧来
01 杭州	$dʑiɔ^{13}$	$iɔ^{334}$	$iɔ^{45}$	$iɔ^{213}$	$n̠iɔ^{53}$	$tiɔ^{45}$	$diɔ^{213}$	$liɔ^{13}$
02 嘉兴	$dʑiɔ^{113}$	$iɔ^{42}$	$iɔ^{224}$	$iɔ^{242}$	$n̠iɔ^{113}$	$tiɔ^{224}$	$diɔ^{242}$	$liɔ^{113}$
03 嘉善	$dʑiɔ^{132}$	$iɔ^{53}$	$iɔ^{334}$	$iɔ^{132}$	$tiɔ^{44}$	$tiɔ^{334}$	$diɔ^{132}$	$liɔ^{113}$
04 平湖	$dʑiɔ^{213}$	$iɔ^{53}$	$iɔ^{334}$	$iɔ^{31}$	$tiɔ^{44}$白 $n̠iɔ^{213}$文	$tiɔ^{334}$	$diɔ^{31}$	$liɔ^{213}$
05 海盐	$dʑiɔ^{213}$	$iɔ^{53}$	$iɔ^{334}$	$iɔ^{31}$	$tiɔ^{423}$	$tiɔ^{334}$	$diɔ^{31}$	$liɔ^{213}$
06 海宁	$dʑiɔ^{13}$	$iɔ^{55}$	$iɔ^{35}$	$iɔ^{13}$	$tiɔ^{53}$	$tiɔ^{35}$	$diɔ^{13}$	$liɔ^{13}$
07 桐乡	$dʑiɔ^{213}$	$iɔ^{44}$	$iɔ^{334}$	$iɔ^{13}$	$tiɔ^{53}$	$tiɔ^{334}$	$diɔ^{13}$	$liɔ^{213}$
08 崇德	$dʑiɔ^{13}$	$iɔ^{44}$	$iɔ^{334}$	$iɔ^{13}$	$tiɔ^{53}$	$tiɔ^{334}$	$diɔ^{13}$	$liɔ^{13}$
09 湖州	$dʑiɔ^{112}$	$iɔ^{44}$	$iɔ^{35}$	$iɔ^{112}$	$tiɔ^{523}$	$tiɔ^{35}$	$diɔ^{112}$	$liɔ^{35}$
10 德清	$dʑiɔ^{113}$	$iɔ^{44}$	$iɔ^{334}$	$iɔ^{113}$	$tiɔ^{52}$	$tiɔ^{334}$	$diɔ^{113}$	$liɔ^{334}$
11 武康	$dʑiɔ^{113}$	$iɔ^{44}$	$iɔ^{224}$	$iɔ^{113}$	$tiɔ^{53}$	$tiɔ^{224}$	$diɔ^{113}$	$liɔ^{224}$
12 安吉	$dʑiɔ^{213}$	$iɔ^{55}$	$iɔ^{324}$	$iɔ^{22}$	$tiɔ^{52}$白 $n̠iɔ^{52}$文	$tiɔ^{324}$	$diɔ^{22}$	$liɔ^{213}$
13 孝丰	$dʑiɔ^{213}$	$iɔ^{44}$	$iɔ^{324}$	$iɔ^{22}$	$tiɔ^{52}$白 $n̠iɔ^{52}$文	$tiɔ^{324}$	$diɔ^{22}$	$liɔ^{324}$
14 长兴	$dʒiɔ^{24}$	$iɔ^{44}$	$iɔ^{324}$	$iɔ^{12}$	$tiɔ^{52}$白 $n̠iɔ^{52}$文	$tiɔ^{324}$	$diɔ^{12}$	$liɔ^{324}$
15 余杭	$dʑiɔ^{213}$	$iɔ^{44}$	$iɔ^{213}$	$iɔ^{22}$	$tiɔ^{53}$	$tiɔ^{423}$	$diɔ^{22}$	$liɔ^{213}$
16 临安	$dʑiɔ^{33}$	$iɔ^{55}$	$iɔ^{55}$	$iɔ^{33}$	$tiɔ^{55}$白 $n̠iɔ^{33}$文	$tiɔ^{55}$	$diɔ^{33}$	$liɔ^{33}$
17 昌化	$ʑiɔ^{243}$	$iɔ^{334}$	$iɔ^{544}$	$iɔ^{112}$	$tiɔ^{453}$白 $n̠iɔ^{453}$文	$tiɔ^{544}$	$diɔ^{112}$	$liɔ^{243}$
18 於潜	$dʑiɔ^{24}$	$iɔ^{433}$	$iɔ^{35}$	$iɔ^{223}$	$tiɔ^{51}$	$tiɔ^{35}$	$diɔ^{223}$	$liɔ^{24}$
19 萧山	$dʑiɔ^{242}$	$iɔ^{533}$	$iɔ^{42}$	$iɔ^{355}$	$tiɔ^{33}$白 $n̠iɔ^{13}$文	$tiɔ^{42}$	$diɔ^{355}$	$liɔ^{242}$
20 富阳	$dʑiɔ^{224}$	$iɔ^{53}$	$iɔ^{335}$	$iɔ^{13}$	$tiɔ^{423}$	$tiɔ^{335}$	$diɔ^{13}$	$liɔ^{335}$
21 新登	$dʑiɔ^{13}$	$iɔ^{53}$	$iɔ^{45}$	$iɔ^{233}$	$tiɔ^{334}$	$tiɔ^{45}$	$diɔ^{233}$	$liɔ^{13}$
22 桐庐	$dʑiɔ^{24}$	$iɔ^{533}$	$iɔ^{35}$	$iɔ^{13}$	$tiɔ^{33}$	$tiɔ^{35}$	$diɔ^{13}$	$liɔ^{24}$

续表

方言点	0321 轿	0322 腰	0323 要 重~	0324 摇	0325 鸟	0326 钓	0327 条	0328 料
	效开三 去宵群	效开三 平宵影	效开三 去宵影	效开三 平宵以	效开四 上萧端	效开四 去萧端	效开四 平萧定	效开四 去萧来
23 分水	dʑiɔ¹³	iɔ⁴⁴	iɔ²⁴	iɔ²²	ȵiɔ⁵³	tiɔ²⁴	diɔ²²	liɔ¹³
24 绍兴	dʑiɔ²²	iɔ⁵³	iɔ³³	iɔ²³¹	tiɔ³³⁴白 ȵiɔ²³¹文	tiɔ³³	diɔ²³¹	liɔ²²
25 上虞	dʑiɔ³¹	iɔ³⁵	iɔ⁵³	iɔ²¹³	tiɔ³⁵白 ȵiɔ²¹³文	tiɔ⁵³	diɔ²¹³	iɔ³¹音殊
26 嵊州	dʑiɔ²⁴	iɔ⁵³⁴	iɔ³³⁴	iɔ²¹³	tiɔ⁵³白 ȵiɔ²¹³文	tiɔ³³⁴	diɔ²¹³	liɔ²⁴
27 新昌	dʑiɔ¹³	iɔ⁵³⁴	iɔ³³⁵	iɔ²²	tiɔ⁴⁵³	tiɔ³³⁵	diɔ²²	liɔ¹³
28 诸暨	dʑiɔ²⁴²	iɔ⁵⁴⁴	iɔ⁵⁴⁴	iɔ¹³	tiɔ⁴²	tiɔ⁵⁴⁴	diɔ¹³	liɔ³³
29 慈溪	dʑiɔ¹³	iɔ³⁵	iɔ⁴⁴	iɔ¹³	tiɔ³⁵白 ȵiɔ¹³文	tiɔ⁴⁴	diɔ¹³	liɔ¹³
30 余姚	dʑiɔ¹³	iɔ⁴⁴	iɔ⁵³	iɔ¹³	tiɔ³⁴	tiɔ⁵³	diɔ¹³	liɔ¹³
31 宁波	dʑio¹³	io⁵³	io⁴⁴	io¹³	tio³⁵	tio⁴⁴	dio¹³	lio¹³
32 镇海	dʑio²⁴	io⁵³	io⁵³	io²⁴	tio³⁵	tio⁵³	dio²⁴	lio²⁴
33 奉化	dʑiɔ³¹	iɔ⁴⁴	iɔ⁵³	iɔ³³	tiɔ⁵⁴⁵	tiɔ⁵³	diɔ³³	liɔ³¹
34 宁海	dʑieu²⁴	ieu⁴²³	ieu³⁵	ieu²¹³	tieu⁵³	tieu³⁵	dieu²¹³读字	lieu²⁴
35 象山	dʑio³¹	io⁴⁴	io⁵³	io³¹	tio⁴⁴	tio⁵³	dio³¹	lio³¹
36 普陀	dʑiɔ¹³	iɔ⁵³	iɔ¹³	iɔ²⁴	tiɔ⁴⁵	tiɔ⁵⁵	diɔ²⁴	liɔ¹³
37 定海	dʑio¹³	io⁵²	io⁴⁴	io²³	tio⁴⁵	tio⁴⁴	dio²³	lio¹³
38 岱山	dʑio²¹³	io⁵²	io⁴⁴	io²³	tio³²⁵	tio⁴⁴	dio²³	lio²¹³
39 嵊泗	dʑio²¹³	io⁵³	io⁵³	io²⁴³	tio⁴⁴⁵	tio⁵³	dio²⁴³	lio²¹³
40 临海	dʑiɔ³²⁴又 giɔ³²⁴又	iɔ³¹	iɔ⁵⁵	iɔ²¹	tiɔ³⁵³小	tiɔ⁵⁵	diɔ²¹	liɔ³²⁴
41 椒江	dʑiɔ²⁴	iɔ⁴²	iɔ⁵⁵	iɔ³¹	ȵiɔ⁵¹小	tiɔ⁵⁵	diɔ³¹	liɔ²⁴
42 黄岩	dʑiɔ²⁴	iɔ³²	iɔ⁵⁵	iɔ¹²¹	tiɔ⁵¹小	tiɔ⁵⁵	diɔ¹²¹	liɔ²⁴
43 温岭	dʑiɔ¹³	iɔ³³	iɔ⁵⁵	iɔ³¹	tiɔ⁵¹小	tiɔ⁵⁵	diɔ³¹	liɔ¹³
44 仙居	dʑiɐɯ²⁴	iɐɯ³³⁴	iɐɯ⁵⁵	iɐɯ²¹³	ɗiɐɯ⁵³小	ɗiɐɯ⁵⁵	diɐɯ²¹³	liɐɯ²⁴

方言点	0321 轿	0322 腰	0323 要 重~	0324 摇	0325 鸟	0326 钓	0327 条	0328 料
	效开三 去宵群	效开三 平宵影	效开三 去宵影	效开三 平宵以	效开四 上萧端	效开四 去萧端	效开四 平萧定	效开四 去萧来
45 天台	gieu^{35}	ieu^{33}	ieu^{55}	ieu^{224}	tieu^{31}小	tieu^{55}	dieu^{224}	lieu^{35}
46 三门	dʑiɑu^{243}	iɑu^{334}	iɑu^{55}	iɑu^{113}	tiɑu^{52}白 n̠iɑu^{325}文	tiɑu^{55}	diɑu^{113}	liɑu^{243}
47 玉环	dʑiɔ^{22}	iɔ^{42}	iɔ^{55}	iɔ^{31}	tiɔ^{53}白 n̠iɔ^{53}文	tiɔ^{55}	diɔ^{31}	liɔ^{22}
48 金华	dʑiao^{14}	iao^{334}	iao^{55}	iao^{313}	tiao^{55}小	tiao^{55}	diao^{313}	liao^{14}
49 汤溪	dʑiɔ^{341}	iɔ^{24}	iɔ^{52}	iɔ^{11}	tɤŋ^{52}小	tɤ^{52}	dɤ^{11}	ɤ^{341}
50 兰溪	dʑiɔ^{24}	iɔ^{334}	iɔ^{45}	iɔ^{21}	tiɔ^{45}	tiɔ^{45}	diɔ^{21}	liɔ^{24}
51 浦江	dʑi^{24}	i^{534}	ia^{55}	i^{113}白 ia^{113}文 读字	n̠ia^{243}	tɯ^{55}	dɯ^{113}白 dia^{113}文	lɯ^{24}白 lia^{24}文
52 义乌	dʑie^{24}	ie^{335}	ie^{45}	ie^{213}	tɯɤn^{45}小	tɯɤ^{45}	dɯɤ^{213}	lɯɤ^{24}
53 东阳	dʑio^{24}	io^{334}	ŋɐu^{24}	io^{213}	tiɔn^{453}小	tiɔ^{453}	dio^{213}	lio^{24}
54 永康	dʑiɑu^{241}	iɑu^{55}	iɑu^{52}	iɑu^{22}	ɗiɑu^{52}小	ɗiɑu^{52}	diɑu^{22}	liɑu^{241}
55 武义	dʑie^{231}	ie^{24}	ie^{53}	iɑu^{324}	lin^{53}小	lie^{53}	die^{324}	lie^{231}
56 磐安	dʑio^{14}	io^{445}	io^{52}	io^{213}	tion^{52}小	tio^{52}	dio^{213}	lio^{14}
57 缙云	dʑiəɤ^{213}	iɤ^{44}	iəɤ^{453}	iəɤ^{243}	tiɔ^{51}	tiɔ^{453}	diɔ^{243}	liɔ^{213}
58 衢州	dʑiɔ^{231}	iɔ^{32}	iɔ^{53}	iɔ^{21}	tiɔ^{35}	tiɔ^{53}	diɔ^{21}	liɔ^{231}
59 衢江	dʑiɔ^{231}	iɔ^{33}	iɔ^{25}调殊	iɔ^{212}	tiɔ^{25}	tiɔ^{53}	diɔ^{212}	liɔ^{231}
60 龙游	dʑiɔ^{231}	iɔ^{334}	iɔ^{51}	iɔ^{21}	tiɔ^{35}	tiɔ^{51}	diɔ^{21}	liɔ^{231}
61 江山	giɐɯ^{31}	iɐɯ^{44}	iɐɯ^{51}	iɐɯ^{213}	tiɐɯ^{241}	tiɐɯ^{51}	diɐɯ^{213}	liɐɯ^{31}
62 常山	dʑiɤ^{131}	iɤ^{44}	iɔ^{24}	iɤ^{341}	tiɤ^{52}白 n̠iɔ^{52}文	tiɤ^{324}	diɔ^{341}	liɤ^{131}
63 开化	dʑiəɯ^{213}	iəɯ^{44}	iɔ^{44}调殊	iəɯ^{231}	tiəɯ^{53}	tiəɯ^{412}	diəɯ^{231}	liəɯ^{213}
64 丽水	dʑiə^{131}	iə^{224}	iə^{52}	iə^{22}	tiə^{544}白 n̠iə^{544}文	tiə^{52}	diə^{22}	liə^{131}
65 青田	dʑiœ^{22}	iœ^{445}	iœ^{33}	iœ^{21}	ɗiœ^{454}	ɗiœ^{33}	diœ^{21}	liœ^{22}
66 云和	dʑiɑɔ^{223}	iɑɔ^{24}	iɑɔ^{45}	iɑɔ^{312}	tiɑɔ^{45}音殊	tiɑɔ^{45}	diɑɔ^{312}	liɑɔ^{223}
67 松阳	dʑiɔ^{13}	iɔ^{53}	iɔ^{24}	iɔ^{31}	tiɔ^{24}调殊	tiɔ^{24}	diɔ^{31}	liɔ^{13}

方言点	0321 轿	0322 腰	0323 要 重~	0324 摇	0325 鸟	0326 钓	0327 条	0328 料
	效开三 去宵群	效开三 平宵影	效开三 去宵影	效开三 平宵以	效开四 上萧端	效开四 去萧端	效开四 平萧定	效开四 去萧来
68 宣平	dʑiɔ²³¹	iɔ³²⁴	iɔ⁵²	iɔ⁴³³	tiɔ⁴⁴⁵	tiɔ⁵²	diɔ⁴³³	liɔ²³¹
69 遂昌	dʑiɐɯ²¹³	iɐɯ⁴⁵	iɐɯ³³⁴	iɐɯ²²¹	tiɐɯ⁵³³	tiɐɯ³³⁴	diɐɯ²²¹	liɐɯ²¹³
70 龙泉	dʑiaʌ²²⁴	iaʌ⁴³⁴	iaʌ⁴⁵	iaʌ²¹	tiaʌ⁵¹白 ȵiaʌ⁵¹文	tiaʌ⁴⁵	diaʌ²¹	liaʌ²²⁴
71 景宁	dʑiɑu¹¹³	iɑu³²⁴	iɑu³⁵	iɑu⁴¹	tiɑu⁴⁵小	tiɑu³⁵	diɑu⁴¹	liɑu¹¹³
72 庆元	tɕiɒ³¹	iɒ³³⁵	iɒ³¹	iɒ⁵²	ɗiɒ³³	ɗiɒ¹¹	tiɒ⁵²	liɒ³¹
73 泰顺	tɕiaɔ²²	iaɔ²¹³	iaɔ³⁵	iaɔ⁵³	tiaɔ⁵⁵小	tiaɔ³⁵	tiaɔ⁵³	liaɔ²²
74 温州	dʑiɛ²²	iɛ³³	iɛ⁵¹	iɛ³¹	tiɛ²⁵白 ȵia¹⁴文	tiɛ⁵¹	diɛ³¹	liɛ²²
75 永嘉	dʑyə²²	yə⁴⁴	yə⁵³	yə³¹	tyə⁵³白 ȵia¹³文	tyə⁵³	dyə³¹	lyə²²
76 乐清	dʑiɤ²²	iɤ⁴⁴	iɤ⁴¹	iɤ³¹	tiɯʌ³⁵白 ȵia²⁴文	tiɯʌ⁴¹	diɯʌ³¹	liɯʌ²²
77 瑞安	dʑy²²	y⁴⁴	y⁵³	y³¹	tuɔ³⁵白 ȵiɔ¹³文	tuɔ⁵³	duɔ³¹	luɔ²²
78 平阳	dʑye³³	ye⁵⁵	ye⁵³	ye²⁴²	ȵia⁴⁵	tye⁵³	dye²⁴²	lye³³
79 文成	dʑyø⁴²⁴	yø⁵⁵	yø³³	yø¹¹³	tuo⁴⁵白 ȵio²²⁴文	tuo³³	duo¹¹³	luo⁴²⁴
80 苍南	dʑyɔ¹¹	yɔ⁴⁴	yɔ⁴²	yɔ³¹	tyɔ⁵³白 ȵia⁵³文	tyɔ⁴²	dyɔ³¹	lyɔ¹¹
81 建德徽	tɕʰiɔ⁵⁵	iɔ⁵³	iɔ³³	iɔ³³	tiɔ²¹³	iɔ³³	tiɔ³³	liɔ⁵⁵
82 寿昌徽	tɕʰiɤ³³	iɤ¹¹²	iɑ⁵²文	iɤ⁵²	tiã⁵²小	tiɤ³³	tʰiɤ⁵²	liɤ³³
83 淳安徽	tɕʰiɤ⁵³	iɤ²⁴	iɤ²⁴	iɤ⁴³⁵	tiɤ⁵⁵白 iɤ⁵⁵文	tiɤ²⁴	tʰiɤ⁴³⁵	liɤ⁵³
84 遂安徽	tɕʰiɔ⁵²	iɔ⁵³⁴	iɔ⁴³	iɔ³³	iɔ²¹³	tiɔ³³	tʰiɔ³³	liɔ⁵²
85 苍南闽	kio²¹	io⁵⁵	iau²¹	io²⁴	tɕiau⁴³	tio²¹	tiau²⁴	liau²¹
86 泰顺闽	kiɐu³¹	iɐu²¹³	iɐu⁵³ au⁵³	iɐu²²	teu³⁴⁴	tiɐu⁵³	teu²²	leu³¹
87 洞头闽	kieu²¹	ieu³³	iau²¹	ieu¹¹³	tɕiau⁵³	tieu²¹	tiau¹¹³	liau²¹
88 景宁畲	kʰiəu⁴⁴	iəu⁴⁴	（无）	iəu²²	tau⁵⁵小	tau⁴⁴	tiau²²白 tʰau²²文	liəu⁵¹

方言点	0329 第	0330 叫	0331 母 丈~,舅~	0332 抖	0333 偷	0334 头	0335 豆	0336 楼
	效开四 平萧心	效开四 去萧见	流开一 上侯明	流开一 上侯端	流开一 平侯透	流开一 平侯定	流开一 去侯定	流开一 平侯来
01 杭州	ɕiɔ³³⁴	tɕiɔ⁴⁵	m⁵³丈~	tei⁵³	tʰei³³⁴	dei²¹³	dei¹³	lei²¹³
02 嘉兴	ɕiɔ⁴²	tɕiɔ²²⁴	m¹¹³白 mou¹¹³文	tei⁵⁴⁴	tʰei⁴²	dei²⁴²	dei¹¹³	lei²⁴²
03 嘉善	ɕiɔ⁵³	tɕiɔ³³⁴	m¹¹³	təʏ⁴⁴	tʰə⁵³	də¹³²	də¹¹³	lə¹³²
04 平湖	siɔ⁵³	tɕiɔ³³⁴	m²¹³	təɯ⁴⁴	tʰəɯ⁵³	dəɯ³¹	dəɯ²¹³	ləɯ³¹
05 海盐	ɕiɔ⁵³	tɕiɔ³³⁴	m²¹³	te⁴²³	tʰe⁵³	de³¹	de²¹³	le³¹
06 海宁	ɕiɔ⁵⁵	tɕiɔ³⁵	m²³¹	təɯ⁵³	tʰəɯ⁵⁵	dəɯ¹³	dəɯ¹³	ləɯ¹³
07 桐乡	siɔ⁴⁴	tɕiɔ³³⁴	m²⁴²丈~	tɤɯ⁵³	tʰɤɯ⁴⁴	dɤɯ¹³	dɤɯ²¹³	lɤɯ¹³
08 崇德	ɕiɔ⁴⁴	tɕiɔ³³⁴	m⁵³ mu⁵³	tɤɯ⁵³	tʰɤɯ⁴⁴	dɤɯ¹³	dɤɯ¹³	lɤɯ¹³
09 湖州	ɕiɔ⁴⁴	tɕiɔ³⁵	m²⁴	tøʉ⁵²³	tʰøʉ⁴⁴	døʉ¹¹²	døʉ²⁴	løʉ³⁵
10 德清	ɕiɔ⁴⁴	tɕiɔ³³⁴	m⁵²	tøʉ⁵²	tʰøʉ⁴⁴	døʉ¹¹³	døʉ¹¹³	løʉ¹¹³
11 武康	ɕiɔ⁴⁴	tɕiɔ²²⁴	m²⁴²	tø⁵³	tʰø⁴⁴	dø¹¹³	dø¹¹³	lø¹¹³
12 安吉	ɕiɔ⁵⁵	tɕiɔ³²⁴	m⁵²	təɪ⁵²	tʰəɪ⁵⁵	dəɪ²²	dəɪ²¹³	ləɪ²²
13 孝丰	ɕiɔ⁴⁴	tɕiɔ³²⁴	m⁵²	təɪ⁵²	tʰəɪ⁴⁴	dəɪ²²	dəɪ²¹³	ləɪ²²
14 长兴	ʃiɔ⁴⁴	tʃiɔ³²⁴	m⁵²	tei⁵²	tʰei⁴⁴	dei¹²	dei²⁴	lei¹²
15 余杭	siɔ⁴⁴	tsiɔ⁴²³	m⁵³	tøɣ⁵³	tʰøɣ⁴⁴	døɣ²²	døɣ²¹³	løɣ²²
16 临安	ɕiɔ⁵⁵	tɕiɔ⁵⁵	m³³	tə⁵³	tʰə⁵⁵	də³³	də³³	lə³³
17 昌化	ɕiɔ³³⁴	tɕiɔ⁵⁴⁴	m⁴⁵³	ti⁴⁵³	tʰi³³⁴	di¹¹²	di²⁴³	li¹¹²
18 於潜	ɕiɔ⁴³³	tɕiɔ³⁵	mu⁵¹	tiəu⁵¹	tʰiəu⁴³³	diəu²²³	diəu²⁴	liəu²²³
19 萧山	ɕiɔ⁵³³	tɕiɔ⁴²	mo¹³	tio³³	tʰio⁵³³	dio³⁵⁵	dio²⁴²	lio³⁵⁵
20 富阳	ɕiɔ⁵³	tɕiɔ³³⁵	m²²⁴	tei⁴²³	tʰei⁵³	dei¹³	dei²²⁴	lei¹³
21 新登	ɕiɔ⁵³	tɕiɔ⁴⁵	ŋ³³⁴	təu³³⁴	tʰəu⁵³	dəu²³³	dəu¹³	ləu²³³
22 桐庐	ɕiɔ⁵³³	tɕiɔ³⁵	m³³	tei³³	tʰei⁵³³	dei¹³	dei²⁴	lei¹³
23 分水	ɕiɔ⁴⁴	tɕiɔ²⁴	m⁵³	tɵ⁵³	tʰɵ⁴⁴	dɵ²²	dɵ¹³	lɵ²²
24 绍兴	ɕiɔ⁵³	tɕiɔ³³	ŋ³³	tɤ³³⁴	tʰɤ⁵³	dɤ²³¹	dɤ²²	lu²³¹~梯 lɤ²³¹

续表

方言点	0329 箫	0330 叫	0331 母 丈~,舅~	0332 抖	0333 偷	0334 头	0335 豆	0336 楼
	效开四 平萧心	效开四 去萧见	流开一 上侯明	流开一 上侯端	流开一 平侯透	流开一 平侯定	流开一 去侯定	流开一 平侯来
25 上虞	ɕiɔ³⁵	tɕiɔ⁵³	ŋ²¹³	tɤ³⁵	tʰɤ³⁵	dɤ²¹³	dɤ³¹	lɤ²¹³
26 嵊州	ɕiɔ⁵³⁴	tɕiɔ³³⁴	m²¹³	tʏ⁵³	tʰʏ⁵³⁴	dʏ²¹³	dʏ²⁴	lʏ²¹³
27 新昌	ɕiɔ⁵³⁴	tɕiɔ³³⁵	m²³²	tiɯ⁴⁵³	tʰiɯ⁵³⁴	diɯ²²	diɯ¹³	liɯ²²
28 诸暨	ɕiɔ⁵⁴⁴	tɕiɔ⁵⁴⁴	m²⁴²白 mɤu²⁴²文	tei⁴²	tʰei⁵⁴⁴	dei¹³	dei³³	lei¹³
29 慈溪	ɕiɔ³⁵	tɕiɔ⁴⁴读字	m¹³	tø³⁵	tʰø³⁵	dø¹³	dø¹³	lø¹³
30 余姚	ɕiɔ⁴⁴	kɔ⁵³白 tɕiɔ⁵³文	m¹³	tø³⁴	tʰø⁴⁴	dø¹³	dø¹³	lø¹³
31 宁波	ɕio⁵³	tɕio⁴⁴	m¹³	tœʏ³⁵	tʰœʏ⁵³	dœʏ¹³	dœʏ¹³	lœʏ¹³
32 镇海	ɕio⁵³	tɕio⁵³	m²⁴	tei³⁵	tʰei⁵³	dei²⁴	dei²⁴	lei²⁴
33 奉化	ɕiɔ⁴⁴	tɕiɔ⁵³读字	m³³调殊	tæi⁵⁴⁵又 tʰæi⁵⁴⁵又	tʰæi⁴⁴	dæi³³	dæi³¹	læi³³
34 宁海	ɕieu⁵³	tɕieu³⁵读字	m³¹	tiu⁵³	tʰiu⁴²³	diu²¹³	diu²⁴	liu²¹³
35 象山	ɕio⁴⁴	tɕio⁵³	m⁴⁴	tɤɯ⁴⁴	tʰɤɯ⁴⁴	dɤɯ³¹	dɤɯ³¹	lɤɯ³¹
36 普陀	ɕiɔ⁵³	tɕiɔ⁵⁵	m²³	teu⁴⁵	tʰeu⁵³	deu²⁴	deu¹³	leu²⁴
37 定海	ɕio⁵²	tɕio⁴⁴	m²³	tɐi⁴⁵	tʰɐi⁵²	dɐi²³	dɐi¹³	lɐi²³
38 岱山	ɕio⁵²	tɕio⁴⁴	m²⁴⁴	tœʏ³²⁵	tʰœʏ⁵²	dœʏ²³	dœʏ²¹³	lœʏ²³
39 嵊泗	ɕio⁵³	tɕio⁵³	m²⁴³	tœʏ⁴⁴⁵	tʰœʏ⁵³	dœʏ²⁴³	dœʏ²¹³	lœʏ²⁴³
40 临海	ɕiə³¹	kiə⁵⁵	mə⁵²	tə⁵²	tʰə³¹	də²¹	də³²⁴	lə²¹
41 椒江	ɕiɔ³⁵小	tɕiɔ⁵⁵	m⁴²	tio⁴²	tʰio⁴²	dio³¹	dio²⁴	lio³¹
42 黄岩	ɕiɔ³⁵小	tɕiɔ⁵⁵	m⁴²	tio⁴²	tʰio³²	dio¹²¹	dio²⁴	lio¹²¹
43 温岭	ɕiɔ¹⁵小	tɕiɔ⁵⁵	m⁴²	tɤ⁴²	tʰɤ³³	dɤ³¹	dɤ¹³	lɤ³¹
44 仙居	ɕieɯ⁵³小	tɕieɯ⁵⁵	m³²⁴白 meɯ³²⁴文	ɗəɯ³²⁴	tʰəɯ³³⁴	dəɯ²¹³	dəɯ²⁴	ləɯ²¹³
45 天台	ɕieu⁵¹小	kieu⁵⁵	m³¹小	teu³²⁵	tʰeu³³	deu²²⁴	deu³⁵	leu²²⁴
46 三门	ɕiɑu⁵²	tɕiɑu⁵⁵	m³²⁵	tɤɯ³²⁵	tʰɤɯ³³⁴	dɤɯ¹¹³	dɤɯ²⁴³	lɤɯ¹¹³

续表

方言点	0329 箫 效开四 平萧心	0330 叫 效开四 去萧见	0331 母 丈~,舅~ 流开一 上侯明	0332 抖 流开一 上侯端	0333 偷 流开一 平侯透	0334 头 流开一 平侯定	0335 豆 流开一 去侯定	0336 楼 流开一 平侯来
47 玉环	ɕiɔ⁴²	tɕiɔ⁵⁵	m⁵³白 mo⁵³文	tiɤ⁵³	tʰiɤ⁴²	diɤ³¹	diɤ²²	liɤ³¹
48 金华	siɑo³³⁴	tɕiɑo⁵⁵	m⁵³⁵丈~	tiɯ⁵³⁵	tʰiɯ³³⁴	diɯ³¹³	diɯ¹⁴	liɯ³¹³
49 汤溪	sɤ²⁴	tɕiɔ⁵²	m¹¹³	təɯ⁵³⁵	tʰəɯ²⁴	dəɯ¹¹	dəɯ³⁴¹	ləɯ¹¹
50 兰溪	siɔ³³⁴	tɕiɔ⁴⁵	n⁵⁵	təɯ⁵⁵	tʰəɯ³³⁴	dəɯ²¹	dəɯ²⁴	ləɯ²¹
51 浦江	sɯ⁵³⁴	tɕi⁵⁵	m²⁴³	tɤ⁵³	tʰɤ⁵³⁴	dɤ¹¹³	dɤ²⁴	lɤ¹¹³
52 义乌	sɯɤn³³⁵小	tɕie⁴⁵	n³¹²	təɯ⁴²³	tʰɐɯ³³⁵	dɐɯ²¹³	dɐɯ²⁴	lɐɯ²¹³
53 东阳	ɕyn³³⁴小	（无）	n²³¹	təɯ⁴⁴	tʰəɯ³³⁴	dəɯ²¹³	dəɯ²¹³	ləɯ²¹³
54 永康	ɕiɑu⁵⁵	iɑu⁵²声殊	ŋ¹¹³	ɗəu³³⁴	tʰəu⁵⁵	dəu²²	dəu²⁴¹	ləu²²
55 武义	ɕin²⁴小	ie⁵³声殊	n¹³	lɑu⁴⁴⁵	tʰɑu²⁴	dɑu³²⁴	dɑu²³¹	lɑu³²⁴
56 磐安	ɕiɔn⁴⁴⁵小	tɕiɔ⁵²又 iɔ⁵²声殊	n³³⁴	tɐɯ³³⁴	tʰɐɯ⁴⁴⁵	dɐɯ²¹³	dɐɯ¹⁴	lɐɯ²¹³
57 缙云	ɕiɔ⁴⁴	iɔɤ⁴⁵³声殊	mu³¹	tiuŋ⁵¹	tʰiuŋ⁴⁴	diuŋ²⁴³	diuŋ²¹³	liuŋ²⁴³
58 衢州	ɕiɔ³²	tɕiɔ⁵³	m²³¹	te³⁵	tʰe³²	de²¹	de²³¹	le²¹
59 衢江	ɕiɔ³³	iɔ⁵³声殊	məŋ²¹²小	ty²⁵	tʰy³³	dy²¹²	dy²³¹	ly²¹²
60 龙游	ɕiɔ³³⁴	tɕiɔ⁵¹	m²²⁴小	təɯ³⁵	tʰəɯ³³⁴	dəɯ²¹	dəɯ²³¹	ləɯ²¹
61 江山	ɕimɐi⁴⁴	imɐu⁵¹声殊mɐu	moŋ²²小	tɯ²⁴¹	tʰu⁴⁴	du²¹³舌~ dɯ²¹³鼻~	dɯ³¹佛~ dɯ³¹~腐	lɯ²¹³
62 常山	ɕiɤ⁴⁴	iɔ³²⁴狗~ tɕiɔ⁵²相~	m²⁴	tiu⁵²	tʰu⁴⁴	du³⁴¹	du¹³¹	liu³⁴¹
63 开化	ɕimɐi⁴⁴	iɐɯ⁴¹²声殊	mɤɤŋ²¹³小	təɯ⁵³韵殊	tʰu⁴⁴	du²³¹	du²¹³	liʊ²³¹
64 丽水	ɕiə²²⁴	iə⁵²声殊	m⁵⁴⁴	təɯ⁵⁴⁴	tʰəɯ²²⁴	dəɯ²²	dəɯ¹³¹	ləɯ²²
65 青田	ɕiœ⁴⁴⁵	tɕiœ³³	m⁴⁵⁴	ɗæi⁴⁵⁴	tʰæi⁴⁴⁵	deu²¹	deu²²	læi²¹
66 云和	ɕiɑɔ²⁴	iɑɔ⁴⁵声殊	m⁴¹	təɯ⁴¹	tʰəɯ²⁴	dəɯ³¹²	dəɯ²²³	ləɯ³¹²
67 松阳	ɕiɔ⁵³	iɔ²⁴声殊	m²²	tei²¹²	tʰei⁵³	dei³¹	dei¹³	lei³¹
68 宣平	ɕiɔ³²⁴	iɔ⁵²声殊	n²²³	təɯ⁴⁴⁵	tʰəɯ³²⁴	dəɯ⁴³³	dəɯ²³¹	ləɯ⁴³³

续表

方言点	0329 箫 效开四平萧心	0330 叫 效开四去萧见	0331 母 丈~,舅~ 流开一上侯明	0332 抖 流开一上侯端	0333 偷 流开一平侯透	0334 头 流开一平侯定	0335 豆 流开一去侯定	0336 楼 流开一平侯来
69 遂昌	ɕiɐɯ^{45}	iɐɯ^{334}声殊,ɯai	mɐŋ^{13}韵殊	tu^{533}	tʰu^{45}	du^{221}	du^{213}	lu^{221}
70 龙泉	ɕiaʌ^{434}	tɕiaʌ^{45}	ŋ^{51}	tiəɯ^{51}	tʰiəɯ^{434}	diəɯ^{21}	diəɯ^{224}	liəɯ^{21}
71 景宁	ɕiau^{324}	iau^{35}声殊,uai	m^{33}	təɯ^{33}	tʰəɯ^{324}	dəɯ^{41}	dəɯ^{113}	ləɯ^{41}
72 庆元	ɕiɒ^{335}	iɒ^{11}声殊	moŋ^{221}韵殊	dᵘiɯ^{33}	tʰui^{335}	tiɯ^{52}	tiɯ^{31}~腐	liɯ^{52}
73 泰顺	ɕiaɔ^{33}小	tɕiaɔ^{35}	m^{55}	təɯ^{55}	tʰəɯ^{213}	təɯ^{53}	təɯ^{22}	ləɯ^{53}
74 温州	ɕiɛ^{33}	tɕiɛ^{51}	mo^{14}	tau^{25}	tʰau^{33}	dɣu^{31}	dɣu^{22}	lau^{31}
75 永嘉	ɕyə^{44}	tɕyə^{53}	m^{13}	tau^{45}	tʰau^{44}	dəu^{31}	dəu^{22}	lau^{31}
76 乐清	siɯʌ^{44}	tɕiɣ^{41}	m^{24}	tau^{35}	tʰau^{44}	diu^{31}	diu^{22}	lau^{31}
77 瑞安	ɕiɔ^{44}	tɕy^{53}	mu^{13}	tau^{35}	tʰau^{44}	dou^{31}	dou^{22}	lau^{31}
78 平阳	ɕye^{55}	tɕye^{53}	mu^{45}	tau^{45}	tʰau^{55}	dɛu^{242}	dɛu^{33}	lau^{242}
79 文成	ʃou^{55}	tɕyø^{33}	mo^{224}	tau^{45}	tʰau^{55}	diou^{113}	diou^{424}	lau^{113}
80 苍南	ɕyɔ^{44}	tɕyɔ^{42}	mu^{53}	tau^{53}	tʰau^{44}	dɛu^{31}	dɛu^{11}	lau^{31}
81 建德徽	ɕiɔ^{53}	tɕiɔ^{33}	m^{33}丈~	tɣɯ^{213}	tʰɣɯ^{53}	tɣɯ^{33}	tʰɣɯ^{55}	lɣɯ^{33}
82 寿昌徽	ɕiɣ^{112}	tɕiɣ^{33}	m^{55}小	təɯ^{24}	tʰəɯ^{112}	tʰəɯ^{52}	tʰəɯ^{33}	ləɯ^{52}
83 淳安徽	ɕiɣ^{24}	tɕiɣ^{24}	moŋ^{55}韵殊	tu^{55}	tʰɯ^{24}	tʰɯ^{435}	tʰɯ^{53}	lɯ^{435}
84 遂安徽	ɕiɔ^{534}	tɕiɔ^{43}	m^{213}	tiu^{213}	tʰiu^{534}	tʰiu^{33}	tʰiu^{52}	liu^{33}
85 苍南闽	ɕiau^{55}	kio^{21}	bu^{32}	tau^{43}	tʰau^{55}	tʰau^{24}	tau^{21}	lau^{24}
86 泰顺闽	ɕiɐu^{213}	eu^{344}	mu^{344}	tau^{344}	tʰau^{213}	tʰau^{22}	tau^{31}	lau^{22}
87 洞头闽	ɕiau^{33}	kieu^{21}	bu^{53}	tau^{53}	tʰau^{33}	tʰau^{113}	tau^{21}	lau^{113}
88 景宁畲	ɕiəu^{325}小	（无）	mu^{325}	tiəu^{325}	tʰiəu^{44}	tʰiəu^{22}	tʰiəu^{325}小	liəu^{22}

方言点	0337 走	0338 凑	0339 钩	0340 狗	0341 够	0342 口	0343 藕	0344 后 前～
	流开一 上侯精	流开一 去侯清	流开一 平侯见	流开一 上侯见	流开一 去侯见	流开一 上侯溪	流开一 上侯疑	流开一 上侯匣
01 杭州	tsei⁵³	tsʰei⁴⁵	kei³³⁴	kei⁵³	kei⁴⁵	kʰei⁵³	ei⁵³	ei¹³
02 嘉兴	tsei⁵⁴⁴	tsʰei²²⁴	kei⁴²	kei⁵⁴⁴	kei²²⁴	kʰei¹¹³	ŋei¹¹³	ei¹¹³
03 嘉善	tsə⁴⁴	tsʰə³³⁴	kə⁵³	kə⁴⁴	kə³³⁴	kʰə³³⁴	ŋə¹¹³	ə¹¹³
04 平湖	tsəɯ⁴⁴	tsʰəɯ²¹³	kəɯ⁵³	kəɯ⁴⁴	kəɯ³³⁴	kʰəɯ²¹³	ŋəɯ²¹³	əɯ²¹³
05 海盐	tse⁴²³	tsʰe³³⁴	ke⁵³	ke⁴²³	ke³³⁴	kʰe⁴²³	e⁴²³	e⁴²³
06 海宁	tsəɯ⁵³	tsʰəɯ³⁵	kəɯ⁵⁵	kəɯ⁵³	kəɯ³⁵	kʰəɯ⁵³	əɯ²³¹	əɯ²³¹
07 桐乡	tsɤɯ⁵³	tsʰɤɯ³³⁴	kɤɯ⁴⁴	kɤɯ⁵³	kɤɯ³³⁴	kʰɤɯ⁵³	ɤɯ²⁴²	ɤɯ²⁴²
08 崇德	tsɤɯ⁵³	tsʰɤɯ³³⁴	kɤɯ⁴⁴	kɤɯ⁵³	kɤɯ³³⁴	kʰɤɯ⁵³	ɤɯ⁵³	ɤɯ⁵³
09 湖州	tɕiɐ⁵²³	tɕʰiɐ³⁵	køɐ⁴⁴	køɐ⁵²³	køɐ³⁵	kʰøɐ⁵²³	ŋøɐ⁵²³	øɐ⁵²³
10 德清	tɕiɐ⁵² 又 tsø⁵² 又	tsʰøɐ³³⁴	køɐ⁴⁴	køɐ⁵²	køɐ³³⁴	kʰøɐ⁵²	ŋøɐ⁵²	øɐ⁵²
11 武康	tsø⁵³	tsʰø²²⁴	kø⁴⁴	kø⁵³	kø²²⁴	kʰø⁵³	ŋø²⁴²	ø²⁴²
12 安吉	tsəɪ⁵²	tsʰəɪ³²⁴	kəɪ⁵⁵	kəɪ⁵²	kəɪ³²⁴	kʰəɪ⁵²	ŋəɪ⁵²	əɪ⁵²
13 孝丰	tsəɪ⁵²	tsʰəɪ³²⁴	kəɪ⁴⁴	kəɪ⁵²	kəɪ³²⁴	kʰəɪ⁵²	ŋəɪ⁵²	əɪ⁵²
14 长兴	tsei⁵²	tsʰei³²⁴	kei⁴⁴	kei⁵²	kei³²⁴	kʰei⁵²	ŋei⁵²	i⁵²
15 余杭	tsøɣ⁵³	tsʰøɣ⁴²³	køɣ⁴⁴	køɣ⁵³	køɣ⁴²³	kʰøɣ⁵³	ŋøɣ⁵³	øɣ⁵³
16 临安	tsə⁵⁵	tsʰə⁵⁵	kə⁵⁵	kə⁵⁵	kə⁵⁵	kʰə⁵⁵	ŋə³³	ə³³
17 昌化	tsei⁴⁵³	tsʰei⁵⁴⁴	ki³³⁴	ki⁴⁵³	ki⁵⁴⁴	kʰi⁴⁵³	ȵi⁴⁵³	ei²⁴³
18 於潜	tɕiəu⁵¹	tɕʰiəu³⁵	kiəu⁴³³	kiəu⁵¹	kiəu³⁵	kʰiəu⁵¹	ȵiəu⁵¹	iəu²⁴
19 萧山	tɕio³³	tɕʰio¹²	kio⁵³³	kio³³	kio⁴²	kʰio³³	ŋio¹³	io¹³
20 富阳	tsei⁴²³	tsʰei³³⁵	kiʊ⁵³	kiʊ⁴²³	kiʊ³³⁵	kʰiʊ²²³	ȵiʊ²²⁴	ei²²⁴
21 新登	tɕy³³⁴	tɕʰy⁴⁵	kəu⁵³	kəu³³⁴	kəu⁴⁵	kʰəu³³⁴	əu³³⁴	əu¹³
22 桐庐	tsei³³	tsʰei³⁵	kei⁵³³	kei³³	kei³⁵	kʰei³³	ŋei³³	ei²⁴
23 分水	tsɵ⁵³	tsʰɵ²⁴	kɵ⁴⁴	kɵ⁵³	kɵ²⁴	kʰɵ⁵³	ŋɵ⁵³	xɵ¹³
24 绍兴	tsɤ³³⁴	tsʰɤ³³	kɤ⁵³	kɤ³³⁴	kɤ³³	kʰɤ³³⁴	ŋɤ²²³	ɤ²²
25 上虞	tsɤ³⁵	tsʰɤ⁵³	kɤ³⁵	kɤ³⁵	kɤ⁵³	kʰɤ³⁵	ȵiɤ²¹³	ɤ²¹³

方言点	0337 走	0338 凑	0339 钩	0340 狗	0341 够	0342 口	0343 藕	0344 后 前~
	流开一 上侯精	流开一 去侯清	流开一 平侯见	流开一 上侯见	流开一 去侯见	流开一 上侯溪	流开一 上侯疑	流开一 上侯匣
26 嵊州	tɕiɣ⁵³	tɕʰiɣ³³⁴	kɣ⁵³⁴	kɣ⁵³	kɣ³³⁴	kʰɣ⁵³	n̠iɣ²²	ɣ²⁴
27 新昌	tɕiɯ⁴⁵³	tɕʰiɯ³³⁵	tɕiɯ⁵³⁴白 kiɯ⁵³⁴文	tɕiɯ⁴⁵³白 kiɯ⁴⁵³文	tɕiɯ³³⁵白 kiɯ³³⁵文	tɕʰiɯ⁴⁵³白 kʰiɯ⁴⁵³文	n̠iɯ²³²	iɯ²³²
28 诸暨	tsei⁴²	tsʰei⁵⁴⁴	kiʉ⁵⁴⁴	kiʉ⁴²	kiʉ⁵⁴⁴	kʰiʉ⁴²	niʉ⁴²	iʉ²⁴²
29 慈溪	tsø³⁵	tsʰø⁴⁴	kø³⁵	kø³⁵	kø⁴⁴	kʰø³⁵	n̠iø¹³韵殊	ø¹³
30 余姚	tsø³⁴	tsʰø⁵³	kø⁴⁴	kø³⁴	kø⁵³	kʰø³⁴	n̠iø¹³	ø¹³
31 宁波	tsœɣ³⁵	tsʰœɣ⁴⁴	kœɣ⁵³	ki³⁵黄~ kœɣ³⁵ ~腿子	kœɣ⁴⁴	kʰœɣ³⁵	ŋœɣ¹³	œɣ¹³
32 镇海	tsei³⁵	tsʰei⁵³~数	kei⁵³	kei³⁵	kei⁵³	kʰei³⁵	ŋei²⁴	ei²⁴
33 奉化	tsæi⁵⁴⁵	tsʰæi⁵³读字	kæi⁴⁴	kæi⁵⁴⁵	kæi⁵³	kʰæi⁵⁴⁵	æi³²⁴	æi³²⁴
34 宁海	tseu⁵³	tsʰeu³⁵	kiu⁴²³	kiu⁵³	kiu³⁵	kʰiu⁵³	n̠iu³¹	eu³¹
35 象山	tsɣɯ⁴⁴	tsʰɣɯ⁵³	kɣɯ⁴⁴	kɣɯ⁴⁴	kɣɯ⁵³	kʰɣɯ⁴⁴	ŋɣɯ⁵³	ɣɯ³¹
36 普陀	tseu⁴⁵	tsʰeu⁵⁵	keu⁵³	keu⁴⁵	keu⁵⁵	kʰeu⁴⁵	ŋeu²³	eu²³
37 定海	tsɐi⁴⁵	tsʰɐi⁴⁴	kɐi⁵²	kɐi⁴⁵	kɐi⁴⁴	kʰɐi⁴⁵	ŋɐi²³	ɐi²³
38 岱山	tsœɣ³²⁵	tsʰœɣ⁴⁴	kœɣ⁵²	kœɣ³²⁵	kœɣ⁴⁴	kʰœɣ³²⁵	ŋœɣ²⁴⁴	œɣ²³
39 嵊泗	tsœɣ⁴⁴⁵	tsʰœɣ⁵³	kœɣ⁵³	kœɣ⁴⁴⁵	kœɣ⁵³	kʰœɣ⁴⁴⁵	ŋœɣ⁴⁴⁵	œɣ³³⁴
40 临海	tsə⁵²	tsʰə⁵⁵	kə³¹	kə⁵²	kə⁵⁵	kʰə⁵²	ŋə⁵²	ə⁵²
41 椒江	tɕio⁴²	tɕʰio⁵⁵	tɕio⁴²	tɕio⁴²	tɕio⁵⁵	tɕʰio⁴²	n̠io⁴²	io⁴²
42 黄岩	tɕio⁴²	tɕʰio⁵⁵	tɕio³²	tɕio⁴²	tɕio⁵⁵	tɕʰio⁴²	n̠io⁴²	io⁴²
43 温岭	tsɣ⁴²	tsʰɣ⁵⁵	tɕiɣ³³	tɕiɣ⁴²	tɕiɣ⁵⁵	tɕʰiɣ⁴²	n̠iɣ⁴²	iɣ⁴²
44 仙居	tsəɯ³²⁴	tsʰəɯ⁵⁵	kəɯ³³⁴	kəɯ³²⁴	kəɯ⁵⁵	kʰəɯ³²⁴	ŋəɯ³²⁴	əɯ³²⁴
45 天台	tseu³²⁵	tsʰeu⁵⁵	keu⁵⁵动 keu³³名	keu³²⁵	keu⁵⁵	kʰeu³²⁵	ŋeu²¹⁴	eu²¹⁴
46 三门	tsɣɯ³²⁵	tsʰɣɯ⁵⁵	kɣɯ⁵²	kɣɯ³²⁵	kɣɯ⁵⁵	kʰɣɯ³²⁵	ŋɣɯ³²⁵	ɣɯ²¹³
47 玉环	tɕiɣ⁵³	tɕʰiɣ⁵⁵	kiɣ⁴²	kiɣ⁵³	kiɣ⁵⁵	kʰiɣ⁵³	n̠iɣ⁵³	iɣ⁵³

方言点	0337 走	0338 凑	0339 钩	0340 狗	0341 够	0342 口	0343 藕	0344 后 前～
	流开一 上侯精	流开一 去侯清	流开一 平侯见	流开一 上侯见	流开一 去侯见	流开一 上侯溪	流开一 上侯疑	流开一 上侯匣
48 金华	$tɕiu^{535}$	$tɕʰiu^{55}$	kiu^{334}	kiu^{535}	kiu^{55}	$kʰiu^{535}$	eu^{535}	eu^{535}
49 汤溪	$tsɯ^{535}$	$tsʰɯ^{52}$	$kɯŋ^{24}$小	$kɯ^{535}$	$kɯ^{52}$	$kʰɯ^{535}$又 $kʰəɯ^{535}$又	$əɯ^{113}$	$əɯ^{113}$
50 兰溪	$tsəɯ^{55}$	$tsʰəɯ^{45}$	$kəɯ^{334}$	$kəɯ^{55}$	$kəɯ^{45}$	$kʰəɯ^{55}$	$əɯ^{55}$	$əɯ^{55}$
51 浦江	$tsɤ^{53}$	$tsʰɤ^{55}$	$kɤ^{534}$	$kɤ^{53}$	$kɤ^{55}$	$kʰɤ^{53}$	$ŋɤ^{243}$	$ɤ^{243}$
52 义乌	$tsɐɯ^{423}$	$tsʰɐɯ^{45}$	$kɐɯ^{335}$	$kɐɯ^{423}$	$kɐɯ^{45}$	$kʰɐɯ^{423}$	$ɐɯ^{312}$	$ɐɯ^{312}$
53 东阳	（无）	$tsʰəɯ^{453}$	$kəɯ^{334}$	$kəɯ^{44}$	$kəɯ^{453}$	$kʰəɯ^{44}$	$ŋəɯ^{231}$	$əɯ^{231}$
54 永康	$tsəu^{334}$	$tsʰəu^{52}$	$kəu^{55}$	$kəu^{334}$	$kəu^{52}$	$kʰəu^{334}$	$ŋəu^{113}$	$əu^{113}$
55 武义	（无）	$tsʰau^{53}$	kau^{24}	kau^{445}	kau^{53}	$kʰau^{445}$	$ŋau^{445}$	au^{13}
56 磐安	$tsɐɯ^{334}$	$tsʰɐɯ^{52}$	$kɐɯ^{445}$	$kɐɯ^{334}$	$kɐɯ^{52}$	$kʰɐɯ^{334}$	$ŋɐɯ^{334}$	$ɐɯ^{334}$
57 缙云	$tɕiuŋ^{51}$	$tɕʰiuŋ^{453}$	$kɤ^{44}$	$kɤ^{51}$	$kɤ^{453}$	$kʰɤ^{51}$	$ȵiəɤ^{31}$	$əɤ^{31}$
58 衢州	tse^{35}	$tsʰe^{53}$	$kɯ^{32}$	$kɯ^{35}$	$kɯ^{53}$	$kʰɯ^{35}$	$ŋɯ^{231}$	$ɯ^{231}$
59 衢江	（无）	$tɕʰy^{53}$	ky^{33}	ku^{25}	ky^{53}	$kʰy^{25}$	$ȵy^{212}$又 $ŋy^{212}$又	u^{212}
60 龙游	$tsəɯ^{35}$	$tsʰəɯ^{51}$	$kəɯ^{334}$	$kəɯ^{35}$	$kəɯ^{51}$	$kʰəɯ^{35}$	$ŋəɯ^{224}$	$əɯ^{224}$
61 江山	$tsɯ^{241}$	$tsʰɯ^{51}$	ku^{44}鱼～ $kɯ^{44}$挂～	ku^{241}黄～ $kɯ^{241}$走～	$kɯ^{51}$	$kʰu^{241}$水～ $kʰu^{241}$人～	$ŋɯ^{22}$	u^{22}
62 常山	$tɕiu^{52}$	$tɕʰiu^{324}$	ku^{44}钓～ $tɕiu^{44}$瓢～	ku^{52}	$tɕiu^{324}$	$tɕʰy^{52}$～音 $kʰɤ^{52}$～才	$ȵiu^{24}$	u^{24}
63 开化	$tsɯ^{53}$	$tsʰɯ^{412}$	ku^{44}	ku^{53}白 $kɯ^{53}$文	$kɯ^{412}$	$kʰu^{53}$白 $kʰɯ^{53}$文	$ŋɯ^{213}$	u^{213}
64 丽水	$tsəɯ^{544}$	$tsʰəɯ^{52}$	$kɯ^{224}$	$kɯ^{544}$	$kɯ^{52}$	$kʰɯ^{544}$	$ŋəɯ^{544}$	$əɯ^{544}$
65 青田	$tsæi^{454}$	$tsʰæi^{33}$	$kæi^{445}$	$kæi^{454}$	$kæi^{33}$	$kʰæi^{454}$	$ŋæi^{454}$	$æi^{454}$
66 云和	$tsəɯ^{41}$	$tsʰəɯ^{45}$	$kəɯ^{24}$	$kəɯ^{41}$	$kəɯ^{45}$	$kʰəɯ^{41}$人～ $kʰu^{41}$～嘴	$ŋəɯ^{41}$	u^{41}韵殊
67 松阳	$tsei^{212}$	$tsʰei^{24}$	kei^{53}	kei^{212}	kei^{24}	$kʰei^{212}$	$ŋei^{13}$调殊	u^{22}
68 宣平	$tsəɯ^{445}$	$tsʰəɯ^{52}$	$kɯ^{324}$	$kɯ^{445}$	$kɯ^{52}$	$kʰɯ^{445}$	$ŋɔ^{223}$韵殊	$əɯ^{223}$

方言点	0337 走	0338 凑	0339 钩	0340 狗	0341 够	0342 口	0343 藕	0344 后 前~
	流开一 上侯精	流开一 去侯清	流开一 平侯见	流开一 上侯见	流开一 去侯见	流开一 上侯溪	流开一 上侯疑	流开一 上侯匣
69 遂昌	tsu⁵³³	tsʰu³³⁴	kɤɯ⁴⁵	kɤɯ⁵³³	ku³³⁴	kʰu⁵³³	ŋɤɯ¹³	u¹³
70 龙泉	tɕiəu⁵¹	tɕʰiəu⁴⁵	kiəu¹³⁴	kiəu⁵¹	kiəu⁴⁵	kʰiəu⁵¹	ȵiəu⁵¹	u⁵¹白 ᴇu⁵¹文
71 景宁	tsəɯ³³	tsʰəɯ³⁵	kəɯ³²⁴	kəɯ³³	kəɯ³⁵	kʰəɯ³³人~ kʰu³³~嘴	ŋəɯ³³	u³³韵殊
72 庆元	tsɐɯ³³	tsʰɐɯ¹¹	kɐɯ³³⁵	kɐɯ³³	kɐɯ¹¹	kʰɐɯ³³	ŋɐɯ²²¹	u²²¹
73 泰顺	tsəu⁵⁵	tsʰəu³⁵	kəu²¹³	kəu⁵⁵	kəu³⁵	kʰəu⁵⁵	ŋəu⁵⁵	əu⁵⁵
74 温州	tsau²⁵	tsʰau⁵¹	kau³³	kau²⁵	kau⁵¹	kʰau²⁵	ŋau¹⁴	au¹⁴
75 永嘉	tsau⁴⁵	tsʰau⁵³	kau⁴⁴	kau⁴⁵	kau⁵³	kʰau⁴⁵	ŋau¹³	au¹³
76 乐清	tɕiau³⁵	tɕʰiau⁴¹	kau⁴⁴	kau³⁵	kau⁴¹	kʰau³⁵	ŋau²⁴	au²⁴
77 瑞安	tsau³⁵	tsʰau⁵³	kau⁴⁴	kau³⁵	kau⁵³	kʰau³⁵	ŋau¹³	au¹³
78 平阳	tʃau⁴⁵	tʃʰau⁵³	kau⁵⁵	kau⁴⁵	kau⁵³	kʰau⁴⁵	ŋau⁴⁵	au⁴⁵
79 文成	tʃau⁴⁵	tʃʰau³³	kau⁵⁵	kau⁴⁵	kau³³	kʰau⁴⁵	ŋau²²⁴	au²²⁴
80 苍南	tsau⁵³	tsʰau⁴²	kau⁴⁴	kau⁵³	kau⁴²	kʰau⁵³	ŋau⁵³	au⁵³
81 建德徽	tsɤɯ²¹³	tsʰɤɯ³³	kɤɯ⁵³	kɤɯ²¹³	kɤɯ³³	kʰɤɯ²¹³	ŋɤɯ²¹³	hɤɯ²¹³
82 寿昌徽	tsəɯ²⁴~狗	tsʰəɯ³³	kəɯ¹¹²	kəɯ²⁴	kəɯ³³	kʰəɯ²⁴	ŋəɯ⁵³⁴	xəɯ⁵³⁴
83 淳安徽	tsɯ⁵⁵	tsʰɯ²⁴	kɯ²⁴	kɯ⁵⁵	kɯ²⁴	kʰɯ⁵⁵	ɯ⁵⁵	hɯ⁵⁵
84 遂安徽	tsəɯ²¹³	tɕʰiu⁴³	kəɯ⁵³⁴	kəɯ²¹³	kəɯ⁴³	kʰəɯ²¹³	əɯ⁴³	xəɯ⁴³
85 苍南闽	tsau⁴³	tsʰau²¹	kau⁵⁵	kau⁴³	kau²¹	kʰau⁴³	ŋãũ⁴³	au³²
86 泰顺闽	tsau³⁴⁴	tsʰeu⁵³	kau²¹³	keu³⁴⁴	keu⁵³	kʰeu³⁴⁴	ŋeu³⁴⁴	au³¹
87 洞头闽	tsau⁵³	tsʰau²¹	kau³³	kau⁵³	kau²¹	kʰau⁵³	ŋãũ¹¹³调殊	au²¹
88 景宁畲	tsau³²⁵	tɕʰiəu⁴⁴	kau⁴⁴	kau³²⁵	kəu⁴⁴	kʰiəu³²⁵	ŋəu²²	xiəu⁵¹

方言点	0345 厚 流开一 上侯匣	0346 富 流开三 去尤非	0347 副 流开三 去尤敷	0348 浮 流开三 平尤奉	0349 妇 流开三 上尤奉	0350 流 流开三 平尤来	0351 酒 流开三 上尤精	0352 修 流开三 平尤心
01 杭州	ei¹³	fu⁴⁵	fu⁴⁵	vei²¹³	vu¹³	ly²¹³	tɕy⁵³	ɕy³³⁴
02 嘉兴	ei¹¹³	fu²²⁴	fu²²⁴	vu²⁴²	vu¹¹³	liu²⁴²	tɕiu⁵⁴⁴	ɕiu⁴²
03 嘉善	ə¹¹³	fu⁴⁴	fu³³⁴	və¹³²	vu¹¹³	liə¹³²	tɕiə⁴⁴	ɕiə⁵³
04 平湖	əɯ²¹³	fu³³⁴	fu³³⁴	vəɯ³¹	vu²¹³	liəɯ³¹	tsiəɯ⁴⁴	siəɯ⁵³
05 海盐	e⁴²³	fu³³⁴	fu³³⁴	u³¹	u²¹³	le³¹	tse⁴²³	se⁵³
06 海宁	əɯ²³¹	fu³⁵	fu³⁵	vu¹³	vu¹³	ləɯ¹³	tsəɯ⁵³	səɯ⁵⁵
07 桐乡	ɤɯ²⁴²	fu³³⁴	fu³³⁴	u¹³	u²¹³	lɤɯ¹³	tsɤɯ⁵³	sɤɯ⁴⁴
08 崇德	ɤɯ⁵³	fu³³⁴	fu³³⁴	vu¹³	vu¹³	lɤɯ¹³	tsɤɯ⁵³	sɤɯ⁴⁴
09 湖州	øɥ⁵²³	fu³⁵	fu³⁵	vu¹¹²	vu²⁴	løɥ¹¹²	tɕiɥ⁵²³	ɕiɥ⁴⁴
10 德清	øɥ⁵²	fu³³⁴	fu³³⁴	vu¹¹³	vu¹⁴³	løɥ¹¹³	tɕiɥ⁵²	ɕiɥ⁴⁴
11 武康	ø²⁴²	fu²²⁴	fu²²⁴	u¹¹³	u¹¹³	lø¹¹³	tɕiø⁵³	ɕiø⁴⁴
12 安吉	əɪ⁵²	fu³²⁴	fu³²⁴	vu²²	vu²⁴³	ləɪ²²	tɕiu⁵²	ɕiu⁵⁵
13 孝丰	gəɪ²⁴³白 əɪ⁵²文	fu³²⁴	fu³²⁴	vu²²	vu²⁴³	liu²²	tɕiu⁵²	ɕiu⁴⁴
14 长兴	gei²⁴³	fu³²⁴	fu³²⁴	vu¹²	vu²⁴	lei¹²	tʃiɣ⁵²	ʃiɣ⁴⁴
15 余杭	øɣ⁵³	fu⁴²³	fu⁴²³	vu²²	vu²⁴³	løɣ²²	tsøɣ⁵³	søɣ⁴⁴
16 临安	gə³³	fu⁵⁵	fu⁵⁵	vu³³	vu³³	lyœ³³	tɕyœ⁵⁵	ɕyœ⁵⁵
17 昌化	gi²⁴³白 ei²⁴³文	fu⁵⁴⁴	fu⁵⁴⁴	vu¹¹²	vu²⁴³	li¹¹²	tɕi⁴⁵³	ɕi³³⁴
18 於潜	giəu²⁴	fu³⁵	fu³⁵	vu²²³	vu²⁴	liəu²²³	tɕiəu⁵¹	ɕiəu⁴³³
19 萧山	io¹³	fu⁴²	fu⁴²	vio³⁵⁵	vu²⁴²	lio³⁵⁵	tɕio⁵³	ɕio⁵³³
20 富阳	ei²²⁴	fu³³⁵	fu³³⁵	vu¹³	vu²²⁴	lei¹³	tɕiu⁴²³	ɕiu⁵³
21 新登	gəu¹³	fu⁴⁵	fu⁴⁵	vu²³³	vu¹³	ləu²³³	tɕy³³⁴	ɕy⁵³
22 桐庐	gei²⁴	fu³⁵	fu³⁵	vu¹³	vu²⁴	liəu¹³	tɕiəu³³	ɕiəu⁵³³
23 分水	gə¹³	fu²⁴	fu²⁴	xu²²	bu¹³	liɣ²²	tɕiɣ⁵³	ziɣ⁴⁴
24 绍兴	ɣ²²³	fu³³	fu³³	vɣ²³¹	u²²³	liɣ²³¹	tɕiɣ³³⁴	ɕiɣ⁵³
25 上虞	ɣ²¹³	fu⁵³	fu⁵³	vɣ²¹³	vu²¹³	iɣ²¹³	tɕiɣ³⁵	ɕiɣ³⁵

续表

方言点	0345 厚 流开一上侯匣	0346 富 流开三去尤非	0347 副 流开三去尤敷	0348 浮 流开三平尤奉	0349 妇 流开三上尤奉	0350 流 流开三平尤来	0351 酒 流开三上尤精	0352 修 流开三平尤心
26 嵊州	gɣ²²	fu³³⁴	fu³³⁴	u²¹³	u²⁴	liɣ²¹³	tɕiɣ⁵³	ɕiɣ⁵³⁴
27 新昌	dʑiɯ²³²白 giɯ²³²文	fu³³⁵	fu³³⁵	u²²	u²³²	liɯ²²	tɕiɯ⁴⁵³	ɕiɯ⁵³⁴
28 诸暨	giʉ²⁴²	fu⁵⁴⁴	fu⁵⁴⁴	vu¹³	vu²⁴²	liʉ¹³	tɕiʉ⁴²	ɕiʉ⁵⁴⁴
29 慈溪	ø¹³	fu⁴⁴	fu⁴⁴	vu¹³	vu¹³	liø¹³	tɕiø³⁵	ɕiø³⁵
30 余姚	ø¹³	fu⁵³	fu⁵³	vø¹³又 vu¹³又	vu¹³	liø¹³	tɕiø³⁴	ɕiø⁴⁴
31 宁波	œɣ¹³	fu⁴⁴	fu⁴⁴	vœɣ¹³~桥 vu¹³~上来	vu¹³	liɣ¹³	tɕiɣ³⁵	ɕiɣ⁵³
32 镇海	ei²⁴	fu⁵³	fu⁵³	vu²⁴	vu²⁴	liu²⁴	tɕiu³⁵	ɕiu⁵³
33 奉化	æi³²⁴	fu⁵³	fu⁵³	vu³³	vu³²⁴调殊	liɣ³³	tɕiɣ⁵⁴⁵	ɕiɣ⁴⁴
34 宁海	eu³¹	fu³⁵	fu³⁵	vu²¹³~桥	vu³¹	liu²¹³	tɕiu	ɕiu⁴²³
35 象山	ɣɯ³¹	fu⁵³	fu⁵³	vu³¹	vu³¹	liu¹³	tɕiu⁴⁴	ɕiu⁴⁴
36 普陀	eu²³	fu⁵⁵	fu⁵⁵	vu²⁴	vu²³	lieu²⁴	tɕieu⁴⁵	ɕieu⁵³
37 定海	ɐi²³	fu⁴⁴	fu⁴⁴	u²³~瓢 vɐi²³~尸	vu²³	liɣ²³	tɕiɣ⁴⁵	ɕiɣ⁵²
38 岱山	œɣ²³调殊	fu⁴⁴	fu⁴⁴	vœɣ²³~尸 vu²³~瓢	vu²³	liɣ²³	tɕiɣ³²⁵	ɕiɣ⁵²
39 嵊泗	œɣ²⁴³	fu⁵³	fu⁵³	vœɣ²⁴³~尸 vu²⁴³~来	vu²⁴³	liɣ²⁴³	tɕiɣ⁴⁴⁵	ɕiɣ⁵³
40 临海	ə⁵²	fu⁵⁵	fu⁵⁵	və²¹又 vu²¹又	vu²¹	liu²¹	kiu⁵²	hiu³¹
41 椒江	dʑio³¹白 io⁴²文	fu⁵⁵	fu⁵⁵	vu³¹	vu³¹	liu³¹	tɕiu⁴²	ɕiu⁴²
42 黄岩	dʑio¹²¹白 io⁴²文	fu⁵⁵	fu⁵⁵	vu¹²¹	vu¹²¹	liu¹²¹	tɕiu⁴²	ɕiu³²
43 温岭	dʑiɣ³¹白 iɣ⁴²文	fu⁵⁵	fu⁵⁵	vu³¹	vu³¹	liu³¹	tɕiu⁴²	ɕiu³³
44 仙居	gəɯ²¹³	fu⁵⁵	fu⁵⁵	vu²¹³	u²¹³新~ vu²¹³~女	ləɯ²¹³	tɕiəɯ³²⁴	ɕiəɯ³³⁴
45 天台	eu²¹⁴	fu⁵⁵	fu⁵⁵	vu²²⁴	vu²¹⁴	liu²²⁴	tɕiu³²⁵	ɕiu³³

续表

方言点	0345 厚 流开一 上侯匣	0346 富 流开三 去尤非	0347 副 流开三 去尤敷	0348 浮 流开三 平尤奉	0349 妇 流开三 上尤奉	0350 流 流开三 平尤来	0351 酒 流开三 上尤精	0352 修 流开三 平尤心
46 三门	$\gamma\mathrm{u}^{213}$	fu^{55}	fu^{55}	$v\gamma\mathrm{u}^{113}$	vu^{243}	$l\gamma\mathrm{u}^{113}$	$tɕiu^{325}$	$ɕiu^{334}$
47 玉环	$gi\gamma^{41}$	fu^{55}	fu^{55}	vu^{31}	vu^{31}	liu^{31}	$tɕiu^{53}$	$ɕiu^{42}$
48 金华	kiu^{535}	fu^{55}	fu^{55}	vu^{313}	fu^{535}新~ vu^{14}~女	liu^{313}	$tɕiu^{535}$	$ɕiu^{334}$
49 汤溪	gu^{113}	fu^{52}	fu^{52}	vu^{11}	vu^{113}	$lɯ^{11}$	$tsɯ^{535}$	$sɯ^{24}$
50 兰溪	$kəɯ^{55}$	fu^{45}	fu^{45}	vu^{21}	vu^{24}	$lɯ^{21}$	$tsɯ^{55}$	$ɕiəɯ^{334}$
51 浦江	$g\gamma^{243}$	fu^{55}	fu^{55}	vu^{113}	vu^{243}	$l\gamma^{113}$	$tsi\gamma^{53}$	$ɕi\gamma^{534}$
52 义乌	$gɐɯ^{312}$	fu^{45}	fu^{45}	bu^{213}白 vu^{213}文	bu^{312}白 vu^{312}文	$lɐɯ^{213}$	$tsɐɯ^{423}$	$sɐɯ^{335}$
53 东阳	$gəɯ^{231}$	fu^{453}	fu^{453}	u^{213}	u^{231}	$liəɯ^{213}$	$tɕiəɯ^{44}$	$ɕiəɯ^{334}$
54 永康	$gəu^{113}$	fu^{52}	fu^{52}	vu^{22}	vu^{113}	$liəu^{22}$	$tɕiəu^{334}$	$ɕiəu^{55}$
55 武义	$gɑu^{13}$	fu^{53}	fu^{53}	$vɑu^{324}$	vu^{231}	$liəu^{324}$	$tɕiəu^{445}$	$ɕiəu^{24}$
56 磐安	$kɐɯ^{334}$	fu^{52}	fu^{52}	vu^{213}	fu^{334}	$liɐɯ^{213}$	$tɕiɐɯ^{334}$	$ɕiɐɯ^{445}$
57 缙云	$g\gamma^{31}$	fu^{453}	fu^{453}	vu^{243}	vu^{31}	$liuŋ^{243}$	$tɕiuŋ^{51}$	$ɕiuŋ^{44}$
58 衢州	$ɯ^{231}$	fu^{53}	fu^{53}	vu^{21}	vu^{231}	le^{21}	$tɕiu^{35}$	$ɕiu^{32}$
59 衢江	gu^{212}	fu^{53}	$f\gamma^{53}$白 fu^{53}文	$v\gamma^{212}$	vu^{212}	ly^{212}	$tɕy^{25}$	$ɕy^{33}$
60 龙游	$gəɯ^{224}$	fu^{51}	fu^{51}	vu^{21}	vu^{224}	$ləɯ^{21}$	$tɕiəɯ^{35}$	$ɕiəɯ^{334}$
61 江山	gu^{22}白 $ɯ^{22}$文	$fə^{51}$	$fə^{51}$	$və^{213}$	$və^{22}$	$lɯ^{213}$	$tɕyə^{241}$	$sɯ^{44}$
62 常山	gu^{24}	$fuə^{324}$~人 fu^{324}人名	$fuə^{324}$	$vuə^{341}$	$uə^{52}$新~ vu^{24}寡~	liu^{131}~下 liu^{52}~氓	$tsuə^{52}$	$ɕiu^{44}$
63 开化	gu^{213}白 $xɯ^{213}$文	fuo^{412}白 fu^{412}文	fuo^{412}白 fu^{412}文	vuo^{231}	vuo^{213}白 vu^{213}文	lu^{213}白 liu^{231}文	$tɕio^{53}$	$ɕio^{44}$
64 丽水	gu^{22}	fu^{52}	fu^{52}	vu^{22}	vu^{22}	$liəɯ^{22}$	$tɕiəɯ^{544}$	$ɕiəɯ^{224}$
65 青田	$gæi^{343}$	fu^{33}	fu^{33}	$væi^{21}$	vu^{454}	leu^{21}	$tɕieu^{454}$	$ɕieu^{445}$
66 云和	$gəɯ^{231}$	fu^{45}	fu^{45}	vu^{312}	vu^{231}	$liəɯ^{312}$	$tɕiəɯ^{41}$	$ɕiəɯ^{24}$
67 松阳	gu^{22}	$fuə^{24}$	$fuə^{24}$	$vuə^{31}$	$vuə^{22}$	lei^{31}	$tɕiɯ^{212}$	$ɕiɯ^{53}$

方言点	0345 厚 流开一 上侯匣	0346 富 流开三 去尤非	0347 副 流开三 去尤敷	0348 浮 流开三 平尤奉	0349 妇 流开三 上尤奉	0350 流 流开三 平尤来	0351 酒 流开三 上尤精	0352 修 流开三 平尤心
68 宣平	gɯ²²³	fu⁵²	fu⁵²	vu⁴³³	vu²²³	liɯ⁴³³	tɕiɯ⁴⁴⁵	ɕiɯ³²⁴
69 遂昌	gu¹³	fuə³³⁴	fuə³³⁴	vuə²²¹	vuə¹³	liɯ²²¹	tɕiɯ⁵³³	ɕiɯ⁴⁵
70 龙泉	ku⁵¹白 ɛu⁵¹文	fɣɯ⁴⁵	fɣɯ⁴⁵	vɣɯ²¹	fɣɯ⁵¹	liəu²¹	tɕiəu⁵¹	ɕiəu⁴³⁴
71 景宁	kəɯ³³	fu³⁵	fu³⁵	vu⁴¹	vu³³	liəɯ⁴¹	tɕiəɯ³³	ɕiəɯ³²⁴
72 庆元	ku²²¹	fɣ¹¹	fɣ¹¹	fɣ⁵²	fɣ²²¹	liɯ⁵²	tɕiɯ³³	ɕiɯ³³⁵
73 泰顺	kəu²¹	fø³⁵	fø³⁵	uø⁵³	uø²¹	liəu⁵³	tɕiəu⁵⁵	ɕiəu²¹³
74 温州	gau¹⁴	fø⁵¹	fø⁵¹	vɜ³¹	vø¹⁴	lɣu³¹	tɕiɣu²⁵	ɕiɣu³³
75 永嘉	gau¹³	fu⁵³	fu⁵³	u³¹	u¹³	ləu³¹	tɕiəu⁴⁵	ɕiəu⁴⁴
76 乐清	gau²⁴白 ɦau²⁴文	fu⁴¹	fu⁴¹	vu³¹	vu²⁴	liu³¹	tɕiu³⁵	siu⁴⁴
77 瑞安	gau¹³	fʏ⁵³	fʏ⁵³	vɛ³¹	ʏ¹³	lou³¹	tsou³⁵	sou⁴⁴
78 平阳	gau²³	fu⁵³	fu⁵³	vɛ²⁴²白 vu²⁴²文	vu²³	lɛu²⁴²	tʃɛu⁴⁵	sɛu⁵⁵
79 文成	gau²²⁴	fu³³	fu³³	vu¹¹³	vu²²⁴	liou¹¹³	tɕiou⁴⁵	ɕiou⁵⁵
80 苍南	gau²⁴	hu⁴²	hu⁴²	u³¹	u²⁴	lɛu³¹	tsɛu⁵³	sɛu⁴⁴
81 建德徽	hɣɯ²¹³	fu³³	fu³³	fu³³	fu²¹³	liɣɯ³³	tɕiɣɯ²¹³	ɕiɣɯ⁵³
82 寿昌徽	kʰəɯ⁵³⁴	fu³³	fu³³	fu⁵²	fu²⁴文	liəɯ⁵²	tɕiəɯ²⁴	ɕiəɯ¹¹²
83 淳安徽	kʰɯ⁵⁵白 hɯ⁵⁵文	fa²⁴白 fu²⁴文	fa²⁴白 fu⁵³文	fa⁴³⁵	fa²⁴	lɯ⁴³⁵	tɕiɯ⁵⁵	ɕiɯ²⁴
84 遂安徽	xəɯ⁵²	fu⁴³	fu⁴³	fu³³	fu⁵²	liu³³	tɕiu²¹³	ɕiu⁵³⁴
85 苍南闽	au³²	hu²¹	hu²¹	pʰu²⁴	pɔ³²白 hu³²文	lau²⁴	tɕiu⁴³	ɕiu⁵⁵
86 泰顺闽	kau³¹	fv⁵³	fv⁵³	pʰu²²	pu³¹白 fv³¹文	lau²²	tɕiøu³⁴⁴	ɕiøu²¹³
87 洞头闽	kau²¹	hu²¹	hu²¹	pʰu¹¹³	pɔ⁵³白 hu²¹文	lau¹¹³	tɕiu⁵³	ɕiu³³
88 景宁畲	kau⁵¹	fu⁴⁴	fu⁴⁴	fu²²	fu⁵¹	liəɯ²²	tɕiəɯ³²⁵	ɕiəɯ⁴⁴

方言点	0353 袖	0354 抽	0355 绸	0356 愁	0357 瘦	0358 州	0359 臭 香～	0360 手
	流开三 去尤邪	流开三 平尤彻	流开三 平尤澄	流开三 平尤崇	流开三 去尤生	流开三 平尤章	流开三 去尤昌	流开三 上尤书
01 杭州	dʑy¹³	tsʰei³³⁴	dzei²¹³	zei²¹³	sei⁴⁵	tsei³³⁴	tsʰei⁴⁵	sei⁵³
02 嘉兴	dʑiu¹¹³	tsʰei⁴²	zei²⁴²	zei²⁴²	sei²²⁴	tsei⁴²	tsʰei²²⁴	sei⁵⁴⁴
03 嘉善	dʑiə¹¹³	tsʰə⁵³	zə¹³²	zə¹³²	sə³³⁴	tsə⁵³	tsʰə³³⁴	sə⁴⁴
04 平湖	ziɯ²¹³	tsʰəɯ⁵³	zəɯ³¹	zəɯ³¹	səɯ³³⁴	tsəɯ⁵³	tsʰəɯ²¹³	səɯ⁴⁴
05 海盐	ze²¹³	tsʰe⁵³	ze³¹	ze³¹	se³³⁴	tse⁵³	tsʰe³³⁴	se¹²³
06 海宁	zəɯ¹³	tsʰəɯ⁵⁵	zəɯ¹³	zəɯ¹³	səɯ³⁵	tsəɯ⁵⁵	tsʰəɯ³⁵	səɯ⁵³
07 桐乡	zɤɯ²¹³	tsʰɤɯ⁴⁴	zɤɯ¹³	zɤɯ¹³	sɤɯ³³⁴	tsɤɯ⁴⁴	tsʰɤɯ³³⁴	sɤɯ⁵³
08 崇德	zɤɯ¹³	tsʰɤɯ⁴⁴	zɤɯ¹³	zɤɯ¹³	sɤɯ³³⁴	tsɤɯ⁴⁴	tsʰɤɯ³³⁴	sɤɯ⁵³
09 湖州	ziʉ²⁴	tɕʰiʉ⁴⁴	dziʉ¹¹²	dziʉ¹¹²	ɕiʉ³⁵	tɕiʉ⁴⁴	tɕʰiʉ³⁵	ɕiʉ⁵²³
10 德清	dziʉ¹¹³	tɕʰiʉ⁴⁴	dziʉ¹¹³	dziʉ¹¹³	ɕiʉ³³⁴	tɕiʉ⁴⁴	tɕʰiʉ³³⁴	ɕiʉ⁵²
11 武康	ziø¹¹³	tsʰø⁴⁴	dzø¹¹³	zø¹¹³	sø²²⁴	tsø²²⁴ 调殊	tɕʰiø²²⁴	sø⁵³
12 安吉	ziu²¹³	tsʰəɿ⁵⁵	dzəɿ²²	zəɿ²²	səɿ³²⁴	tsəɿ⁵⁵	tsʰəɿ³²⁴	səɿ⁵²
13 孝丰	ziu²¹³	tsʰəɿ⁴⁴	dzəɿ²²	zəɿ²²	səɿ³²⁴	tsəɿ⁴⁴	tsʰəɿ³²⁴	səɿ⁵²
14 长兴	ʒiɤ²⁴	tsʰei⁴⁴	dzei¹²	dzei¹²	sei³²⁴	tsei⁴⁴	tsʰei³²⁴	sei⁵²
15 余杭	zøɤ²¹³	tsʰøɤ⁴⁴	zøɤ²²	zøɤ⁴²³	søɤ⁴²³	tsøɤ⁴⁴	tsʰøɤ⁴²³	søɤ⁵³
16 临安	zyœ³³	tsʰə⁵⁵	dzə³³	dzə³³	sə⁵⁵	tsə⁵⁵	tsʰə⁵⁵	sə⁵⁵
17 昌化	zi²⁴³	tɕʰi³³⁴	zi¹¹²	zi¹¹²	ɕi⁵⁴⁴	tɕi³³⁴	tɕʰi⁵⁴⁴	ɕi⁴⁵³
18 於潜	ziəu²⁴	tɕʰiəu⁴³³	dziəu²²³	dziəu²²³	ɕiəu³⁵	tɕiəu⁴³³	tɕʰiəu³⁵	ɕiəu⁵¹
19 萧山	zio²⁴²	tɕʰio⁵³³	dzio³⁵⁵	ɕio³⁵⁵	ʑio⁴²	tɕio⁵³³	tɕʰio⁴²	ɕio³³
20 富阳	ziʊ²²⁴	tsʰei⁵³	dzei¹³	zei¹³	sei³³⁵	tsei⁵³	tsʰei³³⁵	ɕiʊ⁴²³
21 新登	zy¹³	tɕʰy⁵³	dzy²³³	zy²³³	ɕy⁴⁵	tɕy⁵³	tɕʰy⁴⁵	ɕy³³⁴
22 桐庐	ziəu²⁴	tsʰei⁵³³	dzei¹³	dzei¹³	sei³⁵	tsei⁵³³	tsʰei³⁵	sei³³
23 分水	ziɤ¹³	tsʰɤ⁴⁴	dzɤ²²	dzɤ²²	sɤ²⁴	tsɤ⁴⁴	tsʰɤ²⁴	sɤ⁵³
24 绍兴	ziɤ²²	tsʰɤ⁵³	dzɤ²³¹	zɤ²³¹	sɤ³³	tsɤ⁵³	tsʰɤ³³	sɤ³³⁴
25 上虞	ziɤ³¹	tsʰɤ³⁵	dzɤ²¹³	zɤ²¹³	sɤ⁵³	tsɤ³⁵	tsʰɤ⁵³	sɤ³⁵

续表

方言点	0353 袖	0354 抽	0355 绸	0356 愁	0357 瘦	0358 州	0359 臭 香～	0360 手
	流开三 去尤邪	流开三 平尤彻	流开三 平尤澄	流开三 平尤崇	流开三 去尤生	流开三 平尤章	流开三 去尤昌	流开三 上尤书
26 嵊州	ʑiɤ²⁴	tɕʰiɤ⁵³⁴	dʑiɤ²¹³	dʑiɤ²¹³	ɕiɤ³³⁴	tɕiɤ⁵³⁴	tɕʰiɤ³³⁴	ɕiɤ⁵³
27 新昌	ʑiɯ¹³	tɕʰiɯ⁵³⁴	dʑiɯ²²	dʑiɯ²²	ɕiɯ³³⁵	tɕiɯ⁵³⁴	tɕʰiɯ³³⁵	ɕiɯ⁴⁵³
28 诸暨	ʑiɤ³³ 白 dʑiɤ³³ 文	tsʰei⁵⁴⁴	dzei¹³	dzei¹³	sei⁵⁴⁴	tsei⁵⁴⁴	tsʰei⁵⁴⁴	sei⁴²
29 慈溪	iø¹³	tsʰø³⁵	dzø¹³	zø¹³	sø⁴⁴ 读字	tsø³⁵	tsʰø⁴⁴	sø³⁵
30 余姚	iø¹³	tsʰø⁴⁴	dzø¹³	dzø¹³	sø⁵³	tsø⁴⁴	tsʰø⁵³	sø³⁴
31 宁波	ʑiɤ¹³	tɕʰiɤ⁴⁴	dʑiɤ¹³	zœɤ¹³	sœɤ⁴⁴	tɕiɤ⁵³	tɕʰiɤ⁴⁴	ɕiɤ³⁵
32 镇海	dʑiu²⁴	tɕʰiu⁵³	dʑiu²⁴	zei²⁴	sei⁵³	tɕiu⁵³	tɕʰiu⁵³	ɕiu³⁵
33 奉化	ʑiɤ³¹	tɕʰiɤ⁴⁴	dʑiɤ³³	zæi³³	sæi⁵³	tɕiɤ⁴⁴	tɕʰiɤ⁵³	ɕiɤ⁵⁴⁵
34 宁海	ʑiu²⁴	tɕʰiu⁴²³	dʑiu²¹³	zeu²¹³ 又 dʑiu²¹³ 又	（无）	tɕiu⁴²³	tɕʰiu³⁵	ɕiu⁵³
35 象山	iu³¹	tɕʰiu⁴⁴	dʑiu³¹	zɤɯ³¹	sɤɯ⁵³	tɕiu⁴⁴	tɕʰiu⁵³	ɕiu⁴⁴
36 普陀	ieu²³	tɕʰieu⁵³	dʑieu²⁴	zeu²⁴	seu⁵⁵	tɕieu⁵³	tɕʰieu⁵⁵	ɕieu⁴⁵
37 定海	iɤ¹³	tɕʰiɤ⁵²	dʑiɤ²³	zɐi²³	sɐi⁴⁴	tɕiɤ⁵²	tɕiɤ⁴⁴	ɕiɤ⁴⁵
38 岱山	iɤ²¹³	tɕʰiɤ⁵²	dʑiɤ²³	zœɤ²³	sœɤ⁴⁴	tɕiɤ⁵²	tɕʰiɤ⁴⁴	ɕiɤ³²⁵
39 嵊泗	iɤ²¹³	tɕʰiɤ⁵³	dʑiɤ²⁴³	zœɤ²⁴³	sœɤ⁵³	tɕiɤ⁵³	tɕʰiɤ⁵³	ɕiɤ⁴⁴⁵
40 临海	ʑiu³²⁴	tɕʰiu³¹	dʑiu²¹	zə²¹	（无）	tɕiu³¹	tɕʰiu⁵⁵	hiu⁵²
41 椒江	ʑiu²⁴	tɕʰiu⁴²	dʑiu³¹	zio³¹	ɕio⁴²	tɕiu⁴²	tɕʰiu⁵⁵	ɕiu⁴²
42 黄岩	ʑiu²⁴	tɕʰiu³²	dʑiu¹²¹	zio¹²¹	ɕio⁴²	tɕiu³²	tɕʰiu⁵⁵	ɕiu⁴²
43 温岭	ʑiu¹³	tɕʰiu³³	dʑiu³¹	zɤ³¹	（无）	tɕiu³³	tɕʰiu⁵⁵	ɕiu⁴²
44 仙居	ʑiəɯ²⁴	tɕʰiəɯ³³⁴	dʑiəɯ²¹³	zəɯ²¹³	ɕiəɯ⁵⁵	tɕiəɯ³³⁴	tɕʰiəɯ⁵⁵	ɕiəɯ³²⁴
45 天台	ʑiu²¹⁴	tɕʰiu³³	dʑiu²²⁴	zeu²²⁴	（无）	tɕiu³³	tɕʰiu⁵⁵	ɕiu³²⁵
46 三门	ʑiu²⁴³	tɕʰiu³³⁴	dʑiu¹¹³	zɤɯ¹¹³	sɤɯ³²⁵	tɕiu³³⁴	tɕʰiu⁵⁵	ɕiu³²⁵
47 玉环	ʑiu²²	tɕʰiu⁴²	dʑiu³¹	ziɤ³¹	ɕiɤ⁴²	tɕiu⁴²	tɕʰiu⁵⁵	ɕiu⁵³
48 金华	ɕiu⁵⁵ 衫～ ʑiu¹⁴ 单用	tɕʰiu³³⁴	dʑiu³¹³	ʑiu³¹³	ɕiu⁵⁵	tɕiu³³⁴	tɕʰiu⁵⁵	ɕiu⁵³⁵

续表

方言点	0353 袖 流开三 去尤邪	0354 抽 流开三 平尤彻	0355 绸 流开三 平尤澄	0356 愁 流开三 平尤崇	0357 瘦 流开三 去尤生	0358 州 流开三 平尤章	0359 臭 香~ 流开三 去尤昌	0360 手 流开三 上尤书
49 汤溪	zəɯ³⁴¹	tɕʰiəɯ²⁴	dziəɯ¹¹	ziəɯ¹¹	ɕiəɯ⁵²	tɕiəɯ²⁴	tɕʰiəɯ⁵²	ɕiəɯ⁵³⁵
50 兰溪	ziəɯ²⁴	tɕʰiəɯ³³⁴	dziəɯ²¹	zəɯ²¹	ɕiəɯ⁴⁵	tɕiəɯ³³⁴	tɕʰiəɯ⁴⁵	ɕiəɯ⁵⁵
51 浦江	iɤ⁵⁵	tsʰiɤ⁵³⁴	dziɤ¹¹³	ziɤ¹¹³	ɕiɤ⁵⁵	tsiɤ⁵³⁴	tsʰiɤ⁵⁵	ɕiɤ⁵³
52 义乌	zɐɯ²⁴	tsʰɐɯ³³⁵	dzɐɯ²¹³	zɐɯ²¹³	sɐɯ⁴⁵	tsɐɯ³³⁵	tsʰɐɯ⁴⁵	sɐɯ⁴²³
53 东阳	dziəɯ²⁴	tɕʰiəɯ³³⁴	dziəɯ²¹³	zəɯ²¹³	sɐɯ⁴⁵³	tɕiəɯ³³⁴	tɕʰiəɯ⁴⁵³	ɕiəɯ⁴⁴
54 永康	ziəɯ²⁴¹	tɕʰiəɯ⁵⁵	dziəɯ²²	zəɯ²²	ɕiəɯ⁵²	tɕiəɯ⁵⁵	tɕʰiəɯ⁵²	ɕiəɯ³³⁴
55 武义	ziəɯ²³¹	tɕʰiəɯ²⁴	dziəɯ³²⁴	zɑɯ³²⁴	ɕiəɯ⁵³	tɕiəɯ²⁴	tɕʰiəɯ⁵³	ɕiəɯ⁴⁴⁵
56 磐安	ziɐɯ¹⁴	tɕʰiɐɯ⁴⁴⁵	dziɐɯ²¹³	zɐɯ²¹³	so⁵² 韵殊	tɕiɐɯ⁴⁴⁵	tɕʰiɐɯ⁵²	ɕiɐɯ³³⁴
57 缙云	ziuŋ²¹³	tɕʰiuŋ⁴⁴	dziuŋ²⁴³	ziuŋ²⁴³	ɕiuŋ⁴⁵³	tɕiuŋ⁴⁴	tɕʰiuŋ⁴⁵³	ɕiuŋ⁵¹
58 衢州	ziu²³¹	tɕʰiu³²	dziu²¹	ze²¹	se⁵³	tɕiu³²	tɕʰiu⁵³	ɕiu³⁵
59 衢江	zʑy²³¹	tɕʰy³³	dzʑy²¹²	dzʑy²¹²	ɕy⁵³ 读字	tɕy³³	tɕʰy⁵³	ɕy²⁵
60 龙游	zəɯ²³¹	tsʰəɯ³³⁴	dzəɯ²¹	zəɯ²¹	səɯ⁵¹	tsəɯ³³⁴	tsʰəɯ⁵¹	səɯ³⁵
61 江山	dziɯ³¹	tsʰɯ⁴⁴	dzɯ²¹³	zɯ²¹³	ɕiɐɯ⁵¹ 韵殊	tsɯ⁴⁴	tsʰɐɯ⁵¹	tɕʰyɐ²⁴¹ 顺~ / sɯ²⁴¹ ~机
62 常山	iu¹³¹	tɕʰiu⁴⁴	dziu³⁴¹	iɔ³⁴¹	ɕiɔ³²⁴	tɕiu⁴⁴	tsʰɤ³²⁴	tsʰuə⁵² 白 / ɕiu⁵² 文
63 开化	ziʊ²¹³	tɕʰiʊ⁴⁴	dziʊ²³¹	dziʊ²³¹	ɕiɔ⁴¹²	tɕiʊ⁴⁴	tɕʰiʊ⁴¹²	tɕʰyo⁵³ 单用 / ɕiʊ⁵³ ~艺
64 丽水	ziəɯ¹³¹	tɕʰiəɯ²²⁴	dziəɯ²²	zəɯ²²	səɯ⁵²	tɕiəɯ²²⁴	tɕʰiəɯ⁵²	ɕiəɯ⁵⁴⁴
65 青田	ieu²²	tɕʰieu⁴⁴⁵	dzieu²¹	zæi²¹	ɕieu³³	tɕieu⁴⁴⁵	tɕʰieu³³	ɕieu⁴⁵⁴
66 云和	ziəɯ²³¹	tɕʰiəɯ²⁴	dziəɯ³¹²	zəɯ³¹²	səɯ⁴⁵	tɕiəɯ²⁴	tɕʰiəɯ⁴⁵	ɕiəɯ⁴¹
67 松阳	ziɯ¹³	tɕʰiɯ⁵³	dziɯ³¹	zei³¹	sʌ²⁴	tɕiɯ⁵³	tɕʰiɯ²⁴	ɕiɯ²¹²
68 宣平	ziɯ²³¹	tɕʰiɯ³²⁴	dziɯ⁴³³	zəɯ⁴³³	ɕiɯ⁵²	tɕiɯ³²⁴	tɕʰiɯ⁵²	ɕiɯ⁴⁴⁵
69 遂昌	ziɯ²¹³	tɕʰiɯ⁴⁵	dziɯ²²¹	zyɐɯ²²¹	ɕyɐɯ³³⁴	tɕiɯ⁴⁵	tɕʰiɯ³³⁴	tɕʰyɐ⁵³³ / ɕiɯ⁵³³ ~段

续表

方言点	0353 袖	0354 抽	0355 绸	0356 愁	0357 瘦	0358 州	0359 臭 香~	0360 手
	流开三 去尤邪	流开三 平尤彻	流开三 平尤澄	流开三 平尤崇	流开三 去尤生	流开三 平尤章	流开三 去尤昌	流开三 上尤书
70 龙泉	ziəu²²⁴	tɕʰiəu⁴³⁴	dziəu²¹	ziəu²¹	siəu⁴⁵	tɕiəu⁴³⁴	tɕʰiəu⁴⁵	tɕʰy⁵¹白 ɕiəu⁵¹文
71 景宁	ziəɯ¹¹³	tɕʰiəɯ³²⁴	dziəɯ⁴¹	zəɯ⁴¹	səɯ³⁵	tɕiəɯ³²⁴	tɕʰiəɯ³⁵	ɕiəɯ³³
72 庆元	ɕiɯ³¹	tɕʰiɯ³³⁵	tɕiɯ⁵²	ɕiɯ⁵²	sɐɯ¹¹	tɕiɯ³³⁵	tsʰɐɯ¹¹	tɕʰyE³³
73 泰顺	ɕiəu²²	tɕʰiəu²¹³	tɕiəu⁵³	səu⁵³	sæi³⁵	tɕiəu²¹³	tɕʰiəu³⁵	ɕiəu⁵⁵
74 温州	iɤu²²	tɕʰiɤu³³	dziɤu³¹	zau³¹	sau²⁵调殊	tɕiɤu³³	tɕʰiɤu⁵¹	ɕiɤu²⁵
75 永嘉	ɕiəu⁵³衫~ dziəu²¹³ 领~	tɕʰiəu⁴⁴	dziəu³¹	zau³¹	（无）	tɕiəu⁴⁴	tɕʰiəu⁵³	ɕiəu⁴⁵
76 乐清	ziu²²	tɕʰiu⁴⁴	dziu³¹	zau³¹	sau³⁵调殊	tɕiu⁴⁴	tɕʰiu⁴¹	siu³⁵
77 瑞安	zou²²	tsʰou⁴⁴	dzou³¹	zau³¹	（无）	tsou⁴⁴	tsʰou⁵³	sou³⁵
78 平阳	zɛu³³	tʃʰɛu⁵⁵	dʒɛu²⁴²	zau²⁴²	（无）	tʃɛu⁵⁵	tʃʰɛu⁵³	sɛu⁴⁵
79 文成	ziou⁴²⁴	tɕʰiou⁵⁵	dziou¹¹³	ziou¹¹³	（无）	tɕiou⁵⁵	tɕʰiou³³	ɕiou⁴⁵
80 苍南	dzɛu¹¹	tsʰɛu⁴⁴	dzɛu³¹	zau³¹	（无）	tsɛu⁴⁴	tsʰɛu⁴²	sɛu⁵³
81 建德徽	ɕiɤɯ²¹³	tsʰɤɯ⁵³	tsɤɯ³³	sɤɯ³³	sɤɯ³³	tsɤɯ⁵³	tsʰɤɯ³³	sɤɯ²¹³
82 寿昌徽	səɯ⁵⁵衫~ ɕiəɯ²⁴领~	tsʰəɯ¹¹²	tsʰəɯ⁵²	səɯ⁵²	səɯ³³	tsəɯ¹¹²	tsʰəɯ³³	səɯ²⁴
83 淳安徽	ɕiɯ⁵³	tsʰɯ²⁴	tsʰɯ⁴³⁵	tsʰɯ⁴³⁵	sɯ²⁴	tsɯ²⁴	tsʰɯ²⁴	sɯ⁵⁵
84 遂安徽	sɿ⁵²白 ɕiu⁵²文	tɕʰiu⁵³⁴	tɕʰiu³³	tɕʰiu³³	ɕiu⁴³	tɕiu⁵³⁴	tɕʰiu⁴³	ɕiu²¹³
85 苍南闽	tɕʰiu²¹	tɕʰiu⁵⁵	tiu²¹调殊	tsʰau²⁴	（无）	tɕiu⁵⁵	tsʰau²¹	tɕʰiu⁴³
86 泰顺闽	ɕiøu³¹	tʰiøu²¹³	tʰiøu²²	teu²²	sɔi²¹³调殊	tɕiøu²¹³	tsʰau⁵³	tɕʰiøu³⁴⁴
87 洞头闽	tɕʰiu²¹白 ɕiu²¹文	tʰiu³³	tiu¹¹³	tɕʰiu¹¹³	（无）	tɕiu³³	tsʰau²¹	tɕʰiu⁵³
88 景宁畲	ɕiəu⁵¹	tɕʰiəu⁴⁴	kiəu²²	ɕiəu²²	sau⁴⁴	tɕiəu⁴⁴	tɕʰiəu⁴⁴	ɕiəu³²⁵

方言点	0361 寿 流开三 去尤禅	0362 九 流开三 上尤见	0363 球 流开三 平尤群	0364 舅 流开三 上尤群	0365 旧 流开三 去尤群	0366 牛 流开三 平尤疑	0367 休 流开三 平尤晓	0368 优 流开三 平尤影
01 杭州	zei^{13}	tɕy^{53}	dʑy^{213}	dʑy^{13}	dʑy^{13}	ȵy^{213}	ɕy^{334}	y^{334}
02 嘉兴	zei^{113}	tɕiu^{544}	dʑiu^{242}	dʑiu^{113}	dʑiu^{113}	ȵiu^{242}	ɕiu^{42}	iu^{42}
03 嘉善	zə^{113}	tɕiə^{44}	dʑiə^{132}	dʑiə^{113}	dʑiə^{113}	ȵiə^{132}	ɕiə^{53}	iə^{53}
04 平湖	zəɯ^{213}	tɕiəɯ^{44}	dʑiəɯ^{31}	dʑiəɯ^{213}	dʑiəɯ^{213}	ȵiəɯ^{31}	ɕiəɯ^{53}	iəɯ^{53}
05 海盐	ze^{213}	tɕio^{423}	dʑio^{31}	dʑio^{423}	dʑio^{213}	ȵio^{31}	ɕio^{53}	io^{53}
06 海宁	zəɯ^{13}	tɕiəɯ^{53}	dʑiəɯ^{13}	dʑiəɯ^{231}	dʑiəɯ^{13}	ȵiəɯ^{13}	ɕiəɯ^{55}	iəɯ^{55}
07 桐乡	zɣɯ^{213}	tɕiɣɯ^{53}	dʑiɣɯ^{13}	dʑiɣɯ^{242}	dʑiɣɯ^{213}	ȵiɣɯ^{13}	ɕiɣɯ^{44}	iɣɯ^{44}
08 崇德	zɣɯ^{13}	tɕiɣɯ^{53}	dʑiɣɯ^{13}	dʑiɣɯ^{242}	dʑiɣɯ^{13}	ȵiɣɯ^{13}	ɕiɣɯ^{44}	iɣɯ^{44}
09 湖州	ziʉ^{24}	tɕiʉ^{523}	dʑiʉ^{112}	dʑiʉ^{231}	dʑiʉ^{24}	ȵiʉ^{112}	ɕiʉ^{44}	iʉ^{44}
10 德清	dziʉ^{113}	tɕiʉ^{52}	dʑiʉ^{113}	dʑiʉ^{113}	dʑiʉ^{113}	ȵiʉ^{113}	ɕiʉ^{44}	iʉ^{44}
11 武康	zø^{113}	tɕiø^{53}	dʑiø^{113}	dʑiø^{242}	dʑiø^{113}	ȵiø^{113}	ɕiø^{44}	iø^{44}
12 安吉	zəɿ^{213}	tɕiu^{52}	dʑiu^{22}	dʑiu^{243}	dʑiu^{213}	ȵiu^{22}	ɕiu^{55}	iu^{55}
13 孝丰	zəɿ^{213}	tɕiu^{52}	dʑiu^{22}	dʑiu^{243}	dʑiu^{213}	ȵiu^{22}	ɕiu^{44}	iu^{44}
14 长兴	zei^{24}	tʃiɣ^{52}	dʒiɣ^{12}	dʒiɣ^{243}	dʒiɣ^{24}	ȵɿ^{12}	ʃiɣ^{44}	iɣ^{44}
15 余杭	zøɣ^{213}	tɕiɣ^{53}	dʑiɣ^{22}	dʑiɣ^{243}	dʑiɣ^{213}	ȵiɣ^{22}	søɣ^{44}	iɣ^{44}
16 临安	zə^{33}	tɕyœ^{55}	dʑyœ^{33}	dʑyœ^{33}	dʑyœ^{33}	ȵyœ^{33}	ɕyœ^{55}	yœ^{55}
17 昌化	zi^{243}	tɕi^{453}	ʑi^{112}	ʑi^{243}	ʑi^{243}	ȵi^{112}	ɕi^{334}	i^{334}
18 於潜	ziəu^{24}	tɕiəu^{51}	dʑiəu^{223}	dʑiəu^{24}	dʑiəu^{24}	ȵiəu^{223}	ɕiəu^{433}	iəu^{433}
19 萧山	ʑio^{242}	tɕio^{33}	dʑio^{355}	dʑio^{13}	dʑio^{242}	ȵio^{355}	ɕio^{533}	io^{533}
20 富阳	ʑiʊ^{224}	tɕiʊ^{423}	dʑiʊ^{13}	dʑiʊ^{224}	dʑiʊ^{224}	ȵiʊ^{13}	ɕiʊ^{53}	iʊ^{53}
21 新登	ʑy^{13}	tɕy^{334}	dʑy^{233}	dʑy^{13}	dʑy^{13}	ȵy^{233}	ɕy^{53}	y^{53}
22 桐庐	zei^{24}	tɕiəu^{33}	dʑiəu^{13}	dʑiəu^{24}	dʑiəu^{24}	niəu^{13}	ɕiəu^{533}	iəu^{533}
23 分水	zɣ^{13}	tɕiɣ^{53}	dʑiɣ^{22}	dʑiɣ^{13}	dʑiɣ^{13}	ȵiɣ^{22}	ɕiɣ^{44}	iɣ^{44}
24 绍兴	zɣ^{22}	tɕiɣ^{334}	dʑiɣ^{231}	dʑiɣ^{223}	dʑiɣ^{22}	ȵiɣ^{231}	ɕiɣ^{53}	iɣ^{53}
25 上虞	zɣ^{31}	tɕiɣ^{35}	dʑiɣ^{213}	dʑiɣ^{213}	dʑiɣ^{31}	ȵiɣ^{213}	ɕiɣ^{35}	iɣ^{35}
26 嵊州	ʑiɤ^{24}	tɕiɤ^{53}	dʑiɤ^{213}	dʑiɤ^{24}	dʑiɤ^{24}	ȵiɤ^{213}	ɕiɤ^{534}	iɤ^{534}

方言点	0361 寿	0362 九	0363 球	0364 舅	0365 旧	0366 牛	0367 休	0368 优
	流开三 去尤禅	流开三 上尤见	流开三 平尤群	流开三 上尤群	流开三 去尤群	流开三 平尤疑	流开三 平尤晓	流开三 平尤影
27 新昌	ʑiɯ¹³	tɕiɯ⁴⁵³	dʑiɯ²²	dʑiɯ²³²	dʑiɯ¹³	ȵiɯ²²	ɕiɯ⁵³⁴	iɯ⁵³⁴
28 诸暨	zei³³	tɕiɐ⁴²	dʑiɐ¹³	dʑiɐ²⁴²	dʑiɐ³³	niɐ¹³	ɕiɐ⁵⁴⁴	iɐ⁵⁴⁴
29 慈溪	zø¹³	tɕiø³⁵	dʑiø¹³	dʑiø¹³	dʑiø¹³	ȵiø¹³	ɕiø³⁵	iø³⁵
30 余姚	zø¹³	tɕiø³⁴	dʑiø¹³	dʑiø¹³	dʑiø¹³	ȵiø¹³	ɕiø⁴⁴	iø⁴⁴
31 宁波	ʑiʏ¹³	tɕiʏ³⁵	dʑiʏ¹³	dʑiʏ¹³	dʑiʏ¹³	ŋœʏ¹³	ɕiʏ⁵³	iʏ⁵³
32 镇海	ʑiu²⁴	tɕiu³⁵	dʑiu²⁴	dʑiu²⁴	dʑiu²⁴	ŋei²⁴	ɕiu⁵³	iu⁵³
33 奉化	ʑiʏ³¹	tɕiʏ⁵⁴⁵	dʑiʏ³³	dʑiʏ³³调殊	dʑiʏ³¹	ŋæi³³	ɕiʏ⁴⁴	iʏ⁴⁴
34 宁海	ʑiu²⁴	tɕiu⁵³	dʑiu²¹³	dʑiu³¹	dʑiu²⁴	ȵiu²¹³	ɕiu⁴²³	iu⁴²³
35 象山	iu¹³	tɕiu⁴⁴	dʑiu³¹	dʑiu³¹	dʑiu¹³	ŋɤɯ³¹	ɕiu⁴⁴	iu⁴⁴
36 普陀	ieu²³	tɕieu⁴⁵	dʑieu²⁴	dʑieu²³	dʑieu¹³	ŋeu²⁴	ɕieu⁵³	ieu⁵³
37 定海	iʏ¹³	tɕiʏ⁴⁵	dʑiʏ²³	dʑiʏ²³	dʑiʏ¹³	ŋɐi²³	ɕiʏ⁵²	iʏ⁵²
38 岱山	iʏ²¹³	tɕiʏ³²⁵	dʑiʏ²³	dʑiʏ²⁴⁴	dʑiʏ²¹³	ŋœʏ²³	ɕiʏ⁵²	iʏ⁵²
39 嵊泗	iʏ²¹³	tɕiʏ⁴⁴⁵	dʑiʏ²⁴³	dʑiʏ³³⁴	dʑiʏ²¹³	ŋœʏ²⁴³	ɕiʏ⁵²	iʏ⁵³
40 临海	ʑiu³²⁴	kiu⁵²	dʑiu²¹	dʑiu⁵¹小	dʑiu³²⁴	ŋə²¹	ɕiu³¹	iu³¹
41 椒江	ʑiu²⁴	tɕiu⁴²	dʑiu³¹	dʑiu⁴¹小	dʑiu²⁴	ȵio³¹	ɕiu⁴²	iu⁵⁵
42 黄岩	ʑiu²⁴	tɕiu⁴²	dʑiu¹²¹	dʑiu⁴¹小	dʑiu²⁴	ȵio¹²¹	ɕiu³²	iu³²
43 温岭	ʑiu¹³	tɕiu⁴²	dʑiu³¹	dʑiu⁴¹小	dʑiu¹³	ȵiɤ³¹	ɕiu³³	iu³³
44 仙居	ʑiəɯ²⁴	tɕiəɯ³²⁴	dʑiəɯ²¹³	dʑiəɯ²¹³	dʑiəɯ²⁴	ŋəɯ²¹³	ɕiəɯ³³⁴	iəɯ⁵⁵调殊
45 天台	ʑiu³⁵	kiu³²⁵	giu²²⁴	giu²¹⁴娘~	giu³⁵	ŋeu²²⁴	hiu³³	iu³³
46 三门	ʑiu²⁴³	tɕiu³²⁵	dʑiu¹¹³	dʑiu²⁵²小	dʑiu²⁴³	ŋɤɯ¹¹³	ɕiu³³⁴	iu³³⁴
47 玉环	ʑiu²²	tɕiu⁵³	dʑiu³¹	dʑiu⁴¹	dʑiu²²	ȵiɤ³¹	ɕiu⁴²	iu⁴²
48 金华	ʑiu¹⁴	tɕiu⁵³⁵	dʑiu³¹³	tɕiu⁵³⁵	dʑiu¹⁴	ȵiu³¹³	ɕiu³³⁴	iu³³⁴
49 汤溪	ʑiəɯ³⁴¹	tɕiəɯ⁵³⁵	dʑiəɯ¹¹	dʑiəɯ¹¹³	dʑiəɯ³⁴¹	ȵiəɯ¹¹	ɕiəɯ²⁴	iəɯ²⁴
50 兰溪	ʑiəɯ²⁴	tɕiəɯ⁵⁵	dʑiəɯ²¹	tɕiəɯ⁵⁵	dʑiəɯ²⁴	ȵiəɯ²¹	ɕiəɯ³³⁴	iəɯ³³⁴
51 浦江	ʑiɤ²⁴	tɕiɤ⁵³	dʑiɤ¹¹³	dʑiɤ²⁴³	dʑiɤ²⁴	ȵiɤ¹¹³	ɕiɤ⁵³⁴	iɤ⁵³⁴

续表

方言点	0361 寿 流开三 去尤禅	0362 九 流开三 上尤见	0363 球 流开三 平尤群	0364 舅 流开三 上尤群	0365 旧 流开三 去尤群	0366 牛 流开三 平尤疑	0367 休 流开三 平尤晓	0368 优 流开三 平尤影
52 义乌	zɐɯ²⁴	tɕiaɯ⁴²³	dʑiaɯ²¹³	dʑiaɯ³¹²	dʑiɐɯ²⁴	niaɯ²¹³	ɕiaɯ³³⁵	iaɯ³³⁵
53 东阳	ʑiəɯ²⁴	tɕiəɯ⁴⁴	dʑiəɯ²¹³	dʑiəɯ²⁴	dʑiəɯ²⁴	niəɯ²¹³	(无)	iəɯ³³⁴
54 永康	ʑiəɯ²⁴¹	tɕiəɯ³³⁴	dʑiəɯ²²	dʑiəɯ²⁴¹	dʑiəɯ²⁴¹	ȵiəɯ²²	ɕiəɯ⁵⁵	iəɯ⁵⁵
55 武义	ʑiəɯ²³¹	tɕiəɯ⁴⁴⁵	dʑiəɯ³²⁴	dʑiəɯ¹³	dʑiəɯ²³¹	ȵiəɯ³²⁴	ɕiəɯ²⁴	iəɯ²⁴
56 磐安	ʑiɐɯ¹⁴	tɕiɐɯ³³⁴	dʑiɐɯ²¹³	tɕiɐɯ³³⁴	dʑiɐɯ¹⁴	ȵiɐɯ²¹³	ɕiɐɯ⁴⁴⁵	iɐɯ⁴⁴⁵
57 缙云	ʑiuŋ²¹³	tɕiuŋ⁵¹	dʑiuŋ²⁴³	dʑiuŋ³¹	dʑiuŋ²¹³	ȵiuŋ²⁴³	ɕiuŋ⁴⁴	iuŋ⁴⁴
58 衢州	ʑiu²³¹	tɕiu³⁵	dʑiu²¹	dʑiu²³¹	dʑiu²³¹	ȵiu²¹	ɕiu³²	iu³²
59 衢江	ʑy²³¹	ky²⁵	dʑy²¹²	gy²¹²	gy²³¹白 dʑy²³¹文	ŋy²¹²	ɕy³³	y³³
60 龙游	zəɯ²³¹	tɕiəɯ³⁵	dʑiəɯ²¹	dʑiəɯ²²⁴	dʑiəɯ²³¹	ȵiəɯ²¹	ɕiəɯ³³⁴	iəɯ³³⁴
61 江山	zɯ³¹	kɯ²⁴¹	gɯ²¹³	gɯ²²~佬 gəʔ²~母	gɯ³¹	ŋɯ²¹³	xiɐɯ⁴⁴	iɯ⁴⁴
62 常山	iu²⁴	tɕiu⁵²	dʑiu³⁴¹	dʑiu²⁴	dʑiu¹³¹	ȵiu³⁴¹	ɕiu⁴⁴	iu⁴⁴
63 开化	ʑiʊ²¹³	tɕiʊ⁵³	dʑiʊ²³¹	dʑiʊ²¹³	dʑiʊ²¹³	ȵiʊ²³¹	ɕiʊ⁴⁴	iʊ⁴⁴
64 丽水	ʑiəɯ¹³¹	tɕiəɯ⁵⁴⁴	dʑiəɯ²²	dʑiəɯ²²	dʑiəɯ¹³¹	ȵiəɯ²²	ɕiəɯ²²⁴	iəɯ²²⁴
65 青田	ieu²²	tɕieu⁴⁵⁴	dʑieu²¹	dʑieu³⁴³	dʑieu²²	ŋæi²¹	ɕieu⁴⁴⁵	ieu⁴⁴⁵
66 云和	ʑiəɯ²²³	tɕiəɯ⁴¹	dʑiəɯ³¹²	dʑiəɯ²³¹	dʑiəɯ²²³	ȵiəɯ³¹²	ɕiəɯ²⁴	iəɯ²⁴
67 松阳	ʑiɯ¹³	kei²¹²	gei³¹	gei²²	gei¹³	ŋei³¹	ɕiɯ⁵³	iɯ⁵³
68 宣平	ʑiɯ²³¹	tɕiɯ⁴⁴⁵	dʑiɯ⁴³³	dʑiɯ²²³	dʑiɯ²³¹	ȵiɯ⁴³³	ɕiɯ³²⁴	iɯ³²⁴
69 遂昌	ʑiɯ²¹³	tɕiɯ⁵³³	dʑiɯ²²¹	dʑiɯ¹³	dʑiɯ²¹³	ȵiɯ²²¹	ɕiɯ⁴⁵	iɯ⁴⁵
70 龙泉	ʑiəɯ²²⁴	tɕiəɯ⁵¹	dʑiəɯ²¹	tɕiəɯ⁵¹	dʑiəɯ²²⁴	ȵiəɯ²¹	ɕiəɯ⁴³⁴	iəɯ⁴³⁴
71 景宁	ʑiəɯ¹¹³	tɕiəɯ³³	dʑiəɯ⁴¹	tɕiəɯ³³	dʑiəɯ¹¹³	ȵiəɯ⁴¹	ɕiəɯ³²⁴	iəɯ³²⁴
72 庆元	ɕiɯ³¹	tɕiɯ³³	tɕiɯ⁵²	tɕiɯ²²¹	tɕiɯ³¹	ŋaɯ⁵²	ɕiɯ³³⁵	iɯ³³⁵
73 泰顺	ɕiəɯ²²	tɕiəɯ⁵⁵	tɕiəɯ⁵³	tɕiəɯ²¹	tɕiəɯ²²	ȵiəɯ⁵³	ɕiəɯ²¹³	iəɯ²¹³
74 温州	iɣu²²	tɕiau²⁵	dʑiau³¹	dʑiau¹⁴	dʑiau²²	ŋau³¹	ɕiau³³	iau³³
75 永嘉	iəɯ²²	tɕiau⁴⁵	dʑiau³¹	dʑiau¹³	dʑiau²²	ŋau³¹	ɕiau⁴⁴	iau⁴⁴

方言点	0361 寿 流开三 去尤禅	0362 九 流开三 上尤见	0363 球 流开三 平尤群	0364 舅 流开三 上尤群	0365 旧 流开三 去尤群	0366 牛 流开三 平尤疑	0367 休 流开三 平尤晓	0368 优 流开三 平尤影
76 乐清	ziu²²	tɕiau³⁵	dʑiau³¹	dʑiau²⁴	dʑiau²²	ŋau³¹	ɕiau⁴⁴	iau⁴⁴
77 瑞安	zou²²	tɕiau³⁵	dʑiau³¹	dʑiau¹³	dʑiau²²	ŋau³¹	ɕiau⁴⁴	iau⁴⁴
78 平阳	zɛu³³	tʃau⁴⁵	dʒau²⁴²	dʒau²³	dʒau³³	ŋau²⁴²	sau⁵⁵	iau⁵⁵
79 文成	ziou⁴²⁴	tʃau⁴⁵	dʒau¹¹³	dʒau²²⁴	dʒau⁴²⁴	ŋau¹¹³	ɕiau⁵⁵	iau⁵⁵
80 苍南	dzɛu¹¹	tɕiau⁵³	dʑiau³¹	dʑiau²⁴	dʑiau¹¹	ŋau³¹	ɕiau⁴⁴	iau⁴⁴
81 建德徽	sɤɯ⁵⁵	tɕiɤɯ²¹³	tɕiɤɯ³³	tɕiɤɯ²¹³	tɕʰiɤɯ⁵⁵	ȵiɤɯ³³	ɕiɤɯ⁵³	iɤɯ³³
82 寿昌徽	səɯ³³	tɕiəɯ²⁴	tɕʰiəɯ⁵²	tɕʰiəɯ⁵⁵ 娘～	tɕʰiəɯ³³	ȵiəɯ⁵²	ɕiəɯ¹¹²	iəɯ¹¹²
83 淳安徽	sɯ⁵³	tɕiɯ⁵⁵	tɕʰiɯ⁴³⁵	tɕʰiɯ⁵⁵	tɕʰiɯ⁵³	iɯ⁴³⁵	ɕiɯ²⁴	iɯ²⁴
84 遂安徽	ɕiu⁵²	tɕiu²¹³	tɕʰiu³³	tɕʰiu⁴³	tɕʰiu⁵²	iu³³	ɕiu⁵³⁴	iu⁵³⁴
85 苍南闽	ɕiu⁴³	kau⁴³	kiu²⁴	ku³²	ku²¹	gu²⁴	hiu⁵⁵	iu⁵⁵
86 泰顺闽	ɕiøu³¹	kau³⁴⁴	kiøu²²	ku³¹	ku³¹	n²²	ɕiøu²¹³	iøu²¹³
87 洞头闽	ɕiu²¹	kau⁵³白 kiu⁵³文	kiu¹¹³	ku²¹	ku²¹	gu¹¹³	hiu³³	iu³³
88 景宁畲	ɕiəu⁵¹	kiəu³²⁵	kiəu²²	kʰiəu³²⁵	kʰiəu⁵¹	ŋau²²	ɕiəu⁴⁴	iəu⁴⁴

方言点	0369 有	0370 右	0371 油	0372 丢	0373 幼	0374 贪	0375 潭	0376 南
	流开三 上尤云	流开三 去尤云	流开三 平尤以	流开三 平幽端	流开三 去幽影	咸开一 平覃透	咸开一 平覃定	咸开一 平覃泥
01 杭州	y⁵³	y¹³	y²¹³	ty³³⁴	y⁴⁵	tʰuo³³⁴白 tʰɛ³³⁴文	duo²¹³白 dɛ²¹³文	nɛ²¹³
02 嘉兴	iu¹¹³	iu²²⁴	iu²⁴²	（无）	iu²²⁴	tʰə⁴²	də²⁴²	nə²⁴²
03 嘉善	iə¹¹³	iə³³⁴	iə¹³²	tiə⁵³	iə³³⁴	tʰø⁵³	dø¹³²	nø¹³²
04 平湖	iəɯ²¹³	iəɯ³³⁴	iəɯ³¹	təɯ⁵³	iəɯ³³⁴	tʰø⁵³	dø³¹	nø³¹
05 海盐	io⁴²³	io³³⁴	io³¹	（无）	io³³⁴	tʰɤ⁵³	dɤ³¹	nɤ³¹
06 海宁	iəu²³¹	iəu³⁵	iəu¹³	tiəu⁵⁵	iəu³⁵	tʰei⁵⁵	dɛ³⁵	nei¹³
07 桐乡	iɤɯ²⁴²	iɤɯ³³⁴	iɤɯ¹³	（无）	iɤɯ³³⁴	tʰE⁴⁴	dE¹³	nE¹³
08 崇德	iɤɯ⁵³	iɤɯ³³⁴	iɤɯ¹³	（无）	iɤɯ³³⁴	tʰE⁴⁴	dE¹³	nE¹³
09 湖州	iʉ⁵²³	iʉ³⁵	iʉ¹¹²	tiʉ⁴⁴	iʉ⁴⁴	tʰɛ⁴⁴	dɛ¹¹²	nɛ¹¹²
10 德清	iʉ⁵²	iʉ³³⁴	iʉ¹¹³	tiʉ⁴⁴	iʉ³³⁴	tʰøʉ³³⁴	døʉ¹¹³	nøʉ¹¹³
11 武康	iø⁵³	iø²²⁴	iø¹¹³	tø⁴⁴	iø²²⁴	tʰø⁴⁴	dɛ¹¹³	nø¹¹³
12 安吉	iu⁵²	iu²¹³	iu²²	təɿ⁵⁵	iu³²⁴	tʰE⁵⁵	dE²²	nE²²
13 孝丰	iu⁵²	iu³²⁴	iu²²	tiu⁴⁴	iu³²⁴	tʰe⁴⁴	dɛ²²	ne²³
14 长兴	i⁵²	iɤ³²⁴	iɤ¹²	tei⁴⁴	iɤ³²⁴	tʰɯ⁴⁴	dɯ¹²	nɯ¹²
15 余杭	iɤ⁵³	iɤ²¹³	iɤ²²	tiɤ²²	iɤ⁴⁴	tʰøɤ⁴⁴	døɤ²²	nøɤ²²
16 临安	yœ³³	yœ³³	yœ³³	tyœ⁵⁵	yœ⁵⁵	tʰə⁵⁵	də³³	nə³³
17 昌化	i²⁴³	i⁴⁵³	i¹¹²	（无）	i⁵⁴⁴	tʰɛ̃³³⁴	dɛ̃¹¹²	nɛ̃¹¹²
18 於潜	iəu⁵¹	iəu²⁴	iəu²²³	tiəu⁴³³	iəu⁴³³	tʰɛ⁴³³	dɛ²²³	nɛ²²³
19 萧山	io¹³	io²⁴²	io³⁵⁵	tio⁵³³	io⁴²	tʰə⁵³³	dɛ³⁵⁵	nə³⁵⁵
20 富阳	iʊ²²⁴	iʊ²²⁴	iʊ¹³	（无）	iʊ³³⁵	tʰɛ̃⁵³	dɛ̃¹³	nɛ̃¹³
21 新登	y³³⁴	y¹³	y²³³	təu⁵³	y⁴⁵	tʰɛ̃⁵³	dɛ̃²³³	nɛ̃²³³
22 桐庐	iəu³³	iəu²⁴	iəu¹³	tiəu⁵³³	iəu³³调殊	tʰã⁵³³	dã¹³	nã¹³
23 分水	iɤ⁵³	iɤ¹³	iɤ²²	tɤ⁴⁴	iɤ²⁴	tʰã⁴⁴	dã²²	nã²²
24 绍兴	iɤ²²³	iɤ²²³调殊	iɤ²³¹	tiɤ⁵³	iɤ³³	tʰø̃⁵³	dø̃²³¹	nø̃²³¹
25 上虞	iɤ²¹³	iɤ²¹³读字	iɤ²¹³	tiɤ³⁵读字	iɤ⁵³	tʰø̃³⁵	dø̃²¹³	nø̃²¹³

续表

方言点	0369 有	0370 右	0371 油	0372 丢	0373 幼	0374 贪	0375 潭	0376 南
	流开三 上尤云	流开三 去尤云	流开三 平尤以	流开三 平幽端	流开三 去幽影	咸开一 平覃透	咸开一 平覃定	咸开一 平覃泥
26 嵊州	iɣ²²	iɣ²⁴	iɣ²¹³	tɣ⁵³⁴	iɣ³³⁴	tʰœ̃⁵³⁴	dœ̃²¹³白 dɛ̃²¹³文	nœ̃²¹³
27 新昌	iɯ²³²	iɯ²³²	iɯ²²	tiɯ⁵³⁴	iɯ³³⁵	tʰœ̃⁵³⁴	dœ̃²²	nœ̃²²
28 诸暨	iʉ²⁴²	iʉ²⁴²调殊	iʉ¹³	（无）	iʉ⁵⁴⁴	tʰə⁵⁴⁴	də¹³白	nə¹³
29 慈溪	iø¹³	iø¹³	iø¹³	tiø³⁵读字	iø⁴⁴	tʰẽ³⁵	dɛ̃¹³	nẽ¹³
30 余姚	iø¹³	iø¹³	iø¹³	（无）	iø⁵³	tʰẽ⁴⁴	dã¹³	nẽ¹³
31 宁波	iɣ¹³	iɣ¹³	iɣ¹³	tiɣ⁵³	iɣ⁵³	tʰɐi⁵³	dɛ¹³	nɐi¹³又 ne¹³又
32 镇海	iu²⁴	iu²⁴	iu²⁴	tiu⁵³读字	iu⁵³	tʰei⁵³	dɛ²⁴	nei²⁴
33 奉化	iɣ³²⁴	iɣ³²⁴读字	iɣ³³	tiɣ⁴⁴读字	iɣ⁵³	tʰæi⁴⁴	de³³	ne³³
34 宁海	iu³¹	iu³¹	iu²¹³	tiu³⁵读字	iu⁴²³调殊	tʰø⁴²³	dø²¹³	nø²¹³
35 象山	iu³¹	iu¹³读字	iu³¹	tiu⁴⁴读字	iu⁴⁴	tʰei⁴⁴	dɛ³¹	nei³¹
36 普陀	ieu²³	ieu²³	ieu²⁴	tieu⁵³	ieu⁵³	tʰæi⁵³	dɛ²⁴	næi²⁴
37 定海	iɣ²³	iɣ²³	iɣ²³	（无）	iɣ⁴⁴	tʰɐi⁵²	dɐi²³	nɐi²³
38 岱山	iɣ²⁴⁴	iɣ²³	iɣ²³	（无）	iɣ⁴⁴	tʰɐi⁵²	dɐi²³	nɐi²³
39 嵊泗	iɣ⁴⁴⁵	iɣ²⁴³	iɣ²⁴³	（无）	iɣ⁵³	tʰɐi⁵³	dɐi²⁴³	nɐi²⁴³
40 临海	iu⁵²	iu⁵²	iu²¹	（无）	iu³¹	tʰø³¹	dø²¹白 de²¹文	nø²¹
41 椒江	iu⁴²	iu⁴²	iu³¹	tiu⁵⁵	iu⁵⁵	tʰɛ⁴²	de³¹	lɛ³¹
42 黄岩	iu⁴²	iu⁴²	iu¹²¹	tiu³²	iu⁵⁵	tʰɛ³²	de¹²¹	lɛ¹²¹
43 温岭	iu⁴²	iu⁴²	iu³¹	tiu³³	iu⁵⁵	tʰøn³³白 tʰɛ³³文	døn³¹白 dɛ³¹文	nøn³¹白 nɛ³¹文
44 仙居	iəɯ³²⁴	iəɯ³²⁴调殊	iəɯ²¹³	（无）	iəɯ⁵⁵	tʰø³³⁴	dø²¹³	nø²¹³
45 天台	iu²¹⁴	iu²¹⁴声殊	iu²²⁴	tiu³³	iu⁵⁵	tʰø³³	dø²²⁴	ne²²⁴
46 三门	iu³²⁵	iu³²⁵	iu¹¹³	tiu³³⁴	iu⁵⁵	tʰø³³⁴	dø¹¹³	nø¹¹³
47 玉环	iu⁵³	iu²²	iu³¹	tiu⁴²	iu⁵⁵	tʰɛ⁴²	dəŋ³¹白 dɛ³¹文	nɛ³¹

续表

方言点	0369 有	0370 右	0371 油	0372 丢	0373 幼	0374 贪	0375 潭	0376 南
	流开三 上尤云	流开三 去尤云	流开三 平尤以	流开三 平幽端	流开三 去幽影	咸开一 平覃透	咸开一 平覃定	咸开一 平覃泥
48 金华	iu⁵³⁵	iu¹⁴	iu³¹³	tiu³³⁴	iu³³⁴	tʰɤ³³⁴白 tʰɛ̃³³⁴文	dɤ³¹³	nɤ³¹³
49 汤溪	iəɯ¹¹³	iəɯ³⁴¹	iəɯ¹¹	（无）	iəɯ⁵²	tʰɤ²⁴	dɤ¹¹	nɤ¹¹
50 兰溪	iəɯ⁵⁵	iəɯ²⁴	iəɯ²¹	（无）	iəɯ⁴⁵	tʰɤ³³⁴白 tʰæ̃³³⁴文	dæ²¹	nɤ²¹
51 浦江	iɤ²⁴³	iɤ²⁴	iɤ¹¹³	（无）	iɤ⁵⁵	tʰə̃⁵³⁴白 tʰan⁵³⁴文	də¹¹³	nə̃¹¹³
52 义乌	iɐɯ³¹²	iɐɯ²⁴	iɐɯ²¹³	tɐɯ³³⁵	iɐɯ³³⁵	tʰɯ³³⁵白 tʰan³³⁵文	dɯ²¹³白 dan²²³文	nɯ²¹³
53 东阳	iəɯ²³¹	iəɯ²⁴	iəɯ²¹³	tiəɯ³³⁴	iəɯ⁴⁵³	tʰɯ³³⁴	dɯ²¹³	nɯ²¹³
54 永康	iəu¹¹³	iəu²⁴¹	iəu²²	dʰiəu⁵⁵	iəu²²	tʰɤ⁵⁵	dɤ²²	nɤ²²
55 武义	iəu¹³	iəu²³¹	iəu³²⁴	liəu²⁴	iəu²⁴	tʰɤ²⁴	dɤ³²⁴	nɤ³²⁴
56 磐安	iɐɯ³³⁴	iɐɯ¹⁴	iɐɯ²¹³	（无）	iɐɯ⁴⁴⁵	tʰɯ⁴⁴⁵	dɯ²¹³	nɯ²¹³
57 缙云	iuŋ⁵¹	iuŋ⁵¹	iuŋ²⁴³	（无）	iuŋ⁴⁴	tʰɛ⁴⁴	dɛ²⁴³	nɛ²⁴³
58 衢州	iu²³¹	iu²³¹	iu²¹	te³²	iu³²调殊	tʰə̃³²	də̃²¹	nə̃²¹
59 衢江	y²¹²	y²³¹	y²¹²	ty³³	y⁵³	tʰɛ³³	dɛ²¹²	nɛ²¹²
60 龙游	iəɯ²²⁴	iəɯ⁵¹	iəɯ²¹	tiəɯ³³⁴	iəɯ⁵¹	tʰã̃³³⁴	dã̃²¹	nei²¹
61 江山	iɯ²²	iɯ³¹	iɯ²¹³	tɯ⁴⁴	iɯ⁵¹	tʰaŋ⁴⁴	dɒŋ²¹³	naŋ²¹³单用 nɒŋ²¹³地名
62 常山	iu²⁴	iu²⁴	iu³⁴¹	tiu⁴⁴	iu⁴⁴	tʰã̃⁴⁴	dã̃³⁴¹	nã̃³⁴¹
63 开化	iʊ²¹³	iʊ²¹³	iʊ²³¹	tiʊ⁴⁴	iʊ⁴⁴调殊	tʰã̃⁴⁴	duõ²³¹	nã̃²³¹
64 丽水	iəɯ⁵⁴⁴	iəɯ¹³¹	iəɯ²²	（无）	iəɯ⁵²	tʰuɛ²²⁴	duɛ²²	nuɛ²²
65 青田	ieu⁴⁵⁴	ieu²²	ieu²¹	dʰæi⁴⁴⁵	ieu⁴⁴⁵	tʰɐu⁴⁴⁵	ɐu²¹	nuɐu²¹
66 云和	iəɯ⁴¹	iəɯ²²³	iəɯ³¹²	（无）	iəɯ⁴⁵	tʰuɛ²⁴	duɛ³¹²	nuɛ³¹²
67 松阳	uɤʔ²音殊	iɯ¹³	iɯ³¹	tiɯ⁵³	iɯ⁵³	tʰæ̃⁵³	dæ̃³¹	næ̃³¹
68 宣平	iɯ²²³	iɯ²³¹	iɯ⁴³³	（无）	iɯ²²³调殊	tʰə³²⁴	də⁴³³	nə⁴³³
69 遂昌	uɔʔ²³韵殊	iɯ¹³	iɯ²²¹	tiɯ⁴⁵	iɯ⁴⁵	tʰɛ̃⁴⁵	daŋ²²¹地名 dɛ̃²²¹单用	nɛ̃²²¹

续表

方言点	0369 有	0370 右	0371 油	0372 丢	0373 幼	0374 贪	0375 潭	0376 南
	流开三 上尤云	流开三 去尤云	流开三 平尤以	流开三 平幽端	流开三 去幽影	咸开一 平覃透	咸开一 平覃定	咸开一 平覃泥
70 龙泉	iəu⁵¹	iəu²²⁴	iəu²¹	tiəu⁴³⁴	iəu⁴⁵	tʰɯə⁴³⁴	dɯə²¹	nɯə²¹
71 景宁	iəɯ³³	iəɯ¹¹³	iəɯ⁴¹	（无）	iəɯ⁴⁵调殊	tʰœ³²⁴	dœ⁴¹	nœ⁴¹
72 庆元	uɤ²²¹	iɯ²²¹	iɯ⁵²	ɖiɯ³³⁵	iɯ¹¹	tʰæ̃³³⁵	tæ̃⁵²	næ̃⁵²
73 泰顺	iəu⁵⁵	iəu²²	iəu⁵³	tiəu²¹³	iəu³⁵	tʰɛ²¹³	tɛ⁵³	nɛ⁵³
74 温州	iau¹⁴	iau²²	iau³¹	tɣu³³	iau³³	tʰø³³	dø³¹	nø³¹
75 永嘉	iau¹³	iau²²	iau³¹	təu⁴⁴	iau⁴⁴	tʰø⁴⁴	dø³¹	nø³¹
76 乐清	iau²⁴	iau²²	iau³¹	tiu⁴⁴	iau⁴⁴	tʰe⁴⁴	de³¹	ne³¹
77 瑞安	iau¹³	iau²²	iau³¹	（无）	iau⁴⁴	tʰe⁴⁴白 tʰø⁴⁴文	de³¹	ne³¹
78 平阳	iau⁴⁵	iau³³	iau²⁴²	tɛu⁵⁵	iau⁵⁵调殊	tʰθ⁵⁵	dɔ²⁴²	nø²⁴²
79 文成	iau²²⁴	iau⁴²⁴	iau¹¹³	tiou⁵⁵	iau³³	tʰø⁵⁵	de¹¹³	ne¹¹³
80 苍南	iau⁵³	iau¹¹	iau³¹	tɛu⁴⁴	iau⁴⁴	tʰø⁴⁴	da³¹	ne³¹
81 建德徽	iɣɯ²¹³	iɣɯ²¹³	iɣɯ³³	（无）	iɣɯ⁵⁵	tʰɛ⁵³	tɛ³³	ne³³
82 寿昌徽	iəɯ⁵³⁴	iəɯ²⁴文	iəɯ⁵²	təɯ¹¹²韵殊	iəɯ¹¹²调殊	tʰiæ¹¹²白 tʰæ̃¹¹²文	tʰiæ⁵²	niæ⁵²
83 淳安徽	iɯ⁵⁵	iɯ⁵³	iɯ⁴³⁵	（无）	iɯ²⁴	tʰã²⁴	tʰã⁴³⁵	lã⁴³⁵
84 遂安徽	iu⁴³	iu⁵²	iu³³	tiɛ⁵³⁴	iu⁴³	tʰɑ̃⁵³⁴	tʰɑ̃³³	lɑ̃³³
85 苍南闽	u³²	iu²¹	iu²⁴	tiu⁵⁵	iu⁴³文	tʰan⁵⁵	tʰan²⁴	lan²⁴
86 泰顺闽	u³¹	iøu³¹	iøu²²	tiøu²¹³	iøu⁵³	tʰæŋ²¹³	tʰæŋ²²	næŋ²²
87 洞头闽	u²¹	iu²¹	iu¹¹³	tiu³³	iu³³调殊	tʰan³³	tʰan¹¹³	lan¹¹³
88 景宁畲	xo⁴⁴	iəu⁵¹	iəu²²	（无）	iəu⁴⁴	tʰɔn⁴⁴	（无）	nɔn²²

方言点	0377 蚕	0378 感	0379 含 ~一口水	0380 暗	0381 搭	0382 踏	0383 拉	0384 杂
	咸开一平覃从	咸开一上覃见	咸开一平覃匣	咸开一去覃影	咸开一入合端	咸开一入合透	咸开一入合来	咸开一入合从
01 杭州	dzuo²¹³	kɛ⁵³	ɛ²¹³	ɛ⁴⁵	taʔ⁵	daʔ²	la³³⁴	dzaʔ²
02 嘉兴	zə²⁴²	kə⁵⁴⁴	ə²⁴²	ə²²⁴	tɑʔ⁵	dɑʔ¹³	lɑ⁴²	zɑʔ¹³
03 嘉善	zø¹³²	kø⁴⁴	ø¹³²	ø³³⁴	tɜʔ⁵	dɜʔ²	la⁵³	zɜʔ²
04 平湖	zø³¹	kø⁴⁴	ø³¹	ø³³⁴	taʔ⁵	daʔ²³	la⁵³	zøʔ²³
05 海盐	zɤ³¹	kɤ⁴²³	ɤ³¹	ɤ³³⁴	taʔ⁵	daʔ²³	lɑ⁵³	zaʔ²³
06 海宁	zei¹³	kei⁵³	ɛ¹³	ei³⁵	taʔ⁵	daʔ²	la⁵⁵	zaʔ²
07 桐乡	zE¹³	kE⁵³	E¹³	E³³⁴	taʔ⁵	daʔ²³	la⁴⁴	zaʔ²³
08 崇德	zE¹³	kE⁵³	ɛ¹³	E³³⁴	taʔ⁵	daʔ²³	lɑ⁴⁴	zaʔ²³
09 湖州	zɛ¹¹²	kɛ⁵²³	ɛ¹¹²	ɛ³⁵	taʔ⁵	daʔ²	la⁴⁴	dzaʔ²
10 德清	zøʉ¹¹³	køʉ⁵²	øʉ¹¹³	øʉ³³⁴	taʔ⁵	daʔ²	la⁴⁴	dzəʔ²
11 武康	zø¹¹³	kø⁵³	ø¹¹³	ø²²⁴	tɜʔ⁵	dɜʔ²	la⁴⁴	dzɜʔ²
12 安吉	zE²²	kE⁵²	E²²	E³²⁴	tɐʔ⁵	dɐʔ²³	la⁵⁵	dzəʔ²³
13 孝丰	ze²²	kɛ⁵²	ɛ²²	ɛ³²⁴	taʔ⁵	daʔ²³	la⁴⁴	dzaʔ²³
14 长兴	zɯ¹²	kɯ⁵²	ɯ¹²	ɯ³²⁴	taʔ⁵	daʔ²	la⁴⁴	dzaʔ²
15 余杭	zøɣ²²	kɛ⁴²³	uõ²²白 ɛ̃²²文	uõ²¹³	tɜʔ⁵	dɜʔ²	la⁴⁴	zəʔ²
16 临安	zə³³	kə⁵⁵	ə³³	ə⁵⁵	tɐʔ⁵⁴	dɐʔ¹²	la³³	dzɐʔ¹²
17 昌化	zɛ̃¹¹²	kɛ̃⁴⁵³	ɛ̃¹¹²	ɛ̃⁵⁴⁴	taʔ⁵	daʔ²³	la³³⁴	zaʔ²³
18 於潜	zɛ²²³	kɛ⁵¹	ɛ²²³	ŋɛ³⁵白 ɛ³⁵文	tɐʔ⁵³	dɑʔ²³	la⁴³³	dzɑʔ²³
19 萧山	zə³⁵⁵	kie³³	ə³⁵⁵	ə⁴²	taʔ⁵	daʔ¹³	la⁵³³	dzaʔ¹³
20 富阳	zɛ̃¹³	kɛ̃⁴²³	ɛ̃¹³	ɛ̃³³⁵	taʔ⁵	daʔ²	la⁵³	zaʔ²
21 新登	zɛ̃²³³	kɛ̃³³⁴	ɛ̃²³³	ɛ̃⁴⁵	taʔ⁵	daʔ²	la⁵³	dzaʔ²
22 桐庐	ze¹³	ke³³	ã¹³	ã³⁵	taʔ⁵	daʔ¹³	lʌ⁵³³	dzaʔ¹³
23 分水	zuə̃²²	kã⁵³	ã²²	ã²⁴	taʔ⁵	daʔ¹²	laʔ¹²	dzaʔ¹²
24 绍兴	zẽ²³¹白 zø²³¹文	kẽ³³⁴	ẽ²³¹	ẽ³³	tɛʔ⁵	dɛʔ²	la⁵³	dzəʔ²

方言点	0377 蚕	0378 感	0379 含 ~一口水	0380 暗	0381 搭	0382 踏	0383 拉	0384 杂
	咸开一平覃从	咸开一上覃见	咸开一平覃匣	咸开一去覃影	咸开一入合端	咸开一入合透	咸开一入合来	咸开一入合从
25 上虞	zø²¹³	kɛ̃³⁵	ɛ̃²¹³	ɛ̃⁵³	tɐʔ⁵	dɐʔ²	la³⁵	zəʔ²
26 嵊州	zœ²¹³	kœ̃⁵³	œ̃²¹³	œ̃³³⁴	tɛʔ⁵	dɛʔ²	la⁵³⁴	dzəʔ²
27 新昌	zœ̃²²	kœ̃⁴⁵³	œ̃²²	œ̃³³⁵	tɛʔ⁵	dɛʔ²	la⁵³⁴	zaʔ² 白 / dzaʔ² 文
28 诸暨	zə¹³	kə⁴²	ə¹³	ə⁵⁴⁴	taʔ⁵	daʔ¹³	lᴀ⁵⁴⁴	dzaʔ¹³
29 慈溪	zẽ¹³	kẽ³⁵	ẽ¹³	ẽ⁴⁴	taʔ⁵	daʔ²	la³⁵	zəʔ²
30 余姚	zẽ¹³	kẽ³⁴	ẽ¹³	iẽ⁵³	taʔ⁵	daʔ²	la⁴⁴	zəʔ²
31 宁波	zɐi¹³	ki³⁵	ɐi¹³	ɐi⁴⁴	taʔ⁵	daʔ²	la⁵³	dzaʔ²
32 镇海	zei²⁴	ki³⁵ ~觉	ei²⁴	ei⁵³	taʔ⁵	daʔ¹²	la⁵³	dzaʔ¹²
33 奉化	ze³³	ke⁵⁴⁵	e³³	e⁵³	taʔ⁵	daʔ²	la⁴⁴	dzaʔ² 牛~
34 宁海	zø³¹ 又 / zø²¹³ 又	ke⁵³	ei²¹³	ei³⁵	taʔ⁵	daʔ³	la⁴²³	zəʔ³
35 象山	zei³¹	kɛ⁴⁴	ɛ³¹	ei⁵³	taʔ⁵	daʔ²	la⁴⁴	zaʔ²
36 普陀	zæi²⁴	ki⁴⁵	æi²⁴	æi⁵⁵	tɐʔ⁵	dɐʔ²³	la⁵⁵	zɐʔ²³
37 定海	zɐi¹³ 小	ki⁴⁵	ɐi²³	ɐi⁴⁴	tɐʔ⁵	dɐʔ²	la⁴⁴	dzɐʔ² 复~ / zɐʔ² ~烩
38 岱山	zɐi²¹³ 小	ki⁵²	ɐi²³	ɐi⁴⁴	tɐʔ⁵	dɐʔ²	la⁵²	zɐʔ²
39 嵊泗	zɐi²¹³ 小	ki⁴⁴⁵	ɐi²⁴³	ɐi⁵³	tɐʔ⁵	dɐʔ²	la⁵³	zɐʔ²
40 临海	ʑyø²¹	kø⁵²	ø²¹	ø⁵⁵	tɛʔ⁵	dɛʔ²³	la³¹	zəʔ²³
41 椒江	zɛ²⁴ 小	kiɛ⁴²	ie³¹	ie⁵⁵	tɛʔ⁵	dɛʔ²	la⁴²~手 / la²⁴~尿	zaʔ²
42 黄岩	zɛ²⁴ 小	kiɛ⁴²	ɛ¹²¹	ie⁵⁵	təʔ⁵	dəʔ²	la³²~手 / la²⁴~尿	zəʔ²
43 温岭	zøn²⁴ 小	kiɛ⁴²	ie³¹	ie⁵⁵	təʔ⁵ 单用 / tʰəʔ⁵ ~配	dəʔ²	la³³~手 / la¹³~尿	zoʔ²
44 仙居	zø²¹³	cie³²⁴	ø²¹³	ø⁵⁵	ɗɑʔ⁵	dɑʔ²³	la³³⁴	zaʔ²³
45 天台	ze²²⁴ ~丝	ke³²⁵	e²²⁴	e⁵⁵	teʔ⁵	deʔ² 音殊	la³³	zəʔ²

续表

方言点	0377 蚕	0378 感	0379 含 ~一口水	0380 暗	0381 搭	0382 踏	0383 拉	0384 杂
	咸开一平覃从	咸开一上覃见	咸开一平覃匣	咸开一去覃影	咸开一入合端	咸开一入合透	咸开一入合来	咸开一入合从
46 三门	zø²⁵²小	kɛ³²⁵	ɛ¹¹³	ɛ⁵⁵	tɐʔ⁵	dɐʔ²³	la³³⁴	zɐʔ²³
47 玉环	（无）	kiɛ⁴²	ie³¹白 ɛ³¹文	ie⁵⁵白 ɛ⁵⁵文	tɐʔ⁵	dɐʔ²	la⁴²~手	zɐʔ²
48 金华	zɣ³¹³	kɛ̃⁵³⁵	ɣ³¹³	ɛ̃⁵⁵	tuɑ⁵⁵	duɑ¹⁴	la³³⁴	dzəʔ²¹²
49 汤溪	zɣŋ¹¹³小	kã⁵³⁵读字	ɣ¹¹	ɣ⁵²	tuɑ⁵⁵	duɑ¹¹³	la²⁴	dzɣ¹¹³
50 兰溪	zɣ²¹	kæ̃⁵⁵	（无）	æ̃⁴⁵	təʔ³⁴	duɑʔ¹²	la³³⁴	dzəʔ¹²
51 浦江	zə̃¹¹³	kə̃⁵³	ə̃¹¹³	ə̃⁵⁵	tuɑ⁴²³	dzya²³²	la⁵³⁴	dzə²³²
52 义乌	zɯn²¹³小	kuɯ⁴²³白 kan⁴²³文	ɯ²¹³	ɯ⁴⁵	tɔ³²⁴	dɔ³¹²	la³³⁵	zʅ³¹²白 dza³¹²文
53 东阳	zɯn²¹³小	kan⁴⁴	ɯ²¹³	ɯ⁴⁵³	to³³⁴	do²¹³	（无）	za²¹³白 dza²¹³文
54 永康	zɣ²⁴¹小	kɣ³³⁴	ɣ²²	ɣ⁵⁵	ɗuɑ³³⁴	duɑ¹¹³	la⁵⁵	zɣ¹¹³
55 武义	zɣ³²⁴	kɣ⁴⁴⁵	（无）	ŋɣ⁵³	luɑ⁵³	duɑ²³¹	la²⁴	zɣ¹³
56 磐安	zɯ²¹³	kan³³⁴	ɯ²¹³	ɯ⁵²	tuə³³⁴	na²¹³老 duə¹⁴新	la⁴⁴⁵	zɛ²¹³
57 缙云	zɛ²⁴³	kɛ⁵¹	aŋ²⁴³	ɛ⁴⁵³	tɑ³²²	dɑ¹³	la⁴⁴	zɛ¹³
58 衢州	zə̃²¹	kə̃⁵³调殊	ga²¹	ə̃⁵³	taʔ⁵	daʔ¹²	la³²	zaʔ¹²
59 衢江	zɛ²¹²	kã⁵³调殊	ga²¹²	ã⁵³	taʔ⁵	daʔ²	la³³调殊	dzəʔ²
60 龙游	zuei²¹	kã⁵¹调殊	ga²²⁴调殊	ã⁵¹	tɔʔ⁴	dɔʔ²³	la³³⁴	dzɔʔ²³
61 江山	zɒŋ²¹³	kɒŋ⁵¹调殊	gəŋ²²调殊	ɒŋ⁵¹	taʔ⁵	daʔ²	la⁴⁴	zɒʔ²
62 常山	zuɔ̃³⁴¹	kã⁵²调殊	goŋ²⁴	uɔ̃³²⁴	taʔ⁵	daʔ³⁴	la⁴⁴	dzaʔ³⁴
63 开化	zuõ²³¹	kã⁵³	gəŋ²³¹	ɔŋ⁴¹²	taʔ⁵	daʔ¹³	la²³¹~尿 la⁴⁴~车	dzaʔ¹³
64 丽水	zuɛ²²	kɛ⁵⁴⁴	gã²²	uɛ⁵²	tɔʔ⁵	dɔʔ²³	luɔ²²⁴	zɛʔ²³白 dzaʔ²³文
65 青田	zuɐ²¹	kiɛ⁴⁵⁴	gaŋ²¹	ie³³	ɗaʔ⁴²	daʔ³¹	la⁴⁴⁵	zaʔ³¹
66 云和	zuɛ³¹²	kɛ⁴¹	gã³¹²	ɛ⁴⁵	tɔʔ⁵	dɔʔ²³	lɔ²⁴	zɛʔ²³

续表

方言点	0377 蚕 咸开一平覃从	0378 感 咸开一上覃见	0379 含 ~一口水 咸开一平覃匣	0380 暗 咸开一去覃影	0381 搭 咸开一入合端	0382 踏 咸开一入合透	0383 拉 咸开一入合来	0384 杂 咸开一入合从
67 松阳	$zæ̃^{31}$	$kæ̃^{212}$	$gɔ̃^{31}$	$æ̃^{24}$	$tɔʔ^{5}$	$dɔʔ^{2}$	la^{53}	$zaʔ^{2}$
68 宣平	$zə^{433}$	$kə^{445}$	$gɑ̃^{433}$	$ə^{52}$	$tɑʔ^{5}$	$dɑʔ^{23}$	la^{324}	$zəʔ^{23}$
69 遂昌	$zɛ̃^{221}$	$kɛ̃^{533}$	$gəŋ^{13}$ 调殊	$ɛ^{334}$	$tɑʔ^{5}$	$dɑʔ^{23}$	la^{45} 拖~机	$zɛʔ^{23}$
70 龙泉	$zɯə^{21}$	$kɯə^{51}$	$gɛn^{21}$	$ɯə^{45}$	$tɔʔ^{5}$	$doʔ^{24}$	lo^{434} 调殊	$zɯəʔ^{24}$
71 景宁	$zœ^{41}$	$kœ^{33}$	$gɔ^{41}$	$aŋ^{35}$	$tɔʔ^{5}$	$dɔʔ^{23}$	la^{324}	$zœʔ^{23}$
72 庆元	$sæ̃^{52}$	$kæ̃^{33}$	$kəŋ^{52}$	$æ̃^{11}$	$ɗaʔ^{5}$	$tɑʔ^{34}$	$lɑ^{335}$	$sɯɯʔ^{34}$
73 泰顺	$sɛ^{53}$	$kɛ^{55}$	$kã^{53}$	$əŋ^{35}$	$tɔʔ^{5}$	$tɔʔ^{2}$	$lɔ^{213}$	$sɛʔ^{2}$
74 温州	$zø^{31}$	$kø^{25}$	$gaŋ^{31}$	$ø^{51}$	ta^{323}	da^{212}	la^{33} ~动 la^{22} ~尿	$zø^{212}$
75 永嘉	$zø^{31}$	ky^{45}	$gaŋ^{31}$ 白 $aŋ^{31}$ 文	$ø^{53}$	ta^{423}	da^{213}	la^{44}	$zø^{213}$
76 乐清	$zø^{31}$	ke^{35}	$aŋ^{31}$	e^{41}	ta^{323}	da^{212}	la^{44} ~动 le^{22} ~尿	ze^{212}
77 瑞安	$zø^{31}$	ke^{35}	$aŋ^{31}$ 白 $ø^{31}$ 文	e^{53}	$tɔ^{323}$	$dɔ^{212}$	$lɔ^{44}$	ze^{212}
78 平阳	$zɵ^{242}$	$kɵ^{45}$	$ɵ^{242}$	$ɵ^{53}$ 白 e^{53} 文	$tɔ^{34}$	$dɔ^{12}$	$lɔ^{55}$	$zɵ^{12}$
79 文成	ze^{113}	$kuø^{45}$	$ø^{113}$	e^{33}	$tɔ^{34}$	$dɔ^{212}$	$lɔ^{55}$	ze^{212}
80 苍南	$zø^{31}$	$kyɛ^{53}$	$aŋ^{31}$	e^{42}	ta^{223}	da^{112}	la^{44}	$zø^{112}$
81 建德徽	$sɛ^{33}$	$kɛ̃^{55}$ ~冒	$hɛ^{33}$	$ɛ^{55}$ 读字	to^{55}	to^{213}	$lɑ^{53}$	$tsɐʔ^{12}$
82 寿昌徽	$ɕiæ^{52}$	$kæ̃^{55}$ 文	$xiɛ^{52}$	$iɛ^{33}$	$tuə^{55}$	$təʔ^{31}$	$lɑ^{112}$	$tsəʔ^{31}$
83 淳安徽	sa^{435}	ka^{55}	$hã^{435}$	$ã^{24}$	$tɑʔ^{5}$	$tɑʔ^{5}$ 白 $tʰɑ^{24}$ 文	la^{24} ~面	$tsʰɑʔ^{13}$
84 遂安徽	$səŋ^{33}$	$kã^{213}$	$xã^{33}$	$ã^{52}$	$tɑ^{24}$	$tʰɑ^{213}$	$lɑ^{534}$	sa^{213}
85 苍南闽	$tsan^{24}$	kan^{43}	han^{24} 文	an^{21}	ta^{43}	ta^{24}	la^{55}	$tsɐ^{24}$
86 泰顺闽	$tɕʰie^{22}$	$kæŋ^{344}$	$xæŋ^{22}$	$æŋ^{31}$	$tɛʔ^{5}$	$tɛʔ^{3}$	la^{213}	$tsɛʔ^{3}$
87 洞头闽	$tsʰan^{113}$	kan^{53}	kan^{113} 白 han^{113} 文	an^{21}	ta^{53}	ta^{241}	la^{33}	$tsɐt^{24}$
88 景宁畲	$tsʰɔn^{325}$ 小	$kɔn^{325}$	$xɔn^{22}$	$ɔn^{44}$	$tɔt^{5}$	$tʰɔt^{2}$	$lɔ^{44}$	sot^{2}

方言点	0385 鸽 咸开一 入合见	0386 盒 咸开一 入合匣	0387 胆 咸开一 上谈端	0388 毯 咸开一 上谈透	0389 淡 咸开一 上谈定	0390 蓝 咸开一 平谈来	0391 三 咸开一 平谈心	0392 甘 咸开一 平谈见
01 杭州	kaʔ⁵	aʔ²	tɛ⁵³	tʰɛ⁵³	dɛ¹³	lɛ²¹³	sɛ³³⁴	kɛ³³⁴
02 嘉兴	kəʔ⁵	ʌʔ⁵	tɛ⁵⁴⁴	tʰɛ¹¹³	dɛ¹¹³	lɛ²⁴²	sɛ⁴²	kə⁴²
03 嘉善	kɜʔ⁵	ɜʔ²	tɛ⁴⁴	tʰɛ³³⁴	dɛ¹³²	lɛ¹³²	sɛ⁵³	kø⁵³
04 平湖	kəʔ⁵	aʔ²³	tɛ⁴⁴	tʰɛ²¹³	dɛ²¹³	lɛ³¹	sɛ⁵³	kø⁵³
05 海盐	kəʔ⁵	aʔ²³	tɛ⁴²³	tʰɛ⁴²³	dɛ⁴²³	lɛ³¹	sɛ⁵³	kɤ⁵³
06 海宁	kəʔ⁵	aʔ²	tɛ⁵³	tʰɛ⁵³	dɛ²³¹	lɛ¹³	sɛ⁵⁵	kei⁵⁵
07 桐乡	kəʔ⁵	aʔ²³	tɛ⁵³	tʰɛ⁵³	dɛ²⁴²	lɛ¹³	sɛ⁴⁴	kɛ⁴⁴
08 崇德	kəʔ⁵	aʔ²³	tɛ⁵³	tʰɛ⁵³	dɛ¹³	lɛ¹³	sɛ⁴⁴	kɛ⁴⁴
09 湖州	kəʔ⁵	aʔ²	tɛ⁵²³	tʰɛ⁵²³	dɛ²³¹	lɛ¹¹²	sɛ⁴⁴	kɛ⁴⁴
10 德清	kəʔ⁵	aʔ²	tɛ⁵²	tʰɛ⁵²	dɛ¹⁴³	lɛ¹¹³	sɛ⁴⁴	køʉ⁴⁴
11 武康	kəʔ⁵	ɜʔ²	tɛ⁵³	tʰɛ⁵³	dɛ²⁴²	lɛ¹¹³	sɛ⁴⁴	kø⁴⁴
12 安吉	kəʔ⁵	ɐʔ²³	tɛ⁵²	tʰɛ⁵²	dɛ²⁴³	lɛ²²	sɛ⁵⁵	kɛ⁵⁵
13 孝丰	kəʔ⁵	aʔ²³	tɛ⁵²	tʰɛ⁵²	dɛ²⁴³	lɛ²²	sɛ⁴⁴	ke⁴⁴
14 长兴	kəʔ⁵	aʔ²	tɛ⁵²	tʰɛ⁵²	dɛ²⁴³	lɛ¹²	sɛ⁴⁴	kɯ⁴⁴
15 余杭	kəʔ⁵	əʔ²	tɛ̃⁵³	tʰɛ̃⁵³	dɛ̃²⁴³	lɛ̃²²	sɛ̃⁴⁴	kuõ⁴⁴
16 临安	kɐʔ⁵⁴	ɐʔ¹²	tɛ⁵⁵	tʰɛ⁵⁵	dɛ³³	lɛ³³	sɛ⁵⁵	kə⁵⁵
17 昌化	kəʔ⁵	aʔ²³	tɔ⁴⁵³	tʰɔ̃⁴⁵³	dɔ²⁴³	lɔ̃¹¹²	sɔ³³⁴	kɛ̃³³⁴
18 於潜	kəʔ⁵³	ɑʔ²³	tɛ⁵¹	tʰɛ⁵¹	dɛ²⁴	lɛ²²³	sɛ⁴³³	kɛ³³⁴
19 萧山	kieʔ⁵	əʔ¹³	tɛ³³	tʰɛ³³	dɛ¹³	lɛ³⁵⁵	sɛ⁵³³	kie⁵³³
20 富阳	kiɛʔ⁵	aʔ²	tã̃⁴²³	tʰã̃⁴²³	dã̃²²⁴	lã̃¹³	sã̃⁵³	kiɛ̃⁵³
21 新登	kəʔ⁵	aʔ²	tɛ³³⁴	tʰɛ³³⁴	dɛ¹³	lɛ²³³	sɛ⁵³	kɛ̃⁵³
22 桐庐	kəʔ⁵	əʔ¹³	tã̃³³	tʰã̃³³	dã̃²⁴	lã̃¹³	sã̃⁵³³	ke⁵³³
23 分水	kaʔ⁵	xaʔ¹²	tã̃⁵³	tʰã̃⁵³	dã̃¹³	lã̃²²	sã̃⁴⁴	kã̃⁴⁴
24 绍兴	ke⁵	eʔ²	tɛ̃³³⁴	tʰɛ̃⁵³	dɛ̃²²³	lɛ̃²³¹	sɛ̃⁵³	kɛ̃⁵³
25 上虞	kəʔ⁵	ɐʔ²	tɛ̃³⁵	tʰɛ̃³⁵	dɛ̃²¹³	lɛ̃²¹³	sɛ̃³⁵	kɛ̃³⁵
26 嵊州	kəʔ⁵	ɛʔ²	tɛ̃⁵³	tʰɛ̃⁵³	dɛ̃²⁴	lɛ̃²¹³	sɛ̃⁵³⁴	kœ̃⁵³⁴

续表

方言点	0385 鸽 咸开一 入合见	0386 盒 咸开一 入合匣	0387 胆 咸开一 上谈端	0388 毯 咸开一 上谈透	0389 淡 咸开一 上谈定	0390 蓝 咸开一 平谈来	0391 三 咸开一 平谈心	0392 甘 咸开一 平谈见
27 新昌	kɤʔ^{5}	ɤʔ^{2}	tɛ̃^{453}	tʰɛ̃^{453}	dɛ^{232}	lɛ̃^{22}	sɛ̃^{534}	kœ̃^{534}
28 诸暨	kieʔ^{5}	əʔ^{13}	tɛ^{42}	tʰɛ^{42}	dɛ^{242}	lɛ^{13}	sɛ^{544}	kə^{544}
29 慈溪	kəʔ^{5}	aʔ^{2}	tɛ̃^{35}	tʰɛ̃^{35}	dɛ̃^{13}	lɛ̃^{13}	sɛ̃^{35}	kẽ^{35}
30 余姚	kəʔ^{5}	aʔ^{2}	tã^{34}	tʰã^{34}	dã^{13}	lã^{13}	sã^{44}	kẽ^{44}
31 宁波	kaʔ^{5}	kaʔ^{5} 饭~ aʔ^{2} ~子	tɛ^{35}	tʰɛ^{53}	dɛ^{13}	lɛ^{13}	sɛ^{53}	ki^{53}
32 镇海	kaʔ^{5}	aʔ^{12}	tɛ^{35}	tʰɛ^{35}	dɛ^{24}	lɛ^{24}	sɛ^{53}	ki^{53}
33 奉化	kaʔ^{5}	aʔ^{2}	tɛ^{545}	tʰɛ^{545}	dɛ^{324}	lɛ^{33}	sɛ^{44}	ke^{44}
34 宁海	keʔ^{5}	aʔ^{3}	te^{53}	tʰe^{53}	de^{31}	le^{213}	se^{423}	ke^{423}
35 象山	kaʔ^{5}	aʔ^{2}	te^{44}	tʰe^{44}	de^{31}	le^{31}	se^{44}	ki^{44}
36 普陀	kɐʔ^{5}	ɐʔ^{23}	tɛ^{45}	tʰɛ^{45}	dɛ^{23}	lɛ^{24}	sɛ^{53}	ki^{53}
37 定海	kɐʔ^{5}	ɐʔ^{2}	tɛ^{45}	tʰɛ^{45}	dɛ^{23}	lɛ^{23}	sɛ^{52}	ki^{52}
38 岱山	kɐʔ^{5}	ɐʔ^{2}	tɛ^{325}	tʰɛ^{52}	dɛ^{244}	lɛ^{23}	sɛ^{52}	ki^{52}
39 嵊泗	kɐʔ^{5}	ɐʔ^{2}	tɛ^{445}	tʰɛ^{53}	dɛ^{243}	lɛ^{243}	sɛ^{53}	ki^{53}
40 临海	kø^{353}小	əʔ^{23}	tɛ^{52}	tʰɛ^{52}	dɛ^{21}	lɛ^{21}	sɛ^{31}	kø^{31}
41 椒江	tɕieʔ^{51}小	aʔ^{2}	tɛ^{42}	tʰɛ^{42}	dɛ^{31}	lɛ^{31}	sɛ^{42}	kiɛ^{42}
42 黄岩	tɕieʔ^{53}小	əʔ^{2}	tɛ^{42}	tʰɛ^{42}	dɛ^{121}	lɛ^{121}	sɛ^{32}	kiɛ^{32}
43 温岭	tɕieʔ^{51}小	əʔ^{2}	tɛ^{42}	tʰɛ^{42}	dɛ^{31}	lɛ^{31}	sɛ^{33}	tɕie^{33}
44 仙居	ciaʔ^{53}小	aʔ^{23}	ɗa^{324}	tʰa^{324}	da^{213}	la^{213}	sa^{334}	cie^{334}
45 天台	keʔ^{5}	e^{31}小	tɛ^{325}	tʰe^{325}	de^{214}	lɛ^{224}	sɛ^{33}	ke^{33}
46 三门	kɐʔ^{5}	ɛ^{252}小	tɛ^{325}	tʰɛ^{325}	dɛ^{213}	lɛ^{113}	sɛ^{334}	kɛ^{334}
47 玉环	tɕie^{53}小	ɐʔ^{2}	tɛ^{53}	tʰɛ^{53}	dɛ^{41}	lɛ^{31}	sɛ^{42}	tɕie^{42}
48 金华	kɤ^{55}白 kəʔ^{4}文	ɤ^{14}白 əʔ^{212}文	tɑ^{535}	tʰɑ^{535}	tɑ^{535}	lɑ^{313}	sɑ^{334}	kɤ^{334}
49 汤溪	kɤ^{55}	ɤ^{113}	nuɑ^{535}	tʰuɑ^{535}	duɑ^{113}	luɑ^{11}	suɑ^{24}	kɤ^{24}
50 兰溪	kɤʔ^{34}	uaʔ^{12}	tuɑ^{55}	tʰuɑ^{55}	tuɑ^{55}	luɑ^{21}	suɑ^{334}	kɤ^{334}

续表

方言点	0385 鸽	0386 盒	0387 胆	0388 毯	0389 淡	0390 蓝	0391 三	0392 甘
	咸开一入合见	咸开一入合匣	咸开一上谈端	咸开一上谈透	咸开一上谈定	咸开一平谈来	咸开一平谈心	咸开一平谈见
51 浦江	kə^{423}	（无）	tã^{53}	tʰã^{53}	dã^{243}	lã^{113}	sã^{534}	kã^{534}
52 义乌	kɯn^{324}小	ɯ^{24}一~	nɔ^{423}	tʰɔ^{423}	dɔ^{312}	lɔ^{213}	sɔ^{335}	kɯ^{335}
53 东阳	kaʔ^{34}	an^{213}小	tɔ^{44}	tʰɔ^{44}	tʰɔ^{44}	lɔ^{213}	sɔ^{334}	kɯ^{334}
54 永康	kɤ^{52}	ɤ^{241}小	na^{334}	tʰa^{334}	da^{113}	la^{22}	sa^{55}	kɤ^{55}
55 武义	kɤ^{53}	ɤ^{231}	nuo^{445}	tʰuo^{445}	duo^{13}	nuo^{324}	suo^{24}	kɤ^{24}
56 磐安	kɛ^{334}	ɛn^{14}小	nɒ^{334}	tʰɒ^{334}	tɒ^{334}	lɒ^{213}	sɒ^{445}	kɯ^{445}
57 缙云	kɛ^{45}小	ɛ^{13}	ta^{51}	tʰa^{51}	da^{31}	la^{243}	sa^{44}	kɛ^{44}
58 衢州	kəʔ^{5}	aʔ^{12}	tã^{35}	tʰã^{35}	dã^{231}	lã^{21}	sã^{32}	kə̃^{32}
59 衢江	kəʔ^{5}	aʔ^{2}	tã^{25}	tʰã^{25}	dã^{212}	lã^{212}	sã^{33}	kɛ^{33}
60 龙游	kəʔ^{4}	əʔ^{23}	tã^{35}	tʰã^{35}	dã^{224}	lã^{21}	sã^{334}	kie^{334}
61 江山	kɒʔ^{5}	ɒʔ^{2}	taŋ^{241}	tʰɒŋ^{241}	daŋ^{22}	laŋ^{213}	saŋ^{44}	kɒŋ^{44}
62 常山	kuʌʔ^{5}	uʌʔ^{34}	tã^{52}	tʰɔ^{52}	dã^{24}	lã^{341}	sã^{44}	kuɔ̃^{44}~草 ／ kã^{44}姓~
63 开化	kaʔ^{5}	uaʔ^{13}韵殊	tã^{53}	tʰɔŋ^{53}	dã^{213}	lã^{231}	sã^{44}	kã^{44}
64 丽水	kɛʔ^{5}	ɛʔ^{23}	tã^{544}	tʰã^{544}	dã^{22}	lã^{22}	sã^{224}	kɛ^{224}
65 青田	kaʔ^{42}	aʔ^{31}	ɗa^{454}	tʰa^{454}	da^{343}	la^{21}	sa^{445}	kie^{445}
66 云和	kɛʔ^{5}	ɛʔ^{23}	tã^{41}	tʰã^{41}	dã^{231}	lã^{312}	sã^{24}	kɛ^{24}
67 松阳	kɛʔ^{5}	ɛʔ^{2}	tɔ̃^{212}	tʰɔ̃^{212}	dɔ̃^{22}	lɔ̃^{31}	sɔ̃^{53}	kæ^{53}
68 宣平	kəʔ^{5}	əʔ^{23}	tã^{445}	tʰã^{445}	dã^{223}	lã^{433}	sã^{324}	kə^{324}
69 遂昌	kɛʔ^{5}	ɛʔ^{23}	taŋ^{533}	tʰaŋ^{533}	daŋ^{13}	laŋ^{221}	saŋ^{45}	kɛ̃^{45}
70 龙泉	kɯəʔ^{5}	kaʔ^{5}旧 ɯəʔ^{24}今	taŋ^{51}	tʰaŋ^{51}	taŋ^{51}	laŋ^{21}	saŋ^{434}	kɯə^{434}
71 景宁	kœʔ^{5}	œʔ^{23}	tɔ^{33}	tʰɔ^{33}	dɔ^{33}	lɔ^{41}	sɔ^{324}	kœ^{324}
72 庆元	kɤʔ^{5}	kaʔ^{5}	ɗã^{33}	tʰã^{33}	tã^{221}	lã^{52}	sã^{335}	kæ^{335}
73 泰顺	kɛʔ^{5}	ɛʔ^{2}	tã^{55}	tʰã^{55}	tã^{21}	lã^{53}	sã^{213}	kɛ^{213}
74 温州	kø^{323}	ø^{212}	ta^{25}	tʰa^{25}	da^{14}	la^{31}	sa^{33}	kø^{33}

续表

方言点	0385 鸽	0386 盒	0387 胆	0388 毯	0389 淡	0390 蓝	0391 三	0392 甘
	咸开一人合见	咸开一人合匣	咸开一上谈端	咸开一上谈透	咸开一上谈定	咸开一平谈来	咸开一平谈心	咸开一平谈见
75 永嘉	ky⁴²³	ø²¹³	ta⁴⁵	tʰa⁴⁵	da¹³	la³¹	sa⁴⁴	kø⁴⁴
76 乐清	ke³²³	a²¹²	tɛ³⁵	tʰɛ³⁵	dɛ²⁴	lɛ³¹	sɛ⁴⁴	ke⁴⁴
77 瑞安	ke³²³	e²¹²	tɔ³⁵	tʰɔ³⁵	dɔ¹³	lɔ³¹	sɔ⁴⁴	kø⁴⁴
78 平阳	kø³⁴	ɵŋ²³ 小	tɔ⁴⁵	tʰɔ⁴⁵	dɔ²³	lɔ²⁴²	sɔ⁵⁵	kø⁵⁵
79 文成	ke³⁴	e²¹²	tɔ⁴⁵	tʰɔ⁴⁵	dɔ²²⁴	lɔ¹¹³	sɔ⁵⁵	kuø⁵⁵
80 苍南	ke²²³	ø¹¹²	ta⁵³	tʰa⁵³	da²⁴	la³¹	sa⁴⁴	kyɛ⁴⁴
81 建德徽	ki⁵⁵	ho²¹³	tɛ²¹³	tʰɛ²¹³	tɛ²¹³	nɛ³³	sɛ⁵³	kɛ⁵³
82 寿昌徽	kəʔ³	xuə²⁴	tuə²⁴	tʰuə²⁴	tʰuə⁵³⁴	luə⁵²	suə¹¹²	kiɛ¹¹²
83 淳安徽	kəʔ⁵	hɑʔ¹³	tɑ̃⁵⁵	tʰɑ̃⁵⁵	tʰɑ̃⁵⁵	lɑ̃⁴³⁵	sɑ̃²⁴	kɑ̃²⁴
84 遂安徽	kə²⁴	xɑ²¹³	tɑ̃²¹³	tʰɑ̃²¹³	tʰɑ̃⁴³	lɑ̃³³	sɑ̃⁵³⁴	kɑ̃⁵³⁴
85 苍南闽	keɐ⁴³	a²⁴	tɑ̃⁴³	tʰan⁴³	tan³²	lan²⁴	sɑ̃⁵⁵	kan⁵⁵
86 泰顺闽	keʔ⁵	xɛʔ³	tæŋ³⁴⁴	tʰæŋ³⁴⁴	tæŋ³¹	læŋ²²	sæŋ²¹³	kæŋ²¹³
87 洞头闽	kɐt⁵	a²⁴¹	tɑ̃⁵³	tʰan⁵³	tan²¹	lan¹¹³	sɑ̃³³	kan³³
88 景宁畲	kəʔ⁵	xɔt²	tɔn³²⁵	tʰɔn³²⁵	tʰɔn⁴⁴	lɔn²²	sɔn⁴⁴	kon⁴⁴

方言点	0393 敢	0394 喊	0395 塔	0396 蜡	0397 赚	0398 杉 ~木	0399 减	0400 咸 ~淡
	咸开一上谈见	咸开一上谈晓	咸开一入盍透	咸开一入盍来	咸开二去咸澄	咸开二平咸生	咸开二上咸见	咸开二平咸匣
01 杭州	$k\varepsilon^{53}$	$x\varepsilon^{53}$	$t^h a\textipa{P}^5$	$la\textipa{P}^2$	$dz\varepsilon^{13}$	$s\varepsilon^{334}$	$t\textctc i\varepsilon^{53}$	ε^{213}
02 嘉兴	$k\textschwa^{544}$	hE^{224}	$t^h A\textipa{P}^5$	$lA\textipa{P}^5$	zE^{113}	SE^{42}	kE^{544}	E^{242}
03 嘉善	$k\o^{44}$	$x\varepsilon^{334}$调殊	$t^h \textrevepsilon\textipa{P}^5$	$l\textrevepsilon\textipa{P}^2$	$z\varepsilon^{113}$	$s\varepsilon^{53}$	$k\varepsilon^{44}$	ε^{132}
04 平湖	$k\o^{44}$	$h\varepsilon^{334}$	$t^h a\textipa{P}^{23}$	$la\textipa{P}^2$	$z\varepsilon^{213}$	$s\varepsilon^{53}$	$k\varepsilon^{44}$	ε^{31}
05 海盐	$k\textgamma^{423}$	$x\varepsilon^{334}$	$t^h a\textipa{P}^{23}$	$la\textipa{P}^2$	$z\varepsilon^{423}$	$s\varepsilon^{53}$	$k\varepsilon^{423}$	ε^{31}
06 海宁	kei^{53}	$h\varepsilon^{35}$调殊	$t^h a\textipa{P}^5$	$la\textipa{P}^2$	$z\varepsilon^{231}$	$s\varepsilon^{55}$	$k\varepsilon^{53}$	ε^{13}
07 桐乡	kE^{53}	$h\varepsilon^{334}$	$t^h a\textipa{P}^5$	$la\textipa{P}^{23}$	$z\varepsilon^{242}$	$s\varepsilon^{44}$	$k\varepsilon^{53}$	ε^{13}
08 崇德	kE^{53}	$h\varepsilon^{334}$	$t^h a\textipa{P}^5$	$la\textipa{P}^{23}$	$z\varepsilon^{242}$	$s\varepsilon^{44}$	$k\varepsilon^{53}$	ε^{13}
09 湖州	$k\varepsilon^{523}$	$x\varepsilon^{523}$	$t^h a\textipa{P}^5$	$la\textipa{P}^2$	$z\varepsilon^{231}$	$s\varepsilon^{44}$	$k\varepsilon^{523}$	ε^{112}
10 德清	$k\o\textbaru^{52}$	$x\varepsilon^{334}$调殊	$t^h a\textipa{P}^5$	$la\textipa{P}^2$	$z\varepsilon^{143}$	$s\varepsilon^{44}$	$k\varepsilon^{52}$	ε^{113}
11 武康	$k\o^{53}$	$x\varepsilon^{224}$调殊	$t^h \textrevepsilon\textipa{P}^5$	$l\textrevepsilon\textipa{P}^2$	$dz\varepsilon^{242}$	$s\varepsilon^{224}$调殊	$k\varepsilon^{53}$	ε^{113}
12 安吉	kE^{52}	hE^{324}	$t^h \textturnv\textipa{P}^5$	$l\textturnv\textipa{P}^2$	dzE^{243}	SE^{55}	kE^{52}	E^{22}
13 孝丰	$k\varepsilon^{52}$	hE^{324}	$t^h a\textipa{P}^5$	$la\textipa{P}^2$	$dz\varepsilon^{243}$	$s\varepsilon^{44}$	$k\varepsilon^{52}$	ε^{22}
14 长兴	$k\textturnm^{52}$	hE^{324}	$t^h a\textipa{P}^5$	$la\textipa{P}^2$	dzE^{243}	SE^{44}	kE^{52}	E^{12}
15 余杭	$k\tilde\varepsilon^{53}$	$x\tilde\varepsilon^{423}$调殊	$t^h \textschwa\textipa{P}^5$	$l\textschwa\textipa{P}^2$	$z\tilde\varepsilon^{243}$	$s\tilde\varepsilon^{44}$	$t\textctc i\tilde\varepsilon^{53}$	$\tilde\varepsilon^{22}$
16 临安	$k\textschwa^{55}$	$h\varepsilon^{55}$	$t^h \textturnv\textipa{P}^{54}$	$l\textturnv\textipa{P}^{54}$	$dz\varepsilon^{33}$	$s\varepsilon^{55}$	$k\varepsilon^{55}$	ε^{33}
17 昌化	$k\tilde\varepsilon^{453}$	$x\tilde\varepsilon^{453}$	$t^h a\textipa{P}^5$	$la\textipa{P}^{23}$	$z\tilde\textopeno^{243}$	$s\tilde\textopeno^{334}$	$t\textctc i\tilde i^{453}$	$\tilde\textopeno^{112}$
18 於潜	$k\varepsilon^{51}$	$x\varepsilon^{35}$	$t^h \textturnv\textipa{P}^{53}$	$l\textscripta\textipa{P}^{23}$	$dz\varepsilon^{24}$	$s\varepsilon^{433}$	$t\textctc i\varepsilon^{51}$	ε^{223}
19 萧山	kie^{33}	$x\varepsilon^{42}$	$t^h a\textipa{P}^5$	$la\textipa{P}^{13}$	（无）	$s\varepsilon^{533}$	$k\varepsilon^{33}$	ε^{355}
20 富阳	$ki\tilde\varepsilon^{423}$	$h\tilde a^{335}$	$t^h a\textipa{P}^5$	$la\textipa{P}^2$	（无）	$s\tilde a^{53}$	$t\textctc i\tilde\varepsilon^{423}$	$\tilde a^{13}$
21 新登	$k\tilde\varepsilon^{334}$	$h\varepsilon^{45}$	$t^h a\textipa{P}^5$	$la\textipa{P}^2$	$dz\varepsilon^{13}$	$s\varepsilon^{53}$	$t\textctc i\tilde\varepsilon^{334}$	ε^{233}
22 桐庐	ke^{33}	$x\tilde a^{33}$	$t^h a\textipa{P}^5$	$la\textipa{P}^{13}$	（无）	$s\tilde a^{533}$	$t\textctc ie^{33}$	$\tilde a^{13}$
23 分水	$k\tilde a^{53}$	$x\tilde a^{53}$	$t^h a\textipa{P}^5$	$la\textipa{P}^{12}$	$dz\tilde a^{13}$	$s\tilde a^{44}$	$t\textctc i\tilde\varepsilon^{53}$	$x\tilde a^{22}$
24 绍兴	$k\tilde\varepsilon^{334}$	$h\tilde\varepsilon^{33}$	$t^h \varepsilon\textipa{P}^5$	$l\varepsilon\textipa{P}^2$	（无）	$s\tilde\varepsilon^{53}$	$k\tilde\varepsilon^{334}$	$\tilde\varepsilon^{231}$
25 上虞	$k\tilde\varepsilon^{35}$	$h\tilde\varepsilon^{53}$	$t^h \textturnv\textipa{P}^5$	$l\textturnv\textipa{P}^2$	$z\tilde\varepsilon^{213}$	$s\tilde\varepsilon^{35}$	$k\tilde\varepsilon^{35}$	$\tilde\varepsilon^{213}$

续表

方言点	0393 敢	0394 喊	0395 塔	0396 蜡	0397 赚	0398 杉 ～木	0399 减	0400 咸 ～淡
	咸开一上谈见	咸开一上谈晓	咸开一入盍透	咸开一入盍来	咸开二去咸澄	咸开二平咸生	咸开二上咸见	咸开二平咸匣
26 嵊州	$kœ̃^{53}$	$hɛ̃^{334}$	$t^hɛʔ^5$	$lɛʔ^2$	$dzɛ̃^{24}$	$sɛ̃^{534}$	$kɛ̃^{53}$	$ɛ̃^{213}$
27 新昌	$kœ̃^{453}$	$hɛ̃^{335}$	$t^hɛʔ^5$	$lɛʔ^2$	$dzɛ̃^{22}$调殊	$sɛ̃^{534}$	$kɛ̃^{453}$	$ɛ̃^{22}$
28 诸暨	$kə^{42}$	$hɛ^{544}$	$t^haʔ^5$	$laʔ^{13}$	（无）	$sɛ^{544}$	$kɛ^{42}$	$ɛ^{13}$
29 慈溪	$kɛ̃^{35}$	$hɛ̃^{44}$读字	$t^haʔ^5$	$laʔ^2$	$dzɛ̃^{13}$	$sɛ̃^{35}$	$kɛ̃^{35}$	$ɛ̃^{13}$
30 余姚	$kɛ̃^{34}$	$hã^{53}$	$t^haʔ^5$	$laʔ^2$	$dzã̃^{13}$	$sã^{44}$	$kã̃^{34}$	$ã̃^{13}$
31 宁波	ki^{35}	$hɛ^{35}$	$t^haʔ^5$	$laʔ^2$	$dzɛ^{13}$	$sɛ^{53}$	$kɛ^{35}$	$ɛ^{13}$
32 镇海	ki^{35}	$hɛ^{35}$读字	$t^haʔ^5$	$laʔ^{12}$	$dzɛ^{24}$	$sɛ^{53}$	$kɛ^{35}$	$ɛ^{24}$
33 奉化	ke^{545}	$hɛ^{53}$读字	$t^haʔ^5$	$laʔ^2$	$dzɛ^{324}$	$sɛ^{44}$	$kɛ^{545}$	$ɛ^{33}$
34 宁海	ke^{53}	$hɛ^{53}$读字	$t^haʔ^5$	$laʔ^3$	dze^{31}	$sɛ^{423}$	ke^{53}	e^{213}
35 象山	$kɛ^{44}$	$hɛ^{44}$读字	$t^haʔ^5$	$laʔ^2$	$dzɛ^{31}$	$sɛ^{44}$	$kɛ^{44}$	$ɛ^{31}$
36 普陀	ki^{45}	$xɛ^{53}$	$t^hɐʔ^5$	$lɐʔ^{23}$	$dzɛ^{23}$	$sɛ^{53}$	$kɛ^{45}$	$ɛ^{24}$
37 定海	ki^{45}	（无）	$t^hɐʔ^5$	$lɐʔ^2$	$dzɛ^{23}$	$sɛ^{52}$	$kɛ^{45}$	$ɛ^{23}$
38 岱山	ki^{325}	（无）	$t^hɐʔ^5$	$lɐʔ^2$	$dzɛ^{23}$	$sɛ^{52}$	$kɛ^{325}$	$ɛ^{23}$
39 嵊泗	ki^{445}	（无）	$t^hɐʔ^5$	$lɐʔ^2$	$dzɛ^{334}$	$sɛ^{53}$	$kɛ^{445}$	$ɛ^{243}$
40 临海	$kø^{52}$	$hɛ^{52}$	$t^hɛʔ^5$	$lɛʔ^{23}$	$dzɛ^{21}$	$sɛ^{31}$	$kɛ^{52}$	$ɛ^{21}$
41 椒江	$kiɛ^{42}$	$hɛ^{42}$	$t^hɛʔ^5$	$lɛʔ^2$	$dzɛ^{31}$	$sɛ^{42}$	$kiɛ^{42}$	$ɛ^{31}$
42 黄岩	$kiɛ^{42}$	$hɛ^{42}$	$t^həʔ^5$	$ləʔ^2$	$dzɛ^{121}$	$sɛ^{32}$	$kiɛ^{42}$	$ɛ^{121}$
43 温岭	$kiɛ^{42}$	$hɛ^{42}$	$t^həʔ^5$	$ləʔ^2$	$dzɛ^{31}$	$sɛ^{33}$	$kiɛ^{42}$	$ɛ^{31}$
44 仙居	cie^{324}	ha^{55}	$t^haʔ^5$	$laʔ^{23}$	dza^{213}	sa^{334}	ka^{324}	a^{213}
45 天台	ke^{325}	he^{325}	$t^he ʔ^5$	$leʔ^2$	dze^{35}	se^{33}	ke^{325}	e^{224}
46 三门	$kɛ^{325}$	$hɛ^{325}$	$t^hɐʔ^5$	$lɐʔ^{23}$	$dzɛ^{213}$	$sɛ^{334}$	$kɛ^{325}$	$ɛ^{113}$
47 玉环	$kiɛ^{53}$	$hɛ^{53}$	$t^hɐʔ^5$	$lɐʔ^2$	dze^{41}	$sɛ^{42}$	$kiɛ^{53}$	$ɛ^{31}$
48 金华	$kɣ^{535}$	（无）	$t^huɑ^{55}$	$luɑ^{14}$	$sɑ^{535}$	$sɑ^{334}$	$kɑ^{535}$白 $tɕiɛ̃^{535}$文	$ɑ^{313}$

续表

方言点	0393 敢	0394 喊	0395 塔	0396 蜡	0397 赚	0398 杉～木	0399 减	0400 咸～淡
	咸开一 上谈见	咸开一 上谈晓	咸开一 入盍透	咸开一 入盍来	咸开二 去咸澄	咸开二 平咸生	咸开二 上咸见	咸开二 平咸匣
49 汤溪	$kɤ^{535}$	（无）	$tʰuɑ^{55}$	$luɑ^{113}$	$zuɑ^{113}$	$suɑ^{24}$	$kuɑ^{535}$白 $tɕie^{535}$文	$uɑ^{11}$
50 兰溪	$kɤ^{55}$	（无）	$tʰuɑʔ^{12}$	$ləʔ^{12}$ $luɑ^{55}$	$suɑ^{55}$	$suɑ^{334}$	$tɕiɛ̃^{45}$	$uɑ^{21}$
51 浦江	$kɑ̃^{53}$	（无）	$tʰuɑ^{423}$	$luɑ^{232}$	$dzɑ̃^{243}$	$sɑ̃^{534}$	$kɑ̃^{53}$	$ɑ̃^{113}$
52 义乌	$kɯ^{423}$白 kan^{423}文	$hɯ^{423}$白 han^{423}文	$tʰɔ^{324}$	$lɔ^{312}$	$zɔ^{312}$	$sɔ^{335}$	$tɕiɛ^{423}$白 $tɕian^{423}$文	$ɔ^{213}$
53 东阳	$kɯ^{44}$	（无）	$tʰɔ^{334}$	$lɔ^{213}$	$zɔ^{24}$	$sɔ^{334}$	$tɕi^{44}$	i^{213}
54 永康	$kɤ^{334}$	（无）	$tʰuɑ^{334}$	$luɑ^{113}$	$dzɑ^{113}$	sa^{55}	ka^{334}	a^{22}
55 武义	$kɤ^{445}$	（无）	$tʰuɑ^{53}$	$luɑ^{13}$	$dzuo^{13}$	suo^{24}	kuo^{445}	$ŋuo^{324}$
56 磐安	$kɯ^{334}$	$xɒ^{52}$调殊	$tʰuə^{334}$	$luə^{213}$	$tsɒ^{334}$	$sɒ^{445}$	$kɒ^{334}$老 $tɕie^{334}$新	ie^{213}
57 缙云	$kɛ^{51}$	$xɑ^{453}$	$tʰɑ^{322}$	$lɑ^{13}$	$dzɑ^{31}$	sa^{44}	$kɑ^{51}$	$ɑ^{243}$
58 衢州	$kɔ̃^{35}$	$xɑ̃^{35}$	$tʰaʔ^{5}$	$laʔ^{12}$	$dzɑ̃^{231}$	$sɑ̃^{32}$	$kɑ̃^{35}$	$ɑ̃^{21}$
59 衢江	$kɛ^{25}$	$xɑ̃^{53}$调殊	$tʰaʔ^{5}$	$laʔ^{2}$	$dzɑ̃^{212}$调殊	$sɑ̃^{33}$	$kɑ̃^{25}$白 $tɕie^{25}$文	$ɑ̃^{212}$
60 龙游	kie^{35}	$xɑ̃^{35}$	$tʰɔʔ^{4}$	$lɔʔ^{23}$	$zɑ̃^{224}$调殊	$sɑ̃^{334}$	$kɑ̃^{35}$白 $tɕie^{35}$文	$ɑ̃^{21}$
61 江山	$kɒŋ^{241}$	$xaŋ^{51}$	$tʰaʔ^{5}$	$laʔ^{2}$	$dzaŋ^{22}$ 调殊	$saŋ^{44}$	$kiaŋ^{241}$	$aŋ^{213}$
62 常山	$kuɔ̃^{52}$～胆 $kɑ̃^{52}$勇～	$xɑ̃^{52}$	$tʰaʔ^{5}$	$laʔ^{34}$	$dzɑ̃^{24}$调殊	$sɑ̃^{44}$	$kɑ̃^{52}$白 $tɕiɛ̃^{52}$文	$ɑ̃^{341}$
63 开化	$kɑ̃^{53}$	$xɑ̃^{53}$	$tʰaʔ^{5}$	$laʔ^{13}$	$dzɑ̃^{213}$	$sɑ̃^{53}$～树 $kɑ̃^{53}$～饭	$tɕiɛ^{53}$加～	$ɑ̃^{231}$
64 丽水	$kɛ^{544}$	$xɑ̃^{52}$调殊	$tʰɔʔ^{5}$	$lɔʔ^{23}$	$dzɑ̃^{22}$白 $dzʯɛ^{22}$文	$sɑ̃^{224}$	$kɑ̃^{544}$	$ɑ̃^{22}$
65 青田	kie^{454}	$xɑ^{33}$	$tʰaʔ^{42}$	$laʔ^{31}$	$dziaŋ^{343}$	sa^{445}	$kɑ^{454}$	$ɑ^{21}$
66 云和	$kɛ^{41}$	$xɑ̃^{45}$调殊	$tʰɔʔ^{5}$	$lɔʔ^{23}$	$dzɑ̃^{231}$调殊	$sɑ̃^{24}$	$kɑ̃^{41}$	$ɑ̃^{312}$
67 松阳	$kæ^{212}$	$xɔ̃^{24}$调殊	$tʰɔʔ^{5}$	$lɔʔ^{2}$	$dzɔ̃^{22}$	$sɔ̃^{53}$	$kɔ̃^{212}$	$ɔ̃^{31}$

方言点	0393 敢	0394 喊	0395 塔	0396 蜡	0397 赚	0398 杉 ～木	0399 减	0400 咸 ～淡
	咸开一 上谈见	咸开一 上谈晓	咸开一 入盍透	咸开一 入盍来	咸开二 去咸澄	咸开二 平咸生	咸开二 上咸见	咸开二 平咸匣
68 宣平	kə⁴⁴⁵	xɑ̃⁵²调殊	tʰɑʔ⁵	lɑʔ²³	dzɑ̃²²³调殊	sɑ̃³²⁴	kɑ̃⁴⁴⁵	ɑ̃⁴³³
69 遂昌	kɛ̃⁵³³	（无）	tʰaʔ⁵	laʔ²³	dzaŋ¹³	saŋ⁴⁵	kaŋ⁵³³	aŋ²²¹
70 龙泉	kɯə⁵¹	xaŋ⁴⁵调殊	tʰoʔ⁵	loʔ²⁴	tɕyo⁵¹	saŋ⁴³⁴	kaŋ⁵¹	aŋ²¹
71 景宁	kœ³³	xɔ³⁵调殊	tʰɔʔ⁵	lɔʔ²³	dzɔ³³调殊	sɔ³²⁴	kɔ³³	ɔ⁴¹
72 庆元	kæ̃³³	xɑ̃¹¹调殊	tʰɑʔ⁵	lɑʔ³⁴	tɕyɛ̃²²¹	sɑ̃³³⁵	kɑ̃³³	xɑ̃⁵²
73 泰顺	kɛ⁵⁵	xã³⁵	tʰɔʔ⁵	lɔʔ²	tɕyɛ²¹	sã²¹³	kã⁵⁵	ã⁵³
74 温州	kø²⁵	ha²⁵	tʰa³²³	la²¹²	dza²²	sa³³	ka²⁵	a³¹
75 永嘉	ky⁴⁵	ha⁴²³调殊	tʰa⁴²³	la²¹³	dza²²	sa⁴⁴	ka⁴⁵	a³¹
76 乐清	ke³⁵	hᴇ³⁵	tʰa³²³	la²¹²	dziɛ²²	sᴇ⁴⁴	kᴇ³⁵	ᴇ³¹
77 瑞安	ke³⁵	hɔ³⁵	tʰa³²³	lɔ²¹²	dzɔ²²	sɔ⁴⁴	kɔ³⁵	ɔ³¹
78 平阳	kø⁴⁵	xɔ⁴⁵	tʰɔ³⁴	lɔ¹²	（无）	sɔ⁵⁵	kɔ⁴⁵	ɔ²⁴²
79 文成	ke⁴⁵白 kuø⁴⁵文	xɔ⁴⁵	tʰɔ³⁴	lɔ²¹²	tʃaŋ³³文	sɔ⁵⁵	kɔ⁴⁵	ɔ¹¹³
80 苍南	kyɛ⁵³	ha⁵³	tʰa²²³	la¹¹²	dza²⁴	sa⁴⁴	ka⁵³	a³¹
81 建德徽	kɛ²¹³	（无）	tʰo⁵⁵	lo²¹³	（无）	sɛ⁵³	kɛ²¹³白 tɕie²¹³文	hɛ³³
82 寿昌徽	kiɛ²⁴	（无）	tʰuə⁵⁵	luə²⁴	tɕʰyə⁵³⁴	ɕyə¹¹²	tɕiɛ̃²⁴文	xuə⁵²
83 淳安徽	kɑ̃⁵⁵	（无）	tʰɑʔ⁵	lɑʔ¹³	（无）	sɑ̃²⁴	kɑ̃⁵⁵白 tɕia⁵⁵文	hɑ̃⁴³⁵
84 遂安徽	kɑ̃²¹³	xɑ̃²¹³	tʰɑ²⁴	la²¹³	tsʰɑ̃⁵²	sɑ̃⁵³⁴	kɑ̃²¹³白 tɕiɛ̃²¹³文	xɑ̃³³
85 苍南闽	kan⁴³	（无）	tʰa⁴³	la²⁴	tʰan²¹	san⁵⁵	kian⁴³	hian²⁴
86 泰顺闽	kæŋ³⁴⁴	xæŋ⁵³调殊	tʰɛʔ⁵	lɛʔ³	tsuæŋ⁵³	sæŋ²¹³	kɛ³⁴⁴	kɛ²²
87 洞头闽	kɑ̃⁵³	（无）	tʰa⁵³	la²⁴¹	tʰan²¹	san³³	kian⁵³	kian¹¹³
88 景宁畲	kɔn³²⁵	（无）	tʰɔʔ⁵	lɔt²	tɕyon⁵¹	sɔn⁴⁴	kan³²⁵	xan²²

方言点	0401 插	0402 闸	0403 夹~子	0404 衫	0405 监	0406 岩	0407 甲	0408 鸭
	咸开二入洽初	咸开二入洽崇	咸开二入洽见	咸开二平衔生	咸开二平衔见	咸开二平衔疑	咸开二入狎见	咸开二入狎影
01 杭州	tsʰaʔ⁵	dzaʔ²	gaʔ²	sɛ³³⁴	tɕiɛ³³⁴	iɛ²¹³	tɕiɛʔ⁵	iɛʔ⁵
02 嘉兴	tsʰʌʔ⁵	zʌʔ¹³	kʌʔ⁵	sɛ⁴²	kɛ⁴²	ŋɛ²⁴²	tɕiʌʔ⁵	ʌʔ⁵
03 嘉善	tsʰaʔ⁵	zaʔ²	kɜʔ⁵	sɛ³³⁴	kɛ⁵³	ŋø¹³²白 ŋɛ¹³²文	tɕiaʔ⁵	ɜʔ⁵
04 平湖	tsʰaʔ²³	zaʔ²³	kaʔ⁵	sɛ⁵³	kɛ⁵³	ŋø³¹	tɕiaʔ⁵	aʔ⁵
05 海盐	tsʰaʔ²³	zaʔ²³	kaʔ⁵	sɛ⁵³	kɛ⁵³	nˑiɛ³¹	tɕiaʔ⁵	aʔ⁵
06 海宁	tsaʔ⁵	zaʔ²	kaʔ⁵	sɛ⁵⁵	kɛ⁵⁵	ɛ¹³	tɕiaʔ⁵	aʔ⁵
07 桐乡	tsʰaʔ⁵	zaʔ²³	gaʔ²³	sɛ⁴⁴	kɛ⁴⁴	ɛ¹³	tɕiaʔ⁵	aʔ⁵
08 崇德	tsʰaʔ⁵	zaʔ²³	gaʔ²³	sɛ⁴⁴	kɛ⁴⁴	ɛ¹³	tɕiaʔ⁵	aʔ⁵
09 湖州	tsʰaʔ⁵	zaʔ²	gaʔ²	sɛ⁴⁴	kɛ⁴⁴	ŋɛ²⁴	tɕiaʔ⁵	aʔ²音殊
10 德清	tsʰaʔ⁵	zaʔ²	gəʔ²	sɛ⁴⁴	kɛ⁴⁴	ŋɛ¹¹³	tɕiaʔ⁵	aʔ⁵
11 武康	tsʰɜʔ⁵	zɜʔ⁵	gɜʔ²	sɛ²²⁴调殊	kɛ⁴⁴白 tɕii⁴⁴文	ŋɛ¹¹³	tɕiɜʔ⁵	ɜʔ⁵
12 安吉	tsʰɐʔ⁵	zɐʔ²³	kɐʔ⁵	sɛ³²⁴	kɛ⁵⁵	ŋɛ²¹³	tɕiɛʔ⁵	ɐʔ⁵
13 孝丰	tsʰaʔ⁵	zaʔ²³	kaʔ⁵	sɛ⁴⁴	kɛ⁴⁴	ŋɛ²²	kaʔ⁵ ~午 tɕiaʔ⁵ ~方	aʔ⁵
14 长兴	tsʰaʔ⁵	zəʔ²	kaʔ⁵	sɛ⁴⁴	kɛ⁴⁴	ŋɛ¹²	tʃiaʔ⁵	aʔ²
15 余杭	tsʰaʔ⁵	zəʔ²	gəʔ²	sɛ̃⁴⁴	kɛ̃⁴⁴	ŋɛ̃²¹³	tɕiaʔ⁵	aʔ⁵
16 临安	tsʰɐʔ⁵⁴	zɐʔ¹²	kɐʔ⁵⁴	sɛ⁵⁵	tɕie⁵⁵	ŋɛ³³	tɕiɐʔ⁵⁴	ɐʔ⁵⁴
17 昌化	tsʰaʔ⁵	zaʔ²³	gaʔ²³	sɔ̃³³⁴	tɕiĩ³³⁴	ŋɔ̃¹¹²	kaʔ⁵ 指~ tɕiaʔ⁵ ~乙	aʔ⁵
18 於潜	tsʰaʔ⁵³	zɑʔ²³	gɑʔ²³	sɛ⁴³³	tɕie⁴³³	ŋɛ²²³	kəʔ⁵³白 tɕieʔ⁵³文	ŋɐʔ⁵³
19 萧山	tɕʰyoʔ⁵ 白 tsʰaʔ⁵ 文	zaʔ¹³	gaʔ¹³	sɛ⁵³³	kɛ⁵³³白 tɕie⁵³³文	ŋɛ³⁵⁵	tɕiaʔ⁵	aʔ⁵
20 富阳	tsʰaʔ⁵	zaʔ²	gaʔ²	sã⁵³	kã̃⁵³白 tɕiɛ̃⁵³文	ã̃¹³	kaʔ⁵ 盉~ tɕiaʔ⁵ ~乙	aʔ⁵
21 新登	tsʰaʔ⁵	dzaʔ²	gaʔ²	sɛ⁵³	kɛ⁵³白 tɕiɛ̃⁵³文	ɛ²³³	tɕiaʔ⁵	aʔ⁵

方言点	0401 插	0402 闸	0403 夹 ~子	0404 衫	0405 监	0406 岩	0407 甲	0408 鸭
	咸开二入洽初	咸开二入洽崇	咸开二入洽见	咸开二平衔生	咸开二平衔见	咸开二平衔疑	咸开二入狎见	咸开二入狎影
22 桐庐	tsʰaʔ^5	zaʔ^{13}	gaʔ^{13}	sã^{533}	tɕie^{533}	ŋã^{13}	tɕia^5	aʔ^5
23 分水	tsʰaʔ^5	dzaʔ^{12}	tɕia^5	sã^{44}	tɕiɛ̃^{44}	iɛ^{22}	tɕiəʔ^5	aʔ^5
24 绍兴	tsʰɛʔ^5	zɛʔ^2	gɛʔ^2	sɛ̃^{33}	kɛ̃^{334}	ŋɛ̃^{231}	tɕia^5	ɛʔ^5
25 上虞	tsʰɐʔ^5	zɐʔ^2	gɐʔ^2	sɛ̃^{35}	kɛ̃^{35}	n̠ie^{213}	kɐʔ^5 地名 ka ʔ^5 ~鱼	ɐʔ^5
26 嵊州	tsʰɛʔ^5	zɛʔ^2	gɛʔ^2	sɛ̃^{534}	kɛ̃^{334}	ŋɛ̃^{213}	kɛʔ^5	ɛʔ^5
27 新昌	tsʰɛʔ^5	zɛʔ^2	kɛʔ^5	sɛ̃^{534}	kɛ̃^{534}	ŋɛ̃^{22}	kɛʔ^5	ɛʔ^5
28 诸暨	tsʰaʔ^5	zaʔ^{13}	gaʔ^{13}	se^{544}	ke^{544}	nie^{13}	kaʔ^5	aʔ^5
29 慈溪	tsʰaʔ^5	zaʔ^2	kaʔ^5	sɛ̃^{35}	kɛ̃^{35}	n̠ie^{13}	kaʔ^5 白 tɕia^5 文	aʔ^5
30 余姚	tsʰaʔ^5	zaʔ^2	kaʔ^5	sã^{44}	kã^{44}	n̠ie^{13}	kaʔ^5 白 tɕia^5 文	aʔ^5
31 宁波	tsʰaʔ^5	zaʔ^2	kaʔ^5 又 gaʔ^2 又	sɛ^{53}	kɛ^{53}	ŋe^{13}	kaʔ^5 白 tɕiəʔ^5 文	aʔ^5
32 镇海	tsʰaʔ^5	zaʔ^{12}	gaʔ^{12} ~钳 kaʔ^5 皮~	sɛ^{53}	kɛ^{53}	ŋe^{24}	tɕie^5	aʔ^5
33 奉化	tsʰaʔ^5	zaʔ^2	gaʔ^5	se^{44}	kɛ^{44}	ŋe^{33}	kaʔ^5 白 tɕia^5 文	aʔ^5
34 宁海	tsʰaʔ^5	zaʔ^3	keʔ^5	se^{423}	ke^{423}	n̠ie^{213}	keʔ^5	aʔ^5
35 象山	tsʰaʔ^5	zaʔ^2	kaʔ^5	se^{44}	kɛ^{44}	ŋe^{31}	tɕie^5	aʔ^5
36 普陀	tsʰɐʔ^5	zɐʔ^{23}	kɐʔ^5	sɛ^{53}	kɛ^{53}	ŋe^{24}	kɐʔ^5 白 tɕiɛ^5 文	ɛ^{45} 小
37 定海	tsʰɐʔ^5 ~秧 tsʰa^{52} ~好	zɐʔ^5	kɐʔ^5	sɛ^{52}	kɛ^{52}	ŋe^{23}	kɐʔ^5 白 tɕie^5 文	ɛ^{45} 小
38 岱山	tsʰa^{52} ~花 tsʰɐʔ^5 ~香	zɐʔ^5	kɐʔ^5	sɛ^{52}	kɛ^{52}	ŋe^{23}	kɐʔ^5 白 tɕie^5 文	ɛ^{325} 小
39 嵊泗	tsʰɐʔ^5	zɐʔ^2	kɐʔ^5	sɛ^{53}	kɛ^{53}	ŋe^{243}	kɐʔ^5 白 tɕiɛ^5 文	ɛ^{445} 小
40 临海	tsʰɛʔ^5	zɛʔ^{23}	kɛʔ^5	sɛ^{31}	kɛ^{31} ~狱 kɛ^{55} 太~	ŋe^{21}	kɛʔ^5	ɛ^{353} 小

续表

方言点	0401 插	0402 闸	0403 夹 ~子	0404 衫	0405 监	0406 岩	0407 甲	0408 鸭
	咸开二入洽初	咸开二入洽崇	咸开二入洽见	咸开二平衔生	咸开二平衔见	咸开二平衔疑	咸开二入狎见	咸开二入狎影
41 椒江	tsʰɛʔ⁵	zaʔ²	kiɛ⁵¹小	sɛ⁴²	kiɛ⁴²~狱 kiɛ⁵⁵太~	ȵiɛ³¹	kiəʔ⁵	ɛ⁵¹小
42 黄岩	tsʰəʔ⁵	zəʔ²	kiɛ⁵³小	sɛ³²	kiɛ³²	ȵiɛ¹²¹	kiɛʔ⁵	ɛ⁵³小
43 温岭	tsʰəʔ⁵	zəʔ²	kiɛ⁵¹小	sɛ³³	kiɛ³³~狱 kiɛ⁵⁵太~	ȵiɛ³¹	kiəʔ⁵	ɛ⁵¹小
44 仙居	tsʰɑʔ⁵	zaʔ²³	kɑʔ⁵	sa³³⁴	ka³³⁴	ŋa²¹³	kaʔ⁵	ɑʔ⁵
45 天台	tsʰeʔ⁵	zeʔ²	keʔ⁵	se⁵¹小	ke³³	ŋe²²⁴~头	keʔ⁵	eʔ⁵
46 三门	tsʰɐʔ⁵	zɐʔ²³	kɐʔ⁵	sɐ³³⁴	kɐ³³⁴	ŋɐ¹¹³	kɐʔ⁵	ɛ⁵²
47 玉环	tsʰɐʔ⁵	zɐʔ²	kiɛ⁵³小	sɛ⁴²	kiɛ⁴²	ȵiɛ³¹	kɐʔ⁵	ɛ⁵³小
48 金华	tsʰuɑ⁵⁵	zuɑ¹⁴白 zəʔ²¹²文	dziɑ¹⁴ 声殊	sɑ³³⁴	kɑ³³⁴白 tɕiɛ̃³³⁴文	ɑ³¹³白 ie³¹³文 iɛ̃³¹³文	kuɑ⁵⁵白 tɕiəʔ⁴文	uɑ⁵⁵
49 汤溪	tsʰuɑ⁵⁵	zuɑ¹¹³	guɑ¹¹³	suɑ²⁴	tɕie²⁴	uɑ¹¹	kuɑ⁵⁵	uɑ⁵⁵
50 兰溪	tsʰuɑʔ³⁴	zuɑʔ¹²	guɑʔ¹²	suɑ³³⁴	kuɑ³³⁴	uɑ²¹	kuɑʔ³⁴白 tɕiɑ³⁴文	uɑʔ³⁴
51 浦江	tɕʰyɑ⁴²³	zyɑ²³²	tɕiɑ⁴²³	sɑ̃⁵³⁴	kɑ̃⁵³⁴	ŋɑ̃¹¹³	tɕiɑ⁴²³	iɑ⁴²³
52 义乌	tsʰua³²⁴	zua³¹²	dʑian³¹²小	sɔ³³⁵	kɔ³³⁵白 tɕian⁴²³文	ɔ²¹³	kɔ³²⁴	ɔ³²⁴~子
53 东阳	tsʰo³³⁴	zo²¹³	dʑiɛn²⁴小	sɔ³³⁴	tɕiɐn⁴⁵³	ŋɔ²¹³	kɔ³³⁴	ɔn⁴⁵³小
54 永康	tsʰuɑ³³⁴	zuɑ¹¹³	tɕiɑ⁵²小	za²⁴¹调殊	ka⁵⁵	ŋa²²	kuɑ³³⁴	uɑ⁵²小
55 武义	tsʰuɑ⁵³	zuɑ¹³	tɕiɑ⁵³	suo²⁴	kuo⁴⁴⁵	ŋuɑ³²⁴	kuɑ⁵³	uɑ⁵³
56 磐安	tsʰuə³³⁴	zuə²¹³	dʑian¹⁴小	sɒ⁴⁴⁵	tɕien⁴⁴⁵	ŋuə²¹³	kuə³³⁴	uən⁵²小
57 缙云	tsʰɑ³²²	zɑ¹³	tɕiɑ⁴⁵³~子 kɑ⁴⁵³皮~	sa⁴⁴	ka⁴⁴	ŋa²⁴³	kɑ³²²	ɑ⁴⁵小
58 衢州	tsʰaʔ⁵	zaʔ¹²	gaʔ¹²	sã³²	kã³²白 tɕiẽ³²文	ŋã²¹	kaʔ⁵白 tɕiaʔ⁵文	aʔ⁵
59 衢江	tsʰaʔ⁵	zaʔ²	gaʔ²	sã³³	kã³³白 tɕiẽ³³文	ŋã²¹²	kaʔ⁵	aʔ⁵
60 龙游	tsʰɔʔ⁴	zɔʔ²³	gɔʔ²³	sã³³⁴	kã³³⁴白 tɕiẽ³³⁴文	ŋã²¹	kɔʔ⁴	uɔʔ⁴

续表

方言点	0401 插	0402 闸	0403 夹 ~子	0404 衫	0405 监	0406 岩	0407 甲	0408 鸭
	咸开二 入洽初	咸开二 入洽崇	咸开二 入洽见	咸开二 平衔生	咸开二 平衔见	咸开二 平衔疑	咸开二 入狎见	咸开二 入狎影
61 江山	tsʰaʔ⁵	zaʔ²	gaʔ² 声殊	saŋ⁴⁴	kaŋ⁵¹ 太~ kiaŋ⁴⁴ ~督	ŋaŋ²¹³	kaʔ⁵	aʔ⁵
62 常山	tsʰaʔ⁵	zaʔ³⁴	gaʔ³⁴	sã⁴⁴	kã⁵² 太~ tɕiɛ̃⁴⁴ ~狱	ŋã³⁴¹	kaʔ⁵ 马~ tɕiaʔ⁵ ~鱼	aʔ⁵
63 开化	tsʰaʔ⁵	zaʔ¹³	kaʔ⁵	sã⁴⁴	kã⁵³ ~牢 tɕiɛ̃⁴⁴ ~督	ŋã²³¹	kaʔ⁵ 指~ tɕiaʔ⁵ ~乙	aʔ⁵
64 丽水	tsʰuɔʔ⁵	zɔʔ²³	kuɔʔ⁵	sã²²⁴	kã²²⁴ 白 tɕiɛ²²⁴ 文	ŋã²²	kuɔʔ⁵	uɔʔ⁵
65 青田	tsʰaʔ⁴²	zaʔ³¹	kaʔ⁴²	sa⁴⁴⁵	ka⁴⁴⁵	ŋa²¹	kaʔ⁴²	aʔ⁴²
66 云和	tsʰɔʔ⁵	zɔʔ²³	kɔʔ⁵	sã²⁴	kã²⁴	ŋã³¹²	kɔʔ⁵	ɔʔ⁵
67 松阳	tsʰɔʔ⁵	zɔʔ²	kɔʔ⁵	sɔ̃⁵³	kɔ̃⁵³	ŋɔ̃³¹	kɔʔ⁵	ɔʔ⁵
68 宣平	tsʰaʔ⁵	zaʔ²³	kaʔ⁵	sã³²⁴	kã³²⁴	ŋã⁴³³ 白 ã⁴³³ 文	kaʔ⁵	aʔ⁵
69 遂昌	tsʰaʔ⁵	zaʔ²³	kaʔ⁵	saŋ⁴⁵	kaŋ⁴⁵	ŋaŋ²²¹	kaʔ⁵	aʔ⁵
70 龙泉	tsʰoʔ⁵	zoʔ²⁴	koʔ⁵	saŋ⁴³⁴	kaŋ⁴⁵ 调殊	ŋaŋ²¹	koʔ⁵	oʔ⁵
71 景宁	tsʰɔʔ⁵	zɔʔ²³	kɔʔ⁵	sɔ³²⁴	kɔ³³	ŋɔ⁴¹	kɔʔ⁵	ɔʔ⁵
72 庆元	tsʰaʔ⁵	saʔ³⁴	kaʔ³⁴	sã³³⁵	kã¹¹	ŋã⁵²	kaʔ⁵	aʔ⁵
73 泰顺	tsʰɔʔ⁵	sɔʔ²	kɔʔ⁵	sã²¹³	kã²¹³	ŋã⁵³	kɔʔ⁵	ɔʔ⁵
74 温州	tsʰa³²³	za²¹²	ka³²³	sa³³	ka³³	ŋa³¹	ka³²³	a³²³
75 永嘉	tsʰa⁴²³	za²¹³	ka⁴²³	sa⁴⁴	ka⁵³ 调殊	ŋa³¹	ka⁴²³	a⁴²³
76 乐清	tɕʰia³²³	za²¹²	ka³²³	sE⁴⁴	kE⁴⁴	ŋE³¹	ka³²³	a³²³
77 瑞安	tsʰɔ³²³	zɔ²¹²	kɔ³²³	sɔ⁴⁴	kɔ⁴⁴ 牢~ kɔ⁵³ 太~	ŋɔ³¹	kɔ³²³	ɔ³²³
78 平阳	tʃʰɔ³⁴	zɔ¹²	gɔ¹²	sɔ⁵⁵	kɔ⁵⁵	ŋɔ²⁴²	kɔ³⁴	ɔ³⁴
79 文成	tʃʰɔ³⁴	zɔ²¹²	gɔ²¹²	sɔ⁵⁵	kɔ⁵⁵	ŋɔ¹¹³	kɔ³⁴	ɔ³⁴
80 苍南	tsʰa²²³	za¹¹²	ka²²³	sa⁴⁴	ka⁴⁴ 牢~ ka⁴² 太~	ŋa³¹	ka²²³	a²²³
81 建德徽	tsʰo⁵⁵	so²¹³	kɐʔ¹²	sɛ⁵³	kɛ⁵³ 白 tɕiɛ̃³³ 文	ŋɛ̃³³	tɕiɐʔ⁵	o⁵⁵

续表

方言点	0401 插	0402 闸	0403 夹 ~子	0404 衫	0405 监	0406 岩	0407 甲	0408 鸭
	咸开二入洽初	咸开二入洽崇	咸开二入洽见	咸开二平衔生	咸开二平衔见	咸开二平衔疑	咸开二入狎见	咸开二入狎影
82 寿昌_徽	tɕʰyə⁵⁵	tsəʔ³¹	kʰuə²⁴	ɕyə¹¹²~袖 sæ³³衬~	tɕiɛ¹¹²文	ŋuə⁵²	kuə⁵⁵指~ tɕiəʔ³~乙	uə⁵⁵
83 淳安_徽	tsʰɑʔ⁵	sɑʔ¹³	kɑʔ⁵动 kʰɑʔ¹³名	sɑ̃⁵⁵衬~	tɕiɑ²⁴	ɑ̃⁴³⁵	ko⁵⁵白 kɑʔ⁵文	ɑʔ⁵
84 遂安_徽	tsʰɑ²⁴	sɑ²¹³	kɑ²⁴	sɑ̃⁵³⁴	tɕiɛ⁵³⁴	iɛ̃³³	kɑ²⁴	ɑ²⁴
85 苍南_闽	tsʰa⁴³	tsa²⁴	（无）	sã⁵⁵	kã⁵⁵	gan²⁴	ka⁴³	a⁴³
86 泰顺_闽	tsʰɛʔ⁵	tsɛʔ³	kiɛʔ⁵	sæŋ²¹³	kæŋ²¹³	ŋæŋ²²	kɛʔ⁵	ɛʔ⁵
87 洞头_闽	tsʰa⁵³	tsa²⁴¹	ka⁵³又 kʰue²⁴¹又	sã³³	kã³³~狱 kan²¹~管	gan¹¹³	ka⁵³	a⁵³
88 景宁_畲	tsʰat⁵	tsət²	kat⁵	san⁴⁴	kan⁴⁴	（无）	kat⁵	ɔt⁵

方言点	0409 黏 ~液	0410 尖	0411 签 ~名	0412 占 ~领	0413 染	0414 钳	0415 验	0416 险
	咸开三 平盐泥	咸开三 平盐精	咸开三 平盐清	咸开三 去盐章	咸开三 上盐日	咸开三 平盐群	咸开三 去盐疑	咸开三 上盐晓
01 杭州	ȵie²¹³	tɕie³³⁴	tɕʰie³³⁴	tsuo⁴⁵	ȵyo⁵³	dʑie²¹³	ȵie¹³	ɕie⁵³
02 嘉兴	ȵie⁴²	tɕie⁴²	tɕʰie⁴²	tsə²²⁴文	ȵie¹¹³	dʑie²⁴²	ȵie¹¹³	ɕie⁵⁴⁴
03 嘉善	ȵiɪ⁵³	tɕiɪ⁵³	tɕʰiɪ⁵³	tsø⁵³	ȵiɪ¹¹³白 zø¹¹³文	dʑiɪ¹³²	ȵiɪ¹¹³	ɕiɪ³³⁴
04 平湖	ȵiɛ⁵³	tsiɛ⁵³	tsʰiɛ⁵³	tsø⁵³	ȵiɛ²¹³白 zø²¹³文	dʑiɛ³¹	ȵiɛ²¹³	ɕiɛ³³⁴
05 海盐	ȵiɛ⁵³	tɕiɛ⁵³	tɕʰiɛ⁵³	tsɤ⁵³	ȵiɛ⁴²³	dʑiɛ³¹	ȵiɛ²¹³	ɕiɛ⁴²³
06 海宁	ȵie⁵⁵	tɕie⁵⁵	tɕʰie⁵⁵	tsei³⁵	ȵie²³¹	dʑie¹³	ȵie¹³	ɕie⁵³
07 桐乡	ȵiᴇ⁴⁴	tsiᴇ⁴⁴	tsʰiᴇ⁴⁴	tsᴇ³³⁴	ȵiᴇ²⁴²	dʑiᴇ¹³	ȵiᴇ²¹³	ɕiᴇ⁵³
08 崇德	ȵiɪ⁴⁴	tɕiɪ⁴⁴	tɕʰiɪ⁴⁴	tsᴇ³³⁴	ȵiɪ⁵³	dʑiɪ¹³	ȵiɪ¹³	ɕiɪ⁵³
09 湖州	ȵie⁴⁴调殊	tɕie⁴⁴	tɕʰie⁴⁴	tsɛ³⁵	ȵie⁵²³	dʑie¹¹²	ȵie³⁵	ɕie⁵²³
10 德清	ȵie⁴⁴	tɕie⁴⁴	tɕʰie⁴⁴	tsøɯ³³⁴	ȵie⁵²	dʑie¹¹³	ȵie³³⁴	ɕie⁵²
11 武康	ȵiɪ⁴⁴	tɕiɪ⁴⁴	tɕʰiɪ⁴⁴	tsø²²⁴	ȵiɪ²⁴²	dʑiɪ¹¹³	ȵiɪ²²⁴	ɕiɪ⁵³
12 安吉	ȵi⁵⁵	tɕi⁵⁵	tɕʰi⁵⁵	tsᴇ³²⁴	ȵi⁵²	dʑi²²	ȵi²¹³	ɕi⁵²
13 孝丰	ȵiɪ⁴⁴	tɕiɪ⁴⁴	tɕʰiɪ⁴⁴	tsɛ³²⁴	ȵiɪ⁵²	dʑiɪ²²	ȵiɪ³²⁴	ɕiɪ⁵²
14 长兴	ȵi⁴⁴	tʃi⁴⁴	tʃʰi⁴⁴	tsɯ³²⁴	ȵi⁵²	dʒi¹²	ȵi³²⁴	ʃi⁵²
15 余杭	ȵiẽ⁴⁴	tsiẽ⁴⁴	tɕʰiẽ⁴⁴	tsuõ⁴²³	ȵiẽ⁵³	dʑiẽ²²	ȵiẽ²¹³	ɕiẽ⁵³
16 临安	ȵie³³	tɕie⁵⁵	tɕʰie⁵⁵	tsə⁵⁵	ȵie³³	dʑie³³	ȵie³³	ɕie⁵⁵
17 昌化	ȵiɪ̃³³⁴	tɕiɪ̃³³⁴	tɕʰiɪ̃³³⁴	tɕyɪ̃⁵⁴⁴	ȵiɪ̃²⁴³	ziɪ̃¹¹²	iɪ̃⁵⁴⁴	ɕiɪ̃⁴⁵³
18 於潜	ȵie⁴³³	tɕie⁴³³	tɕʰie⁴³³	tsuɛ³⁵	ȵie⁵¹	dʑie²²³	ȵie²⁴	ɕie⁵¹
19 萧山	ȵie⁵³³	tɕie⁵³³	tɕʰie⁵³³	tsə⁴²	zə¹³	dʑie³⁵⁵	ȵie²⁴²	ɕie³³
20 富阳	ȵiɛ̃⁵³	tɕiɛ̃⁵³	tɕʰiɛ̃⁵³	tɕyɛ̃⁵³	ȵiɛ̃²²⁴	dʑiɛ̃¹³	ȵiɛ̃³³⁵	ɕiɛ̃⁴²³
21 新登	ȵiɛ̃⁵³	tɕiɛ̃⁵³	tɕʰiɛ̃⁵³	tsɛ̃⁴⁵	ȵiɛ̃³³⁴	dʑiɛ̃²³³	ȵiɛ̃¹³	ɕiɛ̃³³⁴
22 桐庐	ȵie⁵³³	tɕie⁵³³	tɕʰie⁵³³	tsã³⁵	ȵie³³	dʑie¹³	ȵie²⁴	ɕie³³
23 分水	ȵiɛ̃²²	tɕiɛ̃⁴⁴	tɕʰiɛ̃⁴⁴	tsuɔ̃⁴⁴	ȵiɛ̃⁵³	dʑiɛ̃²²	ȵiɛ̃¹³	ɕiɛ̃⁵³
24 绍兴	ȵiẽ⁵³	tɕiẽ⁵³	tɕʰiẽ⁵³	tsẽ³³	zẽ²²³	dʑiẽ²³¹	ȵiẽ²²	ɕiẽ³³⁴

续表

方言点	0409 黏 ~液	0410 尖	0411 签 ~名	0412 占 ~领	0413 染	0414 钳	0415 验	0416 险
	咸开三平盐泥	咸开三平盐精	咸开三平盐清	咸开三去盐章	咸开三上盐日	咸开三平盐群	咸开三去盐疑	咸开三上盐晓
25 上虞	ȵiŋ³¹白 ȵiẽ²¹³文	tɕiẽ³⁵	tɕʰiẽ³⁵	tsø⁵³	zø²¹³	dʑiẽ²¹³	ȵiẽ³¹	ɕiẽ³⁵
26 嵊州	ȵiẽ⁵³⁴	tɕiẽ⁵³⁴	tɕʰiẽ⁵³⁴	tsœ̃⁵³⁴	zœ̃²²	dʑiẽ²¹³	ȵiẽ²⁴	ɕiẽ⁵³
27 新昌	ȵiɛ̃⁵³⁴	tɕiɛ̃⁵³⁴	tɕʰiɛ̃⁵³⁴	tsœ̃³³⁵	ȵia²³²白 zœ̃²³²文	dʑiɛ̃²²	ȵiɛ̃¹³	ɕiɛ̃⁴⁵³
28 诸暨	ȵie⁵⁴⁴	tɕie⁵⁴⁴	tɕʰie⁵⁴⁴	tsɤ⁵⁴⁴	ȵie²⁴²	dʑie¹³	ȵie³³	ɕie⁴²
29 慈溪	ȵiẽ⁴⁴调殊	tɕiẽ³⁵	tɕʰiẽ³⁵	tsẽ⁴⁴	ȵiẽ¹³	dʑiẽ¹³	ȵiẽ¹³	ɕiẽ³⁵
30 余姚	ȵiẽ¹³	tɕiẽ⁴⁴	tɕʰiẽ⁴⁴	tsã⁵³	ȵiẽ¹³	dʑiẽ¹³	ȵiẽ¹³	ɕiẽ³⁴
31 宁波	ȵi¹³	tɕi⁵³	tɕʰi⁵³	tɕi⁵³老 tsø⁵³新	ȵi¹³	dʑi¹³	ne¹³	ɕi⁵³
32 镇海	ȵi²⁴	tɕi⁵³	tɕʰi⁵³	tɕi⁵³	ȵi²⁴	dʑi²⁴	ȵɛ²⁴韵殊	ɕi³⁵
33 奉化	ȵi³¹调殊	tɕi⁴⁴	tɕʰi⁴⁴	tɕi⁵³	ȵi³²⁴	dʑi³³	ȵie³¹	ɕi⁵⁴⁵
34 宁海	ȵie²¹³	tɕie⁴²³	tɕʰie⁴²³	tɕie³⁵	ȵie³¹	dʑie²¹³	ȵie²⁴	ɕie⁵³
35 象山	ȵi⁴⁴调殊	tɕi⁴⁴	tɕʰi⁴⁴	tɕi⁵³	ȵi³¹白 zɣɯ³¹文	dʑi³¹	ȵi³¹	ɕi⁴⁴
36 普陀	ȵi²⁴	tɕi⁵³	tɕʰi⁵³	tɕi⁵⁵	ȵi²³	dʑi²⁴	ȵi¹³~收 ŋɛ¹³检~	ɕi⁴⁵
37 定海	ȵi⁴⁴调殊	tɕi⁵²	tɕʰi⁵²	tɕi⁴⁴白 tsø⁴⁴文	ȵi²³	dʑi²³	nɛ¹³检~ ŋɛ¹³经~ ȵi¹³~血	ɕi⁴⁵
38 岱山	ȵi⁴⁴调殊	tɕi⁵²	tɕʰi⁵²	tsø⁴⁴	ŋi²⁴⁴	dʑi²³	ȵiɛ²¹³化~ ȵi²¹³~血	ɕi³²⁵
39 嵊泗	ȵi²¹³调殊	tɕi⁵³	tɕʰi⁵³	tsʏ⁵³	ȵi⁴⁴⁵	dʑi²⁴³	nɛ²¹³经~ ȵi²¹³~血	ɕi⁴⁴⁵
40 临海	ȵi³¹	tɕi³¹	tɕʰi³¹	tɕi⁵⁵	ȵi⁵²~布	dʑi²¹又 gi²¹又	ȵi³²⁴	ɕi⁵²
41 椒江	ȵie⁵⁵	tɕie⁴²	tɕʰie⁴²	tɕie⁵⁵	ȵie⁴²	dʑie³¹	ȵie²⁴	ɕie⁴²
42 黄岩	ȵie³²	tɕie³²	tɕʰie³²	tɕie⁵⁵	ȵie⁴²	dʑie¹²¹	ȵie²⁴	ɕie⁴²
43 温岭	ȵie³³	tɕie³³	tɕʰie³³	tɕie⁵⁵	ȵie⁴²	dʑie³¹	ȵie¹³	ɕie⁴²

续表

方言点	0409 黏 ~液	0410 尖	0411 签 ~名	0412 占 ~领	0413 染	0414 钳	0415 验	0416 险
	咸开三 平盐泥	咸开三 平盐精	咸开三 平盐清	咸开三 去盐章	咸开三 上盐日	咸开三 平盐群	咸开三 去盐疑	咸开三 上盐晓
44 仙居	ȵie^{55}	tɕie^{334}	tɕʰie^{334}	tɕie^{55}	ȵie^{324}	dʑie^{213}	ȵie^{24}	ɕie^{324}
45 天台	ȵie^{33}调殊	tɕie^{33}	tɕʰie^{33}	tɕie^{55}	ȵie^{214}~布	gie^{224}火~	ȵie^{35}	hie^{325}
46 三门	ȵie^{55}	tɕie^{334}	tɕʰie^{334}	tɕie^{55}	ȵie^{325}	dʑie^{252}小	ȵie^{243}	ɕie^{325}
47 玉环	ȵie^{42}	tɕie^{42}	tɕʰie^{42}	tɕie^{55}	ȵie^{53}	dʑie^{31}	ȵie^{22}	ɕie^{42}
48 金华	ȵie^{334}	tɕie^{334}	tɕʰie^{334}	tsɛ^{55}	ȵie^{535}	dʑia^{313}音殊	ȵie^{14}	ɕie^{535}
49 汤溪	ȵie^{24}	tsie^{24}	tsʰie^{24}	tɕie^{52}	ȵie^{113}	dʑie^{11}	ȵie^{341}	ɕie^{535}
50 兰溪	nie^{334}	tɕie^{334}	tɕʰie^{334}	tɕie^{45}	nie^{55}	dʑie^{21}	nie^{24}	ɕie^{55}
51 浦江	ȵiẽ^{534}	tsiẽ^{534}	tsʰiẽ^{534}	tsɛ^{55}	ȵiẽ^{243}	dʑiẽ^{113}	ȵiẽ^{24}	ɕiẽ^{53}
52 义乌	ȵia^{335}	tsie^{335}	tsʰie^{335}	tɕyan^{45}	ȵie^{312}	dʑie^{213}	ȵie^{24}白 ian^{24}文	ɕie^{423}
53 东阳	ȵi^{213}	tsi^{334}	tsʰi^{334}	tsɯ^{334}	ȵi^{231}	dʑin^{213}小	ȵi^{24}	ɕi^{44}
54 永康	ȵie^{55}	tɕie^{55}	tɕʰie^{55}	tɕie^{52}	ȵie^{113}	dʑie^{22}	ȵie^{241}	ɕie^{334}
55 武义	ȵie^{24}	tɕie^{24}	tɕʰie^{24}	tɕie^{53}	ȵie^{13}	dʑie^{324}	ȵie^{231}	ɕie^{445}
56 磐安	ȵie^{334}调殊	tɕie^{445}	tɕʰie^{445}	tɕie^{52}	ȵie^{334}	dʑie^{213}	ȵie^{14}	ɕie^{334}
57 缙云	ȵie^{44}	tɕie^{44}	tɕʰie^{44}	tɕie^{453}	ȵie^{31}	dʑie^{243}	ȵie^{213}	ɕie^{51}
58 衢州	ȵiẽ^{32}调殊	tɕiẽ^{32}	tɕʰiẽ^{32}	tʃy̆ɤ̃^{53}	ȵiẽ^{231}	dʑiẽ^{21}	ȵiẽ^{231}	ɕiẽ^{35}
59 衢江	ȵie^{33}	tɕie^{33}	tɕʰie^{33}	tɕie^{53}	ȵie^{212}	dʑie^{212}	ȵie^{231}	ɕie^{25}
60 龙游	ȵie^{334}	tɕie^{334}	tɕʰie^{334}	tsei^{51}	ȵie^{224}	dʑie^{21}	ȵie^{231}	ɕie^{35}
61 江山	ȵiɛ̃^{213}	tɕiɛ̃^{44}	tɕʰiɛ̃^{44}	tɕiɛ̃^{51}	ȵiɛ̃^{22}	giɛ̃^{213}	ȵiɛ̃^{31}	xiɛ̃^{241}
62 常山	ȵiɛ̃^{44}	tɕiɛ̃^{44}	tɕʰiɛ̃^{44}	tɕiɛ̃^{324}	ȵiɛ̃^{24}	dʑiɛ̃^{341}	ȵiɛ̃^{131}	ɕiɛ̃^{52}
63 开化	ȵiɛ̃^{44}	tɕiɛ̃^{44}	tɕʰiɛ̃^{44}	tɕiɛ̃^{412}	ȵiɛ̃^{213}	dʑiɛ̃^{231}	ȵiɛ̃^{213}	ɕiɛ̃^{53}
64 丽水	ȵiɛ^{224}调殊	tɕiɛ^{224}	tɕʰiɛ^{224}	tɕiɛ^{52}	ȵiɛ^{544}	dʑiɛ^{22}	ȵiɛ^{131}	ɕiɛ^{544}
65 青田	ȵiɛ^{445}	tɕiɛ^{445}	tɕʰiɛ^{445}	tɕiɛ^{33}	ȵiɛ^{454}	dʑiɛ^{21}	ȵiɛ^{454}	ɕiɛ^{454}
66 云和	ȵiɛ^{45}调殊	tɕiɛ^{24}	tɕʰiɛ^{24}	tɕiɛ^{45}	ȵiɛ^{41}	dʑiɛ^{312}	ȵiɛ^{223}	ɕiɛ^{41}
67 松阳	ȵiɛ̃^{53}	tɕiɛ̃^{53}	tɕʰiɛ̃^{53}	tɕiɛ^{24}	ȵiɛ̃^{22}	dʑiɛ̃^{31}	ȵiɛ̃^{13}	ɕiɛ̃^{212}

续表

方言点	0409 黏 ~液	0410 尖	0411 签 ~名	0412 占 ~领	0413 染	0414 钳	0415 验	0416 险
	咸开三 平盐泥	咸开三 平盐精	咸开三 平盐清	咸开三 去盐章	咸开三 上盐日	咸开三 平盐群	咸开三 去盐疑	咸开三 上盐晓
68 宣平	ȵie^{324}调殊	tɕie^{324}	tɕʰie^{324}	tɕiɛ^{52}	ȵie^{223}	dʑie^{433}	ȵie^{231}	ɕie^{445}
69 遂昌	ȵiɛ̃^{45}	tɕiɛ̃^{45}	tɕʰiɛ̃^{45}	tɕiɛ̃^{334}	ȵiɛ̃^{13}	dʑiɛ̃^{221}	ȵiɛ̃^{213}	ɕiɛ̃^{533}
70 龙泉	ȵiE^{434}	tɕiE^{434}	tɕʰiE^{434}	tɕiE^{45}	ȵiE^{51}	dʑiE^{21}	ȵiE^{224}	ɕiE^{51}
71 景宁	ȵie^{35}调殊	tɕie^{324}	tɕʰie^{324}	tɕie^{35}	ȵie^{33}	dʑie^{41}	ȵie^{113}	ɕie^{33}
72 庆元	ȵiɛ̃^{335}	tɕiɛ̃^{335}	tɕʰiɛ̃^{335}	tɕiɛ̃^{11}	ȵiɛ̃^{221}	tɕiɛ̃^{52}	ȵiɛ̃^{31}	ɕiɛ̃^{33}
73 泰顺	ȵie^{213}	tɕie^{213}	tɕʰie^{213}	tɕie^{35}	ȵie^{55}	tɕie^{53}	ȵie^{22}	ɕie^{55}
74 温州	ȵi^{33}	tɕi^{33}	tɕʰi^{33}	tɕi^{51}	ȵi^{14}	dʑi^{31}	ȵi^{22}	ɕi^{25}
75 永嘉	ȵi^{44}	tɕi^{44}	tɕʰi^{44}	tɕi^{53}	ȵi^{13}	dʑi^{31}	ȵi^{22}	ɕi^{45}
76 乐清	ȵiE^{44}	tɕiE^{44}	tɕʰiE^{44}	tɕiE^{41}	ȵiE^{24}	dʑiE^{31}	ȵiE^{22}	ɕiE^{35}
77 瑞安	ȵi^{44}	tɕi^{44}	tɕʰi^{44}	tɕi^{53}	ȵi^{13}	dʑi^{31}	ȵi^{22}	ɕi^{35}
78 平阳	ȵie^{55}	tɕie^{55}	tɕʰie^{55}	tɕie^{53}	ȵie^{45}	dʑie^{242}	ȵie^{33}	ɕie^{45}
79 文成	ȵie^{55}	tɕie^{55}	tɕʰie^{55}	tɕie^{33}	ȵie^{224}	dʑie^{113}	ȵie^{424}	ɕie^{45}
80 苍南	ȵiɛ^{44}	tɕiɛ^{44}	tɕʰiɛ^{44}	tɕiɛ^{42}	ȵiɛ^{53}	dʑiɛ^{31}	ȵiɛ^{11}	ɕiɛ^{53}
81 建德徽	ȵie^{53}	tɕie^{53}	tɕʰie^{53}	tsɛ^{33}	ȵie^{213}	tɕie^{33}	ȵie^{55}	ɕie^{213}
82 寿昌徽	ȵi^{112}文	tɕi^{112}	tɕʰiɛ̃^{112}文	tsæ̃^{33}文	ȵi^{534}	tɕʰi^{52}	ȵiɛ̃^{33}文	ɕiɛ̃^{24}文
83 淳安徽	ia^{24}	tɕiã^{24}	tɕʰiã^{24}	tsã^{24}	iã^{55}	tɕʰiã^{435}	iã^{53}	ɕiã^{55}
84 遂安徽	iɛ̃^{534}	tɕiɛ̃^{534}	tɕʰiɛ̃^{534}	tɕiɛ̃^{43}	iɛ̃^{43}	tɕʰiɛ̃^{33}	iɛ̃^{52}	ɕiɛ̃^{213}
85 苍南闽	lian^{24}	tɕian^{55}	tɕʰian^{55}	tɕian^{21}	nĩ^{43}	kĩ^{24}	gian^{21}	hian^{43}
86 泰顺闽	nie^{22}	tɕie^{213}	tɕʰie^{213}	tɕie^{53}	nie^{344}	kʰie^{22}	nie^{31}	ɕie^{344}
87 洞头闽	nian^{113}	tɕian^{33}	tɕʰian^{33}	tɕian^{21}	nĩ^{53}	kĩ^{113}	gian^{21}	hian^{53}
88 景宁畲	ni^{51}调殊	tɕian^{44}	tɕʰian^{44}	tɕien^{44}	ȵien^{51}	kʰien^{22}	ȵien^{51}	xien^{325}

方言点	0417 厌	0418 炎	0419 盐	0420 接	0421 折 ~叠	0422 叶 树~	0423 剑	0424 欠
	咸开三 去盐影	咸开三 平盐云	咸开三 平盐以	咸开三 入叶精	山开三 入薛章	咸开三 入叶以	咸开三 去严见	咸开三 去严溪
01 杭州	iɛ⁴⁵	ie²¹³	ie²¹³	tɕiɛʔ⁵	tsaʔ⁵	iɛʔ²	tɕiɛ⁴⁵	tɕʰiɛ⁴⁵
02 嘉兴	yə²²⁴	ie²⁴²	ie²⁴²	tɕieʔ⁵	tsəʔ⁵	ieʔ⁵	tɕie²²⁴	tɕʰie²²⁴
03 嘉善	iɿ³³⁴	iɿ¹³²	iɿ¹³²	tɕieʔ⁵	tsɜʔ⁵	ieʔ²	tɕiɿ³³⁴	tɕʰiɿ³³⁴
04 平湖	iɛ³³⁴	ie³¹	ie³¹	tsiəʔ⁵	tsəʔ⁵	iəʔ²³	tɕiɛ³³⁴	tɕʰiɛ²¹³
05 海盐	iɛ³³⁴	ie³¹	ie³¹	tɕiəʔ⁵	tsəʔ⁵	iəʔ²³	tɕiɛ³³⁴	tɕʰiɛ³³⁴
06 海宁	ie³⁵	ie¹³	ie¹³	tɕieʔ⁵	tsəʔ⁵	ieʔ²	tɕie³⁵	tɕʰie³⁵
07 桐乡	iɛ³³⁴	iɛ¹³	iɛ¹³	tsiəʔ⁵	tsəʔ⁵	iəʔ²³	tsiɛ³³⁴	tɕʰiɛ³³⁴
08 崇德	iɿ³³⁴	iɿ¹³	iɿ¹³	tɕiəʔ⁵	tsəʔ⁵	iəʔ²³	tɕiɿ³³⁴	tɕʰiɿ³³⁴
09 湖州	ie³⁵	ie¹¹²	ie³⁵	tɕieʔ⁵	tsəʔ⁵	ieʔ²	tɕie³⁵	tɕʰie³⁵
10 德清	ie³³⁴	ie¹¹³	ie¹¹³	tɕieʔ⁵	tsəʔ⁵	ieʔ²	tɕie³³⁴	tɕʰie³³⁴
11 武康	iɿ²²⁴	iɿ¹¹³	iɿ⁵³	tɕieʔ²	tsəʔ⁵	ieʔ²	tɕiɿ²²⁴	tɕʰiɿ²²⁴
12 安吉	i³²⁴	i²²	i²²	tɕiɛʔ⁵	tsəʔ⁵	iɛʔ²³	tɕi³²⁴	tɕʰi³²⁴
13 孝丰	iɿ³²⁴	iɿ²²	iɿ²²	tɕieʔ⁵	tsəʔ⁵	ieʔ²³	tɕiɿ³²⁴	tɕʰiɿ³²⁴
14 长兴	i³²⁴	i¹²	i¹²	tʃiɛʔ⁵	tsəʔ⁵	iɛʔ²	tʃi³²⁴	tʃʰi³²⁴
15 余杭	iẽ²¹³	iẽ²²	iẽ²²	tsieʔ⁵	tsəʔ⁵	ieʔ²	tɕiẽ⁵³	tɕʰiẽ⁴²³
16 临安	ie⁵⁵	ie³³	ie³³	tɕiəʔ⁵⁴	tsɐʔ⁵⁴	iəʔ¹²	tɕie⁵⁵	tɕʰie⁵⁵
17 昌化	iĩ⁵⁴⁴	iĩ¹¹²	iĩ¹¹²	tɕieʔ⁵	tɕyɛʔ⁵	iɛʔ²³	tɕiĩ⁵⁴⁴	tɕʰiĩ⁵⁴⁴
18 於潜	ie³⁵	ie²²³	ie²²³	tɕieʔ⁵³	tsəʔ⁵³	iæʔ²³	tɕie³⁵	tɕʰie³⁵
19 萧山	ie⁴²	ie³⁵⁵	ie³⁵⁵	tɕieʔ⁵	tsəʔ⁵	ieʔ¹³	tɕie⁴²	tɕʰie⁴²
20 富阳	iẽ³³⁵	iẽ¹³	iẽ¹³	tɕieʔ⁵	tsɛʔ⁵	iɛʔ²	tɕiẽ³³⁵	tɕʰiẽ³³⁵
21 新登	iẽ⁴⁵	iẽ²³³	iẽ²³³	tɕiəʔ⁵	tɕyəʔ⁵	iəʔ²	tɕiẽ⁴⁵	tɕʰiẽ⁴⁵
22 桐庐	ie³⁵	ie¹³	ie¹³	tɕiəʔ⁵	tsəʔ⁵	iəʔ¹³	tɕie³⁵	tɕʰie³⁵
23 分水	iɛ̃²⁴	iɛ̃¹³	iɛ̃²²	tɕiəʔ⁵	tsəʔ⁵	iəʔ¹²	tɕiɛ̃²⁴	tɕʰiɛ̃²⁴
24 绍兴	iẽ³³	iẽ²³¹	iẽ²³¹	tɕieʔ⁵	tseʔ⁵	ieʔ²	tɕiẽ³³	tɕʰiẽ³³
25 上虞	iẽ⁵³	iẽ²¹³	iẽ²¹³	tɕiəʔ⁵	tsəʔ⁵	iəʔ²	tɕiẽ⁵³	tɕʰiẽ⁵³

方言点	0417 厌	0418 炎	0419 盐	0420 接	0421 折 ~叠	0422 叶 树~	0423 剑	0424 欠
	咸开三 去盐影	咸开三 平盐云	咸开三 平盐以	咸开三 入叶精	山开三 入薛章	咸开三 入叶以	咸开三 去严见	咸开三 去严溪
26 嵊州	iẽ³³⁴	iẽ²¹³	iẽ²¹³	tɕieʔ⁵	tsəʔ⁵	ieʔ²	tɕiẽ³³⁴	tɕʰiẽ³³⁴
27 新昌	iɛ̃³³⁵	iɛ̃²²	iɛ̃²²	tɕiɛʔ⁵	tɕiɛʔ⁵ 白 tsɤʔ⁵ 文	iɛʔ²	tɕiɛ̃³³⁵	tɕʰiɛ̃³³⁵
28 诸暨	ie⁵⁴⁴	ie¹³	ie¹³	tɕieʔ⁵	tsoʔ⁵	ieʔ¹³	tɕie⁵⁴⁴	tɕʰie⁵⁴⁴
29 慈溪	iẽ⁴⁴	iẽ¹³	iẽ¹³	tɕiəʔ⁵	tsəʔ⁵	iəʔ²	tɕiẽ⁴⁴	tɕʰiẽ⁴⁴
30 余姚	iẽ⁵³	iẽ¹³	iẽ¹³	tɕiəʔ⁵	tsəʔ⁵	iəʔ²	tɕiẽ⁵³	tɕʰiẽ⁵³
31 宁波	i⁴⁴	i¹³	i¹³	tɕiəʔ⁵	tɕiəʔ⁵	iəʔ²	tɕi⁵³	tɕʰi⁴⁴
32 镇海	i⁵³	i²⁴	i²⁴	tɕieʔ⁵	tseʔ⁵	ieʔ¹²	tɕi⁵³	tɕʰi⁵³
33 奉化	i⁵³	i³³	i³³	tɕiɿʔ⁵	tɕiɿʔ⁵	iɿʔ²	tɕi⁵³	tɕʰi⁵³
34 宁海	ie³⁵	ie²⁴	ie²¹³	tɕieʔ⁵	tɕiəʔ⁵	iəʔ³	tɕie³⁵	tɕʰie³⁵
35 象山	i⁵³	iɛ³¹	i³¹	tɕieʔ⁵	tseʔ⁵	ieʔ²	tɕi⁵³	tɕʰi⁵³
36 普陀	i⁵⁵	i²⁴	i²⁴	tɕiɛʔ⁵	tsɐʔ⁵	iɛʔ²³	tɕi⁵⁵	tɕʰi⁵⁵
37 定海	i⁴⁴	i²³	i²³	tɕieʔ⁵	tɕieʔ⁵	ieʔ²	tɕi⁴⁴	tɕʰi⁴⁴
38 岱山	i⁴⁴	i²³	i²³	tɕieʔ⁵	tsoʔ⁵	ieʔ²	tɕi⁵² 调殊	tɕʰi⁴⁴
39 嵊泗	i⁵³	i²⁴³	i²⁴³	tɕiɛʔ⁵	tsɐʔ⁵	iɛʔ²	tɕi⁵³	tɕʰi⁵³
40 临海	i⁵⁵	i²¹	i²¹	tɕieʔ⁵	tɕieʔ⁵	ieʔ²³	tɕi⁵⁵ 又 ki⁵⁵ 又	tɕʰi⁵⁵ 又 kʰi⁵⁵ 又
41 椒江	ie⁵⁵	ie³¹	ie³¹	tɕieʔ⁵	tɕieʔ⁵	ieʔ²	tɕie⁵⁵	tɕʰie⁵⁵
42 黄岩	ie⁵⁵	ie¹²¹	ie¹²¹	tɕieʔ⁵	tɕieʔ⁵	ieʔ²	tɕie⁵⁵	tɕʰie⁵⁵
43 温岭	ie⁵⁵	ie³¹	ie³¹	tɕiʔ⁵	tɕiʔ⁵	iʔ²	tɕie⁵⁵	tɕʰie⁵⁵
44 仙居	ie⁵⁵	ie²¹³	ie²¹³	tɕiaʔ⁵	tɕiaʔ⁵	iaʔ²³	tɕie⁵⁵	tɕʰie⁵⁵
45 天台	ie³³	ie²²⁴	ie²²⁴	tɕieʔ⁵	tɕieʔ⁵	ieʔ²	kie⁵⁵	kʰie⁵⁵
46 三门	ie⁵⁵	ie¹¹³	ie¹¹³	tɕieʔ⁵	tɕieʔ⁵	ieʔ²³	tɕie⁵⁵	tɕʰie⁵⁵
47 玉环	ie⁵⁵	ie³¹	ie³¹	tɕiɐʔ⁵	tɕiɐʔ⁵	ie⁴¹ 小	tɕie⁵⁵	tɕʰie⁵⁵
48 金华	ie⁵⁵	iɛ̃³¹³	ie³¹³	tɕie⁵⁵ 白 tɕiəʔ⁴ 文	tsəʔ⁴	ie¹⁴	tɕie⁵⁵	tɕʰie⁵⁵

方言点	0417 厌	0418 炎	0419 盐	0420 接	0421 折 ~叠	0422 叶 树~	0423 剑	0424 欠
	咸开三去盐影	咸开三平盐云	咸开三平盐以	咸开三入叶精	山开三入薛章	咸开三入叶以	咸开三去严见	咸开三去严溪
49 汤溪	ie⁵²	ie¹¹	ie¹¹	tsie⁵⁵	tɕie⁵⁵	ie¹¹³	tsie⁵²	tɕʰie⁵²
50 兰溪	ie⁴⁵	iɛ̃²¹	ie²¹	tɕie?³⁴	tɕie?³⁴	ie?¹²	tɕie⁴⁵	tɕʰie⁴⁵
51 浦江	iɛ̃⁵⁵	ian¹¹³	iɛ̃¹¹³	tsi⁴²³	tɕyi⁴²³	i²³²	tɕiɛ̃⁵⁵	tɕʰiɛ̃⁵⁵
52 义乌	ie⁴⁵	ian²¹³	ie²¹³	tsie³²⁴	tɕye³²⁴	ie³¹²	tɕie⁴⁵	tɕʰie⁴⁵
53 东阳	i⁴⁵³	iɐn²¹³	i²¹³	tɕie³³⁴	tsa?³⁴	iɛ²¹³	tsi⁴⁵³	tɕʰi⁴⁵³
54 永康	ie⁵²	ie²²	ie²²	tɕie³³⁴	tɕie³³⁴	ie¹¹³	tɕie⁵²	tɕʰie⁵²
55 武义	ȵie⁵³	ȵie³²⁴	ȵie³²⁴	tɕie⁵³	tɕie⁵³	ie¹³	tɕie⁵³	tɕʰie⁵³
56 磐安	ie⁵²	ien²¹³	ie²¹³	tɕie³³⁴	tɕie³³⁴	iɛ²¹³	tɕie⁵²	tɕʰie⁵²
57 缙云	iɛ⁴⁵³	iɛ²⁴³	iɛ²⁴³	tɕie³²²	tɕie³²²	iɛ¹³	tɕie⁴⁵³	tɕʰiɛ⁴⁵³
58 衢州	iɛ̃⁵³	iɛ̃²¹	iɛ̃²¹	tɕiə?⁵	tʃye?⁵	iə?¹²	tɕiɛ̃⁵³	tɕʰiɛ̃⁵³
59 衢江	ie⁵³	ie²¹²	ie²¹²	tɕiə?⁵	tɕye?⁵ 读字	iə?²	tɕie⁵³	tɕʰie⁵³
60 龙游	ie⁵¹	ie²¹	ie²¹	tɕiə?⁴	tsə?⁴	iə?²³	tɕie⁵¹	tɕʰie⁵¹
61 江山	iɛ̃⁵¹	iɛ̃³¹ 调殊	iɛ̃²¹³	tɕiɛ?⁵	tɕiɛ?⁵	dʑiɛ?²	kiɛ̃⁵¹	kʰiɛ̃⁵¹
62 常山	iɛ̃³²⁴	iɛ̃³⁴¹	iɛ̃³⁴¹	tɕiʌ?⁵	tɕiʌ?⁵	dʑiʌ?³⁴	tɕiɛ̃³²⁴	tɕʰiɛ̃³²⁴
63 开化	iɛ̃⁴¹²	iɛ̃²³¹	iɛ̃²³¹	tɕia?⁵	tsa?⁵	dʑia?¹³	tɕiɛ̃⁴¹²	tɕʰiɛ̃⁴¹²
64 丽水	iɛ⁵²	iɛ²²	iɛ²²	tɕiɛ?⁵	tɕiɛ?⁵	iɛ?²³	tɕiɛ⁵²	tɕʰiɛ⁵²
65 青田	iɛ³³	iɛ²¹	iɛ²¹	tɕiæ?⁴²	tɕiæ?⁴²	iæ?³¹	tɕiɛ³³	tɕʰiɛ³³
66 云和	iɛ⁴⁵	iɛ³¹²	iɛ³¹²	tɕiɛ?⁵	tɕiɛ?⁵	iɛ?²³	tɕiɛ⁴⁵	tɕʰiɛ⁴⁵
67 松阳	iɛ̃²⁴	iɛ̃³¹	iɛ̃³¹	tɕiɛ?⁵	tɕiɛ?⁵	iɛ?²	tɕiɛ̃²⁴	tɕʰiɛ̃²⁴
68 宣平	iɛ⁵²	iɛ⁴³³	iɛ⁴³³	tɕiə?⁵	tɕiə?⁵	iə?²³	tɕiɛ⁵²	tɕʰiɛ⁵²
69 遂昌	iɛ̃³³⁴	iɛ̃²²¹	iɛ̃²²¹	tɕie?⁵	tɕie?⁵	iɛ?²³	tɕiɛ̃³³⁴	tɕʰiɛ̃³³⁴
70 龙泉	iɛ⁴⁵	iɛ²¹	iɛ²¹	tɕiɛ?⁵	tɕiɛ?⁵	iɛ?²⁴	tɕiɛ⁴⁵	tɕʰiɛ⁴⁵
71 景宁	iɛ³⁵	iɛ¹¹³	iɛ⁴¹	tɕiɛ?⁵	tɕiɛ?⁵	iɛ?²³	tɕiɛ³⁵	tɕʰie³⁵
72 庆元	iɛ̃¹¹	iɛ̃³¹ 调殊	iɛ̃⁵²	tɕiɛ?⁵	tɕiɛ?⁵	iɛ?³⁴	tɕiɛ̃¹¹	tɕʰiɛ̃¹¹

续表

方言点	0417 厌	0418 炎	0419 盐	0420 接	0421 折 ~叠	0422 叶 树~	0423 剑	0424 欠
	咸开三 去盐影	咸开三 平盐云	咸开三 平盐以	咸开三 入叶精	山开三 入薛章	咸开三 入叶以	咸开三 去严见	咸开三 去严溪
73 泰顺	iɛ³⁵	iɛ²² 调殊	iɛ⁵³	tɕiɛʔ⁵	tɕiɛʔ⁵	iɛʔ²	tɕiɛ³⁵	tɕʰiɛ³⁵
74 温州	i⁵¹	i³¹	i³¹	tɕi³²³	tɕi³²³	i²¹²	tɕi⁵¹	tɕʰi⁵¹
75 永嘉	i⁵³	i³¹	i³¹	tɕi⁴²³	tɕi⁴²³	i²¹³	tɕi⁵³	tɕʰi⁵³
76 乐清	iE⁴¹	iE³¹	iE³¹	tɕiE³²³	tɕiE³²³	iE²¹²	tɕiE⁴¹	tɕʰiE⁴¹
77 瑞安	i⁵³	i³¹	i³¹	tɕi³²³	tɕi³²³	i²¹²	tɕi⁵³	tɕʰi⁵³
78 平阳	ie⁵³	ie²⁴²	ie²⁴²	tɕie³⁴	tɕie³⁴	ie¹²	tɕie⁵³	tɕʰie⁵³
79 文成	ie³³	ie¹¹³	ie¹¹³	tɕie³⁴	tɕie³⁴	ie²¹²	tɕie³³	tɕʰie³³
80 苍南	iɛ⁴²	iɛ³¹	iɛ³¹	tɕiɛ²²³	tɕiɛ²²³	iɛ¹¹²	tɕiɛ⁴²	tɕʰiɛ⁴²
81 建德徽	ȵie³³	ȵie³³	ȵie³³	tɕi⁵⁵	tsɿ⁵⁵	i²¹³	tɕie³³	tɕʰie³³
82 寿昌徽	i³³	iɛ̃¹¹² 文	i⁵²	tɕi⁵⁵	tsə³	i²⁴	tɕi³³	tɕʰi³³
83 淳安徽	iã²⁴	iã⁴³⁵	iã⁴³⁵	tɕiəʔ⁵	tsəʔ⁵	iəʔ¹³	tɕiã²⁴	tɕʰiã²⁴
84 遂安徽	iɛ̃⁴³	iɛ̃³³	iɛ̃³³	tɕiɛ²⁴	tɕiɛ²⁴	iɛ²¹³	tɕiɛ̃⁴³	tɕʰiɛ̃⁴³
85 苍南闽	ian²¹	ian²⁴	ian²⁴	tɕie⁴³	tɕie⁴³	hio²⁴	kian²¹	kʰian²¹
86 泰顺闽	ie⁵³	ie³¹	ie²²	tɕiɪʔ⁵	tsɛʔ⁵	ny³¹	kie⁵³	kʰie⁵³
87 洞头闽	ian²¹	ian²¹ 发~	ian¹¹³	tɕie⁵³	tɕie⁵³	hieu²⁴¹	kian²¹	kian²¹
88 景宁畲	ien⁴⁴	ien²²	ien⁵¹ 小	tsat⁵	tɕiet⁵	iet²	tsan⁴⁴	kʰien⁴⁴

方言点	0425 严 咸开三平严疑	0426 业 咸开三入业疑	0427 点 咸开四上添端	0428 店 咸开四去添端	0429 添 咸开四平添透	0430 甜 咸开四平添定	0431 念 咸开四去添泥	0432 嫌 咸开四平添匣
01 杭州	ȵie²¹³	ȵieʔ²	tie⁵³	tie⁴⁵	tʰie³³⁴	die²¹³	ȵie¹³	ie²¹³
02 嘉兴	ȵie²⁴²	ieʔ⁵	tie⁵⁴⁴	tie²²⁴	tʰie⁴²	die²⁴²	ȵie¹¹³	ie²⁴²
03 嘉善	ȵiɿ¹³²	ȵieʔ²	tiɿ⁴⁴	tiɿ³³⁴	tʰiɿ⁵³	diɿ¹³²	ȵiɿ¹¹³	iɿ⁵³
04 平湖	ȵie³¹	ȵiəʔ²³	tie⁴⁴	tie³³⁴	tʰie⁵³	die³¹	ȵie²¹³	ie³³⁴
05 海盐	ȵie³¹	ȵiəʔ²³	tie⁴²³	tie³³⁴	tʰie⁵³	die³¹	ȵie²¹³	ie³¹
06 海宁	ȵie¹³	ȵieʔ²	tie⁵³	tie³⁵	tʰie⁵⁵	die¹³	ȵie²¹³	ie¹³
07 桐乡	ȵiɛ¹³	ȵiəʔ²³	tiɛ⁵³	tiɛ³³⁴	tʰiɛ⁴⁴	diɛ¹³	ȵiɛ²¹³	iɛ¹³
08 崇德	ȵiɿ¹³	ȵiəʔ²³	tiɿ⁵³	tiɿ³³⁴	tʰiɿ⁴⁴	diɿ¹³	ȵiɿ²¹³	iɿ¹³
09 湖州	ȵie¹¹²	ȵieʔ²	tie⁵²³	tie³⁵	tʰie⁴⁴	die¹¹²	ȵie³⁵	ie⁴⁴
10 德清	ȵie¹¹³	ȵieʔ²	tie⁵²	tie³³⁴	tʰie⁴⁴	die¹¹³	ȵie³³⁴	ie³³⁴
11 武康	ȵiɿ¹¹³	ȵieʔ²	tiɿ⁵³	tiɿ²²⁴	tʰiɿ⁵³调殊	diɿ¹¹³	ȵiɿ²²⁴	iɿ²²⁴
12 安吉	ȵi²²	ȵiɛʔ²³	ti⁵²	ti³²⁴	tʰi⁵⁵	di²²	ȵi²¹³	i²²
13 孝丰	ȵiɿ²²	ȵieʔ²³	tiɿ⁵²	tiɿ³²⁴	tʰiɿ⁴⁴	diɿ²²	ȵiɿ²¹³	iɿ²²
14 长兴	ȵi¹²	ȵiɛʔ²³	ti⁵²	ti³²⁴	tʰi⁴⁴	di¹²	ȵi³²⁴	i⁵²
15 余杭	ȵiẽ²²	ȵieʔ²	tiẽ⁵³	tiẽ⁴²³	tʰiẽ⁴⁴	diẽ²²	ȵiẽ²¹³	iẽ²²
16 临安	ȵie³³	ȵiəʔ¹²	tie⁵⁵	tie⁵⁵	tʰie⁵⁵	die³³	ȵie³³	ie⁵⁵
17 昌化	ȵiɿ̃¹¹²	ȵiɛʔ²³	tiɿ̃⁴⁵³	tiɿ̃⁵⁴⁴	tʰiɿ̃³³⁴	diɿ̃¹¹²	ȵiɿ̃²⁴³	iɿ̃¹¹²
18 於潜	ȵie²²³	ȵiæʔ²³	tie⁵¹	tie³⁵	tʰie⁴³³	die²²³	ȵie²⁴	ie²²³
19 萧山	ȵie³⁵⁵	ȵieʔ¹³	tie³³	tie⁴²	tʰie⁵³³	die³⁵⁵	ȵie²⁴²	zie³⁵⁵
20 富阳	ȵiɛ̃¹³	ȵiɛʔ²	tiɛ̃⁴²³	tiɛ̃³³⁵	tʰiɛ̃⁵³	diɛ̃¹³	ȵiɛ̃³³⁵	iɛ̃¹³
21 新登	ȵiɛ̃²³³	ȵiəʔ²	tiɛ̃³³⁴	tiɛ̃⁴⁵	tʰiɛ̃⁵³	diɛ̃²³³	ȵiɛ̃²³³	iɛ̃²³³
22 桐庐	nie¹³	iəʔ¹³	tie³³	tie³⁵	tʰie⁵³³	die¹³	nie²⁴	zie¹³
23 分水	ȵiɛ̃²²	ȵiəʔ¹²	tiɛ̃⁵³	tiɛ̃²⁴	tʰiɛ̃⁴⁴	diɛ̃²²	ȵiɛ̃¹³	ziɛ̃²²
24 绍兴	ȵiɛ̃²³¹	ȵieʔ²	tiɛ̃³³⁴	tiɛ̃³³	tʰiɛ̃⁵³	diɛ̃²³¹	ȵiɛ̃²²	iɛ̃³³调殊
25 上虞	ȵiɛ̃²¹³	ȵiəʔ²	tiɛ̃³⁵	tiɛ̃⁵³	tʰiɛ̃³⁵	diɛ̃²¹³	ȵiɛ̃³¹	iɛ̃²¹³音殊
26 嵊州	ȵiẽ²¹³	ȵieʔ²	tiẽ³³⁴	tiẽ³³⁴	tʰiẽ⁵³⁴	diẽ²¹³	ȵiẽ²⁴	iẽ³³⁴调殊

续表

方言点	0425 严	0426 业	0427 点	0428 店	0429 添	0430 甜	0431 念	0432 嫌
	咸开三 平严疑	咸开三 入业疑	咸开四 上添端	咸开四 去添端	咸开四 平添透	咸开四 平添定	咸开四 去添泥	咸开四 平添匣
27 新昌	ȵiɛ̃²²	ȵiɛʔ²	tiɛ̃⁴⁵³	tiɛ̃³³⁵	tʰiɛ̃⁵³⁴	diɛ̃²²	ȵiɛ̃¹³	iɛ̃²²
28 诸暨	nie¹³	nieʔ¹³	tie⁴²	tie⁵⁴⁴	tʰie⁵⁴⁴	die¹³	nie³³	（无）
29 慈溪	ȵie¹³	ȵiəʔ²	tiẽ³⁵	tiẽ⁴⁴	tʰiẽ³⁵	diẽ¹³	ȵiẽ¹³	iẽ⁴⁴
30 余姚	ȵie¹³	ȵiəʔ²	tiẽ³⁴	tiẽ⁵³	tʰiẽ⁴⁴	diẽ¹³	ȵiẽ¹³	iẽ¹³
31 宁波	ȵi¹³	ȵiəʔ²	ti³⁵	ti⁴⁴	tʰi⁴⁴	di¹³	ne¹³	i⁴⁴音殊
32 镇海	ȵi²⁴	ȵieʔ¹²	ti³⁵	ti⁵³	tʰi⁵³	di²⁴	nɛ²⁴韵殊	i⁵³调殊
33 奉化	ȵi³³	ȵiɪʔ²	te⁵⁴⁵	te⁵³	tʰi⁴⁴	de³³	ȵiɛ³¹	i³³
34 宁海	ȵie²¹³	ȵieʔ³	tie⁵³	tie³⁵	tʰie⁴²³	die²¹³	ȵie²⁴	ie²¹³
35 象山	ȵi³¹	ȵieʔ²	ti⁴⁴	ti⁵³	tʰi⁴⁴	di³¹	ȵiɛ¹³	i³¹
36 普陀	ȵi²⁴	ȵiɛʔ²³	ti⁴⁵	ti⁵⁵	tʰi⁵³	di²⁴	ȵiɛ¹³	i²⁴
37 定海	ȵi²³	ȵieʔ²	ti⁴⁵	ti⁴⁴	tʰi⁵²	di²³	ȵiɛ¹³	i⁵²
38 岱山	ȵi²³	ȵieʔ²	ti³²⁵	ti⁴⁴	tʰi³²⁵调殊	di²³	ȵiɛ²¹³	i⁵²
39 嵊泗	ȵi²⁴³	ȵiɛʔ²	ti⁴⁴⁵	ti⁵³	tʰi⁵³	di²⁴³	nɛ²¹³	i⁵³
40 临海	ȵi²¹	ȵieʔ²³	ti⁵²	ti⁵⁵	tʰi³¹	di²¹	ni³²⁴	i²¹
41 椒江	ȵie³¹	ȵieʔ²	tie⁴²	tie⁵⁵	tʰie⁴²	die³¹	ȵie²⁴	ie³¹
42 黄岩	ȵie¹²¹	ȵieʔ²	tie⁴²	tie⁵⁵	tʰie³²	die¹²¹	ȵie²⁴	ie¹²¹
43 温岭	ȵie³¹	ȵiʔ²	tie⁴²	tie⁵⁵	tʰie³³	die³¹	ȵie¹³	ie³¹
44 仙居	ȵie²¹³	ȵia²³	dʱie³²⁴	dʱie⁵⁵	tʰie³³⁴	die²¹³	ȵie²⁴	ie²¹³
45 天台	ȵie²²⁴	ȵieʔ²	tie³²⁵	tie⁵⁵	tʰie³³	die²²⁴	ȵie³⁵	ie²²⁴
46 三门	ȵie¹¹³	ȵieʔ²³	tie³²⁵	tie⁵⁵	tʰie³³⁴	die¹¹³	ȵie²⁴³	zie¹¹³
47 玉环	ȵiẽ³¹	ȵiɐʔ²	tie⁵³	tie⁵⁵	tʰie⁴²	die³¹	ȵie²²	ie³¹
48 金华	ȵie³¹³	ȵie¹⁴白 ȵiəʔ²¹²文	tia⁵³⁵	tia⁵⁵	tʰia³³⁴	dia³¹³	nia¹⁴	ȵia³¹³
49 汤溪	ȵie¹¹	ȵie¹¹³	ȵie⁵³⁵	ȵie⁵²	tʰie²⁴	die¹¹	ȵie³⁴¹	ie¹¹
50 兰溪	nie²¹	ȵieʔ¹²	tia⁵⁵	tia⁴⁵	tʰia³³⁴	dia²¹	nia²⁴	iɑ²¹

方言点	0425 严	0426 业	0427 点	0428 店	0429 添	0430 甜	0431 念	0432 嫌
	咸开三 平严疑	咸开三 入业疑	咸开四 上添端	咸开四 去添端	咸开四 平添透	咸开四 平添定	咸开四 去添泥	咸开四 平添匣
51 浦江	ȵiə̃^{113}	ȵiə^{232}	tiɑ^{53}	tiɑ^{55}	tʰiɑ^{534}	diɑ^{113}	ȵiɑ^{24}	ȵiɑ̃^{113}
52 义乌	ȵie^{213}白 ian^{213}文	ȵie^{312}	ȵia^{45}	ȵia^{45}	tʰia^{335}	dia^{213}	ȵia^{24}白 ȵian^{24}文	ȵia^{213}
53 东阳	ȵiɐn^{213}	ȵiɛʔ^{23}	tin^{453}小	ti^{453}	tʰi^{334}	di^{213}	ȵi^{24}	i^{213}
54 永康	ȵie^{22}	ȵie^{113}	ɗia^{334}	ɗia^{52}	tʰia^{55}	dia^{22}	ȵia^{241}	ie^{22}
55 武义	ȵie^{324}	ȵie^{13}	nie^{445}	nie^{53}	tʰie^{24}	die^{324}	ȵie^{231}	ȵie^{324}
56 磐安	ȵie^{213}	ȵiɛ^{213}	nie^{334}	nie^{52}老 tie^{52}新	tʰie^{445}	die^{213}	nie^{14}	ie^{213}
57 缙云	ȵiɛ^{243}	ȵiɛ^{13}	tia^{51}	tia^{453}	tʰia^{44}	dia^{243}	ȵia^{213}	iɛ^{243}
58 衢州	ȵiẽ^{21}	ȵiəʔ^{12}	tiẽ^{35}	tiẽ^{53}	tʰiẽ^{32}	diẽ^{21}	ȵiẽ^{231}	iẽ^{21}
59 衢江	ȵie^{212}	ȵiəʔ^{2}	tie^{25}	tie^{53}	tʰie^{33}	die^{212}	ȵie^{231}	ie^{212}
60 龙游	ȵie^{21}	ȵiəʔ^{23}	tie^{35}	tie^{51}	tʰie^{334}	die^{21}	ȵie^{231}	ie^{21}
61 江山	ȵiẽ^{213}	ȵiɛʔ^{2}	tiẽ^{241}	tiẽ^{51}	tʰiẽ^{44}	diẽ^{213}	ȵiẽ^{31}	iẽ^{213}
62 常山	ȵiẽ^{341}	ȵiʌʔ^{34}	tiẽ^{52}	tiẽ^{324}	tʰiẽ^{44}	diẽ^{341}	ȵiẽ^{131}	iẽ^{341}
63 开化	ȵiẽ^{231}	ȵiaʔ^{13}	tiẽ^{53}	tiẽ^{412}	tʰiẽ^{44}	diẽ^{231}	ȵiẽ^{213}	iẽ^{231}
64 丽水	ȵiɛ^{22}	ȵiɛʔ^{23}	tie^{544}	tie^{52}	tʰiɛ^{224}	die^{22}	ȵie^{131}	ã^{22}
65 青田	ȵie^{21}	ȵiæʔ^{31}	ɗiɑ^{454}	ɗiɑ^{33}	tʰiɑ^{445}	diɑ^{21}	ȵiɑ^{22}	ɑ^{21}
66 云和	ȵiɛ^{312}	ȵiɛʔ^{23}	tie^{41}	tie^{45}	tʰiɛ^{24}	die^{312}	ȵiɛ^{223}	ã^{312}
67 松阳	ȵiɛ̃^{31}	ȵiɛʔ^{2}	tiɛ̃^{212}	tiɛ̃^{24}	tʰiɛ̃^{53}	diɛ̃^{31}	ȵiɛ̃^{13}	ɔ̃^{31}
68 宣平	ȵiɛ^{433}	ȵiəʔ^{23}	tie^{445}	tie^{52}	tʰiɛ^{324}	die^{433}	ȵiɛ^{231}	iɛ^{433}
69 遂昌	ȵiɛ̃^{221}	ȵiɛʔ^{23}	tiɛ̃^{533}	tiɛ̃^{334}	tʰiɛ̃^{45}	diɛ̃^{221}	ȵiɛ̃^{213}	aŋ^{221}旧 iɛ̃^{221}今
70 龙泉	ȵiɛ^{21}	ȵiɛʔ^{24}	tiɛ^{51}	tiɛ^{45}	tʰiɛ^{434}	diɛ^{21}	ȵiɛ^{224}	aŋ^{21}～弃
71 景宁	ȵiɛ^{41}	ȵiɛʔ^{23}	tie^{33}	tie^{35}	tʰiɛ^{324}	diɛ^{41}	ȵiɛ^{113}	ɔ^{41}
72 庆元	ȵiɛ̃^{52}	ȵiɛʔ^{34}	ɗiɑ̃^{33}	ɗiɑ̃^{11}	tʰiɑ̃^{335}	tiɑ̃^{52}	ȵiɑ̃^{31}	xɑ̃^{52}
73 泰顺	ȵiɛ^{53}	ȵiɛʔ^{2}	tiɑ̃^{55}	tiɑ̃^{35}	tʰiɑ̃^{213}	tiɑ̃^{53}	ȵiɑ̃^{22}	ã^{53}

续表

方言点	0425 严 咸开三 平严疑	0426 业 咸开三 入业疑	0427 点 咸开四 上添端	0428 店 咸开四 去添端	0429 添 咸开四 平添透	0430 甜 咸开四 平添定	0431 念 咸开四 去添泥	0432 嫌 咸开四 平添匣
74 温州	ɲi³¹	ɲi²¹²	ti²⁵	ti⁵¹	tʰi³³	di³¹	ɲi²²	a³¹～憎 i³¹～疑
75 永嘉	ɲi³¹	ɲi²¹³	tie⁴⁵	tie⁵³	tʰiɛ⁴⁴	diɛ³¹	ɲie²²	a³¹
76 乐清	ɲiɛ³¹	ɲia²¹²	tiɛ³⁵	tiɛ⁴¹	tʰiɛ⁴⁴	diɛ³¹	ɲiɛ²²	ɛ³¹～憎 iɛ³¹～疑
77 瑞安	ɲi³¹	ɲi²¹²	tie³⁵	tie⁵³	tʰiɛ⁴⁴	diɛ³¹	ɲie²²	ɔ³¹
78 平阳	ɲie²⁴²	ɲie¹²	tye⁴⁵	tye⁵³	tʰye⁵⁵	dye²⁴²	ɲie³³	ɔ²⁴²
79 文成	ɲie¹¹³	ɲie²¹²	tie⁴⁵	tie³³	tʰie⁵⁵	die¹¹³	ɲia⁴²⁴	ʑie¹¹³
80 苍南	ɲiɛ³¹	ɲiɛ¹¹²	tyɛ⁵³	tia⁴²	tʰia⁴⁴又 tʰyɛ⁴⁴又	dia³¹	ɲia¹¹	a³¹
81 建德徽	ɲie³³	ɲiɐʔ¹²	tie²¹³	tie³³	tʰie⁵³	tie³³	ɲie⁵⁵	ɲiɛ³³
82 寿昌徽	ȵiɛ̃¹¹²文	ɲiəʔ³¹	ti²⁴	ti³³	tʰi¹¹²	tʰi⁵²	ɲi³³	i⁵²
83 淳安徽	ia⁴³⁵	iəʔ¹³	tiã⁵⁵	tiã²⁴	tʰiã²⁴	tʰiã⁴³⁵	iã⁵³	iã⁴³⁵
84 遂安徽	iɛ³³	iɛ²¹³	tiɛ̃²¹³	tiɛ⁴³	tʰiɛ̃⁵³⁴	tʰiɛ̃³³	iɛ⁵²	ɕiɛ̃⁴³
85 苍南闽	gian²⁴	gie²⁴	tian⁴³	tãĩ²¹	tʰĩ⁵⁵白 tʰian⁵⁵文	tĩ⁵⁵	lian²¹	hian²⁴
86 泰顺闽	nie²²	niɪʔ³	tɛ³⁴⁴	tɛ⁵³	tʰɛ²¹³	tɛ²²	nɛ³¹	ɕie²²
87 洞头闽	gian¹¹³	giet²⁴	tian⁵³	tãĩ²¹	tʰĩ³³	tĩ³³	nian²¹	hian¹¹³
88 景宁畲	ɲien²²	ɲiet²	tan³²⁵	tian⁴⁴	tʰan⁴⁴	tʰan²²	ɲian⁵¹	xan²²

方言点	0433 跌	0434 贴	0435 碟	0436 协	0437 犯	0438 法	0439 品	0440 林
	咸开四 入帖端	咸开四 入帖透	咸开四 入帖定	咸开四 入帖匣	咸合三 上凡奉	咸合三 入乏非	深开三 上侵滂	深开三 平侵来
01 杭州	tieʔ⁵	tʰiɛʔ⁵	diɛʔ²	iɛʔ²	vɛ¹³	faʔ⁵	pʰiŋ⁵³	liŋ²¹³
02 嘉兴	tieʔ⁵	tʰiʌʔ⁵	dieʔ¹³	iʌʔ⁵	vE¹¹³	fʌʔ⁵	pʰiŋ¹¹³	liŋ²⁴²
03 嘉善	tieʔ⁵	tʰieʔ⁵	dieʔ²	iaʔ²	vɛ¹¹³	faʔ⁵	pʰin³³⁴	lin¹³²
04 平湖	tiəʔ⁵	tʰiəʔ²³	diəʔ²³	iaʔ²³	vɛ²¹³	faʔ⁵	pʰin²¹³	lin³¹
05 海盐	tiəʔ⁵	tʰiaʔ²³	diaʔ²	iaʔ²³	vɛ⁴²³	faʔ⁵	pʰin⁴²³	lin³¹
06 海宁	tieʔ⁵	tʰiaʔ⁵	diaʔ²	iaʔ²	vɛ²³¹	faʔ⁵	piŋ⁵³	liŋ¹³
07 桐乡	tiəʔ⁵	tʰiaʔ⁵	diaʔ²³	iaʔ²³	vɛ²⁴²	faʔ⁵	pʰiŋ⁵³	liŋ¹³
08 崇德	tiəʔ⁵	tʰiaʔ⁵	diəʔ²³	iaʔ²³	vɛ²⁴²	faʔ⁵	pʰiŋ⁵³	liŋ¹³
09 湖州	tieʔ⁵	tʰieʔ⁵	dieʔ²	iaʔ²	vɛ²³¹	faʔ⁵	pʰin⁵²³	lin³⁵
10 德清	tieʔ⁵	tʰieʔ⁵	dieʔ²	iaʔ²	vɛ¹⁴³	faʔ⁵	pʰin⁵²	lin¹¹³
11 武康	tieʔ⁵	tʰieʔ⁵	dieʔ²	zieʔ²	vɛ²⁴²	fɜʔ⁵	pʰin⁵³	lin¹¹³
12 安吉	tiɛʔ⁵	tʰiɛʔ⁵	diɛʔ²³	iɛʔ²³	vE²¹³	fɐʔ⁵	pʰiŋ⁵²	liŋ²²
13 孝丰	tieʔ⁵	tʰieʔ⁵	dieʔ²³	iaʔ²³	vɛ²⁴³	faʔ⁵	pʰiŋ⁵²	liŋ²²
14 长兴	tiɛʔ⁵	tʰiɛʔ⁵	diɛʔ⁵	iaʔ²³	vE²⁴³	faʔ⁵	pʰiŋ⁵²	liŋ¹²
15 余杭	tieʔ⁵	tʰieʔ⁵	dieʔ²	iaʔ²	vɛ̃²⁴³	faʔ⁵	pʰiŋ⁵³	liŋ²²
16 临安	tiəʔ⁵⁴	tʰiəʔ⁵⁴	diəʔ¹²	iəʔ¹²	vɛ³³	fɐʔ⁵⁴	pʰieŋ⁵⁵	lieŋ³³
17 昌化	tiɛʔ⁵	tʰiɛʔ⁵	diɛʔ²³	iaʔ²³	vɔ̃²⁴³	faʔ⁵	pʰiəŋ⁴⁵³	liəŋ¹¹²
18 於潜	tieʔ⁵³	tʰieʔ⁵³	diæʔ²³	iæʔ²³	vɛ²⁴	fɐʔ⁵³	pʰiŋ⁵¹	liŋ²²³
19 萧山	tieʔ⁵	tʰieʔ⁵	dieʔ¹³	iaʔ¹³	vɛ²⁴²	faʔ⁵	pʰiŋ³³	liŋ³⁵⁵
20 富阳	tieʔ⁵	tʰiɛʔ⁵	diɛʔ²	iaʔ²	vã²²⁴	faʔ⁵	pʰin⁴²³	lin¹³
21 新登	tiəʔ⁵	tʰiəʔ⁵	diəʔ²	iaʔ²	vɜ¹³	faʔ⁵	pʰein³³⁴	lein²³³
22 桐庐	tiəʔ⁵	tʰiəʔ⁵	diəʔ¹³	iəʔ¹³白 ziəʔ¹³文	vã²⁴	faʔ⁵	piŋ³³	liŋ¹³
23 分水	tiəʔ⁵	tʰiəʔ⁵	diəʔ¹²	iəʔ¹²	vã¹³	faʔ⁵	pʰin⁵³	lin²²
24 绍兴	tieʔ⁵	tʰieʔ⁵	dieʔ²	iaʔ²	vɛ̃²²³	fɛʔ⁵	pʰiŋ³³⁴	liŋ²³¹
25 上虞	tiəʔ⁵	tʰɐʔ⁵	diəʔ²	iaʔ²	vɛ̃²¹³	fɐʔ⁵	pʰiŋ³⁵	liŋ²¹³

续表

| 方言点 | 0433 跌 | 0434 贴 | 0435 碟 | 0436 协 | 0437 犯 | 0438 法 | 0439 品 | 0440 林 |
	咸开四 入帖端	咸开四 入帖透	咸开四 入帖定	咸开四 入帖匣	咸合三 上凡奉	咸合三 入乏非	深开三 上侵滂	深开三 平侵来
26 嵊州	$tieʔ^5$	$tʰieʔ^5$	$dieʔ^2$	$iaʔ^2$	$uɛ̃^{22}$	$fɛʔ^5$	$pʰiŋ^{53}$	$liŋ^{213}$
27 新昌	$tiɛʔ^5$	$tʰiɛʔ^5$	$diɛʔ^2$	$iɛʔ^2$	$uɛ̃^{232}$	$fɛʔ^5$	$pʰiŋ^{453}$	$liŋ^{22}$
28 诸暨	$tieʔ^5$	$tʰieʔ^5$	$dieʔ^{13}$	$iaʔ^{13}$	$vɛ^{242}$	$faʔ^5$	$pʰin^{42}$	lin^{13}
29 慈溪	$tiəʔ^5$	$tʰiaʔ^5$	$diaʔ^2$	$iaʔ^2$	$vɛ̃^{13}$	$faʔ^5$	$pʰiŋ^{35}$	$liŋ^{13}$
30 余姚	$tiəʔ^5$	$tʰiaʔ^5$	$diəʔ^2$	$iaʔ^2$	$vã̃^{13}$	$faʔ^5$	$pʰẽ^{34}$	$liə̃^{13}$
31 宁波	$tiəʔ^5$	$tʰiəʔ^5$	$diəʔ^2$	$iəʔ^2$	$vɛ^{13}$	$faʔ^5$	$pʰiŋ^{35}$	$liŋ^{13}$
32 镇海	$tieʔ^5$	$tʰieʔ^5$	$dieʔ^{12}$	$ieʔ^{12}$	$vɛ^{24}$	$faʔ^5$	$pʰiŋ^{35}$	$liŋ^{24}$
33 奉化	$tiɪʔ^5$	$tʰiɪʔ^5$	$diɪʔ^2$	$iaʔ^2$	$vɛ^{324}$	$faʔ^5$	$pʰiŋ^{545}$	$liŋ^{33}$
34 宁海	$tieʔ^5$	$tʰieʔ^5$	$dieʔ^3$	ie^3	$vɛ^{31}$	$faʔ^5$	$pʰiŋ^{53}$	$liŋ^{213}$
35 象山	$tieʔ^5$	$tʰieʔ^5$	$dieʔ^2$	$ieʔ^2$	$vɛ^{31}$	$faʔ^5$	$pʰiŋ^{44}$	$liŋ^{31}$
36 普陀	$tiɛʔ^5$	$tʰiɛʔ^5$	$diɛʔ^{23}$	$iɛʔ^{23}$	$vɛ^{23}$	$fɐʔ^5$	$pʰiŋ^{45}$	$liŋ^{24}$
37 定海	$tieʔ^5$	$tʰieʔ^5$	$dieʔ^2$	$ieʔ^2$	$vɛ^{23}$	$fɐʔ^5$	$pʰiŋ^{45}$	$liŋ^{23}$
38 岱山	$tieʔ^5$	$tʰieʔ^5$	$dieʔ^2$	$ieʔ^2$	$vɛ^{23}$ 调殊	$fɐʔ^5$	$pʰiŋ^{325}$	$liŋ^{23}$
39 嵊泗	$tiɛʔ^5$	$tʰiɛʔ^5$	$diɛʔ^2$	$iɛʔ^2$	$vɛ^{243}$	$fɐʔ^5$	$pʰiŋ^{445}$	$liŋ^{243}$
40 临海	$tieʔ^5$	$tʰieʔ^5$	$dieʔ^{23}$	$ieʔ^{23}$	$vɛ^{21}$	$fɛʔ^5$	$pʰiŋ^{52}$	$liŋ^{21}$
41 椒江	$tieʔ^5$	$tʰieʔ^5$	$dieʔ^2$	$ieʔ^2$	$vɛ^{31}$	$fɛʔ^5$	$pʰiŋ^{42}$	$liŋ^{31}$
42 黄岩	$tieʔ^5$	$tʰieʔ^5$	$dieʔ^2$	$ieʔ^2$	$vɛ^{121}$	$fɐʔ^5$	$pʰin^{42}$	lin^{121}
43 温岭	$tiʔ^5$	$tʰiʔ^5$	$diʔ^2$	$iaʔ^2$	$vɛ^{31}$	$fəʔ^5$	$pʰin^{42}$	lin^{31}
44 仙居	（无）	$tʰiaʔ^5$	$diaʔ^{23}$	$iaʔ^{23}$	va^{213}	$fɑʔ^5$	$pʰin^{324}$	lin^{213}
45 天台	$tieʔ^5$	$tʰieʔ^5$	$dieʔ^2$	$ieʔ^2$	$vɛ^{214}$	$feʔ^5$	$pʰiŋ^{325}$	$liŋ^{224}$
46 三门	$tieʔ^5$	$tʰieʔ^5$	$dieʔ^{23}$	$ieʔ^{23}$	$vɛ^{213}$	$fɐʔ^5$	$pʰiŋ^{325}$	$liŋ^{113}$
47 玉环	$tiɐʔ^5$	$tʰiɐʔ^5$	$diɐʔ^2$	$iɐʔ^2$	$vɛ^{41}$	$fɐʔ^5$	$pʰiŋ^{53}$	$liŋ^{31}$
48 金华	tia^{55}	$tʰia^{55}$	dia^{14}碗~	$ziəʔ^{212}$	$fɑ^{535}$白 $vɛ̃^{14}$文	$fɣa^{55}$	$pʰiŋ^{535}$	$liŋ^{313}$
49 汤溪	tia^{55}	$tʰia^{55}$	$diã^{113}$小	（无）	$vɣa^{113}$	$fɣa^{55}$	$pʰẽi^{535}$	$lẽi^{11}$

方言点	0433 跌	0434 贴	0435 碟	0436 协	0437 犯	0438 法	0439 品	0440 林
	咸开四 入帖端	咸开四 入帖透	咸开四 入帖定	咸开四 入帖匣	咸合三 上凡奉	咸合三 入乏非	深开三 上侵滂	深开三 平侵来
50 兰溪	tiəʔ³⁴	tʰiəʔ³⁴	diəʔ¹²	ieʔ¹²	fia⁵⁵	fiaʔ³⁴	pʰin⁵⁵	lin²¹
51 浦江	tia⁴²³	tʰia⁴²³	dia²³²白 diəʔ²³²文	ia²⁴	vã²⁴³	fɑ⁴²³	pʰiən⁵³	liən¹¹³
52 义乌	tia³²⁴	tʰia³²⁴	dia³¹²	ziəʔ³¹²	vɔ³¹²	fɯa³²⁴	pʰən⁴²³白 pʰien⁴²³文	lən²¹³
53 东阳	tia³³⁴	tʰia³³⁴	dieŋ²¹³小	iɛʔ²³	vɔ²⁴	fɔ³³⁴	pʰiɐŋ⁴⁴	liɐŋ²¹³
54 永康	ɗia³³⁴	tʰia³³⁴	dia¹¹³	ie²²	va¹¹³	fuɑ³³⁴	pʰiŋ³³⁴	liŋ²²
55 武义	lia⁵³	tʰia⁵³	dia¹³	ia¹³	vuo¹³	fuɑ⁵³	pʰin⁴⁴⁵	lin³²⁴
56 磐安	tia³³⁴	tʰia³³⁴	dia²¹³	iɛ²¹³	fɑ³³⁴	fə³³⁴	pʰiɐŋ³³⁴	liɐŋ²¹³
57 缙云	tia³²²	tʰia³²²	dia¹³	iɛ¹³	va³¹	fɑ³²²	pʰiɛŋ⁵¹	laŋ²⁴³
58 衢州	tiəʔ⁵	tʰiəʔ⁵	diəʔ¹²	ziəʔ¹²	vã²³¹	faʔ⁵	pʰin³⁵	lin²¹
59 衢江	tiəʔ⁵	tʰiəʔ⁵	diəʔ²	ziəʔ²	vã²³¹	faʔ⁵	pʰiŋ²⁵	liŋ²¹²
60 龙游	tiəʔ⁴	tʰiəʔ⁴	diəʔ²³	ziəʔ²³	vã²²⁴	fɔʔ⁴	pʰin³⁵	lin²¹
61 江山	tiɛʔ⁵	tʰiɛʔ⁵	diɛʔ²	iɛʔ²	vaŋ²²	faʔ⁵	pʰĩ⁵¹~行 pʰĩ⁵¹~貌	lĩ²¹³
62 常山	tieʔ⁵	tʰiʌʔ⁵	diʌʔ³⁴	ziʌʔ³⁴	vã²⁴	faʔ⁵	pʰĩ⁵²~貌 pʰĩ⁵²~格	lĩ³⁴¹
63 开化	tiaʔ⁵	tʰiaʔ⁵	diaʔ¹³	ziɛʔ¹³	vã²¹³	faʔ⁵	pʰin⁵³	lin²³¹
64 丽水	tiɛʔ⁵	tʰiɛʔ⁵	diɛʔ²³	iɛʔ²³	vã²²	fuɔʔ⁵	pʰin⁵⁴⁴	lin²²
65 青田	ɗiæʔ⁴²	tʰiæʔ⁴²	diæʔ³¹	iæʔ³¹	vɑ²²	faʔ⁴²	pʰiaŋ⁴⁵⁴	liaŋ²¹
66 云和	tiɛʔ⁵	tʰiɛʔ⁵	diɛʔ²³	iɔʔ²³	vã²³¹	fɔʔ⁵	pʰiŋ⁴¹	liŋ³¹²
67 松阳	tiɛʔ⁵	tʰiɛʔ⁵	diɛʔ²	iɛʔ²	vɔ̃²²	fɔʔ⁵	pʰin²¹²	lin³¹
68 宣平	tiəʔ⁵	tʰiəʔ⁵	diəʔ²³	iəʔ²³	vã²²³	fɑʔ⁵	pʰin⁴⁴⁵	lin⁴³³
69 遂昌	tiɛʔ⁵	tʰiɛʔ⁵	diɛʔ²³	iaʔ²³	vaŋ¹³	faʔ⁵	pʰiŋ⁵³³	liŋ²²¹
70 龙泉	tiɛʔ⁵	tʰiɛʔ⁵	diɛʔ²⁴	ziɛʔ²⁴	faŋ⁵¹	foʔ⁵	pʰin⁵¹	lin²¹
71 景宁	tiaʔ⁵	tʰiaʔ⁵	diaʔ²³	ɕiɛʔ⁵	vɔ³³	fɔʔ⁵	pʰiŋ³³	liaŋ⁴¹
72 庆元	ɗiɛʔ⁵	tʰiɑʔ⁵	tiaʔ³⁴	ɕiɛɯ³⁴	fɑ̃²²¹	fɑʔ⁵	pʰiəŋ³³	liəŋ⁵²

续表

方言点	0433 跌 咸开四 入帖端	0434 贴 咸开四 入帖透	0435 碟 咸开四 入帖定	0436 协 咸开四 入帖匣	0437 犯 咸合三 上凡奉	0438 法 咸合三 入乏非	0439 品 深开三 上侵滂	0440 林 深开三 平侵来
73 泰顺	（无）	tʰiɔʔ⁵	tiɔʔ²	iɛʔ²	uã²¹	fɔʔ⁵	pʰiŋ⁵⁵	liŋ⁵³
74 温州	ti³²³	tʰi³²³	di²¹²	i²¹²	va¹⁴	ho³²³	pʰəŋ²⁵	ləŋ³¹
75 永嘉	ti⁴²³	tʰyə⁴²³	di²¹³	i³¹调殊	va¹³	ho⁴²³	pʰeŋ⁴⁵	leŋ³¹
76 乐清	tiɛ³²³	tʰiɯʌ³²³	diɯʌ²¹²	ia²¹²	vɛ²⁴	fa³²³	pʰeŋ³⁵	leŋ³¹
77 瑞安	（无）	tʰuɔ³²³	duɔ²¹²	i²¹²	vɔ¹³	fɔ³²³	pʰəŋ³⁵	ləŋ³¹
78 平阳	tie³⁴	tʰye³⁴	dye¹²	ie¹²	vɔ²³	fɔ³⁴	pʰeŋ⁴⁵	leŋ²⁴²
79 文成	tie³⁴	tʰie³⁴	die²¹²	ie²¹²	vɔ²²⁴	fɔ³⁴	pʰeŋ⁴⁵	leŋ¹¹³
80 苍南	（无）	tʰia²²³	dia¹¹²	i¹¹²	ua⁴²	hua²²³	pʰeŋ⁵³	leŋ³¹
81 建德徽	tie⁵⁵	tʰie⁵⁵	tieɐʔ¹²	ɕieɐʔ¹²	fɛ²¹³	fo⁵⁵	pʰin²¹³	lin³³
82 寿昌徽	tiɛ⁵⁵	tʰiɛ⁵⁵	tiəʔ³¹	ɕiəʔ³¹	fɣ³³	fɣ⁵⁵	pʰien²⁴	lien⁵²
83 淳安徽	（无）	tʰiɑʔ⁵	tʰiɑʔ¹³	ɕiəʔ¹³	fã⁵³	faʔ⁵	pʰin⁵⁵	lin⁴³⁵
84 遂安徽	tɑ²⁴	tʰiɛ²⁴	tʰiɛ²¹³	ɕiɛ²¹³	fã⁴³	fã²⁴	pʰin²¹³	lin³³
85 苍南闽	tie⁵⁵调殊	tʰie⁴³	ti²⁴ tie²⁴	hie²⁴	huan³²	huə⁴³	pʰin⁴³	lin²⁴
86 泰顺闽	tʰiɛʔ³	tʰɛʔ⁵	tiɛʔ³	ɕiɛʔ⁵	fæŋ³¹	fɛʔ⁵	pʰien³⁴⁴	lien²²姓~ læŋ²²森~
87 洞头闽	（无）	tʰie⁵³	tiet²⁴	hiet²⁴	huan²¹	huət⁵	pʰin⁵³	lin¹¹³
88 景宁畲	tiet⁵	tʰat⁵	tʰat²	ɕieʔ⁵	fɔn⁵¹	fɔt⁵	pʰin³²⁵	lin²²

方言点	0441 浸	0442 心	0443 寻	0444 沉	0445 参 人~	0446 针	0447 深	0448 任 责~
	深开三去侵精	深开三平侵心	深开三平侵邪	深开三平侵澄	深开三平侵生	深开三平侵章	深开三平侵书	深开三去侵日
01 杭州	tɕin^{45}	ɕin^{334}	dzin^{213}	dzən^{213}	sən^{334}	tsən^{334}	sən^{334}	zən^{13}
02 嘉兴	tɕin^{224}	ɕin^{42}	dzin^{242}	zən^{242}	sən^{42}	tsən^{42}	sən^{42}	zən^{113}文
03 嘉善	tɕin^{334}	ɕin^{53}	dzin^{132}	zən^{132}	sən^{44}读字	tsən^{53}	sən^{53}	zən^{113}
04 平湖	tsin^{334}	sin^{53}	zin^{31}	zən^{31}	sən^{53}	tsən^{53}	sən^{53}	zən^{213}
05 海盐	tɕin^{334}	ɕin^{53}	dzin^{31}	zən^{213}	sən^{53}	tsən^{53}	sən^{53}	zən^{213}
06 海宁	tɕin^{35}	ɕin^{55}	dzin^{13}	zən^{13}	sən^{5}	tsən^{55}	sən^{55}	zən^{13}
07 桐乡	tsin^{334}	sin^{44}	zin^{13}	zən^{13}	sən^{44}	tsən^{44}	sən^{44}	zən^{213}
08 崇德	tɕin^{334}	ɕin^{44}	zin^{13}	zən^{13}	sən^{44}	tsən^{44}	sən^{44}	zən^{13}
09 湖州	tɕin^{35}	ɕin^{44}	zin^{112}	zən^{112}	sən^{44}	tsən^{44}	sən^{44}	zən^{112}
10 德清	tɕʰin^{334}	ɕin^{44}	zin^{113}	zen^{113}	sen^{44}	tsen^{44}	sen^{44}	zen^{113}
11 武康	tɕin^{224}	ɕin^{44}	zin^{113}	dzen^{113}	sen^{44}	tsen^{44}	sen^{44}	ȵin^{113}
12 安吉	tɕin^{324}	ɕin^{55}	zin^{22}	dzən^{22}	sən^{55}	tsən^{55}	sən^{55}	zən^{213}
13 孝丰	tɕin^{324}	ɕin^{44}	zin^{22}	dzən^{22}	sən^{44}	tsən^{44}	sən^{44}	zən^{213}
14 长兴	tʃin^{324}	ʃin^{44}	ʒin^{12}	dzən^{12}	sən^{44}	tsən^{44}	sən^{44}	zən^{24}
15 余杭	tsin^{423}	sin^{44}	zin^{22}	zin^{22}	sin^{44}	tsin^{44}	sin^{44}	zin^{213}
16 临安	tɕien^{55}	ɕien^{55}	zien^{33}	dzen^{33}	sen^{55}	tsen^{55}	sen^{55}	zen^{33}
17 昌化	tɕiəŋ^{544}	ɕiəŋ^{334}	ziəŋ^{112}	ziəŋ^{112}	sən^{334}	tɕiəŋ^{334}	ɕiəŋ^{334}	zəŋ^{243}
18 於潜	tɕiŋ^{35}	ɕiŋ^{433}	ziŋ^{223}	dzeŋ^{223}	seŋ^{433}	tseŋ^{433}	seŋ^{433}	zeŋ^{24}
19 萧山	tɕiŋ^{42}	ɕiŋ^{533}	ziŋ^{355}	dzəŋ^{355}	səŋ^{533}	tsəŋ^{533}	səŋ^{533}	ȵiŋ^{242}白 zəŋ^{242}文
20 富阳	tɕin^{335}	ɕin^{53}	zin^{13}	dzən^{13}	sən^{53}	tsən^{53}	ɕin^{53}	zin^{224}
21 新登	tɕin^{45}	sein^{53}	zein^{233}	dzein^{233}	sein^{53}	tɕin^{53}	sein^{53}	zein^{13}
22 桐庐	tɕin^{35}	ɕin^{533}	ziŋ^{13}	dzən^{13}	sən^{533}	tsən^{533}	sən^{533}	zən^{24}
23 分水	tɕin^{24}	ɕin^{44}	zin^{22}	dzən^{22}	sən^{44}	tsən^{44}	sən^{44}	zən^{13}
24 绍兴	tɕin^{33}	ɕin^{53}	ziŋ^{231}	dze͂^{231}	sø^{53}	tse͂^{53}	se͂^{53}	ze͂^{231}
25 上虞	tɕin^{53}	ɕin^{35}	ziŋ^{213}	dzən^{213}	sən^{35}	tsən^{35}	sən^{35}	zən^{31}

续表

方言点	0441 浸	0442 心	0443 寻	0444 沉	0445 参 人～	0446 针	0447 深	0448 任 责～
	深开三 去侵精	深开三 平侵心	深开三 平侵邪	深开三 平侵澄	深开三 平侵生	深开三 平侵章	深开三 平侵书	深开三 去侵日
26 嵊州	tɕiŋ^{334}	ɕiŋ^{534}	ziŋ^{213}	dzeŋ^{213}	seŋ^{53}	tseŋ^{534}	seŋ^{534}	zeŋ^{24}
27 新昌	tɕiŋ^{335}	ɕiŋ^{534}	ziŋ^{22}	dziŋ^{22}白 dzeŋ^{22}文	seŋ^{534}	tɕiŋ^{534}白 tseŋ^{534}文	seŋ^{534}	zeŋ^{13}
28 诸暨	tɕiŋ^{544}	ɕiŋ^{544}	ziŋ^{13}	dzɛŋ^{13}	sɛŋ^{544}	tsɛŋ^{544}	sɛŋ^{544}	zɛŋ^{13}调殊
29 慈溪	tɕiŋ^{44}	ɕiŋ^{35}	iŋ^{13}	dzəŋ^{13}	səŋ^{35}	tsəŋ^{35}	səŋ^{35}	zəŋ^{13}
30 余姚	tɕiə̃^{53}	ɕiə̃^{44}	iə̃^{13}	dzə̃^{13}	sə̃^{44}	tsə̃^{44}	sə̃^{44}	zə̃^{13}
31 宁波	tɕiŋ^{44}	ɕiŋ^{53}	ziŋ^{13}	dzɿŋ^{13}	səŋ^{53}	tɕiŋ^{53}	ɕiŋ^{53}	n̠iŋ^{13}
32 镇海	tɕiŋ^{53}	ɕiŋ^{53}	iŋ^{24}	dziŋ^{24}	səŋ^{53}	tɕiŋ^{53}	ɕiŋ^{53}	n̠iŋ^{24}
33 奉化	tɕiŋ^{53}	ɕiŋ^{44}	ziŋ^{33}	dziŋ^{33}	səŋ^{44}	tɕiŋ^{44}	ɕiŋ^{44}	ziŋ^{31}
34 宁海	tɕiŋ^{35}	ɕiŋ^{423}	ziŋ^{213}	dziŋ^{213}	ɕiŋ^{423}	tɕiŋ^{423}	ɕiŋ^{423}	ziŋ^{24}
35 象山	tsoŋ^{53}	soŋ^{44}白 ɕiŋ^{44}文	zoŋ^{31}	dzoŋ^{13}	səŋ^{44}	tsoŋ^{44}	soŋ^{44}	zoŋ^{31}
36 普陀	tɕiŋ^{55}	ɕiŋ^{53}	iŋ^{24}	dziŋ^{24}	sæŋ^{53}	tɕiŋ^{53}	ɕiŋ^{53}	zoŋ^{13}
37 定海	tɕiŋ^{44}	ɕiŋ^{52}	iŋ^{23}	dziŋ^{23}	sæŋ^{52}	tɕiŋ^{52}	ɕiŋ^{52}	zoŋ^{13}
38 岱山	tɕiŋ^{44}	ɕiŋ^{52}	iŋ^{23}	dziŋ^{23}	sæŋ^{52}	tɕiŋ^{52}	ɕiŋ^{52}	zoŋ^{213}
39 嵊泗	tɕiŋ^{53}	ɕiŋ^{53}	iŋ^{243}	dziŋ^{243}	sæŋ^{53}	tɕiŋ^{53}	ɕiŋ^{53}	zoŋ^{213}
40 临海	tɕiŋ^{55}	ɕiŋ^{31}	ziŋ^{21}	dziŋ^{21}	səŋ^{31}	tɕiŋ^{31}	ɕiŋ^{31}	ziŋ^{324}
41 椒江	tɕiŋ^{55}	ɕiŋ^{42}	ziŋ^{31}	dziŋ^{31}	søŋ^{42}	tɕiŋ^{42}	ɕiŋ^{42}	ziŋ^{24}
42 黄岩	tɕiŋ^{55}	ɕiŋ^{32}	ziŋ^{121}	dziŋ^{121}	søŋ^{32}	tɕiŋ^{32}	ɕiŋ^{32}	ziŋ^{24}
43 温岭	tɕiŋ^{55}	ɕiŋ^{33}	ziŋ^{31}	dziŋ^{31}	søŋ^{33}	tɕiŋ^{33}	ɕiŋ^{33}	ziŋ^{13}
44 仙居	tsen^{55}	sen^{334}	zen^{213}	dzen^{213}	sen^{334}	tsen^{334}	sen^{334}	zen^{24}
45 天台	tɕiŋ^{55}	ɕiŋ^{33}	ziŋ^{224}	dziŋ^{224}	səŋ^{33}	tɕiŋ^{33}	ɕiŋ^{33}	ziŋ^{35}
46 三门	tɕiŋ^{55}	ɕiŋ^{334}	ziŋ^{113}	dziŋ^{113}	səŋ^{334}	tɕiŋ^{334}	ɕiŋ^{334}	ziŋ^{243}
47 玉环	tɕiŋ^{55}	ɕiŋ^{42}	ziŋ^{31}	dziŋ^{31}	səŋ^{42}	tɕiŋ^{42}	ɕiŋ^{42}	ziŋ^{22}
48 金华	tsəŋ^{55}老 tɕiŋ^{55}新	ɕiŋ^{334}	zəŋ^{313}	dzəŋ^{313}	səŋ^{334}	tɕiŋ^{334}	ɕiŋ^{334}白 səŋ^{334}文	zʮyeŋ^{14}

方言点	0441 浸	0442 心	0443 寻	0444 沉	0445 参 人~	0446 针	0447 深	0448 任 责~
	深开三去侵精	深开三平侵心	深开三平侵邪	深开三平侵澄	深开三平侵生	深开三平侵章	深开三平侵书	深开三去侵日
49 汤溪	tsã⁵²	sɛ̃i²⁴	zã¹¹	dʑiã¹¹	sã²⁴	tɕiã²⁴	ɕiã²⁴	ziã³⁴¹
50 兰溪	tɕin⁴⁵	sin³³⁴	zin²¹	dʑiæ̃²¹	sæ̃³³⁴	tɕiæ̃³³⁴	ɕiæ̃³³⁴	ziæ̃²⁴
51 浦江	tsən⁵⁵	sən⁵³⁴白 siən⁵³⁴文	zən¹¹³	dzən¹¹³	sən⁵³⁴	tsən⁵³⁴	sən⁵³⁴	zyən²⁴
52 义乌	tsən⁴⁵	sən³³⁵	zən²¹³	dzən²¹³	sən³³⁵	tsən³³⁵	sən³³⁵	yən²⁴
53 东阳	tɕiɐn⁴⁵³	ɕiɐn³³⁴	zɐn²¹³	dzɐn²¹³	ɕiɐn³³⁴白 sɐn⁴⁴文	tsɐn³³⁴	sɐn³³⁴	zɐn²⁴
54 永康	tsəŋ⁵²	səŋ⁵⁵	zəŋ²²	dzəŋ²²	səŋ⁵⁵	tsəŋ⁵⁵	səŋ⁵⁵	zəŋ²⁴¹
55 武义	tsen⁵³	ɕin²⁴	zen³²⁴	dzen³²⁴	sen²⁴	tsen²⁴	sen²⁴	zin²³¹
56 磐安	tɕiɐn⁵²	ɕiɐn⁴⁴⁵	zɐn²¹³	dzɐn²¹³	ɕiɐn⁴⁴⁵	tsɐn⁴⁴⁵	sɐn⁴⁴⁵	zyɐn¹⁴
57 缙云	tsaŋ⁴⁵³	saŋ⁴⁴	zaŋ²⁴³	dzaŋ²⁴³	saŋ⁴⁴	tsaŋ⁴⁴	saŋ⁴⁴	zaŋ²¹³
58 衢州	tɕin⁵³	ɕin³²	zin²¹	tin⁵³白 dʒyən²¹文	sən³²	tʃyən³²	ʃyən³²	ʒyən²³¹
59 衢江	tɕin⁵³	ɕiŋ³³	ziŋ²¹²	dʑiŋ²¹²	səŋ³³	tɕyoŋ³³	ɕyoŋ³³	ziŋ²³¹
60 龙游	tɕin⁵¹	ɕin³³⁴	zin²¹	dzən²¹	sən³³⁴	tsən³³⁴	sən³³⁴	zən²³¹
61 江山	tɕ ĩ⁵¹	ɕ ĩ⁴⁴	z ĩ²¹³	dʑiɵ̃²¹³	ɕiɵ̃⁴⁴	tɕiɵ̃⁴⁴	tɕʰiɵ̃⁴⁴ 声殊	z ĩ³¹
62 常山	ts ĩ³²⁴	s ĩ⁴⁴	z ĩ³⁴¹	d ĩ¹³¹	s ĩ⁴⁴	ts ĩ⁴⁴	tɕʰyɔ̃⁴⁴白 s ĩ⁴⁴文	z ĩ¹³¹
63 开化	tɕin⁴¹²	ɕin⁴⁴	zin²³¹	din²³¹	sɤŋ⁴⁴	tɕyɛ̃⁴⁴	tɕʰyɛ̃⁴⁴	zin²¹³
64 丽水	tsen⁵²	sen²²⁴	zen²²	dzen²²	sen²²⁴	tsen²²⁴	sen²²⁴	n̠in¹³¹
65 青田	tsaŋ³³	saŋ⁴⁴⁵	zaŋ²¹	dzaŋ²¹	saŋ⁴⁴⁵	tsaŋ⁴⁴⁵	saŋ⁴⁴⁵	zaŋ²²
66 云和	tsəŋ⁴⁵	səŋ²⁴	zəŋ³¹²	dzəŋ³¹²	səŋ²⁴	tsəŋ²⁴	tsʰəŋ²⁴	n̠iŋ²²³
67 松阳	tɕin²⁴	ɕin⁵³	zin³¹	dʑin³¹	sen⁵³	tɕin⁵³	tɕʰiɛ̃⁵³	n¹³
68 宣平	tsən⁵²	sən³²⁴	zən⁴³³	dzən⁴³³	sən³²⁴	tsən³²⁴	sən³²⁴	n̠in²³¹
69 遂昌	tsəŋ³³⁴	ɕiŋ⁴⁵	zəŋ²²¹	dʑiŋ²²¹	səŋ⁴⁵	tɕyŋ⁴⁵	tɕʰyɛ̃⁴⁵	n̠iŋ²¹³

续表

方言点	0441 浸	0442 心	0443 寻	0444 沉	0445 参 人~	0446 针	0447 深	0448 任 责~
	深开三 去侵精	深开三 平侵心	深开三 平侵邪	深开三 平侵澄	深开三 平侵生	深开三 平侵章	深开三 平侵书	深开三 去侵日
70 龙泉	tɕin⁴⁵	ɕin⁴³⁴	zyn²¹	dɛn²¹白 dzɛn²¹文	sɛn⁴³⁴	tsɛn⁴³⁴	tɕʰiɛ⁴³⁴白 ɕin⁴³⁴文	n̠in²²⁴
71 景宁	tsaŋ³⁵	saŋ³²⁴	zaŋ⁴¹	dzaŋ⁴¹	saŋ³²⁴	tsaŋ³²⁴	tsʰaŋ³²⁴	n̠iaŋ¹¹³
72 庆元	tɕiəŋ¹¹	ɕiəŋ³³⁵	ɕiəŋ⁵²	tsæ̃⁵²	səŋ³³⁵	tɕiəŋ³³⁵	tsʰæ̃³³⁵	n̠iəŋ³¹
73 泰顺	tsəŋ³⁵	səŋ²¹³	səŋ⁵³	tsəŋ⁵³	səŋ²¹³	tsəŋ²¹³	tsʰəŋ²¹³	n̠in²²
74 温州	tsaŋ⁵¹	saŋ³³	zaŋ³¹	dzaŋ³¹	saŋ³³	tsaŋ³³	saŋ³³	zaŋ²²
75 永嘉	tsaŋ⁵³	saŋ⁴⁴	zaŋ³¹	dzaŋ³¹	saŋ⁴⁴	tsaŋ⁴⁴	saŋ⁴⁴	zaŋ²²
76 乐清	tɕiaŋ⁴¹	saŋ⁴⁴	zaŋ³¹	dʑiaŋ³¹	saŋ⁴⁴	tɕiaŋ⁴⁴	saŋ⁴⁴	zaŋ²²
77 瑞安	tsaŋ⁵³	saŋ⁴⁴	zaŋ³¹	dzaŋ³¹	saŋ⁴⁴	tsaŋ⁴⁴	saŋ⁴⁴	zaŋ²²
78 平阳	tʃaŋ⁵³	saŋ⁵⁵	zaŋ²⁴²	dʒaŋ²⁴²	saŋ⁵⁵	tʃaŋ⁵⁵	saŋ⁵⁵	zaŋ³³
79 文成	tʃʰaŋ³³声殊	seŋ⁵⁵	zeŋ¹¹³	deŋ¹¹³	saŋ⁵⁵	tʃeŋ⁵⁵	seŋ⁵⁵	zaŋ⁴²⁴
80 苍南	tsaŋ⁴²	saŋ⁴⁴	zaŋ³¹	zaŋ³¹	saŋ⁴⁴	tsaŋ⁴⁴	saŋ⁴⁴	zaŋ¹¹
81 建德徽	tɕin³³	ɕin⁵³	ɕin³³	（无）	sən⁵³	tsən⁵³	sən⁵³	sən²¹³
82 寿昌徽	tɕien³³	ɕien¹¹²	ɕien⁵²	tien³³白 tsʰen⁵²文	sen¹¹²	tsen¹¹²	sen¹¹²	len²⁴
83 淳安徽	tɕin²⁴	ɕin²⁴	ɕin⁴³⁵	（无）	sen²⁴	tsen²⁴	sen²⁴	in⁵³
84 遂安徽	tɕin⁴³	ɕin⁵³⁴	ɕin³³	tin³³白 tɕʰin³³文	sɑ̃⁵³⁴	tɕin⁵³⁴	ɕin⁵³⁴	in⁵²
85 苍南闽	tɕin²¹	ɕin⁵⁵	（无）	tin²⁴	ɕin⁵⁵	tsan⁵⁵	tɕʰin⁵⁵	in²¹
86 泰顺闽	tsien⁵³	sien²¹³	syen²²	tien²²	sɛ²¹³	tsɛ²¹³	tsien²¹³	nieŋ³¹
87 洞头闽	tɕin²¹	ɕin³³	sun¹¹³	tin¹¹³	ɕin³³	tsan³³	tɕʰin³³	dzin²¹
88 景宁畲	tɕin⁴⁴	ɕin⁴⁴	ɕin²²	tʰin²²	ɕin⁴⁴	tɕin⁴⁴	ɕin⁴⁴	n̠in⁵¹

方言点	0449 金 深开三 平侵见	0450 琴 深开三 平侵群	0451 音 深开三 平侵影	0452 立 深开三 入缉来	0453 集 深开三 入缉从	0454 习 深开三 入缉邪	0455 汁 深开三 入缉章	0456 十 深开三 入缉禅
01 杭州	tɕiŋ³³⁴	dʑiŋ²¹³	iŋ³³⁴	lieʔ²	dʑiɛʔ²	dʑiɛʔ²	tsaʔ⁵	zaʔ²
02 嘉兴	tɕiŋ⁴²	dʑiŋ²⁴²	iŋ⁴²	lieʔ⁵	dʑieʔ¹³	dʑieʔ¹³	tsəʔ⁵	zəʔ¹³
03 嘉善	tɕin⁵³	dʑin¹³²	in⁵³	lieʔ²	dʑieʔ²	dʑieʔ²	tsɤʔ⁵	zɤʔ²
04 平湖	tɕin⁵³	dʑin³¹	in⁵³	lieʔ²³	ziəʔ²³	ziəʔ²³	tsəʔ⁵	zəʔ²³
05 海盐	tɕin⁵³	dʑin³¹	in⁵³	lieʔ²³	dʑiəʔ²³	dʑiəʔ²³	tsəʔ⁵	zəʔ²³
06 海宁	tɕiŋ⁵⁵	dʑiŋ¹³	iŋ⁵⁵	lieʔ²	dʑieʔ²	dʑieʔ²	tsəʔ⁵	zəʔ²
07 桐乡	tɕiŋ⁴⁴	dʑiŋ¹³	iŋ⁴⁴	lieʔ²³	zieʔ²³	zieʔ²³	tsəʔ⁵	zəʔ²³
08 崇德	tɕiŋ⁴⁴	dʑiŋ¹³	iŋ⁴⁴	lieʔ²³	zieʔ²³	zieʔ²³	tsəʔ⁵	zəʔ²³
09 湖州	tɕiŋ⁴⁴	dʑiŋ¹¹²	in⁴⁴	lieʔ²	zieʔ²	zieʔ	tsəʔ⁵	zəʔ²
10 德清	tɕiŋ⁴⁴	dʑin¹¹³	in⁴⁴	lieʔ²	dʑieʔ²	zieʔ	tsəʔ⁵	zəʔ²
11 武康	tɕiŋ⁴⁴	dʑin¹¹³	in⁴⁴	lieʔ²	dʑieʔ²	dʑieʔ²	tsəʔ⁵	zɤʔ²
12 安吉	tɕiŋ⁵⁵	dʑin²²	iŋ⁵⁵	liɛʔ²³	dʑiɛʔ²³	ziɛʔ²³	tsəʔ⁵	zəʔ²³
13 孝丰	tɕiŋ⁴⁴	dʑin²²	iŋ⁴⁴	lieʔ²³	zieʔ²³	zieʔ²³	tsəʔ⁵	zəʔ²³
14 长兴	tʃiŋ⁴⁴	dʒiŋ¹²	iŋ⁴⁴	lieʔ²	ʒiɛʔ²	ʒiɛʔ	tsəʔ⁵	zəʔ²
15 余杭	tɕiŋ⁴⁴	dʑin²²	iŋ⁴⁴	lieʔ²	zieʔ²	zieʔ²	tsəʔ⁵	zeʔ²
16 临安	tɕieŋ⁵⁵	dʑieŋ³³	ieŋ⁵⁵	liɐʔ¹²	dʑiɐʔ¹²	ziɐʔ¹²	tsɐʔ⁵⁴	zɐʔ¹²
17 昌化	tɕiəŋ³³⁴	ziəŋ¹¹²	iəŋ³³⁴	liɛʔ²³	dʑiɛʔ²³	ziɛʔ²³	tsʅ³³⁴	ziɛʔ²³
18 於潜	tɕiŋ⁴³³	dʑiŋ²²³	iŋ⁴³³	liæʔ²³	dʑiæʔ²³	ziæʔ²³	tsəʔ⁵³	zæʔ²³ 白 ziæʔ²³ 文
19 萧山	tɕiŋ⁵³³	dʑiŋ³⁵⁵	iŋ⁵³³	lieʔ¹³	dʑieʔ¹³	zieʔ¹³	tsəʔ⁵	zəʔ¹³
20 富阳	tɕin⁵³	dʑin¹³	in⁵³	lieʔ²	dʑiɛʔ²	dʑiɛʔ²	tsɐʔ⁵	ziɛʔ²
21 新登	tɕiŋ⁵³	dʑiŋ²³³	eiŋ⁵³	liəʔ²	dʑiəʔ²	ziəʔ²	tsəʔ⁵	zəʔ²
22 桐庐	tɕiŋ⁵³³	dʑiŋ¹³	iŋ⁵³³	liəʔ²	dʑiəʔ¹³	ziəʔ²	tsəʔ⁵	zəʔ¹³
23 分水	tɕin⁴⁴	dʑin²²	in⁴⁴	liəʔ¹²	dʑiəʔ¹²	ziəʔ¹²	tsəʔ⁵	zəʔ¹²
24 绍兴	tɕiŋ⁵³	dʑiŋ²³¹	iŋ⁵³	lieʔ²	dʑieʔ²	dʑieʔ²	tseʔ⁵	zeʔ²
25 上虞	tɕiŋ³⁵	dʑiŋ²¹³	iŋ³⁵	liəʔ²	dʑiəʔ²	ziəʔ²	tsəʔ⁵	zəʔ²

续表

方言点	0449 金	0450 琴	0451 音	0452 立	0453 集	0454 习	0455 汁	0456 十
	深开三 平侵见	深开三 平侵群	深开三 平侵影	深开三 入缉来	深开三 入缉从	深开三 入缉邪	深开三 入缉章	深开三 入缉禅
26 嵊州	tɕiŋ⁵³⁴	dziŋ²¹³	iŋ⁵³⁴	lieʔ²	dzieʔ²	dzieʔ²	tsəʔ⁵	zəʔ²
27 新昌	tɕiŋ⁵³⁴	dziŋ²²	iŋ⁵³⁴	liʔ²	dziʔ²	dziʔ² 白 ziʔ² 文	tɕiʔ⁵	zeʔ²
28 诸暨	tɕin⁵⁴⁴	dzin¹³	in⁵⁴⁴	lieʔ¹³	dzieʔ¹³	zieʔ¹³	tsəʔ⁵	zəʔ¹³
29 慈溪	tɕiŋ³⁵	dziŋ¹³	iŋ³⁵	liəʔ²	dziəʔ²	dziəʔ²	tsəʔ⁵	zəʔ²
30 余姚	tɕiə̃⁴⁴	dziə̃¹³	iə̃⁴⁴	liəʔ²	dziəʔ²	dziəʔ²	tsəʔ⁵	zəʔ²
31 宁波	tɕiŋ⁵³	dziŋ¹³	iŋ⁵³	liəʔ²	ziəʔ²	ziəʔ²	tɕiəʔ⁵	zoʔ²
32 镇海	tɕiŋ⁵³	dziŋ²⁴	iŋ⁵³	lieʔ¹²	dzieʔ¹²	dzieʔ¹²	tɕieʔ⁵	zoʔ¹²
33 奉化	tɕiŋ⁴⁴	dziŋ³³	iŋ⁴⁴	liɿʔ²	dziɿʔ²	zoʔ² 学~	tɕiɿʔ⁵	zoʔ²
34 宁海	tɕiŋ⁴²³	dziŋ²¹³	iŋ⁴²³	liəʔ³	ziəʔ³	ziəʔ³	tɕiəʔ⁵	ʑyəʔ³
35 象山	tɕiŋ⁴⁴	dziŋ³¹	iŋ⁴⁴	lieʔ²	dzieʔ²	ieʔ²	tsoʔ⁵	zoʔ²
36 普陀	tɕiŋ⁵³	dziŋ²⁴	iŋ⁵³	liɛʔ²³	dziɛʔ²³	dziɛʔ²³	tɕiɛʔ⁵	zoʔ²³
37 定海	tɕiŋ⁵²	dziŋ²³	iŋ⁵²	lieʔ²	dzieʔ²	dzieʔ² 学~	tɕieʔ⁵	zoʔ²
38 岱山	tɕiŋ⁵²	dziŋ²³	iŋ⁵²	lieʔ²	dzieʔ²	dzieʔ²	tɕieʔ⁵	zoʔ²
39 嵊泗	tɕiŋ⁵³	dziŋ²⁴³	iŋ⁵³	liɛʔ²	dziɛʔ²	dziɛʔ² 学~	tɕiɛʔ⁵	zoʔ²
40 临海	tɕiŋ³¹	dziŋ²¹	iŋ³¹	lieʔ²³	zieʔ²³	zieʔ²³	tɕieʔ⁵	zieʔ²³
41 椒江	tɕiŋ⁴²	dziŋ³¹	iŋ⁴²	lieʔ²	zieʔ²	zieʔ²	tɕieʔ⁵	zieʔ²
42 黄岩	tɕin³²	dzin¹²¹	in³²	lieʔ²	zieʔ²	zieʔ²	tɕieʔ⁵	zieʔ²
43 温岭	tɕin³³	dzin³¹	in³³	liʔ²	ziʔ²	ziʔ²	tɕiʔ⁵	ziʔ²
44 仙居	tɕin³³⁴	dzin²¹³	in³³⁴	liəʔ²³	zəʔ²³	zəʔ²³	tsəʔ⁵	zəʔ²³
45 天台	kiŋ³³	giŋ²²⁴	iŋ³³	liəʔ²	zieʔ²	ziəʔ²	tɕiəʔ⁵	ziəʔ²
46 三门	tɕiŋ³³⁴	dziŋ¹¹³	iŋ³³⁴	lieʔ²³	zieʔ²³	zieʔ²³	tɕieʔ⁵	zieʔ²³
47 玉环	tɕiŋ⁴²	dziŋ³¹	iŋ⁴²	liɐʔ²	ziɐʔ²	ziɐʔ²	tsɐʔ⁵	ziɐʔ²
48 金华	tɕiŋ³³⁴	dziŋ³¹³	iŋ³³⁴	liəʔ²¹²	ziəʔ²¹² 白 dziəʔ²¹² 文	ziəʔ²¹²	tsəʔ⁴	ziəʔ²¹²
49 汤溪	tɕiɛ̃i²⁴	dziɛ̃i¹¹	iɛ̃i²⁴	lei¹¹³	zei¹¹³	dzei¹¹³	tɕiɛ⁵⁵	ziɛ¹¹³

方言点	0449 金	0450 琴	0451 音	0452 立	0453 集	0454 习	0455 汁	0456 十
	深开三平侵见	深开三平侵群	深开三平侵影	深开三入缉来	深开三入缉从	深开三入缉邪	深开三入缉章	深开三入缉禅
50 兰溪	tɕiɛ³³⁴	dziɛ²¹	iɛ³³⁴	lieʔ¹²	dzieʔ¹²	dzieʔ¹²	tɕieʔ³⁴	ʑieʔ¹²
51 浦江	tɕiɛn⁵³⁴	dziɛn¹¹³	iɛn⁵³⁴	liə²³²	dʑi²³²	ʑiə²³² 白 dʑia²³² 文	tsə⁴²³	zə²³²
52 义乌	tɕiən³³⁵	dziən²¹³	iən³³⁵	lai³¹²	dzə³¹²	ɣə³¹² 白 ʑɣə³¹² 文	tsə³²⁴	zə³¹²
53 东阳	tɕiɐn³³⁴	dziɐn²¹³	iɐn³³⁴	liɛ²¹³	dziɛ²¹³	dʑiɛ²¹³	tsɐʔ³⁴	zɐʔ²³
54 永康	tɕiŋ⁵⁵	dziŋ²²	iŋ⁵⁵	lə¹¹³	zə¹¹³	zə¹¹³	tsə³³⁴	zə¹¹³
55 武义	tɕin²⁴	dzin³²⁴	in²⁴	lə²¹³	zə²¹³	ʑɣə²¹³ ~惯 ziɛ²¹³ 姓~	tsəʔ⁵	zə²¹³
56 磐安	tɕiɐn⁴⁴⁵	dziɐn²¹³	iɐn⁴⁴⁵	liɛ²¹³	dziɛ²¹³	dziɛ²¹³ 学~ ziɛ²¹³ 姓~	tsɛ³³⁴	zɛ²¹³
57 缙云	tɕiɛŋ⁴⁴	dziɛŋ²⁴³	iɛŋ⁴⁴	ləʏ¹³	zəʏ¹³	ʑɣai¹³	tsəʏ³²²	zəʏ¹³
58 衢州	tɕin³²	dzin²¹	in³²	liəʔ¹²	ziəʔ¹² 老 dziəʔ¹² 新	ziəʔ¹²	tʃʲyəʔ⁵	ʒyəʔ⁵
59 衢江	tɕiŋ³³	dziŋ²¹²	iŋ³³	liəʔ²	dziəʔ²	ziəʔ²	tɕyəʔ⁵	ʑiaʔ²
60 龙游	tɕin³³⁴	dzin²¹	in³³⁴	liəʔ²³	dziəʔ²³	dziəʔ²³ 学~ ziəʔ²³ 姓~	tsəʔ⁴	zəʔ²³
61 江山	kɐ̃⁴⁴	gĩ²¹³	ĩ⁴⁴	liɛʔ²	dziɛʔ²	ziɛʔ²	tɕiɐʔ⁵	ziɐʔ²
62 常山	kĩ⁴⁴	gĩ³⁴¹ 胡~ dzĩ³⁴¹ 钢~	ĩ⁴⁴	lieʔ³⁴	dzieʔ³⁴	zeʔ³⁴	tsɛʔ⁵	zɛʔ³⁴
63 开化	kɛn⁴⁴ 地名 tɕin⁴⁴ 姓~	dzin²³¹	ɛn⁴⁴ 地名 in⁴⁴ 声~	liɛʔ¹³	dziɛʔ¹³	ziɛʔ¹³	tɕyaʔ⁵	ʑyaʔ¹³
64 丽水	tɕin²²⁴	dzin²²	in²²⁴	liʔ²³	dziʔ²³	ʑyɛʔ²³ 白 ziʔ²³ 文	tseʔ⁵	ʑyɛʔ²³
65 青田	tɕiaŋ⁴⁴⁵	dziaŋ²¹	iaŋ⁴⁴⁵	liæʔ³¹	zaʔ³¹	zaʔ³¹	tsaʔ⁴²	zaʔ³¹
66 云和	tɕiŋ²⁴	dziŋ³¹²	iŋ²⁴	liʔ²³	dziʔ²³	ʑyeiʔ²³	tseiʔ⁵	ʑyeiʔ²³
67 松阳	tɕin⁵³	dzin³¹	in⁵³	liʔ²	dziʔ²	ziʔ²	tɕiʔ⁵	ʑyɛʔ²
68 宣平	tɕin³²⁴	dzin⁴³³	in³²⁴	liəʔ²³	zəʔ²³ 白 dʑiəʔ²³ 文	ʑyəʔ²³ 白 ziəʔ²³ 文	tsəʔ⁵	zəʔ²³
69 遂昌	tɕiŋ⁴⁵	dziŋ²²¹	iŋ⁴⁵	liʔ²³	dziʔ²³	ziʔ²³	tɕyɛʔ⁵	ʑyɛʔ²³

续表

方言点	0449 金	0450 琴	0451 音	0452 立	0453 集	0454 习	0455 汁	0456 十
	深开三平侵见	深开三平侵群	深开三平侵影	深开三入缉来	深开三入缉从	深开三入缉邪	深开三入缉章	深开三入缉禅
70 龙泉	tɕin⁴³⁴	dʑin²¹	in⁴³⁴	lieiʔ²⁴	ʑieiʔ²⁴	ʑieiʔ²⁴	tsaiʔ⁵	zaiʔ²⁴
71 景宁	tɕiaŋ³²⁴	dʑiaŋ⁴¹	iaŋ³²⁴	liɘɯʔ²³	zɯʔ²³	zɯʔ²³	tsɯʔ⁵	zɯʔ²³
72 庆元	tɕiəŋ³³⁵	tɕiəŋ⁵²	iəŋ³³⁵	liɘɯʔ³⁴	ɕiɘɯʔ³⁴	ɕiɘɯʔ³⁴	tsɯʔ⁵	sɯʔ³⁴
73 泰顺	tsəŋ²¹³	tsəŋ⁵³	iŋ²¹³	liʔ²	səiʔ²	səiʔ²	tsəiʔ⁵	səiʔ²
74 温州	tɕiaŋ³³	dʑiaŋ³¹	iaŋ³³	li²¹²	zai²¹²	zai²¹²	tsai³²³	zai²¹²
75 永嘉	tɕiaŋ⁴⁴	dʑiaŋ³¹	iaŋ⁴⁴	lei²¹³	zai²¹³	zai²¹³	tsai⁴²³	zai²¹³
76 乐清	tɕiaŋ⁴⁴	dʑiaŋ³¹	iaŋ⁴⁴	li²¹²	zɤ²¹²	zɤ²¹²	tɕiɤ³²³	zɤ²¹²
77 瑞安	tɕiaŋ⁴⁴	dʑiaŋ³¹	iaŋ⁴⁴	li²¹²	za²¹²	za²¹²	tsa³²³	za²¹²
78 平阳	tʃaŋ⁵⁵	dʒaŋ²⁴²	iaŋ⁵⁵	lie¹²	zʌ¹²	zʌ¹²	tʃʌ³⁴	zʌ¹²
79 文成	tʃaŋ⁵⁵	dʒaŋ¹¹³	iaŋ⁵⁵	lie²¹²	za²¹²	za²¹²	tʃa³⁴	za²¹²
80 苍南	tɕiaŋ⁴⁴	dʑiaŋ³¹	iaŋ⁴⁴	liɛ¹¹²	zɛ¹¹²	zɛ¹¹²	tsɛ²²³	zɛ¹¹²
81 建德徽	tɕin⁵³	tɕin³³	in⁵³	liɐʔ¹²	ɕiɐʔ¹²白 tɕiɐʔ¹²文	tɕiɐʔ¹²	tsɐʔ⁵	sɐʔ¹²
82 寿昌徽	tɕien¹¹²	tɕʰien⁵²	ien¹¹²	liəʔ³¹	tɕiəʔ³¹	ɕiəʔ³¹	tsəʔ³	səʔ³¹
83 淳安徽	tɕin²⁴	tɕʰin⁴³⁵	in²⁴	liəʔ¹³	ɕiəʔ¹³	ɕiəʔ¹³ 姓~ ɕiʔ⁵ 学~	tsəʔ⁵	səʔ¹³
84 遂安徽	tɕin⁵³⁴	tɕʰin³³	in⁵³⁴	liɛ²¹³	tɕiɛ²¹³	ɕiɛ²¹³	tɕiɛ²⁴	ɕiɛ²¹³
85 苍南闽	kin⁵⁵	kʰin²⁴	in⁵⁵	lie²⁴	tɕie²⁴	ɕie²⁴	tsɐ⁴³	tsɐ²⁴
86 泰顺闽	kieŋ²¹³	kieŋ²²	ieŋ²¹³	liɛʔ³	tɕiɪʔ³	ɕiɪʔ³	tsɛʔ⁵	sɛʔ³
87 洞头闽	kin³³	kʰin¹¹³	in³³	liek²⁴	tɕiek²⁴	ɕiek²⁴	tsɐt⁵	tsɐt²⁴
88 景宁畲	kin⁴⁴	kʰin²²	in⁴⁴	lit²	tɕit²	ɕit²	tɕit⁵	ɕit²

方言点	0457 入	0458 急	0459 及	0460 吸	0461 单 筒~	0462 炭	0463 弹 ~琴	0464 难 ~易
	深开三 入缉日	深开三 入缉见	深开三 入缉群	深开三 入缉晓	山开一 平寒端	山开一 去寒透	山开一 平寒定	山开一 平寒泥
01 杭州	zoʔ²	tɕieʔ⁵	dʑieʔ²	ɕieʔ⁵	tɛ³³⁴	tʰɛ⁴⁵	dɛ²¹³	nɛ²¹³
02 嘉兴	zəʔ¹³	tɕieʔ⁵	dʑieʔ¹³	ɕieʔ⁵	tE⁴²	tʰE²²⁴	dE²⁴²	nE²⁴²
03 嘉善	zɘʔ²	tɕieʔ⁵	dʑieʔ²	ɕieʔ⁵	tɛ⁵³	tʰɛ³³⁴	dɛ¹³²	nɛ¹³²
04 平湖	zəʔ²³	tɕiəʔ⁵	dʑiəʔ²³	ɕiəʔ⁵	tɛ⁵³	tʰɛ²¹³	dɛ³¹	nɛ³¹
05 海盐	zəʔ²³	tɕiəʔ⁵	dʑiəʔ²³	ɕiəʔ⁵	tɛ⁵³	tʰɛ³³⁴	dɛ³¹	nɛ³¹
06 海宁	zəʔ²	tɕieʔ⁵	dʑieʔ²	ɕieʔ⁵	tɛ⁵⁵	tʰɛ³⁵	dɛ¹³	nɛ¹³
07 桐乡	zəʔ²³	tɕiəʔ⁵	dʑiəʔ²³	ɕiəʔ⁵	tɛ⁴⁴	tʰɛ³³⁴	dɛ¹³	nɛ¹³
08 崇德	zəʔ²³	tɕiəʔ⁵	dʑiəʔ²³	ɕiəʔ⁵	tɛ⁴⁴	tʰɛ³³⁴	dɛ¹³	nɛ¹³
09 湖州	zəʔ²	tɕieʔ⁵	dʑieʔ²	ɕieʔ⁵	tɛ⁴⁴	tʰɛ³⁵	dɛ¹¹²	nɛ¹¹²
10 德清	zəʔ²	tɕieʔ⁵	dʑieʔ²	ɕieʔ⁵	tɛ⁴⁴	tʰɛ³³⁴	dɛ¹¹³	nɛ³³⁴
11 武康	zɘʔ²	tɕieʔ⁵	dʑieʔ²	ɕieʔ⁵	tɛ⁴⁴	tʰɛ²²⁴	dɛ¹¹³	nɛ¹¹³
12 安吉	zəʔ²³	tɕiEʔ⁵	dʑiEʔ²³	ɕiEʔ⁵	tE⁵⁵	tʰE³²⁴	dE²²	nE²²
13 孝丰	zaʔ²³	tɕieʔ⁵	dʑieʔ²³	ɕieʔ⁵	tɛ⁴⁴	tʰɛ³²⁴	dɛ²²	nɛ²²
14 长兴	zəʔ²	tʃiEʔ⁵	dʒiEʔ²	ʃiEʔ⁵	tE⁴⁴	tʰE³²⁴	dE¹²	nE¹²
15 余杭	ȵieʔ² 白 zəʔ² 文	tɕieʔ⁵	dʑieʔ²	ɕieʔ⁵	tɛ̃⁴⁴	tʰɛ̃⁴²³	dɛ̃²²	nɛ̃²²
16 临安	zɐʔ¹²	tɕiəʔ⁵⁴	dʑiɐʔ¹²	ɕiɐʔ¹²	tɛ⁵⁵	tʰɛ⁵⁵	dɛ³³	nɛ³³
17 昌化	ʑieʔ²³	tɕiɛʔ⁵	dʑiɛʔ²³	ɕieʔ⁵	tɔ̃³³⁴	tʰɔ̃⁵⁴⁴	dɔ̃¹¹²	nɔ̃¹¹²
18 於潜	zæʔ²³	tɕieʔ⁵³	dʑiæʔ²³	ɕieʔ⁵³	tɛ⁴³³	tʰɛ³⁵	dɛ²²³	nɛ²²³
19 萧山	zəʔ¹³	tɕieʔ¹³	dʑieʔ¹³	ɕieʔ⁵	tɛ⁵³³	tʰɛ⁴²	dɛ³⁵⁵	nɛ³⁵⁵
20 富阳	ʑieʔ²	tɕiɛʔ⁵	dʑiɛʔ²	ɕieʔ⁵	tã⁵³	tʰã³³⁵	dã¹³	nã¹³
21 新登	zaʔ²	tɕiəʔ⁵	dʑiəʔ²	ɕiəʔ⁵	tɛ⁵³	tʰɛ⁴⁵	dɛ²³³	nɛ²³³
22 桐庐	ʑyəʔ¹³	tɕiəʔ⁵	dʑiəʔ¹³	ɕiəʔ⁵	tã⁵³³	tʰã³⁵	dã¹³	nã¹³
23 分水	zəʔ¹²	tɕiəʔ⁵	dʑiəʔ¹²	ɕiəʔ⁵	tã⁴⁴	tʰã²⁴	dã²²	nã²²
24 绍兴	zeʔ²	tɕieʔ⁵	dʑieʔ²	ɕieʔ⁵	tɛ̃⁵³	tʰɛ̃³³	dɛ̃²³¹	nɛ̃²³¹
25 上虞	zəʔ²	tɕiəʔ⁵	dʑiəʔ²	ɕiəʔ⁵	tɛ̃³⁵	tʰɛ̃⁵³	dɛ̃²¹³	nɛ̃²¹³

续表

方言点	0457 入	0458 急	0459 及	0460 吸	0461 单 简~	0462 炭	0463 弹 ~琴	0464 难 ~易
	深开三入缉日	深开三入缉见	深开三入缉群	深开三入缉晓	山开一平寒端	山开一去寒透	山开一平寒定	山开一平寒泥
26 嵊州	$zə?^2$	$tɕie?^5$	$dzie?^2$	$ɕie?^5$	$t\tilde{ɛ}^{534}$	$t^h\tilde{ɛ}^{334}$	$d\tilde{ɛ}^{213}$	$n\tilde{ɛ}^{213}$
27 新昌	$zɤ?^2$	$tɕi?^5$	$dzi?^2$	$ɕi?^5$	$t\tilde{ɛ}^{534}$	$t^h\tilde{ɛ}^{335}$	$d\tilde{ɛ}^{22}$	$n\tilde{ɛ}^{22}$
28 诸暨	$zə?^{13}$	$tɕie?^5$	$dzie?^{13}$	$ɕie?^5$	$dɛ^{544}$	$t^hɛ^{544}$	$dɛ^{13}$	$nɛ^{13}$
29 慈溪	$zə?^2$	$tɕiə?^5$	$dziə?^2$	$ɕiə?^5$	$t\tilde{ɛ}^{35}$	$t^h\tilde{ɛ}^{44}$	$d\tilde{ɛ}^{13}$	$n\tilde{ɛ}^{13}$
30 余姚	$zə?^2$	$tɕiə?^5$	$dziə?^2$	$ɕiə?^5$	$t\tilde{a}^{44}$	$t^h\tilde{a}^{53}$	$d\tilde{a}^{13}$	$n\tilde{a}^{13}$
31 宁波	$zo?^2$	$tɕiə?^5$	$dziə?^2$	$ɕiə?^5$	$tɛ^{53}$	$t^hɛ^{53}$	$dɛ^{13}$	$nɛ^{13}$
32 镇海	$zo?^{12}$	$tɕie?^5$	$dzie?^{12}$	$ɕie?^5$	$tɛ^{53}$	$t^hɛ^{53}$	$dɛ^{24}$	$nɛ^{24}$
33 奉化	$zo?^2$	$tɕiɪ?^5$	$dziɪ?^2$	$ɕiɪ?^5$	$tɛ^{44}$	$t^hɛ^{53}$	$dɛ^{33}$	$nɛ^{33}$
34 宁海	$zyə?^3$	$tɕiə?^5$	$dziə?^3$	$ɕiə?^5$	te^{123}	t^he^{35}	de^{213}	ne^{213}
35 象山	$zo?^2$	$tɕie?^5$	$dzie?^2$	$ɕie?^5$	$tɛ^{44}$	$t^hɛ^{53}$	$dɛ^{31}$	$nɛ^{31}$
36 普陀	$zo?^{23}$	$tɕiɛ?^5$	$dziɛ?^{23}$	$ɕiɛ?^5$	$tɛ^{53}$	$t^hɛ^{55}$	$dɛ^{24}$	$nɛ^{24}$
37 定海	$zo?^2$	$tɕie?^5$	$dzie?^2$	$ɕie?^5$	$tɛ^{52}$	$t^hɛ^{44}$	$dɛ^{23}$	$nɛ^{23}$
38 岱山	$zo?^2$	$tɕie?^5$	$dzie?^2$	$ɕie?^5$	$tɛ^{52}$	$t^hɛ^{44}$	$dɛ^{23}$	$nɛ^{23}$
39 嵊泗	$zo?^2$	$tɕiɐ?^5$	$dziɐ?^2$	$ɕiɐ?^5$	$tɛ^{53}$	$t^hɛ^{53}$	$dɛ^{243}$	$nɛ^{243}$
40 临海	$zie?^{23}$	$tɕie?^5$	$dzie?^{23}$	$ɕie?^5$	$tɛ^{31}$	$t^hɛ^{55}$	$dɛ^{21}$	$nɛ^{21}$
41 椒江	$zie?^2$	$tɕie?^5$	$dzie?^2$	$ɕie?^5$	$tɛ^{42}$	$t^hɛ^{55}$	$dɛ^{31}$	$lɛ^{31}$
42 黄岩	$zie?^2$	$tɕie?^5$	$dzie?^2$	$ɕie?^5$	$tɛ^{32}$	$t^hɛ^{55}$	$dɛ^{121}$	$lɛ^{121}$
43 温岭	$zi?^2$	$tɕi?^5$	$dzi?^2$	$ɕi?^5$	$tɛ^{33}$	$t^hɛ^{55}$	$dɛ^{31}$	$nɛ^{31}$
44 仙居	$zə?^{23}$	$tɕiə?^5$	$dziə?^{23}$	$ɕiə?^5$	$ɗa^{334}$	t^ha^{55}	da^{213}	na^{213}
45 天台	$ziə?^2$	$kiə?^5$	$giə?^2$	$hiə?^5$	te^{33}	t^he^{55}	de^{224}	ne^{224}
46 三门	$zie?^{23}$	$tɕie?^5$	$dzie?^{23}$	$ɕie?^5$	$tɛ^{334}$	$t^hɛ^{55}$	$dɛ^{113}$	$nɛ^{113}$
47 玉环	$ziɐ?^2$	$tɕiɐ?^5$	$dziɐ?^2$	$ɕiɐ?^5$	$tɛ^{42}$	$t^hɛ^{55}$	$dɛ^{31}$	$nɛ^{31}$
48 金华	$ziə?^{212}$白 $lo?^{212}$文	$tɕiə?^4$	$dziə?^{212}$	$ɕiə?^4$	$t\tilde{ɛ}^{334}$	t^ha^{55}	da^{313}	na^{313}
49 汤溪	$ziɛ^{113}$	$tɕiei^{55}$	$dziɛ^{113}$	$ɕiei^{55}$	$nuɑ^{24}$	$t^huɑ^{52}$	$duɑ^{11}$	$nuɑ^{11}$

方言点	0457 入	0458 急	0459 及	0460 吸	0461 单 简~	0462 炭	0463 弹 ~琴	0464 难 ~易
	深开三 入缉日	深开三 入缉见	深开三 入缉群	深开三 入缉晓	山开一 平寒端	山开一 去寒透	山开一 平寒定	山开一 平寒泥
50 兰溪	ziəʔ¹²	tɕieʔ³⁴	dzieʔ¹²	ɕieʔ³⁴	tuɑ³³⁴白 tæ³³⁴文	tʰuɑ⁴⁵	duɑ²¹	nuɑ²¹
51 浦江	zə²³²	tɕiə⁴²³	dziə²³²	ɕiə⁴²³	tã⁵³⁴	tʰã⁵⁵	dã¹¹³	lã¹¹³
52 义乌	n̠iə³¹²白 zə³¹²文	tɕiə³²⁴	dziə³¹²~格 dzie²⁴来勿~	ɕiə³²⁴	nɔ³³⁵	tʰɔ⁴⁵	dɔ²¹³	nɔ²¹³
53 东阳	（无）	tɕiɛ³³⁴	dziɛ²¹³	ɕiɛ³³⁴	tɔn³³⁴小	tʰɔ⁴⁵³	dɔ²¹³	nɔ²¹³
54 永康	zə¹¹³	tɕiə³³⁴	dziə¹¹³	ɕiə³³⁴	na⁵⁵	tʰa⁵²	da²²	na²²
55 武义	zə²¹³	tɕiəʔ⁵	dziə²¹³	ɕiəʔ⁵	nuo²⁴	tʰuo⁵³	duo³²⁴	nuo³²⁴
56 磐安	ziɛ²¹³	tɕiɛ³³⁴	dziɛ²¹³	ɕiɛ³³⁴	nɒ⁴⁴⁵	tʰɒ⁵²	dɒ²¹³	nɒ²¹³
57 缙云	zəɤ¹³	tɕiei³²²	dziei¹³	ɕiei³²²	tɑ⁴⁴	tʰɑ⁴⁵³	dɑ²⁴³	nɑ²⁴³
58 衢州	ʒyəʔ¹²	tɕiəʔ⁵	dziəʔ¹²	ɕiəʔ⁵	tã³²	tʰã⁵³	dã²¹	nã²¹
59 衢江	zyəʔ²	tɕiəʔ⁵	dziəʔ²	ɕiəʔ⁵	tã³³	tʰã⁵³	dã²¹²	nã²¹²
60 龙游	zəʔ²³	tɕiəʔ⁴	dziəʔ²³	ɕiəʔ⁴	tã³³⁴	tʰã⁵¹	dã²¹	nã²¹
61 江山	ziɛʔ²	kiɛʔ⁵	giɛʔ²	xiɛʔ⁵	tɒŋ⁴⁴	tʰɒŋ⁵¹	dɒŋ²¹³	nɒŋ²¹³
62 常山	iaʔ³⁴~肫 zɛʔ³⁴~党	tɕieʔ⁵	dzieʔ³⁴	ɕieʔ⁵	tã⁴⁴	tʰɔ̃³²⁴	dɔ̃¹³¹	nɔ̃³⁴¹
63 开化	zyaʔ¹³~肫 ziɛʔ¹³加~	tɕieʔ⁵	dziɛʔ¹³	ɕiɛʔ⁵	tɔŋ⁴⁴	tʰɔŋ⁴¹²	dɔŋ²³¹	nɔŋ²³¹
64 丽水	n̠iɛʔ²³	tɕiʔ⁵	dziʔ²³	ɕiʔ⁵	tã²²⁴	tʰã⁵²	dã²²	nã²²
65 青田	zaʔ³¹	tɕiæʔ⁴²	dziæʔ³¹	ɕiæʔ⁴²	ɗa⁴⁴⁵	tʰa³³	da²¹	na²¹
66 云和	n̠iʔ²³	tɕiʔ⁵	dziʔ²³	ɕiʔ⁵	tã²⁴	tʰã⁴⁵	dã³¹²	nã³¹²
67 松阳	ʑyɛʔ²白 n̠iʔ²文	tɕiʔ⁵	dziʔ²	ɕiʔ⁵	tɔ̃⁵³	tʰɔ̃²⁴	dɔ̃³¹	nɔ̃³¹
68 宣平	n̠iəʔ²³	tɕiəʔ⁵	dziəʔ²³	ɕiəʔ⁵	tã³²⁴	tʰã⁵²	dã⁴³³	nã⁴³³
69 遂昌	n̠iʔ²³	tɕiʔ⁵	dziʔ²³	ɕiʔ⁵	taŋ⁴⁵	tʰaŋ³³⁴	daŋ²²¹	naŋ²²¹
70 龙泉	n̠iei ʔ²⁴	tɕiei ʔ⁵	dziei ʔ²⁴	ɕiei ʔ⁵	taŋ⁴³⁴	tʰaŋ⁴⁵	daŋ²¹	naŋ²¹

续表

方言点	0457 入	0458 急	0459 及	0460 吸	0461 单 简~	0462 炭	0463 弹 ~琴	0464 难 ~易
	深开三入缉日	深开三入缉见	深开三入缉群	深开三入缉晓	山开一平寒端	山开一去寒透	山开一平寒定	山开一平寒泥
71 景宁	ȵieu$ʔ^{23}$	tɕieu$ʔ^{5}$	dʑi$ʔ^{23}$	ɕieu$ʔ^{5}$	tɔ^{324}	t^{h}ɔ^{35}	dɔ^{41}	nɔ^{41}
72 庆元	ȵieu$ʔ^{34}$	tɕieu$ʔ^{5}$	tɕieu$ʔ^{34}$	ɕieu$ʔ^{5}$	ɗã^{335}	t^{h}ã^{11}	tã^{52}	nã^{52}
73 泰顺	ȵiɛ$ʔ^{2}$	tsəi$ʔ^{5}$	tsəi$ʔ^{2}$	səi$ʔ^{5}$	tã^{213}	t^{h}ã^{35}	tã^{53}	nã^{53}
74 温州	zai^{212}	tɕiai^{323}	dziai^{212}	ɕiai^{323}	ta^{33}	t^{h}a^{51}	da^{22}	na^{31}
75 永嘉	zai^{213}	tɕiai^{123}	dziai^{213}	ɕiai^{423}	ta^{44}	t^{h}a^{53}	da^{22}	na^{31}
76 乐清	zɤ^{212}	tɕiɤ^{323}	dziɤ^{212}	ɕiɤ^{323}	tE^{44}	t^{h}E^{41}	dE^{31}	nE^{31}
77 瑞安	za^{212}	tɕia^{323}	dzia^{212}	ɕia^{323}	tɔ^{44}	t^{h}ɔ^{53}	dɔ^{22}	nɔ^{31}
78 平阳	zA^{12}	tʃA^{34}	dʒA^{12}	sA^{34}	tɔ^{55}	t^{h}ɔ^{53}	dɔ^{242}	nɔ^{242}
79 文成	za^{212}	tʃa^{34}	dʒa^{212}	sa^{34}	tɔ^{55}	t^{h}ɔ^{33}	dɔ^{113}	nɔ^{113}
80 苍南	zɛ^{112}	tsɛ^{223}	zɛ^{112}又 dzia^{112}又	sɛ^{223}	ta^{44}	t^{h}a^{42}	da^{31}	na^{31}
81 建德徽	æs$ʔ^{12}$	tɕiɐ$ʔ^{5}$	k^{h}ɛ$ʔ^{55}$白 tɕiɐ$ʔ^{12}$文	ɕiɐ$ʔ^{5}$	tɛ^{53}	t^{h}ɛ^{33}	tɛ^{33}	nɛ^{33}
82 寿昌徽	səs$ʔ^{31}$白 ləs$ʔ^{31}$文	tɕiəs$ʔ^{3}$	tɕ^{h}iə$ʔ^{3}$白 tɕiə$ʔ^{31}$文	ɕiə$ʔ^{3}$	tæ̃^{112}文	t^{h}uə^{33}	t^{h}uə^{52}	nuə^{52}
83 淳安徽	iə$ʔ^{13}$	tɕi$ʔ^{5}$	tɕ^{h}iə$ʔ^{13}$	ɕi$ʔ^{5}$	tã^{24}	t^{h}ã^{24}	t^{h}ã^{435}	lã^{435}
84 遂安徽	lu^{52}	tɕiɛ^{24}	tɕ^{h}iɛ^{24}~格 ts^{h}ʅ^{52} 来不~	ɕiɛ^{24}	tã^{534}	t^{h}ã^{43}	t^{h}ã^{33}	lã^{33}
85 苍南闽	dzie^{24}	kie^{43}	kie^{24}	kie^{43}	tũa^{55}	t^{h}ũa^{43}	tũa^{21}调殊	lan^{24}
86 泰顺闽	niɿ$ʔ^{3}$	kiɿ$ʔ^{5}$	kiɿ$ʔ^{5}$	ɕiɿ$ʔ^{5}$	tæŋ^{213}	t^{h}æŋ^{53}	tæŋ^{22}	næŋ^{22}
87 洞头闽	dʑiek^{24}	kiek^{24}	kiek^{24}	kiek^{5}	tũa^{33}	t^{h}ũa^{21}	tũa^{113}	lan^{113}
88 景宁畲	it^{2}	kit^{5}	kit^{2}	（无）	tɔn^{44}	t^{h}ɔn^{44}	t^{h}ɔn^{51}调殊	nɔn^{22}

方言点	0465 兰	0466 懒	0467 烂	0468 伞	0469 肝	0470 看~见	0471 岸	0472 汉
	山开一平寒来	山开一上寒来	山开一去寒来	山开一上寒心	山开一平寒见	山开一去寒溪	山开一去寒疑	山开一去寒晓
01 杭州	lɛ²¹³	lɛ⁵³	lɛ¹³	sɛ⁵³	kɛ³³⁴	kʰɛ⁴⁵	ɛ⁴⁵	ɛ¹³
02 嘉兴	lɛ²⁴²	lɛ¹¹³	lɛ²²⁴调殊	sɛ²²⁴调殊	kɔ⁴²	kʰə²²⁴	ə¹¹³	hə²²⁴
03 嘉善	lɛ¹³²	lɛ¹¹³	lɛ¹¹³	sɛ³³⁴调殊	kø⁵³	kʰø³³⁴	ŋø¹¹³	xø³³⁴
04 平湖	lɛ³¹	lɛ²¹³	lɛ³³⁴	sɛ³³⁴	kø⁵³	kʰø²¹³	ŋø²¹³	hø³³⁴
05 海盐	lɛ³¹	lɛ⁴²³	lɛ²¹³	sɛ³³⁴	kɤ⁵³	kʰɤ³³⁴	ɤ²¹³	xɤ³³⁴
06 海宁	lɛ¹³	lɛ²³¹	lɛ¹³	sɛ³⁵调殊	kei⁵⁵	kʰei³⁵	ei¹³	hei³⁵
07 桐乡	lɛ¹³	lɛ²⁴²	lɛ²¹³	sɛ³³⁴	kᴇ⁴⁴	kʰᴇ³³⁴	ᴇ²¹³	hᴇ³³⁴
08 崇德	lɛ¹³	lɛ⁵³	lɛ¹³	sɛ³³⁴	kᴇ⁴⁴	kʰᴇ³³⁴	ᴇ¹³	hᴇ³³⁴
09 湖州	lɛ¹¹²	lɛ⁵²³	lɛ³⁵	sɛ³⁵调殊	kɛ⁴⁴	kʰɛ⁴⁴调殊	ɛ³⁵	xɛ³⁵
10 德清	lɛ³³⁴	lɛ⁵²	lɛ³³⁴	sɛ⁵²	køʉ⁴⁴	kʰøʉ³³⁴	øʉ³³⁴	xøʉ³³⁴
11 武康	lɛ¹¹³	lɛ²⁴²	lɛ²²⁴	sɛ²²⁴调殊	kø⁴⁴	kʰø²²⁴	ø²²⁴	xø²²⁴
12 安吉	lᴇ²²	lɛ⁵²	lᴇ²¹³	sᴇ³²⁴	kᴇ⁵⁵	kʰᴇ³²⁴	ŋᴇ²¹³	hᴇ³²⁴
13 孝丰	lᴇ²²	lɛ⁵²	lɛ³²⁴	sɛ³²⁴	ke⁴⁴	kʰe³²⁴	ŋɛ³²⁴	he³²⁴
14 长兴	lᴇ¹²	lɛ⁵²	lɛ³²⁴	sᴇ³²⁴	kɯ⁴⁴	kʰɯ³²⁴	ɯ³²⁴	hɯ³²⁴
15 余杭	lɛ̃²²	lɛ̃⁵³	lɛ̃²¹³	sɛ̃⁵³	kuõ⁴⁴	kʰuõ⁴²³	ŋuõ²¹³	xuõ⁴²³
16 临安	lɛ³³	lɛ³³	lɛ³³	sɛ⁵⁵	kə⁵⁵	kʰə⁵⁵	ŋə³³	hə⁵⁵
17 昌化	lɔ̃¹¹²	lɔ̃²⁴³	lɔ̃²⁴³	sɔ̃⁴⁵³	kɛ̃³³⁴	kʰɛ̃⁵⁴⁴	ɛ̃⁵⁴⁴	xɛ̃⁵⁴⁴
18 於潜	lɛ²²³	lɛ⁵¹	lɛ²⁴	sɛ⁵¹	kɛ⁴³³	kʰɛ³⁵	ŋɛ²⁴	xɛ³⁵
19 萧山	lɛ³⁵⁵	lɛ¹³	lɛ²⁴²	sɛ⁴²	kie⁵³³	kʰie⁴²	ə²⁴²	xə⁴²
20 富阳	lã¹³	lã²²⁴	lã³³⁵	sã³³⁵	kiɛ̃⁵³	kʰɛ̃³³⁵	ŋiɛ̃³³⁵	hɛ̃³³⁵
21 新登	lɛ²³³	lɛ³³⁴	lɛ¹³	sɛ⁴⁵	kɛ̃⁵³	kʰɛ̃⁴⁵	ɛ̃¹³	hɛ̃⁴⁵
22 桐庐	lã¹³	lã³³	lã²⁴	sã³³	ke⁵³³	kʰã³⁵	e²⁴	xã³⁵
23 分水	lã²²	lã⁵³	lã¹³	sã⁵³	kã⁴⁴	kʰã²⁴	ŋã¹³	xã²⁴
24 绍兴	lɛ̃²³¹	lɛ̃²²³	lɛ̃²²	sɛ̃³³	kɛ̃⁵³	kʰɛ̃³³	ŋɛ̃²²	hɛ̃³³
25 上虞	lɛ̃²¹³	lɛ̃²¹³	lɛ̃³¹	sɛ̃⁵³调殊	kɛ̃³⁵	kʰɛ̃⁵³	ȵiɛ̃³¹	hɛ̃⁵³

续表

方言点	0465 兰 山开一平寒来	0466 懒 山开一上寒来	0467 烂 山开一去寒来	0468 伞 山开一上寒心	0469 肝 山开一平寒见	0470 看 ~见 山开一去寒溪	0471 岸 山开一去寒疑	0472 汉 山开一去寒晓
26 嵊州	$lɛ̃^{213}$	$lɛ̃^{22}$	$lɛ̃^{24}$	$sɛ̃^{53}$	$kœ̃^{534}$	$k^hœ̃^{334}$	$ŋœ̃^{24}$	$hœ̃^{334}$
27 新昌	$lɛ̃^{22}$	$lɛ̃^{232}$	$nɛ̃^{13}$白 $lɛ̃^{13}$文	$sɛ̃^{335}$	$kœ̃^{534}$	$k^hœ̃^{335}$	$ŋœ̃^{13}$	$hœ̃^{335}$
28 诸暨	$lɛ^{13}$	$lɛ^{242}$	$lɛ^{33}$	$sɛ^{42}$	$kə^{544}$	$k^hə^{544}$	$ŋə^{33}$	$hə^{544}$
29 慈溪	$lɛ̃^{13}$	$lɛ̃^{13}$	$lɛ̃^{13}$	$sɛ̃^{44}$调殊	$kɛ̃^{35}$	$k^hɛ̃^{44}$	$ȵie^{13}$	$hẽ^{44}$
30 余姚	$lã^{13}$	$lã^{13}$	$lã^{13}$	sa^{53}	$kẽ^{44}$	$k^hẽ^{53}$	ie^{13}	$hẽ^{53}$
31 宁波	$lɛ^{13}$	$lɛ^{13}$	$lɛ^{13}$	$sɛ^{44}$	ki^{53}	k^hi^{44}	$ŋɛ^{13}$	he^{53}
32 镇海	$lɛ^{24}$	$lɛ^{24}$	$lɛ^{24}$	$sɛ^{53}$调殊	ki^{53}	k^hi^{53}	$ŋɛ^{24}$	hei^{53}
33 奉化	$lɛ^{33}$	$lɛ^{324}$	$lɛ^{31}$	$sɛ^{53}$调殊	$kɛ^{44}$	$k^hæi^{53}$	$ŋɛ^{53}$	he^{53}
34 宁海	$lɛ^{213}$	$lɛ^{31}$	$lɛ^{24}$	$sɛ^{53}$	ke^{423}	k^he^{35}	$ȵie^{24}$	hei^{35}
35 象山	$lɛ^{31}$	$lɛ^{31}$	$lɛ^{13}$	$sɛ^{44}$	ki^{44}	k^hi^{53}	$ȵi^{13}$	hei^{53}
36 普陀	$lɛ^{24}$	$lɛ^{23}$	$lɛ^{13}$	$sɛ^{45}$	ki^{53}	k^hi^{55}	$ŋɛ^{13}$	$xæi^{55}$
37 定海	$lɛ^{23}$	$lɛ^{23}$	$lɛ^{13}$	$sɛ^{44}$调殊	ki^{52}	k^hi^{44}	$ȵi^{13}$白 $ŋɛ^{13}$文	$xɐi^{44}$
38 岱山	$lɛ^{23}$	$lɛ^{244}$	$lɛ^{213}$	$sɛ^{44}$调殊	ki^{52}	k^hi^{44}	$ȵi^{213}$白 $ŋɛ^{213}$文	$xɐi^{44}$
39 嵊泗	$lɛ^{243}$	$lɛ^{445}$	$lɛ^{213}$	$sɛ^{53}$调殊	ki^{53}	k^hi^{53}	$ȵi^{213}$	$xɐi^{53}$
40 临海	$lɛ^{21}$	$lɛ^{52}$	$lɛ^{324}$	$sɛ^{52}$	$kø^{31}$	$k^hø^{55}$又 $k^hɛ^{55}$又	$ø^{324}$	$hø^{55}$
41 椒江	$lɛ^{31}$	$lɛ^{42}$	$lɛ^{24}$	$sɛ^{51}$小	$tɕie^{42}$白 kie^{42}文	k^hie^{55}	ie^{24}	$hɛ^{55}$
42 黄岩	$lɛ^{121}$	$lɛ^{42}$	$lɛ^{24}$	$sɛ^{53}$小	$tɕie^{32}$白 kie^{32}文	k^hie^{55}	ie^{24}	$hɛ^{55}$
43 温岭	$lɛ^{31}$	$lɛ^{42}$	$lɛ^{13}$	$sɛ^{51}$小	$tɕie^{33}$白 $kiɛ^{42}$文	k^hie^{55}	ie^{13}	$hɛ^{55}$
44 仙居	la^{213}	la^{324}	la^{24}	sa^{55}调殊	cie^{334}	$k^hø^{55}$	$ø^{24}$	$hø^{55}$
45 天台	$lɛ^{224}$	$lɛ^{214}$	$lɛ^{35}$	$sɛ^{325}$	ke^{33}	k^he^{55}	e^{35}	he^{55}
46 三门	$lɛ^{113}$	$lɛ^{325}$	$lɛ^{243}$	$sɛ^{325}$	$kɛ^{334}$	$k^hɛ^{55}$	$ɛ^{243}$	$hɛ^{55}$

方言点	0465 兰 山开一平寒来	0466 懒 山开一上寒来	0467 烂 山开一去寒来	0468 伞 山开一上寒心	0469 肝 山开一平寒见	0470 看 ~见 山开一去寒溪	0471 岸 山开一去寒疑	0472 汉 山开一去寒晓
47 玉环	lɛ³¹	lɛ⁵³	lɛ²²	sɛ⁵³	tɕie⁴²	kʰie⁵⁵	ie²²	hɛ⁵⁵
48 金华	lɑ³¹³	lɑ⁵³⁵	lɑ¹⁴	sɑ⁵³⁵	kɤ³³⁴	(无)	ɤ¹⁴	xɛ̃⁵⁵
49 汤溪	luɑ¹¹	luɑ³⁴¹	luɑ³⁴¹	suɑ⁵³⁵	kɤ²⁴	(无)	ɤ³⁴¹	(无)
50 兰溪	luɑ²¹	luɑ²⁴	luɑ²⁴	suɑ⁵⁵	kɤ³³⁴	(无)	ɤ²⁴	xɤ⁴⁵白 xæ̃²⁴文
51 浦江	lɑ̃¹¹³	lɑ̃²⁴³	lɑ̃²⁴	sɑ̃⁵⁵	kɔ̃⁵³⁴	(无)	ɔ̃²⁴	xɔ̃⁵⁵
52 义乌	lɔ²¹³	lɔ²⁴	lɔ²⁴	sɔ⁴⁵	kɯ³³⁵	kʰɯ⁴⁵白 kʰan⁴⁵文	ɯ²⁴	hɯ⁴⁵白 an²⁴文
53 东阳	lɔ²¹³白 lan²¹³文	lɔ²³¹	lɔ²⁴	sɔ⁴⁴	kɯ³³⁴	(无)	ŋɯ²⁴	hɯ⁴⁵³
54 永康	la²²	la²⁴¹	la²⁴¹	sa⁵²小	kɤ⁵⁵	(无)	ŋɤ²⁴¹	xɤ⁵²
55 武义	nuo³²⁴	nuo¹³	nuo²³¹	suo⁴⁴⁵	kɤ²⁴	(无)	ŋɤ²³¹	xɤ⁵³
56 磐安	lɒ²¹³	lɒ³³⁴偷~ lɒ¹⁴单用	lɒ¹⁴	sɒ⁵²调殊	kɯ⁴⁴⁵	(无)	ŋɯ¹⁴	xan⁵²
57 缙云	lɑ²⁴³	lɑ³¹	lɑ²¹³	sɑ⁵¹	kue⁴⁴	(无)	ue²¹³	xuɛ⁴⁵³
58 衢州	lã²¹	lã²³¹	lã²³¹	sã³⁵	kɔ̃³²	kʰɔ̃⁵³	ŋɔ̃²³¹	xɔ̃⁵³
59 衢江	lã²¹²	lã²¹²	lã²³¹	sã²⁵	kue³³白 kã³³文	(无)	ŋã²³¹	xɛ⁵³懒~ xã⁵³~族
60 龙游	lã²¹	lã²²⁴	lã²³¹	sã³⁵	kie³³⁴白 kã³³⁴文	kʰã⁵¹	ŋei²³¹	xei⁵¹白 xã⁵¹文
61 江山	lɒŋ²¹³	lɒŋ²²	lɒŋ³¹	sɒŋ²⁴¹	kɒŋ⁴⁴	(无)	ɒŋ³¹	xɒŋ⁵¹
62 常山	lã³⁴¹	lã²⁴	lɔ̃¹³¹	sɔ̃⁵²	kɔ̃⁴⁴白 kã⁴⁴文	kʰã³²⁴	ɔ̃¹³¹	xɔ̃⁵²白 xã⁵²文
63 开化	lã²³¹	lã⁵³	lã²¹³	sɔŋ⁵³雨~ sã⁵³降落~	kɔŋ⁴⁴	(无)	ŋɔ̃ŋ²¹³	xɔŋ⁴¹²
64 丽水	lã²²	lã⁵⁴⁴	lã¹³¹	sã⁵⁴⁴	kuɛ²²⁴	(无)	uɛ¹³¹	xuɛ⁵²
65 青田	lã²¹	lã⁴⁵⁴	lã²²	sã⁴⁵⁴	kuɐ⁴⁴⁵	(无)	uɐ²²	xuɐ³³
66 云和	lã³¹²	lã⁴¹	lã²²³	sã⁴¹	kuɛ²⁴	(无)	uɛ²²³	xuɛ⁴⁵

续表

方言点	0465 兰 山开一平寒来	0466 懒 山开一上寒来	0467 烂 山开一去寒来	0468 伞 山开一上寒心	0469 肝 山开一平寒见	0470 看 ~见 山开一去寒溪	0471 岸 山开一去寒疑	0472 汉 山开一去寒晓
67 松阳	lɔ̃³¹	lɔ̃²²	lɔ̃¹³	sɔ̃²¹²	kuɛ⁵³	(无)	uɛ̃¹³	fæ²⁴
68 宣平	lɑ̃⁴³³	lɑ̃²²³	lɑ̃²³¹	sɑ̃⁴⁴⁵	kuə³²⁴	(无)	uə²³¹	xuə⁵²
69 遂昌	laŋ²²¹	laŋ¹³	laŋ²¹³	saŋ⁵³³	kuɛ̃⁴⁵	(无)	uɛ̃²¹³	xuɛ̃³³⁴
70 龙泉	laŋ²¹	laŋ⁵¹	laŋ²¹调殊	saŋ⁵¹	kuo⁴³⁴	kʰaŋ⁴⁵	uo²²⁴	xuo⁴⁵
71 景宁	lɔ⁴¹	lɔ³³	lɔ¹¹³	sɔ³³	kuœ³²⁴	(无)	uœ¹¹³	xuœ³⁵
72 庆元	lɑ̃⁵²	lɑ̃²²¹	lɑ̃³¹	sɑ̃³³	kuæ̃³³⁵	(无)	ŋæ̃³¹	xuæ̃¹¹
73 泰顺	lɑ̃⁵³	lɑ̃⁵⁵	lɑ̃²²	sɑ̃⁵⁵	kuɛ²¹³	(无)	uɛ²²	fɛ³⁵
74 温州	la³¹	la¹⁴	la²²	sa²⁵	kø³³	kʰø⁵¹	y²²	ɕy⁵¹又 / hø⁵¹又
75 永嘉	la³¹	la¹³	la²²	sa⁴⁵	ky⁴⁴	kʰø⁵³	y²²	ɕy⁵³~族 / hø⁵³懒~
76 乐清	lE³¹	lE²⁴	lE²²	sE³⁵	kø⁴⁴	kʰø⁴¹	ø²²	hø⁴¹
77 瑞安	lɔ³¹	lɔ¹³	lɔ²²	sɔ³⁵	kø⁴⁴	kʰø⁵³	ø²²	hø⁵³
78 平阳	lɔ²⁴²	lɔ⁴⁵	lɔ³³	sɔ⁴⁵	kø⁵⁵	(无)	ø³³	xø⁵³
79 文成	lɔ¹¹³	lɔ²²⁴	lɔ⁴²⁴	sɔ⁴⁵	kuø⁵⁵	kʰuø³³	yø⁴²⁴	fuø³³
80 苍南	la³¹	la⁵³	la¹¹	sa⁵³	kyɛ⁴⁴	kʰø⁵³	ø¹¹	hø⁴²
81 建德徽	nɛ³³	nɛ²¹³	nɛ⁵⁵	sɛ³³	kɛ⁵³	kʰɛ³³	ŋɛ⁵⁵	hɛ⁵⁵
82 寿昌徽	læ̃¹¹²文	luə⁵³⁴	luə³³	suə²⁴	kiɛ¹¹²	(无)	ŋiɛ³³	xæ̃⁵⁵文
83 淳安徽	lɑ̃⁴³⁵	lɑ̃⁵⁵	lɑ̃⁵³	sɑ̃⁵⁵	kɑ̃²⁴	(无)	ɑ̃⁵³	hɑ̃⁵³
84 遂安徽	lɑ̃³³	lɑ̃⁴³	lɑ̃⁵²	sɑ̃⁴³	kɑ̃⁵³⁴	(无)	ɑ̃⁵²	xɑ̃⁴³
85 苍南闽	lan²⁴	(无)	nũɑ̃²¹	sũɑ̃²¹	kũɑ̃⁵⁵	kʰũɑ̃²¹	ũɑ̃²¹	han²¹
86 泰顺闽	læŋ²²	læŋ³⁴⁴	læŋ³¹	sæŋ³⁴⁴	kæŋ²¹³	ŋo²²	ŋæŋ³¹	xæŋ⁵³
87 洞头闽	lan¹¹³	nũɑ̃²¹	nũɑ̃²¹	sũɑ̃²¹	kʰũɑ̃³³	kʰũɑ̃²¹	hũɑ̃²¹白 / an²¹文	han²¹
88 景宁畲	lɔn²²	lɔn⁴⁴	lɔn⁵¹	sɔn⁴⁴调殊	kɔn⁴⁴	(无)	uon⁴⁴	xɔn⁴⁴

方言点	0473 汗 山开一去寒匣	0474 安 山开一平寒影	0475 达 山开一入曷定	0476 辣 山开一入曷来	0477 擦 山开一入曷清	0478 割 山开一入曷见	0479 渴 山开一入曷溪	0480 扮 山开二去山帮
01 杭州	ɛ¹³	ɛ³³⁴	daʔ²	laʔ²	tsʰaʔ⁵	kaʔ⁵	kʰaʔ⁵	pɛ⁴⁵
02 嘉兴	ə¹¹³	ə⁴²	dɑʔ¹³	lɑʔ⁵	tsʰɑʔ⁵	kəʔ⁵	kʰəʔ⁵	pE²²⁴
03 嘉善	ø¹¹³	ø⁵³	dɝʔ²	lɝʔ²	tsʰɝʔ⁵	kɝʔ⁵	kʰɝʔ⁵	pɛ³³⁴
04 平湖	ø²¹³	ø⁵³	daʔ²³	laʔ²³	tsʰaʔ²³	kəʔ⁵	kʰəʔ²³	pɛ³³⁴
05 海盐	ɤ²¹³	ɤ⁵³	daʔ²³	laʔ²³	tsʰaʔ²³	kəʔ⁵	kʰəʔ²³	pɛ³³⁴
06 海宁	ei¹³	ei⁵⁵	daʔ²	laʔ²	tsʰaʔ⁵	kəʔ⁵	kʰəʔ⁵	pɛ³⁵
07 桐乡	E²¹³	E⁴⁴	daʔ²³	laʔ²³	tsʰaʔ⁵	kəʔ⁵	kʰəʔ⁵	pɛ³³⁴
08 崇德	E¹³	E⁴⁴	daʔ²³	laʔ²³	tsʰaʔ⁵	kəʔ⁵	kʰəʔ⁵	pɛ³³⁴
09 湖州	ɛ³⁵	ɛ⁴⁴	daʔ²	laʔ²	tsʰaʔ⁵	kəʔ⁵	kʰəʔ⁵	pɛ³⁵
10 德清	øʉ³³⁴	øʉ⁴⁴	dəʔ²	ləʔ²	tsʰəʔ⁵	kəʔ⁵	kʰəʔ⁵	pɛ³³⁴
11 武康	ø²²⁴	ø⁵³	dɝʔ²	lɝʔ²	tsʰɝʔ⁵	kɝʔ⁵	kʰɝʔ⁵	pɛ⁴⁴ 调殊
12 安吉	E²¹³	E⁵⁵	dɐʔ²³	lɐʔ²³	tsʰɐʔ⁵	kəʔ⁵	kʰəʔ⁵	pE³²⁴
13 孝丰	e²¹³	ɛ⁴⁴	daʔ²³	laʔ²³	tsʰaʔ⁵	kəʔ⁵	kʰəʔ⁵	pɛ³²⁴
14 长兴	ɯ³²⁴	ɯ⁴⁴	daʔ²	laʔ²	tsʰaʔ⁵	kəʔ⁵	kʰəʔ⁵	pE³²⁴
15 余杭	uõ²¹³	ɛ̃⁴⁴	daʔ²	laʔ²	tsʰaʔ⁵	kəʔ⁵	kʰəʔ⁵	pɛ̃⁴²³
16 临安	ə³³	ə⁵⁵	dɐʔ¹²	lɐʔ¹²	tsʰɐʔ⁵⁴	kɐʔ⁵⁴	kʰɐʔ⁵⁴	pɛ⁵⁵
17 昌化	ɛ̃²⁴³	ɛ̃³³⁴	daʔ²³	laʔ²³	tsʰaʔ⁵	kəʔ⁵	kʰəʔ⁵	põ⁵⁴⁴
18 於潜	ɛ²⁴	ɛ⁴³³	dɑʔ²	lɑʔ²³	kʰa⁴³³	kəʔ⁵³	kʰəʔ⁵³	pɛ³⁵
19 萧山	ə²⁴²	ə⁵³³	daʔ¹³	laʔ¹³	tsʰaʔ⁵	kieʔ⁵	kʰieʔ⁵	pɛ⁴²
20 富阳	ɛ̃³³⁵	ɛ̃⁵³	daʔ²	laʔ²	tsʰaʔ⁵	kiɛʔ⁵	（无）	pã³³⁵
21 新登	ɛ̃¹³	ɛ̃⁵³	daʔ²	laʔ²	tsʰaʔ⁵	kəʔ⁵	kʰəʔ⁵	pɛ⁴⁵
22 桐庐	e²⁴	ã⁵³³	daʔ¹³	laʔ¹³	tsʰaʔ⁵	kəʔ⁵	kʰəʔ⁵	pɛ³⁵
23 分水	xã¹³	ã⁴⁴	daʔ¹²	laʔ¹²	tsʰaʔ⁵	kəʔ⁵	kʰəʔ⁵	pã⁵³
24 绍兴	ẽ²²	ẽ⁵³	dɛʔ²	lɛʔ²	tsʰɛʔ⁵	keʔ⁵	kʰeʔ⁵	pɛ̃³³
25 上虞	ɛ̃³¹	ɛ̃³⁵	dɐʔ²	lɐʔ²	tsʰɐʔ⁵	kiəʔ⁵	kʰiəʔ⁵	pɛ̃⁵³
26 嵊州	œ̃²⁴	œ̃i⁵³⁴	dɛʔ²	lɛʔ²	tsʰɛʔ⁵	kɛʔ⁵	kʰɛʔ⁵	pɛ̃³³⁴

续表

方言点	0473 汗 山开一 去寒匣	0474 安 山开一 平寒影	0475 达 山开一 入曷定	0476 辣 山开一 入曷来	0477 擦 山开一 入曷清	0478 割 山开一 入曷见	0479 渴 山开一 入曷溪	0480 扮 山开二 去山帮
27 新昌	œ̃¹³	œ̃⁵³⁴	dɛʔ²	lɛʔ²	tsʰaʔ⁵ 白 tsʰɛʔ⁵ 文	kɤʔ⁵	kʰɤʔ⁵	pɛ̃³³⁵
28 诸暨	ə³³	ə⁵⁴⁴	daʔ¹³	laʔ¹³	tsʰaʔ⁵	kieʔ⁵ 白 koʔ⁵ 文	kʰieʔ⁵	pɛ⁵⁴⁴
29 慈溪	ẽ¹³	ẽ³⁵	daʔ²	laʔ²	tsʰaʔ⁵	kəʔ⁵	kʰəʔ⁵	pɛ̃⁴⁴
30 余姚	ẽ¹³	ẽ⁴⁴	daʔ²	laʔ²	tsʰaʔ⁵	kəʔ⁵	kʰəʔ⁵	pã⁵³
31 宁波	ʁi¹³	e⁵³	daʔ²	laʔ²	tsʰaʔ⁵	ka⁵	kʰa⁵	pɛ⁴⁴
32 镇海	ei²⁴	ei⁵³	daʔ¹²	laʔ¹²	tsʰaʔ⁵	kaʔ⁵	kʰaʔ⁵ 读字	pɛ⁵³
33 奉化	e³¹	e⁴⁴	daʔ²	laʔ²	tsʰaʔ⁵	kaʔ⁵	kʰaʔ⁵ 读字	pɛ⁵³
34 宁海	ei²⁴	ei⁴²³	daʔ³	laʔ³	tsʰaʔ⁵	keʔ⁵	kʰeʔ⁵	pe³⁵
35 象山	ei¹³	ei⁴⁴	daʔ²	laʔ²	tsʰaʔ⁵	kaʔ⁵	kʰaʔ⁵	pɛ⁵³
36 普陀	æi¹³	æi⁵³	dɐʔ²³	lɐʔ²³	tsʰɐʔ⁵	kɐʔ⁵	kʰɐʔ⁵	pɛ⁵⁵
37 定海	ʁi¹³	ʁi⁵²	dɐʔ²	lɐʔ²	tsʰɐʔ⁵	kɐʔ⁵	kʰɐʔ⁵ 读字	pɛ⁴⁴
38 岱山	ʁi²¹³	ʁi⁵²	dɐʔ²	lɐʔ²	tsʰɐʔ⁵	kɐʔ⁵	kʰɐʔ⁵ 读字	pɛ⁴⁴
39 嵊泗	ʁi²¹³	ʁi⁵³	dɐʔ²	lɐʔ²	tsʰɐʔ⁵	kɐʔ⁵	kʰɐʔ⁵ 读字	pɛ⁵³
40 临海	ø³²⁴	ø³¹	dɛʔ²³	lɛʔ²³	tsʰɛʔ⁵	kəʔ⁵	kʰəʔ⁵	pɛ⁵⁵
41 椒江	ie²⁴	ie⁴²白 ɛ⁴²文	dɛʔ²	lɛʔ²	tsʰaʔ⁵	tɕieʔ⁵ 白 kaʔ⁵ 文	kʰaʔ⁵	pɛ⁵⁵
42 黄岩	ie²⁴	ie³²白 ɛ³²文	dəʔ²	ləʔ²	tsʰəʔ⁵	tɕieʔ⁵	kʰəʔ⁵	pɛ⁵⁵
43 温岭	ie¹³	ie³³	dəʔ²	ləʔ²	tsʰəʔ⁵	tɕiʔ⁵	tɕʰiʔ⁵	pɛ⁵⁵
44 仙居	ø²⁴	ø³³⁴	dɑʔ²³	lɑʔ²³	tsʰɑʔ⁵	ciaʔ⁵	(无)	ɓa⁵⁵
45 天台	e³⁵	e³³	deʔ²	leʔ²	tsʰeʔ⁵	keʔ⁵	kʰeʔ⁵	pe⁵⁵
46 三门	ɛ²⁴³	ɛ³³⁴	dɐʔ²³	lɐʔ²³	tsʰɐʔ⁵	kɐʔ⁵	kʰɐʔ⁵	pɛ⁵⁵
47 玉环	ie²²	ɛ⁴²	dɐʔ²	lɐʔ²	tsʰɐʔ⁵	kɐʔ⁵	kʰɐʔ⁵	pɛ⁵⁵
48 金华	ɣ¹⁴	ɣ³³⁴白 ɛ̃³³⁴文	dəʔ²¹²	luɑ¹⁴	tsʰuɑ⁵⁵	kɣ⁵⁵	(无)	pɑ⁵⁵

方言点	0473 汗 山开一 去寒匣	0474 安 山开一 平寒影	0475 达 山开一 入曷定	0476 辣 山开一 入曷来	0477 擦 山开一 入曷清	0478 割 山开一 入曷见	0479 渴 山开一 入曷溪	0480 扮 山开二 去山帮
49 汤溪	ɣ³⁴¹	ɣ²⁴	duɑ¹¹³	luɑ¹¹³	tsʰuɑ⁵²	kɣ⁵⁵	(无)	mɣa⁵²
50 兰溪	ɣ²⁴	ɣ³³⁴白 æ̃³³⁴文	duɑ²⁴地名 dəʔ¹²发~	luɑʔ¹²	tsʰəʔ³⁴	kɣʔ³⁴	kʰɣ⁵⁵	pia⁴⁵
51 浦江	ɔ̃²⁴	ɔ̃⁵³⁴	dzyɑ²³²	luɑ²³²	tsʰɑ⁴²³	kɯ⁴²³	(无)	pɑ̃⁵⁵
52 义乌	ɯ²⁴	ɯ³³⁵	dɔ³¹²	lɔ³¹²	tɕʰyɛ³²⁴	kɯ³²⁴	kʰə³²⁴	ma⁴⁵白 pan⁴⁵文
53 东阳	ɯ²⁴	(无)	do²¹³	lɐʔ²³	(无)	kɐʔ³⁴	(无)	pɔ⁴⁵³
54 永康	ɣ²⁴¹	ɣ⁵⁵	duɑ¹¹³	luɑ¹¹³	tsʰuɑ⁵²	kɣ³³⁴	kʰɣ³³⁴	ma⁵²
55 武义	ŋɣ²³¹	ŋɣ²⁴	duɑ¹³	luɑ¹³	tsʰuɑ⁵³	kɣ⁵³	(无)	muo⁵³
56 磐安	ɯ¹⁴	ɯ⁴⁴⁵	duə²¹³	lɛ²¹³	tsʰuə³³⁴	kɛ³³⁴	(无)	mɒ⁵²
57 缙云	uɛ²¹³	uɛ⁴⁴	dɑ¹³	lɑ¹³	tsʰɑ³²²	kuɛ³²²	(无)	pɑ⁴⁵³
58 衢州	ɔ̃²³¹	ɔ̃³²	daʔ¹²	laʔ¹²	tsʰaʔ⁵	kəʔ⁵	kʰəʔ⁵	pɑ̃⁵³
59 衢江	guɛ²³¹	ɛ³³	daʔ²	laʔ²	tsʰaʔ⁵	kuəʔ⁵	kʰəʔ⁵	pɑ̃⁵³
60 龙游	gie²³¹	ei³³⁴白 ã³³⁴文	dɔʔ²³	lɔʔ²³	tsʰɔʔ⁴	kəʔ⁴	kʰəʔ⁴	pɑ̃⁵¹
61 江山	gɒŋ³¹	ɒŋ⁴⁴	daʔ²	lɒʔ²	tsʰaʔ⁵	kɒʔ⁵	kʰɒʔ⁵	paŋ⁵¹
62 常山	gɔ̃¹³¹出~ ɔ̃¹³¹~衫	ɔ̃⁴⁴心~ ã⁴⁴平~	daʔ³⁴	laʔ³⁴	tsʰaʔ⁵	kʌʔ⁵	kʰʌʔ⁵	pɑ̃³²⁴
63 开化	gɒŋ²¹³	ɒŋ⁴⁴老 ã⁴⁴新	daʔ¹³	laʔ¹³	tsʰaʔ⁵	kɔʔ⁵	kʰɔʔ⁵	pɑ̃⁴¹²
64 丽水	uɛ¹³¹	uɛ²²⁴	dɔʔ²³	lɔʔ²³	tsʰuɔʔ⁵	kuɛʔ⁵	(无)	pɑ̃⁵²
65 青田	uɐ²²	uɐ⁴⁴⁵	daʔ³¹	laʔ³¹	tsʰaʔ⁴²	kuæʔ⁴²	kʰuæʔ⁴²	ɓɑ³³
66 云和	uɛ²²³	uɛ²⁴	dɔʔ²³	lɔʔ²³	tsʰɔʔ⁵	kuɛʔ⁵	kʰuɛʔ⁵	pɑ̃⁴⁵
67 松阳	uɛ̃¹³	uɛ̃⁵³	dɔʔ²	lɔʔ²	tsʰɔʔ⁵	kuɛʔ⁵	kʰuɛʔ⁵	pɔ̃²⁴
68 宣平	uə²³¹	uə³²⁴	dɑʔ²³	lɑʔ²³	tsʰaʔ⁵	kuəʔ⁵	(无)	pɑ̃⁵²
69 遂昌	guɛ̃²¹³	ɛ̃⁴⁵	daʔ²³	laʔ²³	tsʰaʔ⁵	kuɛʔ⁵	kʰuɛʔ⁵	paŋ³³⁴
70 龙泉	uo²²⁴	uo⁴³⁴	doʔ²⁴	loʔ²⁴	tsʰoʔ⁵	kuoʔ⁵	kʰuoʔ⁵	paŋ⁴⁵

续表

方言点	0473 汗	0474 安	0475 达	0476 辣	0477 擦	0478 割	0479 渴	0480 扮
	山开一 去寒匣	山开一 平寒影	山开一 入曷定	山开一 入曷来	山开一 入曷清	山开一 入曷见	山开一 入曷溪	山开二 去山帮
71 景宁	uœ¹¹³	uœ³²⁴	dɔʔ²³	lɔʔ²³	tsʰɔʔ⁵	kuœʔ⁵	kʰuœʔ⁵	pɔ³⁵
72 庆元	xuæ̃³¹	uæ̃³³⁵	tɑʔ³⁴	lɑʔ³⁴	tsʰɑʔ⁵	kuɣʔ⁵	kʰuɣʔ⁵	ɓɑ̃¹¹
73 泰顺	uɛ²²	uɛ²¹³	tɔʔ²	lɔʔ²	tsʰɔʔ⁵	kuɛʔ⁵	kʰuɛʔ⁵	pã³⁵
74 温州	y²²	y³³	da²¹²	la²¹²	tsʰa³²³	kø³²³	kʰø³²³	pa⁵¹
75 永嘉	y²²	y⁴⁴ 又 ø⁴⁴ 又	da²¹³	la²¹³	tsʰa⁴²³	ky⁴²³	kʰø⁴²³	pa⁵³
76 乐清	ø²²	ø⁴⁴	da²¹²	la²¹²	tɕʰia³²³	kuɣ³²³	kʰuɣ³²³	pE⁴¹
77 瑞安	ø²²	ø⁴⁴	dɔ²¹²	lɔ²¹²	tsʰɔ³²³	kø³²³	kʰø³²³	pɔ⁵³
78 平阳	ɵ³³	ɵ⁵⁵	dɔ¹²	lɔ¹²	tʃʰɔ³⁴	kɵ³⁴	kʰɵ³⁴	pɔ⁵³
79 文成	yø⁴²⁴	ø⁵⁵	dɔ²¹²	lɔ²¹²	tʃʰɔ³⁴	kuø³⁴	kʰuø³⁴	pɔ⁵⁵
80 苍南	ø¹¹	ø⁴⁴	da¹¹²	la¹¹²	tsʰa²²³	kyɛ²²³	kʰø²²³	pa⁴²
81 建德_徽	hɛ⁵⁵	ŋɛ⁵³	tɐʔ¹²	lo²¹³	tsʰo⁵⁵	ki⁵⁵	（无）	pɛ⁵³
82 寿昌_徽	xiɛ³³	iɛ¹¹²～心 æ³³平～	tɔʔ³¹	luə²⁴	tsʰəʔ³	kiɛ⁵⁵	（无）	pɣ³³
83 淳安_徽	hã⁵³	ã²⁴	tʰɑʔ¹³	lɑʔ¹³	tsʰɑʔ⁵ 摩～	kəʔ⁵	（无）	pɑ̃²⁴
84 遂安_徽	xɑ̃⁵²	ɑ̃⁵³⁴	tʰɑ²¹³	lɑ²¹³	tsʰɑ²⁴	kə²⁴	kʰə²⁴	pʰɑ̃⁴³
85 苍南_闽	kuã²¹	an⁵⁵	tɐ²⁴	lua²⁴	tsʰɐ⁴³	kua⁴³	kʰə²⁴文	pan²¹
86 泰顺_闽	kæŋ³¹	æŋ²¹³	tɛʔ³	lɛʔ³	tsʰɛʔ⁵	kɛʔ⁵	kʰɛʔ⁵	piæŋ⁵³
87 洞头_闽	kuã²¹	an³³	tɐt²⁴	lua²⁴¹	tsʰɐt⁵	kua⁵³	（无）	pan²¹
88 景宁_畲	xɔn⁵¹	ɔn⁴⁴	tʰɔʔ²	lɔʔ²	tsʰɔʔ⁵	kɔʔ⁵	（无）	pɔn⁴⁴

方言点	0481 办	0482 铲	0483 山	0484 产 ~妇	0485 间 房~,一~房	0486 眼	0487 限	0488 八
	山开二 去山并	山开二 上山初	山开二 平山生	山开二 上山生	山开二 平山见	山开二 上山疑	山开二 上山匣	山开二 入黠帮
01 杭州	bɛ¹³	tsʰɛ⁵³	sɛ³³⁴	tsʰɛ⁵³	kɛ³³⁴白 tɕiɛ³³⁴文	ŋɛ⁵³ 一~	iɛ¹³	paʔ⁵
02 嘉兴	bɛ¹¹³	tsʰE¹¹³	sE⁴²	tsʰE¹¹³	kE⁴²	ŋE¹¹³	E¹¹³	pʌʔ⁵
03 嘉善	bɛ¹¹³	tsʰɛ³³⁴	sɛ⁵³	tsʰɛ³³⁴	kɛ⁵³	ŋɛ¹¹³	ɛ¹¹³	puoʔ⁵
04 平湖	bɛ²¹³	tsʰɛ²¹³	sɛ⁵³	so⁴⁴	kɛ⁵³	ŋɛ²¹³	ɛ²¹³	paʔ⁵
05 海盐	bɛ²¹³	tsʰɛ⁴²³	sɛ⁵³	so⁴²³	kɛ⁵³	ɛ⁴²³	ɛ⁴²³	paʔ⁵
06 海宁	bɛ¹³	tsʰɛ⁵³	sɛ⁵⁵	tsʰɛ⁵³	kɛ⁵⁵	ɛ²³¹	ɛ⁵³	poʔ⁵
07 桐乡	bɛ²¹³	tsʰɛ⁵³	sɛ⁴⁴	so⁵³	kɛ⁴⁴	ɛ²⁴²	ɛ²⁴²	pɔʔ⁵
08 崇德	bɛ¹³	tsʰɛ⁵³	sɛ⁴⁴	so⁵³	kɛ⁴⁴	ɛ⁵³	ɛ⁵³	pɔʔ⁵
09 湖州	bɛ²⁴	tsʰɛ⁵²³	sɛ⁴⁴	tsʰɛ⁵²³	kɛ⁴⁴	ŋɛ⁵²³	ɛ⁵²³	puoʔ⁵
10 德清	bɛ¹¹³	tsʰɛ⁵²	sɛ⁴⁴	tsʰɛ⁵²	kɛ⁴⁴	ŋɛ⁵²	ɛ³³⁴	puoʔ⁵
11 武康	bɛ¹¹³	tsʰɛ⁵³	sɛ⁴⁴	tsʰɛ⁵³	kɛ⁴⁴	ŋɛ⁵³	ɛ⁵³	puoʔ⁵
12 安吉	bE²¹³	tsʰE⁵²	sE⁵⁵	tsʰE⁵²	kE⁵⁵	ŋE⁵²	E⁵²	poʔ⁵ 又 pɐʔ⁵ 又
13 孝丰	bE²¹³	tsʰE⁵²	sɛ⁴⁴	tsʰE⁵²	kɛ⁴⁴	ŋɛ⁵²	ɛ⁵²	puoʔ⁵ 又 paʔ⁵ 又
14 长兴	bE²⁴	tsʰE⁵²	sE⁴⁴	tsʰE⁵²	kE⁴⁴	ŋE⁵²	E⁵²	poʔ⁵
15 余杭	bɛ̃²¹³	tsʰɛ̃⁵³	sɛ̃⁴⁴	tsʰɛ̃⁵³	kɛ̃⁴⁴	ŋɛ̃²⁴³	niɛ̃²¹³声殊	poʔ⁵
16 临安	bɛ³³	tsʰɛ⁵⁵	sɛ⁵⁵	tsʰɛ⁵⁵	kɛ⁵⁵	ŋɛ³³	iɛ³³	pɐʔ⁵⁴
17 昌化	bɛ̃²⁴³	tsʰɔ̃⁵⁴⁴	sɔ̃³³⁴	tsʰɔ̃⁴⁵³	kɔ̃³³⁴	ŋɔ̃²⁴³	iɿ̃²⁴³	paʔ⁵
18 於潜	bɛ²⁴	tsʰɛ⁵¹	sɛ⁴³³	tsʰɛ⁵¹	kɛ⁴³³	ŋɛ⁵¹	iɛ²⁴	pɐʔ⁵³
19 萧山	bɛ²⁴²	tsʰɛ³³	sɛ⁵³³	tsʰɛ³³	kɛ⁵³³	ŋɛ¹³	ɛ¹³	paʔ⁵
20 富阳	bã²²⁴	tsʰã⁴²³	sã⁵³	suo⁴²³	kã⁵³	ŋã²²⁴	iɛ²²⁴	poʔ⁵
21 新登	bɛ¹³	tsʰɛ³³⁴	sɛ⁵³	sa³³⁴	kɛ⁵³	ɛ³³⁴	ʑiɛ̃¹³	paʔ⁵
22 桐庐	bã²⁴	tsʰã³³	sã⁵³³	tsʰã³³	kã⁵³³	ŋã³³	ʑie²⁴	paʔ⁵
23 分水	bã¹³	tsʰã⁵³	sã⁴⁴	tsʰã⁵³	tɕiɛ⁴⁴	ŋã⁵³	iɛ¹³	paʔ⁵
24 绍兴	bɛ̃²²	tsʰɛ̃³³⁴	sɛ̃⁵³	tsʰɛ̃³³⁴	kɛ̃⁵³	ŋɛ̃²²³	ɛ̃²²³	pɛʔ⁵

续表

方言点	0481 办 山开二 去山並	0482 铲 山开二 上山初	0483 山 山开二 平山生	0484 产 ～妇 山开二 上山生	0485 间 房～，一～房 山开二 平山见	0486 眼 山开二 上山疑	0487 限 山开二 上山匣	0488 八 山开二 入黠帮
25 上虞	bɛ̃³¹	tsʰɛ̃³⁵	sɛ̃³⁵	tsʰɛ̃³⁵	kɛ̃³⁵	ŋɛ̃²¹³	ɛ̃²¹³	pɛʔ⁵
26 嵊州	bɛ̃²⁴	tsʰɛ̃⁵³	sɛ̃⁵³⁴	tsʰɛ̃⁵³	kɛ̃⁵³⁴	ŋɛ̃²²	ɛ̃²⁴	pɛʔ⁵
27 新昌	bɛ̃¹³	tsʰɛ̃⁴⁵³	sɛ̃⁵³⁴	tsʰɛ̃⁴⁵³	kɛ̃⁵³⁴	ŋɛ̃²³²	ɛ̃²³²	pɛʔ⁵
28 诸暨	bɛ³³	tsʰɛ⁴²	sɛ⁵⁴⁴	so⁴²	kɛ⁵⁴⁴	ŋɛ²⁴²	ɛ²⁴²	paʔ⁵
29 慈溪	bɛ̃¹³	tsʰɛ̃³⁵	sɛ̃³⁵	tsʰɛ̃³⁵	kɛ̃³⁵	ȵie¹³	ɛ̃¹³	poʔ⁵
30 余姚	bã̃¹³	tsʰã̃³⁴	sã̃⁴⁴	tsʰã̃³⁴	kã̃⁴⁴	ȵie¹³	ã̃¹³	poʔ⁵
31 宁波	bɛ¹³	tsʰɛ³⁵	sɛ⁵³	tsʰɛ³⁵	kɛ⁵³	ŋɛ¹³	ɛ¹³	paʔ⁵
32 镇海	bɛ²⁴	tsʰɛ³⁵	sɛ⁵³	tsʰɛ³⁵	kɛ⁵³	ŋɛ²⁴	ɛ²⁴	paʔ⁵
33 奉化	bɛ³¹	tsʰɛ⁵⁴⁵	sɛ⁴⁴	tsʰɛ⁵⁴⁵	kɛ⁴⁴	ŋɛ³²⁴	ɛ³¹	paʔ⁵
34 宁海	be²⁴	tsʰe⁵³	se⁴²³	tsʰe⁵³	ke⁴²³	ȵie³¹	e³¹	paʔ⁵
35 象山	be¹³	tsʰɛ⁴⁴	sɛ⁴⁴	tsʰɛ⁴⁴	kɛ⁴⁴	ŋɛ³¹	ɛ¹³	paʔ⁵
36 普陀	be¹³	tsʰɛ⁴⁵	sɛ⁵³	tsʰɛ⁴⁵	kɛ⁵³	ŋɛ²³	ɛ²³	pɐʔ⁵
37 定海	be¹³	tsʰɛ⁴⁵	sɛ⁵²	sã̃⁵²	kɛ⁵²	ŋɛ²³	ɛ²³	pɐʔ⁵
38 岱山	bɛ²¹³	tsʰɛ³²⁵	sɛ⁵²	sã̃⁵²	kɛ⁵²	ŋɛ²⁴⁴	ɛ²⁴⁴	pɐʔ⁵
39 嵊泗	bɛ²¹³	tsʰɛ⁴⁴⁵	sɛ⁵³	sã̃⁵³	kɛ⁵³	ŋɛ⁴⁴⁵	ɛ²⁴³ 调殊	pɐʔ⁵
40 临海	bɛ³²⁴	tsʰɛ⁵²	sɛ³¹	tsʰɛ⁵²	kɛ³¹	ŋɛ⁵²	ɛ⁵²	pɛʔ⁵
41 椒江	bɛ²⁴	tsʰɛ⁴²	sɛ⁴²	sɛ⁴²	kiɛ⁴²	ȵiɛ⁴²	ɛ⁴²	pɛʔ⁵
42 黄岩	bɛ²⁴	tsʰɛ⁴²	sɛ³²	sɛ⁴²	kiɛ³²	ȵiɛ⁴²	ɛ⁴²	pəʔ⁵
43 温岭	bɛ¹³	tsʰɛ⁴²	sɛ³³	sɛ⁴²	kiɛ³³	ȵiɛ⁴²	ɛ⁴²	pəʔ⁵
44 仙居	ba²⁴	tsʰa³²⁴	sa³³⁴	sa³²⁴	ka³³⁴	ŋa³²⁴	a³²⁴	ɓaʔ⁵
45 天台	be³⁵	tsʰɛ³²⁵	sɛ³³	sɛ³²⁵	kɛ³³	ŋɛ²¹⁴	e²¹⁴	pe³ʔ⁵
46 三门	bɛ²⁴³	tsʰɛ³²⁵	sɛ³³⁴	tsʰɛ³²⁵	kɛ³³⁴	ŋɛ³²⁵	ɛ²¹³	pɐʔ⁵
47 玉环	bɛ²²	tsʰɛ⁵³	sɛ⁴²	tsʰɛ⁵³	kiɛ⁴²	ȵiɛ⁵³	ɛ⁵³	pɐʔ⁵
48 金华	ba¹⁴	tsʰɑ⁵³⁵	sɑ³³⁴	suɑ⁵³⁵	kɑ⁵⁵ 调殊	ɑ⁵³⁵	ie¹⁴白 ziɛ̃¹⁴文	pɣɑ⁵⁵

方言点	0481 办	0482 铲	0483 山	0484 产 ~妇	0485 间 房~,一~房	0486 眼	0487 限	0488 八
	山开二 去山並	山开二 上山初	山开二 平山生	山开二 上山生	山开二 平山见	山开二 上山疑	山开二 上山匣	山开二 入黠帮
49 汤溪	bɤa³⁴¹	tsʰuɑ⁵³⁵	suɑ²⁴	suɑ⁵³⁵	kuɑ²⁴	uɑ¹¹³	ie³⁴¹	pɤa⁵⁵
50 兰溪	bia²⁴	tsʰuɑ⁵⁵白 tsʰæ̃⁵⁵文	suɑ³³⁴	suɑ⁵⁵	kuɑ⁵⁵	uɑ⁵⁵	ʑiɛ²⁴	piaʔ³⁴
51 浦江	bã²⁴	tsʰã⁵³	sã⁵³⁴	ɕyɑ⁵⁵	kã⁵³⁴	ŋã²⁴³	ã²⁴³	piã⁴²³
52 义乌	ba²⁴白 ban²⁴文	tsʰɔ⁴²³白 tsʰan⁴²³文	sɔ³³⁵	sɔ³³⁵白 tsʰan⁴²³文	kɔ³³⁵	ɔ³¹²	ie²⁴白 ʑian²⁴文	puua³²⁴
53 东阳	bɔ²⁴	tsʰɔ⁴⁴	sɔ³³⁴	tsʰɔ⁴⁴	kɔ³³⁴	ŋa²³¹	ɐn²³¹	pɔ³³⁴
54 永康	ba²⁴¹	tsʰa³³⁴	sa⁵⁵	za¹¹³	ka⁵⁵	ŋa¹¹³	a¹¹³	ɓuɑ³³⁴
55 武义	buo²³¹	tsʰuo⁴⁴⁵	suo²⁴	suo⁴⁴⁵	kuo⁵³	ŋuo¹³	ŋuo¹³	puɑ⁵³
56 磐安	bɒ¹⁴	tsʰɒ³³⁴	sɒ⁴⁴⁵	sɒ³³⁴	kɒ⁴⁴⁵	ŋã³³⁴	ie¹⁴	pə³³⁴
57 缙云	bɑ²¹³	tsʰɑ⁵¹	sɑ⁴⁴	sɑ⁵¹生~	kɑ⁴⁴	ŋɑ³¹	ɑ³¹	pɑ³²²
58 衢州	bã²³¹	tsʰã³⁵	sã³²	sã³⁵声殊	kã³²	ŋã²³¹	ã²³¹白 ʑiẽ²³¹文	paʔ⁵
59 衢江	bã²³¹	tsʰã²⁵	sã³³	sã²⁵	kã³³	ŋã²¹²	ʑiẽ²³¹	paʔ⁵
60 龙游	bã²³¹	tsʰã³⁵	sã³³⁴	sã³⁵	kã³³⁴	ŋã²²⁴	ʑiẽ²³¹调殊	pɔʔ⁴
61 江山	baŋ³¹	tsʰaŋ²⁴¹	saŋ⁴⁴	saŋ²⁴¹	kaŋ⁴⁴	ŋaŋ²²	aŋ²²	paʔ⁵
62 常山	bã¹³¹	tsʰã⁵²	sã⁴⁴	tsʰã⁵²	kã⁴⁴	ŋã²⁴白 iɛ̃⁵²文	ã¹³¹白 iɛ̃¹³¹文	paʔ⁵
63 开化	bã²¹³	tsʰã⁵³	sã⁴⁴	sã⁵³	kã⁴⁴	ŋã²¹³	ʑiẽ²¹³	pɔʔ⁵
64 丽水	bã¹³¹	tɕʰiã⁵⁴⁴名 tsʰã⁵⁴⁴动	sã⁵⁴⁴	sã⁵⁴⁴	kã²²⁴	ŋã⁵⁴⁴	ã⁵⁴⁴调殊	puɔʔ⁵
65 青田	ba²²	tsʰɑ⁴⁵⁴	sɑ⁴⁴⁵	tsʰɑ⁴⁵⁴	kɑ⁴⁴⁵	ŋɑ⁴⁵⁴	ɑ⁴⁵⁴	ɓaʔ⁴²
66 云和	bã²²³	tsʰã⁴¹	sã²⁴	tsʰã⁴¹	kã²⁴	ŋɛ⁴¹~睛 ŋã⁴¹一~	ã⁴¹调殊	pɔʔ⁵
67 松阳	bɔ¹³	tsʰɔ²¹²	sɔ⁵³	tsʰɔ²¹²	kɔ⁵³	ŋã²²~睛 ŋɔ²²~泪	ɔ²²	pɔʔ⁵
68 宣平	bã²³¹	tsʰã⁴⁴⁵	sã³²⁴	tsʰã⁴⁴⁵	kã³²⁴房~ kã⁵²一~	ŋɛ²²³~睛 ŋã²²³~泪 ŋã²²³一~	ã²²³	paʔ⁵

续表

方言点	0481 办	0482 铲	0483 山	0484 产~妇	0485 间 房~,一~房	0486 眼	0487 限	0488 八
	山开二 去山並	山开二 上山初	山开二 平山生	山开二 上山生	山开二 平山见	山开二 上山疑	山开二 上山匣	山开二 入黠帮
69 遂昌	baŋ²¹³	tsʰaŋ⁵³³	saŋ⁴⁵	tsʰaŋ⁵³³	kaŋ⁴⁵	ŋaŋ¹³	aŋ¹³	paʔ⁵
70 龙泉	baŋ²²⁴	tsʰaŋ⁵¹	saŋ⁴³⁴	tsʰaŋ⁵¹	kaŋ⁴³⁴	ŋaŋ⁵¹	aŋ⁵¹	poʔ⁵
71 景宁	bɔ¹¹³	tsʰɔ³³	sɔ³²⁴	tsʰɔ³³	kɔ³²⁴	ŋɛ³³~晴 ŋɔ³³一~	ɔ³³	pɔʔ⁵
72 庆元	pã³¹	tsʰã³³	sã³³⁵	tsʰã³³	kã³³⁵	ŋã²²¹	xã²²¹	ɓoʔ⁵
73 泰顺	pã²²	tsʰã⁵⁵	sã²¹³	sã⁵⁵	kã²¹³	ŋã⁵⁵	ã⁵⁵	pɔʔ⁵
74 温州	ba²²	tsʰa²⁵	sa³³	tsʰa²⁵	ka³³	ŋa¹⁴	a¹⁴	po³²³
75 永嘉	ba²²	tsʰa⁴⁵	sa⁴⁴	tsʰa⁴⁵	ka⁴⁴	ŋa¹³	a¹³	po⁴²³
76 乐清	bE²²	tɕʰiɛ³⁵	sE⁴⁴	tɕʰiɛ³⁵	kE⁴⁴	ŋE²⁴	E²⁴	pɯʌ³²³
77 瑞安	bɔ²²	（无）	sɔ⁴⁴	sɔ³⁵	kɔ⁴⁴	ŋɔ¹³	ɔ¹³	pu³²³
78 平阳	bɔ²³	tʃʰɔ⁴⁵	sɔ⁵⁵	tʃʰɔ⁴⁵	kɔ⁵⁵	ŋɔ⁴⁵	ɔ²³	po³⁴
79 文成	bɔ⁴²⁴	tʃʰɔ⁴⁵	sɔ⁵⁵	sɔ⁴⁵	kɔ⁵⁵	ŋɔ²²⁴	ɔ²²⁴	po³⁴
80 苍南	ba¹¹	tɕʰia⁵³	sa⁴⁴	tsʰa⁵³	ka⁴⁴	ŋa⁵³	a³¹	puɔ²²³
81 建德徽	pʰɛ⁵⁵	tsʰɛ²¹³	sɛ⁵³	tsɛ²¹³白 tsʰɛ²¹³文	kɛ⁵³	ŋɛ²¹³	hɛ²¹³	po⁵⁵
82 寿昌徽	pʰɤ³³	tɕʰyə²⁴~草 tsʰæ̃⁵⁵~车	ɕyə¹¹²	tsʰæ̃⁵⁵~妇	kuə¹¹²	ŋuə⁵³⁴白 iɛ⁵⁵文	ɕiɛ²⁴文	pɤ⁵⁵
83 淳安徽	pʰã⁵³	tsʰã⁵⁵	sã²⁴	sã⁵⁵	kã²⁴	ã⁵⁵	hã⁵³	paʔ⁵
84 遂安徽	pʰã⁵²	tsʰã²¹³	sã⁵³⁴	tsʰã²¹³	kã⁵³⁴	ã⁴³	ɕiɛ⁴³	pa²⁴
85 苍南闽	pan²¹	tsʰan⁴³	sũã⁵⁵	tsʰan⁴³	kũĩ⁵⁵	gan⁴³	han²¹	pue⁴³
86 泰顺闽	pɛ³¹	tsʰæŋ³⁴⁴	sæŋ²¹³	sæŋ³⁴⁴	kɛ²¹³	ŋɛ³⁴⁴	xɛ³¹	pɛʔ⁵
87 洞头闽	pan²¹	（无）	sũã³³	tsʰan⁵³	kan³³	gan⁵³	han²¹	pue⁵³
88 景宁畲	pɔn⁵¹	tsʰan³²⁵	san⁴⁴	tsʰɔn³²⁵	kian⁵¹	ȵian³²⁵	ɔn⁵¹	pat⁵

方言点	0489 扎 山开二 入黠庄	0490 杀 山开二 入黠生	0491 班 山开二 平删帮	0492 板 山开二 上删帮	0493 慢 山开二 去删明	0494 奸 山开二 平删见	0495 颜 山开二 平删疑	0496 瞎 山开二 入鎋晓
01 杭州	tsaʔ⁵	saʔ⁵	pɛ³³⁴	pɛ⁵³	mɛ¹³	tɕiɛ³³⁴	ŋɛ²¹³白 iɛ²¹³文	xaʔ⁵白 ɕiɛʔ⁵文
02 嘉兴	tsʌʔ⁵	sʌʔ⁵	pE⁴²	pE⁵⁴⁴	mE¹¹³	tɕiE⁴²	ŋE²⁴²	hʌʔ⁵
03 嘉善	tsɿʔ⁵	sɿʔ⁵	pɛ⁵³	pɛ⁴⁴	mɛ¹¹³	kɛ⁵³白 tɕiɛ⁵³文	ŋɛ¹³²	xɿʔ⁵
04 平湖	tsaʔ⁵	saʔ⁵	pɛ⁵³	pɛ⁴⁴	mɛ²¹³	kɛ⁵³白 tɕiɛ⁵³文	ŋɛ³¹	haʔ⁵
05 海盐	tsaʔ⁵	saʔ⁵	pɛ⁵³	pɛ⁴²³	mɛ⁴²³	kɛ⁵³白 tɕiɛ⁵³文	ɛ³¹	xaʔ⁵
06 海宁	tsaʔ⁵	saʔ⁵	pɛ⁵⁵	pɛ⁵³	mɛ³⁵	kɛ⁵⁵	ɛ¹³	həʔ⁵
07 桐乡	tsaʔ⁵	saʔ⁵	pɛ⁴⁴	pɛ⁵³	mɛ²¹³	kɛ⁴⁴	ɛ¹³	haʔ⁵
08 崇德	tsaʔ⁵	saʔ⁵	pɛ⁴⁴	pɛ⁵³	mɛ¹³	kɛ⁴⁴	ɛ¹³	haʔ⁵
09 湖州	tsaʔ⁵	saʔ⁵	pɛ⁴⁴	pɛ⁵²³	mɛ³⁵	tɕiɛ⁴⁴	ŋɛ¹¹²	xaʔ⁵
10 德清	tsaʔ⁵	saʔ⁵	pɛ⁴⁴	pɛ⁵²	mɛ³³⁴	kɛ⁴⁴	ŋɛ¹¹³	xaʔ⁵
11 武康	tsɿʔ⁵	sɿʔ⁵	pɛ⁴⁴	pɛ⁵³	mɛ²²⁴	kɛ⁴⁴白 tɕiɿ⁴⁴文	ŋɛ¹¹³	xɿʔ⁵
12 安吉	tsɐʔ⁵	sɐʔ⁵	pE⁵⁵	pE⁵²	mE²¹³	kE⁵⁵	ŋE²²	hɐʔ⁵
13 孝丰	tsaʔ⁵	saʔ⁵	pɛ⁴⁴	pɛ⁵²	mɛ³²⁴	kɛ⁴⁴	ŋɛ²²	haʔ⁵
14 长兴	gaʔ²又 tsaʔ⁵又	saʔ⁵	pE⁴⁴	pE⁵²	mE³²⁴	tʃi⁴⁴	ŋE¹²	haʔ⁵
15 余杭	tsaʔ⁵	saʔ⁵	pɛ̃⁴⁴	pɛ̃⁵³	mɛ̃²¹³	tɕiẽ⁴⁴	ŋɛ̃²²	xaʔ⁵
16 临安	tsɐʔ⁵⁴	sɐʔ⁵⁴	pɛ⁵⁵	pɛ⁵⁵	mɛ³³	kɛ⁵⁵	ŋɛ⁵⁵	hɐʔ⁵⁴
17 昌化	gaʔ²³	saʔ⁵	pɔ̃³³⁴	pɔ̃⁴⁵³	mɔ̃²⁴³	tɕiĩ³³⁴	ŋɔ̃¹¹²	xaʔ⁵
18 於潜	tsəʔ⁵³	sɐʔ⁵³	pɛ⁴³³	pɛ⁵¹	mɛ²⁴	kɛ⁴³³	ŋɛ²²³	xɐʔ⁵³
19 萧山	tsaʔ⁵	saʔ⁵	pɛ⁵³³	pɛ³³	mɛ²⁴²	kɛ⁵³³	ŋɛ³⁵⁵	xaʔ⁵
20 富阳	tsaʔ⁵	saʔ⁵	pã⁵³	pã⁴²³	mã³³⁵	tɕiɛ̃⁵³	ŋã¹³	haʔ⁵
21 新登	tsaʔ⁵	saʔ⁵	pɛ⁵³	pɛ³³⁴	mɛ¹³	tɕiɛ̃⁵³	ɛ²³³	haʔ⁵
22 桐庐	tsaʔ⁵	saʔ⁵	pã⁵³³	pã³³	mã²⁴	tɕiɛ⁵³³	ŋã¹³	xaʔ⁵
23 分水	tsaʔ⁵	saʔ⁵	pã⁴⁴	pã⁵³	mã¹³	tɕiɛ⁴⁴	iɛ̃²²	xaʔ⁵

续表

方言点	0489 扎	0490 杀	0491 班	0492 板	0493 慢	0494 奸	0495 颜	0496 瞎
	山开二入黠庄	山开二入黠生	山开二平删帮	山开二上删帮	山开二去删明	山开二平删见	山开二平删疑	山开二入鎋晓
24 绍兴	tsɛʔ⁵	sɛʔ⁵	pɛ̃⁵³	pɛ̃³³⁴	mɛ̃²²	kɛ̃⁵³	ŋɛ̃²³¹	hɛʔ⁵
25 上虞	tsɐʔ⁵	sɐʔ⁵	pɛ̃³⁵	pɛ̃³⁵	mɛ̃³¹	kɛ̃³⁵	ŋɛ̃²¹³	hɐʔ⁵
26 嵊州	tsɛʔ⁵	sɛʔ⁵	pɛ̃⁵³⁴	pɛ̃⁵³	mɛ̃²⁴	kɛ̃⁵³⁴	ɛ̃²¹³	hɛʔ⁵
27 新昌	tsɛʔ⁵	sɛʔ⁵	pɛ̃⁵³⁴	pɛ̃⁴⁵³	mɛ̃¹³	kɛ̃⁵³⁴	ŋɛ̃²²	hɛʔ⁵
28 诸暨	tsaʔ⁵	saʔ⁵	pɛ⁵⁴⁴	pɛ⁴²	mɛ³³	kɛ⁵⁴⁴	ŋɛ¹³	haʔ⁵
29 慈溪	tsaʔ⁵	saʔ⁵	pɛ̃³⁵	pɛ̃³⁵	mɛ̃¹³	kɛ̃³⁵	ȵie¹³	haʔ⁵
30 余姚	tsaʔ⁵	saʔ⁵	pã⁴⁴	pã³⁴	mã¹³	kã⁴⁴	ȵie¹³	haʔ⁵
31 宁波	tsaʔ⁵	saʔ⁵	pɛ⁵³	pɛ³⁵	mɛ¹³	kɛ⁵³	ŋɛ¹³	haʔ⁵
32 镇海	tsaʔ⁵	saʔ⁵	pɛ⁵³	pɛ³⁵	mɛ²⁴	kɛ⁵³	ŋɛ²⁴	haʔ⁵
33 奉化	tsaʔ⁵	saʔ⁵	pɛ⁴⁴	pɛ⁵⁴⁵	mɛ³¹	kɛ⁴⁴	ŋɛ³³	haʔ⁵
34 宁海	tsaʔ⁵	saʔ⁵	pe⁴²³	pe⁵³	me²⁴	ke⁴²³	ȵie²¹³	haʔ⁵
35 象山	tsaʔ⁵	saʔ⁵	pɛ⁴⁴	pɛ⁴⁴	mɛ¹³	kɛ⁴⁴	ŋɛ³¹	haʔ⁵
36 普陀	tsɐʔ⁵	sɐʔ⁵	pɛ⁵³	pɛ⁴⁵	mɛ¹³	kɛ⁵³	ŋɛ²⁴	xɐʔ⁵
37 定海	tsɐʔ⁵	sɐʔ⁵	pɛ⁵²	pɛ⁴⁵	mɛ¹³	kɛ⁵²	ŋɛ²³	xɐʔ⁵
38 岱山	tsɐʔ⁵	sɐʔ⁵	pɛ⁴⁴ 调殊	pɛ³²⁵	mɛ²¹³	kɛ⁵²	ŋɛ²³	xɐʔ⁵
39 嵊泗	tsɐʔ⁵	sɐʔ⁵	pɛ⁵³	pɛ⁴⁴⁵	mɛ²¹³	kɛ⁵³	ŋɛ²⁴³	xɐʔ⁵
40 临海	tsɛʔ⁵	sɛʔ⁵	pɛ³¹	pɛ⁵²	mɛ³²⁴	kɛ³¹	ŋɛ²¹	hɛʔ⁵
41 椒江	tsɛʔ⁵	sɛʔ⁵	pɛ⁴²	pɛ⁴²	mɛ²⁴	kiɛ⁴²	ȵiɛ³¹	hɛʔ⁵
42 黄岩	tsɛʔ⁵	sɛʔ⁵	pɛ³²	pɛ⁴²	mɛ²⁴	kiɛ³²	ȵiɛ¹²¹	hɔʔ⁵
43 温岭	tsɛʔ⁵	sɛʔ⁵	pɛ³³	pɛ⁴²	mɛ¹³	kiɛ³³	ȵiɛ³¹	ho³³
44 仙居	tsɑʔ⁵	sɑʔ⁵	ɓa³³⁴	ɓa³²⁴	ma²⁴	ka³³⁴	ŋa²¹³	hɑʔ⁵
45 天台	tsɐʔ⁵	sɐʔ⁵	pe³³	pe³²⁵	me³⁵	ke³³	ŋe²²⁴	hɐʔ⁵
46 三门	tsɐʔ⁵	sɐʔ⁵	pɛ³³⁴	pɛ³²⁵	mɛ²⁴³	kɛ³³⁴	ŋɛ¹¹³	hɐʔ⁵
47 玉环	tsɐʔ⁵	sɐʔ⁵	pɛ⁴²	pɛ⁵³	mɛ²²	kiɛ⁴²	ȵiɛ³¹	hɐʔ⁵

方言点	0489 扎	0490 杀	0491 班	0492 板	0493 慢	0494 奸	0495 颜	0496 瞎
	山开二 入黠庄	山开二 入黠生	山开二 平删帮	山开二 上删帮	山开二 去删明	山开二 平删见	山开二 平删疑	山开二 入鎋晓
48 金华	tsuɑ⁵⁵	suɑ⁵⁵	pɑ³³⁴	pɑ⁵³⁵	mɑ¹⁴	kɑ³³⁴白 tɕiɛ³³⁴文	ɑ³¹³	xuɑ⁵⁵
49 汤溪	tsuɑ⁵⁵	suɑ⁵⁵	mɣa²⁴	mɣa⁵³⁵	mɣa³⁴¹	tɕie²⁴	ua¹¹	(无)
50 兰溪	tsuɑʔ³⁴	suɑʔ³⁴	pia³³⁴	pia⁵⁵	mia²⁴	tɕie³³⁴	ua²¹	xuaʔ³⁴
51 浦江	tsa⁴²³	ɕya⁴²³	pã⁵³⁴	pã⁵³	mã²⁴³	kã⁵³⁴	ŋã¹¹³	ɕia⁴²³
52 义乌	tsua³²⁴白 tsa³²⁴文	sua³²⁴	ma³³⁵	ma⁴²³	man²⁴	kɔ³³⁵白 tɕian³³⁵文	ɔ²¹³	ɕia³²⁴
53 东阳	tsa³³⁴	so³³⁴	pɔ³³⁴	pɔ⁴⁴	mɔ²⁴	tɕi³³⁴	ŋa²¹³	(无)
54 永康	tsuɑ³³⁴	suɑ³³⁴	ma⁵⁵	ma³³⁴	ma²⁴¹	ka⁵⁵	ŋa²²	(无)
55 武义	tsuɑ⁵³	suɑ⁵³	muo²⁴	muo⁴⁴⁵	muo²³¹	kuo²⁴	ŋuɑ³²⁴	(无)
56 磐安	tsa³³⁴	suɑ³³⁴	mɒ⁴⁴⁵老 pɒ⁴⁴⁵新	mɒ³³⁴石~ pɒ³³⁴老~	mɒ¹⁴	kɒ⁴⁴⁵老 tɕie⁴⁴⁵新	ŋa²¹³	(无)
57 缙云	tsa³²²	sa³²²	pɑ⁴⁴	pɑ⁵¹	ma²¹³	kɑ⁴⁴	ŋa²⁴³	(无)
58 衢州	tsaʔ⁵	saʔ⁵	pã³²	pã³⁵	mã²³¹	kã³²白 tɕiɛ³²文	ŋã²¹	xaʔ⁵
59 衢江	tsaʔ⁵	saʔ⁵	pã³³	pã²⁵	mã²³¹	tɕie³³	ŋã²¹²	xaʔ⁵
60 龙游	tsɔʔ⁴	sɔʔ⁴	pã³³⁴	pã³⁵	mã²³¹	tɕie³³⁴	ŋã²¹白 ie²¹文	xɔʔ⁴
61 江山	tsaʔ⁵	saʔ⁵	paŋ⁴⁴	paŋ²⁴¹	maŋ³¹	kiaŋ⁴⁴	ŋaŋ²²调殊	xaʔ⁵
62 常山	tsaʔ⁵	saʔ⁵	pã⁴⁴	pã⁵²	mã¹³¹	tɕiɛ̃⁴⁴	ŋã¹³¹	xʌʔ⁵
63 开化	tsaʔ⁵	saʔ⁵	pã⁴⁴	pã⁵³	mã²¹³	tɕiɛ̃⁴⁴	ŋã²¹³调殊	xɔʔ⁵
64 丽水	tsɔʔ⁵	sɔʔ⁵	pã²²⁴	pã⁵⁴⁴	mã¹³¹	kã²²⁴	ŋã²²	xuɔʔ⁵
65 青田	tsaʔ⁴²	saʔ⁴²	ɓɑ⁴⁴⁵	ɓɑ⁴⁵⁴	ma²²	kɑ⁴⁴⁵	ŋɑ²¹	xaʔ⁴²
66 云和	tsɔʔ⁵	sɔʔ⁵	pã²⁴	pã⁴¹	mã²²³	kã²⁴	ŋã³¹²	xɔʔ⁵
67 松阳	tsɔʔ⁵	sɔʔ⁵	põ⁵³	põ²¹²	mõ¹³	kõ⁵³	ŋõ³¹	xɔʔ⁵
68 宣平	tsɑʔ⁵	sɑʔ⁵	pã³²⁴	pã⁴⁴⁵	mã²³¹	kã³²⁴	ŋã⁴³³	xɑʔ⁵
69 遂昌	tsaʔ⁵	saʔ⁵	paŋ⁴⁵	paŋ⁵³³	maŋ²¹³	kaŋ⁴⁵	ŋaŋ²²¹	xaʔ⁵

续表

方言点	0489 扎 山开二 入黠庄	0490 杀 山开二 入黠生	0491 班 山开二 平删帮	0492 板 山开二 上删帮	0493 慢 山开二 去删明	0494 奸 山开二 平删见	0495 颜 山开二 平删疑	0496 瞎 山开二 入鎋晓
70 龙泉	tsoʔ⁵	soʔ⁵	paŋ⁴³⁴	paŋ⁵¹	maŋ²²⁴	kaŋ⁴³⁴	ŋaŋ²¹	xuoʔ⁵
71 景宁	tsɔʔ⁵	sɔʔ⁵	pɔ³²⁴	pɔ³³	mɔ¹¹³	kɔ³²⁴	ŋɔ⁴¹	xɔʔ⁵
72 庆元	tsaʔ⁵	saʔ⁵	ɓã³³⁵	ɓã³³	mã³¹	kã³³⁵	ŋã⁵²	ɕiaʔ⁵
73 泰顺	tsɔʔ⁵	sɔʔ⁵	pã²¹³	pã⁵⁵	mã²²	kã²¹³	ŋã⁵³	xɔʔ⁵
74 温州	tsa³²³	sa³²³	pa³³	pa²⁵	ma²²	ka³³	ŋa³¹	ha³²³
75 永嘉	tsa⁴²³	sa⁴²³	pa⁴⁴	pa⁴⁵	ma²²	ka⁴⁴	ŋa³¹	（无）
76 乐清	tɕia³²³	sa³²³	pE⁴⁴	pE³⁵	mE²²	kE⁴⁴	ŋE³¹	ha³²³
77 瑞安	tsɔ³²³	sɔ³²³	pɔ⁴⁴	pɔ³⁵	mɔ²²	kɔ⁴⁴	ŋɔ³¹	（无）
78 平阳	tʃɔ³⁴	sɔ³⁴	pɔ⁵⁵	pɔ⁴⁵	mɔ³³	kɔ⁵⁵	ŋɔ⁴⁵	（无）
79 文成	tʃɔ³⁴	sɔ³⁴	pɔ⁵⁵	pɔ⁴⁵	mɔ⁴²⁴	kɔ⁵⁵	ŋɔ¹¹³	（无）
80 苍南	tsa²²³	sa²²³	pa⁴⁴	pa⁵³	ma¹¹	ka⁴⁴	ŋa³¹	（无）
81 建德徽	tso⁵⁵	so⁵⁵	pɛ⁵³	pɛ²¹³	mɛ⁵⁵	kɛ⁵³强~ / tɕie⁵³~臣	ŋɛ³³	ho⁵⁵
82 寿昌徽	tsuə⁵⁵	ɕyə⁵⁵	pɤ¹¹²	pɤ²⁴	mɤ³³	tɕi¹¹²~臣 / tɕiɛ̃³³强~	ŋuə¹¹²文	xuə⁵⁵
83 淳安徽	tsaʔ⁵	saʔ⁵	pã²⁴	pã⁵⁵	mã⁵³	kã²⁴	ã⁴³⁵	haʔ⁵
84 遂安徽	tsɑ²⁴	sɑ²⁴	pɑ̃⁵³⁴	pɑ̃²¹³	mɑ̃⁵²	kɑ̃⁵³⁴白 / tɕiɑ̃⁵³⁴文	ã³³	xɑ²⁴
85 苍南闽	tsɐ⁴³	sɐ⁴³	pan⁵⁵	pan⁴³	ban²¹	kan⁵⁵	gan²⁴	hia⁵⁵文
86 泰顺闽	tsɛʔ⁵	sɛʔ⁵	piæŋ²¹³	pɛ²²	mɛ³¹	kæŋ²¹³	ŋæŋ²²	（无）
87 洞头闽	tsɐt⁵	sɐt⁵	pan³³	pan⁵³	ban²¹	kan³³	ŋã¹¹³	ɕia³³文
88 景宁畲	tsɔt⁵	（无）	pon⁴⁴	pan³²⁵	mon⁵¹	kan⁴⁴	ŋon²²	（无）

方言点	0497 变	0498 骗 欺~	0499 便 方~	0500 棉	0501 面 ~孔	0502 连	0503 剪	0504 浅
	山开三 去仙帮	山开三 去仙滂	山开三 去仙並	山开三 平仙明	山开三 去仙明	山开三 平仙来	山开三 上仙精	山开三 上仙清
01 杭州	piɛ^{45}	pʰiɛ^{45}	biɛ^{13}	mie^{213}	mie^{13}	lie^{213}	tɕie^{53}	tɕʰie^{53}
02 嘉兴	piɛ^{224}	pʰiɛ^{224}	biɛ^{113}	mie^{242}	mie^{113}	lie^{242}	tɕie^{544}	tɕʰie^{113}
03 嘉善	piɪ^{334}	pʰiɪ^{334}	biɪ^{113}	miɪ^{132}	miɪ^{113}	liɪ^{132}	tɕiɪ^{44}	tɕʰiɪ^{334}
04 平湖	piɛ^{334}	pʰiɛ^{213}	biɛ^{213}	mie^{31}	mie^{213}	lie^{31}	tsie^{44}	tsʰie^{213}
05 海盐	piɛ^{334}	pʰiɛ^{334}	biɛ^{213}	mie^{31}	mie^{213}	lie^{31}	tɕiɛ^{423}	tɕʰiɛ^{423}
06 海宁	piɛ^{35}	pʰiɛ^{35}	biɛ^{13}	mie^{13}	mie^{13}	lie^{13}	tɕie^{53}	tɕʰie^{53}
07 桐乡	piE^{334}	pʰiE^{334}	biE^{213}	miE^{13}	miE^{213}	liE^{13}	tsiE^{53}	tsʰiE^{53}
08 崇德	piɪ^{334}	pʰiɪ^{334}	biɪ^{13}	miɪ^{13}	miɪ^{13}	liɪ^{13}	tɕiɪ^{53}	tɕʰiɪ^{53}
09 湖州	piɛ^{35}	pʰiɛ^{35}	bie^{24}	mie^{112}	mie^{35}	lie^{112}	tɕie^{523}	tɕʰie^{523}
10 德清	piɛ^{334}	pʰiɛ^{334}	bie^{113}	mie^{113}	mie^{334}	lie^{113}	tɕie^{52}	tɕʰie^{52}
11 武康	piɪ^{224}	pʰiɪ^{224}	biɪ^{113}	miɪ^{113}	miɪ^{224}	liɪ^{113}	tɕiɪ^{53}	tɕʰiɪ^{53}
12 安吉	pi^{324}	pʰi^{324}	bi^{213}	mi^{22}	mi^{213}	li^{22}	tɕi^{52}	tɕʰi^{52}
13 孝丰	piɪ^{324}	pʰiɪ^{324}	biɪ^{213}	miɪ^{22}	miɪ^{324}	liɪ^{22}	tɕiɪ^{52}	tɕʰiɪ^{52}
14 长兴	pi^{324}	pʰi^{324}	bi^{24}	mi^{12}	mi^{324}	li^{12}	tʃi^{52}	tʃʰi^{52}
15 余杭	piẽ^{423}	pʰiẽ^{423}	biẽ^{213}	miẽ^{22}	miẽ^{213}	liẽ^{22}	tsiẽ^{53}	tsʰiẽ^{53}
16 临安	pie^{55}	pʰie^{55}	bie^{33}	mie^{33}	mie^{33}	lie^{33}	tɕie^{55}	tɕʰie^{55}
17 昌化	piɪ̃^{544}	pʰiɪ̃^{544}	biɪ̃^{243}	miɪ̃^{112}	miɪ̃^{243}	liɪ̃^{112}	tɕiɪ̃^{453}	tɕʰiɪ̃^{453}
18 於潜	pie^{35}	pʰie^{35}	bie^{24}	mie^{223}	mie^{24}	lie^{223}	tɕie^{51}	tɕʰie^{51}
19 萧山	pie^{42}	pʰie^{42}	bie^{242}	mie^{355}	mie^{242}	lie^{355}	tɕie^{33}	tɕʰie^{33}
20 富阳	piɛ̃^{335}	pʰiɛ̃^{335}	biɛ̃^{224}	miɛ̃^{13}	miɛ̃^{224}	ɲiɛ̃^{13}	tɕiɛ̃^{423}	tɕʰiɛ̃^{423}
21 新登	piɛ̃^{45}	pʰiɛ̃^{45}	biɛ̃^{13}	miɛ̃^{233}	miɛ̃^{13}	liɛ̃^{233}	tɕiɛ̃^{334}	tɕʰiɛ̃^{334}
22 桐庐	pie^{35}	pʰie^{35}	bie^{24}	mie^{13}	mie^{24}	lie^{13}	tɕie^{33}	tɕʰie^{33}
23 分水	piɛ̃^{24}	pʰiɛ̃^{24}	biɛ̃^{13}	miɛ̃^{22}	miɛ̃^{13}	liɛ̃^{22}	tɕiɛ̃^{53}	tɕʰiɛ̃^{53}
24 绍兴	piẽ^{33}	pʰiẽ^{33}	biẽ^{22}	miẽ^{231}	miẽ^{22}	liẽ^{231}	tɕiẽ^{334}	tɕʰiẽ^{334}
25 上虞	piẽ^{53}	pʰiẽ^{53}	biẽ^{31}	miẽ^{213}	miẽ^{31}	liẽ^{213}	tɕiẽ^{35}	tɕʰiẽ^{35}

方言点	0497 变 山开三 去仙帮	0498 骗 欺~ 山开三 去仙滂	0499 便 方~ 山开三 去仙並	0500 棉 山开三 平仙明	0501 面 ~孔 山开三 去仙明	0502 连 山开三 平仙来	0503 剪 山开三 上仙精	0504 浅 山开三 上仙清
26 嵊州	piẽ³³⁴	pʰiẽ³³⁴	biẽ²⁴	miẽ²¹³	miẽ²⁴	liẽ²¹³	tɕiẽ⁵³	tɕʰiẽ⁵³
27 新昌	piɛ̃³³⁵	pʰiɛ̃³³⁵	biɛ̃¹³	miɛ̃²²	miɛ̃¹³	liɛ̃²²	tɕiɛ̃⁴⁵³	tɕʰiɛ̃⁴⁵³
28 诸暨	pie⁵⁴⁴	pʰie⁵⁴⁴	bie³³	mie¹³	mie³³	lie¹³	tɕie⁴²	tɕʰie⁴²
29 慈溪	piẽ⁴⁴	pʰiẽ⁴⁴	biẽ¹³	mi¹³白 miẽ¹³文	miẽ¹³	liẽ¹³	tɕiẽ³⁵	tɕʰiẽ³⁵
30 余姚	piẽ⁵³	pʰiẽ⁵³	biẽ¹³	miẽ¹³	miẽ¹³	liẽ¹³	tɕiẽ³⁴	tɕʰiẽ³⁴
31 宁波	pi⁴⁴	pʰi⁴⁴	bi¹³	mi¹³	mi¹³	li¹³	tɕi³⁵	tɕʰi³⁵
32 镇海	pi⁵³	pʰi⁵³	bi²⁴	mi²⁴	mi²⁴	li²⁴	tɕi³⁵	tɕʰi³⁵
33 奉化	pi⁵³	pʰi⁵³	bi³³	mi³³	mi³¹	li³³	tɕi⁵⁴⁵	tɕʰi⁵⁴⁵
34 宁海	pie³⁵	pʰie³⁵	bie²⁴	mie²¹³	mie²⁴	lie²¹³	tɕie⁵³	tɕʰie⁵³
35 象山	pi⁵³	pʰi⁵³	bi³¹	mi³¹	mi³¹	li³¹	tɕi⁴⁴	tɕʰi⁴⁴
36 普陀	pi⁵⁵	pʰi⁵⁵	bi¹³	mi²⁴	mi¹³	li²⁴	tɕi⁴⁵	tɕʰi⁴⁵
37 定海	pi⁴⁴	pʰi⁴⁴	bi¹³	mi²³	mi¹³	li²³	tɕi⁴⁵	tɕʰi⁴⁵
38 岱山	pi⁴⁴	pʰi⁴⁴	bi²¹³	mi²³	mi²¹³	li²³	tɕi³²⁵	tɕʰi³²⁵
39 嵊泗	pi⁵³	pʰi⁵³	bi²¹³	mi²⁴³	mi²¹³	li²⁴³	tɕi⁴⁴⁵	tɕʰi⁴⁴⁵
40 临海	pi⁵⁵	pʰi⁵⁵	bi³²⁴	mi²¹	mi³²⁴	li²¹	tɕi⁵²又 ki⁵²又	tɕʰi⁵²
41 椒江	pie⁵⁵	pʰie⁵⁵	bie²⁴	mie³¹	mie²⁴	lie³¹	tɕie⁴²	tɕʰie⁴²
42 黄岩	pie⁵⁵	pʰie⁵⁵	bie²⁴	mie¹²¹	mie²⁴	lie¹²¹	tɕie⁴²	tɕʰie⁴²
43 温岭	pie⁵⁵	pʰie⁵⁵	bie¹³	mie³¹	mie¹³	lie³¹	tɕie⁴²	tɕʰie⁴²
44 仙居	ɓie⁵⁵	pʰie⁵⁵	bie²⁴	mie²¹³	mie²⁴	lie²¹³	tɕie³²⁴	tɕʰie³²⁴
45 天台	pie⁵⁵	pʰie⁵⁵	bie³⁵	mie²²⁴	mie³⁵	lie²²⁴	tɕie³²⁵	tɕʰie³²⁵
46 三门	pie⁵⁵	pʰie⁵⁵	bie²⁴³	mie¹¹³	mie²⁴³	lie¹¹³	tɕie³²⁵	tɕʰie³²⁵
47 玉环	pie⁵⁵	pʰie⁵⁵	bie²²	mie³¹	mie²²	lie³¹	tɕie⁵³	tɕʰie⁵³
48 金华	pie⁵⁵	pʰie⁵⁵	bie¹⁴	mie³¹³	mie¹⁴	lie³¹³	tsia⁵³⁵	tɕʰie⁵³⁵

方言点	0497 变	0498 骗 欺~	0499 便 方~	0500 棉	0501 面 ~孔	0502 连	0503 剪	0504 浅
	山开三 去仙帮	山开三 去仙滂	山开三 去仙並	山开三 平仙明	山开三 去仙明	山开三 平仙来	山开三 上仙精	山开三 上仙清
49 汤溪	mie^{52}	p^{h}ie^{52}	bie^{11}	mie^{11}	mie^{341}	lie^{11}	tsia^{535}	ts^{h}ie^{535}
50 兰溪	pie^{45}	p^{h}ie^{45}	bie^{24}	mie^{21}	mie^{24}	lie^{21}	tsia^{55}	tɕ^{h}ie^{55}
51 浦江	piẽ^{55}	p^{h}iẽ^{55}	biẽ^{24}	miẽ^{113}	miẽ^{24}	liẽ^{113}	tsiɑ̃^{53}	ts^{h}iẽ^{53}
52 义乌	pie^{45}	p^{h}ie^{45}	bie^{24}	mie^{213}	mie^{24}	lie^{213}	tsia^{423}	ts^{h}ie^{423}
53 东阳	pi^{453}	p^{h}i^{453}	bi^{24}	mi^{213}	mi^{24}	li^{213}	tsi^{44}	ts^{h}i^{44}
54 永康	ɓie^{52}	p^{h}ie^{52}	bie^{241}	mie^{22}	mie^{241}	lie^{22}	tɕia^{334}	tɕ^{h}ie^{334}
55 武义	mie^{53}	p^{h}ie^{53}	bie^{231}	mie^{324}	mie^{231}	nie^{324}	tɕie^{445}	tɕ^{h}ie^{445}
56 磐安	pie^{52}	p^{h}ie^{52}	bie^{14}	mie^{213}	mie^{14}	lie^{213}	tɕie^{334}	tɕ^{h}ie^{334}
57 缙云	piɛ^{453}	p^{h}iɛ^{453}	biɛ^{213}	miɛ^{243}	miɛ^{213}	liɛ^{243}	tɕia^{51}	tɕ^{h}iɛ^{51}
58 衢州	piẽ^{53}	p^{h}iẽ^{53}	biẽ^{231}	miẽ^{21}	miẽ^{231}	liẽ^{21}	tɕiẽ^{35}	tɕ^{h}iẽ^{35}
59 衢江	pie^{53}	p^{h}ie^{53}	bie^{231}	mie^{212}	mie^{231}	lie^{212}	tɕie^{25}	tɕ^{h}ie^{25}
60 龙游	pie^{51}	p^{h}ie^{51}	bie^{231}	mie^{21}	mie^{231}	lie^{21}	tɕie^{35}	tɕ^{h}ie^{35}
61 江山	piɛ̃^{51}	p^{h}iɛ̃^{51}	biɛ̃^{31}	miɛ̃^{213}	miɛ̃^{31}	liɛ̃^{213}	tɕiɛ̃^{241}	tɕ^{h}iɛ̃^{241}
62 常山	piɛ̃^{324}	p^{h}iɛ̃^{324}	biɛ̃^{131}	miɛ̃^{341}	miɛ̃^{131}	liɛ̃^{341}	tɕiɛ̃^{52}	tɕ^{h}iɛ̃^{52}
63 开化	piɛ̃^{412}	p^{h}iɛ̃^{412}	biɛ̃^{213}	miɛ̃^{231}	miɛ̃^{213}	liɛ̃^{231}	tɕiɛ̃^{53}	tɕ^{h}iɛ̃^{53}
64 丽水	piɛ^{52}	p^{h}iɛ^{52}	biɛ^{131}	miɛ^{22}	miɛ^{131}	liɛ^{22}	tɕiɛ^{544}	tɕ^{h}iɛ^{544}
65 青田	ɓiɛ^{33}	p^{h}iɛ^{33}	biɛ^{22}	miɛ^{21}	miɛ^{22}	liɛ^{21}	tɕiɑ^{454}	tɕ^{h}iɛ^{454}
66 云和	piɛ^{45}	p^{h}iɛ^{45}	biɛ^{223}	miɛ^{312}	miɛ^{223}	liɛ^{312}	tɕiɛ^{41}	tɕ^{h}iɛ^{41}
67 松阳	piɛ̃^{24}	p^{h}iɛ̃^{24}	biɛ̃^{13}	miɛ̃^{31}	miɛ̃^{13}	liɛ̃^{31}	tɕiɛ̃^{212}	tɕ^{h}iɛ̃^{212}
68 宣平	piɛ̃^{52}	p^{h}iɛ̃^{52}	biɛ̃^{231}	miɛ̃^{433}	miɛ̃^{231}	liɛ̃^{433}	tɕiɛ̃^{445}	tɕ^{h}iɛ̃^{445}
69 遂昌	piɛ̃^{334}	p^{h}iɛ̃^{334}	biɛ̃^{213}	miɛ̃^{221}	miɛ̃^{213}	liɛ̃^{221}	tɕiɛ̃^{533}	tɕ^{h}iɛ̃^{533}
70 龙泉	piɛ^{45}	p^{h}iɛ^{45}	biɛ^{224}	miɛ^{21}	miɛ^{224}	liɛ^{21}	tɕiɛ^{51}	tɕ^{h}iɛ^{51}
71 景宁	piɛ^{35}	p^{h}iɛ^{35}	biɛ^{113}	miɛ^{41}	miɛ^{113}	liɛ^{41}	tɕiɛ^{33}	tɕ^{h}iɛ^{33}
72 庆元	ɓiɛ̃^{11}	p^{h}iɛ̃^{11}	piɛ̃^{31}	miɛ̃^{52}	miɛ̃^{31}	liɛ̃^{52}	tɕiɑ̃^{33}	tɕ^{h}iɛ̃^{33}

续表

方言点	0497 变	0498 骗 欺~	0499 便 方~	0500 棉	0501 面 ~孔	0502 连	0503 剪	0504 浅
	山开三 去仙帮	山开三 去仙滂	山开三 去仙並	山开三 平仙明	山开三 去仙明	山开三 平仙来	山开三 上仙精	山开三 上仙清
73 泰顺	pie^{35}	pʰie^{35}	pie^{22}	mie^{53}	mie^{22}	lie^{53}	tɕiã^{55}	tɕʰie^{55}
74 温州	pi^{51}	pʰi^{51}	bi^{22}	mi^{31}	mi^{22}	li^{31}	tɕi^{25}	tɕʰi^{25}
75 永嘉	pi^{53}	pʰi^{53}	bi^{22}	mi^{31}	mi^{22}	li^{31}	tɕi^{45}	tɕʰi^{45}
76 乐清	piɛ^{41}	pʰiɛ^{41}	biɛ^{22}	miɛ^{31}	miɛ^{22}	liɛ^{31}	tɕiɛ^{35}	tɕʰiɛ^{35}
77 瑞安	pi^{53}	pʰi^{53}	bi^{22}	mi^{31}	mi^{22}	li^{31}	tɕi^{35}	tɕʰi^{35}
78 平阳	pie^{53}	pʰie^{53}	bie^{33}	mie^{242}	mie^{33}	lie^{242}	tɕie^{45}	tɕʰie^{45}
79 文成	pie^{33}	pʰie^{33}	bie^{424}	mie^{113}	mie^{424}	lie^{113}	tɕie^{45}	tɕʰie^{45}
80 苍南	pie^{42}	pʰie^{42}	bie^{11}	mie^{31}	mie^{11}	lie^{31}	tɕie^{53}	tɕʰie^{53}
81 建德徽	pie^{33}	pʰie^{33}	pʰie^{55}	mie^{33}	mie^{55}	nie^{33}	tɕie^{213}	tɕʰie^{213}
82 寿昌徽	pi^{33}	pʰi^{33}	pʰi^{33}白 piɛ^{24}文	mi^{112}文	mi^{33}	li^{52}	tɕi^{24}	tɕʰi^{24}
83 淳安徽	piã^{24}	pʰiã^{24}	pʰiã^{53}	miã^{435}	miã^{53}	liã^{435}	tɕiã^{55}	tɕʰiã^{55}
84 遂安徽	piɛ̃^{43}	pʰiɛ̃^{43}	pʰiɛ̃^{43}	miɛ̃^{33}	miɛ̃^{52}	liɛ̃^{33}	tɕiɛ̃^{213}	tɕʰiɛ̃^{213}
85 苍南闽	pian^{21}	pʰian^{21}	pian^{24}	mĩ^{24}	bin^{21}	lian^{24}	tɕian^{43}	tɕʰian^{43}
86 泰顺闽	pie^{53}	pʰie^{53}	pie^{31}	mie^{22}	mɛ^{53}	lie^{22}	tsɛ^{344}	tɕʰie^{344}
87 洞头闽	pian^{21}	pʰian^{21}	pian^{21}	mĩ^{113}	bin^{21}	lian^{113}	（无）	tɕʰian^{53}
88 景宁畲	pien^{44}	pʰien^{44}	pien^{51}	mien^{22}	mien^{44}	lien^{22}	tsan^{325}	tsʰan^{325}

方言点	0505 钱	0506 鲜	0507 线	0508 缠	0509 战	0510 扇名	0511 善	0512 件
	山开三平仙从	山开三平仙心	山开三去仙心	山开三平仙澄	山开三去仙章	山开三去仙书	山开三上仙禅	山开三上仙群
01 杭州	dziɛ²¹³	ɕiɛ³³⁴	ɕiɛ⁴⁵	dzuo²¹³白 dzɛ²¹³文	tsuo⁴⁵	suo⁴⁵	zuo¹³	dʑiɛ¹³
02 嘉兴	dzie²⁴²	ɕie⁴²	ɕie²²⁴	zə²⁴²	tsə²²⁴	suə²²⁴	zə¹¹³	dʑie¹¹³
03 嘉善	dziɿ¹³²	ɕiɿ⁵³	ɕiɿ³³⁴	zø¹¹³	tsø³³⁴	sø³³⁴	zø¹¹³	dʑiɿ¹¹³
04 平湖	diɛ³¹白 ziɛ³¹文	siɛ⁵³	siɛ³³⁴	zø²¹³	tsø³³⁴	sø³³⁴	zø²¹³	dʑiɛ²¹³
05 海盐	dziɛ³¹	ɕiɛ⁵³	ɕiɛ³³⁴	zɤ³¹	tsɤ³³⁴	sɤ³³⁴	zɤ⁴²³	dʑiɛ²¹³
06 海宁	dzie¹³	ɕie⁵⁵	ɕie³⁵	zei²³¹	tsei³⁵	sei³⁵	zei²³¹	dʑie²³¹
07 桐乡	ziE¹³	siE⁴⁴	siE³³⁴	zE¹³	tsE³³⁴	SE³³⁴	zE²⁴²	dʑiE²⁴²
08 崇德	diɿ¹³白 ʑiɿ¹³文	ɕiɿ⁴⁴	ɕiɿ³³⁴	zE²⁴²	tsE³³⁴	SE³³⁴	zE²⁴²	dʑiɿ²⁴²
09 湖州	dzie¹¹²	ɕie⁴⁴	ɕie³⁵	zɛ²³¹	tsɛ³⁵	sɛ³⁵	zɛ²³¹	dʑie²³¹
10 德清	dzie¹¹³	ɕie⁴⁴	ɕie³³⁴	zøʉ¹¹³	tsøʉ³³⁴	søʉ³³⁴	zøʉ¹⁴³	dʑie¹⁴³
11 武康	dziɿ¹¹³	ɕiɿ⁴⁴	ɕiɿ²²⁴	zɛ²⁴²	tsø²²⁴	sø²²⁴	zø²⁴²	dʑiɿ²⁴²
12 安吉	dzi²²	ɕi⁵⁵	ɕi³²⁴	dzE²²	tsE³²⁴	SE³²⁴	zE²⁴³	dʑi²⁴³
13 孝丰	ziɿ²²	ɕiɿ⁴⁴	ɕiɿ³²⁴	dzE²²	tsE³²⁴	se³²⁴	ze²⁴³	dʑiɿ²⁴³
14 长兴	ʒi¹²	ʃi⁴⁴	ʃi³²⁴	zɯ¹²盘~	tsɯ³²⁴	sɯ³²⁴	zɯ²⁴³	dʒi²⁴³
15 余杭	zie͂²²	sie͂⁴⁴	sie͂⁴²³	zøɤ²²	tsøɤ⁴²³	søɤ⁴²³	zøɤ²⁴³	dzie͂²⁴³
16 临安	dzie³³	ɕie⁵⁵	ɕie⁵⁵	dze³³	tsə⁵⁵	sə⁵⁵	zə³³	dʑie³³
17 昌化	ziĩ¹¹²	ɕiĩ³³⁴	ɕiĩ⁵⁴⁴	zɔ̃¹¹²	tɕyĩ⁵⁴⁴	ɕyĩ⁵⁴⁴	ʑyĩ²⁴³	ziĩ²⁴³
18 於潜	dzie²²³	ɕie⁴³³	ɕie³⁵	dze²²³	tsɛ³⁵	ɕyɛ³⁵	ʑyɛ²⁴	dzie²⁴
19 萧山	dzie³⁵⁵	ɕie⁵³³	ɕie⁴²	dzə²⁴²	tsə⁴²	sə⁴²	zə¹³	dʑie²⁴²
20 富阳	dziɛ͂¹³	ɕiɛ͂⁵³	ɕiɛ͂³³⁵	dzyɛ͂¹³	tɕyɛ͂³³⁵	ɕyɛ͂³³⁵	ʑyɛ͂²²⁴	dʑiɛ͂²²⁴
21 新登	ziɛ͂²³³	ɕiɛ͂⁵³	ɕiɛ͂⁴⁵	dzɛ͂²³³	tsɛ͂⁴⁵	ɕyɛ͂⁴⁵	ʑyɛ͂¹³	dʑiɛ͂¹³
22 桐庐	dzie¹³	ɕie⁵³³	ɕie³⁵	dzã¹³	tsã³⁵	ɕyE³⁵	zã²⁴	dzie²⁴
23 分水	dziɛ͂²²	ɕiɛ͂⁴⁴	ɕiɛ͂²⁴	dzã²²	tsuə͂⁵³	suə͂²⁴	zuə͂¹³	dʑiɛ͂¹³
24 绍兴	dziɛ͂²³¹	ɕiɛ͂⁵³	ɕiɛ͂³³	dzø͂²³¹	tse͂³³	se͂³³	ze͂²²³	dʑie͂²²³

续表

方言点	0505 钱	0506 鲜	0507 线	0508 缠	0509 战	0510 扇名	0511 善	0512 件
	山开三平仙从	山开三平仙心	山开三去仙心	山开三平仙澄	山开三去仙章	山开三去仙书	山开三上仙禅	山开三上仙群
25 上虞	dziẽ²¹³	ɕiẽ³⁵	ɕiẽ⁵³	dzø̃²¹³	tsø̃⁵³	sø̃⁵³	zø̃²¹³	dziẽ³¹
26 嵊州	dziẽ²¹³	ɕiẽ⁵³⁴	ɕiẽ³³⁴	dzœ̃²⁴	tsœ̃³³⁴	sœ̃³³⁴	zœ̃²²	dziẽ²⁴
27 新昌	dziɛ̃²²	ɕiɛ̃⁵³⁴	ɕiɛ̃³³⁵	dzœ̃¹³	tsœ̃³³⁵	sœ̃³³⁵	zœ̃²³²	dziɛ̃¹³
28 诸暨	dzie²⁴² 调殊	ɕie⁵⁴⁴	ɕie⁵⁴⁴	dzə¹³	tsə⁵⁴⁴	sə⁵⁴⁴	zə²⁴²	dzie³³
29 慈溪	dziẽ¹³	ɕiẽ³⁵	ɕiẽ⁴⁴	zẽ¹³	tsẽ⁴⁴	sẽ⁴⁴	zẽ¹³	dziẽ¹³
30 余姚	dziẽ¹³	ɕiẽ⁴⁴	ɕiẽ⁵³	dzẽ¹³	tsã⁵³	sẽ⁵³	zẽ¹³	dziẽ¹³
31 宁波	dzi¹³	ɕi⁵³	ɕi⁴⁴	dzi¹³	tɕi⁴⁴ 老 / tsø⁴⁴ 新	ɕi⁴⁴	zø¹³ 白 / ziɤ¹³ 文	dzi¹³
32 镇海	dzi²⁴	ɕi⁵³	ɕi⁵³	dzi²⁴	tsø⁵³	ɕi⁵³	zø²⁴	dzi²⁴
33 奉化	dzi³³	ɕi⁴⁴	ɕi⁵³	dzi³¹	tsø⁵³	ɕi⁵³	zø³²⁴	dzi³²⁴
34 宁海	dzie²¹³	ɕie⁴²³	ɕie³⁵	dzie²¹³	tɕie³⁵	ɕie³⁵	zie³¹	dzie²⁴
35 象山	dzi³¹	ɕi⁴⁴	ɕi⁵³	dzɛ³¹	tsɤɯ⁵³	ɕi⁵³	zɤɯ³¹	dzi³¹
36 普陀	dzi²⁴	ɕi⁵³	ɕi⁵⁵	dzɛ²⁴	tsø⁵⁵	ɕi⁵⁵	zø²³	dzi¹³
37 定海	dzi²³	ɕi⁵²	ɕi⁴⁴	dzi¹³ 调殊	tsø⁴⁴	ɕi⁴⁴	zø²³	dzi²³
38 岱山	dzi²³	ɕi⁵²	ɕi⁴⁴	dzi²³	tsø⁴⁴	ɕi⁴⁴	zø²⁴⁴	dzi²⁴⁴
39 嵊泗	dzi²⁴³	ɕi⁵³	ɕi⁵³	dzi²¹³	tsɣ⁵³	ɕi⁵³	zɣ³³⁴	dzi³³⁴
40 临海	dzi²¹	ɕi³¹	ɕi⁵⁵	dzi³²⁴	tɕi⁵⁵	ɕi⁵⁵	zi²¹	ɡi²¹
41 椒江	dzie³¹	ɕie⁴²	ɕie⁵⁵	dzie²⁴	tɕie⁵⁵	ɕie⁵⁵	zie³¹	dzie³¹
42 黄岩	dzie¹²¹	ɕie³²	ɕie⁵⁵	dzie²⁴	tɕie⁵⁵	ɕie⁵⁵	zie¹²¹	dzie¹²¹
43 温岭	dzie³¹	ɕie³³	ɕie⁵⁵	dzie¹³	tɕie⁵⁵	ɕie⁵⁵	zie³¹	dzie³¹
44 仙居	dzie²¹³	ɕie³³⁴ 新~ / ɕie³²⁴ 朝~	ɕie⁵⁵	dzø²¹³	tɕie⁵⁵	ɕie⁵⁵	zie²¹³	dzie²¹³
45 天台	dzie²²⁴	ɕie³³	ɕie⁵⁵	dzie²²⁴	tɕie⁵⁵	ɕie⁵⁵	zie²¹⁴	ɡie²¹⁴
46 三门	dzie¹¹³	ɕie³³⁴	ɕie⁵⁵	dzie²⁴³	tɕie⁵⁵	ɕie⁵⁵	zie²¹³	dzie²¹³
47 玉环	dzie³¹	ɕie⁴²	ɕie⁵⁵	dzie²²	tɕie⁵⁵	ɕie⁵⁵	zie³¹	dzie³¹

方言点	0505 钱	0506 鲜	0507 线	0508 缠	0509 战	0510 扇名	0511 善	0512 件
	山开三平仙从	山开三平仙心	山开三去仙心	山开三平仙澄	山开三去仙章	山开三去仙书	山开三上仙禅	山开三上仙群
48 金华	dʑiɛ̃^{313} 姓~	ɕie^{334}新~ / ɕiɛ̃^{55}朝~	ɕie^{55}	dʐyɤ^{313}	tsɛ̃^{55}	ɕyɤ^{55}	zyɛ̃^{14}读字 / zɛ̃^{14}读字	dʑie^{14}
49 汤溪	zie^{11}	sie^{24}	sie^{52}	dʐyɤ^{11}	（无）	ɕie^{52}	zie^{113}	dʑie^{113}
50 兰溪	die^{21}	sie^{334}	sie^{45}	dzæ̃^{21}	tsæ̃^{45}	ɕie^{45}	zæ̃^{24}	tɕie^{45}
51 浦江	dʑiɛ̃^{113}	siẽ^{534}~味 / ɕian^{534}朝~	sɛ̃^{55}	dʐyẽ^{113}	tsɛ̃^{55}白 / tsian^{55}文	sɛ̃^{55}	ziẽ^{243}	dʑiẽ^{243}
52 义乌	die^{213}	sie^{335}	sie^{45}	dzən^{213}白 / dzan^{213}文	tɕyan^{45}	ɕye^{45}	ɕyan^{45}	dʑie^{24}
53 东阳	dʑiɐn^{213}	si^{334}	si^{453}	（无）	tsi^{453}	si^{453}	zan^{231}	dʑie^{24}
54 永康	die^{22}	ɕie^{55}	ɕie^{52}	dʑye^{241}盘~	tɕie^{52}	ɕie^{52}	zie^{113}	dʑie^{241}
55 武义	dʑie^{324}	ɕie^{24}	ɕie^{53}	dʑye^{231}	tɕie^{53}	ɕie^{53}	zie^{13}	dʑie^{231}
56 磐安	dʑiɐn^{213}	ɕie^{445}	ɕie^{52}	tɕye^{52}调殊	tɕie^{52}	ɕie^{52}	zie^{14}调殊	tɕie^{334}
57 缙云	dʑiɛ^{243}	ɕiɛ^{44}	ɕiɛ^{51}	dʑye^{243}盘~	tɕiɛ^{453}	ɕiɛ^{453}	ziɛ^{31}	tɕiɛ^{453}
58 衢州	dʑiɛ̃^{21}	ɕiɛ̃^{32}	ɕiɛ̃^{53}	dʒyə̃^{21}又 / dʒyə̃^{231}又	tʃyə̃^{53}	ʃyə̃^{53}	ʒyə̃^{231}	dʑiɛ̃^{231}
59 衢江	dʑie^{212}	ɕie^{33}	ɕie^{53}	（无）	tɕie^{53}	ɕie^{53}	zie^{212}	dʑie^{231}
60 龙游	dʑie^{21}	ɕie^{334}	ɕie^{51}	（无）	tsã^{51}	sei^{51}	zei^{224}	dʑie^{231}
61 江山	ʑiɛ̃^{213}值~ / dʑiɛ̃^{213}姓~	ɕiɛ̃^{44}	ɕiɛ̃^{51}	dʑyɛ̃^{213}	tɕiɛ̃^{51}	ɕiɛ̃^{51}	ʑiɛ̃^{31}	giɛ̃^{22}
62 常山	diɛ̃^{341}铜~ / dʑiɛ̃^{341}姓~	ɕiɛ̃^{44}	ɕiɛ̃^{324}	dʑyɔ̃^{341}	tɕiɛ̃^{324}	ɕiɛ̃^{324}	iɛ̃^{131}	dʑiɛ̃^{131}
63 开化	dʑiɛ̃^{231}	ɕiɛ̃^{44}	ɕiɛ̃^{412}	dʑyɛ̃^{213}调殊	tɕiɛ̃^{412}	ɕiɛ̃^{412}	ziɛ̃^{213}	dʑiɛ̃^{213}
64 丽水	dʑiɛ^{22}	ɕie^{224}	ɕiɛ^{52}	dʑiɛ^{22}	tɕiɛ^{52}	ɕie^{52}	zie^{22}	dʑie^{22}
65 青田	dʑie^{21}	ɕie^{445}	ɕie^{33}	dʑyɐ^{21}	tɕie^{33}	ɕie^{33}	iɛ^{454}	dʑie^{343}
66 云和	dʑiɛ^{312}	ɕie^{24}	ɕie^{45}	dʑiɛ^{312}	tɕie^{45}	ɕie^{45}	zie^{231}	dʑie^{231}
67 松阳	dʑiɛ̃^{31}	ɕiɛ̃^{53}	ɕiɛ̃^{24}	zæ̃^{31}	tɕiɛ̃^{24}	ɕiɛ̃^{24}	ziɛ̃^{22}	dʑiɛ̃^{13}
68 宣平	dʑie^{433}	ɕie^{324}	ɕie^{52}	dʑyə^{433}	tɕie^{52}	ɕie^{52}	zie^{223}	dʑie^{223}

续表

方言点	0505 钱	0506 鲜	0507 线	0508 缠	0509 战	0510 扇名	0511 善	0512 件
	山开三平仙从	山开三平仙心	山开三去仙心	山开三平仙澄	山开三去仙章	山开三去仙书	山开三上仙禅	山开三上仙群
69 遂昌	dʑiɛ̃²²¹	ɕiɛ̃⁴⁵	ɕiɛ̃³³⁴	zɛ̃²¹³ 盘~	tɕiɛ̃³³⁴	ɕiɛ̃³³⁴	ʑiɛ̃¹³	dʑiɛ̃²¹³
70 龙泉	diɛ²¹	ɕiɛ⁴³⁴	ɕiɛ⁴⁵	dʑiɛ²¹	tɕiɛ⁴⁵	ɕiɛ⁴⁵	ɕiɛ⁵¹	tɕiɛ⁵¹
71 景宁	dʑiɛ⁴¹	ɕiɛ³²⁴	ɕiɛ³⁵	dʑiɛ⁴¹	tɕiɛ³⁵	ɕiɛ³⁵	ʑiɛ³³	tɕiɛ³³
72 庆元	（无）	ɕiɛ̃³³⁵	ɕiɛ̃¹¹	tɕyɛ̃⁵²	tɕiɛ̃¹¹	ɕiɛ̃¹¹	ɕiɛ̃²²¹	tɕiɛ̃²²¹
73 泰顺	（无）	ɕiɛ²¹³	ɕiɛ³⁵	tɕyɛ⁵³	tɕiɛ³⁵	ɕiɛ³⁵	ɕiɛ²¹	tɕiɛ²¹
74 温州	dʑi³¹	ɕi³³	ɕi⁵¹	dʑi²²	tɕi⁵¹	ɕi⁵¹	i¹⁴	dʑi¹⁴
75 永嘉	di³¹	ɕi⁴⁴	ɕi⁵³	dʑi²² 白 / dʑyə²² ~绕 / dʑy²² 盘~	tɕi⁵³	ɕi⁵³	i¹³	dʑi¹³
76 乐清	dʑiɛ³¹	siɛ⁴⁴	siɛ⁴¹	dʑiɛ²²	tɕiɛ⁴¹	siɛ⁴¹	ʑiɛ²⁴	dʑiɛ²⁴
77 瑞安	dʑi³¹	ɕi⁴⁴	ɕi⁵³	dʑy²²	tɕi⁵³	ɕi⁵³	i¹³	dʑi¹³
78 平阳	dʑie²⁴²	ɕie⁵⁵	ɕie⁵³	dʑie²³	tɕie⁵³	ɕie⁵³	ie²³	dʑie²³
79 文成	dʑie¹¹³	ɕie⁵⁵	ɕie³³	dʑie¹¹³	tɕie³³	ɕie³³	ʑie²²⁴	dʑie²²⁴
80 苍南	dʑiɛ³¹	ɕiɛ⁴⁴	ɕiɛ⁴²	（无）	tɕiɛ⁴²	ɕiɛ⁴²	dʑiɛ²⁴	dʑiɛ²⁴
81 建德徽	tɕʰiɛ̃²¹¹	ɕiɛ⁵³白 / ɕiɛ̃⁵⁵文	ɕiɛ³³	ɕyɛ³³ 盘~	tsɛ⁵⁵	sɛ³³	sɛ²¹³	tɕiɛ²¹³
82 寿昌徽	tɕʰiɛ̃¹¹²文	ɕi¹¹²	ɕi³³	tsʰæ̃¹¹²文	tsæ̃³³文	ɕi³³	suæ̃²⁴ ~良	tɕʰi³³量 / tɕiɛ̃²⁴条~
83 淳安徽	ɕiã⁴³⁵白 / tɕʰiã⁴³⁵文	ɕiã²⁴	ɕiã²⁴	tsʰã⁴³⁵	tsã²⁴	sã²⁴	sã⁵³	tɕʰiã⁵⁵
84 遂安徽	tɕʰiɛ̃³³	ɕiɛ̃⁵³⁴	ɕiɛ̃⁴³	（无）	tɕiɛ̃⁴³	ɕiɛ̃⁴³	ɕiɛ̃⁴³	tɕʰiɛ̃⁴³
85 苍南闽	tɕĩ²⁴	ɕian⁵⁵	sũa²¹	tsʰan²⁴	tɕian²¹	ɕĩ²¹	ɕian³²	kĩa³²
86 泰顺闽	tɕie²²	ɕie²¹³	ɕie⁵³	（无）	tɕie⁵³	ɕie⁵³	ɕie³¹	ky³¹
87 洞头闽	tɕĩ¹¹³	ɕian³³	sũa⁵³	tĩ¹¹³白 / tsʰan¹¹³文	tɕian²¹	ɕĩ²¹	ɕian²¹	kĩa²¹
88 景宁畲	tsʰan⁵¹小	ɕien⁴⁴	san⁴⁴	tɕʰien²²	tɕien⁴⁴	ɕien⁴⁴	ɕien⁵¹	kien⁵¹

方言点	0513 延	0514 别 ~人	0515 灭	0516 列	0517 撤	0518 舌	0519 设	0520 热
	山开三平仙以	山开三入薛帮	山开三入薛明	山开三入薛来	山开三入薛彻	山开三入薛船	山开三入薛书	山开三入薛日
01 杭州	iɛ^{213}	baʔ^{2} 白 biɛʔ^{2} 文	miɛʔ^{2}	liɛʔ^{2}	tsʰaʔ^{5}	zaʔ^{2}	saʔ^{5}	ȵiɛʔ^{2} 白 zuaʔ^{2} 文
02 嘉兴	ie^{242}	bieʔ^{13}	mieʔ^{5}	lieʔ^{5}	tsʰəʔ^{5}	zəʔ^{13}	səʔ^{5}	ȵieʔ^{5}
03 嘉善	iɿ^{132}	bieʔ^{2}	mieʔ^{2}	lieʔ^{2}	tsʰɜʔ^{5}	zɜʔ^{2}	søʔ^{5}	ȵieʔ^{2}
04 平湖	iɛ^{31}	biəʔ^{23}	miəʔ^{23}	liəʔ^{23}	tsʰəʔ^{23}	zəʔ^{23}	səʔ^{5}	ȵiəʔ^{23}
05 海盐	iɛ^{31}	biəʔ^{23}	miəʔ^{23}	liəʔ^{23}	tsʰəʔ^{23}	zəʔ^{23}	səʔ^{5}	ȵiəʔ^{23}
06 海宁	ie^{13}	bieʔ^{2}	mieʔ^{2}	lieʔ^{2}	tsʰəʔ^{5}	zəʔ^{2}	səʔ^{5}	ȵieʔ^{2}
07 桐乡	iɛ^{13}	biəʔ^{23}	miəʔ^{23}	liəʔ^{23}	tsʰəʔ^{5}	zəʔ^{23}	səʔ^{5}	ȵiəʔ^{23}
08 崇德	iɿ^{13}	bəʔ^{23}	miəʔ^{23}	liəʔ^{23}	tsʰəʔ^{5}	zəʔ^{23}	səʔ^{5}	ȵiəʔ^{23}
09 湖州	ie^{112}	bieʔ^{2}	mieʔ^{2}	lieʔ^{2}	tsʰəʔ^{5}	zəʔ^{2}	səʔ^{5}	ȵieʔ^{2}
10 德清	ie^{113}	bieʔ^{2}	mieʔ^{2}	lieʔ^{2}	tsʰəʔ^{5}	zəʔ^{2}	səʔ^{5}	ȵieʔ^{2}
11 武康	iɿ^{113}	bieʔ^{2}	mieʔ^{2}	lieʔ^{2}	tsʰɜʔ^{5}	zɜʔ^{2}	sɜʔ^{5}	ȵieʔ^{2}
12 安吉	i^{22}	biɛʔ^{23}	miɛʔ^{23}	liɛʔ^{23}	tsʰəʔ^{5}	zəʔ^{23}	səʔ^{5}	ȵiɛʔ^{23}
13 孝丰	iɿ^{22}	bieʔ^{23}	mieʔ^{23}	lieʔ^{23}	tsʰɜʔ^{5}	zəʔ^{23}	səʔ^{5}	ȵieʔ^{2}
14 长兴	i^{12}	biɛʔ^{2}	miɛʔ^{2}	liɛʔ^{2}	tsʰəʔ^{5}	zəʔ^{2}	səʔ^{5}	ȵiɛʔ^{2}
15 余杭	iẽ^{22}	bəʔ^{2} 白 bieʔ^{2} 文	mieʔ^{2}	lieʔ^{2}	tsʰaʔ^{5}	zəʔ^{2}	səʔ^{5}	ȵieʔ^{2}
16 临安	ie^{33}	biɐiʔ^{12}	miɐiʔ^{12}	liɐiʔ^{12}	tsʰɐiʔ^{54}	ziɐiʔ^{12}	sɐiʔ^{54}	ȵiɐiʔ^{12}
17 昌化	iĩ^{112}	biɛʔ^{23}	miɛʔ^{23}	liɛʔ^{23}	tsʰəʔ^{5}	zyɛʔ^{23}	səʔ^{5}	ȵiɛʔ^{23}
18 於潜	ie^{223}	biæʔ^{23}	miæʔ^{23}	liæʔ^{23}	tsʰəʔ^{53}	zæʔ^{23}	səʔ^{53}	ȵiæʔ^{23}
19 萧山	ie^{355}	bieʔ^{13}	mieʔ^{13}	lieʔ^{13}	tsʰəʔ^{5}	zəʔ^{13}	səʔ^{5}	ȵieʔ^{13}
20 富阳	iɛ̃^{13}	biɛʔ^{2} 分~	miɛʔ^{2}	liɛʔ^{2}	tsʰɛʔ^{5}	ziɛʔ^{2}	sɛʔ^{5}	ȵiɛʔ^{2}
21 新登	iɛ̃^{233}	biəʔ^{2}	miəʔ^{2}	liəʔ^{2}	tsʰəʔ^{5}	zyəʔ^{2}	səʔ^{5}	ȵiəʔ^{2}
22 桐庐	ie^{13}	biəʔ^{13}	miəʔ^{13}	liəʔ^{13}	tsʰəʔ^{5}	zəʔ^{13}	səʔ^{5}	niəʔ^{13}
23 分水	iɛ̃^{22}	biəʔ^{12}	miəʔ^{12}	liəʔ^{12}	tsʰəʔ^{5}	ziəʔ^{12}	səʔ^{5}	ȵiəʔ^{12}
24 绍兴	iẽ^{231}	bieʔ^{2}	mieʔ^{2}	lieʔ^{2}	tsʰəʔ^{5}	zeʔ^{2}	seʔ^{5}	ȵieʔ^{2}

续表

方言点	0513 延	0514 别 ~人	0515 灭	0516 列	0517 撤	0518 舌	0519 设	0520 热
	山开三平仙以	山开三入薛帮	山开三入薛明	山开三入薛来	山开三入薛彻	山开三入薛船	山开三入薛书	山开三入薛日
25 上虞	iẽ²¹³	biəʔ²	miəʔ²	liəʔ²	tsʰaʔ⁵	zəʔ²	səʔ⁵	n̠iəʔ²
26 嵊州	iẽ²¹³	boʔ²	mieʔ²	lieʔ²	tsʰəʔ⁵	zəʔ²	səʔ⁵	n̠ieʔ²
27 新昌	iɛ̃²²	biɛʔ²	miɛʔ²	liɛʔ²	tsʰɤʔ⁵	ziɛʔ²	sɤʔ⁵	n̠iɛʔ²
28 诸暨	ie¹³	bieʔ¹³	mieʔ¹³	lieʔ¹³	tsʰəʔ⁵	zoʔ¹³	səʔ⁵	nieʔ¹³
29 慈溪	iẽ¹³	biəʔ²	miəʔ²	liəʔ²	tsʰaʔ⁵	zəʔ²	səʔ⁵	n̠iəʔ²
30 余姚	iẽ¹³	biəʔ²	miəʔ²	liəʔ²	tsʰaʔ⁵	zəʔ²	səʔ⁵	n̠iəʔ²
31 宁波	i¹³	biəʔ²	miəʔ²	liəʔ²	tɕʰiəʔ⁵	ziəʔ²	ɕiəʔ⁵	n̠iəʔ²
32 镇海	i²⁴	bieʔ¹² 读字	mieʔ¹²	lieʔ¹²	tsʰaʔ⁵	ieʔ¹²	soʔ⁵	n̠ieʔ¹²
33 奉化	i³³	biɿʔ²	miɿʔ²	liɿʔ²	tsʰaʔ⁵	ziɿʔ²	ɕiɿʔ⁵	n̠iɿʔ²
34 宁海	ie²¹³	bieʔ³	mieʔ³	lieʔ³	tɕʰiəʔ⁵	zieʔ³	ɕieʔ⁵	n̠ieʔ³
35 象山	iɛ³¹	bieʔ²	mieʔ²	lieʔ²	tsʰaʔ⁵	ieʔ²	soʔ⁵	n̠ieʔ²
36 普陀	i²⁴	biɛʔ²³	miɛʔ²³	liɛʔ²³	tsʰɐʔ⁵	iɛʔ²³	soʔ⁵	n̠iɛʔ²³
37 定海	i²³	bieʔ²	mieʔ²	lieʔ²	tsʰɐʔ⁵	ieʔ²	soʔ⁵	n̠ieʔ²
38 岱山	i²³	bieʔ²	mieʔ²	lieʔ²	tsʰɐʔ⁵	ieʔ²	soʔ⁵	n̠ieʔ²
39 嵊泗	i²⁴³	biɛʔ²	miɛʔ²	liɛʔ²	tsʰɐʔ⁵	iɛʔ²	soʔ⁵	n̠iɛʔ²
40 临海	i²¹	bieʔ²³	mieʔ²³	lieʔ²³	dzieʔ⁵	zieʔ²³	ɕieʔ⁵	n̠ieʔ²³
41 椒江	ie³¹	bieʔ²	mieʔ²	lieʔ²	dzieʔ²	zieʔ²	ɕieʔ⁵	n̠ieʔ²
42 黄岩	ie¹²¹	bieʔ²	mieʔ²	lieʔ²	dzieʔ²	zieʔ²	ɕieʔ⁵	n̠ieʔ²
43 温岭	ie³¹	biʔ²	miʔ²	liʔ²	dziʔ²	ziʔ²	ɕiʔ⁵	n̠iʔ²
44 仙居	ie²¹³	biaʔ²³	miaʔ²³	liaʔ²³	dziaʔ²³	ziaʔ²³	ɕiaʔ⁵	n̠iaʔ²³
45 天台	iẽ²²⁴	biəʔ²	mieʔ²	lieʔ²	tɕʰieʔ⁵	zieʔ²	ɕiəʔ⁵	n̠ieʔ²
46 三门	ie¹¹³	bieʔ²³	mieʔ²³	lieʔ²³	tɕʰieʔ⁵	zieʔ²³	ɕieʔ⁵	n̠ieʔ²³
47 玉环	ie³¹	biɐʔ²	miɐʔ²	liɐʔ²	tsʰɐʔ⁵	ziɐʔ²	ɕiɐʔ⁵	n̠iɐʔ²
48 金华	ie³¹³白 iɛ̃³¹³文	bie¹⁴	miəʔ²¹²	liəʔ²¹²	tsʰəʔ⁴	dzyɤ¹⁴白 zəʔ²¹²文	ɕyəʔ⁴	n̠ie¹⁴

续表

方言点	0513 延	0514 别 ~人	0515 灭	0516 列	0517 撤	0518 舌	0519 设	0520 热
	山开三平仙以	山开三入薛帮	山开三入薛明	山开三入薛来	山开三入薛彻	山开三入薛船	山开三入薛书	山开三入薛日
49 汤溪	ie¹¹	bie¹¹³	mie¹¹³	lia¹¹³	tɕʰie⁵⁵	dzie¹¹³	ɕie⁵⁵	ȵie¹¹³
50 兰溪	iɛ̃²¹	bieʔ¹²	mieʔ¹²	liəʔ¹²	tɕʰieʔ³⁴	dzieʔ¹²	ɕiəʔ³⁴	ȵieʔ¹²
51 浦江	ian¹¹³ ~安	biə²³²	miə²³²	liə²³²	tsʰiə⁴²³	dzi²⁴³	ɕyə⁴²³	ȵi²³²
52 义乌	ie²¹³白 ian²¹³文	bie³¹²	mie³¹²	lia³¹²	tsʰə³²⁴	dzie³¹²	ɕyə³²⁴白 sə³²⁴文	ȵie³¹²
53 东阳	iɐn²¹³	bie²¹³	mie²¹³	lie²¹³	tɕʰieʔ²³	zie²¹³	ɕieʔ³⁴	ȵie²¹³
54 永康	ie²²	bə¹¹³	mie¹¹³	lie¹¹³	tɕie³³⁴	dzie¹¹³	ɕie³³⁴	ȵie¹¹³
55 武义	ȵie²¹³	bie¹³	mie¹³	lə²¹³	tɕʰie⁵³	dzie¹³	ɕie⁵³	ȵie¹³
56 磐安	ie²¹³	bie²¹³	mie²¹³	lie²¹³	tɕʰie³³⁴	dzie²¹³	ɕie³³⁴	ȵie²¹³
57 缙云	ie²⁴³	bie¹³	mie¹³	lia¹³	tɕʰie³²²	dzie¹³	ɕie³²²	ȵie¹³
58 衢州	iɛ̃²¹	biəʔ¹²	miəʔ¹²	liəʔ¹²	tʃʰyəʔ⁵	ʒyəʔ¹²	ʃyəʔ⁵	ȵiəʔ¹²
59 衢江	ie²¹²	biəʔ²	miəʔ²	liəʔ²	tɕʰiaʔ⁵	dʑyəʔ²	ɕyəʔ⁵	ȵiəʔ²
60 龙游	ie²¹	biəʔ²³	miəʔ²³	liəʔ²³	tsʰəʔ⁴	dzəʔ²³	səʔ⁴	ȵiəʔ²³
61 江山	iɛ̃²¹³	biɛʔ²	miɛʔ²	liɛʔ²	tɕʰiɛʔ⁵	dʑiɛʔ²	ɕiɛʔ⁵	ȵiɛʔ²
62 常山	iɛ̃²⁴	bʌʔ³⁴	miʌʔ³⁴	liʌʔ³⁴	tsʰaʔ⁵	dziʌʔ³⁴	ɕiʌʔ⁵	ȵiʌʔ³⁴
63 开化	iɛ̃²³¹	baʔ¹³	miɛʔ¹³	liɛʔ¹³	tsʰaʔ⁵	dziaʔ¹³	ɕiɛʔ⁵	ȵiaʔ¹³
64 丽水	ie²²	bɛʔ²³	miɛʔ²³	liɛʔ²³	tɕʰiɛʔ⁵	dziɛʔ²³	ɕiʔ⁵	ȵiɛʔ²³
65 青田	ie²¹	biæʔ³¹	miæʔ³¹	liæʔ³¹	tɕʰiæʔ⁴²	dziæʔ³¹	ɕiæʔ⁴²	ȵiæʔ³¹
66 云和	ie³¹²	biɛʔ²³	miɛʔ²³	liɛʔ²³	tɕʰiɛʔ⁵	dziɛʔ²³	ɕiɛʔ⁵	ȵiɛʔ²³
67 松阳	iɛ̃³¹	biɛʔ²	miɛʔ²	liɛʔ²	tɕʰiɛʔ⁵	dziɛʔ²	ɕiɛʔ⁵	ȵiɛʔ²
68 宣平	ie¹³³	biəʔ²³	miəʔ²³	liəʔ²³	tɕʰiaʔ⁵	dziəʔ²³	ɕiəʔ⁵	ȵiəʔ²³
69 遂昌	iɛ̃²²¹	biɛʔ²³	miɛʔ²³	liɛʔ²³	tɕʰiɛʔ⁵	dziɛʔ²³	ɕiʔ⁵ ~计 ɕiɛʔ⁵ 建~	ȵiɛʔ²³
70 龙泉	iɛ²¹	biɛʔ²⁴	miɛʔ²⁴	liɛʔ²⁴	tɕʰiɛʔ⁵	dziɛʔ²⁴	ɕiɛʔ⁵	ȵiɛʔ²⁴
71 景宁	iɛ⁴¹	baʔ²³	miɛʔ²³	liɛʔ²³	tɕʰiɛʔ⁵	dziɛʔ²³	ɕiɛʔ⁵	ȵiɛʔ²³

续表

方言点	0513 延	0514 别~人	0515 灭	0516 列	0517 撤	0518 舌	0519 设	0520 热
	山开三 平仙以	山开三 入薛帮	山开三 入薛明	山开三 入薛来	山开三 入薛彻	山开三 入薛船	山开三 入薛书	山开三 入薛日
72 庆元	iɛ̃⁵²	piɛʔ³⁴	miɛʔ³⁴	liɛʔ³⁴	tɕʰiɛʔ⁵	tɕiɛʔ³⁴	ɕiɛʔ⁵	n̠iɛʔ³⁴
73 泰顺	iɛ⁵³	piɛʔ²	miɔʔ²	liɔʔ²	tɕiɛʔ² 音殊	tɕiɛʔ²	ɕiɛʔ⁵	n̠iɛʔ²
74 温州	i³¹	bi²¹²	mi²¹²	li²¹²	dʑi²¹²	i²¹²	sei³²³	n̠i²¹²
75 永嘉	i³¹	bi²¹³	mi²¹³	li²¹³	dʑi²¹³	i²¹³	ɕi⁴²³	n̠i²¹³
76 乐清	iɛ³¹	biɛ²¹²	miɛ²¹²	liɛ²¹²	dʑiɛ²¹²	ziɛ²¹²	siɛ³²³	n̠iɛ²¹²
77 瑞安	i³¹	bi²¹²	mi²¹²	li²¹²	dʑi²¹²	i²¹²	sei³²³	n̠i²¹²
78 平阳	ie²⁴²	bie¹²	mie¹²	lie¹²	tɕʰie³⁴	zi¹²	si³⁴	n̠ie¹²
79 文成	ie¹¹³	bie²¹²	mie²¹²	lie²¹²	tɕʰie³⁴	dʑie²¹²	ɕie³⁴	n̠ie²¹²
80 苍南	iɛ³¹	biɛ¹¹²	miɛ¹¹²	liɛ¹¹²	dʑiɛ¹¹²	dʑiɛ¹¹²	ɕi²²³	n̠iɛ¹¹²
81 建德徽	n̠ie³³	pi²¹³ ~个	miɐʔ¹²	liɐʔ¹²	tsʰɐʔ⁵	sɿ²¹³	sɐʔ⁵	n̠i²¹³ ~水 / i³³ 眼~
82 寿昌徽	iɛ̃¹¹² 文	pʰiəʔ³¹	miəʔ³¹	liəʔ³¹	tsʰəʔ³	ɕiəʔ³¹	səʔ³	n̠i²⁴
83 淳安徽	ia̰⁴³⁵	pʰiəʔ¹³	miəʔ¹³	liəʔ¹³	tsʰɑʔ⁵	səʔ¹³	səʔ⁵	iəʔ¹³
84 遂安徽	iɛ̃³³	pʰiɛ²¹³	miɛ²¹³	lie²⁴	tɕʰie²⁴	ɕiɛ²¹³	ɕiɛ⁴³	ie²¹³
85 苍南闽	ian²⁴	pie²⁴	bie²⁴	lie²⁴	tʰia⁴³	tɕi²⁴	ɕie⁴³	dzua²⁴ 又 / dzie²⁴ 又
86 泰顺闽	ie²²	pøʔ³	miɿʔ³	liɿʔ³	tsʰɛʔ⁵	ɕiɿʔ³	ɕiɛʔ⁵	nieʔ³
87 洞头闽	ian¹¹³	pɐt²⁴	biet²⁴	liek²⁴	tʰə⁵³ 白 / tɕʰie⁵³ 文	tɕi²⁴¹	ɕie⁵³	dzua²⁴¹ 又 / dzie²⁴¹ 又
88 景宁畲	ien²²	pieʔ²	mieʔ²	lieʔ²	tɕʰiʔ⁵	ɕiet²	ɕiʔ⁵	n̠iet²

方言点	0521 杰	0522 孽	0523 建	0524 健	0525 言	0526 歇	0527 扁	0528 片
	山开三入薛群	山开三入薛疑	山开三去元见	山开三去元群	山开三平元疑	山开三入月晓	山开四上先帮	山开四去先滂
01 杭州	dʑiɛʔ²	ȵiɛʔ²	tɕiɛ⁴⁵	dʑiɛ¹³	iɛ²¹³	ɕiɛʔ⁵	piɛ⁵³	pʰiɛ⁴⁵
02 嘉兴	dʑiɛʔ¹³	ȵieʔ⁵	tɕie²²⁴	dʑie¹¹³	ie²⁴²	ɕieʔ⁵	pie⁵⁴⁴	pʰie²²⁴
03 嘉善	dʑieʔ²	ȵieʔ²	tɕiɪ³³⁴	dʑiɪ¹¹³	iɪ¹³²	ɕieʔ⁵	piɪ⁴⁴	pʰiɪ³³⁴
04 平湖	dʑiəʔ²³	ȵiəʔ²³	tɕie³³⁴	dʑiɛ²¹³	iɛ³¹	ɕiəʔ⁵	pie⁴⁴	pʰiɛ²¹³
05 海盐	dʑiəʔ²³	ȵiəʔ²³	tɕie³³⁴	dʑiɛ²¹³	iɛ³¹	ɕiəʔ⁵	pie⁴²³	pʰiɛ³³⁴
06 海宁	dʑieʔ²	ȵieʔ²	tɕie³⁵	dʑie¹³	ie¹³	ɕieʔ⁵	pie⁵³	pʰie³⁵
07 桐乡	dʑiəʔ²³	ȵiəʔ²³	tɕiɛ³³⁴	dʑiɛ²¹³	iɛ¹³	ɕiəʔ⁵	piɛ⁵³	pʰiɛ³³⁴
08 崇德	dʑiəʔ²³	ȵiəʔ²³	tɕiɪ³³⁴	dʑiɪ¹³	iɪ¹³	ɕiəʔ⁵	piɪ⁵³	pʰiɪ³³⁴
09 湖州	dʑieʔ²	ȵieʔ²	tɕie³⁵	dʑie³⁵	ie¹¹²	ɕieʔ⁵	pie⁵²³	pʰie³⁵
10 德清	dʑieʔ²	ȵieʔ²	tɕie³³⁴	dʑie¹¹³	ie¹¹³	ɕieʔ⁵	pie⁵²	pʰie³³⁴
11 武康	dʑieʔ²	ȵieʔ²	tɕiɪ²²⁴	dʑiɪ¹¹³	iɪ¹¹³	ɕieʔ⁵	piɪ⁵³	pʰiɪ²²⁴
12 安吉	dʑiɛʔ²³	ȵiɛʔ²³	tɕi³²⁴	dʑi²⁴³	i²²	ɕiɛʔ⁵	pi⁵²	pʰi³²⁴
13 孝丰	dʑieʔ²³	ȵieʔ²³	tɕiɪ³²⁴	dʑiɪ²¹³	iɪ²²	ɕieʔ⁵	piɪ⁵²	pʰiɪ³²⁴
14 长兴	dʒiɛʔ²	ȵiɛʔ²	tʃi³²⁴	dʒi²⁴³	i¹²	ʃiɛʔ⁵	pi⁵²	pʰi³²⁴
15 余杭	dʑieʔ²	ȵieʔ²	tɕiẽ⁴²³	dʑiẽ²¹³	iẽ²²	ɕieʔ⁵	pie⁵³	pʰiẽ⁴²³
16 临安	dʑiɐʔ¹²	ȵiɐʔ¹²	tɕie⁵⁵	dʑie³³	ie³³	ɕiɐʔ⁵⁴	pie⁵⁵	pʰie⁵⁵
17 昌化	dʑiɛʔ²³	ȵiɛʔ²³	tɕiɪ̃⁵⁴⁴	ziɪ̃²⁴³	iɪ̃¹¹²	ɕiɛʔ⁵	piɪ̃⁴⁵³	pʰiɪ̃⁵⁴⁴
18 於潜	dʑiæʔ²³	ȵiæʔ²³	tɕie³⁵	dʑie²⁴	ie²²³	ɕieʔ⁵³	pie⁵¹	pʰie³⁵
19 萧山	dʑieʔ¹³	ȵieʔ¹³	tɕie⁴²	dʑie²⁴²	ie³⁵⁵	ɕieʔ⁵	pie³³	pʰie⁴²
20 富阳	dʑiɛʔ²	ȵiɛʔ²	tɕiɛ̃³³⁵	dʑiɛ̃²²⁴	iɛ̃¹³	ɕiɛʔ⁵	piɛ̃⁴²³	pʰiɛ̃³³⁵
21 新登	dʑiəʔ²	ȵiəʔ²	tɕiɛ̃⁴⁵	dʑiɛ̃¹³	iɛ̃²³³	ɕiəʔ⁵	piɛ̃³³⁴	pʰiɛ̃⁴⁵
22 桐庐	dʑiəʔ¹³	niəʔ¹³	tɕie³⁵	dʑie²⁴	ie¹³	ɕiəʔ⁵	pie³³	pʰie³⁵
23 分水	dʑiəʔ¹²	ȵiəʔ¹²	tɕiɛ̃⁵³	dʑiɛ̃¹³	iɛ̃²²	ɕiəʔ⁵	piɛ̃⁵³	pʰiɛ̃²⁴
24 绍兴	dʑieʔ²	ȵie ʔ²	tɕiẽ³³	dʑiẽ²²	ȵiẽ²³¹	ɕieʔ⁵	piẽ³³⁴	pʰiẽ³³
25 上虞	dʑiəʔ²	ȵiəʔ²	tɕiẽ⁵³	dʑiẽ³¹	ȵie²¹³	ɕiəʔ⁵	piẽ³⁵	pʰiẽ⁵³
26 嵊州	dʑieʔ²	ȵieʔ²	tɕiẽ³³⁴	dʑiẽ²⁴	iẽ²¹³	ɕieʔ⁵	piẽ⁵³	pʰiẽ³³⁴

续表

方言点	0521 杰 山开三 入薛群	0522 孽 山开三 入薛疑	0523 建 山开三 去元见	0524 健 山开三 去元群	0525 言 山开三 平元疑	0526 歇 山开三 入月晓	0527 扁 山开四 上先帮	0528 片 山开四 去先滂
27 新昌	dʑiɛʔ²	n̠iɛʔ²	tɕiɛ̃³³⁵	dʑiɛ̃¹³	iɛ̃²²	ɕiɛʔ⁵	piɛ̃⁴⁵³	pʰiɛ̃³³⁵
28 诸暨	dʑieʔ¹³	nieʔ¹³	tɕie⁵⁴⁴	dʑie³³	ie¹³	ɕieʔ⁵	pie⁵⁴⁴	pʰie⁵⁴⁴
29 慈溪	dʑiəʔ²	n̠iəʔ²	tɕiẽ⁴⁴	dʑiẽ¹³	iẽ¹³	ɕiəʔ⁵	piẽ³⁵	pʰiẽ⁴⁴
30 余姚	dʑiəʔ²	n̠iəʔ²	tɕiẽ⁵³	dʑiẽ¹³	n̠iẽ¹³	ɕiəʔ⁵	piẽ³⁴	pʰiẽ⁵³
31 宁波	dʑiəʔ²	n̠iəʔ²	tɕi⁵³	dʑi¹³	i¹³	ɕiəʔ⁵	pi⁵³	pʰi⁴⁴
32 镇海	dʑieʔ¹²	nieʔ¹²	tɕi⁵³	dʑi²⁴	i²⁴	ɕieʔ⁵	pi³⁵	pʰi⁵³
33 奉化	dʑiɪʔ²	n̠iɪʔ²	tɕi⁵³	dʑi³¹	iɛ³³	ɕiɪʔ⁵	pi⁵⁴⁵	pʰi⁵³
34 宁海	dʑieʔ³	n̠ieʔ³	tɕie⁴²³	dʑie²⁴	ie²¹³	ɕieʔ⁵	pie⁵³	pʰie³⁵
35 象山	dʑieʔ²	n̠ieʔ²	tɕi⁵³	dʑi¹³	iɛ³¹	ɕieʔ⁵	pi⁴⁴	pʰi⁵³
36 普陀	dʑiɛʔ²³	n̠iɛʔ²³	tɕi⁵⁵	dʑi¹³	i²⁴	ɕiɛʔ⁵	pi⁴⁵	pʰi⁵⁵
37 定海	dʑieʔ²	n̠ieʔ²	tɕi⁴⁴	dʑi¹³	i²³	ɕieʔ⁵	pi⁴⁵	pʰi⁴⁴
38 岱山	dʑieʔ²	n̠ieʔ²	tɕi⁴⁴	dʑi²¹³	i²³	ɕieʔ⁵	pi⁵²	pʰi³²⁵调殊
39 嵊泗	dʑiɛʔ²	n̠iɛʔ²	tɕi⁵³	dʑi²¹³	i²⁴³	ɕiɛʔ⁵	pi⁵³	pʰi⁵³
40 临海	dʑieʔ²³	n̠ieʔ²³	tɕi⁵⁵ 又 ki⁵⁵ 又	dʑi³²⁴ 又 gi³²⁴ 又	n̠i²¹	ɕieʔ⁵	pi⁵²	pʰi⁵⁵
41 椒江	dʑieʔ²	n̠ieʔ²	tɕie⁵⁵	dʑie²⁴	n̠ie³¹	ɕieʔ⁵	pie⁴²	pʰie⁵⁵
42 黄岩	dʑieʔ²	n̠ieʔ²	tɕie⁵⁵	dʑie²⁴	n̠ie¹²¹	ɕieʔ⁵	pie⁴²	pʰie⁵⁵
43 温岭	dʑiʔ²	n̠iʔ²	tɕie⁵⁵	dʑie¹³	n̠ie³¹	ɕiʔ⁵	pie⁴²	pʰie⁵⁵
44 仙居	dʑiaʔ²³	n̠iaʔ²³	tɕie⁵⁵	dʑie²⁴	n̠ie²¹³	ɕiaʔ⁵	ɓie³²⁴	pʰie⁵⁵
45 天台	gieʔ²	n̠ieʔ²	kie⁵⁵	gie³⁵	n̠ie²²⁴	hieʔ⁵	pie³²⁵	pʰie⁵⁵
46 三门	dʑieʔ²³	n̠ieʔ²³	tɕie⁵⁵	dʑie²⁴³	n̠ie¹¹³	ɕieʔ⁵	pie³²⁵	pʰie⁵⁵
47 玉环	dʑiɐʔ²	n̠iɐʔ²	tɕie⁵⁵	dʑie²²	n̠ie³¹	ɕiɐʔ⁵	pie⁵³	pʰie⁵⁵
48 金华	dʑiəʔ²¹²	nie¹⁴	tɕiẽ⁵⁵	dʑie¹⁴白 dʑiɛ̃¹⁴文	n̠iɛ̃³¹³	ɕie⁵⁵	pie⁵³⁵	pʰie⁵⁵
49 汤溪	dʑie¹¹³	n̠ie¹¹³	tɕie⁵²	dʑie³⁴¹	n̠ie¹¹	ɕie⁵⁵	mie⁵³⁵	pʰie⁵²
50 兰溪	dʑiəʔ¹²	n̠ieʔ¹²	tɕiɛ̃⁴⁵	dʑiɛ̃²⁴	niɛ̃²¹	ɕieʔ³⁴	pie⁵⁵	pʰie⁴⁵

续表

方言点	0521 杰 山开三 入薛群	0522 孽 山开三 入薛疑	0523 建 山开三 去元见	0524 健 山开三 去元群	0525 言 山开三 平元疑	0526 歇 山开三 入月晓	0527 扁 山开四 上先帮	0528 片 山开四 去先滂
51 浦江	dʑiə²³²	n̠i²³²	tɕie⁵⁵	dʑian²⁴³	n̠ian¹¹³	ɕi⁴²³	pie͂⁵³	pʰie͂⁵⁵
52 义乌	dʑiə³¹²	n̠ie³¹²	tɕie⁴⁵白 tɕian⁴⁵文	dʑie²⁴	n̠ian²¹³	ɕie³²⁴	pie⁴²³	pʰie⁴⁵
53 东阳	dʑie²¹³	n̠ie²¹³	tɕiɐn⁴⁵³	tɕiɐn⁴⁵³	n̠iɐn²¹³	ɕie³³⁴	pi⁴⁴	pʰi⁴⁵³
54 永康	dʑie¹¹³	n̠ie¹¹³	tɕie³³⁴调殊	dʑie²⁴¹	n̠ie²²	ɕie³³⁴	ɓie³³⁴	pʰie⁵²
55 武义	dʑie¹³	n̠iə²¹³	tɕie⁵³	dʑie¹³	n̠ie³²⁴	ɕie⁵³	mie⁴⁴⁵	pʰie⁵³
56 磐安	dʑia²¹³	n̠iɛ²¹³	tɕie⁵²	dʑie¹⁴	n̠ie²¹³	ɕie³³⁴	pie³³⁴	pʰie⁵²
57 缙云	dʑiɛ¹³	n̠iɛ¹³	tɕiɛ⁴⁵³	dʑiɛ²¹³	n̠iɛ²⁴³	ɕie³²²	pie⁵¹	pʰiɛ⁴⁵³
58 衢州	dʑiəʔ¹²	n̠iəʔ¹²	tɕie⁵³	dʑie͂²³¹	ie͂²¹	ɕiəʔ⁵	pie͂³⁵	pʰie͂⁵³
59 衢江	dʑiəʔ²	n̠iəʔ²	tɕie⁵³	dʑie²¹²	ie²¹²	ɕiəʔ⁵	pie²⁵	pʰie⁵³
60 龙游	dʑiəʔ²³	n̠iəʔ²³	tɕie⁵¹	dʑie²²⁴调殊	ie²¹	ɕiəʔ⁴	pie³⁵	pʰie⁵¹
61 江山	giɛʔ²	n̠iɛʔ²	kiɛ⁵¹	giɛ͂³¹	n̠iɛ͂²¹³	xiɛʔ⁵	piɛ͂²⁴¹	pʰiɛ͂⁵¹
62 常山	dʑieʔ³⁴	n̠iʌʔ³⁴	tɕiɛ͂³²⁴	dʑiɛ͂¹³¹	n̠iɛ͂³⁴¹	ɕiʌʔ⁵	piɛ͂⁵²	pʰiɛ͂³²⁴
63 开化	dʑieʔ¹³	n̠iaʔ¹³	tɕiɛ͂⁴¹²	dʑiɛ͂²¹³	n̠iɛ͂²³¹	ɕiaʔ⁵	piɛ͂⁵³	pʰiɛ͂⁴¹²
64 丽水	dʑiɛʔ²³	n̠iɛʔ²³	tɕiɛ⁵²	gɛ¹³¹白 dʑiɛ¹³¹文	iɛ²²	ɕiɛʔ⁵	piɛ⁵⁴⁴	pʰiɛ⁵²
65 青田	dʑiæʔ³¹	n̠iæʔ³¹	tɕiɛ³³	dʑiɛ²²	n̠iɛ²¹	ɕiæʔ⁴²	ɓiɑ⁴⁵⁴	pʰiɑ³³
66 云和	dʑiɛʔ²³	n̠iɛʔ²³	tɕiɛ⁴⁵	gɛ²²³白 dʑiɛ²²³文	n̠ie³¹²	ɕiɛʔ⁵	pie⁴¹	pʰie⁴⁵
67 松阳	dʑiɛʔ²	n̠iɛʔ²	tɕiɛ͂²⁴	dʑiɛ͂²²	n̠iɛ͂³¹	ɕiɛʔ⁵	piɛ͂²¹²	pʰiɛ͂²⁴
68 宣平	dʑiəʔ²³	n̠iəʔ²³	tɕiɛ⁵²	dʑiɛ²³¹	n̠iɛ⁴³³	ɕiəʔ⁵	pie⁴⁴⁵	pʰie⁵²
69 遂昌	dʑiɛʔ²³	n̠iɛʔ²³	tɕiɛ͂³³⁴	dʑiɛ͂²¹³	iɛ͂²²¹	ɕiɛʔ⁵	piɛ͂⁵³³	pʰiɛ͂³³⁴
70 龙泉	dʑiEʔ²⁴	n̠iEʔ²⁴	tɕiE⁴⁵	dʑiE²²⁴	n̠iE²¹	ɕiEʔ⁵	piE⁵¹	pʰiE⁴⁵
71 景宁	dʑiɛʔ²³	n̠iɛʔ²³	tɕiɛ³⁵	gœ¹¹³白 dʑiɛ¹¹³文	n̠iɛ⁴¹	ɕiɛʔ⁵	pie³³	pʰie³⁵
72 庆元	tɕiEʔ³⁴	n̠iEʔ³⁴	tɕiɛ͂¹¹	tɕiɛ͂³¹	n̠iɛ⁵²	ɕiEʔ⁵	ɓiɑ͂³³	pʰiɑ͂¹¹
73 泰顺	tɕiɛʔ²	n̠iɛʔ⁵调殊	tɕiɛ³⁵	tɕiɛ²¹	n̠iɛ⁵³	ɕiɛʔ⁵	piɑ͂⁵⁵	pʰiɑ͂³⁵

续表

方言点	0521 杰 山开三 入薛群	0522 孽 山开三 入薛疑	0523 建 山开三 去元见	0524 健 山开三 去元群	0525 言 山开三 平元疑	0526 歇 山开三 入月晓	0527 扁 山开四 上先帮	0528 片 山开四 去先滂
74 温州	dʑi²¹²	ȵi²¹²	tɕi⁵¹	dʑi²²	ȵi³¹	ɕi³²³	pi²⁵	pʰi⁵¹
75 永嘉	dʑi²¹³	ȵiai²¹³	tɕi⁵³	dʑi²²	ȵi³¹	ɕi⁴²³	pi⁴⁵	pʰi⁵³
76 乐清	dʑiɛ²¹²	ȵia²¹²	tɕiɛ⁴¹	dʑiɛ²²	ȵiɛ³¹	ɕiɛ³²³	piɛ³⁵	pʰiɛ⁴¹
77 瑞安	dʑi²¹²	ȵi²¹²	tɕi⁵³	dʑi²¹²~康 tɕi⁵³~美	ȵi³¹	ɕi³²³	pi³⁵	pʰi⁵³
78 平阳	dʑie¹²	ȵie¹²	tɕie⁵³	dʑie²³	ȵie²⁴²	ɕie³⁴	pie⁴⁵	pʰie⁵³
79 文成	dʑie²¹²	ȵie²¹²	tɕie³³	dʑie¹²⁴	ȵie¹¹³	ɕie³⁴	pie⁴⁵	pʰie³³
80 苍南	dʑiɛ¹¹²	ȵiɛ¹¹²	tɕiɛ⁴²	dʑiɛ¹¹	ȵiɛ³¹	ɕiɛ²²³	piɛ⁵³	pʰiɛ⁴²
81 建德徽	tɕiɐʔ¹²	ȵiɐʔ¹²	tɕie³³	tɕie²¹³白 tɕiɛ̃²¹³文	ȵiɛ̃²¹¹文	ɕi⁵⁵	pie²¹³	pʰie³³
82 寿昌徽	tɕiəʔ³¹	ȵi²⁴	tɕiɛ̃³³文	tɕiɛ̃²⁴文	ȵiɛ̃¹¹²文	ɕi⁵⁵	pi²⁴	pʰi³³
83 淳安徽	ɕiəʔ¹³声殊	iəʔ¹³	tɕia²⁴	tɕia²⁴	ia⁴³⁵	ɕiəʔ⁵	pia⁵⁵	pʰiã²⁴
84 遂安徽	tɕʰiɛ²¹³	iɛ²¹³	tɕiɛ̃⁴³	tɕiɛ̃⁴³	iɛ̃³³	ɕiɛ²⁴	piɛ̃²¹³	pʰiɛ̃⁴³
85 苍南闽	kie²⁴	（无）	kian²¹	kian²¹	gian²⁴	hio⁴³	pĩ⁴³	pʰian²¹
86 泰顺闽	kiɪʔ³	niɪʔ⁵	ky⁵³	kɛ³¹	nie²²	ɕyɪʔ⁵	pie²²	pʰie⁵³
87 洞头闽	kiet²⁴	iek²⁴	kian²¹	kian²¹	gian¹¹³	hieu⁵³	pin⁵³~担 pĩ⁵³~了	pʰian²¹
88 景宁畲	（无）	（无）	tɕien⁴⁴	tɕien⁴⁴	ȵien²²	ɕieʔ⁵	pan³²⁵	pʰiaŋ³²⁵小

方言点	0529 面 ~条	0530 典	0531 天	0532 田	0533 垫	0534 年	0535 莲	0536 前
	山开四 去先明	山开四 上先端	山开四 平先透	山开四 平先定	山开四 去先定	山开四 平先泥	山开四 平先来	山开四 平先从
01 杭州	miɛ¹³	tiɛ⁵³	tʰiɛ³³⁴	diɛ²¹³	diɛ¹³	ȵiɛ²¹³	liɛ²¹³	dʑiɛ²¹³
02 嘉兴	miɛ¹¹³	tiɛ⁵⁴⁴	tʰiɛ⁴²	diɛ²⁴²	diɛ¹¹³	ȵiɛ²⁴²	liɛ²⁴²	dʑiɛ²⁴²
03 嘉善	miɿ¹¹³	tiɿ⁴⁴	tʰiɿ⁵³	diɿ¹³²	diɿ¹¹³	ȵiɿ¹³²	liɿ¹³²	dʑiɿ¹³²
04 平湖	miɛ²¹³	tiɛ⁴⁴	tʰiɛ⁵³	diɛ³¹	diɛ²¹³	ȵiɛ³¹	liɛ³¹	ziɛ³¹
05 海盐	miɛ²¹³	tiɛ⁴²³	tʰiɛ⁵³	diɛ³¹	diɛ²¹³	ȵiɛ³¹	liɛ³¹	dʑiɛ³¹
06 海宁	miɛ¹³	tiɛ⁵³	tʰiɛ⁵⁵	diɛ¹³	diɛ¹³	ȵiɛ¹³	liɛ¹³	dʑiɛ¹³
07 桐乡	miᴇ²¹³	tiᴇ⁵³	tʰiᴇ⁴⁴	diᴇ¹³	diᴇ²¹³	ȵiᴇ¹³	liᴇ¹³	ziᴇ¹³
08 崇德	miɿ¹³	tiɿ⁵³	tʰiɿ⁴⁴	diɿ¹³	diɿ¹³	ȵiɿ¹³	liɿ¹³	ziɿ¹³
09 湖州	miɛ³⁵	tiɛ⁵²³	tʰiɛ⁴⁴	diɛ¹¹²	diɛ²³¹	ȵiɛ³⁵	liɛ¹¹²	dʑiɛ¹¹²
10 德清	miɛ³³⁴	tiɛ⁵²	tʰiɛ⁴⁴	diɛ¹¹³	diɛ¹¹³	ȵiɛ¹¹³	liɛ¹¹³	dʑiɛ¹¹³
11 武康	miɿ²²⁴	tiɿ⁵³	tʰiɿ⁴⁴	diɿ¹¹³	diɿ¹¹³	ȵiɿ¹¹³	liɿ¹¹³	ziɿ¹¹³
12 安吉	mi²¹³	ti⁵²	tʰi⁵⁵	di²²	di²¹³	ȵi²²	li²²	zi²²
13 孝丰	miɿ³²⁴	tiɿ⁵²	tʰiɿ⁴⁴	diɿ²²	diɿ²¹³	ȵiɿ²²	liɿ²²	ziɿ²²
14 长兴	mi³²⁴	ti⁵²	tʰi⁴⁴	di¹²	di²⁴	ȵi²²	li¹²	ʑi¹²
15 余杭	miẽ²¹³	tiẽ⁵³	tʰiẽ⁴⁴	diẽ²²	diẽ²¹³	ȵiẽ²²	liẽ²²	ziẽ²²
16 临安	miɛ³³	tiɛ⁵⁵	tʰiɛ⁵⁵	diɛ³³	diɛ³³	ȵiɛ³³	liɛ³³	dʑiɛ³³
17 昌化	miɿ̃²⁴³	tiɿ̃⁴⁵³	tʰiɿ̃³³⁴	diɿ̃¹¹²	diɿ̃²⁴³	ȵiɿ̃¹¹²	liɿ̃¹¹²	ziɿ̃¹¹²
18 於潜	mie²⁴	tie⁵¹	tʰie⁴³³	die²²³	die²⁴	ȵie²²³	lie²²³	dʑie²²³
19 萧山	mie²⁴²	tie³³	tʰie⁵³³	die³⁵⁵	die²⁴²	ȵie³⁵⁵	lie³⁵⁵	zie³⁵⁵
20 富阳	miɛ̃³³⁵	tiɛ̃⁴²³	tʰiɛ̃⁵³	diɛ̃¹³	diɛ̃²²⁴	ȵiɛ̃¹³	ȵiɛ̃¹³	ziɛ̃¹³
21 新登	miɛ̃¹³	tiɛ̃³³⁴	tʰiɛ̃⁵³	diɛ̃²³³	diɛ̃¹³	ȵiɛ̃²³³	liɛ̃²³³	ziɛ̃²³³
22 桐庐	mie²⁴	tie³³	tʰie⁵³³	die¹³	die²⁴	nie¹³	lie¹³	zie¹³
23 分水	miɛ̃¹³	tiɛ̃⁵³	tʰiɛ̃⁴⁴	diɛ̃²²	diɛ̃¹³	ȵiɛ̃²²	liɛ̃²²	dʑiɛ̃²²
24 绍兴	miẽ²²	tiẽ³³⁴	tʰiẽ⁵³	diẽ²³¹	diẽ²²	ȵiẽ²³¹	liẽ²³¹	ziẽ²³¹
25 上虞	miẽ³¹	tiẽ³⁵	tʰiẽ³⁵	diẽ²¹³	diẽ³¹	ȵiẽ²¹³	liẽ²¹³	ziẽ²¹³

方言点	0529 面 ~条	0530 典	0531 天	0532 田	0533 垫	0534 年	0535 莲	0536 前
	山开四 去先明	山开四 上先端	山开四 平先透	山开四 平先定	山开四 去先定	山开四 平先泥	山开四 平先来	山开四 平先从
26 嵊州	miẽ^{24}	tiẽ^{53}	tʰiẽ^{534}	diẽ^{213}	diẽ^{24}	ȵiẽ^{213}	liẽ^{213}	ziẽ^{213} dziẽ^{213}
27 新昌	miɛ̃^{13}	tiɛ̃^{453}	tʰiɛ̃^{534}	diɛ̃^{22}	diɛ̃^{13}	ȵiɛ̃^{22}	liɛ̃^{22}	dziɛ̃^{22}
28 诸暨	mie^{33}	tie^{42}	tʰie^{544}	die^{13}	die^{33}	nie^{13}	lie^{13}	zie^{13}
29 慈溪	miẽ^{13}	tiẽ^{44}调殊	tʰiẽ^{35}	diẽ^{13}	diẽ^{13}	ȵiẽ^{13}	liẽ^{13}	iẽ^{13}
30 余姚	miẽ^{13}	tiẽ^{44}调殊	tʰiẽ^{44}	diẽ^{13}	diẽ^{13}	ȵiẽ^{13}	liẽ^{13}	iẽ^{13}又 dziẽ^{13}又
31 宁波	mi^{13}	ti^{53}	tʰi^{53}	di^{13}	di^{13}	ȵi^{13}	li^{13}	zi^{13}
32 镇海	mi^{24}	ti^{35}	tʰi^{53}	di^{24}	di^{24}	ȵi^{24}	li^{24}	zi^{24}
33 奉化	mi^{31}	te^{545}	tʰi^{44}	di^{33}	de^{31}	ȵi^{33}	li^{33}	zi^{33}
34 宁海	mie^{24}	tie^{53}	tʰie^{423}	die^{213}	die^{24}	ȵie^{213}	lie^{213}	zie^{213}
35 象山	mi^{13}	ti^{44}	tʰi^{44}	di^{31}	di^{31}	ȵi^{31}	li^{31}	i^{31}
36 普陀	mi^{13}	ti^{45}	tʰi^{53}	di^{24}	di^{13}	ȵi^{24}	li^{24}	i^{24}
37 定海	mi^{13}	ti^{45}	tʰi^{52}	di^{23}	di^{13}	ȵi^{23}	li^{23}	i^{23}
38 岱山	mi^{213}	ti^{52}	tʰi^{52}	di^{23}	di^{213}	di^{23}	li^{23}	i^{23}
39 嵊泗	mi^{213}	ti^{445}	tʰi^{53}	di^{243}	di^{213}	ȵi^{243}	li^{243}	i^{243}
40 临海	mi^{324}	ti^{52}	tʰi^{31}	di^{21}	di^{324}	ni^{21}	li^{21}	zi^{21}
41 椒江	mie^{24}	tie^{42}	tʰie^{42}	die^{31}	die^{24}	ȵie^{31}	lie^{31}	zie^{31}
42 黄岩	mie^{24}	tie^{42}	tʰie^{32}	die^{121}	die^{24}	ȵie^{121}	lie^{121}	zie^{121}
43 温岭	mie^{13}	tie^{42}	tʰie^{33}	die^{31}	die^{13}	ȵie^{31}	lie^{31}	zie^{31}
44 仙居	mie^{24}	dʰie^{324}	tʰie^{334}	die^{213}	die^{24}	ȵie^{213}	lie^{213}	zie^{213}
45 天台	mie^{35}	tie^{325}	tʰie^{33}	die^{224}	die^{35}	ȵie^{224}	lie^{224}	zie^{224}
46 三门	mie^{243}	tie^{325}	tʰie^{334}	die^{113}	die^{243}	ȵie^{113}	lie^{113}	zie^{113}
47 玉环	mie^{22}	tie^{53}	tʰie^{42}	die^{31}	die^{22}	ȵie^{31}	lie^{31}	zie^{31}
48 金华	mie^{14}	tia^{535}白 tiɛ̃^{535}文	tʰia^{334}	dia^{313}	dia^{14}	ȵia^{313}	lia^{313}白 lie^{313}文	zia^{313}

续表

方言点	0529 面 ~条	0530 典	0531 天	0532 田	0533 垫	0534 年	0535 莲	0536 前
	山开四去先明	山开四上先端	山开四平先透	山开四平先定	山开四去先定	山开四平先泥	山开四平先来	山开四平先从
49 汤溪	mie³⁴¹	n̠ie⁵³⁵	tʰie²⁴	die¹¹	die³⁴¹动 die¹¹³名	n̠ie¹¹	lie¹¹	zie¹¹
50 兰溪	mie²⁴	tia⁵⁵	tʰia³³⁴	dia²¹	dia²⁴	nia²¹	lia²¹	zia²¹
51 浦江	miẽ²⁴	tiɑ̃⁵³	tʰiɑ̃⁵³⁴	diɑ̃¹¹³	diɑ̃²⁴	n̠iɑ̃¹¹³	liɑ̃¹¹³	ziɑ̃¹¹³
52 义乌	mie²⁴	n̠ia⁴²³	tʰia³³⁵白 tʰian³³⁵文	dia²¹³	dia²⁴	n̠ia²¹³	lia²¹³	zia²¹³
53 东阳	mi²⁴	ti⁴⁴	tʰi̯³³⁴	di²¹³	di²⁴	n̠i²¹³	li²¹³	zi²¹³
54 永康	mie²⁴¹	dˀia³³⁴	tʰia⁵⁵	dia²²	dia²⁴¹	n̠ia²²	lia²²	zia²²
55 武义	mie²³¹	nie⁴⁴⁵	tʰie²⁴	die³²⁴	die²³¹	n̠ie³²⁴	nie³²⁴	zie³²⁴
56 磐安	mie¹⁴	tie³³⁴	tʰie⁴⁴⁵	die²¹³	die¹⁴	n̠ie²¹³	lie²¹³	zie²¹³
57 缙云	miε²¹³	tia⁵¹	tʰia⁴⁴	dia²⁴³	dia²¹³	n̠ia²⁴³	lia²⁴³~子 liε²⁴³~花	zia²⁴³
58 衢州	miẽ²³¹	tiẽ³⁵	tʰiẽ³²	diẽ²¹	diẽ²³¹	n̠iẽ²¹	liẽ²¹	ziẽ²¹
59 衢江	miẽ²³¹	tiẽ²⁵	tʰiẽ³³	diẽ²¹²	diẽ²³¹	n̠iẽ²¹²	liẽ²¹²	z̠yø²¹²过~ z̠iẽ²¹²~面
60 龙游	miẽ²³¹	tiẽ³⁵	tʰiẽ³³⁴	diẽ²¹	diẽ²³¹	n̠iẽ²¹	liẽ²¹	ziẽ²¹
61 江山	miɛ̃³¹	tiɛ̃⁴⁴调殊	tʰiɛ̃⁴⁴	diɛ̃²¹³	diɛ̃³¹	n̠iɛ̃²¹³	liɛ̃²¹³	zuɛ²¹³白 dʑiɛ̃²¹³文
62 常山	miɛ̃¹³¹	tiɛ̃⁵²	tʰiɛ̃⁴⁴	diɛ̃³⁴¹	diɛ̃¹³¹	n̠iɛ̃³⁴¹	liɛ̃³⁴¹	zue³⁴¹
63 开化	miɛ̃²¹³	tiɛ̃⁵³	tʰiɛ̃⁴⁴	diɛ̃²³¹	diɛ̃²¹³	n̠iɛ̃²³¹	liɛ̃²³¹	zuɛ²³¹韵殊
64 丽水	miɛ̃¹³¹	tie⁵⁴⁴	tʰie²²⁴	die²²	die¹³¹	n̠ie²²	lie²²	zie²²
65 青田	miɑ²²	dˀiɑ⁴⁵⁴	tʰiɑ⁴⁴⁵	diɑ²¹	diɑ²²	n̠iɑ²¹	liɑ²¹	iɑ²¹
66 云和	mie²²³	tie⁴¹	tʰie²⁴	die³¹²	die²²³	n̠ie³¹²	lie³¹²	zie³¹²
67 松阳	miɛ̃¹³	tiɛ̃²¹²	tʰiɛ̃⁵³	diɛ̃³¹	diɛ̃¹³	n̠iɛ̃³¹	liɛ̃³¹	ziɛ̃³¹
68 宣平	miɛ̃²³¹	tiɛ̃⁴⁴⁵	tʰiɛ̃³²⁴	diɛ̃⁴³³	diɛ̃²³¹	n̠iɛ̃⁴³³	liɛ̃⁴³³	ziɛ̃⁴³³
69 遂昌	miɛ̃²¹³	tiɛ̃⁵³³	tʰiɛ̃⁴⁵	diɛ̃²²¹	diɛ̃²¹³	n̠iɛ̃²²¹	liɛ̃²²¹	z̠yɛ̃²²¹旧 ziɛ̃²²¹今

续表

方言点	0529 面~条	0530 典	0531 天	0532 田	0533 垫	0534 年	0535 莲	0536 前
	山开四去先明	山开四上先端	山开四平先透	山开四平先定	山开四去先定	山开四平先泥	山开四平先来	山开四平先从
70 龙泉	miɛ²²⁴	tiɛ⁵¹	tʰiɛ⁴³⁴	diɛ²¹	diɛ²²⁴	ȵiɛ²¹	liɛ²¹	ʑiɛ²¹
71 景宁	miɛ¹¹³	tiɛ³³	tʰiɛ³²⁴	diɛ⁴¹	diɛ¹¹³	ȵiɛ⁴¹	liɛ⁴¹	ʑiɛ⁴¹
72 庆元	miã̃³¹	ɗiã̃³³	tʰiã̃³³⁵	tiã̃⁵²	tiã̃³¹	ȵiã̃⁵²	liã̃⁵²白 liɛ̃⁵²文	çiã̃⁵²
73 泰顺	miã̃²²	tiã̃⁵⁵	tʰiã̃²¹³	tiã̃⁵³	tiã̃²²	ȵiã̃⁵³	liɛ̃⁵³	çiã̃⁵³
74 温州	mi²²	ti²⁵	tʰi³³	di³¹	di²²	ȵi³¹	li³¹	i³¹
75 永嘉	mi²²	tiɛ⁴⁵	tʰi⁴⁴	di³¹	diɛ³¹	ȵi³¹	li³¹	i³¹
76 乐清	miɛ²²	tiɛ³⁵	tʰiɛ⁴⁴	diɛ³¹	diɛ²²	ȵiɛ³¹	liɛ³¹	ʑiɛ³¹
77 瑞安	mi²²	tiɛ³⁵	tʰi⁴⁴	di³¹	diɛ²²	ȵi³¹	li³¹	i³¹
78 平阳	miɛ³³	tye⁴⁵	tʰiɛ⁵⁵	diɛ²⁴²	dye³³	ȵiɛ²⁴²	liɛ²⁴²	iɛ²⁴²
79 文成	miɛ⁴²⁴	tiɛ⁴⁵	tʰiɛ⁵⁵	diɛ¹¹³	diɛ⁴²⁴	ȵiɛ¹¹³	liɛ¹¹³	ʑiɛ¹¹³
80 苍南	miɛ¹¹	tiɑ⁵³	tʰiɛ⁴⁴	diɛ³¹	diɑ¹¹	ȵiɛ³¹	liɛ³¹	dziɛ³¹
81 建德徽	miɛ⁵⁵	tiɛ²¹³	tʰiɛ⁵³	tiɛ³³	tʰiɛ⁵⁵	ȵiɛ³³	nie³³	çiɛ³³
82 寿昌徽	mi³³	tiɛ̃²⁴文	tʰi¹¹²	tʰi⁵²	tʰi³³	ȵi⁵²	li¹¹²文	çi⁵²
83 淳安徽	miã̃⁵³	tiã̃⁵⁵	tʰiã̃²⁴	tʰiã̃⁴³⁵	tʰiã̃⁵³	iã̃⁴³⁵	liã̃⁴³⁵	çiã̃⁴³⁵
84 遂安徽	miɛ̃⁵²	tiɛ̃²¹³	tʰiɛ̃⁵³⁴	tʰiɛ̃³³	tʰiɛ̃⁵²	iɛ̃³³	liɛ̃³³	çiɛ̃³³
85 苍南闽	mĩ²¹	tuŋ²¹白 tian⁴³文	tʰĩ⁵⁵	（无）	tian²¹	nĩ²⁴	lian²⁴	tsuĩ²⁴
86 泰顺闽	miɛ³¹	tiɛ³⁴⁴	tʰiɛ²¹³	tsʰɛ²²	tɛ³¹	nie²²	lɛ²²	sɛ²²
87 洞头闽	mĩ²¹	tian⁵³	tʰĩ³³	tian¹¹³	tian²¹	nĩ¹¹³	lian¹¹³	tsaĩ¹¹³
88 景宁畲	mien⁵¹	tan³²⁵	tʰan⁴⁴	tʰan²²	tien⁵¹	nan²²	lien²²	tsʰan²²

方言点	0537 先	0538 肩	0539 见	0540 牵	0541 显	0542 现	0543 烟	0544 憋
	山开四平先心	山开四平先见	山开四去先见	山开四平先溪	山开四上先晓	山开四去先匣	山开四平先影	山开四入屑滂
01 杭州	ɕiɛ³³⁴	tɕiɛ³³⁴	tɕiɛ⁴⁵	tɕʰiɛ³³⁴	ɕiɛ⁵³	iɛ¹³	iɛ³³⁴	piɛʔ⁵
02 嘉兴	ɕie⁴²	tɕie⁴²	tɕie²²⁴	tɕʰie⁴²	ɕie⁵⁴⁴	ie¹¹³	ie⁴²	pieʔ⁵
03 嘉善	ɕiɿ⁵³	tɕiɿ⁵³	tɕiɿ³³⁴	tɕʰiɿ⁵³	ɕiɿ³³⁴	iɿ¹¹³	iɿ⁵³	pieʔ⁵
04 平湖	siɛ⁵³	tɕiɛ⁵³	tɕiɛ³³⁴	tɕʰiɛ⁵³	ɕiɛ³³⁴	iɛ²¹³	iɛ⁵³	piəʔ⁵
05 海盐	ɕiɛ⁵³	tɕiɛ⁵³	tɕiɛ³³⁴	tɕʰiɛ⁵³	ɕiɛ⁴²³	iɛ²¹³	iɛ⁵³	piəʔ⁵³
06 海宁	ɕie⁵⁵	tɕie⁵⁵	tɕie³⁵	tɕʰie⁵⁵	ɕie³⁵	ie³⁵	ie⁵⁵	pieʔ⁵
07 桐乡	siE⁴⁴	tɕiE⁴⁴	tɕiE³³⁴	tɕʰiE⁴⁴	ɕiE⁵³	iE²¹³	iE⁴⁴	piəʔ⁵
08 崇德	ɕiɿ⁴⁴	tɕiɿ⁴⁴	tɕiɿ³³⁴	tɕʰiɿ⁴⁴	ɕiɿ⁵³	iɿ¹³	iɿ⁴⁴	（无）
09 湖州	ɕie⁴⁴	tɕie⁴⁴	tɕie³⁵	tɕʰie⁴⁴	ɕie⁵²³	ie³⁵	ie⁴⁴	pieʔ⁵
10 德清	ɕie⁴⁴	tɕie⁴⁴	tɕie³³⁴	tɕʰie⁴⁴	ɕie⁵²	ie³³⁴	ie⁴⁴	pieʔ⁵
11 武康	ɕiɿ⁴⁴	tɕiɿ⁴⁴	tɕiɿ²²⁴	tɕʰiɿ⁴⁴	ɕiɿ²²⁴	iɿ²²⁴	iɿ⁴⁴	pieʔ⁵
12 安吉	ɕi⁵⁵	tɕi⁵⁵	tɕi³²⁴	tɕʰi⁵⁵	ɕi³²⁴	i²¹³	i⁵⁵	piEʔ⁵
13 孝丰	ɕiɿ⁴⁴	tɕiɿ⁴⁴	tɕiɿ³²⁴	tɕʰiɿ⁴⁴	ɕiɿ⁵²	iɿ³²⁴	iɿ⁴⁴	pieʔ⁵
14 长兴	ʃi⁴⁴	tʃi⁴⁴	tʃi³²⁴	tʃʰi⁴⁴	ʃi⁵²	i³²⁴	i⁴⁴	piEʔ⁵
15 余杭	siẽ⁴⁴	tɕiẽ⁴⁴	tɕiẽ⁴²³	tɕʰiẽ⁴⁴	ɕiẽ⁴²³	iẽ²⁴³	iẽ⁴⁴	pieʔ⁵
16 临安	ɕie⁵⁵	tɕie⁵⁵	tɕie⁵⁵	tɕʰie⁵⁵	ɕie⁵⁵	ie³³	ie⁵⁵	piɐʔ⁵⁴
17 昌化	ɕiɪ̃³³⁴	tɕiɪ̃³³⁴	tɕiɪ̃⁵⁴⁴	tɕʰiɪ̃³³⁴	ɕiɪ̃⁴⁵³	iɪ̃²⁴³	iɪ̃³³⁴	piɛʔ⁵
18 於潜	ɕie⁴³³	tɕie⁴³³	tɕie³⁵	tɕʰie⁴³³	ɕie⁵¹	ie²⁴	ie⁴³³	pieʔ⁵³
19 萧山	ɕie⁵³³	tɕie⁵³³	tɕʰie⁴²	tɕʰie⁵³³	ɕie³³	ie²⁴²	ie⁵³³	pieʔ⁵
20 富阳	ɕiɛ̃⁵³	tɕiɛ̃⁵³	tɕiɛ̃³³⁵	tɕʰiɛ̃⁵³	ɕiɛ̃⁴²³	iɛ̃³³⁵	iɛ̃⁵³	piɛʔ⁵
21 新登	ɕiɛ̃⁵³	tɕiɛ̃⁵³	tɕiɛ̃⁴⁵	tɕʰiɛ̃⁵³	ɕiɛ̃³³⁴	ziɛ̃¹³	iɛ̃⁵³	piəʔ⁵
22 桐庐	ɕie⁵³³	tɕie⁵³³	tɕie³⁵	tɕʰie⁵³³	ɕie³³	zie²⁴	ie⁵³³	piəʔ⁵
23 分水	ɕiɛ̃⁴⁴	tɕiɛ̃⁴⁴	tɕiɛ̃²⁴	tɕʰiɛ̃⁴⁴	ɕiɛ̃⁵³	ziɛ̃¹³	iɛ̃⁴⁴	piəʔ⁵
24 绍兴	ɕiẽ⁵³	tɕiẽ⁵³	tɕiẽ³³	tɕʰiẽ⁵³	ɕiẽ³³⁴	iẽ²²	iẽ⁵³	pieʔ⁵
25 上虞	ɕiẽ³⁵	tɕiẽ³⁵	tɕiẽ⁵³	tɕʰiẽ³⁵	ɕiẽ³⁵	iẽ³¹	iẽ³⁵	piəʔ⁵
26 嵊州	ɕiẽ⁵³⁴	tɕiẽ⁵³⁴	tɕiẽ³³⁴	tɕʰiẽ⁵³⁴	ɕiẽ⁵³	iẽ²⁴	iẽ⁵³⁴	pieʔ⁵

续表

方言点	0537 先	0538 肩	0539 见	0540 牵	0541 显	0542 现	0543 烟	0544 憋
	山开四平先心	山开四平先见	山开四去先见	山开四平先溪	山开四上先晓	山开四去先匣	山开四平先影	山开四入屑滂
27 新昌	ɕiɛ̃534	tɕiɛ̃534	tɕiɛ̃335	tɕʰiɛ̃534	ɕiɛ̃453	iɛ̃13	iɛ̃534	piʔ5
28 诸暨	ɕie544	tɕie544	tɕie544	tɕʰie544	ɕie42	ie33	ie544	pieʔ5
29 慈溪	ɕiẽ35	tɕiẽ35	tɕiẽ44	tɕʰiẽ35	ɕiẽ35	iẽ13	iẽ35	piəʔ5
30 余姚	ɕiẽ44	tɕiẽ44	tɕiẽ53	tɕʰiẽ44	ɕiẽ34	iẽ13	iẽ44	piəʔ5
31 宁波	ɕi53	tɕi53	tɕi53	tɕʰi44	ɕi44	i13	i53	piəʔ5
32 镇海	ɕi53	tɕi53	tɕi53	tɕʰi53	ɕi35	i24	i53	pieʔ5
33 奉化	ɕi44	tɕi44	tɕi53	tɕʰi44读字	ɕi44调殊	zi31	i44	piɿʔ5
34 宁海	ɕie423	tɕie423	tɕie35	tɕʰie423	ɕie53	ie24	ie423	pieʔ5
35 象山	ɕi44	tɕi44	tɕi53~面	tɕʰi44	ɕi44	i31	i44	pieʔ5
36 普陀	ɕi53	tɕi53	tɕi55	tɕʰi53	ɕi45	i13	i53	piɛʔ5
37 定海	ɕi52	tɕi52	tɕi44	tɕʰi52	ɕi45	i13	i52	pieʔ5
38 岱山	ɕi52	tɕi52	tɕi44	tɕʰi52	ɕi52	i213	i52	pieʔ5
39 嵊泗	ɕi53	tɕi53	tɕi53	tɕʰi53	ɕi445	i213	i53	piɛʔ5
40 临海	ɕi31	tɕi31又 ki31又	tɕi55又 ki55又	tɕʰi31又 kʰi31又	ɕi52又 hi52又	i324	i31	pieʔ5
41 椒江	ɕie42	tɕie42	tɕie55	tɕʰie42	ɕie42	ie24	ie42	pieʔ5
42 黄岩	ɕie32	tɕie32	tɕie55	tɕʰie32	ɕie42	ie24	ie32	pieʔ5
43 温岭	ɕie33	tɕie33	tɕie55	tɕʰie33	ɕie42	ie13	ie33	piʔ5
44 仙居	ɕie334	tɕie334	tɕie55	tɕʰie334	ɕie324	ie24	ie334	（无）
45 天台	ɕie33	kie33	kie55	kʰie33	hie325	ie35	ie33	pieʔ5
46 三门	ɕie334	tɕie334	tɕie55	tɕʰie334	ɕie325	ie243	ie334	pieʔ5
47 玉环	ɕie42	tɕie42	tɕie55	tɕʰie42	ɕie42	ie22	ie42	piɐʔ5
48 金华	sia334白 ɕie334文	tɕie334	tɕie55	tɕʰie334	ɕie535白 ɕiɛ̃535文	iɛ̃14老 ziɛ̃14新	ia334	piəʔ4读字
49 汤溪	sie24	tɕie24	tɕie52	tɕʰie24	ɕie52	ie341	ie24	pie55
50 兰溪	sia334	tɕie334	tɕie45	tɕʰie334	ɕie55	ziɛ̃24	ia334	pieʔ34

续表

方言点	0537 先	0538 肩	0539 见	0540 牵	0541 显	0542 现	0543 烟	0544 憋
	山开四平先心	山开四平先见	山开四去先见	山开四平先溪	山开四上先晓	山开四去先匣	山开四平先影	山开四入屑滂
51 浦江	ɕiɑ̃^{534}～后 sɛ̃^{534}～生	tɕiẽ^{534}	tɕiẽ^{55}	tɕʰiẽ^{534}	ɕiẽ^{53}	iɑ̃^{243}	iɑ̃^{534}	（无）
52 义乌	sia^{335}～后 suɤ^{335}～生	tɕie^{335}	tɕie^{45}白 tɕian^{45}文	tɕʰie^{335}	ɕie^{45}白 ɕian^{335}文	ie^{24}	n̠ia^{335}	pie^{324}
53 东阳	si^{334}	tɕi^{334}	tɕi^{453}	tɕʰi^{334}	ɕie^{44}	i^{231}	i^{334}	pi^{453}
54 永康	ɕia^{55}	ie^{55}声殊	tɕie^{52}	tɕʰie^{55}	ɕie^{334}	ie^{241}	ie^{55}	ɓi^{334}
55 武义	ɕie^{24}	tɕie^{24}	tɕie^{53}	tɕʰie^{24}	ɕie^{445}	n̠ie^{231}	n̠ie^{24}	pi^{53}
56 磐安	ɕie^{445}	tɕie^{445}	tɕie^{52}	tɕʰie^{445}	ɕie^{52}调殊	ie^{14}	ie^{445}	（无）
57 缙云	ɕiɛ^{44}	tɕiɛ^{44}	tɕiɛ^{453}	tɕʰiɛ^{44}	ɕiɛ^{51}	iɛ^{213}	iɛ^{44}	（无）
58 衢州	ɕiẽ^{32}	tɕiẽ^{32}	tɕiẽ^{53}	tɕʰiẽ^{32}	ɕiẽ^{53}调殊	ziẽ^{231}	iẽ^{32}	piəʔ^{5}
59 衢江	ɕiẽ^{33}	tɕiẽ^{33}	iẽ^{53}声殊	tɕʰiẽ^{33}	ɕiẽ^{25}	ziẽ^{231}	iẽ^{33}	piəʔ^{5}
60 龙游	ɕiẽ^{334}	tɕiẽ^{334}	tɕiẽ^{51}	tɕʰiẽ^{334}	ɕiẽ^{51}调殊	ziẽ^{231}	iẽ^{334}	piəʔ^{4}
61 江山	ɕiẽ^{44}	kiẽ^{44}	iẽ^{51}声殊	kʰiẽ^{44}	xiẽ^{51}	iẽ^{31}	iẽ^{44}	biɛʔ^{2}
62 常山	ɕiẽ^{44}	tɕiẽ^{44}	iẽ^{324}声殊	tɕʰiẽ^{44}	ɕiẽ^{52}	iẽ^{131}	iẽ^{44}	piʌʔ^{5}
63 开化	ɕiẽ^{44}	tɕiẽ^{44}	iẽ^{412}声殊	tɕʰiẽ^{44}	ɕiẽ^{53}	iẽ^{213}老 ziẽ^{213}新	iẽ^{44}	piɛʔ^{5}
64 丽水	ɕiɛ^{224}	tɕiɛ^{224}	tɕiɛ^{52}	tɕʰiɛ^{224}	ɕiɛ^{544}	iɛ^{131}	iɛ^{224}	piɛʔ^{5}
65 青田	ɕiɑ^{445}	tɕiɛ^{445}	tɕiɛ^{33}	tɕʰiɛ^{445}	ɕiɑ^{454}	iɑ^{22}	iɑ^{445}	ɓiæʔ^{42}
66 云和	ɕiɛ^{24}	tɕiɛ^{24}	tɕiɛ^{45}	tɕʰiɛ^{24}	ɕiɛ^{41}	iɛ^{223}	iɛ^{24}	piɛʔ^{5}
67 松阳	ɕiẽ^{53}	iẽ^{24}音殊	tɕiẽ^{24}	tɕʰiẽ^{53}	ɕiẽ^{212}	iẽ^{13}	iẽ^{53}	piɛʔ^{5}
68 宣平	ɕiɛ^{324}	tɕiɛ^{324}	tɕiɛ^{52}	tɕʰiɛ^{324}	ɕiɛ^{445}	iɛ^{231}	iɛ^{324}	（无）
69 遂昌	ɕyẽ^{45}～生 ɕiẽ^{45}～去	iẽ^{45}声殊	iẽ^{334}声殊	tɕʰiẽ^{45}	ɕiẽ^{533}	iẽ^{213}	iẽ^{45}	piɛʔ^{5}
70 龙泉	ɕiE^{434}	iE^{434}声殊	tɕiE^{45}	tɕʰiE^{434}	ɕiE^{51}	iE^{224}	iE^{434}	piEʔ^{5}
71 景宁	ɕiɑ^{324}	tɕiɛ^{324}	tɕiɛ^{35}	tɕʰiɛ^{324}	ɕiɛ^{33}	iɛ^{113}	iɛ^{324}	piɛʔ^{5}
72 庆元	ɕiɑ̃^{335}	yɛ̃^{33}音殊	tɕiẽ^{11}	tɕʰiẽ^{335}	ɕiẽ^{33}	iɑ̃^{31}	iɑ̃^{335}	piɛʔ^{5}
73 泰顺	ɕiã^{213}	tɕiɛ^{213}	tɕiɛ^{35}	tɕʰiɛ^{213}	ɕiã^{55}	iã^{22}	iã^{213}	piɛʔ^{5}

续表

方言点	0537 先	0538 肩	0539 见	0540 牵	0541 显	0542 现	0543 烟	0544 憋
	山开四平先心	山开四平先见	山开四去先见	山开四平先溪	山开四上先晓	山开四去先匣	山开四平先影	山开四入屑滂
74 温州	ɕi³³	tɕi³³	tɕi⁵¹	tɕʰi³³	ɕi²⁵	i²²	i³³	pi³²³
75 永嘉	ɕi⁴⁴	tɕi⁴⁴	tɕi⁵³	tɕʰi⁴⁴	ɕi⁴⁵	i²²	i⁴⁴	pi⁴²³
76 乐清	siɛ⁴⁴	tɕiɛ⁴⁴	tɕiɛ⁴¹	tɕʰiɛ⁴⁴	ɕiɛ³⁵	iɛ²²	iɛ⁴⁴	piɛ³²³
77 瑞安	ɕi⁴⁴	tɕi⁴⁴	tɕi⁵³	tɕʰi⁴⁴	ɕi⁵³ 调殊	i²²	i⁴⁴	pei³²³
78 平阳	ɕie⁵⁵	tɕie⁵⁵	tɕie⁵³	tɕʰie⁵⁵	ɕie⁴⁵	ie²³	ie⁵⁵	pie³⁴
79 文成	ɕie⁵⁵	tɕie⁵⁵	tɕie³³	tɕʰie⁵⁵	ɕie⁴⁵	ie⁴²⁴	ie⁵⁵	pie³⁴
80 苍南	ɕiɛ⁴⁴	tɕiɛ⁴⁴	tɕiɛ⁴²	tɕʰiɛ⁴⁴	ɕiɛ⁵³	iɛ¹¹	iɛ⁴⁴	piɛ²²³
81 建德徽	ɕie⁵³	tɕie⁵³	tɕie³³	tɕʰie⁵³	ɕiɛ̃⁵⁵	ȵie⁵⁵ ~在	ȵie⁵³	（无）
82 寿昌徽	ɕi¹¹²	tɕi¹¹²	tɕi³³	tɕʰi¹¹²	ɕi²⁴	ɕi³³	i¹¹²	pi⁵⁵
83 淳安徽	ɕiã²⁴	tɕiã²⁴	tɕiã²⁴	tɕʰiã²⁴	ɕiã⁵⁵	ɕiã⁵³	iã²⁴	piəʔ⁵
84 遂安徽	ɕiɛ̃⁵³⁴	tɕiɛ̃⁵³⁴	tɕiɛ̃⁴³	tɕʰiɛ̃⁵³⁴	ɕiɛ̃²¹³	iɛ̃⁵² 白 ɕiɛ̃⁵² 文	iɛ̃⁵³⁴	pi²⁴
85 苍南闽	suĩ⁵⁵	kuĩ⁵⁵	kĩ⁵⁵	kʰan⁵⁵	hian⁴³	hian²¹	ian⁵⁵	pie⁴³
86 泰顺闽	sɛ²¹³	kie²¹³	kie⁵³	kʰɛ²¹³	ɕie²²	ɕie³¹	ie²¹³	piɪʔ⁵
87 洞头闽	saĩ³³	kaĩ³³	kĩ²¹ 白 kian²¹ 文	kʰan³³	hian⁵³	hian²¹	ian³³	pie⁵³
88 景宁畲	ɕian⁵¹	kin⁴⁴ 韵殊	kian⁴⁴	xien⁴⁴	ɕien³²⁵	ian⁵¹	ian⁴⁴	（无）

方言点	0545 篾	0546 铁	0547 捏	0548 节	0549 切动	0550 截	0551 结	0552 搬
	山开四入屑明	山开四入屑透	山开四入屑泥	山开四入屑精	山开四入屑清	山开四入屑从	山开四入屑见	山合一平桓帮
01 杭州	$miɛʔ^{2}$	$t^hiɛʔ^{5}$	$n̠iɛʔ^{2}$	$tɕiɛʔ^{5}$	$tɕ^hiɛʔ^{5}$	$dʑyɛʔ^{2}$ 韵殊	$tɕiɛʔ^{5}$	puo^{334} 又 $pəŋ^{334}$ 又
02 嘉兴	$miɛʔ^{5}$	$t^hieʔ^{5}$	$n̠ieʔ^{5}$	$tɕieʔ^{5}$	$tɕ^hieʔ^{5}$	$dʑieʔ^{13}$	$dʑieʔ^{5}$	$pə^{42}$
03 嘉善	$miɛʔ^{2}$	$t^hieʔ^{5}$	$n̠iɜʔ^{2}$	$tɕieʔ^{5}$	$tɕ^hieʔ^{5}$	$dʑieʔ^{2}$	$tɕieʔ^{5}$	$pø^{53}$
04 平湖	$miɜʔ^{23}$	$t^hiɜʔ^{23}$	$n̠iaʔ^{23}$	$tsiɜʔ^{5}$	$ts^hiɜʔ^{23}$	$ziɜʔ^{23}$	$tɕiɜʔ^{5}$	$pø^{53}$
05 海盐	$miɛʔ^{23}$	$t^hiɜʔ^{23}$	$n̠iaʔ^{23}$	$tɕiɜʔ^{5}$	$tɕ^hiɜʔ^{23}$	$dʑiɜʔ^{23}$	$tɕiɜʔ^{5}$	$pɤ^{53}$
06 海宁	$miɛʔ^{2}$	$t^hieʔ^{5}$	$n̠iaʔ^{2}$	$tɕieʔ^{5}$	$tɕ^hieʔ^{5}$	$dʑieʔ^{2}$	$tɕieʔ^{5}$	pei^{55}
07 桐乡	$miɜʔ^{23}$	$t^hiɜʔ^{5}$	$n̠iaʔ^{23}$	$tsiɜʔ^{5}$	$ts^hiɜʔ^{5}$	$ziɜʔ^{23}$	$tɕiɜʔ^{5}$	pE^{44}
08 崇德	$miɜʔ^{23}$	$t^hiɜʔ^{5}$	$n̠iaʔ^{23}$	$tɕiɜʔ^{5}$	$tɕ^hiɜʔ^{5}$	$ziɜʔ^{23}$	$tɕiɜʔ^{5}$	pE^{44}
09 湖州	$miɛʔ^{2}$	$t^hieʔ^{5}$	$n̠iaʔ^{2}$	$tɕieʔ^{5}$	$tɕ^hieʔ^{5}$	$tɕieʔ^{5}$	$tɕieʔ^{5}$	$pɛ^{44}$
10 德清	$miɛʔ^{2}$	$t^hieʔ^{5}$	$n̠ieʔ^{2}$	$tɕieʔ^{5}$	$tɕ^hieʔ^{5}$	$dʑieʔ^{2}$	$tɕieʔ^{5}$	$pøɯ^{44}$
11 武康	$miɛʔ^{2}$	$t^hieʔ^{5}$	$n̠ieʔ^{2}$	$tɕieʔ^{5}$	$tɕ^hieʔ^{5}$	$zieʔ^{2}$	$tɕieʔ^{5}$	$pø^{44}$
12 安吉	$miɛʔ^{23}$	$t^hiɛʔ^{5}$	$n̠iɛʔ^{23}$	$tɕiɛʔ^{5}$	$tɕ^hiɛʔ^{5}$	$dʑyɜʔ^{23}$	$tɕiɛʔ^{5}$	$pɛ^{55}$
13 孝丰	$miɛʔ^{23}$	$t^hieʔ^{5}$	$n̠iaʔ^{23}$	$tɕieʔ^{5}$	$tɕ^hieʔ^{5}$	$zieʔ^{23}$	$tɕieʔ^{5}$	pe^{44}
14 长兴	$miɛʔ^{2}$	$t^hiɛʔ^{5}$	$n̠iaʔ^{2}$	$tʃiɛʔ^{5}$	$tʃ^hiaʔ^{5}$	$ʒiɛʔ^{2}$	$tʃiɛʔ^{5}$	$puɯ^{44}$
15 余杭	$miɛʔ^{2}$	$t^hieʔ^{5}$	$n̠iaʔ^{2}$	$tsieʔ^{2}$	$ts^hieʔ^{5}$	$dʑieʔ^{2}$	$tɕieʔ^{5}$	$puõ^{44}$ 又 $piŋ^{44}$ 又
16 临安	$miɐʔ^{12}$	$t^hiɐʔ^{54}$	$n̠iɐʔ^{12}$	$tɕiɐʔ^{54}$	$tɕ^hiɐʔ^{54}$	$dʑiɐʔ^{12}$	$tɕiɐʔ^{54}$	$pə^{55}$
17 昌化	$miɛʔ^{23}$	$t^hiɛʔ^{5}$	$n̠iɛʔ^{5}$	$tɕiɛʔ^{5}$	$tɕ^hiɛʔ^{5}$	$dʑiɛʔ^{23}$	$tɕiɛʔ^{5}$	$pɛ̃^{334}$
18 於潜	$miæʔ^{23}$	$t^hieʔ^{53}$	$n̠ieʔ^{53}$	$tɕieʔ^{53}$	$tɕ^hieʔ^{53}$	$dʑiæʔ^{23}$	$tɕieʔ^{53}$	$pɛ^{433}$
19 萧山	$mieʔ^{13}$	$t^hieʔ^{5}$	$n̠iaʔ^{13}$	$tɕieʔ^{5}$	$tɕ^hieʔ^{5}$	$zieʔ^{13}$	$tɕieʔ^{5}$	$pəŋ^{533}$
20 富阳	$miɛʔ^{2}$	$t^hiɛʔ^{5}$	$n̠iaʔ^{2}$	$tɕiɛʔ^{5}$	$tɕ^hiɛʔ^{5}$	（无）	$tɕiɛʔ^{5}$	$pã^{53}$
21 新登	$miɜʔ^{2}$	$t^hiɜʔ^{5}$	$n̠iaʔ^{5}$	$tɕiɜʔ^{5}$	$tɕ^hiɜʔ^{5}$	$dʑiɜʔ^{2}$	$tɕiɜʔ^{5}$	$pɛ̃^{53}$
22 桐庐	$miɜʔ^{13}$	$t^hiɜʔ^{5}$	$niaʔ^{13}$	$tɕiɜʔ^{5}$	$tɕ^hiɜʔ^{5}$	$zɜʔ^{13}$	$tɕiɜʔ^{5}$	pe^{533}
23 分水	$miɜʔ^{12}$	$t^hiɜʔ^{5}$	$n̠iɜʔ^{12}$	$tɕiɜʔ^{5}$	$tɕ^hiɜʔ^{5}$	$dʑiɜʔ^{12}$	$tɕiɜʔ^{5}$	po^{44}
24 绍兴	$mieʔ^{2}$	$t^heʔ^{5}$	$n̠iaʔ^{2}$	$tɕieʔ^{5}$	$tɕ^hieʔ^{5}$	$dʑieʔ^{2}$	$tɕieʔ^{5}$	$pẽ^{53}$

续表

方言点	0545 篾	0546 铁	0547 捏	0548 节	0549 切 动	0550 截	0551 结	0552 搬
	山开四入屑明	山开四入屑透	山开四入屑泥	山开四入屑精	山开四入屑清	山开四入屑从	山开四入屑见	山合一平桓帮
25 上虞	miəʔ²	tʰiəʔ⁵	ȵiɐʔ²	tɕiəʔ⁵	tɕʰiəʔ⁵	dʑiəʔ²	tɕiəʔ⁵	pəŋ³⁵
26 嵊州	mieʔ²	tʰieʔ⁵	ȵiaʔ²	tɕieʔ⁵	tɕʰieʔ⁵	dʑieʔ²	tɕieʔ⁵	pœ̃⁵³⁴
27 新昌	mieʔ²	tʰiɛʔ⁵	ȵiɛʔ²	tɕiɛʔ⁵	tɕʰiɛʔ⁵	ziɛʔ²	tɕiɛʔ⁵	pœ̃⁵³⁴
28 诸暨	mieʔ¹³	tʰieʔ⁵	niaʔ¹³	tɕieʔ⁵	tɕʰieʔ⁵	dʑieʔ¹³	tɕieʔ⁵	pə⁵⁴⁴
29 慈溪	miəʔ²	tʰiəʔ⁵	ȵiaʔ²	tɕiəʔ⁵	tɕʰiəʔ⁵	dʑiəʔ²	tɕiəʔ⁵	pø̃³⁵
30 余姚	miəʔ²	tʰiəʔ⁵	ȵiaʔ²	tɕiəʔ⁵	tɕʰiəʔ⁵	dʑiəʔ²	tɕiəʔ⁵	pø̃⁴⁴
31 宁波	miəʔ²	tʰiəʔ⁵	ȵiəʔ²	tɕiəʔ⁵	tɕʰiəʔ⁵	ziəʔ² ～止	tɕiəʔ⁵	pu⁵³
32 镇海	mieʔ¹²	tʰieʔ⁵	ȵieʔ¹²	tɕieʔ⁵	tɕʰieʔ⁵	dʑieʔ¹² 读字	tɕieʔ⁵	pø⁵³
33 奉化	miɿʔ²	tʰiɿʔ⁵	ȵiaʔ²	tɕiɿʔ⁵	tɕʰiɿʔ⁵	dʑiɿʔ² 读字	tɕiɿʔ⁵	pø⁴⁴
34 宁海	mieʔ³	tʰieʔ⁵	ȵieʔ³	tɕieʔ⁵	tɕʰieʔ⁵	zieʔ³	tɕieʔ⁵	pø¹²³
35 象山	mieʔ²	tʰieʔ⁵	ȵieʔ²	tɕieʔ⁵	tɕʰieʔ⁵	dʑieʔ²	tɕieʔ⁵	pɤɯ⁴⁴
36 普陀	mieʔ²³	tʰiɛʔ⁵	ȵiɛʔ²³	tɕiɛʔ⁵	tɕʰiɛʔ⁵	dʑiɛʔ²³	tɕiɛʔ⁵	pø⁵³
37 定海	mieʔ²	tʰieʔ⁵	ȵieʔ²	tɕieʔ⁵	tɕʰieʔ⁵	dʑieʔ²	tɕieʔ⁵	pø⁵²
38 岱山	mieʔ²	tʰieʔ⁵	ȵieʔ²	tɕieʔ⁵	tɕʰieʔ⁵	dʑieʔ²	tɕieʔ⁵	pø⁵²
39 嵊泗	miɛʔ²	tʰiɛʔ⁵	ȵiɛʔ²	tɕiɛʔ⁵	tɕʰiɛʔ⁵	dʑiɛʔ²	tɕiɛʔ⁵	pɤ⁵³
40 临海	mieʔ²³	tʰieʔ⁵	ȵieʔ²³	tɕieʔ⁵	tɕʰieʔ⁵	zieʔ²³	tɕieʔ⁵	pø³¹
41 椒江	mieʔ²	tʰieʔ⁵	ȵieʔ²	tɕieʔ⁵	tɕʰieʔ⁵	zieʔ²	tɕieʔ⁵	pø⁴²
42 黄岩	mieʔ²	tʰieʔ⁵	ȵieʔ²	tɕieʔ⁵	tɕʰieʔ⁵	zieʔ²	tɕieʔ⁵	pø³²
43 温岭	miʔ²	tʰiʔ⁵	ȵiʔ²	tɕiʔ⁵	tɕʰiʔ⁵	ziʔ²	tɕiʔ⁵	pø³³
44 仙居	miaʔ²³	tʰiaʔ⁵	niaʔ²³	tɕiaʔ⁵	tɕʰiaʔ⁵	ziaʔ²³	tɕiaʔ⁵	ɓø³³⁴
45 天台	mieʔ²	tʰieʔ⁵	ȵieʔ²	tɕieʔ⁵	tɕʰieʔ⁵	dʑieʔ²	kieʔ⁵	pø³³
46 三门	mieʔ²³	tʰieʔ⁵	ȵieʔ²³	tɕieʔ⁵	tɕʰieʔ⁵	tɕieʔ⁵	tɕieʔ⁵	pø³³⁴
47 玉环	miɐʔ²	tʰiɐʔ⁵	ȵiɐʔ²	tɕiɐʔ⁵	tɕʰiɐʔ⁵	ziɐʔ⁵	tɕiɐʔ⁵	pø⁴²
48 金华	mie¹⁴	tʰia⁵⁵	ȵia⁵⁵	tsia⁵⁵白 tɕiəʔ⁴文	tsʰia⁵⁵	dʑiəʔ²¹²	tɕie⁵⁵白 tɕiəʔ⁴文	pɤ³³⁴

方言点	0545 篾	0546 铁	0547 捏	0548 节	0549 切 动	0550 截	0551 结	0552 搬
	山开四入屑明	山开四入屑透	山开四入屑泥	山开四入屑精	山开四入屑清	山开四入屑从	山开四入屑见	山合一平桓帮
49 汤溪	mie¹¹³	tʰia⁵⁵	ȵɑ⁵⁵	tsia⁵⁵	tsʰia⁵⁵	zia¹¹³	tɕyɤ⁵⁵名 tɕie⁵⁵动	bɤ¹¹
50 兰溪	mieʔ¹²	tʰiəʔ³⁴	ȵiəʔ³⁴	tsiəʔ³⁴	tsʰiəʔ³⁴	dʑieʔ¹²	tɕieʔ³⁴	pɤ³³⁴
51 浦江	mi²³²	tʰia⁴²³	ȵiɑ²³²	tsia⁴²³	tsʰia⁴²³	dʑia²³²	tɕi⁴²³白 tɕiə⁴²³文	pə̃⁵³⁴
52 义乌	mie³¹²	tʰia³²⁴	ȵia³¹²	tsia⁴⁵一~	tsʰia³²⁴	zia³¹²	tɕiə³²⁴	pan³³⁵
53 东阳	miɛ²¹³	tʰia⁴⁴	ȵia²¹³	tɕiɛ³³⁴	tɕʰiaʔ³⁴	tɕia⁴⁵³	tɕiɛʔ³⁴	pɔ³³⁴
54 永康	mie¹¹³	tʰia³³⁴	ȵia³³⁴	tɕia³³⁴	tɕʰia³³⁴	zia¹¹³~纸	tɕie³³⁴	ɓuo⁵⁵
55 武义	mie¹³	tʰia⁵³	ȵia¹³	tɕia⁵³	tɕʰia⁵³	zia¹³	tɕie⁵³	muo²⁴
56 磐安	mie²¹³	tʰia³³⁴	ȵia²¹³	tɕia³³⁴	tɕʰia³³⁴	zia²¹³	tɕiɛ³³⁴	pɯ⁴⁴⁵
57 缙云	mie¹³	tʰia³²²	ȵia¹³	tɕia³²²	tɕʰia³²²	zia¹³~柴	tɕie³²²	pɛ⁴⁴
58 衢州	miəʔ¹²	tʰiəʔ⁵	ȵiaʔ¹²	tɕiəʔ⁵	tɕʰiəʔ⁵	ziəʔ¹²	tɕiəʔ⁵	bə̃²¹音殊
59 衢江	miəʔ²	tʰiəʔ⁵	ȵiaʔ²	tɕiəʔ⁵	tɕʰiəʔ⁵	(无)	tɕiəʔ⁵	bɛ²¹²~屋
60 龙游	miəʔ²³	tʰiəʔ⁴	nəʔ²³韵殊	tɕiəʔ⁴	tɕʰiəʔ⁴	dʑiəʔ²³	tɕiəʔ⁴	bei²¹~家
61 江山	miɛʔ²	tʰiɛʔ⁵	ȵiaʔ²	tɕiɛʔ⁵	tɕʰiɛʔ⁵	ziɛʔ²	kiɛʔ⁵	bɛ̃²¹³
62 常山	miʌʔ³⁴	tʰiʌʔ⁵	ȵiʌʔ³⁴	tɕiʌʔ⁵	tɕʰiʌʔ⁵	dʑiʌʔ³⁴	tɕiʌʔ⁵	bɔ̃³⁴¹
63 开化	miaʔ¹³	tʰiaʔ⁵	ȵiaʔ⁵	tɕiaʔ⁵	tɕʰiaʔ⁵	dʑiaʔ¹³	tɕiaʔ⁵	bɛn²³¹
64 丽水	miɛʔ²³	tʰiɛʔ⁵	ȵiɛʔ²³	tɕiɛʔ⁵	tɕʰiɛʔ⁵	dʑiɛʔ²³	tɕiɛʔ⁵	pɛ²²⁴
65 青田	miæʔ³¹	tʰiæʔ⁴²	ȵiæʔ³¹	tɕiæʔ⁴²	tɕʰiæʔ⁴²	dʑiæʔ³¹	tɕiæʔ⁴²	ɓuɐ⁴⁴⁵
66 云和	miɛʔ²³	tʰiɛʔ⁵	ȵiɔʔ²³	tɕiɛʔ⁵	tɕʰiɔʔ⁵	dʑiɛʔ²³	tɕiɛʔ⁵	pɛ²⁴
67 松阳	miɛʔ²	tʰiɛʔ⁵	ȵiaʔ²	tɕiɛʔ⁵	tɕʰiɛʔ⁵	ziɛʔ²	tɕiɛʔ⁵	bæ̃³¹
68 宣平	miəʔ²³	tʰiəʔ⁵	ȵiəʔ²³	tɕiəʔ⁵	tɕʰiaʔ⁵	ziəʔ²³	tɕiəʔ⁵	bə⁴³³调殊
69 遂昌	miɛʔ²³	tʰiɛʔ⁵	ȵiaʔ²³	tɕiɛʔ⁵	tɕʰiɛʔ⁵	dʑiɛʔ²³	tɕiɛʔ⁵	bɛ̃²²¹
70 龙泉	miɛʔ²⁴	tʰiɛʔ⁵	ȵiaʔ²⁴	tɕiaʔ⁵	tɕʰiaʔ⁵	ziaʔ²⁴	tɕiɛʔ⁵	pɯə⁴³⁴
71 景宁	miaʔ²³	tʰiaʔ⁵	ȵiaʔ²³	tɕiaʔ⁵	tɕʰiaʔ⁵	ziaʔ²³	tɕiɛʔ⁵	pœ³²⁴

续表

方言点	0545 篾	0546 铁	0547 捏	0548 节	0549 切动	0550 截	0551 结	0552 搬
	山开四入屑明	山开四入屑透	山开四入屑泥	山开四入屑精	山开四入屑清	山开四入屑从	山开四入屑见	山合一平桓帮
72 庆元	miɑʔ³⁴	tʰiaʔ⁵	ȵiɑʔ³⁴	tɕiaʔ⁵	tɕʰiaʔ⁵	tɕiaʔ³⁴	tɕiaʔ⁵ 白 / tɕiɛʔ⁵ 文	ɦæ̃³³⁵
73 泰顺	miɔʔ²	tʰiɔʔ⁵	ȵiɔʔ²	tɕiɔʔ⁵	tɕʰiɔʔ⁵	tɕiɛʔ⁵ 拦~	tɕiɛʔ⁵	pɐ⁵³
74 温州	mi²¹²	tʰi³²³	ȵia²¹²	tɕi³²³	tɕʰi³²³	tɕi³²³	tɕi³²³	bø³¹
75 永嘉	mi²¹³	tʰi⁴²³	ȵia²¹³	tɕi⁴²³	tɕʰi⁴²³	tɕi⁴²³	tɕi⁴²³	bø³¹
76 乐清	miɛ²¹²	tʰiɛ³²³	ȵia²¹²	tɕiɛ³²³	tɕʰiɛ³²³	tɕiɛ³²³	tɕiɛ³²³	buɯ³¹
77 瑞安	mi²¹²	tʰi³²³	ȵiɔ²¹²	tɕi³²³	tɕʰi³²³	ze³¹ 音殊	tɕi³²³	bø³¹
78 平阳	mie¹²	tʰie³⁴	ȵiɔ³⁴	tɕie³⁴	tɕʰie³⁴	dzie¹²	tɕie³⁴	bø²⁴²
79 文成	mie²¹²	tʰie³⁴	ȵie²¹²	tɕie³⁴	tɕʰie³⁴	tɕie³⁴ 文	tɕie³⁴	bø¹¹³
80 苍南	miɛ¹¹²	tʰiɛ²²³	ȵia²²³	tɕiɛ²²³	tɕʰiɛ²²³	tɕiɛ²²³	tɕiɛ²²³	bø³¹
81 建德徽	mi²¹³	tʰie⁵⁵	ȵie⁵⁵	tɕie⁵⁵ 白 / tɕiɐʔ⁵ 文	tɕʰie⁵⁵	(无)	tɕi⁵⁵ 白 / tɕiɐʔ⁵ 文	pən⁵³ ~家
82 寿昌徽	mi²⁴	tʰiɛ⁵⁵	ȵyɑ⁵⁵	tɕiɐʔ³	tɕʰiɛ⁵⁵	tɕiɛ⁵⁵ 音殊	tɕiɐʔ³	pʰiæ⁵²
83 淳安徽	miəʔ¹³	tʰiɑʔ⁵	iɑʔ⁵	tɕiəʔ⁵	tɕʰiɑʔ⁵	tɕiəʔ¹³	tɕiəʔ⁵	pã²⁴
84 遂安徽	miɛ²¹³	tiɛ²⁴	iɛ²¹³	tɕiɛ²⁴	tɕʰiɛ²⁴	tɕʰiɛ²¹³	tɕiɛ²⁴	pəŋ⁵³⁴
85 苍南闽	bi²⁴	tʰi⁴³	nĩ²⁴	tɕie⁴³	tɕʰie⁴³	tɕie²⁴	kie⁴³	pũa⁵⁵
86 泰顺闽	miɪʔ³	tʰiɪʔ⁵	nie²²	tsɛʔ⁵	tsʰɛʔ³	(无)	kiɪʔ⁵	piæŋ²²
87 洞头闽	biek²⁴	tʰi⁵³	nĩ²⁴¹	tɕiet⁵	(无)	tɕiet⁵ 文	kiet⁵	pũa³³
88 景宁畲	mat²	tʰat⁵	(无)	tsat⁵	tsʰat²	ɕiaʔ²	kiet⁵	pon²²

方言点	0553 半	0554 判	0555 盘	0556 满	0557 端 ~午	0558 短	0559 断 绳~了	0560 暖
	山合一去桓帮	山合一去桓滂	山合一平桓並	山合一上桓明	山合一平桓端	山合一上桓端	山合一上桓定	山合一上桓泥
01 杭州	puo⁴⁵	pʰuo⁴⁵	buo²¹³	muo⁵³	tuo³³⁴	tuo⁵³	duo¹³	nuo⁵³
02 嘉兴	pə²²⁴	pʰə²²⁴	bə²⁴²	mə¹¹³	tə⁴²	tə⁵⁴⁴	də¹¹³	nə¹¹³
03 嘉善	pø³³⁴	pʰø³³⁴	bø¹³²	mø³³⁴	tø⁵³	tø⁴⁴	dø¹¹³	nø¹¹³
04 平湖	pø³³⁴	pʰø²¹³	bø³¹	mø²¹³	tø⁵³	tø⁴⁴	dø²¹³	nø²¹³
05 海盐	pɤ³³⁴	pʰɤ³³⁴	bɤ³¹	mɤ⁴²³	tɤ⁵³	tɤ⁴²³	dɤ⁴²³	nɤ⁴²³
06 海宁	pei³⁵	pʰei³⁵	bei¹³	mei²³¹	tei⁵⁵	tei⁵³	dei²³¹	nei²³¹
07 桐乡	pɛ³³⁴	pʰɛ³³⁴	bɛ¹³	mɛ²⁴²	tɛ⁴⁴	tɛ⁵³	dɛ²⁴²	nɛ²⁴²
08 崇德	pɛ³³⁴	pʰɛ³³⁴	bɛ¹³	mɛ⁵³	tɛ⁴⁴	tɛ⁵³	dɛ²⁴²	nɛ⁵³
09 湖州	pɛ³⁵	pʰɛ³⁵	bɛ¹¹²	mɛ⁵²³	tɛ⁴⁴	tɛ⁵²³	dɛ²³¹	nɛ⁵²³
10 德清	pøʉ³³⁴	pʰøʉ³³⁴	bøʉ¹¹³	møʉ⁵²	tøʉ⁴⁴	tøʉ⁵²	døʉ³³⁴	nøʉ⁵²
11 武康	pø²²⁴	pʰø²²⁴	bø¹¹³	mø²⁴²	tø⁴⁴	tø⁵³	dø²⁴²	nø²⁴²
12 安吉	pɛ³²⁴	pʰɛ³²⁴	bɛ²²	mɛ⁵²	tɛ⁵⁵	tɛ⁵²	dɛ²⁴³	nɛ⁵²
13 孝丰	pe³²⁴	pʰe³²⁴	be²²	me⁵²	te⁴⁴	te⁵²	de²⁴³	ne⁵²
14 长兴	pɯ³²⁴	pʰɯ³²⁴	bɯ¹²	mɯ⁵²	tɯ⁴⁴	tɯ⁵²	dɯ²⁴³	nɯ⁵²
15 余杭	puõ⁴²³	pʰuõ⁴²³	buõ²²	muõ⁵³	tɛ̃⁴⁴ 又 / tuõ⁴⁴ 又	tøɤ⁵³	duɤ³¹	nuõ⁵³
16 临安	pə⁵⁵	pʰə⁵⁵	bə³³	mə³³	tə⁵⁵	tə⁵⁵	də³³	nə³³
17 昌化	pɛ̃⁵⁴⁴	pʰɛ̃⁵⁴⁴	bɛ̃¹¹²	mɛ̃²⁴³	tɛ̃³³⁴	tɛ̃⁴⁵³	dɛ̃²⁴³	nɛ̃²⁴³
18 於潜	pɛ³⁵	pʰɛ³⁵	bɛ²²³	mɛ⁵¹	tuɛ⁴³³	tɛ⁵¹	dɛ²⁴	nuɛ⁵¹
19 萧山	pə⁴²	pʰə⁴²	bə³⁵⁵	mə³³	tə⁵³³	tə³³	də¹³	nə¹³
20 富阳	pã³³⁵	pʰã³³⁵	bɛ̃¹³	mɛ̃²²⁴	tɛ̃⁵³	tɛ̃⁴²³	dɛ̃²²⁴	nɛ̃²²⁴
21 新登	pɛ̃⁴⁵	pʰɛ̃⁴⁵	bɛ̃²³³	mɛ̃³³⁴	tɛ̃⁵³	tɛ̃³³⁴	dɛ̃¹³	nɛ̃³³⁴
22 桐庐	pe³⁵	pʰã³⁵	be¹³	me³³	te⁵³³	te³³	de²⁴	ne³³
23 分水	po²⁴	pʰə̃²⁴	bə̃²²	mə̃⁵³	tuə̃⁴⁴	tuə̃⁵³	duə̃¹³	nuə̃⁵³
24 绍兴	puõ³³	pʰuõ³³	buõ²³¹	muõ²²³	toŋ³³⁴	tõ³³⁴	dõ²²³	nõ²²³
25 上虞	põ⁵³	pʰõ⁵³	bõ²¹³	mõ²¹³	toŋ³⁵	tõ³⁵	dõ²¹³	nõ²¹³

续表

方言点	0553 半	0554 判	0555 盘	0556 满	0557 端 ～午	0558 短	0559 断 绳～了	0560 暖
	山合一 去桓帮	山合一 去桓滂	山合一 平桓並	山合一 上桓明	山合一 平桓端	山合一 上桓端	山合一 上桓定	山合一 上桓泥
26 嵊州	pœ̃³³⁴	pʰœ̃³³⁴	bœ̃²¹³	mœ̃²²	toŋ⁵³⁴	tœ̃⁵³	dœ̃²²	neŋ²⁴白 nœ̃²⁴文
27 新昌	pœ̃³³⁵	pʰœ̃³³⁵	bœ̃²²	mœ̃²³²	toŋ⁵³⁴	tœ̃⁴⁵³	dœ̃²³²	neŋ²³²白 nœ̃²³²文
28 诸暨	pə⁵⁴⁴	pʰə⁵⁴⁴	bə¹³	mə²⁴²	tə⁵⁴⁴	tə⁴²	də²⁴²	nə²⁴²
29 慈溪	pø̃⁴⁴	pʰø̃⁴⁴	bø̃¹³	mø̃¹³	tø̃³⁵	tø̃³⁵	dø̃¹³	nø̃¹³
30 余姚	pø̃⁵³	pʰø̃⁵³	bø̃¹³	mø̃¹³	tuŋ⁴⁴又 tø̃⁴⁴又	tø̃³⁴	dø̃¹³	nø̃¹³
31 宁波	pu⁴⁴	pʰu⁵³	bu¹³	m¹³	toŋ⁴⁴	tø³⁵	dø¹³	nø¹³
32 镇海	pø⁵³	pʰø⁵³	bø²⁴	mø²⁴	tø⁵³	tø³⁵	dø²⁴	nø²⁴
33 奉化	pø⁵³	pʰø⁵³	bø³³	mø³²⁴	toŋ⁴⁴	tø⁵⁴⁵	dø³²⁴	nø³²⁴
34 宁海	pø³⁵	pʰø³⁵	bø²¹³	mø³¹	tø⁴²³	tø⁵³	dø³¹	nəŋ³¹
35 象山	pɣɯ⁴⁴	pʰɣɯ⁵³	bɣɯ³¹	mɣɯ³¹	tɣɯ⁴⁴	tɣɯ⁴⁴	dɣɯ³¹	nɣɯ³¹白 nəŋ³¹文
36 普陀	pø⁵⁵	pʰø⁵⁵	bø²⁴	mø²³	toŋ⁵³白 tø⁵³文	tø⁴⁵	dø²³	nø²³
37 定海	pø⁴⁴	pʰø⁴⁴	bø²³	mø²³	toŋ⁵²白 tø⁵²文	tø⁴⁵	dø²³	nø²³
38 岱山	pø⁴⁴	pʰø⁴⁴	bø²³	mø²⁴⁴	toŋ⁵²	tø³²⁵	dø²⁴⁴	nø²⁴⁴
39 嵊泗	pʏ⁵³	pʰʏ⁵³	bʏ²⁴³	mʏ⁴⁴⁵	toŋ⁵³	tʏ⁴⁴⁵	dʏ³³⁴	nʏ⁴⁴⁵
40 临海	pø⁵⁵	pʰø⁵⁵	bø²¹	mø⁵²	tø³¹	tø⁵²	dø²¹	nəŋ⁵²
41 椒江	pø⁵⁵	pʰø⁵⁵	bø³¹	mø⁴²	tø⁴²	tø⁴²	dø³¹	loŋ⁴²
42 黄岩	pø⁵⁵	pʰø⁵⁵	bø¹²¹	mø⁴²	tø³²	tø⁴²	dø¹²¹	lon⁴²
43 温岭	pø⁵⁵	pʰø⁵⁵	bø³¹	mø⁴²	tø⁴²调殊	tø⁴²	dø³¹	nøn⁴²
44 仙居	ɓø⁵⁵	pʰø⁵⁵	bø²¹³	mø³²⁴	ɗø³³⁴	ɗø³²⁴	dø²¹³	nen³²⁴
45 天台	pø⁵⁵	pʰø⁵⁵	bø⁵¹小	mø²¹⁴	tø³³	tø³²⁵	dø²¹⁴	nəŋ²¹⁴韵殊
46 三门	pø⁵⁵	pʰø⁵⁵	bø²⁵²小	mø³²⁵	tø³³⁴	tø³²⁵	dø²¹³	nəŋ³²⁵

方言点	0553 半	0554 判	0555 盘	0556 满	0557 端 ~午	0558 短	0559 断 绳~了	0560 暖
	山合一 去桓帮	山合一 去桓滂	山合一 平桓並	山合一 上桓明	山合一 平桓端	山合一 上桓端	山合一 上桓定	山合一 上桓泥
47 玉环	pø⁵⁵	pʰø⁵⁵	bø³¹	mø⁵³	tø⁴²	tø⁵³	dø⁴¹	nəŋ⁵³
48 金华	pɤ⁵⁵	pʰɤ⁵⁵	bɤ³¹³	mɤ⁵³⁵	tɤ³³⁴	tɤ⁵³⁵	tɤ⁵³⁵	nɤ⁵³⁵
49 汤溪	mɤ⁵²	pʰɤ⁵²	bɤ¹¹	mɤ¹¹³	nɤ²⁴	nɤ⁵³⁵	dã¹¹³	nã¹¹³
50 兰溪	pɤ⁴⁵	pʰɤ⁴⁵	bɤ²¹	mɤ⁵⁵	tɤ³³⁴	tɤ⁵⁵	tɤ⁵⁵白 tæ̃⁵⁵文	nɤ⁵⁵
51 浦江	pə̃⁵⁵	pʰə̃⁵⁵	bə̃¹¹³	mə̃²⁴³	tə̃⁵³⁴	tə̃⁵³	dən²⁴³	lən²⁴³
52 义乌	puɯ⁴⁵	pʰɯ⁴⁵	buɯ²¹³	muɯ³¹²	tuɯ⁴⁵	tuɯ⁴²³	dən³¹²	nən³¹²
53 东阳	puɯ⁴⁵³	pʰɯ⁴⁵³	buɯ²¹³	muɯ²³¹	tuɯn³³⁴	tuɯ⁴⁴	dɐn²³¹	nɐn²³¹
54 永康	ɓuo⁵²	pʰuo⁵²	buo²²	muo¹¹³	ɗɤ³³⁴	ɗɤ³³⁴	dəŋ¹¹³	nəŋ¹¹³
55 武义	muo⁵³	pʰuo⁵³	buo³²⁴	muo¹³	nɤ²⁴	nɤ⁴⁴⁵	den¹³	nen¹³
56 磐安	puɯ⁵²	pʰɯ⁵²	buɯ²¹³	muɯ³³⁴	tuɯ⁴⁴⁵	tuɯ³³⁴	tɐn³³⁴	nɐn³³⁴
57 缙云	pɛ⁴⁵³	pʰɛ⁴⁵³	bɛ²⁴³	mɛ³¹	təɤ⁴⁴	tɛ⁵¹	daŋ³¹	naŋ³¹
58 衢州	pə̃⁵³	pʰə̃⁵³	bə̃²¹	mə̃²³¹	tə̃³²	tə̃³⁵	də̃²³¹	nə̃²³¹
59 衢江	pɛ⁵³	pʰɛ⁵³	bɛ²¹²	mɛ²¹²	tɛ³³	tɛ²⁵	dəŋ²¹²	nɛ²¹²
60 龙游	pei⁵¹	pʰei⁵¹	bei²¹	mei²²⁴	tei³³⁴	tei³⁵	dən²²⁴	nei²²⁴
61 江山	piɛ̃⁵¹	pʰɛ̃⁵¹	bɛ̃²¹³	miɛ̃²²	tɒŋ⁴⁴	ti⁴⁴音殊	dəŋ²²	nɒŋ²²
62 常山	pɔ̃³²⁴	pʰɔ̃³²⁴	bɔ̃³⁴¹	mɔ̃²⁴	tɔ̃⁴⁴	ti⁴⁴单用 ti⁵²长~ dɔ̃³⁴¹~命	doŋ²⁴	nuɔ̃⁵²
63 开化	pɛn⁴¹²	pʰɛn⁴¹²	bɛn²³¹	mɛn²¹³	tɒŋ⁴⁴	tuei⁵³	dɤŋ²¹³	nuõ⁵³
64 丽水	pɛ⁵²	pʰɛ⁵²	bɛ²²	mɛ⁵⁴⁴	tuɛ²²⁴	tuɛ⁵⁴⁴	den²²	nen⁵⁴⁴
65 青田	ɓɐ³³	pʰɐ³³	buɐ²¹	muɐ⁴⁵⁴	ɗuɐ⁴⁴⁵读字	ɗuɐ⁴⁵⁴	daŋ³⁴³	naŋ⁴⁵⁴
66 云和	pɛ⁴⁵	pʰɛ⁴⁵	bɛ³¹²	mɛ⁴¹	tuɛ²⁴	tuɛ⁴¹	dəŋ²³¹	nəŋ⁴¹
67 松阳	pæ̃²⁴	pʰæ̃²⁴	bæ̃³¹	mæ̃²²	tæ̃⁵³	tei²¹²	den²²	nen²²
68 宣平	pə⁵²	pʰə⁵²	bə⁴³³	mə²²³	tə³²⁴	tə⁴⁴⁵	dən²²³	nən²²³形 nə²²³动

续表

方言点	0553 半	0554 判	0555 盘	0556 满	0557 端 ~午	0558 短	0559 断 绳~了	0560 暖
	山合一 去桓帮	山合一 去桓滂	山合一 平桓並	山合一 上桓明	山合一 平桓端	山合一 上桓端	山合一 上桓定	山合一 上桓泥
69 遂昌	pɛ̃³³⁴	phɛ̃³³⁴	bɛ̃²²¹	mɛ̃¹³	tɛ̃⁴⁵	tɛ̃⁵³³	dəŋ¹³	nəŋ¹³
70 龙泉	puɯ⁴⁵	phuɯ⁴⁵	buɯ²¹	muɯ⁵¹	taŋ⁴³⁴	ti⁵¹白 tuɯ⁵¹文	tɛn⁵¹	nɛn⁵¹
71 景宁	pœ³⁵	phœ³⁵	bœ⁴¹	mœ³³	tœ³²⁴	tœ³³	daŋ³³	naŋ³³
72 庆元	ɓæ̃¹¹	phæ̃¹¹	pæ̃⁵²	mæ̃²²¹	ɗæ̃¹¹调殊	ɗæi³³	təŋ²²¹	nəŋ²²¹
73 泰顺	pɛ³⁵	phɛ³⁵	pɛ⁵³	mɛ⁵⁵	（无）	tœ⁵⁵	təŋ²¹	nəŋ⁵⁵
74 温州	pø⁵¹	phø⁵¹	bø³¹	mø¹⁴	tø³³	tø²⁵	daŋ¹⁴	naŋ¹⁴白 nø¹⁴文
75 永嘉	pø⁵³	phø⁵³	bø³¹	mø¹³	tø⁴⁴	tø⁴⁵	daŋ¹³白 dø¹³文	naŋ¹³白 nø¹³文
76 乐清	puɯ⁴¹	phɯ⁴¹	buɯ³¹	muɯ²⁴	tø⁴⁴	tø³⁵	daŋ²⁴	naŋ²⁴白 nø²⁴文
77 瑞安	pø⁵³	phø⁵³	bø³¹	mø¹³	tø⁴⁴	tø³⁵	daŋ¹³白 dø¹³文	naŋ¹³白 nø¹³文
78 平阳	pø⁵³	phø⁵³	bø²⁴²	mø⁴⁵	tø⁵⁵	tø⁴⁵	dø²³	nø⁴⁵
79 文成	pø³³	phø³³	bø¹¹³	mø²²⁴	tø⁵⁵	tø⁴⁵	dø²²⁴	nø²²⁴
80 苍南	pø⁴²	phø⁴²	bø³¹	mø⁵³	tø⁴⁴	tø⁵³	daŋ²⁴白 dø²⁴文	naŋ⁵³白 nø⁵³文
81 建德徽	pɛ³³	phɛ³³	pɛ³³	mɛ²¹³	tɛ⁵³	tɛ²¹³	tɛ²¹³	nɛ²¹³
82 寿昌徽	piæ³³	phæ̃³³文	phiæ⁵²	miæ⁵³⁴	tiæ¹¹²	tiæ²⁴	then⁵³⁴	niæ⁵³⁴
83 淳安徽	pã̃²⁴	phã̃²⁴	phã̃⁴³⁵	mã̃⁵⁵	tã̃²⁴	tã̃⁵⁵	thã̃⁵³	len⁵⁵白 lã̃⁵⁵文
84 遂安徽	pəŋ⁴³	phəŋ⁴³	phəŋ³³	məŋ⁴³	təŋ⁵³⁴	təŋ²¹³	thəŋ⁴³	lã̃²¹³
85 苍南闽	pũã²¹	phũã²¹	pũã²⁴	mũã³²	tuan⁵⁵	tə̃⁴³	tuŋ³²	（无）
86 泰顺闽	piæŋ⁵³ pie⁵³	phiæŋ⁵³	piæŋ²²	miæŋ³⁴⁴	to²¹³	tɔi³⁴⁴	to³¹	no³⁴⁴
87 洞头闽	pũã²¹	phũã²¹	pũã¹¹³	mũã⁵³	tuan³³	tə̃⁵³	tuŋ²¹	luan⁵³文
88 景宁畲	pon⁴⁴	phon⁴⁴	phon²²	mon³²⁵	（无）	ton³²⁵	thon⁴⁴	non⁴⁴

方言点	0561 乱 山合一去桓来	0562 酸 山合一平桓心	0563 算 山合一去桓心	0564 官 山合一平桓见	0565 宽 山合一平桓溪	0566 欢 山合一平桓晓	0567 完 山合一平桓匣	0568 换 山合一去桓匣
01 杭州	luo¹³	suo³³⁴	suo⁴⁵	kuo³³⁴	kʰuo³³⁴	xuo³³⁴	uo²¹³	uo¹³
02 嘉兴	lə¹¹³	suə⁴²	suə²²⁴	kuə⁴²	kʰuə⁴²	huə⁴²	uə²⁴²	uə²²⁴
03 嘉善	lø¹¹³	sø⁵³	sø³³⁴	kø⁵³	kʰø⁵³	xø⁵³	ø¹³²	ø³³⁴
04 平湖	lø³³⁴	sø⁵³	sø³³⁴	kø⁵³	kʰø⁵³	hø⁵³	ø³¹	ø³³⁴
05 海盐	lɤ²¹³	sɤ⁵³	sɤ³³⁴	kuɤ⁵³	kʰuɤ⁵³	xuɤ⁵³	uɤ³¹	uɤ³³⁴
06 海宁	lei¹³	sei⁵⁵	sei³⁵	kue⁵⁵	kʰue⁵⁵	hue⁵⁵	ue¹³	ue³⁵
07 桐乡	lɛ²¹³	sE⁴⁴	sE³³⁴	kuE⁴⁴	kʰuE⁴⁴	huE⁴⁴	uE¹³	uE²¹³
08 崇德	lɛ¹³	sE⁴⁴	sE³³⁴	kuE⁴⁴	kʰuE⁴⁴	huE⁴⁴	uE¹³	uE¹³
09 湖州	lɛ³⁵	sɛ⁴⁴	sɛ³⁵	kuɛ⁴⁴	kʰuɛ⁴⁴	xuɛ⁴⁴	uɛ¹¹²	uɛ³⁵
10 德清	løʉ³³⁴	søʉ⁴⁴	søʉ³³⁴	køʉ⁴⁴	kʰøʉ⁴⁴	xøʉ⁴⁴	øʉ¹¹³	øʉ³³⁴
11 武康	lø²²⁴	sø⁴⁴	sø²²⁴	kø⁴⁴	kʰø⁴⁴	xø⁴⁴ 又	ø¹¹³	ø²²⁴
12 安吉	lɛ²¹³	sE⁵⁵	sE³²⁴	kuE⁵⁵	kʰuE⁵⁵	huE⁵⁵	uE²²	uE²¹³
13 孝丰	le³²⁴	se⁴⁴	se³²⁴	kue⁴⁴	kʰue⁴⁴	hue⁴⁴	ue²²	ue²¹³
14 长兴	lɯ³²⁴	sɯ⁴⁴	sɯ³²⁴	kuɯ⁴⁴	kʰuɯ⁴⁴	huɯ⁴⁴	uɯ¹²	uɯ³²⁴
15 余杭	luɤ²¹³	søY⁴⁴	søY⁴²³	kuõ⁴⁴	kʰuõ⁴⁴	xuõ⁴⁴	uõ²²	uõ²¹³
16 临安	lə³³	sə⁵⁵	sə⁵⁵	kuə⁵⁵	kʰuə⁵⁵	huə⁵⁵	uə³³	uə³³
17 昌化	lɛ̃²⁴³	sɛ̃³³⁴	sɛ̃⁵⁴⁴	kuɔ̃³³⁴	kʰuɔ̃³³⁴	xuɔ̃³³⁴	uɔ̃¹¹²	uɔ̃²⁴³
18 於潜	lue²⁴	sue⁴³³	sue³⁵	kue⁴³³	kʰue⁴³³	xue⁴³³	ue²²³	ue²⁴
19 萧山	lə²⁴²	sə⁵³³	sə⁴²	kuə⁵³³	kʰuə⁵³³	xuə⁵³³	uə³⁵⁵	uə²⁴²
20 富阳	lɛ̃³³⁵	sɛ̃⁵³	sɛ̃³³⁵	kuɛ̃⁵³	kʰuɛ̃⁵³	huɛ̃⁵³	uɛ̃¹³	uɛ̃³³⁵
21 新登	lɛ̃¹³	sɛ̃⁵³	sɛ̃⁴⁵	kuɛ⁵³	kʰuɛ⁵³	huɛ⁵³	uɛ²³³	uɛ¹³
22 桐庐	le²⁴	se⁵³³	se³⁵	kuã⁵³³	kʰuã⁵³³	xuã⁵³³	uã⁵³³	uã²⁴
23 分水	luɔ̃¹³	suɔ̃⁴⁴	suɔ̃²⁴	kuã⁴⁴	kʰuã⁴⁴	xuã⁴⁴	uã²²	uã¹³
24 绍兴	lõ²²	sõ⁵³	sõ³³	kuø̃⁵³	kʰuø̃⁵³	huø̃⁵³	uø̃²³¹	uø̃²²
25 上虞	lø̃³¹	sø̃³⁵	sø̃⁵³	kuø̃³⁵	kʰuø̃³⁵	fø̃³⁵	uø̃²¹³	uø̃³¹

方言点	0561 乱	0562 酸	0563 算	0564 官	0565 宽	0566 欢	0567 完	0568 换
	山合一 去桓来	山合一 平桓心	山合一 去桓心	山合一 平桓见	山合一 平桓溪	山合一 平桓晓	山合一 平桓匣	山合一 去桓匣
26 嵊州	lœ̃²⁴	sœ̃⁵³⁴	sœ̃³³⁴	kuœ̃⁵³⁴	kʰuœ̃⁵³⁴	huœ̃⁵³⁴	uœ̃²¹³	uœ̃²⁴
27 新昌	lœ̃¹³	sœ̃⁵³⁴	sœ̃³³⁵	kuœ̃⁵³⁴	kʰuœ̃⁵³⁴	fœ̃⁵³⁴	uœ̃²²	uœ̃¹³
28 诸暨	lə³³	sə⁵⁴⁴	sə⁵⁴⁴	kuə⁵⁴⁴	kʰuə⁵⁴⁴	fə⁵⁴⁴	və¹³	və³³
29 慈溪	lø̃¹³	sø̃³⁵	sø̃⁴⁴	suø̃³⁵	kuø̃³⁵	kʰuø̃³⁵	uø̃¹³	uø̃¹³
30 余姚	lø̃¹³	sø̃⁴⁴	sø̃⁵³	kuø̃⁴⁴	kʰuø̃⁴⁴	huø̃⁴⁴	uø̃¹³	uø̃¹³
31 宁波	løʏ¹³	ɕiʏ⁵³ 老 sø⁵³ 新	ɕiʏ⁴⁴ 老 sø⁵³ 新	ku⁵³	kʰu⁴⁴	hu⁵³	u¹³	u¹³
32 镇海	lø²⁴	sø⁵³	sø⁵³	kuø⁵³	kʰuø⁵³ 读字	huø⁵³	uø²⁴	uø²⁴
33 奉化	lø³¹	sø⁴⁴	sø⁵³	kuø⁴⁴	kʰuø⁴⁴	huø⁴⁴	uø³³	huø⁵³
34 宁海	lø²⁴	sø¹²³	sø³⁵	kuø¹²³	kʰuø¹²³	huø¹²³	uø²¹³	uø²⁴
35 象山	lɤɯ¹³	sɤɯ⁴⁴	sɤɯ⁵³	kuɤɯ⁴⁴	kʰuɤɯ⁴⁴	huɤɯ⁴⁴	uɤɯ³¹	uɤɯ¹³
36 普陀	lø¹³	sø⁵³	sø⁵⁵	kuø⁵³	kʰuø⁵³	xuø⁵³	uø²⁴	uø¹³
37 定海	lø¹³	sø⁵²	sø⁴⁴	kuø⁵²	kʰuø⁵²	xuø⁵²	uø²³	uø¹³
38 岱山	lø²¹³	sø⁵²	sø⁴⁴	kuø⁵²	kuø⁵²	xuø⁵²	uø²³	uø²¹³
39 嵊泗	lʏ²¹³	ɕiʏ⁵³ 又 sʏ⁵³ 又	ɕiʏ⁵³ 又 sʏ⁵³ 又	kuʏ⁵³	kʰuʏ⁵³	xuʏ⁵³	uʏ²⁴³	uʏ²¹³
40 临海	lø³²⁴	sø³¹	sø⁵⁵	kue³¹	kʰue³¹	hue³¹	ue²¹	ue³²⁴
41 椒江	lø²⁴	sø⁴²	sø⁵⁵	kuə⁴²	kʰuə⁴²	huə⁴²	uə³¹	uə²⁴
42 黄岩	lø²⁴	sø³²	sø⁵⁵	kuø³²	kʰuø³²	huø³²	uø¹²¹	uø²⁴
43 温岭	lø¹³	sø³³	sø⁵⁵	kue³³	kʰuɛ³³	hue³³	ue³¹	ue¹³
44 仙居	lø²⁴	sø³³⁴	sø⁵⁵	kua³³⁴	kʰua³³⁴	hua³³⁴	ua²¹³	ua²⁴
45 天台	lø³⁵	sø³³	sø⁵⁵	kuø³³	kʰuø³³	huø³³	uø²²⁴	uø³⁵
46 三门	lø²⁴³	sø³³⁴	sø⁵⁵	kuø³³⁴	kʰuø³³⁴	huø³³⁴	uø¹¹³	uø²⁴³
47 玉环	lø²²	sø⁴²	sø⁵⁵	kue⁴²	kʰuɛ⁴²	hue⁴²	ue³¹	ue²²
48 金华	lɤ¹⁴	sɤ³³⁴	sɤ⁵⁵	kuɑ³³⁴	kʰuɑ³³⁴	xuɛ̃³³⁴	uɛ̃³¹³	uɑ¹⁴
49 汤溪	lã³⁴¹	sɤ²⁴	sɤ⁵²	kuɑ²⁴	kʰuɑ²⁴	xuã²⁴	uã¹¹	uɑ³⁴¹

方言点	0561 乱	0562 酸	0563 算	0564 官	0565 宽	0566 欢	0567 完	0568 换
	山合一 去桓来	山合一 平桓心	山合一 去桓心	山合一 平桓见	山合一 平桓溪	山合一 平桓晓	山合一 平桓匣	山合一 去桓匣
50 兰溪	læ̃²⁴	sɤ³³⁴	sɤ⁴⁵	kuɑ³³⁴	kʰuɑ³³⁴	xuæ̃³³⁴	uæ̃²¹	uɑ²⁴
51 浦江	lən²⁴	sə̃⁵³⁴	sə̃⁵⁵	kuɑ̃⁵³⁴	kʰuɑ̃⁵³⁴	xuɑ̃⁵³⁴	uan¹¹³读字	uɑ̃²⁴
52 义乌	lən²⁴	sʅ³³⁵	sʅ⁴⁵	kua³³⁵	kʰua³³⁵	hua³³⁵白 huan³³⁵文	ye²¹³白 uan²¹³文	ua²⁴白 uan²⁴文
53 东阳	luɯ²⁴	suɯ³³⁴	suɯ⁴⁵³	kɔn³³⁴小	kʰua³³⁴	hɔn³³⁴小	(无)	ɔ²⁴
54 永康	lɤ²⁴¹	sɤ⁵⁵	sɤ⁵²	kua⁵⁵	kʰuɑ⁵⁵	xua⁵⁵	ua²²	uɑ²⁴¹
55 武义	nɤ²³¹	sɤ²⁴	sɤ⁵³	kuo²⁴	kʰuo²⁴	xuo²⁴	ŋuo³²⁴	ŋuo²³¹
56 磐安	luɯ¹⁴	suɯ⁴⁴⁵	suɯ⁵²	kɒ⁴⁴⁵	kʰɒ⁴⁴⁵	xɒ⁴⁴⁵	ye²¹³白 uan²¹³文	ɒ¹⁴
57 缙云	lɛ²¹³	sɛ⁴⁴	sɛ⁴⁵³	kuɑ⁴⁴	kʰuɑ⁴⁴	xuɑ⁴⁴	yɛ²⁴³	uɑ²¹³
58 衢州	lə̃²³¹	sə̃³²	sə̃⁵³	kuə̃³²	kʰuə̃³²	xuə̃³²	uə̃²¹	uə̃²³¹
59 衢江	lɛ²³¹	sɛ³³	sɛ⁵³	kuã³³	kʰuã³³	xuɛ³³	uã²¹²	uã²³¹
60 龙游	lən²³¹	suei³³⁴	suei⁵¹	kuã³³⁴	kʰuã³³⁴	xuɛ³³⁴	uã²¹	uã²³¹
61 江山	lɔŋ³¹	suɛ̃⁴⁴	sɔŋ⁵¹	kyɛ̃⁴⁴	kʰyɛ̃⁴⁴	xyɛ̃⁴⁴	yɛ̃²¹³	uɛ̃³¹
62 常山	lɔŋ²⁴白 luɔ̃²⁴文	ɕi⁴⁴白 suɔ̃⁴⁴文	sɔ̃³²⁴	kuɔ̃⁴⁴	kʰuɔ̃⁴⁴	xuɔ̃⁴⁴	uɔ̃²¹	uɔ̃¹³¹
63 开化	luõ²¹³	suei⁴⁴	sɔŋ⁴¹²	kuõ⁴⁴	kʰuõ⁴⁴	xuõ⁴⁴	uõ²³¹	uõ²¹³
64 丽水	luɛ¹³¹	suɛ²²⁴	suɛ⁵²	kuã²²⁴	kʰuã²²⁴	xuã²²⁴	yɛ²²白 uã²²文	uã¹³¹
65 青田	luɐ²²	suɐ⁴⁴⁵	suɐ³³	kuɑ⁴⁴⁵	kʰuɑ⁴⁴⁵	xuɑ⁴⁴⁵	yɐ²¹	uɑ²²
66 云和	luɛ²²³	suɛ²⁴	suɛ⁴⁵	kuã²⁴	kʰuã²⁴	xuã²⁴	yɛ³¹²	uã²²³
67 松阳	len¹³	sei⁵³	sæ²⁴	kuɔ̃⁵³	kʰuɔ̃⁵³	fɔ̃⁵³	yɛ̃³¹	uɔ̃¹³
68 宣平	lə²³¹	sə³²⁴	sə⁵²	kuɑ̃³²⁴	kʰuɑ̃³²⁴	fɑ̃³²⁴	uə³³⁴³³白 uɑ̃⁴³³文	uɑ̃²³¹
69 遂昌	lyɛ̃²¹³	sʅ⁴⁵	sɛ̃³³⁴	kuɛ̃⁴⁵	kʰuɛ̃⁴⁵	xuɛ̃⁴⁵	uɛ̃²²¹	uaŋ²¹³
70 龙泉	luɯ²²⁴	si⁴³⁴白 suɯ⁴³⁴文	suɯ⁴⁵	kuaŋ⁴³⁴	kʰuaŋ⁴³⁴	xuaŋ⁴³⁴	yo²¹	uaŋ²²⁴
71 景宁	lœ¹¹³	sœ³²⁴	sœ³⁵	kuɔ³²⁴	kʰuɔ³²⁴	xuɔ³²⁴	yœ⁴¹	uɔ¹¹³

续表

方言点	0561 乱 山合一 去桓来	0562 酸 山合一 平桓心	0563 算 山合一 去桓心	0564 官 山合一 平桓见	0565 宽 山合一 平桓溪	0566 欢 山合一 平桓晓	0567 完 山合一 平桓匣	0568 换 山合一 去桓匣
72 庆元	læ̃³¹	sæi³³⁵	sæ̃¹¹	kuɑ̃³³⁵	kʰuɑ̃³³⁵	xuɑ̃³³⁵	yɛ̃⁵²	uɑ̃³¹
73 泰顺	lœ²²	sœ²¹³	sœ³⁵	kua²¹³	kʰuã²¹³	fã²¹³	ŋuɛ⁵³声殊	uã²²
74 温州	lø²²	sø³³	sø⁵¹	kø³³	kʰa³³	ɕy³³	y³¹	va²²
75 永嘉	lø²²	sø⁴⁴	sø⁵³	ky⁴⁴	kʰa⁴⁴	ɕy⁴⁴	y³¹	va²²
76 乐清	lø²²	sø⁴⁴	sø⁴¹	kuɤ⁴⁴	kʰuE⁴⁴	fɤ⁴⁴	yE³¹	vE²²
77 瑞安	lø²²	sø⁴⁴	sø⁵³	ky⁴⁴	kʰuɔ⁴⁴	ɕy⁴⁴	ȵy³¹	uɔ²²
78 平阳	lɵ³³	sɵ⁵⁵	sɵ⁵³	kye⁵⁵	kʰɔ⁵⁵	ɕye⁵⁵	ye²⁴²	vɔ³³
79 文成	lø⁴²⁴	sø⁵⁵	sø³³	kuø⁵⁵	(无)	fuø⁵⁵	ȵyø¹¹³	vɔ⁴²⁴
80 苍南	lø¹¹	sø⁴⁴	sø⁴²	kyɛ⁴⁴	kʰua⁴⁴	hyɛ⁴⁴	yɛ³¹	ua¹¹
81 建德徽	nɛ⁵⁵	suɛ⁵³	sɛ³³	kuɛ⁵³	kʰuɛ⁵³	huɛ⁵³	huɛ̃²¹¹	uɛ⁵⁵
82 寿昌徽	len³³	ɕiæ¹¹²	ɕiæ³³	kuə¹¹²	kʰuə¹¹²~心	xuə¹¹²	uæ¹¹²文	ŋuə³³
83 淳安徽	lã̃⁵³	sã²⁴	sã̃²⁴白 suã̃²⁴文	kuɑ̃²⁴	kʰuɑ̃²⁴	huɑ̃²⁴	uɑ̃⁴³⁵	uɑ̃⁵³
84 遂安徽	lɑ̃⁵²	səŋ⁵³⁴	səŋ⁴³	kuɑ̃⁵³⁴	kʰuɑ̃⁵³⁴	fɑ̃⁵³⁴	vɑ̃³³	uɑ̃⁵²
85 苍南闽	luan²¹	suɯŋ⁵⁵	suɯŋ²¹	kuã⁵⁵	kʰuan⁵⁵	huan⁵⁵	uan²⁴	ũã²¹
86 泰顺闽	lo³¹	so²¹³	so⁵³	kuæŋ²¹³	kʰuæŋ²¹³	fæŋ²¹³	ŋuo²²	uæŋ³¹
87 洞头闽	luan²¹	suɯŋ³³	suɯŋ²¹	kũã³³	kʰuan³³文	hũã³³白 huan³³文	uan¹¹³	ũã²¹
88 景宁畲	lon⁵¹	son⁴⁴	son⁴⁴	kon⁴⁴	(无)	xuɔn⁴⁴	(无)	uon⁵¹

方言点	0569 碗 山合一 上桓影	0570 拨 山合一 入末帮	0571 泼 山合一 入末滂	0572 末 山合一 入末明	0573 脱 山合一 入末透	0574 夺 山合一 入末定	0575 阔 山合一 入末溪	0576 活 山合一 入末匣
01 杭州	uo⁵³	poʔ⁵	pʰoʔ⁵	moʔ²	tʰoʔ⁵	doʔ²	kʰuaʔ⁵	uaʔ²
02 嘉兴	uə⁵⁴⁴	pəʔ⁵	pʰəʔ⁵	məʔ⁵	tʰəʔ⁵	dəʔ¹³	kʰuəʔ⁵	uəʔ⁵
03 嘉善	ø⁴⁴	pɜʔ⁵	pʰɜʔ⁵	mɜʔ²	tʰuoʔ⁵	duoʔ²	kʰuoʔ⁵	uoʔ²
04 平湖	ø⁴⁴	pəʔ⁵	pʰəʔ²³	məʔ²³	tʰəʔ²³	dəʔ²³	kʰuəʔ²³	vøʔ²³
05 海盐	uɤ¹²³	poʔ⁵	pʰəʔ²³	moʔ²³	tʰəʔ²³	dəʔ²³	kʰuəʔ²³	oʔ²³
06 海宁	ue⁵³	pəʔ⁵	pʰəʔ⁵	məʔ²	tʰəʔ⁵	dəʔ⁵	kʰuəʔ⁵	uəʔ²
07 桐乡	uE⁵³	pəʔ⁵	pʰəʔ⁵	məʔ²³	tʰəʔ⁵	dəʔ²³	kʰuəʔ⁵	uəʔ²³
08 崇德	uE⁵³	pəʔ⁵	pʰəʔ⁵	məʔ²³	tʰəʔ⁵	dəʔ²³	kʰuoʔ⁵	uoʔ²³白 uE¹³文
09 湖州	uɛ⁵²³	pəʔ⁵	pʰəʔ⁵	məʔ²	tʰəʔ⁵	dəʔ⁵	kʰuoʔ⁵	uoʔ²
10 德清	øʉ⁵²	pəʔ⁵	pʰəʔ⁵	məʔ²	tʰuoʔ⁵	dəʔ⁵	kʰuoʔ⁵	uoʔ²
11 武康	ø⁵³	puoʔ⁵	pʰɜʔ⁵	muoʔ²	tʰuoʔ⁵	duoʔ²	kʰuoʔ⁵	uoʔ²
12 安吉	uE⁵²	pəʔ⁵	pʰəʔ⁵	məʔ²³	tʰɐʔ⁵	dəʔ²³	kʰuəʔ⁵	uəʔ²³
13 孝丰	ue⁵²	puoʔ⁵	pʰuoʔ⁵	muoʔ²³	tʰəʔ⁵	dəʔ²³	kʰuoʔ⁵	uəʔ²³
14 长兴	uɯ⁵²	pəʔ⁵	pʰəʔ⁵	məʔ²	tʰəʔ⁵	dəʔ⁵	kʰuaʔ⁵	uəʔ²
15 余杭	uõ⁵³	poʔ⁵	pʰoʔ⁵	moʔ²	tʰoʔ⁵	dəʔ²	kʰoʔ⁵	oʔ²又 u²²又
16 临安	uə⁵⁵	pɐʔ⁵⁴	pʰɐʔ⁵⁴	mɐʔ¹²	tʰɐʔ⁵⁴	dɐʔ¹²	kʰuɐʔ⁵⁴	ɐʔ¹²
17 昌化	uɔ̃⁴⁵³	puəʔ⁵	pʰaʔ⁵	maʔ²³	tʰəʔ⁵	dəʔ²³	kʰuaʔ⁵	uaʔ²³
18 於潜	uɛ⁵¹	po⁴³³	pʰɐʔ⁵³	mɑʔ²³	tʰəʔ⁵³	dæʔ²³	kʰuəʔ⁵³	ɐʔ²³
19 萧山	uə³³	pəʔ⁵	pʰəʔ⁵	məʔ¹³	tʰəʔ⁵	dəʔ¹³	kʰuoʔ⁵	uoʔ¹³
20 富阳	uɛ̃¹²³	poʔ⁵	pʰoʔ⁵	moʔ²	tʰɛʔ⁵	dɛʔ²	kʰuaʔ⁵	uaʔ²
21 新登	uɛ³³⁴	poʔ⁵	pʰɔʔ⁵	moʔ²	tʰaʔ⁵	daʔ²	kʰuəʔ⁵	uəʔ²
22 桐庐	uã³³	paʔ⁵	pʰaʔ⁵	məʔ¹³	tʰaʔ⁵	dəʔ¹³	kʰuaʔ⁵	uaʔ¹³
23 分水	uã⁵³	pəʔ⁵	pʰəʔ⁵	məʔ¹²	tʰəʔ⁵	dəʔ¹²	kʰuəʔ⁵	uaʔ¹²
24 绍兴	uõ³³⁴	pe⁵	pʰe⁵	me²	tʰoʔ⁵	doʔ²	kʰuoʔ⁵	uoʔ²
25 上虞	uø̃³⁵	piəʔ⁵	pʰiəʔ⁵	miəʔ²	tʰəʔ⁵	diəʔ²	kʰuəʔ⁵	uəʔ²

续表

方言点	0569 碗 山合一 上桓影	0570 拨 山合一 入末帮	0571 泼 山合一 入末滂	0572 末 山合一 入末明	0573 脱 山合一 入末透	0574 夺 山合一 入末定	0575 阔 山合一 入末溪	0576 活 山合一 入末匣
26 嵊州	uœ̃⁵³	pəʔ⁵	phəʔ⁵	məʔ²	thəʔ⁵	dəʔ²	khuəʔ⁵	uɛʔ²
27 新昌	uœ̃⁴⁵³	pɤʔ⁵	phɤʔ⁵	mɤʔ²	thɤʔ⁵	dɤʔ²	khuɤʔ⁵	uɤʔ²
28 诸暨	və⁴²	poʔ⁵	phoʔ⁵	moʔ¹³	thoʔ⁵	dəʔ¹³	khoʔ⁵	oʔ¹³
29 慈溪	uø̃³⁵	piəʔ⁵	phiəʔ⁵	məʔ²	thəʔ⁵	dəʔ²	khuəʔ⁵	uəʔ²
30 余姚	uø̃³⁴	piəʔ⁵	phiəʔ²	miəʔ²	thoʔ⁵	doʔ²	khuoʔ⁵	uoʔ²
31 宁波	u³⁵	paʔ⁵	phaʔ⁵	maʔ²	thaʔ⁵	daʔ²	khuaʔ⁵	uaʔ²
32 镇海	uø³⁵	paʔ⁵	phaʔ⁵	maʔ¹²	thaʔ⁵	daʔ¹²	khuaʔ⁵	uaʔ¹²
33 奉化	uø⁵⁴⁵	paʔ⁵	phaʔ⁵	maʔ²	thaʔ⁵	daʔ²	khuaʔ⁵	uaʔ²
34 宁海	uø⁵³	poʔ⁵	phoʔ⁵	moʔ³	thoʔ⁵	doʔ²	khuoʔ⁵	uoʔ³
35 象山	uɤɯ⁴⁴	poʔ⁵	phoʔ⁵	moʔ²	thoʔ⁵	doʔ²	khuaʔ⁵	uoʔ²
36 普陀	uø⁴⁵	pɐʔ⁵	phɐʔ⁵	mɐʔ²³	thɐʔ⁵	dɐʔ²³	khuɐʔ⁵	uɐʔ²³
37 定海	uø⁴⁵	pɐʔ⁵	phɐʔ⁵	mɐʔ²	thɐʔ⁵	dɐʔ²	khuɐʔ⁵	uɐʔ²
38 岱山	uø³²⁵	pɐʔ⁵	phɐʔ⁵	mɐʔ²	thɐʔ⁵	dɐʔ²	khuɐʔ⁵	uɐʔ²
39 嵊泗	uʏ⁴⁴⁵	pɐʔ⁵	phɐʔ⁵	mɐʔ²	thɐʔ⁵	dɐʔ²	khuɐʔ⁵	uɐʔ²
40 临海	ue⁵²	phəʔ⁵	phəʔ⁵	məʔ²³	thoʔ⁵	dəʔ²³	khuəʔ⁵	uəʔ²³
41 椒江	uə⁴²	phaʔ⁵~款	phaʔ⁵	maʔ²	thøʔ⁵	døʔ²	khuəʔ⁵	uəʔ²
42 黄岩	uø⁴²	poʔ⁵~款	phəʔ⁵	moʔ²	thøʔ⁵	doʔ²	khuoʔ⁵	uɐʔ²
43 温岭	ue⁴²	phəʔ⁵~款	phəʔ⁵	məʔ²	thoʔ⁵	doʔ²	khuəʔ⁵	uəʔ²
44 仙居	ua³²⁴	ɓaʔ⁵	phaʔ⁵	maʔ²³	thuəʔ⁵	duaʔ²³	khuaʔ⁵	uɑʔ²³
45 天台	uø³²⁵	phəʔ⁵~款 pəʔ⁵~进	phəʔ⁵	məʔ²	thəʔ⁵	dəʔ²	khəʔ⁵	əʔ²
46 三门	uø³²⁵	pɐʔ⁵	phɐʔ⁵	mɐʔ²³	thuɐʔ⁵	duɐʔ²³	khuɐʔ⁵	uɐʔ²³
47 玉环	ue⁵³	poʔ⁵~款	phɐʔ⁵	mɐʔ²	thoʔ⁵	doʔ²	khuɐʔ⁵	uɐʔ²
48 金华	uɑ⁵³⁵	pɤ⁵⁵白 poʔ⁴文	phɤ⁵⁵白 phɤʔ⁴文	mɤ¹⁴	thəʔ⁴	dəʔ²¹²	khua⁵⁵	uɑ¹⁴白 uəʔ²¹²文
49 汤溪	uɑ⁵³⁵	pɤ⁵⁵	phɤ⁵⁵	mɤ¹¹³期~	thə⁵⁵	də¹¹³	khua⁵⁵	uɑ¹¹³

方言点	0569 碗 山合一 上桓影	0570 拨 山合一 入末帮	0571 泼 山合一 入末滂	0572 末 山合一 入末明	0573 脱 山合一 入末透	0574 夺 山合一 入末定	0575 阔 山合一 入末溪	0576 活 山合一 入末匣
50 兰溪	uɑ⁵⁵	pɤʔ³⁴	pʰɤʔ³⁴	məʔ¹²	tʰəʔ³⁴	dəʔ¹²	kʰuɑʔ³⁴	uɑʔ¹²
51 浦江	uɑ̃⁵³	puɯ⁴²³	pʰɯ⁴²³	mɯ²³²	tʰə⁴²³	də²³²	kʰuɑ⁴²³	uɑ²³²
52 义乌	ua⁴²³	puɯ³²⁴	pʰɯ³²⁴	mɯ³¹²	tʰə³²⁴	də³¹²	kʰua³²⁴	ua³¹²
53 东阳	ɔ⁴⁴	paʔ³⁴	pʰa³³⁴	ma²¹³	tʰaʔ³⁴	da²¹³	（无）	ua²¹³
54 永康	uɑ³³⁴	ɓuo³³⁴	pʰuo³³⁴	muo¹¹³	tʰə³³⁴	də¹¹³	kʰuɑ³³⁴	uɑ¹¹³
55 武义	ŋuo⁴⁴⁵	puo⁵³	pʰuo⁵³	mɔ²¹³	tʰəʔ⁵	də²¹³	kʰuɑ⁵³	uɑ¹³
56 磐安	ɒ³³⁴	pɛ³³⁴	pʰɛ³³⁴	mɛ²¹³	tʰɛ³³⁴	dɛ²¹³	kʰua³³⁴	ua²¹³
57 缙云	uɑ⁵¹	pɛ³²²	pʰɛ³²²	mɛ¹³	tʰəɤ³²²	dəɤ¹³	kʰuɑ³²²	uɑ¹³
58 衢州	uə̃³⁵	pəʔ⁵	pʰəʔ⁵	məʔ¹²	tʰəʔ⁵	dəʔ¹²	kʰuaʔ⁵	uaʔ¹²
59 衢江	uã²⁵	pəʔ⁵	pʰəʔ⁵	məʔ²	tʰəʔ⁵	dəʔ²	kʰuaʔ⁵	uaʔ²
60 龙游	uã³⁵	pɔʔ⁴	pʰɔʔ⁴	mɔʔ²³	tʰɔʔ⁴	dɔʔ²³	kʰuɔʔ⁴	uɔʔ²³
61 江山	uɛ̃²⁴¹	piɛʔ⁵	pʰiɛʔ⁵	mɔʔ²	tʰoʔ⁵	doʔ⁵	kʰyɛʔ⁵	uaʔ²
62 常山	uã⁵²	pʌʔ⁵	pʰʌʔ⁵	mʌʔ³⁴	tʰʌʔ⁵	dʌʔ³⁴	kʰuʌʔ⁵	uaʔ³⁴
63 开化	uã⁵³	paʔ⁵	pʰiaʔ⁵ 白 pʰəʔ⁵ 文	məʔ¹³	tʰɔʔ⁵	dəʔ¹³	kʰuaʔ⁵	uaʔ¹³
64 丽水	uã⁵⁴⁴	pɛʔ⁵	pʰɛʔ⁵	mɛʔ²³	tʰeʔ⁵	deʔ²³	kʰuɔʔ⁵	uɔʔ²³
65 青田	uɑ⁴⁵⁴	ɓoʔ⁴²	pʰaʔ⁴²	moʔ³¹	tʰaʔ⁴²	daʔ⁴²	kʰuæʔ⁴²	uæʔ³¹
66 云和	uã⁴¹	pɛʔ⁵	pʰɛʔ⁵	mɛʔ²³	tʰeiʔ⁵	dei²³	kʰuaʔ⁵	uaʔ²³
67 松阳	uɔ̃²¹²	pɛʔ⁵	pʰɤʔ⁵	mɤʔ²	tʰeʔ⁵	dɤʔ²	kʰuɔʔ⁵	uɔʔ²
68 宣平	uɑ̃⁴⁴⁵	pəʔ⁵	pʰəʔ⁵	məʔ²³	tʰəʔ⁵	dəʔ²³	kʰuɑʔ⁵	uɑʔ²³
69 遂昌	uɛ̃⁵³³	pɛʔ⁵	pʰɛʔ⁵	mɛʔ²³	tʰəɯʔ⁵	dəɯʔ²³	kʰuɛʔ⁵	uaʔ²³
70 龙泉	uaŋ⁵¹	puɯʔ⁵	pʰɯəʔ⁵	mɯəʔ²⁴	tʰaiʔ⁵	daiʔ²⁴	kʰuoʔ⁵	uoʔ²⁴
71 景宁	uɔ³³	pœʔ⁵	pʰœʔ⁵	mœʔ²³	tʰəɯʔ⁵	dəɯʔ²³	kʰuɔʔ⁵	uɔʔ²³
72 庆元	uɑ̃³³	ɓɤʔ⁵	pʰɤʔ⁵	mɤʔ³⁴	tʰəɯʔ⁵	təɯʔ³⁴	kʰuɑʔ⁵	uɑʔ³⁴
73 泰顺	uã⁵⁵	pɔʔ⁵	pʰɛʔ⁵	mɛʔ²	tʰəiʔ⁵	təiʔ²	kʰuɔʔ⁵	uɔʔ²

方言点	0569 碗	0570 拨	0571 泼	0572 末	0573 脱	0574 夺	0575 阔	0576 活
	山合一上桓影	山合一入末帮	山合一入末滂	山合一入末明	山合一入末透	山合一入末定	山合一入末溪	山合一入末匣
74 温州	y²⁵	pø³²³	pʰø³²³~水 / pø³²³ 活~	mø²¹²	tʰai³²³白 / tʰø³²³文	dai²¹²白 / dø²¹²文	kʰo³²³	o²¹²
75 永嘉	y⁴⁵	pø⁴²³	pø⁴²³	mø²¹³	tʰai⁴²³白 / tʰø⁴²³文	dai²¹³白 / dø²¹³文	kʰo⁴²³	o²¹³
76 乐清	uɣ³⁵	puɯ³²³	pʰɯ³²³~水 / puɯ³²³ 活~	mɣ²¹²	tʰɣ³²³白 / tʰø³²³文	dɣ²¹²白 / dø²¹²文	kʰua³²³	va²¹²
77 瑞安	y³⁵	pø³²³	pʰø³²³白 / pø³²³文	mø²¹²	tʰa³²³白 / tʰø³²³文	da²¹²白 / dø²¹²文	kʰuɔ³²³	uɔ²¹²
78 平阳	ye⁴⁵	pø³⁴	pʰθ³⁴	mø¹²	tʰA³⁴白 / tʰø³⁴文	dA¹²白 / dθ¹²文	kʰɔ³⁴	vɔ¹²
79 文成	yø⁴⁵	pø³⁴	pʰø³⁴	mø²¹²	tʰa³⁴白 / tʰø³⁴文	da²¹²白 / dø²¹²文	kʰɔ³⁴	va²¹²
80 苍南	yɛ⁵³	pø²²³	pʰø²²³	mø¹¹²	tʰɛ²²³白 / tʰø²²³文	dø¹¹²	kʰua²²³	ua¹¹²
81 建德徽	uɛ²¹³	pu⁵⁵	pʰɐʔ	mo²¹³	tʰi⁵⁵白 / tʰɐʔ⁵文	ti²¹³	kʰo⁵⁵	o²¹³白 / uɐʔ¹²文
82 寿昌徽	ŋuə²⁴	piæ⁵⁵	pʰiæ⁵⁵	mɔʔ³¹	tʰəʔ³	tʰəʔ³¹	kʰuə⁵⁵	uə²⁴
83 淳安徽	uã⁵⁵	pəʔ⁵	pʰəʔ⁵	məʔ¹³	tʰiʔ⁵	tʰəʔ¹³	kʰuɑʔ⁵	ɑʔ¹³白 / uɑʔ¹³文
84 遂安徽	uã²¹³	pəɯ²⁴	pʰəɯ²⁴	məɯ²¹³	tʰəɯ²⁴	tʰəɯ²¹³	kʰuɑ²⁴	uɑ²¹³
85 苍南闽	ũa⁴³	pua⁴³	pʰua⁴³	bə⁴³	tʰuə⁴³	tuə²⁴	kʰua⁴³	ua²⁴
86 泰顺闽	uæŋ³⁴⁴	pɛʔ⁵	pʰiɛʔ⁵	miɛʔ³	tʰɒʔ⁵	tɒʔ³	kʰɛʔ⁵	uɛʔ³
87 洞头闽	ũa⁵³	pua⁵³	pʰua⁵³	bət⁵	tʰɔk⁵	tɔk²⁴	kʰua⁵³	ua²⁴¹
88 景宁畲	uon³²⁵	pot⁵	pʰɔt⁵	（无）	tʰɔt⁵	tʰɔt²	fot⁵	uɔt²

方言点	0577 顽 ~皮,~固	0578 滑	0579 挖	0580 闩	0581 关 ~门	0582 惯	0583 还 动	0584 还 副
	山合二 平山疑	山合二 入黠匣	山合二 入黠影	山合二 平删生	山合二 平删见	山合二 去删见	山合二 平删匣	山合二 平删匣
01 杭州	uo²¹³	uaʔ²	uaʔ⁵	suo³³⁴	kuo³³⁴又 kuɛ³³⁴又	kuo⁴⁵	uɛ²¹³	uaʔ²又 aʔ²又
02 嘉兴	uə²⁴²	uʌʔ⁵	uʌʔ⁵	suə⁴²	kuE⁴²	kuE²²⁴	uE²⁴²	uE²⁴²
03 嘉善	ø¹³²	uaʔ²	uaʔ⁵	sø⁵³	kuɛ⁵³	kuɛ³³⁴	vɛ¹³²	ɛ⁴⁴声殊
04 平湖	vɛ³¹	uaʔ²³	uaʔ⁵	sø⁵³	kuɛ⁵³	kuɛ³³⁴	vɛ³¹	ɛ⁵³
05 海盐	uɤ²¹³	uaʔ²³	uaʔ⁵	sɤ⁵³	kuɛ⁵³	kʰuɛ³³⁴	uɛ³¹	ɛ⁵³
06 海宁	ue¹³	uaʔ²	uaʔ⁵	sei⁵⁵	kuɛ⁵⁵	kuɛ³⁵	uɛ¹³	ɛ¹³
07 桐乡	uɛ¹³	uaʔ²³	uaʔ⁵	sE⁴⁴	kuɛ⁴⁴	kuɛ³³⁴	uɛ¹³	a¹³
08 崇德	uE¹³	uaʔ²³	uaʔ⁵	sE⁴⁴	kuE⁴⁴	kuE³³⁴	uE¹³	uɑ¹³
09 湖州	uɛ³⁵	uaʔ²	ua⁴⁴音殊	sɛ⁴⁴	kuɛ⁴⁴	kuɛ³⁵	uɛ¹¹²	ɛ¹¹²
10 德清	øʉ¹¹³	uaʔ²	uaʔ²调殊	søʉ⁴⁴	kuɛ⁴⁴	kuɛ³³⁴	uɛ¹¹³	ɛ¹¹³
11 武康	uɛ¹¹³	uɜʔ²	uɜʔ⁵	sø⁴⁴	kuɛ⁴⁴	kuɛ²²⁴	uɛ¹¹³	ɛ¹¹³
12 安吉	uE²²	uɐʔ²³	uɐʔ⁵	sE⁵⁵	kuE⁵⁵	kuE³²⁴	uE²²	a²¹³
13 孝丰	ŋɛ²²	uaʔ²³	uaʔ⁵	sɛ⁴⁴	kuɛ⁴⁴	kuɛ³²⁴	uɛ²²	a²²
14 长兴	uE³²⁴	uaʔ²	uaʔ⁵	suɯ⁴⁴	kuE⁴⁴	kuE³²⁴	uE¹²	a¹²
15 余杭	uõ²⁴³	uaʔ²	uaʔ⁵	søʏ⁴⁴	kuɛ⁴⁴	kuõ⁴²³	uɛ²²	ɛ̃²¹³调殊
16 临安	uə³³	uɐʔ¹²	uɐʔ⁵⁴	sə⁵⁵	kuE⁵⁵	kuə⁵⁵	uE³³	uE³³
17 昌化	uɔ̃¹¹²	uaʔ²³	uaʔ⁵	ɕyĩ³³⁴	kuɔ̃³³⁴	kuɔ̃⁵⁴⁴	uɔ̃¹¹²	a¹¹²
18 於潜	uɛ²²³	uɐʔ²³	uəʔ⁵³	ɕyɛ⁴³³	kuɛ⁴³³	kuɛ³⁵	uɛ²²³	ua²²³
19 萧山	uə³⁵⁵	uaʔ¹³	uaʔ⁵	sə⁵³³	kuɛ⁵³³	kuɛ⁴²	uɛ³⁵⁵	uaʔ⁵
20 富阳	uɛ̃¹³	uaʔ²	uaʔ⁵	ɕyɛ̃⁵³	kuã⁵³	kuɛ̃³³⁵	uã¹³	uaʔ²
21 新登	（无）	uəʔ²	uaʔ⁵	ɕyɛ̃⁵³	kuo⁵³	kuɛ⁴⁵	uɛ²³³	aʔ²
22 桐庐	uã¹³	uaʔ¹³	uaʔ⁵	ɕyE⁵³³	kuã⁵³³	kuã³⁵	uã¹³	A¹³
23 分水	uã²²	uaʔ¹²	uaʔ⁵	ɕyã⁴⁴	kuã⁴⁴	kuã⁵³	uã²²	xɛ²²
24 绍兴	uɛ̃²³¹	uɛʔ²	uɛʔ⁵	sɛ̃⁵³	kuɛ̃⁵³	kuɛ̃³³	vɛ̃²³¹	vɛ̃²³¹
25 上虞	uɛ̃²¹³	uɛʔ²	uɛʔ⁵	sø̃³⁵	kuɛ̃³⁵	kuɛ̃⁵³	uɛ̃²¹³	uɛ̃²¹³

方言点	0577 顽 ~皮,~固	0578 滑	0579 挖	0580 闩	0581 关 ~门	0582 惯	0583 还 动	0584 还 副
	山合二平山疑	山合二入黠匣	山合二入黠影	山合二平删生	山合二平删见	山合二去删见	山合二平删匣	山合二平删匣
26 嵊州	uɛ̃^{24}	uɛʔ^2	uɛʔ^5	sœ̃^{534}	kuɛ̃^{534}	kuɛ̃^{334}	uɛ̃^{213}	uɛ̃^{213}
27 新昌	uɛ̃^{22}	uɛʔ^2	uɛʔ^5	sœ̃^{534}	kuɛ̃^{534}	kuɛ̃^{335}	uɛ̃^{22}	uɛ̃^{22}
28 诸暨	vɛ^{13}	vaʔ^{13}	vaʔ^5	sə^{544}	kuɛ^{544}	kuɛ^{544}	vɛ^{13}	vɛ^{13}
29 慈溪	uɛ̃^{13}	uaʔ^2	uaʔ^5	sẽ^{35}	kuɛ̃^{35}	kuɛ̃^{44}	uɛ̃^{13}	uaʔ^2
30 余姚	uã^{13}	uaʔ^2	uaʔ^5	sẽ^{44}	kuã^{41}	kuø̃^{53}	uã^{13}	uaʔ^2
31 宁波	uɛ̃^{13}	uaʔ^2	uaʔ^5	ɕiɤ^{53}	kuɛ^{53}	kuɛ^{53}	uɛ^{13}	uɐ^{13}
32 镇海	uɛ̃^{24}读字	uaʔ^{12}	uaʔ^5	sø^{53}	kuɛ^{53}	kuɛ^{53}	uɛ^{24}	uaʔ^{12}
33 奉化	uɛ̃^{33}	uaʔ^2	uaʔ^5	sø^{44}	kuɛ^{44}	kuɛ^{53}	uɛ^{33}	uaʔ^2
34 宁海	uɛ^{213}	uaʔ^3	uaʔ^5	ɕyø^{423}	kuɛ^{423}	kuɛ^{35}	uɛ^{213}	uɛ^{213}
35 象山	uɛ^{31}	uaʔ^2	uaʔ^5	sɤɯ^{44}门~	kuɛ^{44}	kuɛ^{53}	uɛ^{31}	uaʔ^2
36 普陀	uɛ^{24}	uɐʔ^{23}	uɐʔ^5	sø^{53}	kuɛ^{53}	kuɛ^{55}	uɛ^{24}	uɐʔ^{23}
37 定海	uɛ^{13}调殊	uɐʔ^2	uɐʔ^5	sø^{52}	kuɛ^{52}	kuɛ^{44}	uɛ^{23}	uɐʔ^2
38 岱山	uɛ^{213}调殊	uɐʔ^2	uɐʔ^5	sø^{52}	kuɛ^{52}	kuɛ^{44}	uɛ^{23}	uɐʔ^2
39 嵊泗	uɛ^{213}调殊	uɐʔ^2	uɐʔ^5	sɤ^{53}	kuɛ^{53}	kuɛ^{53}	uɛ^{243}	uɐʔ^2
40 临海	uɛ^{21}	uəʔ^{23}	uəʔ^5	ɕyø^{31}	kuɛ^{31}	kuɛ^{55}	uɛ^{21}	uɛ^{21}
41 椒江	uɛ^{31}	uəʔ^2	uəʔ^5	sø^{42}	kuɛ^{42}	kuɛ^{55}	uɛ^{31}	ua^{24}
42 黄岩	uɛ^{121}	uɐʔ^2	uɐʔ^5	sø^{32}	kuɛ^{32}	kuɛ^{55}	uɛ^{121}	ua^{24}
43 温岭	uɛ^{31}	uəʔ^2	uəʔ^5	ɕyø^{33}	kuɛ^{33}	kuɛ^{55}	uɛ^{31}	a^{13}
44 仙居	ua^{213}	uaʔ^{23}	uaʔ^5	sø^{334}	kua^{334}	kua^{55}	ua^{213}	uaʔ^{23}
45 天台	ue^{224}	uəʔ^2	uəʔ^5	ɕyø^{33}	kue^{33}	kue^{55}	ue^{224}~债	ua^{224}~有
46 三门	uɛ^{113}	uɐʔ^{23}	uɐʔ^5	ɕyø^{334}	kuɛ^{334}	kuɛ^{55}	uɛ^{113}	uɛ^{113}
47 玉环	vɛ^{31}	uɐʔ^2	ua^{42}	ɕyø^{42}	kuɛ^{42}	kuɛ^{55}	uɛ^{31}	ua^{22}
48 金华	uɛ̃^{313}	uəʔ^{212}	uɑ^{55}	(无)	kuɑ^{334}	kuɛ̃^{55}	uɑ^{313}	uɑ^{313}
49 汤溪	(无)	uɑ^{113}	uɑ^{24}	ɕyɤ^{24}	kuã^{24}	kuɑ^{52}	uɑ^{11}	uɑ^{24}

方言点	0577 顽 ～皮，～固	0578 滑	0579 挖	0580 闩	0581 关 ～门	0582 惯	0583 还 动	0584 还 副
	山合二 平山疑	山合二 入黠匣	山合二 入黠影	山合二 平删生	山合二 平删见	山合二 去删见	山合二 平删匣	山合二 平删匣
50 兰溪	uæ̃²¹	uaʔ¹²	uaʔ³⁴	ɕyɤ³³⁴	kuɑ³³⁴	kuɑ⁴⁵	uɑ²¹	uɑ²¹
51 浦江	uan²⁴	guə²³²	ua⁴²³	ɕyẽ⁵³⁴	kuã⁵³⁴	kuã⁵⁵	uã¹¹³	uã¹¹³
52 义乌	uan³¹²	ua³¹²	ua³²⁴	sɯɤn³³⁵ 小	kuən³³⁵	kuan⁴⁵	ua²¹³	ua²¹³
53 东阳	（无）	ua²¹³	ua³³⁴	ɕiʊ³³⁴	kuɐn³³⁴	kuan⁴⁵³	ɔ²¹³	ɔ²¹³
54 永康	ŋua¹¹³	uə¹¹³	ua³³⁴	ɕya⁵⁵	kuɑ⁵⁵	kuɑ⁵²	uɑ²²	uɑ²²
55 武义	ŋuo³²⁴	uɑ¹³	ua⁵³	ɕie⁵³ 门～	kuen²⁴	kuo⁵³	ŋuo³²⁴	ŋuo¹³
56 磐安	uan²¹³ 文	gua²¹³	ua³³⁴	ɕya⁴⁴⁵	kuɐn⁴⁴⁵	kuan⁵² 文	ɒ²¹³	ɒ²¹³
57 缙云	uɑ²¹³ ～固	uɑ¹³ ～梯	uɑ³²²	ɕyɑ⁴⁴	kuɑ⁴⁴	kuɑ⁴⁵³	uɑ²⁴³	uɑ²⁴³
58 衢州	uã²¹	uaʔ¹²	uɑ³² 调殊	ʃyə̃³²	kuã³²	kuã⁵³	uã²¹	aʔ¹² 音殊
59 衢江	uã²¹²	uaʔ²	uo³³ 调殊	ɕiɛ³³	kuã³³	kuã⁵³	uã²¹²	uaʔ² 音殊
60 龙游	uã²¹ 声殊	uɔʔ²³	uɑ³³⁴ 调殊	suei³³⁴	kuã³³⁴	kuã⁵¹	uã²¹	uã³⁵ 调殊
61 江山	uaŋ²¹³	uaʔ²	uaʔ⁵ ～秒 uŋ⁴⁴ ～地	（无）	koŋ⁴⁴	kuɛ̃⁵¹	uaŋ²¹³	（无）
62 常山	uɔ̃²⁴	uaʔ³⁴	uɑ⁴⁴ 调殊	ɕiɤ⁴⁴	koŋ⁴⁴	kuɔ̃⁵²	uã³⁴¹	（无）
63 开化	uã²³¹	uaʔ¹³	uɑ⁴⁴ 调殊	（无）	kɤŋ⁴⁴	kuõ⁵³ 调殊	uã²³¹	（无）
64 丽水	uã²²	uɔʔ²³	uɔʔ⁵	ɕyɛ²²⁴	ken²²⁴	kuã⁵²	uã²²	ã²²
65 青田	ua²¹	uæʔ³¹	uɑ⁴⁴⁵	（无）	kaŋ⁴⁴⁵	kuɑ³³	uɑ²¹	uɑ²¹
66 云和	uã³¹²	uaʔ²³	uaʔ⁵	（无）	kəŋ²⁴	kuã⁴⁵	uã³¹²	ã³¹²
67 松阳	uɔ̃³¹	uɔʔ²	uaʔ⁵	ɕyɛ̃⁵³	ken⁵³	kuõ²⁴	uɔ̃³¹	uɔ̃³¹
68 宣平	uã⁴³³	uaʔ²³	uaʔ⁵	（无）	kən³²⁴	kuã⁵²	uã⁴³³	uaʔ²³ 音殊
69 遂昌	uaŋ¹³	guaʔ²³	uŋ⁴⁵	ɕyɛ̃⁵³³ 门～	kəŋ⁴⁵	kuaŋ³³⁴	uaŋ²²¹	aŋ²²¹
70 龙泉	uaŋ²²⁴ 调殊	uoʔ²⁴	uo⁴³⁴ 调殊	ɕyo⁴³⁴	kuən⁴³⁴	kuaŋ⁴⁵	uaŋ²¹	uaŋ²¹
71 景宁	uɔ⁴¹	uɔʔ²³	uaʔ⁵	（无）	kaŋ³²⁴	kuɔ³⁵	uɔ⁴¹	uɔ⁴¹
72 庆元	uã⁵²	uaʔ³⁴	o³³⁵	（无）	kuəŋ³³⁵	kuã¹¹	uã⁵²	（无）
73 泰顺	uã²¹	uaʔ²	uɔʔ⁵	（无）	kəŋ²¹³	kuã³⁵	uã⁵³	（无）

续表

方言点	0577 顽 ~皮，~固	0578 滑	0579 挖	0580 闩	0581 关 ~门	0582 惯	0583 还 动	0584 还 副
	山合二平山疑	山合二入黠匣	山合二入黠影	山合二平删生	山合二平删见	山合二去删见	山合二平删匣	山合二平删匣
74 温州	va³¹	o²¹²	o³²³	sø³³	ka³³	ka⁵¹	va³¹	va³¹
75 永嘉	va³¹	o²¹³	va⁴⁵	sø⁴⁴	ka⁴⁴	ka⁵³	va³¹	va³¹
76 乐清	vɛ³¹	va²¹²	ua³²³	sø⁴⁴	kuɛ⁴⁴	kuɛ⁴¹	vɛ³¹	vɛ³¹
77 瑞安	ŋɔ³¹	uɔ²¹²	uɔ³²³	sɔ⁴⁴	kuɔ⁴⁴	kuɔ⁵³	uɔ³¹	uɔ³¹
78 平阳	vɔ²⁴²	vɔ¹²	vɔ³⁴	sø⁵⁵	kɔ⁵⁵	kɔ⁵³	vɔ²⁴²	vɔ²⁴²
79 文成	（无）	va²¹²	va³⁴	ʃuo⁵⁵	kuɔ⁵⁵	kuø³³	vɔ¹¹³	vɔ¹¹³
80 苍南	ua¹¹²调殊	ua¹¹²	ua²²³	sø⁴⁴	kua⁴⁴	kua⁴²	ua³¹	ua³¹
81 建德徽	uɛ³³	uɐʔ¹²	uɑ³³读字	ɕye⁵³门~	kuɛ⁵³	kuɛ³³	uɛ³³	uɑ⁵⁵~有 ɐʔ⁵~未
82 寿昌徽	uæ̃¹¹²文	uəʔ³¹~稽	uɑ³³文	ɕyei¹¹²	kuə¹¹²	kuæ̃³³文	ŋuə⁵²	uə⁵⁵~要
83 淳安徽	uɑ̃⁴³⁵	uɑʔ¹³	o²⁴	suɑ̃²⁴	kuɑ̃²⁴	kuɑ̃²⁴	uɑ̃⁴³⁵	ɑʔ¹³
84 遂安徽	uɑ̃²¹³	vɑ²¹³	vɑ⁵³⁴	fɛ̃⁵³⁴	kuɑ̃⁵³⁴	kuɑ̃⁴³	vɑ̃³³	uɑ³³
85 苍南闽	uan²⁴	kua²⁴	ui⁴³	tsʰũã²¹门~	kũĩ⁵⁵	kuan²¹	han²⁴	（无）
86 泰顺闽	uæŋ³¹	leu²¹³	uɛʔ⁵	sɛ²¹³	kuo²¹³	kuæŋ⁵³	xɛ²²	xai²²
87 洞头闽	uan⁵³调殊	kuət²⁴	（无）	suɯŋ³³	kũĩ³³白 kuan³³文	kuan²¹	hãĩ¹¹³	hãĩ¹¹³
88 景宁畲	（无）	uət²	（无）	（无）	uən⁴⁴	kuɔn⁴⁴	ian⁴⁴	（无）

方言点	0585 弯	0586 刷	0587 刮	0588 全	0589 选	0590 转 ~眼,~送	0591 传 ~下来	0592 传 ~记
	山合二平删影	山合二入鎋生	山合二入鎋见	山合三平仙从	山合三上仙心	山合三上仙知	山合三平仙澄	山合三去仙澄
01 杭州	uɛ³³⁴	suaʔ⁵	kuaʔ⁵	dʑyo²¹³	ɕyo⁵³	tsuo⁵³	dzuo²¹³	tsuo⁴⁵音殊
02 嘉兴	uE⁴²	səʔ⁵	kuʌʔ⁵	dʑya²⁴²	ɕie⁵⁴⁴	tsə⁵⁴⁴	zə²⁴²	zə¹¹³
03 嘉善	uɛ⁵³	søʔ⁵	kuaʔ⁵	dʑiɪ¹³²	ɕiɪ⁴⁴	tsø⁴⁴	zø¹³²	zø¹³²
04 平湖	vɛ⁵³	səʔ⁵	kuaʔ⁵	zie³¹	sie⁴⁴	tsø⁴⁴	zø³¹	zø³¹
05 海盐	uɛ⁵³	səʔ⁵	kuaʔ⁵	dʑiɛ³¹	ɕiɛ⁴²³	tsɤ⁴²³	zɤ³¹	zɤ³¹
06 海宁	uɛ⁵⁵	səʔ⁵	kuaʔ⁵	dʑie¹³	ɕie⁵³	tsɛ⁵³	zei¹³	zei¹³
07 桐乡	uɛ⁴⁴	saʔ⁵	kuaʔ⁵	zie¹³	sie⁵³	tsE⁵³	zE¹³	zE¹³
08 崇德	uE⁴⁴	səʔ⁵	kuaʔ⁵	ziɪ¹³	ɕiɪ⁵³	tsE⁵³	zE¹³	zE¹³
09 湖州	uɛ⁴⁴	səʔ⁵	kuaʔ⁵	zie¹¹²	ɕie⁵²³	tsɛ⁵²³	dzɛ¹¹²	tsɛ³⁵
10 德清	uɛ⁴⁴	səʔ⁵	kuaʔ⁵	dʑie³³⁴	ɕie⁵²	tsøʉ⁵²	dzøʉ¹¹³	dzøʉ¹¹³
11 武康	uɛ⁴⁴	sɜʔ⁵	kuɜʔ⁵	dʑiɪ¹¹³	ɕiɪ⁵³	tsø⁵³	dzø¹¹³	dzø¹¹³
12 安吉	uE⁵⁵	səʔ⁵	kuɐʔ⁵	zi²²	ɕi⁵²	tsE⁵²	dzE²²	dzE²²
13 孝丰	uɛ⁴⁴	saʔ⁵	kuaʔ⁵	ziɪ²²	ɕiɪ⁵²	tse⁵²	dze²²	dze²²
14 长兴	uE⁴⁴	səʔ⁵	kuaʔ⁵	ʒi¹²	ʃi⁵²	tsɯ⁵²	dzɯ¹²	dzɯ¹²
15 余杭	uɛ⁴⁴	səʔ⁵	kuɜʔ⁵	ziẽ²²	siẽ⁴²³	tsøɤ⁵³	zøɤ²²	zøɤ²²
16 临安	uE⁵⁵	suɐ̃ʔ⁵⁴	kuɐ̃ʔ⁵⁴	dʑyœ³³	ɕie⁵⁵	tsə⁵⁵	dzə³³	dzə³³
17 昌化	uɔ̃³³⁴	ɕyɛʔ⁵	kuaʔ⁵	ʑiĩ¹¹²	ɕiĩ⁴⁵³	tɕyĩ⁴⁵³	ʑyĩ¹¹²	tɕyĩ⁴⁵³
18 於潜	uɛ⁴³³	suaʔ⁵³	kuaʔ⁵³	dʑyɛ²²³	ɕie⁵¹	tsuɛ⁵¹	dʑyɛ²²³	dʑyɛ²²³
19 萧山	uɛ⁵³³	səʔ⁵	kuaʔ⁵	dʑie³⁵⁵	ɕie³³	tsə³³	dzə³⁵⁵	dzə²⁴²
20 富阳	uã⁵³	ɕyoʔ⁵	kuaʔ⁵	dʑyɛ̃¹³	ɕiɛ̃⁴²³	tɕyɛ̃⁴²³	dʑyɛ̃¹³	dʑyɛ̃²²⁴
21 新登	uɛ⁵³	ɕyəʔ⁵	kuaʔ⁵	ziɛ̃²³³	ɕiɛ̃³³⁴	tɕyɛ̃³³⁴	dʑyɛ̃²³³	dʑyɛ̃¹³
22 桐庐	uã⁵³³	suaʔ⁵	kuaʔ⁵	dʑyE¹³	ɕyE⁵³³	tɕyE³³	dʑyE¹³	dʑyE²⁴
23 分水	uã⁴⁴	ɕyəʔ⁵	kuaʔ⁵	dʑyã²²	ɕyã⁵³	tɕyã⁵³	dʑyã²²	dʑyã¹³
24 绍兴	uɛ̃⁵³	seʔ⁵	kuaʔ⁵	dʑiɛ̃²³¹	ɕiɛ̃³³⁴	tsø̃³³⁴	dzø̃²³¹	tsø̃³³⁴音殊
25 上虞	uɛ̃³⁵	səʔ⁵	kuɛʔ⁵ ~风 / kuaʔ⁵ ~子	dʑiɛ̃²¹³	ɕiɛ̃³⁵	tsø̃³⁵	dzø̃²¹³	dzø̃²¹³

续表

方言点	0585 弯	0586 刷	0587 刮	0588 全	0589 选	0590 转 ~眼,~送	0591 传 ~下来	0592 传 ~记
	山合二 平删影	山合二 入鎋生	山合二 入鎋见	山合三 平仙从	山合三 上仙心	山合三 上仙知	山合三 平仙澄	山合三 去仙澄
26 嵊州	uɛ̃^{534}	səʔ^5	kuaʔ^5	dʑiẽ^{213}	ɕiẽ^{53}	tsœ̃^{53}	dzœ̃^{213}	dzœ̃^{24}
27 新昌	uɛ̃^{534}	sɤʔ^5	kuɛʔ^5	dʑœ̃^{22}	sœ̃^{453}	tsœ̃^{453}	dzœ̃^{22}	dzœ̃^{13}
28 诸暨	vɛ^{544}	soʔ^5	kuaʔ^5	dʑie^{13}	ɕie^{42}	tsə^{42}	dzə^{13}	dzə^{33}
29 慈溪	uɛ̃^{35}	səʔ^5	kuaʔ^5	dʑiẽ^{13}	ɕiẽ^{35}	tsẽ^{35}	dzẽ^{13}	dzẽ^{13}
30 余姚	uã^{44}	səʔ^5	kuaʔ^5	dʑiẽ^{13}	ɕiẽ^{34}	tsẽ^{34}	dzẽ^{13}	dzẽ^{13}
31 宁波	uɛ^{53}	soʔ^5	kuaʔ^5	dʑiɤ^{13}	sø^{44}老 ɕi^{44}新	tɕiɤ^{35}老 tsø^{35}新	dʑiɤ^{13}又 dzø^{13}又	dʑiɤ^{13}又 dzø^{13}又
32 镇海	uɛ^{53}	soʔ^5	kuaʔ^5	dzø^{24}	sø^{35}	tsø^{35}	dzø^{24}	dzø^{24}
33 奉化	uɛ^{44}	soʔ^5	kuaʔ^5	dzø^{33}	sø^{545}	tsø^{545}	dzø^{33}	dzø^{33}调殊
34 宁海	uɛ^{423}	ɕyeʔ^5	kuaʔ^5	dʑyø^{213}	ɕyø^{53}	tɕyø^{53}	dʑyø^{213}	dʑyø^{24}
35 象山	uɛ^{44}	soʔ^5	kuaʔ^5	dzɣɯ^{31}	sɣɯ^{44}	tsɣɯ^{44}	dzɣɯ^{31}	dzɣɯ^{31}
36 普陀	uɛ^{53}	soʔ^5	kuɐʔ^5	dzø^{24}	sø^{45}	tsø^{45}	dzø^{24}	dzø^{24}
37 定海	uɛ^{52}	soʔ^5	kuɐʔ^5	dzø^{23}	sø^{45}	tsø^{45}	dzø^{23}	dzø^{23}
38 岱山	uɛ^{52}	soʔ^5	kuɐʔ^5	dzø^{23}	sø^{325}	tsø^{325}	dzø^{23}	dzø^{23}
39 嵊泗	uɛ^{53}	soʔ^5	kuɐʔ^5	dzɣ^{243}	sɣ^{445}	tsɣ^{445}	dzɣ^{243}	dzɣ^{243}
40 临海	uɛ^{31}	ɕyeʔ^5	kuəʔ^5	dʑyø^{21}	ɕyø^{52}	tɕyø^{52}	dʑyø^{21}	dʑyø^{324}
41 椒江	uɛ^{42}	søʔ^5	kuəʔ^5	zø^{31}	sø^{42}	tsø^{42}	dzø^{31}	dzø^{24}
42 黄岩	uɛ^{32}	søʔ^5	kuɐʔ^5	zø^{121}	sø^{42}	tsø^{42}	dzø^{121}	dzø^{24}
43 温岭	uɛ^{33}	ɕyʔ^5	kuəʔ^5	zyø^{31}	ɕyø^{42}	tɕyø^{42}	dʑyø^{31}	dʑyø^{13}
44 仙居	ua^{334}	ɕyaʔ^5	kuɑʔ^5	zø^{213}	sø^{324}	tsø^{324}	dzø^{213}	dzø^{24}
45 天台	uɛ^{33}	ɕyəʔ^{5}板~	kueʔ^5	zyø^{224}	ɕyø^{325}	tɕyø^{325}	dʑyø^{224}	dʑyø^{35}
46 三门	uɛ^{334}	ɕyəʔ^5	kuɐʔ^5	zyø^{113}	ɕyø^{325}	tɕyø^{325}	dʑyø^{113}	dʑyø^{113}
47 玉环	uɛ^{42}	ɕyoʔ^5	kuɐʔ^5	zyø^{31}	ɕyø^{53}	tɕyø^{53}	dʑyø^{31}	dʑyø^{22}
48 金华	ua^{334}	ɕyɣ^{55}	kua^{55}	zie^{313}白 dʑyɛ̃^{313}文	zyɛ̃^{535}	tɕyɣ^{535}	dʑyɣ^{313}	dʑyɣ^{14}白 dʑyɛ̃^{14}文

续表

方言点	0585 弯	0586 刷	0587 刮	0588 全	0589 选	0590 转 ~眼,~送	0591 传 ~下来	0592 传 ~记
	山合二 平删影	山合二 入鎋生	山合二 入鎋见	山合三 平仙从	山合三 上仙心	山合三 上仙知	山合三 平仙澄	山合三 去仙澄
49 汤溪	uɑ^{24}	ɕyɤ^{55}	kuɑ^{55}	zie^{11}	sie^{535}	tɕyɤ^{535}	dzyɤ^{11}	dzyɤ^{341}
50 兰溪	uɑ^{334}	ɕyɤʔ^{34}	kuɑʔ^{34}	zie^{21}	sie^{55}	tɕyɤ^{55}	dzyɤ^{21}	dzyɤ^{24}
51 浦江	uã^{534}	ɕyə^{423}	kuɑ^{423}	ziẽ^{113}	sɛ̃^{53}	tɕyẽ^{53}	dzyẽ^{113}	dzyẽ^{24}
52 义乌	ua^{335}	ɕyə^{324}	kua^{324}	zie^{213}	ɕye^{423}	tɕye^{423}	dzye^{213}	dzyan^{24}
53 东阳	ɔ^{334}	sa^{334}	kua^{334}	ʑiʊ^{213}	ɕiʊ^{44}	tɕiʊ^{44}	dʑiʊ^{213}	dʑiʊ^{24}
54 永康	uɑ^{55}	ɕya^{334}	kuɑ^{334}	ʐye^{22}	ɕye^{334}	tɕye^{334}	dʑye^{22}	dʑye^{241}
55 武义	ŋuo^{24}	ɕye^{53}	kuɑ^{53}	ʐye^{324}	ɕye^{445}	tɕye^{445}	dʑye^{324}	dʑye^{231}
56 磐安	ɒ^{445}	ɕya^{334}	kua^{334}	dʑye^{213}~心 ʐye^{213}~部	ɕye^{334}	tɕye^{334}	dʑye^{213}	dʑye^{14}
57 缙云	uɑ^{44}	ɕya^{322}	kuɑ^{322}	ʐyɛ^{243}	ɕyɑ^{51}	tɕyɛ^{51}	dʑyɛ^{243}	dʑyɛ^{213}
58 衢州	uã^{32}	ʃyəʔ^{5}	kuaʔ^{5}	dʒyə̃^{21}	ʃyə̃^{35}	tʃyə̃^{35}	dʒyə̃^{21}	dʒyə̃^{231}
59 衢江	uã^{33}	ɕyəʔ^{5}	kuaʔ^{5}	zie^{212}地名 dʑiɛ^{212}~部	ɕiɛ^{25}	tɕiɛ^{25}	dʑiɛ^{212}	dʑiɛ^{231}
60 龙游	uã^{334}	ɕyəʔ^{4}	kuəʔ^{4}	dzuei^{21}	suei^{35}	tsuei^{35}	dzuei^{21}	dzuei^{231}
61 江山	uaŋ^{44}	ɕiɐʔ^{5}	kuaʔ^{5}	ʐyɛ̃^{213}	ɕyɛ̃^{51}	tɕɵ^{241}声殊	dʑyɛ̃^{213}	dʑyɛ̃^{31}
62 常山	uã^{44}	sɛʔ^{5}	kuaʔ^{5}	dʑyɔ̃^{341}	ɕyɔ̃^{52}	tɕyɔ̃^{52}	dʑyɔ̃^{341}	dʑyɔ̃^{131}
63 开化	uã^{44}	ɕyaʔ^{5}	kuaʔ^{5}	dʑyɛ̃^{231}	ɕyɛ̃^{53}	tɕyɛ̃^{53}	dʑyɛ̃^{231}	dʑyɛ̃^{213}
64 丽水	uã^{224}	ɕyɛʔ^{5}	kuɔʔ^{5}	ʐyɛ^{22}	ɕyɛ^{544}	tɕyɛ^{544}	dʑyɛ^{22}	dʑyɛ^{131}
65 青田	uɑ^{445}	saʔ^{42}	kuæʔ^{42}	yɐ^{21}	ɕyɐ^{454}	dɦuɐ^{454}白 tɕuɐ^{454}文	dʑyɐ^{21}	dʑyɐ^{22}
66 云和	uã^{24}	ɕyɛʔ^{5}	kuaʔ^{5}	ʐyɛ^{312}	ɕyɛ^{41}	tɕyɛ^{41}	dʑyɛ^{312}	dʑyɛ^{223}
67 松阳	uɔ̃^{53}	ɕyɛʔ^{5}	kuaʔ^{5}	ʐyɛ̃^{31}	ɕyɛ̃^{212}	tyɛ̃^{212}	dʑyɛ̃^{31}	dʑyɛ̃^{13}
68 宣平	uã^{324}	ɕyəʔ^{5}	kuɑʔ^{5}	ʐyə^{433}	ɕyə^{445}	tɕyə^{445}	dʑyə^{433}	dʑyə^{231}
69 遂昌	uaŋ^{45}	ɕyeʔ^{5}	kuaʔ^{5}	ʐyɛ̃^{221}	ɕyɛ̃^{533}	tyɛ̃^{533}白 tɕyɛ̃^{533}文	dʑyɛ̃^{221}	dʑyɛ̃^{213}
70 龙泉	uaŋ^{45}形 uaŋ^{434}动	ɕyoʔ^{5}	kuoʔ^{5}	ʐyo^{21}	ɕyo^{51}	tɕyo^{51}	dʑyo^{21}	dʑyo^{224}

续表

方言点	0585 弯 山合二 平删影	0586 刷 山合二 入鎋生	0587 刮 山合二 入鎋见	0588 全 山合三 平仙从	0589 选 山合三 上仙心	0590 转 ~眼,~送 山合三 上仙知	0591 传 ~下来 山合三 平仙澄	0592 传 ~记 山合三 去仙澄
71 景宁	uɔ³²⁴	sœʔ⁵	kuaʔ⁵	ʑyœ⁴¹	ɕyœ³³	tɕyœ³³	dʑyœ⁴¹	dʑyœ¹¹³
72 庆元	uɑ̃³³⁵	ɕyEʔ⁵	kuɑʔ⁵	ɕyɛ̃⁵²	ɕyɛ̃³³	tɕyɛ̃³³	tɕyɛ̃⁵²	tɕyɛ̃³¹
73 泰顺	uã²¹³	suɛʔ⁵	kuaʔ⁵	ɕyɛ⁵³	ɕyɛ⁵⁵	tɕyɛ⁵⁵	tɕyɛ⁵³	tɕyɛ²²
74 温州	va³³	sø³²³	ko³²³	y³¹	ɕy²⁵	tɕy²⁵	dʑy³¹	dʑy²²
75 永嘉	va⁴⁴	sø¹²³	ky¹²³	y³¹	ɕy⁴⁵	tɕy⁴⁵	dʑy³¹	dʑy²²
76 乐清	uE⁴⁴	sø³²³	kua³²³	ʑyE³¹	syE³⁵	tɕyE³⁵	dʑyE³¹	dʑyE²²
77 瑞安	uɔ⁴⁴	sø³²³	kuɔ³²³	y³¹	ɕy³⁵	tɕy³⁵	dʑy³¹	dʑy²²
78 平阳	vɔ⁵⁵	sø³⁴	kɔ³⁴	ye²⁴²	ɕye⁴⁵	tɕye⁴⁵	dʑye²⁴²	dʑye³³
79 文成	vɔ⁵⁵	sø³⁴	kua³⁴	ʑyø¹¹³	ɕyø⁴⁵	tɕyø⁴⁵	dʑyø¹¹³	dʑyø⁴²⁴
80 苍南	ua⁴⁴	sø²²³	kua²²³	dʑyɛ³¹	ɕyɛ⁵³	tɕyɛ⁵³	dʑyɛ³¹	dʑyɛ¹¹
81 建德徽	uɛ⁵³	ɕy⁵⁵	ko⁵⁵	ɕie³³白 tɕʰiɛ̃²¹¹文	ɕie²¹³	tɕye²¹³	tɕye³³	tɕʰye⁵⁵
82 寿昌徽	ŋuə¹¹²	ɕyei⁵⁵	kuə⁵⁵	tɕʰyɛ̃¹¹²文	ɕyɛ̃⁵⁵~举	tɕyei²⁴	tɕʰyei⁵²	tsuæ̃²⁴文
83 淳安徽	uɑ̃²⁴	suəʔ⁵	kuɑʔ⁵	ɕiã⁴³⁵	ɕiã⁵⁵	tsuã⁵⁵	tsʰuã⁴³⁵	tsʰuã⁵³
84 遂安徽	uɑ̃⁵³⁴	fe⁵³⁴	kuɑ²⁴	ɕiɛ̃³³	ɕiɛ̃²¹³	tɕyɛ̃²¹³	tɕʰyɛ̃³³	tɕʰyɛ̃⁵²
85 苍南闽	uan⁵⁵	sua⁴³	kua⁴³	tsuan²⁴	suan⁴³	tsuan⁴³	tuan²⁴	tuan²¹
86 泰顺闽	uæŋ²¹³	sɒʔ⁵	kuɛʔ⁵	tɕye²²	ɕye³⁴⁴	tɕye³⁴⁴	tye²²	tɕye²²
87 洞头闽	uan³³	sot⁵	kua⁵³	tsuan¹¹³	suan⁵³	tsuan⁵³	tuan¹¹³	tuan²¹
88 景宁畲	uɒn⁴⁴	sot⁵	kuaʔ⁵	ɕyon²²	ɕyon³²⁵	tɕyon³²⁵	tɕʰyon²²	(无)

方言点	0593 砖 山合三 平仙章	0594 船 山合三 平仙船	0595 软 山合三 上仙日	0596 卷 ~起 山合三 上仙见	0597 圈 圆~ 山合三 平仙溪	0598 权 山合三 平仙群	0599 圆 山合三 平仙云	0600 院 山合三 去仙云
01 杭州	tsuo³³⁴	dzuo²¹³	n̠ʑyo⁵³	tɕyo⁵³	tɕʰyo³³⁴	dʑyo²¹³	yo²¹³	yo¹³
02 嘉兴	tsə⁴²	zə²⁴²	n̠ʑyə¹¹³	tɕyə⁵⁴⁴	tɕʰyə⁴²	dʑyə²⁴²	yə²⁴²	yə²²⁴
03 嘉善	tsø⁵³	zø¹³²	n̠ʑyø¹¹³	tɕyø⁴⁴	tɕʰyø⁵³	dʑyø¹³²	yø¹³²	yø¹³²
04 平湖	tsø⁵³	zø³¹	n̠ʑyø²¹³	tɕyø⁴⁴	tɕʰyø⁵³	dʑyø³¹	yø³¹	yø³¹
05 海盐	tsɤ⁵³	zɤ³¹	n̠ʑyɤ⁴²³	tɕyɤ⁴²³	tɕʰyɤ⁵³	dʑyɤ³¹	yɤ³¹	yɤ³³⁴
06 海宁	tsei⁵⁵	zei¹³	n̠ʑie²³¹	tɕie⁵³	tɕʰie⁵⁵	dʑie¹³	ie¹³	ie³⁵
07 桐乡	tsE⁴⁴	zE¹³	n̠ʑiE²⁴²	tɕiE⁵³	tɕʰiE⁴⁴	dʑiE¹³	iE¹³	iE²¹³
08 崇德	tsE⁴⁴	zE¹³	n̠ʑiɿ⁵³	tɕiɿ⁵³	tɕʰiɿ⁴⁴	dʑiɿ¹³	iɿ¹³	iɿ¹³
09 湖州	tsɛ⁴⁴	zɛ¹¹²	n̠ʑie⁵²³	tɕie⁵²³	tɕʰie⁴⁴	dʑie¹¹²	ie¹¹²	ie³⁵
10 德清	tsøʉ⁴⁴	zøʉ¹¹³	n̠ʑie⁵²	tɕie⁵²	tɕʰie⁴⁴	dʑie¹¹³	ie¹¹³	ie³³⁴
11 武康	tsø⁴⁴	zø¹¹³	n̠ʑiɿ²⁴²	tɕiɿ⁵³	tɕʰiɿ⁴⁴	dʑiɿ¹¹³	iɿ¹¹³	iɿ⁵³ 调殊
12 安吉	tsE⁵⁵	zE²²	i⁵²	tɕy⁵²	tɕʰi⁵⁵	dʑi²²	i²²	i²¹³
13 孝丰	tse⁴⁴	ze²²	n̠ʑiɿ⁵²	tɕy⁵²	tɕʰy⁴⁴	dʑiɿ²²	iɿ²²	iɿ²²
14 长兴	tsɯ⁴⁴	zɯ¹²	n̠ʑi⁵²	tʃi⁵²	tʃʰi⁴⁴	dʒi¹² ·	i¹²	i¹² ~子
15 余杭	tsøɤ⁴⁴	zøɤ²²	n̠ʑie⁵³	tɕie⁵³	tɕʰie⁴⁴	dʑie²²	ie²²	ie²¹³
16 临安	tsə⁵⁵	zə³³	n̠ʑyœ³³	tɕyœ⁵⁵	tɕʰyœ⁵⁵	dʑyœ³³	yœ³³	yœ³³
17 昌化	tɕyĩ³³⁴	ʑyĩ¹¹²	n̠ʑyĩ²⁴³	tɕyĩ⁴⁵³	tɕʰyĩ³³⁴	ʑyĩ¹¹²	yĩ¹¹²	yĩ²⁴³
18 於潜	tɕyɛ⁴³³	ʑyɛ²²³	n̠ʑyɛ⁵¹	tɕyɛ⁵¹	tɕʰyɛ⁴³³	dʑyɛ²²³	yɛ²²³	yɛ²⁴
19 萧山	tsə⁵³³	zə³⁵⁵	n̠ʑyə¹³	tɕyə³³	tɕʰyə⁵³³	dʑyə³⁵⁵	yə³⁵⁵	yə²⁴²
20 富阳	tɕyɛ̃⁵³	ʑyɛ̃¹³	n̠ʑyɛ̃²²⁴	tɕyɛ̃⁴²³	tɕʰyɛ̃⁵³	dʑyɛ̃¹³	yɛ̃¹³	yɛ̃³³⁵
21 新登	tɕyɛ̃⁵³	ʑyɛ̃²³³	n̠ʑyɛ̃³³⁴	tɕyɛ̃³³⁴	tɕʰyɛ̃⁵³	dʑyɛ̃²³³	yɛ̃²³³	yɛ̃¹³
22 桐庐	tɕyE⁵³³	ʑyE¹³	nyE³³	tɕyE³³	tɕʰyE⁵³³	dʑyE¹³	yE¹³	yE²⁴
23 分水	tɕyã⁴⁴	ʑyã²²	n̠ʑyã⁵³	tɕyã⁵³	tɕʰyã⁴⁴	dʑyã²²	yã²²	yã²²
24 绍兴	tsø̃⁵³	zø̃²³¹	n̠ʑyø̃²²³	tɕyø̃³³⁴	tɕʰyø̃³³	dʑyø̃²³¹	yø̃²³¹	yø̃²²
25 上虞	tsø̃³⁵	zø̃²¹³	n̠ʑyø̃²¹³	tɕyø̃³⁵	tɕʰyø̃³⁵	dʑyø̃²¹³	yø̃²¹³	yø̃³¹

方言点	0593 砖	0594 船	0595 软	0596 卷 ~起	0597 圈 圆~	0598 权	0599 圆	0600 院
	山合三 平仙章	山合三 平仙船	山合三 上仙日	山合三 上仙见	山合三 平仙溪	山合三 平仙群	山合三 平仙云	山合三 去仙云
26 嵊州	tsœ̃^{534}	zœ̃^{213}	nœ̃^{24}白 ȵyœ̃^{22}文	tɕyœ̃^{53}	tɕʰyœ̃^{534}	dʑyœ̃^{213}	yœ̃^{213}	yœ̃^{24}
27 新昌	tsœ̃^{534}	zœ̃^{22}	nœ̃^{13}白 ȵyœ̃^{232}文	tɕyœ̃^{453}	tɕʰyœ̃^{534}	dʑyœ̃^{22}	yœ̃^{22}	yœ̃^{13}
28 诸暨	tsə^{544}	zə^{13}	niə^{242}	tɕiə^{242}	tɕʰiə^{544}	dʑiə^{13}	iə^{13}	iə^{33}
29 慈溪	tsẽ^{35}	zẽ^{13}	ȵyø̃^{13}	tɕyø̃^{35}	tɕʰyø̃^{35}	dʑyø̃^{13}	yø̃^{13}	yø̃^{13}
30 余姚	tsẽ^{44}	zẽ^{13}	ȵyø̃^{13}	tɕyø̃^{34}	tɕyø̃^{44}	dʑyø̃^{13}	yø̃^{13}	yø̃^{13}
31 宁波	tsø^{53}老 tɕiɣ^{53}新	zø^{13}老 ʑiɣ^{13}新	ȵy^{13}	tɕy^{35}	tɕʰy^{35}	dʑy^{13}	y^{13}	y^{13}
32 镇海	tsø^{53}	zø^{24}	ȵy^{24}	tɕy^{35}	tɕʰy^{53}	dʑy^{24}	y^{24}	y^{24}
33 奉化	tɕy^{44}白 tsø^{44}文	zø^{33}	ȵy^{324}	tɕy^{545}	tɕʰy^{44}	dʑy^{33}	y^{33}	y^{324}
34 宁海	tɕyø^{423}	ʑyø^{213}	ȵyø^{31}	kyø^{53}	kʰyø^{423}	gyø^{213}	yø^{213}	yø^{24}
35 象山	tsɤɯ^{44}	zɤɯ^{31}	ȵy^{31}	tɕy^{44}	tɕʰy^{44}	dʑy^{31}	y^{31}	y^{31}
36 普陀	tsø^{53}	zø^{24}	ȵy^{23}	tɕy^{45}	tɕʰy^{53}	dʑy^{24}	y^{24}	y^{13}
37 定海	tsø^{52}	zø^{23}	ȵy^{23}	tɕy^{45}	tɕʰy^{52}	dʑy^{23}	y^{23}	y^{13}
38 岱山	tsø^{52}	zø^{23}	ȵy^{244}	tɕy^{325}	tɕʰy^{44}	dʑy^{23}	y^{23}	y^{213}
39 嵊泗	tɕiɣ^{53}又 tsɣ^{53}又	zɣ^{243}	ȵy^{445}	tɕy^{445}	tɕʰy^{53}	dʑy^{243}	y^{243}	y^{213}
40 临海	tɕyø^{31}	ʑyø^{21}	ȵyø^{52}	tɕyø^{52}又 kyø^{52}又	tɕʰyø^{31}又 kʰyø^{31}又	dʑyø^{21}又 gyø^{21}又	yø^{21}	yø^{324}
41 椒江	tsø^{35}小	zø^{31}	ȵyø^{42}	kyø^{42}	kʰyø^{42}	gyø^{31}	yø^{31}	yø^{24}
42 黄岩	tsø^{35}小	zø^{121}	ȵyø^{42}	kyø^{42}	kʰyø^{35}小	gyø^{121}	yø^{121}	yø^{24}
43 温岭	tɕyø^{33}	ʑyø^{31}	ȵyø^{42}	kyø^{42}	kʰyø^{33}	gyø^{31}	yø^{31}	yø^{13}
44 仙居	tsø^{334}	zø^{213}	ȵyø^{324}读字	cyø^{324}	cʰyø^{334}	ɟyø^{213}	yø^{213}	yø^{24}
45 天台	tɕyø^{33}	ʑyø^{224}	ȵyø^{214}	kyø^{325}	kʰyø^{33}	gyø^{224}	yø^{224}	yø^{35}
46 三门	tɕyø^{334}	ʑyø^{113}	ȵyø^{325}	kyø^{325}	kʰyø^{334}	gyø^{113}	yø^{113}	yø^{243}

续表

方言点	0593 砖	0594 船	0595 软	0596 卷 ~起	0597 圈 圆~	0598 权	0599 圆	0600 院
	山合三平仙章	山合三平仙船	山合三上仙日	山合三上仙见	山合三平仙溪	山合三平仙群	山合三平仙云	山合三去仙云
47 玉环	tsø³⁵小	ʑyø³¹	n̠yø⁵³	kyø⁵³	kʰyø³⁵小	gyø³¹	yø³¹	yø²²
48 金华	tɕyɤ³³⁴	ʑyɤ³¹³	n̠yɤ⁵³⁵	tɕyɤ⁵³⁵	tɕʰyɤ³³⁴	dʑyɤ³¹³	yɤ³¹³	yɤ¹⁴
49 汤溪	tɕyɤ²⁴	ʑyɤ¹¹	n̠yɤ¹¹³	tɕyɤ⁵³⁵	tɕʰyɤ²⁴	dʑyɤ¹¹	yɤ¹¹	yɤ³⁴¹
50 兰溪	tɕyɤ³³⁴	ʑyɤ²¹	n̠yɤ⁵⁵	tɕyɤ⁵⁵	tɕʰyɤ³³⁴	dʑyɤ²¹	yɤ²¹	yɤ²¹
51 浦江	tɕyẽ⁵³⁴	ʑyẽ¹¹³	n̠yẽ²⁴³	tɕyẽ⁵³	tɕʰyẽ⁵³⁴	dʑyẽ¹¹³	yẽ¹¹³	yẽ²⁴
52 义乌	tɕye³³⁵	ye²¹³	n̠ye³¹²	tɕye⁴²³	tɕʰye³³⁵	dʑye²¹³	ye²¹³	ye²⁴
53 东阳	tɕiʊ³³⁴	ʑiʊ²¹³	n̠iʊ²³¹	tɕiʊ⁴⁴	tɕʰyn³³⁴小	dʑiʊ²¹³	iʊ²¹³	iʊ²⁴
54 永康	tɕye⁵⁵	ʑye²²	n̠ye¹¹³	tɕye³³⁴	tɕʰye⁵⁵	dʑye²²	ye²²	ye²⁴¹
55 武义	tɕye²⁴	ʑye³²⁴	n̠ye¹³	tɕye⁴⁴⁵	tɕʰye²⁴	dʑye³²⁴	n̠ye³²⁴	n̠ye²³¹
56 磐安	tɕye⁴⁴⁵	ʑye²¹³	n̠ye³³⁴	tɕye³³⁴	tɕʰye⁴⁴⁵	dʑye²¹³	ye²¹³	ye¹⁴
57 缙云	tɕyɛ⁴⁴	ʑyɛ²⁴³	n̠yɛ³¹	tɕyɛ⁵¹	tɕʰyɛ⁴⁴	dʑyɛ²⁴³	yɛ²⁴³	yɛ²¹³
58 衢州	tʃyə̃³²	ʒyə̃²¹	n̠yə̃²³¹	tʃyə̃³⁵	tʃʰyə̃³²	dʒyə̃²¹	yə̃²¹	yə̃²³¹
59 衢江	tɕiɛ³³	ʑiɛ²¹²	n̠iɛ²¹²	tɕiɛ²⁵	tɕʰiɛ³³	dʑiɛ²¹²	iɛ²¹²	iɛ²³¹
60 龙游	tsuei³³⁴	zuei²¹	n̠ye²²⁴	tsuei³⁵	tsʰuei³³⁴	dzuei²¹	ye²¹	ye²³¹
61 江山	tɕyɛ̃⁴⁴	ʑyĩ²¹³	ŋyɛ̃²²声殊	kyɛ̃²⁴¹	kʰyɛ̃⁴⁴	gyɛ̃²¹³	oŋ⁵¹汤~ / yɛ̃²¹³~圈	yɛ̃³¹
62 常山	tɕyɔ̃⁴⁴	zuĩ³⁴¹	n̠yɔ̃²⁴	tɕyɔ̃⁵²	tɕʰyɔ̃⁴⁴	dʑyɔ̃³⁴¹	yɔ̃³⁴¹	yɔ̃¹³¹
63 开化	tɕyɛ̃⁴⁴	ʑyn²³¹	n̠yɛ̃²¹³	tɕyɛ̃⁵³	tɕʰyɛ̃⁴⁴	dʑyɛ̃²³¹	yɛ̃²³¹	yɛ̃²¹³
64 丽水	tɕyɛ²²⁴	ʑyɛ²²	n̠yɛ⁵⁴⁴	tɕyn⁵⁴⁴白 / tɕyɛ⁵⁴⁴文	tɕʰyɛ²²⁴	dʑyɛ²²	yɛ²²	yɛ¹³¹
65 青田	tɕyɐ⁴⁴⁵	yɐ²¹	n̠yɐ⁴⁵⁴	tɕyaŋ⁴⁵⁴	tɕʰyɐ⁴⁴⁵	dʑyɐ²¹	yɐ²¹	yɐ²²
66 云和	tɕyɛ²⁴	ʑyɛ³¹²	n̠yɛ⁴¹	tɕyɛ⁴¹	tɕʰyɛ²⁴	dʑyɛ³¹²	yɛ³¹²	yɛ²²³
67 松阳	tɕyɛ̃⁵³	ʑyɛ̃³¹	n̠yɛ̃²²	tɕyɛ̃²¹²	tɕʰyɛ̃⁵³	dʑyɛ̃³¹	yɛ̃³¹	yɛ̃¹³
68 宣平	tɕyə³²⁴	ʑyə⁴³³	n̠yə²²³	tɕyən⁴⁴⁵	tɕʰyə³²⁴	dʑyə⁴³³	yə⁴³³	yə²³¹
69 遂昌	tɕyɛ̃⁴⁵	ʑyɛ̃²²¹	n̠yɛ̃¹³	tɕyɛ̃⁵³³	tɕʰyɛ̃⁴⁵	dʑyɛ̃²²¹	yɛ̃²²¹	yɛ̃²¹³

方言点	0593 砖	0594 船	0595 软	0596 卷 ~起	0597 圈 圆~	0598 权	0599 圆	0600 院
	山合三 平仙章	山合三 平仙船	山合三 上仙日	山合三 上仙见	山合三 平仙溪	山合三 平仙群	山合三 平仙云	山合三 去仙云
70 龙泉	tɕyo^{434}	ʑyn^{21}白 ʑyo^{21}文	n̠yo^{51}	tɕyn^{51}	tɕʰyo^{434}	dʑyo^{21}	yo^{21}	yo^{224}
71 景宁	tɕyœ^{324}	ʑyœ^{41}	n̠yœ^{33}	tɕyœ^{33}	tɕʰyœ^{324}	dʑyœ^{41}	yœ^{41}	yœ^{113}
72 庆元	tɕyɛ̃^{335}	ɕyɛ̃^{52}	n̠yɛ̃^{221}	tɕyɛ̃^{33}	tɕʰyɛ̃^{335}	tɕyɛ̃^{52}	yɛ̃^{52}	yɛ̃^{31}
73 泰顺	tɕyɛ^{213}	ɕyɛ^{53}	n̠yɛ^{55}	tɕyɛ^{55}	tɕʰyɛ^{213}	tɕyɛ^{53}	yɛ^{53}	yɛ^{22}
74 温州	tɕy^{33}	y^{31}	n̠y^{14}	tɕioŋ^{25}白 tɕy^{25}文	tɕʰy^{33}	dʑy^{31}	y^{31}	y^{22}
75 永嘉	tɕy^{44}	y^{31}	n̠y^{13}	tɕioŋ^{45}白 tɕy^{45}文	tɕʰy^{44}	dʑy^{31}	y^{31}	y^{22}
76 乐清	tɕyø^{44}	ʑyɛ^{31}	n̠yɛ^{24}	tɕiaŋ^{35}白 tɕyɛ^{35}文	tɕʰyɛ^{44}	dʑyɛ^{31}	yɛ^{31}	yɛ^{22}
77 瑞安	tɕy^{44}	y^{31}	n̠y^{13}	tɕiaŋ^{35}白 tɕy^{35}文	tɕʰy^{44}	dʑy^{31}	y^{31}	y^{22}
78 平阳	tʃɵ^{55}	ye^{242}	n̠ye^{45}	tɕye^{45}	tɕʰye^{55}	dʑye^{242}	ye^{242}	ye^{33}
79 文成	tɕyø^{55}	ʑyø^{113}	n̠yø^{224}	tɕyø^{45}	tɕʰyø^{55}	dʑyø^{113}	yø^{113}	yø^{424}
80 苍南	tsø^{44}	dʑyɛ^{31}	n̠yɛ^{53}	tsueŋ^{53}	tɕʰyɛ^{44}	dʑyɛ^{31}	yɛ^{31}	yɛ^{11}
81 建德徽	tɕye^{53}	ɕye^{33}	n̠ye^{213}	tɕye^{213}	tɕʰye^{53}	tɕye^{33}	n̠ye^{33}	n̠ye^{55}
82 寿昌徽	tɕyei^{112}	ɕyei^{52}	n̠yei^{534}	tɕyei^{24}	tɕʰyei^{112}	tɕʰyɛ̃^{112}文	yei^{52}	yei^{33}白 yɛ̃^{24}文
83 淳安徽	tsuã^{24}	suã^{435}	vã^{55}	tsuã^{55}	tsʰuã^{24}	tsʰuã^{435}	vã^{435}	vã^{53}
84 遂安徽	tɕyɛ̃^{534}	fiɛ̃^{33}	vɛ̃^{43}	kuã^{213}	kʰuã^{534}	tɕʰyɛ̃^{33}	vɛ̃^{33}	yɛ̃^{52}
85 苍南闽	tsuŋ^{55}	tsun^{24}	nɯŋ^{32}	kuŋ^{43}	kʰuan^{55}	kuan^{24}	ĩ^{24}	ĩ^{21}
86 泰顺闽	tɕye^{213}	syeŋ^{22}	nye^{344}	kuo^{341}	kʰye^{213}	kye^{22}	ye^{22}	ye^{31}
87 洞头闽	tsuŋ^{33}	tsun^{113}	nɯŋ^{53}	kuŋ^{53}	kʰuan^{33}	kuan^{113}	ĩ^{113}	ĩ^{21}
88 景宁畲	kyon^{44}	ɕyon^{22}	n̠yon^{44} 调殊	kien^{44}	tɕʰyon^{44}	tɕyon^{22}	（无）	ien^{51}

方言点	0601 铅 ~笔	0602 绝	0603 雪	0604 反	0605 翻	0606 饭	0607 晚	0608 万 麻将牌
	山合三平仙以	山合三入薛从	山合三入薛心	山合三上元非	山合三平元敷	山合三去元奉	山合三上元微	山合三去元微
01 杭州	kʰɛ³³⁴白 tɕʰiɛ³³⁴文	dʑyɛʔ²	ɕieʔ⁵	fɛ⁵³	fɛ³³⁴	vɛ¹³	ue⁵³	vɛ¹³
02 嘉兴	kʰE⁴²	dʑieʔ¹³	ɕieʔ⁵	fE⁵⁴⁴	fE⁴²	vE¹¹³	ue⁵⁴⁴	vE¹¹³
03 嘉善	kʰɛ⁵³音殊	dʑieʔ²	ɕieʔ⁵	fɛ⁴⁴	fɛ⁵³	vɛ¹¹³	mɛ¹¹³白 vɛ⁴⁴文	mɛ¹¹³
04 平湖	kʰɛ⁵³	ziəʔ²³	siəʔ⁵	fɛ⁴⁴	fɛ⁵³	vɛ²¹³	mɛ²¹³白 vɛ²¹³文	vɛ²¹³
05 海盐	kʰɛ⁵³	dziəʔ²³	ɕiəʔ⁵	fɛ⁴²³	fɛ⁵³	vɛ²¹³	mɛ⁴²³白 vɛ⁴²³文	vɛ²¹³
06 海宁	kʰɛ⁵⁵音殊	dzieʔ²	ɕieʔ⁵	fɛ⁵³	fɛ⁵⁵	vɛ¹³	mɛ²³¹白 vɛ²³¹文	vɛ¹³
07 桐乡	kʰɛ⁴⁴	ziəʔ²³	siəʔ⁵	fɛ⁵³	fɛ⁴⁴	vɛ²¹³	mɛ²⁴²白 vɛ²⁴²文	vɛ²¹³
08 崇德	kʰɛ⁴⁴	ziəʔ²³	ɕiəʔ⁵	fɛ⁵³	fɛ⁴⁴	vɛ¹³	mɛ⁵³白 vɛ²⁴²文	vɛ¹³
09 湖州	kʰɛ⁴⁴音殊	dzieʔ²	ɕieʔ⁵	fɛ⁵²³	fɛ⁴⁴	vɛ²⁴	ue⁵²³	vɛ²⁴
10 德清	kʰɛ⁴⁴音殊	dzieʔ²	ɕieʔ⁵	fɛ⁵²	fɛ⁴⁴	vɛ¹¹³	ue⁵²	vɛ¹¹³
11 武康	kʰɛ⁴⁴音殊	dzieʔ²	ɕieʔ⁵	fɛ⁵³	fɛ⁴⁴	vɛ¹¹³	ue⁵³	vɛ¹¹³
12 安吉	kʰE⁵⁵	ziEʔ²³	ɕiEʔ⁵	fE⁵²	fE⁵⁵	vE²¹³	mE⁵²白 uE⁵²文	mE²¹³
13 孝丰	kʰɛ⁴⁴	zieʔ²³	ɕieʔ⁵	fɛ⁵²	fɛ⁴⁴	vɛ²¹³	mɛ⁵²	mɛ³²⁴
14 长兴	kʰE⁴⁴	ʒiEʔ²	ʃiEʔ⁵	fE⁵²	fE⁴⁴	vE²⁴	mE⁵²	vE²⁴
15 余杭	tɕʰie⁴⁴音殊	zieʔ²	sieʔ⁵	f̃ɛ⁵³	f̃ɛ⁴⁴	ṽɛ²¹³	m̃ɛ⁵³白 ue⁵³文	ṽɛ²¹³
16 临安	kʰɛ⁵⁵音殊	dʑiəʔ¹²	ɕiəʔ⁵⁴	fɛ⁵⁵	fɛ⁵⁵	vɛ³³	uE³³	vɛ³³
17 昌化	tɕʰiĩ³³⁴	dʑyəʔ²³	ɕiɛʔ⁵	f̃ɔ⁴⁵³	f̃ɔ³³⁴	ṽa²⁴³	m̃ɛ²⁴³白 ṽɔ²⁴³文	ṽa²⁴³
18 於潜	kʰɛ⁴³³	dʑyæʔ²³	ɕieʔ⁵³	fɛ⁵¹	fɛ⁴³³	vɛ²⁴白 fɛ²⁴文	ue⁵¹	ue²⁴
19 萧山	kʰɛ⁵³³	dʑieʔ¹³	ɕieʔ⁵	fɛ³³	fɛ⁵³³	vɛ²⁴²	mɛ²⁴²白, 调殊 ue²⁴²文, 调殊	vɛ²⁴²

方言点	0601 铅 ~笔	0602 绝	0603 雪	0604 反	0605 翻	0606 饭	0607 晚	0608 万 麻将牌
	山合三 平仙以	山合三 入薛从	山合三 入薛心	山合三 上元非	山合三 平元敷	山合三 去元奉	山合三 上元微	山合三 去元微
20 富阳	$k^hã^{53}$	$dziɛʔ^2$	$ɕieʔ^5$	$fã^{423}$	$fã^{53}$	$vã^{224}$	$mã^{224}$~娘	$vã^{224}$
21 新登	$k^hɛ̃^{53}$	$dziəʔ^2$	$ɕiəʔ^5$	$fɛ̃^{334}$	$fɛ̃^{53}$	$vɛ̃^{13}$	$mɛ̃^{334}$~娘	$vɛ̃^{13}$
22 桐庐	$k^hã^{533}$	$dzyəʔ^{13}$	$ɕiəʔ^5$	$fã^{33}$	$fã^{533}$	$vã^{24}$	$uã^{33}$	$vã^{24}$
23 分水	$tɕ^hiɛ̃^{44}$	$dziəʔ^{12}$	$ɕiəʔ^5$	$fã^{53}$	$fã^{44}$	$vã^{13}$	$uã^{53}$	$vã^{13}$
24 绍兴	$k^hɛ̃^{53}$	$dzieʔ^2$	$ɕieʔ^5$	$fɛ̃^{334}$	$fɛ̃^{53}$	$vɛ̃^{22}$	$mɛ̃^{223}$白 $uɛ̃^{223}$文	$vɛ̃^{22}$
25 上虞	$k^hɛ̃^{35}$	$dziəʔ^2$	$ɕiəʔ^5$	$fɛ̃^{35}$	$fɛ̃^{35}$	$vɛ̃^{31}$	$mɛ̃^{213}$~娘	$vɛ̃^{31}$
26 嵊州	$k^hɛ̃^{534}$	$dzieʔ^2$	$ɕieʔ^5$	$fɛ̃^{53}$	$fɛ̃^{534}$	$uɛ̃^{24}$	$mɛ̃^{24}$白 $uɛ̃^{24}$文	$uɛ̃^{24}$
27 新昌	$k^hɛ̃^{534}$	$dzɤʔ^2$	$sɤʔ^5$	$fɛ̃^{453}$	$fɛ̃^{534}$	$uɛ̃^{13}$	$mɛ̃^{232}$白 $uɛ̃^{232}$文	$uɛ̃^{13}$
28 诸暨	$k^hɛ̃^{544}$	$dzieʔ^{13}$	$ɕieʔ^5$	$fɛ̃^{42}$	$fɛ̃^{544}$	$vɛ̃^{33}$	$vɛ̃^{242}$	$vɛ̃^{33}$
29 慈溪	$k^hɛ̃^{35}$	$dziəʔ^2$	$ɕiəʔ^5$	$fɛ̃^{35}$	$fɛ̃^{35}$	$vɛ̃^{13}$	$mɛ̃^{13}$白 $vɛ̃^{13}$文	$mɛ̃^{13}$
30 余姚	$k^hã^{44}$	$dziəʔ^2$	$ɕiəʔ^5$	$fã^{34}$	$fã^{44}$	$vã^{13}$	$mã^{13}$	$mã^{13}$
31 宁波	$k^hɛ̃^{53}$	$dzoʔ^2$	$soʔ^5$	$fɛ̃^{35}$	$fɛ̃^{53}$	$vɛ̃^{13}$	$mɛ̃^{13}$~娘	$mɛ̃^{13}$
32 镇海	$k^hɛ̃^{53}$	$dzieʔ^{12}$	$soʔ^5$	$fɛ̃^{35}$	$fɛ̃^{53}$	$vɛ̃^{24}$	$mɛ̃^{24}$~爹	$vɛ̃^{24}$
33 奉化	$k^hɛ̃^{44}$	$dzoʔ^2$	$soʔ^5$	$fɛ̃^{545}$	$fɛ̃^{44}$	$vɛ̃^{31}$	$mɛ̃^{31}$白 $vɛ̃^{31}$文	$mɛ̃^{324}$
34 宁海	$k^hɛ̃^{423}$	$dziɔʔ^3$	$ɕyeʔ^5$	$fɛ̃^{53}$	$fɛ̃^{423}$	$vɛ̃^{24}$	$mɛ̃^{31}$	$mɛ̃^{24}$
35 象山	$k^hɛ̃^{44}$	$dzyoʔ^2$	$soʔ^5$	$fɛ̃^{44}$	$fɛ̃^{44}$	$vɛ̃^{13}$	$mɛ̃^{31}$白 $vɛ̃^{13}$文	$mɛ̃^{13}$
36 普陀	$k^hɛ̃^{53}$	$dziɛʔ^{23}$	$soʔ^5$	$fɛ̃^{45}$	$fɛ̃^{53}$	$vɛ̃^{13}$	$uɛ̃^{23}$	$mɛ̃^{13}$
37 定海	$k^hɛ̃^{52}$	$dzieʔ^2$	$soʔ^5$	$fɛ̃^{45}$	$fɛ̃^{52}$	$vɛ̃^{13}$	$mɛ̃^{23}$白 $vɛ̃^{23}$文	$mɛ̃^{13}$
38 岱山	$k^hɛ̃^{52}$	$dzieʔ^2$	$ɕieʔ^5$	$fɛ̃^{52}$	$fɛ̃^{52}$	$vɛ̃^{213}$	$mɛ̃^{244}$白 $vɛ̃^{244}$文	$mɛ̃^{213}$
39 嵊泗	$k^hɛ̃^{53}$	$dziɛʔ^2$	$ɕiɛʔ^5$	$fɛ̃^{445}$	$fɛ̃^{53}$	$vɛ̃^{213}$	$mɛ̃^{334}$白 $vɛ̃^{334}$文	$mɛ̃^{213}$

续表

方言点	0601 铅 ~笔	0602 绝	0603 雪	0604 反	0605 翻	0606 饭	0607 晚	0608 万 麻将牌
	山合三 平仙以	山合三 入薛从	山合三 入薛心	山合三 上元非	山合三 平元敷	山合三 去元奉	山合三 上元微	山合三 去元微
40 临海	$k^h\varepsilon ʔ^{31}$	$zyeʔ^{23}$	$\varphi yeʔ^{5}$	fe^{52}	fe^{31}	ve^{324}	（无）	ve^{324}
41 椒江	$k^h i\varepsilon^{42}$	$zøʔ^{2}$	$søʔ^{5}$	$f\varepsilon^{42}$	$f\varepsilon^{42}$	$v\varepsilon^{24}$	$m\varepsilon^{42}$	$v\varepsilon^{24}$
42 黄岩	$k^h i\varepsilon^{32}$	$zøʔ^{2}$	$søʔ^{5}$	$f\varepsilon^{42}$	$f\varepsilon^{32}$	$v\varepsilon^{24}$	$m\varepsilon^{42}$	$v\varepsilon^{24}$
43 温岭	$k^h i\varepsilon^{42}$	$zyoʔ^{2}$	$\varphi yʔ^{5}$	$f\varepsilon^{42}$	$f\varepsilon^{33}$	$v\varepsilon^{13}$	$m\varepsilon^{42}$	$v\varepsilon^{13}$
44 仙居	$k^h a^{334}$	$zy\alpha ʔ^{23}$	$\varphi y\alpha ʔ^{5}$	fa^{324}	fa^{334}	va^{24}	ma^{324}白 va^{324}文	va^{24}
45 天台	$k^h e^{33}$音殊	$zyəʔ^{2}$	$\varphi yəʔ^{5}$	fe^{325}	fe^{33}	ve^{35}	ve^{214}	ve^{35}
46 三门	$k^h\varepsilon^{334}$	$zyəʔ^{23}$	$\varphi yəʔ^{5}$	$f\varepsilon^{325}$	$f\varepsilon^{334}$	$v\varepsilon^{243}$	$u\varepsilon^{325}$	$v\varepsilon^{243}$
47 玉环	$k^h i\varepsilon^{42}$	$zyoʔ^{2}$	$\varphi yoʔ^{5}$	$f\varepsilon^{53}$	$f\varepsilon^{42}$	$v\varepsilon^{22}$	$m\varepsilon^{53}$	$v\varepsilon^{22}$
48 金华	$k^h a^{334}$	$dz\textsubscript{z}yəʔ^{212}$	φie^{55}	fa^{535}	fa^{334}	va^{14}	ma^{535}白 $u\tilde{\varepsilon}^{535}$文	$m\gamma a^{14}$
49 汤溪	ie^{11}	zie^{113}	sie^{55}	$f\gamma a^{535}$正~ $m\gamma a^{535}$翻动	$f\gamma a^{24}$	$v\gamma a^{341}$	$m\gamma a^{113}$	$m\gamma a^{341}$
50 兰溪	$k^h\tilde{æ}^{334}$	$dz\textsubscript{z}iəʔ^{12}$	$\varphi ieʔ^{34}$	fia^{55}	fia^{334}	via^{24}	mia^{55}	mia^{24}
51 浦江	$k^h\tilde{\alpha}^{534}$	$dz\textsubscript{z}iə^{232}$	si^{423}	$f\tilde{\alpha}^{53}$	$f\tilde{\alpha}^{534}$	$v\tilde{\alpha}^{24}$	$m\tilde{\alpha}^{24}$白 uan^{53}文	$m\alpha^{24}$
52 义乌	$k^h\mathrm{ɔ}^{335}$	$dz\mathrm{ə}^{312}$	sie^{324}	$f\mathrm{ɔ}^{423}$	$f\mathrm{ɔ}^{335}$	$b\mathrm{ɔ}^{24}$	ma^{24}~娘 uan^{24}文	ma^{24}
53 东阳	$t\varphi^h i\mathrm{ɐn}^{334}$	$dz\textsubscript{z}i\varepsilon ʔ^{23}$	$\varphi i\varepsilon ʔ^{34}$	$f\mathrm{ɔ}^{44}$	$f\mathrm{ɔ}^{334}$	$v\mathrm{ɔ}^{24}$	（无）	$v\mathrm{ɔ}^{24}$
54 永康	$k^h a^{55}$	zie^{113}	φie^{334}	fa^{334}	fa^{55}	va^{241}	ma^{241}忒~ ma^{113}~娘	ma^{241}
55 武义	$k^h a^{24}$	$dz\textsubscript{z}yə^{213}$	φie^{53}	fuo^{445}	fuo^{24}	vuo^{231}	muo^{13}	muo^{231}
56 磐安	$i\mathrm{ɒ}^{213}$	$dz\textsubscript{z}y\varepsilon^{213}$	φye^{334}	$f\mathrm{ɒ}^{334}$	$f\mathrm{ɒ}^{445}$	$v\mathrm{ɒ}^{14}$	$m\mathrm{ɒ}^{334}$~稻 $m\mathrm{ɐn}^{14}$~爷	$mə^{14}$
57 缙云	$k^h\alpha^{44}$	$zy\varepsilon^{13}$	φye^{322}	$f\alpha^{51}$	$f\alpha^{44}$	$v\alpha^{213}$	$m\alpha^{213}$	$m\alpha^{213}$
58 衢州	$k^h\tilde{a}^{32}$	$dz\textsubscript{z}iəʔ^{12}$	$\varphi iəʔ^{5}$	$f\tilde{a}^{35}$	$f\tilde{a}^{32}$	$v\tilde{a}^{231}$	$u\tilde{a}^{231}$	$m\tilde{a}^{231}$
59 衢江	$k^h\tilde{a}^{33}$	$dz\textsubscript{z}yəʔ^{2}$	$\varphi iəʔ^{5}$	$p\tilde{a}^{25}$顺~ $f\tilde{a}^{25}$~正	$f\tilde{a}^{33}$	$v\tilde{a}^{231}$	$u\varepsilon^{53}$白 ua^{53}文	$m\tilde{a}^{231}$

方言点	0601 铅 ~笔	0602 绝	0603 雪	0604 反	0605 翻	0606 饭	0607 晚	0608 万 麻将牌
	山合三 平仙以	山合三 入薛从	山合三 入薛心	山合三 上元非	山合三 平元敷	山合三 去元奉	山合三 上元微	山合三 去元微
60 龙游	$k^h\tilde{a}^{334}$旧 $t\varepsilon^h ie^{334}$今	$zi\partial\textʔ^{23}$	$\varepsilon i\partial\textʔ^{1}$	$f\tilde{a}^{35}$	$f\tilde{a}^{334}$	$v\tilde{a}^{231}$	$u a^{35}$	$m\tilde{a}^{231}$
61 江山	$k^h a\eta^{44}$	$zy\varepsilon\textʔ^{2}$	$\varepsilon y\varepsilon\textʔ^{5}$	$pa\eta^{51}$音殊	$pa\eta^{44}$	$va\eta^{31}$	$ma\eta^{31}$	$ma\eta^{31}$
62 常山	$k^h\tilde{a}^{44}$	$zy\Lambda\textʔ^{34}$~代 $dzy\Lambda\textʔ^{34}$~对	$\varepsilon y\Lambda\textʔ^{5}$	$p\tilde{a}^{52}$~手 $f\tilde{a}^{52}$~对	$p\tilde{a}^{52}$船~ $f\tilde{a}^{44}$~身	$v\tilde{a}^{131}$	$u a^{52}$	$m\tilde{a}^{131}$
63 开化	$k^h\tilde{a}^{44}$老 $t\varepsilon^h i\tilde{\varepsilon}^{44}$新	$zi\tilde{\varepsilon}^{13}$	$\varepsilon ia\textʔ^{5}$	$p\tilde{a}^{53}$~面 $f\tilde{a}^{53}$相~	$p\tilde{a}^{44}$~书 $f\tilde{a}^{44}$推~	$v\tilde{a}^{213}$	$m\tilde{a}^{213}$	$m\tilde{a}^{213}$
64 丽水	$k^h\tilde{a}^{224}$	$zy\varepsilon\textʔ^{23}$白 $dzy\varepsilon\textʔ^{23}$文	$\varepsilon y\varepsilon\textʔ^{5}$	$p\tilde{a}^{544}$白 $f\tilde{a}^{544}$文	$f\tilde{a}^{224}$	$v\tilde{a}^{131}$	$m\tilde{a}^{544}$白 $u\tilde{a}^{544}$文	$m\tilde{a}^{131}$
65 青田	$k^h\alpha^{445}$	$y\textae\textʔ^{31}$	$\varepsilon y\textae\textʔ^{42}$	$\textbeta\alpha^{454}$白 $f\alpha^{454}$文	$f\alpha^{445}$	$v\alpha^{22}$	$m\alpha^{454}$	$m\alpha^{22}$
66 云和	$k^h\tilde{a}^{24}$	$zy\varepsilon\textʔ^{23}$	$\varepsilon y\varepsilon\textʔ^{5}$	$p\tilde{a}^{41}$白 $f\tilde{a}^{41}$文	$f\tilde{a}^{24}$	$v\tilde{a}^{223}$	$m\tilde{a}^{41}$白 $u\tilde{a}^{41}$文	$m\tilde{a}^{223}$
67 松阳	$i\tilde{\varepsilon}^{31}$	$zy\varepsilon\textʔ^{2}$	$\varepsilon y\varepsilon\textʔ^{5}$	$p\tilde{\textopeno}^{212}$白 $f\tilde{\textopeno}^{212}$文	$f\tilde{\textopeno}^{53}$	$v\tilde{\textopeno}^{13}$	$m\tilde{\textopeno}^{22}$	$m\tilde{\textopeno}^{13}$
68 宣平	$k^h\tilde{\alpha}^{445}$	$zy\tilde{\partial}^{23}$白 $dzy\tilde{\partial}^{23}$文	$\varepsilon i\partial\textʔ^{5}$	$p\tilde{\alpha}^{445}$白 $f\tilde{\alpha}^{445}$文	$f\tilde{\alpha}^{324}$	$v\tilde{\alpha}^{231}$	$m\tilde{\alpha}^{223}$	$m\tilde{\alpha}^{231}$
69 遂昌	$i\tilde{\varepsilon}^{213}$	$zy\varepsilon\textʔ^{23}$~灭 $dzy\varepsilon\textʔ^{23}$~对	$\varepsilon y\varepsilon\textʔ^{5}$	$pa\eta^{533}$白 $fa\eta^{533}$文	$fa\eta^{45}$	$va\eta^{213}$	$ma\eta^{13}$~娘 $ua\eta^{13}$~会	$ma\eta^{213}$
70 龙泉	$k^h a\eta^{434}$	$zyo\textʔ^{24}$	$\varepsilon yo\textʔ^{5}$	$fa\eta^{51}$	$fa\eta^{134}$	$va\eta^{224}$	$ma\eta^{51}$	$ma\eta^{224}$
71 景宁	$t\varepsilon^h ie^{33}$调殊	$zy\textoe\textʔ^{23}$白 $dzy\textoe\textʔ^{23}$文	$\varepsilon y\textoe\textʔ^{5}$	$p\textopeno^{33}$白 $f\textopeno^{33}$文	$f\textopeno^{324}$	$v\textopeno^{113}$	$m\textopeno^{33}$	$m\textopeno^{113}$
72 庆元	$t\varepsilon^h i\tilde{\varepsilon}^{335}$	$\varepsilon y\varepsilon^{34}$	$\varepsilon y\varepsilon^{5}$	$\textbeta\tilde{\alpha}^{33}$白 $f\tilde{\alpha}^{33}$文	$f\tilde{\alpha}^{335}$	$f\tilde{\alpha}^{31}$	$m\tilde{\alpha}^{221}$	$m\tilde{\alpha}^{31}$
73 泰顺	ie^{21}	$\varepsilon y\varepsilon\textʔ^{2}$	$\varepsilon y\varepsilon\textʔ^{5}$	$f\tilde{a}^{55}$	$f\tilde{a}^{213}$	$u a^{22}$	$m\tilde{a}^{55}$	$m\tilde{a}^{22}$
74 温州	$k^h a^{33}$	y^{212}	εy^{323}	fa^{25}	fa^{33}	va^{22}	va^{14}	ma^{22}
75 永嘉	$k^h a^{44}$	y^{213}	εy^{123}	pa^{45}白 fa^{45}文	fa^{44}	va^{22}	ma^{13}白 va^{13}文	ma^{22}白 va^{22}文
76 乐清	$k^h\varepsilon^{44}$	$zy\varepsilon^{212}$	$sy\varepsilon^{323}$	$f\varepsilon^{35}$	$f\varepsilon^{44}$	$v\varepsilon^{22}$	$v\varepsilon^{24}$	$m\varepsilon^{22}$
77 瑞安	$k^h a^{44}$	y^{212}	εy^{323}	$p\textopeno^{35}$白 $f\textopeno^{35}$文	$f\textopeno^{44}$	$v\textopeno^{22}$	$m\textopeno^{13}$白 $v\textopeno^{13}$文	$m\textopeno^{22}$白 $v\textopeno^{22}$文

续表

方言点	0601 铅 ~笔	0602 绝	0603 雪	0604 反	0605 翻	0606 饭	0607 晚	0608 万 麻将牌
	山合三 平仙以	山合三 入薛从	山合三 入薛心	山合三 上元非	山合三 平元敷	山合三 去元奉	山合三 上元微	山合三 去元微
78 平阳	k^hA^{55}	$dʑye^{12}$	$ɕye^{34}$	$fɔ^{45}$	$fɔ^{55}$	$vɔ^{33}$	$vɔ^{45}$	$mɔ^{33}$白 $vɔ^{33}$文
79 文成	$k^hɔ^{55}$白 k^ha^{55}文	$zø^{212}$	$ɕyø^{34}$	$fɔ^{45}$	$fɔ^{55}$	$vɔ^{424}$	$mɔ^{224}$	$mɔ^{424}$
80 苍南	$k^hɛ^{44}$白 $tɕ^hiɛ^{44}$文	$dʑyɛ^{112}$	$ɕyɛ^{223}$	pa^{53}白 hua^{53}文	hua^{44}	ua^{11}	ua^{53}	ma^{11}白 ua^{11}文
81 建德徽	$k^hɛ^{53}$	$tɕiəʔ^{12}$	$ɕi^{55}$	$fɛ^{213}$	$fɛ^{53}$	$fɛ^{55}$	$mɛ^{55}$白 $uɛ̃^{55}$文	$mɛ^{55}$
82 寿昌徽	$tɕ^hiɛ̃^{55}$文	$tɕyəʔ^{31}$	$ɕi^{55}$	$fɤ^{24}$	$fɤ^{112}$	$fɤ^{33}$	$mɤ^{33}$~娘 $uæ^{55}$~会	$uæ̃^{24}$文
83 淳安徽	$k^hɑ̃^{24}$白 $tɕ^hiɑ̃^{24}$文	$ɕiəʔ^{13}$	$ɕiəʔ^{5}$	$fɑ̃^{55}$	$fɑ̃^{24}$	$fɑ̃^{53}$	$uɑ̃^{55}$	$uɑ̃^{53}$
84 遂安徽	$tɕ^hiɛ̃^{534}$	$tɕye^{213}$	$ɕie^{24}$	$fɑ̃^{213}$	$fɑ̃^{534}$	$fɑ̃^{52}$	$vɑ̃^{213}$	$vɑ̃^{52}$
85 苍南闽	ian^{24}	$tsuə^{24}$	$sə^{43}$	$huan^{43}$	$huan^{55}$	(无)	$buan^{32}$	ban^{21}
86 泰顺闽	k^hie^{22}	$tɕyɪʔ^{3}$	$ɕyɪʔ^{5}$	$fæŋ^{22}$	$fæŋ^{213}$	$pɔi^{31}$	$uæŋ^{344}$ $mæŋ^{31}$	$uæŋ^{31}$
87 洞头闽	ian^{113}白 k^hian^{33}文	$tsuət^{24}$	$sə^{53}$	$huan^{53}$	$huan^{33}$	(无)	$bũa^{53}$白 $ũa^{21}$文	ban^{21}
88 景宁畲	(无)	$tɕyot^{2}$	$sɔt^{5}$	$fɔn^{325}$	$fɔn^{44}$	$p^hɔn^{51}$	(无)	$mɔn^{51}$

方言点	0609 劝	0610 原	0611 冤	0612 园	0613 远	0614 发 头~	0615 罚	0616 袜
	山合三去元溪	山合三平元疑	山合三平元影	山合三平元云	山合三上元云	山合三入月非	山合三入月奉	山合三入月微
01 杭州	tɕʰyo⁴⁵	yo²¹³	yo³³⁴	yo²¹³	yo⁵³	faʔ⁵	vaʔ²	maʔ²
02 嘉兴	tɕʰyə²²⁴	ȵyə²⁴²	yə⁴²	yə²⁴²	yə¹¹³	fʌʔ⁵	vʌʔ¹³	mʌʔ⁵
03 嘉善	tɕʰyø³³⁴	ȵyø¹³²	yø⁵³	yø¹³²	yø¹¹³	faʔ⁵	uaʔ²	mɘʔ²
04 平湖	tɕʰyø²¹³	ȵyø³¹	yø⁵³	yø³¹	yø²¹³	faʔ⁵	vaʔ²³	maʔ²³
05 海盐	tɕʰyɤ³³⁴	ȵyɤ³¹	yɤ⁵³	yɤ³¹	yɤ⁴²³	faʔ⁵	vaʔ²³	maʔ²³
06 海宁	tɕʰie³⁵	ȵie¹³	ie⁵⁵	ie¹³	ie²³¹	faʔ⁵	vaʔ²	maʔ²
07 桐乡	tɕʰiɛ³³⁴	ȵiɛ¹³	iɛ⁴⁴	iɛ¹³	iɛ²⁴²	faʔ⁵	vaʔ²³	mɔʔ²³
08 崇德	tɕʰiɪ³³⁴	ȵiɪ¹³	iɪ⁴⁴	iɪ¹³	iɪ⁵³	faʔ⁵	vaʔ²³	mɔʔ²³
09 湖州	tɕʰie³⁵	ȵie¹¹²	ie⁴⁴	ie¹¹²	ie⁵²³	faʔ⁵	vaʔ²	maʔ²
10 德清	tɕʰie³³⁴	ȵie¹¹³	ie³³⁴	ie³³⁴	ie⁵²	faʔ⁵	vaʔ²	maʔ²
11 武康	tɕʰiɪ²²⁴	ȵiɪ¹¹³	iɪ⁴⁴	iɪ¹¹³	iɪ⁵³	fɜʔ⁵	vɜʔ²	mɜʔ²
12 安吉	tɕʰi³²⁴	ȵi²²	i⁵⁵	i²²	i⁵²	fɐʔ⁵	vɐʔ²³	mɐʔ²³
13 孝丰	tɕʰiɪ³²⁴	ȵiɪ²²	iɪ⁴⁴	iɪ²²	iɪ⁵²	faʔ⁵	vaʔ²³	maʔ²³
14 长兴	tʃʰi³²⁴	ȵi¹²	i⁴⁴	i¹²	i⁵²	faʔ⁵	vaʔ²	maʔ²
15 余杭	tɕʰiẽ⁴²³	ȵiẽ²²	iẽ⁴⁴	iẽ²²	iẽ⁵³	faʔ⁵	vaʔ²	mɘʔ²
16 临安	tɕʰyœ⁵⁵	ȵyœ³³	yœ⁵⁵	yœ³³	yœ³³	fɐʔ⁵⁴	vɐʔ¹²	mɐʔ¹²
17 昌化	tɕʰyɪ̃⁵⁴⁴	ȵyɪ̃¹¹²	yɪ̃³³⁴	yɪ̃¹¹²	yɪ̃²⁴³	faʔ⁵	vaʔ²³	maʔ²³
18 於潜	tɕʰyɛ³⁵	yɛ²²³	yɛ⁴³³	yɛ²²³	yɛ⁵¹	fɐʔ⁵³	vɑʔ²³	mɑʔ²³
19 萧山	tɕʰyə⁴²	ȵyə³⁵⁵	yə⁵³³	yə³⁵⁵	yə¹³	faʔ⁵	vaʔ¹³	maʔ¹³
20 富阳	tɕʰyɛ̃³³⁵	yɛ̃¹³	yɛ̃⁵³	yɛ̃¹³	yɛ̃²²⁴	fɛʔ⁵	vɛʔ²	mɛʔ²
21 新登	tɕʰyɛ̃⁴⁵	yɛ̃²³³	yɛ̃⁵³	yɛ̃²³³	yɛ̃³³⁴	faʔ⁵	vaʔ²	maʔ²
22 桐庐	tɕʰyɛ³⁵	yɛ¹³	yɛ⁵³³	yɛ¹³	yɛ³³	faʔ⁵	vaʔ¹³	maʔ¹³
23 分水	tsʰyã²⁴	ȵyã²²	yã⁴⁴	yã²²	yã⁵³	faʔ⁵	vaʔ¹²	maʔ¹²
24 绍兴	tɕʰyø̃³³	ȵyø̃²³¹	yø̃⁵³	yø̃²³¹	yø̃²²³	fɛʔ⁵	vɛʔ²	mɛʔ²
25 上虞	tɕʰyø̃⁵³	ȵyø̃²¹³	yø̃³⁵	yø̃²¹³	yø̃²¹³	fɐʔ⁵	vɐʔ²	mɐʔ²

续表

方言点	0609 劝	0610 原	0611 冤	0612 园	0613 远	0614 发 头~	0615 罚	0616 袜
	山合三去元溪	山合三平元疑	山合三平元影	山合三平元云	山合三上元云	山合三入月非	山合三入月奉	山合三入月微
26 嵊州	tɕʰyæ̃³³⁴	n̻yæ̃²¹³	yæ̃⁵³⁴	yæ̃²¹³	yæ̃²²	fɛʔ⁵	uɛʔ²	mɛʔ²
27 新昌	tɕʰyæ̃³³⁵	n̻yæ̃²²	yæ̃⁵³⁴	yæ̃²²	yæ̃²³²	fɛʔ⁵	uɛʔ²	mɛʔ²
28 诸暨	tɕʰiə⁵⁴⁴	niə¹³	iə⁵⁴⁴	iə¹³	iə²⁴²	faʔ⁵	vaʔ¹³	maʔ¹³
29 慈溪	tɕʰyø̃⁴⁴	n̻yø̃¹³	yø̃⁴⁴ 调殊	yø̃¹³	yø̃¹³	faʔ⁵	vaʔ²	maʔ²
30 余姚	tɕʰyø̃⁵³	n̻yø̃¹³	yø̃⁴⁴	yø̃¹³	yø̃¹³	faʔ⁵	vaʔ²	maʔ²
31 宁波	tɕʰy⁴⁴	n̻y¹³	y⁴⁴	y¹³	y¹³	faʔ⁵	vaʔ²	maʔ²
32 镇海	tɕʰy⁵³	n̻y²⁴	y⁵³	y²⁴	y²⁴	faʔ⁵	vaʔ¹²	maʔ¹²
33 奉化	tɕʰy⁵³	n̻y³³	y⁴⁴	y³³	y³²⁴	faʔ⁵	vaʔ²	maʔ²
34 宁海	kʰyø³⁵	n̻yø²¹³	yø³⁵	yø²¹³	yø⁵³	faʔ⁵	vaʔ³	maʔ³
35 象山	tɕʰy⁵³	n̻y³¹	y⁴⁴	y³¹	y³¹	faʔ⁵	vaʔ²	maʔ²
36 普陀	tɕʰy⁵⁵	n̻y²⁴	y⁵³	y²⁴	y²³	fɐʔ⁵	vɐʔ²³	mɐʔ²³
37 定海	tɕʰy⁴⁴	n̻y²³	y⁵²	y²³	y²³	fɐʔ⁵	vɐʔ²	mɐʔ²
38 岱山	tɕʰy⁴⁴	n̻y²³	y⁵²	y²³	y²⁴⁴	fɐʔ⁵	vɐʔ²	mɐʔ²
39 嵊泗	tɕʰy⁵³	n̻y²⁴³	y⁵³	y²⁴³	y⁴⁴⁵	fɐʔ⁵	vɐʔ²	mɐʔ²
40 临海	tɕʰyø⁵⁵ 又 / kʰyø⁵⁵ 又	n̻yø²¹	yø³¹	yø²¹	yø⁵²	fɛʔ⁵	vɛʔ²³	mɛʔ²³
41 椒江	kʰyø⁵⁵	n̻yø³¹	yø⁴²	yø³¹	yø⁴²	fɛʔ⁵	vɛʔ²	mɛʔ²
42 黄岩	kʰyø⁵⁵	n̻yø¹²¹	yø³²	yø¹²¹	yø⁴²	fɐʔ⁵	vɐʔ²	mɐʔ²
43 温岭	kʰyø⁵⁵	n̻yø³¹	yø³³	yø³¹	yø⁴²	fəʔ⁵	vəʔ²	məʔ²
44 仙居	cʰyø⁵⁵	n̻yø²¹³	yø³³⁴	yø²¹³	yø³²⁴	fɑʔ⁵	vɑʔ²³	mɑʔ²³
45 天台	kʰyø⁵⁵	n̻yø²²⁴	yø³³	yø²²⁴	yø²¹⁴	feʔ⁵	veʔ²	meʔ²
46 三门	kʰyø⁵⁵	n̻yø¹¹³	yø³³⁴	yø¹¹³	yø³²⁵	fɐʔ⁵	vɐʔ²³	mɐʔ²³
47 玉环	kʰyø⁵⁵	n̻yø³¹	yø⁴²	yø³¹	yø⁵³	fɐʔ⁵	vɐʔ²	mɐʔ²
48 金华	tɕʰyɤ⁵⁵	n̻yɤ³¹³	yɤ³³⁴	yɤ³¹³	yɤ⁵³⁵	fɤa⁵⁵	vɤa¹⁴	mɤa¹⁴
49 汤溪	tɕʰyɤ⁵²	n̻yɤ¹¹	yɤ²⁴	yɤ¹¹	yɤ¹¹³	fɤa⁵⁵	vɤa¹¹³	mɤa¹¹³

续表

方言点	0609 劝 山合三 去元溪	0610 原 山合三 平元疑	0611 冤 山合三 平元影	0612 园 山合三 平元云	0613 远 山合三 上元云	0614 发 头~ 山合三 入月非	0615 罚 山合三 入月奉	0616 袜 山合三 入月微
50 兰溪	tɕʰyɤ⁴⁵	n̠yɤ²¹	yɤ³³⁴	yɤ²⁴	yɤ⁵⁵	fiaʔ³⁴	viaʔ¹²	miaʔ¹²
51 浦江	tɕʰyẽ⁵⁵	yẽ¹¹³	yẽ⁵³⁴	yẽ¹¹³	yẽ²⁴³	fɑ⁴²³	vɑ²³²	miɑ²³²
52 义乌	tɕʰye⁴⁵	n̠ye²¹³	ye³³⁵	ye²¹³	ye³¹²	fwa³²⁴	bwa³¹²	mwa³¹²
53 东阳	tɕʰiʊ⁴⁵³	niʊ²¹³	iʊ³³⁴	iʊ²¹³	iʊ²³¹	fo³³⁴	vo²¹³	mo²¹³
54 永康	tɕʰye⁵²	n̠ye²²	ye⁵⁵	ye²²	ye¹¹³	fuɑ³³⁴	vuɑ¹¹³	muɑ¹¹³
55 武义	tɕʰye⁵³	n̠ye³²⁴	n̠ye²⁴	n̠ye³²⁴	n̠ye¹³	fuɑ⁵³	vuɑ¹³	muɑ¹³
56 磐安	tɕʰye⁵²	n̠ye²¹³	ye⁴⁴⁵	ye²¹³	ye³³⁴	fə³³⁴	və²¹³	mə²¹³
57 缙云	tɕʰyɛ⁴⁵³	n̠yɛ²⁴³	yɛ⁴⁴	yɛ²⁴³	yɛ³¹	fɑ³²²	vɑ¹³	mɑ¹³
58 衢州	tʃʰyə̃⁵³	n̠yə̃²¹	yə̃³²	yə̃²¹	yə̃²³¹	faʔ⁵	vaʔ¹²	maʔ¹²
59 衢江	tɕʰiɛ⁵³	n̠iɛ²¹²	iɛ³³	iɛ²¹²	iɛ²¹²	faʔ⁵	vaʔ²	maʔ²
60 龙游	tsʰuei⁵¹	n̠ye²¹	ye³³⁴	ye²¹	ye²²⁴	fɔʔ¹	vɔʔ²³	mɔʔ²³
61 江山	kʰyɛ̃⁵¹	ŋyɛ̃²¹³	yɛ̃⁴⁴	koŋ⁵¹菜~ yɛ̃²¹³公~	xoŋ²⁴¹白 yɛ̃⁴⁴文	faʔ⁵	vaʔ²	maʔ²
62 常山	tɕʰyɔ̃³²⁴	n̠yɔ̃³⁴¹	yɔ̃⁴⁴	xoŋ⁴⁴白 yɔ̃³⁴¹文	xoŋ⁵²白 yɔ̃¹³¹文	faʔ⁵	vaʔ³⁴	maʔ³⁴
63 开化	tɕʰyɛ̃⁴¹²	n̠yɛ̃²³¹	yɛ̃⁴⁴	xɤŋ⁴⁴菜~ yɛ̃²³¹公~	xɤŋ⁵³单用 yɛ̃⁵³永~	faʔ⁵	vaʔ¹³	maʔ¹³
64 丽水	tɕʰyɛ⁵²	n̠yɛ²²	yɛ²²⁴	yɛ²²	yɛ⁵⁴⁴	fuɔʔ⁵	vuɔʔ²³	muɔʔ²³
65 青田	tɕʰyɐ³³	n̠yɐ²¹	yɐ⁴⁴⁵	yɐ²¹	yɐ¹⁵⁴	faʔ⁴²	vaʔ³¹	muæʔ³¹
66 云和	tɕʰyɛ⁴⁵	n̠yɛ³¹²	yɛ²⁴	yɛ³¹²	ye¹¹	fɔʔ⁵	vɔʔ²³	mɔʔ²³
67 松阳	tɕʰyɛ̃²⁴	n̠yɛ̃³¹	yɛ̃⁵³	fen²⁴菜~ yɛ̃³¹公~	fen²¹²路~ n̠yɛ̃²²长~	fɔʔ⁵	vɔʔ²	mɔʔ²
68 宣平	tɕʰyə⁵²	n̠yə⁴³³	yə³²⁴	yə⁴³³	yə²²³	fɑʔ⁵	vaʔ²³	maʔ²³
69 遂昌	tɕʰyɛ̃³³⁴	n̠yɛ̃²²¹	yɛ̃⁴⁵	xəŋ³³⁴菜~ yɛ̃²²¹公~	yɛ̃¹³	fɯ1ʔ⁵	vaʔ²³	maʔ²³
70 龙泉	tɕʰyo⁴⁵	n̠yo²¹	yo⁴³⁴	yo²¹	xuən⁵¹白 yo⁵¹文	foʔ⁵	voʔ²⁴	moʔ²⁴

续表

方言点	0609 劝	0610 原	0611 冤	0612 园	0613 远	0614 发头~	0615 罚	0616 袜
	山合三去元溪	山合三平元疑	山合三平元影	山合三平元云	山合三上元云	山合三入月非	山合三入月奉	山合三入月微
71 景宁	tɕʰyœ³⁵	ȵyœ⁴¹	yœ³²⁴	yœ⁴¹	yœ³³	fɔʔ⁵	vɤʔ²³	mɔʔ²³
72 庆元	tɕʰyɛ̃¹¹	ȵyɛ̃⁵²	yɛ̃³³⁵	xuəŋ¹¹菜~ / yɛ̃⁵²公~	xuəŋ³³白 / yɛ̃²²¹文	fɯʔ⁵	fɑʔ³⁴	mɑʔ³⁴
73 泰顺	tɕʰyɛ³⁵	ȵyɛ⁵³	yɛ²¹³	yɛ⁵³	yɛ⁵⁵	fɔʔ⁵	uɔʔ²	mɔʔ²
74 温州	tɕʰy⁵¹	y³¹	y³³	y³¹	y¹⁴	ho³²³	o²¹²	mo²¹²
75 永嘉	tɕʰy⁵³	ȵy³¹	y⁴⁴	y³¹	y¹³	ho⁴²³	o²¹³	mo²¹³
76 乐清	tɕʰyɛ⁴¹	ȵyɛ³¹	yɛ⁴⁴	yɛ³¹	yɛ²⁴	fa³²³	va²¹²	mɯʌ²¹²
77 瑞安	tɕʰy⁵³	ȵy³¹	y⁴⁴	y³¹	y¹³	fɔ³²³	uɔ²¹²	mɔ²¹²
78 平阳	tɕʰye⁵³	ȵye²⁴²	ye⁵⁵	ye²⁴²	ye⁴⁵	fɔ³⁴	vɔ¹²	mɔ¹²
79 文成	tɕʰyø³³	ȵyø¹¹³	yø⁵⁵	yø¹¹³	yø²²⁴	fɔ³⁴	vɔ²¹²	mɔ²¹²
80 苍南	tɕʰyɛ⁴²	ȵyɛ³¹	yɛ⁴⁴	yɛ³¹	yɛ⁵³	hua²²³	ua¹¹²	mo¹¹²
81 建德徽	tɕʰye³³	ȵye³³	ȵye⁵³	ȵye³³	ȵye²¹³	fo⁵⁵	fo²¹³	mo²¹³
82 寿昌徽	tɕʰyei³³	ȵyɛ̃¹¹²文	yei¹¹²	yei⁵²菜~ / yɛ̃¹¹²公~	yei⁵³⁴	fɤ⁵⁵	fɤ²⁴	mɤ²⁴
83 淳安徽	tsʰuã²⁴	vã⁴³⁵	vã²⁴	vã⁴³⁵	vã⁵⁵	fɑʔ⁵	fɑʔ¹³	mɑʔ¹³
84 遂安徽	kʰuã⁴³	yɛ̃³³	vã⁵³⁴	vã³³	vã²¹³	fa²⁴	fa²¹³	ma²¹³
85 苍南闽	kʰɯŋ²¹	guan²⁴	uan⁵⁵	huŋ²⁴菜~ / ĩ²¹动物~	huŋ⁴³	huə⁴³	huə²⁴	bə²⁴
86 泰顺闽	kʰuo⁵³	ŋuo²²	uo²¹³	ye²²	ye³⁴⁴	pøʔ⁵	fɛʔ³	miɛʔ³
87 洞头闽	kʰɯŋ²¹白 / kʰian²¹文	guan¹¹³	uan³³	huŋ¹¹³ / ĩ²¹	huŋ²¹	huət⁵	huət²⁴	bə²⁴¹
88 景宁畲	tɕʰyon⁴⁴~架 / xyon⁴⁴~酒	ȵyon²²	yon⁴⁴	yon²²	yon³²⁵	fɔt⁵	fɔt²	mɔt²

方言点	0617 月 山合三 入月疑	0618 越 山合三 入月云	0619 县 山合四 去先匣	0620 决 山合四 入屑见	0621 缺 山合四 入屑溪	0622 血 山合四 入屑晓	0623 吞 臻开一 平痕透	0624 根 臻开一 平痕见
01 杭州	yɛʔ^{2}	yɛʔ^{2}	iɛ^{13}	tɕyɛʔ^{5}	tɕʰyɛʔ^{5}	ɕyɛʔ^{5}	tʰəŋ^{334}	kəŋ^{334}
02 嘉兴	ye^{5}	ye^{5}	yə̃^{224}	tɕye^{5}	tɕʰye^{5}	ɕye^{5}	tʰəŋ^{42}	kəŋ^{42}
03 嘉善	ȵioʔ^{2}	yøʔ^{2}	yøʔ^{334}	tɕyøʔ^{5}	tɕʰyøʔ^{5}	ɕyøʔ^{5}	tʰən^{53}	kən^{53}
04 平湖	ȵyoʔ^{23}	yoʔ^{23}	yøʔ^{334}	tɕyoʔ^{5}	tɕʰyoʔ^{23}	ɕyoʔ^{5}	tʰən^{53}	kən^{53}
05 海盐	yɔʔ^{23}	yɔʔ^{23}	yɤ^{334}	tɕyɔʔ^{5}	tɕʰyɔʔ^{5}	ɕyɔʔ^{5}	tʰən^{53}	kən^{53}
06 海宁	ioʔ^{2}	ioʔ^{2}	ie^{35}	tɕioʔ^{5}	tɕʰioʔ^{5}	ɕioʔ^{5}	tʰən^{53}	kəŋ^{55}
07 桐乡	iəʔ^{23}	iəʔ^{23}	iɛ^{213}	tɕiəʔ^{5}	tɕʰiəʔ^{5}	ɕiəʔ^{5}	tʰəŋ^{44}	kəŋ^{44}
08 崇德	iəʔ^{23}	iəʔ^{23}	iɿ^{13}	tɕiəʔ^{5}	tɕʰiəʔ^{5}	ɕiəʔ^{5}	tʰəŋ^{44}	kəŋ^{44}
09 湖州	ieʔ^{2}	ieʔ^{2}	ie^{35}	tɕieʔ^{5}	tɕʰieʔ^{5}	ɕieʔ^{5}	tʰən^{44}	kən^{44}
10 德清	ieʔ^{2}	ieʔ^{2}	ie^{334}	tɕioʔ^{5}	tɕʰioʔ^{5}	ɕieʔ^{5}	tʰen^{44}	ken^{44}
11 武康	ieʔ^{2}	ieʔ^{2}	iɿ^{224}	tɕiøʔ^{5}	tɕʰiøʔ^{5}	ɕieʔ^{5}	tʰen^{44}	ken^{44}
12 安吉	ɣəʔ^{23}	iɛʔ^{23}	i^{213}	tɕɣəʔ^{5}	tɕʰɣəʔ^{5}	ɕɣəʔ^{5}	tʰəŋ^{55}	kəŋ^{55}
13 孝丰	yəʔ^{23}	iɛʔ^{23}	iɿ^{213}	tɕioʔ^{5}	tɕʰioʔ^{5}	ɕieʔ^{5}	tʰəŋ^{44}	kəŋ^{44}
14 长兴	iɛʔ^{2}	iɛʔ^{2}	i^{324}	tʃiɛʔ^{5}	tʃʰiɛʔ^{5}	ʃiɛʔ^{5}	tʰəŋ^{44}	kəŋ^{44}
15 余杭	ieʔ^{2}	ieʔ^{2}	iẽ^{213}	tɕieʔ^{5}	tɕʰieʔ^{5}	ɕieʔ^{5}	tʰiŋ^{44}	kiŋ^{44}
16 临安	yɐʔ^{12}	yɐʔ^{12}	yœ^{33}	tɕyɐʔ^{54}	tɕʰyɐʔ^{54}	ɕyɐʔ^{54}	tʰen^{55}	ken^{55}
17 昌化	yɛʔ^{23}	yɛʔ^{23}	yɿ̃^{243}	tɕyɛʔ^{5}	tɕʰyɛʔ^{5}	ɕyɛʔ^{5}	tʰɛ̃^{334}	kəŋ^{334}
18 於潜	yæʔ^{23}	yæʔ^{23}	yɛ^{24}	tɕyɛʔ^{53}	tɕʰyɛʔ^{53}	ɕyɛʔ^{53}	tʰen^{433}	ken^{433}
19 萧山	yoʔ^{13}	yoʔ^{13}	yə^{242}	tɕyoʔ^{5}	tɕʰyoʔ^{5}	ɕyoʔ^{5}	tʰəŋ^{533}	kiŋ^{533}
20 富阳	yoʔ^{2}	yoʔ^{2}	yɛ̃^{224}	tɕyoʔ^{5}	tɕʰyoʔ^{5}	ɕyoʔ^{5}	tʰən^{53}	kin^{53}
21 新登	yəʔ^{2}	yəʔ^{2}	yɛ̃^{13}	tɕyəʔ^{5}	tɕʰyəʔ^{5}	ɕyəʔ^{5}	tʰeiŋ^{53}	keiŋ^{53}
22 桐庐	yəʔ^{13}	yəʔ^{13}	ɕie^{24}	tɕyəʔ^{5}	tɕʰyəʔ^{5}	ɕiəʔ^{5}	tʰəŋ^{533}	kəŋ^{533}
23 分水	yəʔ^{12}	yəʔ^{12}	yã^{24}	tɕyəʔ^{5}	tɕʰyəʔ^{5}	ɕyəʔ^{5}	tʰən^{44}	kən^{44}
24 绍兴	ioʔ^{2}	ioʔ^{2}	yø̃^{22}	tɕioʔ^{5}	tɕʰioʔ^{5}	ɕioʔ^{5}	tʰø̃^{53}	kəŋ^{53}
25 上虞	ȵioʔ^{2} ～亮 ioʔ^{2} 一～	ioʔ^{2}	yø̃^{31}	tɕyoʔ^{5}	tɕʰyoʔ^{5}	ɕyoʔ^{5}	tʰiŋ^{35}	kiŋ^{35}

续表

方言点	0617 月	0618 越	0619 县	0620 决	0621 缺	0622 血	0623 吞	0624 根
	山合三入月疑	山合三入月云	山合四去先匣	山合四入屑见	山合四入屑溪	山合四入屑晓	臻开一平痕透	臻开一平痕见
26 嵊州	n̠yoʔ² 白 yoʔ² 文	yoʔ²	yæ̃²⁴	tɕyoʔ⁵	tɕʰyoʔ⁵	ɕyoʔ⁵	tʰeŋ⁵³⁴	keŋ⁵³⁴
27 新昌	n̠yɤʔ²	yɤʔ²	yæ̃¹³	tɕyɤʔ⁵	tɕʰyɤʔ⁵	ɕyɤʔ⁵	tʰeŋ⁵³⁴	keŋ⁵³⁴
28 诸暨	ioʔ¹³	ioʔ¹³	iə³³	tɕioʔ⁵	tɕʰioʔ⁵	ɕioʔ⁵	tʰɛn⁵⁴⁴	kin⁵⁴⁴
29 慈溪	n̠yoʔ² 白 yoʔ² 文	yoʔ²	yø̃¹³	tɕyəʔ⁵	tɕʰyəʔ⁵	ɕyəʔ⁵	tʰəŋ³⁵ 读字	kəŋ³⁵
30 余姚	ioʔ²	ioʔ²	yø̃¹³	tɕyoʔ⁵	tɕʰyoʔ⁵	ɕyoʔ⁵	tʰə̃⁴⁴	kə̃⁴⁴
31 宁波	yəʔ²	yəʔ²	y¹³	tɕyəʔ⁵	tɕʰyəʔ⁵	ɕyəʔ⁵	tʰəŋ⁵³	kəŋ⁵³
32 镇海	yoʔ¹²	yoʔ¹²	y²⁴	tɕyoʔ⁵	tɕʰyoʔ⁵	ɕyoʔ⁵	tʰəŋ⁵³	kəŋ⁵³
33 奉化	yoʔ²	yoʔ²	y³¹	tɕyoʔ⁵	tɕʰyoʔ⁵	ɕyoʔ⁵	tʰəŋ⁴⁴	kəŋ⁴⁴
34 宁海	n̠ioʔ³	yeʔ³	yø²⁴	kəʔ⁵	kʰəʔ⁵	ɕyəʔ⁵	tʰəŋ⁴²³	kiŋ⁴²³
35 象山	n̠yoʔ² 白 yoʔ² 文	yoʔ²	y¹³	tɕyoʔ⁵	tɕʰyoʔ⁵	ɕyoʔ⁵	tʰəŋ⁴⁴	kəŋ⁴⁴
36 普陀	yoʔ²³	yoʔ²³	y¹³	tɕyoʔ⁵	tɕʰyoʔ⁵	ɕyoʔ⁵	tʰɐŋ⁵³	kɐŋ⁵³
37 定海	yoʔ²	yoʔ²	y¹³	tɕyoʔ⁵	tɕʰyoʔ⁵	ɕyoʔ⁵	tʰɐŋ⁵²	kɐŋ⁵²
38 岱山	yoʔ²	yoʔ²	y²¹³	tɕyoʔ⁵	tɕʰyoʔ⁵	ɕyoʔ⁵	tʰɐŋ⁵²	kɐŋ⁵²
39 嵊泗	yoʔ²	yoʔ²	y²¹³	tɕyoʔ⁵	tɕʰyoʔ⁵	ɕyoʔ⁵	tʰɐŋ⁵³	kɐŋ⁵³
40 临海	n̠yeʔ²³	iaʔ²³	yø³²⁴	tɕyeʔ⁵	tɕʰyeʔ⁵ 又 kʰyʔ⁵ 又	ɕyeʔ⁵ 又 hyʔ⁵ 又	tʰəŋ³¹	kəŋ³¹
41 椒江	n̠yeʔ²	yeʔ²	yø²⁴	kyeʔ⁵	kʰyeʔ⁵	hyeʔ⁵	tʰøn⁴²	kən⁴²
42 黄岩	n̠yeʔ²	yeʔ²	yø²⁴	kyeʔ⁵	kʰyeʔ⁵	hyeʔ⁵	tʰøn³²	kən³²
43 温岭	n̠yʔ²	iaʔ²	yø¹³	kyʔ⁵	kʰyʔ⁵	hyʔ⁵	tʰøn³³	kən³³
44 仙居	n̠yɑʔ²³	yɑʔ²³	yø²⁴	cyɑʔ⁵	cʰyɑʔ⁵	çyɑʔ⁵	tʰen³³⁴	cin³³⁴
45 天台	n̠yəʔ²	yəʔ²	yø³⁵	kyəʔ⁵	kʰyəʔ⁵	hyəʔ⁵	tʰəŋ³³	kəŋ³³
46 三门	n̠yəʔ²³	yəʔ²³	yø²⁴³	kyəʔ⁵	kʰyəʔ⁵	ɕyəʔ⁵	tʰəŋ³³⁴	kəŋ³³⁴
47 玉环	n̠yoʔ²	yoʔ²	yø²²	tɕyoʔ⁵	tɕʰyoʔ⁵	ɕyoʔ⁵	tʰəŋ⁴²	kəŋ⁴²

续表

方言点	0617 月 山合三 入月疑	0618 越 山合三 入月云	0619 县 山合四 去先匣	0620 决 山合四 入屑见	0621 缺 山合四 入屑溪	0622 血 山合四 入屑晓	0623 吞 臻开一 平痕透	0624 根 臻开一 平痕见
48 金华	ȵyɤ¹⁴白 yəʔ²¹²文	yɤ¹⁴白 yəʔ²¹²文	yɤ¹⁴白 ziɛ̃¹⁴文	tɕyəʔ⁴	tɕʰyɤ⁵⁵白 tɕʰyəʔ⁴文	ɕyɤ⁵⁵白 ɕyəʔ⁴文	tʰəŋ³³⁴	kəŋ³³⁴
49 汤溪	ȵyɤ¹¹³	iɑ¹¹³	yɤ³⁴¹	tɕyɤ⁵⁵	tɕʰyɤ⁵⁵	ɕyɤ⁵⁵	tʰɤ²⁴	kã²⁴
50 兰溪	ȵyɤʔ¹²	yɤʔ¹²	yɤ²⁴	tɕyɤʔ³⁴	tɕʰyɤʔ³⁴	ɕyɤʔ³⁴	tʰɤ³³⁴	kæ̃³³⁴
51 浦江	ȵyi²³²	yə²³²	yẽ²⁴	tɕyə¹²³	tɕʰyə⁴²³	ɕyi⁴²³	tʰə̃⁵³⁴	kən⁵³⁴
52 义乌	ȵye²⁴ ～亮	yə³¹²	ye²⁴	tɕyə³²⁴	tɕʰyə³²⁴	ɕye³²⁴	tʰɯ³³⁵	kən³³⁵
53 东阳	ȵiɛ²¹³	io²¹³	iʊ²⁴	tɕiɛʔ³⁴	tɕʰiɛ³⁴	ɕiɛ²³⁴	tʰɯ³³⁴	kɐn³³⁴
54 永康	ȵye¹¹³	ya¹¹³	ye²⁴¹	tɕye³³⁴	tɕʰye³³⁴	ɕye³³⁴	tʰɤ⁵⁵	kəŋ⁵⁵
55 武义	ȵye¹³	yə²¹³	ȵye²³¹	tɕye⁵³	tɕʰye⁵³	ɕye⁵³	tʰɤ²⁴	ken²⁴
56 磐安	ȵyɛ²¹³	yɛ²¹³	yɛ¹⁴	tɕyɛ³³⁴	tɕʰyɛ³³⁴	ɕyɛ³³⁴	tʰɯ⁴⁴⁵	kɐn⁴⁴⁵
57 缙云	ȵyɛ¹³	yɛ¹³～来～ ya¹³～剧	yɛ²¹³	tɕyɛ³²²	tɕʰyɛ³²²	ɕyɛ³²²	tʰɛ⁴⁴	kɛ⁴⁴
58 衢州	ȵyəʔ¹²白 yəʔ¹²文	yəʔ¹²	yə̃²³¹白 ziɛ̃²³¹文	tʃyəʔ⁵	tʃʰyəʔ⁵	ʃyəʔ⁵	tʰən³²	kən³²
59 衢江	ȵyəʔ²	yəʔ²	ziɛ²³¹	tɕyəʔ⁵	tɕʰyəʔ⁵	ɕyəʔ⁵	tʰɛ³³	kɛ³³
60 龙游	ȵyəʔ²³	yəʔ²³	zie²³¹	tɕyəʔ⁴	tɕʰyəʔ⁴	ɕyəʔ⁴	tʰei³³⁴	kieⁱ³³⁴白 kən³³⁴文
61 江山	ŋoʔ² 七～ ŋoʔ⁵ 正～ ŋyEʔ² ～饼	yEʔ²	yẽ³¹	kyEʔ⁵	kʰiEʔ⁵田～ kʰyEʔ⁵～水	xyEʔ⁵	tʰəŋ⁴⁴	kɛ̃⁴⁴
62 常山	ŋyɤʔ³⁴ 正～ niʌ³⁴～光 n²⁴～光	yʌʔ³⁴	yɔ̃¹³¹	tɕyʌʔ⁵	tɕʰyʌʔ⁵	ɕyʌʔ⁵	tʰoŋ⁴⁴	kɔ̃⁴⁴
63 开化	ya¹³	yaʔ¹³	yɛ̃²¹³老 ziɛ̃²¹³新	tɕyaʔ⁵	tɕʰyaʔ⁵	ɕyaʔ⁵	tʰuõ⁴⁴	kɤŋ⁴⁴
64 丽水	ȵyɛʔ²³	yɛʔ²³	yɛ¹³¹	tɕyɛʔ⁵	tɕʰyɛʔ⁵	ɕyɛʔ⁵	tʰue²²⁴	kɛ²²⁴白 ken²²⁴文
65 青田	ȵyæʔ³¹	yæʔ³¹	yɐ²²	tɕyæʔ⁴²	tɕʰyæʔ⁴²	ɕyæʔ⁴²	tʰuɐ⁴⁴⁵	kiɛ⁴⁴⁵
66 云和	ȵyɛʔ²³	ioʔ²³	yɛ²²³	tɕyɛʔ⁵	tɕʰyɛʔ⁵	ɕyɛʔ⁵	tʰue²⁴	kɛ²⁴
67 松阳	ȵyɛʔ²	yɛʔ²	yɛ̃¹³	tɕyɛʔ⁵	tɕʰyɛʔ⁵	ɕyɛʔ⁵	tʰæ̃⁵³	kæ̃⁵³

方言点	0617 月 山合三 入月疑	0618 越 山合三 入月云	0619 县 山合四 去先匣	0620 决 山合四 入屑见	0621 缺 山合四 入屑溪	0622 血 山合四 入屑晓	0623 吞 臻开一 平痕透	0624 根 臻开一 平痕见
68 宣平	ȵyəʔ²³	yəʔ²³	yə²³¹	tɕyəʔ⁵	tɕʰyəʔ⁵	ɕyəʔ⁵	tʰə³²⁴	kə³²⁴
69 遂昌	ȵyɛʔ²³	yɛʔ²³	yɛ̃²¹³	tɕyɛʔ⁵	tɕʰyɛʔ⁵	ɕyɛʔ⁵	tʰɛ̃⁴⁵	kɛ̃⁴⁵
70 龙泉	ȵyoʔ²⁴	iaʔ²⁴	yo²²⁴	tɕyoʔ⁵	tɕʰyoʔ⁵	ɕyoʔ⁵	tʰɯə⁴³⁴	kɯə⁴³⁴
71 景宁	ȵyœʔ²³	iaʔ²³	yœ¹¹³	tɕyœʔ⁵	tɕʰyœʔ⁵	ɕyœʔ⁵	tʰœ³²⁴	kœ³²⁴
72 庆元	ȵyɛʔ³⁴	yɑʔ³⁴	yɛ̃³¹	tɕyɛʔ⁵	tɕʰyɛʔ⁵	ɕyɛʔ⁵	tʰæ̃³³⁵	kæ̃³³⁵
73 泰顺	ȵyɛʔ²	ioʔ²	yɛ²²	tɕyɛʔ⁵	tɕʰyɛʔ⁵	ɕyɛʔ⁵	tʰœ²¹³	kɛ²¹³
74 温州	ȵy²¹²	y²¹²	y²²	tɕy³²³	tɕʰy³²³	ɕy³²³	tʰø³³	kø³³
75 永嘉	ȵy²¹³	y²²	y²²	tɕy⁴²³	tɕʰy⁴²³	ɕy⁴²³	tʰø⁴⁴	kø⁴⁴
76 乐清	ȵyE²¹²	yE²¹²~好 ia²¹²~南	yE²²	tɕyE³²³	tɕʰyE³²³	ɕyE³²³	tʰø⁴⁴	ke⁴⁴
77 瑞安	ȵy²¹²	y²¹²	y²²	tɕy³²³	tɕʰy³²³	ɕy³²³	tʰø⁴⁴	kø⁴⁴
78 平阳	ȵye¹²	ye¹²	ye³³	tɕye³⁴	tɕʰye³⁴	ɕye³⁴	tʰø⁵⁵	kø⁵⁵
79 文成	ȵyø²¹²	yø²¹²	yø⁴²⁴	tɕyø³⁴	tɕʰyø³⁴	fuø³⁴	tʰø⁵⁵	kuø⁵⁵
80 苍南	ȵyɛ¹¹²	yɛ¹¹²	yɛ¹¹	tɕyɛ²²³	tɕʰyɛ²²³	ɕyɛ²²³	tʰø⁴⁴	kyɛ⁴⁴
81 建德徽	y²¹³	yɐʔ¹²	ȵye⁵⁵	tɕyɐʔ⁵	tɕʰy⁵⁵白 tɕʰyɐʔ⁵文	ɕy⁵⁵白 ɕyɐʔ⁵文	tʰən⁵³	kən⁵³
82 寿昌徽	ȵyəʔ³¹~亮 ȵyei²⁴正~	yəʔ³¹白 yei²⁴文	ɕiɛ̃²⁴文	tɕyəʔ³	tɕʰyəʔ³	ɕyei⁵⁵	tʰiæ¹¹²	ken¹¹²
83 淳安徽	vəʔ¹³	vəʔ¹³	vã̃⁵³	tɕyəʔ⁵口~ tɕʰyəʔ⁵ ~定	tɕʰyəʔ⁵	ɕyəʔ⁵	tʰã̃²⁴	ken²⁴
84 遂安徽	viɛ²¹³	viɛ²¹³	vɛ̃⁵²	tɕye²⁴	tɕʰye²⁴	fɛ²⁴	tʰəŋ⁵³⁴	kəŋ⁵³⁴
85 苍南闽	gə²⁴	uə²⁴	kũĩ²¹	kuə⁴³	kʰə⁴³	hui⁴³	tʰun⁵⁵	kən⁵⁵
86 泰顺闽	ŋuøʔ⁵	iiʔ⁵	ye³¹	kyɪʔ⁵	kʰyɪʔ⁵	xɛʔ⁵	tʰo²¹³	kyeŋ²¹³树~ kɛ²¹³~据
87 洞头闽	gə²⁴¹	uət²⁴	kũãĩ²¹	kuət⁵	kʰə⁵³白 kʰət⁵文	hui⁵³	tʰun³³	kun³³
88 景宁畲	ȵyot²	yot²白 iaʔ²文	ien⁵¹	tɕyot⁵	tɕʰyot⁵	xiet⁵	tʰuən⁴⁴	kyn⁴⁴

方言点	0625 恨	0626 恩	0627 贫	0628 民	0629 邻	0630 进	0631 亲 ～人	0632 新
	臻开一去痕匣	臻开一平痕影	臻开三平真並	臻开三平真明	臻开三平真来	臻开三去真精	臻开三平真清	臻开三平真心
01 杭州	əŋ¹³	əŋ³³⁴	biŋ²¹³	miŋ²¹³	liŋ²¹³	tɕiŋ⁴⁵	tɕʰiŋ³³⁴	ɕiŋ³³⁴
02 嘉兴	əŋ¹¹³	əŋ⁴²	biŋ²⁴²	miŋ²⁴²	liŋ²⁴²	tɕiŋ²²⁴	tɕʰiŋ⁴²	ɕiŋ⁴²
03 嘉善	ən¹¹³	ən⁵³	bin¹³²	min¹³²	lin¹³²	tɕin³³⁴	tɕʰin⁵³	ɕin⁵³
04 平湖	ən²¹³	ən⁵³	bin³¹	min³¹	lin³¹	tsin³³⁴	tsʰin⁵³	sin⁵³
05 海盐	ən²¹³	ən⁵³	bin³¹	min³¹	lin³¹	tɕin³³⁴	tɕʰin⁵³	ɕin⁵³
06 海宁	əŋ¹³	əŋ⁵⁵	biŋ¹³	miŋ¹³	liŋ¹³	tɕiŋ³⁵	tɕʰiŋ⁵⁵	ɕiŋ⁵⁵
07 桐乡	əŋ²¹³	əŋ⁴⁴	biŋ¹³	miŋ¹³	liŋ¹³	tsin³³⁴	tsʰiŋ⁴⁴	sin⁴⁴
08 崇德	əŋ¹³	əŋ⁴⁴	biŋ¹³	miŋ¹³	liŋ¹³	tɕin³³⁴	tɕʰiŋ⁴⁴	ɕiŋ⁴⁴
09 湖州	ən³⁵	ən⁴⁴	bin¹¹²	min¹¹²	lin¹¹²	tɕin³⁵	tɕʰin⁴⁴	ɕin⁴⁴
10 德清	en¹¹³	en⁴⁴	bin¹¹³	min¹¹³	lin¹¹³	tɕin³³⁴	tɕʰin⁴⁴	ɕin⁴⁴
11 武康	en¹¹³	en⁴⁴	ben¹¹³	min¹¹³	lin¹¹³	tɕin²²⁴	tɕʰin⁴⁴	ɕin⁴⁴
12 安吉	əŋ²¹³	əŋ⁵⁵	biŋ²²	miŋ²²	liŋ²²	tɕiŋ³²⁴	tɕʰiŋ⁵⁵	ɕiŋ⁵⁵
13 孝丰	əŋ²¹³	əŋ⁴⁴	biŋ²²	miŋ²²	liŋ²²	tɕiŋ³²⁴	tɕʰiŋ⁴⁴	ɕiŋ⁴⁴
14 长兴	əŋ³²⁴	əŋ⁴⁴	biŋ¹²	miŋ¹²	liŋ¹²	tʃiŋ³²⁴	tʃʰiŋ⁴⁴	ʃiŋ⁴⁴
15 余杭	iŋ²¹³	iŋ⁴⁴	biŋ²²	miŋ²²	liŋ²²	tsiŋ⁴²³	tsʰiŋ⁴⁴	siŋ⁴⁴
16 临安	eŋ³³	eŋ⁵⁵	bieŋ³³	mieŋ³³	lieŋ³³	tɕieŋ⁵⁵	tɕʰieŋ⁵⁵	ɕieŋ⁵⁵
17 昌化	əŋ²⁴³	əŋ³³⁴	biəŋ¹¹²	miəŋ¹¹²	liəŋ¹¹²	tɕiəŋ⁵⁴⁴	tɕʰiəŋ³³⁴	ɕiəŋ³³⁴
18 於潜	eŋ²⁴	eŋ⁴³³	biŋ²²³	miŋ²²³	liŋ²²³	tɕiŋ³⁵	tɕʰiŋ⁴³³	ɕiŋ⁴³³
19 萧山	əŋ²⁴²	əŋ⁵³³	biŋ³⁵⁵	miŋ³⁵⁵	liŋ³⁵⁵	tɕiŋ⁴²	tɕʰiŋ⁵³³	ɕiŋ⁵³³
20 富阳	ən²²⁴	ən⁵³	bin¹³	min¹³	lən¹³	tɕin³³⁵	tɕʰin⁵³	ɕin⁵³
21 新登	eŋ¹³	eŋ⁵³	beiŋ²³³	meiŋ²³³	leiŋ²³³	tɕiŋ⁴⁵	tɕʰiŋ⁵³	seiŋ⁵³
22 桐庐	əŋ²⁴	əŋ⁵³³	biŋ¹³	miŋ¹³	liŋ¹³	tɕiŋ³⁵	tɕʰiŋ⁵³³	ɕiŋ⁵³³
23 分水	xən¹³	ən⁴⁴	biŋ²²	miŋ²²	liŋ²²	tɕiŋ²⁴	tɕʰin⁴⁴	ɕin⁴⁴
24 绍兴	ẽ²²	əŋ⁵³	biŋ²³¹	miŋ²³¹	liŋ²³¹	tɕiŋ³³	tɕʰiŋ⁵³	ɕiŋ⁵³
25 上虞	ɛ̃³¹	ɛ̃³⁵	biŋ²¹³	miŋ²¹³	liŋ²¹³	tɕiŋ⁵³	tɕʰiŋ³⁵	ɕiŋ³⁵

方言点	0625 恨	0626 恩	0627 贫	0628 民	0629 邻	0630 进	0631 亲 ~人	0632 新
	臻开一 去痕匣	臻开一 平痕影	臻开三 平真並	臻开三 平真明	臻开三 平真来	臻开三 去真精	臻开三 平真清	臻开三 平真心
26 嵊州	eŋ²⁴	iŋ⁵³⁴白 eŋ⁵³⁴文	biŋ²¹³	miŋ²¹³	liŋ²¹³	tɕiŋ³³⁴	tɕʰiŋ⁵³⁴	ɕiŋ⁵³⁴
27 新昌	eŋ¹³	eŋ⁵³⁴	biŋ²²	miŋ²²	liŋ²²	tɕiŋ³³⁵	tɕʰiŋ⁵³⁴	ɕiŋ⁵³⁴
28 诸暨	ɛn³³	ɛn⁵⁴⁴	bin¹³	min¹³	lin¹³	tɕin⁵⁴⁴	tɕʰin⁵⁴⁴	ɕin⁵⁴⁴
29 慈溪	əŋ¹³	əŋ³⁵	biŋ¹³	miŋ¹³	liŋ¹³	tɕiŋ⁴⁴	tɕʰiŋ³⁵	ɕiŋ³⁵
30 余姚	ə̃¹³	ə̃⁴⁴	bə̃¹³	mə̃¹³	liə̃¹³	tɕiə̃⁵³	tɕʰiə̃⁴⁴	ɕiə̃⁴⁴
31 宁波	əŋ¹³	əŋ⁵³	biŋ¹³	miŋ¹³	liŋ¹³	tɕiŋ⁵³	tɕʰiŋ⁵³	ɕiŋ⁵³
32 镇海	əŋ²⁴	əŋ⁵³	biŋ²⁴	miŋ²⁴	liŋ²⁴	tɕiŋ⁵³	tɕʰiŋ⁵³	ɕiŋ⁵³
33 奉化	əŋ³¹	əŋ⁴⁴	biŋ³³	miŋ³³	liŋ³³	tɕiŋ⁵³	tɕʰiŋ⁴⁴	ɕiŋ⁴⁴
34 宁海	əŋ²⁴	əŋ⁴²³	biŋ²¹³	miŋ²¹³	liŋ²¹³	tsəŋ³⁵	tsʰəŋ⁴²³	səŋ⁴²³
35 象山	əŋ¹³	əŋ⁴⁴	biŋ³¹	miŋ³¹	liŋ³¹	tsəŋ⁵³白 tɕiŋ⁵³文	tsʰəŋ⁵³白 tɕʰiŋ⁴⁴文	səŋ⁴⁴
36 普陀	ɐŋ¹³	ɐŋ⁵³	biŋ²⁴	miŋ²⁴	liŋ²⁴	tɕiŋ⁵⁵	tɕʰiŋ⁵³	ɕiŋ⁵³
37 定海	ɐŋ¹³	ɐŋ⁵²	biŋ²³	miŋ²³	liŋ²³	tɕiŋ⁴⁴	tɕʰiŋ⁵²	ɕiŋ⁵²
38 岱山	ɐŋ²¹³	ɐŋ⁵²	biŋ²³	miŋ²³	liŋ²³	tɕiŋ⁴⁴	tɕʰiŋ⁵²	ɕiŋ⁵²
39 嵊泗	ɐŋ²¹³	ɐŋ⁵³	biŋ²⁴³	miŋ²⁴³	liŋ²⁴³	tɕiŋ⁵³	tɕʰiŋ⁵³	ɕiŋ⁵³
40 临海	əŋ³²⁴	əŋ³¹	biŋ²¹	miŋ²¹	liŋ²¹	tɕiŋ⁵⁵	tɕʰiŋ³¹	ɕiŋ³¹
41 椒江	əŋ²⁴	əŋ⁴²	biŋ³¹	miŋ³¹	liŋ³¹	tɕiŋ⁵⁵	tɕʰiŋ⁴²	ɕiŋ⁴²
42 黄岩	ən²⁴	ən³²	bin¹²¹	min¹²¹	lin¹²¹	tɕin⁵⁵	tɕʰin³²	ɕin³²
43 温岭	əŋ¹³	əŋ³³	bin³¹	min³¹	lin³¹	tɕin⁵⁵	tɕʰin³³	ɕin³³
44 仙居	en²⁴	en³³⁴	bin²¹³	min²¹³	lin²¹³	tsen⁵⁵	tsʰen³³⁴	sen³³⁴
45 天台	əŋ³⁵	əŋ³³	biŋ²²⁴	miŋ²²⁴	liŋ²²⁴	tɕiŋ³³	tɕʰiŋ³³	ɕiŋ³³
46 三门	əŋ²⁴³	əŋ³³⁴	biŋ¹¹³	miŋ¹¹³	liŋ¹¹³	tsəŋ⁵⁵	tsʰəŋ³³⁴	səŋ³³⁴
47 玉环	əŋ²²	əŋ⁴²	biŋ³¹	miŋ³¹	liŋ³¹	tɕiŋ⁵⁵	tɕʰiŋ⁴²	ɕiŋ⁴²
48 金华	əŋ¹⁴	əŋ³³⁴	biŋ³¹³	miŋ³¹³	liŋ³¹³	tɕiŋ⁵⁵	tɕʰiŋ³³⁴	ɕiŋ³³⁴

续表

方言点	0625 恨 臻开一去痕匣	0626 恩 臻开一平痕影	0627 贫 臻开三平真並	0628 民 臻开三平真明	0629 邻 臻开三平真来	0630 进 臻开三去真精	0631 亲 ~人 臻开三平真清	0632 新 臻开三平真心
49 汤溪	ã³⁴¹	ã²⁴	bɛ̃i¹¹	mɛ̃i¹¹	lɛ̃i¹¹	tsɛ̃i⁵²	tsʰɛ̃i²⁴	sɛ̃i²⁴
50 兰溪	xæ²⁴	æ̃³³⁴	bin²¹	min²¹	lin²¹	tɕin⁴⁵	tɕʰin³³⁴	sin³³⁴
51 浦江	ən²⁴	ən⁵³⁴	biən¹¹³	miən¹¹³	liən¹¹³	tsiən⁵⁵	tsʰiən⁵³⁴	sən⁵³⁴
52 义乌	ən²⁴	ən³³⁵	bən²¹³白 bien²¹³文	mien²¹³	lən²¹³	tsən⁴⁵	tsʰən³³⁵	sən³³⁵
53 东阳	ɐn²⁴	ɐn³³⁴	biɐn²¹³	miɐn²¹³	liɐn²¹³	tɕiɐn⁴⁵³	tɕʰiɐn³³⁴	ɕiɐn³³⁴
54 永康	əŋ²⁴¹	əŋ⁵⁵	biŋ²²	miŋ²²	liŋ²²	tsəŋ⁵²	tsʰəŋ⁵⁵	səŋ⁵⁵
55 武义	en²³¹	en²⁴	bin³²⁴	min³²⁴	lin³²⁴	tɕin⁵³	tɕʰin²⁴	ɕin²⁴
56 磐安	ɐn¹⁴	ɐn⁴⁴⁵	biɐn²¹³	miɐn²¹³	liɐn²¹³	tɕiɐn⁵²	tɕʰiɐn⁴⁴⁵	ɕiɐn⁴⁴⁵
57 缙云	aŋ²¹³	ɛ⁴⁴	bəŋ²⁴³	miɛŋ²⁴³	laŋ²⁴³	tsaŋ⁴⁵³	tsʰaŋ⁴⁴	saŋ⁴⁴
58 衢州	ən²³¹	ən³²	bin²¹	min²¹	lin²¹	tɕin⁵³	tɕʰin³²	ɕin³²
59 衢江	əŋ²³¹	ɛ³³	biŋ²¹²	miŋ²¹²	liŋ²¹²	tɕiŋ⁵³	tɕʰiŋ³³	ɕiŋ³³
60 龙游	xən²³¹	ən³³⁴	bin²¹	min²¹	lin²¹	tɕin⁵¹	tɕʰin³³⁴	ɕin³³⁴
61 江山	ɛ̃³¹	ɛ̃⁴⁴	bĩ²¹³	mĩ²¹³	lĩ²¹³	tɕĩ⁵¹	tɕʰĩ⁴⁴	sɛ̃⁴⁴~旧 soŋ⁴⁴~妇
62 常山	ɔ̃¹³¹	ɔ̃⁴⁴	bĩ³⁴¹	mĩ³⁴¹	lĩ³⁴¹	tsĩ⁵²	tsʰĩ⁴⁴	sɔ̃⁴⁴
63 开化	ɛn²¹³	ɛn⁴⁴	bin²³¹	min²³¹	lin²³¹	tɕin⁵³调殊	tɕʰin⁴⁴	ɕin⁴⁴
64 丽水	en¹³¹	en²²⁴	bin²²	min²²	lin²²	tsen⁵²	tsʰen²²⁴	sen²²⁴
65 青田	aŋ²²	iɛ⁴⁴⁵	biaŋ²¹	miaŋ²¹	liaŋ²¹	tsaŋ³³	tsʰaŋ⁴⁴⁵	saŋ⁴⁴⁵
66 云和	ɛ²²³	ɛ²⁴	biŋ³¹²	miŋ³¹²	liŋ³¹²	tsəŋ⁴⁵	tsʰəŋ²⁴	səŋ²⁴
67 松阳	æ̃¹³	æ̃⁵³	bin³¹	min³¹	lin³¹	tɕin²⁴	tɕʰin⁵³	ɕin⁵³
68 宣平	ən²³¹	ə³²⁴	bin⁴³³	min⁴³³	lin⁴³³	tsən⁵²	tsʰən³²⁴	sən³²⁴白 ɕin³²⁴文
69 遂昌	əŋ²¹³	ɛ̃⁴⁵	biŋ²²¹	miŋ²²¹	liŋ²²¹	tɕiŋ³³⁴	tɕʰiŋ⁴⁵	ɕiŋ⁴⁵
70 龙泉	ɯə²²⁴	ɯə⁴³⁴	bin²¹	min²¹	lin²¹	tɕin⁴⁵	tɕʰin⁴³⁴	ɕin⁴³⁴
71 景宁	œ¹¹³	œ³²⁴	biaŋ⁴¹	miŋ⁴¹	liaŋ⁴¹	tsaŋ³⁵	tsʰaŋ³²⁴	saŋ³²⁴

续表

方言点	0625 恨 臻开一 去痕匣	0626 恩 臻开一 平痕影	0627 贫 臻开三 平真並	0628 民 臻开三 平真明	0629 邻 臻开三 平真来	0630 进 臻开三 去真精	0631 亲 ~人 臻开三 平真清	0632 新 臻开三 平真心
72 庆元	xæ̃³¹	æ̃³³⁵	piəŋ⁵²	miəŋ⁵²	liəŋ⁵²	tɕiəŋ¹¹	tɕʰiəŋ³³⁵	ɕiəŋ³³⁵
73 泰顺	əŋ²²	ɛ²¹³	piŋ⁵³	miŋ⁵³	liŋ⁵³	tsəŋ³⁵	tsʰəŋ²¹³	səŋ²¹³
74 温州	aŋ²²	ø³³	bəŋ³¹	məŋ³¹	ləŋ³¹	tsaŋ⁵¹	tsʰaŋ³³	saŋ³³
75 永嘉	aŋ²²	ø⁴⁴	beŋ³¹	meŋ³¹	leŋ³¹	tsaŋ⁵³	tsʰaŋ⁴⁴	saŋ⁴⁴
76 乐清	aŋ²²	e⁴⁴	beŋ³¹	meŋ³¹	leŋ³¹	tɕian⁴¹	tɕʰia⁴⁴	saŋ⁴⁴
77 瑞安	aŋ²²	ø⁴⁴	bəŋ³¹	məŋ³¹	ləŋ³¹	tsaŋ⁵³	tsʰaŋ⁴⁴	saŋ⁴⁴
78 平阳	aŋ³³	ɵ⁵⁵	beŋ²⁴²	meŋ²⁴²	leŋ²⁴²	tʃaŋ⁵³	tʃʰaŋ⁵⁵	saŋ⁵⁵
79 文成	aŋ⁴²⁴	ø⁵⁵	beŋ¹¹³	meŋ¹¹³	leŋ¹¹³	tʃaŋ³³	tʃʰaŋ⁵⁵	saŋ⁵⁵
80 苍南	aŋ¹¹	ø⁴⁴	beŋ³¹	meŋ³¹	leŋ³¹	tsaŋ⁴²	tsʰaŋ⁴⁴	saŋ⁴⁴
81 建德徽	hən²¹³	ən⁵³	pin³³	min³³	lin³³	tɕin³³	tɕʰin⁵³	ɕin⁵³
82 寿昌徽	xen³³	en¹¹²	pʰien¹¹²文	mien¹¹²文	lien¹¹²文	tɕien³³	tɕʰien¹¹²	ɕien¹¹²
83 淳安徽	hen⁵³	en²⁴	pʰin⁴³⁵	min⁴³⁵	lin⁴³⁵	tɕin²⁴	tɕʰin²⁴	ɕin²⁴
84 遂安徽	xəŋ⁵²	n̩⁵³⁴	pʰin³³	min³³	lin³³	tɕin⁴³	tɕʰin⁵³⁴	ɕin⁵³⁴
85 苍南闽	hən²¹	ən⁵⁵	pin²⁴	bin²⁴	lin²⁴	tɕin²¹	tɕʰin⁵⁵	ɕin⁵⁵
86 泰顺闽	xɛ³¹	ɛ²¹³	pieŋ²²	mieŋ²²	lieŋ²²	tai³⁴⁴	tsʰieŋ²¹³	sieŋ²¹³
87 洞头闽	hun²¹	un³³	pin¹¹³	bin¹¹³	lin¹¹³	tɕin²¹	tɕʰin³³	ɕin³³
88 景宁畲	xən⁵¹	ɔn⁴⁴	pʰiaŋ²²	min²²	lin²²	tɕin⁴⁴	tɕʰin⁴⁴	ɕin⁴⁴

方言点	0633 镇 臻开三 去真知	0634 陈 臻开三 平真澄	0635 震 臻开三 去真章	0636 神 臻开三 平真船	0637 身 臻开三 平真书	0638 辰 臻开三 平真禅	0639 人 臻开三 平真日	0640 认 臻开三 去真日
01 杭州	tsəŋ^{45}	dzəŋ^{213}	tsəŋ^{45}	zəŋ^{213}	səŋ^{334}	dzəŋ^{213}	zəŋ^{213}	zəŋ^{13}
02 嘉兴	tsəŋ^{224}	zəŋ^{242}	tsəŋ^{224}	zəŋ^{242}	səŋ^{42}	zəŋ^{242}	ȵin^{242}	ȵin^{113}
03 嘉善	tsən^{334}	zən^{132}	tsən^{334}	zən^{132}	sən^{53}	zən^{132}	ȵin^{132}文 zən^{132}白	ȵin^{132}
04 平湖	tsən^{334}	zən^{31}	tsən^{334}	zən^{31}	sən^{53}	zən^{31}	ȵin^{31}	ȵin^{213}
05 海盐	tsən^{334}	zən^{31}	tsən^{334}	zən^{31}	sən^{53}	zən^{31}	ȵin^{31}白 zən^{31}文	ȵin^{213}
06 海宁	tsəŋ^{35}	zəŋ^{13}	tsəŋ^{35}	zəŋ^{13}	səŋ^{55}	zəŋ^{13}	ȵiŋ^{13}白 zəŋ^{13}文	ȵiŋ^{13}白 zəŋ^{13}文
07 桐乡	tsəŋ^{334}	zəŋ^{13}	tsəŋ^{334}	zəŋ^{13}	səŋ^{44}	zəŋ^{13}	ȵiŋ^{13}	ȵiŋ^{213}
08 崇德	tsəŋ^{334}	zəŋ^{13}	tsəŋ^{334}	zəŋ^{13}	səŋ^{44}	zəŋ^{13}	ȵiŋ^{13}	ȵiŋ^{13}
09 湖州	tsən^{35}	dzən^{112}	tsən^{35}	zən^{112}	sən^{44}	zən^{112}	ȵin^{112}文 zən^{112}白	ȵin^{35}
10 德清	tsen^{334}	dzen^{113}	tsen^{334}	zen^{113}	sen^{44}	zen^{113}	ȵin^{113}	ȵin^{334}
11 武康	tsen^{224}	dzen^{113}	tsen^{224}	zen^{113}	sen^{44}	dzen^{113}	ȵin^{113}白 zen^{113}文	ȵin^{224}
12 安吉	tsəŋ^{324}	dzəŋ^{22}	tsəŋ^{324}	zəŋ^{22}	səŋ^{55}	zəŋ^{22}	ȵiŋ^{22}白 zəŋ^{22}文	ȵiŋ^{213}
13 孝丰	tsəŋ^{324}	dzəŋ^{22}	tsəŋ^{324}	zəŋ^{22}	səŋ^{44}	zəŋ^{22}	ȵiŋ^{22}白 zəŋ^{22}文	ȵiŋ^{324}
14 长兴	tsəŋ^{324}	dzəŋ^{12}	tsəŋ^{324}	zəŋ^{12}	səŋ^{44}	dzəŋ^{12}	ȵiŋ^{12}白 zəŋ^{12}文	ȵiŋ^{324}
15 余杭	tsiŋ^{423}	ziŋ^{22}	tsiŋ^{423}	ziŋ^{22}	siŋ^{44}	ziŋ^{22}	ȵiŋ^{22}白 ziŋ^{22}文	ȵiŋ^{213}
16 临安	tsen^{55}	dzen^{33}	tsen^{55}	zen^{33}	sen^{55}	zen^{33}	ȵien^{33}	ȵien^{33}
17 昌化	tɕieŋ^{453}	ʑieŋ^{112}	tɕieŋ^{453}	ʑieŋ^{112}	ɕieŋ^{334}	ʑieŋ^{112}	nəŋ^{112}白 ʑieŋ^{112}文	ȵieŋ^{243}白 ʑieŋ^{243}文
18 於潜	tsen^{35}	dzen^{223}	tsen^{35}	zen^{223}	sen^{433}	dzen^{223}	ȵin^{223}白 zen^{223}文	ȵin^{24}白 zen^{24}文
19 萧山	tsəŋ^{42}	dzəŋ^{355}	tsəŋ^{42}	zəŋ^{355}	səŋ^{533}	zəŋ^{355}	ȵiŋ^{355}	ȵiŋ^{242}白 zəŋ^{242}文
20 富阳	tsən^{335}	dzən^{13}	tsən^{335}	zin^{13}	ɕin^{53}	dzən^{13}	nin^{13}	nin^{335}

续表

方言点	0633 镇 臻开三 去真知	0634 陈 臻开三 平真澄	0635 震 臻开三 去真章	0636 神 臻开三 平真船	0637 身 臻开三 平真书	0638 辰 臻开三 平真禅	0639 人 臻开三 平真日	0640 认 臻开三 去真日
21 新登	tsein⁴⁵	dʑin²³³	tsein⁴⁵	zein²³³	sein⁵³	zein²³³	nein²³³白 zein²³³文	nein¹³
22 桐庐	tsən³⁵	dzən¹³	tsən³⁵	zən¹³	sən⁵³³	dzən¹³	nin¹³	nin²⁴
23 分水	tsən²⁴	dzən²²	tsən²⁴	zən²²	sən⁴⁴	zən²²	ȵin²²	ȵin¹³
24 绍兴	tsẽ⁵³	dzẽ²³¹	tsẽ³³	zẽ²³¹	sẽ⁵³	zẽ²³¹	ȵiŋ²¹³白 ȵiŋ²²文	ȵiŋ²²白 zẽ²²文
25 上虞	tsəŋ⁵³	dzəŋ²¹³	tsəŋ⁵³	zəŋ²¹³	səŋ³⁵	zəŋ²¹³	ȵiŋ²¹³白 zəŋ²¹³文	ȵiŋ³¹
26 嵊州	tseŋ³³⁴	dzeŋ²¹³	tseŋ³³⁴	zeŋ²¹³	seŋ⁵³⁴	zeŋ²¹³	ȵiŋ²¹³白 zeŋ²¹³文	ȵiŋ²⁴白 zeŋ²⁴文
27 新昌	tseŋ³³⁵	dzeŋ²²	tseŋ³³⁵	zeŋ²²	seŋ⁵³⁴	ʑiŋ²²白 dzeŋ²²文	ȵiŋ²²白 zeŋ²²文	ȵiŋ¹³白 zeŋ¹³文
28 诸暨	tsɛn⁵⁴⁴	dzɛn¹³	tsɛn⁵⁴⁴	zɛn¹³	sɛn⁵⁴⁴	zɛn¹³	nin¹³	zɛn³³
29 慈溪	tsəŋ⁴⁴	dzəŋ¹³	tsəŋ⁴⁴	zəŋ¹³	səŋ³⁵	zəŋ¹³	ȵiŋ¹³白 zəŋ¹³文	ȵiŋ¹³
30 余姚	tsə̃⁵³	dzə̃¹³	tsə̃⁵³	zə̃¹³	sə̃⁴⁴	dzə̃¹³	ȵiə̃¹³白 zə̃¹³文	ȵiə̃¹³
31 宁波	tsoŋ⁴⁴	dʑiŋ¹³	tsoŋ⁴⁴	zoŋ¹³	ɕiŋ⁵³	zoŋ¹³	ȵiŋ¹³白 zoŋ¹³文	ȵiŋ¹³
32 镇海	tsoŋ⁵³	dʑiŋ²⁴	tsoŋ⁵³	zoŋ²⁴	soŋ⁵³	zoŋ²⁴	ȵiŋ²⁴白 zoŋ²⁴文	ȵiŋ²⁴白 zoŋ²⁴文
33 奉化	tsoŋ⁵³	dʑiŋ³³	tsoŋ⁵³	zoŋ³³	soŋ⁴⁴	zoŋ³³	ȵiŋ³³白 zoŋ³³文	ȵiŋ³¹白 zoŋ³¹文
34 宁海	tɕyəŋ³⁵	dzəŋ²¹³	tɕyəŋ³⁵	zəŋ²¹³	ɕyəŋ⁴²³	zəŋ²¹³	ȵiŋ²¹³白 ʑyəŋ²¹³文	ȵiŋ²⁴
35 象山	tsoŋ⁵³	dzoŋ³¹	tsoŋ⁵³	zoŋ³¹	soŋ⁴⁴	əŋ³¹白 zoŋ³¹文	ȵiŋ³¹白 zoŋ³¹文	ȵiŋ³¹白 zoŋ³¹文
36 普陀	tsoŋ⁵³调殊	dʑiŋ²⁴	tsoŋ⁵⁵	zoŋ²⁴	soŋ⁵³	zoŋ²⁴	ȵiŋ²⁴	ȵiŋ¹³
37 定海	tsoŋ⁴⁴	dʑiŋ²³～皮 dʑiŋ¹³姓～	tsoŋ⁴⁴	zoŋ²³	ɕiŋ⁵²白 soŋ⁵²文	zoŋ²³～光 iŋ²³时～	ȵiŋ²³白 zoŋ²³文	ȵiŋ¹³白 zoŋ¹³文
38 岱山	tsoŋ⁴⁴	dʑiŋ²¹³ 调殊	tsoŋ⁴⁴	zoŋ²³	soŋ⁵²	zoŋ²³	ȵiŋ²³白 zoŋ²³文	ȵiŋ²¹³白 zoŋ²¹³文

续表

方言点	0633 镇 臻开三 去真知	0634 陈 臻开三 平真澄	0635 震 臻开三 去真章	0636 神 臻开三 平真船	0637 身 臻开三 平真书	0638 辰 臻开三 平真禅	0639 人 臻开三 平真日	0640 认 臻开三 去真日
39 嵊泗	tsoŋ^{53}	dʑiŋ^{243}	tsoŋ^{53}	zoŋ^{243}	soŋ^{53}	zoŋ^{243}又 dʑiŋ^{243}又	ɲiŋ^{243}白 zoŋ^{243}文	ɲiŋ^{213}白 zoŋ^{213}文
40 临海	tɕiŋ^{55}	dʑiŋ^{21}	tɕiŋ^{55}	ziŋ^{21}	ɕiŋ^{31}	ziŋ^{21}	ɲiŋ^{21}	ɲiŋ^{324}
41 椒江	tɕiŋ^{55}	dʑiŋ^{31}	tɕiŋ^{42}	ziŋ^{31}	ɕiŋ^{42}	ziŋ^{31}	ɲiŋ^{31}	ɲiŋ^{24}
42 黄岩	tɕin^{55}	dʑin^{121}	tɕin^{55}	zin^{121}	ɕin^{32}	zin^{121}	ɲin^{121}	ɲin^{24}
43 温岭	tɕin^{55}	dʑin^{31}	tɕin^{55}	zin^{31}	ɕin^{33}	zin^{31}	ɲin^{31}	ɲin^{13}
44 仙居	tsen^{55}	dzen^{213}	tsen^{55}	zen^{213}	sen^{334}	zen^{213}	ɲin^{213}	ɲin^{24}
45 天台	tɕiŋ^{55}	dʑiŋ^{224}	tɕiŋ^{55}	ziŋ^{224}	ɕiŋ^{33}	ziŋ^{224}	ɲiŋ^{224}	ɲiŋ^{35}
46 三门	tsəŋ^{55}	dzəŋ^{113}	tsəŋ^{55}	zəŋ^{113}	səŋ^{334}	zəŋ^{113}	niŋ^{113}	niŋ^{243}
47 玉环	tɕiŋ^{55}	dʑiŋ^{31}	tɕiŋ^{55}	ziŋ^{31}	ɕiŋ^{42}	dʑiŋ^{31}	ɲiŋ^{31}	ɲiŋ^{22}
48 金华	tsəŋ^{55}	dzəŋ^{313}	tsəŋ^{55}	zəŋ^{313}	ɕiŋ^{334}白 səŋ^{334}文	ziŋ^{313}白 dzəŋ^{313}文	ɲiŋ^{313}	ɲiŋ^{14}
49 汤溪	tɕiã^{52}	dʑiã^{11}	tɕiã^{52}	ziã^{11}	ɕiã^{24}	ʑiã^{11}	ʑiã^{11}	ɲiɛ̃^{341}
50 兰溪	tɕiæ̃^{45}	dʑiæ̃^{21}	tɕiæ̃^{45}	ziæ̃^{21}	ɕiæ̃^{334}	ʑiæ̃^{21}	nin^{21}白 ziæ̃^{21}文	nin^{24}
51 浦江	tsən^{55}	dzən^{113}	tsən^{55}	zən^{113}	sən^{534}	zən^{113}	ɲiən^{113}白 ziən^{113}文	ɲiən^{24}
52 义乌	tsən^{45}	dzən^{213}	tsən^{45}	zən^{213}	sən^{335}	dzən^{213}	ɲiən^{24}丈~ zən^{213}文	ɲiən^{24}
53 东阳	tsɐn^{453}	dzɐn^{213}	tsɐn^{453}	zɐn^{213}	sɐn^{334}	zɐn^{213}	ziɐn^{213}	nɐn^{24}
54 永康	tsəŋ^{52}	dzəŋ^{22}	tsəŋ^{52}	zəŋ^{22}	səŋ^{55}	zəŋ^{22}	ɲiŋ^{22}白 zəŋ^{22}文	ɲiŋ^{241}白 zəŋ^{241}文
55 武义	tsen^{53}	dzen^{324}	tsen^{53}	zen^{324}	sen^{24}	zen^{231}	ɲin^{324}白 ʑin^{324}文	ɲin^{231}
56 磐安	tsɐn^{52}	dzɐn^{213}	tsɐn^{52}	zɐn^{213}	ɕyɐn^{445}又 sɐn^{445}又	zɐn^{213}	ɲiɐn^{213}白 ziɐn^{213}文	ɲiɐn^{14}
57 缙云	tsaŋ^{453}	dzaŋ^{243}	tsaŋ^{453}	zaŋ^{243}	saŋ^{44}	zaŋ^{243}	nɐŋ^{243}单用 ɲiəŋ^{243}白 zaŋ^{243}文	ɲiəŋ^{213}

续表

方言点	0633 镇 臻开三去真知	0634 陈 臻开三平真澄	0635 震 臻开三去真章	0636 神 臻开三平真船	0637 身 臻开三平真书	0638 辰 臻开三平真禅	0639 人 臻开三平真日	0640 认 臻开三去真日
58 衢州	tʃyən^{53}	dʒyən^{21}	tʃyən^{53}	ʒyən^{21}	ʃyən^{32}	ʒyən^{21}	ȵin^{21}白 ʒyən^{21}文	ȵin^{231}白 ʒyən^{231}文
59 衢江	tɕiŋ^{53}	dʑiŋ^{212}	tɕiŋ^{53}	ʑyoŋ^{212}~仙 ʑiŋ^{212}~经	ɕyoŋ^{33}	ɕyoŋ^{53} 调殊	ʑiŋ^{212}	ŋ^{231}
60 龙游	tsən^{51}	dzən^{21}	tsən^{51}	zən^{21}	sən^{334}	zən^{21}	zən^{21}	ȵin^{231}白 zən^{231}文
61 江山	tɕĩ^{51}	dʑiɐ̃^{213}	tɕiɐ̃^{51}白 tɕĩ^{51}文	ziɐ̃^{213}白 zɿ̃^{213}文	ɕiɐ̃^{44}	ziɐ̃^{213}	ȵĩ^{213}白 zɿ̃^{213}文	ȵĩ^{31}
62 常山	tsɿ̃^{52}	dzɿ̃^{341}	tsɿ̃^{324}	zɿ̃^{341}	sɿ̃^{44}	zɿ̃^{341}	lɿ̃^{341}白 zɿ̃^{341}文	lɿ̃^{131}白 zɿ̃^{131}文
63 开化	tɕin^{53} 调殊	dʑin^{231}	tɕin^{53} 调殊	zyɛ̃^{231}	ɕyɛ̃^{44}	zyɛ̃^{231}	zin^{231}	ȵi^{213}白 zin^{213}文
64 丽水	tsen^{52}	dzen^{22}	tsen^{52}	zen^{22}	sen^{224}	zen^{22}	nen^{22}有~ ȵin^{22}丈~	ȵin^{131}
65 青田	tsaŋ^{33}	dzaŋ^{21}	tsaŋ^{33}	zaŋ^{21}	saŋ^{445}	zaŋ^{21}	nen^{21}白 zaŋ^{21}文	ȵiŋ^{22}
66 云和	tsəŋ^{45}	dzəŋ^{312}	tsəŋ^{45}	zəŋ^{312}	səŋ^{24}	zəŋ^{312}	ne^{312}白 ȵiŋ^{312}文	ȵiŋ^{223}
67 松阳	tɕin^{24}	dʑin^{13}调殊	tɕin^{24}	zin^{31}	ɕin^{53}	zin^{31}	n^{31}~民	n^{13}
68 宣平	tsən^{52}	dzən^{433}	tsən^{52}	zin^{433}~仙 zən^{433}精~	sən^{324}	zən^{433}	nin^{433}有~ ȵin^{433}丈~	ȵin^{231}
69 遂昌	tɕiŋ^{334}	dʑiŋ^{213}调殊	tɕiŋ^{533}调殊	ʑiŋ^{221}	ɕiŋ^{45}	ʑiŋ^{213}调殊	ʑyŋ^{221}~民	ȵiŋ^{213}
70 龙泉	tin^{45}	dzen^{21}	tɕin^{45}	zin^{21}	sɛn^{434}	zen^{21}	ȵin^{21}	ȵin^{224}
71 景宁	tsaŋ^{35}	dzaŋ^{41}	tsaŋ^{35}	zaŋ^{41}	saŋ^{324}	zaŋ^{41}	naŋ^{41}有~ ȵiaŋ^{41}丈~	ȵiaŋ^{113}
72 庆元	diəŋ^{11}	tɕiəŋ^{52}	tɕiəŋ^{11}	ɕiəŋ^{52}	ɕiəŋ^{335}	ɕiəŋ^{52}	ȵiəŋ^{52}	ȵiəŋ^{31}
73 泰顺	tsəŋ^{35}	tsəŋ^{53}	tsəŋ^{35}	səŋ^{53}	səŋ^{213}	səŋ^{53}	ne^{53}	ȵiŋ^{22}
74 温州	tsaŋ^{51}	dzaŋ^{31}	tsaŋ^{51}	zaŋ^{31}	saŋ^{33}	zaŋ^{31}	ȵiaŋ^{31}白 zaŋ^{31}文	ȵiaŋ^{22}
75 永嘉	tsaŋ^{53}	dzaŋ^{31}	tsaŋ^{53}	zaŋ^{31}	saŋ^{44}	zaŋ^{31}	ȵiaŋ^{31}白 zaŋ^{31}文	ȵiaŋ^{22}

续表

方言点	0633 镇 臻开三 去真知	0634 陈 臻开三 平真澄	0635 震 臻开三 去真章	0636 神 臻开三 平真船	0637 身 臻开三 平真书	0638 辰 臻开三 平真禅	0639 人 臻开三 平真日	0640 认 臻开三 去真日
76 乐清	tɕiaŋ⁴¹	dʑiaŋ³¹	tɕiaŋ⁴¹	zaŋ³¹	saŋ⁴⁴	zaŋ³¹	ȵiaŋ³¹白 zaŋ³¹文	ȵiaŋ²²
77 瑞安	tsaŋ⁵³	dzaŋ³¹	tsaŋ⁵³	zaŋ³¹	saŋ⁴⁴	zaŋ³¹	ȵiaŋ³¹白 zaŋ³¹文	ȵiaŋ²²
78 平阳	tʃaŋ⁵³	dʒaŋ²⁴²	tʃaŋ⁵³	zaŋ²⁴²	saŋ⁵⁵	zaŋ²⁴²	naŋ²⁴²	ȵiaŋ³³
79 文成	tʃaŋ³³	dʒaŋ¹¹³	tʃaŋ³³	zaŋ¹¹³	saŋ⁵⁵	zaŋ¹¹³	zaŋ¹¹³	ȵiaŋ⁴²⁴
80 苍南	tsaŋ⁴²	zaŋ³¹	tsaŋ⁴²	zaŋ³¹	saŋ⁴⁴	zaŋ³¹	ȵiaŋ³¹白 zaŋ³¹文	ȵiaŋ¹¹
81 建德徽	tsən⁵⁵村~ tsən²¹³~妖	tsən³³	tsən³³	sən³³	sən⁵³	sən³³	in³³	in⁵⁵
82 寿昌徽	tsen³³	tsʰen¹¹²文	tsen³³	sen¹¹²文	sen¹¹²	sen³³时~	ȵi⁵²白 len¹¹²文	ȵien³³
83 淳安徽	tsen²⁴	tsʰen⁴³⁵	tsen⁵⁵	sen⁴³⁵	sen²⁴	sen²⁴	in⁴³⁵	in⁵³白 zen⁵³文
84 遂安徽	tɕin⁴³	tɕʰin³³	tɕin⁴³	ɕin³³	ɕin⁵³⁴	tɕʰin³³	lən³³	in⁵²
85 苍南闽	tin²¹	tan²⁴	tɕin⁴³调殊	ɕin²⁴	ɕin⁵⁵	ɕin²⁴	lan²⁴	dzin²¹
86 泰顺闽	tieŋ⁵³	tieŋ²²	tsieŋ³⁴⁴调殊	sieŋ²²	sieŋ²¹³	sieŋ²²	nəŋ²²	nieŋ³¹
87 洞头闽	tin²¹	tan¹¹³又 tin¹¹³又	tɕin⁵³文	ɕin¹¹³	ɕin³³	ɕin¹¹³	dʑin¹¹³	dʑin²¹
88 景宁畲	tɕin³²⁵小	tin²²	tɕin⁴⁴	ɕin²²	ɕin⁴⁴	ɕin²²	ȵin²²	ȵin⁵¹

方言点	0641 紧 臻开三 上真见	0642 银 臻开三 平真疑	0643 印 臻开三 去真影	0644 引 臻开三 上真以	0645 笔 臻开三 入质帮	0646 匹 臻开三 入质滂	0647 密 臻开三 入质明	0648 栗 臻开三 入质来
01 杭州	tɕiŋ⁵³	n̠iŋ²¹³	iŋ⁴⁵	iŋ⁵³	pieʔ⁵	pʰieʔ⁵	mieʔ²	lieʔ²
02 嘉兴	tɕiŋ⁵⁴⁴	n̠iŋ²⁴²	iŋ²²⁴	iŋ¹¹³	pieʔ⁵	pʰieʔ⁵	mieʔ⁵	lieʔ⁵
03 嘉善	tɕin⁴⁴	n̠in¹³²	in³³⁴	in¹¹³	pieʔ⁵	pʰieʔ⁵	mieʔ²	lieʔ²
04 平湖	tɕin⁴⁴	n̠in³¹	in³³⁴	in²¹³	piəʔ⁵	pʰiəʔ²³	miəʔ²³	liəʔ²³
05 海盐	tɕin⁴²³	n̠in³¹	in³³⁴	in⁴²³	piəʔ⁵	pʰiəʔ²³	miəʔ²³	liəʔ²³
06 海宁	tɕiŋ⁵³	n̠iŋ¹³	iŋ³⁵	iŋ²³¹	pieʔ⁵	pʰieʔ⁵	mieʔ²	lieʔ²
07 桐乡	tɕiŋ⁵³	n̠iŋ¹³	iŋ³³⁴	iŋ²⁴²	piəʔ⁵	pʰiəʔ⁵	miəʔ²³	liəʔ²³
08 崇德	tɕiŋ⁵³	n̠iŋ¹³	iŋ³³⁴	iŋ⁵³	piəʔ⁵	pʰiəʔ⁵	miəʔ²³	liəʔ²³
09 湖州	tɕin⁵²³	n̠in¹¹²	in³⁵	in⁵²³	pieʔ⁵	pʰieʔ⁵	mieʔ²	lieʔ²
10 德清	tɕin⁵²	n̠in¹¹³	in³³⁴	in⁵²	pieʔ⁵	pʰieʔ⁵	mieʔ²	lieʔ²
11 武康	tɕin⁵³	n̠in¹¹³	in²²⁴	in²⁴²	pieʔ⁵	pʰieʔ⁵	mieʔ²	lieʔ²
12 安吉	tɕiŋ⁵²	n̠iŋ²²	iŋ³²⁴	iŋ⁵²	piɛʔ⁵	pʰiɛʔ⁵	miɛʔ²³	liɛʔ²³
13 孝丰	tɕiŋ⁵²	n̠iŋ²²	iŋ³²⁴	iŋ⁵²	pieʔ⁵	pʰieʔ⁵	mieʔ²³	lieʔ²³
14 长兴	tʃiŋ⁵²	n̠iŋ¹²	iŋ³²⁴	iŋ⁵²	piɛʔ⁵	pʰiɛʔ⁵	miɛʔ²	liɛʔ²
15 余杭	tɕiŋ⁵³	n̠iŋ²²	iŋ²¹³	iŋ⁵³	pieʔ⁵	pʰieʔ⁵	mieʔ²	lieʔ²
16 临安	tɕien⁵⁵	n̠ien³³	ien⁵⁵	ien³³	piɐʔ⁵⁴	pʰiɐʔ⁵⁴	miɐʔ¹²	liɐʔ¹²
17 昌化	tɕiəŋ⁴⁵³	n̠iəŋ¹¹²	iəŋ⁵⁴⁴	iəŋ⁴⁵³	pieʔ⁵	pʰieʔ⁵	mieʔ²³	lieʔ²³
18 於潜	tɕiŋ⁵¹	n̠iŋ²²³	iŋ³⁵	iŋ⁵¹	pieʔ⁵³	pʰieʔ⁵³	miæʔ²³	liæʔ²³
19 萧山	tɕiŋ³³	n̠iŋ³⁵⁵	iŋ⁴²	iŋ¹³	pieʔ⁵	pʰieʔ⁵	mieʔ¹³	lieʔ¹³
20 富阳	tɕin⁴²³	in¹³	in³³⁵	in⁴²³	piɛʔ⁵	pʰiɛʔ⁵	miɛʔ²	lɛʔ²
21 新登	tɕiŋ³³⁴	eiŋ²³³	eiŋ⁴⁵	eiŋ³³⁴	piəʔ⁵	pʰiəʔ⁵	miəʔ²	liəʔ²
22 桐庐	tɕiŋ³³	niŋ¹³	iŋ³⁵	iŋ³³	piəʔ⁵	pʰiəʔ⁵	miəʔ¹³	liəʔ¹³
23 分水	tɕin⁵³	in²²	in²⁴	in⁵³	piəʔ⁵	pʰiəʔ⁵	miəʔ¹²	liəʔ¹²
24 绍兴	tɕiŋ³³⁴	n̠iŋ²³¹	iŋ³³	iŋ²²³	pieʔ⁵	pʰieʔ⁵	mieʔ²	lieʔ²
25 上虞	tɕiŋ³⁵	n̠iŋ²¹³	iŋ⁵³	iŋ²¹³	piəʔ⁵	pʰiəʔ⁵	miəʔ²	liəʔ²
26 嵊州	tɕiŋ⁵³	n̠iŋ²¹³	iŋ³³⁴	iŋ²⁴	pieʔ⁵	pʰieʔ⁵	mieʔ²	lieʔ²

续表

方言点	0641 紧 臻开三 上真见	0642 银 臻开三 平真疑	0643 印 臻开三 去真影	0644 引 臻开三 上真以	0645 笔 臻开三 入质帮	0646 匹 臻开三 入质滂	0647 密 臻开三 入质明	0648 栗 臻开三 入质来
27 新昌	tɕiŋ⁴⁵³	ȵiŋ²²	iŋ³³⁵	iŋ²³²	piʔ⁵	pʰiʔ⁵³⁴	miʔ²	liʔ²
28 诸暨	tɕiŋ⁴²	nin¹³	in⁵⁴⁴	in²⁴²	pieʔ⁵	pʰieʔ⁵	mieʔ¹³	lieʔ¹³
29 慈溪	tɕiŋ³⁵	ȵiŋ¹³	iŋ⁴⁴	iŋ¹³	piəʔ⁵	pʰiəʔ⁵	miəʔ²	liəʔ²
30 余姚	tɕiə̃³⁴	ȵiə̃¹³	iə̃⁵³	iə̃¹³	piəʔ⁵	pʰiəʔ⁵	miəʔ²	liəʔ²
31 宁波	tɕiŋ³⁵	ȵiŋ¹³	iŋ⁴⁴	iŋ¹³	piəʔ⁵	pʰiəʔ⁵	miəʔ²	liəʔ²
32 镇海	tɕiŋ³⁵	ȵiŋ²⁴	iŋ⁵³	iŋ²⁴	pieʔ⁵	pʰieʔ⁵	mieʔ¹²	lieʔ¹²
33 奉化	tɕiŋ⁵⁴⁵	ȵiŋ³³	iŋ⁵³	iŋ³²⁴ 读字	piɪʔ⁵	pʰiɪʔ⁵	miɪʔ²	liɪʔ²
34 宁海	tɕiŋ⁵³	ȵiŋ²¹³	iŋ³⁵	iŋ⁵³	piəʔ⁵	pʰieʔ⁵	miəʔ³	liəʔ³
35 象山	tɕiŋ⁴⁴	ȵiŋ³¹	iŋ⁵³	iŋ³¹	pieʔ⁵	pʰieʔ⁵	mieʔ²	lieʔ²
36 普陀	tɕiŋ⁴⁵	ȵiŋ²⁴	iŋ⁵⁵	iŋ²³	piɛʔ⁵	pʰiɛʔ⁵	miɛʔ²³	liɛʔ²³
37 定海	tɕiŋ⁴⁵	ȵiŋ²³	iŋ⁴⁴	iŋ²³	pieʔ⁵	pʰieʔ⁵	mieʔ²	lieʔ²
38 岱山	tɕiŋ³²⁵	ȵiŋ²³	iŋ⁴⁴	iŋ²⁴⁴	pieʔ⁵	pʰieʔ⁵	mieʔ²	lieʔ²
39 嵊泗	tɕiŋ⁴⁴⁵	ȵiŋ²⁴³	iŋ⁵³	iŋ⁴⁴⁵	piɛʔ⁵	pʰiɛʔ⁵	miɛʔ²	liɛʔ²
40 临海	tɕiŋ⁵²	ȵiŋ²¹	iŋ⁵⁵	iŋ⁵²	pieʔ⁵	pʰieʔ⁵	mieʔ²³	lieʔ²³
41 椒江	tɕiŋ⁴²	ȵiŋ³¹	iŋ⁵⁵	iŋ⁴²	pieʔ⁵	pʰieʔ⁵	mieʔ²	lieʔ²
42 黄岩	tɕin⁴²	nin¹²¹	in⁵⁵	in⁴²	pieʔ⁵	pʰieʔ⁵	mieʔ²	lieʔ²
43 温岭	tɕin⁴²	nin³¹	in⁵⁵	in⁴²	piʔ⁵	pʰiʔ⁵	miʔ²	liʔ²
44 仙居	tɕin³²⁴	nin²¹³	in⁵⁵	in³²⁴	ɓiəʔ⁵	pʰiəʔ⁵	miəʔ²³	liəʔ²³
45 天台	kiŋ³²⁵	ȵiŋ²²⁴	iŋ⁵⁵	iŋ²¹⁴	piəʔ⁵	ɓiəʔ⁵	miəʔ²	liəʔ²
46 三门	tɕiŋ³²⁵	niŋ¹¹³	iŋ⁵⁵	iŋ³²⁵	pieʔ⁵	pʰieʔ⁵	mieʔ²³	lieʔ²³
47 玉环	tɕiŋ⁵³	ȵiŋ³¹	iŋ⁵⁵	iŋ⁵³	piɐʔ⁵	pʰiɐʔ⁵	miɐʔ²	liɐʔ²
48 金华	tɕiŋ⁵³⁵	ȵiŋ³¹³	iŋ⁵⁵	iŋ⁵³⁵	piəʔ⁴	pʰie⁵⁵ 白 pʰiəʔ⁴ 文	miəʔ²¹²	liəʔ²¹²
49 汤溪	tɕiɛ̃i⁵³⁵	ȵiɛ̃i¹¹	iɛ̃i⁵²	iɛ̃i¹¹³	pei⁵⁵	pʰie⁵² 调殊	mei¹¹³	lei¹¹³
50 兰溪	tɕin⁵⁵	nin²¹	in⁴⁵	in⁵⁵	pieʔ³⁴	pʰieʔ³⁴	mieʔ¹²	lieʔ¹²

续表

方言点	0641 紧 臻开三 上真见	0642 银 臻开三 平真疑	0643 印 臻开三 去真影	0644 引 臻开三 上真以	0645 笔 臻开三 入质帮	0646 匹 臻开三 入质滂	0647 密 臻开三 入质明	0648 栗 臻开三 入质来
51 浦江	tɕiən⁵³	n̠iən¹¹³	iən⁵⁵	iən²⁴³	piə⁴²³	pʰi⁵⁵	miə²³²	liə²³²
52 义乌	tɕiən⁴²³	n̠iən²¹³	iən⁴⁵	iən³¹²	pə³²⁴	pʰai⁴⁵ 一~	mə³¹²	lə³¹²
53 东阳	tɕiɐn⁴⁴	n̠iɐn²¹³	iɐn⁴⁵³	iɐn⁴⁴	pie³³⁴	pʰei⁴⁵³	miɛ²¹³	liɛ²¹³
54 永康	tɕiŋ³³⁴	n̠iŋ²²	iŋ⁵²	iŋ¹¹³	ʙə³³⁴	pʰie⁵²	mə¹¹³	lə¹¹³
55 武义	tɕin⁴⁴⁵	n̠in³²⁴	in⁵³	in¹³	pəʔ⁵	pʰie⁵³	mə²¹³	lə²¹³
56 磐安	tɕiɐn³³⁴	n̠iɐn²¹³	iɐn⁵²	iɐn³³⁴	pie³³⁴	pʰɛi⁵² 音殊	miɛ²¹³	liɛn¹⁴ 小
57 缙云	tɕiɛŋ⁵¹	n̠iɛŋ²⁴³	iɛŋ⁴⁵³	iɛŋ⁵¹	piei³²²	pʰiɛŋ⁵¹	miei¹³	ləɣ¹³
58 衢州	tɕin³⁵	n̠in²¹	in⁵³	in⁵³	piəʔ⁵	pʰiəʔ⁵	miəʔ¹²	liəʔ¹²
59 衢江	tɕin²⁵	ŋ²¹²	iŋ⁵³	iŋ²⁵	piəʔ⁵	pʰiəʔ⁵	miəʔ²	liəʔ²
60 龙游	tɕin³⁵	n̠in²¹	in⁵¹	in⁵¹ 调殊	piəʔ⁴	pʰiəʔ⁴	miəʔ²³	liəʔ²³
61 江山	kĩ²⁴¹	ŋə̃²¹³	ĩ⁵¹	ĩ²²	pəʔ⁵ 白 piɛʔ⁵ 文	pʰiɛʔ⁵	maʔ² 白 miɛʔ² 文	liɛʔ²
62 常山	kĩ⁵²	n̠ĩ³⁴¹	ĩ³²⁴	ĩ⁵²	pɛʔ⁵	pʰiʌʔ⁵	mɛ²³⁴ 白 mie³⁴ 文	lɤʔ³⁴
63 开化	tɕin⁵³	ŋɛn²³¹	in⁴¹²	in²¹³	piɛʔ⁵	pʰiɛʔ⁵	maʔ¹³ 单用 miɛʔ¹³ 地名	ləʔ¹³
64 丽水	tɕin⁵⁴⁴	n̠in²²	in⁵²	in⁵⁴⁴	piʔ⁵	pʰiʔ⁵	miʔ²³	liʔ²³
65 青田	tɕiaŋ⁴⁵⁴	n̠iaŋ²¹	iaŋ³³	iaŋ⁴⁵⁴	ʙiæʔ⁴²	pʰiʔ⁴²	miæʔ³¹	liæʔ³¹
66 云和	tɕiŋ⁴¹	n̠iŋ³¹²	iŋ⁴⁵	iŋ⁴¹	piʔ⁵	pʰiʔ⁵	miʔ²³	liʔ²³
67 松阳	tɕin²¹²	n³¹	in²⁴	in²²	piʔ⁵	pʰiɛʔ⁵	miʔ²	liʔ²
68 宣平	tɕin⁴⁴⁵	n̠in⁴³³	in⁵²	in²²³	piəʔ⁵	pʰiəʔ⁵	miəʔ²³	liəʔ²³
69 遂昌	tɕiŋ⁵³³	n̠iŋ²²¹	iŋ³³⁴	iŋ¹³	piʔ⁵	pʰiʔ⁵	miʔ²³	ləɯʔ²³
70 龙泉	tɕin⁵¹	n̠in²¹	in⁴⁵	in⁵¹	piei⁵	pʰiei⁵	miei²⁴	liei²⁴
71 景宁	tɕiaŋ³³	n̠iaŋ⁴¹	iaŋ³⁵	iŋ³³	piəɯʔ⁵	pʰiʔ⁵	miʔ²³	liəɯʔ²³
72 庆元	tɕiɘŋ³³	n̠iɘŋ⁵²	iɘŋ¹¹	iɘŋ²²¹	ʙiəɯʔ⁵	pʰiʔ⁵	miʔ³⁴	liəɯʔ³⁴ 水~
73 泰顺	tsəŋ⁵⁵	n̠iŋ⁵³	iŋ³⁵	iŋ⁵⁵	piʔ⁵	pʰiʔ⁵	miʔ²	liʔ²

方言点	0641 紧 臻开三 上真见	0642 银 臻开三 平真疑	0643 印 臻开三 去真影	0644 引 臻开三 上真以	0645 笔 臻开三 入质帮	0646 匹 臻开三 入质滂	0647 密 臻开三 入质明	0648 栗 臻开三 入质来
74 温州	tɕiaŋ²⁵	n.iaŋ³¹	iaŋ⁵¹	iaŋ¹⁴	pi³²³	pʰi³²³	mi²¹²	li²¹²
75 永嘉	tɕiaŋ⁴⁵	n.iaŋ³¹	iaŋ⁵³	iaŋ¹³	pi⁴²³	pʰi⁴²³	mei²¹³	lei²¹³
76 乐清	tɕiaŋ³⁵	n.iaŋ³¹	iaŋ⁴¹	iaŋ²⁴	pi³²³	pʰi³²³	mi²¹²	li²¹²
77 瑞安	tɕiaŋ³⁵	n.iaŋ³¹	iaŋ⁵³	iaŋ¹³	pi³²³	pʰi³²³	mi²¹²	li²¹²
78 平阳	tʃaŋ⁴⁵	n.iaŋ²⁴²	iaŋ⁵³	iaŋ⁴⁵	pie³⁴	pʰie³⁴	mie³⁴	lie¹²
79 文成	tʃaŋ⁴⁵	n.iaŋ¹¹³	iaŋ³³	iaŋ²²⁴	pe³⁴	pʰie³⁴	me²¹²	la²¹²
80 苍南	tɕiaŋ⁵³	n.iaŋ³¹	iaŋ⁴²	iaŋ⁵³	piɛ²²³	pʰiɛ²²³	miɛ¹¹²	liɛ¹¹²
81 建德徽	tɕin²¹³	in³³	in³³	in²¹³	piɤʔ⁵	pʰiɤʔ⁵	miɤʔ¹²	liɤʔ¹²
82 寿昌徽	tɕien²⁴	n.ien⁵²	ien³³	ien²⁴文	piəʔ³	pʰiəʔ³	miəʔ³¹	liəʔ³¹
83 淳安徽	tɕin⁵⁵	in⁴³⁵	in²⁴	in⁵⁵	piʔ⁵	pʰiʔ⁵	miəʔ¹³	liəʔ¹³
84 遂安徽	tɕin²¹³	in³³	in⁴³	in⁴³	piɛ²⁴	pʰi²⁴	miɛ²¹³	liɛ²¹³
85 苍南闽	kin⁴³	gən²⁴	in²¹	in⁴³	pie⁴³	pʰie⁴³	bie²⁴	lɤ²⁴
86 泰顺闽	kien³⁴⁴	nyeŋ²²	ieŋ⁵³	ieŋ³⁴⁴	piɪʔ⁵	pʰiɪʔ⁵	miɪʔ³	liɪʔ³
87 洞头闽	kin⁵³	gun¹¹³	in²¹	in⁵³	piek⁵	pʰiek⁵	biek²⁴	lɤt²⁴
88 景宁畲	kin³²⁵	n.in²²	in⁴⁴	in³²⁵	pit⁵	pʰiʔ⁵	mit²	lit²

方言点	0649 七	0650 侄	0651 虱	0652 实	0653 失	0654 日	0655 吉	0656 一
	臻开三入质清	臻开三入质澄	臻开三入质生	臻开三入质船	臻开三入质书	臻开三入质日	臻开三入质见	臻开三入质影
01 杭州	tɕʰieʔ^5	dzaʔ^2	saʔ^5	zaʔ^2	saʔ^5	zaʔ^2	tɕieʔ^5	ieʔ^5
02 嘉兴	tɕieʔ^5	zəʔ^{13}	səʔ^5	zəʔ^{13}	səʔ^5	ȵieʔ^5	tɕieʔ^5	ieʔ^5
03 嘉善	tɕʰieʔ^5	zɜʔ^2	sɜʔ^5	zɜʔ^2	sɜʔ^5	ȵieʔ^2 白 zɜʔ^2 文	tɕieʔ^5	ieʔ^5
04 平湖	tsʰiəʔ^{23}	zəʔ^{23}	səʔ^5	zəʔ^{23}	səʔ^5	ȵiəʔ^{23} 白 zəʔ^{23} 文	tɕiəʔ^5	iəʔ^5
05 海盐	tɕʰiəʔ^{23}	zəʔ^{23}	səʔ^5	zəʔ^{23}	səʔ^5	ȵiəʔ^{23} 白 zəʔ^{23} 文	tɕiəʔ^5	iəʔ^5
06 海宁	tɕʰieʔ^5	zəʔ^2	səʔ^5	zəʔ^2	səʔ^5	ȵieʔ^2 白 zəʔ^2 文	tɕieʔ^5	ieʔ^5
07 桐乡	tsʰiəʔ^5	zəʔ^{23}	səʔ^5	zəʔ^{23}	səʔ^5	ȵiəʔ^{23}	tɕiəʔ^5	iəʔ^5
08 崇德	tɕʰiəʔ^5	zəʔ^{23}	səʔ^5	zəʔ^{23}	səʔ^5	ȵiəʔ^{23}	tɕiəʔ^5	iəʔ^5
09 湖州	tɕʰieʔ^5	dzəʔ^2	səʔ^5	zəʔ^2	səʔ^5	ȵieʔ^2 白 zəʔ^2 文	tɕieʔ^5	ieʔ^5
10 德清	tɕʰieʔ^5	zəʔ^2	səʔ^5	zəʔ^2	səʔ^5	ȵieʔ^2	tɕieʔ^5	ieʔ^5
11 武康	tɕʰieʔ^5	dzɜʔ^2	sɜʔ^5	zɜʔ^2	sɜʔ^5	ȵieʔ^2 白 zɜʔ^2 文	tɕieʔ^5	ieʔ^5
12 安吉	tɕʰiɛʔ^5	dzəʔ^{23}	səʔ^5	zəʔ^{23}	səʔ^5	ȵiɛʔ^{23} 白 zəʔ^{23} 文	tɕiɛʔ^5	iɛʔ^5
13 孝丰	tɕʰieʔ^5	dzəʔ^{23}	səʔ^5	zəʔ^{23}	səʔ^5	ȵieʔ^{23} 白 zəʔ^{23} 文	tɕieʔ^5	ieʔ^5
14 长兴	tʃʰiɛʔ^5	dzəʔ^2	səʔ^5	zəʔ^2	səʔ^5	ȵiɛʔ^2 白 zəʔ^2 文	tʃiɛʔ^5	iɛʔ^2
15 余杭	tsʰieʔ^5	zəʔ^2	saʔ^5	zəʔ^2	səʔ^5	ȵieʔ^2 白 zəʔ^2 文	tɕieʔ^5	ieʔ^5
16 临安	tɕʰiəʔ^{54}	dzɐʔ^{12}	sɐʔ^{54}	zɐʔ^{12}	sɐʔ^{54}	ȵiɐʔ^{12}	tɕiɐʔ^{54}	iɐʔ^{54}
17 昌化	tɕʰieʔ^5	dzəʔ^{23}	ɕiɛʔ^5	ziɛʔ^{23}	ɕiɛʔ^5	ȵiɛʔ^{23}	tɕieʔ^5	iɛʔ^5
18 於潜	tɕʰieʔ^{53}	dzæʔ^{23}	səʔ^{53}	zæʔ^{23}	səʔ^{53}	ȵiæʔ^{23} 白	tɕieʔ^{53}	ieʔ^{53}
19 萧山	tɕʰieʔ^5	dzəʔ^{13}	səʔ^5	zəʔ^{13}	səʔ^5	ȵieʔ^{13} 白 zəʔ^{13} 文	tɕieʔ^5	ieʔ^5
20 富阳	tɕʰiɛʔ^5	dzɛʔ^2	sɛʔ^5	ziɛʔ^2	sɛʔ^5	ȵiɛʔ^2	tɕiɛʔ^5	iɛʔ^5

续表

方言点	0649 七 臻开三入质清	0650 侄 臻开三入质澄	0651 虱 臻开三入质生	0652 实 臻开三入质船	0653 失 臻开三入质书	0654 日 臻开三入质日	0655 吉 臻开三入质见	0656 一 臻开三入质影
21 新登	$tɕʰiəʔ^5$	$dzəʔ^2$	$səʔ^5$	$zəʔ^2$	$səʔ^5$	$ȵiəʔ^2$ 白 $zəʔ$ 文	$tɕiəʔ^5$	$iəʔ^5$
22 桐庐	$tɕʰiəʔ^5$	$dzəʔ^{13}$	$səʔ^5$	$zəʔ^{13}$	$səʔ^5$	$niəʔ^{13}$	$tɕiəʔ^5$	$iəʔ^5$
23 分水	$tɕʰiəʔ^5$	$dzəʔ^{12}$	$səʔ^5$	$zəʔ^{12}$	$səʔ^5$	$zəʔ^{12}$	$tɕiəʔ^5$	$iəʔ^5$
24 绍兴	$tɕʰieʔ^5$	$dzeʔ^2$	$soʔ^5$	$zeʔ^2$	$seʔ^5$	$ȵieʔ^2$ 白 $zeʔ^2$ 文	$tɕieʔ^5$	$ieʔ^5$
25 上虞	$tɕʰiəʔ^5$	$dzəʔ^2$	$səʔ^5$	$zəʔ^2$	$səʔ^5$	$ȵiəʔ^2$ 白 $zəʔ^2$ 文	$tɕiəʔ^5$	$iəʔ^5$
26 嵊州	$tɕʰieʔ^5$	$dzəʔ^2$	$səʔ^5$	$zəʔ^2$	$səʔ^5$	$nəʔ^2$ 白 $zəʔ^2$ 文	$tɕieʔ^5$	$ieʔ^5$
27 新昌	$tɕʰiʔ^5$	$dzeʔ^2$	$ɕiʔ^5$	$zeʔ^2$	$seʔ^5$	$neʔ^2$ 白 $zeʔ^2$ 文	$tɕiʔ^5$	$iʔ^5$
28 诸暨	$tɕʰieʔ^5$	$dzəʔ^{13}$	$səʔ^5$	$zəʔ^{13}$	$səʔ^5$	$nieʔ^{13}$ 白 $zəʔ^{13}$ 文	$tɕieʔ^5$	$ieʔ^5$
29 慈溪	$tɕʰiəʔ^5$	$dzəʔ^2$	$səʔ^5$	$zəʔ^2$	$səʔ^5$	$ȵiəʔ^2$ 白 $zəʔ^2$ 文	$tɕiəʔ^5$	$iəʔ^5$
30 余姚	$tɕʰiəʔ^5$	$dzəʔ^2$	$soʔ^5$	$zəʔ^2$	$zəʔ^5$	$ȵiəʔ^2$ 白 $zəʔ^2$ 文	$tɕiəʔ^5$	$iəʔ^5$
31 宁波	$tɕʰiəʔ^5$	$dziəʔ^2$	$saʔ^5$	$zoʔ^2$	$soʔ^5$	$ȵiəʔ^2$ 白 $zoʔ^2$ 文	$tɕiəʔ^5$	$iəʔ^5$
32 镇海	$tɕʰieʔ^5$	$dzieʔ^{12}$	$saʔ^5$	$zoʔ^{12}$	$soʔ^5$	$ȵieʔ^{12}$ 白 $zoʔ^{12}$ 文	$tɕieʔ^5$	$ieʔ^5$
33 奉化	$tɕʰiɿʔ^5$	$dziɿʔ^2$	$saʔ^5$	$zoʔ^2$	$soʔ^5$	$ȵiɿʔ^2$ 白 $zoʔ^2$ 文	$tɕiɿʔ^5$	$iɿʔ^5$
34 宁海	$tsʰaʔ^5$	$dzaʔ^3$	$saʔ^5$	$zaʔ^3$	$ɕyəʔ^5$	$ȵiəʔ^3$ 白 $zyəʔ^3$ 文	$tɕieʔ^5$	$iəʔ^5$
35 象山	$tɕʰieʔ^5$	$dzoʔ^2$	$saʔ^5$	$zoʔ^2$	$soʔ^5$	$ȵieʔ^2$ 白 $zoʔ^2$ 文	$tɕieʔ^5$	$ieʔ^5$
36 普陀	$tɕʰiɛʔ^5$	$dziɛʔ^{23}$	$sʮʔ^5$	$zoʔ^{23}$	$soʔ^5$	$ȵiɛʔ^{23}$	$tɕiɛʔ^5$	$iɛʔ^5$
37 定海	$tɕʰieʔ^5$	$dzieʔ^2$	$sʮʔ^5$	$zoʔ^2$	$soʔ^5$	$ȵieʔ^2$ 白 $zoʔ^2$ 文	$tɕieʔ^5$	$ieʔ^5$

续表

方言点	0649 七	0650 侄	0651 虱	0652 实	0653 失	0654 日	0655 吉	0656 一
	臻开三入质清	臻开三入质澄	臻开三入质生	臻开三入质船	臻开三入质书	臻开三入质日	臻开三入质见	臻开三入质影
38 岱山	tɕʰieʔ⁵	dʑieʔ²	sɐʔ⁵	zoʔ²	soʔ⁵	ȵieʔ² 白 zoʔ² 文	tɕieʔ⁵	ieʔ⁵
39 嵊泗	tɕʰiɛʔ⁵	dʑiɛʔ²	sɐʔ⁵	zoʔ²	soʔ⁵	ȵiɛʔ² 白 zoʔ² 文	tɕiɛʔ⁵	iɛʔ⁵
40 临海	tɕʰieʔ⁵	dʑieʔ²³	ɕieʔ⁵	ʑieʔ²³	ɕieʔ⁵	ȵieʔ²³	tɕieʔ⁵	ieʔ⁵
41 椒江	tɕʰieʔ⁵	dʑieʔ²	ɕieʔ⁵	ʑieʔ²	ɕieʔ⁵	ȵieʔ²	tɕieʔ⁵	ieʔ⁵
42 黄岩	tɕʰieʔ⁵	dʑieʔ²	ɕieʔ⁵	ʑieʔ²	ɕieʔ⁵	ȵieʔ²	tɕieʔ⁵	ieʔ⁵
43 温岭	tɕʰiʔ⁵	dʑiʔ²	ɕiʔ⁵	ʑiʔ²	ɕiʔ⁵	ȵiʔ²	tɕiʔ⁵	iʔ⁵
44 仙居	tsʰəʔ⁵	dzəʔ²³	səʔ⁵	zəʔ²³	səʔ⁵	ȵiəʔ²³	tɕiaʔ⁵ 韵殊	iəʔ⁵
45 天台	tɕʰiəʔ⁵	dʑiəʔ²	ɕiəʔ⁵	ʑiəʔ²	ɕiəʔ⁵	ȵiəʔ² ~头	kiəʔ⁵	iəʔ⁵
46 三门	tsʰɐʔ⁵	dzɐʔ²³	sɐʔ⁵	zɐʔ²³	sɐʔ⁵	ȵiɐʔ²³	tɕieʔ⁵	ieʔ⁵
47 玉环	tɕʰiɐʔ⁵	dʑiɐʔ²	ɕiɐʔ⁵	ʑiɐʔ²	ɕiɐʔ⁵	ȵiɐʔ²	tɕiɐʔ⁵	iɐʔ⁵
48 金华	tɕʰiəʔ⁴	dzəʔ²¹²	səʔ⁴	ziəʔ²¹²	ɕiəʔ⁴	ȵiəʔ²¹²	tɕiəʔ⁴	iəʔ⁴
49 汤溪	tsʰei⁵⁵	dʑiɛ¹¹³	ɕiɛ⁵⁵	ʑiɛ¹¹³	ɕiɛ⁵⁵	ȵiei¹¹³	tɕiɛ⁵⁵	iei⁵⁵
50 兰溪	tɕʰieʔ³⁴	dʑiəʔ¹²	səʔ³⁴	ziəʔ¹²	ɕiəʔ³⁴	ȵieʔ¹²	tɕieʔ³⁴	ieʔ³⁴
51 浦江	tsʰə⁴²³	（无）	sə⁴²³	zə²³²	sə⁴²³	ȵiə²³²	tɕiə⁴²³	iə⁴²³
52 义乌	tsʰə³²⁴	tsə³²⁴	sə³²⁴	zə³¹²	sə³²⁴	nai³¹²	tɕiə³²⁴	iə³²⁴
53 东阳	tɕʰiɛʔ³⁴	（无）	sɐʔ³⁴	zɐ²¹³	sɐʔ³⁴	nei²¹³ 白 ʑie²¹³ 文	tɕiɛʔ³⁴	iɛʔ³⁴
54 永康	tsʰə³³⁴	dzə¹¹³	sə³³⁴	zə¹¹³	sə³³⁴	ȵiə¹¹³ 白 zə¹¹³ 文	tɕie³³⁴	iə³³⁴
55 武义	tsʰə⁵	dzə²¹³	səʔ⁵	zə²¹³	səʔ⁵	nə²¹³ 白 zə²¹³ 文	tɕiəʔ⁵	iəʔ⁵
56 磐安	tɕʰiɛ³³⁴	（无）	sɛ³³⁴	zɛ²¹³	sɛ³³⁴	nɛi²¹³ 一~ ȵiɛ²¹³ ~头 ʑiɛ²¹³ ~本	tɕiɛ³³⁴	iɛ³³⁴
57 缙云	tsʰəɤ³²²	（无）	səɤ³²²	zəɤ¹³	səɤ³²²	ȵiei¹³ ~子 ȵyɛ¹³ ~头	tɕiei³²²	iei³²²

续表

方言点	0649 七 臻开三 入质清	0650 侄 臻开三 入质澄	0651 虱 臻开三 入质生	0652 实 臻开三 入质船	0653 失 臻开三 入质书	0654 日 臻开三 入质日	0655 吉 臻开三 入质见	0656 一 臻开三 入质影
58 衢州	tɕʰiəʔ⁵	dʒyəʔ¹²	səʔ⁵	ʒyəʔ¹²	ʃyəʔ⁵	ȵiəʔ¹²白 ʒyəʔ¹²文	tɕiəʔ⁵	iəʔ⁵
59 衢江	tɕʰiəʔ⁵	dʑyəʔ²	ɕiaʔ⁵	zʑyəʔ²	ɕyəʔ⁵	nəʔ²～头 zʑyəʔ²～历	tɕiəʔ⁵	iəʔ⁵
60 龙游	tɕʰiəʔ⁴	dzəʔ²³	səʔ⁴	zəʔ²³	səʔ⁴	nəʔ²³白 zəʔ²³文	tɕiəʔ⁴	iəʔ⁴
61 江山	tsʰəʔ⁵	dʑiɵ ʔ²	saʔ⁵	ʑiɵ ʔ²	ɕiɛʔ⁵	nəʔ²白 ʑiɛʔ²文	kiɛʔ⁵	iɛʔ⁵
62 常山	tsʰʌʔ⁵	dzɛʔ³⁴～囡 dzĩ²⁴～儿	sɛʔ⁵	zɛʔ³⁴	seʔ⁵	nʌʔ³⁴～子 zɛʔ³⁴～历	tɕiʌʔ⁵	ieʔ⁵
63 开化	tɕʰiɛʔ⁵	dʑyaʔ¹³	saʔ⁵	zʑyaʔ¹³扎～ ʑiɛʔ¹³～际	ɕyaʔ⁵丢～ ɕiɛʔ⁵～火	naʔ¹³今～ ʑiɛʔ¹³～历	tɕiɛʔ⁵	iɛʔ⁵
64 丽水	tsʰeʔ⁵	dzɛʔ²³	seʔ⁵	zeʔ²³	seʔ⁵	neʔ²³	tɕiɛʔ⁵	iʔ⁵
65 青田	tsʰaʔ⁴²	dzaʔ³¹	saʔ⁴²	zaʔ³¹	saʔ⁴²	ȵiæʔ³¹白 zaʔ³¹文	tɕiæʔ⁴²	iæʔ⁴²
66 云和	tsʰeiʔ⁵	dzeiʔ²³	seiʔ⁵	zeiʔ²³	seiʔ⁵	ȵiʔ²³～本 naʔ²³～头	tɕiʔ⁵	iʔ⁵
67 松阳	tɕʰiʔ⁵	dʑiʔ²	ɕiʔ⁵	ʑiʔ²	ɕiʔ⁵	ȵiʔ²～头 neʔ²～子	tɕiʔ⁵	iʔ⁵
68 宣平	tsʰəʔ⁵	(无)	səʔ⁵	zəʔ²³	səʔ⁵	naʔ²³～子 ȵia²³～头	tɕiəʔ⁵	iəʔ⁵
69 遂昌	tɕʰiʔ⁵	dʑiʔ²³	ɕiuʔ⁵	ʑiʔ²³	ɕiʔ⁵	neʔ²³	tɕiʔ⁵	iʔ⁵
70 龙泉	tɕʰieiʔ⁵	dʑieiʔ²⁴	sieiʔ⁵	zaiʔ²⁴白 zieiʔ²⁴文	ɕieiʔ⁵	nɛʔ²⁴白 ȵieiʔ²⁴文	tɕieiʔ⁵	ieiʔ⁵
71 景宁	tsʰɯʔ⁵	dzʅʔ²³	səɯʔ⁵	zəɯʔ²³	səɯʔ⁵	nɛʔ²³～头 ȵiəɯʔ²³～本	tɕiəɯʔ⁵	iəɯʔ⁵
72 庆元	tɕʰiəɯʔ⁵	tsʅ³⁴	sɣʔ⁵	ɕiəɯʔ³⁴	ɕiəɯʔ⁵	ȵiəɯʔ³⁴	tɕiəɯʔ⁵	iəɯʔ⁵
73 泰顺	tsʰəiʔ⁵	tsəiʔ²	səiʔ⁵	səiʔ²	səiʔ⁵	nɛʔ²	tsəiʔ⁵	iɛʔ⁵
74 温州	tsʰai³²³	dzai²¹²	sai³²³	zai²¹²	sai³²³	ne²¹²白 ȵiai²¹²白 zai²¹²文	tɕiai³²³	iai³²³

续表

方言点	0649 七 臻开三 入质清	0650 侄 臻开三 入质澄	0651 虱 臻开三 入质生	0652 实 臻开三 入质船	0653 失 臻开三 入质书	0654 日 臻开三 入质日	0655 吉 臻开三 入质见	0656 一 臻开三 入质影
75 永嘉	tsʰai⁴²³	dzai²¹³	sai⁴²³	zai²¹³	sai⁴²³	ne²¹³～子 ȵiai²¹³生～ za²¹³～本	tɕiai⁴²³	i⁴²³～个 iai⁴²³第～
76 乐清	tɕʰiɤ³²³	dziɤ²¹²	sɤ³²³	zɤ²¹²	sɤ³²³	ne²¹²白1 ȵiɤ²¹²白2 zɤ²¹²文	tɕiɤ³²³	iɤ³²³
77 瑞安	tsʰa³²³	dza²¹²	sa³²³	za²¹²	sa³²³	ne²¹²～子 ȵia²¹²生～ za²¹²～本	tɕia³²³	e³²³～个 ia³²³第～
78 平阳	tʃʰʌ³⁴	dʒʌ¹²	sʌ³⁴	zʌ¹²	sʌ³⁴	ne¹²白 zʌ¹²文	tʃʌ³⁴	iʌ³⁴
79 文成	tʃʰa³⁴	dʒa²¹²	sa³⁴	za²¹²	sa³⁴	za²¹²	tʃa³⁴	ia³⁴
80 苍南	tsʰɛ²²³	zɛ¹¹²	sɛ²²³	zɛ¹¹²	sɛ²²³	ne¹¹²～子 ȵiɛ¹¹²生～ zɛ¹¹²～本	tsɛ²²³	e²²³白 iɛ²²³文
81 建德徽	tɕʰiɐʔ⁵	tsɐʔ¹²	sɐʔ⁵	sɐʔ¹²	sɐʔ⁵	ȵiɐʔ¹²	tɕiɐʔ⁵	iɐʔ⁵
82 寿昌徽	tɕʰiəʔ³	（无）	səʔ³	səʔ³¹	səʔ³	ȵiəʔ³¹～子 ləʔ³¹～本	tɕiəʔ³	iəʔ³
83 淳安徽	tɕʰiʅ⁵	tsʰəʔ¹³	sʅ⁵	səʔ¹³	səʔ⁵	iəʔ¹³	tɕiəʔ⁵	iʔ⁵
84 遂安徽	tɕʰiɛ²⁴	tɕʰiɛ²¹³	ɕiɛ²⁴	ɕiɛ²¹³	ɕiɛ²⁴	i²¹³	tɕiɛ²⁴	i²⁴
85 苍南闽	tɕʰie⁴³	tie²⁴	sə⁴³	ɕie²⁴	ɕie⁴³	dzie²⁴	kie⁴³	ie⁴³
86 泰顺闽	tɕʰiɿʔ⁵	tɕiɿʔ³	sɛʔ⁵	ɕiɿʔ³	ɕiɿʔ⁵	niɿʔ³	kiɛʔ⁵	ɕiɿʔ⁵～支 iɿʔ⁵～二
87 洞头闽	tɕʰie⁵³	ti²¹调殊	sɐt⁵	ɕiek²⁴	ɕiek⁵	dziek²⁴	kiek⁵	ie⁵³
88 景宁畲	tɕʰit⁵	（无）	ɕiet⁵	ɕiet²	ɕit⁵	ȵit⁵	kit⁵	it⁵

方言点	0657 筋	0658 劲 有~	0659 勤	0660 近	0661 隐	0662 本	0663 盆	0664 门
	臻开三平殷见	臻开三去殷见	臻开三平殷群	臻开三上殷群	臻开三上殷影	臻合一上魂帮	臻合一平魂並	臻合一平魂明
01 杭州	tɕiŋ³³⁴	dʑiŋ¹³	dʑiŋ²¹³	dʑiŋ¹³	iŋ⁵³	pəŋ⁵³	bəŋ²¹³	məŋ²¹³
02 嘉兴	tɕiŋ⁴²	dʑiŋ¹¹³	dʑiŋ²⁴²	dʑiŋ¹¹³	iŋ⁵⁴⁴	pəŋ⁵⁴⁴	bəŋ²⁴²	məŋ²⁴²
03 嘉善	tɕin⁵³	dʑin¹¹³	dʑin¹³²	dʑin¹¹³	in⁴⁴	pən⁴⁴	bən¹³²	mən¹³²
04 平湖	tɕin⁵³	dʑin²¹³	dʑin³¹	dʑin²¹³	in⁴⁴	pən⁴⁴	bən³¹	mən³¹
05 海盐	tɕin⁵³	dʑin²¹³	dʑin³¹	dʑin⁴²³	in⁴²³	pən⁴²³	bən³¹	mən³¹
06 海宁	tɕin⁵⁵	dʑiŋ¹³	dʑiŋ¹³	dʑiŋ²³¹	iŋ⁵³	pəŋ⁵³	bəŋ¹³	məŋ¹³
07 桐乡	tɕin⁴⁴	dʑiŋ²¹³	dʑiŋ¹³	dʑiŋ²⁴²	iŋ⁵³	pəŋ⁵³	bəŋ¹³	məŋ¹³
08 崇德	tɕin⁴⁴	dʑiŋ¹³	dʑiŋ¹³	dʑiŋ²⁴²	iŋ⁵³	pəŋ⁵³	bəŋ¹³	məŋ¹³
09 湖州	tɕin⁴⁴	dʑin¹¹²	dʑin¹¹²	dʑin²³¹	in⁵²³	pən⁵²³	bən¹¹²	mən¹¹²
10 德清	tɕin⁴⁴	dʑin¹¹³	dʑin¹¹³	dʑin¹⁴³	in⁵²	pen⁵²	ben¹¹³	men¹¹³
11 武康	tɕin⁴⁴	dʑin¹¹³ ·	dʑin¹¹³	dʑin²⁴²	in⁵³	pen⁵³	ben¹¹³	men¹¹³
12 安吉	tɕiŋ⁵⁵	dɕiŋ²¹³	dʑiŋ²²	dʑiŋ²⁴³	iŋ⁵²	pəŋ⁵²	bəŋ²²	məŋ²²
13 孝丰	tɕin⁴⁴	dɕin²¹³	dʑiŋ²²	dʑiŋ²⁴³	iŋ⁵²	pəŋ⁵²	bəŋ²²	məŋ²²
14 长兴	tʃiŋ⁴⁴	dʒiŋ²⁴	dʒiŋ¹²	dʒiŋ²⁴³	iŋ⁵²	pəŋ⁵²	bəŋ¹²	məŋ¹²
15 余杭	tɕiŋ⁴⁴	dʑiŋ²¹³	dʑiŋ²²	dʑiŋ²⁴³	iŋ⁵³	piŋ⁵³	biŋ²²	miŋ²²
16 临安	tɕien⁵⁵	dʑien³³	dʑien³³	dʑien³³	ien⁵⁵	pen⁵⁵	ben³³	men³³
17 昌化	tɕiəŋ³³⁴	ziəŋ²⁴³	ziəŋ¹¹²	ziəŋ²⁴³	iəŋ⁴⁵³	pəŋ⁴⁵³	bəŋ¹¹²新 bɛ̃¹¹²老	məŋ¹¹²
18 於潜	tɕin⁴³³	dʑiŋ²⁴	dʑiŋ²²³	dʑiŋ²⁴	iŋ⁵¹	peŋ⁵¹	beŋ²²³	meŋ²²³
19 萧山	tɕiŋ⁵³³	dʑiŋ²⁴²	dʑiŋ²⁴²	dʑiŋ¹³	iŋ³³	pəŋ³³	bəŋ³⁵⁵	məŋ³⁵⁵
20 富阳	tɕin⁵³	dʑin²²⁴	dʑin¹³	dʑin²²⁴	in⁴²³	pən⁴²³	bən¹³	mən¹³
21 新登	tɕin⁵³	dʑiŋ¹³	dʑiŋ²³³	dʑiŋ¹³	eiŋ³³⁴	peiŋ³³⁴	beiŋ²³³	meiŋ²³³
22 桐庐	tɕin⁵³³	dʑiŋ²⁴	dʑiŋ¹³	dʑiŋ²⁴	iŋ³³	pəŋ³³	bəŋ¹³	məŋ¹³
23 分水	tɕin⁴⁴	tɕin²⁴	dʑin²²	dʑin¹³	in⁵³	pən⁵³	bən²²	mən²²
24 绍兴	tɕiŋ⁵³	dʑiŋ²²	dʑiŋ²³¹	dʑiŋ²²³	iŋ³³⁴	pẽ³³⁴	bẽ²³¹	mẽ²³¹
25 上虞	tɕiŋ³⁵	tɕiŋ⁵³	dʑiŋ²¹³	dʑiŋ²¹³	iŋ³⁵	pəŋ³⁵	bəŋ²¹³	məŋ²¹³

续表

方言点	0657 筋	0658 劲 有~	0659 勤	0660 近	0661 隐	0662 本	0663 盆	0664 门
	臻开三平殷见	臻开三去殷见	臻开三平殷群	臻开三上殷群	臻开三上殷影	臻合一上魂帮	臻合一平魂并	臻合一平魂明
26 嵊州	tɕiŋ⁵³⁴	dʑiŋ²⁴	dʑiŋ²¹³	dʑiŋ²²	iŋ⁵³	peŋ⁵³	beŋ²¹³	meŋ²¹³
27 新昌	tɕiŋ⁵³⁴	dʑiŋ¹³	dʑiŋ²²	dʑiŋ²³²	iŋ⁴⁵³	peŋ⁴⁵³	beŋ²²	meŋ²²
28 诸暨	tɕin⁵⁴⁴	dʑin³³	dʑin¹³	dʑin²⁴²	in⁴²	pɛn⁴²	bɛn¹³	mɛn¹³
29 慈溪	tɕiŋ³⁵	dʑiŋ¹³	dʑiŋ¹³	dʑiŋ¹³	iŋ³⁵	piŋ³⁵	biŋ¹³	miŋ¹³
30 余姚	tɕiə̃⁴⁴	dʑiə̃¹³	dʑiə̃¹³	dʑiə̃¹³	iə̃³⁴	pə̃³⁴	bə̃¹³	mə̃¹³
31 宁波	tɕiŋ⁵³	dʑiŋ¹³ ~道 tɕiŋ⁵³ 干~	dʑiŋ¹³	dʑiŋ¹³	iŋ³⁵	pəŋ³⁵	bəŋ¹³	məŋ¹³
32 镇海	tɕiŋ⁵³	dʑiŋ²⁴	dʑiŋ²⁴	dʑiŋ²⁴	iŋ³⁵	pəŋ³⁵	bəŋ²⁴	məŋ²⁴
33 奉化	tɕiŋ⁴⁴	dʑiŋ³¹	dʑiŋ³³	dʑiŋ³²⁴	iŋ⁵⁴⁵	pəŋ⁴⁴ 调殊	bəŋ³³	məŋ³³
34 宁海	tɕiŋ⁴²³	dʑiŋ²⁴	dʑiŋ²¹³	dʑiŋ³¹	iŋ⁵³	pəŋ⁵³	bəŋ²¹³	məŋ²¹³
35 象山	tɕiŋ⁴⁴	dʑiŋ³¹ ~道	dʑiŋ³¹	dʑiŋ³¹	iŋ⁴⁴	pəŋ⁴⁴	bəŋ³¹	məŋ³¹
36 普陀	tɕiŋ⁵³	dʑiŋ²³	dʑiŋ²⁴	dʑiŋ²³	iŋ⁴⁵	pɐŋ⁴⁵	bɐŋ²⁴	mɐŋ²⁴
37 定海	tɕiŋ⁵²	dʑiŋ¹³	dʑiŋ²³	dʑiŋ²³	iŋ⁴⁵	pɐŋ⁴⁵	bɐŋ²³	mɐŋ²³
38 岱山	tɕiŋ⁵²	dʑiŋ²¹³	dʑiŋ²³	dʑiŋ²⁴⁴	iŋ³²⁵	pɐŋ³²⁵	bɐŋ²³	mɐŋ²³
39 嵊泗	tɕiŋ⁵³	dʑiŋ²¹³	dʑiŋ²⁴³	dʑiŋ³³⁴	iŋ⁴⁴⁵	pɐŋ⁴⁴⁵	bɐŋ²⁴³	mɐŋ²⁴³
40 临海	tɕiŋ³¹ 又 kiŋ³¹ 又	tɕiŋ⁵⁵ 又 giŋ³²⁴ 又	dʑiŋ²¹ 又 giŋ²¹ 又	dʑiŋ²¹ 又 giŋ²¹ 又	iŋ⁵²	pəŋ⁵²	bəŋ²¹	məŋ²¹
41 椒江	tɕiŋ⁴²	tɕiŋ⁵⁵	dʑiŋ³¹	dʑiŋ³¹	iŋ⁴²	pəŋ⁴²	bəŋ³¹	məŋ³¹
42 黄岩	tɕin³²	tɕin⁵⁵	dʑin¹²¹	dʑin¹²¹	in⁴²	pən⁴²	bən¹²¹	mən¹²¹
43 温岭	tɕin³³	dʑin¹³	dʑin³¹	dʑin³¹	in⁴²	pən⁴²	bən³¹	mən³¹
44 仙居	tɕin³³⁴	tɕin⁵⁵ 手~	dʑin²¹³	dʑin²¹³	in³²⁴	ɓen³²⁴	ben²¹³	men²¹³
45 天台	kiŋ³³	kiŋ⁵⁵	giŋ²²⁴	giŋ²¹⁴	iŋ³²⁵	pəŋ³²⁵	bəŋ²²⁴	məŋ²²⁴
46 三门	tɕiŋ³³⁴	tɕiŋ⁵⁵	dʑiŋ¹¹³	dʑiŋ²⁴³	iŋ³²⁵	pəŋ³²⁵	bəŋ²⁵² 小	məŋ¹¹³
47 玉环	tɕiŋ⁴²	dʑiŋ²²	dʑiŋ³¹	dʑiŋ⁴¹	iŋ⁵³	pəŋ⁵³	bəŋ³¹	məŋ³¹
48 金华	tɕiŋ³³⁴	dʑiŋ¹⁴	dʑiŋ³¹³	tɕiŋ⁵³⁵	iŋ⁵³⁵	pəŋ⁵³⁵	bəŋ³¹³	məŋ³¹³

续表

方言点	0657 筋	0658 劲 有~	0659 勤	0660 近	0661 隐	0662 本	0663 盆	0664 门
	臻开三 平殷见	臻开三 去殷见	臻开三 平殷群	臻开三 上殷群	臻开三 上殷影	臻合一 上魂帮	臻合一 平魂並	臻合一 平魂明
49 汤溪	tɕiɛ̃i^{24}	dziɛ̃i^{341}	dziɛ̃i^{11}	dziɛ̃i^{113}	iɛ̃i^{535}	mã^{535}	bã^{11}	mã^{11}
50 兰溪	tɕin^{334}	dzin^{24}	dzin^{21}	tɕin^{55}	in^{55}	pæ̃^{55}	bæ̃^{21}	mæ̃^{21}
51 浦江	tɕiən^{534}	dziən^{243}	dziən^{113}	dziən^{243}	iən^{53}	pən^{53}	bən^{113}	mən^{113}
52 义乌	tɕiən^{335}	dziən^{24}	dziən^{213}	dziən^{312}	iən^{423}	mən^{423}	bən^{213}	mən^{213}
53 东阳	tɕiɐn^{334}	tɕiɐn^{334}	dziɐn^{213}	dziɐn^{24}	iɐn^{44}	pɐn^{44}	bɯn^{213}小	mɐn^{213}
54 永康	tɕiŋ^{55}	dziŋ^{241}	dziŋ^{22}	dziŋ^{113}	iŋ^{334}	mən^{334}	buo^{22}	mən^{22}
55 武义	tɕin^{24}	dzin^{231}	dzin^{324}	dzin^{13}	in^{445}	men^{445}	ben^{324}	men^{324}
56 磐安	tɕiɐn^{445}	dziɐn^{14}	dziɐn^{213}	tɕiɐn^{334}	iɐn^{334}	mɐn^{334}老 pɐn^{334}新	bɐn^{213}	mɐn^{213}
57 缙云	tɕiɛŋ^{44}	dziɛŋ^{213}	dziɛŋ^{243}	gɘ^{31}	iɐ̃ɪ^{51}	pɛ^{51}	bɛ^{243}	maŋ^{243}
58 衢州	tɕin^{32}	tɕin^{53}	dzin^{21}	dzin^{231}	in^{35}	pən^{35}	bən^{21}	mən^{21}
59 衢江	tɕiŋ^{33}	tɕiŋ^{53}	dziŋ^{212}	gɛ^{212}远~ dziŋ^{212}~视	iŋ^{25}	pɛ^{25}	bɛ^{212}	mən^{212}
60 龙游	tɕin^{334}	tɕin^{51}	dzin^{21}	dzin^{224}	in^{35}	pən^{35}	bən^{21}	mən^{21}
61 江山	kɤ̃^{44}	kĩ^{51}	gɤ̃^{213}	gɛ̃^{22}	ĩ^{241}	pɛ̃^{241}	bɛ̃^{213}	moŋ^{213}
62 常山	kĩ^{44}	kĩ^{324}	gĩ^{341}	gɔ̃^{24}	ĩ^{324}	pɔ̃^{52}	bɔ̃^{341}	mɔ̃^{341}
63 开化	kɛn^{44}白 tɕin^{44}文	tɕin^{412}	gɛn^{231}	gɤŋ^{213}远~ dziŋ^{213}~视	in^{53}	pɛn^{53}~钱 pɤŋ^{53}~领	bɛn^{231}	mɤŋ^{231}
64 丽水	tɕin^{224}	tɕin^{52}	dzin^{22}	gɛ^{22}白 dzin^{22}文	in^{544}	pɛ^{544}	bɛ^{22}	men^{22}
65 青田	tɕiaŋ^{445}	tɕiaŋ^{33}	dziaŋ^{21}	dziaŋ^{343}	iaŋ^{454}	ɓaŋ^{454}	buɐ^{21}	maŋ^{21}
66 云和	tɕiŋ^{24}	tɕiŋ^{45}	dziŋ^{312}	dziŋ^{231}	iŋ^{41}	pɛ^{41}	bɛ^{312}	mən^{312}
67 松阳	tɕin^{53}	tɕin^{24}	dzin^{31}	gæ̃^{22}	in^{22}	pæ̃^{212}	bæ̃^{31}	men^{31}
68 宣平	tɕin^{324}	dzin^{231}	dzin^{433}	gə^{223}白 dzin^{223}文	in^{445}	pə^{445}	bə^{433}	mən^{433}
69 遂昌	tɕiŋ^{45}	tɕiŋ^{334}	dziŋ^{221}	gɛ̃^{13}远~ dziŋ^{13}~视	iŋ^{533}	pɛ̃^{533}	bɛ̃^{221}	mən^{221}

续表

方言点	0657 筋	0658 劲 有~	0659 勤	0660 近	0661 隐	0662 本	0663 盆	0664 门
	臻开三平殷见	臻开三去殷见	臻开三平殷群	臻开三上殷群	臻开三上殷影	臻合一上魂帮	臻合一平魂並	臻合一平魂明
70 龙泉	kɛn⁴³⁴	tɕin⁴⁵	gen²¹	kuɯə⁵¹白 tɕin⁵¹文	in⁵¹	puɯə⁵¹	buɯə²¹	mɛn²¹
71 景宁	tɕiaŋ³²⁴	tɕiaŋ³⁵	dziaŋ⁴¹	tɕiaŋ³³	iŋ³³	pœ³³	bœ⁴¹	maŋ⁴¹
72 庆元	tɕiəŋ³³⁵	tɕiəŋ³¹	tɕiəŋ⁵²	kæ̃²²¹	iəŋ³³	ɓæ̃³³	pæ̃⁵²	məŋ⁵²
73 泰顺	tsəŋ²¹³	tsəŋ³⁵	tsəŋ⁵³	tsəŋ²¹	iŋ⁵⁵	pəŋ⁵⁵	pɛ⁵³	məŋ⁵³
74 温州	tɕiaŋ³³	tɕiaŋ⁵¹	dziaŋ³¹	dziaŋ¹⁴	iaŋ²⁵	paŋ²⁵	bø³¹	maŋ³¹
75 永嘉	tɕiaŋ⁴⁴	tɕiaŋ⁵³	dziaŋ³¹	dziaŋ¹³	iaŋ⁴⁵	paŋ⁴⁵	bø³¹	maŋ³¹
76 乐清	tɕiaŋ⁴⁴	tɕiaŋ⁴¹	dziaŋ³¹	dziaŋ²⁴	iaŋ³⁵	paŋ³⁵	buɯ³¹	maŋ³¹
77 瑞安	tɕiaŋ⁴⁴	tɕiaŋ⁵³	dziaŋ³¹	dziaŋ¹³	iaŋ³⁵	paŋ³⁵	bø³¹	maŋ³¹
78 平阳	tʃaŋ⁵⁵	tʃaŋ⁵³	dʒaŋ²⁴²	dʒaŋ²³	iaŋ⁴⁵	paŋ⁴⁵	bø²⁴²	maŋ²⁴²
79 文成	tʃaŋ⁵⁵	dʒaŋ²²⁴	dʒaŋ¹¹³	dʒaŋ²²⁴	iaŋ²²⁴	paŋ⁴⁵	(无)	maŋ¹¹³
80 苍南	tɕiaŋ⁴⁴	tɕiaŋ⁴²	dziaŋ³¹	dziaŋ²⁴	iaŋ⁵³	paŋ⁵³	bø³¹	maŋ³¹
81 建德徽	tɕin⁵³	tɕin²¹³	tɕin³³	tɕin²¹³	in²¹³	pən²¹³	pən³³	mən³³
82 寿昌徽	tɕien¹¹²	tɕien³³	tɕʰien¹¹²文	tɕʰien⁵³⁴	ien²⁴	pen²⁴	pʰen⁵²	men⁵²
83 淳安徽	tɕin²⁴	tɕin²⁴	tɕʰin⁴³⁵	tɕʰin⁵⁵	in⁵⁵	pen⁵⁵	pʰã̃⁴³⁵	men⁴³⁵
84 遂安徽	tɕin⁵³⁴	tɕin⁴³	tɕʰin³³	tɕʰin⁴³	in²¹³	pəŋ²¹³	pʰəŋ³³	məŋ³³
85 苍南闽	kən⁵⁵	kin²¹	kʰən²⁴	kən³²	ən⁴³	puŋ⁴³	(无)	muŋ²⁴
86 泰顺闽	kyeŋ²¹³	kieŋ⁵³	kyeŋ²²	kyeŋ³¹	ieŋ³⁴⁴	puo³⁴⁴	piæŋ²²	muo²²
87 洞头闽	kun³³	kin²¹	kʰun¹¹³	kun²¹	in⁵³	puŋ⁵³白 pun⁵³文	(无)	muŋ¹¹³
88 景宁畲	kyn⁴⁴	kyn⁴⁴	kʰin²²	kʰyon⁴⁴	in³²⁵	pon³²⁵	pʰuən²²	muən²²

方言点	0665 墩	0666 嫩	0667 村	0668 寸	0669 蹲	0670 孙 ~子	0671 滚	0672 困
	臻合一平魂端	臻合一去魂泥	臻合一平魂清	臻合一去魂清	臻合一平魂从	臻合一平魂心	臻合一上魂见	臻合一去魂溪
01 杭州	təŋ³³⁴	nəŋ¹³	tsʰuəŋ³³⁴	tsʰuəŋ⁴⁵	tuəŋ³³⁴	suəŋ³³⁴	kuəŋ⁵³	kʰuəŋ⁴⁵
02 嘉兴	təŋ⁴²	nəŋ¹¹³	tsʰəŋ⁴²	tsʰəŋ²²⁴	təŋ⁴²	səŋ⁴²	kuəŋ⁵⁴⁴	kʰuəŋ²²⁴
03 嘉善	tən⁵³	nən¹¹³	tsʰən⁵³	tsʰən³³⁴	tən⁵³	sən⁴⁴	kuən⁴⁴	kʰuən³³⁴
04 平湖	tən⁵³	lən²¹³	tsʰən⁵³	tsʰən²¹³	tən⁵³	sən⁵³	kuən⁴⁴	kʰuən⁵³
05 海盐	tən⁵³	lən²¹³	tsʰən⁵³	tsʰən³³⁴	tən⁵³	sən⁵³	kuən¹²³	kʰuən¹²³
06 海宁	təŋ⁵⁵	ləŋ¹³	tsʰəŋ⁵⁵	tsʰəŋ³⁵	təŋ⁵⁵	səŋ⁵⁵	kuəŋ⁵³	kʰuəŋ³⁵
07 桐乡	təŋ⁴⁴	ləŋ²¹³	tsʰəŋ⁴⁴	tsʰəŋ³³⁴	təŋ⁴⁴	səŋ⁴⁴	kuəŋ⁵³	kʰuəŋ³³⁴
08 崇德	təŋ⁴⁴	ləŋ¹³	tsʰəŋ⁴⁴	tsʰəŋ³³⁴	təŋ⁴⁴	səŋ⁴⁴	kuəŋ⁵³	kʰuəŋ³³⁴
09 湖州	tən⁴⁴	lən³⁵声殊	tsʰən⁴⁴	tsʰən³⁵	tən⁴⁴	sən⁴⁴	kuən⁵²³	kʰuən³⁵
10 德清	ten⁴⁴	len³³⁴	tsʰen⁴⁴	tsʰen³³⁴	ten⁴⁴	sen⁴⁴	kuen⁵²	kʰuen³³⁴
11 武康	ten⁴⁴	len²²⁴	tsʰen⁴⁴	tsʰen²²⁴	ten⁴⁴	sen⁴⁴	kuen⁵³	kʰuen²²⁴
12 安吉	təŋ⁵⁵	nəŋ²¹³	tsʰəŋ⁵⁵	tsʰəŋ³²⁴	təŋ⁵⁵	səŋ⁵⁵	kuəŋ⁵²	kʰuəŋ³²⁴
13 孝丰	təŋ⁴⁴	nəŋ³²⁴	tsʰəŋ⁴⁴	tsʰəŋ³²⁴	təŋ⁴⁴	səŋ⁴⁴	kuəŋ⁵²	kʰuəŋ³²⁴
14 长兴	təŋ⁴⁴	nəŋ³²⁴	tsʰəŋ⁴⁴	tsʰəŋ³²⁴	təŋ⁴⁴	səŋ⁴⁴	kuəŋ⁵²	kʰuəŋ³²⁴
15 余杭	tiŋ⁴⁴	niŋ²¹³	tsʰiŋ⁴⁴	tsʰiŋ⁴²³	tiŋ⁴⁴	siŋ⁴⁴	kuen⁵³	kʰuen⁵³
16 临安	teŋ⁵⁵	neŋ³³	tsʰeŋ⁵⁵	tsʰeŋ⁵⁵	teŋ⁵⁵	seŋ⁵⁵	kuəŋ⁵⁵	kʰuəŋ⁵⁵
17 昌化	tɛ̃³³⁴	nɛ̃⁵⁴⁴	tsʰɛ̃³³⁴	tsʰɛ̃⁵⁴⁴	təŋ³³⁴	sɛ̃³³⁴	kuəŋ⁴⁵³	kʰuəŋ⁵⁴⁴
18 於潜	teŋ⁴³³	neŋ²⁴	tsʰɛ⁴³³白 tsʰueŋ⁴³³文	tsʰɛ³⁵白 tsʰueŋ³⁵文	teŋ⁴³³	seŋ⁴³³	kuen⁵¹	kʰuen³⁵
19 萧山	təŋ⁵³³	nəŋ²⁴²	tsʰəŋ⁵³³	tsʰəŋ⁴²	təŋ⁵³³	səŋ⁵³³	kuəŋ³³	kʰuəŋ⁴²
20 富阳	tən⁵³	lən³³⁵	tsʰən⁵³	tsʰən³³⁵	tən⁵³	sən⁵³	kuən¹²³	kʰuən³³⁵
21 新登	teiŋ⁵³	leiŋ¹³	tɕʰiŋ⁵³	tsʰeiŋ⁴⁵	teiŋ⁵³	seiŋ⁵³	kuəŋ³³⁴	kʰuəŋ⁴⁵
22 桐庐	təŋ⁵³³	nəŋ²⁴	tsʰəŋ⁵³³	tsʰəŋ³⁵	təŋ⁵³³	səŋ⁵³³	kuəŋ³³	kʰuəŋ³⁵
23 分水	tən⁴⁴	nən¹³	tsʰən⁴⁴	tsʰən²⁴	tən⁴⁴	sən⁴⁴	kuən⁵³	kʰuən²⁴
24 绍兴	tø̃⁵³	nø̃²²	tsʰø̃⁵³	tsʰø̃³³	tø̃⁵³	sø̃⁵³	kuø̃³³⁴	kʰuø̃³³
25 上虞	təŋ³⁵	nø̃³¹	tsʰəŋ³⁵	tsʰəŋ⁵³	təŋ³⁵	səŋ³⁵	kuəŋ³⁵	kʰuəŋ⁵³

续表

方言点	0665 墩	0666 嫩	0667 村	0668 寸	0669 蹲	0670 孙~子	0671 滚	0672 困
	臻合一平魂端	臻合一去魂泥	臻合一平魂清	臻合一去魂清	臻合一平魂从	臻合一平魂心	臻合一上魂见	臻合一去魂溪
26 嵊州	teŋ^{534}	neŋ^{24}	tsʰeŋ^{534}	tsʰeŋ^{334}	teŋ^{534}	seŋ^{534}	kueŋ^{53}	kʰuəŋ^{334}
27 新昌	teŋ^{534}	neŋ^{13}	tsʰeŋ^{534}	tsʰeŋ^{335}	teŋ^{534}	seŋ^{534}	kueŋ^{453}	kʰueŋ^{335}
28 诸暨	tɛn^{544}	lɛn^{33}声殊	tsʰɛn^{544}	tsʰɛn^{544}	tɛn^{544}	sɛn^{544}	kuɛn^{42}	kʰuɛn^{544}
29 慈溪	tiŋ^{35}	nəŋ^{13}	tsʰuəŋ^{35}	tsʰuəŋ^{44}	（无）	suəŋ^{35}	kuəŋ^{35}	kʰuəŋ^{44}
30 余姚	tə̃^{44}	nə̃^{13}	tsʰə̃^{44}	tsʰə̃^{53}	（无）	sə̃^{44}	kuə̃^{34}	kʰuə̃^{53}
31 宁波	təŋ^{44}	nəŋ^{13}	tsʰəŋ^{44}	tsʰəŋ^{35}	təŋ^{44}读字	səŋ^{53}	kuəŋ^{35}	kʰuəŋ^{44}
32 镇海	təŋ^{53}	nəŋ^{24}	tsʰəŋ^{53}	tsʰəŋ^{53}	（无）	səŋ^{53}	kuəŋ^{35}	kʰuəŋ^{53}
33 奉化	təŋ^{44}	nəŋ^{31}	tsʰəŋ^{44}	tsʰəŋ^{53}	təŋ^{44}读字	səŋ^{44}	kuəŋ^{545}	kʰuəŋ^{53}
34 宁海	təŋ^{423}	nəŋ^{24}	tsʰəŋ^{423}	tsʰəŋ^{35}	təŋ^{423}读字	səŋ^{423}	kuəŋ^{53}	kʰuəŋ^{35}
35 象山	təŋ^{44}	nəŋ^{13}	tsʰəŋ^{44}	tsʰəŋ^{53}	tʰəŋ^{44}读字	səŋ^{44}	kuəŋ^{44}	kʰuəŋ^{53}
36 普陀	təŋ^{53}	nɐŋ^{13}	tsʰɐŋ^{55}小	tsʰɐŋ^{55}	tɐŋ^{53}	sɐŋ^{53}	kuɐŋ^{45}	kʰuɐŋ^{55}
37 定海	təŋ^{52}	nɐŋ^{13}	tsʰɐŋ^{44}调殊	tsʰɐŋ^{44}	（无）	sɐŋ^{52}	kuɐŋ^{45}	kʰuɐŋ^{44}
38 岱山	təŋ^{325}调殊	nɐŋ^{213}	tsʰɐŋ^{44}调殊	tsʰɐŋ^{325}	（无）	sɐŋ^{52}	kuɐŋ^{325}	kʰuɐŋ^{52}调殊
39 嵊泗	təŋ^{53}	nɐŋ^{213}	tsʰɐŋ^{445}调殊	tsʰɐŋ^{53}	（无）	sɐŋ^{53}	kuɐŋ^{445}	kʰuɐŋ^{53}
40 临海	təŋ^{31}	nəŋ^{324}	tsʰəŋ^{31}	tsʰəŋ^{55}	təŋ^{31}	səŋ^{31}	kuəŋ^{52}	kʰuəŋ^{52}
41 椒江	tøŋ^{42}	løŋ^{24}	tsʰøŋ^{42}	tsʰøŋ^{55}	tøŋ^{42}	søŋ^{35}小	kuəŋ^{42}	kʰuəŋ^{42}
42 黄岩	tøn^{32}	løn^{24}	tsʰøn^{32}	tsʰøn^{55}	tøn^{32}	søn^{32}	kuən^{42}	kʰuən^{55}
43 温岭	tøn^{33}	nøn^{13}	tsʰøn^{33}	tsʰøn^{55}	tøn^{33}	søn^{15}小	kuən^{42}	kʰuən^{55}
44 仙居	ɖen^{334}	nen^{24}	tsʰen^{334}	tsʰen^{55}	（无）	sen^{334}	kuen^{324}	kʰuen^{55}
45 天台	təŋ^{33}	nəŋ^{35}	tsʰəŋ^{33}	tsʰəŋ^{55}	（无）	səŋ^{33}	kuəŋ^{325}	kʰuəŋ^{55}
46 三门	təŋ^{334}	nəŋ^{243}	tsʰəŋ^{334}	tsʰəŋ^{55}	təŋ^{334}	səŋ^{334}	kuəŋ^{325}	kʰuəŋ^{325}
47 玉环	təŋ^{42}	nəŋ^{22}	tsʰəŋ^{42}	tsʰəŋ^{55}	təŋ^{42}	səŋ^{35}小	kuəŋ^{53}	kʰuəŋ^{55}
48 金华	təŋ^{334}	ləŋ^{14}声殊	tsʰəŋ^{334}	tsʰəŋ^{55}	（无）	sɛŋ^{334}	kuəŋ^{535}	kʰuəŋ^{55}
49 汤溪	nã^{24}	nã^{341}	tsʰɣ^{24}	tsʰɣ^{52}	nã^{24}	sã^{24}	kuã^{535}	kʰuã^{52}

续表

方言点	0665 墩	0666 嫩	0667 村	0668 寸	0669 蹲	0670 孙~子	0671 滚	0672 困
	臻合一平魂端	臻合一去魂泥	臻合一平魂清	臻合一去魂清	臻合一平魂从	臻合一平魂心	臻合一上魂见	臻合一去魂溪
50 兰溪	tæ̃³³⁴	næ̃²⁴	tsʰæ̃³³⁴	tsʰɤ⁴⁵	tæ̃³³⁴	sæ̃³³⁴	kuæ̃⁵⁵	kʰuæ̃⁴⁵
51 浦江	tən⁵⁵	nə̃²⁴	tsʰə̃⁵³⁴	tsʰə̃⁵⁵	（无）	sə̃⁵³⁴	kuən⁵³	kʰuən⁵⁵
52 义乌	nən³³⁵	nuɯ²⁴	tsʰɯ³³⁵	tsʰɯ⁴⁵	tən³³⁵	sɿ³³⁵白 ɕyən³³⁵文	kuən⁴²³	kʰuən⁴⁵
53 东阳	（无）	nuɯ²⁴	tsʰɯ³³⁴	tsʰɯ⁴⁵³	（无）	sɐn³³⁴	kuɐn⁴⁴	kʰuɐn⁴⁵³
54 永康	nəŋ⁵⁵	nɤ²⁴¹	tsʰɤ⁵⁵	tsʰɤ⁵²	（无）	sɤ⁵⁵	kuəŋ³³⁴	kʰuəŋ⁵²
55 武义	nen²⁴	nɤ²³¹	tsʰɤ²⁴	tsʰɤ⁵³	nen²⁴	sɤ²⁴	kuen⁴⁴⁵	kʰuen⁵³
56 磐安	nuɐn⁴⁴⁵	nuɯ¹⁴	tsʰɯ⁴⁴⁵	tsʰɯ⁵²	tən⁴⁴⁵	suɯ⁴⁴⁵	kuɐn³³⁴	kʰuɐn⁵²
57 缙云	naŋ⁴⁴	nɛ²¹³	tsʰɛ⁴⁴	tsʰɛ⁴⁵³	（无）	sɛ⁴⁴	kuaŋ⁵¹	kʰuaŋ⁴⁵³
58 衢州	tən³²	nən²³¹	tsʰən³²	tsʰən⁵³	tən³²	sən³²	kuən³⁵	kʰuən⁵³
59 衢江	tɛ³³	nɛ²³¹	tsʰɛ³³	tsʰɛ⁵³	təŋ³³	sɛ³³	kuɛ²⁵	kʰuɛ⁵³
60 龙游	tən³³⁴	nei²³¹	tsʰuei³³⁴	tsʰuei⁵¹	tən³³⁴ ~点	suei³³⁴	kuən³⁵	kʰuən⁵¹ ~难 kʰuɛ⁵¹~觉
61 江山	tuɛ̃⁴⁴	nuɛ̃³¹	tsʰuɛ̃⁴⁴	tsʰuɛ̃⁵¹	tuɛ̃⁴⁴	suɛ̃⁴⁴	kuɛ̃²⁴¹	kʰuɛ̃⁵¹
62 常山	tuɔ̃⁴⁴	nuɔ̃¹³¹	tsʰuɔ̃⁴⁴	tsʰuɔ̃³²⁴	tuɔ̃⁴⁴	suɔ̃⁴⁴	kuɔ̃⁵²	kʰuɔ̃³²⁴
63 开化	tuõ⁴⁴	nuõ²¹³	tsʰuõ⁴⁴	tsʰuõ⁴¹²	tuõ⁴⁴	suõ⁴⁴	kuõ⁵³~水单用 kuɛn⁵³~蛋	kʰuõ⁴¹²单用 kʰuɛn⁴¹²~难
64 丽水	ten²²⁴	nuɛ¹³¹	tsʰuɛ²²⁴	tsʰuɛ⁵²	ten²²⁴音殊	suɛ²²⁴	kuen⁵⁴⁴	kʰuen⁵²
65 青田	ɗaŋ⁴⁴⁵	nuɐ²²	tsʰuɐ⁴⁴⁵	tsʰuɐ³³	ɗaŋ⁴⁴⁵	suɐ⁴⁴⁵	kuaŋ⁴⁵⁴	kʰuaŋ³³
66 云和	tuɛ²⁴白 təŋ²⁴文	nuɛ²²³	tsʰuɛ²⁴	tsʰuɛ⁴⁵	təŋ²⁴	suɛ²⁴	kuəŋ⁴¹	kʰuəŋ⁴⁵
67 松阳	tæ̃⁵³	næ̃¹³	tsʰæ̃⁵³	tsʰæ̃²⁴	ten⁵³	sæ̃⁵³	kuen²¹²	kʰuen²⁴
68 宣平	tən³²⁴	nə²³¹	tsʰə³²⁴	tsʰə⁵²	tən³²⁴	sə³²⁴	kuən⁴⁴⁵	kʰuən⁵²
69 遂昌	tɛ̃⁴⁵	nɛ̃²¹³	tsʰɛ̃⁴⁵	tsʰɛ̃³³⁴	tɛ̃⁴⁵~点	sɛ̃⁴⁵	kuəŋ⁵³³	kʰuəŋ³³⁴白 kʰuɛ̃³³⁴文

方言点	0665 墩	0666 嫩	0667 村	0668 寸	0669 蹲	0670 孙 ~子	0671 滚	0672 困
	臻合一平魂端	臻合一去魂泥	臻合一平魂清	臻合一去魂清	臻合一平魂从	臻合一平魂心	臻合一上魂见	臻合一去魂溪
70 龙泉	tɯə⁴³⁴ ~头 / tɯə⁵¹桥~	nɯə²²⁴	tsʰɯə⁴³⁴	tsʰɯə⁴⁵	tɛn⁴³⁴	sɯə⁴³⁴	kuən⁵¹	kʰuən⁴⁵
71 景宁	tœ³²⁴桥~ / taŋ³²⁴树~	nœ¹¹³	tsʰœ³²⁴	tsʰœ³⁵	taŋ³²⁴ 音殊	sœ³²⁴	kuaŋ³³	kʰuaŋ³⁵
72 庆元	dʑæ̃³³⁵	næ̃³¹	tsʰæ̃³³⁵	tsʰæ̃¹¹	dʑæ̃³³⁵	sæ̃³³⁵姓~	kuəŋ³³	kʰuəŋ¹¹
73 泰顺	tœ⁵⁵桥~	nœ²²	tsʰœ²¹³	tsʰœ³⁵	təŋ²¹³	sœ²¹³	kuəŋ⁵⁵	kʰuəŋ³⁵
74 温州	tø³³	nø²²	tsʰø³³	tsʰø⁵¹	taŋ³³	sø³³	kaŋ²⁵	kʰaŋ⁵¹
75 永嘉	tø⁴⁴	nø²²	tsʰø⁴⁴	tsʰø⁵³	(无)	sø⁴⁴	kaŋ⁴⁵	kʰaŋ⁵³
76 乐清	tø⁴⁴	nø²²	tɕʰiø⁴⁴	tɕʰiø⁴¹	taŋ⁴⁴	sø⁴⁴	kuaŋ³⁵	kʰuaŋ⁴¹
77 瑞安	tø⁴⁴	nø²²	tsʰø⁴⁴	tsʰø⁵³	taŋ⁴⁴	sø⁴⁴	kaŋ³⁵	kʰaŋ⁵³
78 平阳	tø⁵⁵	nə³³	tʃʰø⁵⁵	tʃʰø⁵³	taŋ⁵⁵	sə⁵⁵	kaŋ⁴⁵	kʰaŋ⁵³
79 文成	tø⁵⁵	nø⁴²⁴	tsʰø⁵⁵	tsʰø³³	tø⁵⁵	sø⁵⁵	kuøn⁴⁵	kʰuøn³³
80 苍南	tø⁴⁴	nø¹¹	tsʰø⁴⁴	tsʰø⁴²	tø⁴⁴	sø⁴⁴	kuaŋ⁵³	kʰuaŋ⁴²
81 建德徽	tən⁵³	lən⁵⁵	tsʰən⁵³	tsʰən³³	tən⁵³	sən⁵³	kuen²¹³	kʰuen⁵⁵ ~难
82 寿昌徽	ten¹¹²	len³³	tsʰen¹¹²	tsʰen³³	ten¹¹²	sen¹¹²姓~	kuen²⁴	kʰuen³³
83 淳安徽	ten²⁴	la⁵³	tsʰã²⁴	tsʰã²⁴	(无)	sã²⁴白 / sen²⁴文	kuen⁵⁵	kʰuen²⁴
84 遂安徽	təŋ⁵³⁴	ləŋ⁵²	tsʰəŋ⁵³⁴	tsʰəŋ⁴³	kʰɑ⁵³⁴	səŋ⁵³⁴	kuəŋ²¹³	kʰuəŋ⁵²
85 苍南闽	tun⁵⁵	lun²¹	tsʰun⁵⁵	tsʰun²¹	tun⁵⁵	sun⁵⁵	kun⁴³	kʰun²¹
86 泰顺闽	to²¹³	no³¹	tsʰo²¹³	tsʰo⁵³	kiøu²¹³	so²¹³	kuəŋ³⁴⁴	kʰuəŋ⁵³
87 洞头闽	tun³³	nɯŋ²¹	tsʰun³³	tsʰun²¹	tun³³	sun³³	kun⁵³	kʰun²¹
88 景宁畲	ton⁴⁴	nuən⁵¹	tsʰuən⁴⁴	tsʰuən⁴⁴	(无)	suən⁴⁴⁵小	kuən³²⁵	kʰuən³²⁵ 调殊

方言点	0673 婚	0674 魂	0675 温	0676 卒 棋子	0677 骨	0678 轮	0679 俊	0680 笋
	臻合一平魂晓	臻合一平魂匣	臻合一平魂影	臻合一入没精	臻合一入没见	臻合三平谆来	臻合三去谆精	臻合三上谆心
01 杭州	xuəŋ³³⁴	uəŋ²¹³	uəŋ³³⁴	tsoʔ⁵	kuaʔ⁵	ləŋ²¹³	tɕyŋ⁴⁵	suəŋ⁵³
02 嘉兴	huəŋ⁴²	uəŋ²⁴²	uəŋ⁴²	tsaʔ⁵	kuəʔ⁵	ləŋ²⁴²	tɕyəŋ²²⁴	səŋ⁵⁴⁴
03 嘉善	fən⁵³	uən¹³²	uən⁵³	tsuoʔ⁵	kuoʔ⁵	lən¹³²	tsin⁵³	sən⁴⁴
04 平湖	huən⁵³	vən³¹	vən³¹	tsəʔ⁵	kuəʔ⁵	lən³¹	tsin³³⁴	sən⁴⁴
05 海盐	xuən⁵³	uən³¹	uən⁵³	tsəʔ⁵	kɔʔ⁵	lən³¹	tɕyn⁵³	sən⁴²³
06 海宁	huəŋ⁵⁵	uəŋ¹³	uəŋ⁵⁵	tsəʔ⁵	koʔ⁵	ləŋ¹³	tɕiŋ³⁵	səŋ⁵³
07 桐乡	huəŋ⁴⁴	uəŋ¹³	uəŋ⁴⁴	tsəʔ⁵	kuəʔ⁵	ləŋ¹³	tɕiŋ⁵³	səŋ⁵³
08 崇德	huəŋ⁴⁴	uəŋ¹³	uəŋ⁴⁴	tsəʔ⁵	kɔʔ⁵	ləŋ¹³	tɕiŋ⁴⁴	səŋ⁵³
09 湖州	xuən⁴⁴	uən¹¹²	uən⁴⁴	tsuoʔ⁵	kuəʔ⁵	lən¹¹²	tɕiŋ³⁵	sən⁵²³
10 德清	xuen⁴⁴	uen¹¹³	uen⁴⁴	tsaʔ⁵	kuoʔ⁵	len¹¹³	tɕiŋ⁴⁴	sen⁵²
11 武康	xuen⁴⁴	uen¹¹³	uen⁴⁴	tsɤʔ⁵	kuoʔ⁵	len¹¹³	tɕin⁵³ 读字	sen⁵³
12 安吉	fəŋ⁵⁵	uəŋ²²	uəŋ⁵⁵	tsəʔ⁵	kuəʔ⁵	ləŋ²²	tɕiŋ³²⁴	səŋ⁵²
13 孝丰	huəŋ⁴⁴	uəŋ²²	uəŋ⁴⁴	tsəʔ⁵	kuəʔ⁵	ləŋ²²	tɕiŋ³²⁴	səŋ⁵³
14 长兴	huəŋ⁴⁴	uəŋ¹²	uəŋ⁴⁴	tsoʔ⁵	kuəʔ⁵	ləŋ¹²	tʃiŋ³²⁴	səŋ⁵³
15 余杭	xuen⁴⁴	uəŋ²²	uəŋ⁴⁴	tsəʔ⁵	koʔ⁵	liŋ²²	tɕiŋ⁵³	siŋ⁵³
16 临安	huen⁵⁵	uəŋ³³	uəŋ⁵⁵	tsɐʔ⁵⁴	kuəʔ⁵⁴	leŋ³³	tɕieŋ⁵⁵	seŋ⁵⁵
17 昌化	xuəŋ³³⁴	uəŋ¹¹²	uəŋ³³⁴	tsuaʔ⁵	kuəʔ⁵	ləŋ¹¹²	tɕyəŋ³³⁴	səŋ¹⁵³
18 於潜	xuen⁴³³	uəŋ²²³	uəŋ⁴³³	tsuaʔ⁵³	kuəʔ⁵³	leŋ²²³	tɕyŋ³⁵ 文	seŋ⁵¹
19 萧山	xuəŋ⁵³³	uəŋ³⁵⁵	uəŋ⁵³³	tsəʔ⁵	kuoʔ⁵	ləŋ³⁵⁵	tɕyoŋ⁴²	ɕiŋ³³
20 富阳	huən⁵³	uən¹³	uən⁵³	tsɛʔ⁵	kuoʔ⁵	lən¹³	tɕyən⁵³	sən⁴²³
21 新登	huen⁵³	uəŋ²³³	uəŋ⁵³	tsəʔ⁵	kuəʔ⁵	leiŋ²³³	tɕyiŋ⁵³	seiŋ³³⁴
22 桐庐	xuəŋ⁵³³	uəŋ¹³	uəŋ⁵³³	tsəʔ⁵	kuəʔ⁵	ləŋ¹³	tɕyŋ⁵³³ 文	səŋ³³
23 分水	xuən⁴⁴	uən²²	uən⁴⁴	tsəʔ⁵	kuəʔ⁵	lən²²	tɕyn⁵³	sən⁵³
24 绍兴	huø̃⁵³	uø̃²³¹	uø̃⁵³	tsoʔ⁵	kuoʔ⁵	lø̃²³¹	tɕiŋ³³	ɕiŋ³³⁴
25 上虞	fəŋ³⁵	uəŋ²¹³	uəŋ³⁵	tsəʔ⁵	kuəʔ⁵	liŋ²¹³	tɕiŋ⁵³	ɕiŋ³⁵

续表

方言点	0673 婚 臻合一平魂晓	0674 魂 臻合一平魂匣	0675 温 臻合一平魂影	0676 卒棋子 臻合一入没精	0677 骨 臻合一入没见	0678 轮 臻合三平谆来	0679 俊 臻合三去谆精	0680 笋 臻合三上谆心
26 嵊州	feŋ^{534}	uəŋ^{213}	uəŋ^{534}	tsaʔ^{5}	kuaʔ^{5}	leŋ^{213}	tɕiŋ^{53}	ɕiŋ^{53}
27 新昌	feŋ^{534}	ueŋ^{22}	ueŋ^{534}	tseʔ^{5}	kueʔ^{5}	leŋ^{22}	tseŋ^{335}白 tɕyoŋ^{335}文	seŋ^{453}
28 诸暨	fɛn^{544}	vɛn^{13}	vɛn^{544}	tsəʔ^{5}	koʔ^{5}	lɛn^{13}	（无）	ɕin^{42}
29 慈溪	huəŋ^{35}	uəŋ^{13}	uəŋ^{35}	tsuəʔ^{5}	kuəʔ^{5}	liŋ^{13}	tɕiuŋ^{35}	ɕiŋ^{35}
30 余姚	hu ə̃^{44}	u ə̃^{13}	u ə̃^{44}	tsoʔ^{5}	kuoʔ^{5}	li ə̃^{13}	tɕi ə̃^{53}	ɕi ə̃^{34}
31 宁波	huəŋ^{53}	uaʔ^{2}~灵 uəŋ^{13}失~	uəŋ^{53}	tsaʔ^{5}	kuaʔ^{5}	ləŋ^{13}	tsoŋ^{53}	soŋ^{35}
32 镇海	huəŋ^{53}	uəŋ^{24}	uəŋ^{53}	tsaʔ^{5}	kuaʔ^{5}	ləŋ^{24}	tsoŋ^{53}	soŋ^{35}
33 奉化	huəŋ^{44}	uəŋ^{33}	uəŋ^{44}	tsaʔ^{5}	kuaʔ^{5}	ləŋ^{33}	tsoŋ^{53}	soŋ^{545}
34 宁海	huəŋ^{423}	uəŋ^{213}	uəŋ^{423}	tsaʔ^{5}	kuaʔ^{5}	ləŋ^{213}	tɕyəŋ^{35}	ɕyəŋ^{53}
35 象山	huəŋ^{44}	uəŋ^{31}	uəŋ^{44}	tsaʔ^{5}	kuoʔ^{5}	ləŋ^{31}	tɕyoŋ^{44}读字	soŋ^{44}
36 普陀	xuɐŋ^{53}	uɐŋ^{24}	uɐŋ^{53}	tsɐʔ^{5}	kuɐʔ^{5}	lɐŋ^{24}	tɕioŋ^{53}英~	soŋ^{45}
37 定海	xuɐŋ^{52}	uɐŋ^{23}	uɐŋ^{52}	tsɐʔ^{5}	kuɐʔ^{5}	lɐŋ^{23}	tɕyoŋ^{52}调殊	soŋ^{45}
38 岱山	xuɐŋ^{52}	uɐŋ^{23}	uɐŋ^{52}	tsɐʔ^{5}	kuɐʔ^{5}	lɐŋ^{23}	tɕyoŋ^{44}	soŋ^{325}
39 嵊泗	xuɐŋ^{53}	uɐŋ^{243}	uɐŋ^{53}	tsɐʔ^{5}	kuɐʔ^{5}	lɐŋ^{243}	tɕyoŋ^{53}	soŋ^{445}
40 临海	huəŋ^{31}	uəŋ^{21}	uəŋ^{31}	tsəʔ^{5}	kuaʔ^{5}	ləŋ^{21}	tɕyŋ^{55}	ɕyŋ^{52}
41 椒江	huəŋ^{42}	uəŋ^{31}	uəŋ^{42}	tsø^{51}小	kuəʔ^{5}	ləŋ^{31}	tsøŋ^{55}	søŋ^{42}
42 黄岩	huən^{32}	uən^{121}	uən^{32}	tsø^{5}	kuoʔ^{5}	løn^{121}	tsøn^{55}	søn^{42}
43 温岭	huən^{33}	uən^{31}	uən^{33}	tsø^{51}小	kuoʔ^{5}	nøn^{31}	tsøn^{55}	ɕyn^{42}
44 仙居	huen^{334}	uen^{213}	uen^{334}	tsəʔ^{5}	kuəʔ^{5}	lin^{213}白 len^{213}文	tɕyen^{55}	ɕyen^{324}
45 天台	huəŋ^{33}	uəŋ^{224}	uəŋ^{33}	tsəʔ^{5}	kuaʔ^{5}~头 kuəʔ^{2}脚~	ləŋ^{224}	tɕyŋ^{55}	ɕyŋ^{325}
46 三门	huəŋ^{334}	uəŋ^{113}	uəŋ^{334}	tsəʔ^{5}	kuɐʔ^{5}	ləŋ^{113}	tɕyŋ^{55}	ɕyŋ^{325}
47 玉环	huəŋ^{42}	uəŋ^{31}	uəŋ^{42}	tsəŋ^{53}小	kuoʔ^{5}	nəŋ^{31}	tɕioŋ^{55}	ɕioŋ^{53}

续表

方言点	0673 婚	0674 魂	0675 温	0676 卒棋子	0677 骨	0678 轮	0679 俊	0680 笋
	臻合一平魂晓	臻合一平魂匣	臻合一平魂影	臻合一入没精	臻合一入没见	臻合三平谆来	臻合三去谆精	臻合三上谆心
48 金华	xuəŋ³³⁴	uəŋ³¹³	uəŋ³³⁴	tɕiəʔ⁴	kuəʔ⁴	liŋ³¹³白 ləŋ³¹³文	tɕyəŋ⁵⁵	ɕiŋ⁵³⁵
49 汤溪	xuã²⁴	uã¹¹	uã²⁴	tsei⁵⁵	kuə⁵⁵	lɛ̃i¹¹动 lã¹¹名	(无)	sɛ̃i⁵³⁵
50 兰溪	xuæ̃³³⁴	uæ̃²¹	uæ̃³³⁴	tɕie³⁴	kuəʔ³⁴	læ̃²¹	tɕin⁴⁵	sin⁵⁵
51 浦江	xuən⁵³⁴	uən¹¹³	uən⁵³⁴	tsə⁴²³	kuə⁴²³	liən¹¹³白 lən¹¹³文	tsiən⁵⁵	sən⁵³
52 义乌	huən³³⁵	uən²¹³	uən³³⁵	tsə³²⁴	kuə³²⁴	lən²¹³	tɕyən⁴⁵	sən⁴²³
53 东阳	huən³³⁴	uɐn²¹³	uɐn³³⁴	tsan⁴⁵³小	kɐuʔ³³⁴	lɐn²¹³	tsʋn³³⁴	sʋn⁴⁴
54 永康	xuəŋ⁵⁵	uə̆ŋ²²	uə̆ŋ⁵⁵	dzə²⁴¹小	kɐuʔ³³⁴	ləŋ²²	tɕyeŋ⁵²	səŋ³³⁴
55 武义	xuen²⁴	uen³²⁴	uen²⁴	tsəʔ⁵	kuo⁵³	len³²⁴	tɕyen⁵³	sen⁴⁴⁵
56 磐安	xuɐŋ⁴⁴⁵	uɐn²¹³	uɐn⁴⁴⁵	tsɛn⁵²小	kuɛʔ³³⁴	lɐn²¹³	tɕyɐn⁵²	ɕyɐŋ³³⁴
57 缙云	xuɛ⁴⁴	uɛ²⁴³	uɛ⁴⁴~州 uaŋ⁴⁴~度	dzəɣ¹³	kuɛ³²²	laŋ²⁴³	tɕyɛŋ⁵¹	ɕyɛŋ⁵¹
58 衢州	xuən³²	uən²¹	uən³²	tsəʔ⁵	kuəʔ⁵	lən²¹	tɕin⁵³	ʃyɛn³⁵
59 衢江	xuɛ³³	uɛ²¹²	ɛ³³	tsəʔ⁵	kuəʔ⁵	ləŋ²¹²	tɕiŋ⁵³	səŋ²⁵
60 龙游	xuən³³⁴	uei²¹	uən³³⁴	tsəʔ⁴	kuəʔ⁴	lən²¹	tɕyn⁵¹	ɕin³⁵
61 江山	xuɛ̃⁴⁴	uɛ̃²¹³	uɛ̃⁴⁴	tsoʔ⁵	kɵʔ⁵	lĩ²¹³	tɕyĩ⁵¹	sɛ̃²⁴¹
62 常山	xuɔ̃⁴⁴	uɔ̃³⁴¹	uɔ̃⁴⁴	tsɣʔ⁵	kɛʔ⁵	lĩ³⁴¹	tsuĩ⁵²	soŋ⁵²
63 开化	xuõ⁴⁴老 xuɛn⁴⁴新	uõ²³¹	uõ⁴⁴	tɕyaʔ⁵	kuaʔ⁵	lin²³¹~鼓 lɣŋ²³¹~船	tɕyn⁵³调殊	sɣŋ⁵³
64 丽水	xuɛ²²⁴	uɛ²²	uɛ²²⁴	tseʔ⁵	kuɛʔ⁵	lin²²动 len²²名	tɕyn⁵²	ɕyn⁵⁴⁴
65 青田	xuɐ⁴⁴⁵	uɐ²¹	uɐ⁴⁴⁵	tsaʔ⁴²	kuæʔ⁴²	liaŋ²¹	tɕyaŋ³³	ɕyaŋ⁴⁵⁴
66 云和	xuɛ²⁴	uɛ³¹²	uɛ²⁴	tseiʔ⁵	kuɛʔ⁵	liŋ³¹²白 ləŋ³¹²文	tɕyŋ⁴⁵	ɕyŋ⁴¹
67 松阳	fæ̃⁵³	uɛ̃³¹	uɛ̃⁵³	tseʔ⁵	kuɛʔ⁵	lin³¹	tɕyn⁵³	sen²¹²
68 宣平	xuə³²⁴	uə⁴³³	uə³²⁴	tsəʔ⁵	kuəʔ⁵	lən⁴³³形 lin⁴³³动	tɕyən⁵²	sən⁴⁴⁵

续表

方言点	0673 婚	0674 魂	0675 温	0676 卒 棋子	0677 骨	0678 轮	0679 俊	0680 笋
	臻合一 平魂晓	臻合一 平魂匣	臻合一 平魂影	臻合一 入没精	臻合一 入没见	臻合三 平谆来	臻合三 去谆精	臻合三 上谆心
69 遂昌	xuɛ̃⁴⁵	uɛ̃²²¹	uɛ̃⁴⁵	tɕyʔ⁵	kuɛʔ⁵	liŋ²²¹ ləŋ²²¹	tɕyŋ³³⁴	səŋ⁵³³
70 龙泉	xuo⁴³⁴	uo²¹	uo⁴³⁴	tsaiʔ⁵	kuoʔ⁵	luɯə²¹ 车~ lin²¹ ~到	tɕyn⁴⁵	sɛn⁵¹
71 景宁	xuœ³²⁴	uœ⁴¹	uœ³²⁴	tsəɯʔ⁵	kuœʔ⁵	liaŋ⁴¹	tɕiaŋ³⁵	ɕiaŋ³³
72 庆元	xuæ̃³³⁵	uæ̃⁵²	uæ̃³³⁵	tsəɯʔ⁵	kuɤʔ⁵	ləŋ⁵²	tɕyəŋ¹¹	ɕyəŋ³³
73 泰顺	fɛ²¹³	uɛ⁵³	uɛ²¹³	tsəiʔ⁵	kuɛʔ⁵	ləŋ⁵³	tɕioŋ³⁵	ɕioŋ⁵⁵
74 温州	ɕy³³	y³¹	vaŋ³³白 y³³文	tsai³²³	kø³²³	laŋ³¹	tɕioŋ⁵¹	ɕioŋ²⁵
75 永嘉	ɕy⁴⁴	y³¹	y⁴⁴	tsai⁴²³	ky⁴²³	laŋ³¹	tɕioŋ⁵³	ɕioŋ⁴⁵
76 乐清	fɤ⁴⁴	yE³¹	uaŋ⁴⁴白 uɤ⁴⁴文	tɕiɤ³²³	kuɤ³²³	laŋ³¹	tɕioŋ⁴¹	soŋ³⁵
77 瑞安	ɕy⁴⁴	y³¹	vaŋ⁴⁴白 y⁴⁴文	tsa³²³	ky³²³	laŋ³¹	tsoŋ⁵³	soŋ³⁵
78 平阳	ɕye⁵⁵	ye²⁴²	ye⁵⁵	tʃA³⁴	kye³⁴	laŋ²⁴²	tʃɵŋ⁵³	səŋ⁴⁵
79 文成	fyø⁵⁵	uø¹¹³	yø⁵⁵	tʃa³⁴	kuø³⁴	laŋ¹¹³	tʃøn³³	søn⁴⁵
80 苍南	hyɛ⁴⁴	yɛ³¹	yɛ⁴⁴	tsɛ²²³	kyɛ²²³	laŋ³¹	tsueŋ⁴²	sueŋ⁵³
81 建德徽	huen⁵³	uen³³	uen⁵³	tsɐʔ⁵	kuɐʔ⁵	lən³³	tɕyn⁵⁵	ɕin²¹³
82 寿昌徽	xuen¹¹²	uen⁵²	uen¹¹²	tsəʔ³	kuəʔ³	len¹¹²文	tɕyen⁵⁵文	ɕien²⁴
83 淳安徽	fen²⁴	ven⁴³⁵	ven²⁴	tsəʔ⁵	kueʔ⁵	len⁴³⁵	tɕyen²⁴	sen⁵⁵
84 遂安徽	fəŋ⁵³⁴	vəŋ³³	vəŋ⁵³⁴	tsa²⁴	kuəɯ²⁴	ləŋ³³	tɕyn⁴³	ɕin²¹³
85 苍南闽	hun⁵⁵	un²⁴	un⁵⁵	tsuə⁴³	kuə⁴³	lun²⁴	tsun²¹	sun⁴³
86 泰顺闽	fɔi²¹³	fo²²	uo²¹³	tɕyiʔ⁵	kuøʔ⁵	ləŋ²²	tsyeŋ⁵³	syeŋ³⁴⁴
87 洞头闽	hun³³	hun¹¹³	un³³	tsuət⁵	kuat⁵	lun¹¹³	tsun²¹	sun⁵³
88 景宁畲	xuən⁴⁴	uən²²	uən⁴⁴	tɕit⁵	kut⁵	luən²²	(无)	suən³²⁵

方言点	0681 准	0682 春	0683 唇	0684 顺	0685 纯	0686 闰	0687 均	0688 匀
	臻合三 上谆章	臻合三 平谆昌	臻合三 平谆船	臻合三 去谆船	臻合三 平谆禅	臻合三 去谆日	臻合三 平谆见	臻合三 平谆以
01 杭州	tsuəŋ⁵³	tsʰuəŋ³³⁴	dzuəŋ²¹³	zuəŋ¹³	dzuəŋ²¹³	zuəŋ¹³	tɕyŋ³³⁴	yŋ²¹³
02 嘉兴	tsəŋ⁵⁴⁴	tsʰəŋ⁴²	zəŋ²⁴²	zəŋ¹¹³	zəŋ²⁴²	zəŋ¹¹³	tɕyəŋ⁴²	yəŋ²⁴²
03 嘉善	tsən⁴⁴	tsʰən⁵³	zən¹³²	zən¹¹³	zən¹³²	zən¹¹³	tɕin⁵³	in¹³²
04 平湖	tsən⁴⁴	tsʰən⁵³	zən³¹	zən²¹³	zən³¹	yn²¹³	tɕyn⁵³	yn³¹
05 海盐	tsən⁴²³	tsʰən⁵³	zən³¹	zən²¹³	zən²¹³	zən²¹³	tɕyn⁵³	yn³¹
06 海宁	tsəŋ⁵³	tsʰəŋ⁵⁵	zəŋ¹³	zəŋ¹³	zəŋ¹³	zəŋ¹³	tɕiŋ⁵⁵	iŋ¹³
07 桐乡	tsəŋ⁵³	tsʰəŋ⁴⁴	zəŋ¹³	zəŋ²¹³	zəŋ¹³	iŋ²¹³	tɕiŋ⁴⁴	iŋ¹³
08 崇德	tsəŋ⁵³	tsʰəŋ⁴⁴	zəŋ¹³	zəŋ¹³	zəŋ¹³	iŋ¹³	tɕiŋ⁴⁴	iŋ¹³
09 湖州	tsən⁵²³	tsʰən⁴⁴	zən¹¹²	zən¹¹²	dzən¹¹²	zən²⁴	tɕin⁴⁴	in¹¹²
10 德清	tsen⁵²	tsʰen⁴⁴	zen¹¹³	zen¹¹³	zen¹¹³	in³³⁴	tɕin⁴⁴	in⁴⁴
11 武康	tsen⁵³	tsʰen⁴⁴	dzen¹¹³	zen¹¹³	zen¹¹³	zen¹¹³	tɕin⁴⁴	in¹¹³
12 安吉	tsəŋ⁵²	tsʰəŋ⁵⁵	zəŋ²²	zəŋ²¹³	zəŋ²²	iŋ²¹³	tɕyəŋ⁵⁵	yəŋ²²
13 孝丰	tsəŋ⁵²	tsʰəŋ⁴⁴	zəŋ²²	zəŋ²¹³	zəŋ²¹³	iŋ³²⁴	tɕiŋ⁴⁴	iŋ²²
14 长兴	tsəŋ⁵²	tsʰəŋ⁴⁴	zəŋ¹²	zəŋ²⁴	zəŋ¹²	zəŋ²⁴	tʃiŋ⁴⁴	iŋ¹²
15 余杭	tsiŋ⁵³	tsʰiŋ⁴⁴	ziŋ²²	ziŋ²¹³	ziŋ²¹³	iŋ²¹³	tɕiŋ⁴⁴	iŋ²²
16 临安	tsen⁵⁵	tsʰuen⁵⁵	dzen³³	zen³³	dzen³³	dzen³³	tɕien⁵⁵	ioŋ³³
17 昌化	tɕyəŋ⁴⁵³	tɕʰyəŋ³³⁴	zəŋ¹¹²	zyəŋ²⁴³	zyəŋ¹¹²	yəŋ²⁴³	tɕyəŋ³³⁴	yəŋ¹¹²
18 於潜	tɕyŋ⁵¹	tsʰuen⁴³³	zen²²³	zyŋ²⁴	dzʑyŋ²²³	yŋ²⁴	tɕyŋ⁴³³	yŋ²²³
19 萧山	tsəŋ³³	tsʰəŋ⁵³³	dzəŋ³⁵⁵	zəŋ²⁴²	dzəŋ³⁵⁵	zəŋ²⁴²白 ləŋ²⁴²文	tɕyoŋ⁵³³	yoŋ³⁵⁵
20 富阳	tɕyən⁴²³	tɕʰyən⁵³	（无）	zyən²²⁴	dzən¹³	yən³³⁵	tɕyən⁵³	yən¹³
21 新登	tɕyiŋ³³⁴	tɕʰyiŋ⁵³	zeiŋ²³³	zyiŋ¹³	zeiŋ²³³	yiŋ¹³	tɕyiŋ⁵³	yiŋ²³³
22 桐庐	tɕyŋ³³	tɕʰyŋ⁵³³	dzəŋ¹³	zʑyŋ²⁴	zʑyŋ¹³	zʑyŋ²⁴	tɕyŋ⁵³³	yŋ¹³
23 分水	tɕyn⁵³	tɕʰyn⁴⁴	zən²²	zyn¹³	zyn²²	yn¹³	tɕyn⁴⁴	yn²²
24 绍兴	tsẽ³³⁴	tsʰẽ⁵³	zẽ²³¹	zẽ²²	zẽ²³¹	zẽ²²~土 yø̃²²~月	tɕyø̃⁵³	yø̃²³¹
25 上虞	tsəŋ³⁵	tsʰəŋ³⁵	zəŋ²¹³	zəŋ³¹	zəŋ²¹³	iŋ²¹³	tɕyoŋ³⁵	yoŋ²¹³

续表

方言点	0681 准	0682 春	0683 唇	0684 顺	0685 纯	0686 闰	0687 均	0688 匀
	臻合三上谆章	臻合三平谆昌	臻合三平谆船	臻合三去谆船	臻合三平谆禅	臻合三去谆日	臻合三平谆见	臻合三平谆以
26 嵊州	tseŋ⁵³	tsʰeŋ⁵³⁴	zeŋ²¹³	zeŋ²⁴	dzeŋ²¹³	yoŋ²⁴白 zeŋ²⁴文	tɕyoŋ⁵³⁴	yoŋ²¹³
27 新昌	tseŋ⁴⁵³	tsʰeŋ⁵³⁴	zeŋ²²	zeŋ¹³	ʑiŋ²²白 dzeŋ²²文	yoŋ¹³白 zeŋ¹³文	tɕyoŋ⁵³⁴	yoŋ²²
28 诸暨	tsɛn⁴²	tsʰɛn⁵⁴⁴	dzɛn¹³	zɛn³³	zɛn¹³白 dzɛn¹³文	iom³³	tɕiom⁵⁴⁴	iom¹³
29 慈溪	tseŋ³⁵	tsʰeŋ³⁵	zeŋ¹³	zeŋ¹³	zeŋ¹³	ʔeŋ¹³	tɕyeŋ³⁵	yeŋ¹³
30 余姚	tsə̃³⁴	tsʰə̃⁴⁴	dzə̃¹³	zə̃¹³	zə̃¹³	iuŋ¹³~年 zə̃¹³~土	tɕiuŋ⁴⁴	iuŋ¹³
31 宁波	tsoŋ³⁵	tsʰoŋ⁵³	zoŋ¹³	zoŋ¹³	zoŋ¹³	yoŋ¹³~月	tɕyoŋ⁵³	yoŋ¹³
32 镇海	tsoŋ³⁵	tsʰoŋ⁵³	zoŋ²⁴	zoŋ²⁴	zoŋ²⁴	yoŋ²⁴	tɕyoŋ⁵³	yoŋ²⁴
33 奉化	tsoŋ⁵⁴⁵	tsʰoŋ⁴⁴	zoŋ³³	zoŋ³¹	zoŋ³³	yoŋ³¹	tɕyoŋ⁴⁴	yoŋ³³
34 宁海	tɕyəŋ⁵³	tɕʰyəŋ⁴²³	ʑyəŋ²¹³	ʑyəŋ²⁴	ʑyəŋ²¹³	yəŋ²⁴	kyəŋ⁴²³	yəŋ²¹³
35 象山	tsoŋ⁴⁴	tsʰoŋ⁴⁴	zoŋ³¹	zoŋ¹³	dzoŋ³¹	yoŋ³¹	tɕyoŋ⁴⁴	yoŋ³¹
36 普陀	tsoŋ⁴⁵	tsʰoŋ⁵³	zoŋ²⁴	zoŋ¹³	zoŋ²⁴	ioŋ¹³	tɕioŋ⁵³	ioŋ²⁴
37 定海	tsoŋ⁴⁵	tsʰoŋ⁵²	zoŋ²³	zoŋ¹³	zoŋ²³	yoŋ¹³	tɕyoŋ⁵²	yoŋ²³
38 岱山	tsoŋ³²⁵	tsʰoŋ⁵²	zoŋ²³	zoŋ²¹³	zoŋ²¹³调殊	yoŋ²¹³	tɕyoŋ⁵²	yoŋ²³
39 嵊泗	tsoŋ⁴⁴⁵	tsʰoŋ⁵³	zoŋ²⁴³	zoŋ²¹³	zoŋ²⁴³	yoŋ²¹³	tɕyoŋ⁵³	yoŋ²⁴³
40 临海	tɕyŋ⁵²	tɕʰyŋ³¹	ʑyŋ²¹	ʑyŋ³²⁴	ʑyŋ²¹	yŋ³²⁴	tɕyŋ³¹又 kyŋ³¹又	yŋ²¹
41 椒江	tsøŋ⁴²	tsʰøŋ⁴²	zøŋ³¹	zøŋ²⁴	zøŋ³¹	yŋ²⁴	kyŋ⁴²	yŋ³¹
42 黄岩	tsøn⁴²	tsʰøn³²	zøn¹²¹	zøn²⁴	zøn¹²¹	yn²⁴	kyn³²	yn¹²¹
43 温岭	tɕyn⁴²	tɕʰyn³³	ʑyn³¹	ʑyn¹³	ʑyn³¹	yn¹³	kyn³³	yn³¹
44 仙居	tɕyen³²⁴	tɕʰyen³³⁴	ʑyen²¹³	ʑyen²⁴	ʑyen²¹³	lin²⁴白 yen²⁴文	cyen³³⁴	yen²¹³
45 天台	tɕyŋ³²⁵	tɕʰyŋ³³	ʑyŋ²²⁴	ʑyŋ³⁵	ʑyŋ²²⁴	yŋ³⁵	kyŋ³³	yŋ²²⁴
46 三门	tɕyŋ³²⁵	tɕʰyŋ³³⁴	ʑyŋ¹¹³	ʑyŋ²⁴³	ʑyŋ¹¹³	yŋ²⁴³	kyŋ³³⁴	yŋ¹¹³
47 玉环	tɕioŋ⁵³	tɕʰioŋ⁴²	zioŋ³¹	zioŋ²²	zioŋ³¹	ioŋ²²	kioŋ⁴²	ioŋ³¹

续表

方言点	0681 准 臻合三 上谆章	0682 春 臻合三 平谆昌	0683 唇 臻合三 平谆船	0684 顺 臻合三 去谆船	0685 纯 臻合三 平谆禅	0686 闰 臻合三 去谆日	0687 均 臻合三 平谆见	0688 匀 臻合三 平谆以
48 金华	tɕyəŋ^{535}	tɕʰyəŋ^{334}	ʑiŋ^{313}又 ʐyəŋ^{313}又	ʑyəŋ^{14}	ʑyəŋ^{313}	ʑyəŋ^{14}	tɕyəŋ^{334}	yəŋ^{313}
49 汤溪	tɕyã^{535}	tɕʰyã^{24}	ʑiã^{11}	ʑyã^{341}	ʑyã^{11}	ʑyã^{341}	tɕyɛi^{24}	yɛi^{11}
50 兰溪	tɕyæ̃^{55}	tɕʰyæ̃^{334}	ʑyæ̃^{21}	ʑyæ̃^{24}	ʑyæ̃^{21}	ʑyæ̃^{24}	tɕyæ̃^{334}	yæ̃^{21}
51 浦江	tɕyən^{53}	tɕʰyən^{534}	（无）	ʑyən^{24}	ʑyən^{113}	ʑyən^{24}	tɕyən^{534}	yən^{113}
52 义乌	tɕyən^{423}	tɕʰyən^{335}	zən^{213}	yən^{24}	ʑyən^{213}白 dzyən^{213}文	yən^{24}	tɕyən^{335}	yən^{213}
53 东阳	tsɐn^{44}	tsʰɐn^{334}	ɳɐʐ^{213}	zɐn^{24}	dzɐʐ^{213}	zɐn^{24}	tɕiɐn^{334}	iɐn^{213}
54 永康	tɕyəŋ^{334}	tɕyeŋ^{55}	ʑyeŋ^{22}	ʑyeŋ^{241}	ʑyeŋ^{22}	ʑyeŋ^{241}	tɕyeŋ^{55}	yeŋ^{22}
55 武义	tɕyen^{445}	tɕʰyen^{24}	ʑyen^{324}	ʑyen^{231}	ʑyen^{324}	ʑyen^{231}	tɕyen^{24}	yen^{324}
56 磐安	tɕyɐn^{334}	tɕʰyɐn^{445}	ʑyɐn^{213}	ʑyɐn^{14}	ʑyɐn^{213}	zuɐn^{14}	tɕyɐn^{445}	yɐn^{213}
57 缙云	tɕyəŋ^{51}	tɕʰyəŋ^{44}	ʑyəŋ^{243}	ʑyəŋ^{213}	ʑyəŋ^{243}	yəŋ^{213}又 ʑyəŋ^{213}又	tɕyəŋ^{44}	yəŋ^{243}
58 衢州	tʃyən^{35}	tʃʰyən^{32}	ʒyən^{21}	ʒyən^{231}	ʒyən^{21}	ʒyən^{231}	tʃyən^{32}	yən^{21}
59 衢江	tɕyoŋ^{25}	tɕʰyoŋ^{33}	ʑyoŋ^{212}	ʑyoŋ^{231}	ʑiŋ^{231}调殊	ŋ^{231}	tɕiŋ^{33}	yoŋ^{212}
60 龙游	tɕyn^{35}	tsʰoŋ^{334}	zən^{21}	zoŋ^{231}	ʑyn^{21}	yn^{231}	tɕyn^{334}	yn^{21}
61 江山	tɕyĩ^{241}	tɕʰyĩ^{44}	ʑyĩ^{213}	ʑyĩ^{31}	ʑyĩ^{213}	ʑyĩ^{31}	kyĩ^{44}	yĩ^{213}
62 常山	tsuĩ^{52}	tsʰuĩ^{44}	zĩ^{341}	zuĩ^{131}	dzuĩ^{341}	zuĩ^{131}	tsuĩ^{52}	uĩ^{341}
63 开化	tɕyn^{53}	tɕʰyn^{44}	zɛn^{231}	ʑyn^{213}	ʑyn^{213}调殊	ʑyn^{213}	tɕyn^{44}	yn^{231}
64 丽水	tɕyn^{544}	tɕʰyn^{224}	ʑyn^{22}	ʑyn^{131}	ʑyn^{22}	yn^{131}	tɕyn^{224}	yn^{22}
65 青田	tɕyaŋ^{454}	tɕʰyaŋ^{445}	yaŋ^{21}	yaŋ^{22}	yaŋ^{21}	yaŋ^{22}	tɕyaŋ^{445}	yaŋ^{21}
66 云和	tɕyŋ^{41}	tɕʰyŋ^{24}	ʑyŋ^{312}	ʑyŋ^{223}	ʑyŋ^{312}	yŋ^{223}	tɕyŋ^{24}	yŋ^{312}
67 松阳	tɕyn^{212}	tɕʰyn^{53}	ʑyn^{31}	ʑyn^{13}	ʑyn^{31}	yn^{13}	tɕyn^{53}	yn^{31}
68 宣平	tɕyən^{445}	tɕʰyən^{324}	ʑyən^{433}	zən^{231}	ʑyən^{433}	yən^{231}	tɕyən^{324}	yən^{433}
69 遂昌	tɕyŋ^{533}	tɕʰyŋ^{45}	ʑyŋ^{221}	ʑyŋ^{213}	ʑyŋ^{221}	yŋ^{213}	tɕyŋ^{45}	yŋ^{221}
70 龙泉	tɕyn^{51}	tɕʰyn^{434}	ʑyn^{21}	ʑyn^{224}	ʑyn^{21}	yn^{224}	tɕyn^{434}	yn^{21}

续表

方言点	0681 准	0682 春	0683 唇	0684 顺	0685 纯	0686 闰	0687 均	0688 匀
	臻合三上谆章	臻合三平谆昌	臻合三平谆船	臻合三去谆船	臻合三平谆禅	臻合三去谆日	臻合三平谆见	臻合三平谆以
71 景宁	tɕiaŋ³³	tɕʰiaŋ³²⁴	ʑiaŋ⁴¹	ʑiaŋ¹¹³	ʑiaŋ⁴¹	ʑiaŋ¹¹³	tɕiaŋ³²⁴	iaŋ⁴¹
72 庆元	tɕyəŋ³³	tɕʰyəŋ³³⁵	ɕyəŋ⁵²	ɕyəŋ³¹	ɕyəŋ⁵²	yəŋ³¹	tɕyəŋ³³⁵	yəŋ⁵²
73 泰顺	tɕioŋ⁵⁵	tɕʰioŋ²¹³	ɕioŋ⁵³	ɕioŋ²²	ɕioŋ⁵³	ioŋ²²	tɕioŋ²¹³	ioŋ⁵³
74 温州	tɕioŋ²⁵	tɕʰioŋ³³	ioŋ³¹	ioŋ²²	zoŋ³¹	ioŋ²²	tɕioŋ³³	ioŋ³¹
75 永嘉	tɕioŋ⁴⁵	tɕʰioŋ⁴⁴	ioŋ²¹³小	ioŋ²²	zoŋ³¹	ioŋ²²	tɕioŋ⁴⁴	ioŋ³¹
76 乐清	tɕioŋ³⁵	tɕʰioŋ⁴⁴	zoŋ³¹	zoŋ²²	zoŋ³¹	iaŋ²²	tɕiaŋ⁴⁴	iaŋ²²
77 瑞安	tsoŋ³⁵	tsʰoŋ⁴⁴	zoŋ³¹	zoŋ²²	zoŋ³¹	iaŋ²²	tɕiaŋ⁴⁴	ȵiaŋ³¹声殊
78 平阳	tʃɵŋ⁴⁵	tʃʰɵŋ⁵⁵	zɵŋ²⁴²	zɵŋ³³	zɵŋ²⁴²	vɵŋ³³	tʃɵŋ⁵⁵	vɵŋ²⁴²
79 文成	tʃøn⁴⁵	tʃʰøn⁵⁵	zøn¹¹³	zøn⁴²⁴	zøn¹¹³	yøn⁴²⁴	tʃøn⁵⁵	yøn¹¹³
80 苍南	tsueŋ⁵³	tsʰueŋ⁴⁴	zueŋ³¹	zueŋ¹¹	zueŋ³¹	ueŋ¹¹	tsueŋ⁴⁴	ueŋ³¹
81 建德徽	tɕyn²¹³	tɕʰyn⁵³	sən³³	ɕyn⁵⁵	ɕyn³³	yn⁵⁵	tɕyn⁵³	yn³³
82 寿昌徽	tɕyɛ̃²⁴	tɕʰyɛ̃¹¹²	ɕyɛ̃¹¹²文	ɕyɛ̃³³	ɕyɛ̃¹¹²文	len³³	tɕyɛ̃³³平~	yɛ̃¹¹²文
83 淳安徽	tsuen⁵⁵	tsʰuen²⁴	sen⁵⁵	suen⁵³	suen⁴³⁵	ven⁵³	tsuen⁵⁵ 调殊	ven⁴³⁵
84 遂安徽	tɕyn²¹³	tɕʰyn⁵³⁴	tɕʰyn³³	fin⁵²	fin³³	vin⁵²	tɕyn⁵³⁴	yn³³
85 苍南闽	tsun⁴³	tsʰun⁵⁵	tʰun²⁴	sun²¹	tsʰun²⁴	lun²¹	kən⁵⁵	un²⁴
86 泰顺闽	tsyeŋ³⁴⁴	tsʰyeŋ²¹³	təŋ²²	syeŋ³¹	syeŋ²²	yeŋ³¹	kyeŋ²¹³	yeŋ²²
87 洞头闽	tsun⁵³	tsʰun³³	tsʰun¹¹³	sun²¹	sun¹¹³	dzun²¹	kun³³	un¹¹³
88 景宁畲	tɕyn³²⁵	tɕʰyn⁴⁴	ɕyn²²	suən⁴⁴	ɕyn²²	yn⁵¹	kyn⁴⁴	yn²²

方言点	0689 律	0690 出	0691 橘	0692 分 动	0693 粉	0694 粪	0695 坟	0696 蚊
	臻合三 入术来	臻合三 入术昌	臻合三 入术见	臻合三 平文非	臻合三 上文非	臻合三 去文非	臻合三 平文奉	臻合三 平文微
01 杭州	lieʔ²	tsʰuaʔ⁵ 又 / tsʰaʔ⁵ 又	tɕyɛʔ⁵	fəŋ³³⁴	fəŋ⁵³	fəŋ⁴⁵	vəŋ²¹³	vəŋ²¹³
02 嘉兴	lieʔ⁵	tsʰəʔ⁵	tɕyeʔ⁵	fəŋ⁴²	fəŋ⁵⁴⁴	fəŋ²²⁴	vəŋ²⁴²	vəŋ²⁴²
03 嘉善	lieʔ²	tsʰɜʔ⁵	tɕyøʔ⁵	fən⁵³	fən⁴⁴	fən³³⁴	vən¹³²	mən¹³²
04 平湖	lieʔ²³	tsʰəʔ²³	tɕyoʔ⁵	fən⁵³	fən⁴⁴	fən³³⁴	vən³¹	mən³¹
05 海盐	lieʔ²³	tsʰəʔ²³	tɕyeʔ⁵	fən⁵³	fən⁴²³	fən³³⁴	vən³¹	mən³¹
06 海宁	lieʔ²	tsʰəʔ⁵	tɕioʔ⁵	fəŋ⁵⁵	fəŋ⁵³	fəŋ³⁵	vəŋ¹³	məŋ¹³
07 桐乡	liəʔ²³	tsʰəʔ⁵	tɕiəʔ⁵	fəŋ⁴⁴	fəŋ⁵³	fəŋ³³⁴	vəŋ¹³	məŋ¹³
08 崇德	liəʔ²³	tsʰəʔ⁵	tɕiəʔ⁵	fəŋ⁴⁴	fəŋ⁵³	fəŋ³³⁴	vəŋ¹³	məŋ¹³
09 湖州	lieʔ²	tsʰəʔ⁵	tɕieʔ⁵	fəŋ⁴⁴	fəŋ⁵²³	fəŋ³⁵	vəŋ¹¹²	məŋ¹¹²
10 德清	lieʔ²	tsʰəʔ⁵	tɕieʔ⁵	fen⁴⁴	fen⁵²	fen³³⁴	ven¹¹³	men¹¹³
11 武康	lieʔ²	tsʰɜʔ⁵	tɕieʔ⁵	fen⁴⁴	fen⁵³	fen²²⁴	ven¹¹³	men¹¹³
12 安吉	liɛʔ²³	tsʰəʔ⁵	tɕyʔ⁵	fəŋ⁵⁵	fəŋ⁵²	fəŋ³²⁴	vəŋ²²	məŋ²²
13 孝丰	lieʔ²³	tsʰəʔ⁵	tɕioʔ⁵	fəŋ⁴⁴	fəŋ⁵²	fəŋ³²⁴	vəŋ²²	məŋ²²
14 长兴	liɛʔ²	tsʰəʔ⁵	tʃiɛʔ⁵	fəŋ⁴⁴	fəŋ⁵²	fəŋ³²⁴	vəŋ¹²	məŋ¹²
15 余杭	lieʔ²	tsʰəʔ⁵	tɕieʔ⁵	fiŋ⁴⁴	fiŋ⁵³	fiŋ⁴²³	viŋ²²	miŋ²²
16 临安	liəʔ¹²	tsʰɐʔ⁵⁴	tɕyɐʔ⁵⁴	feŋ⁵⁵	feŋ⁵⁵	feŋ⁵⁵	veŋ³³	meŋ³³
17 昌化	lieʔ²³	tsʰəʔ⁵	tɕyɛʔ⁵	fəŋ³³⁴	fəŋ⁴⁵³	fəŋ⁵⁴⁴	vəŋ¹¹²	məŋ¹¹²
18 於潜	liæʔ²³	tsʰuaʔ⁵³	tɕyeʔ⁵³	feŋ⁴³³	feŋ⁵¹	feŋ³⁵	veŋ²²³	meŋ²²³
19 萧山	lieʔ¹³	tsʰəʔ⁵	tɕyoʔ⁵	fəŋ⁵³³	fəŋ³³	fəŋ⁴²	vəŋ³⁵⁵	miŋ³⁵⁵白 / vəŋ³⁵⁵文
20 富阳	lieʔ²	tsʰɛʔ⁵	tɕyoʔ⁵	fən⁵³	fən⁴²³	fən³³⁵	vən¹³	min¹³
21 新登	liəʔ²	tɕʰyʔ⁵	tɕyeʔ⁵	feiŋ⁵³	feiŋ³³⁴	feiŋ⁴⁵	veiŋ²³³	meiŋ²³³
22 桐庐	liəʔ¹³	tɕʰyʔ⁵	tɕyeʔ⁵	fəŋ⁵³³	fəŋ³³	fəŋ³⁵	vəŋ¹³	məŋ¹³
23 分水	liəʔ¹²	tɕʰyʔ⁵	tɕyeʔ⁵	fən⁴⁴	fən⁵³	fən²⁴	vən²²	vən²²
24 绍兴	lieʔ²	tsʰeʔ⁵	tɕioʔ⁵	fẽ⁵³	fẽ³³⁴	fẽ³³	vẽ²³¹	mẽ²³¹

续表

方言点	0689 律	0690 出	0691 橘	0692 分动	0693 粉	0694 粪	0695 坟	0696 蚊
	臻合三入术来	臻合三入术昌	臻合三入术见	臻合三平文非	臻合三上文非	臻合三去文非	臻合三平文奉	臻合三平文微
25 上虞	liəʔ²	tsʰəʔ⁵	tɕyoʔ⁵	fəŋ³⁵	fəŋ³⁵	(无)	uəŋ²¹³	məŋ²¹³
26 嵊州	lieʔ²	tsʰəʔ⁵	tɕyoʔ⁵	feŋ⁵³⁴	feŋ⁵³	(无)	uəŋ²¹³	meŋ²¹³白 uəŋ²¹³文
27 新昌	liʔ²	tsʰeʔ⁵	tɕyʔ⁵	feŋ⁵³⁴	feŋ⁴⁵³	feŋ³³⁵	veŋ²²	meŋ²²白 ueŋ²²文
28 诸暨	lieʔ¹³	tsʰoʔ⁵	tɕioʔ⁵	fɛn⁵⁴⁴	fɛn⁴²	(无)	vɛn¹³	mɛn¹³白 vɛn¹³文
29 慈溪	liəʔ²	tsʰəʔ⁵	tɕyəʔ⁵	fəŋ³⁵	fəŋ³⁵	fəŋ⁴⁴读字	vəŋ¹³	məŋ¹³白 vəŋ¹³文
30 余姚	liəʔ²	tsʰəʔ⁵	tɕyoʔ⁵	fə̃⁴⁴	fə̃³⁴	fə̃⁵³	və̃¹³	mə̃¹³
31 宁波	liəʔ²	tsʰoʔ⁵	tɕyəʔ⁵	fəŋ⁵³	fəŋ³⁵	fəŋ³⁵读字	vəŋ¹³	məŋ¹³
32 镇海	lieʔ¹²	tsʰoʔ⁵	tɕyoʔ⁵	fəŋ⁵³	fəŋ³⁵	fəŋ⁵³读字	vəŋ²⁴	məŋ²⁴
33 奉化	liiʔ²	tsʰoʔ⁵	tɕyoʔ⁵	fəŋ⁴⁴	fəŋ⁵⁴⁵	fəŋ⁵³读字	vəŋ³³	məŋ³³
34 宁海	liəʔ³	tɕʰyəʔ⁵	kyəʔ⁵	fəŋ⁴²³	fəŋ⁵³	fəŋ³⁵	vəŋ²¹³	məŋ²¹³
35 象山	lieʔ²	tsʰoʔ⁵	tɕyoʔ⁵	fəŋ⁴⁴	fəŋ⁴⁴	fəŋ⁵³读字	vəŋ³¹	məŋ³¹
36 普陀	lieʔ²³	tsʰoʔ⁵	tɕyoʔ⁵	fɐŋ⁵³	fɐŋ⁴⁵	fɐŋ⁵⁵	vɐŋ²⁴	mɐŋ²⁴
37 定海	lieʔ²	tsʰoʔ⁵	tɕyoʔ⁵	fɐŋ⁵²	fɐŋ⁴⁵	fɐŋ⁴⁴~站	vɐŋ²³	mɐŋ²³白 vɐŋ²³文
38 岱山	lieʔ²	tsʰoʔ⁵	tɕyoʔ⁵	fɐŋ⁵²	fɐŋ³²⁵	(无)	vɐŋ²³	mɐŋ²³
39 嵊泗	lieɛʔ²	tsʰoʔ⁵	tɕyoʔ⁵	fɐŋ⁵³	fɐŋ⁴⁴⁵	(无)	vɐŋ²⁴³	mɐŋ²⁴³
40 临海	ləʔ²³	tɕʰye⁵	tɕyŋ³⁵³小 kyŋ³⁵³小	fəŋ³¹	fəŋ⁵²	fəŋ⁵⁵	vəŋ²¹	məŋ²¹~虫
41 椒江	lieʔ²	tsʰøʔ⁵	kyeʔ⁵	fəŋ⁴²	fəŋ⁴²	fəŋ⁵⁵	vəŋ³¹	məŋ³¹
42 黄岩	lieʔ²	tsʰøʔ⁵	kyn⁵¹小	fən³²	fən⁴²	fən⁵⁵	vən¹²¹	mən¹²¹
43 温岭	liʔ²	tɕʰy⁵	kyʔ⁵	fən³³	fən⁴²	fən⁵⁵	vən³¹	mən³¹
44 仙居	luəʔ²³	tɕʰyəʔ⁵	cyəʔ⁵	fen³³⁴	fen³²⁴	fen⁵⁵	ven²¹³	men²¹³
45 天台	liəʔ²	tɕʰy⁵	kyuʔ⁵	fəŋ³³	fəŋ³²⁵	fəŋ⁵⁵	vəŋ²²⁴	məŋ²²⁴~虫

续表

方言点	0689 律	0690 出	0691 橘	0692 分 动	0693 粉	0694 粪	0695 坟	0696 蚊
	臻合三 入术来	臻合三 入术昌	臻合三 入术见	臻合三 平文非	臻合三 上文非	臻合三 去文非	臻合三 平文奉	臻合三 平文微
46 三门	ləʔ²³	tɕʰyəʔ⁵	kyŋ⁵²	fəŋ³³⁴	fəŋ³²⁵	fəŋ⁵⁵	vəŋ¹¹³	məŋ¹¹³
47 玉环	lieʁ²	tɕʰyoʔ⁵	tɕioŋ⁵³小	fəŋ⁴²	fəŋ⁵³	fəŋ⁵⁵	vəŋ³¹	məŋ³¹
48 金华	liəʔ²¹²	tɕʰyəʔ⁴	tɕyẽ⁵⁵小	fəŋ³³⁴	fəŋ⁵³⁵	fəŋ⁵⁵	vəŋ³¹³	miŋ³¹³
49 汤溪	lei¹¹³	tɕʰyɤ⁵⁵	tɕyei⁵⁵	fã²⁴	fã⁵³⁵	fã⁵²	vã¹¹	mã¹¹
50 兰溪	lieʔ¹²	tɕʰyəʔ³⁴	tɕyɤʔ³⁴	fæ̃³³⁴	fæ̃⁵⁵	fæ̃⁴⁵	væ̃²¹	mæ̃²¹
51 浦江	liə²³²	tɕʰyə⁴²³	tɕyə⁴²³	fəŋ⁵³⁴	fəŋ⁵³	pə̃⁵⁵	vəŋ¹¹³	məŋ¹¹³
52 义乌	lai³¹²	tɕʰyə³²⁴	tɕyɛn³³⁵小	fəŋ³³⁵	fəŋ¹²³	pu⁴⁵白 fəŋ⁴⁵文	bən²¹³白 vəŋ²¹³文	məŋ²¹³
53 东阳	lie²¹³	tsʰɐʔ³⁴	tɕiɐn⁴⁵³小	fɐŋ³³⁴	fɐŋ⁴⁴	fɐŋ⁴⁵³	vɐŋ²¹³	mɐŋ²¹³
54 永康	lə¹¹³	tɕʰyə³³⁴	tɕyə⁵²小	fəŋ⁵⁵	fəŋ³³⁴	(无)	vəŋ²²	miŋ²²
55 武义	lə²¹³	tɕʰye⁵³	tɕyəʔ⁵	fen²⁴	fen⁴⁴⁵	(无)	ven³²⁴	men³²⁴
56 磐安	lie²¹³	tɕʰyɛ³³⁴	tɕyɛn⁵²小	fɐŋ⁴⁴⁵	fɐŋ³³⁴	pu⁵²	vɐŋ²¹³	mɐŋ²¹³
57 缙云	ləɣ¹³	tɕʰyɛ³²²	tɕyɛ⁴⁵小	faŋ⁴⁴	faŋ⁵¹	pɛ⁴⁵³	vaŋ²⁴³	mɛŋ²⁴³
58 衢州	liəʔ¹²	tʃʰyəʔ⁵	tʃyəʔ⁵	fəŋ³²	fəŋ³⁵	fəŋ⁵³	vəŋ²¹	məŋ²¹
59 衢江	liəʔ²	tɕʰiaʔ⁵	tɕyəʔ⁵	fɛ³³	fɛ²⁵	pɛ⁵³	vɛ²¹²	məŋ²¹²
60 龙游	liəʔ²³	tsʰuəʔ⁴	tɕyəʔ⁴	fəŋ³³⁴	fəŋ³⁵	pei⁵¹	vəŋ²¹	məŋ²¹
61 江山	liɛʔ²	tɕʰyɛʔ⁵	kiɛʔ⁵	fɛ̃⁴⁴	fɛ̃²⁴¹	pɛ̃⁵¹	vɛ̃²¹³	mõŋ²¹³
62 常山	lie³⁴	tsʰɛʔ⁵	tɕyeʔ⁵	fɔ̃⁴⁴	fɔ̃⁵²	pɔ̃³²⁴	vɔ̃³⁴¹	mɔ̃³⁴¹
63 开化	liɛʔ¹³	tɕʰyaʔ⁵	tɕyɛʔ⁵	fɛn⁴⁴	fɛn⁵³	pɛn⁴¹²	vɛn²³¹	min²¹³调殊
64 丽水	liɛʔ²³	tɕʰyɛʔ⁵	tɕy⁵	fen²²⁴	fen⁵⁴⁴	pɛ⁵²	ven²²	men²²
65 青田	liæʔ³¹	tɕʰyæʔ⁴²	tɕiaŋ⁴⁴⁵小	faŋ⁴⁴⁵	faŋ⁴⁵⁴	faŋ³³	vaŋ²¹	maŋ²¹
66 云和	li²³	tɕʰyɛʔ⁵	tɕyei⁵	fəŋ²⁴	fəŋ⁴¹	pɛ⁴⁵	vəŋ³¹²	məŋ³¹²
67 松阳	liʔ²	tɕʰyɛʔ⁵	tɕiʔ⁵	fen⁵³	fen²¹²	pæ̃²⁴	ven³¹	men³¹
68 宣平	liəʔ²³	tɕʰyəʔ⁵	tɕyəʔ⁵	fəŋ³²⁴	fəŋ⁴⁴⁵	pə⁵²白 fəŋ⁵²文	vəŋ⁴³³	(无)

续表

方言点	0689 律	0690 出	0691 橘	0692 分 动	0693 粉	0694 粪	0695 坟	0696 蚊
	臻合三 入术来	臻合三 入术昌	臻合三 入术见	臻合三 平文非	臻合三 上文非	臻合三 去文非	臻合三 平文奉	臻合三 平文微
69 遂昌	liʔ²³	tɕʰyɛʔ⁵	tɕyʔ⁵	fəŋ⁴⁵	fəŋ⁵³³	pɛ̃³³⁴	vəŋ²²¹	məŋ²²¹ ~帐
70 龙泉	lieiʔ²⁴	tɕʰyeiʔ⁵旧 tɕʰyoʔ⁵今	tɕyeiʔ⁵	fɛn⁴³⁴	fɛn⁵¹	fɛn⁴⁵	vɛn²¹	mɛn²¹
71 景宁	lieɯʔ²³	tɕʰyœʔ⁵	tɕieɯʔ⁵	faŋ³²⁴	faŋ³³	pœ³⁵	vaŋ⁴¹	maŋ⁴¹
72 庆元	liʔ³⁴	tɕʰyEʔ⁵	tɕyəɯʔ⁵	fəŋ³³⁵	fəŋ³³	ɓæ̃¹¹	fəŋ⁵²	miɛ̃⁵²~虫 məŋ⁵²~香
73 泰顺	liʔ²	tɕʰyɛʔ⁵	tsəiʔ⁵	foŋ²¹³	foŋ⁵⁵	foŋ³⁵	uoŋ⁵³	moŋ⁵³
74 温州	li²¹²	tɕʰy³²³	tɕiai³²³	faŋ³³	faŋ²⁵	faŋ⁵¹	vaŋ³¹	maŋ³¹白 vaŋ³¹文
75 永嘉	lei²¹³	tɕʰy⁴²³	tɕiai⁴²³	faŋ⁴⁴	faŋ⁴⁵	faŋ⁵³	vaŋ³¹	maŋ³¹
76 乐清	li²¹²	tɕʰyE³²³	tɕiɤ³²³	faŋ⁴⁴	faŋ³⁵	faŋ⁴¹	vaŋ³¹	maŋ³¹白 vaŋ³¹文
77 瑞安	li²¹²	tɕʰy³²³	tɕia³²³	faŋ⁴⁴	faŋ³⁵	paŋ⁵³白 faŋ⁵³文	vaŋ³¹	maŋ³¹
78 平阳	lie¹²	tɕʰye³⁴	tʃA³⁴	faŋ⁵⁵	faŋ⁴⁵	(无)	vaŋ²⁴²	maŋ⁵⁵
79 文成	lie²¹²	tʃʰø³⁴	tʃa³⁴	faŋ⁵⁵	faŋ⁴⁵	faŋ³³	vaŋ¹¹³	vaŋ¹¹³
80 苍南	lie¹¹²	tɕʰyɛ²²³	tsɛ²²³	faŋ⁴⁴	faŋ⁵³	faŋ⁴²	uaŋ³¹	maŋ³¹白 uaŋ³¹文
81 建德徽	lieʌʔ¹²	tɕʰyɐʔ⁵	tɕyɐʔ⁵	fən⁵³	fən²¹³	fən³³	fən³³	mən³³
82 寿昌徽	liəʔ³¹	tɕʰyəʔ³	tɕyəʔ³	fen¹¹²	fen²⁴	fen³³	fen⁵²	mien¹¹²文
83 淳安徽	liəʔ¹³	tsʰuəʔ⁵	tɕyʔ⁵	fen²⁴	fen⁵⁵	fen²⁴	fen⁴³⁵	men⁴³⁵
84 遂安徽	li⁵²	tɕʰye²⁴	tɕye²⁴	fəŋ⁵³⁴	fəŋ²¹³	vəɯ⁴³	fəŋ³³	məŋ³³
85 苍南闽	luə²⁴	tsʰuə⁴³	kie⁴³	pun⁵⁵	hun⁴³	hun⁴³文	hun²⁴	ban⁴³调殊
86 泰顺闽	liɪʔ³	tɕʰyɪʔ⁵	kiɪʔ⁵	puo²¹³	fəŋ³⁴⁴	fəŋ⁵³	fəŋ²²	muo²²
87 洞头闽	luət²⁴	tsʰuət⁵	kie⁵³	pun³³白 hun³³文	hun⁵³	pun²¹	(无)	baŋ¹¹³
88 景宁畲	liet²	tɕʰyt⁵	kit⁵	puən⁴⁴	puən³²⁵	(无)	pʰuən²²	muən²²

方言点	0697 问 臻合三 去文微	0698 军 臻合三 平文见	0699 裙 臻合三 平文群	0700 熏 臻合三 平文晓	0701 云 ~彩 臻合三 平文云	0702 运 臻合三 去文云	0703 佛 ~像 臻合三 入物奉	0704 物 臻合三 入物微
01 杭州	məŋ^{13}白 vəŋ^{13}文	tɕyŋ^{334}	dzyŋ^{213}	ɕyŋ^{334}	yŋ^{213}	yŋ^{13}	voʔ^{2}	voʔ^{2}
02 嘉兴	məŋ^{113}白 vəŋ^{113}文	tɕyəŋ^{42}	dzyəŋ^{242}	ɕyəŋ^{42}	yəŋ^{242}	yəŋ^{113}	vəʔ^{13}	vəʔ^{13}
03 嘉善	mən^{113}白 vən^{113}文	tɕin^{53}	dzin^{132}	ɕin^{53}	in^{132}	in^{113}	vɜʔ^{2}	mɐʔ^{2}白 vɜʔ^{2}文
04 平湖	mən^{213}白 vən^{213}文	tɕyn^{53}	dzyn^{31}	ɕyn^{53}	yn^{31}	yn^{213}	vəʔ^{23}	məʔ^{23}白 vəʔ^{23}文
05 海盐	mən^{213}白 vən^{213}文	tɕyn^{53}	dzyn^{31}	ɕyn^{53}	yn^{31}	yn^{334}	vəʔ^{23}	vəʔ^{23}
06 海宁	məŋ^{13}白 vəŋ^{13}文	tɕiŋ^{55}	dziŋ^{13}	ɕiŋ^{55}	iŋ^{13}	iŋ^{35}	vəʔ^{2}	vəʔ^{2}
07 桐乡	məŋ^{213}	tɕiŋ^{44}	dziŋ^{13}	ɕiŋ^{44}	iŋ^{13}	iŋ^{213}	vəʔ^{23}	vəʔ^{23}
08 崇德	məŋ^{13}白 vəŋ^{13}文	tɕiŋ^{44}	dziŋ^{13}	ɕiŋ^{44}	iŋ^{13}	iŋ^{13}	vəʔ^{23}	vəʔ^{23}
09 湖州	mən^{35}白 vən^{35}文	tɕin^{44}	dzin^{112}	ɕin^{44}	in^{112}	in^{35}	vəʔ^{2}	məʔ^{2}白 vəʔ^{2}文
10 德清	men^{334}白 ven^{113}文	tɕin^{44}	dzin^{113}	ɕin^{44}	in^{113}	in^{334}	vəʔ^{2}	vəʔ^{2}
11 武康	men^{224}白 ven^{224}文	tɕin^{44}	dzin^{113}	ɕin^{44}	in^{113}	in^{224}	vɜʔ^{2}	vɜʔ^{2}
12 安吉	məŋ^{213}	tɕioŋ^{55}	dzyəŋ^{22}	ɕioŋ^{55}	iŋ^{22}	iŋ^{213}	vəʔ^{23}	vəʔ^{23}
13 孝丰	məŋ^{324}白 uəŋ^{324}文	tɕioŋ^{44}	dzin^{22}	ɕin^{44}	in^{22}	iŋ^{324}	vəʔ^{23}	vəʔ^{23}
14 长兴	məŋ^{324}	tʃiŋ^{44}	dʒiŋ^{12}	ʃiŋ^{44}	iŋ^{12}	iŋ^{324}	vəʔ^{2}	vəʔ^{2}
15 余杭	miŋ^{213}	tɕiŋ^{44}	dziŋ^{22}	ɕiŋ^{44}	iŋ^{22}	iŋ^{213}	vəʔ^{2}	vəʔ^{2}
16 临安	men^{33}白 ven^{33}文	tɕioŋ^{55}	dzioŋ^{33}	ɕioŋ^{55}	ioŋ^{33}	ioŋ^{33}	vɐʔ^{12}	vɐʔ^{12}
17 昌化	mɛ̃^{243}	tɕyəŋ^{334}	zyəŋ^{112}	ɕyəŋ^{334}	yəŋ^{112}	yəŋ^{243}	vəʔ^{23}	vəʔ^{23}
18 於潜	vəŋ^{223}	tɕyŋ^{433}	dzyŋ^{223}	ɕyŋ^{433}	yŋ^{223}	yŋ^{24}	væʔ^{23}	væʔ^{23}
19 萧山	məŋ^{242}	tɕyoŋ^{533}	dzyoŋ^{355}	ɕyoŋ^{533}	yoŋ^{355}	yoŋ^{242}	vəʔ^{13}	vəʔ^{13}

续表

方言点	0697 问	0698 军	0699 裙	0700 熏	0701 云 ~彩	0702 运	0703 佛 ~像	0704 物
	臻合三去文微	臻合三平文见	臻合三平文群	臻合三平文晓	臻合三平文云	臻合三去文云	臻合三入物奉	臻合三入物微
20 富阳	mən³³⁵	tɕyən⁵³	dʑyən¹³	ɕyən⁵³	yən¹³	yən³³⁵	vɛʔ²	vɛʔ²
21 新登	mein¹³白 vein¹³文	tɕyiŋ⁵³	dʑyiŋ²³³	ɕyiŋ⁵³	yiŋ²³³	yiŋ¹³	vəʔ²	vəʔ²
22 桐庐	mən²⁴	tɕyŋ⁵³³	dʑyŋ¹³	ɕyŋ⁵³³	yŋ¹³	yŋ²⁴	vəʔ¹³	uəʔ¹³文
23 分水	uən¹³	tɕyn⁴⁴	dʑyn²²	ɕyn⁴⁴	yn²²	yn¹³	vəʔ¹²	vəʔ¹²
24 绍兴	mẽ²²白 vẽ²²文	tɕyø̃⁵³	dʑyø̃²³¹	ɕyø̃⁵³	yø̃²³¹	yø̃²²	veʔ²	veʔ²
25 上虞	mən³¹白 vən³¹文	tɕyoŋ³⁵	dʑyoŋ²¹³	ɕyoŋ³⁵	iŋ²¹³	iŋ³¹	vəʔ²	vəʔ²
26 嵊州	men²⁴白 uən²⁴文	tɕyoŋ⁵³⁴	dʑyoŋ²¹³	ɕyoŋ⁵³⁴	yoŋ²¹³	yoŋ²⁴	uəʔ²	uəʔ²
27 新昌	men¹³白 uen¹³文	tɕyoŋ⁵³⁴	dʑyoŋ²²	ɕyoŋ⁵³⁴	yoŋ²²	yoŋ¹³	ueʔ²	ueʔ²
28 诸暨	mɛn³³白 vɛn³³文	tɕiom⁵⁴⁴	dʑiom¹³	ɕiom⁵⁴⁴	iom¹³	iom³³	voʔ¹³	voʔ¹³
29 慈溪	mən¹³白 vən¹³文	tɕyəŋ³⁵	dʑyəŋ¹³	ɕyəŋ³⁵	yəŋ¹³	yəŋ¹³	vəʔ²	vəʔ²
30 余姚	mə̃¹³白 və̃¹³文	tɕiuŋ⁴⁴	dʑiuŋ¹³	ɕiuŋ⁴⁴	iuŋ¹³	iuŋ¹³	vəʔ²	vəʔ²
31 宁波	mən¹³白 vən¹³文	tɕyoŋ⁵³	dʑyoŋ¹³	ɕyoŋ⁴⁴	yoŋ¹³	yoŋ¹³	vaʔ²	vaʔ²
32 镇海	mən²⁴白 vən²⁴文	tɕyoŋ⁵³	dʑyoŋ²⁴	ɕyoŋ⁵³	yoŋ²⁴	yoŋ²⁴	vaʔ¹²	vaʔ¹²
33 奉化	mən³¹白 vən³¹文	tɕyoŋ⁴⁴	dʑyoŋ³³	ɕyoŋ⁴⁴	yoŋ³³	yoŋ³²⁴	vaʔ²	vaʔ²
34 宁海	mən²⁴白 vən²⁴文	kyəŋ⁴²³	gyəŋ²¹³	ɕyəŋ⁴²³	yəŋ²¹³	yəŋ²⁴	voʔ³	voʔ³
35 象山	mən¹³白 vən¹³文	tɕyoŋ⁴⁴	dʑyoŋ³¹	ɕyoŋ⁴⁴	yoŋ³¹	yoŋ¹³	vaʔ²	vaʔ²
36 普陀	mɐŋ¹³	tɕioŋ⁵³	dʑioŋ²⁴	ɕioŋ⁵³	ioŋ²⁴	ioŋ¹³	vɐʔ²³	vɐʔ²³
37 定海	mɐŋ¹³白 vɐŋ¹³文	tɕyoŋ⁵²	dʑyoŋ²³	ɕyoŋ⁵²	yoŋ²³	yoŋ¹³	vɐʔ²	vɐʔ²

续表

方言点	0697 问	0698 军	0699 裙	0700 熏	0701 云 ~彩	0702 运	0703 佛 ~像	0704 物
	臻合三 去文微	臻合三 平文见	臻合三 平文群	臻合三 平文晓	臻合三 平文云	臻合三 去文云	臻合三 入物奉	臻合三 入物微
38 岱山	mɐŋ^{213}白 vɐŋ^{213}文	tɕyoŋ^{52}	dʑyoŋ^{23}	ɕyoŋ^{52}	yoŋ^{23}	yoŋ^{23}	vɐʔ^{2}	vɐʔ^{2}
39 嵊泗	mɐŋ^{213}白 vɐŋ^{213}文	tɕyoŋ^{53}	dʑyoŋ^{243}	ɕyoŋ^{53}	yoŋ^{243}	yoŋ^{213}	vɐʔ^{2}	vɐʔ^{2}
40 临海	mə̃ŋ^{324}~路 və̃ŋ^{324}~题	tɕyŋ^{31}又 kyŋ^{31}又	dʑyŋ^{21}又 gyŋ^{21}又	ɕyŋ^{55}又 hyŋ^{55}又	yŋ^{21}	yŋ^{324}	vəʔ^{23}	vəʔ^{23}
41 椒江	mə̃ŋ^{24}白 və̃ŋ^{24}文	kyŋ^{42}	gyŋ^{31}	hyŋ^{55}	yŋ^{31}	yŋ^{24}	vəʔ^{2}	vəʔ^{2}
42 黄岩	mən^{24}白 vən^{24}文	kyn^{32}	gyn^{121}	hyn^{55}	yn^{121}	yn^{24}	vəʔ^{2}	vəʔ^{2}
43 温岭	mən^{13}白 vən^{13}文	kyn^{33}	gyn^{31}	hyn^{55}	yn^{31}	yn^{13}	vəʔ^{2}	vəʔ^{2}
44 仙居	men^{24}	ɕyen^{334}	ɟyen^{213}	（无）	yen^{213}	yen^{24}	vəʔ^{23}	vəʔ^{23}
45 天台	mə̃ŋ^{35}白 və̃ŋ^{35}文	kyŋ^{33}	gyŋ^{224}	hyŋ^{33}	yŋ^{224}	yŋ^{35}	vəʔ^{2}	vəʔ^{2}
46 三门	mə̃ŋ^{243}白 və̃ŋ^{243}文	kyŋ^{334}	gyŋ^{113}	ɕyŋ^{334}	yŋ^{113}	yŋ^{243}	vɐʔ^{23}	vɐʔ^{23}
47 玉环	mə̃ŋ^{22}	kioŋ^{42}	gioŋ^{31}	hioŋ^{42}	ioŋ^{31}	ioŋ^{22}	vɐʔ^{2}	vɐʔ^{2}
48 金华	mə̃ŋ^{14}白 və̃ŋ^{14}文	tɕyə̃ŋ^{334}	dʑyə̃ŋ^{313}	ɕyə̃ŋ^{334}	yə̃ŋ^{313}	yə̃ŋ^{14}	vəʔ^{212}	vəʔ^{212}
49 汤溪	ma̰^{341}	tɕyɛ̃i^{24}	dʑyɛ̃i^{11}	ɕyɛ̃i^{24}	yɛ̃i^{11}	yɛ̃i^{341}	və^{113}	və^{113}
50 兰溪	mæ̃^{24}	tɕyæ̃^{334}	dʑyæ̃^{21}	ɕyæ̃^{334}	yæ̃^{21}	yæ̃^{24}	vəʔ^{12}	vəʔ^{12}
51 浦江	vən^{24}读字	tɕyən^{534}	dʑyən^{113}	ɕyən^{534}	yən^{113}	yən^{24}	və^{232}	və^{232}
52 义乌	vən^{24}白 uen^{24}文	tɕyən^{335}	dʑyən^{213}	ɕyən^{335}	yən^{213}	yən^{24}	və^{312}	və^{312}
53 东阳	mɐn^{24}	tɕiɐn^{334}	dʑiɐn^{213}	ɕiɐn^{334}	iɐn^{213}	iɐn^{24}	va^{213}	va^{213}
54 永康	muo^{241}白 və̃ŋ^{241}文	tɕyəŋ^{55}	dʑyəŋ^{22}	ɕyəŋ^{55}	yəŋ^{241}	yen^{241}	və^{113}	və^{113}
55 武义	muo^{231}	tɕyen^{24}	dʑyen^{324}	ɕyen^{24}	yen^{324}	yen^{231}	və^{213}	və^{213}
56 磐安	mɐn^{14}	tɕyɐn^{445}	dʑyɐn^{213}	ɕyɐn^{445}	yɐn^{213}	yɐn^{14}	vɛ^{213}	vɛ^{213}

续表

方言点	0697 问	0698 军	0699 裙	0700 熏	0701 云 ~彩	0702 运	0703 佛 ~像	0704 物
	臻合三 去文微	臻合三 平文见	臻合三 平文群	臻合三 平文晓	臻合三 平文云	臻合三 去文云	臻合三 入物奉	臻合三 入物微
57 缙云	maŋ²¹³	tɕyɛŋ⁴⁴	dʑyɛŋ²⁴³	ɕyɛŋ⁴⁴	yɛŋ²⁴³	yɛŋ²¹³	vəɣ¹³	vəɣ¹³
58 衢州	mən²³¹白 vən²³¹文	tʃyən³²	dʒyən²¹	ʃyən³²	yən²¹	yən²³¹	və?¹²	və?¹²
59 衢江	mɛ²³¹~路 vəŋ²³¹~题	tɕyoŋ³³老 tɕiŋ³³新	dʑyoŋ²¹²	kəŋ⁵³调殊	iŋ²¹²	yoŋ²³¹~气 iŋ²³¹~输	və?	və?
60 龙游	mei²³¹白 vəŋ²³¹文	tɕyn³³⁴	dʑyn²¹	ɕioŋ⁵¹调殊	ioŋ²¹	ioŋ²³¹白 yŋ²³¹文	vɔ?²	vɔ?²³
61 江山	mẽ²²调殊	kyĩ⁴⁴	gəŋ²¹³白 gyĩ²¹³文	kʰəŋ⁵¹~蚊虫 xyĩ⁴⁴~豆腐	yĩ²¹³	yĩ³¹	vo?²	vo?²
62 常山	mɔ̃¹³¹白 vɔ̃¹³¹文	tsuĩ⁴⁴	goŋ³⁴¹	kʰoŋ³²⁴	uĩ³⁴¹	uĩ¹³¹	vʌ?³⁴	vʌ?³⁴
63 开化	mɛn²¹³白 vɛn²¹³文	tɕyn⁴⁴	dʑyn²³¹	ɕyn⁴⁴	yn²³¹	yn²¹³	va?¹³	va?¹³老 ua?¹³新
64 丽水	men¹³¹	tɕyn²²⁴	dʑyn²²	ɕyn²²⁴	yn²²	yn¹³¹	vɛ?²³	mɛ?²³
65 青田	maŋ²²	tɕyaŋ⁴⁴⁵	dʑyaŋ²¹	ɕyaŋ⁴⁴⁵	yaŋ²¹	yaŋ²²	va?³¹	va?³¹
66 云和	məŋ²²³	tɕyŋ²⁴	dʑyŋ³¹²	ɕyŋ²⁴	ioŋ³¹²白 yŋ³¹²文	yŋ²²³	vei²³	mɛ?²³
67 松阳	men¹³	tɕyn⁵³	dʑyn³¹	ɕyn⁵³	yn³¹	yn¹³	ve?²	me?²
68 宣平	mən²³¹	tɕyən³²⁴	dʑyən⁴³³	ɕyən³²⁴	yən⁴³³	yən²³¹	və?²³	mə?²³
69 遂昌	məŋ²¹³	tɕyŋ⁴⁵	dʑyŋ²²¹	ɕyŋ⁴⁵	yŋ²²¹	yŋ²¹³	vəɯ?²³	vəɯ?²³
70 龙泉	mɛn²²⁴	tɕyn⁴³⁴	dʑyn²¹	ɕyn⁴³⁴	yn²¹	yn²²⁴	vai?²⁴	vai?²⁴
71 景宁	maŋ¹¹³	tɕiaŋ³²⁴	dʑiaŋ⁴¹	ɕyŋ³²⁴	iaŋ⁴¹	iaŋ¹¹³	vəɯ?²³	məɯ?²³
72 庆元	məŋ³¹	tɕyəŋ³³⁵	tɕyəŋ⁵²	ɕyəŋ³³⁵	yəŋ⁵²	yəŋ³¹	fəɯ?³⁴	fəɯ?³⁴
73 泰顺	məŋ²²	tɕioŋ²¹³	tɕioŋ⁵³	ɕioŋ²¹³	ioŋ⁵³	ioŋ²²	uei?²	uei?²
74 温州	maŋ²²白 vaŋ²²文	tɕioŋ³³	dʑioŋ³¹	ɕioŋ³³	ioŋ³¹	ioŋ²²	vai²¹²	mø⁵¹~事 vai²¹²~理
75 永嘉	maŋ²²白 vaŋ²²文	tɕioŋ⁴⁴	dʑioŋ³¹	ɕioŋ⁴⁴	ioŋ³¹	ioŋ²²	vai²¹³	mø⁵³白 vai²¹³文

续表

方言点	0697 问	0698 军	0699 裙	0700 熏	0701 云 ~彩	0702 运	0703 佛 ~像	0704 物
	臻合三 去文微	臻合三 平文见	臻合三 平文群	臻合三 平文晓	臻合三 平文云	臻合三 去文云	臻合三 入物奉	臻合三 入物微
76 乐清	maŋ²²白 vaŋ²²文	tɕiaŋ⁴⁴	dziaŋ³¹	ɕiaŋ⁴⁴	iaŋ³¹	iaŋ²²	vɤ²¹²	mi⁴¹~事 vɤ²¹²~理
77 瑞安	maŋ²²白 vaŋ²²文	tɕiaŋ⁴⁴	dziaŋ³¹	ɕiaŋ⁴⁴	iaŋ³¹	iaŋ²²	va²¹²	mø⁴⁴白 va²¹²文
78 平阳	maŋ³³	tʃɵŋ⁵⁵	dʒɵŋ²⁴²	fɵŋ⁵⁵	vɵŋ²⁴²	vɵŋ³³	vʌ¹²	vʌ¹²
79 文成	maŋ⁴²⁴	tʃøn⁵⁵	dʒøn¹¹³	ʃøn⁵⁵	yøn¹¹³	yøn⁴²⁴	va²¹²	va²¹²
80 苍南	maŋ¹¹白 uaŋ¹¹文	tsueŋ⁴⁴	zueŋ³¹	feŋ⁴⁴	ueŋ³¹	ueŋ¹¹	uɛ¹¹²	uɛ¹¹²
81 建德徽	mən⁵⁵	tɕyn⁵³	tɕyn³³	ɕyn⁵³	yn³³	yn⁵⁵	fɐʔ¹²	uɐʔ¹²
82 寿昌徽	miæ³³	tɕyɛ̃¹¹²	tɕʰyɛ̃⁵²	ɕyɛ̃¹¹²	yɛ̃⁵²	yɛ̃³³	fɔʔ³¹	uɔʔ³¹
83 淳安徽	men⁵³白 ven⁵³文	tsuen²⁴白 tɕyen²⁴文	tsʰuen⁴³⁵	suen²⁴	ven⁴³⁵	ven⁵³	fəʔ¹³	vəʔ¹³
84 遂安徽	mən⁵²	tɕyn⁵³⁴	tɕʰyn³³	fin⁵³⁴	vin³³	vin⁵²	fəɯ²¹³	vəɯ²¹³
85 苍南闽	buŋ²¹	kun⁵⁵	kun²⁴	hun⁵⁵	hun²⁴	un²¹	po²⁴	bo²⁴
86 泰顺闽	mən⁵³	kuəŋ²¹³	kuəŋ²²	tsʰəŋ³¹	fəŋ²²	yeŋ³¹	fø?³	uø?³
87 洞头闽	muɯŋ²¹	kun³³	kun¹¹³	hun³³	hun¹¹³	un²¹	pət²⁴	bət²⁴
88 景宁畲	muən⁵¹	kyn⁴⁴	kʰuən²²	（无）	uən²²	uən⁵¹~气 yn⁴⁴~输	fut²	mət²

方言点	0705 帮	0706 忙	0707 党	0708 汤	0709 糖	0710 浪	0711 仓	0712 钢名
	宕开一平唐帮	宕开一平唐明	宕开一上唐端	宕开一平唐透	宕开一平唐定	宕开一去唐来	宕开一平唐清	宕开一平唐见
01 杭州	paŋ³³⁴	maŋ²¹³	taŋ⁵³	tʰaŋ³³⁴	daŋ²¹³	laŋ¹³	tsʰaŋ³³⁴	kaŋ³³⁴
02 嘉兴	pɐ̃⁴²	mɐ̃²⁴²	tɐ̃⁵⁴⁴	tʰɐ̃⁴²	dɐ̃²⁴²	lɐ̃¹¹³	tsʰɐ̃⁴²	kɐ̃⁴²
03 嘉善	pã̃⁵³	moŋ¹³²白 mã̃¹³²文	tã⁴⁴	tʰã̃⁵³	dã̃¹³²	lã̃¹³²	tsʰã̃⁵³	kã̃⁵³
04 平湖	pɑ̃⁵³	mɑ̃³¹	tɑ̃⁴⁴	tʰɑ̃⁵³	dɑ̃³¹	lɑ̃²¹³	tsʰɑ̃⁵³	kɑ̃⁵³
05 海盐	pɑ̃⁵³	mɑ̃³¹	tɑ̃⁴²³	tʰɑ̃⁵³	dɑ̃³¹	lɑ̃²¹³	tsʰɑ̃⁵³	kuɑ̃⁵³
06 海宁	pɑ̃⁵⁵	mɑ̃¹³	tɑ̃⁵³	tʰɑ̃⁵⁵	dɑ̃¹³	lɑ̃¹³	tsʰɑ̃⁵⁵	kuɑ̃⁵⁵
07 桐乡	pɒ̃⁴⁴	moŋ¹³白 mɒ̃¹³文	tɒ̃⁵³	tʰɒ̃⁴⁴	dɒ̃¹³	lɒ̃²¹³	tsʰɒ̃⁴⁴	kɒ̃⁴⁴
08 崇德	pã̃⁴⁴	moŋ¹³	tã̃⁵³	tʰã̃⁴⁴	dã̃¹³	lã̃¹³	tsʰã̃⁴⁴	kuã⁴⁴
09 湖州	pã̃⁴⁴	mã̃¹¹²	tã̃⁵²³	tʰã̃⁴⁴	dã̃¹¹²	lã̃³⁵	tsʰã̃⁴⁴	kã̃⁴⁴
10 德清	pã̃⁴⁴	mã̃¹¹³	tã̃⁵²	tʰã̃⁴⁴	dã̃¹¹³	lã̃³³⁴	tsʰã̃⁴⁴	kã̃⁴⁴
11 武康	pã̃⁴⁴	mã̃¹¹³	tã̃⁵³	tʰã̃⁴⁴	dã̃¹¹³	lã̃⁴⁴	tsʰã̃⁴⁴	kã̃⁴⁴
12 安吉	pɔ̃⁵⁵	mɔ̃²²	tɔ̃⁵²	tʰɔ̃⁵⁵	dɔ̃²²	lɔ̃²¹³	tsʰɔ̃⁵⁵	kɔ̃⁵⁵
13 孝丰	pɔ̃⁴⁴	mɔ̃²²	tɔ̃⁵²	tʰɔ̃⁴⁴	dɔ̃²²	lɔ̃³²⁴	tsʰɔ̃⁴⁴	kɔ̃⁴⁴
14 长兴	pɔ̃⁴⁴	mɔ̃¹²	tɔ̃⁵²	tʰɔ̃⁴⁴	dɔ̃¹²	lɔ̃³²⁴	tsʰɔ̃⁴⁴	kɔ̃⁴⁴
15 余杭	pã̃⁴⁴	mã̃²²	tã̃⁵³	tʰã̃⁴⁴	dã̃²²	lã̃²¹³	tsʰã̃⁴⁴	kã̃⁴⁴
16 临安	pã̃⁵⁵	mã̃³³	tã̃⁵⁵	tʰã̃⁵⁵	dã̃³³	lã̃³³	tsʰã̃⁵⁵	kã̃⁵⁵
17 昌化	pɔ̃³³⁴	mɔ̃¹¹²	tɔ̃⁴⁵³	tʰɔ̃³³⁴	dɔ̃¹¹²	lɔ̃²⁴³	tsʰɔ̃³³⁴	kɔ̃³³⁴
18 於潜	paŋ⁴³³	maŋ²²³	taŋ⁵¹	tʰaŋ⁴³³	daŋ²²³	laŋ²⁴	tsʰuaŋ⁴³³	kaŋ⁴³³
19 萧山	pɔ̃⁵³³	mɔ̃⁵³³	tɔ̃³³	tʰɔ̃⁵³³	dɔ̃³⁵⁵	lɔ̃²⁴²	tsʰɔ̃⁵³³	kɔ̃⁵³³
20 富阳	pã̃⁵³	mã̃¹³	tã̃⁴²³	tʰã̃⁵³	dã̃¹³	lã̃³³⁵	tsʰã̃⁵³	kã̃⁵³
21 新登	pã̃⁵³	mã̃²³³	tã̃³³⁴	tʰã̃⁵³	dã̃²³³	lã̃¹³	tsʰã̃⁵³	kã̃⁵³
22 桐庐	pã̃⁵³³	mã̃¹³	tã̃³³	tʰã̃⁵³³	dã̃¹³	lã̃²⁴	tsʰã̃⁵³³	kã̃⁵³³
23 分水	pã̃⁴⁴	mã̃²²	tã̃⁵³	tʰã̃⁴⁴	dã̃²²	lã̃¹³	tsʰã̃⁴⁴	kã̃⁴⁴
24 绍兴	paŋ⁵³	maŋ²³¹	taŋ³³⁴	tʰaŋ⁵³	daŋ²³¹	laŋ²²	tsʰaŋ⁵³	kaŋ⁵³

方言点	0705 帮	0706 忙	0707 党	0708 汤	0709 糖	0710 浪	0711 仓	0712 钢名
	宕开一平唐帮	宕开一平唐明	宕开一上唐端	宕开一平唐透	宕开一平唐定	宕开一去唐来	宕开一平唐清	宕开一平唐见
25 上虞	pɔ̃³⁵	mɔ̃²¹³	tɔ̃³⁵	tʰɔ̃³⁵	dɔ̃²¹³	lɔ̃³¹	tsʰɔ̃³⁵	kɔ̃³⁵
26 嵊州	pɔŋ⁵³⁴	mɔŋ²¹³	tɔŋ⁵³	tʰɔŋ⁵³⁴	dɔŋ²¹³	lɔŋ²⁴	tsʰɔŋ⁵³⁴	kɔŋ⁵³⁴
27 新昌	pɔ̃⁵³⁴	mɔ̃²²	tɔ̃⁴⁵³	tʰɔ̃⁵³⁴	dɔ̃²²	lɔ̃¹³	tsʰɔ̃⁵³⁴	kɔ̃⁵³⁴
28 诸暨	pɑ̃⁵⁴⁴	mɑ̃¹³	tɑ̃⁴²	tʰɑ̃⁵⁴⁴	dɑ̃¹³	lɑ̃³³	tsʰɑ̃⁵⁴⁴	kɑ̃⁵⁴⁴
29 慈溪	pɔ̃³⁵	mɔ̃¹³	tɔ̃³⁵	tʰɔ̃³⁵	dɔ̃¹³	lɔ̃¹³	tsʰɔ̃³⁵	kɔ̃³⁵
30 余姚	pɔŋ⁴⁴	mɔŋ¹³	tɔŋ³⁴	tʰɔŋ⁴⁴	dɔŋ¹³	lɔŋ¹³	tsʰɔŋ⁴⁴	kɔŋ⁴⁴
31 宁波	pɔ⁵³	mɔ¹³	tɔ³⁵	tʰɔ⁵³	dɔ¹³	lɔ¹³	tsʰɔ⁵³	kɔ⁵³
32 镇海	pɔ̃⁵³	mɔ̃²⁴	tɔ̃³⁵	tʰɔ̃⁵³	dɔ̃²⁴	lɔ̃²⁴	tsʰɔ̃⁵³	kɔ̃⁵³
33 奉化	pɔ̃⁴⁴	mɔ̃³³	tɔ̃⁵⁴⁵	tʰɔ̃⁴⁴	dɔ̃³³	lɔ̃³¹	tsʰɔ̃⁴⁴	kɔ̃⁴⁴
34 宁海	pɔ̃⁴²³	mɔ̃²¹³	tɔ̃⁵³	tʰɔ̃⁴²³	dɔ̃²¹³	lɔ̃²⁴	tsʰɔ̃⁴²³	kɔ̃⁴²³
35 象山	pɔ̃⁴⁴	mɔ̃³¹	tɔ̃⁴⁴	tʰɔ̃⁴⁴	dɔ̃³¹	lɔ̃¹³	tsʰɔ̃⁴⁴	kɔ̃⁴⁴
36 普陀	pɔ̃⁵³	mɔ̃²⁴	tɔ̃⁴⁵	tʰɔ̃⁵³	dɔ̃²⁴	lɔ̃¹³	tsʰɔ̃⁵³	kɔ̃⁵³
37 定海	pɵ̃⁵²	mɵ̃²³	tɵ̃⁴⁵	tʰɵ̃⁵²	dɵ̃²³	lɵ̃¹³	tsʰɵ̃⁵²	kɵ̃⁵²
38 岱山	pɵ̃⁵²	mɵ̃²³	tɵ̃³²⁵	tʰɵ̃⁵²	dɵ̃²³	lɵ̃²¹³	tsʰɵ̃⁵²	kɵ̃⁵²
39 嵊泗	pɵ̃⁵³	mɵ̃²⁴³	tɵ̃⁴⁴⁵	tʰɵ̃⁵³	dɵ̃²⁴³	lɵ̃²¹³	tsʰɵ̃⁵³	kɵ̃⁵³
40 临海	pɔ̃³¹	mɔ̃²¹	tɔ̃⁵²	tʰɔ̃³¹	dɔ̃²¹	lɔ̃³²⁴	tsʰɔ̃³¹	kɔ̃³¹
41 椒江	pɔ̃⁴²	mɔ̃³¹	tɔ̃⁴²	tʰɔ̃⁴²	dɔ̃³¹	lɔ̃²⁴	tsʰɔ̃⁴²	kɔ̃⁴²
42 黄岩	pɔ̃³²	mɔ̃¹²¹	tɔ̃⁴²	tʰɔ̃³²	dɔ̃¹²¹	lɔ̃²⁴	tsʰɔ̃³²	kɔ̃³²
43 温岭	pɔ̃³³	mɔ̃³¹	tɔ̃⁴²	tʰɔ̃³³	dɔ̃³¹	lɔ̃¹³	tsʰɔ̃³³	kɔ̃³³
44 仙居	ɓɑ̃³³⁴	mɑ̃²¹³	ɗɑ̃³²⁴	tʰɑ̃³³⁴	dɑ̃²¹³	lɑ̃²⁴	tsʰɑ̃³³⁴	kɑ̃³³⁴
45 天台	pɔ³³	mɔ²²⁴	tɔ³²⁵	tʰɔ³³	dɔ²²⁴	lɔ³⁵	tsʰɔ³³	kɔ³³
46 三门	pɔ³³⁴	mɔ¹¹³	tɔ³²⁵	tʰɔ³³⁴	dɔ²⁵²小	lɔ²⁴³	tsʰɔ³³⁴	kɔ³³⁴
47 玉环	pɔ̃⁴²	mɔ̃³¹	tɔ̃⁵³	tʰɔ̃⁴²	dɔ̃³¹	lɔ̃²²	tsʰɔ̃⁴²	kɔ̃⁴²
48 金华	pɑŋ³³⁴	mɑŋ³¹³	tɑŋ⁵³⁵	tʰɑŋ³³⁴	dɑŋ³¹³	lɑŋ¹⁴	tsʰɑŋ³³⁴	kɑŋ³³⁴

续表

方言点	0705 帮	0706 忙	0707 党	0708 汤	0709 糖	0710 浪	0711 仓	0712 钢 名
	宕开一平唐帮	宕开一平唐明	宕开一上唐端	宕开一平唐透	宕开一平唐定	宕开一去唐来	宕开一平唐清	宕开一平唐见
49 汤溪	mao^{24}	mao^{11}	nua^{535}	tʰɔ^{24}	dɔ^{11}	lɔ^{341}	tsʰɔ^{24}	kɔ^{24}
50 兰溪	paŋ^{334}	maŋ^{21}	taŋ^{55}	tʰaŋ^{334}	daŋ^{21}	laŋ^{24}	tsʰaŋ^{334}	kaŋ^{334}
51 浦江	põ^{534}旧 põ^{534}今	mõ^{113}	tõ^{53}	tʰõ^{534}	dõ^{113}	lõ^{24}	tsʰõ^{534}	kõ^{534}
52 义乌	puɯɤ^{335}白 pan^{335}文	muɯɤ^{213}	ŋŋ$^{w\,423}$白 tan^{423}文	tʰŋ$^{w\,335}$	dŋ$^{w\,213}$	lŋ$^{w\,24}$	tsʰŋ$^{w\,335}$	kŋ$^{w\,335}$
53 东阳	pɔ^{334}	mu^{213}	tɔ^{44}	tʰɔn^{334}小	dɔ^{213}	lɔ^{24}	tsʰɔ^{334}	kɔ^{334}
54 永康	maŋ^{55}	maŋ^{22}	naŋ^{334}	tʰaŋ^{55}	daŋ^{22}	laŋ^{241}	tsʰaŋ^{55}	kaŋ^{55}
55 武义	maŋ^{24}	maŋ^{324}	naŋ^{445}	tʰaŋ^{24}	daŋ^{324}	laŋ^{231}	tsʰaŋ^{24}	kaŋ^{24}
56 磐安	mɒ^{445}	mo^{213}韵殊	nɒ^{334}	tʰɒ^{445}	dɒ^{213}	lɒ^{14}	tsʰɒ^{445}	kɒ^{445}
57 缙云	pɔ^{44}	mɔ^{243}	tɔ^{51}	tʰɔ^{44}	dɔ^{243}	lɔ^{213}	tsʰɔ^{44}	kɔ^{44}
58 衢州	pɑ̃^{32}	mɑ̃^{21}	tɑ̃^{35}	tʰɑ̃^{32}	dɑ̃^{21}	lɑ̃^{231}	tsʰɑ̃^{32}	kɑ̃^{32}
59 衢江	pɑ̃^{33}	mɑ̃^{212}	tɑ̃^{25}	tʰɑ̃^{33}	dɑ̃^{212}	lɑ̃^{231}	tsʰɑ̃^{33}	kɑ̃^{33}
60 龙游	pɑ̃^{334}	mɑ̃^{21}	tɑ̃^{35}	tʰɑ̃^{334}	dɑ̃^{21}	nɑ̃^{231}声殊	tsʰɑ̃^{334}	kɑ̃^{334}
61 江山	piaŋ^{44}白 pɒŋ^{44}文	miaŋ^{213}白 mɒŋ^{213}文	taŋ^{44}调殊	tʰaŋ^{44}	daŋ^{213}	laŋ^{31}	tsʰɒŋ^{44}	kɒŋ^{44}
62 常山	piã^{44}	miã^{341}	tã^{52}	tʰã^{44}	dã^{341}	lã^{131}	tsʰɔ̃^{44}	kɔ̃^{44}
63 开化	piã^{44}白 pã^{44}文	miã^{231}	tã^{53}	tʰɔŋ^{44}	dɔŋ^{231}	lɔŋ^{213}波~ lã^{213}~费	tɕʰiɔŋ^{44}粮~ tsʰã^{44}~库	kɔŋ^{44}
64 丽水	pɔŋ^{224}	mɔŋ^{22}	tɔŋ^{544}	tʰɔŋ^{224}	dɔŋ^{22}	lɔŋ^{131}	tsʰɔŋ^{224}	kɔŋ^{224}
65 青田	ɓo^{445}	mo^{21}	ɗo^{454}	tʰo^{445}	do^{21}	lo^{22}	tsʰo^{445}	ko^{445}
66 云和	pɔ̃^{24}	mɔ̃^{312}	tɔ̃^{41}	tʰɔ̃^{24}	dɔ̃^{312}	lɔ̃^{223}	tsʰɔ̃^{24}	kɔ̃^{45}调殊
67 松阳	poŋ^{53}	moŋ^{31}	toŋ^{212}	tʰoŋ^{53}	doŋ^{31}	loŋ^{13}	tsʰoŋ^{53}	koŋ^{53}
68 宣平	pɔ̃^{324}	mɔ̃^{433}	tɔ̃^{445}	tʰɔ̃^{324}	dɔ̃^{433}	lɔ̃^{231}	tsʰɔ̃^{324}	kɔ̃^{324}
69 遂昌	pɔŋ^{45}	mɔŋ^{221}	tɔŋ^{533}	tʰɔŋ^{45}	dɔŋ^{221}	lɔŋ^{213}	tsʰɔŋ^{45}	kɔŋ^{45}
70 龙泉	pɔŋ^{434}	mɔŋ^{21}	tɔŋ^{51}	tʰɔŋ^{434}	dɔŋ^{21}	lɔŋ^{224}	tsʰɔŋ^{434}	kɔŋ^{434}

方言点	0705 帮	0706 忙	0707 党	0708 汤	0709 糖	0710 浪	0711 仓	0712 钢 名
	宕开一 平唐帮	宕开一 平唐明	宕开一 上唐端	宕开一 平唐透	宕开一 平唐定	宕开一 去唐来	宕开一 平唐清	宕开一 平唐见
71 景宁	pɔŋ^{324}	mɔŋ^{41}	tɔŋ^{33}	tʰɔŋ^{324}	dɔŋ^{41}	lɔŋ^{113}	tsʰɔŋ^{324}	kɔŋ^{35}调殊
72 庆元	ɓɔ̃^{335}	mɔ̃^{52}	ɗɔ̃^{33}	tʰɔ̃^{335}	tɔ̃^{52}	lɔ̃^{31}	tsʰɔ̃^{335}	kɔ̃^{11}调殊
73 泰顺	pɔ̃^{213}	mɔ̃^{53}	tɔ̃^{55}	tʰɔ̃^{213}	tɔ̃^{53}	lɔ̃^{22}	tsʰɔ̃^{213}	kɔ̃^{35}调殊
74 温州	puɔ^{33}	muɔ^{31}	tuɔ^{25}	tʰuɔ^{33}	duɔ^{31}	luɔ^{22}	tsʰuɔ^{33}	kuɔ^{33}
75 永嘉	puɔ^{44}	muɔ^{31}	tɔ^{45}	tʰɔ^{44}	dɔ^{31}	lɔ^{22}	tsʰɔ^{44}	kɔ^{44}
76 乐清	pa^{44}	mɔ^{31}	tɔ^{35}	tʰɔ^{44}	dɔ^{31}	lɔ^{22}	tɕʰiɔ^{44}	kɔ^{44}
77 瑞安	pu^{44}	mo^{31}	to^{35}	tʰo^{44}	do^{31}	lo^{22}	tsʰo^{44}	ko^{44}
78 平阳	po^{55}	mo^{242}	to^{45}	tʰo^{55}	do^{242}	lo^{33}	tʃʰo^{55}	ko^{55}
79 文成	po^{55}	mo^{113}	to^{45}	tʰo^{55}	do^{113}	lo^{124}	tʃʰo^{55}	kuo^{55}
80 苍南	puɔ^{44}	mo^{31}	to^{53}	tʰo^{44}	do^{31}	lo^{11}	tsʰo^{44}	ko^{42}调殊
81 建德徽	pe^{53}	mo^{33}	taŋ^{55}	tʰo^{53}	to^{33}	no^{55}	tsʰo^{53}	ko^{53}
82 寿昌徽	pã^{112}	mã^{52}	tã^{24}	tʰã^{112}	tʰã^{52}	lã^{33}	tsʰã^{112}	kã^{112}
83 淳安徽	pon^{24}	mon^{435}	tã^{55}	tʰã^{24}	tʰã^{435}	lã^{53}	tsʰã^{24}	kã^{24}
84 遂安徽	pəŋ^{534}	məŋ^{33}	tã^{213}	tʰoŋ^{534}	tʰoŋ^{33}	lã^{52}	tsʰoŋ^{534}	kã^{534}
85 苍南闽	pan^{55}白 paŋ^{55}文	baŋ^{24}	taŋ^{43}	tʰɯŋ^{55}	tʰɯŋ^{24}	laŋ^{21}	tsʰɯŋ^{55}	kɯŋ^{21}调殊
86 泰顺闽	po^{213}	mo^{22}	to^{344}	tʰo^{213}	tʰo^{22}	lo^{31}	tsʰo^{213}	ko^{53}调殊
87 洞头闽	paŋ^{33}	boŋ^{113}	toŋ^{53}	tʰɯŋ^{33}	tʰɯŋ^{113}	loŋ^{21}	tsʰɯŋ^{33}	kɯŋ^{21}
88 景宁畲	pɔŋ^{44}	məŋ^{22}	tɔŋ^{325}	tʰɔŋ^{44}	tʰɔŋ^{22}	lɔŋ^{51}	tsʰɔŋ^{44}	kɔŋ^{44}

方言点	0713 糠	0714 薄 形	0715 摸	0716 托	0717 落	0718 作	0719 索	0720 各
	宕开一 平唐溪	宕开一 入铎并	宕开一 入铎明	宕开一 入铎透	宕开一 入铎来	宕开一 入铎精	宕开一 入铎心	宕开一 入铎见
01 杭州	k^haŋ^{334}	boʔ^2	moʔ^5 调殊	t^hoʔ^5	loʔ^2	tsoʔ^5	soʔ^5	koʔ^5
02 嘉兴	k^hÃ^{42}	boʔ^{13}	moʔ^5	t^hoʔ^5	loʔ^5	tsoʔ^5	soʔ^5	koʔ^5
03 嘉善	k^hã^{53}	buoʔ^2	muoʔ^2	t^huoʔ^5	luoʔ^2	tsuoʔ^5	suoʔ^5	kuoʔ^5
04 平湖	k^hɑ̃^{53}	boʔ^{23}	moʔ^{23}	t^hoʔ^{23}	loʔ^{23}	tsoʔ^5	soʔ^5	koʔ^5
05 海盐	k^huɑ̃^{53}	bɔʔ^{23}	mɔʔ^{23}	t^hɔʔ^{23}	lɔʔ^{23}	tsɔʔ^5	sɔʔ^5	kɔʔ^5
06 海宁	k^hã^{55}	boʔ^2	moʔ^2	t^hoʔ^5	loʔ^2	tsoʔ^5	soʔ^5	koʔ^5
07 桐乡	k^hɒ̃^{44}	bɔʔ^{23}	mɔʔ^{23}	t^hɔʔ^5	lɔʔ^{23}	tsɔʔ^5	sɔʔ^5	kɔʔ^5
08 崇德	k^huã^{44}	bɔʔ^{23}	mɔʔ^{23}	t^hɔʔ^5	lɔʔ^{23}	tsɔʔ^5	sɔʔ^5	kɔʔ^5
09 湖州	k^hã^{44}	buoʔ^2	muoʔ^2	t^huoʔ^5	luoʔ^2	tsuoʔ^5	suoʔ^5	kuoʔ^5
10 德清	k^hã^{44}	buoʔ^2	muoʔ^2	t^huoʔ^5	luoʔ^2	tsuoʔ^5	suoʔ^5	kuoʔ^5
11 武康	k^hã^{44}	buoʔ^2	muoʔ^2	t^huoʔ^5	luoʔ^2	tsuoʔ^5	suoʔ^5	kuoʔ^5
12 安吉	k^hɔ̃^{55}	boʔ^{23}	moʔ^{23}	t^hoʔ^5	loʔ^{23}	tsoʔ^5	soʔ^5	koʔ^5
13 孝丰	k^hɔ̃^{44}	buoʔ^{23}	muoʔ^5	t^huoʔ^5	luoʔ^{23}	tsuoʔ^5	suoʔ^5	kuoʔ^5
14 长兴	k^hɔ̃^{44}	boʔ^2	moʔ^2	t^hoʔ^5	loʔ^2	tsoʔ^5	soʔ^5	koʔ^5
15 余杭	k^hɑ̃^{44}	boʔ^2	moʔ^2	t^hoʔ^5	loʔ^2	tsoʔ^5	soʔ^5	koʔ^5
16 临安	k^hã^{55}	buɔʔ^{12}	muɔʔ^{12}	t^huɔʔ^{54}	luɔʔ^{12}	tsuɔʔ^{54}	suɔʔ^{54}	kuɔʔ^{54}
17 昌化	k^hɔ̃^{334}	buɔʔ^{23}	muɔʔ^5	t^huɔʔ^5	luɔʔ^{23}	tsuɔʔ^5	suɔʔ^5	kɔʔ^5
18 於潜	k^haŋ^{433}	bæʔ^{23}	məʔ^{53}	t^huɔʔ^{53}	læʔ^{23}文	tsuɔʔ^{53}	suɔʔ^{53}	kɔʔ^{53}
19 萧山	k^hɔ̃^{533}	bəʔ^{13}	məʔ^5	t^həʔ^5	ləʔ^{13}	tsoʔ^5	soʔ^5	kəʔ^5
20 富阳	k^hã^{53}	boʔ^2	moʔ^5	t^hoʔ^5	loʔ^2	tsoʔ^5	soʔ^5	koʔ^5
21 新登	k^hã^{53}	bəʔ^2	məʔ^5	t^hɔʔ^5	laʔ^5	tsaʔ^5	sɔʔ^5	kaʔ^5
22 桐庐	k^hã^{533}	bəʔ^{13}	məʔ^5	t^haʔ^5	laʔ^{13}白 luəʔ^{13}文	tsuəʔ^5	suəʔ^5	kəʔ^5
23 分水	k^hã^{44}	bəʔ^{12}	muəʔ^{12}	t^həʔ^5	ləʔ^{12}	tsuəʔ^5	suəʔ^5	kəʔ^5
24 绍兴	k^haŋ^{53}	boʔ^2	moʔ^2	t^hoʔ^5	loʔ^2	tsoʔ^5	soʔ^5	koʔ^5
25 上虞	k^hɔ̃^{35}	boʔ^2	moʔ^5	t^hoʔ^5	loʔ^2	tsoʔ^5	soʔ^5	koʔ^5

续表

方言点	0713 糠	0714 薄形	0715 摸	0716 托	0717 落	0718 作	0719 索	0720 各
	宕开一平唐溪	宕开一入铎并	宕开一入铎明	宕开一入铎透	宕开一入铎来	宕开一入铎精	宕开一入铎心	宕开一入铎见
26 嵊州	kʰɔŋ⁵³⁴	boʔ²	moʔ²	tʰoʔ⁵	loʔ²	tsoʔ⁵	soʔ⁵	koʔ⁵
27 新昌	kʰɔ̃⁵³⁴	bɤʔ²	mɤʔ²	tʰoʔ⁵	loʔ²	tsoʔ⁵	soʔ⁵	koʔ⁵
28 诸暨	kʰã⁵⁴⁴	boʔ¹³	moʔ⁵	tʰoʔ⁵	loʔ¹³	tsoʔ⁵	soʔ⁵	koʔ⁵
29 慈溪	kʰɔ̃³⁵	boʔ²	moʔ⁵	tʰoʔ⁵	loʔ²	tsoʔ⁵	soʔ⁵	koʔ⁵
30 余姚	kʰɔŋ⁴⁴	boʔ²	moʔ²	tʰoʔ⁵	loʔ²	tsoʔ⁵	soʔ⁵	koʔ⁵
31 宁波	kʰɔ̃⁵³	boʔ²	moʔ²	tʰoʔ⁵	loʔ²	tsoʔ⁵	soʔ⁵	koʔ⁵
32 镇海	kʰɔ̃⁵³	boʔ¹²	moʔ¹²	tʰoʔ⁵	loʔ¹²	tsoʔ⁵	soʔ⁵	koʔ⁵
33 奉化	kʰɔ̃⁴⁴	boʔ²	moʔ²	tʰoʔ⁵	loʔ²	tsoʔ⁵	soʔ⁵	koʔ⁵
34 宁海	kʰɔ̃¹²³	bɔʔ³	mɔʔ³	tʰɔʔ⁵	lɔʔ³	tsɔʔ⁵	sɔʔ⁵	kɔʔ⁵
35 象山	kʰɔ̃⁴⁴	boʔ²	moʔ²	tʰoʔ⁵	loʔ²	tsoʔ⁵	soʔ⁵	koʔ⁵
36 普陀	kʰɔ̃⁵³	boʔ²³	moʔ²³	tʰoʔ⁵	loʔ²³	tsoʔ⁵	soʔ⁵	koʔ⁵
37 定海	kʰõ⁵²	boʔ²	moʔ²	tʰoʔ⁵	loʔ²	tsoʔ⁵	soʔ⁵	koʔ⁵
38 岱山	kʰõ⁵²	boʔ²	moʔ²	tʰoʔ⁵	loʔ²	tsoʔ⁵	soʔ⁵	koʔ⁵
39 嵊泗	kʰõ⁵³	boʔ²	moʔ²	tʰoʔ⁵	loʔ²	tsoʔ⁵	soʔ⁵	koʔ⁵
40 临海	kʰɔ̃³¹	bɔʔ²³	mɔʔ²³	tʰɔʔ⁵	lɔʔ²³	tsɔʔ⁵	sɔʔ⁵	kɔʔ⁵
41 椒江	kʰɔ̃⁴²	boʔ²	moʔ²	tʰoʔ⁵	loʔ²	tsoʔ⁵	soʔ⁵	koʔ⁵
42 黄岩	kʰɔ̃³²	boʔ²	moʔ² 又 moʔ⁵ 又	tʰoʔ⁵	loʔ²	tsoʔ⁵	soʔ⁵	koʔ⁵
43 温岭	kʰɔ̃³³	boʔ²	moʔ²	tʰoʔ⁵	loʔ²	tsoʔ⁵	soʔ⁵	koʔ⁵
44 仙居	kʰã³³⁴	baʔ²³	maʔ²³	tʰaʔ⁵	laʔ²³	tsaʔ⁵	saʔ⁵	kaʔ⁵
45 天台	kʰɔ̃³³	bɔʔ²	mɔʔ²	tʰɔʔ⁵	lɔʔ²	tsɔʔ⁵	sɔʔ⁵	kɔʔ⁵
46 三门	kʰɔ̃³³⁴	bɔʔ²³	mɔʔ²³	tʰɔʔ⁵	lɔʔ²³	tsɔʔ⁵	sɔʔ⁵	kɔʔ⁵
47 玉环	kʰɔ̃⁴²	boʔ²	moʔ²	tʰoʔ⁵	loʔ²	tsoʔ⁵	soʔ⁵	koʔ⁵
48 金华	kʰaŋ³³⁴	boʔ²¹²	moʔ⁴	tʰoʔ⁴	loʔ²¹²	tsoʔ⁴	soʔ⁴	koʔ⁴
49 汤溪	kʰɔ²⁴	bɤa¹¹³	mɤa⁵⁵	tʰɔ⁵⁵	lɔ¹¹³	tsɔ⁵⁵	sɔ⁵⁵	kɔ⁵⁵

方言点	0713 糠 宕开一平唐溪	0714 薄形 宕开一入铎并	0715 摸 宕开一入铎明	0716 托 宕开一入铎透	0717 落 宕开一入铎来	0718 作 宕开一入铎精	0719 索 宕开一入铎心	0720 各 宕开一入铎见
50 兰溪	$k^h a\eta^{334}$	$b\eth\eta^{12}$	$m\eth\eta^{34}$	$t^h\eth\eta^{34}$	$l\eth\eta^{12}$	$ts\eth\eta^{34}$	$su\eth\eta^{34}$	$k\eth\eta^{34}$
51 浦江	$k^h\tilde{o}^{534}$	bo^{232}	mo^{232}	t^ho^{423}	lo^{232}	tso^{423}	so^{423}	ko^{423}
52 义乌	$k^h\eta^{w\,335}$	bau^{312}	mau^{312}	$t^h\mathfrak{d}^{324}$	$l\mathfrak{d}^{312}$	$ts\mathfrak{d}^{324}$	$s\mathfrak{d}^{324}$	$k\mathfrak{d}^{324}$
53 东阳	$k^h\mathfrak{d}^{334}$	$b\mathfrak{v}\mathfrak{u}^{213}$	$m\mathfrak{v}\mathfrak{u}^{213}$	$t^h\mathfrak{d}^{334}$	lo^{24}	$ts\mathfrak{v}^{453}$	so^{44}	$k\mathfrak{d}^{44}$
54 永康	$k^h\alpha\eta^{55}$	buo^{113}	muo^{334}	$t^h\alpha u^{334}$	$l\alpha u^{113}$	$ts\alpha u^{334}$	$s\alpha u^{334}$	$k\alpha u^{334}$
55 武义	$k^h\alpha\eta^{24}$	$b\mathfrak{d}^{213}$	$m\mathfrak{d}^{213}$	$t^h\alpha u^{53}$	$l\alpha u^{13}$	$ts\alpha u^{53}$	$s\alpha u^{53}$	$t\mathctyogh ia^{53}$
56 磐安	$k^h\mathfrak{p}\eta^{445}$	$b\Lambda o^{213}$	$m\Lambda o^{213}$	$t^h u\eth^{334}$	$lu\eth^{213}$	$tsu\eth^{334}$	$su\eth^{334}$	$ku\eth^{334}$
57 缙云	$k^h\mathfrak{d}^{44}$	$b\mathfrak{d}^{13}$	$m\mathfrak{d}^{13}$	$t^h\mathfrak{d}^{322}$	$l\mathfrak{d}^{13}$	$ts\mathfrak{d}^{322}$	$s\mathfrak{d}^{322}$	$k\mathfrak{d}^{322}$
58 衢州	$k^h\tilde{\alpha}^{32}$	$b\eth\eta^{12}$	mu^{32} 调殊	$t^h\eth\eta^{5}$	$l\eth\eta^{12}$	$ts\eth\eta^{5}$	$s\eth\eta^{5}$	$k\mathfrak{v}\eta^{5}$
59 衢江	$k^h\tilde{\alpha}^{33}$	$b\eth\eta^{2}$	mou^{33} 调殊	$t^h\eth\eta^{5}$	$l\eth\eta^{12}$	$ts\eth\eta^{5}$	$s\eth\eta^{5}$	$k\eth\eta^{5}$
60 龙游	$k^h\tilde{a}^{334}$	$b\eth\eta^{23}$	$m\eth\eta^{4}$	$t^h\mathfrak{d}\eta^{4}$	$l\mathfrak{d}\eta^{4}$	$ts\eth\eta^{4}$	$s\mathfrak{d}\eta^{4}$	$k\eth\eta^{4}$
61 江山	$k^h\mathfrak{p}\eta^{44}$	$bia\eta^{2}$	mo^{44} 调殊	$t^ha\eta^{5}$	$la\eta^{2}$	$ts\mathfrak{p}\eta^{5}$	$s\mathfrak{p}\eta^{5}$	$k\mathfrak{p}\eta^{5}$ ~顾~ $kua\eta^{5}$ ~人
62 常山	$k^h\tilde{\mathfrak{d}}^{44}$	$bia\eta^{34}$	mie^{44}	$t^ha\eta^{5}$	$la\eta^{34}$	$ts\Lambda\eta^{5}$	$s\Lambda\eta^{5}$	$k\Lambda\eta^{5}$
63 开化	$k^h\mathfrak{d}\eta^{44}$	$bia\eta^{13}$	$mi\varepsilon^{44}$ 音殊	$t^h\mathfrak{d}\eta^{5}$	$l\mathfrak{d}\eta^{13}$	$ts\mathfrak{d}\eta^{5}$	$s\mathfrak{d}\eta^{5}$	$k\mathfrak{d}\eta^{5}$
64 丽水	$k^h\mathfrak{d}\eta^{224}$	$buo\eta^{23}$	$m\eth\eta^{23}$	$t^h\eth\eta^{5}$	$l\eth\eta^{23}$	$ts\eth\eta^{5}$	$s\eth\eta^{5}$	$k\eth\eta^{5}$
65 青田	k^ho^{445}	$bo\eta^{31}$	$mo\eta^{31}$	$t^ho\eta^{12}$	$lo\eta^{31}$	$tso\eta^{42}$	$so\eta^{42}$	$ko\eta^{42}$
66 云和	$k^h\tilde{\mathfrak{d}}^{24}$	$bo\eta^{23}$	$mo\eta^{5}$	$t^ho\eta^{5}$	$lo\eta^{23}$	$tso\eta^{5}$	$so\eta^{5}$	$ko\eta^{5}$
67 松阳	$k^ho\eta^{53}$	$bo\eta^{2}$	$mo\eta^{5}$	$t^ho\eta^{5}$	$lo\eta^{5}$	$tso\eta^{5}$	$so\eta^{5}$	$ko\eta^{5}$
68 宣平	$k^h\tilde{\mathfrak{d}}^{324}$	$b\eth\eta^{23}$	$m\eth\eta^{5}$	$t^h\eth\eta^{5}$	$l\eth\eta^{5}$	$ts\eth\eta^{5}$	$s\eth\eta^{5}$	$k\eth\eta^{5}$
69 遂昌	$k^h\mathfrak{d}\eta^{45}$	$bo\eta^{23}$	$m\mathfrak{v}\mathfrak{u}\eta^{5}$	$t^h\mathfrak{d}\eta^{5}$	$l\mathfrak{d}\eta^{23}$	$ts\mathfrak{d}\eta^{5}$	$s\mathfrak{d}\eta^{5}$	$k\mathfrak{d}\eta^{5}$
70 龙泉	$k^h\mathfrak{d}\eta^{434}$	$bou\eta^{24}$	$mou\eta^{5}$	$t^hou\eta^{5}$	$lou\eta^{24}$	$tsou\eta^{5}$	$sou\eta^{5}$	$kou\eta^{5}$
71 景宁	$k^h\mathfrak{d}\eta^{324}$	$bo\eta^{23}$	$mo\eta^{5}$	$t^ho\eta^{5}$	$lo\eta^{23}$	$tso\eta^{5}$	$so\eta^{5}$	$ko\eta^{5}$
72 庆元	$k^h\tilde{\mathfrak{d}}^{335}$	$po\eta^{34}$	$mo\eta^{5}$	$t^ho\eta^{5}$	$lo\eta^{34}$	$tso\eta^{5}$	$so\eta^{5}$	$ko\eta^{5}$

续表

方言点	0713 糠	0714 薄形	0715 摸	0716 托	0717 落	0718 作	0719 索	0720 各
	宕开一平唐溪	宕开一入铎並	宕开一入铎明	宕开一入铎透	宕开一入铎来	宕开一入铎精	宕开一入铎心	宕开一入铎见
73 泰顺	kʰɔ̃²¹³	poʔ²	mø²¹³ 音殊 moʔ⁵ 又	tʰoʔ⁵	loʔ²	tsoʔ⁵	soʔ⁵	koʔ⁵
74 温州	kʰuɔ³³	bo²¹²	mo²¹²	to³²³	lo²¹²	tso³²³	so³²³	ko³²³
75 永嘉	kʰɔ⁴⁴	bo²¹³	mo²¹³	tʰo⁴²³	lo²¹³	tso⁴²³	so⁴²³	ko⁴²³
76 乐清	kʰɔ⁴⁴	bo²¹²	mo²¹²	tʰø³²³	lo²¹²	tɕio³²³	so³²³	ko³²³
77 瑞安	kʰo⁴⁴	bu²¹²	mo²¹²	tʰø³²³	lo²¹²	tso³²³	so³²³	ko³²³
78 平阳	kʰo⁵⁵	bo¹²	mo³⁴	tʰo³⁴	lo¹²	tʃo³⁴	so³⁴	ko³⁴
79 文成	kʰuo⁵⁵	bo²¹²	mo³⁴	tʰo³⁴	lo²¹²	tʃo³⁴	so³⁴	ko³⁴
80 苍南	kʰo⁴⁴	buɔ¹¹²	mo²²³	tʰø²²³	lo¹¹²	tso²²³	so²²³	ko²²³
81 建德徽	kʰo⁵³	pu²¹³	m⁵⁵	tʰo⁵⁵	lo²¹³	tso⁵⁵	so⁵⁵	ku⁵⁵
82 寿昌徽	kʰã̃¹¹²	pʰɔʔ³¹	moʔ³	tʰɔʔ³	lɔʔ³¹	tsoʔ³	sɔʔ³	kəʔ³
83 淳安徽	kʰon²⁴	pʰɑʔ¹³	moʔ⁵	tʰɑʔ⁵	lɑʔ¹³	tsɑʔ⁵	sɑʔ⁵ 白 soʔ⁵ 文	koʔ⁵
84 遂安徽	kʰoŋ⁵³⁴	pʰo²¹³	mo²¹³	tʰo²⁴	lo²¹³	tso²⁴	so²⁴	ko²⁴
85 苍南闽	kʰɯŋ⁵⁵	po²⁴	mõ⁵⁵	tʰɐ⁴³	lɐ⁴³	tsɐ⁴³	so⁴³	kɐ⁴³
86 泰顺闽	kʰo²¹³	pou³¹ 调殊	mou²¹³ møʔ⁵	tʰɒ²⁵	lɒʔ³	tsɒʔ⁵	sou⁵³ 调殊	kɒʔ⁵
87 洞头闽	kʰɯŋ³³	po²⁴¹	mõ³³	tʰɔk⁵	lɔk²⁴	tsɔk⁵	so⁵³	kɔk⁵
88 景宁畲	xɔŋ⁴⁴	pʰoʔ²	moʔ⁵	tʰoʔ⁵	loʔ²	tsoʔ⁵	（无）	koʔ⁵

方言点	0721 鹤	0722 恶 形,入声	0723 娘	0724 两 斤~	0725 亮	0726 浆	0727 抢	0728 匠
	宕开一 入铎匣	宕开一 入铎影	宕开三 平阳泥	宕开三 上阳来	宕开三 去阳来	宕开三 平阳精	宕开三 上阳清	宕开三 去阳从
01 杭州	ŋoʔ²	oʔ⁵	n̠iaŋ²¹³	liaŋ⁵³	liaŋ¹³	tɕiaŋ³³⁴	tɕʰiaŋ⁵³	dʑiaŋ¹³
02 嘉兴	ŋoʔ⁵	oʔ⁵	n̠iʌ̃²⁴²	liʌ̃¹¹³	liʌ̃¹¹³	tɕiʌ̃⁴²	tɕʰiʌ̃¹¹³	dʑiʌ̃¹¹³
03 嘉善	ŋuoʔ²	uoʔ⁵	n̠iæ̃¹³²	liæ̃¹¹³	liæ̃¹¹³	tɕiæ̃⁵³	tɕʰiæ̃³³⁴	dʑiæ̃¹¹³
04 平湖	ŋoʔ²³	oʔ⁵	n̠iã³¹	liã²¹³	liã²¹³	tsiã⁵³	tsʰiã²¹³	ziã²¹³
05 海盐	ɔʔ²³	ɔʔ⁵	n̠iɛ̃³¹	liɛ̃⁴²³	liɛ̃²¹³	tɕiɛ̃⁵³	tɕʰiɛ̃⁴²³	dʑiɛ̃²¹³
06 海宁	oʔ²	oʔ⁵	n̠iã¹³	liã²³¹	liã¹³	tɕiã⁵⁵	tɕʰiã⁵³	dʑiã²³¹
07 桐乡	ɔʔ²³	ɔʔ⁵	n̠iã¹³	liã²⁴²	liã¹³	tsiã⁴⁴	tsʰiã⁵³	ziã²¹³
08 崇德	ɔʔ²³	ɔʔ⁵	n̠iã¹³	liã⁵³	liã¹³	tɕiã⁴⁴	tɕʰiã⁵³	ʑiã¹³
09 湖州	ŋuoʔ²	uoʔ²	n̠iã¹¹²	liã⁵²³	liã³⁵	tɕiã⁴⁴	tɕʰiã⁵²³	ziã²³¹
10 德清	ŋuoʔ²	uoʔ⁵	n̠iã¹¹³	liã⁵²	liã³³⁴	tɕiã³³⁴	tɕʰiã⁵²	ziã¹⁴³
11 武康	ŋuoʔ²	uoʔ⁵	n̠iã¹¹³	liã²⁴²	liã²²⁴	tɕiã²²⁴	tɕiã⁵³	iã²²⁴
12 安吉	ŋoʔ²³	oʔ⁵	n̠iã²²	liã⁵²	liã²¹³	tɕiã⁵⁵	tɕʰiã⁵²	iã²²
13 孝丰	ŋuoʔ²³	oʔ⁵	n̠iã²²	liã⁵³	liã³²⁴	tɕiã⁴⁴	tɕʰiã⁵²	ʑiã²¹³
14 长兴	ŋoʔ²	oʔ²	n̠iã¹²	liã⁵²	liã³²⁴	tʃiã⁴⁴	tʃʰiã⁵²	ʒiã²⁴
15 余杭	ŋoʔ²	oʔ⁵	n̠iɑ̃²²	liɑ̃⁵³	liɑ̃²¹³	tsiɑ̃⁴⁴	tsʰiɑ̃⁵³	ziɑ̃²²
16 临安	ŋuɔʔ¹²	uɔʔ⁵⁴	n̠iɑ̃³³	liɑ̃³³	liɑ̃³³	tɕiɑ̃⁵⁵	tɕʰiɑ̃⁵⁵	iɑ̃³³
17 昌化	xəʔ⁵ 新 ŋəʔ²³ 老	uəʔ⁵	n̠iã¹¹²	liã²⁴³	liã²⁴³	tɕiã³³⁴	tɕʰiã⁴⁵³	ʑiã²⁴³
18 於潜	ŋæʔ²³	əʔ⁵³	n̠iaŋ²²³	liaŋ⁵¹	liaŋ²⁴	tɕiaŋ³⁵	tɕʰiaŋ⁵¹	dʑiaŋ²⁴
19 萧山	xəʔ⁵	əʔ⁵	n̠iã³⁵⁵	liã¹³	liã²⁴²	tɕiã⁵³³	tɕʰiã³³	ʑiã²⁴²
20 富阳	(无)	oʔ⁵	n̠iɑ̃¹³	liɑ̃²²⁴	liɑ̃³³⁵	tɕiɑ̃⁵³	tɕʰiɑ̃⁴²³	ʑiɑ̃²²⁴
21 新登	(无)	aʔ⁵	n̠iã²³³	liɛ³³⁴	liɑ̃¹³	tɕiɑ̃⁵³	tɕʰiɑ̃³³⁴	ʑiɑ̃¹³
22 桐庐	xəʔ⁵	əʔ⁵	n̠iã¹³	liã³³	liã²⁴	tɕiã⁵³³	tɕʰiã³³	dʑiã²⁴
23 分水	ŋəʔ¹²	ŋuəʔ¹²	n̠iã²²	liã⁵³	liã¹³	tɕiã⁴⁴	tɕʰiã⁵³	iã¹³
24 绍兴	ŋoʔ²	oʔ⁵	n̠iaŋ²³¹	liaŋ²²³	liaŋ²²	tɕiaŋ⁵³	tɕʰiaŋ³³⁴	dʑiaŋ²²³
25 上虞	ŋoʔ²	oʔ⁵	n̠iã²¹³	liã²¹³	liã³¹	tɕiã³⁵	tɕʰiã³⁵	ʑiã²¹³

续表

方言点	0721 鹤 宕开一入铎匣	0722 恶 形,入声 宕开一入铎影	0723 娘 宕开三平阳泥	0724 两 斤~ 宕开三上阳来	0725 亮 宕开三去阳来	0726 浆 宕开三平阳精	0727 抢 宕开三上阳清	0728 匠 宕开三去阳从
26 嵊州	ŋoʔ²	oʔ⁵	n̠ian²¹³	lian²²	lian²⁴	tɕian⁵³⁴	tɕʰian⁵³	ʑian²⁴
27 新昌	ŋoʔ²	oʔ⁵	n̠ian²²	lian²³²	lian¹³	tɕian⁵³⁴	tɕʰian⁴⁵³	ʑian¹³
28 诸暨	ŋoʔ¹³	oʔ⁵	nia~¹³	lia~²⁴²	lia~³³	tɕia~⁵⁴⁴	tɕʰia~⁴²	ʑia~³³
29 慈溪	ŋoʔ²	oʔ⁵	n̠ia~¹³	lia~¹³	lia~¹³	tɕia~³⁵	tɕʰia~³⁵	ia~¹³
30 余姚	ŋoʔ²	oʔ⁵	n̠ian¹³	lian¹³	lian¹³	tɕian⁴⁴	tɕʰian³⁴	ian¹³
31 宁波	ŋoʔ²	oʔ⁵	n̠ia¹³	lia¹³	lia¹³	tɕia⁴⁴	tɕʰia³⁵	ʑia¹³
32 镇海	ŋoʔ¹²	oʔ⁵	n̠ia~²⁴	lia~²⁴	lia~²⁴	tɕia~⁵³	tɕʰia~³⁵	ia~²⁴
33 奉化	ŋoʔ²	oʔ⁵	n̠ia~³³	lia~³³调殊	lia~³¹	tɕia~⁴⁴	tɕʰia~⁵⁴⁵	dʑia~³³调殊
34 宁海	ŋoʔ²³	ɔʔ⁵	n̠ia~²¹³	lia~³¹	lia~²⁴	tɕia~⁴²³	tɕʰia~⁵³	ʑia~²⁴
35 象山	ŋoʔ²	oʔ⁵	n̠ia~³¹	lia~³¹	lia~¹³	tɕia~⁴⁴	tɕʰia~⁴⁴	ia~¹³
36 普陀	ŋoʔ²³	oʔ⁵	n̠ia~²⁴	lia~²³	lia~¹³	tɕia~⁵³	tɕʰia~⁴⁵	ia~²³
37 定海	ŋoʔ²	oʔ⁵	n̠ia~²³	lia~²³	lia~¹³	tɕia~⁵²	tɕʰia~⁴⁵	ia~²³调殊
38 岱山	ŋoʔ²	oʔ⁵	n̠ia~²³	lia~²⁴⁴	lia~²¹³	tɕia~⁵²	tɕʰia~³²⁵	ia~²³调殊
39 嵊泗	ŋoʔ²	oʔ⁵	n̠ia~²⁴³	lia~⁴⁴⁵	lia~²¹³	tɕia~⁵³	tɕʰia~⁴⁴⁵	ia~²¹³
40 临海	ŋoʔ²³	ɔʔ⁵	n̠ia~²¹	lia~⁵²	lia~³²⁴	tɕia~³¹	kʰia~⁵²	ʑia~³²⁴
41 椒江	ŋoʔ²	oʔ⁵	n̠ia~³¹	lia~⁴²	lia~²⁴	tɕia~⁴²	tɕʰia~⁴²	ʑia~²⁴
42 黄岩	ŋoʔ²	oʔ⁵	n̠ia~¹²¹	lia~⁴²	lia~²⁴	tɕia~³²	tɕʰia~⁴²	ʑia~²⁴
43 温岭	ŋoʔ²	oʔ⁵	n̠ia~³¹	lia~⁴²	lia~¹³	tɕia~³³	tɕʰia~⁴²	ʑia~¹³
44 仙居	ŋaʔ²³	aʔ⁵	nia²¹³	lia³²⁴	lia²⁴	tɕia³³⁴	tɕʰia³²⁴	ʑia²⁴
45 天台	ŋoʔ²	ɔʔ⁵	n̠ia²²⁴	lia²¹⁴	lia³⁵	tɕia³³	tɕʰia³²⁵	dʑia³⁵
46 三门	ŋoʔ²³	ɔʔ⁵	n̠iɑ~¹¹³	liɑ~³²⁵	liɑ~²⁴³	tɕiɑ~⁵²	tɕʰiɑ~³²⁵	ʑiɑ~²⁴³
47 玉环	ŋoʔ²	uoʔ⁵	n̠ia³¹	lia⁵³	lia²²	tɕia⁴²	tɕʰia⁵³	ʑia²²
48 金华	（无）	oʔ⁴	n̠iɑŋ³¹³	liɑŋ⁵³⁵	liɑŋ¹⁴	tsiɑŋ³³⁴	tsʰiɑŋ⁵³⁵	ʑiɑŋ¹⁴
49 汤溪	uɑ¹¹地名	ɔ⁵⁵	n̠iɔ¹¹	lɣa¹¹³	lɣa³⁴¹	tsɣa⁵³⁵	tsʰɣa⁵³⁵	zɣa³⁴¹

中国语言资源集·浙江　语音卷

续表

方言点	0721 鹤	0722 恶形,入声	0723 娘	0724 两 斤~	0725 亮	0726 浆	0727 抢	0728 匠
	宕开一入铎匣	宕开一入铎影	宕开三平阳泥	宕开三上阳来	宕开三去阳来	宕开三平阳精	宕开三上阳清	宕开三去阳从
50 兰溪	əʔ¹²	ɔʔ³⁴	ȵiaŋ²¹	liaŋ⁵⁵	liaŋ²⁴	tsiaŋ³³⁴	tsʰiaŋ⁵⁵	ziaŋ²⁴
51 浦江	ŋo²³²	oʔ⁴²³	ȵyõ¹¹³	lyõ²⁴³	lyõ²⁴	tsyõ⁵³⁴	tsʰyõ⁵³	zyõ²⁴
52 义乌	ɔ³¹²	ɔ³²⁴	ȵiɔ²¹³	lɯa³¹²	lɯa²⁴	tsɯa³³⁵	tsʰɯa⁴²³	zɯa²⁴
53 东阳	ŋɔ²⁴	ɔ²⁴	ȵiɔ²¹³	liɔ²³¹	liɔ²⁴	tɕiɔ³³⁴	tɕʰiɔ⁴⁴	ziɔ²⁴
54 永康	ŋɑu¹¹³	ɑu³³⁴	ȵiaŋ²²	liaŋ¹¹³	liaŋ²⁴¹	tɕiaŋ⁵⁵	tɕʰiaŋ³³⁴	ziaŋ²⁴¹
55 武义	ŋɑu¹³	ɑu⁵³	ȵiaŋ³²⁴	liaŋ¹³	liaŋ²³¹	tɕiaŋ²⁴	tɕʰiaŋ⁴⁴⁵	ziaŋ²³¹
56 磐安	(无)	uə³³⁴	ȵiɒ²¹³	liɒ³³⁴	liɒ¹⁴	tɕiɒ⁴⁴⁵	tɕʰiɒ³³⁴	ziɒ¹⁴
57 缙云	ŋɔ¹³	ɔ³²²	ȵia²⁴³	lia³¹	lia²¹³	tɕia⁴⁴	tɕʰia⁵¹	tɕia⁴⁵³
58 衢州	ŋɔʔ¹²	əʔ⁵	ȵiã²¹	liã²³¹	liã²³¹	tɕiã³²	tɕʰiã³⁵	ziã²³¹
59 衢江	ŋəʔ²	əʔ⁵	ȵiã²¹²	liã²¹²	liã²³¹	tɕiã³³	tɕʰiã²⁵	ziã²³¹
60 龙游	ŋɔʔ²³	uɔʔ⁴	ȵiã²¹	liã²²⁴	liã²³¹	tɕiã³³⁴	tɕʰiã³⁵	ziã²³¹
61 江山	ŋɒʔ²	ɒʔ⁵	ȵiaŋ²¹³ ~家 / ȵiaŋ⁵¹ 二~ / ȵiaŋ²² 老大~	liaŋ²²	liaŋ⁵¹	tɕiaŋ⁴⁴	tɕʰiaŋ²⁴¹	ziaŋ³¹
62 常山	ŋʌʔ³⁴	ʌʔ⁵	ȵiã³⁴¹	liã⁵²	liã¹³¹	tɕiã⁴⁴	tɕʰiã⁵²	iã¹³¹
63 开化	ŋɔʔ¹³	ɔʔ⁵	niã²³¹	liã²¹³	liã²¹³	tɕiã⁴⁴	tɕʰiã⁵³	ziã²¹³
64 丽水	ŋəʔ²³	əʔ⁵	ȵiã²²	liã⁵⁴⁴	liã¹³¹	tɕiã²²⁴	tɕʰiã⁵⁴⁴	tɕiã⁵²
65 青田	ŋoʔ³¹	oʔ⁴²	ȵi²¹	lɛ⁴⁵⁴	lɛ²²	tɕi⁴⁴⁵	tɕʰi⁴⁵⁴	dzi²²
66 云和	ŋoʔ²³	oʔ⁵	ȵiã³¹²	liã⁴¹	liã²²³	tɕiã²⁴	tɕʰiã⁴¹	ziã²²³
67 松阳	ŋuɛʔ²	oʔ⁵	ȵiã³¹	liã¹³	liã¹³	tɕiã²⁴	tɕʰiã²¹²	ziã²²
68 宣平	ŋəʔ²³	əʔ⁵	ȵiã⁴³³	liã²²³	liã²³¹	tɕiã³²⁴	tɕʰiã⁴⁴⁵	ziã²³¹
69 遂昌	ŋɔʔ²³	ɔʔ⁵	ȵiaŋ²²¹	liaŋ²¹³	liaŋ²¹³	tɕiaŋ⁴⁵	tɕʰiaŋ⁵³³	ziaŋ²¹³
70 龙泉	ouʔ²⁴	ouʔ⁵	ȵiaŋ²¹	liaŋ⁵¹	liaŋ²²⁴	tɕiaŋ⁴³⁴	tɕʰiaŋ⁵¹	ziaŋ²²⁴
71 景宁	ŋoʔ²³	oʔ⁵	ȵiɛ⁴¹	liɛ³³	liɛ¹¹³	tɕiɛ³⁵	tɕʰiɛ³³	dziɛ¹¹³
72 庆元	xoʔ³⁴	oʔ⁵	ȵiɑ̃⁵²	liɑ̃²²¹	liɑ̃³¹	tɕiɑ̃³³⁵	tɕʰiɑ̃³³	ɕiɑ̃³¹

续表

方言点	0721 鹤	0722 恶 形,入声	0723 娘	0724 两 斤~	0725 亮	0726 浆	0727 抢	0728 匠
	宕开一 入铎匣	宕开一 入铎影	宕开三 平阳泥	宕开三 上阳来	宕开三 去阳来	宕开三 平阳精	宕开三 上阳清	宕开三 去阳从
73 泰顺	ŋoʔ²	oʔ⁵	ȵiã⁵³	liã⁵⁵	liã²²	tɕiã²¹³	tɕʰiã⁵⁵	ɕiã²¹
74 温州	ŋo²¹²	o³²³	ȵi³¹	li¹⁴	li²²	tɕi³³	tɕʰi²⁵	tɕi⁵¹
75 永嘉	ŋo²¹³	o⁴²³	ȵiɛ³¹	liɛ¹³	liɛ²²	tɕiɛ⁵³	tɕʰiɛ⁴⁵	iɛ¹³
76 乐清	ŋo²¹²	o³²³	ȵiɯʌ³¹	liɯʌ²⁴	liɯʌ²²	tɕiɯʌ⁴⁴	tɕʰiɯʌ³⁵	ziɯʌ²¹² 调殊
77 瑞安	ŋo²¹²	o³²³	ȵiɛ³¹	liɛ¹³	liɛ²²	tɕiɛ⁴⁴	tɕʰiɛ³⁵	iɛ²²
78 平阳	ŋo¹²	o³⁴	ȵie²⁴²	lie⁴⁵	lie³³	tɕie⁵³	tɕʰie⁴⁵	tɕie⁵³文
79 文成	ŋo⁴²⁴	o³⁴	ȵie¹¹³	lie²²⁴	lie⁴²⁴	tɕie⁵⁵	tɕʰie⁴⁵	(无)
80 苍南	ŋo¹¹²	o²²³	ȵiɛ³¹	liɛ⁵³	liɛ¹¹	tɕiɛ⁴⁴	tɕʰiɛ⁵³	tɕiɛ⁴²
81 建德徽	ŋɐʔ¹²	ŋu⁵⁵	ȵie³³	nie²¹³	nie⁵⁵	tɕie⁵³	tɕʰie²¹³	ɕie⁵⁵
82 寿昌徽	xəʔ³¹	ŋoʔ³	ȵiã̃⁵²	liã̃⁵³⁴	liã̃³³	tɕiã̃¹¹²	tɕʰiã̃²⁴	ɕiã̃³³
83 淳安徽	hoʔ⁵	oʔ⁵	iã̃⁴³⁵	liã̃⁵⁵	liã̃⁵³	tɕiã̃²⁴	tɕʰiã̃⁵⁵	ɕiã̃⁵³
84 遂安徽	xo⁵²	o²⁴	iɑ̃³³	liɑ̃²¹³	liɑ̃⁵²	tɕiɑ̃⁵³⁴	tɕʰiɑ̃²¹³	ɕiɑ̃⁵²
85 苍南闽	gɐ⁴³	ɐ⁴³	nĩũ²⁴	nĩũ⁴³	liaŋ²¹	tɕĩũ⁵⁵	tɕʰĩũ⁴³	tɕiaŋ⁴³文
86 泰顺闽	ŋoɐʔ³	ɐʔ⁵	nio²²	lio³⁴⁴	lio³¹	tɕio²¹³调殊	tɕʰio³⁴⁴	tɕʰio³¹
87 洞头闽	kɔk²⁴	ɔk⁵	nĩũ¹¹³	nĩũ⁵³	lioŋ²¹	tɕĩũ²¹	tɕʰĩũ⁵³	tɕĩũ²¹
88 景宁畲	ŋoʔ²	oʔ⁵	ȵiəŋ⁴⁴⁵小	liəŋ⁴⁴	(无)	tɕiaŋ⁴⁴	tɕʰiəŋ³²⁵	(无)

方言点	0729 想	0730 像	0731 张量	0732 长～短	0733 装	0734 壮	0735 疮	0736 床
	宕开三上阳心	宕开三上阳邪	宕开三平阳知	宕开三平阳澄	宕开三平阳庄	宕开三去阳庄	宕开三平阳初	宕开三平阳崇
01 杭州	ɕiaŋ⁵³	dʑiaŋ¹³	tsaŋ³³⁴	dzaŋ²¹³	tsuaŋ³³⁴	tsuaŋ⁴⁵	tsʰuaŋ³³⁴	dzuaŋ²¹³
02 嘉兴	ɕiA̰⁵⁴⁴	dʑiA̰¹¹³	tsA̰⁴²	zA̰²⁴²	tsA̰⁴²	tsA̰²²⁴	tsʰA̰⁴²	zA̰²⁴²
03 嘉善	ɕiæ̃⁴⁴	dʑiæ̃¹¹³	tsæ̃⁵³	zæ̃¹³²	tsã⁵³	tsã³³⁴	tsʰã⁵³	zã¹³²
04 平湖	sia⁴⁴	zia²¹³	tsã⁵³	zã³¹	tsã⁵³	tsã³³⁴	tsʰã⁵³	zã³¹
05 海盐	ɕiɛ̃⁴²³	dʑiɛ̃⁴²³	tsɛ̃⁵³	zɛ̃³¹	tsã⁵³	tsã³³⁴	tsʰã⁵³	zã³¹
06 海宁	ɕiã⁵³	dʑiã²³¹	tsã⁵⁵	zã¹³	tsã⁵⁵	tsã³⁵	tsʰã⁵⁵	zã¹³
07 桐乡	sia⁵³	zia²⁴²	tsã⁴⁴	zã¹³	tsɒ̃⁴⁴	tsɒ̃³³⁴	tsʰɒ̃⁴⁴	zɒ̃¹³
08 崇德	ɕiã⁵³	zia²⁴²	tsã⁴⁴	zã¹³	tsã⁴⁴	tsã³³⁴	tsʰã⁴⁴	zã¹³
09 湖州	ɕiã⁵²³	zia²³¹	tsã⁴⁴	dzã¹¹²	tsã⁴⁴	tsã³⁵	tsʰã⁴⁴	zã¹¹²
10 德清	ɕiã⁵²	zia¹⁴³	tsã⁴⁴	dzã¹¹³	tsã⁴⁴	tsã³³⁴	tsʰã⁴⁴	zã¹¹³
11 武康	ɕiã⁵³	zia²⁴²	tsã⁴⁴	dzã¹¹³	tsã⁴⁴	tsã²²⁴	tsʰã⁴⁴	zã¹¹³
12 安吉	ɕiã⁵²	zia²⁴³	tsã⁵⁵	dzã²²	tsɔ̃⁵⁵	tsã³²⁴	tsʰã⁵⁵	zɔ̃²²
13 孝丰	ɕiã⁵²	zia²⁴³	tsã⁴⁴	dzã²²	tsɔ̃⁴⁴	tsã³²⁴	tsʰã⁴⁴	zɔ̃²²
14 长兴	ʃia⁵²	ʒia²⁴	tsã⁴⁴	dzã¹²	tsɔ̃⁴⁴	tsã³²⁴	tsʰã⁴⁴	zɔ̃¹²
15 余杭	siɑ̃⁵³	ziɑ̃²⁴³	tsɑ̃⁴⁴	zɑ̃²²	tsɑ̃⁴⁴	tsɑ̃⁴²³	tsʰɑ̃⁴⁴	zɑ̃²²
16 临安	ɕiɑ̃⁵⁵	dʑiɑ̃³³	tsɑ̃⁵⁵	dzɑ̃³³	tsuɑ̃⁵⁵	tsɑ̃⁵⁵	tsʰɑ̃⁵⁵	dzuɑ̃³³
17 昌化	ɕia̰⁴⁵³	zia²⁴³	tsã³³⁴	zã¹¹²	tsuɔ̃³³⁴	tsuɔ̃⁵⁴⁴	tsʰɔ̃³³⁴	zɔ̃¹¹²
18 於潜	ɕiaŋ⁵¹	ʑiaŋ²⁴	tsaŋ⁴³³	dzaŋ²²³	tsuaŋ⁴³³	tsuaŋ³⁵	tsʰuaŋ⁴³³	zuaŋ²²³白 dzuaŋ²²³文
19 萧山	ɕiã³³	zia¹³	tsã⁵³³	dzã³⁵⁵	tsɔ̃⁵³³	tɕyɔ̃⁴²	tsʰɔ̃⁵³³	zɔ̃³⁵⁵
20 富阳	ɕiɑ̃⁴²³	ziɑ̃²²⁴	tsã⁵³	dzã¹³	tsã⁵³	tsã³³⁵	tsʰã⁵³	zã¹³
21 新登	ɕiã³³⁴	ziã¹³	tsɑ̃⁵³	dzɑ̃²³³	tɕyã⁵³	tɕyã⁴⁵	tsʰã⁵³	zã²³³
22 桐庐	ɕiã³³	zia²⁴	tsã⁵³³	dzã¹³	tɕyã⁵³³	tɕyã³⁵	tɕʰyã⁵³³	zyã¹³
23 分水	ɕiã⁵³	zia¹³	tsã⁴⁴	dzã²²	tɕyã⁴⁴	tɕyã²⁴	tsʰuã⁴⁴	dzuã²²
24 绍兴	ɕiaŋ³³⁴	ziaŋ²²³白 dʑiaŋ²²³文	tsaŋ⁵³	dzaŋ²³¹	tsaŋ⁵³	tsaŋ³³	tsʰaŋ⁵³	zaŋ²³¹

续表

方言点	0729 想	0730 像	0731 张量	0732 长~短	0733 装	0734 壮	0735 疮	0736 床
	宕开三上阳心	宕开三上阳邪	宕开三平阳知	宕开三平阳澄	宕开三平阳庄	宕开三去阳庄	宕开三平阳初	宕开三平阳崇
25 上虞	ɕiã^{35}	ziã^{213}	tsã^{35}	dzã^{213}	tsɔ̃^{35}	tsɔ̃^{53}	tsʰɔ̃^{35}	zɔ̃^{213}
26 嵊州	ɕiaŋ^{53}	ziaŋ^{22}白 dziaŋ^{22}文	tsaŋ^{534}	dzaŋ^{213}	tsɔŋ^{534}	tsɔŋ^{334}	tsʰɔŋ^{534}	zɔŋ^{213}
27 新昌	ɕiaŋ^{453}	ziaŋ^{232}	tɕiaŋ^{534}白 tsaŋ^{534}文	dzaŋ^{22}	tsɔ̃^{534}	tsɔ̃^{335}	tsʰɔ̃^{534}	zɔ̃^{22}
28 诸暨	ɕiã^{42}	ziã^{242}	tsã^{544}	dzã^{13}	tsã^{544}	tsɑ̃^{544}	tsʰɑ̃^{544}	zɑ̃^{13}
29 慈溪	ɕiã^{35}	dziã^{13}	tsã^{35}	dzã^{13}	tsɔ̃^{35}	tsɔ̃^{44}	tsʰɔ̃^{35}	zɔ̃^{13}
30 余姚	ɕiaŋ^{34}	iaŋ^{13}	tsaŋ^{44}	dzaŋ^{13}	tsɔŋ^{44}	tsɔŋ^{53}	tsʰɔŋ^{44}	dzɔŋ^{13}
31 宁波	ɕia^{35}	zia^{13}	dzia^{13}又 tɕia^{35}又	dzia^{13}	tsɔ^{53}	tsɔ^{44}	tsʰɔ^{53}	zɔ^{13}
32 镇海	ɕiã^{35}	iã^{24}	dziã^{24}	dziã^{24}	tsɔ̃^{53}	tsɔ̃^{53}	tsʰɔ̃^{53}	dzɔ̃^{24}
33 奉化	ɕiã^{545}	ziã^{31}	tɕiã^{44}	dziã^{33}	tsɔ̃^{44}	tsɔ̃^{53}	tsʰɔ̃^{44}	zɔ̃^{33}
34 宁海	ɕiã^{53}	ziã^{31}	dziã^{213}又 tɕiã^{423}又	dziã^{213}	tsɔ̃^{423}	tɕyɔ̃^{35}白 tsɔ̃^{35}文	tsʰɔ̃^{423}	zɔ̃^{213}
35 象山	ɕiã^{44}	iã^{13}	tɕiã^{44}	dziã^{31}	tsɔ̃^{44}	tɕyɔ̃^{53}	tsʰɔ̃^{44}	zɔ̃^{31}
36 普陀	ɕiã^{45}	iã^{23}	tɕiã^{53}	dziã^{24}	tsɔ̃^{53}	tsɔ̃^{55}	tsʰɔ̃^{53}	zɔ̃^{24}
37 定海	ɕiã^{45}	iã^{13}名 iã^{23}形	dziã^{23}	dziã^{23}	tsɔ̃^{52}	tsɔ̃^{44}	tsʰɔ̃^{52}	zɔ̃^{23}
38 岱山	ɕiã^{325}	iã^{213}~章 iã^{23}蛮~	dziã^{23}	dziã^{23}	tsɔ̃^{52}	tsɔ̃^{44}	tsʰɔ̃^{52}	zɔ̃^{23}
39 嵊泗	ɕiã^{445}	iã^{213}	dziã^{243}	dziã^{243}	tsɔ̃^{53}	tsɔ̃^{53}	tsʰɔ̃^{53}	zɔ̃^{243}
40 临海	ɕiã^{52}	ziã^{21}	tɕiã^{31}	dziã^{21}	tsɔ̃^{31}	tsɔ̃^{55}	tsʰɔ̃^{31}	zɔ̃^{21}
41 椒江	ɕiã^{42}	ziã^{31}	tɕiã^{42}	dziã^{31}	tsɔ̃^{42}	tsɔ̃^{55}	tsʰɔ̃^{42}	zɔ̃^{31}
42 黄岩	ɕiã^{42}	ziã^{121}	tɕiã^{32}	dziã^{121}	tsɔ̃^{32}	tsɔ̃^{55}	tsʰɔ̃^{32}	zɔ̃^{121}
43 温岭	ɕiã^{42}	ziã^{31}	tɕiã^{33}	dziã^{31}	tsɔ̃^{33}	tɕiɔ̃^{55}	tsʰɔ̃^{33}	zɔ̃^{31}
44 仙居	ɕia^{324}	zia^{213}	tɕia^{334}	dzia^{213}	tsã^{334}	tɕyã^{55}	tsʰɑ̃^{334}	zɑ̃^{213}
45 天台	ɕia^{325}	zia^{214}	tɕia^{33}	dzia^{224}	tsɔ^{33}	tɕyɔ^{55}滚~	tsʰɔ^{33}	zɔ^{224}

方言点	0729 想 宕开三 上阳心	0730 像 宕开三 上阳邪	0731 张 量 宕开三 平阳知	0732 长 ~短 宕开三 平阳澄	0733 装 宕开三 平阳庄	0734 壮 宕开三 去阳庄	0735 疮 宕开三 平阳初	0736 床 宕开三 平阳崇
46 三门	ɕiã³²⁵	ʑiã²¹³	tɕiã³³⁴	dziã¹¹³	tsɔ³³⁴	tɕiɔ⁵⁵	tsʰɔ³³⁴	zɔ¹¹³
47 玉环	ɕia⁵³	ʑia⁴¹	tɕia⁴²	dzia³¹	tsɔ̃⁴²	tɕiɔ̃⁵⁵	tsʰɔ̃⁴²	zɔ̃³¹
48 金华	siaŋ⁵³⁵	siaŋ⁵³⁵白 ziaŋ¹⁴文	tɕiaŋ⁵⁵	dziaŋ³¹³	tɕyaŋ³³⁴	tɕyaŋ⁵⁵	tɕʰyaŋ³³⁴	zyaŋ³¹³
49 汤溪	sɣa⁵³⁵	zɣa¹¹³	tɕiɔ²⁴	dziɔ¹¹	tɕiao²⁴	tɕiao⁵²	tɕʰiao²⁴	ziao¹¹
50 兰溪	siaŋ⁵⁵	siaŋ⁵⁵动 ziaŋ²⁴名	tɕiaŋ³³⁴	dziaŋ²¹	tɕyaŋ³³⁴	tɕyaŋ⁴⁵	tɕʰyaŋ³³⁴	zyaŋ²¹
51 浦江	ɕyõ⁵³	ʑyõ²⁴³	tsyõ⁵³⁴	dzyõ¹¹³	tɕyõ⁵³⁴白 tsõ⁵³⁴文	tɕyõ⁵⁵	tɕʰyõ⁵³⁴	zyõ¹¹³
52 义乌	sɯa⁴²³	zɯa³¹²	tsɯa³³⁵	dzɯa²¹³	tsŋʷ³³⁵	tsŋʷ⁴⁵	tsʰŋʷ³³⁵	zŋʷ²¹³
53 东阳	ɕiɔ⁴⁴	ʑiɔ²³¹	tɕiɔ³³⁴	dziɔ²¹³	tsɔ³³⁴	tɕiɔ⁴⁵³	tɕʰiɔ³³⁴	ziɔ²¹³
54 永康	ɕiaŋ³³⁴	ziaŋ¹¹³	tɕiaŋ⁵⁵	dziaŋ²²	tɕyaŋ⁵⁵	tɕyaŋ⁵²	tɕʰyaŋ⁵⁵	zyaŋ²²
55 武义	ɕiaŋ⁴⁴⁵	ziaŋ¹³	tɕiaŋ²⁴	dziaŋ³²⁴	tɕyaŋ²⁴	tɕyaŋ⁵³	tɕʰyaŋ²⁴	zyaŋ³²⁴
56 磐安	ɕiɒ³³⁴	ɕiɒ³³⁴	tɕiɒ⁴⁴⁵	dziɒ²¹³	tsɒ⁴⁴⁵~车 tsuan⁴⁴⁵~病	tɕiɒ⁵²	tsʰɒ⁴⁴⁵	ziɒ²¹³
57 缙云	ɕia⁵¹	dʑia³¹相~ zia³¹塑~	tɕia⁴⁴	dzia²⁴³	tsɔ⁴⁴	tsɔ⁴⁵³	tsʰɔ⁴⁴	zɔ²⁴³
58 衢州	ɕiã³⁵	ʑiã²³¹	tʃyã³²	dʒyã²¹	tʃyã³²	tʃyã⁵³	tʃʰyã³²	ʒyã²¹
59 衢江	ɕiã²⁵	ʑiã²³¹	tɕiã³³	dziã²¹²	tɕyã³³	tɕyã⁵³	tɕʰyã³³	zyã²¹²
60 龙游	ɕiã³⁵	ʑiã²²⁴	tsã³³⁴	dzã²¹	tsuã³³⁴	tsuã⁵¹	tsʰuã³³⁴	zuã²¹
61 江山	ɕiaŋ⁵¹调殊	ziaŋ²²	tiaŋ⁴⁴	dɛ̃²¹³白 dziaŋ²¹³文	tɕiɒŋ⁴⁴	tɕiɒŋ⁵¹	tsʰɒŋ⁴⁴	zɛ̃²¹³~铺 ziɒŋ²¹³桌子
62 常山	ɕiã⁵²	dziã²⁴	tiã⁴⁴	dɔ̃³⁴¹	tɔ̃⁴⁴	tsɔ̃³²⁴	tsʰɔ̃⁴⁴	zɔ̃³⁴¹
63 开化	ɕiã⁵³	dziã²¹³动 ziã²¹³名	tiã⁴⁴	dɛn²³¹	tɕiɒŋ⁴⁴白 tsuã⁴⁴文	tɕiɒŋ⁴¹²	tsʰɛn⁴⁴	zɛn²³¹
64 丽水	ɕiã⁵⁴⁴	ʑiã²²	tiã²²⁴	den²²	tsɒŋ²²⁴	tɕiɒŋ⁵²	tɕʰiɒŋ²²⁴	ziɒŋ²²
65 青田	ɕi⁴⁵⁴	i⁴⁵⁴	dɛ⁴⁴⁵	dzi²¹	tso⁴⁴⁵	tɕio³³	tsʰo⁴⁴⁵	io²¹

续表

方言点	0729 想	0730 像	0731 张量	0732 长～短	0733 装	0734 壮	0735 疮	0736 床
	宕开三 上阳心	宕开三 上阳邪	宕开三 平阳知	宕开三 平阳澄	宕开三 平阳庄	宕开三 去阳庄	宕开三 平阳初	宕开三 平阳崇
66 云和	$\varphi i\tilde{a}^{41}$	$z i\tilde{a}^{231}$	$t i\tilde{a}^{24}$	$d\varepsilon^{312}$	$ts\tilde{ɔ}^{24}$	$t\varphi i\tilde{ɔ}^{45}$	$t\varphi^h i\tilde{ɔ}^{24}$	$z i\tilde{ɔ}^{312}$
67 松阳	$\varphi i\tilde{a}^{212}$	$d z i\tilde{a}^{22}$ ～你 $z i\tilde{a}^{22}$ 好～	$t i\tilde{a}^{24}$	$d\tilde{æ}^{31}$	$t\varphi ioŋ^{53}$	$t\varphi ioŋ^{24}$	$t\varphi^h ioŋ^{53}$	$z ioŋ^{31}$
68 宣平	$\varphi i\tilde{a}^{445}$	$d z i\tilde{a}^{223}$ 白 $z i\tilde{a}^{223}$ 文	$t i\tilde{a}^{52}$ 调殊	$d z i\tilde{a}^{133}$	$ts\tilde{ɔ}^{324}$	$t\varphi i\tilde{ɔ}^{52}$	$t\varphi^h i\tilde{ɔ}^{324}$	$z i\tilde{ɔ}^{133}$
69 遂昌	$\varphi iaŋ^{533}$	$d z iaŋ^{13}$	$t iaŋ^{334}$	$d\tilde{ɛ}^{221}$	$tsɔŋ^{45}$	$t\varphi ioŋ^{334}$	$ts^h\tilde{ɛ}^{45}$	$z\tilde{ɛ}^{221}$ $z ioŋ^{221}$
70 龙泉	$\varphi iaŋ^{51}$	$\varphi iaŋ^{51}$ 画～ $t\varphi iaŋ^{51}$ 真～	$t iaŋ^{434}$	$d\varepsilon^{21}$ 白 $d z iaŋ^{21}$ 文	$tsɔŋ^{434}$	$t\varphi ioŋ^{45}$	$t\varphi^h ioŋ^{434}$	$z ioŋ^{21}$
71 景宁	$\varphi iɛ^{33}$	$z iɛ^{33}$	$t iɛ^{324}$	$d aŋ^{41}$	$tsɔŋ^{324}$	$t\varphi ioŋ^{35}$	$t\varphi^h ɔŋ^{324}$	$z ioŋ^{41}$
72 庆元	$\varphi i\tilde{a}^{33}$	$t\varphi i\tilde{a}^{221}$	$d i\tilde{a}^{335}$	$t\tilde{æ}^{52}$	$ts\tilde{ɔ}^{335}$	$t\varphi i\tilde{ɔ}^{11}$	$t\varphi^h i\tilde{ɔ}^{335}$	$\varphi i\tilde{ɔ}^{52}$
73 泰顺	$\varphi i\tilde{a}^{55}$	$t\varphi i\tilde{a}^{21}$	$t i\tilde{a}^{213}$	$t\varphi i\tilde{a}^{53}$	$ts\tilde{ɔ}^{213}$	$t\varphi i\tilde{ɔ}^{35}$	$ts^h\tilde{ɔ}^{213}$	$\varphi i\tilde{ɔ}^{53}$
74 温州	φi^{25}	i^{14}	$t\varphi i^{33}$	$d z i^{31}$	$tsuɔ^{33}$	$tsuɔ^{51}$	$ts^h uɔ^{33}$	$yɔ^{31}$
75 永嘉	$\varphi iɛ^{45}$	$iɛ^{13}$	$t\varphi iɛ^{44}$	$d z iɛ^{31}$	$t\varphi yɔ^{44}$ 白 $tsɔ^{44}$ 文	$t\varphi yɔ^{53}$ 白 $tsɔ^{53}$ 文	$ts^h ɔ^{44}$	$yɔ^{53}$
76 乐清	$s iɯʌ^{35}$	$z iɯʌ^{24}$	$t\varphi iɯʌ^{44}$	$d z iɯʌ^{31}$	$t\varphi iɔ^{44}$	$t\varphi yɯʌ^{41}$ 白 $t\varphi iɔ^{41}$ 文	$t\varphi^h iɔ^{44}$	$z uɯʌ^{31}$
77 瑞安	$\varphi iɛ^{35}$	$iɛ^{13}$	$t\varphi iɛ^{44}$	$d z iɛ^{31}$	$t\varphi yo^{44}$ 白 tso^{44} 文	$t\varphi yo^{53}$ 白 tso^{53} 文	$ts^h o^{44}$	yo^{31}
78 平阳	$\varphi iɛ^{45}$	ie^{23}	$t\varphi iɛ^{55}$	$d z iɛ^{242}$	$t\int o^{55}$	$t\int o^{53}$	$t\int^h o^{55}$	yo^{242}
79 文成	φie^{45}	$z ie^{224}$	$t\varphi ie^{55}$	$d z ie^{113}$	$t\int o^{55}$	$t\int o^{33}$	$t\int^h o^{55}$	$z yo^{113}$
80 苍南	$\varphi iɛ^{53}$	$d z iɛ^{24}$	$t\varphi iɛ^{44}$	$d z iɛ^{31}$	tso^{44}	$t\varphi yo^{42}$ 白 tso^{42} 文	$ts^h o^{44}$	$d z yo^{31}$
81 建德_徽	φie^{213}	φie^{213} 白 $\varphi iaŋ^{213}$ 文	$tsɛ^{53}$	$tsɛ^{33}$	tso^{53}	tso^{33}	$ts^h o^{53}$	so^{33}
82 寿昌_徽	$\varphi i\tilde{a}^{24}$	$\varphi i\tilde{a}^{534}$	$ts\tilde{a}^{112}$	$ts^h\tilde{a}^{52}$	$t\varphi y\tilde{a}^{112}$ ～饭 $ts\tilde{a}^{112}$ ～袋 $t\varphi yo^{33}$ 假～	$t\varphi y\tilde{a}^{33}$	$t\varphi^h y\tilde{a}^{112}$	$\varphi y\tilde{a}^{112}$ 白 $t\varphi^h y\tilde{a}^{112}$ 文
83 淳安_徽	$\varphi i\tilde{a}^{55}$	$\varphi i\tilde{a}^{55}$ 白 $\varphi i\tilde{a}^{53}$ 文	$ts\tilde{a}^{24}$	$ts^h\tilde{a}^{435}$	$tson^{24}$ 白 $ts\tilde{a}^{24}$ 文	$ts\tilde{a}^{24}$	$ts^h on^{24}$	$s\tilde{a}^{435}$

方言点	0729 想	0730 像	0731 张量	0732 长～短	0733 装	0734 壮	0735 疮	0736 床
	宕开三 上阳心	宕开三 上阳邪	宕开三 平阳知	宕开三 平阳澄	宕开三 平阳庄	宕开三 去阳庄	宕开三 平阳初	宕开三 平阳崇
84 遂安徽	ɕiɑ̃²¹³	ɕiɑ̃⁴³	tɕiɑ̃⁵³⁴	tɕʰiɑ̃³³	tsoŋ⁵³⁴	tsuɑ̃⁴³	tsʰoŋ⁵³⁴	soŋ³³
85 苍南闽	ɕĩũ⁴³	tɕʰĩũ²⁴	tĩũ⁵⁵	tɯŋ²⁴	tsɯŋ⁵⁵	tsɑŋ²¹	tsʰɯŋ⁵⁵	tsʰɯŋ²⁴
86 泰顺闽	tsʰo³⁴⁴	tɕʰio³¹	tʰio²¹³	to²²	tso²¹³	tso⁵³	tsʰo²¹³	tsʰo²²
87 洞头闽	ɕĩũ²¹	tɕʰĩũ²¹白 ɕioŋ²¹文	tĩũ³³	tɯŋ¹¹³	tsɯŋ³³	tsoŋ²¹	tsʰɯŋ³³	tsʰɯŋ¹¹³
88 景宁畲	ɕioŋ⁵¹	ɕiaŋ⁵¹	tioŋ⁴⁴	tɕʰioŋ²²	tsoŋ⁴⁴	tsoŋ⁴⁴	tsʰɔŋ⁴⁴	tsʰɔŋ²²

方言点	0737 霜 宕开三 平阳生	0738 章 宕开三 平阳章	0739 厂 宕开三 上阳昌	0740 唱 宕开三 去阳昌	0741 伤 宕开三 平阳书	0742 尝 宕开三 平阳禅	0743 上 ~去 宕开三 上阳禅	0744 让 宕开三 去阳日
01 杭州	suaŋ^{334}	tsaŋ^{334}	tsʰaŋ^{53}	tsʰaŋ^{45}	suaŋ^{334}	dzaŋ^{213}	zaŋ^{13}	n̠ian^{13}白 zaŋ^{13}文
02 嘉兴	sᴀ̃^{42}	tsᴀ̃^{42}	tsʰᴀ̃^{113}	tsʰᴀ̃^{224}	sᴀ̃^{42}	zᴀ̃^{242}	zᴀ̃^{113}	n̠iᴀ̃^{113}
03 嘉善	sã^{53}	tsæ̃^{53}	tsʰæ̃^{334}	tsʰã^{334}	sã^{53}	zã^{132}	zã^{113}	n̠iæ̃^{113}
04 平湖	sã^{53}	tsã^{53}白 tsã^{53}文	tsʰã^{213}	tsʰã^{334}	sã^{53}	zã^{213}	zã^{213}	n̠iã^{213}
05 海盐	sã^{53}	tsã^{53}	tsʰɛ̃^{423}	tsʰã^{334}	sã^{53}	zã^{31}	zã^{423}	n̠iɛ̃^{213}
06 海宁	sã^{55}	tsã^{55}	tsʰã^{53}	tsʰã^{35}	sã^{55}	zã^{13}	zã^{231}	n̠iã^{13}
07 桐乡	sɒ̃^{44}	tsɒ̃^{44}	tsʰã^{53}	tsʰɒ̃^{334}	sɒ̃^{44}	zɒ̃^{13}	zɒ̃^{242}	n̠iã^{213}
08 崇德	sã^{44}	tsã^{44}	tsʰã^{53}	tsʰã^{334}	sã^{44}	zã^{13}	zã^{242}	n̠iã^{13}
09 湖州	sã^{44}	tsã^{44}	tsʰã^{523}	tsʰã^{35}	sã^{44}	zã^{112}	zã^{112}	n̠iã^{35}
10 德清	sã^{44}	tsã^{44}	tsʰã^{52}	tsʰã^{334}	sã^{44}	dzã^{113}	zã^{143}	n̠iã^{334}
11 武康	sã^{44}	tsã^{44}	tsʰã^{53}	tsʰã^{224}	sã^{44}	dzã^{113}	zã^{242}	n̠iã^{224}
12 安吉	sɔ̃^{55}	tsɔ̃^{55}	tsʰɔ̃^{52}	tsʰɔ̃^{324}	sɔ̃^{55}	zɔ̃^{22}	zɔ̃^{243}	n̠iã^{213}
13 孝丰	sɔ̃^{44}	tsɔ̃^{44}	tsʰɔ̃^{52}	tsʰɔ̃^{324}	sɔ̃^{44}	zɔ̃^{22}	zɔ̃^{243}	n̠iã^{324}
14 长兴	sɔ̃^{44}	tsɔ̃^{44}	tsʰɔ̃^{52}	tsʰɔ̃^{324}	sɔ̃^{44}	dzɔ̃^{12}	zɔ̃^{24}	n̠iã^{324}
15 余杭	sã^{44}	tsã^{44}	tsʰã^{53}	tsʰã^{423}	sã^{44}	zã^{22}	zã^{243}	n̠iã^{213}白 zã^{213}文
16 临安	suã^{55}	tsã^{55}	tsʰã^{55}	tsʰã^{55}	sã^{55}	dzã^{33}	zã^{33}	n̠iã^{33}
17 昌化	suɔ̃^{334}	tsã^{334}文~ tsuɔ̃^{334}敞~	tsʰã^{453}	tsʰã^{544}	sɔ̃^{334}	zɔ̃^{112}	zɔ̃^{243}	n̠iã^{243}
18 於潜	suaŋ^{433}	tsuaŋ^{433}	tsʰaŋ^{51}	tsʰaŋ^{35}	suaŋ^{433}	dzaŋ^{223}	zaŋ^{24}	n̠ian^{24}
19 萧山	sɔ̃^{533}	tsɔ̃^{533}	tsʰã^{33}	tɕʰyɔ^{42}白 tsʰɔ̃^{42}文	ɕyɔ̃^{533}	zɔ̃^{355}	zɔ̃^{242}	n̠iã^{242}
20 富阳	sã^{53}	tsã^{53}	tsʰã^{423}	tsʰã^{335}	sã^{53}	zã^{13}	zã^{224}	n̠iã^{335}
21 新登	sã^{53}	tsã^{53}	tsʰã^{334}	tsʰã^{45}	sã^{53}	zã^{233}	zã^{13}	n̠iã^{13}
22 桐庐	ɕya^{533}	tsã^{533}	tsʰã^{33}	tsʰã^{35}	sã^{533}	zã^{13}	zã^{24}	nia^{24}
23 分水	suã^{44}	tsã^{44}	tsʰã^{53}	tsʰã^{24}	sã^{44}	zã^{22}	zã^{13}	n̠iã^{13}

续表

方言点	0737 霜	0738 章	0739 厂	0740 唱	0741 伤	0742 尝	0743 上 ～去	0744 让
	宕开三 平阳生	宕开三 平阳章	宕开三 上阳昌	宕开三 去阳昌	宕开三 平阳书	宕开三 平阳禅	宕开三 上阳禅	宕开三 去阳日
24 绍兴	$saŋ^{53}$	$tsaŋ^{53}$	$tsʰaŋ^{334}$	$tsʰɑŋ^{33}$	$saŋ^{53}$	$zaŋ^{231}$	$zaŋ^{22}$	$ȵiaŋ^{22}$白 $zaŋ^{22}$文
25 上虞	$sɔ̃^{35}$	$tsɔ̃^{35}$	$tsʰã^{35}$	$tsʰɔ̃^{53}$	$sɔ̃^{35}$	$zɔ̃^{213}$	$zɔ̃^{213}$	$ȵia^{31}$
26 嵊州	$sɔŋ^{534}$	$tsaŋ^{534}$	$tsʰaŋ^{53}$	$tsʰaŋ^{334}$	$saŋ^{534}$	$zɔŋ^{213}$	$zaŋ^{24}$	$ȵiaŋ^{24}$白 $zaŋ^{24}$文
27 新昌	$sɔ̃^{534}$	$tsɔ̃^{534}$白 $tsaŋ^{534}$文	$tɕʰiaŋ^{453}$	$tsʰaŋ^{335}$	$saŋ^{534}$	$zɔ̃^{22}$	$ʑiaŋ^{13}$白 $zaŋ^{232}$文	$ȵiaŋ^{13}$白 $zaŋ^{13}$文
28 诸暨	$sɑ̃^{544}$	$tsɑ̃^{544}$	$tsʰã^{42}$	$tsʰã^{544}$	$sɑ̃^{544}$	$zɑ̃^{13}$韵殊	$zɑ̃^{33}$	$niã^{33}$
29 慈溪	$sɔ̃^{35}$	$tsɔ̃^{35}$	$tsʰã^{35}$	$tsʰɔ̃^{44}$	$sɔ̃^{35}$	$zɔ̃^{13}$	$zɔ̃^{13}$	$ȵiã^{13}$
30 余姚	$sɔŋ^{44}$	$tsɔŋ^{44}$	$tsʰaŋ^{34}$	$tsʰɔŋ^{53}$	$sɔŋ^{44}$	$dzɔŋ^{13}$	$zɔŋ^{13}$	$ȵiaŋ^{13}$
31 宁波	$sɔ̃^{53}$	$tsɔ̃^{53}$	$tɕʰia^{35}$	$tsʰɔ̃^{44}$	$sɔ̃^{53}$	$zɔ̃^{13}$	$zɔ̃^{13}$	$ȵia^{13}$
32 镇海	$sɔ̃^{53}$	$tsɔ̃^{53}$	$tɕʰiã^{35}$	$tsʰɔ̃^{53}$	$sɔ̃^{53}$	$zɔ̃^{24}$	$zɔ̃^{24}$	$ȵiã^{24}$
33 奉化	$sɔ̃^{44}$	$tsɔ̃^{44}$	$tɕʰiã^{545}$	$tsʰɔ̃^{53}$	$sɔ̃^{44}$	$zɔ̃^{324}$调殊	$zɔ̃^{31}$	$ȵiã^{31}$
34 宁海	$sɔ̃^{423}$	$tsɔ̃^{423}$	$tɕʰiã^{53}$	$tsʰɔ̃^{35}$	$sɔ̃^{423}$	$zɔ̃^{213}$	$zɔ̃^{31}$	$ȵiã^{24}$
35 象山	$sɔ̃^{44}$	$tsɔ̃^{44}$	$tɕʰiã^{44}$	$tsʰɔ̃^{53}$	$sɔ̃^{44}$	$zɔ̃^{31}$	$zɔ̃^{31}$	$ȵiã^{13}$
36 普陀	$sɔ̃^{53}$	$tsɔ̃^{53}$	$tɕʰiã^{45}$	$tsʰɔ̃^{55}$	$sɔ̃^{53}$	$zɔ̃^{24}$	$zɔ̃^{23}$	$ȵiã^{13}$
37 定海	$sõ^{52}$	$tsõ^{52}$	$tɕʰiã^{45}$	$tsʰõ^{44}$	$sõ^{52}$	$zõ^{23}$	$zõ^{13}$	$ȵiã^{13}$
38 岱山	$sõ^{52}$	$tsõ^{52}$	$tɕiã^{325}$	$tsʰõ^{44}$	$sõ^{52}$	$zõ^{23}$	$zõ^{213}$	$ȵiã^{213}$
39 嵊泗	$sõ^{53}$	$tsõ^{53}$	$tɕʰiã^{445}$	$tsʰõ^{53}$	$sõ^{53}$	$zõ^{243}$	$zõ^{213}$	$ȵiã^{213}$
40 临海	$sɔ̃^{31}$	$tsɔ̃^{31}$	$tɕʰiã^{52}$	$tsʰɔ̃^{55}$	$sɔ̃^{31}$	$zɔ̃^{21}$	$zɔ̃^{21}$	$ȵiã^{324}$
41 椒江	$sɔ̃^{42}$	$tsɔ̃^{42}$	$tɕʰiã^{42}$	$tsʰɔ̃^{55}$	$ɕiã^{42}$	$zɔ̃^{31}$	$zɔ̃^{31}$	$ȵiã^{24}$白 $ziã^{24}$文
42 黄岩	$sɔ̃^{32}$	$tsɔ̃^{32}$	$tɕʰiã^{42}$	$tsʰɔ̃^{55}$	$ɕiã^{32}$	$zɔ̃^{121}$	$zɔ̃^{121}$	$ȵiã^{24}$白 $ziã^{24}$文
43 温岭	$sɔ̃^{33}$	$tsɔ̃^{33}$	$tɕʰiã^{42}$	$tsʰɔ̃^{55}$	$ɕiã^{33}$	$zɔ̃^{31}$	$zɔ̃^{31}$	$ȵiã^{13}$
44 仙居	$sɑ̃^{334}$	$tsɑ̃^{334}$	$tɕʰiã^{324}$	$tɕʰiã^{55}$	$ɕiã^{334}$	$ʑia^{213}$	$ʑia^{213}$白 $zɑ̃^{213}$文	$ʑia^{24}$
45 天台	$sɔ̃^{33}$	$tsɔ̃^{33}$	$tɕʰiã^{325}$	$tsʰɔ̃^{55}$	$sɔ̃^{33}$	$zɔ̃^{224}$	$zɔ̃^{214}$	$ȵia^{35}$

方言点	0737 霜 宕开三 平阳生	0738 章 宕开三 平阳章	0739 厂 宕开三 上阳昌	0740 唱 宕开三 去阳昌	0741 伤 宕开三 平阳书	0742 尝 宕开三 平阳禅	0743 上 ~去 宕开三 上阳禅	0744 让 宕开三 去阳日
46 三门	sɔ³³⁴	tsɔ³³⁴	tɕʰia³²⁵	tsʰɔ⁵⁵	sɔ³³⁴	zɔ¹¹³	zɔ²⁴³	ʑiã²⁴³
47 玉环	sɔ̃⁴²	tsɔ̃⁴²	tɕʰia⁵³	tsʰɔ̃⁵⁵	ɕia⁴²	zɔ̃³¹	zɔ̃³¹	n̠ia²²
48 金华	ɕyaŋ³³⁴	tɕiaŋ³³⁴	tɕʰiaŋ⁵³⁵	tɕʰiaŋ⁵⁵	ɕiaŋ³³⁴	ziaŋ³¹³	ɕiaŋ⁵³⁵	n̠iaŋ¹⁴
49 汤溪	ɕiao²⁴	tɕiɔ²⁴	tɕʰiɔ⁵³⁵	tɕʰiɔ⁵²	ɕiɔ²⁴	ziɔ¹¹	ɕiɔ¹¹³	n̠iɔ³⁴¹
50 兰溪	ɕyaŋ³³⁴	tɕiaŋ³³⁴	tɕʰiaŋ⁵⁵	tɕʰiaŋ⁴⁵	ɕiaŋ³³⁴	zaŋ²¹	ɕiaŋ⁵⁵	n̠iaŋ²⁴
51 浦江	ɕyõ⁵³⁴	tsyõ⁵³⁴	tsʰyõ⁵³	tsʰyõ⁵⁵	ɕyõ⁵³⁴	zyõ¹¹³	zyõ²⁴³	yõ²⁴
52 义乌	sŋʷ³³⁵	tsɯa³³⁵白 tsuan³³⁵文	tsʰɯa⁴²³	tsʰɯa⁴⁵	sɯa³³⁵白 suan³³⁵文	zɯa²¹³	zɯa³¹²	n̠iɔ²⁴
53 东阳	ɕiɔ³³⁴	tɕiɔ³³⁴	tɕʰiɔ⁴⁵³	tɕʰiɔ⁴⁵³	ɕiɔ³³⁴	ziɔ²¹³	dziɔ²³¹	n̠iɔ²⁴
54 永康	ɕyaŋ⁵⁵	tɕiaŋ⁵⁵	tɕʰiaŋ³³⁴	tɕʰiaŋ⁵²	ɕiaŋ⁵⁵	ziaŋ²²	ziaŋ¹¹³	iaŋ²⁴¹
55 武义	ɕyaŋ²⁴	tɕiaŋ²⁴	tɕʰiaŋ⁴⁴⁵	tɕʰiaŋ⁵³	ɕiaŋ²⁴	ziaŋ³²⁴	dziaŋ²³¹	n̠iaŋ²³¹
56 磐安	ɕiɒ⁴⁴⁵	tɕiɒ⁴⁴⁵	tɕʰiɒ³³⁴	tɕʰiɒ⁵²	ɕiɒ⁴⁴⁵	ziɒ²¹³	tɕiɒ³³⁴	n̠iɒ¹⁴
57 缙云	sɔ⁴⁴	tɕia⁴⁴	tɕʰia⁵¹	tɕʰia⁴⁵³	ɕia⁴⁴	zia²⁴³	dzia³¹	n̠ia¹³
58 衢州	ʃyã³²	tʃyã³²	tʃʰyã³⁵	tʃʰyã⁵³	ʃyã³²	ʒyã²¹	ʒyã²³¹	n̠ia²³¹
59 衢江	ɕyã³³	tɕiã³³	tɕʰiã²⁵	tɕʰiã⁵³	ɕiã³³	dziã²¹²	dziã²¹²	n̠yã²³¹
60 龙游	suã³³⁴	tsã³³⁴	tsʰã³⁵	tsʰã⁵¹	sã³³⁴	zã²¹	dzã²²⁴	n̠iã²³¹
61 江山	ɕiɒŋ⁴⁴	tɕiaŋ⁴⁴	tɕʰiaŋ²⁴¹	tɕʰiaŋ⁵¹	ɕiaŋ⁴⁴	ziaŋ²¹³	dziaŋ²²	n̠iaŋ³¹
62 常山	sɔ̃⁴⁴	tɕiã⁴⁴	tɕʰiã⁵²	tɕʰiã³²⁴	ɕiã⁴⁴	ziã³⁴¹	dziã²⁴	n̠iã¹³¹
63 开化	ɕiɔŋ⁴⁴	tɕiã⁴⁴	tɕʰiã⁵³	tɕʰiã⁴¹²	ɕiã⁴⁴	ziã²³¹	dziã²¹³	n̠iɔŋ²¹³
64 丽水	ɕiɔŋ²²⁴	tɕiã²²⁴	tɕʰiã⁵⁴⁴	tɕʰiã⁵²	ɕiã²²⁴	ziã²²	dziã¹³¹	n̠iã¹³¹
65 青田	ɕio⁴⁴⁵	tɕi⁴⁴⁵	tɕʰi⁴⁵⁴	tɕʰi³³	ɕi⁴⁴⁵	i²¹	dzi²²	n̠i²²
66 云和	ɕiɔ̃²⁴	tɕiã²⁴	tɕʰiã⁴¹	tɕʰiã⁴⁵	ɕiã²⁴	ziã³¹²	dziã²²³	n̠iã²²³
67 松阳	ɕioŋ⁵³	tɕiã⁵³	tɕʰiã²¹²	tɕʰiã²⁴	ɕiã⁵³	ziã³¹	dziã²²	n̠ioŋ¹³
68 宣平	ɕiɔ̃³²⁴	tɕiã³²⁴	tɕʰiã⁴⁴⁵	tɕʰiã⁵²	ɕiã³²⁴	ziã⁴³³	dziã²²³	n̠iã²³¹
69 遂昌	ɕiɔŋ⁴⁵	tɕiaŋ⁴⁵	tɕʰiaŋ⁵³³	tɕʰiaŋ³³⁴	ɕiaŋ⁴⁵	ziaŋ²²¹	dziaŋ¹³	n̠ioŋ²¹³

方言点	0737 霜	0738 章	0739 厂	0740 唱	0741 伤	0742 尝	0743 上 ～去	0744 让
	宕开三 平阳生	宕开三 平阳章	宕开三 上阳昌	宕开三 去阳昌	宕开三 平阳书	宕开三 平阳禅	宕开三 上阳禅	宕开三 去阳日
70 龙泉	ɕioŋ⁴³⁴	tɕiaŋ⁴³⁴	tɕʰiaŋ⁵¹	tɕʰiaŋ⁴⁵	ɕiaŋ⁴³⁴	ʑiaŋ²¹	dʑiaŋ²²⁴白 ʑiaŋ²²⁴文	n̠iaŋ²²⁴
71 景宁	ɕioŋ³²⁴	tɕie³²⁴	tɕʰiɛ³³	tɕʰiɛ³⁵	ɕiɛ³²⁴	ʑiɛ⁴¹	tɕiɛ³³	n̠iɛ¹¹³
72 庆元	ɕiõ³³⁵	tɕiã³³⁵	tɕʰiã³³	tɕʰiã¹¹	ɕiã³³⁵	ɕiã⁵²	tɕiã²²¹	n̠iã³¹
73 泰顺	ɕiõ²¹³	tɕiã²¹³	tɕʰiã⁵⁵	tɕʰiã³⁵	ɕiã²¹³	ɕiã⁵³	tɕiã²¹	n̠iã²²
74 温州	ɕyɔ³³	tɕi³³	tsʰe²⁵	tɕʰi⁵¹	ɕi³³	i³¹	i¹⁴	n̠i²²
75 永嘉	ɕyɔ⁴⁴	tɕiɛ⁴⁴	tɕʰiɛ⁴⁵	tɕʰiɛ⁵³	ɕiɛ⁴⁴	iɛ³¹	iɛ²²	n̠iɛ²²
76 乐清	suɯʌ⁴⁴	tɕiɯʌ⁴⁴	tɕʰiɯʌ³⁵	tɕʰiɯʌ⁴¹	siɯʌ⁴⁴	ʑiɯʌ³¹	ʑiɯʌ²⁴	n̠ia²²
77 瑞安	ɕyo⁴⁴	tɕiɛ⁴⁴	tɕʰiɛ³⁵	tɕʰiɛ⁵³	ɕiɛ⁴⁴	iɛ³¹	iɛ¹³	n̠iɛ²²
78 平阳	ʃuo⁵⁵	tɕie⁵⁵	tɕʰie⁴⁵	tɕʰie⁵³	ɕie⁵⁵	ie²⁴²	ie²³	n̠ie³³
79 文成	ʃuo⁵⁵	tɕie⁵⁵	tɕʰie⁴⁵	tɕʰie³³	ɕie⁵⁵	ʑie¹¹³	ʑie¹¹³	n̠ie⁴²⁴
80 苍南	ɕyɔ⁴⁴	tɕiɛ⁴⁴	tɕʰiɛ⁵³	tɕʰiɛ⁴²	ɕiɛ⁴⁴	dʑiɛ³¹	dʑiɛ¹¹	n̠iɛ¹¹
81 建德徽	so⁵³	tsɛ⁵³白 tsaŋ³³文	tsʰɛ²¹³	tsʰo³³	so⁵³	so³³	so²¹³	n̠iɛ⁵⁵
82 寿昌徽	ɕyã¹¹²	tsã¹¹²	tsʰã²⁴	tsʰã³³	sã¹¹²	sã⁵²	sã¹¹²调殊	n̠iã³³
83 淳安徽	sã²⁴	tsã²⁴	tsʰã⁵⁵	tsʰã²⁴	sã²⁴	sã⁴³⁵	sã⁵³	iã⁵³
84 遂安徽	soŋ⁵³⁴	tsoŋ⁵³⁴	tɕʰiã²¹³	tɕʰiã⁴³	ɕiã⁵³⁴	ɕiã³³	ɕiã⁵²	iã⁵²
85 苍南闽	suɯŋ⁵⁵	tɕiaŋ⁵⁵	tɕʰĩũ⁴³	tɕʰĩũ²¹	ɕiaŋ⁵⁵	ɕiaŋ²⁴	ɕiaŋ³²	iaŋ²¹
86 泰顺闽	so²¹³	tɕio²¹³	tɕʰio³⁴⁴	tɕʰio⁵³	ɕio²¹³	ɕio²²	ɕio³¹	nio³¹
87 洞头闽	suɯŋ³³	tɕĩũ³³ tɕioŋ³³姓~	tɕʰĩũ⁵³	tɕʰĩũ²¹	ɕioŋ³³	ɕioŋ¹¹³	ɕioŋ²¹	n̠ĩũ²¹
88 景宁畲	soŋ⁴⁴	tɕioŋ⁴⁴	tɕʰioŋ³²⁵	tɕʰioŋ⁴⁴	ɕioŋ⁴⁴	ɕioŋ²²	ɕioŋ⁴⁴	n̠ioŋ⁵¹

方言点	0745 姜 生~	0746 响	0747 向	0748 秧	0749 痒	0750 样	0751 雀	0752 削
	宕开三平阳见	宕开三上阳晓	宕开三去阳晓	宕开三平阳影	宕开三上阳以	宕开三去阳以	宕开三入药精	宕开三入药心
01 杭州	tɕiaŋ³³⁴	ɕiaŋ⁵³	ɕiaŋ⁴⁵	iaŋ³³⁴	iaŋ⁵³	iaŋ¹³	tɕʰyɐʔ⁵ ~斑 tɕʰiɔ⁴⁵麻~	ɕiɛʔ⁵
02 嘉兴	tɕiʌ̃⁴²	ɕiʌ̃⁵⁴⁴	ɕiʌ̃²²⁴	iʌ̃⁴²	iʌ̃¹¹³	iʌ̃¹¹³	tɕʰiʌʔ⁵	ɕiʌʔ⁵
03 嘉善	tɕiæ̃⁵³	ɕiæ̃⁴⁴	ɕiæ̃⁴⁴	iæ̃⁵³	iæ̃¹¹³	iæ̃³³⁴	tɕʰiaʔ⁵	ɕiaʔ⁵
04 平湖	tɕiã⁵³	ɕiã⁴⁴	ɕiã³³⁴	iã⁵³	iã²¹³	iã³³⁴	tsʰiaʔ²³	siaʔ⁵
05 海盐	tɕiɛ̃⁵³	ɕiɛ̃⁴²³	ɕiɛ̃³³⁴	iɛ̃⁵³	iɛ̃⁴²³	iɛ̃³³⁴	tɕʰiaʔ²³	ɕiaʔ⁵
06 海宁	tɕiã⁵⁵	ɕiã⁵³	ɕiã³⁵	iã⁵⁵	iã²³¹	iã³⁵	tɕʰiaʔ⁵	ɕiaʔ⁵
07 桐乡	tɕiã⁴⁴	ɕiã⁵³	ɕiã³³⁴	iã⁴⁴	iã²⁴²	iã³³⁴	tsʰiaʔ⁵	siaʔ⁵
08 崇德	tɕiã⁴⁴	ɕiã⁵³	ɕiã³³⁴	iã⁴⁴	iã⁵³	iã¹³	tɕʰiaʔ⁵	ɕiaʔ⁵
09 湖州	tɕiã⁴⁴	ɕiã⁵²³	ɕiã³⁵	iã⁴⁴	iã⁵²³	iã³⁵	tɕʰiaʔ⁵	ɕiaʔ⁵
10 德清	tɕiã⁴⁴	ɕiã⁵²	ɕiã³³⁴	iã⁴⁴	iã⁵²	iã³³⁴	tɕʰiaʔ⁵	ɕiaʔ⁵
11 武康	tɕiã²²⁴调殊	ɕiã⁵³	ɕiã⁵³	iã⁴⁴	iã²⁴²	iã²²⁴	tɕʰiøʔ⁵	ɕiøʔ⁵
12 安吉	tɕiã⁵⁵	ɕiã⁵²	ɕiã³²⁴	iã⁵⁵	iã⁵²	iã³²⁴	tɕʰiɛʔ⁵	ɕiɛʔ⁵
13 孝丰	tɕiã⁴⁴	ɕiã⁵²	ɕiã³²⁴	iã⁴⁴	iã⁵²	iã³²⁴	tɕʰiaʔ⁵	ɕiaʔ⁵ 白 ɕioʔ⁵ 文
14 长兴	tʃiã⁴⁴	ʃiã⁵²	ʃiã³²⁴	iã⁴⁴	iã⁵²	iã³²⁴	tʃʰiaʔ⁵	ʃiaʔ⁵
15 余杭	tɕiɑ̃⁴⁴	ɕiɑ̃⁵³	ɕiɑ̃⁴²³	iɑ̃⁴⁴	iɑ̃⁵³	iɑ̃²¹³	tsʰiaʔ⁵	siaʔ⁵
16 临安	tɕiɑ̃⁵⁵	ɕiɑ̃⁵⁵	ɕiɑ̃⁵⁵	iɑ̃⁵⁵	iɑ̃³³	iɑ̃³³	tɕʰiɐʔ⁵⁴	ɕiɐʔ⁵⁴
17 昌化	tɕiɑ̃³³⁴	ɕiɑ̃⁴⁵³	ɕiɑ̃⁵⁴⁴	iɑ̃³³⁴	iɑ̃²⁴³	iɑ̃²⁴³	tɕʰiaʔ⁵	ɕio³³⁴ 又 ɕiaʔ⁵ 又
18 於潜	tɕiaŋ⁴³³	ɕiaŋ⁵¹	ɕiaŋ³⁵	iaŋ⁴³³	iaŋ⁵¹	iaŋ²⁴	tɕʰyeʔ⁵³	ɕieʔ⁵³白
19 萧山	tɕiã⁵³³	ɕiã³³	ɕiã⁴²	iã⁵³³	iã¹³	iã²⁴²	tɕʰiaʔ⁵	ɕiaʔ⁵
20 富阳	tɕiɑ̃⁵³	ɕiɑ̃⁴²³	ɕiɑ̃³³⁵	iɑ̃⁵³	iɑ̃⁴²³	iɑ̃³³⁵	tɕʰiaʔ⁵	ɕiaʔ⁵
21 新登	tɕiɑ̃⁵³	ɕiɑ̃³³⁴	ɕiɑ̃⁴⁵	iɑ̃⁵³	iɑ̃³³⁴	iɑ̃¹³	tɕʰiaʔ⁵	ɕiaʔ⁵
22 桐庐	tɕiã⁵³³	ɕiã³³	ɕiã³⁵	iã⁵³³	iã³³	iã²⁴	tɕʰyəʔ⁵	ɕiaʔ⁵ 白 ɕyəʔ⁵ 文
23 分水	tɕiã⁴⁴	ɕiã⁵³	ɕiã²⁴	iã⁴⁴	iã⁵³	iã¹³	tɕʰyəʔ⁵	ɕiaʔ⁵

方言点	0745 姜 生~	0746 响	0747 向	0748 秧	0749 痒	0750 样	0751 雀	0752 削
	宕开三平阳见	宕开三上阳晓	宕开三去阳晓	宕开三平阳影	宕开三上阳以	宕开三去阳以	宕开三入药精	宕开三入药心
24 绍兴	tɕiaŋ⁵³	ɕiaŋ³³⁴	ɕiaŋ³³	iaŋ⁵³	iaŋ²²³	iaŋ²²	tɕʰiaʔ⁵	ɕiaʔ⁵
25 上虞	tɕiã³⁵	ɕiã³⁵	ɕiã³⁵调殊	iã³⁵	iã²¹³	iã²¹³	tɕʰiaʔ⁵	ɕiaʔ⁵
26 嵊州	tɕiaŋ⁵³⁴	ɕiaŋ⁵³	ɕiaŋ³³⁴	iaŋ⁵³⁴	iaŋ²²	iaŋ²⁴	tɕʰiaʔ⁵	ɕiaʔ⁵
27 新昌	tɕiaŋ⁵³⁴	ɕiaŋ⁴⁵³	ɕiaŋ³³⁵	iaŋ⁵³⁴	iaŋ²³²	iaŋ¹³	tɕʰiaʔ⁵	ɕiaʔ⁵
28 诸暨	tɕiã⁵⁴⁴	ɕiã⁴²	ɕiã⁵⁴⁴	iã⁵⁴⁴	iã²⁴²	iã³³	tɕʰiaʔ⁵	ɕiaʔ⁵
29 慈溪	tɕiã³⁵	ɕiã³⁵	ɕiã⁴⁴	iã³⁵	iã¹³	iã¹³	tɕiaʔ⁵ 白 tɕʰiaʔ⁵ 文	ɕiaʔ⁵
30 余姚	tɕiaŋ⁴⁴	ɕiaŋ³⁴	ɕiaŋ⁵³	iaŋ⁴⁴	iaŋ¹³	iaŋ¹³	tɕʰiaʔ⁵	ɕiaʔ⁵
31 宁波	tɕia⁴⁴	ɕia³⁵	ɕia⁵³	ia⁵³	ia¹³	ia¹³	tɕʰiaʔ⁵ 又 tɕʰiəʔ⁵ 又	ɕiəʔ⁵
32 镇海	tɕiã⁵³	ɕiã³⁵	ɕiã⁵³	iã⁵³	iã²⁴	iã²⁴	tɕʰieʔ⁵	ɕieʔ⁵
33 奉化	tɕiã⁴⁴	ɕiã⁵⁴⁵	ɕiã⁵³	iã⁴⁴	iã³²⁴	iã³¹	tɕʰiaʔ⁵	ɕiaʔ⁵
34 宁海	tɕiã⁴²³	ɕiã⁵³	ɕiã³⁵	iã⁴²³	iã³¹	iã²⁴	tɕʰiaʔ⁵	ɕiaʔ⁵
35 象山	tɕiã⁴⁴	ɕiã⁴⁴	ɕiã⁵³	iã⁴⁴	iã³¹	iã³¹	tɕʰieʔ⁵	ɕieʔ⁵
36 普陀	tɕiã⁵³	ɕiã⁴⁵	ɕiã⁵⁵	iã⁵³	iã²³	iã¹³	tɕiã⁴⁵ 小	ɕieʔ⁵
37 定海	tɕiã⁵²	ɕiã⁴⁵	ɕiã⁴⁴	iã⁵²	iã²³	iã¹³	tɕiã⁴⁵ 小	ɕieʔ⁵
38 岱山	tɕiã⁵²	ɕiã³²⁵	ɕiã⁴⁴	iã⁵²	iã²⁴⁴	iã²¹³	tɕiã³²⁵ 小	ɕieʔ⁵
39 嵊泗	tɕiã⁵³	ɕiã⁴⁴⁵	ɕiã⁵³	iã⁵³	iã⁴⁴⁵	iã²¹³	tɕiã⁴⁴⁵ 小	ɕiɛʔ⁵
40 临海	tɕiã³¹	ɕiã⁵²	ɕiã⁵⁵	iã³¹	iã⁵²	iã³²⁴	tɕʰiaʔ⁵	ɕiaʔ⁵
41 椒江	tɕiã⁴²	ɕiã⁴²	ɕiã⁵⁵	iã⁴²	iã⁴²	iã²⁴	tɕʰiəʔ⁵	səʔ⁵音殊
42 黄岩	tɕiã³²	ɕiã⁴²	ɕiã⁵⁵	iã³²	iã⁴²	iã²⁴	tɕʰieʔ⁵	ɕieʔ⁵
43 温岭	tɕiã³³	ɕiã⁴²	ɕiã⁵⁵	iã³³	iã⁴²	iã¹³	tɕʰiaʔ⁵	ɕiaʔ⁵
44 仙居	tɕia³³⁴	ɕia³²⁴	ɕia⁵⁵	ia³³⁴	ia³²⁴	ia²⁴	tɕʰyaʔ⁵	ɕyaʔ⁵
45 天台	kia³³	hia³²⁵	hia⁵⁵	ia³³	ia²¹⁴	ia³⁵	tɕia³¹ 小	ɕieʔ⁵ ~皮
46 三门	tɕiɑ̃³³⁴	ɕiɑ̃³²⁵	ɕiɑ̃⁵⁵	iɑ̃³³⁴	iɑ̃³²⁵	iɑ̃²⁴³	tɕʰiaʔ⁵	ɕiaʔ⁵
47 玉环	tɕia⁴²	ɕia⁵³	ɕia⁵⁵	ia⁴²	ia⁵³	ia²²	tɕʰiɐʔ⁵	ɕiɐʔ⁵

方言点	0745 姜 生~	0746 响	0747 向	0748 秧	0749 痒	0750 样	0751 雀	0752 削
	宕开三平阳见	宕开三上阳晓	宕开三去阳晓	宕开三平阳影	宕开三上阳以	宕开三去阳以	宕开三入药精	宕开三入药心
48 金华	tɕiaŋ³³⁴	ɕiaŋ⁵³⁵	ɕiaŋ⁵⁵	iaŋ³³⁴	iaŋ⁵³⁵	iaŋ¹⁴	tɕiəʔ⁴ 阴茎	ɕiəʔ⁴
49 汤溪	tɕiɔ²⁴	ɕiɔ⁵³⁵	ɕiɔ⁵²	iɔ²⁴	iɔ¹¹³	iɔ³⁴¹	tsã⁵⁵ 小	sɤa⁵⁵
50 兰溪	tɕiaŋ³³⁴	ɕiaŋ⁵⁵	ɕiaŋ⁴⁵	iaŋ³³⁴	iaŋ⁵⁵	iaŋ²⁴	tɕieʔ³⁴	siəʔ³⁴
51 浦江	tɕyõ⁵³⁴	ɕyõ⁵³	ɕyõ⁵⁵	yõ⁵³⁴	yõ²⁴³	yõ²⁴	tsʰyõ⁵³ 孔~	ɕyo⁴²³
52 义乌	tɕiɔ³³⁵	ɕiɔ⁴²³	ɕiɔ⁴⁵	iɔ³³⁵	iɔ³¹²	iɔ²⁴	tsɯa³²⁴	sɯa³²⁴
53 东阳	tɕiɔ³³⁴	ɕiɔ⁴⁴	ɕiɔ⁴⁵³	iɔ³³⁴	iɔ²³¹	iɔ²⁴	(无)	ɕiaʔ³⁴
54 永康	tɕiaŋ⁵⁵	ɕiaŋ³³⁴	ɕiaŋ⁵²	iaŋ⁵⁵	iaŋ¹¹³	iaŋ²⁴¹	tɕʰiau³³⁴	ɕiau³³⁴
55 武义	tɕiaŋ²⁴	ɕiaŋ⁴⁴⁵	ɕiaŋ⁵³	iaŋ²⁴	iaŋ¹³	iaŋ²³¹	tɕin⁵³ 小	ɕiau⁵³
56 磐安	tɕiŋ⁴⁴⁵	ɕiŋ³³⁴	ɕiŋ⁵²	iŋ⁴⁴⁵	iŋ³³⁴	iŋ¹⁴	tsen⁵² 小	ɕya³³⁴
57 缙云	tɕiɑ⁴⁴	ɕiɑ⁵¹	ɕiɑ⁴⁵³	iɑ⁴⁴	iɑ⁵¹	iɑ²¹³	tsəɤ⁴⁵³ 白 / tɕʰiɔ⁴⁵³ 文	ɕiɔ³²²
58 衢州	tɕiã³²	ɕiã³⁵	ɕiã⁵³	iã³²	iã²³¹	iã²³¹	tɕiaʔ⁵ 白 / tɕʰiaʔ⁵ 文	ɕiaʔ⁵
59 衢江	tɕiã³³	ɕiã²⁵	ɕiã⁵³	iã³³	ʑyã²¹²	iã²³¹	tɕiəʔ⁵ 白 / tɕʰiaʔ⁵ 文	ɕiaʔ⁵
60 龙游	tɕiã³³⁴	ɕiã³⁵	ɕiã⁵¹	iã³³⁴	iã²²⁴	iã²³¹	tsəʔ⁵ 白 / tɕʰyəʔ⁴ 文	ɕyəʔ⁴
61 江山	kiaŋ⁴⁴	xiaŋ²⁴¹	xiaŋ⁵¹	ɛ̃⁴⁴	ziɒŋ²²	iaŋ³¹	tɕiaʔ⁵	ɕiaʔ⁵
62 常山	tɕiã⁴⁴	ɕiã⁵²	ɕiã⁵²	ɔ̃⁴⁴ 白 / iã⁴⁴ 文	zɔ̃²⁴	iã²⁴	tɕʰiaʔ⁵	ɕiaʔ⁵
63 开化	tɕiã⁴⁴	ɕiã⁵³	ɕiã⁵³ 调殊	ɛn⁴⁴	ziɒŋ²¹³	iã²¹³	tɕʰiaʔ⁵	ɕiaʔ⁵
64 丽水	tɕiã²²⁴	ɕiã⁵⁴⁴	ɕiã⁵²	iã²²⁴	iã⁵⁴⁴	iã¹³¹	tɕʰyɛʔ⁵	ɕiɔʔ⁵
65 青田	tɕi⁴⁴⁵	ɕi⁴⁵⁴	ɕi³³	i⁴⁴⁵	i⁴⁵⁴	i²²	tɕi⁴⁴⁵ 白 / tɕʰiæʔ¹² 文	sʅʔ⁴²
66 云和	tɕiã²⁴	ɕiã⁴¹	ɕiã⁴⁵	iã²⁴	iã⁴¹	iã²²³	tɕʰiɔ⁵	ɕiɔʔ⁵
67 松阳	tɕiã⁵³	ɕiã²¹²	ɕiã²⁴	æ⁵³ 白 / iã⁵³ 文	ziɒŋ²²	iã¹³	tɕiʔ⁵	ɕiaʔ⁵
68 宣平	tɕiɑ̃³²⁴	ɕiɑ̃⁴⁴⁵	ɕiɑ̃⁵²	iɑ̃³²⁴	iɑ̃⁴⁴⁵	iɑ̃²³¹	tɕiəʔ⁵ 白 / tɕʰiəʔ⁵ 文	ɕiəʔ⁵

续表

方言点	0745 姜生~	0746 响	0747 向	0748 秧	0749 痒	0750 样	0751 雀	0752 削
	宕开三 平阳见	宕开三 上阳晓	宕开三 去阳晓	宕开三 平阳影	宕开三 上阳以	宕开三 去阳以	宕开三 入药精	宕开三 入药心
69 遂昌	tɕiaŋ⁴⁵	ɕiaŋ⁵³³	ɕiaŋ³³⁴	ɛ̃⁴⁵ / iaŋ⁴⁵	ziɔ̃¹³	iaŋ²¹³	tɕiʔ⁵白 / tɕʰyɛʔ⁵文	ɕiaʔ⁵
70 龙泉	tɕiaŋ⁴³⁴	ɕiaŋ⁵¹	ɕiaŋ⁴⁵	ᴇ⁴³⁴白 / iaŋ⁴³⁴文	ɕiɔŋ⁵¹白 / iaŋ⁵¹文	iaŋ²²⁴	tɕʰiaʔ⁵	ɕiaʔ⁵
71 景宁	tɕie³²⁴	ɕie³³	ɕie³⁵	ie³²⁴	ie³³	ie¹¹³	tɕʰiaʔ⁵	ɕiaʔ⁵
72 庆元	tɕiã³³⁵	ɕiã³³	ɕiã¹¹	iã³³⁵	ɕiɔ̃²²¹	iã³¹	tɕiŋ⁵⁵小	ɕiaʔ⁵
73 泰顺	tɕiã²¹³	ɕiã⁵⁵	ɕiã³⁵	iã²¹³	iã⁵⁵	iã²²	tɕʰiɔʔ⁵	ɕiɔʔ⁵
74 温州	tɕi³³	ɕi²⁵	ɕi⁵¹	i³³	i¹⁴	i²²	tɕʰia³²³	ɕia³²³
75 永嘉	tɕie⁴⁴	ɕie⁴⁵	ɕie⁵³	ie⁴⁴	ie¹³	ie²²	tɕʰia⁴²³	ɕia⁴²³
76 乐清	tɕia⁴⁴	ɕia³⁵	ɕia⁴¹	ia⁴⁴	ia²⁴	ia²²	tɕʰiɯʌ³²³	siɯʌ³²³
77 瑞安	tɕie⁴⁴	ɕiɛ³⁵	ɕiɛ⁵³	iɛ⁴⁴	iɛ¹³	iɛ⁵³~子 / iɛ²²~品	tɕʰiɔ³²³	ɕiɔ³²³
78 平阳	tɕie⁵⁵	ɕie⁴⁵	ɕie⁵³	ie⁵⁵	ie⁴⁵	ie³³	tʃʰɔ³⁴	sɔ³⁴
79 文成	tɕie⁵⁵	ɕie⁴⁵	ɕie³³	ie⁵⁵	ie²²⁴	ie⁴²⁴	tɕʰie³⁴	ɕie³⁴
80 苍南	tɕie⁴⁴	ɕie⁵³	ɕie⁴²	iɛ⁴⁴	iɛ⁵³	iɛ¹¹	tɕʰia²²³	ɕia²²³
81 建德徽	tɕie⁵³	ɕie²¹³	ɕie³³白 / ɕiaŋ⁵⁵文	n̠ie⁵³	n̠iɛ²¹³	n̠iɛ⁵⁵	tɕiɐʔ⁵白 / tɕʰiɐʔ⁵文	ɕiɑ⁵⁵白 / ɕiɐʔ⁵文
82 寿昌徽	tɕiã¹¹²	ɕiã²⁴	ɕiã³³	iã¹¹²	iã⁵³⁴	iã³³	tɕiəʔ³文	ɕiəʔ³
83 淳安徽	tɕiã²⁴	ɕiã⁵⁵	ɕiã⁵³	iã²⁴	iã⁵⁵读字	iã⁵³	tsa²⁴	ɕiaʔ⁵
84 遂安徽	tɕiã⁵³⁴	ɕiã²¹³	ɕiã⁴³	iã⁵³⁴	iã²¹³	iã⁵²	tɕʰiɔ³³	ɕiɔ²⁴
85 苍南闽	kĩũ⁵⁵	hiaŋ⁴³	hiaŋ²¹	ɯŋ⁵⁵	tɕĩũ³²	ĩũ²¹	(无)	ɕia⁴³
86 泰顺闽	kio²¹³	ɕio³⁴⁴	ɕio⁵³	o²¹³	ɕio³¹	io³¹	tɕʰiɛʔ⁵	ɕiɛʔ⁵
87 洞头闽	kĩũ³³	hioŋ⁵³	hioŋ²¹	ɯŋ³³	tɕĩũ²¹	ĩũ²¹	kʰiok⁵	ɕia⁵³
88 景宁畲	kiɔŋ⁴⁴	ɕiaŋ⁴⁴调殊	ɕiaŋ⁴⁴	iɔŋ⁴⁴	iɔŋ⁴⁴调殊	iɔŋ⁵¹	(无)	ɕiaʔ⁵

方言点	0753 着火~了	0754 勺	0755 弱	0756 脚	0757 约	0758 药	0759 光~线	0760 慌
	宕开三入药知	宕开三入药禅	宕开三入药日	宕开三入药见	宕开三入药影	宕开三入药以	宕合一平唐见	宕合一平唐晓
01 杭州	dzaʔ²	zoʔ²	zoʔ²	tɕiɛʔ⁵	yɛʔ⁵	iɛʔ²	kuaŋ³³⁴	xuaŋ³³⁴
02 嘉兴	zʌʔ¹³	zoʔ¹³	zʌʔ¹³	tɕiʌʔ⁵	iʌʔ⁵	iʌʔ⁵	kuʌ̃⁴²	huʌ̃⁴²
03 嘉善	zɜʔ²	zuoʔ²	zaʔ²	tɕiaʔ⁵	iaʔ⁵	iaʔ²	kuã⁵³	fã⁵³声殊
04 平湖	zaʔ²³	zoʔ²³	zaʔ²³	tɕiaʔ⁵	iaʔ⁵	iaʔ²³	kuɑ̃⁵³	huɑ̃⁵³
05 海盐	zaʔ²³	cɔʔ²³	zaʔ²³	tɕiaʔ⁵	iaʔ⁵	iaʔ²³	kuɑ̃⁵³	xuɑ̃⁵³
06 海宁	zaʔ²	zoʔ²	zaʔ²	tɕiaʔ⁵	iaʔ⁵	iaʔ²	kuɑ̃⁵⁵	huɑ̃⁵⁵
07 桐乡	zaʔ²³	cɔʔ²³	zaʔ²³	tɕiaʔ⁵	iaʔ⁵	iaʔ²³	kɒ̃⁴⁴	hɒ̃⁴⁴
08 崇德	zaʔ²³	cɔʔ²³	zɔʔ²³	tɕiaʔ⁵	iaʔ⁵	iaʔ²³	kuã⁴⁴	huã⁴⁴
09 湖州	dzaʔ²	zuoʔ²	luoʔ²	tɕiaʔ⁵	iaʔ⁵	iaʔ²	kuã⁴⁴	xuã⁴⁴
10 德清	zɘʔ²	zuoʔ²	zuoʔ²	tɕiaʔ⁵	iaʔ⁵	iaʔ²	kuã⁴⁴	xuã⁴⁴
11 武康	dzɜʔ²	zuoʔ²	luoʔ²	tɕiɜʔ⁵	iɜʔ⁵	iɜʔ²	kuã⁴⁴	xuã⁴⁴
12 安吉	dzɘʔ²³	zuɘʔ²³	ȵiɛʔ²³	tɕiɛʔ⁵	iɛʔ⁵	iɛʔ²³	kuɔ̃⁵⁵	huɔ̃⁵⁵
13 孝丰	dzaʔ²³	suoʔ²³	zuoʔ²³	tɕiaʔ⁵	iaʔ⁵	iaʔ²³	kuɔ̃⁴⁴	huɔ̃⁴⁴
14 长兴	dzɘʔ²	zu²⁴³	zoʔ²	tʃiaʔ⁵	iaʔ⁵	iaʔ²	kɔ̃⁴⁴	hɔ̃⁴⁴
15 余杭	zaʔ²	zoʔ²	zoʔ²	tɕiaʔ⁵	iaʔ⁵	iaʔ²	kuɑ̃⁴⁴	xuɑ̃⁴⁴
16 临安	dzɐʔ¹²	zuɔʔ¹²	zɐʔ¹²	tɕiɐʔ⁵⁴	iɐʔ⁵⁴	iɐʔ¹²	kuɑ̃⁵⁵	huɑ̃⁵⁵
17 昌化	zaʔ²³	zuɘʔ²³	zaʔ²³	tɕiaʔ⁵	iaʔ⁵	iaʔ²³	kuɔ̃³³⁴	xuɔ̃³³⁴
18 於潜	dzæʔ²³	cɔ²²³	zuɐʔ²³	tɕieʔ⁵³	yeʔ⁵³	iɐʔ²³	kuaŋ⁴³³	xuaŋ⁴³³
19 萧山	dzaʔ¹³	yoʔ¹³	zoʔ¹³	tɕiaʔ⁵	iaʔ⁵	iaʔ¹³	kuɔ̃⁵³³	xuɔ̃⁵³³
20 富阳	dzɛʔ²	（无）	（无）	tɕiaʔ⁵	iaʔ⁵	iaʔ²	kuɑ̃⁵³	huɑ̃⁵³
21 新登	dzaʔ²	zɔʔ²	zaʔ²	tɕiaʔ⁵	iaʔ⁵	iɛʔ²	kuɑ̃⁵³	huɑ̃⁵³
22 桐庐	dzaʔ¹³	zɔ¹³文	zuɘʔ¹³	tɕiaʔ⁵	yɘʔ⁵文	iaʔ¹³	kuã⁵³³	xuã⁵³³
23 分水	tsuɘʔ⁵	zaʔ¹²	zɘʔ¹²	tɕiɘʔ⁵	iɘʔ⁵	iɘʔ¹²	kuã⁴⁴	xuã⁴⁴
24 绍兴	dzaʔ²	zoʔ²	zoʔ²	tɕiaʔ⁵	iaʔ⁵	iaʔ²	kuaŋ⁵³	huaŋ⁵³
25 上虞	dzaʔ²	zoʔ²	zoʔ²	tɕiaʔ⁵	iaʔ⁵	iaʔ²	kuã³⁵	fɔ̃³⁵

续表

方言点	0753 着 火~了	0754 勺	0755 弱	0756 脚	0757 约	0758 药	0759 光 ~线	0760 慌
	宕开三 入药知	宕开三 入药禅	宕开三 入药日	宕开三 入药见	宕开三 入药影	宕开三 入药以	宕合一 平唐见	宕合一 平唐晓
26 嵊州	dzaʔ²	zoʔ²	zaʔ²	tɕiaʔ⁵	iaʔ⁵	iaʔ²	kuɔŋ⁵³⁴	huɔŋ⁵³⁴
27 新昌	dʑiaʔ²	zoʔ²	zaʔ²	tɕiaʔ⁵	iaʔ⁵	iaʔ²	kuɔ̃⁵³⁴	fɔ̃⁵³⁴
28 诸暨	dzaʔ¹³	zoʔ¹³	zoʔ¹³	tɕiaʔ⁵	iaʔ⁵	iaʔ¹³	kuɑ̃⁵⁴⁴	fɑ̃⁵⁴⁴
29 慈溪	dzaʔ²	zoʔ²	zoʔ²	tɕiaʔ⁵	iaʔ⁵	iaʔ²	kuɔ̃³⁵	huɔ̃³⁵
30 余姚	dzaʔ²	zoʔ²	zoʔ²	tɕiaʔ⁵	iaʔ⁵	iaʔ²	kuɔŋ⁴⁴	huɔŋ⁴⁴
31 宁波	dʑiəʔ²	zoʔ²	ʑiəʔ²	tɕiaʔ⁵ 又 tɕiəʔ⁵ 又	iəʔ⁵	iəʔ²	kuɔ⁵³	huɔ⁵³
32 镇海	dʑieʔ¹²	zoʔ¹²	ieʔ¹²	tɕieʔ⁵	ieʔ⁵	ieʔ¹²	kuɔ̃⁵³	huɔ̃⁵³
33 奉化	dʑiaʔ²	dzoʔ²	ʑiaʔ²	tɕiaʔ⁵	iaʔ⁵	iaʔ²	kuɔ̃⁴⁴	huɔ̃⁴⁴
34 宁海	dʑiaʔ³	zɔʔ³	ʑiaʔ³	tɕiaʔ⁵	iaʔ⁵	iaʔ³	kuɔ̃⁴²³	huɔ̃⁴²³
35 象山	dʑieʔ²	zoʔ²	zoʔ²	tɕieʔ⁵	ieʔ⁵	ieʔ²	kuɔ̃⁴⁴	huɔ̃⁴⁴
36 普陀	dʑiɛʔ²³	zoʔ²³	iɛʔ²³	tɕiɛʔ⁵	iɛʔ⁵	iɛʔ²³	kuɔ̃⁵³	xuɔ̃⁵³
37 定海	dʑieʔ²	zoʔ² 料~	ieʔ²	tɕieʔ⁵	ieʔ⁵	ieʔ²	kuɔ̃⁵²	xuɔ̃⁵²
38 岱山	dʑieʔ²	zoʔ²	ieʔ²	tɕieʔ⁵	ieʔ⁵	ieʔ²	kuɔ̃⁵²	xuɔ̃⁵²
39 嵊泗	dʑiɛʔ²	（无）	iɛʔ²	tɕiɛʔ⁵	iɛʔ⁵	iɛʔ²	kuɔ̃⁵³	xuɔ̃⁵³
40 临海	dzəʔ²³	zɔʔ²³	ʑiaʔ²³	tɕiaʔ⁵	iaʔ⁵	iaʔ²³	kɔ̃³¹	hɔ̃³¹
41 椒江	dzəʔ²	zoʔ²	ʑiəʔ²	tɕiəʔ⁵	iəʔ⁵	iaʔ²	kuɔ̃⁴²	huɔ̃⁴²
42 黄岩	dʑieʔ²	zoʔ²	ʑieʔ²	tɕieʔ⁵	ieʔ⁵	iɐʔ²	kuɔ̃³²	huɔ̃³²
43 温岭	dʑiaʔ²	zoʔ²	ʑiaʔ²	tɕiaʔ⁵	iaʔ⁵	iaʔ²	kuɔ̃³³	huɔ̃³³
44 仙居	dzyɑʔ²³	zyɑʔ²³	zyɑʔ²³	tɕyɑʔ⁵	yɑʔ⁵	yɑʔ²³	kuɑ̃³³⁴	huɑ̃³³⁴
45 天台	dʑiaʔ²	zoʔ²	ʑiaʔ²	kiaʔ⁵	iaʔ⁵	iaʔ²	kuɔ³³	huɔ³³
46 三门	dʑiaʔ²³	zɔʔ²³	ʑiaʔ²³	tɕiaʔ⁵	iaʔ⁵	iaʔ²³	kɔ³³⁴	hɔ³³⁴
47 玉环	dʑiɐʔ²	zoʔ²	ʑiɐʔ²	tɕiɐʔ⁵	iɐʔ⁵	iɐʔ²	kɔ̃⁴²	hɔ̃⁴²
48 金华	dʑiəʔ²¹²	zoʔ²¹²	loʔ²¹² 读字	tɕiəʔ⁴	ioʔ⁴ 读字	iəʔ²¹²	kuaŋ³³⁴	xuaŋ³³⁴
49 汤溪	dʑiɔ¹¹³	ʑiɔ¹¹³	ʑiɔ¹¹³	tɕiɔ⁵⁵	iɔ⁵⁵	iɔ¹¹³	kɑo²⁴	xɑo²⁴

续表

方言点	0753 着 火~了	0754 勺	0755 弱	0756 脚	0757 约	0758 药	0759 光 ~线	0760 慌
	宕开三 入药知	宕开三 入药禅	宕开三 入药日	宕开三 入药见	宕开三 入药影	宕开三 入药以	宕合一 平唐见	宕合一 平唐晓
50 兰溪	dzia $ʔ^{12}$	ʑyɤ $ʔ^{12}$	ʑyɤ $ʔ^{12}$	tɕia $ʔ^{34}$	iɔ $ʔ^{34}$	iɔ $ʔ^{12}$	kuaŋ ^{334}	xuaŋ ^{334}
51 浦江	dzyo ^{232}	ʑyo ^{232}	ʑyo ^{232}	tɕyo ^{123}	yo ^{123}	yo ^{232}	kõ ^{534}	xõ ^{534}
52 义乌	dzɰa ^{312}	zɰa ^{312}	yə ^{312}	tɕiɔ ^{324}	iɔ ^{324}	iɔ ^{312} 白 iau ^{312} 文	kŋ ^{w335} 白 kuan ^{335} 文	fŋ ^{w335}
53 东阳	dzio ^{213}	（无）	ʑia ^{24} 白 no ^{153} 文	tɕio ^{334}	iɛ $ʔ^{34}$	io ^{213}	kə ^{334}	hə ^{334}
54 永康	dziɑu ^{113}	ʑiɑu ^{241} 小	ʑiɑu ^{113}	tɕiɑu ^{334}	iɑu ^{334}	iɑu ^{113}	kuaŋ ^{55}	xuaŋ ^{55}
55 武义	dziɑu ^{13}	ʑiɑu ^{13}	ʑiɑu ^{13}	tɕiɑu ^{53}	iɑu ^{53}	iɑu ^{13}	kuaŋ ^{24}	xuaŋ ^{24}
56 磐安	dzuə ^{213}	zuə ^{213}	zuə ^{213}	tɕyə ^{334}	yə ^{334}	yə ^{213}	kɒ ^{445}	xɒ ^{445}
57 缙云	dɛ ^{13}	ziɔ ^{13}	n̠iɔ ^{13}	tɕiɔ ^{322}	iɔ ^{322}	iɔ ^{13}	kɔ ^{44}	xɔ ^{44}
58 衢州	dʒya $ʔ^{12}$	ʒya $ʔ^{12}$	n̠ia $ʔ^{12}$	tɕia $ʔ^{5}$	ia $ʔ^{5}$	ia $ʔ^{12}$	kuᾶ ^{32}	xuᾶ ^{32}
59 衢江	dzyə $ʔ^{2}$	ʑia $ʔ^{2}$	n̠ia $ʔ^{2}$	tɕia $ʔ^{5}$	ia $ʔ^{5}$	ia $ʔ^{2}$	kᾶ ^{33}	xᾶ ^{33}
60 龙游	dei ^{224} 音殊	zɔ $ʔ^{23}$	zɔ $ʔ^{23}$	tɕiɔ $ʔ^{4}$	iɔ $ʔ^{4}$	iɔ $ʔ^{23}$	kuᾶ ^{334}	xuᾶ ^{334}
61 江山	dE ^{22} 音殊	ʑia $ʔ^{2}$	n̠ia $ʔ^{2}$	kɒ $ʔ^{5}$ 落~生 kia $ʔ^{5}$ ~色	ia $ʔ^{5}$	ia $ʔ^{2}$	kyaŋ ^{44}	xyaŋ ^{44}
62 常山	dɛ ^{24} 音殊	ʑia $ʔ^{34}$	n̠iʌ $ʔ^{34}$	tɕia $ʔ^{5}$	ia $ʔ^{5}$	ia $ʔ^{34}$	tɕiɔ̃ ^{44}	ɕiɔ̃ ^{44}
63 开化	dɛ ^{213} 音殊	ʑia $ʔ^{13}$	n̠ia $ʔ^{13}$	tɕya $ʔ^{5}$	ia $ʔ^{5}$	ia $ʔ^{13}$	tɕyᾶ ^{44} 天~ kuᾶ ^{44} ~荣	ɕyᾶ ^{44}
64 丽水	dɛ ^{22} 调殊	ziɔ $ʔ^{23}$	n̠iɔ $ʔ^{23}$	tɕiɔ $ʔ^{5}$	iɔ $ʔ^{5}$	iɔ $ʔ^{23}$	kɔ̃ ^{224}	xɔ̃ ^{224}
65 青田	dɛ ^{343}	i $ʔ^{31}$	n̠i $ʔ^{31}$	tɕi $ʔ^{42}$	i $ʔ^{42}$	i $ʔ^{31}$	ko ^{445}	xo ^{445}
66 云和	da ^{223}	ziɔ $ʔ^{23}$	n̠iɔ $ʔ^{23}$	tɕiɔ $ʔ^{5}$	iɔ $ʔ^{5}$	iɔ $ʔ^{23}$	kɔ̃ ^{24}	xɔ̃ ^{24}
67 松阳	dɛ ^{22}	ʑia $ʔ^{2}$	n̠ia $ʔ^{2}$	tɕia $ʔ^{5}$	ia $ʔ^{5}$	ia $ʔ^{2}$	koŋ ^{53}	xoŋ ^{53}
68 宣平	dei ^{223}	ʑiə $ʔ^{23}$	n̠iə $ʔ^{23}$	tɕiə $ʔ^{5}$	iə $ʔ^{5}$	iə $ʔ^{23}$	kɔ̃ ^{324}	xɔ̃ ^{324}
69 遂昌	dei ^{13}	ʑia $ʔ^{23}$	n̠ia $ʔ^{23}$	tɕia $ʔ^{5}$ 整~	ia $ʔ^{5}$	ia $ʔ^{23}$	kɔŋ ^{45}	xɔŋ ^{45}
70 龙泉	tE ^{51} 火~ tɕia $ʔ^{5}$ ~火	ʑia $ʔ^{24}$	n̠ia $ʔ^{24}$	tɕia $ʔ^{5}$	ia $ʔ^{5}$	ia $ʔ^{24}$	kɔŋ ^{434}	xɔŋ ^{434}
71 景宁	dai ^{33}	ʑia $ʔ^{23}$	n̠ia $ʔ^{23}$	tɕia $ʔ^{5}$	ia $ʔ^{5}$	ia $ʔ^{23}$	kɔŋ ^{324}	xɔŋ ^{324}

方言点	0753 着 火~了	0754 勺	0755 弱	0756 脚	0757 约	0758 药	0759 光 ~线	0760 慌
	宕开三 入药知	宕开三 入药禅	宕开三 入药日	宕开三 入药见	宕开三 入药影	宕开三 入药以	宕合一 平唐见	宕合一 平唐晓
72 庆元	tæi²²¹	ɕiaʔ³⁴	n̠iaʔ³⁴	tɕiaʔ⁵ 整~	iaʔ⁵	iaʔ³⁴	kɔ³³⁵	xɔ³³⁵
73 泰顺	tɛ²¹	ɕiɔʔ²	n̠iɔʔ²	tɕiɔʔ⁵	iɔʔ⁵	iɔʔ²	kɔ²¹³	xɔ²¹³
74 温州	dʑia²¹²	ia²¹²	ia³²³调殊	tɕia³²³	ia³²³	ia²¹²	kuɔ³³	huɔ³³
75 永嘉	dʑia²¹³	ia⁴²³调殊	ia⁴²³调殊	tɕia⁴²³	ia⁴²³	ia²¹³	kɔ⁴⁴	hɔ⁴⁴
76 乐清	dʑiɯʌ²¹²	ziɯʌ²¹²	ziɯʌ²¹²	tɕia³²³	ia³²³	ia²¹²	kɔ⁴⁴	hɔ⁴⁴
77 瑞安	dʑiɔ²¹²	iɔ²¹²	iɔ²¹²	tɕiɔ³²³	iɔ³²³	iɔ²¹²	ko⁴⁴	ho⁴⁴
78 平阳	dʒɔ¹²	zɔ¹²	zɔ¹²	tʃɔ³⁴	iɔ³⁴	iɔ¹²	ko⁵⁵	xo⁵⁵
79 文成	dʑie²¹²	（无）	zie²¹²	tʃa³⁴	ia³⁴	ia²¹²	kuo⁵⁵	xo⁵⁵
80 苍南	dʑia¹¹²	dʑia¹¹²	dʑia¹¹²	tɕia²²³	ia²²³	ia¹¹²	ko⁴⁴	ho⁴⁴
81 建德徽	tsa²¹³	so²¹³	n̠iɐʔ¹²	tɕia⁵⁵	iɐʔ⁵	ia²¹³	ko⁵³	ho⁵³
82 寿昌徽	tsʰɔʔ³¹	sɔʔ³¹	n̠iɔʔ³¹	tɕiɔʔ³	iɔʔ⁵	iɔʔ³¹	kuã̃¹¹²	xuã̃¹¹²
83 淳安徽	tsʰaʔ¹³	saʔ¹³	iaʔ¹³	tɕiaʔ⁵	iaʔ⁵	iaʔ¹³	kuã̃²⁴	hon²⁴
84 遂安徽	tɕʰiɔ²⁴	sɔ²¹³	iɔ²¹³	tɕia²⁴	ia²⁴	ia²¹³	kuã̃⁵³⁴	xoŋ⁵³⁴
85 苍南闽	to²⁴	tɕʰia²⁴	dʑiɔ²⁴	（无）	iɔ⁴³	io²⁴	kɯŋ⁵⁵	haŋ⁵⁵
86 泰顺闽	tɕiɛ³	（无）	niɛʔ³	kʰa²¹³	iɛʔ⁵	iɛʔ³	kuo²¹³	fo²¹³
87 洞头闽	to²⁴¹	ɕia²⁴¹	dʑiɔk²⁴	（无）	iɔk⁵	ieu²⁴¹	kɯŋ³³	hoŋ³³
88 景宁畲	tɕʰioʔ²	ɕioʔ²	n̠iaʔ²	kioʔ⁵ / tɕioʔ⁵	iaʔ⁵	ioʔ²	kɔŋ⁴⁴	xɔŋ⁴⁴

方言点	0761 黄 宕合一 平唐匣	0762 郭 宕合一 入铎见	0763 霍 宕合一 入铎晓	0764 方 宕合三 平阳非	0765 放 宕合三 去阳非	0766 纺 宕合三 上阳敷	0767 房 宕合三 平阳奉	0768 防 宕合三 平阳奉
01 杭州	uaŋ²¹³	koʔ⁵	xoʔ⁵	faŋ³³⁴	faŋ⁴⁵	faŋ⁵³	vaŋ²¹³	baŋ²¹³～恐 vaŋ²¹³边～
02 嘉兴	uÃ²⁴²	koʔ⁵	hoʔ⁵	fÃ⁴²	fÃ²²⁴	fÃ⁵⁴⁴	vÃ²⁴²	vÃ²⁴²
03 嘉善	uã¹³²	kuoʔ⁵	xuoʔ⁵	fã⁵³	fã³³⁴	fã³³⁴	vã¹³²	bã¹³²
04 平湖	uɑ̃³¹	koʔ⁵	hoʔ⁵	fɑ̃⁵³	fɑ̃³³⁴	fɑ̃³³⁴	vɑ̃³¹	bɑ̃³¹
05 海盐	uɑ̃³¹	kɔʔ⁵	xɔʔ⁵	fɑ̃⁵³	fɑ̃³³⁴	fɑ̃⁴²³	uɑ̃³¹	bɑ̃³¹
06 海宁	uɑ̃¹³	koʔ⁵	hoʔ⁵	fɑ̃⁵⁵	fɑ̃³⁵	fɑ̃⁵³	vɑ̃¹³	bɑ̃¹³
07 桐乡	ɒ̃¹³	kɔʔ⁵	hɔʔ⁵	fɒ̃⁴⁴	fɒ̃³³⁴	fɒ̃⁵³	vɒ̃¹³	bɒ̃¹³
08 崇德	ua¹³	kɔʔ⁵	hɔʔ⁵	fã⁴⁴	fã³³⁴	fã⁵³	vã¹³	bã¹³
09 湖州	uã¹¹²	kuoʔ⁵	xuoʔ⁵	fã⁴⁴	fã³⁵	fã⁵²³	vã¹¹²	vã¹¹²
10 德清	uã¹¹³	kuoʔ⁵	xuoʔ⁵	fã⁴⁴	fã³³⁴	fã⁵²	vã¹¹³	bã¹¹³
11 武康	uã¹¹³	kuoʔ⁵	xuoʔ⁵	fã⁴⁴	fã²²⁴	fã⁵³	vã¹¹³	bã¹¹³
12 安吉	uɔ̃²²	koʔ⁵	hoʔ⁵	fɔ̃⁵⁵	fɔ̃³²⁴	fɔ̃⁵²	vɔ̃²²	bɔ̃²²
13 孝丰	uɔ̃²²	kuoʔ⁵	huoʔ⁵	fɔ̃⁴⁴	fɔ̃³²⁴	fɔ̃⁵²	vɔ̃²²	vɔ̃²²
14 长兴	ɔ̃¹²	koʔ⁵	hoʔ⁵	fɔ̃⁴⁴	fɔ̃³²⁴	fɔ̃⁵²	vɔ̃¹²	bɔ̃¹²
15 余杭	uɑ̃²²	koʔ⁵	oʔ⁵	fɑ̃⁴⁴	fɑ̃⁴²³	fɑ̃⁵³	vɑ̃²²	bɑ̃²²
16 临安	uã³³	kuəʔ⁵⁴	huəʔ⁵⁴	fã⁵⁵	fã⁵⁵	fã⁵⁵	vã³³	bã³³
17 昌化	uɔ̃¹¹²	kuəʔ⁵	xuəʔ⁵	fɔ̃³³⁴	fɔ̃⁵⁴⁴	fɔ̃⁴⁵³	vɔ̃¹¹²	vɔ̃¹¹²
18 於潜	uaŋ²²³	kuəʔ⁵³	xuəʔ⁵³	faŋ⁴³³	faŋ³⁵	faŋ⁵¹	vaŋ²²³	vaŋ²²³
19 萧山	uɔ̃³⁵⁵	kuoʔ⁵	xuoʔ⁵	fɔ̃⁵³³	fɔ̃⁴²	fɔ̃³³	vɔ̃³⁵⁵	vɔ̃³⁵⁵
20 富阳	uɑ̃¹³	kuoʔ⁵	huoʔ⁵	fɑ̃⁵³	fɑ̃³³⁵	fɑ̃⁴²³	vɑ̃¹³	vɑ̃¹³
21 新登	uɑ̃²³³	kɔʔ⁵	huəʔ⁵	fɑ̃⁵³	fɑ̃⁴⁵	fɑ̃³³⁴	vɑ̃²³³	bɑ̃²³³～牢
22 桐庐	uã¹³	kuəʔ⁵	xuəʔ⁵	fã⁵³³	fã³⁵	fã³³	vã¹³	vã¹³
23 分水	uã²²	kəʔ⁵	xuəʔ⁵	fã⁴⁴	fã²⁴	fã⁵³	vã²²	vã²²
24 绍兴	uaŋ²³¹	kuoʔ⁵	həʔ⁵	faŋ⁵³	faŋ³³	faŋ³³⁴	uaŋ²³¹	baŋ²³¹
25 上虞	uɔ̃²¹³	koʔ⁵	hoʔ⁵	fɔ̃³⁵	fɔ̃⁵³	fɔ̃³⁵	vɔ̃²¹³	bɔ̃²¹³

方言点	0761 黄	0762 郭	0763 霍	0764 方	0765 放	0766 纺	0767 房	0768 防
	宕合一平唐匣	宕合一入铎见	宕合一入铎晓	宕合三平阳非	宕合三去阳非	宕合三上阳敷	宕合三平阳奉	宕合三平阳奉
26 嵊州	$uɔŋ^{213}$	$kuoʔ^5$	$hoʔ^5$	$fɔŋ^{534}$	$fɔŋ^{334}$	$fɔŋ^{53}$	$uɔŋ^{213}$	$bɔŋ^{213}$
27 新昌	$uɔ̃^{22}$	$kuʔ^5$	$hoʔ^5$	$fɔ̃^{534}$	$fɔ̃^{335}$	$fɔ̃^{453}$	$uɔ̃^{22}$	$bɔ̃^{22}$
28 诸暨	$vã^{13}$	$koʔ^5$	$hoʔ^5$	$fã^{544}$	$fã^{544}$	$fã^{42}$	$vã^{13}$	$bã^{13}$
29 慈溪	$uɔ̃^{13}$	$kuoʔ^5$	$huoʔ^5$	$fɔ̃^{35}$	$fɔ̃^{44}$	$fɔ̃^{35}$	$vɔ̃^{13}$	$bɔ̃^{13}$
30 余姚	$uɔŋ^{13}$	$kuoʔ^5$	$huoʔ^5$	$fɔŋ^{44}$	$fɔŋ^{53}$	$fɔŋ^{34}$	$vɔŋ^{13}$	$bɔŋ^{13}$
31 宁波	$uɔ^{13}$	$koʔ^5$	$hoʔ^5$	$fɔ^{53}$	$fɔ^{44}$	$fɔ^{44}$~织	$vɔ^{13}$	$bɔ^{13}$~备
32 镇海	$uɔ̃^{24}$	$koʔ^5$	$hoʔ^5$	$fɔ̃^{53}$	$fɔ̃^{53}$	$fɔ̃^{35}$	$vɔ̃^{24}$	$bɔ̃^{24}$
33 奉化	$uɔ̃^{33}$	$koʔ^5$	$hoʔ^5$	$fɔ̃^{44}$	$fɔ̃^{53}$	$fɔ̃^{545}$	$vɔ̃^{33}$	$bɔ̃^{33}$
34 宁海	$uɔ̃^{213}$	$kɔʔ^5$	$hɔʔ^5$	$fɔ̃^{423}$	$fɔ̃^{35}$	$fɔ̃^{53}$	$vɔ̃^{213}$	$bɔ̃^{213}$
35 象山	$uɔ̃^{31}$	$koʔ^5$	$hoʔ^5$	$fɔ̃^{44}$	$fɔ̃^{53}$	$fɔ̃^{44}$	$vɔ̃^{31}$	$bɔ̃^{31}$
36 普陀	$uɔ̃^{24}$	$koʔ^5$	$xoʔ^5$	$fɔ̃^{53}$	$fɔ̃^{55}$	$fɔ̃^{45}$	$vɔ̃^{24}$	$bɔ̃^{24}$
37 定海	$uõ^{23}$	$koʔ^5$	$xoʔ^5$	$fõ^{52}$	$fõ^{44}$	$fõ^{45}$	$võ^{23}$	$bõ^{13}$白 $võ^{13}$文
38 岱山	$uõ^{23}$	$koʔ^5$	$xoʔ^5$	$fõ^{52}$	$fõ^{44}$	$fõ^{44}$	$võ^{23}$	$bõ^{23}$
39 嵊泗	$uõ^{243}$	$koʔ^5$	$xoʔ^5$	$fõ^{53}$	$fõ^{53}$	$fõ^{53}$	$võ^{243}$	$bõ^{213}$
40 临海	$ɔ̃^{21}$	$kɔʔ^5$	$hɔʔ^5$	$fɔ̃^{31}$	$fɔ̃^{55}$	$fɔ̃^{52}$	$vɔ̃^{21}$	$vɔ̃^{21}$
41 椒江	$uɔ̃^{31}$	$koʔ^5$	$huoʔ^5$	$fɔ̃^{42}$	$fɔ̃^{55}$	$fɔ̃^{42}$	$vɔ̃^{31}$	$vɔ̃^{31}$
42 黄岩	$uɔ̃^{121}$	$koʔ^5$	$huoʔ^5$	$fɔ̃^{32}$	$fɔ̃^{55}$	$fɔ̃^{42}$	$vɔ̃^{121}$	$vɔ̃^{121}$
43 温岭	$uɔ̃^{31}$	$kuoʔ^5$	$hɤʔ^5$	$fɔ̃^{33}$	$fɔ̃^{55}$	$fɔ̃^{42}$	$vɔ̃^{31}$	$vɔ̃^{31}$
44 仙居	$uã^{213}$	$kuəʔ^5$	$huəʔ^5$	$fã^{334}$	$fã^{55}$	$fã^{324}$	$vã^{213}$	$vã^{213}$
45 天台	$uɔ^{224}$	$kuoʔ^5$	$huoʔ^5$	$fɔ^{33}$	$fɔ^{55}$	$fɔ^{325}$	$vɔ^{224}$	$vɔ^{224}$
46 三门	$uɔ^{113}$	$kɔʔ^5$	$hɔʔ^5$	$fɔ^{334}$	$fɔ^{55}$	$fɔ^{325}$	$vɔ^{113}$	$vɔ^{113}$
47 玉环	$ɔ̃^{31}$	$koʔ^5$	$hoʔ^5$	$fɔ̃^{42}$	$fɔ̃^{55}$	$fɔ̃^{53}$	$vɔ̃^{31}$	$vɔ̃^{31}$
48 金华	$uaŋ^{313}$	$koʔ^4$	$xuəʔ^4$	$faŋ^{334}$	$faŋ^{55}$	$faŋ^{535}$	$vaŋ^{313}$	$vaŋ^{313}$
49 汤溪	ao^{11}白 $uã^{11}$文	$kuɔ^{55}$	（无）	$faɔ^{24}$	$faɔ^{52}$	$faɔ^{535}$	$vaɔ^{11}$	$vaɔ^{11}$白 $vã^{11}$文

续表

方言点	0761 黄	0762 郭	0763 霍	0764 方	0765 放	0766 纺	0767 房	0768 防
	宕合一平唐匣	宕合一入铎见	宕合一入铎晓	宕合三平阳非	宕合三去阳非	宕合三上阳敷	宕合三平阳奉	宕合三平阳奉
50 兰溪	uaŋ^{21}	kuəʔ^{34}	xuɑʔ^{34}	faŋ^{334}	faŋ^{45}	faŋ^{55}	vaŋ^{21}	vaŋ^{21}
51 浦江	õ^{113}	ko^{423}	xo^{53}	fõ^{534}	fõ^{55}	fõ^{53}	võ^{113}	võ^{113}
52 义乌	n̩^{213}	kɔ^{324}白 kuə^{324}文	huə^{324}	fŋ$^{w\,335}$	fŋ$^{w\,45}$	fŋ$^{w\,423}$白 fan^{423}文	vŋ$^{w\,213}$白 van^{213}文	
53 东阳	ɔ^{213}	ko^{334}	ho^{334}	fɔ^{334}	fɔ^{453}	fɔ^{453}	vɔ^{213}	vɔ^{213}
54 永康	uaŋ^{22}	kuo^{334}	xuo^{334}	faŋ^{55}	faŋ^{52}	faŋ^{334}	vaŋ^{22}	vaŋ^{22}
55 武义	uaŋ^{324}	kuo^{53}	xuo^{53}	faŋ^{24}	faŋ^{53}	faŋ^{445}	vaŋ^{324}	vaŋ^{324}
56 磐安	ɒ^{213}	kuə^{334}	xuə^{334}	fɒ^{445}	fɒ^{52}	fɒ^{334}	vɒ^{213}	vɒ^{213}
57 缙云	ɔ^{243}	kɔ^{322}	xɔ^{322}	fɔ^{44}	fɔ^{453}	fɔ^{51}	vɔ^{243}	vɔ^{243}
58 衢州	uã^{21}	kəʔ^{5}	xəʔ^{5}	fã^{32}	fã^{53}	fã^{35}	vã^{21}	vã^{21}
59 衢江	ã^{212}	kəʔ^{5}白 kuəʔ^{5}文	xəʔ^{5}	fã^{33}	fã^{53}	fã^{25}	vã^{212}	vã^{212}
60 龙游	uã^{21}	kɔʔ^{4}	xɔʔ^{4}	fã^{334}	fã^{51}	vã^{21}音殊	fã^{35}	vã^{21}
61 江山	yaŋ^{213}	kuaʔ^{5}	xyaʔ^{5}	fɒŋ^{44}	poŋ^{51}白 fɒŋ^{51}文	fɒŋ^{241}	vɒŋ^{213}	vɒŋ^{213}
62 常山	ɔ̃^{341}白 iɔ̃^{341}文	kuʌʔ^{5}又 kɤʔ^{5}又	xuʌʔ^{5}	fia^{44}四~ fa^{44}姓~	poŋ^{324}~火 fã^{52}解~	fã^{324}	vã^{341}	viã^{341}~备 vã^{341}国
63 开化	yã^{231}~色 uã^{231}~昏	kɔʔ^{5}	xɔʔ^{5}	fia^{44}形 fa^{44}姓~	pɤŋ^{412}~假 fã^{53}解~	fã^{53}	vã^{213}调殊	viã^{231}白 vã^{231}文
64 丽水	ɔŋ^{22}	kəʔ^{5}	xuɔʔ^{5}	fɔŋ^{224}	fɔŋ^{52}	fɔŋ^{544}	vɔŋ^{22}	vɔŋ^{22}
65 青田	o^{21}	koʔ^{42}	xoʔ^{42}	fo^{445}	fo^{33}	fo^{454}	vo^{21}	vo^{21}
66 云和	ɔ̃^{312}	koʔ^{5}	xoʔ^{5}	fɔ̃^{24}	fɔ̃^{45}	fɔ̃^{41}	vɔ̃^{312}	vɔ̃^{312}
67 松阳	oŋ^{31}	koʔ^{5}	xoʔ^{5}	foŋ^{53}	foŋ^{24}	foŋ^{212}	voŋ^{31}	voŋ^{31}
68 宣平	ɔ̃^{433}	kəʔ^{5}	xəʔ^{5}	fɔ̃^{324}	fɔ̃^{52}	fɔ̃^{445}	vɔ̃^{433}	vɔ̃^{433}
69 遂昌	ɔŋ^{221}	kɔʔ^{5}	xɔʔ^{5}	fɔŋ^{45}	fɔŋ^{334}	fɔŋ^{533}	vɔŋ^{221}	vɔŋ^{221}
70 龙泉	ɔŋ^{21}	kouʔ^{5}	xouʔ^{5}白 xou^{51}姓~	fɔŋ^{434}	fɔŋ^{45}	fɔŋ^{51}	vɔŋ^{21}	vɔŋ^{21}
71 景宁	ɔŋ^{41}	koʔ^{5}	xo^{35}	fɔŋ^{324}	fɔŋ^{35}	fɔŋ^{33}	vɔŋ^{41}	vɔŋ^{41}

方言点	0761 黄 宕合一 平唐匣	0762 郭 宕合一 入铎见	0763 霍 宕合一 入铎晓	0764 方 宕合三 平阳非	0765 放 宕合三 去阳非	0766 纺 宕合三 上阳敷	0767 房 宕合三 平阳奉	0768 防 宕合三 平阳奉
72 庆元	ɔ̃⁵²	koʔ⁵	xoʔ⁵	fɔ̃³³⁵	ɵəŋ¹¹ ~屁 fɔ̃¹¹ ~心	fɔ̃³³	fɔ̃⁵²	fɔ̃⁵²
73 泰顺	ɔ̃⁵³	koʔ⁵	oʔ² 音殊	xɔ̃²¹³	xɔ̃³⁵	xɔ̃⁵⁵	ɔ̃⁵³	ɔ̃⁵³
74 温州	uɔ³¹	ko³²³	ho³²³	huɔ³³	huɔ⁵¹	huɔ²⁵	uɔ³¹	uɔ³¹
75 永嘉	ɔ³¹	ko⁴²³	ho⁴²³	huɔ⁴⁴	huɔ⁵³	huɔ⁴⁵	uɔ³¹	uɔ³¹
76 乐清	ɔ³¹	ko³²³	ho³²³	fɔ⁴⁴	fɔ⁴¹	fɔ³⁵	vɔ³¹	vɔ³¹
77 瑞安	o³¹	ko³²³	ho³²³	fɔ⁴⁴	fɔ⁵³	fɔ³⁵	vɔ³¹	vɔ³¹
78 平阳	o²⁴²	ko³⁴	xo⁵³ 文	fɔ⁵⁵	fɔ⁵³	fɔ⁴⁵	vɔ²⁴²	vɔ²⁴²
79 文成	o¹¹³	ko³⁴	xo³⁴	fo⁵⁵	fo³³	fo⁴⁵	vo¹¹³	vo¹¹³
80 苍南	o³¹	ko²²³	ho²²³	huɔ⁴⁴	huɔ⁴²	huɔ⁵³	uɔ³¹	uɔ³¹
81 建德徽	ŋo³³	kuɐʔ⁵	huɐʔ⁵	fo⁵³	fo³³	fo²¹³	fo³³	fo³³
82 寿昌徽	uɑ̃⁵²	kɔ̃³	xuoʔ³	fɑ̃¹¹²	fɑ̃³³	fɑ̃²⁴	fɑ̃⁵²	fɑ̃⁵²
83 淳安徽	uɑ̃⁴³⁵	koʔ⁵	hoʔ⁵ 又 foʔ⁵ 又	fɑ̃²⁴	hon²⁴ 白 fɑ̃²⁴ 文	fɑ̃²⁴ 调殊	fɑ̃⁴³⁵	fɑ̃⁴³⁵
84 遂安徽	n³³ 白 vɑ̃³³ 文	ko²⁴	fəɯ⁵²	fɑ̃⁵³⁴	fɑ̃⁴³	fɑ̃²¹³	fɑ̃³³	fɑ̃³³
85 苍南闽	ɯŋ²⁴	kə⁴³	hɛ⁴³	hɑŋ⁵⁵	pan²¹	hɑŋ⁴³	hɑŋ²⁴	hɑŋ²⁴
86 泰顺闽	uo²²	kɒʔ⁵	kʰɒʔ⁵	fo²¹³	pəŋ⁵³	fo³⁴⁴	fo²²	fo²²
87 洞头闽	ɯŋ¹¹³	kə⁵³	hok⁵	hoŋ³³	pan²¹	hoŋ⁵³	pan¹¹³	hoŋ¹¹³
88 景宁畲	uɔŋ²²	koʔ⁵	（无）	fɔŋ⁴⁴	piɔŋ⁴⁴	fɔŋ²² 调殊	fɔŋ²²	fɔŋ²²

方言点	0769 网 宕合三 上阳微	0770 筐 宕合三 平阳溪	0771 狂 宕合三 平阳群	0772 王 宕合三 平阳云	0773 旺 宕合三 去阳云	0774 缚 宕合三 入药奉	0775 绑 江开二 上江帮	0776 胖 江开二 去江滂
01 杭州	uaŋ⁵³	kʰuaŋ³³⁴	guaŋ²¹³	uaŋ²¹³	uaŋ¹³	boʔ²	paŋ⁵³	pʰaŋ⁴⁵
02 嘉兴	mÃ¹¹³	kʰuÃ⁴²	guÃ²⁴²	uÃ²⁴²	uÃ²²⁴	boʔ¹³	pÃ⁵⁴⁴	pʰÃ²²⁴
03 嘉善	moŋ¹¹³白 mã¹¹³白 vã¹¹³文	kʰuã³³⁴	guã¹³²	uã¹³²	ia³³⁴白 uã³³⁴文	buoʔ²	pã⁴⁴	pʰã³³⁴
04 平湖	mã²¹³	（无）	guɑ̃³¹	uɑ̃³¹	uɑ̃²¹³	boʔ²³	pɑ̃⁴⁴	pʰɑ̃²¹³
05 海盐	moŋ⁴²³白 mɑ̃⁴²³文	kʰuɑ̃⁵³	guɑ̃³¹	uɑ̃³¹	iɑ̃²¹³白 uɑ̃²¹³文	（无）	pɑ̃⁴²³	pʰɑ̃³³⁴
06 海宁	moŋ²³¹白 mɑ̃²³¹文	kʰuɑ̃⁵⁵	guɑ̃¹³	uɑ̃¹³	ia¹³白 uɑ̃¹³文	voʔ²	pɑ̃⁵³	pʰɑ̃³⁵
07 桐乡	moŋ²⁴²	kʰɒ̃⁴⁴	gɒ̃¹³	ɒ̃¹³	iɒ̃²¹³	（无）	pɒ̃⁵³	pʰɒ̃³³⁴
08 崇德	moŋ⁵³白 uã⁵³文	kʰuã⁴⁴	guã¹³	uã¹³	ia¹³	voʔ²³读字	pã⁵³	pʰã³³⁴
09 湖州	mã⁵²³白 uã⁵²³文	kʰuã⁴⁴	guã¹¹²	uã¹¹²	uã³⁵	buoʔ²	pã⁵²³	pʰã³⁵
10 德清	moŋ⁵²白 mã⁵²白 uã⁵²文	kʰuã⁴⁴	guã¹¹³	uã¹¹³	uã³³⁴	vuoʔ²	pã⁵²	pʰã³³⁴
11 武康	mã⁵³白 uã⁵³文	kʰuã²²⁴	guã¹¹³	uã¹¹³	uã²²⁴	buoʔ²	pã⁵³	pʰã²²⁴
12 安吉	mɔ̃⁵²	kʰuɔ̃⁵⁵	guɔ̃²²	uɔ̃²²	uɔ̃²¹³	voʔ²³	pɔ̃⁵²	pʰɔ̃³²⁴
13 孝丰	mɔ̃⁵²	kʰuɔ̃⁴⁴	guɔ̃²²	uɔ̃²²	uɔ̃³²⁴	vuoʔ²³	pɔ̃⁵²	pʰɔ̃³²⁴
14 长兴	mɔ̃⁵²	kʰɔ̃⁴⁴	gɔ̃¹²	ɔ̃¹²	ɔ̃³²⁴	voʔ²	pɔ̃⁵²	pʰɔ̃³²⁴
15 余杭	moŋ⁵³	kʰuã⁴⁴	guã²²	uã²²	uã²¹³	boʔ²	pã⁴²³	pʰã⁴²³
16 临安	mɑ̃³³白 uɑ̃³³文	kʰuɑ̃⁵⁵	guɑ̃³³	uɑ̃⁵⁵	uɑ̃⁵⁵	buoʔ¹²	pɑ̃⁵⁵	pʰɑ̃⁵⁵
17 昌化	mɔ̃²⁴³又 mã²⁴³又	kʰuɔ̃³³⁴	guɔ̃¹¹²	uɔ̃¹¹²	uɔ̃⁴⁵³	bu²⁴³	pɔ̃⁴⁵³	pʰɔ̃⁵⁴⁴
18 於潜	maŋ⁵¹白 uaŋ⁵¹文	kʰuaŋ⁴³³	guaŋ²²³	uaŋ²²³	uaŋ²⁴	bæʔ²³	paŋ⁵¹	pʰaŋ³⁵
19 萧山	mɔ̃¹³	kʰuɔ̃⁵³³	guɔ̃³⁵⁵	uɔ̃³⁵⁵	uɔ̃²⁴²	bəʔ¹²	pɔ̃³³	pʰɔ̃⁴²

方言点	0769 网	0770 筐	0771 狂	0772 王	0773 旺	0774 缚	0775 绑	0776 胖
	宕合三 上阳微	宕合三 平阳溪	宕合三 平阳群	宕合三 平阳云	宕合三 去阳云	宕合三 入药奉	江开二 上江帮	江开二 去江滂
20 富阳	mã²²⁴	kʰuã⁵³	guã¹³	uã¹³	uã³³⁵	voʔ²	pã⁴²³	pʰã³³⁵
21 新登	mã³³⁴	kʰuã⁵³	guã²³³	uã²³³	uã¹³	boʔ²	pã³³⁴	pʰã⁴⁵
22 桐庐	uã³³	kʰuã⁵³³	guã¹³	uã¹³	uã²⁴	vəʔ¹³	pã³³	pʰã³⁵
23 分水	mã⁵³	kʰã⁴⁴	kʰuã⁵³	uã²²	uã⁵³	fuʔ¹²	pã⁵³	pʰã²⁴
24 绍兴	maŋ²²³	kʰuaŋ³³	guaŋ²³¹	uaŋ²³¹	uaŋ²²	uoʔ²白 boʔ²文	paŋ³³⁴	pʰaŋ³³
25 上虞	mɔ̃²¹³	kʰuɔ̃³⁵	guɔ̃²¹³	uɔ̃²¹³	uɔ̃³¹	voʔ²读字	pɔ̃³⁵	pʰɔ̃⁵³
26 嵊州	moŋ²²	kʰuoŋ⁵³	guoŋ²¹³	uoŋ²¹³	uoŋ²⁴	boʔ²	poŋ⁵³	pʰoŋ³³⁴
27 新昌	mɔ̃²³²	kʰuɔ̃⁵³⁴	uɔ̃²²白 guɔ̃²²文	uɔ̃²²	uɔ̃¹³	bɤʔ²	pɔ̃⁴⁵³	pʰɔ̃³³⁵
28 诸暨	mã²⁴²	kʰuã⁵⁴⁴	guã¹³	vã¹³	vã³³	boʔ¹³	pã⁴²	pʰã⁵⁴⁴
29 慈溪	mɔ̃¹³	kʰuɔ̃³⁵	guɔ̃¹³	uɔ̃¹³	uɔ̃¹³	bu¹³	pɔ̃³⁵	pʰɔ̃⁴⁴
30 余姚	moŋ¹³	kʰuoŋ⁴⁴	guoŋ¹³~风 voŋ¹³介~	uoŋ¹³	uoŋ¹³	bu¹³又 bou¹³又	poŋ³⁴	pʰoŋ⁵³
31 宁波	mɔ¹³	kʰuɔ⁵³	uɔ¹³	uɔ¹³	uɔ¹³兴~ uɔ⁵³读字	bəu¹³	pɔ⁴⁴	pʰɔ⁴⁴
32 镇海	mɔ̃²⁴	kʰuɔ̃⁵³	uɔ̃²⁴	uɔ̃²⁴	uɔ̃⁵³	bəu²⁴	pɔ̃³⁵	pʰɔ̃⁵³
33 奉化	mɔ̃³²⁴	kʰuɔ̃⁴⁴	uɔ̃³¹调殊	uɔ̃³³	uɔ̃³¹	boʔ²	pɔ̃⁵⁴⁵读字	pʰɔ̃⁵³
34 宁海	mɔ̃³¹	kʰuɔ̃⁴²³	guɔ̃²¹³	uɔ̃²¹³	uɔ̃²⁴	vɔʔ³	pɔ̃⁵³	pʰɔ̃³⁵
35 象山	mɔ̃³¹	kʰuɔ̃⁴⁴	uɔ̃¹³调殊	uɔ̃³¹	uɔ̃¹³	bəu¹³	pɔ̃⁴⁴	pʰɔ̃⁵³
36 普陀	mɔ̃²³	kʰuɔ̃⁵³	uɔ̃²⁴	uɔ̃²⁴	uɔ̃¹³	bəu²⁴白 boʔ²³文	pɔ̃⁴⁵	pʰɔ̃⁵⁵
37 定海	mõ²³	kʰuõ⁵²	uõ²³调殊	uõ²³	uõ¹³	bʌu¹³	põ⁴⁵	pʰõ⁴⁴黄~ pʰõ⁴⁴~头鱼
38 岱山	mõ²⁴⁴	kʰuõ⁵²	uõ²¹³调殊	uõ²³	uõ²¹³	bʌu²¹³	põ³²⁵	pʰõ⁴⁴
39 嵊泗	mõ⁴⁴⁵	kʰuõ⁵³	guõ²⁴³	uõ²⁴³	uõ²¹³	bʌu²¹³	põ⁴⁴⁵	pʰõ⁵³
40 临海	mɔ̃⁵²	kʰɔ̃³¹	gɔ̃²¹	ɔ̃²¹	ɔ̃³²⁴	bɔʔ²³	pɔ̃⁵²	pʰɔ̃⁵⁵
41 椒江	mɔ̃⁴²	kʰɔ̃⁴²	guɔ̃³¹	uɔ̃³¹	uɔ̃²⁴	boʔ²	pɔ̃⁴²	pʰɔ̃⁵⁵

续表

方言点	0769 网 宕合三 上阳微	0770 筐 宕合三 平阳溪	0771 狂 宕合三 平阳群	0772 王 宕合三 平阳云	0773 旺 宕合三 去阳云	0774 缚 宕合三 入药奉	0775 绑 江开二 上江帮	0776 胖 江开二 去江滂
42 黄岩	mɔ̃⁴²	kʰuɔ̃³²	guɔ̃¹²¹	uɔ̃¹²¹	uɔ̃²⁴	voʔ²	pɔ̃⁴²	pʰɔ̃⁵⁵
43 温岭	mɔ̃⁴²	tɕiɔ̃³³	dziɔ̃³¹	uɔ̃³¹	uɔ̃¹³	voʔ²	pɔ̃⁴²	pʰɔ̃⁵⁵
44 仙居	mã³²⁴	kʰuã³³⁴	guã²¹³白 uã²¹³文	uã²¹³	uã²⁴	(无)	(无)	pʰã⁵⁵黄~
45 天台	mɔ²¹⁴	kʰɔ³³	guɔ²²⁴	uɔ²²⁴	uɔ³⁵	bɔʔ²	pɔ³²⁵	pʰɔ⁵⁵
46 三门	mɔ³²⁵	kʰɔ³³⁴	gɔ¹¹³	uɔ¹¹³	uɔ²⁴³	bɔʔ²³	pɔ³²⁵	pʰɔ⁵⁵
47 玉环	mɔ̃⁵³	tɕiɔ̃⁴²	gɔ̃³¹	ɔ̃³¹	ɔ̃²²	voʔ²	pɔ̃⁵³	pʰɔ̃⁵⁵
48 金华	maŋ⁵³⁵白 uaŋ⁵³⁵文	kʰuaŋ³³⁴	guaŋ³¹³	uaŋ³¹³	uaŋ¹⁴	boʔ²¹²	paŋ⁵³⁵	pʰaŋ⁵⁵
49 汤溪	mao¹¹³	(无)	gao¹¹	ao¹¹白 uã¹¹文	ao³⁴¹	bɣa¹¹³	mao⁵³⁵	pʰao⁵²
50 兰溪	muaŋ⁵⁵	kʰuaŋ³³⁴	guaŋ²¹	uaŋ²¹	uaŋ²⁴	bɔʔ¹²	paŋ⁵⁵	pʰaŋ⁴⁵
51 浦江	mo²⁴³	(无)	gõ¹¹³	õ¹¹³	õ²⁴	bo²³²	põ⁵³	pʰõ⁵⁵白 pʰan⁵⁵文
52 义乌	moŋ³¹²	kʰuan³³⁵	guan²¹³	n̩²¹³白 uan²¹³文	uan⁴⁵	bau³¹²	pan¹²³	pʰɯ⁴⁵白 pʰan⁴⁵文
53 东阳	mɔm²³¹	kʰuɐn³³⁴	(无)	ɔ²¹³	ɔ²⁴	bəɯ²⁴	(无)	(无)
54 永康	maŋ¹¹³	kʰuaŋ⁵⁵	guaŋ²²	uaŋ²²	uaŋ²⁴¹	buo¹¹³	maŋ³³⁴	pʰaŋ⁵²
55 武义	maŋ¹³	kʰuaŋ⁵³	guaŋ³²⁴	uaŋ³²⁴	uaŋ²³¹	bɔ²¹³	maŋ⁴⁴⁵	pʰaŋ⁵³
56 磐安	mɔɔm³³⁴	(无)	guan²¹³	ɒ²¹³白 uan²¹³文	iɒ¹⁴	bʌo²¹³	pan³³⁴	pʰɒ⁵²
57 缙云	mə³¹	tɕiə⁴⁴	(无)	iə²⁴³	ə²¹³	bɔ¹³	pɔ⁵¹	pʰɔ⁴⁵³
58 衢州	mã²³¹	kʰuã³²又 kʰã³²又	guã²¹	uã²¹	uã²³¹	vəʔ¹²	pã³⁵	pʰã⁵³
59 衢江	mã²³¹长 məŋ²¹²圆	kʰã³³	gã²¹²	ã²¹²	ã²³¹调殊	bəʔ²	pã²⁵	pʰã⁵³
60 龙游	mã²²⁴	kʰuã³³⁴	guã²¹	uã²¹	uã²³¹	bɔʔ²³	pã³⁵	pʰã⁵¹

续表

方言点	0769 网	0770 筐	0771 狂	0772 王	0773 旺	0774 缚	0775 绑	0776 胖
	宕合三 上阳微	宕合三 平阳溪	宕合三 平阳群	宕合三 平阳云	宕合三 去阳云	宕合三 入药奉	江开二 上江帮	江开二 去江滂
61 江山	moŋ²²	kʰyaŋ⁴⁴	guaŋ²¹³	yaŋ²¹³ 老虎~ uaŋ²¹³ 姓~	yaŋ³¹① ~ uaŋ³¹ 兴~	biaʔ²	piaŋ²⁴¹ 白 pɒŋ²⁴¹ 文	pʰɒŋ⁵¹
62 常山	moŋ²⁴ 撒~ mã²⁴ ~箱	kʰuã⁴⁴	guã³⁴¹	iɔ̃³⁴¹ 大~ uã³⁴¹ 姓~	uã⁵²	biaʔ³⁴	piã⁵²	pʰã⁵²
63 开化	mɤŋ²¹³ 鱼~	(无)	dzyã²³¹ 发~ guã²³¹ ~风	yã²³¹ 大~ uã²³¹ 姓~	yã²¹³ 白 uã²¹³ 文	biaʔ¹³	piã⁵³	pʰã⁵³
64 丽水	moŋ⁵⁴⁴	kʰuã²²⁴	kuã²²	iɔŋ²² 白 uã²² 文	ɔŋ¹³¹	buoʔ²³	pɔŋ⁵⁴⁴	pʰɔŋ⁵²
65 青田	mo⁴⁵⁴	kʰo⁴⁴⁵	dzio²¹	io²¹	o²²	voʔ³¹	ɓo⁴⁵⁴	pʰo³³
66 云和	mɔ̃⁴¹	kʰuã²⁴	gɔ̃³¹²	iɔ̃³¹²	ɔ̃²²³	boʔ²³	pɔ̃⁴¹	pʰɔ̃⁴⁵
67 松阳	moŋ²²	kʰəŋ⁵³ 箩~ kʰuɔ̃⁵³ 一~	goŋ³¹	ioŋ³¹	oŋ¹³	boʔ²	poŋ²¹²	pʰoŋ²⁴ 米~
68 宣平	mɔ̃²²³	kʰuã³²⁴	guã⁴³³	iɔ̃⁴³³ 白 uã⁴³³ 文	ɔ̃²³¹	bəʔ²³	pɔ̃⁴⁴⁵	pʰɔ̃⁵²
69 遂昌	mɔŋ¹³	kʰuaŋ⁴⁵	guaŋ²²¹	iɔŋ²²¹	ɔŋ²¹³	bɔʔ²³	pɔŋ⁵³³	pʰɔŋ³³⁴ 米~
70 龙泉	miaŋ⁵¹ 白 mɔŋ⁵¹ 文	kʰuaŋ⁴³⁴	dziɔŋ²¹	iɔŋ²¹	ɔŋ²²⁴	bouʔ²⁴	pəŋ⁵¹ 韵殊	pʰɔŋ⁴⁵
71 景宁	mɔŋ³³	(无)	iɔŋ⁴¹	iɔŋ⁴¹	ɔŋ¹¹³	boʔ²³	pɔŋ³³	pʰɔŋ³⁵
72 庆元	mɔ̃²²¹	kʰuã³³⁵	tɕiɔ̃⁵²	iɔ̃⁵²	ɔ̃³¹	poʔ³⁴	ɓɔ̃³³	pʰɔ̃¹¹ 米~
73 泰顺	mɔ̃⁵⁵	kʰuã²¹³	tɕiɔ̃⁵³	iɔ̃⁵³	ɔ̃²²	poʔ²	pɔ̃⁵⁵	pʰɔ̃³⁵
74 温州	muɔ¹⁴	kʰuɔ³³	dzyɔ³¹	yɔ³¹	uɔ²²	o²¹²	puɔ²⁵	pʰuɔ⁵¹
75 永嘉	mɔ¹³	tɕʰyɔ⁴⁴	dzyɔ³¹	yɔ³¹	ɔ²²	o²¹³	puɔ⁴⁵	bø¹³
76 乐清	ma²⁴	tɕʰiɔ⁴⁴	dziɔ³¹	iɔ³¹	ɔ²²	vɤ²¹²	pa³⁵	pʰa⁴¹
77 瑞安	mo¹³	kʰuɔ⁴⁴	dzyo³¹	yo³¹	o²²	u²¹²	pu³⁵	bø¹³
78 平阳	mɔ⁴⁵	tʃʰuo⁵⁵	dʒuo²⁴²	yo²⁴²	o³³	uo¹²	po⁴⁵	bø²⁴² 文
79 文成	mo²²⁴	kʰuo⁵⁵	kʰuo³³	yo¹¹³	vo⁴²⁴	vo²¹²	po⁴⁵	pʰø³³

① ～猪:过年杀猪的讳称

续表

方言点	0769 网	0770 筐	0771 狂	0772 王	0773 旺	0774 缚	0775 绑	0776 胖
	宕合三 上阳微	宕合三 平阳溪	宕合三 平阳群	宕合三 平阳云	宕合三 去阳云	宕合三 入药奉	江开二 上江帮	江开二 去江滂
80 苍南	mo⁵³	(无)	o³¹	yɔ³¹	o¹¹	uɔ¹¹²	puɔ⁵³	(无)
81 建德徽	mo²¹³	(无)	ko³³	ŋo³³	ŋo⁵⁵	fu²¹³	po²¹³	pʰo³³
82 寿昌徽	mã̃⁵³⁴	kʰuã̃⁵⁵篮~	kʰuã̃¹¹²文	uã̃⁵²	uã̃³³	pʰɔʔ³¹	pã̃²⁴文	pʰã̃⁵⁵~子
83 淳安徽	mon⁵⁵白 uã̃⁵⁵文	kʰuã̃⁵⁵	kʰuã̃⁴³⁵	uã̃⁴³⁵	uã̃⁵³	pʰaʔ¹³	pã̃²⁴	pʰon²⁴
84 遂安徽	məŋ²¹³	kʰuã̃⁵³⁴	kʰuã̃³³	vã̃³³	vã̃⁵²	fu²⁴	pəŋ²¹³	pʰəŋ⁴³
85 苍南闽	ban⁴³	(无)	kɑŋ²⁴	ɑŋ²⁴	ɑŋ²¹	pɐ²⁴	pan⁴³	(无)
86 泰顺闽	mo³⁴⁴	kʰuæŋ²¹³	kʰuæŋ²¹³	uo²²	uo³¹	pou³¹调殊	(无)	pʰæŋ⁵³
87 洞头闽	baŋ²¹	(无)	kʰoŋ¹¹³文	oŋ¹¹³	oŋ²¹	pɐk²⁴	paŋ⁵³	(无)
88 景宁畲	məŋ³²⁵	(无)	(无)	uɐŋ²²	uɐŋ⁵¹	pʰuʔ²	pəŋ³²⁵	pʰɔŋ⁴⁴

方言点	0777 棒	0778 桩	0779 撞	0780 窗	0781 双	0782 江	0783 讲	0784 降 投~
	江开二上江並	江开二平江知	江开二去江澄	江开二平江初	江开二平江生	江开二平江见	江开二上江见	江开二平江匣
01 杭州	baŋ¹³	tsuaŋ³³⁴	dzuaŋ¹³	tsʰuaŋ³³⁴	suaŋ³³⁴	tɕiaŋ³³⁴	tɕiaŋ⁵³	iaŋ²¹³
02 嘉兴	bÃ¹¹³	tsÃ⁴²	zÃ¹¹³	tsʰÃ⁴²	sÃ⁴²	kÃ⁴²	kÃ⁵⁴⁴	iÃ²⁴²
03 嘉善	bã¹¹³	tsã⁵³	zoŋ¹¹³	tsʰã⁵³	sã⁵³	kã⁵³	kã⁴⁴	ã¹³²
04 平湖	bɑ̃²¹³	tsɑ̃⁵³	zɑ̃²¹³	tsʰɑ̃⁵³	sɑ̃⁵³	kɑ̃⁵³	kɑ̃⁴⁴	ɑ̃³¹
05 海盐	boŋ⁴²³白 bã³¹文	tsɑ̃⁵³	zɑ̃²¹³	tsʰɑ̃⁵³	sɑ̃⁵³	kuɑ̃⁵³白 tɕiɛ⁵³文	kuɑ̃⁴²³	tɕiɛ³³⁴
06 海宁	boŋ²³¹白 bã²³¹文	tsã⁵⁵	zã¹³	tsʰã⁵⁵	sã⁵⁵	kuã⁵⁵	kuã⁵³	ã¹³
07 桐乡	boŋ²⁴²白 bɒ̃²⁴²文	tsɒ̃⁴⁴	zoŋ²¹³	tɕʰiɒ̃⁴⁴白 tsʰɒ̃⁴⁴文	sɒ̃⁴⁴	kɒ̃⁴⁴	kɒ̃⁵³	tɕiã⁴⁴
08 崇德	boŋ²⁴²白 bã²⁴²文	tsã⁴⁴	zoŋ¹³	tɕʰiã⁴⁴白 tsʰã⁴⁴文	sã⁴⁴	kuã⁴⁴白 tɕiã⁴⁴文	kuã⁵³	ã¹³
09 湖州	bã²³¹	tsã⁴⁴	dzã²⁴	tsʰã⁴⁴	sã⁴⁴	kã⁴⁴白 tɕiã⁴⁴文	kã⁵²³白 tɕiã⁵²³文	ziã²⁴声殊
10 德清	boŋ¹⁴³	tsã⁴⁴	zoŋ¹¹³	tsʰã⁴⁴	sã⁴⁴	kã⁴⁴	kã⁵²	iã³³⁴
11 武康	boŋ²⁴²	tsã⁴⁴	dzoŋ¹¹³	tsʰã⁴⁴	sã⁴⁴	kã⁵³调殊	kã⁵³	iã¹¹³
12 安吉	bɔ̃²⁴³	tsɔ̃⁵⁵	dzɔ̃²¹³	tsʰɔ̃⁵⁵	sɔ̃⁵⁵	kɔ̃⁵⁵	kɔ̃⁵²	tɕiɔ̃³²⁴
13 孝丰	bɔ̃²⁴³	tsɔ̃⁴⁴	dzɔ̃²¹³	tsʰɔ̃⁴⁴	sɔ̃⁴⁴	tɕiã⁴⁴	kɔ̃⁵²白 tɕiã⁵²文	iã²²
14 长兴	bɔ̃²⁴³	tsɔ̃⁴⁴	dzɔ̃²⁴	tsʰɔ̃⁴⁴	sɔ̃⁴⁴	tʃiã⁴⁴	kɔ̃⁵²	tʃiã³²⁴
15 余杭	boŋ²⁴³	tsɑ̃⁴⁴	zɑ̃²¹³	tɕʰiɑ̃⁴⁴	sɑ̃²¹³	tɕiɑ̃⁴⁴	kɑ̃⁵³	iɑ̃²²
16 临安	bã³³	tsã⁵⁵	dzuã³³	tsʰuã⁵⁵	suã⁵⁵	kã⁵⁵	kã⁵⁵	iã³³
17 昌化	bã²⁴³	tsuɔ̃³³⁴	zuɔ̃²⁴³	tsʰuɔ̃³³⁴	suɔ̃³³⁴	tɕiã³³⁴	kũ⁴⁵³白 tɕiã⁴⁵³文	ziã¹¹²
18 於潜	baŋ²⁴	tsuaŋ⁴³³	dzuaŋ²⁴	tsʰuaŋ⁴³³	suaŋ⁴³³	kʰaŋ⁴³³白 tɕiaŋ⁴³³文	tɕiaŋ⁵¹	ziaŋ²⁴
19 萧山	bɔ̃¹³	tɕyɔ̃⁵³³	dzyɔ̃²⁴²	tɕʰyɔ̃⁵³³	ɕyɔ̃⁵³³	kɔ̃³³调殊	kɔ̃³³	ziã³⁵⁵
20 富阳	bã²²⁴	tɕyã⁵³	dzyã²²⁴	tɕʰyã⁵³	ɕyã⁵³	tɕiã⁵³	kã⁴²³	iã¹³
21 新登	bã¹³〜冰 boŋ¹³金箍〜	tɕyã⁵³	dzyã¹³	tsʰã⁵³	ɕyã⁵³	kã⁵³	kã³³⁴	ziã²³³

续表

方言点	0777 棒	0778 桩	0779 撞	0780 窗	0781 双	0782 江	0783 讲	0784 降 投~
	江开二 上江並	江开二 平江知	江开二 去江澄	江开二 平江初	江开二 平江生	江开二 平江见	江开二 上江见	江开二 平江匣
22 桐庐	bã²⁴	tɕyã⁵³³	dʑyã²⁴	tɕʰyã⁵³³	ɕyã⁵³³	（无）	kã³³	ʑiã¹³
23 分水	bã¹³	tsuã⁴⁴	dzuã¹³	tsʰuã⁴⁴	ɕyã⁴⁴	tɕiã⁴⁴	tɕiã⁵³	ʑiã²²
24 绍兴	baŋ²²³	tsaŋ⁵³	dzaŋ²²	tsʰɑŋ⁵³	sɑŋ⁵³	kɑŋ⁵³	kɑŋ³³⁴	tɕiaŋ³³⁴音殊
25 上虞	bɔ̃²¹³	tsɔ̃³⁵	dzɔ̃³¹	tsʰɔ̃³⁵	sɔ̃³⁵	kɔ̃³⁵	kɔ̃³⁵	ɔ̃²¹³白 dʑiã̠²¹³文
26 嵊州	boŋ²²	tsɔŋ⁵³	dzɔŋ²⁴	tsʰɔŋ⁵³⁴	sɔŋ⁵³⁴	kɔŋ⁵³⁴	kɔŋ⁵³	ɔŋ²⁴
27 新昌	bɔ̃²²	tsɔ̃⁵³⁴	dzɔ̃¹³	tsʰɔ̃⁵³⁴	sɔ̃⁵³⁴	kɔ̃⁵³⁴	kɔ̃⁴⁵³	uɔ̃²²
28 诸暨	bɑ̃²⁴²	tsɑ̃⁵⁴⁴	dzɑ̃³³	tsʰɑ̃⁵⁴⁴	sɑ̃⁵⁴⁴	kɑ̃⁵⁴⁴	kɑ̃⁴²	ɑ̃¹³
29 慈溪	bɔ̃¹³	tsɔ̃³⁵	dzɔ̃¹³	tsʰɔ̃³⁵	sɔ̃³⁵	kɔ̃³⁵	kɔ̃³⁵	ɔ̃¹³
30 余姚	boŋ¹³	tsɔŋ⁴⁴	dzɔŋ¹³	tsʰɔŋ⁴⁴	sɔŋ⁴⁴	kɔŋ⁴⁴	kɔŋ³⁴	ɔŋ¹³
31 宁波	bɔ̃¹³	tsɔ̃⁵³	dzɔ̃¹³	tsʰɔ̃⁵³	sɔ̃⁵³	kɔ̃⁵³	kɔ̃³⁵	ɔ̃¹³
32 镇海	bɔ̃²⁴	tsɔ̃⁵³	dzɔ̃²⁴	tsʰɔ̃⁵³	sɔ̃⁵³	kɔ̃³⁵调殊	kɔ̃³⁵	ɔ̃²⁴
33 奉化	bɔ̃³²⁴	tsɔ̃⁴⁴	dzɔ̃³¹	tsʰɔ̃⁴⁴	sɔ̃⁴⁴	kɔ̃⁴⁴	kɔ̃⁵⁴⁵	ɔ̃³³
34 宁海	bɔ̃³¹	tɕyɔ̃⁴²³	dʑyɔ̃²⁴	tɕʰyɔ̃⁴²³	ɕyɔ̃⁴²³	kɔ̃⁴²³	kɔ̃⁵³	uɔ̃²¹³
35 象山	bɔ̃³¹	tɕʰyɔ̃⁴⁴	dʑyɔ̃¹³	tɕʰyɔ̃⁴⁴	ɕyɔ̃⁴⁴	kɔ̃⁴⁴	kɔ̃⁴⁴	ɔ̃⁴⁴调殊
36 普陀	bɔ̃²³	tsɔ̃⁵³	dzɔ̃¹³	tsʰɔ̃⁵³	sɔ̃⁵³	kɔ̃⁵³	kɔ̃⁴⁵	ɔ̃²⁴
37 定海	bõ²³	tsõ⁵²	dzõ¹³	tsʰõ⁵²	sõ⁵²	kõ⁵²	kõ⁴⁵	õ²³
38 岱山	bõ²³	tsõ⁵²	dzõ²¹³	tsʰõ⁵²	sõ³²⁵调殊	kõ³²⁵调殊	kõ³²⁵	õ²³
39 嵊泗	bõ²⁴³	tsõ⁵³	dzõ²¹³	tsʰõ⁵³	sõ⁴⁴⁵调殊	kõ⁵³	kõ⁴⁴⁵	õ²⁴³
40 临海	bɔ̃⁵¹小	tɕyɔ̃³¹	dʑyɔ̃³²⁴	tɕʰyɔ̃³¹	ɕyɔ̃³¹	kɔ̃³¹	kɔ̃⁵²	ɔ̃²¹
41 椒江	bɔ̃⁴¹小	tsɔ̃⁴²	dzɔ̃²⁴	tsʰɔ̃⁴²	sɔ̃⁴²	kɔ̃⁴²	kɔ̃⁴²	ɔ̃³¹
42 黄岩	bɔ̃¹²¹	tsɔ̃³²	dzɔ̃²⁴	tsʰɔ̃³²	sɔ̃³²	kɔ̃³²	kɔ̃⁴²	uɔ̃¹²¹韵殊
43 温岭	bɔ̃⁴¹小	tɕiɔ̃³³	dʑiɔ̃¹³	tɕʰiɔ̃³³	ɕiɔ̃³³	kɔ̃³³	kɔ̃⁴²	ɔ̃³¹
44 仙居	bɑ̃²¹³	tɕyɑ̃³³⁴	dʑyɑ̃²⁴	tɕʰyɑ̃³³⁴	ɕyɑ̃³³⁴	kɑ̃³³⁴	kɑ̃³²⁴	uɑ̃²¹³
45 天台	bɔ̃²¹⁴	tɕyɔ̃³³	dʑyɔ̃³⁵	tɕʰyɔ̃³³	ɕyɔ̃³³	kɔ̃³³	kɔ̃³²⁵	uɔ̃²²⁴韵殊

方言点	0777 棒	0778 桩	0779 撞	0780 窗	0781 双	0782 江	0783 讲	0784 降 投~
	江开二 上江並	江开二 平江知	江开二 去江澄	江开二 平江初	江开二 平江生	江开二 平江见	江开二 上江见	江开二 平江匣
46 三门	bɔ²¹³	tɕiɔ³³⁴	dʑiɔ²⁴³	tɕʰiɔ³³⁴	ɕiɔ³³⁴	kɔ³³⁴	kɔ³²⁵	ɔ¹¹³
47 玉环	bɔ̃⁴¹	tɕiɔ̃⁴²	dʑiɔ̃²²	tɕʰiɔ̃⁴²	ɕiɔ̃⁴²	kɔ̃⁴²	kɔ̃⁵³	ɔ̃³¹
48 金华	baŋ¹⁴	tɕyaŋ³³⁴	dʑyaŋ¹⁴	tɕʰyaŋ³³⁴	ɕyaŋ³³⁴	kaŋ³³⁴	kaŋ⁵³⁵	uaŋ³¹³
49 汤溪	bao¹¹³	tɕiao²⁴	dʑiao³⁴¹	（无）	ɕiao²⁴	kɔ²⁴	kɔ⁵³⁵	ɔ⁵² 调殊
50 兰溪	baŋ²⁴	tɕyaŋ³³⁴	dʑyaŋ²⁴	tɕʰyaŋ³³⁴	ɕyaŋ³³⁴	kaŋ³³⁴	kaŋ⁵⁵	aŋ²⁴
51 浦江	ban²⁴³~冰	tɕyõ⁵³⁴	dʑyõ²⁴	（无）	ɕyõ⁵³⁴	kõ⁵³⁴	kõ⁵³	yõ¹¹³
52 义乌	bun²⁴小	tsŋʷ³³⁵	dzŋʷ²⁴	tsʰuan³³⁵	sŋʷ³³⁵	kŋʷ³³⁵白 / tɕian³³⁵文	kŋʷ⁴²³	iɔ²¹³
53 东阳	bɔn²⁴小	tsɔn³³⁴小	dʑiɔ²⁴	（无）	ɕiɔ³³⁴	kɔ³³⁴	kɔ⁴⁴	iɔ²¹³
54 永康	baŋ¹¹³	tɕʰyaŋ⁵⁵	dʑyaŋ²⁴¹	tɕyaŋ⁵⁵	ɕyaŋ⁵⁵	kaŋ⁵⁵	kaŋ³³⁴	aŋ²²
55 武义	baŋ¹³	yaŋ²⁴	dʑyaŋ²³¹	tɕʰyaŋ²⁴	ɕyaŋ²⁴	kaŋ²⁴	kaŋ⁴⁴⁵	aŋ³²⁴
56 磐安	bɒ¹⁴~~ / ban²¹³~冰	tsɒ⁴⁴⁵又 / tɕiɒ⁴⁴⁵又	dʑiɒ¹⁴	tsʰuan⁴⁴⁵	ɕiɒ⁴⁴⁵	kɒ⁴⁴⁵	kɒ³³⁴	iɒ²¹³
57 缙云	bɔ³¹	tsɔ⁴⁴	dzɔ²¹³	tsʰɔ⁴⁴	sɔ⁴⁴	kɔ⁴⁴	kɔ⁵¹	ɔ²⁴³
58 衢州	bã²³¹	tʃyã³²	dʒyã²³¹	tʃʰyã³²	ʃyã³²	kã³²	kã³⁵	ʑia²¹又· / ʑia²¹又
59 衢江	bã²¹²	tã³³	dʑyã²³¹	tɕʰyã³³	ɕyã³³	kã³³白 / tɕia³³文	kã²⁵	ʑia²¹²
60 龙游	bã²²⁴	tsuã³³⁴	dzuã²³¹	tsʰuã³³⁴	suã³³⁴	kã³³⁴白 / tɕiã³³⁴文	kã³⁵	ʑiã²¹
61 江山	bɒŋ²²	tiɒŋ⁴⁴	dʑiɒŋ²² 调殊	tɕʰiɒŋ⁴⁴	ɕiɒŋ⁴⁴	kɒŋ⁴⁴白 / kiaŋ⁴⁴文	kɒŋ²⁴¹白 / kiaŋ²⁴¹文	ɒŋ²¹³
62 常山	biã²⁴	tiɔ⁴⁴	dzɔ²⁴	tsʰɔ⁴⁴	sɔ⁴⁴	kɔ⁴⁴姓~ / tɕiã⁴⁴长~	kɔ̃⁵²白 / tɕiã⁵²文	tɕiã⁵²
63 开化	biã²¹³单用 / bã²¹³~冰	tiɔŋ⁴⁴	dʑiɔŋ²¹³	tɕʰiɔŋ⁴⁴	ɕiɔŋ⁴⁴	kɔŋ⁴⁴~西 / tɕiã⁴⁴~苏	kɔŋ⁵³~话事 / tɕiã⁵³~台	ʑia²¹³调殊
64 丽水	bɔŋ²²	tiɔŋ²²⁴	dʑiɔŋ¹³¹	tɕʰiɔŋ²²⁴	ɕiɔŋ²²⁴	kɔŋ²²⁴	kɔŋ⁵⁴⁴	ia²²
65 青田	bo³⁴³	dɕiœ⁴⁴⁵	dzio²²	tɕʰio⁴⁴⁵	ɕio⁴⁴⁵	ko⁴⁴⁵	ko⁴⁵⁴	ko²²
66 云和	bɔ̃²²³	tiɔ̃²⁴	dʑiɔ̃²²³	tɕʰiɔ̃²⁴	ɕiɔ̃²⁴	kɔ̃²⁴	kɔ̃⁴¹	ɔ̃³¹²

续表

方言点	0777 棒	0778 桩	0779 撞	0780 窗	0781 双	0782 江	0783 讲	0784 降 投~
	江开二 上江並	江开二 平江知	江开二 去江澄	江开二 平江初	江开二 平江生	江开二 平江见	江开二 上江见	江开二 平江匣
67 松阳	boŋ²²	tioŋ⁵³	dzioŋ¹³	tɕʰioŋ⁵³	ɕioŋ⁵³	koŋ⁵³	koŋ²¹²	koŋ²⁴音殊
68 宣平	bɔ̃²³¹调殊	tiɔ̃³²⁴	dziɔ̃²³¹	tɕʰiɔ̃³²⁴	ɕiɔ̃³²⁴	kɔ̃³²⁴	kɔ̃⁴⁴⁵	ɔ̃⁴³³
69 遂昌	boŋ¹³	tioŋ⁴⁵	dzioŋ²¹³	tɕʰioŋ⁴⁵	ɕioŋ⁴⁵	koŋ⁴⁵	koŋ⁵³³	ɔŋ²¹³
70 龙泉	pɔŋ⁵¹	tioŋ⁴³⁴	dzioŋ²²⁴	tɕʰioŋ⁴³⁴	ɕioŋ⁴³⁴	koŋ⁴³⁴	koŋ⁵¹白 tɕiaŋ⁵¹文	ɔŋ²¹
71 景宁	boŋ³³	tioŋ³²⁴	dzioŋ¹¹³	tɕʰioŋ³²⁴	ɕioŋ³²⁴	koŋ³²⁴	koŋ³³	ɔŋ⁴¹
72 庆元	pɔ̃²²¹	diɔ̃³³⁵	tɕiɔ̃³¹	tɕʰiɔ̃³³⁵	ɕiɔ̃³³⁵	kɔ̃³³⁵	kɔ̃³³	xɔ̃⁵²
73 泰顺	pɔ̃²¹	tsɔ̃²¹³	tɕiɔ̃²²	tsʰɔ̃²¹³	ɕiɔ̃²¹³	kɔ̃²¹³	kɔ̃⁵⁵	ɔ̃⁵³
74 温州	buɔ¹⁴	tɕyɔ³³又 tsuɔ³³又	dzyɔ²²	tɕʰyɔ³³	ɕyɔ³³	kuɔ³³	kuɔ²⁵	kuɔ⁵¹
75 永嘉	buɔ¹³	tɕyɔ⁴⁴	dzyɔ²²	tɕʰyɔ⁴⁴	ɕyɔ⁴⁴	kɔ⁴⁴	kɔ⁴⁵	kɔ⁵³
76 乐清	ba²⁴	tɕyɯʌ⁴⁴	dzyɯʌ²²	tɕʰyɯʌ⁴⁴	suɯʌ⁴⁴	kɔ⁴⁴	kɔ³⁵	kɔ⁴¹
77 瑞安	bɔ¹³	tɕyo⁴⁴	dzyo²²	tɕʰyo⁴⁴	ɕyo⁴⁴	ko⁴⁴	ko³⁵	iɛ³¹又 ko⁵³又
78 平阳	bo²³	tʃuo⁵⁵	dʒuo³³	tʃʰuo⁵⁵	ʃuo⁵⁵	ko⁵⁵	ko⁴⁵	iɛ²⁴²
79 文成	bo²²⁴	tʃuo⁵⁵	dʒuo⁴²⁴	tʃʰuo⁵⁵	ʃuo⁵⁵	kuo⁵⁵	kuo⁴⁵	guo¹¹³
80 苍南	buɔ²⁴	tɕyɔ⁴⁴	dzyɔ¹¹	tɕʰyɔ⁴⁴	ɕyɔ⁴⁴	ko⁴⁴	ko⁵³	iɛ³¹
81 建德徽	paŋ²¹³	tso⁵³	tsʰo⁵⁵	tsʰo⁵³	so⁵³	ko⁵³	ko²¹³	ho³³
82 寿昌徽	pã²⁴ ~冰	tɕyã¹¹²	tɕʰyã³³	tsʰuã¹¹²文	ɕyã¹¹²	kã¹¹²白 tɕiã⁵⁵文	kã²⁴	xã⁵²
83 淳安徽	pʰon⁵⁵白 pʰã⁴³⁵文	tson²⁴	tsʰon⁵³	tsʰã⁵⁵	son²⁴	kã²⁴	kon⁵⁵	hã⁴³⁵
84 遂安徽	pʰã⁴³	tsoŋ⁵³⁴	tsʰoŋ⁵²	kʰã⁵³⁴	soŋ⁵³⁴	koŋ⁵³⁴	koŋ²¹³	xã⁴³
85 苍南闽	（无）	tsuŋ⁵⁵	（无）	tʰan⁵⁵白 tsʰaŋ⁵⁵文	san⁵⁵	kan⁴³	kaŋ⁴³	han²⁴
86 泰顺闽	po³¹	tso²¹³	tɕio³¹	tsʰo²¹³	səŋ²¹³	ko²¹³	ko³⁴⁴	ko⁵³
87 洞头闽	（无）	tsuŋ³³	toŋ²¹	tsʰɯŋ³³	saŋ³³	kaŋ³³	koŋ⁵³	haŋ¹¹³
88 景宁畲	（无）	tsoŋ⁴⁴	tɕioŋ⁵¹	tsʰoŋ⁴⁴	soŋ⁴⁴	koŋ⁴⁴	koŋ³²⁵	xoŋ²²

中国语言资源集·浙江 语音卷

方言点	0785 项 江开二上江匣	0786 剥 江开二入觉帮	0787 桌 江开二入觉知	0788 镯 江开二入觉崇	0789 角 江开二入觉见	0790 壳 江开二入觉溪	0791 学 江开二入觉匣	0792 握 江开二入觉影
01 杭州	aŋ¹³白 iaŋ¹³文	poʔ⁵	tsoʔ⁵	dʑyɛʔ²	koʔ⁵牛~ tɕiɛʔ⁵五~	kʰoʔ⁵	iɛʔ²	oʔ⁵
02 嘉兴	Ã¹¹³	poʔ⁵	tsoʔ⁵	zoʔ¹³	koʔ⁵	kʰoʔ⁵	oʔ⁵	oʔ⁵
03 嘉善	ã¹¹³	puoʔ⁵	tsuoʔ⁵	zuoʔ²	kuoʔ⁵	kʰuoʔ⁵	uoʔ²白 yøʔ²文	uoʔ⁵
04 平湖	ã²¹³	poʔ⁵	tsoʔ⁵	zoʔ²³	koʔ⁵	kʰoʔ²³	oʔ²³	oʔ⁵
05 海盐	ã⁴²³	pɔʔ⁵	tsɔʔ⁵	zɔɕʔ²³	kɔʔ⁵	kʰɔʔ²³	ɔʔ²³白 yɔʔ⁵文	ɔʔ⁵
06 海宁	ã²³¹	poʔ⁵	tsoʔ⁵	zoʔ²	koʔ⁵	kʰoʔ⁵	oʔ²	oʔ⁵
07 桐乡	ɒ̃⁵³	pɔʔ⁵	tsɔʔ⁵	dʑiɔʔ²³	kɔʔ⁵	kʰɔʔ⁵	ɔʔ²³	ɔʔ⁵
08 崇德	ã⁵³	pɔʔ⁵	tsɔʔ⁵	dʑiɔʔ²³	kɔʔ⁵	kʰɔʔ⁵	ɔʔ²³白 iɔʔ²³文	ɔʔ⁵
09 湖州	ã⁵²³	puoʔ⁵	tsuoʔ⁵	zuoʔ²	kuoʔ⁵	kʰuoʔ⁵	uoʔ²	uoʔ⁵
10 德清	ã⁵²	puoʔ⁵	tsuoʔ⁵	dʑioʔ²	kuoʔ⁵	kuoʔ⁵	uoʔ²	uoʔ⁵
11 武康	ã⁵³	puoʔ⁵	tsuoʔ⁵	dʑioʔ²	kuoʔ⁵	kuoʔ⁵	uoʔ²白 ioʔ²文	uoʔ⁵
12 安吉	ɔ̃⁵²	poʔ⁵	tsoʔ⁵	dʑɤəʔ²³	koʔ⁵	kʰoʔ⁵	oʔ²³	oʔ⁵
13 孝丰	ɔ̃⁵²	puoʔ⁵	tsuoʔ⁵	dʑioʔ²³	kuoʔ⁵	kʰuoʔ⁵	oʔ²³白 ioʔ²³文	oʔ⁵
14 长兴	ʃiã⁵²	poʔ⁵~皮 pʰoʔ⁵~削	tsoʔ⁵	zoʔ²	koʔ⁵	kʰoʔ⁵	oʔ²白 ioʔ²文	oʔ²
15 余杭	ã⁵³	poʔ⁵	tsoʔ⁵	dʑioʔ²	koʔ⁵	kʰoʔ⁵	iaʔ	oʔ⁵
16 临安	ã³³	puaʔ⁵⁴	tsuaʔ⁵⁴	dʑyɔʔ¹²	kuaʔ⁵⁴	kʰuaʔ⁵⁴	iɐʔ¹²	uaʔ⁵⁴
17 昌化	ɔ̃²⁴³	puəʔ⁵	tsuəʔ⁵	dʑyɛʔ²³	kuəʔ⁵	kʰuəʔ⁵	iaʔ²³	uəʔ⁵
18 於潜	aŋ²⁴	pəʔ⁵³	tsuəʔ⁵³	dzuɐʔ²³	kuəʔ⁵³白 tɕiɛʔ⁵³文	kʰuəʔ⁵³	iæʔ²³	uəʔ⁵³
19 萧山	ʑiã²⁴²	pəʔ⁵	tɕyoʔ⁵	dʑyoʔ¹³	kəʔ⁵	kʰoʔ⁵	əʔ¹³	uoʔ⁵
20 富阳	ã²²⁴	poʔ⁵	tɕyoʔ⁵	dʑyoʔ²	koʔ⁵	kʰoʔ⁵	oʔ²白 iaʔ²文	uoʔ⁵
21 新登	ã¹³	pəʔ⁵	tsɔʔ⁵	dzɔʔ²	kaʔ⁵	kʰaʔ⁵	iaʔ²	ɔʔ⁵

续表

方言点	0785 项 江开二 上江匣	0786 剥 江开二 入觉帮	0787 桌 江开二 入觉知	0788 镯 江开二 入觉崇	0789 角 江开二 入觉见	0790 壳 江开二 入觉溪	0791 学 江开二 入觉匣	0792 握 江开二 入觉影
22 桐庐	$ziã^{24}$	$pəʔ^5$	$tɕyəʔ^5$	$dʑyəʔ^{13}$	$kaʔ^5$	$kʰaʔ^5$	$aʔ^{13}$	$uəʔ^5$
23 分水	$ziã^{13}$	$pəʔ^5$	$tsuəʔ^5$	$zuəʔ^{12}$	$kuəʔ^5$	$kʰəʔ^5$	$iəʔ^{12}$	$uaʔ^5$
24 绍兴	$ɑŋ^{223}$	$poʔ^5$	$tsoʔ^5$	$dzoʔ^2$	$koʔ^5$	$kʰoʔ^5$	$oʔ^2$ 白 $ioʔ^2$ 文	$uoʔ^5$
25 上虞	$ɔ̃^{213}$	$poʔ^5$	$tsoʔ^5$	$zoʔ^2$	$koʔ^5$	$kʰoʔ^5$	$oʔ^2$	$uoʔ^5$
26 嵊州	$ɔŋ^{213}$	$poʔ^5$	$tsoʔ^5$	$dʑyoʔ^2$	$koʔ^5$	$kʰoʔ^5$	$oʔ^2$ 白 $ioʔ^2$ 文	$oʔ^5$
27 新昌	$ɔ̃^{13}$	$pɤʔ^5$	$tsɤʔ^5$	$dzyʔ^2$ 白 $dzoʔ^2$ 文	$koʔ^5$	$kʰoʔ^5$	$oʔ^2$ 白 $iaʔ^2$ 文	$uʔ^5$
28 诸暨	$ɑ̃^{242}$	$poʔ^5$	$tsoʔ^5$	$dʑioʔ^{13}$	$koʔ^5$	$kʰoʔ^5$	$ioʔ^{13}$	$oʔ^5$
29 慈溪	$ɔ̃^{13}$	$poʔ^5$	$tsoʔ^5$	$zoʔ^2$	$koʔ^5$	$kʰoʔ^5$	$oʔ^2$ 白 $ioʔ^2$ 文	$uoʔ^5$
30 余姚	$ɔŋ^{13}$	$poʔ^5$	$tsoʔ^5$	$zoʔ^2$	$koʔ^5$	$kʰoʔ^5$	$oʔ^2$	$uoʔ^5$
31 宁波	$ɔ̃^{13}$	$poʔ^5$	$tsoʔ^5$	$dʑyəʔ^2$	$koʔ^5$	$kʰoʔ^5$	$oʔ^2$	$oʔ^5$
32 镇海	$ɔ̃^{24}$	$poʔ^5$	$tsoʔ^5$	$dʑyoʔ^{12}$	$koʔ^5$	$kʰoʔ^5$	$oʔ^{12}$	$oʔ^5$
33 奉化	$ɔ̃^{33}$ 调殊	$poʔ^5$	$tsoʔ^5$	$dʑyoʔ^2$	$koʔ^5$	$kʰoʔ^5$	$oʔ^2$	$oʔ^5$
34 宁海	$ɔ̃^{31}$	$pəʔ^5$	$tɕiəʔ^5$	$dʑiəʔ^3$	$kɔʔ^5$	$kʰɔʔ^5$	$ɔʔ^3$	$uaʔ^5$
35 象山	$ɔ̃^{31}$	$poʔ^5$	$tɕyoʔ^5$	$dʑyoʔ^2$	$koʔ^5$	$kʰoʔ^5$	$oʔ^2$	$oʔ^5$
36 普陀	$ɔ̃^{23}$	$poʔ^5$	$tsoʔ^5$	$dzoʔ^{23}$	$koʔ^5$	$kʰoʔ^5$	$oʔ^{23}$	$oʔ^5$
37 定海	$õ^{23}$	$poʔ^5$	$tsoʔ^5$	$dʑyoʔ^2$	$koʔ^5$	$kʰoʔ^5$	$oʔ^2$	$oʔ^5$
38 岱山	$õ^{23}$	$poʔ^5$	$tsoʔ^5$	$dʑyoʔ^2$	$koʔ^5$	$kʰoʔ^5$	$oʔ^2$	$oʔ^5$
39 嵊泗	$õ^{243}$	$poʔ^5$	$tsoʔ^5$	$dzoʔ^2$	$koʔ^5$	$kʰoʔ^5$	$oʔ^2$	$oʔ^5$
40 临海	$ɔ̃^{52}$	$pəʔ^5$	$tɕyoʔ^5$	$dʑyoʔ^{23}$	$kɔʔ^5$	$kʰəʔ^5$	$ɔʔ^{23}$	$ɔʔ^5$
41 椒江	$ɔ̃^{42}$	$poʔ^5$	$tsoʔ^5$	$dzoʔ^2$	$koʔ^5$	$kʰoʔ^5$	$oʔ^2$	$oʔ^5$
42 黄岩	$ɔ̃^{42}$	$poʔ^5$	$tsoʔ^5$	$dzoʔ^2$	$koʔ^5$	$kʰoʔ^5$	$oʔ^2$	$uoʔ^5$
43 温岭	$ɔ̃^{42}$	$poʔ^5$	$tɕyoʔ^5$	$dʑyoʔ^2$	$koʔ^5$	$kʰoʔ^5$	$oʔ^2$	$uoʔ^5$
44 仙居	$ã^{324}$	$ɓɑʔ^5$	$tɕyɑʔ^5$	$ɟyɑʔ^{23}$ 声殊	$kɑʔ^5$	$kʰɑʔ^5$	$ɑʔ^{23}$	$uɑʔ^5$

续表

方言点	0785 项 江开二 上江匣	0786 剥 江开二 入觉帮	0787 桌 江开二 入觉知	0788 镯 江开二 入觉崇	0789 角 江开二 入觉见	0790 壳 江开二 入觉溪	0791 学 江开二 入觉匣	0792 握 江开二 入觉影
45 天台	ɔ²¹⁴	pɔʔ⁵	tɕyɔʔ⁵	dʑyɔʔ²	kɔʔ⁵	kʰɔʔ⁵	ɔʔ²	uəʔ⁵ ～手 uɔʔ⁵ 把～
46 三门	ɔ²¹³	pɔʔ⁵	tɕiɔʔ⁵	dʑiɔʔ²³	kɔʔ⁵	kʰɔʔ⁵	ɔʔ²³	ɔʔ⁵
47 玉环	ɔ̃⁵³	poʔ⁵	tɕyoʔ⁵	dʑyoʔ²	koʔ⁵	kʰoʔ⁵	oʔ²	uoʔ⁵
48 金华	ɑŋ⁵³⁵白 ɑŋ¹⁴文	poʔ⁴	tɕioʔ⁴	dzoʔ²¹²	koʔ⁴	kʰoʔ⁴	oʔ²¹²	oʔ⁴
49 汤溪	（无）	pɤɑ⁵⁵	tsuɑ⁵⁵	dʑyɑ¹¹³	kɔ⁵⁵	kʰɔ⁵⁵	ɔ¹¹³	ou⁵⁵
50 兰溪	ɑŋ²⁴	pɔʔ³⁴	tɕyɤʔ³⁴	dʑyɤʔ¹²	kɔʔ³⁴	kʰɔʔ³⁴	ɑʔ¹²	ɔʔ³⁴
51 浦江	õ²⁴³白 an²⁴³文	po⁴²³	tɕyo⁴²³	dʑyɯ²³²	ko⁴²³	kʰo⁴²³	o²³²白 yo²³²文	ɯ⁵⁵ ～手
52 义乌	ziɑn²⁴	pau³²⁴	tsau³²⁴	dʑiau³¹²	kɔ³²⁴	kʰɔ³²⁴	ɔ³¹²	ɔ³²⁴
53 东阳	ɕiɐn⁴⁵³	pɐɯ³³⁴	tɕiɐɯ³³⁴	dʑioun²¹³ 小	kɔn⁴⁵³小	kʰɔ³³⁴	ɔ²¹³	ɔ²¹³
54 永康	ɑŋ¹¹³	ɓuo³³⁴	tsuo³³⁴	dzuo¹¹³	kɑu³³⁴	kʰɑu³³⁴	ɑu¹¹³	u³³⁴
55 武义	ɑŋ¹³	pɔʔ⁵	luo⁵³	dzuo¹³	kɑu⁵³	kʰɑu⁵³	ɑu¹³	ɔʔ⁵
56 磐安	ɒ²¹³	pʌo³³⁴	tɕiʌo³³⁴	dʑion¹⁴小	kuə³³⁴	kʰuə³³⁴	uə²¹³	ʌo³³⁴
57 缙云	ɔ³¹	pɔ³²²	tɔ³²²	dzɔ¹³	kɔ³²²	kʰɔ⁴⁵小	ɔ¹³	ou³²²
58 衢州	ã²³¹	pəʔ⁵	tʃyəʔ⁵	dʒyəʔ¹²	kəʔ⁵	kʰəʔ⁵	uəʔ¹²白 ʒyəʔ¹²文	uəʔ⁵
59 衢江	ziã²³¹	pəʔ⁵	tɕyəʔ⁵	dʑyəʔ²	kəʔ⁵	kʰəʔ⁵	uəʔ²白 ziaʔ²文	uəʔ⁵
60 龙游	xã²²⁴	pɔʔ⁴	tsɔʔ⁴	dzɔʔ²³	kɔʔ⁴	kʰɔʔ⁴	uɔʔ²³	uɔʔ⁴
61 江山	ɳŋ³¹	piaʔ⁵白 paʔ⁵文	tɕiɳʔ⁵	dʑiɵʔ²	kɒʔ⁵	kʰɒʔ⁵	ɒʔ²白 iaʔ²文	oʔ⁵
62 常山	ã¹³¹姓～ ziã¹³¹ ～链	piaʔ⁵	tiʌʔ⁵	dzʌʔ³⁴	kʌʔ⁵	kʰʌʔ⁵	ʌʔ³⁴ ～堂 iaʔ³⁴ ～习	ʌʔ⁵
63 开化	xã²¹³	piaʔ⁵ ～皮 pɔʔ⁵ ～削	tiɔʔ⁵	dʑiɔʔ¹³	kɔʔ⁵	kʰɔʔ⁵	ɔʔ¹³ ～堂 zyaʔ¹³大～	əʔ⁵
64 丽水	ɔŋ⁵⁴⁴白 ɕia⁵²文	puoʔ⁵	tioʔ⁵	dʑioʔ²³	kəʔ⁵	kʰəʔ⁵	əʔ²³	uoʔ⁵
65 青田	o²²	ɓoʔ⁴²	ɗioʔ⁴²	（无）	koʔ⁴²	kʰoʔ⁴²	oʔ³¹	uʔ⁴²

续表

方言点	0785 项 江开二 上江匣	0786 剥 江开二 入觉帮	0787 桌 江开二 入觉知	0788 镯 江开二 入觉崇	0789 角 江开二 入觉见	0790 壳 江开二 入觉溪	0791 学 江开二 入觉匣	0792 握 江开二 入觉影
66 云和	ɔ̃⁴¹	poʔ⁵	tioʔ⁵	dʑioʔ²³	koʔ⁵	kʰoʔ⁵	oʔ²³	oʔ⁵
67 松阳	oŋ³¹	poʔ⁵	tioʔ⁵	dʑioʔ²	koʔ⁵	kʰoʔ⁵	oʔ²	oʔ⁵
68 宣平	ɔ̃⁴³³ 调殊	pəʔ⁵	tyəʔ⁵	dʑyəʔ²³	kəʔ⁵	kʰəʔ⁵	əʔ²³	əʔ⁵
69 遂昌	oŋ¹³	poʔ⁵	tiɔʔ⁵	dʑiɔʔ²³	kɔʔ⁵	kʰɔʔ⁵	ɔʔ²³	əɯʔ⁵
70 龙泉	ɔŋ̃⁵¹	poʔ⁵	tiouʔ⁵	dʑiouʔ²⁴	kouʔ⁵	kʰouʔ⁵	ouʔ²⁴ 白 oʔ²⁴ 文	oʔ⁵
71 景宁	ɔŋ³³	poʔ⁵	tioʔ⁵	dʑioʔ²³	koʔ⁵	kʰoʔ⁵	oʔ²³	uʔ⁵
72 庆元	xɔ̃²²¹	ɓoʔ⁵	ɗioʔ⁵	tɕioʔ³⁴	koʔ⁵	kʰuʔ⁵	xoʔ³⁴	uʔ⁵ 把~
73 泰顺	ɔ̃⁵⁵	poʔ⁵	tioʔ⁵	tɕioʔ²	koʔ⁵	kʰoʔ⁵	oʔ²	uʔ⁵
74 温州	uɔ¹⁴	po³²³	tɕio³²³	dʑio²¹²	ko³²³	kʰo³²³	o²¹²	o³²³
75 永嘉	ɔ¹³	po⁴²³	tɕyo⁴²³	tɕyo⁴²³	ko⁴²³	kʰo⁴²³	o²¹³	o⁵³
76 乐清	ɔ²⁴	po³²³	tɕio³²³	dʑio²¹²	ko³²³	kʰo³²³	o²¹²	u³²³
77 瑞安	o¹³	pu³²³	tɕyo³²³	tɕyo³²³	ko³²³	kʰo³²³	o²¹²	vɯ²¹²
78 平阳	o⁴⁵	po³⁴	tʃuo³⁴	(无)	ko³⁴	kʰo³⁴	o¹²	vu⁵³
79 文成	o²²⁴	po³⁴	tʃo³⁴	dʒo²¹²	ko³⁴	kʰo³⁴	o²¹²	vu³⁴
80 苍南	o⁵³	puɔ²²³	tɕyɔ²²³	tɕyɔ²²³	ko²²³	kʰo²²³	o¹¹²	o²²³
81 建德徽	ho⁵⁵ 白 ɕiaŋ²¹³ 文	pu⁵⁵	tsu⁵⁵	tɕyɐʔ¹²	ku⁵⁵	kʰu⁵⁵	hu²¹³	uɐʔ⁵
82 寿昌徽	ɕiɑ̃²⁴ 文	pɔʔ³	tɕiɔʔ³	tɕʰiɔʔ³¹	kɔʔ³	kʰɔʔ³	xɔʔ³¹	ɔʔ³
83 淳安徽	hɑ̃⁵³	poʔ⁵	tsoʔ⁵	tsʰɑʔ¹³	koʔ⁵	kʰoʔ⁵	hɑʔ¹³	uoʔ⁵
84 遂安徽	xɑ̃⁴³	po²⁴	tso²⁴	tsʰo²¹³	ko²⁴	kʰo²⁴	xo²¹³	vu²⁴
85 苍南闽	han³²	pɐ⁴³	to⁴³	so²⁴	kɐ⁴³	kʰɐ⁴³	o²⁴ hɐ²⁴	ɐ⁴³
86 泰顺闽	xo³¹	pa²²	tou⁵³	sou³¹	kɒʔ⁵ 白 kou³¹ 文	kʰɒʔ⁵	xɒʔ³	uøʔ⁵
87 洞头闽	haŋ²¹	pɐk⁵	to⁵³	so²⁴¹	kɐk⁵	kʰɐk⁵	o²⁴¹ 白 hɐk²⁴ 文	ɔk⁵
88 景宁畲	xɔŋ⁵¹	poʔ⁵	toʔ² 调殊	tɕioʔ²	koʔ⁵	xoʔ⁵	xoʔ²	uʔ⁵

方言点	0793 朋 曾开一 平登并	0794 灯 曾开一 平登端	0795 等 曾开一 上登端	0796 凳 曾开一 去登端	0797 藤 曾开一 平登定	0798 能 曾开一 平登泥	0799 层 曾开一 平登从	0800 僧 曾开一 平登心
01 杭州	baŋ²¹³	təŋ³³⁴	təŋ⁵³	təŋ⁴⁵	dəŋ²¹³	nəŋ²¹³	dzəŋ²¹³	səŋ³³⁴
02 嘉兴	bÃ²⁴²	təŋ⁴²	təŋ⁵⁴⁴	təŋ²²⁴	dəŋ²⁴²	nəŋ²⁴²	zəŋ²⁴²	səŋ⁴²
03 嘉善	bæ̃¹³²	tən⁵³	tən⁴⁴	tən³³⁴	dən¹³²	nən¹³²	zən¹³²	sən⁵³
04 平湖	bã³¹	tən⁵³	tən⁴⁴	tən³³⁴	dən³¹	nən³¹	zən³¹	sən⁵³
05 海盐	bɛ̃³¹	tən⁵³	tən⁴²³	tən³³⁴	dən³¹	lən³¹	zən³¹	sən⁵³
06 海宁	bã¹³	təŋ⁵⁵	təŋ⁵³	təŋ³⁵	dəŋ¹³	ləŋ¹³声殊	zəŋ¹³	səŋ⁵⁵
07 桐乡	bã¹³	təŋ⁴⁴	təŋ⁵³	təŋ³³⁴	dəŋ¹³	ləŋ¹³	zəŋ¹³	səŋ⁴⁴
08 崇德	bã¹³	təŋ⁴⁴	təŋ⁵³	təŋ³³⁴	dəŋ¹³	ləŋ¹³	zəŋ¹³	səŋ⁴⁴
09 湖州	bã¹¹²	tən⁴⁴	tən⁵²³	tən³⁵	dən¹¹²	nən¹¹²	dzən¹¹²	sən⁴⁴
10 德清	bã¹¹³	ten⁴⁴	ten⁵²	ten³³⁴	den¹¹³	len¹¹³声殊	zen¹¹³	sen⁴⁴
11 武康	bã¹¹³	ten⁴⁴	ten⁵³	ten²²⁴	den¹¹³	nen¹¹³	dzen¹¹³	sen⁴⁴
12 安吉	bã²²	təŋ⁵⁵	təŋ⁵²	təŋ³²⁴	dəŋ²²	nəŋ²²	dzəŋ²²	səŋ⁵⁵
13 孝丰	bã²²	təŋ⁴⁴	təŋ⁵²	təŋ³²⁴	dəŋ²²	nəŋ²²	dzəŋ²²	səŋ⁴⁴
14 长兴	bã¹²	təŋ⁴⁴	təŋ⁵²	təŋ³²⁴	dəŋ¹²	nəŋ¹²	dzəŋ¹²	səŋ⁴⁴
15 余杭	boŋ²²	tiŋ⁴⁴	tiŋ⁵³	tiŋ⁴²³	diŋ²²	liŋ²²声殊	ziŋ²²	siŋ⁴⁴
16 临安	bã³³	teŋ⁵⁵	teŋ⁵⁵	teŋ⁵⁵	deŋ³³	neŋ³³	dzeŋ³³	seŋ⁵⁵
17 昌化	bã¹¹²	təŋ³³⁴	təŋ⁴⁵³	təŋ⁵⁴⁴	diəŋ¹¹²又 dəŋ¹¹²又	nəŋ¹¹²	zəŋ¹¹²	tsəŋ³³⁴
18 於潜	baŋ²²³	teŋ⁴³³	teŋ⁵¹	teŋ³⁵	deŋ²²³	neŋ²²³	dzeŋ²²³	seŋ⁴³³
19 萧山	bã³⁵⁵	təŋ⁵³³	təŋ³³	təŋ⁴²	dəŋ³⁵⁵	nəŋ³⁵⁵	dzəŋ³⁵⁵	səŋ⁵³³
20 富阳	bən¹³	tən⁵³	tən⁴²³	tən³³⁵	dən¹³	lən¹³	dzən¹³	sən⁵³
21 新登	boŋ²³³	teiŋ⁵³	teiŋ³³⁴	teiŋ⁴⁵	deiŋ²³³	leiŋ²³³	zeiŋ²³³	seiŋ³³⁴
22 桐庐	bã¹³	təŋ⁵³³	təŋ³³	təŋ³⁵	dəŋ¹³	nəŋ¹³	dzəŋ¹³	səŋ⁵³³
23 分水	bən²²	tən⁴⁴	tən⁵³	tən²⁴	dən²²	lən²²	dzən²²	sən⁴⁴
24 绍兴	baŋ²³¹	təŋ⁵³	təŋ³³⁴	təŋ³³	dəŋ²³¹	nəŋ²²	dzəŋ²³¹	səŋ⁵³
25 上虞	bã²¹³	təŋ³⁵	təŋ³⁵	təŋ⁵³	dəŋ²¹³	nəŋ²¹³	dzəŋ²¹³	səŋ³⁵

续表

方言点	0793 朋 曾开一 平登並	0794 灯 曾开一 平登端	0795 等 曾开一 上登端	0796 凳 曾开一 去登端	0797 藤 曾开一 平登定	0798 能 曾开一 平登泥	0799 层 曾开一 平登从	0800 僧 曾开一 平登心
26 嵊州	baŋ²¹³	teŋ⁵³⁴	teŋ⁵³	teŋ³³⁴	deŋ²¹³	neŋ²¹³	dzeŋ²⁴	seŋ⁵³⁴
27 新昌	baŋ²²	teŋ⁵³⁴	teŋ⁴⁵³	teŋ³³⁵	deŋ²²	neŋ²²	dzeŋ²²	seŋ⁵³⁴
28 诸暨	bã¹³	tɛŋ⁵⁴⁴	tɛŋ⁴²	tɛŋ⁵⁴⁴	dɛŋ¹³	lɛŋ¹³	dzɛŋ¹³	sɛŋ⁵⁴⁴
29 慈溪	bã¹³	təŋ³⁵	təŋ³⁵	təŋ⁴⁴	dəŋ¹³	nəŋ¹³	dzəŋ¹³	səŋ³⁵
30 余姚	baŋ¹³	tə̃⁴⁴	tə̃³⁴	tə̃⁵³	də̃¹³	nə̃¹³	dzə̃¹³	sə̃⁴⁴
31 宁波	ba¹³	təŋ⁵³	təŋ³⁵	təŋ⁴⁴	dəŋ¹³	nəŋ¹³	zəŋ¹³	səŋ⁵³
32 镇海	bã²⁴	təŋ⁵³	təŋ³⁵	təŋ⁵³	dəŋ²⁴	nəŋ²⁴	dzəŋ²⁴	səŋ⁵³
33 奉化	bã³³	təŋ⁴⁴	təŋ⁵⁴⁵	təŋ⁵³	dəŋ³³	nəŋ³³	zəŋ³³	səŋ⁴⁴
34 宁海	bã²¹³白 bəŋ²¹³文	tiŋ⁴²³	tiŋ⁵³	tiŋ³⁵	diŋ²¹³	nəŋ²¹³	zəŋ²¹³	səŋ⁴²³
35 象山	bã³¹	təŋ⁴⁴	təŋ⁴⁴	təŋ⁵³	dəŋ³¹	nəŋ³¹	zəŋ³¹	səŋ⁴⁴
36 普陀	bɐŋ²⁴	tɐŋ⁵³	tɐŋ⁴⁵	tɐŋ⁵⁵	dɐŋ²⁴	nɐŋ²⁴	dzɐŋ²⁴	sɐŋ⁵³
37 定海	bã²³	tɐŋ⁵²	tɐŋ⁴⁵	tɐŋ⁴⁴	dɐŋ²³	nɐŋ²³	zɐŋ²³	sɐŋ⁵²
38 岱山	bã²³	tɐŋ⁵²	tɐŋ³²⁵	tɐŋ⁴⁴	dɐŋ²³	nɐŋ²³	zɐŋ²³	sɐŋ⁵²
39 嵊泗	bã²⁴³	tɐŋ⁵³	tɐŋ⁴⁴⁵	tɐŋ⁵³	dɐŋ²⁴³	nɐŋ²⁴³	dzɐŋ²⁴³	sɐŋ⁵³
40 临海	bã²¹	təŋ³¹	təŋ⁵²	təŋ⁵⁵	dəŋ²¹	nəŋ²¹	zəŋ²¹	səŋ³¹
41 椒江	boŋ³¹	təŋ⁴²	təŋ⁴²	təŋ⁵⁵	dəŋ³¹	nəŋ³¹	zəŋ³¹	səŋ⁴²
42 黄岩	bã¹²¹白 bən¹²¹文	tən³²	tən⁴²	tən⁵⁵	dən¹²¹	nən¹²¹	zən¹²¹	søn³²
43 温岭	buŋ³¹	təŋ³³	təŋ⁴²	təŋ⁵⁵	dəŋ³¹	nəŋ³¹	zəŋ³¹	səŋ³³
44 仙居	ben²¹³	ɖin³³⁴	ɖin³²⁴	ɖin⁵⁵	din²¹³	nen²¹³	ʑin²¹³音殊	sen³³⁴
45 天台	bəŋ²²⁴	təŋ³³	təŋ³²⁵	təŋ⁵⁵	dəŋ²²⁴	nəŋ²²⁴	zəŋ²²⁴	səŋ³³
46 三门	bəŋ¹¹³	təŋ³³⁴	təŋ³²⁵	təŋ⁵⁵	dəŋ¹¹³	nəŋ¹¹³	zəŋ¹¹³	səŋ³³⁴
47 玉环	boŋ³¹	təŋ⁴²	təŋ⁵³	təŋ⁵⁵	dəŋ³¹	nəŋ³¹	zəŋ³¹	səŋ⁴²
48 金华	boŋ³¹³ baŋ³¹³	təŋ³³⁴	təŋ⁵³⁵	təŋ⁵⁵	dəŋ³¹³	nəŋ³¹³	zəŋ³¹³	səŋ³³⁴

方言点	0793 朋 曾开一 平登並	0794 灯 曾开一 平登端	0795 等 曾开一 上登端	0796 凳 曾开一 去登端	0797 藤 曾开一 平登定	0798 能 曾开一 平登泥	0799 层 曾开一 平登从	0800 僧 曾开一 平登心
49 汤溪	bã¹¹	nã²⁴	nã⁵³⁵	nã⁵²	dã¹¹	nã¹¹	zã¹¹	sã²⁴
50 兰溪	bæ̃²¹	tæ̃³³⁴	tæ̃⁵⁵	tæ̃⁴⁵	dæ̃²¹	næ̃²¹	zæ̃²¹	sæ̃³³⁴
51 浦江	bən¹¹³	tən⁵³⁴	tən⁵³	tən⁵⁵	diən¹¹³	lən¹¹³	zən¹¹³	sən⁵³⁴
52 义乌	boŋ²¹³	nən³³⁵	nən⁴²³	nən⁴⁵	dən²¹³	nən²¹³	zən²¹³白 dzən²¹³文	sən³³⁵
53 东阳	bɐn²¹³	tɐn³³⁴	tɐn⁴⁴	tɐn⁴⁵³	dɐn²¹³	nɐn²¹³	dzɐn²¹³	sɐn⁴⁵³
54 永康	biŋ²²	niŋ⁵⁵	niŋ³³⁴	niŋ⁵²	diŋ²²	niŋ²²	ʑiŋ²²	sən⁵⁵
55 武义	ben³²⁴	nen²⁴	nen⁴⁴⁵	nen⁵³	den³²⁴	nen³²⁴	zen³²⁴	sen²⁴唐~ tsen²⁴~尼会
56 磐安	bɐn²¹³	nɐn⁴⁴⁵	nɐn³³⁴	nɐn⁵²	dɐn²¹³	nɐn²¹³	zɐn²¹³	sɐn⁴⁴⁵
57 缙云	bei²⁴³	nɤŋ⁴⁴	nɤŋ⁵¹	nɤŋ⁴⁵³	dɤŋ²⁴³	nɤŋ²⁴³	zɤŋ²⁴³	sɤŋ⁴⁴
58 衢州	boŋ²¹	tən³²	tən³⁵	tən⁵³	dən²¹	nən²¹	zən²¹	sən³²
59 衢江	bəŋ²¹²	tiŋ³³	təŋ²⁵	tiŋ⁵³	diŋ²¹²	nəŋ²¹²	zəŋ²¹²	səŋ³³
60 龙游	bən²¹	tən³³⁴	tən³⁵	tən⁵¹	din²¹	nən²¹	zən²¹	sən³³⁴
61 江山	boŋ²¹³	tĩ⁴⁴	tɛ̃²⁴¹	tĩ⁵¹	dĩ²¹³	nɛ̃²¹³	zɛ̃²¹³	səŋ⁴⁴
62 常山	boŋ³⁴¹	tĩ⁴⁴	tɔ̃⁵²	tĩ³²⁴	dĩ³⁴¹	noŋ³⁴¹	zɔ̃²⁴	tsĩ⁴⁴
63 开化	bɤŋ²¹³调殊	tin⁴⁴	tɛn⁵³	tin⁴¹²	din²³¹	nɛn²³¹老 nɤŋ²³¹新	zɐn²¹³ zɤŋ²¹³调殊	sɤŋ⁴⁴
64 丽水	boŋ²²	ten²²⁴	ten⁵⁴⁴	ten⁵²	den²²	nen²²	ʑin²²	sen²²⁴
65 青田	boŋ²¹	ɗeŋ⁴⁴⁵	ɗeŋ⁴⁵⁴	ɗeŋ³³	deŋ²¹	neŋ²¹	iŋ²¹	tɕiŋ⁴⁴⁵
66 云和	bɛ³¹²	tɛ²⁴	tɛ⁴¹	tɛ⁴⁵	dɔŋ³¹²	nɛ³¹²	zɛ³¹²	tsɛ²⁴声殊
67 松阳	bæ̃²²调殊	tæ̃⁵³	tæ̃²¹²	tæ̃²⁴	dæ̃³¹	næ̃³¹	zæ̃³¹	sæ̃⁵³
68 宣平	bən⁴³³	tin³²⁴	tin⁴⁴⁵	tin⁵²	dən⁴³³	nin⁴³³	ʑin⁴³³	sən³²⁴
69 遂昌	bən²²¹	tiŋ⁴⁵	tɛ̃⁵³³	tiŋ³³⁴	dɛ̃²²¹	nɛ̃²²¹	zɛ̃²²¹	sɛ̃⁴⁵
70 龙泉	bE²¹	tin⁴³⁴	tE⁵¹	tin⁴⁵	dE²¹	nE²¹	zE²¹	tsE⁴³⁴
71 景宁	baŋ⁴¹	taŋ³²⁴	taŋ³³	taŋ³⁵	daŋ⁴¹	naŋ⁴¹	zaŋ⁴¹	saŋ³²⁴

续表

方言点	0793 朋	0794 灯	0795 等	0796 凳	0797 藤	0798 能	0799 层	0800 僧
	曾开一平登并	曾开一平登端	曾开一上登端	曾开一去登端	曾开一平登定	曾开一平登泥	曾开一平登从	曾开一平登心
72 庆元	pæ̃^{52}	ɗæ̃^{335}	ɗæ̃^{33}	ɗæ̃^{11}	tæ̃^{52}	næ̃^{52}	sæ̃^{52}	sæ̃^{335}
73 泰顺	pɛ^{53}	tɛ^{213}	tɛ^{55}	tɛ^{35}	（无）	nɛ^{53}	sɛ^{53}	sɛ^{213}
74 温州	boŋ^{31}	taŋ^{33}	taŋ^{25}	taŋ^{51}	daŋ^{31}	naŋ^{31}	zaŋ^{31}	saŋ^{33}
75 永嘉	boŋ^{31}	taŋ^{44}	taŋ^{45}	taŋ^{53}	daŋ^{31}	naŋ^{31}	zaŋ^{31}	saŋ^{44}
76 乐清	boŋ^{31}	taŋ^{44}	taŋ^{35}	taŋ^{41}	daŋ^{31}	naŋ^{31}	zaŋ^{31}	saŋ^{44}
77 瑞安	boŋ^{31}	taŋ^{44}	taŋ^{35}	taŋ^{53}	daŋ^{31}	naŋ^{31}	zaŋ^{31}	saŋ^{44}
78 平阳	boŋ^{242}	taŋ^{55}	taŋ^{45}	taŋ^{53}	daŋ^{242}	naŋ^{242}	zaŋ^{242}	saŋ^{55}
79 文成	boŋ^{113}	taŋ^{55}	taŋ^{45}	taŋ^{33}	daŋ^{113}	naŋ^{113}	zaŋ^{113}	saŋ^{55}
80 苍南	boŋ^{31}	taŋ^{44}	taŋ^{53}	taŋ^{42}	daŋ^{31}	naŋ^{31}	zaŋ^{31}	saŋ^{44}
81 建德徽	poŋ^{33}	tən^{53}	tən^{213}	tən^{33}	tən^{33}	lən^{33}	sən^{33}	tsən^{33}
82 寿昌徽	pʰen^{112}文	ten^{112}	ten^{24}	ten^{33}	tʰen^{52}	len^{112}文	sen^{112}文	sen^{112}
83 淳安徽	pʰon^{435}	ten^{24}	ten^{55}	ten^{24}	tʰen^{435}	len^{435}	tsʰen^{435}	sen^{24}
84 遂安徽	pʰəŋ^{33}	təŋ^{534}	təŋ^{213}	təŋ^{43}	tʰin^{33}	ləŋ^{33}	ɕin^{33}	ɕin^{534}白 səŋ^{534}文
85 苍南闽	pin^{24}	tin^{55}	tan^{43}	（无）	tin^{24}	lin^{24}	tin^{24}	tɕin^{55}
86 泰顺闽	pɛ^{22}	tɛ^{213}	tɛ^{344}	tieŋ^{53}	tieŋ^{22}	nɛ^{22}	tsɛ^{22}	sɛ^{213}
87 洞头闽	pieŋ^{113}	tieŋ^{33}	tan^{53}白 tieŋ^{53}文	（无）	tieŋ^{113}	lieŋ^{113}	tieŋ^{113}	tɕieŋ^{33}
88 景宁畲	paŋ^{22}	teŋ^{44}	teŋ^{325}	teŋ^{51}	tʰeŋ^{22}	nən^{22}	tɕʰieŋ^{22}	ɕin^{44}

方言点	0801 肯 曾开一 上登溪	0802 北 曾开一 入德帮	0803 墨 曾开一 入德明	0804 得 曾开一 入德端	0805 特 曾开一 入德定	0806 贼 曾开一 入德从	0807 塞 曾开一 入德心	0808 刻 曾开一 入德溪
01 杭州	kʰəŋ⁵³	poʔ⁵	moʔ²	taʔ⁵	daʔ²	dzaʔ²	saʔ⁵	kʰaʔ⁵
02 嘉兴	kʰən¹¹³	poʔ⁵	məʔ⁵	təʔ⁵	dəʔ¹³	zəʔ¹³	səʔ⁵	kʰəʔ⁵
03 嘉善	kʰən³³⁴	puoʔ⁵	mɜʔ²	tɜʔ⁵	dɜʔ²	zɜʔ²	sɜʔ⁵	kʰɜʔ⁵
04 平湖	kʰən²¹³	poʔ⁵	məʔ²³	təʔ⁵	dəʔ²³	zəʔ²³	səʔ⁵	kʰəʔ²³
05 海盐	kʰən⁴²³	pɔʔ⁵	mɔʔ²³	təʔ⁵	dəʔ²³	zəʔ²³	saʔ⁵	kʰəʔ²³
06 海宁	kʰəŋ⁵³	poʔ⁵	moʔ²	təʔ⁵	dəʔ²	zəʔ²	saʔ⁵	kʰəʔ⁵
07 桐乡	kʰəŋ⁵³	pɔʔ⁵	məʔ²³	təʔ⁵	dəʔ²³	zəʔ²³	saʔ⁵	kʰəʔ⁵
08 崇德	kʰəŋ⁵³	pɔʔ⁵	məʔ²³	təʔ⁵	dəʔ²³	zəʔ²³	saʔ⁵	kʰəʔ⁵
09 湖州	kʰən⁵²³	puoʔ⁵	məʔ²	təʔ⁵	dəʔ²	zəʔ²	səʔ⁵	kʰəʔ⁵
10 德清	kʰen⁵²	puoʔ⁵	muoʔ²	təʔ⁵	dəʔ²	zəʔ²	səʔ⁵	kʰəʔ⁵
11 武康	kʰen⁵³	puoʔ⁵	mɜʔ²	tɜʔ⁵	dɜʔ²	zɜʔ²	sɜʔ⁵	kʰɜʔ⁵
12 安吉	kʰəŋ⁵²	poʔ⁵	moʔ²³	təʔ⁵	dəʔ²³	zəʔ²³	səʔ⁵	kʰəʔ⁵
13 孝丰	kʰəŋ⁵²	puoʔ⁵	məʔ²³	təʔ⁵	dəʔ²³	zəʔ²³	səʔ⁵	kʰəʔ⁵
14 长兴	kʰəŋ⁵²	poʔ⁵	maʔ²	təʔ⁵	dəʔ²	zəʔ²	səʔ⁵	kʰəʔ⁵
15 余杭	kʰiŋ⁵³	poʔ⁵	moʔ²	təʔ⁵	dəʔ²	zəʔ²	səʔ⁵	kʰəʔ⁵
16 临安	kʰeŋ⁵⁵	pɔʔ⁵⁴	muoʔ⁵⁴	tɐʔ⁵⁴	dɐʔ¹²	zɐʔ¹²	sɐʔ⁵⁴	kʰɐʔ⁵⁴
17 昌化	kʰəŋ⁴⁵³	pəʔ⁵	məʔ²³	təʔ⁵	dəʔ²³	zəʔ²³	səʔ⁵ 又 sɛ³³⁴ 又	kʰəʔ⁵
18 於潜	kʰeŋ⁵¹	pəʔ⁵³	maʔ²³	təʔ⁵³	dæʔ²³	zæʔ²³	səʔ⁵³	kʰəʔ⁵³
19 萧山	kʰiŋ³³	pəʔ⁵	məʔ¹³	təʔ⁵	dəʔ¹³	zəʔ¹³	səʔ⁵	kʰieʔ⁵
20 富阳	kʰin⁴²³	poʔ⁵	moʔ²	tɛʔ⁵	dɛʔ²	zɛʔ²	sɛʔ⁵	kʰiɛʔ⁵
21 新登	kʰeiŋ³³⁴	poʔ⁵	moʔ²	taʔ⁵	daʔ²	zəʔ²	səʔ⁵	kʰəʔ⁵
22 桐庐	kʰəŋ³³	pəʔ⁵	məʔ¹³	təʔ⁵	dəʔ¹³	zəʔ¹³	səʔ⁵	kʰəʔ⁵
23 分水	kʰən⁵³	pəʔ⁵	maʔ¹²	təʔ⁵	dəʔ¹²	dzəʔ¹²	səʔ⁵	kʰəʔ⁵
24 绍兴	kʰəŋ³³⁴	poʔ⁵	moʔ²	təʔ⁵	doʔ²	zəʔ²	səʔ⁵	kʰəʔ⁵
25 上虞	kʰəŋ³⁵	poʔ⁵	moʔ²	tɐʔ⁵	diəʔ²	zɐʔ²	sɐʔ⁵	kʰəʔ⁵

续表

方言点	0801 肯 曾开一 上登溪	0802 北 曾开一 入德帮	0803 墨 曾开一 入德明	0804 得 曾开一 入德端	0805 特 曾开一 入德定	0806 贼 曾开一 入德从	0807 塞 曾开一 入德心	0808 刻 曾开一 入德溪
26 嵊州	kʰeŋ^{53}	pəʔ^5	moʔ^2	təʔ^5	dəʔ^2	zəʔ^2	səʔ^5	kʰəʔ^5
27 新昌	kʰeŋ^{453}	peʔ^5	mɤʔ^2	teʔ^5	dɤʔ^2	zeʔ^2 白 dzeʔ^2 文	seʔ^5	kʰeʔ^5
28 诸暨	kʰin^{42}	poʔ^5	moʔ^{13}	təʔ^5	dəʔ^{13}	zoʔ^{13}	səʔ^5	kʰieʔ^5
29 慈溪	kʰəŋ^{35}	poʔ^5	moʔ^2	taʔ^5	daʔ^2	zaʔ^2	saʔ^5	kʰaʔ^5
30 余姚	kʰɔ̃^{34}	poʔ^5	moʔ^2	taʔ^5	diəʔ^2	zəʔ^2	səʔ^5 ~头 saʔ^5 ~牢	kʰəʔ^5
31 宁波	kʰəŋ^{35}	poʔ^5	moʔ^2	taʔ^5	daʔ^2	zaʔ^2	saʔ^5	kʰaʔ^5
32 镇海	kʰəŋ^{35}	poʔ^5	moʔ^{12}	taʔ^5	daʔ^{12}	zaʔ^{12}	saʔ^5	kʰaʔ^5
33 奉化	kʰəŋ^{545}	poʔ^5	moʔ^2	taʔ^5	daʔ^2	zaʔ^2	saʔ^5	kʰaʔ^5
34 宁海	kʰiŋ^{53}	poʔ^5	moʔ^3	tiəʔ^5	diəʔ^3	zaʔ^3	saʔ^5	kʰeʔ^5
35 象山	kʰəŋ^{44}	poʔ^5	moʔ^2	taʔ^5	daʔ^2	zaʔ^2	saʔ^5	kʰaʔ^5
36 普陀	kʰɐŋ^{45}	poʔ^5	moʔ^{23}	tɐʔ^5	dɐʔ^{23}	zɐʔ^{23}	sɐʔ^5	kʰɐʔ^5
37 定海	kʰɐŋ^{45}	poʔ^5	moʔ^2	tɐʔ^5	dɐʔ^2	zɐʔ^2	sɐʔ^5	kʰɐʔ^5
38 岱山	kʰɐŋ^{325}	poʔ^5	moʔ^2	tɐʔ^5	dɐʔ^2	zɐʔ^2	sɐʔ^5	kʰɐʔ^5
39 嵊泗	kʰɐŋ^{445}	poʔ^5	moʔ^2	tɐʔ^5	dɐʔ^2	zɐʔ^2	sɐʔ^5	kʰɐʔ^5
40 临海	kʰəŋ^{52}	poʔ^5	moʔ^{23}	təʔ^5	dəʔ^{23}	zəʔ^{23}	səʔ^5	kʰəʔ^5
41 椒江	kʰəŋ^{42}	poʔ^5	moʔ^2	tɛʔ^5	dɛʔ^2	zəʔ^2	saʔ^5	kʰaʔ^5
42 黄岩	kʰən^{42}	poʔ^5	moʔ^2	təʔ^5	dəʔ^2	zəʔ^2	səʔ^5	kʰəʔ^5
43 温岭	kʰəŋ^{42}	poʔ^5	moʔ^2	təʔ^5	dəʔ^2	zəʔ^2	soʔ^5 ~牢	kʰəʔ^5
44 仙居	cʰin^{324}	ɓəʔ^5	miəʔ^{23}	diəʔ^5	diəʔ^{23}	ziəʔ^{23} zəʔ^{23}	səʔ^5	cʰiəʔ^5
45 天台	kʰəŋ^{325}	pəʔ^5	məʔ^5	təʔ^5	dəʔ^2	zəʔ^2	səʔ^5	kʰeʔ^5
46 三门	kʰəŋ^{325}	pɐʔ^5	moʔ^{23}	tɐʔ^5	dɐʔ^{23}	zɐʔ^{23}	sɐʔ^5	kʰɐʔ^5
47 玉环	kʰəŋ^{53}	poʔ^5	moʔ^2	tɐʔ^5	dɐʔ^2	zɐʔ^2	sɐʔ^5	kʰɐʔ^5
48 金华	kʰəŋ^{535}	pəʔ^4	məʔ^{212}	təʔ^4	dəʔ^{212}	zəʔ^{212}	səʔ^4	kʰəʔ^4

方言点	0801 肯 曾开一 上登溪	0802 北 曾开一 入德帮	0803 墨 曾开一 入德明	0804 得 曾开一 入德端	0805 特 曾开一 入德定	0806 贼 曾开一 入德从	0807 塞 曾开一 入德心	0808 刻 曾开一 入德溪
49 汤溪	kʰã^{535}	pə^{55}	mə^{113}	tə^{55}	də^{113}	zə^{113}	sə^{55}	kʰə^{55}
50 兰溪	kʰæ̃^{55}	pəʔ^{34}	məʔ^{12}	təʔ^{34}	dəʔ^{12}	zəʔ^{12}	səʔ^{34}	kʰəʔ^{34}
51 浦江	kʰən^{53}	pə^{423}	mə^{232}	tə^{423}	də^{232}	zə^{232}	sɛ^{423}	kʰə^{423}
52 义乌	kʰən^{423}	pai^{324}	mai^{312}	tai^{324}白 tə^{324}文	dai^{312}白 də^{312}文	zai^{312}	sai^{324}	kʰə^{324}
53 东阳	kʰɐn^{44}	pei^{334}	mei^{213}	tei^{334}	dɐ^{23}	zei^{213}	sei^{334}	kʰɐ^{34}
54 永康	kʰəŋ^{334}	ɓə^{334}	mə^{113}	ɗəiɓ^{334}	dəi^{113}	zəi^{113}	səi^{334}	kʰəi^{334}
55 武义	kʰen^{445}	pəʔ^{5}	mə^{213}	ləʔ^{5}	də^{213}	zə^{213}	sa^{53}	kʰəʔ^{5}
56 磐安	kʰɐn^{334}	pɛi^{334}	mɛi^{213}	tɛi^{334}	dɛ^{213}	zɛi^{213}	sɛi^{334}	kʰɛi^{334}
57 缙云	tɕʰiɛŋ^{51} ~弗~ kʰaŋ^{51}~定	pɛ^{322}	mɛ^{13}	tɛ^{322}	dɛ^{13}	zɛ^{13}	tsʰei^{322}	kʰɛ^{322}
58 衢州	kʰən^{35}	pəʔ^{5}	məʔ^{12}	təʔ^{5}	dəʔ^{12}	zəʔ^{12}	səʔ^{5}	kʰəʔ^{5}
59 衢江	kʰəŋ^{25}~千 kʰɛ^{53}~定	pəʔ^{5}	məʔ^{2}	təʔ^{5}	dəʔ^{2}	zəʔ^{2}	səʔ^{5}	kʰəʔ^{5}
60 龙游	kʰən^{35}	pəʔ^{4}	məʔ^{23}	təʔ^{4}	dəʔ^{23}	zəʔ^{23}	səʔ^{4}	kʰəʔ^{4}
61 江山	kʰəŋ^{241}	poʔ^{5}	moʔ^{2}	təʔ^{5}	dəʔ^{2}	zəʔ^{2}	saʔ^{5}	kʰəʔ^{5}
62 常山	kʰoŋ^{52}	pɤʔ^{5}	mɤʔ^{34}	tieʔ^{5}	dʌʔ^{34}	zʌʔ^{34}	sɛʔ^{5}	kʰʌʔ^{5}
63 开化	kʰɤŋ^{53}	paʔ^{5}	məʔ^{13}	tiɛʔ^{5} 识~ taʔ^{5} 被;给	daʔ^{13}	zaʔ^{13}	saʔ^{5}	kʰaʔ^{5}
64 丽水	kʰen^{544}	peʔ^{5}	mɛʔ^{23}	teʔ^{5}	dəʔ^{23}	zaʔ^{23}	seʔ^{5}	kʰɛʔ^{5}
65 青田	kʰeŋ^{454}	ɓɛʔ^{42}	mɛʔ^{31}	ɗɛʔ^{42}	di^{31}	zɛʔ^{31}	sɛʔ^{42}	kʰɛʔ^{42}
66 云和	kʰɛ^{41}	paʔ^{5}	maʔ^{23}	taʔ^{5}	daʔ^{23}	zaʔ^{23}	tsʰeiʔ^{5}	kʰaʔ^{5}
67 松阳	kʰæ̃^{212}	pɛʔ^{5}	mɤʔ^{2}	tɛʔ^{5}	dɤʔ^{2}	zɛʔ	seʔ^{5}	kʰɛʔ^{5}
68 宣平	kʰən^{445}	pəʔ^{5}	məʔ^{23}	tiəʔ^{5}	diəʔ^{23}	zaʔ^{23}	tsʰəʔ^{5} 白 saʔ^{5} 文	kʰəʔ^{5}
69 遂昌	kʰəŋ^{533}	pɔʔ^{5}	mɔʔ^{23}	tɛʔ^{5}	dɛʔ^{23}	zɛʔ^{23}	sɛʔ^{5}	kʰɛʔ^{5}
70 龙泉	kʰE^{51}	pEʔ^{5}	mieiʔ^{24}	tEʔ^{5}	dɐ^{24}	zEʔ^{5}	tʰaiʔ^{5}	kʰEʔ^{5}

方言点	0801 肯	0802 北	0803 墨	0804 得	0805 特	0806 贼	0807 塞	0808 刻
	曾开一上登溪	曾开一入德帮	曾开一入德明	曾开一入德端	曾开一入德定	曾开一入德从	曾开一入德心	曾开一入德溪
71 景宁	kʰaŋ³³	piɛʔ⁵	miɛʔ²³	tiɛʔ⁵	dəɯʔ²³	zɛʔ²³	tsʰəɯʔ⁵ ~起 / səɯʔ⁵ 堵~	kʰɛʔ⁵
72 庆元	kʰæ̃³³	ɓɤʔ⁵	mɤʔ³⁴	dʼɤʔ⁵	tɤʔ³⁴	sɤʔ³⁴	sɤʔ⁵	kʰɤʔ⁵
73 泰顺	kʰɛ⁵⁵	pɛʔ⁵	mɛʔ²	tɛʔ⁵	tɛʔ²	sɛʔ²	sɛʔ⁵	kʰɛʔ⁵
74 温州	kʰaŋ²⁵	pai³²³	mai²¹²	te³²³	de²¹²	ze²¹²	se³²³	kʰe³²³
75 永嘉	kʰaŋ⁴⁵	pai⁴²³	mai²¹³	te⁴²³	de²¹³	ze²¹³	se⁴²³	kʰe⁴²³
76 乐清	kʰaŋ³⁵	pɤ³²³	mɤ²¹²	tɤ³²³	dɤ²¹²	ze²¹²	sɤ³²³	kʰɤ³²³
77 瑞安	kʰaŋ³⁵	pe³²³	me²¹²	te³²³	de²¹²	ze²¹²	se³²³	kʰe³²³
78 平阳	kʰaŋ⁵⁵	pʌ³⁴	mai¹²	te³⁴	de¹²	ze¹²	se³⁴	kʰe³⁴
79 文成	kʰaŋ⁴⁵	pe³⁴	me²¹²	te³⁴	de²¹²	ze²¹²	se³⁴	kʰe³⁴
80 苍南	kʰaŋ⁵³	pe²²³	miɛ¹¹²	te²²³	de¹¹²	ze¹¹²	se²²³ ~牢 / se⁴² 活~	kʰe²²³
81 建德徽	kʰən²¹³	pɐʔ⁵	mɐʔ¹²	tɐʔ⁵	tɐʔ¹²	sɐʔ¹²	sɐʔ⁵	kʰɐʔ⁵
82 寿昌徽	kʰen²⁴	pəʔ³	məʔ³¹	təʔ³	tʰəʔ³¹ ~别 / təʔ³¹ ~务	səʔ³¹	səʔ³	kʰəʔ³
83 淳安徽	kʰen⁵⁵	pəʔ⁵	məʔ¹³	tiʔ⁵	tʰəʔ¹³	səʔ¹³	sʅʔ⁵	kʰəʔ⁵
84 遂安徽	kʰəŋ²¹³	pəɯ²⁴	məɯ²¹³	təɯ²⁴	tʰəɯ²¹³	səɯ²¹³	səɯ²⁴	kʰəɯ²⁴
85 苍南闽	kʰən⁴³	pɐ⁴³	bɐ²⁴	tie⁴³	tie²⁴	tsʰɐ²⁴	sai²¹ 文	kʰie⁴³
86 泰顺闽	kʰɛ³⁴⁴	pɛʔ⁵	mɛʔ³	tɛʔ⁵	tɛʔ³	tsʰɛʔ³	sɛʔ⁵	kʰɛʔ⁵
87 洞头闽	kʰian⁵³	pɐk⁵	bɐk²⁴	tie⁵³	tiek²⁴	tsʰɐk²⁴	(无)	kʰiek⁵
88 景宁畲	xieŋ³²⁵	piʔ⁵	miʔ²	teʔ⁵	tʰəʔ²	tɕʰiet²	(无)	kʰeʔ⁵

方言点	0809 黑	0810 冰	0811 证	0812 秤	0813 绳	0814 剩	0815 升	0816 兴 高~
	曾开一入德晓	曾开三平蒸帮	曾开三去蒸章	曾开三去蒸昌	曾开三平蒸船	曾开三去蒸船	曾开三平蒸书	曾开三去蒸晓
01 杭州	xaʔ⁵	piŋ³³⁴	tsəŋ⁴⁵	tsʰəŋ⁴⁵	zəŋ²¹³	dzəŋ¹³	səŋ³³⁴	ɕiŋ⁴⁵
02 嘉兴	həʔ⁵	piŋ⁴²	tsəŋ²²⁴	tsʰəŋ²²⁴	zəŋ²⁴²	zʌ̃¹¹³	səŋ⁴²	ɕiŋ²²⁴
03 嘉善	xɜʔ⁵	pin⁵³	tsən³³⁴	tsʰən³³⁴	zən¹³²	zən¹¹³	sən⁵³	ɕin⁵³
04 平湖	həʔ⁵	pin⁵³	tsən³³⁴	tsʰən²¹³	zən³¹	（无）	sən⁵³	ɕin⁵³
05 海盐	xəʔ⁵	pin⁵³	tsən⁴²³	tsʰən³³⁴	zən³¹	zən²¹³	sən⁵³	ɕin⁵³
06 海宁	həʔ⁵	piŋ⁵⁵	tsəŋ³⁵	tsʰəŋ³⁵	zəŋ¹³	zã̃¹³	səŋ⁵⁵	ɕiŋ⁵⁵
07 桐乡	həʔ⁵	piŋ⁴⁴	tsəŋ³³⁴	tsʰəŋ³³⁴	zəŋ¹³	zã̃²¹³	səŋ⁴⁴	ɕiŋ⁴⁴
08 崇德	həʔ⁵	piŋ⁴⁴	tsəŋ³³⁴	tsʰəŋ³³⁴	zəŋ¹³	zã̃¹³	səŋ⁴⁴	ɕiŋ⁴⁴
09 湖州	xəʔ⁵	pin⁴⁴	tsən³⁵	tsʰən³⁵	zən¹¹²	dzã̃¹¹²老 dzən¹¹²新	sən⁴⁴	ɕin⁴⁴
10 德清	xəʔ⁵	pin⁴⁴	tsen³³⁴	tsʰen³³⁴	zen¹¹³	zã̃¹¹³	sen⁴⁴	ɕin⁴⁴
11 武康	xɜʔ⁵	pin⁴⁴	tsen²²⁴	tsʰen²²⁴	zen¹¹³	zen¹¹³	sen⁴⁴	ɕin⁵³调殊
12 安吉	həʔ⁵	piŋ⁵⁵	tsəŋ³²⁴	tsʰəŋ³²⁴	zəŋ²²	dzã̃²¹³	səŋ⁵⁵	ɕiŋ⁵⁵
13 孝丰	həʔ⁵	piŋ⁴⁴	tsəŋ³²⁴	tsʰəŋ³²⁴	zəŋ²²	dzã̃²¹³	səŋ⁴⁴	ɕiŋ³²⁴
14 长兴	həʔ⁵	piŋ⁴⁴	tsəŋ³²⁴	tsʰəŋ³²⁴	zəŋ¹²	dzã̃²⁴	səŋ⁴⁴	ʃiŋ⁴⁴
15 余杭	xəʔ⁵	piŋ⁴⁴	tsiŋ⁵³	tsʰiŋ⁴²³	ziŋ²²	zã̃²¹³	siŋ⁴⁴	ɕiŋ⁴⁴调殊
16 临安	həʔ⁵⁴	pieŋ⁵⁵	tseŋ⁵⁵	tsʰeŋ⁵⁵	zeŋ³³	dzeŋ³³	seŋ⁵⁵	ɕieŋ⁵⁵
17 昌化	xəʔ⁵	pieŋ³³⁴	tɕieŋ⁵⁴⁴又 tsɛ̃⁵⁴⁴又	tɕʰieŋ⁵⁴⁴	zieŋ¹¹²	ʑieŋ²⁴³	ɕieŋ³³⁴	ɕieŋ⁵⁴⁴
18 於潜	xəʔ⁵³	piŋ⁴³³	tseŋ³⁵	tɕʰiŋ³⁵	zeŋ²²³	zeŋ²⁴	seŋ⁴³³	ɕiŋ³⁵
19 萧山	xəʔ⁵	piŋ⁵³³	tsʰəŋ⁴²	tsʰəŋ⁴²	zəŋ³⁵⁵	dzəŋ²⁴²	səŋ⁵³³	ɕiŋ⁴²
20 富阳	hɛʔ⁵	pin⁵³	tsən³³⁵	tsʰən³³⁵	zin¹³	（无）	ɕin⁵³	ɕin³³⁵
21 新登	həʔ⁵	pein⁵³	tsein⁴⁵	tɕʰiŋ⁴⁵	zein²³³	dzʑin¹³	sein⁵³	sein⁴⁵
22 桐庐	xəʔ⁵	piŋ⁵³³	tsəŋ³⁵	tsʰəŋ³⁵	zəŋ¹³	dzəŋ²⁴白 zəŋ²⁴文	səŋ⁵³³	ɕiŋ³⁵
23 分水	xaʔ⁵	pin⁴⁴	tsən²⁴	tsʰən²⁴	zən²²	zən⁴²	sən⁴⁴	ɕin⁵³
24 绍兴	həʔ⁵	piŋ⁵³	tsəŋ³³	tsʰəŋ³³	zəŋ²³¹	dzəŋ²²	səŋ⁵³	ɕiŋ³³

续表

方言点	0809 黑	0810 冰	0811 证	0812 秤	0813 绳	0814 剩	0815 升	0816 兴 高~
	曾开一 入德晓	曾开三 平蒸帮	曾开三 去蒸章	曾开三 去蒸昌	曾开三 平蒸船	曾开三 去蒸船	曾开三 平蒸书	曾开三 去蒸晓
25 上虞	hɐʔ^5	piŋ^{35}	tsəŋ^{53}	tsʰəŋ^{53}	zəŋ^{213}	dzəŋ^{31}	səŋ^{35}	ɕiŋ^{35}
26 嵊州	heʔ^5	piŋ^{534}	tsɛŋ^{334}	tsʰɛŋ^{334}	zeŋ^{213}	dzeŋ^{24}	seŋ^{534}	ɕiŋ^{334}
27 新昌	heʔ^5	piŋ^{534}	tsɛŋ^{335}	tsʰɛŋ^{335}	ziŋ^{22}	dziŋ^{13}白 zeŋ^{13}文	seŋ^{534}	ɕiŋ^{335}
28 诸暨	həʔ^5	pin^{544}	tsɛn^{544}	tsʰɛn^{544}	zɛn^{13}	dzɛn^{33}	sɛn^{544}	ɕin^{544}
29 慈溪	haʔ^5	piŋ^{35}	tsəŋ^{44}	tsʰəŋ^{44}	zəŋ^{13}	dzəŋ^{13}	səŋ^{35}	ɕiŋ^{35}
30 余姚	haʔ^5	pə̃^{44}	tsə̃^{53}	tsʰə̃^{53}	zə̃^{13}	dzə̃^{13}	sə̃^{44}	ɕiə̃^{53}
31 宁波	haʔ^5	piŋ^{53}	tɕiŋ^{44}	tɕʰiŋ^{53}	ziŋ^{13}	dziŋ^{13}	ɕiŋ^{53}	ɕiŋ^{53}
32 镇海	haʔ^5	piŋ^{53}	tɕiŋ^{53}	tɕʰiŋ^{53}	iŋ^{24}	dziŋ^{24}	ɕiŋ^{53}	ɕiŋ^{53}
33 奉化	haʔ^5	piŋ^{44}	tɕiŋ^{53}	tɕʰiŋ^{53}	ziŋ^{33}	dziŋ^{31}	ɕiŋ^{44}	ɕiŋ^{53}
34 宁海	hiəʔ^5	piŋ^{423}	tɕiŋ^{35}	tɕʰiŋ^{35}	ziŋ^{213}	dziŋ^{24}	ɕiŋ^{423}	ɕiŋ^{35}
35 象山	haʔ^5	piŋ^{44}	tɕiŋ^{53}	tɕʰiŋ^{53}	iŋ^{31}	dziŋ^{13}	ɕiŋ^{44}	ɕiŋ^{44}调殊
36 普陀	xɐʔ^5	piŋ^{53}	tɕiŋ^{55}	tɕʰiŋ^{55}	iŋ^{24}	dziŋ^{13}	ɕiŋ^{53}	ɕiŋ^{55}
37 定海	xɐʔ^5	piŋ^{52}	tɕiŋ^{44}	tɕʰiŋ^{44}	iŋ^{23}	dzia^{13}白 dziŋ^{13}文	ɕiŋ^{52}	ɕiŋ^{44}
38 岱山	xɐʔ^5	piŋ^{52}	tɕiŋ^{44}	tɕʰiŋ^{44}	iŋ^{23}	dziŋ^{213}	ɕiŋ^{52}	ɕiŋ^{44}
39 嵊泗	xɐʔ^5	piŋ^{53}	tɕiŋ^{53}	tɕʰiŋ^{53}	iŋ^{243}	tɕʰia^{53}又 dzia^{213}又	ɕiŋ^{53}	ɕiŋ^{53}
40 临海	həʔ^5	piŋ^{31}	tɕiŋ^{55}	tɕʰiŋ^{55}	ziŋ^{21}	dziŋ^{324}	ɕiŋ^{31}	ɕiŋ^{55}
41 椒江	həʔ^5	piŋ^{42}	tɕiŋ^{55}	tɕʰiŋ^{55}	ziŋ^{31}	dziŋ^{24}	ɕiŋ^{42}	ɕiŋ^{55}
42 黄岩	həʔ^5	pin^{32}	tɕin^{55}	tɕʰin^{55}	zin^{121}	dzin^{24}	ɕin^{32}	ɕin^{55}
43 温岭	hɤʔ^5	pin^{33}	tɕin^{55}	tɕʰin^{55}	zin^{31}	dzin^{13}	ɕin^{33}	ɕin^{55}
44 仙居	çiəʔ^5	ɓiŋ^{334}	tɕiŋ^{55}	tɕʰiŋ^{55}	ziŋ^{213}	dziŋ^{24}	ɕiŋ^{334}	ɕiŋ^{55}
45 天台	heʔ^5	piŋ^{33}	tɕiŋ^{55}	tɕʰiŋ^{33}	ziŋ^{224}	dziŋ^{35}	ɕiŋ^{33}	hiŋ^{55}
46 三门	həʔ^5	piŋ^{334}	tɕiŋ^{55}	tɕʰiŋ^{55}	ziŋ^{113}	ziŋ^{243}	ɕiŋ^{334}	ɕiŋ^{55}
47 玉环	həʔ^5	piŋ^{42}	tɕiŋ^{55}	tɕʰiŋ^{55}	ziŋ^{31}	dziŋ^{22}	ɕiŋ^{42}	ɕiŋ^{55}

续表

方言点	0809 黑	0810 冰	0811 证	0812 秤	0813 绳	0814 剩	0815 升	0816 兴 高~
	曾开一 入德晓	曾开三 平蒸帮	曾开三 去蒸章	曾开三 去蒸昌	曾开三 平蒸船	曾开三 去蒸船	曾开三 平蒸书	曾开三 去蒸晓
48 金华	xəʔ⁴	piŋ³³⁴	tsəŋ⁵⁵	tɕʰiŋ⁵⁵	ziŋ³¹³	ziŋ¹⁴	ɕiŋ³³⁴白 səŋ³³⁴文	ɕiŋ⁵⁵
49 汤溪	xə⁵⁵	mɛi²⁴	tɕiã⁵²	tɕʰiã⁵²	ziã¹¹	ziã³⁴¹	ɕiã²⁴	ɕiɛ̃⁵²
50 兰溪	xəʔ³⁴	pin³³⁴	tɕiæ̃⁴⁵	tɕʰiæ̃⁴⁵	ziæ̃²¹	ziæ̃²⁴	ɕiæ̃³³⁴	ɕin⁴⁵
51 浦江	xə⁴²³	piən⁵³⁴	tsiən⁵⁵	tsʰiən⁵⁵	ziən¹¹³	ziən²⁴	siən⁵³⁴	ɕiən⁵⁵
52 义乌	hai³²⁴	mən³³⁵	tsən⁴⁵	tsʰən⁴⁵	zən²¹³	zən²⁴	sən³³⁵	ɕiən⁴⁵
53 东阳	hei³³⁴	pɐn³³⁴	tsɐn⁴⁵³	tsʰɐn⁴⁵³	zɐn²¹³	zɐn²⁴	sɐn³³⁴	hɐn⁴⁵³
54 永康	xəi³³⁴	miŋ⁵⁵	tɕiŋ⁵²	tɕʰiŋ⁵²	ʑiŋ²²	ʑiŋ²⁴¹	ɕiŋ⁵⁵	ɕiŋ⁵²
55 武义	xəʔ⁵	min²⁴	tɕin⁵³	tɕʰin⁵³	ʑin³²⁴	ʑin²³¹	ɕin²⁴	ɕin⁵³
56 磐安	xɐi³³⁴	mɐn⁴⁴⁵老 pɐn⁴⁴⁵新	tsɐn⁵²	tsʰɐn⁵²	zɐn²¹³	zɐn¹⁴	sɐn⁴⁴⁵	xɐn⁵²
57 缙云	xɛ³²²	mɐɯ⁴⁴	tsɛŋ⁴⁵³	tsʰɛŋ⁴⁵³	zɛŋ²⁴³	zɛŋ²¹³	sɛŋ⁴⁴	ɕiɐŋ⁴⁵³
58 衢州	xəʔ⁵	pin³²	tʃyən⁵³	tʃʰyən⁵³	ʒyən²¹	ʒyən²³¹	ʃyən³²	ɕin⁵³
59 衢江	xəʔ⁵	piŋ³³	tɕiŋ⁵³	tɕʰyoŋ⁵³	ziŋ²¹²	ziã²³¹	ɕyoŋ³³	ɕiŋ⁵³
60 龙游	xəʔ⁴	pin³³⁴	tsən⁵¹	tsʰən⁵¹	zən²¹	zən²³¹	sən³³⁴	ɕin⁵¹
61 江山	xəʔ⁵	paŋ⁴⁴	tɕ ĩ⁵¹	tɕʰĩ⁵¹	zʮ̃²¹³	zʮ̃³¹	ɕ ĩ⁴⁴	x ĩ⁵¹
62 常山	xʌʔ⁵	pʮ̃⁴⁴	tsʮ̃⁵²	tsʰʮ̃³²⁴	zʮ̃³⁴¹	dzʮ̃³⁴¹	sʮ̃⁴⁴	xʮ̃³²⁴
63 开化	xaʔ⁵	paɯ̃⁴⁴结~ pin⁴⁴棒~	tɕin⁵³调殊	tɕʰin⁴¹²	zin²³¹	dzin²³¹ ~饭	ɕin⁴⁴	ɕin⁵³调殊
64 丽水	xeʔ⁵	pin²²⁴	tɕin⁵²	tɕʰin⁵²	dzin²²	zin¹³¹	ɕin²²⁴	ɕin⁵²
65 青田	xɛʔ⁴²	ɓeŋ⁴⁴⁵	tɕiŋ³³	tɕʰiŋ³³	iŋ²¹	iŋ²²	ɕiŋ⁴⁴⁵	ɕiŋ³³
66 云和	xɛʔ⁵	piŋ²⁴	tɕiŋ⁴⁵	tɕʰiŋ⁴⁵	dziŋ³¹²	ziŋ²²³	ɕiŋ²⁴	ɕiŋ⁴⁵
67 松阳	xɛʔ⁵	pin⁵³	tɕin²⁴	tɕʰin²⁴	dzin³¹	zin¹³	ɕin⁵³	ɕin²⁴
68 宣平	xɛʔ⁵	pin³²⁴	tɕin⁵²	tɕʰin⁵²	dzin⁴³³	ziɑ̃²³¹	ɕin³²⁴	ɕin⁵²
69 遂昌	xɛʔ⁵ ~板	piŋ⁴⁵	tɕiŋ³³⁴	tɕʰiŋ³³⁴	dziŋ²²¹	ziŋ²¹³	ɕiŋ⁴⁵	ɕiŋ³³⁴
70 龙泉	xɛʔ⁵	pin⁴³⁴	tɕin⁴⁵	tɕʰin⁴⁵	dzin²¹	zin²²⁴	ɕin⁴³⁴	ɕin⁴⁵

续表

方言点	0809 黑	0810 冰	0811 证	0812 秤	0813 绳	0814 剩	0815 升	0816 兴 高~
	曾开一 入德晓	曾开三 平蒸帮	曾开三 去蒸章	曾开三 去蒸昌	曾开三 平蒸船	曾开三 去蒸船	曾开三 平蒸书	曾开三 去蒸晓
71 景宁	$xɛʔ^5$	$piŋ^{324}$	$tɕiŋ^{35}$	$tɕʰiŋ^{35}$	$dʑiŋ^{41}$	$ziŋ^{113}$	$ɕiŋ^{324}$	$ɕiŋ^{35}$
72 庆元	$xɤʔ^5$	$ɓiŋ^{335}$	$tɕiŋ^{11}$	$tɕʰiŋ^{11}$	$tɕiŋ^{52}$	$ɕiŋ^{31}$	$ɕiŋ^{335}$	$ɕiŋ^{11}$
73 泰顺	$xɛʔ^5$	$piŋ^{213}$	$tɕiŋ^{35}$	$tɕʰiŋ^{35}$	$tɕiŋ^{53}$	$tɕiŋ^{22}$	$ɕiŋ^{213}$	$ɕiŋ^{35}$
74 温州	he^{323}	$pəŋ^{33}$	$tsəŋ^{51}$	$tsʰəŋ^{51}$	$zəŋ^{31}$	$dzəŋ^{22}$	$səŋ^{33}$	$ɕiaŋ^{51}$
75 永嘉	he^{123}	$peŋ^{44}$	$tɕieŋ^{53}$	$tɕʰieŋ^{53}$	$ieŋ^{31}$	$dʑieŋ^{22}$	$ɕieŋ^{44}$	$ɕiaŋ^{53}$
76 乐清	$hɤ^{323}$	$peŋ^{44}$	$tɕieŋ^{41}$	$tɕʰieŋ^{41}$	$zeŋ^{31}$	$dʑieŋ^{22}$	$seŋ^{44}$	$ɕiaŋ^{41}$
77 瑞安	he^{323}	$pəŋ^{44}$	$tsəŋ^{53}$	$tsʰəŋ^{53}$	$zəŋ^{31}$	$dzəŋ^{22}$	$səŋ^{44}$	$ɕiaŋ^{53}$
78 平阳	xe^{34}	$peŋ^{55}$	$tʃeŋ^{53}$	$tʃʰeŋ^{53}$	$zeŋ^{242}$	$dʒeŋ^{33}$	$seŋ^{55}$	$saŋ^{53}$
79 文成	xe^{34}	$peŋ^{55}$	$tʃeŋ^{33}$	$tʃʰeŋ^{33}$	$zeŋ^{113}$	$dʒeŋ^{424}$	$seŋ^{55}$	$ʃaŋ^{33}$
80 苍南	he^{223}	$peŋ^{44}$	$tseŋ^{42}$	$tsʰeŋ^{42}$	$zeŋ^{31}$	$zeŋ^{11}$	$seŋ^{44}$	$ɕiaŋ^{42}$
81 建德徽	$hɐʔ^5$	pin^{53}	$tsən^{33}$	$tsʰən^{33}$	$sən^{33}$	$tsʰən^{55}$	$sən^{53}$	$ɕin^{33}$
82 寿昌徽	$xə ʔ^3$	$pien^{112}$	$tsen^{33}$	$tsʰen^{33}$	sen^{52}	sen^{33}	sen^{112}	$ɕien^{33}$
83 淳安徽	$hiʔ^5$	pin^{24}	$tsen^{24}$	$tsʰen^{24}$	sen^{435}	sen^{53}	sen^{24}	$ɕin^{24}$
84 遂安徽	$xɯ^{24}$	pin^{534}	$tɕin^{43}$	$tɕʰin^{43}$	$ɕin^{33}$	$ɕin^{52}$	$ɕin^{534}$	$ɕin^{43}$
85 苍南闽	（无）	pin^{55}	$tɕin^{21}$	$tɕʰin^{21}$	（无）	$ɕin^{21}$	$ɕin^{55}$	hin^{21}
86 泰顺闽	$xɛʔ^5$	$pieŋ^{213}$	$tsieŋ^{53}$	$tsʰieŋ^{53}$	（无）	tio^{31}	$sieŋ^{213}$	$sieŋ^{53}$
87 洞头闽	（无）	$pieŋ^{33}$	$tɕieŋ^{21}$	$tɕʰieŋ^{21}$	（无）	$ɕieŋ^{21}$	$ɕieŋ^{33}$	$hieŋ^{21}$
88 景宁畲	$xeʔ^5$	pin^{44}	$tɕin^{44}$	$tɕʰin^{44}$	$ɕin^{51}$ 小	（无）	$ɕin^{44}$	xin^{44}

方言点	0817 蝇	0818 逼	0819 力	0820 息	0821 直	0822 侧	0823 测	0824 色
	曾开三平蒸以	曾开三入职帮	曾开三入职来	曾开三入职心	曾开三入职澄	曾开三入职庄	曾开三入职初	曾开三入职生
01 杭州	iŋ^{213}	piɛʔ^5	liɛʔ^2	ɕiɛʔ^5	dzaʔ^2	tsʰaʔ^5	tsʰaʔ^5	saʔ^5
02 嘉兴	iŋ^{242}	pieʔ^5	lieʔ^5	ɕieʔ^5	zəʔ^{13}	tsəʔ^5	tsʰəʔ^5	səʔ^5
03 嘉善	in^{53}	pieʔ^5	lieʔ^2	ɕieʔ^5	zɜʔ^2	tsʰɜʔ^5	tsʰɜʔ^5	sɜʔ^5
04 平湖	in^{31}	piəʔ^5	liəʔ^{23}	siəʔ^5	zəʔ^{23}	tsəʔ^5 白 / tsʰəʔ^{23} 文	tsʰəʔ^{23}	səʔ^5
05 海盐	in^{53}	piəʔ^5	liəʔ^{23}	ɕiəʔ^5	zəʔ^{23}	tsəʔ^5 白 / tsʰəʔ^{23} 文	tsʰəʔ^{23}	səʔ^5
06 海宁	iŋ^{55}	pieʔ^5	lieʔ^2	ɕieʔ^5	zəʔ^5	tsʰəʔ^5	tsʰəʔ^5	səʔ^5
07 桐乡	iŋ^{44}	piəʔ^5	liəʔ^{23}	siəʔ^5	zəʔ^{23}	tsəʔ^5 白 / tsʰəʔ^5 文	tsʰəʔ^5	səʔ^5
08 崇德	iŋ^{44}	piəʔ^5	liəʔ^{23}	ɕiəʔ^5	zəʔ^{23}	tsəʔ^5 白 / tsʰəʔ^5 文	tsʰəʔ^5	səʔ^5
09 湖州	in^{112}	pieʔ^5	lieʔ^2	ɕieʔ^5	dzəʔ^2	tsʰəʔ^5	tsʰəʔ^5	səʔ^5
10 德清	in^{44}	pieʔ^5	lieʔ^2	ɕieʔ^5	zəʔ^2	tsəʔ^5	tsʰəʔ^5	səʔ^5
11 武康	in^{44}	pieʔ^5	lieʔ^2	ɕieʔ^5	dzəʔ^2	tsʰɜʔ^5	tsʰɜʔ^5	sɜʔ^5
12 安吉	iŋ^{55}	piɛʔ^5	liɛʔ^{23}	ɕiɛʔ^5	dzəʔ^{23}	tsəʔ^5	tsʰəʔ^5	səʔ^5
13 孝丰	iŋ^{44}	pieʔ^5	lieʔ^{23}	ɕieʔ^5	dzəʔ^{23}	tsəʔ^5 ~身 / tsʰəʔ^5 ~面	tsʰəʔ^5	səʔ^5
14 长兴	iŋ^{44}	piɛʔ^5	liɛʔ^2	ʃiɛʔ^5	dzəʔ^2	tsəʔ^5	tsʰəʔ^5	səʔ^5
15 余杭	iŋ^{44}	pieʔ^5	lieʔ^2	sieʔ^5	zɕeʔ^2	tsʰəʔ^5	tsʰəʔ^5	səʔ^5
16 临安	ieŋ^{55}	piɐʔ^{54}	liɐʔ^{12}	ɕiɐʔ^{54}	dzɐʔ^{12}	tsʰɐʔ^{54}	tsʰɐʔ^{54}	sɐʔ^{54}
17 昌化	ziəŋ^{112}	piɛʔ^5	liɛʔ^{23}	ɕiɛʔ^5	dʑiɛʔ^{23}	tsʰəʔ^5	tsʰəʔ^5	səʔ^5
18 於潜	iŋ^{223}	piɛʔ^{53}	liæʔ^{23}	ɕieʔ^{53}	dzæʔ^{23}	tsʰəʔ^{53}	tsʰəʔ^{53}	səʔ^{53}
19 萧山	iŋ^{533}	pieʔ^5	lieʔ^{13}	ɕieʔ^5	dzəʔ^{13}	tsʰəʔ^5	tsʰəʔ^5	səʔ^5
20 富阳	in^{335}	piɛʔ^5	liɛʔ^5	ɕiɛʔ^5	dzɛʔ^2	tsɛʔ^5	tsʰɛʔ^5	sɛʔ^5
21 新登	zeiŋ^{233}	piəʔ^5	liəʔ^2	ɕiəʔ^5	dzəʔ^2	tsəʔ^5	tsʰəʔ^5	səʔ^5
22 桐庐	iŋ^{13}	piəʔ^5	liəʔ^{13}	ɕiəʔ^5	dzəʔ^{13}	tsʰəʔ^5	tsʰəʔ^5	səʔ^5
23 分水	in^{22}	piəʔ^5	liəʔ^{12}	ɕiəʔ^5	dzəʔ^{12}	tsʰəʔ^5	tsʰəʔ^5	səʔ^5
24 绍兴	iŋ^{53} 调殊	pieʔ^5	lieʔ^2	ɕieʔ^5	dzəʔ^2	tsəʔ^5	tsʰəʔ^5	səʔ^5

续表

方言点	0817 蝇 曾开三 平蒸以	0818 逼 曾开三 入职帮	0819 力 曾开三 入职来	0820 息 曾开三 入职心	0821 直 曾开三 入职澄	0822 侧 曾开三 入职庄	0823 测 曾开三 入职初	0824 色 曾开三 入职生
25 上虞	iŋ³⁵	piəʔ⁵	liəʔ²	ɕiəʔ⁵	dzɐʔ²	tsɐʔ⁵	tsʰɐʔ⁵	sɐʔ⁵
26 嵊州	iŋ⁵³⁴调殊	pieʔ⁵	lieʔ²	ɕieʔ⁵	dzəʔ²	tsəʔ⁵ 白 tsʰəʔ⁵ 文	tsʰəʔ⁵	səʔ⁵
27 新昌	iŋ²²	piʔ⁵	liʔ²	ɕiʔ⁵	dzi²白 dze²文	tsɤʔ⁵ 白 tsʰɤʔ⁵ 文	tsʰɤʔ⁵	seʔ⁵
28 诸暨	in⁵⁴⁴调殊	pieʔ⁵	lieʔ¹³	ɕieʔ⁵	dzəʔ¹³	tsʰəʔ⁵	tsʰəʔ⁵	səʔ⁵
29 慈溪	iŋ³⁵	piəʔ⁵	liəʔ²	ɕiəʔ⁵	tsʰaʔ⁵	tsaʔ⁵	tsʰaʔ⁵	tsaʔ⁵
30 余姚	ĩ⁴⁴	piəʔ⁵	liəʔ²	ɕiəʔ⁵	zəʔ²	tsəʔ⁵	tsʰaʔ⁵	səʔ⁵
31 宁波	iŋ⁵³苍~	piəʔ⁵	liəʔ²	ɕiəʔ⁵	dʑiəʔ²	tsaʔ⁵	tsʰaʔ⁵	saʔ⁵
32 镇海	iŋ²⁴	pieʔ⁵	lieʔ¹²	ɕieʔ⁵	dʑieʔ¹²	tsaʔ⁵	tsʰaʔ⁵	saʔ⁵
33 奉化	iŋ³³	piɿʔ⁵	liɿʔ²	ɕiɿʔ⁵	dʑiɿʔ²	tsaʔ⁵	tsʰaʔ⁵	saʔ⁵
34 宁海	iŋ²¹³ 又 n̩iŋ²¹³ 又	piəʔ⁵	liəʔ³	ɕiəʔ⁵	dʑiəʔ³	tsaʔ⁵	tsʰaʔ⁵	saʔ⁵
35 象山	iŋ⁴⁴	pieʔ⁵	laʔ²白 lieʔ²文	ɕieʔ⁵	dʑieʔ²	tsaʔ⁵ ~身 tsʰaʔ⁵ 一~	tsʰaʔ⁵	saʔ⁵
36 普陀	iŋ⁵³苍~	piɛʔ⁵	liɛʔ²³	ɕiɛʔ⁵	dʑiɛʔ²³	tsɐʔ⁵ 白 tsʰɐʔ⁵ 文	tsʰɐʔ⁵	sɐʔ⁵
37 定海	iŋ⁵²	pieʔ⁵	lieʔ²	ɕieʔ⁵	dʑieʔ²	tsɐʔ⁵ 白 tsʰɐʔ⁵ 文	tsʰɐʔ⁵	sɐʔ⁵
38 岱山	iŋ²³	pieʔ⁵	lieʔ²	ɕieʔ⁵	dʑieʔ²	tsɐʔ⁵	tsʰɐʔ⁵	sɐʔ⁵
39 嵊泗	iŋ⁵³	piɛʔ⁵	liɛʔ²	ɕiɛʔ⁵	dʑiɛʔ²	tsɐʔ⁵	tsʰɐʔ⁵	sɐʔ⁵
40 临海	n̩iŋ²¹	pieʔ⁵	lieʔ²³	ɕieʔ⁵	dʑieʔ²³	tɕieʔ⁵白 tsʰəʔ⁵文	tsʰəʔ⁵	səʔ⁵
41 椒江	iŋ⁴²	pieʔ⁵	lieʔ²	ɕieʔ⁵	dʑieʔ²	tɕieʔ⁵白 tsʰaʔ⁵文	tsʰaʔ⁵	saʔ⁵
42 黄岩	in³²	pieʔ⁵	lieʔ²	ɕieʔ⁵	dʑieʔ²	tɕieʔ⁵白 tsʰəʔ⁵文	tsʰəʔ⁵	səʔ⁵
43 温岭	in³¹	piʔ⁵	liʔ²	ɕiʔ⁵	dʑiʔ²	tɕeiʔ⁵白 tsʰəʔ⁵文	tsʰəʔ⁵	səʔ⁵
44 仙居	in²¹³	ɓiəʔ⁵	liəʔ²³	ɕiəʔ⁵	dʑiəʔ²³	tɕiəʔ⁵白 tsʰəʔ⁵文	tsʰəʔ⁵	səʔ⁵

续表

方言点	0817 蝇 曾开三 平蒸以	0818 逼 曾开三 入职帮	0819 力 曾开三 入职来	0820 息 曾开三 入职心	0821 直 曾开三 入职澄	0822 侧 曾开三 入职庄	0823 测 曾开三 入职初	0824 色 曾开三 入职生
45 天台	$niŋ^{224}$声殊	$piə?^5$	$liə?^2$	$ɕiə?^5$	$dziə?^2$	$tsʰə?^5$	$tsʰə?^5$	$sə?^5$
46 三门	$niŋ^{113}$	$pie?^5$	$lie?^{23}$	$ɕie?^5$	$dzie?^{23}$	$tsʰɐ?^5$	$tsʰə?^5$	$sɐ?^5$
47 玉环	$iŋ^{31}$	$piɐ?^5$	$liɐ?^2$	$ɕiɐ?^5$	$dziɐ?^2$	$tsʰɐ?^5$	$tsʰə?^5$	$sɐ?^5$
48 金华	$ȵi^{55}$音殊	$piə?^4$	$liə?^{212}$	$ɕiə?^4$	$dziə?^{212}$	$tsə?^4$ 白 $tsʰə?^4$ 文	$tsʰə?^4$	$sə?^4$
49 汤溪	$ziɛi^0$ 苍~	pei^{55}	lei^{113}	sei^{55}	$dziɛ^{113}$	$tɕiɛ^{55}$	$tsʰə^{55}$	$sə^{55}$
50 兰溪	$ɕin^{45}$	$pie?^{34}$	$lie?^{12}$	$ɕie?^{34}$	$dziə?^{12}$	$tɕia?^{34}$	$tsʰə?^{34}$	$sə?^{34}$
51 浦江	$ɕiən^{534}$	$pɛ^{423}$	$lɛ^{232}$	$sɛ^{423}$	$dzɛ^{232}$	$tsɛ^{423}$ 白 $tsʰə^{423}$ 文	$tsʰə^{423}$	$sə^{423}$
52 义乌	$ɕiən^{45}$	pai^{324}	lai^{312}	sai^{324} 白 $ɕiə^{324}$ 文	$dzai^{312}$	$tsai^{324}$ 白 $tsʰə^{324}$ 文	$tsʰə^{324}$	sai^{324} 白 $sə^{324}$ 文
53 东阳	（无）	pei^{334}	lei^{213}	sei^{334}	$dzei^{213}$	$tsʰɐ?^{34}$	$tsʰɐ?^{34}$	sei^{334}
54 永康	$ȵiŋ^{22}$	$ɓə^{334}$	$ləi^{113}$	$səi^{334}$	$dzəi^{113}$	$tsəi^{334}$	$tsʰəi^{334}$	$səi^{334}$
55 武义	nin^{53}	$pə?^5$	$lə^{213}$	$sə?^5$	$dzə^{213}$	$tsə?^5$	$tsʰə?^5$	$sə?^5$
56 磐安	$xɐn^{52}$调殊	$pɛi^{334}$	$lɛi^{213}$	$ɕiɛ^{334}$	$dzɛi^{213}$	$tsɛi^{334}$	$tsʰɛ^{334}$	$sɛi^{334}$
57 缙云	$iɛŋ^{453}$	$piei^{322}$	lai^{13}	sei^{322}	$dzai^{13}$	$tsʰɛ^{322}$	$tsʰɛ^{322}$	sei^{322}
58 衢州	in^{32}调殊	$piə?^5$	$liə?^{12}$	$ɕiə?^5$	$dʒɣə?^{12}$	$tsʰə?^5$声殊	$tsʰə?^5$	$sə?^5$
59 衢江	$ɕiŋ^{33}$音殊	$piə?^5$	$liə?^2$	$ɕiə?^5$	$dzɣə?^2$	$tsʰə?^5$声殊	$tsʰə?^5$	$sə?^5$
60 龙游	$ɕin^{334}$音殊	$piə?^4$	$liə?^{23}$	$ɕiə?^4$	$dzə?^{23}$	$tsə?^4$	$tsʰə?^4$	$sə?^4$
61 江山	$ɕiɛ̃^{51}$音殊	$piɛ?^5$	$liɛ?^2$	$ɕiɛ?^5$	$diɛ?^2$声殊	$tsa?^5$	$tsʰə?^5$	$sa?^5$
62 常山	$sĩ^{44}$声殊	$pe?^5$	$lie?^{34}$	$se?^5$	$die?^{34}$	$tsɛ?^5$	$tsʰɛ?^5$	$sɛ?^5$
63 开化	$ɕin^{44}$声殊	$piɛ?^5$	$liɛ?^{13}$	$ɕiɛ?^5$	$diɛ?^{13}$	$tsa?^5$	$tsʰa?^5$	$sa?^5$
64 丽水	in^{22}	$pi?^5$	$li?^{23}$	$ɕi?^5$	$dzi?^{23}$	$tse?^5$ 白 $tsʰa?^5$ 文	$tsʰa?^5$	$se?^5$
65 青田	$iŋ^{21}$	$ɓi?^{42}$	$li?^{31}$	$sʅ?^{42}$	$dzʅ?^{31}$	$tsʰɛ?^{42}$	$tsʰɛ?^{42}$	$sɛ?^{42}$
66 云和	$iŋ^{312}$	$pi?^5$	$li?^{23}$	$ɕi?^5$	$dzi?^{23}$	$tsa?^5$ 白 $tsʰa?^5$ 文	$tsʰa?^5$	$sa?^5$
67 松阳	$ɕin^{24}$音殊	$pi?^5$	$li?^2$	$ɕi?^5$	$dzi?^2$	$tsɛ?^5$ 白 $tsʰɛ?^5$ 文	$tsʰe?^5$	$sɛ?^5$

方言点	0817 蝇	0818 逼	0819 力	0820 息	0821 直	0822 侧	0823 测	0824 色
	曾开三 平蒸以	曾开三 入职帮	曾开三 入职来	曾开三 入职心	曾开三 入职澄	曾开三 入职庄	曾开三 入职初	曾开三 入职生
68 宣平	in^{324}调殊	$piə\textipa{P}^5$	$liə\textipa{P}^{23}$	$\textctc iə\textipa{P}^5$	$d\textctz iə\textipa{P}^{23}$	$tsə\textipa{P}^5$白 $ts^hə\textipa{P}^5$文	$ts^hə\textipa{P}^5$	$sə\textipa{P}^5$
69 遂昌	$\textctc i\eta^{334}$	$pi\textipa{P}^5$	$li\textipa{P}^{23}$	$\textctc i\textipa{P}^5$	$d\textctz i\textipa{P}^{23}$	$ts\varepsilon\textipa{P}^5$	$ts^h\varepsilon\textipa{P}^5$	$sɯ\textipa{P}^5$
70 龙泉	in^{21}	$piei\textipa{P}^5$	$liei\textipa{P}^{24}$	$s\textrhookrevepsilon\textipa{P}^5$	$dz\textrhookrevepsilon\textipa{P}^{24}$	$ts\textsci E\textipa{P}^5$	$ts^h\textsci E\textipa{P}^5$	$s\textrhookrevepsilon\textipa{P}^5$
71 景宁	$i\eta^{41}$	$pi\textipa{P}^5$	$li\textipa{P}^{23}$	$s\textrhookrevepsilon\textipa{P}^5$	$dz\textrhookrevepsilon\textipa{P}^{23}$	$ts\varepsilon\textipa{P}^5$白 $ts^həɯ\textipa{P}^5$文	$ts^həɯ\textipa{P}^5$	$s\varepsilon\textipa{P}^5$
72 庆元	$\textctc i\eta^{11}$声殊	$\textbhook i\textipa{P}^5$	$li\textipa{P}^{34}$	$\textctc i\textipa{P}^5$	$ts\textrhookrevepsilon^{34}$	$ts\textgamma\textipa{P}^5$	$ts^h\textgamma\textipa{P}^5$	$s\textgamma\textipa{P}^5$
73 泰顺	$i\eta^{53}$	$pi\textipa{P}^5$	$li\textipa{P}^2$	$s\textrhookrevepsilon\textipa{P}^5$	$ts\textrhookrevepsilon\textipa{P}^2$	$ts\varepsilon\textipa{P}^5$	$ts^h\varepsilon\textipa{P}^5$	$s\varepsilon\textipa{P}^5$
74 温州	$ia\eta^{33}$调殊	pi^{323}	lei^{212}	sei^{323}	$dzei^{212}$	$tsei^{323}$白 ts^hei^{323}文	ts^hei^{323}	se^{323}
75 永嘉	$ia\eta^{31}$	pi^{423}	lei^{213}	$s\textrhookrevepsilon^{423}$	$dz\textrhookrevepsilon^{213}$	$ts\textrhookrevepsilon^{423}$白 ts^he^{423}文	ts^he^{423}	se^{423}
76 乐清	$ia\eta^{44}$调殊	pi^{323}	li^{212}	si^{323}	$d\textctz i^{212}$	$t\textctc i^{323}$白 $t\textctc^hi\textgamma^{323}$文	$t\textctc^hi\textgamma^{323}$	$s\textgamma^{323}$
77 瑞安	$ia\eta^{31}$	pei^{323}	lei^{212}	sei^{323}	$dzei^{212}$	$tsei^{323}$白 ts^hei^{323}文	ts^hei^{323}	se^{323}
78 平阳	$ia\eta^{55}$	pie^{34}	li^{12}	si^{34}	$d\textctz i^{12}$	$t\textesh^he^{34}$	$t\textesh^he^{34}$	se^{34}
79 文成	$ia\eta^{55}$	pei^{34}	lei^{212}	sei^{34}	$d\textctz i^{212}$	$t\textesh^he^{34}$	$t\textesh^he^{34}$	se^{34}
80 苍南	$ia\eta^{31}$	pie^{223}	li^{112}	$\textctc i^{223}$	$d\textctz i^{112}$	$t\textctc i^{223}$白 ts^he^{223}文	ts^he^{223}	se^{223}
81 建德徽	in^{213}苍~	$pi\textturnv\textipa{P}^5$	$li\textturnv\textipa{P}^{12}$	$\textctc i\textturnv\textipa{P}^5$	$ts\textturnv\textipa{P}^{12}$	$ts\textturnv\textipa{P}^5$白 $ts^h\textturnv\textipa{P}^5$文	$ts^h\textturnv\textipa{P}^5$	$s\textturnv\textipa{P}^5$
82 寿昌徽	$\textctc ien^{112}$	$piə\textipa{P}^3$	$liə\textipa{P}^{31}$	$\textctc iə\textipa{P}^3$	$ts^hə\textipa{P}^{31}$白 $tsə\textipa{P}^3$文	$tsə\textipa{P}^3$	$ts^hə\textipa{P}^3$	$sə\textipa{P}^3$
83 淳安徽	sen^{55}苍~	$pi\textipa{P}^5$	$li\textipa{P}^{13}$	$\textctc i\textipa{P}^5$	$ts^hə\textipa{P}^{13}$	$tsə\textipa{P}^5$白 $ts^hə\textipa{P}^5$文	$ts^hə\textipa{P}^5$	$sə\textipa{P}^5$
84 遂安徽	$\textctc in^{33}$	pi^{24}	li^{213}	$\textctc i\varepsilon$	$t\textctc^hi\varepsilon^{213}$	$tsəɯ^{24}$	$ts^həɯ^{24}$	$səɯ^{24}$
85 苍南闽	$\textctc in^{24}$	pie^{43}	$l\textturnv^{24}$	$\textctc ie^{43}$	tie^{24}	$t\textctc^hie^{43}$	$t\textctc^hie^{43}$	$\textctc ie^{43}$
86 泰顺闽	$sye\eta^{22}$	$pi\textsci\textipa{P}^5$	$li\textsci\textipa{P}^2$	$\textctc i\textsci\textipa{P}^5$	$ti\textsci\textipa{P}^2$	$ts^h\varepsilon\textipa{P}^5$	$ts^h\varepsilon\textipa{P}^5$	$s\varepsilon\textipa{P}^5$
87 洞头闽	$\textctc ie\eta^{113}$	$piek^5$	$l\textturnv t^{24}$	$\textctc iek^5$	$tiek^{24}$	$t\textctc^hiek^5$	$t\textctc^hiek^5$	$\textctc iek^5$
88 景宁畲	（无）	$pi\textipa{P}^5$	$li\textipa{P}^2$	$\textctc i\textipa{P}^5$	$t\textctc^hi\textipa{P}^2$	（无）	$t\textctc^hit^5$	$sə\textipa{P}^5$

方言点	0825 织	0826 食	0827 式	0828 极	0829 国	0830 或	0831 猛	0832 打
	曾开三入职章	曾开三入职船	曾开三入职书	曾开三入职群	曾合一入德见	曾合一入德匣	梗开二上庚明	梗开二上庚端
01 杭州	tsaʔ⁵	zaʔ²	saʔ⁵	dʑiɛʔ²	koʔ⁵	oʔ²	maŋ⁵³白 moŋ⁵³文	ta⁵³
02 嘉兴	tsəʔ⁵	zəʔ¹³	səʔ⁵	dʑieʔ¹³	kuəʔ⁵	uəʔ⁵	mÃ¹¹³	tÃ⁵⁴⁴
03 嘉善	tsəʔ⁵	zɜʔ²	sɜʔ⁵	dʑieʔ²	kuoʔ⁵	uoʔ²	mən⁴⁴	tæ⁴⁴
04 平湖	tsəʔ⁵	zəʔ²³	səʔ⁵	dʑiəʔ²³	kuəʔ⁵	vəʔ²³	mã²¹³	ta⁴⁴
05 海盐	tsəʔ⁵	zəʔ²³	səʔ⁵	dʑiəʔ²³	kəʔ⁵	ɔʔ²³	mɛ̃³³⁴	tɛ̃⁴²³
06 海宁	tsəʔ⁵	zəʔ²	səʔ⁵	dʑieʔ²	koʔ⁵	uəʔ²	mã²³¹	tɑ̃⁵³
07 桐乡	tsəʔ⁵	zəʔ²³	səʔ⁵	dʑiəʔ²³	kəʔ⁵	ɔʔ²³	mã²⁴²	tã⁵³
08 崇德	tsəʔ⁵	zəʔ²³	səʔ⁵	dʑiəʔ²³	kuəʔ⁵	uoʔ²³	mã⁵³	tã⁵³
09 湖州	tsəʔ⁵	zəʔ²	səʔ⁵	dʑieʔ²	kuoʔ⁵	uoʔ²	mən⁵²³	tã⁵²³
10 德清	tsəʔ⁵	zəʔ²	səʔ⁵	dʑieʔ²	kuoʔ⁵	uoʔ²	mã⁵²	tã⁵²
11 武康	tsəʔ⁵	zɜʔ²	sɜʔ⁵	dʑieʔ²	kuoʔ⁵	uoʔ²	mã²⁴²	tã⁵³
12 安吉	tsəʔ⁵	zəʔ²³	səʔ⁵	dʑiɛʔ²³	kuəʔ⁵	uəʔ²³	mã⁵²白 moŋ⁵²文	tã⁵²
13 孝丰	tsəʔ⁵	zəʔ²³	səʔ⁵	dʑieʔ²³	kuəʔ⁵	uəʔ²³	mã⁵²白 moŋ⁵²文	tã⁵²
14 长兴	tsaʔ⁵	zəʔ²	səʔ⁵	dʒiɛʔ²	kuəʔ⁵	uəʔ²	ma⁵² məŋ⁵²文	tã⁵²
15 余杭	tsəʔ⁵	zəʔ²	səʔ⁵	dʑieʔ²	koʔ⁵	oʔ²	moŋ⁵³	tã⁵³
16 临安	tsɐʔ⁵⁴	zɐʔ¹²	sɐʔ⁵⁴	dʑiɐʔ¹²	kuɐʔ⁵⁴	ɐʔ¹²	moŋ³³	tã⁵⁵
17 昌化	tɕiɛʔ⁵	ziɛʔ²³	ɕiɛʔ⁵	dʑiɛʔ²³	kuɐʔ⁵	ua⁵²³	məŋ²⁴³新 mã²⁴³老	tã⁴⁵³
18 於潜	tsəʔ⁵³	zæʔ²³	səʔ⁵³	dʑiæʔ²³	kuəʔ⁵³	uɐʔ²³	məŋ⁵¹	ta⁵¹
19 萧山	tsəʔ⁵	zəʔ¹³	səʔ⁵	dʑieʔ¹³	kuoʔ⁵	uoʔ¹³	mã¹³	tã³³
20 富阳	tsɛʔ⁵	ʑiɛʔ²	ɕiɛʔ⁵	dʑiɛʔ²	kuoʔ⁵	uoʔ²	moŋ²²⁴	tã⁴²³
21 新登	tsəʔ⁵	zəʔ²	səʔ⁵	dʑiəʔ²	kuəʔ⁵	uəʔ²	moŋ³³⁴	tɛ³³⁴
22 桐庐	tsəʔ⁵	zəʔ¹³	səʔ⁵	dʑiəʔ¹³	kuəʔ⁵	uəʔ¹³	məŋ³³	tã³³
23 分水	tsəʔ⁵	zəʔ¹²	səʔ⁵	dʑiəʔ¹²	kuəʔ⁵	uaʔ¹²	mən⁵³	ta⁵³

方言点	0825 织 曾开三 入职章	0826 食 曾开三 入职船	0827 式 曾开三 入职书	0828 极 曾开三 入职群	0829 国 曾合一 入德见	0830 或 曾合一 入德匣	0831 猛 梗开二 上庚明	0832 打 梗开二 上庚端
24 绍兴	tseʔ⁵	zəʔ²	səʔ⁵	dʑieʔ²	kuoʔ⁵	uoʔ²	maŋ²²³	taŋ³³⁴
25 上虞	tsɐʔ⁵	zɐʔ²	sɐʔ⁵	dʑiəʔ²	koʔ⁵	oʔ²	mã²¹³	tã³⁵
26 嵊州	tsəʔ⁵	zəʔ²	səʔ⁵	dʑieʔ²	kuoʔ⁵	oʔ²	maŋ²²	taŋ⁵³
27 新昌	tɕiʔ⁵ 白 tseʔ⁵ 文	ziʔ² 白 zeʔ² 文	seʔ⁵	dʑiʔ²	kuʔ⁵	ɤʔ²	maŋ²³²	taŋ⁴⁵³
28 诸暨	tsəʔ⁵	zəʔ¹³	səʔ⁵	dʑieʔ¹³	koʔ⁵	oʔ¹³	mã²⁴²	tã⁴²
29 慈溪	saʔ⁵	tsaʔ²	zaʔ⁵	dʑiəʔ²	koʔ⁵	oʔ²	mã¹³	tã³⁵
30 余姚	tsəʔ⁵	zəʔ²	səʔ⁵	dʑiəʔ²	koʔ⁵	oʔ²	maŋ¹³	taŋ³⁴
31 宁波	tɕiəʔ⁵	ziəʔ²	ɕiəʔ⁵	dʑiəʔ²	koʔ⁵	hoʔ⁵	mã¹³	tã³⁵
32 镇海	tɕieʔ⁵	ieʔ¹²	ɕieʔ⁵	dʑieʔ¹²	koʔ⁵	oʔ¹²	mã²⁴	tã³⁵
33 奉化	tɕiɿʔ⁵	ziɿʔ²	ɕiɿʔ⁵	dʑiɿʔ²	koʔ⁵	oʔ²	mã³²⁴	tã⁵⁴⁵
34 宁海	tɕiəʔ⁵	ziəʔ³	ɕiəʔ⁵	dʑiəʔ³	koʔ⁵	uoʔ³	mã³¹	tã⁵³
35 象山	tɕieʔ⁵	ieʔ²	ɕieʔ⁵	dʑieʔ²	koʔ⁵	uoʔ²	mã³¹	tã⁴⁴
36 普陀	tɕiɛʔ⁵	iɛʔ²³	ɕiɛʔ⁵	dʑiɛʔ²³	koʔ⁵	oʔ²³	mɐŋ²³	tã⁴⁵
37 定海	tɕieʔ⁵	ieʔ²	ɕieʔ⁵	dʑieʔ²	koʔ⁵	oʔ²	mã²³	tã⁴⁵
38 岱山	tɕieʔ⁵	ieʔ²	ɕieʔ⁵	dʑieʔ²	koʔ⁵	oʔ²	mã²⁴⁴	tã³²⁵
39 嵊泗	tɕiɛʔ⁵	iɛʔ²	ɕiɛʔ⁵	dʑiɛʔ²	koʔ⁵	oʔ²	mã⁴⁴⁵	tã⁴⁴⁵
40 临海	tɕieʔ⁵	zieʔ²³	ɕieʔ⁵	dʑieʔ²³	koʔ⁵	oʔ²³	mã⁵²	tã⁵²
41 椒江	tɕieʔ⁵	zieʔ²	ɕieʔ⁵	dʑieʔ²	koʔ⁵	oʔ²	mã⁴²	tã⁴²
42 黄岩	tɕieʔ⁵	zieʔ²	ɕieʔ⁵	dʑieʔ²	koʔ⁵	uoʔ²	mã⁴²	tã⁴²
43 温岭	tɕiʔ⁵	ziʔ²	ɕiʔ⁵	dʑiʔ²	kuoʔ⁵	uoʔ²	mã⁴²	tã⁴²
44 仙居	tɕiəʔ⁵	ziəʔ²³	ɕiəʔ⁵	dʑiəʔ²³	kuəʔ⁵	uəʔ²³	mã³²⁴	nã³²⁴
45 天台	tɕiəʔ⁵	ziəʔ²	ɕiəʔ⁵	giəʔ²	kuʔ⁵	uəʔ²	mã²¹⁴	tã³²⁵ 韵殊
46 三门	tɕieʔ⁵	zieʔ²³	ɕieʔ⁵	dʑieʔ²³	koʔ⁵	oʔ²³	mã³²⁵	tɛ̃³²⁵ 又 tã³²⁵ 又
47 玉环	tɕiɐʔ⁵	ziɐʔ²	ɕiɐʔ⁵	dʑiɐʔ²	koʔ⁵	uoʔ²	mã⁵³	tã⁵³

续表

方言点	0825 织 曾开三 入职章	0826 食 曾开三 入职船	0827 式 曾开三 入职书	0828 极 曾开三 入职群	0829 国 曾合一 入德见	0830 或 曾合一 入德匣	0831 猛 梗开二 上庚明	0832 打 梗开二 上庚端
48 金华	tɕiəʔ⁴	ziɛʔ²¹²	səʔ⁴ ɕiəʔ⁴	dʑiəʔ²¹²	kuəʔ⁴	uəʔ²¹²	mɑŋ⁵³⁵	tɑŋ⁵³⁵
49 汤溪	tɕiɛ⁵⁵	ziɛ¹¹³	ɕiɛ⁵⁵	dʑiei¹¹³	kuə⁵⁵	（无）	ma¹¹³	na⁵³⁵
50 兰溪	tɕieʔ³⁴	ziəʔ¹²	ɕiəʔ³⁴	dʑieʔ¹²	kuəʔ³⁴	uɑʔ¹²	mæ̃⁵⁵	tæ̃⁵⁵
51 浦江	tsɛ¹²³	zɛ²³²	sɛ⁴²³	dʑiə²³²	kuə⁴²³	uə²³²	mɛ̃²⁴³白 mon²⁴³文	nɛ̃⁵³
52 义乌	tsai³²⁴白 tsə³²⁴文	zai³¹²	sai³²⁴白 sə³²⁴文	dʑiə³¹²	kuə³²⁴	uə³¹²	mɛ³¹²白 mon³¹²勇~ mən³¹²~虎	nɛ⁴²³
53 东阳	tsei³³⁴	zei²¹³	sei³³⁴	dʑiɛ²¹³	kuei³³⁴白 kuɐ³³⁴文	uɐ²¹³	mɛ²⁴白 mən²³¹文	nɛ⁴⁴
54 永康	tsəi³³⁴	zəi¹¹³	səi³³⁴	dʑiə¹¹³	kuəi³³⁴	uəi¹¹³	mai¹¹³	nai³³⁴
55 武义	tsəʔ⁵	zə²¹³	səʔ⁵	dʑiə²¹³	kuəʔ⁵	uə²¹³	ma⁴⁴⁵	na⁴⁴⁵
56 磐安	tsei³³⁴	zɛi²¹³	sɛi³³⁴	dʑiɛ²¹³	kuɛi³³⁴	uə²¹³	mɛ³³⁴	nɛ³³⁴
57 缙云	tsei³²²	zai¹³	sei³²²	dʑiai¹³	kuɛ³²²	uɛ¹³	ma²¹³	na⁵¹
58 衢州	tʃyəʔ⁵	ʒyəʔ¹²	ʃyəʔ⁵	dʑiəʔ¹²	kuəʔ⁵	uəʔ¹²	mon⁵³	tã³⁵
59 衢江	tɕyəʔ⁵	iəʔ²~饭 zyəʔ² 粮~	ɕyəʔ⁵	dʑiəʔ²	kuəʔ⁵	xuəʔ² 声殊	mən⁵³ 调殊	nɛ²⁵ 声殊
60 龙游	tsəʔ⁴	zəʔ²³	səʔ⁴	dʑiəʔ²³	kuəʔ⁴	uəʔ²³	mən⁵¹ 调殊	tɛ³⁵
61 江山	tɕiɛʔ⁵	ziɛʔ²	ɕiɛʔ⁵	giɛʔ⁵	koʔ⁵	uaʔ²	maŋ²¹³ 调殊	taŋ²⁴¹
62 常山	tseʔ⁵	zeʔ³⁴	seʔ⁵	dzieʔ³⁴	kɤʔ⁵	uʌʔ³⁴	moŋ⁵²	tĩ⁵²
63 开化	tɕiɛʔ⁵	ziɛʔ¹³	ɕiɛʔ⁵	dʑiɛʔ¹³	kuaʔ⁵	uaʔ¹³	mɤŋ⁵³	tã⁵³
64 丽水	tɕiʔ⁵	ziʔ²³	ɕiʔ⁵	dʑiʔ²³	kuɛʔ⁵	uɔʔ²³	mã⁵⁴⁴白 moŋ⁵⁴⁴文	nã⁵⁴⁴
65 青田	tsɿʔ⁴²	iʔ³¹	sɛʔ⁴²	dʑiæʔ³¹	kuɛʔ⁴²	uɛʔ³¹	mɛ⁴⁵⁴	nɛ⁴⁵⁴
66 云和	tɕiʔ⁵	ziʔ²³	ɕiʔ⁵	dʑiʔ²³	kuaʔ⁵	uaʔ²³	mɛ⁴¹白 mən⁴¹文	nɛ⁴¹
67 松阳	tɕiʔ⁵	ziʔ²	ɕiʔ⁵	dʑiʔ²	kuɛʔ⁵	ŋuɛʔ²	mã²²	nã²¹²
68 宣平	tɕiəʔ⁵	ziəʔ²³	ɕiəʔ⁵	dʑiəʔ²³	kuəʔ⁵	uəʔ²³	mɛ²²³	nɛ⁴⁴⁵

续表

方言点	0825 织 曾开三 入职章	0826 食 曾开三 入职船	0827 式 曾开三 入职书	0828 极 曾开三 入职群	0829 国 曾合一 入德见	0830 或 曾合一 入德匣	0831 猛 梗开二 上庚明	0832 打 梗开二 上庚端
69 遂昌	tɕiʔ⁵	ziʔ²³	ɕiʔ⁵	dziʔ²³	kuɛʔ⁵	uɔʔ²³	miaŋ¹³白 məŋ¹³文	tiaŋ⁵³³
70 龙泉	tsʅʔ⁵	zʅʔ²⁴	sʅʔ⁵	dzʅʔ²⁴	kuoʔ⁵	uoʔ²⁴	mɔŋ⁵¹韵殊	taŋ⁵¹白 toⁿ⁵¹文
71 景宁	tsʅʔ⁵	zʅʔ²³	sʅʔ⁵	dziʔ²³	kœʔ⁵	uɔʔ²³	mɛ³³白 maŋ³³文	nɛ³³
72 庆元	tsʅʔ⁵	sʅʔ³⁴	sʅʔ⁵	tɕiəɯʔ³⁴	kuɤʔ⁵	uəɯʔ³⁴	mæ̃²²¹	næ̃⁵²调殊
73 泰顺	tsʅʔ⁵	sʅʔ²	sɛʔ⁵	tsʅʔ²	kuɛʔ⁵	uɛʔ²	mɔŋ⁵⁵	naei⁵⁵
74 温州	tsei³²³	zei²¹²	sei³²³	dʑiai²¹²	kai³²³	va²¹²	miɛ¹⁴	tiɛ²⁵
75 永嘉	tsʅ⁴²³	zʅ²¹³	sʅ⁴²³	dʑiai²¹³	kai⁴²³	va²¹³	mɛ¹³	tɛ⁴⁵
76 乐清	tɕi³²³	zi²¹²	si³²³	dʑiɤ²¹²	kuai³²³	vai²¹²	ma²⁴	ta³⁵
77 瑞安	tsei³²³	zei²¹²	sei³²³	dʑi²¹²	ke³²³	va²¹²	ma¹³	ta³⁵
78 平阳	tɕi³⁴	zi¹²	si³⁴	dʒʌ¹²	kye³⁴	vʌ¹²	mʌ⁴⁵	tʌ⁴⁵
79 文成	tɕi³⁴	zei²¹²	sei³⁴	dʑi²¹²	kuø³⁴	va²¹²	ma²²⁴	ta⁴⁵
80 苍南	tɕi²²³	dʑi¹¹²	ɕi²²³	dʑia¹¹²	kyɛ²²³	uɛ¹¹²	mia⁵³	tia⁵³
81 建德徽	tsɐʔ⁵	sɐʔ¹²	sɐʔ⁵	tɕiɐʔ¹²	kuɐʔ⁵	huɐʔ¹²	mɔŋ⁵⁵	tɛ²¹³
82 寿昌徽	tsəʔ³	səʔ³¹	səʔ³	tɕiəʔ³¹	kuəʔ³	uəʔ³¹	mɔŋ⁵⁵文	tæ̃²⁴
83 淳安徽	tsəʔ⁵	səʔ¹³	səʔ⁵	tɕʰiəʔ¹³	kueʔ⁵	（无）	mon⁵⁵	tɑ̃⁵⁵
84 遂安徽	tɕiɛ²⁴	ɕiɛ²¹³	ɕiɛ²⁴	tɕiɛ²¹³	kuəɯ²⁴	fəɯ²¹³	məŋ²¹³	（无）
85 苍南闽	tɕie⁴³	ɕie²⁴	ɕie⁴³	kie²⁴	kɐ⁴³	hie²⁴	bin⁴³	（无）
86 泰顺闽	tɕiɪʔ⁵	ɕiɪʔ³	ɕiɪʔ⁵	kiɪʔ⁵	kuøʔ⁵	xɛʔ³	mɛ³⁴⁴	（无）
87 洞头闽	tɕiek⁵	ɕiek²⁴	ɕiek⁵	kiek²⁴	kɔk⁵	ho²¹文	mieŋ⁵³	（无）
88 景宁畲	tɕiʔ⁵	ɕiʔ²	ɕiʔ⁵	tɕiʔ⁵	kot⁵	（无）	mɔŋ⁵¹调殊	taŋ³²⁵

方言点	0833 冷	0834 生	0835 省 ～长	0836 更 三～,打～	0837 梗	0838 坑	0839 硬	0840 行 ～为,～走
	梗开二 上庚来	梗开二 平庚生	梗开二 上庚生	梗开二 平庚见	梗开二 上庚见	梗开二 平庚溪	梗开二 去庚疑	梗开二 平庚匣
01 杭州	ləŋ⁵³	saŋ³³⁴ ～活 səŋ³³⁴ ～熟	səŋ⁵³	kəŋ³³⁴	kuaŋ⁵³ 白 kəŋ⁵³ 文	kʰaŋ³³⁴ 白 kʰəŋ³³⁴ 文	ŋaŋ¹³	iŋ²¹³
02 嘉兴	lÃ¹¹³	sÃ⁴²	sÃ⁵⁴⁴	kÃ⁴²	kÃ⁵⁴⁴	kʰÃ⁴²	ŋÃ¹¹³	iŋ²⁴²
03 嘉善	læ̃¹¹³	sæ̃⁵³	sæ̃⁴⁴	kæ̃⁵³	kæ̃⁴⁴	kʰæ̃⁵³	ŋæ̃¹¹³	in¹³²
04 平湖	lã²¹³	sã⁵³	sã⁴⁴	kã⁵³	kã⁴⁴	kʰã⁵³	ŋã²¹³	in³¹
05 海盐	lɛ̃⁴²³	sɛ̃⁵³ 白 sən⁵³ 文	sɛ̃⁴²³	kɛ̃⁵³	kɛ̃⁴²³	kʰɛ̃⁵³	ɛ̃²¹³	in³¹
06 海宁	lã²³¹	sã⁵⁵	sã⁵³	kã⁵⁵	kã⁵⁵	kʰã⁵⁵	ã¹³	iŋ¹³
07 桐乡	lã²⁴²	sã⁴⁴	sã⁵³	kã⁴⁴	kã⁵³	kʰã⁴⁴	ã²¹³	iŋ¹³
08 崇德	lã⁵³	sã⁴⁴	sã⁵³	kã⁴⁴	kã⁵³	kʰã⁴⁴	ã¹³	iŋ¹³
09 湖州	lã⁵²³	sã⁴⁴	sã⁵²³	kã⁴⁴	kã⁵²³	kʰã⁴⁴	ŋã³⁵	in¹¹²
10 德清	lã⁵²	sã⁴⁴	sã⁵²	kã⁴⁴	kã³³⁴	kʰã⁴⁴	ŋã³³⁴	in¹¹³
11 武康	lã²⁴²	sã⁴⁴	sã⁵³	kã⁴⁴	kã²²⁴	kʰã⁴⁴	ŋã²²⁴	in¹¹³
12 安吉	lã⁵²	sã⁵⁵ 白 səŋ⁵⁵ 文	sã⁵²	kã⁵⁵	kuã⁵⁵	kʰã³²⁴ 白 kʰɔ̃³²⁴ 文	ŋã²¹³	ã²² 白 iŋ²² 文
13 孝丰	lã⁵²	sã⁴⁴	sã⁵²	kã⁴⁴	kuã⁵²	kʰã⁴⁴	ŋã³²⁴	iŋ²²
14 长兴	lã⁵²	sã⁴⁴ 白 səŋ⁴⁴ 文	sã⁵²	kã⁴⁴	kã⁴⁴	kʰã⁴⁴	ŋã³²⁴	iŋ¹²
15 余杭	lɑ̃⁵³	sɑ̃⁴⁴	siŋ⁵³	kiŋ⁴⁴	kã⁵³	kʰɑ̃⁴⁴	ŋã²¹³	ã²²
16 临安	lɑ̃³³	sã⁵⁵	sã⁵⁵	keŋ⁵⁵	kuã⁵⁵	kʰã⁵⁵	ŋã³³	ã³³
17 昌化	lã²⁴³	sã³³⁴ 白 səŋ³³⁴ 文	səŋ⁴⁵³	kã³³⁴	kã³³⁴ 白 kəŋ³³⁴ 文	kʰã³³⁴	ŋã²⁴³	iəŋ¹¹² ～为 ã¹¹² ～走
18 於潜	laŋ⁵¹	saŋ⁴³³ 白 seŋ⁴³³ 文	saŋ⁵¹ 白 seŋ⁵¹ 文	kaŋ⁴³³	kuaŋ⁵¹	kʰaŋ⁴³³	ŋaŋ²⁴	ʑiŋ²²³ 文
19 萧山	lã¹³	sã⁵³³	sã³³	kã⁵³³	kuã³³	kʰã⁵³³	ŋã²⁴²	ʑiŋ³⁵⁵
20 富阳	lã²²⁴	sã⁵³	sən⁴²³	kã⁵³	kuã⁵³	kʰã⁵³	ŋã³³⁵	in¹³
21 新登	lɛ³³⁴	sɛ⁵³	sɛ³³⁴	kɛ⁵³	kuɛ³³⁴	kʰɛ⁵³	ɛ¹³	eiŋ²³³
22 桐庐	lã³³	sã⁵³³	səŋ³³	kəŋ⁵³³	kuã³³	kʰã⁵³³	ŋã²⁴	ã¹³ 白 ɕiŋ¹³ 文

续表

方言点	0833 冷	0834 生	0835 省 ~长	0836 更 三~,打~	0837 梗	0838 坑	0839 硬	0840 行 ~为,~走
	梗开二 上庚来	梗开二 平庚生	梗开二 上庚生	梗开二 平庚见	梗开二 上庚见	梗开二 平庚溪	梗开二 去庚疑	梗开二 平庚匣
23 分水	lən⁵³	sən⁴⁴	sən⁵³	kən⁵³	kən⁵³	kʰən⁴⁴	ŋən¹³	zin²²
24 绍兴	laŋ²²³	saŋ⁵³	saŋ³³⁴	kaŋ⁵³白 kəŋ⁵³文	kuaŋ³³⁴白 kaŋ³³⁴文	kʰaŋ⁵³	ŋaŋ²²	iŋ²³¹
25 上虞	lã²¹³	sã³⁵	sã³⁵	kã³⁵	kuã³⁵	kʰã⁵³调殊	ŋã³¹	iŋ²¹³
26 嵊州	laŋ²²	saŋ⁵³⁴	saŋ⁵³	kaŋ⁵³⁴	kuaŋ⁵³白 kaŋ⁵³文	kʰaŋ⁵³	ŋaŋ²⁴	aŋ²¹³~为 iŋ²¹³~走
27 新昌	laŋ²³²	saŋ⁵³⁴	saŋ⁴⁵³	kaŋ⁵³⁴	kuaŋ⁴⁵³白 kaŋ⁴⁵³文	kʰaŋ⁵³⁴	ŋaŋ¹³	aŋ²²白 iŋ²²文
28 诸暨	lã²⁴²	sã⁵⁴⁴	sã⁴²	kã⁵⁴⁴	kuã⁴²	kʰã⁵⁴⁴	ŋã³³	ã¹³
29 慈溪	lã¹³	sã³⁵白 səŋ³⁵文	sã³⁵	kã³⁵	kuã³⁵白 kəŋ³⁵文	kʰã³⁵	ŋã¹³	əŋ¹³
30 余姚	laŋ¹³	saŋ⁴⁴白 sã̃⁴⁴文	saŋ³⁴	kaŋ⁴⁴	kuaŋ³⁴	kʰaŋ⁴⁴	ŋaŋ¹³	aŋ¹³
31 宁波	la¹³	sa⁵³	sa³⁵	ka⁵³	kua³⁵菜~ ka³⁵作~ kəŋ⁵³~概	kʰa⁵³茅~	ŋa¹³	a¹³~为 iŋ¹³~走
32 镇海	lã²⁴	sã⁵³	sã³⁵	kã⁵³	kuã³⁵又 kã³⁵又	kʰã⁵³	ŋã²⁴	ã²⁴
33 奉化	lã³²⁴	sã⁴⁴	sã⁵⁴⁵	kã⁴⁴	kuã⁵⁴⁵	kʰã⁵³调殊	ŋã³¹	iŋ³³
34 宁海	lã³¹	sã⁴²³	sã⁵³	kã⁴²³	kuã⁵³	kʰã⁴²³	ŋã²⁴	ã²¹³
35 象山	lã³¹	sã⁵³调殊	sã⁴⁴	kã⁴⁴	kuã⁴⁴	kʰã⁴⁴	ŋã¹³	ã³¹~为 iŋ³¹~走
36 普陀	lã²³	sã⁵³白 sɐŋ⁵³文	sã⁴⁵	kã⁵³白 kəŋ⁵³文	kuã⁴⁵	kʰã⁵⁵小	ŋã¹³	ã²⁴~为 iŋ²⁴~走
37 定海	lã²³	sã⁵²白 sɐŋ⁵²文	sã⁴⁵	kã⁵²	kuã⁴⁵树~ ka⁴⁵~塞	kʰã⁵²溪~ kʰõ⁴⁴~道	ŋã¹³	ã²³~为 iŋ²³~走
38 岱山	lã²⁴⁴	sã⁵²白 sɐŋ⁵²文	sã³²⁵	kã⁵²	kuã³²⁵树~ kã³²⁵~塞	kʰã⁴⁴调殊	ŋã²¹³	ã²³~为 iŋ²³~走
39 嵊泗	lã⁴⁴⁵	sã⁵³白 sɐŋ⁵³文	sã⁴⁴⁵	kã⁵³	kuã⁴⁴⁵树~子 kã⁴⁴⁵~塞	kʰã⁵³水~ kʰõ⁵³~道	ŋã²¹³	ã²⁴³

方言点	0833 冷	0834 生	0835 省 ~长	0836 更 三~,打~	0837 梗	0838 坑	0839 硬	0840 行 ~为,~走
	梗开二 上庚来	梗开二 平庚生	梗开二 上庚生	梗开二 平庚见	梗开二 上庚见	梗开二 平庚溪	梗开二 去庚疑	梗开二 平庚匣
40 临海	lã⁵²	sã³¹	sã⁵²	kã³¹	kuã⁵²	kʰã³¹	ŋã³²⁴	ã²¹
41 椒江	lã⁴²	sã⁴²	sã⁴²	kã⁴²	kuã⁴²	kʰã⁴²	ŋã²⁴	ã³¹
42 黄岩	lã⁴²	sã³²	sã⁴²	kã³²	kuã⁴²	kʰã³²	ŋã²⁴	ã¹²¹
43 温岭	lã⁴²	sã³³	sã⁴²	kã³³	kuã⁴²	kʰã³³	ŋã¹³	ã³¹
44 仙居	lã³²⁴	sã³³⁴	sã³²⁴	kã³³⁴	kuã³²⁴	kʰã³³⁴	ŋã²⁴	ã²¹³
45 天台	la²¹⁴	sa³³	sa³²⁵	ka³³	kua³²⁵	kʰa³³	ŋa³⁵	a²²⁴
46 三门	lɛ³²⁵	sɛ³³⁴	sɛ³²⁵	kɛ³³⁴	kuɛ³²⁵	kʰɛ³³⁴	ŋɛ²⁴³	ɛ¹¹³~为 iŋ¹¹³~走
47 玉环	lã⁵³	sã⁴²	sã⁵³	kã⁴²	kuã⁵³	kʰã⁴²	ŋã²²	ã³¹
48 金华	laŋ⁵³⁵	saŋ³³⁴白 səŋ³³⁴文	saŋ⁵³⁵白 səŋ⁵³⁵文	kɛ³³⁴	kuaŋ⁵³⁵	kʰaŋ³³⁴	aŋ¹⁴	ʑiŋ³¹³
49 汤溪	la¹¹³	sa²⁴	sa⁵³⁵	ka²⁴	kua⁵³⁵	kʰa²⁴	a³⁴¹	ʑiɛ̃i¹¹
50 兰溪	læ̃⁵⁵	sæ̃³³⁴	sæ̃⁵⁵	kæ̃³³⁴	kuæ̃⁵⁵	kʰæ̃³³⁴	æ̃²⁴	ʑin²¹
51 浦江	nɛ̃²⁴³	sɛ̃⁵³⁴	sɛ̃⁵³	kɛ̃⁵³⁴	kən⁵³读字	kʰɛ̃⁵³⁴	ŋɛ̃²	iən¹¹³
52 义乌	lɛ³¹²	sɛ³³⁵	sɛ⁴²³	kɛ³³⁵打~ ka³³⁵三~	kuɛ⁴²³白 kən³³⁵文	kʰɛ³³⁵白 kʰən³³⁵文	ɛ²⁴	ɛ²¹³白 ʑien²¹³文
53 东阳	lɛ²³¹	sɛ³³⁴	sɛ⁴⁴	kɛ³³⁴	kuɛ⁴⁴	kʰɛ³³⁴	ŋɛ²⁴	ɛ²¹³
54 永康	lai¹¹³	sai⁵⁵	sai³³⁴	kai⁵⁵	kuai³³⁴	kʰai⁵⁵	ŋai²⁴¹	ai²²
55 武义	na¹³	sa²⁴	sa⁴⁴⁵	ka²⁴	kua⁴⁴⁵	kʰa²⁴	ŋa²³¹	ŋa³²⁴
56 磐安	lɛ³³⁴	sɛ⁴⁴⁵	sɛ³³⁴	kɛ⁴⁴⁵	kuɛn³³⁴小	kʰɛ⁴⁴⁵	ŋɛ¹⁴	ɛ²¹³
57 缙云	la³¹	sa⁴⁴	sa⁵¹	ka⁴⁴	kua⁵¹	kʰa⁴⁴	ŋa²¹³	a²⁴³
58 衢州	lən⁵³	ɕiã³²白 sən³²文	sən³⁵	tɕiã³²	kuã³⁵	tɕʰiã³²	n̠iã²³¹	ʑin²¹
59 衢江	ləŋ⁵³调殊	ɕiɛ³³白 səŋ³³文	səŋ²⁵	kɛ³³	kuɛ²⁵	kʰɛ³³	ŋɛ²³¹	ʑiŋ²¹²
60 龙游	lɛ²²⁴	sɛ³³⁴白 sən³³⁴文	sən³⁵	kɛ³³⁴	kuɛ³⁵	(无)	ŋɛ²³¹	ʑin²¹

续表

方言点	0833 冷 梗开二 上庚来	0834 生 梗开二 平庚生	0835 省 ~长 梗开二 上庚生	0836 更 三~,打~ 梗开二 平庚见	0837 梗 梗开二 上庚见	0838 坑 梗开二 平庚溪	0839 硬 梗开二 去庚疑	0840 行 ~为,~走 梗开二 平庚匣
61 江山	laŋ²²	saŋ⁴⁴~日 səŋ⁴⁴落脚~	saŋ²⁴¹	kaŋ⁴⁴	kaŋ²⁴¹	kʰaŋ⁴⁴	ŋaŋ³¹	ĩ²¹³
62 常山	lĩ⁵²	sĩ⁴⁴学~ soŋ⁴⁴~活	sĩ⁵²	kĩ⁴⁴	kuĩ⁵²	kʰĩ⁴⁴	ŋĩ¹³¹	ĩ³⁴¹
63 开化	lɛn⁵³	ɕin⁴⁴~熟 sã⁴⁴~意 sɤŋ⁴⁴花~	sã⁵³白 sɛn⁵³文	kã⁴⁴	kuã⁵³	kʰã⁴⁴	ŋã²¹³	in²³¹
64 丽水	lã⁵⁴⁴	sã²²⁴	sã⁵⁴⁴	kã²²⁴	kuã⁵⁴⁴	kʰã²²⁴	ŋã¹³¹	in²²
65 青田	lɛ⁴⁵⁴	sɛ⁴⁴⁵	sɛ⁴⁵⁴	kɛ⁴⁴⁵	kuɛ⁴⁵⁴	kʰɛ⁴⁴⁵	ŋɛ²²	ɛ²¹
66 云和	lɛ⁴¹	sɛ²⁴	sɛ⁴¹	kɛ²⁴	kuɛ⁴¹白 kɛ⁴¹文	kʰɛ²⁴	ŋɛ²²³	ɛ³¹²
67 松阳	lã²²~饮	sã⁵³	sã²¹²	tɕin⁵³	kuã²¹²	kʰã⁵³	ŋã¹³	ã³¹
68 宣平	lɛ⁴⁴⁵	sɛ³²⁴	sɛ⁴⁴⁵	kɛ³²⁴	kuɛ⁴⁴⁵白 kɛ⁴⁴⁵文	kʰɛ³²⁴	ŋɛ³²⁴	ɛ⁴³³
69 遂昌	ləŋ¹³~饮	ɕiaŋ⁴⁵	ɕiaŋ⁵³³	kaŋ⁴⁵三~ kəŋ⁴⁵打~	kuaŋ⁵³³	tɕʰiaŋ⁴⁵	niaŋ²¹³	aŋ²²¹~为 ziŋ²²¹~走
70 龙泉	laŋ⁵¹	saŋ⁴³⁴	saŋ⁵¹	kaŋ⁴³⁴	kuaŋ⁵¹	kʰaŋ⁴³⁴	ŋaŋ²²⁴	aŋ²¹
71 景宁	lɛ³³	sɛ³²⁴	sɛ³³	kɛ³²⁴	kuɛ³³白 kɛ³³文	kʰɛ³²⁴	ŋɛ¹¹³	ɛ⁴¹
72 庆元	læ̃²²¹~饮	sæ̃³³⁵	sæ̃³³	kæ̃³³⁵	kuæ̃³³	kʰæ̃³³⁵	ŋæ̃³¹	xæ̃⁵²
73 泰顺	lã⁵⁵	sã²¹³	sã⁵⁵	kã²¹³	kuã⁵⁵	kʰã²¹³	ŋã²²	ã⁵³
74 温州	liɛ¹⁴	siɛ³³	siɛ²⁵	kiɛ³³	kiɛ²⁵	kʰiɛ³³	ŋiɛ²²	ɛ³¹
75 永嘉	lɛ¹³	sɛ⁴⁴	sɛ⁴⁵	kɛ⁴⁴	kɛ⁴⁵	kʰɛ⁴⁴	ŋɛ²²	ɛ³¹
76 乐清	la²⁴	sa⁴⁴	sa³⁵	ka⁴⁴	kua³⁵菜~ ka³⁵桔~	kʰa⁴⁴	ŋa²²	a³¹
77 瑞安	la¹³	sa⁴⁴	sa³⁵	ka⁴⁴	ka³⁵	kʰa⁴⁴	ŋa²²	a³¹
78 平阳	lA⁴⁵	sA⁵⁵	sA⁴⁵	kA⁵⁵	kA⁴⁵	kʰA⁵⁵	ŋA³³	A²⁴²
79 文成	la²²⁴	sa⁵⁵	sa⁴⁵	ka⁵⁵	ka⁴⁵	kʰa⁵⁵	ŋa⁴²⁴	a¹¹³

续表

方言点	0833 冷	0834 生	0835 省 ~长	0836 更 三~,打~	0837 梗	0838 坑	0839 硬	0840 行 ~为,~走
	梗开二 上庚来	梗开二 平庚生	梗开二 上庚生	梗开二 平庚见	梗开二 上庚见	梗开二 平庚溪	梗开二 去庚疑	梗开二 平庚匣
80 苍南	lia⁵³	ɕia⁴⁴	ɕia⁵³	kia⁴⁴	kia⁵³	kʰia⁴⁴	n̠ia¹¹	ia³¹
81 建德_徽	nɛ²¹³	sɛ⁵³白 sən³³文	sən²¹³	kɛ⁵³	kuɛ²¹³白 kən²¹³文	kʰɛ⁵³	ŋɛ⁵⁵	ɕin³³
82 寿昌_徽	læ̃⁵³⁴	sæ̃¹¹²	sen²⁴文	kæ̃¹¹²	kuæ̃²⁴	kʰæ̃¹¹²	ŋæ̃³³	xæ̃⁵²白 ɕien¹¹²文
83 淳安_徽	lɑ̃⁵⁵	sɑ̃²⁴	sɑ̃⁵⁵	kɑ̃²⁴	kuɑ̃⁵⁵	kʰɑ̃²⁴	ɑ̃⁵³	hɑ̃⁴³⁵
84 遂安_徽	lã²¹³	sã⁵³⁴	sã²¹³	kã⁵³⁴	kã²¹³	kʰã⁵³⁴	ã⁵²	ɕin³³
85 苍南_闽	lin⁴³	ɕin⁵⁵	ɕin⁴³	kĩ⁵⁵	（无）	kʰĩ⁵⁵	ŋĩ²¹	hin²⁴
86 泰顺_闽	（无）	sæŋ²¹³~熟 sɛ²¹³~产	sæŋ³⁴⁴	kæŋ²¹³	kuæŋ³⁴⁴	kʰæŋ²¹³	ŋæŋ³¹	xɛ²²
87 洞头_闽	lieŋ⁵³	ɕĩ³³白 ɕieŋ³³文	ɕieŋ⁵³	kĩ³³白 kieŋ³³文	kuãĩ⁵³	kʰĩ³³	ŋĩ²¹	hieŋ¹¹³
88 景宁_畲	laŋ⁴⁴调殊	saŋ⁴⁴	saŋ³²⁵	kaŋ⁴⁴	kiaŋ³²⁵	xaŋ⁴⁴	ŋaŋ⁵¹	xaŋ²²

方言点	0841 百	0842 拍	0843 白	0844 拆	0845 择	0846 窄	0847 格	0848 客
	梗开二入陌帮	梗开二入陌滂	梗开二入陌並	梗开二入陌彻	梗开二入陌澄	梗开二入陌庄	梗开二入陌见	梗开二入陌溪
01 杭州	paʔ^5	pʰaʔ^5	baʔ^2	tsʰaʔ^5	tsaʔ^5 ~优 / dzaʔ^2 选~	tsaʔ^5	kaʔ^5	kʰaʔ^5
02 嘉兴	pʌʔ^5	pʰʌʔ^5	bʌʔ^{13}	tsʰʌʔ^5	zəʔ^{13}	tsʌʔ^5	kʌʔ^5	kʰʌʔ^5
03 嘉善	paʔ^5	pʰɜʔ^5	bɜʔ^2	tsʰɜʔ^5	zɜʔ^2	tsɜʔ^5	kɜʔ^5	kʰɜʔ^5
04 平湖	paʔ^5	pʰaʔ^{23}	baʔ^{23}	tsʰaʔ^{23}	zəʔ^{23}	tsaʔ^5	kaʔ^5	kʰaʔ^{23}
05 海盐	paʔ^5	pʰaʔ^{23}	baʔ^{23}	tsʰaʔ^{23}	zəʔ^{23}	tsaʔ^5	kaʔ^5 白 / kəʔ^5 文	kʰaʔ^{23}
06 海宁	paʔ^5	pʰaʔ^5	baʔ^2	tsʰaʔ^5	zəʔ^2	tsaʔ^5	kaʔ^5	kʰaʔ^5
07 桐乡	paʔ^5	pʰaʔ^5	baʔ^2	tsʰaʔ^5	zəʔ^{23}	tsaʔ^5	kaʔ^5	kʰaʔ^5
08 崇德	paʔ^5	pʰaʔ^5	baʔ^{23}	tsʰaʔ^5	zəʔ^{23}	(无)	kaʔ^5	kʰaʔ^5
09 湖州	paʔ^5	pʰaʔ^5	baʔ^2	tsʰaʔ^5	dzəʔ^2	tsaʔ^5	kaʔ^5	kʰaʔ^5
10 德清	paʔ^5	pʰaʔ^5	baʔ^2	tsʰaʔ^5	zaʔ^5	tsaʔ^5	kaʔ^5	kʰaʔ^5
11 武康	pɜʔ^5	pʰɜʔ^5	bɜʔ^2	tsʰɜʔ^5	dzɜʔ^2	tsɜʔ^5	kɜʔ^5	kʰɜʔ^5
12 安吉	pɐʔ^5	pʰɐʔ^5	bɐʔ^{23}	tsʰəʔ^5	dzəʔ^{23}	ɐʔ^{23}	kəʔ^5	kʰəʔ^5
13 孝丰	paʔ^5	pʰaʔ^5	baʔ^{23}	tsʰaʔ^5	dzəʔ^{23}	aʔ^{23}	kaʔ^5 ~子 / kəʔ^5 ~力	kʰaʔ^5
14 长兴	paʔ^5	pʰaʔ^5	baʔ^2	tsʰaʔ^5	dzəʔ^2	aʔ^2	kəʔ^5	kʰəʔ^5
15 余杭	paʔ^5	pʰaʔ^5	baʔ^2	tsʰaʔ^5	zaʔ^5	tsaʔ^5	kaʔ^5	kʰaʔ^5
16 临安	pɐʔ^{54}	pʰɐʔ^{54}	bɐʔ^{12}	tsʰɐʔ^{54}	tsɐʔ^{54}	tsɐʔ^{54}	kɐʔ^{54}	kʰɐʔ^{54}
17 昌化	paʔ^5	pʰaʔ^5	baʔ^{23}	tsʰaʔ^5	dzəʔ^2	aʔ^{23}	kaʔ^5	kʰaʔ^5
18 於潜	pɐʔ^{53}	pʰɐʔ^{53}	bɑʔ^{23}	tsʰɐʔ^{53}	dzæʔ^{23}	dzæʔ^{23}	kɐʔ^{53}	kʰəʔ^{53}
19 萧山	paʔ^5	pʰaʔ^5	baʔ^{13}	tsʰaʔ^5	dzəʔ^{13}	aʔ^{13}	kaʔ^5	kʰaʔ^5
20 富阳	paʔ^5	pʰaʔ^5	baʔ^2	tsʰaʔ^5	dzɛʔ^2	(无)	kiɛʔ^5	kʰaʔ^5
21 新登	paʔ^5	pʰaʔ^5	baʔ^2	tsʰaʔ^5	dzəʔ^2	tsaʔ^5	kaʔ^5	kʰaʔ^5
22 桐庐	paʔ^5	pʰaʔ^5	baʔ^{13}	tsʰaʔ^5	tsaʔ^5 文	tsaʔ^5	kaʔ^5 白 / kəʔ^5 文	kʰaʔ^5
23 分水	pəʔ^5	pʰaʔ^5	bəʔ^{12}	tsʰəʔ^5	dzəʔ^{12}	tsaʔ^5	kəʔ^5	kʰəʔ^5
24 绍兴	paʔ^5	pʰaʔ^5	baʔ^2	tsʰaʔ^5	dzəʔ^2	tsaʔ^5	kaʔ^5	kʰaʔ^5

续表

方言点	0841 百 梗开二入陌帮	0842 拍 梗开二入陌滂	0843 白 梗开二入陌並	0844 拆 梗开二入陌彻	0845 择 梗开二入陌澄	0846 窄 梗开二入陌庄	0847 格 梗开二入陌见	0848 客 梗开二入陌溪
25 上虞	$pa\text{ʔ}^5$	$p^ha\text{ʔ}^5$	$ba\text{ʔ}^2$	$ts^ha\text{ʔ}^5$	$dzə\text{ʔ}^2$	（无）	$ka\text{ʔ}^5$	$k^ha\text{ʔ}^5$
26 嵊州	$pa\text{ʔ}^5$	$p^ha\text{ʔ}^5$	$ba\text{ʔ}^2$	$ts^ha\text{ʔ}^5$	$dzə\text{ʔ}^2$	（无）	$kɛ\text{ʔ}^5$	$k^hɛ\text{ʔ}^5$
27 新昌	$pa\text{ʔ}^5$	$p^ha\text{ʔ}^5$	$ba\text{ʔ}^2$	$ts^ha\text{ʔ}^5$	$dza\text{ʔ}^2$ 白 $dzɤ\text{ʔ}^2$ 文	（无）	$kɛ\text{ʔ}^5$	$k^ha\text{ʔ}^5$
28 诸暨	$pa\text{ʔ}^5$	$p^ha\text{ʔ}^5$	$ba\text{ʔ}^{13}$	$ts^ha\text{ʔ}^5$	$dzə\text{ʔ}^{13}$	$tsa\text{ʔ}^5$	$ka\text{ʔ}^5$	$k^ha\text{ʔ}^5$
29 慈溪	$pa\text{ʔ}^5$	$p^ha\text{ʔ}^5$	$ba\text{ʔ}^2$	$ts^ha\text{ʔ}^5$	$dza\text{ʔ}^2$	（无）	$ka\text{ʔ}^5$	$k^ha\text{ʔ}^5$
30 余姚	$pa\text{ʔ}^5$	$p^ha\text{ʔ}^5$	$ba\text{ʔ}^2$	$ts^ha\text{ʔ}^5$	$dzə\text{ʔ}^2$	（无）	$ka\text{ʔ}^5$	$k^ha\text{ʔ}^5$
31 宁波	$pa\text{ʔ}^5$	$p^ha\text{ʔ}^5$	$ba\text{ʔ}^2$	$ts^ha\text{ʔ}^5$	$dza\text{ʔ}^2$	$tsa\text{ʔ}^5$	$ka\text{ʔ}^5$	$k^ha\text{ʔ}^5$
32 镇海	$pa\text{ʔ}^5$	$p^ha\text{ʔ}^5$	$ba\text{ʔ}^{12}$	$ts^ha\text{ʔ}^5$	$dza\text{ʔ}^{12}$	（无）	$ka\text{ʔ}^5$	$k^ha\text{ʔ}^5$
33 奉化	$pa\text{ʔ}^5$	$p^ha\text{ʔ}^5$	$ba\text{ʔ}^2$	$ts^ha\text{ʔ}^5$	$dza\text{ʔ}^2$	（无）	$ka\text{ʔ}^5$	$k^ha\text{ʔ}^5$
34 宁海	$pa\text{ʔ}^5$	$p^ha\text{ʔ}^5$	$ba\text{ʔ}^3$	$ts^ha\text{ʔ}^5$	$dza\text{ʔ}^3$	$tsa\text{ʔ}^5$	$ka\text{ʔ}^5$	$k^ha\text{ʔ}^5$
35 象山	$pa\text{ʔ}^5$	$p^ha\text{ʔ}^5$	$ba\text{ʔ}^2$	$ts^ha\text{ʔ}^5$	$dza\text{ʔ}^2$	$tsa\text{ʔ}^5$	$ka\text{ʔ}^5$	$k^ha\text{ʔ}^5$
36 普陀	$pɐ\text{ʔ}^5$	$p^hɐ\text{ʔ}^5$	$bɐ\text{ʔ}^{23}$	$ts^hɐ\text{ʔ}^5$	$dzɐ\text{ʔ}^{23}$	$dzɐ\text{ʔ}^{23}$	$kɐ\text{ʔ}^5$	$k^hɐ\text{ʔ}^5$
37 定海	$pɐ\text{ʔ}^5$	$p^hɐ\text{ʔ}^5$	$bɐ\text{ʔ}^2$	$ts^hɐ\text{ʔ}^5$	$dzɐ\text{ʔ}^2$	$tsɐ\text{ʔ}^5$	$kɐ\text{ʔ}^5$	$k^hɐ\text{ʔ}^5$
38 岱山	$pɐ\text{ʔ}^5$	$p^hɐ\text{ʔ}^5$	$bɐ\text{ʔ}^2$	$ts^hɐ\text{ʔ}^5$	$dzɐ\text{ʔ}^2$	$tsɐ\text{ʔ}^5$	$kɐ\text{ʔ}^5$	$k^hɐ\text{ʔ}^5$
39 嵊泗	$pɐ\text{ʔ}^5$	$p^hɐ\text{ʔ}^5$	$bɐ\text{ʔ}^2$	$ts^hɐ\text{ʔ}^5$	$dzɐ\text{ʔ}^2$	$tsɐ\text{ʔ}^5$	$kɐ\text{ʔ}^5$	$k^hɐ\text{ʔ}^5$
40 临海	$pa\text{ʔ}^5$	$p^ha\text{ʔ}^5$	$ba\text{ʔ}^{23}$	$ts^ha\text{ʔ}^5$	$dza\text{ʔ}^{23}$	$tsɛ\text{ʔ}^5$	$ka\text{ʔ}^5$	$k^ha\text{ʔ}^5$
41 椒江	$pa\text{ʔ}^5$	$p^ha\text{ʔ}^5$	$ba\text{ʔ}^2$	$ts^ha\text{ʔ}^5$	$dza\text{ʔ}^2$	$tsa\text{ʔ}^5$	$ka\text{ʔ}^5$	$k^ha\text{ʔ}^5$
42 黄岩	$pɐ\text{ʔ}^5$	$p^hɐ\text{ʔ}^5$	$bɐ\text{ʔ}^2$	$ts^hɐ\text{ʔ}^5$	$dzɐ\text{ʔ}^2$	$tsɐ\text{ʔ}^5$	$kɐ\text{ʔ}^5$	$k^hɐ\text{ʔ}^5$
43 温岭	$pa\text{ʔ}^5$	$p^ha\text{ʔ}^5$	$bə\text{ʔ}^2$	$ts^ha\text{ʔ}^5$	$dzə\text{ʔ}^2$	$tsə\text{ʔ}^5$	$ka\text{ʔ}^5$	$k^ha\text{ʔ}^5$
44 仙居	$ɓa\text{ʔ}^5$	$p^ha\text{ʔ}^5$	$ba\text{ʔ}^{23}$	$ts^ha\text{ʔ}^5$	$dza\text{ʔ}^{23}$	（无）	$ka\text{ʔ}^5$	$k^ha\text{ʔ}^5$
45 天台	$pa\text{ʔ}^5$	$p^ha\text{ʔ}^5$	$ba\text{ʔ}^2$	$ts^ha\text{ʔ}^5$	$dza\text{ʔ}^2$	$tsɐ\text{ʔ}^5$ 韵殊	$ka\text{ʔ}^5$	$k^ha\text{ʔ}^5$
46 三门	$pa\text{ʔ}^5$	$p^ha\text{ʔ}^5$	$ba\text{ʔ}^{23}$	$ts^ha\text{ʔ}^5$	$dza\text{ʔ}^{23}$	$tsɐ\text{ʔ}^5$	$ka\text{ʔ}^5$	$k^ha\text{ʔ}^5$
47 玉环	$pɐ\text{ʔ}^5$	$p^hɐ\text{ʔ}^5$	$bɐ\text{ʔ}^2$	$ts^hɐ\text{ʔ}^5$	$dzɐ\text{ʔ}^2$	$tsɐ\text{ʔ}^5$	$kɐ\text{ʔ}^5$	$k^hɐ\text{ʔ}^5$
48 金华	$pə\text{ʔ}^4$	$p^hə\text{ʔ}^4$	$bə\text{ʔ}^{212}$	$ts^hə\text{ʔ}^4$	$dzə\text{ʔ}^{212}$	（无）	$kə\text{ʔ}^4$	$k^hə\text{ʔ}^4$

续表

方言点	0841 百 梗开二入陌帮	0842 拍 梗开二入陌滂	0843 白 梗开二入陌並	0844 拆 梗开二入陌彻	0845 择 梗开二入陌澄	0846 窄 梗开二入陌庄	0847 格 梗开二入陌见	0848 客 梗开二入陌溪
49 汤溪	pa⁵⁵	pʰa⁵⁵	ba¹¹³	tsʰa⁵⁵	dza¹¹³	（无）	ka⁵⁵	kʰa⁵⁵
50 兰溪	pəʔ³⁴	pʰəʔ³⁴	bəʔ¹²	tsʰəʔ³⁴	dzəʔ¹²	tse⁵⁵	kəʔ³⁴	kʰəʔ³⁴
51 浦江	pɑ⁵⁵	pʰɑ⁴²³ 白 pʰo⁵³ 文	bɑ²³²	tsʰɑ⁴²³	dzɑ²³²	tsɑ⁵⁵ 地名	kɑ⁴²³	kʰɑ⁴²³
52 义乌	pɛ³²⁴	bɛ³¹² ~手 pʰɛ³²⁴ ~照	bɛ³¹²	tsʰɛ³²⁴	dzɛ³²⁴	（无）	kɛ³²⁴	kʰɛ³²⁴
53 东阳	pa³³⁴	pʰe²³⁴	ba²¹³	tsʰaʔ³⁴	dza²¹³	（无）	kaʔ³⁴	kʰaʔ³⁴
54 永康	ɓai³³⁴	pʰai³³⁴	bai¹¹³	tsʰai³³⁴	dzai¹¹³	tsuɑ³³⁴	kai³³⁴	kʰai³³⁴
55 武义	pa⁵³	pʰa⁵³	ba¹³	tsʰa⁵³	dza¹³	（无）	ka⁵³	kʰa⁵³
56 磐安	pa³³⁴	pʰɛ³³⁴	ba²¹³	tsʰa³³⁴	dza²¹³	（无）	ka³³⁴	kʰa³³⁴
57 缙云	pa³²²	pʰa³²²	ba¹³	tsʰa³²²	dza¹³	（无）	ka³²²	kʰa³²²
58 衢州	piaʔ⁵ 韵殊	pʰəʔ⁵	biaʔ¹² 韵殊	tsʰaʔ⁵	dzəʔ¹²	tsɑ⁵³ 调殊	kaʔ⁵ 白 kəʔ⁵ 文	tɕʰiaʔ⁵ 白 kʰaʔ⁵ 文
59 衢江	paʔ⁵	pʰəʔ⁵	baʔ²	tɕʰiaʔ⁵	dzəʔ²	（无）	kaʔ⁵	kʰaʔ⁵
60 龙游	pəʔ⁴	pʰəʔ⁴	bəʔ²³	tsʰəʔ⁴	dzəʔ²³	tsəʔ⁴	kəʔ⁴	kʰəʔ⁴
61 江山	paʔ⁵	pʰaʔ⁵	baʔ²	tsʰaʔ⁵	daʔ² ~菜 dzaʔ² 选~	tsɒ⁵¹ 调殊	kaʔ⁵	kʰaʔ⁵
62 常山	pɛʔ⁵	pʰɛʔ⁵	bɛʔ³⁴	tsʰɛʔ⁵	dzʌʔ³⁴	tsʌʔ⁵	kaʔ⁵	kʰaʔ⁵
63 开化	paʔ⁵	pʰɔʔ⁵	baʔ¹³	tsʰaʔ⁵	dɔʔ¹³	tsaʔ⁵	kaʔ⁵	kʰaʔ⁵
64 丽水	paʔ⁵	pʰaʔ⁵	baʔ²³	tsʰaʔ⁵	dzaʔ²³	（无）	kaʔ⁵	kʰaʔ⁵
65 青田	ɓɛʔ⁴²	pʰɛʔ⁴²	bɛʔ³¹	tsʰɛʔ⁴²	dzɛʔ³¹	tsaʔ⁴²	kɛʔ⁴²	kʰɛʔ⁴²
66 云和	paʔ⁵	pʰaʔ⁵	baʔ²³	tsʰaʔ⁵	doʔ²³ 白 dzaʔ²³ 文	（无）	kaʔ⁵	kʰaʔ⁵
67 松阳	paʔ⁵	pʰaʔ⁵	baʔ²	tsʰaʔ⁵	doʔ² ~菜 dzaʔ² 选~	tsɔʔ⁵ 狭~	kaʔ⁵	kʰaʔ⁵
68 宣平	paʔ⁵	pʰaʔ⁵	baʔ²³	tsʰaʔ⁵	dzaʔ²³	（无）	kaʔ⁵	kʰaʔ⁵
69 遂昌	piaʔ⁵	pʰɛʔ⁵	biaʔ²³	tʰiʔ⁵ 白 tsʰaʔ⁵ 文	dɔʔ²³ ~菜 dzɛʔ²³ 选~	tsaʔ⁵	kaʔ⁵	tɕʰiaʔ⁵ 白 kʰaʔ⁵ 文

续表

方言点	0841 百	0842 拍	0843 白	0844 拆	0845 择	0846 窄	0847 格	0848 客
	梗开二入陌帮	梗开二入陌滂	梗开二入陌並	梗开二入陌彻	梗开二入陌澄	梗开二入陌庄	梗开二入陌见	梗开二入陌溪
70 龙泉	paʔ⁵	pʰoʔ⁵	baʔ²⁴	tsʰaʔ⁵	dzaʔ²⁴	tsaʔ⁵	kaʔ⁵	kʰaʔ⁵
71 景宁	paʔ⁵	pʰaʔ⁵	baʔ²³	tsʰaʔ⁵	dzaʔ²³	tsɔʔ⁵	kaʔ⁵	kʰaʔ⁵
72 庆元	ɓɑʔ⁵	pʰɑʔ⁵	pɑʔ³⁴	tsʰɑʔ⁵	tsɑ³⁴	tsɑʔ⁵	kɑʔ⁵	kʰɑʔ⁵
73 泰顺	paʔ⁵	pʰaʔ⁵	paʔ²	tsʰaʔ⁵	tsaʔ²	tsɔʔ⁵	kaʔ⁵	kʰaʔ⁵
74 温州	pa³²³	pʰa³²³	ba²¹²	tsʰa³²³	dza²¹²	tsa³²³	ka³²³	kʰa³²³
75 永嘉	pa⁴²³	pʰa⁴²³	ba²¹³	tsʰa⁴²³	dza²¹³	(无)	ka⁴²³	kʰa⁴²³
76 乐清	pe³²³	pʰe³²³	be²¹²	tɕʰie³²³	dʑie²¹²	tɕia³²³	ke³²³	kʰe³²³
77 瑞安	pa³²³	pʰa³²³	ba²¹²	tsʰa³²³	dza²¹²	(无)	ka³²³	kʰa³²³
78 平阳	pᴀ³⁴	pʰᴀ³⁴	bᴀ¹²	tʃʰᴀ³⁴	dʒᴀ¹²	(无)	kᴀ³⁴	kʰᴀ³⁴
79 文成	pa³⁴	pʰa³⁴	ba²¹²	tʃʰa³⁴	dʒa²¹²	(无)	ka³⁴	kʰa³⁴
80 苍南	pa²²³	pʰia²²³	bia¹¹²	tɕʰia²²³	dʑia¹¹²	(无)	kia²²³	kʰia²²³
81 建德徽	pa⁵⁵	pʰɐʔ⁵	pa²¹³	tsʰɑ⁵⁵	tsɑ²¹³	tsa⁵⁵地名	kɑ⁵⁵	kʰɑ⁵⁵
82 寿昌徽	pəʔ³	pʰɔʔ³	pʰəʔ³¹	tsʰəʔ³	tsəʔ³¹	tsəʔ³文	kəʔ³	kʰəʔ³
83 淳安徽	pɑʔ⁵	pʰɑʔ⁵	pʰɑʔ¹³	tsʰɑʔ⁵	tsʰɑʔ¹³	(无)	kɑʔ⁵	kʰɑʔ⁵
84 遂安徽	pa²⁴	(无)	pʰa²¹³	tsʰa²⁴	tsʰa²¹³	(无)	ka²⁴	kʰa²⁴
85 苍南闽	pa⁴³	pʰa⁴³	pe²⁴	tʰia⁴³	tie²⁴	(无)	ke⁴³	kʰe⁴³
86 泰顺闽	pa⁵³	pʰɛʔ⁵	pa³¹	tʰia⁵³	tsɛʔ³	ɛʔ³	kɛʔ⁵	kʰa³¹
87 洞头闽	pa⁵³	pʰɐt⁵	pe²⁴¹	tʰia⁵³白 tɕʰiek⁵文	tɕiek²⁴	(无)	ke⁵³	kʰe⁵³
88 景宁畲	paʔ⁵	(无)	pʰaʔ²	tsʰaʔ⁵	tsaʔ²	(无)	kaʔ⁵	xaʔ⁵

方言点	0849 额	0850 棚	0851 争	0852 耕	0853 麦	0854 摘	0855 策	0856 隔
	梗开二入陌疑	梗开二平耕并	梗开二平耕庄	梗开二平耕见	梗开二入麦明	梗开二入麦知	梗开二入麦初	梗开二入麦见
01 杭州	ŋaʔ²	boŋ²¹³	tsaŋ³³⁴白 tsəŋ³³⁴文	kəŋ³³⁴	maʔ²	tsaʔ⁵	tsʰaʔ⁵	kaʔ⁵
02 嘉兴	əʔ⁵	bÃ²⁴²	tsÃ⁴²	kÃ⁴²	mʌʔ⁵	tsʌʔ⁵	tsʰʌʔ⁵	kʌʔ⁵
03 嘉善	ŋɜʔ²	bæ̃¹³²	tsæ̃⁵³白 tsən⁵³文	kæ̃⁵³	mɜʔ²	tsɜʔ⁵	tsʰɜʔ⁵	kɜʔ⁵
04 平湖	ŋaʔ²³	bã³¹	tsã⁵³白 tsən⁵³文	kən⁵³	maʔ²³	tsaʔ⁵	tsʰaʔ²³	kaʔ⁵
05 海盐	aʔ²³白 əʔ²³文	bɛ̃³¹	tsɛ̃⁵³白 tsən⁵³文	kɛ̃⁵³	maʔ²	tsaʔ⁵	tsʰaʔ⁵	kaʔ⁵
06 海宁	aʔ²	bã¹³	tsã⁵⁵白 tsəŋ⁵⁵文	kəŋ⁵⁵	maʔ²	tsaʔ⁵	tsʰaʔ⁵	kaʔ⁵
07 桐乡	aʔ²³	bã¹³	tsã⁴⁴	kã⁴⁴	maʔ²³	tsaʔ⁵	tsʰaʔ⁵	kaʔ⁵
08 崇德	aʔ²³白 əʔ²³文	bã¹³	tsã⁴⁴	kã⁴⁴	maʔ²³	tsaʔ⁵	tsʰaʔ⁵	kaʔ⁵
09 湖州	ŋaʔ²	bã¹¹²	tsən⁴⁴	kən⁴⁴	maʔ²	tsaʔ⁵	tsʰaʔ⁵	kaʔ⁵
10 德清	ŋaʔ²	bã¹¹³	tsen⁴⁴	kã⁴⁴	maʔ²	tsaʔ⁵	tsʰaʔ⁵	kaʔ⁵
11 武康	ŋɜʔ²	bã¹¹³	tsã⁴⁴白 tsen⁴⁴文	kã⁴⁴	mɜʔ²	tsɜʔ⁵	tsʰɜʔ⁵	kɜʔ⁵
12 安吉	ŋəʔ²³	bã²²	tsã⁵⁵	kã⁵⁵	məʔ²³	tsəʔ⁵	tsʰəʔ⁵	kəʔ⁵
13 孝丰	ŋəʔ²³	bã²²	tsã⁴⁴白 tsəŋ⁴⁴文	kã⁴⁴	maʔ²³	tsaʔ⁵	tsʰaʔ⁵	kaʔ⁵
14 长兴	ŋəʔ²³	bã¹²	tsã⁴⁴白 tsəŋ⁴⁴文	kã⁴⁴	maʔ²	tsaʔ⁵	tsʰaʔ⁵	kəʔ⁵
15 余杭	ŋaʔ²	bã²²	tsã⁴⁴	kiŋ⁴⁴	maʔ²	tsaʔ⁵	tsʰaʔ⁵	kəʔ⁵
16 临安	ŋɐʔ¹²	bã³³	tsen⁵⁵	kã⁵⁵	mɐʔ¹²	tsɐʔ⁵⁴	tsʰɐʔ⁵⁴	kɐʔ⁵⁴
17 昌化	ŋaʔ²³	bã¹¹²白 bəŋ¹¹²文	tsã³³⁴白 tsəŋ³³⁴文	kã³³⁴	maʔ²³	tsaʔ⁵	tsʰaʔ⁵	kaʔ⁵
18 於潜	ŋɑʔ²³	boŋ²²³	tsaŋ⁴³³白 tsəŋ⁴³³文	keŋ⁴³³文	mɑʔ²³	tsɐʔ⁵³	tsʰɐʔ⁵³	kɐʔ⁵³
19 萧山	ŋaʔ¹³	bã³⁵⁵	tsã⁵³³白 tsəŋ⁵³³文	kã⁵³³	maʔ¹³	tsaʔ⁵	tsʰaʔ⁵	kaʔ⁵
20 富阳	ŋaʔ²	bã¹³	tsã⁵³	kin⁵³	maʔ²	tsaʔ⁵	tsʰaʔ⁵	kaʔ⁵

方言点	0849 额 梗开二入陌疑	0850 棚 梗开二平耕並	0851 争 梗开二平耕庄	0852 耕 梗开二平耕见	0853 麦 梗开二入麦明	0854 摘 梗开二入麦知	0855 策 梗开二入麦初	0856 隔 梗开二入麦见
21 新登	aʔ²	boŋ²³³	tsɛ⁵³	keiŋ⁵³	maʔ²	tsaʔ⁵	tsʰaʔ⁵	kaʔ⁵
22 桐庐	ŋaʔ¹³	boŋ¹³	tsã⁵³³白 tsəŋ⁵³³文	kã⁵³³白 kəŋ⁵³³文	maʔ¹³	tsaʔ⁵	tsʰaʔ⁵	kaʔ⁵白 kəʔ⁵文
23 分水	ŋəʔ¹²	bən²²	tsən⁴⁴	kən⁴⁴	maʔ¹²	tsəʔ⁵	tsʰəʔ⁵	kəʔ⁵
24 绍兴	ŋaʔ²	baŋ²³¹	tsaŋ⁵³	kaŋ⁵³	maʔ²	tsaʔ⁵	tsʰaʔ⁵	kaʔ⁵
25 上虞	ŋaʔ²	bã²¹³	tsã³⁵	kã³⁵	maʔ²	tsaʔ⁵	tsʰaʔ⁵	kaʔ⁵
26 嵊州	ŋɛʔ²	baŋ²¹³	dzaŋ²¹³白 tsen⁵³⁴文	kaŋ⁵³⁴	maʔ²	tsaʔ⁵	tsʰaʔ⁵	kɛʔ⁵
27 新昌	ŋaʔ²	baŋ²²	dzaŋ²²白 tsaŋ⁵³⁴文	kaŋ⁵³⁴	maʔ²	tsaʔ⁵	tsʰaʔ⁵	kɛʔ⁵
28 诸暨	ŋaʔ¹³	bã¹³	tsã⁵⁴⁴	kã⁵⁴⁴	maʔ¹³	tsaʔ⁵	tsʰaʔ⁵白 tsʰəʔ⁵文	kaʔ⁵
29 慈溪	ŋaʔ²	bã¹³	tsã³⁵白 tsəŋ³⁵文	kã³⁵	maʔ²	tsaʔ⁵	tsʰaʔ⁵	kaʔ⁵
30 余姚	ŋaʔ²	baŋ¹³	tsaŋ⁴⁴白 tsə̃⁴⁴文	kaŋ⁴⁴	maʔ²	tsaʔ⁵	tsʰaʔ⁵	kaʔ⁵
31 宁波	ŋaʔ²	ba¹³草~	tsa⁵³白 tsəŋ⁵³文	ka⁵³	maʔ²	tsaʔ⁵	tsʰaʔ⁵	kaʔ⁵
32 镇海	ŋaʔ¹²	bã²⁴	tsã⁵³白 tsəŋ⁵³文	kã⁵³	maʔ¹²	tsaʔ⁵	tsʰaʔ⁵	kaʔ⁵
33 奉化	ŋaʔ²	bã³³	tsã⁴⁴白 tsəŋ⁴⁴文	kã⁴⁴	maʔ²	tsaʔ⁵	tsʰaʔ⁵	kaʔ⁵
34 宁海	ŋaʔ³	bã²¹³	tsã⁴²³	kã⁴²³	maʔ³	tsaʔ⁵	tsʰaʔ⁵	kaʔ⁵
35 象山	ŋaʔ²	bã³¹	tsã⁴⁴白 tsəŋ⁴⁴文	kã⁴⁴	maʔ²	tsaʔ⁵	tsʰaʔ⁵	kaʔ⁵
36 普陀	ŋɐʔ²³	bã²⁴	tsã⁵³白 tsɐŋ⁵³文	kã⁵³	mɐʔ²³	tsɐʔ⁵	tsʰɐʔ⁵	kɐʔ⁵
37 定海	ŋɐʔ²	bã²³	tsã⁵²白 tsɐŋ⁵²文	kã⁵²	mɐʔ²	tsɐʔ⁵	tsʰɐʔ⁵	kɐʔ⁵
38 岱山	ŋɐʔ²	bã²³	tsã⁵²白 tsɐŋ⁵²文	kã⁵²	mɐʔ²	tsɐʔ⁵	tsʰɐʔ⁵	kɐʔ⁵

方言点	0849 额	0850 棚	0851 争	0852 耕	0853 麦	0854 摘	0855 策	0856 隔
	梗开二 入陌疑	梗开二 平耕並	梗开二 平耕庄	梗开二 平耕见	梗开二 入麦明	梗开二 入麦知	梗开二 入麦初	梗开二 入麦见
39 嵊泗	ŋaʔ²	ba̰²⁴³	tsa̰⁵³白 tsɐŋ⁵³文	ka̰⁵³	mɐʔ²	tsɐʔ⁵	tsʰɐʔ⁵	kɐʔ⁵
40 临海	ŋaʔ²³	bəŋ²¹	tsa̰³¹	ka̰³¹	maʔ²³	tsaʔ⁵	tsʰaʔ⁵	kaʔ⁵
41 椒江	ŋaʔ²	boŋ³¹	tsa̰⁴²	ka̰⁴²	maʔ²	tsaʔ⁵	tsʰaʔ⁵	kaʔ⁵
42 黄岩	ŋɐʔ²	boŋ¹²¹	tsa̰³²	ka̰³²	mɐʔ²	tsɐʔ⁵	tsʰɐʔ⁵	kɐʔ⁵
43 温岭	ŋaʔ²	buŋ³¹	tsa̰³³	ka̰³³	maʔ²	tsəʔ⁵	tsʰəʔ⁵	kaʔ⁵
44 仙居	ŋaʔ²³	boŋ²¹³	tsa̰³³⁴	ka̰³³⁴	maʔ²³	tsaʔ⁵	tsʰaʔ⁵	kaʔ⁵
45 天台	ŋaʔ²	ba²²⁴大~	tsa³³~气	ka³³	maʔ²	tsaʔ⁵	tsʰaʔ⁵	kaʔ⁵
46 三门	ŋaʔ²³	bɛ²⁵²小	tsɛ³³⁴	kɛ³³⁴	miaʔ²³	tsaʔ⁵	tsʰaʔ⁵	kaʔ⁵
47 玉环	ŋɐʔ²	boŋ³¹	tsa̰⁴²	ka̰⁴²	mɐʔ²	tsɐʔ⁵	tsʰɐʔ⁵	kɐʔ⁵
48 金华	əʔ²¹²	boŋ³¹³	tsaŋ³³⁴	kaŋ³³⁴	məʔ²¹²	tsəʔ⁴	tsʰəʔ⁴	kəʔ⁴
49 汤溪	a¹¹³	ba¹¹	tsa²⁴	ka²⁴	ma¹¹³	tsa⁵⁵	tsʰa⁵⁵	ka⁵⁵
50 兰溪	əʔ¹²	boŋ²¹	tsæ̃³³⁴	kæ̃³³⁴	məʔ¹²	tsəʔ³⁴	tsʰəʔ³⁴	kəʔ³⁴
51 浦江	ŋɑ²³²	bon¹¹³	tsɛ̃⁵³⁴	kɛ̃⁵³⁴	mɑ²³²	tsɑ⁴²³	tsʰɑ⁴²³	kɑ⁴²³
52 义乌	ɛ³¹²	boŋ²¹³	dzɛ²¹³ tsɛ³³⁵又	kɛ³³⁵	mɛ³¹²	tsɛ³²⁴	tsʰɛ³²⁴	kɛ³²⁴~开 ka³²⁴~壁
53 东阳	ŋa²³¹	bɔm²¹³	tsɐn³³⁴	kɛ³³⁴	ma²¹³	tsa³³⁴	tsʰa³³⁴	kaʔ³⁴
54 永康	ŋai¹¹³	boŋ²²	tsai⁵⁵	kai⁵⁵	mai¹¹³	(无)	tsʰai³³⁴	kai³³⁴
55 武义	ŋa¹³	ben³²⁴	tsa²⁴	ka²⁴	ma¹³	la⁵³	tsʰa⁵³	ka⁵³
56 磐安	ŋɛ²¹³	bɛ²¹³	tsɛ⁴⁴⁵	kɛ⁴⁴⁵	ma²¹³	tsa³³⁴	tsʰa³³⁴	ka³³⁴
57 缙云	ŋa¹³	bɔ̃ṵ²⁴³	tsa⁴⁴	ka⁴⁴	ma¹³	ta³²²	tsʰa³²²	ka³²²
58 衢州	ŋəʔ¹²	boŋ²¹	tɕia̰³²	tɕia̰³²	miaʔ¹²韵殊	tsəʔ⁵	tsʰəʔ⁵	kaʔ⁵
59 衢江	ŋəʔ²³	bəŋ²¹²	tɕiɛ³³	kɛ³³	maʔ²	taʔ⁵白 tsaʔ⁵文	tsʰəʔ⁵	kaʔ⁵
60 龙游	ŋəʔ²³	bəŋ²¹	tsɛ³³⁴	kɛ³³⁴	məʔ²³	təʔ⁴声殊	tsʰəʔ⁴	kəʔ⁴
61 江山	ŋaʔ²	boŋ²¹³	tsaŋ⁴⁴	kaŋ⁴⁴	maʔ²	tsaʔ⁵	tsʰaʔ⁵	kaʔ⁵

续表

方言点	0849 额	0850 棚	0851 争	0852 耕	0853 麦	0854 摘	0855 策	0856 隔
	梗开二 入陌疑	梗开二 平耕並	梗开二 平耕庄	梗开二 平耕见	梗开二 入麦明	梗开二 入麦知	梗开二 入麦初	梗开二 入麦见
62 常山	ŋʌʔ³⁴	boŋ³⁴¹	tsĩ⁴⁴	kĩ⁴⁴	mɛʔ³⁴	tsʌʔ⁵	tsʰʌʔ⁵	kʌʔ⁵ ～开 / kɛʔ⁵ ～壁
63 开化	ŋaʔ¹³	bɤŋ²³¹	tsã⁴⁴白 / tsen⁴⁴文	kã⁴⁴	maʔ¹³	tiɛʔ⁵白 / tsaʔ⁵文	tsʰaʔ⁵	kaʔ⁵
64 丽水	ŋaʔ²³	boŋ²²	tsã²²⁴	kã²²⁴	maʔ²³	taʔ⁵	tsʰaʔ⁵	kaʔ⁵
65 青田	ŋɛʔ³¹	boŋ²¹	tsɛ⁴⁴⁵	kɛ⁴⁴⁵	mɛʔ³¹	ɗɛʔ⁴²	tsʰɛʔ⁴²	kɛʔ⁴²
66 云和	ŋaʔ²³	baŋ³¹²	tsɛ²⁴	kɛ²⁴	maʔ²³	tsaʔ⁵	tsʰaʔ⁵	kaʔ⁵
67 松阳	ŋaʔ²	baŋ³¹	tsã⁵³	kã⁵³	maʔ²	tsaʔ⁵ 文～	tsʰaʔ⁵	kaʔ⁵
68 宣平	ŋaʔ²³	bəŋ⁴³³	tsɛ³²⁴	kɛ³²⁴	maʔ²³	taʔ⁵	tsʰaʔ⁵	kaʔ⁵
69 遂昌	ŋɛʔ²³	biaŋ²²¹白 / bəŋ²²¹文	tɕiaŋ⁴⁵白 / tsəŋ⁴⁵文	tɕiaŋ⁴⁵	miaʔ²³	tiʔ⁵ ～茶叶 / tsaʔ⁵ ～要	tɕʰiaʔ⁵	kaʔ⁵
70 龙泉	ŋaʔ²⁴	baŋ²¹	tsaŋ¹³⁴	kaŋ⁴³⁴	maʔ²⁴	tsaʔ⁵	tsʰaʔ⁵	kaʔ⁵
71 景宁	ŋaʔ²³	bəŋ⁴¹	tsɛ³²⁴	kɛ³²⁴	maʔ²³	tsaʔ⁵	tsʰaʔ⁵	kaʔ⁵
72 庆元	ŋɑʔ³⁴	pæ⁵²	tsæ̃³³⁵	kæ̃³³⁵	mɑʔ³⁴	ɗiʔ⁵	tsʰɑʔ⁵	kɑʔ⁵
73 泰顺	ŋaʔ²	pe⁵³	tsã²¹³	kã²¹³	maʔ²	tsaʔ⁵	tsʰaʔ⁵	kaʔ⁵
74 温州	ŋa²¹²	biɛ³¹架子 / boŋ³¹棚屋	tsiɛ³³	kiɛ³³	ma²¹²	tsa³²³	tsʰa³²³	ka³²³
75 永嘉	ŋa²¹³	boŋ³¹	tsɛ⁴⁴	kɛ⁴⁴	ma²¹³	tsa⁴²³	tsʰa⁴²³	ka⁴²³
76 乐清	ŋe²¹²	ba³¹架子 / boŋ³¹棚屋	dzia³¹白 / tɕia⁴⁴文	ka⁴⁴	me²¹²	tɕie³²³	tɕʰie³²³	ke³²³
77 瑞安	ŋa²¹²	boŋ³¹	tsa⁴⁴	ka⁴⁴	ma²¹²	tsa³²³	tsʰa³²³	ka³²³
78 平阳	ŋʌ¹²	boŋ²⁴²	tʃʌ⁵⁵	kʌ⁵⁵	mʌ¹²	tʃʌ³⁴	tʃʰʌ³⁴	kʌ³⁴
79 文成	ŋa²¹²	boŋ¹¹³	tʃa⁵⁵	ka⁵⁵	ma²¹²	tʃa³⁴	tʃʰa³⁴	ka³⁴
80 苍南	ȵia¹¹²	boŋ³¹	tɕia⁴⁴	kia⁴⁴	mia¹¹²	tɕia²²³	tɕʰia²²³	kia²²³
81 建德徽	ŋɑ²¹³白 / ŋaʔ¹²文	poŋ³³	tsɛ⁵³	kən³³	mɑ²¹³	tsa⁵⁵	tsʰɑ⁵⁵计～ / tsʰɐʔ⁵政～	kɑ⁵⁵
82 寿昌徽	ŋaʔ³¹	pʰɔŋ¹¹²文	tsæ̃¹¹²白 / tsen¹¹²文	kæ̃¹¹²	mɔʔ³¹	tsəʔ³	tsʰəʔ³	kəʔ³

续表

方言点	0849 额	0850 棚	0851 争	0852 耕	0853 麦	0854 摘	0855 策	0856 隔
	梗开二入陌疑	梗开二平耕並	梗开二平耕庄	梗开二平耕见	梗开二入麦明	梗开二入麦知	梗开二入麦初	梗开二入麦见
83 淳安_徽	ɑʔ¹³	pʰon⁴³⁵	tsã²⁴	kã²⁴	mɑʔ¹³	tsɑʔ⁵	tsʰɑʔ⁵	kɑʔ⁵
84 遂安_徽	əɯ²¹³	pʰəŋ³³	tsã⁵³⁴	kã⁵³⁴	ma²¹³	tsa²⁴	tsʰa²⁴	ka²⁴
85 苍南_闽	gia²⁴	pʰan²⁴	tɕĩ⁵⁵	kin⁵⁵	be²⁴	tia⁴³	tɕʰie⁴³	ke⁴³
86 泰顺_闽	nɛʔ³	pəŋ²²	tsæŋ²¹³竞~ tsɛ²¹³~斗	kɛ²¹³	ma⁵³	tia²²	tsʰɛʔ⁵	kɛʔ⁵
87 洞头_闽	hia²⁴¹	pʰoŋ¹¹³	tɕĩ³³白 tɕieŋ³³文	kun³³	be²⁴¹	tia⁵³白 tsai³³文	tɕʰiek⁵	ke⁵³
88 景宁_畲	ŋaʔ²	poŋ²²	tsaŋ⁴⁴	kaŋ⁴⁴	maʔ²	tsaʔ⁵	tsʰaʔ⁵	kaʔ⁵

方言点	0857 兵	0858 柄	0859 平	0860 病	0861 明	0862 命	0863 镜	0864 庆
	梗开三平庚帮	梗开三去庚帮	梗开三平庚並	梗开三去庚並	梗开三平庚明	梗开三去庚明	梗开三去庚见	梗开三去庚溪
01 杭州	piŋ³³⁴	piŋ⁴⁵	biŋ²¹³	biŋ¹³	miŋ²¹³	miŋ¹³	tɕiŋ⁴⁵	tɕʰiŋ⁴⁵
02 嘉兴	piŋ⁴²	piŋ²²⁴	biŋ²⁴²	biŋ¹¹³	miŋ²⁴²	miŋ¹¹³	tɕiŋ²²⁴	tɕʰiŋ²²⁴
03 嘉善	pin⁵³	pin³³⁴ 调殊	bin¹³²	bin¹¹³	min¹³²	min¹¹³	tɕin³³⁴	tɕʰin³³⁴
04 平湖	pin⁵³	pin³³⁴	bin³¹	bin²¹³	mən³¹ 白 min³¹ 文	min²¹³	tɕin³³⁴	tɕʰin²¹³
05 海盐	pin⁵³	pin³³⁴	bin³¹	bin²¹³	mən³¹ 白 min³¹ 文	min²¹³	tɕin³³⁴	tɕʰin³³⁴
06 海宁	piŋ⁵⁵	piŋ⁵⁵ 调殊	biŋ¹³	biŋ¹³	miŋ¹³	miŋ¹³	tɕiŋ³⁵	tɕʰiŋ³⁵
07 桐乡	piŋ⁴⁴	piŋ³³⁴	biŋ¹³	biŋ²¹³	məŋ¹³ 白 miŋ¹³ 文	miŋ²¹³	tɕiŋ³³⁴	tɕʰiŋ³³⁴
08 崇德	piŋ⁴⁴	piŋ³³⁴	biŋ¹³	biŋ¹³	məŋ¹³ 白 miŋ¹³ 文	miŋ¹³	tɕiŋ³³⁴	tɕʰiŋ³³⁴
09 湖州	pin⁴⁴	pin³⁵ 调殊	bin¹¹²	bin²⁴	min¹¹²	min³⁵	tɕin³⁵	tɕʰin³⁵
10 德清	pin⁴⁴	pin³³⁴	bin¹¹³	bin¹¹³	min¹¹³	min³³⁴	tɕin³³⁴	tɕʰin³³⁴
11 武康	pin⁴⁴	pin²²⁴ 调殊	bin¹¹³	bin¹¹³	min¹¹³	min²²⁴	tɕin²²⁴	tɕʰin²²⁴
12 安吉	piŋ⁵⁵	piŋ³²⁴	biŋ²²	biŋ²¹³	miŋ²²	miŋ²¹³	tɕiŋ³²⁴	tɕʰiŋ³²⁴
13 孝丰	piŋ⁴⁴	piŋ³²⁴	biŋ²²	biŋ²¹³	miŋ²²	miŋ³²⁴	tɕiŋ³²⁴	tɕʰiŋ³²⁴
14 长兴	piŋ⁴⁴	piŋ³²⁴	biŋ¹²	biŋ²⁴	məŋ¹² ~朝 miŋ¹² 清~	miŋ³²⁴	tʃiŋ³²⁴	tʃʰiŋ³²⁴
15 余杭	piŋ⁴⁴	piŋ⁴²³ 调殊	biŋ²²	biŋ²¹³	miŋ²²	miŋ²¹³	tɕiŋ⁴²³	tɕʰiŋ⁴²³
16 临安	pieŋ⁵⁵	pieŋ⁵⁵	bieŋ³³	bieŋ³³	mieŋ³³	mieŋ³³	tɕieŋ⁵⁵	tɕʰieŋ⁵⁵
17 昌化	piəŋ³³⁴	piəŋ⁴⁵³	biəŋ¹¹²	biəŋ²⁴³	miəŋ¹¹² 新 məŋ¹¹² 老	miəŋ²⁴³	tɕiəŋ⁵⁴⁴	tɕʰiəŋ⁵⁴⁴
18 於潜	piŋ⁴³³	piŋ³⁵	biŋ²²³	biŋ²⁴	miŋ²²³	miŋ²⁴	tɕiŋ³⁵	tɕʰiŋ³⁵
19 萧山	piŋ⁵³³	piŋ⁴²	biŋ³⁵⁵	biŋ²⁴²	miŋ³⁵⁵	miŋ²⁴²	tɕiŋ⁴²	tɕʰiŋ⁴²
20 富阳	pin⁵³	pin³³⁵	bin¹³	bin²²⁴	min¹³	min³³⁵	tɕin³³⁵	tɕʰin³³⁵
21 新登	peiŋ⁵³	peiŋ⁴⁵	beiŋ²³³	beiŋ¹³	meiŋ²³³	meiŋ¹³	tɕiŋ⁴⁵	tɕʰiŋ⁴⁵
22 桐庐	piŋ⁵³³	piŋ³⁵	biŋ¹³	biŋ²⁴	miŋ¹³	miŋ²⁴	tɕiŋ³⁵	tɕʰiŋ³⁵
23 分水	pin⁴⁴	pin⁵³	bin²²	bin¹³	min²²	min¹³	tɕin²⁴	tɕʰin⁵³

续表

方言点	0857 兵 梗开三 平庚帮	0858 柄 梗开三 去庚帮	0859 平 梗开三 平庚並	0860 病 梗开三 去庚並	0861 明 梗开三 平庚明	0862 命 梗开三 去庚明	0863 镜 梗开三 去庚见	0864 庆 梗开三 去庚溪
24 绍兴	piŋ^{53}	piŋ^{33}	biŋ^{231}	biŋ^{22}	miŋ^{231}	miŋ^{22}	tɕiŋ^{33}	tɕʰiŋ^{33}
25 上虞	piŋ^{35}	piŋ^{53}	biŋ^{213}	biŋ^{31}	miŋ^{213}	miŋ^{31}	tɕiŋ^{53}	tɕʰiŋ^{53}
26 嵊州	piŋ^{534}	piŋ^{334}	biŋ^{213}	biŋ^{24}	miŋ^{213}	miŋ^{24}	tɕiŋ^{334}	tɕʰiŋ^{334}
27 新昌	piŋ^{534}	piŋ^{335}	biŋ^{22}	biŋ^{13}	meŋ^{22}白 miŋ^{22}文	miŋ^{13}	tɕiŋ^{335}	tɕʰiŋ^{335}
28 诸暨	pin^{544}	pin^{544}	bin^{13}	bin^{33}	min^{13}	min^{33}	tɕin^{544}	tɕʰin^{544}
29 慈溪	piŋ^{35}	piŋ^{44}	biŋ^{13}	biŋ^{13}	miŋ^{13}	miŋ^{13}	tɕiŋ^{44}	tɕʰiŋ^{44}
30 余姚	pə̃^{44}	pə̃^{53}	bə̃^{13}	bə̃^{13}	mə̃^{13}	mə̃^{13}	tɕiə̃^{53}	tɕʰiə̃^{53}
31 宁波	piŋ^{53}	piŋ^{53}	biŋ^{13}	biŋ^{13}	miŋ^{13}	miŋ^{13}	tɕiŋ^{53}	tɕʰiŋ^{53}
32 镇海	piŋ^{53}	piŋ^{35}	biŋ^{24}	biŋ^{24}	miŋ^{24}	miŋ^{24}	tɕiŋ^{53}	tɕʰiŋ^{53}
33 奉化	piŋ^{44}	piŋ^{53}调殊	biŋ^{33}	biŋ^{31}	miŋ^{33}	miŋ^{31}	tɕiŋ^{53}	tɕʰiŋ^{53}
34 宁海	piŋ^{423}	piŋ^{35}	biŋ^{213}	biŋ^{24}	miŋ^{213}	miŋ^{24}	tɕiŋ^{35}	tɕʰiŋ^{35}
35 象山	piŋ^{44}	piŋ^{53}	biŋ^{31}	biŋ^{31}	miŋ^{31}	miŋ^{13}	tɕiŋ^{53}	tɕiŋ^{53}
36 普陀	piŋ^{53}	piŋ^{55}	biŋ^{24}	biŋ^{13}	miŋ^{24}	miŋ^{13}	tɕiŋ^{55}	tɕʰiŋ^{55}
37 定海	piŋ^{52}	piŋ^{44}	biŋ^{23}	biŋ^{13}	miŋ^{23}	miŋ^{13}	tɕiŋ^{44}	tɕʰiŋ^{44}
38 岱山	piŋ^{52}	piŋ^{44}	biŋ^{23}	biŋ^{213}	miŋ^{23}	miŋ^{213}	tɕiŋ^{44}	tɕʰiŋ^{44}
39 嵊泗	piŋ^{53}	piŋ^{53}	biŋ^{243}	biŋ^{213}	miŋ^{243}	miŋ^{213}	tɕiŋ^{53}	tɕʰiŋ^{53}
40 临海	piŋ^{31}	piŋ^{55}	biŋ^{21}	biŋ^{324}	miŋ^{21}	miŋ^{324}	tɕiŋ^{55}又 kiŋ^{55}又	tɕʰiŋ^{55}又 kʰiŋ^{55}又
41 椒江	piŋ^{42}	piŋ^{55}	biŋ^{31}	biŋ^{24}	miŋ^{31}	miŋ^{24}	tɕiŋ^{55}	tɕʰiŋ^{55}
42 黄岩	pin^{32}	pin^{55}	bin^{121}	bin^{24}	min^{121}	min^{24}	tɕin^{55}	tɕʰin^{55}
43 温岭	pin^{33}	pin^{55}	bin^{31}	bin^{13}	min^{31}	min^{13}	tɕin^{55}	tɕʰin^{55}
44 仙居	ɕin^{334}	ɕin^{55}	bin^{213}	bin^{24}	mi^{213}~朝 min^{213}清~	min^{24}	tɕin^{55}	tɕʰin^{55}
45 天台	piŋ^{33}	piŋ^{55}	biŋ^{224}	biŋ^{35}	miŋ^{224}	miŋ^{35}	kiŋ^{55}	kʰiŋ^{55}
46 三门	piŋ^{334}	piŋ^{55}	biŋ^{113}	biŋ^{243}	meŋ^{113}	miŋ^{243}	tɕiŋ^{55}	tɕʰiŋ^{55}
47 玉环	piŋ^{42}	piŋ^{55}	biŋ^{31}	biŋ^{22}	miŋ^{31}	miŋ^{22}	tɕiŋ^{55}	tɕʰiŋ^{55}

续表

方言点	0857 兵 梗开三 平庚帮	0858 柄 梗开三 去庚帮	0859 平 梗开三 平庚並	0860 病 梗开三 去庚並	0861 明 梗开三 平庚明	0862 命 梗开三 去庚明	0863 镜 梗开三 去庚见	0864 庆 梗开三 去庚溪
48 金华	piŋ³³⁴	piŋ⁵⁵	biŋ³¹³	biŋ¹⁴	miŋ³¹³	miŋ¹⁴	tɕiŋ⁵⁵	tɕʰiŋ⁵⁵
49 汤溪	mɛ̃i²⁴	ma⁵²	bɛ̃i¹¹	bɛ̃i³⁴¹	mɛ̃i¹¹	mɛ̃i³⁴¹	tɕiɛ̃i⁵²	tɕʰiɛ̃i⁵²
50 兰溪	pin³³⁴	pæ̃⁴⁵白 pin⁴⁵文	bin²¹	bin²⁴	min²¹	min²⁴	tɕin⁴⁵	tɕʰin⁴⁵
51 浦江	piən⁵³⁴	piən⁵⁵	biən¹¹³	biən²⁴	mən¹¹³~年 miən¹¹³~白	miən²⁴	tɕiən⁵⁵	tɕʰiən⁵⁵
52 义乌	mən³³⁵白 pien³³⁵文	mɛ⁴⁵	bən²¹³	bən²⁴	mən²¹³	mən²⁴	tɕiən⁴⁵	tɕʰiən⁴⁵
53 东阳	pɐn³³⁴	(无)	bɐn²¹³	bɐn²⁴	mɐn²¹³	mɐn²⁴	kɐn⁴⁵³	kʰɐn⁴⁵³白 tɕʰiɐn⁴⁵³文
54 永康	miŋ⁵⁵	mai⁵²白 miŋ⁵²文	biŋ²²	biŋ²⁴¹	miŋ²²	miŋ²⁴¹	tɕiŋ⁵²	tɕʰiŋ⁵²
55 武义	min²⁴	ma⁵³	bin³²⁴	bin²³¹	muo³²⁴	min²³¹	tɕin⁵³	tɕʰin⁵³
56 磐安	mɐn⁴⁴⁵	mɛ⁵²	bɐn²¹³	bɐn¹⁴	mɐn²¹³	mɐn¹⁴	kɐn⁵²	kʰɐn⁵²
57 缙云	mɛŋ⁴⁴	pa⁴⁵³白 mɛŋ⁵¹文	bɛŋ²⁴³	bɛŋ²¹³	mɐɣ²⁴³~年 mɛŋ²⁴³~白	mɛŋ²¹³	tɕiɛŋ⁴⁵³	tɕʰiɛŋ⁴⁵³
58 衢州	pin³²	pin⁵³	bin²¹	bin²³¹	min²¹~年 mə?¹²~日	min²³¹	tɕin⁵³	tɕʰin⁵³
59 衢江	piŋ³³	mɛ⁵³白 piŋ⁵³文	biŋ²¹²	bɛ²³¹	mə?⁵~日 miŋ²¹²~朝	miŋ²³¹	tɕiŋ⁵³	tɕʰiŋ⁵³
60 龙游	pin³³⁴	pɛ⁵¹白 pin⁵¹文	bin²¹	bin²³¹	min²¹	min²³¹	tɕin⁵¹	tsʰin⁵¹
61 江山	pĩ⁴⁴	paŋ⁵¹	bĩ²¹³	baŋ³¹	mĩ²¹³	mĩ³¹	kĩ⁵¹	kʰĩ⁵¹
62 常山	pĩ⁴⁴	pĩ³²⁴	bĩ³⁴¹	bĩ¹³¹	mã²⁴~日 mɑ²⁴~日 mĩ³⁴¹聪~	mĩ¹³¹	kĩ³²⁴	tsʰĩ⁵²
63 开化	pin⁴⁴	pã⁴¹²	bin²³¹	bã²¹³	mã²³¹~日 min²³¹~显	min²¹³	tɕin⁴¹²	tɕʰin⁵³ 调殊
64 丽水	pin²²⁴	pin⁵²	bin²²	bin¹³¹	min²²	min¹³¹	tɕin⁵²	tɕʰin⁵²
65 青田	ɓeŋ⁴⁴⁵	ɓeŋ³³	beŋ²¹	beŋ²²	meŋ²¹	meŋ²²	tɕiŋ³³	tɕʰiŋ³³
66 云和	piŋ²⁴	pɛ⁴⁵	biŋ³¹²	biŋ²²³	miŋ³¹²	miŋ²²³	tɕiŋ⁴⁵	tɕʰiŋ⁴⁵

方言点	0857 兵	0858 柄	0859 平	0860 病	0861 明	0862 命	0863 镜	0864 庆
	梗开三平庚帮	梗开三去庚帮	梗开三平庚並	梗开三去庚並	梗开三平庚明	梗开三去庚明	梗开三去庚见	梗开三去庚溪
67 松阳	pin⁵³	pã²⁴	bin³¹	bin¹³	min³¹	min¹³	tɕin²⁴	tɕʰin²⁴
68 宣平	pin³²⁴	mɛ⁵²白 pin⁵²文	bin⁴³³	bin²³¹	min⁴³³	min²³¹	tɕin⁵²	tɕʰin⁵²
69 遂昌	piŋ⁴⁵	piaŋ³³⁴	biŋ²²¹	biŋ²¹³	miŋ²²¹	miŋ²¹³	tɕiŋ³³⁴	tɕʰiŋ³³⁴
70 龙泉	pin⁴³⁴	paŋ⁴⁵白 pin⁴⁵文	bin²¹	bin²²⁴	maŋ²¹ ~日 min²¹ ~亮	min²²⁴	tɕin⁴⁵	tɕʰin⁴⁵
71 景宁	piŋ³²⁴	pɛ³⁵	biŋ⁴¹	biŋ¹¹³	miŋ⁴¹	miŋ¹¹³	tɕiŋ³⁵	tɕʰiŋ³⁵
72 庆元	ɓiŋ³³⁵	ɓæ̃¹¹	piŋ⁵²	piŋ³¹	miŋ⁵²	miŋ³¹	tɕiŋ¹¹	tɕʰiŋ¹¹
73 泰顺	piŋ²¹³	piŋ³⁵	piŋ⁵³	piŋ²²	miŋ⁵³	miŋ²²	tɕiŋ³⁵	tɕʰiŋ³⁵
74 温州	paŋ³³	paŋ⁵¹	baŋ³¹	baŋ²²	maŋ³¹ ~朝 maŋ³¹ 光~	maŋ²²	tɕiaŋ⁵¹	tɕʰiaŋ⁵¹
75 永嘉	peŋ⁴⁴	peŋ⁵³	beŋ³¹	beŋ²²	meŋ³¹	meŋ²²	tɕiaŋ⁵³	tɕʰiaŋ⁵³
76 乐清	peŋ⁴⁴	peŋ⁴¹	beŋ³¹	beŋ²²	meŋ³¹	meŋ²²	tɕiaŋ⁴¹	tɕʰiaŋ⁴¹
77 瑞安	paŋ⁴⁴	paŋ⁵³	baŋ³¹	baŋ²²	maŋ³¹	maŋ²²	tɕiaŋ⁵³	tɕʰiaŋ⁵³
78 平阳	peŋ⁵⁵	peŋ⁵³	beŋ²⁴²	beŋ³³	meŋ²⁴²	meŋ³³	tʃaŋ⁵³	tʃʰaŋ⁵³
79 文成	peŋ⁵⁵	peŋ³³	beŋ¹¹³	beŋ⁴²⁴	meŋ¹¹³	meŋ⁴²⁴	tʃaŋ³³	tʃʰaŋ³³
80 苍南	peŋ⁴⁴	peŋ⁴²	beŋ³¹	beŋ¹¹	meŋ³¹	meŋ¹¹	tɕiaŋ⁴²	tɕʰiaŋ⁴²
81 建德徽	pin⁵³	pin³³	pin³³	pʰin⁵⁵	mən³³ ~年 min³³ 清~	min⁵⁵	tɕin³³	tɕʰin⁵⁵
82 寿昌徽	pien¹¹²	pæ̃³³	pʰien⁵²	pʰien³³	men¹¹² ~朝 mien¹¹² 光~	mien³³	tɕien³³	tɕʰien³³
83 淳安徽	pin²⁴	pin²⁴	pʰin⁴³⁵	pʰin⁵³	men⁴³⁵ ~年 min⁴³⁵ 聪~	min⁵³	tɕin²⁴	tɕʰin⁵⁵
84 遂安徽	pin⁵³⁴	pin⁴³	pʰin³³	pʰin⁵²	min³³	min⁵²	tɕin⁴³	tɕʰin⁴³
85 苍南闽	pin⁵⁵	pĩã⁴³	pĩ²⁴	pĩ²¹	bin²⁴	mĩã²¹	kĩã²¹	kʰin⁴³
86 泰顺闽	pieŋ²¹³	pæŋ⁵³	pæŋ²²	pæŋ³¹	mieŋ²² ~白 mɛ²² ~天	miæŋ³¹	kiæŋ⁵³	kʰieŋ⁵³
87 洞头闽	pieŋ³³	pĩ²¹	pĩ¹¹³白 pieŋ¹¹³文	pĩ²¹	bieŋ¹¹³	mĩã²¹	kĩã²¹	kʰieŋ²¹
88 景宁畲	pin⁴⁴	piaŋ⁴⁴	pʰiaŋ²²	pʰiaŋ⁵¹	min²²	miaŋ⁵¹	kiaŋ⁴⁴	tɕʰin⁴⁴

方言点	0865 迎	0866 影	0867 剧 戏~	0868 饼	0869 名	0870 领	0871 井	0872 清
	梗开三 平庚疑	梗开三 上庚影	梗开三 入陌群	梗开三 上清帮	梗开三 平清明	梗开三 上清来	梗开三 上清精	梗开三 平清清
01 杭州	iŋ²¹³	iŋ⁵³	dzyɛʔ²	piŋ⁵³	miŋ²¹³	liŋ⁵³	tɕiŋ⁵³	tɕʰiŋ³³⁴
02 嘉兴	n̠iŋ²⁴²	iŋ⁵⁴⁴	dzieʔ¹³	piŋ⁵⁴⁴	miŋ²⁴²	liŋ¹¹³	tɕiŋ⁵⁴⁴	tɕʰiŋ⁴²
03 嘉善	n̠in¹³²	in³³⁴调殊	dziaʔ²	pin⁴⁴	min¹³²	lin¹¹³	tɕin⁴⁴	tɕʰin⁵³
04 平湖	n̠in³¹	in²¹³	dzieʔ²³	pin⁴⁴	min³¹	lin²¹³	tsin⁴⁴	tsʰin⁵³
05 海盐	n̠in³¹	in⁴²³	dzieʔ²³	pin⁴²³	min³¹	lin⁴²³	tɕin⁴²³	tɕʰin⁵³
06 海宁	n̠iŋ¹³	iŋ⁵³	dzieʔ²	piŋ⁵³	miŋ¹³	liŋ²³¹	tɕiŋ⁵³	tɕʰiŋ⁵⁵
07 桐乡	n̠iŋ¹³	iŋ⁵³	dzieʔ²³	piŋ⁵³	miŋ¹³	liŋ²⁴²	tsiŋ⁵³	tsʰiŋ⁴⁴
08 崇德	n̠iŋ¹³	iŋ⁵³	dzieʔ²³	piŋ⁵³	miŋ¹³	liŋ⁵³	tɕiŋ⁵³	tɕʰiŋ⁴⁴
09 湖州	in¹¹²	iŋ⁵²³	dzioʔ²	piŋ⁵²³	miŋ¹¹²	liŋ⁵²³	tɕiŋ⁵²³	tɕʰiŋ⁴⁴
10 德清	n̠in³³⁴	pin⁵²	dzieʔ²	pin⁵²	min¹¹³	lin⁵²	tɕin⁵²	tɕʰin⁴⁴
11 武康	n̠in¹¹³	in⁵³	dzioʔ²	pin⁵³	min¹¹³	lin²⁴²	tɕin⁵³	tɕʰin⁴⁴
12 安吉	n̠iŋ²²	iŋ³²⁴	dzyɤʔ²³	piŋ⁵²	miŋ²²	liŋ⁵²	tɕiŋ⁵²	tɕʰiŋ⁵⁵
13 孝丰	n̠iŋ²²	iŋ⁵²	dzieʔ²³	piŋ⁵²	miŋ²²	liŋ⁵²	tɕiŋ⁵²	tɕʰiŋ⁴⁴
14 长兴	n̠iŋ¹²	iŋ⁵²	dʒiɛʔ²	piŋ⁵²	miŋ¹²	liŋ⁵²	tʃiŋ⁵²	tʃʰiŋ⁴⁴
15 余杭	n̠iŋ⁴⁴	iŋ⁵³	dzieʔ²	piŋ⁵³	miŋ²²	liŋ⁵³	tsiŋ⁵³	tɕʰiŋ⁴⁴
16 临安	n̠ieŋ³³	ieŋ³³	dziəʔ¹²	pieŋ⁵⁵	mieŋ³³	lieŋ³³	tɕieŋ⁵⁵	tɕʰieŋ⁵⁵
17 昌化	n̠iəŋ¹¹²	iəŋ⁴⁵³	dzyɛʔ²³又 tɕy⁵⁴⁴又	pieŋ⁴⁵³	miəŋ¹¹²	liəŋ⁴⁵³	tɕiəŋ⁴⁵³	tɕʰiəŋ³³⁴
18 於潜	iŋ²²³文	iŋ⁵¹	dziæʔ²³	piŋ⁵¹	miŋ²²³	liŋ⁵¹	tɕiŋ⁵¹	tɕʰiŋ⁴³³
19 萧山	n̠iŋ³⁵⁵	iŋ⁴²	dzieʔ¹³	piŋ³³	miŋ³⁵⁵	liŋ¹³	tɕiŋ³³	tɕʰiŋ⁵³³
20 富阳	in¹³	in⁴²³	dziɛʔ²	pin⁴²³	min¹³	lin²²⁴	tɕin⁴²³	tɕʰin⁵³
21 新登	eiŋ²³³	eiŋ³³⁴	dziəʔ²	peiŋ³³⁴	meiŋ²³³	leiŋ³³⁴	tɕeiŋ³³⁴	tɕʰiŋ⁵³
22 桐庐	iŋ¹³	iŋ³³	dzyəʔ¹³	piŋ³³	miŋ¹³	liŋ³³	tɕiŋ³³	tɕʰiŋ⁵³³
23 分水	in²²	in⁵³	dzyəʔ¹²	pin⁵³	min²²	lin⁵³	tɕin⁵³	tɕʰin⁴⁴
24 绍兴	n̠iŋ²³¹	iŋ³³	dzieʔ²	piŋ³³⁴	miŋ²³¹	liŋ²²³	tɕiŋ³³⁴	tɕʰiŋ⁵³
25 上虞	n̠iŋ²¹³	iŋ³⁵	dziaʔ²	piŋ³⁵	miŋ²¹³	liŋ²¹³	tɕiŋ³⁵	tɕʰiŋ³⁵

续表

方言点	0865 迎	0866 影	0867 剧 戏~	0868 饼	0869 名	0870 领	0871 井	0872 清
	梗开三平庚疑	梗开三上庚影	梗开三入陌群	梗开三上清帮	梗开三平清明	梗开三上清来	梗开三上清精	梗开三平清清
26 嵊州	ȵiŋ²¹³	iŋ⁵³	dʑieʔ²	piŋ⁵³	miŋ²¹³	liŋ²²	tɕiŋ⁵³	tɕʰiŋ⁵³⁴
27 新昌	ȵiŋ²²	eŋ⁴⁵³白 iŋ⁴⁵³文	dʑiʔ²	piŋ⁴⁵³	miŋ²²	liŋ²³²	tɕiŋ⁴⁵³	tɕʰiŋ⁵³⁴
28 诸暨	in¹³	in⁴²	dʑieʔ¹³	pin⁴²	min¹³	lin²⁴²	tɕin⁴²	tɕʰin⁵⁴⁴
29 慈溪	ȵiŋ¹³	iŋ³⁵	dʑiəʔ²	piŋ³⁵	miŋ¹³	liŋ¹³	tɕiŋ³⁵	tɕʰiŋ³⁵
30 余姚	ȵiə̃¹³	iə̃³⁴	dʑiəʔ²	pə̃³⁴	mə̃¹³	liə̃¹³	tɕiə̃³⁴	tɕʰiə̃⁴⁴
31 宁波	ȵiŋ¹³	iŋ³⁵	dʑiəʔ²	piŋ³⁵	miŋ¹³	liŋ¹³	tɕiŋ³⁵	tɕʰiŋ⁵³
32 镇海	ȵiŋ²⁴	iŋ³⁵	dʑieʔ¹²	piŋ³⁵	miŋ²⁴	liŋ²⁴	tɕiŋ³⁵	tɕʰiŋ⁵³
33 奉化	ȵiŋ³³	iŋ⁵⁴⁵	dʑiɿʔ²	piŋ⁵⁴⁵	miŋ³³	liŋ³²⁴	tɕiŋ⁵⁴⁵	tɕʰiŋ⁴⁴
34 宁海	ȵiŋ²¹³	iŋ⁵³	dʑyəʔ³	piŋ⁵³	miŋ²¹³	liŋ³¹	tɕiŋ⁵³	tɕʰiŋ⁴²³
35 象山	ȵiŋ¹³	iŋ⁴⁴	dʑieʔ²	piŋ⁴⁴	miŋ³¹	ləŋ³¹白 liŋ³¹文	tɕiŋ⁴⁴	tɕʰiŋ⁴⁴
36 普陀	ȵiŋ²⁴	iŋ⁴⁵	dʑiɛʔ²³	piŋ⁴⁵	miŋ²⁴	liŋ²³	tɕiŋ⁴⁵	tɕʰiŋ⁵³
37 定海	ȵiŋ²³	iŋ⁴⁵	dʑieʔ²	piŋ⁴⁵	miŋ²³	liŋ²³	tɕiŋ⁴⁵	tɕʰiŋ⁵²
38 岱山	ȵiŋ²³	iŋ³²⁵	dʑieʔ²	piŋ³²⁵	miŋ²³	liŋ²⁴⁴	tɕiŋ³²⁵	tɕʰiŋ⁵²
39 嵊泗	ȵiŋ²⁴³	iŋ⁴⁴⁵	dʑiɐʔ²	piŋ⁴⁴⁵	miŋ²⁴³	liŋ⁴⁴⁵	tɕiŋ⁴⁴⁵	tɕʰiŋ⁵³
40 临海	ȵiŋ²¹	iŋ⁵²	dʑiaʔ²³	piŋ⁵²	miŋ²¹	liŋ⁵²	tɕiŋ⁵²	tɕʰiŋ³¹
41 椒江	ȵiŋ³¹	iŋ⁴²	dʑiəʔ²	piŋ⁴²	miŋ³¹	liŋ⁴²	tɕiŋ⁴²	tɕʰiŋ⁴²
42 黄岩	in¹²¹	in⁴²	dʑieʔ²	pin⁴²	min¹²¹	lin⁴²	tɕin⁴²	tɕʰin³²
43 温岭	ȵin³¹	in⁴²	dʑiʔ²	pin⁴²	min³¹	lin⁴²	tɕin⁴²	tɕʰin³³
44 仙居	ȵin²¹³	in³²⁴	dʑiəʔ²³	ɓin³²⁴	min²¹³	lin³²⁴	tɕin³²⁴	tɕʰin³³⁴
45 天台	ȵiŋ²²⁴	iŋ³²⁵	gieʔ²	piŋ³²⁵	miŋ²²⁴	liŋ²¹⁴	tɕiŋ³²⁵	tɕʰiŋ³³
46 三门	niŋ¹¹³	iŋ³²⁵	dʑiaʔ²³	piŋ⁵²	miŋ¹¹³	liŋ³²⁵	tɕiŋ³²⁵	tɕʰiŋ³³⁴
47 玉环	ȵiŋ³¹	iŋ⁵³	dʑiɐʔ²	piŋ⁵³	miŋ³¹	liŋ⁵³	tɕiŋ⁵³	tɕʰiŋ⁴²
48 金华	ȵiŋ³¹³~灯 ȵi⁵⁵欢~	iŋ⁵³⁵	dʑyəʔ²¹²	piŋ⁵³⁵	miŋ³¹³	liŋ⁵³⁵	tɕiŋ⁵³⁵	tɕʰiŋ³³⁴

方言点	0865 迎 梗开三 平庚疑	0866 影 梗开三 上庚影	0867 剧 戏~ 梗开三 入陌群	0868 饼 梗开三 上清帮	0869 名 梗开三 平清明	0870 领 梗开三 上清来	0871 井 梗开三 上清精	0872 清 梗开三 平清清
49 汤溪	ȵiɛ̃i¹¹	iɛ̃i⁵³⁵	dzei¹¹³	mɛ̃i⁵³⁵	mɛ̃i¹¹	lɛ̃i¹¹³	tsɛ̃i⁵³⁵	tsʰɛ̃i²⁴
50 兰溪	nin²¹	in⁵⁵	dziəʔ¹²	pin⁵⁵	min²¹	lin⁵⁵	tɕin⁵⁵	tɕʰin³³⁴
51 浦江	ȵiən¹¹³ 白 iən¹¹³ 文	iən⁵³	dziə²³²	piən⁵³	miən¹¹³	liən²⁴³	tsiən⁵³	tsʰiən⁵³⁴
52 义乌	ȵiən²¹³	iən⁴²³	dziə³¹²	mən⁴²³	mən²¹³	lən³¹²	tsən⁴²³	tsʰən³³⁵
53 东阳	ŋiɐn²¹³ 白 niɐn²¹³ 文	ɐn⁴⁴ 白 iɐn⁴⁴ 文	dziɛʔ²³	pɐn⁴⁵³ 小	mɐn²¹³	lɐn²³¹	tsɐn⁴⁴	tsʰɐn³³⁴
54 永康	ȵiŋ²²	iŋ³³⁴	dziə¹¹³	miŋ⁵² 小	miŋ²²	liŋ¹¹³	tɕiŋ³³⁴	tɕʰiŋ⁵⁵
55 武义	ȵin³²⁴	in⁴⁴⁵	dziə²¹³	min⁴⁴⁵	min³²⁴	lin¹³	tɕin⁴⁴⁵	tɕʰin²⁴
56 磐安	ȵiɐn²¹³	iɐn³³⁴	dzia²¹³	miɐn³³⁴ 老 piɐn³³⁴ 新	mɐn²¹³	lɐn³³⁴	tsɐn³³⁴	tsʰɐn⁴⁴⁵
57 缙云	ȵiɛŋ²⁴³	iɛŋ⁵¹	dziai¹³	mɛŋ⁵¹	mɛŋ²⁴³	lɛŋ³¹	tsɛŋ⁵¹	tsʰɛŋ⁴⁴
58 衢州	ȵin²¹	in³⁵	dziəʔ¹²	pin³⁵	min²¹	lin²³¹	tɕin³⁵	tɕʰin³²
59 衢江	ȵiŋ²¹²	iŋ²⁵	dziəʔ²	piŋ²⁵	miŋ²¹²	liŋ²¹²	tɕiŋ²⁵	tɕʰiŋ³³
60 龙游	ȵin²¹	in³⁵	dzyəʔ²³	pin³⁵	min²¹	lin²²⁴	tɕin³⁵	tɕʰin³³⁴
61 江山	ȵĩ²¹³	ɛ̃²⁴¹ 依~ ĩ²⁴¹ 电~	gioʔ²	pĩ²⁴¹	mĩ²¹³	lĩ²²	tɕĩ²⁴¹	tɕʰĩ⁴⁴
62 常山	lĩ³⁴¹	ɔ̃⁵² 农~ ĩ⁵² 电~	dzyʌʔ³⁴	pĩ⁵²	mĩ³⁴¹	lĩ²⁴	tsĩ⁵²	tsʰĩ⁴⁴
63 开化	ȵin²¹³ 调殊	ɛn⁵³ 农~ in⁵³ 电~	dziɛʔ¹³	pin⁵³	min²³¹	lin²¹³	tɕin⁵³	tɕʰin⁴⁴
64 丽水	ȵin²²	in⁵⁴⁴	dzyɛʔ²³	pin⁵⁴⁴	min²²	lin⁵⁴⁴	tɕin⁵⁴⁴	tɕʰin²²⁴
65 青田	ȵiŋ²¹	iŋ⁴⁵⁴	dzɿ³¹	ɤeŋ⁴⁵⁴	meŋ²¹	leŋ⁴⁵⁴	tɕiŋ⁴⁵⁴	tɕʰiŋ⁴⁴⁵
66 云和	ȵiŋ³¹²	iŋ⁴¹	dziʔ²³	piŋ⁴¹	miŋ³¹²	liŋ⁴¹	tɕiŋ⁴¹	tɕʰiŋ²⁴
67 松阳	n³¹	æ²¹² 白 in²¹² 文	dziʔ²	pin²¹²	min³¹	lin²²	tɕin²¹²	tɕʰin⁵³
68 宣平	ȵin⁴³³	in⁴⁴⁵	dziəʔ²³	pin⁴⁴⁵	min⁴³³	lin²²³	tɕin⁴⁴⁵	tɕʰin³²⁴

续表

方言点	0865 迎	0866 影	0867 剧 戏～	0868 饼	0869 名	0870 领	0871 井	0872 清
	梗开三 平庚疑	梗开三 上庚影	梗开三 入陌群	梗开三 上清帮	梗开三 平清明	梗开三 上清来	梗开三 上清精	梗开三 平清清
69 遂昌	ȵiŋ²²¹	ɛ̃⁵³³白 iŋ⁵³³文	dzʑyʔ²³	piŋ⁵³³	miŋ²²¹	liŋ¹³	tɕiŋ⁵³³	tɕʰiŋ⁴⁵
70 龙泉	ȵin²¹	in⁵¹	dzɿʔ²⁴	pin⁵¹	min²¹	lin⁵¹	tɕin⁵¹	tɕʰin⁴³⁴
71 景宁	ȵiŋ⁴¹	aŋ³³白 iaŋ³³文	tɕy³⁵音殊	piŋ³³	miŋ⁴¹	liŋ³³	tɕiŋ³³	tɕʰiŋ³²⁴
72 庆元	ȵ ĩ⁵²	iŋ³³	tsɿʔ³⁴	ɓiŋ³³	miŋ⁵²	liŋ²²¹	tɕiŋ³³	tɕʰiŋ³³⁵
73 泰顺	ȵiŋ⁵³	iŋ⁵⁵	tsɿʔ²	piŋ⁵⁵	miŋ⁵³	liŋ⁵⁵	tɕiŋ⁵⁵	tɕʰiŋ²¹³
74 温州	ȵiaŋ³¹	iaŋ²⁵	dziai²¹²	pəŋ²⁵	məŋ³¹	ləŋ¹⁴	tsəŋ²⁵	tsʰəŋ³³
75 永嘉	ȵiaŋ³¹	iaŋ⁴⁵	dziai²¹³	peŋ⁴⁵	meŋ³¹	leŋ¹³	tɕieŋ⁴⁵	tɕʰieŋ⁴⁴
76 乐清	ȵiaŋ³¹	iaŋ³⁵	dziɤ²¹²	peŋ³⁵	meŋ³¹	leŋ²⁴	tɕieŋ³⁵	tɕʰieŋ⁴⁴
77 瑞安	ȵiaŋ³¹	iaŋ³⁵	dzi²¹²	pəŋ³⁵	məŋ³¹	ləŋ¹³	tsəŋ³⁵	tsʰəŋ⁴⁴
78 平阳	ȵiaŋ²⁴²	iaŋ⁴⁵	dʒʌ¹²	peŋ⁴⁵	meŋ²⁴²	leŋ⁴⁵	tʃeŋ⁴⁵	tʃʰeŋ⁵⁵
79 文成	ȵiaŋ¹¹³	iaŋ⁴⁵	dzi²¹²	peŋ⁴⁵	meŋ¹¹³	leŋ²²⁴	tʃeŋ⁴⁵	tʃʰeŋ⁵⁵
80 苍南	ȵiaŋ³¹	iaŋ⁵³	dzia¹¹²	peŋ⁵³	meŋ³¹	leŋ⁵³	tseŋ⁵³	tsʰeŋ⁴⁴
81 建德徽	in³³	in²¹³	tɕiɐʔ¹²	pin²¹³	min³³	lin²¹³	tɕin²¹³	tɕʰin⁵³
82 寿昌徽	ȵien¹¹²文	ien²⁴	tɕyəʔ³¹	pien²⁴	mien¹¹²文	lien⁵³⁴	tɕien²⁴	tɕʰien¹¹²
83 淳安徽	in⁴³⁵	in⁵⁵	tɕyʔ⁵越～ tɕʰyɤʔ¹³ 戏～	pin⁵⁵	min⁴³⁵	lin⁵⁵	tɕin⁵⁵	tɕʰin²⁴
84 遂安徽	in³³	in²¹³	tɕy²¹³	pin²¹³	min³³	lin³³	tɕin²¹³	tɕʰin⁵³⁴
85 苍南闽	gin²⁴	ĩã⁴³	kiɔ²⁴	pĩã⁴³	mĩã²⁴	nĩã³²	tɕĩ⁴³	tɕʰin⁵⁵
86 泰顺闽	nien²²	iæŋ³⁴⁴	ky⁵³	piæŋ³⁴⁴	miæŋ²²	liæŋ³⁴⁴	tsæŋ³⁴⁴	tsʰien²¹³
87 洞头闽	ŋĩã¹¹³白 gien¹¹³文	ĩã⁵³	kiek²⁴	pĩã⁵³	mĩã¹¹³	nĩã⁵³	tɕĩ⁵³	tɕʰieŋ³³
88 景宁畲	ȵin²²	iaŋ³²⁵	（无）	piaŋ³²⁵	miaŋ²²	lin³²⁵	tsaŋ³²⁵	tɕʰin⁴⁴

方言点	0873 静	0874 姓	0875 贞	0876 程	0877 整	0878 正 ~反	0879 声	0880 城
	梗开三 上清从	梗开三 去清心	梗开三 平清知	梗开三 平清澄	梗开三 上清章	梗开三 去清章	梗开三 平清书	梗开三 平清禅
01 杭州	dʑiŋ¹³	ɕiŋ⁴⁵	tsəŋ³³⁴	dzəŋ²¹³	tsəŋ⁵³	tsəŋ⁴⁵	səŋ³³⁴	dzəŋ²¹³
02 嘉兴	dʑiŋ¹¹³	ɕiŋ²²⁴	tsəŋ⁴²	zəŋ²⁴²	tsəŋ⁵⁴⁴	tsəŋ²²⁴	səŋ⁴²	zəŋ²⁴²
03 嘉善	dʑin¹¹³	ɕin³³⁴	tsən⁵³	zən¹³²	tsən³³⁴ 调殊	tsən³³⁴	sæ̃⁵³ 白 / sən⁵³ 文	zən¹³²
04 平湖	zin²¹³	sin³³⁴	tsən⁵³	zən³¹	tsən⁴⁴	tsən³³⁴	sən⁵³	zən³¹
05 海盐	dʑin⁴²³	ɕin³³⁴	tsən⁵³	zən³¹	tsən⁴²³	tsən³³⁴	sɛ̃⁵³ 白 / sən⁵³ 文	zən³¹
06 海宁	dʑiŋ²³¹	ɕiŋ³⁵	tsəŋ⁵⁵	zəŋ¹³	tsəŋ⁵³	tsəŋ³⁵	sɑ̃⁵⁵ 白 / səŋ⁵⁵ 文	zəŋ¹³
07 桐乡	ziŋ²⁴²	siŋ³³⁴	tsəŋ⁴⁴	zəŋ¹³	tsəŋ⁵³	tsəŋ³³⁴	səŋ⁴⁴	zəŋ¹³
08 崇德	ziŋ²⁴²	ɕiŋ³³⁴	tsəŋ⁴⁴	zəŋ¹³	tsəŋ⁵³	tsəŋ³³⁴	sã⁴⁴ 白 / səŋ⁴⁴ 文	zəŋ¹³
09 湖州	ziŋ²³¹	ɕiŋ³⁵	tsən⁴⁴	dzən¹¹²	tsən⁵²³	tsən³⁵	sən⁴⁴	dzən¹¹²
10 德清	dʑin¹⁴³	ɕin³³⁴	tsen⁴⁴	dzen¹¹³	tsen⁵²	tsen³³⁴	sen⁴⁴	dzen¹¹³
11 武康	dʑin²⁴²	ɕin²²⁴	tsen⁴⁴	dzen¹¹³	tsen⁵³	tsen⁵³	sen⁴⁴	dzen¹¹³
12 安吉	ziŋ²⁴³	ɕiŋ³²⁴	tsəŋ⁵⁵	dzəŋ²²	tsəŋ⁵²	tsəŋ³²⁴	sã⁵⁵ 白 / səŋ⁵⁵ 文	dzəŋ²²
13 孝丰	ziŋ²⁴³	ɕiŋ³²⁴	tsəŋ⁴⁴	dzəŋ²²	tsəŋ⁵²	tsəŋ³²⁴	sã⁴⁴ 白 / səŋ⁴⁴ 文	dzəŋ²²
14 长兴	ʒiŋ²⁴³	ʃiŋ³²⁴	tsəŋ⁴⁴	dzəŋ¹²	tsəŋ⁵²	tsəŋ³²⁴	səŋ⁴⁴	dzəŋ¹²
15 余杭	ziŋ²⁴³	siŋ⁴²³	tsiŋ⁴⁴	ziŋ²²	tsiŋ⁵³	tsiŋ⁴²³	siŋ⁴⁴	ziŋ²²
16 临安	dʑieŋ³³	ɕieŋ⁵⁵	tseŋ⁵⁵	dzeŋ³³	tseŋ⁵⁵	tseŋ⁵⁵	seŋ⁵⁵	dzeŋ³³
17 昌化	ʑiəŋ²⁴³	ɕiəŋ⁵⁴⁴	tɕiəŋ³³⁴	ʑiəŋ¹¹²	tɕiəŋ⁴⁵³	tɕiəŋ⁵⁴⁴	ɕiəŋ³³⁴	ʑiəŋ¹¹²
18 於潜	dʑiŋ²⁴	ɕiŋ³⁵	tseŋ⁴³³	dzeŋ²²³	tseŋ⁵¹	tseŋ³⁵	seŋ⁴³³	dzeŋ²²³
19 萧山	ziŋ¹³	ɕiŋ⁴²	tsəŋ⁵³³	dzəŋ³⁵⁵	tsəŋ³³	tsəŋ⁴²	səŋ⁵³³	dzəŋ³⁵⁵
20 富阳	dʑin²²⁴	ɕin³³⁵	tsən⁵³	dzən¹³	tsən⁴²³	tsən³³⁵	ɕin⁵³	dzən¹³
21 新登	dʑiŋ¹³	sein⁴⁵	tsein⁵³	dʑiŋ²³³	tɕʰiŋ³³⁴	tɕiŋ⁴⁵	sein⁵³	dʑiŋ²³³
22 桐庐	dʑiŋ²⁴	ɕiŋ³⁵	tsəŋ⁵³³	dzəŋ¹³	tsəŋ³³	tsəŋ³⁵	səŋ⁵³³	dzəŋ¹³

续表

方言点	0873 静	0874 姓	0875 贞	0876 程	0877 整	0878 正 ~反	0879 声	0880 城
	梗开三 上清从	梗开三 去清心	梗开三 平清知	梗开三 平清澄	梗开三 上清章	梗开三 去清章	梗开三 平清书	梗开三 平清禅
23 分水	dʑin²⁴	ɕin²⁴	tsən⁴⁴	dzən²²	tsən⁵³	tsən²⁴	sən⁴⁴	dzən²²
24 绍兴	dʑin²²³	ɕiŋ³³	tsẽ³³	dzəŋ²³¹	tsəŋ³³⁴	tsəŋ³³	səŋ⁵³	dzəŋ²³¹
25 上虞	ʑiŋ²¹³	ɕiŋ⁵³	tsəŋ³⁵	dzəŋ²¹³	tsəŋ³⁵	tsəŋ⁵³	səŋ³⁵	dzəŋ²¹³
26 嵊州	dʑin²²	ɕiŋ³³⁴	tsen³³⁴	dzen²⁴	tsen⁵³	tsen³³⁴	sen⁵³⁴	dzen²¹³
27 新昌	ʑiŋ²³²白 dʑiŋ²³²文	ɕiŋ³³⁵	tseŋ³³⁵	dzeŋ²²	tɕiŋ⁴⁵³白 tseŋ⁴⁵³文	tseŋ³³⁵	seŋ⁵³⁴	dzeŋ²²
28 诸暨	dʑin²⁴²	ɕin⁵⁴⁴	tsɛn⁵⁴⁴	dzɛn¹³	tsɛn⁴²	tsɛn⁵⁴⁴	sɛn⁵⁴⁴	dzɛn¹³
29 慈溪	dʑiŋ¹³	ɕiŋ⁴⁴	tsəŋ³⁵	dzəŋ¹³	tsəŋ³⁵	tsəŋ⁴⁴	səŋ³⁵	dzəŋ¹³
30 余姚	dʑiə̃¹³	ɕiə̃⁵³	tsə̃⁴⁴	dzə̃¹³	tsə̃³⁴	tsə̃⁵³	sə̃⁴⁴	dzə̃¹³
31 宁波	ʑiŋ¹³	ɕiŋ⁵³	tɕiŋ⁵³	dʑiŋ¹³	tɕiŋ³⁵	tɕiŋ⁵³	ɕiŋ⁵³	dʑiŋ¹³
32 镇海	dʑiŋ²⁴	ɕiŋ⁵³	tɕiŋ⁵³	dʑiŋ²⁴	tɕiŋ³⁵	tɕiŋ⁵³	ɕiŋ⁵³	dʑiŋ²⁴
33 奉化	ʑiŋ³²⁴	ɕiŋ⁵³	tɕiŋ⁴⁴	dʑiŋ³³	tɕiŋ⁵⁴⁵	tɕiŋ⁵³	ɕiŋ⁴⁴	dʑiŋ³³
34 宁海	ʑiŋ³¹	ɕiŋ³⁵	tɕiŋ⁴²³	dʑiŋ²¹³	tɕiŋ⁵³	tɕiŋ³⁵	ɕiŋ⁴²³	ʑiŋ²¹³又 dʑiŋ²¹³又
35 象山	iŋ³¹	ɕiŋ⁵³	tɕiŋ⁴⁴	dʑiŋ³¹	tɕʰiŋ⁴⁴	tɕiŋ⁴⁴	ɕiŋ⁴⁴	iŋ³¹白 dʑiŋ³¹文
36 普陀	iŋ²³	ɕiŋ⁵⁵	tɕiŋ⁵³	dʑiŋ²⁴	tɕiŋ⁴⁵	tɕiŋ⁵⁵	ɕiŋ⁵³	dʑiŋ²⁴
37 定海	iŋ²³	ɕiŋ⁴⁴	tsoŋ⁵²	dʑiŋ²³工~ dʑiŋ¹³姓~	tsiŋ⁴⁵	tsiŋ⁴⁴	ɕiŋ⁵²	dʑiŋ²³
38 岱山	iŋ²⁴⁴	ɕiŋ⁴⁴	tɕiŋ⁴⁴	dʑiŋ²³工~ dʑiŋ²¹³姓~	tɕiŋ³²⁵	tɕiŋ⁴⁴	ɕiŋ⁵²	dʑiŋ²³
39 嵊泗	iŋ⁴⁴⁵	ɕiŋ⁵³	tsoŋ⁵³	dʑiŋ²⁴³工~ dʑiŋ²¹³姓~,调殊	tɕiŋ⁴⁴⁵	tɕiŋ⁵³	ɕiŋ⁵³	dʑiŋ²⁴³
40 临海	ʑiŋ²¹	ɕiŋ⁵⁵	tɕiŋ³¹	dʑiŋ²¹	tɕiŋ⁵²	tɕiŋ⁵⁵	ɕiŋ³¹	ʑiŋ²¹
41 椒江	ʑiŋ³¹	ɕiŋ⁵⁵	tɕiŋ⁴²	dʑiŋ³¹	tɕiŋ⁴²	tɕiŋ⁵⁵	ɕiŋ⁴²	ʑiŋ³¹
42 黄岩	ʑin¹²¹	ɕin⁵⁵	tɕin³²	dʑin¹²¹	tɕin⁴²	tɕin⁵⁵	ɕin³²	ʑin¹²¹
43 温岭	ʑin³¹	ɕin⁵⁵	tɕin³³	dʑin³¹	tɕin⁴²	tɕin⁵⁵	ɕin³³	ʑin³¹
44 仙居	ʑin²¹³	ɕin⁵⁵	tsen³³⁴音殊	dʑin²¹³	tɕin³²⁴	tɕin⁵⁵	ɕin³³⁴	ʑin²¹³

续表

方言点	0873 静	0874 姓	0875 贞	0876 程	0877 整	0878 正 ~反	0879 声	0880 城
	梗开三上清从	梗开三去清心	梗开三平清知	梗开三平清澄	梗开三上清章	梗开三去清章	梗开三平清书	梗开三平清禅
45 天台	ʑiŋ³⁵	ɕiŋ⁵⁵	tɕiŋ³³	dʑiŋ²²⁴	tɕiŋ³²⁵	tɕiŋ⁵⁵	ɕiŋ³³	ʑiŋ²²⁴
46 三门	ʑiŋ²¹³	ɕiŋ⁵⁵	tɕiŋ³³⁴	dʑiŋ¹¹³	tɕiŋ³²⁵	tɕiŋ⁵⁵	ɕiŋ³³⁴	ʑiŋ¹¹³
47 玉环	ʑiŋ³¹	ɕiŋ⁵⁵	tɕiŋ⁴²	dʑiŋ³¹	tɕiŋ⁵³	tɕiŋ⁵⁵	ɕiŋ⁴²	ʑiŋ³¹
48 金华	ʑiŋ¹⁴	ɕiŋ⁵⁵	tsəŋ³³⁴	dzəŋ³¹³	tɕiŋ⁵³⁵白 tsəŋ⁵³⁵文	tɕiŋ⁵⁵	ɕiŋ³³⁴	ʑiŋ³¹³白 dzəŋ³¹³文
49 汤溪	zɛ̃i¹¹~落来	sɛ̃i⁵²	tɕiã²⁴	dʑiã¹¹	tɕiã⁵³⁵	tɕiã⁵²	ɕiã²⁴	ʑiã¹¹
50 兰溪	ʑin²⁴	sin⁴⁵	tɕiæ̃³³⁴	dʑiæ̃²¹	tɕiæ̃⁵⁵	tɕiæ̃⁴⁵	ɕiæ̃³³⁴	ʑiæ̃²¹白 dʑiæ̃²¹文
51 浦江	ʑiən²⁴³	siən⁵⁵	tsən⁵³⁴	dziən¹¹³	tsiən⁵³	tsiən⁵⁵	siən⁵³⁴	ʑiən¹¹³白 dziən¹¹³文
52 义乌	zən³¹²	sən⁴⁵	tsən³³⁵	dzən²¹³	tsən⁴²³	tsən⁴⁵	sən³³⁵	zən²¹³白 dzən²¹³文
53 东阳	zɐn²⁴	sɐn⁴⁵³	tsɐn³³⁴	dzɐn²¹³	tsɐn⁴⁴	tsɐn⁴⁵³	sɐn³³⁴	zɐn²¹³
54 永康	ʑiŋ¹¹³	ɕiŋ⁵²	tɕiŋ⁵⁵	dʑiŋ²²	tɕiŋ³³⁴	tɕiŋ⁵²	ɕiŋ⁵⁵	ʑiŋ²²
55 武义	ʑin¹³	ɕin⁵³	tsen²⁴	dʑin³²⁴	tɕin⁴⁴⁵	tɕin⁵³	ɕin²⁴	ʑin³²⁴
56 磐安	sɐn³³⁴	sɐn⁵²	tsɐn⁴⁴⁵	dzɐn²¹³	tsɐn³³⁴	tsɐn⁵²	sɐn⁴⁴⁵	dzɐn²¹³白 zɐn²¹³文
57 缙云	zɛŋ³¹	sɛŋ⁴⁵³	tsɛŋ⁴⁴	dzɛŋ²⁴³	tsɛŋ⁵¹	tsɛŋ⁴⁵³	sɛŋ⁴⁴	zɛŋ²⁴³
58 衢州	dʑin²³¹	ɕin⁵³	tʃyən³²	dʒyən²¹	tʃyən³⁵	tʃyən⁵³	ʃyən³²	ʒyən²¹白 dʒyən²¹文
59 衢江	dʑin²³¹	ɕin⁵³	tɕiŋ³³	dʑiŋ²¹²	tɕiŋ⁵³调殊	tɕiŋ⁵³	ɕiŋ³³	ʑyoŋ²¹²~里 dʑiŋ²¹²~市
60 龙游	dʑin²³¹调殊	ɕin⁵¹	tsən³³⁴	dzən²¹	tsən³⁵	tsən⁵¹	sən³³⁴	zən²¹白 dzən²¹文
61 江山	ʑĩ³¹	ɕĩ⁵¹	tɕĩ⁴⁴	dʑĩ²¹³	tɕĩ²⁴¹	tɕĩ⁵¹	ɕĩ⁴⁴	ʑĩ²¹³
62 常山	dzĩ¹³¹	sĩ³²⁴	tsĩ⁴⁴	dzĩ³⁴¹	tsĩ⁵²	tsĩ³²⁴	sĩ⁴⁴	zĩ³⁴¹
63 开化	dʑin²¹³	ɕin⁴¹²	tɕin⁴⁴	dʑin²³¹	tɕin⁵³	tɕin⁴¹²	ɕin⁴⁴	ʑin²³¹归~ dʑin²³¹~关
64 丽水	ʑin²²	ɕin⁵²	tsen²²⁴	dʑin²²	tɕin⁵⁴⁴	tɕin⁵²	sen²²⁴	ʑin²²

续表

方言点	0873 静	0874 姓	0875 贞	0876 程	0877 整	0878 正 ~反	0879 声	0880 城
	梗开三 上清从	梗开三 去清心	梗开三 平清知	梗开三 平清澄	梗开三 上清章	梗开三 去清章	梗开三 平清书	梗开三 平清禅
65 青田	iŋ⁴⁵⁴	ɕiŋ³³	tsaŋ⁴⁴⁵	dʑiŋ²¹	tɕiŋ⁴⁵⁴	tɕiŋ³³	ɕiŋ⁴⁴⁵	iŋ²¹
66 云和	ziŋ²³¹	ɕiŋ⁴⁵	tsəŋ²⁴	dʑiŋ³¹²	tɕiŋ⁴¹	tɕiŋ⁴⁵	ɕiŋ²⁴	ziŋ³¹²
67 松阳	zin²²	ɕin²⁴	tɕin⁵³	dʑin³¹	tɕin²¹²	tɕin²⁴	ɕin⁵³	zin³¹
68 宣平	zin²²³	ɕin⁵²	tsən³²⁴	dʑin⁴³³	tɕin⁴⁴⁵	tɕin⁵²	ɕin³²⁴	zin⁴³³
69 遂昌	ziŋ¹³	ɕiŋ³³⁴	tɕiŋ⁴⁵	dʑiŋ¹³ 姓~ ／ziŋ²¹³ 工~	tɕiŋ⁵³³	tɕiŋ³³⁴	ɕiŋ⁴⁵	ziŋ²²¹
70 龙泉	ɕin⁵¹	ɕin⁴⁵	tin⁴³⁴旧 ／tsɛn⁴³⁴今	dʑin²¹	tɕin⁵¹	tɕin⁴⁵	ɕin⁴³⁴	zin²¹
71 景宁	ziŋ³³	ɕiŋ³⁵	tsaŋ³²⁴	dʑiŋ⁴¹	tɕiŋ³³	tɕiŋ³⁵	ɕiŋ³²⁴	ziŋ⁴¹
72 庆元	ɕiŋ²²¹	ɕiŋ¹¹	tɕiŋ³³⁵	tɕiŋ⁵²	tɕiŋ³³	tɕiŋ¹¹	ɕiŋ³³⁵	ɕiŋ⁵²
73 泰顺	ɕiŋ²¹	ɕiŋ³⁵	tsəŋ²¹³	tɕiŋ⁵³	tɕiŋ⁵⁵	tɕiŋ³⁵	ɕiŋ²¹³	ɕiŋ⁵³
74 温州	zəŋ¹⁴	səŋ⁵¹	tsəŋ³³	dzəŋ³¹	tsəŋ²⁵	tsəŋ⁵¹	səŋ³³	zəŋ³¹
75 永嘉	ieŋ¹³	ɕieŋ⁵³	tɕieŋ⁴⁴	dʑieŋ³¹	tɕieŋ⁵³	tɕieŋ⁵³	ɕieŋ⁴⁴	ieŋ³¹
76 乐清	zeŋ²⁴	seŋ⁴¹	tɕieŋ⁴⁴	dʑieŋ³¹	tɕieŋ³⁵	tɕieŋ⁴¹	seŋ⁴⁴	zeŋ³¹
77 瑞安	zəŋ¹³	səŋ⁵³	tsəŋ⁴⁴	dzəŋ³¹	tsəŋ⁵³	tsəŋ⁵³	səŋ⁴⁴	zəŋ³¹
78 平阳	zeŋ²³	seŋ⁵³	tʃeŋ⁵⁵	dʒeŋ²⁴²	tʃeŋ⁴⁵	tʃeŋ⁵³	seŋ⁵⁵	zeŋ²⁴²
79 文成	zeŋ²²⁴	seŋ³³	tʃeŋ⁵⁵	dʒeŋ¹¹³	tʃeŋ⁴⁵	tʃeŋ³³	seŋ⁵⁵	zeŋ¹¹³
80 苍南	zeŋ²⁴	seŋ⁴²	tsaŋ⁴⁴	dzeŋ³¹	tseŋ⁴²	tseŋ⁴²	seŋ⁴⁴	dzeŋ³¹
81 建德徽	ɕin²¹³	ɕin³³	tsən³³	tsən³³	tsən²¹³	tsən³³	sən⁵³	sən³³
82 寿昌徽	ɕien⁵³⁴	ɕien³³	tsen¹¹²	tsʰen¹¹²文	tsen²⁴	tsen³³	sen¹¹²	sen¹¹²文
83 淳安徽	ɕin⁵⁵	ɕin²⁴	tsen²⁴	tsʰen⁴³⁵	tsen⁵⁵	tsen²⁴	sen²⁴	sen⁴³⁵白 ／tsʰen⁴³⁵文
84 遂安徽	ɕin⁵²	ɕin⁴³	tɕin⁵³⁴	tɕʰin³³	tɕin²¹³	tɕin⁴³	ɕin⁵³⁴	tɕʰin³³
85 苍南闽	tɕin³²	ɕin²¹	tɕin⁵⁵	tʰin²⁴	tɕĩã²¹调殊	tɕĩã²¹	ɕĩã⁵⁵	ɕĩã²⁴
86 泰顺闽	tsien³¹	sæn⁵³	tsien²¹³	tsien²²	tsien³⁴⁴	tɕiæn⁵³	ɕiæn²¹³	ɕiæn²²
87 洞头闽	tɕieŋ²¹	ɕĩ²¹	tɕieŋ³³	tʰieŋ¹¹³	tɕieŋ⁵³	tɕĩã²¹	ɕĩã³³	ɕĩã¹¹³
88 景宁畲	tɕin⁵¹	saŋ⁴⁴	tɕin⁴⁴	tɕin²²	tɕin³²⁵	tɕian⁴⁴	ɕin⁴⁴	ɕiaŋ²²

方言点	0881 轻 梗开三 平清溪	0882 赢 梗开三 平清以	0883 积 梗开三 入昔精	0884 惜 梗开三 入昔心	0885 席 梗开三 入昔邪	0886 尺 梗开三 入昔昌	0887 石 梗开三 入昔禅	0888 益 梗开三 入昔影
01 杭州	tɕʰiŋ³³⁴	iŋ²¹³	tɕieʔ⁵	ɕieʔ⁵	dʑieʔ²	tsʰaʔ⁵	zaʔ²	ieʔ⁵
02 嘉兴	tɕʰiŋ⁴²	yəŋ²⁴²	tɕieʔ⁵	ɕieʔ⁵	dʑieʔ¹³	tsʰʌʔ⁵	zʌʔ¹³	ieʔ⁵
03 嘉善	tɕʰin⁵³	in¹³²	tɕieʔ⁵	ɕieʔ⁵	dʑieʔ²	tsʰɜʔ⁵	zɜʔ²	ieʔ² 调殊
04 平湖	tɕʰin⁵³	yn³¹	tsiəʔ⁵	siəʔ⁵	ziəʔ²³	tsʰaʔ²³	zaʔ²	iəʔ⁵
05 海盐	tɕʰin⁵³	yn³¹	tɕiəʔ⁵	ɕiəʔ⁵	dʑiəʔ²³	tsʰaʔ²³	zaʔ²	iəʔ²³
06 海宁	tɕʰiŋ⁵⁵	iŋ¹³	tɕieʔ⁵	ɕieʔ⁵	dʑieʔ²	tsʰaʔ⁵	zaʔ² zəʔ² 碛~	ieʔ⁵
07 桐乡	tɕʰiŋ⁴⁴	iŋ¹³	tsiəʔ⁵	siəʔ⁵	ziəʔ²³	tsʰaʔ⁵	zaʔ²	iəʔ⁵
08 崇德	tɕʰiŋ⁴⁴	iŋ¹³	tɕiəʔ⁵	ɕiəʔ⁵	ziəʔ²³	tsʰaʔ⁵	zaʔ²	iəʔ²³
09 湖州	tɕʰiŋ⁴⁴	in¹¹²	tɕieʔ⁵	ɕieʔ⁵	zieʔ²	tsʰaʔ⁵	zaʔ²	ieʔ⁵
10 德清	tɕʰiŋ⁴⁴	in¹¹³	tɕieʔ⁵	ɕieʔ⁵	zieʔ²	tsʰaʔ⁵	zaʔ²	ieʔ² 调殊
11 武康	tɕʰiŋ⁴⁴	in¹¹³	tɕieʔ⁵	ɕieʔ⁵	zieʔ²	tsʰɜʔ⁵	zɜʔ²	ieʔ⁵
12 安吉	tɕʰiŋ⁵⁵	ioŋ²²	tɕiɛʔ⁵	ɕiɛʔ⁵	ziɛʔ²³	tsʰəʔ⁵	zəʔ²³	iɛʔ²³
13 孝丰	tɕʰiŋ⁴⁴	iŋ²²	tɕieʔ⁵	ɕieʔ⁵	zieʔ²³	tsʰaʔ⁵	zaʔ²³	ieʔ²³
14 长兴	tʃʰiŋ⁴⁴	iŋ¹²	tʃiɛʔ⁵	ʃiɛʔ⁵	ʒiɛʔ²	tsʰaʔ⁵	zaʔ²	iɛʔ²
15 余杭	tɕʰiŋ⁴⁴	iŋ²²	tsieʔ⁵	sieʔ⁵	zieʔ²	tsʰəʔ⁵	zaʔ²	ieʔ² 调殊
16 临安	tɕʰieŋ⁵⁵	ioŋ³³	tɕiɐʔ⁵⁴	ɕiɐʔ⁵⁴	dʑiɐʔ¹²	tsʰɐʔ⁵⁴	zɐʔ¹²	iɐʔ⁵⁴
17 昌化	tɕʰiəŋ³³⁴	iəŋ¹¹²	tɕieʔ⁵	ɕieʔ⁵	zieʔ²³	tsʰaʔ⁵	zaʔ²	iɛʔ⁵
18 於潜	tɕʰiŋ⁴³³	iŋ²²³	tɕieʔ⁵³	ɕieʔ⁵³	ziæʔ²³	tsʰɐʔ⁵³	zɑʔ²³	ieʔ⁵³
19 萧山	tɕʰiŋ⁵³³	iŋ³⁵⁵	tɕieʔ⁵	ɕieʔ⁵	zieʔ¹³	tsʰəʔ⁵	zəʔ¹³	ieʔ⁵
20 富阳	tɕʰin⁵³	in¹³	tɕieʔ⁵	ɕieʔ⁵	zieʔ²	tsʰɛʔ⁵	zaʔ²	iɛʔ⁵
21 新登	tɕʰin⁵³	ein²³³	tɕiəʔ⁵	ɕiəʔ⁵	ziəʔ²	tsʰaʔ⁵	zaʔ²	iəʔ⁵
22 桐庐	tɕʰiŋ⁵³³	iŋ¹³	tɕiəʔ⁵	ɕiəʔ⁵	ziəʔ¹³	tsʰaʔ⁵	zaʔ¹³	iəʔ⁵
23 分水	tɕʰin⁴⁴	in²²	tɕiəʔ⁵	ɕiəʔ⁵	ziəʔ¹²	tsʰəʔ⁵	zəʔ¹²	iəʔ⁵
24 绍兴	tɕʰiŋ⁵³	ziŋ²³¹	tɕieʔ⁵	ɕieʔ⁵	ziəʔ² 白 dʑieʔ² 文	tsʰəʔ⁵	zəʔ²	ieʔ⁵
25 上虞	tɕʰiŋ³⁵	iŋ²¹³	tɕiəʔ⁵	ɕiəʔ⁵	ziəʔ²	tsʰɐʔ⁵	zaʔ²	iəʔ⁵

方言点	0881 轻 梗开三平清溪	0882 赢 梗开三平清以	0883 积 梗开三入昔精	0884 惜 梗开三入昔心	0885 席 梗开三入昔邪	0886 尺 梗开三入昔昌	0887 石 梗开三入昔禅	0888 益 梗开三入昔影
26 嵊州	tɕʰiẽ⁵³⁴	iŋ²¹³	tɕie?⁵	ɕie?⁵	dʑie?²	tsʰə?⁵	zɛ?²	ie?⁵
27 新昌	tɕʰiŋ⁵³⁴	yoŋ²²	tɕi?⁵	ɕi?⁵	zi?²	tsʰa?⁵	za?²	i?⁵
28 诸暨	tɕʰiŋ⁵⁴⁴	iŋ¹³	tɕie?⁵	ɕie?⁵	zie?¹³ 白 dʑie?¹³ 文	tsʰə?⁵	zə?¹³	ie?⁵
29 慈溪	tɕʰiŋ³⁵	əŋ¹³	tɕiə?⁵	ɕiə?⁵	iə?² 白 dʑiə?² 文	tsʰa?⁵	za?²	iə?⁵
30 余姚	tɕʰiə̃⁴⁴	iə̃¹³	tɕiə?⁵	ɕiə?⁵	dʑiə?² 主~ iə?² 凉~	tsʰa?⁵	za?²	iə?⁵
31 宁波	tɕʰiŋ⁵³	iŋ¹³	tɕiə?⁵	ɕiə?⁵	ziə?²	tsʰa?⁵	za?²	iə?⁵
32 镇海	tɕʰiŋ⁵³	iŋ²⁴	tɕie?⁵	ɕie?⁵	zie?¹²	tsʰa?⁵	za?¹²	ie?⁵
33 奉化	tɕʰiŋ⁴⁴	ziŋ³³	tɕiɪ?⁵	ɕiɪ?⁵	ziɪ?²	tsʰa?⁵	za?²	iɪ?⁵
34 宁海	tɕʰiŋ⁴²³	yəŋ²¹³	tɕiə?⁵	ɕiə?⁵	ziə?³	tsʰa?⁵	za?³	iə?⁵
35 象山	tɕiŋ⁴⁴	iŋ³¹	tɕie?⁵	ɕie?⁵	ie?²	tsʰa?⁵	za?²	ie?²
36 普陀	tɕʰiŋ⁵³	iŋ²⁴	tɕiɛ?⁵	ɕiɛ?⁵	iɛ?²³	tsʰɐ?⁵	zɐ?²³	iɛ?⁵
37 定海	tɕʰiŋ⁵²	iŋ²³	tɕie?⁵	ɕie?⁵	ie?²	tsʰɐ?⁵	zɐ?²	ie?⁵
38 岱山	tɕʰiŋ⁵²	iŋ²³	tɕie?⁵	ɕie?⁵	ie?²	tsʰɐ?⁵	zɐ?²	ie?⁵
39 嵊泗	tɕʰiŋ⁵³	iŋ²⁴³	tɕiɐ?⁵	ɕiɐ?⁵	iɐ?²	tsʰɐ?⁵	zɐ?²	iɐ?²
40 临海	tɕʰiŋ³¹ 又 kʰiŋ³¹ 又	iŋ³¹	tɕie?⁵	ɕie?⁵	zie?²³	tɕʰie?⁵	zie?²³	ie?⁵
41 椒江	tɕʰiŋ⁴²	iŋ³¹	tɕie?⁵	ɕie?⁵	zie?²	tɕʰie?⁵	zie?²	ie?⁵
42 黄岩	tɕʰiŋ³²	iŋ¹²¹	tɕie?⁵	ɕie?⁵	zie?²	tɕʰie?⁵	zie?²	ie?⁵
43 温岭	tɕʰiŋ³³	iŋ³¹	tɕi?⁵	ɕi?⁵	zi?²	tɕʰi?⁵	zi?²	i?⁵
44 仙居	tɕʰiŋ³³⁴	iŋ²¹³	tɕiə?⁵	ɕiə?⁵	ziə?²³	tɕʰiə?⁵	ziə?²³	iə?⁵
45 天台	kʰiŋ³³	iŋ²²⁴	tɕiə?⁵	ɕiə?⁵	ziə?²	tɕʰiə?⁵	ziə?²	iə?⁵
46 三门	tɕʰiŋ³³⁴	iŋ¹¹³	tɕie?⁵	ɕie?⁵	zie?²³	tsʰa?⁵	zie?²³	ie?⁵
47 玉环	tɕʰiŋ⁴²	iŋ³¹	tɕiɐ?⁵	ɕiɐ?⁵	ziɐ?²	tɕʰiɐ?⁵	ziɐ?²	iɐ?⁵
48 金华	tɕʰiŋ³³⁴	iŋ³¹³	tɕiə?⁴	ɕiə?⁴	ziə?²¹² 白 dʑiə?²¹² 文	tɕʰiə?⁴	ziə?²¹²	iə?⁴

续表

方言点	0881 轻 梗开三 平清溪	0882 赢 梗开三 平清以	0883 积 梗开三 入昔精	0884 惜 梗开三 入昔心	0885 席 梗开三 入昔邪	0886 尺 梗开三 入昔昌	0887 石 梗开三 入昔禅	0888 益 梗开三 入昔影
49 汤溪	tɕʰiɛ̃i²⁴	yɛ̃i¹¹	tsei⁵⁵	sei⁵⁵	zei¹¹³	tɕʰiɛ⁵⁵	ʑiɛ¹¹³	iei⁵⁵
50 兰溪	tɕʰin³³⁴	yæ̃²¹	tɕieʔ³⁴	ɕieʔ³⁴	ʑieʔ¹²	tɕʰiəʔ³⁴	ʑiəʔ¹²	ieʔ³⁴
51 浦江	tɕʰiən⁵³⁴	yən¹¹³	tsiə⁴²³	sɐ⁵³	zɐ²³²白 ʑiə²³²文	tsʰɐ⁴²³	zɐ²³²	iə⁴²³
52 义乌	tɕʰiən³³⁵	yən²¹³	tsai³²⁴白 tsə³²⁴文	sai³²⁴	zai³¹²白 zia³¹²主~	tsʰai⁴⁵一~	zai³¹²	iə³²⁴
53 东阳	kʰɐn³³⁴	ɐn²¹³	tsɐʔ³⁴	ɕiaʔ³⁴	zei²¹³白 dʑiɛʔ²³文	tsʰɐn⁴⁵³小	zɐ²¹³白 zei²⁴文	iɛʔ²³
54 永康	tɕʰiŋ⁵⁵	iŋ²²	tsəi³³⁴	səi³³⁴	zəi¹¹³	tsʰəi³³⁴	zəi¹¹³	iə³³⁴
55 武义	tɕʰin²⁴	nin³²⁴	tsəʔ⁵	səʔ⁵	zə²¹³	tsʰəʔ⁵	zə²¹³	iəʔ⁵
56 磐安	kʰɐn⁴⁴⁵	ɐn²¹³	tsɛ³³⁴	ɕia³³⁴	zɛi²¹³篓~ ʑiɛ²¹³主~	tsʰɛi³³⁴	zɛ²¹³	iɛ³³⁴
57 缙云	tɕʰiɛŋ⁴⁴	iɛŋ²⁴³	tsei³²²	sei³²²	zai¹³	tsʰei³²²	zai¹³	iei³²²
58 衢州	tɕʰin³²	in²¹	tɕiəʔ⁵	ɕiəʔ⁵	ziəʔ¹²	tʃʰyəʔ⁵	ʒyəʔ¹²	iəʔ⁵
59 衢江	tɕʰiŋ³³	iŋ²¹²	tɕiəʔ⁵	ɕiəʔ⁵	ziəʔ²	tɕʰyəʔ⁵	zia²~头 zyəʔ²~榴	iəʔ⁵
60 龙游	tɕʰin³³⁴	in²¹	tɕiəʔ⁴	ɕiəʔ⁴	ziəʔ²³篓~ dʑiəʔ²³主~	tsʰəʔ⁴	zəʔ²³	iəʔ⁴
61 江山	kʰĩ⁴⁴	ĩ²¹³	tɕiɛʔ⁵	ɕiɛʔ⁵	ziɛʔ²	tɕʰiɛʔ⁵	ʑiɛʔ²~头 dʑiaʔ²①	iɛʔ⁵
62 常山	kʰĩ⁴⁴	ĩ³⁴¹	tseʔ⁵	seʔ⁵	zeʔ³⁴	tsʰeʔ⁵	dʑiaʔ³⁴	ieʔ⁵
63 开化	tɕʰin⁴⁴	in²³¹	tɕiɛʔ⁵	ɕiɛʔ⁵	ziɛʔ¹³	tɕʰiɛʔ⁵	dʑiaʔ¹³~头 ziaʔ¹³量	iɛʔ⁵
64 丽水	tɕʰin²²⁴	in²²	tɕiʔ⁵	ɕiʔ⁵	ziʔ²³	tɕʰiʔ⁵	ziʔ²³	iʔ⁵
65 青田	tɕʰiŋ⁴⁴⁵	iŋ²¹	tsʅ⁴²	sʅ⁴²	iʔ³¹	tsʰʅʔ⁴²	iʔ³¹	iʔ⁴²
66 云和	tɕʰiŋ²⁴	iŋ³¹²	tɕiʔ⁵	ɕiʔ⁵	ziʔ²³	tɕʰiʔ⁵	ziʔ²³	iʔ⁵
67 松阳	tɕʰin⁵³	in³¹	tɕiʔ⁵	ɕiʔ⁵	ziʔ²	tɕʰiʔ⁵	ziʔ²	iʔ⁵
68 宣平	tɕʰin³²⁴	in⁴³³	tɕiəʔ⁵	ɕiəʔ⁵	ziəʔ²³	tɕʰiaʔ⁵	ziəʔ²³	iəʔ⁵

① 硌～：鹅卵石

续表

方言点	0881 轻	0882 赢	0883 积	0884 惜	0885 席	0886 尺	0887 石	0888 益
	梗开三平清溪	梗开三平清以	梗开三入昔精	梗开三入昔心	梗开三入昔邪	梗开三入昔昌	梗开三入昔禅	梗开三入昔影
69 遂昌	tɕʰiŋ45	iŋ221	tɕiʔ5	ɕiʔ5	ziʔ23	tɕʰiʔ5	ziʔ23	iʔ5
70 龙泉	tɕʰin434	yn21	tsɿʔ5	sɿʔ5	zɿʔ24	tsʰɿʔ5	zɿʔ24	ɿʔ5
71 景宁	tɕʰiŋ324	iŋ41	tɕiʔ5	sɿʔ5	zɿʔ23	tsʰɿʔ5	zɿʔ23	iʔ5
72 庆元	tɕʰiŋ335	iŋ52	tsɿʔ5	ɕiaʔ5 白 / sɿʔ5 文	sɿʔ34	tsʰɿʔ5	sɿʔ34	iʔ5
73 泰顺	tɕʰiŋ213	iŋ53	tsɿʔ5	sɿʔ5	sɿʔ2	tsʰɿʔ5	sɿʔ2	iʔ5
74 温州	tɕʰiaŋ33	iaŋ51	tsei323	sei323	zei212	tsʰei323	zei212	iai323
75 永嘉	tɕʰiaŋ44	iaŋ31	tsɿ423	sɿ423	zɿ213	tsʰɿ423	zɿ213	iai423
76 乐清	tɕʰiaŋ44	iaŋ31	tɕi323	si323	zi212	tɕʰi323	zi212	iɤ323
77 瑞安	tɕʰiaŋ44	iaŋ31	tsei323	sei323	zei212	tsʰei323	zei212	i323
78 平阳	tʃʰaŋ55	iaŋ242	tɕi34	si34	zi12	tɕʰi34	zi12	iʌ34
79 文成	tʃʰaŋ55	iaŋ113	tɕi34	sei34	zei212	tɕʰi34	dzei212	i34
80 苍南	tɕʰiaŋ44	iaŋ31	tɕi223	ɕi223	dʑi112	tɕʰi223	dʑi112	iɛ223
81 建德徽	tɕʰin53	yn33 韵殊	tɕiɐʔ5	ɕiɐʔ5	ɕiɐʔ12 白 / tɕiɐʔ12 文	tsʰɑ55	sɑ213	iɐʔ5
82 寿昌徽	tɕʰien112	ien52	tɕiəʔ3	ɕiəʔ3	ɕiəʔ31	tsʰəʔ3	səʔ31	iəʔ3
83 淳安徽	tɕʰin55 调殊 / tɕʰin24	in435	tɕiʔ5	ɕiʔ5	ɕiəʔ13	tsʰɑʔ5	sɑʔ13	i53
84 遂安徽	tɕʰin534	in33	tsɿ24	ɕiɛ24	ɕiɛ213	tsʰa24	sa213	i24
85 苍南闽	kʰin55	ĩã24	tɕie43	ɕio43	ɕie24	tɕʰio43	tɕio24	ie43
86 泰顺闽	kʰien213	iæŋ22	tɕiɪʔ5	ɕiɪʔ5	ɕiɪʔ5 主~ / tsʰøi31 草~	tsʰøi22	søi31	iɪʔ5
87 洞头闽	kʰien33	ĩã113	tɕie53	ɕieu53	tɕʰieu241	tɕʰieu53	tɕieu241	iek5
88 景宁畲	kʰiaŋ44	iaŋ22	tɕiʔ5	ɕit5	ɕiʔ2	tɕʰiaʔ5	ɕiaʔ2	iʔ5

方言点	0889 瓶	0890 钉 名	0891 顶	0892 厅	0893 听 ~见	0894 停	0895 挺	0896 定
	梗开四 平青并	梗开四 平青端	梗开四 上青端	梗开四 平青透	梗开四 平青透	梗开四 平青定	梗开四 上青定	梗开四 去青定
01 杭州	$biŋ^{213}$	$tiŋ^{334}$	$tiŋ^{53}$	$t^hiŋ^{334}$	$t^hiŋ^{334}$	$diŋ^{213}$	$t^hiŋ^{53}$	$diŋ^{13}$
02 嘉兴	$biŋ^{242}$	$tiŋ^{42}$	$tiŋ^{544}$	$t^hiŋ^{42}$	$t^hiŋ^{42}$	$diŋ^{242}$	$t^hiŋ^{113}$	$diŋ^{113}$
03 嘉善	bin^{132}	tin^{53}	tin^{44}	t^hin^{53}	t^hin^{53}	din^{132}	t^hin^{334}	din^{113}
04 平湖	bin^{31}	tin^{53}	tin^{44}	t^hin^{53}	t^hin^{53}	din^{31}	t^hin^{213}	din^{213}
05 海盐	bin^{31}	tin^{53}	tin^{423}	t^hin^{53}	t^hin^{53}	din^{31}	t^hin^{423}	din^{213}
06 海宁	$biŋ^{13}$	$tiŋ^{55}$	$tiŋ^{53}$	$t^hiŋ^{55}$	$t^hiŋ^{55}$	$diŋ^{13}$	$t^hiŋ^{53}$	$diŋ^{13}$
07 桐乡	$biŋ^{13}$	$tiŋ^{44}$	$tiŋ^{53}$	$t^hiŋ^{44}$	$t^hiŋ^{44}$	$diŋ^{13}$	$t^hiŋ^{53}$	$diŋ^{213}$
08 崇德	$biŋ^{13}$	$tiŋ^{44}$	$tiŋ^{53}$	$t^hiŋ^{44}$	$t^hiŋ^{44}$	$diŋ^{13}$	$t^hiŋ^{53}$	$diŋ^{13}$
09 湖州	bin^{112}	tin^{44}	tin^{523}	t^hin^{44}	t^hin^{44}	din^{112}	t^hin^{523}	din^{24}
10 德清	bin^{113}	tin^{44}	tin^{52}	t^hin^{44}	t^hin^{44}	din^{113}	t^hin^{52}	din^{113}
11 武康	bin^{113}	tin^{44}	tin^{53}	t^hin^{44}	t^hin^{44}	din^{113}	t^hin^{53}	tin^{53}
12 安吉	$biŋ^{22}$	$tiŋ^{55}$	$tiŋ^{52}$	$t^hiŋ^{55}$	$t^hiŋ^{55}$	$diŋ^{22}$	$t^hiŋ^{52}$	$diŋ^{213}$
13 孝丰	$biŋ^{22}$	$tiŋ^{44}$	$tiŋ^{52}$	$t^hiŋ^{44}$	$t^hiŋ^{44}$	$diŋ^{22}$	$t^hiŋ^{52}$	$diŋ^{213}$
14 长兴	$biŋ^{12}$	$tiŋ^{44}$	$tiŋ^{52}$	$t^hiŋ^{44}$	$t^hiŋ^{44}$	$diŋ^{12}$	$t^hiŋ^{52}$	$diŋ^{24}$
15 余杭	$biŋ^{22}$	$tiŋ^{44}$	$tiŋ^{53}$	$t^hiŋ^{44}$	$t^hiŋ^{44}$	$diŋ^{22}$	$t^hiŋ^{53}$	$diŋ^{213}$
16 临安	$bieŋ^{33}$	$tieŋ^{55}$	$tieŋ^{55}$	$t^hieŋ^{55}$	$t^hieŋ^{55}$	$dieŋ^{33}$	$t^hieŋ^{55}$	$dieŋ^{33}$
17 昌化	$biəŋ^{112}$	$tiəŋ^{334}$	$tiəŋ^{453}$	$t^hiəŋ^{334}$	$t^hiəŋ^{334}$	$diəŋ^{112}$	$t^hiəŋ^{453}$	$diəŋ^{243}$
18 於潜	$biŋ^{223}$	$tiŋ^{433}$	$tiŋ^{51}$	$t^hiŋ^{433}$	$t^hiŋ^{433}$	$diŋ^{223}$	$t^hiŋ^{51}$	$diŋ^{24}$
19 萧山	$biŋ^{355}$	$tiŋ^{533}$	$tiŋ^{33}$	$t^hiŋ^{533}$	$t^hiŋ^{42}$调殊	$diŋ^{355}$	$t^hiŋ^{33}$	$diŋ^{242}$
20 富阳	bin^{13}	tin^{53}	tin^{423}	t^hin^{53}	t^hin^{53}	din^{13}	t^hin^{423}	din^{224}
21 新登	$beiŋ^{233}$	$teiŋ^{53}$	$teiŋ^{334}$	$t^heiŋ^{53}$	$t^heiŋ^{53}$	$deiŋ^{233}$	$t^heiŋ^{334}$	$deiŋ^{13}$
22 桐庐	$biŋ^{13}$	$tiŋ^{533}$	$tiŋ^{33}$	$t^hiŋ^{533}$	$t^hiŋ^{533}$	$diŋ^{13}$	$t^hiŋ^{33}$	$diŋ^{24}$
23 分水	bin^{22}	tin^{44}	$tən^{53}$	t^hin^{44}	t^hin^{44}	din^{22}	din^{22}	din^{13}
24 绍兴	$biŋ^{231}$	$tiŋ^{53}$	$tiŋ^{334}$	$t^hiŋ^{53}$	$t^hiŋ^{33}$调殊	$diŋ^{231}$	$t^hiŋ^{334}$	$diŋ^{22}$
25 上虞	$biŋ^{213}$	$tiŋ^{35}$	$tiŋ^{35}$	$t^hiŋ^{35}$	$t^hiŋ^{53}$调殊	$diŋ^{213}$	$t^hiŋ^{35}$	$diŋ^{31}$

续表

方言点	0889 瓶	0890 钉名	0891 顶	0892 厅	0893 听 ~见	0894 停	0895 挺	0896 定
	梗开四平青並	梗开四平青端	梗开四上青端	梗开四平青透	梗开四平青透	梗开四平青定	梗开四上青定	梗开四去青定
26 嵊州	biŋ²¹³	tiŋ⁵³⁴	tiŋ⁵³	tʰiŋ⁵³调殊	tʰiŋ³³⁴调殊	diŋ²¹³	tʰiŋ⁵³	diŋ²⁴
27 新昌	biŋ²²	tiŋ⁵³⁴	tiŋ⁴⁵³	tʰiŋ⁵³⁴	tʰiŋ³³⁵调殊	diŋ²²	tʰiŋ⁴⁵³	diŋ¹³
28 诸暨	bin¹³	tin⁵⁴⁴	tin⁴²	tʰin⁵⁴⁴	tʰin⁵⁴⁴	din¹³	tʰin⁴²	din³³
29 慈溪	biŋ¹³	tiŋ³⁵	tiŋ³⁵	tʰiŋ³⁵	tʰiŋ⁴⁴调殊	diŋ¹³	tʰiŋ³⁵	diŋ¹³
30 余姚	bə̃¹³	tə̃⁴⁴	tə̃³⁴	tʰə̃⁴⁴	tʰə̃⁴⁴	də̃¹³	tʰə̃³⁴	də̃¹³
31 宁波	biŋ¹³	tiŋ⁴⁴	tiŋ³⁵	tʰiŋ³⁵	tʰiŋ⁴⁴调殊	diŋ¹³	tʰiŋ³⁵	diŋ¹³
32 镇海	biŋ²⁴	tiŋ⁵³	tiŋ³⁵	tʰiŋ⁵³	tʰiŋ⁵³	diŋ²⁴	tʰiŋ³⁵	diŋ²⁴
33 奉化	biŋ³³	tiŋ⁴⁴	tiŋ⁵⁴⁵	tʰiŋ⁴⁴	tʰiŋ⁵³调殊	diŋ³¹调殊	tʰiŋ⁵⁴⁵	diŋ³¹
34 宁海	biŋ²¹³	tiŋ⁴²³	tiŋ⁵³	tʰiŋ⁴²³	tʰiŋ³⁵调殊	diŋ²⁴调殊	tʰiŋ⁵³	diŋ²⁴
35 象山	biŋ³¹	təŋ⁴⁴	tiŋ⁴⁴	tʰiŋ⁴⁴	tʰiŋ⁵³调殊	diŋ¹³调殊	tʰiŋ⁴⁴	diŋ¹³
36 普陀	biŋ²⁴	tiŋ⁵³	tiŋ⁴⁵	tʰiŋ⁵³	tʰiŋ⁵⁵调殊	diŋ²⁴	tʰiŋ⁴⁵	diŋ¹³
37 定海	biŋ¹³小	tiŋ⁵²	tiŋ⁴⁵	tʰiŋ⁵²	tʰiŋ⁴⁴调殊	diŋ¹³调殊	tʰiŋ⁴⁵	diŋ¹³
38 岱山	biŋ²¹³小	tiŋ⁵²	tiŋ³²⁵	tʰiŋ³²⁵调殊	tʰiŋ⁴⁴调殊	diŋ²¹³调殊	tʰiŋ³²⁵	diŋ²¹³
39 嵊泗	biŋ²¹³小	tiŋ⁵³	tiŋ⁴⁴⁵	tʰiŋ⁵³	tʰiŋ⁵³	diŋ²¹³调殊	tʰiŋ⁴⁴⁵	diŋ²¹³
40 临海	biŋ⁵¹小	tiŋ³¹	tiŋ⁵²	tʰiŋ³¹	tʰiŋ⁵⁵调殊	diŋ²¹	tʰiŋ⁵²	diŋ³²⁴
41 椒江	biŋ³¹	tiŋ³⁵小	tiŋ⁴²	tʰiŋ⁴²	tʰiŋ⁵⁵调殊	diŋ³¹	tʰiŋ⁴²	diŋ²⁴
42 黄岩	bin¹²¹	tin³⁵小	tin⁴²	tʰin⁴²	tʰin⁵⁵调殊	din¹²¹	tʰin⁴²	din²⁴
43 温岭	bin³¹	tin¹⁵小	tin⁴²	tʰin⁴²	tʰin⁵⁵调殊	din³¹	tʰin⁴²	din¹³
44 仙居	bin²¹³	ɗin³³⁴	ɗin³²⁴	tʰin³²⁴调殊	tʰin⁵⁵调殊	din²¹³	tʰin³²⁴	din²⁴
45 天台	biŋ⁵¹小	tiŋ⁵¹小	tiŋ³²⁵	tʰiŋ³³	tʰiŋ⁵⁵调殊	diŋ²²⁴	tʰiŋ³²⁵	diŋ³⁵
46 三门	biŋ²⁵²小	tiŋ³³⁴	tiŋ³²⁵	tʰiŋ³³⁴	tʰiŋ⁵⁵调殊	diŋ¹¹³	tʰiŋ³²⁵	diŋ²⁴³
47 玉环	biŋ³¹	tiŋ³⁵小	tiŋ⁵³	tʰiŋ⁵³	tʰiŋ⁵⁵调殊	diŋ³¹	tʰiŋ⁵³	diŋ²²
48 金华	biŋ³¹³	tiŋ³³⁴	tiŋ⁵³⁵	tʰiŋ³³⁴	tʰiŋ⁵⁵调殊	diŋ³¹³	tʰiŋ⁵³⁵	diŋ¹⁴
49 汤溪	bɛ̃i¹¹	nɛ̃i²⁴	nɛ̃i⁵³⁵	tʰɛ̃i²⁴	tʰɛ̃i⁵²调殊	dɛ̃i¹¹	tʰɛ̃i⁵³⁵	dɛ̃i³⁴¹

续表

方言点	0889 瓶 梗开四平青並	0890 钉 名 梗开四平青端	0891 顶 梗开四上青端	0892 厅 梗开四平青透	0893 听 ~见 梗开四平青透	0894 停 梗开四平青定	0895 挺 梗开四上青定	0896 定 梗开四去青定
50 兰溪	bin^{21}	tin^{334}	tin^{55}	t^hin^{334}	t^hin^{45}调殊	din^{21}	t^hin^{55}	din^{24}
51 浦江	$biən^{113}$	$tiən^{534}$	$tiən^{53}$	$t^hiən^{534}$	$t^hiən^{55}$调殊	$diən^{113}$	$t^hiən^{53}$	$diən^{24}$
52 义乌	$bən^{213}$	$nən^{335}$	$nən^{423}$	$t^hən^{335}$	$t^hən^{45}$调殊	$dən^{213}$	$t^hən^{423}$白 t^hien^{423}文	$dən^{24}$
53 东阳	$bɐn^{213}$	$tɐn^{334}$	$tɐn^{44}$	$t^hɐn^{334}$	$t^hɐn^{453}$调殊	$dɐn^{213}$	$t^hɐn^{44}$	$dɐn^{24}$
54 永康	bin^{241}小	$niŋ^{55}$	$niŋ^{334}$	$t^hiŋ^{55}$	$t^hiŋ^{52}$调殊	$diŋ^{22}$	$t^hiŋ^{334}$	$diŋ^{241}$
55 武义	bin^{324}	nin^{24}	nin^{445}	t^hin^{24}	t^hin^{53}调殊	din^{324}	t^hin^{445}	din^{231}
56 磐安	$biɐn^{213}$	$nɐn^{445}$老 $tɐn^{445}$新	$nɐn^{334}$老 $tɐn^{334}$新	$t^hɐn^{445}$	$t^hɐn^{52}$调殊	$dɐn^{213}$	$t^hɐn^{334}$	$dɐn^{14}$
57 缙云	$bəŋ^{243}$	$nəŋ^{44}$	$nəŋ^{51}$	$t^hɜŋ^{44}$	$t^hɜŋ^{453}$调殊	$dɜŋ^{243}$	$t^hɜŋ^{51}$	$dɜŋ^{213}$
58 衢州	bin^{21}	tin^{32}	tin^{35}	t^hin^{32}	t^hin^{32}	din^{21}	t^hin^{35}	din^{231}
59 衢江	$biŋ^{212}$	$tiŋ^{33}$	$tiŋ^{25}$	$t^hiŋ^{33}$	$t^hiŋ^{33}$	$diŋ^{212}$	$t^hiŋ^{25}$	$diŋ^{231}$
60 龙游	bin^{21}	tin^{334}	tin^{35}	t^hin^{334}	t^hin^{51}调殊	din^{21}	t^hin^{35}	din^{231}
61 江山	$b\tilde{\imath}^{213}$	$t\tilde{\imath}^{44}$	$t\tilde{\imath}^{241}$	$t^h\tilde{\imath}^{44}$	$t^h\tilde{\imath}^{44}$	$d\tilde{\imath}^{213}$	$t^h\tilde{\imath}^{241}$	$d\tilde{\imath}^{31}$
62 常山	$b\tilde{\imath}^{341}$	$t\tilde{\imath}^{44}$	$t\tilde{\imath}^{52}$	$t^h\tilde{\imath}^{44}$	$t^h\tilde{\imath}^{44}$	$d\tilde{\imath}^{341}$	$t^h\tilde{\imath}^{52}$	$d\tilde{\imath}^{131}$
63 开化	bin^{231}	tin^{44}	tin^{53}	t^hin^{44}	t^hin^{44}	din^{231}	t^hin^{53}	din^{213}
64 丽水	bin^{22}	tin^{224}	tin^{544}	t^hin^{224}	t^hin^{52}调殊	din^{22}	t^hin^{544}	din^{131}
65 青田	$beŋ^{21}$	$ɗeŋ^{445}$	$ɗeŋ^{454}$	$t^heŋ^{445}$	$t^heŋ^{445}$	$deŋ^{21}$	$t^heŋ^{454}$	$deŋ^{22}$
66 云和	$biŋ^{312}$	$tiŋ^{24}$	$tiŋ^{41}$	$t^hiŋ^{24}$	$t^hiŋ^{45}$调殊	$diŋ^{312}$	$t^hiŋ^{41}$	$diŋ^{223}$
67 松阳	bin^{31}	tin^{53}	tin^{212}	t^hin^{53}	t^hin^{24}调殊	din^{31}	t^hin^{212}	din^{13}
68 宣平	bin^{433}	tin^{324}	tin^{445}	t^hin^{324}	t^hin^{52}调殊	din^{433}	t^hin^{445}	din^{231}
69 遂昌	$biŋ^{221}$	$tiŋ^{45}$	$tiŋ^{533}$	$t^hiŋ^{45}$	$t^hiŋ^{334}$调殊	$diŋ^{221}$	$t^hiŋ^{533}$	$diŋ^{213}$
70 龙泉	bin^{21}	tin^{434}	tin^{51}	t^hin^{434}	t^hin^{45}调殊	din^{21}	t^hin^{51}	din^{224}
71 景宁	$biŋ^{41}$	$tiŋ^{324}$	$tiŋ^{33}$	$t^hiŋ^{324}$	$t^hiŋ^{35}$调殊	$diŋ^{41}$	$t^hiŋ^{33}$	$diŋ^{113}$
72 庆元	$piŋ^{52}$	$ɗiŋ^{335}$	$ɗiŋ^{33}$	$t^hiŋ^{335}$	$t^hiŋ^{335}$	$tiŋ^{52}$	$t^hiŋ^{33}$	$tiŋ^{31}$

续表

方言点	0889 瓶	0890 钉名	0891 顶	0892 厅	0893 听~见	0894 停	0895 挺	0896 定
	梗开四平青並	梗开四平青端	梗开四上青端	梗开四平青透	梗开四平青透	梗开四平青定	梗开四上青定	梗开四去青定
73 泰顺	piŋ⁵³	tiŋ²¹³	tiŋ⁵⁵	tʰiŋ²¹³	tʰiŋ²¹³	tiŋ⁵³	tʰiŋ⁵⁵	tiŋ²²
74 温州	bəŋ³¹	təŋ³³	təŋ²⁵	tʰəŋ³³	tʰəŋ³³	dəŋ³¹	tʰəŋ²⁵	dəŋ²²
75 永嘉	beŋ³¹	teŋ⁴⁴	teŋ⁴⁵	tʰeŋ⁴⁴	tʰeŋ⁴⁴	deŋ³¹	tʰeŋ⁴⁵	deŋ²²
76 乐清	beŋ³¹	teŋ⁴⁴	teŋ³⁵	tʰeŋ⁴⁴	tʰeŋ⁴⁴	deŋ³¹	tʰeŋ³⁵	deŋ²²
77 瑞安	bəŋ³¹	təŋ⁴⁴	təŋ³⁵	tʰəŋ⁴⁴	tʰəŋ⁴⁴	dəŋ³¹	tʰəŋ³⁵	dəŋ²²
78 平阳	beŋ²³小	teŋ⁵⁵	teŋ⁴⁵	tʰeŋ⁵⁵	tʰeŋ⁵⁵	deŋ²⁴²	tʰeŋ⁴⁵	deŋ³³
79 文成	beŋ¹¹³	teŋ⁵⁵	teŋ⁴⁵	tʰeŋ⁵⁵	tʰeŋ⁵⁵	deŋ¹¹³	tʰeŋ⁴⁵	deŋ⁴²⁴
80 苍南	beŋ³¹	teŋ⁴⁴	teŋ⁵³	tʰeŋ⁴⁴	tʰeŋ⁴⁴	deŋ³¹	tʰeŋ⁵³	deŋ¹¹
81 建德徽	pin³³	tin⁵³	tin²¹³	tʰin⁵³	tʰin⁵³	tin³³	tʰin²¹³	tʰin⁵⁵
82 寿昌徽	pʰien⁵²	tien¹¹²	tien²⁴	tʰien¹¹²	tʰien³³调殊	tʰien⁵²	tʰien²⁴	tʰien³³
83 淳安徽	pʰin⁴³⁵	tin²⁴	tin⁵⁵	tʰin²⁴	tʰin²⁴	tʰin⁴³⁵	tʰin⁵⁵	tʰin⁵³
84 遂安徽	pʰin³³	tin⁵³⁴	tin²¹³	tʰin⁵³⁴	tʰin⁵³⁴	tʰin³³	tʰin²¹³	tʰin⁵²
85 苍南闽	pan²⁴	tan⁵⁵白 tin⁵⁵文	tin⁴³	tʰĩã⁵⁵	tʰĩã⁵⁵	tʰin²⁴	tʰin⁴³	tĩã²¹
86 泰顺闽	pien²²	tien²¹³	tien³⁴⁴	tʰiæŋ²¹³	tʰiæŋ²¹³	tieŋ²²	tʰieŋ³⁴⁴	tiæŋ³¹
87 洞头闽	pan¹¹³	tan³³	tieŋ⁵³	tʰĩã³³	tʰĩã³³	tʰieŋ¹¹³	tʰieŋ⁵³	tĩã²¹
88 景宁畲	pʰin²²	tin⁴⁴	tin³²⁵	tʰin⁴⁴	tʰaŋ⁴⁴	tin²²	tʰin³²⁵	tʰaŋ⁵¹

方言点	0897 零 梗开四 平青来	0898 青 梗开四 平青清	0899 星 梗开四 平青心	0900 经 梗开四 平青见	0901 形 梗开四 平青匣	0902 壁 梗开四 入锡帮	0903 劈 梗开四 入锡滂	0904 踢 梗开四 入锡透
01 杭州	liŋ²¹³	tɕʰiŋ³³⁴	ɕiŋ³³⁴	tɕiŋ³³⁴	iŋ²¹³	piɛʔ⁵	pʰiɛʔ⁵	tʰiɛʔ⁵
02 嘉兴	liŋ²⁴²	tɕʰiŋ⁴²	ɕiŋ⁴²	tɕiŋ⁴²	iŋ²⁴²	pieʔ⁵	pʰieʔ⁵	tʰieʔ⁵
03 嘉善	lin¹³²	tɕʰin⁵³	ɕin⁵³	tɕin⁵³	in¹³²	pieʔ⁵	pʰieʔ⁵	tʰieʔ⁵
04 平湖	lin³¹	tsʰin⁵³	sin⁵³	tɕin⁵³	in³¹	piəʔ⁵	pʰiəʔ²³	tʰiəʔ²³
05 海盐	lin³¹	tɕʰin⁵³	ɕin⁵³	tɕin⁵³	in³¹	piəʔ⁵	pʰiəʔ²³	tʰiəʔ²³
06 海宁	liŋ¹³	tɕʰiŋ⁵⁵	ɕiŋ⁵⁵	tɕiŋ⁵⁵	iŋ¹³	pieʔ⁵	pʰieʔ⁵	tʰieʔ⁵
07 桐乡	liŋ¹³	tsʰin⁴⁴	sin⁴⁴	tɕin⁴⁴	iŋ¹³	piəʔ⁵	pʰiəʔ⁵	tʰiəʔ⁵
08 崇德	liŋ¹³	tɕʰiŋ⁴⁴	ɕiŋ⁴⁴	tɕiŋ⁴⁴	iŋ¹³	piəʔ⁵	pʰiəʔ⁵	tʰiəʔ⁵
09 湖州	lin¹¹²	tɕʰin⁴⁴	ɕin⁴⁴	tɕin⁴⁴	in¹¹²	pieʔ⁵	pʰieʔ⁵	tʰieʔ⁵
10 德清	lin¹¹³	tɕʰin⁴⁴	ɕin⁴⁴	tɕin⁴⁴	in¹¹³	pieʔ⁵	pʰieʔ⁵	tʰieʔ⁵
11 武康	lin¹¹³	tɕʰin⁴⁴	ɕin⁴⁴	tɕin⁴⁴	in¹¹³	pieʔ⁵	pʰieʔ⁵	tʰieʔ⁵
12 安吉	liŋ²²	tɕʰiŋ⁵⁵	ɕiŋ⁵⁵	tɕiŋ⁵⁵	iŋ²²	piɐʔ⁵	pʰiɐʔ⁵	tʰiɐʔ⁵
13 孝丰	liŋ²²	tɕʰiŋ⁴⁴	ɕiŋ⁴⁴	tɕiŋ⁴⁴	iŋ²²	pieʔ⁵	pʰieʔ⁵	tʰieʔ⁵
14 长兴	liŋ¹²	tʃʰiŋ⁴⁴	ʃiŋ⁴⁴	tʃiŋ⁴⁴	iŋ¹²	piɐʔ⁵	pʰiɐʔ⁵	tʰiɐʔ⁵
15 余杭	liŋ²²	tɕʰiŋ⁴⁴	siŋ⁴⁴	tɕiŋ⁴⁴	iŋ²²	pieʔ⁵	pʰieʔ⁵	tʰieʔ⁵
16 临安	lieŋ³³	tɕʰieŋ⁵⁵	ɕieŋ⁵⁵	tɕieŋ⁵⁵	ieŋ³³	piɐʔ⁵⁴	pʰiɐʔ⁵⁴	tʰiɐʔ⁵⁴
17 昌化	liəŋ¹¹²	tɕʰiəŋ³³⁴	ɕiəŋ³³⁴	tɕiəŋ³³⁴	iəŋ¹¹²	piɛʔ⁵	pʰiɛʔ⁵	tʰiɛʔ⁵
18 於潜	liŋ²²³	tɕʰiŋ⁴³³	ɕiŋ⁴³³	tɕiŋ⁴³³	iŋ²²³	pieʔ⁵³	pʰieʔ⁵³	tʰieʔ⁵³
19 萧山	liŋ³⁵⁵	tɕʰiŋ⁵³³	ɕiŋ⁵³³	tɕiŋ⁵³³	iŋ³⁵⁵	pieʔ⁵	pʰieʔ⁵	tʰieʔ⁵
20 富阳	lin¹³	tɕʰin⁵³	ɕin⁵³	tɕin⁵³	in¹³	piɛʔ⁵	pʰiɛʔ⁵	tʰiɛʔ⁵
21 新登	leiŋ²³³	tɕʰiŋ⁵³	seiŋ⁵³	tɕiŋ⁵³	iŋ²³³	piəʔ⁵	pʰiəʔ⁵	tʰiəʔ⁵
22 桐庐	liŋ¹³	tɕʰiŋ⁵³³	ɕiŋ⁵³³	tɕiŋ⁵³³	iŋ¹³	piəʔ⁵	pʰiəʔ⁵	tʰiəʔ⁵
23 分水	lin²²	tɕʰin⁴⁴	ɕin⁴⁴	tɕin⁴⁴	in²²	piəʔ⁵	pʰiəʔ⁵	tʰiəʔ⁵
24 绍兴	liŋ²³¹	tɕʰiŋ⁵³	ɕiŋ⁵³	tɕiŋ⁵³	iŋ²³¹	pieʔ⁵	pʰieʔ⁵	tʰieʔ⁵
25 上虞	liŋ²¹³	tɕʰiŋ³⁵	ɕiŋ³⁵	tɕiŋ³⁵	iŋ²¹³	piəʔ⁵	pʰiəʔ⁵	tʰiəʔ⁵
26 嵊州	liŋ²¹³	tɕʰiŋ⁵³⁴	ɕiŋ⁵³⁴	tɕiŋ⁵³⁴	iŋ²¹³	pieʔ⁵	pʰieʔ⁵	tʰieʔ⁵

续表

方言点	0897 零	0898 青	0899 星	0900 经	0901 形	0902 壁	0903 劈	0904 踢
	梗开四 平青来	梗开四 平青清	梗开四 平青心	梗开四 平青见	梗开四 平青匣	梗开四 入锡帮	梗开四 入锡滂	梗开四 入锡透
27 新昌	liŋ²²	tɕʰiŋ⁵³⁴	ɕiŋ⁵³⁴	tɕiŋ⁵³⁴	iŋ²²	piʔ⁵	pʰiʔ⁵	tʰiʔ⁵
28 诸暨	lin¹³	tɕʰin⁵⁴⁴	ɕin⁵⁴⁴	tɕin⁵⁴⁴	in¹³声殊	pieʔ⁵	pʰieʔ⁵	tʰieʔ⁵
29 慈溪	liŋ¹³	tɕʰiŋ³⁵	ɕiŋ³⁵	tɕiŋ³⁵	iŋ¹³	piəʔ⁵	pʰiəʔ⁵	tʰiəʔ⁵
30 余姚	liə̃¹³	tɕʰiə̃⁴⁴	ɕiə̃⁴⁴	tɕiə̃⁴⁴	iə̃¹³	piəʔ⁵	pʰiəʔ⁵	tʰiəʔ⁵
31 宁波	liŋ¹³	tɕʰiŋ⁵³	ɕiŋ⁵³	tɕiŋ⁵³	iŋ¹³	piəʔ⁵	pʰiəʔ⁵	tʰiəʔ⁵
32 镇海	liŋ²⁴	tɕʰiŋ⁵³	ɕiŋ⁵³	tɕiŋ⁵³	iŋ²⁴	pieʔ⁵	pʰieʔ⁵	tʰieʔ⁵
33 奉化	liŋ³³	tɕiŋ⁴⁴	ɕiŋ⁴⁴	tɕiŋ⁴⁴	iŋ³³	piɿʔ⁵	pʰiɿʔ⁵	tʰiɿʔ⁵
34 宁海	liŋ²¹³	tɕʰiŋ⁴²³	ɕiŋ⁴²³	tɕiŋ⁴²³	iŋ²¹³	piəʔ⁵	pʰiəʔ⁵	tʰiəʔ⁵
35 象山	liŋ³¹	tɕʰiŋ⁴⁴	ɕiŋ⁴⁴	tɕiŋ⁴⁴	iŋ³¹	pieʔ⁵	pʰieʔ⁵	tʰieʔ⁵
36 普陀	liŋ²⁴	tɕʰiŋ⁵³	ɕiŋ⁵³	tɕiŋ⁵³	iŋ²⁴	pieʔ⁵	pʰiɛʔ⁵	tʰiɛʔ⁵
37 定海	liŋ²³	tɕʰiŋ⁵²	ɕiŋ⁵²	tɕiŋ⁵²	iŋ²³	pieʔ⁵	pʰieʔ⁵	tʰieʔ⁵
38 岱山	liŋ²³	tɕʰiŋ⁵²	ɕiŋ⁵²	tɕiŋ⁵²	iŋ²³	pieʔ⁵	pʰieʔ⁵	tʰieʔ⁵
39 嵊泗	liŋ²⁴³	tɕʰiŋ⁵³	ɕiŋ⁵³	tɕiŋ⁵³	iŋ²⁴³	piɛʔ⁵	pʰiɛʔ⁵	tʰiɛʔ⁵
40 临海	liŋ²¹	tɕʰiŋ³¹	ɕiŋ³¹	tɕiŋ³¹	iŋ²¹	pieʔ⁵	pʰieʔ⁵	tʰieʔ⁵
41 椒江	liŋ³¹	tɕʰiŋ⁴²	ɕiŋ⁴²	tɕiŋ⁴²	iŋ³¹	pieʔ⁵	pʰieʔ⁵	tʰieʔ⁵
42 黄岩	lin¹²¹	tɕʰin³²	ɕin³²	tɕin³²	in¹²¹	pieʔ⁵	pʰieʔ⁵	tʰieʔ⁵
43 温岭	lin³¹	tɕʰin³³	ɕin³³	tɕin³³	in³¹	piʔ⁵	pʰiʔ⁵	tʰiʔ⁵
44 仙居	lin²¹³	tɕʰin³³⁴	ɕin³³⁴	tɕin³³⁴	in²¹³	ɓiəʔ⁵	pʰiəʔ⁵	tʰiəʔ⁵
45 天台	liŋ²²⁴	tɕʰiŋ³³	ɕiŋ³³	kiŋ³³	iŋ²²⁴	piəʔ⁵	pʰiəʔ⁵	tʰiəʔ⁵
46 三门	liŋ¹¹³	tɕʰiŋ³³⁴	ɕiŋ³³⁴	tɕiŋ³³⁴	iŋ¹¹³	pieʔ⁵	pʰieʔ⁵	tʰieʔ⁵
47 玉环	liŋ³¹	tɕʰiŋ⁴²	ɕiŋ⁴²	tɕiŋ⁴²	iŋ³¹	piɐʔ⁵	pʰiɐʔ⁵	tʰiɐʔ⁵
48 金华	liŋ³¹³	tɕʰiŋ³³⁴	ɕiŋ³³⁴	tɕiŋ³³⁴	iŋ³¹³	piəʔ⁴	pʰiəʔ⁴	tʰiəʔ⁴
49 汤溪	lɛ̃i¹¹	tsʰɛ̃i²⁴	sɛ̃i²⁴	tɕiɛ̃i²⁴	iɛ̃i¹¹	pei⁵⁵	pʰie⁵⁵	tʰei⁵⁵
50 兰溪	lin²¹	tɕʰin³³⁴	sin³³⁴	tɕin³³⁴	in²¹	pieʔ³⁴	pʰieʔ³⁴	tʰiəʔ³⁴
51 浦江	liən¹¹³	tsʰiən⁵³⁴	siən⁵³⁴	tɕiən⁵³⁴	iən¹¹³	pɛ⁴²³	（无）	tʰɛ⁴²³

续表

方言点	0897 零 梗开四 平青来	0898 青 梗开四 平青清	0899 星 梗开四 平青心	0900 经 梗开四 平青见	0901 形 梗开四 平青匣	0902 壁 梗开四 入锡帮	0903 劈 梗开四 入锡滂	0904 踢 梗开四 入锡透
52 义乌	lən²¹³	tsʰən³³⁵	sən³³⁵	tɕiən³³⁵	iən²¹³	pai³²⁴	pʰiə³²⁴	tʰai³²⁴
53 东阳	ləŋ²¹³	tsʰɐŋ³³⁴	sɐŋ³³⁴	kɐŋ³³⁴	ziɐʔ²¹³	pei³⁴	pʰaʔ³⁴	tʰei³³⁴
54 永康	liŋ²²	tɕʰiŋ⁵⁵	ɕiŋ⁵⁵	tɕiŋ⁵⁵	iŋ²²	ɓə³³⁴	pʰie³³⁴	tʰəi³³⁴
55 武义	lin³²⁴	tɕʰin²⁴	ɕin²⁴	tɕin²⁴	in³²⁴	pəʔ⁵	pʰie⁵³	tʰəʔ⁵
56 磐安	lɐn²¹³	tsʰɐn⁴⁴⁵	sɐn⁴⁴⁵	kɐn⁴⁴⁵ 念~ / tɕiɐn⁴⁴⁵ ~过	iɐn²¹³	pɛi³³⁴	pʰiɛ³³⁴	tʰɛi³³⁴
57 缙云	leŋ²⁴³	tsʰɛŋ⁴⁴	sɛŋ⁴⁴	tɕiɛŋ⁴⁴	iɛŋ²⁴³	piei³²²	pʰie³²²	tʰei³²²
58 衢州	lin²¹	tɕʰin³²	ɕin³²	tɕin³²	in²¹	piəʔ⁵	pʰiəʔ⁵	tʰiəʔ⁵
59 衢江	liŋ²¹²	tɕʰiŋ³³	ɕiŋ³³	tɕiŋ³³	iŋ²¹²	piəʔ⁵	pʰiəʔ⁵	tʰiəʔ⁵
60 龙游	lin²¹	tɕʰin³³⁴	ɕin³³⁴	tɕin³³⁴	in²¹	piəʔ⁴	pʰiəʔ⁴	tʰiəʔ⁴
61 江山	lĩ²¹³	tɕʰĩ⁴⁴	ɕĩ⁴⁴	kĩ⁴⁴	ĩ²¹³	piɛʔ⁵	pʰiɛʔ⁵	tʰiɛʔ⁵
62 常山	lĩ³⁴¹	tsʰĩ⁴⁴	sĩ⁴⁴	kĩ⁴⁴	ĩ³⁴¹	pieʔ⁵	pʰiʌʔ⁵	tʰieʔ⁵
63 开化	lin²³¹	tɕʰin⁴⁴	ɕin⁴⁴	tɕin⁴⁴	in²³¹	piɛʔ⁵	pʰiaʔ⁵	tʰiɛʔ⁵
64 丽水	lin²²	tɕʰin²²⁴	ɕin²²⁴	tɕin²²⁴	in²²	piʔ⁵	pʰiɛʔ⁵	tʰiʔ⁵
65 青田	leŋ²¹	tɕʰiŋ⁴⁴⁵	ɕiŋ⁴⁴⁵	tɕiŋ⁴⁴⁵	iŋ²¹	ɓiʔ⁴²	pʰiʔ⁴²	tʰiʔ⁴²
66 云和	liŋ³¹²	tɕʰiŋ²⁴	ɕiŋ²⁴	tɕiŋ²⁴	iŋ³¹²	piʔ⁵	pʰiɛʔ⁵	tʰiʔ⁵
67 松阳	lin³¹	tɕʰin⁵³	ɕin⁵³	tɕin⁵³	in³¹	piʔ⁵	pʰiɛʔ⁵	tʰiʔ⁵
68 宣平	lin⁴³³	tɕʰin³²⁴	ɕin³²⁴	tɕin³²⁴	in⁴³³	piəʔ⁵	pʰiəʔ⁵	tʰiəʔ⁵
69 遂昌	liŋ²²¹	tɕʰiŋ⁴⁵	ɕiŋ⁴⁵	tɕiŋ⁴⁵	iŋ²²¹	piʔ⁵	pʰiɛʔ⁵	tʰiʔ⁵
70 龙泉	lin²¹	tɕʰin⁴³⁴	ɕin⁴³⁴	tɕin⁴³⁴	in²¹	pieiʔ⁵	pʰieiʔ⁵	tʰieiʔ⁵
71 景宁	liŋ⁴¹	tɕʰiŋ³²⁴	ɕiŋ³²⁴	tɕiŋ³²⁴	ziŋ⁴¹	piʔ⁵	pʰiʔ⁵	tʰiʔ⁵
72 庆元	liŋ⁵²	tɕʰiŋ³³⁵	ɕiŋ³³⁵	tɕiŋ³³⁵	iŋ⁵²	ɓiʔ⁵	pʰiʔ⁵	tʰiʔ⁵
73 泰顺	liŋ⁵³	tɕʰiŋ²¹³	ɕiŋ²¹³	tɕiŋ²¹³	iŋ⁵³	piʔ⁵	pʰiʔ⁵	tʰiʔ⁵
74 温州	ləŋ³¹	tsʰəŋ³³	səŋ³³	tɕiaŋ³³	iaŋ³¹	pi³²³	pʰi³²³	tʰei³²³
75 永嘉	leŋ³¹	tɕʰieŋ⁴⁴	ɕieŋ⁴⁴	tɕiaŋ⁴⁴	iaŋ³¹	pi⁴²³	（无）	tʰei⁴²³

续表

方言点	0897 零	0898 青	0899 星	0900 经	0901 形	0902 壁	0903 劈	0904 踢
	梗开四 平青来	梗开四 平青清	梗开四 平青心	梗开四 平青见	梗开四 平青匣	梗开四 入锡帮	梗开四 入锡滂	梗开四 入锡透
76 乐清	leŋ³¹	tɕʰieŋ⁴⁴	seŋ⁴⁴	tɕiaŋ⁴⁴	iaŋ³¹	pi³²³	pʰi³²³	tʰi³²³
77 瑞安	ləŋ³¹	tsʰəŋ⁴⁴	səŋ⁴⁴	tɕiaŋ⁴⁴	iaŋ³¹	pei³²³	pʰei³²³	tʰei³²³
78 平阳	leŋ²⁴²	tʃʰeŋ⁵⁵	seŋ⁵⁵	tʃaŋ⁵⁵	iaŋ²⁴²	pie³⁴	pʰie³⁴	tʰie³⁴
79 文成	leŋ¹¹³	tʃʰeŋ⁵⁵	seŋ⁵⁵	tʃaŋ⁵⁵	iaŋ¹¹³	pei³⁴	pʰei⁵⁵文	tʰei³⁴
80 苍南	leŋ³¹	tsʰeŋ⁴⁴	seŋ⁴⁴	tɕiaŋ⁴⁴	iaŋ³¹	piɛ²²³	pʰiɛ²²³	tʰi²²³
81 建德徽	lin³³	tɕʰin⁵³	ɕin⁵³	tɕin⁵³	ɕin²¹¹文	piɐʔ⁵	pʰi⁵⁵	tʰiɐʔ⁵
82 寿昌徽	lien¹¹²文	tɕʰien¹¹²	ɕien¹¹²	tɕien¹¹²	ɕien¹¹²文	piəʔ³	pʰi⁵⁵	tʰiəʔ³
83 淳安徽	lin⁴³⁵	tɕʰin²⁴	ɕin²⁴	tɕin²⁴	ɕin⁴³⁵	piʔ⁵	pʰiəʔ⁵	tʰiʔ⁵
84 遂安徽	lin³³	tɕʰin⁵³⁴	ɕin⁵³⁴	tɕin⁵³⁴	ɕin³³	pi²⁴	pʰiɛ²⁴	tʰi²⁴
85 苍南闽	lin²⁴	tɕʰin⁵⁵	tɕʰĩ⁵⁵	kin⁵⁵	hin²⁴	pia⁴³	pʰie⁴³	tʰɐ⁴³
86 泰顺闽	lieŋ²²	kʰieŋ²¹³	sieŋ²¹³	kieŋ²¹³	sieŋ²²	piɛʔ³	pʰiɛʔ³	tʰiɪʔ⁵
87 洞头闽	lieŋ¹¹³	tɕʰĩ⁵³白 tɕʰieŋ³³文	tɕʰĩ³³	kieŋ³³	hieŋ¹¹³	pia⁵³	pʰiek⁵	tʰɐt⁵
88 景宁畲	lin²²	tsʰaŋ⁴⁴	saŋ⁵¹	kin⁴⁴	in²²	piaʔ⁵	pʰiʔ⁵	tʰiʔ⁵

方言点	0905 笛	0906 历 农~	0907 锡	0908 击	0909 吃	0910 横 ~竖	0911 划 计~	0912 兄
	梗开四入锡定	梗开四入锡来	梗开四入锡心	梗开四入锡见	梗开四入锡溪	梗合二平庚匣	梗合二入麦匣	梗合三平庚晓
01 杭州	$diεʔ^2$	$liεʔ^2$	$ɕiεʔ^5$	$tɕiεʔ^5$	$tɕʰioʔ^5$	$uaŋ^{213}$	$uaʔ^2$	$ɕioŋ^{334}$
02 嘉兴	$dieʔ^{13}$	$lieʔ^5$	$ɕieʔ^5$	$tɕieʔ^5$	$tɕʰieʔ^5$	$u\tilde{A}^{242}$	$u\tilde{A}^5$	$ɕioŋ^{42}$
03 嘉善	$dieʔ^2$	$lieʔ^2$	$ɕieʔ^5$	$tɕieʔ^5$	$tɕʰiɜʔ^5$	$v\tilde{æ}^{132}$声殊	$uaʔ^2$	$ɕioŋ^{53}$
04 平湖	$diəʔ^{23}$	$liəʔ^{23}$	$siəʔ^5$	$tɕiəʔ^5$	$tɕʰiəʔ^{23}$	$u\tilde{ɑ}^{31}$	$vaʔ^{23}$	$ɕioŋ^{53}$
05 海盐	$diəʔ^{23}$	$liəʔ^{23}$	$ɕiəʔ^5$	$tɕiəʔ^5$	$tɕʰiəʔ^{23}$白 $tsʰəʔ^{23}$文	$u\tilde{ɛ}^{31}$	$uaʔ^{23}$	$ɕioŋ^{53}$
06 海宁	$dieʔ^2$	$lieʔ^2$	$ɕieʔ^5$	$tɕieʔ^5$	$tɕʰieʔ^5$	$u\tilde{ɑ}^{13}$	$uaʔ^2$	$ɕioŋ^{55}$
07 桐乡	$diəʔ^{23}$	$liəʔ^{23}$	$siəʔ^5$	$tɕiəʔ^5$	$tɕʰiəʔ^5$	$u\tilde{ɑ}^{13}$	$uaʔ^2$	$ɕioŋ^{44}$
08 崇德	$diəʔ^{23}$	$liəʔ^{23}$	$ɕiəʔ^5$	$tɕiəʔ^5$	$tɕʰiəʔ^5$	$u\tilde{ɑ}^{13}$	$uaʔ^{23}$	$ɕioŋ^{44}$
09 湖州	$dieʔ^2$	$lieʔ^2$	$ɕieʔ^5$	$tɕieʔ^5$	$tɕʰieʔ^5$	$u\tilde{ɑ}^{112}$	$uaʔ^2$	$ɕioŋ^{44}$
10 德清	$dieʔ^2$	$lieʔ^2$	$ɕieʔ^5$	$tɕieʔ^5$	$tɕʰioʔ^5$	$u\tilde{ɑ}^{113}$	$uaʔ^2$	$ɕioŋ^{44}$
11 武康	$dieʔ^2$	$lieʔ^2$	$ɕieʔ^5$	$tɕieʔ^5$	$tɕʰiɜʔ^5$	$u\tilde{ɑ}^{113}$	$uɜʔ^2$	$ɕioŋ^{44}$
12 安吉	$diɛʔ^{23}$	$liɛʔ^{23}$	$ɕiɛʔ^5$	$tɕiɛʔ^5$	$tɕʰɤʔ^5$	$u\tilde{ɑ}^{22}$	$uɐʔ^{23}$	$ɕioŋ^{55}$
13 孝丰	$dieʔ^{23}$	$lieʔ^{23}$	$ɕieʔ^5$	$tɕieʔ^5$	$tɕʰieʔ^5$	$u\tilde{ɑ}^{22}$	$uaʔ^2$	$ɕioŋ^{44}$
14 长兴	$diɛʔ^2$	$liɛʔ^2$	$ʃiɛʔ^5$	$tʃiɛʔ^5$	$tʃʰiɛʔ^5$	$u\tilde{ɑ}^{12}$	$uaʔ^2$	$ʃioŋ^{44}$
15 余杭	$dieʔ^2$	$lieʔ^2$	$sieʔ^5$	$tɕieʔ^5$	$tɕʰieʔ^5$	$u\tilde{ɑ}^{22}$	$uaʔ^2$	$ɕioŋ^{44}$
16 临安	$diɐʔ^{12}$	$liɐʔ^{12}$	$ɕiɐʔ^{54}$	$tɕiɐʔ^{54}$	$tɕʰiɐʔ^{54}$	$u\tilde{ɑ}^{33}$	$uɐʔ^{12}$	$ɕioŋ^{55}$
17 昌化	$diɛʔ^{23}$	$liɛʔ^{23}$	$ɕieʔ^5$	$tɕieʔ^5$	$tɕʰieʔ^5$	$u\tilde{ɑ}^{112}$	$uaʔ^{23}$	$ɕyəŋ^{334}$
18 於潜	$diæʔ^{23}$	$liæʔ^{23}$	$ɕieʔ^{53}$	$tɕieʔ^{53}$	$tɕʰieʔ^{53}$	$uaŋ^{223}$	$uɐʔ^{23}$	$ɕioŋ^{433}$
19 萧山	$dieʔ^{13}$	$lieʔ^{13}$	$ɕieʔ^5$	$tɕieʔ^5$	$tɕʰieʔ^5$	$u\tilde{ɑ}^{355}$	$aʔ^{13}$	$ɕyoŋ^{533}$
20 富阳	$diɛʔ^2$	$liɛʔ^2$	$ɕieʔ^5$	$tɕiɛʔ^5$	$tɕʰiɛʔ^5$	$u\tilde{ɑ}^{13}$	$uaʔ^2$	$ɕyoŋ^{53}$
21 新登	$diəʔ^2$	$liəʔ^2$	$ɕiəʔ^5$	$tɕiəʔ^5$	$tsʰəʔ^5$	$uɛ^{233}$	$uaʔ^2$	$soŋ^{53}$
22 桐庐	$diəʔ^{13}$	$liəʔ^{13}$	$ɕiəʔ^5$	$tɕiəʔ^5$	$tɕʰiəʔ^5$	$u\tilde{ɑ}^{13}$	$uaʔ^{13}$	$ɕioŋ^{533}$
23 分水	$diəʔ^{12}$	$liəʔ^{12}$	$ɕiəʔ^5$	$tɕiəʔ^5$	$tɕʰiəʔ^5$	$xən^{22}$	$uaʔ^{12}$	$ɕioŋ^{44}$
24 绍兴	$dieʔ^2$	$lieʔ^2$	$ɕieʔ^5$	$tɕieʔ^5$	$tɕʰieʔ^5$	$uaŋ^{231}$	$uaʔ^2$	$ɕioŋ^{53}$
25 上虞	$diəʔ^2$	$liəʔ^2$	$ɕiəʔ^5$	$tɕiəʔ^5$	$tɕʰyoʔ^5$	$u\tilde{ɑ}^{213}$	$uaʔ^2$	$ɕyoŋ^{35}$

续表

方言点	0905 笛	0906 历 农~	0907 锡	0908 击	0909 吃	0910 横 ~竖	0911 划 计~	0912 兄
	梗开四入锡定	梗开四入锡来	梗开四入锡心	梗开四入锡见	梗开四入锡溪	梗合二平庚匣	梗合二入麦匣	梗合三平庚晓
26 嵊州	die?^{2}	lie?^{2}	ɕie?^{5}	tɕie?^{5}	tɕʰyo?^{5} 白 tɕʰie?^{5} 文	uaŋ^{213}	ua?^{2}	ɕyoŋ^{534}
27 新昌	di?^{2}	li?^{2}	ɕi?^{5}	tɕi?^{5}	tɕʰi?^{5}	uaŋ^{22}	ua?^{2}	ɕyoŋ^{534}
28 诸暨	die?^{13}	lie?^{13}	ɕie?^{5}	tɕie?^{5}	tɕʰie?^{5}	vã^{13}	va?^{13}	ɕiom^{544}
29 慈溪	diə?^{2}	liə?^{2}	ɕiə?^{5}	tɕiə?^{5}	tɕʰyo?^{5}	uã^{13}	ua^2	ɕiun^{35}
30 余姚	diə?^{2}	liə?^{2}	ɕiə?^{5}	tɕiə?^{5}	tɕʰyo?^{5}	uaŋ^{13}	ua?^{2}	ɕiun^{44}
31 宁波	diə?^{2}	liə?^{2}	ɕiə?^{5}	tɕiə?^{5}	tɕʰyo?^{5}	ua^{13}	ua?^{2}	ɕyoŋ^{53}
32 镇海	die?^{12}	lie?^{12}	ɕie?^{5}	tɕie?^{5}	tɕʰyo?^{5}	uã^{24}	ua?^{12}	ɕyoŋ^{53}
33 奉化	diɪ?^{2}	liɪ?^{2}	ɕiɪ?^{5}	tɕiɪ?^{5}	tɕʰyo?^{5}	uã^{33}	ua?^{2}	ɕyoŋ^{44}
34 宁海	die?^{3}	liə?^{3}	ɕiə?^{5}	tɕiə?^{5}	tɕʰio?^{5}	uã^{213}	ua?^{3}	ɕioŋ^{423}
35 象山	die?^{2}	lie?^{2}	ɕie?^{5}	tɕie?^{5}	tɕʰyo?^{5}	uã^{31}	ua?^{2}	ɕyoŋ^{44}
36 普陀	diɛ?^{23}	liɛ?^{23}	ɕiɛ?^{5}	tɕiɛ?^{5}	tɕʰyo?^{5}	uã^{24}	uɐ?^{23}	ɕioŋ^{53}
37 定海	die?^{2}	lie?^{2}	ɕie?^{5}	tɕie?^{5}	tɕʰyo?^{5}	uã^{23}	uɐ?^{2}	ɕyoŋ^{52}
38 岱山	die?^{2}	lie?^{2}	ɕie?^{5}	tɕie?^{5}	tɕʰyo?^{5}	uã^{23}	uɐ?^{2}	ɕyoŋ^{52}
39 嵊泗	diɛ?^{2}	liɛ?^{2}	ɕiɛ?^{5}	tɕiɛ?^{5}	tɕʰyo?^{5}	uã^{243}	uɐ?^{2}	ɕyoŋ^{53}
40 临海	die?^{23}	lie?^{23}	ɕie?^{5}	tɕie?^{5}	tɕʰyo?^{5}	uã^{21}	ua?^{23}	ɕyoŋ^{31} 又 hyoŋ^{31} 又
41 椒江	die?^{2}	lie?^{2}	ɕie?^{5}	tɕie?^{5}	tɕʰyo?^{5} ~饭 tɕʰie?^{5} ~力	uã^{31}	uə?^{2}	ɕyoŋ^{42}
42 黄岩	die?^{2}	lie?^{2}	ɕie?^{5}	tɕie?^{5}	tɕʰyo?^{5} ~饭 tɕʰie?^{5} ~力	uã^{121}	uɐ?^{2}	ɕyoŋ^{32}
43 温岭	di?^{2}	li?^{2}	ɕi?^{5}	tɕi?^{5}	tɕʰyo?^{5} ~饭 tɕʰi?^{5} ~力	uã^{31}	uə?^{2}	ɕyuŋ^{33}
44 仙居	diə?^{23}	liə?^{23}	ɕiə?^{5}	tɕiə?^{5}	tɕʰyə?^{5}	uã^{213}	uɑ?^{23}	ɕioŋ^{334}
45 天台	diə?^{2}	liə?^{2}	ɕiə?^{5}	kiə?^{5}	tɕʰyu?^{5}	ua^{224}	ua?^{2}	hyuŋ^{33}

续表

方言点	0905 笛	0906 历农~	0907 锡	0908 击	0909 吃	0910 横~竖	0911 划计~	0912 兄
	梗开四入锡定	梗开四入锡来	梗开四入锡心	梗开四入锡见	梗开四入锡溪	梗合二平庚匣	梗合二入麦匣	梗合三平庚晓
46 三门	dieʔ²³	lieʔ²³	ɕieʔ⁵	tɕieʔ⁵	tɕʰioʔ⁵	əŋ¹¹³	uaʔ²³	ɕioŋ⁵²
47 玉环	diɐʔ²	liɐʔ²	ɕiɐʔ⁵	tɕiɐʔ⁵	tɕʰyoʔ⁵ ~饭 tɕʰiɐʔ⁵ ~力	uã³¹	uɐʔ²	ɕioŋ⁴²
48 金华	diəʔ²¹²	liəʔ²¹²	ɕiəʔ⁴	tɕiəʔ⁴	tɕʰiəʔ⁴	uaŋ³¹³	uəʔ²¹²	ɕioŋ³³⁴
49 汤溪	（无）	lei¹¹³	sei⁵⁵	tɕiei⁵⁵	tɕʰiei⁵⁵	ua¹¹	ua¹¹³	ɕiɑo²⁴
50 兰溪	diəʔ¹²	lieʔ¹²	ɕieʔ³⁴	tɕieʔ³⁴	tɕʰieʔ³⁴	uæ̃²¹	uɑʔ¹²	ɕioŋ³³⁴
51 浦江	（无）	liə²³²	ɕiə⁴²³	tɕiə⁴²³	tɕʰiə⁴²³	uɛ̃¹¹³	ua¹¹³	ɕyon⁵³⁴
52 义乌	diə³¹²	lai³¹²	sai³²⁴	tɕiə³²⁴	tɕʰiə³²⁴	uɛ²¹³	uɛ³¹²	ɕioŋ³³⁵
53 东阳	（无）	lei²¹³	ɕieʔ³⁴	tɕieʔ³⁴	（无）	uɛ²¹³	ua²⁴	ɕiɔm³³⁴
54 永康	dəi¹¹³	ləi¹¹³	səi³³⁴	tɕiə³³⁴	tɕʰiə³³⁴	uai²²	uai¹¹³	ɕyeŋ⁵⁵
55 武义	（无）	lə²¹³	səʔ⁵	tɕiəʔ⁵	tɕʰiəʔ⁵	ŋua³²⁴	uɑ¹³	ɕyen²⁴
56 磐安	（无）	lɛi²¹³	sɛi³³⁴	tɕiɛ³³⁴	tɕʰiɛ³³⁴	uɛ²¹³	ua²¹³	xʙn⁴⁴⁵ 白 ɕiɔm⁴⁴⁵ 文
57 缙云	（无）	lai¹³	sei³²²	tɕiei³²²	tɕʰiei³²²①	ua²⁴³	ua¹³	ɕyɛ⁴⁴
58 衢州	diəʔ¹²	liəʔ¹²	ɕiəʔ⁵	tɕiəʔ⁵	tɕʰiəʔ⁵	uã²¹	uaʔ¹²	ʃyoŋ³²
59 衢江	diəʔ²	liəʔ²	ɕiəʔ⁵	tɕiəʔ⁵	tɕʰiəʔ⁵	uɛ²¹²	uaʔ²	ɕyoŋ³³
60 龙游	diəʔ²³	liəʔ²³	ɕiəʔ⁴	tɕiəʔ⁴	tɕʰiəʔ⁴	uɛ²¹	uɔʔ²³	ɕioŋ³³⁴
61 江山	dieʔ²	lieʔ²	ɕieʔ⁵	kieʔ⁵	kʰieʔ⁵	uaŋ²¹³	uaʔ²	xaŋ⁴⁴
62 常山	dieʔ³⁴	lieʔ³⁴	seʔ⁵	tɕieʔ⁵	tɕʰieʔ⁵	uĩ³⁴¹	uaʔ³⁴	xĩ⁴⁴
63 开化	diaʔ¹³	liɛʔ¹³	ɕiɛʔ⁵	tɕieʔ⁵	tɕʰiɛʔ⁵	uã²³¹	uaʔ¹³ 老 ua²¹³ 新	xã⁴⁴
64 丽水	diʔ²³	liʔ²³	ɕiʔ⁵	tɕiʔ⁵	tɕʰiʔ⁵	uã²² 白 en²² 文	uaʔ²³	ɕyn²²⁴
65 青田	diʔ³¹	liæʔ³¹	sʅ⁴²	tsʅʔ⁴²	tsʰʅ⁴²	uɛ²¹	uɛʔ³¹	ɕioŋ⁴⁴⁵

———————————

①　～铜:明摆着吃亏

续表

方言点	0905 笛	0906 历 农~	0907 锡	0908 击	0909 吃	0910 横 ~竖	0911 划 计~	0912 兄
	梗开四 入锡定	梗开四 入锡来	梗开四 入锡心	梗开四 入锡见	梗开四 入锡溪	梗合二 平庚匣	梗合二 入麦匣	梗合三 平庚晓
66 云和	diʔ²³	liʔ²³	ɕiʔ⁵	tɕiʔ⁵	tɕʰiʔ⁵	uɛ³¹²	uaʔ²³	ɕioŋ²⁴
67 松阳	diɛʔ²	liʔ²	ɕiʔ⁵	tɕiʔ⁵	（无）	uã³¹	uaʔ²	ɕioŋ⁵³
68 宣平	diəʔ²³	liəʔ²³	ɕiəʔ⁵	tɕiəʔ⁵	tɕʰiəʔ⁵	uɛ⁴³³	uaʔ²³	ɕyən³²⁴
69 遂昌	diɛʔ²³	liʔ²³	ɕiʔ⁵	tɕiʔ⁵	tɕʰiʔ⁵ 小~	yaŋ²²¹	uaʔ²³	ɕioŋ⁴⁵
70 龙泉	dieiʔ²⁴	lieiʔ²⁴	sɿʔ⁵	tsɿʔ⁵	tɕʰieiʔ⁵	uaŋ²¹	uaʔ²⁴	ɕiəŋ⁴³⁴
71 景宁	diʔ²³	liʔ²³	sɿʔ⁵	tɕiʔ⁵	tɕʰiʔ⁵	uɛ⁴¹	uaʔ²³	ɕyŋ³²⁴
72 庆元	tiʔ³⁴	liʔ³⁴	sɿʔ⁵	tɕiəɯʔ⁵	tsʰɿʔ⁵ 小~	uæ̃⁵²	uɑʔ³⁴	ɕioŋ³³⁵
73 泰顺	tiʔ²	liʔ²	sɿʔ⁵	tsɿʔ⁵	tsʰɿʔ⁵	uã⁵³	uaʔ²	ɕioŋ²¹³
74 温州	di²¹²	lei²¹²	sei³²³	tɕiai³²³	tsʰɿ³²³	viɛ³¹	va²¹²	ɕioŋ³³
75 永嘉	di²¹³	lei²¹³	sɿ⁴²³	tɕiai⁴²³	tɕʰiai¹²³	vɛ³¹	va²¹³	ɕioŋ⁴⁴
76 乐清	di²¹²	li²¹²	si³²³	tɕiɤ³²³	tɕʰiɤ³²³	va³¹	ve²¹²	ɕioŋ⁴⁴
77 瑞安	dei²¹²	lei²¹²	sei³²³	tɕi³²³	tɕʰi³²³	va³¹	va²¹²	ɕioŋ⁴⁴
78 平阳	di¹²	li¹²	si³⁴	tʃA³⁴	tɕʰi³⁴	vA²⁴²	vA¹²	soŋ⁵⁵
79 文成	dei²¹²	lei²¹²	sei³⁴	tɕi³⁴	tɕʰi³⁴	va¹¹³	va²¹²	ʃoŋ⁵⁵
80 苍南	di¹¹²	li¹¹²	ɕi²²³	tsɛ²²³	tɕʰi²²³	ya³¹	ya¹¹²	ɕioŋ⁴⁴
81 建德徽	tiɐʔ¹²	liɐʔ¹²	ɕiɐʔ⁵	tɕiɐʔ⁵	tɕʰiɐʔ⁵	uɛ³³	uɐʔ¹²	soŋ⁵³ 声殊
82 寿昌徽	tiəʔ³¹	liəʔ³¹	ɕiəʔ³	tɕiəʔ³	tɕʰiəʔ³	uæ̃⁵²	uəʔ³¹	ɕioŋ¹¹²
83 淳安徽	tʰiəʔ¹³	li⁵³	ɕiʔ⁵	tɕiʔ⁵	tɕʰiʔ⁵	uɑ̃⁴³⁵	uɑʔ¹³	son²⁴ 白 ɕion²⁴ 文
84 遂安徽	tʰi²¹³	liɛ²¹³	sɿ²⁴	tɕiɛ²⁴	tsʰɿ²⁴	vɑ̃³³	vɑ²¹³	ɕioŋ⁵³⁴
85 苍南闽	tie²⁴	lie²⁴	ɕia⁴³	kie⁴³	（无）	hũĩ²⁴	ue²⁴	hĩã⁵⁵
86 泰顺闽	tiɿʔ³	liɿʔ³	ɕiɿʔ⁵	kiɿʔ⁵	kʰiɿʔ⁵	fæŋ²²	ua³¹	ɕiæŋ²¹³
87 洞头闽	tiek²⁴	liek²⁴	ɕia⁵³	kiek⁵	tɕia²⁴	hũãĩ¹¹³	ua²¹ 文	hĩã³³
88 景宁畬	（无）	liʔ²	saʔ⁵	tɕiʔ⁵	（无）	foŋ²²	uaʔ²	xiaŋ⁴⁴

方言点	0913 荣	0914 永	0915 营	0916 蓬 ~松	0917 东	0918 懂	0919 冻	0920 通
	梗合三平庚云	梗合三上庚云	梗合三平清以	通合一平东并	通合一平东端	通合一上东端	通合一去东端	通合一平东透
01 杭州	ioŋ²¹³	ioŋ⁵³	iŋ²¹³	boŋ²¹³	toŋ³³⁴	toŋ⁵³	toŋ⁴⁵	tʰoŋ³³⁴
02 嘉兴	ioŋ²⁴²	ioŋ⁵⁴⁴	iŋ²⁴²	boŋ²⁴²	toŋ⁴²	toŋ⁵⁴⁴	toŋ²²⁴	tʰoŋ⁴²
03 嘉善	ioŋ¹³²	ioŋ⁴⁴	ioŋ¹³²	boŋ¹³²	toŋ⁵³	toŋ⁴⁴	toŋ³³⁴	tʰoŋ⁵³
04 平湖	ioŋ³¹	ioŋ⁴⁴	iŋ³¹	boŋ³¹	toŋ⁵³	toŋ⁴⁴	toŋ³³⁴	tʰoŋ⁵³
05 海盐	ioŋ³¹	ioŋ⁴²³	iŋ³¹	boŋ³¹	toŋ⁵³	toŋ⁴²³	toŋ³³⁴	tʰoŋ⁵³
06 海宁	ioŋ¹³	ioŋ⁵³	iŋ¹³	boŋ¹³	toŋ⁵⁵	toŋ⁵³	toŋ³⁵	tʰoŋ⁵⁵
07 桐乡	ioŋ¹³	ioŋ⁵³	iŋ¹³	boŋ¹³	toŋ⁴⁴	toŋ⁵³	toŋ³³⁴	tʰoŋ⁴⁴
08 崇德	ioŋ¹³	ioŋ⁵³	iŋ¹³	boŋ¹³	toŋ⁴⁴	toŋ⁵³	toŋ³³⁴	tʰoŋ⁴⁴
09 湖州	ioŋ¹¹²	ioŋ⁵²³	iŋ¹¹²	boŋ¹¹²	toŋ⁴⁴	toŋ⁵²³	toŋ³⁵	tʰoŋ⁴⁴
10 德清	ioŋ¹¹³	ioŋ⁵²	iŋ¹¹³	boŋ¹¹³	toŋ⁴⁴	toŋ⁵²	toŋ³³⁴	tʰoŋ⁴⁴
11 武康	ioŋ¹¹³	ioŋ⁵³	iŋ¹¹³	boŋ¹¹³	toŋ⁴⁴	toŋ⁵³	toŋ²²⁴	tʰoŋ⁴⁴
12 安吉	ioŋ²²	ioŋ⁵²	iŋ²²	boŋ²²	toŋ⁵⁵	toŋ⁵²	toŋ³²⁴	tʰoŋ⁵⁵
13 孝丰	ioŋ²²	ioŋ⁵²	iŋ²²	boŋ²²	toŋ⁴⁴	toŋ⁵²	toŋ³²⁴	tʰoŋ⁴⁴
14 长兴	ioŋ¹²	ioŋ⁵²	iŋ¹²	boŋ¹²	toŋ⁴⁴	toŋ⁵²	toŋ³²⁴	tʰoŋ⁴⁴
15 余杭	ioŋ²²	ioŋ⁵³	iŋ²²	boŋ²²	toŋ⁴⁴	toŋ⁵³	toŋ⁴²³	tʰoŋ⁴⁴
16 临安	ioŋ³³	ioŋ³³	ioŋ³³	boŋ³³	toŋ⁵⁵	toŋ⁵⁵	toŋ⁵⁵	tʰoŋ⁵⁵
17 昌化	yəŋ¹¹²	yəŋ⁴⁵³	iəŋ¹¹²	ba̰¹¹²又 bəŋ¹¹²又	təŋ³³⁴	təŋ⁴⁵³	təŋ⁵⁴⁴	tʰəŋ³³⁴
18 於潜	ioŋ²²³	ioŋ⁵¹	iŋ²²³	boŋ²²³	toŋ⁴³³	toŋ⁵¹	toŋ³⁵	tʰoŋ⁴³³
19 萧山	yoŋ³⁵⁵	yoŋ⁴²文	iŋ³⁵⁵	boŋ³⁵⁵	toŋ⁵³³	toŋ³³	toŋ⁴²	tʰoŋ⁵³³
20 富阳	yoŋ¹³	yoŋ⁴²³	iŋ¹³	boŋ¹³	toŋ⁵³	toŋ⁴²³	toŋ³³⁵	tʰoŋ⁵³
21 新登	ioŋ²³³	ioŋ³³⁴	eiŋ²³³	boŋ²³³	toŋ⁵³	toŋ³³⁴	toŋ⁴⁵	tʰoŋ⁵³
22 桐庐	ioŋ¹³	ioŋ³³	iŋ¹³	boŋ¹³	toŋ⁵³³	toŋ³³	toŋ³⁵	tʰoŋ⁵³³
23 分水	ioŋ²²	ioŋ⁵³	iŋ²²	voŋ²²	toŋ⁴⁴	toŋ⁵³	toŋ²⁴	tʰoŋ⁴⁴
24 绍兴	ioŋ²³¹	ioŋ³³⁴	iŋ²³¹	boŋ²³¹	toŋ⁵³	toŋ³³⁴	toŋ³³	tʰoŋ⁵³
25 上虞	yoŋ²¹³	yoŋ³⁵	iŋ²¹³	boŋ²¹³	toŋ³⁵	toŋ³⁵	toŋ⁵³	tʰoŋ³⁵

续表

方言点	0913 荣	0914 永	0915 营	0916 蓬 ~松	0917 东	0918 懂	0919 冻	0920 通
	梗合三平庚云	梗合三上庚云	梗合三平清以	通合一平东並	通合一平东端	通合一上东端	通合一去东端	通合一平东透
26 嵊州	yoŋ²¹³	yoŋ⁵³	iŋ²¹³	boŋ²¹³	toŋ⁵³⁴	toŋ⁵³	toŋ³³⁴	tʰoŋ⁵³⁴
27 新昌	yoŋ²²	yoŋ⁴⁵³	iŋ²²	boŋ²²	toŋ⁵³⁴	toŋ⁴⁵³	toŋ³³⁵	tʰoŋ⁵³⁴
28 诸暨	iom¹³	iom⁴²	in¹³	bã¹³ 韵殊	tom⁵⁴⁴	tom⁴²	tom⁵⁴⁴	tʰom⁵⁴⁴
29 慈溪	iuŋ¹³	iuŋ³⁵	iŋ¹³	buŋ¹³	tuŋ³⁵	tuŋ³⁵	tuŋ⁴⁴	tʰuŋ³⁵
30 余姚	iuŋ¹³	iuŋ¹³	iə̃¹³	buŋ¹³	tuŋ⁴⁴	tuŋ³⁴	tuŋ⁵³	tʰuŋ⁴⁴
31 宁波	yoŋ¹³	yoŋ³⁵	iŋ¹³	boŋ¹³	toŋ⁵³	toŋ³⁵	toŋ⁴⁴	tʰoŋ⁵³
32 镇海	yoŋ²⁴	yoŋ³⁵	iŋ²⁴	boŋ²⁴	toŋ⁵³	toŋ³⁵	toŋ⁵³	tʰoŋ⁵³
33 奉化	yoŋ³³	yoŋ⁵⁴⁵ 读字	iŋ³³	boŋ³³	toŋ⁴⁴	toŋ⁵⁴⁵	toŋ⁵³	tʰoŋ⁴⁴
34 宁海	ioŋ²¹³	ioŋ⁵³	iŋ²¹³	boŋ²¹³	toŋ⁴²³	toŋ⁵³	toŋ³⁵	tʰoŋ⁴²³
35 象山	yoŋ³¹	yoŋ⁴⁴	iŋ³¹	bəŋ³¹	toŋ⁴⁴	toŋ⁴⁴	toŋ⁵³	tʰoŋ⁴⁴
36 普陀	ioŋ²⁴	ioŋ²³	iŋ²⁴	boŋ²⁴	toŋ⁵³	toŋ⁴⁵	toŋ⁵⁵	tʰoŋ⁵³
37 定海	yoŋ²³	yoŋ⁴⁵	iŋ²³	boŋ²³	toŋ⁵²	toŋ⁴⁵	toŋ⁴⁴	tʰoŋ⁵²
38 岱山	yoŋ²³	yoŋ⁵²	iŋ²³	bɐŋ²³	toŋ⁵²	toŋ³²⁵	toŋ⁴⁴	tʰoŋ⁵²
39 嵊泗	yoŋ²⁴³	yoŋ⁵³	iŋ²⁴³	bã²⁴³	toŋ⁵³	toŋ⁴⁴⁵	toŋ⁵³	tʰoŋ⁵³
40 临海	yoŋ³¹	yoŋ⁵²	iŋ²¹	bəŋ²¹	toŋ³¹	toŋ⁵²	toŋ⁵⁵	tʰoŋ³¹
41 椒江	yoŋ³¹	yoŋ⁴²	iŋ³¹	boŋ³¹	toŋ⁴²	toŋ⁴²	toŋ⁵⁵	tʰoŋ⁴²
42 黄岩	yoŋ¹²¹	yoŋ⁴²	in¹²¹	boŋ¹²¹	toŋ³²	toŋ⁴²	toŋ⁵⁵	tʰoŋ³²
43 温岭	yuŋ³¹	yuŋ⁴²	in³¹	buŋ³¹	tuŋ³³	tuŋ⁴²	tuŋ⁵⁵	tʰuŋ³³
44 仙居	ioŋ²¹³	ioŋ³²⁴	in²¹³	boŋ²¹³	noŋ³³⁴ 东~ ɗoŋ³³⁴ 方位	ɗoŋ³²⁴	ɗoŋ⁵⁵	tʰoŋ³³⁴
45 天台	yuŋ²²⁴	yuŋ²¹⁴	iŋ²²⁴	pʰuŋ³³ 音殊	tuŋ³³	tuŋ³²⁵	tuŋ⁵⁵	tʰuŋ³³
46 三门	ioŋ¹¹³	ioŋ³²⁵	iŋ¹¹³	boŋ²⁴³	toŋ³³⁴	toŋ³²⁵	toŋ⁵⁵	tʰoŋ³³⁴
47 玉环	ioŋ³¹	ioŋ⁵³	iŋ³¹	boŋ³¹	toŋ⁴²	toŋ⁵³	toŋ⁵⁵	tʰoŋ⁴²
48 金华	ioŋ³¹³	yəŋ⁵³⁵	iŋ³¹³	boŋ³¹³	toŋ³³⁴	toŋ⁵³⁵	toŋ⁵⁵	tʰoŋ³³⁴
49 汤溪	iao¹¹	yɛ̃i¹¹ ~康	iɛi¹¹	bao¹¹	nao²⁴	nao⁵³⁵	nao⁵²	tʰao²⁴

续表

方言点	0913 荣	0914 永	0915 营	0916 蓬 ～松	0917 东	0918 懂	0919 冻	0920 通
	梗合三平庚云	梗合三上庚云	梗合三平清以	通合一平东并	通合一平东端	通合一上东端	通合一去东端	通合一平东透
50 兰溪	ioŋ^{21}	yæ̃^{55}	in^{21}	boŋ^{21}	toŋ^{334}	toŋ^{55}	toŋ^{45}	tʰoŋ^{334}
51 浦江	yoŋ^{113}	yøŋ^{243}	iøŋ^{113}	bon^{113}	təŋ^{534}	təŋ^{53}	təŋ^{55}	tʰəŋ^{534}
52 义乌	ioŋ^{213}	ioŋ^{312}	iøŋ^{213}	boŋ^{213}	noŋ^{335}	noŋ^{423}	noŋ^{45}	tʰoŋ^{335}
53 东阳	iəm^{213}	məi^{44}	iəi^{213}	bəm^{213}	təm^{334}	təm^{44}	təm^{453}	tʰəm^{334}
54 永康	ioŋ^{22}	yeŋ^{113}	iŋ^{22}	boŋ^{22}	noŋ^{55}	noŋ^{334}	noŋ^{52}	tʰoŋ^{55}
55 武义	ioŋ^{324}	yeŋ^{13}	iŋ^{324}	（无）	noŋ^{24}	noŋ^{445}	noŋ^{53}	tʰoŋ^{24}
56 磐安	iɔem^{213}	yɐm^{334} ～康 iɔei^{334} ～远	iəi^{213}	bɔem^{213}	nɔoem^{445} 老 tɔoem^{445} 新	nɔoem^{334} 老 tɔoem^{334} 新	nɔoem^{52} 老 tɔoem^{52} 新	tʰɔoem^{445}
57 缙云	iɔ̃ũ^{243}	yɛŋ^{51} ～康	iɛŋ^{243}	bɔ̃ũ^{243}	nɔ̃ũ^{44}	nɔ̃ũ^{51}	nɔ̃ũ^{453}	tʰɔ̃ũ^{44}
58 衢州	yoŋ^{21}	yøŋ^{35}	in^{21}	boŋ^{21}	toŋ^{32}	toŋ^{35}	toŋ^{53}	tʰoŋ^{32}
59 衢江	yoŋ^{212}	yoŋ^{25}	iŋ^{212}	bəŋ^{212}	təŋ^{33}	təŋ^{25}	təŋ^{53}	tʰəŋ^{33}
60 龙游	ioŋ^{21}	ioŋ^{231} 调殊	in^{21}	bən^{21}	toŋ^{334}	toŋ^{35}	toŋ^{51}	tʰoŋ^{334}
61 江山	ioŋ^{213}	yĩ^{22}	ĩ^{213}	boŋ^{213}	toŋ^{44}	toŋ^{241}	toŋ^{51}	tʰoŋ^{44}
62 常山	ioŋ^{341}	ioŋ^{52}	ĩ^{341}	boŋ^{341}	toŋ^{44}	toŋ^{52}	toŋ^{324}	tʰoŋ^{44}
63 开化	iəŋ^{231}	yn^{53}	in^{231}	pʰɤŋ^{44}	tɤŋ^{44}	tɤŋ^{53}	tɤŋ^{412}	tʰɤŋ^{44}
64 丽水	iəŋ^{22}	iəŋ^{544}	in^{22}	bəŋ^{22}	təŋ^{224}	təŋ^{544}	təŋ^{52}	tʰəŋ^{224}
65 青田	ioŋ^{21}	ioŋ^{454}	iŋ^{21}	boŋ^{21}	ɗoŋ^{445}	ɗoŋ^{454}	ɗoŋ^{33}	tʰoŋ^{445}
66 云和	ioŋ^{312}	ioŋ^{41}	iŋ^{312}	bəŋ^{312}	noŋ^{24} ～西 toŋ^{24} 方向	toŋ^{41}	toŋ^{45}	tʰoŋ^{24}
67 松阳	iəi^{31}	ioŋ^{22}	in^{31}	bəŋ^{31}	təŋ^{53}	tiəŋ^{212}	təŋ^{24}	tʰəŋ^{53}
68 宣平	yəŋ^{433}	yəŋ^{223}	n̠in^{433} ～业 in^{433} ～长	bəŋ^{433}	nən^{324} ～西 tən^{324} 方向	tən^{445}	tən^{52}	tʰən^{324}
69 遂昌	iəŋ^{221}	iəŋ^{13}	iŋ^{221}	bəŋ^{221}	təŋ^{45}	təŋ^{533}	təŋ^{334}	tʰəŋ^{45}
70 龙泉	iəi^{21}	yn^{51}	iəŋ^{21}	bəŋ^{21}	təŋ^{434}	təŋ^{51}	təŋ^{45}	tʰəŋ^{434}
71 景宁	yŋ^{41}	yŋ^{33}	iŋ^{41}	baŋ^{41}	nəŋ^{324} ～西 təŋ^{324} 方向	təŋ^{33}	təŋ^{35}	tʰəŋ^{324}

续表

方言点	0913 荣	0914 永	0915 营	0916 蓬 ~松	0917 东	0918 懂	0919 冻	0920 通
	梗合三 平庚云	梗合三 上庚云	梗合三 平清以	通合一 平东並	通合一 平东端	通合一 上东端	通合一 去东端	通合一 平东透
72 庆元	ioŋ⁵²	ioŋ²²¹	ioŋ⁵²	poŋ⁵²	ɗoŋ³³⁵	ɗoŋ³³	ɗoŋ¹¹	tʰoŋ³³⁵
73 泰顺	ioŋ⁵³	ioŋ⁵⁵	ioŋ⁵³	pʰoŋ³⁵音殊	toŋ²¹³	toŋ⁵⁵	toŋ³⁵	tʰoŋ²¹³
74 温州	ioŋ³¹	ioŋ²⁵	ioŋ³¹	boŋ³¹	toŋ³³	toŋ²⁵	toŋ⁵¹	tʰoŋ³³
75 永嘉	ioŋ³¹	ioŋ⁴⁵	ioŋ³¹	boŋ³¹	toŋ⁴⁴	toŋ⁴⁵	toŋ⁵³	tʰoŋ⁴⁴
76 乐清	ioŋ³¹	ioŋ³⁵	ioŋ³¹	boŋ³¹	toŋ⁴⁴	toŋ³⁵	toŋ⁴¹	tʰoŋ⁴⁴
77 瑞安	ioŋ³¹	ioŋ³⁵	ioŋ³¹	boŋ³¹	toŋ⁴⁴	toŋ³⁵	toŋ⁵³	tʰoŋ⁴⁴
78 平阳	ioŋ²⁴²	ioŋ⁴⁵	ioŋ²⁴²	boŋ²⁴²	toŋ⁵⁵	toŋ⁴⁵	toŋ⁵³	tʰoŋ⁵⁵
79 文成	ioŋ¹¹³	ioŋ²²⁴	ioŋ¹¹³	boŋ¹¹³	toŋ⁵⁵	toŋ⁴⁵	toŋ³³	tʰoŋ⁵⁵
80 苍南	ioŋ³¹	ioŋ⁵³	ioŋ³¹	boŋ³¹	toŋ⁴⁴	toŋ⁵³	toŋ⁴²	tʰoŋ⁴⁴
81 建德徽	ioŋ³³	yn⁵⁵	in³³	poŋ³³	toŋ⁵³	toŋ²¹³	toŋ³³	tʰoŋ⁵³
82 寿昌徽	iəŋ¹¹²文	iəŋ⁵³⁴	ien¹¹²文	pʰen¹¹²文	təŋ¹¹²	təŋ²⁴	təŋ³³	tʰəŋ¹¹²
83 淳安徽	ion⁴³⁵	ven⁵⁵	in⁴³⁵	pʰon⁴³⁵	ton²⁴	ton⁵⁵	ton²⁴	tʰon²⁴
84 遂安徽	vin³³白 ioŋ³³文	vin³³白 ioŋ²¹³文	in³³	pʰəŋ³³	təŋ⁵³⁴	təŋ²¹³	təŋ⁴³	tʰəŋ⁵³⁴
85 苍南闽	in²⁴	in³²	ĩã²⁴	pʰan²⁴	taŋ⁵⁵	taŋ⁴³白 taŋ⁴³文	taŋ²¹	tʰaŋ⁵⁵
86 泰顺闽	iəŋ²²	iəŋ³⁴⁴	iəŋ²²	pəŋ²²	təŋ²¹³	təŋ³⁴⁴	təŋ⁵³	tʰəŋ²¹³
87 洞头闽	ieŋ¹¹³	ieŋ⁵³	ĩã¹¹³	pʰoŋ¹¹³	taŋ³³白 toŋ³³文	toŋ⁵³	taŋ²¹	tʰoŋ³³
88 景宁畲	yŋ²²	yŋ³²⁵	in²²	pʰəŋ²²	toŋ⁴⁴	toŋ³²⁵	toŋ⁴⁴	tʰoŋ⁴⁴

方言点	0921 桶 通合一 上东透	0922 痛 通合一 去东透	0923 铜 通合一 平东定	0924 动 通合一 上东定	0925 洞 通合一 去东定	0926 聋 通合一 平东来	0927 弄 通合一 去东来	0928 粽 通合一 去东精
01 杭州	tʰoŋ⁵³	tʰoŋ⁴⁵	doŋ²¹³	doŋ¹³	doŋ¹³	loŋ²¹³	loŋ¹³	tsoŋ⁴⁵
02 嘉兴	doŋ¹¹³	tʰoŋ²²⁴	doŋ²⁴²	doŋ¹¹³	doŋ¹¹³	loŋ²⁴²	loŋ²²⁴	tsoŋ²²⁴
03 嘉善	doŋ¹¹³音殊	tʰoŋ³³⁴	doŋ¹³²	doŋ¹¹³	doŋ¹¹³	loŋ¹³²	loŋ¹¹³	tsoŋ³³⁴
04 平湖	doŋ²¹³	tʰoŋ²¹³	doŋ³¹	doŋ²¹³	doŋ²¹³	loŋ³¹	loŋ²¹³～堂 loŋ⁴⁴～清	tsoŋ³³⁴
05 海盐	doŋ⁴²³	tʰoŋ³³⁴	doŋ³¹	doŋ⁴²³	doŋ²¹³	loŋ³¹	loŋ²¹³	tsoŋ³³⁴
06 海宁	doŋ²³¹	tʰoŋ³⁵	doŋ¹³	doŋ²³¹	doŋ¹³	loŋ¹³	loŋ¹³	tsoŋ³⁵
07 桐乡	doŋ²⁴²	tʰoŋ³³⁴	doŋ¹³	doŋ²⁴²	doŋ²¹³	loŋ¹³	loŋ²¹³	tsoŋ³³⁴
08 崇德	doŋ²⁴²	tʰoŋ³³⁴	doŋ¹³	doŋ²⁴²	doŋ¹³	loŋ¹³	loŋ¹³	tsoŋ³³⁴
09 湖州	doŋ²³¹	tʰoŋ³⁵	doŋ¹¹²	doŋ²³¹	doŋ²⁴	loŋ¹¹²	loŋ³⁵	tsoŋ³⁵
10 德清	doŋ¹⁴³	tʰoŋ³³⁴	doŋ¹¹³	doŋ¹⁴³	doŋ¹¹³	loŋ¹¹³	loŋ³³⁴	tsoŋ³³⁴
11 武康	doŋ²⁴²	tʰoŋ²²⁴	doŋ¹¹³	doŋ²⁴²	doŋ¹¹³	loŋ¹¹³	loŋ²²⁴	tsoŋ²²⁴
12 安吉	doŋ²⁴³	tʰoŋ³²⁴	doŋ²²	doŋ²⁴³	doŋ²¹³	loŋ²²	loŋ²¹³	tsoŋ³²⁴
13 孝丰	doŋ²⁴³	tʰoŋ³²⁴	doŋ²²	doŋ²⁴³	doŋ²¹³	loŋ²²	loŋ⁴⁴动 loŋ³²⁴～堂	tsoŋ³²⁴
14 长兴	doŋ²⁴³	tʰoŋ³²⁴	doŋ¹²	doŋ²⁴³	doŋ²⁴	loŋ¹²	loŋ³²⁴	tsoŋ³²⁴
15 余杭	tʰoŋ⁵³	tʰoŋ⁴²³	doŋ²²	doŋ²⁴³	doŋ²¹³	loŋ²²	noŋ²²音殊	tsoŋ⁴²³
16 临安	tʰoŋ⁵⁵	tʰoŋ⁵⁵	doŋ³³	doŋ³³	doŋ³³	loŋ³³	loŋ³³	tsoŋ⁵⁵
17 昌化	tʰəŋ⁴⁵³	tʰəŋ⁵⁴⁴	dəŋ¹¹²	dəŋ²⁴³	dəŋ²⁴³	ləŋ¹¹²	ləŋ²⁴³～醒 ləŋ⁵⁴⁴～堂	tsəŋ⁵⁴⁴
18 於潜	doŋ²⁴	tʰoŋ³⁵	doŋ²²³	doŋ²⁴	doŋ²⁴	loŋ²²³	noŋ²⁴	tsoŋ³⁵
19 萧山	doŋ¹³	tʰoŋ⁴²	doŋ³⁵⁵	doŋ¹³	doŋ²⁴²	loŋ²⁴²	loŋ²⁴²	tsoŋ⁴²
20 富阳	doŋ²²⁴	tʰoŋ³³⁵	doŋ¹³	doŋ²²⁴	doŋ²²⁴	loŋ¹³	noŋ⁵³	tsoŋ³³⁵
21 新登	doŋ¹³	tʰoŋ⁴⁵	doŋ²³³	doŋ¹³	doŋ¹³	loŋ²³³	noŋ³³⁴动 loŋ³³⁴～堂	tsoŋ⁴⁵
22 桐庐	doŋ²⁴	tʰoŋ³⁵	doŋ¹³	doŋ²⁴	doŋ²⁴	loŋ¹³	loŋ²⁴	tsoŋ³⁵
23 分水	tʰoŋ⁴⁴	tʰoŋ²⁴	doŋ²²	doŋ¹³	doŋ¹³	loŋ²²	loŋ¹³	tsoŋ²⁴
24 绍兴	doŋ²²³	tʰoŋ³³	doŋ²³¹	doŋ²²³	doŋ²²	loŋ²³¹	loŋ²²	tsoŋ⁵³

续表

方言点	0921 桶 通合一上东透	0922 痛 通合一去东透	0923 铜 通合一平东定	0924 动 通合一上东定	0925 洞 通合一去东定	0926 聋 通合一平东来	0927 弄 通合一去东来	0928 粽 通合一去东精
25 上虞	doŋ²¹³	tʰoŋ⁵³	doŋ²¹³	doŋ²¹³	doŋ³¹	loŋ²¹³	loŋ³¹	tsoŋ⁵³
26 嵊州	doŋ²²	tʰoŋ³³⁴	doŋ²¹³	doŋ²⁴	doŋ²⁴	loŋ²¹³	loŋ²⁴	tsoŋ³³⁴
27 新昌	doŋ²³²	tʰoŋ³³⁵	doŋ²²	doŋ²³²	doŋ¹³	loŋ²²	loŋ¹³	tsoŋ³³⁵
28 诸暨	dom²⁴²	tʰom⁵⁴⁴	dom¹³	dom²⁴²	dom³³	lom¹³	lom³³	tsom⁵⁴⁴
29 慈溪	tʰuŋ³⁵	tʰuŋ⁴⁴	duŋ¹³	duŋ¹³	duŋ¹³	luŋ¹³	luŋ¹³	tsuŋ⁴⁴
30 余姚	tʰuŋ³⁴	tʰuŋ⁵³	duŋ¹³	duŋ¹³	duŋ¹³	luŋ¹³	luŋ¹³~堂 nuŋ¹³~好	tsuŋ⁵³
31 宁波	doŋ¹³饭~	tʰoŋ⁴⁴	doŋ¹³	doŋ¹³	doŋ¹³	loŋ¹³	loŋ¹³~怂	tsoŋ⁴⁴
32 镇海	doŋ²⁴	tʰoŋ⁵³	doŋ²⁴	doŋ²⁴	doŋ²⁴	loŋ²⁴	loŋ²⁴	tsoŋ⁵³
33 奉化	doŋ³²⁴	tʰoŋ⁵³	doŋ³³	doŋ³²⁴	doŋ³¹	loŋ³³	loŋ³¹	tsoŋ⁵³
34 宁海	doŋ³¹水~ toŋ⁵³饭~	tʰoŋ³⁵	doŋ²¹³	doŋ³¹	doŋ²⁴	loŋ²¹³	loŋ²⁴	tsoŋ³⁵
35 象山	doŋ³¹	tʰoŋ⁵³	doŋ³¹	doŋ³¹	doŋ¹³	loŋ³¹	loŋ¹³	tsoŋ⁵³
36 普陀	doŋ²³	tʰoŋ⁵⁵	doŋ²⁴	doŋ²³	doŋ¹³	loŋ²⁴	loŋ¹³	tsoŋ⁵⁵
37 定海	doŋ²³	tʰoŋ⁴⁴	doŋ²³	doŋ²³	doŋ¹³	loŋ²³	loŋ¹³	tsoŋ⁴⁴
38 岱山	doŋ²⁴⁴	tʰoŋ⁴⁴	doŋ²³	doŋ²⁴⁴	doŋ²¹³	loŋ²³	loŋ²¹³	tsoŋ⁴⁴
39 嵊泗	doŋ³³⁴	tʰoŋ⁵³	doŋ²⁴³	doŋ³³⁴	doŋ²¹³	loŋ²⁴³	loŋ²¹³	tsoŋ⁵³
40 临海	doŋ⁵¹小	tʰoŋ⁵⁵	doŋ²¹	doŋ²¹	doŋ³²⁴	loŋ²¹	loŋ³²⁴	tsoŋ⁵⁵
41 椒江	doŋ³¹	tʰoŋ⁵⁵	doŋ³¹	doŋ³¹	doŋ²⁴	loŋ³¹	loŋ²⁴	tsoŋ⁵⁵
42 黄岩	doŋ¹²¹	tʰoŋ⁵⁵	doŋ¹²¹	doŋ¹²¹	doŋ²⁴	loŋ¹²¹	loŋ²⁴	tsoŋ⁵⁵
43 温岭	duŋ³¹	tʰuŋ⁵⁵	duŋ³¹	duŋ³¹	duŋ¹³	luŋ³¹	luŋ¹³	tsuŋ⁵⁵
44 仙居	doŋ²¹³	tʰoŋ⁵⁵	doŋ²¹³	doŋ²¹³	doŋ²⁴	loŋ²¹³	loŋ²⁴	tsoŋ⁵⁵
45 天台	duŋ²¹⁴	tʰuŋ⁵⁵	duŋ²²⁴	duŋ²¹⁴	duŋ³⁵	luŋ²²⁴	luŋ³⁵~堂	tsuŋ⁵⁵
46 三门	doŋ²⁵²小	tʰoŋ⁵⁵	doŋ¹¹³	doŋ²¹³	doŋ²⁴³	loŋ¹¹³	loŋ²⁴³	tsoŋ⁵⁵
47 玉环	doŋ⁴¹	tʰoŋ⁵⁵	doŋ³¹	doŋ³¹	doŋ²²	loŋ³¹	loŋ²²	tsoŋ⁵⁵
48 金华	toŋ⁵³⁵	tʰoŋ⁵⁵	doŋ³¹³	toŋ⁵³⁵	doŋ¹⁴	loŋ³¹³	loŋ¹⁴~堂 loŋ³³⁴~清	tsoŋ⁵⁵

方言点	0921 桶 通合一上东透	0922 痛 通合一去东透	0923 铜 通合一平东定	0924 动 通合一上东定	0925 洞 通合一去东定	0926 聋 通合一平东来	0927 弄 通合一去东来	0928 粽 通合一去东精
49 汤溪	dɑo¹¹³	tʰɑo⁵²	dɑo¹¹	dɑo¹¹³	dɑo³⁴¹	lɑo¹¹	lɑo³⁴¹	tsɑo⁵²
50 兰溪	toŋ⁵⁵	tʰoŋ⁴⁵	doŋ²¹	toŋ⁵⁵	doŋ²⁴	loŋ²¹	noŋ³³⁴动 loŋ⁵⁵~堂	tsoŋ⁴⁵
51 浦江	dən²⁴³	tʰən⁵⁵	dən¹¹³	dən²⁴³	dən²⁴	lən¹¹³	lən²⁴	tsən⁵⁵
52 义乌	doŋ³¹²	tʰoŋ⁴⁵	doŋ²¹³	doŋ³¹²	doŋ²⁴	loŋ²¹³	loŋ²⁴	tsoŋ³³⁵
53 东阳	dəm²³¹	tʰəm⁴⁵³	dəm²¹³	dəm²³¹	dəm²⁴	ləm²¹³	ləm²⁴	tsəm⁴⁵³
54 永康	doŋ¹¹³	tʰoŋ⁵²	doŋ²²	doŋ¹¹³	doŋ²⁴¹	loŋ²²	loŋ⁵⁵动 loŋ²⁴¹名	tsoŋ⁵²
55 武义	doŋ¹³	tʰoŋ⁵³	doŋ³²⁴	doŋ¹³	doŋ²³¹	loŋ³²⁴	loŋ²⁴	tsoŋ⁵³
56 磐安	tɔom³³⁴	tʰɔom⁵²	dɔom²¹³	tɔom³³⁴	dɔom¹⁴	lɔom²¹³	lɔom¹⁴~堂 lɔom³³⁴~好	tsɔom⁵²
57 缙云	dɔ̃ũ³¹	tʰɔ̃ũ⁴⁵³	dɔ̃ũ²⁴³	dɔ̃ũ³¹	dɔ̃ũ²¹³	lɔ̃ũ²⁴³	lɔ̃ũ²¹³	tsɔ̃ũ⁴⁵³
58 衢州	doŋ²³¹	tʰoŋ⁵³	doŋ²¹	doŋ²³¹	doŋ²³¹	loŋ²¹	noŋ²³¹~丛 loŋ²³¹~堂	tsoŋ⁵³
59 衢江	dəŋ²¹²	tʰəŋ⁵³	dəŋ²¹²	dəŋ²¹²	dəŋ²³¹	ləŋ²¹²	ləŋ³³调殊	tsəŋ⁵³
60 龙游	doŋ²²⁴	tʰoŋ⁵¹	doŋ²¹	doŋ²²⁴	doŋ²³¹	loŋ²¹	loŋ⁵¹	tsoŋ⁵¹
61 江山	doŋ²²	tʰoŋ⁵¹	doŋ²¹³	doŋ²²	doŋ³¹	loŋ²¹³	loŋ³¹	tsoŋ⁵¹
62 常山	doŋ²⁴	tʰoŋ³²⁴	doŋ³⁴¹	doŋ²⁴	doŋ¹³¹	loŋ³⁴¹	loŋ¹³¹	tsoŋ³²⁴
63 开化	dɤŋ²¹³	tʰɤŋ⁴¹²	dɤŋ²³¹	dɤŋ²¹³	dɤŋ²¹³	lɤŋ²³¹	lɤŋ²¹³~堂 nɤŋ²¹³乱~	tsɤŋ⁴¹²
64 丽水	dəŋ²²	tʰəŋ⁵²	dəŋ²²	dəŋ²²	dəŋ¹³¹	ləŋ²²	ləŋ¹³¹名 ləŋ²²⁴动	tsəŋ⁵²
65 青田	doŋ³⁴³	tʰoŋ³³	doŋ²¹	doŋ³⁴³	doŋ²²	loŋ²¹	loŋ²²	tsoŋ³³
66 云和	doŋ²³¹	tʰoŋ⁴⁵	doŋ³¹²	doŋ²³¹	doŋ²²³	loŋ³¹²	loŋ²²³	tsoŋ⁴⁵
67 松阳	dəŋ²²	tʰəŋ²⁴	dəŋ³¹	dəŋ²²	dəŋ¹³	ləŋ³¹	ləŋ¹³	tsəŋ²⁴
68 宣平	dən²²³	tʰən⁵²	dən⁴³³	dən²²³	dən²³¹	lən⁴³³	lən²³¹	tsən⁵²
69 遂昌	dəŋ¹³	tʰəŋ³³⁴	dəŋ²²¹	dəŋ¹³	dəŋ²¹³	ləŋ²²¹	ləŋ²¹³	tsəŋ³³⁴

续表

方言点	0921 桶	0922 痛	0923 铜	0924 动	0925 洞	0926 聋	0927 弄	0928 粽
	通合一上东透	通合一去东透	通合一平东定	通合一上东定	通合一去东定	通合一平东来	通合一去东来	通合一去东精
70 龙泉	təŋ^{51}	tʰəŋ^{45}	dəŋ^{21}	dəŋ^{224}	dəŋ^{224}	ləŋ^{21}	ləŋ^{224}	tsəŋ^{45}
71 景宁	təŋ^{33}	tʰəŋ^{35}	dəŋ^{41}	dəŋ^{33}	dəŋ^{113}	ləŋ^{41}	ləŋ^{113}	tsəŋ^{35}
72 庆元	toŋ^{221}	tʰoŋ^{11}	toŋ^{52}	toŋ^{221}	toŋ^{31}	loŋ^{52}	loŋ^{31}	tsoŋ^{11}
73 泰顺	toŋ^{21}	tʰoŋ^{35}	toŋ^{53}	toŋ^{21}	toŋ^{22}	loŋ^{53}	loŋ^{22}	tsoŋ^{35}
74 温州	doŋ^{14}	tʰoŋ^{51}	doŋ^{31}	doŋ^{14}	doŋ^{22}	loŋ^{31}	loŋ^{22}	tsoŋ^{51}
75 永嘉	doŋ^{13}	tʰoŋ^{53}	doŋ^{31}	doŋ^{13}	doŋ^{22}	loŋ^{31}	loŋ^{22}	tsoŋ^{53}
76 乐清	doŋ^{24}	tʰoŋ^{41}	doŋ^{31}	doŋ^{24}	doŋ^{22}	loŋ^{31}	loŋ^{22}	tɕioŋ^{41}
77 瑞安	doŋ^{13}	tʰoŋ^{53}	doŋ^{31}	doŋ^{13}	doŋ^{22}	loŋ^{31}	loŋ^{22}	tsoŋ^{53}
78 平阳	doŋ^{23}	tʰoŋ^{53}	doŋ^{242}	doŋ^{23}	doŋ^{33}	loŋ^{242}	loŋ^{33}	tʃoŋ^{53}
79 文成	doŋ^{224}	tʰoŋ^{33}	doŋ^{113}	doŋ^{224}	doŋ^{424}	loŋ^{113}	loŋ^{424}	tʃoŋ^{33}
80 苍南	doŋ^{24}	tʰoŋ^{42}	doŋ^{31}	doŋ^{24}	doŋ^{11}	loŋ^{31}	loŋ^{11}	tsoŋ^{42}
81 建德徽	tʰoŋ^{213}	tʰoŋ^{33}	toŋ^{33}	toŋ^{213}	tʰoŋ^{55}	loŋ^{33}	loŋ^{213}～堂 loŋ^{53}～坏	tsoŋ^{33}
82 寿昌徽	tʰɔŋ^{534}	tʰɔŋ^{33}	tʰɔŋ^{52}	tʰɔŋ^{534}	tʰɔŋ^{33}	lɔŋ^{52}	lɔŋ^{33}	tsɔŋ^{33}
83 淳安徽	tʰon^{55}	tʰon^{24}	tʰon^{435}	tʰon^{55}	tʰon^{53}	lon^{435}	lon^{24}～堂 lon^{53}～坏	tson^{24}
84 遂安徽	tʰəŋ^{43}	tʰəŋ^{43}	tʰəŋ^{33}	tʰəŋ^{43}	tʰəŋ^{52}	ləŋ^{33}	lu^{24}白 ləŋ^{43}文	tsəŋ^{43}
85 苍南闽	tan^{43}	tʰĩã^{21}	tan^{24}	taŋ^{32}	taŋ^{21}	laŋ^{24}读字	laŋ^{21}读字	tsan^{21}
86 泰顺闽	tʰəŋ^{344}	tʰəŋ^{53}	təŋ^{22}	təŋ^{31}	təŋ^{31}	ləŋ^{22}	ləŋ^{31}	tsəŋ^{53}
87 洞头闽	tʰaŋ^{53}	tʰĩã^{21}	taŋ^{113}	toŋ^{21}	toŋ^{21}	loŋ^{113}	loŋ^{21}	tsan^{21}
88 景宁畲	tʰoŋ^{325}	tʰoŋ^{51}	tʰoŋ^{22}	toŋ^{51}	toŋ^{51}	loŋ^{44}调殊	loŋ^{22}	（无）

方言点	0929 葱 通合一平东清	0930 送 通合一去东心	0931 公 通合一平东见	0932 孔 通合一上东溪	0933 烘 ~干 通合一平东晓	0934 红 通合一平东匣	0935 翁 通合一平东影	0936 木 通合一入屋明
01 杭州	$tsʰoŋ^{334}$	$soŋ^{45}$	$koŋ^{334}$	$kʰoŋ^{53}$	$xoŋ^{334}$	$oŋ^{213}$	$oŋ^{334}$	$moʔ^{2}$
02 嘉兴	$tsʰoŋ^{42}$	$soŋ^{224}$	$koŋ^{42}$	$kʰoŋ^{113}$	$hoŋ^{42}$	$oŋ^{242}$	$oŋ^{42}$	$moʔ^{5}$
03 嘉善	$tsʰoŋ^{53}$	$soŋ^{334}$	$koŋ^{53}$	$kʰoŋ^{334}$	$xoŋ^{53}$	$oŋ^{132}$	$oŋ^{53}$	$muoʔ^{2}$
04 平湖	$tsʰoŋ^{53}$	$soŋ^{334}$	$koŋ^{53}$	$kʰoŋ^{213}$	$hoŋ^{53}$	$oŋ^{31}$	$oŋ^{53}$	$moʔ^{23}$
05 海盐	$tsʰoŋ^{53}$	$soŋ^{334}$	$koŋ^{53}$	$kʰoŋ^{423}$	$xoŋ^{53}$	$oŋ^{31}$	$oŋ^{53}$	$mɔʔ^{23}$
06 海宁	$tsʰoŋ^{55}$	$soŋ^{35}$	$koŋ^{55}$	$kʰoŋ^{53}$	$hoŋ^{55}$	$oŋ^{13}$	$oŋ^{55}$	$moʔ^{2}$
07 桐乡	$tsʰoŋ^{44}$	$soŋ^{334}$	$koŋ^{44}$	$kʰoŋ^{53}$	$hoŋ^{44}$	$oŋ^{13}$	$oŋ^{44}$	$mɔʔ^{23}$
08 崇德	$tsʰoŋ^{44}$	$soŋ^{334}$	$koŋ^{44}$	$kʰoŋ^{53}$	$hoŋ^{44}$	$oŋ^{13}$	$oŋ^{44}$	$mɔʔ^{23}$
09 湖州	$tsʰoŋ^{44}$	$soŋ^{35}$	$koŋ^{44}$	$kʰoŋ^{523}$	$xoŋ^{44}$	$oŋ^{112}$	$oŋ^{44}$	$muoʔ^{2}$
10 德清	$tsʰoŋ^{44}$	$soŋ^{334}$	$koŋ^{44}$	$kʰoŋ^{52}$	$xoŋ^{44}$	$oŋ^{113}$	$oŋ^{44}$	$muoʔ^{2}$
11 武康	$tsʰoŋ^{44}$	$soŋ^{224}$	$koŋ^{44}$	$kʰoŋ^{53}$	$xoŋ^{44}$	$oŋ^{113}$	$oŋ^{44}$	$muoʔ^{2}$
12 安吉	$tsʰoŋ^{55}$	$soŋ^{324}$	$koŋ^{55}$	$kʰoŋ^{52}$	$hoŋ^{55}$	$oŋ^{22}$	$oŋ^{55}$	$moʔ^{23}$
13 孝丰	$tsʰoŋ^{44}$	$soŋ^{324}$	$koŋ^{44}$	$kʰoŋ^{52}$	$hoŋ^{44}$	$oŋ^{22}$	$oŋ^{44}$	$muoʔ^{23}$
14 长兴	$tsʰoŋ^{44}$	$soŋ^{324}$	$koŋ^{44}$	$kʰoŋ^{52}$	$hoŋ^{44}$	$oŋ^{12}$	$oŋ^{44}$	$moʔ^{2}$
15 余杭	$tsʰoŋ^{44}$	$soŋ^{423}$	$koŋ^{44}$	$kʰoŋ^{53}$	$xoŋ^{44}$	$oŋ^{13}$	$oŋ^{44}$	$moʔ^{2}$
16 临安	$tsʰoŋ^{55}$	$soŋ^{55}$	$koŋ^{55}$	$kʰoŋ^{55}$	$hoŋ^{55}$	$oŋ^{33}$	$oŋ^{55}$	$muɔʔ^{12}$
17 昌化	$tsʰəŋ^{334}$	$səŋ^{544}$	$kəŋ^{334}$	$kʰəŋ^{453}$	$xəŋ^{334}$	$əŋ^{112}$	$əŋ^{334}$	$muɐʔ^{23}$
18 於潜	$tsʰoŋ^{433}$	$soŋ^{35}$	$koŋ^{433}$	$kʰoŋ^{51}$	$xoŋ^{433}$	$oŋ^{223}$	$oŋ^{433}$	$mɑʔ^{23}$
19 萧山	$tsʰoŋ^{355}$	$soŋ^{42}$	$koŋ^{533}$	$kʰoŋ^{33}$	$xoŋ^{533}$	$oŋ^{355}$	$oŋ^{533}$	$məʔ^{13}$
20 富阳	$tsʰoŋ^{53}$	$soŋ^{335}$	$koŋ^{53}$	$kʰoŋ^{423}$	$hoŋ^{53}$	$oŋ^{13}$	$oŋ^{53}$	$moʔ^{2}$
21 新登	$tsʰoŋ^{53}$	$soŋ^{45}$	$koŋ^{53}$	$kʰoŋ^{334}$	$hoŋ^{53}$	$oŋ^{233}$	$oŋ^{53}$	$mɔʔ^{2}$
22 桐庐	$tsʰoŋ^{533}$	$soŋ^{35}$	$koŋ^{533}$	$kʰoŋ^{33}$	$xoŋ^{533}$	$oŋ^{13}$	$oŋ^{533}$	$məʔ^{13}$
23 分水	$tsʰoŋ^{44}$	$soŋ^{24}$	$koŋ^{44}$	$kʰoŋ^{53}$	$xoŋ^{44}$	$xoŋ^{22}$	$oŋ^{44}$	$maʔ^{12}$
24 绍兴	$tsʰoŋ^{53}$	$soŋ^{33}$	$koŋ^{53}$	$kʰoŋ^{334}$	$foŋ^{53}$	$oŋ^{231}$	$oŋ^{53}$	$moʔ^{2}$
25 上虞	$tsʰoŋ^{35}$	$soŋ^{53}$	$koŋ^{35}$	$kʰoŋ^{35}$	$hoŋ^{35}$	$oŋ^{213}$	$oŋ^{35}$	$moʔ^{2}$

续表

方言点	0929 葱	0930 送	0931 公	0932 孔	0933 烘 ~干	0934 红	0935 翁	0936 木
	通合一平东清	通合一去东心	通合一平东见	通合一上东溪	通合一平东晓	通合一平东匣	通合一平东影	通合一入屋明
26 嵊州	tsʰoŋ534	soŋ334	kuoŋ534	kʰoŋ53	hoŋ534	oŋ213	oŋ534	moʔ2
27 新昌	tsʰoŋ534	soŋ335	koŋ534	kʰoŋ453	hoŋ534	oŋ22	oŋ534	mɤʔ2
28 诸暨	tsʰom544	som544	kom544	kʰom42	hom544	om13	om544	moʔ13
29 慈溪	tsʰuŋ35	suŋ44	kuŋ35	kʰuŋ35	huŋ35	uŋ13	uŋ44	moʔ2
30 余姚	tsʰuŋ44	suŋ53	kuŋ44	kʰuŋ34	huŋ44	uŋ13	uŋ44	moʔ2
31 宁波	tsʰoŋ53	soŋ44	koŋ53	kʰoŋ35	hoŋ44	oŋ13	oŋ53	moʔ2
32 镇海	tsʰoŋ53	soŋ53	koŋ53	kʰoŋ35	hoŋ53	oŋ24	oŋ53	moʔ12
33 奉化	tsʰoŋ44	soŋ53	koŋ44	kʰoŋ545	hoŋ44	oŋ33	oŋ44	moʔ2
34 宁海	tsʰoŋ423	soŋ35	koŋ423	kʰoŋ53	hoŋ423	oŋ213	oŋ423	moʔ3
35 象山	tsʰoŋ44	soŋ53	koŋ44	kʰoŋ44	hoŋ44	oŋ31	oŋ44	moʔ2
36 普陀	tsʰoŋ53	soŋ55	koŋ53	kʰoŋ45	xoŋ53	oŋ24	oŋ53	moʔ23
37 定海	tsʰoŋ52	soŋ44	koŋ52	kʰoŋ45	xoŋ52	oŋ23	oŋ52	moʔ2
38 岱山	tsʰoŋ52	soŋ44	koŋ52	koŋ325	xoŋ52	oŋ23	oŋ52	moʔ2
39 嵊泗	tsʰoŋ53	soŋ53	koŋ53	kʰoŋ445	xoŋ53	oŋ243	oŋ53	moʔ2
40 临海	tsʰoŋ31	soŋ55	koŋ31	kʰoŋ52	hoŋ31	oŋ21	oŋ31	moʔ23
41 椒江	tsʰoŋ42	soŋ55	koŋ42	kʰoŋ55	hoŋ42	oŋ31	oŋ42	moʔ2
42 黄岩	tsʰoŋ32	soŋ55	koŋ32	kʰoŋ42	hoŋ32	oŋ121	oŋ32	moʔ2
43 温岭	tsʰuŋ33	suŋ55	kuŋ33	kʰuŋ42	huŋ33	ŋ31	uŋ33	moʔ2
44 仙居	tsʰoŋ334	soŋ55	koŋ334	kʰoŋ324	hoŋ334	oŋ213	oŋ334	məʔ23
45 天台	tsʰuŋ55	suŋ55	kŋ33	kʰŋ325 ~子	hŋ33	ŋ224	ŋ33	muʔ2
46 三门	tsʰoŋ334	soŋ55	koŋ334	kʰoŋ325	hoŋ334	oŋ113	oŋ334	moʔ23
47 玉环	tsʰoŋ42	soŋ55	koŋ42	kʰoŋ53	hoŋ42	oŋ31	oŋ42	moʔ2
48 金华	tsʰoŋ334	soŋ55	koŋ334	kʰoŋ535	xoŋ334	oŋ313	oŋ334	moʔ212
49 汤溪	tsʰɑo24	sɑo52	kɑo24	kʰɑo535	xɑo24	ɑo11	ɑo24	mou113

方言点	0929 葱	0930 送	0931 公	0932 孔	0933 烘 ~干	0934 红	0935 翁	0936 木
	通合一 平东清	通合一 去东心	通合一 平东见	通合一 上东溪	通合一 平东晓	通合一 平东匣	通合一 平东影	通合一 入屋明
50 兰溪	tsʰoŋ³³⁴	soŋ⁴⁵	koŋ³³⁴	kʰoŋ⁵⁵	xoŋ³³⁴	oŋ²¹	oŋ³³⁴	məʔ¹²
51 浦江	tsʰən⁵³⁴	sən⁵⁵	kon⁵³⁴	kʰon⁵³	xon⁵³⁴	on¹¹³	on⁵³⁴	muɯ²³² 旧 mə²³² 今
52 义乌	tsʰoŋ³³⁵	soŋ⁴⁵	koŋ³³⁵	kʰoŋ⁴²³	hoŋ³³⁵	oŋ²¹³	uən³³⁵	mau³¹²
53 东阳	tsʰɔm³³⁴	sɔm⁴⁵³	kɔm³³⁴	kʰɔm⁴⁴	hɔm³³⁴	ɔm²¹³	ɔm³³⁴	mou²¹³
54 永康	tsʰoŋ⁵⁵	soŋ⁵²	koŋ⁵⁵	kʰoŋ³³⁴	xoŋ⁵⁵	oŋ²²	oŋ⁵⁵	mu¹¹³
55 武义	tsʰoŋ²⁴	soŋ⁵³	koŋ²⁴	kʰoŋ⁴⁴⁵	xoŋ²⁴	oŋ³²⁴	oŋ²⁴	mə²¹³
56 磐安	tsʰɔom⁴⁴⁵	sɔom⁵²	kɔom⁴⁴⁵	kʰɔom³³⁴	xɔom⁴⁴⁵	ɔom²¹³	ɔom⁴⁴⁵	mʌo²¹³
57 缙云	tsʰɔ̃ũ⁴⁴	sɔ̃ũ⁴⁵³	kɔ̃ũ⁴⁴	kʰɔ̃ũ⁵¹	xɔ̃ũ⁴⁴	ɔ̃ũ²⁴³	ɔ̃ũ⁴⁴	mau¹³
58 衢州	tsʰoŋ³²	soŋ⁵³	koŋ³²	kʰoŋ³⁵	xoŋ³²	oŋ²¹	oŋ³²	məʔ¹²
59 衢江	tsʰəŋ³³	səŋ⁵³	kəŋ³³	kʰəŋ²⁵	xəŋ³³	əŋ²¹² 白 xəŋ²¹² 文	əŋ³³	məʔ²
60 龙游	tsʰoŋ³³⁴	soŋ⁵¹	koŋ³³⁴	kʰoŋ³⁵	xoŋ³³⁴	oŋ²¹	oŋ³³⁴	moʔ²³
61 江山	tsʰoŋ⁴⁴	soŋ⁵¹	koŋ⁴⁴	kʰəŋ²⁴¹ 单用 kʰoŋ⁵¹ 姓~	xoŋ⁴⁴	oŋ²¹³	oŋ⁴⁴	moʔ²
62 常山	tsʰoŋ⁴⁴	soŋ³²⁴	koŋ⁴⁴	kʰoŋ⁵²	xoŋ⁴⁴	oŋ³⁴¹	oŋ⁴⁴	mɤʔ³⁴
63 开化	tsʰɤŋ⁴⁴	sɤŋ⁴¹²	kɤŋ⁴⁴	kʰɤŋ⁵³	xɤŋ⁴⁴	ɤŋ²³¹	ɤŋ⁴⁴	məʔ¹³
64 丽水	tsʰəŋ²²⁴	soŋ⁵²	kəŋ²²⁴	kʰəŋ⁵⁴⁴	xəŋ²²⁴	ŋ²² 白 əŋ²² 文	əŋ²²⁴	məʔ²³
65 青田	tsʰoŋ⁴⁴⁵	soŋ³³	koŋ⁴⁴⁵	kʰoŋ⁴⁵⁴	xoŋ⁴⁴⁵	oŋ²¹	oŋ⁴⁴⁵	muʔ³¹
66 云和	tsʰoŋ²⁴	soŋ⁴⁵	koŋ²⁴	kʰoŋ⁴¹	xoŋ²⁴	oŋ³¹²	oŋ²⁴	məɯʔ²³
67 松阳	tsʰəŋ⁵³	səŋ²⁴	kəŋ⁵³	kʰəŋ²¹²	ɕiəŋ⁵³ 白 xəŋ⁵³ 文	ŋ³¹	ŋ⁵³	mɤʔ²
68 宣平	tsʰən³²⁴	sən⁵²	kən³²⁴	kʰən⁴⁴⁵	xən³²⁴	ən⁴³³	ən³²⁴	məʔ²³
69 遂昌	tsʰəŋ⁴⁵	səŋ³³⁴	kəŋ⁴⁵	kʰəŋ⁵³³	ɕiəŋ⁴⁵ 白 xəŋ⁴⁵ 文	əŋ²²¹	əŋ⁴⁵	məɯʔ²³
70 龙泉	tsʰəŋ⁴³⁴	səŋ⁴⁵	kəŋ⁴³⁴	kʰəŋ⁵¹	xəŋ⁴³⁴	ŋ²¹	ŋ⁴³⁴	ŋʔ²⁴ 白 mou²⁴ 文

续表

方言点	0929 葱	0930 送	0931 公	0932 孔	0933 烘 ~干	0934 红	0935 翁	0936 木
	通合一平东清	通合一去东心	通合一平东见	通合一上东溪	通合一平东晓	通合一平东匣	通合一平东影	通合一入屋明
71 景宁	tsʰəŋ³²⁴	səŋ³⁵	kəŋ³²⁴	kʰəŋ³³	xəx³²⁴	ŋ⁴¹	uœ³²⁴	m̩ʔ²³
72 庆元	tsʰoŋ³³⁵	soŋ¹¹	koŋ³³⁵	kʰoŋ³³	ɕioŋ³³⁵	ŋ⁵²	ŋ³³⁵	muʔ³⁴
73 泰顺	tsʰoŋ²¹³	soŋ³⁵	koŋ²¹³	kʰoŋ⁵⁵	ɕioŋ²¹³	uoŋ⁵³	uoŋ²¹³	muʔ²
74 温州	tsʰoŋ³³	soŋ⁵¹	koŋ³³	kʰoŋ²⁵	hoŋ³³	oŋ³¹	oŋ³³	mo²¹²
75 永嘉	tsʰoŋ⁴⁴	soŋ⁵³	koŋ⁴⁴	kʰoŋ⁴⁵	hoŋ⁴⁴	oŋ³¹	oŋ⁴⁴	m̩²¹³
76 乐清	tɕʰioŋ⁴⁴	soŋ⁴¹	koŋ⁴⁴	kʰoŋ³⁵	hoŋ⁴⁴	oŋ³¹	oŋ⁴⁴	mɤ²¹²
77 瑞安	tsʰoŋ⁴⁴	soŋ⁵³	koŋ⁴⁴	kʰoŋ³⁵	hoŋ⁴⁴	oŋ³¹	oŋ⁴⁴	muɯ²¹²
78 平阳	tʃʰoŋ⁵⁵	soŋ⁵³	koŋ⁵⁵	kʰoŋ⁴⁵	xoŋ⁵⁵	xoŋ²⁴²	oŋ⁵⁵	mu¹²
79 文成	tʃʰoŋ⁵⁵	soŋ³³	koŋ⁵⁵	kʰoŋ⁴⁵	xoŋ⁵⁵	oŋ¹¹³	oŋ⁵⁵	mo²¹²
80 苍南	tsʰoŋ⁴⁴	soŋ⁴²	koŋ⁴⁴	kʰoŋ⁵³	hoŋ⁴⁴	oŋ³¹	oŋ⁴⁴	mu¹¹²
81 建德徽	tsʰoŋ⁵³	soŋ³³	koŋ⁵³	kʰoŋ²¹³	hoŋ⁵³	oŋ³³	oŋ³³	mɐʔ¹²
82 寿昌徽	tsʰɔŋ¹¹²	sɔŋ³³	kɔŋ¹¹²	kʰɔŋ²⁴	xɔŋ¹¹²	ɔŋ⁵²	ɔŋ³³文	mɔʔ³¹
83 淳安徽	tsʰon²⁴	son²⁴	kon²⁴	kʰon⁵⁵	hon²⁴	on⁴³⁵	on²⁴	maʔ¹³
84 遂安徽	tsʰəŋ⁵³⁴	səŋ⁴³	kəŋ⁵³⁴	kʰəŋ²¹³	xəŋ⁵³⁴	n̩³³	vəŋ⁵³⁴	mu²¹³
85 苍南闽	tsʰan⁵⁵	san⁴³	kaŋ⁵⁵	kʰaŋ⁴³	han⁵⁵白 haŋ⁵⁵文	an²⁴	aŋ⁵⁵	bɐ²⁴
86 泰顺闽	tsʰəŋ²¹³	səŋ⁵³	kəŋ²¹³	kʰəŋ³⁴⁴	fəŋ²¹³	uɐn²²	uɐn²¹³	møʔ³
87 洞头闽	tsʰaŋ³³	saŋ²¹	kaŋ³³白 koŋ³³文	kʰoŋ⁵³	haŋ³³	aŋ¹¹³	oŋ³³	bo²⁴¹
88 景宁畲	tsʰoŋ⁵¹调殊	soŋ⁴⁴	koŋ⁴⁴	koŋ³²⁵	（无）	foŋ²²	oŋ⁴⁴⁵小	moʔ²

方言点	0937 读	0938 鹿	0939 族	0940 谷 稻~	0941 哭	0942 屋	0943 冬 ~至	0944 统
	通合一入屋定	通合一入屋来	通合一入屋从	通合一入屋见	通合一入屋溪	通合一入屋影	通合一平冬端	通合一去冬透
01 杭州	doʔ²	loʔ²	dzoʔ²	koʔ⁵	kʰoʔ⁵	oʔ⁵	toŋ³³⁴	tʰoŋ⁵³
02 嘉兴	doʔ¹³	loʔ⁵	zoʔ¹³	koʔ⁵	kʰoʔ⁵	oʔ⁵	toŋ⁴²	tʰoŋ¹¹³
03 嘉善	duoʔ²	luoʔ²	zuoʔ²	kuoʔ⁵	kʰuoʔ⁵	uoʔ⁵	toŋ⁵³	tʰoŋ³³⁴
04 平湖	doʔ²³	loʔ²³	zoʔ²³	koʔ⁵	kʰoʔ²³	oʔ⁵	toŋ⁵³	tʰoŋ²¹³
05 海盐	dɔʔ²³	lɔʔ²³	zɔʔ²³	kɔʔ⁵	kʰɔʔ²³	ɔʔ⁵	toŋ⁵³	tʰoŋ⁴²³
06 海宁	doʔ²	loʔ²	zoʔ²	koʔ⁵	kʰoʔ⁵	oʔ⁵	toŋ⁵⁵	tʰoŋ⁵³
07 桐乡	dɔʔ²³	lɔʔ²³	zɔʔ²³	kɔʔ⁵	kʰɔʔ⁵	ɔʔ⁵	toŋ⁴⁴	tʰoŋ⁵³
08 崇德	dɔʔ²³	lɔʔ²³	zɔʔ²³	kɔʔ⁵	kʰɔʔ⁵	ɔʔ⁵	toŋ⁴⁴	tʰoŋ⁵³
09 湖州	duoʔ²	luoʔ²	zuoʔ²	kuoʔ⁵	kʰuoʔ⁵	uoʔ⁵	toŋ⁴⁴	tʰoŋ⁵²³
10 德清	duoʔ²	luoʔ²	zuoʔ²	kuoʔ⁵	kʰuoʔ⁵	uoʔ⁵	toŋ⁴⁴	tʰoŋ⁵²
11 武康	duoʔ²	luoʔ²	dzuoʔ²	kuoʔ⁵	kʰuoʔ⁵	uoʔ⁵	toŋ⁴⁴	tʰoŋ⁵³
12 安吉	doʔ²³	loʔ²³	zoʔ²³	koʔ⁵	kʰoʔ⁵	oʔ⁵	toŋ⁵⁵	tʰoŋ⁵²
13 孝丰	duoʔ²³	luoʔ²³	zuoʔ²³	kuoʔ⁵	kʰuoʔ⁵	oʔ⁵	toŋ⁴⁴	tʰoŋ⁵²
14 长兴	doʔ²	loʔ²	zoʔ²	koʔ⁵	kʰoʔ⁵	oʔ²	toŋ⁴⁴	tʰoŋ⁵²
15 余杭	doʔ²	loʔ²	zoʔ²	koʔ⁵	kʰoʔ⁵	oʔ⁵	toŋ⁴⁴	tʰoŋ⁵³
16 临安	duɔʔ¹²	luɔʔ¹²	dzuɔʔ¹²	kuɔʔ¹²	kʰuɔʔ⁵⁴	uɔʔ⁵⁴	toŋ⁵⁵	tʰoŋ⁵⁵
17 昌化	duəʔ²³	luəʔ²³	zuəʔ²³	kuəʔ⁵	kʰuəʔ⁵	uəʔ⁵	təŋ³³⁴	tʰəŋ⁴⁵³
18 於潜	duɐʔ²³	læʔ²³	dzuɐʔ²³	kuəʔ⁵³	kʰuəʔ⁵³	uəʔ⁵³	toŋ⁴³³	tʰoŋ⁵¹
19 萧山	dəʔ¹³	ləʔ¹³	dzəʔ¹³	kuoʔ⁵	kʰuoʔ⁵	uoʔ⁵	toŋ⁵³³	tʰoŋ⁴²
20 富阳	doʔ²	loʔ²	dzoʔ²	kuoʔ⁵	kʰuoʔ⁵	uoʔ⁵	toŋ⁵³	tʰoŋ⁴²³
21 新登	dɔʔ²	lɔʔ²	zɔʔ²	kɔʔ⁵	kʰɔʔ⁵	ɔʔ⁵	toŋ⁵³	tʰoŋ³³⁴
22 桐庐	dəʔ¹³	ləʔ¹³	dzuəʔ¹³	kuəʔ⁵	kʰuəʔ⁵	uəʔ⁵	toŋ⁵³³	tʰoŋ³³
23 分水	dəʔ¹²	ləʔ¹²	zuaʔ¹²	kuəʔ⁵	kʰuəʔ⁵	uəʔ⁵	toŋ⁴⁴	tʰoŋ⁵³
24 绍兴	doʔ²	loʔ²	zoʔ²	kuoʔ⁵	kʰuoʔ⁵	uoʔ⁵	toŋ⁵³	tʰoŋ³³⁴
25 上虞	doʔ²	loʔ²	zoʔ²	koʔ⁵	kʰoʔ⁵	oʔ⁵	toŋ³⁵	tʰoŋ³⁵

续表

方言点	0937 读	0938 鹿	0939 族	0940 谷 稻~	0941 哭	0942 屋	0943 冬 ~至	0944 统
	通合一 入屋定	通合一 入屋来	通合一 入屋从	通合一 入屋见	通合一 入屋溪	通合一 入屋影	通合一 平冬端	通合一 去冬透
26 嵊州	$do\textipa{P}^2$	$lo\textipa{P}^2$	$dzo\textipa{P}^2$	$kuo\textipa{P}^5$	$k^huo\textipa{P}^5$	uo^{53}白 $o\textipa{P}^5$文	$to\eta^{534}$	$t^ho\eta^{53}$
27 新昌	$d\textturnv\textipa{P}^2$	$l\textturnv\textipa{P}^2$	$dz\textturnv\textipa{P}^2$	$ku\textipa{P}^5$	$k^hu\textipa{P}^5$	$u\textipa{P}^5$	$to\eta^{534}$	$t^ho\eta^{453}$
28 诸暨	$do\textipa{P}^{13}$	$lo\textipa{P}^{13}$	$dzo\textipa{P}^{13}$	$ko\textipa{P}^5$	$k^ho\textipa{P}^5$	$o\textipa{P}^5$	tom^{544}	t^hom^{42}
29 慈溪	$do\textipa{P}^2$	$lo\textipa{P}^2$	$zo\textipa{P}^2$	$ko\textipa{P}^5$	$k^ho\textipa{P}^5$	$o\textipa{P}^5$	$tu\eta^{35}$	$t^hu\eta^{35}$
30 余姚	$do\textipa{P}^2$	$lo\textipa{P}^2$	$zo\textipa{P}^2$	$ko\textipa{P}^5$	$k^ho\textipa{P}^5$	$uo\textipa{P}^5$	$tu\eta^{44}$	$t^hu\eta^{34}$
31 宁波	$do\textipa{P}^2$	$lo\textipa{P}^2$	$dzo\textipa{P}^2$	$ko\textipa{P}^5$	$k^ho\textipa{P}^5$	$o\textipa{P}^5$	$to\eta^{53}$	$t^ho\eta^{53}$
32 镇海	$do\textipa{P}^{12}$	$lo\textipa{P}^{12}$	$dzo\textipa{P}^{12}$	$ko\textipa{P}^5$	$k^ho\textipa{P}^5$	$o\textipa{P}^5$	$to\eta^{53}$	$t^ho\eta^{35}$
33 奉化	$do\textipa{P}^2$	$lo\textipa{P}^2$	$dzo\textipa{P}^2$	$ko\textipa{P}^5$	$k^ho\textipa{P}^5$	$o\textipa{P}^5$	$to\eta^{44}$	$t^ho\eta^{44}$调殊
34 宁海	$do\textipa{P}^3$	$lo\textipa{P}^3$	$dzo\textipa{P}^3$	$ko\textipa{P}^5$	$k^ho\textipa{P}^5$	$o\textipa{P}^5$	$to\eta^{123}$	$t^ho\eta^{53}$
35 象山	$do\textipa{P}^2$	$lo\textipa{P}^2$	$dzo\textipa{P}^2$	$ko\textipa{P}^5$	$k^ho\textipa{P}^5$	$o\textipa{P}^5$	$t^ho\eta^{44}$	$t^ho\eta^{44}$
36 普陀	$do\textipa{P}^{23}$	$lo\textipa{P}^{23}$	$dzo\textipa{P}^{23}$	$ko\textipa{P}^5$	$k^ho\textipa{P}^5$	$o\textipa{P}^5$	$to\eta^{53}$	$t^ho\eta^{55}$调殊
37 定海	$do\textipa{P}^2$	$lo\textipa{P}^2$	$dzo\textipa{P}^2$	$ko\textipa{P}^5$	$k^ho\textipa{P}^5$	$o\textipa{P}^5$	$to\eta^{52}$	$t^ho\eta^{52}$
38 岱山	$do\textipa{P}^2$	$lo\textipa{P}^2$	$dzo\textipa{P}^2$	$ko\textipa{P}^5$	$k^ho\textipa{P}^5$	$o\textipa{P}^5$	$to\eta^{52}$	$t^ho\eta^{52}$
39 嵊泗	$do\textipa{P}^2$	$lo\textipa{P}^2$	$dzo\textipa{P}^2$	$ko\textipa{P}^5$	$k^ho\textipa{P}^5$	$o\textipa{P}^5$	$to\eta^{53}$	$t^ho\eta^{53}$
40 临海	$do\textipa{P}^{23}$	$lo\textipa{P}^{23}$	$zo\textipa{P}^{23}$	$ko\textipa{P}^{23}$	$k^ho\textipa{P}^5$	$o\textipa{P}^5$	$to\eta^{31}$	$t^ho\eta^{52}$
41 椒江	$do\textipa{P}^2$	$lo\textipa{P}^2$	$zo\textipa{P}^2$	$ko\textipa{P}^5$	$k^ho\textipa{P}^5$	$uo\textipa{P}^5$	$to\eta^{42}$	$t^ho\eta^{42}$
42 黄岩	$do\textipa{P}^2$	$lo\textipa{P}^2$	$zo\textipa{P}^2$	$ko\textipa{P}^5$	$k^ho\textipa{P}^5$	$o\textipa{P}^5$	$to\eta^{32}$	$t^ho\eta^{42}$
43 温岭	$do\textipa{P}^2$	$lo\textipa{P}^2$	$zo\textipa{P}^2$	$kuo\textipa{P}^5$	$k^huo\textipa{P}^5$	$uo\textipa{P}^5$	$tu\eta^{33}$	$t^hu\eta^{42}$
44 仙居	$du\textschwa\textipa{P}^{23}$	$lu\textschwa\textipa{P}^{23}$	$zu\textschwa\textipa{P}^{23}$	$ku\textschwa\textipa{P}^5$	（无）	$u\textschwa\textipa{P}^5$	$\textipa{\:d}o\eta^{334}$	$t^ho\eta^{324}$
45 天台	$du\textipa{P}^2$	$lu\textipa{P}^2$	$\textctz yu\textipa{P}^2$	$ku\textipa{P}^5$	$k^hu\textipa{P}^5$	$u\textipa{P}^5$	$tu\eta^{33}$	$t^hu\eta^{325}$
46 三门	$do\textipa{P}^{23}$	$lo\textipa{P}^{23}$	$zo\textipa{P}^{23}$	$ko\textipa{P}^5$	$k^hu\textschwa\textipa{P}^5$	$o\textipa{P}^5$	$to\eta^{334}$	$t^ho\eta^{325}$
47 玉环	$do\textipa{P}^2$	$lo\textipa{P}^2$	$zo\textipa{P}^2$	$ko\textipa{P}^5$	$k^huo\textipa{P}^5$	$uo\textipa{P}^5$	$to\eta^{42}$	$t^ho\eta^{53}$
48 金华	$do\textipa{P}^{212}$	$lo\textipa{P}^{212}$	$dzo\textipa{P}^{212}$	$ko\textipa{P}^4$	$k^ho\textipa{P}^4$	$o\textipa{P}^4$	$to\eta^{334}$	$t^ho\eta^{535}$
49 汤溪	dou^{113}	lou^{113}	$dzou^{113}$	kou^{55}	k^hou^{55}	ou^{55}	nao^{24}	t^hao^{535}

续表

方言点	0937 读	0938 鹿	0939 族	0940 谷 稻~	0941 哭	0942 屋	0943 冬 ~至	0944 统
	通合一 入屋定	通合一 入屋来	通合一 入屋从	通合一 入屋见	通合一 入屋溪	通合一 入屋影	通合一 平冬端	通合一 去冬透
50 兰溪	dɔʔ¹²	lɔʔ¹²	dzyɣʔ¹²	kɔʔ³⁴	kʰuɔʔ³⁴	ɔʔ³⁴	toŋ³³⁴	tʰoŋ⁵⁵
51 浦江	dɯ²³²	lɯ²³²	dzɯ¹¹³	kɯ⁴²³	kʰɯ⁴²³	ɯ⁴²³	tən⁵³⁴	tʰən⁵³
52 义乌	dau³¹²	lon³¹²小	zau³¹²	kau³²⁴	kʰau³²⁴	au³²⁴	noŋ³³⁵	tʰoŋ⁴²³
53 东阳	dou²¹³	lou²¹³	dzou²¹³	kou³³⁴	kʰou³³⁴	ou³³⁴	tɔm³³⁴	tʰɔm⁴⁴
54 永康	du¹¹³	lu¹¹³	zu¹¹³	ku³³⁴	lɑu⁵²白 kʰu³³⁴文	u³³⁴	noŋ⁵⁵	tʰoŋ³³⁴
55 武义	dɔ²¹³	lɔ²¹³	zɔ²¹³	kɔʔ⁵	kʰɔʔ⁵	ɔʔ⁵	noŋ²⁴	tʰoŋ⁴⁴⁵
56 磐安	dʌo²¹³	lʌo²¹³	zʌo²¹³	kʌo³³⁴	kʰʌo³³⁴	ʌo³³⁴	nɔom⁴⁴⁵老 tɔom⁴⁴⁵新	tʰɔom³³⁴
57 缙云	dɑu¹³	lɑu¹³	zɑu¹³	kou³²²	（无）	ou³²²	nõũ⁴⁴	tʰõũ⁵¹
58 衢州	dəʔ¹²	ləʔ¹²	dzəʔ¹²	kuəʔ⁵	kʰuəʔ⁵	uəʔ⁵	toŋ³²	tʰoŋ³⁵
59 衢江	dəʔ²	ləʔ²	dzəʔ²	kuəʔ⁵	kʰuəʔ⁵	uəʔ⁵	təŋ³³	tʰəŋ²⁵
60 龙游	dɔʔ²³	lɔʔ²³	dzɔʔ²³	kɔʔ⁴	kʰuɔʔ⁴	uɔʔ⁴	toŋ³³⁴	tʰoŋ³⁵
61 江山	doʔ²	loʔ²	zoʔ²	koʔ⁵	kʰoʔ⁵	oʔ⁵	taŋ⁴⁴	tʰoŋ²⁴¹
62 常山	dɣʔ³⁴	lɣʔ³⁴	dzɣʔ³⁴	kɣʔ⁵	kʰɣʔ⁵	ɣʔ⁵	tã⁴⁴	tʰoŋ⁵²
63 开化	dəʔ¹³	ləʔ¹³	zɔʔ¹³白 dzɔʔ¹³文	kɔʔ⁵	kʰɔʔ⁵	əʔ⁵	tɣŋ⁴⁴	tʰɣŋ⁵³
64 丽水	dəʔ²³	ləʔ²³	zəʔ²³	ku⁵	kʰu⁵	uʔ⁵	toŋ²²⁴	tʰoŋ⁵⁴⁴
65 青田	duʔ³¹	luʔ³¹	zuʔ³¹	kuʔ⁴²	kʰuʔ⁴²	uʔ⁴²	ɗoŋ⁴⁴⁵	tʰoŋ⁴⁵⁴
66 云和	dəɯʔ²³	ləɯʔ²³	zəɯʔ²³	kəɯʔ⁵	kʰəɯʔ⁵	əɯʔ⁵	toŋ²⁴	tʰoŋ⁴¹
67 松阳	dɣʔ²	lɣʔ²	zɣʔ²	kɣʔ⁵	（无）	oʔ⁵	təŋ⁵³	tʰəŋ²¹²
68 宣平	dəʔ²³	ləʔ²³	zəʔ²³	kəʔ⁵	kʰəʔ⁵	əʔ⁵	təŋ³²⁴	tʰən³²⁴
69 遂昌	dəɯʔ²³	ləɯʔ²³	dzəɯʔ²³	kəɯʔ⁵	kʰəɯʔ⁵	əɯʔ⁵	təŋ⁴⁵	tʰəŋ⁵³³
70 龙泉	dɣɯʔ²⁴	lɣɯʔ²⁴	zɣɯʔ²⁴	ku⁵	kʰu⁵	uʔ⁵	təŋ⁴³⁴	tʰəŋ⁵¹
71 景宁	dəɯʔ²³	ləɯʔ²³	zəɯʔ²³	kuʔ⁵	kʰuʔ⁵	uʔ⁵	təŋ³²⁴	tʰəŋ³³
72 庆元	tuʔ³⁴	luʔ³⁴	suʔ³⁴	kuʔ⁵	kʰuʔ⁵	uʔ⁵	ɗoŋ³³⁵	tʰoŋ³³

续表

方言点	0937 读	0938 鹿	0939 族	0940 谷 稻~	0941 哭	0942 屋	0943 冬 ~至	0944 统
	通合一入屋定	通合一入屋来	通合一入屋从	通合一入屋见	通合一入屋溪	通合一入屋影	通合一平冬端	通合一去冬透
73 泰顺	təuʔ²	ləuʔ²	ɕiəuʔ²	kuʔ⁵	kʰuʔ⁵	uʔ⁵	toŋ²¹³	tʰoŋ⁵⁵
74 温州	dɤu²¹²	lɤu²¹²	iɤu²¹²	ku³²³	kʰu³²³	u³²³	toŋ³³	tʰoŋ²⁵
75 永嘉	dəu²²	ləu²¹³	iəu²¹³	ku⁴²³	kʰu⁴²³	u⁴²³	toŋ⁴⁴	tʰoŋ⁴⁵
76 乐清	dau²¹²	lau²¹²	zau²¹²	ku³²³	kʰu³²³	u³²³	toŋ⁴⁴	tʰoŋ³⁵
77 瑞安	dou²¹²	lou²¹²	zou²¹²	kɯ³²³	kʰɯ³²³	ɯ³²³	toŋ⁴⁴	tʰoŋ³⁵
78 平阳	du¹²	lu¹²	dzu¹²	ku³⁴	kʰu³⁴	vu³⁴	toŋ⁵⁵	tʰoŋ⁴⁵
79 文成	dou²¹²	lou²¹²	zou²¹²	ku³⁴	kʰu³⁴	vu³⁴	toŋ⁵⁵	tʰoŋ⁴⁵
80 苍南	du¹¹²	lu¹¹²	dzu¹¹²	ku²²³	kʰu²²³	u²²³	toŋ⁴⁴	tʰoŋ⁵³
81 建德ᵢ	tɐʔ¹²	lɐʔ¹²	tɕyɐʔ¹²	kuɐʔ⁵	kʰuɐʔ⁵	uɐʔ⁵	toŋ⁵³	tʰoŋ²¹³
82 寿昌ᵢ	tʰɔʔ³¹	lɔʔ³¹	tsɔʔ³¹	kɔʔ³	kʰɔʔ³	ɔʔ³	toŋ¹¹²	tʰɔŋ²⁴
83 淳安ᵢ	tʰɑʔ¹³	lɑʔ¹³	sɑʔ¹³	koʔ⁵	kʰoʔ⁵	uoʔ⁵	ton²⁴	tʰon⁵⁵
84 遂安ᵢ	tʰu²¹³	lu²¹³	tsu²¹³	ku²⁴	kʰu²⁴	u²⁴	təŋ⁵³⁴	tʰəŋ²¹³
85 苍南ᵢ	tʰɐ²⁴	lɐ²⁴	tsɐ²⁴	kɐ⁴³	（无）	u⁵⁵	tan⁵⁵	tʰɑŋ⁴³
86 泰顺ᵢ	tʰøʔ³	løʔ³	tsøʔ³	køʔ⁵	kʰøʔ⁵	uøʔ⁵	təŋ²¹³	tʰəŋ³⁴⁴
87 洞头ᵢ	tʰɐk²⁴	lɔk²⁴	tsɔk²⁴	kɔ⁵³	（无）	ɔk⁵	taŋ³³	tʰaŋ⁵³
88 景宁ᵢ	tʰoʔ²	luʔ²	ɕiet²	kuʔ⁵	（无）	（无）	toŋ⁴⁴	tʰoŋ³²⁵

方言点	0945 脓	0946 松 ~紧	0947 宋	0948 毒	0949 风	0950 丰	0951 凤	0952 梦
	通合一平冬泥	通合一平冬心	通合一去冬心	通合一入沃定	通合三平东非	通合三平东敷	通合三去东奉	通合三去东明
01 杭州	noŋ^{213}	soŋ^{334}	soŋ^{45}	do?^{2}	foŋ^{334}	foŋ^{334}	voŋ^{13}	moŋ^{13}
02 嘉兴	noŋ^{242}	soŋ^{42}	soŋ^{224}	do?^{13}	foŋ^{42}	foŋ^{42}	voŋ^{113}	moŋ^{113}
03 嘉善	loŋ^{132}声殊	soŋ^{53}	soŋ^{334}	duo?^{2}	xoŋ^{53}声殊	foŋ^{53}	oŋ^{113}声殊	moŋ^{113}
04 平湖	loŋ^{31}	soŋ^{53}	soŋ^{334}	do?^{23}	foŋ^{53}	foŋ^{53}	voŋ^{213}	mã^{213}
05 海盐	loŋ^{31}	soŋ^{53}	soŋ^{334}	dɔ?^{23}	foŋ^{53}	foŋ^{53}	voŋ^{213}	moŋ^{213}
06 海宁	loŋ^{13}	soŋ^{55}	soŋ^{35}	do?^{2}	foŋ^{55}	foŋ^{55}	voŋ^{13}	mã^{13}白 moŋ^{13}文
07 桐乡	loŋ^{13}	soŋ^{44}	soŋ^{334}	dɔ?^{23}	foŋ^{44}	foŋ^{44}	voŋ^{213}	moŋ^{213}
08 崇德	loŋ^{13}	soŋ^{44}	soŋ^{334}	dɔ?^{23}	foŋ^{44}	foŋ^{44}	voŋ^{13}	moŋ^{13}
09 湖州	loŋ^{112}声殊	soŋ^{44}	soŋ^{35}	duo?^{2}	foŋ^{44}	foŋ^{44}	voŋ^{24}	moŋ^{35}
10 德清	noŋ^{113}	soŋ^{44}	soŋ^{334}	duo?^{2}	foŋ^{44}	foŋ^{44}	voŋ^{113}	moŋ^{334}
11 武康	noŋ^{113}	soŋ^{44}	soŋ^{224}	duo?^{2}	foŋ^{44}	foŋ^{44}	voŋ^{113}	moŋ^{224}
12 安吉	noŋ^{22}	soŋ^{55}	soŋ^{324}	do?^{23}	foŋ^{55}	foŋ^{55}	voŋ^{213}	moŋ^{213}
13 孝丰	noŋ^{22}	soŋ^{44}	soŋ^{324}	duo?^{23}	foŋ^{44}	foŋ^{44}	voŋ^{213}	moŋ^{324}
14 长兴	noŋ^{12}	soŋ^{44}	soŋ^{324}	do?^{2}	foŋ^{44}	foŋ^{44}	voŋ^{24}	moŋ^{324}
15 余杭	noŋ^{22}	soŋ^{44}	soŋ^{423}	do?^{2}	foŋ^{44}	foŋ^{44}	voŋ^{213}	moŋ^{213}
16 临安	noŋ^{33}	soŋ^{55}	soŋ^{55}	duɔ?^{12}	foŋ^{55}	foŋ^{55}	voŋ^{33}	moŋ^{33}
17 昌化	nəŋ^{544}	səŋ^{334}	səŋ^{544}	duəʔ^{23}	fəŋ^{334}	fəŋ^{334}	vəŋ^{243}	məŋ^{243}
18 於潜	noŋ^{223}	soŋ^{433}	soŋ^{35}	duɐʔ^{23}	foŋ^{433}	foŋ^{433}	voŋ^{24}	moŋ^{24}
19 萧山	noŋ^{355}	soŋ^{533}	soŋ^{42}	dɔ?^{13}	foŋ^{533}	foŋ^{533}	voŋ^{242}	moŋ^{242}
20 富阳	loŋ^{13}	soŋ^{53}	soŋ^{335}	do?^{2}	foŋ^{53}	foŋ^{53}	voŋ^{224}	moŋ^{335}
21 新登	loŋ^{233}	soŋ^{53}	soŋ^{45}	do?^{2}	foŋ^{53}	foŋ^{53}	voŋ^{13}	moŋ^{13}
22 桐庐	loŋ^{13}	soŋ^{533}	soŋ^{35}	dɔ?^{13}	foŋ^{533}	foŋ^{533}	voŋ^{24}	moŋ^{24}
23 分水	ioŋ^{22}	soŋ^{44}	soŋ^{53}	dɔ?^{12}	foŋ^{44}	foŋ^{44}	voŋ^{13}	moŋ^{13}
24 绍兴	nⁱoŋ^{231}白 noŋ^{231}文	soŋ^{53}	soŋ^{33}	do?^{2}	foŋ^{53}	foŋ^{53}	voŋ^{22}	moŋ^{22}

方言点	0945 脓	0946 松 ~紧	0947 宋	0948 毒	0949 风	0950 丰	0951 凤	0952 梦
	通合一 平冬泥	通合一 平冬心	通合一 去冬心	通合一 入沃定	通合三 平东非	通合三 平东敷	通合三 去东奉	通合三 去东明
25 上虞	n̠yoŋ²¹³	soŋ³⁵	soŋ⁵³	doʔ²	hoŋ³⁵白 foŋ³⁵文	hoŋ³⁵白 foŋ³⁵文	voŋ³¹	mɔ̃³¹白 moŋ³¹文
26 嵊州	noŋ²¹³	soŋ⁵³⁴	soŋ³³⁴	doʔ²	foŋ⁵³⁴	foŋ⁵³⁴	uoŋ²⁴	mɔŋ²⁴白 moŋ²⁴文
27 新昌	noŋ²²	soŋ⁵³⁴	soŋ⁴⁵³	dɤʔ²	foŋ⁵³⁴	foŋ⁵³⁴	uoŋ¹³	mɔ̃¹³白 moŋ¹³文
28 诸暨	lom¹³	som⁵⁴⁴	som⁵⁴⁴	doʔ¹³	fom⁵⁴⁴	fom⁵⁴⁴	vom³³	mom³³
29 慈溪	luŋ¹³	suŋ³⁵	suŋ⁴⁴	doʔ²	fuŋ³⁵	fuŋ³⁵	vuŋ¹³	muŋ¹³
30 余姚	luŋ¹³	suŋ⁴⁴	suŋ⁵³	doʔ²	fuŋ⁴⁴	fuŋ⁴⁴	vuŋ¹³	muŋ¹³
31 宁波	noŋ¹³~血	soŋ⁵³	soŋ⁵³	doʔ²	foŋ⁵³	foŋ⁵³	voŋ¹³	mɔ¹³
32 镇海	noŋ²⁴	soŋ⁵³	soŋ⁵³	doʔ¹²	foŋ⁵³	foŋ⁵³	voŋ²⁴	mɔ̃²⁴
33 奉化	noŋ³³	soŋ⁴⁴	soŋ⁵³	doʔ²	fəŋ⁴⁴	fəŋ⁴⁴	vəŋ³¹	mɔ̃³¹白 məŋ³¹文
34 宁海	noŋ²¹³	soŋ⁴²³	soŋ⁴²³调殊	doʔ³	foŋ⁴²³	foŋ⁴²³	voŋ²⁴	moŋ²⁴
35 象山	noŋ³¹	soŋ⁴⁴	soŋ⁵³	doʔ²	fəŋ⁴⁴	fəŋ⁴⁴	vəŋ³¹	məŋ¹³
36 普陀	noŋ²⁴	soŋ⁵³	soŋ⁵⁵	doʔ²³	foŋ⁵³	foŋ⁵³	voŋ²³	moŋ¹³
37 定海	noŋ²³	soŋ⁵²	soŋ⁴⁴	doʔ²	foŋ⁵²	foŋ⁵²	voŋ¹³	mɔ̃¹³
38 岱山	noŋ²³	soŋ⁵²	soŋ⁴⁴	doʔ²	fɐŋ⁵²	fɐŋ⁵²	vɐŋ²¹³	mɔ̃²¹³
39 嵊泗	noŋ²⁴³	soŋ⁵³	soŋ⁵³	doʔ²	fɐŋ⁵³	fɐŋ⁵³	vɐŋ²¹³	mɔ̃²¹³
40 临海	noŋ²¹	soŋ³¹	soŋ⁵⁵	doʔ²³	fəŋ³¹	fəŋ³¹	vəŋ³²⁴	moŋ³²⁴
41 椒江	noŋ³¹	soŋ⁴²	soŋ⁵⁵	doʔ²	foŋ⁴²	foŋ⁴²	voŋ²⁴	moŋ²⁴
42 黄岩	loŋ¹²¹	soŋ³²	soŋ⁵⁵	doʔ²	foŋ³²	foŋ³²	voŋ²⁴	moŋ²⁴
43 温岭	nuŋ³¹	suŋ³³	suŋ⁵⁵	doʔ²	fuŋ³³	fuŋ³³	vuŋ¹³	muŋ¹³
44 仙居	noŋ²¹³	ɕioŋ³³⁴	soŋ⁵⁵	duəʔ²³	foŋ³³⁴	foŋ³³⁴	voŋ²⁴	moŋ²⁴
45 天台	nuŋ²²⁴	suŋ³³	suŋ⁵⁵	duʔ²	fuŋ³³	fuŋ³³	vuŋ³⁵	muŋ³⁵
46 三门	noŋ¹¹³	soŋ³³⁴	soŋ⁵⁵	doʔ²³	foŋ³³⁴	foŋ³³⁴	voŋ²⁴³	mɔ̃²⁴³

方言点	0945 脓	0946 松 ~紧	0947 宋	0948 毒	0949 风	0950 丰	0951 凤	0952 梦
	通合一 平冬泥	通合一 平冬心	通合一 去冬心	通合一 入沃定	通合三 平东非	通合三 平东敷	通合三 去东奉	通合三 去东明
47 玉环	noŋ³¹	soŋ⁴²	soŋ⁵⁵	doʔ²	foŋ⁴²	foŋ⁴²	voŋ²²	moŋ²²
48 金华	loŋ¹⁴	soŋ³³⁴	soŋ⁵⁵	doʔ²¹²	foŋ³³⁴	foŋ³³⁴	voŋ¹⁴	moŋ¹⁴
49 汤溪	nao³⁴¹	sao²⁴	sao⁵²	dou¹¹³	fao²⁴	fao²⁴	vao³⁴¹	mao³⁴¹
50 兰溪	noŋ²⁴	soŋ³³⁴	soŋ⁴⁵	dɔʔ¹²	foŋ³³⁴	foŋ³³⁴	voŋ²⁴	moŋ²⁴
51 浦江	lən²⁴	sən⁵³⁴	sən⁵⁵	duɯ²³²	fon⁵³⁴	fon⁵³⁴	von²⁴	mon²⁴
52 义乌	noŋ²⁴	soŋ³³⁵	soŋ⁴⁵	dau³¹²	foŋ³³⁵	foŋ³³⁵	voŋ²⁴	moŋ²⁴
53 东阳	nɔm²¹³	sɔm³³⁴	sɔm⁴⁵³	dou²¹³	fɔm³³⁴	fɔm³³⁴	vɔm²⁴	mɔm²⁴
54 永康	noŋ²²	soŋ⁵⁵	soŋ⁵²	du¹¹³	foŋ⁵⁵	foŋ⁵⁵	voŋ²⁴¹	moŋ²⁴¹
55 武义	noŋ³²⁴	soŋ²⁴	soŋ⁵³	dɔ²¹³	foŋ²⁴	foŋ²⁴	voŋ²³¹	moŋ²³¹
56 磐安	noom²¹³	soom⁴⁴⁵	soom⁵²	dʌo²¹³	foom⁴⁴⁵	foom⁴⁴⁵	voom¹⁴	moom¹⁴
57 缙云	nõũ²⁴³	sõũ⁴⁴	sõũ⁴⁵³	dõũ¹³	fõũ⁴⁴	fõũ⁴⁴	võũ²¹³	mõũ²¹³
58 衢州	noŋ²¹	soŋ³²	soŋ⁵³	dəʔ¹²	foŋ³²	foŋ³²	voŋ²³¹	moŋ²³¹
59 衢江	nəŋ²³¹	səŋ³³	səŋ⁵³	dəʔ²	fəŋ³³	fəŋ³³	vəŋ²³¹	məŋ²³¹
60 龙游	noŋ²¹	soŋ³³⁴	soŋ⁵¹	doʔ²³	fən³³⁴	fən³³⁴	vən²³¹	mən²³¹
61 江山	noŋ²¹³	soŋ⁴⁴	soŋ⁵¹	doʔ²	fɒŋ⁴⁴	foŋ⁴⁴	voŋ³¹	moŋ³¹
62 常山	loŋ³⁴¹	soŋ⁴⁴	soŋ⁵²	dɤʔ³⁴	fã⁴⁴	foŋ⁴⁴	voŋ²⁴	moŋ¹³¹
63 开化	nɤŋ²¹³调殊	sɤŋ⁴⁴	sɤŋ⁵³调殊	dəʔ¹³名 duo²¹³动	fɤŋ⁴⁴	fɤŋ⁴⁴	vɤŋ²¹³	mɤŋ²¹³
64 丽水	noŋ²²	soŋ²²⁴	soŋ⁵²	dəʔ²³	foŋ²²⁴	foŋ²²⁴	voŋ¹³¹	moŋ¹³¹
65 青田	noŋ²¹	soŋ⁴⁴⁵	soŋ³³	duʔ³¹	foŋ⁴⁴⁵	foŋ⁴⁴⁵	voŋ²²	moŋ²²
66 云和	noŋ³¹²	soŋ²⁴	soŋ⁴⁵	dəɯʔ²³	fəŋ²⁴	fəŋ²⁴	vəŋ²²³	məŋ²²³
67 松阳	nəŋ³¹	səŋ⁵³	səŋ²⁴	dɤʔ²	fəŋ⁵³	fəŋ⁵³	vəŋ¹³	məŋ¹³
68 宣平	nən⁴³³	sən³²⁴	sən⁵²	dəʔ²³	fəŋ³²⁴	fəŋ³²⁴	vən²³¹	mən²³¹
69 遂昌	nəŋ²¹³调殊	səŋ⁴⁵	səŋ³³⁴	dəɯʔ²³	fəŋ⁴⁵	fəŋ⁴⁵	vəŋ²¹³	məŋ²¹³

续表

方言点	0945 脓 通合一 平冬泥	0946 松 ~紧 通合一 平冬心	0947 宋 通合一 去冬心	0948 毒 通合一 入沃定	0949 风 通合三 平东非	0950 丰 通合三 平东敷	0951 凤 通合三 去东奉	0952 梦 通合三 去东明
70 龙泉	nəŋ²¹	səŋ⁴³⁴	səŋ⁴⁵	dɣɯʔ²⁴	foŋ⁴³⁴	foŋ⁴³⁴	vəŋ²²⁴	ŋ²²⁴白 məŋ²²⁴文
71 景宁	nəŋ⁴¹	səŋ³²⁴	səŋ³⁵	dəɯʔ²³	fəŋ³²⁴	fəŋ³²⁴	vəŋ¹¹³	məŋ¹¹³
72 庆元	noŋ⁵²	soŋ³³⁵	soŋ¹¹	tuʔ³⁴	foŋ³³⁵	foŋ³³⁵	foŋ³¹	moŋ³¹
73 泰顺	noŋ⁵³	soŋ²¹³	soŋ³⁵	təuʔ²	foŋ²¹³	foŋ²¹³	uoŋ²²	moŋ²²
74 温州	noŋ³¹	soŋ³³	soŋ⁵¹	dɣu²¹²	hoŋ³³	hoŋ³³	oŋ²²	moŋ²²
75 永嘉	noŋ³¹	soŋ⁴⁴	soŋ⁵³	dəu²¹³	hoŋ⁴⁴	hoŋ⁴⁴	oŋ²²	moŋ²²
76 乐清	noŋ³¹	soŋ⁴⁴	soŋ⁴¹	dau²¹²	foŋ⁴⁴	foŋ⁴⁴	voŋ²²	moŋ²²
77 瑞安	noŋ³¹	soŋ⁴⁴	soŋ⁵³	dou²¹²	foŋ⁴⁴	foŋ⁴⁴	voŋ²²	moŋ²²
78 平阳	noŋ²⁴²	soŋ⁵⁵	soŋ⁵³	du¹²	foŋ⁵⁵	foŋ⁵⁵	voŋ³³	moŋ³³
79 文成	noŋ¹¹³	soŋ⁵⁵	soŋ³³	dou²¹²	foŋ⁵⁵	foŋ⁵⁵	voŋ⁴²⁴	moŋ⁴²⁴
80 苍南	loŋ³¹	soŋ⁴⁴	soŋ⁴²	du¹¹²	hoŋ⁴⁴	hoŋ⁴⁴	oŋ¹¹	moŋ¹¹
81 建德徽	loŋ⁵⁵	soŋ⁵³	soŋ²¹³~朝 soŋ⁵⁵北~	tɐʔ¹²	foŋ⁵³	foŋ⁵³	foŋ²¹³	moŋ⁵⁵
82 寿昌徽	ləŋ³³	səŋ¹¹²	səŋ³³	tʰɔʔ³¹	fəŋ¹¹²	fəŋ¹¹²	fəŋ²⁴文	məŋ³³
83 淳安徽	loŋ²⁴	soŋ²⁴	soŋ²⁴	tʰɑʔ¹³	hoŋ²⁴多 foŋ²⁴少	foŋ²⁴	hoŋ⁵³	moŋ⁵³
84 遂安徽	ləŋ³³	səŋ⁵³⁴	səŋ⁴³	tʰu²¹³	fəŋ⁵³⁴	fəŋ⁵³⁴	fəŋ⁵²	məŋ⁵²
85 苍南闽	lan²⁴	san⁵⁵白 saŋ⁵⁵文	saŋ²¹	tɐ²⁴	huan⁵⁵	hɑŋ⁵⁵	hɑŋ²¹	ban²¹
86 泰顺闽	nəŋ²²	səŋ²¹³	səŋ⁵³	tøʔ³	fəŋ²¹³	fəŋ²¹³	fəŋ³¹	məŋ⁵³
87 洞头闽	laŋ¹¹³	soŋ³³	soŋ²¹	tɔk²⁴	huaŋ³³白 hoŋ³³文	hoŋ³³	hoŋ²¹	baŋ²¹
88 景宁畲	noŋ²²	soŋ⁴⁴	soŋ⁴⁴	tuʔ²	pyŋ⁴⁴	foŋ⁴⁴	foŋ⁵¹	moŋ⁵¹

方言点	0953 中 当~	0954 虫	0955 终	0956 充	0957 宫	0958 穷	0959 熊	0960 雄
	通合三 平东知	通合三 平东澄	通合三 平东章	通合三 平东昌	通合三 平东见	通合三 平东群	通合三 平东云	通合三 平东云
01 杭州	tsoŋ³³⁴	dzoŋ²¹³	tsoŋ³³⁴	tsʰoŋ³³⁴	koŋ³³⁴	dʑioŋ²¹³	ioŋ²¹³	ioŋ²¹³
02 嘉兴	tsoŋ⁴²	zoŋ²⁴²	tsoŋ⁴²	tsʰoŋ⁴²	koŋ⁴²	dʑioŋ²⁴²	ioŋ²⁴²	ioŋ²⁴²
03 嘉善	tsoŋ⁵³	zoŋ¹³²	tsoŋ⁵³	tsʰoŋ⁵³	koŋ⁵³	dʑioŋ¹³²	ioŋ¹³²	ioŋ¹³²
04 平湖	tsoŋ⁵³	zoŋ³¹	tsoŋ⁵³	tsʰoŋ⁵³	koŋ⁵³	dʑioŋ³¹	ioŋ³¹	ioŋ³¹
05 海盐	tsoŋ⁵³	zoŋ³¹	tsoŋ⁵³	tsʰoŋ⁵³	koŋ⁵³	dʑioŋ³¹	ioŋ³¹	ioŋ³¹
06 海宁	tsoŋ⁵⁵	zoŋ¹³	tsoŋ⁵⁵	tsʰoŋ⁵⁵	koŋ⁵⁵	dʑioŋ¹³	ioŋ¹³	ioŋ¹³
07 桐乡	tsoŋ⁴⁴	zoŋ¹³	tsoŋ⁴⁴	tsʰoŋ⁴⁴	koŋ⁴⁴	dʑioŋ¹³	ioŋ¹³	ioŋ¹³
08 崇德	tsoŋ⁴⁴	zoŋ¹³	tsoŋ⁴⁴	tsʰoŋ⁴⁴	koŋ⁴⁴	dʑioŋ¹³	ioŋ¹³	ioŋ¹³
09 湖州	tsoŋ⁴⁴	dzoŋ¹¹²	tsoŋ⁴⁴	tsʰoŋ⁴⁴	koŋ⁴⁴	dʑioŋ¹¹²	ioŋ¹¹²	ioŋ¹¹²
10 德清	tsoŋ⁴⁴	zoŋ¹¹³	tsoŋ⁴⁴	tsʰoŋ⁴⁴	koŋ⁴⁴	dʑioŋ¹¹³	ioŋ¹¹³	ioŋ¹¹³
11 武康	tsoŋ⁴⁴	dzoŋ¹¹³	tsoŋ⁵³	tsʰoŋ⁴⁴	koŋ⁴⁴	dʑioŋ¹¹³	ioŋ¹¹³	ioŋ¹¹³
12 安吉	tsoŋ⁵⁵	dzoŋ²²	tsoŋ⁵²	tsʰoŋ⁵⁵	koŋ⁵⁵	dʑioŋ²²	ioŋ²²	ioŋ²²
13 孝丰	tsoŋ⁴⁴	dzoŋ²²	tsoŋ⁴⁴	tsʰoŋ⁴⁴	koŋ⁴⁴	dʑioŋ²²	ioŋ²²	ioŋ²²
14 长兴	tsoŋ⁴⁴	dzoŋ¹²	tsoŋ⁴⁴	tsʰoŋ⁴⁴	koŋ⁴⁴	dʒioŋ¹²	ioŋ¹²	ioŋ¹²
15 余杭	tsoŋ⁴⁴	zoŋ²²	tsoŋ⁵³	tsʰoŋ⁴⁴	koŋ⁴⁴	dʑioŋ²²	ioŋ²²	ioŋ²²
16 临安	tsoŋ⁵⁵	dzoŋ³³	tsoŋ⁵⁵	tsʰoŋ⁵⁵	koŋ⁵⁵	dʑioŋ³³	ioŋ³³	ioŋ³³
17 昌化	tsəŋ³³⁴	zəŋ¹¹²	tsəŋ³³⁴	tsʰəŋ³³⁴	kəŋ³³⁴	zyəŋ¹¹²	yəŋ¹¹²	yəŋ¹¹²
18 於潜	tsoŋ⁴³³	dzoŋ²²³	tsoŋ⁴³³	tsʰoŋ⁴³³	koŋ⁴³³	dʑioŋ²²³	ioŋ²²³	ioŋ²²³
19 萧山	tɕyoŋ⁵³³	dʑyoŋ³⁵⁵	tɕyoŋ⁵³³	tɕʰyoŋ⁵³³	koŋ⁵³³	dʑyoŋ³⁵⁵	yoŋ³⁵⁵	yoŋ³⁵⁵
20 富阳	tɕyoŋ⁵³	dʑyoŋ¹³	tɕyoŋ⁵³	tɕʰyoŋ⁵³	koŋ⁵³	dʑyoŋ¹³	yoŋ¹³	yoŋ¹³
21 新登	tsoŋ⁵³	dzoŋ²³³	tsoŋ⁵³	tsʰoŋ⁵³	koŋ⁵³	dzoŋ²³³	ioŋ²³³	ioŋ²³³
22 桐庐	tɕioŋ⁵³³	dʑioŋ¹³	tɕioŋ⁵³³	tɕʰioŋ⁵³³白 tsʰoŋ⁵³³文	koŋ⁵³³	dʑioŋ¹³	zioŋ¹³	ioŋ¹³
23 分水	tsoŋ⁴⁴	dzoŋ²²	tsoŋ⁴⁴	tsʰoŋ⁴⁴	koŋ⁴⁴	dʑioŋ²²	zioŋ²²	zioŋ²²
24 绍兴	tsoŋ⁵³	dzoŋ²³¹	tsoŋ⁵³	tsʰoŋ⁵³	koŋ⁵³	dʑioŋ²³¹	ioŋ²³¹	ioŋ²³¹
25 上虞	tsoŋ³⁵	dzoŋ²¹³	tsoŋ³⁵	tsʰoŋ³⁵	koŋ³⁵	dʑyoŋ²¹³	yoŋ²¹³	yoŋ²¹³

续表

方言点	0953 中 当~	0954 虫	0955 终	0956 充	0957 宫	0958 穷	0959 熊	0960 雄
	通合三平东知	通合三平东澄	通合三平东章	通合三平东昌	通合三平东见	通合三平东群	通合三平东云	通合三平东云
26 嵊州	tsoŋ^{534}	dzoŋ^{213}	tsoŋ^{534}	tsʰoŋ^{534}	kuoŋ^{534}	dʑyoŋ^{213}	yoŋ^{213}	yoŋ^{213}
27 新昌	tsoŋ^{534}	dzoŋ^{22}	tsoŋ^{534}	tsʰoŋ^{534}	koŋ^{534}	dʑyoŋ^{22}	yoŋ^{22}	yoŋ^{22}
28 诸暨	tsom^{544}	dzom^{13}	tsom^{544}	tsʰom^{544}	kom^{544}	dziom^{13}	iom^{13}	iom^{13}
29 慈溪	tsuŋ^{35}	dzuŋ^{13}	tsuŋ^{35}	tsʰuŋ^{35}	kuŋ^{35}	dziuŋ^{13}	iuŋ^{13}	iuŋ^{13}
30 余姚	tsuŋ^{44}	dzuŋ^{13}	tsuŋ^{44}	tsʰuŋ^{44}	kuŋ^{44}	dziuŋ^{13}	iuŋ^{13}	iuŋ^{13}
31 宁波	tsoŋ^{53}	dzoŋ^{13}	tsoŋ^{53}	tsʰoŋ^{53}	koŋ^{53}	dʑyoŋ^{13}	yoŋ^{13}	yoŋ^{13}
32 镇海	tsoŋ^{53}	dzoŋ^{24}	tsoŋ^{53}	tsʰoŋ^{53}	koŋ^{53}	dʑyoŋ^{24}	yoŋ^{24}	yoŋ^{24}
33 奉化	tsoŋ^{44}	dzoŋ^{33}	tsoŋ^{44}	tsʰoŋ^{44}	koŋ^{44}	dʑyoŋ^{33}	yoŋ^{33}	yoŋ^{33}
34 宁海	tɕioŋ^{423}	dzioŋ^{213}	tɕioŋ^{423}	tɕʰioŋ^{423}	koŋ^{423}	gioŋ^{213}	ioŋ^{213}	ioŋ^{213}
35 象山	tɕyoŋ^{44}	dʑyoŋ^{31}	tsoŋ^{44}	tɕʰioŋ^{44}	koŋ^{44}	dʑyoŋ^{31}	yoŋ^{31}	yoŋ^{31}
36 普陀	tsoŋ^{53}	dzoŋ^{24}	tsoŋ^{53}	tsʰoŋ^{53}	koŋ^{53}	dzioŋ^{24}	ioŋ^{24}	ioŋ^{24}
37 定海	tsoŋ^{52}	dzoŋ^{23}	tsoŋ^{52}	tsʰoŋ^{52}	koŋ^{52}	dʑyoŋ^{23}	yoŋ^{23}	yoŋ^{23}
38 岱山	tsoŋ^{52}	dzoŋ^{23}	tsoŋ^{52}	tsʰoŋ^{52}	koŋ^{52}	dʑyoŋ^{23}	yoŋ^{23}	yoŋ^{23}
39 嵊泗	tsoŋ^{53}	dzoŋ^{243}	tsoŋ^{53}	tsʰoŋ^{53}	koŋ^{53}	dʑyoŋ^{243}	yoŋ^{243}	yoŋ^{243}
40 临海	tɕyoŋ^{31}	dʑyoŋ^{21}	tɕyoŋ^{31}	tɕʰyoŋ^{31}	koŋ^{31}	dʑyoŋ^{21}	yoŋ^{21}	yoŋ^{21}
41 椒江	tsoŋ^{42}	dzoŋ^{31}	tsoŋ^{42}	tsʰoŋ^{42}	koŋ^{42}	dʑyoŋ^{31}	yoŋ^{31}	yoŋ^{31}
42 黄岩	tsoŋ^{32}	dzoŋ^{121}	tsoŋ^{32}	tsʰoŋ^{32}	koŋ^{32}	dʑyoŋ^{121}	yoŋ^{121}	yoŋ^{121}
43 温岭	tɕyuŋ^{33}	dʑyuŋ^{31}	tɕyuŋ^{33}	tɕʰyuŋ^{33}	tɕyuŋ^{33}	dʑyuŋ^{31}	yuŋ^{31}	yuŋ^{31}
44 仙居	tɕioŋ^{334}	dzioŋ^{213}	tɕioŋ^{334}	tɕʰioŋ^{334}	koŋ^{334}	dʑioŋ^{213}	ioŋ^{213}	ioŋ^{213}
45 天台	tɕyuŋ^{33}	dʑyuŋ^{224}	tɕyuŋ^{33}	tɕʰyuŋ^{33}	kyuŋ^{33}	gyuŋ^{224}	yuŋ^{224}	yuŋ^{224}
46 三门	tɕioŋ^{334}	dzioŋ^{113}	tɕioŋ^{334}	tɕʰioŋ^{334}	koŋ^{334}	dzioŋ^{113}	zioŋ^{113}	ioŋ^{113}
47 玉环	tɕioŋ^{42}	dzioŋ^{31}	tɕioŋ^{42}	tɕʰioŋ^{42}	tɕioŋ^{42}	dzioŋ^{31}	ioŋ^{31}	ioŋ^{31}
48 金华	tɕioŋ^{334}	dzioŋ^{313}	tɕioŋ^{334}	tɕʰioŋ^{334}	koŋ^{334}	dzioŋ^{313}	ioŋ^{313}	ioŋ^{313}
49 汤溪	tɕiɑo^{24}	dziɑo^{11}	tɕiɑo^{24}	tɕʰiɑo^{24}	kɑo^{24}	dziɑo^{11}	iɑo^{11}	iɑo^{11}

方言点	0953 中 当~	0954 虫	0955 终	0956 充	0957 宫	0958 穷	0959 熊	0960 雄
	通合三平东知	通合三平东澄	通合三平东章	通合三平东昌	通合三平东见	通合三平东群	通合三平东云	通合三平东云
50 兰溪	tɕioŋ³³⁴	dʑioŋ²¹	tɕioŋ³³⁴	tɕʰioŋ³³⁴	koŋ³³⁴	dʑioŋ²¹	zioŋ²¹	ioŋ²¹
51 浦江	tɕyon⁵³⁴	dʑyon¹¹³	tɕyon⁵³⁴	tɕʰyon⁵³⁴	kon⁵³⁴	dʑyon¹¹³	yon¹¹³	yon¹¹³
52 义乌	tsoŋ³³⁵	dzoŋ²¹³	tsoŋ³³⁵	tsʰoŋ³³⁵	koŋ³³⁵	dʑioŋ²¹³	ioŋ²¹³	ioŋ²¹³
53 东阳	tsɔm³³⁴	dʑiɔm²¹³	tsɔm³³⁴	tsʰɔm³³⁴	kɔm⁴⁵³ 调殊	dʑiɔm²¹³	iɔm²¹³	iɔm²¹³
54 永康	tsoŋ⁵⁵	dzoŋ²²	tsoŋ⁵⁵	tsʰoŋ⁵⁵	tɕioŋ⁵⁵	dʑioŋ²²	ioŋ²²	ioŋ²²
55 武义	tsoŋ²⁴	dzoŋ³²⁴	tsoŋ²⁴	tsʰoŋ²⁴	koŋ²⁴	dʑioŋ³²⁴	ioŋ³²⁴	ioŋ³²⁴
56 磐安	tsɔom⁴⁴⁵	dzɔom²¹³	tsɔom⁴⁴⁵	tsʰɔom⁴⁴⁵	kɔom⁴⁴⁵	dʑiɔom²¹³	iɔom²¹³	iɔom²¹³
57 缙云	tsɔ̃u⁴⁴	dzɔ̃u²⁴³	tsɔ̃u⁴⁴	tsʰɔ̃u⁴⁴	tɕiɔ̃u⁴⁴	dʑiɔ̃u²⁴³	iɔ̃u²⁴³	iɔ̃u²⁴³
58 衢州	tʃyoŋ³²	dʒyoŋ²¹	tʃyoŋ³²	tʃʰyoŋ³²	koŋ³²	dʒyoŋ²¹	ʒyoŋ²¹ 声殊	yoŋ²¹ 老 ʒyoŋ²¹ 新
59 衢江	tɕyoŋ³³	dən²¹²	tɕyoŋ³³	tɕʰyoŋ³³	kən³³	dʑyoŋ²¹²	zyoŋ²¹²	zyoŋ²¹²
60 龙游	tsoŋ³³⁴	dzoŋ²¹	tsoŋ³³⁴	tsʰoŋ³³⁴	koŋ³³⁴	dʑioŋ²¹	zioŋ²¹	zioŋ²¹
61 江山	tioŋ⁴⁴	daŋ²¹³	tɕioŋ⁴⁴	tɕʰioŋ⁴⁴	koŋ⁴⁴	gioŋ²¹³	ioŋ²¹³	ioŋ²¹³
62 常山	toŋ⁴⁴	dã³⁴¹	tsoŋ⁴⁴	tsʰoŋ⁴⁴	koŋ⁴⁴	dʑioŋ³⁴¹	ioŋ³⁴¹	ioŋ³⁴¹
63 开化	tʏŋ⁴⁴ ~央 tɕioŋ⁴⁴ 当~	dʏŋ²³¹	tɕioŋ⁴⁴	tɕʰioŋ⁴⁴	kʏŋ⁴⁴	dʑioŋ²³¹	zioŋ²³¹	zioŋ²³¹
64 丽水	tɕiɔŋ²²⁴	dziɔŋ²²	tɕiɔŋ²²⁴	tɕʰiɔŋ²²⁴	kɔŋ²²⁴	dʑiɔŋ²²	iɔŋ²²	iɔŋ²²
65 青田	dʑoŋ⁴⁴⁵ 白 tɕioŋ⁴⁴⁵ 文	dʑioŋ²¹	tɕioŋ⁴⁴⁵	tɕʰioŋ⁴⁴⁵	tɕio⁴⁴⁵ 白 koŋ⁴⁴⁵ 文	dʑioŋ²¹	ioŋ²¹	ioŋ²¹
66 云和	tɕioŋ²⁴	dʑioŋ³¹²	tɕioŋ²⁴	tɕʰioŋ²⁴	tɕioŋ²⁴ 白 koŋ²⁴ 文	dʑioŋ³¹²	ioŋ³¹²	ioŋ³¹²
67 松阳	təŋ²⁴	dziəŋ³¹	tɕiəŋ⁵³	tɕʰiəŋ⁵³	kəŋ⁵³	dʑiəŋ³¹	iəŋ³¹	iəŋ³¹
68 宣平	tɕyən³²⁴	dʑyən⁴³³	tɕyən³²⁴	tɕʰyən³²⁴	kən³²⁴	dʑyən⁴³³	yən⁴³³	yən⁴³³
69 遂昌	təŋ⁴⁵	dziəŋ²²¹	tɕiəŋ⁴⁵	tɕʰiəŋ⁴⁵	kəŋ⁴⁵	dʑiəŋ²²¹	ziəŋ²²¹	iəŋ²²¹ ziəŋ²²¹
70 龙泉	tioŋ⁴³⁴ ~央 tɕiəŋ⁴³⁴ 文	dəŋ²¹ 白 dziəŋ²¹ 文	tɕiəŋ⁴³⁴	tɕʰiəŋ⁴³⁴	tɕiəŋ⁴³⁴ 旧 kəŋ⁴³⁴ 今	dʑiəŋ²¹	iəŋ²¹	iəŋ²¹

方言点	0953 中 当~	0954 虫	0955 终	0956 充	0957 宫	0958 穷	0959 熊	0960 雄
	通合三 平东知	通合三 平东澄	通合三 平东章	通合三 平东昌	通合三 平东见	通合三 平东群	通合三 平东云	通合三 平东云
71 景宁	tɕyŋ³²⁴	dʑyŋ⁴¹	tɕyŋ³²⁴	tɕʰyŋ³²⁴	tɕyŋ³²⁴白 kəŋ³²⁴文	dʑyŋ⁴¹	yŋ⁴¹	yŋ⁴¹
72 庆元	ɖioŋ³³⁵	toŋ⁵²	tɕioŋ³³⁵	tɕʰioŋ³³⁵	tɕioŋ³³⁵地名 koŋ³³⁵王~	tɕioŋ⁵²	ioŋ⁵²	ioŋ⁵²
73 泰顺	tɔ̃²¹³	tɕioŋ⁵³	tɕioŋ²¹³	tɕʰioŋ²¹³	tɕioŋ²¹³	tɕioŋ⁵³	ioŋ⁵³	ioŋ⁵³
74 温州	tɕioŋ³³	dzioŋ³¹	tɕioŋ³³	tɕʰioŋ³³	tɕioŋ³³白 koŋ³³文	dzioŋ³¹	ioŋ³¹	ioŋ³¹
75 永嘉	tɕioŋ⁴⁴	dzioŋ³¹	tsoŋ⁴⁴	tɕʰioŋ⁴⁴	tɕioŋ⁴⁴白 koŋ⁴⁴文	dzioŋ³¹	ioŋ³¹	ioŋ³¹
76 乐清	tɕioŋ⁴⁴	dzioŋ³¹	tɕioŋ⁴⁴	tɕʰioŋ⁴⁴	tɕioŋ⁴⁴	dzioŋ³¹	ioŋ³¹	ioŋ³¹
77 瑞安	tsoŋ⁴⁴	dzioŋ³¹	tsoŋ⁴⁴	tsʰoŋ⁴⁴	tɕioŋ⁴⁴	dzioŋ³¹	ioŋ³¹	ioŋ³¹
78 平阳	tʃoŋ⁵⁵	dʒoŋ²⁴²	tʃoŋ⁵⁵	tʃʰoŋ⁵⁵	koŋ⁵⁵	dʒoŋ²⁴²	ioŋ²⁴²	ioŋ²⁴²
79 文成	tʃoŋ⁵⁵	dʒoŋ¹¹³	tʃoŋ⁵⁵	tʃʰoŋ⁵⁵	koŋ⁵⁵	dʒoŋ¹¹³	ioŋ¹¹³	ioŋ¹¹³
80 苍南	tsoŋ⁴⁴又 tɕioŋ⁴⁴又	dzioŋ³¹	tsoŋ⁴⁴	tsʰoŋ⁴⁴	tɕioŋ⁴⁴白 koŋ⁴⁴文	dzioŋ³¹	ioŋ³¹	ioŋ³¹
81 建德徽	tsoŋ⁵³	tsoŋ³³	tsoŋ⁵³	tsʰoŋ⁵³	koŋ⁵³	tsoŋ³³	ioŋ³³	ioŋ³³
82 寿昌徽	tɕioŋ¹¹²	tɕʰioŋ⁵²	tɕioŋ¹¹²	tɕʰioŋ¹¹²	koŋ¹¹²	tɕʰioŋ⁵²	ɕioŋ¹¹²文	ioŋ⁵²
83 淳安徽	tson²⁴	tsʰon⁴³⁵	tson²⁴	tsʰon²⁴	kon²⁴	tsʰon⁴³⁵	son⁴³⁵	son⁴³⁵白 ɕion⁴³⁵文
84 遂安徽	tsəŋ⁵³⁴	tsʰəŋ³³	tsəŋ⁵³⁴	tsʰəŋ⁵³⁴	kəŋ⁵³⁴	tɕʰioŋ³³	ɕioŋ³³	ɕioŋ³³
85 苍南闽	tiaŋ⁵⁵	tʰan²⁴	tɕiaŋ⁵⁵	tɕʰiaŋ⁵⁵	kin⁵⁵	kin²⁴	hin²⁴白 hiaŋ²⁴文	in²⁴白 hiaŋ²⁴文
86 泰顺闽	tsəŋ²¹³	tʰəŋ²²	tsəŋ²¹³	tsʰəŋ²¹³	kiəŋ²¹³	kiəŋ²²	ɕiəŋ²²	ɕiəŋ²²
87 洞头闽	tioŋ³³	tʰaŋ¹¹³	tsoŋ³³	tɕʰioŋ³³	kieŋ³³白 kioŋ³³文	gieŋ¹¹³	hieŋ¹¹³	hioŋ¹¹³
88 景宁畲	tɕyŋ⁴⁴	tɕʰyŋ⁵¹小	tɕyŋ⁴⁴	tɕʰyŋ⁴⁴	koŋ⁴⁴	kʰyŋ²²	yŋ²²	yŋ²²

方言点	0961 福	0962 服	0963 目	0964 六	0965 宿 住~,~舍	0966 竹	0967 畜 ~生	0968 缩
	通合三入屋非	通合三入屋奉	通合三入屋明	通合三入屋来	通合三入屋心	通合三入屋知	通合三入屋彻	通合三入屋生
01 杭州	foʔ⁵	voʔ²	moʔ²	loʔ²	soʔ⁵	tsoʔ⁵	tsʰoʔ⁵	soʔ⁵
02 嘉兴	foʔ⁵	voʔ¹³	moʔ⁵	loʔ⁵	soʔ⁵	tsoʔ⁵	ɕyeʔ⁵	soʔ⁵
03 嘉善	fuoʔ⁵	uoʔ²	muoʔ²	luoʔ²	suoʔ⁵	tsuoʔ⁵	tsʰuoʔ⁵	suoʔ⁵
04 平湖	foʔ⁵	voʔ²³	moʔ²³	loʔ²³	soʔ⁵	tsoʔ⁵	tsʰoʔ²³	soʔ⁵
05 海盐	fɔʔ⁵	vɔʔ²³	mɔʔ²³	lɔʔ²³	sɔʔ⁵	tsɔʔ⁵	tsʰɔʔ²³	sɔʔ⁵
06 海宁	foʔ⁵	voʔ²	moʔ²	loʔ²	soʔ⁵	tsoʔ⁵	tsʰoʔ⁵	soʔ⁵
07 桐乡	fɔʔ⁵	vɔʔ²³	mɔʔ²³	lɔʔ²³	sɔʔ⁵	tsɔʔ⁵	tsʰɔʔ⁵	sɔʔ⁵
08 崇德	fɔʔ⁵	vɔʔ²³	mɔʔ²³	lɔʔ²³	sɔʔ⁵	tsɔʔ⁵	tsʰɔʔ⁵	sɔʔ⁵
09 湖州	fuoʔ⁵	vuoʔ²	muoʔ²	luoʔ²	suoʔ⁵	tsuoʔ⁵	tsʰuoʔ⁵	suoʔ⁵
10 德清	fuoʔ⁵	vuoʔ²	muoʔ²	luoʔ²	suoʔ⁵	tsuoʔ⁵	tsʰuoʔ⁵	suoʔ⁵
11 武康	fuoʔ⁵	vuoʔ²	muoʔ²	luoʔ²	suoʔ⁵	tsuoʔ⁵	tsʰuoʔ⁵	suoʔ⁵
12 安吉	foʔ⁵	voʔ²³	moʔ²³	loʔ²³	soʔ⁵	tsoʔ⁵	tsʰoʔ⁵	soʔ⁵
13 孝丰	fuoʔ⁵	vuoʔ²³	muoʔ²³	luoʔ²³	suoʔ⁵	tsuoʔ⁵	tsʰuoʔ⁵	suoʔ⁵
14 长兴	foʔ⁵	voʔ²	moʔ²	loʔ²	soʔ⁵	tsoʔ⁵	tsʰoʔ⁵	soʔ⁵
15 余杭	foʔ⁵	voʔ²	moʔ²	loʔ²	soʔ⁵	tsoʔ⁵	tsʰoʔ⁵	soʔ⁵
16 临安	fuɔʔ⁵⁴	vuɔʔ¹²	muɔʔ¹²	luɔʔ¹²	suɔʔ⁵⁴	tsuɔʔ⁵⁴	tsʰuɔʔ⁵⁴	suɔʔ⁵⁴
17 昌化	fəʔ⁵	vəʔ²³	məʔ²³	luəʔ²³	suəʔ⁵	tsuəʔ⁵	tsʰuəʔ⁵	suəʔ⁵
18 於潜	fəʔ⁵³	væʔ²³	mɑʔ²³	læʔ²³	suəʔ⁵³	tsuəʔ⁵³	tsʰuəʔ⁵³	suəʔ⁵³
19 萧山	fəʔ⁵	vəʔ¹³	məʔ¹³	ləʔ¹³	soʔ⁵	tɕyoʔ⁵	tɕʰyoʔ⁵	soʔ⁵
20 富阳	foʔ⁵	voʔ²	moʔ²	loʔ²	soʔ⁵	tɕyoʔ⁵	tɕʰyoʔ⁵	soʔ⁵
21 新登	fəʔ⁵	vəʔ²	məʔ²	ləʔ²	sɔʔ⁵	tsɔʔ⁵	tsʰɔʔ⁵	sɔʔ⁵
22 桐庐	fəʔ⁵	vəʔ¹³	məʔ¹³	ləʔ¹³	suəʔ⁵	tɕyəʔ⁵	tɕʰyəʔ⁵	suəʔ⁵
23 分水	faʔ⁵	vaʔ¹²	maʔ¹²	ləʔ¹²	saʔ⁵	tsaʔ⁵	tsʰaʔ⁵	suaʔ⁵
24 绍兴	foʔ⁵	uoʔ²	moʔ²	loʔ²	soʔ⁵	tsoʔ⁵	tɕʰioʔ⁵	soʔ⁵
25 上虞	foʔ⁵	voʔ²	moʔ²	loʔ²	soʔ⁵	tsoʔ⁵	tsʰoʔ⁵	soʔ⁵

方言点	0961 福	0962 服	0963 目	0964 六	0965 宿 住～，～舍	0966 竹	0967 畜 ～生	0968 缩
	通合三 入屋非	通合三 入屋奉	通合三 入屋明	通合三 入屋来	通合三 入屋心	通合三 入屋知	通合三 入屋彻	通合三 入屋生
26 嵊州	foʔ⁵	uoʔ²²	moʔ²²	loʔ²²	soʔ⁵	tsoʔ⁵	tsʰoʔ⁵	soʔ⁵
27 新昌	fʁʔ⁵	vʁʔ²²	mʁʔ²²	lʁʔ²²	sʁʔ⁵	tsʁʔ⁵	tsʰʁʔ⁵	sʁʔ⁵
28 诸暨	foʔ⁵	voʔ¹³	moʔ¹³	loʔ¹³	soʔ⁵	tsoʔ⁵	tsʰoʔ⁵	soʔ⁵
29 慈溪	foʔ⁵	voʔ²²	moʔ²²	loʔ²²	soʔ⁵	tsoʔ⁵	tsʰoʔ⁵	soʔ⁵
30 余姚	foʔ⁵	voʔ²²	moʔ²²	loʔ²²	soʔ⁵	tsoʔ⁵	tsʰoʔ⁵	soʔ⁵
31 宁波	foʔ⁵	voʔ²²	moʔ²²	loʔ²²	soʔ⁵	tsoʔ⁵	tsʰoʔ⁵	soʔ⁵
32 镇海	foʔ⁵	voʔ¹²	moʔ¹²	loʔ¹²	soʔ⁵	tsoʔ⁵	tsʰoʔ⁵	soʔ⁵
33 奉化	foʔ⁵	voʔ²²	moʔ²²	loʔ²²	soʔ⁵	tsoʔ⁵	tsʰoʔ⁵	soʔ⁵
34 宁海	foʔ⁵	voʔ²³	moʔ²³	loʔ²³	soʔ⁵	tɕioʔ⁵	ɕyəʔ⁵	soʔ⁵
35 象山	foʔ⁵	voʔ²²	moʔ²²	loʔ²²	soʔ⁵	tɕyoʔ⁵	ɕyoʔ⁵	soʔ⁵
36 普陀	foʔ⁵	voʔ²³	moʔ²³	loʔ²³	soʔ⁵	tsoʔ⁵	tsʰoʔ⁵	soʔ⁵
37 定海	foʔ⁵	voʔ²²	moʔ²²	loʔ²²	soʔ⁵	tsoʔ⁵	tsʰoʔ⁵	soʔ⁵
38 岱山	foʔ⁵	voʔ²²	moʔ²²	loʔ²²	soʔ⁵	tsoʔ⁵	tsʰoʔ⁵	soʔ⁵
39 嵊泗	foʔ⁵	voʔ²²	moʔ²²	loʔ²²	soʔ⁵	tsoʔ⁵	tsʰoʔ⁵	soʔ⁵
40 临海	foʔ⁵	voʔ²³	moʔ²³	loʔ²³	soʔ⁵	tɕyoʔ⁵	tɕʰyoʔ⁵	ɕyoʔ⁵ 又 ɕyʔ⁵ 又
41 椒江	foʔ⁵	voʔ²²	moʔ²²	loʔ²²	soʔ⁵	tsoʔ⁵	tsʰoʔ⁵	soʔ⁵
42 黄岩	foʔ⁵	voʔ²²	moʔ²²	loʔ²²	soʔ⁵	tsoʔ⁵	tsʰoʔ⁵	soʔ⁵
43 温岭	foʔ⁵	voʔ²²	moʔ²²	loʔ²²	ɕyoʔ⁵	tɕyoʔ⁵	tɕʰyʔ⁵	ɕyoʔ⁵
44 仙居	fəʔ⁵	vəʔ²³	məʔ²³	luəʔ²³	ɕyɔʔ⁵	tɕyɔʔ⁵	ɕyɔʔ⁵	ɕyɔʔ⁵ 音殊
45 天台	fuʔ⁵	vuʔ²²	muʔ²²	luʔ²²	ɕyuʔ⁵	tɕyuʔ⁵	tɕʰyuʔ⁵	ɕyuʔ⁵
46 三门	foʔ⁵	voʔ²³	moʔ²³	loʔ²³	soʔ⁵	tɕioʔ⁵	tɕʰioʔ⁵	soʔ⁵
47 玉环	foʔ⁵	voʔ²²	moʔ²²	loʔ²²	ɕyoʔ⁵	tɕyoʔ⁵	tɕʰyoʔ⁵	ɕyoʔ⁵
48 金华	foʔ⁴	voʔ²¹²	moʔ²¹²	loʔ²¹²	soʔ⁴	tɕioʔ⁴ tsoʔ⁴	tɕʰyəʔ⁴	soʔ⁴
49 汤溪	fou⁵⁵	vou¹¹³	mou¹¹³	lou¹¹³	sou⁵⁵	tɕiou⁵⁵	tɕʰiou⁵⁵	sou⁵⁵

方言点	0961 福	0962 服	0963 目	0964 六	0965 宿 住~、~舍	0966 竹	0967 畜 ~生	0968 缩
	通合三 入屋非	通合三 入屋奉	通合三 入屋明	通合三 入屋来	通合三 入屋心	通合三 入屋知	通合三 入屋彻	通合三 入屋生
50 兰溪	fəʔ³⁴	vəʔ¹²	məʔ¹²	ləʔ¹²	suəʔ³⁴	tɕyɤʔ³⁴	tɕʰyɤʔ³⁴	suəʔ³⁴
51 浦江	fuɯ⁴²³	vuɯ²³²	muɯ²³²	luɯ²³²	suɯ⁴²³	tɕyuɯ⁴²³	tɕʰyuɯ⁴²³	ɕyo⁴²³
52 义乌	fau³²⁴	vau³¹²	mau³¹²白 mo³¹²文	lau³¹²	sau³²⁴	tsau³²⁴ ~间	tsʰau³²⁴	ɕiau³²⁴白 so³²⁴文
53 东阳	fou³³⁴	vou²¹³	mou²¹³	lou²¹³	sou³³⁴	tɕion⁴⁵³小	tsʰou⁴⁵³	sou³³⁴
54 永康	fu³³⁴	vu¹¹³	mu¹¹³	lu¹¹³	su³³⁴	tsu³³⁴	tsʰu³³⁴~生 ɕiu³³⁴家~	su³³⁴
55 武义	fɔʔ⁵	vɔʔ²¹³	mɔʔ²¹³	lɔʔ²¹³	sɔʔ⁵	lɔʔ⁵	tsʰɔʔ⁵	sɔʔ⁵
56 磐安	fʌoʔ³³⁴	vʌo²¹³	mʌo²¹³	lʌo²¹³	sʌo³³⁴	tɕiʌo³³⁴	tsʰʌo³³⁴	sʌo³³⁴
57 缙云	fou³²²	vau¹³	mau¹³	lau¹³	sou³²²	tou³²²	tsʰou³²²	sɔ³²²
58 衢州	fəʔ⁵	vəʔ¹²	məʔ¹²	ləʔ¹²	səʔ⁵	tʃyəʔ⁵	tʃʰyəʔ⁵	səʔ⁵
59 衢江	fəʔ⁵	vəʔ²	məʔ²	ləʔ²	səʔ⁵	təʔ⁵	tɕʰyəʔ⁵	səʔ⁵
60 龙游	fəʔ⁴	vɔʔ²³	mɔʔ²³	lɔʔ²³	sɔʔ⁴	tsɔʔ⁴	tsʰɔʔ⁴	sɔʔ⁴
61 江山	fɒʔ⁵发~ foʔ⁵~气	voʔ²	moʔ²	laʔ²~月 loʔ²~十	soʔ⁵	taʔ⁵	tɕʰioʔ⁵	soʔ⁵
62 常山	fɤʔ⁵	vaʔ³⁴~贴 vɤʔ³⁴~装	mɤʔ³⁴	laʔ³⁴	sɤʔ⁵	taʔ⁵毛~ tsɤʔ⁵人名	tsʰɤʔ⁵	sɤʔ⁵
63 开化	fəʔ⁵	vəʔ¹³	məʔ¹³	liɔʔ¹³	səʔ⁵	tyoʔ⁵	tɕʰya⁵	səʔ⁵
64 丽水	fəʔ⁵	vəʔ²³	məʔ²³	liuʔ²³	ɕiuʔ⁵ 住~ səʔ⁵ ~舍	tiuʔ⁵	tɕʰiuʔ⁵	ɕiuʔ⁵
65 青田	fuʔ⁴²	vuʔ³¹	muʔ³¹	leuʔ³¹	ɕiuʔ⁴²	ɗuʔ⁴²	tɕʰyæʔ⁴²	ɕiuʔ⁴²
66 云和	fəɯʔ⁵	vəɯʔ²³	məɯʔ²³	ləɯʔ²³	ɕioʔ⁵	tiəɯʔ⁵	tɕʰiəɯʔ⁵	ɕioʔ⁵
67 松阳	fɤʔ⁵	vɤʔ²	mɤʔ²	lɤʔ²	ɕioʔ⁵	tioʔ⁵	tɕʰyɛʔ⁵	ɕioʔ⁵
68 宣平	fəʔ⁵	vəʔ²³	məʔ²³	ləʔ²³	səʔ⁵	tyəʔ⁵	tɕʰyəʔ⁵	səʔ⁵
69 遂昌	fəɯʔ⁵	vəɯʔ²³	məɯʔ²³	ləɯʔ²³	ɕiɔʔ⁵	tiuʔ⁵	tɕʰyɛʔ⁵	ɕiɔʔ⁵
70 龙泉	fuʔ⁵	vuʔ²⁴	muʔ²⁴	lɤɯʔ²⁴	ɕiouʔ⁵	tɤɯʔ⁵	tɕʰiɤɯʔ⁵	ɕiouʔ⁵
71 景宁	fuʔ⁵	vuʔ²³	mʔ²³	liuʔ²³	ɕioʔ⁵	tiuʔ⁵	tɕʰiuʔ⁵	ɕioʔ⁵

续表

方言点	0961 福	0962 服	0963 目	0964 六	0965 宿 住~,~舍	0966 竹	0967 畜 ~生	0968 缩
	通合三 入屋非	通合三 入屋奉	通合三 入屋明	通合三 入屋来	通合三 入屋心	通合三 入屋知	通合三 入屋彻	通合三 入屋生
72 庆元	fuʔ⁵	fuʔ³⁴	mɤʔ³⁴	liɯʔ³⁴	ɕioʔ⁵	ɖiɯʔ⁵	tɕʰiɯʔ⁵	ɕioʔ⁵
73 泰顺	fuʔ⁵	uʔ²	muʔ²	ləuʔ²	suʔ⁵	tiəuʔ⁵	tɕʰiəuʔ⁵	suʔ⁵
74 温州	fu³²³	vu²¹²	mo²¹²	lɤu²¹²	ɕiɤu³²³	tɕiɤu³²³	tɕʰiɤu³²³	ɕio³²³
75 永嘉	fu⁴²³	u²¹³	m̩²¹³	ləu²¹³	ɕiəu⁴²³	tɕiəu⁴²³	tɕʰiəu⁴²³	ɕyo⁴²³
76 乐清	fɤ³²³	vɤ²¹²	mɤ²¹²	lu²¹²	su³²³	tɕiu³²³	tɕʰio³²³	so³²³
77 瑞安	fɯ³²³	vɯ²¹²	mɯ²¹²	lou²¹²	ɕiou³²³ 住~ sou³²³ ~舍	tsou³²³	tsʰou³²³	ɕyo³²³
78 平阳	fu³⁴	vu¹²	mu¹²	lɛu¹²	su³⁴	tʃu³⁴	tʃʰu³⁴	ʃuo³⁴
79 文成	fu³⁴	vu²¹²	mo²¹²	lou²¹²	sou³⁴	tʃou³⁴	tʃʰø³⁴	so³⁴
80 苍南	hu²²³	u¹¹²	mu¹¹²	lɛu¹¹²	su²²³	tsu²²³	tsʰu²²³	su²²³
81 建德徽	feʔ⁵	feʔ¹²	meʔ¹²	leʔ¹²	ɕyeʔ⁵	tɕyeʔ⁵	tɕʰyeʔ⁵	ɕyeʔ⁵
82 寿昌徽	foʔ³	foʔ³¹	moʔ³¹	loʔ³¹	soʔ³	tɕioʔ³	tɕʰioʔ³	soʔ³
83 淳安徽	foʔ⁵	faʔ¹³	maʔ¹³	laʔ¹³	soʔ⁵	tsoʔ⁵	tsʰoʔ⁵	soʔ⁵
84 遂安徽	fu²⁴	fu²¹³	mu²¹³	lu²¹³	su²⁴	tsu²⁴	tsʰu²⁴	su²⁴
85 苍南闽	he⁴³	he²⁴	be²⁴	le²⁴	ɕiɔ⁴³	tie⁴³	tɕʰiɔ⁴³	ɕiɔ⁴³
86 泰顺闽	føʔ⁵	føʔ³	møʔ³	løʔ³	søʔ⁵	tøʔ⁵	ɕyɪʔ⁵	søʔ⁵
87 洞头闽	hɔk⁵	hɔk²⁴	bek²⁴	lek²⁴	sɔk⁵	tiek⁵	tʰiɔk⁵	sɔk⁵
88 景宁畲	fuʔ⁵	fuʔ²	moʔ²	lyʔ⁵	（无）	tɕyʔ⁵	tɕʰyʔ⁵	ɕioʔ⁵

方言点	0969 粥 通合三 入屋章	0970 叔 通合三 入屋书	0971 熟 通合三 入屋禅	0972 肉 通合三 入屋日	0973 菊 通合三 入屋见	0974 育 通合三 入屋以	0975 封 通合三 平钟非	0976 蜂 通合三 平钟敷
01 杭州	tsoʔ⁵	soʔ⁵	zoʔ²	ȵioʔ² 白 zoʔ² 文	tɕyɛʔ⁵	yɛʔ²	foŋ³³⁴	foŋ³³⁴
02 嘉兴	tsoʔ⁵	soʔ⁵	zoʔ¹³	ȵioʔ⁵	tɕyeʔ⁵	yeʔ⁵	foŋ⁴²	foŋ⁴²
03 嘉善	tsuoʔ⁵	suoʔ⁵	zuoʔ²	ȵioʔ²	tɕioʔ⁵	yøʔ²	foŋ⁵³	xoŋ⁵³ 声殊
04 平湖	tsoʔ⁵	soʔ⁵	zoʔ²	ȵyoʔ²³	tɕyoʔ⁵	yoʔ²³	foŋ⁵³	foŋ⁵³
05 海盐	tsɔʔ⁵	sɔʔ⁵	zɔʔ²	ȵyɔʔ²³	tɕyɔʔ⁵	yɔʔ²³	foŋ⁵³	foŋ⁵³
06 海宁	tsoʔ⁵	soʔ⁵	zoʔ²	ȵioʔ²	tɕioʔ⁵	ioʔ²	foŋ⁵⁵	foŋ⁵⁵
07 桐乡	tsɔʔ⁵	sɔʔ⁵	zɔʔ²³	ȵiɔʔ²³	tɕiɔʔ⁵	iɔʔ²³	foŋ⁴⁴	foŋ⁴⁴
08 崇德	tsɔʔ⁵	sɔʔ⁵	zɔʔ²³	ȵiɔʔ²³	tɕiɔʔ⁵	iɔʔ²³	foŋ⁴⁴	foŋ⁴⁴
09 湖州	tsuoʔ⁵	suoʔ⁵	zuoʔ²	ȵioʔ²	tɕioʔ⁵	ioʔ²	foŋ⁴⁴	foŋ⁴⁴
10 德清	tsuoʔ⁵	suoʔ⁵	zuoʔ²	ȵioʔ²	tɕioʔ⁵	ioʔ²	foŋ⁴⁴	foŋ⁴⁴
11 武康	tsuoʔ⁵	suoʔ⁵	zuoʔ²	ȵioʔ²	tɕioʔ⁵	ioʔ²	foŋ⁴⁴	foŋ⁴⁴
12 安吉	tsoʔ⁵	soʔ⁵	zoʔ²³	ȵɤʔ²³	tɕɤʔ⁵	ɤʔ²³	foŋ⁵⁵	foŋ⁵⁵
13 孝丰	tsuoʔ⁵	suoʔ⁵	zuoʔ²³	ȵioʔ²³	tɕioʔ⁵	ioʔ²³	foŋ⁴⁴	foŋ⁴⁴
14 长兴	tsoʔ⁵	soʔ⁵	zoʔ²	ȵioʔ²	tʃiɛʔ⁵	ioʔ²	foŋ⁴⁴	foŋ⁴⁴
15 余杭	tsoʔ⁵	soʔ⁵	zoʔ²	ȵioʔ²	tsieʔ⁵	ioʔ²	foŋ⁴⁴	foŋ⁴⁴
16 临安	tsuɔʔ⁵⁴	suɔʔ⁵⁴	zuɔʔ¹²	ȵyɔʔ¹²	tɕyɔʔ⁵⁴	yɔʔ¹²	foŋ⁵⁵	foŋ⁵⁵
17 昌化	tsuɵʔ⁵	suɵʔ⁵	zuɵʔ²³	ȵyɛʔ²³	tɕyɛʔ⁵	yɛʔ²³	fɵŋ³³⁴	fɵŋ³³⁴
18 於潜	tsuɵʔ⁵³	suɵʔ⁵³	zuɐʔ²³	ȵyæʔ²³	tɕyeʔ⁵³	yæʔ²³	foŋ⁴³³	foŋ⁴³³
19 萧山	tɕyoʔ⁵	soʔ⁵	yoʔ¹³ 白 zoʔ¹³ 文	ȵyoʔ¹³	tɕyoʔ⁵	yoʔ¹³	foŋ⁵³³	foŋ⁵³³
20 富阳	tɕyoʔ⁵	ɕyoʔ⁵	ʑyoʔ²	ȵyoʔ²	tɕyoʔ⁵	yoʔ²	foŋ⁵³	foŋ⁵³
21 新登	tsɔʔ⁵	sɔʔ⁵	zɔʔ²	ȵyəʔ²	tsɔʔ⁵	yəʔ²	foŋ⁵³	foŋ⁵³
22 桐庐	tɕyəʔ⁵	ɕyəʔ⁵	ʑyəʔ¹³	ȵyəʔ¹³	tɕyəʔ⁵	yəʔ¹³	foŋ⁵³³	foŋ⁵³³
23 分水	tsuaʔ⁵	suaʔ⁵	zuaʔ¹²	ȵiaʔ¹²	tsuaʔ⁵	yəʔ¹²	foŋ⁴⁴	foŋ⁴⁴
24 绍兴	tsoʔ⁵	soʔ⁵	zoʔ²	ȵioʔ²	tɕioʔ⁵	ioʔ²	foŋ⁵³	foŋ⁵³
25 上虞	tsoʔ⁵	soʔ⁵	zoʔ²	ȵyoʔ²	tɕyoʔ⁵	yoʔ²	foŋ³⁵	hoŋ³⁵

续表

方言点	0969 粥 通合三 入屋章	0970 叔 通合三 入屋书	0971 熟 通合三 入屋禅	0972 肉 通合三 入屋日	0973 菊 通合三 入屋见	0974 育 通合三 入屋以	0975 封 通合三 平钟非	0976 蜂 通合三 平钟敷
26 嵊州	tsoʔ⁵	soʔ⁵	zoʔ²	ȵyoʔ²	tɕyoʔ⁵	yoʔ²	foŋ⁵³⁴	foŋ⁵³⁴
27 新昌	tsɤʔ⁵	sɤʔ⁵	zɤʔ²	ȵyʔ²	tɕyʔ⁵	yʔ²	foŋ⁵³⁴	foŋ⁵³⁴
28 诸暨	tsoʔ⁵	soʔ⁵	zoʔ¹³	nioʔ¹³	tɕioʔ⁵	ioʔ¹³	fom⁵⁴⁴	fom⁵⁴⁴
29 慈溪	tsoʔ⁵	soʔ⁵	zoʔ²	ȵyoʔ²	tɕyəʔ⁵	yoʔ²	fuŋ³⁵	fuŋ³⁵
30 余姚	tsoʔ⁵	soʔ⁵	zoʔ²	ȵyoʔ²	tɕyoʔ⁵	yoʔ²	fuŋ⁴⁴	fuŋ⁴⁴
31 宁波	tsoʔ⁵	soʔ⁵	zoʔ²	ȵyəʔ²	tɕyəʔ⁵	yəʔ²	foŋ⁵³	foŋ⁵³
32 镇海	tsoʔ⁵	soʔ⁵	zoʔ¹²	ȵyoʔ¹²	tɕyoʔ⁵	yoʔ¹²	foŋ⁵³	foŋ⁵³
33 奉化	tsoʔ⁵	soʔ⁵	zoʔ²	ȵyoʔ²	tɕyoʔ⁵	yoʔ²	fəŋ⁴⁴	fəŋ⁴⁴
34 宁海	tɕioʔ⁵	ɕioʔ⁵	zioʔ²³	ȵ.ioʔ³	kyəʔ⁵	yəʔ³	foŋ⁴²³	foŋ⁴²³
35 象山	tɕyoʔ⁵	ɕyoʔ⁵	yoʔ²	ȵyoʔ²	tɕyoʔ⁵	yoʔ²	fəŋ⁴⁴	fəŋ⁴⁴
36 普陀	tsoʔ⁵	soʔ⁵	zoʔ²³	ȵyoʔ²³	tɕyoʔ⁵	yoʔ²³	foŋ⁵³	foŋ⁵³
37 定海	tsoʔ⁵	soʔ⁵	zoʔ²	ȵyoʔ²	tɕyoʔ⁵	yoʔ²	foŋ⁵²	foŋ⁵²
38 岱山	tsoʔ⁵	soʔ⁵	zoʔ²	ȵyoʔ²	tɕyoʔ⁵	yoʔ²	fɐŋ⁵²	fɐŋ⁵²
39 嵊泗	tsoʔ⁵	soʔ⁵	zoʔ²	ȵyoʔ²	tɕyoʔ⁵	yoʔ²	fɐŋ⁵³	fɐŋ⁵³
40 临海	tɕyoʔ⁵	ɕyoʔ⁵	zyoʔ²³	ȵyoʔ²³	tɕyeʔ⁵ 又 kyeʔ⁵ 又	yoʔ²³	fəŋ³¹	fəŋ³¹
41 椒江	tsoʔ⁵	soʔ⁵	zoʔ²	ȵyoʔ²	kyeʔ⁵	yoʔ²	foŋ⁴²	foŋ⁴²
42 黄岩	tsoŋ⁵¹小	soʔ⁵	zoʔ²	ȵyoʔ²	kyeʔ⁵	yeʔ²	foŋ³²	foŋ³²
43 温岭	tɕyoʔ⁵	ɕyoʔ⁵	zyoʔ²	ȵyoʔ²	kyʔ⁵	yoʔ²	fuŋ³³	fuŋ³³
44 仙居	tɕyɔʔ⁵	ɕyɔʔ⁵	zyɔʔ²³	ȵyɔʔ²³	cyəʔ⁵	yɔʔ⁵	foŋ³³⁴	foŋ³³⁴
45 天台	tɕyuʔ⁵	ɕyuʔ⁵	zyuʔ²	ȵyuʔ²	kyuʔ⁵	yuʔ²	fuŋ³³	fuŋ³³
46 三门	tɕioʔ⁵	ɕioʔ⁵	zioʔ²³	ȵ.ioʔ²³	kyəʔ⁵	yəʔ²³	foŋ³³⁴	foŋ³³⁴
47 玉环	tɕioŋ⁵³小	ɕyoʔ⁵	zyoʔ²	ȵyoʔ²	tɕyoʔ⁵	yoʔ²	foŋ⁴²	foŋ⁴²
48 金华	tɕioʔ⁴	ɕyəʔ⁴	zioʔ²¹²	nioʔ²¹²	tɕioʔ⁴	ioʔ²¹²	foŋ³³⁴	foŋ³³⁴
49 汤溪	tɕiou⁵⁵	ɕiou⁵⁵	ziou¹¹³	ȵiou¹¹³	tɕiou⁵⁵	iou¹¹³	fɑo²⁴	fɑo²⁴

方言点	0969 粥	0970 叔	0971 熟	0972 肉	0973 菊	0974 育	0975 封	0976 蜂
	通合三入屋章	通合三入屋书	通合三入屋禅	通合三入屋日	通合三入屋见	通合三入屋以	通合三平钟非	通合三平钟敷
50 兰溪	tɕyɤʔ³⁴	ɕyɤʔ³⁴	zyɤʔ¹²	ȵyɤʔ¹²	tɕyɤʔ³⁴	iɔʔ¹²	foŋ³³⁴	foŋ³³⁴
51 浦江	tɕyɯ¹²³	ɕyɯ¹²³	zyɯ²³²	ȵyɯ²³²	tɕyɯ¹²³	yɯ¹²³	fon⁵³⁴	fon⁵³⁴
52 义乌	tsau³²⁴	sau³²⁴	zau³¹²	ȵiau³¹²	tɕiau³²⁴	iau³¹²	foŋ³³⁵	foŋ³³⁵
53 东阳	tɕiou³³⁴	ɕiou³³⁴	ziou²¹³	ȵiou²¹³	tɕiou⁴⁵³ 调殊	iou²¹³	fɔm³³⁴	fɔm³³⁴
54 永康	tsu³³⁴	su³³⁴	zu¹¹³	ȵiu¹¹³	tɕiu³³⁴	iu³³⁴	foŋ⁵⁵	foŋ⁵⁵
55 武义	tsɔʔ⁵	sɔʔ⁵	zɔ²¹³	ȵiɔ²¹³	tɕyɔʔ⁵	iɔ²¹³	foŋ²⁴	foŋ²⁴
56 磐安	tɕiʌo³³⁴	sʌo³³⁴ 又 ɕiʌo³³⁴ 又	zʌo²¹³	ȵiʌo²¹³	tɕiʌo³³⁴	iʌo³³⁴	fɔom⁴⁴⁵	fɔom⁴⁴⁵
57 缙云	tsou³²²	sou³²²	zau¹³	ȵiau¹³	tɕiou³²²	iau¹³	fɔ̃ũ⁴⁴	fɔ̃ũ⁴⁴
58 衢州	tʃyəʔ⁵	ʃyəʔ⁵	ʒyəʔ¹²	ȵyəʔ¹²	tʃyəʔ⁵	yəʔ⁵	foŋ³²	foŋ³²
59 衢江	tɕyəʔ⁵	ɕyəʔ⁵	zyəʔ²	ȵyəʔ²	tɕyəʔ⁵	yəʔ⁵	fəŋ³³	fəŋ³³
60 龙游	tsɔʔ⁴	sɔʔ⁴	zɔʔ²³	ȵiɔʔ²³	tɕyəʔ⁴	iɔʔ⁴	fən³³⁴	fən³³⁴
61 江山	tɕioʔ⁵	ɕioʔ⁵	dzioʔ² 饭~ ʑioʔ² ~依	ȵiɐʔ²	kɐʔ⁵ 旧 kioʔ⁵ 今	ioʔ⁵	foŋ⁴⁴	foŋ⁴⁴
62 常山	tsɤʔ⁵	sɤʔ⁵	zɤʔ³⁴	ȵiʌʔ³⁴	tɕyeʔ⁵	yeʔ⁵	fã⁴⁴ 一~ foŋ⁴⁴ 信~	fã⁴⁴
63 开化	tɕyoʔ⁵	ɕyoʔ⁵	dzʑyoʔ¹³ ~罢 ʑyoʔ¹³ ~依	ȵyoʔ¹³	tɕyeʔ⁵	yɛʔ⁵	fɤŋ⁴⁴	fɤŋ⁴⁴
64 丽水	tɕiuʔ⁵	ɕiuʔ⁵	ziuʔ²³	ȵiuʔ²³	tɕyʔ⁵	iuʔ⁵	fɔŋ²²⁴	fɔŋ²²⁴
65 青田	tɕiuʔ⁴²	ɕiuʔ⁴²	iuʔ³¹	ȵiuʔ³¹	tɕiuʔ⁴²	iuʔ⁴²	foŋ⁴⁴⁵	foŋ⁴⁴⁵
66 云和	tɕiəɯʔ⁵	ɕiəɯʔ⁵	ziəɯʔ²³	ȵiəɯʔ²³	tɕiəɯʔ⁵	iəɯʔ⁵	fəŋ²⁴	fəŋ²⁴
67 松阳	tɕioʔ⁵	ɕioʔ⁵	ʑioʔ²	ȵioʔ²	tɕʰioʔ⁵ 声殊	ioʔⁱ 教~ yɛʔ² 培~	fəŋ⁵³	fəŋ⁵³
68 宣平	tɕyəʔ⁵	ɕyəʔ⁵	zyəʔ²³	ȵyəʔ²³	tɕyəʔ⁵	yəʔ⁵	fən³²⁴	fən³²⁴
69 遂昌	tɕiuʔ⁵	ɕiuʔ⁵	dziuʔ²³ ziuʔ²³	ȵiuʔ²³	tɕiuʔ⁵	iuʔ⁵	fəŋ⁴⁵	fəŋ⁴⁵
70 龙泉	tɕiɤɯʔ⁵	ɕiɤɯʔ⁵	ziɤɯʔ²⁴	ȵiouʔ²⁴	tɕiɤɯʔ⁵	ȵiouʔ²⁴	fəŋ⁴³⁴	fəŋ⁴³⁴

续表

方言点	0969 粥	0970 叔	0971 熟	0972 肉	0973 菊	0974 育	0975 封	0976 蜂
	通合三入屋章	通合三入屋书	通合三入屋禅	通合三入屋日	通合三入屋见	通合三入屋以	通合三平钟非	通合三平钟敷
71 景宁	tɕiuʔ⁵	ɕiuʔ⁵	ʑiuʔ²³	ȵiuʔ²³	tɕiuʔ⁵	iuʔ⁵	fəŋ³²⁴	fəŋ³²⁴
72 庆元	tɕiɯʔ⁵	ɕiɯʔ⁵	ɕiɯʔ³⁴	ȵiɯʔ³⁴	tɕiɯʔ⁵	ioʔ³⁴	fəŋ³³⁵	fəŋ³³⁵
73 泰顺	tɕiəuʔ⁵	ɕiəuʔ⁵	ɕiəuʔ²	ȵiəuʔ²	tɕiəuʔ⁵	iəuʔ⁵	foŋ²¹³	foŋ²¹³
74 温州	tɕiɤu³²³	ɕiɤu³²³	iɤu²¹²	ȵiɤu²¹²	tɕiɤu³²³	iɤu³²³	hoŋ³³	hoŋ³³
75 永嘉	tɕiəu⁴²³	ɕiəu⁴²³	iəu²¹³	ȵiəu²¹³	tɕiəu⁴²³	iəu⁴²³	hoŋ⁴⁴	hoŋ⁴⁴
76 乐清	tɕiu³²³	su³²³	zu²¹²	ȵiau²¹²	tɕiau³²³	iau³²³	foŋ⁴⁴	foŋ⁴⁴
77 瑞安	tsou³²³	sou³²³	zou²¹²	ȵiou²¹²	tɕiou³²³	iou³²³ 调殊	foŋ⁴⁴	foŋ⁴⁴
78 平阳	tʃɛu³⁴	su³⁴	zɛu¹²	ȵiu¹²	tʃu³⁴	iu¹²	foŋ⁵⁵	foŋ⁵⁵
79 文成	tʃou³⁴	sou³⁴	zou²¹²	ȵiou²¹²	tʃou³⁴	iou²¹²	foŋ⁵⁵	foŋ⁵⁵
80 苍南	tsu²²³	su²²³	zu¹¹²	ȵiou¹¹²	tsu²²³	iou¹¹²	hoŋ⁴⁴	hoŋ⁴⁴
81 建德徽	tɕyʁʔ⁵	ɕyʁʔ⁵	ɕyʁʔ¹²	ȵyʁʔ¹²	tɕyʁʔ⁵	yʁʔ⁵	foŋ⁵³	foŋ⁵³
82 寿昌徽	tsoʔ³ 文	ɕioʔ³ 文	ɕioʔ³¹	ȵioʔ³¹	tɕyəʔ³	yəʔ³¹	foŋ¹¹²	foŋ¹¹²
83 淳安徽	tsoʔ⁵	soʔ⁵	saʔ¹³	iaʔ¹³	tsoʔ⁵	iaʔ⁵	fon²⁴	hon²⁴
84 遂安徽	tsu²⁴	su²⁴	su²¹³	lu²¹³	tsu²⁴	iu²⁴	fəŋ⁵³⁴	fəŋ⁵³⁴
85 苍南闽	（无）	tse⁴³	ɕie²⁴	hie²⁴	kiɔ⁴³	iɔ²⁴	haŋ⁵⁵	pʰan⁵⁵
86 泰顺闽	tsøʔ⁵	søʔ⁵	søʔ³	nyɪʔ³	kiɪʔ⁵	yɪʔ⁵	fəŋ²¹³	pʰəŋ²¹³
87 洞头闽	（无）	tɕiek⁵ 白 ɕiɔk⁵ 文	ɕiek²⁴	hiek²⁴	kiɔk⁵	iɔk²⁴	hoŋ³³	pʰaŋ³³
88 景宁畲	（无）	ɕyʔ⁵	ɕyʔ²	ȵyʔ⁵	tɕyʔ⁵	ioʔ⁵	foŋ⁴⁴	pʰyŋ³²⁵ 小

方言点	0977 缝 一条~	0978 浓	0979 龙	0980 松 ~树	0981 重 轻~	0982 肿	0983 种 ~树	0984 冲
	通合三 去钟奉	通合三 平钟泥	通合三 平钟来	通合三 平钟邪	通合三 上钟澄	通合三 上钟章	通合三 去钟章	通合三 平钟昌
01 杭州	voŋ¹³	ɲioŋ²¹³白 noŋ²¹³文	loŋ²¹³	soŋ³³⁴	dzoŋ¹³	tsoŋ⁵³	tsoŋ⁴⁵	tsʰoŋ³³⁴
02 嘉兴	voŋ¹¹³	ɲioŋ²⁴²	loŋ²⁴²	soŋ⁴²	zoŋ¹¹³	tsoŋ⁵⁴⁴	tsoŋ²²⁴	tsʰoŋ⁴²
03 嘉善	oŋ¹¹³	ɲioŋ¹³²	loŋ¹³²	soŋ⁵³	zoŋ¹¹³	tsoŋ⁴⁴	tsoŋ³³⁴	tsʰoŋ⁵³
04 平湖	voŋ²¹³	ɲioŋ³¹	loŋ³¹	soŋ⁵³	zoŋ²¹³	tsoŋ⁴⁴	tsoŋ³³⁴	tsʰoŋ⁵³
05 海盐	voŋ²¹³	ɲioŋ³¹	loŋ³¹	soŋ⁵³	zoŋ⁴²³	tsoŋ⁴²³	tsoŋ³³⁴	tsʰoŋ⁵³
06 海宁	voŋ¹³	ɲioŋ¹³	loŋ¹³	soŋ⁵⁵	zoŋ²³¹	tsoŋ⁵³	tsoŋ³⁵	tsʰoŋ⁵⁵
07 桐乡	voŋ²¹³	ɲioŋ¹³	loŋ¹³	soŋ⁴⁴	zoŋ²⁴²	tsoŋ⁵³	tsoŋ³³⁴	tsʰoŋ⁴⁴
08 崇德	voŋ¹³	ɲioŋ¹³	loŋ¹³	soŋ⁴⁴	zoŋ²⁴²	tsoŋ⁵³	tsoŋ³³⁴	tsʰoŋ⁴⁴~锋 tsʰoŋ³³⁴相~
09 湖州	voŋ¹¹²	ɲioŋ¹¹²	loŋ¹¹²	soŋ⁴⁴	dzoŋ²³¹	tsoŋ⁵²³	tsoŋ³⁵	tsʰoŋ⁴⁴
10 德清	voŋ¹¹³	ɲioŋ¹¹³	loŋ¹¹³	soŋ⁴⁴	zoŋ¹⁴³	tsoŋ⁵²	tsoŋ³³⁴	tsʰoŋ⁴⁴
11 武康	voŋ¹¹³	ɲioŋ¹¹³	loŋ¹¹³	soŋ⁴⁴	dzoŋ²⁴²	tsoŋ⁵³	tsoŋ²²⁴	tsʰoŋ⁴⁴
12 安吉	voŋ²¹³	ɲioŋ²²	loŋ²²	soŋ⁵⁵	dzoŋ²⁴³	tsoŋ⁵²	tsoŋ³²⁴	tsʰoŋ⁵⁵
13 孝丰	voŋ²¹³	ɲioŋ²²	loŋ²²	soŋ⁴⁴	dzoŋ²⁴³	tsoŋ⁵²	tsoŋ³²⁴	tsʰoŋ⁴⁴
14 长兴	voŋ²⁴	ɲioŋ¹²	loŋ¹²	soŋ⁴⁴	dzoŋ²⁴³	tsoŋ⁵²	tsoŋ³²⁴	tsʰoŋ⁴⁴
15 余杭	voŋ²¹³	ɲioŋ²²	loŋ²²	soŋ⁴⁴	zoŋ²⁴³	tsoŋ⁵³	tsoŋ⁴²³	tsʰoŋ⁴⁴
16 临安	voŋ³³	ɲioŋ³³	loŋ³³	soŋ⁵⁵	dzoŋ³³	tsoŋ⁵⁵	tsoŋ⁵⁵	tsʰoŋ⁵⁵
17 昌化	vəŋ²⁴³	nəŋ¹¹²	ləŋ¹¹²	səŋ³³⁴	zəŋ²⁴³	tsəŋ⁴⁵³	tsəŋ⁵⁴⁴	tsʰəŋ³³⁴
18 於潜	voŋ²⁴	ɲioŋ²²³	loŋ²²³	zoŋ²²³	dzoŋ²⁴	tsoŋ⁵¹	tsoŋ³⁵	tsʰoŋ⁴³³
19 萧山	voŋ²⁴²	noŋ²⁴²	loŋ³⁵⁵	soŋ⁵³³	dzyoŋ¹³	tɕyoŋ³³	tɕyoŋ⁴²	tɕʰyoŋ⁵³³
20 富阳	voŋ²²⁴	ɲyoŋ¹³	loŋ¹³	soŋ⁵³	dzyoŋ²²⁴	tɕyoŋ⁴²³	tɕyoŋ³³⁵	tɕʰyoŋ⁵³
21 新登	voŋ¹³	ioŋ²³³	loŋ²³³	soŋ⁵³	dzoŋ¹³	tsoŋ³³⁴	tsoŋ⁴⁵	tsʰoŋ⁵³
22 桐庐	voŋ²⁴	ioŋ¹³	loŋ¹³	soŋ⁵³³	dzioŋ²⁴	tɕioŋ³³	tɕioŋ³⁵白 tsoŋ³⁵文	tɕʰioŋ⁵³³
23 分水	voŋ¹³	ioŋ²²	loŋ²²	soŋ⁴⁴	dzoŋ¹³	tsoŋ⁵³	tsoŋ²⁴	tsʰoŋ⁴⁴
24 绍兴	voŋ²²	ɲioŋ²³¹	loŋ²³¹	soŋ⁵³音殊	dzoŋ²²³	tsoŋ³³⁴	tsoŋ³³	tsʰoŋ⁵³

方言点	0977 缝 一条~ 通合三 去钟奉	0978 浓 通合三 平钟泥	0979 龙 通合三 平钟来	0980 松 ~树 通合三 平钟邪	0981 重 轻~ 通合三 上钟澄	0982 肿 通合三 上钟章	0983 种 ~树 通合三 去钟章	0984 冲 通合三 平钟昌
25 上虞	voŋ³¹	ȵyoŋ²¹³	loŋ²¹³	soŋ³⁵	dzoŋ²¹³	tsoŋ³⁵	tsoŋ⁵³	tsʰoŋ³⁵
26 嵊州	uoŋ²⁴	ȵyoŋ²¹³ 白 noŋ²¹³ 文	loŋ²¹³	zoŋ²¹³	dzoŋ²⁴	tsoŋ⁵³	tsoŋ³³⁴	tsʰoŋ⁵³⁴
27 新昌	uoŋ¹³	ȵyoŋ²²	loŋ²²	zõ²²	dzoŋ²³²	tsoŋ⁴⁵³	tsoŋ³³⁵	tsʰoŋ⁵³⁴
28 诸暨	vom³³	iom¹³	lom¹³	som⁵⁴⁴	dzom²⁴²	tsom⁴²	tsom⁵⁴⁴	tsʰom⁵⁴⁴
29 慈溪	vəŋ¹³	ȵiuŋ¹³	luŋ¹³	suŋ³⁵	dzuŋ¹³	tsuŋ³⁵	tsuŋ⁴⁴	tsʰuŋ³⁵
30 余姚	vuŋ¹³	ȵiuŋ¹³	luŋ¹³	suŋ⁴⁴	dzuŋ¹³	tsuŋ³⁴	tsuŋ⁵³	tsʰuŋ⁴⁴
31 宁波	voŋ¹³	ȵyoŋ¹³	loŋ¹³	soŋ⁵³	dzoŋ¹³	tsoŋ³⁵	tsoŋ⁴⁴	tsʰoŋ⁵³
32 镇海	voŋ²⁴	ȵyoŋ²⁴	loŋ²⁴	soŋ⁵³	dzoŋ²⁴	tsoŋ³⁵	tsoŋ⁵³	tsʰoŋ⁵³
33 奉化	vəŋ³¹	ȵyoŋ³³	loŋ³³	soŋ⁴⁴	dzoŋ³²⁴	tsoŋ⁵⁴⁵	tsoŋ⁵³	tsʰoŋ⁴⁴
34 宁海	voŋ²⁴	ȵioŋ²¹³	loŋ²¹³	zoŋ²¹³	dzioŋ³¹	tɕioŋ⁵³	tɕioŋ³⁵	tɕʰioŋ⁴²³
35 象山	vəŋ¹³	ȵyoŋ³¹	loŋ³¹	zoŋ³¹ 白 soŋ⁴⁴ 文	dzyoŋ³¹	tɕyoŋ⁴⁴	tɕyoŋ⁵³	tɕʰyoŋ⁴⁴
36 普陀	voŋ¹³	ȵioŋ²⁴ 白 noŋ²⁴ 文	loŋ²⁴	soŋ⁵³	dzoŋ²³	tsoŋ⁴⁵	tsoŋ⁵⁵	tsʰoŋ⁵³
37 定海	vòŋ¹³	ȵyoŋ²³	loŋ²³	soŋ⁵²	dzoŋ²³	tsoŋ⁴⁵	tsoŋ⁴⁴	tsʰoŋ⁵²
38 岱山	vɐŋ²¹³	ȵyoŋ²³	loŋ²³	soŋ⁵²	dzoŋ²⁴⁴	tsoŋ³²⁵	tsoŋ⁴⁴	tsʰoŋ⁵²
39 嵊泗	vɐŋ²¹³	ȵyoŋ²⁴³	loŋ²⁴³	soŋ⁵³	dzoŋ³³⁴	tsoŋ⁴⁴⁵	tsoŋ⁵³	tsʰoŋ⁵³
40 临海	vəŋ³²⁴	ȵyoŋ²¹ 又 noŋ²¹ 又	loŋ²¹	ɕyoŋ³¹	dzyoŋ²¹	tɕyoŋ⁵²	tɕyoŋ⁵⁵	tɕʰyoŋ³¹
41 椒江	vəŋ²⁴	ȵyoŋ³¹	loŋ³¹	zoŋ³¹ 白 soŋ⁴² 文	dzoŋ³¹	tsoŋ⁴²	tsoŋ⁵⁵	tsʰoŋ⁴²
42 黄岩	voŋ²⁴	ȵyoŋ¹²¹	loŋ¹²¹	soŋ³²	dzoŋ¹²¹	tsoŋ⁴²	tsoŋ⁵⁵	tsʰoŋ³²
43 温岭	vuŋ¹³	ȵyuŋ³¹	luŋ³¹	ɕyuŋ³³	dʑyuŋ³¹	tɕyuŋ⁴²	tɕyuŋ⁵⁵	tɕʰyuŋ³³
44 仙居	voŋ²⁴	ioŋ²¹³ 音殊	loŋ²¹³	zioŋ²¹³	dzioŋ²¹³	tɕioŋ³²⁴	tɕioŋ⁵⁵	tɕʰioŋ³³⁴
45 天台	vəŋ³⁵	ȵyuŋ²²⁴	luŋ²²⁴	ɕyuŋ³³	dʑyuŋ²¹⁴	tɕyuŋ³²⁵	tɕyuŋ⁵⁵	tɕʰyuŋ³³

方言点	0977 缝 一条~	0978 浓	0979 龙	0980 松 ~树	0981 重 轻~	0982 肿	0983 种 ~树	0984 冲
	通合三 去钟奉	通合三 平钟泥	通合三 平钟来	通合三 平钟邪	通合三 上钟澄	通合三 上钟章	通合三 去钟章	通合三 平钟昌
46 三门	voŋ²⁴³	noŋ¹¹³	loŋ¹¹³	soŋ³³⁴	dzioŋ²¹³	tɕioŋ³²⁵	tɕioŋ⁵⁵	tɕʰioŋ³³⁴
47 玉环	voŋ²²	noŋ³¹	loŋ³¹	zioŋ³¹白 ɕioŋ⁴²文	dzioŋ³¹	tɕioŋ⁵³	tɕioŋ⁵⁵	tɕʰioŋ⁴²
48 金华	voŋ¹⁴	ioŋ³¹³音殊	loŋ³¹³	zoŋ³¹³	tɕioŋ⁵³⁵	tɕioŋ⁵³⁵	tɕioŋ⁵⁵	tɕʰioŋ³³⁴
49 汤溪	vɑo³⁴¹	iɑo¹¹音殊	lɑo¹¹	zɑo¹¹	dziɑo¹¹³	tɕiɑo⁵³⁵	tɕiɑo⁵²	tɕʰiɑo²⁴
50 兰溪	voŋ²⁴	ioŋ²¹音殊	loŋ²¹	zoŋ²¹	tɕioŋ⁵⁵	tɕioŋ⁵⁵	tɕioŋ⁴⁵	tɕʰioŋ³³⁴
51 浦江	von²⁴	yon¹¹³音殊	lən¹¹³	zən¹¹³	dʑyon²⁴³	tɕyon⁵³	tɕyon⁵⁵	tɕʰyon⁵³
52 义乌	voŋ²⁴	ioŋ²¹³音殊	loŋ²¹³	zoŋ²¹³	dzoŋ³¹²	tsoŋ⁴²³	tsoŋ⁴⁵	tsʰoŋ³³⁵
53 东阳	vɔm²⁴	ȵiɔm²¹³	lɔm²¹³	zɔm²¹³	dʑiɔm²³¹	tsɔm⁴⁵³	tsɔm⁴⁵³	tsʰɔm³³⁴
54 永康	voŋ²⁴¹	ioŋ²²声殊	loŋ²²	zoŋ²²	dzoŋ¹¹³	tsoŋ³³⁴	tsoŋ⁵²	tsʰoŋ⁵⁵
55 武义	voŋ²³¹	ioŋ³²⁴音殊	loŋ³²⁴	zoŋ³²⁴	dzoŋ¹³	ioŋ⁴⁴⁵声殊	ioŋ⁵³	tsʰoŋ²⁴
56 磐安	vɔom¹⁴	nɔom²¹³又 ȵiɔm²¹³又	lɔom²¹³	zɔom²¹³	tsɔom³³⁴	tsɔom³³⁴	tsɔom⁵²	tsʰɔom⁴⁴⁵
57 缙云	vɔ̃ũ²¹³	ȵiɕ²⁴³	lɔ²⁴³	zɔ²⁴³	dzɔ̃ũ³¹	tsɕ⁵¹	tsɕ⁴⁵³	tsʰɔ̃ũ⁴⁴
58 衢州	voŋ²³¹	yoŋ²¹	loŋ²¹	zoŋ²¹	dʒyoŋ²³¹	tʃyoŋ³⁵	tʃyoŋ⁵³	tʃʰyoŋ³²
59 衢江	vəŋ²³¹	yoŋ²¹²	ləŋ²¹²	zəŋ²¹²	dʑyoŋ²¹²	yoŋ²⁵声殊	yoŋ⁵³声殊	tɕʰyoŋ³³
60 龙游	vəŋ²³¹	noŋ²¹	loŋ²¹	zoŋ²²⁴调殊	dzoŋ²²⁴	ioŋ³⁵声殊	ioŋ⁵¹声殊	tsʰoŋ³³⁴
61 江山	vɒŋ³¹	ȵiɒŋ²¹³	liɒŋ²¹³	zɒŋ²¹³	dzioŋ²²	ioŋ²⁴¹声殊	ioŋ⁵¹声殊	tɕʰioŋ⁴⁴
62 常山	vã²⁴	ȵiɔ̃³⁴¹	liɔ̃³⁴¹	zɔ̃¹³¹	dzoŋ²⁴	ioŋ⁵²声殊	ioŋ³²⁴声殊	tsʰoŋ⁴⁴
63 开化	vɤŋ²¹³	ȵiəŋ²³¹	liəŋ²³¹	zɤŋ²¹³调殊	dziəŋ²¹³	iəŋ⁵³声殊	iəŋ⁴¹²声殊	tɕʰiəŋ⁴⁴
64 丽水	voŋ¹³¹	ȵiəŋ²²	liəŋ²²	zin²²白 soŋ²²⁴文	dziəŋ²²	tɕiəŋ⁵⁴⁴	tɕiəŋ⁵²	tɕʰiəŋ²²⁴
65 青田	voŋ²²	ȵio²¹	lio²¹	io²¹	dzio³⁴³	dzio³⁴³音殊	tɕio³³	tɕʰioŋ⁴⁴⁵
66 云和	vəŋ²²³	ȵiɔ̃³¹²	liɔ̃³¹²	ziɔ̃³¹²	dziəŋ²³¹	tɕiɔ̃⁴¹	tɕiɔ̃⁴⁵	tɕʰioŋ²⁴
67 松阳	vəŋ¹³	ȵioŋ³¹	lioŋ³¹	zæ̃³¹	dziəŋ²²	iəŋ²¹²声殊	iəŋ²⁴声殊	tɕʰiəŋ⁵³
68 宣平	vəŋ²³¹	ȵiɔ̃⁴³³	liɔ̃⁴³³	zən⁴³³	dʑyən²²³	tɕiɔ̃⁴⁴⁵	tɕiɔ̃⁵²	tɕʰyən³²⁴

方言点	0977 缝 一条~	0978 浓	0979 龙	0980 松 ~树	0981 重 轻~	0982 肿	0983 种 ~树	0984 冲
	通合三 去钟奉	通合三 平钟泥	通合三 平钟来	通合三 平钟邪	通合三 上钟澄	通合三 上钟章	通合三 去钟章	通合三 平钟昌
69 遂昌	vəŋ²¹³	n̯iɔŋ²²¹	liɔŋ²²¹	zɛ̃¹³调殊	dʑiɔŋ¹³	iɔŋ⁵³³声殊	iɔŋ³³⁴声殊	tɕʰiɔŋ⁴⁵
70 龙泉	vəŋ²²⁴	n̯iɔŋ²¹	liɔŋ²¹	zE²¹韵殊	tɕiəŋ⁵¹	iəŋ⁵¹声殊	iəŋ⁴⁵声殊	tɕʰiəŋ⁴³⁴
71 景宁	vəŋ¹¹³	n̯iɔŋ⁴¹	liɔŋ⁴¹	zəŋ¹¹³	tɕyŋ³³	tɕiɔŋ³³	tɕiɔŋ³⁵	tɕʰyŋ³²⁴
72 庆元	fəŋ³¹	n̯ii͂ɔ⁵²	lii͂ɔ⁵²	sæ⁵²音殊	tɕiɔŋ²²¹	iɔŋ³³声殊	iɔŋ¹¹声殊	tɕʰiɔŋ³³⁵
73 泰顺	uɔŋ²²	n̯ii͂ɔ⁵³	lii͂ɔ⁵³	ɕii͂ɔ²¹	tɕii͂ɔ²¹	tɕii͂ɔ⁵⁵	tɕii͂ɔ³⁵	tɕʰiɔŋ²¹³
74 温州	oŋ²²	n̯yɔ³¹白 noŋ³¹文	liɛ³¹白 loŋ³¹文	yɔ³¹白 soŋ³³文	dzyɔ¹⁴	tɕyɔ²⁵	tɕyɔ⁵¹	tɕʰioŋ³³
75 永嘉	oŋ²²	n̯yɔ³¹	lyɔ³¹白 loŋ³¹文	yɔ³¹	dzyɔ¹³	tɕyɔ⁴⁵	tɕyɔ⁵³	tɕʰioŋ⁴⁴
76 乐清	voŋ²²	n̯iɔ³¹白 noŋ³¹文	luɯʌ³¹白 loŋ³¹文	zuɯʌ³¹	dzyɯʌ²⁴	tɕyɯʌ³⁵	tɕyɯʌ⁴¹	tɕʰioŋ⁴⁴
77 瑞安	voŋ²²	n̯yo³¹	lu³¹白 loŋ³¹文	yo³¹	dzyo¹³	tɕyo³⁵	tɕyo⁵³	tsʰoŋ⁴⁴
78 平阳	voŋ³³	n̯yo²⁴²	luo²⁴²	soŋ⁵⁵	dʒuo²³	tʃuo⁴⁵	tʃuo⁵³	tʃʰoŋ⁵⁵
79 文成	voŋ⁴²⁴	noŋ¹¹³	luo¹¹³	soŋ⁵⁵	dʒuo²²⁴	tʃuo⁴⁵	tʃuo³³	tʃʰoŋ⁵⁵
80 苍南	oŋ¹¹	n̯yɔ³¹茶~ loŋ³¹~度	lyɔ³¹	dzyɔ³¹	dzyɔ²⁴	tɕyɔ⁵³	tɕyɔ⁴²	tɕʰioŋ⁴⁴
81 建德徽	foŋ⁵⁵	ioŋ³³音殊	loŋ³³	soŋ⁵³	tsoŋ²¹³	tsoŋ²¹³	tsoŋ³³	tsʰoŋ⁵³
82 寿昌徽	fəŋ³³	iəŋ⁵²	ləŋ⁵²	səŋ¹¹²	tɕʰiəŋ⁵³⁴	tɕiəŋ²⁴	tɕiəŋ³³	tɕʰiəŋ¹¹²
83 淳安徽	fon⁵³	ion⁴³⁵音殊	lon⁴³⁵	son⁴³⁵	tsʰon⁵⁵	tson⁵⁵	tson²⁴	tsʰon²⁴
84 遂安徽	fəŋ⁵²	ləŋ³³	ləŋ³³	səŋ⁵³⁴	tsʰəŋ⁴³	tsəŋ²¹³	tsəŋ²¹³	tsʰəŋ⁵³⁴
85 苍南闽	pʰan²¹	laŋ²⁴	lin²⁴	saŋ⁵⁵	tan³²	tɕin⁴³	tɕin⁴³	tɕʰiaŋ⁵⁵
86 泰顺闽	fəŋ³¹	niəŋ²²	ləŋ²²	səŋ²²	təŋ³¹	tsəŋ³⁴⁴	tsəŋ⁵³	tsʰəŋ²¹³
87 洞头闽	pʰaŋ²¹	loŋ¹¹³	lieŋ¹¹³	san³³白 soŋ³³文	taŋ²¹	tɕieŋ⁵³	tɕieŋ²¹	tɕʰioŋ³³
88 景宁畲	foŋ⁵¹	n̯yŋ²²	lyŋ²²	soŋ⁴⁴	tɕʰyŋ⁴⁴	tɕyŋ³²⁵	tɕyŋ³²⁵调殊	tɕʰyŋ⁴⁴

方言点	0985 恭 通合三 平钟见	0986 共 通合三 去钟群	0987 凶 吉~ 通合三 平钟晓	0988 拥 通合三 上钟影	0989 容 通合三 平钟以	0990 用 通合三 去钟以	0991 绿 通合三 入烛来	0992 足 通合三 入烛精
01 杭州	koŋ³³⁴	goŋ¹³	ɕioŋ³³⁴	ioŋ³³⁴	ioŋ²¹³	ioŋ¹³	loʔ²	tsoʔ⁵
02 嘉兴	koŋ⁴²	goŋ¹¹³	ɕioŋ⁴²	ioŋ⁵⁴⁴	ioŋ²⁴²	ioŋ²²⁴	loʔ⁵	tsoʔ⁵
03 嘉善	koŋ⁵³	goŋ¹¹³	ɕioŋ⁵³	ioŋ⁴⁴	ioŋ¹³²	ioŋ³³⁴	luoʔ²	tsuoʔ⁵
04 平湖	koŋ⁵³	goŋ²¹³	ɕioŋ⁵³	ioŋ⁴⁴	ioŋ³¹	ioŋ²¹³	loʔ²³	tsoʔ⁵
05 海盐	koŋ⁵³	goŋ²¹³	ɕioŋ⁵³	ioŋ⁴²³	ioŋ³¹	ioŋ³³⁴	lɔʔ²³	tsɔʔ⁵
06 海宁	koŋ⁵⁵	goŋ¹³	ɕioŋ⁵⁵	ioŋ⁵³调殊	ioŋ¹³	ioŋ⁵³	loʔ²	tsoʔ⁵
07 桐乡	koŋ⁴⁴	goŋ²¹³	ɕioŋ⁴⁴	ioŋ⁵³	ioŋ¹³	ioŋ³³⁴	lɔʔ²³	tsɔʔ⁵
08 崇德	koŋ⁴⁴	goŋ¹³	ɕioŋ⁴⁴	ioŋ⁵³	ioŋ¹³	ioŋ³³⁴	lɔʔ²³	tsɔʔ⁵
09 湖州	koŋ⁴⁴	goŋ²⁴	ɕioŋ⁴⁴	ioŋ⁴⁴	ioŋ¹¹²	ioŋ³⁵	luoʔ²	tsuoʔ⁵
10 德清	koŋ⁴⁴	goŋ¹¹³	ɕioŋ⁴⁴	ioŋ⁴⁴	ioŋ¹¹³	ioŋ³³⁴	luoʔ²	tsuoʔ⁵
11 武康	koŋ⁴⁴	goŋ¹¹³	ɕioŋ⁴⁴	ioŋ²²⁴	ioŋ¹¹³	ioŋ²²⁴	luoʔ²	tsuoʔ⁵
12 安吉	koŋ⁵⁵	goŋ²⁴³	ɕioŋ⁵⁵	ioŋ⁵²	ioŋ²²	ioŋ²¹³	loʔ²³	tsoʔ⁵
13 孝丰	koŋ⁴⁴	goŋ²¹³	ɕioŋ⁴⁴	ioŋ⁴⁴	ioŋ²²	ioŋ³²⁴	luoʔ²³	tsuoʔ⁵
14 长兴	koŋ⁴⁴	goŋ²⁴	ʃioŋ⁴⁴	ioŋ⁴⁴	ioŋ¹²	ioŋ³²⁴	loʔ²	tsoʔ⁵
15 余杭	koŋ⁴⁴	goŋ²¹³	ɕioŋ⁴⁴	ioŋ⁵³	ioŋ²²	ioŋ²¹³	loʔ²	tsoʔ⁵
16 临安	koŋ⁵⁵	goŋ³³	ɕioŋ⁵⁵	ioŋ³³	ioŋ³³	ioŋ³³	luɔʔ¹²	tsuɔʔ⁵⁴
17 昌化	kəŋ³³⁴	gəŋ²⁴³	ɕyəŋ³³⁴	yəŋ³³⁴	yəŋ¹¹²	yəŋ²⁴³	luəʔ²³	tsuəʔ⁵
18 於潜	koŋ⁴³³	goŋ²⁴	ɕioŋ⁴³³	ioŋ⁴³³	ioŋ²²³	ioŋ²⁴	læʔ²³	tsuəʔ⁵³
19 萧山	koŋ⁴²	goŋ²⁴²	ɕyoŋ⁵³³	yoŋ⁴²	yoŋ²⁴²调殊	yoŋ²⁴²	ləʔ¹³	tsoʔ⁵
20 富阳	koŋ⁵³	goŋ²²⁴	ɕyoŋ⁵³	yoŋ⁵³	yoŋ¹³	yoŋ²²⁴	loʔ²	tsoʔ⁵
21 新登	koŋ⁵³	goŋ¹³	soŋ⁵³	ioŋ³³⁴	ioŋ²³³	ioŋ¹³	lɔʔ²	tsɔʔ⁵
22 桐庐	koŋ⁵³³	goŋ²⁴	ɕioŋ⁵³³	ioŋ⁵³³	ioŋ¹³	ioŋ²⁴	ləʔ¹³	tɕyəʔ⁵
23 分水	koŋ⁴⁴	goŋ¹³	ɕioŋ⁴⁴	ioŋ⁵³	ioŋ²²	ioŋ¹³	ləʔ¹²	tsaʔ⁵
24 绍兴	koŋ⁵³	goŋ²²	ɕioŋ⁵³	ioŋ³³⁴	ioŋ²³¹	ioŋ²²	loʔ²	tsoʔ⁵
25 上虞	koŋ³⁵	goŋ³¹	ɕyoŋ³⁵	yoŋ²¹³	yoŋ²¹³	yoŋ³¹	loʔ²	tsoʔ⁵

续表

方言点	0985 恭	0986 共	0987 凶 吉~	0988 拥	0989 容	0990 用	0991 绿	0992 足
	通合三 平钟见	通合三 去钟群	通合三 平钟晓	通合三 上钟影	通合三 平钟以	通合三 去钟以	通合三 入烛来	通合三 入烛精
26 嵊州	$kuoŋ^{534}$	$dzyoŋ^{24}$白 $guoŋ^{24}$文	$ɕyoŋ^{534}$	$yoŋ^{53}$	$yoŋ^{213}$	$yoŋ^{24}$	$loʔ^{2}$	$tsoʔ^{5}$
27 新昌	$koŋ^{534}$	$dzyoŋ^{13}$白 $goŋ^{13}$文	$ɕyoŋ^{534}$	$yoŋ^{534}$	$yoŋ^{22}$	$yoŋ^{13}$	$lɤʔ^{2}$	$tsɤʔ^{5}$
28 诸暨	kom^{544}	gom^{33}	$ɕiom^{544}$	iom^{42}	iom^{13}	iom^{33}	$loʔ^{13}$	$tsoʔ^{5}$
29 慈溪	$kuŋ^{35}$	$guŋ^{13}$	$ɕiuŋ^{35}$	$iuŋ^{35}$	$iuŋ^{13}$	$iuŋ^{13}$	$loʔ^{2}$	$tsoʔ^{5}$
30 余姚	$kuŋ^{44}$	$guŋ^{13}$	$ɕiuŋ^{44}$	$iuŋ^{13}$	$iuŋ^{13}$	$iuŋ^{13}$	$loʔ^{2}$	$tsoʔ^{5}$
31 宁波	$koŋ^{53}$	$goŋ^{13}$	$ɕyoŋ^{53}$	$yoŋ^{53}$	$yoŋ^{13}$	$yoŋ^{13}$	$loʔ^{2}$	$tsoʔ^{5}$
32 镇海	$koŋ^{53}$	$goŋ^{24}$	$ɕyoŋ^{53}$	$yoŋ^{53}$	$yoŋ^{24}$	$yoŋ^{24}$	$loʔ^{12}$	$tsoʔ^{5}$
33 奉化	$koŋ^{44}$读字	$goŋ^{31}$	$ɕyoŋ^{44}$	$yoŋ^{44}$	$yoŋ^{33}$	$yoŋ^{31}$	$loʔ^{2}$	$tsoʔ^{5}$
34 宁海	$koŋ^{423}$	$goŋ^{24}$	$ɕioŋ^{423}$	$ioŋ^{53}$	$ioŋ^{213}$	$ioŋ^{24}$	$loʔ^{3}$	$tsoʔ^{5}$
35 象山	$koŋ^{44}$	$goŋ^{13}$	$ɕyoŋ^{44}$	$yoŋ^{44}$	$yoŋ^{31}$	$yoŋ^{13}$	$loʔ^{2}$	$tsoʔ^{5}$
36 普陀	$koŋ^{53}$	$goŋ^{13}$	$ɕioŋ^{53}$	$ioŋ^{53}$	$ioŋ^{24}$	$ioŋ^{13}$	$loʔ^{23}$	$tsoʔ^{5}$
37 定海	$koŋ^{52}$	$goŋ^{13}$	$ɕyoŋ^{52}$	$yoŋ^{52}$	$yoŋ^{23}$	$yoŋ^{13}$	$loʔ^{2}$	$tsoʔ^{5}$
38 岱山	$koŋ^{52}$	$goŋ^{213}$	$ɕyoŋ^{52}$	$yoŋ^{52}$	$yoŋ^{23}$	$yoŋ^{213}$	$loʔ^{2}$	$tsoʔ^{5}$
39 嵊泗	$koŋ^{53}$	$goŋ^{213}$	$ɕyoŋ^{53}$	$yoŋ^{53}$	$yoŋ^{243}$	$yoŋ^{213}$	$loʔ^{2}$	$tsoʔ^{5}$
40 临海	$koŋ^{55}$	$goŋ^{324}$	$ɕyoŋ^{31}$	$yoŋ^{31}$	$yoŋ^{21}$	$yoŋ^{324}$	$loʔ^{23}$	$tɕyoʔ^{5}$
41 椒江	$koŋ^{42}$	$goŋ^{24}$	$ɕyoŋ^{42}$	$yoŋ^{42}$	$yoŋ^{31}$	$yoŋ^{24}$	$loʔ^{2}$	$tsoʔ^{5}$
42 黄岩	$koŋ^{32}$	$goŋ^{24}$	$ɕyoŋ^{32}$	$yoŋ^{32}$	$yoŋ^{121}$	$yoŋ^{24}$	$loʔ^{2}$	$tsoʔ^{5}$
43 温岭	$tɕyuŋ^{33}$	$dzyuŋ^{13}$	$ɕyuŋ^{33}$	$yuŋ^{33}$	$yuŋ^{31}$	$yuŋ^{13}$	$loʔ^{2}$	$tɕyoʔ^{5}$
44 仙居	$koŋ^{55}$调殊	$dzioŋ^{24}$白 $goŋ^{24}$文	$ɕioŋ^{334}$	$ioŋ^{55}$调殊	$ioŋ^{213}$	$ioŋ^{24}$	$luə ʔ^{23}$	$tɕyɔʔ^{5}$
45 天台	$kyuŋ^{33}$	$gyuŋ^{35}$	$hyuŋ^{33}$	$yuŋ^{33}$音殊	$yuŋ^{224}$	$yuŋ^{35}$	$luʔ^{2}$	$tɕyuʔ^{5}$
46 三门	$koŋ^{334}$	$goŋ^{243}$	$ɕioŋ^{334}$	$ioŋ^{55}$	$ioŋ^{113}$	$ioŋ^{243}$	$loʔ^{23}$	$tɕioʔ^{5}$
47 玉环	$tɕioŋ^{42}$	$dzioŋ^{22}$	$ɕioŋ^{42}$	$ioŋ^{42}$	$ioŋ^{31}$	$ioŋ^{22}$	$loʔ^{2}$	$tɕyoʔ^{5}$
48 金华	$koŋ^{334}$	$dzioŋ^{14}$白 $goŋ^{14}$文	$ɕioŋ^{334}$	$ioŋ^{535}$	$ioŋ^{313}$	$ioŋ^{14}$	$loʔ^{212}$	$tsoʔ^{4}$

方言点	0985 恭	0986 共	0987 凶 吉~	0988 拥	0989 容	0990 用	0991 绿	0992 足
	通合三平钟见	通合三去钟群	通合三平钟晓	通合三上钟影	通合三平钟以	通合三去钟以	通合三入烛来	通合三入烛精
49 汤溪	kɑo^{24}	dziɑo^{341}白 gɑo^{341}文	ɕiɑo^{24}	iɑo^{535}	iɑo^{11}	iɑo^{341}	lou^{113}	tsou^{55}
50 兰溪	koŋ^{334}	goŋ^{24}	ɕioŋ^{334}	ioŋ^{334}	ioŋ^{21}	ioŋ^{24}	lɔʔ^{12}	tsuɤʔ^{34}
51 浦江	kon^{534}	dzyon^{24}白 gon^{24}文	ɕyon^{534}	yon^{53}	yon^{113}	yon^{24}	luɯ^{232}	tsuɯ^{423}
52 义乌	koŋ^{335}	dzioŋ^{24}白 goŋ^{24}文	ɕioŋ^{335}	ioŋ^{335}	ioŋ^{213}	ioŋ^{24}	lau^{312}	tsau^{324}
53 东阳	kɔm^{453}	gɔm^{24}	ɕimɔ^{334}	iɔm^{334}	iɔm^{213}	iɔm^{24}	lou^{213}	tsou^{334}
54 永康	tɕioŋ^{55}	dzioŋ^{241}	ɕioŋ^{55}	ioŋ^{334}	ioŋ^{22}	ioŋ^{241}	lu^{113}	tsu^{334}
55 武义	koŋ^{445}	goŋ^{231}	ɕioŋ^{24}	ioŋ^{445}	ioŋ^{324}	ioŋ^{231}	lɔ^{213}	tsɔʔ^{5}
56 磐安	kɔom^{445}	gɔom^{14}	ɕiɔom^{445}	iɔom^{334}	iɔom^{213}	iɔom^{14}	lʌo^{213}	tsʌo^{334}
57 缙云	kɔ̃ũ^{44}	dziɔ^{213}	ɕiɔ^{44}	iɔ̃ũ^{44}	iɔ̃ũ^{243}	iɔ^{213}	lɔ^{13}	tsɔ^{322}
58 衢州	koŋ^{32}	goŋ^{231}	ʃyoŋ^{32}	yoŋ^{35}	yoŋ^{21}	yoŋ^{231}	lɘʔ^{12}	tsɘʔ^{5}
59 衢江	kəŋ^{33}	gəŋ^{231}	ɕyoŋ^{33}	yoŋ^{53}调殊	yoŋ^{212}	yoŋ^{231}	lɘʔ^{2}	tsɘʔ^{5}
60 龙游	koŋ^{334}	goŋ^{231}	ɕioŋ^{334}	（无）	ioŋ^{21}	ioŋ^{231}	lɔʔ^{23}	tsɔʔ^{4}
61 江山	koŋ^{44}	goŋ^{31}	xioŋ^{44}	ioŋ^{44}调殊	ioŋ^{213}	ioŋ^{31}	lɐʔ^{2}白 loʔ^{2}文	tsoʔ^{5}
62 常山	koŋ^{44}	goŋ^{341}	ɕioŋ^{44}~恶 ɕyɔ̃^{44}~依	ioŋ^{324}	ioŋ^{341}	ioŋ^{324}	liʌʔ^{34}	tsɤʔ^{5}
63 开化	kɤŋ^{44}	gɤŋ^{213}	ɕioŋ^{44}	ioŋ^{44}调殊	ioŋ^{231}	ioŋ^{213}	lioʔ^{13}	tsɔʔ^{5}
64 丽水	koŋ^{224}	dziɔŋ^{131}白 gɔŋ^{131}文	ɕioŋ^{224}	ioŋ^{224}	ioŋ^{22}	ioŋ^{131}	lioʔ^{23}	tɕioʔ^{5}
65 青田	koŋ^{445}	dzio^{22}	ɕio^{445}	io^{445}	io^{21}	io^{22}	lioʔ^{31}	tɕioʔ^{42}
66 云和	tɕioŋ^{24}白 koŋ^{24}文	dziɔ̃^{223}白 gɔŋ^{223}文	ɕiɔ̃^{24}	iɔ̃^{45}调殊	iɔ̃^{312}	iɔ̃^{223}	lioʔ^{23}	tɕioʔ^{5}
67 松阳	kəŋ^{53}	dzioŋ^{22}白 gəŋ^{13}文	ɕioŋ^{53}	ioŋ^{53}	ioŋ^{31}	ioŋ^{13}	lioʔ^{2}	tɕioʔ^{5}
68 宣平	kəŋ^{324}	dziɔ̃^{231}白 gəŋ^{231}文	ɕiɔ̃^{324}	iɔ̃^{324}	iɔ̃^{433}	iɔ̃^{231}	lyəʔ^{23}	tɕyəʔ^{5}

续表

方言点	0985 恭	0986 共	0987 凶 吉~	0988 拥	0989 容	0990 用	0991 绿	0992 足
	通合三平钟见	通合三去钟群	通合三平钟晓	通合三上钟影	通合三平钟以	通合三去钟以	通合三入烛来	通合三入烛精
69 遂昌	kəŋ⁴⁵	dzioŋ²¹³白 goŋ²¹³文	ɕioŋ⁴⁵	ioŋ⁴⁵	ioŋ²²¹	ioŋ²¹³	liɔʔ²³	tɕiɔʔ⁵
70 龙泉	tɕioŋ⁴³⁴旧 kəŋ⁴³⁴今	dzioŋ²²⁴旧 goŋ²²⁴今	ɕioŋ⁴³⁴	ioŋ⁴⁵调殊	ioŋ²¹	ioŋ²²⁴	liouʔ²⁴	tɕiouʔ⁵
71 景宁	kəŋ³²⁴	dzioŋ¹¹³白 goŋ¹¹³文	ɕioŋ³²⁴	ioŋ³⁵调殊	ioŋ⁴¹	ioŋ¹¹³	lioʔ²³	tɕioʔ⁵
72 庆元	koŋ³³⁵	tɕiɔ̃³¹	ɕiɔ̃³³⁵	iɔ̃³³⁵	iɔ̃⁵²	iɔ̃³¹	lioʔ³⁴	tɕioʔ⁵ ～球
73 泰顺	koŋ²¹³	tɕiɔ̃²²	ɕiɔ̃²¹³	ioŋ²¹³	ioŋ⁵³	iɔ̃²²	lioʔ²	tɕioʔ⁵
74 温州	koŋ³³	dʑyɔ²²	ɕyɔ³³	ioŋ²⁵	ioŋ³¹	yɔ²²	lo²¹²	tɕio³²³
75 永嘉	koŋ⁴⁴	dʑyɔ²²	ɕyɔ⁴⁴	ioŋ⁴⁵	ioŋ³¹	yɔ²²	lo²¹³	tɕyo⁴²³
76 乐清	tɕiɔ⁴⁴	dʑiɔ²²	ɕiɔ⁴⁴	ioŋ³⁵	ioŋ³¹	iɔ²²	lo²¹²	tɕio³²³
77 瑞安	koŋ⁴⁴	dʑyo²²	ɕyo⁴⁴	ioŋ³⁵	ioŋ³¹	yo²²	lu²¹²	tɕyo³²³
78 平阳	koŋ⁵⁵	dʒuo³³	ʃuo⁵⁵	ioŋ⁵⁵	ioŋ²⁴²	yo³³	luo¹²	tʃuo³⁴
79 文成	koŋ⁵⁵	dʒuo⁴²⁴	ʃuo⁵⁵	ioŋ⁵⁵	ioŋ¹¹³	yo⁴²⁴	luo²¹²	tʃo³⁴
80 苍南	koŋ⁴⁴	dʑyɔ¹¹	ɕyɔ⁴⁴	ioŋ⁴⁴调殊	ioŋ³¹	yɔ¹¹	lyɔ¹¹²	tɕyɔ²²³
81 建德徽	koŋ⁵³	tsʰoŋ⁵⁵白 koŋ²¹³文	soŋ⁵³	ioŋ⁵⁵～护	ioŋ³³	ioŋ⁵⁵	leʔ¹²	tɕyɐʔ⁵
82 寿昌徽	kɔŋ¹¹²	kəŋ²⁴一～	ɕioŋ¹¹²	ioŋ¹¹²	ioŋ¹¹²文	ioŋ³³	lɔʔ³¹	tsɔʔ³
83 淳安徽	kon²⁴	tsʰon⁵³白 kʰon⁵³文	son²⁴	ion⁵⁵	ion⁴³⁵	ion⁵³	laʔ¹³	tsoʔ⁵
84 遂安徽	kəŋ⁵³⁴	kʰəŋ⁵²	ɕioŋ⁵³⁴	ioŋ⁵³⁴	ləŋ³³	ləŋ⁵²	lu²¹³	tsu²⁴
85 苍南闽	kaŋ⁴³文	kiaŋ³²	hiaŋ⁵⁵	iaŋ⁵⁵	iaŋ²⁴	in²¹	lie²⁴	tɕiɔ⁴³
86 泰顺闽	kiəŋ²¹³	kiəŋ³¹	ɕiəŋ²¹³	iəŋ²¹³	iəŋ²²	iəŋ³¹	løi³¹	tɕiɔʔ⁵
87 洞头闽	kioŋ³³	kioŋ²¹	hioŋ³³	ioŋ⁵³	ioŋ¹¹³	ieŋ²¹	liek²⁴	tɕiɔk⁵
88 景宁畲	koŋ⁴⁴	koŋ⁵¹	xyn⁵¹	(无)	ioŋ²²	(无)	lioʔ²	tɕioʔ⁵

方言点	0993 烛	0994 赎	0995 属	0996 褥	0997 曲 ~折,歌~	0998 局	0999 玉	1000 浴
	通合三入烛章	通合三入烛船	通合三入烛禅	通合三入烛日	通合三入烛溪	通合三入烛群	通合三入烛疑	通合三入烛以
01 杭州	tsoʔ⁵	zoʔ²	zoʔ²	zoʔ²	tɕʰyɛʔ⁵	dʑyɛʔ²	n̠ioʔ²	yɛʔ²
02 嘉兴	tsoʔ⁵	zoʔ¹³	zoʔ¹³	n̠ioʔ⁵	tɕʰyeʔ⁵	dʑioʔ¹³	n̠ioʔ⁵	yeʔ⁵
03 嘉善	tsuoʔ⁵	zuoʔ²	zuoʔ²	n̠ioʔ⁵	tɕʰyøʔ⁵	dʑyøʔ²	n̠ioʔ⁵	yøʔ²
04 平湖	tsoʔ⁵	zoʔ²³	zoʔ²³	n̠yoʔ²³	tɕʰyoʔ²³	dʑyoʔ²³	n̠yoʔ²³	yoʔ²³
05 海盐	tsɔʔ⁵	zɔʔ²³	zɔʔ²³	zɔʔ²³	tɕʰyɔʔ²³	dʑyɔʔ²³	n̠yɔʔ²³	yɔʔ²³
06 海宁	tsoʔ⁵	zoʔ²	zoʔ²	n̠ioʔ⁵	tɕʰioʔ⁵	dʑioʔ²	n̠ioʔ²	ioʔ²
07 桐乡	tsɔʔ⁵	zɔʔ²³	zɔʔ²³	n̠iɔʔ⁵	tɕʰiɔʔ⁵	dʑiɔʔ²	n̠iɔʔ²³	iɔʔ²
08 崇德	tsɔʔ⁵	zɔʔ²³	zɔʔ²³	n̠iɔʔ⁵	tɕʰiɔʔ⁵	dʑiɔʔ²	n̠iɔʔ²³	iɔʔ²
09 湖州	tsuoʔ²	zuoʔ²	zuoʔ²	n̠ioʔ²	tɕʰioʔ²	dʑioʔ²	n̠ioʔ²	ioʔ²
10 德清	tsuoʔ⁵	zuoʔ²	zuoʔ²	zuoʔ²	tɕʰioʔ⁵	dʑioʔ²	n̠ioʔ²	ioʔ²
11 武康	tsuoʔ⁵	zuoʔ²	zuoʔ²	n̠ioʔ²	tɕʰioʔ⁵	dʑioʔ²	n̠ioʔ²	ioʔ²
12 安吉	tsoʔ⁵	zoʔ²³	zoʔ²³	zoʔ²³	tɕʰɣəʔ⁵	dʑyɣəʔ²³	n̠ɣəʔ²³	ɣəʔ²³
13 孝丰	tsuoʔ⁵	zuoʔ²³	zuoʔ²³	zuoʔ²³	tɕʰioʔ⁵	dʑioʔ²	n̠ioʔ²³	ioʔ²³
14 长兴	tsoʔ⁵	zoʔ²	zoʔ²	n̠ioʔ²	tʃʰioʔ⁵	dʒioʔ²	n̠ioʔ²	ioʔ²
15 余杭	tsoʔ⁵	zoʔ²	zoʔ²	n̠ioʔ⁵	tɕʰioʔ⁵	dʑioʔ²	ioʔ²	ioʔ²
16 临安	tsuɔʔ⁵⁴	zuɔʔ¹²	zuɔʔ¹²	zuɔʔ¹²	tɕʰyɔʔ⁵⁴	dʑyɔʔ¹²	n̠yɔʔ¹²	yɔʔ¹²
17 昌化	tsuəʔ⁵	zuəʔ²³	zuəʔ²	（无）	tɕʰyɛʔ⁵	dʑyɛʔ²³	n̠yɛʔ²³	yɛʔ²³
18 於潜	tsuəʔ⁵³	zuɐʔ²³	zuɐʔ²³	lu²⁴	tɕʰyeʔ⁵³	dʑyæʔ²³	n̠yæʔ²³	yæʔ²³
19 萧山	tɕyoʔ⁵	yoʔ¹³	zoʔ¹³	（无）	tɕʰyoʔ⁵	dʑyoʔ¹³	n̠yoʔ¹³	yoʔ¹³
20 富阳	tɕyoʔ⁵	zoʔ²	zyoʔ²	（无）	tɕʰyoʔ⁵	dʑyoʔ²	yoʔ²	yoʔ²
21 新登	tsɔʔ⁵	zɔʔ²	zɔʔ²	（无）	tɕʰyɛʔ⁵	dʑyɛʔ²	yɛʔ²	yɛʔ²
22 桐庐	tɕyəʔ⁵	zyəʔ¹³	zyəʔ¹³	（无）	tɕʰyəʔ⁵	dʑyəʔ¹³	yəʔ¹³	yəʔ¹³
23 分水	tsaʔ⁵	zuʔ¹²	zaʔ¹²	zaʔ¹²	tɕʰiaʔ⁵	dʑiaʔ¹²	iaʔ¹²	iaʔ¹²
24 绍兴	tsoʔ⁵	zoʔ²	zoʔ²	zoʔ²	tɕʰioʔ⁵	dʑioʔ²	n̠ioʔ²	ioʔ²
25 上虞	tsoʔ⁵	zoʔ²	zoʔ²	dzoʔ²	tɕʰyoʔ⁵	dʑyoʔ²	n̠yoʔ²	n̠yoʔ²

续表

方言点	0993 烛 通合三 入烛章	0994 赎 通合三 入烛船	0995 属 通合三 入烛禅	0996 褥 通合三 入烛日	0997 曲 ~折,歌~ 通合三 入烛溪	0998 局 通合三 入烛群	0999 玉 通合三 入烛疑	1000 浴 通合三 入烛以
26 嵊州	tsoʔ^5	zoʔ^2	zoʔ^2	（无）	tɕʰyoʔ^5	dʑyoʔ^2	ȵyoʔ^2	yoʔ^2
27 新昌	tsɤʔ^5	zɤʔ^2	zɤʔ^2	（无）	tɕʰyʔ^5	dʑyʔ^2	ȵyʔ^2	yʔ^2
28 诸暨	tsoʔ^5	zoʔ^{13}	zoʔ^{13}	（无）	tɕʰioʔ^5	dʑioʔ^{13}	nioʔ^{13}	ioʔ^{13}
29 慈溪	tsoʔ^5	zoʔ^2	zoʔ^2	zoʔ^2	tɕʰyəʔ^5	dʑyəʔ^2	ȵyoʔ^2	ȵyoʔ^2 白 yoʔ^2 文
30 余姚	tsoʔ^5	zoʔ^2	zoʔ^2	zoʔ^2	tɕʰyoʔ^5	dʑyoʔ^2	ȵyoʔ^2	yoʔ^2
31 宁波	tsoʔ^5	dzoʔ^2	dzoʔ^2	dzoʔ^2	tɕʰyəʔ^5	dʑyəʔ^2	ȵyəʔ^2	ȵyəʔ^2 白 yəʔ^2 文
32 镇海	tsoʔ^5	zoʔ^{12}	dzoʔ^{12}	（无）	tɕʰyoʔ^5	dʑyoʔ^{12}	ȵyoʔ^{12}	yoʔ^{12}
33 奉化	tsoʔ^5 音殊	dzoʔ^2	dzoʔ^2 家~	zoʔ^2	tɕʰyoʔ^5	dʑyoʔ^2	ȵyoʔ^2	yoʔ^2
34 宁海	tɕioʔ^5	zioʔ^3	zioʔ^3	zioʔ^3	kʰyəʔ^5	gyəʔ^5	ȵioʔ^3	yeʔ^3
35 象山	tɕyoʔ^5	zoʔ^2	zoʔ^2	ȵyoʔ^2	tɕʰyoʔ^5	dʑyoʔ^2	ȵyoʔ^2	ȵyoʔ^2
36 普陀	tsoʔ^5	zoʔ^{23}	zoʔ^{23}	zoʔ^{23}	tɕʰyoʔ^5	dʑyoʔ^{23}	ȵyoʔ^{23}	yoʔ^{23}
37 定海	tsoʔ^5	zoʔ^2	zoʔ^2	zoʔ^2 ~疮	tɕʰyoʔ^5	dʑyoʔ^2	ȵyoʔ^2	ȵyoʔ^2 白 yoʔ^2 文
38 岱山	tsoʔ^5	dzoʔ^2	dzoʔ^2	zoʔ^2 ~疮	tɕʰyoʔ^5	dʑyoʔ^2	ȵyoʔ^2	ȵyoʔ^2 白 yoʔ^2 文
39 嵊泗	tsoʔ^5	zoʔ^2	zoʔ^2	zoʔ^2	tɕʰyoʔ^5	dʑyoʔ^2	ȵyoʔ^2	yoʔ^2
40 临海	tɕyoʔ^5	zyoʔ^{23}	zyoʔ^{23}	zyoʔ^{23}	tɕʰyoʔ^5 又 kʰyoʔ^5 又	dʑyoʔ^{23} 又 gyoʔ^{23} 又	ȵyoʔ^{23}	yoʔ^{23}
41 椒江	tsoʔ^5	zoʔ^2	zoʔ^2	ȵyoʔ^2	tɕʰyoʔ^5	dʑyoʔ^2	ȵyoʔ^2	yoʔ^2
42 黄岩	tsoʔ^5	zoʔ^2	zoʔ^2	ȵyoʔ^2	tɕʰyoʔ^5	dʑyoʔ^2	ȵyoʔ^2	yeʔ^2
43 温岭	tɕyoʔ^5	zyoʔ^2	zyoʔ^2	ȵyoʔ^2	tɕʰyoʔ^5	dʑyoʔ^2	ȵyoʔ^2	yoʔ^2
44 仙居	tɕyɔʔ^5	zyɔʔ^{23}	zyɔʔ^{23}	（无）	tɕʰyəʔ^5	dʑyɔʔ^{23}	ȵyɔʔ^{23}	yɔʔ^{23}
45 天台	tɕyuʔ^5	zyuʔ^2	zyuʔ^2	zyuʔ^2 面~ zyuʔ^2 被~	kʰyuʔ^5	gyuʔ^2	ȵyuʔ^2	yuʔ^2
46 三门	tɕioʔ^5	zioʔ^{23}	zioʔ^{23}	noʔ^{23}	kʰyəʔ^5	gyəʔ^{23}	ȵioʔ^{23}	yəʔ^{23}

续表

方言点	0993 烛 通合三 入烛章	0994 赎 通合三 入烛船	0995 属 通合三 入烛禅	0996 褥 通合三 入烛日	0997 曲 ~折,歌~ 通合三 入烛溪	0998 局 通合三 入烛群	0999 玉 通合三 入烛疑	1000 浴 通合三 入烛以
47 玉环	tɕyoʔ⁵	zyoʔ²	ʑyoʔ²	n̪yoʔ²	tɕʰyoʔ⁵	dzyoʔ²	n̪yoʔ²	yoʔ²
48 金华	tɕioʔ⁴	zoʔ²¹²	ʑioʔ²¹²白 zoʔ²¹²文	(无)	tɕʰyəʔ⁴	dʑioʔ²¹²	n̪ioʔ²¹²	ioʔ²¹²
49 汤溪	tɕiou⁵⁵	ziou¹¹³	ʑiou¹¹³	(无)	tɕʰiou⁵⁵	dʑiou¹¹³	n̪iou¹¹³	iou¹¹³
50 兰溪	tɕyʏʔ³⁴	zuəʔ¹²	ʑyʏʔ¹²	(无)	tɕʰyʏʔ³⁴	dʑyʏʔ¹²	n̪yʏʔ¹²	iəʔ¹²
51 浦江	tɕyɯ⁴²³	(无)	ʑyɯ²³²	(无)	tɕʰyɯ⁴²³	dʑyɯ²³²	n̪yɯ²³²	yɯ²³²
52 义乌	tsau³²⁴	zau³¹²	zau³¹²白 zoʔ³¹²文	(无)	tɕʰiau³²⁴	dʑiau³¹²	n̪iau³¹²	au³¹²白 iau³¹²文
53 东阳	tɕiou³³⁴	zou²¹³	zou²¹³	(无)	tɕʰiou³³⁴	dʑiou²¹³	n̪iou²¹³	iou²¹³
54 永康	tsu³³⁴	zu¹¹³	zu¹¹³	n̪iu¹¹³ ~子	tɕʰiu³³⁴	dʑiu¹¹³	n̪iu¹¹³	iu¹¹³
55 武义	tsoʔ⁵	zɔ²¹³	zɔ²¹³	(无)	tɕʰiɔʔ⁵	dʑiɔ²¹³	n̪iɔ²¹³	iɔ²¹³
56 磐安	tɕiʌo³³⁴	zʌo²¹³	zʌo²¹³	(无)	tɕʰiʌo³³⁴	dʑiʌo²¹³	n̪iʌo²¹³	iʌo²¹³
57 缙云	tsɔ³²²	zɔ¹³	zɔ¹³	(无)	tɕʰiɔ³²²	dʑiɔ¹³	n̪iɔ¹³	iɔ¹³
58 衢州	tʃyəʔ⁵	ʒyəʔ¹²	ʒyəʔ¹²	(无)	tʃʰyəʔ⁵	dʒyəʔ¹²	n̪yəʔ¹²	yəʔ¹²
59 衢江	tɕyəʔ⁵	(无)	ʑyəʔ²	(无)	tɕʰyəʔ⁵	dʑyəʔ²	n̪yəʔ²	yəʔ²
60 龙游	tsɔʔ⁴	zɔʔ²³	zɔʔ²³	n̪iɔʔ²³	tɕʰyəʔ⁴	dʑyəʔ²³	n̪iɔʔ²³	iɔʔ²³
61 江山	tɕiɒʔ⁵	dziɒʔ²白 zoʔ²文	ʑioʔ²	ʑioʔ²	kʰɐʔ⁵歌~ kʰioʔ⁵~折	gioʔ²	n̪ioʔ²	ioʔ²
62 常山	tsʌʔ⁵	zʏʔ³⁴	zʏʔ³⁴	zʏʔ³⁴	tɕʰyʌʔ⁵	dʑyʌʔ³⁴	n̪yʌʔ³⁴	yʌʔ³⁴
63 开化	tɕyaʔ⁵	zɔʔ¹³	ʑyoʔ¹³	(无)	tɕʰyaʔ⁵	dʑyaʔ¹³	n̪yoʔ¹³	yoʔ¹³
64 丽水	tɕioʔ⁵	zioʔ²³	zioʔ²³	n̪ioʔ²³	tɕʰyɛʔ⁵	dʑioʔ²³	n̪ioʔ²³	ioʔ²³
65 青田	tɕioʔ⁴²	ioʔ³¹	ioʔ³¹	(无)	tɕʰioʔ⁴²	dʑioʔ³¹	n̪ioʔ³¹	ioʔ³¹
66 云和	tɕioʔ⁵	zioʔ²³	zioʔ²³	n̪ioʔ²³	tɕʰioʔ⁵	dʑioʔ²³	n̪ioʔ²³	ioʔ²³
67 松阳	tɕioʔ⁵	zioʔ²	zioʔ²	(无)	tɕʰioʔ⁵	dʑioʔ²	n̪ioʔ²	ioʔ²
68 宣平	tɕyəʔ⁵	zyəʔ²³	zyəʔ²³	n̪yəʔ²³	tɕʰyəʔ⁵	dʑyəʔ²³	n̪yəʔ²³	yəʔ²³

续表

方言点	0993 烛 通合三 入烛章	0994 赎 通合三 入烛船	0995 属 通合三 入烛禅	0996 褥 通合三 入烛日	0997 曲 ~折,歌~ 通合三 入烛溪	0998 局 通合三 入烛群	0999 玉 通合三 入烛疑	1000 浴 通合三 入烛以
69 遂昌	tɕiɔʔ^5	ziɔʔ^{23}	ziɔʔ^{23}	ȵiɔʔ^{23}	tɕʰiɔʔ^5 歌~ tɕʰyɛʔ^5 ~折	dʑiɔʔ^{23}	ȵiɔʔ^{23}	iuʔ^{23}
70 龙泉	tɕiou^5	ziouʔ^{24}	ziouʔ^{24}	ȵiouʔ^{24}	tɕʰiouʔ^5	dʑiouʔ^{24}	ȵiouʔ^{24}	iouʔ^{24}
71 景宁	tɕiɔʔ^5	ziɔʔ^{23}	ziɔʔ^{23}	（无）	tɕʰiɔʔ^5	dʑiɔʔ^{23}	ȵiɔʔ^{23}	oʔ^{23}
72 庆元	tɕiɔʔ^5	ɕiɔʔ^{34}	ɕiɔʔ^{34}	（无）	tɕʰiɔʔ^5	tɕiɔʔ^{34}	ȵiɔʔ^{34}	iɔʔ^{34}
73 泰顺	tɕiɔʔ^5	ɕiɔʔ^2	ɕiɔʔ^2	ɕieuʔ^2	tɕʰiɔʔ^5	tɕiɔʔ^2	ȵiɔʔ^2	iɔʔ^2
74 温州	tɕiɔ^{323}	iɔ^{212}	dziɔ^{212}	iɣu^{212}	tɕʰiɔ^{323}	dziɔ^{212}	ȵiɔ^{212}	iɔ^{212}
75 永嘉	tɕyo^{423}	yo^{213}	yo^{213}	iəu^{213}	tɕʰyo^{423}	dʑyo^{213}	ȵyo^{213}	yo^{213}
76 乐清	tɕiɔ^{323}	zo^{212}	zo^{212}	zu^{212}	tɕʰiɔ^{323}	dziɔ^{212}	ȵiɔ^{212}	iɔ^{212}
77 瑞安	tɕyo^{323}	yo^{212}	yo^{212}	zou^{212}	tɕʰyo^{323}	dʑyo^{212}	ȵyo^{212}	yo^{212}
78 平阳	tʃuo^{34}	yo^{12}	dʒuo^{12}	zu^{12}	tʃʰuo^{34}	dʒuo^{12}	ȵyo^{12}	yo^{12}
79 文成	tʃo^{34}	so^{34}	zo^{212}	zou^{212}	tʃʰo^{34}	dʒo^{212}	ȵiɔ^{212}	iɔ^{212}
80 苍南	tɕyɔ^{223}	dzyɔ^{112}	dzyɔ^{112}	zu^{112}	tɕʰyɔ^{223}	dzyɔ^{112}	ȵyɔ^{112}	yɔ^{112}
81 建德徽	tɕyɐʔ^5	ɕyɐʔ^{12}	ɕyɐʔ^{12}	yɐʔ^{12}	tɕʰyɐʔ^5	tɕyɐʔ^{12}	yɐʔ^{12}	yɐʔ^{12}
82 寿昌徽	tɕiɔʔ^3	ɕiɔʔ^{31}	ɕiɔʔ^{31}	（无）	tɕʰyɔʔ^3	tɕyɔʔ^{31}	ȵiɔʔ^{31}	iɔʔ^{31}
83 淳安徽	tsoʔ^5	saʔ^{13}	saʔ^{13}	（无）	tɕʰyɔʔ^5	tsʰɑʔ^{13}	iɑʔ^{13}	iɑʔ^{13}
84 遂安徽	tsu^{24}	su^{213}	su^{213}	lu^{213}	tɕʰy^{24}	tsʰu^{213}	lu^{213}	lu^{213}
85 苍南闽	tɕie^{43}	ɕiɔ^{24}	ɕiɔ^{24}	（无）	kʰiɔ^{43}	kiɔ^{24}	gie^{24}白 iɔ^{24}文	ie^{24}
86 泰顺闽	tsøi^{53}	sø^3	ɕiɔ^3	niiʔ^3	kʰɒ^3	kiɒʔ^3	niɒʔ^3	yɪ^5
87 洞头闽	tɕiek^5	（无）	ɕiɔk^{24}	（无）	kʰiɔk^5	kiɔk^{24}	giek^{24}白 giɔk^{24}文	iek^{24}
88 景宁畲	tsoʔ^5	ɕiɔʔ^2	ɕiɔʔ^2	（无）	tɕʰiɔʔ^5	kiɔʔ^2 ~长 tɕiɔ^{325}布~	ȵiɔʔ^2	iɔʔ^2

参考文献

鲍士杰 1998 《杭州方言词典》,江苏教育出版社。

北京大学中国语言文学系语言学教研室 1995 《汉语方言词汇》(第二版),
　　语文出版社。

北京大学中国语言文学系语言学教研室 1989 《汉语方音字汇》(第二版),
　　文字改革出版社。

蔡　嵘 1999 浙江乐清方言音系,《方言》第 4 期。

蔡　嵘 2003 吴语瓯江片乐清方言古今韵母比较,《中国语学研究 开篇》第
　　22 期。

蔡　嵘 2004 吴语瓯江片乐清方言古今声母比较,《中国语学研究 开篇》第
　　23 期。

蔡　嵘 2005 瓯语乐清方言两字组连读变调,《温州师范学院学报》第
　　2 期。

蔡　嵘 2006 浙江乐清方言音系再探,《温州师范学院学报》第 3 期。

曹志耘 1990 金华汤溪方言帮母端母的读音,《方言》第 1 期。

曹志耘 1993 金华汤溪方言词汇(一),《方言》第 1 期。

曹志耘 1993 金华汤溪方言词汇(二),《方言》第 2 期。

曹志耘 1996 《金华方言词典》,江苏教育出版社。

曹志耘 1996 金华汤溪方言的体,载《中国东南部方言比较研究丛书第二
　　辑——动词的体》,张双庆主编,香港中文大学中国文化研究所吴多泰
　　中国语文研究中心出版。

曹志耘 2001 南部吴语的小称,《语言研究》第 3 期。

曹志耘 2001　金华汤溪方言的"得"，《语言研究》第 2 期。

曹志耘 2001　南部吴语的小称，《语言研究》第 3 期。

曹志耘 2002　《南部吴语语音研究》，商务印书馆。

曹志耘 2011　吴语汤溪方言合变式小称调的功能，《中国语文》第 4 期。

曹志耘 2014　《汤溪方言民俗图典》，语文出版社。

曹志耘 2015　中国语言资源保护工程的定位、目标与和任务，《语言文字应用》第 4 期。

曹志耘 2017　《徽语严州方言研究》，北京语言大学出版社。

曹志耘 2017　跨越鸿沟——寻找语保最有效的方式，《语言文字应用》第 2 期。

曹志耘 2017　关于语保工程和语保工作的几个问题，《语言战略研究》第 4 期。

曹志耘、秋谷裕幸主编 2016　《吴语婺州方言研究》，商务印书馆。

曹志耘、秋谷裕幸、太田斋、赵日新 2000　《吴语处衢方言研究》，［日本］好文出版社。

昌化镇志编纂委员会 2010　《昌化镇志》，方志出版社。

常山县志编纂委员会 1990　《常山县志》，浙江人民出版社。

陈忠敏 2011　论吴语海盐话古全浊上声字声母，载《语言研究集刊》第八辑，上海辞书出版社。

陈忠敏、张梅静 2015　论海盐方言的声调，载《中国方言学报》第五期，商务印书馆。

淳安县志编纂委员会 1990　《淳安县志》，汉语大词典出版社。

大溪镇志编委会编 2007　《大溪镇志》，中国文史出版社。

东阳市地方志编委会 1993　《东阳市志》，汉语大辞典出版社。

方松熹 2002　《舟山方言》，中国文联出版社。

傅根清 2001　从景宁畲话古全浊声母的今读看畲话的性质，《中国语文》第 3 期。

傅国通 2010　《方言丛稿》，中华书局。

傅国通、郑张尚芳等 1986　吴语的分区(稿)，《方言》第 1 期。

傅国通、郑张尚芳总编 2015　《浙江省语言志》,浙江人民出版社。

海盐县志编纂委员会 2011　《海盐县志》(再版本),浙江人民出版社。

杭州市上城区地方志编纂委员会 2015　《杭州市上城区志》,方志出版社。

胡明扬 1992　《海盐方言志》,浙江人民出版社。

黄岩志编纂委员会编 2002　《黄岩志》,中华书局。

黄晓东 2004　浙江安吉县官话方言岛研究,北京语言大学博士学位论文。

建德县志编纂委员会 1986　《建德县志》,浙江人民出版社。

椒江年鉴编纂委员会 2019　《椒江年鉴 2019》,中华书局。

教育部语言文字信息管理司、中国语言资源保护研究中心 2015　《中国语言资源调查手册·汉语方言》,商务印书馆。

教育部语言文字信息管理司、中国语言资源保护研究中心 2017　《中国语言资源保护工程文件汇编》,商务印书馆。

景宁畲族自治县志编委会 1995　《景宁畲族自治县志》,浙江人民出版社。

江山市志编纂委员会 1990　《江山市志》,浙江人民出版社。

开化县地方志编纂委员会 2010　开化县志,方志出版社。

雷艳萍 2011　浙江畲话的变调式方位短语,《汉语学习》第 4 期。

李　荣 1966　温岭方言语音分析,《中国语文》第 1 期。

李　荣 1978　温岭方言的变音,《中国语文》第 2 期。

李　荣 1979　温岭方言的连读变调,《方言》第 1 期。

李　荣 1992　温岭方言的轻声,《方言》第 1 期。

李珍华、周长楫 1999　《汉字古今音表》(修订版),中华书局。

临海县志编纂委员会 1989　《临海县志》,浙江人民出版社。

林美春 2018　《泰顺乡土音乐》,内刊。

凌金祚主编 2006　《康熙定海县志》,舟山市档案局馆。

柳城镇志编纂办公室 1989　《武义柳城镇志》,浙江人民出版社。

倪有章 2015　《德清方言词典》,中国华侨出版社。

倪有章 2015　《武康方言词典》,中国华侨出版社。

浦江县县志编纂委员会 1990　《浦江县志》,浙江人民出版社。

普陀年鉴编纂委员会 2014　《普陀年鉴 2007—2011》,中国文史出版社。

普陀县志编纂委员会 1991 《普陀县志》,浙江人民出版社。

钱宏主编 2006 《中国越剧大典》,浙江文艺出版社,浙江文艺音像出版社。

青田县志编纂委员会 1990 《青田县志》,浙江人民出版社。

庆元县志编纂委员会 1996 《庆元县志》,浙江人民出版社。

秋谷裕幸 2001 《吴语江山广丰方言研究》,(日本)爱媛大学法文学部综合政策学科。

秋谷裕幸 2005 《浙南的闽东区方言》,中央研究院语言学研究所。

阮咏梅 2013 《温岭方言研究》,中国社会科学出版社。

三门县志编纂委员会 1992 《三门县志》,浙江人民出版社。

嵊泗县地方志编纂委员会 2016 《嵊泗年鉴》,中国言实出版社。

嵊泗县史志办公室 1989 《嵊泗县志》,浙江人民出版社。

盛益民、李旭平 2018 《富阳方言研究》,复旦大学出版社。

松阳志编纂委员会 1996 《松阳志县》,浙江人民出版社。

遂昌县志编纂委员会 1996 《遂昌县志》,浙江人民出版社。

泰顺县民间文艺家协会 2012 《泰顺谚语》,内刊。

泰顺县志编纂委员会 1998 《泰顺县志》,浙江人民出版社。

汤珍珠、陈忠敏、吴新贤 2003 《宁波方言词典》,江苏教育出版社。

天台县地方志编纂委员会 2007 《天台县志》,方志出版社。

王福堂 2015 《绍兴方言研究》,语文出版社。

王洪钟 2019 《浙江方言资源典藏·衢州》,浙江大学出版社。

王文胜 2008 《处州方言的地理语言学研究》,中国社会科学出版社。

王文胜 2012 《吴语处州方言的地理比较》,浙江大学出版社。

王文胜 2015 《吴语处州方言的历史比较》,中国社会科学出版社。

温端政 1991 《苍南方言志》,语文出版社。

温岭县志编纂委员会 1992 《温岭县志》,浙江人民出版社。

仙居县志编纂委员会 1987 《仙居县志》,浙江人民出版社。

夏　吟 2012《黄岩方言汇编》,中国文联出版社。

肖　萍 2011 《余姚方言志》,浙江大学出版社。

肖　萍、汪阳杰 2019 《浙江方言资源典藏·宁波》,浙江大学出版社。

肖　　萍、郑晓芳 2014　《鄞州方言研究》,浙江大学出版社。

新昌县志编纂委员会 1994　《新昌县志》,上海书店。

徐　　波 2004　《舟山方言与东海文化》,中国社会科学出版社。

徐　　波 2009　《浙江海洋渔俗文化称名考察》,海洋出版社。

徐　　波 2019　《浙江方言资源典藏·定海》,浙江大学出版社。

徐天送、徐关元 2013　《永康话与永康方言》,浙江工商大学出版社。

徐　　越 2002　《吴语嘉善方言研究》,黄山书社。

徐　　越 2007　《浙北杭嘉湖方言语音研究》,中国社会科学出版社。

徐　　越 2007　浙北杭嘉湖方言中的小称音,《杭州师范学院学报》第 5 期。

徐　　越 2013　《杭州方言与宋室南迁》,杭州出版社。

徐　　越 2015　《钱塘江方言》,杭州出版社。

徐　　越 2016　《浙江吴音研究》,浙江大学出版社。

徐　　越、周汪融 2019　《浙江方言资源典藏》,浙江大学出版社。

颜逸明 1992　《吴语概说》,华东师范大学出版社

颜逸明 2000　《浙南瓯语》,华东师范大学出版社。

姚若丰、鲁　　滨 2009　《海宁方言志》,浙江人民出版社。

游汝杰、杨乾明 1998　《温州方言词典》,江苏教育出版社。

义乌市志编纂委员会编 2011　《义乌市志》,上海人民出版社。

俞光中 1988　嘉兴方言同音字汇,《方言》第 3 期。

张　　洁 1997　萧山方言同音字汇,《方言》第 2 期。

赵普义 2013　《江山方言》,中国文史出版社。

赵日新 2005　徽语的特点和分区,《方言》第 3 期。

赵元任 1956　《现代吴语的研究》,科学出版社。

赵则玲、郑张尚芳 2002　浙江景宁畲话的语音特点,《民族语文》第 6 期。

浙江省民政厅编 2020　《浙江省标准地名词典》(第一卷),浙江人民出版社。

浙江省玉环县编史修志委员会 1994　《玉环县志》,汉语大词典出版社。

浙江通志编纂委员会 2017　《浙江通志·方言志》,浙江大学出版社。

浙江温岭方志办 1997　《太平县古志三种》,中华书局。

郑张尚芳 1964　温州音系,《中国语文》第 1 期。

郑张尚芳 1964　温州方言的连读变调,《中国语文》第 2 期。

郑张尚芳 2008　《温州方言志》,中华书局。

中国社会科学院语言研究所、中国社会科学院民族学与人类学研究所、香港城市大学语言资讯科学研究中心编 2012　《中国语言地图集》(第 2 版),商务印书馆。

周祖谟 2004　《广韵》校本,中华书局。

附录一　发音人、调查点及调查人信息一览表

01 杭州

发音合作人信息表

调查点	发音角色	姓名	性别	出生年月	文化程度	职业
杭州	方言老男	周杰人	男	1957 年 8 月	初中	保安
	方言老女	盖教英	女	1955 年 4 月	初中	职工
	方言青男、口头文化	谢浩宇	男	1984 年 3 月	本科	基层干部
	方言青女	丁姝妮	女	1987 年 9 月	本科	教师

调查点及调查人信息表

调查点	杭州
调查人	王文胜，雷艳萍，陈瑜，沈敏佳
协助调查者	郑文裕
调查设备	SAMSON C03U，SONY FDR-AX30
调查时间	2015 年 7 月 18 日—2015 年 8 月 7 日
调查地点	杭州市上城区（枝头巷）教育学院

02 嘉兴

发音合作人信息表

调查点	发音角色	姓名	性别	出生年月	文化程度	职业
嘉兴	方言老男、口头文化	黄永春	男	1951 年 10 月	初中	职工
	方言老女、口头文化	许瑞芬	女	1951 年 7 月	初中	职工
	方言青男	张宁宇	男	1986 年 8 月	本科	基层干部
	方言青女	史怡雯	女	1989 年 11 月	本科	职工

调查点及调查人信息表

调查点	嘉兴
调查人	孙宜志,程平姬,马欣欣,刘斌,仲莉莉
协助调查者	熊国红
调查设备	SAMSON C03U
调查时间	2015 年 8 月 15 日—2015 年 12 月 16 日
调查地点	嘉兴市万信酒店

03 嘉善

发音合作人信息表

调查点	发音角色	姓名	性别	出生年月	文化程度	职业
嘉善	方言老男	郎国帆	男	1964 年 9 月	初中	职员
	方言老女	王彩英	女	1954 年 4 月	初中	职员
	方言青男	郎佳俊	男	1991 年 9 月	本科	职员
	方言青女	陈洁	女	1987 年 6 月	本科	职员
	口头文化	钟爱文	女	1954 年 8 月	大专	职工
	口头文化	徐越	女	1963 年 4 月	研究生	教师
	口头文化	孟雅琴	女	1969 年 4 月	本科	教师

调查点及调查人信息表

调查点	嘉善
调查人	徐越，周汪融，葛果
协助调查者	钱贺成
调查设备	SAMSON C03U，SONY FDR-Ax30，LOGITECH C930E
调查时间	2019 年 6 月 13 日—2019 年 7 月 10 日
调查地点	嘉善县档案馆

04 平湖

发音合作人信息表

调查点	发音角色	姓名	性别	出生年月	文化程度	职业
平湖	方言老男、口头文化	龚国铭	男	1951 年 12 月	大专	教师
	方言青男	于晨哲	男	1986 年 3 月	本科	基层干部
	方言老女	金其英	女	1959 年 9 月	高中	职工
	方言青女、口头文化	马旻斐	女	1990 年 11 月	本科	基层干部
	口头文化	黄萌萌	女	1997 年 5 月	本科	学生
	口头文化	邵婷婷	女	1980 年 2 月	本科	教师

调查点及调查人信息表

调查点	平湖
调查人	张薇，黄晓东
协助调查者	陆忠民，曹嘉伟
调查设备	SAMSON C03N，SAMSON C03N 内置声卡，SONY HDR-CX700E
调查时间	2017 年 8 月 10 日—2017 年 8 月 25 日
调查地点	平湖市实验小学

05 海盐

发音合作人信息表

调查点	发音角色	姓名	性别	出生年月	文化程度	职业
海盐	方言老男、口头文化	王国翼	男	1952 年 1 月	大专	教师
	方言青男	朱垸熠	男	1992 年 12 月	本科	基层干部
	方言老女、口头文化	张圣英	女	1951 年 1 月	初中	职工
	方言青女	富小燕	女	1980 年 7 月	本科	基层干部
	口头文化	沈永康	男	1944 年 11 月	中师	教师
	口头文化	徐玉英	女	1954 年 1 月	小学	农民

调查点及调查人信息表

调查点	海盐
调查人	张薇，黄晓东
协助调查者	叶惠玉，汤雪民
调查设备	SAMSON C03N，SAMSON C03N 内置声卡，SONY HDR-CX700E
调查时间	2016 年 7 月 1 日—2016 年 7 月 30 日
调查地点	海盐高级中学

06 海宁

发音合作人信息表

调查点	发音角色	姓名	性别	出生年月	文化程度	职业
海宁	方言老男、口头文化	徐伟平	男	1953 年 7 月	初中	职工
	方言老女、口头文化	陈韵超	女	1962 年 10 月	高中	职工
	方言青男	陈贤彪	男	1984 年 5 月	研究生	教师
	方言青女	汤虹	女	1984 年 2 月	本科	职工
	口头文化	夏忠杰	男	1959 年 10 月	中师	基层干部

调查点及调查人信息表

调查点	海宁
调查人	徐越,周汪融,葛果
协助调查者	倪有章,刘琛哲
调查设备	SAMSON C03U,Sony FDR-Ax30,LOGITECH C930E
调查时间	2018 年 6 月 20 日—2018 年 7 月 10 日
调查地点	海宁文苑小学

07 桐乡

发音合作人信息表

调查点	发音角色	姓名	性别	出生年月	文化程度	职业
桐乡	方言老男	姚文洲	男	1955 年 10 月	高中	文艺工作者
	方言青男	倪一震	男	1984 年 7 月	本科	基层干部
	方言老女、口头文化	张幸华	女	1955 年 12 月	初中	基层干部
	方言青女	钱家欢	女	1992 年 3 月	本科	教师
	口头文化	席丽萍	女	1957 年 10 月	高中	文艺工作者

调查点及调查人信息表

调查点	桐乡
调查人	张薇,黄晓东
协助调查者	丁钰芬
调查设备	SAMSON C03N,SAMSON C03N 内置声卡,SONY HDR-CX700E
调查时间	2018 年 7 月 24 日—2018 年 8 月 12 日
调查地点	桐乡市教育局

08 崇德

发音合作人信息表

调查点	发音角色	姓名	性别	出生年月	文化程度	职业
崇德	方言老男	杜秋熊	男	1950 年 9 月	大专	职工
	方言青男	吴昊	男	1981 年 3 月	本科	基层干部
	方言老女	蔡淑敏	女	1961 年 6 月	高中	职工
	方言青女	娄蕴芝	女	1988 年 8 月	大专	旅游工作者
	口头文化	徐建人	男	1958 年 2 月	大专	基层干部
	口头文化	胡金林	男	1957 年 12 月	大专	基层干部

调查点及调查人信息表

调查点	崇德
调查人	张薇,黄晓东
协助调查者	丁钰芬,李彦杰
调查设备	SAMSON C03N,SAMSON C03N 内置声卡,SONY HDR-CX700E
调查时间	2019 年 8 月 7 日—2019 年 8 月 25 日
调查地点	桐乡市崇德小学语溪校区

09 湖州

发音合作人信息表

调查点	发音角色	姓名	性别	出生年月	文化程度	职业
湖州	方言老男	冯伟民	男	1955 年 12 月	高中	职工
	方言老女	蕲宜萍	女	1958 年 4 月	研究生	教师
	方言青男	魏霈侃	男	1985 年 2 月	研究生	基层干部
	方言青女	高佳薇	女	1989 年 12 月	本科	教师
	口头文化	崔少俊	男	1982 年 12 月	本科	教师

调查点及调查人信息表

调查点	湖州
调查人	徐越,周汪融,葛果
协助调查者	董萍
调查设备	SAMSON C03U,Sony FDR-Ax30,LOGITECH C930E
调查时间	2018 年 7 月 10 日—2018 年 7 月 29 日
调查地点	湖州市高级中学

10 德清

发音合作人信息表

调查点	发音角色	姓名	性别	出生年月	文化程度	职业
德清	方言老男	余敏强	男	1961 年 10 月	高中	职工
	方言老女	潘自英	女	1962 年 4 月	高中	职工
	方言青男	钱程新	男	1987 年 1 月	本科	职工
	方言青女	朱桓瑾	女	1986 年 12 月	本科	职工
	口头文化	唐小英	男	1950 年 6 月	小学	职工

调查点及调查人信息表

调查点	德清
调查人	徐越,周汪融,葛果
协助调查者	倪有章,刘琛哲
调查设备	SAMSON C03U,SONY FDR-Ax30,LOGITECH C930E
调查时间	2018 年 7 月 24 日—2018 年 8 月 10 日
调查地点	德清县第四中学

11 武康

发音合作人信息表

调查点	发音角色	姓名	性别	出生年月	文化程度	职业
武康	方言老男	凌志国	男	1958 年 7 月	高中	职工
	方言老女	王法娣	女	1962 年 6 月	高中	职工
	方言青男	李列伟	男	1991 年 2 月	大专	工商业者
	方言青女	杨洁	女	1990 年 9 月	大专	职工
	口头文化	余洁	男	1977 年 3 月	小学	职工
	口头文化	王红琴	女	1965 年 3 月	初中	职工

调查点及调查人信息表

调查点	武康
调查人	徐越,周汪融,葛果
协助调查者	倪有章,刘琛哲
调查设备	SAMSON C03U,SONY FDR-AX30,LOGITECH C930E
调查时间	2019 年 7 月 20 日—2018 年 8 月 10 日
调查地点	德清县第二中学

12 安吉

发音合作人信息表

调查点	发音角色	姓名	性别	出生年月	文化程度	职业
安吉	方言老男、口头文化	章云天	男	1948 年 4 月	小学	农民
	方言老女、口头文化	章美莉	女	1955 年 3 月	初中	农民
	方言青男、口头文化	吴章伟	男	1983 年 2 月	本科	教师
	方言青女、口头文化	张丹妮	女	1986 年 6 月	本科	教师
	口头文化	杨芳芳	女	1959 年 8 月	中专	农民

调查点及调查人信息表

调查点	安吉
调查人	叶晗,赵翠阳,赵春阳,王杰于
协助调查者	杨芳芳
调查设备	SAMSON C03U,SONY HDR-PJ670
调查时间	2015 年 7 月 27 日—2015 年 8 月 28 日
调查地点	安吉县递铺社区

13 孝丰

发音合作人信息表

调查点	发音角色	姓名	性别	出生年月	文化程度	职业
孝丰	方言老男、口头文化	刘勤	男	1951 年 9 月	大专	教师
	方言老女	马小菊	女	1963 年 5 月	高中	基层干部
	方言青男	查金良	男	1986 年 6 月	本科	基层干部
	方言青女、口头文化	朱云	女	1983 年 8 月	本科	护士
	口头文化	戴彩艳	女	1979 年 9 月	本科	基层干部

调查点及调查人信息表

调查点	孝丰
调查人	叶晗,赵翠阳,赵春阳,郑新悦,周哲楠
协助调查者	张博
调查设备	SAMSON C03U,摄录一体机,LOGITECH 920
调查时间	2018 年 7 月 27 日—2018 年 8 月 14 日
调查地点	安吉县孝丰镇孝景酒店

14 长兴

发音合作人信息表

调查点	发音角色	姓名	性别	出生年月	文化程度	职业
长兴	方言老男、口头文化	乔纪良	男	1950 年 3 月	大专	职工
	方言老女	肖慧勤	女	1955 年 12 月	初中	基层干部
	方言青男	李晟	男	1991 年 12 月	大专	职工
	方言青女、口头文化	舒悦	女	1982 年 2 月	本科	教师
	口头文化	王兵	男	1937 年 2 月	中专	基层干部
	口头文化	江语萧	女	2009 年 10 月	小学	学生
	口头文化	吴印哲	男	2009 年 12 月	小学	学生
	口头文化	吴利勇	男	1977 年 9 月	大专	工商业者
	口头文化	周建丽	女	1981 年 9 月	本科	教师
	口头文化	李荣祥	男	1950 年 11 月	高中	工商业者
	口头文化	窦新红	女	1955 年 9 月	初中	职工

调查点及调查人信息表

调查点	长兴
调查人	叶晗,赵翠阳,赵春阳,王杰于,郑新跃
协助调查者	钱锋
调查设备	SAMSON C03U,摄录一体机,LOGITECH 920
调查时间	2016 年 7 月 10 日—2016 年 7 月 31 日
调查地点	长兴县皇冠假日大酒店

15 余杭

发音合作人信息表

调查点	发音角色	姓名	性别	出生年月	文化程度	职业
余杭	方言老男、口头文化	叶天法	男	1952 年 8 月	小学	职工
	方言老女	姚和玉	女	1959 年 12 月	中专	职工
	方言青男、口头文化	金良瓶	男	1983 年 1 月	高中	职工
	方言青女	郎良燕	女	1985 年 1 月	本科	职工

调查点及调查人信息表

调查点	余杭
调查人	徐越,王晨欣,沈敏佳
协助调查者	余杭区教育局相关人员
调查设备	SAMSON C03U,SONY FDR-AX30,LOGITECH C930E
调查时间	2016 年 8 月 2 日—2016 年 8 月 30 日
调查地点	纸笔调查地点:浙江省余杭区崇福山居
	摄录地点:杭州文澜未来科技学校

16 临安

发音合作人信息表

调查点	发音角色	姓名	性别	出生年月	文化程度	职业
临安	方言老男	王炳南	男	1958 年 9 月	高中	职工
	方言老女	马丽娟	女	1956 年 1 月	小学	农民
	方言青男	章杭	男	1988 年 10 月	大专	职工
	方言青女	章立	女	1988 年 8 月	本科	职工
	口头文化	黄金森	男	1948 年 1 月	小学	职工

调查点及调查人信息表

调查点	临安
调查人	徐越,周汪融,葛果
协助调查者	方以苏
调查设备	SAMSON C03U,SONY FDR-AX30,LOGITECH C930E
调查时间	2017 年 8 月 10 日—2017 年 8 月 28 日
调查地点	临安电视台

17 昌化

发音合作人信息表

调查点	发音角色	姓名	性别	出生年月	文化程度	职业
昌化	方言老男、口头文化	张南云	男	1961 年 3 月	高中	基层干部
	方言老女	吴丽娜	女	1961 年 10 月	初中	农民
	方言青男、口头文化	吴陈焘	男	1991 年 5 月	专科	基层干部
	方言青女、口头文化	邱冰鑫	女	1988 年 7 月	本科	职工
	口头文化	翁三芳	女	1975 年 7 月	高中	工商业者
	口头文化	公仲木	男	1956 年 9 月	高中	农民
	口头文化	郑惠仙	女	1965 年 9 月	小学	工商业者
	口头文化	姚亚平	男	1959 年 10 月	小学	农民

调查点及调查人信息表

调查点	昌化
调查人	赵翠阳,赵春阳,欧阳艳华,何培文
协助调查者	唐礼平,卢丽亚
调查设备	SAMSON C03U,摄录一体机,LOGITECH 920
调查时间	2019 年 7 月 19 日—2019 年 8 月 6 日
调查地点	杭州市临安区昌化镇华悦松泉酒店

18 於潜

发音合作人信息表

调查点	发音角色	姓名	性别	出生年月	文化程度	职业
於潜	方言老男、口头文化	潘敏	男	1956 年 7 月	初中	职工
	方言老女、口头文化	汪雪姣	女	1961 年 3 月	初中	农民
	方言青男	叶锋	男	1981 年 12 月	中专	基层干部
	方言青女、口头文化	应思帆	女	1994 年 1 月	专科	工商业者
	口头文化	何雅芬	女	1968 年 8 月	初中	自由职业者

调查点及调查人信息表

调查点	於潜
调查人	程永艳,胡云晚,谢珊,胡徐梁,陈雨欣
协助调查者	唐礼平,卢露,叶萍
调查设备	SAMSON C03U,摄录一体机,LOGITECH 920
调查时间	2019 年 7 月 15 日—2019 年 8 月 31 日
调查地点	杭州市临安区於潜镇彩丽商务酒店

19 萧山

发音合作人信息表

调查点	发音角色	姓名	性别	出生年月	文化程度	职业
萧山	方言老男	吴怀德	男	1960 年 4 月	初中	职工
	方言老女	赵庆林	女	1956 年 8 月	初中	职工
	方言青男	邱超峰	男	1992 年 1 月	本科	工程师
	方言青女	严淑娜	女	1984 年 10 月	本科	基层干部
	口头文化	邱超峰	男	1992 年 1 月	本科	工程师
	口头文化	吴怀德	男	1960 年 4 月	初中	职工

调查点及调查人信息表

调查点	萧山
调查人	孙宜志，林丹丹，何月
协助调查者	钱国灿
调查设备	SAMSON C03U
调查时间	2018 年 7 月 15 日—2018 年 7 月 30 日
调查地点	浙江省杭州市萧山区广播电视台

20 富阳

发音合作人信息表

调查点	发音角色	姓名	性别	出生年月	文化程度	职业
富阳	方言老男	唐正元	男	1959 年 4 月	小学	自由职业者
	方言老女	倪华安	女	1958 年 7 月	初中	工商业者
	方言青男	章捷	男	1984 年 11 月	本科	职工
	方言青女	孙丽琦	女	1984 年 10 月	本科	教师
	口头文化	江幽松	男	1950 年 9 月	高中	职工
	口头文化	蒋金乐	男	1962 年 6 月	大专	自由职业者

调查点及调查人信息表

调查点	富阳
调查人	吴众，程永艳，徐思越，孟桐羽，周哲楠，陈慧琳
协助调查者	杭州市富阳区教育局，徐晖，杭州市富阳广播电视台
调查设备	SAMSON C03U，SONY FDR-AX30，LOGITECH C930E
调查时间	2018 年 7 月 12 日—2018 年 7 月 28 日
调查地点	杭州市富阳电视台

21 新登

发音合作人信息表

调查点	发音角色	姓名	性别	出生年月	文化程度	职业
新登	方言老男	吴新人	男	1955 年 10 月	高中	基层干部
	方言老女	陈银娟	女	1955 年 1 月	小学	裁缝
	方言青男	林建新	男	1985 年 6 月	本科	基层干部
	方言青女	陈堃	女	1985 年 7 月	本科	教师
	口头文化	陈银娟	女	1955 年 1 月	小学	裁缝
	口头文化	罗雁	女	1989 年 4 月	本科	教师
	口头文化	陈堃	女	1985 年 7 月	本科	教师
	口头文化	楼雨文	男	1955 年 1 月	初中	农民

调查点及调查人信息表

调查点	新登
调查人	吴众,徐思越,殷倩雯,李玥萱,程晓雨
协助调查者	富阳教育局徐晖,新登镇中心小学杨丽华,松溪小学
调查设备	SAMSON C03U,SONY FDR-AX30,LOGITECH C930E
调查时间	2019 年 7 月 3 日—2019 年 7 月 27 日
调查地点	松溪小学

22 桐庐

发音合作人信息表

调查点	发音角色	姓名	性别	出生年月	文化程度	职业
桐庐	方言老男	林胜华	男	1956 年 12 月	高中	职工
	方言老女	金超英	女	1959 年 8 月	初中	职工
	方言青男	孙余伟	男	1990 年 12 月	本科	基层干部
	方言青女	向杭玥	女	1987 年 8 月	大专	基层干部
	口头文化	林胜华	男	1956 年 12 月	高中	职工
	口头文化	金超英	女	1959 年 8 月	初中	职工

调查点及调查人信息表

调查点	桐庐
调查人	孙宜志,程平姬,林丹丹
协助调查者	潘胜君,何彩珍,华斌
调查设备	SAMSON C03U
调查时间	2017 年 07 月 10 日—2017 年 07 月 25 日
调查地点	浙江省桐庐县桐庐杭州传媒高级中学

23 分水

发音合作人信息表

调查点	发音角色	姓名	性别	出生年月	文化程度	职业
分水	方言老男	邱水明	男	1954 年 6 月	高中	职工
	方言老女	刘春美	女	1955 年 3 月	文盲	无
	方言青男	吴志华	男	1988 年 5 月	初中	职工
	方言青女	江亚芬	女	1983 年 9 月	初中	无
	口头文化	何明珠	女	1964 年 2 月	初中	工商业者
	口头文化	刘春美	女	1955 年 3 月	文盲	无

调查点及调查人信息表

调查点	分水
调查人	许巧枝,施伟伟,徐梦菲,谢娇娇,魏振国
协助调查者	潘胜君
调查设备	SAMSON C03U,SONY FDR-AX45
调查时间	2018 年 7 月 20 日—2018 年 8 月 6 日
调查地点	桐庐分水高级中学

24 绍兴

发音合作人信息表

调查点	发音角色	姓名	性别	出生年月	文化程度	职业
绍兴	方言老男	杨永祥	男	1952 年 7 月	初中	职工
	方言老女、口头文化	董之洁	女	1954 年 4 月	高中	财会人员
	方言青男	魏昉昊	男	1989 年 9 月	大专	自由职业者
	方言青女	金晶	女	1984 年 4 月	本科	护士
	口头文化	宋小青	女	1945 年 3 月	初中	文艺工作者
	口头文化	陆纪生	男	1944 年 11 月	中专	医生
	口头文化	韦菊儿	女	1949 年 11 月	初中	职工
	口头文化	郭耀灿	男	1951 年 6 月	初中	销售员

调查点及调查人信息表

调查点	绍兴
调查人	施俊
协助调查者	张芳芽
调查设备	SAMSON C03U，SONY HDR-PJ670
调查时间	2015 年 7 月 20 日—2015 年 8 月 24 日
调查地点	绍兴市绍兴文理学院人文学院会议室，绍兴市绍兴文理学院附中语音室

25 上虞

发音合作人信息表

调查点	发音角色	姓名	性别	出生年月	文化程度	职业
上虞	方言老男	俞夫根	男	1956 年 4 月	高中	基层干部
	方言青男	张辰	男	1988 年 8 月	本科	基层干部
	方言青女	杭玉枫	女	1988 年 6 月	大专	教师
	方言老女、口头文化	朱丽娟	女	1959 年 1 月	高中	职工

调查点及调查人信息表

调查点	上虞
调查人	肖萍,汪阳杰,宋李佳
协助调查者	谢琼,董洪根
调查设备	SAMSON C03U,SONY EX280
调查时间	2018 年 5 月 31 日—2018 年 7 月 24 日
调查地点	绍兴市上虞区百官街道,绍兴市上虞区体育馆

26 嵊州

发音合作人信息表

调查点	发音角色	姓名	性别	出生年月	文化程度	职业
嵊州	方言老男、口头文化	钱樟明	男	1958 年 6 月	初中	自由职业者
	方言老女	虞和亚	女	1962 年 5 月	高中	职工
	方言青男	胡科铭	男	1984 年 10 月	本科	基层干部
	方言青女	袁璐	女	1986 年 4 月	本科	工商业者
	口头文化	沈初耀	男	1948 年 8 月	中专	职工
	口头文化	贝仲林	男	1955 年 6 月	大专	统计员
	口头文化	丁娟兰	女	1956 年 4 月	高中	自由职业者

调查点及调查人信息表

调查点	嵊州
调查人	施俊
协助调查者	求佳莉,丁胜
调查设备	SAMSON C03U,SONY HDR-PJ670
调查时间	2016 年 6 月 26 日—2016 年 7 月 24 日
调查地点	嵊州市教育局办公室,嵊州市城南小学语音室

27 新昌

发音合作人信息表

调查点	发音角色	姓名	性别	出生年月	文化程度	职业
新昌	方言老男	俞魁忠	男	1955 年 9 月	初中	职工
	方言老女	陈金妹	女	1954 年 10 月	中专	护士
	方言青男	石程超	男	1991 年 5 月	大专	职工
	方言青女	黄伟伟	女	1984 年 11 月	大专	职工
	口头文化	王莺	女	1971 年 10 月	大专	文艺工作者
	口头文化	张婷芳	女	1995 年 11 月	大专	文艺工作者
	口头文化	何玉燕	女	1953 年 8 月	初中	职工
	口头文化	陈金妹	女	1954 年 10 月	中专	护士

调查点及调查人信息表

调查点	新昌
调查人	施俊
协助调查者	陈钢,梁杉杉
调查设备	SAMSON C03U,SONY HDR-PJ670
调查时间	2017 年 6 月 26 日—2017 年 7 月 17 日
调查地点	绍兴市新昌县锦江之星酒店,绍兴市新昌县实验中学录播室

28 诸暨

发音合作人信息表

调查点	发音角色	姓名	性别	出生年月	文化程度	职业
诸暨	方言老男	朱雷	男	1952 年 6 月	初中	职工
	方言老女	章苗芳	女	1960 年 4 月	初中	职工
	方言青男	蒋咏凯	男	1981 年 9 月	本科	基层干部
	方言青女	应红叶	女	1982 年 9 月	中专	职工
	口头文化	朱雷	男	1952 年 6 月	初中	职工
	口头文化	蒋咏凯	男	1981 年 9 月	本科	基层干部
	口头文化	应红叶	女	1982 年 9 月	中专	职工

调查点及调查人信息表

调查点	诸暨
调查人	孙宜志,程平姬,仲莉莉,林丹丹,程康平
协助调查者	虞颖洁
调查设备	SAMSON CO3U
调查时间	2016 年 7 月 11 日—2016 年 8 月 12 日
调查地点	诸暨市锦江之星酒店大桥路店

29 慈溪

发音合作人信息表

调查点	发音角色	姓名	性别	出生年月	文化程度	职业
慈溪	方言老男	叶爱银	男	1946 年 8 月	初中	基层干部
	方言老女	陈美仙	女	1949 年 7 月	初中	基层干部
	方言青男	蒋熠	男	1979 年 10 月	本科	基层干部
	方言青女、口头文化	罗许云	女	1978 年 3 月	大专	单证员

调查点及调查人信息表

调查点	慈溪
调查人	肖萍,骆柔嘉,李俊杰,肖介汉
协助调查者	马拉吉,任央君
调查设备	SAMSON C03U,SONY PMW-EX160
调查时间	2017 年 5 月 25 日—2017 年 6 月 28 日
调查地点	慈溪市教育局

30 余姚

发音合作人信息表

调查点	发音角色	姓名	性别	出生年月	文化程度	职业
余姚	方言老男	周凤朝	男	1955 年 10 月	大专	基层干部
	方言老女	翁小谦	女	1950 年 11 月	初中	基层干部
	方言青男	朱梁	男	1986 年 10 月	本科	基层干部
	方言青女	张洁	女	1979 年 6 月	大专	旅游工作者
	口头文化	鲁桂花	女	1952 年 10 月	初中	职工

调查点及调查人信息表

调查点	余姚
调查人	王洪钟,马玉佩,张细呈,朱瑾丽,肖介汉
协助调查者	马再英,陈燕娟
调查设备	SAMSON C03U,SONY HDR-PJ670
调查时间	2015 年 8 月 1 日—2015 年 8 月 15 日
调查地点	余姚市阳明街道新城市社区,宁波市宁波大学

31 宁波

发音合作人信息表

调查点	发音角色	姓名	性别	出生年月	文化程度	职业
宁波	方言老男	方芝萍	男	1954 年 3 月	大专	职工
	方言老女	沈良敏	女	1948 年 5 月	小学	农民
	方言青男	邵国强	男	1982 年 6 月	大专	职工
	方言青女	汪鸿	女	1983 年 1 月	本科	基层干部
	口头文化	林国芳	男	1960 年 12 月	初中	职工
	口头文化	张根娣	女	1951 年 11 月	大专	教师

调查点及调查人信息表

调查点	宁波
调查人	肖萍,马玉佩,朱瑾丽,张细呈,肖介汉
协助调查者	蒋和法,曾吉女,胡尧龙
调查设备	SAMSON C03U,SONY HDR-PJ670
调查时间	2016 年 4 月 24 日—2016 年 5 月 24 日
调查地点	宁波市海曙区,宁波市宁波大学

32 镇海

发音合作人信息表

调查点	发音角色	姓名	性别	出生年月	文化程度	职业
镇海	方言老男	竺联民	男	1957 年 6 月	高中	工商业者
	方言老女、口头文化	张兆进	女	1959 年 9 月	中师	教师
	方言青男	俞凌	男	1991 年 8 月	大专	电工
	方言青女	郑佳	女	1985 年 12 月	本科	基层干部
	口头文化	周惠蒙	男	1946 年 4 月	初中	人民调解员
	口头文化	周培元	男	1949 年 1 月	初中	职工
	口头文化	秦家声	男	1944 年 5 月	中专	财会人员

调查点及调查人信息表

调查点	镇海
调查人	肖萍,沈子洋,汪阳杰
协助调查者	沈家裕
调查设备	SAMSON C03U,SONY HVR-V1C
调查时间	2019 年 8 月 19 日—2019 年 8 月 26 日
调查地点	宁波市镇海应行久外语实验学校

33 奉化

发音合作人信息表

调查点	发音角色	姓名	性别	出生年月	文化程度	职业
奉化	方言老男	陈撷平	男	1955 年 3 月	初中	职工
	方言老女	张伏意	女	1954 年 4 月	中专	教师
	方言青男	陆立峰	男	1986 年 1 月	大专	销售员
	方言青女	舒芬	女	1988 年 8 月	本科	教师
	口头文化	徐恩琴	女	1967 年 12 月	大专	陪审员

调查点及调查人信息表

调查点	奉化
调查人	肖萍,汪阳杰,骆柔嘉
协助调查者	顾文斌
调查设备	SAMSON C03U,SONY EXIR
调查时间	2018 年 5 月 14 日—2018 年 8 月 20 日
调查地点	宁波市奉化区教育局九楼会议室

34 宁海

发音合作人信息表

调查点	发音角色	姓名	性别	出生年月	文化程度	职业
宁海	方言老男	丁良荣	男	1952 年 11 月	初中	职工
	方言老女	裘春绵	女	1961 年 5 月	初中	职工
	方言青男	胡挺	男	1985 年 10 月	高中	驾校教练
	方言青女	袁柳静	女	1981 年 8 月	本科	教师
	口头文化	陈一兵	男	1962 年 12 月	大专	工程师

调查点及调查人信息表

调查点	宁海跃龙街道
调查人	肖萍,宋李佳,王舰,李俊杰
协助调查者	黄晓莹,魏超辉
调查设备	SAMSON C03U,SONY 280
调查时间	2017 年 2 月 13 日—2017 年 6 月 29 日
调查地点	宁波市宁海县教育局

35 象山

发音合作人信息表

调查点	发音角色	姓名	性别	出生年月	文化程度	职业
象山	方言老男	蒋明杨	男	1963 年 10 月	大专	基层干部
	方言老女	费素琴	女	1956 年 7 月	中专	医生
	方言青男	沈欣增	男	1990 年 12 月	本科	职工
	方言青女	费越	女	1993 年 1 月	本科	教师
	口头文化	倪赛娟	女	1946 年 6 月	小学	职工

调查点及调查人信息表

调查点	象山
调查人	肖萍,汪阳杰
协助调查者	鲍瑞燕
调查设备	SAMSON C03U,SONY X280
调查时间	2019 年 6 月 3 日—2019 年 7 月 20 日
调查地点	宁波市象山县教育局

36 普陀

发音合作人信息表

调查点	发音角色	姓名	性别	出生年月	文化程度	职业
普陀	方言老男、口头文化	周海儿	男	1958 年 11 月	高中	保安
	方言老女	周明珠	女	1959 年 5 月	初中	职工
	方言青男	李奇	男	1986 年 4 月	大专	职工
	方言青女	柳莺	女	1983 年 1 月	本科	教师
	口头文化	徐正泰	男	1948 年 11 月	高中	教师

调查点及调查人信息表

调查点	普陀
调查人	王文胜,周倩倩,王晨欣,李嘉玲
协助调查者	李雨纯
调查设备	SAMSON C03U；SONY FDR-Ax30；LOGITECH C930E
调查时间	2015 年 8 月 2 日—2015 年 8 月 17 日
调查地点	舟山市普陀区沈家门小学

37 定海

发音合作人信息表

调查点	发音角色	姓名	性别	出生年月	文化程度	职业
定海	方言老男	刘汉龙	男	1956 年 10 月	初中	职工
	方言老女	沈鱼熊	女	1950 年 10 月	初中	职工
	方言青男	林宏磊	男	1983 年 10 月	本科	工商业者
	方言青女	张晶晶	女	1983 年 6 月	本科	教师
	口头文化	孙瑞珍	女	1947 年 12 月	初中	职工
	口头文化	毕文	女	1968 年 11 月	本科	教师
	口头文化	赵翔	男	1973 年 6 月	大专	基层干部
	口头文化	冯岳平	女	1958 年 4 月	高中	面点师

调查点及调查人信息表

调查点	定海
调查人	徐波,任文轩,李枚,沈栋,聂子怡
协助调查者	朱建军,李清秋
调查设备	SONY PMW-580K
调查时间	2016 年 5 月 31 日—2016 年 9 月 30 日
调查地点	舟山市民盟振华职业技术学校,浙江海洋大学

38 岱山

发音合作人信息表

调查点	发音角色	姓名	性别	出生年月	文化程度	职业
岱山	方言老男	徐国平	男	1956 年 8 月	中专	教师
	方言老女	周亚娣	女	1962 年 5 月	初中	自由职业者
	方言青男	邱梁	男	1988 年 12 月	本科	基层干部
	方言青女	刘缘	女	1987 年 6 月	本科	教师
	口头文化	张平球	男	1949 年 3 月	专科	文艺工作者
	口头文化	张亚珍	女	1953 年 11 月	初中	职工

调查点及调查人信息表

调查点	岱山
调查人	徐波,陈筱妁,俞海静,王天鸽,杨柯
协助调查者	徐伟波,邱宏方
调查设备	SONY PMW-580K
调查时间	2017 年 5 月 31 日—2017 年 9 月 30 日
调查地点	舟山市岱山县教育局,舟山市岱山县高亭中心小学微格教室

39 嵊泗

发音合作人信息表

调查点	发音角色	姓名	性别	出生年月	文化程度	职业
嵊泗	方言老男	邵金坤	男	1950 年 9 月	中专	基层干部
	方言老女	叶亚彬	女	1954 年 11 月	中师	教师
	方言青男	徐奇能	男	1985 年 11 月	本科	基层干部
	方言青女	谢燕	女	1989 年 8 月	本科	基层干部
	口头文化	洪国强	男	1946 年 3 月	初中	文艺工作者
	口头文化	沈利兵	男	1967 年 3 月	本科	基层干部
	口头文化	毛银来	男	1947 年 12 月	初中	基层干部
	口头文化	徐海梅	女	1906 年 3 月	中专	教师
	口头文化	黄佳优一	女	2010 年 7 月	小学	学生

调查点及调查人信息表

调查点	嵊泗
调查人	陈筱姁,徐波,任文轩,黄鑫,李晨阳
协助调查者	沈君霞
调查设备	SONY FDR AX100
调查时间	2018 年 5 月 24 日—2018 年 10 月 7 日
调查地点	舟山市嵊泗县初级中学,浙江海洋大学

40 临海

发音合作人信息表

调查点	发音角色	姓名	性别	出生年月	文化程度	职业
临海	方言老男、口头文化	沈建中	男	1956 年 7 月	中专	基层干部
	方言老女	张丽君	女	1953 年 6 月	初中	职工
	方言青男	谢华义	男	1985 年 12 月	本科	基层干部
	方言青女	江璟妮	女	1985 年 3 月	本科	教师
	口头文化	赵宏禄	男	1956 年 4 月	小学	律师
	口头文化	柯华富	男	1965 年 9 月	高中	教师

调查点及调查人信息表

调查点	临海
调查人	阮咏梅,丁薇
协助调查者	王天亚,贺俊燕,单仁慰,王万康,朱瑾丽,叶泽成,项小红,杨钰
调查设备	SAMSON C03U;SONY PXW-X160
调查时间	2017 年 6 月 18 日—2017 年 8 月 18 日
调查地点	台州市临海市回浦中学

41 椒江

发音合作人信息表

调查点	发音角色	姓名	性别	出生年月	文化程度	职业
椒江	方言老男	张鸣	男	1955 年 1 月	大专	基层干部
	方言老女、口头文化	洪文聪	女	1954 年 11 月	大专	基层干部
	方言青男	王勇	男	1980 年 11 月	高中	工商业者
	方言青女	於佳倩	女	1982 年 10 月	大学	职工
	口头文化	林锦红	女	1963 年 7 月	初中	职工
	口头文化	张华飞	女	1955 年 1 月	高中	文艺工作者
	口头文化	王振华	男	1956 年 3 月	高中	医生

调查点及调查人信息表

调查点	椒江
调查人	阮咏梅,王万康
协助调查者	王能,张建英,刘勇,阮永瑜
调查设备	SAMSON C03U,SONY AX2000,LOGITECH C930E
调查时间	2017 年 6 月 26 日—2017 年 7 月 23 日
调查地点	台州市椒江区第二职业技术学校

42 黄岩

发音合作人信息表

调查点	发音角色	姓名	性别	出生年月	文化	职业
黄岩	方言老男	董济忠	男	1955 年 7 月	初中	职工
	方言老女、口头文化	徐桂妹	女	1962 年 6 月	大专	职工
	方言青男	陈一樨	男	1993 年 9 月	本科	教师
	方言青女	牟晗嘉	女	1990 年 3 月	本科	教师
	口头文化	陈信义	男	1954 年 11 月	初中	文艺工作者
	口头文化	胡从德	女	1950 年 2 月	高中	文艺工作者
	口头文化	周姿含	女	2008 年 2 月	初中	学生
	口头文化	陈明达	男	1953 年 2 月	大专	职工

调查点及调查人信息表

调查点	黄岩
调查人	阮咏梅,钱燕群,吴腾飞,孙铭洺,喻志远
协助调查者	林斌,夏吟,王以贤,许守胜
调查设备	SAMSON C03U,LOGITECH C930E,CANON 5D4
调查时间	2019 年 7 月 30 日—8 月 9 日
调查地点	台州市黄岩实验小学,黄岩第一职技校

43 温岭

发音合作人信息表

调查点	发音角色	姓名	性别	出生年月	文化	职业
温岭	方言老男	王根土	男	1946 年 10 月	初中	记者
	方言老女	林香莲	女	1956 年 10 月	高中	基层干部
	方言青男	李靖	男	1978 年 1 月	本科	工商业者
	方言青女、口头文化	王霞	女	1986 年 7 月	大专	教师
	口头文化	金明才	男	1944 年 11 月	初中	文艺工作者

续　表

调查点	发音角色	姓名	性别	出生年月	文化	职业
温岭	口头文化	阮素琴	女	1971 年 3 月	高中	文艺工作者
	口头文化	应光远	男	1939 年 2 月	小学	文艺工作者
	口头文化	王云兵	男	1972 年 3 月	初中	工商业者
	口头文化	林晓春	男	1941 年 12 月	初中	文艺工作者

调查点及调查人信息表

调查点	温岭
调查人	阮咏梅,王万康
协助调查者	滕林华,金建辉,张俊杰,王敏杰,阮小春,阮法根,黄晓慧
调查设备	SAMSON C03U, SONY PMW-EX260（补录时用 SONY HDR-PJ670）
调查时间	2015 年 7 月 25 日—8 月 10 日
调查地点	台州市温岭市教育局;温岭市第三中学

44 仙居

发音合作人信息表

调查点	发音角色	姓名	性别	出生年月	文化程度	职业
仙居	方言老男、口头文化	张真弟	男	1956 年 9 月	初中	农民
	方言老女	王燕青	女	1955 年 10 月	中师	教师
	方言青男	王均吉	男	1987 年 11 月	大专	工商业者
	方言青女	赵璐雯	女	1990 年 10 月	本科	教师
	口头文化	吴建设	男	1967 年 2 月	大专	教师
	口头文化	王燕青	女	1955 年 10 月	中专	教师
	口头文化	吴云香	女	1936 年 4 月	文盲	农民

调查点及调查人信息表

调查点	仙居
调查人	黄晓东,张薇,罗璐霞,吴梦瑜,任令如
协助调查者	吴伟亚,朱晓勇
调查设备	SAMSON C03U,SAMSON C03U 内置声卡,SONY HDR-CX700E
调查时间	2019 年 7 月 1 日—2019 年 8 月 6 日
调查地点	仙居县第四小学

45 天台

发音合作人信息表

调查点	发音角色	姓名	性别	出生年月	文化程度	职业
天台	方言老男	袁相爱	男	1951 年 12 月	初中	驾驶员
	方言老女	陈美玲	女	1945 年 10 月	初中	职工
	方言青男	余波	男	1992 年 4 月	本科	基层干部
	方言青女	肖颖颖	女	1981 年 8 月	本科	教师
	口头文化	潘祖来	男	1948 年 10 月	初中	农民
	口头文化	张哲炎	男	1955 年 1 月	初中	农民
	口头文化	梅碧婷	女	1951 年 6 月	小学	职工
	口头文化	陈美玲	女	1945 年 10 月	初中	职工

调查点及调查人信息表

调查点	天台
调查人	肖萍,丁薇
协助调查者	王洪钟,王培红,王万康,朱瑾丽,许世琪
调查设备	SAMSON C03U,SONY PMW-EX260
调查时间	2016 年 1 月 15 日—2016 年 4 月 18 日
调查地点	天台县赤城中学

46 三门

发音合作人信息表

调查点	发音角色	姓名	性别	出生年月	文化程度	职业
三门	方言老男	郑志青	男	1960 年 1 月	高中	职工
	方言老女、口头文化	蒋智会	女	1962 年 2 月	初中	职工
	方言青男	郑寒文	男	1990 年 7 月	本科	教师
	方言青女、口头文化	林唯依	女	1984 年 11 月	本科	工商业者
	口头文化	施甜甜	女	2010 年 6 月	小学	学生
	口头文化	章思营	男	1956 年 2 月	高中	农民
	口头文化	章丹葳	女	1990 年 6 月	本科	教师
	口头文化	叶维虎	男	1946 年 1 月	小学	农民

调查点及调查人信息表

调查点	三门
调查人	叶晗,赵翠阳,何培文,黄依娜
协助调查者	丁赵明
调查设备	SAMSON C03U,摄录一体机,LOGITECH C920
调查时间	2019 年 8 月 17 日—2019 年 9 月 8 日
调查地点	三门县台湾卡特主题酒店

47 玉环

发音合作人信息表

调查点	发音角色	姓名	性别	出生年月	文化	职业
玉环	方言老男	张崇利	男	1953 年 10 月	高中	工程管理
	方言老女	胡玲俐	女	1958 年 1 月	大专	财会人员
	方言青男	董西强	男	1981 年 6 月	大专	职工
	方言青女	林璐	女	1987 年 6 月	本科	教师
	口头文化	鲍迪胜	男	1966 年 2 月	初中	文艺工作者
	口头文化	陆绍朗	男	1968 年 6 月	高中	主持人
	口头文化	陈帮强	男	1957 年 11 月	小学	农民

调查点及调查人信息表

调查点	玉环
调查人	阮咏梅,郑敏敏,钱燕群,吴腾飞
协助调查者	张伟斌,杨艳艳,庄飞娥
调查设备	SAMSON C03U,PANASONIC 3MOS;LOGITECH C930E
调查时间	2018 年 8 月 1 日—2018 年 8 月 16 日
调查地点	玉环市城关中心小学

48 金华

发音合作人信息表

调查点	发音角色	姓名	性别	出生年月	文化程度	职业
金华	方言老男	汪新潮	男	1949 年 5 月	高中	工商业者
	方言老女	金晚生	女	1948 年 12 月	高中	财会人员
	方言青男	姜谦	男	1984 年 7 月	本科	记者
	方言青女	陈嫒	女	1983 年 3 月	本科	教师
	口头文化	金晚生	女	1948 年 12 月	高中	财会人员
	口头文化	叶琳	男	1948 年 2 月	中专	技术员
	口头文化	傅海菊	女	1949 年 8 月	初中	职工

调查点及调查人信息表

调查点	金华
调查人	黄晓东,张薇,肖潇,吴露露,徐小甜
协助调查者	王洪钟,刘力坚
调查设备	SAMSON C03U,SAMSON C03U 内置声卡,SONY HDR-CX700E
调查时间	2015 年 5 月 1 日—2015 年 8 月 10 日
调查地点	金华市浙江师范大学

49 汤溪

发音合作人信息表

调查点	发音角色	姓名	性别	出生年月	文化程度	职业
汤溪	方言老男	魏雪清	男	1954 年 12 月	小学	工商业者
	方言老女	汪素云	女	1957 年 6 月	小学	职工
	方言青男	严俊阳	男	1994 年 3 月	高中	工商业者
	方言青女、口头文化	何莉丹	女	1984 年 7 月	本科	职工
	口头文化	魏雪清	男	1954 年 12 月	小学	工商业者
	口头文化	汪素云	女	1957 年 6 月	小学	职工
	口头文化	郑宗林	男	1944 年 3 月	初中	基层干部

调查点及调查人信息表

调查点	汤溪
调查人	宋六旬,奚佳佳,陈懿,李双宏,程朝
协助调查者	苏战辉,谢惠娟
调查设备	SAMSON C03U,SONY FDR-AX30,LOGITECH C930E
调查时间	2019 年 7 月 6 日—2019 年 7 月 22 日
调查地点	金华市汤溪小学

50 兰溪

发音合作人信息表

调查点	发音角色	姓名	性别	出生年月	文化程度	职业
兰溪	方言老男	王文荣	男	1952 年 12 月	初中	职工
	方言老女	唐筱薇	女	1957 年 6 月	高中	教师
	方言青男	金树	男	1986 年 5 月	本科	教师
	方言青女	陈晓瑶	女	1986 年 11 月	本科	教师
	口头文化	李关根	男	1948 年 4 月	小学	职工

调查点及调查人信息表

调查点	兰溪
调查人	吴众,陈艺雯
协助调查者	浙江省兰溪市教育局,浙江省兰溪市文化馆,毛俊寅,许峥
调查设备	SAMSON C03U;SONY FDR-AX30;LOGITECH C930E
调查时间	2017 年 7 月 30 日—2017 年 8 月 19 日
调查地点	兰溪市文化馆

51 浦江

发音合作人信息表

调查点	发音角色	姓名	性别	出生年月	文化程度	职业
浦江	方言老男	应平	男	1955 年 10 月	小学	农民
	方言老女	张灵仙	女	1956 年 10 月	初中	职工
	方言青男	洪建松	男	1980 年 10 月	高中	工商业者
	方言青女	张婷婷	女	1990 年 8 月	大专	教师
	口头文化	楼桂元	女	1956 年 11 月	小学	农民
	口头文化	方鼎晟	男	1935 年 11 月	高中	教师

调查点及调查人信息表

调查点	浦江
调查人	黄晓东,张薇,严彩云,肖潇,吴露露
协助调查者	傅江英
调查设备	SAMSON C03U,SAMSON C03U 内置声卡,SONY HDR-CX700E
调查时间	2016 年 6 月 11 日—2016 年 8 月 18 日
调查地点	金华市浦江县浦江第四中学

52 义乌

发音合作人信息表

调查点	发音角色	姓名	性别	出生年月	文化程度	职业
义乌	方言老男	陈雄文	男	1962 年 8 月	高中	自由职业者
	方言老女、口头文化	楼飞	女	1963 年 12 月	高中	职工
	方言青男	孟正昂	男	1987 年 2 月	大专	工商业者
	方言青女	陈晓倩	女	1990 年 10 月	本科	教师
	口头文化	陈碧瑛	女	1961 年 11 月	初中	自由职业者
	口头文化	贾来香	女	1947 年 7 月	文盲	文艺工作者
	口头文化	宋松芳	女	1975 年 1 月	大专	文艺工作者

调查点及调查人信息表

调查点	义乌
调查人	施俊
协助调查者	虞润尧，胡雨卉
调查设备	SAMSON C03U，SONY HDR-PJ670
调查时间	2018 年 7 月 12 日—2018 年 8 月 4 日
调查地点	义乌市绣湖小学

53 东阳

发音合作人信息表

调查点	发音角色	姓名	性别	出生年月	文化程度	职业
东阳	方言老男	蒋文星	男	1953 年 8 月	初中	农民
	方言老女	卢慧芳	女	1963 年 12 月	初中	职工
	方言青男	张丹锋	男	1988 年 3 月	本科	教师
	方言青女	吴蓉蓉	女	1989 年 11 月	本科	教师
	口头文化	吴锡华	男	1928 年 12 月	中专	职工
	口头文化	王子平	男	1955 年 6 月	初中	农民
	口头文化	张允诊	女	1957 年 2 月	初中	工商业者
	口头文化	王荷姣	女	1963 年 7 月	初中	农民

调查点及调查人信息表

调查点	东阳
调查人	刘力坚,施佳红,张纯纯,张爽
协助调查者	金黎明,申屠婷婷
调查设备	SAMSON C03U,SONY FDR-Ax30,LOGITECH C930E
调查时间	2016 年 4 月 28 日—2017 年 12 月 30 日
调查地点	东阳市吴宁镇

54 永康

发音合作人信息表

调查点	发音角色	姓名	性别	出生年月	文化程度	职业
永康	方言老男	胡仲继	男	1954 年 4 月	小学	自由职业者
	方言老女	颜绿林	女	1960 年 5 月	初中	职工
	方言青男	楼滔	男	1987 年 6 月	本科	职工
	方言青女	李卫洁	女	1985 年 12 月	本科	教师
	口头文化	程静	女	1960 年 4 月	大专	基层干部

调查点及调查人信息表

调查点	永康
调查人	程永艳,吴众,王杰于,徐思越,周哲楠
协助调查者	王艾荷
调查设备	SAMSON C03U,SONY FDR-AX30,LOGITECH C930E
调查时间	2017 年 8 月 21 日—2017 年 9 月 9 日
调查地点	永康市广播电视台

55 武义

发音合作人信息表

调查点	发音角色	姓名	性别	出生年月	文化程度	职业
武义	方言老男	项琳	男	1959 年 10 月	初中	财会人员
	方言老女	徐丽英	女	1958 年 8 月	中专	医生
	方言青男	廖俊	男	1990 年 11 月	大专	基层干部
	方言青女	董彬	女	1988 年 6 月	大专	自由职业者
	口头文化	何淑芝	女	1953 年 9 月	初中	播音员
	口头文化	王青	女	1954 年 11 月	初中	职工
	口头文化	贺兰仙	女	1949 年 10 月	高中	播音员

调查点及调查人信息表

调查点	武义
调查人	叶晗,吴众,程永艳,徐思越,周哲楠,余茂龙
协助调查者	武义县教育局
调查设备	SAMSON C03U,SONY FDR-AX30,LOGITECH C930E
调查时间	2017 年 7 月 5 日—2017 年 7 月 27 日
调查地点	武义县广播电视台

56 磐安

发音合作人信息表

调查点	发音角色	姓名	性别	出生年月	文化程度	职业
磐安	方言老男、口头文化	陈德品	男	1956 年 9 月	中师	教师
	方言老女	陈促进	女	1958 年 3 月	中师	教师
	方言青男	陈健汉	男	1990 年 5 月	本科	职工
	方言青女	陈晶晶	女	1986 年 3 月	本科	职工
	口头文化	陈旭中	男	1962 年 10 月	大专	基层干部
	口头文化	杨良福	男	1947 年 2 月	大专	基层干部

调查点及调查人信息表

调查点	磐安
调查人	雷艳萍,程朝,蒋婷婷,曾霁馨,刘乙霖
协助调查者	潘向红
调查设备	SAMSON C03U,SONY FDR-AX40,LOGITECH C930E
调查时间	2019 年 7 月 15 日—2019 年 8 月 12 日
调查地点	浙江省磐安县教育局,浙江省磐安县第二中学

57 缙云

发音合作人信息表

调查点	发音角色	姓名	性别	出生年月	文化程度	职业
缙云	方言老男	黄国盛	男	1954 年 10 月	初中	自由职业者
	方言老女	李自端	女	1956 年 8 月	小学	农民
	方言青男	李凯斌	男	1986 年 11 月	大专	职工
	方言青女	黄佳丽	女	1983 年 12 月	本科	职工
	口头文化	李月华	女	1953 年 7 月	初中	农民
	口头文化	蔡玮华	女	1957 年 10 月	本科	新闻工作者
	口头文化	丁新燕	女	1979 年 4 月	本科	教师
	口头文化	杜志方	男	1945 年 7 月	大专	基层干部

调查点及调查人信息表

调查点	缙云
调查人	程永艳,吴众,徐思越,孟桐羽,周哲楠,陈慧琳
协助调查者	丁新燕,李江丽
调查设备	SAMSON C03U,SONY FDR-AX30,LOGITECH C930E
调查时间	2018 年 8 月 6 日—2018 年 8 月 27 日
调查地点	缙云县五云镇仙都中学

58 衢州

发音合作人信息表

调查点	发音角色	姓名	性别	出生年月	文化程度	职业
衢州	方言老男、口头文化	郑文奎	男	1952 年 6 月	初中	职工
	方言老女、口头文化	刘慧珍	女	1955 年 9 月	小学	无
	方言青男	龚舜	男	1986 年 3 月	本科	主持人
	方言青女	胡月	女	1983 年 1 月	本科	护士
	口头文化	陈大槐	男	1945 年 12 月	初中	自由职业者
	口头文化	杨欣	女	1970 年 5 月	高中	职工

调查点及调查人信息表

调查点	柯城
调查人	王洪钟,吴露露,郑敏敏,陈佩云
协助调查者	许建芳,朱碧月
调查设备	SAMSON C03U,SONY FDR-AX30,LOGITECH C930E
调查时间	2018 年 7 月 24 日—2018 年 8 月 10 日
调查地点	衢州市柯城区白云小学,衢州市柯城区美林宾馆

59 衢江

发音合作人信息表

调查点	发音角色	姓名	性别	出生年月	文化程度	职业
衢江	方言老男、口头文化	程明洪	男	1963 年 1 月	初中	农民
	方言老女、口头文化	杜巧英	女	1962 年 11 月	高中	农民
	方言青男	徐伟	男	1986 年 3 月	本科	辅警
	方言青女	徐淑娟	女	1988 年 11 月	中专	工商业者
	口头文化	杜忠德	男	1966 年 6 月	初中	农民
	口头文化	周炎福	男	1963 年 6 月	初中	农民

调查点及调查人信息表

调查点	衢江
调查人	王洪钟,张恬
协助调查者	吴红艳,祝志明
调查设备	SAMSON C03U,SONY FDR-AX30,LOGITECH C930E
调查时间	2019 年 7 月 22 日—2019 年 8 月 3 日
调查地点	衢江区杜泽镇杜三村,衢江区第二小学

60 龙游

发音合作人信息表

调查点	发音角色	姓名	性别	出生年月	文化程度	职业
龙游	方言老男、口头文化	陈玉柱	男	1953 年 9 月	初中	财会人员
	方言老女、口头文化	陈美蓉	女	1954 年 10 月	高中	职工
	方言青男	游佳	男	1983 年 9 月	大专	记者
	方言青女、口头文化	周芸	女	1984 年 2 月	本科	教师
	口头文化	袁耀明	男	1944 年 1 月	高中	文艺工作者
	口头文化	施维嘉	男	1994 年 10 月	大专	主持人
	口头文化	林信怡	男	1941 年 9 月	初中	职工

调查点及调查人信息表

调查点	龙游
调查人	王洪钟,陈佩云,郑敏敏
协助调查者	赖正清,雷慧清
调查设备	SAMSON C03U,SONY HDR-CX550,LOGITECH C930E
调查时间	2017 年 7 月 17 日—2017 年 7 月 28 日
调查地点	龙游县实验小学,龙游县万豪酒店

61 江山

发音合作人信息表

调查点	发音角色	姓名	性别	出生年月	文化程度	职业
江山	方言老男、口头文化	蔡秉洪	男	1954 年 1 月	小学	职工
	方言老女	祝文娟	女	1956 年 8 月	高中	自由职业者
	方言青男	张康	男	1989 年 10 月	中专	文艺工作者
	方言青女、口头文化	徐珺	女	1980 年 12 月	本科	基层干部
	口头文化	邓作友	男	1945 年 10 月	初中	地理先生
	口头文化	刘青青	女	1988 年 8 月	本科	基层干部

调查点及调查人信息表

调查点	江山
调查人	王洪钟,邢芬,李仪
协助调查者	陈丁亮,赵普义
调查设备	SAMSON C03U,SONY CX550E
调查时间	2015 年 7 月—2017 年 11 月
调查地点	江山市江山中学

62 常山

发音合作人信息表

调查点	发音角色	姓名	性别	出生年月	文化程度	职业
常山	方言老男、口头文化	王生根	男	1952 年 9 月	初中	职工
	方言老女、口头文化	占姣兰	女	1953 年 10 月	初中	职工
	方言青男	汪建荣	男	1983 年 4 月	本科	教师
	方言青女	彭莹	女	1984 年 9 月	本科	基层干部
	口头文化	陈土根	男	1945 年 6 月	初中	职工
	口头文化	曾令兵	男	1956 年 6 月	本科	自由职业者

调查点及调查人信息表

调查点	天马街道
调查人	黄沚青,王洪钟,戈光敏,陈容生
协助调查者	陈懿,范晨菲
调查设备	SAMSON C03U;SONY FDR-AX30;LOGITECH C930E
调查时间	2018 年 7 月 24 日—2018 年 8 月 10 日
调查地点	常山县常山育才小学

63 开化

发音合作人信息表

调查点	发音角色	姓名	性别	出生年月	文化程度	职业
开化	方言老男、口头文化	凌润初	男	1960 年 3 月	初中	职工
	方言老女	叶爱美	女	1963 年 7 月	高中	基层干部
	方言青男	叶校政	男	1983 年 12 月	中专	职工
	方言青女	汪娟	女	1983 年 1 月	高中	职工
	口头文化	夏启明	男	1957 年 4 月	中师	教师

调查点及调查人信息表

调查点	开化
调查人	王洪钟,戈光敏,王怡雯,宋六旬
协助调查者	郑磊,齐朝阳
调查设备	SAMSON C03U;SONY FDR-AX30,LOGITECH C930E
调查时间	2018 年 7 月 17 日—2018 年 7 月 30 日
调查地点	开化县第二中学

64 丽水

发音合作人信息表

调查点	发音角色	姓名	性别	出生年月	文化程度	职业
莲都	方言老男	何卫军	男	1956 年 3 月	中师	教师
	方言老女	叶旭霞	女	1960 年 5 月	本科	教师
	方言青男	汪剑锋	男	1987 年 9 月	本科	基层干部
	方言青女	张海云	女	1987 年 11 月	大专	基层干部
	口头文化	赵丽珍	女	1970 年 2 月	大专	基层干部
	口头文化	周丽君	女	1947 年 1 月	高中	基层干部
	口头文化	周佩君	女	1957 年 1 月	大专	基层干部

调查点及调查人信息表

调查点	莲都
调查人	雷艳萍,蒋婷婷,董晓英
协助调查者	陈久远
调查设备	SAMSON C03U,SONY FDR-AX40,LOGITECH C930E
调查时间	2016 年 5 月 1 日—2016 年 11 月 20 日
调查地点	丽水市莲都区云图文化传媒公司

65 青田

发音合作人信息表

调查点	发音角色	姓名	性别	出生年月	文化程度	职业
青田	方言老男	姚观遇	男	1961 年 11 月	高中	农民
	方言老女、口头文化	詹爱琴	女	1963 年 8 月	初中	农民
	方言青男	蒋顺恺	男	1989 年 12 月	本科	基层干部
	方言青女、口头文化	吴佩艳	女	1990 年 3 月	本科	教师
	口头文化	李雪静	女	1971 年 12 月	本科	教师
	口头文化	虞惠阳	男	1964 年 11 月	本科	教师
	口头文化	徐汉民	男	1958 年 7 月	大专	基层干部

调查点及调查人信息表

调查点	青田
调查人	王文胜,程朝,盛思文
协助调查者	徐绍来
调查设备	SAMSON C03U,SONY FDR-AX30,LOGITECH C930E
调查时间	2018 年 7 月 24 日—2018 年 8 月 10 日
调查地点	青田县教育局,青田县华侨中学

66 云和

发音合作人信息表

调查点	发音角色	姓名	性别	出生年月	文化程度	职业
云和	方言老男、口头文化	邱裕森	男	1952 年 9 月	初中	农民
	方言老女	赵美云	女	1961 年 8 月	高中	职工
	方言青男、口头文化	褚炜	男	1993 年 6 月	本科	造价员
	方言青女	陈晶	女	1991 年 1 月	本科	基层干部
	口头文化	赵美云	女	1961 年 8 月	高中	职工
	口头文化	宋李娟	女	1965 年 7 月	初中	农民
	口头文化	魏以南	男	1966 年 9 月	高中	工程师
	口头文化	梅素英	女	1958 年 12 月	高中	职工
	口头文化	林土清	男	1945 年 8 月	高小	农民

调查点及调查人信息表

调查点	云和
调查人	雷艳萍,蒋婷婷,董晓英,沈桂松,刘美娟
协助调查者	项菲
调查设备	SAMSON C03U,SONY FDR-AX40,LOGITECH C930E
调查时间	2017 年 7 月 10 日—2017 年 10 月 30 日
调查地点	云和县古坊小学

67 松阳

发音合作人信息表

调查点	发音角色	姓名	性别	出生年月	文化程度	职业
松阳	方言老男、口头文化	刘志宏	男	1963 年 9 月	大专	工商业者
	方言老女	余金秀	女	1962 年 8 月	初中	职工
	方言青男	叶啸	男	1985 年 9 月	本科	医生
	方言青女	叶乐影	女	1987 年 9 月	大专	医生
	口头文化	刘超英	女	1960 年 8 月	大专	主持人

调查点及调查人信息表

调查点	松阳
调查人	王文胜，程朝，窦林娟
协助调查者	胡志伟，尹颖，王跃，池积善
调查设备	SAMSON C03U，SONY FDR-AX30，LOGITECH C930E
调查时间	2017 年 7 月 29 日—2017 年 8 月 13 日
调查地点	丽水市松阳县西屏街道丽水学院幼儿师范学院，丽水市松阳县西屏街道天元名都大酒店

68 宣平

发音合作人信息表

调查点	发音角色	姓名	性别	出生年月	文化程度	职业
宣平	方言老男、口头文化	何新海	男	1956 年 9 月	初中	农民
	方言老女	王玫玲	女	1962 年 11 月	高中	农民
	方言青男	马骏	男	1984 年 7 月	本科	教师
	方言青女	何欣	女	1987 年 3 月	本科	教师
	口头文化	叶卫平	男	1960 年 12 月	本科	教师
	口头文化	陈周鹤	男	1997 年 2 月	高中	学生
	口头文化	楼火木	男	1948 年 9 月	小学	木工
	口头文化	吴宣娇	女	1956 年 5 月	高中	职工

调查点及调查人信息表

调查点	宣平
调查人	雷艳萍,蒋婷婷,华国盛,陈缪
协助调查者	蓝寅剑
调查设备	SAMSON C03U,SONY FDR-AX40,LOGITECH C930E
调查时间	2018 年 7 月 16 日—2018 年 8 月 22 日
调查地点	武义县柳城畲族镇政府,武义县柳城小学

69 遂昌

发音合作人信息表

调查点	发音角色	姓名	性别	出生年月	文化程度	职业
遂昌	方言老男、口头文化	郭雄飞	男	1961 年 1 月	大专	教师
	方言老女	李桂飞	女	1951 年 7 月	初中	职工
	方言青男	江汇	男	1988 年 9 月	大专	职工
	方言青女、口头文化	应瑛	女	1981 年 11 月	本科	职工

调查点及调查人信息表

调查点	遂昌
调查人	王文胜,周倩倩,窦林娟
协助调查者	雷巧菁
调查设备	SAMSON C03U,SONY FDR-AX30,LOGITECH C930E
调查时间	2016 年 7 月 22 日—2016 年 8 月 3 日
调查地点	丽水市遂昌县妙高小学,丽水市遂昌县凯恩大酒店

70 龙泉

发音合作人信息表

调查点	发音角色	姓名	性别	出生年月	文化	职业
龙泉	方言老男	沈光寅	男	1949 年 4 月	小学	职工
	方言老女	吴俐伶	女	1961 年 12 月	高中	财会人员
	方言青男	俞鑫	男	1990 年 7 月	大专	职工
	方言青女	沈莉薇	女	1984 年 8 月	本科	职工
	口头文化	李文	男	1935 年 9 月	大专	教师
	口头文化	邱友松	男	1947 年 11 月	初中	基层干部

调查点及调查人信息表

调查点	龙泉
调查人	王洪钟,吴露露,孙家荣,王雪凝
协助调查者	钟小伟,李仪
调查设备	SAMSON C03U;SONY HDR-CX550
调查时间	2017 年 7 月 6 日—2017 年 7 月 16 日;同年 11 月 10 日—12 日补录
调查地点	龙泉市西新小学,龙泉市水南小学

71 景宁

发音合作人信息表

调查点	发音角色	姓名	性别	出生年月	文化程度	职业
景宁	方言老男、口头文化	洪卫东	男	1958 年 10 月	初中	农民
	方言老女、口头文化	梁平英	女	1962 年 7 月	初中	农民
	方言青男	陈赞文	男	1993 年 6 月	本科	职工
	方言青女	陈璇	女	1991 年 12 月	本科	职工
	口头文化	任传奎	男	1951 年 6 月	本科	教师

调查点及调查人信息表

调查点	景宁
调查人	蒋婷婷,雷艳萍,华国盛,陈缪
协助调查者	叶良
调查设备	SAMSON C03U,SONY FDR-AX40,LOGITECH C930E
调查时间	2018 年 7 月 25 日—2018 年 8 月 25 日
调查地点	景宁畲族自治县电视台,丽水市莲都小学

72 庆元

发音合作人信息表

调查点	发音角色	姓名	性别	出生年月	文化程度	职业
庆元	方言老男、口头文化	李成山	男	1951 年 12 月	小学	农民
	方言老女、口头文化	杨桂芬	女	1958 年 4 月	中师	教师
	方言青男	杨丽坤	男	1989 年 11 月	大专	职工
	方言青女	吴春芳	女	1981 年 7 月	大专	教师

调查点及调查人信息表

调查点	庆元
调查人	王文胜,陈瑜,窦林娟
协助调查者	杨申花
调查设备	SAMSON C03U,SONY FDR-AX30,LOGITECH C930E
调查时间	2016 年 7 月 5 日—2016 年 7 月 18 日
调查地点	丽水市庆元县城东小学,丽水市庆元县国际大酒店

73 泰顺

发音合作人信息表

调查点	发音角色	姓名	性别	出生年月	文化程度	职业
泰顺	方言老男、口头文化	卢亦挺	男	1948 年 12 月	本科	教师
	方言老女、口头文化	赖晓珍	女	1953 年 4 月	初中	职工
	方言青男	胡昌敏	男	1987 年 12 月	本科	基层干部
	方言青女、口头文化	魏杨	女	1985 年 4 月	本科	教师
	口头文化	林美春	男	1973 年 5 月	本科	教师

调查点及调查人信息表

调查点	泰顺
调查人	王文胜,李金燕,盛思文,程朝
协助调查者	陈修远
调查设备	SAMSON C03U,SONY FDR-AX30,LOGITECH C930E
调查时间	2019 年 7 月 3 日—2019 年 7 月 28 日
调查地点	温州市泰顺县罗阳镇泰顺中学,温州市泰顺县罗阳镇柏悦酒店

74 温州

发音合作人信息表

调查点	发音角色	姓名	性别	出生年月	文化程度	职业
温州	方言老男、口头文化	潘亮	男	1947 年 1 月	中专	基层干部
	方言老女	徐兰琴	女	1961 年 8 月	初中	基层干部
	方言青男	郑重	男	1988 年 12 月	本科	学生
	方言青女	白瑶	女	1990 年 4 月	本科	职工
	口头文化	陈海娅	女	1975 年 1 月	中专	基层干部
	口头文化	金寿金	男	1941 年 5 月	初中	职工

调查点及调查人信息表

调查点	温州
调查人	蔡嵘,周艳
协助调查者	郑上忠
调查设备	SAMSON C03U,SONY FDR-AX30
调查时间	2015 年 8 月 2 日—2015 年 8 月 30 日
调查地点	温州市温州大学

75 永嘉

发音合作人信息表

调查点	发音角色	姓名	性别	出生年月	文化	职业
永嘉	方言老男、口头文化	杜培飞	男	1953 年 12 月	小学	木工
	方言老女、口头文化	孙秀姆	女	1954 年 6 月	中师	教师
	方言青男	叶疆明	男	1990 年 4 月	本科	基层干部
	方言青女	胡建晓	女	1982 年 5 月	本科	教师

调查点及调查人信息表

调查点	上塘
调查人	徐丽丽,王洁曼,吴晓菲
协助调查者	徐晓当,叶军海,李晓瑜
调查设备	SAMSON C03U,SONY FDR-AX30
调查时间	2017 年 6 月 25 日—2017 年 7 月 16 日
调查地点	永嘉县永嘉宾馆,永嘉职业中学

76 乐清

发音合作人信息表

调查点	发音角色	姓名	性别	出生年月	文化程度	职业
乐清	方言老男、口头文化	周滇生	男	1949 年 9 月	大专	教师
	方言老女、口头文化	孔珊珊	女	1955 年 9 月	中专	播音员
	方言青男	李浩	男	1987 年 5 月	本科	主持人
	方言青女	李逸听	女	1988 年 7 月	本科	职工
	口头文化	陈其松	男	1930 年 6 月	文盲	农民

调查点及调查人信息表

调查点	乐清
调查人	蔡嵘,周艳
协助调查者	章明朗
调查设备	SAMSON C03U,SONY FDR-AX30
调查时间	2016 年 7 月 14 日—2016 年 8 月 1 日
调查地点	乐清市委党校

77 瑞安

发音合作人信息表

调查点	发音角色	姓名	性别	出生年月	文化	职业
瑞安	方言老男	徐金川	男	1959 年 5 月	小学	农民
	方言青男	许可	男	1985 年 9 月	本科	教师
	方言老女、口头文化	林爱棉	女	1957 年 6 月	小学	职工
	方言青女	管慧春	女	1990 年 1 月	本科	护士
	口头文化	夏锡桃	男	1957 年 8 月	文盲	工商业者
	口头文化	阮爱兰	女	1964 年 9 月	初中	文艺工作者

调查点及调查人信息表

调查点	瑞安
调查人	徐丽丽，金碧，吴晓菲
协助调查者	徐晓当
调查设备	SAMSON C03U，SONY FDR-AX30
调查时间	2016 年 7 月 14 日——2016 年 10 月 7 日
调查地点	瑞安市集云实验学校

78 平阳

发音合作人信息表

调查点	发音角色	姓名	性别	出生年月	文化程度	职业
平阳	方言老男、口头文化	刘昌馀	男	1962 年 5 月	初中	职工
	方言老女	施世俊	男	1987 年 7 月	大专	职工
	方言青男	王爱华	女	1958 年 6 月	初中	职工
	方言青女	叶茜茜	女	1988 年 4 月	本科	教师
	口头文化	叶来旺	男	1950 年 11 月	初中	文艺工作者
	口头文化	胡玉燕	女	1964 年 3 月	初中	文艺工作者
	口头文化	陈斌	男	1962 年 10 月	本科	基层干部

调查点及调查人信息表

调查点	平阳
调查人	孙宜志
协助调查者	程平姬，林丹丹
调查设备	SAMSON CO3U；SONY HDR-PJ670；LOGITECH C930E
调查时间	2017 年 8 月 6 日——2017 年 8 月 20 日
调查地点	浙江省温州市平阳县昆阳镇第一小学

79 文成

发音合作人信息表

调查点	发音角色	姓名	性别	出生年月	文化程度	职业
文成	方言老男、口头文化	周安定	男	1953 年 11 月	小学	职工
	方言老女、口头文化	赵凤柳	女	1960 年 8 月	高中	职工
	方言青男	吴朝杰	男	1987 年 12 月	研究生	教师
	方言青女	金丽春	女	1986 年 1 月	大学	教师
	口头文化	季慧聪	女	1977 年 7 月	高中	基层干部
	口头文化	赵玲玲	女	1971 年 4 月	初中	工商业者

调查点及调查人信息表

调查点	文成
调查人	孙宜志，林丹丹，何月
协助调查者	胡国栋，陈学峰
调查设备	SAMSON CO3U
调查时间	2018 年 8 月 1 日—2018 年 8 月 15 日
调查地点	浙江省温州市文成县大峃镇

80 苍南

发音合作人信息表

调查点	发音角色	姓名	性别	出生年月	文化	职业
苍南	方言老男	陈舜远	男	1958 年 9 月	大专	教师
	方言老女	周美凤	女	1955 年 7 月	中专	教师
	方言青男	黄康定	男	1991 年 5 月	本科	职工
	方言青女	周雯雯	女	1991 年 5 月	大专	外贸业务员
	口头文化	黄兴安	男	1964 年 6 月	初中	手艺人

调查点及调查人信息表

调查点	灵溪
调查人	徐丽丽,王洁曼,金碧,吴晓菲
协助调查者	徐晓当,杨守铬
调查设备	SAMSON C03U;SONY FDR-AX30
调查时间	2018 年 7 月 16 日—2018 年 10 月 7 日
调查地点	苍南县职业中等专业学校

81 建德徽

发音合作人信息表

调查点	发音角色	姓名	性别	出生年月	文化程度	职业
建德	方言老男	胡尚武	男	1942 年 12 月	小学	职工
	方言老女	胡蔼云	女	1948 年 9 月	高中	教师
	方言青男	丁勋	男	1980 年 11 月	本科	教师
	方言青女	唐春燕	女	1979 年 1 月	本科	教师
	口头文化	胡蔼云	女	1948 年 9 月	高中	教师

调查点及调查人信息表

调查点	建德
调查人	黄晓东,张薇,肖潇,吴露露,支亦丹
协助调查者	陈利群
调查设备	SAMSON C03U;SONY HDR-CX700E
调查时间	2015 年 7 月 16 日—2015 年 9 月 10 日
调查地点	建德市梅城镇

82 寿昌_徽

发音合作人信息表

调查点	发音角色	姓名	性别	出生年月	文化程度	职业
寿昌	方言老男、口头文化	邓双林	男	1951 年 5 月	小学	职工
	方言青男	林子傑	男	1992 年 10 月	本科	教师
	方言老女、口头文化	邵素云	女	1963 年 3 月	初中	职工
	方言青女	占金雅	女	1990 年 11 月	大专	自由职业者
	口头文化	邵素娥	女	1965 年 10 月	初中	工商业者

调查点及调查人信息表

调查点	寿昌
调查人	王文胜，程朝，盛思文，那日松
协助调查者	乐先珽
调查设备	SAMSON C03U；SONY FDR-AX30；LOGITECH C930E
调查时间	2018 年 7 月 8 日—2018 年 7 月 23 日
调查地点	浙江省建德市寿昌第一小学；浙江省建德市新安江中学

83 淳安_徽

发音合作人信息表

调查点	发音角色	姓名	性别	出生年月	文化程度	职业
淳安	方言老男、口头文化	应陶明	男	1950 年 3 月	初中	基层干部
	方言老女	邵梅娇	女	1951 年 11 月	初中	职工
	方言青男	任蔚江	男	1988 年 9 月	本科	基层干部
	方言青女	徐敏燕	女	1975 年 5 月	高中	金融
	口头文化	胡小马	男	1954 年 9 月	高中	农民

调查点及调查人信息表

调查点	淳安
调查人	黄晓东,张薇
协助调查者	刘勇
调查设备	SAMSON C03U;SONY HDR-CX700E
调查时间	2017 年 7 月 1 日—2017 年 8 月 10 日
调查地点	淳安县千岛湖丽景度假酒店

84 遂安徽

发音合作人信息表

调查点	发音角色	姓名	性别	出生年月	文化程度	职业
遂安	方言老男	毛立忠	男	1962 年 2 月	高中	职工
	方言老女	沈娟妹	女	1957 年 5 月	小学	无
	方言青男	刘英俊	男	1986 年 1 月	高中	职工
	方言青女、口头文化	李雯钰	女	1983 年 7 月	大专	基层干部
	口头文化	徐姣娉	女	1998 年 12 月	本科	学生

调查点及调查人信息表

调查点	遂安
调查人	许巧枝,徐梦菲,谢娇娇,魏振国
协助调查者	徐兰花,汪洋
调查设备	SAMSON C03U,SONY FDR-AX45
调查时间	2019 年 7 月 9 日—2019 年 8 月 2 日
调查地点	姜家镇中心小学

85 苍南闽

发音合作人信息表

调查点	发音角色	姓名	性别	出生年月	文化程度	职业
苍南	方言老男、口头文化	宋显炸	男	1960 年 10 月	小学	农民
	方言老女	杨玉辉	女	1956 年 11 月	小学	农民
	方言青男、口头文化	黄节安	男	1984 年 12 月	大学	自由职业者
	方言青女、口头文化	周小春	女	1985 年 12 月	大学	工商业者
	口头文化	赖陈香	女	1950 年 8 月	文盲	自由职业者

调查点及调查人信息表

调查点	苍南
调查人	孙宜志,何月,沈娅玲
协助调查者	杨守铭
调查设备	SAMSON CO3U
调查时间	2019 年 7 月 10 日—2019 年 7 月 20 日
调查地点	浙江省温州市苍南县灵溪镇苍南第三中学

86 泰顺闽

发音合作人信息表

调查点	发音角色	姓名	性别	出生年月	文化程度	职业
泰顺	方言老男、口头文化	董直善	男	1963 年 12 月	高中	基层干部
	方言老女、口头文化	包旺旭	女	1958 年 9 月	中专	教师
	方言青男、口头文化	张亚风	男	1987 年 5 月	专科	教师
	方言青女、口头文化	赖淑楠	女	1991 年 1 月	专科	教师

调查点及调查人信息表

调查点	泰顺
调查人	李建校,盛思文
协助调查者	陈修远
调查设备	SAMSON C03U;SONY FDR-Ax30;LOGITECH C930E
调查时间	2019 年 7 月 3 日—2019 年 7 月 28 日
调查地点	温州市泰顺县罗阳镇泰顺中学;温州市泰顺县罗阳镇柏悦酒店

87 洞头 闽

发音合作人信息表

调查点	发音角色	姓名	性别	出生年月	文化程度	职业
洞头	方言老男、口头文化	林忠营	男	1958 年 8 月	高中	基层干部
	方言老女、口头文化	陈爱雪	女	1963 年 2 月	小学	农民
	方言青男、口头文化	韩一剑	男	1991 年 8 月	大学	职工
	方言青女、口头文化	林姿婷	女	1985 年 11 月	高中	职工

调查点及调查人信息表

调查点	洞头
调查人	孙宜志,何月,沈娅玲
协助调查者	林攀树,陈松财,陈旭东
调查设备	SAMSON CO3U
调查时间	2019 年 7 月 21 日—2019 年 7 月 31 日
调查地点	浙江省温州市洞头区北岙街道实验中学

88 景宁畲

发音合作人信息表

调查点	发音角色	姓名	性别	出生年月	文化程度	职业
景宁	方言老男	雷松林	男	1950 年 9 月	中专	教师
	方言老女	雷桂契	女	1960 年 4 月	初中	农民
	方言青男	蓝旭忠	男	1980 年 7 月	本科	教师
	方言青女	雷晓英	女	1984 年 6 月	本科	教师
	口头文化	蓝木昌	男	1958 年 8 月	小学	农民
	口头文化	蓝仙兰	女	1963 年 10 月	小学	文艺工作者

调查点及调查人信息表

调查点	景宁
调查人	刘力坚,施佳红,陈礼梅
协助调查者	雷艳萍
调查设备	SAMSON C03U;SONY FDR-AX30;LOGITECH C930E
调查时间	2015 年 1 月 24 日—2016 年 8 月 10 日
调查地点	景宁鹤溪镇;东弄村等

附录二 方言点及撰稿人信息一览表

序号	方言点	地级市	方言区	方言片	方言小片	撰稿人	单位
01	杭州	杭州	吴语	太湖	杭州	王文胜	浙江师范大学
02	嘉兴	嘉兴	吴语	太湖	苏嘉湖	孙宜志	杭州师范大学
03	嘉善	嘉兴	吴语	太湖	苏嘉湖	徐越	杭州师范大学
04	平湖	嘉兴	吴语	太湖	苏嘉湖	张薇	杭州师范大学
05	海盐	嘉兴	吴语	太湖	苏嘉湖	张薇	杭州师范大学
06	海宁	嘉兴	吴语	太湖	苏嘉湖	徐越	杭州师范大学
07	桐乡	嘉兴	吴语	太湖	苏嘉湖	张薇	杭州师范大学
08	崇德	嘉兴	吴语	太湖	苏嘉湖	张薇	杭州师范大学
09	湖州	湖州	吴语	太湖	苏嘉湖	徐越	杭州师范大学
10	德清	湖州	吴语	太湖	苏嘉湖	徐越	杭州师范大学
11	武康	湖州	吴语	太湖	苏嘉湖	徐越	杭州师范大学
12	安吉	湖州	吴语	太湖	苏嘉湖	赵翠阳 叶晗	浙江科技学院
13	孝丰	湖州	吴语	太湖	苏嘉湖	叶晗 赵翠阳	浙江科技学院
14	长兴	湖州	吴语	太湖	苏嘉湖	赵翠阳 叶晗	浙江科技学院
15	余杭	杭州	吴语	太湖	苏嘉湖	徐越	杭州师范大学
16	临安	杭州	吴语	太湖	临绍	徐越	杭州师范大学

续表

序号	方言点	地级市	方言区	方言片	方言小片	撰稿人	单位
17	昌化	杭州	吴语	太湖	临绍	赵翠阳	浙江科技学院
18	於潜	杭州	吴语	太湖	临绍	胡云晚 程永艳	浙江科技学院
19	萧山	杭州	吴语	太湖	临绍	孙宜志	杭州师范大学
20	富阳	杭州	吴语	太湖	临绍	吴众	浙江科技学院
21	新登	杭州	吴语	太湖	临绍	吴众	浙江科技学院
22	桐庐	杭州	吴语	太湖	临绍	孙宜志	杭州师范大学
23	分水	杭州	吴语	太湖	临绍	许巧枝	湖州师范学院
24	绍兴	绍兴	吴语	太湖	临绍	施俊	绍兴文理学院
25	上虞	绍兴	吴语	太湖	临绍	肖萍	宁波大学
26	嵊州	绍兴	吴语	太湖	临绍	施俊	绍兴文理学院
27	新昌	绍兴	吴语	太湖	临绍	施俊	绍兴文理学院
28	诸暨	绍兴	吴语	太湖	临绍	孙宜志	杭州师范大学
29	慈溪	宁波	吴语	太湖	临绍	肖萍	宁波大学
30	余姚	宁波	吴语	太湖	临绍	肖萍	宁波大学
31	宁波	宁波	吴语	太湖	甬江	肖萍	宁波大学
32	镇海	宁波	吴语	太湖	甬江	肖萍	宁波大学
33	奉化	宁波	吴语	太湖	甬江	肖萍	宁波大学
34	宁海	宁波	吴语	太湖	甬江	肖萍	宁波大学
35	象山	宁波	吴语	太湖	甬江	肖萍	宁波大学
36	普陀	舟山	吴语	太湖	甬江	王文胜	浙江师范大学
37	定海	舟山	吴语	太湖	甬江	徐波	浙江海洋大学
38	岱山	舟山	吴语	太湖	甬江	徐波	浙江海洋大学
39	嵊泗	舟山	吴语	太湖	甬江	徐波	浙江海洋大学
40	临海	台州	吴语	台州		丁薇 卢笑予	宁波大学 北京师范大学
41	椒江	台州	吴语	台州		阮咏梅	宁波大学

序号	方言点	地级市	方言区	方言片	方言小片	撰稿人	单位
42	黄岩	台州	吴语	台州		阮咏梅	宁波大学
43	温岭	台州	吴语	台州		阮咏梅	宁波大学
44	仙居	台州	吴语	台州		黄晓东	北京语言大学
45	天台	台州	吴语	台州		肖萍 丁薇	宁波大学
46	三门	台州	吴语	台州		赵翠阳 叶晗	浙江科技学院
47	玉环	台州	吴语	台州		阮咏梅	宁波大学
48	金华	金华	吴语	金衢		黄晓东	北京语言大学
49	汤溪	金华	吴语	金衢		宋六旬	嘉兴学院
50	兰溪	金华	吴语	金衢		吴众	浙江科技学院
51	浦江	金华	吴语	金衢		黄晓东	北京语言大学
52	义乌	金华	吴语	金衢		施俊	绍兴文理学院
53	东阳	金华	吴语	金衢		刘力坚	浙江师范大学
54	永康	金华	吴语	金衢		吴众 程永艳	浙江科技学院
55	武义	金华	吴语	金衢		吴众 叶晗	浙江科技学院
56	磐安	金华	吴语	金衢		雷艳萍	丽水学院
57	缙云	丽水	吴语	金衢		吴众 程永艳	浙江科技学院
58	衢州	衢州	吴语	金衢		王洪钟	浙江师范大学
59	衢江	衢州	吴语	金衢		王洪钟	浙江师范大学
60	龙游	衢州	吴语	金衢		王洪钟	浙江师范大学
61	江山	衢州	吴语	上丽	上山	王洪钟	浙江师范大学
62	常山	衢州	吴语	上丽	上山	黄沚青	浙江师范大学
63	开化	衢州	吴语	上丽	上山	王洪钟	浙江师范大学

续表

序号	方言点	地级市	方言区	方言片	方言小片	撰稿人	单位
64	丽水	丽水	吴语	上丽	丽水	雷艳萍	丽水学院
65	青田	丽水	吴语	上丽	丽水	王文胜	浙江师范大学
66	云和	丽水	吴语	上丽	丽水	雷艳萍	丽水学院
67	松阳	丽水	吴语	上丽	丽水	王文胜	浙江师范大学
68	宣平	金华	吴语	上丽	丽水	雷艳萍	丽水学院
69	遂昌	丽水	吴语	上丽	丽水	王文胜	浙江师范大学
70	龙泉	丽水	吴语	上丽	丽水	王洪钟	浙江师范大学
71	景宁	丽水	吴语	上丽	丽水	雷艳萍 蒋婷婷	丽水学院
72	庆元	丽水	吴语	上丽	丽水	王文胜	浙江师范大学
73	泰顺	丽水	吴语	上丽	丽水	王文胜	浙江师范大学
74	温州	温州	吴语	瓯江		蔡嵘	温州理工学院
75	永嘉	温州	吴语	瓯江		徐丽丽	温州大学
76	乐清	温州	吴语	瓯江		蔡嵘	温州大学
77	瑞安	温州	吴语	瓯江		徐丽丽	温州大学
78	平阳	温州	吴语	瓯江		孙宜志	杭州师范大学
79	文成	温州	吴语	瓯江		孙宜志	杭州师范大学
80	苍南	温州	吴语	瓯江		徐丽丽	温州大学
81	建德徽	杭州	徽语	严州		黄晓东	北京语言大学
82	寿昌徽	杭州	徽语	严州		程朝	浙江师范大学
83	淳安徽	杭州	徽语	严州		黄晓东	北京语言大学
84	遂安徽	杭州	徽语	严州		许巧枝	湖州师范学院
85	苍南闽	温州	闽语	闽南		孙宜志	杭州师范大学
86	泰顺闽	温州	闽语	闽东		李建校	曲阜师范大学
87	洞头闽	温州	闽语	闽南		孙宜志	杭州师范大学
88	景宁畲	丽水	畲话			刘力坚	浙江师范大学

后　记

　　浙江省从 2015 年年初开始试点实施中国语言资源保护工程项目,前后历时 5 年,完成了全省 88 个汉语方言点的调查任务,其中国家规划的方言点 77 个,浙江省自筹经费增加的旧县方言点 11 个,由此积累了非常丰富而宝贵的方言语料。关于方言资源的开发和利用,省语委和省教育厅于 2016 年开始谋划,先后组织高校方言专家及出版编辑人员进行专题研讨,于 2018 年年底正式推出了"浙江方言资源典藏"丛书首批 16 部,开启了阅读并聆听浙江乡音的崭新模式。

　　根据教育部办公厅的统一部署,随着语保工程一期的陆续收官,从 2019 年起,作为语保工程标志性成果的"中国语言资源集·浙江"的编纂成为浙江语保团队的工作重点。2020 年 2 月,浙江省语委办下发《关于启动〈中国语言资源集·浙江卷〉编写工作的通知》,明确了组织架构,设立了编写课题,省语委办朱鸿飞同志任编委会主任,王洪钟、黄晓东、叶晗、孙宜志任主编,各调查点的负责专家任编委。随后,主编团队根据《中国语言资源集(分省)编写出版规范》开列了需交材料与文稿清单,初步拟定了体例规范及编写样例。2020 年 6 月初,"中国语言资源集·浙江(样稿)"通过了中期验收。

　　2020 年 12 月,在汇齐全部语料的基础上,根据中期检收反馈意见,主编团队编成"中国语言资源集·浙江(初稿)"9 册,在浙江义乌接受了项目预验收,曹志耘、顾黔、陶寰、汪国胜、严修鸿 5 位专家分头进行了严谨细致的审阅,指出存在的主要问题是:缺少卷首总体概述,体例用字不一致,内容详略不均衡。同时,专家组也提出了修改指导建议:准确性应优先于一致性,根据浙江方言的具体情况进行必要的体例创新。

2021年3月,在预验收意见的基础上,王洪钟起草了语音、词汇、语法各卷的校对意见,重点规范字词注释的体例、词汇语法的用字、音标与符号的格式等;黄晓东拟定了方音样本及口头文化样本,重点规范章节构成、资料来源及体例格式等。校对意见和样本经主编团队讨论修订后,发由编委们开展新一轮修改。2021年8月,在各点修改稿的基础上,王洪钟与黄晓东重新编纂形成了"中国语言资源集・浙江(修订稿)"各卷,初步解决了用字不统一、体例不规范、内容有缺漏等问题。

为进一步提高书稿质量,尽可能减少差错与分歧,主编团队酝酿召开若干场编委定稿会,按方言片区的不同,编委分批参与,就同一套纸质书稿从头通读到尾,通过前后左右的相互比照,检视彼此尚存的差错与分歧,以现场讨论的方式解决问题并记录在册,最后由主编集中定稿,由于疫情,这个设想始终没能等到合适的时机来实现。2021年11月,主编团队决定放弃会议形式的定稿过程,改为先由编委各自校对修订稿电子版,再由主编汇总校对意见后讨论定稿的形式。定稿阶段主编们进一步明确了分工:王洪钟负责语音卷(字音对照)及词汇卷,执笔撰写全书后记;黄晓东负责语音卷(各地方音)及口头文化卷;叶晗负责沟通国家语保中心和省语委办,对接出版社;孙宜志负责语法卷,执笔撰写全书序,落实调查点分布图。当然,这只是大致的分工,实际上编纂过程中团队经常进行互校和讨论。另外,王文胜、雷艳萍、肖萍、阮咏梅、张薇等老师也参与了部分审校工作。

2022年3月底,语音卷、词汇卷定稿交付出版社;5月底,语法卷、口头文化卷定稿交付出版社。浙江大学出版社极其重视资源集的出版,早在浙江语保工程启动的次年,出版社的专家就加入了浙江语保团队,提前参与筹划浙江语保成果的编辑出版。收到定稿后,出版社迅即组织精兵强将,精心分解编校任务,详细制定进度日程。进入8月,出版社编辑与编写团队之间开始了更为频繁的互动,通过线上线下的统稿会及微信、邮件等方式进行密集交流,解决书稿中一字一符的准确性、规范性、一致性问题。

在书稿即将付梓的时刻,蓦然回首,我辈学人居然已在浙江语保的旗下时聚时散、不离不弃地一路同行了七八个寒暑!多少青丝染上了霜雪,几多

"语宝"已呱呱而生。如今即将修成正果,我们的心中不由涌起万千感慨。这一刻,我们首先要感谢省语委、省教育厅对浙江语保工程的高度重视和大力支持,尤其要真诚地感谢浙江资源集编写项目负责人朱鸿飞同志,他不仅对前期的科学编纂进行了周密部署,而且为后期的顺利出版付出了大量心血。同时,我们也很想跟此前主事的李斌同志分享我们的喜悦,传递我们的感念,感谢他主事期间为浙江语保所创设的良好开端与长远规划。我们还要感谢各地教育局语委系统为语保工程的宣传发动、发音人的征召遴选、摄录场地的挑选落实等工作所付出的努力,感谢省内各高校的通力合作,感谢志愿协助调查与摄录的各高校师生,感谢各地发音人不畏酷暑、不厌其烦地接受调查与咨询,感谢浙江科技学院语保团队在会务组织、对外宣传、出版联络等方面做出的诸多贡献。尤其需要感谢浙江科技学院房纪东老师,他为整个浙江语保团队做了大量后勤保障工作,是浙江语保的幕后英雄。

本书的调查研究得到了中国语言资源保护工程专项资金的资助,成果出版得到了浙江省财政的资助,谨此致谢。同时,感谢教育部语信司和中国语言资源保护研究中心的诸位专家、历次检查验收的众位省外方家所给予的指导和帮助,感谢顾黔教授在担任浙江语保首席专家期间对我们团队的悉心指教与热情鼓励,尤其感谢曹志耘教授在浙江语保的各个关键节点所给予的特别关注与倾力指引,感谢浙江大学出版社,特别是包灵灵老师、陆雅娟老师等编辑的鼎力支持与紧密合作。她们的专业水准和敬业精神令人感佩!

浙江方言的多样性与差异性超乎想象,本书编写者的学术背景与研究风格又各不相同,各方言点之间的材料就难免参差不齐。我们虽时时想做统一的"格式化"处理,但每每喟叹自身学养与水平太过有限,率尔操觚的结果必然是牵一发而动全身,以致最后顾此失彼甚或挂一漏万。因此,我们仅在尊重调查者原稿及发音人原始录音的前提下做了有限的修改与补正,书中有待商榷及错谬缺漏之处定然不少,敬请各位读者不吝指教。

身处时空距离缩小、边界模糊或消失的信息时代,各地方言的存亡去留格外令人揪心。浙江境内的方言丰富而复杂,每一种方言都是一条自古至今流淌不息的溪流,每一滴溪水里都蕴含着特定时空里的历史文化信息。

在这样一个全球化的时空节点,我们以统一的规格,掬起一瓢瓢浙江大地上的方言之水善加保存,或许它们只是终将逝去的几滴乡愁之泪,但就我们这一代方言学人而言,这何尝不是一种致敬母语的深情回馈?

是为记。

本书主编

2022 年 10 月 12 日